第二册目録

手工業法制總部

官營手工業法制部

先秦分部

綜　述

《周禮注疏》卷七《天官冢宰·掌皮》　掌皮掌秋斂皮，冬斂革，春獻之。皮革踰歲乾久乃可用。獻之，獻其良者於王，以入司裘，給王用。

疏：掌皮至獻之。釋曰：云秋斂皮，冬斂革，春獻之者，許氏《說文》獸皮治去其毛曰革，秋斂皮者，鳥獸毛毨之時，其皮善，故秋斂之。革乃須治，用功深，故冬斂之。乾久成善乃可獻，故春獻之也。註皮革至王用。釋曰：知良者入司裘者，以其司裘掌爲王大裘以下，故知良者入司裘也。

《周禮注疏》卷三九《冬官考工記·輪人》　輪人爲輪，斬三材，必以其時。三材，所以爲轂輻牙也。斬之以時，材在陽，則中冬斬之。在陰，則中夏斬之。今世轂用雜榆，輻以檀，牙以橿也。牙，音訝，下皆同。中，音仲，下中夏同。橿，居良反。

疏：註三材至橿也。釋曰：輪人唯造車輪，輪之三材，唯轂輻牙，故鄭以此三者解之也。云材在陽，中冬斬之等，並據《山虞》文知之，鄭舉今世所用木爲此三者，未知周用何木也。

三材既具，巧者和之。調其鑿內而合之。鑿，在洛反，又曹報反。內，如銳反，依字作枘。合，音閤，又如字。

疏：註調其至合之。釋曰：鄭以調解和鑿內，謂孔入轂入牙者並須調，使得所也。

轂也者，以爲利轉也。輻也者，以爲直指也。牙也者，以爲固抱也。利轉者，轂以無有爲用也。鄭司農云：牙讀如跛者訝跛者之訝，謂輪輮也。世間或謂之罔，書或作輮。輮，而久反，劉音柔，李而又反。

疏：註利轉至作輮。釋曰：云輻也者，以爲直指也者，入轂入牙，並須直指，不邪曲也。云牙也者，以爲固抱也者，使牢固抱曲。云利轉者，轂以無有爲用也者，按《老子道經》云：三十輻，共一轂，當其無，有車之用。註：無有謂空虛。轂中空虛，輪得行，輿中空虛，人居其上。引之者，證轂爲由空乃得利轉之義也。先鄭讀牙爲訝跛者之訝者，訝，迎也。此車牙亦輮之，使兩頭相迎，故讀從之。

輪敝，三材不失職，謂之完。敝盡而轂輻牙不動。敝，婢世反，徐、劉伏滅反。

疏：輪敝至之完。釋曰：謂之爲職者，轂輻牙各自職任，自相支持，雖盡不動，是不失職也。

《周禮注疏》卷三九《冬官考工記·輿人》　輿人爲車，輪崇、車廣、衡長，參如一，謂之參稱。稱猶等也。車，輿也。衡亦長容兩服。稱，尺證反，註同。

疏：註稱猶至兩服。釋曰：此輿人專作車輿。記人言車者，車以輿爲主，故車爲揔名。鄭爲輿者，此官實造輿，故從輿爲正。云參如一者，謂俱六尺六寸也。云容兩服者，服馬也。以其驂馬別有軥鬲引車，故衡唯容服馬也。

《周禮注疏》卷四〇《冬官考工記·輈人》　輈人爲輈。輈，車轅也。《詩》云：五楘梁輈。輈，張留反，《方言》云：楚衛之間，轅謂之輈。楘，音木，本又作鞪同。

疏：輈人爲輈。釋曰：於三十工無輈人之官，但車事是難，故車官別主此職也。云《詩》云五楘梁輈者，《秦詩》。引之者，證輈是車轅之事，彼註云：楘，歷録也。梁輈，上句衡也。一輈五束，束有歷録是也。

【略】

攻金之工，築氏執下齊，冶氏執上齊，鳧氏爲聲，栗氏爲量，段氏爲鎛器，桃氏爲刃。多錫爲下齊，大刃、削殺矢、鑒燧也。少錫爲上齊，鍾鼎、斧斤、戈戟也。聲，鍾、錞于之屬。量，豆、區、鬴也。鎛器，田器錢鎛之屬。刃，大刃刀劒之屬。齊，才細反，下及註皆同。段，丁亂反。削，如字，李音笑，下同。燧，音遂。錞，音淳。區，烏侯反。鬴，音輔。錢，子踐反。

疏：攻金至爲刃。釋曰：此經與下爲目。云築氏執下齊，冶氏執上齊者，據下文六等言之，四分已上爲上齊，三分已下爲下齊。築氏爲削，在二分中，上仍有三分大刃之等，亦是下齊。若然，築氏於下齊三等之內，於此舉中言之。鳧氏爲聲，按鳧氏爲鍾，此言聲者，鍾類非一，故言聲以包之，故註云：聲，鍾、錞于之屬。桃氏爲刃，按下文桃氏爲劍，此言刃，變言之者，亦是劍類非一，故註云：刃，大刃刀劍之屬也。註多錫至之屬。釋曰：云多錫，爲下齊者，據下文參分其金而錫居其一，謂之大刃之齊。云削殺矢者，即下文云五分其金而錫居二，謂之削殺矢之齊是也。云鑒燧也者，即下文金錫半，謂之鑒燧之齊是也。云少錫爲上齊，鍾鼎、斧斤、戈戟也者，即下文四分其金而錫居一，謂之戈戟之齊，已上皆是上齊。若然，鳧氏入上齊，桃氏入下齊。其栗氏爲量，段氏爲鎛器，亦當入上齊中。云量，豆、區、鬴也者，《左氏傳》晏子云齊舊四量，豆、區、釜、鍾。四升爲豆，四豆爲區，各自其四以登於釜，釜十則鍾。云鎛器，田器錢鎛之屬者，《詩》云：庤乃錢鎛。註云：錢銚錢鎒是也。云刃，大刃刀劍之屬者，桃氏爲劍及刀，皆大刃也。

《周禮注疏》卷四〇《冬官考工記·築氏》　築氏爲削，長尺博寸，合六而成規。今之書刃。

疏：築氏至成規。釋曰：鄭云今之書刃者，漢時蔡倫造紙，蒙恬造筆，古者未有紙筆，則以削刻字。至漢雖有紙筆，仍有書刃，是古之遺法也。若然，則經削，反張爲之，若弓之反張，以合九、合七、合五成規也。此書刀亦然。馬氏諸家等，亦爲偃曲却刃也。

欲新而無窮，謂其利也。鄭司農云：常如新，無窮已。敝盡而無惡。鄭司農云：謂鋒鍔俱盡，不偏索也。玄謂刃也，脊也，其金如一，雖至敝盡，無瑕惡也。鍔，五各反。

《周禮注疏》卷四〇《冬官考工記·冶氏》　冶氏爲殺矢，刃長寸，圍寸，鋌十之，重三垸。殺矢與戈戟異齊，而同其工，似補脱誤在此也。殺矢，用諸田獵之矢也。鋌讀如麥秀鋌之鋌。鄭司農云：鋌，箭足入稾中者也。垸，量名，讀爲丸。鋌，徒頂反。垸，音丸。齊，才細反。稾，古老反。

疏：註殺矢至爲丸。釋曰：云殺矢與戈戟異齊，而同其工者，按上文戟在上齊內，殺矢在下齊中，是異齊。今此同工，不可也。云似補脱誤在此也者，按下矢人自造八矢、殺矢彼已有，此亦有，是彼脱漏，有人於彼補脱訖，更有人補於此，是誤在此也。云殺矢用諸田獵之矢也者，《司弓矢職》文。先鄭直云垸，量名，讀爲丸者，其垸是稱兩之名，非斛量之號。又讀爲丸，未知欲取何義，後鄭引之在下者，以其垸之度量，其名未聞，無以破之，故引之在下也。

《周禮注疏》卷四〇《冬官考工記·桃氏》　桃氏爲劍，臘廣二寸有半寸。臘謂兩刃。臘，力闔反，一音獵，李魯頰反。

疏：註臘謂兩刃。釋曰：此劍兩刃與今同，短則與今異。言兩刃者，兩面各有刃也。

《周禮注疏》卷四〇《冬官考工記·鳧氏》　鳧氏爲鍾，兩欒謂之銑，故書欒作樂，杜子春云：當爲欒，書亦或爲欒。銑，鍾口兩角。欒，本又作鸞，力端反。銑，先典反。

疏：註故書至兩角。釋曰：欒、銑一物，俱謂鍾兩角。古之樂器應律之鍾，狀如今之鈴，不圜，故有兩角也。

《周禮注疏》卷四〇《冬官考工記·函人》　函人爲甲，犀甲七屬，兕甲六屬，合甲五屬。屬讀如灌註之註，謂上旅下旅札續之數也。革堅者札長。鄭司農云：合甲，削革裏肉，但取其表，合以爲甲。屬，之樹反，下及註同。合，如字，舊音閤，註同。

疏：註屬讀至爲甲。釋曰：云屬讀如灌註之註者，義取註著之意也。云上旅下旅札續之數也者，謂上旅之中及下旅之中皆有札續。一葉爲一札，上旅之中，續札七節、六節、五節，下旅之中亦有此節，故云札續之數也。云堅者札長者，則五屬者，以其堅壽年多，即下經三百年者也。

《周禮注疏》卷四〇《冬官考工記·㡛氏》　㡛氏湅絲，以涗水漚其絲七日，去地尺暴之。故書涗作湄。鄭司農云：湄水，溫水也。玄謂涗水，以灰所湅水也。漚，漸也。楚人曰漚，齊人曰涹。㡛，音芒。湅，音練，下同。涗，書鋭反。漚，烏豆反，李又烏侯反。暴，步卜反，劉步莫反，下同。湄，劉音眉，一音奴短反。湅，子禮反。涹，烏禾反，又於僞反，一音乃罪反。

疏：註故書至曰涹。釋曰：諸家及先鄭皆以涗水爲溫水，後鄭獨不從者，禮有涗，齊謂湅酒爲涗，則此涗亦當湅灰汁爲涗，故不從溫水也。云齊人曰涹者，亦是漚義。

晝暴諸日，夜宿諸井，七日七夜，是謂水湅。宿諸井，縣井中。湅帛，以欄爲灰，渥淳其帛，實諸澤器，淫之以蜃。渥讀如繒人渥菅之渥。以欄木之灰，漸釋其帛也。杜子春云：淫當爲涅，書亦或爲湛。鄭司農云：澤器，謂滑澤之器。蜃謂炭也。《士冠禮》曰：素積白屨，以魁柎之。說曰魁，蛤也。《周官》亦有白盛之蜃。蜃，蛤也。玄謂淫，薄粉之，令帛白。蛤，今海旁有焉。欄，音練，李又來踐反，或音蘭。渥，烏豆反，與漚同，註渥菅同。蜃，當軫反。練，以陵反。菅，古顔反。湛，子潛反。冠，古亂反。屨，九具反。魁，苦迴反，又作魁。柎，方于反。蛤，古盍反。粉，如字，劉方問反。

疏：註渥讀至有焉。釋曰：鄭云渥讀如鄫人渥菅之渥者，按哀八年，吴伐魯，云：初，武城人或有因於吴竟田焉，拘鄫人之漚菅者，曰：何故使吾水滋？是其事。引《士冠禮》曰素積白屨，以魁柎之者，謂皮弁服，白布衣，而素積以爲裳，屨裳同色，故素積白白屨，故以蜃灰柎之也。

清其灰而盝之，而揮之；清，澄也。於灰澄而出盝，晞之，晞而揮去其蜃。盝，音鹿。揮，音輝。去，起吕反。而沃之，而盝之；而塗之，而宿之。更渥淳之。明日，沃而盝之。朝更沃，至夕盝之。又更沃，至旦盝之。亦七日如漚絲也。朝，此一字，張遥反，餘皆朝廷之朝。晝暴諸日，夜宿諸井，七日七夜，是謂水湅。

疏：晝暴至水湅。釋曰：湅帛湅絲蓋有二法，上文爲族湅法，此文是水湅法也。

《周禮注疏》卷四一《冬官考工記・玉人》 玉人之事，鎮圭尺有二寸，天子守之。命圭九寸，謂之桓圭，公守之。命圭七寸，謂之信圭，侯守之。命圭七寸，謂之躬圭，伯守之。命圭者，王所命之圭也。朝覲執焉，居則守之。子守穀璧，男守蒲璧。不言之者，闕耳。故書或云命圭五寸，謂之躬圭。杜子春云：當爲七寸。玄謂五寸者，璧文之闕亂存焉。信，音身。朝，直遥反，下皆同。

疏：玉人至守之。釋曰：云玉人之事者，謂人造玉瑞玉器之事，此一句摠與下諸文爲目，圭名鎮、名信、及躬，備於宗伯。註命圭至存焉。釋曰：云命圭者，王所命之圭也者，《公羊傳》云：錫者何？賜也。命者何？加我服也。於王以策命諸侯之時，非直加之以車服，時即以圭授之，以爲瑞信者也。朝覲執焉者，《典瑞》云公執桓圭以下，朝覲宗遇會同于王，諸侯相見亦如之是也。云居則守之者，謂以爲鎮守者也，故云居則守之。子守穀璧，男守蒲璧，《典瑞》、《宗伯》、《大行人》俱有其文，於此不言之者，闕也。鄭云闕者，若韋氏、櫛氏之類，亦闕也。若然，經有鎮圭，按《典瑞》云：王執鎮圭，繅藉五采、五就，以朝日。鄭不言者，有《典瑞》可參，故直舉諸侯可知也。子春破故書五寸，當從經七寸，後鄭不從，以從故書爲五寸，五寸是璧文之闕亂存者，命圭是伯，五寸是子男，故亂存也。

《周禮注疏》卷四一《冬官考工記・矢人》 矢人爲矢，鍭矢參分，茀矢參分，一在前，二在後。參訂之而平者，前有鐵重也。《司弓矢職》茀當爲殺。鄭司農云：一在前，謂箭稾中鐵莖居參分殺一以前。鍭矢，音侯，劉音侯。茀，音殺，色黠反，劉色例反，李音拂。訂，音亭，劉當定反。稾，古老反，下同。

疏：註參訂至以前。釋曰：云參訂之而平者，以其言參分，一在前，二在後，明據稱量得訂而言之，云前有鐵重也者，若不前鐵重，何以參分得訂也。引《司弓矢職》者，彼鍭矢與殺矢相對，茀矢自與矰矢相對。此上既言鍭矢，明下宜有殺矢對之，故破此茀爲殺也。先鄭云一在前，謂箭稾中鐵莖居參分殺一以前者，後鄭意，直據近鏃鐵多，先鄭據長短，又以參分殺一，近鏃宜細，以其鏃長，近鏃雖殺猶重，與後鄭義合，故引之在下也。

《周禮注疏》卷四一《冬官考工記・陶人》 陶人爲甗，實二鬴，厚半寸，脣寸。盆，實二鬴，厚半寸，脣寸。甑，實二鬴，厚半寸，脣寸，七穿。量六斗四升曰鬴。鄭司農云：甗，無底甑。甗，魚輦反，又音唁，劉魚建反，沈魚偃反，一音彦，甑也。鬴，音輔。

疏：註量六至底甑。釋曰：六斗四升曰鬴，昭三年《左氏傳》齊晏子辭。云甗無底甑者，對甑七穿，是有底甑。

鬲，實五觳，厚半寸，脣寸庾，實二觳，厚半寸，脣寸。鄭司農云：觳讀爲斛。觳受三斗，《聘禮記》有斛。玄謂豆實三而成觳，則觳受斗二升。庾讀如請益與之庾之庾。鬲實，音歷。觳，音斛。

疏：註鄭司至之庾。釋曰：先鄭云觳讀爲斛，觳受三斗，又引《聘禮記》有斛者，按下《旊人》豆實三而成觳，受斗二升，有成文。而先鄭讀觳爲斛，斛受十斗。又云觳受三斗，復引《聘禮記》有斛，其言自相亂，後鄭皆不從之也。玄謂豆實三而成觳，出於下文，引之破先鄭觳受三斗或十斗也。讀庾爲請益與之庾之庾者，讀從《論語》孔子、冉有辭。《小爾雅》匊二升，二匊爲豆，豆四升，四豆曰區，四區曰釜，二釜有半謂之庾者，庾本有二法，故《聘禮記》云十六斗曰籔，註云：今文籔爲逾。逾即庾也。按昭二十六年，申豐云粟五千庾，杜註云：庾，十六斗。以此知庾有二法也。

《周禮注疏》卷四一《冬官考工記・旊人》 旊人爲簋，實一觳，崇尺，厚半寸，脣寸，豆實三而成觳，崇尺。崇，高也。豆實四升。旊，方往反。

疏：旊人至崇尺。釋曰：祭宗廟皆用木簋，今此用瓦簋，據祭天地及外神尚質，器用陶匏之類也。註云豆實四升者，晏子辭。按《易・損卦・象》云：二簋可用享。四，以簋進黍稷於神也。初與二直，其四與五承上，故用二簋。四，《巽》爻也，《巽》爲木。五，《離》爻也，《離》爲日。日體圜，木器而圜，簋象也。是以知以木爲之，宗廟用之。若祭天地外神等，則用瓦簋，故《郊特牲》云掃地而祭，於其質也，器用陶匏，以象天地之性是其義也。若然，簋法圓。《舍人》註云：方曰簠，圓曰簋。註與此合。《孝經》云：陳其簠簋。註云內圓外方者，彼發簠而言之。

《周禮注疏》卷四一《冬官考工記・梓人》 梓人爲筍虡。樂器所縣，横曰筍，植曰虡。鄭司農云：筍讀爲竹筍之筍，息允反，本又作筍。虡，音巨。植，直吏反，又時力反。

疏：梓人爲筍虡。釋曰：此文與下文爲摠目耳，故下文重說爲筍虡之法也。註樂器至之筍。釋曰：樂器所縣於筍虡者，謂鍾、磬、鎛者也。先鄭筍讀爲竹筍之筍，筍，謂竹初生，則醢人筍菹者也。亦取音同也。

【略】

梓人爲飲器，勺一升，爵一升，觚三升。獻以爵而酬以觚，一獻而三酬，則一豆矣。勺，尊升也。觚、豆，字聲之誤，觚當爲觶，豆當爲斗。勺，上灼反，註同。觚，依註作觶，之豉反，下同。豆，依註作斗，舊音主亦多口反，下一豆酒同。觚豆，音孤。

疏：註勺尊至爲斗。釋曰：爵制，今《韓詩說》：一升曰爵，二升曰觚，三升曰觶，四升曰角，五升曰散。古《周禮說》亦與之同。謹按：《周禮》一獻三酬，當一豆，即觚二升，不滿豆矣。鄭玄駮之云：觶字，角旁友，汝潁之間師讀所作。今禮角旁單，古書或作角旁氏。角旁氏則與觚字相近。學者多聞觚，寡聞觚，寫此書亂之而作觚耳。又南郡大守馬季長說，一獻而三酬則一豆，豆當爲斗，一爵三觶相近。《禮器制度》云：觚大二升，觶大三升。是故鄭從二升觚，三升觶也。鄭云觚、豆，字聲之誤者，觶字爲觚，是字之誤；斗字爲豆，是聲之誤。

《周禮注疏》卷四一《冬官考工記・廬人》 廬人爲廬器，戈柲六尺有六寸，殳長尋有四尺，車戟常，酋矛常有四尺，夷矛三尋。柲猶柄也。八尺曰尋，倍尋曰常。酋、夷，長短名。酋之言遒也。酋近夷長矣。廬，力吳反，下同。柲，音秘。殳，音殊。酋，在由反。遒，在由反，或子由反，沈慈有反。

疏：註柲猶至長矣。釋曰：凡此經所云柄之長短，皆通刃爲尺數而言。八尺曰尋，倍尋曰常，皆約上文車有六等之數，皆以四尺爲差而知之也。云酋、夷，長短名，酋近夷長矣，按上註以酋夷爲發聲，則無義例。至此而言長短名，爲義解之者，鄭意雖是發聲，夷爲長，故開口引聲而言之；酋爲短，故合口促聲而言之也。

《禮記正義》卷一七《月令》 〔孟冬之月〕是月也，命工師效功，陳祭器，按度程，毋或作爲淫巧，以蕩上心，必功致爲上。霜降而百工休，至此物皆成也。工師，工官之長也。效功，録見百工所作器物也。主於祭器，祭器尊也。度謂制大小也。程謂器所容也。淫巧，謂奢僞怪好也。蕩謂搖動生其奢淫。效，户教反。巧如字，又若孝反，註同。致，直吏反，下註同。長，丁丈反。物勒工名，以考其誠。勒，刻也。刻工姓名於其器，以察其信，知其不功致。功有不當，必行其罪，以窮其情。功不當者，取材美而器不堅也。當，丁浪反，註同。

疏：命工至其情。正義曰：於是之時，冬閉無事，百工造作器物，恐爲淫巧，故命工師之官。師，長也。命此工官之長，效實百工所造之物，陳列祭器善惡。按度程者，謂於按此器舊來制度大小，及容受程限多少。毋或作爲淫巧者，或，有也。勿得有作過制之巧，以搖動在上生奢侈之心必，功致爲上者，言作器不須靡麗華侈，必功力密致爲上。又每物之上，刻勒所造工匠之名於後，以考其誠信與不，若其用材精美，而器不堅固，則功有不當，必行其罪罰，以窮其詐僞之情。註主於至所容。正義曰：百工造作器物，則諸器皆營。今經直主於祭，故云主於祭器，祭器尊云。度謂制大小，程謂器所容者，以經度、程文别，度是制度大小，除制度之外，唯有容受多少，故以程爲器所容也。

《國語・周語上》 古者，先王既有天下，又崇立上帝、明神而敬事之，于是乎有朝日、夕月以教民事君。諸侯春秋受職于王以臨其民，大夫、士日恪位著以儆其官，庶人、工、商各守其業以共其上。猶恐其有墜失也，故爲車服、旗章以旌之，爲贄幣、瑞節以鎮之，爲班爵、貴賤以列之，爲令聞嘉譽以聲之。猶有散、遷、懈慢而著在刑辟，流在裔土，于是乎有蠻、夷之國，有斧鉞、刀墨之民，而況可以淫縱其身乎？

《吕氏春秋·季春紀》 是月也，命工師，令百工，審五庫之量，金鐵、皮革筋、角齒、羽箭幹、脂膠丹漆，無或不良。百工咸理，監工日號，無悖于時；無或作爲淫巧，以蕩上心。

秦漢分部

紀事

（漢）桓寬《鹽鐵論》卷六《水旱》 賢良曰：農，天下之大業也，鐵器，民之大用也。器用便利，則用力少而得作多，農夫樂事勸功。用不具，則田疇荒，穀不殖，用力鮮，功自半。器便與不便，其功相什而倍也。縣官鼓鑄鐵器，大抵多爲大器，務應員程，不給民用。民用鈍弊，割草不痛，是以農夫作劇，得獲者少，百姓苦之矣。

《漢書》卷一〇《成帝紀》 〔陽朔三年〕夏六月，潁川鐵官徒申屠聖等百八十人殺長吏，盗庫兵，自稱將軍，經歷九郡。

《漢書》卷二四《食貨志》 大農置工巧奴與從事，爲作田器。

《漢書》卷四二《任敖傳》 吹律調樂，入之音聲，及以比定律令。如淳曰：比音比次之比。謂五音清濁，各有所比，不相錯入，以定十二律之法令於樂官，使長行之。若百工，天下作程品。如淳曰：若，順也。百工爲器物皆有尺寸斤兩斛斗輕重之宜，使得其法，此之謂順。

《漢書》卷七二《貢禹傳》 元帝初即位，徵禹爲諫大夫，數虚己問以政事。是時年歲不登，郡國多困，禹奏言：【略】故時齊三服官輸物不過十笥，方今齊三服官作工各數千人，一歲費數鉅萬。蜀廣漢主金銀器，歲各用五百萬。三工官官費五千萬，如淳曰：地理志河内懷、蜀郡成都、廣漢皆有工官。工官，主作漆器物者也。師古曰：如說非也。三工官，謂少府之屬官，考工室也，右工室也，東園匠也。上已言蜀漢主金銀器，是不入三工之數也。東西織室亦然。【略】今漢家鑄錢，及諸鐵官皆置吏卒徒，攻山取銅鐵，一歲功十萬人已上，中農食七人，是七十萬人常受其飢也。

《後漢書》志二五《百官志・太僕》 考工令一人，六百石。本注曰：主作兵器弓弩刀鎧之屬，成則傳執金吾入武庫，及主織綬諸雜工。左右丞各一人。

《後漢書》志二六《百官志・大司農》 平準令一人，六百石。本注曰：掌知物賈，主練染，作采色。丞一人。

魏晋南北朝分部

紀事

《三國志》卷二四《魏志·韓暨傳》 太祖平荊州，辟爲丞相士曹屬。後選樂陵太守，徙監冶謁者。舊時冶，作馬排，爲排以吹炭。每一熟石用馬百匹；更作人排，又費功力；暨乃因長流爲水排，計其利益，三倍於前。在職七年，器用充實。制書褒歎，就加司金都尉，班亞九卿。

《宋書》卷六《孝武帝紀》〔元嘉三十年秋七月〕辛酉，詔曰：百姓勞弊，傜賦尚繁，言念未乂，宜崇約損。凡用非軍國，宜悉停功。可省細作并尚方，雕文靡巧，金銀塗飾，事不關實，嚴爲之禁。供御服膳，減除游侈。水陸捕採，各順時月。官私交市，務令優衷。其江海田池公家規固者，詳所開弛。貴戚競利，悉皆禁絶。

《南齊書》卷六《明帝紀》 建武元年十一月丁亥，詔細作中署、材官、車府，凡諸工，可悉開番假，遞令休息。

《梁書》卷三八《賀琛傳》 凡所營造。不關材官，及以國匠，皆資雇借，以成其事。

《陳書》卷五《宣帝紀》 太建二年秋八月甲申巧手於役死亡及與老疾，不勞訂補。

《魏書》卷一《太祖紀》〔天賜元年〕五月，置山東諸冶，發州郡徒謫造兵甲。

《魏書》卷七下《高祖紀》〔太和十一年〕十有一月丁未，詔罷尚方錦繡綾羅之工，四民欲造，任之無禁。其御府衣服、金銀、珠玉、綾羅、錦繡，太官雜器，太僕乘具，內庫弓矢，出其太半，班賚百官及京師士庶，下至工商皂隸，逮於六鎮戍士，各有差。

《魏書》卷一一〇《食貨志》 世宗延昌三年春，有司奏長安驪山有銀鑛，二石得銀七兩。其年秋，恒州又上言，白登山有銀鑛，八石得銀七兩，錫三百餘斤，其色潔白，有踰上品。詔並置銀官，常令採鑄。又漢中舊有金户千餘家，常於漢水沙淘金，年終總輸。後臨淮王彧爲梁州刺史，奏罷之。其鑄鐵爲農器、兵刃，在所有之，然以相州牽口冶爲工，故常鍊鍛爲刀，送於武庫。

《魏書》卷一一〇《食貨志》 先是，禁網疏闊，民多逃隱。天興中，詔採諸漏户，令輸綸綿。自後諸逃户占爲細繭羅縠者甚衆。於是雜營户帥遍於天下，不隸守宰，賦役不周，户口錯亂。始光三年詔一切罷之，以屬郡縣。

《北齊書》卷四七《酷吏傳·畢義雲》 文宣受禪，除治書侍御史，彈射不避勳親。累遷御史中丞，繩劾更切。然豪横不平，頻被怨訟。前爲汲郡太守翟嵩啓列：義雲從父兄僧明負官債，先任京畿長吏，不受其屬，立限切徵，由此挾嫌，數遣御史過郡訪察，欲相推繩。又坐私藏工匠，家有十餘機織錦，並造金銀器物。乃被禁止。

《周書》卷五《武帝紀》〔天和六年〕九月庚申，月在婁，蝕之既，光不復。癸酉，省掖庭四夷樂、後宮羅綺工人五百餘人。

（宋）李昉等《太平御覽》卷七六三《器物部·斧》 諸葛亮教曰：前後所作斧，都不可用。前伐鹿角，壞刀斧千餘枚。賴賊已走。間自令作部〔作〕刀斧百枚，用之百余日，初無壞者。〔尔〕〔余〕乃知彼主者無意，宜收治之，非小事也。若臨敵，敗人軍事矣。

隋唐五代分部

論說

（宋）司馬光《資治通鑑》卷一九四《唐紀・太宗貞觀六年》　監察御史馬周上疏，監，古銜翻。上，時掌翻。以爲：東宮在宮城之中，而大安宮乃在宮城之西，此因大安宮在西，遂謂帝所居爲東宮耳。制度比於宸居，尚爲卑小，於四方觀聽，有所不足。宜增修高大，以稱中外之望。稱，尺證翻。又，太上皇春秋已高，陛下宜朝夕視膳。今九成宮去京師三百餘里，太上皇或時思念陛下，陛下何以赴之？又，車駕此行，欲以避暑；太上皇尚留暑中，而陛下獨居涼處，溫清之禮，竊所未安。《記・曲禮》：凡爲人子之禮，冬溫而夏清。清，音七正翻。今行計已成，不可復止，復，扶又翻。願速示返期，以解衆惑。又，王長通、白明達皆樂工，韋槃提、斛斯正止能調馬，縱使技能出衆，正可賫之金帛，豈得超授官爵，鳴玉曳履，與士君子比肩而立，同坐而食，使，渠綺翻。坐，徂卧翻。臣竊耻之！上深納之。

（清）董誥《全唐文》卷二三八《盧藏用・諫營興泰宮疏》　臣愚雖不達時變，竊嘗讀書，見自古帝王之迹衆矣。臣聞土階三尺，茅茨不翦，采椽不斲者，唐堯之德也。卑宮室，菲飲食，盡力於溝洫者，大禹之行也。惜中人十家之產，而罷露臺之制者，漢文之明也。並能垂名無窮，爲帝皇之烈，豈不以克念徇物，博施濟衆，以臻於仁恕哉。今陛下崇臺邃宇，離宮別館，亦已多矣。更窮人之力以事土木，臣恐議者以陛下爲不憂人務奉己也。且頃歲已來，雖年穀頗登，而百姓未有儲蓄。陛下西幸東巡，人未休息，土木之役，歲月不空。陛下不因此時施德布化，復廣造宮苑，臣恐人未易堪。今左右近臣，多以順意爲忠，朝廷具僚，皆以犯忤爲患。至令陛下不知百姓失業，百姓亦不知左右傷陛下之仁也。臣聞忠臣不避死亡之患，以納君於仁，明主不惡切直之言，以垂名千載。陛下誠能發明恕之制，以勞人爲辭，則天下必以陛下爲惜人力而苦己也。小臣固陋，不識忌諱，敢冒死上聞，乞下臣此章，與執事者議其可否，則天下幸甚。

（清）董誥《全唐文》卷四四八《王涯・請開採銅鐵奏》　當使應管諸州府坑冶，伏准建中元年九月七日敕，山澤之利，令歸於管，坑冶所出，並委鹽鐵使勾當者。今兗鄆淄青曹濮等三道并齊州界，已收管開冶，及訪聞本道私自占採坑冶等。臣伏以山川產物，泉貨濟時，苟有利宜，不忘經度。兗海等道，銅鐵甚多，或開採未成，州府私占，物無自效。須俟變興，國有常征，宜歸董屬。前件坑冶，昨使簡量，審見滋饒，已令開發。其三道觀察使，相承收採，將備軍須，久以爲利，恐違常典。伏請勒還當使，准例稅納。又以興功動作，法貴均勞，坑冶州府，人難并役。其應採鍊人户，伏請准元敕免雜差遣，冀其便安。伏乞天恩允臣所請，臣即於當使差清強官與兗海等道勘會。已開者便令交領，未開者別具條疏。

（清）董誥《全唐文》卷八五〇《薛融・請停營作疏》　臣近覩河南留守高行周狀奏修大內事，以大廈既成，燕雀尚猶相賀，皇居是葺，臣子豈不同歡。然則時方屬於多虞，事宜停於不急。臣聞帝堯古之聖君也，其所居宮室，則茅茨不翦，土階三尺。漢文帝古之聖主也，欲造露臺，以費百金之值，尋罷其役。莫不道光圖籍，德冠古今，爲千載之美談，作百王之懿範。況漢文承三代之基業，御一統之寰區，百姓富饒，四方寧謐，金帛盈於帑藏，粟麥溢於困倉，尚惜其財，不從其欲。今雒陽宮殿，雖有先遭焚毀，其所存者，猶且彌滿於帝堯之茅茨。而又重有修營，其所費者，豈不倍多於漢文之臺榭。伏自陛下一臨華夏，再歷寒暄，聖猷雖契於上元，皇化未覃於遐徼。復又鄴城殘寇，歷歲逋誅，黎民猶困於轉輸，將士頗勞於攻討，庫藏虛竭，支費殷繁。此則是陛下宵衣旰食之時，非陛下營造宮室之日。且百姓是陛下之赤子也，陛下是百姓之慈父也。子既有疾，父寧不憂。今天下黎民，莫非疲弊，天下州縣，靡不凋殘。加以率斂頻仍，徭役重疊，尤宜撫恤，俾遂蘇舒。勿謂愚而可輕，勿謂賤而可棄。古人有言，民猶水也，君猶舟也，水所以載舟，亦所以覆舟。可不畏乎。兼自去年正月已來，陰陽繼虧，星曜失度，此則上天垂象，使陛下修德節儉之戒也，固合修德以應之。向使百姓安寧，則陛下雖當櫛風沐雨，未以爲苦也。若或兆民愁苦，則陛下雖處瑶臺瓊室，豈得爲安乎。伏願陛下襲帝堯之舊風，繼漢文之餘烈，且停工役，免費資財，使寰海之普寧，或修營之末晚，則天下幸甚，百姓幸甚。

（清）陸心源《唐文拾遺》卷四六《盧振·禁止織造疏薄奏》 古先哲王之制，布帛不中度，不鬻於市。□□組織之物，輕重皆有定規。近年已來，織帛之家，過爲疏薄，徒勞杼軸，無益公私。臣請三京鄴都諸道州府，凡織造之家，所織綾羅絁帛諸物，並須斤兩尺度，合官定規程，不得輒爲疎薄。所在官吏覺察禁止，不得更然。

綜述

（唐）長孫無忌等《唐律疏議》卷一六《擅興·興造不言上待報》

諸有所興造，應言上而不言上，應待報而不待報，各計庸，坐贓論減一等。

疏議曰：修城郭，築堤防，興起人功，有所營造，依《營繕令》：計人功多少，申尚書省聽報，始合役功。或不言上及不待報，各計所役人庸，坐贓論減一等。其庸倍論，罪止徒二年半。

即料請財物及人功多少違實者，笞五十；若事已損費，各併計所違贓庸重者，坐贓論減一等。本料不實，料者坐；請者不實，請者坐。

疏議曰：即料請財物及人功多少違實者，謂官有營造，應須市買，料請所須財物及料用人功多少，故不以實者，笞五十。若事已損費，或已損財物，或已費人功，各併計所費功、庸，準贓重者，坐贓論減一等。重者，謂重於笞五十，即五疋一尺以上，坐贓論減一等，合杖六十者爲贓重。本料不實，止坐元料之人。若由請人不實，即請者合坐。失者，各減三等。依《名例律》：以贓致罪，頻犯者，各倍論。此既因贓獲罪，功、庸出衆人之上，並通官物，即合累而倍論。若直費官財物，不損庸直，止據所費財科，不在倍限。雖費人功，倍併不重於官物，止從官物科斷，即是累併不加重者，止從重論。

諸非法興造及雜徭役，十庸以上，坐贓論。

疏議曰：非法興造，謂法令無文；雖則有文，非時興造亦是，若作池、亭、賓館之屬。及雜徭役，謂非時科喚丁夫。驅使十庸以上，坐贓論。既準衆人爲庸，亦須累而倍折。故注云謂爲公事役使而非法令所聽者。因而率斂財物者，亦併計坐贓論，仍亦倍折。以其非法賦斂，不自入己，得罪故輕。

諸工作有不如法者，笞四十；不任用及應更作者，併計所不任贓、庸，坐贓論減一等。其供奉作者，加二等。工匠各以所由爲罪。監當官司，各減三等。

疏議曰：工作，謂在官司造作。輒違樣式，有不如法者，笞四十。不任用，謂造作不任時用，及應更作者，併計所不任贓、庸，累倍坐贓論減一等，十疋杖一百，十疋加一等，罪止徒二年半。其供奉作加二等者，供奉之義，已於《職制》解訖，若不如法，杖六十；不任用及應更作，坐贓論加一等，罪止流二千里。其併倍訖，不重費官物者，並直計官物科之，其贓不倍。工匠各以所由爲罪。監當官司各減三等者，謂親監當造作，若有不如法，減工匠三等，笞十；不任用及應更作，減坐贓四等，罪止徒一年；供奉作，罪止徒二年之類。

諸私有禁兵器者，徒一年半；謂非弓、箭、刀、楯、短矛者。

疏議曰：私有禁兵器，謂甲、弩、矛、矟、具裝等，依令私家不合有。若有矛、矟者，各徒一年半。注云謂非弓、箭刀、楯、短矛者，此上五事，私家聽有。其旌旗、幡幟及儀仗，並私家不得輒有，違者從不應爲重，杖八十。

弩一張，加二等；甲一領及弩三張，流二千里；甲三領及弩五張，絞。私造者，各加一等；甲，謂皮、鐵等。具裝與甲同。即得闌遺，過三十日不送官者，同私有法。

疏議曰：弩一張，加二等，謂加私有禁兵器罪二等，合徒二年半。甲一領及弩三張，流二千里，有甲、有弩，各得此罪。甲三領及弩五張，絞，亦甲、弩準數，各得絞罪。私造者，各加一等，謂私造甲、弩及禁兵器，各加私有罪一等。

問曰：私有甲三領及弩五張，準依律文，各合處絞。有人私有甲二領並弩四張，欲處何罪？

答曰：畜甲、畜弩，各立罪名，既非一事，不合併滿。依《名例律》：其應入罪者，舉輕以明重。有甲罪重，有弩坐輕；既有弩四張已合流罪，加一滿五，即至死刑，況加甲二領，明合處絞。私有弩四張，加甲一領者，亦合死刑。

注：甲，謂皮、鐵等。具裝與甲同。即得闌遺，過三十日不送官者，同私有法。

疏議曰：鐵甲、皮甲，得罪皆同。私有具裝，與甲無別：有一具裝，流二千里；有三領者，亦合絞。即得闌遺，過三十日不送官，謂得闌遺禁兵器以下，三十一日不送官者，同私有法。既稱過三十日，即三十日内不合此罪。又，依《軍防令》，闌得甲仗，皆即輸官。不送輸者，從違令，笞五十。滿五日者，依《雜律》各以亡失罪論，其亡失之罪，從本條解釋。其甲非皮、鐵者，依《庫部式》，亦有聽畜之處，其限外剩畜及不應畜而有者，亦準禁兵器論。但甲有禁文，非私家合有，爲非皮、鐵，量罪稍輕，坐同禁兵器，理爲適中。

造未成者，減二等。即私有甲、弩，非全成者，杖一百；餘非全成者，勿論。

疏議曰：造未成者，謂從上禁兵器以下，未成者，各減私造罪二等，謂甲三領、弩五張以上，縱更多有，各止處徒三年。即私有甲、弩非全成者，謂不堪著用，又非私造，杖一百。餘非全成者，勿論，謂甲、弩之外，所有禁兵器，非全成者，皆不坐。既是禁兵器，雖不合罪，亦須送官。

諸役功力，有所採取而不任用者，計所欠庸，坐贓論減一等。

疏議曰：謂官役功力，若採藥，或取材之類，而不任用者。若全不任用，須計全庸；若少不任用，準其欠庸，併倍坐贓論減一等。

若有所造作及有所毀壞，備慮不謹，而誤殺人者，徒一年半；工匠、主司各以所由爲罪。

疏議曰：謂有所繕造營作及有所毀壞崩撤之類，不先備慮謹慎，而誤殺人者，徒一年半。工匠、主司各以所由爲罪，或由工匠指撝，或是主司處分，各以所由爲罪，明無連坐之法。律既但稱殺人，即明傷者無罪。

（唐）長孫無忌等《唐律疏議》卷二六《雜律・器用絹布行濫短狹而賣》 諸造器用之物及絹布之屬，有行濫、短狹而賣者，各杖六十；不牢謂之行，不真謂之濫。即造橫刀及箭鏃用柔鐵者，亦爲濫。

疏議曰：凡造器用之物，謂供公私用，及絹、布、綾、綺之屬，行濫，謂器用之物不牢、不真；短狹，謂絹疋不充四十尺，布端不滿五十尺，幅闊不充一尺八寸之屬而賣：各杖六十。故禮云：物勒工名，以考其誠。功有不當，必行其罪。其行濫之物没官，短狹之物還主。

得利贓重者，計利，準盜論。販賣者，亦如之。市及州、縣官司知情，各與同罪；不覺者，減二等。

（唐）李林甫等《唐六典》卷二二《少府監・北都軍器監》 北都軍器監：監一人，正四品上；開元初令少府監置，十六年移向北都。少監一人，正五品上；丞二人，正七品上；主簿一人，正八品上；録事一人，正九品下。軍器監掌繕造甲弩之屬，辨其名物，審其制度，以時納於武庫；少監爲之貳焉。丞掌判監事。凡材革出納之數，工徒衆寡之役，皆督課焉。主簿掌印及勾檢稽失。録事掌受事發辰。

（唐）李林甫等《唐六典》卷二二《少府監・掌冶監》 掌冶署：令一人，正八品上；《周禮・冬官》：攻金之工六，謂築、冶、鳧、㮚、段、桃也。秦及漢，諸郡國出鐵者，置鐵官長、丞。晉衛尉屬官有冶令、丞各一人，掌工徒鼓鑄；過江，省衛尉，而冶令始隸少府。宋有東冶令丞、南冶令丞，齊因之。梁有東冶令，西冶令，從九品下。《選簿》：舊，東冶重，西冶輕。然則梁朝之西冶，蓋宋、齊南冶也。陳因之。後魏無聞。北齊太府寺有司冶令、丞。後周有冶工中士一人，又有鐵工中士一人。隋太府寺統掌冶署，令二人，掌金、銀、銅、鐵器之屬，並管諸冶；煬帝改屬少府，令從八品上。皇朝因之，省一人。丞二人，正九品上；秦、漢已來具上注。隋太府寺統掌冶丞四人，煬帝改屬少府，皇朝因之，省二人。監作二人，從九品下。

掌冶署令掌鎔鑄銅鐵器物之事；丞爲之貳。凡天下諸州出銅鐵之所，聽人私採，官收其稅。若白鑞，則官爲市之。其西邊、北邊諸州禁人無置鐵冶及採鈋，若器用所須，則具名數，移於所由，官供之；私者，私市之。凡諸冶所造器物，皆上於少府監，然後給之。其興農冶監所造者，唯供隴右諸牧監及諸牧使。

（唐）李林甫等《唐六典》卷二三《將作監・甄官署》 甄官署：令一人，從八品下；《周禮》摶埴之工二，謂陶與旊也。後漢將作大匠屬官有前、後、中甄官令丞。晉少府領甄官署，掌塼瓦之任。宋、齊有東、西陶官瓦署督、令各一人。北齊太府寺統甄官署，甄官又別領石窟丞。後周有陶工中士一人，掌爲罇、彝、篚、簋等器。隋太府寺統甄官署令、丞二人，皇朝改屬將作。丞二人，正九品下；後漢前、後、中三甄官各丞一人，晉有甄官丞，後周有陶工下士一人。隋甄官丞二人，皇朝因之。監作四人，從九品下。甄官令掌供琢石、陶土之事；丞爲之貳。凡石作之類，有石磬、石人、石獸、石柱、碑碣、碾磑，出有方土，用有物宜。凡磚瓦之作，瓶缶之器，大小高下，各有程準。凡喪葬則供其明器之屬，別敕葬者供，餘並私備。三品以上九十事，五品以上六十事，九品已上四十事。當壙、當野、祖明、地軸、⿰革延馬、偶人，其高各一尺；其餘音聲隊與僮僕之屬，威儀、服玩，各視生之品秩所有，以瓦、木爲之，其長率七寸。

（唐）李林甫等《唐六典》卷二三《將作監・右校署》 右校署：令二人，從八品下；後漢安帝延光三年，置左校令、右校令，其後又置右校令。魏因之。晉少府屬官有左校，無右校，其職蓋並於左校矣。宋、齊、梁、陳皆無。北齊太府寺管左校，亦無右校。隋置右校署令、丞，掌營構工作之事。皇朝因之。丞三人，正九品下；漢右校丞一人，三百石。魏因之。宋、齊、梁、陳並置，北齊省。隋右校置丞三人，皇朝因之。監作十人，從九品下。右校令掌供版築、塗泥、丹艧之事；丞爲之貳。凡料物支供皆有由屬，審其制度而經度之。

（唐）李林甫等《唐六典》卷二三《將作監・左校署》 左校署：令二人，從八品下；丞四人，正九品下；監作十人，從九品下。左校令掌供營構梓匠之事，致其雜材，差其曲直，制其器用，程其功巧；丞爲之貳。凡宮室之制，自天子至於士庶，各有等差。天子之宮殿皆施重栱、藻井。王公、諸臣三品已上九架，五品已上七架，並廳厦兩頭；六品已下五架。其門舍三品已上五架三間，五品已上三間兩厦，六品已下及庶人一間兩厦。五品已上得制烏頭門。若官修者，左校爲之。私家自修者，制度准此。凡樂縣簨虡，兵仗器械，及喪葬儀制，諸司什物，皆供焉。簨虡謂鎛鍾、編鍾、編磬之屬。器械謂仗床、戟架、杻械之屬。喪儀謂棺槨、明器之屬。什物謂机案、櫃檻、敕函、行槽、剉碓之屬。

（唐）張鷟《龍筋鳳髓判》卷二《將作監》 大匠唐將作監，設大匠一人，總判。吴淳掌造東都羅城，牆高九仞，隍深五丈。正屬春時，妨農作。百姓訴至秋收後，淳自求功，抑而不許。御史彈非時興造，付法，不伏。

九卿分統，《禮記》三公、九卿。《文獻通考》漢以將作少府等官，謂之九寺大卿。漢朝開土木之官；《漢書》將作少府，掌修土木之功。百工惟時，《臯陶謨》文。《周禮》置梓材之職。《書》有梓材篇《正義》梓木之善者，治之宜精，因以爲木之工匠名。斧斤動役，測之以寒暑；左思《魏都賦》測之以寒暑。李善注：《周禮》以土圭測日景，日南多暑，日北多寒。版築興功，揆之以日星。左思《魏都賦》揆日晷，考星耀。劉淵林注：《詩》：定之方中，作於楚宮。揆之以日，作於楚室。定營室星，方中可以興土功也。以人從欲，《左傳》以欲從人則可，以人從欲鮮濟。傾宮就而紂亡；揚雄《甘泉賦》襲璿室與傾宮。服虔注：桀作璿室，紂作傾宮。以欲從人，露臺休而漢盛。《漢書》文帝欲作露臺，計之直百金，曰：百金，中人十家之産也，何以臺爲？吴淳任居大匠，職重繕工，《文獻通考》：秦有將作少府，漢景帝更名將作大匠。唐龍朔二年，改將作爲繕工監。踐李固之前規，《後漢書》李固自荊州刺史遷將作大匠。躡曹褒之舊跡。《後漢書》：曹褒，永元時遷將作大匠。建都河洛，班固《東都賦》立號高邑，建都河洛。起役伊瀍，張衡《東京賦》審曲面勢，左伊右瀍。百堵所以雲興，《詩》百堵皆興。《鄭箋》五版爲堵。庾闡《揚都賦》枕百堵之層城。《晉書》顧愷之言：會稽山川之狀，雲興霞蔚。九仞由其岳立。《淮南子》鯀作九仞之城。《五經異義》天子之城九仞。鮑照《蕪城賦》格高五岳。畚簣魚貫，強脊者使之負持；鍬杵雁行，長脛者使之踏插。《淮南子》伊尹之興土地也，修脛者使之跖躩，強脊者使之負土。《注》長脛以蹋插者，使入深。優旃欲漆之郭，雖復難周；《史記》秦二世欲漆其城，優旃曰：善顧，難爲蔭室耳。張儀覆錦之城，於焉易就。《益州記》張儀所築錦城在州南。《華陽國志》成都城，故錦官也。錦工織錦，濯於江中則鮮明，濯於他水則不如，故名錦里城。九重之邑，《淮南子》崑崙山有層城九重。無勞走馬之形；《搜神記》秦人築城數崩，有馬馳走，因馬跡爲城，乃定，遂名馬邑。萬家之都，沈約《安樂王碑》郛墉之内，雲尾萬家。自有臥龍之異。王隱《晉書》涼州城有臥龍形，故名臥龍城。理須候隙啓閉，《左傳》皆於農隙以講武事。又啓塞授時。注門户道橋曰啓，城郭牆塹曰塞。務在從時。《禮記》凡舉大事，必順其時。下不奪於三農。《孟子》百畝之田，勿奪其時。《周禮》三農生九穀。鄭司農注山農，澤農，平地農。上不虧於八部。《河圖括地象》天有九部八紀，地有九州八柱。倉庚遷木，殊非濬洫之辰；《詩》春日載陽，有鳴倉庚。又遷於喬木。左思《魏都賦》崇墉濬洫。劉淵林注：濬，深也。洫，城溝也。戴勝降桑，豈是營都之日，《禮記》季春之月，戴勝降於桑。《漢書》婁敬云：昔成王乃營成周都洛。寧有自求微效，廣棄人功，既廢春疇，宜從霜典。

（唐）吴兢《貞觀政要》卷六《論奢縱》 貞觀十一年，侍御史馬周上疏陳時政曰：臣歷覩前代，自夏殷周，及漢氏之有天下，傳祚相繼，多者八百餘年，《史記》注周凡三十七主，八百六十七年。少者猶四五百年。《史記》注從禹至桀十七君十四世有王與無王，用歲四百七十一年。殷凡三十一世六百二十九年。東西兩漢共二十四帝，凡四百二十四年。見《漢書》。皆爲去聲，後同。積德累業，恩結於人心，豈無僻王賴前哲以免尔。自魏晋已還，降及周隋，多者不過五六十年，少者纔二三十年而亡，三國，蜀二主，四十五年。魏五主，四十五年。吴四主，五十九年。西晋四主，五十三年。南齊七主，二十二年。蕭梁四主，五十六年。陳五主，二十三年。東晋十一主一百三年。劉宋八王，六十年。元魏十二主，一百一十九年。東魏一主，十七年。西魏三主，二十二年。北齊五主，二十八年。後周五主，二十五年。隨三主，三十七年。良由創業之君，不務廣恩化，當時僅能自守，後無遺德可思，故傳嗣之主政教少衰。一夫大呼，去聲。而天下土崩矣。今陛下雖以大功定天下，而積德日淺，固當崇禹湯文武之道，廣施德化，施平聲。使恩有餘地，爲子孫立萬代之基。豈欲但令政教無失，令平聲，後同。以持當年而已。且自古明王聖主，雖因人設教，寬猛隨時，而大要以節儉於身，恩加於人，二者是務。故其下愛之如父母，仰之如日月，敬之如神明，畏之如雷霆，此其所以卜祚遐長而禍亂不作也。今百姓承喪亂之後，比於隋時纔十分之一，而供官徭役，道路相繼，兄去弟還，首尾不而。幽厲亦笑殷紂之滅，周幽王，名宫涅。厲王，名胡。皆無道之主。隋帝大業之初，又笑周齊之失國。然今之視煬帝，亦猶煬帝之視周齊也。故京房京，姓。房，名。字君明，漢東郡人，治易。謂漢元帝云：臣恐後之視今，亦猶今之視古。此言不可不戒也。往者貞觀之初，率土霜儉，一匹絹纔得粟一斗，而天下怡然，百姓知陛下甚憂憐之，故人人自安，魯無謗讟自五六年來，頻歲豐稔，一匹絹得十餘石粟，而百姓皆以陛下不憂憐之，咸有怨言。又今所營爲者，頗多不急之務故也。自古以來，國之興亡不由蓄積多少，唯在百姓苦樂。且以近事驗之，隋家貯洛口倉，而李密因之，東京積布帛，王世充據之，西京府庫亦爲國家之用，至今未盡。向使洛口東都無粟帛，即世充李密未必能聚大衆。但貯積者固是國之常事，要當人有餘力，而後收之。若人勞而彊斂之，斂去聲。竟以資寇，積之無益也。然儉以息人，貞觀之初陛下已躬爲之，故今行之不難也。爲之一日，則天下知之，式歌且舞矣。若人既勞矣，而用之不息，儻中國被水旱之灾，邊方有風塵之警，狂狡因之竊發，則有不可測之事，非徒聖躬旰食晏寢而已。旰，居案切。日晚也。若以陛下之聖明，誠欲勵精爲政，不煩遠求上古之術，但及貞觀之初，則天下幸甚。太宗曰：近令造小隨身器物，不意百姓遂有嗟怨。此則朕之過誤。乃命停之。

（唐）劉肅《大唐新語》卷二《極諫》 馬周，太宗將幸九成宫，上疏諫曰：伏見明敕，以二月二日幸九成宫。臣竊惟太上皇春秋已高，陛下宜朝夕侍膳，晨昏起居。今所幸宫，去京二百餘里，鑾輿動軔，俄經旬日，非可朝行暮至也。脱上皇情或思感，欲見陛下者，將何以赴之？且車駕今行，本意只爲避暑，則上皇尚留熱處，而陛下自逐涼處，温清之道，臣切不安。文多不載。太宗稱善。

（唐）李吉甫《元和郡縣圖志》卷二五《江南道》 銅冶山，在縣北六十五里。出銅鉛，歷代采鑄。

（唐）李吉甫《元和郡縣圖志》卷二九《江南道》 桂陽監，在城内。每年鑄錢五萬貫。

（唐）李吉甫《元和郡縣圖志》卷二九《江南道》 平陽縣。上。東至州九十九里。本漢郴縣地，東晋陶侃於今理南置，屬平陽郡。至陳俱廢。隋末蕭銑分置，武德因而不改。七年省，八年復置。

銀坑，在縣南三十里。所出銀，至精好，俗謂之偶子銀，别處莫及。亦出銅鑛，供桂陽監鼓鑄。

（唐）李吉甫《元和郡縣圖志》卷三三《劍南道》 銅山縣，中。東北至州一百二十里。本郪縣地，有銅山，漢文帝賜鄧通蜀銅山鑄錢，此蓋其餘峯也，歷代采鑄。貞觀二十三年置監，署官，前上元三年廢監。調露元年，因廢監置銅山縣。

（唐）白居易《白居易集》卷四《諷諭·紅繡毯》 紅線毯，擇繭繰絲清水煮，揀絲練線紅藍染。染爲紅線紅於藍，織作披香殿上毯。披香殿廣十丈餘，紅線織成可殿鋪。綵絲茸茸香拂拂，線軟花虚不勝物。美人踏上歌舞來，羅襪繡鞋隨步没。太原毯澀毳縷硬，蜀都褥薄錦花冷；不如此毯温且柔，年年十月來宣州。宣城太守加樣織，自謂爲臣能竭力。百夫同擔進宮中，線厚絲多卷不得。宣城太守知不知？一丈毯，千兩絲！地不知寒人要暖，少奪人衣作地衣！貞元中，宣州進開樣加絲毯。

《舊唐書》卷四四《職官志》　良醖署：令二人，正八品下。丞二人，正九品下。府三人，史六人。監事二人，從九品下。掌醖三十人，酒匠十三人，奉觶一百二十人，掌固四人。令掌供奉邦國祭祀五齊三酒之事。丞爲之貳。五齊三酒，義見《周官》。郊祀之日，帥其屬以實罇罍。若享太廟，供其鬱鬯之酒，以實六彝。若應進者，則供春暴、秋清、酴醾、桑落等酒。

掌醢署：令一人，正八品下。丞二人，正九品下。府二人，史四人，主醢十人。令掌供醯醢之屬，而辨其名物。丞爲之貳。凡鹿、兔、羊、魚等四醢。凡祭神祇，享宗廟，用葅醢以實豆；宴賓客，會百官，醯醬以和羹。

（宋）王欽若等《册府元龜》卷五〇四《邦計部·絲帛》　唐高祖初平京師，傾府藏以賜勳人，既而又患國用不給，太原人劉義節進計曰：今義師數千萬並在長安，樵貴而布帛賤。若伐街衢及苑中之樹爲樵，以易布帛，歲取數千萬疋，立可致也。又藏內繒絹，疋皆有餘軸之，使申截取剩物，以供雜費，動盈十餘萬段矣。高祖並從之，大收其利。

武德七年，定令每丁調隨其鄉土所產綾絹絁各二丈，布加五分之一。輸綾絹絁者兼調綿三斤，輸布者麻三斤。

代宗大曆中，詔曰：《王制》命市納賈以觀人之好惡。布帛精麤不中度，廣狹不中量，不鬻於市。漢詔亦云，纂組文繡害女紅也。朕思以恭儉克己，淳朴化人，每尚素玄之服，庶齊金土之價。而風俗不一，踰侈相高，浸弊於時，其來自久。耗縑繒之本，資錦綺之奢，異彩奇文，恣其誇競。今師旅未戢，黎元不康豈使淫巧之功，更虧常制。在外所織造大張錦、獨軟錦、瑞錦、透背及竭鑿六破已上錦，獨窠文紗四尺幅，及獨窠吴綾獨窠司馬綾等，並宜禁斷。其長行高麗白錦、雜色，及常行小文子綾錦等，任依舊例造。其綾錦花文，所織盤龍對鳳、麒麟獅子、天馬辟邪、孔雀僊鶴芝草、萬字雙勝，及諸織羌樣文字等，宜亦禁斷。

憲宗元和八年四月，以錢重貨輕，出內庫錢五十萬貫，命兩常平收市布帛，每端疋於舊估加十之一。

九年八月，詔太府奏建州、泉州、壽州所納物麤惡短狹。布帛有幅，制度所存。近日勸課不精，竊濫方甚，遂使女工都棄，國用空虛。若無所懲，何以知懼。刺史宜各罰一月課料，録事參軍本縣令各罰一季課料，本曹官罰一季課料，仍書下考。

十一年六月，京兆府奏今年諸縣夏稅折納綾絹絁紬絲綿等，並請依本縣時價，只定上中二等，每疋加饒二百文。綿每兩加饒十五文，絲每兩加饒二十文。其下等物不在納限。小户本錢不足，任納絲綿斛㪷須是本户。如有本户輒合集買成疋段代納者，所由決十五枷項令衆。

（宋）宋敏求《唐大詔令集》卷一〇八《政事·禁約·禁珠玉錦繡敕》　敕：朕聞珠玉者，饑不可食，寒不可衣。故漢文云：彫文刻鏤傷農事，錦繡纂組害女工。農事傷則饑之本，女功害則寒之源。又賈生有言曰：夫人一日不再食則饑，終歲不製衣則寒。饑寒切體，慈母不能保其子，君焉得以有其人哉。朕以眇身託於王公之上，曷嘗不日旰忘食，未明求衣，思使反朴還淳，家給人足。而倉廩未實，饑饉相仍，水旱或愆，糟糠不厭。靜思厥故，皆朕之咎，致有漿酒藿肉，玉食錦衣，或相夸尚，浸成風俗。夫令之所施，惟行不惟反。人之化上，從好不從言。是以古先哲王，以身率下，如風之靡，何俗不易。此事近有處分，當已施行。朕若躬服珠玉，自玩錦繡，而欲公卿節儉，黎庶敦朴，是使揚湯止沸，涉海無濡，不可得也。是知文質之風，自上而始。朕欲捐金抵玉，正本澄源，所有服御金銀器物，今付有司，令鑄爲鋌。仍別貯掌，以供軍國。珠玉之貨，無益於時，並即焚於殿前，用絶爭競。至誠所感，期於動天，況於凡百，有違朕命。其宫掖之内，后妃以下，咸服澣濯之衣，永除珠翠之飾。當使金土同價，風俗大行，日用不知，克臻至道。布告朕意焉。開元二年七月。

（宋）宋敏求《唐大詔令集》卷一一一《政事·賦斂·禁止迎送營造差科詔》　隋末喪亂，豺狼競逐，率土之衆，百不一存。干戈未静，農桑咸廢，凋弊之餘，饑寒重切。永言念此，悼於厥心。今寇賊已平，天下無事，百姓安堵，各務耕織。家給人足，即事可期。所以新附之民，特蠲徭賦，欲其休息，更無煩擾使獲安静，自修產業。猶恐所在州縣，未稱朕懷，道路送迎，廨宇營築，率意徵求，擅相呼召，諸如此類，悉宜禁斷。非有別敕，不得差科。不遵詔者，重加推罰。布告天下，咸知此意。武德六年四月。

（宋）宋敏求《唐大詔令集》卷一一一《政事·賦斂·罷三十六州造船安撫百姓詔》 朕以寡昧，纂承鴻烈。肅扆巖廊之上，凝襟華裔之表，馭奔深於日慎，儲祉存於勿休。勉己勵精，詳求大化。往爲奉成先志，雪耻黎元，是以數年之間，稱兵遼海。雖除凶戡暴，義匪諸身，而疲人竭財，役興於下。泛滄流而遐濟，踐危途而遠襲。風濤競駭，或取淪亡，鋒鏑交揮，非無隕仆。顧惟菲德，事有乖於七旬，在躬延責，情致慙於四海。湯年罪己，鑒寐斯存，漢載富人，周迴切念。日者翹車聯暎，賁帛相輝，庖鼎之前，猶潛秀異，關柝之下，未盡英奇。佇逸翰於西雍，物殊珍於東序。比王師荐發，戎務實繁。州縣官寮，緣茲生過，力役無度，賄賂公行，蠹政傷風，莫斯爲甚。前令三十六州造船，以備東行者，即宜並停訖。凡百在位，宜極言得失，悉心無隱，以匡不逮。仍分遣按察大使，問人疾苦，黜陟官吏。兼司元太常伯竇德玄往河南道，並即持節分往。其內外官五品已上，各舉巖藪幽素之士，廣加詢訪，旁求謠俗，式企英材，允毗闕政。必使八紘之內，咸得朕心，萬寓之中，同夫親覽。宜速頒示率土，知此意焉。龍朔三年八月。

敕：關輔庸調，所税非小，既寡蠶桑，皆資菽粟，常賤糶貴買，損費逾深。又江淮苦變造之勞，河路增轉運之弊。每計其運脚，數倍加錢。今歲屬和平，庶物穰賤，南畝有十千之穫，京師同水火之饒。均其餘以減遠貢，順其便使農無傷。自今已後，關內諸州庸調資課，並宜準時價變粟取米，送至京，逐要支用。其路遠處不可運送者，宜所在收貯，便充隨近軍糧。其河南北有不通水州，宜折租造絹，以代關中調課。所司仍明爲條件，稱朕意焉。開元二十五年二月。

（宋）宋敏求《唐大詔令集》卷一一二《政事·財利·條貫江淮銅鉛敕》 錢貴物賤，傷農害工。權其輕重，須有通變。比者銅鉛無禁，鼓鑄有妨。其江淮諸州府，收市銅鉛等，先已令諸道知院官勾當。緣令初下，未盡頒行。宜委諸道觀察等使，與知院官切共勾當。事畢日，仍委鹽鐵使據所得數勘會聞奏。元和。

（宋）高承《事物紀原》卷五《尚醖》 唐已前有尚乘，無尚醖，宋朝元豐中，官制行，則置此官也。

（宋）王應麟《玉海》卷一八〇《食貨·錢幣·唐銀銅鐵錫冶　瑞金監　山澤寶冶》 《食貨志》凡銀銅鐵錫之冶一百六十八。陝宣潤饒衢信五州，銀冶五十八，銅冶九十六，鑑山五，錫山二，鉛山四，汾州礬山七。麟德二年，廢陝州銅冶四十八。開元十五年，初税伊陽五重山銀錫。德宗時，韓洄建議山澤之利宜歸王者，自是隸鹽鐵使。《洄傳》云，德宗初，上言天下銅鐵冶乃山澤利，當歸王者，請悉隸鹽鐵使。從之。元和初，天下銀冶廢者四十，歲采銀萬二千兩，銅二十六萬六千斤，錫二百七萬斤，鐵五萬斤，鉛無常數。開成元年，復歸州縣。宣宗時，裴休請復歸鹽鐵使，增銀冶二，鐵山七十一，廢銅冶二十七，鉛山一。元和三年六月，詔天下自五嶺以北銀坑並禁斷，令其采銅。四年六月，詔依前開采。《裴休傳》收山澤寶冶悉歸鹽鐵。紀大曆十四年七月庚午，弛邕州金坑禁。《地理志》凡天下有銀者三十六縣，關內一，河南五，河東二，山南二，隴右三，江南十九，劍南一，嶺南三。有銅者六十三縣，關內二，河南五，河東九，河北一，山南一，隴右一，淮南四，江南三十一，劍南六，嶺南三。有鐵者一百三縣，關內六，河南八，河東十五，河北九，山南十，隴西一，淮南三，江南二十七，劍南十八，嶺南六。有錫者十三縣，河南二，河東一，河北一，山南一，江南六，嶺南二。有金之郡縣十八，關內一，河南一，山南三，隴右一，江南七，劍南二，嶺南三。天祐元年，虔州置瑞金監虔之雩都有金。《百官志》少府監有掌冶令丞，諸冶監令丞。列傳河間王孝恭治荊州，爲立銅冶，百姓利之。權萬紀爲侍書御史，奏宣饒部中可鑿山冶銀，歲取數百萬，太宗斥之曰：不能推賢，乃以利規我。韓思復遷滁州刺史，州有銅官人鑓鑿尤苦，思復爲買他鄙費省獲多。國史兩朝志，金銀銅鐵鉛錫之冶，總二百七十一，金產六州冶十一。銀產二十三州，三軍一監，冶八十四。銅十一州，一軍冶四十六。鐵二十四州，二軍冶七十七。鉛九州，一軍冶三十。錫七州，冶十六。又丹砂二州，冶二。水銀四州，冶五。皆置吏主之。

（清）董誥《全唐文》卷一六《中宗·禁進獻奇巧制》 朕凝懷紫宙，滌想丹闕，考千古之澆淳，稽百王之治亂。蒿宮茅柱，實興國之清猷；玉席珠衣，乃危邦之弊化。朕自承天纂運，佩日披圖，希齊鷇飲之年，願躡鶉居之代。漢文提舄，少小留心。晉武焚裘，生平措意。頃爲皇符肇建，寶廟初登，眷彼王公，多爲進奉，莫不龍歌令節，蛟食芳辰。椒花獻頌之時，菊蘂浮觴之日，或雕金鏤玉，採六合之珍奇；或翦翠裁紅，飾三春之草樹。上行延納，下務徵求，鄽閈紛紜，公私逼迫。昇平欲濟，蠹害非輕。言念於茲，深無所謂。即宜懲革，勿至因循。

（清）董誥《全唐文》卷二六《玄宗・禁用珠玉錦繡詔》 雕文刻鏤，衣紈履絲，習俗相誇，殊塗競爽，傷風敗俗，爲弊良久，珠玉錦繡概令禁斷。準式三品以上飾以玉，四品以上飾以金，五品以上飾以銀者，宜於腰帶及御鐙酒杯杓依式，自外悉鑄爲鋌。婦人衣服，各隨其夫子。其已有錦繡衣服，聽染爲皀，成段者官爲市取。天下更不得採取珠玉，刻鏤器玩。造作錦繡珠繩織成帖縚二色綾綺羅作龍鳳禽獸等異文字及竪襴錦文者，决杖一百，受雇工匠降一等科之。兩京及諸州舊有官織錦坊悉停。

（清）董誥《全唐文》卷四七《代宗・禁斷織造淫巧詔》 《王制》命市納價，以觀民之好惡。布帛精粗不中數，廣狹不中量，不鬻於市。漢詔亦云：纂組文繡，害女工也。朕思以恭儉克己，惇樸化人，每尚素元之服，庶齊金土之價。而風俗不一，踰侈相高，浸弊於時，其來自久。耗縑繒之本，資錦綺之奢，異彩奇文，恣其誇競。今師旅未戢，黎元不康，豈使淫巧之工，更虧常制。在外所織造大張錦、硬軟瑞錦、透背及大繝錦、竭鑿六破已上錦、獨窠文紗四尺幅、及獨窠吴綾、獨窠司馬綾等，並宜禁斷。其常行高麗白錦、雜色錦、及常行小文字綾錦等，任依舊例造。其綾錦花文，所織蟠龍對鳳、麒麟獅子、天馬辟邪、孔雀仙鶴芝草、萬字雙勝及諸織造差様文字等，亦宜禁斷。兩都委御史臺，諸州府委本道節度觀察使，切加覺察。如違犯，具狀奏聞。

（清）董誥《全唐文》卷二五三《蘇頲・禁斷錦繡珠玉制》 敕：朕聞召公曰：弗作無益害有益。孔子曰：奢則不遜儉則固。斯乃聖人之至言矣。叔代遷訛，僻王驕縱，惟崇於玉盃象筯，不勝於捐金抵璧。好之者君也，習之者人也。即用匹帛服長纓之類歟。朕爰在幼沖，每期質撲，手未曾持珠玉。目未嘗觀錦繡，願言其志，造次不忘。自寅奉休圖，勉康政道，常想漢文衣綈之德，晋武焚裘之事，竟未能令行禁止，敦本棄末，朕甚懼之。今王侯勳戚，下洎廝養，所得者重於遠，所求者貴於異。雖雕文刻鏤，衣紈履絲，習俗相誇，殊塗競爽，有妨於政，無補於時。豈朕言之不明，教之未篤也。且一夫一女，不耕不織，則天下有受其饑寒者。今四方晏如，而百姓不足，豈不以尚於珠玉，珍於錦繡，墾田疇而奪其務，出布帛而害其功歟。其珠玉錦繡等，自今以後，切令禁斷。如更循舊弊，並歸罪長官。仍令御史金吾，嚴加捉搦。州牧縣宰，勸督農桑。待至秋收，課其貯積，使人知禮節，俗登仁壽。有司仍爲條例，稱朕意焉。

（清）董誥《全唐文》卷六一二《張滂・請禁鑄銅器雜物奏》 諸州府公私諸色鑄造銅器雜物等，伏以國家錢少，損失多門，興販之徒，潛將銷鑄。每銷錢一千，爲銅六斤，造寫器物，則斤直六百餘，其利既厚，銷鑄遂多。江淮之間，錢實減耗。伏準建中元年六月二十六日敕令，準大曆七年十二月十五日敕文，一切禁斷。年月深遠，違犯尚多。臣請自今已後，應有銅山，任百姓開采，一依時價，官爲收市。除鑄鏡外一切不得鑄造，及私相買賣。其舊器物，先在人家，不可收集，破損者仍許賣入官所。貴銅價漸輕，錢免銷毁。伏請委所在觀察使，與臣屬吏會計處置。

（清）陸心源《唐文拾遺》卷二《玄宗・禁賜酺聚斂敕》 賜酺合宴，止欲與人同歡。廣爲聚斂，固非取樂之意。今後宴會，所作山車旱船結綵樓閣寶車等，俱是無用之物，並宜禁斷。

（清）陸心源《唐文拾遺》卷三《玄宗・禁追匠修理雜物敕》 殿中鞍轡繖扇及諸司雜物須修理造作者，本司送至作所修理訖，自往請受，不得追匠就本司。其不可送作司者，給匠修理，其物應納庫藏，亦本司自送。

（清）陸心源《唐文拾遺》卷四《玄宗・修兩京城敕》 兩京城皇城及諸門并助鋪及京城守把捉兵之處，有城牆若門樓舍屋破壞須修理者，皆與所司相知。並量抽當處職掌衛士，以漸修營。若須登高臨内，即聞奏之。

（清）陸心源《唐文拾遺》卷四《玄宗・禁兩都燒窑取土敕》 京洛兩都，是惟帝宅。街衢坊市，固須修築。城内不得穿掘爲窑，燒造磚瓦，其有公私修造，不得於街巷穿坑取土。

（清）陸心源《唐文拾遺》卷六《憲宗・禁銷錢毁器詔》 今已後，諸州府有請以破鐘再鑄，宜令所在差人監領，不得令銷錢毁器，别有加添。

（清）陸心源《唐文拾遺》卷六《憲宗・不酤官酒照湖州例敕》 不

酤官酒，有益疲人，管内六州，皆合一例。宜並准湖州敕處分。

《舊五代史》卷八三《晉書·少帝紀》〔開運元年冬十月戊午，詔曰〕向者，造作軍器，破用稍多，但取堅剛，不須華楚，今後作坊製器械，不得更用金銀裝飾。比於游畋，素非所好，凡諸服御，尤欲去奢，應天下府州不得以珍寶玩好及鷹犬爲貢。在昔聖帝明君，無非惡衣菲食，況於薄德，所合恭行，今後大官尚膳，減去多品，衣服帷帳，務去華飾，在禦寒温而已。峻宇雕牆，昔人所誡，玉杯象箸，前代攸非，今後凡有營繕之處，丹堊雕鏤，不得過度，宮闈之内，有非理費用，一切禁止。

（清）董誥《全唐文》卷一〇一《梁太祖·禁僞造犀玉詔》　奇邪亂正，假僞奪真，既刑典之不容，宜犯違而勿赦。應東西兩京及諸道州府，制造假犀玉珍珠腰帶璧珥并諸色售用等，一切禁斷，不得輒更造作。如公私人家先已有者，所在送納長吏，封面毁棄。如行敕後，有人故違，必當極法。仍委所在州府，差人簡察收捕，明行處斷。

（清）董誥《全唐文》卷一〇三《後唐莊宗·禁鉛錫錢詔》　泉布之弊，雜以鉛錫，惟是江湖之外，盜鑄尤多，市肆之間，公行無畏。因是綱商挾帶，舟檝往來，换易好錢，藏貯富室，實爲蠹弊。須有條流，宜令京城諸道，於坊市行使錢内，點檢雜惡鉛錫錢，並宜禁斷。沿江州縣，每有舟船到岸，嚴加覺察，不許將雜鉛錫惡錢往來，换易好錢。如有私載，並行收納。

（清）董誥《全唐文》卷一〇九《後唐明宗·禁興造寺院敕》　應天下大寺及敕賜名額院宇，兼有功德堂殿樓閣已成就者，各勒住持。其餘小小占射，或施捨及置買，目下屋宇雖多，未有佛像者，並須量事估價，一時任公私收買。其住持僧，便委功德使及隨處長吏均配於大寺安止。如院在僻静之處，舍宇無多，不堪人承買者，便仰毁拆。其材木給付本僧，田地任人請射。仍限敕到後十日内，並須通勘，騰併了絶。如敢遷延，及有故違，其所犯僧徒二年，尼杖七十，並勒還俗。若有形勢借庇，當移不移，誑惑官中，更求院額，既違聽聞，所知之人，不係官位高低，並行朝典。如要增修福利，則任於合留寺院内興功。

（清）陸心源《唐文拾遺》卷一〇《晉少祖·令鹽鐵使禁銷錢鑄器物敕》　朕以歷代鑄錢，濟時爲寶，久無監物，已絶增添。邇來趍利之人，違法甚重，銷鎔不已，毁蠹日滋，禁制未嚴，姦弊莫止。既無添而有損，必耗國以困民。將治豐財，須行峻法。宜令鹽鐵使禁止私下打造鑄瀉銅器，速具條流事件聞奏。

（清）陸心源《唐文拾遺》卷一一《周太祖·定銅法敕》　銅法，今後官中更不禁斷，一任興販，所有一色，即不得瀉破爲銅器賣買。如有犯者，有人糾告捉獲，所犯人不計多少斤兩並處死。其地分所由節級決脊杖十七放，鄰保人決臀杖十七放。其告事者給與賞錢一百貫文。

紀事

（唐）劉肅《大唐新語》卷二《極諫》　徐充容，太宗造玉華宮於宜君縣，諫曰：妾聞爲政之本，貴在無爲。切見土木之功，不可兼遂。北闕初建，南營翠微，曾未逾時，玉華創制。雖復因山藉水，非架築之勞；損之又損，頗有無功之費。終以茅茨示約，猶興木石之疲；假使和雇取人，豈無煩擾之弊。是以卑宮菲食，聖主之所安；金屋瑶臺，驕主之作麗。故有道之君，以逸逸人；無道之君，以樂樂身。願陛下使之以時，則力不竭，不用而息之，則人胥悦矣。詞多不盡載。充容名惠，孝德之女，堅之姑也。文彩綺麗，有若生知。太宗崩，哀慕而卒，時人傷異之。

《舊唐書》卷一一《代宗紀》〔乾元六年〕夏四月丁巳，上御宣政殿試制舉人，至夕，策未成者，令太官給燭，俾盡其才。己未，澧州刺史楊子琳來朝，賜名猷。丁丑，改果州爲充州。戊寅，詔：纂組文繡，正害女紅。今師旅未息，黎元空虚，豈可使淫巧之風，有虧常制。其綾錦花文所織盤龍、對鳳、麒麟、獅子、天馬、辟邪、孔雀、仙鶴、芝草、萬字、雙勝、透背，及大繝綿、竭鑿、六破已上，並宜禁斷。其長行高麗白錦、大小花綾錦，任依舊例織造。有司明行曉諭。

《舊唐書》卷一四《順宗紀》〔元和二年六月〕癸酉，東都莊宅使織造户，並委府縣收管。

《舊唐書》卷一七上《敬宗紀》〔長慶四年九月〕戊午，加朱克融檢校司空。詔浙西織造可幅盤條繚綾一千匹。觀察使李德裕上表論諫，不奉詔，乃罷之。

《舊唐書》卷一七下《文宗紀》〔大和四年五月〕戊子，敕度支每歲於西川織造綾羅錦八千一百六十七匹，令數内減二千五百十匹。

《舊唐書》卷一八下《宣宗紀》〔會昌六年〕十二月，刑部尚書、判度支崔元式奏：准七月二日敕，綾紗絹等次弱疋段，並同禁斷，不得織造。臣欲與鹽鐵户部三司同條疏，先勘左藏庫，令分析出次弱疋段州府，即牒本道官搜索狹小機杼，令焚毁。其已納到次弱疋段，具數以聞。上從之。

（宋）司馬光《資治通鑑》卷一九七《唐紀·太宗貞觀十九年》丁未，車駕發幽州。上悉以軍中資糧、器械、簿書委岑文本，文本夙夜勤力，躬自料配，籌、筆不去手，籌，所以計算；筆，所以書。精神耗竭，言辭舉措，頗異平日。上見而憂之，謂左右曰：文本與我同行，恐不與我同返。是日，遇暴疾而薨。其夕，上聞嚴鼓聲，晋灼曰：嚴鼓，疾擊之鼓。《司馬法》曰：昏鼓四通爲大鼜。曰：文本殞没，所不忍聞，命撤之。時右庶子許敬宗在定州，與高士廉等同知機要，文本薨，上召敬宗，以本官檢校中書侍郎。

（宋）司馬光《資治通鑑》卷一九八《唐紀·太宗貞觀二十一年》戊戌，敕宋州刺史王波利等發江南十二州工人造大船數百艘，欲以征高麗。十二州：宣、潤、常、蘇、湖、杭、越、台、婺、括、江、洪也。艘，蘇遭翻。麗，力知翻。

（宋）司馬光《資治通鑑》卷一九九《唐紀·太宗貞觀二十二年》強偉等發民造船，役及山獠，雅、邛、眉三州獠反。強，其兩翻。邛，渠容翻。獠，魯皓翻。壬寅，遣茂州都督張士貴、右衛將軍梁建方發隴右、峽中兵二萬餘人以擊之。蜀人苦造船之役，或乞輸直雇潭州人造船；上許之。州縣督迫嚴急，民至賣田宅、鬻子女不能供，穀價踊貴，劍外騷然。自劍門關以南謂之劍外，内京師而外諸夏也。上聞之，遣司農少卿長孫知人馳驛往視之。知人奏稱：蜀人脆弱，不耐勞劇。脆，此芮翻。大船一艘，庸絹二千二百三十六匹。山谷已伐之木，挽曳未畢，復徵船庸，艘，蘇遭翻。復，扶又翻。二事併集，民不能堪，宜加存養。上乃敕潭州船庸皆從官給。

（宋）司馬光《資治通鑑》卷一九九《唐紀·太宗貞觀二十二年》上以高麗困弊，議以明年發三十萬衆，一舉滅之。或以爲大軍東征，須備經歲之糧，非畜乘所能載，宜具舟艦爲水運。隋末劍南獨無寇盜，屬者遼東之役，劍南復不預及，畜，許救翻。乘，繩證翻。艦，户黯翻。屬，之欲翻。復，扶又翻。其百姓富庶，宜使之造舟艦。上從之。秋，七月，遣右領左右府長史強偉領左右府，亦分爲左、右，各有長史，此即左、右千牛府也。強，其兩翻，姓也。於劍南道伐木造舟艦，大者或長百尺，其廣半之。别遣使行水道，長，直亮翻。行，下孟翻。自巫峽抵江、揚，趣萊州。趣，七喻翻。

（宋）司馬光《資治通鑑》卷二〇三《唐紀·則天后垂拱二年》三月，戊申，太后命鑄銅爲匭：匭，居洧翻。其東曰延恩，獻賦頌、求仕進者投之；南曰招諫，言朝政得失者投之；西曰伸冤，有冤抑者投之；北曰通玄，言天象災變及軍機秘計者投之。四匭，各依其方色。命正諫、補闕、拾遺一人掌之，正諫，即諫議大夫也。垂拱元年，置左、右補闕各一人，從七品上；左、右拾遺各二人，從八品上；掌供奉諷諫，行立次左、右史之下；左屬門下省，右屬中書省。先責識官，識官，猶今之保識。乃聽投表疏。疏，所去翻。

（宋）司馬光《資治通鑑》卷二〇四《唐紀·則天后垂拱四年》辛亥，明堂成，高二百九十四尺，方三百尺。凡三層：下層法四時，各隨方色；中層法十二辰；上爲圓蓋，九龍捧之。上施鐵鳳，高一丈，高，居傲翻。飾以黄金。中有巨木十圍，上下通貫，栭櫨橕棿藉以爲本。栭，音而，梁上柱，《説文》曰：屋枅上標。櫨，音盧，柱上柎曰欂櫨，《廣韻》，枅也，又曰柱也。橕，抽庚翻，斜柱也。棿，婢脂翻，屋梠也。下施鐵渠，爲辟雍之象。以鐵爲渠以通水。號曰萬象神宫。宴賜羣臣，赦天下，縱民入觀。改河南爲合宫縣。又於明堂北起天堂五級以貯大像；懷義所作夾紵大像也。貯，丁吕翻。至三級，則俯視明堂矣。《考異》曰：《舊薛懷義傳》云：明堂大屋凡三層，計高三百尺；又於明堂北起天堂，廣袤亞明堂。今從《小説》及《通典》。僧懷義以功拜左威衛大將軍、梁國公。《考異》曰：《實録》云：懷義監造明堂，以功擢授左武衛大將軍，固辭不拜。時有右玉鈐衛將軍王慈徵、長上果毅元肅然，請與懷義爲兒，既而陰有異圖，欲奉之爲主，懷義密奏其狀；由是慈徵等坐斬，進拜懷義輔國大將軍，封盧國公，賜物三千段；又表辭不受。今從《舊傳》。

（宋）司馬光《資治通鑑》卷二〇五《唐紀·則天后長壽二年》乙亥，禁人間錦。侍御史侯思止私畜錦，李昭德按之，杖殺於朝堂。朝，直遥翻。

（宋）司馬光《資治通鑑》卷二〇五《唐紀・則天后延載元年》 武三思帥四夷酋長請鑄銅鐵爲天樞，立於端門之外，端門，洛陽皇城正南門。銘紀功德，黜唐頌周；以姚璹爲督作使。使，疏吏翻。諸胡聚錢百萬億，買銅鐵不能足，賦民間農器以足之。

（宋）司馬光《資治通鑑》卷二〇五《唐紀・則天后天册萬歲元年》

初，明堂既成，太后命僧懷義作夾紵大像，紵，直吕翻，枲屬，今人謂之紵麻。夾紵者，以紵布夾縫爲大像，後所謂麻主是也。其小指中猶容數十人，於明堂北構天堂以貯之。貯，丁吕翻。堂始構，爲風所摧，更構之，日役萬人，采木江嶺，數年之間，所費以萬億計，府藏爲之耗竭。藏，徂浪翻。爲，于僞翻。懷義用財如糞土，太后一聽之，無所問。每作無遮會，用錢萬緡；士女雲集，又散錢十車，使之争拾，相蹈踐有死者。踐，息淺翻。所在公私田宅，多爲僧有。懷義頗厭入宫，多居白馬寺，所度力士爲僧者滿千人。侍御史周矩疑有姦謀，固請按之。太后曰：卿姑退，朕即令往。矩至臺，懷義亦至，乘馬就階而下，坦腹於牀。矩召吏將按之，遽躍馬而去。矩具奏其狀，太后曰：此道人病風，不足詰，所度僧，惟卿所處。詰，去吉翻。處，昌吕翻。悉流遠州。遷矩天官員外郎。

（宋）司馬光《資治通鑑》卷二〇五《唐紀・則天后天册萬歲元年》

夏，四月，天樞成，天樞，其制若柱。高一百五尺，高，古犒翻。徑十二尺，八面，各徑五尺。下爲鐵山，周百七十尺，以銅爲蟠龍麒麟縈繞之；上爲騰雲承露盤，徑三丈，四龍人立捧火珠，高一丈。工人毛婆羅造模，武三思爲文，刻百官及四夷酋長名，高，古犒翻。酋，慈由翻。長，知兩翻。太后自書其榜曰大周萬國頌德天樞。

（宋）司馬光《資治通鑑》卷二〇五《唐紀・則天后萬歲通天元年》

丁巳，新明堂成，高二百九十四尺，方三百尺，規模率小於舊。上施金塗鐵鳳，高二丈，高，古犒翻。後爲大風所損；更爲銅火珠，羣龍捧之，更，工衡翻。號曰通天宫。赦天下，改元萬歲通天。

（宋）司馬光《資治通鑑》卷二〇六《唐紀・則天后神功元年》

夏，四月，鑄九鼎成，徙置通天宫。豫州鼎高丈八尺，受千八百石；餘州高丈四尺，受千二百石；豫州鼎獨高大，神都畿也。高，古犒翻。各圖山川物産於其上，共用銅五十六萬七百餘斤。太后欲以黄金千兩塗之，姚璹曰：九鼎神器，貴於天質自然。且臣觀其五采煥炳相雜，不待金色以爲炫耀。炫，熒絹翻。太后從之。自玄武門曳入，令宰相、諸王帥南北牙宿衛兵十餘萬人并仗内大牛、白象共曳之。帥，讀曰率。

（宋）司馬光《資治通鑑》卷二一五《唐紀・玄宗天寶五年》 楊貴妃方有寵，每乘馬則高力士執轡授鞭，織繡之工專供貴妃院者七百人，中外争獻器服珍玩。嶺南經略使張九章，廣陵長史王翼，廣陵郡，揚州。長，知兩翻。以所獻精美，九章加三品，翼入爲户部侍郎；天下從風而靡。

（宋）司馬光《資治通鑑》卷二三一《唐紀・德宗興元元年》 五月，鹽鐵判官萬年王紹以江、淮繒帛來至，萬年，京縣，屬京兆。繒，慈陵翻。上命先給將士，然後御衫。始改御裌而御衫。衫，單衣也。將，即亮翻。韓滉欲遣使獻綾羅四十擔詣行在，滉，呼廣翻。使，疏吏翻。羅，綺也。綾，文繒。丁度曰：古者芒氏初作羅。一曰，帛之美者。今人以絲縷織而交眼者爲羅。擔，都濫翻。肩負爲擔。天子所至爲行在所。幕僚何士幹請行；滉喜曰：君能相爲行，爲，于僞翻。請今日過江。士幹許諾，歸别家，則家之薪米儲偫已羅門庭矣；偫，直里翻。登舟，則資裝器用已充舟中矣；下至廚籌，廚籌，當作廁籌。滉皆手筆記列，無不周備。每擔夫，與白金一版置腰間。史言韓滉強敏精密。又運米百艘以餉李晟，艘，蘇遭翻；下同。晟，成正翻。《考異》曰：柳玭《叙訓》曰：上初至梁，省奏甚悦。又知西平聚兵必乏糧糗，命運米百艘。按五月初梁州尚未春服，月末已克長安。梁、潤相去數千里，詔命豈能遽達乎！今不取。自負囊米置舟中，將佐争舉之，須臾而畢。艘置五弩手以爲防援，有寇則叩舷相警，將，即亮翻。叩，擊也。船邊曰舷，音胡田翻。五百弩已彀矣。比至渭橋，彀，居候翻，引滿。比，必利翻，及也。盜不敢近。近，其靳翻。時關中兵荒，米斗直錢五百；及滉米至，減五之四。滉爲人強力嚴毅，自奉儉素，夫人常衣絹裙，衣，於既翻。絹，與掾翻。縑，帛織成而無紋，其精善者曰繒，俗亦謂之絹。破，然後易。

（宋）司馬光《資治通鑑》卷二三四《唐紀・德宗貞元九年》 滂又奏：姦人銷錢爲銅器以求贏，請悉禁銅器。銅山聽人開采，無得私賣。

（宋）司馬光《資治通鑑》卷二三五《唐紀・德宗貞元十年》 裴延齡奏稱官吏太多，自今缺員請且勿補，收其俸以實府庫。上欲脩神龍寺，須五十尺松，不可得，延齡曰：臣近見同州一谷，木數千株，皆可八十尺。上曰：開元、天寶間求美材於近畿猶不可得，今安得有之？對曰：天生珍材，固待聖君乃出，開元、天寶，何從得之！

（宋）司馬光《資治通鑑》卷二四三《唐紀·敬宗寶曆元年》　己未，詔王播造競渡船二十艘，《荊楚歲時記》：屈原以五月五日死於汨羅，人傷其死，並以舟楫拯之，至今競渡是其遺俗。自唐以來，治競渡船，務爲輕駛，前建龍頭，後豎龍尾，船之兩旁，刻爲龍鱗而綵繪之，謂之龍舟。植標於中流，衆船鼓楫競進以爭錦標，有破舟折楫至於沉溺而不悔者。運材於京師造之，計用轉運半年之費。諫議大夫張仲方等力諫，乃減其半。

（宋）李昉等《太平廣記》卷二三一《李守泰》　唐天寶三載五月十五日，揚州進水心鏡一面，縱横九寸，青瑩耀日，背有盤龍長三尺四寸五分，勢如生動。玄宗覽而異之。進鏡官揚州參軍李守泰曰：鑄鏡時，有一老人，自稱姓龍名護，鬚髮皓白，眉如絲，垂下至肩，衣白衫。有小童相隨，年十歲，衣黑衣。龍護呼爲玄冥。以五月朔忽來，神采有異，人莫之識，謂鏡匠呂暉曰：老人家住近，聞少年鑄鏡，暫來寓目。老人解造真龍，欲爲少年制之，頗將愜於帝意。遂令玄冥入鑪所，扃閉户牖，不令人到。經三日三夜，門左洞開，呂暉等二十人於院内搜覓，失龍護及玄冥所在，鏡鑪前獲素書一紙，文字小隸云：鏡龍長三尺四寸五分，法三才，象四氣，稟五行也。縱横九寸，類九州分野。鏡鼻如明月珠焉。開元皇帝聖通神靈，吾遂降祉。斯鏡可以辟邪，鑒萬物，秦始皇之鏡，無以加焉。歌曰：盤龍盤龍，隱於鏡中，分野有象，變化無窮。興雲吐霧，行雨生風。上清仙子，來獻聖聰。呂暉等遂移鏡鑪置船中，以五月五日午時，乃於揚子江鑄之。未鑄前，天地清謐，興造之際，左右江水忽高三十餘尺，如雪山浮江，又聞龍吟，如笙簧之聲，達於數十里。稽諸古老，自鑄鏡以來，未有如斯之異也。

（宋）李昉等《文苑英華》卷五〇八《鍾官所鑄判》　庚爲鍾官，所鑄不充歲計。工部按其罪，訴云鉛錫未足。

對　沈逢年

國家業籍承平，道惟禮樂，既克諧之是非，豈鍾鼓之云乎。調白雪之琴，薰風已被；蓄應霜之氣，職務司存。必俟洪鍾之功，更叶陶鈞之力。而和戎魏絳，須錫歌鍾；救衛於奚，理存名器。豈得時須有失，歲計不充，懼金玉之科條，託鉛錫之闕乏。何不豫呈功課，早計有無。遠乎鑄銅之山，近取罰鍰之坐，寘棘之典，今也何逃。握蘭之見，斯焉謂得。

同前　鄭若方

我皇開元首正，禮交樂舉，智力者盡其謀能，聰明者竭其視聽，不勤爾職，自貽伊咎。相彼鳧氏，實乃鯨鍾，理宜鎔鑄有方，必使功程無闕。鍾之爲用，其大矣哉。至若密勿九重，奏略漏於銅史；鏗鏘萬樂，應宫懸於玉階。可以和人神，可以節寒暑。庚乃不率厥典，坐於縱墮。鉛錫未足，胡不唱言；尸曠有歸，虚爲詭訴。且六師分掌，四方取則，既參詳於甲令，亦簡乎於庚罪。績用莫展，誠自得之。寮佐斯替，固其宜矣。

（宋）李昉等《文苑英華》卷五四六《開銅坑判》　蔚州申管内銅坑先禁採，昨爲檀州警發遣兵，州庫無物可裝束。刺史判令開銅坑以市物給，兵幕一作募不闕。軍機廉察，使科違敕。

對

星帶燕郊，雲迷代郡，地稱即山之利，人擅燒銅之業。有敕頒行，無令採鑄。頃以胡兵候月，或度盧龍之水；漢守宣風，載撫飛狐之塞。救兵屢發，帑藏云空，方興計日之師，遂有隨時之義。取銅以給，在敕誠違；一作誠在違科。應機而行，於事有一作可。恕。馮諼市義，在者未以爲非；汲黯開倉，於今不言其失。斷從違敕，理或可矜。

（清）董誥《全唐文》卷九《太宗·捨舊宅造興聖寺詔》　丹陵啓聖，華渚降祥，叶德神居，克隆鴻業。朕丕承大寶，奄宅域中，遠藉郊禋之慶，仰惟樞電之祉。思園之禮既宏，撫鏡之情徒切，而永懷慈訓，欲報無從。静言因果，思憑冥福。通義宫皇家舊宅，制度宏敞，以崇神祠，敬增靈祐，宜捨爲尼寺，仍以興聖爲名。庶神道無方，微伸凱風之思，主者施行。

（清）董誥《全唐文》卷二六《玄宗·緩修大明宫詔》　卑宫致美，愛人之力，靈臺罷營，重費之廣。景彼前烈，吾無間然。頃以所居殿院，素非宏敞，時方暑雨，頗有蒸鬱，上稟聖慈，式遵時令，將修別寢，順彼高居。雖復庀徒所須，止於蕃匠，補葺所擬，無煩外力。然以麥秋爰及，農務方勤，維夏在辰，執役爲弊，營之則衆物有勞，而一身逸。罷之則我躬未泰，而萌庶安。夫生人樹君，將利之也，勞人自奉，予所不爲。其修大明宮，宜即待閒月，方使畢功。宣示具寮，使知予意。所有先役工匠，即優還價值，勿令懸欠，仍即放散。

（清）董誥《全唐文》卷三七《玄宗·營興慶宮德音》　門下，朕昔在藩國，此維邸第，乾坤未泰，陰陽尚蒙，則有神物效靈，神符肇貺。飛嘉氣於在田之際，湧瑞池於或躍之時，惟此舊居，式加新宇，周牆僅板於百堵，畢宮不階於三尺。棟梁之用，毀撤所餘，聊以紀天地之休徵，貽子孫之儉約耳。屬春令變始，時惟發生，萬國來朝，千官入賀，既稱觴以獻壽，宜施惠以布德。況農桑在候，稼穡正興，或幽彼囹圄，獨隔陽和之澤。或迫於徭役，不遂農桑之務。言及於此，軫歎良深。其徒已下罪，且令責保，其應當番兵丁匠等，灼然單貧者，所由勘會，並放營農。所在訴訟長官隨事疏理，勿使冤滯。非軍國所要，餘不急之務，一切並停。仍加勸課，循植農穡。其河北水損户，既屬春事，慮有乏絶不支濟者，宜委使與州縣相度，量加賑恤。諸處行人之家，及鰥寡惸獨不能自存者，州縣長官親加優撫，使得存濟。應有差科，量事矜放。且宜風緝化，職在令長。有司銓藻之次，特宜審擇其才。惟德與刑，爲政之要。頃無聞於風化，多取威於檟楚，理人之道，其若是乎。愚昧之流，或輕抵犯，宜加曉諭，使識章程。其含生之類，不敢輒有屠殺，天下捕獵亦宜禁斷。仍嚴加捉搦。百司各遵時令，務宏寬大之典，使政理無私，稱朕意焉。

（清）董誥《全唐文》卷二六九《張廷珪·諫白司馬坂營大像表》

臣廷珪言：夫佛者以覺知爲義，因心而成，不可以諸相見也。故經云：若以色見我，以音聲求我，是人行邪道，不能見如來。此明真如之果，不外求也。陛下信心歸依，發宏誓願，壯其塔廟，廣其尊容，已遍於天下久矣。蓋有住於相而行布施，非最上第一希有之法。何以言之？經云：若人滿三千大千世界七寶以用布施，及恒河沙等身命布施，其福甚多。若人於此經中受持及四句偈等，爲人演説，其福勝彼。如佛所言，則陛下傾四海之財，殫萬人之力，窮山之木以爲塔，極治之金以爲像。雖勞則甚矣，費則多矣，而所獲福緣，不愈於一禪房之匹夫。沙門之末學，受持精進，端坐思理，亦明矣。臣竊爲陛下小之。今陛下廣樹薰修，又置精舍，則經云菩薩所作福德，不應貪着，蓋有爲之法，不足高也。況此營建，事殷土木，或開發盤礴，峻築基陛。或填塞川澗，通轉採斫，碾壓蟲蟻，動盈巨億，豈佛標坐夏之義，愍蠢動而不忍害其生哉，今陛下何以爲之？又役鬼不可，唯人是營，通計工匠，率多貧窶，朝驅暮役，勞筋苦骨。簞食瓢飲，晨炊星飯，饑渴所致，疾疹交集，豈佛標徒行之義，愍畜獸而不忍殘其力哉。今陛下何以爲之？又營築之資，僧尼是税，雖乞丐所致，而貧闕猶多。郡縣徵斂，星火逼迫，或謀計靡所，或鬻賣以充，怨聲載路，和氣未洽。豈佛標隨喜之義，愍愚民而不忍奪其產哉。今陛下何以爲之？且邊朔未寧，軍裝日給，天下虛竭。海內勞弊。伏惟陛下慎之重之，思菩薩之行爲，利益一切衆生，應如是布施，則經所謂不住色聲香味觸法布施，故其福德，若東南西北，四維上下虛空，不可思量矣。何必勤勤於住相，凋蒼生之業，崇不急之務乎。臣以時政論之，則宜安邊境，蓄府庫，養人力。臣以釋教論之，則宜救苦厄，滅諸相，崇無爲。伏願陛下察臣之愚，行佛之意，務以理爲上，不以人廢言。幸甚幸甚。謹言。

（清）董誥《全唐文》卷二七二《辛替否·諫造金仙玉真兩觀疏》

臣嘗以爲古之用度不時，爵賞不當，破家亡國者，口説不如身逢，耳聞不如眼見。臣請以有唐以來，理國之得失，陛下之所眼見者以言之。惟陛下審之聽之，擇善而從之，則萬歲之業，自可致矣，何憂乎黎庶之不康，福祚之不永。伏以太宗文武聖皇帝，陛下之祖，撥亂反正，開階立極，得至理之體，設簡要之方。省其官，清其吏，舉天下職司，無一虛授，用天下財帛，無一枉費。賞必俟功，官必得俊，所爲無不成，所征無不剋。不多造寺觀，而福德自至，不多度僧尼，而殃咎自滅。道合乎天地，德通乎神明，故天地憐之，神明祐之，陰陽不愆，風雨合度，四人樂其業，五穀遂其成。腐粟爛帛，填街委巷，千里萬里，貢賦於郊，九夷百蠻歸款於闕。自有帝王已來，未有若斯之神聖者也，故得享國久長，多歷年所。陛下何不取而則之。中宗孝和皇帝，陛下之兄，居先人之業，忽先人之化，不取賢良之言，徒恣子女之意。官爵非擇，虛食禄者數千人；封建無功，妄食土者百餘户。造寺不止，枉費財者數百億；度人不休，免租庸者數十萬。是使國家所出加數倍，所入減數倍，倉不停卒歲之儲，庫不貯一時之帛。所惡者逐，逐多忠良，所愛者賞，賞多讒慝。朋佞喋喋，交相傾動，容身不爲於朝廷，保位皆由於黨附。奪百姓之食以養殘兇，剥萬人之衣以塗土木。於是人怨神怒，衆叛親離，水旱不調，疾疫屢起，遠近殊論，公私罄然。五六年間，至於禍變，享國不永。受終於兇婦人，寺舍不能保其身，僧尼不能護妻子，取譏萬代，見笑四夷。此陛下之所眼見也，何不除而改之。依太宗之理國，則百官以理，百姓無憂，故泰山之安，立可致矣。依中宗之理國，則萬人以怨，百事不寧，故累卵之危，立可待矣。頃自夏已來，霪雨不解，穀荒於隴，麥爛於場。入秋已來，亢旱成災，苗而不實，霜損蟲暴，草菜枯黄。下人咨嗟，未知賙賑，而營寺造觀，日繼於時，檢校試官，充臺溢署。伏惟陛下愛兩女，爲造兩觀，燒瓦運木，載土填坑，道路流言，皆云計用錢百餘萬貫。惟陛下聖人也，無所不知，陛下明君也，無所不見。既知且見，知倉有幾年之儲，庫有幾年之帛，知百姓之間，可存活乎？三邊之上，可轉輸乎？當今發一卒以禦邊陲，追一兵以衛社稷，多無衣食，皆帶饑寒，賞賜之間，迥無所出，軍旅驟敗，莫不由斯。而乃以百萬貫錢，造無用之觀，以賈六合之怨乎？以違萬人之心乎？伏惟陛下族阿韋之家，而不改阿韋之亂政；忍棄太宗之理本，不忍棄中宗之亂階；忍棄太宗久長之謀，不忍棄中宗短促之計，陛下又何以繼祖宗親萬國。昔陛下與皇太子，在阿韋之時，危亡是懼，常切齒於羣兇。今貴爲天子，富有四海，而不改羣兇之事，臣恐復有切齒於陛下者也。陛下又何以非羣兇而誅之。臣往見明敕，自今以後，一依貞觀故事。且貞觀之時，豈有今日之造寺營觀，加僧尼道士，益無用之官，行不急之務，而亂政者也。臣以爲棄其言而不行其信，慕其善而不遷其惡，陛下又何以刑於四海。往者和帝之憐悖逆也，爲姦人之所誤，宗晋卿勸爲第宅，趙履温勸爲園亭，損數百家之居，侵數百家之地，工徒斲而未息，義兵紛以交馳，卒使亭不得游，宅不得坐。信邪佞之説，成骨肉之刑。此陛下之所眼見也。今茲造觀，臣必知非陛下公主之本意，得無有趙履温之徒，將勸爲之，冀誤其骨肉，不可不明察也。臣聞出家修道者，不干預於人事，專清其身心，以虚泊爲高，以無爲爲妙，依兩卷老子，視一軀天尊，無欲無營，不損不害，何必璇臺玉榭，寶像珍龕，使人困窮，然後爲道哉。且舊觀足可歸依，無造無營，以取窮竭。若此行之三年，國不富，人不安，朝廷不清，陛下不樂，則臣請殺身於朝，以令天下言事者。伏惟陛下行非常之惠，權停兩觀，以俟豐年。以兩觀之財，爲公主施貧窮，填府庫，則公主之福德無窮矣。不然，臣恐下人怨望，不減於前朝矣。前朝之時，賢愚知其必敗，人雖有口而不敢言，言未發聲，禍將及矣。韋月將受誅於丹徼，燕欽融見殺於紫庭，此人皆不惜其身，而納忠於主，身既死矣，主亦危矣。故先朝誅之，陛下賞之，是陛下知直言之士，有裨於國。臣今直言，亦先朝直言之人也，惟陛下察之。

（清）董誥《全唐文》卷二九四《高紹·重修吴季子廟記》 顧野王《輿地志》云：季子名札，吴太伯十九世孫，吴王壽夢之少子。長子曰諸樊，次子曰餘祭，次曰餘昧，次曰季札。諸樊立爲王，且死，立弟餘祭，欲令兄弟傳國，以及季子。餘祭餘昧卒，立季札，乃讓不受，退耕於延陵，即其采邑。士人懷德，爲之立廟。闕。山謙之丹陽記，季子舊有三廟，南廟在晋陵東郭外，北廟在武進縣博落城西，西廟即此是也。昔第五倫爲會稽太守，禁非正之祀，宜歸於一，故惟存南廟，而二廟被毁。其後人間悉更復之。南廟後有古墓，周處《風土記》韋昣《先賢序》殷仲堪《季子碑》皆云，此墓即季子墓也。墓前有季子廟。碑者，仲堪爲晋陵太守造碑銘，命縣人薛玖植碑於南廟。至永初中，南廟被毁，遷碑於西廟。今廟前雙碑，左廂者即仲堪所製，右廂者梁天監十二年九月延陵縣令王僧恕所建。紹以開元七年，自長安令左遷潤州長史，爰洎十年。太歲壬戌，因巡屬縣廟於延陵，與縣令吴興沈炎同謁季子廟，申奠禮也。慨靈廟之巋然，訪貞石而湮滅。詢於廟祝，因覩舊文。雖殷王二君，共延陵而俱没，而前後雙製，與高風而尚存，重鎸刻以懿之，紀年月以顯之。嗚呼。來者觀此，亦何異乎夫子之大篆也。

（清）董誥《全唐文》卷七八三《穆員·新修漕河石斗門記》 分洛爲漕，斗門在都城東南中橋之右。舊制喉不深，口不束，其流隨之，水斯溢，旱斯涸。東有斜堰，俾其來往，終歲不修輒壞，修則水積高而迤南北。北傷則洛亘邙趾，南傷則魚游並鄽。不修則漕復於陸。且其地與岸，皆寘薪焉，不再閏不一易。每歲繕塞斜堰，洎南北隄橋之費，相與盈萬。其斗門之功不計，蓋其弊者也。安平公治三川之暇，顧念於此之疾未去，且曰：水之性，導無不順，壅無不害。善爲水者，唯其所趣，使若自然。其要在於不與之競而已。是用浚斗門之下，以量其入，庳斜堰之上，以歸其餘。庶乎饒不爲增，傷不爲減，盈萬之費，歲收於公。而通海之波，率土之運，東西交鶩，合朝宗之義焉。中橋之旁有古堰，廢石沈於泥沙，公乃發而轉之，以代寘薪之制，省於自他山而致者，蓋百之一。猶懼剛之不勝柔，岸化於水，乃授規矩，俾之追琢。如斧斯鋭，以分其衝，如月斯仰，以折其勢。積石山闕，中流湯湯，南鄰鑿龍，永代無愧，上濟行邁，是爲通橋。歲三月興作，四月畢事，人不見始而覩其終。埒其功用，不足於常歲之數，而不朽之利，與皇都洛水，垂之無窮焉。嗚呼，物之至柔者水，不得其理，甚者懷山襄陵，其次決隄防，隤城邑。夫惟不争之力，然後勝之，天下之理一理也，制天下之至强者，其唯不争乎。於水也見公之政，於政也見公之德。異日觀易簡久大之業，此非其一隅哉。公以爲成公之志者實肄其勤，命以名氏刻於岸石，仍俾末吏謹而書之。貞元四年四月丁亥日記。

《舊五代史》卷一一六《周書・世宗紀》〔顯德三年五月〕辛酉，詔：天下公私織造布帛及諸色匹段，幅尺斤兩，並須依向來制度，不得輕弱假僞，犯者擒捉送官。

《舊五代史》卷一一七《周書・世宗紀》〔顯德四年〕六月辛酉，西京奏，伊陽山谷中有金屑，民淘取之，詔勿禁。

（清）董誥《全唐文》卷八五一《石光贊・請修萬石君廟疏》昔周武王奄有天下，過商容之閭必式，見比干之墓即封，蓋褒賞賢良，尊崇忠義。伏惟皇帝陛下顯膺天命，開創鴻圖，解網行仁，救時順動。樂業不知於帝力，悦隨但聽於山呼。盛德難名，太平可待。臣伏見滎陽道左有萬石君廟，本前漢大中大夫石奮之廟。奮有子四人，各二千石禄。景帝曰：人臣尊寵，畢集其門。故號萬石君。德行懿績，備列前書。唐大中十三年，鄭州司馬石貫稱裔孫，刊石廟廷，備紀其事。伏遇皇帝行幸浚郊，經過滎水。展義已聞於岐路，覃恩宜布於幽明。其萬石君廟，伏乞俯宏霈澤，特降封崇。俾光遠祖之徽猷，益茂我朝之盛典。

（清）董誥《全唐文》卷九四九《孫崇古・對造橋判》 河陽欲造石梁，以費廣請造舟，計風烏海燕亦用鬻巨萬。州使相争不定。

河陽地即帝畿，境惟天邑。石季倫之别業，吹樓雲斷；潘河陽之古縣，春樹花開。波石沿洄，沓崑崙之水；車馬闐咽，俟鼋鼍之構。虹梁鵲柱，既暫勞而永逸；風烏海燕，但有損而無成。爰叩兩端，且多職競。將申一部，希効管窺。宜興鞭石之功，無取接舟之議。

（清）董誥《全唐文》九八四《闕名・對鍾官所鑄判》 庚爲鍾官，所鑄不充歲計。工部按其罪。訴稱鉛錫未足。

辨方制位，大明治國之典；立教富人，必先因地之利。設泉府，列鍾官，將欲布金刀之饒，盡銅山之積。庚以伎能從職，鎔鑄爲勞，獸炭炎鑪，非烟上出，梟工動扇，驟吹傍飛。無名歸張氏之封，因寵入鄧通之室。自合預圖歲計，先備年支，不見請於文符，空有辭於鉛錫。撫周書而太息，有愧川流；披漢史而長懷，無聞岳峙。仙臺按罪，實爲通規，主局致詞，憑何逃責。

宋遼金元分部

論說

（宋）包拯《包孝肅奏議集》卷七《民事・乞開落登州冶户姓名》

臣竊見登州鐵冶户姜魯等十八户先陳狀，爲家貧無力起冶，逓年只将田産貨賣抱空買鐵納官，乞依條例開落姓名。臣在本路日累次保明申乞與除免，又准省牒勘會逐官往彼相度，兼臣親自巡歷到登州萊州，子細體量得，姜魯等逐家委是貧乏，積年不曾起冶。再具保明申奏，至今未見指揮。臣因訪聞得，舊來州郡最出鐵貨，緣人户先乞起冶之後，或遇家産銷折無鐵興作，官中並不認孤貧，一面監勒送納元額鐵數，以致破蕩資業沿及子孫不能免者，比比皆是。雖遺利甚厚，而富民懼爲後患，莫肯興剏，所以鐵貨日削，經久不興。欲乞今後應係冶户，或有委實家産銷折無力造作者，並仰差官子細勘會，如無弊倖，即晝時保明申轉運司與除落姓名訖申省。若州縣故縱，及人户妄有規避，即許人告首，官吏重行朝典，告人與賞錢一百貫文。仍令州縣常切多方招召諸色人起冶，不得住滯邀難，如是人户樂爲鐵貨增羡，寬民利國無甚於此。

（宋）包拯《包孝肅奏議集》卷七《民事・請罷同州韓城縣鐵冶務人户》　臣近聞同州韓城縣鐵冶務自來定占七百餘户，内二百餘户厚有物力，比見充里正人户並各高强只以冶户爲名，經今五十餘年，影占州縣諸般差役。其冶户内係第一等者，每户逐年供給冶務諸般，所出錢不過三貫文外，更别無所費。况官中所得鐵貨，只及十餘萬斤，仍官支買炭，并工匠錢三百餘貫。更差專監使臣一員，兼體問得本縣人户以冶務全占却上等力役，及致下等人户差役頻併供應不前，若将上件鐵數據等第均在一縣人户上，每約納官鐵歲不過十斤至二三十斤。况本處見賣每斤價錢二十四五文，每户歲納官鐵約費三五百文，雖自來官禁烹煉，彼中私賣甚多，令百姓取便烹煉，必然鐵價轉下。兼令赴本縣送納，於民至便，又減省得監官一員，只令本縣令佐專管給納，仍得二百餘户兼充重難役次，頗甚均濟。臣在任日，方欲行遣，屬以移任，欲乞下本路轉運司選差清幹官員往彼相度施行。

（宋）趙汝愚《宋名臣奏議》卷一一《上仁宗乞罷雇珠玉匠龐籍》

臣近者伏見傳降聖旨，差雇玉工真珠匠。小臣疎賤，不知所造服用，然而職在耳目之官，苟有愚見，不敢緘默。恭惟陛下自纂位以來，積德修道，日謹一日，近無耽好之玩，遠無追求之勞，古之聖明，未易能過。然今水旱相仍，公私俱困，北有林胡之抗敵，西有元昊之凶狡，尤宜恭儉，齊紀律，惜國用以豐實，制兵威而震耀。臣愚以謂不急之服玩，近奢之器物，悉宜屏絶以勸天下。《書》曰：不矜細行，終累大德。《禮》曰：無作淫巧，以蕩上心。願陛下視珍奇爲棄物，以奢侈爲覆車，昧死瀆聖，唯俟罪戾。明道二年，上時爲殿中侍御史。

（元）梁寅《策要》卷四《坑冶》　宋産金之所六，産銀之所四十有七，産銅之所三十有六，産鐵之所四十有七，産鉛之所七，産錫之所一，水銀朱砂之所一。金歲入五萬餘兩。自景德至寶元，金增至五萬五千斤，銀增至二十一萬斤。

六府之修，金與其一，荆楊之貢，金有其三。夫五金者，藏於山川砂石之中，而出以爲人之用。雖云地不愛寶，而其出有時，興廢無定。此有所洩則彼有所閟，不可常得也。國家之金貢，期無乏用可矣。若過求之則非也。倘輕信言利之人，增置坑冶之所，則勞費一方，爲患無已。唐大宗之黜權萬紀，蓋慮之深遠。明君重五穀而賤金玉，固當如是哉！

綜述

（宋）李燾《續資治通鑑長編》真宗景德四年十二月　戊申，詔諸處錢監鑄匠，每旬停作一日，願作者聽之。

（宋）李燾《續資治通鑑長編》仁宗天聖元年閏九月　甲午，詔：裁造院所招女工及軍士妻配隸南北作坊者，并放從便。自今當配婦人，以妻窯務或營軍致遠務卒之無家者。

（宋）謝深甫等《慶元條法事類》卷三六《庫務門・場務》　諸酒務

兵士專充踏麴醞造役使，依格本州選刺廂軍充清務指揮，本營寄收。專招刺人數及有營房差役依舊。遇酒匠闕，聽選試充。其有過犯不可存留者，專招刺人准此。改刺本城。若踏麴蒸炊雜役須添差兵匠者，差係役兵級，通計不得過舊例之數，酒務每年一替，酒匠得力者聽留。闕或須雇人者，聽和雇。

（宋）李心傳《建炎以來朝野雜記甲集》卷一八《兵馬·四川作院》　自休兵之後，有旨：成都、潼川、遂寧府及嘉、邛、資、渠七州作院日造甲，興元府、興、閬、成州、大安軍、仙人關六處作院日造神臂弓、甲皮氈，其器械山積，今並屬總領所，儲之有軍庫焉。弓弩多至數十萬，箭數百萬枝。

（宋）李心傳《建炎以來朝野雜記甲集》卷一八《兵馬·御前軍器所器甲物料所書斤重價直等附》　元豐官制，置軍器監，以掌戎器之政令。又有御前軍器所，其役兵有萬全軍匠三千七百人，東、西作坊工匠五千人。紹興初，役兵才千人而已。久之，增至千六百餘人。又於諸道增差二千九百餘人，人除本券外，日增給百七十錢，月𣂏半米。於是內庫造作累年，兵械山積，而諸軍亦各除戎器。二十六年春，詔見役工匠宜減免，江、浙、福建諸州所發物料皆蠲之。二月甲戌。有司尋奏：物料以三分爲率減一分，工匠以二千人，雜役兵以五百人爲額。舊軍器所得專達。建炎中，嘗以大閹董愨提舉，未踰年，即罷之。紹興五年春，始隸工部。三月壬午。後復以中人典領，其調度程品，工部、軍器監有不得預聞者。三十年秋，黄通老爲侍郎，上言非祖宗建官正名之意，請得隸屬稽考之。詔依條檢察。七月庚子。孝宗受禪之十四日，紹興三十二年六月己丑。有旨增置提點官一員。後五日，以內省都知李綽爲之，改稱提舉。又七日，詔御前軍器所專隸提舉，其隸工部等指揮勿行。張真父時爲御史，力論其不然。且言：軍器所不治，令工部按劾措置可也；工部不職，罪之可也。今使內侍掌之，則它日吏部有銓量之弊，户部有財賦之弊，以至兵部軍政之弛，刑部獄訟之繁，亦將盡以中官典領之邪？繼又論：近日大水、飛蝗、地震，皆小人紊政之象，其不可有四。上乃命仍隸工部。七月庚子。綽怒，丐免，乃復選廷臣代之。八月庚午。今軍器所拋降諸道木羽箭，動輒數百萬枝，黄牛皮亦數十萬張，它需稱此，郡邑多以煩民。凡軍器所造甲，每副用甲葉一千八百二十五，約重五十斤，分四等，披膊葉重二錢六分，凡五百四片。甲身葉重四錢七分，三百三十二片。腿裙葉重四錢五分，六百七十九片。頭鍪葉重二錢半，三百一十片。頭鍪眉子共重二斤十二兩，皮綫結頭事件重五斤十二兩五錢一分。紹興四年正月乙丑，軍器所定直。凡軍中造提刀一，費錢三千三百；手弓一，費錢二千七百；手箭一，費錢七十四；弩箭一，費錢六十五；應鼓一，費錢六千五百；披膊一副，費錢十千四百；兜鍪一，費錢七千八百；金裝甲一副，費錢三十八千二百；兵幕一座，費錢六十九千八百；朱馬甲一副，費錢四十千一百；朱馬甲當胸一副，費錢十七千三百，皆有奇。紹興三年六月丁亥，神武右軍所定直。凡弓甲物料，荊湖、福建、浙西四路諸州軍計數赴殿司及沿江諸軍製造，温、婺等八州計數赴馬司，江、台等八州計數赴步司。惟明、信等九州弓甲，隆興、慶元府，贛、撫、袁、信州，臨江、興國、南安軍。昇、宣等七州建康、寧國府，建昌、太平、廣德軍，筠、衢州。紹興府甲，皆造成赴內軍器庫，而諸道羽箭亦皆造成。紹興二十九年夏，郡國多以乏人匠爲言，遂命計料輸之。惟荊門軍及信州造箭如故。四月己酉。木羽弩箭者不用羽，創自乾道中。又有剋敵弓，韓蘄王所創，自紹興中至今不廢。

（宋）李心傳《建炎以來繫年要録》建炎三年十月　癸卯，李鄴被旨造明舉甲，每副工料之費凡八千緡有奇。上召大將張俊、辛企宗示之曰：是甲分毫以上，皆生民膏血。若棄擲一葉甲，是棄生民方寸之膚。諸軍用之，當思愛惜。時王綯在側曰：陛下愛民如此，凡百臣工，當體此意。中興聖政臣留正等曰：斂人之財，以爲殺人之器，聖人忍爲之哉。惟其捍敵禦難，使斯民得遂其生，所利有大於所斂者，此所以行之而不疑也。苟輕棄之，而捍禦之效無聞，豈聖人之本心哉。太上皇帝以此戒諭諸將，孰敢不竭忠賈勇，以靖國安民爲任耶。聖諭一發，而愛民取將之方兼得之。嗚呼休哉。

（宋）李心傳《建炎以來繫年要録》紹興二年十月　朝議以坑冶所得不償所費，悉罷監官，以縣令領其事。至是江東轉運副使馬承家奏存饒、信二州銅場，許之。二場皆產膽水，浸鐵成銅。元祐中，始置饒州興利場，歲額五萬餘斤。紹聖二年，又置信州鉛山場，歲額三十八萬斤。其法以片鐵排膽水槽中，數日而出，三煉成銅，率用鐵二斤四兩而得銅一斤云。

《宋史》卷一六三《職官志》　宣和元年，詔：官告院立條，凡製造告身法物，應用綾錦，私輒放效織造及買販服用者，立賞許告。

《宋史》卷一七五《食貨志·布帛》 宋承前代之制，調絹、紬、布、絲、綿以供軍須，又就所產折科、和市。其纖麗之物，則在京有綾錦院，西京、真定、青益梓州場院主織錦綺、鹿胎、透背，江寧府、潤州有織羅務，梓州有綾綺場，亳州市縐紗，大名府織縐縠，青、齊、鄆、濮、淄、濰、沂、密、登、萊、衡、永、全州市平絁。東京榷貨務歲入中平羅、小綾各萬匹，以供服用及歲時賜與。諸州折科、和市，皆無常數，唯內庫所須，則有司下其數供足。自周顯德中，令公私織造並須幅廣二尺五分，民所輸絹匹重十二兩，疎薄短狹、塗粉入藥者禁之；河北諸州軍重十兩，各長四十二尺。宋因其舊。

開寶三年，令天下諸州凡絲、綿、紬、絹、麻布等物，所在約支二年之用，不得廣科市以煩民。初，蓬州請以租絲配民織綾，給其工直，太祖不許。太宗太平興國中，停湖州織綾務。女工五十八人悉縱之。詔川峽市買場、織造院，自今非供軍布帛，其錦綺、鹿胎、透背、六銖、欹正、龜殼等段匹，不須買織，民間有織賣者勿禁。馬元方爲三司判官，建言：方春乏絶時，預給庫錢貸民，至夏秋令輸絹於官。大中祥符三年，河北轉運使李士衡又言：本路歲給諸軍帛七十萬，民間罕有緡錢，常預假於豪民，出倍稱之息，至期則輸賦之外，先償逋欠，以是工機之利愈薄。請預給帛錢，俾及時輸送，則民獲利而官亦足用。詔優予其直。自是諸路亦如之。或蠶事不登，許以大小麥折納，仍免倉耗及頭子錢。

天聖中，詔減兩蜀歲輸錦綺、鹿胎、透背、欹正之半，罷作綾花紗。明道中，又減兩蜀歲輸錦綺、綾羅、透背、花紗三之二，命改織紬、絹以助軍。景祐初，遂詔罷輸錦背、繡背、遍地密花透背段，自掖庭以及閭巷皆禁用。其後歲輒增益梓路紅錦、鹿胎，慶曆四年復減半。既而又減梓路歲輸絹三之一，紅錦、鹿胎半之。先是，咸平初，廣南西路轉運使陳堯叟言：準詔課植桑棗，嶺外唯產苧麻，許令折數，仍聽織布赴官場博市，匹爲錢百五十至二百。至是，三司請以布償芻直，登、萊端布爲錢千三百六十，沂布千一百，仁宗以取直過厚，命差減其數。自西邊用兵，軍須紬絹，多出益、梓、利三路，歲增所輸之數；兵罷，其費乃減。嘉祐三年，始詔寬三路所輸數。治平中，歲織十五萬三千五百餘匹。

神宗即位，京師米有餘蓄，命發運司損和糴數五十萬石，市金帛上京，儲之榷貨務，備三路軍須。京東轉運司請以錢三十萬二千二百貫給貸於民，令次年輸絹，匹爲錢千，隨夏税初限督之。詔運其錢于河北，聽商人入中。

熙寧三年，御史程顥言：京東轉運司和買紬絹，增數抑配，率千錢課絹一匹，其後和買并税絹，匹皆輸錢千五百。時王廣淵爲轉運使，謂和買如舊，無抑配。顥言其迎合朝廷意。王安石謂廣淵在京東盡力以赴事功，不宜罪以迎合。乃詔所給內帑别額紬絹錢五十萬緡，收其本儲之北京，息歸之內帑。右正言李常亦言：廣淵以陳汝義所進羨餘錢五十萬緡，隨和買絹錢分配，於常税折科放買外，更取二十五萬緡，請以顥言付有司。定州安撫司又言：轉運司配紬、絹、綿、布於州鎮軍砦等坊郭户，易錢數多，乞憫其災傷，又居極邊，特蠲損之。詔提刑司别估，民不願市，令官自賣，已給而抑配者正之。自王安石秉政，專以取息爲富國之務，故當時言利小人如王廣淵輩，假和買紬絹之名，配以錢而取其五分之息，其刻又甚於青苗。然安石右廣淵，顥、常言卒不行。二月，詔移巴蜀羨財，市布帛儲於陝西以備邊，省蜀人輸送及中都漕輓之費。

七年，兩浙察訪沈括言：本路歲上供帛九十八萬，民苦備償，而發運司復以移用財貨爲名，增預買紬絹十二萬。詔罷其所增之數。八年，韓琦奏倚閣預買紬絹等，雖稍豐稔，猶當五七歲帶輸。安石以爲不然，言於神宗曰：預買紬絹，祖宗以來未嘗倚閣，往歲李稷有請，因從之。近方鎮監司争以寬恤爲事，不計有無，異日國用闕，當復刻剥於民爾。

元豐以來，諸路預買紬絹，許假封樁錢或坊場錢，少者數萬緡，多者至數十萬緡。其假提舉司寬剩錢者，又或令以絹帛入常平庫，俟轉運司以價錢易取。三年，京東轉運司請增預買數三十萬，即本路移易，從之。四年，遣李元輔變運川峽四路司農物帛。中書言：物帛至陝西，擇省樣不合者貿易，糴糧儲於邊，期以一年畢。五年，户部上其數凡八百十六萬一千七百八十四兩，三百四十六萬二千緡有奇。

紹聖元年，兩浙絲蠶薄收，和買并税紬絹，令四等下户輸錢，易左帑紬絹；又令轉運司以所輸錢市金銀，遇蠶絲多，兼市紗、羅、紬、絹上供。元符元年，雄州榷場輸布不如樣，監司通判貶秩、展磨勘年有差；

令損其直，後似此者勿受。

尚書省言：民多願請預買錢，宜視歲例增給，來歲市紬絹計綱赴京。左司員外郎陳瓘言：預買之息，重於常平數倍，人皆以爲苦，何謂願請？今復創增，雖名濟乏，實聚斂之術。提點京東刑獄程堂亦言：京東、河北災民流未復，今轉運司東西路歲額無慮二百萬匹兩，又於例外增買，請罷之。乃詔諸路提舉司勿更給錢，俟蠶麥多，選官置場。崇寧中，諸路預買，令所產州縣鄉民及城郭户並準貲力高下差等均給。川峽路取元豐數最多一年爲額，舊不給者如故。

江西和買紬絹歲五十萬匹，舊以錢、鹽三七分預給。自鹽鈔法行，不復給鹽，令轉運司盡給以錢，而卒無有，逮今五年，循以爲常，民重傷困。大觀初，詔假本路諸司封樁錢及鄰路所掌封樁鹽各十萬緡給之。其後提舉常平張根復言：本路和買，未嘗給錢，請盡給一歲蠶鹽，許轉運司移運或民户至場自請。而江西十郡和買數多，法一匹給鹽二十斤，比錢九百，歲預於十二月前給之。轉運司得鹽不足，更下發運司會積歲所負給償。

尚書省言大觀庫物帛不足，令兩浙、京東、淮南、江東西、成都、梓州、福建路市羅、綾、紗一千至三萬匹各有差。二年，又令京東、淮南、兩浙市絹帛五萬及三萬匹，並輸大觀庫；又四川各二萬，輸元豐庫。江東西如四川之數，輸崇寧庫。而州縣和買，有以鹽一席折錢六千，令民至期輸紬絹六匹，又前期督促，致多逃徙，詔遞加其罪。坊郭户預買有家至四五百匹，興仁府萬延嗣户業錢十四萬二千緡，歲均千餘匹，乃令減半均之。

兩浙和買并税紬絹布帛，頭子錢外，又收市例錢四十，例外約增數萬緡，以分給人吏。政和初，詔罷市例錢。諸路紬絹布帛比價高數倍。而給直猶用舊法，言者請稍增之，度支以元豐例定，沮抑不行，令如期給散而已。江東和買，弊如江西，比年纔給二百，轉運司又以重十三兩爲則，不及則，準絲價補納以錢，兩率二百有餘。宣和三年，詔提刑司釐正以聞。先是，成都、河北預買，官户許減半，四年，令舊嘗全科者如舊。既又以兩浙多官户，令預買通敷。七年冬，郊祀，河北、京東和買科取物帛絲綿等數並免，以供奉物給降，其所蠲貸，幾數百萬。

初，預買紬絹務優直以利民，然猶未免煩民，後或令民折輸錢，或物重而價輕，民力寖困，其終也，官不給直，而賦取益甚矣。十二月，詔令轉運司各會一路之數，分下州縣經畫，不以錢以他物、不以正月以他月給者，並論以違制。然有司鮮能承順焉。靖康元年，命轉運司以常平錢前一季預備，如正月之期給之，毋貸以他物而損其數。京東州縣勿以逃移户舊數科著業人，仍先除其數，俟流民歸業均敷。餘路亦如之。

建炎三年春，高宗初至杭州，朱勝非爲相。兩浙轉運副使王琮言：本路上供、和買、夏税紬絹，歲爲匹一百一十七萬七千八百，每匹折輸錢二千以助用。詔許之。東南折帛錢自此始。五月，詔每歲預買紬絹，令登時給其直。又詔江、浙和預買絹減四分之一，仍給見錢，違者寘之法。紹興元年，初賦鼎州和買折帛錢六萬緡，以贍蔡兵。以兩浙夏税及和買紬絹一百六十餘萬匹，半令輸錢，匹二千。二年，以諸路上供絲、帛並半折錢如兩浙例，江、淮、閩、廣、荊湖折帛錢自此始。時江、浙、湖北、夔路歲額紬三十九萬匹，江南、川、廣、湖南、兩浙絹二百七十三萬匹，東川、湖南綾羅絁七萬匹，西川、廣西布七十七萬匹，成都綿綺千八百餘匹，皆有奇。

三年三月，以兩浙和買物帛，下户艱於得錢，聽以七分輸正色，三分折見緡。初，洪州和買，八分輸正色，二分折省錢，匹三千。四年，帥臣胡世將請以三分匹折六千省。又言絹直踴貴，請匹增爲五千足。户部定爲六千足。殿中侍御史張致遠言：江西殘破之餘，和預買絹請折輸錢，朝廷從之，是欲少寬民力。匹輸錢五千省，比舊直已增其半，較之兩浙時直，匹多一千五百，户部又令折六貫文足，是欲乘民之急而倍其斂也。物不常貴，則絹有時而易辦；錢額既定，則價無時而可減。於是詔江西和買絹匹折輸錢六千省，願輸正色者聽。是冬，初令江、浙民户悉輸折帛錢。當是時，行都月費錢百餘萬緡，重以征戍之費，令民輸紬者全折，輸絹者半折，匹五千二百省。折帛錢由此愈重。

九年正月，復河南，減折帛錢匹一千，未幾又增之。十七年，減折帛錢：江南匹爲六千，兩浙七千，和買六千五百，綿，江南兩爲三百，兩浙四百。二十年，詔：廣西折布錢因張浚增至兩倍以上，今減作一貫文折輸。二十九年，中書省奏：江、浙四路所起折帛錢，地里遥遠，宜就近儲之。詔除徽、處、廣德舊折輕貨，餘州當折銀者輸錢，願輸銀者聽，浙西提刑司、三總領所主之。先是，江、浙路折帛錢歲爲錢五百七十三萬餘緡，並輸行都，至是，始外儲之以備軍用。

乾道四年，減兩浙、江東西路乾道五年夏税、和買折帛錢之半。六年，知徽州鄭升卿代還，奏：州自五代時陶雅守郡，妄增民賦，至今二百餘年，比鄰境諸縣之税獨重數倍，而雜錢之税科折尤重，請賜蠲免。九年，詔徽州額外創科雜錢一萬二千一百八十餘緡，及元認江東、兩浙運司諸處絹一萬六千六百餘匹，並蠲之。

紹熙五年，詔兩浙、江東西和買紬絹折帛錢太重，可自來年匹減錢一貫五百文，三年後别聽旨。所減之錢，令内藏、封樁兩庫撥還。

慶元元年，户部侍郎袁説友言臨安、餘杭二縣和買科取之弊：乞將餘杭縣經界元科之額配以絹數，不分等則，以二十四貫定數一匹，衮科而下，足額而止，捐其餘以惠末産之民。如此則吏不得而制民，民無資於詭户，救弊之良策也。説友又奏：貫頭均科之法行，則縣邑無由多取，鄉司無所走弄，而詭挾者不能以幸免，是以姦民頑吏立爲異論以摇之。詔令集議。二年，吏部尚書葉翥等議請如帥漕所奏推行之，詔可。

建炎元年，知越州翟汝文奏：浙東和預買絹歲九十七萬六千匹，而越乃六十萬五百匹，以一路計之，當十之三。望將三等以上户减半，四等以下户權罷。尋以杭之和買絹偏重，均十二萬匹於兩浙。乾道九年，祕書郎趙粹中言：兩浙和買，莫重於紹興，而會稽爲最重。緣田薄税重，詭名隱寄，多分子户。自經界後至乾道五年，累經推排，减落物力，走失愈重，民力困竭。若據畝均輸，可絶詭户之弊。淳熙八年，詔兩淮漕臣吴琚與帥臣張子顔措置。子顔等言：勢家豪民分析版籍以自託於下户，是不可不抑。然弊必有原，謂如浙東七州，和買凡二十八萬一千七百三十有八，温州本無科額，合台、明、衢、處、婺之數，不滿一十三萬，而紹興一郡獨當一十四萬六千九百三十有八，則是以一郡視五郡之輸而又贏一萬有奇，此重額之弊也。又如貲牛物力，以其有資民用，不忍科配，酒坊、鹽亭户，以其嘗趁官課，難令再敷，至於坍江落海之田，壤地漂没，僧道寺觀之産，或奉詔蠲免，而省額未除，不免陰配民户，此暗科之弊也。二弊相乘，民不堪命，於是規避之心生，而詭户之患起。舊例物力三十八貫五百爲第四等，降一文以下即爲第五等，爲詭户者志於規避，往往止就二三十貫之間立爲砧基。今若自有産有丁係真五等依舊不科，其有産無丁之户，將實管田産錢一十五貫以上並科和買，其一十五貫以下則存而不敷，庶幾僞五等不可逃，真五等不受困。於是詔：詔興府欑宫田園、諸寺觀、延祥莊并租牛耕牛合蠲和買，並於省額除之；坊場、鹽亭户見敷和買物力，及坍江田、放生池合減租税物力，並覈實取旨。

十一年，臣僚言兩浙、江東西四路和買不均之弊，送户部、給舍等官詳議。鄭丙、丘崈議，畝頭均科之説至公至平，詔施行之。十六年，知紹興府王希吕言：均敷和買，曩者亟於集事，不暇覈實，一切以爲詭户而科之，於是物力自百文以上皆不免於和買，貧民始不勝其困。乞將創科和買二萬五十七匹有奇盡放，則民被實惠矣。於是詔下户和買二萬五十餘匹住催一年，又減元額四萬四千匹有奇；均敷一節，令知紹興府洪邁從長施行。紹熙元年，邁定其法上之，詔依所措置推行，於是紹興貧民下户稍寬矣。

《宋史》卷一八五《食貨志·阬冶》 凡金、銀、銅、鐵、鉛、錫監冶場務二百有一：金産商、饒、歙、撫四州，南安軍。銀産鳳、建、桂陽三州，有三監；饒、信、虔、越、衢、處、道、福、汀、漳、南劍、韶、廣、英、連、恩、春十七州，建昌、邵武、南安三軍，有五十一場；秦、隴、興元三州，有三務。銅産饒、處、建、英、信、汀、漳、南劍八州，南安、邵武二軍，有三十五場；梓州有一務。鐵産徐、兖、相三州，有四監；河南、鳳翔、同、虢、儀、蘄、黄、袁、英九州，興國軍，有十二冶；晋、磁、鳳、澧、道、渠、合、梅、陝、耀、坊、虔、汀、吉十四州，有二十務；信、鄂、連、建、南劍五州，邵武軍，有二十五場。鉛産越、建、連、英、春、韶、衢、汀、漳、南劍十州，南安、邵武二軍，有三十六場、務。錫産河南、南康、虔、道、賀、潮、循七州，南安軍，有九場。水銀産秦、階、商、鳳四州，有四場。朱砂産商、宜二州，富順監，有三場。

開寶三年，詔曰：古者不貴難得之貨，後代賦及山澤，上加侵削，下益彫弊。每念兹事，深疚于懷，未能捐金於山，豈忍奪人之利。自今桂陽監歲輸課銀，宜減三分之一。民鑄銅爲佛像、浮圖及人物之無用者禁之，銅鐵不得闌出蕃界及化外。

至道二年，有司言：定州諸山多銀礦，而鳳州山銅礦復出，採鍊大獲，而皆良焉。請置官署掌其事。太宗曰：地不愛寶，當與衆庶共之。不許。東、西川鹽酒商税課半輸銀帛外，有司請令二分入金。景德三年，詔以非土產罷之。

天聖中，登、萊採金，歲益數千兩。仁宗命奬勸官吏，宰相王曾曰：採金多則背本趨末者衆，不宜誘之。景祐中，登、萊饑，詔弛金禁，聽民採取，俟歲豐復故。然是時海内承平已久，民間習俗日漸侈靡，糜金以飾服器者不可勝數，重禁莫能止焉。景祐、慶曆中，屢下詔申敕之，語在《輿服志》。大率山澤之利有限，或暴發輒竭，或採取歲久，所得不償其費，而歲課不足，有司必責主者取盈。仁宗、英宗每降赦書，輒委所在視冶之不發者，或廢之，或蠲主者所負歲課，率以爲常；而有司有請，亦輒從之，無所吝。故冶之興廢不常，而歲課增損隨之。

皇祐中，歲得金萬五千九十五兩，銀二十一萬九千八百二十九兩，銅五百一十萬八百三十四斤，鐵七百二十四萬一千斤，鉛九萬八千一百五十一斤，錫三十三萬六百九十五斤，水銀二千二百斤。

其後，以赦書從事或有司所請，廢冶百餘。既而山澤興發，至治平中，或增冶或復故者六十有八，而諸州阬冶總二百七十一：登、萊、商、饒、汀、南恩六州，金之冶十一；登、虢、秦、鳳、商、隴、越、衢、饒、信、虔、郴、衡、漳、汀、泉、建、福、南劍、英、韶、連、春二十三州，南安、建昌、邵武三軍，桂陽監，銀之冶八十四；饒、信、虔、建、漳、汀、南劍、泉、韶、英、梓十一州，邵武軍，銅之冶四十六；登、萊、徐、兗、鳳翔、陝、儀、邢、虢、磁、虔、吉、袁、信、澧、汀、泉、建、南劍、英、韶、渠、合、資二十四州，興國、邵武二軍，鐵之冶七十七；越、衢、信、汀、南劍、英、韶、春、連九州，邵武軍，鉛之冶三十；商、虢、虔、道、賀、潮、循七州，錫之冶十六；而水銀、丹砂州冶，與至道、天禧之時則一，皆置吏主之。是歲，視皇祐金減九千六百五十六，銀增九萬五千三百八十四，銅增一百八十七萬，鐵、錫增百餘萬，鉛增二百萬，又得丹砂二千八百餘斤，獨水銀無增損焉。

熙寧元年，詔：天下寶貨阬冶，不發而負歲課者蠲之。八年，令近阬冶坊郭鄉村并淘採烹鍊，人並相爲保；保内及於阬冶有犯，知而不糾或停盜不覺者，論如保甲法。

元豐元年，諸阬冶金總收萬七百一十兩，銀二十一萬五千三百八十五兩，銅千四百六十萬五千九百六十九斤，鐵五百五十萬一千九十七斤，鉛九百十九萬七千三百三十五斤，錫二百三十二萬一千八百九十八斤，水銀三千三百五十六斤，朱砂三千六百四十六斤十四兩有奇。

先是，熙寧七年，廣西經略司言：邕州右江填乃洞產金，請以鄧闢監金場。後五年，凡得金爲錢二十五萬緡，闢遷官者再焉。元豐四年，始以所產薄罷貢，而虔、吉州界鉛悉禁之。七年，户部尚書王存等請復開銅禁，各展磨勘年有差。是歲，阬冶凡一百三十六所，領於虞部。

紹聖元年，户部尚書蔡京奏：岑水場銅額寖虧，而商、虢間苗脉多，陝民不習烹採，久廢不發。請募南方善工詣陝西經畫，擇地興冶。於是以許天啓同管幹陝西阬冶事。元符三年，天啓罷領阬冶，以其事歸之提刑司。初，新舊阬冶合爲一司，而漕司兼領。天啓爲同管幹，欲專其事，慮有所牽制，乃請川、陝、京西路阬冶自爲一司，許檢束州縣，刺舉官吏，而漕司不復兼阬冶。至是，中書奏天啓所領，首末六歲，總新舊銅止收二百六萬餘斤，而兵匠等費繁多，故罷之。

崇寧元年，提舉江、淮等路銅事游經言：信州膽銅古阬二：一爲膽水浸銅，工少利多，其水有限；一爲膽土煎銅，土無窮而爲利寡。計置之初，宜增本損息，浸銅斤以錢五十爲本，煎銅以八十。詔用其言。諸路阬冶，自川、陝、京西之外，並令常平司同管幹。所收息薄而煩官監者，如元符、紹聖敕立額，許民封狀承買。四年，湖北旺溪金場，以歲收金千兩，乃置監官。廣東漕臣王覺自言嘗領常平，講求山澤之利，岑水一場去年收銅，比祖額增三萬九千一百斤，較之常年亦增六十六萬一千斤。遂增其秩。是歲，山澤阬冶名數，令監司置籍，非所當收者别籍之，若弛興、廢置、移併，亦令具注，上於虞部。

大觀二年，詔：金銀阬發，雖告言而方檢視，私開淘取者以盜論。阬冶舊不隸知縣、縣丞者，並令兼監，賞罰减正官一等。有冶地，知縣月一行點閲。言者論其職在宣導德澤，平征賦獄訟，不宜爲課利走山谷間，遂已之。八月，提舉陝西阬冶司改併入轉運司。

政和元年，張商英言：湖北產金，非止辰、沅、靖溪峒，其峽州夷陵、宜都縣，荊南府枝江、江陵縣赤湖城至鼎州，皆商人淘採之地。漕司既乏本錢，提舉司買止千兩，且無專司定額。請置專切提舉買金司，有金苗無官監者，許遣部內州縣官及使臣掌幹。詔提舉官措畫以聞，仍於荊南置司。廣東漕司復奏：端州高明、惠州信上立溪場皆宜停閉；韶州曹峒場、英州銀岡場皆併入英之清溪場，惟黄阬場欲權存，俟歲終會所入別奏；惠州楊梅東阬、康州雲烈、潮州豐政、連州元魚銅阬黄田白寶、廣州大利宜禄、韶州伍注岑水銅岡、循州大佐羅翊、英州鍾峒凡十六場，請並如舊；循之夜明、英之竹溪、韶之思溪、連之同安請更遣攝官。從之。

三年，尚書省言：陝西路阬冶已遣官提轄措置，川路金銀阬冶興發，慮失利源。詔：令陝西措置官兼行川路事。阬冶所收金、銀、銅、鉛、錫、鐵、水銀、朱砂物數，令工部置籍籤注，歲半消補，上之尚書省。自是，户工部、尚書省皆有籍鉤考，然所憑唯帳狀，至有有額而無收，有收而無額，乃責之縣丞、監官及曹、部奉行者，而更督遞年違負之數。九月，措置陝西阬冶蔣彝奏：本路阬冶收金千六百兩，他物有差。詔輸大觀西庫，彝增秩，官屬各減磨勘年。四年，令監司遣官同諸縣丞遍視阬冶之利，爲圖籍籤注，監司覆實保奏，議遣官再覆，酌重輕加賞，異同、脱漏者罪之。六年，川、陝路各置提轄措置。阬冶官劉芑計置萬、永州產金，一歲收二千四百餘兩，特與增秩。十二月，廣東漕司言：本路鐵場阬冶九十二所，歲額收鐵二百八十九萬餘斤，浸銅之餘無他用。詔令官悉市以廣浸，仍以諸司及常平錢給本。尚書省奏：五路阬冶已有提轄措置專司，淮南、湖北、廣東西亦監司兼領，其餘路請並令監司領之。於是江東西、福建、兩浙漕臣皆領阬冶。

七年，提舉東南九路阬冶徐禋奏：太平瑞應，史不絶書。今部內山澤、阬冶，若獲希世珍物及古寶器，請赴書藝局上進。蓋自政和初，京西漕臣王璹奏太和山產水精，知桂州王覺奏枕門等處產金及生花金田，提轄京西阬冶王景文奏汝州青嶺鎮界產瑪瑙，其後湟州界蕃官結彪地內金阬千餘，收生熟金四等，凡百三十四兩有奇。蔡京請宣付史館，帥百官表賀，故禋復有是請焉。是時，河北、京東西及徐禋所領九路興修阬冶，類鑿空擾下，抑州縣承額，於是降黜河北提轄官，遣廉訪使者鄭諶并諸路廉訪悉究陳利病真僞。八月，中書奏阬冶寖已即緒，詔京東西、河北路并提舉東南九路阬冶並罷。十一月，尚書省言：徐禋以東南黑鉛留給鼓鑄之餘，悉造丹粉，鬻以濟用。詔諸路常平司以三十萬輸大觀西庫，餘從所請。

明年，令諸路鐵倣茶鹽法榷鬻，置鑪冶收鐵，給引召人通市。苗脉微者聽民出息承買，以所收中賣於官，私相貿易者禁之。先是，元豐六年，京東漕臣吴居厚奏：徐、鄆、青等州歲製軍器及上供簡鐵之類數多，而利國、萊蕪二監鐵少不能給。請鐵從官興煽，所獲可多數倍。自是，官榷鐵造器用以鬻於民，至元祐罷之。其後大觀初，入内皇城使裴絢爲涇原幹當，奏上渭州通判苗沖淑之言：石河鐵冶既令民自採鍊，中賣於官，請禁民私相貿易。農具、器用之類，悉官爲鑄造，其冶坊已成之物，皆以輸官而償其直。乃禁毋得私相貿易，農具、器用勿禁，官自賣鐵唯許鑄瀉户市之。

政和初，臣僚言：鹽鐵利均，今鹽筴推行已備，而鐵貨尚未講畫。請即冶户未償之錢，收其已鍊之鐵，爲器鬻之。兼京東二監所出尤多，河北固鎮等冶並官監，其利不貲，而河東鐵、炭最盛，若官榷爲器，以贍一路，旁及陝、雍，利入甚廣，且以銷盜鑄之弊。又夏人茶山鐵冶既入中國，乏鐵爲器，聞以鹽易鐵錢於邊，若官自爲器，則鐵與錢俱重，可伐其謀。請榷諸路鐵，擇其最盛者，可置監設官總之，概諸路不越數十處，餘止爲鑄瀉之地，屬之都監或監當官兼領。凡農具、器用皆官鑄造，表以字號，官本之餘，取息二分以上，仍置鐵引以通諸路，儲其錢助三路鈔本。詔户部下諸路漕臣詳度。會次年，廣東路請以可監之地如舊法收其净利，苗脉微者召人承買，官不榷取，遂并諸路詳度之旨不行。至是，臣僚復以爲言，故嚴貿易之禁，而鐵利盡榷於官，然農具、器用從民鑄造，卒如舊法。

四月，廣東廉訪黄烈等言：廣惠英康韶州、興慶府，政和中，寶貨司立阬冶金銀等歲額，或苗脉微，或無人承買，而浮冗之人虚託其名，發毁民田，騷動邀賂。詔：政和六年所立額並罷，舊有苗脉可給歲課者如故。十一月，復諸路元罷提舉阬冶官，其江南路仍令江西漕臣劉蒙同措置。

宣和元年，石泉軍江溪沙磧麩金，許民隨金脉淘採，立課額，或以分數取之。十月，復置相州安陽縣銅冶村監官。先是，詔留邢州綦村、磁州固鎮兩冶，餘創置冶並罷，而常平司謂銅冶村近在河北，得利多，故有是命。六年，詔：阬冶之利，二廣爲最，比歲所入，稽之熙、豐，十不逮一。令漕臣鄭良提舉經畫，分任官屬典掌計置，取元豐以來歲入多數立額，定爲常賦，阬冶司毋預焉。時江、淮、荊、浙等九路，阬冶凡二百四十五，鑄錢院監十八，歲額三百餘萬緡。五月，詔：阬冶舊隸轉運司者，如熙、豐、紹聖法；崇寧以後隸常平司者，如崇寧法；其江、淮等路阬冶官屬，如熙、豐員數，餘路官屬並罷，仍令中書選提點官。

靖康元年，諸路阬冶苗礦既微，或舊有今無，悉令蠲損，凡民承買金場並罷。宋初，舊有阬冶，官置場監，或民承買以分數中賣於官。初隸諸路轉運司，本錢亦資焉，其物悉歸之內帑。崇寧已後，廣搜利穴，榷賦益備。凡屬之提舉司者，謂之新阬冶，用常平息錢與剩利錢爲本，金銀等物往往皆積之大觀庫，自蔡京始。政和間數罷數復，然告發之地多壞民田，承買者立額重，或舊有今無，而額不爲損。欽宗即位，詔悉罷之。

南渡，阬冶廢興不常，歲入多寡不同。今以紹興三十二年金、銀、銅、鐵、鉛、錫之冶廢興之數一千一百七十，及乾道二年鑄錢司比較所入之數附之：

湖南、廣東、江東西金冶二百六十七，廢者一百四十二；湖南、廣東、福建、浙東、廣西、江東西銀冶一百七十四，廢者八十四；潼川、湖南、利州、廣東、浙東、廣西、江東西、福建銅冶一百九，廢者四十五。舊額歲七百五萬七千二百六十斤有奇，乾道歲入二十六萬三千一百六十斤有奇。

淮西、夔州、成都、利州、廣東、福建、浙東、廣西、江東西鐵冶六百三十八，廢者二百五十一，舊額歲二百一十六萬二千一百四十斤有奇，乾道歲入八十八萬三百斤有奇。

淮西、湖南、廣東、福建、浙東、江西鉛冶五十二，廢者一十五，舊額歲三百二十一萬三千六百二十斤有奇，乾道歲入一十九萬一千二百四十斤有奇。

湖南、廣東、江西錫冶一百一十八，廢者四十四，舊額歲七十六萬一千二百斤有奇，乾道歲入二萬四百五十斤有奇。宋初，諸冶外隸轉運司，內隸金部；崇寧二年，始隸右曹；建炎元年，復隸金部、轉運司。隆興二年，阬冶監官歲收買金及四千兩、銀及十萬兩、銅錫及四十萬斤、鉛及一百二十萬斤者，轉一官；守倅部內歲比祖額增金一萬兩、銀十萬兩、銅一百萬斤，亦轉一官；令丞歲收買及監官格內之數，減半推賞。

慶元二年，宰執言：封樁銀數比淳熙末年虧額幾百五十萬。今務場所入歲不滿三十萬，而歲奉三宮及冊寶費約四十萬，恐愈侵銀額。欲榷以三分爲率，一分支銀，二分支會子。上曰：善。

端平三年，赦曰：諸路州縣阬冶興發，在觀寺、祠廟、公宇、居民墳地及近墳園林地者，在法不許人告，亦不得受理。訪聞官司利於告發，更不究實，多致擾害。自今許人户越訴，官吏并訟者重寘典憲。及有阬冶停閉、苗脉不發之所，州縣勒令阬户虛認歲額，提點鑄錢司覈實追正。

（清）徐松《宋會要輯稿・食貨六四・雜録》 太祖乾德五年十月，命水部郎中于繼徽監視綾錦院。朝廷平蜀，得綾錦工人，乃於國門東南創置機杼院，始命繼徽監領焉。

十二月，詔曰：布帛之用，世道攸資；行濫之禁，律文具載。而商賈末，此句當脫一字。奸僞萌生，塗以粉藥，因而規利。瀆亂典刑，無甚於茲。自今宜禁民不得輒以紕疎布帛鬻於市，及塗粉入藥。吏察捕之，重寘其罪。

開寶四年三月，監綾錦院、右拾遺梁周翰言：在院見管户頭，逐人料錢七百文，糧三石五斗，口食米、豆六斗；各用女工三四人，每人月糧二石，米、豆又六㪷。有一户頭並女工共請一十六石五斗者，或少者一十三石五斗者。每人只管機三四張供應事，褫絲線、染練、紡絡，又別破錢並物料。或布帛低弱，即科校匠人，户頭不管。欲乞不置户頭，令工匠自管供機，各與女工一分請受。所貴濟贍得匠人。內有貧者，恐散失物料，即上歷旋給，庶令均濟。又看驗大、小錦並皆顏色淺淡，小字後原衍一小字，眉批：小疑誤。當是，據刪。每匹中錦破深紅線九兩三分，花八斤。昨令匠人當面入染，每匹減下花一斤，比舊顏色鮮好。逐料更有餘剩花，計至年終，極有出剩。所收出剩，乞逐季具數申奏。從之。

太宗太平興國六年，廢湖州織綾務，〔男〕工十人送京師，女工五十八人悉縱之。

七年八月，詔曰：淫巧之蕩人心，載記申乎訓戒；纂組之害女工，漢詔形於深諭。方今務修儉德，以敦俗化，而侈靡猶競，淳素未隆。宜頒畫一之規，以申率下之義。宜令諸處市買場及織造院，除供軍綾、羅、絁、布、紬、絹、綿外，其錦綺、鹿胎、透背、六銖、欹正、龜殼等匹段，不得更買及織造。民間有織賣者，勿禁。川、陝諸州匹帛、絲綿、紬布之類堪備軍裝者，商人不得私市取販鬻。

（清）徐松《宋會要輯稿·食貨六四·雜録》　淳化元年八月，詔：川、陝諸州，官歲市絲綿、紬布、絹帛等不能充舊貫，蓋賈人利市侵其利，自今嚴禁之。限詔到，賈人先所市者悉送所在官，官以市價償之。藏匿者，寘於法。初，諸州上供絹皆常度外長數尺，及西上閤門副使張昭允、內班都知馮守規類知左、右藏庫，類：疑當作數。裂取餘者，付染所上官雜染，以備他用，每歲獲羨數甚衆。既而士卒受冬服，度之不及程，昭允等悉坐免。

至道元年二月，詔杭州置織室，歲市諸郡絲給其用。

真宗咸平元年七月，廣南西路轉運使陳堯叟言：准詔，勸課人民栽種桑、棗。切緣嶺外惟產苧麻，望令折數，許官吏書歷爲課，仍許織布赴官場，以錢博市。每匹准錢百五十至二百，仍免其算稅。如私自貿易，不在免限。從之。

九月，綾錦院以新織絹上進。是院舊有錦綺機四百餘，帝令停作，改織絹焉。

十月，詔：揚州折博羅九萬二千三百餘匹，天頭原批：折，疑織。輕弱不中度，三司失於拘檢，合行推鞫，用戒因循。但以歲月稍深，干繫者衆，慮成追擾，特示寬矜。其干繫官吏更不問罪。儻復有犯，斷訖，仍勒備償。

二年四月，廢常州羅務。

（清）徐松《宋會要輯稿·食貨六四·雜録》　景德二年二月，詔諸路所市上供紬絹減三分之一。

六月，禁造行濫物帛。申舊制也。

三年五月，詔潤州造羅務人工仍舊限十二日成一匹。時有言舊限如此，王子如制置江淮，減勒一月，日限既促，功課不供，比至年終，頗用笞捶。故有是詔。仍命劉承珪察京師庫務，有類此不便事條例以聞。

大中祥符三年閏二月九日，河北轉運使李士衡言：本路歲給諸軍帛七十萬。民間罕有緡錢，常預假於豪民，出倍稱之息，及期，則輸賦之外先償逋負，以是工機之利愈薄。請令官司預給帛錢，俾及時輸送，則民利獲而官亦足用。從之，仍令優與其直。

八年七月，詔並州置場，中買軍人所給衣絹。初，言事者稱並州軍衣歲給絹四萬餘匹，並自京輦送，如聞軍中得之，悉以貿易土絁。起今如有願中賣入官者，每匹官給錢千二百文，可省輦送之半。詔三司定（特）〔奪〕，悉以爲便，故從其請。

九月，詔三司給沿邊戍兵冬衣，不得以輕纖物帛充支。初，河北轉運司言：（歛）〔欲〕以轄下諸州買撲酒課及次遠軍州折納紬絹充軍衣，卻以天雄軍等處絹上供。帝慮其虧軍士，故有是命。

九年八月，詔三司：〔諸〕道州府上供物帛並須四十尺已上，其輕纖短狹者，收其直罪之。收：疑當作取。

天禧元年三月，三司請令益州罷供鹿胎、透背，悉以衣帛上供，以給軍衣。帝曰：此色皆內藏所實，每郊禮，以充賞給，罷之非便。令三司與內藏同議以聞。

乾興元年十二月，仁宗即位，未改元。三司言：臣僚奏：兩川遠地，所產雖富，般運實多。收買折科，豈無虧損？織造染記，記：疑誤。寧不（廢）〔費〕工？押綱衙前，雖有酬獎，户下小客，最受辛勤。俱荷照臨，誠宜軫恤。欲乞益、梓兩路州軍綱運量與減放三二分，庶便民俗。下三司詳定。三司言：自來計度聖節、端午、十月一日內人春冬衣賜，並准備取索及國信往來、南郊支用綾羅、錦綺、鹿胎、透背、欹正、生白大小綾、花紗絹等，下益、梓州兩路織買出染，計綱上京。（令）〔今〕除錦三十五段全減不織外，餘綾羅、鹿胎、透背、欹正、生白大小綾、花紗絹等，欲且依舊。所貴支用不至悞闕。又勘會益、梓、利、夔四路州軍每年買納紬、絹、絲、綿，除應副陝西、河東、京西州軍及本路衣賜支遣外，餘有剩數，即上京送納，元不曾（椿）〔樁〕定數目。每年自西川水路起發布帛六十六萬匹赴京南路，轉般上京，（並）〔應〕副在京並京西州軍衣賜，難議減省，欲且依舊。從之。

仁宗天聖元年二月，裁造院言：每年所造諸節衣服萬數甚多，枉費人工。欲望自今逐節除十月一日、端午、非汎傳宣造作料次依舊造成送納，其長寧、乾元兩節並料段送納支遣。詔今年乾元節合支衣服依舊縫造送納外，餘從之。

七月二十八日，三司鹽鐵副使俞獻可言：川界每年織造錦綺、鹿胎等，所破物料倍有損費。欲望似此不急之物，除支賜近上武臣及蕃戎並合要緣飾，只令在京量事織造，其餘權且停止。詔三司會勘以聞。

二年四月四日，工部侍郎、知池州李虛己言：天下州縣每年春初預先支官錢和買紬絹，頗聞煩擾，乞不更行均配。詔今後支紬絹價錢並取人户情願，其不出產州軍，不得一例抑配。

三年七月二日，淮南江浙荊湖制置都大發運副使方仲荀言：乞斷絕諸州軍短狹紕疏粉藥匹帛及新小砂錫錢。帝曰：約束錢帛前後條目已繁，止令三司下淮南、江、浙、荊湖轉運司申明指揮。

四年閏五月，詔綾錦院自今不得衷私織造異色花紋匹段及御服顏色機樣，委本院監官覺察，並許人陳首，所犯人當行嚴斷。

二月二十八日，中書門下言：益、梓等州每年織造錦綺、鹿胎、透背段子、欹正等，累有臣僚上言科率勞擾，況錦繡纂組尤費蠶絲，雖未能全行禁止，欲乞漸次減數織造。帝曰：川西至遠，非惟織造勞費，亦不易津置。令每年數內特減一半。

五年正月二十一日，中書門下言：西川益、梓等州每年織造錦綺、鹿胎、透背段子、欹正等，權減一半外，餘生熟黃白大小綾、花紗，元未減省。累據臣僚言，乞下益、梓兩路轉運司權住織造，一併織絹，應副諸州軍及邊上支費。帝曰：速與行遣。宰臣王曾等奏：錦繡纂組，有害無益，約計每錦繡一端，可織絹數匹。如此指揮，實爲至便。

八年十月，三司言：江南西路轉運使苗稹言：檢會轄下一十州軍每春冬衣賜數內三衣布，除興國軍支遣得足外，餘洪、虔等九州年支布五萬匹，自來並從福建路州軍收買，轉般應副。覩其裨布，全然粗疏，不堪裝著，軍人請到，貨賣價少。自來於福、泉、漳州、興化軍四處置場收買，每匹價錢並津般往回官錢三百四十九文，軍人出賣，得錢三百一十一文省，亦有只得百五十六文足錢去處。以此比傚，實兩虧損。今欲酌中取洪州定支布價每匹三百二十文省，令洪、虔等九州依例給見錢。所是元支破買布價錢，仍乞令本司勘會，酌實貫（伯）〔佰〕，每年發送，赴當路交納，應副春冬支給布價。省司勘會：洪、虔等九州軍分折各情願，乞依洪州例請領衣布價錢，乞令福建路轉運司將每買布價錢般運赴江南西路州軍下卸，每下疑有脫字。應副支給軍人布價。又緣見錢腳重，陸路難以津般，今更不行外，仍乞下福建轉運司，今後更不科買綿、絲、布，將每年合買賣錢於出產銀貨州軍收買鋌銀，計綱上京送納。從之。

十二月，三司言：乞依每年例拋數下京東等路轉運司，預支絹紬價，及時收買。詔准去年例施行。

明道二年十月十二日，詔已令三司將在京庫藏内珠玉、犀牙、閑雜物色物變轉貨賣外，物色物：後一物字疑當衍。其西川織造上供綾羅、錦綺等項，議特行減省。詔曰：朕祇膺先訓，寅奉寶圖。發一念必在於政經，舉一事必先於教本。庶惇古治，用澄化源。自惟臨御以來，性崇儉素。慕衣綈之先矚，遵抵璧之令猷。冀厚民風，期臻淳朴。去奢務本，斯爲至懷。乃者昭示攸司，悉索長物，珠璣犀象，減貿貨泉。顧彼坤維，俗善纂組。苟浮靡而呈技，慮紃組之有妨。不戒纖華，將害有益。特頒明命，與時作程。應東、西兩川織造上供綾羅、透背、花紗之類，令今後三分中特令織造一分，其餘二分織造紬絹。如民不願織造紬絹者，不得抑勒。别具擘畫聞奏，及令都進奏院告報上項路分州軍，令出榜曉示。

景（佑）〔祐〕元年四月十二日，青州言：織造錦乞減放一半。從之，所減數目令在京綾錦院織造。

（清）徐松《宋會要輯稿・食貨六四・雜録》

慶曆五年六月十三日，詔益州每歲上供物帛數特減歲額三分之一，益、梓路州軍所織錦綺、鹿胎等，並減其半。

七年十一月二十八日，詔：應預支人户紬絹價錢，令隨夏税送納。朝廷之意，本在利農。近年降數多，三司每年約度，只合要紬絹，務在裁減。仍先具數申奏，下中書相度指揮。内江西一路多以鹽充折絹價，虧損小民，轉運司今後須管支見錢和買。

皇祐二年閏十一月，出内藏庫緡錢四十萬、紬絹六十萬，下河北便糴糧草。先是，河朔頻年水災，朝廷蠲民幾盡，至秋，禾苗將登，而鎮定復大水，並邊尤被其害。被：原作備，據《長編》卷一六九改。仁宗憂軍儲不給，故特出内府錢帛以助之。至和元年二月，三司言：陝西、河東歲減西川所上物帛，而軍衣不足，又河北入中糧草數多，未有紬絹筭還。請貸内藏庫紬十萬、絹十萬。欲乞輸左藏庫緡錢十萬，餘計其值，以限計還。從之。

三年十二月，詔陝西路轉運司，本路軍裝、紬、絹、錦，皆出益、梓、利州路，今邊事久寧，而戍兵減，宜寬三路所輸。若支軍衣而願買官，以中估收市之。

嘉祐四年正月十四日，三司言，乞下内藏庫交撥錢、銀、紬、絹、綺、綾、羅、紗、縠等，准備郊禮賞給，從之。

英宗治平元年閏五月二十八日，三司言，乞下内藏庫撥借綾、羅等七萬六千四百六十匹赴左藏庫，以助支賞，從之。

二年十二月二十三日，三司言，乞下内藏庫撥借銀、綾、羅等一萬九千四百八十六匹赴左藏庫收管，充備支遣，從之。

四年三月，神宗即位，未改元。三司言：在京粳米約支得五年已上，欲乞於上供年額六百萬石内將粳米五十萬石，自今發運司體量米貴處，與減下和糴數目，卻令買金、銀、絹、帛上京，候約支不及四年，即添三十二萬石。上件錢、帛，於搉貨務封樁，分與三路，以備軍需。候充羨，即留在京。從之。

六月二十九日，詔在京臣寮並宗室公使錢、買馬價錢，並半折絹；諸醮道場大會，並折以絹。

神宗熙寧二年十月四日，三司言：乞自今後除傳宣及合同取索御前使用，並太皇太后、皇太后、皇后以下春冬折洗，及支賜外國蠻人折角、入國人使到京等料，依舊出染練絹外，有應系支賜臣寮之家及筵宴合用綵絹，許請人於元支庫分換支生帛折等二等絹。如内中取索綵絹，卻於數中要換生帛折絹者，依此。詔除太皇太后合供衣著並與外國者並依舊外，其供皇后宮及内人衣著，即令内東門司逐時計會合要生絹或衣著，臨時供應，餘並支合染色額生白絹。

三年二月，京東轉運司言：准詔，訪聞本司去歲和買絹多拋數於人户上配散，每錢一千，買絹一匹，後來卻令買稅絹，並每匹納錢一千五百文，又於等第一例配俵粟豆錢，令件（折）〔析〕以聞。緣所散粟豆錢要濟民用，只召情願，即非配俵。詔已行常平倉新法，今後更不得支俵粟豆錢。其支散内藏庫別額紬絹錢五十萬貫，候納到本錢，即撥樁充北京封樁。所收息利，於内藏庫送納。

元豐二年八月二十六日，成都府言：歲額上供錦，預支絲、紅花、工直與機户顧織，多苦惡欠負。昨創令軍匠八十人織，比舊費省而工善，令先織細法錦。從之。

徽宗政和四年五月十五日，詳定一司敕令所奏：今修立下條：諸應副他路軍衣物帛，有粉藥、紕疎、輕怯、短狹者，元買納官司計所虧官，准盜論罪。輕者徒一年，元驗官司減一等。從之。先是，淮南轉運司奏，本路合要軍衣，係江、浙路供應，近年以來，多被逐路官庫合干人與管押人表裏作弊，將短狹、粗疎、輕薄、粉糊、僞濫紬絹起發前來，乞立法禁止故也。

五年正月二十一日，尚書省言：新知拱州宋康年奏：臣前任淮南轉運副使日，（代）〔伏〕見本路每年管催夏稅紬絹，並爲上供内府支用，淮南路並無尺寸現在。所有本路一歲諸軍春冬兩路衣賜，兩路：路字疑誤。全仰兩浙、江東、西州軍。兩浙路近因起發軍衣不堪，致悮軍裝，其淮南路轉運司曾被責罰，以至江東、西所發軍衣常是過期不到，有妨支散。伏望特降睿旨下淮南轉運司，如至時委是過期不到，即據已到本色紬絹那融見錢，相兼准折支散，不致有誤軍裝支用。詔兩浙、江東、西州軍支淮南路軍衣如過期不到，依法施行外，人吏配千里。

七年七月十日，詔逐路諸司每歲收到絲綿、紬絹，若年終支用不盡，並行樁管，具數申尚書省。仍估中價，以坊場錢兑買起撥，赴大觀西庫送納。從度支員外郎張勸請也。

宣和三年六月十日，詔令諸路提舉司委官取索諸司支用不盡及無支用見變轉及折支紬、絹、綾、羅、錦，依時價，以上供錢兑買起發上京。如上供錢兑買不盡，即以諸司封樁錢兑買。其上供錢兑買到數，並赴左藏庫送納；用諸封樁錢兑買到數，並赴元（豐）〔豐〕豐庫送納。仍先具合兑買起發色額數目，限三日聞奏。其起發日限，依起封樁紬絹等已得指揮。

六年閏三月二十二日，尚書省言：奉御筆：諸軍今歲春衣紬絹布，近（今）〔令〕取樣呈，例皆紕薄陳爛，不堪衣著，布爲尤甚，恐非諸路元上供和買之〔□〕，致使人兵赤露，軍容不振。今降給散樣付尚書省，可根究有司有無情弊因依進呈。仍自今預行措置，將來軍衣勿令更以此粗弱闕悮。以：疑當作似。其户部官全然廢弛，失職弗虔，各與降兩官責後效。詔榷貨務官各降一官；元收買合干人，送大理寺決杖一百；大觀、元（豐）〔豐〕、左藏東庫布庫官並合干人，各降一官資，無官資可降，罰銅二十斤；當撫、洪、夔、桂、袁州、遂寧府買納官，各降一官資，知、通、令、（承）〔丞〕及當職官，各罰銅二十斤。仍令逐路提刑司具諸州府合降官資人職位、姓名申尚書省。

二十七日，（申）尚書省言：諸路州縣應受納及和買合上供紬、絹、布等，轉運司取索看驗其合發綱樣，並仰取酌中物帛，如法封記起發，即不得揀選高下色作樣。仰巡尉催綱及排岸司常切嚴察。管押人如敢作弊換易，即送所屬更治，申尚書省取旨。如覺察得換易數多，仰逐州保明，申取朝廷指揮，特與推賞。在京交納庫務，並須如法看驗交納。若內有不堪支充衣賜者，取旨黜責，仍别行補發。遇支衣，委户部長貳、太府寺卿少前期躬詣所支庫務點檢，如堪充衣裝，方得支散，仍並前十日具狀保明聞奏。左藏庫布，每遇支遣衣賜，自來係太府寺前期進樣，多是揀選上色堪好物帛進呈，其所支衣賜往往與樣不同。今後並仰取中等物帛。代進，謂如闕河北絹，以京東絹代支之類，今後須是本等實闕，方合以次等支遣。又在京收買物帛，官司作弊，多買低次之物。今後並仰體度市價堪充衣賜使用物帛，仍每匹封樣，赴左、右司呈驗。從之。

高宗建炎二年六月三日，户部言：左藏庫申：椿辦八月冬衣，緣諸路年額起發條限上限八月終，下限十月終計綱上京送納，已過支衣日限，難以措擬支用。欲乞自來年依例下江南東、西路，各兑起絹二十萬匹、紬六萬匹，兩浙絹五十萬匹、紬八萬匹，令逐路轉運司先次那融本司諸色窠名或朝廷封椿見在，並限七月上旬到京，候輸納到，令本處依窠（各）〔名〕椿還。從之。

紹興元年四月二十五日，户部言：兩浙東、西路今歲各發上供紬、絹、絲、綿，已依指揮依例一半折納價錢起發外，欲將其餘路合發絲、綿、紬、絹並半折納見錢，紬、絹每匹折二貫文省，絲每兩二百文省，綿每兩二百文省，計置輕齎金銀起發。仍令逐（前）〔州〕軍將合折數目於第五等人户全折，餘數均於第四等以上户。從之。

三年正月三日，浙東、福建路宣諭朱異言：據婺州百姓成列等狀：每歲和買平、婺羅受納，兩數太重：平羅一匹要及一十九兩，婺羅一匹二十二兩，與本州所織清水羅率增重八九兩。乞除減輸納。臣竊以兩浙絲綿細小，與河北土産定羅不同，難以敷及上件兩數，是致多用粉藥，纔經梅潤，往往蒸壞，逐歲不免退剥，再勒人户貼納。乞止依在市清水羅斤兩輸官。户部言：左藏庫歲常支羅不過萬匹，其婺州紹興三年分合發年額羅二萬匹，恐不須盡數起發本色。詔婺州紹興三年分羅並權折納價錢，令兩浙轉運使開具合折價直申尚書省。

五月二十五日，兩浙西路宣諭胡蒙言：巡歷至臨安府、嚴州界，下等人户陳狀，各稱絲蠶成熟，難得見錢折納和買物帛。乞許令本路州縣五等人户從便送納七分本色、三分見錢。户部尋下兩浙轉司，看詳得今年合發夏税和買物帛，依奉三月三日聖旨內兩浙七分本色，三分折錢。其價錢先令第五等人户全行折納。如有折納不足數目，更令第四等人户折納。又不足，均於上等人户名下科折，務要寬恤下户，欲依兩浙轉運司已得指揮。從之。

二十八日，詔：昨建炎三年二月二十七日已降指揮，婺州上供平羅減定，著爲永法。其户部續申明去年十二月二十八日及今年四月九日令本州將折羅和買絹起發指揮，可更不施行，以紓民力。

四年八月十九日，殿中侍御史張致遠言：伏覩鎮南軍申：乞以本州和買絹、紬合起八分本色，更將二分許人户折納價錢，每匹六貫文省。又胡世將申：洪州在市一絹之直，已增長八貫五百文足，自餘州軍有至十貫足以上去〔處〕，乞每匹折錢五貫或六貫文足，（令）〔令〕計折價錢納米應副江北支用。户部勘當：乞將江西八分本色絹內，令三分依洪州所乞，折納價錢，每匹作六貫文足。如人户願納米穀，各依逐處市價聽納。已從其請。切以江西殘破之餘，軍旅轉餉殆無虚日，鎮南軍和預買絹，自起催至六月，纔納及一分。民力不易，自可想見。每匹令納錢六千〔文〕省，比之舊折三司價例，已增一半，若比浙中見價，每匹計多一千五百。

户部勘（減）當更令折錢，每匹六貫文，其實八貫省耳，是於三等之中，獨取極價，欲乘民之急而倍其斂也。物不常貴，官有定額。民得蠶織，則絹有時而易辦；錢額既定，則無價時而可減。臣側聞章聖皇帝嘗語宰輔曰：兩浙、福建、湖廣州軍，歲輸丁口錢四十餘萬，國家恤念遠人，非深行惠澤，無以致其康樂，當永除之。丁謂以爲方東、西巡幸，賜予億計，慮有司經費不給。章聖曰：朝廷推恩，所貴及民，但當敦本抑末，敦：原脱，據《長編》卷七六補。節用愛人，何至以經費爲辭耶？夫丁口錢民輸甚易，且有定制，章聖不恤，經一言而除之。和買舊給本錢，每端一千，方時多艱，白取既非得已，有司請寬民力，户部乃用極價，雖致數千萬緡，豈陛下所以（增）〔軫〕念黎元之本心耶？詔依已降指揮折納價錢，每匹減作六貫文省，如人户願納本色者聽。

十一月一日，詔：昨降指揮，江、浙州縣來年合納夏稅和買紬、絲、羅，並行折納價錢；綿、絹以十分爲率，折納五分。其價錢分兩限，內紬、絹價錢上限至來年十二月終，下限至來年正月終；絲、綿、羅價錢上限至來年正月終，下限至三月終；其餘本色匹帛，候至本年依條限起發。其紬、絹折納錢，〔元〕降指揮明言折納錢五貫二百文省，自合送納省錢；絲、綿、羅依去年價錢折納，即無令納足錢之文；其餘五分本色綿、絹，合候本年依條限起催，即今未合催理。訪聞州縣並不遵稟元降指揮，輒將所折價卻足錢令人户送納，及將來年合納五分本色綿絹一概便行催理，顯屬騷擾。令監司禁止，覺察聞奏。

五年閏二月二十七日，侍御史張致遠言：訪聞江東、西昨來預借折帛價錢，民極省費，而州縣責辦倉猝，不及下户。今宜令上户代納本色，卻令下户補納價錢，以寬貧乏。詔人户合納夏稅和預買物帛，仰均行輸納，卻不得抑令下户遍納本色，餘路依此。四月十九日，尚書省言：今來諸路合納上供和買絹數，昨降指揮將五分折納價錢，以便民户。其臨安府係車駕駐驆去處，當更行優恤。詔臨安府合發淮衣並三分上供和買納絹，除別指揮已減放二分外，將其餘數目以三分爲率，更以一分折納價錢，每匹作五貫五百文足。如願輸本色者聽，餘二分依舊催納本色。

十六年六月七日，詔盱眙軍合發大禮銀絹，依下州路椿辦。

二十年二月三日，上謂輔臣曰：前日路彬言，廣西折布錢，錢：原作袋，據《建炎要録》卷一六一改。因都督府張俊每匹增及兩倍，可令户部詳看裁減。其後本部言：靜江府、昭州每歲合發上供布九萬二百八十一匹，昨自紹興後來，每匹增作一貫五百文省起發。今欲依臣僚奏請，於見納價上三分中與減一分，作一貫文折納。從之。

二十八年三月二十四日，宰執進呈內藏庫申：契勘諸州軍上供內藏庫匹帛，依法每匹長二十四尺，闊二尺五分，若有行濫及色額低次起發，自有斷罪。湖州納到小綾一百六十八匹，看驗得內一百二十八匹，稀疎、怯薄、短頭不堪。婺州納到綾羅共二百七十二匹，亦如此不堪。乞明降指揮，交付原押人退還逐州换納。上曰：此已係民所納，若行退换，原物未必歸民户，卻重科納，必致騷擾，朕深不欲如此。止令提刑司具兩州受納官簿，示懲戒足矣。

三十年六月十八日，户部言：臣僚乞：人户輸納匹帛內有不應式者，止合退换。比年以來，間有州縣復生奸弊，遇受納夏稅之日，差胥吏於場中別置一所，如有退换紬絹，每匹令人户納錢，名曰回稅，既不正附赤曆，其錢莫可稽考。望嚴立法禁。得旨，令户部看詳。本部勘會，在法：諸非法擅賦斂者，以違制論，過爲掊刻者，徒二年；監司以人户合納穀帛絲綿之類紐折增加價錢，或糴買糧草抑令遠處輸納，若巧作名目，額外誅求者，亦並以違制論；守、令奉行及監司不互察者，與同罪，並許被科抑人户越訴；合納官物不正行收支者，杖八十，收支官物不即書曆及別置私曆者，徒二年。欲下諸路轉運司行下所部州縣，遵守前項見行條法。從之。

孝宗乾道二年二月七日，户部侍郎曾懷等言：諸路州軍起到物帛，並係應副宮禁及百司、官兵等支遣，自合受納及格堪好物帛。今徽州發納乾道二年上供第四綱和買夏稅絹，左藏庫看驗得內一萬六千四百四十七匹並各輕怯、粉藥、紕疎，不堪支遣軍衣等使用，顯是本州當來受納官吏與專揀攬納人户通同作弊，有悮支遣。除已退回令別補發，所有原受納官吏等望重賜黜責，庶爲諸路受納官之誡。詔令江東轉司具元受納官吏並當職官位、姓名以聞。

三年二月七日，上宣諭宰執曰：聞兩日支軍人絹甚好，常年不得如此。先是，户部申，有徽州解到冬衣絹皆不堪支遣，上曰：恐支與軍兵粗惡不便。令户部加意料理，且差中使不測掣取，以妨奸弊。至是，有司支散冬衣皆佳。蔣芾奏曰：軍人知陛下留意如此，請得好絹，無〔不〕欣躍。

四年十二月十七日，詔乾道五年折帛錢權與減半輸納一年。

五年三月十七日，户部尚書曾懷言：紹興府補發到乾道四年諸縣退剝絹二萬六百七匹，輕怯不應省則。本部再委太府寺官重行編揀，内稍可支遣絹一萬四千三十五匹先次交收外，有輕怯絹六千五百七十二匹合行退回。又緣正是新陳未接之際，切慮人户艱於换易，重致騷擾。今欲委官估官價錢别行措置，貼錢收買，應付支遣。仍乞下諸州軍約束諸縣，今後合起上供物帛，須管依省樣受納起發。如依前違戾，從本部按劾聞奏。紹興府尚有未補發絹數，如發，看驗得再有退剝不堪之數，亦乞依此施行。從之。

八月七日，詔：已降指揮放免折帛錢，近日州郡卻於合納絹數内紐折見錢，及收買低下絹帛送納，民不得實惠。可令體究，如有似此去處，重作施行。

十二月十四日，詔將徽州休寧等五縣減下折帛錢自乾道五年以後，令各縣止納本色。以福建路轉運副使趙彦端有請也。

八年二月十二日，户部言：昨徽州乞將本州上供絹依祖宗舊制重十一兩爲一匹輸納，本部欲依本州所申。今來徽州截日終起到乾道七年上供絹八萬一千七百六十餘匹，係四十二尺爲匹，每匹重一十一兩一分，或一十一兩半之數。詔知州、右承事郎趙師夔特轉一官，通判、右承議〔郎〕張靖減三年磨勘。

十一月八日，詔楚州乾道七年分紬絹等並免起發。以知楚州趙磻老言兩經兵擾故也。

《遼史》卷六〇《食貨志》 坑冶，則自太祖始併室韋，其地產銅、鐵、金、銀，其人善作銅、鐵器。又有曷朮部者多鐵；曷朮，國語鐵也。部置三冶：曰柳濕河，曰三黜古斯，曰手山。神册初，平渤海，得廣州，本渤海鐵利府，改曰鐵利州，地亦多鐵。東平縣本漢襄平縣故地，產鐵礦，置採煉者三百户，隨賦供納。以諸坑冶多在國東，故東京置户部司，長春州置錢帛司。太祖征幽、薊，師還，次山麓，得銀、鐵礦，命置冶。聖宗太平間，於潢河北陰山及遼河之源，各得金、銀礦，興冶採煉。自此以訖天祚，國家皆賴其利。

《通制條格》卷二《户令・搔擾工匠》 至元二十八年十月十九日，中書省奏：運糧的南人的孩兒張萬户説有，江南官人每影占着匠人每，梯己的勾當裏使用有，又科要錢有。如今取見匠人每數目，各局院裏合造的額數造了呵，放還教做他每的勾當養喉嗉吃呵，怎生？麽道説有。有體例一般有，前者夏裏，不揀是誰局院裏，休教造梯己的勾當者，官人每、有氣力的富户每根底休影占着行者。麽道聖旨行了來。如今也依着他的言語行呵，怎生？麽道。奏呵，您的不是有。尚自這裏局院裏有的匠人每根底，桑哥等賊每梯己的勾當裏使用來，不收拾放了呵，開與做賊的門户一般。自由的不拏着使那甚麽？再商量者。麽道聖旨了也。欽此。送工部照得近欽奉聖旨節該：元省部文字，無投下官人每印信文字，下次委的官吏每，下頭不揀甚麽要有，自己勾當裏軍匠夫役當有，官司局院裏梯己段疋諸般生活雜造有，私下百姓每根底不揀甚麽科要有，麽道奏來。如今這勾當行的時分，不揀誰其間休入去者，私下百姓每根底不揀甚麽休科要者，官司局院自己生活休教造作者，軍匠夫役休差占者，道來。這般道了，這勾當別了的人每有罪過者。又這打算的要肚皮，覰面情呵，無體例的百姓生受行呵，他每更不怕那？聖旨了也。欽此。議得：江南人匠擬合常川入局，驗周歲定到額造工程造作。若有匠官人等影占人匠，科要錢物，擬合欽依已降聖旨事意禁治。如有違犯，從肅政廉訪司體察。都省准擬。

《通制條格》卷一三《祿令・工糧》 至元二十年七月，中書省奏：火兒赤每俺根底與將文書來，匠人每生受有，驗家口給糧呵，怎生？奏呵，奉聖旨：那般者。麽道。俺商量得，人匠喫糧的體例，已先月哥歹皇帝定奪來的體例有，匠人每造作呵，驗工程與糧有來。如今若依家口與糧呵，無體例。只依先體例驗工程與糧呵，怎生？商量來。奏呵，奉聖旨：是也。火兒赤每理會得甚麽？那般者。

延祐元年九月，中書省奏：興和路有的局院人匠，教你咱馬丁尚書等官分揀了，勾當都完備了來呵，久遠怎生，與糧的其間，定擬了奏者。聖旨有來。如今這分揀定的二十六局人匠每，每歲總支着口糧貳萬肆仟叁佰餘石計，他每造作的工程呵，該支着四千捌拾餘石糧有。當間爲是支請口糧的上頭，僥倖的人每教不應的軍站民匠人的奴婢詭名入來的，多支糧的緣故是這般有。驗工支與糧呵，每年省減官糧貳萬餘石，匠人也不虧損有，又除了奸弊。麼道，他每與了俺文書有。俺商量來，他每説的是有。依着他每定擬來的教行呵，怎生？奏呵，那般者。麼道聖旨了也。欽此。

《通制條格》卷一三《禄令・工糧則例》　至元二十四年七月，尚書省奏：　相哥平章爲頭尚書省官人每奏將來，請糧的匠人當着壹分差發，貳拾口家糧請的也有。又則當着一分差發，兩三口請糧的也有。這的每都一般與糧呵，多了的一般有。俺商量得，口數多的與四口糧，四口以下的驗口數與呵，怎生？奏呵，那般者，麼道聖旨了也。欽此。

至元二十五年三月，尚書省户部呈：分揀到各衙門應支鹽糧人口，除請錢住支外，不曾請錢人户擬四口，並隻身人口，除已分揀定四口爲則外，驗户請糧户數亦合一體，每户多者不過四口，少者驗實有口數，正身月支米三斗、鹽半斤，家屬大口月支米貳斗伍升，家屬小口並驅大口月支米一斗伍升，驅口小口月支米七升伍合。並印鈔抄紙人匠、壩河倒壩人夫，每年俱有住閑月日，擬合實役月日，每名月支米三斗，鹽半斤。都官准擬。

皇慶元年九月，中書省奏：　留守司管的八剌哈赤每，在前四口爲則與糧來。今春宣徽院官憑着留守司官奏來的，省裏不與文書，徑直行了文書，陸口爲則與糧米。肆口爲則喫糧二十餘年也。前者他每根底也與了錢物來。只依舊四口爲則與糧呵，怎生？奏呵，那般者。聖旨了也。欽此。

《通制條格》卷三〇《營繕・判署提調》　至元九年六月，中書工部照得：　各路局院併入總管府管領，其各路官吏爲有管匠人員，往往不爲用心提點催辦，以致拖兑工程。今後各路管下局院額造常課、横造段疋等工程，仰判署官吏常切用心提調催辦，每月計點。合造工程，須要趁迭額數。若有拖工去處，即將提舉司管局大使副使取招申部，以次管勾頭目就便取招斷遣。

《通制條格》卷三〇《營繕・造作》　至元二十八年六月，中書省奏准《至元新格》：

諸營造皆須視其時月，計其工程，日驗月考，毋使有廢。惟夫匠病疾、雨雪妨工者除之。其監造官仍須置簿常切拘檢，當該上司時至點校，不致虚延日月，久占夫工。

諸造作物料須選信實通曉造作人員，審校相應，方許申索。當該官司體覆者亦如之。有冒破不實，計其多少爲罪，已入己者驗數追償。

諸造作官物，工畢之日，其元給物料雖經覆實而但有所餘者，須限拾日呈解還官。限外不納者，從隱盗官錢法科。

諸局分課定合造物色，不許輒自變移。有上位處分改造者，即以見造生活比算元關物料，少則從實關撥，多則依數還官。

諸局分造作局官每日躬親遍歷巡視，工部每月委官點檢，務要造作如法，工程不虧，違者隨即究治。其在外局分，本路正官依上提點，每季各具工程次第，申宣慰司，移關工部照會。工部通行比較，季一呈省，比及年終，俱要了畢，毋致虧欠。行省管下局分准此。

諸營建官舍，其所委監造人員皆須躬親指畫，必要每事如法，一切完牢。若歲月不多，未應損壞而有損壞者，並將監造人員、當該工匠檢舉究治。

諸官司器物損壞不堪修理者，差官相驗是實，方許易换。若已給新物，其故物拾日以裏即須還官，發下合屬隨宜備用。不堪作數者，赴官呈驗，不須開寫名色，虚掛文籍。銅鐵之器作銅鐵收，竹木之器作柴薪用。

諸造作支破錢物，工畢之日，其親臨總司即須拘集當該官吏一一照算完備，本司檢勘無差，合除破者依例開申除破，合還官者從實解納還官，毋使隔越歲時，致難理算。

諸營造合用諸物，先儘官有見在，其不足之數，有可代支而價不虧官者，申稟折支。

諸隨路如遇横造軍器諸物，其一切所須，必要明立案驗，選差好人，置簿掌管。工畢之日，隨即照算元收、已支、見在數目，本路正官體校是實，開申合干部分照會。

諸隨路每年該值水害，凡可疏通閉塞修完去處，當該上司須於農隙之時，委官預爲踏視，相其地宜，料其工物。若役人數少，不動官錢，聽差近民隨即修理。必支錢動衆者，速申合屬上司，比至來年春作之前，併工須要了畢。其餘修作應動民力者，亦准此。其事須急差，不拘此例。

至元十四年三月，中書省工部呈：欽奉聖旨節該，諸局分生活，今年爲頭關了物料的，祇教當年納足生活，休教拖欠。生活歹呵，要罪過者。欽此。本部議到下項事理，擬合遍行隨路，以誡違慢。都省准擬。

一、各路局院額造弓甲箭弦哈兒雜帶鐶刀一切軍器、段疋、雜造、鞍轡生活，合用物料，除在都放支外，餘者年例各路應付，中間多致違慢造作。今擬自至元十四年二月一日爲例，責在各路官司，凡支上項物料，自承受符文月日爲始，須管限染日交付數足造作。若有違限怠慢去處，即將本路總管府官、首領官，不分長次，一例擬罰俸半月，當行司吏的決壹拾柒下。如過期懸遠耽誤造作，至日驗事輕重，別議處決。事急不拘此限，晝時應副，任滿日於解由內開寫，臨時定奪黜降。

一、段疋造作生活，若局官人員依額應限了畢，造作堪好，臨時量其可否，定奪遷賞。拖兑工程置簿標附過名。其提調提舉司官、局官，任回日於解由內開寫，臨時驗事輕重，別議黜降。

一、比較違限工程依例合限壹拾箇月造定。如有過限局分，扣算拖工分數，並異樣改織常例金作者，將當該局官勾喚赴部，照依呈准中書省劄付，以拾分爲率，拖工肆分已上決貳拾柒下，肆分已下貳分已上決壹拾柒下，貳分已下罰俸一月，欽依聖旨事意斷決。提調官取招別議外，據以次官頭目司吏人等，從本路提調府官約量斷遣。

元貞元年正月，中書省近欽奉聖旨節該：在先時節諸王常課段疋柒捌托家更寬好有來，如今更短窄歹了有，拯治者，欽此。又會驗欽奉聖旨節該：諸司局院造作生活，今年爲頭關了物料的，祇教當年納足，休教拖欠。若有拖欠，生活歹呵，要罪過者，欽此。都省議得下項事理：

都省元坐陸款

一、應造御用諸王異樣常例金繡絨素段疋，合用絲金物料，在都委自提調部官主事，外路依已行委達魯花赤、總管、經歷、首領官，不妨本職，多方用心催督局官、庫官人等，比及新年，責限應付關支了畢，接續下機，來年正月已裏收工造作。如違斷罪。

一、所關絲料，先行選揀打絡，須要經緯配荅均勻，如法變染。造到段疋，亦要幅闊相應，斤重迭就，不致顔色淺淡，段疋粗操。並要照依已定額數，從實催辦。非奉上位處分，不得擅自損減料例，添插粉糨。如送納時辨驗却不如法，定將局官斷罪罷役，提調官吏責罰。

一、打造金箔，須要照依元關成色、額定箔數，從實打造用度，無致人匠添插銀銅氣子，顔色淺淡。提調官、局官常切用心關防，亦不致剋落金貨。如違追斷。

一、每月造到段疋及見在物料，委自提調官吏先行計點，須要段疋堪好，別無短少拖欠，如法收貯打夾，按季作運次，依例差官管押，依限送納，無致損壞。如有侵欺物料，損敗段疋，照依已奉聖旨斷罪，罷職役陪納。

一、局院造作，局官每日巡視，提調官按月點檢，務要造作如法，工程不虧。違者隨事究治。外路每季各具工程次第申部，工部通行比較，季一呈省，年終須要齊足。如造作堪好，工程不虧，臨時定奪遷賞。如是低歹拖兑，其提調官吏局官人等，驗事責罰，置簿標附過名，任迴於解由內開寫，驗事輕重黜降。其銷用不盡物料，隨所納生活一就還官。

一、匠官除關撥絲料、送納段疋、迎接聖旨外，其餘一切事理，有司不得差故。提調官、匠官人等却不得因而帶造生活，侵欺物料，亦不得科擾匠户。如違依條斷罪罷職。

本部議到捌款

一、額造金素段疋紗羅等物合該絲金顔料，本處正官親行關支，置庫收貯，明立文簿。如有支訖物色，開寫備細名項斤兩，半月壹次結轉收支見在數目，須要正官印押，其庫門鎖鑰亦仰正官封收。若有横收錢物，另行置簿結附，以備照勘。若應收支而不收支，應標附而不標附，致有躭悟造作，叁日罰俸半月，伍日已上決柒下。若有失收濫支者，另行追斷。

一、絡絲、打線、纘絍、拍金、織柒工程，俱有定例，仰各處局院置立工程文簿，標附人匠關物日期，驗工責限收支，並要依限了畢。如違限不納及造作不如法者，量情斷罪。

一、各局院每歲所支色絲，仰管局官吏明立案驗，照依市價回易收買，上等堪好顔料依數變染，不致淺淡。及局官人等不得將所關色絲，減價詭名暗地分買。仰提調官常切計點，如有違犯，隨即追理究治施行。

一、腳亂絲貨，欽奉聖旨節該，修理機張等什物用度，欽此。仰各處提調官吏用心關防，局官如遇必合修理機張什物等用度，明置文簿，依公銷用，年終考較。若有用不盡絲數，回納還官，却不得因而冒濫破使。如違追斷。

一、欽奉聖旨節該：匠人每的糧，納了生活後頭與糧呵，匠人每生受。上下半年的糧預先支與呵，不做生活，更推甚麼。欽此。局院倉官斗脚人等，如遇放支工糧，仰隨處提調官吏用心關防，無致剋落。如有違犯，就便追問斷罪。

一、各處額造段疋，正月一日收工，年終織造齊足。每月造到工程，在都不過次月初五日，外路初十日已裏，須要申報到部。如是違限，取各路首領官吏招伏斷罪。

一、禁約在局人匠，不得妄稱飾詞，恐嚇官吏，扇惑人匠推故不肯入局，躭悮工程。及一等不畏公法閑雜人等輒入局院沮擾造作者，仰提調官常切禁治。如有違犯之人，痛行斷罪。其提調官亦不得差無職役人指稱計點工程，非理搔擾，取要飲食錢物。許各局徑直申部，嚴行究問。

一、各處管匠官吏、頭目、堂長人等，每日絶早入局監臨人匠造作，抵暮方散。提調官常切點視，如無故輒離者，隨即究治。

《通制條格》卷三〇《營繕・官舍》 大德十一年正月，中書省工部呈：都城所申大都裏外諸處倉庫、局院、百司公廨、會同館驛並一切係官房舍，連年損壞，去失磚瓦木植等物，下年又行添補，虚費官錢，勞役軍匠。蓋是看守軍官、頭目人等不爲用心，縱令諸人拴繫牧放頭疋，踏踐損壞磚瓦木植，又有不畏公法之人通同暗遞偷盗，合行禁治。本部參詳，如准所擬，令看守軍官人等常川巡禁，毋致損壞。當該官員得代之日，明白交割，儻有不完去處，驗事輕重究治。都省准呈。

《通制條格》卷三〇《營繕・投下織造》 至元二十八年十二月，中書省户部呈：照得中統五年八月欽奉聖旨條畫内一款，據各投下分撥到民户，除五户絲外，不揀甚麼，不教科要，欽此。議得：投下關支五户絲料，並從本投下用度，別無許令俵散民户織造絹疋體例，擬合照依條畫事理施行。都省准呈。

《通制條格》卷三〇《營繕・織造料例》 大德七年十二月中書省：近爲各處行省並腹裏路分解到諸王百官常課金素段疋，雖稱委官辨驗堪中，別無開到各該斤重料例，不見有無短少絍線。今後應收段疋，須要依例秤盤比料，開具實收斤重。移咨各省及下工部，依上施行。

《元典章》卷三八《兵部・捕獵・打捕・打捕鷹房影蔽差役》 至元十六年六月，宣慰司承奉中書省劄付該：欽奉聖旨内一款：

應管打捕鷹房人匠官，多將各處富強人户，不問是否打捕鷹房人匠，妄以入數，影蔽差役。據已收户内若有從來不係此色人，不閑此等藝，即仰分付合屬爲民。違者治罪。

《元典章》卷五八《工部・造作・緞疋・至元新格》 諸營造，皆須視其時月，計其工程，日驗月考，毋使有廢，惟夫匠疾病、雨雪妨工者除之。其監造官仍須置簿，常切拘檢，當該上司時至點校，不致虚延月日，久占工夫。

諸造作物料，須選信實通曉造作人員，審較相應，方許申索。當該官司體覆者亦如之。有冒破不實，計其多少爲罪，已入己者驗數追償。

諸造作官物，工畢之日，其元給物料，雖經覆實而但有所餘者，須限十日呈解納官。限外不納者，從隱盗官錢法科。

諸局分課定合造物色，不許輒自變移。有上位處分改造者，即以見造生活比算元關物料，少則從實關撥，多則依數還官。

諸局分造作局官，每日躬親遍歷巡視，工部每月委官檢點，務要造作如法，工程不虧，違者隨即究治。其在外局分，本路正官依上提點，每季各具工程次第，申宣慰司，移關工部照會。工部通行比較，季一呈省。比及年終，俱要了畢，毋致虧欠。行省管下局分准此。

諸營建官舍，其所委監造人員皆須躬親指畫，必要每事如法，一切完牢。若歲月不多、未應損壞而有損壞者，並將監造人員、當該工匠檢舉究治。

諸官司器物損壞，不堪修理者，差官相驗是實，方許易換。若已給新物，其故物十日以裏即須還官，發下合屬，隨宜備用。不堪作數者，赴官呈驗，不須開寫名色，虚掛文籍銅鐵之器作銅鐵收，竹木之器作（以）〔柴〕薪用。

諸造作支破錢物，工畢之日，其親臨總司即須拘集當該官吏，一一照算完備，本司檢勘無差，合除破者依例開申除破，合還官者從實解納還官，毋使隔越歲時，致難理算。

諸營造合用諸物，先儘官有見在，其不足之數，有可代支而價不虧官者，申稟折支。

諸隨路如遇横造軍器諸物，其一切所須，必要明立案驗，選差好人，置簿掌管。工畢之日隨即照算元收、已支、見在數目，本路正官體校是實，開申合干部分照會。

諸隨路每年該值水害，凡可疏通閉塞、修完去處，當該上司須于農隙之時，委官預爲踏視，相其地宜，料其工物。若役人數少，不動官錢，聽差近民隨即修理。必支錢動衆者，速申合屬上司。比至來年春作之前，併工須要了畢。〔其〕餘修作應動民力者准此。其事須急差，不拘此例。

《元典章》卷五八《工部・造作・段疋・預支人匠口糧》　大德七年十二月初二日，江西行省准中書省咨該：

御史臺呈：山北遼東道廉訪司申：照得中書省奏過事内一件：匠人每納了生活後頭，驗收附，纔支與糧有。這般呵，匠人每生受。上下半年糧預先支與呵，不做生活，更推甚麼？工部官人每這般説有。依着他每的言語與呵，怎生？奏呵。與者。聖旨了也。欽此。巡歷至平灤路，照刷出文卷内放支訖軍器局人匠大德四年、大德五年工糧，中間恐有尅落，不行盡實到民。送工部：照得諸局院人匠工糧，自元貞二年依准户部關，除上半年預借一半外，下半年工糧，年終捧照納獲收憑，完備貼支，令各路委廉幹正官與本局官一同唱名給散，仍令本道廉訪司嚴加體察相應。都省議得：今後諸局院造作人匠周歲工糧，欽依元奉聖旨，上下半年預先支給。本年合造生活，比及年終，須要齊足。但有拖兑工程，從提調官追糧斷罪。除外，咨請依上施行。

《元典章》卷五八《工部・造作・段疋・毛段上休織金》　中統二年中書右三部承〔奉〕中書省劄付：

欽奉聖旨：今後應織造毛段子，休織金的，止織素的或綉的者，並但有成造箭合刺兒，於上休得使金者。欽此。

《元典章》卷五八《工部・造作・段疋・段疋折耗准除》　至元二十三年九月，江西行省：

近爲織造段疋内，紵絲六托，每用正絲四十兩，得生浄絲三十六兩；八托用正絲五十三兩，得生浄絲四十七兩七錢。別無除豁續頭剪接折耗絍線體例。移准都省咨該：送工部，照勘到織造段疋續頭剪接折耗體例，依數准除相應。仰照驗。八托每段折一兩。六托每段折七錢。

《元典章》卷五八《工部・造作・段疋・講究織造段疋》　元貞元年二月，中書省：

照得至元三十一年六月初九日，暗都剌參政、魯兒火者尚書奉聖旨：在先老皇后在時節，諸王的常課段七八托家，更寬好有來。如今更短窄歹了有。則你提調整治者。聖旨了也。欽此。劄付工部、將作院，講究到造作段疋不便合行更張事件，於十一月二十六日奏過下項。都省除外。咨請欽依施行。

一件：江南在先七萬疋六托的常課段子織造有來。於（的）〔内〕尚書省官人每一萬疋交依舊織造，六萬疋交做五托半，和買紵絲呵，增餘二萬疋段子麽道，交那般行來。如今俺商量得，用着和買段子呵，和買也者，則依在先體例裏交織六托常課段子呵，怎生？奏呵，那般者。聖旨了也。

一件：織造段疋的絲，分付與匠人打絡時分，脚亂絲等十分中一分折耗，自前至今數目裏除陪有來。尚書省官人每忻都等：折筭折耗的不合除破，合追陪織造絲紬用度。上位奏了，交那般行來。他每勾當時分，也不曾追得完備，俺也不曾追得盡。雖有些小追不盡的，不成用，空打筭，做了拖欠有。工部官人每理會的每説有：十分中一分折耗的，是自前立起定的體例有來。修理機張等用的什物，也那裏頭破出有。匠人每些小費用了的，也不無也者。則交依在先體例裏行呵，怎生？奏呵，那般者。聖旨了也。

一件：一疋紗十兩絲，一疋羅一斤絲物料，是自先立定的有來。前省官人每一疋紗交做八兩，一疋羅交做十三兩。如今工部官人每並管匠頭目等説稱：比及打絡過，折耗了，不勾有。依在先的體例裏行呵，怎生？説有。俺商量來，依着他每的言語行呵，怎生？奏呵，少與呵，不宜，與到者。聖旨了也。

一件：各處有的匠人每裏頭，與民一體差夫有。不交差呵，怎生？工部官人每説有。俺商量來，和雇和買，依軍站體例當者，局院裏造作的匠人每裏頭，依着他每的言語，不交差夫呵，那般者。聖旨了也。

一件：爲分揀應有造作生活好歹，體覆絲料盡實使用不使用的，更官司和買的呵，估計價鈔上，先立着覆實司衙門來。在後尚書省官人每罷了衙門，交工部官人每就提調着來。如今工部官人每說：用着的衙門有。俺的主事等人每裏減了，交那俸錢立覆實司衙門呵，〔怎生？〕工部、户部裏餘剩的人每裏頭減了，立覆實司呵，怎生？奏呵，那般者。聖旨了也。欽此。

《元典章》卷五八《工部・造作・段疋・織造金段疋例》　元貞二年七月，行中書省准中書省咨：

欽奉聖旨節該：多人穿的段疋，綾上交織金，紵絲上休交織金者。麽道。欽此。都省除外，合行移咨，遍行各處常課局院欽依施行。

《元典章》卷五八《工部・造作・段疋・綜線機張料例》　袁州路申奉到江西行省劄付：

坐到機張綜線合用絲線料例，仰更爲照勘，如無重冒，依例放支造作施行。

熟機，每張用泛子一十二片，每片用熟線一兩七錢五分。

花機，每張用熟線一十五兩二錢八分二釐二（毛）〔毫〕五（系）〔絲〕。

過線，每副用熟線二兩九錢五分。

墜線，每副用熟線四兩五分四釐。

雲肩襴袖機，一張用熟線七斤三兩二錢。

花渠，一副用熟線一斤一十二兩六錢。

大花渠八板，用熟線一十三兩六錢。

小花渠六板，用熟線一十五兩。

直線，用熟線四斤一十兩。

大花直線八板，每板用熟線六兩五錢。

小花直線六板，每板用熟線三兩。

過線：

大花過線八板，每板用熟線一兩二錢。

小花過線六板，每板用熟線六錢。

《元典章》卷五八《工部・造作・段疋・關防起納疋帛》　大德三年二月，江西行省准中書省咨：

户部呈：萬億賦源庫申：本庫每年收受各處行省木綿布匹，不下五十餘萬。近收到江浙行省木綿布疋，兩頭俱無條印，亦無元收樣製，本庫止是從實收受，切恐沿路以長爲短，以疏爲密，因而作弊。今後各處行省起納木綿布疋，須要疋端兩頭使用條印關防，仍將元收樣製發下本庫依上收受，於官有益。本部參詳：如准所擬，移咨各省，今後起納疋帛，兩頭用條印關防解納相應。具呈照詳。都省准擬，咨請依上施行。

《元典章》卷五八《工部・造作・段疋・額吐絲價》　大德五年三月十□日，江西行省：

據江州路申：匠户蘇德遠告：本路大德三年得到額吐絲數坐下價錢，額絲每斤中統鈔五兩六錢，吐絲每斤中統鈔一兩。每依龍興路價錢，額絲每斤中統鈔三兩二錢，吐絲每斤中統鈔八錢，回易還官等事。得此。照得先准中書省咨一款該：周歲額造段疋合有吐額絲，變賣作鈔，以十分價錢內，際留八分修理局院機張，餘者二分准備年終打筭人吏紙劄燈油支用，若有銷用不盡數目納官。送工部：照得腹裏局院修補機張什物、風雨廉箔、人匠夜坐燈油柴炭、行移文字紙劄，自初俱於脚亂絲内公支，收買用度。至元二十五年，尚書省不准支破，盡行追徵，勒令人匠梯已出備。擬自至元三十一年爲始，各局合有脚亂絲數，照依舊例從實用度，年終考較，若有銷用不盡數目，拘收納官，庶免逼迫匠人生受。本部參詳：行省吐亂絲即與腹裏一體，若依已擬，從公支破銷用，不盡之數納官相應。都省准呈。已經遍下各路，依上施行去訖。今據見申，省府相度：各處局分額吐絲價，即係在先各路所申。即目絲價高昂，若不定擬歸一變賣，慮恐其間虧官作弊。今擬依本路元申額吐絲價，行下各路，自大德五年爲始變賣作鈔，依例施行。外，仰依上施行。額絲，每斤中統鈔四兩八錢。吐絲，每斤中統鈔八錢。

《元典章》卷五八《工部・造作・段疋・選買細絲事理》　大德五年十月，湖廣行省准中書省咨：

近據工部呈：江浙行省局院造到大德四年夏季段疋，數内辨驗出粗繰低歹不堪三千八百餘段，已經發回本省取問數提調官並局官，及勒令回易，自備工價倍償去訖。照得織造段疋，全籍正絲爲本，其次上等顏色，監責手高人匠打絡、變染、織造，必無低歹。近年以來，各處局院凡關絲貨，雖令選擇上等細絲，其收差庫官止是挨陳放支，不令揀選，及有折耗斤重。又知得各處行省和買絲貨去處，官府上下、權豪勢要之家私下賤買不堪絲料，逼勒交收，高擡時估，取要厚利，和中入官，以致所造段疋低歹。若不嚴行禁治，深爲未便。都省議得：今後局院合關正絲，須要各路官司預爲遍曉人户，令依鄉原例，趁時抽繰冷盆上等細絲納官，庫官另行收頓，以備選揀關發。行省和買絲料，省官一員提調，監勒深知造作人員辨驗上好細絲，兩平收買，毋致泛濫。仍照依累行事理，設法拘鈐當該局官人等如法織造，務要堪好。如官府上下、權豪勢要之人似前私下攬納，事發到官，痛行追斷。除已劄付御史臺體察外，咨請依上施行。

《元典章》卷五八《工部・造作・段疋・段疋斤重》　大德七年十二月初二日，江西行省准中書省咨：

近爲各處行省並腹裏路分，解到諸王、百官常課金素段疋，雖稱委官辨驗堪中，別無開（封）〔到〕各該斤重料例，不見有無短少紕線。省會工部，今後應收段疋，依例秤盤比料，開具實收斤重，呈省作收。去後，回呈：除腹裏路分就行照會外，據行省，宜從都省移咨，依上施行。具呈照詳。都省除外，咨請照驗，今後令各處提調官督責局官人等親臨監視人匠，如法織造無粉糨，勻密迭就堪好段疋，開具各各斤重料例，解納施行。

《元典章》卷五八《工部・造作・段疋・禁治花樣段疋》　延祐六年九月，行省准中書省咨：

工部呈：准將作院關：延祐五年十一月二十七日，本院官哈颯不華院使、野粟院使對徽政院官識烈門院使、迷撒迷承旨敬奉皇太后懿旨：今後但犯上用穿的真紫銀粧領袖，並天碧織綉五爪雙角龍鳳搭子等花樣，您將作院管着的匠人每根底好生的嚴禁治者。不屬您管着的，與省部家文書，各處禁治者。已先降樣子織造來者，交用者。今後織的匠人每，穿的人每，好生要罪過者。麽道，懿旨了也，敬此。

《元典章》卷五八《工部・造作・雜造・鞊休畫雲龍犀》　至元七年十月，大府監備群牧所提點焦鼎等欽奉聖旨：以下衆多人騎乘鞊㢝，教畫虎兒、兔兒者。雲彩、龍兒、犀牛休畫者。欽此。

《元典章》卷五八《工部・造作・雜造・磁器上不用金》　至元八年，御史臺承〔奉〕尚書省劄付：

欽奉聖旨節該：今後諸人但係磁器上，並不得用描金生活。教省裏遍行榜文禁斷者。欽此。

《元典章》卷五八《工部・造作・雜造・解錐休做龍頭》　至元八年六月，御史臺奉尚書省劄付該：

五月二十日准蒙古文字譯該：尚書省官人每根底，孛羅言語：今後解錐兒上，諸人等龍頭兒休做者。做與的人，斷按打奚罪過者。教您行文書者。麽道，聖旨了也。欽此。

《元典章》卷五八《工部・造作・雜造・鞍轡靴箭休用金》　至元八年十一月，中書右三部承奉中書省劄付：

欽奉聖旨：鞍鞊、鞦轡、靴子、箭頭，休教用金者。這般省會了，後頭拿住呵，便教拿住的人要者。欽此。省府合下，據在先造下金鞍等，各處官司拘收印烙了畢，分付元主。已後違犯之人，欽依聖旨事意施行。

《元典章》卷五八《工部・造作・雜造・靴鞊上休使金》　至元十九年八月二十五日，中書省奏：已前靴子上、鞊子上、步葫蘆、雜帶、鞦轡上，休使金（着）〔者〕麽道，聖旨有來。如今又那般使金賣有。麽道，奏呵，如今行文書，再休做金（着）〔者〕。今後那般使金呵，無疑惑，要了（着）〔者〕。麽道，聖旨了也。欽此。

《元典章》卷五八《工部・造作・雜造・禁治諸色銷金》　至元二十二年三月，行省准中書省咨：

十二月初一日奏：前者金衣服根底交俺商量者麽道，聖旨有來。俺商量來，係官局裏，大王每底、公主駙馬每底局分，物料要了，他每交織的明白有。除這的外，但是賣的，不揀誰的有呵，金段子不交織，不交拍金，銷金的根底也交罷了。器盒上不交鍍金。這的外，根（裏底）〔底裏〕交罷了呵，一二年裏金衣服也不落後也者。見有的金段子根底，休交賣。麽道，奏呵，奉聖旨：這裏的怯薛歹每根底，怎生商量來？回奏：怯薛歹每，又千户每、百户每底已外，回回、漢兒每根底不交穿。麽道來。如今見他的金衣服有也者，起根兒織的根底交罷了呵，不交賣呵，一二年裏穿破了者。麽道，奏呵，奉聖旨：那般者。又奏：樂人每、娼妓每、賣酒底每等，這底每底有金的根底每，交斷了。這裏承應底每金的也有，金的根底斷了，他每的顏色着顏色對附了，交承應呵，怎生？麽道，奏呵，奉聖旨：那般者。欽此。都省今逐一開坐於後，咨請行下合屬，多出榜文，欽依施行。但有違犯之人，許諸人告捉到官，取問得實，犯人依例斷罪，其所獲物件給付告捉人充賞。如應捕人知而不捕，或捕獲受財脱放，與犯人一體斷罪施行。

一、係官、諸王、公主駙馬局分，於官關支草金物料依舊織造者，不在禁斷之限。其餘諸色人等，不得織造有金段疋貨賣。

一、開張鋪席人等，不得買賣有金段疋、銷金綾羅、金紗等物，及諸人不得拍金、銷金、裁撚金線。

一、佛像、佛經許用金外，其餘諸人並不得於造到一切物件上費用下項金課粧飾：

鍍金。呀金。扱金。泥金。鏤金。撚金。搶金。圈金。貼金。裹金。嵌金。

一、諸倡優、賣酒座肆人等，不得穿着有金頭面釵釧等物。

《元典章》卷五八《工部・造作・雜造・禁造異樣生活》 至元二十九年閏六月二十七日，江西道廉訪司申奉行御史臺劄付：

人匠提舉崔世榮首告，採御膳使臣阿迷奴丁成造去龍鳳椶製床一張，未知曾無進獻。除外，今後出使人員非奉上司文字，所在官司並不得隨從成造異樣生活。仰照驗施行。

《元典章》卷五八《工部・造作・雜造・不得帶造生活》 至元十九年十二月，御史臺咨：奉中書省劄付：

八月二十五日本省官奏：管諸監的官人每，匠人每根底，他每的生活休帶造者。在前這般聖旨有來。如今又帶造有。今後休帶造者。聖旨了也。欽此。

《元典章》卷五八《工部・造作・雜造・雜造物料各局自行收買》

大德七年十一月，江浙行省准中書省咨：

工部呈：〔奉省判：〕據河南道奉使宣撫呈：各處和買應付軍器物料，擾民不便，略以河南府申：年例成造各色衣甲五百八十七副，元撥皮匠人等二百四十户全免差税，每處支請工糧四千餘石，專一成造衣甲。合用馬牛皮貨顏色物件，不係出産，椿配州縣，家至户到。或着馬皮一斤二斤，物料或三兩四兩，雖是估體價錢，又經貪饕官吏弓手，不能盡實到民。如得價一分，其納之物已費相陪，必須計會局官庫子人等，恣意刁蹬，多餘取受，少有相違，揀擇退换，不收本色，却要輕賫，歲以爲常，民受其弊。又照得上都、大都、宣德、隆興、大同等處局院合用物料，有司估體價錢，責付各局自行收買等事。參詳：若依此例，每年諸路常課，會計合用物料，有司估體實直價錢，預爲全數放支，責付各色局院作頭人等自行收買用度，實爲官民兩便。照勘議擬呈省。奉此。照得宣德、隆興等處局院常課軍器雜造物料年例，有司照依彼中時（估價）〔價估〕體實直價錢放支，令各局自行收買造作。今准前因，本部參詳：諸路常課物料，如准河南（北）道奉使宣撫所擬，照依宣德等處例，若令有司比及年終，先將下年合用物色估體實直價錢，預爲放支，責付各局自行收買用度，實爲官民兩便。具呈照詳。都省准呈，咨請依上施行。

《元典章》卷五八《工部・造作・雜造・新樣帽兒休造》 大德元年九月，江西行省准中書省咨：

利用監呈：雜造局申：本司官王承直成上位新樣黑細花兒斜皮帽兒一個。進獻上位看過，欽奉聖旨：今後這皮帽樣子休做與人者。與人呵，你死也。如今街下休做者。做的人、帶的人，交扎撒裏入去者。聖旨了也。欽此。

《元典章》卷五八《工部・造作・雜造・禁做金翅雕》 中書省：

大德十一年九月初九日特奉聖旨：隨路管匠頭目根底、匠人每根底省諭者：玉、金子、琥珀，不揀甚麽休做金翅雕者。做的匠人、帶的人每，有罪過者。麽道，聖旨了也。欽此。

《元典章》卷五八《工部・造作・雜造・禁金翅雕樣皮帽頂兒》 至大元年二月，行臺准御史臺咨：承奉中書省劄付：

刑部呈：將作院諸路金玉人匠總管府呈：大德十一年九月初八日，本府達魯花赤奉别不花平章鈞旨：欽奉聖旨：道與馬家奴，金翅雕樣排花、金翅雕樣皮帽頂兒，今後休交做，休交諸人帶者。做的人根底要罪過者。帶着的人根底奪了，要罪過者。欽此。

《元典章》卷五八《工部・造作・雜造・禁異樣帽兒》 至大元年閏

十一月，御史臺咨：承奉中書省劄付：准中書省咨：

刑部呈：准上都留守司兼本路都總管府（閏）〔關〕：五月二十八日未時，有本司官欽奉聖旨：這個縫皮帽的人，刁不剩騎馬根前，我帶的皮帽樣子爲甚麼縫與來？麽道。今後我帶的皮帽樣子，街下休交縫者。這縫皮帽底人，分付與留守司官人每，好生街下號令了呵，要罪過者。聖旨了也。欽此。

《元史》卷八五《百官志》 繡局，用從七品印。大使一員，副使一員。掌綉造諸王百官段匹。

紋錦總院，提領一員，大使一員，副使一員。掌織諸王百官段匹。

涿州羅局，提領一員，大使一員。掌織造紗羅段匹。

《元史》卷八八《百官志》 將作院，秩正二品。掌成造金玉珠翠犀象寶貝冠佩器皿，織造刺繡段匹紗羅，異樣百色造作。至元三十年始置。院使一員，經歷、都事各一員。三十一年，增院使二員。元貞元年，又增二員。延祐七年，省院使二員。後定置院使七員，正二品；同知二員，正三品；同僉二員，正四品；院判二員，正五品；經歷一員，從五品；都事一員，從七品；照磨管勾一員，正八品；令史六人，譯史、知印各二人，宣使四人。

《元史》卷八九《百官志》 織染提舉司，秩正七品。掌織造段匹。提舉一員，受安西王令旨；同提舉一員，本府擬人；副提舉一員，都目一員，俱受安西王傅劄；司吏一人。【略】

織染雜造人匠都總管府，秩正三品。達魯花赤一員，總管一員，同知一員，副總管二員，經歷、知事、提控案牘、照磨各一員。至元二十年，爲管領織染段匹匠人設總管府。元貞二年，以營繕浩繁，事務冗滯，陞爲都總管府，隸徽政院。天曆元年，改隸儲慶使司。三年，改屬宮相。

織染局，秩從七品。大使一員，副使一員。至元二十三年，改織染提舉司爲局。

綾錦局，秩從七品。大使一員，副使一員。至元八年置。九年，以招收析居放良還俗僧道爲工匠，二百八十有二户，教習織造之事，遂定置以上官。

紋錦局，秩從七品。大使一員，副使一員。國初，以招收漏籍人户，各管教習立局，領送納絲銀物料織造段匹。至元八年，設長官。十二年，以諸人匠賜東宮。十三年，罷長官，設以上官掌之。

中山局，秩從七品。大使一員，副使一員。國初，以招收隨路漏籍不當差人户，立局管領，教習織造。至元十二年，以賜東宮，遂定置局官如上。

真定局，秩從七品。大使一員。國初，招收户計。中統元年置。掌織染造作。至正十六年，以賜東宮，設官悉如舊。

弘州、蕁麻林納失失局，秩從七品。二局各設大使一員、副使一員。至元十五年，招收析居放良等户，教習人匠織造納失失，於弘州、蕁麻林二處置局。十六年，併爲一局。三十一年，徽政院以兩局相去一百餘里，管辦非便，後爲二局。

大名織染雜造兩提舉司，秩正六品。至元二十一年置。掌大名路民户内織造人匠一千五百四十有奇。名置提舉、同提舉、副提舉一員。三十年，增置雜造達魯花赤一員。

供用庫，秩從九品。大使、副使各一員，受徽政院劄。國初，爲綾錦總庫。至元二十一年，改爲供用庫。

紀事

（宋）蔡絛《鐵圍山叢談》卷五 太上留心文雅，在大觀中，命廣東漕臣督採端溪石研上焉。時未嘗動經費，非宣和之事也。乃括二廣頭子錢千萬，日役五十夫，久之得九千枚，皆珍材也。時以三千枚進御，二千分賜大臣侍從，而諸王内侍，咸願得之，詔更上千枚，餘三千枚藏諸大觀庫。於是俾有司封禁端溪之下巖穴，蓋欲後世獨貴是研，時人或不知厥繇。今世有得此者，非常材矣。

（宋）江少虞《宋朝事實類苑》卷二二《官政治績·許元》 許元初爲發運判官，每患官舟多虛破釘鞠之數，蓋陷於木中，不可稱盤，故得以爲姦。一日，元至船場，命拽新造之舟，縱火焚之，火過，取其釘鞠稱之，比所破纔十分之一，自是立爲定額。

（宋）李燾《續資治通鑑長編》真宗景德三年五月 初，潤州造羅務工人舊限十二日成一匹，及王子興爲江、淮制置使，勒減一日。日限既促，工人不能充課，歲終頗多笞箠。上聞之，謂左右曰：貪功邀進之人，爲國生事，豈可長也。乃詔復依舊限。仍命劉承珪察京師庫務，有類此不便事，條列以聞。

（宋）李燾《續資治通鑑長編》真宗景德三年十二月　廢在京鑄錢監，改爲鑄鴻務，掌造銅、鐵、鍮石諸器及道具，以供内外出鬻之用。

（宋）李燾《續資治通鑑長編》真宗大中祥符六年七月　丁未，詔諸煎鹽井役夫，遇天慶等四節並給假。

（宋）李燾《續資治通鑑長編》仁宗天聖六年二月　戊寅，上謂輔臣曰：登州採金，歲益數千兩，其官吏宜降詔褒諭。王曾對曰：採金既多，則農民皆廢業而趨利，不當更誘之。上曰：誠如所言。然官吏勤事，亦不可不勸也。

（宋）李燾《續資治通鑑長編》仁宗嘉祐七年十月　度支員外郎、秘閣校理蔡抗爲廣東轉運使。

先是，岑水銅冶大發，官市諸民，止給空文，積逋鉅萬。姦民無所取資，羣聚私鑄，與江西鹽盜合，郡縣患之，督捕甚嚴。抗曰：採銅皆惰游之民，銅悉入官而不畀其直，非私鑄，衣食安所給？又從而誅之，是豈但民犯法也？因命銅入即償直，民盡樂輸，私鑄遂絶。番禺歲運鹽給英、韶二州，道回遠，多侵竊雜惡。抗命十舟爲一運，擇攝官主之，歲終，會其課以爲殿最。是歲，鹽課增十五萬緡。

（宋）李燾《續資治通鑑長編》神宗熙寧五年五月　權度支副使沈起言：奉詔詳定軍器制度，乞下在京及三路經略司應造作軍器去處及主兵官員，候見取索，監造官與主兵官員躬親詢問工匠，除舊來制度料例已中法度堪任施用外，有無工作弊病不堪施用事件；廣加詢訪諸般軍器，精利經久可立制度及施用之宜，編成文字，監官與兵官保明繳送本所詳考。其逐處監官、兵官或懈慢及不依應供報之人，許本州糾奏。若人匠供析不中制度，人吏行遣稽滯，並從本所牒所屬依理施行。所貴考究精審，早得成書。從之。《會要》五年五月二十六日事。

（宋）李燾《續資治通鑑長編》哲宗元祐元年四月　永興軍路提點刑獄司言：準朝旨，相度虢州盧氏縣欒川、朱陽縣銀煎百家川兩冶和買及抽分利害，今乞依舊抽收二分，和買三分，以五分給主。兼銀煎百家川等處入官分數，與欒川冶一同，並乞如舊。從之。

（宋）李燾《續資治通鑑長編》哲宗元祐五年九月　户部言：冶户煽生鐵，如有隱落，不盡數上歷，雖未出冶，并許人告，得實，依漏税法給賞。從之。

（宋）李燾《續資治通鑑長編》哲宗元祐六年八月　庚子，荊湖南路提刑司言：錢監工役朝暮鼓鑄，最爲勞苦。其招後投換犯罪刺配及剗刷廂軍之人，既非素習，若令習學鼓鑄，例收全工，免稽滯工限。欲乞相度自到作日，給與請給；且令習學鼓鑄，收工三分；及三十日，與收半工；再經一年，即收全工。從之。

（宋）李燾《續資治通鑑長編》哲宗元符元年正月　庚子，户部言，應不産錫地分，官、私自出賣，許通商販，及聽鑄造器用買賣，乃並免税等法。詔從之。

（宋）李心傳《建炎以來繫年要録》紹興十四年三月　庚申，户部尚書張澄乞諸路坑冶，委的有名無實去處，今憲漕司別立酌中課額，仍覺察無令有力之家，計囑幸免，致下户受弊。上曰：寧於國計有損，不可有害於民。若富藏於民，猶國外府，不然，貧民爲盜，常賦且將失之。此有若所謂百姓足，君孰與不足者也。

（宋）李心傳《建炎以來繫年要録》紹興二十七年五月　庚午，祕閣修撰新知福州沈調言：福建諸縣，舊有忠義社，各隨鄉村多寡團結，推擇豪右衆所畏服者，以爲正副，量置槍杖器甲之屬，以故盜賊屏息，民以爲便。今爲官司科率騷擾，甚失本意。乞令守臣覺察，師憲司舉按。調又言：福建路産鐵至多，客販徧於諸郡，而官監坑冶，絶然稀少。今若盡令中賣入官，則無所用。縱之，則利不歸上，深爲可惜，乞令轉運司措置申省。從之。

《宋史》卷四《太宗紀》　〔太平興國七年八月〕己卯，詔川峽諸州官織錦綺、鹿胎、透背、六鼲殻等悉罷之，民間勿禁。

《宋史》卷二八《高宗紀》　〔紹興六年〕三月戊辰朔，初收官告綾紙錢。

《宋史》卷三〇《高宗紀》　〔紹興十三年秋七月〕戊辰，置諸州銅作務。

《宋史》卷三〇七《宋摶傳》 真宗嗣位，遷司封員外郎、河東轉運使。上言：大通監冶鐵盈積，可備諸州軍數十年鼓鑄，願權罷採以紓民。又請科諸州丁壯爲兵，以增戎備。

（明）陳邦瞻《宋史紀事本末》卷五〇《花石綱之役》 徽宗崇寧元年春三月，命宦者童貫置局於蘇、杭，造作器用。諸牙、角、犀、玉、金、銀、竹、藤、裝畫、糊抹、雕刻、織繡之工，曲盡其巧。諸色匠日役數千，而材物所須，悉科於民，民力重困。

三年二月，令天下坑冶金銀悉輸內藏。

（明）陳邦瞻《宋史紀事本末》卷一〇〇《蒙古立國之制》〔景定二年〕十二月，蒙古初立宮殿府，秩正四品，專職營繕。

《金史》卷五七《百官志》 諸綾錦院置於真定、平陽、太原、河間、懷州。

使一員，正八品。副使一員，正九品。掌織造常課疋段之事。

《元史》卷四《世祖紀》 〔中統二年十二月〕壬寅，以隆寒命諸王合必赤所部軍士無行帳者，聽舍民居。命陝蜀行中書省給綏德州等處屯田牛、種、農具。初立宮殿府，秩正四品，專職營繕。立尚食局、尚藥局。初設控鶴五百四人，以劉德爲軍使領之。立異樣局達魯花赤，掌御用織造，秩正三品，給銀印。賜諸王金銀幣帛如歲例。

《元史》卷一七《世祖紀》 〔二十九年春正月〕癸丑，罷四賓庫。復會同館。初置織造段匹提舉司五。

《元史》卷八八《百官志》 浮梁磁局，秩正九品。至元十五年立。掌燒造磁器，并漆造馬尾椶藤笠帽等事。大使、副使各一員。

明清分部

論説

（明）何孟春《何文簡疏議》卷一《省營繕疏》　爲省營繕以光治道事。臣竊見近日司禮監節傳，奉聖旨蓋造乾清宮西七所，并添脩萬歲山後毓秀亭，該各衙門措辦物料，雇覓工匠，摘撥團營做工官軍者。臣自聞命，寸衷若驚，端居以思，中夜而歎。陛下即位以來，節儉形於宮闈，仁恩遍於寰宇。積之於心，施之於政，無非爲國愛民。而數年之間，土木頻興，若神樂觀等五處，迄今尚在做工。宮西七所，固難免於蓋造。山後毓秀亭，可以不復添脩。今乃前工未訖，後工踵之，此作未成，彼作復繼。費府庫之財，疲軍民之力。恐與陛下初政愛民之心，不相類也。【略】

臣歷觀載籍，前代人君，未有不惜民力，好廑土功，而克善其治者。民之所以勞，財之所以傷，國本之所以易摇，國用之所以不給，致之雖非一端，而土功實甚。聖帝明君，故必謹焉。事系緩急，時酌應否，非不得已，不輕以爲。而其爲之，必皆出於爲民。如大禹之溝洫，文王之臺沼。始下無所病，而上安其利。《王制》用民之力，歲不過三日。又視歲之所入，以定役數。況兇札之歲，則無力政。新甿之治，則無征役。於役民之中，寓愛民之仁如此。今天下所在差遣如蝟毛，貧孤靡遺。而大者剏建王府，供餉軍需。元元之瘵，難以縷數。耳目之所不及，臣不舉以慁天聽也。京師比年土木之功，豈盡同於古之役民者乎。系時酌事，豈皆甚不得已者乎？《春秋》莊公新延廐，《傳》曰：言新者，有故也。因故而新之，似無大損，而孔子必書之於策，以見其非時而役也。毓秀亭之添脩，何以異於延廐。魯人爲長府，閔子騫曰：仍舊貫，如之何，何必改作。長府之作，不見經傳，蓋因子騫之言而止。陛下於凡工作，獨不當仍舊耶？《漢書》載文帝即位二十三年，宮室、苑囿、車騎、服御無所增益，有不便，輒弛以利民。嘗欲作露臺，召匠計之，直百金。曰：百金，中人十家之産。吾奉先帝宮室，嘗恐羞之，何以臺爲？文帝之時，海内富庶，都鄙廩庾皆滿，而府庫餘貲財，京師之錢累鉅萬，太倉之粟陳陳相因，且惜百金中人十家之産，則他所用肯復妄費有加於此者乎？奉先帝宮室嘗恐羞之，則凡規制一定之外，肯復有所充拓而侈於舊乎？漢文爲後世嗣統守成之令主，蓋以是也。陛下志欲齊軌禹文，顧不念漢文帝之言耶。且今之時，視文帝之富庶，何如矣？國家無事百三十年於兹，豐亨豫大之運，宜非漢比，而閭閻之下，愁嘆之聲，窘蹙之態，殊不稱於盛世。昔有子有言：百姓足，君孰與不足。百姓不足，君孰與足。臣觀漢文帝在位，賜天下民租之半者，再除之而不收者十餘年。當時豈無一切用度，國有餘蓄故耳。陛下視今之内帑儲峙，果誠有餘，何不間歲示天下以免租之詔，使天下曉然知陛下愛民之心，歆感生育遂油雲霈雨之望於苗槁之日之爲大哉。而歲必取盈舉諸筭之利，以供工作。臣未睹今日之有餘蓄也。陛下試計今日工作，奚翅百倍露臺之費也。二處物料七所之所寄放，及該監之所收貯，一有不敷，不免索之於外。索之於外，則工部不免那移，順天等府不免科泒。盧溝橋、張家灣等處局廠應用者，曾不能補料之半。柱礎等石皆要開塘起取，瑠璃、素白、磚瓦亦要設窑燒造。凡百所需，無不擾擾。在内者以一糜二，在外者以十供一。如顔料中石，大青大緑，皆每斤值銀數兩。所用無慮數萬斤，需銀亦無慮數十萬兩。木石等匠除在官人外，雇覓該三百名，每名一日工價七分，一日即該銀二十一兩，畧約一年工價已費七千餘兩矣。陛下方春時和不爲賑貸之議，柰何有用之財棄之不急之務，有限之入蕩於無藝之支。無漢文帝之富庶，而所爲過之。無乃不可乎。京營官軍統之以三，而簡之以十二。所以肘腋宸居，股肱郡輔，潛蓄精鋭，專備倉卒調遣者也。其半外衛四都司，春秋兩班按期輪替，即漢南北軍而兼乎番土，唐左右衙兵而併其府衛，以居重馭輕，從中制外。我祖宗之貽謀存焉。非土木之功，所當役也。臣撰之制，軍民二役，分自後代。成周役民之法有爲五兩卒旅者，兵之役也。今之比閭族黨州鄉之中，朋户抽丁既專役於兵矣，而復不免於他作，不失之重役乎？三大邇年神樂觀等五處，做工官軍有八千者，有五千者，少亦不下三千。三大營已撥去一萬七千，團營撥去五千，備更番者又該五千。工程浩繁有一二年者，有二三年者，動輒再閲寒暑。在京土著之家，稍有生理，逐月雇工等項，用銀至一兩餘。外衛而無業者，則行糧糶盡，笞箠不前，自度難支，多行遠竄。心畏罪罰，不返本衛，亦往往有之。夫人情孰不欲骨肉相保，鄉井相聚，而以行役去其父母妻子，差戍拋其田廬屋産，《采薇》之謂靡室靡家，載饑載渴者，不可憫乎。今二處做工團營，又該撥去九千，通計更番即一萬八千之數。繅絲見蛹，勢殆未已。竭澤得魚，後將何繼。且臣聞之各處管工官員，大較假公濟私，便遷延以規利，務隱射以求閒。工程不急催完，軍士致荒訓練。在營聽操者，無幾何矣。營中之弊，殷實私於辦納精壯私於跟隨，技藝私於造作。教場操點，暫令應名，號令甫畢，四散而去。稽其數目，莫竟所止。由做工有以爲推托之地也。外使衹今入朝，本營人馬送迎擺列，已告不足。萬一意外之虞，突如叵測，欲一呼十萬，容可得乎？此臣之所爲國家根本慮也。往事不可諫，而臣不惜覼縷之者，願陛下今日之察之也。

（明）孫旬《皇明疏鈔》卷一三《差遣・暫停差官織造疏喬宇》 近該各處撫按等官奏報，災異重大，饑饉非常。以此，少師兼太子太師、吏部尚書、華蓋殿大學士楊廷和等題奉明旨，會集部院司寺及科道等官，條陳荒政。奉欽依是。這地方災傷重大，軍民十分困苦。存留起運糧米歲辦等項錢糧，俱與停免。其餘救荒事宜，都准議行。還差堂上官一員，前去會同撫按官，嚴督所屬，將前後動支銀兩，設法賑濟。務使人沾實惠，不許虚應故事。欽此。隨該户部疏名上請，又奉欽依。務要用心設法，使窮民各沾實惠，以稱朕憫念元元至意。欽此。續該兵部議奏，南京兵部題，差郎中蔡賢請敕，計處馬船料價。奉欽依是。官不□□待豐年來説。欽此。又該禮部題請，嘉靖三年正月十二日大祀慶成例，該筵宴奉欽依，各處地方災傷，准暫免宴。欽此。臣等備員大臣，義均休戚，仰窺聖意，憫念窮民，無所不至。苟有濟於天下，當不惜於身家。顧慮臣下交脩未至，救禦無方。正思朝夕講求荒政次第敷陳，以仰承德意。近該内織染局奏，差蘇杭等處織造給事中張原、曹懷、章僑等連章論列，工部尚書趙璜等擬奏，俱以地方災傷，乞暫停免。未蒙俞允。中外物論實切驚疑，將謂卹民之政，未臻實效；而厲民之令，已播先聲。臣等實有意外之虞，敢忘先事之戒？切惟皇上克思天戒，屢厪脩省之諭，軫念民窮，博求賑濟之方。雖内帑可發，雖漕運可留，雖歲派可免，雖馬船工料亦可停差，雖宴會盛典亦可暫省。傳聞天下，使窮饑待盡之民，亦有更生之望。若差官織造之命，獨未中止，則是皇上所以懇惻爲民之實意，徒爲矜念不切之虚文。天雖至高，其聽惟卑。民雖至愚，其知如神。以此應天，天或未格，以此濟民，民益增憂。且今年災異，近世所無。江北之生靈，惟江南之仰賴。先年亦以織造煩擾，差遣非人，遂至鹽法阻壞，機户逃亡，國本有傷，邊儲大壞。覆車未遠，明鑒具存。又恐南畿財賦之地，易致動摇；中原盜賊之機，待釁而動。臣等深憂過計，有不容不盡言者。至於上用袍服，歲有常供。鎮巡等官，必能辦理，豈敢有缺。如蒙皇上俯念窮民，開納群議，暫止差官之命，仍依工部所擬，行令鎮巡等官，辦料織造，務要以時解用。若有違悞及不如法者，罪有所歸。候年豐時和，地方無事，另行議處施行。則皇上綸音之渙汗而聖意之真切，自足以上感天和，下慰民望。而臣等參陪廷議，亦得以仰贊德化之成矣。干冒天威，不勝恐懼，懇切祈望之至。

（明）孫旬《皇明疏鈔》卷二四《弼違・停工作罷織造以固邦本疏張漢卿》 竊惟衆非元后何戴？后非衆罔與守邦？君民上下，相爲一體。故民安則國本固，而君隨以安；民危則國本摇，而君未有能獨安者。古之帝王，嗇己裕民，日慎一日，深圖不見之怨，所以自爲社稷計也。近該各□□官奏稱，南北直隸、浙江、江西、河南、四川等處地方，各被十分重大災傷，亢旱逾時，繼以霪雨。或狂風驟作，江湧海溢，或時疫流行，闔室病死。即今蘇、湖、淮、鳳之間，洚水横流，壞民廬舍，一望成湖。或依岡附木以居，或茹草剥樹以食。或賣鬻子女僅得二三十錢，或鬻一妻僅得銀數錢者。甚至無人收買，委之通衢而去，抱之投水而死。郭門日舁死屍五六十人。骸骨枕藉，百里無煙。而湖廣地方父子、夫婦、兄弟，貸食無路，一時自縊，困窮之極，甘就死地。豈惟四方，近御史盧瓊奏稱，畿甸之間，隆冬男無完衣，婦穿暑布，遮道號哭，不忍見聞。豈惟畿甸，京城通衢委巷，乞丐男女數多，裸體骨立，深夜號呼。雖九重深閟，静亦可徹，中官貴戚，誰不見聞？至於白晝通都，盜賊公行。洪澤滁陽之間，嘯聚已至數千。水勢未消，二麥未種。來夏難望收熟，秋成又未可知。救濟之策，今已窮促。將來之憂，尤有甚者。頃年各處豐歉，雖或不同，乃若無一郡不被之災，無一年不災之處。離析殍亡，百餘年來，未有如此之極也。仰惟皇上祇畏天戒，勤恤民隱，特納輔導大臣及部院科道之請，發太倉之金，截歲漕之粟。不急征徭，一切停止。且責撫按等官用心賑濟，務使小民得沾實惠。綸音懇惻，聞者感泣。雖堯禹之心不是過也。但惠民之政方行，而厲民之事已至。致陛下徒有憂勤之名，小民不蒙恩惠之實。則爲皇親陳萬言之營建第宅，差太監吴勳等之蘇杭織造，勞民傷財可已而不已也。且土木營繕不急之務，近以災傷奉命一切停止，而萬言新宅尤不急之大者，則必行而不已。雖經該部執奏，科道論刊，未蒙俞允。即今深冬寒沍，疲勞萬卒，爇火呵凍，汲汲完美。甚至於一木用銀七八十兩，畢工之費，不知幾百千萬？見今工部缺乏錢糧，各項物料未免派辦，困窮之民豈復堪此？且近日多官議賑，内帑太倉，至無可發之銀。多方湊借，僅得二十萬兩。萬言之宅，其費如彼，若移以救民，全活何止千萬餘家。顧以一時營建害百萬生靈之命，亦何忍而爲此乎？況邸報相傳，四方災變，萬言亦有人心者，乃歛怨遂欲，恬不辭避，又豈萬言之福哉？昔我太祖大内宫殿新成，制度不侈，喜謂侍臣曰：朕夙夜兢惕，弗遑底寧。凡有興作，必量度再三，不獲已而後爲之。恐暴殄天物，剥傷民財，不敢不謹。夫太祖之時，財力百倍於今，宫殿興作且不敢侈。陛下爲戚里興作，概不量時宜而爲之，可乎？臣等以爲，此大不可不已者也。清軍刷卷不急之差，近以災傷，奉命一切停止。而内臣織造之差，尤不急之大者，則已革而復開。雖經科道交章諫止，内閣大臣九卿等官相繼執奏，未蒙俞允。内外喧呶驚嘆，率謂：先年織造中官，虐害地方。蓋自京畿直抵蘇杭，水陸舟車，往來騷驛。民間雞豚，索然皆空。參隨人等，嗜利爲害，不可勝言。詔書裁革，實快人心。今者，羣邪競進，賄賂交通。左右變倖之人，蠱惑蒙蔽，復開前隙。陛下誤從其請，親批御翰，力拒忠言，此豈國家之利哉！昔我太宗服敝垢之衣，語侍臣曰：朕雖日十易新衣，未嘗無，但自念當惜福。故每澣濯更進，因備稱太祖，見高皇后躬補緝，故喜曰：富貴勤儉如此，正可爲子孫法。故常守先訓，不敢忘。夫祖宗循儉惜福，實乃家法。陛下正宜恪守，率行崇尚恭儉。廼違信差官再開弊端，下擾生靈，上累聖德。臣等以爲，此尤大不可不已者也。況先王一民饑則猶己饑之，一民寒則猶己寒之。今旱沴之災遍於天下，豈止一民之饑寒。陛下爲民父母，廼忍忽天變，棄人言，以興工織造爲急。萬一宇内困窮，盜賊駢發，未免上廑宵旰之憂，何乃重服飾愛戚畹，而忘天下之大計乎？邇者大學士楊廷和等議罷織造，陛下廼以具擾執拗拒之，且數奏而意未從。夫内閣大臣以輔導爲職，即古之三公坐而論道者也。一切政務宜與圖可否，而後行之。今謀議既不參預，至其有言，批答如此，豈君臣協心圖治之道乎？昔仁宗賜大學士楊士奇等銀圖書各一，其文曰：繩愆糾謬。仍諭之曰：卿等皆國家舊臣，凡政事缺失，或羣臣言之，朕未允，或卿等言之，朕不從，悉用此印，密疏以聞。其毋憚再三言之。君臣之間，盡誠相與，庶幾朝無缺政，民無失所。夫祖宗以繩愆糾謬，求匡輔之益，陛下以具擾執拗，塞忠誠之路。以此消天變，召和氣，臣等未之聞也。即今奸小并興於内，而政治日非；災變疊見於外，而生民日苦。不圖嘉靖昇平之望，顧猶出於正德所未有者乎？此又臣等之深憂也。伏願念天心儆戒之重，思下民蕩析之艱，將陳萬言房屋工作暫且停止，待豐稔之年再行從省計議。其見差織造人員，俞令内閣不必撰寫敕書，即賜停止。仍查夤緣蠱惑近幸之人，并投幹參隨人等，通行拿送法司問罪。其應用龍衣等項，查照該部，原議止行。彼處撫按衙門依時督造供用，務使不缺，永爲定法。再不必議差内官以開弊端。尤望體祖宗敬天恤民，與其委任大臣之意。凡一應事宜，務從舊制，面與内閣議擬，然後施行。其九卿科道，凡覆奏執建言等項，留神鑒覽，使天下政務一出正大之途。左右羣小不得抵間請乞，以紊朝廷。庶幾君臣之情，上下流通，和氣可致，災變可消，邦本永固矣。

（明）孫旬《皇明疏鈔》卷二四《弼違·陳切務以裨聖治疏王俊民》

罷不急之工。近該工部奏稱，欲先脩仁壽宫。其餘玉德、安喜、景福等宫暫停脩理。又該工科亦奏前事，但未蒙俞允。臣切惟事有大小，工有緩急。夫仁壽宫者，陛下所以奉養昭聖皇太后，況又出於章聖皇太后之慈訓，事關皇上孝敬之大節，此工之不可緩者也。雖竭天下之財力，亦當汲汲焉爲之。若夫玉德等宫，則皆在所緩耳。今欲一時脩葺，未免有時絀舉贏之患，非陛下節用愛人之心。伏望俯從該部該科所奏，特敕脩葺仁壽宫，其餘玉德等宫，暫且停止。則財用易給，工力易完。皇上孝敬兩宫之盛德，益昭著于天下矣。

（明）孫旬《皇明疏鈔》卷三一《時政·條陳因時興革以便官民疏萬

鏜》

一、廣修船以蘇貧。甲照得南京錦衣等衛，額存快船七百八十八隻。近該南京各衙門會議奏行，兵部題奉欽依，每年成造四十隻，比舊固爲增多。然以額船總數計之，亦須二十年方得偏造。即今船多損壞，差未減除，而各船小甲修造陪補，動至傾家，年復一年，困苦已極。正如凶歲相仍之後，青黄不節之時，若非破除常格，大施賑恤之恩，終無蘇息之日。查得漕運船隻，官造官修。而運軍比之小甲，月米行糧加倍，數多且無管押，内臣雜費亦少。運軍尚以爲苦，小甲其何以堪？一視同仁，尤當憫惻。合無自嘉靖八年爲始，本部將各衛快船逐一勘驗，除成造在三年以裏損壞者，所費修理不多，亦是小甲不行用心照管所致。仍該着令自修外，若係成造，三年以上者，計其年分之久近，損壞之多寡，分爲三班。每年官爲修理約在二百隻上下，并每年又有成造四十隻。是三年之内，無不可駕之船矣。其修船所費料價，難拘定數，大率以三十兩爲中。臨時勘實，量爲增損。每年二百隻合用銀六千兩，既不可加派於有司，又難以仰給於他處。且如拯焚救溺，豈能久待緩圖？合無本部將各年積貯，缺官柴薪，并馬船料價工食等項，銀兩借支應用，待後請敕差官催償。本部各項錢糧通融處補□缺官柴薪銀兩，正德之末嘉靖之初，因兵變災傷□經南京户部等衙門，奏請取用。夫往年別衙門既可取之以備災變，則今日本部亦可用之以濟困窮。揆諸事體，宜無不同。然此特就三年之内而言，此後如果差官任久責專，各項錢糧徵解如額，則此法可以常行。但非臣等所能預料，須待本部臨時斟酌。其修理之船數，或照今每年二百隻，或減從百餘隻，或數十隻。料價或照今官爲全給，或與小甲三半出銀，或酌定官民分數，多寡出銀。年限或幾年一中修，或幾年一大修，或幾年一改造。皆當量力而行，求爲可繼。事干重大，仍具奏定奪。縱使此後小甲，照舊自修。然休息之餘，財力稍復，亦當與今不同矣。夫損公家萬數千兩之積，而可以活數千姓之窮民；費官司三年修理之勤，而可以解數十年之劇苦。固結人心，奠安重地。所損者小，所益者大。況此快船常造常修，無事固可用之於京運，有事即可用之江防，亦慮患之遠圖，經武之善計也。至於勘驗船隻，并給價修理等項科條，瑣碎未易悉陳，事在從宜，亦難執一，俱聽本部委官專管。一應事宜，責成於彼，計處停當，呈部施行，務使官錢不至虚費，船甲得霑實惠。

一、處工料以濟夫船。南京江淮濟川二衛額存大小馬船，共七百九十六隻，該水夫一萬九千八百七十一名，俱係江西、湖廣兩省，并直隸太平、安慶、寧國三府解役。今見在者，僅滿六千，而逃亡者十分之七。以各地□原額計之，湖廣最甚，太平亦多，而江西次之，安慶又次之，惟寧國一府獨少。所以然者，津貼之法未均，歇役之罰不嚴，而苦樂懸殊，頑良無別故也。然人夫船隻，事本相須，工食料價，闕一不可。緣江西、湖廣工食銀兩，徵給不由官司，多寡原無定數。強者多取，弱者受欺。且使各夫自行取討，狡猾者每藉口以逃回，本分者惟枵腹而坐待。又有慣逃之徒，一得貼銀旋即躲住。及至勾補，重復詐需，不但悮本衛之差，適以爲原籍之害。至於各船料價，六百料者，成造并修理該銀三百兩。三百料者，該銀二百二十五兩。每遇船當修造，另於貼户派徵銀，數以百計，而一時取足，人户固艱於供輸。夫船本一事，而兩次催科，官司亦病其煩擾。且損壞之船，已派者工料併徵，未派者追呼罔及，尤爲偏累，人懷不平。本部近年有見於此，將安慶府比照寧國事例，工食料價一起徵解，官民稱便。而江西湖廣秪因彼時地方官員意念未公，於體國良法，竟諉於空言。只以寧國、安慶見今逃夫數少，則此法當行，足爲明驗。況查得先年本部委官員外郎徐愛，案行湖廣武昌府，回稱所屬十州縣馬船水夫永充，及新僉者，俱有朋糧貼户，議以徵銀解部給領爲便。以此推之，則湖廣別府與江西一省必皆可行，益無疑矣。但各處糧差有輕重，夫船有多寡，徵給工料亦當有等差，則在酌事情以順民俗而已。查得寧國府，每夫一名，歲徵銀十兩，以八兩貼工食，二兩備船料。蓋本府夫額原少，田糧又輕，出辦固宜仍舊，他處則難概行。安慶府每夫徵銀五兩，以四兩貼工食，一兩備船料，輕重似爲得中。今無據以爲則如江西與安慶隣界，舊時每夫歲貼工食銀八兩，此外又徵料價，不無太重。合照安慶事例，今後亦止徵銀五兩，以四兩貼工食，一兩備船料。如湖廣水夫一萬二千三百六十餘名，原額本多，田糧有限，若概依他處，則貼户必不能堪。若全無處給，則正夫何以存濟。先該武昌府開報，所屬州縣，因夫糧之多寡，有貼銀五兩者，有四兩者，有三兩者。揆之別府，大率相同。合無聽本部差去領敕官員，將本省各府州縣查筭夫糧，酌量定擬。多者不得過五兩，少者不得下三兩。如三兩者，以二兩五錢貼工食，五錢備船料。四兩者，以三兩貼工食，一兩備船料。五兩者，以三兩五錢貼工食，一兩五錢備船料。通融總計，每夫一名可得船料銀一兩，以備修造之用。中間夫額最多州縣，亦聽差去官員查勘，果係永充丁盡户絶者，量減原額十分之二，餘仍驗糧僉補。其太平府近該本部奏准，將萬春圩草場租銀，每夫歲解銀四兩，以三兩貼工食，一兩備船料。事可常行，無容別議。但前項草場課額隱占虧折者十之七八，已徵租銀侵欺那用者，動以萬計。合無聽差官員督同該府廉能官，踏勘查追，接濟夫船。是又國家不費之惠也。以上徵收工食料價銀兩必須通行。二省三府各照水馬驛傳事例，每年於秋糧帶徵完足，就責令該府州縣部運南京，錢糧官員順賫赴部交納，以杜姦人展轉侵欺之弊。至於各處逃夫，原有追徵歇役銀兩之法。嘉靖元年，又該本部題奉欽依比照江西逃夫事例。每名歲徵歇役銀五兩，連夫解部，足使頑猾有懲，夫船獲助，最爲良法。而有司故違輕縱十無一追，以致慣逃者自謂得計，見在者亦皆效尤。合無申明前例，行令各該官司嚴督里老地方，遇有逃夫，即便捕獲到官，務要驗日追銀責限起解。臣等又惟法以人行，亦以人廢。若命下之後，各該官司有仍蹈前弊違慢悮事者，聽本部及領敕官查究。應提問者，行移撫按等衙門提問。應參奏者，指實參奏。若衙門偏見回護，責有所歸。如此，則夫役之逃缺者，皆將漸次復舊，而官司可省清勾之煩，里甲可省起解之費。船隻之損壞者，皆得及時修造。而各船料價，先年拖欠未徵者，可以免徵，近年損壞未派者，可以免派。非獨兩衛夫船實用得濟，其於各該地方寬恤亦多矣。

一、循舊例以重差委。案照先爲計處馬船工食料價，以圖永久事，該本部查得車駕司馬船工料，逋欠者，動經數萬。隨船水夫逃亡者，過半有餘。奏准三年一次，請敕差委司屬官員，前去江西、湖廣，并南直隸、安慶、寧國、太平三府，清查解補。然本部應查錢糧，不止於此。車駕司別有草場納租，及會同館馬價等項銀兩，武庫職方司有各衙門柴薪直堂弓兵等項銀兩。屬有司者，係浙江、江西、湖廣三布政司，應天府并南直隸蘇州等府州。屬軍衛者，係南京錦衣等衛所。每年徵辦解納出有常經，入有定數。近來逋欠日甚，支用不敷，幸而弘治以前稍有餘積，通融處給尚爾支持。今又因快船小甲，困苦之極，欲與修造船料，那借各項銀兩數多，循此不已，後將何繼？然此等錢糧，除遇革蠲免外，小民拖欠者十之二三，姦豪侵欺者居其六七。如料價工食，湖廣武昌等六府州侵欺銀一萬四千二百二十餘兩，直隸安慶府各縣侵欺銀四萬三千四百六十餘兩，太平府萬春圩草場侵欺那借銀一萬五千三百七十餘兩。此皆近年差去本部郎中彭本用查出，奏行兵部。題奉欽依，移咨各該巡撫提追。經今二年並無毫釐解報，及武庫司查出蘇州等府侵欺柴薪直堂銀三千餘兩，各司府俱有回報文册，約□人名，而侵欺無名，與回稱拖欠者，不與焉。以此例之，各處侵欺之弊，大率皆然。本部非不行文督併，差人守催。而各該衙門官員偏見者，故分彼此。闒茸者，徒事延捱，甚至不才交通作弊，如寧國府。本部行提侵欺吏書徐世用等，贓證已明，屢催不解。且各處類此者尚多。欲一查究，合招生事之嫌。欲置之不理，孰任悮事之咎。言至於此，誠可憤恨。當此事不可已之時，圖爲經常可久之計，莫若差官最是簡便。然前此本部已有差官之例，但所查處者，止是車駕一司馬船一項工料夫役。而本司與各司別項錢糧，未經通理。又定以三年一差，或間以災傷停止，任非專久，事難成功。查得南京工部先因各處蘆洲歲課虧欠，奏准差官領敕常年清理。自是課額歲登，具有成績。合無比照前例，請敕一道開載本部先年差官查理馬船工料水夫事宜，并添入前項錢糧。地方止開南京兵部郎中等官，不定職名，聽本部選委相應官一員，令其賫領馳驛常年往來。各該地方凡錢糧之侵欠，夫役之缺少，官吏人等之違慢作弊，清理處分挐問參究，悉遵敕書内事理施行。如有陞遷事故本部另推代替，就將所領敕書交與，一體欽遵接管，具由奏聞。仍乞敕吏部所差官員，止於本部四司内陞轉。其出差在外考滿給由，照例開呈，本部轉爲具奏，准令就彼復職，以便行事。庶可責成本官，既承專委，務要勤歷地方，著實幹理。不許枉道回家，怠忽悮事，及干預別端，致妨本務。初差於次年終，以後於每年終，備將清查過夫役錢糧數目，及行過各件事跡造册具本徑自差人奏繳，仍造青册送兵部并本部查照。遇考滿及考察之時，覈其功過，以定賢否去留。或謂差官未免擾民，臣愚以爲三年一次差官，自是舊例，今不過欲其常年相繼，非創爲之也。若止如舊，或差或停，徒應故事，恐錢糧侵欺日甚一日，直待經用既竭，必將加派於民。是所擾更多，而事亦無濟矣。況今查得所急，全在豪猾之侵欺，其間果係小民拖欠者，自當酌事情之緩急，以爲寬嚴，相年歲之豐歉，以爲行止。聽委官臨時具呈，本部從宜定奪，期於地方無擾，國用有資。或又謂差官於荒年不便，臣愚亦有説焉。一處荒，他處未必皆然，一年荒，每年未必皆然。若持前説，是以一而廢百，用暫而廢常，非計之得也。如工部差官，秪見其益，不聞其擾，足爲明驗，可以無疑矣。

一、酌起運以省船差。近者南京禮部等衙門會議，奏請節省船差，該兵部議擬題奉欽依。查得，嘉靖元年，南京兵部尚書喬宇等，奏准板□事例而行甚盛典也。緣每年各起供應，惟板枋竹木用船最多，原擬盡數裁革，後因南京司禮等監局□□漸次增添。嘉靖五年以來，遂至歲用馬快船一百五六十隻。若照今奉明旨，則前項板枋竹木，俱應免運。但臣等切思，内府供應，亦有經常不時之需，若盡從裁革，或非經久可行之計。伏覩累朝明詔，俱載懸價召商。而登極綸音又云，京廠支取講求便宜，以翊宣德意，正在今日耳。合無敕下該部，將内府歲用，或不時取用板枋竹木，舊該南京運送者，從長計議。若係在京神木廠，并真定蘆溝橋等抽分廠所有者，止於各廠支取，免令南京起運。或雖係各廠所無，而近京地方可以取買者，行移南京工部，於龍江蕪湖等抽分廠折價解京，召商上納。如果彼中不產，必資於南，供應決不可缺者，方將合用數目會計停當，務從省約。行令南京各該抽分廠依數收辦，照常印烙，交與各該監局人員領運赴京交納。但前項物料數多麤重長闊難以入倉。裝載各船多於兩廠及倉面上堆放，非特占船數多，而枕壓搖撼，壞船最甚，致累夫甲，修造陪賍，其苦尤不可言。合無比照節年皇木事例，今後遇有起運，即於抽分處所置辦索纜，及一應撐駕什物，編成簰筏，分定起數。每運一起，仍撥馬快船各一隻，馬船與管運人員乘坐，快船與撐駕水手棲止。其合用水手聽本部於馬船水夫，或快船甲餘内，酌量撥用。若有未會慣習，情願募人者聽。如此既可以節省船差，又可以保全船隻，而於内府供應亦無缺悮，誠一舉而兩得，經久而可行者也。且南京光禄寺，歲運皇酒。先年節經奏革，每爲浮議所沮。近日奉旨悉從裁省，止令解價赴京。臣等但見被累者之懽呼，而不聞供事者之缺酒。所據板枋竹木事體，委與相同。儻蒙聖明采納允行，不惟各船夫甲受惠無窮，而裏河人夫差亦少減矣。

一、清草場以足課額。切照南京錦衣等衛所牧馬草場，弘治年間，該御史等官胡海等，奉旨清查，造有册籍。各衛所除勾養馬之外，其餘地土聽與軍民耕種，每畝徵收租銀一錢，後又量減徵銀七分，交送本部，以備買馬支用。正德年間，因各衛快船成造原給官價不敷，又將前項租銀漸次添給，每歲所入之數不足以供所出之多。先年餘積，那用將盡。蓋因各場舊額并新增租地，久不清查，其頃畝闊狹，土壤肥瘠，開墾有生熟之不等，坐落有高低之不同。本部漫無稽考，一遇水旱，各軍衛有司官任情開報那移災熟虧官損民。又多被附近軍民有占種盜賣者，有投獻勢要者，以致錢糧不清，姦弊雜出。合無候命下之日，本部委司屬官一員，督同各該衛所並坐落去處有司官員親詣各場，從公踏勘，將頃畝界止地利等則逐一開載明白。如有前項占賣投獻者，問罪追贓，及量追花利入官，以助歲用。若能自首者，不究止令改正，備細造册，繳部存照。中間拋荒事故等項地土，多方召人承佃，仍量免三二年之租，以償其牛種之費，使人樂趨以廣地利。其原除歇荒牧馬場所，亦就照册清出，行令各營，依時下場牧放，不許避勞自便於京城内外，撒放作踐，致妨民業。凡一應興革事宜，俱聽委官議處，開呈本部，從長施行。或事體重大，具奏定奪。以後五年一次，委官清查。再照見徵地租銀兩，各衛所經收官員，近年虧欠之數，比舊日見其多，雖或收成豐歉不同，亦因法弛人玩所致。況前項租銀，係買馬造船緊急之用，合無比照户部屯田子粒事例，年終租銀不完者，聽本部酌量分數多寡，將經收官員住俸督催。仍酌量完過分數，行令開支。若一年之上不完者，掌印官一體酌量住俸。蓋軍職提問，必須參奏，事干人衆，豈能概提。且參奏難於取旨，而住俸便於常行，欲使各官知懲，惟此最爲簡切。中間有該州縣徵銀者，舊時多被指稱公用，擅自那移。及至本部行查，輒稱撫按批允，兩相影射，難免侵漁。此係本部職掌錢糧，今後州縣官，務要逐年徵完解部，不許那移别用。本部仍行撫按衙門知會，今後亦不得越職輕准，以啓弊端。

（明）鄧士龍《國朝典故》卷三九《立齋閒録一》　開鐵冶。臣聞地不愛寶。夫寶者何？魚鹽、金銀、銅錫、鐵是也。今我國家魚鹽之利既興，不可復有議也。惟金銀、銅錫、黑鐵，所謂山澤之利，未盡出也。曰金銀雖寶，不過富貴之家爲婦女之首飾，銅錫爲器皿粧點耳。惟黑鐵一物，軍民利器不可一日而無者也。天下山澤之利，臣不知其餘，且以臣鄰境所有言之。今在河南之北，北平之南，山西之東，山東之西，舊有八治：曰臨水，曰彭城，曰固鎮，曰崔爐，曰祁陽，曰山喻兒，曰沙窩，曰渡口。詢之故老，言説在胡元時設立總司提督，搉取日萬貫，例禁民間，不敢私販，此胡元之舊弊。今三布政司地面，農民多缺利器，欲自搉取，許納課程，猶且不敢。以臣愚見，以産鐵去處行移文榜，如有丁力之家，或二户，或三户，或五户，相合起爐一座，礦炭隨便所取。國家月課收鈔貫，止徵鐵數，易换粟帛，許民興販。如此，上濟國用，下便農器，庶不棄山澤自然之利也。臣昔經過礦炭之場，見料炭之例，而興販之，實軍國所用之大利也。

（明）陳子龍《明經世文編》卷一二一《楊石齋集·請停止織造疏楊廷和》 先年各處織造内臣，仰惟皇上登極之初，各行取回京以蘇民困。天下之人，方稱頌聖德不已，近者不意一時誤聽内織染局所奏，差官前去蘇杭提督織造，命臣等撰寫敕書。臣等看得，南直隸蘇州並松江常鎮等府，浙江杭州並嘉湖寧紹等府，今年四月以後，亢陽爲虐，入秋以來，大雨不止，旱澇相繼，灾異非常，委的地方十分狼狽。本等錢糧不能辦納，尚要奏求蠲免，若又差官織造，一應物料工匠，何從出辦撥給？非惟逼迫逃亡，抑恐激成他變。又況經過地方淮揚等府邳徐等州，見今水患非常，高低遠近，一望皆水，軍民房屋田土，盡被渰没，百里之内，寂無一爨一煙，流徙死亡，難以數計。所在去處，白骨成堆，幼男稚女，稱斤而賣，十餘歲者，止得銅錢三十餘文，有經數日賣而不得，母子相視痛哭，投水而死者。各該地方官員要賑濟，該部爲因公私匱乏錢糧無從出辦，方且晝夜憂惶，計無所措。自今至於麥熟之時，尚有數月，各處飢民，豈能俯首枵腹，坐以待斃，其勢必將起而爲盗。傳聞鳳陽所轄泗州地名洪澤，飢民聚集舟中者已不下二千餘人，劫掠過往客商船隻，莫敢誰何。所聞果實，未知何日始得剿平，將來時勢，尚有不可預料者。臣等職叨輔導，實切驚懼，所有前項敕書，臣等決不敢寫。伏望皇上俯從六科十三道各官所言，憫念地方灾傷重大，收回成命，停止織造官員不差，宗社生靈不勝慶幸。如果袍服缺乏，止照工部題覆，着鎮巡三司官計處物料人匠織造領於有司，而不遣内臣，地方之費稍省。鎮守官提督織造，則地方既免重困，而供應亦不至於有誤矣。伏惟聖明留意。

（明）陳子龍《明經世文編》卷一二一《楊石齋集·水西新建十橋記楊廷和》 水西十橋，乃貴州宣慰使安氏父子之所建也，橋既成之明年，今宣慰圖其水之源流，並其始終事之歲月，遣人詣京師求予文，刻於石，爲之記曰：水西之河最大者曰陸廣，陸廣之西，上流曰稿池，又曰芭蕉，下流東注曰黄沙渡，曰烏河。又數百里，入於清水江，又東會於涪江。其源之大於衆水者有四，一曰洛浙，二曰西漢，三曰七百方，四曰滴澄洛。浙之水源於卜乍革之，南入於西溪，又達於七百方，又會於鴉池兩溪之源，導於化閣山，轉於西南，合於洛浙。七百方則自普安會於洛浙，入於鴉池。滴澄之源，出於九溪，東北至於威清，又北至於鴉池，達於陸廣。其曰青山、曰老宋、曰卜茫，皆因其地而名隨之，非有二也。大抵四河之水，回折數百里，而會於陸廣，出入山石崖竇間，一遇峻隘，如退如束，激盪震掉，若三軍相持，怒不得逞者。及其奔放衍肆，一瀉千里，如自天而下，浩不可御。每春夏淫潦，其勢彌大，覆舟溺死者亦間有之。秋冬霜降水落，寒可裂膚，病於揭厲。居者怨於室，行者嗟於途。富商大賈，無所爲而至，雖有魚鹽之利，山林之材，土人居然視之卒未之能致也。故嘗有橋，率架木爲之，不踰年輒壞。用力多而獲利少，人亦勞止，良非遠圖。宣慰父子，更以石爲之，排積沙以定其基，布巨石以貫其底，圜空其下，漏水象月，或三或五或七，視橋之袤廣而多寡焉。款密堅致，踰於實地。橋有十，一曰頭鋪，二曰得烏，三曰烏西，四曰西溪，五曰虎場，六曰朵泥，七曰蜈蚣，八曰秀水，九曰麥架，十曰查覩。西溪虎場朵泥麥架，皆先宣慰爲之，頭鋪六橋，則今宣慰之所經畫者。問石焉取，曰即於山。問役焉取，曰即於傭。問費焉取，曰即於宣慰之私藏而民不與知。葢自成化己丑始事，至丙午訖工，歷世以再，乃克底績。非先宣慰知不及此，固有待也。歷年十有八，次第告成，不欲速，意羣力畢舉。或勞人也，成之日，萬夫歡呼，四境慶幸，鄉里長老，相與舉酒，歌頌二宣慰之偉績。賓旅負販者，往來深谷巨箐中，無分於昏夜，如之東西家焉，休勞夷險，其益亦大矣哉。嗚呼！水事之重，自古然已，周單子過陳，見其道穢而川澤不梁，知其必亡。子産以乘輿濟人於溱洧，孟子譏之，而申以王政徒杠輿梁之説。亦又有以障大澤，勤其官，而受封國者。具在傳記，可覆考也。二宣慰其亦有見於斯歟。

余嘗聞西南世禄之家，予□夜郎楊龍友向予輩詳其□係也，每以安氏爲稱首。既得其家世之詳，則知其始封於蜀漢時。上下千五百年，世態之變若罔聞知，意其先世必有大功德於民。今觀二宣慰雖一事之小，而所以用其心者如此，則他所以利於生人，承於前烈，以寬朝廷西顧之憂者，從可知矣。安氏之世濟其美，固如是哉。

昔韓愈記汴州東西水門，至今讀之猶若親見。當時之役，十橋之建，功十倍之，而無如愈者爲之記，恐來者末由聞知。則雖或入於圮毁，而未有爲之一舉手者，姑用直述其事以俟。若乃橋之所在，與其歲月之詳，工役之數，請列之碑陰。兹不贅，先宣慰名觀，今宣慰名貴榮，俱誥授昭勇將軍云。

（明）陳子龍《明經世文編》卷一四四《何栢齋先生文集·織造議何瑭》

照得《諸司職掌》内開，凡織造供用袍服假疋，及祭祀制帛，須於内府置局織造。其所用蠶絲紅花藍靛，於所産去處税糧内折收，按歲差人，送庫支用，是知織造制帛絲料，會有在丙字庫支用，係祖宗正法。

嘉靖四年，料造制帛一萬五千假，本部失於查照將該用絲料不作會有行丙字庫支用，却作會無行應天府鋪户買用，實係違法。參照鋪户何輔所告，情既可憫，理亦甚直。既丙字庫申有堪用細絲，擬合將原擬行應天府鋪户買絲一節，改正會有行丙字庫支用。已經行移神帛堂，遵依選用，及條送南京禮部擬行會題去後，今準南京守備司禮監太監高某等揭帖，内稱神帛堂堂長稟稱丙字庫絲不堪織造。臣等參看得丙字庫，内外官員吏典人等，職專收支，乃將税糧折收，串五細絲，濫收粗絲以致不堪織造支用，乃將税非受賂徇私，亦係感職悮事。查得《大明律》起解金銀足色條下，凡收受諸色課程變賣物貨，起解金銀，須要足色。如成色不及分數，提調官吏人匠各笞四十，着落均賠還官。所據該庫内外官員吏典人等，相應比附前律，查提究問。但該庫申稱所收絲堪用，又經守備官選中，今神帛堂却稱其絲不堪，參以鋪户告詞，中間恐有别情，乞敕該部計議。合無將該庫内外官員人等，比附前律提問，惟復别有定奪，通行奏請上裁，候有成命，遵照施行。再照揭帖，又稱神帛堂急缺織造絲料，要行從長議處，參詳主意，不過要照舊行應天府鋪户買用。臣等議得買絲違法損民，且使折收絲終歸無用，公私兩病，深爲未便。本部既知其弊，豈可復行。但本堂執稱該庫所收串五絲，俱不堪用，若不急爲議處，往來駁難，不免悮事。乞敕該部移文户部，轉行南京户部計議，合無將明年以後湖州府解到串五絲，徑送本堂收用。仍行移丙字庫知數，公私兩便，庶經久可行。

又查得《諸司職掌》内開蠶絲出産，在浙江湖州府，每年該折收六萬斤，見今每年折收串五絲荒絲，各止二萬兩，計各止一千二百五十斤。其神帛堂每年該用絲數累次行查，堅不准行。以此不知的數，據守備平日口稱每年織三千假，該用絲二千八百十二斤八兩。又查得内織染局所織誥敕絲料，亦該在丙字庫支用，每年織一千道，計該用絲若干斤，照得見今折收串五絲數少，支用不敷，不免又費議處，亦乞轉行南京户部計議再查。神帛堂如果每年織制帛三千假，則串五細絲，再加派二千七百五十斤，務勾兩衙門支用，此係舊制，不爲多事。再照丙字庫見有絲，近年者已該三萬五千餘斤，遠年者不知其數。既各衙門俱不支用，俱將化爲灰燼，似亦可惜，亦乞轉行南京部議處爲便。

制帛一假，長十八尺，料串五絲十五兩，每尺該絲八錢三分三厘。强誥命一品文職，長一丈二尺，料串五絲一斤十一兩六錢一分二厘五毫。二品長一丈，料絲一斤六兩八錢六分二厘五毫。三品長八尺五寸，料絲一斤四兩一錢八分七厘五毫。五品長六尺，料絲一斤五錢一分二厘。敕命料絲十三兩六錢九分二厘五毫，誥武職料絲十三兩一錢三分八毫。此料數係織造原數，今以制帛分兩丈尺計之，似乎至多，當時亦欲題準減省後以遷官未奏云。

（明）陳子龍《明經世文編》卷二二三《翁東涯文集·置造火器疏翁萬達》

臣愚替年官粤中，每因用兵，參考古火器，而病其制之多已不傳。即有傳者，又病其重難不易用也。於是殫竭愚慮，因舊創新，粗備而未試。比來宣大仍加參考，見今造成有所謂三出連珠砲、百出先鋒砲、鐵棒雷飛砲、火獸布地雷砲之四種者。

連珠砲蓋古制也，古砲之制，罔非善而有宜不宜，稽之古礮者機石也，用機運石而飛之致遠爾。後以火藥實銅鐵中，亦謂之礮，至如神機火鎗，用鐵爲矢鏃，火以發之，可飛百步之外。皆制之巧者。然皆一發而止，倉卒無以繼之，敵知其故，或出於巧智以爲避就者未必無也。神機則又苦着矢之難，稍不如法，則不能及遠，卒不練習，用之惟艱。連珠砲其制如神機式，其長倍之，每杆三分之以次實藥，發亦如之，一具而三出，有連續之妙。虜或避而就之，適當後發之沖，人可持放，不甚苦其難。此古制之尤巧而宜於用者，邊人不能知。乃考而作之，與神機諸砲並焉。

先鋒砲，仿佛郎機砲而損益之也。火器莫利於佛郎機，大率筒長三尺有奇，而小砲則止於五。夫筒之長以局其氣仗發之迅也，小砲伍以錯其用，使迭而居也。先鋒之制，則損其筒十分之六，狀若神機，而加小砲以至於十。曰氣可局而用不使有餘也，砲可錯而用不使不足也。用則係火繩於筒外，砲必用子母者，以砲當初發内熱不便於裝藥也。而納火砲於筒内，畢即傾出之，連發連納，十砲盡則更爲之循環無間斷也。筒仍酌其處，鑿通一機轉動消息，倒擊不流，傾卸不礙，末有鋭鋒如戈形無耳長六寸。近者三眼鎗制亦如此，以代鐵鎗之用，遠擊近刺，其用博矣。夫佛郎機之爲器也，舁之者四人，臨發持者一人，放者一人，是六人發五砲也。況火露筒外，出刺人手，安砲或離於度，則暴裂反傷，非善用者，皆臨驚懼，心志不定，高下無準。先鋒砲持放者一人，不必布機於地，即馬上亦宜之，是一人發十砲也。況火納筒中，即不必善用者，心志不懼，高下可準矣。假如三千營中，每伍内一人執一筒十砲百彈子，則一伍常有十佛郎機，且兼十鎗矣。十伍十人執十筒百砲千彈子，則一隊當有百佛郎機，且兼百鎗矣。六十隊六百人執六百筒六千砲六萬彈子，則一營當有六千佛郎機，且兼六百鎗矣。蓋一人所執，不啻往時十餘人所執者，斯不亦簡而便邪。

雷飛砲，仿毒火飛砲而少爲之變者也。砲之先，鍛鐵爲筒，磨石爲子已矣，一變而爲毒火飛砲，鎔鐵爲子，虚其中而實之藥，擊處皆傷。蓋傳自前代而兵家頗秘之。然毋砲重大難於舉移，故以之擊大營守城垣可也，賊散而來，近而拒之，且馳且戰則非所及矣。於是再變之，約其子砲而輕其母砲。約之使易飛，輕之使易持也。母砲則約長尺許，上廣下窄，下如神機之狀，上盤菱花之形。其法雖略本飛砲，而輕重別矣。敵遠則用之以衝擊。或至空而震，或至地而震，或中人馬而震。鐵物之所旁，擊無不摩爛者。敵近則揮之爲鐵棒，連鎧甲而搥撻之，當無不退怯者。人持一具，可以攻，可以守，與毒火飛砲功同而用异。近者西洋大砲必築銃臺者，亦以質重故□便於乘障，不便於野戰。蓋守之砲貴重大，戰之砲貴輕小。守則不離次，而易施重大得力也。戰則屢易次，而難施輕小得力也。

布地雷砲，仿田單火牛之意，而增之以砲火者也。田單以火牛取勝，然止東牛角，今虜黠猾善避，營疏野闊，不可以觸傷，惟得火砲布擊之，斯使之震攝。若乘夜用之爲尤得策，因其亂而砍其營，蔑不勝矣。而用必馬騾，以其性犇犍可以代牛。火砲之發迅烈，比於遠矣，是故刳木爲桶，辟之翕之，長一尺有五寸圍四寸，火砲係焉，火綫通焉。略如毒火飛砲法。然其係之也有機，其通之也有候。匪機則無脱略之功，匪候則無疾徐之節。視其機，則欲連而易斷也；視其候，則欲準而不忒也。桶一而係砲七，獸一而負桶六。計一獸之所負，則火砲四十有奇。十獸之所負，則火砲四百有奇。若用匾箱以代桶尤便。雷布而電發，須臾之頃，遍以原野。必有以奪敵之氣，或爲馬騾之性，驚則横逸，不能使之直冲，故用砲易而用獸難。臣惟水可過顙在山，搏擊之勢使然爾，而況馬騾之有知覺運動者。或機而制之，或因地勢而驅之，或遣間而引之，或得賊馬而縱之，臨時之宜存乎其人，則亦無不可用也。

以上四者，俱當預備，而有出先鋒砲，則尤火器之最便利者，古制未嘗有也。自古謀臣智士，較論中國夷狄之長技，如晁錯所稱匈奴惟善馳射，固未聞其有中國之堅甲利者也。乃今北虜則甲精好，中國弗能當矣。數年之前，我軍與虜鬪，兵刃既接，輒以骨朵狼牙棒搥撻虜，虜短不相及，間爲中國所制。乃去年虜犯陝西之保安，亦安狼牙骨朵，而中國或弗能當矣。若神機槍佛郎機銃毒火飛砲等項火器，近日東奴亦有之，但不如中國之精耳，皆我叛人爲之。也則夷狄所絶無，亦其所駭懾者。今日中國之長技獨擅此耳，邊人苦其難，而未能盡其用。臣是以欲教之以輕便，如先鋒砲者委不可缺，其餘則量爲置造可也。

（明）陳子龍《明經世文編》卷三九三《王文端公文集·答潘六泉論開採王家屏》

不佞戇愚冒上，廢處田間，棄婦逐臣，何敢與聞國家事。猥承大教，仰見忠藎之懷，杞人私憂，正同激切。曩者西寧之變，片檄可平。而當事者欲就李將軍之功名，輕發大師，雲集堅城之下。罪人未得而帑金數百萬立盡。此一耗也。朝鮮之急，偏師可援。而當事者欲就宋中丞之功名，輕議遠討，直抵王京之東。島寇方張，而帑金數百萬又已立盡。此又一耗也。即此二役，而太庾二百年之積發竭無餘。不此之惜，力圖休養節縮補羸濟虚，而輕聽姦人之言，旁搜山澤之利。中官四出，礦役繁興。冠蓋如雲，徒衆如雨。山靈震疊，地脉摧殘。郡邑繹騷，閭閻蕩析。穵掘煎煉，工費浩繁。本末相權，得不償失。計所進獻，纔若錙銖。於以較向日東征西討之所糜，何啻洩之以尾閭，而收之於涓滴也。良可痛矣。由前則耗之者罪不容死，由今則開之者詎可勝誅。遠邇嗸嗸，怨聲載路，蓋不獨中州之民苦之也。乖氣所干，天災示異，殷憂啓聖，庶幾改圖。乃修省無聞，迷繆滋甚，部寺半皆虛席。臺省聞其無人，章疏或下或留，政事愈紛愈舛。日惟貢獻是督，籍没是營。宮刑察及淵魚，店税禍延商賈，而大臣持禄不肯諫，小臣畏罪不敢言。方且藉宮殿之灰燼爲倖門，而捐俸以希寵。張邊塞之首功爲利路，而冒賞以徼榮。則宗社之大計，邦家之隱憂，誰其慮之圖之也哉。

（明）吕坤《實政録》卷二《民務・小民生計》　世道既衰，内職不講，省會婦女，更無生活。富貴家姑無論已，市井貧賤婦人百事不爲，群集講話，衣飾是尚，口腹爲恣，甚者裂衣毁裳以易果餅，有身貧肚不貧之説。以是人而遇凶歲，有不餓死者乎？榆次、太原等縣民間織紡最多，府掌印官提取木匠十數名教習，省下木匠令作紡車織機市賣。再行衛縣衙門督令約正先將本約之人，除家道殷實者男婦有業如賣酒飯等藝者不開外，其餘不分軍民，但係無事婦人開報到官，先動官銀買净綿千斤，每家一斤。掌印官記一簿籍，散令紡線。有先完及線細者，花價免追充賞；十日之外完及線稍粗者，賞價一半；二十之外完及線粗者，花價全納；一月之外不完者，罰花一斤。花既紡盡，衛縣於寬大處所，仍移文榆次等縣送織機者二三十人教民織布，將紡線之家男、婦定日，陸續向機匠學織，一年而千家能紡織矣。然後犯罪者以布爲贖，罪輕者以布爲罰，不二年而省會多紡織矣。此習既成，不惟婦人有業，而省會不享其利乎？

《明實録》永樂九年閏十二月　〔己未，吏部尚書兼詹事府詹事蹇義同六部尚書等官上言十事〕其六曰：在京各衛成造海船等件所用物料，雖是官給，然有匠作原計數少，或該庫放支斤兩不足，率令軍民賠補，頭會箕斂侵損非細。宜令工部委官與管工官從實覆計，不足之數官爲補支，不得科擾軍民。該庫關領之際，必依足數放支。巡視御史等官就於庫外覆較明白，封記放出。若官吏減損其數，而御史等官不行執法從公較驗，一體罪之。其七曰：工部買辦諸色物料中，間或京庫見有或非急用之物，一概派下，有司得以科擾作弊。宜令工部查非急用之物，即皆停止。若京庫見有則就關支，免致科派，民受其害。

《明實録》嘉靖十四年二月　〔乙巳〕刑科給事中王經奉命往蘇杭督查段疋事竣，還京條陳織造十二事：一、戒那移。各省織造銀兩多出里甲、丁田，並無得官銀，有司往往取充他用，致虧課額。宜討會一歲合用銀若干，某郡縣徵派若干，應於某項取給，當官驗收，轉解司府，給散機匠。一、禁分例。往年織造段疋，估價過高，奸胥黠吏，扣除需索，無所不至。故機匠僅得其半，而織造濫惡。宜酌定價值，着爲成規，織完驗收，封識之處，明書輕重長短，價值數目，以便稽覈；仍前侵扣者，罪之。一、審織户。所司籍機户之貧富，分爲上中二等編排，甲頭分派領織，勿使貧猾者蠹其間。一、擇委任。徵派之始，慎選廉幹府佐司其事，織完之後，即委官運解，責令刻期迴銷。一、祛冒領。各省歲造，宜於在官織户，量其產業高下，以爲領織多寡。每十人一連，許其互相覺察。有重名攬規圖分例，及知而不舉者，罪坐之。一、戒專私。出納料價，郡縣長吏宜協僚佐及專管委官公同該局給散，毋得自專，以滋乾没。一、禁截盖。截盖之弊苟紓，目前竞成逋負。宜俟織造通完，方許驗收，依期起解，不得截數零解，以圖拖欠。一、嚴限期。織造銀兩，宜令每歲六月終徵完，七月中解府給散，立限織造，刻期驗納；次年二月終到部，過期者論治如律。一、處織地。各省如金衢温台常鎮諸郡，不習挑織者，皆傭他處工匠。宜令諸郡徵價，赴蘇杭等處機匠領織，官爲督發。一、究抽換。起解段疋，兩頭附織素絲，備書歲月，並織役姓名、輕重、長短、數目，用印鈐記，以防抵易。一、清拖欠。節年段疋銀兩，往往逋負，皆由收頭機户侵年所致。宜嚴立期限程督之。一、嚴實法。舊例段疋拖欠及濫惡者，所司皆逮繫論治，或奪俸降級。今法久人玩，宜嚴爲申飭，以示勸懲。上納其言。

《明實録》萬曆二十五年六月　〔庚辰〕大學士張位等復疏請礦店二事，言：臣昨所進言，非欲即停止，實欲調停善處，使上不虧國課，下不累窮民。若以差官可信，撫按部臣不可信，則國家財賦千萬，皆托地方有司徵解，法度嚴密，與無籍之徒欺罔侵隱者大相懸絶。望特發明旨，收回礦店諸臣，敕令撫按部臣管領其事。其自陳一節，或止令在京二品以上自陳，其三品以下及南京與督撫等官止免以省煩擾。

《明實録》萬曆三十年正月 〔己未〕户部覆署順天府事，治中舒體震議，編審工事，一以合縣流寓當雜差，凡有室家生産手藝人丁，分遣正佐等官，挨門實填流寓總簿，分别中下上九則。下下則每丁納銀一錢，每一則加一錢，至上上九錢止。促足各項襍差。如丁不敷差，每則量加二三分以足其數。此簿一立，則官止按簿徵銀編帖，而無勾攝審僉之繁，流寓止於辦納定則銀兩，而免里胥索詐之害。若住經三十年外情願入籍者，聽與實在人户一體，一歲給工食，總其勞逸以爲多寡。如明智、安仁、北薪、西域等坊，各庫稱工食每名有編銀至十五兩，中府三草廠並外馬房鄭家等莊各草廠，腳夫每名編銀至十二兩，原屬過多，今十五兩者量減三兩，十二兩者量減二兩，似爲適中。自後悉依減定銀數編給，著爲定例。詔如議行。

《明實録》萬曆三十一年三月 甲子，工科給事中鍾兆斗論織造一事，萬萬不可兼制於課監者，蓋丁田額泒乃正供，而料價設處無定額，歲造段疋有定價，而改造加增無常數。正供猶可取盈也，無定額者豈能一時卒辦？定價或可量扣也，無常數者將何照例扣除？督責不專於司府，印驗不經於撫按，查覈不由於部署，一課監假手百參隨，百參隨假手一直兩省之亡籍。祖宗舊制澌滅殆盡，而尚方賞賚之需終不知何所出也。乞亟收成命，仍責成有司依期督造，扣價八千兩即屬省直照數進用，則國與民皆便，而財賦重地可保無虞。不報。

《明實録》天啓三年八月 〔乙亥〕工科給事中陳爾翼疏陳：浙省民窮財盡，織造錢糧新派袍段料價一百一萬五千四百兩有奇，原無額辦先後，題允留用，如匠班漆木事例。及江西協濟等項，有六十三萬六千兩有奇，尚缺額三十七萬八千五百兩有奇。聖恩寬限十八運解進，每年二運，則每年止缺四萬二千六十兩有奇。然此四萬二千餘兩，勢不能再派之民間。乞聖明軫念於一十八運之中，減數運以蘇民力，即不然或每年暫停一運，俟遼平補織，民力庶或稍寬。

（清）賀長齡《皇朝經世文編》卷三七《户政·農政·教蠶唐甄》

吳絲衣天下，聚於雙林。吳越、閩番至於海島，皆來市焉。五月載銀而至，委積如瓦礫。吳南諸鄉，歲有百十萬之益，是以雖賦重困窮，民未至於空虛，室盧舟楫之繁庶勝於他所，此蠶之厚利也。四月務蠶，無男女老幼，萃力靡他。無稅無荒，以三旬之勞，無農四時之久，而半其利，此蠶之可貴也。夫蠶桑之地，北不逾松，南不逾浙，西不逾湖，東不至海，不過方千里，外此則所居爲鄰，相隔一畔，而無桑矣。其無桑之方，人以爲不宜桑也。今楚、蜀、河東及所不知之方亦多有之，何萬里同之，而一畔異宜乎？桑如五穀，無土不宜。一畔之間，目睹其利而弗效焉，甚矣，民之惰也？三代以下，廢海内無窮之利，使民不得厚其生，乃患民貧，生財無術，是猶家有寶藏而不知發，而汲汲臘腌果蔬之是鬻也，盍亦謀諸此與。吾欲使桑遍海内，有禾之土必有桑焉，然亦匪易也。安之久者難創，習之慣者難作，約法而民不信，施教而民不從，則樹植亦不可就。古者田有官，是故棄爲稷官，其後教民田者謂之田畯。田既有之，桑亦宜然。其在於今，當責之守令，於務蠶之鄉擇人爲師，教民飼繅之法，而厚其廩給。其移桑有遠莫能致者，則待數年之後，漸近而分之。而守令則省騎時行，履其地，察其桑之盛衰。入其室，視其蠶之美惡。而終較其絲之多寡。多者獎之，寡者戒之，廢者懲之。不出十年，海内皆桑矣。昔吾行於長子，略著於篇，可以取法焉。

（清）賀長齡《皇朝經世文編》卷九五《工政·土木·因災請緩興作疏順治十年周曾發》

竊惟皇上承乾首出，四海爲家，自應創新宫殿，以壯皇居。茲者肇建乾清宫，皇上軫惜民力，特出内帑，秋毫無妨百姓，大小臣等，誰曰不宜。今五月間，工部副理事官王秉仁有暫息土木之疏，部議正在鳩工，無庸更議，已題覆在案，臣何敢復贅。不意數月以來，災祲疊見，前者雷燬先農壇門，警戒甚大。近又霪雨連綿，没民田禾，壞民廬舍，露處哀號，慘傷滿目。未幾而壓死者見告矣，又未幾而齊化門城牆傾塌矣，此實數十年來未有之變，而一時全見於輦轂之下，洵可畏也。臣伏讀上諭云：朕當一意修省，祇懼天戒。爾大小臣工，宜各盡職業，共圖消弭。皇言及此，即堯所爲洚水儆予，禹所爲民溺由己，不是過也。但堯禹之時，氾濫爲災，一則茅茨土階，一則卑其宫室。今災異若此，壇門城牆，事事煩修葺之費，畿輔重地，處處待蠲恤之恩，臣知我皇上必以堯禹之心爲心。然臣言官也，以盡言爲盡職。竊考五行之數，土不能制水則水溢，水溢則土陷而木浮。皇上方有事於土木，而天心之示警者匪一端，臣竊謂宜暫緩者此也。況皇上軫念民艱，所在災荒錢糧，悉行蠲免，則入額已減，楚粵滇黔，正在用兵，則出孔更多，所恃者僅天府之積，而乃大發帑金，臣不能不鰓鰓過計耳。伏乞聖明俯賜暫緩，俟來歲再議興工，一以副上天之仁愛，一以寬朝廷之物力，留金錢以待封疆萬一之需，真修省之實事也，無任戰慄之至。

（清）賀長齡《皇朝經世文編》卷九五《工政・土木・採運川木五難狀康熙二十四年何源濬》　竊查採木以備欽工，最爲重大之事，凡爲臣子，自宜竭蹶圖維，以期克濟，但細繹部文，有將需用錢糧，再行嚴加核減之語。因思用費之多寡，視乎採運之難易，若事實艱難，而求減費，恐勢有未能。姑以馬湖之木計之，楠木皆生於深山窮谷，大箐峻坂之間，因其險遠，人跡罕到，所以能存至於今日。當砍伐之時，必須搆厢起架，使木有所倚，且便削其枝葉。多用人夫，纜索維繫，方無墜損之虞。故明時必召募架匠斧手於湖廣辰州，始能施工，此伐木之難也。拽運之路皆險窄，懸崖側足，空手尚苦難行，必須墊低就高，修棧開路，上坡下坂，輾轉數十百里，始至小溪。又苦水淺，不能浮木，遇怪石林立，必待大水泛漲，始得出江，故拽運於陸者在冬春，拽運於水者在夏秋，非可計日而至。此拽運之難也。至若所用夫役，動以數千計，蜀地民稀，即盡一郡一邑之老壯男婦，不足充木夫之用，況有耕耘之業乎？勢必出於僱募。而應募者多係外省游手之人，無家屬之相繫，伐木拽運，役極艱辛，若非厚值相僱，曲意撫循，易至逃竄。康熙八年，前院張德地條議，於外省召募夫役五千名，以供採辦，蓋有見乎此。此夫役之難也。至若經費一項，康熙八年，奏請每夫日支米一升，銀六分，斧手架匠日支米一升，僱工銀一錢，其合計錢糧之數目，則視乎人夫匠役之多寡，與閱歷時日之遲速耳。查《蜀志》內載萬曆三十五年採辦木枋，通共二萬四千六百一根，用銀六十三萬餘兩。彼當川省人民繁盛，夫匠易集之時，其費如此，今通省查報合式楠杉二木，共八千五百五十餘根，而估計夫匠運價，止費銀十三萬八千三百餘兩，可稱萬分節減。蜀省官員，遠宦天末，非同腹裏富庶之地，盡捐俸薪之外，別無可措。即令盡捐，恐未能克辦大役。此經費之難也。再查部文，有運送到京之語，但蜀中水手，止諳川江水性，至於經歷之湖廣以下，均屬大江，風浪易作。而山東北直之閘河，則水性又異，非各省應付遞運，恐有漂失擁擱之虞。則經過地方，作何接替之法，不可不預爲議定，先期行知各省，照界交代，庶臨時無誤。此運送到京之難也。以上數事，皆職管見，確知其然。一馬湖如此，全省可知。與其拮据於事後，孰若詳審於事先。太和殿乃聖天子肇臨萬國之基，山川草木，罔不效靈，豈用下吏鰓鰓過計。惟念四川產木地方，俱係崇山密箐，上則難於登天，下則險於墜淵，陸則附葛攀藤，水則沿流跨石。前欽差齊郎中，同各道單身查勘，尚需二年，始得報竣，況自斬伐以至解京，紆迴百折，固非月日可計，所均當仰請題明者也。

（清）賀長齡《皇朝經世文編》卷一〇三《工政・河防・請工料照時價實銷疏嘉慶十一年戴均元》　竊臣自抵清江浦以來，屢聞督河兩臣，商議辦理工程，每以物料昂貴，例價不敷，不能不通融開銷，其時臣亦無從深知底裏。茲臣接印後，正在催堵智禮兩壩，並搶護順黃壩埽工，需用柴料甚多。現據承辦料物各員，紛紛稟稱，給發料價每斤四釐五毫或五釐五毫不等。臣伏查部定例價，柴料每斤不過九毫，今多至數倍，從何開銷？且公然詳批加價，起於何時？當經面詢臣徐端，據稱料物年貴一年，增至數倍，衆所共知，是以明白批准加價數目，俾可購辦，即如夫土木石等料物，非例價所能辦理。現在智禮兩壩，委員所積土方，隔湖運土，每方需價一千七八百文，由壩頭挑運上埽，腳費亦屬不少。核照例價每方八分，幾多至數十倍，至報銷時，不能不將所增價值，通融開銷，此皆實在情形。臣伏讀諭旨，例價實在不敷者，奏明量予恩施，仰見我皇上慎重河防，准情酌理之至意。又向臣徐端面詢，現蒙恩施逾格，何不據實陳請，據稱凡工料按例皆屬不敷，焉能逐項加增，亦難請加至數倍及數十倍之多。無可如何，惟有寬估實收，通融冊報，上年曾經據實陳奏等語，臣竊查部例自有一定，今百物無不增昂，自係實情。既於一切工料，明稟明批，照時價給發，有據可查，乃因不能開銷，遂虛估工段，寬報丈尺，以符部價，移彼就此，已屬顯然。而承辦廳員，即此又生弊混，勢所必至。伏思臣子事君，惟在以誠，今非增價不能辦工，非虛捏不能報部，則事事蹈欺罔之咎。一經查出，不得以曾經奏明，稍爲解免。臣現查應發之項，酌量支給，固不敢心存畏葸，致誤要工。若因附會例價，核實難行，故循虛冒前轍，知而不言，則是甘心朦混，負罪滋重。惟有仰懇聖恩，俯允按照時價，實用實銷，則所費錢糧，乃止此數，而造報不至虛假。至各項料物隨時價值，由地方官詳報督撫，按月奏明，咨行知照，庶稽核轉得有憑，積弊方可釐剔。

（清）賀長齡《皇朝經世文編》卷一〇三《工政·河防·嚴核河工經費疏嘉慶十五年工部》 查江南河道工程，每年請撥帑金，動盈鉅萬，該河督臣等自當嚴飭所屬，杜絶浮冒，以重帑項而裨要工。今臣等就近年所報工程錢糧，通盤合計，似其中尚有未盡核實之處。查河道工程，以歲修爲最要。蓋搶險之工，祇補救於臨時，而歲修之工，則預防於先事，每年水落歸槽之後，通查各廳境内，新舊埽工，將應行補廂加廂折廂各處，逐加估計，統於桃汛前一律修竣。如春修後，偶有蟄刷，仍即隨時廂墊，果使實估實修，毫無偷減，則大汛經臨，自足抵禦。即或有迎溜生險，應行搶護之處，而歲修之工已固，即搶修之費無多。是以歲修册内，每段用銀自數千兩至一二萬兩不等，而搶修之工，每段舊例不得過五百兩，即今加價兩倍，而亦不得過一千五百兩，特爲劃定限制，並非爲一千五百兩之外，聽其專案開報，無論若干銀兩，轉可不加禁制也。至所謂專案者，或係無工之處，新生埽工，或於有工之處，添接埽段，或舊埽淤閉停修，突經蟄刷，凡皆歲搶之所不及，始准其于常案之外，別行開報。而節年以來，凡遇河溜坐灣之處，奏辦護埽工程，業已鱗次櫛比。但使於歲搶修案内，實力修防，自不致滋生他險。故奏報別案，實爲不應常有之工。從前祇緣歲修搶修二項，定額不得過五十萬兩，廳員等以例價不敷，不得不借別案名目，虛估開報，通融辦理。迨嘉慶十一年，蒙恩加價兩倍，歲修搶修二項，每年用銀至一百四十餘萬兩之多，廳員等自不得藉口不敷，仍前虛報，則專案工程，自應大減。而近來奏報專案，較從前工減之年，仍不見少，每年需銀，總在二百萬兩上下。又自加價之後，漫工屢見，正溜既已旁趨，則專案著重，工程應少，而統計所銷錢糧，仍與常年相仿。臣等就該督等所奏各案情形，詳加查核，内除新生埽工，添接埽段，及淤閉停修各工之外，其以舊埽朽腐，沉陷蟄塌，別案開報者，幾居四分之一。殊不思舊埽朽腐，即其歲修案内亟應修理之工。其已估歲修者，固係修築之不堅，其未估歲修者，亦係估修之不實。若非奏定章程，仍前別案准銷，則不肖廳員，於歲修案内，或祇將情形較輕之處，略事補苴，輒照額銀開報，而其實係沉蟄朽腐之處，轉或壓擱不修，以爲專案開銷之地，殊與工程錢糧，大有關係。現據該河督等，將嘉慶十四年各道廳，歲修工程，共用銀九十九萬九千三百餘兩，造册題估，而是年搶修專案二項，尚未造報到部。臣等查現在册開工段，尚無不符。除照例分案具題，仍令照例題銷外，應請敕下該河督等，轉飭所屬，將歲搶修工程，實力查辦。並將每年桃伏秋三汛期内，每汛修過工段丈尺，分次開單具奏，再行彙案題估。如有現在修防，並未報明淤閉之工，旋因舊埽空虛，沉陷蟄塌，專案奏報者，即其歲修案内，估辦不實之明驗。無論該年册内曾否估計興修，統將所需專案銀兩，著落該管道廳等官，分別賠繳，不准開銷。並令該河督等，將各廳汛内所有新舊埽工，開具地名起止，段落丈尺，某段業經淤閉，某段現在修防，造具總册，送部查核，以杜挪移掩飾情弊。其每年增入修防，及續經淤閉之處，再於各年秋汛後，專案册報。如有將現在修防之工，捏稱淤閉，及無工之處，希圖影射者，一經察出，即行據實參奏，嚴辦示懲，庶歲修不敢草率，而專案可漸減矣。

（清）賀長齡《皇朝經世文編》卷一〇三《工政·河防·議州縣河員分辦工料疏雍正二年田文鏡》 八月初五日，據撫臣石文焯河臣嵇曾筠，將河工免調州縣之會稿，發與臣閱看，内稱沿河十四州縣，離工甚近，往返料理，勢易兼顧。況募夫辦料之外，又有河汛各員，協力幫修，本地方刑名錢穀諸事，自可依限完結，不致遲誤。嗣後非猝遇危險緊工，若附近印官，免其調遣，永以爲例可也。但臣伏思朝廷設官分職，各有專司，河員專理河務，州縣專理庶政，原毋容牽扯混雜。況特設副總河董司其事，又添設河道河員，暨武弁目兵，分修防護，而辦料雇夫，又動用正項錢糧，按時給發。且今歲大工一過，嗣後不過年年歲修搶修而已，更不必再責之州縣，爲之經營調度也。乃不謂豫省之河工，辦料雇夫，以及承修興築，俱屬州縣，而河廳河員，反不過從中丈驗，往來稽查。至於三年保固無虞，河員得以循例議叙，州縣則又置之局外。倘一有疏失，河員固不能免過，州縣一併干嚴處，是利則河員獨享，害則州縣共被，在州縣亦何樂有此河員也。且臣查州縣之在河工，不特河廳各員，得以借查丈隄工名色，魚肉州縣，即一切管河州同縣丞等官，亦無不向州縣需索。至於辦置物料，運赴河工，必須講究，然後秤收，所以年來州縣，無不因河工賠累，致虧庫項。今河臣嵇曾筠會稿內，辦料募夫，其意仍欲責之州縣。夫州縣之不能越境辦募者，其勢也。既不能越境辦募，自不得不按照地畝門頭，派之里下。一經攤派，其中便有蠹役土棍，或受賄那易，李代桃殭，或勒價包攬，以一科十，州縣雖甚廉明，亦不能逐細查察，而官民已不勝其累矣。臣復再四籌畫，今歲年登大有，物料易得，而農忙已過，雇夫亦易，莫如沿河十四州縣，與河官分辦物料，分築工程。如遇桃伏秋汛，以及萬一有事之時，仍令州縣協力防護，公同搶修，而閒時州縣，亦得稍有餘暇，經理民事，庶河工與縣務，兩不貽誤矣。

（清）賀長齡《皇朝經世文編》卷一〇三《工政・河防・嚴釐河工積弊檄賈漢復》　中州之困於河工者，已十餘年矣。荊隆之工甫竣，喘息未定，而又有清河集槐疙疸孟家埠口等處之隄工，繼而辦料徵夫，事非得已，小民力役，分所宜然。第河工之積弊多端，而地方之受累無窮，若不嚴加釐剔，小民之膏血幾何，可常資奸蠹之吮吸哉。查此時堤工，不過幫築高厚，及創建遥隄，原非决口塞流可比。況乎修築土方有丈尺，用夫有名數，報竣有定期，管河官若能上緊督察，依限完報，則亦何弊之有？祇因故意遲延，遂爾弊端叢生。譬如原派人夫百名，而著役者止七八十不等，其餘俱爲督工，官役與夫頭通同折肥。如一月可完之工，而延至數月，及領工食，未嘗增於原估，而督工之官役夫頭，仍按月索常例，包夫之奸棍，仍按月索私幫。工應築一月，而延至三四月，民應用一錢，而倍費四五錢，以致雜派溢於正供，在在剥膚剜肉。此其積弊一也。若夫砍梢之弊，殘害尤烈。計河工之所需，自柳之外，餘皆無用。今聞各夫下鄉，無論墳內門前榆柳槐楊，任意砍伐，即桃杏果木，憑其摧折，毫無顧忌。既索酒食，更索銀錢，民受其害，不敢申訴。此其積弊二也。官令各夫砍伐，當必有確數可稽，今則任人竊取，而官不之問也。損民間之物力，不能濟緊急之工程。及派里民運送，則曰某人應運某處柳梢，運腳與夫食，每束已不下五分，及運至工所，又有委員刁蹬，折數加收，必令攢貲行賄，私折乾没，而後遂其谿壑。稍不如願，揹抑不收，車輛人畜，數日守候。此其積弊三也。至於派夫應役，歷來自有定規，按地均攤，民雖勞而無怨。其奈勢要豪强，種地數十頃，以及數百頃，抗不出夫，而州縣徇情，亦不敢派，致小民有地五畝，即派夫一名。官既無良，民徒飲泣。此其積弊四也。至夫役工食，自應按月發給，猶恐食用不敷。今聞有役過數月，不發一月之銀者，亦有轉發州縣，而毫釐通不給散者。更有工房里老，朋比作奸，領出官銀，私相分肥，官有發銀之虚名，而民不得受領銀之實惠。此其積弊五也。種種陋習，概難縷指，弊絶風清，不無厚望於該道。爲此仰管河道官吏，即將各處隄工，務要晝夜督築，刻期報竣，毋得仍踵前弊，致累小民。至在事員役，及州縣印河等官，尤當洗滌肺腸，嚴行覺察。敢有故違，該道即密揭本部院，以憑不時參處。法在必行，勉之慎之。

《晚清洋務運動匯鈔・覆奏輪船未可裁撤左宗棠》　欽差大臣陝甘爵督部堂左，奏爲遵旨覆陳事。

竊臣於三月初十日欽奉二月三十日密諭，前因内閣學士宋晋奏製造輪船糜費太重，請暫行停止，當諭文煜王凱泰斟酌情形，奏明辦理。茲據奏閩省製造輪船，原議制造十六號，定以鐵廠開工之日起立限五年，經費不逾三百萬。現計先後造成下水者六號，具報開工者三號，其撥解經費截至上年十二月止已撥過正款銀三百十五萬兩，另解過養船經費銀二十五萬兩，用款已較原估有增。造成各號輪船雖均靈捷，較之外洋兵船，尚多不及。其第七、八號船隻，計本年夏間方克蕆工，第九號出洋尚無準期。應否將輪船局暫行停止，請旨遵行等語。左宗棠前議製造輪船用意深遠，惟造未及半用數已過原估，且禦侮仍無把握，其未成之船三號續需經費尚多。當此用款支絀之時，暫行停止，固節省帑金之一道。惟天下事創始甚難，即裁撤亦不可草率從事。且當時設局，意主自强，此時所造輪船，既據奏稱較之外洋兵船尚多不及，自應力求制勝之法。若遽從節用起見，恐失當日經營締造之苦心。著李鴻章、左宗棠、沈葆楨通盤籌算現在究竟應否裁撤，或不能即時裁撤並將局内浮費，如何減省以節經費，輪船如何製造方可以禦外侮各節悉心酌議具奏。如船局暫可停止，左宗棠原議五年限内應給洋員洋匠辛工，並回國盤費加獎銀兩，及定買外洋物料勢難退回，應給價值者即著會商文煜王凱泰酌量籌撥。該局除造輪船外，洋槍洋砲火藥等件是否尚須製造，及船局裁撤後，局中機器物料應如何安置存儲之處，並著妥籌辦理。已經造成船隻，文煜等以撥給殷商駕駛，殊爲可惜，擬將洋藥票税一款仍作爲養船經費，酌留兩號出洋訓練。即著照所議辦理，其餘各船俟各省咨調時分別派往。將此由五百里各密諭知之。欽此。

跪誦再三，敬仰我皇上於慎節經費之中，仍切思患預防之念，欽感難名。竊維製造輪船，實中國自強要着，臣於閩浙總督任內請易購雇爲製造，實以西洋各國恃其船砲横行海上，每以其所有傲我所無，不得不師其長以制之。其時英人威妥瑪赫德有借新法自強之説，思藉購雇而專其利。美里登有雅芝等亦揚言製造耗費，購雇省事，冀以阻撓成議，幸賴聖明洞鑒，允於福建設立船局，特命沈葆楨總理船政，而後羣喙息而公論明。臣於具奏後旋即去閩，然於船政一事則始終未敢恝置也。西征以後，疊接沈葆楨、周開錫、夏獻綸緘牘，皆稱船政順利，日起有功。第一號輪船萬年清駛赴天津，時華夷觀者如堵，詫爲未有之奇。臣時於役畿郊，目覩其事，私懷幸慰尤深，嗣是率作興事成效益臻。臣原奏自鐵廠開工起，限五年内造成大小輪船十六隻。計閩局自八年正月鐵廠開工至今已造過九號，爲時尚止三年。縱限内十六號輪船未能悉數報竣，然亦差數不遠，此時日之可考者也。試造之始，本擬由淺入深，近來船式愈造愈精，原擬配砲三尊者，今可配砲八尊，續造二百五十四馬力輪船，竟配新式大洋砲十三尊，此成效之可考者也。據夏獻綸稟，各廠匠作踴躍精進，西洋師匠所能者均已能之。而藝局學徒一百四十餘名，既通英法言語文字，於泰西諸學尤易研求。臣前據閩局緘報天文算學圖畫管輪駕駛諸藝童有學得七八分者，有學得五六分者，屢請英法教師考較，列上等者約七八十名，次亦三四十名，將來進詣尚未可量。如果優其廩餼，寬以時日，嚴其程督，加以鼓舞，則以機器造機器，以華人學華人，以新法變新法，似製造駕駛之才固不可勝用也。前聞西人議論，每嘆華人質地聰穎，猶勝泰西諸邦，未之能信。觀近時藝童能事漸多，所學日進，參之西人羡者妒者之口，觀其消沮歛退之形狀，似非無因，此人事之可考者也。文煜王凱泰奏稱，較外洋兵船尚多不及，臣未見其原奏，不知所稱不及外洋兵船者何事，無從懸揣。惟文煜等，既於造成輪船稱其靈捷，又以撥給殷商爲可惜，是以成之船非不適用，數百萬之費非虚擲也明矣。其稱尚多不及外洋兵船者，亦祇就目前言之，並非畫地自限，謂此事終應讓能於島族也。泰西各國之各造輪船始事，至今閲數十年，所費何可勝計。今學造三年之久，耗費數百萬之多，謂遂能盡其奇巧，無毫髮憾，臣亦不敢信其誠然。然側聞島人議論，僉謂中國製造駕駛，必可有成。而閩局地勢之宜，措置之當，索圖傳覽，靡不歎服，亦足証前功之有可覩，後效之必可期也。至制勝之有無把握，此時海上無警，輪船雖成，未曾見仗。若預決其必有把握，固屬無據之談。但就目前言之，製輪船已見成效，船之砲位馬力又復於當管駕掌輪均漸熟悉，并無洋人羼雜其間，一遇有警，指臂相聯，逈非從前有防無戰可比。此理勢之可考者也。

諭旨局内浮費如何減省，竊維船局經費一款，臣於同治五年奏請試造輪船時，議於閩海關結款，先提銀四十萬兩爲創始之用，係專爲購器募匠買地建廠之需。當初撙節確估，原慮支銷不足，厥後增拓廠基，添購機器料物，用工日多，需費日鉅，視原議增至一倍有餘。嗣復於洋税項下，每月撥銀五萬兩，自五年十二月起至九年八月止，共二百三十萬兩。自九年九月起至十年十二月止，共八十五萬兩。據閩局開報各項用款，有因開創之始不得不從寬估撥者，有因購辦外洋物料商賈居奇，不得不按照時價以廣招徠者。亦有趁價值平減，預購備用者。局中工匠人數較原議日有增加，如鐵廠船廠工匠一千六百名，後漸增至二千名。鐵廠原只五處，後添至八處，藝局學徒原只六十名，後添至一百四十餘名等類。工料既以求精，而加經費自以寬籌而絀勢有固然。惟匠作技藝熟習而精或可期其速。外洋物價争趋而賤或可期其減。夏獻綸上年捴辦局務，曾稟節減經費銀數萬兩，此後有無可節之費，臣相距太遠，無從懸揣。大約工作之事，創始爲難，工作之費，亦惟創始爲最鉅。即如仿造輪船，必先建生鐵廠、水缸廠、火鋸兼模廠、熟鐵兼銅廠。輪機兼合櫳廠、拉鐵廠、槌鐵廠、鐘表廠、帆廠、陶廠、舢板廠、鐵船槽等各項工程，以應一船之用。各工既畢，量材分廠，併力奏辦，庶機器相聯工作無間，船成而費亦省。各項工程既均因造船而設，其費自應彙入船工銷算。創造伊始，百物備焉，故始造數隻，所費最多。以船工之先，凡輪船各具，均須脩造齊全，色目既多，款項甚鉅也。迨接續造作，則各項工程無須再造經費專用之船工，而經費亦日見其少。此時造船，雖僅數號，經費已逾。臣原估三百餘萬之數，良由工料馬力既較臣原估之數有增，而又將創始各項工程經費一併計算之故耳。以臣愚見，揣之閩局已成及將成輪船共九號，聞十一號、十二號之番木亦已購備齊全，則通工告成所費自少。而現造二百五十匹馬力機器，實與西洋各國兵船無異。廠中既能自造，將來再增馬力，祇須增機器，不須增廠，尤爲便利。竊維此舉爲沿海斷不容已之舉，此事實國家斷不可少之事。若如言者所云，即行停止，無論停止製造彼族得據購雇之永利，國家旋失自强之遠圖，隳軍實而長寇讐，殊爲失算。且即原奏因節經費起見，言之停止製造，已用之三百餘萬能復追乎？定買之三十餘萬及洋員洋匠薪工等項，能復扣乎？所謂節者又安在也。臣於同治五年奏請試造輪船時，即預陳非常之舉，謗議易興，事敗垂成，公私兩害，所慮在此。兹幸朝廷洞矚情形，密交疆臣察議，成效漸著，公論尚存，微臣得於欽承垂詢之餘，稍伸惓惓不盡之意。否則微臣雖矢以身家性命殉之，究於國事奚所裨益。興念及此，實可寒心。所有福建輪船局務必可有成有利無害，不可停止，實在情形，謹披瀝直陳。伏乞皇太后皇上聖鑒訓示施行。謹奏。

（清）陳忠倚《皇朝經世文三編》卷二六《户政·理財·紡織二十五策儲桂山》　粵自印度産棉由南番流入中國，千百年來種棉日盛，紗布之利益固中國所本有也，但所用紡織之器，皆安於粗陋，通商互市以來，遂不免相形見絀矣。近日風氣漸開，當軸者首創織布局，繼立紡紗局，侈稱仿行西法，似有蒸蒸日上之機。乃十餘年來，各官商之入股本皆未得絲毫利息，即督辦之員，亦津貼頗多，豈非籌辦之未盡善乎。夫籌辦之法，最忌僅襲西國皮毛，而不能統籌全局，究本窮源，以確求其利益，則雖目前入股者多，場面亦形闊綽，出入之貨亦覺充盈，國家商民皆不得均沾其惠，甚至外强中乾，終有崩潰之一日，是真所謂有名無實之局。

西國紡織之廠不可屈指計，大抵多由民間集立公司，僅至官署掛號即可施行，而商部之臣又百般體商情以與民相聯絡，有利必興，有弊必除，且時時以有礙於商務爲慮，此所以獲利之多如操左券耳。

中國紡織情形，非不集股本也，而無如或官或商，多寡萬有不齊，往往重官而輕商，不若西國視官商爲一體，所謂總辦、督辦者，皆由衆商會議公舉，以免歧視。非不購機器也，而無如運載有費，洋行有費，不若西國之自造自用，最爲便捷。非不招習學也，而無如習一門只專一門，如謂某工人新製一器爲前人所未聞者，絶不概見，不若西國之人隨時講求新法。非不節浮費也，而無如礙於情面，局中司事諸人皆由薦引，不若西國之人必經考試。有此數弊，而不急思有以補救之，則大局之害，正不特如上海之焚織布局，僅暫行虧折已也。

蒙按近日紡織兩端，其籌算之方有急宜舉辦者六，必欲變更者四，力求相輔者三，果能如法施行，則有利益於國家者五，有利益於商民者十，僅就管見試臚陳於後。

所謂宜急舉辦者：

一曰廣植棉種。夫棉有（花）〔華〕棉，有洋棉。華棉即印度之草棉，洋棉則美國之木棉也。今宜於各省之地已種者，勸令推廣之。未種者，飭令試辦之。兼擇地暖土肥之處，如大江南北兩廣閩浙雲南諸省購買洋棉，教以種植之法，則出産尤佳，更告以紡織之業，近日大爲振興，銷場日拓，則蚩蚩者氓未有不實力播種者也。

二曰廣用機器。中國紡織以車，織布以機，由來久矣。雖目前各局皆尚機器之法，鄉村之中絶不聞有購辦者。今宜於各府州縣之内，先招村民數人赴局學習運用機器之法，然後飭令回鄉，以爲先路之導。雖機器之價所費不貲，非貧民所敢問，可先令紡織之家合股購辦，或十家一架，或五家一架，日久利興，自必推愈廣也。

三曰廣設分局。中國紡織之局現僅於通商處創辦，將來獲利，原自有推廣之説，殊不知不先推廣則獲利爲尤難，猶人之氣血未能周身流暢，而先望其一處流暢，無是理也。法宜於各府之地先立局廠，其合股招工諸事，即責令本府委員辦理。而各處所産之棉，皆可就近售去。民之願習機器紡織者，亦易於往局審視，以開見識，庶不至以耳聞者終未目睹，遂阻其振興之機也。

四曰統算出入。中國創辦一事往往虧太多，遂至因噎廢食，大抵皆未能預先統算之故。夫開廠之初，無物不需購辦，所出之貨，成本太巨，而價目又不能稍昂於西國，是非統盤攤算，分年提抽各費之器不可。再者股本不足，切不可貪收存款，至利息先爲其所奪。局中司事人員尤必淘汰，萬不可濫充其數。如是每年實力整頓，則支耗無多，必不至日形窘迫也。

五曰講求新法。夫西國機器，其興也亦不過百餘年，乃精益求精，遂至不數年而一變。近來日本精於仿製，而又不離於仿傚，故所造機器每每出自心裁。中國仿造器具，究不能出西人範圍，豈華人之不如日人乎。雖前者聞湖北某治坊能自造紡紗之器，較日本之器出貨尤多，但若此者卒不能多覯。今亟宜下一令曰：如有人造紡織機器別開生面倍形靈捷者，准其獨辦數年，更爲嘉賓。則人心愈思愈巧，必能推陳出新也。

六曰立票營運。凡紡織局中無論已入股未入股商人，概准領票運貨至各埠銷售，或准其運至何處，載明票末。其關税一切即仿洋關例，於地頭匯報，以免遲至。若預定貨疋者，亦可至期給票領照，或新出一花樣之布疋，更可仿照圖書集成局招買股票之例，每疋先取銀若干，迨貨成時再取若干，則貨物必易銷售也。

所謂必欲變更者何？

一曰減輕貨税。中國出棉花地雖廣，苟税例不減而欲成本之輕，終無良策。今當創辦之初，尤宜輕減棉税，以爲鼓勵之方。試思西國運貨來華，水腳迭加而猶能獲利，中國取華棉爲布，仍售於華，而反不獲利，非由於税重乎。再者西國出口之貨，其税必輕，欲西人之暢行也。今中國之貨雖未能一旦出洋，而亦宜先更其例，減出口貨税，以爲異日暢行之路，而不可拘成法者也。

二曰聯絡官商。中國紡織各局皆以官督商辦爲准，苟辦理得人，兼能持之恒久，原非不善。而無如欲廣施行，則官場中之才大心細公正無私者，恐不能多得，一旦所托非人，則全局爲之摇動，法宜改爲官商會辦，每局中必公請熟悉商務者一人，以爲總辦，督辦持綱領，總辦操籌劃。凡有興作，尤宜於各股商會議，詢謀僉同，然後畫諾施行，督辦、總辦皆不得擅專焉，則自能有利而無弊也。

三曰考試匠工。中國日省月試考工之法本有明文，考之正所以勸之也。但近日紡織局中考試之權皆操於督辦，甚至聽憑司事人役從中留難，無論有無情面私弊等事，考試時亦只能察其勤惰，而不能辨其精微。法宜由匠師考試，分上中下三等，凡列前茅者受上賞。匠工之中亦不必用司事人役，即以屢列優等者爲管理，以一轄十，十轄百，如軍制之法，則工既精良，而糜費亦省矣。

四曰嚴修火政。中國滬上織布局被焚一事，人皆謂未保險之故。此後籌辦者當不至惜此小費，至害大局，即各處續辦者亦必以此爲前車之鑒。殊不知保險固宜，與其索賠於事後，不如謹慎於機先。必宜於局中專派一人司察火種，時以小心火燭爲戒，自不至日久生玩。房屋鋪陳概不用引火之物，機器工作必使與堆貨之廠遠相間隔，且宜時時操演洋龍，以求熟悉，亦保全利益之一道也。

所謂力求相輔者何？

一曰添製造局。夫紡織機器必向製造處購辦，倘紡織之局益多，而機器不能應給，則必向外洋購辦，無論利權爲人所奪，而定造之初設使不合於用，必至多爲周折。今宜多立製造分局，每紡五六處即合設一處專辦紡織機器及修理更换等事，更准其售於民間以廣利息，則機器之盛行不待智者而知之矣。

二曰開煤炭礦。夫機器必借火力，固在在皆須煤炭也。中國産煤本多，而辦之處甚少。如多設紡織之局，則煤炭之用益廣，必至以重價購用洋煤，而所費太巨矣。法宜廣礦苗急行開採，且就近有煤礦處設立紡織之局，最爲稱便。西國煤炭多於印度，雖運用印度之煤，而布貨成本廉於印度，此其證也。

三曰廣營運路。中國此時遽欲廣造鐵路，實有空言無補者，火輪雖已設立商招，而内地究不能開往，此貨之所以難運也。今亟宜於陸路集立公司，先造木路以運，火車其費不足十分之三，或就近開築馬路如上製造局之至分局，如此即節施行，亦可以由近而及遠。至於内河之地，宜製造小火輪船來往。如恐有妨民利，即招民間大船主集股，仍雇用尋常船夫，則自無不利，而紡織之貨亦因此而暢銷矣。

以以上所言皆籌辦之要務，苟握權而布治之，則不必俟諸異日而其效固有彰彰共著者。

請先言國家之利益：

夫中國邊省荒土極多，既導以種棉之利，則瘠地皆變爲沃土，而從前之官地無國課可收者，至此皆有正供矣。其利益者一。

平時棉花布疋收税雖重，而計數甚微，今出産既充，則銷售亦暢，各省之關税厘捐雖皆略爲減輕，而運貨多一分即關税旺一分，愈推則愈廣矣。其利益者二。

近三十年暢銷西國布疋，而銀錢之利不免外奪。今既各處設立分局，則各處所銷之貨，其利皆在民間。有子云：百姓足，君孰與不足。是言，信不誣也。其利益者三。

中國庫款久形支絀，而設廠招工，又必先籌官本，其擘畫殊非易易。今既生意暢旺，則官本有利，雖由藩司籌撥，亦可借此利資以助軍餉，而不虞虧折矣。其利益者四。

曩時紡織未興，尚且力籌款項添設海軍及製造火器諸局。今既推廣紗布之利，則民日以富，即國日以强，而外患可以無虞矣。其利益者五。

請更言商與民之利益：

向來民間植棉，如南通州等處，往往因出産太多，或洋莊停歇，則即大爲減色。今既到處可銷，則人無觀望徘徊之念，而植棉者皆獲利矣。其利益者一。

中國南方山地高田每有旱荒之患，今既興種棉花，則收麥之後不能植稻者，即可植棉，而收成較平時必加倍矣。其利益者二。

中國談仿西法者往往慮奪民間之利，今既廣用機器，教導鄉民，則無論婦子家人皆可以機器爲生財之道，而無害於女紅也。其利益者三。

中國人民繁多，無業則墮入下流，理之常也。今既各處開局，則匠工必多，而游手好閒之輩亦可藉以養身，而不至以舊金山等處爲樂土也。其利益者四。

近年以來，民間廣用洋布，尚覺便宜。今既自行紡織，價值又從廉，而貧苦之民亦易於購取矣。其利益者五。

內地商賈之民多因關稅太重致形阻礙，今既減輕棉稅，則牽車服賈者流自必如霧之蒸，如雲之集，而皆出於其途矣。其利益者六。

商賈之業最難定者，價值之漲落，故每每因虧折堪虞，轉多周折。今既劃定本利，無大漲落，則商人皆可放心而取票營運矣。其利益者七。

中國民人每畏與官場交接，故招股之事頗覺不易。今商股既各得利息，則聞風而至，自必奮勉異常，而紡織之局益多矣。其利益者八。

內省各地向因運貨腳費太重以致缺貨，時聞價值即多漲跌，今既局廠宏開，兼水陸通行，有小輪木路，則店鋪之家自易於接濟，而市面劃一矣。其利益者九。

中國久欲設立銀行，因各省自不能通商，故多窒礙。今既商務振興，來往匯票或存或撥，貿易自多暢旺，而銀錢未有不通者也。其利益者十。

統觀大局，孰非認真仿行西法之效哉。此外尚有餘事可仿者，如每年必核計各省共設局若干處，機器若干架，出貨若干疋，值銀若干數，工匠若干人，各股利息有無多寡，費用出入每年若何，皆必登諸日報，一以廣見聞，一以昭公允。蓋中國之弊不必慮工藝之難精，而慮督理之不善；不必患人才之未廣，而患選拔之不真也。近如天津海憲規復上海織布局，先將餘燼所值攤派商股，而官本則待棉紗等捐，殊覺官商聯絡，辱承明問，敢妄論之以一得。

《皇朝經世文編五集·時務分類文編》卷一一《農政·蠶桑陳次亮》

蠶桑之利，惟中國爲最廣，亦惟中國爲最先。禹貢九州桑土居其七，古聖王山龍藻火，肇啓冠裳，五色垂文，七襄製錦，君子之澤萬世不可忘已。漢明帝時佛入中國，天竺吉貝與之偕來，柔輭温和，亦稱利用，然宜冬宜夏，紡織之利，祇與麻枲同功。至於西戎北狄毳幕氈裘，九夷八蠻文身斷髮，大秦夙稱殷富，亦僅以金絨火浣自誇。纂組之工縱霧縠冰綃，曾何足以章身適體也。

通商而後，湖絲一物，遂與茶荈同爲出口之大宗，綜計每年值白金四千餘萬。西人素工心計，非不欲自行種植暗收利權，而種桑之地方必燥濕合度，養蠶之天氣必寒暖適中，不居温帶之間，不足以蕃滋暢茂。故通商六十載，自義大利東洋而外，出絲之地罕有所聞，天若特留此利源以保我中國億萬年之富庶也者。今日萬邦風氣漸啓文明，不惟泰西各國達官富人附體之衣非絲不服，即下至非美澳三洲南洋萬島巫來由各種族，亦各飛輕裾曳長袖，争奇鬬豔，彼此以華麗相高。絲絹之用日益多，蠶桑之利日益廣。再閱數百載，將徧及於地球億萬萬人。我三古聖人顯庸創制衣被天下之心，至斯乃大慰也。

惟自中邦喪亂，桑株摧伐，養蠶之法强半失傳，必須廣勸民間一律仿種。由官籌款，購給桑秧，屋隙田塍偏行栽植。仍顧覓養蠶婦女，詳教以浴蠶上箔之方。匯刊農桑各書，删繁擷要，散給鄉閭，俾識字之民轉相勸導。聞意大利養蠶之法，考驗尤精，蠶病測以窺筩，不致互相傳染，繅絲代以機器，不使偶有棄遺。亦宜創譯專書，兼籌巨款，民心未明者牖而覺之，民力不足者輔而行之。統飭牧令各官列入養民要政，不得假手胥役，不得徒托空言，不得藉口於土性之不宜，民情之不願。蓋植桑則山巔水澨無往不宜，飼蠶則壓柘青剛無施不可，小民難與圖始，可與樂成。教之有難易，爲之有遲速，斷未有其事而無其功者。末世富強之策，更僕難終，然或迂遠而難成，或積久而生弊。中邦作賦，首重農桑，伊古以來，國之大本，而利爲人所難奪，事爲我所優爲，以愛民利物之心，收懷遠招攜之益，所謂大用之而大效，小用之而小效者，偉矣，昌矣，非一孔之士所得詳矣。

《皇朝經世文編五集・時務分類文編》卷一二《工藝・考工陳次亮》

工者，商之本也，生人利用之源也。中國自《冬官》既逸，考工之政闕然不修，荏苒二千餘年，器用苦窳，規模簡陋，百工居肆夷諸賤隸，無一聰明才智之人。彼泰西諸邦轉得以奇技巧思出而炫我，故外洋入口之貨，皆工作所成，中國出口之貨，皆土地所產。工拙相越，貴賤相懸，而中國之金銀山崩川竭矣。

今之學者輒謂：巧不若拙，智不如愚。欲塞師曠之聰，而蔽離婁之目，則是燧人之火食不如上世之飲血茹毛也，黄帝之垂裳不如太古之草衣卉服也，中國之上棟下宇不如土番之穴處岩居也。此老莊之餘瀋，憤激之讕言。信如是也，天亦何必好爲多事篤生聖人以開萬古文明之化哉。今日者，五洲萬國光氣大通，中國之人多，而他洲之土滿，尾閭之洩，消息盈虛，必使操一葉之舟以浮滄海，竭一夫之力以撼泰山，得毋僨與。適莽蒼者，三飡而反腹猶果然。適百里者，宿舂糧。適千里者，三月聚糧。無舟楫何以濟川，無車馬何以行遠，天欲合九萬里爲一統，不假以精堅巧捷之器，何以宜民利用，使聲教大同。故知氣機工作之興，斷關天意，百年而後，新者皆〔舊，而變者皆常矣。中國五行百產，無假外求，當閉關絶〕市以前，我行我法焉可也。通商而後，洋貨充斥，既不能禁民（舊而變者皆常矣中國五行百產無假外求當閉關絶）之不用，又不能禁彼之不來，而工作不興，商情日匱，坐待他日民貧國蹙，仰息他人，如秦人視越人之肥瘠然者，可謂忠乎，可謂智乎。

謂宜通飭疆臣，設立商政局，凡華民喜用之洋貨，一律糾股集貲，購機仿造，以收利權。其中國所產行銷外洋者，亦加意講求，務極精美。仍仿泰西規制，有能自出新意製成一物有益民生者，准上之工商二部，賞給護照寶星，許其專利，以開風氣，以復古初。出洋諸生學成歸國，就其所習分飭主持。夫歐洲之英吉利、東瀛之日本，皆海中島國，物產無多，徒以工藝繁興後先崛起。中國之壤地廣矣，物類蕃矣，取之不禁，用之不竭，上有所好，下必甚焉。行之二十年而國勢不強，民生不富者，未之有也。否則如五印度者，亦海南之大國，君臣上下蹈常襲故，弊不去而利不興，英人越五萬里之遥蹊田奪牛，代爲經理，幅員萬里拱手讓人，身辱國亡，哆然爲天下戮笑。悲夫。

《皇朝經世文編五集・時務分類文編》卷一二《工藝・興工通商應祖錫》

今天下競言富國矣，夫富國必先富民。百姓足，君孰與不足；百姓不足，君孰與足。此國家所以藏富於巨室也。顧巨室之爲富也，非損人而益己也非，瘠人而肥己也，亦不過於士農工商四民中求其致富之道而已。

凡讀書者皆曰士，而登賢書入詞林膺顯秩而享厚禄者，即士之巨室也。凡耕田者皆曰農，而雇佃户課額租畸產業而實倉廪者，即農之巨室也。凡善事利器者皆曰工，而製造開礦船政諸局集衆工以同力合作者，即工之巨室也。凡通工易事者皆曰商，而輪船鐵路電報諸局招衆商以懋遷〔有〕無者，即商之巨室也。斯四者並駕齊驅，無分軒輊，而後可以言富。安得謂士爲民首，食爲民天，貴士農而賤工商也哉。

我中國振興洋務，講求西法，歷有年所，日上蒸蒸。洋務西法莫先於興工通商二端，有製造開礦船政以興工，有輪船鐵路電報以通商，分可謂纖悉靡（遺）〔遺〕，重大具舉矣。乃起而觀四海以内，十年以來，四民中之爲工爲商者，猶有廢時失業游手好閒，放棄浪游不獲其所者，何居？誠以招股集貲開局創業所得者雖厚，而所及者未宏，所成者雖大，而所推者未廣也。何以言之？

滬上爲中國最大之埠，舟車之輻輳，財貨之充盈，雖英之倫敦、法之巴黎斯、美之紐約、德之伯靈皆不可同日而語，則凡抱器懷才乘時用世者，擇一業建一事，開一局成一功，宜乎如願相償，獲利無算矣。今試有人於此，其器最可以開物成務，其才能可以遺大投艱，可大受而不可小知，成大事而不見小利，姑與之共事焉。以測其所至，驗其所成，則集思廣益，决勝運籌，安坐指揮，無所事事，綽綽乎有餘裕焉。然行誼不登薦剡之書，姓氏不聞説項之耳，偃蹇閭巷，骯髒風塵，彼轉丸之蜣，搶榆之雀皆得而笑之侮之，雖明知某處可以開礦，某處可以墾荒，某處可以通行輪船，某處可以創建鐵路，而勢孤無助，費鉅難支。建條陳而世不我知，籌腴份而人不我信，至於優游終老，迄無成功。欲降而求尺寸之柄，效涓埃之勞，爭一日之長，完畢生之志，無如招股集貲開局創業，如製造開礦船政輪船鐵路電報等類，總其成而司其事者，各治其事，各理其業，既無曠職，又無冗員，即爲之荐□，爲之説項，無可位置，徒見擯斥耳。夫抱器懷才，乘時用世，猶不可必得，則碌碌無能，斷斷無技供奔走而効馳驅者，更無論矣。天時以滬上一隅，廢時失業游手好閒放棄浪游不獲其所者之比比皆是也。

說者謂營謀既衆，則不能免人浮於事之虞，其擯棄不用者勢也。股份過多則不能償，積少成多之志，其招集難成者亦勢也。是固然，然所以擯棄不用招集難成者，豈非以招股集貲開局創業之所及者未宏，所推者未廣歟。不寧唯是，今有人焉，挾百萬之鉅資創大業於滬上，欲求□勝任愉快之人，既戛戛乎其難之；欲擇一永遠不朽之業，亦戛戛乎其難之。是又非擯棄不用之爲憂，招集難成之爲患也。然則何策以處此？曰是有術焉，上有好者，下必甚焉。所以振興洋務購求西學者，當破除成見，以工商二者與士農並重，拔其尤者而官之，則激勸鼓舞之道得矣。又於內地各埠廣設學塾，多譯成書，延師以教之，學而優者亦官之，則誘掖獎進之道得矣。夫如是，無論入官從學者，目染耳濡，心領神會，知之既稔，聞之既詳，即智淺術短未嘗學問，亦皆拾其唾餘，襲其粗迹，一知半解，各有所得焉。而後抱器懷才乘時用世者，驗礦苗之旺盛而當開，測荒地之肥饒而當墾，輪船當通行於腹地，鐵路當創建於通都，若何開辦，若何利益，博考詳說，刊布天下，以爲招股集貲開局創業之地，俾天下皆知其人之學業有成也，信任之而不疑，尚何憂擯棄而不用乎？皆知其事之真實无妄也，贊助之而不吝，尚何慮招集而難成乎？其所以興工通商，下以富民，上以富國，不在是哉。

（清）麥仲華《皇朝經世文新編》卷七《農政·葡萄製酒説陳熾》

嘗觀海關出入貨税册而歎通商之弊，北方數省之受其害者爲尤大也。何則？兩言以蔽之，南方之土產多，北方之土產少而已矣。上海一口爲東南七省百貨薈萃之區，每歲出口之貨浮於入口。閩浙各口約略相抵。北方之煙臺、天津、牛莊三口，則迥不侔矣。牛莊一口，以出抵入，尚不甚相懸也。然油豆諸物皆以洋舶運銷江浙，出洋者寥寥。煙臺入口之貨歲及千萬，出口之貨二百餘萬，是歲耗八百萬金矣。天津入口之貨每歲每約三千萬，出口之貨僅三百萬，是歲耗二千七百萬金矣。官民上下有限脂膏，安能禁此莫大漏卮歲歲敲吸，欲其不窮不困也得乎。

救之之法，須辟利源，惟葡萄製酒一端，足以挽既去之狂瀾，而使之東轉。而辦理之法，非地方官吏盡心民事維持勸導不爲功。曩見法人游歷奉天所著日記，謂奉天一省天時土性皆宜葡萄，苟能廣種葡萄，仿西法以釀酒，則奉天一省之利可以敵法蘭西一國。後訪之出使法國者，乃知法國葡萄製酒之利歲合華銀六萬萬兩，居全國出口貨物十分之七，而法之國全資酒税，歲入約三萬萬兩，亦居全國賦税十分之九。每酒值一元者，税亦一元。西人以酒能亂性，無益人身，故重税以困之也。然香水細酒值價雖貴，銷路日增，近且行銷中國海疆，浸淫內地，歲值華銀千餘萬兩，歲歲加多，方興未艾。而海關以爲西人飲食之品，照約免税免厘，亦可慨矣。

葡萄一物來自西域，性宜沙土，尤喜天寒。泰西法德兩邦種植最盛，其氣候皆與山左京東相若，蓋葡萄結子之後，須漸漸紅熟始能變盡酸味，一律成甘。中國南方亦有葡萄之種，而色味俱劣，遠遜北方者，職此故也。日本自改行西法以來，亦嘗自種葡萄，如式釀酒，然子小味薄，所造之酒行二十里則香味全變，惡劣異常，此舉因而中廢。西人考求其故，乃知日本天氣炎熱，地少沙土，本與葡萄不宜。且果木之種最惡海潮，宜近接高山，吸山泉之清冽，釀酒之水如略帶海潮鹹性，即不能經久不變，且不能轉運長途。日本三島孤懸，潮水不到之處甚少故也。若中國直隸之西山北山、山東泰山、山西太行、河南嵩山、陝西華山附近之區，土厚泉甘，含靈孕秀，如能開闢大利，廣種葡萄，參用西國機器釀造名酒，允當冠絕人寰，風行海外。蓋法國造酒之局、葡萄之園皆附近比里牛斯各山，在海潮不到之處耳。西人之言如此，而惜乎中國之民不知，中國之官不問，坐使北方數省歲受盤剝，無一土產可以出洋。苟能開此利源，中國斷無泰西之重税，酒既增美，價又倍廉，海外諸邦皆將購之於中國。各國酒税爲國用所係，雖欲減税敵我而不能，此項利源，豈有涯涘。

奉天一省之廣遠，亦略與山東等耳，而法人以爲廣種葡萄，其利可敵法國一國，是歲有華銀六萬萬兩之進款也。又況北方五省同時振興，其獲利之豐盈，雖隸首不能計算矣。西人嘗謂中國土地寸寸皆金，惜華人掩聰塞明，不知取用，非虛言也。惟非常之原，黎民懼焉，創辦之初，必以官紳爲倡，宜令各省均籌閑款，購地一區，擇其近山而多沙者，向外洋購覓佳種，如法栽培。聞法國所種葡萄根老枝繁，與吳越之種桑相似，所結之子糖多水少，出酒始佳，誠宜選覓聰穎學生通達各國語言文字者十人，分赴英法德奥俄意六國專考葡萄釀酒之事，六國均有葡萄，一國不能獨秘也。一二年後學成而歸，分派各省，專任此事，比及三載，鐵路亦成，運售海疆，利源辟矣。然後將成法頒佈民間，廣行栽種，分設局廠造酒行銷，利之所在，人所必趨，各省風行捷於影響，即僅銷中國海疆已及一千餘萬矣，況其他哉。至煙臺一隅，現亦造酒，且有專利，廿年之議，聞辦理不善，終恐無成此事，銷路甚寬，關係甚鉅，正宜速行推廣補救方來，安得徇一人之私情，撓天下之大計哉。

（清）麥仲華《皇朝經世文新編》卷七《農政・種竹造紙説陳熾》

竹之爲物，偏地球皆無之，惟中國獨有。卓哉，此君虛心勁節，發生最速，寒暑不凋，秀絶楩枏，聲出金石，乃至伶倫合樂，簫管同音，弧矢張威，東南盡美，兼資文武，妙解剛柔，氣備四時，功在萬世。五千年來，崑崙鐘毓靈光秀采畢露於斯，白雲黄竹之謡，若爲我黄種真人寫照也者洵矣。夫天之生是使獨也，而尚有冠古奇勳，足與地球永永無極，則筆與紙之功用彌大彌長。

曩嘗觀中國造紙之作矣，筼簹萬個，被阜連山，天事人工，致爲精巧，春煮烘焙，閲日始成。微嫌錘煉未精功力稍緩，然物質之美無與比論矣。又嘗閲外洋機器造紙公司矣，其所用皆敗紙碎布草根樹皮，自入池以至成紙，裝箱不逾四刻，人巧之極幾奪天工，而惜乎體質之麤惡也。苟以中國之竹參以外國之機，稍入萱麻，加其堅韌，則所成之紙必當冠絶人寰，何至洋紙風行，致大利盡爲外人所奪乎。猶憶癸未以前，瑞金石城兩縣皆產紙之區，寧都州屬固無有也，金精之谷有竹萬竿，魏菘園、李嘯峰兩友人讀書其間，忽發奇想，遂往石城横江覓造紙工師二人，至谷中建棚造紙，仍於下隰之地課工種竹，三歲成林，造紙既成，自運省城售賣，迄今十載，每歲已出紙二十萬金，而魏李二友均大富。竹則歲歲增種，紙則歲歲增多，利源亦歲歲增廣，不獨二友致富也，倚種竹造紙以爲活，以安家業而長子孫者，歲已將及萬人。州城本瘠區，歲得此二十萬金之入款，工商士庶咸有生機氣象，鬱鬱葱葱，然與十載以前迥異甚矣。

夫種樹之利無窮，種竹之利更無窮也。彼以土法造紙而已能若是，況乎變通盡利妙用一心，取美質於中邦，參新機於外國，流通四海，販運五洲者，其獲利之豐可勝道哉。夫五土燥濕各有所宜，固不可畏難苟安，尤不必刻舟膠柱，中國地大物博，其大患在於不知所用，因以自棄其材，掩聰塞明，扣盤捫燭，不通中外之情勢，動以方鑿圓枘自取鉏鋙，大固有之，小亦宜然，皆不學不思之過耳。況竹之一物，既爲萬國所無，其效用於人者，尤非一端所可盡。姑以種竹一議開其緒，造紙一事發其機，有能景仰前修講格物致知之學者乎，明陰洞陽，課虛責實，當不至如王文成之格之七日而不知其解也。

（清）麥仲華《皇朝經世文新編》卷七《農政・種樟熬腦説陳熾》

曩知臺灣樟腦之利，每歲出口值價五百萬兩，樟腦一税爲臺地大宗入款。聞日本樟腦出口亦值價五六百萬元，古樟一株，出售與人，有估價四千元者。西人所製炸藥，無論用何物配製，其漲力大至二千五百倍而止。後有化學師攙入樟腦，而漲力陡增至五千倍。故魚雷、水雷、地雷等各炸藥，非樟腦不爲功，巨礮、快槍亦須酌配，所謂黄火藥者是，此樟腦銷路所由日廣也。

繼聞各國所用象牙歲歲增多，必殺活象，以英國一國計之，每年所用象牙器已殺萬九千餘象，象懷孕乳哺需三四年，十閲春秋，始能長大，每象生子一二，多或三四，用之如此其費，殺之如此其衆，生之長之又如此其難，將來全地球之象必將絶種。遂有人思得一法，以樟腦參化學壓成象牙，光白堅致，莫能分辨，精能之至，出神入天，製藥之用無窮，製牙之用無窮，則他日樟腦之銷路亦與之無窮矣。

西人將全地球分爲樹帶，以赤道爲中經，以南以北各若干度爲一帶，寒暖因之而異，每帶應生何樹，皆有定地，不可遷移，熱帶之樹移之寒帶，寒帶之樹移之熱帶，皆不得生，其大較也。如樟腦一種，只生於距赤道廿七八度之間，偏北偏南皆難暢茂。臺灣、日本、江西度數適合，而他處無之，其可珍可貴有如是者。故日本桑農會中廣勸國人徧行種植，種之廿年即可熬腦。而臺灣既不知種，江西並不知熬，坐使大利之源空山廢棄，可惘孰甚焉。

日本熬腦之法未悉其詳，度必有參西法而益臻美善者，若臺灣之熬腦則易，莫易於斯矣。法於山坡斜坦之處刨窑一竈，下開火門，其上列置廣鍋有蓋者十二具，將樟樹嫩枝葉剁碎入水煎熬，覆之以蓋，經一晝夜，蓋上結白脂一層，刮下收存，即樟腦也。約計一竈月可熬樟腦二三百觔，每百觔爲一石，值洋五十元，柴薪取之本山，無須購買，三人管一竈，日夜替換，勿使熄火。惟其地逼近内山，生番時時出草，須養勇守隘，保護竈場，每石抽隘勇費八元，落地税八元，子口出口税六元，工食雜費約十二元，每石實贏洋十六七元不等。一區得數千竈，已是非常大利。持此以例江西，既無生番，不須隘勇，税收不重，工食又廉，售價五十元，當凈得三十餘元之利。況此物銷行日廣，價值日增，他省寒暖不時，土宜不合，永不能分我權利哉。刻臺灣既屬他人，竈丁之失業逗遛在滬者不少，當設法雇募數人，或延請倭人之熟習熬腦事宜者，擇地試辦，仍暫予減收税課，維持振興，飭下各府州縣，凡有樟樹之處均准設法開辦，嚴禁無知小民，不得將樟樹枝柯任意砍伐。其湖南、安徽、廣西等省度數相同，宜由各省提款購買樟子，擇地撒秧，曉諭民間廣行栽植，以收二十年後之利。被山林以金玉，化朽腐爲神奇。事爲愚賤所優爲利，爲中國所獨擅十年之計，萬世之休，美利大興，馨香永報，懿與昌已。

（清）邵之棠《皇朝經世文統編》卷九二《考工部·紡織·論紡織為致富之本計》 富國裕民之道非一端，所能盡而致力之處，則有本末之分焉，既得乎務本之計，而後以其餘力漸推漸廣，則末務亦不難次第從事。如良醫之治病，必先培其元氣，元氣充足，則外憾無自而乘，癬疥之疾，自然不足爲患。如神禹之治水，順以自然，行所無事，自能收浚澮距川之效，致富之術亦由是耳。有一事也，爲我所固有之利，此所謂本務也。苟任其玩忽因循，變通日甚，則我固有之利終不免爲他人所奪，非所以富國而裕民也。必也發憤爲雄，勵精圖治，以葆我固有之利，而後再事擴充。舉凡一事一物非我所固有者，亦不妨取他人之成法而仿傚之，變通之。夫是以利無不興，而國與民且胥受其益，此則由本以及末之説也。

中國自古迄今素重耕織，錯之言曰：一夫不獲，或受之饑，一婦不織，或受之寒。而歷來聖君賢相亦無不以課耕勸織爲事，此誠千古不易之理。即如棉花一項，産自南省，用以紡紗織布，除供本地人服用外，運往北地者，捆載以去，幾幾乎衣被蒼生，擅其利者，亦有年矣。顧自洋布洋紗販運東來，華人喜其價廉，相率購用，而南省織布紡紗之利不免漸爲所奪。若不及早整頓，必且有江河日下之勢。

查外國紡紗織布皆用機器，故能費省而工速。擅此利者，首推英國。所用棉花，大抵往美國、印度販運而來，國中局廠林立，當一千八百六十八年，棉花廠有二千四百七十處，織機有四十萬座，紡紗挺子有三千二百萬根。以後逐年添設，厥數更多。運往各國紗布兩項之價以億萬計，本國自用者尚不在内。自印度、美國運至英國水腳大半爲英國船所得，紡紗織布之工費，亦爲英國人所得，開廠之利，爲銀主所得，運至别國之水腳大半亦爲英國所得，國家另得棉花各項之税金錢千數百萬兩。按英國運各國之貨每百分内四十分爲棉花之貨，二十分爲雜貨，可以想見，其生意之巨。説者謂英國貿易曾有數次經極大風浪而卒能轉危爲安者，大半恃棉花之力。印度、美國等處土産棉花，而其利顧爲英國所獨擅者，則以英國講求工藝，考究機器，故能月異日新，享無窮之美利也。

中國本産棉花，因不用機器紡織，故獲利未厚。近年洋紗洋布來華者日衆，則我固有之利且拱手而讓諸他人。若欲挽既倒之狂瀾，予民生以樂利，則惟有仿彼成法，擴我新規，集商股以厚資本，購機器以利紡織，苟能實心實力，持之以久，尚不難葆我之利，奪彼之權。滬上已設織布局，所出新布價值既廉，購者亦漸衆，惜他處尚無仿而行之者。

昨讀閩浙總督卞頌臣制軍摺片，而不禁色然以喜也。浙省瀕臨大海，土地磽确，於種棉織布之法素未講求，全賴江浙布商販運至閩，歲耗金錢百萬，生機安得不蹙。近由紳士籌商，於省會創立織布局，湊集股分，購織具，招織徒，量給火食。閩省素無棉花，則購洋紗以供織。試辦兩年，城鄉多仿照辦理，出布日多。以近來官局所出布營銷未暢，請暫免税厘。民局所出布運往各處，請照六折徵收。觀於此，見卞制軍之因時制宜，推廣盡善，深合於務本之道也。

夫棉花一項，爲物雖粗，然衣被之利，爲民生之所不可少，果能大興工藝，出紗日多，出布日多，不特可運往本國各省，以供民用，且可愈推愈廣，運往外洋各國，以擴利源。長袖善舞，多財善賈，陶朱、猗頓何難再見於今日。此非設立公司購置機器不爲功。閩省所出者係土布，僅購中國織機，未購外洋機器，規制尚未擴充，然苟行之以久，亦可轉瘠弱爲富饒，且烏知他日者不更多設分司，廣購機器，以與外洋争利哉，日望之矣。

（清）邵之棠《皇朝經世文統編》卷九二《考工部·紡織·中國宜增設織布局以興大利説》　自來中國之言大利歸諸農，外國之言大利歸諸工。非中外互爲偏重也，時勢使然耳。通商互易之局未開，外國之言利工未必大於農，通商互市之局既開，中國之言利農亦未必大於工，何也？商途之貨物多借工成之，市面之奇贏多借工致之，利出乎工，知中國大工不可假人，工孰爲大，知中國不容自棄織造。

夫然欲興中國大利，織布局不能少設矣。天下消場之廣，五行器物藝精俱可倍工貲，固不特織布爲然，而布則中國消場之最大宗也。以大宗之消場，若購布於洋人，即大利爲外洋奪去。若發織於中國，此工貲仍中國收回，孰絀孰優，有識者俱能辨析。乃自開互市通商之局，華人購棉織布，糊口難資，洋人載布來華，從心獲利。其故何居？實以中外重工之風氣不齊，洋人之布織於局，華人之布織於家。織於家者用人工，織於局者用機器。恃機器則工速價貶而藝精，用人工則藝拙工多而價重。藝精故洋人之布可以悦華人，價重故中國之布不能販外國。且不特不能販外國，並不能悦本國之華人。工欲善而利器先之謂何，何爲互市通商，就織造一門，已覺利洋人不利中國也。夫中國三百六十兆民數繁庶，占五大洲十之三，年中服用所需，少而論之，每人購布一洋元，亦耗二萬萬零六千萬兩。中國倘能改弦易轍，不夸機杼成家，而仿集資設局，購置機器，以代彈代紡代織之多任務，工速藝精，用遏來途。洋布織於中國，售於中國，則服用之費雖耗於吾民，服用之貲仍歸於吾民。洋布來途所歷，税課盤川不知幾許。倘中外貨同價等，未必遠賓能奪近主。是則中國多一織局，即中國多一利藪也明矣。年來中國疆吏樞臣都知中國利權可憑織造，是以織布局首設上海，而福州繼之，湖北又繼之。第念中國民數如是其多，而織局僅見於鄂滬閩垣三局，寥寥出布恐不能資一省服用，而欲中國不購布於外洋，不溢利於外洋，得乎。

考西報於同治七年英國紡織局已有二百七十處，後此增設無論矣。日本步武泰西而後，織局亦設三十餘間，將來增設更不知凡幾矣。之二國者，民數不繁於中國，而織布局如是其多，豈其本國能盡其消路哉，亦借互市通商利在愈設而愈盛耳。中國曾能踵閩滬鄂三局而加增，中國之織局增，即中國之漏卮減，中國之漏卮減即中國之大利興。大工不可假人，即中國養三百六十兆民數之先貲也。嗟呼，東西洋織局雖多，皆向美國購棉織就，尚能遠賈別邦，藉工以求利路。而中國木棉盛於江南、江北，中國廣花阜於湖北、湖南，織布就地取材，其利更溥，奈何不以中國固有之地利，藉工以圖大利哉。因織布利推而至於百工居肆，凡可以工速價廉能敵外國之製造者，俱宜設廠設局，使民究一求工利，以免爲游手閒民，則中國重工以興利與重農等矣。

以上所云採諸廣報，其詞雖有未達之處，而其意之所慮者遠，識之所見者高，誠非留心時事者不辨。竊意各國風氣之開，有開於天地者，有開於人者，天不爱道，地不爱寶，所開於天地者也，而非有人焉。製工作薪，興利防弊，雖天地亦無如之何。然而天地欲産有用之物，必兼産用物之人，俾有用之物不至棄諸無用之鄉。此其權自人操之，而其運仍由天地創之。中國如甘肅等遠省皆已有織布、織呢等局，行見漸推漸廣，不難徧二十二行省而興大利焉，豈不美哉。

（清）何良棟《皇朝經世文四編》卷二三《户政·蠶桑·論宜整頓蠶務以興絲利》　夫治産積居與時相逐，以之謀生則善，以之謀國則乖。然而太公通魚鹽之利，人物輻輳，冠帶天下，餘澤及於威宣。知物産之豐盈，國勢之所由壯也。

絲之爲物，爲西洋各國所必需，百餘年來，有加無已。綜計出口之貨，茶爲首，絲次之。按其出口之數，非不歲增一歲也。然恒不若進口之驟且鉅，而贏朒遂由是判焉。不有挽回之術，使進出足以相當，不二十年，民生幾無復可問，執政所宜憂也。豈漫云商務，而可不加董理哉。居乎今之世所宜挽回者，固不獨絲。今姑就絲言之，則所以究其得而懲其失，察其病而推其利與參考乎。我與彼之所以異同而舍短從長以求合乎，始則師而法之，繼則等而齊之，終且駕而上之之數焉。是固在得人而爲之，夫豈奢願難償乎。因條其目於左。

一在於育蠶之家不多也。問曰：江浙等省尤以蠶務爲重，夫江浙爲古吳越之地，而考之傳經，其言蠶桑之利，未嘗及吳越。按郭子章《蠶論》云《七月》之詩曰：爰求柔桑，則豳可蠶。《將仲子》之詩曰：無折我樹桑。則鄭可蠶。《氓》之詩曰：桑之未落，其葉沃若。則衛可蠶。《十畝》之詩曰：桑者閑閑兮。則晉可蠶。《皇矣》之詩曰：其檿其柘。《桑柔》之詩曰：菀彼柔桑。則周可蠶。兗州厥貢漆絲，厥篚織文。桑土既蠶，青州厥篚檿絲。徐州厥篚元纖縞。揚州厥篚織貝。則齊魯可蠶。荊州厥篚元纁璣組。豫州厥貢漆枲絺紵，厥篚纖纊。則楚可蠶。孟子樹牆下以桑，則齊梁可蠶。蠶叢都蜀教民蠶桑，則蜀可蠶。不知何時利獨歸於吳越，然則地之宜蠶桑者，不獨江浙二省也明矣。

今以中國之大，土地之廣，其荒蕪而不治者何可勝道，誠欲收後日之效，非創立新章不足以見功夫。所謂創立新章者何也？集股份以買地栽桑、建屋養蠶也。曷以明其然？蓋小民膠執成見，牢不可破，雖由官勸之樹桑，勸之育蠶，其心終不肯舍故業而就新。自來良吏達官何嘗不深加董理，然而其效可睹矣。故非設公司招股分，則其資不易集而其功不易成。延精明曉事廉潔自矢之人爲之董理其事，或以白金百兩爲一股，或二百爲一股，由爲倡者擬定妥切章程，俟股份既集，請入股諸人公同會議，斟酌而損益之。然後相度土宜，買地栽種，建屋養蠶，招善飼蠶者傳其法，而以貧户小民承其教，給予工值，使無内顧之憂也。然後得盡力於公事，要在行之以漸，守之以堅，持之以恒，勿爲浮言所動，勿因挫而阻其初心，盡心竭力，實事求是，而爲之二三十年之後，中國絲業必焕然改觀，非獨可以收我固有之利也。於是乎購置洋機，紡織洋綢、洋絹，薄其出口之稅，以交易於外洋，庶幾數十年中國財力之耗於外洋者可以收回於萬一。此非托之空言，好爲高遠之論，能言而不能行者也，觀於日本而有明驗矣。

至於絲業積弊，蓋在乎狃於故見，不肯力求整頓以與人角勝，然此乃中國之通弊，又不獨絲爲然矣。今欲定一整頓之法，約有數端：一在乎用顯微鏡察究蠶病而不使傳染也。一在乎講求植種之法而使桑枝肥茂也。一在乎揀選蠶種而使蠶得佳種、絲得佳絲也。一在乎顧持大局、堅守定見，勿跌價急售以墮洋人播弄之術也。一在乎減輕厘稅，勿使商人成本愈重也。然此數端，中國之人多有能言之者，其如不肯從何，嗟乎，天下不患無至當不易之論可以見諸施行，獨患無力行之人耳。區區絲業之整頓，又何足云乎哉。

（清）何良棟《皇朝經世文四編》卷二三《户政·蠶桑·廣興蠶政説》

周制：仲春，天官内宰詔：后帥内外命婦治蠶於北郊，以爲祭服。天子諸侯必有公桑蠶室，近川而爲之築宫，棘牆而外閉之。后妃齋戒，享先蠶而躬桑，以勸蠶事。及大昕之朝，君皮弁素幘，卜夫人世婦之吉者，使入於蠶室，奉種浴於川，采於公桑，風戾以乾之。是月也，命野虞毋伐桑柘，乃修蠶器，禁婦女毋觀。

蠶桑向推江浙，而兩省比較，則浙爲尤甚。昔人云吳絲不古，若而古之用儉，今之用奢，遂令人有不足之虞，興擴充之志。蠶桑向推江浙，而兩省比較爲尤多。昔人云吳絲衣天下，聚於雙林。吳南諸鄉歲入百數十萬，是以雖爲賦困，而窮民未至於空虛，室廬舟楫之繁庶勝於他所者，皆得蠶桑之厚利也。四月務蠶，無男女老幼，萃力靡他，無稅無荒，僅習三旬之勞，無農民四時之久而半其利，此蠶桑之所以可貴也。

説者謂蠶桑之業雖藉人工，然須得天時，須得地利。江浙天時温煖宜於蠶，故養蠶者較多。江浙地土松潤宜於桑，故植桑者較盛。不知蠶桑爲天地自然之利，無處不宜蠶，即無處不宜桑。《豳風》之詩曰：遵彼微行，爰求柔桑。則豳既有桑，而豳亦可蠶矣。《將仲子》之詩曰：無折我樹桑。則鄭既有桑，而鄭亦可蠶矣。《車鄰》之詩曰：阪有桑，隰有楊。則秦既有桑，而秦亦可蠶矣。《桑中》之詩曰：期我乎桑中。則衛既有桑，而衛亦可蠶矣。《禹貢》兗州桑土既蠶，篚織文。則蠶桑之利在於魯。青州厥篚檿絲。則蠶桑之利在於齊。荊州厥篚元纁。則蠶桑之利在於楚。孟子曰：五畝之宅，樹之以桑。則蠶桑之利在於梁。以是觀之，養蠶植桑猶農夫之於五穀，苟非龍堆絶塞極寒寥廓之區，無不可以耕且獲者也。

現在各直省雖無不有養蠶種桑之處，而終不如江浙之美、江浙之盛者，大抵風氣之未開，人民之怠（隋）〔惰〕，而要不盡關乎天時地利也。當時各省大半藉二省之絲以章身被體，而兩省所出亦未嘗不足於用，乃自通商以後，西人競銷中國之絲，每年出口之貨盈千累萬，兼之世風靡靡，俗尚奢侈，繁盛之區，幾至無人不綾，無人不緞。絲之去路日見其廣，而絲之出數未見其多，殊非足國之道。且現在西人講求蠶桑不遺餘力，中國若不講求整頓擴充，將來此項利權恐又爲彼所奪，是又不可不慮也。

然則欲講求整頓擴充，非地方官實力舉辦，斷不能鼓舞斯民。本館接九江採訪友人來函，云昔年南昌府江訒吴太守在瑞州府任時，與吉安府許清臣太守講求種桑養蠶之法，著有成效。藩司翁小山方伯涖任後，即飭各府廳州縣一律倣行，復委員於正月初旬赴浙江采辦桑秧，陸續到潯，分派各屬栽植。奉新縣鐘澤生明府又將種桑之切之法刊刷知單，俾民咸知利弊。又復出有示諭，諄諄勸道，略謂現在購辦湖桑，不取爾等錢文，飭令領種，該士民等或集股本，或撥圖會錢文，以爲種植工糞之費。先將荒地開墾，每地一畝約可種桑四十五株，屆時赴局請領。如未諳修種之法，派人來局學習云云。夫人孰不欲謀利，一者苦無資本，二則無提倡之人，遂致因循怠忽。吾知江省之人經此鼓舞，尚有不欲踴躍從事者哉。將來蠶事之盛，可以預卜矣。日前松郡陳太守亦有課桑示諭，其勸民集股，在隙地開（懇）〔墾〕栽植，與江省大略相同，而近鄉士民咸汲汲以購地種桑爲務。當此國瘠民貧江河日下之時，而人知求本，是亦富強之一大轉機也。尤望各省官憲皆取法於南昌江太守、奉新鐘明府、松郡太守一律舉行，勸民種桑育蠶，則其利未有不溥於天下者也，不禁拭目俟之。

（清）何良棟《皇朝經世文四編》卷二六《户政·絲茶·絲茶宜創設新法論》 中國土產向以絲茶爲大宗，曩者洋藥流入中原，其商易均絲茶以歸。迨萬國通商，輪船麕集，茶絲之銷流更廣，於是有專輪裝載者。統計年中茶以福州武彝爲最，絲以湖州四川爲尤，粵則合二者而有之，於絲茶兩商亦首屈一指。

乃近十年間茶商則多遭折閲，絲作亦少獲利源。推原其故，則以印度西泠茶已種自外洋，日本法蘭西絲亦產於外國，其價既廉，其費更省，故泰西各國多就近購買，而免遠涉重洋，此中國茶絲所以大不如前也。然其始則因奸商攙雜僞鼎舞弊營私，西人之爲其所累者，不特貲本虧折，抑且養生有傷。西泠法國創辦以來，其接踵而起者已不特英俄爲然矣。所幸者印度西泠所產之茶，其色香味三者均遜於中國，且有化學醫生迭次故較，均謂外洋之茶不如中國之美，且外國之茶飲之傷生，不若中國茶飲之有益。故雖印度爲英國屬土，而英人之富家巨族均不嫌價貴而用中茶，其用印度者不過貧民小户而已。故邇來中國茶務雖被外洋奪其利權，然能工貨殖者於頭一二造，尚可利券獨操也。

夫茶之運出外洋也，其初珍貴異常，惟王公大臣得而飲之，莫不比諸瓊漿玉露，惟君所賜，繼而風行通國，味辨建溪，地無遐邇，人無貧富，有非茶不足養生者，而西人之嗜茶遂不啻華人之嗜煙也。惟邇來洋煙則愈采愈多，華茶則日銷日少，而中國茶利遂爲外洋所奪，操斯業者，靡不起江河日下之嗟矣。

至於土絲，則湖粵有素絲，四川有黃絲，近則粵西、湖北、上海亦有絲產，其運出外洋者，則不止歐洲各國也。雖英法等國向有洋絲，惟其桑葉繭與中國不同，蓋其絲多出自野蠶，與華人土絲色白而滑、質美而良者大相逕庭，及其後雇請華師開院教習，凡種桑而至飼蠶，由剥繭而至繅絲，無不盡得其法，於是英法兩國所出洋絲駸駸乎欲與中國並駕齊驅矣。日本近年復仿西法開設蠶桑等院，悉心講求，故所出蠶絲日有起色，西人亦貪其價廉費省，購以爲雨繖玩器等物，惟衣服則鮮用之。故日本蠶絲雖銷流於外國，而中國絲業尚不至如茶商之日壞也。然其利權則已被奪去其半矣。

然則爲今之計，非別創新法而整頓之，精益求精，巧益求巧，使中國茶絲良於外國，而其價值亦廉於曩時，則中國利源其見奪於外洋者可以復取，即朝廷（説）〔税〕課其日取於民間者亦可以復旺。整頓之法，則莫如開墾地方，購用機器，種茶植桑，繅絲剥繭，凡與西人交易，務必監工製造，無論茶磚、茶葉、湖絲、粵絲，均揀選精良無雜僞鼎，而朝廷亦籌其新法，勖其商人，務使利權日以挽回而後已。大者既復，小者亦歸，是不求利而國亦利矣。故以刻下中國商務而計，尤以挽回利權爲要。而利權又以茶絲爲大，所謂茶絲宜創新法者如此。

（清）何良棟《皇朝經世文四編》卷二六《户政·絲茶·論絲廠》 中國自古不甚出絲，凡綺紈錦繡之屬，非素封之家不用，然商賈之子偶一用之，尚爲所指摘，往往見之於史册。且非特往古爲然也，即今之時，山陝等處尚有此風，衆號爲富，而觀其服御，布衣草蹻而已。又非特山陝爲然也，吾鄉嘉道時尚復如此。有緞衣者，必一邑之望也。推其故，則由於風氣未開，小民不知蠶桑之利耳。即各處所制之錦，有號爲府綢者，有號爲繭綢者，有號爲某緞某錦者，類皆粗劣，不適於體，故亦無以奪布縷之利而振起財源也。江浙兩省本駐織造府專製上用物料，或有貴重精良之品，而居民不以過問，故蠶業終不大興。

髮匪平後，各口通商，民俗奢侈，於是浙之嘉湖踵事增華桑者大盛，農夫廢耒不耕而食，比户千金，杭寧織户既爭妍鬬靡，販者雲集，而泰西各國亦來購取，歲入累千萬，鄰近豔羨，爭相仿效。乃有浙之杭紹、蘇之無錫追步而起，而泰西之絲經以湖產所繅之條太粗，不合於用，初得蒸繭，今乾運回，用機器繅絲之法，繼以載運不便，運機來申繅絲而歸，始創其法者，以中國工價廉獲利不資，於是中西各商聞風興起，滬上一隅，至設絲廠二十餘家，而各都會之踵建者尚復無已。內地各產蠶諸地踴躍飼養自倍於前，論者均翹足拚手，以爲此誠吾國特辟之利源，隱與洋煙相抵制者也。而不知稍得微利，已受鉅害，而目論者皆習焉而不察也。

今各處產蠶之地以有乾繭之可售，故向育蠶子一斤者，今可育子二斤，以繭成即可易銀，不用繅絲之勞耳。然向之栽桑一畝者，今必栽桑二畝，且或有不敷，必栽至二畝有餘而止，不育蠶有本者，今見利思遷，改而育蠶，則亦必栽桑也。有絕不育蠶者，見桑業之利且倍於穀，則有田四五畝者亦必栽一二畝以嘗試也。然則近來奪五穀之居爲不少矣，失我中國昔以其穀養其民，皆稍有盈餘，然或遇荒歉，亦不過一年之食耳。今以髮逆之亂，有荒棄遂不墾辟者，去其十之一，有悞於鶯粟之利而改種者，去其十之二。今又悞於桑之利而改種，又將去其十之二。蓋較前而地利幾失其半也。復加以户口日增，販運出口較前銷售之路反倍之，小民之心志以分於蠶桑之故，疏於講求，又隱損其一二焉。此所以米價日昂，民心思亂而起，日用之費誠難爲繼也，不可謂非各絲廠階之厲也。

夫中國之地利其廢棄者無論矣，即其所號爲土性沃人工修者，類皆拘守舊法，鹵莽滅裂，官吏勸農之虛名，都鄙無農報以討究，是故溝洫未必悉理，田疇未必悉治，耒耜刈獲之事未必悉如法。邀幸天力，畝收二三石，遂廣大稔。設雨陽稍愆，蟲螣稍見，則皆束手無策，惟能相約以災告耳。以如此之田，若是之農，此其所以藝桑者妨穀，樂蠶者惰耕也。若在上者能留意於畎畝，使之早習新法，墾辟草萊，則全亞地利早倍於前，區區之桑何妨民食。故今者由外視之，則固似絲廠之設有害農事而不知，實則當咎農事之不修，而不可以咎蠶事也。引繩而絕之，其絕必有處，即從而咎之，曰病在於是，即今者絲廠之類也。蓋以吾中國之農功必有饑饉洊臻民不聊生之一日，而適以絲廠之故重損良膝而惰農志，推其米貴之源，而絲廠乃當其指責也。雖然五穀之利既名爲絲廠之所妨矣，而蠶桑之事能得利於絲廠否乎。絲廠之有害於蠶桑者亦不少矣，鄉民前以少育之故，製種良，飼蠶勤，壅桑盛，故獲利多。今以多育之故，事事苟且，桑則擁腫枯瘠矣，蠶則灰黴僵爛矣。育子數斤，（值）〔植〕桑數畝，有初眠而棄其半者，有大眠而棄其半者，有上山而悉棄者，小民幾至以育蠶爲孤注，一發不中，輒至傾家。即苟獲利，而益桑損穀，得此失彼，亦復無補。故湖州各鄉乾繭不盛，仍以絲鳴，乃村野之間當饒如昔。紹興、無錫等近年以來大行乾繭，而村野之氣象未見較前豐盈也。此絲廠無利於蠶桑之明徵也。

或曰絲廠無利於蠶桑，既聞之矣。然絲廠亦能受蠶桑之利乎？曰：有害而已，烏睹所謂利也。鮮繭之蒸乾也，率三而得一，鄉民居奇，鮮繭百斤，價率四十元，以三乘之，得一百二十元。加以柴薪購運之費十元，捐款善舉等費又十元，是每乾繭百斤爲洋一百四十有餘。以之繅絲，率六而得一，以乾繭每百斤一百四十乘之，得八百四十元，加繅費約一百三十元，是每絲百斤爲洋九百七十有奇。而外洋絲經之價適中，得八百元左右，則廠中出絲百斤，當有耗洋一百七十之虞。倘或值貶價，其患更不可思議。所以昨今兩歲罷業者七八家，即首創有名之廠亦皆岌岌可危，而烏在其有利也。其所以然者，一由鄉民留佳繭以繅絲，而貨劣者於商人。一由鄉人欲其性重，蛹中之蠶尚未成蛾即已摘售，購者不察，爲其所蔽，以致蠶重絲輕，須繭六而繅絲一，否則四百五十斤已可得絲一百斤矣。以四五得一與六得一相較，絲廠之受患於蠶桑之不精也豈有涯哉。是以天下之事皆有相因之勢，農事之不修而爲興蠶桑之利，則絲廠已受妨穀之惡名。又其蠶功之未精而爲開銷運之源，則絲廠且蒙耗本之實禍。要之在上者漠視乎，民既不勤農，又不恤商，故民與商交受其病耳。

吾嘗即絲廠計之，而每爲咨嗟，且每爲凡中國之商扼腕也。今外人之視絲廠以爲垣墉若是之崇高也，工般若是之衆多也，凡執事於其中者，皆頤氣指使，而車服煥赫，舉吾中國之商，凡所爲氣象闊大者，無逾於此，宜其獲利不貲矣。然而以適中之勢給之，每出絲百斤則有耗洋一百七十之虞，其得以權子母而稍有微利者，皆徼幸萬一之事耳。猶憶丙申之冬，外洋絲經之價每包六百金左右，銷路不暢，積貨甚多，各廠商皆相顧無計，運動不靈，幾至通市震動，全局糜爛，俄延觀望，遲至丁酉之春，仍無氣色，危迫之情，莫可名狀。幸至夏初，即有轉機，後遂蒸蒸價昂，至每包八百餘兩，存貨悉罄。於是各商乃得重蘇，否則至今申地之廠存留者不過數家而已。於極賤之時，忽得至貴之價，不可謂非天幸也。然丁酉年春，各商聚語，或望每包價至七百兩者，衆咸嗤以爲囈語，不意後之飛漲至是也。則其遇如此之轉機，皆出意外而不敢以自期者，其初心蓋决已聽其潰敗矣，豈不危哉。雖然前事不忘，後事之師，今絲價已稍疲矣，而今歲之繭價，聞較前更稍貴，不知司其事者將何以善其後也。

大約絲廠之失算在於互相傾軋，各存隱私，而不立公司之過也。如能設立公司，延聘總董，則彼此之情自通，利弊得以考校，售價得以畫一，女工薪錢以減省，車盆若何措置而出絲佳，鍋鑪若何改易而用煤省，逐事互訂，得失易見，愈推愈精，然後力得持久之道。否則以是之鉅本擲而聽諸天命，亦何其愚而可哀也。今以不立公司之故尤有大害者，則莫若赴鄉之收繭矣。收繭之時，至遲過十日，小民作幻之情，市價昂貶之機，一日數變不定，雖有智者不及爲計。然廠中終歲之盈虧，悉基於此，偶一失措，即大局持重之人方欲静默而伺其隙，而躁動之徒已相率放價，誘起鄉民之貪志，使之奇貨自居，非盈饜其奢望不售，所以乾繭百斤之價，昔祇八十元，而今至一百二十元也。若是之角逐輕妄已則耗其資，更重啓小民苟且逐末之心，其爲患者甚大，誰爲絲廠之業而可不急立公司議定妥法哉。然而豈特絲廠爲然哉，凡吾中國之商亦皆可以視此矣。

（清）何良棟《皇朝經世文四編》卷四二《工政·各省推廣工局議》

中國四民，商居其末，士食舊德，農服先疇，工用高曾之規矩，商修族世之所鬻，雖懋遷有無，亦關國計，然狃於習俗，往往獨重士而輕農工商，則以士能應試爲官故也。厥後捐納例開，又於士之外兼重商，或且商重於士，而農工仍不逮焉，則以商有餘資，能捐職故也。重商之人而不重商之事，視西國之以商務爲國務者殊矣。雖重商而不重工，不知工爲商之原本，視西國之以製造得官禄獎賞者又殊矣。故雖幅員廣闊，地土膏腴，而本富不興，末富亦絀。

通商以來，一切利權類皆讓西商壟斷，瞠焉在後勢固然也。查中國出洋貨物，向以茶絲爲大宗，近則各國皆能種茶，西貢所産尤旺，意、法、日本諸國亦皆産絲，是以絲茶之利年減一半，勢如江河之日下而不可復挽。外洋貨物運入中國，洋藥而外，布爲大宗，質既潔而價又廉，故華人皆喜用之。其始不過漂白印花等數種，近則機心愈巧，生面益開，花樣既一一翻新，布式亦戛戛獨造。即如馬尾斜紋等布，近從德國來者萬紫千紅、五光十色，令人目眩。自通商五十年以來，西國進口貨多，關税又少，中國之銀流入外洋，一歲無慮數千萬。即如去歲上海一埠，洋貨無不價昂獲利，而洋布一業尤爲利市三倍。西商安得不富，中國安得不貧。揆厥由來，蓋由西人居華日久，華人好新厭故，習之知之已稔，而其國之工人又復精心製造。且西例凡有獨出心裁創造一物可裨實用者，國家試之既確，加以奬賞，又必予之執照，定其年限，俾得獨收其利，逾期始准他人仿造，他人亦不願拾人唾餘，各思自造一物以牟榮利。甚有深思遠謀，及身不成，子若孫踵之數世而志不衰，必期於成而後已。是以西人製作日新，固其國俗使然，要亦在上者有以作興而鼓舞之耳。

中國以來關心商務，思織布爲民間本業，亟求挽回利源。李傅相遂於上海創建織布局，經營數載，制度皆備，貧民藉之爲業者以千百計，不料天心莫測，回禄爲災，已成之規模化爲焦土。然近年銷售暢旺，固已足與西國洋布争長，故傅相飭盛觀察蒞申收合餘燼，規復舊制，東隅雖失，桑榆可收，行見壁壘一新，精神復振，直指顧間耳。上海得風氣之先，凡事興建有成，各省皆可次第仿辦。近日如鄂督張制軍成算成胸熟籌大計，始開大冶礦以裕國帑，復設織布局以利民生，荊襄武漢之間漸臻康阜，不獨齒革羽毛之利久擅於楚邦矣。此外如福州素以製茶爲業，近因茶葉之業日絀，亦改爲織布營生。四川、甘肅等省前聞各有織布、織呢等局，惟去此較遠，未有銷貨至申者。粤省惠屬各民移家至省紡織，俱用洋紗以織土布，其利亦頗裕如。故近日蚩蚩之氓抱布貿絲者，恒向市肆發售，或赴墟場趁集，然此但民之謀生計耳。苟在上者因勢利導，加意振興，則家有機聲，民無失業，不獨比户可臻富庶，且勤而不匱，地方自無盜賊之虞。

前聞香港議政局曾議設織布廠，並有曠地數處可以設局興辦。竊以爲布廠若設於香港，其利仍屬外洋，布局若開於粵垣，其利可歸中土。且聞粵友云省城近日土布流通，民間用洋貨漸少，則粵人多知織布之利，而外府之以織布爲業者，又所在多有，若於省垣創設織布官局招募貧寒小户，使之執業謀生，或兼仿西法，遣羈押輕犯作工贖罪，則足國裕民通商惠工，豈非一舉而數善備耶。其餘各省聞風興起，或宜織布，或宜織呢，或宜繅絲，或宜造紙，以及開礦采苗等事，無一不可次第舉辦，權其便擇，其宜順民情，廣產利，如是而中國利權庶不爲西國所奪焉，敢以質諸今世之賢大吏。

（清）何良棟《皇朝經世文四編》卷四二《工政・重工論》　士農工商謂之四民，各執其業，各有所用，缺一不可，固無所軒輊高下於其間也。而中國則惟以士爲重，以工爲賤業，手藝者類皆粗鄙愚魯之人，故一切製造之物僅能守前人之舊規，不能獨闢新法，以成宙合間新奇之製。非中國人之心思材力獨遜於西國之人也，上不以是爲貴，則下亦不以是爲重。而工藝一項，遂讓西人爲獨美矣。

嘗考西國近百年間良工之多，不可以僂指計。如鐵路火車之工，則創其說者羅哲爾也，諾爾德也，而後之人又能研求其致遠之理，以故日出日精，日推日廣。火輪船之工，則引其端者迷路爾也，代路爾也，塞明敦也，而後之又能變通盡利，以故諸弊悉去，衆美畢臻。電報之工，最闡精微者，則有若嘎剌法尼也，佛爾塔也，倭斯得也，阿拉格也，安貝爾也。鍊鋼之工，最擅聲譽者，則有若西門子也，馬丁也，别色麻也，陪爾那也，回特活德也。製槍之工，則有若林明敦也，呍者士得也，毛瑟也，亨利馬梯尼也。製炮之工，則有若克魯伯也，阿母士脱郎也，荷乞開司也，那登教也。其他造船、造鋼甲之工，則有若德之伏爾鏗也，英之爾羅也，法之科魯蘇也。造魚雷、造火藥之工，則有若奥之懷塔脱也，德之刷次考甫也，德之杜屯考甫也。無不著名於環球萬國。然此舉其大者而言也，自餘細者小者亦莫不有創始之工思得良法，以垂久遠。蓋泰西各國以工商爲重，其大較以商爲用，以工爲體，故工藝之美月異而歲不同。當其興一法創一物時，往往有祖父不能成，待之子孫而始能成之者。數年不克，竟遲之數十年而始克竟之者。一家一人之財力不能造，合數十人數百人之財力而始能造之者。其專心致志若是，其通力合作若是，此四國工藝所以能獨出冠時也。

今我中國亦既知西國工藝之美，而知所以重工矣。示以年限，予之專利，人知致富之有道，而自當講求乎造作之精。定以官職，錫之殊榮，人知致貴之有由，而自研求乎創垂之善。以二十二省之大，四萬萬人之衆，庸獨無聰明機巧之士闢一新法，創一新理，駕泰西諸工而上之者乎。而余以爲猶未也，何也？則以今中國之工，大抵皆性粗品賤之人，斷不能精研製作，創一新奇之物爲天下所利用也。必也開工藝學堂以教習之，設工藝專科以考試之，而後智創巧述之事始有可望。夫泰西工藝之精非苟焉而已也，其大要以汽學、重學、化學、電學爲本，故必用力於格致之學，而後能窺造化之靈機，成一亙古之巧製。中國明敏才智之士固不亞於西人，使之入工藝學堂，以研求乎汽重化電諸學，數年以後，知必有思通鬼神創一絶藝者。若驟而期之今之工人，雖富之貴之，我知其必無心得也。中國習尚以科名爲重，空疏無具之文字，而士人所以孜孜不倦者，非不知其無用，以其能博科第也。工藝之事，中國舊時既以爲賤，今既設有專科，簡官考試，一如文字例，則人人知有科第之榮，而人人遂自有競勝之意。若徒言能成新器者寵之以官，猶不足以盡鼓舞之方也。二法既行，而謂中國工藝猶一如前時之窳陋無新法也，吾不之信。說者謂西國之強，強以兵，實強於商之富，強以商之富，實強以工之精。旨哉言乎，吾是以作重工論。

（清）何良棟《皇朝經世文四編》卷四二《工政・製造・利國宜廣製造論》　今之談時務者，莫不知崇尚西法，誠以西法以富強爲本，仿而行之，國之貧者可使致富，國之弱者可使變強。然謀強須先謀富，謀富之道非先致力於商務不可，而商務之原非講求機器不可。

觀於日本之效歐西而即可知其明效大驗也。日本自二十年前經英法懲創之後，幾至不國，而其君與臣遂翻然變計，一意步武泰西，無論鐵路、輪船、水陸兵法、軍火機器，皆專力講求，而於商務一事，尤不遺餘力。泰西出一物，日本必刻意仿之，初亦不過東施之效顰耳，而今則西洋所有之物東洋無不有之，且無物不肖，華人競尚洋貨，爲一大漏卮。始則競好歐西之貨，置者雖各知出處，而買者終不能皆辨其爲英爲法爲德爲俄爲美也，惟東洋之貨則皆知其不如西洋，所以購物者寧貴毋廉，而東洋之貨未能暢銷於中華。而今則日本之學西人愈學愈精，愈推愈廣，於是華人有明知爲東洋而貪其價低而近似西洋之貨而買之者，有不知爲東洋而買之者，又有必欲買西洋之貨向西洋鋪中而仍買東洋之貨者。日人居心奸猾，慣於亂真，固爲可惡。然其一國之人皆肯殫精竭慮，必欲有成，亦殊可畏。不特中華東洋之貨漸漸暢銷，且聞西洋近日亦銷東洋之貨，有德商而向日本販至英國者，有美商由日本而運至德國者，即西人亦欲以東洋之貨謀利，互相轉運，因其成本輕而外觀美也。日本區區島國，無不知其貧且弱，自學步泰西，規模日擴，費用日繁，而得以廣製造開鐵路置輪舶練軍設電，皆商務之力也。

中西交涉風氣在日本之先，迄今三十餘年，而不免相形見絀者，皆悮於人心不齊，意見各别，謀私利而不顧大局，致商務不能日有起色。商務不起，終不能奪外洋之利，則國用日繁，民財日促，其何以善其後耶。夫商務之原以製造爲急，而製造之法以機器爲先。中國自立製造局，風氣一開，凡一切槍炮輪船軍火均能自造，惟物料仍須購之外洋，且襲西法而不能盡得其秘，所以仍不能奪其利權。至民間近亦講求機器，成衣用機器也，造紙用機器也，印書用機器也，磨麪用機器也，碓米用機器也，然不過試行，而未能推廣。今則繅絲機器規模宏大，出貨甚多，而紡紗織布之機器則更利市三倍，推廣愈甚，此商務之轉機也。然各種機器仍須購自外洋，不特民間購取之不便，而洋人明知華人不能自造，往往格外居奇，要索善價，且多有以用過之物售之中國而中國暗受其欺。且置一機器，不知其所以然，而但知其所當然，偶一損壞，仍須倩洋人修理。設洋人不肯修理，則有機器如無機器同，其有不受制於外洋人者乎。人但知購辦機器可得機器之益，不知能自造機器則始得機器之妙也。宜設廠製造機器，擇現在已用過之機器先行仿造，然後向外洋置辦各種機器，一一仿造，雖不能自出心裁，遠駕乎西人之上，而果能步其後塵，縱不能得外洋之利，則中國之利自不至外溢。至各種機器自能製造，則各種貨物亦自能製造，中國所有之物均歸自用，不至波及外洋矣。

外洋進口之貨皆人力之所爲，而中國出口之貨多原質，以此相較，孰優孰絀。且中國居温帶之中，所出之物悉較外洋爲優，無如中國優於天工而絀於人事，中國以爲無用之物，如雞毛、羊毛、駝毛之類，而洋人購之均能成貨，在華人以爲洋人購此無用之物可以得利，而洋人成貨之後，其什百千萬之利仍取償於中國也。將來日本內地通商，勢必廣製機器，華人所不知爲而不敢爲，所欲爲而未及爲者，恐日人先我而爲之，則外洋之利權既爲歐西所奪，而內地之利權又將爲日本所奪。

現在風氣之速甚於迅雷，若不急思籌辦，則日本創之，各國效之，則華人必至無利之可圖，可不懼哉。説者謂中國將來若用各種機器，必至奪窮民生活。不知機器即所以養窮民，而並可使之不窮。泰西之國無國不尚機器，亦無物不尚機器，不聞其民之窮且困者，可以知其故矣。下江民間半植木棉，而太倉屬地爲尤多，婦女終歲紡織以資生活。洋紗初來之時，民間並不喜用，間有攙用者，布莊收買後，致銷路濡滯，於是莊家必格外挑剔，不收洋紗之布，民間亦遂不敢以洋紗攙用。上海自設紗廠後，民間因自軋自彈自紡之紗反不如買機器紗之便宜，於是遂不顧布莊之挑剔而群焉買之，群焉織之，莊家亦剔無可剔，一概收買。現在非但不剔，而且以機紗爲細潔，而鄉間幾無自軋自彈自紡之紗矣。一時紡局接踵而起，而每日出貨尚有日不暇給之勢。某廠因修理暫停，而各廠之紗即頓時飛漲其價，可見銷場之廣，而民間並不受其困也。惟所織之布尚未見暢銷，且所織亦惟如花旗之粗布一種，因所出之紗亦惟出此一種耳。將來添設機器，所出之紗可由粗而細，而所出之布亦當由疎而密。泰西所來之市布標市荷蘭斜紋洋紗等，不難一一仿行，華人必樂於穿本國之織機器布，而外洋之來源可不拒而自絶，其價亦不抑而自低矣。由是而推之綢，綢猶之織布耳。當見外洋所來之綢頗爲光潔鮮豔，惟其質地尚不及中國結實。若中國仿而行之，杭州則仍織杭綢杭緞杭寧杭紗紡綢熟羅之類，南京則仍織江綢京緞等，務使與本機所織者無二，人工既省，其價必廉，中國人既樂用之，外洋人亦必樂購之。惟織絲機器較織布者尤爲煩瑣，然外洋既能仿中國各種綢綾花樣織成各種羽綾羽綢，中國豈不能以絲易羽而織成各種綢綾，如本機之所織者乎。

或曰洋人謀利無處不精，凡起居日用之物，苟可機器爲者，無不殫精竭慮而爲之。彼既能以中國之綢羅綾緞等花樣以羽毛紡織，專售於中國，以投華人之所好。豈不欲竟仿中國之綢綾羅緞而以絲爲之，其謀利不更加於羽毛之貨乎。而洋人未嘗爲此者，其必有不合算之處，抑貨物終不能如華人人工之好，所以不爲，恐華人爲之亦未必合算也。不知華絲優於洋絲，洋人在中國買絲回國，水腳税項所費既多，織成後運販來華，又加一重耗費。若價廉則必致虧折，價昂則中國自用中國之貨，誰肯加價而用一樣之貨哉。是洋人之不織綢綾羅緞，不合算而不爲，非不能織而不爲也。

若中國以本國之絲織本國之貨，銷本國之人，較現在本機之貨必定合算。方今俗尚奢靡，數十倍於古昔，從前穿布者今皆綢矣，從前穿綢者今皆穿緞矣。然穿綢者多而綢未見缺，穿緞者多而緞不見少。若以機器爲之，則出數必多，穿者惟有此數，而外洋又不銷此種貨物，必至壅滯虧折。不知洋人爲之自不合算，而中國爲之，雖資本浩大，機器浩繁，而事成之後，出數必多，出數一多，價則較前必可減十之二三，價能輕減，則向之能穿外洋之羽綢者必易而穿本國之綾羅矣。縱不能銷之外洋以收外洋之利，而穿綢者多，羽毛之貨銷數必減，則中國之利可少溢於外洋矣。

或曰現在風氣日開，稍知時務講求謀利者，無不知此種利弊，所以繅絲紡紗之廠日新月異，雖有織布機器，亦不過織粗布而已，皆以織絲織布其利不如紡紗之厚，故因循不辦，此尚齊其末而不揣其本者也。所繅之絲，所紡之紗，不過爲物之料耳，僅能成料而不能成物，則亦僅謀本國之利，且恐外洋因中國出料較多，販運成物再售與華，則華人不啻爲洋人代謀其利矣。留心商務者何不一計及此也。然中國雖不乏富商大賈，而集資匪易，掣肘殊多，所賴當軸者倡提勸勉，破除舊習，不惜工本，不計時日，必要於成，不具畏難之心，不存膈膜之見，則天下無不可爲之事，誰謂華人之智巧終絀於西人哉。

（清）何良棟《皇朝經世文四編》卷四二《工政・製造・論宜興製造以廣貿易》　中國地大物博，所應有者無不有，供給己用之外，尚可轉輸於遠方。特近日中國貨物流通，但可行之於內地，而不能偏及乎外邦，則以製造之法未得其宜也。

欲精製造，必先自上開其端教導而磨礪之，而後下之鼓舞奮勉者自神。國家於工農兵商當各有藝塾，經費由地方官公捐，有不能爲士願爲工者入工藝塾，塾中規模可稍異於士之藝館，無實學，一專宗藝學，以專心致志於製造爲重，立一定課程，嚴考效，以定賞罰。凡有關於工藝之書册圖籍儀器等件以及機器格致，各新報無不廣爲羅致，俾得研求披覽。能出新奇之物有益於日用與行軍者，准其居奇數年或十餘年，他人不得爲贋鼎爭售。如國家欲行其法，須優賞以銀，以爲工勸。其有不在塾中者，不論何人，習一藝制一器有益於國家富之強之政者，許詣工部自呈，召試而實者，不次擢用，不實者不罪。如是，則人之聰明才力各有所用，不用於士可用於工，而製造之物自無不精。

絲茶爲出口大宗，磁器爲著名要物，西人至名之爲華器，以其得自中華也，然則貴重可知矣。今可揣西人之所尚，將絲織成文綺美綢，色式同於外洋所製而又勝之，以投其所好。不必由華商運往外洋，自有西商販運，而外洋之綢匹不來矣。夫西商以華絲運出華口，入其本國織成綢匹，又出其本口入我華口，關税重複，工價又重，尚能謀利，則華人以自有之絲織成緞匹，關税既少，工價又廉，貨值必較賤。西人在中國者固樂就近取用，即運往外洋，較之洋綢工價較貶，且更堅緻，西人在本國者無不樂用。不然，吾恐華人好用洋綢，減用華綢，洋人既奪我布匹之利，又將奪我綢疋之利矣。洋布亦貴，自織自消，毋使英美二國之布奪我之利，日本之布奪我之利，則布疋之利不流於外洋矣。

茶數出口大不如前，亟宜加意焙製而嚴絶攙爲之弊。當使俄國所運之茶磚，英美二國所用之緑茶紅茶各種，色香味三者俱足，而日本印度之茶不能出其右，則口之於味有同嗜焉，誰不樂購中茶，而中國之産茶業茶販茶者自無不同獲厚利矣。絲之製練當自講求白浄柔靭，當較他國美於數倍，而更求新法，用機器以繅絲，質勻而工省，其價自廉，而絲業自然起色矣。如是則絲茶棧安有倒閉之虞哉。

磁器由日本來者不少，華人反有用日磁者，見異思遷，人情不免。日磁之料雖遜於我，而外觀之美幾能勝我。是當描畫精細，工料堅實，使日本不能奪我自有之利益，並奪我應是於西人之利。推之各色紙料圖繪儀器燈盞各鐵器等，一名一物，凡有益於日用者，無不繩度曲中，動合自然，大而鐵甲、兵輪、水雷、漁艇、聯珠槍炮、棉花火藥、鉛彈等，凡有益於軍需者，皆能自造，較之歲以數百萬銀錢托外洋定造者，其得失損益爲何如。且一旦與某國失和，他國即守局外之利，所購船艦器械概不得駕運而來，法之已事其明徵也。如能自造，然後百工有業者多生之衆利權可以節節收回，而富強可望。

西國中英人心計最工，利不外溢，我國雖已設船政局、機器局、軍火局，船艦槍炮可自製造，而凡其中所需精微細緻各物無不取之外洋，他如檣舵、帆纜、鍋爐、汽機、輪葉、船皮年中須修理者，亦無不自外洋購至。有自製之名，無自製之實，其利仍流於外洋耳，爲可歎也。嘗按美國出產多於英國，而英國製造易於美國，英之美產加以運費製成物件，價反賤於美之所自造，同一物同一價，英可獲利而美則失利，未嘗不歎英之工價廉而機器多也。中國工價更廉於英，倘能皆用機器，安見所製之物不足與英競勝哉。製造之外，兼講牧務，中國牛隻不少，耕牛不必計其餘，所牧之牛取其牛乳牛油，亦足以供用。美國牛乳一項販運出口，每年已約銀五百兆圓，英牛極大者日出八百四十兩，華牛則出乳遠不能及。若以美牛雜於華牛，變大其形體，亦如美國善爲牧之，安見牛乳之利獨讓美國乎。牛油足用以外，更可仿西制餅販行於遠。蒙古出馬極多，印度所需戰馬皆購自新金山，若牧蒙古馬以西法運至印度，亦獲利之一途。口外以牧羊爲利，千百成群，毬毯呢氈羽毛嗶嘰等皆用羊毛，相其時而牧，法得其時而剪之，安知不足以供用乎。西人於我所產絲茶，尚且購求養法種法繅法焙法，以奪我之利，何我國於固有之利置之不問哉。日本事事效法西人，衣履食用皆取之於西國，我人笑其利流於外，不知其於西國各物亦復仿其法而製之，以販於其國中。如魚鹿煙酒無不絕似西國之所爲，何我國並不一加考索也，尚得謂之有心時事者哉，宜其財之日絀也。嗚呼，欲推廣貿易利源，製造之法可不亟講哉。

（清）何良棟《皇朝經世文四編》卷四二《工政・製造・論中國製造日精》 中國自與泰西各國開埠通商，競欲仿西人之所長以救我之所短。凡一切製造輪船兵艦軍械槍炮，至於今日而西人之所有者無不有之矣，然而製造之工則必用西人爲之指示，而中國匠人但供其奔走焉。輪船兵艦則多購自外洋，雖有船政局之設，而工程多緩，且其中亦必用西人爲之頭目，而華匠步其後塵。槍炮軍械多購自西國，而中國終年自製，或亦無能駕乎其上。且即有自製者，而其所用料件又往往購自西國，此中國之最可異而亦可惜者也。蓋人情每忽而審於遠，中外之所同也。

余當壓線之暇時，復策蹇西郊游玩風景，以一舒胸中塵俗之氣，有時順道至高昌廟江南製造局，遍覽各式製造軍械，則見其大有蒸蒸日上之勢。追憶半年之前，局中曾仿西國斯麥頂練鋼之法，初次小試，本報曾記其事，西字報中亦詳言其效，余猶以爲不過小試，未必遂能得其精詣也。乃總辦劉康侯觀察心精力果不憚艱難，以爲能將本國所產之礦鐵化練成鋼，獲益誠匪淺鮮，於是苦心孤詣，日與工匠輩講求，因將河南礦內所出之鐵熔練成鋼，其質之美，實與泰西所出者無異。方之從前他省各處礦鐵試鍊不成半途中止者，不可同日語矣。是以觀察立志添辦鍊鋼之爐並軋床等諸機器，將見出鋼日多，從此可以不須購諸外洋，中國銀錢之流出者藉以塞一漏卮，則是一大快事。余既樂觀其成，始信有志者事竟成，古人之言誠不我欺也。

數日前曾造七磅子後膛鋼炮一尊，全用河南礦鐵自行鍊成之鋼，其錘打車膛拔線一切工作亦皆由華匠自作，此爲全用中國工料以成製造之第一次。砲之外又造緊要軍械，其數甚夥。如鋼質實心開花各彈洋槍筒子等類，其名目僂指莫計。刻又製造小輪船壳一艘，及船內應用機器各件，悉用自鍊之鋼。至其圖樣，亦系自出。現在又將自鍊之鋼另造大輪船，所用汽機一副足有二千五百匹馬力之多。比聞觀察稟請兩江制府，擬在局中自造堅固快船一艘，以備南洋艦隊之用，更將鍊鋼之法推而廣之，添置大號機器，須具三千噸力量之大汽錘，以爲製造極大後膛砲位之需，免得將來仍向泰西購辦軍械，轉使大宗銀錢漏於外洋。其謀國之忠爲何如哉。

竊以爲觀察先將本國礦產試用，確見著有成效極有把握，然後專心致力，逐漸推廣，更見其謹慎小心，不敢輕心以掉，固非僅能坐而言者所能望其項背，如此辦理，不特有益於國家，且使天地自然之利不任廢棄，豈惟徒塞漏卮而已耶。吾知自此以後，河南礦務必將日異月新，局中鍊鋼之盛必取之不盡，用之不竭，而且可以添增無數工人，於小民生計更爲大有裨益，誠所謂一舉而數善備焉。

嘗與觀察談及中國之所產當爲中國用之，使必中國實無可用而後購之外洋，或中國向無此物，惟西國有之，則亦不得不購之外洋，故凡中國礦產苟有可用者，無不盡用中國之物。無如各處礦局未能一心，不免有各顧自身之見，其有售之西人，或售之商人者，物則揀選上等，價亦較爲和平，若售之製造各局，則往往攙雜劣質僞物，以相蒙混，而以下等之貨開上等之價，其意以爲如此，則彼局礦務自必生色，而不知此則以鄰爲壑之計。彼礦局則有大利，而製造局將有大損矣。吾則以爲此事當明定章程，凡各處礦產苟有可用，則必先盡中國各局自用，而其價則有一定，貨色必選上等，而上等之貨不准售於他人。如製造各局有中國上等之料而不用，則罰之。各礦局以劣貨搪塞，或高抬價值，則亦罰之。夫如是，則中國之礦產必且日采而日多，中國之製造亦將日精而日盛，庶不負觀察精詳劈畫慮遠思深之一番心力也夫。

（清）何良棟《皇朝經世文四編》卷四三《工政·紡織·紡織論鄭觀應》 黎召民方伯曰：富強之道不外二端：彼需於我者自行販運，我需於彼者自行製造。誠哉是言也。進口之貨除煙土外，以紗布爲大宗，向時每歲進口值銀一二千萬，光緒十八年增至五千二百七十三萬七千四百餘兩。內印度、英國棉紗值銀二千一百三十餘萬兩，邇來更有增無減，以致銀錢外流，華民失業。洋布、洋紗、洋花邊、洋巾入中國而女紅失業，煤油洋燭洋電燈入中國而東南數省之柏樹皆棄爲不材，洋□、洋針、洋釘入中國而業冶者多無事投閑。此其大者，尚有小者不勝枚舉。所以然者，外國用機製，故工緻而價廉，且成功亦易。中國用人工，實笨而價費，且成功亦難。華人生計皆爲所奪矣。如棉花一項，產自沿海各區，用以織布紡紗，供本地服用，外運往西北各省者絡繹不絕。自洋紗洋布進口，華人貪其價廉質美，相率購用，而南省紗布之利半爲所奪。迄今通商大埠及內地市鎮城鄉衣大布者十之二三，衣洋布者十之七八。嗚呼，洋貨流通日廣，而土產運售日艱，有心人能不惄焉憂哉。

方今之時，坐視土布失業固有所不可，欲禁洋布不至亦有所不能，於無可如何之中，籌一暗收利權之策，則莫如加洋布稅，設洋布廠。西貢進口布稅，漂布每匹值洋三元半者須納稅一元三角，是值百抽三十七矣。扣布每匹值洋三元一角五者須納稅一元三角，是值百抽四十矣。今中國洋布稅值，百者僅抽其五，甚有不及五者。如扣布每匹止納稅四分，洋布之寬三十因制長四十碼者，每匹僅納稅錢餘，或八分四分，輕微尤甚，此不啻授以利權，暢其銷路，所由進口日衆，獲利日豐也。今若改章加稅，使價值漸貴，運售漸難，則土布之銷場漸廣，失之東隅，收之桑榆，未爲晚也。況換約之限期以十年，屆期毅然行之，必有成效。

然既杜洋布之來，尤須自織洋布以與之抗衡。通商大埠及內地各省皆宜設紡織局，並購機織造，以塞來源。查紡織工作共分三層：首曰軋花。西國軋花向亦人力，自英人懷德尼出始創機器而利便百倍於人工。西人綜計每畝棉花歲收六十六斤，人工軋花每日可得淨棉三斤許，必須歷二十二日始軋成一畝之花。自機器行，則日半已足，敏捷可知。況棉中雜實又可提清，松勻潔白，華人皆喜用之。次曰紡織。工分十二層，曰打花去土，曰彈花成片，曰梳棉成帶，曰引棉成條，曰初成松紗，曰引長，曰卷緊，曰紡經紗，曰制緯紗，曰絡紗成紩，曰合紩成包，曰提檢廢棉，皆有機器紡成，倍精倍速，所亟宜仿行者也。三曰織布。工分六層，曰絡經，曰漿縷，曰織縷，曰摺布，曰印花。其機器有大有小，不但程工捷速，而織成布縷亦精細圓勻，勝於人工倍蓰也。

論紗布之利，各國莫不講求，尤以英爲巨擘。當西曆一千八百六十八年，棉花廠有二千四百七十處，織機有四十萬座，紡紗梃子有三千二百萬根，以後逐年添設，局廠日多，紗布運往各邦以億萬計，其棉花皆采自美國、印度，織成紗布運售於美印中華，技藝既精，心思尤巧，所由獨擅利權也。

年來日本機器織廠日增，所織各種棉布運入中國銷售者亦日見其夥，今中國已於上海漢口設局紡織，果辦理得法，以自種之花織自用之布，工賤價廉，無須運腳，實可收回利權。惟華人用法布者過多，兩局紡織不能敷用，倘再推廣設局，徧及於內地各區，除銷本國外，並可自派輪船運售於元山、釜山、仁川及南洋各島，則紗布之大利何難與泰西、日本諸國抗衡哉。

（清）何良棟《皇朝經世文四編》卷四三《工政·紡織·紡織篇張駿聲》 紡織爲富強之本，其益甚大，其利甚宏，其裕餉源，上足以有裨於國，其擴生計，下可以藏富於民，所以天下五大洲瀛環百餘國莫不研求講習，視爲切要之圖也。

查邇來洋紗洋布出貨日盛，進口日增，花樣則愈染愈新，質縷則愈織愈細，良西人講求紡織不遺餘力，運以精心，遂致中國利權半爲西人所奪。當光緒元年，棉布及棉紗棉線進口值二千零六（由）〔十〕萬一千一百四十三兩，絨毛布進口值四百五十六萬一千四百二十一兩，斜紋及各項雜布進口值十七萬七千八百四十八兩。及光緒十七年，棉布紗線進口增至五千三百二十九萬零二百兩，絨毛布進口增至四百六十九萬五千二百五十六兩，惟各項雜布當光緒八年最盛，計長二十八萬六千八百八十五兩，及十七年減至十萬一千二百零四兩。此其故何哉？蓋因上海、漢口兩局織成斜紋等布日見其多，是以雜布進口日形其少也。由此觀之，則知中國仿西法以紡織，不但可以謀富足，抑且可以杜漏巵。今日漢局漸有起色，漢局亦將恢復，其章程固燦然大備矣。然而統觀中國全局，尤須妥籌善法，以期利徧天下，功普蒼生也。且夫籌辦之法有六：曰推廣生業，曰保護利權，曰慎重人才，曰研求漂染，曰培植根本，曰擴充貿易。請詳其説如左。

何言乎推廣生業也？中國幅員之廣，亘古未有，人民之衆，約四百兆有奇，需用紗布之繁不可言喻。乃除上海、漢口外，餘無一省設局者，紗局亦僅三四處，而欲與洋紗洋布争勝，不亦難乎。爲今之計，應恢復上海布局，並宜擇通商各埠及産棉之區多設紗布等局，以期愈推愈廣。查外洋之興紡織，皆招股份設立公司，其法良，其意美。然而中國欲設公司，集股亦頗不易，何則？自礦務公司連番耗折，人皆視股份爲畏途，縱紡織較開礦爲穩，而人情難於圖始，樂於觀成。當開創之初，或且慮其不成，或更恐爲中飽，勢不能踴躍樂從。欲籌妥便之法，莫如由官集款創辦，以導其先，並無庸招股，俟辦有成效，衆目昭彰，然後定集股章程，招商承辦，即將官款提還。再向别處設局興辦，辦有成效，仍歸商辦。如此輪流創導，可興無窮之大利，而風氣既開，推行必廣，國家商民有不利益均沾哉。所謂推廣生業者，此也。

何言乎保護利權也？泰西各國紗布進口皆隨時抽以重税，值百者或抽十，或抽二十，或抽三十，甚至有抽四十者，如西貢等處是也。蓋進口之税重，其成本必昂，銷路必滯，而本國之貨乃可暢行，保護利權固當如是。乃中國抽收釐税，竟反其道而行。如進口之税，棉花每百斤僅納三錢五分；棉紗每百斤僅納七錢；洋紗寬三十六英寸、長七十二英尺，每疋僅納七分五釐；白色斜紋等布寬三十四英寸、長一百二十英尺者，每十碼僅納二分；色布寬二十四英寸、長一百二十四英尺者，每疋僅納一錢五分；各色毛布寬二十八英寸、長九十英尺者，每疋僅納三分五釐；花布、白提布、白點布寬三十六英尺、長一百二十英尺者，每疋僅納一錢。如是輕微，則中國紗布勢難暢行無阻。此雖有條約在，然立約之始，並無不准更改明文，宜俟換約之期酌量加重，而於本國紗布略宜減輕，即或不能減輕，亦須照洋税一例，既完正税後經過關卡，一概免抽，則不至爲淵毆魚矣。所謂保護利權者，此也。

何言乎慎選人才也？天下之事皆以得人爲要圖，固不獨紡織一端也。然而紡織之廢興，亦視人才之得否，故用人宜慎焉。查用人之道，莫善於外洋，外洋各項公司有司事，有董事，又有衆董中推選一人以爲首領。凡局中公事，悉聽其指揮，遇有變動情事，則邀齊商董會議，必俟詢謀僉同，方能照辦。又有司賬人將出入之數按日稽查，故總其事者雖大權在手，而分毫不能作弊。其立法可謂周矣。今中國各項局務皆以官爲總辦，司賬者又有總辦延請，只有隨聲附和，誰敢發伏摘奸。故總辦任非其人，百弊即因之而起。今欲妥籌紡織辦法，莫如仿公司章程，總辦不由公派，而由衆董公舉，總以熟悉商務可以勝任愉快者爲度，不必論其官階大小也。至於司事人等，尤須嚴行甄陶，浮躁者不用，虚矯者不用，吃鴉片者不用，嗜嫖賭者不用，不達時務者不用，不悉商情者不用，其有才識兼優者，則宜厚之以禮，蓋與其養什百庸衆，不如收一二賢豪也。此爲振興局務絶大關鍵，所謂慎重人才者，此也。

何言乎研求漂染也？凡紗既成布，其色澀而無光，其面毛而不滑，此其故由於紗中已加膠質，機内不免油污，是以漂染之功爲要焉。按西國漂染之法厥有數端：一、用機器烙炙絲毛以令光滑。一、烙炙時將布數疋連成一疋，以便循環不已。一、鑞鍋置放石灰，將布漿沸七時。一、用净水洗後，浸於鹽強水之酸水中。一、浸於松香水，令沸八時，復洗之以水。一、用漂白水浸一時，許再以水洗刷。一、用納養炭養二水漫沸二時，許再以水洗刷。一、浸過漂白粉水，復用鹽強酸水浸之。一、於棚面臺上曬置三時，再洗之以水。一、用軋輪軋乾。一、用大水桶進氣加熱，令布烘過桶外以便全乾。此漂布之要法也。至於印染花色，亦有數端：或以顔料及濇料印於布面成花，再蒸氣令變各色花式。或浸先以顔料水，再上藥料，令其花樣一新。或將鹽強水置錫若干，再和以顔料印染。或用阻色料漿將白布先印成花，再以顔料染之，則有漿處仍爲白色，極爲分明。或將濇料先印於白布，後以顔料水染之。凡此諸法，紡織家苟能研求，則布質必精，布色必美，銷路不期其增而自增矣。所謂研求漂染者，此也。

何言乎培植根本也？紗何以紡，非棉不能紡也。布何以織，非棉不能織也。是棉花者，紡織之根本也。中國之棉潔白有餘，緜長不足，僅可織斜紋平紋等項粗布。今欲妥籌辦法，多織細布標布，非培植洋棉不爲功。培植之法，宜擇天時和煖之區，相度機宜，試行布種。最要者，種時當令成行，行數以稀爲貴。美國種棉，每料皆相距一尺五寸至二尺五寸不等，故能多得脂膏，多吃生氣，無墮落之病，無歉薄之虞。計其收成之數，每英地一畝，即中國六畝，若山邊瘠地，能收棉一百磅，平原肥地，能收五百磅。中國誠照此法，多植洋棉，則出棉日衆，不但可供紡織之需，並可以其有餘販運日本、印度及英國各埠推廣銷售。一則可以擴生計，一則可以擅利權，而中國富盛之基有不從此而立哉。所謂培植根本者，此也。

何言乎擴充貿易也？紡織紗布全賴流通之遠，銷路之多，方可恢之愈宏，持之愈久，此其法當先疏通內地貿易，凡通商各埠以及西北各省與夫城鄉各鎮，皆當多設分埠，或寄售於布莊，尤能省費。迨至紡織日盛，並備輪船運往東南洋各埠，如橫濱、長崎、神户、箱館、築地、釜山、仁川、西貢、仰光、濱角、爪亞、新加坡、小吕宋、新金山、檀香山，皆爲華人旅居之處，銷售自不難爲力，隨後再逐漸推廣，運至外洋，則獲利之豐，可操左券焉。或謂外洋紗布充斥闤闠，誰復購諸中國，一旦運往，勢必折耗。此説也，吾不以爲然。信如其説，則棉花亦外洋所有，而何以取諸中國者仍絡繹如梭也。磁器亦西國所精，而何以購於中華者仍循環不已也。況乎大布夏布出口每年尚爲數不少，豈紡成細紗、織成細布反無人過問乎，吾知其不然也。所謂擴充貿易者，此也。

以上數端，皆籌辦紡紗織布之要法也。大抵天下事拘而守之則易，擴而興之則難，然以知其易而遂安其易，則成規自守，故步徒封，不但無益於民，而亦無益於國。知其難而不畏其難，則竭力圖維，悉心整頓，不但有利於國，抑且有利於民，此在有識者自能辨之也。尤有説者，《大學》言生財之道，一則曰生之者衆，再則曰食之者寡，三則曰爲之者疾，四則曰用之者舒。吾願司理紡織者，三復斯言，身體而力行之，局務庶有豸乎。

（清）何良棟《皇朝經世文四編》卷四三《工政・紡織・紡織三要殷之輅》

粤自生民以來，日用所需爲物雖繁，而最切要者布帛菽粟而已，故民事自耕稼而外，惟紡織爲當務之急，中外各國無不於此關心焉。中國紡紗織布之器向亦稱機，但恃一人手足之力以運之，未免遲鈍，且紗之粗細、布之厚薄不能一律均匀，在創始者亦本苦心孤詣，而繼作者乃竟不更求精邃，使數千年之舊法一成而未之變，此固小民之過於拘守，抑亦上之人別具好尚，末視工商，未能鼓勵其心有以致之者也。

自泰西汽機法創，工藝振興，紡織之器遂益漸增美備，通商而後，洋紗洋布之運銷東方各國者日益盛，中國銷數尤多，故歐洲各國頻年所增竟成動於三計，所增之機動以萬計，梃子之多幾不可數計，而紗布依然暢銷，於是民賴以富，商賴以興，而國更賴以強。雖其富強且興不盡關乎紡織，而紡織之利寔幾居半焉。雖其利不盡得之於中國，而中國寔亦居半焉。外國多一分之利，即中國加一分之漏。雖其漏不一端，而紗與布其大宗也。夫同一紗與布加以曲折運費，尚能與中國本出之土布爭衡，則以其工省而價廉也。工價之所以省且廉者，則以汽機之器製神而用廣也。若以中法向用之手機與西法美備之汽機較短長，是不啻跬步維艱而與飛行絶跡者相徵逐，豈僅瞠乎其後，直將顛躓而蹶矣。

然則欲保利權，非仿行西法振興紡織不可。中國諸當道固早見及此，十餘年前上海織布局已開其端，雖因辦理未得其法暫爲中止，而有志之廠復以千年前毅然重興，規模宏展，辦理亦漸得法，二三年間所出之布已日得萬餘碼，自紡之紗亦日得七八千斤，且布質合用，人多預爲訂購，成效既睹，推廣何難，於是漢陽布局亦仿而興起已。説者謂紗布一大宗之利，中國當可於一二十年間次第收回，其餘西法亦必見利思遷，是誠中國一大轉機，國家商民與有幸焉。乃不料上海布局災生，俄頃一炬成灰，百餘萬資本竟悉擲於虚牝，在諸當道及與股諸君遭此禍變，固屬抱痛切膚，即旁觀者亦孰不扼腕咨嗟太息而不能自已乎。蓋一局之成敗所關猶小，大局或因之而生疑阻則甚可惜矣。然而有識者斷不因噎而廢食，且不待瞻顧徘徊，而復興之舉當必立見施行。今果不旋踵，而盛觀察已承李相之命，由任奉調來滬專辦布局先後事宜，將見舊規重整，或且較前擴充，以中國之博大，合上下之財力，復此盛業，宜可從容布置，舉重若輕。至於如何籌辦，當局者自必悉心審度，益致精詳，又何待草野獻策爲哉。惟是務大者或遺其細，規遠者或略於邇，從來辦大事者，所以貴集思廣益也。因承明問，謹抒管見，條陳如左，以備采擇。

一、資本宜先措墊也。上海布局前此股東喪資過鉅，其舊股既補出於前復喪失於後，尤爲創巨痛深，在富厚而知體要者原不難如數再出，而其中當亦有盡力上股專賴此蠅頭以爲恒產者，則萬難復措，即另招新股，而疑畏方生，難期踴躍，或且妄謂天意不欲西法流行中國，故特降災以警，若再勉強從事，是逆天也。此等見解，中國最多，不獨小民如是，即大老亦所難免。殊不知天不阻人之成，而藉災警以堅人之志，或亦有之。試觀泰西一器之成甚屬艱苦，往往竭幾人心力，費幾許資財，經幾多歲月，千磨不退，百折不回，而後乃能克竟全功，坐享大利。今我仿其已成之法，指顧間即可獲利，何等便宜。雖此次災警出自意外，而實亦意中所當刻刻防備之事，苟因此而益堅其志，擴其規則，人事盡而天心自順，先難後獲，乃爲無愧，豈可妄生疑阻餒惰志氣乎。惟此乃可與上智言，彼小民習氣不化，難以語此，是必上之人有以先之勞之，除招股集資外，無論公私閑款，有可撥借者儘先借墊，購機造屋，立即興工，俾局面煥然一新，庶足以資觀感，釋疑惑，而股份自必源源而集，將來局廠之興方且如草木逢春日盛一日，豈僅復舊觀而已哉。

二、用人宜加慎選也。凡設一局，自總辦以下，各執事及工役人等動以千計，固皆當實事求是，各稱其職，而其責任重鉅，厥惟總辦，總辦得人，則各執事自無溺職，工役亦無犯規，局務未有不蒸蒸日上者，故慎選總辦爲開局第一義。凡局皆然，而織布局尤宜加慎，以爲其振興工藝之初基，擴充商務之根本，將來收回利柄，馴致富強，國計民生胥賴焉，此誠中國轉剝爲復一大關鍵，不僅係成敗於區區一局已也。爲之總辦者，所貴能見其大功仍不遺其細，又必公而不黨，中而無偏，略官場之體統，擴商務之宏規，夫然後勝任愉快悦服衆心。如是而猶不興者，吾不信也。然則總辦得人，則一局固無餘事矣。但總辦之權不嫌太重歟，曰總辦之權不可不重，而授總辦以權之權則不可獨專。聞泰西集股之公司，其總辦必以股大者爲之，而局務除常行外，凡章程舉措等事，則總辦不得自專，必合衆股東公議而後定。設其事可者半否者半，或否多於可，則置勿復論。若可多於否，乃即舉行。此雖西例，實亦中國古法。蓋即謀於庶人三占從二之義，慎之至也。惟不因宜此而過侵總辦之權，致多紛掣。至於必以股大爲總辦，覺太拘夫總辦非才大心細且能任勞怨者不足以勝任，彼出大股者，或才具平常，或有才而不願勞心，則又何必定執此例。設使相強，難免有誤事機，虛縻奉餉。中國辦公各局總辦類選道府大員，前布局雖亦以股大者領之，而其職則出於上游所專命，有股者均不能置可否，是亦不免千慮一失，難昭公允。今擬參酌中西古今成法，而稍變通之，凡總辦以下之各執事，雖可由中等股東自當，或保薦所知之人當之，而日後升降黜陟則必歸總辦節制，局中事務雖可許股東與聞，或條陳所知利弊以便興除，而一切事權則必歸總辦操縱，各股東均不得擅侵。蓋重其權，即所以重其責也。惟總辦一席，則當分其權於衆股東，公舉則舉，公措則措，庶免偏私而服衆心。即或以爲官商合辦之局，總辦當仍由官放，亦必許衆商互相糾察。設不勝任，可由衆商陳請當道，另選賢老。如是，則總辦一席正矣。總辦正而各執事自無不正，局務之興可翹足而待也。若夫約束工匠，另有詳細規條，既有總辦，自不難隨時審訂，茲不復贅。

三、廠房宜更精造也。棉花工藝可分可合，目下初設公局，自宜合辦，即更以總名曰棉藝局。一局之中約分三廠，一去子廠，二紡紗廠，三織布廠。每廠又分若干房，如去子廠則有子花房，收買子花堆儲於內。去子房，排列去子機器工作之所。净花房，已去子之花裝存於內。紡紗廠則有開鬆、彈鬆、抽帶、引長、初二三次轉緊及成經紗、緯紗並約匡打包等十餘段工作，每段皆有機器，皆須房間排列。如紡織相連，可省約匡打包二事，若出紗多於織布，此二事亦必少留地步。織布廠則有繞紗、作經、漿紗、織布、摺疋等五段工作，每段皆有機器，皆須房間排列。餘如汽機房、鍋爐房、吹風房、修理機器房、帳房、客房、總辦及各執事住房則又各廠所公需，或分或合，而皆不可少者也。凡設一局，必先將各種房屋配合若干機器，核算廣長丈尺，應需地面若干平方，又必順工作之次第列爲前後左右，中間各有天井，即便蓄水儲煤，又可隨牆開窗，便於通光通風之用。此大略也。查廠式在泰西初亦無一定公法，惟數十年來至於今日愈造愈精，早有圖說著爲成書，可以參觀取法，而其最要者略有數端：一要便益。設廠之地須近於江河，則取水便而足用不竭，近於出産則購料便而運費可省，近於都市則銷場便而貨不停滯。得此諸益，廠乃可設。若更近於鐵路，近於煤礦及易雇工匠之處，則獲益更多矣。一要合利。同一開廠，而小廠每不如大廠合利之多，誠以廠大則工作分任而事益專精，費可廣攤而成本輕減，且能審其材料，易於管理，故廠愈大而利愈豐也。一要防患。泰西無論何等公司，莫不勤防火患。除立救火會，備有各種機運水龍及滅火器具，時加操演外，造廠之初，必預留隔火路四面，多裝水管，通於各房，偶有失慎，不難立時撲滅。況造屋材料各用鐵質，即使有人故意縱火，亦難延燒。若棉花雖易引火，苟加意於此，亦何患之有哉。一要後步。照前説開廠固宜大不宜小，然或資本一時難於遽集，則不妨先從中等廠式辦起，惟廠基左右必備空地，則將來增設機座可以添造廠房，而前後工作層次仍不紊亂，或有少購機器而愈造大廠以備後增者，甚屬非計。蓋空屋多則擱本重，而無利可生；空地多則擱本輕，且可種植以生利，其得失相懸遠矣。如地價太貴，亦可兼造樓房，安機工作，亦屬簡便。至於後面，而亦宜多留空地，離廠約一二丈可造浴房及工匠住房，而薄收其租。其屋亦必清潔，俾免生病，則不致曠工。此皆有益而非空費也。造廠理法雖繁，大要不外乎此，是在始其事者變通盡善而已。

四、機器宜購新式也。泰西自興棉花工藝以來，所有去子紡紗織布各種機器屢經變易，已精矣而益求其精，已靈矣而愈致其靈，迄於今則新之又新，仍無止境，無非欲其出貨速而且美，則成本減而利自厚，故能常操勝券。我中國甫經開廠，勢必向泰西購辦機器，即使所購極新可以盡彼之長，而往返重洋已不免多所縻費，設誤購舊式或非極新者，則更難與爭衡。所幸中國棉價、工價均較外洋便宜，果能購得新式之機，雖出重價亦且合算，故購機一事，必須慎簡諳練老成真實可恃之人，庶不致誤。至於三廠機座之多寡，固宜相配。然去子之機所出之净花可多於紡織所需之數一倍或半倍，紡織所出之紗可多於織機所需之數一倍或半倍，蓋净花與紗均有別銷，若將來添設織機，本廠之净花與紗亦可敷用，不須外購，此亦當於造廠時預爲酌定者。若能更設漂染印花之廠，購用新法機器，或另辦，或歸局辦，亦屬棉藝一貫之事，且利較紡織尤厚，所當一概仿行者也。按各廠本以分辦爲善，合辦未免太繁，難以周到。然開辦之始，別無交互，欲竟全功，非合不可，雖合以總其成，仍當分以專其任。若去子漂染兩廠，亦不必連於紡織，因地制宜可也。以上所訂棉藝四宜，雖不足以盡局務之詳，而局務之梗概已具，特謹就一局之成而言之耳。若夫中國大局攸關，尤以棉藝爲重，試更推廣論之，庶國家商民等均沾利益。其要領亦有三事焉，謹將大意申次於左。

一曰不禁仿效以溥公利。側聞前此上海布局開辦之初，有禁止仿效准其獨行之説，豈狃於泰西有保護創法者獨行若干年之例而誤會之耶。夫泰西之例，本爲鼓勵人才兼酬其創始之勞，不聞因人之法而復禁仿效者。況中國此舉係欲收回洋利以拒敵，洋紗洋布來源之盛，非與本國人争利也。設若誤行此例，是何異臨大敵而反自縛其衆將士之手，僅以一身當關拒守，不亦傎乎。且即以自家争利而言他業或防分奪紗布，則無庸慮此，蓋以中國人民約四百兆計，足之每年應需紗布之數，必須如前局增至千處，所出之貨庶可敷用。試問千局豈一二十年所可增設，即使果能增千局，而紗布亦不慮有餘，此固尋常商人所能計算者，何當道轉昧於此，遽行仿效之禁乎。是或傳聞之誤，未必有此事也。爲今之計，不但不禁，且必多方勸導，使知振興工藝之益，而棉藝爲尤足可恃，則凡富有之家及小有資本者，皆可糾集股份廣，設棉藝局廠，不復慮銀錢閒擱無處生利矣。中國工藝悉聽小民自爲，故恒守舊法，無所進益，有閑財者，無非開典當錢莊及販鬻百貨，而此各業又因趨之者衆，無大利益，或且虧本，故常慮有錢無生意可做。今若先開西法棉藝一門，使之耳聞目見，灼知其中利益之未有不奮然興起者。始雖用其勸導，繼則如水赴淵，不獨棉藝可必大興，各項工藝亦將繼起也。商既得利，向業紡織之小民即可改爲局廠之工匠，出布既多，價必從廉，用布者亦得便宜，是商與民均沾利益也。在國家即可更訂棉花税則，並可計機徵捐以資辦公之費。所謂辦公者，即下文學機器考究種植等。始雖不足，久必有餘，其利益於國不更大而遠乎，是真上下交相益之事，所以爲公利也。

二曰遣學造機以規久遠。夫仿人之法而不能探本窮源，終不免受制於人，則所謂仿行者，烏能持久乎。西法之本源，機器而已，機器之日新月異務極其精而已。今中國棉藝初辦，勢不得不出洋訂購，果能購得材美工良極新之機，不受欺蒙，則雖價昂費重，尚屬便宜，原不必吝惜區區，若竟因此以爲永遠可恃，則將來終有失其所恃之一日，非自立之道也。設僅開辦一二局，不欲推廣，亦可不必深求，不推廣斷不可與西商敵，且器不能久而無壞，除隨時修理外，必有添補更換之時，亦非可永恃也。設使所用之機器爲天所獨授於西人，惟西人能造之，華人斷不能學，則亦何必枉勞心力。中國本多智巧之士，聰明有特過諸洲者，惟因好尚不同，用心各異，遂使古法失傳，自西人入華，華人頗有深思自得能自造機器者，鄙人目見耳聞，固已指不勝屈，無待繆陳也。又設西人素矜獨得之秘，不肯傳授外人，則亦無可如何。西人創法，除保護獨行期內決不吝惜，無論本國別國，皆肯指示。而此三者，固皆非也。然則資遣巧匠並已有心得之士出洋學造機器，非甚難事，惟當厚其資斧，俾得做布，得以實事求是，庶不蹈前此遺派學徒有名無實之弊。學成回華，即可轉相授受，利賴無窮矣。欲規久遠者，此事即當亟行爲要。

三曰講求種植以擴貨源。考產棉最古之國首推印度，因天時土質均屬相宜，中國棉種即自彼傳來，及今約四百年，而宜棉之地則更多於印度。若美國產棉之盛，不過四五十年耳，而棉種則反最佳，絲紋極長，故印度早已改用美種，所出之花價昂一倍，以畝計利，亦倍於本種者。蓋緣英國設有衛棉公會，爲印度采選美種，並新創馬加第去子之機器及新法種棉之農器，送與印度，又將種棉得利之法印成多書，以教印人，專望印度多產上等棉花同於美國，誠以英之本國近於寒帶，素不宜棉，故經營屬地若斯之切也。今中國初仿西法，固無一事不落後塵，所幸地博土饒，差勝一籌。苟能於種植一節加意講求，迥非他國所可與爭，況既興紡織，而棉花爲紡織之源，尤宜先籌良法，俾出花多而且美，方爲至計。乃至今仍聽小民拘守舊法，未見有起而導之者，豈以其利在於民，故膜然置之與，實則此事小半利民，大半利商與國，明者自知，無庸剖贅，所願謀國事者早爲籌及，毋再觀望，斯誠善矣。蓋此事既不用責之於無力小民，又不能使一局獨籌，故上之人責無旁貸也。若論辦法，無事他求，即以英之所以籌印度者而益加切焉斯可已，取則不遠，折枝非難，知必有采及芻蕘者，行將拭目視之。

（清）何良棟《皇朝經世文四編》卷四三《工政・紡織・機器織布紡紗宜用中國木棉方可收回利權論施景琛》　考海關貿易册，外國洋布進口，每年常贏中國銀三千八百餘萬兩，此皆一去而無可塞之漏巵也。自上海湖北紡織局興，稍稍足與爭衡，然滬局布機僅五百五十張，鄂局布機僅二千張，即使逐日開齊，常年出布，不過九十餘萬疋，而外洋進口仍有一千三百萬疋，此中漏巵，亦復不少。況且僅此自織九十餘萬疋中類多利用綿紗，我國欲收回利權，要不過得其十五六分中之一耳。然使九十餘萬疋中所用木棉純行采諸中國，猶可差強人意。

乃難華棉者，動曰中國棉花色雖潔白，而絲甚短，只可織成粗布，不能織造細布，以敵外洋之利。以視美國南島之棉花，絲紋長半寸至二寸，粗六百分寸之一至二千分寸之一，一磅花可紡成綫長一千英里及三四百英里者，相去遠甚。竊以爲不然，土花原非無用，其出於泉州龍溪同安者往往高六七尺，吐實纍纍，名爲攀枝花，江浙木棉亦擅無窮之利，即使絲紡略短，紡織不甚相宜，然使洋棉與華棉互相攙用，亦萬無不利之處。若分紗爲五等：以洋棉織成者爲上等；以華棉三分洋棉七分和紡者爲二等；凡織各項細布當無不宜用之；以華洋各五分者爲三等；以華七分洋三分者爲四等，凡織中號各布亦當無不樂用之；以全係華棉者爲五等，凡織土布無不更宜之。如此互相和用，不啻水乳交融，必無形跡之可判，行之既廣，土花之用有不普哉。如不之信，試用西國軋花機器，打花去土機器，彈花成片機器，梳棉成帶機器，引棉成條機器，初成鬆紗機器，中引長紗機器，紡緊棉紗機器，紡製經紗機器，紡製緯紗機器，絡紗成絖機器，合絖成色機器，提檢廢棉機器，一一施工，然後再經織布之絡經機器、理經機器、漿縷機器、摺布機器，同其織法施行，辦理應亦無不合用。況聞湖北紡局亦間有採用黃岡、麻城、孝感、黃陂等處棉花，雖甚潔白，不逮洋花，而絲經之長略可備用。若再紡之得法，則無可廢之土花矣。不然，木棉出口按年常七十餘萬擔，夫洋人果何樂而購此木棉哉。蓋亦以木棉往俟紡成後以洋紗來，從中轉運，利中華之利耳。然同此木棉，與其經西人轉運之煩，何如自紡之爲愈也。且嘗聞西國格致家有言曰：植物之性，只順土宜，若移植花，花以補土花之所不及，則織布之獲利，或亦更有券可操。其言不謬。爲今日計，使擇美國南海島之種，餘如埃及、新哇林、南亞、美利加、巴西各種均不甚佳，而種之於廣東江惠潮、福建之泉漳，順其土宜，試行布種，然後再相別省土宜逐漸推廣，其布種先須得法，當春初地氣生發時，先耘數次，隨即作成畦畛，每畦闊宜一步許，半爲畦面，半爲畦背，長宜八步，迨清明前後澆灌三次，越日天如晴朗，立即下種，不可過遲。撒種當以機器，非徒捷速，且可均勻。果如此，則種植之道得，收成無不旺矣。收成既旺，生生不息，用洋花無異用土花之便，即因之多得，其用洋棉猶華棉也，又何至按年失去紗利哉。

抑更有說者，洋布進口逐歲加增，中國之利漸爲所奪，今欲推廣紗布利源，莫如增添器具，使紡織日多，則洋貨來源始能漸塞。試觀西國紡織之器，年來增培，當西曆一千八百十三年，英僅有紡織紗機器二千四百座，現已有四十餘萬座矣。所以紡織紗布運往亞洲，操奇計赢，有加無已。中國生齒日繁，而紡織機器僅有數百架，安能塞彼漏卮，允宜抗擴廠基增添機器，以開絶大利源也。

（清）何良棟《皇朝經世文四編》卷四三《工政·紡織·機器織布利弊説》　機器西國所尚，中國所無，今中國仿西國用機器以戰以商則可，以耕以織則斷不可，請詳其説。

夫用機器以戰，則西國機器如開花礮、克虜礮、轉輪礮、田雞礮、來福槍、小手槍、大輪船、鐵甲船、電氣水雷、自行水雷、性爾水雷、磺強水雷之類，實勝中國之火器戰船，取其長以衛國，仿而用之可也。今各省之製造局所仿造可以利戰是也。若用機器以商，則西國機器，如火輪船之載貨，電線報之傳價，亦較中國之商舟信局爲速，奪其利以裕民，仿而用之。今各省招商局所仿行可以利商是也。用機器以戰以商，此二者皆有利而無弊也，故曰可也。

若用機器以耕以織則不然。倘用機器以耕則斷不可。夫中國重農與西國重商不同，四民之中農居大半，天下之農以億萬計，一農之耕足養八口之家。若用機器之耕，則萬億之農皆餓死矣，其家之餓死者更倍蓰矣。或謂運動機器可即用其人。噫，運用機器豈能盡用此億萬之人哉，此三尺童子皆知其誑也。況此億萬衆難保皆束手待斃，倘作亂焉，豈額兵之力能乎哉。若用以耕，利未獲而弊已大，故曰以耕則斷不可。

而用機器以織則尤不可。夫農家之婦女皆事織紝，食指多，耕不足，賴織以濟，歲或凶，耕無獲。賴織以濟。嘗見凶歲，婦以織食夫女，以織養親，比比皆是也。或男子疾病，則女子僅織以醫。更有嫠婦撫孤，恃織以守節，孝女事母恃織以養親，如是者，正復不少也。今一旦用機器織布，則設遇凶荒疾病，必致男女皆亡，且嫠婦與孤孝女與母將盡餓死，天下之婦女餓死者當以億萬計，可乎不可，此尤利難言而弊至大也。故曰以織尤不可也。況自洋布入中國而中國之土布日難售矣，織婦已多難活命矣，乃猶以爲未足，而更購機器織布，以絶其命乎，此計其利未計其弊也。且創此議欲設此局者，利未見而弊已滋，事未成而弊已多焉。數年前有彭觀察者，於上海創議設立機器布局，誘人合股，所得股金盡費狎妓。彼意合股須富人，富人必狎妓，惟流連花酒可交接富人，乃易成事。於是無日不攜妓觀劇狎妓開筵，日費百金，月費千金，歲費萬金，皆此股金也。股金千金萬金皆爲狎妓揮霍之金而已。歷三四年，集數萬金，布未織一疋也，機未見一具也，局未見一設也。噫，弊至於此，言之可爲長太息也。更有甚焉，斯人也，斯舉也，不但騙富人，而且騙貧人，尤有騙術之巧者，念貧者必失業，失業必謀事，以是遇人即曰開局需人，願君舉人，用必敷歲月，予多金，及有薦人，或爲貧者，則告之曰，如合成一股，則可薦數人，盍於族戚友朋之富者代爲合股，則合股者既歲獲厚利，新薦者亦月得多金也。於是貧而失業之人聞風皆向族戚友朋之富者慫恿，以致寡婦之遺產，愚子之祖田，多變價而入轂中矣。乃遲之久，遲之又久，而局杳然也，金烏有矣，織布局竟一大騙局矣。嗚呼，其爲弊也一至於此哉，此事未成而弊已叢矣。而幸未成也，使其成也，弊更大也。然此非予一人之私言也，近時上海新報已略言之矣。

今聞事不中止，另委賢員，鑒於前章，翻然一變，既非騙局，可望有成，然不幸而成，則天下之織婦不知餓死凡幾矣。而偉人亦嘗計及之乎，或曰左爵相於甘肅之肅州府已設機器織呢局矣，何以有利而無弊也。曰：是不同也，彼乃織呢也，固非織布也。織呢，中國向無之。甘肅赴恰克圖互市之呢乃俄國織之，今設此機器織呢局，是奪俄人之利也，故有利無弊也。織布，中國久安之。中國如江浙省土產之布，乃婦女織之。今設機器織布局，是奪婦女之利也，何求利忘弊也。且織呢用羊毛機器織之，係以棄物成用物，又工省，故利大。至織布用棉紗機器織之，竟廢人功，奪婦功，絶生路，故弊大。二者雖皆用機器以織，而事迥異，即情不同利弊分焉，未可以彼例此也。今之司其事者酌定章程，詳爲核計，言購機若干具，日織若干疋，資本若干兩，獲利若干金，似利盡錙銖，算無遺策矣。

嗚呼，計其利亦嘗思其弊乎，計己之放利而行則得矣，亦思人多絶命而死，何忍乎。倘思億萬織絍婦女將餓死也，盍計利而防弊，庶皇然惕，廢然返，毅然止乎。

或曰西人洋布久行中國，未聞織婦餓死也。今念西人互市，洋布爲大宗，故特設此局，以奪西人之利，似無織婦之弊也。曰是又不然，織婦受洋布之害，奪土布之利久矣，或餓或死不以相告，宜今尚不知也。況西人洋布之來，散售於各省通商之口，非專聚於上海一處也，而江浙之織婦受害已深矣。今織局更設於上海，則洋布專出於上海，即土布愈無人售，而織婦必多餓死矣。以機器織之洋布價賤，人工之土布價貴也，人皆售賤不售貴也。且前聞設局立議織洋布兼織土布，則人工之土布愈無人售矣。是不但奪西人之利，更奪織婦之利也。況局既開織日多，局布不更多於土布乎，土布豈復有顧問乎，織婦不皆將餓死乎。今聞機器已購，織師已延，股金漸集，局事難止，無已祇織洋布，不織土布，機限其數，分售各口，勿聚上海，稍損之而試行，以留織婦生機，此亦無法之法，減弊之一法也。試行焉，始見爲利爲弊，再定或行或止，可也。

綜　述

《大明令·工令》　凡各處官司，雜造軍器、軍裝等物，須要鋒利堅固，堪中支用，局官常切比較工程，合用材料，從實申請，置簿開寫，以憑稽考。提調正官，嚴加點檢，但有不堪，究治，追賠。

凡局院成造段疋，務要緊密，顔色鮮明，丈尺斤兩，不失原様。局官常切比較工程，合用絲料，從實申請，提調正官，嚴加提督，但有不堪，究治，追賠。

《明會典》卷一七二《刑部·律例·工律·營造·擅造作》　凡軍民官司，有所營造，應申上而不申上，應待報而不待報，而擅起差人工者，各計所役人雇工錢，坐贓論。

若非法營造，及非時起差人工營造者，罪亦如之。

其城垣坍倒，倉庫公廨損壞，一時起差丁夫軍人修理者，不在此限。

若營造計料，申請財物，及人工多少不實者，笞五十。若已損財物，或已費人工，各併計所損物價，及所費雇工錢重者，坐贓論。

《明會典》卷一七二《刑部·律例·工律·營造·虛費工力採取不堪用》　凡役使人工，採取木石材料，及燒造磚瓦之類，虛費工力，而不堪用者，計所費雇工錢，坐贓論。若有所造作，及有所毁壞，備慮不謹，而誤殺人者，以過失殺人論。工匠提調官，各以所由爲罪。

《明會典》卷一七二《刑部·律例·工律·營造·造作不如法》　凡造作不如法者，笞四十。若成造軍器不如法，及織造段疋麤糙紕薄者，各笞五十。若不堪用，及應改造者，各併計所損財物，及所費雇工錢重者，坐贓論。其應供奉御用之物，加二等。工匠各以所由爲罪。局官減工匠一等。

提調官吏，又減局官一等。並均償物價工錢還官。

一各處軍器局，造作各項軍器不如法者，將管局委官，參問降級。都布按三司，堂上委官，及府衛掌印官，各治以罪。

《明會典》卷一七二《刑部·律例·工律·營造·冒破物料》　凡造作局院，頭目工匠，多破物料入己者，計贓以監守自盜論。追物還官。局官、并覆實官吏，知情符同者，與同罪。失覺察者減三等。罪止杖一百。

一、各處巡按御史、都布按三司、分巡分守官，查盤軍器，若有侵欺物料，那前補後，虛數開報者，不論官旗軍人，俱以監守自盜論。贓重者，照侵欺倉庫錢糧事例擬斷。衛所官三年不行造册，致誤奏繳者，降一級。各該都司守巡等官，怠慢誤事，參究治罪。

《明會典》卷一七二《刑部·律例·工律·營造·帶造段疋》　凡監臨主守官吏，將自己物料，輒於官局帶造段疋者，杖六十。段疋入官，工匠笞五十。局官知而不舉者，與同罪。失覺察者，減三等。

《明會典》卷一七二《刑部·律例·工律·營造·織造違禁龍鳳文段疋》　凡民間織造違禁龍鳳文紵絲紗羅貨賣者，杖一百，段疋入官。機户，及挑花挽花工匠，同罪。連當房家小，起發赴京，籍充局匠。

《明會典》卷一七二《刑部·律例·工律·營造·造作過限》　凡各處額造常課段疋、軍器，過限不納齊足者，以十分爲率，一分，工匠笞二十。每一分，加一等。罪止笞五十。局官減工匠一等，提調官吏，又減局官一等。

若不依期計撥物料者，局官笞四十。提調官吏，減一等。

《明會典》卷一七二《刑部・律例・工律・營造・修理倉庫》 凡各處公廨、倉庫、局院，係官房舍，但有損壞，當該官吏，隨即移文有司修理。違者，笞四十。若因而損壞官物者，依律科罪，陪償所損之物。若已移文有司而失誤者，罪坐有司。

《明會典》卷一七二《刑部・律例・工律・營造・有司官吏不住公廨》 凡有司官吏，不住公廨內官房，而住街市民房者，杖八十。

若埋沒公用器物者，以毀失官物論。

《明會典》卷一八二《工部・營造・儀仗》 洪武二十六年定，凡製造皇帝、皇太子、親王鹵簿車駕等項儀仗，及修理者，除金銀器皿於內府成造，其餘器仗，照數行下軍器等局，委官督工計料，依式修造，完備，進赴鑾駕房收貯供用。

《明會典》卷一九三《工部・軍器軍裝・火器》 凡火器成造。永樂元年奏准，銃砲用熟銅，或生熟銅，相兼鑄造。

弘治九年，令造銅手銃，重五六斤，至十斤。

又令神鎗神砲，在外不許擅造。遇邊官奏討，工部奏行內府兵仗局，照數鑄給。

正德十二年題准：蠢袋火桶等件，南京兵仗局造解。鐸木箭竹，兩廣採辦。

嘉靖四十二年題准：內局鑄各邊火器，演試炸破者，發局陪料改造。仍查究經造員役凡火器編號。正統十年題准：軍器局造碗口銅銃，編勝字號。

《明會典》卷一九三《工部・軍器軍裝・戰車旗牌》 凡戰車。天順八年，令造戰車。制如民間小車，但前增三面木板，闊二丈二尺，高六尺，綵畫飛虎獸面。上開小窗，下三面，各留銃眼。

成化二年，令每步隊，造小車六輛。每輛，二人推挽，七人放銃，軍裝俱載其上。行則爲陣止則爲營。空處張掛布圍，畫作獅頭牌狀，營外每車設木樁二根，絆馬索一條。又置布幕二扇，俱用旗鎗張掛，小紅纓頭，並生鐵鈴鐺。

弘治十七年奏准：造戰車一百輛，送營操習。

嘉靖十二年議准：團營收貯先年戰車，改造載銃手車七百輛。

二十九年奏准：造戰車九百輛，火車五十輛，鹿角架五十副。

三十年題准：造單輪車一千輛，雙輪車四百輛，單輪弩車四十輛。

四十三年題准：京營該用兵車，每營四百輛，共四千輛。每輛，前帶鹿角木，上安拒馬鎗，迎風牌一面，兩傍偏廂牌二面。上下裹鐵葉二寸，前後車板二副，竹桿鎗一根，約一丈五尺。鐵鍋一口。鐵索一條，約一丈二尺。每輛，可容步卒五人。給神鎗夾靶鎗各二，發營教演。

《明會典》卷一九四《工部・窯冶》 窯冶，舊有磚瓦石灰，今歸營繕司。其燒造鑄造諸器物，皆官府取用。制錢與鈔，兼行民間。故詳載焉。鑿石取煤，具有禁令。今例於後正統間，令都察院出榜禁約官員軍民人等，不許於蘆溝橋以東及西一帶，鑿山取石。但曾掘成坑坎者，責令填平。今後取石，俱於蘆溝橋河西一帶取用。還差人巡視。如有故違，仍於河東一帶取石者，治以重罪。

成化元年，令都察院申明渾河大峪山煤窯禁約，錦衣衛時常差人巡視。敢有私自開掘者，重罪不宥。

正德元年議准：渾河山場與皇陵京師相近，恐傷風水，申嚴禁約，不許動戚勢要之家鑿石取煤。

嘉靖七年，以居庸關官軍無處樵採，白羊口鎮煤窯，准照舊開取。

《明會典》卷一九四《工部・陶器》 洪武二十六年定：凡燒造供用器皿等物，須要定奪樣制，計算人工物料。如果數多，起取人匠赴京，置窯興工。或數少，行移饒處等府燒造。

凡在京燒造。天順三年題准：琉璃窯瓷缸，十年一次燒造。舊例，缸土釉土派行真定府，白釉城土派行開封府，絹布白麻派行順天府各辦解。木柴召買。

嘉靖三十一年，各宮殿膳房及御酒房花園等處料造瓷缸。

隆慶五年，內官監傳造琉璃間色雲龍花樣盒盤缸罈，皆工部辦料，送該監官匠自行燒造。

凡儀真、瓜洲二廠燒造，每年南京工部委官一員，駐劄儀真，燒造酒缸十萬箇。完日，就於糧船內運帶來京，徑送光祿寺交收應用。仍將燒運過數目，按季造册呈部，送司備照。

嘉靖七年奏准：寧國府原造送南京光禄寺酒瓶，内一十一萬五千箇，令儀真廠帶運至光禄寺。又一萬五千箇，照舊解南京光禄寺各供應。

凡河南及真定府燒造。宣德間題准：光禄寺每年缸罈瓶共該五萬一千八百五十隻箇，分派河南布政司鈞磁二州，酒缸二百三十三隻，十瓶罈八千五百二十六箇，七瓶罈一萬一千六百箇，五瓶罈一萬一千六百六十箇，酒瓶二十六十六箇。真定府曲陽縣酒缸一百一十七隻，十瓶罈四千二百七十四箇，七瓶罈六千一百箇，五瓶罈六千二百四十箇，酒瓶一千三十四箇。每年燒造解寺應用。

嘉靖三十二年題准：通行折價，每缸一隻，折銀二錢。瓶罈一箇，折銀一分。鈞州缸一百六十隻，瓶罈一萬八千九十箇，共該銀二百一十二兩九錢，外增脚價銀一百九十七兩一錢，又大户幫貼銀六十兩。磁州缸七十三隻，瓶罈一萬五千七百六十二箇，共該銀一百七十二兩二錢二分，外增脚價銀一百三十二兩五錢八分五釐。曲陽縣缸瓶罈共一萬七千七百六十五件，該銀一百九十九兩八錢八分，外增脚價銀一百八十五兩九錢九分三釐。總該銀一千一百四十兩六錢五分八釐。通行解部，召商代買。如遇缺乏，止行磁州、真定燒造，免派鈞州。

四十二年奏准：鈞州脚價幫貼盡行除豁。

凡江西燒造全黄並青碌雙龍鳳等瓷器，送尚膳監供應。其龍鳳花素圓匾瓶罐爵盞等器，送内承運庫交收，光禄寺領用。

宣德八年，尚膳監題准：燒造龍鳳瓷器，差本部官一員，闢出該監式樣，往饒州燒造各樣瓷器四十四萬三千五百件。

弘治十八年詔：江西饒州府燒造瓷器，自本年以後，暫停三年。江西燒造，嘉靖中改隸都水司，其瓷缸瓶罈等件仍隸本司。

凡停減燒造。正統元年奏准：供用庫瓷罈每歲止派七百五十箇。

景泰五年奏准：光禄寺日進月進内庫，並賞内外官瓶罈，俱令盡數送寺補用，量減歲造三分之一。

天順三年奏准：光禄寺素白瓷龍鳳碗楪減造十分之四。

成化四年奏准：光禄寺瓷器仍依四分例減造。

十七年奏准：光禄寺歲用瓶罈，仍照舊例，或二年，或三年，一次奏造，令廚役關領。如有損失，責令照數陪償。

二十三年詔：凡燒造瓷器，差去人員，悉令回京。

弘治十五年奏准：光禄寺歲用瓶罈缸，自本年爲止。已造完者，解用。未完者，量減三分之一。本寺該管人員輕易毀失者，科道官查究送問陪償。

萬曆十年，傳行江西燒造各樣瓷器九萬六千六百二十四箇副對枝口把。

後奏准：屏風、燭臺、棋盤、筆管減半造。

又奏准：屏風、棋盤、燭臺、花瓶新樣大缸未燒者，停免。

又奏准：不係緊要瓷器，減一千四百箇副。

《明會典》卷一九四《工部·鑄器》 洪武二十六年定：凡鑄造銅鍋、銅櫃等器，及打造銅鍋、銅灶、鐵窗、鐵貓等件，行下寶源局，定奪模範及計算合用銅鐵木炭等項，明白具數呈部，行下丁字庫、抽分竹木局放支，督工依式鑄造。

永樂間，設局崇文門内，地名溝頭，今稱南寶源局，專鑄内外衙門銅鐵器皿。

嘉靖三十一年，改造新局於東城明時坊，即今寶源局，專鑄制錢及銅鐵器皿。行令武功三衛，各委官一員，摘餘丁各十名，與該局官吏匠作人等，輪流在局，晝夜巡邏搜檢。

三十八年，令新舊二局鑄過器皿，如有銅鐵炸炭等項餘剩，造册，每月申報工部查考。

鑄造：

生銅一斤，用炭一十二兩。

黄熟銅一斤，用炭一斤。

紅熟銅一斤，用炭一斤。

生鐵一斤，用炭一斤。

打造：

紅熟銅一斤，用炭八斤。

黄熟銅一斤，用炭八斤。

瓜鐵一斤，用炭一斤八兩。

凡鑄造親王印符、金牌，並上直守衛官軍金牌，工部及禮部計料，委官帶領寶源鑄印二局官，會同尚寶監，土官信符、金牌，會同印綬監，俱於內府金牌廠同造。造完，送銀作局鍍金。各衙門印信，工部給銅，於禮部鑄印局造。

守衛金牌，額設仁義禮智信字五號，共該一千三百三十餘面，後損失數多，隆慶元年題准：照號補鑄五十面，增號添鑄二百面，將所損牌面，送部鎔銷。

外國信符金牌，凡歷代改元，日本等國符牌，俱另鑄當代年號給用。合用物料人力，行順天府辦解。其裝盛袱匣等件，原無年號字樣，仍於原造見存內揀用。隆慶元年，印綬監題鑄陰陽文信符金牌七十面。每面各有硃紅戧金匣。

凡鑄造朝鐘，用響銅，於鑄鐘廠鑄造。嘉靖三十六年題准：行內官監造，合用物料，響銅於本監，熟建鐵於工部，各支用。生銅等料，召商買辦。及鎔鑄下爐，用八成色金，花銀於內承運庫關領。鑄匠，行兵馬司召募二百名。本部照例支給工食，同本監官匠，相兼做造。仍於工所摘撥官軍應用。

隆慶五年題：造朝鐘，合用生銅數多，恐措辦不及，將本廠見貯試音不堪大鐘五口，及裂璺廢鐘三口，改毀添輳。

朝鐘一口，通高一丈四尺二寸五分，身高一丈一尺五寸五分。雙龍蒲牢，高二尺七寸，口徑七尺九寸五分。備用鐘一口，製同前計鐘二口。物料：

八成色金一百兩。每口五十兩。

花銀二百四十兩。每口一百二十兩。

響銅九萬五千斤。

熟建鐵二萬斤。

生銅四千斤。

紅熟銅二萬一千斤。

錫八千三十斤。

鐘槌長五尺至四尺，徑二尺二至一尺七寸，合用柚木，派行浙江、湖廣、四川、福建採解。

凡鑄造銅壺滴漏，嘉靖三十六年題准：行內官監造。每副物料：

紅熟銅二百五十斤。

四火黃銅三千三百五十斤。

木箭一十九枝。行內靈臺開寫節候時刻安設。

凡鑄造收放錢糧法馬，俱寶源局造。隆慶四年題准：舊法馬輕重參差，令户工二部公同較勘，行該局鑄造。節慎庫、太倉、光禄寺、太僕寺、荊杭抽分兩廠、兩直隸、十三省及七邊郎、七鈔關、五運司，各法馬一樣四十副。仍行撫按轉行各府州縣，照依新降式樣鑄造。

凡內外各衙門合用器具，遇缺題辦，原無定例。

《明會典》卷一九四《工部·鑄錢》 凡鑄造制錢。洪武四年，鑄洪武通寶錢。

二十年，令各布政司停止鑄錢。

二十二年，復鑄。更定錢樣分兩。

永樂六年，鑄永樂通寶錢。

宣德八年，鑄宣德通寶錢。

弘治十六年，鑄弘治通寶錢。

十八年題准：每文重一錢二分。

嘉靖七年，鑄嘉靖通寶錢。

十九年，以鑄錢所得不償所費，暫行停止。

二十二年，令照新式，鑄洪武至正德紀元九號錢，每號一百萬錠。每錠五千文。

嘉靖錢一千萬錠，內工部六分，南京工部四分，各分鑄。

隆慶四年，鑄隆慶通寶錢。

萬曆四年，鑄萬曆通寶錢二萬錠，每文重一錢二分五釐，七分金背，三分火漆。兩部照舊四六分鑄。

十三年，鑄萬曆通寶錢十五萬錠，內南京工部分鑄六萬錠。

凡在京鑄錢。洪武二十六年定：凡在京鼓鑄銅錢，行移寶源局，委官於內府置局，每季計算人匠數目，其合用銅炭油麻等項物料，行下丁字庫等衙門放支。如遇鑄完，收貯奏聞，差官類進內府司鑰庫交納，取批回實收長單附卷。

嘉靖三十二年，令黃銅照例行户部買辦，錫麻等料行甲字等庫關支。炸炭工食等項，工部料價支給。以本部侍郎提督，本司員外郎監造。

四十二年題准：每錢一千文，舊重七斤八兩，今重八斤，每銅五萬斤，錫五千斤，鑄錢六百萬文，共重四萬八千斤。除耗四千斤，仍扣剩銅錫三千斤。凡進錢，務秤足數，方許運進司鑰庫交收。

萬曆四年題准：動支太倉銀五萬一百九十三兩有奇，寄節慎庫，陸續發商買辦鑄造。

洪武間則例：

當十錢一千箇，燻模用油一十一兩三錢，鑄錢連火耗，用生銅六十六斤六兩五錢，炭五十三斤一十五兩二錢。

當五錢二千箇，燻模用油一斤四兩，鑄錢連火耗，用生銅六十六斤六兩五錢，炭五十三斤一十五兩二錢。

當三錢三千三百三十三箇，燻模用油一斤一十四兩，鑄錢連火耗，用生銅六十五斤九兩二錢五分，炭五十三斤八兩三錢五分。

折二錢五千箇，燻模用油二斤五兩五錢，鑄錢連火耗，用生銅六十六斤六兩五錢，炭五十三斤一十五兩二錢。

小錢一萬箇，燻模用油一斤四兩，鑄錢連火耗用生銅六十六斤六兩五錢，炭五十三斤一十五兩二錢。

穿錢麻：當十錢，每串五百箇，用一兩。

當五錢，每串五百箇，用八錢。

當三錢，每串一千箇，用一兩。

折二錢，每串一千箇，用七錢。

小錢，每串一千箇，用五錢。

銅一斤，鑄錢不等。外增火耗一兩，弘治十八年題准：每銅一斤，加好錫二兩。

當十錢一十六箇，折小錢一百六十文。

當五錢三十二箇，折小錢一百六十文。

當三錢五十四箇，折小錢一百六十文。

折二錢八十箇，折小錢一百六十文。

小錢一百六十文。

鑄匠每一名一日鑄當十錢一百二十六箇，

當五錢一百六十二箇，

當三錢二百三十四箇，

折二錢三百二十四箇，

小錢六百三十箇。

銼匠每一名一日銼當十錢二百五十二箇，

當五錢三百二十四箇，

當三錢四百六十八箇，

折二錢六百四十八箇，

小錢一千二百六十箇。

嘉靖中則例：

通寶錢六百萬文合用二火黃銅四萬七千二百七十二斤，

水錫四千七百二十八兩，

炸塊一十四萬五千斤，

木炭三萬斤，

木柴二千三百五十斤，

白麻七百七十斤，

明礬七十七斤，

松香一千五百六十六斤，

牛蹄甲十萬箇，

砂罐三千五百二十箇。

鑄匠工食，每百文銀三分八釐。

萬曆中則例：

金背錢一萬文合用四火黃銅八十五斤八兩六錢一分三釐一毫，

水錫五斤一十一兩二錢四分八毫八絲，

炸塊二百三十九斤八兩一錢一分六釐七毫，

木炭四十五斤六兩二錢四釐四毫，

白麻一十一兩六分六釐六毫，

松香二斤一十三兩六錢二分四毫四絲，

砂罐六箇。

鑄匠工食三兩六錢五分。

火漆錢一萬文合用二火黃銅斤兩同前牛蹄甲一百八十五箇一分八釐，水錫、炸炭、白麻、松香、砂罐、工食，並同前凡南京鑄錢。舊例，南京寶源局，合用銅麻等料，於南京丁字等庫關支。人匠工價，查取本部該動銀兩支給，約爲四分。一分支取揚州、淮安、杭州鈔關船料銀兩，三分動支蘆課銀兩。

嘉靖中題准：分鑄紀元各號通寶，蘆課不敷之數，儘於船料內取用。

隆慶二年，以船料取用反過三分，題准停鑄。其支剩船料銀，及每年三鈔關坐派鑄錢支費銀兩，照數併解户部濟邊凡在外各處鑄錢。洪武二十六年定：在外各布政司一體鼓鑄。本部類行各司，行下寶源局，委官監督人匠，照依在京則例，鑄完錢數，就於彼處官軍收貯，聽候支用。

各處鑪座錢數：

北平二十一座，每歲鑄錢一千二百八十三萬四百文。

廣西一十五座半，每歲鑄錢九百三萬九千六百文。

陝西三十九座半，每歲鑄錢二千三百三萬六千四百文。

廣東一十九座半，每歲鑄錢一千一百三十七萬二千四百文。

四川一十座，每歲鑄錢五百八十三萬二千文。

山東二十二座半，每歲鑄錢一千二百一十二萬二千文。

山西四十座，每歲鑄錢二千三百三十二萬八千文。

河南二十二座半，每歲鑄錢一千三百一十二萬二千文。

浙江二十一座，每歲鑄錢一千一百六十六萬四千文。

江西一百一十五座，每歲鑄錢六千七百六萬八千文。

嘉靖三十四年題准：雲南鑄錢，每年扣留該省鹽課銀二萬兩，就近買料，雇匠鼓鑄嘉靖通寶錢，年額三千三百一萬二千文，令參政一員專理。每年十月以裏鑄完，差官起解户部，貯太倉庫，專備九邊年例、京營料草折色、文武官折俸等項支用。

萬曆四年題准：通行十三布政司、南北直隸，開局鑄錢，每府發鏇邊樣錢一百文，直隸州五十文，令照式鑄造，鑄完呈樣。

《明會典》卷一九四《工部・冶課》　凡各處鑪冶。洪武二十六年定：各處鑪冶，每歲煽煉銅鐵，彼先行移各司歲辦。後至十八年停止，今不復設。如果缺用，即須奏聞，復設鑪冶，採取生礦煆煉。著令有司差人陸續起解，照例送庫收貯。如係臨邊用鐵去處，就存聽用。

二十八年，罷各布政司官冶，令民得採煉出賣。每歲輸課，三十分取二。

正德元年奏准：浙江等布政司課鐵，每一斤折解銀二分五釐，待後鐵料不足，仍解本色。

各處鐵冶：

國初置各處鐵冶，每冶各大使一員，副使一員。

江西：

南昌府進賢冶。

臨江府新喻冶。以上洪武七年置，十八年罷。

袁州府分宜冶。洪武七年置，十八年罷。二十七年復置，二十八年罷。

湖廣興國冶。

蘄州黄梅冶。以上洪武七年置，十八年罷。

山東：

濟南府萊蕪冶。

廣東：

廣州府陽山冶。

陝西鞏昌冶以上俱洪武七年置，十八年罷。

山西：

平陽府吉州富國、豐國二冶。洪武七年置，十八年罷。二十七年復置，二十八年罷。

太原府大通冶。

潞州潤國冶。

澤州益國冶。以上俱洪武七年置。十八年罷。

四川龍州冶永樂二十年置。

順天府遵化鐵冶。永樂間，初置廠於沙坡峪，後移置松棚峪，宣德十年罷。正統三年，復置於白冶莊，萬曆八年罷。

各處鐵課：

國初定各處鑪冶，該鐵一千八百四十七萬五千二十六斤。

湖廣六百七十五萬二千九百二十七斤。

廣東一百八十九萬六千六百四十一斤。

北平三十五萬一千二百四十一斤。

江西三百二十六萬斤。

陝西一萬二千六百六十六斤。

山東三百一十五萬二千一百八十七斤。

四川四十六萬八千八十九斤。

河南七十一萬八千三百三十六斤。

浙江五十九萬一千六百八十六斤。

山西一百一十四萬六千九百一十七斤。

福建一十二萬四千三百三十六斤。

見今歲課：

浙江鐵七萬四千五百八十三斤五兩四錢。遇閏，加派四千四百六十五斤四兩六錢。衢州府一萬五千斤，餘及加閏，皆坐温州府。正德元年，浙福等省俱徵解折色，每斤折銀二分五釐。嘉靖元年，仍解本色。

福建鐵二十九萬九千一百五十五斤三錢四分七釐，遇閏，加一萬七千八百六十五斤一十二兩。福州府八千四百三十三斤，閏加七百六斤十四兩二錢。福寧州寧德縣三千三百三十七斤五兩，閏加二百七十九斤五兩八錢。邵武府一萬九千三百九十一斤，折熟切鐵六千四百六十三斤十兩六錢六分七釐，閏加一千六百十五斤十五兩，折熟切鐵五百三十八斤十兩二錢二分二釐。泉州府一萬三千三百四十一斤，遇閏不加。汀州府八萬五千三百三十二斤十四兩六錢，閏加八千一百九斤五兩。延平府一十五萬六千二百十九斤十四兩一錢九分，閏加六千五十九斤五錢。建寧府一萬三千一百十五斤十二兩五錢，閏加一千九十五斤三兩五錢。嘉靖三十四年奏准：建寧府無閏，加鐵三千九百三十四斤。有閏，加鐵四千二百六十二斤八兩。每斤價銀一分，水腳銀一分二釐徵解。

廣東潮州府鐵七萬斤。解南京工部。

遵化鐵冶事例：鐵冶廠近革，姑存事例，備查考。

本廠建置，永樂間：置於沙坡峪，領以遵化諸衛指揮，後移松棚峪，始設工部主事。

正統三年，移白冶莊。

弘治十年，改郎中，三年一更。正德元年，請敕撥給令史一名。

嘉靖三十六年，題給關防。每年管督工匠夏月採石，秋月淘沙，冬月開鑪，春盡鑪止，鐵完解部。本廠收支一應錢糧，按月造冊呈報，每年終將支剩銀兩解部。

萬曆九年題准：將山場封閉，裁革郎中及雜造局官吏、額設民夫、匠價、地租銀徵收解部，買鐵支用。

本廠夫匠，永樂間，起薊州遵化等州縣民夫一千三百六十六名，匠二百名，遵化等六衛軍夫九百二十四名，匠七十名，採辦柴炭，煉生熟鐵，一年一運至京。

正統三年，凡燒炭人匠七十一户，該木炭一十四萬三千七十斤，淘沙人匠六十三户，該鐵沙四百四十七石三斗，鑄鐵等匠六十户，附近州縣民夫六百八十三名，軍夫四百六十二名，每年十月上工，至次年四月放工。凡民夫民匠，月支口糧三斗，放工住支。軍夫軍匠，月糧六斗，行糧三斗。俱歲辦柴炭鐵沙。看廠軍月糧同，行糧減半。各軍俱給冬夏衣布二疋、綿花二斤八兩。幫貼餘丁，不支糧，該衛免其差役，歲辦半於正軍。此外又有順天、永平輪班人匠，原額六百三十名，歲分爲四班，按季辦柴炭鐵沙。又有法司送到炒煉囚人，每名日給粟米一升。

弘治十三年奏准：本廠民夫，每名每年給均徭銀十二兩，買辦柴炭，其口糧罷支。

十六年，議減軍夫民匠十分之四。

十八年，又減軍夫之半，民夫十分之四。

正德五年，又減軍民夫三分之二。

七年，減本廠存留軍民所納柴炭之半。

嘉靖七年，計本廠實在軍夫四百二十五名，匠六十七名，民夫四百一十名，匠二百一名，輪班匠四百一十名。

四十五年，議定軍夫軍匠有力者，一丁獨辦，無力者，二三丁朋合。

又議定：囚人每年仍以百名爲率，不得過多。

萬曆元年議定：軍夫每名幫貼餘丁二名，軍匠三丁朋作，二丁幫貼。

今額徵順永二府民夫銀三千八百九十五兩，班匠銀二百九十二兩零五分。

本廠鐵課。成化十九年，令歲運京鐵三十萬斤。遵化、薊州、三河、通州等衛所州縣，出夫車。遵化三衛、一所、一縣，運十萬斤。薊州三衛、一州七萬斤。三河二衛、一縣六萬斤。通州四衛、一州七萬斤。共用車一百七十六輛五分，每輛裝鐵不得過一千七百斤，運價不得過三兩五錢，候農隙領運。

正德四年，開大鑑鑪十座，共煉生鐵四十八萬六千斤，白作鑪二十座，煉熟鐵二十萬八千斤，鋼鐵一萬二千斤。

六年，開大鑑鑪五座，白作鑪八座，煉生熟鋼鐵如前八年，令生鐵免炒。

嘉靖八年以後，每歲大鑑鑪三座，煉生板鐵十八萬八千八百斤，生碎鐵六萬四千斤。發白作鑪，煉熟掛鐵二十萬八千斤解京，鋼鐵停止。計熟鐵每掛四塊，重二十斤，共一萬四百掛。分派軍衛有司，起大車一百零四輛，每輛裝鐵二千斤，各委官陸續領運。

本廠山場，薊州、遵化、豐潤、玉田、灤州、遷安，舊額共四千五百六十一畝九分六釐，採柴燒炭。成化間，聽軍民人等開種納税，肥地每畝納炭二十斤，瘠地半之。

嘉靖五年議准：肥地每畝徵銀五分，准炭十五斤，瘠地半之，共該銀七百四十四兩七錢七釐六毫。

八年，議令各該州縣徵解本廠，每銀十兩，召買炭三千斤。

九年，題減肥地止徵四分，瘠者半之。

四十五年題准：聽民開墾，永爲世業。地稍平者，每十畝，坐肥地一畝。稍偏者，每十畝，坐瘠地一畝。今額徵銀七百八十一兩三分一釐三毫。

禮部鑄印局黄銅，舊議行工部出辦，每年查發一百斤，嘉靖二十九年以後，發二百斤。

《明會典》卷二〇一《工部・織造》 兩京織染，內外香置局。內局以應上供，外局以備公用。南京又有神帛堂供應機坊。蘇州杭州等府，亦各有織染局。每歲造解有定數，數內有奉欽降花樣改織者，然未嘗增派。後於歲造之外，奉旨題派織解者，曰坐派。一時急缺，令部買辦者，曰召買。間一行之，以非舊制，不具載。若制帛誥敕，乃織造一事，及冠服器用、斛斗秤尺，各有法式，今備列焉。

段疋：

凡織造段疋，闊二尺，長三丈五尺。額設歲造者，闊一尺八寸五分，長三丈二尺。歲造段疋，並闊生絹，送承運庫。

上用段疋，並洗白、腰機、畫絹，送織染局。婚禮紵絲，送鍼工局。供應器皿、黄紅等羅，並只孫褐，發文思院。

洪武元年令：凡局院成造段疋，務要緊密，顔色鮮明，丈尺斤兩，不失原樣。局官常切比較工程，合用絲料，申請提調正官嚴加提督。但有不堪，究治追陪。

二十三年，罷天下歲織段疋。凡有賞賚，皆給絹帛。如或缺乏，在京織造。

二十六年定：凡供用袍服段疋及祭祀制帛等項，須於內府置局，如法織造，依時進送。每歲公用段疋，務要會計歲月數目，並行外局織造。所用物料，除蘇木、明礬，官庫足用，蠶絲、紅花、藍靛，於所產去處税糧內折收，槐花、梔子、烏梅，於所產令民採取，按歲差人進納該庫支用。

丹礬紅每斤染，經用蘇木一片，
黄丹四兩，
明礬四兩，
梔子二兩。
黑綠每斤用靛青二斤八兩，
槐花四兩，
明礬三兩。
深青每斤用靛青四斤。
蠶絲，
湖州府八萬斤。
紅花，
山東七千斤，
河南八千斤。
藍靛，
應天府二萬斤，

鎮江府二萬斤，
揚州府二萬斤，
淮安府二萬斤，
太平府二百斤。

槐花，
衢州府六百斤，
金華府八百斤，
嚴州府六百斤，
徽州府一千斤，
寧國府八百斤，
廣德州二百斤。

烏梅，
衢州府一千五百斤，
金華府二千斤，
嚴州府一千四百斤，
徽州府一千五百斤，
寧國府一千五百斤，
廣德州五百斤。

梔子，
衢州府五百斤，
金華府五百斤，
嚴州府二百斤，
徽州府五百斤，
寧國府五百斤，
廣德州二百斤。

內織染局：

本局如遇織造冬至大祀，上用十二章袞服、皮弁服，題行欽天監擇日，禮部題請，遣大臣祭告。其工匠，間有於外府取用者。嘉靖四十四年，題行蘇松二府，各取織羅匠二十名，隨帶家小，赴部審實送局。隆慶元年題准：凡有傳奉急用龍袍等件，本局果難獨支，方許奏行南局織造，不得違例陳請。

外織染局：

本局合用物料，節年查會有無多寡不一，除年例內支用及甲丁二庫關放，宛大二縣辦解外，其召買，大約以嘉靖四十二年爲准，該銀六千二兩二錢。今十年料造例，惟賞夷净衣絹布，係該所染造，其廣盈庫上用絹布，户部轉行順天府宛大二縣變染。

每年題取染造絹疋物料，
藍靛二萬五千三百五斤，
煉鹼一萬五百斤，
土鹼一千四百五十五斤，
小粉一萬八千零八斤，
木柴二十一萬九千八百二十一斤，
木炭一萬六千三百三十六斤，以上召買。
折色藍靛銀四百五十九兩，順天府折解。
豬胰子二萬箇，順天府辦解。
蘇木烏梅茜草明礬等料。甲字等庫關支。
內召買各料，嘉靖二十一年議：該價銀一千八百一十五兩。隆慶二年，查減去七百兩。六年，復減定爲一千五十七兩。

十年一題：染練絹疋，承運庫關支細闊生絹十五萬疋。供用絹三萬疋，內熟絹，大紅四千疋，桃紅三千疋，丹桃紅五千疋，藍青八千疋，共二萬疋。生絹大紅一千五百疋，桃紅一千五百疋，青一千五百疋，黑綠一千五百疋，柏枝綠一千五百疋，明綠一千五百疋，共一萬疋。

賞用熟絹一十二萬疋。內大紅九萬疋，藍青三萬疋。

各處織染局：

浙江杭州府，紹興府，
嚴州府，金華府，
衢州府，台州府，
温州府，寧波府，
湖州府，嘉興府。
江西布政司。

福建福州府，泉州府。
四川布政司。
河南布政司。
山東濟南府。
直隸鎮江府，蘇州府，
松江府，徽州府，
寧國府，廣德州。
各處歲造段疋數目：
每歲，造紵絲、紗、羅、綾、紬、絹，舊額各處共該三萬五千四百三十六疋一丈六尺一寸五分。遇閏，共加二千六百七十九疋二丈八尺八寸二分。今除江西、湖廣、河南、山東四省折解外，見徵浙江等布政司并南直隸蘇松廣德等府州縣，本色共二萬八千六百八十四疋一丈九尺一寸五分，遇閏共加二千六十一疋五丈二尺三寸九分。俱以十分爲率，二分織金，八分光素。吐絲七百四十三兩八錢，遇閏加三兩四錢九分。
浙江布政司，紵絲一萬四百二疋，線羅五百二十疋，生平羅一千疋，紗三百六十六疋，色紬五百二十八疋，共一萬二千八百一十七疋。閏加紵絲八百一十二疋，線羅三十一疋，生平羅二十五疋，共加八百六十八疋。今徵一萬二千六百六十二疋，閏加八百三十八疋。
江西布政司，紵絲二千八百二疋，閏加二百四十五疋。今徵價銀一萬六百五十一兩四錢，閏加九百三十一兩。
河南布政司，紵絲八百疋，閏加六十七疋。今徵價銀三千一百六十九兩五錢三分五釐二毫，遇閏不加。
山東布政司，紵絲七百二十疋，閏加六十疋。今徵價銀二千一百七十兩八錢，閏加一百八十兩九錢。
湖廣布政司，紵絲一千九百三十九疋，閏加一百六十九疋。今徵價銀七千五百二十六兩六錢，閏加六百四十八兩四錢。
福建布政司，紵絲二千三百九十二疋，閏加一百九十一疋二丈四尺。今徵二千二百五十八疋，閏加一百八十八疋二丈四尺。
山西布政司，綾絹各五百疋，閏共加八十六疋。
四川布政司，闊生絹四千五百一十六疋，閏加三百七十七疋。
直隸蘇州府，紵絲一千五百三十四疋，閏加一百三十九疋。
松江府，紵絲一千一百六十七疋，閏加九十七疋。
常州府，紵絲二百疋，閏加一十七疋。
鎮江府，紵絲一千四百四十疋，閏加一百二十疋。
徽州府，紵絲七百二十一疋，閏加四十八疋。今加五十九疋。
寧國府，紵絲七百九十六疋，閏加四十七疋。今加五十八疋。
池州府，闊生絹二百一十一疋一丈六尺一寸五分，閏加二十疋四尺八寸二分。今加一十九疋二丈八尺三寸九分，吐絲二斤十兩八錢，閏加三兩四錢九分。
太平府，闊生絹五百疋，閏加四十二疋。
安慶府，闊生絹六百八疋，遇閏不加。
揚州府，紵絲一百三十一疋，闊生絹七百一疋，紬三百疋，共一千一百三十二疋，閏加七十二疋。今徵紵絲二百三十疋，閏加一疋。生絹七百一疋，吐絲七百一兩，閏俱不加。
廣德州，紵絲二百四十疋，閏加一十四疋。今加二十疋。
凡歲造。宣德十年，令各處解到段疋，原解人員，連原封同該司官吏、辦驗御史送至午門內，會司禮監委官及庫官，揀驗堪中收庫，不許在部開封。
正統元年，令各處歲造段疋等物，該府州縣官，將織染局見在各色人匠機張及歲辦，並關支顏料等物數目，開報巡按官，以憑稽考。
十二年奏准：歲造段疋，俱令腰封編號，開寫提調及經織造官吏、匠作姓名，不堪用者，照號問罪，責其陪償。
成化二十年奏准：各司府設有織染衙門去處，不許另科價銀，轉往別處織買段疋，因而侵剋錢糧。違者，從重究治。
嘉靖八年奏准：各司府州額辦紵絲紗羅紬絹，令巡按御史催督。
十四年題准：各處歲造段疋，如有過限解納不及原數，並驗過不中等項，布政司至一千疋，府至一百疋以上者，將各掌印官並解官住俸責限，完日開支。若司至二千疋、府至二百疋以上者，參行提問，送部降級敘用。
萬曆元年題准：督造專責司府掌印官，辦驗委巡按御史。御史失參，聽本部該科參奏。本部失參，聽該科參奏。

凡改織。天順三年，將揚州歲造紬三百疋改織紵絲一百疋。

弘治九年，內承運庫缺供用賞賜段疋，令以歲派絲料分派各司府，改織各色紵絲紗羅綾紬五萬五千五百疋，以省另派擾民。

嘉靖五年，以賞用不敷，題准行織造地方，將原額歲造絲料改織紵絲紗羅，暗花一萬八千疋，各長三丈五尺，闊二尺。

凡折價。嘉靖七年題准：江西、湖廣、河南、山東地方不善織造，令各折價。每織金一疋，價銀三兩五錢。光素一疋，三兩三錢。仍每疋帶徵路費銀五錢。山東每疋三兩，每百兩加銀五錢。

凡織造內官。弘治十七年，革回蘇杭等府織造內官，令鎮巡等官管理。

隆慶元年，詔罷蘇杭南京織造，原差內官取回。一切不經織造，盡行停止。嘉靖中，陝西織羊絨，廣東等處織葛布，至是俱罷。

凡大漢千百户襯甲服色。嘉靖二十年題准：每三年一次織造，蘇州府紅紗六十疋，杭州府礬紅羅六十疋。俱均徭內派徵，差官解納。

制帛：

洪武三年定，神帛織文、郊祀上天及配享，皆曰郊祀制帛。太廟祖考曰奉先制帛。親王配享曰展親制帛。

社稷、歷代帝王、先師孔子及諸神祇皆曰禮神制帛。功臣曰報功制帛。蒼白青黄赤黑各以其宜，南京司禮監神帛堂年例織造，起運赴京各様制帛一千九十六段，南京太常寺關領各様制帛二百五十五段，運赴顯陵奉先白色制帛一十八段。每年共該用帛一萬三千六百九十段。例該十年一次料造。

誥敕：鐵券附。

洪武二十六年定：照依品級制度，如式製造所用五色紵絲誥身誥帶黄蠟、花椒、白麵、紙劄等項，差人赴內府織染局等衙門關支誥敕式様。

誥織用五色紵絲，其前織文曰奉天誥命。敕織用純白綾，其前織文曰奉天敕命。俱用升降龍文，左右盤繞。後俱織某年月日造，帶俱用五色。

鐵券：

洪武二年新製，給賜功臣，面刻誥文，背鎸免罪減禄之數。字嵌以金，爲左右二面，合以字號。

二十六年定：公侯伯襲封鐵券，行下寶源局，依式打造。所用瓜鐵木炭，須於丁字庫抽分竹木局關支。如遇完備，進赴內府鎸嵌。

鐵券尺寸：

公：一様，高一尺，闊一尺六寸五分。二様，高九寸五分，闊一尺六寸。

侯：三様，高九寸，闊一尺五寸五分。四様，高八寸五分，闊一尺五寸。五様，高八寸，闊一尺四寸五分。

伯：六様，高七寸五分，闊一尺三寸五分。七様，高六寸五分，闊一尺二寸五分。

冠服：

洪武二十六年定：凡製造皇帝、皇太子、親王、袞冕袍服，務要擇日興工，仍擇日以進。其餘婚禮妝奩，並太常寺祭服浄衣，及給賜衣服冠帶、喪禮、衫巾，並行移鍼工巾帽二局，如法製造。其給賜衣服冠帶，圓領貼裏紗帽角帶。須要預先多辦，以備不時賞賜。

各王府冠服：親王每位，世子同。冕服一副，皮弁服一副，常服一副，以上尚衣監辦。金册一副，銀事件一副。以上銀作局辦。

親王妃，世子妃同。册盝袱褥鎖鑰服匣一副，翠珠七翟冠一頂，用藍青冠蓋，大紅羅冠罩，事件全。玉穀圭一枝，匣全。玉綬花一副，玉革帶一條，玉佩玎璫一副，玉禁步一副，合香串一副，錫合一箇，舄料一副，珍珠金。禮服匣一座，以上內官監辦。金册一副，金鳳一對，金簪一對，金墜頭一箇，金寶鈿花九箇，七翟冠頂上用。玉革帶事件一副，玉佩玎璫鉤二箇，綵結垂頭花葉一副，玉綬花用，以上銀作局辦。大衫大紅素夾三件，大紅素紵絲一件，表，紵絲一疋零一丈。裏，熟絹一疋零一丈。大紅素線羅一件，表，素線羅一疋。裏，生絹一疋。深青素線羅一件，表，素線羅一疋。裏，生絹一疋。鞠衣實金繡鸞鳳綵繡雲夾四件，大紅素紵絲一件，表，表紵絲一疋。裏，生絹一疋。大紅素銀絲紗一件，表，素銀絲紗一疋。裏，生絹一疋。大紅素線羅一件，表，素線羅一疋。裏，生絹一疋。深青素線羅一件，表，素線羅一疋。裏，生絹一疋。各色熟絲線，大紅一兩三錢五分。青三錢。青線羅綵繡鸞鳳夾霞帔二副，各色素線羅大帶，大紅三條，深青一條。大紅綿布包袱一條。以上俱鍼工局辦。

郡王，册盝袱褥鎖鑰服匣一副，內官監辦。鍍金銀册一副，銀事件一副。以上銀作局辦。如初封，加銀印池一箇，銀作局辦，印匣一箇，內官監辦。

郡王妃，册盝袱褥鎖鑰服匣一副，內官監辦。鍍金銀册一副。銀作局辦。

凡將軍以下冠服。嘉靖七年議准：定擬價銀，遇有該府便差人員，給與印信領狀，赴部關領勘合，各回本布政司支領自辦。該司每歲終，將給過緣由，造册繳報。四十四年定：郡王、將軍、中尉、郡縣□君冠服，通行裁革，惟親王世子妃仍舊。

凡靈濟顯靈二宮及福建靈濟宮各真君袍服，每三年一題换。

凡賞賜衣服。永樂十二年，添設主事一員，於六科廊專管成造。其紵絲、紗、羅、絹、布，每套俱有圓領，褡□、貼裏，或女衣，或幼小男女衣，賞賜番僧，則用紵絲襌衣、紵絲。賞古麻氅哈喇，藍綾貼裏絹衣，貼裏青布衣，每年二次題造。

上半年成造織金紵絲圓領八百件，素紵絲圓領二百件，紵絲褡□、貼裏各千件，絹圓領、褡□、貼裏各三十件，黑牛皮靴二千雙，白羊毛氈襪二千雙。計用各色紵絲二千五百一十二疋一丈六尺，內承運庫放支。闊生絹二千六百六十三疋八尺，承運庫放支。送織染所變染藍紅二色。青紅熟絲線一十五斤，木炭四百斤，并皮靴氈襪，俱工部召商買辦。

下半年成造織金紵絲圓領八百件，素紵絲圓領二百件，紵絲褡□、貼裏各千件，絹圓領、褡□、貼裏各三十件，絹裏一百套。計用各色紵絲二千五百一十二疋一丈六尺，內承運庫放支。闊生絹二千九百一十四疋一丈六尺，承運庫放支。送織染所變染。青紅熟絲線一十八斤，木炭四百五十斤，工部召商買辦。

凡給賜貢夷衣服，詳見禮部主客司。

遼東三衛，每年二次給賞，本色衣、靴、襪、段疋，共六百分。

女直建州等三百六十四衛所站寨，每年一次給綵段折銀，每段一疋，折銀三兩。共一千七百餘分。陝西、四川二處番人番僧，每三年一次給綵段折銀，共三千七百餘分。

靈藏贊善王差來番僧，紵絲綾貼裏衣，折銀北虜加賞。萬曆元年題准：於內承運庫關領。各色織金胸背紵絲五百五十八疋，六科廊成造衣二百套給賞。自後每年照例，因貢遞加，四年加至四百三十六套。

凡給賜衍聖公祭酒等官冠服。詳見禮部主客司。

凡給賜狀元進士冠服，狀元宴花抹金銀牌腳一副，牌上鈒恩榮宴三字。素銀帶一條，照六品制，以上銀作局辦。烏紗帽一頂，展翅全。黑角帶一條。

朝服，大紅羅袍一件，大紅羅裙一條，大紅羅蔽膝一條，三項，共用大紅線羅五丈八尺，黑青線羅一丈二尺，紅生絹九尺，青蘇絹五尺，連中單，共用白紅絲線三錢五分。白絹中單一件，用白蘇絹二丈二尺。梁冠一頂，簪條全。玎璫一副，銅鉤全。錦綬一副，青絲網環全。黑朝帶一副，以上文思院造。木笏一片，營繕所造。履靴一雙，氈襪一雙，以上皮作局辦，順天府解銀召買。進士巾三百五十頂，展翅俱全。翠葉絨花七百枝，上鈒恩榮宴三字。袍三百五十領，每件用天青水緯羅三丈二尺，黑青水緯羅七尺，裏用藍絹三丈二尺，承運庫關支，生絹送織染局染。黑角革帶三百五十條，以上文思院造。木笏三百五十片。營繕□造，通該順天府折□解部。

凡給賜雲、貴、四川監生冬夏衣，每年一次。嘉靖十五年議准：支給價銀，聽其自製。著爲例。

夏衣三百套，每套三件，用藍白腰機夏布二疋一丈五尺，每疋三丈二尺，折銀三錢三分，該銀八錢一分四釐六毫八絲七忽五微。

冬衣三百套。每套三件，用闊生絹四疋三丈，每疋三丈二尺，折銀五錢五分，絲綿一斤，折銀五錢五分，該銀三兩二錢六分五釐六毫二絲五忽。

凡祭祀净衣，文思院每年一次題造，給道士廚役，例不追收。

永樂十二年定：各壇該用絹布净衣，六科廊每年三起成造，共八百九十五套，每套四件，共三千四百三十六件。

嘉靖中，分建四郊，成造净衣一千七百二十八套。

十一年題准：四郊並祈穀社稷六壇、樂舞生道士，各給絹布等物，行令自造。臨期，聽御史查點，廚役照舊造給。著爲例。

三十三年題造各壇廟廚役巾袍二百六十件，條帽鞋襪各三百件。

四十五年，增造大享殿樂舞生道士净衣二百一十六套。

隆慶元年，止存四郊社稷五壇，照例成造給賜。

計各壇净衣，圜丘壇道士净衣二百八十七套，廚役綿净衣三百套，方澤壇道士净衣二百六十一套，廚役單净衣三百套，朝日壇道士净衣二百三十二套，廚役夾净衣二百套，夕月壇道士净衣二百三十七套，廚役夾净衣二百套，社稷壇春秋兩祭道士浄衣共四百五十二套。

凡各壇廟祭祀冠服。嘉靖中定：圜丘典儀執事三十五人，司御拜位五人，青段祭服共四十套。梁冠、革帶、玎璫、笏板、鞋、襪全。

舞生，文六十六人，各門燒香一十五人，天青段袍襯共八十一套，冠、帶、鞋、襪全。武六十六人，各門燒香一十五人，天青段袍襯共八十一套，天丁帶、冠、靴、襪全。

樂生七十二人，各門燒香一十八人，天青段袍絹襯共九十套，冠、帶、靴、襪全。

方澤典儀執事三十六人，青紗祭服三十六套，冠、帶、玎璫、笏板、鞋、襪全。

舞生，文六十六人，各門燒香八人，玄色紗袍襯，共七十四套，冠、帶、鞋、襪全。武，六十六人，各門燒香八人，玄色紗袍襯共七十四套，天丁帶冠、靴、襪全。

樂生七十二人，各門燒香九人，玄色紗袍絹襯共八十一套，冠、帶、靴、襪全。

朝日典儀執事九人，素羅祭服九套，冠、帶、玎璫、笏板、鞋、襪全。

舞生，文六十六人，各門燒香七人，紅羅袍襯共七十三套，冠、帶、鞋、襪全。武六十六人，各門燒香七人，紅羅袍絹襯共七十三套，天丁帶、冠、靴、襪全。

樂生，七十二人，各門燒香五人，紅羅袍絹襯共七十七套，冠、帶、鞋、襪全。

夕月典儀執事一十三人，青羅祭服一十三套，冠、帶、玎璫、笏板、鞋、襪全。

舞生，文六十六人，各門燒香七人，玉色羅袍絹襯共七十三套，冠、帶、鞋、襪全。武六十六人，各門燒香七人，玉色羅袍絹襯共七十三套，天丁帶、冠、靴、襪全。

樂生七十二人，各門燒香五人，玉色羅袍絹襯共七十七套，冠、帶、鞋、襪全。

社稷典儀執事一十二人，青羅祭服一十二套，冠、帶、玎璫、笏板、鞋、襪全。

舞生，文六十六人、各門燒香三人，紅羅袍絹襯共六十九套，冠、帶、鞋、襪全。武六十六人，各門燒香三人，紅羅袍絹襯共六十九套，天丁帶、冠、鞋、襪全。

樂生，七十二人，各門燒香四人，紅羅袍絹襯共七十六套，冠、帶、鞋、襪全。

太廟祫祭典儀執事七十九人，青羅祭服七十九套，冠、帶、玎璫、笏板、鞋、襪全。

五祀執事一十三人，青絹祭服一十三套，冠、帶、玎璫、笏板、鞋、襪全。

太廟四孟時享並司門等祀，典儀六十六人，青羅祭服六十六套，冠、帶、玎璫、笏板、鞋、襪全。

舞生，文六十六人，各門燒香四人，紅羅袍絹襯共七十套，冠、帶、鞋、襪全。武六十六人，各門燒香四人，紅羅袍絹襯共七十套，天丁帶、冠、靴、襪全。

樂生，七十二人，各門燒香四人，紅羅袍絹襯共七十六套，冠、帶、鞋、襪全。

帝王廟典儀執事四十五人，青羅祭服四十五套，冠、帶、玎璫、笏板、鞋、襪全。

舞生，文六十六人，各門燒香七人，紅羅袍絹襯共七十三套，冠、帶、鞋、襪全。武六十六人，各門燒香七人，紅羅袍絹襯共七十三套，冠、帶、靴、襪全。

樂生，七十二人，各門燒香六人，紅羅袍絹襯共七十八套，冠、帶、鞋、襪全。

先師廟典儀執事六十一人，青絹祭服六十一套，冠、帶全。

舞生，文三十八人，各門燒香三人，紅絹袍襯共四十一套，冠、帶、鞋、襪全。

樂生，四十六人，各門燒香三人，紅絹袍襯共四十九套，冠、帶、鞋、襪全。

太歲壇典儀執事一十八人，青絹祭服一十八套，冠、帶全。

舞生，文六十六人，各門燒香七人，紅絹袍襯共七十三套，冠、帶、鞋、襪全。武六十六人，各門燒香七人，紅絹袍襯共七十三套，天丁帶、冠、靴、襪全。

樂生，七十二人，各門燒香六人，紅絹袍襯共七十八套，冠、帶、鞋、襪全。

歷代帝王陵寢，每三年一次，遣道士致祭，給賜净衣二十四套，每套二件。藍夏布氅衣，青夏布□領。嘉靖三十四年，減□一套。

凡陪祀官祭服。嘉靖三十三年題造：各壇廟陪祀官員紗羅祭服九十一套。

萬曆三年，令造給七十二衛陪祀武官紗羅祭服共三百套。

器用

洪武二十六年定：凡供用器物及祭祀器皿，並在京各衙門合用一應什物，行下該局，如法成造。若金、銀、銅、鐵等器，隸寶源局，皮革隸皮作局，竹木隸營繕所，疋帛、隸文思院。皆須度量所料物色委官覆實相同，不許多支妄費。

永樂中，設器皿廠，工部添設郎中一員。後改註選主事。專管廠内十二作，曰戧金、油漆、木、竹、銅、錫、捲胎、蒸籠、桶鏇、祭器、鐵索。每年光禄寺坐出該用器皿數目，題送工部奏准，劄付本廠，修造完備，該寺差人領用。

凡祭祀器皿。洪武元年，令太廟器皿易以金造，乘輿服御諸物應用金者，以銅代之。

二年定，祭器皆用瓷。

十七年，製祔祔廟册寶以檀香爲之，册文填以金。

正德元年，令修造孝陵祭器，行南京工部，轉行各衙門備辦。

嘉靖七年，添造文廟秋祭冰盤一百八十九件，皆硃表錫裏。

九年，定四郊各陵瓷器，圜丘青色，方丘黄色，日壇赤色，月壇白色，行江西饒州府如式燒解。計各壇陳設，太羹碗一，和羹碗二，毛血盤三，著尊一，犧尊一，山罍一，代簠簋籩豆瓷盤二十八，飲福瓷爵一，酒鍾四十，附餘各一。

十七年，饒州府解到燒完長陵等陵白瓷盤爵共一千五百千件，附餘一百五十件，行太常寺收貯。

四十三年議准：修造各壇祭器，責令器皿廠鋪户買辦。完日，一體出給實收，免行一一具題。

凡供用器物。光禄寺年例器皿，一年一題，行器皿廠修理成造。

成化十二年奏准：歲造一萬件，工部七千件，南京工部三千件。

弘治二年奏准：增添歲造一萬二千件，工部八千四百件，南京工部三千六百件。

嘉靖二十四年，添造七千一百五十件。

二十五年，令歲造三萬二千三百件，工部二萬八千七百件，南京工部三千六百件。其二十四年新添之數減去。

二十六年，令工部增造新添之數，南京工部仍舊，共歲造三萬九千四百五十件。

隆慶元年，令照弘治舊額，歲造一萬二千件，仍於額外多造三千件，預備缺乏。其續添之數，盡行裁革。

工部修理并成造共八千四百件：

珍羞署三千七百件，

大官署一千二百七件，

良醞署一千一十件，

掌醢署二千四百八十三件。

南京工部成造三千六百件：

珍羞署一千四百七十七件，

大官署四百四十三件，

良醞署四百一十八件，

掌醢署一千二百六十二件。

額派各抽分廠單料杉板：舊解本色。嘉靖九年，始照京價折解。

杭州抽分廠銀四千七百八十二兩五錢，

蕪湖抽分廠銀四千七百八十兩，

荊州抽分廠銀四千七百八十兩。

凡典禮合用器物。登極，遣大臣祭告嶽鎮、海瀆、陵寢、先師、諸王等墳廟，合用黄平羅銷金雲龍夾袱二百五十九條，硃紅木匣二百五十九箇，鎖鑰全。隆慶元年例，時有增減。

郊祀慶成宴，共造器皿七千七百二十四件，宴花一萬一千枝。隆慶元年例。

幸學釋奠，題准白瓷尊爵盤碗，內承運庫取用，貼金靈芝花鳳、笙、琴、瑟等件，內官御用司設等監修理，祝板、錫爵、大銅爵等件，工部成造修理。隆慶元年例。

遣祭先聖、歷代帝王陵寢，每三年一次，合用黃平羅銷金亭罩六座，包裹祭文，黃平羅銷金雲龍夾袱三十六條，裝盛香帛硃紅木匣三十六箇，鎖鑰全。嘉靖三十四年，匣袱各減一件。

親耕耤田，合用房屋，木架十五間，蘆席繩索全。該營繕司辦。庶人絳衣等，絳衣、青絲絛、白環、頭巾、履鞋、布襪各六。該都水司辦。外□龍口犁一張，黃犍牛一隻。黃絨鞭一把，黃套索一副，耙二副，紅犁十二張，黃牛十二隻。紅鞭十二把，紅套索十二副，農夫挑擔竹筐十對，鐵鋤、鐵掀、木掀各十張，米篩、竹箕、荊筐、簸箕各十箇，竹掃、苗掃帚各十把，俱劄行順天府辦送。隆慶元年例。

大婚，合用硃紅戧金盤盒，並黃紅羅絹銷金夾單袱茶袋等件器皿，共五千二百六十件，藍絹葉羅帛花五千枝，及乾清坤寧二宮鋪設簾櫳、繡龍鳳帳幔鋪陳、龍毯、花毯地氈、草席、竹簾等件，共一千二百三十二件。嘉靖元年例。

親王出閣婚禮，每位合用硃紅器皿八百三十一件，藍絹葉羅帛花三千五百枝。嘉靖三十二年例。

各王府册封中方木櫃，各年多寡不一，器皿廠造。婚禮誥命匣袱，誥匣一副，用紵絲襯裏，銅鎖鑰全。內誥嵌寶玉軸、玉籤、紅羅銷金大小袱各一件，匣外紅綿布袱一條，紅綿三兩，紅鎖匙條一副。弘治十四年題准：婚禮誥匣物料，行甲字等庫，先關後補。嘉靖四十三年題准：每年額造一千副，凡各王府及儀賓誥命，每軸造匣裝盛，並用紅袱紅綿等物包裹齎送。

喪禮謚册寶。親王謚册寶。成化五年，令工部促辦，付掌行喪禮等官順齎。其冥器，下所司就彼製造。

凡改造器物。永樂間，令守衛官軍木牌更造以銅。

嘉靖二年，令江西燒造瓷器，內鮮紅改作深礬紅。

三十年題准：光禄寺日用連二等盒，水花硃改爲銀硃，黃絨索改爲黃綿紗索。南京亦照此改。

凡停造器物。正統十四年奏准：今後在京易辦不急之物，如馬槽之類，不必遠取。

成化二十一年詔：南京工部成造馬槽、馬椿等項麤重之物，沿途軍民運送勞擾，一切停免，有缺在京成造。

嘉靖八年題准：光禄寺器皿日用不可缺者，照例修飾。其係裝飾附餘，俱從質免造。

凡折價送造。成化六年奏准：內監歲用馬槽及他器皿，令南京類送價值，在京成造。

正德二年題准：南京工部原行買運柁木一千二百根，每根折蘆課銀五兩，解部買木成造，以省轉運。

嘉靖二年奏准：山西、山東、陝西、河南原解成造上用並各宮物料，羊毛、皮、綿紗等八萬四千斤張，照弘治間例，解銀赴部召買，仍罷正德間諸傳造者。

凡查理器皿。嘉靖十二年題准：光禄寺供應銅器、鐵器各該署官，務令典守人役用心防護，必待送出損壞一件，工部方與換新一件。如無，不准交換。典守人役並各該署吏，仍聽本部查究。

二十三年題准：光禄寺添造器皿數多，該寺監供應之後，務即照數發出輳用，不得私匿棄毀。如違，許巡視科道官指名參奏。

四十三年，以器皿廠料銀過多，題准清理。照原題數目每日填票，送光禄寺掛號驗收。仍置簿二扇，一存本廠，一送該寺，每日登記，按月倒換。該廠將各器物料從實估計，毋得侵冒。

又題准：今後該廠將會計器皿正數按月分作三次類送，仍於號單內每副件下開載價銀若干，巡視衙門及光禄寺驗看。本寺仍行堂上官一員專理，置簿三扇，一記收數，一記放數，一記回銷之數。月終，送部稽查。如造作人役作弊，聽巡視部寺各衙門參送治罪。

斛斗秤尺法馬附

洪武元年令，鑄造鐵斛斗升，付户部收糧，用以較勘，仍降其式於天下。

二十六年定，凡使用斛、斗、秤、尺，著令木秤等匠，記算物料，如法成造。所用鐵力木、杉木板枋、生鐵等項，行下龍江提舉司等衙門，照數放支。其合用錘鉤，行下寶源局，督工鑄造。如是成造完備，移咨户部，較勘收用。

正統元年奏准：蘇松等處原降鐵斛斗升，行南京工部，照舊式鑄造，給領收掌，以備較勘。

又令各處斛斗秤尺，府州縣正官照依原降式樣，較勘相同，官民通用。仍將式樣常於街市懸掛，聽令比較。

成化二年題准：私造斛斗秤尺行使者，依律問罪。兩鄰知而不首者，事發一體究問。

嘉靖四十五年題准：南京供用庫、斛斗升秤等，行南京工部撥匠料造三千八百七十六副。

天平法馬

嘉靖八年奏准：製天平法馬一樣七副，六副分給各司，并監收内府銀料科道官，一副留部堂爲式。凡解户及本部送進内府銀兩，俱照户部則例，給文掛號，領票關給，預先稱驗包封，會同該監較收。

《明史》卷八一《食貨志·坑冶附鐵冶銅場》 鐵冶所，洪武六年置。江西進賢、新喻、分宜，湖廣興國、黄梅，山東萊蕪，廣東陽山，陝西鞏昌，山西吉州二，太原、澤、潞各一，凡十三所，歲輸鐵七百四十六萬餘斤。河南、四川亦有鐵冶。十二年益以茶陵。十五年，廣平吏王允道言：磁州産鐵，元時置官，歲收百餘萬斤，請如舊。帝以民生甫定，復設必重擾，杖而流之海外。十八年罷各布政司鐵冶。既而工部言：山西交城産雲子鐵，舊貢十萬斤，繕治兵器，他處無有。乃復設。已而武昌、吉州以次復焉。末年，以工部言，復盡開，令民得自採鍊，每三十分取其二。

永樂時，設四川龍州、遼東都司三萬衛鐵冶。景帝時，辦事吏請復陝西、寧遠鐵礦，工部劾其違法，下獄。給事中張文質以爲不宜塞言路，乃釋之。弘治十七年，廣東歸善縣請開鐵冶，有司課外索賂，唐大鬢等因作亂，都御史劉大夏討平之。正德十四年，廣州置鐵廠，以鹽課提舉司領之，禁私販如鹽法。嘉靖三十四年開建寧、延平諸府鐵冶。隆、萬以後，率因舊制，未嘗特開云。

銅場，明初，惟江西德興、鉛山。其後四川梁山，山西五臺，陝西寧羌、略陽及雲南皆採水銀、青緑。太祖時，廉州巡檢言：階州界西戎，有水銀坑冶及青緑、紫泥，願得兵取其地。帝不許。惟貴州大萬山長官司有水銀、硃砂場局，而四川東川府會川衛山産青緑、銀銅，以與外番接境，虞軍民潛取生事，特禁飭之。成化十七年封閉雲南路南州銅坑。弘治十八年裁革板場坑水銀場局。正德九年，軍士周達請開雲南諸銀礦，因及銅、錫、青緑。詔可，遂次第開採。嘉靖、隆、萬間，因鼓鑄，屢開雲南諸處銅場，久之所獲漸少。崇禎時，遂括古錢以供爐冶焉。

《明史》卷八二《食貨志·織造》 明制，兩京織染，内外皆置局。内局以應上供，外局以備公用。南京有神帛堂、供應機房，蘇、杭等府亦各有織染局，歲造有定數。

洪武時，置四川、山西諸行省，浙江紹興織染局。又置藍靛所於儀真、六合，種青藍以供染事。未幾悉罷。又罷天下有司歲織緞匹。有賞賚，給以絹帛，於後湖置局織造。永樂中，復設歙縣織染局。令陝西織造駝毼。正統時，置泉州織造局。天順四年遣中官往蘇、松、杭、嘉、湖五府，於常額外，增造綵緞七千匹。工部侍郎翁世資請減之，下錦衣獄，謫衡州知府。增造坐派於此始。孝宗初立，停免蘇、杭、嘉、湖、應天織造。其後復設，乃給中官鹽引，鬻於淮以供費。

正德元年，尚衣監言：内庫所貯諸色紵絲、紗羅、織金、閃色，蟒龍、斗牛、飛魚、麒麟、獅子通袖、膝襴，並胸背斗牛、飛仙、天鹿，俱天順間所織，欽賞已盡。乞令應天、蘇、杭諸府依式織造。帝可之。乃造萬七千餘匹。蓋成、弘時，頒賜甚謹。自劉瑾用事，倖璫陳乞漸廣，有未束髮而僭冒章服者，濫賞日增。中官乞鹽引、關鈔無已，監督織造，威劫官吏。至世宗時，其禍未訖。即位未幾，即令中官監織於南京、蘇、杭、陝西。穆宗登極，詔撤中官，已而復遣。

萬曆七年，蘇、松水災，給事中顧九思等請取回織造内臣，帝不聽。大學士張居正力陳年饑民疲，不堪催督，乃許之。未幾復遣中官。居正卒，添織漸多。蘇、杭、松、嘉、湖五府歲造之外，又令浙江、福建，常、鎮、徽、寧、揚、廣德諸府州分造，增萬餘匹。陝西織造羊絨七萬四千有奇，南直、浙江紵絲、紗羅、綾紬、絹帛，山西潞紬，皆視舊制加丈尺。二三年間，費至百萬，取給户、工二部，搜括庫藏，扣留軍國之需。

部臣科臣屢爭，皆不聽。末年，復令税監兼司，姦弊日滋矣。

明初設南北織染局，南京供應機房，各省直歲造供用，蘇、杭織造，間行間止。自萬曆中，頻數派造，歲至十五萬匹，相沿日久，遂以爲常。陝西織造絨袍，弘、正間偶行，嘉、隆時復遣，亦遂沿爲常例。

《明史》卷八二《食貨志・燒造》 燒造之事，在外臨清甎廠，京師琉璃、黑窯廠，皆造甎瓦，以供營繕。宣宗始遣中官張善之饒州，造奉先殿几筵龍鳳文白瓷祭器，磁州造趙府祭器。踰年，善以罪誅，罷其役。正統元年，浮梁民進瓷器五萬餘，償以鈔。禁私造黄、紫、紅、緑、青、藍、白地青花諸瓷器，違者罪死。宫殿告成，命造九龍九鳳膳案諸器，既又造青龍白地花缸。王振以爲有璺，遣錦衣指揮杖提督官，敕中官往督更造。成化間，遣中官之浮梁景德鎮，燒造御用瓷器，最多且久，費不貲。孝宗初，撤回中官，尋復遣。弘治十五年復撤。正德末復遣。

自弘治以來，燒造未完者三十餘萬器。嘉靖初，遣中官督之。給事中陳皐謨言其大爲民害，請罷之。帝不聽。十六年新作七陵祭器。三十七年遣官之江西，造内殿醮壇瓷器三萬，後添設饒州通判，專管御器廠燒造。是時營建最繁，近京及蘇州皆有甎廠。隆慶時，詔江西燒造瓷器十餘萬。萬曆十九年命造十五萬九千，既而復增八萬，至三十八年未畢工。自後役亦漸寢。

《新例要覽・工部新例・修築暫動庫銀二年四月》 一、議得總河齊奏陽武大堤，應添遥堤請將錢糧着令王希舜捐修，奉旨：河工關係緊要，着暫動庫銀修築，所動庫銀着落王希舜、馬豫填補。欽此。今查豫省兩岸堤工，應添遥堤月堤自應一例修築等語。查豫省陽武等屬，先動司庫修築，疾趲完工。其南北兩岸堤工，仍令河道董理，完工核減題銷，責令王、馬炤數還庫。其各堤工俟伏汛後確估具題，可也。奉旨依議速行。

《新例要覽・工部新例・水利議叙四年十月》 怡親王爲奏聞事。奉旨：怡親王督率官員興修水利，今年已有功績，夏秋以來地方悉無水患，而所種稻田又皆收獲。覽怡親王等所奏，朕心甚爲慰悦。着發與内閣九卿等公看。其在工人員，或於此時議叙，以示鼓勵，或俟工程告成之日議叙，着内閣九卿會議具奏。該部知道。

《新例要覽・工部新例・虧空銅觔元年八月》 一、爲欽奉上諭事，議得違悮銅觔之同知趙光謨一本摺奏，奉旨：這事依議。此項銅觔俱交與督撫，動用錢糧，揀選賢能之員採買，何以久遠未經交部如此之多。趙光謨原領採辦銅觔銀兩，着落伊名下定限追完。倘少完些微，即以家產盡絶，題請豁免，則斷乎不可。即趙光謨不能清完，着落原委上司督撫布政必令分賠。以後如有此等虧空銅觔者，俱照此例賠補清理，不得分釐缺欠。爾等將此旨記案。欽此。

《新例要覽・工部新例・嚴禁官買派工二年九月》 吏部議覆條奏各省督撫該屬署内，遇有官事，所用工料食物將設立總甲，出票官買，派工伺候，嚴行禁止，務照時價工價給與舖户工役。如科派擾累，指參治罪。如不行題參，事發一併照隱匿狥庇例議處。

《新例要覽・工部新例・河工題估題銷二年十月》 一、給發錢糧務擇諳練河務才能之員，酌量功程大小，交與修築。如修築不固，致有冲決，力能賠修者，另派賢員督其賠修；不能賠修者，題參革職，另派賢員給發錢糧修築。將所用錢糧勒限一年照數賠完。限内全完，准其開復，逾限不完，交與刑部治罪。仍將未完錢糧着落家產賠修。如家產不能賠修者，着落給發錢糧之上司賠補全完。至歲修工程，應於本年十月内題估，次年四月内題銷，如逾限不銷，即將所用錢糧着落授受之員賠完。至於搶修工程，係搶一時，若不預爲題估，恐致耽延。且所用錢糧，自一二十兩至四五十兩，一年不下數百件，一估一銷，奏牘繁多。應令督撫將冲決動用何項錢糧之處，咨報工部，於完工之日彙題奏銷。如遲至次年四月不題銷者，將所用錢糧亦着落授受之員賠完。其歲修及大工動用何項錢糧之處，該督撫於題估時一併題明。

《新例要覽・工部新例・河工估價四年二月》 一、嗣後承修之員估計工程，總河、副總河及該督撫分司委員確察工段丈尺椿埽料物，如有果與所估物料數目相符，核實具題，發帑興修。如估計過多，存心浮冒，查出即照溺職例革職。承查之員不實詳查，扶同狥隱，即照狥庇例議處。至工完之日，該總河督撫分司再行逐一確查做過工程果否務使堅固，與原估丈尺錢糧數目相符。如工程單薄物料尅減，錢糧不歸實用，以致修築不堅，不能保固，將承辦官指名題參，照侵欺錢糧例處分治罪。其侵欺銀兩，勒限着落該員家産追賠還項。至所修单薄工程，該員既經浮冒，工程必難保固，令總河督撫等另選能事賢員，動帑堅固修築，工完題銷。但河防重大，水性無常，倘一時水勢暴漲，人力難施，致有沖決，該總河督撫查明報題。仍照舊例，黄河堤岸半年內，運河堤岸一年內沖決者，經修防守同知州縣通判等官，均行革職。分司道員，降四級調用。總河，降二級留任。黄河堤岸過半年限，運河堤岸過一年限內沖決者，將經修防守同知通判州縣等官，降三級調用。分司道員，降二級調用。總河，降一級留任。如遇年限內沖決者，將管河各官，俱革職，戴罪督修。分司道員，住俸，督修工完開復。總河，罰俸一年。奉旨：依議。

《新例要覽·工部新例·城垣交盤五年五月》 一、各省督撫查明各處城垣新舊倒塌，如城垣原屬修整，偶有些小坍塌，地方官於農隙及時修補，務令堅固。若漫不經心，以致坍塌過多，督撫即行查明叅奏。其原坍塌已多，必須備辦料物者，該地方官量行捐修。工峻將丈尺詳報督撫委官勘明，具結申報。如果工程堅固，將捐修各員造册具題，交部量加議叙，以示鼓勵。如各地方官正在興修，尚未工竣，遇有陞遷事故，將所修城垣丈尺報明督撫，一併造入交盤册內，移交接任之員。俟續修完竣，將修理過工程丈尺數目，分别新舊，造具總册報部。倘地方官因循怠忽，不實心任事，或未修揑報已修，甚至將修城名色科派民間者，該督撫查出即行題叅，嚴加治罪。至各省城垣，有現今坍塌過多，工程浩大，若係衝要地方，必應急修者，該地方官據寔申報，督撫委員確查，作何修葺，詳細妥議，具題到日再議可也。

《新例要覽·工部新例·分賠河帑五年十月》 一、嗣後黄河一年之內，運河三年之內，隄工陡遇沖決，而所修工程實係堅固，於工完之日已經總河督撫保題者，止令承修官賠修四分，其餘六分准其開銷。如該員修築錢糧俱歸實用，工程已完未及題報，而陡遇沖決者，該總河督撫將沖決情形并該員工程果無浮冒之處，據實報題，亦令賠修四分，其餘俱准開銷。如黄河一年之外，運河三年之外，堤工陡遇沖決，而該管各官係防守謹慎，並無疎虞懈弛者，該總河督撫查明具題，止令防守該管各官共賠四分，內河道分司知府共賠二分，同知通判守備州縣共賠一分，半縣承主薄千總把總共賠半分，其餘六分准其開銷。其承修防守各員，俱令革職留任，戴罪効力，工完之日方准開復。倘總河督撫有題不實者，後經查出，照狥庇例嚴加議處。所修工程，仍照定例勒令各官分賠還項。奉旨：依議。

《新例要覽·工部新例·彼災不報浮議動衆五年十二月》 一、嗣後如有沿河州縣遇有被淹之處，地方官會同河員親歷確勘被淹根由，據實通報。如有隱匿民災者，照報災怠忽例議處。查報不實者，照溺職例議處。

一、嗣後凡遇緊要工程，如有浮議動衆，以致衆力懈弛者，嚴查倡造之人，比炤妖言惑衆律，斬監候。如有附和浮言，互相傳播者，比照妄言例，杖一百，仍於本所枷號一個月。其指稱夫頭，包攬代僱，希圖勒揹良民者，將承包不力之人照河工一帶用強包攬閘夫溜夫之律，二名以上者，發附近充軍；一名者，枷號一個月，仍杖一百發落。奉旨：依議。

《新例要覽·工部新例·修理城工七年八月》 嗣後各員修理城工交與督撫布按，每人各管一處。城工有數處，則令分管。若一二處，則令挨管。如修不堅固，三年內即傾圮者，着承修之員於專管工城之上司分任賠修。倘管工之上司因干係己身賠修，而故意隱匿，一經發覺，即令專修，并重治其罪。永著爲例。廣東所修城工十三處，俱即照此處。

《新例要覽·工部新例·鐵貨不許出邊境海洋九年三月》 嗣後一切廢鐵，除內地販賣聽從民便，無庸禁止外，如有將廢鐵鐵貨潛出邊境及海洋貨賣，一百觔以下者，照越度邊關律，杖一百，徒三年。一百斤以上，及舟車捆載者，照將焇磺火藥賣與鹽徒律，發邊衛充軍。若賣與外國，及明知邊海賊寇而賣與者，照將軍器出與下海律，絞監候。如此，庶奸民射利之徒知所警惕，而潛出邊境私行販賣之風可以止息矣。奉旨：依議。

《新例要覽·工部新例·鐵器不許出洋九年十二月》 奉上諭：據廣東布政使楊永斌奏稱，鐵器一項所關綦重，不許出境貨賣，律有明禁。乃粵東地方出產鐵鍋，凡洋船貨賣，歷未禁止。臣到任後，檢查案册，見雍正七、八、九年造報彝船出口册內，每船所買鐵鍋，少者自一百連至二三百連不等，多者買至五百連，併有至一千連者。查鐵鍋一連，大者二個，小者四、五、六個不等。每連約重二十斤不等，百連約重二千餘斤。如一船帶至五百連，約重一萬斤，帶至千連，約重二萬斤計算，每年出洋之鐵爲數甚多，誠有關繫。臣請嗣後此項鐵鍋應照廢鐵之例，一體嚴禁，無論漢彝船隻，概不許貨賣出洋。違者，該商船户人等，即照捆載廢鐵出洋之例治罪。官役通同狥縱，亦照狥縱廢鐵例議處。凡遇洋船出口，仍交與海關監督一體稽察。至於商船每日煮食之鍋，應照舊置用，官役不得借端勒索滋擾。如此，則外洋之鐵不致日積日多，於防奸杜弊之道似有裨益。至煮食器具，鐵鍋、沙鍋俱屬可用，非必盡需鐵鍋，亦無不便外彝之處，於朝廷柔懷遠人之德意原無違碍等語。鐵斤不許出洋，例有明禁，而廣東彝船每年收買鐵鍋甚多，則與禁鐵出洋之功令不符矣。楊永斌所奏甚是。嗣後稽察禁止，及官員處分，商人船户治罪之處，悉照楊永斌所請行。倘地方官弁視爲具文，奉行不力，經朕訪聞，或別經發覺，定行從重議處。粤東既行查禁，則他省洋船出口之處亦當一體遵行。著該部通曉諭，永著爲例。特諭。欽此。

《新例要覽・工部新例・文武協辦營房墩臺救火器械造入交盤雍正十一年五月》 工部題爲分管墩臺柵欄救火器械，以專責成事。該臣等議得，安徽按察使孫奏稱：臣查皖江一帶并陸路大道，俱設烟墩營房，令兵丁居住，晝則瞭望，夜司戍守，誠弭盜安民之良法也等語。應如所奏，各屬營房墩臺照承造戰船之例，責令該管地方文武員弁會同協辦修造，出結保固六年。其現今稍有塌損之處，速即會同估計價銀興修，俟工竣之日，出具結取保固詳明。督撫提鎮委員查驗，如寔係堅固，報部備查。倘有修理不堅，或限内坍塌，應令該督撫提鎮，將文武各官一并查參，勒令賠修。又奏稱，各州縣門禁設有柵欄，并遵雍正七年諭旨，多設救火水銃、水桶、鈎鐮、麻搭之類，以資防範等語。亦應如所奏，將夜禁柵欄令州縣官查明該管境内城鄉共設若干數目，備造細册，遞相稽查。至水銃、鈎鐮、麻搭分派同城文武官員均勻收貯，并將各里原貯水桶，責令州縣官隨時驗勘修理。其柵欄、水銃、水桶等項，俱造入交盤册内，文武員弁出結交代。如該管員弁並不及時修葺，該上司即行查參責令賠修。俟命下之日，通行直隸各省一體遵行可也。奉旨：依議。

《新例要覽・工部新例・承修内河巡哨二船遲延乾隆三年五月》 吏部議准陞任江蘇布政使張條奏：嗣後除修造戰船仍照定例議處外，其内河巡哨二船，應照戰船原例，量爲減輕。如逾限不及一月，免其議處。一月以上者，罰俸六個月。兩月以上者，罰俸一年。三月以上者，罰俸二年。四月以上者，降一級留任。五月以上者，降一級調用。督修之員，逾限一月以上者，罰俸三個月。二月以上者，罰俸六個月。三月以上者，罰俸一年。四月以上者，罰俸二年。五月以上者，降一級留任。督撫違限一月以上者，免議。違限二月以上者，罰俸三個月。三月以上者，罰俸六個月。四月以上者，罰俸九個月。五月以上者，罰俸一年。

《新例要覽・工部新例・修理戰船寬限六年十月》 一、覆東撫岳題叅同知李向榮貽悮戰船，奉旨：依議。戰船關係緊要，從前修理不能堅固，并逾限遲延，官員議處之例似屬稍輕。嗣後修理戰船不能堅固，及逾限遲延者，應嚴定處分，以示儆戒。但從前定限過於緊迫，應作何寬展限期，俾修理官員得以從容辦理。又該上司或有勒措掣肘，以致辦理遲延，亦應定以處分。俱着九卿詳悉定議具奏。欽此。

《新例要覽・工部新例・故壞堤工五年六月》 奉上諭：一河工關係國計民生，向聞有不肖之員，竟有將完固堤工故行毁壞，希圖興修，借端侵蝕錢糧，其情出可痛恨。着交總河時加察訪，倘有此等不法之員，着即奏聞，即於工程之處正法示衆。

《大清律例》卷三八《工律・營造・擅造作》 凡軍民官司有所營造，應申上而不申上，應待報而不待報，而擅起差人工者，即不科斂財物。各計所役人雇工錢，每日八分五釐五毫。以坐贓致罪論。

若非法所當爲而輒行營造，及非時所可爲而輒行起差人工營造者，雖已申請得報，其計役坐贓之罪亦如不申上待報者坐之。

其軍民官司如遇城垣坍倒倉庫公廨損壞，事勢所不容緩。一時起差丁夫、軍人修理者，雖不申上待報，不爲擅專。不在此坐贓論罪之限。

若營造計料申請合用財物，及人工多少之數於上，而不實者，笞五十。若因申請不實，以少計多，而於合用本數之外，或已損財物，或已費人工，各併計所損物價，及所費雇工錢，罪有重於笞五十者，以坐贓致罪論。罪止杖一百、徒三年，贓不入己，故不還官。

條例

一、凡在京各處修理工程，工價銀五十兩以内，物料銀二百兩以内者，照依各處印文，准其修理。其工價銀五十兩以上，物料銀二百兩以上者，著該處料估啓奏，工部差官覆核，會同該處官員首領監修，將用過錢糧，著管工官名下銷算。如多用錢糧，不行啓奏，即便承修者，將行文與承修堂司官，交與該部議處。若物料工價甚多，而分爲幾段，陸續行文，俱稱五十兩以內不奏者，查出，亦交與該部議處。

一、凡修理行宫并各省倉厫等項工程，一應動用錢糧事件，令該督撫奏聞，該部議覆，再行修理。工完之日，督撫親自查明，倘有開報浮多，據實核減，造册具題，該部詳核題銷。如有不行啓奏，擅自咨部請銷，而該部據咨完結者，即行題參，交該部議處。

一、凡各省修建一應工程，如物料價銀五百兩以上，工價銀二百兩以上者，該督撫將動支銀兩及工料細數，預行確估題報。工部查明定議，會同户部指定款項題覆，准其動用興修。俟工竣之日，督撫親自查核，造册題報。工部核明，准銷；仍知照户部查核。其物料價銀五百兩以下，工價銀二百兩以下者，該督撫咨明工部定議，知照户部，令其動項興修。工竣逐一造册題銷。倘有需用物料工價甚多，而分爲幾處，陸續咨報，並未題明輒行修建者，查出題參。其有應動用存公銀兩者，該督撫將確估工料細數，咨報工部查明，知照户部，准其動用。工完造報，工部將准銷銀數造入該年存公册內，咨送户部查核。

一、緊急工程，不及先行料估核算者，酌量工程之大小，預發錢糧，派員修造，俱以領銀之日起限。如物料工價二百兩以內者，限一箇月；五百兩以內者，限兩箇月；一千兩至二千兩以內者，限三箇月；三千兩至五千兩以內者，限四箇月；如式完竣。工竣之後，限十日內呈遞銷算清册；限十五日該司核算呈堂。如不遵定限完工，及工竣之日不照限呈遞清册，或已遞清册，該司不據實核算者，照例分别議處。如管工官或有限期已届，修理未完，而因避處分揑報工竣者，另行指參，交部議處。其工竣核銷，如有應繳銀兩，不即交庫完結者，將該員參革，照例勒限催追。限內全完，准其開復。逾限不完，照侵蝕正項錢糧例治罪，仍著落家産追銀還庫，該司官員扶同徇隱，並交部議處。

一、各省委員修理城工，督、撫、布、按每人各管一處；若城工有數處者，則令分管；一二處者，則令挨管。如有修築不堅，三年之內傾圮者，著承修之員，與專管之上司分賠。倘上司因干係已身賠修，故意隱匿者，一經發覺，責令專修，並交部治罪。

一、凡遇工程核減，除浮冒侵欺仍按本律定擬外，如實係核減本身現在無力完交，請豁銀數在一千兩以上者，照知府分賠屬員侵欺不完治罪之例治罪。以十分爲率，如未完之數在五分以內者，杖一百；至六分者，杖六十，徒一年。每一分，加一等。十分無完者，杖一百，徒三年。均不准納贖。如數不及一千兩者，仍照舊例請豁免其治罪。如本身已故，而子孫無力完繳者，仍照例請豁，毋庸議罪。至核減款內採買水脚等項應追核減銀兩，如果力不能完，自應照例請豁，免其治罪。其餘經費項下，若長支濫領誤發，以及分賠之非由屬員侵欺，并代賠着賠之項，若欠項零星不及一千兩者，果係力不能完，照例豁免。如數在一千兩以上者，請豁時，應令該旗籍於本摺內聲明。或將本身照現定工程核減治罪之例酌減一等問擬，或免其治罪之處，請旨定奪。

《大清律例》卷三八《工律・營造・造作不如法》　凡官司造作，官房器用之類，不如法者，笞四十。若成造軍器不如法，及織造段疋粗糙紕薄者，物尚堪用。各笞五十。若造作、織造各不如法，甚至全不堪用，及稍不堪用應再改造而後堪用者，各併計所損財物，及所費雇工錢，罪重於笞四十、五十者，坐贓論。罪止杖一百、徒三年。其應供奉御用之物，加坐贓罪一等。罪止流二千五百里。工匠，各以所由造作、織造之人爲罪；局官，減工匠一等；提調官吏，又減局官一等；以上造作、織造不如法，不堪用等項。並著工匠、局官提調官吏，均償物價工錢還官。

條例

一、凡打造弓箭，擅改式樣，貨賣者，笞五十。

《大清律例》卷三八《工律・營造・冒破物料》　凡造作局院頭目工匠，有於合用數外，虚冒多破物料而侵欺入己者，計入己贓，以監守自盗論。不分首從，併贓論罪，至四十兩斬。追物還官。若未入己，只坐以計料不實之罪。局官並承委覆實官吏，知情扶同揑報不舉者，與冒破同罪。至死減一等。失覺察者，減三等，罪止杖一百。

條例

一、直隸各省督撫、將軍、提鎮所轄各標營等衙門，收貯軍器，經上司官查盤，若有侵欺物料，那移揜飾，虚數開報者，俱以監守自盗論。贓重者，照侵欺倉庫錢糧例治罪。該管官不查報，并失察之上司官，俱交該部照例分别議處。

一、河工估計工程，總河及該督撫分司委員確查，工段丈尺，樁埽料物，如果與所估物料數目相符，核實具題，發帑興修。如估計過多，物料數目不符，查出即行指參。承查之員扶同徇隱，交部議處。至完工之日，再行確查，如工程單薄，物料尅減，錢糧不歸實用，以致修築不堅固，將承修之員，立即參究，分別入己、不入己定，侵冒銀兩勒限追賠。

一、直屬搶修等工，每年應需物料，務於八月內預動銀兩，給發購辦。按照漕規價值，據實秤收，毋許重收累民。十月照額辦足交工，取具並無短少印甘各結存案。倘承辦之員，限內不能如數辦足，將料物秤收短少，希冀搪飾，并將舊爛物料攙入。或經廳汛印官於互相秤收之時，查出揭報，或經該督訪聞，立即嚴參議處。如過期發銀，購辦遲滯，分別查參。其上年餘剩物料，該管河道查盤實數，出具並無虧空印結呈報。倘盤查缺少，扶同徇隱，及有霉爛侵虧等弊，即將文武汛員，與盤查不實之上司，一并參處，照數分賠補項。

一、各省修造標營船隻，著道員、副將會同領價，道員遴委同知、通判，副將遴委都司、守備，協同辦料修造。如係將軍標下船隻，即遴委參領以下等官，同領同辦。倘承修之員，修不如式，貽誤軍工；以及監驗查收之員，需索措勒；并船上什物不即交代清楚，兵丁私行盜賣，以致短少殘缺者，該督撫等即將該管將弁指名題參；其頭舵人等，照例治罪，分別著追。如該管上司不行查察，故爲徇隱，一經發覺，照例議處。

一、浙省修築塘工，估需銀兩，飭令承修之員，專案請領，不得牽混併領，亦不得通融那用。領銀之後，將辦過物料數目申報上司，委員查驗。如堆貯物料與所報相符，承查之員，加具保結，申詳貯用。倘有虧缺及那移掩飾情弊，即行揭參。查驗官扶同徇隱，一併參處。至各塘保固限內，如有坍塌，即著落承修之員賠修。若遇有異常潮汐，委非人力可施，查明工程堅固，錢糧俱歸實用者，准取結保題，免其賠修。如物料苟簡，工程草率，錢糧不歸實用，致有衝塌，照例題參，著落賠修。

一、豫省應修水利地方，有動用帑項者，承修各員果能實力辦理，俟保固三年之後，該督撫核題並交部分別議敘。倘有不預行修築，以致田畝被淹，即將各員交部分別議處。若侵蝕錢糧，工程不能堅固，承修之員，照侵欺河工錢糧例參革治罪。該管各官徇隱不報，俱照例議處。

一、凡各省修建工程，所需物料，該督撫等轉飭承辦各員，不必拘泥各省從前造報物料定價，悉照時價確估造報。工竣之日，另行委員查勘，并取具並無揑飾印結詳報。該督撫等確訪時價，詳細核明，據實題咨，工部再行核銷。倘承辦各員浮開揑報，即照冒銷錢糧例指參；所委各員查驗不實，照扶同徇隱例參處。

一、京城物料價值，經工部會同內務府確訪時價，酌中更定。一應採辦，工部遵照定例給發。如有贏餘，並無別項需用，承辦官竟行侵蝕，查出照例參究。倘其中有匠作搬運等費，許承辦官將緣由呈明核奪。如該員並不呈報，照應申上而不申上例議處。

一、凡修造工程，如夫頭人等領帑侵蝕及私逃者，俱照常人盜倉庫錢糧律，計贓治罪。

《大清律例》卷三八《工律・營造・帶造段疋》 凡監臨主守官吏，將自己物料輒於官局帶造段疋者，杖六十，段疋入官，工匠笞五十；局官知而不舉者，與監守官吏同罪；亦杖六十。失覺察者，減三等。則笞三十。若局官違禁帶造，監守官吏亦坐不舉失察之罪。

《大清律例》卷三八《工律・營造・虛費工力採取不堪用》 凡官司役使人工採取木石材料，及燒造磚瓦之類，虛費工力而不堪用者，其役使之官司及工匠人役，並計所費雇工錢，坐贓論，罪止杖一百，徒三年。若有所造作及有所毀壞，如拆屋壞牆之類，備慮不謹而誤殺人者，官司人役並以過失殺人論。採取不堪造毀不備，工匠提調官各以所由經手管掌之人爲罪，不得濫及也。若誤傷，不坐。

《大清律例》卷三八《工律・營造・造作過限》 凡各處每年額造常課段疋軍器，工匠過限不納齊足者，以所造之數十分爲率，一分工匠笞二十，每一分加一等，罪止笞五十。局官減工匠一等，提調官吏又減局官一等。

若官司不依期計撥額造之物料於工匠者，局官笞四十，提調官吏減一等，工匠不坐。

《大清會典則例（乾隆朝）》卷一三六《工部・織造》 一、制帛。順治八年定：江寧織造局設神帛機三十張，歲織帛四百端。又准部移文額造二千端，其文兼清漢，曰郊祀制帛，曰告祀制帛，其色青黃，曰奉先制帛，色白，曰禮神制帛，青赤黄白黑五色，曰展親制帛，曰報功制帛，均色白，曰素帛，色白不織文。

一、敕誥。康熙元年定：江寧織造局設官誥機三十五張，遇應用之時，由部豫期行文，該織造如式置辦，誥命用五色及三色紵絲，文曰奉天誥命，敕命用純白綾，文曰奉天敕命。均織升降龍文，兼清漢字。又定一品玉軸鶴錦面，二品犀軸蟠錦面，三四品貼金軸，五品角軸，均牡丹花錦面，六七品以下概用角軸，小團花錦面。

一、校尉服色。國初定：校尉衣用大紅色織團葵花文，每件五幅，長四尺三寸，濶一尺七寸，袖八寸。康熙元年覆准：校尉衣停織花紅叚，用木紅色，照内織染局三絲式樣織造。十六年奏准：舁輦輿校尉織紬地，擎執校尉織絹地。

一、采繒。國初定：每采紬一疋用經絲十一兩，緯絲十一兩，織成長三丈六尺，濶一尺六寸，染以各色，以供國家慶典陳設結采及采棚、采亭並各公廨一應慶賀典禮結采之用。康熙三年覆准：采紬色尚鮮明，多貯無益，嗣後遇應用之時，令江寧、蘇州、杭州三局照部行數目織染解部，無庸每年造辦。

一、潞紬每疋重六十四兩，長八十尺，濶二尺四寸。小潞紬每疋重十有六兩，長三十尺，濶一尺七寸。歲由山西長治、高平二縣織造解部，轉送内務府撿收。康熙十四年覆准：長治縣歲織潞紬六十二疋，小潞紬一百八十六疋，高平縣歲織潞紬三十八疋，小潞紬一百十有四疋，如額解部。十七年題准：潞紬每疋准銷銀十二兩五錢，小潞紬每疋准銷銀二兩七錢五分。

（清）王慶雲《石渠餘紀》卷五《紀礦政》　天下之礦政，掌於户部。廣西司凡五金之廠，銅、鉛、銀、金、鐵。曾經開採納課者，《會典》皆詳載之。顧金與水同性，其氣行於地中者，流而不停。焉能汲而不竭，或先無而後有，或昔旺而今微，非可按籍而索也。本朝懲前代礦税之害，與礦徒之擾，每内外臣工奏請開採，中旨常慎重其事。雖或抽税以充鼓鑄，亦不設之專官，防滋擾也。康熙十四年定各省開採銅、鉛抽税十之二。按抽税隨時不同，大抵官税十分之二，四分發價官收，四分聽民販運。或一成抽課，餘皆官買。或三成抽課，餘聽商自賣。或官發工本，招商承辦。又有竟歸官辦者。四十六年户部議增雲南廠税，諭以雲南年徵八萬兩，兵餉已敷，此外不得增加。五十一年四川總督能泰奏請開礦，又稱江中有銀，派官監視撈取。諭曰：朕爲人君，豈有令江中撈銀之理！觀此二事，即知能泰必貪。次年四川提督奏報：一盤水地方聚集萬餘人開礦，差官力行驅逐。諭以此等偷開礦廠，皆係貧民。若盡行禁止，何以爲生？地方文武官作何設法，使窮民獲有微利，但不得聚衆生事。乃令廷臣集議，諭曰：有礦地方，初開時禁止乃可，若久經開採，貧民藉爲衣食之計，忽然禁止，恐生事端。總之，天地間自然之利，當與民共之，不當以無用棄之。要在地方官處置得宜耳。乃定未經開採者，仍行嚴禁。雍正元年巡撫金世揚奏：貴州漢、苗雜處，每場市貿易，少則易鹽，多則賣銀，行錢不便，請停採銅鼓鑄。二年總督孔毓珣請開採以濟窮民。諭曰：昔年粤省開礦，聚集多人，致盜賊漸起，是以永行封禁。夫養民之道，惟在勸農務本，若舍本逐末，游手望風而至，豈能別其姦良？況礦砂乃天地自然之利，非人力種植可得焉。保其生生不息，今日有利，聚之甚易；他日利絶，散之甚難。若招商開廠，以致聚衆藏奸，則斷不可行也。三年江西巡撫裴徫度奏：廣信府封禁山相傳産銅，舊名銅塘山，明代即經封禁。其中樹石充塞，荒榛極目，無沃土可以資生。康熙五十九年拴獲匪類之後搜查，竝無藏匿，請仍封禁爲便，尋又封禁。雲南中甸銅廠，又以湖南撫臣布蘭泰疏奏開礦事宜，亦諭以逐末之民，易聚難散。六年賜安南國鉛山四十里，時粤西請採銅以供鼓鑄。梧州芋莢山報産金砂，旋准開滇、蜀銅、鉛各廠。八年湖廣總督孫嘉淦奏：會同宜昌金礦及各縣礦廠，或屬苗疆，或妨田園廬墓，或産砂細微，應嚴加封禁。惟郴、桂二州，既非苗疆，又無妨礙，應聽開採，抽税於鼓鑄有裨。九年總督那蘇圖以粤東鼓鑄難緩，見有礦廠可開，兼爲撫養貧民之計，宜酌量試採。砂旺即開，砂弱即止。至金、銀二礦，民多競趨，恐轉礙鼓鑄，應照舊封閉。十六年湖南巡撫楊錫紱奏：黑鉛礦内銀、鉛竝産。康熙、雍正閒銀氣旺盛，是以經商開挖，報抽銀税。後經封閉。乾隆七年復開，出銀無幾，改爲砂課。今銀氣復旺，應復銀税，另立科條。二十六年甘肅開騷狐泉磺礦。自後滇之通海、彌勒，黔之清平，廣西融縣，先後報開鉛廠。五十一年總督福康安奏：開甘肅沙州金砂。嘉慶四年廣東於黎地試採石碌銅斤。總督吉慶以地濱海洋，且額已短缺，奏准停止。

（清）托津等《户部漕運全書》卷九六《工料奏銷》　一、外北廳屬浦家莊地方爲漕船挽入楊莊咽喉之地，道光七年春，挽渡重運軍船，恐清水下注，散漫無力，先於東岸築托清壩一道。又防黄水内漾，易致停淤，復於西岸築蓋黄壩一道，并將臨黄土攔壩兩頭鑲護鉗束清水。經河督題估，該處工段共長一百三十五丈，計需料土夫工銀二萬八千二百十二兩八錢四分二釐，工部覈准題銷。

一、浦家莊地方道光七年十月間空運經行，東西兩岸盤築壩頭，鑲修蓋黄、托清兩壩，束刷河泓，經河督題估，共工長一百三十五丈，計需料土夫工銀七千零四十兩八錢七分五釐，工部覈准題銷。

一、外南廳屬南岸汛禦黄壩内外河堰爲漕艘出入要津。道光七年，回空軍船由北岸渡黄倒塘灌放，自外入内，沙隨船進，易致淤淺。設法挑撈，增築柴壩臨清堰，南北幫鑲，臨清、臨黄兩堰循環啓閉。經河督題估，禦黄壩清黄交匯處及塘内挑淺，共工長二百六十三丈。外口鑲築柴壩一道，長五十八丈，塘内鑲築對頭柴壩四道，共長七十五丈。臨清堰南面幫築加高，工長二百三十五丈。臨清堰北面鑲添護埽長六十丈，臨清、臨黄啓放堵閉，共工長五十六丈，計需料土夫工銀三萬九千七百六十九兩零四分四釐，工部覈准題銷。

一、南岸汛禦黄壩草閘迤上舊河淤淺，道光七年冬，經河督飭令道廳勘估挑挖，並於臨黄堰西豫挑替河一道，以備八年春灌塘渡運之用。計挑挖舊河長六百二十八丈，新挑替河長三百八十丈，共題估土方銀三萬三千五百八十五兩四錢三分八釐，工部覈准題銷。

一、南岸汛禦黄壩，道光八年漕船重運經行，倒塘灌放，黄水時長時落，壩堰隨時啓堵，鑲加禦黄壩護埽築做臨黄堰，挑束各壩。經河督題估，禦黄壩鑲埽工長一百七丈九尺。臨黄堰外築做挑束柴土壩二道，共工長一百五丈。並啓堵臨清、臨黄土堰等工計需料土夫工銀三萬六千三百七十四兩一錢九分。工部覈准題銷。

一、浦家莊地方，道光八年春重運經行，東西兩岸接築托清、蓋黄二壩，並鑲築鉗口壩，以資挑護束刷。共工長一百三十二丈，計需料土夫工銀二萬七千一百四十二兩八錢一分三釐。本年冬空運經行二壩，復加鑲築，共工長一百二十二丈，計需料土夫工銀六千七百六十四兩八錢零二釐。河督先後題估，均由工部覈准題銷。

一、南岸汛禦黄壩，道光八年空運經行清黄高下無多，仍用灌運之法趕啓禦黄二壩。金門澆築臨清土堰加幫縴路，並將草閘及迎水分水雁翅各埽拆鑲高整，東岸築做柴壩，逼刷河泓。臨清堰兩岸鑲做防埽等工，以利船行。共灌放七塘，全數完竣。經河督題估臨清堰，澆築口門，長十五丈，兩岸鑲做防埽長一百二十九丈，拆鑲草閘及迎水分水雁翅各埽共長三十六丈，東岸築做柴壩六道共長七十丈，禦黄壩上下東西兩岸加幫縴路共長六百十一丈，啓閉臨黄臨清口門共長五十八丈三尺。統計估需料土夫工銀五萬二千七百八十八兩六錢六分四釐，工部覈准題銷。

一、南岸汛禦黄堰，道光八年十二月下旬，因内塘清水高於黄水尺餘，將臨黄堰啓除，俾清水外出滌刷該壩内外河口淤沙。嗣因九年正月下旬，中河縴堤未完，楊莊頭壩未能即啓，漕船抵壩無多，徒耗湖瀦，旋將攔黄堰堵合迨重運軍船倒塘灌放啓堵臨清臨黄等堰，並將臨黄堰内外束挑各壩接長加鑲兩岸添築束水鉗口壩埽共資刷泓利運。經河督題估，束挑各壩，接長加鑲其長三十丈？添築鉗口壩連留金門共長五十一丈。攔黄堰用料堵閉，長四丈五尺，並重運啓堵等工，統需料土夫工銀二萬八千二百六十五兩六錢二分九釐，工部覈准題銷。

一、南岸汛禦黄壩外草閘新河兩處塘河，道光九年重運倒塘啓閉數次間段受淤，應行挑挖，禦黄二壩亦須拆鑲加鑲。經河督題估，草閘挑挖河長五百四十八丈，新河挑挖河長三百二十丈，禦黄二壩鑲工長四十四丈，共需料土夫工銀五萬一千二百四十二兩零三分，工部覈准題銷。

一、浦家莊地方，道光九年春重運經行，東西兩岸分築托清蓋黄二壩，共工長一百十丈，計需料土夫工銀二萬一千七百七十二兩四錢五分二釐。本年秋空運經行二壩及束水壩，復加鑲築，共工長一百二十丈，計需料土夫工銀六千五百兩七錢四分五釐，河督先後題估，均由工部覈准題銷。

一、南岸汛禦黄壩，道光九年倒塘灌放回空軍船，先於臨黄堰内外築做挑壩蓋壩，並於臨清堰兩岸加鑲護埽盤做裏頭，藉以刷泓利漕。迨十月望水長風大，將草閘暫行堵閉。經河督題估，臨黄堰内築挑壩一道長三十五丈五尺，臨黃堰外築蓋壩一道長二十七丈，臨清堰北面東西兩岸加鑲護埽長五十四丈，東西兩岸盤做裏頭共長六丈，草閘堵閉長六丈，並空運啓堵臨黃臨清壩堰等工，計需料土夫工銀三萬四千五百七十五兩五錢六分四釐五毫，工部覈准題銷。

《工部則例》卷二五《軍需・河南等處官設硝店暨河南開廠煉磺》

一、河南省硝斤照官鹽店之式設立硝店，按照定價公平交易。遇有採辦官硝斤，驗明印批發售。如無官給印批，不許絲毫擅賣。州縣仍不時親身稽查，於年底將各店户收發數目分晰造册，并出具并無偷漏弊印、甘各結送部備查。如有商販潛行售賣，除將該犯嚴行究治外，并將失察之地方官交部議處。

一、吉林打牲烏拉地方准仿照河南省專設官硝店一座，擇商承充。民間買硝之人須查明來歷，取具鋪户保結方准買用，仍不得逾十斤之數。至產硝處所掃土煎熬，責成地方官嚴行訪察。遇有私販，由該地方官懲辦，并令該將軍於每歲年終，將呈繳過官硝及售買匠鋪人等硝斤各數目，分晰開明，暨取具并無私買私售印、甘册結，報部查覈。

一、河南省燒煉硫磺，官爲設廠安爐。於河内縣李封等村六窑内先開二窑燒煉，俟銅覈微細即行封閉，再開二窑採取。嚴飭員弁實力巡查，毋致偷漏，仍將開閉日期及採獲磺斤銷售數目報部查覈。

《六部處分則例》卷二二《錢法・銅鉛被竊》　一、乾隆六十年十一月二十五日奉上諭：昨巡視東城御史及步軍統領衙門奏拏獲偷銅賊犯，均已交部嚴審定擬矣。向來官銅被竊，解員例有處分，而一經到部，該員及管押家丁人等又須聽候傳訊，部中胥吏轉得便宜，而解員未免需費畏累。是以偷竊之後，私自賠補，不肯即行稟報，以致日久賊犯無蹤，致稽捕獲。每次運京銅鉛不下數十萬斤，分起運送，解員所帶家丁無多，豈能親身照料。嗣後遇有偷竊銅鉛之案，該解員務當立時報明，以便交步軍統領衙門五城順天府迅速嚴拏。獲犯之後，刑部止須向賊犯嚴切研鞫，不必傳訊解員及家丁人等，以免守候。至銅鉛攸關帑項，既有失竊，自應著落解員賠補。其失察處分，尚屬可原，並著加恩寬免，以示朕洞悉下情，體恤周詳至意。欽此。

《六部處分則例》卷二二《錢法・賠繳銅鉛銀兩年限》　一、嘉慶十二年九月二十九日，奉上諭：永保奏運員應賠銅斤脚價銀兩懇請量予寬限一摺，據稱滇員領運至京，沿途水脚路費及起剥撈沈，在在均須賠墊，差竣回滇，已屬苦累。而應追罣欠銀兩，近年所定例限過於緊迫，該運員等養廉所得無幾，萬難責令於限内全完。如逾限不完，即應參革離任，帑項終歸懸宕等語，自係滇省實在情形。著照所請，嗣後運員應賠銀兩數在一千兩以下者，改限半年；一千兩以上至三千兩者，改限一年；三千兩以上至五千兩者，改限二年；五千兩以上至一萬兩者，改限三年；一萬兩以上至二萬兩以内者，改限四年完繳。庶該運員等設措較易，而帑項不致虚懸。所有近年運銅掛欠各員，均著改照現定之例辦理。欽此。

一、運京銅鉛，該運員掛欠百分中之一二者，准其按限買補，免其議處。如有例外短少，户部將因何短少之處咨查該省，俟咨覆到日，知照吏部議以革職留任。公罪。其應賠短少銀兩，以該運員回省之日起限，數在一千兩以下者限半年完繳，一千兩以上至三千兩者限一年完繳，三千兩以上至五千兩者限二年完繳，五千兩以上至一萬兩者限三年完繳，一萬兩以上至二萬兩以内者限四年完繳。限内全完，即行開復。如不能依限全完，即行革職。公罪。若該員按到革職部文之後，能於半年内將應賠銀兩全數繳足，仍准該督撫具題開復，留於該省補用。如再不能完，即在僉派各上司名下按數分賠。

《六部處分則例》卷二二《錢法・催趲銅鉛》　每年滇省奏到銅運開幫時將沿途省分藩臬兩司開單請旨簡派一員經理，俟船隻到境，各派勤幹道府一員會同押運官照料出境遞相交替。其沿途地方官遇有運京銅鉛船到，照漕船定例依限催趲。除運員並未逾違統限者免其查議外，如統限已逾，查明所過省分何處有違程限，將該地方官照催趲漕船不力例，分別議處。例載漕運門。

《六部處分則例》卷二二《錢法・銅鉛交局》　一、銅鉛運抵通州壩口，坐糧廳即親赴點驗秤掣領貯號房，陸續剥運，日以十萬斤爲率。一面知照大通橋接運，并具報倉場衙門崇文門及户工二局，銅運至大通橋，該監督復加秤驗，由朝陽門陸運赴局。凡各運銅鉛，各限兩個月全數交局候兑。其坐糧廳大通橋先後轉運，仍責成運員管押。如轉運遲延，將坐糧廳、大通橋監督查明，分別議處。係管押遲延，將運員一併附參。

一、銅鉛全數到局，限二十日收兑全完。如前運收兑未完，准將後運另行起限。其解員患病，止准展限一個月。如逾一月之限，即責令該員家屬或同省先後到局運員眼同兑收，勒限完竣。如再遲逾，將解員照抵通遲延例議處。户工二局監督照抵通遲延之上司例議處。

一、户工二局監督收兑銅斤，眼同運員覈驗銅色，不得任令胥役混行收兑，以致高下其手。儻有色足八成之銅不行兑收，及色在八成以下之銅不行挑出，別經發覺，即將該監督按銅斤數目分別議處。一千斤以上，罰俸三個月。一萬斤以上，罰俸一年。五萬斤以上，降一級留任。十萬斤以上，降一級調用。俱公罪。儻係有意刁難，將足色之銅故行挑斥，及徇情收受低潮者，即將該監督革職治罪。私罪。

《六部處分則例》卷二二《錢法・沈溺銅鉛》 一、辦運銅鉛，遇有沈失，該運員即會同地方文武員弁勒限一年打撈報解。限內全行撈獲者，紀録一次。逾限不獲，將運員題參革職，勒限著賠。公罪。一年限內賠還者，准其開復。二年限內陪還者，不准開復。儻逾二年之限，仍不賠完，照例治罪嚴追。其打撈限內，運員適有離任事故，仍留於沈溺地方，打撈事竣後分別回省回籍。

一、地方官失防銅鉛沈溺，照漕船失風例罰俸一年。公罪仍於一年限內停其陞轉，協同該運員實力打撈。限內能撈獲過半者，免議。如限內無獲或獲不及半者，罰俸一年。公罪。

一、沈溺銅鉛處所，若係例載險灘，詳載户工二部則例。由地方官結報該省督撫，即委道府大員前往嚴查確勘，移咨雲貴督撫會疏題請免議。如在次險灘沈溺，例止賠交水腳銀兩者，亦准其免議。儻有不肖運員捏報險灘沈溺地方，各官扶同徇隱，該督撫據實題參，將運員革職，地方官降二級調用。俱公罪。督撫若徇隱具題，亦降二級調用。私罪。

《六部處分則例》卷二二《錢法・稽查盜賣》 一、銅鉛船隻入境，該管上司派委丞倅親往協同州縣督押防護，不得僅差兵役伴送。儻運員有沿途盜賣謊報沈溺等事，別經發覺，將丞倅及州縣官，並派委之上司，均按其起數分別議處。如失察一二起，合計觔數已在一千觔以上者，丞倅及州縣官俱降一級留任，派委之上司罰俸一年。失察一起至三起，合計觔數已在五千觔以上者，丞倅及州縣官俱降一級調用，派委之上司降一級留任。俱公罪。如所委丞倅等官並不親往稽查，混差書吏捏結搪塞者，降三級調用。私罪。

一、委員及州縣官一年内能拏穫盜賣銅鉛二次者，准其紀録一次。再有多獲，照此遞加。道光二十七年增修。

《六部處分則例》卷二二《錢法・查緝礦徒》 一、各省永遠封禁之礦，應照舊嚴禁外，其例所不禁之礦，現有本處無産窮民藉獲微利以養贍生命者，該地方官查明姓名註册，令其開採。仍不時稽查，毋致生事不法。如有外省礦徒前來聚集開採，及本處富户設廠霸佔開採，該管官知情隱匿，不行嚴拏者，革職。私罪。該督撫徇庇不參，降三級調用。私罪。

一、礦徒聚集開採，地方官知情隱匿不行嚴拏者，革職。私罪。如係失於覺察，照失察姦民私鑄例議處。其已經發覺，地方官不上緊查拏，以致礦徒逃遁，無一名捕獲者，降三級調用。未獲礦犯交與接任官照案緝拏。公罪。若已經查緝，未能全獲，降一級留任，勒限一年緝拏。公罪。限內全獲，准其開復。拏獲及半，罰俸一年，帶所降之級照案緝拏。公罪。全獲之日，仍准開復。無獲，按限開復。儻獲不及半，照所降之級調用。公罪。礦犯交與接任官照案緝拏。其礦徒雖在該地方潛匿，並未聚衆開採者，不在此例。道光三十七年增修。

《六部處分則例》卷二二《錢法・私運銅鐵出廠》 一、爐户私運銅鉛鐵錫出廠，管理礦廠官不行查出，罰俸一年。公罪。其京局爐匠盜賣銅斤，該監督失於覺察，亦照此例議處。

《六部處分則例》卷二二《錢法・廣西道員總理礦廠》 一、廣西一切礦廠以該管道員爲總理，如廠内有應行議處事件，將該道一并查議。

一、廣西五金並産凡有礦砂司採之區，令地方官詳明督撫批准試採。均以二年爲限，果有成效，即詳請具題抽課。如逾限不報，將未能查辦之道員降二級留任，布政使降一級留任。督撫不查明具題，罰俸一年。俱公罪。

《六部處分則例》卷二二《錢法・鑄解樣錢》 一、各省錢局由部頒發樣錢，照式鼓鑄，將鑄出錢文解部查驗。其鼓鑄數目動存工木等項，按季造册送部查覈。如所鑄錢文與部頒式樣不符，或樣錢已頒到省不即照式鑄造者，經管官俱罰俸一年。公罪。若季報遲延，照造報各項文册遲延例，分別議則。例載《盤查門》。

（清）佚名《錢穀金針》卷下《城工》　修城折方，每寬厚一尺，乘算单若干丈尺。如城坍一丈高丈五寬四尺，先以長一丈爲準，以高丈五尺乘之，得一十五丈，再以寬四尺乘之，得单長六十丈。

磚長一尺寬五寸厚二寸横扁寔砌，每寬厚一尺長一尺用磚一百塊，價銀三錢。石灰四十斤，價銀四分八石。用泥水匠一工銀五分，小工每工四分。

估計時應扣除舊磚。

（清）佚名《錢穀金針》卷下《工程限期此二條在限期本内録出》　一、各項工程向以銀數多寡定其工完工之遲速，但所需物料或係本地出産，或須越境購買，難易不同，應令該督撫按照地方情形，分工程大小，酌定限期報部依限完工報銷。如有遲悞，即行參處。

一、各省新修城池，捴以三十年爲率，如限内捐壞，着落該員賠修。

（清）佚名《錢穀金針》卷下《火藥鉛彈》　各協鎮標營預三年火藥九萬二千三百四十三斤，鉛彈九萬二千三百四十三斤，分貯各營局庫。各營每年摻演火藥遵例動用，出陳易新，需用硝磺鉛斤係各該營動支公項銀兩，解司彙捴，遴委佐襍領買。其硝往河南採買，硫磺鉛斤往湖南採買，回江移領貯用。至各營每年動用鉛弹，於出十分尋回七分，不足之鉛動用公粮，三年買補一次。

各屬銀匠歲需傾銷銀兩額硝，並出陳易新補庫硝斤，歷係南昌府同知自備資本，彙給採買營硝之員，附買回江分發各屬銀匠繳價領用。

撫院衙門炮藥硝斤，係南昌府同知預買，解赴左營製配，所需價銀於司庫濠租銀内給領還墊。

督院衙門炮藥江省每年協解銀一百五十兩委員解寧交收其銀係動公項。

《農工商部工藝局擴充試辦簡章·募訂洋工師條例》　大清國　局某　募訂某國某　爲本局某科實業之工師，傳授生徒兼附屬此項工場之工師訂立合同條款，開列於後：

第一條　工師與本局司事一律待遇，聽　管理坐辦指揮，務須精勤忠實，盡心職務，服從場中規則爲應有之義務。

第二條　工師來華川資京平銀　兩，回國川資京平銀　　兩，每月薪金京平銀　　兩，以工師抵　之日起支，至合同期滿之日止。

第三條　工師到局住房火食由本局供給，其一切私用器具、衣服等事，皆由工師自備。如火食有不合宜處，可照章每月發給火食銀四兩。

第四條　工師如罹病時，其醫藥等費皆歸自理。

第五條　工師傳授工徒悉聽本局局長之命令，但有因公遣派外出，其旅行實費應由本局供給，工師亦不得另有需索。

第六條　本合同以　　個月爲限，如果限滿願留辦事，兩相願意，再爲續訂合同。

第七條　工師以到局之日起，期滿以前，不得因私事輙行辭退，但在本合同有效期内，工師如欲辭退，須在兩個月之前聲明，以俟後繼有人，庶不致誤事。

第八條　本合同於期限未滿之日，如有不得已之事而將工師辭退，則應給工師回國川資，此項川資不得過　　之數。

第九條　工師若違背條款或淆亂局章，及傳授不力等事，不論何時本局皆可將工師辭退，并不給與川資。

第十條　各學徒應由工師認真教以　各法，遇有學徒違犯規章，應由局員照章懲辦，工師不得擅行責打。

第十一條　本合同共繕兩分，本局與工師各執一分，如有争辯以此爲主。

農工商部工藝局　局長

農工商部工藝局某科工師

《農工商部工藝局擴充試辦簡章·本局調査條例》　第一條　中國所産各項生料及所制各種成貨，何者能抵制外洋，以及切實改良方法，務宜逐細調査，以資參考。

第二條　外洋所有原料及貨品其暢銷於中國者宜詳考其製造之法，以便仿造。

第三條　南北各行省産物不同，風尚亦異，南貨之宜於北地者爲何種，北貨之銷於南方者爲何類，均宜分晰比較，以資取法。

第四條　本局製造成品，其式様之良窳，銷路之暢滯，價值之高低，均宜隨時考核其原因，變通辦理。

第五條　所有料件貨品，凡經調查後即將調查詳細情形隨時紀録，以備稽核。

第六條　所有原料貨品或產自内國，或產自外洋，均分別羅列考工樓内，以備參考。

（清）顔世清《約章成案匯覽》乙篇卷三八上《章程・礦務門・路礦總局奏申明礦務章程摺光緒二十五年》　奏爲申明礦務章程，恭摺仰祈聖鑒事。案查光緒二十四年十月初六日，臣等會同奏定礦務鐵路章程摺内聲明，此後因時制宜，有應行增改之處，隨時體察情形，奏明辦理。鐵路一事，於去年十一月初一日會奏通籌，分別緩急次第辦法，均經先後奉旨通行各在案。其礦務自准開辦以來，亦有應就前次定章申明增定者。竊維華洋各商會同集股設立公司，在國家一視同仁，准其開辦之本意，原欲令各該商獲均沾之利，非欲令各該商據獨擅之利。今請辦礦務之華洋各商，因章程准各公司勘定產礦處所，動輒混指某省府分若干，縣分若干，並不確指某縣某處，計明段落里數，是徒使奸商串通影射，壟斷把持，轉致公正妥實紳商退縮向隅，無以自效，殊與准辦之本意大相剌謬。並應明示限制，除已經批准之案仍照會同辦理外，嗣後各該商請辦礦地，衹准各指定某縣之一處，不准兼指數處及混指全府全縣，以杜壟斷而均利益。

又查前次定章，華洋合辦，一切權柄操自華商，以歸自主。惟内載已集華股十分之三即准招集洋股開辦，雖係爲廣招徠、開風氣起見，然股本華三洋七，輕重即已不平，事權即恐旁落，易開喧賓奪主之漸。應將原章釐正，除已經批准之案不計外，嗣後華洋股本，均令各居其半方准開辦，以免偏畸。仍由華商出爲領辦。若洋商不由華商領辦，徑行請辦者，概不准行。

又查前次定章，各省紳商呈請辦礦，該地方官察其無背章程即咨報總局核奪，不得率行批准。其在總局遞呈者，亦必咨查原省，然後批准，以杜朦混招搖等弊。是定章本意凡由華商呈辦礦務，必俟查明批准後始招集洋股合夥，方免弊端。若未經遞呈，及遞呈尚未批准，先與洋商合夥指辦某處礦務，迨經行查，實多窒礙難行，徒令該商空費詣勘等用。不特無以示體恤，且朦混招搖之弊仍未能除。亦應將原章申明增定，嗣後華商請辦礦務，務必俟查無窒礙業經批准，始准招集洋股訂立合同，再將該合同呈送，聽候核准開辦。若先行合夥而後呈請者，概行駁斥。

又查前次定章承辦者，自批准之日起，至多不過六箇月。即呈報開工，倘遷延不辦，所有批准之案作廢。又内載，如有事故不在此列。然因此而託故遷延者，將徒有標估之名，並無開辦之實。今應明與定限，自批准之日起，統以十箇月爲期，無論有無事故，若逾期不辦，即將批准之案查銷，由地方官查明，另招他商承辦，該商不得爭論，餘仍照前次奏定章程辦理。其議開在先各礦，仍照舊核辦，以免紛擾。如蒙俞允，即由臣等通行遵照。所有申明增定礦務章程緣由，理合恭摺會陳，伏乞聖鑒。再此摺係礦務鐵路總局主稿，會同總理各國事務衙門辦理，合併聲明謹奏。

光緒二十五年六月二十三日奉硃批：依議。欽此。

（清）顔世清《約章成案匯覽》乙篇卷三八上《章程・礦務門・路礦總局奏明定路礦章程摺光緒二十四年附章程》　奏爲明定礦務鐵路章程，請旨通行飭遵恭摺仰祈聖鑒事。本年六月二十四日，遵旨開設礦務鐵路總局摺内聲明應辦事宜隨時具奏，九月初十日議覆胡燏棻條陳礦路事宜摺内聲明另行核定章程各在案。臣等查礦務鐵路，誠能辦理得宜，可以益國計、裕民生。然天下事利與弊恒相因，況此事至爲繁重，設辦法稍有參差，將使奸商劣紳串通影射，壟斷把持，而公正妥實之紳商反退縮向隅，無以自效。且既辦以後，利益稍有端倪，不肖官吏又或從而覬覦，百端魚肉，利源未擴，弊竇叢生，斷無可以持久之理。今欲興利蠲弊自非慎始圖終不可。如遴派公司嚴核股本，示洋股之限制，保華商之利權。及用人購地，選匠鳩工，徵收税課，稽查出入等事，亟應明定畫一章程，以資遵守，而垂久遠。臣等博訪周諮，就華洋成式中斟酌採擇，謹擬礦務鐵路公共章程二十二條，恭候欽定。如蒙俞允，即由臣局通行飭遵。此後因時制宜，有應行增減之處，再由臣等體察情形，隨時奏明辦理。所有明定礦務鐵路章程緣由，理合恭摺具陳，伏乞聖鑒。再此摺係礦務鐵路總局主稿，會同總理各國事務衙門辦理，合併聲明謹奏。光緒二十四年十月初六日具奏，奉硃批：依議。欽此。

附録路礦總局奏定路礦章程

一、礦路分三種辦法，官辦、商辦、官商合辦，而總不如商辦。除未設總局以前業經開辦者不計外，此後總以多得商辦爲主，官爲設法招徠，盡力保護，仍不准干預該公司事權。

一、總局奏准未經奉旨設局以前，無論官商擬辦未確之事，均應報明，聽候分別准駁，不得作爲定案。所有設局以後各省開辦礦路，無論官商華洋，均應按照本總局奏定章程辦理。其有援引設局以前各省礦路章程請辦者，概不准行。

一、東三省山東龍州三處礦路事務均與交涉相關，此後無論華洋股分，概不得援案辦理。

一、礦路本係兩事，准分辦不准合辦。凡鐵路公司所有沿路開礦章程，不得援案請辦，即礦山准造支路到水口以便載運礦產，亦祇准造至最近水口，併不得搭客載貨，暗佔鐵路利益。其有應造支路運礦之處，並須先行繪圖報明本總局查覈。

一、凡承辦礦路，俱須設立學堂以爲儲材之地。業已奏明通行，自應一律照辦。

一、各省紳商有遞呈該省地方官請辦礦路事宜者，該地方官先察其人，如果公正可靠，家資殷實，其所請辦無背奏定章程，即咨報總局核奪辦理，不得率行批准。其有在總局遞呈者，亦必咨查該紳原籍地方官確實無疑，然後批准，以杜朦混招搖等弊。

一、礦路公司勘定某處必經之地，應由地方官先行曉諭，俾衆周知，不得故意抗玩。至公司買地，遇有廬墓所在，務當設法繞越，以順民情，而免爭執，不得勉強抑勒。

一、凡經總局批准承辦礦路者，自批准之日起，無論華股洋股，至多不能過六箇月，一準開工。倘遲延未據呈報開辦日期者，所有批准之案作廢。如實有意外之事，不在此列，須預行報明。

一、集款以多得華股爲主，無論如何興辦統估全工用款若干，必須先有己資及已集華股十分之三以爲基礎，方准招集洋股，或借用洋款。如一無己資及華股，專集洋股與借洋款者，概不准行。

一、借用洋款必須先稟明總局，由局覈定，給予准照，該商方能有議借之權。仍聲明商借商還，中國國家概不擔保。其未得准照，私與洋商議借者，雖稱已經畫押，總局概不作據。

一、公司借用洋款，議訂草合同後，先送總局復核。如與總局奏定章程不符，仍不能以草合同作據，應飭令再議。如再議始終意見不同，可與他國商人另議。如洋商私相借貸，設有虧累，不得向總理衙門及總局控追。

一、設立公司有准借洋款者，應照成案，由本總局咨明總理衙門照會該國駐京大臣照復後方爲定准。即洋商有情願借款與該公司者，亦須稟明該國駐京大臣，照會總署。由總署咨詢本總局是否准該公司訂借洋款，照復後方能作據，否則作爲私借辦理。

一、凡辦礦路無論洋股洋款，其辦理一切權柄，總應操自華商，以歸自主。惟該公司所有賬目，應聽與股洋商查核，以示公平。

一、有人興辦礦路，聲稱已集資本及股分若干者，應先將銀款呈明驗實，以杜冒混。

一、各省凡有礦路地方，必有借重地方官之處。如有地主阻撓工役聚衆等事，一經公司呈報，該地方官即妥爲曉諭彈壓，毋得推諉。尤應嚴禁胥役訛索情弊。如不切實保護，准公司呈訴總局，查實奏參。

一、凡公司彼此爭利，或他事有礙公司利權者，應就近由地方官持平判斷，免致兩歧。或因判斷不公准稟由總局詳細核辦，以示保護。如係華洋商彼此爭執，應由兩造各請公正人理論判斷。倘實因判斷不服，准其另邀局外人秉公調處，兩國國家不必干預。

一、凡礦路所用洋人前往各處勘驗，應責成地方官切實保護，不得推諉。倘遭意外之虞，惟該地方官是問。

一、華人承辦礦路，獨力資本至五十萬兩以上，查明實已到工，辦有成效，或出力勸辦，實係華股居半者，應照勸辦賑捐之例，請給予優獎，以廣招徠。

一、無論獨辦集股，均准專利。至年限長短，俟臨時察看資本輕重，獲利難易，再行酌定。

一、鐵路經過地方，應設關徵稅，及礦產出井出口各稅，應由總局會同户部另定專章奏明辦理。至盈餘歸公之款，鐵路應按十成之四，礦務應按十成之二五提出繳部。

一、各公司一切情形及賬目等事，應聽總局隨時調查，或派人前往閱看。

一、各處礦路所有現行一切細章，統應彙送總局核定。局中另繕表譜格式，分行各省。所有各公司辦理礦路情形，應於每年年終如式填寫送總局查核。

（清）顏世清《約章成案匯覽》乙篇卷三八上《章程・礦務門・山東華德煤礦合辦章程光緒二十六年》 第一款

按照曹州教案條約第二端第四款，在鐵路附近三十里内指定各地段，允准德商開挖煤觔等項，及須辦工程等事，亦可華商德商合股開採一節，應設立山東德華煤礦公司，並照公司章程招集中國官商股分。先由德人暫時經理，所收華人股分按季呈報本省交涉局，俟招股在十萬兩銀以外時，再由本省選派妥員，入公司訂立章程，稽查華股應得一切利益。

第二款

該公司應設局在何處招股，及若干處，俟查看情形隨時商定。

第三款

該公司應辦勘查開採以及試辦各事，應由本省派定妥員會同商辦，或並約紳衿幫同辦理。該公司倘在一處，先欲試辦，所用地段不欲購買，則應先商明發給租價。至所傷禾稼等項，應照該處情形給價作賠，以免百姓喫虧。再每次試辦開採，應在半箇月以前通知該處地方官，以便轉諭百姓，俾杜生疑。

第四款

開挖煤礦應用地段，如建築礦井，修蓋機器等廠，以至工人住房與貨棧等項，須會同官紳彼此商辦，以期無損於百姓，所爲平安順手起見。是以山東巡撫特派幹員幫同買地，及料理一切，惟凡購礦學採擇地勢各節，應歸礦師作主，而購租地段須會同特派之員妥商辦理。或租或買，不得強抑勒索。每次查定地段後，應繪一作二萬五千比例之布置形勢圖，送呈山東巡撫，以備稽查。呈圖後始准買地，俟地買妥，方准修蓋所需各處。至地下所作一切，除第七款所云不計外，不與上面人相干，故不得攔阻，亦不得爭討，以昭公允。再買地一事，應秉公迅速妥辦，以免耽延開採礦產。地價應照該處情形核實付給。所購地段，祇准購得將來修蓋礦井與各項房屋煤棧裝車運煤處所等項，足敷應用爲止。

第五款

凡廟宇房屋樹木及衆多齊整之墳塋等項，均應顧惜謹慎躲避，不使因辦礦務令其受傷。萬不得已，必須遷移以上所指各物，則請地方官在兩箇月以前通知該主人，以便妥商賠償。總使該主人在他處能照原議另行置辦，並於錢財上不致喫虧。

第六款

辦理礦務須蓋各房，及開挖礦井等項，地位均須合宜，總使於本省城壘公基及防守各要害無所妨損。

第七款

朝廷所屬各祠廟行宫園廠等項之下，概不准辦礦務。

第八款

該公司因開礦買地，無論何處，應用官弓尺丈量地畝。每弓合五尺，每尺合三百三十八米里密達，每地一畝按三百六十弓計算，合九千方尺。至所購地段應納國課一節，須照他國人在中國他處開礦章程辦理，以昭公允。

第九款

該公司倘請地方官派人前來幫同作事，則應給辛工銀兩另行開發，不准與他價稍有牽涉，以清眉目。所發地價應妥交地方官代收，以便轉給各該地主。一面由地方官發給公司買地執照，發給後始准動工。

第十款

或在勘查礦苗時，或在開採礦產修蓋礦廠時，在百里環界外，倘須稟請山東巡撫派兵前往保護，一切届時查度情形見稟，隨即照准，並派敷用之兵數以應所需。至該公司應給此項衛兵若干津貼，應另行商議，惟不准請用外國兵隊。

第十一款

該公司購買物件，應照本地市價交易，不准強買，亦不准故意貴賣，以昭公允。或請地方官代購亦可。

第十二款

在開礦處附近一帶，倘欲租賃住房或辦公處所，應請地方官代租，並代立租房合同。

第十三款

該公司辦理礦務，應攙用本處土人使之。工作所需物料，凡本處所有之物，亦應在本處購買，並須公平給價。倘公司所用之工人與本處百姓滋事，應由地方官拏辦。再公司所用各工人，無論如何不准擅入百姓住家。如敢違禁，定必從嚴究辦。

第十四款

該公司開採礦產時萬一遇意外不測之事，致傷人命或物件，理應撫卹賠償。除此以外，尚有應定詳細章程。凡因辦理礦務被傷各物，均照詳細章程賠償。至在試辦時，倘因公司之過致傷人命或物件，亦應撫卹賠償。

第十五款

辦理礦務准保不傷民田房屋水井等項。若因公司大意粗心，致傷以上所指各物，定當按照該處情形認賠。至礦内若有泉水，應謹慎引出，總以不傷民田等項爲率，否則議價賠償。

第十六款

凡礦務公司所用各洋人，均須請領中國地方官與礦務公司會印憑單，以便隨時稽查。如不領會印憑單，中國官不認保護之責。此項洋人若欲他往游歷，均應請領中國官與德國官會印護照，以便飭屬加意保護。倘無此項護照，中國官亦不認保護之責。該公司在勘查礦苗時，應由地方官派差跟隨，藉資保護。該公司應酌給此項差人酬勞津貼。倘遇假冒公司之人，並無憑單作證，則應由地方官拏辦，以杜含混滋事。

第十七款

在鐵路附近三十里外，無論誰何，倘未經山東巡撫允准，不准私自開礦。在三十里内，除華人外，祇准德人開採礦產。凡經華人已開之礦，應准其辦理，惟不得使下面之德人礦務實有危險。倘該公司深恐冒險，則可請地方官查明，向華礦主人公平議價，或將礦賣與公司。倘華人在某處已開大礦，該公司意欲購買，在商定價值後，聽礦主自便，或將購價折作股分領取股票亦可。如華礦主人不願將所開之礦賣出，則應作罷論，不得攪擾其事。

第十八款

倘該公司所辦礦務實係日有起色，所得礦產實係茂盛，則附近居民日用所需煤觔，應准以較廉之價購買，惟不得轉賣，致於公司有礙。

第十九款

凡德租界外各處，其地主大權仍操之於山東巡撫。公司所用華人，應歸中國地方官稽查。倘有違犯華例等事，亦歸地方官究辦。至所用各洋人，倘有不合之處，應照條約秉公辦理。

第二十款

此項礦局，將來中國國家可以如何購回，與於何時可以購回，應將來另議。

以上各款俟畫押蓋印後，應頒行山東各州縣與辦礦各員，以便按照各款所云辦理。此後彼此若有應行增損之處，祇能由山東巡撫，或特派大員與山東礦務公司彼此商訂。

大清國記名副都統幫辦山東交涉總理路礦事宜麐昌

大清國山東撫提部院兼理各國事務衙門大臣袁世凱

大德國駐紮青島礦務公司總辦山東礦務米海里司米德

謹按以上章程二十款，初於光緒二十六年二月東省與德員商定拳匪事起未經入奏，迨和議成，德人復申前議，並於第一款及第十七款内多取要挾。嗣經一再磋拒，始就範圍。業於光緒二十七年六月，由德礦務製造公司總辦，允認簽押，經東撫於二十七年十月入奏，綜稽全卷，文電往復至爲繁夥，不能備載，謹注數言，用資攷核。

（清）顏世清《約章成案匯覽》乙篇卷三八上《章程·礦務門·吉林議定華俄合辦新舊礦務章程光緒二十八年》 案照本年正月二十五日吉林將軍長與駐吉外部大臣劉所定礦務草約，曾奉旨允准在案。查草約第六條所載，各處礦務如已經開辦，集有舊股者，另行詳議等語。今吉林將軍長俄國駐吉外部大臣劉會同議定章程列後。

第一條，吉省已經開辦之礦集有舊股者，與現時新採之礦不同，仍專歸華人自行集股採辦。

第二條，吉省舊礦，如華人情願與俄合辦，或交俄國人專辦，均須先立合同爲憑，呈吉林將軍并外部大臣閲定允准後方准開辦。

第三條，舊礦如華俄合辦，或歸俄專辦，所出金等各礦，無論多寡，悉按所出之數每百兩抽收十五兩，作爲中國税課。

第四條，舊礦係華人專辦，仍照中國章程。如係華俄合辦，或願交俄國人專辦，華人須禀明吉林將軍，俄國人須禀明駐吉外部大臣。

第五條，如辦礦滋生事端，吉林將軍與外部大臣會同查辦。其并無俄人入股之舊礦，應由中國官長清理。

第六條，所定章程分爲漢文俄文兩分，吉林將軍與駐吉外部大臣畫押鈐印。

大清國欽命鎮守吉林等處地方將軍長

大俄國欽命駐吉外部大臣劉

大清光緒二十七年十二月　日

大俄一千九百二年正月二十二日

《東方雜誌》一九〇四年第三期《實業·奏定暫行鑛務章程》 第一條，本部欽奉上諭飭將鑛務鐵路歸併管理，欽遵在案。其鐵路章程業經本部奏定，所有鑛務光緒二十八年二月外務部所定章程聲明，此外未盡事宜，隨時增損，以期盡善。現經本部酌訂作爲暫行章程，除以前已辦各鑛及業經議定之處仍照原定合同辦理外，其有援引前章及前准各省辦鑛成案請辦者，概不准行。

第二條，凡禀請辦鑛，應由本部發給執照爲憑。未經發照以前，不得舉辦。今將執照分爲二等，一爲探鑛執照，一爲開鑛執照。

第三條，鑛地無論係產何種鑛質，必須爲國家官地方能發給執照。若係有主之地，則須與該地主商允地價，或願作股分，報明立案，方准禀請給照。如該鑛地爲國家必須開採之處，應由官公道給價購買，地主不應抗違。

第四條，無論中國商民承辦，或華洋商合辦，如欲請領探鑛執照，或開鑛執照者，應照下列各款，詳細禀明本部，或禀由該省地方督撫聽候確查於地方情形有無窒礙，並有無違背定章，由部酌核准駁各款列後：一、禀內須載明請辦人姓名，並何省何縣人，或一人或數人的係自辦並不轉售。二、華洋商人合股者，應聲明該洋商係何國人，占有洋股實數若干。三、禀內須將鑛地四至遠近大小若干方里，合計若干畝數，繪圖貼説，以備查核。四、禀辦人係採掘何種礦產，應開列清楚。

第五條，請辦之鑛地不得逾三十方里，其地須彼此連屬，且長處不得逾闊處四倍。遇有墳墓所在，其打鑽掘井須設法繞越，萬不能繞越者，應行優給遷埋之費。

第六條，禀辦之鑛地，如有人禀准在先，或係公家應用要地，均不能給予執照，由本部查明批駮。

第七條，以下爲探鑛。凡請領探鑛執照，領照後非遽准其開採，但許在照內所指之地就其浮面探驗苗線，不得過於深邃，亦不得過於廣闊。

第八條，探鑛執照以一年爲期，期滿如實未探竣，應具禀呈明，查無虚誑，准予展限。至多展至一年爲度。

第九條，探鑛照內所領之地，民地仍按賦則由地方官收納錢糧，其官地則每畝每年輸租，以庫平銀一兩爲則。所領探鑛執照，每紙繳費計庫平銀五十兩。領照後先向地方官將全年官地租銀繳足，方准開工。如准展期，並於批准後續繳一年。

第十條，請領探鑛執照者，須將該地四至界限坐落何處，廣闊若干，就近禀由該省地方督撫察驗。該地是否與民間無礙，其人是否公正，家貲是否殷實，請辦各節有無違背奏定章程。如查與上項無所違礙，應即咨明本部覈辦。或該商逕行具禀，本部聽候咨行該地方督撫查明有無違背上列各款，俟咨覆到部，分別准駮。

第十一條，如鑛地實爲他人私產，未向地主商允朦准給領探鑛執照任意勘探者，一經地主告發，應計所失，照值賠償。

第十二條，領有探鑛執照者，於限滿四箇月内將該地鑽掘處一律填平。其屋宇樹木，或勘探時致有損壞，並須修葺如舊。倘届四箇月續領開鑛執照者，不在此列。

第十三條，以下爲開鑛。無論華商承辦及華洋商合辦，如欲請領開鑛執照，必須將探鑛照繳銷，呈明集有的實股本若干，請開何種鑛產，並聲明股款現存該省殷實銀行票號，由該行號出立保單呈驗，以憑查核。

第十四條，原禀領照人，無論開辦以前或已辦之後，如欲將執照轉授他商，應具禀本部，聽候准駮。倘私相授受，一經本部覺察，將原禀領照人從嚴懲罰，鑛照撤銷，鑛工入官。

第十五條，凡經領有開鑛執照者，應准領照人在執照所指之地掘取礦産，並准將工程所需各機器各材料運至開採之地，除照章完納關税外，其内地釐卡概免重徵。夾帶並非開鑛應用之貨，應照章罰辦。

第十六條，集股開鑛總宜以華股占多爲主，倘華股不敷，必須附搭洋股，則以不逾華股之數爲限。具稟時須聲明洋股實數若干，無得含混。并不准於附搭洋股外另借洋款。倘有矇准開辦者，查實即將執照註銷，鑛地充公。

第十七條，請辦鑛務，應先估計鑛工大數需用若干萬，探鑛既有把握，一面即應招集股本，須股額足數，方准請領開鑛執照。開辦後若因工艱費鉅，爲集股時意計所不及，致有不敷，並難續集股本，擬暫借洋款以資周轉，如稟辦全係華股，應准以機器房産等抵借若干年期，概不准以鑛地抵借。其借款之數不得過原估用款十成之三。應先稟明本部，聲明借數年期及何國商款，並聲明商借商還，國家概不擔承字樣，候本部核准辦理。至訂立合同，應加繕一分呈部備案，不得私有更改。

第十八條，嗣後華商請辦鑛務，如未經稟明本部，逕與洋商議訂合同，以鑛地抵借洋款，一時矇准，或開辦後將該鑛工密售他國人民，原領照人坐收出名之利益。凡此情弊，經地方督撫及本部查實，即視案情輕重，照第十四條一律辦理。

第十九條，請辦鑛務，如係附搭洋股者，不論領照係探鑛係開鑛，除稟呈本部聽候批示外，應稟由外務部查核，以定准駁。至洋商既願附股，即爲甘認此項各款章程，一律遵守勿越。

第二十條，華商公司如業將執照所領鑛工辦有成效，續請展辦附近鑛務，而股本不敷，擬附搭洋股展辦者，應具稟本部詳晰照章聲叙，以便分別准駁。批准後應另給執照辦理，不得與前辦之華公司有所牽混。

第二十一條，鑛廠如須安設巡兵護廠，應先稟明地方官核准。巡兵應專用華人，除管理機器經理帳目外，一切工作尤應專用本地之人。如本地人或有齊行罷工等事，方可招雇鄰近郡縣之人，仍不得用他國人。至所需巡兵口糧、教練經費，均由鑛廠籌備。若欲附設鑛務學堂以儲人才，並准該廠酌量辦理。

第二十二條，轉運鑛産欲造小枝鐵路以資利便，應查明相距幹路，或水口是否在十里以内，與該處地方有無窒礙，稟候本部核奪。若在十里以外者，應另案稟辦。

第二十三條，開鑛執照所領之鑛地，在十方里以内，應繳照費計庫平銀一百兩。多一方里，加費十兩，以三十方里爲限。並向地方官呈繳第一年每畝之額租。開辦後無論華商及華洋商，地方官均應一體保護，惟不得干預該商辦事之權。遇有虧折，悉照中國國家所定條律辦理，國家例不償補。

第二十四條，請領執照人經部准辦後，無論華洋商，應自批准日起限六箇月開工，並將開辦日期報部。逾限不報，即將執照註銷，招商另辦。倘實爲意外事端所阻，亦須稟明本部查無虚飾方准酌展。

第二十五條，領照人須將所領鑛地周圍豎立界石，以示界限。並須設立合宜防備之法，以免鑛師及鑛工有意外之虞。如既設法防備，仍遇意外各事，當就近稟知地方官查訊。若有傷斃鑛工人等，須妥爲撫卹。其卹銀多寡，應衡情從優酌斷。

第二十六條，探採礦産現時中國尚鮮專家，應准領照人聘用外國礦師，該地方官應實力保護。如有膜視，立予參處。該鑛師亦當自守禮法，倘不知檢束，咎由自取，准地方官知會該經理人斥退另聘，不得徇庇。

第二十七條，各省鑛務地方，該管上司應飭屬曉諭彈壓。遇有土人因事争執，或工役滋事，准由就近州縣持平辦理。尤應嚴禁胥吏藉端訛索。該地方官如辦理不善，經人稟控，由本部確查得實，從嚴參處。

第二十八條，凡因事争執，若全係華商，就近地方官當秉公剖斷。倘兩造不能平允，准具呈本部核辦，不使兩有虧損。至華洋商遇有糾葛，應由兩造各舉一人持平判斷。如判斷人意見彼此未洽，應再合舉一公正人，不論局内局外，皆可從中調處。兩國國家均無須干預。

第二十九條，稟准給照後即可訂立開鑛合同。所有未盡各事宜，均准詳細開載，不得與所定章程稍有違礙。訂立時應先照繕一分，呈部核准方可簽押。

第三十條，開鑛執照以三十年爲期，如欲稟請展限，須於期滿六箇月前呈候本部核斷。除該鑛地爲國家另有要需不准再展，應行酌估津貼收回外，其准予展期換照者，照費如前照納。

第三十一條，領照人業准於照内所領地界開採鑛産，惟該地界内如有他人物業及他人已有之利益，則應將此處畫開不入界内，並應於請領開鑛照時稟明，俾註明照内，以免争執。若一時矇准，經人控訴，查實議罰。

第三十二條，鑛地所產之林木有爲公家所需者，不得任意砍伐。若須照時聲明酌伐以供工程之用等情，則應候本部審察地勢，以定可否。如可照准，即將該地廣狹載明照内，此外不得擅動。所砍林木應照時價納值。

第三十三條，鑛地額租第一年既先行繳納，第二年如未得鑛産，仍應照納如額。得鑛産後則照輸出井税，而租税例不并徵，以示國家恤商之至意。惟無論租税，逾期三月不能照輸者，應將鑛産及物業一併封禁，俟繳楚揭封，延至六箇月仍未清完者，即註銷執照將鑛地收回。

第三十四條，鑛産出井，視品類之貴賤以別税則之重輕，等次大略列後。其税則未經載明者，比照後開之類抽收。至從前已定合同，各鑛内有税則未經議定者，亦一併照此徵收。如煤銻砂鐵白礬硼砂值百抽五，煤油銅錫鉛硫黄硃砂值百抽七五，金鉑銀水銀白鉛值百抽十，鑽石水晶各種寶石值百抽二十。

第三十五條，鑛産出口關税仍照税關章程徵收，納此税後其内地釐卡概不重征，此項税款應由税關另儲，聽候撥用。

第三十六條，鑛務公司應隨時將所得鑛産列表登記各種所産之確數，並載明運出某口若干，物産幾種，或美或劣，每季開具清册報部備案。本部或派員至該鑛地稽查，或向税關核對數目。如與册報不能符合，應量予懲罰。

第三十七條，凡發給探鑛執照，應由領照人繳呈，著名殷實行號保單擔承銀五千兩，開鑛執照擔承銀一萬兩。此項保銀係擔承領照人遵守照内及部章所載各款，違者罰令充公。

第三十八條，華商請辦鑛務，倘能獨出貲本至五十萬兩以上，查明鑛工辦有成效，由本部專摺請旨給予優獎，以示鼓勵。

以上各款按照光緒二十八年奏定章程略有增減，作爲承辦鑛務暫定章程，應俟參訂鑛律編輯成書，再行因時損益。

《清實録》嘉慶六年三月　甲申，諭内閣：軍機大臣議駁保寧等奏請開採金砂一摺。所駁甚是。塔爾巴哈台所屬各處金礦，乾隆年間曾經伍彌烏遜等奏請採挖，欽奉皇考諭旨，令將達爾達木圖等處刨挖金砂之處，嚴行禁止。即實力遵行，尚恐不免有偷挖之弊，今若官爲開採，勢必召集多人，奸良莫辨。並恐内地甘凉一帶游民，紛紛踵至；此等無籍之徒，聚之甚易，散之則難，於邊地殊有關繫。此事本係保寧令貢楚克扎布、松筠前往察看，奏請開採，而主見必係松筠所出。伊前此再三懇弛私梟私鑄，其事斷不可行，經朕降旨嚴飭。今採金之議，仍然膠執前見，沾沾目前小利，並不計及久遠。保寧等輒附和其言，聯銜具奏，均屬非是。保寧、貢楚克扎布、松筠俱著傳旨申飭，仍著保寧等將産金處所嚴行封禁，勿令偷挖滋事。

《清實録》道光二十四年四月　〔己巳〕諭軍機大臣等：自古足國之道，首在足民；未有民足而國不足者。天地自然之利，原以供萬民之用，惟經理得宜，方可推行無弊。即如開礦一事，前朝屢行，而官吏因緣爲奸，久之而國與民俱受其累。我朝雲南、貴州、四川、廣西等處，向有銀廠，每歲抽收課銀，歷年以來，照常輸納，並無絲毫擾累於民。可見官爲經理，不如任民自爲開採，是亦藏富於民之一道。因思雲南等省，除現在開採外，尚多可採之處，著寶興、桂良、吴其濬、賀長齡、周之琦體察地方情形，相度山場，民間情願開採者，准照現開各廠一律辦理。斷不可假手吏胥，致有侵蝕滋擾阻撓諸弊。該督撫等必能仰體朕意，妥爲籌辦。固不可畏難苟安，亦不得抑勒從事，總期於民生國計，兩有裨益，方爲妥善。各省情形不同，不准彼此觀望。將此各密諭知之。

《清實録》道光二十四年六月　〔戊午〕諭軍機大臣等：前因雲南等省向有銀廠，抽收課銀，降旨令該督撫體察情形，如此外有可開採之處，准照現開各廠一律辦理。茲據周之琦奏稱，廣西銀廠現在僅存三處，每年共抽正課銀四五百兩不等，爲數寥寥。其臨桂等縣舊有各廠，久經封閉，並未續開。惟礦砂有衰旺之時，地氣有轉旋之候，現已密飭府縣添派委員詳細踏勘，如有礦砂復露之處，即照現辦章程招民開採等語。天地生財以供民用，若不能變通盡利，則民用易匱，而財貨亦有棄地之虞。廣西舊有各廠，前因採取過多，山空砂薄，是以暫行封閉。積之既久，地氣亦鬱而必宣，但能因地之利，順民之情，自可著有成效。現在查勘各該處，如果有礦苗重出，砂路復新，即著諄飭該委員等，會同地方官勸諭商民，試行採辦，務在禁其擾累，去其煩苛，使民樂於從事。現存蕉木、南丹、掛紅三廠，抽課無多，亦著察看該處附近之區，是否可以量爲推廣。此外各山場如本非舊廠，而有可開採之處，並酌量情形，一律招辦。儻該員等不能妥爲經理，或飾辭阻撓，或張揚抑勒，或以課銀爲數無幾爲詞，甚至假手吏胥，侵漁圖利，該撫一有聞見，務即隨時撤回，指名參奏，仍另派妥員實心籌辦，以期於國計民生兩有裨益。將此密諭知之。

《清實録》咸豐三年三月　壬申，諭軍機大臣等：朕聞四川等省，向産有金銀礦，自雍正以後，百餘年來，未嘗開採。地脈休養日久，所産自必暢旺。上年大學士等會議籌備軍餉章程内請開採以裕軍需，已依議行矣。道光二十八年，王大臣會議開礦一條，曾通行各省督撫，履勘查辦。間有一二省份奏請開採，旋復藉口於硐老苗稀，輒請停止；或以聚衆生事爲詞，畏難苟安，因循不辦。朕思開採礦廠，以天地自然之利還之天下，較之一切權宜弊政尚屬無傷體制，有裨民生，惟在地方官經理得宜，自不致別滋流弊。即如現在各省舊有礦廠，按年開採抽課，官民日久相安，豈非明驗。當此軍餉浩繁，左藏支絀，各省督撫務宜權衡緩急，於礦苗丰旺之區，督派幹員悉心履勘，各就地方情形，奏明試辦。毋得狃於積習，任聽不肖官吏，名爲封禁，暗取陋規，但以有礙風水，聚衆滋事等語，一奏塞責。將此各諭令知之。

《清實録》咸豐四年閏七月　乙未，諭軍機大臣等：前因扎拉芬泰等奏稱，採獲似銀等礦苗，請飭部試錬辨認，當交户部驗明具奏。兹據該部詳細驗明，遵旨覆奏：現在銅鐵兼資鼓鑄，需用浩繁，必須廣爲採辦，以裕度支。著扎拉芬泰等，悉心體察情形，一俟安肅道和祥到日，即飭該員帶同熟悉礦苗煎錬之人，詳細查勘，設法開採。如辦有成效，即酌量分鑄銅鐵各錢，以資兵餉。並著派員徧歷所屬地方，將産銅線道多開礌硐，以冀採獲正礦。如查有金銀各礦，即速行籌議開採，酌定章程，據實具奏。原片著鈔給閲看。將此諭令知之。

《清實録》同治九年三月　〔己巳〕晋省陽曲縣之王封、陽城縣之東冶地方向有磺廠，自咸豐八年扣減三成，所發例價，不敷工本，磺户日形賠累，自係實情。所有該省硫磺例價，著照該撫所請，自同治九年春季爲始，准其暫免扣減三成，俟陜甘軍務肅清，再行照舊扣減。硫磺爲軍中利用之物，既經免扣三成，體恤商困，尤應嚴禁私販，以肅功令。著李宗羲督飭該管官加意稽查，嚴防偷漏，毋任接濟匪徒，是爲至要。將此諭令知之。

紀事

（明）余繼登《典故紀聞》卷二　國初中書省議役法，每田一頃出丁夫一人，不及頃者，以別田足之，名曰均工夫。太祖曰：民力有限，徭役無窮，當思節其力，毋重困之，民力勞困，豈能獨安？自今凡有興作，不得已者，暫借其力，至於不急之務，浮汎之役，宜罷之。

（明）沈德符《萬曆野獲編》卷二《列朝・捐俸助工》　嘉靖二十年辛丑，九廟被燬，更建時，邊餉亦告匱。太宰許讚，議借百官之俸，上以非盛世事已之，真得治朝大體。今上甲申大峪壽陵興工，閣臣亦議令百官捐俸，上不許。蓋養廉爲重，亦體羣臣之一也。頃三殿之災，羣僚又欲捐俸助工，會議於中府。一御史舊筆書曰：主上好貨，諸公捐俸是矣。倘主上好色，諸公何以處之。皆赧然退散。其後各衙門公疏，或各官私疏，以捐俸爲請。主上亦欣然俯從。自此以後，爲開礦，爲抽税，徧大地皆以大工爲名，不復能遏止矣。

（明）談遷《國榷》卷七《太祖洪武十五年》　〔十二月〕辛丑，罷濟南青萊採鉛。

（明）談遷《國榷》卷八《太祖洪武十八年》　〔十二月〕罷各布政司煎煉鐵冶。

（明）談遷《國榷》卷八《太祖洪武二十年》　〔三月〕辛未，復設太原府交城縣大通鐵冶所。其地置冶，歲採鐵十萬斤，後聽民採。至是以繕兵，復之。

（明）談遷《國榷》卷九《太祖洪武二十三年》　〔十二月〕壬申，罷天下歲織段匹造弓矢，賞賚用絹帛有匱乏，即織於京師，置後湖局，專造弓矢。

（明）談遷《國榷》卷九《太祖洪武二十四年》　〔十二月〕工匠役内府者皆給鈔。

（明）談遷《國榷》卷一〇《太祖洪武二十六年》　〔八月〕乙未，復興國州鐵冶。

（明）談遷《國榷》卷一〇《太祖洪武二十六年》　〔十月〕更給

天下工匠輪班勘合。

（明）談遷《國榷》卷一〇《太祖洪武二十七年》〔正月〕丁未，復置平陽二鐵冶。

（明）談遷《國榷》卷一〇《太祖洪武二十八年》〔二月〕復分宜縣鐵冶。

（明）談遷《國榷》卷一〇《太祖洪武三十年》〔四月〕丁酉，罷所在鐵冶。

（明）談遷《國榷》卷一〇《太祖洪武三十一年》〔正月〕暫開鐵冶一年。

（明）談遷《國榷》卷一〇《太祖洪武三十一年》〔五月〕庚戌，開四川南部蓮花鹽井。

（明）談遷《國榷》卷一二《惠宗建文四年》〔十一月〕庚寅，開商縣鳳凰山銀坑。

（明）談遷《國榷》卷一三《成祖永樂元年》〔二月丁丑〕分遣監察御史中官覈各處銀冶。

（明）談遷《國榷》卷一三《成祖永樂二年》〔二月〕辛巳，開犍爲縣井鹽。

（明）談遷《國榷》卷一三《成祖永樂二年》〔四月〕開四川資縣井鹽。

（明）談遷《國榷》卷一三《成祖永樂三年》〔十一月〕丙辰，開雲南大理銀冶。

（明）談遷《國榷》卷一四《成祖永樂四年》〔七月己酉〕復煎簡縣竹筒井鹽。

（明）談遷《國榷》卷一四《成祖永樂六年》〔十二月〕是歲，罷浙江溫處銀鉛坑冶。

（明）談遷《國榷》卷一四《成祖永樂六年》〔正月甲子〕開犍爲縣鹽井。

（明）談遷《國榷》卷一五《成祖永樂八年》〔三月〕丁丑，皇太子許開四川南部內江縣井鹽。

（明）談遷《國榷》卷一五《成祖永樂十一年》〔十二月〕庚申，開四川潼川等井鹽。

（明）談遷《國榷》卷二一《宣宗宣德四年》〔十二月〕丙子，南海人華發請開番禺銀礦。不許。

（明）談遷《國榷》卷二一《宣宗宣德四年》〔三月壬子〕前浙江永康縣丞歐陽齊，言縣山產銅礦，宜開採。上斥之。

《明實録》洪武十一年五月 丙子，敕工部臣曰：自古聖王之御天下，武功耆定則修文教，而亦不忘武備也。今海宇乂安，生民樂業。宴安鴆毒，古人所戒，克詰戎兵，王者當務。爾工部其以歲造軍器之數著爲令。於是工部定天下歲造軍器之數：甲胄之屬一萬三千四百六十五，馬步軍刀二萬一千，弓三萬五千一十，矢一百七十二萬。浙江、江西二布政使司：各甲胄二千，馬步軍刀二千，弓六千。湖廣布政使司：甲胄八百五十，馬步軍刀一千，弓一千五百，矢二十萬。廣東布政使司：甲胄六百，馬步軍刀三千，弓一千。廣西布政使司：甲胄六百，馬步軍刀二千，弓一千，矢一十五萬。河南布政使司：甲胄五百，弓一千，矢一十四萬。福建布政使司：甲胄一千六百，馬步軍刀二千，弓四千，矢三十萬。山東布政使司：甲胄六百，弓一千五百。山西布政使司：甲胄五百，弓一千。北平布政使司：甲胄一千，弓五千二百一十二。直隸湖州府：甲胄二百五十，步軍刀一千，弓七百，矢一十萬。松江府：甲胄三百，步軍刀一千，弓八百，矢一十萬。嘉興府：甲胄二百五十，馬步軍刀一千，弓八百，矢一十萬。蘇州府：甲胄三百，步軍刀一千，弓八百，矢一十萬。太平府：甲胄一百五十，步軍刀五百，弓三百，矢五萬。徽州府：甲胄二百，步軍刀一千，弓一千，矢一十萬。廣德州：甲胄一百，步軍刀四百，矢三萬。鎮江府：甲胄二百，馬軍刀六百，弓七百六十，矢一十萬。寧國府：甲胄三百，步軍刀一千，弓七百，矢一十萬。廬州府：甲胄一百五十，步軍刀四百，弓二百八十八，矢五萬。淮安府：甲胄三百，步軍刀五百，弓三百，矢一十萬。揚州府：甲胄二百二十，弓二百。安慶府：甲胄一百四十五，步軍刀六百。常州府：甲胄二百，弓一百五十。池州府：甲胄一百五十。

《明實録》洪熙元年秋七月 〔壬申〕行在工部奏：舊經閹剩銀匠周阿佛等七十六人，自陳老疾，乞如詔書免役。請令順天府驗視放免。若年未及六十，精力未衰者，仍令赴工。

上曰：刑餘之人經歷年久，其稱老疾必不妄。不必展轉，可悉免其役，令於大興宛平二縣閒住。

《明實録》天順二年五月〔癸卯〕禁四川寧番衛並邛蒲各山等縣私設鐵冶及過關通番者，從寧川衛舍人鈕濬言也。

《明實録》天順八年九月〔丙子〕工部尚書白圭奏：各局軍器，正統、天順間，例於成造完日遣科道官各一員，同本部正官按季試驗，務在鮮明，堅緻不如式者，罪之。爾者諸局因循，以往年邊陲急用兵器未經試驗爲解，恐玩法之徒，遂無所懼，非惟器不足用，而財役亦爲虚費。請申明舊制，造完仍令本部會同科道驗之，凡器用不精及侵漁物料，私役賣放工匠者，必真之法，則人知所畏而器得其精矣。上曰：軍器戰守所資，誠爲重事。今後敢有似前造作不精及侵漁物料，賣放工匠者，必重罪不宥。

《明實録》成化八年六月〔戊辰〕浙江左右布政使余子俊、劉福，按察副使吕正，湖州府知府劉保等，先以織造供用彩段不如法，爲工部所劾。時子俊已陞副都御史，巡撫延綏。上以邊境用人，特宥其罪。命刑部錦衣衛差官往會巡按御史逮福等鞫之，得匠人侵尅狀。福等以閲視不詳及首領局官等罪，皆當杖，刑部覆奏。上曰：福等不用心提督織造，虚費錢糧，難循常例發落。福正降一級，傑降二級，俱調用。首領並局官調邊遠，吏放爲民。匠作之長四人追賠，完日充福建邊衛軍。仍移文各府，用爲懲戒。

《明實録》成化十一年二月　癸未，詔閉河南宜陽等縣銀洞。先是，兵科給事中郭鏜言：河南各縣出有銀礦，乞開煎以備邊用。有司勘報言：銀洞在山谷中，道路險阻，礦脉細微，所得不多，徒費民力。遂命封閉。至是，户部又言：内府及邊儲缺用，乞復開煎。勘報如前。上命：仍封閉之。

《明實録》成化十一年夏四月〔辛卯〕户部奏：直隸遷安縣僧思住，持礦石並銀，首告於通政司。本部移文下所司勘實，言：思住偶於所居掘地得礦，煉而成銀，爲指揮齊貴所知，率衆掘地取礦，先後煎銀一百五十餘兩。今地成溝渠，礦石盡絶，別無遺利。且其地切近邊塞，不可輕啓利源。請令鎮守巡撫等官，嚴加禁治，有犯者，律外加罪。從之。

《明實録》弘治五年三月〔甲戌〕南京工部奏：近年各府、州、縣所解輪班工匠，額多老幼不堪供役，旋復逃去，而京師無賴之徒，私爲雇役用，是諸司赴工者往往缺少。請申明舊禁，移文各布政司，自今須閲實丁壯，具其年貌，送部以憑稽驗。代役者，兵馬司捕執枷項一月，仍謫戍化外。從之。

《明實録》弘治六年閏五月〔丁未〕工部覆奏：禮科左給事中夏昂所陳省工役事，宜如所（情）〔請〕，今後有奏興土木及投充匠役者，許科道官糾劾，同坐以罪。從之。

《明實録》弘治十八年二月　甲申，經略邊務工部左侍郎李鐩奏：密雲縣山中舊有銀冶産銀砂，百餘年來封閉不發。邇者無（藉）〔籍〕軍民百十成群，大開礦場，晝夜竊發，軍衛有司，畏不敢言。此山内拱皇陵，外逼胡虜，利之所在，易於生患，請令所司禁絶。兵部覆奏，上從之，命通行出榜曉諭禁約，敢有仍前不畏法度倡衆竊礦者，即擒解來京，治以重罪。

《明實録》正德三年二月〔丙申〕伊府儀賓龐進輔奏：河南盧氏、永寧、宜陽、嵩縣四處山場内産銀砂，乞選差内臣同至彼烹煉，以濟國用。户部議覆：河南，中州要地。國家自昔至今未嘗採辦，必有深意存焉。今進輔輕言採取，似有所圖。詔令鎮巡并三司掌印官率進輔親往踏勘礦洞，應開與否務見明白，不許隱情。

《明實録》正德十三年七月〔丙午〕户部覆御史吴誾所奏鹽法三事：一、山東運司放支鹽少，無以給商人。請於本年正鹽支給七分，以歷年剩鹽内兼泒三分，足數即止。一、南京織造太監奏討鹽斤，恃勢夾帶，連舟百艘，塞江南下。請嚴奏討之禁。一、運司每解内府供用鹽斤，多爲攬頭詐騙，歲多逋負。請加禁革，以供急用。詔准議，惟織造支鹽仍舊。太監秦文傳旨：以都指揮僉事齊佐於南鎮撫司管事。

《明實録》嘉靖十五年七月　庚申，武定侯郭勛陳言三事：一、清漕卒，許載貨物，以通下情。一、請餘鹽，盡輸塞下，以實邊儲。一、請復設礦課，以助工費。户部覆言：漕舟貨物令甲不許過四十石之外，今宜以此爲率，勿令越限。其山東、河南、順天等處原有礦場可採取者，下撫按設法採辦，輸委工部以助營建之費，工畢停止。至餘鹽之議，則近日科臣條陳，撫按勘覆，業已奉成命矣。事恐法令雖備，而情俗各殊，或宜於彼者不宜於此，或便於竈者不便於商。宜特遣才望大臣一員，親詣兩淮清理之。庶可定畫一之法，爲國家永利。疏入，上悉從其議。乃改命巡撫陝西右副都御史黄臣清理淮浙、山東、長蘆鹽法。

《明實録》隆慶二年十二月 〔丁酉〕工科左給事中管大勳等條議五事：一、處弓箭以求實用。謂江南歲解弓箭，皆不諳造法，無益於用，宜改徵折色。一、定折耗以杜積蠹。謂物料輸納之際，商匠得緣爲奸，吏不能詰，故多爲惡者。宜酌量成耗之數，嚴法稽查，毋容乾没。一、徵鉛鐵以省俘費。謂年例召買南鉛建鐵，皆自遠方，僦載以來，價高什倍。宜令河南福建各以本色徵納。一、查工作以禁冒侵。謂盔甲、王恭二廠，工匠有新故，廪入有多寡。今折納工價率概無差等。宜令量入以爲遞減之則，至填補之時，須試其精通技藝者姑留之。一、復兼理以裁冗員。謂工部既有專理盔甲廠司，官復設驗試所佐之，一事兩任，宜汰其一。章下工部覆奏，以上四事皆如議，惟軍器重務一官難於兼攝，宜仍舊。報可。

《明實録》隆慶三年二月 〔丙子〕南京國子監祭酒姜寶條奏飭監務以廣聖教八事：一、修理頓毁舍宇；一、督徵各處膳夫銀；一、請罷納粟事例以塞倖途；一、催取舉人入監就中，察其志行卓然者，破格用之。因薦四川閬中舉人傳太、内江舉人趙蒙吉可備學官之選；一、請復國初積分之法；一、公侯伯子孫例該送監者，盡數查送教養，以儲大用；一、處補分教屬官，以重課督；一、查復祭酒司業見部舊規，及將監生物故者，恤助有犯者，别衙門不得擅自拘提。下吏禮二部覆議，俱從之。

《明實録》隆慶四年十一月 〔丙寅〕工科給事中龍光條陳計處歲辦織造五事：一、專督造以嚴責成；一、足料價以償工費；一、禁市置以防濫惡；一、書姓名以待辨驗；一、擇運解以絶弊端；一、革包攬以塞局騙。章下工部覆奏如議。上曰：歲造段疋，乃正供所急。近來積弊多端，撫按官漫不稽查催驗，惟沽節省虚名，其實名不沾惠，徒資貪吏囊橐，姦徒侵盗。以後令撫按加意整飭，清革奸弊。如因循玩愒不奉詔者，重治不宥。

《明實録》萬曆四年六月 〔壬戌〕内織染局署局事太監張錢等請敕差官蘇杭織造，工科都給中劉鉉等、山西道御史賈如式等交章極言民力匱乏，供應浩繁，乞賜停止。上曰：織造事非得已，科道官既言民力困敝，各項俱減三分之一。遣廉慎内官往督，工費着户、工二部議處，毋復加派病民。

《明實録》萬曆十二年二月 〔甲子〕直隸巡按御史汪言臣條陳四事内，一驅逐窩住以清礦源。言阜平縣柳樹溝有礦山，北隣山西鐵鋪村，係晋府官莊，以故礦盗窩住，乘間突來掏窋，官軍追逐則退歸本村，盤踞王莊，究詰不易。乞行山西撫按嚴行驅逐，啓王知會，毋得私容此輩到莊潛住。兵部覆：如議行。

《明實録》萬曆二十四年七月 〔己丑〕差郎中戴紹科往河南開礦。上命户部曰：開礦事宜着遵照前旨行，毋得糜費官錢，騷擾地方。卿等預言四事，恐啓異日釁端，足見爲國遠慮，各該撫按悉心經畫，設法防護，毋得推諉，務保無虞。開採之端一開，廢弁白望獻礦硐者日至。初差部屬董之猶可，而後竟以原奏官自領之，害益滋矣。

《明實録》萬曆二十四年七月 〔丁卯〕工科署科事給事中楊應文奏：府軍前衛副千户官仲春等開礦有害無利，乞行停止。户科給事程紹亦交章議罷，内稱：嘉靖二十五年七月内，奉旨差官開採礦硐，自本年十月起至三十六年十二月止，委用官四十餘員，防守兵一千一百八十名，每名廪食並合用器具鉛炭總計費銀三萬餘，往來夫馬之勞，供應之擾，又數千計。及考礦之所出纔有二萬八千五百有奇，所得不足以償所費。蒙皇祖洞察，特下禁採之令，其事竟廢。言甚切至，不報。

《明實録》萬曆二十四年九月 〔戊戌〕雲南巡撫馬鳴鸞奏停止開礦，上敕用心防護，隨宜區處，毋致滋亂。

《明實録》萬曆三十一年四月 戊子，户部題：浙江歲泒額絹九萬七千三百六十五疋零，邇來弊出多端，如臨安解户童志坤等隱匿二十一等年總批至今未投，杭州解户吴偉等包攬二十一等年絹疋至今未解。謹列條議請申飭行：一、定官解。自二十二年起，每府俱僉官解，不得仍用民運，以滋零星奸弊，其解官擇年力精壯素稱謹慎者僉之。一、查批迴。今後批文預將起解員役日期報部，即以爲准，不許告求截納。過限未到，則行文該省撫按查覈，沿途分司驗批，查絹疋有無實在，及挨司某月日驗過字様以防盗賣，又不許解户私將原批質當。一、禁包攬。有本地之包攬，有在京之包攬，有各衙門之包攬，自今伊始，在外州縣有積年包攬者，撫按官不時密訪捕治。解官有聽信奸徒因爲之利者，一體問革，在京僉派殷實人户以充保歇。上俱允行之，仍命嚴追童志坤等正罪。

《明實録》天啓元年二月〔戊午〕巡視廠庫科道韓繼思等，查參工部四司石匠頭趙桂等冒領支銀計六萬三千七百餘兩，乞嚴追重究。因言：欺蠹侵漁，下之罪也，葛藤未斷積案難清，當事之罪也。錢糧少有曖昧，何難明白處分？當扣則扣，當追則追，而乃遷延不決，日復一日，官復一官，以致轉相推諉。宜嚴飭部司逐一稽覈，勒限通完。下部。

《明實録》天啓六年四月〔甲申〕工部尚書董可威言：南商史汝霖領銅料銀四萬五千兩，許久未辦，其中必有情弊，乞敕下南工部作速嚴查，命南工部從實具奏，以憑查處。

《明太祖寶訓》卷四《仁政》〔洪武元年〕三月甲申，征虜大將軍徐達等奏，所下山東州縣時，近臣因進言，山東舊有銀場，可興舉者。

太祖曰：銀場之弊，我深知之。利於官者少，而損於民者多。況今凋瘵之餘，豈可以此重勞民力？昔人有拔茶種桑，民獲其利者，汝豈不知？言者慚而退。

《明太祖寶訓》卷四《仁政》洪武二十年正月丙子，府軍前衛老校丁成言：河南陝州地有上絞下絞、上黄塘下黄塘者舊産銀礦。前代皆嘗採取，歲收其課。今錮閉已久，若復採之，可資國用。

太祖謂侍臣曰：君子好義，小人好利。好義者以利民爲心，好利者以戕民爲務。凡言利之人，皆戕民之賊也。朕嘗聞，故元時江西豐城之民告官採金。其初歲額猶足取辦，經久民力消耗，一州之民卒受其害。蓋土地所産有時，而窮民歲課成額，徵取無已。有司貪爲己功而不以言，朝廷縱有恤民之心，而不能知。此可以爲戒，豈宜敕之。

《明太祖寶訓》卷四《仁政》〔洪武二十七年〕十月己丑罷建岷王宫殿。

太祖諭工部臣曰：邊境土木之工，必度時量力，順民情而後爲之。時可爲而財不足，不爲也；財有餘而民不欲，不爲也。必有其時有其財而民樂於趨事，然後爲之，則事易集。今雲南之曠民稀，軍餉轉輸，民力甚勞。若復加以興造之役，非惟時力未可，於民情亦有所不欲。岷府姑爲棕亭以居，俟十五年後民富力紓，作之未晚。

《明太宗寶訓》卷三《辨邪正》永樂十年五月丁亥，廣西河池縣民言：縣有銀礦，大發。

長沙府民言：有鄉産銅，發民採煉，可獲厚利。

上曰：獻利以圖僥倖者，小人也。國家所重在民安，不在於利。皆斥之。

《明宣宗寶訓》卷二《仁政》宣德元年四月，兵杖局工匠二人老且盲，訴乞免役。上問行在工部尚書吴中等曰：匠以萬計，何必此兩人？古之仁者不以羸馬駕車，爾等亦可謂忍人矣。其即免之。今後一應匠作老疾者，准此例。

《明宣宗寶訓》卷二《謹財用》宣德二年八月壬申，行在户部尚書夏原吉奏：南京户部公宇，棟梁榱桷多朽腐，恐頽壞則愈費工力，請預修理。上從之，因曰：凡人治家治國，理皆如此。思其艱而圖於早，則用力少而成功不難。若及艱難，然後圖之，則勞費數倍，功成不易矣。

《明宣宗寶訓》卷二《惜民力》〔宣德三年〕六月辛卯，上諭行在工部尚書吴中曰：今天氣炎熱，工作未休，軍民勞苦。其必不可已者略加繕完，他不急之役皆罷之。

《明宣宗寶訓》卷二《惜民力》宣德四年六月丁丑，上退朝御奉天門，召行在工部尚書吴中等諭之曰：去歲各處薄收，湖廣爲甚，其民艱難，所宜寬卹。比聞工部採辦竹木、科買諸物動以萬計，何得不爲國家愛惜民力而勞擾如此？宜斟酌事之輕重緩急，痛與裁省。果是緊要合用之物，則令營辦，餘不急之事，俟民力從容，以漸爲之。寬一分，則民受一分之賜。卿等宜體朕意。

《明宣宗寶訓》卷四《體群情》〔宣德元年七月〕庚申，行在工部言：工匠逃亡者赦後赴工過期，請差官追捕。

上曰：工匠久處京師，有司不能存恤，饑寒切身，不免逃亡。赦後雖欲赴京，道途之費豈能猝備？況有遠在數千里外者，宜量地遠近，寬立期限。命本處有司起送赴京，不用差官煩擾。且今京師無他營造，工匠亦可省用，徒多聚無益也。

（清）查繼佐《罪惟録》紀卷九《憲宗紀》 〔成化元年秋七月〕禁陝西、河南取鑛。【略】

〔四年二月〕太監錢能鎮守雲南。三月，增雲南布按官一員，管銀場。禁外戚乞田，着爲令。【略】

〔十年〕十二月，罷寶慶府及遼東黑山淘金。時金場二十有一，失不償得，夫役之傷於虎狼陷於沉溺者無算，詔以有司贓罰補額，閉金場。【略】

〔十一年〕秋七月，朵顏三衛援舊例請開市，不許。八月，鹵滿都魯亂加思蘭入貢。閉秦州銀鑛。九月，定擬銅錢折俸例。降襄垣王仕壥等爲庶人。【略】

（清）查繼佐《罪惟録》紀卷一〇《孝宗紀》 〔弘治元年〕秋七月戊辰，減浙江銀課，汰管理銀場官。

二年春正月丁卯，收已故内臣賜田，給百姓。辛未，大祀天地於南郊。二月癸巳，振四川饑。三月己未，免陝西被災秋糧三分之二。戊寅，閉會川衛銀礦。【略】

〔五年三月〕禁永平等府開礦。【略】

〔十一年〕冬十月丙寅，命工作不得役團營軍士。甲戌，清寧宫災。丁亥，敕羣臣修省，求直言，罷明年上元燈火。十一月壬子，免陝西織造羊絨。閏月壬戌朔，日有食之。乙酉，罷福建織造綵布。十二月庚子，禁中外奢靡踰制。【略】

〔十七年〕冬十一月戊子，罷雲南銀場。十二月庚午，申閉羅之禁。甲申，免湖廣被災秋糧。

（清）查繼佐《罪惟録》紀卷一二《世宗紀》 〔嘉靖十九年〕冬十月，罷各處礦場。【略】

〔二十七年〕冬十月癸卯，殺夏言。十一月乙未，詔撫按官採生沙金。【略】

〔三十五年八月〕詔開諸礦，云：帝錫嘉寶，不宜壅閼於無用之地。【略】

〔三十六年六月〕停陝西採礦。

（清）查繼佐《罪惟録》紀卷一四《神宗紀》 〔萬曆四年〕六月庚辰，復遣内臣督蘇、杭織造。

秋七月丁酉，諭吏、户二部清吏治，蠲逋賦有差，明年漕糧折收十之三。壬寅，遣御史督修江、浙水利。【略】

〔十二年〕三月己亥，減江西燒造瓷器。【略】

十二月，癸亥，罷開銀礦。【略】

〔二十四年秋七月〕乙酉，始遣中官開礦於畿内。未幾，河南、山東、山西、浙江、陝西悉令開採，以中官領之。羣臣屢諫不聽。閏八月乙丑朔，日有食之。丁卯，大學士趙志臯請視朝，發章奏，罷採礦，不報。【略】

冬十月丙子，停刑。乙酉，始命中官榷税通州。是後，各省皆設税使。羣臣屢諫不聽。【略】

〔二十四年〕九月，差太監張忠往山西，曹金往浙東，趙欽往陝西及河南、畿内各處開礦。仁聖皇太后陳氏崩。山西巡撫都御史魏允貞請停礦役，不聽。

（清）查繼佐《罪惟録》紀卷一四《神宗紀》 〔萬曆二十八年夏四月〕太監李敬、孫隆等李鳳、王忠、王虎、張忠、孫朝、劉成、張燁、高寀、魯保、潘相、馬堂、丘乘、方與、陳增、李道、楊榮、高淮、暨禄、杜茂、陳泰。手上珠金寶石及歲税銀入内庫，合上歲幾百萬，珠寶無算。於是舉國若狂，有徽人程守信者，託礦税，至本鄉，輒坐察院公署，召有司行屬禮。御史劉曰梧奏：匹夫假聖旨，擅置官屬非法，不問。五月，礦使方興下六安州問礦，合肥蔡悉教廬州知府具地圖，言六安近皇陵，地脈關係，乃止。

（清）查繼佐《罪惟録》紀卷一四《神宗紀》 〔萬曆三十年〕冬十月丙申，孝陵災。十一月，開山西煤窰。以湖廣進鮓惡，奪布政使程正誼官。魚鮮之進，始於成化，初止二千五百斤，未幾至二萬斤，用船十二隻，布政使主之。弘治以後，内官造辦，至是又屬布政司。時巡城禁鬻水族魚以外，而御膳有鼂鼊，上問何來？左右曰：自郊外。上曰：即郊外，亦犯禁矣。勿復進。

（清）查繼佐《罪惟録》紀卷一四《神宗紀》 萬曆三十二年甲辰春正月，駙馬都尉楊春元棄職走故里，詔奪其父官。時税監委官，每詭稱道劫課銀，累所過地方賠償，局套既熟，過於攘奪。山東巡撫茅□纘□請通行申飭。三月，兩廣總督戴燿極言中官採珠之害。粤中香山澳，九彝貿易，番舶所艤，既乃築城壞室，私通番舶，交購中官，流毒未既。

秋七月，都城雨崩。主事徐鑾弭災莫要收回礦使。尚書世卿因言礦税一行，掘墳墓，滛子女，侮官妻，□無所不至。留中。河决蘇家莊，水瀳豐沛，言官田大益□疏泣諫，至云皇上邇來亂政，不減六代之季□，積怨□民，窮極□生，斬木揭竿，四向而起，陛下所素倚信，且鳥獸散，即欲張空拳已亂乎？留中。

（清）查繼佐《罪惟録》紀卷一四《神宗紀》〔萬曆四十八年秋七月〕酉刻崩，遺詔皇太子嗣皇帝位。司禮監傳皇太子令旨：各礦税盡行停止，內臣張燁等五人都着撤回。

《明史》卷八《仁宗紀》〔永樂二十二年九月〕壬午，敕自今官司所用物料於所產地計直市之，科派病民者罪不宥。

冬十月壬寅，罷市民間金銀，革兩京户部行用庫。癸卯，詔天下都司衛所修治城池。

《明史》卷一二《英宗紀》〔天順〕七年春正月丙午，大祀天地於南郊。二月壬戌，詹事陳文爲禮部侍郎兼翰林學士，入閣預機務。三月壬寅，旱，詔行寬卹之政，停各處銀場。【略】

〔夏四月〕丙戌，復遣中官督蘇、杭織造。

《明史》卷一五《孝宗紀》〔弘治三年〕冬十一月甲辰，停工役，罷內官燒造瓷器。

《明史》卷一六《武宗紀》〔正德元年〕夏五月丙申，減蘇、杭織造歲幣。【略】

秋八月乙卯，復遣內官南京織造。

《明史》卷一八二《劉大夏傳》〔弘治〕十五年拜兵部尚書，屢辭乃拜命。既召見，帝曰：朕數用卿，數引疾何也？大夏頓首言：臣老且病，竊見天下民窮財盡，脱有不虞，責在兵部，自度力不辦，故辭耳。帝默然。南京、鳳陽大風拔木，河南、湖廣大水，京師苦雨沈陰。大夏請凡事非祖宗舊而害軍民者，悉條上釐革。十七年二月又言之。帝命事當興革者，所司具實以聞，乃會廷臣條上十六事，皆權倖所不便者，相與力尼之。帝不能決，下再議。大夏等言：事屬外廷，悉蒙允行。稍涉權貴，復令察覈。臣等至愚，莫知所以。久之，乃得旨：傳奉官疏名以請，；幼匠、廚役減月米三斗；增設中官，司禮監覈奏；四衛勇士，御馬監具數以聞。餘悉如議。織造、齋醮皆停罷，光禄省浮費鉅萬計，而勇士虚冒之弊亦大減。制下，舉朝歡悦。

《明史》卷一八五《賈俊傳》弘治四年，中官奏修沙河橋，請發京軍二萬五千及長陵五衛軍助役。內府寶鈔司乞增工匠。浙江及蘇、松諸府方罹水災而織造錦綺至數萬匹。俊皆執奏，並得寢。

《明史》卷二〇二《王杲傳》嘉靖三年，帝將遣中官督織造於蘇、杭，杲疏諫，不納。

《明史》卷二二三《朱衡傳》未幾，詔南京織造太監李佑趨辦袍緞千八百餘匹，衡因言官孫枝、姚繼可、嚴用和、駱問禮先後諫，再疏請，從之。帝切責太監崔敏，傳令南京加造緞十餘萬匹，衡議停新造，但責歲額，得減新造三之二。命造鰲山燈，計費三萬餘兩，又命建光泰殿、瑞祥閣於長信門，衡皆奏止之。及神宗即位，首命停織造，而內臣不即奉詔，且請增織染所顔料。衡奏争，皆得請。

《明史》卷二三五《張養蒙傳》有詔潞安進綢二千四百匹。未幾，復命增五千。養蒙率同官力争，且曰：從來傳奉織造，具題者內臣，擬旨者閣臣，抄發者科臣。今徑下部，非祖制。不從。

（清）賀長齡《皇朝經世文編》卷三四《户政・賦役・請開廣信封禁山並玉山鉛礦疏陳宏謀乾隆九年》竊惟盛世滋生户口日繁，小民衣食之源，所宜急講。我皇上宵旰勤求，孜孜罔懈，特頒諭旨，廣山澤之利，飭令因地制宜，及時經理，無非爲民籌日用飲食之事。臣仰體德音，凡有地利可以養民者，悉心體訪，設法興舉，不敢畏難苟安，坐失地利。江西一省，惟廣信一府，閑曠之山地最多，而窮民無業者亦多，所有地利可開二事，敬爲我皇上陳之。

一、廣信府有銅塘山，坐落上饒、廣豐二縣，周遭數百里，自明正統間，有姦匪盤踞。賊平之後，遂將此山盡行封禁，因名曰封禁山。自此耕鑿芻牧之地，盡爲鼯鼪麋鹿之場矣。臣到江西，採訪輿論，咸以此山，允宜開禁，以惠窮民。上年三月，臣檄行廣南饒九道，帶同廣信府知府知縣等，入山細加親勘，知封禁之内，草木蒙密，路徑崎嶇，山深廣闊，澗水縈紆。内中有田地邱段尚存者，儘可爲田，其餘亦可種靛栽麻，並植蔬果。雖無杉楠佳木，而雜樹竹木，極其繁茂，山澗水溝順流而出，皆可運至大河，今久經封閉，民生有用之物，置之無用，已覺可惜，且查從前封禁之地，原屬廣闊，我朝承平日久，附近居民，漸於四圍墾植，以資生計。今樹藝已蕃，漸成村落，現在所立界牌封禁者，較諸從前已窄，非復舊時廣闊。夫四圍既可開闢，中間亦可墾治，若得弛其封禁，聽民認界開採，始則採伐竹木，竹木既盡，其地即可種植。有水可以成田，無水可以成地，十年之後，漸成沃壤，然後陞科。此外藝麻種靛，栽植蔬果之類，均可獲利資生。目下招墾，須擇本地良民，取具甘結，其外來姦匪，不許混入。且江西民風勤儉，人多地窄，得業最難，山溪嶺側，尺寸必争。今將數百里之地，聽民爲業，人孰不踴躍争奪，養活窮民，不知凡幾。至其如何約束，使人不敢争占，何如稽查，使姦匪無由託足，皆可熟籌經理。現在各隘口，原有官兵汛防，將來事有成效，人烟漸廣，然後相其形勢，移官添汛，以資彈壓，庶幾事不繁而民不擾，亦無藏匿姦匪之患。且蒙茸盤踞之氣，俾之開通，得耀於光明，亦昇平之盛事也。臣查從前奏請開禁者，率以開墾挖銅，採木充公爲言，及查無銅礦可開，無杉楠大木可取，又以此山界在浙閩二省，可藏姦匪，故其議皆格而不行耳。臣愚以爲此山若爲開礦取木充公，則滋擾無益，可以不開。若聽民爲業資生，則開之實爲有益也。至於此山離浙尚遠，只有南界接連閩省，均係懸崖壁立，攀藤附葛，亦不能入，必取道江西，並無浙閩通路之處。如無本省藏匿姦匪，此等深山大壑，各省皆有，際此昌期，邊遠苗疆，在在開闢，此一隅腹内之地，永遠封禁，棄爲廢壤，未免因噎而廢食矣。凡此皆從前封禁之由，臣已一一籌及者也。

一、廣信府玉山縣之廣平山，產有鉛礦，居民屢請開採，臣行飭廣信知府帶同玉山知縣前往查勘。廣平山離城一百四十里，並與上饒德興二縣交界。相離二縣，均在一百數十里之外，山之前後左右，凡二三十里，並無村莊墳墓，亦無妨礙之處。督令工匠，先後開挖五硐，俱有礦砂，面加煎試，銀鉛夾雜，實有成效。若准其開採，所得礦砂，無論銀鉛，照二八抽課，餘者聽民自相運售。慎選本地殷實良民爲峒頭，招募本地民夫開採，以本地之民開本地之廠，不慮其來歷不明。江西本產米之鄉，今以本地之人食本地之米，可無米貴之患。又不動支工本，聽民出資開採，有利而來，無利而去，亦無易聚難散之患。雲貴各省，礦廠甚多，歷無廠徒生事之處。近者廣東亦復開廠，而各省礦廠，大半皆江西之人，今本省開廠，更無滋事之慮也。以天地自然之利，爲民生衣食之資，所養窮民不少矣。

（清）賀長齡《皇朝經世文編》卷三四《户政·賦役·請仍封禁銅塘山疏胡寶瑔》 臣竊查勘廣信封禁山，由廣郡之上饒，至廣豐縣入山，復轉至上饒縣所轄境内。將山勢隘口，土色樹木，及舊設汛地，細加看詳審度。查此山原名銅塘山，周圍約三百里，與閩浙連界，而入山之徑，俱在江右地方。上饒縣設三汛，曰源口、曰高洲、曰船坑，廣豐縣設三汛，曰横山殿、曰下霧嶺、曰小峰。由各汛而入，行二三四十餘里不等，抵極峻之隘口，爲原立各禁碑地方，約計禁内不過百里。由禁界入山，皆係重巒疊嶂，絕壁懸岩。其適中之處，名曰銅塘，即山所由得名。間有零星平地，俱屬無多。其樹木並無良材，臃腫糾蟠，蔚翳於峻嶺幽壑之間，而山趾錯接，多隔澗溪，水漲則瀰漫無路。山徑壁陡，攀藤援木，方可登陟。而一綫懸通，數武曲折，彼此即不相睹。且地多砂石，非裹糧無以爲生，惟禁絕其入山之路，始可清肅。粵稽前代，無不封禁，以防奸宄。間有建言開禁者，勘明即寢其事。國初仍舊封禁，嗣經原任侍郎臣趙殿最，前撫臣陳宏謀，兩次請開，經三省勘明，應仍舊制。而近年復有議開者，蓋亦以自然之利，可資耕種，可採木植，可煎礦砂，皆未嘗身親目覩，遂疑環山之内，當有沃壤平原。殊不知既無可墾之地，亦無可用之材，挖土試驗，又無礦苗。惟崎嶇險峻，藏集奸徒，則難裹氈搜剔，招集夫衆，亦恐聚蟻紛囂，官辦則糜費無益，民辦則貲本難酬。且其勢必添駐文武員弁，而建署無地，貿易不通，斷難孤處巖壑。總之禁則並無棄利，開則必有遺害，嗣後永宜封禁，更無可疑。稽察之法，必加嚴密，始無偷入竊墾，以致日久復成匿匪之所。臣飭府縣另立高厚界碑，鐫刻大字，於隘口當中設立。其入山之徑，皆令各就地勢，畫界看守，並將各隘口，指定六汛分管，以專責成。其駐劄該處之巡檢把總，不時周流巡視，每年令道府分季稽查，縣營分月察看，務期遵照舊例，不許陽奉陰違。至向因山徑未塞，附近居民棚户，或竊入樵採，嗣後概行嚴禁，以杜其漸。而佃種人户，間有倚傍官山坡崖，搭棚居住者，多係閩人，奸良莫辨，最易滋事，應令搬移禁界之外。儻有假稱山主，招集容留者，即行嚴究。如此則仍舊封禁，益見界畫分明，而防查嚴密矣。

（清）林則徐《林則徐全集・奏摺卷・查勘滇省礦廠情形試行開採摺道光二十九年二月二十日》 奏爲遵旨查勘滇省礦廠情形，請將舊廠覈實清釐，新礦試行開採，以期弊去利興，行之有效，恭摺奏祈聖鑒事：

竊准部咨：奉上諭：前因户部奏籌備庫款一摺，當派宗人府、大學士、軍機大臣會同妥議具奏。兹據另議章程五條，無非就自然之利斟酌損益，惟在該督撫等各就地方情形熟商妥議，立定章程具奏等因。欽此。臣等跪誦再三，仰見聖主裕國足民利用厚生之至意。伏查新定章程五條，内如河工、漕務，本爲滇省所無，鹽務則向有定章，並無懸引墮課，自應遵旨，無庸更易。至錢糧年清年款，各税儘收儘解，均無蒂欠。除將應造清册，飭屬依限據實造報，聽候稽查，以昭劃一外，計滇省所應辦者，首在開採一事，敢不詳慎籌維。

伏思有土有財，貨原惡其棄於地，因利而利，富仍使之藏於民，果能經理得宜，自可推行無弊。考之《周禮》：卝人掌金玉錫石之地。注云：卝之言礦也。其曰爲之厲禁以守者，爲未經開採言之也。曰：以時取之，物其地圖而授之，巡其禁令。此即明言開採之法，爲後世所仿而行焉者也。以時云者，註疏但釋其大意，今以臣等在滇所訪聞者證之，似指冬春水涸之時而言。蓋金爲水母，五金所產之硐，皆須戽水而後取礦。故辦銅例有水洩之費，銀礦亦然。夏秋槽硐多水，宣洩倍難，往往停歇。若水過多而無處可洩，則美礦被淹，亦成廢硐。乃悟以時二字，古人固早見及此也。物其地圖云者，亦如今之覓礦，先求山形豐厚，地脈堅結，草皮旺盛，引苗透露，乃可冀其成廠。滇中諺云：一山有礦，千山有引。引之初見者曰子櫝，漸而得有正櫝，乃可進山獲礦。礦形成片者謂之刷，槽硐寬廣者謂之堂，由成刷而成堂，始爲旺廠。若土石夾雜，則謂之鬆塃。旋開旋廢，易虧工本。甚至下開上壓，滇諺謂之蓋被，則非徒無益矣。故跴勘必須詳細。所謂物其地圖者，正以此耳。巡其禁令云者，誠以開採人多，須有彈治之法。如今之廠内各設課長、客長、硐長、爐頭、攘頭、鍋頭，皆所以約束槽户、尖户及爐丁、砂丁之類，又須多派書差巡練，以杜偷匿漏課，並禁奪底争尖。此皆巡其禁令之遺意。是開礦之舉，不獨歷代具有成法，而《周禮》早已明著爲經。況滇省跬步皆山，本無封禁，而小民趨利若鶩，礦旺則不招自來，礦竭亦不驅自去，斷無盤踞廢硐，甘心虧本之理。其謂人衆難散，非真知礦廠情形者也。

滇人生計維艱，除耕種外，開採是其所習。近年因銅斤產薄，唯恐京運不敷，但有能覓子廠之人，廠員無不亟令試採。若輩行山望氣，日以爲常，於地力之衰旺盈虚，大都能知梗概，見有可圖之利，或以紅單而報苗引，或以僉呈而請山牌，當其朋集鳩貲，人人有所希冀，要之人事居其半，天事亦居其半。據本地人所言，開而能成，成而能久者，向實不可多得。然第就目前而論，如其地可聚千人者，必有能活千人之利，聚至數百人者，亦必有能活數百人之利，無利之處，人乃裹足。故凡各屬礦廠衰旺興閉，地方官皆不能隱瞞，惟設法經理之人，能使已閉復興，轉衰爲旺者，實難其選耳。

案查嘉慶十六年間，户部議覆雲南銀廠十六處抽收税課，以二萬六千五百五十兩零爲每年總額。准以此廠之有餘，補彼廠之不足，不必分廠覈算，務期總額無虧。如收不足數，著落分賠，遇有盈餘，儘數報解。迨嘉慶十九年，白沙一廠衰竭封閉，奉旨開除。此後定有課額者，共止十五廠，年應抽解課銀二萬四千一百一十四兩零，載在户部則例。其奏准儘收儘解之廠，則例所載，祗有角麟、太和、悉宜、白羊四處，嗣又據續報永北廳之東昇廠，東川府之硔山廠，新平縣之白達母廠。此内惟東昇一廠歷年出產較多，所抽課銀尚可以補各廠之缺。若硔山、白達母兩廠，則皆於鉛礦内抽取，殊不濟事。其已定課額之十五廠内，如南安州之石羊、土革，鎮雄州之銅廠坡，會澤縣之金牛，永平縣之三道溝，實皆歷年廢歇，因課額早定，不敢短絀，或以未成之子廠先行劃補，或由經管之有司自行賠解。檢查歷年奏銷册内，均與開化府、鶴慶州、永北廳之金廠四處，一同按額解課，總數並無虧短。除課金贏餘無多不計外，其報撥課銀，節年贏餘，自一二千兩至六七千兩不等。此臣等於未奉諭旨之先，因欲整飭廠務，即已分別查明之實在情形也。

兹蒙諭令，於所屬境内確切查勘，廣爲曉諭，酌量開採。自應先於舊廠之外，加意稽查。當飭藩司遴擇曉事委員，分路訪覓，諭以金銀皆可採取，不必拘定一格。即或有人互爭之地，前因滋事而未准開者，今不妨由官督辦，抑或草皮單薄之礦，前恐未成而不敢稟者，今不妨據實報聞。且仰繹訓諭諄諄，不准游移不辦。如果開採之後，弊多利少，亦准奏明停止等因。聖明俯體下情，如此開誠布公，官民更何所用其疑慮乎？況查滇省課金，或以牀計，或以票計，例定課額甚微，其課銀章程，本係一五抽收，民間採得十萬兩之銀，納課者僅一萬五千兩，可謂斂從其薄，於民誠有大益。將此明白開導，似民間皆已踴躍倍常。

當據委員會同臨安、普洱文武稟稱，查得他郎通判所轄坤勇箐地方，距城九十里，有土山數重，山頂全係碎砂，不能栽種，故無民居。前因土內產有金砂，遂有外來游民私挖淘洗，致相爭鬬，稟經前督臣委員會同他郎元江廳州前往查逐，該游民各即逃散，遂將該山封閉。但金砂仍不時湧現，挖淘較易，難免游民旋復潛來。如蒙奏明開採，雖豐嗇難以遽定，究足以裨公課而杜私爭。臣等隨復批飭各員親詣該山，勘明實在情形。旋據稟覆：山頂寬平周圍約七八里，掘土尺餘，即見細碎金砂，閃爍耀目。官員到山，游民先已躲避，勘有私硐四口。詢訪附近村人云，挖起金砂，取水屢淘，復以木板爲牀，竟日搖盪，一人之力，日可得金幾釐，多亦不出一分。又離該山數里有名爲三股擋及小凹子兩處，勘有草皮銀礦，微夾金砂，現亦有人偷挖，但未進山成硐等情。臣等當即批准，將此三處試行開採。但先前既因私挖致釀鬬爭，此次官爲督辦，亟應選擇殷實良善者作爲頭人，責令招募砂丁，逐層約束。前此偷挖滋事驅逐復來者，亦當訪拏究辦，以示懲儆。且必須先派員弁，多帶兵丁，始足以資彈壓。容臣等斟酌調遣，一俟佈置定局，再行縷析奏聞。

又據鎮沅直隸同知，暨文山、廣通兩縣先後稟稱：前因奉文廣覓銅廠，疊經示諭民人訪尋子廠呈報。嗣有鎮沅廳民羅梓鵬等，報有距城百餘里之興隆山麓，獲銀礦引苗。當令招丁試採，該廳時往履勘，其礦砂忽接忽跳，未能定準。如數月內堪以接採，擬即酌定課程。又文山縣民萬雲隴等，以距城一百八十里之白得牛寨地方出有礦苗，該民等已各出備油米，呈縣開採。經該縣報府委勘，山勢豐厚，惟四圍包欄不甚緊密，所出草皮塃礦，成色較低，兼以時有時無，不免旋作旋輟。請加察看，可否抽收銀課，儘收儘解。又廣通縣民李集之等，以象山地方，距城九十七里有礦可採，報經該縣准令試辦。嗣採得閂礦，所出無多，業經揞爐分汁，無如銀微色低，惟將所出黑鉛，藉作底母之用，尚須再行試準，量請抽課。各據實具稟前來。

臣等查該三廠開採，雖尚未見成效，然總須該地方官激勵廠民，奮勉從事，不可任其半塗而廢。現已札令速將礦砂煎樣解驗，應抽課銀，先許儘收儘解，俟試辦一年，察定情形，再將抽解數目，入額清撥。至此外更令廣爲覓採，有苗即力求獲礦，有礦即務使成堂，如能採辦數多，應先遵照朝議，商給優獎，官請議叙，以期率作興事，感奮爭先。

至舊額老廠，雖據逐細查訪，實係衰歇者多。然習於廠事者，必能明其消長之機，以籌修復之法，或拉龍扯水，或旁路抄尖，或配石分汁，如鍾手背夫及揞爐下罩之人，所見既多，諒亦能知補救，即或需費工本，但能先難後獲，亦當設法爲之。倘實係硐產全枯，徒勞無益，則名是實非之廠，似應據實開除，即於儘收儘解各廠中奏明抵補。總須比較原定舊額無絀有贏，方爲覈實整頓之道，不得因廣採新山，而轉置舊廠於不問。

至於官辦民辦商辦，及如何統轄彈治稽查之處，仰蒙恩諭，不爲遙制，凡在官商士庶，無不感激倍深，自當按地方之情形，籌經久之善策。查辦廠先須備齊油米柴炭，資本甚鉅，原非一人之力所能獨開。官辦呼應雖靈，而在任久暫無常，恐交代葛藤滋甚。倘或因之虧空，參辦則有所藉口，籌補則益啓效尤。況地方官經管事多，安能親駐廠中，胼胝手足，勢必假手於幕丁胥役，弊竇愈多。似仍招集商民，聽其朋資夥辦，成則加獎，歇亦不追，則官有督率之權而無著賠之累，似可常行無弊。

臣等與在省司道及日久在滇之正佐各員，下逮商旅民人，無不虛衷採訪。竊以此次認真整頓，令在必行，所宜先定章程者，約有四事：

一曰寬鉛禁。查銀礦惟炸礦爲上，爲其塊頭净潔，出銀多而成色高。然廠中似此之礦，百不得一。其習見者，名爲大花銀礦、細花銀礦，其實皆鉛礦也。鉛礦百斤，煎鉛得半，即爲好礦。而好鉛十斤，入爐架罩，其上者得銀六七錢，次者僅二三錢。除抽課工費之外，只敷半本。其裏出鉛汁，名爲銷團，鉛浸灰內，名曰底母，皆可溜成黑鉛，以此售賣，始獲微利。滇省向因黑鉛攸關軍火，曾有比照私賣硝磺辦罪之案，故爐户所餘底銷皆爲棄物，虧本愈多。臣等查黑鉛一項，或錘造錫箔，或炒煉黄丹顔料，所用亦廣，原非僅爲製造鉛彈之需，律例内並無黑鉛不准通商之文。且貴州之柞子廠、四川之龍頭山黑鉛，均准售賣。滇省事同一律，如准將底銷出售，以補廠民成本之虧，庶不至於退歇。況售買底銷必有行店，其發運若干，令廠員驗明編號，填給照票，俟運至彼處，即將照票赴該地方衙門繳銷，既可杜其走私，於軍火無所妨礙，藉得霑有利益，於廠民實獲補苴。

一曰減浮費。查雲南各屬，無論五金之廠，皆有廠規。其頭人分爲七長。每開一廠，則七長商議立規，名目愈多，剥削愈甚。查歷辦章程，迤東各廠硐户賣礦，按所得礦價，每百兩官抽銀十五兩，謂之生課。迤西各廠，硐户賣礦不納課，惟按煎成銀數，每百兩抽銀十二三兩不等，謂之熟課。皆批解造報之正款，必不可少。此外有所謂撒散者，則頭人書役巡練之工食薪水出焉。有所謂火耗、馬腳、硐主、硐分、水分，以及西岳廟功德、合廠公費等名目，皆頭人所逐漸增添者，雖不能盡裁，亦必須大減。現在出示曉諭，務令痛删無益之規銀，以辦必需之油米，庶不至因累而散。

一曰嚴法令。查向來廠上之人，殷實良善者什之一，而獷悍詭譎者什之九。又廠中極興燒香結盟之習，故滇諺有云：無香不成廠。其分也爭相雄長，其合也併力把持，恃衆欺民，漸而抗官藐法。是以有礦之地不獨官懼考成，並紳士居民亦皆懔然防範。今興利必先除害，非嚴不可。即如所用鐵器，除鎚鏨鍋鏟菜刀准帶外，一切鳥槍刀械，全應搜净，方許入廠。其駐廠彈壓之印委員弁，皆准設立枷杖等刑具，有犯先予枷責，或插耳箭游示，期於小懲大戒。若廠匪膽敢結黨，仇殺多命，鬧成巨案，或恃衆强姦盗刦，擾害平民，責令該府州廳縣會同營員立即兜拏務獲，審明詳定之後，請照現辦迤西匪類章程，就地請令正法，俾得觸目警心，庶可懲一儆百。

一曰杜詐僞。查礦廠向係朋開，其股份多寡不一，有領頭兼股者，亦有搭股分尖者，自必見有好礦而後合夥。滇省有一種詐僞之徒，慣以哄騙油米爲伎倆，於礦砂堆中擇其極好净塊，如俗名墨緑及硃砂、蕎麫之類，作爲樣礦示人，啗以重利，慫恿出貲，承攬既多，身先逃避。愚者以此受累，黠者以此詐財，良民不敢開採，多以此故。又廠上賣礦買礦之時，復有一種積蠧，插身説合，往往私抽釐頭，爲之裝蓋底面，顛倒好醜，爲貽害廠務之尤。茲先出示諭禁，嗣後訪獲此等匪徒，皆即加重懲辦，庶可除弊混而示勸懲矣。

臣等在滇未久，於礦廠情形本不諳習，仰荷聖慈委任，且蒙訓諭周詳，謹就察訪實情，先籌大概，雖成效尚未能預必，而任事斷不敢畏難。此外續查利弊情形，總當據實直陳，以仰副宵旰疇咨於萬一。

所有查勘籌辦緣由，是否有當，臣等謹合詞恭摺具奏，伏乞皇上聖鑒訓示。謹奏。

（清）顔世清《約章成案匯覽》乙篇卷三八下《成案·礦務門·黑龍江將軍薩奏鐵路公司照吉林原訂合同議立晒煤辦法摺光緒二十八年》 奏爲鐵路公司需煤孔亟，查照吉林原訂合同議立晒煤章程恭摺仰祈聖鑒事。竊查光緒二十二年七月，中俄會訂東三省建造鐵路合同，本允其辦理路旁礦務，兵燹後又屢次以此爲請。上年夏間，接准吉林將軍函，送吉林新訂鐵路辦礦章程十二條到江，旋准總監工茹格維志來函，亦將章程抄送，并派其代辦達聶爾携帶所擬礦務合同前來催促商辦。奴才因飭鐵路交涉局總辦，周冕與達聶爾會議，并由奴才詳細察覈，疊經辨駁，而於第一條及第二條附條各節堅不肯稍爲删改。奴才與周冕詰以礦務大局攸關，豈該公司所能獨擅。堅持日久，達聶爾直言勘挖煤礦，實因鐵路需用起見，非爲與華人争利。至别項礦務實無染指之心云云。乃迎機商酌逐條改爲專指煤礦，并於第十一條聲明與别樣礦産無干，第九條聲明鐵路公司應用開出之煤等語。蓋現在江省火車汽機以木代煤，近二年中砍用材木爲數已鉅。砍木地方愈推愈遠，深山窮谷任便出入，於旗民圍獵生計大有關礙。從此取煤於地，弗再求木於山，似亦該公司和平辦法。因念國家既已允修鐵路，其鐵路必需之煤勢難靳而不予。況當日原訂建造合同亦經允許在先，與其漫無限制任該公司隨意開挖，誠不若明定章程，尚有一定界限可以就我範圍也。溯自停戰以來，江省交涉事宜，首推鐵路公司最形輯睦。若因勘煤一事操之過激，恐該公司疑爲有意掣肘，致生枝節。奴才因勢利導，不敢昧通權達變之方，復於章程内里數觔數等字及小有出入之處，與之辨論多日，逐細磋磨，始行援照吉林從權定議畫押。此更訂鐵路用煤合同之實情也。抑奴才猶有慮者，就黑龍江與鐵路公司情形而論，此次議訂合同固屬兩有裨益，惟念中俄和約迄未就緒，現當訂約之時，想東三省一切礦務不能不爲議及。竊恐外間所訂與京中新訂之約，或有參差。可否請旨飭下王大臣外務部暨路礦總局，將奴才與鐵路公司所議煤礦章程詳加覆核，再行奏明辦理之處，出自聖裁。除將全案分別咨報外，所有鐵路公司需煤孔亟，查照吉林原訂合同議立晒煤章程緣由，理合恭摺具陳，伏乞皇太后皇上聖鑒訓示。謹奏。

（清）顏世清《約章成案匯覽》乙篇卷三八下《成案·礦務門·總署等奏開辦礦務杜弊辦法摺光緒二十四年》 奏爲遵旨覆陳恭摺仰祈聖鑒事。光緒二十四年九月初十日，准軍機處抄交出使美日秘國大臣伍廷芳具奏開辦礦務條陳杜弊章程各摺片。本日奉硃批：著王文韶等會同總理衙門議奏片併發。欽此。臣等查原奏內稱中國地大物博，各國環伺乘間要求非第利其土疆，實亦羨其礦產。我誠定計於先廣爲籌辦，既可貽我民之樂利，即可杜他族之覬覦。從前礦務辦法，大約有三：曰官辦，曰商辦，曰官商合辦。但官辦則公款難籌，商辦則私財不給，官商合辦則商惟恐受制於官，亦難取信於民，瞻顧徘徊，事機坐失。是惟華商承辦，許附洋股，互相維制，此法誠良。若內地商民，或因資本不足，或因礦師難延，或因機器難購，欲求速效，且資熟手，勢不能不轉任洋商。既任洋商，則必須善訂章程，始可有濟。杜弊之要約有數端，條陳清地界，定年限，明抽分，占華股，公稽核，防後患，以備採擇等語。臣等查中國礦產富饒甲於五洲，爲外人所覬覦已非一日，特以華人資本不裕，向用土法開採收效無多。近來風氣既開，華商亦多糾集公司，思效西法開採，每以資本不足，請借洋款。事當開辦伊始，利之所在，弊即隨之，自非善訂章程，誠不足以杜後患。該大臣條陳各節，洵屬杜漸防微之道。此次臣等議定章程，已將該大臣陳奏各條酌爲採入。至原片又稱，西人游歷來華，探測礦產殆徧，人皆洞澈我反茫昧，應由總理衙門延僱上等礦師，並招致曾經出洋肄習礦務學生，隨同總局委員，周歷各省，按址履勘詳細記載，列册備查。並行知各疆臣檄下地方官，各就本轄境內博訪周諮，確查礦產所在，呈報總局，庶幾披圖按籍，一一可稽等語。臣等查局中擬設礦務學堂，延請礦師。曾經奏明在案。祇以經費難籌，一時尚未及舉辦。至肄習礦務學生，亦經奏明，由南北洋大臣遴派聰穎子弟出洋，尚未據該大臣咨報。從前學生有選派出洋肄業者，並無專習礦務之人，現尚無從招致。惟二十一行省産礦地方所在多有，與其由總局派員往勘勢不能周，不若由各該地方官就地查明較爲切實。應如該大臣所請，由各省將軍督撫轉飭各該地方官，於所轄境內察訪產礦處所，無論已開未開，及開而復閉者，詳細查明確勘，繪圖貼說，於六箇月內咨報總局，以憑核辦。如蒙俞允，即由臣等咨行各直省遵照辦理。所有議覆各緣由，理合恭摺具陳。伏乞皇太后皇上聖鑒訓示。再此摺係礦務總局主稿，會同總理衙門辦理，合併聲明謹奏。光緒二十四年十月初六日具奏。奉硃批：依議。欽此。

（清）顏世清《約章成案匯覽》乙篇卷三八下《成案·礦務門·總署等奏湘省嚴禁私運銻砂摺光緒二十五年》 奏爲遵旨核覆恭摺仰祈聖鑒事。光緒二十五年二月十二日，准軍機處鈔交湖南巡撫俞廉三奏請嚴禁私運銻砂一片，奉硃批：著總理各國事務衙門會同督辦礦務大臣查核辦理。欽此。查原奏內稱銻砂一種，外洋稱爲安的摩尼，湘省各屬所在多有採煉，可作炸藥帽藥並入鐵鑄造機器，其用甚廣，其價較鉛爲昂，爲外洋所必需，爲中國所創獲。論礦務者首以此爲可興之利，前於益陽等處覓獲銻砂試籌銷路，有漢口亨達利洋行訂銷，出銻五成以上之砂三萬墩，每墩先繳價銀三十兩，俟其售出，仍照行規各分紅成。因於漢口設立轉運局過磅交易，復於各處廣爲搜求續有所獲，因招粵商大成公司來湘就近提煉成銻分別運銷。查各境產銻之所，則有貴州之銅仁、四川之秀山。銅仁近稱封閉，秀山所產去年曾販運過界，經辰州分局查獲，照本省商採章程給價入官，未令越境。蓋以此物爲火器所用，無異硝磺，未可聽其所之，漫無限制。且私販爭售，價值必減，有妨利權。倘本省商採之區，從而影射，稽查尤難，更恐鄰近所產尚不止此。應請飭下礦務鐵路總局，定立嚴禁私販條規，分行各省，一體查禁。其黔蜀各省嗣後有運銻過湘者，即由湘照商採章程收買，不得繞越等語。臣等伏查銻砂一項，既足供製造機器之用，如果提煉得法，則銷路必廣，獲利自豐。湘省出產既多，自應酌定採運章程，以便分銷各路。惟此物既可煉作炸藥等項，即與硝磺無異，若任聽私販爭售，不特有礙利權，且恐別滋流弊。應請准如該撫所擬，嚴行查禁。至各省出產銻砂處所，亟應設法採運，以闢利源。若如原奏所稱，黔蜀各省嗣後運銻過湘，即由湘照商採章程收買，不得繞越。是同爲產銻之地，湘省既可設局以轉運，黔蜀各省獨不能越境以行銷，殊不足以昭公允。且別省運銻到湘，脚價所費尤鉅，若一律給本省官價，恐鄰商賠累過多，實於礦務有礙。至該省所定商採章程，未據咨報有案，應由臣等咨取查核。如果切實可行，應令產銻省分仿照辦理，嗣後不論何處出產即歸該管省分征税。既經官爲轉運，或由商照章完過礦税，領有税單，沿途經過關卡查無私販夾帶，以多報少情弊，准予放行，以杜弊端，而暢銷路。所有臣等核復緣由，理合恭摺具陳，伏乞皇太后皇上聖鑒訓示施行。再此摺係總理各國事務衙門主稿，會同礦路總局辦理，合併聲明。謹奏。光緒二十五年三月十一日奉硃批：依議。欽此。

（清）顏世清《約章成案匯覽》乙篇卷三八下《成案·礦務門·總署等奏請催填送礦路表譜摺光緒二十五年》 奏爲請旨飭催填送礦路表譜以備查核，恭摺仰祈聖鑒事。案查礦務鐵路總局於光緒二十四年十月初六日會奏礦務鐵路章程第二十二條内載，由總局另頒表譜分行各省，所有各公司局所辦理礦路情形，應於每年年終如式填寫，具送總局查核。旋經總局將礦路表譜刷印成册，於是年十一月三十日通行飭遵。並聲明，凡從前未經查報之案，迅速查明如式填送，無庸俟至年終，以免遲延，各等因在案。是已經查報之案，其表譜填送，原可俟至本年年終，而現時距年終亦已不遠。若未經查報之案，亟應先將表譜填送，方昭慎重，乃自行文之日扣至現時，僅據吉林將軍咨送辦理三姓礦務道員宋春鰲填寫未經查報之金礦表譜一分，兩江總督咨送辦理徐州礦務候補知府吴惇蔭填寫煤礦表譜一分，而此外概未之見。臣等伏思國家開辦礦務鐵路，原期足國裕民，漸收成效。臣等頒行表譜，俾各礦路將開辦後事體衰旺、課款盈虧，一切情形明列表册，方能有所稽考。若該公司局所承辦之員如式照辦，亦足以昭著心跡，不至處於嫌疑之間。在精白乃心實事求是者，似應樂於從事，乃遲之許久，而從前未經查報，之案迄未據列册具報，誠不知是何居心。應請旨飭下各省將軍督撫，及各省督辦大臣，轉飭各該公司局所承辦之員，迅將未經查報之案填列表譜送核。其已經查報之案，亦一律於年終將表譜照式填送。自此次奏催之後，倘仍前玩泄，即行查明承辦之員，據實奏參。所有催送礦路表譜緣由，理合恭摺會陳，伏乞皇太后皇上聖鑒訓示。再此摺係礦務鐵路總局主稿，會同總理各國事務衙門辦理，合併聲明，謹奏。

（清）顏世清《約章成案匯覽》乙篇卷三八下《成案·礦務門·外務部奏吉林煤礦應令另議辦法片光緒二十八年》 再准軍機處抄交吉林將軍長順奏鐵路公司議辦煤礦訂立合同一摺。光緒二十七年十月二十一日，奉硃批：外務部知道，單併發。欽此。查原奏内稱目下吉林界内鐵軌已通，火車暢行，以商民所開煤窰尚少，難以敷用，悉砍林木代煤，不特難資經久，且將通省林木悉作火柴，亦於地方有損。是以俄總監工茹格維志前遣其代辦達聶爾來省，請在附近地方開挖煤礦，以保林木。當以煤爲鐵路必需之物，不得不允其開。採現與訂立合同十二條，彼此畫押存查等語。臣等伏查此項合同已經盛京將軍與俄監工援照訂立，奏交臣部核覆。經臣等以合同第二條所載，鐵路兩旁三十里外之煤礦漫無限制，請將該合同無庸置議。應令與俄監工另議辦法，就三十里爲限，并聲明三十里以外無論何人開採煤礦，該公司不得與聞。業於本日議覆增祺等摺内請旨飭遵，伏候命下，由臣部咨行吉林將軍，一體遵照辦理。謹附片具陳，伏乞聖鑒。謹奏。光緒二十八年四月十二日奉硃批：依議。欽此。

（清）顏世清《約章成案匯覽》乙篇卷三八下《成案·礦務門·外務部咨膠州鐵路附近三十里礦務應照章辦理文光緒二十九年》 爲咨行事。光緒二十八年十二月二十二日，准德國葛署使照稱周撫院請飭山東礦務公司訂明按他國礦務公司一律納税，本署大臣因此不得不陳明山東礦務公司所定乃係專章，他處公司章程均與此無涉等語。當經本部以膠州條約與山東礦務公司章程，均係專指膠濟鐵路附近三十里而言。若東省別處礦務不在此例，等情，照復去後。十二月三十日，復准該使照稱周撫院現欲於附近三十里内亦須納税，顯係違背條約章程，等因前來。查膠澳鐵路附近三十里煤礦，前經升任巡撫袁照約訂定章程，奏明在案。其原定章程並無納税之條，凡鐵路附近三十里之内開礦，自應按照定章無庸完納出井税，除照復德使外。相應鈔録兩次，來往照會，咨行貴撫查照辦理可也。須至咨者。右咨山東。

《東方雜誌》第五期《實業·廣西巡撫張奏勘實富賀煤礦撥款開辦摺》 竊查廣西富賀兩縣交界西灣一帶煤礦，前經派分省補用道周平珍集股專辦，並經前撫臣林紹年奏明在案。嗣以資本短少，純用土法，獲利不厚。據該員稟請辭退，經臣批准，並聘前在巴黎國立礦學堂畢業生張金生前往探勘。旋據稟稱，北自香爐山小狗母嶺大嶺起，南至鷄公洲泗塘止，長約七里許。東自觀音巖老虎沖天堂嶺起，西至寶珠山龍過水止，寬約三里許。場面寬闊，探得煤層五處，苗脈頗爲暢旺。煤格斜下六七十度係屬立槽，寬狹不一，自二三尺至六七尺不等，可以開採，依目下所勘情形布置，兩年後每日出煤三百噸，確有把握。約計開辦經費及活動成本，實需五十萬金之譜。自西灣以下，沿途煤脈隱現，綿亙數百里。如賀縣以上三十餘里之鷓鴣頭，以下十里之浮山寺地方河岸一帶顯露煤苗，場面尤大。俟西灣辦有成效，即可漸次推廣，等情，前來。臣查廣西地瘠民貧，善後要政，首在爲民興利。而利之最豐者，莫如開礦。廣東及港澳等處，近來輪船鐵路與各項製造廠日益增多，無不需煤。銷路愈廣，煤價愈昂。前閱農工商部官報調查，近年香港進口洋煤約百萬吨，核計時價已千萬兩，誠爲一大漏巵。挽回利權尤爲急務。既據勘明西灣煤礦苗極豐旺，自應委派專員，先就該處開辦，藉立基礎，查有補用。知府胡銘槃胸有經緯，守潔才優，現充礦政調查局提調，考求精邃，深資得力，堪以派令總辦其事。工程一切仍責成張金生一手經理。至所需資本，查廣西上年溢額實官捐款，前經奏請以一百萬兩撥充廣西鐵路礦務墾牧專款，經部議覆奏准在案。擬即就此款動撥五十萬，發由胡銘槃具領，核實支用。謹奏。

《清實録》乾隆四十五年九月 〔癸未〕軍機大臣等議覆，密雲副都統都爾嘉奏，請於懷柔縣北陰背山，開採煤窰一摺。查陰背山舊有出煤蹤跡，如果無礙民間田廬墳墓，產煤旺盛，不惟滿兵生計有益，即懷密一帶商民均霑其利，事屬可行。應令地方官招商試採，逾年照例升課。倘試採無效，仍請封禁。從之。

《清實録》嘉慶四年三月 兩廣總督吉慶奏，廣東採挖黎地石碌銅斤，試辦一年，額已短缺，且該處濱臨洋海，多人煎採，恐致滋生事端，似應亟行停止。其省局鼓鑄，仍請運用滇銅。得旨：所辦甚妥，所見極是。仍用滇銅，不必開採。

《清實録》嘉慶四年四月 又諭：朕恭閱世宗憲皇帝硃批諭旨，於開礦一事，深以言利擾民爲戒。聖訓煌煌，可爲萬世法守，朕每繹思莊誦，誌之於心，因無人以此陳請，未經明諭。今有宛平民潘世恩、汲縣民蘇廷禄，呈請在直隷邢臺等縣境内開採銀礦，給事中明繩，輒據以入告，故特降旨宣示，使知朕意。夫礦藏於山，非數人所能採取，亦非數月所能畢事，必且千百爲羣，經年累月，設立棚廠，鑿砂煎鍊，以謀利之事，聚游手之民，生釁滋事，勢所必然。縱使官爲經理，尚難約束多人；若聽一二商民集衆自行開採，其弊將無所不至。此在邊省猶不可行，而況近依畿輔；他府猶不可行，而況地近大名。各該處向有私習邪教之人，此時方禁約之不暇，顧可聽其糾聚耶？且國家經費，自有正供常賦，川、陝餘匪，指日即可殄平，國用本無虞不足，安可窮搜山澤，計及錙銖。潘世恩、蘇廷禄，自因現在開捐，揣摩迎合，覬覦礦苗，思擅其利，乃敢藉納課爲詞，以小民而議及帑項，實屬不安本分。俱著押遞本籍，交地方官嚴行管束，毋許出境滋事。至給事中明繩，若係巡城，祇當聽斷詞訟，遇有此等呈詞，亦應飭駁。况伊並非巡城，且係宗室，今以開礦事冒昧轉奏，明係商人囑托，冀幸事成分肥而已，殊屬卑鄙。朕廣開言路，非開言利之路也。聚斂之臣，朕斷不用。明繩摺著擲還，並著交部議處。

《清實録》嘉慶十九年三月 諭軍機大臣等：蔣攸銛等覆奏，粵省查辦匪徒情形一摺。粵省地廣民稠，良莠不齊，全在地方官實力整飭，以期漸革澆風。摺内所稱六浮山及回肚面山二處，有商人黄大通等鐵廠鍋廠三座，每處工丁一、二百名，因恐人衆難於稽查，具飭令封禁，令該商將各工丁妥爲遣散等語，所辦尚未妥協。上年陝省南山匪徒，即因木商停工乏食而起。粵省山内鐵鍋等廠，該商等久已利爲恒業，而工丁等亦藉以謀食，今驟加封禁，此數百名失業工丁，豈一、二商人即能將其散遣，俾無失所？此等無籍游民，轉致流而爲匪。所有此數處廠座，無庸封禁，應官爲設立章程，或編造丁册，令該商等遞加保結，地方官再按季考察，使各貧民有餬口之地，又不致藏垢納汙，方爲正辦。

《清實録》嘉慶二十年四月 又諭：據長齡等奏，試採都蘭哈拉鉛廠，約計每年可得銀四、五萬兩，應交課銀一萬餘兩，於經費未能多爲節省，應即遵旨封閉等語。新疆地方總以鎮静爲本，不宜輕易更張。都蘭哈拉開採鉛廠，所得課銀不過一萬餘兩，於經費實屬無裨。該處與土爾扈特等處接壤，恐聚集多人，或致越境偷挖金砂，滋生事端。著將存廠鉛砂，趕緊鎔盡，即將該廠永遠封閉，嗣後不准再請開採，其廠地給還扎哈沁公托克托巴圖，設卡稽查，仍按季派員會哨，嚴密巡察。

《清實録》道光元年九月　諭内閣：邱樹棠奏，山場產有金苗，請示封禁一摺。江西高安縣古樓岡山場内，產有金苗，該處民人呈請開採納課。經該護撫查明，該山附近省城，坐落大路之旁，與居民田廬逼近，一經開窆，必致聚集多人，奸良莫辨，應不准開採。所見甚是。著即照該護撫所議，將古樓岡鄧姓荒山五嶺入官，永遠封禁，勒石釘界，禁止樵採。惟小民趨利若騖，其所稱擇隘設卡，撥派兵役巡查，並嚴飭地方官隨時稽察之處，務須實力奉行，不可有名無實，日久懈弛，致滋弊端。

《清實録》道光六年十二月　諭内閣：昨據户部奏，大興縣民陸有章、宛平縣民伍雲亭等，呈請於宛平等五州縣開採銀礦。朕以地近京師及易州一帶，非他省可比，其於地脈風水，有無妨礙，飭令那彦成、陸以莊等，派委公正大員詳加查勘，再降諭旨。朕復思各省銀礦，向俱封禁，况畿輔重地，且附近易州一帶，詎可輕議開窆。著直隸總督、順天府停止委員履勘。至該民人具呈時，該部即應飭司批駁。英和身爲協辦大學士，非不諳政體者可比，乃率行據呈具奏，事雖因公，但視朕爲何如主，冒昧之至，不可不示以懲儆。英和，著調補理藩院尚書，退出南書房、總管内務府大臣，仍交部嚴加議處。其餘户部堂官，並不詳加體察，隨同畫諾，王鼎、敬徵、湯金釗、耆英、顧皋，俱著交部議處。尋議上。得旨：英和著加恩改爲降三級留任，王鼎、敬徵、湯金釗、耆英、顧皋著加恩改爲降二級留任，俱不准抵銷。

《清實録》道光九年七月　諭軍機大臣等：御史王贈芳奏，請飭禁奸徒牟利開礦一摺。據稱江西袁州府宜春縣石圍山間有銅鉛砂苗，奸民詭傳銀礦，妄思開採。前於嘉慶二十五年、道光元年，有生員林森等價買此山，赴地方官具呈，後詐稱官准試採，蠱惑鄉愚，經前任巡撫嚴飭府縣查拏封禁。今聞有瑞州府上高縣生員陳泰來，於上年八月，赴提督衙門，具呈開礦，經提督衙門批咨江西巡撫查覆。陳泰來回至江省，輒敢以京控批准爲名，議定股分，開採銀礦，各府屬有受其愚弄，捐貲入股者，自數百兩至數千兩不等，儻不迅速嚴禁，誠恐招集無賴，貽害將來等語。奸民牟利惑衆，最爲地方之害。該縣石圍山，本經封禁，豈可任其復行開採。著蔣攸銛、韓文綺，迅飭該府縣嚴查禁止。生員陳泰來赴京具呈，指稱批准，是否實有其事，並現在曾否聚衆開窆，著查明據實具奏，不可稍有枉縱。至該御史奏稱，袁州府萍鄉縣湖塘地方，有葉絲沖山，亦有礦苗。著該督撫一併飭屬嚴切查禁，永除後患，勿許偷採。將此各諭令知之。

《清實録》道光二十三年正月　諭軍機大臣等：有人奏，風聞直隸所屬喜峯口中外小東溝地方，有民人私開銀礦。自二十二年七月以來，招致外來流民，聚集多人，刨窆銀砂，每砂土一百斤，煎煉銀七八兩。若不嚴加封禁，恐利之所在，流民愈集愈多，難保不滋生事端等語。喜峯口密邇京畿，游民膽敢聚衆私開銀礦，日久恐滋弊端，不可不嚴行查禁。著訥爾經額派委公正大員，不動聲色，密赴該處留心查探。如果實有其事，即設法將此項流民，全行驅逐，净絶根株。儻封禁後再有盗窆情事，即飭地方官嚴拏懲辦，毋稍姑容。其喜峯口既有聚集多人，私開銀礦之事，自應武職大員，專司稽察。據稱該處改設游擊，是否足資彈壓，並著該督酌量情形，妥議具奏。將此諭令知之。

《清實録》道光二十九年四月　定郡王載銓等奏，會議雲南礦廠章程四條。一、寬鉛禁。礦廠既由商民採辦，必令沾有利益。若黑鉛一概禁賣，勢必盡爲棄物。應准將底銷出售，令廠員編號填給照票。一、減浮費。商民備有資本，少一分剥削，即多一分沾潤。應曉諭删除浮費，庶不至畏累不前。一、嚴法令。礦廠地廣人衆，自應有犯即懲。惟差委各員不知體要，往往釀成事端。宜選廉明公正之人，駐廠彈壓，庶克消患於未萌。一、杜詐僞。礦廠向係朋開，必見有好礦而後合夥。詐僞之徒，每以裝點樣礦，哄騙出資，尤當嚴行懲治。從之。

《清實録》咸豐五年六月　先是陝甘總督易棠奏：哈勒津庫察開採銀礦章程，酌議招商試採。所需經費，由阿拉善親王籌墊。隨時酌定升課，按十成覈算，以六成歸商，二成五分爲正課，三分五釐爲耗銀，一分五釐爲運費，其餘一成，賞給阿拉巴圖當差。其鍊盡白鉛，亦擬照銀十成，分别正耗，解交寧夏道庫備撥。下軍機大臣會同户部議，至是議：應如所奏辦理。至所徵課耗，應於年終奏銷一次。課銀解存寧夏道庫候撥，不得作爲别項之用。其鉛斤，除抽課外，官爲收買，不准商販，仍嚴飭員弁兵役人等，覈實妥辦。總期礦務日旺，於經費方有稗益。從之。

《清實録》咸豐五年十一月　軍機大臣等會同户部議准：熱河都統

柏葰奏報，蒙古開採紅花溝等五處金礦，徵課每金一兩，作十成計算，五成歸商人工本，以三成六分爲正課，三分爲耗金，一分爲解費，餘一成爲阿拉巴圖當差之資。其長杭溝銀礦，仍照前蒙古銀礦升課章程。至錫蠟片銀礦，與遍山線本係一山，未便分兩處採辦，應仍照舊辦理。從之。

《清實録》咸豐九年十月 又諭：上年因給事中清安奏，山東平度州、三座山、鵰化澗等處，發露金苗，堪以開採，並稱有商人薛普等，情願自備資斧，前往承辦。當諭令崇恩，派員查勘。本年四月，據崇恩覆奏，勘明該處並無金苗發露，該處民人，紛紛呈請免其開採。薛普等又查傳不到，顯係情虚避匿，奏請封禁。兹復據該給事中奏稱，薛普等因在京貿易，未得及時投案，得信後赴省呈請委辦，知已奏明封禁，兹仍願承辦等語。著文煜即傳該商薛普等到案，派委妥員，帶同前往平度州，確實查勘。如果礦苗豐旺，除費用外尚有盈餘，堪供課税，即責令該商等，試行開採。儻係該商一面之詞，諸多窒礙，亦著據實具奏，照舊封禁。原摺著鈔給閲看。將此諭令知之。

《清實録》咸豐九年十月 又諭：本日據光禄寺少卿端昌奏，請飭度地開礦，協濟新疆兵餉一摺。據稱伊犂、烏嚕木齊所屬等處，聞有金銀礦，久經封閉，難保不有私窃情弊。莫若招商開採升課，以濟甘餉等語。惟該少卿未曾指明何地。著扎拉芬泰查飭伊犂、烏嚕木齊所屬，有無礦苗發露，堪以招商開採之處，再行詳晰具奏。原摺著鈔給閲看。將此諭令知之。

私營手工業法制部

論說

（清）顧炎武《日知録》卷一〇《紡織之利》　今邊郡之民，既不知耕，又不知織，雖有材力，而安於游惰。華陰王宏撰箸議，以爲延安一府，布帛之價，貴於西安數倍，既不獲紡織之利，而又歲有買布之費，生計日蹙，國稅日逋，非盡其民之惰以無教之者耳。今當每州縣發紡織之具一副，令有司依式造成，散給里下，募外郡能織者爲師，即以民之勤惰工拙，爲有司之殿最。一二年間，民享其利，將自爲之，而不煩程督矣。計延安一府，四萬五千餘户，户不下三女子，固已十三萬餘人，其爲利益，豈不甚多。按《鹽鐵論》曰邊民無桑麻之利，仰中國絲絮，而後衣之，夏不釋複，冬不離窟。父子夫婦，内藏於專室土圜之中。崔寔《政論》僕前爲五原太守，土俗不知緝績，冬積草伏卧其中。若見吏，以草纏身，令人酸鼻。今大同人多是如此，婦人出草則穿紙袴，真所謂倮蟲者也。吾乃賣儲峙得二十餘萬，詣雁門廣武迎織師，使巧手作機，乃紡以教民織。《後漢書》采入本傳。是則古人有行之者矣。《漢志》有云，冬民既入，婦人同巷，相從夜績女工，一月得四十五日。八月載績，爲公子裳，豳之舊俗也。率而行之，富强之效，惇厖之化，豈難致哉。

吴華覈上書，欲禁綾綺錦繡，以一生民之原，豐穀帛之業。謂今吏士之家，少無子女，多者三四，少者一二，通令户有一女，十萬家則十萬人。人人織績，一歲一束，則十萬束矣。使四疆之内，同心戮力，數年之間，布帛必積，恣民五色，惟所服用，但禁綺繡無益之飾。且美貌者不待華采以崇好，豔姿者不待文綺以致愛。有之無益，廢之無損，何愛而不暫禁，以充府藏之急乎。此救乏之上務，富國之本業。使管晏復生，無以易此。方今纂組日新，侈薄彌甚，斲雕爲樸，意亦可行之會乎。

（清）賀長齡《皇朝經世文編》卷三七《户政·農政·教蠶唐甄》

吴絲衣天下，聚于雙林，吴越閩番，至於海島，皆來市焉。五月載銀而至，委積如瓦礫。吴南諸鄉，歲有百十萬之益，是以雖賦重困，窮民未至於空虚室廬，舟楫之繁庶勝於他所，此蠶之厚利也。四月務蠶，無男女老幼，萃力靡他，無稅無荒，以三旬之勞，無農四時之久，而半其利，此蠶之可貴也。夫蠶桑之地，北不逾淞，南不逾浙，西不逾湖，東不至海，不過方千里，外此則所居爲鄰，相隔一畔，而無桑矣。其無桑之方，人以爲不宜桑也。今楚蜀河東，及所不知之方，亦多有之，何萬里同之，而一畔異宜乎。桑如五穀，無土不宜，一畔之間，目覩其利而弗效焉。甚矣，民之惰也。三代以下，廢海内無窮之利，使民不得厚其生，乃患民貧，生財無術，是猶家有寶藏而不知發，而汲汲臘腌果蔬之是鬻也。盍亦謀諸此與。吾欲使桑徧海内，有禾之土，必有桑焉，然亦匪易也。蓋安之久者難創，習之慣者難作，約法而民不信，施教而民不從，則樹植亦不可就。古者田有官，是故棄爲稷官，其後教民田者謂之田畯。田既有之，桑亦宜然。其在於今，當責之守令，於務蠶之鄉，擇人爲師，教民飼繅之法，而厚其廩給。其移桑有遠莫能致者，則待數年之後，漸近而分之，而守令則省騎時行。履其地，察其桑之盛衰，入其室，視其蠶之美惡。而終較其絲之多寡，多者奬之，寡者戒之，廢者懲之。不出十年，海内皆桑矣。昔吾行於長子，略著於篇，可以取法焉。

（清）賀長齡《皇朝經世文編》卷三七《户政·農政·惰貧唐甄》

震澤之蠶半稼，其織半耕，沸鹵漬卵，蠶壯絲美。唐子以家室處於沈氏之廬，制服安習，綫綿爲經，寒不及緯。市之，授諸嚴氏之婦沈孟。孟煮橡實之冠以爲色，登機而織，間以嬰乳嬉語，不盡三日而成。孟裁妻佐縫，服之，甚康也。絲不於市，綫不於市，色不於市，織不於市，一婦之手，歲可斷百疋，嚴氏不耕，夫並作則倍，有事損十三，一畝之桑，獲絲八斤，爲紬二十疋。夫婦並作，桑盡八畝，獲絲六十四斤，爲紬百六十疋。嚴氏故有土一畝，易桑損十五，以食三口，歲餘半資菜茹蔭桑，瓜豆緣垣，牧豕陰霤，放雞鄰疆，抑又爲利。嚴氏不然，桑不盡土，不剪不壅，機廢不理，不蓄不蔬，故其貧甚於無蠶者。察一鄉之人，無大異者。以斯觀之，謂吴地盡利，殆不然矣。

（清）賀長齡《皇朝經世文編》卷三七《户政·農政·布帛贏縮説郭起元》　江南膏腴之壤，植木棉，女紅惟布爲多。漢張騫通西南夷，攜種至中夏，盛於楚豫閩粤。宋初南省始遍植之，而織婦最爲勤苦，碾彈紡績，工亦勞矣。而一布之值，不敵匹帛之什一，工多利少，不足以供口食。季女斯饑，良不免矣。要惟樹桑治蠶之利，可當耕耘也。永嘉有八種蠶，一曰蚖珍，三月績；二曰柘蠶，四月初績；三曰蚖蠶，四月績；四曰愛珍，五月績；五曰愛蠶，六月績；六曰寒珍，七月末績；七曰四出蠶，九月初績；八曰寒蠶，十月績。夫農家四時有暇，而蠶繭八種可成，計至便也。苟能講習其業，俾布帛兼資，以爲水旱凶荒之備，人事之修可補天行之缺，誠莫善於此者也。南省郡邑，多濱江枕湖，古稱下隰宜桑，得地利也。而諸邑少植之，桑既不足，并蠶不育，遇木棉不登之歲，紡車空懸，女紅歇絶，坐致凍餒，眄眙無策，其謀生也拙甚矣。爰爲説以導之。

綜　述

（唐）長孫無忌等《唐律疏議》卷二六《雜律・舍宅車服器物違令》　諸營造舍宅、車服、器物及墳塋、石獸之屬，於令有違者，杖一百。雖會赦，皆令改去之；墳則不改。

疏議曰：營造舍宅者，依《營繕令》：王公已下，凡有舍屋，不得施重拱、藻井。車者，《儀制令》：一品青油纁，通幰，虛偃。服者，《衣服令》：一品衮冕，二品鷩冕。器物者，一品以下，食器不得用純金、純玉。墳塋者，一品方九十步，墳高一丈八尺。石獸者，三品以上，六；五品以上，四。此等之類，具在令文。若有違者，各杖一百。雖會赦，皆令除去，唯墳不改。稱之屬者，碑、碣等是。若有犯者，並同此坐。

其物可賣者，聽賣。若經赦後百日，不改去及不賣者，論如律。

疏議曰：舍宅以下，違犯制度，堪賣者，須賣；不堪賣者，改去之。若赦後百日，不改及不賣者，還杖一百，故云論如律。

（唐）李吉甫《元和郡縣圖志》卷三四《嶺南道》　鹽亭驛，近海。百姓煮海水爲鹽，遠近取給。

（唐）李吉甫《元和郡縣圖志》卷四〇《隴右道》　鹽池，在縣東四十七里。池中鹽常自生，百姓仰給焉。

（清）陸心源《唐文拾遺》卷三〇《崔元式・禁斷次弱綾絹奏》　准今年七月二日敕，諸道所出次弱綾絹紗等，宜令禁斷。若舊織得行使，仍委所在官中收納。如輒更有織造，行使買賣同罪。須指射出次弱物州府，令户部支度鹽鐵三司同條流聞奏者，省司先牒左藏庫，勘到所出次弱疋帛州府名額。伏以綾絹紗等州府所買機杼織造，並合堪充煮練。既不堪衣着，則虛費織功。今欲委諸道節度觀察使刺史，差清強官，搜獲百姓織造濫惡疋段狹小機杼焚毀。其惡弱疋段仍俱收納數聞奏。

（宋）王欽若等《册府元龜》卷五〇四《邦計部・絲帛》　〔周世宗顯德三年〕十月，詔曰：舊制織造絁紬絹布綾羅錦綺紗縠等，幅濶二尺五分，不得夾帶粉藥，宜令諸道州府嚴切指揮。來年所納官絹，每疋須及一十二兩，河北諸州須及一十兩，務要夾密停匀，其長依舊四十二尺。

（清）董誥《全唐文》卷一〇七《後唐明宗・許百姓自鑄農器詔》

富民之道，莫尚於務農，力田之資，必先於利器。器苟不利，民何以安。近聞諸道監冶所賣農器，或大小異同，或形狀輕怯，纔當墾闢，旋致損傷。近百姓秋稼雖登，時物頗賤，既艱難於買置，遂抵犯於條章。苟利錐刀，擅與鑪冶，稍聞彰露，須議誅夷。緩之則贍國不充，急之則殘民轉盛。加以巡檢節級騷擾，鄉閭但益煩，苛殊非通濟，欲使上不奪山川之利，下皆遂畎畝之宜，務在從長庶能經久。自今後不計農器燒器動使諸物，並許百姓逐便自鑄。諸道監冶，除依常年定數鑄辦供軍熟鐵並器物外，只管出生鐵。比已前價，各隨逐處見定高低，每斤一例減十文貨賣。雜使熟鐵，亦任百姓自揀。巡檢節級勾當，賣鐵場官并鋪户等，一切並廢。鄉村百姓，只於係省秋夏田畝上，每畝納農器錢一錢五分足陌，隨秋夏稅二時送納去。

（清）陸心源《唐文拾遺》卷九《後唐明宗・任百姓私麴醖酒詔》

應三京鄴都諸道州府鄉村人户，自今年七月後，於夏秋田苗上，每畝納麴錢五文足陌，一任百姓自造私麴，醖酒供家。其錢隨夏秋徵納。其京都及諸道州府縣鎮坊界內，應逐年買官麴酒户，便許自造麴醖酒貨賣。仍取天成二年正月至年終，逐户計算。都買麴錢數內，十分只納二分，以充榷酒錢。便從今年七月後，管數徵納榷酒户外，其餘諸色人。亦許私造酒麴供家。即不得衷私賣酒。如有固違，便仰糾察。勒依中等酒户納榷。其坊一任酤賣，不在納榷之限。其麴敕命到後，任便踏造。如賣麴酒户中，有去年曾買麴，今年因事不辨買麴，住開店者，則與出落。如覩新敕，有情願開店投榷者，則不計舊户，便令依見納錢中等户例出榷。以後酒户中有無力開店賣，亦許隨處陳狀。其舊納麴錢，並宜停廢。應諸處麴務，據見管麴，亦仰十分減八分價錢出賣，不得更請官本踏造。

（清）陸心源《唐文拾遺》卷一一《周世宗・公私織造須合制度制》

化民成俗，須務真純，蠹物害能，莫先浮僞。織紝杼軸之製，素有規程；裨販貿易之徒，不許違越。久無條理，漸致澆訛。苟所鬻之或精，則酬直之必重。宜從樸厚，用革輕浮。應天下今後公私織造到絹帛綢布綾羅錦綺，及諸色疋段，其幅尺斤兩，並須合向來制度，不得輕弱假僞，罔冒取價。如有已上物色等，限一百日內，並須破貨了絶。如限外敢有違犯織造貨賣者，仰所在級節所由擒捉送官。

（宋）王欽若等《册府元龜》卷五〇四《邦計部・絲帛》　後唐明宗天成二年十二月，中書舍人程遜上言，以民間機杼多有假僞，虚費絲縷，不堪爲衣，請下禁止，庶歸朴素。

漢隱帝乾祐三年，左司員外郎盧振上言：古先哲王之制，布帛不中度，不鬻於市。比來組織之物，輕重皆有定規。近年已來，織帛之家，過爲疏薄，徒勞杼軸，無益公私。臣請三京鄴都諸道州府，凡織造之家所織綾羅絁帛諸物，並須斤兩尺度合官定規程，不得輒爲疏薄。所在官吏覺察禁止，不得更然。

周世宗顯德三年五月，詔曰：化民成俗，須務真純，蠹物害能，莫先浮僞。織紝杼軸之製，素有規程，裨販貿易之徒，不許違越，久無條理，漸致澆訛。苟所鬻之或精，則酬直之必重，宜從朴厚，用革輕浮。應天下今後公私織造到絹帛紬布綾羅錦綺及諸色疋段，其幅尺斤兩並須合向來制度，不得輕弱假僞罔冒取價。如有已上物色等，限一百日內並須破貨了絶。如限外敢有違犯織造貨賣者，即所在節級所由擒捉送官。十月詔曰：舊制織造絁紬絹布綾羅錦綺紗縠等，幅闊二尺五分，不得夾帶粉藥。宜令諸道州府嚴切指揮，來年所納官絹，每疋須及一十二兩。河北諸州須及一十兩。務要夾密停匀，其長依舊四十二尺。

（宋）李燾《續資治通鑑長編》太宗雍熙元年十月　壬辰，禁布帛不中度者，有違詔復織，募告者，三分畀其一。

（宋）趙與時《賓退録》卷二　臨安有鬻紙者，澤以漿粉之屬，使之瑩滑，謂之蠲紙。蠲猶潔也。《詩》：吉蠲爲饎。《周禮》：宫人除其不蠲。名取諸此。又記五代《何澤傳》載：民苦于兵，往往因親疾以割股，或既喪而廬墓，以規免州縣賦役。户部歲給蠲符，不可勝數，而課州縣出紙，號蠲紙。蠲紙之名適同，非此之謂也。

（清）徐松《宋會要輯稿・食貨六四・雜録》　〔太宗太平興國〕九年十月，詔曰：有帛精粗不中數，幅廣狹不中量，不鬻於市，斯古制也。頗聞民間所織錦綺、綾羅及它匹帛，多幅狹不中程式，及紕疎輕弱，加藥塗粉，以欺誑販鬻，因而規利。宜令兩京諸州告諭民，所織匹帛須及程式。賈肆之未售者，限以百日當盡鬻之。民敢違詔復織，募告者，三分賞其一。

（清）徐松《宋會要輯稿・食貨六四・雜録》〔咸平〕六年正月，戶部言：乞令江南、兩浙轉運司（輸）〔諭〕轄下州軍人民，今後不得織造短狹縑帛市易，致悞公私使用。如違，乞依法科罪。帝曰：風俗所用已久，官司驟行改革，恐民間不知，悞有犯者。可先行曉諭，限百日内改造。如違，方得科罪。

（清）徐松《宋會要輯稿・食貨六四・雜録》〔景祐元年〕五月七日，中書門下言：在京及諸道州府臣僚、士庶之家，多用錦背及遍地密花透背段等製造衣服，欲並禁止。從之。

閏六月二十一日，三司言：准敕禁止錦背段子等，勘會内衣庫見管諸般段子萬數不少，乞留充北朝人使到闕相兼支賜。從之。

二十二日，梓州路轉運使張從革言：乞申明條貫，禁絶透背段子等，所貴刑名別無疑慮。詔應遍地密花錦背段子及織成遍地密花錦背衣服等，並依舊禁斷，其餘稀花、團窠、雜花不相連接者，更不禁止。

三年七月九日，龍圖待制張逸言：昨知梓州，本州機織户數千家，因明道二年降敕，每年綾織三分，只賣一分，後來消折，貧不能活。欲乞於元買數十分中許買五分。詔兩川上供綾羅、錦背、透背、花紗之類，依明道二年十月敕命三分織造一分，餘二分今後只許織造一分綾羅、花紗，一分令織紬絹。

五年四月九日，三司言：西川織買綾紗三分内減下一分紬絹，乞依舊織買綾紗支用。從之。

（清）畢沅《續資治通鑑》卷一七九《宋紀・度宗》〔咸淳八年春正月〕庚申，詔曰：朕惟崇儉必自宫禁始，自今宫禁敢以珠翠、銷金爲首飾服用，必罰無赦。臣庶之家，咸宜體卹工匠，犯者亦如景祐制，必從重典。

《通制條格》卷二七《雜令・毛段織金》中統二年九月中書省欽奉聖旨：今後應有織造毛段子，休織金的，只織素的或繡的者，並但有成造箭合刺，於上休得使金者。欽此。

《通制條格》卷二七《雜令・擅造兵器》元貞元年正月，中書省刑部呈：賀安等告，東平路達魯花赤咬童，至元二十四年七月内，勒令各司縣達魯花赤局官等造納胖襖、皮甲、鐶刀、箭隻，緣係詔赦已前事理，擬合革撥。今後司縣達魯花赤，如有各投下似此成造軍器、胖襖等物，隨即牒報本衙門申覆上司，無得擅自成造。都省准呈。

《通制條格》卷二八《雜令・佛像西天字段子》大德九年八月初二日，宣政院奏：街下織段子的匠人每織着佛像並西天字段子貨賣有。那般織着佛像並西天字的段子賣與人穿着行呵，不宜的一般有。奏呵，奉聖旨：怎生那般織着賣有？説與省官人每，今後休教織造佛像西天字樣的段子貨賣者。欽此。

《元典章》卷五八《工部・造作・段疋・禁織龍鳳段疋》至元七年，尚書刑部承奉尚書省劄付：

議得：除隨路局院係官段疋外，街市諸色人等不得織造日月龍鳳段疋。若有已織下見賣段疋，即於各處管民官司使訖印記，許令貨賣。如有違犯之人，所在官司究治施行。

《元典章》卷五八《工部・造作・段疋・禁治紕薄段帛》至元二十三年三月初九日，中書省奏過事内一件：

會驗先欽奉聖旨節該：隨路街市買賣之物，私家貪圖厚利，減尅絲料，添加粉飾，恣意織造紕薄窄短金（索）〔素〕段疋、生熟裏絹，並做造藥綿，織造稀疏狹布，不堪用度。今後選揀堪中絲綿，須要清水夾密段疋，各長五托半之上，依官尺闊一尺六寸，並無藥綿、中幅布疋，方許貨賣。如是依前成造低歹物貨及買賣之家，一體斷罪，其物没官。欽此。累經立限，遍行禁治，有司弛廢，不爲時常檢舉，下民因緣滅裂。若不再行定限，明示罪名，切恐諸人枉遭刑憲。都省議得：遍行各路，文字到日，製造不依式樣條印，發付各處税務收掌，限三十日，店鋪之家即將見有不依式樣紕薄窄短疋段、鹽絲藥綿等物，須要經由各處税務使訖上項條印，方許發賣。限滿却行拘收，元發條印當官毁壞。仍令機户之家，將見使窄狹苧口，亦依限内盡要倒换，依式迭幅闊新苧口織造，須要清水夾密造幅尺綾羅段疋紬絹、中幅布疋、無藥絲綿等物。仍令本處管民達魯花赤、長官不妨本職，常切用心提調。如限外違犯之人捉拿到官，決杖五十七下，其物没官，止坐見發之家。親民司縣提調正官禁治不嚴，初犯罰俸一月，再犯各決二十七下，三犯別議。親民州縣與司縣同。仍標注過名，任滿於解由內明白開寫，以憑定奪。外，路府州達魯花赤、長官不爲用心提調，致有違犯，罰俸二十日，再犯取招別議定罪。

《元典章》卷五八《工部·造作·段疋·御用段疋休織》　元貞二年二月初二日，中書省：

准蒙古文字譯該：中書省官人每根底，不花帖木兒言語：上位穿的一般段疋，不揀那裏休織造者。衆人根底都省諭者。麽道，聖旨了也。欽此。

《元典章》卷五八《工部·造作·段疋·禁織大龍段子》　大德元年三月十一日，不花帖木兒奏：街市賣的段子，似上位穿的御用大龍則少一個爪兒，四個爪兒的〔織〕着賣有。奏呵，暗都剌右丞、道〔興〕尚書兩個欽奉聖旨：胸背龍兒的段子織呵，不礙事，教織（着）〔者〕。似咱每穿的段子織纏身（上）〔大〕龍的，完澤根底説了，各處遍行文書禁約，休織者。欽此。

《元典章》卷五八《工部·造作·段疋·禁織佛像段子》　大德九年十月十九日，湖廣行省准中書省咨該：

宣政院呈：大德九年八月初二日，忽都答兒怯薛第二日，水晶殿內（奏）〔有〕時分，火者小羅有來。本院官阿思蘭宣政院使、乞失迷兒同知、桑哥答思同知、忽都禿忽里副使、闊闊出同簽、謹敦同簽等奏過事內一件：街下織段子的匠人每，織着佛像並西天字段子貨賣有。那般織着佛像並西天字的段子，賣與人穿着行呵，不宜的一般有。奏呵，奉聖旨：怎生那般織着賣有？説與省官人每，今後休教織造佛像西天字樣的段子貨賣者。欽此。

《元典章》卷五八《工部·造作·段疋·禁軍民段疋服色等第》　大德十一年正月，江浙行省准中書省咨：

户部呈：承奉中書省判送：本部據大都申：街下小民，不畏公法，恣意貨賣紕薄窄短金（索）〔素〕段疋、鹽絲藥綿、稀疏紗羅、粉飾絹帛、不堪狹布，欺謾（賣）〔買〕主。擬合欽依已降聖旨禁治。本部呈奉都堂鈞旨，已關刑部、各道宣慰司並下各路，依上施行。外，參詳：行省管下路分貨（買）〔賣〕織造紕薄窄狹段疋等物，宜從都省移咨各處行省，欽依一體禁治相應。具呈照詳。覆奉都堂鈞旨：送户部與工部一同講議明白，擬定連呈。奉此。照得先據大都路申，亦爲前事。會驗到至元二十〔三〕年奉户部符文，承奉中書省劄付：欽奉聖旨：隨路街市見紕薄段帛例至別議定罪。已經出榜，依上禁治。外據店鋪見有不依式樣紕薄窄短段疋、鹽絲藥綿等物，合令大都路依已行，製造不依式〔樣〕條印於上行使，立限一百日，須要發賣盡絶。督責應有機户之家，將見使窄狹苧口增添幅闊，織造清水夾密依式樣疋帛、無藥絲綿等物兩平發賣，違犯者依例斷罪相應。呈奉中書省判送元呈，批奉都堂鈞旨：准呈，連判户部依上施行，就關刑部照會。奉此。除遵依外，據行省管下路分貨賣織造紕薄窄〔短〕段疋等物，宜從都省移咨各處行省，准依一體禁治。再行具呈。移准工部關：照得至元十八年十二月十二日承奉中書省劄付：照得先欽奉聖旨節文，隨路織造段疋布絹之家，今後選揀堪中絲綿，須要清水夾密，並無藥綿，方許貨賣。如是成造低歹物貨及買賣之家，一體斷罪。外據諸人見有紕薄窄短段疋布絹，令所在官司取會見數，立限發賣。限外發賣者，其物没官，仍約量斷罪。欽此。本部講議得：係官段疋，例織造幅闊一尺四寸，長五托之上。准擬禁約。去後，今體知得各處貨賣段疋布絹等物，俱各粉飾低歹窄狹，不依元行織造，蓋是各管官司不爲用心禁約織造。都省除已劄付御史臺行下各道按察司體覆外，行下各路，多出文榜，嚴加禁約。織造段疋布絹之家，選揀堪中絲綿，須要清水夾密織造，每疋各長二丈四尺四寸，並無藥絲綿，方許貨賣。如是依前成造低歹窄（狹）短粉飾物貨，及買賣之家，一體斷罪，其物没官，於犯人名下約量追賞。又至元二十三年三月初九日奏過事內一件：麥术丁右丞錢帛數目省得底言語奏呵，那般者。麽道，聖旨了也。欽此。都省（园）〔圓〕議得事內一件：紕薄段疋布帛藥綿等物，會驗至元七年閏十一月十五日承奉中書省劄付該：議得：（除）〔隨〕路局院，即於各處管民官司使訖印記，許令貨賣。如有違犯之人，所在官司就便究治。至元十年五月二十三日，中書省咨：照得先爲諸人織造銷金日月龍鳳段疋紗羅，街下貨賣，雖曾禁約，切恐各處官司禁治不嚴。今議得：若自今街市已有造下挑綉銷金日月龍鳳肩花並段疋紗羅等，截日納官外，實支價。已後諸人及各局人匠，私下並不得再行織綉挑銷貨賣。如違，除買賣物價没官，仍將犯人痛行治罪。元貞元年十二月二十七日承奉中書省劄付：准蒙古文字譯見織造金段例。照得諸局院造納段疋內，諸王百官長八托、六托段疋，各幅闊一尺四寸，常課長六托段疋，幅（尺）闊一尺四寸。照勘得，既是上位用八托、六托段疋，各幅闊一尺四寸五分，諸人所用，理應〔減〕等。今既諸局院見造常課，例每疋長二丈四尺，幅闊一尺四寸，亦係諸人服用之物。所據街市段疋紗羅綾絹，擬合一體。仍禁治紕薄窄短，選揀堪中絲線，清水織造夾密貨賣，及不許織綉銷金日月龍鳳等花樣顏色，欽依遍行禁治相應。緣在先欽奉聖旨，每疋各長五托半之上，闊一尺六寸，宜從都省定奪聞奏。今將合禁事理（間）〔開〕坐前去，仰多出文榜，遍行合屬，依上禁治施行。

顏色：柳芳緑、鷄冠紫、迎霜合、梔紅、紅白閃色、胭脂紅。

五爪雙角纏身龍。五爪雙角雲袖襴

五爪雙角答子等。五爪雙角六花襴。

《元典章》卷五八《工部・造作・雜造・禁斷金箔等物斷例》 至大四年，中書省咨：

三月十八日欽奉詔書內一款：去奢從儉，阜財之源。今後除係官局院外，民間製造銷金、織金及打造金箔，並行禁止。違者嚴行斷罪，其物没官。欽此。除欽遵外，切恐有不畏公法之人貪利暗行製造，冒觸刑憲，奉都堂鈞旨：今後敢有違犯，許諸人首捉到官，賞至元鈔一定，於犯人名下追給。正犯人斷决六十七下，兩鄰知而不首决四十七下，其物没官。送刑部，就便出榜依上施行。去後，今（後）〔據〕刑部呈：除大都南北兩城並直隸省部路府州縣依上出榜禁止外，據各處行省所轄去處，宜從都省移咨各省，一體出榜禁治相應。具呈照詳。都省准呈，依上施行。

《大清律例》卷一五《户律・市廛・器用布絹不如法》 凡民間造器用之物不牢固正實及絹布之屬紕薄短狹而賣者，各笞五十。

《六部處分則例》卷二三《關市・開採鐵斤》 一、設爐開採鐵斤處所，一切採砂錘鍊人夫，責令山主僱覓土著良民眼同保鄰。户首填明實在人數，并姓名、年貌、籍貫，出具並無隱匿姦商匪類甘結，報明該地方官，詳齎督撫存案。仍令該管文武員弁，暨捕巡各官勤加稽察。儻該廠有招集外來游民情事，而兵役徇隱縱容，將失察之該管官降二級調用，公罪。兵役按律治罪。

一、楚省商販在本地產鐵處所收買轉運者，令該商於收足後，將鐵斤包綑數目、販賣地方逐一呈明，地方官查驗詳明，給與印照，仍移知發賣處所之地方官。俟該商到彼，驗明鐵照相符，將印照送回原發衙門銷號。其兩湖口岸，湖南令管理辰關之辰州府知府稽查，湖北令管理廠務之武昌府同知稽查，漢口令分駐之漢陽府同知稽查。凡沿途經過關津隘口照例抽收驗照點鐵鈐戳放行。如有夾帶私鐵，經別處盤出，將失察經管之文武員弁降二級調用。公罪。徇私故縱者，革職。私罪。至稽查官弁如有勒掯留難者，降二級調用。私罪。係兵役借端索詐，將該管文武各員分別知情失察，照衙役犯贓例議處。例載《書役門》。

一、各省殷實良商赴□販鐵售賣者，先向本籍地方官呈明應買鐵斤數目，運銷地方，詳請督撫轉咨楚省，令該商親齎投遞。該督撫即飭令產鐵處所之地方官，准其照咨內斤數採買。迨收足起程，報明地方官詳請咨明經由關汛，并發往售賣。地方之該督撫，俟該商到日驗明鐵照相符，將印照一併呈繳。乃嚴飭沿江沿海各州縣及口岸汛弁實力稽查，如有夾帶私鐵失於覺察，及徇私故縱，勒索留難，胥役需索等事，將該地方官及各口汛弁均照前例議處。

一、沿海沿江沿河等處，如有姦商匪類遞運鐵斤賣與商漁船隻轉販者，該管文武員弁俱照廢鐵出洋例，分別議處。例載《海防門》。

《六部處分則例》卷二三《關市・稽察煤窯》 一、西山一帶開採煤窯，令宛平縣縣丞移駐門頭村彈壓。凡赴窯工作之人，先由窯户等報明姓名、籍貫，造册稽查。並嚴禁連夏鍋夥水工鍋夥惡習。如查禁不嚴，將該縣丞照地方官失察牙行巧立名目霸開總行例，加等議以罰俸二年。公罪。其鍋夥內遇有毆斃人命，即申報宛平縣驗勘。如失於查察，將該縣丞照地方官於殺死人命不知情不行申報例，加等議以降二級留任。公罪。其或窯户等將病斃之人私行埋棄，該縣丞失於查出者，罰俸一年。公罪。儻有受賄縱容，任令違禁開設私埋匿報，及以毆斃之案捏稱病斃之人者，即將該縣丞革職。私罪。至該縣丞於抵任之後，果能約束衆窯，安静守法，三年期滿，由順天府府尹會同直隸總管保舉題陞。若有不能稱職，及始勤終惰者，該府尹即隨時分別劾參，以昭懲勸。

《六部處分則例》卷二三《關市·販運糟麴》　一、民間製麴自釀無庸查禁。其直隸、河南、山東、山西、陜西等處，富商巨賈廣收麥石躧麴燒鍋，將失於禁止之地方官，每案降一級留任。公罪。接連失察三案者，降三級調用。公罪。若關津隘口失察經過，將失於查拏之關口官，每案罰俸六個月。公罪。

一、閩省造酒之家用米爲糟爲麴，如有多爲製造船裝販運者，將地方官及關口員弁均照前例議處。倘有賄縱情弊，革職提問。私罪。

一、奉委查麴之員有能拏獲躧麴至三百斤以上者，每案准其紀録一次，數多者以次遞加。

《明清以來北京工商會館碑刻選編·玉行規約》　長春會館，爲玉器行酬神議事之所，建立有年。歷届捐修，增置房間，頗足觀瞻。因庚子秋洋兵入城，竟爲外國洋兵侵佔，肆行拆毁，所有正殿龕像供器，以及兩廡棹案陳設等項，全行毁失，西院住房拆去多間，不堪舉目。至辛丑冬，洋兵退後，本行會首等，即招人看管。際此兵燹之餘，元氣未復，礙難勸募重修。故將房間擇其齊整者招租，以此租項，除開支本館公費外，餘款存儲，積有成數，爲日後修理工程之用。無如緩不應急。兹有潤古齋玉器鋪，倡捐鉅款，先將正殿龕座修飾，恭塑神像，陳設供器，爲閤行人等焚香展拜，以伸報享。其兩廡各工，擇要修理，並新置紅漆棹杌拾具，爲來館衆人坐歇之需。其餘應用各物尚多，統容從寬籌備。惟本館舊有章程拾條，同時毁失，舉凡應辦事宜，殊形掣肘。幸會末等尚能記憶數條，即爲參酌訂議，庶有所循。倘與原章未符，不妨隨時增入，務期妥善。兹將新擬章程拾肆條，附開於後：

一、承辦館事，均須實心經理。如遇更換值年以及幫辦，各善友切記，不可假手愚人，以昭妥慎。

一、本行各值年會首，原以公正老成素望之人辦理館事，無論該會首等子孫如何賢能，不得接替承辦館事，切記切記。

一、館中修理各項工程，以及添制各物工料，必要堅實，庶可經久，且免修飾之煩。

一、本館各院房間，招徠住户，按月收租，不得任其拖欠，並查該住户等，倘有容留匪人等情，立即逐出，收房另租。

一、館内不準招聚賭博，並不準閒人往來逗留。倘有此等情事，惟本館長班同各住户是問。

一、館中諸般物件，俱係捐資置買。應責成各會首，以及本館長班等，小心收存，永遠不準外人借用，以免日久損壞遺失。

一、看館長班，宜選擇勤慎可靠之人看守，須責成該長班啓閉門户，早晚焚香，打掃殿宇，毋須懶惰。

一、會首辦理各項公事，倘有循私，同行人知覺者，即行更換。

一、應行值年各字號，如有歇業或本身無暇，即請自行辭退，以後不得干預公事。

一、館中應用諸物，全在帳簿登注。每逢交接值年時，限同衆會首，逐一查點清楚，萬勿草草了事。

紀事

《史記》卷一二九《貨殖列傳》　蜀卓氏之先，趙人也，用鐵冶富。秦破趙，遷卓氏。卓氏見虜略，獨夫妻推輦，行詣遷處。諸遷虜少有餘財，爭與吏，求近處，處葭萌。唯卓氏曰：此地狹薄。吾聞汶山之下，沃野，下有蹲鴟，至死不飢。民工於市，易賈。乃求遠遷。致之臨邛，大喜，即鐵山鼓鑄，運籌策，傾滇蜀之民，富至僮千人。田池射獵之樂，擬於人君。

程鄭，山東遷虜也，亦冶鑄，賈椎髻之民，富埒卓氏，俱居臨邛。宛孔氏之先，梁人也，用鐵冶爲業。秦伐魏，遷孔氏南陽。大鼓鑄，規陂池，連車騎，游諸侯，因通商賈之利，有游閑公子之賜與名。然其贏得過當，愈於纖嗇，家致富數千金，故南陽行賈盡法孔氏之雍容。

魯人俗儉嗇，而曹邴氏尤甚，以鐵冶起，富至巨萬。然家自父兄子孫約，俛有拾，仰有取，貰貸行賈徧郡國。鄒、魯以其故多去文學而趨利者，以曹邴氏也。

《漢書》卷五九《張湯傳》　安世尊爲公侯，食邑萬户，然身衣弋綈，夫人自紡績，家童七百人，皆有手技作事，内治產業，累積纖微，是以能殖其貨，富於大將軍光。

《晉書》卷四六《李重傳》　重奏曰：先王之制，士農工商有分，不遷其業，所以利用厚生，各肆其力也。周官以土均之法，經其土地井田之制，而辨其五物九等貢賦之序，然後公私制定，率土均齊。自秦立阡陌，建郡縣，而斯制已没。降及漢魏，因循舊跡，王法所峻者，唯服物車器有貴賤之差，令不僭擬以亂尊卑耳。至于奴婢私產，則實皆未嘗曲爲之立限也。八年己巳詔書申明律令，諸士卒百工以上，所服乘皆不得違制。若一縣一歲之中，有違犯者三家，洛陽縣十家已上，官長免。如詔書之旨，法制已嚴。今如和所陳而稱光、幹之議，此皆衰世踰侈，當時之患。然盛漢之初不議其制，光等作而不行，非漏而不及，能而不用也。蓋以諸侯之軌既滅，而井田之制未復，則王者之法不得制人之私也。人之田宅既無定限，則奴婢不宜偏制其數，懼徒爲之法，實碎而難檢。方今聖明垂制，每尚簡易，法禁已具，和表無施。

（唐）李肇《唐國史補》卷中　襄州人善爲漆器，天下取法，謂之襄様。及於司空頔爲帥多酷暴，鄭元鎮河中亦虐，遠近呼爲襄様節度。

《舊唐書》卷六八《宣宗紀》　〔宣宗會昌六年〕十二月，刑部尚書、判度支崔元式奏：准七月二日敕，綾紗絹等次弱疋段，並同禁斷，不得織造。臣欲與鹽鐵户部三司同條疏，先勘左藏庫，令分析出次弱疋段州府，即牒本道官搜索狹小機杼，令焚毁。其已納到次弱疋段，具數以聞。上從之。

（宋）李昉等《太平廣記》卷一三八《齊州民》　齊州有一富家翁，郡人呼曰劉十郎，以鬻醋油爲業。自云，壯年時，窮賤至極，與妻傭舂以自給。忽一宵，舂未竟，其杵忽然有聲。視之，已中折矣。夫婦相顧愁歎，久之方寐。凌旦既寤，一新杵在臼旁，不知自何而至。夫婦前視，且驚且喜。自是因穿地，頗得隱伏之貨，以碓杵爲神鬼所賜，賜原作傷，據明鈔本改。乃寶而藏之，遂棄舂業，漸習商估。數年之內，其息百倍，家累千金。夫婦神其杵，即被以文繡，置於匱匣中，四時致祭焉。自後夫婦富且老，及其死也，物力漸衰，今則兒孫貧乏矣。

（宋）李昉等《文苑英華》卷五二五《居喪惰績判》　得甲居喪不績綵訪使責太守風化不著，訴稱誠耻之也，是亦爲政。

對　　柴少儒

先王垂教，則喪也寧戚；君子立身，必造次於是。甲何爲者，焉知禮乎；惰爾庶功，隳我王化。既稱家而罕制，復居里而無職。且啜菽飲水，樂盡其中；泣血寢苦，孝乎斯在。何必厚藏醯醢，傚襄公之送妻；自可薄盡有無，同子柳之葬母。忽而都闕，未知前聞。不績無纕，則周官之故事；有喪勿服，乃郕人之匪臧。況八使觀風，澄清可尚；六條曠職，政化箴如不懲熊軾之愆，孰謂蝌筐之責？

（宋）李昉等《文苑英華》卷五三〇《陶人判》　市稱陶旊者，髻音刮墾薛卜革切暴音剥。

對

惟彼陶者，爲藝之卑。讀天半之書，豈功埏埴；異河濱之迹，顧學陶匏。智不逮於挈瓶，心未忘於抱甕，莫遇林宗之賞，詎爲顔闔之逃？

髻鬟若茲，姦巧逾露，合懲虛器，以肅旗亭。

（宋）李昉等《文苑英華》卷五四六《織素判》 樊貴使妻織素，先示其式而告之曰：必如此。妻織，遂善於式。乃出。妻兄訴，州特一作將判合，仍笞貴六十。因損一脚，履地不得。貴不伏，訴臺。

對

鼉浪披圖，地演金夫之卦；鵲橋構象，天垂織女之星。故能陰陽克諧，琴瑟斯和。其道且合，莊敬表於齊眉；其情或乖，忿怨形於反目。樊貴飛鳴聖代，飲啄昌期，預詳結媛之談，早契代柯之義。皇皇受業，初未見於拾青；軋軋弄機，遽有聞於裂素。蜘蛛網户，朝續斷絲；蟋蟀鳴階，夜催殘織。光明似雪，未慙董永之妻；皎潔如霜，翻學王陽之婦。兄莫能忍，是歸妹之無家；女既不良，何立身之有地。閨門險詖，醜行已彰；州將科繩，罪人斯得。有虧於禮，善是責之難逃；不足與行，何藉跛而能履？以郭賀爲州牧用刑而尚寬；既不疑爲臺郎，所訴之何益。

（宋）王欽若等《册府元龜》卷六四《帝王部・發號令》 〔廣德二年〕五月，禁鈿作珠翠等，委御史一切加捉搦即令禁斷。

（宋）李燾《續資治通鑑長編》仁宗天聖二年八月 丁巳，廢無爲軍煎礬，聽民自煎，官收市之。

商業法制總部

國内商業法制部

先秦分部

論說

（元）馬端臨《文獻通考》卷二〇《市糴考·均輸市易和買》　《周官·泉府》：掌以市之征布，斂市之不售、貨之滯於民用者，以其賈買之，物揭而書之，以待不時而買者。買者各從其抵，都鄙從其主，國人、郊人從其有司，然後予之。凡賒者，祭祀無過旬日，喪紀無過三月。凡民之貸者，與其有司辨而授之，以國服爲之息。注見《錢幣考》。

水心葉氏曰：熙寧大臣慕周公之理財，爲市易之司，以奪商賈之贏，分天下以債，而取其什二之息，曰：此周公泉府之法也。天下之爲君子者，又從而争之曰：此非周公之法也，周公不爲利也。其人又從而解之曰：此真周公之法也。聖人之意、六經之書，而後世不足以知之。以此嗤笑其辨者。然而其法行而天下終以大敝，故今之君子真以爲聖賢不理財，言理財者必小人而後可矣。夫泉府之法，斂市之不售、貨之滯於民用者，以其賈買之，其餘者祭祀、喪紀皆有數，而以國服爲之息。若此者，真周公所爲也。何者？當是時，天下號爲齊民，未有特富者也。開闔、斂散、輕重之權一出於上，均之田而使之耕，築之室而使之居，衣食之具，無不畢與。然而祭祀、喪紀猶有所不足，則取於常數之外。若是者，周公不與，則誰與之？將無以充其用而恤之也，則民一切仰上而其費無名，故賒而貸之，使以日數償，而以其所服者爲息。且其市之不售、貨之滯於民用者，民不足於此，而上不斂之，則爲不仁。然則二者之法，非周公誰爲之？蓋三代固行之矣。今天下之民不齊久矣，開闔、斂散、輕重之權不一出於上，而富人大賈分而有之，不知其幾千百年也，而遽奪之，可乎？奪之可也，嫉其自利而欲爲國利，可乎？嗚呼！居今之世，周公固不行是法矣。夫學周公之法於數千歲之後，世異時殊，不可行而行之者，固不足以理財也。謂周公不爲是法，而以聖賢之道不出於理財者，是足爲深知周公乎？且使周公爲之，固不以自利，雖百取而不害，而況其盡與之乎？然則奈何君子避理財之名，苟欲以不言利爲義，坐視小人爲之，亦以爲當然而無怪也！徒從其後頻蹙而議之，厲色而争之耳。然則仁者固如是邪！

愚論見《錢幣考》。

綜述

《周禮注疏》卷一四《地官司徒·司市》　司市，掌市之治教、政刑、量度、禁令。量，豆、區、斗、斛之屬。度，丈尺也。治，直吏反，下及大治、小治同。區，烏候反。

疏：司市至禁令。釋曰：此經與下文爲揔目。云掌市之治者，下文云聽大治小治是也。教，即此下文以次叙分地之等，謂教之處置貨物是也。政者，即下文云以政令禁物靡等是也。刑者，即下文云以刑罰禁虣是也。量度，即下文云以量度成賈是也。禁令者，即下文云以賈民禁僞是也。註量豆至尺也。釋曰：豆區斗斛之屬者，豆、區，即昭三年晏子云齊舊四量，豆、區、釜、鍾是也。云斗斛，即《律歷志》云籥合升斗斛是也。此不言釜鍾與籥升者，之屬中兼之也。

以次叙分地而經市，次謂吏所治舍，思次、介次也，若今市亭然。叙，肆行列也。經，界也。行，户剛反，下行列同。

疏：以次至經市。釋曰：司市之官以次叙二事，分地而置之，而以經界其市，使各有處所，不相雜亂也。註次謂至界也。釋曰：云次謂吏所治舍者，吏即下文司市、賈師涖思次、介次者是也。云若今市亭然者，舉漢法而言。云叙，肆行列也者，以其言叙即行肆之列，故爲行列解之。案《内宰職》云設其次，置其叙，正其肆。註云：次，思次。叙，介次。不爲行列，與此註違者，彼云次與叙下更云正其肆，則肆爲行列，故分次爲思次，以叙爲介次也。此文不具，直有次叙，無言正其肆，故并思次同名爲次，叙爲行列。此鄭望文爲義，故註不同。

以陳肆辨物而平市，陳猶列也。辨物，物異肆也。肆異則市平。

疏：以陳至平市。釋曰：陳，列也，謂行列其廛肆而辨其物。物異則市賈平，故云平市也。

以政令禁物靡而均市，物靡者，易售而無用，禁之則市均。鄭司農云：靡謂侈靡也。易，以豉反，下之易同。售，受又反。

疏：釋曰：司市出政令而禁其物貨細靡者，但物貨細靡，人買之者多，貴而無用，令使麤物買之者少而賤，使市賈不平，令禁之則市物均平，故云均市也。

以商賈阜貨而行布，通物曰商，居賣物曰賈。阜猶盛也。鄭司農云：布謂泉也。賈，音古，註曰賈、下商賈、賈師皆同。

疏：以商至行布。釋曰：鄭知通物曰商者，《易》云：至日閉關，商旅不行；除至之日，商旅則行。故鄭註《大宰》云行曰商。行商則是通物者也。鄭知居賣物曰賈者，商既通物，明賈則在市而居賣物者也。故鄭註《大宰》云處曰賈也。由此二等商賈，或通貨，或在市賣之，故貨賄阜盛而布泉得行，故云阜貨而行布也。

以量度成賈而徵價，徵，召也。價，買也。物有定賈則買者來也。成賈，音嫁，註下不音者皆同，聶氏及沈云：成賈、定賈、奠物、賈其賈、平大賈、小賈、賈賤、恒賈、而故賈，凡十二，音嫁，餘音古。價，劉音育，聶氏音笛，《字林》他竺反。

疏：以量至徵價。釋曰：量，以量穀粱之等。度，以度布絹之等。成，定也。二物以量度以定物賈。徵，召也。價，買之。物賈定則召買者來，故云徵價也。註徵召也價買也物有定賈則買者來也。釋曰：知價爲買者，以言徵召買者，故以價爲買。此字所訓不定。案：下文所云貴價者，鄭註貴賣之，鄭亦望文爲義，故註不同也。

以質劑結信而止訟，質劑，謂兩書一札而別之也。若今下手書，言保物要還矣。鄭司農云：質劑，月平。劑，子隨反。平，皮命反，下月平同。

疏：以質至止訟。釋曰：質劑謂券書，恐民失信，有所違負，故爲券書結之，使有信也。民之獄訟，本由無信，既結信則無訟，故云止訟也。註質劑至月平。釋曰：下《質人》云大市以質，小市以劑，故知質劑是券書。是以鄭云兩書一札而別之。古者未有紙，故以札書。《小宰職》註云：兩書一札，同而別之。此不云同，明亦有同義也。鄭云若今下手書者，漢時下手書，即今畫指券，與古質劑同也。先鄭云質劑，月平，《小宰》先鄭註亦如此解，以爲月平若今之市估文書，亦得爲一義，故後鄭每引之在下也。

以賈民禁僞而除詐，賈民，胥師、賈師之屬。必以賈民爲之者，知物之情僞與實詐。賈民，劉音嫁，聶、沈音古，註賈民同。

疏：以賈至除詐。釋曰：司市之官，用賈民知物真僞者，使禁物之僞，而除去人之詐虛也。註賈民至實詐。釋曰：知賈民是胥師、賈師之屬者，案下《胥師職》云：察其詐僞飾行價慝者，而誅罰之。故知此賈民禁僞是胥師、賈師之屬。謂屬胥師賈師，受其役使也。云知物之情僞與實詐者，直依經解之。情則真也。情僞既據物而言，則言實詐據人而說也。

以刑罰禁虣而去盜，刑罰，憲、徇、扑。虣，薄報反。去，起呂反。扑，普卜反，下文同。

疏：以刑至去盜。釋曰：刑期於無刑，以殺止殺，故以刑罰禁虣亂之人。又去其相盜竊也。註刑罰憲徇扑。釋曰：知刑罰是憲徇扑者，司市所施，惟施於市中者，故下云：小刑憲罰，中刑徇罰，大刑扑罰，其附於刑者歸於士。故知惟有此三者也。

以泉府同貨而斂賒，同，共也。同者，謂民貨不售，則爲斂而買之；民無貨，則賒貰而予之。賒，傷蛇反。共，如字。爲，于僞反，下爲民同。貰，音世，貸也，劉傷夜反，一時夜反。

疏：以泉至斂賒。釋曰：下文有泉府職掌於市之罰布之等藏之，今司市之官以泉府所藏之布物與民同行其貨，而民無財者賒而予之，後斂取其直，故云同貨而斂賒也。計同其至予之。釋曰：云同者，謂民貨不售，則爲斂而買之者，民賣物不售，則以泉府之物買取之，釋經同貨也。民無貨，則賒貰而予之者，此謂所買得之物，民有急須而無貨者，則貰予之，有時斂取其直，釋經斂賒也。但賒、貰二字通用也。

大市，日昃而市，百族爲主；朝市，朝時而市，商賈爲主；夕市，夕時而市，販夫販婦爲主。日昃，昳中也。市，雜聚之處。言主者，謂其多者也。百族必容來去，商賈家於市城，販夫販婦朝資夕賣，因其便而分爲三時之市，所以了物極衆。鄭司農云：百族，百姓也。昃，音側，本又作昃。販，方萬反。便，皮面反。

疏：大市至爲主。釋曰：案下文市朝一夫，各方百步，就百步而分爲三時之市，恐不可。若然，則一夫者，據市亭置坎與叙，司市及賈師、胥師聽事之處，取其列行肆之處，則居地多矣。今經有三時之市，不先言朝市、夕市，而先言日昃者，據向市人多而稱大市，故先言之。此三市皆於一院内爲之，大市於中，朝市於東偏，夕市於西偏，《郊特牲》所云是也。註日昃至姓也。釋曰：云日昃，昳中也者，昃者傾側之義，昳者差昳之言，故以昳解昃也。是以《尚書・無逸》云文王至於日中昃，不遑暇食。是中後稱昃也。云市，雜聚之處。害主者，謂多者也者，謂言百族爲主，則兼有商賈販夫販婦。云商賈爲主，則兼有百族、販夫、販婦。云販夫販婦爲主，則兼有百族與商賈也。云百族必容來去者，百族或在城内，或在城外者，容其來往，故於日昃以後主之。云商賈家於市城者，行曰商，居曰賈，即賈家於市。今并言者，其商雖行通物，亦容於市也。云朝資夕賣者，資若冬資綿、夏資絺之類。則資者，朝買資之，至夕乃賣，故以資言之。云所以了物極衆者，以分爲三市者，欲了其所賣之物，極盡其衆也。先鄭云百族，百姓也者，欲見此百姓異於《秋官・司寇》戒於百族。彼百族是府史以下，此據市人稱百族，明據天下百姓，亦非百官百姓。對則正姓與氏族異，通而言之，氏族則庶姓，故以百姓爲百族。

凡市入，則胥執鞭度守門，市之羣吏平肆展成奠賈，上旌于思次以令市，市師涖焉，而聽大治大訟。胥師、賈師涖于介次，而聽小治小訟。凡市入，謂三時之市市者入也。胥，守門察僞詐也。必執鞭度，以威正人衆也。度謂殳也，因刻丈尺耳。羣吏，胥師以下也。平肆，平賣物者之行列，使之正也。展之言整也。成，平也，會平成市物者也。奠讀爲定，整敕會者，使定物賈，防誑豫也。上旌者，以爲衆望也，見旌則知當市也。思次，若今市亭也。市師，司市也。介次，市亭之屬别，小者也。故書涖作立。杜子春云：奠當爲定。鄭司農云：思，辭也。次，市中候樓也。立當爲涖，涖，視也。玄謂思當爲司字，聲之誤也。奠，音定，又田見反。上，時掌反，註同。殳，音殊。誑，九況反。

疏：註凡市至誤也。釋曰：鄭知凡市入是上三時之市者，以其言凡，明摠三時之市。云胥守門察僞詐也者，以其執度之故也。云必執鞭度以威正人衆也者，鞭以威人衆，度以正人衆，故并言之也。云度謂殳也者，案：下文《廬人》云毄兵同強，註云：改句言毄，容殳無刅。此文鞭度連言，則一物以爲二用，若以繫鞘於上則爲鞭，以長丈二，因剋丈尺則爲度。知羣吏胥師以下者，見下《司稽職》云執鞭度而巡其前。此亦執鞭度，故知是胥師以下。《叙官》云：胥師二十肆則一人，胥二肆則一人。鄭云：胥師，領羣胥。則胥師已下，非直巡行肆，亦更來守門，故鄭摠云胥師以下。知平肆是平賣物者之行列，使之正者，以是經直云平肆，肆是行列，恐其行肆不正，以正之也。云展之言整也。成，平也。會平成市物者也，云奠讀爲定者，鄭以爲平成市，整敕會者，使定物價，恐有豫爲誑欺，故云防誑豫。先鄭云思，辭也，後鄭以爲思則司字聲之誤也者，下云介次不爲辭，明思不得爲辭，直是思、司聲同，故誤爲思也。此思、司聲同，不得爲字誤。今有本云字聲之誤，兼有字者，讀當云思當爲司字，字絶讀之，乃合義也。

凡萬民之期于市者，辟布者、量度者、刑戮者，各於其地之叙。期，謂欲賣買期決於市也。量度者，若今處斗斛及丈尺也。故書辟爲辭。鄭司農云：辭布，辭訟泉物者也。玄謂辟布，市之羣吏考實諸泉入及有遺忘。

疏：凡萬至之叙。釋曰：云凡萬民之期于市，有此已下三事，有辟布者、度量者、刑戮者。各於其地之叙，則諸物行肆之所也。註期謂至遺志。釋曰：云期決於市也者，謂人各自爲期限，使了市事於市也。云若今處斗斛及丈尺者，謂斗斛處置於米粟之肆，處置丈尺於絹布之肆。案：前註量，豆、區、斗、斛，此中不云豆、區，前註廣解量名，此略云市所用，故註不同。案《律歷志》，度量衡皆起於黄鍾之律，故彼云：以子穀秬黍中者，一黍一分，九十黍黄鍾之長，則一黍爲一分，十黍爲寸，十寸爲尺，十尺爲丈，十丈爲引，五度審矣。又云：子穀秬黍中者，十二百黍，其實一籥，十籥爲合，十合爲升，十升爲斗，十斗爲斛，五量審矣。先鄭從故書辟布爲辭訟之布。後鄭不從，而爲羣吏考實諸泉入者。若辭訟之布，當歸其本王，何得各有地之叙乎？明不得爲辭訟之布也。云考實諸泉入者，辟，法也。謂民將物來於肆賣者，肆長各考量物數，得實，税入於市之泉府。知民將物來於市有税者，案下文云國凶荒，市無征，明不凶荒有征矣。其實者則宜置於地之叙，欺者没入官，是其法也。云及有遺忘者，謂羣吏考實泉之處有遺忘者，便歸令本主識認之。下文得貨賄六畜之等，是依列肆失者，與此文别也。

凡得貨賄、六畜者亦如之，三日而舉之。得遺物者，亦使置其地，貨於貨之肆，馬於馬之肆，則主求之易也。三日而無職認者，舉之没入官。

疏：凡得至舉之。釋曰：此謂在列肆遺忘闌失者，吏各歸本肆，吏主識認取之。

凡治市之貨賄、六畜、珍異，亡者使有，利者使阜，害者使亡，靡者使微。利，利於民，謂物實厚者。害，害於民，謂物行苦者。使有使阜，起其賈以徵之也。使亡使微，抑其賈以卻之也。侈靡細好，使富民好奢微之而已。鄭司農云：亡者使有，無此物則開利其道，使之有。物行，遐孟反，又如字，聶胡剛反。苦，音古。卻，起略反。好，呼報反。

疏：註利利至之有。釋曰：云使有使阜者，摠釋經亡者利者。云起其賈者，謂增起其賈，引物自然來，故使有使阜盛也。云微之而已，謂少抑其賈，使微少不絶而已。先鄭云亡者使有。無此物，則開利其道，使之有，與後鄭起其賈義異，引之者，義得兩通，故後鄭亦從之也。

凡通貨賄，以璽節出入之。璽節，印章，如今斗檢封矣，使人執之以通商。以出貨賄者，王之司市也；以內貨賄者，邦國之司市也。

疏：凡通至入之。釋曰：金玉曰貨，布帛曰賄。其璽節餘物亦通，而直云通貨賄者，以物之貴及民之所用多者莫過貨賄，故舉以言之，無妨餘物亦通之。註璽節至市也。釋曰：云璽節，印章，如金斗檢封矣者，案漢法，斗檢封，其刑方，上有封檢，其內有書；則周時印章上書其物，識事而已。云使人執之以通商者，以其商旅主通貨賄，故知執璽節者是通商也。云出貨賄者王之司市也者，以其商旅買貨賄於市，以出向邦國，故知是王之司市給璽節也。云內貨賄者，邦國之司市也者，以其貨賄從邦國來，當入王畿，故知還是邦國之司市給璽節也。此經直云入之，鄭雖云內貨賄者邦國之司市，亦容有從畿內入市者，故下《掌節》云貨賄用璽節，鄭云：變司市言貨賄者，貨賄非必由市，或資於民家。若然，商資於民家，得出向邦國；若資於民家，亦容入來向王市賣之，則璽節受之於門關矣。

國凶荒札喪，則市無征，而作布。有災害，物貴，市不税，爲民乏困也。金銅無凶年，因物貴，大鑄泉以饒民。

疏：國凶至作布。釋曰：凶荒謂年穀不熟。札謂疫病。喪謂死喪。恤其乏困，故市無征也。註金銅無年。釋曰：以其凶年穀則貴，金銅凶年亦賤，故云無凶年。是以諺云豐年粟，儉年玉。因云物貴者，其物止謂米穀，餘物竝賤也。

凡市僞飾之禁，在民者十有二，在商者十有二，在賈者十有二，在工者十有二。鄭司農云：所以俱十有二者，工不得作，賈不得粥，商不得資，民不得畜。玄謂《王制》曰：用器不中度，不粥於市；兵車不中度，不粥於市；布帛精麤不中數，幅廣狹不中量，不粥於市；姦色亂正色，不粥於市；五穀不時，果實未熟，不粥於市；木不中伐，不粥於市；禽獸魚鱉不中殺，不粥於市。亦其類也。於四十八則未聞，數十二焉。賈，音古，註同。粥，音育，下同。中，丁仲反，下同。狹，音洽。數，色主反。

疏：凡市至有二。釋曰：云凡僞飾之禁，此與在民以下爲緫目，故云凡以廣之。註鄭司至二焉。釋曰：先鄭云所以俱十有二者，工不得作以下云云，謂民與商賈及工四者皆同十二。云工不得作者，工匠主營作，故云不得作。云賈不得粥者，以其處曰賈，賈主賣粥，故云不得粥。云商不得資者，商主通貨賄，貨賄皆當豫資貯，故云不得資。云民不得畜者，萬民非作、非粥、非資，故以畜聚而言也。玄謂《王制》曰，用器不中度，不粥於市者，案彼鄭註云：用器，弓矢、耒耜。耒耜長六尺，弓長六尺六寸之等，矢長三尺之類，皆有長短度數也。云兵車不中度，不粥於市者，案《考工記》，輪人爲兵車、乘車之輪，崇六尺六寸。成出革車一乘，出於民間，故民亦有粥兵車之法。云布帛精麤不中數、廣狹不中量，不粥於市，布之精麤，謂若朝服十五升，斬衰三升，齊衰有三等，或四升、或五升、或六升，大功已下有七升、八升、九升，小功有十升、十一升、十二升，緦麻有十五升抽去半。其帛之升數，禮無明文。云廣狹不中量者，布幅則廣二尺二寸。共繒幅則依朝貢禮，廣二尺四寸。云姦色亂正色，不粥於市者，《論語》孔子惡紫之奪朱，則朱是南方正色，紫是北方姦色。紫奪朱色，是姦色亂正色，故孔子惡之。若然，自餘四方皆有姦色、正色，若紅緑及碧等，皆有亂正色之義也。云五穀不時、果實未熟，不粥於市，鄭彼註云：皆謂不利人。木不中伐，不粥於市者，鄭彼註引《山虞職》云仲冬斬陽木，仲夏斬陰木以爲證，是非此時則木不中伐。云禽獸魚鼈不中殺，不粥於市者，案《鼈人職》云：秋獻鼈蜃，冬獻龜魚。案《禮記·王制》云：獺祭魚，然後虞人入澤梁。豺祭獸，然後殺。是殺禽獸魚鼈之時得粥於市，非此時則不可也。云亦其類也者，《王制》所云不中度之類是在上者，不中數、不中量、姦色亂正色是在商者，不時及未熟是在農者；此等亦兼有在賈者，故云亦其類也。云於四十八則未聞數十二者，《王制》之文，從用器爲一，兵車爲二，布三，帛四，姦色五，五穀六，果實七，木八，禽九，獸十，魚十一，鼈十二，是聞之十二矣。於四十八則未聞三十六，故云未聞數十二也。

市刑，小刑憲罰，中刑徇罰，大刑扑罰，其附于刑者歸于士。徇，舉以示其地之衆也。扑，撻也。鄭司農云：憲罰，播其肆也。故書附爲柎，杜子春云：當爲附。柎，劉方符反，沈音附。

疏：市刑至于士。釋曰：附於刑者歸於士者，此刑各有所對言之，市刑雖輕，亦名爲刑，若對五刑，則五種者爲刑，故云附於刑歸於士。士謂秋官士師、鄉士、遂士之屬。其人屬彼者各歸之，使刑官斷之也。註徇舉至爲附。釋曰：徇，舉以示其地之衆也者，徇者，徇列之名。故知舉其人以示其地肆之衆，使衆爲戒也。云扑，撻也者，《大射》云司射搢扑，《尚書》云扑作教刑，皆是笞撻爲扑，故云扑撻也。先鄭云憲罰，播其肆也者，憲是表顯之名。徇既將身以示之，則此憲是以文書表示於肆，若布憲之類也。

國君過市則刑人赦，夫人過市罰一幕，世子過市罰一帟，命夫過市罰一蓋，命婦過市罰一帷。謂諸侯及夫人、世子過其國之市，大夫、内子過其都之市也。市者，人之所交利而行刑之處，君子無故不游觀焉。若游觀則施惠以爲説也。國君則赦其刑人，夫人、世子、命夫、命婦則使之出罰，異尊卑也。所罰謂憲徇扑也。必罰幕帟蓋帷，市者衆也，此四物者，在衆之用也。此王國之市而説國君以下過市者，諸侯之於其國，與王同，以其足以互明之。幕，劉音莫。帟，音亦。觀，古亂反，下同，或音官。爲説，如字，解説也，聶如鋭反。

疏：註謂諸至明之。釋曰：云大夫、内子者，大夫中含有卿，内子，卿之妻，含大夫之妻命婦也，故經云命婦，註云内子也。若然，此經大夫命婦，是諸侯科中，不見天子卿大夫，則天子卿大夫與諸侯卿大夫及命婦，亦是互見爲義也。云所罰謂憲徇扑也者，其憲徇刑之輕者而赦之，使出帷幕難備之物者，出物雖重而無恥，憲徇雖輕而有愧，故以出物爲輕也。案《幕人》云掌供帷幕幄帟綬，帷幕用布，幄帟用繒，在上曰幕，在旁曰帷，帟承塵。其蓋當是於衆中障暑雨之蓋，未必是輪人所作蓋，弓二十有八，在車者也。云諸侯之於國，與王同，以其足以互明之者，此王國之市，若直見王后世子過市，則不見諸侯已下。今以王國之市而見諸侯已下過市，足得互見王已下過市，故云互明之也。

凡會同、師役，市司帥賈師而從，治其市政，掌其賣儥之事。市司，司市也。儥，買也。會同師役必有市者，大衆所在，來物以備之。

疏：凡會至之事。釋曰：王與諸侯行會同及師役征伐之等，或在畿内，或在畿外，皆有市。則市司帥賈師而從，以其知物賈，故使從。不帥胥師者，胥師不知物賈，於事緩，故不從也。

《周禮注疏》卷一五《地官司徒·質人》 質人，掌成市之貨賄、人民、牛馬、兵器、珍異。成，平也。會者平物賈而來，主成其平也。人民，奴婢也。珍異，四時食物。

疏：質人至珍異。釋曰：此質人若今市平準，故掌成平市之貨賄已下之事。註成平至食物。釋曰：云會者平物賈而來，主成其平也者，會謂古人會聚買賣，止爲平物而來，質人主爲平定之，則有常估，不得妄爲貴賤也。此知人民，奴婢也者，以其在市平定其賈，故知非良人，是奴婢也。云珍異，四時食物者，見下《廛人》云凡珍異之有滯者斂而入于膳府，即果實及諸食物，依四時成熟者也。

凡賣儥者質劑焉，大市以質，小市以劑。鄭司農云：質劑，月平賈也。質大賈，劑小賈。玄謂質劑者，爲之券藏之也。大市，人民、馬牛之屬，用長券；小市，兵器、珍異之物，用短券。長，如字。

疏：註鄭司至短券。釋曰：先鄭以質劑爲月平大小賈，若今市估文書。先鄭註《小宰》聽賣買以質劑，亦如此解。後鄭以爲券書者，上文成市之貨賄之等已是市平文書，則此經云大市以質、小市以劑及《小宰》云聽賣買以質劑，文勢不得爲月平，故以券書可知也。玄謂大市，人民馬牛已下，鄭以意分之爲大小，就大者而言，若人民則未成齓已下，牛馬未著齒已前，亦得爲小者也。

掌稽市之書契，同其度量，壹其淳制，巡而攷之，犯禁者舉而罰之。稽猶考也，治也。書契，取予市物之券也。其券之象，書兩札刻其側。杜子春云：淳當爲純。純謂幅廣，制謂匹長也。皆當中度量。玄謂淳讀如淳尸盥之淳。其淳，音准。廣，光曠反。長，直亮反。中，丁仲反。淳尸，劉章純反，下同。

疏：註稽猶至之淳。釋曰：云稽猶考也，治也者，并取治質劑并解之，故兼云治也。書契，取予市物之券者，并案《小宰職》云聽取予以書契，經既云書契，故知與彼同，非上質劑之市買者也。云其券之象，書兩札刻其側者，《小宰》註云：兩書一札，同而別之。云刻其側，若今畫指也。杜子春云淳當爲純純謂幅廣，制謂匹長也者，即丈八尺，後鄭從之。後鄭不從杜子春純者，純止可爲絲爲緇，不得爲幅廣狹，故讀從《士虞禮》淳尸盥之淳，故《內宰》註依巡守禮淳四咫。鄭《答志》：咫，八寸。四當爲三，三咫，謂二尺四寸也。

《周禮注疏》卷一五《地官司徒・賈師》　賈師，各掌其次之貨賄之治，辨其物而均平之，展其成而奠其賈，然後令市。辨，別也。賈，音古，下註賈師同。奠，音定。別，彼列反。

疏：賈師至令市。釋曰：案《序官》云賈師二十肆則一人，與胥師數同，故云各掌其次之貨賄之治也。云辨其物而均平之者，此與胥師所掌同。云展其成而奠其賈者，則與胥師異，以其知物價故也。

《禮記正義》卷一一《王制》　〔天子五年一巡守〕命大師陳詩，以觀民風。陳詩，謂采其詩而視之。大音泰，後大學、大祖、大子、大樂正、大史皆同。命市納賈，以觀民之所好惡，志淫好辟。市，典市者。賈，謂物貴賤厚薄也。質則用物貴，淫則侈物貴。民之志淫邪，則其所好者不正。

《禮記正義》卷一三《王制》　有圭璧金璋，不粥於市。命服命車，不粥於市。宗廟之器，不粥於市。犧牲，不粥於市。戎器，不粥於市。尊物，非民所宜有。戎器，軍器也。粥，賣也。璋，之羊反。用器不中度，不粥於市。兵車不中度，不粥於市。布帛精麤不中數，幅廣狹不中量，不粥於市。姦色亂正色，不粥於市。凡以其不可用也。用器，弓矢、耒耜、飲食器也。度，丈尺也。數，升縷多少。中，丁仲反，下皆同。幅，方服反。耒耜，上力對反；下音似。錦文珠玉成器，不粥於市。衣服飲食，不粥於市。不示民以奢與貪也。成猶善也。五穀不時，果實未孰，不粥於市。物未成，不利人。木不中伐，不粥於市。伐之非時，不中用。《周禮》：仲冬斬陽木，仲夏斬陰木。夏，户嫁反，下春夏反。禽獸魚鼈不中殺，不粥於市。殺之非時，不中用。《月令》：季冬始漁。《周禮》：春獻鼈蜃。蜃，常忍反，雉化爲之。關執禁以譏，禁異服，識異言。關，竟上門。譏，呵察。竟音境。苛音何，又呼河反，本亦作呵。

（唐）杜佑《通典》卷一一《食貨・平準》　周制，司市掌市之理教政刑，量度禁令，鄭玄曰：量，豆區斗斛之屬。度，丈尺也。以次叙分地而經市，次謂吏所治舍，思次、介次也。若今市亭然。叙肆，行列也。經，界也。以陳肆辨物而平市，陳猶列也。辨物，物異肆也。肆異則市平。以政令禁物靡而均市，物靡者，易售而無用，禁之則市均。鄭衆云：靡謂侈靡。以商賈阜貨而行布，通物曰商，居賣曰賈。阜猶盛也。以量度成賈而徵儥，徵，召。儥，買也。物有定儥，則買者來。儥音鬻。以質劑結信而止訟，質劑，謂兩書一札而別之，若今下手書，言保物要還矣。大市以質，小市以劑。音子隨反。以賈人禁僞而除詐，賈人，胥師、賈師之屬也。必以賈人爲之者，知物之情僞與實詐爾。以泉府同貨而斂賒。同，共也。同者，謂人貨不售，則爲斂而買之。人無貨，則賒貰而與之。大市日仄而市，百族爲主；朝市朝時而市，商賈爲主；夕市夕時而市，販夫販婦爲主。仄，日昳也。市者，雜聚之處。言主者，謂其多者。百族謂百姓也。必容來去。商賈家於城市。販夫販婦，朝資夕賣。因其便而分爲三時之市，所以了物極衆也。凡理市之貨賄，六畜珍異，亡者使有，利者使阜，害者使亡，靡者使微。利，利於人，謂物實厚者也。害，害於人，謂物行苦者也。使有，使阜，起其賈以徵之也。使亡，使微，抑其賈以卻之也。侈靡細好，使富人好奢，微之而已。鄭衆云：亡者使有，無此物則開利其道，使之有。凡通貨賄，以璽節出入之。璽節印章，如今斗檢封矣，使人執之，以通商。以出貨賄者，王之司市也。以內貨賄者，邦國之司市也。國凶荒札喪，則市無征而作布泉矣。有災害物貴，市不可以稅，爲人乏困也。金銅無凶年，因物貴大鑄泉，以饒人。凡市，僞飾之禁在人者十有二，在商者十有二，在賈者十有二，在工者十有二。鄭玄曰：《王制》云：用器不中度，兵車不中度，布帛精粗不中數，幅度廣狹不中量，姦色亂正色，五穀不時，果實未熟，木不中伐，禽獸魚鼈不中殺，皆不鬻於市。亦其類也。於四十八，則未聞數十二焉。凡天患，禁貴儥者，使有恒賈。恒，常也，謂若貯米穀棺木而睹久雨而有疫病者，貴賣之。因災害阨人，使之重困，故令有常賈也。四時之珍異亦如之。薦宗廟之物也。

秦漢分部

綜　述

（唐）杜佑《通典》卷一一《食貨·平準》　漢武帝征伐四夷，國用空竭，興利之官自此始也。桑弘羊爲大農中丞，管諸會計事，稍稍置均輸以通貨物矣。謂諸當所輸於官者，皆令輸其土地所饒，平其所在時價，官吏於他處賣之。輸者既便，而官有利。《漢書·百官表》，大司農屬有平準令。元封元年，弘羊爲治粟都尉，領大農，盡管天下鹽鐵。以諸官各自市，相與争物，以故騰躍，而天下賦輸或不償其僦費，乃請置大農部丞數十人，分部主郡國，各往往置均輸鹽鐵官，令遠方各以其物如異時商賈所轉販者爲賦，而相灌輸。置平準於京師，都受天下委輸。召工官理車諸器，皆仰給大農。大農諸官盡籠天下之貨物，貴則賣之，賤則買之。如此，富商大賈無所牟大利，牟，取也。則反本，而萬物不得騰踊。故抑天下之物，名曰平準。天子以爲然而許之。時南越初置郡，數反，發南方吏卒往誅之，閒歲萬餘人。帝數行幸，所過賞賜，用帛百餘萬疋，錢金以鉅萬計，皆取足大農。諸均輸一歲之中，帛得五百萬疋，人不益賦而天下用饒。

孝昭即位，霍光輔政，令郡國舉賢良文學之士，使丞相御史相與語，問以人所疾苦。

文學曰：理人之道，防淫佚之原，廣教道之端，抑末利而開仁義，無示以利，然後教化可興而風俗可移也。今郡國有均輸，與人争利，散敦厚之樸，成貪鄙之行，是以百姓就本寡而趨末衆。夫末脩則人侈，本脩則人懿，懿則財用足，侈則饑寒生。願罷均輸以進本退末。

大夫曰：匈奴背叛，數爲寇暴，備之則勞中國，不備則侵盗不止。先帝哀邊人之愁苦，爲虜所俘，乃脩鄣塞，飾烽燧屯戍以備之。邊用不足，故置均輸，蓄貨長財，以助邊費。今議者欲罷之，是內空府庫之藏，外乏執備之用，罷之不便。夫國有沃野之饒，而人不足於食者，器械不備也。有山海之貨，而人不足於財者，商工不備也。隴西之丹砂毛羽，荊揚之皮革骨象，江南之柟梓竹箭，燕齊之魚鹽氊裘，兗、荊河之漆絲絺紵，養生奉終之具也。待商而通，待工而成。故聖人作爲舟檝之用，以通川谷；服牛駕馬，以達陵陸；致遠窮深，所以交庶物而便百姓也。

文學曰：有國有家者，不患貧而患不安，故天子不言多少，諸侯不言利害，大夫不言得失。蓄仁義以風之，勵德行以化之，是以近者親附，遠者説德。王者行仁政，無敵於天下，惡用費哉！夫導人以德則人歸厚，示人以利則人俗薄，俗薄則背義而趨利，趨利則百姓交於道而接於市。夫排困市井，防塞利門，而民猶爲非，況上爲之利乎！傳曰：諸侯好利則大夫鄙，大夫鄙則士貪，士貪則庶人盗。是開利孔，爲人罪梯也。夫古之賦税於人也，因其所工，不求其拙。農人納其穫，工女效其織。今釋其所有，責其所無，百姓賤賣貨物以便上求。閒者郡國或令作布絮，吏恣留難，與之爲市。吏之所入，非獨齊陶之縑、蜀漢之布也，亦人閒之所爲耳。行姦賣平，農人重苦，女工再税，未見輸之均也。縣官猥發，闔門擅市，則萬物並收；並收則物騰踊，騰踊則商賈牟利。自市則吏容姦，豪吏富商，積貨儲物，以待其急。輕賈姦吏，收賤以取貴，未見準之平也。蓋古之均輸，所以齊勞逸而便貢輸，非以爲利而賈物也。

大夫曰：往者郡國諸侯，各以其物貢輸，往來煩難，物多苦惡，不償其費。故郡置輸官，以相給運，而便遠方之貢，故曰均輸。開委府於京師，以籠貨物，賤則買，貴則賣，是以縣官不失實，商賈無所牟利，故命曰平準。準平則民不失職，均輸則人不勞，故平準均輸所以平萬物而便百姓也。古之立國家者，開本末之塗，通有無之用。故《易》曰通其變，使人不倦。故工不出則農用乏，商不出則寶貨絶。農用乏則穀不殖，寶貨絶則財用匱。故均輸所以通委財而周緩急，是以先帝開均輸以足人財。王者塞天財，禁關市，執準守時，以輕重御人。豐年則貯積以備乏絶，凶年歲儉則行幣物，流有餘而拯不足也。往者財用不足，戰士或不得禄。今山東被災，賴均輸之蓄，倉廩之積，戰士以奉，饑人以振，故均輸之蓄，非所以賈萬人而專奉兵師之用，亦所以振困乏而備水旱也。古之聖賢理家非一室，富國非一道。理家養生必於農，則舜不甄陶，而伊尹不爲庖。故善爲國者，以末易本，以虚易實。今山澤之材，均輸之藏，所以御輕重而役諸侯也。

司馬遷曰：

夫山西饒材、竹、穀、纑、旄、玉石，穀纑，紵屬，可以爲布。旄，氂之屬。纑音盧。山東多魚、鹽、漆、絲、聲色，江南多枏、梓、薑、桂、金、錫、連、音蓮，鉛之未鍊者。丹砂、犀、象、瑇瑁、珠璣、齒、革，龍門、碣石北多馬、牛、羊、旃裘、筋、角，銅鐵則千里往往山出棊置，此其大較也。皆中國人之所喜好，謠俗被服飲食奉生送死之具也。故待農而食之，虞而出之，工而成之，商而通之。此寧有政教發徵期會哉？人各任其能，竭其力，以得所欲。故物賤之徵貴，貴之徵賤，各勸其業，樂其事，若水之趨下，日夜無休時，不召而自來，不求而人出之。豈非道之所符，符，謂合於道也。而自然之驗邪？

《周書》曰：農不出則乏其食，工不出則乏其事，商不出則三寶絶，虞不出則財匱少而山澤不辟矣。此四者，人所衣食之原也。原大則饒，原小則鮮。上則富國，下則富家。貧富之道，莫之奪予，巧者有餘，拙者不足也。

越王句踐用范蠡、計然。計然，蠡師文子。計然曰：知鬬則修備，時用則知物，二者形則萬貨之情可得而觀已。故歲在金，穰；水，毁；木，饑；火，旱。旱則資舟，水則資車，物之理也。六歲穰，六歲旱，十二歲一大饑。夫糶，二十病農，九十病末。末病則財不出，農病則草不闢矣。上不過八十，下不減三十，則農末俱利。平糶齊物，關市不乏，理國之道也。論其有餘不足，則知貴賤。貴上極則反賤，賤下極則反貴。貴出如糞土，賤取如珠玉。財幣欲其行如流水。

魏文侯時，李悝務盡地力，而白圭樂觀時變，故人棄我取，人取我予。夫歲熟取穀，與之絲、漆；繭出取帛絮，與之食，率歲倍。欲長錢，取下穀；長石斗，取上種。能薄飲食，忍嗜欲，節衣服，與用事僮僕同苦樂，趨時若猛獸鷙鳥之發。故曰：吾理生産，猶伊尹、吕尚之謀國，孫吴之用兵，商鞅之行法也。

自汧、雍以東至河華，膏壤沃野千里，自虞夏之貢，以爲上田。而公劉適邠，太王、王季在岐，文王作酆，武王理鎬，故其人猶有先王之遺風，好稼穡，殖五穀。及秦文、繆居雍，隙音郤，地居隴蜀之關要，故曰隙。隙爲要路之閒。隴蜀之貨物而多賈。獻公徙櫟邑，左馮翊。北鄰戎翟，東通三晉。孝、昭理咸陽，因以漢都，長安諸陵，四方輻湊並至而會，地小人衆，故其人益玩巧而事末。南則巴蜀。巴蜀亦沃野，地饒巵、薑、丹砂、石、銅、鐵、邛都出銅，臨邛出鐵。竹木之器。南御滇僰，蒲北反。僰僮；西近邛筰，在各反。筰馬、旄牛。然四塞，棧道千里，無所不通，唯褒斜綰轂其口，在漢中。以所多易所鮮。天水、隴西、北地、上郡與關中同俗，然西有羌中之利，北有戎狄之畜，畜牧爲天下饒。然地亦窮險，唯京師要其道。故關中地於天下三分之一，而人衆不過什三；然量其富，什居其六。

昔唐人都河東，堯都晉陽也。殷人都河内，周人都河南。夫三河在天下之中，若鼎足，王者所更居也，建國各數百千歲。土地小狹人衆，都國諸侯所聚會，故其俗纖儉習事。楊、平陽楊及平陽，在趙之西。陳西賈秦翟，北賈種、代，石北也，石邑縣，在常山。地邊胡，數被寇。人矜懻忮，懻音冀，忮音之致反。今以土名強直爲懻中。好氣，任俠爲姦，不事農商。然迫近北夷，師旅亟往，中國委輸，時有奇羡。其人羯羠不均，羯，九竭反，羠音兕，皆健羊名。自全晉之時，固已患其僄匹妙反悍，而武靈王益厲之，其謠俗猶有趙之風也。

諺曰：百里不販樵，千里不販糴。居之一歲，種之以穀；十歲，樹之以木；百歲，來之以德。德者，人物之謂也。今有無秩禄之奉、爵邑之入，而樂與之比者，命曰素封。封者食租税，歲率户二百，千户之君則二十萬，朝覲聘享出其中。庶民農工商賈率亦歲萬息二千，百萬之家即二十萬，而更繇租賦出其中。衣食之欲，恣所好美矣。故曰陸地牧馬二百蹄，五十匹。牛千蹄角，百六十七頭，馬貴而牛賤，以此爲率。千足羊，二百五十頭。澤中千足彘，水居千石魚陂，魚以斤兩爲計。山居千章之萩，萩木所以爲轅也，音秋。安邑千樹棗，燕、秦千樹栗，蜀、漢、江陵千樹橘，淮北滎南河濟之閒千樹萩，陳、夏千畝漆，齊、魯千畝桑麻，渭川千畝竹，及名國萬家之城，帶郭千畝，畝鍾之田，六斛四斗。若千畝巵茜，音倩，其花染繒赤黄色。千畦薑韭：千畦，二十五畝。畦，猶隴也。此其人皆與千户侯等。然是富給之資也，不窺市井，不行異邑，坐而待收，身有處士之義而取給焉。若至家貧親老，妻子耎弱，歲時無以祭祀進醵，渠略反。徐廣曰：會聚飲食。

飲食被服不足以自通，如此不慚恥，則無所比矣。是以無財作力，少有鬭智，既饒争時，此其大經也。今理生不待危身取給，則賢人勉焉。是故本富爲上，末富次之，姦富最下。無巖處奇士之行，而長貧賤，好語仁義，亦足羞也。

凡編户之人，富相什則卑下之，伯則畏憚之，千則役，萬則僕，物之理也。夫用貧求富，農不如工，工不如商，刺繡文不如倚市門，此言末業，貧者之資也。通邑大都，酤一歲千釀，醯醬千瓨，長頸甖也。漿千甔，甖缶也，都甘反。屠牛羊彘千皮，穀糶千鍾，薪稾千車，船長千丈，木千章，《漢書音義》曰：洪洞方稾。章，材也。舊將用大匠掌材者曰章曹掾也。竹竿萬箇，其軺車百乘，馬車也。牛車千兩，木器髹徐廣曰：音休，漆也。者千枚，銅器千鈞，三十斤爲一鈞。素木、鐵器若巵茜千石，石，百二十斤。素木，素器。馬蹄躈千，躈音口吊反。牛千足，羊彘千雙，僮手指千，僮，奴婢。古者無空手，皆有作務，作務須手指；故曰手指，以别馬牛蹄角也。筋角丹砂千斤，其帛絮細布千鈞，文采千疋，荅布皮革千石，荅，音土合反，荅布，白疊也。漆千斗，蘗麴鹽豉千荅，或作台，器名有瓵。孫叔敖云：瓵，瓦器，受斗六升。合爲瓵乎？鮐鮆千斤，鮐音台，鮆音自泚反。鯫千石，鮑千鈞，鯫音在垢反。棗栗千石者三之，狐貂裘千皮，羔羊裘千石，旃席千具，他果菜千種，子貸金錢千貫，節駔會，駔音祖朗反。駔，儈也。會亦儈也。節，節物貴賤也。謂除估儈，利比於千乘之家也。貪賈三之，廉賈五之。貪賈，未當賣而賣，未可買而買，故得利少，而十得三。廉賈，貴乃賣，賤乃買，故十得五。此亦比千乘之家，其大率也。

吴楚七國兵起時，長安中列侯封君行從軍旅，齎貸子錢，子錢家以爲侯邑國在關東，關東成敗未決，莫肯與。唯無鹽氏出捐千金貸，其息什之。三月，吴楚平。一歲之中，則無鹽氏息什倍，用此富埒關中。關中富商大賈，大底盡諸田，田嗇、田蘭。韋家栗氏，安陵、杜杜氏，安陵及杜二縣，各有杜也。亦巨萬。此其章章尤異者也，皆非有爵邑俸禄弄法犯姦而富也，盡推理去就，與時俯仰，獲其贏利，以末致財，用本守之，以武一切，用文持之，變化有概，故足術也。若至力農畜，工虞商賈，爲權利以成富，不可勝數。

夫纖嗇筋力，理生之正道也，而富者必用奇勝。田農，拙業也，而秦楊以蓋一州；掘冢，姦事也，而曲叔以起；博戲，惡業也，而桓發用之富；行賈，丈夫賤行也，而雍樂成以饒；販脂，辱處也，而雍伯千金；雍一作翁。賣醬，小業也，而張氏千萬；洒削，薄伎也，理刀劍名。而郅氏鼎食；胃脯，簡微也，而濁氏連騎；馬醫，淺方也，而張里擊鍾。此皆誠壹之所致也。

由是觀之，富無經業，則貨無常主，能者輻湊，不肖者瓦解。千金之家比一都之君，巨萬乃與王者同樂，豈所謂素封者耶？非也？

王莽篡位，國師公劉歆言，周有泉府之官，收不售，與欲得，言賣不售者，官爲收取之。無而欲得者，官出與之。《易》所謂理財正辭，禁人爲非者也。莽乃下詔曰：夫《周禮》有賒貸，《周禮》泉府之職曰：凡賒者，祭祀無過旬日，喪紀無過三月。凡民之貸者，與其有司辨而授之，以國服爲之息。謂人以祭祀、喪紀故從官賒買物，不過旬日及三月而償之。其從官貸物者，共其所屬吏定價而後與之，各以其國服事之税而輸息也，謂若受園廛之田而貸萬錢者，一周之月，出息五百也。貸音土得反。《樂語》有五均，《樂語》，《樂元語》。河間獻王所傳，道五均事。按其文：天子取諸侯之土以立五均，則市無二價，四時常均，強者不得困弱，富者不得要貧，則公家有餘息，恩及小人也。傳記各有斡焉。斡音管也。今開賒貸，張五均，設諸斡者，所以齊衆庶、抑并兼也。遂於長安及五都立五均官，更名長安東西市令及雒陽、邯鄲、臨淄、宛、成都邯鄲，故趙郡，今廣平郡縣。臨淄，故齊郡，今北海郡縣。宛，今南陽縣。兼雒陽、成都，所謂五都也。市長皆爲五均司市。東市稱京，西市稱畿，雒陽稱中，餘四都各用東西南北爲稱，皆置交易丞五人，錢府丞一人。工商能采金銀銅連錫、登龜取貝者，登，進也。龜有靈，故言登也。皆自占司市錢府，順時氣而取之。各以其所采取之物，自隱實於司市錢府也。占音之瞻反。

諸司市常以四仲月，實定所掌，爲物上中下之價，各自用爲其市平，無拘他所。衆人買賣五穀布帛絲綿之物，周於人用而不售者，均官有以考檢厥實，用其本價取之，無令折錢。萬物卬貴，過平一錢，卬，物價起也，音五岡反。則以平價賣與人。其價低賤減平者，聽人自相與市，以防貴庾者。庾，積也。以防人積物待貴也。人欲祭祀喪紀而無用者，錢府以所入工商之貢但賒之。但，空也。空賒與之，不取息利。祭祀無過旬，喪紀無過三月。人或乏絶，欲貸以理産業者，均授之，除其費，計所得受息，無過歲什一。均謂各依先後之次也，除其費，謂衣食之費已用者。

羲和置命士，督五均六斡，郡有數人，皆用富賈。雒陽薛子仲、張長叔，臨淄姓偉等，姓姓，名偉也。乘傳求利，交錯天下。因與郡縣通姦，多張空簿，簿，計簿也。府藏不實，百姓愈病。莽知人苦之，復下詔曰：夫鹽，食肴之將；爲食肴之將帥。酒，百藥之長，嘉會之好；鐵，田農之本；名山大澤，饒衍之藏；五均賒貸，百姓所取，平仰以給贍；仰，音牛向反。錢布銅冶，通行有無，備人用也。此六者，非編户齊人所能家作，必仰於市，雖貴數倍，不得不買。豪人富賈，即要貧弱。先聖知其然也，故斡之。每一斡爲設科條防禁，犯者罪至死。姦吏猾人並侵衆庶，各不安生。

後漢皇帝時，尚書張林上言：宜自交趾、益州上計吏來市珍寶，收采其利，武帝時所謂均輸也。謂租賦并僱運之直，官總取而官轉輸於京，故曰均輸。詔議之。尚書僕射朱暉奏曰：按《王制》：天子不言有無，諸侯不言多少，食禄之家不與百姓争利。今均輸之法，與賈販無異，鹽利歸官，則下人窮怨；布帛爲租，則吏多姦盜。誠非明主所當宜行。帝不從。其後用度益奢。

（元）馬端臨《文獻通考》卷二〇《市糴考・均輸市易和買》

漢武帝元封元年，置均輸官。

桑弘羊以諸官各自市相争，物以故騰躍，而天下賦輸或不償其僦費，乃請置大農部丞數十人，分部主郡國，各往往置均輸鹽鐵官，令遠方各以其物如異時商賈所轉販者爲賦，而相灌輸。置平準於京師，都受天下委輸。召工官治車諸器，皆仰給大農。大農諸官盡籠天下之貨物，貴則賣之，賤則買之。如此，富商大賈亡所牟大利，則反本，而萬物不得騰躍。故抑天下之物，名曰平準。天子以爲然，而許之，一歲之中，諸均輸帛五百萬匹，民不益賦而天下用饒。是時，歲小旱，上令百官求雨。卜式言曰：縣官當食租衣税而已，今弘羊令吏坐市列，販物求利，亨弘羊，天乃雨。【略】

先公曰：今按桑大夫均輸之法，大概驅農民以效商賈之爲也。然農民耕鑿，則不過能輸其所有，必商賈懋遷，乃能致其所無。今驅農民以效商賈，則必釋其所有，責其所無，如賢良文學之説矣。太史公《平準書》云令遠方各以其物貴時商賈所轉販者爲賦，而相灌輸，此説疑未明。班孟堅採其語曰令遠方各以其物如異時商賈所轉販者，而相灌輸，此説涣然矣。蓋作如異時三字，是謂驅農民以效商賈之爲也。東萊吕氏尊遷抑固，是以取《書》而不用《志》語。然義理所在，當惟其明白者取之，是以《通鑑》取《志》語云。

水心葉氏曰：《平準書》直叙漢事，明載聚斂之罪，比諸書最簡直。然觀遷意，終以爲安寧變故，質文不同，山海輕重，有國之利。按《書》懋遷有無化居，周譏而不征，《春秋》通商惠工，皆以國家之力，扶持商賈，流通貨幣，故子産拒韓宣子，一環不與，今其詞尚存也。漢高祖始行困辱商人之策，至武帝乃有算船、告緡之令，鹽鐵、榷酤之入，極於平準，取天下百貨居之。夫四民交致其用而後治化興，抑末厚本，非正論也。使其果出於厚本而抑末，雖偏，尚有義，若後世但奪之以自利，則何名爲抑？恐此意遷亦未知也。

王莽篡位，於長安及五都立五均官。

莽有所興造，必欲依古經文。劉歆言，周有泉府之官，收不售與欲得，即《易》所謂理財正辭，禁民爲非者也。莽乃下詔曰：夫《周禮》有賒貸，《樂語》有五均，《樂語》，《樂元語》。河間獻王所傳，道五均事。言天子取諸侯之土以立五均，則市無二賈，四民常均。傳記各有斡焉。今開賒貸，張五均，設諸斡者，所以齊衆庶，抑并兼也。遂於長安及五都立五均官，更名長安東西市令，及洛陽、邯鄲、臨淄、宛、成都市長皆爲五均司市師。東市稱京，西市稱畿，洛陽稱中，餘四都各用東西南北爲稱，皆置交易丞五人，錢府丞一人。工商能採金銀銅連錫、登龜取貝者，皆自占司市錢府，順時氣而取之。諸取衆物鳥獸魚鱉百蟲於山林水澤及畜牧者，嬪婦蠶桑織紝紡績補縫，工匠醫巫卜祝及他方技商販賈人坐肆列里區謁舍，居處所在爲區。謁舍，今客舍。皆各自占所爲於其所在之縣官，除其本，計其利，十一分之，而以其一爲貢。敢不自占，占不以實，盡没入所采取，而作縣官一歲。諸司市嘗以四時中月實定所掌，爲物上中下之賈，各自用爲其市平，毋拘他所。衆民賣買五穀布帛絲綿之物，周於民用而不售者，均官有以考檢厥實，用其本賈取之，無令折錢。萬物昂貴，過平一錢，則以平賈賣與民。其賈低賤減平者，聽民自相與市，以防貴庾者。庾，積也。積物待貴。民欲祭祀喪紀而無用者，錢府以所入工商之貢但賒之，祭祀毋過旬日，喪紀毋過三月。民或乏絶，欲貸以治産業者，均授之，除其費，計所得受息，毋過歲什一。

按：古人立五均以均市價，立泉府以收滯貨而時其買賣，皆所以便民也。所謂國服爲息者，乃以官物賒貸與民，則取其息耳。今莽借五均、泉府之説，令民採山澤者、畜牧者、紡織者，以至醫巫技藝，各自占所爲，而計其息，十一分之一，以其一爲貢，則是直攫取之耳，周公何嘗有此法乎？噫！古人之立法，惡商賈之趨末而欲抑之；後人之立法，妒商賈之獲利而欲分之。

紀事

《史記》卷三〇《平準書》 商賈以幣之變，多積貨逐利。於是公卿言：郡國頗被菑害，貧民無産業者，募徙廣饒之地。陛下損膳省用，出禁錢以振元元，寬貸賦，而民不齊出於南畝，商賈滋衆。貧者畜積無有，皆仰縣官。異時算軺車賈人緡錢皆有差，請算如故。諸賈人末作貰貸賣買，居邑稽諸物，及商以取利者，雖無市籍，各以其物自占，率緡錢二千而一算。諸作有租及鑄，率緡錢四千一算。非吏比者三老、北邊騎士，軺車以一算；商賈人軺車二算；船五丈以上一算。匿不自占，占不悉，戍邊一歲，没入緡錢。有能告者，以其半畀之。賈人有市籍者，及其家屬，皆無得籍名田，以便農。敢犯令，没入田僮。

《漢書》卷二三《漢興以來將相名臣年表》 立大市。更命咸陽曰長安。

魏晋南北朝分部

綜述

（唐）杜佑《通典》卷二六《職官・諸卿・太府卿》　至梁天監七年，置太府卿，位視宗正，掌金帛府帑及關津市肆。陳因之。後魏太和中，改少府爲太府卿。兼有少卿，掌財物庫藏。北齊曰太府寺，亦有卿、少卿各一人，又兼掌造器物。後周有太府中大夫，掌貢賦貨賄，以供國用，屬大冢宰。【略】

諸市署：《周官》有司市下大夫，掌市之理。漢京兆尹屬官有長安市長、丞，後漢則河南尹屬官雒陽市長、丞。魏晋因之，東晋則丹陽尹管之。宋、齊因之。梁始隸太府，陳因之。後魏有京邑市令。北齊則司州牧領東西市令、丞。後周司市下大夫。

《隋書》卷二四《食貨志》　晋自過江，凡貨賣奴婢馬牛田宅，有文券，率錢一萬，輸估四百入官，賣者三百，買者一百。無文券者，隨物所堪，亦百分收四，名爲散估。歷宋齊梁陳，如此以爲常。以此人競商販，不爲田業，故使均輸，欲爲懲勵。雖以此爲辭，其實利在侵削。又都西有石頭津，東有方山津，各置津主一人，賊曹一人，直水五人，以檢察禁物及亡叛者。其荻炭魚薪之類過津者，並十分税一以入官。其東路無禁貨，故方山津檢察甚簡。淮水北有大市百餘，小市十餘所。大市備置官司，税斂既重，時甚苦之。

《晋書》卷二六《食貨志》　及晋受命，武帝欲平一江表。時穀賤而布帛貴，帝欲立平糴法，用布帛市穀，以爲糧儲。議者謂軍資尚少，不宜以貴易賤。泰始二年，帝乃下詔曰：夫百姓年豐則用奢，凶荒則窮匱，是相報之理也。故古人權量國用，取贏散滯，有輕重平糴之法。理財鈞施，惠而不費，政之善者也。然此事廢久，天下希習其宜。加以官蓄未廣，言者異同，財貨未能達通其制。更令國寶散於穰歲而上不收，貧弱困於荒年而國無備。豪人富商，挾輕資，蘊重積，以管其利。故農夫苦其業，而末作不可禁也。今者省傜務本，并力墾殖，欲令農功益登，耕者益勸，而猶或騰踊，至於農人並傷。今宜通糴，以充儉乏。主者平議，具爲條制。然事竟未行。【略】

及黄初二年，魏文帝罷五銖錢，使百姓以穀帛爲市。

《魏書》卷一一〇《食貨志》　官欲貴錢，乃出藏絹，分遣使人於二市賣之，絹匹止錢二百，而私市者猶三百。【略】

其京邑二市、天下州鎮郡縣之市，各置二稱，懸於市門，私民所用之稱，皆準市稱以定輕重。

（宋）李昉等《太平御覽》卷六九七《服章部・履》　《晋令》曰：士卒百工履色無過緑青白，婢履色無過紅青，市儈賣者皆當着巾帖額，題所儈賣者及姓名，一足着黑履，一足着白履。

（宋）李昉等《太平御覽》卷八二七《資産部・市》　陸機《洛陽記》曰：三市，大市名金市，在大城中，馬市在城東，陽市在城南。【略】

山謙之《丹陽記》曰：京師四市：建康大市，孫權所立；建康東市，周時立；建康北市，永安中立。秣陵鬭場市，隆安中發樂營人交易，因成市也。

（宋）李昉等《太平御覽》卷八二八《資産部・肆》　《晋令》曰：坐廬使者，皆不得宿肆上。

紀事

《三國志》卷二《魏志・文帝紀》　《魏書》載庚戌令曰：關津所以通商旅，池苑所以禦災荒，設禁重税，非所以便民；其除池籞之禁，輕關津之税，皆復什一。辛亥，賜諸侯王將相已下將粟萬斛，帛千匹，金銀各有差等。遣使者循行郡國，有違理掊克暴虐者，舉其罪。

（後魏）楊衒之《洛陽伽藍記》卷二《城東》　龍華寺，宿衛羽林虎賁等所立也，在建春門外陽渠南。寺南有租場，陽渠北有建陽里，里有土臺，高三丈，上作二精舍，趙逸云此臺是中朝旗亭也。上有二層樓，懸鼓擊之以罷市。

（後魏）楊衒之《洛陽伽藍記》卷四《城西》〔法雲寺〕有劉寶者，最爲富室，州郡都會之處，皆立一宅，各養馬一疋，至於鹽粟貴賤，市價高下，所在一例。舟車所通，足跡所履，莫不商販焉。是以海内之貨，咸萃其庭，產匹銅山，家藏金穴，宅宇踰制，樓觀出雲，車馬服飾，擬於王者。【略】

凡此十里，多諸工商貨殖之民。千金比屋，層樓對出，重門啓扇，閣道交通，迭相臨望。金銀錦繡，奴婢緹衣，五味八珍，僕隸畢口。

《晉書》卷五六《江統傳》〔統上書諫曰〕其四曰，以天下而供一人，以百里而供諸侯，故王侯食籍而衣税，公卿大夫受爵而資禄，莫有不贍者也。是以士農工商四業不雜。交易而退，以通有無者，庶人之業也。《周禮》三市，旦則百族，晝則商賈，夕則販夫販婦。買賤賣貴，販鬻菜果，收十百之盈，以救旦夕之命，故爲庶人之貧賤者也。樊遲匹夫，請學爲圃，仲尼不答；魯大夫臧文仲使妾織蒲，又譏其不仁；公儀子相魯，則拔其園葵，言食禄者不與貧賤之人争利也。秦漢以來，風俗轉薄，公侯之尊，莫不殖園圃之田，而收市井之利，漸冉相放，莫以爲耻，乘以古道，誠可愧也。今西園賣葵菜、藍子、鷄、麪之屬，虧敗國體，貶損令問。

《晉書》卷一一三《苻堅載記》時商人趙掇、丁妃、鄒瓫等皆家累千金，車服之盛，擬則王侯，堅之諸公競引之爲國二卿。黄門侍郎程憲言於堅曰：趙掇等皆商販醜豎，市郭小人，車馬衣服僭同王者，官齊君子，爲藩國列卿，傷風敗俗，有塵聖化，宜肅明典法，使清濁顯分。堅於是推檢引掇等爲國卿者，降其爵。乃下制：非命士已上，不得乘車馬於都城百里之內。金銀錦繡，工商、皁隸、婦女不得服之，犯者棄市。【略】

自永嘉之亂，庠序無聞，及堅之僭，頗留心儒學，王猛整齊風俗，政理稱舉，學校漸興。關隴清晏，百姓豐樂，自長安至于諸州，皆夾路樹槐柳，二十里一亭，四十里一驛，旅行者取給於途，工商貿販於道。百姓歌之曰：長安大街，夾樹楊槐。下走朱輪，上有鸞栖。英彦雲集，誨我萌黎。

《宋書》卷三《武帝紀》臺府所須，皆別遣主帥與民和市，即時裨直，不復責租民求辨。

《南齊書》卷三《武帝紀》〔武帝永明五年詔〕京師及四方出錢億萬，糴米穀絲綿之屬，其和價以優黔首。遠邦嘗市雜物，非土俗所產者，皆悉停之。必是歲賦攸宜，都邑所乏，可見直和市，勿使逋刻。

《北史》卷一五《魏諸宗室傳》〔贊弟淑〕孝文時，爲河東太守。河東俗多商賈，罕事農桑，人至有年三十不識耒耜。

（宋）李昉等《太平御覽》卷八六七《飲食部・茗》傅咸《司隸教》曰：聞南方有蜀嫗作茶粥賣，廉事毆其器具，使無爲賣餅於市，而禁茶粥以困蜀姥，何哉。

《淵鑑類函》卷三五七《產業部・市》原教晉王彪之《整市教》曰：古人同市朝者，豈不以衆之所歸宜必去行物。近檢校山陰市，多不如法，或店肆錯亂，或商估没漏，假冒豪強之名，擁護貿易之利，凌踐貧弱之人，專固要害之處，屬城承寬亦皆如之。

隋唐五代分部

論説

（唐）白居易《白居易集》卷六三《策林・平百貨之價陳斂散之法，請禁銷錢爲器》　問：今田疇不加闢，而菽粟之估日輕；桑麻不加植，而布帛之價日賤。是以射時利者，賤收而日富，勤力穡者，輕用而日貧。夫然，豈殖貨斂散之節，失其宜耶？將泉布輕重之權，不得其要也？

臣聞：穀帛者，生於農也；器用者，化於工也；財物者，通於商也；錢刀者，操於君也。君操其一，以節其三；三者和鈞，非錢不可也。夫錢刀重則穀帛輕，穀帛輕則農桑困。故散錢以斂之，則下無棄穀遺帛矣。穀帛貴則財物賤，財物賤則工商勞。故散穀以收之，則下無廢財棄物也。斂散得其節，輕重便於時，則百貨之價自平，四人之利咸遂；雖有聖智，未有易此而能理者也。方今關輔之間，仍歲大稔，此誠國家散錢斂穀，防儉備凶之時也。時不可失，伏惟陛下惜之！臣又見：今人之弊者，〔由錢刀重於穀帛也。所以重者〕，由銅利貴於錢刀也。何者？夫官家採銅鑄錢，成一錢，破數錢之費也；私家銷錢爲器，破一錢，成數錢之利也。鑄者有程，銷者無限；雖官家之歲鑄，豈能勝私家之日銷乎？此所以天下之錢日減而日重矣。今國家行挾銅之律，執鑄器之禁，使器無用銅。銅〔既〕無利也，則錢不復銷矣。此實當今權節重輕之要也。

（清）董誥《全唐文》卷二六九《張廷珪・諫停市犬馬表》　臣廷珪言：伏見發使及典傔等，大齎繒錦，將於石國和市犬馬。臣聞書曰：犬馬非其土性弗畜，珍禽奇獸不育於國者。故明王欲極於德，忠臣願畢於議，借護於細行，保於大猷，冀無閒然，能致盡善也。今以陛下之明，何失不見？以陛下之斷，何欲不懲？復禹順於走丸，法堯易於迴掌。誠可卻走馬，訓旅獒，聖心通於兆人，德言應於千里，一感則法星退舍，一解則亢陽出雲。豈宜勞遠人，玩異物，有從禽之漸，無恤下之先？使明詔遐臨，聖意昭布，上非治國之要，下非即戎之功。將恐新麥未獲，舊穀已空，饑饉荐臻，邊荒速寇，昭告則然，上帝赫矣。大君無以解其倒懸，續於請命，邇不自給，遠不能輸，户口流離，公私懷懼，此臣之所以憂。陛下順天之心，從人之願，省無益之用。救必然之急，先社稷，後犬馬，此天下之幸，國家之福，豈獨微臣哉？無任竭忠竭誠之至，謹録奏聞，伏聽敕旨。

（清）董誥《全唐文》卷二六九《張廷珪・論置監牧登萊和市牛羊奴婢疏》　臣廷珪言：竊見國家於河南北和市牛羊，及荊、益等州市奴婢，擬於登、萊州置監牧，此必有人謂頃歲以來，軍裝所資，國用不足，或將見陶朱公、公孫宏、卜式之事，而爲陛下陳其策耳。臣愚以齷齪小算，有損無益，不足爲盛明天子行法於代也。何以明之？彼三人者，實爲匹夫，藉空虛之地，罄勤勞之力，畜牧積歲，增致千金，苟以一家言之，其計得也。今聖朝疆域四海，臣妾萬方，天覆地載，莫非所有，而欲必取於人，從牧於國，何示人之不廣，而近樹私也？況和市遞送，所在騷然，公私煩費，不可勝計。臣聞諸古人曰：百姓足，君孰與不足？百姓不足，君孰與足？蓋君之與人，上下同體，無所閒也。今河南牛疾甚處，十不一存，農傷豈徒百姓而已？又今牧童取其牛在牸者，下俚尤要，一則利其孳產，二則不廢營農，家家保之，豈願輒賣？今雖和市，甚於抑奪百姓之望，是牛再疫而農重傷，此則有損無利一也。頃者諸州雖定估價，既緣併市，則雖平準，如其簡擇，事須賄求，侵刻之端，從此而出。牛羊踴貴，必倍於常，百姓私陪，則破家業。雖官得一牛一羊，而百姓已失兩牛兩羊價矣，此則有損無利二也。登、萊之境，是稱海隅，因之水氣，加以風迴，秋則早寒，春則晚煦，深山大澤，咸生蛟蛇，若置羣牧，必多死損，此則有損無利三也。高原之田，百姓耕植，下濕之地，不堪放牧。若奪百姓高處，兩州皆失丁田，至於牛羊，復相踐暴，久長如此，闔境不安。非直百姓被侵，蓋失國家租賦，則有損無利四也。且又荊、益等州和市奴婢，多是國家户口，姦豪掠來，一入於官，永無雪理。況南北既遠，風土非宜，乍到登萊，必生疾疫，此則有損無利五也。且方今東洎滄海，西洎流沙，亭障多虞，甲冑未息，戎機調發，歲時相繼。由是丁兵逃散，户口流亡，略舉大凡，十有數四。陛下天憐黔首，光啓元猷，將命使臣，分道巡撫，簡而静鎮，難必乂安，矧乃征伐外繁，徵求內廣，欲使萬方兆庶，安堵復業，亦猶翦鳥之翼，而望其騰騫；脱魚之鱗，而願其游泳。臣又聞之，君所恃者人，人所生者食，食所資者耕，耕所恃者牛。廢耕則去食，去食則無人，人無以生，君將何恃？然則牛者君國字人之本，豈可無故一旦取之哉？臣又度羊之爲須，非軍國切要，假令畜牧能遂繁滋，三數歲閒，億萬可致，陛下豈可鬻之於外蕃，射其利爲用乎？又可鬻之於中土，割其命爲資乎？牛之爲損則如彼，羊之無益則如此，臣雖愚戇，知其必不可也。伏願陛下特加審慎，詳圖損益，諸有所和市及新置監牧等，儻迴聖慮，即日停絶，天下蒼生，豈勝幸甚！昧死上奏以聞。

（清）董誥《全唐文》卷六五一《元稹・錢貨議狀》 奉進止：當今百姓之困，衆情所知。減税則國用不充，欲依舊則人困轉甚，皆由貨輕錢重，徵税暗加。宜令百寮各陳意見，以革其弊。

右，閏正月十七日，宰相奉宣進止如前者。臣以爲當今百姓之困，其弊數十，不獨在於錢貨徵税之謂也。既聖問言之，又以爲黎庶之重困，不在於賦税之闇加，患在於剥奪之不已；錢貨之輕重，不在於議論之不當，患在於法令之不行。

今天下賦税一法也，厚薄一概也，然而廉能莅之則生息，貪愚莅之則敗傷，蓋得人則理之明驗也，豈徵税暗加之謂乎？自嶺已南，以金銀爲貨幣；自巴已外，以鹽帛爲交易；黔巫溪峽，大抵用水銀、硃砂、繒帛、巾帽以相市。然而前人以之理，後人以之擾，東郡以之耗，西郡以之贏。又得人則理之明驗也，豈錢重貨輕之謂乎？自國家置兩税以來，天下之財限爲三品：一曰上供，二曰留使，三曰留州，皆量出以爲入，定額以給資。然而節將有進獻以市國恩者，有賂遺以買私名者，有藏鏹滞帛以貽子孫者，有高樓廣榭以熾第宅者，彼之俸入有常也，公私有分也，此何從而得之？又國家置度支、轉運以來，一則管鹽以易貨，一則受財以輕費。近制有年進、月進之名，有正、至、三節之獻，彼之管鹽有常也，受財有數也，此又何從而得之？且百姓國家之百姓也，貨財國家之貨財也，不足則取之，有餘則捨之，在我而已；又何必授之重柄，假之利權，徇彼之徼恩，成我之怨府哉？今陛下初臨億兆，首問羣寮。誠能禁藩鎮大臣不時之獻，罷度支、轉運別進之名，絶賂遺之私，節侈靡之俗，峻風憲之舉，深贓罪之刑，精覈考課之條，慎選字人之長，若此則不減税而人安，不改法而人理矣。

至於古今言錢幣之輕重者熟矣，或更大錢，或放私鑄，或龜或貝，或皮或刀，或禁埋藏，或禁銷燬，或禁器用，或禁滞積，皆可以救一時之弊也。然而或損或益者，蓋法有行不行之謂也。臣不敢遠徵古證，竊見元和以來，初有公私器用禁銅之令，次有交易錢帛兼行之法，近有積錢不得過數之限，每更守尹，則必有用錢不得加除之牓，然而銅器備列於公私，錢帛不兼於賣鬻，積錢不出於牆垣，欺濫遍行於市井，亦未聞鞭一夫，黜一吏，賞一告訐，壞一蓄藏。豈法不便於時耶？蓋行之不至也。陛下誠能採古今救弊之方，施賞罰必行之令，則聖祖仁宗之法制何限，前賢後智之議論何窮，豈待愚臣盜竊古人之見，自稱革弊之術哉。謹録奏聞，伏聽敕旨。

（清）董誥《全唐文》卷七〇九《李德裕・食貨論》 人君不以聚貨制用之臣處將相弼諧之任，則奸邪無所容矣。左右貴倖，知所愛之人非宰相之器，以此職爲發身之捷徑，取位之要津，皆由此汲引，以塞訕謗。領此職者，竊天子之財以爲之賂，聚貨者所以得升矣。貴操其奇贏，乘上之急，售于有司，以取倍利，制用者所以得進矣。三司皆有官屬，分部以主郡國，貴倖得其賓賂，多託賈人汙吏處之，頗類牧羊而蓄豺，養魚而縱獺，欲其不侵不暴，焉可得也？故盜用貨泉，多張空簿，國用日蹙，生人日困。揚雄上書，言漢武運帑藏之財，填廬山之壑，今貨入權門，甚於是矣。孟獻子有言：與其有聚斂之臣，寧有盜臣。子輿以利國爲非，揚雄以榷酤興嘆。稱其職者，必皆挾工商之術，有良賈之才，壽昌習分銖之事，宏羊析秋毫之數，小人以爲能，君子所以不忍爲也。卜式言：天久不雨，獨烹宏羊天乃雨。焉有仲尼之鳴鼓將攻，卜式之欲烹致雨，而反居相位？可爲之甚痛哉！

（清）董誥《全唐文》卷七一〇《李德裕・貨殖論》 欲知將相之賢不肖，視其貨殖之厚薄。彼貨殖厚者，可以回天機，斡河嶽，使左右貴倖，役當世奸人，若孝子之養父母矣。陰陽不能爲其寇，寒暑不能成其疾，鬼神不能促其數，雷霆不能震其邪，是以危而不困，老而不死，縱人生之大欲，處將相之極位，兄弟光華，子孫安樂。昔公孫朝穆好酒及色，而不慕榮禄，鄧析猶謂之真人，況兼有榮樂乎？後世雖有貶之者，如用斧鉞於糞土，施桎梏於朽株，無害於身矣。則《大易》之害盈福謙，老氏之多藏厚亡，不足信矣。昔秦時得金策，謂之天醉，豈天之常醉哉？故晋世惟貴於錢神，漢台不慙於銅臭，謂子文無兼日之積，顔氏樂一瓢之飲，晏平仲祀不掩豆，公儀休相以拔葵，皆爲薄命之人矣。如向者四賢，天與之生則生，天與之壽則壽，窮達夭壽，皆在彼蒼，而望貴倖之知，奸人之譽，終身不可得矣。余有《力命賦》以致其意，庶後之知我者，興歎而已。

（清）董誥《全唐文》卷七一五《韋處厚·駁張平叔糶鹽法議》 張平叔條制不周，經慮未盡，以爲利者反害，以爲簡者至煩。張平叔一條云：應簡得公私鹽，當日具都數申度支，便任府縣差人勾當出糶多少，逐日申報，糶價之内所得見錢，去上都一千里者，任市當土布絹者。竊以《禹貢》甸服五百里，近者納草，遠者納米，是量遠近而制輕重也。今言千里外市絹，則是千里内須送見錢。興元、洋州並是八百里内，駱谷道路，險阻非常，若送見錢，實爲不可。

又一條云：州縣所要糶鹽人，委所在長吏於當州當縣倉督録事佐史以下本所繇中揀選，不得差配百姓。如有鄉村去州縣路遠處，即州縣揀定所繇，將鹽就鄉村糶易者。臣曾任刺史，所繇入鄉村，是爲政之大弊。一吏到門，百家納貨。今陛下方以清净簡易，休息蒼生，宜去其冗員，除其蠹賊。今山劍州縣，境土至闊，其令若行，煩擾至甚。

又一條云：臣今欲獻鹽法，歸於簡易，但委州縣，則無不濟，伏緣所務至重，須以廟堂宰臣充關内河東山劍等道鹽鐵使者。臣竊以度支使四方稟奉，不殊宰相，權柄已重，不假台司。台司者，三公論道之地，雜以鹺務，實非所宜。三十年來，竇參、程異、皇甫鎛並以錢穀居台鉉，非惟國體不可，抑亦名利難兼。所以參輩不受國誅，必有天禍。

又一條云：據每道每州糶鹽不少，今所在户口，都不申明實數。臣請令長吏有不親公事，信任所繇浮詞，云當界無人糶鹽，交恐不濟，臣即請差清疆巡官往所訴州簡責實户口數團保者。臣曾爲外州刺史，備諳此事。自兵興以來，垂二十載，百姓粗能支濟，免至流離者，實賴所存浮户相倚兩税得充。縱遇水旱蟲霜，亦得相全相補。若搜索悉盡，立至流亡。宇文融當開元全盛之時，搜丁出户，猶以殘人斂怨，痒國害身。此策若行，則甚於彼。臣前月二十四日思政殿面奉德音，深卹疲人，且不配户。聖德周悉繇見事情，臣等退而抃躍，以爲昇平坐致。若據此節，即與配户無殊，平叔所陳，未副聖德。

又一條云：諸州府縣簡得鹽，便於當處官倉收貯；其京城兩縣簡責得鹽，於度支兩常平院貯。當日各據數勒留，依所定估出糶。從敕下後，諸巡院便計料般鹽，分付府縣供糶，常令所貯有剩，不得令闕。如有違闕，知院官聞奏，貶遠惡處，官典所繇節級重科決停解。如府縣不存公心，課利減耗，及所送官鹽價匹段濫弱，并送納不時，妄有申訴，其京兆亦令司録及觀察使停見任改散慢官，其專判鹽案及刺史請貶與上佐，本州專判案官録事參事縣令亦請遠貶者。臣竊以古人云：人愛其裘，反而負芻，皮既不存，毛將安傅？皮喻百姓，毛喻國家，百姓不存，國家不立。今兩税編户，是國根本。擇忠信之長，命慈惠之師，推赤子之仁，布愷悌之化，猶懼不及，而有傷痍？今爲鹽鐵不登，便須貶黜，雖龔黄召杜之政，卓魯蒲密之能，無所施於聖代矣！

又一條云：以設法之初，沮議者衆，聖斷先定，則成績可期。今出之後，輦轂之下，尤要隄防，恐爾兩軍市人，鹽商大賈，或行財貨，邀截喧訴。臨時必有此色奸人，伏乞聖慈委兩軍中尉兼京令尹切加把捉。如有此色捉獲，頭首所在決殺，連狀聚衆人各加脊杖二十者。臣竊以古人云：利不百，不變法；工不十，不易器。改更之事，自古所難。故云謀不欲多，決之欲獨。臣於平叔，無親故，無讎嫌，所陳者非挾情，所議者歸利害，惟聖上獨斷，推於至公。然彊人之所不能，事必不立；禁人之所必犯，法必不行。

臣嘗爲開州刺史，當時被鹽監吏人横攪官政，亦欲鹽歸州縣，總領其權。嘗試研求，事有不可。蓋以設法施行，須順風俗，或東州便則西州害，或南州易則北州難。且據山南一道明之。興元巡管，不用見錢，山谷貧人，隨土交易，布帛既少，食物隨時。市鹽者或一斤麻，或一兩絲，或蠟或漆，或魚或雞，瑣細叢雜者，皆因所便。今逼之使出帛，則俗且不堪其弊，官中貨之以易絹，勞而無功。伏惟聖明裁擇。

（清）董誥《全唐文》卷七三二《庾敬休·請停百官應給匹段以平米

價奏》　應文武九品以上每月料錢，一半合給匹段絲綿等。伏以自冬涉春，久無雨雪，米價稍貴，人心未安。自德音放免逋懸，賑恤貧下，中外羣庶，已感聖慈。至於衣冠之家，素乏儲畜，朝夕取給，猶足爲憂。以臣愚見，若令百官料錢內，一半停給匹段絲綿等，迴太倉粟每斗計價七十文，在衆庶必見惟康，於公家無所虧減。待至麥熟，米價稍賤，即依前件御給匹段等。酌其事理，庶叶變通。

（清）董誥《全唐文》卷八〇二《崔彦昭・請禁占留商人換牒奏》　當司應收管江淮諸道州府咸通八年已前兩税榷酒，及昔支米價，并二十文除陌諸色屬省錢，准舊例，逐年商人投狀便換。自南蠻用兵已來，置供軍使，當司在諸州府場監錢，猶有商人便換，賫省司便換文牒至本州府請領，皆被諸州稱准供軍使指揮占留。以此商人疑惑，乃至當司支用不充。乞下諸道州府場監院，依限送納，及給還商人，不得託稱占留。

（清）董誥《全唐文》卷八九四《羅隱・市賦》　齊侯幸晏子所止，引目長視曰：彼也何哉？如蜂如蟻，萬貨叢集，百工填委，紛紛汩汩，胡可勝紀。嬰曰：臣以敝廬在此，聞於此，見於此，其名爲市。若乃羲軒以前，臣不得言。羲軒以後，臣知其故。先己後人，惟賄與賂。非信義之所約束，非法令之所禁錮。市之邊，無近無遠。市之聚，無早無晚。貨盈則盈，貨散則散。賢愚並貨，善惡相混。物或戾時，雖是亦非。工如善事，雖賤必貴。參雜胡越，奔走孩稚。扶策而來，挈提而至。剞劂形狀，圬墁口鼻。童頂而跣，彈肩而帔。兼之以耆艾，繼之以諧戲。誰有帳籍，詎假文字。蜀桑萬畝，吴蠶萬機。及此而耗，繄何所之。東海魚鹽，南海寶貝，及此而耗，其誰主宰。君勿謂乎市無技，歌咽舞腰，賤則委地，貴則凌霄。君勿謂乎市無門，可南可北，陰陽迭用。人之消息，市之衆，不可以言，或有神仙。市之雜，不可以測，或容盗賊。捨之則君子不得已之玩好，撓之則小人不得已之衣食。公曰：始先生以躡屣之譏，革寡人之非。今先生以交易進退，祛寡人之蒙昧。彼主之者魁帥，張之者駔儈。吾知之矣。謹以從政，庶無尤悔。

（清）董誥《全唐文》卷九六七《闕名・禁商人盜販私茶奏開成五年十月鹽鐵司》　伏以興販私茶，羣黨頗衆，場鋪人吏，皆與通連，舊法雖嚴，終難行使，須別置法，以革奸徒。輕重既有等差，節級易爲遵守。今既特許陳首，所在招收，敕令已行，皇恩普洽，宜從變法，使各自新。若又抵違，須重科斷。自今後應輕行販私茶，無得杖伴侶者，從十斤至一百斤，決脊杖十五。其茶並隨身物並没納，給糾告及捕捉所繇。其囚牒送本州縣置歷收管，使別營生。再犯不問多少，准法處分。三百斤已上，即是恣行兇狡，不懼敗亡。誘扇愚人，悉皆屏絶，並准法處分。其所没納，亦如上例。

（清）董誥《全唐文》卷九六八《闕名・請禁斷供應户奏大中四年五月御史臺》　所在物産，自有時價，官人買賣，合准時宜。近日相承皆置供應户，既資影庇，多是富豪。州縣科差，盡歸貧下，不均害理，爲弊頗深。自此已後，委觀察使嚴加覺察，宜並禁斷。切慮諸道州府，尚有此色，請各牒諸州府勘會，巨細申臺，以憑鞫理。

（清）董誥《全唐文》卷九八〇《闕名・對謁者私度關判》　汾湯縣竟戎，幼學弱冠應舉，西入關，遂委過所。至京不應所對，退從小選補謁者。戎情思罷歸，請過所專一作曹。司以無來文不給。

竟戎地接汾河，業膺洙泗，道標強學，擅英妙於州閭；年在弱冠，慕明經於鄉國。籋雲行地，載馳千里之路；警露聞天，爰振九皋之響。遷亭記柱，馬生之壯志可追；函谷棄繻，終軍之雄心尚在。雖言高方朔，而調下孫宏；便抑大成，將從小選。入仕有吏曹之恥，出關無使者之榮，名宦以調役生悲，田園以歸來興歎。昔時過所，以委於中途；今日行文，須憑於下署。無宜部傳，不可買符，事在宏通，理難退抑。

（清）董誥《全唐文》卷九八一《闕名・對市賈為胡貨判》　甲爲市賈爲胡貨物，有犯禁者。大理以闌出邊關，論罪至死。刑部覆云：賈人不知法，以誤論罪，免死從贖。

貨以貿遷，日中爲市；化能柔遠，天下通商。爰詰犯禁之人，以明有截之制。矧惟市賈，實主販夫，競彼錐刀，當展誠而平肆；取諸《噬嗑》，方易有而均無。既泉布之攸歸，何器用之或異？梯山款塞，胡虜初喜其來王；懷寶越鄉，周官方驗其不物。事既告於邊吏，罪方書於賈人。且觀爾實來，則銀錢是入；既按其闌出，何璽節無憑？舉貨既麗於司關，附刑當置於圜土。一成定法，理官可貸其全生；三宥是思，憲部宜允於從贖。

（清）董誥《全唐文》卷九八一《闕名·對貨有滯於人用判》 貨有滯於人用者，甲不時而買，請賒之。所由不與，云：不過旬日，勒從其主。云：已從其有司。

貨有廢居，政惟通變。以收以斂，實著於周經；或與或求，蓋存乎《易·象》。苟罔率厥典，則其誰曰然？伊甲者何？不時而買。屬蘋蘩有薦，霜露盈懷。家迫屢空，曷求仁者之粟？國崇救乏，爰假所由之貨。理宜給兹稽市，遵彼貿遷。期不過旬，將貧寠之是恤；勒夫從主，豈出納而爲吝？異乎闕吏孰曰均官，且濟俗利人，操贏善貸，誠爲體國之要，亦取隨時之宜。如存理而無傷，何飾詞而不與？遂使開倉長孺，徒歸美於漢庭；餽粟子皮，獨垂芳於《鄭志》。請辨而以授，無質以爲疑，仍旌泉府之規，用徵國服之息。儻從愚見，庶爲式臧。

（清）董誥《全唐文》卷九八一《闕名·對買賣不和判》 乙買賣不和，郭固以取財科杖罪，郡以盜論。乙並不伏。

必藉美言爰資善價，化其小大，是等精粗。乙之蚩蚩，參市爲業，取諸《噬嗑》，乃競錐刀。既不我虞，遂成爾詐，惑亂爲意，高下在心。覽文惠之書，漏略豈宜免罪？披蕭何之律，郭固安得無辜！縣吏守文，加杖刑而爲當；郡僚無智，寧以盜而深疑。請據明文，斯爲適理。

（清）董誥《全唐文》卷九八一《闕名·對和市給價判》 和市緒帶準法，合即給價直，少府監以稍入供之。

聖人有作，鬱爲令典，車服禮器，貴賤有班，文物采章，高下無濫。我君開運，朝儀式序，敦樸素之風，無虛麗之飾，錦文不鬻於肆，冠佩必加於賢。而鞶厲沓光，事華來今；鑾蕤靄飾，理煥前古。瞻彼緒帶，有標令則，官所云市，法乃酬傭。盍亦采均輸之餘，濟鹽鐵之潤。焉可減兹稍廩，以虛國財？靜言所司，或匪通論。

（清）董誥《全唐文》卷九八一《闕名·對行人供濫物判》 官市納帙，行人將濫物供，所由揀退。云被頡頏，不伏卻領。

四人異業，百工居次，事有資於軍國，理無隔於纖微。納帙所成，多慙美質，緝叢殘於鴛綺，同衆製於狐裘。行因針縷之工，坐得烟霞之迹，雖遠殊於法物，遂有入於官須。但物異新成，幸非科作，論市唯應見物，論濫寧可別求。物既不任供官，退亦何成頡頏？不伏卻領，仍事薄言，豈可加刑？終希理遣。

（清）董誥《全唐文》卷九八四《闕名·對斷錦繡判》 河南府準敕，斷錦繡違式之物，遂並斷布帛精麤之異者。市胥訴云：妨商旅。御史劾：府擾人。

詢於國章，經綸有序；思我王度，軌物無愆。苟不率常，職司是舉。翼翼京邑，作式四方，固當棄華敦素，亦以提綱正物。欲使錐刀之末，濟人不競；精麤之制，周經是法。蓋以事屬公家，使之無爽，杜其不軌，理亦何乖？然市胥以妨商薄言，御史以擾人致劾，隨時之義，抑即有之。經邦大體，宜從府見。

（清）陸心源《唐文拾遺》卷二四《李若初·請勿禁見錢出界奏》 諸道州府，多以近日泉貨數少，繒帛價輕，禁止見錢，不令出界。致使課利有缺，商賈不通。請指揮見錢，任其往來，勿使禁止。

（清）陸心源《唐文拾遺》卷五九《闕名·買賣使八十陌錢奏天福二年七月十二日度支》 三京鄴都並諸道州府市肆買賣所使見錢等，每有條章，每陌八十文。近訪聞在京及諸道街坊市肆人户，不顧條章，皆將短陌轉換長錢，但恣欺罔，殊無畏忌。若不條約，轉啓倖門。請更嚴降指揮，及榜示管界州府鎮縣軍人百姓商旅等，凡有買賣，並須使八十陌錢。兼令巡司廂界節級所由，點檢覺察，如有無知之輩依前故違，輒將短錢興販，便仰收捉，委逐州府枷項收禁，勘責所犯人，准條奏處斷訖申奏。其錢盡底没納入官。

綜述

（唐）長孫無忌等《唐律疏議》卷四《名例》 諸平贓者，皆據犯處當時物價及上絹估。

疏議曰：贓謂罪人所取之贓，皆平其價直，準犯處當時上絹之價。依令：每月，旬別三等估。其贓平所犯旬估，定罪取所犯旬上絹之價。假有人蒲州盜鹽，嶲州事發，鹽已費用，依令懸平，即取蒲州中估之鹽，準蒲州上絹之價，於嶲州斷決之類。縱有賣買貴賤，與估不同，亦依估價爲定。

問曰：贓若見在犯處，可以將贓封平。如其先已費損，懸平若爲準定？又有獲贓之所，與犯處不同，或遠或近，並合送平以否？

答曰：懸平之贓，依令準中估。其獲贓去犯處遠者，止合懸平；若運向犯處，準估其物，即須脚價、生產之類，恐加瘦損，非但姦僞斯起，人糧所出無從。同遣懸平，理便適中。

又問：在蕃有犯，斷在中華。或邊州犯贓，當處無估，平贓定罪，從何取中？

答曰：外蕃既是殊俗，不可牒彼平估，唯於近蕃州縣，準估量用合宜。無估之所而有犯者，於州、府詳定作價。

平功、庸者，計一人一日爲絹三尺，牛馬駝騾驢車亦同；

疏議曰：計功作庸，應得罪者，計一人一日爲絹三尺。牛馬駝騾驢車計庸，皆準此三尺，故云亦同。

其船及碾磑、邸店之類，亦依犯時賃直。

疏議曰：自船以下，或大小不同，或閑要有異，故依當時賃直，不可準常賃爲估。邸店者，居物之處爲邸，沽賣之所爲店。稱之類者，鋪肆、園宅，品目至多，略舉宏綱，不可備載，故言之類。

庸、賃雖多，各不得過其本價。

疏議曰：假有借驢一頭，乘經百日，計庸得絹七疋二丈，驢估止直五疋，此則庸多，仍依五疋爲罪。自餘庸、賃雖多，各準此法。

（唐）長孫無忌等《唐律疏議》卷一一《職制・貸所監臨財物》　諸貸所監臨財物者，坐贓論；授訖未上，亦同。餘條取受及相犯，準此。若百日不還，以受所監臨財物論。強者，各加二等。餘條強者準此。

疏議曰：監臨之官於所部貸財物者，坐贓論。注云授訖未上者，若五品以上據制出日，六品以下據畫訖，並同已上之法。餘條取受及相犯，謂受所監臨及毆詈之類，故言準此。若百日不還，爲其淹日不償，以受所監臨財物論。若以威力而強貸者，各加二等，謂百日內坐贓論加二等，滿百日外從受所監臨財物上加二等。注云餘條強者準此，謂如下條私役使及借駞騾驢馬之類，強者各加二等。但一部律內，本條無強取罪名，並加二等，故於此立例。所貸之物，元非擬將入己，雖經恩免，罪物尚徵還。縱不經恩，償訖事發，亦不合罪，爲貸時本許酬償，不同悔過還主故也。若取受之贓，悔過還主，仍減三等。恩前費用，準法不徵貸者，赦後仍徵償訖，故聽免罪。

若賣買有剩利者，計利，以乞取監臨財物論。強市者，笞五十；有剩利者，計利，準枉法論。

疏議曰：官人於所部賣物及買物，計時估有剩利者，計利，以乞取監臨財物論。強市者笞五十，謂以威若力強買物，雖當價，猶笞五十；有剩利者，計利，準枉法論。

問曰：官人遣人或市司而爲市易，所遣之人及市司爲官人賣買有剩利，官人不知情及知情，各有何罪？

答曰：依律：犯時不知，依凡論。官人不知剩利之情，據律不合得罪。所爲市者，雖不入己，既有剩利，或強賣買，不得無罪，從不應爲：準官人應坐之罪，百杖以下，所市之人從不應爲輕，笞四十；徒罪以上，從不應爲重，杖八十。仍不得重於官人應得之罪。若市易已訖，官人知情，準家人所犯知情之法。

即斷契有數，違負不還，過五十日者，以受所監臨財物論。即借衣服、器翫之屬，經三十日不還者，坐贓論，罪止徒一年。

疏議曰：官人於所部市易，斷契有數，仍有欠物，違負不還，五十日以下，依《雜律》科負債違契不償之罪；滿五十一日，以受所監臨財物論。即借衣服、器翫之屬者，但衣服、器物，品類至多，不可具舉，故云之屬。借經三十日不還者，坐贓論，罪止徒一年。所借之物各還主。

（唐）長孫無忌等《唐律疏議》卷二六《雜律・器用絹布行濫短狹而賣》　諸造器用之物及絹布之屬，有行濫、短狹而賣者，各杖六十；不牢謂之行，不真謂之濫。即造横刀及箭鏃用柔鐵者，亦爲濫。

疏議曰：凡造器用之物，謂供公私用，及絹、布、綾、綺之屬，行濫，謂器用之物不牢、不真；短狹，謂絹疋不充四十尺，布端不滿五十尺，幅闊不充一尺八寸之屬而賣：各杖六十。故《禮》云物勒工名，以考其誠。功有不當，必行其罪。其行濫之物沒官，短狹之物還主。

得利贓重者，計利，準盜論。販賣者，亦如之。市及州、縣官司知情，各與同罪；不覺者，減二等。

疏議曰：得利贓重者，謂賣行濫、短狹等物，計本之外，剩得利者，計贓重於杖六十者，準盜論，謂準盜罪，一尺杖六十，一疋加一等，計得利一疋一尺以上，即從重科，計贓累而倍併。販賣者，亦如之，謂不自造作，轉買而賣求利，得罪並同自造之者。市及州、縣官司知行濫情，各與造、賣者同罪；檢察不覺者，減二等。官司知情及不覺，物主既別，各須累而倍論。其州、縣官不管市，不坐。

（唐）長孫無忌等《唐律疏議》卷二六《雜律·市司評物價不平》 諸市司評物價不平者，計所貴賤，坐贓論；入己者，以盜論。其爲罪人評贓不實，致罪有出入者，以出入人罪論。

疏議曰：謂公私市易，若官司遣評物價，或貴或賤，令價不平，計所加減之價，坐贓論。入己者，謂因評物價，令有貴賤，而得財物入己者，以盜論，並依真盜除、免、倍贓之法。其爲罪人評贓不實，亦謂增減其價，致罪有出入者。假有評盜贓，應直上絹五疋，乃加作十疋，應直十疋減作五疋，是出入半年徒罪，市司還得半年徒坐，故云以出入人罪論。若應直五疋，評作九疋，或直九疋，評作五疋，於罪既無加減，止從貴賤不實坐贓之法。

（唐）長孫無忌等《唐律疏議》卷二六《雜律·賣買不和較固》 諸賣買不和，而較固取者；較，謂專略其利。固，謂障固其市。及更出開閉，共限一價；謂賣物以賤爲貴，買物以貴爲賤。

疏議曰：賣物及買物人，兩不和同，而較固取者，謂強執其市，不許外人買，故注云較，謂專略其利。固，謂障固其市；及更出開閉，謂販鬻之徒，共爲姦計，自賣物者以賤爲貴，買人物者以貴爲賤，更出開閉之言，其物共限一價，望使前人迷謬，以將入己；

若參市，謂人有所賣買，在傍高下其價，以相惑亂。而規自入者：杖八十。已得贓重者，計利，準盜論。

疏議曰：參市，謂負販之徒，共相表裏，參合貴賤，惑亂外人，故注云謂人有所賣買，在傍高下其價，以相惑亂，而規賣買之利入己者：並杖八十。已得利物，計贓重於杖八十者，計利，準盜論，謂得三疋一尺以上，合杖九十，是名贓重，其贓既準盜科，即合徵還本主。

（唐）長孫無忌等《唐律疏議》卷二六《雜律·買奴婢牛馬不立券》 諸買奴婢、馬牛駝騾驢，已過價，不立市價，過三日笞三十；賣者，減一等。立券之後，有舊病者三日內聽悔，無病欺者市如法，違者笞四十。

疏議曰：買奴婢、馬牛駝騾驢等，依令並立市券。兩和市賣，已過價訖，若不立券，過三日，買者笞三十，賣者減一等。若立券之後，有舊病，而買時不知，立券後始知者，三日內聽悔。三日外無疾病，故相欺罔而欲悔者，市如法，違者笞四十；若有病欺，不受悔者，亦笞四十。令無私契之文，不準私券之限。

即賣買已訖，而市司不時過券者，一日笞三十，一日加一等，罪止杖一百。

疏議曰：賣買奴婢及牛馬之類，過價已訖，市司當時不即出券者，一日笞三十。所由官司依公坐，節級得罪；其挾私者，以首從論。一日加一等，罪止杖一百。

（唐）長孫無忌等《唐律疏議》卷二七《雜律·在市人衆中驚動擾亂》 諸在市及人衆中，故相驚動，令擾亂者，杖八十；以故殺傷人者，減故殺傷一等；因失財物者，坐贓論。其誤驚殺傷人者，從過失法。

疏議曰：有人在市內及衆聚之處，故相驚動，謂誑言有猛獸之類，令擾亂者，杖八十。若因擾亂之際而失財物，坐贓論；如是衆人之物，累併倍論，併倍不加重於一人，失財物者即從重論。因其擾亂而殺傷人者，減故殺傷一等，驚人致死，減一等流三千里；折一支，減一等徒三年之類。其有誤驚，因而殺傷人者，從過失法收贖，銅入被傷殺之家。

（唐）李林甫等《唐六典》卷三《尚書户部·户部尚書》 辨天下之四人，使各專其業：凡習學文武者爲士，肆力耕桑者爲農，功作貿易者爲工，屠沽興販者爲商。工、商皆謂家專其業以求利者；其織紝、組紃之類，非也。工、商之家不得預於士，食禄之人不得奪下人之利。

（唐）李林甫等《唐六典》卷二〇《太府寺·平準署》 平準署：令二人，從七品下；《周禮》有賈人中士、下士，主平定物價也。漢大司農屬官有平準令、丞。韋照《辨釋名》云：平準，主平物價，使相依準。《史記》云：桑弘羊領大農令，以諸官各自市相爭，以故物多騰躍，乃請置大農部丞數十人，分部主郡國；置平準於京師，受天下委輸，盡籠天下之貨物，貴則賣之，賤則買之，如此則富商大賈無所牟大利矣。所以置平準焉。故趙廣漢廉潔下士，州舉茂才，爲平準令。後漢大司農屬官有平準令、丞各一人，令六百石，丞三百石，掌知物價及主練染，作采色。至和帝改平準爲中準，以宦者爲令、丞，列于內署。自是，諸署令悉用宦人。魏氏闕文。晉少府屬官有平準令、丞。宋順帝諱準，改曰染署。齊少府有平準令、丞。梁、陳有平水令、丞。後魏闕文。北齊司農寺統平準令、丞。後周有平準中士、下士。隋司農屬官有平準署令、丞。煬帝三年，改平準署隸太府寺。皇朝因之。丞四人，從八品下；監事六人，從九品下。平準令掌供官市易之事；丞爲之貳。凡百司不任用之物，則以時出貨；其没官物者，亦如之。

（唐）李林甫等《唐六典》卷二〇《太府寺・兩京諸市署》

兩京諸市署：各令一人，從六品上；昔神農、祝融氏始作市易，曰：日中爲市。致天下之民，聚天下之貨，交易而退，各得其所，蓋取諸《噬嗑》。《石氏星經》：天市垣二十二星。《周禮》地官有司市下大夫、上士、中士、下士，其屬有質人、鄽人、胥師、賈師、司暴、司稽、肆長，蓋諸市官也。漢改秦內史爲京兆尹，其屬官有長安市長、丞。後漢河南尹屬官有雒陽市長、丞，魏、晉因之。東晉隸丹陽尹，宋、齊因之。梁始隸太府。《梁選簿》：太市令屬四品市職之任，不容過卑，天監三年革其選。陳因之。後魏京邑市令從五品中。北齊司州牧領東、西市署令、丞。後周司市下大夫一人。隋司農寺統京市令、丞。煬帝三年，改京市隸太府寺，京師東市曰都會，西市曰利人；東都東市曰豐都，南市曰大同，北市曰通遠。皇朝因之。京置東、西、南三市。按：東都西市則隋南市也，南市則隋東市也。都南市舊兩坊之地，武德中減爲坊半焉。垂拱中省京南市，開元十年又省都西市。丞各二人，正八品上。後漢雒陽市丞一人，二百石。魏、晉、宋、齊因之。梁有太、南、北三市丞，位在七班之下；陳因之。後魏闕文。北齊有東、西市丞。後周有小司市上士、下士一人。隋有京市丞，皇朝因之。京、都諸市令掌百族交易之事；丞爲之貳。凡建標立候，陳肆辨物，按《周禮》：肆長各掌其肆之政令，陳其貨賄，名相近者，相遠也；實相近者，相邇也，而平正之。以二物平市，謂秤以格，斗以概。以三賈均市。精爲上賈，次爲中賈，麤爲下賈。凡與官交易及懸平贓物，並用中賈。其造弓矢、長刀，官爲立樣，仍題工人姓名，然後聽鬻之；諸器物亦如之。以僞濫之物交易者，没官；短狹不中量者，還主。《周禮》：司市僞飾之禁，在人者十有二，在商者十有二，在賈者十有二，在工者十有二。《王制》亦云：用器、兵、車不中度，布帛精麤不中數，幅廣狹不中量，姦色亂正色，五谷不時，果實未熟，木不中伐，禽獸魚鱉不中殺，皆不鬻於市。凡賣買奴婢、牛馬，用本司、本部公驗以立券。凡賣買不和而榷固，榷謂專略其利，固謂鄣固其市。及更出開閉共限一價，謂賣物以賤爲貴，買物以貴爲賤。若參市而規自入者，並禁之。謂在傍高下其價以相惑亂也。凡市以日午，擊鼓三百聲而衆以會；日入前七刻，擊鉦三百聲而衆以散。《周禮》：大市，日昃而市，百族爲主；朝市，朝時而市，商賈爲主；夕市，夕時而市，販夫販婦爲主。丞兼掌監印、勾稽。録事掌受事發辰。

（宋）王溥《唐會要》卷八六《市》

貞觀元年十月敕：五品以上，不得入市。

七年七月二十日，廢州縣市印。

顯慶二年十二月十九日，洛州置北市，隸太府寺。【略】

天授三年四月十六日，神都置西市。尋廢。至長安四年十一月二十二日，又置。至開元十三年六月二十三日，又廢。其口馬，移入北市。

長安元年十一月二十八日，廢京中市。至天寶八載十月五日，西京威遠營置南市，華清宫置北市。

景龍元年十一月敕：諸非州縣之所，不得置市。其市當以午時擊鼓二百下，而衆大會，日入前七刻擊鉦三百下，散。其州縣領務少處，不欲設鉦鼓，聽之。車駕行幸處，即於頓側立市，官差一人權檢校市事。其月，兩京市諸行，自有正鋪者，不得于鋪前更造偏鋪，各聽用尋常一樣偏廂。諸行以濫物交易者，没官。諸在市及人衆中相驚動，令擾亂者，杖八十。【略】

大歷八年七月敕：京城內諸坊市門，至秋成後，宜令所由勾當修補。

十四年七月，令王公百官及天下長吏，無得與人争利。先于揚州置邸肆貿易者，罷之。先是，諸道節度觀察使，以廣陵當南北大衝，百貨所集，多以軍儲貨販，列置邸肆。名託軍用，實私其利息。至是乃絶。貞元以後，京都多中官市物于廛肆，謂之官市。不持文牒，口含敕命，皆以監估不中衣服，絹帛雜紅紫之物，倍高其估，尺寸裂以酬價。市之經商，皆匿名深居，陳列廛閈，唯麤弱苦窳。市後又強驅于禁中，傾車乘，罄輂驢。已而酬以丈尺帛絹，少不甘，毆致血流者。中人之出，雖沽漿賣餅之家，無不徹業塞門，以伺其去。蒼頭女奴，輕車名馬，惴惴衢巷，得免捕爲幸。京師之人嗟愁，叫閽訴闕，則左右前後，皆其人也。

貞元十四年八月，右金吾將校趙洽、田岩並配流天德軍。時屢有中官于京城市肆，強買人間，率用直百錢物，買人數千錢物，仍索腳價。及進奉門户，謂之宫市。是時吴湊爲京兆尹，數上言，切爲條理。無幾，中貴人等奏云：百姓蒙宫市存養，頗獲厚利。吴湊再論奏者，湊之金吾舊吏趙洽等獻計也，故洽等坐焉。湊，代宗元舅，早承恩顧。上即位，復寵遇之，潔廉謹慎，未嘗不以公忠之言匡啓於上。至是，又以宫市事懇論於上前。事雖不從，時論歸美。

二十一年二月赦文：應緣宫市並出正文帖，依時價買賣，不得侵擾百姓。

寶歷二年十月，京兆尹劉栖楚奏：術者數之妙，苟利於時，必以救患。伏以前度甚雨，閉門得晴。臣請今後每陰雨五日，即令坊市閉北門，以禳諸陰；晴三日，便令盡開。使啓閉有常，永爲定式。從之。

開成五年十二月敕，京夜市宜令禁斷。【略】

〔會昌〕六年七月敕：如聞十六宅置宫市已來，稍苦于百姓。成弊既久，須有改移。自今已後，所出市一物已上，並依三宫直市，不得令捐刻百姓。【略】

〔大中〕五年八月，州縣職員令：大都督府市令一人，掌市内交易，禁察非爲；通判市事丞一人，掌判市事；佐一人；史一人；師三人。掌分行檢察州縣市，各令準此。其月敕：中縣户滿三千以上，置市令一人，史二人；其不滿三千户以上者，並不得置市官。若要路須置，舊來交易繁者，聽依三千户法置。仍申省。諸縣在州郭下，並置市官。又准户部格式，其市吏壁師之徒，聽于當州縣供官人市買。

（宋）王欽若等《册府元龜》卷五〇四《邦計部・關市》 唐太宗武德九年八月甲子即位，是月壬申詔曰：遠至邇安，昔王令典，通財鬻貨，生民常業，關梁之設，襟要斯在，義止懲奸，無取苛暴。近代拘刻禁禦滋彰，因山川之重阻，聚珍奇而不出，遂使商旅寢廢，行李稽留。上失博厚之恩，下蓄無聊之怨，非所以綏安百姓，懷輯萬方，化洽升平，克隆至治者也。朕君臨區宇情深覆育，率土之内，靡隔幽遐，使公私往来，道路無壅，懋實交易，中外匪殊，思改前弊，以諧民俗。其潼關以東緣河諸關悉宜停廢，其金銀綾等新物依格不得出關者並不須禁。

高宗顯慶二年十二月十九日，雒州置北市，隸太府寺，並不須禁。雒州南面北面各置關。

武后天授二年七月九日，敕其雍州已西安置潼關即宜廢省。三年四月十六日神都置西市，尋廢。

長安元年十一月二十八日，廢京中市。二年二月，有司表請税關市。鳳閣舍人崔融深以爲不可，上疏諫曰：伏見有司税關市事條，不限工商，但是行旅盡税者。臣謹案《周禮》九賦，其七曰關市之賦。竊惟市縱繁巧，關通末游，欲令此徒止抑，所以咸增税賦。臣謹商度今古，料量家國，竊將爲不可税，謹條事跡如左，伏惟聖旨擇焉。

往古之時，醇樸未散，公田籍而不税，關防譏而不征。中代已来，澆風驟進，桑麻疲弊，稼穡辛勤，於是各徇通財，争趨作巧，求徑捷之欲速，忘歲計之無餘。遂使田莱日荒，倉廩不積，蠶織休廢，弊緼闕如，饑寒猥臻，亂離斯起。先王懲其若此，所以税關市者唯斂出入之商賈，不税往来之行人。今若不論商人，通取諸色，事不師古，法乃任情。悠悠末代，於何瞻仰；濟濟盛朝，自取嗤笑。雖欲憲章姬典，乃是違背周官。臣知其不可一也。

臣謹按《易・繫辭》稱：庖羲氏没，神農氏作，以日中爲市，致天下之人，聚天下之貨，交易而退，各得其所。《班志》亦云：財者，帝王聚人守位，養成羣生，奉順天德，理國安人之本也。士農工商，四人有業。學以居位曰士，闢土殖穀曰農，作巧成器曰工，通財鬻貨曰商。聖王量能授事，四人陳力受職。然則四人各業久矣，今復安得動而摇之！蕭何又云：人情一定，不復動摇。《傳》又云：曹叅相齊國安集，大稱賢相。叅去，屬其後相曰：以齊獄市爲寄，慎勿擾也。後相曰：理無大於此者乎？叅曰：不然。夫獄市所以并容也，今君擾之，姦人安所容乎？吾是以先之。夫獄市，兼受善惡，若窮之姦人無所容竄，久且爲亂。秦人極刑而天下叛。以道化其本，不欲擾其末。臣知其不可二也。

四海之廣，九州之雜，關必據險路，市必憑要津。若乃富商大賈，豪宗惡少，輕死重氣，結黨連羣，喑嗚則彎弓，睚眦則挺劍。小有失意且猶如此，一旦變法定是相驚。乘兹困窮，或致騒動，便恐南走越，北走胡，非唯流逆齊人，亦是攪擾殊俗。（人）〔又〕如邊徼之地，寇賊爲隣，興胡之旅，歲月相繼，儻因科賦，致有猜疑，一從散亡，何以制禁？求利雖切，爲害方深。而有司上言，不識大體，徒欲益帑藏，助軍國，殊不知軍國益擾，帑藏逾空。臣知其不可者三也。

孟軻有云：古之爲關也，將以禦暴；今之爲關者，將以爲暴。今行者皆税，本末同流。且如天下諸津，舟航所聚，旁通巴漢，前指閩越，七澤十藪，三江五湖，控引河雒，兼包淮海。弘舸巨艦，千舳萬艘，交貿往還，昧旦永日。今若江津河口，致鋪納税，税則檢覆，覆則遲留。此津纔過，彼鋪復止，非唯國家税錢，更遭主司僦賄。船有大小，載有多少，量物而税，觸途淹久。統論一日之中，未過十分之一，因此擁滯，必致吁嗟。一朝失利則萬商費業，萬商費業則人不聊生。其間或有輕訬任俠之徒，斬龍刺蛟之黨，鄱陽暴虐之客，楚中悍壯之夫，居則藏鏹，出便竦劒。加之以重税，因之以威脅，一旦獸窮則搏，鳥窮則攫，執事者復何以安之哉？臣知其不可者四也。

五帝之初不可詳已，三王之後厥有著聞，秦漢相承典章大敝。至如關市之税，史籍有文。秦政以雄圖武力，捨之而不用也；漢武以霸畧英才，去之而勿取也。何則？關爲禦暴之所，市爲聚人之地，税市則人散，税關則暴興，暴興則起異圖，人散則懷不軌。夫人心莫不背善而樂禍，易動而難安。一市不安則天下之市揺矣，一關不安則天下之關動矣。況澆風久扇，變法爲難，徒欲禁末遊、規小利，豈知失玄默、亂大倫。魏晋渺小，齊隋齷齪，亦所不行斯道者也。臣知其不可五也。

今之所税關市者何也？豈不以國用不足邊寇爲虞，一行斯術，冀有殷贍然，微臣敢借前箸以籌之。伏惟陛下當聖期御玄籙，與天地合其德，日月合其明，役使衆靈，宰制羣動，沉璧于雒，刻石于嵩，鑄寶鼎以窮姦，坐明堂而布政，頌聲洋溢，和氣絪緼。三皇不足四，五帝不足六，神化廣洽，至德潛通。東夷讋驚，應時平殄；南蠻纔動，計日歸降。西域五十餘國，廣輪一萬餘里，城堡清夷，亭堠静謐。以爲患者，唯有二蕃。今吐蕃請命，邊事不起，即日雖尚屯兵，久後終成弛柝。獨有默啜，假息孤恩，惡貫禍盈，覆亡不暇。征役日已省矣，繁費日已稀矣，然猶下明制，遵太璞，愛人力，惜人財，王侯舊封，妃主新禮，所有支料，咸令減削。此陛下以躬率人，堯舜之用心也。且關中、河北水旱數年，諸處逃亡今始安輯，儻加重税，或慮相驚。況承平歲積，薄賦日久，俗荷深恩，人知自樂。卒有變法，必多生怨。生怨則驚擾，驚擾則不安，中既不安，外何能禦？文王曰：帝王富其人，霸王富其地，理國若不足，亂國若有餘。古人有言：王者藏於天下，諸侯藏於百姓，農夫藏於庾，商賈藏於篋。惟陛下詳之。必若師興有費，國儲多窘，即請倍算商客，加歛平人。如此則國保富強，人免憂懼，天下幸甚。臣知其不可者六也。陛下留神繫表，屬想政源，冒兹炎熾，早朝晏坐。一日二日，機務不遺，先天後天，靈心密應。時之得失，小臣何知，率陳瞽詞，伏紙惶惕。疏奏，帝納之，遂寢其事。四年十一月，又置神都西市。

中宗景龍元年十一月，敕諸非州縣之所不得置市，其市常以午時擊鼓三百下而衆大會，日入前七刻擊鉦三百下散。其州縣領務少處，不欲設鉦鼓，聽之。車駕行幸處，即於頓側立市。差三官人權簡校市事。是月，又敕兩京市諸行，自有正鋪者不得於鋪前更造偏鋪，名聽用尋常一椽偏廂。諸行以濫物交易者没官，諸在市及人衆中相驚動令擾亂者杖八十。

玄宗開元十三年六月二十三日，又廢其口馬移入北市。二十年敕曰：綾羅絹布雜貨交易皆通用，如聞市肆必消見錢，深非道理。自今已後與錢貨兼用，不遵者准法罪之。

天寶八載十月五日，西京威遠營置西市，華清宮置北市。

肅宗乾元元年八月，敕大散關宜依舊令鳳翔府收管。

代宗寶應元年九月敕：駱谷荆襄子午等路往来行客，所將隨身器仗等，今日已後除郎官、御史、諸州部統進奉事官，任將器仗隨身，自餘私客等皆須過所上具所將器仗色目，然後放過。如過所上不具所將器仗色目數者，一切於守堤處勒留。

大歷八年七月，敕京城内諸坊市門至秋成後宜令所繇勾當修補。十四年七月，令王公百官及天下長吏無得與人争利。先於揚州置邸肆貿易者，罷之。先是，諸道節度觀察使以廣陵當南北大衝，百貨所集，多以軍儲貿販别置邸肆，名託軍用實私其利焉，至是乃絶。

德宗建中元年九月，户部侍郎趙贊條奏諸道津要都會之所，皆置吏閲商人財貨，計錢每千税二十文。二年五月，以軍興十一而税商。

興元元年春正月癸酉，德宗在奉天行在宫受朝賀畢，大赦改元，制曰：其所加墊陌錢税間架竹木茶漆榷鐵之類，悉宜停罷。

貞元二十一年二月赦文：應緣宫市並出正文帖，依時價買賣，不得侵擾百姓。貞元以後京都多中官市物於廛肆，謂之宫市。不持文告，口含敕命，皆以鹽估不中衣服，絹帛雜紅紫之物，倍高其估，尺寸裂以酬價謂之精供。富商皆匿名深居，陳列坊閑，唯羸厲苦窳。市後又強驅入禁中，傾車罄輦而去。色少不甘，毆至血流者。中人之出，雖沽漿賣餅之家無不徹擔塞門，以伺其去。蒼頭女奴，輕車名馬，惴惴衢巷，得免捕爲幸。京師之人嗟愁，叫閽訴闕，則左右前後皆人也。

憲宗元和九年五月，豐州奏中受降城與靈州城接界請置關。從之。

敬宗寶歷二年七月，義成軍節度使李聽奏請於潁州置場税商旅以贍軍。從之。十月京兆尹劉栖楚奏：術者數之妙，苟利於時，必以救患。伏以前度甚雨，閉門得晴，臣請今後每陰雨五日即令坊市閉北門以禳諸陰，晴三日便令盡開門，使啓閉有常，永爲定式。從之。

文宗太和五年十月辛未，户部侍郎庾敬休奏劍南東川西川、山南西道每年税及陌除錢等。伏以劍南道税茶舊例委度支巡院勾當，榷税當司於上都召商人便换。太和元年，户部侍郎崔元畧與西川節度使商量，取其穩便，遂奏請税茶事使司自勾當，每年出錢四萬貫送省。近年以来，都不依元奏，并三道諸色錢物，州府多逗遛不送，皆不禀奉。今請取江西例勾當，於歸州置巡院所，自勾當收管諸色錢物送省，所冀免有懸欠。仍令巡官李濆專往與德裕遵古量商制置，續具聞奏。從之。

開成二年夏五月，武寧軍節度使薛元賞奏：泗口税場先是一物貨税，今請停去雜税唯留税茶一色以助供軍。詔曰：惠人須在於必誠，革弊宜圖於去本，又留茶税恵則未終，宜悉罷之。每年特以度支户部錢二萬貫賜供本軍及充驛料。先是，王智興逐帥自立，故朝廷姑息之，因請致税於泗口以贍軍用，往来過爲寇掠，後之節帥多利其利不革前弊。至是除元賞上於閤內，遣令條奏，及詔下，往来之人遂絶怨咨。

武宗以開成五年正月即位，十二月敕京夜市宜令禁斷。

會昌元年七月敕：如聞十六宅置宫市已来稍苦於百姓，成弊既久，須有改移。自今已後，所出市一物已上，宜並依三宫置市，不得令損刻百姓。

宣宗大中五年八月敕：中縣户滿三千已上，置市令一人、史二人，不滿三千户已上者，並不得置市官。治要路須置，舊来交易繁者，聽依三千户法置，仍申省諸縣在州郭下並置市官。六年正月，鹽鐵轉運使兵部侍郎裴休奏：諸道節度使、觀察使置店停止茶商，每斤收蹋地錢，并税經過商人，頗乖法理。今請釐革横税以通舟船，商旅既安，課利自厚。三月，隴州防禦使薛逵奏：伏奉正月二十六日詔旨，令臣移築故關訖聞奏者。伏以汧源西境切在故關，昔有隄防，殊無制置。僻在重崗之上，苟務高深。今移要會之中，實堪控扼，舊絶泉井，遠汲河流。今則臨水挾山，當川限谷，危墻深塹，克揚營壘之勢。伏乞改爲定戎關，關吏鈐轄往来。臣當界又有南路，亦是要衝，舊有水關，亦請准前扼捉。去正月二十七日起工，今月十七日畢，謹畫圖進上。敕旨：薛逵新置關城，得其要害，形於圖畫，頗見公忠，宜依所奏。七年七月二十日，廢州縣市印。

（元）馬端臨《文獻通考》卷二〇《市糴考・均輸市易和買》 唐德宗時，趙贊請置常平官，兼儲布帛，於兩都、江陵、成都、揚、汴、蘇、洪置常平輕重本錢，上至百萬緡，下至十萬，積米、粟、布、帛、絲、麻，貴則下價而出之，賤則加估而收之，并榷商賈錢，以贍常平本錢。帝從之。屬軍用迫蹙，亦隨而耗竭，不能備常平之數。

德宗時，宫中取物於市，以中官爲宫市使，置白望數十百人，以鹽敝衣、絹帛，尺寸分裂酬其直。又索進奉門户及脚價錢，有齎物入市而空歸者。每中官出，沽漿賣餅之家皆徹肆塞門。諫官御史言其弊，而中官言京師百姓賴宫市以養，帝以爲然。順宗即位乃罷之。

按：京師百姓賴宫市以養之語，出於中官之口。此輩逢君之惡，豈能顧義理之是非，生民之休慼。然王莽之五均，介甫之易市，亦皆以爲便百姓而行之，且舉《周官》泉府之法以緣飾其事，然則名爲效周公，而識見乃此閹之流耳！

（清）董誥《全唐文》卷二五《玄宗・令錢貨兼用制》 綾羅絹布雜貨等，交易皆合通用。如聞市肆必須見錢，深非道理。自今已後，與錢貨兼用。違法者準法罪之。

（清）董誥《全唐文》卷二六《玄宗・禁坊市鑄佛寫經詔》 佛教者，在於清净，存乎利益。今兩京城內，寺宇相望，凡欲歸依，足申禮敬。下人淺近，不悟精微，覩菜希金，逐餤思水，浸以流蕩，頗成蠹弊。如聞坊巷之內，開鋪寫經，公然鑄佛。口食酒肉，手漫羶腥，尊敬之道既虧，慢狎之心斯起。百姓等或緣求福，因致饑寒，言念愚蒙，深用嗟悼。殊不知佛非在外，法本居心，近取諸身，道則不遠。溺於積習，實藉申明。自今已後，禁坊市等不得輒更鑄佛寫經爲業。須瞻仰尊容者，任就寺拜禮。須經典讀誦者，勒於寺取讀。如經本少，僧爲寫供。諸州寺觀並準此。

（清）**董誥《全唐文》卷三〇《玄宗・修整街衢坊市詔》** 京雒兩都，是唯帝宅，街衢坊市，固須修整。比聞取土穿掘，因作穢污阬塹，四方遠近，何以瞻矚？頃雖處分，仍或有違，宜令所司，申明前敕。更不得於街巷穿坑及取土。其舊溝渠，令當界乘閒整頓疏决。牆宇橋道，亦當界漸修，不得廣有勞役。

（清）**董誥《全唐文》卷三二《玄宗・令正月夜開坊市門詔》** 重門夜開，以達陽氣。羣司朝晏，樂在時和。屬此上元，當修齋籙。其於賞會，必備葷羶。比來因循，稍將非便。自今已後，每至正月，改取十七十八十九日夜開坊市門。仍永爲常式。

（清）**董誥《全唐文》卷三二《玄宗・禁賃店干利詔》** 南北衛百官等，如聞昭應縣兩市及近場處，廣造店鋪，出賃與人。干利商賈，莫甚於此。自今已後，其所賃店鋪，每間月估不得過五百文。其清資官準法不可置者，容其出賣。如有違犯，具名録奏。

（清）**董誥《全唐文》卷三五《玄宗・禁和市反配違格敕》** 年支和市，合出有處，官既酬錢，無要率户。如聞州縣不配有家，率户散科，費損尤甚。設令給假，亦慮隱藏。宜令所司更申明格敕：應欲反配，須審料度，所有和市，各就出處。

（清）**董誥《全唐文》卷三五《玄宗・給復京畿關輔敕》** 百姓屢空，朕孰與足？言及於此，良所疚懷。如聞京畿及關輔有損田，百姓等屬頻年不稔，久乏糧儲。雖今歲薄收，未免辛苦，宜從蠲省，勿用虚弊。至於州縣不急之務，差科徭役并積年欠負等，一切並停。其今年租八等以下，特宜放免。

（清）**董誥《全唐文》卷五二《德宗・禁和市詔》** 百姓困窮，弊繇奸吏，政苟不擾，人皆自安。其司農寺供宮内及諸廚冬藏菜，並委本寺自供。其菜價仍委京兆尹約每年時價支付，更不得配京兆府和市。其諸陵守當夫，宜委京兆府以價直送陵司，令自雇召，並不得差配百姓。應寒食雜差配，及樹柴修橋柴木選場棘等，便於户税錢内尅折，不得更令和市。天下諸州府應納義倉及諸色斛斗二合耗外切宜禁斷。仍委度支鹽鐵分巡院及出使郎官切加訪察。

（清）**董誥《全唐文》卷六八《敬宗・令市耕牛詔》** 農功所切，實在耕牛，疲甿乏此，理須給賜。宜委度支於東鎮、武、靈、鹽、夏州分市耕牛萬頭，交付京兆尹，均給畿内貧下百姓。其價以户部綾絹充。

（清）**董誥《全唐文》卷八一《宣宗・禁嶺南貨賣男女敕》** 朕自臨御以來，常恐一物失所，以傷陰陽之和，致災厲之變，而重困吾民。故推教化之源，務率先之道，減服御，絶玩好，苟利於民者無不行，阻撓於政者無不改。而郡縣災疫相繼，屢奏流亡，慘怛之懷，疚於寤寐，將何以臻於富庶哉！苟害生民，豈憚釐革。如聞嶺外諸州居人，與夷獠同俗，火耕水耨，晝乏暮飢，迫於征税，則貨賣男女。姦人乘之，倍討其利，以齒之幼壯，定估之高下，窘急求售，號哭踰時。爲吏者謂南方之俗，夙習爲常，適然不怪，因亦自利。遂使居人男女，與犀象雜物，俱爲貨財。放鬭四方，鰥寡高年，無以養活，豈理之所安，法之所許乎？縱有令式，廢而不舉，爲長吏者，何以副吾志？自今已後，無問公私土客，一切禁斷。敕諸州刺史，各於界内，設法鈐制，不得容姦，依前販市。如敢更有假託事由，以販賣爲業，或虜劫谿洞，或典買平民，潛出券書，暗過州縣，所在搜獲，據贓狀依強盜論，縱逢恩赦，不在原宥之限。仍仰所在切加把捉，如違節級科斷。其方鎮及監軍使命並州府寮吏等，自當謹守詔條，率身奉法，倘有踰犯，當重科繩。其白身除準敕常數進送外，亦準此處分。其百姓兩税定額，各據土地所出，方圓收納，不得豎色目妄配亂徵，致令艱愁，莫相保守。如有貧窮不能存濟者，欲以男女傭雇與人，貴分口食，任其行止，當立年限爲約，不得將出外界，還同交關。各委本道長吏專加糾察，仍先具條流聞奏。其餘州縣，更有積弊，深害百姓，而因循未革者，亦具分析聞奏，當酌量處分，粗安黎庶，稱朕意焉。

（清）**董誥《全唐文》卷一四九《褚遂良・請廢在官諸司捉錢表》** 臣遂良言：古稱君爲元首，臣作股肱。梁棟榱桷，隨能助化，所謂成海取乎細流，崇山由乎積壤。然則爲治之本，在於擇人。不正其原，遂差千里。《周禮》卿大夫之職，考士德行，獻之于王，王拜而受之，登于天府。漢家以明經拜職，或四科辟召，必擇器任使，量才命官。然則市井子孫，不居官吏。大唐制令，憲章古昔，商估之人，亦不居官位。陛下許諸司令史捉公廨本錢，諸司取此色人號爲捉錢令史。不簡性識，寧論書藝？但令身能估販，家足貲財，録牒吏部，便即依補。大率人捉五十貫已下，四十貫已上，任居市肆，恣其販易。每月納利四千。一年凡輸五萬，送利不違，年滿授職。然有國家者嘗笑漢世賣官，今開北路，頗類於此。在京七十餘司，相率司副九人，更一二載後，年别即有六百餘人輸錢授職。伏惟陛下治致升平，任賢爲政，或太學高第，或諸州進士，皆策同片玉，經若懸河，奉先聖之格言，慕昔賢之廉耻，拔十取五，量能授官。然犯禁違公，輒罹刑法。況乎捉錢令史，主於估販，志意分毫之末，耳目鄽肆之間。輸錢於官，以獲品秩，荏苒年歲，陛下能不使用之乎？此人習與性成，慣於求利，苟得無耻，豈蹈廉隅？使居其職，何向而可？將來之弊，宜絶本源。臣每周游民間，爲國視聽，京師僚庶，爰及外官，異口同辭，咸言不便。臣無容静嘿，輕敢表聞。伏願更敕朝臣，遣其詳録，輒煩聽覽，伏深戰慄。謹言。

（清）董誥《全唐文》卷九五七《季于康·對刺史求青牛判》 許州人鄭傑，家有青牛。刺史張勤，從傑求市不與。及勤身死，傑將牛贈勤子。鄉人告取牛父爲監臨。

張勤家承七葉，政舉六條。經一作謠日無戲，方馴白鹿；牽星可暴，欲好青牛。鄭傑滎水通門，襄城編户，既仰留棠之德，旋聞化梓之求。言惜清廉，少從拒抗。雖林中鳳集，已見秦彭；而天上鶴來，忽徵王距。銅符此閟，玉樹斯存。始叶朱暉，慮玷解刀一作鈎之化；終齊季札，即追懸劍之誠。昔孔氏脱驂，猶見疑於弟子；今張勤受犢，何廢惑於鄉人？論情不是監臨，撫事適當投贈，輒爲糾告，深懵古今。不犯刑書，理宜絶筆。

（清）陸心源《唐文拾遺》卷二《中宗·巡警街鋪敕》 諸街鋪並令左右金吾中郎將自巡，仍各加果毅兩人助巡隊。《唐會要》七十一。

（清）陸心源《唐文拾遺》卷四《肅宗·贓數約絹估敕》 先准格例，每例五百五十價估當絹一匹。自今已後，應定贓數，宜約當時絹估，並准實錢庶叶從寬，俾在不易。

又敕

名例律評贓者，皆據犯處當時物價及上絹估。評功庸者，計一人一日，爲絹三尺，牛馬驢騾車亦同。其船及碾磑邸店之類，各依當時賃直。庸雖多，不得過其本價。自今已後，應定贓數，宜約當時絹估，並准實錢。《唐會要》四十。

（清）陸心源《唐文拾遺》卷四《肅宗·典貼虚實詔》 應典貼莊宅店鋪田地碾磑等，先爲實錢典貼者，令還以實錢價。先以虚錢典貼者，令以虚錢贖，其餘交關，並依前用當十錢。《唐會要》八十九。

（清）陸心源《唐文拾遺》卷八《宣宗·禁坊市置弓刀敕》 京兆府奏，條流坊市諸車坊客院，不許置弓箭長刀。如先有者，並勒納官。百姓所納到弓箭長刀等，府縣不合收貯，宜令旋納弓箭庫。仍委司府切加覺察，所由等不得輒有藏隱。《唐會要》七十二。

（清）陸心源《唐文拾遺》卷八《宣宗·禁以麥造麪入城敕》 近斷京兆斛斗入京，如聞百姓多端以麥造麪，入城貨易，所賣亦多，切宜所在嚴加覺察，不得容許。《唐會要》九十。

（宋）王欽若等《册府元龜》卷五〇四《邦計部·關市》 梁太祖開平元年七月敕：宜以關東爲内，仍以潼關隸陝州。初置河潼軍使，命虢州刺史兼領之。是月，又改武牢關爲虎牢關。仍置虎牢軍使。

後唐莊宗同光二年二月庚午，租庸使孔謙奏：諸道綱運商旅多於私路苟免商税，不繇官路往來，宜令所在關防嚴加捉搦，山谷私由道路仍須彰塞以戢行人。

三年八月戊寅，免湖南蹋地茶税沿路税錢。

明宗天成元年四月，詔曰：省司及諸府置税茶場院，自湖南至京六七處納税以致商旅不通，及州使置雜税務交下煩碎。宜定合税物色名目，商旅即許收税，不得邀難百姓。諸道鹽務，破脚價極多獲少，須有條流，以成規制。又詔：諸州雜税宜定合税物色名目，不得邀難商旅。租庸司先將係省錢物與人迴圖，宜令盡底收納以塞倖門。

四年七月，兵部員外郎趙燕奏：切見京城人買賣莊宅官中印契，每貫抽税契錢二十文，其市牙人每貫收錢一百文，甚苦貧民，請行條理。從之。

長興元年正月，許州奏准詔放過淮南客二百三十人通商也。

九月，燕人梁庭投匭陳狀云：天下商税處多不繇舊時關市制度，以此倍擾農商，亦請減除奸弊。敕旨並許施行。

二年八月敕：應三京諸道州府商税等多不係屬州府，皆是省司差置場官。朕自受命開基，勵精布政，將推誠而感物，每屈己以從人。况於列侯允所注意，豈可山河重寄並在藩方，關市徵租獨歸省務。加以所置職掌素處幽微，向闤闠以肆威，與王公而抗禮。蓋已往從權之事，豈將来經久之規。特議改更，貴除繁屑。自今已後，諸商税並委逐處州府撲斷，依省司常年定額勾當辨集，冀除生事之端，不爽豐財之理。

晋高祖天福元年閏十一月壬午，敕：關防九有征税省司曾降條流，慮多時而或有隱藏，因肆赦而再須條貫。應諸道商税仰逐處將省司合收税條件文牓於本院前分明張懸，不得收卷。牓内該税名目分數者即得收税，如牓内元不該税着係税物色即不得收税。宜令所在長吏常加覺察，如敢有違條流，不將文牓張懸，將不合係税物色收税，罔欺官法停住商賈者，盡行具名申送。

七年十一月宣旨下三司：應有往来鹽貨悉税之，過税每斤七文，住税每斤一十文。其諸道州府，應有屬州鹽務，並令省司差人勾當。既而糶鹽雖多，而人户鹽錢又不放免，至今民甚苦之。

漢高祖乾祐元年，詔曰：軍國之費，務在豐財，關市之征，資於行旅，所宜優假，俾遂流，應天下商旅来所在並須饒借，不得妄有邀勒。

隱帝乾祐二年，國子司業樊倫上言三事，其一、耕桑未至，國多游民，關市之中，税物苛細，請稍減省，以惠疲民。百姓賣物不多，所歷關市，並望除税。

三年六月，太常少卿劉悦上言：臣伏見買賣耕牛官中元無商税，近日關市場院不禀敕文，悉是收税。歲計其利，所入無多，在於農民，即疲於市易。請重降敕文，明行止絶。勸人耕稼，國之大計，倉廪有積，何莫由斯。

周太祖廣順元年十二月甲寅，相州李筠乞除放黄澤關商税課利，從之。

二年十一月，鄆州言奉詔已示諭商税院不收絲麻鞵等税。

三年正月，澶州言於商税舊額上添長錢二千八百貫，麴務添七千貫，從今年三月初一納起，詔褒之。

三月詔曰：青白池務素有定規，祇是近年頗乖循守，比来青鹽一石抽税錢八百文足陌，鹽一斗。白鹽一石抽税錢五百文、鹽五升。其後青鹽一石抽税錢一千、鹽一斗。訪聞改法已来，不便商旅，蕃人漢户求利艱難，宜與優饒，庶令存濟。今後每有青鹽一石依舊抽税錢八百文，以八十五爲陌，鹽一斗；白鹽一石抽税錢五百、鹽五升，此外更不得別有邀求。如聞邊上鎮鋪於蕃漢户市易糶糴衆私抽税，今後一切止絶。

（清）董誥《全唐文》卷一〇一《梁太祖・許開坊市燃燈敕》 近年以來，風俗未泰，兵革且繁，正月燃燈，廢停已久。今屬創開鴻業，初建洛都，方在上春，務達陽氣，宜以正月十四十五十六日夜，開坊市門，一任公私燃燈祈福。

（清）董誥《全唐文》卷一一〇《唐明宗・禁私賣文書敕》 訪聞諸色官員之中，多有此色之事，須行釐革，以塞弊源。應諸色常調選人，如有此色文書，須便焚毁。如是元補正身，曾受中興已來官誥，便許以近受文書叙理。及諸色廕補子孫，如無虚假，不計庶嫡，並宜叙録。如實無子孫，別立人繼嗣。已出補身得者，只許續廕一人。凡新關資廕，皆繫恩榮，將革弊譌，須行憲法。自本朝喪亂，多士因循，貪冒者叙補無常，彰敗者未聞嚴斷，遂成隳紊，莫識規程。且一人身名，具三代名諱，傳於同姓，利以私財，上則欺罔人君，下則貨鬻先祖，行之不已，罪莫大焉。柳膺顯致訟論，合當誅殛，偶逢恩赦，特減死刑。尚念承此弊者年深，同此罪者頗衆，特矜已往，各許自新，別設嚴條，免令後犯。今日已前，並依前項條理，其不合叙使文書，仍限一百日焚毁須絶。如此後更敢公然將合焚毁文書參選求仕，有人糾告，及所司點勘彰露，所犯之人，傳者受者，並當極法。其告事人如有官序，別與超擢任使；如是百姓，與免户下差徭。兼自此應合得資廕出身人，並須依格令及天成三年十一月二十日禮部起進條件施行。如敢故違，本司官員并本行人吏，別加嚴斷，不許去任離司，罪無寬恕。事從發覺，理任澄清，不惟正邦國典刑，抑亦保縉紳家法，有犯無赦，斷在的行。

（清）董誥《全唐文》卷一一五《晋高祖・福州貢物私商準律處分詔》 朕自御萬方，於今五稔，每推誠而待物，貴舍己以從人。乃有不體朕懷柔，恣行凶慝，顯干紀律，須舉憲章。福州王昶，恃彼偏方，亂其彝典，於使臣而倨傲，向朝闕以邀求，深虧臣子之儀，固掇神祇之怒。尚全大體，特示寬恩。所有貢輸，悉令迴復。舞羽而聿思修德，轉規而猶冀省僭。而王建立三上奏章，楊光遠繼陳表疏，朝行之內，邦計之司，同有敷歇，謂非允當。且王昶以無用之物，取利中華，萌不軌之心，僭稱大號，盜乘輿之式度，竊冠冕之威儀，眩誘良家，招收奇貨，此而可恕，孰不能容？或貢讜言，請從籍録。鄭元弼等相次上狀，不愿迴歸，亦可憫傷，各令存卹。其福州貢物私商，宜準律處分。

（清）董誥《全唐文》卷一二〇《漢高祖·和買戰馬詔》　朕方以勤儉一身，輯和庶政，未嘗枉費，所切安人。今則重威未賓，契丹尚擾，必多添於戰騎，期大振於軍威。言念煩勞，事非獲已。

（清）陸心源《唐文拾遺》卷一〇《後唐明宗·禁斷在京市肆牙人敕》　在京市肆，凡是絲絹斛斗柴炭，一物已上，皆有牙人。百姓將到物貨賣，致時物騰貴，百姓困窮。今後宜令河南府一切禁斷，如是產業人口畜乘，須憑牙保。此外人不得輒置，仍委兩軍巡使覺察，切加捉獲。如違並當嚴斷。《五代會要》二十六。

（清）陸心源《唐文拾遺》卷一〇《後唐明宗·京城菜園許人收買敕》　京城坊市人户菜園，許人收買。切慮本主占佃年多，以鬻蔬爲業，固多貧窶，豈辦蓋造，恐資豪猾，轉傷貧民。若是有力人户，及形勢職掌曹司等，已有居地外，於别處及連宅買菜園，令人主把。或典賃于人，並准前敕價例。如貧窮之人買得菜園，自賣菜供衣食者，即等第特添價值。仍賣者不得多恡田土，買者不得廣占田地，各量事力，須議修營。《五代會要》二十六。

紀事

（唐）張鷟《朝野僉載》卷三　益州新昌縣令夏侯彪之初下車，問里正曰：雞卵一錢幾顆？曰：三顆。彪之乃遣取十千錢，令買三萬顆，謂里正曰：未須要，且寄母雞抱之，遂成三萬頭雞。經數月長成，令縣吏與我賣，一雞三十錢，半年之間成三十萬。又問：竹筍一錢幾莖？曰：五莖。又取十千錢付之，買得五萬莖，謂里正曰：吾未須要筍，且向林中养之。至秋竹成，一莖十錢，成五十萬。其貪鄙不道皆類此。

汴州刺史王志愔飲食精細，對賓下脱粟飯。商客有一驢，日行三百里，曾三十年不賣。市人報價云：十四千。愔曰：四千金少，更增一千。又令買單絲羅，疋至三千。愔問：用幾兩絲？對曰：五兩。愔令豎子取五兩絲來，每兩别與十錢手功之直。

（唐）李肇《唐國史補》卷中　江淮賈人積米以待踊貴，圖畫爲人，持錢一千，買米一斗，以懸于市。揚子留後徐粲杖殺之。

（唐）李肇《唐國史補》卷下　風俗貴茶，茶之名品益衆。劍南有蒙頂石花，或小方，或散牙，號爲第一。湖州有顧渚之紫笋，東川有神泉、小團、昌明、獸目，峽州有碧澗、明月、芳蕊、茱萸簝，福州有方山之露一作生牙，夔州有香山，江陵有南木，湖南有衡山，岳州有灉湖之含膏，常州有義興之紫笋，婺州有東白，睦州有鳩坑，洪州有西山之白露，壽州有霍山之黄牙，蘄州有蘄門團黄，而浮梁之商貨不在焉。

《舊唐書》卷一五《憲宗紀》　〔元和八年十二月〕辛巳，敕：應賜王公、公主、百官等莊宅、碾磑、店鋪、車坊、園林等，一任貼典貨賣，其所緣税役，便令府縣收管。

《舊唐書》卷一四〇《張建封傳》　初，建中年李洧以徐州歸附，洧尋卒，其後高承宗父子、獨孤華相繼爲刺史，爲賊侵削，貧困不能自存；又咽喉要地，據江淮運路，朝廷思擇重臣以鎮者久之。貞元四年，以建封爲徐州刺史，兼御史大夫、徐泗濠節度、支度營田觀察使。既創置軍伍，建封觸事躬親，性寬厚，容納人過誤，而按據綱紀，不妄曲法貸人，每言事，忠義感激，人皆畏悦。七年，進位檢校禮部尚書。十二年，加檢校右僕射。十三年冬，入覲京師，德宗禮遇加等，特以雙日開延英召對，又令朝參入大夫班，以示殊寵。建封賦《朝天行》一章上獻，賜名馬珍玩頗厚。

時宦者主宫中市買，謂之宫市，抑買人物，稍不如本估。末年不復行文書，置白望數十百人於兩市及要鬧坊曲，閲人所賣物，但稱宫市，則斂手付與，真僞不復可辨，無敢問所從來及論價之高下者，率用直百錢物買人直數千物，仍索進奉門户及脚價銀。人將物詣市，至有空手而歸者，名爲宫市，其實奪之。嘗有農夫以驢馱柴，宦者市之，與絹數尺，又就索門户，仍邀驢送柴至内。農夫啼泣，以所得絹與之，不肯受，曰：須得爾驢。農夫曰：我有父母妻子，待此而後食，今與汝柴，而不取直而歸，汝尚不肯，我有死而已。遂毆宦者。街使擒之以聞，乃黜宦者，賜農夫絹十匹。然宫市不爲之改，諫官御史表疏論列，皆不聽。吴湊以戚里爲京兆尹，深言其弊。建封入覲，具奏之，德宗頗深嘉納；而户部侍郎、判度支蘇弁希宦者之旨，因入奏事，上問之，弁對曰：京師游手墮業者數千萬家，無土著生業，仰宫市取給。上信之，凡言宫市者皆不聽用。詔書矜免百姓諸色逋賦，上問建封，對曰：凡逋賦殘欠，皆是累積年月，無可徵收，雖蒙陛下憂恤，百姓亦無所裨益。時河東節度使李説、華州刺史盧徵皆中風疾，口不能言，足不能行，但信任左右胥吏決遣之。建封皆悉聞奏，上深嘉納。又金吾大將軍李翰好伺察城中細事，加諸聞奏，冀求恩寵，人畏而惡之。建封亦奏之，乃下詔曰：比來朝官或諸處過從，金吾皆有上聞。其間如素是親故，或曾同僚友，伏臘歲序，時有還往，亦是常禮，人情所通。自今以後，金吾不須聞。

《舊唐書》卷一六四《王播傳》　時屬蝗旱，粟價暴踊，豪門閉糴，以邀善價。起嚴誡儲蓄之家，出粟於市，隱者致之於法，由是民獲濟焉。

（宋）王溥《唐會要》卷六二《御史臺下》　長安四年十一月，敕於登萊州置監牧，和市牛羊。

（宋）王溥《唐會要》卷八八《雜録》　〔開元〕二十年九月二十九日敕：綾羅絹布雜貨等交易，皆合通用。如聞市肆必須見錢，深非通理。自今後，與錢貨兼用。違者準法罪之。

元和五年十一月敕，應中外官有子弟凶惡，不告家長，私舉公私錢，無尊長同署文契者，其舉錢主并保人各決二十。仍均攤貨納。應諸色買賣相當後，勒買人面付賣人價錢。如違，牙人重杖二十。京兆尹王播所奏也。

（宋）王溥《唐會要》卷九〇《和糴》　證聖元年三月二十一日敕，州縣軍司府官等，不得輒取和糴物，亦不得遣人替名代取。

（宋）李昉等《文苑英華》卷五三〇《鬻繒不利度木為業判》　丙鬻繒不利度木爲業，鄰告惰農。

對

利百變法，工十易器，地平天成，罔爾降格。爲農服賈，厥道何常。丙市井其心，負販爲業。以貧求富，則農不及工，朝盈夕虚，乃末勝於本。提緗入肆，見無利於氷紈，操斧登山，更求材於霜刄。去彼取此，亦以有之。在於四人，于時一作時則度木。顧惟遷貨，何必守株，鄰人有言，告者非是。

（宋）李昉等《文苑英華》卷五三〇《旅人判》　甲爲旅人，鬻髻墾薜暴之器於市。人告違禁，科之不伏。

對

百族萬商，會日中之市；範金合土，利天下之人。是以陶器必良，誡其渝濫，用器乖度，非所貿遷。甲畎畝編甿，陶旊作業。邛泉歸壤，已復志於千秋；涇水非臨，自餘泥一作淤於數斗。不作無益，未見存誠；罔守爾典，旋彰矯迹。濫居闤闠之地，豈成埏埴之功，鬻斯薜暴。眩乃邊鄙。臨財作僞，嗟日拙以成勞；於義且忘，喻雲浮而何取？遂使漆園傲吏，無任扣歌；潁陰逸人，難從抱汲。同射鮒於井谷，敝甕斯聞；疑飲馬於重丘，毁瓶攸在。守不假器，雖將智者之謀；灌若漏巵，終匪居人之用。不軌不物，既爲亂正之流，刑期無刑，難從緩刑之義。

（宋）李昉等《文苑英華》卷五三〇《於市驚衆判》　乙於市驚衆擾亂。

對

日中爲市，天下攸集。貿絲抱布，虚往實來。士馬星繁，寶貨山積。君平卜肆，推步自資。相如酒鑪，朝夕牟利。乙識非賢達，情昧憲章，闤闠少游，未見閱書之美；旗亭之下，自貽恐衆之愆。一等事源，不可開恕三尺律令，請寘嚴科。

（宋）李昉等《文苑英華》卷五三〇《熟羌市易判》　當州熟羌，十月來導江縣市易。按察使科彭州刺史罪。訴云並蠶岸外，不伏。

對

當州導江，山川雖間，貿絲抱布，來往是常。矧今赤羽開元，黄旗啓聖，布堯心於萬國，復禹迹於九州，書等同文，車無異軌，雖夷夏殊俗，而交易何妨？趙璧尚入秦庭，楚材猶歸晉用，使人志清天下，望重星軒。

標一作膺鐵柱之嚴班，握金龍之使節，未聞從善，翻見求瑕。鳥隼爲旟，有虧於正直；鷹鸇逐雀，稍涉於煩苛。事不可詢，期乎勿用。

（宋）李昉等《文苑英華》卷五三〇《貨有滯於人用判》 貨有滯於人用者，甲不時而買，請賒之。所由不與，云：不過旬日，勒從其主。云：已從其有司。

對

貨有廢居，政惟通變。以收以斂，實著於周經；或與或求，蓋存乎《易象》。苟罔率厥典，則其誰曰然？伊甲者何，不時而買。屬蘋蘩有薦，霜露盈懷。家迫屢空，曷求仁者之粟。國崇救乏，爰假所由之貨。理宜給茲稽市，遵彼貿遷。期不過旬，將貧窶之是恤。勒夫從主，豈出納而爲吝。異乎市吏執曰均官，且濟俗利人，操贏善貸，誠爲體國之要，亦取隨時之宜。如存理而無傷，何餙詞而不與？遂使開倉長孺，徒歸美於漢庭；餽粟子皮，獨垂芳於《鄭志》。請辨而以授，無質以爲疑，仍旌泉府之規，用徵國服之息。儻從愚見，庶爲式臧。

（宋）李昉等《文苑英華》卷五三〇《避市籍判》 大理稱人多避市籍遠役，自陷於圜土。所以每年旨條，別有處分，不得如律。若依旨，則此刑將措；若依法，則無以代更。請省定。

對

裨販所興，聞乎往代，入四人之伍，隸九市之籍。邪贏所尚，錐刀必爭，曾不昏於作勞，從乘時以射利。故漢之定法，禁其未滔；秦之設規，讁以邊戍。發號施令，豈徒然哉。且民唐諱者曰甿，懵夫立理，避要荒之征役，棄父母之版圖，雖欲利於飄蓬，終見陷於圜土。國家罪惟寧失，德存好生，濟寬猛於隨時，審科條於庶慎。大哉至化！刑措其宜，但能峻以隄防，明其教令，則有符古之道，無遺一作其代之更。政在養民，唐諱。何須如律。

（宋）李昉等《文苑英華》卷五三一《立功執商判》 乙立軍功，合授官，或告親執商賈業。

對

天子授鉞，將軍運籌，廣練精兵，數道深入。壯哉乙者！屬當戎行，攘臂專征，負羽輕氣。警勵部伍，張皇武威；密爾元兇，尚懷旅拒。甘泉火起，初疑滅竈之餘；朔野風高，已得摧枯之勢。既而凱歌還國，疇庸武勳。漢不孤恩，方錫班超之職；商乎見議，詎奪弦高見《左傳》。之詞。或人盈庭，是相喧聒，既而斟酌典憲，採摭群言。樊噲擢於屠沽，弘羊起於賈豎，以今況古，其誰不然。今之游詞，一何狂簡。有功之賞，理請必行；無稽之言，事宜勿用。

（宋）李昉等《文苑英華》卷五三一《斷屠判》 京兆府申奏敕斷屠，百姓造罛不止，未知合不？

對

聖上德合乾坤，情深惻隱，將廣厚生之道，爰崇去殺之文，受純禮於前經，懲噬乾於成象。三鄺鼓刃，有禁班行；百姓造罛，無令止息。京兆以人多結網，即謂臨河，以皇上之任深，見寰中之信及。論設網之子，即云盡欲求魚；得鑄劍之夫，何必皆緣斷馬？事煩言上，夫復奚疑。

（宋）李昉等《文苑英華》卷五三一《傭賃判》 有客户閒人，請移執事。許之，恐因有流散；不許，則見無常職。欲允其請，仍立案牒爲其限約。州以爲擾，具請省裁。

對

閒人者五，列在《周官》，雖去家而不歸，終寓世而無職。喬木空在，乘白雲而不見；斷蓬斯飄，待涼風而未得。今乃請移執事，願効劬勞，誠自强而不息，復知一作卸疑迷而可尚。必也末游是恣，浮迹難悛，許之而行，未敢聞命。如或恪居爾職，無俾我虞，遂其由衷，是亦奚擾。況復存乎案牘，置以隄防，自可定於職司，亦何請於華省。

（宋）李昉等《文苑英華》卷五四六《梨橘判》 鄭州劉元禮載梨向蘇州，蘇人宏執信載橘來鄭州，行至徐城，水流急，兩船相衝，俱破。梨及橘並流，梨散接得半，橘薄盛總不失。元禮執信索陪，執信不伏。

對

滎澤名區，長洲沃壤，土宜雖異，川路攸通。故使賈客相趨，乘時射利，商人遁委，從有之無。大谷玄光，言移汴北；江陵朱實，欲度淮南。於是鼓帆侵星，俱辭故國，扣船忘夕，並屆徐城。兩鷁爭飛，雙鳧不背，異虛舟而見觸，均斷艦之相逢。遂使橈逐蘭摧，疑建平之柹下；棹隨桂折，若河上之查來。落果於焉星散，榜人由其驚没，一游一泳，橘包裹而全收；載沉載浮，梨漂零而半失。然防慮之術，未聞責已，而侵溺之弊直欲尤人。乍尋似合酬填，審細便難允許。何者？梨因散失，船則共傷，若爲梨覔陪，過自歸於毀櫝；如損船索償，理乃齊於指馬。既非情故，徒事披陳。

《新唐書》卷一二七《裴耀卿傳》 舊有配户和市法，人厭苦，耀卿一切責豪門坐賈，豫給以直，絶僦欺之敝。及去，人思之。

爲濟州刺史，濟當走集，地廣而户寡。會天子東巡，耀卿置三梁十驛，科斂均省，爲東州知頓最。封禪還，次宋州，宴從官，帝歡甚，謂張説曰：前日出使巡天下，觀風俗，察吏善惡，不得實。今朕有事岱宗，而懷州刺史王丘餼牽外無它獻，我知其不市恩也；魏州刺史崔沔遣使供帳，不施錦繡，示我以儉，此可以觀政也；濟州刺史裴耀卿上書數百言，至曰人或重擾，則不足以告成，朕置書座右以自戒，此其愛人也。

（宋）司馬光《資治通鑑》卷一八九《唐紀・高祖武德四年》 唐兵圍洛陽，掘塹築壘而守之。塹，七豔翻。城中乏食，絹一匹直粟三升，布十匹直鹽一升，服飾珍玩，賤如土芥。民食草根木葉皆盡，相與澄取浮泥，投米屑作餅食之，皆病，身腫脚弱，死者相枕倚於道。枕，職任翻。皇泰主之遷民入宮城也，見一百八十三卷隋義寧元年四月。凡三萬家，至是無三千家。雖貴爲公卿，糠覈不充，孟康曰：覈，麥糠中不破者也。晋灼曰：覈，音紇。京師人謂粗屑爲紇頭。尚書郎以下，親自負戴，負以肩背，戴以首。往往餒死。

（宋）司馬光《資治通鑑》卷二一一《唐紀・玄宗開元四年》 有胡人上言海南多珠翠奇寶，海南謂林邑、扶南、真臘諸國也。上，時掌翻。可往營致，因言市舶之利；舶，音白。又欲往師子國師子國，天竺旁國也，居西南海中，舊無人民，止有鬼神及龍居之。諸國商賈來共市易，鬼神不見其形，但出珍寶，顯其所堪價，商賈依價取之。其地和適，無冬夏之異。諸國人聞其土樂，因此競至，或有停住者，遂成大國；能馴養師子，因以名國。求靈藥及善醫之嫗，寘之宮掖。嫗，威遇翻。掖，音亦。上命監察御史楊範臣與胡人偕往求之，範臣從容奏曰：陛下前年焚珠玉、錦繡，示不復用。今所求者何以異於所焚者乎！彼市舶與商賈争利，殆非王者之體。從，千容翻。復，扶又翻。賈，音古。胡藥之性，中國多不能知；况於胡嫗，豈宜寘之宮掖！夫御史，天子耳目之官，必有軍國大事，臣雖觸冒炎瘴，死不敢辭。此特胡人眩惑求媚，無益聖德，竊恐非陛下之意，願熟思之。上遽自引咎，慰諭而罷之。

（宋）司馬光《資治通鑑》卷二一三《唐紀・玄宗開元十七年》 辛巳，敕以人間多盜鑄錢，始禁私賣銅鉛錫及以銅爲器皿；其采銅鉛錫者，官爲市取。爲，于僞翻。

（宋）司馬光《資治通鑑》卷二二〇《唐紀・肅宗乾元元年》 先是，官軍既克京城，先，悉薦翻。宗廟之器及府庫資財多散在民間，遣使檢括，頗有煩擾；乙酉，敕盡停之，仍命京兆尹李峴安撫坊市。

（宋）司馬光《資治通鑑》卷二三五《唐紀・德宗貞元十四年》 京兆尹吴湊屢言宮市之弊。宦者言湊屢奏宮市，皆右金吾都知趙洽、田秀嵓之謀也；都知，金吾府吏，右職也。丙午，洽、秀嵓坐流天德軍。

（宋）司馬光《資治通鑑》卷二五九《唐紀・昭宗景福元年》 行密以用度不足，欲以茶鹽易民布帛，掌書記舒城高勖曰：兵火之餘，十室九空，又漁利以困之，《記・坊記》：諸侯不下漁色。《注》曰：象捕魚然，中網取之，是無所擇。漁利之漁猶漁色之漁。將復離叛。復，扶又翻；下同。不若悉我所有易鄰道所無，足以給軍；選賢守令勸課農桑，數年之間，倉庫自實。行密從之。守，式又翻。令，力正翻。田頵聞之曰：賢者之言，其利遠哉！行密馳射武伎，皆非所長，伎，渠綺翻。而寬簡有智略，善撫御將士，與同甘苦，推心待物，無所猜忌。嘗早出，從者斷馬鞦，取其金，從，才用翻。斷，音短。鞦，七由翻，史炤曰：馬紂也。行密知而不問，他日，復早出如故，人服其度量。

（清）吴任臣《十國春秋》卷一一五《拾遺》 梁時江淮道梗，吴越泛海通中國，于是沿海置博易務，聽南北貿易。

宋遼金元分部

論説

（宋）葉夢得《石林燕語》卷三　狨坐不知始何時，朱彧《萍洲可談》一詳載狨坐制度，亦不言所始。唐以前猶未施用。太平興國中，詔工商庶人許乘烏漆素鞍，不得用狨毛煖坐，則當時蓋通上下用之矣。天禧元年，始定兩省五品、宗室將軍以上，許乘狨毛煖坐，餘悉禁，遂爲定制。今文臣自中書舍人以上，武臣節度使以上，方許用，而宗室將軍之制，亦不行矣。

《攷異》：太平興國七年，翰林學士承旨李昉等奏：商賈庶人有僭乘銀裝鞍勒、狨毛煖坐等，請禁斷。從之。當時以爲僭，則非通上下用之矣。今著令諫議大夫以上，及節度使、曾任執政官者，許乘狨坐。此云文臣中書舍人以上，武臣節度使以上，方許用，非也。

（宋）李燾《續資治通鑑長編》哲宗元祐元年閏二月　右司諫蘇轍言：

竊見三省同進呈臣前奏，乞將民間官本債負、出限役錢及酒坊元額罰錢，見今資產耗竭，實不能出者，令州、縣、監司保明除放事。奉聖旨，令户部勘會，應係諸色欠負窠名數目，仍契勘欠户見今各有無抵當物力，開具保明聞奏。臣竊謂朝廷將施舍已責，救民於溝壑之中，其施行節次，當如救焚，不可少緩。前件指揮，令户部開具欠户見今抵當物力，此事不在户部，惟州、縣可見。若令户部取之州、縣，文字往來，動經歲月，反覆問難，何時了絶？救民之急，不當如此。乃有司出入之常度，而非朝廷救災之體。如陛下將布德施仁，以收民心，荅天意，但使惠澤滂流，雖民間小有僥倖，何損於德？況此積欠，經涉久遠，凶歲疲民，空煩鞭箠，必無所得。縱獲毫末，無補國計。乞特降朝旨，直下諸路監司與州、縣，一面依下項除放，結罪，保明聞奏。所貴小民早被聖恩，不至失所，別致生事。謹具條件如後：

一、官本債負，在京乞委提點司與府、縣及市易官，外道委轉運司與州、縣同取索逐户元請官本若干，經今多少年月，合出息錢若干，逐户從請出官錢後來，已納到官本若干，息錢若干，通計本息未及官本，而家業蕩盡者，亦與除放。如尚有些小家業，而見今孤貧不濟者，即權住催理，官吏結罪保明聞奏，聽候敕裁。

一、拖欠坊場錢，所委官同前項。乞取索逐户元認净利錢若干，自開酤以來，違欠月分，合納罰錢若干，將本户已納到净利及罰錢通計若干，如已通計及元認净利之數，即行放免。如已通計及元認利錢之數，而家業蕩盡者，亦與除放。如尚有些小家業，而見今孤貧不濟者，即權住催理，官吏結罪保明聞奏，聽候敕裁。

一、出限拖欠役錢，今來朝廷已行差役法，即免役錢別無支用，雖使差役未了間時，暫留舊雇人執役，自有從來寬剩役錢支遣。其拖欠役錢，乞與一切放免。

右，臣前奏，係二月十五日，及今已四十日，而行遣迂緩，未知何時恩澤可以及下。伏乞陛下深念欠負人户枷錮已久，衣食不繼，父子離散，其愁苦無聊，甚可哀憫。斷自聖心，依臣所乞，特與除放。無使有司争執細故，遷延歲月，所得無幾，而民間窮困，小則病瘁怨苦，感動陰陽；大則計較死生，起爲盜賊。所失轉大，雖悔無及。臣不勝，區區爲國深慮。二十九日行。

（宋）黎靖德《朱子語類》卷五三《孟子・公孫丑・尊賢使能章》

市廛而不征。問：此市在何處？曰：此都邑之市。人君國都如井田樣，畫爲九區：面朝背市，左祖右社，中間一區，則君之宫室。宫室前一區爲外朝，凡朝會藏庫之屬皆在焉。後一區爲市，市四面有門，每日市門開，則商賈百物皆入焉。賦其廛者，謂收其市地錢，如今民間之舖面錢。蓋逐末者多，則賦其廛以抑之，少則不廛，而但治以市官之法，所以招徠之也。市官之法，如《周禮》司市平物價，治争訟，譏察異服異言之類。市中惟民乃得入，凡公卿大夫有爵位及士者皆不得入，入則有罰。如國君過市，則刑人赦；夫人過市，則罰一幕；世子過市，則罰一帟；命夫、命婦過市，則罰一蓋、帷之類。左右各三區，皆民所居。而外朝一區，左則宗廟，右則社稷在焉。此國君都邑規模之大概也。僩。

或問：法而不廛，謂治以市官之法，如何是市官之法？曰：《周禮》自有，如司市之屬平價，治争訟，謹權量等事，皆其法也。又問：市，廛而不征，法而不廛。曰：市，廛而不征，謂使居市之廛者，各出廛賦若干，如今人賃鋪面相似，更不征税其所貨之物。法而不廛，則但治之以市官之法而已，雖廛賦亦不取之也。又問：古之爲市者，以其所有，易其所無者，有司者治之耳。此便是市官之法否？曰：然。如漢之獄市、軍市之類，皆是古之遺制。蓋自有一箇所在以爲市，其中自有許多事。廣。

市，廛而不征，法而不廛。伊川之説如何？曰：伊川之説不可曉。横渠作二法，其説却似分明。讀。

（宋）黎靖德《朱子語類》卷一三〇《本朝・自熙寧至靖康用人》

荊公初作江東提刑，回來奏事，上萬言書。其間一節云：今之小官俸薄，不足以養廉，必當有以益之。然當今財用匱乏，而復爲此論，人必以爲不可行。然天下之財未嘗不足，特不知生財之道，無善理財之人，故常患其不足。神宗甚善其言。後來纔作參政第二日，便專措置理財，偏置回易庫，以籠天下之利，謂《周禮》泉府之職正是如此。却不知周公之制，只爲天下之貨有不售，則商旅留滯而不能行，故以官錢買之，使後來有欲買者，官中却給與之，初未嘗以此求利息也。時舉云：凡國之財用取具焉，則是國家有大費用皆給於此，豈得謂之不取利耶？朝廷財用，但可支常費耳。設有變故之來，定無可以應之。曰：國家百年承平，其實規模未立，特幸其無事耳。若有大變，豈能支耶？神宗一日問回易庫零細賣甚果子之類，因云：此非朝廷之體。荊公乃曰：國家創置有司，正欲領其繁細。若回易庫中，雖一文之物，亦當不憚出納，乃有司之職，非人君所當問。若人君問及此，則乃爲繁碎而失體也。其説甚高，故神宗信之。時舉。

（元）魏初《青崖集》卷四《奏議・論大都和僱和買及鹽貨等事》

〔至元十年〕六月二十一日。竊惟際天之下，皆朝廷赤子，初無內外之間。古人由近以及遠，故有先後緩急之勢。大抵京師根本也，四方枝葉也，根本盛實則枝葉茂密，此必然之理也。殷、周王畿千里，諸侯大者方百里；秦、漢徙天下豪强以實京師，亦所以强幹弱枝，隆上都而觀萬國之意也。若京師根本不固，四方脱有風塵之警，饑饉之虞，則何以鎮遏寇掠？今竊觀大都形勢，則四方之根抵也，其百姓宜加愛養，厚其力以固根本。廼者近餘年間，其賦役科差比之外方更爲煩重，每歲除包銀、絲料、課程、税糧外，略於總管府各科分取問得，打造石材、般載木植及一切營造等處不下一百五六十萬工，和買稈草、燒草又不下數十百萬束，料粟不下數十萬石，車具不下數千餘輛，其餘雜細，不能縷數也。今來參詳：曰買曰顧，非常法也，前代不測則用之。今一一逐旋顧買，侵漁之徒又因而剋減，致使官民不相信。凡所給價以十分爲率，必揩留一二分，俟估計體度定然後破除放支，行移遷調，有數年不得足其價者。今營造方始，此等事不能遽已，要當講求良方，擬定價直，明示榜文，鈔出則貨入，貨入則鈔出，使侵漁之徒不能少有剋減。倘計置不盡不測必用之物，宜比市價稍加增添。利之所在，民争趨之，何患有不辦者哉！

且夫民之所以不饑寒者，以其當耕而耕，當織而織耳。故農有餘粟，女有餘布。今農事方殷，夫役若此，安得不忍奪歲計！欲民力之不困，不可得也。大都四方輻輳，閑民居多，若將見支工價、鹽糧餘上少添分數，明示榜文，召募赴役，不致剋減，亦足以濟貧民。倘召募不足，當農隙之時，遍及則可也。若農事未隙，除農民之家，其餘諸色人户時暫科差，亦不妨奪農務，不誤造作，似可久行。兼本路鹽貨與外方亦更偏重。河間每袋重四百五十斤，價鈔一十四兩一錢一分四釐；山東每袋重四百五十斤，價鈔一十二兩六錢六分二釐。大都每引重四百斤，正該鈔一十六兩三錢，又利禄錢七錢，每引通計鈔一十七兩，比山東、河間斤重少五十斤，價鈔比河間多二兩八錢八分六釐。合無照依河間、山東酌中定擬價直，官賣鹽引，從諸人興販，則足以少寬民力，是亦愛養之一節也。古者將用民力，必先有以養之，養之既富而知義，然後用之，則何功不獲，何事不成。今國家方將混一區宇，輦轂之下頗涉困弊，利害非細。主上仁慈，愛養元元，如近者免徵積年拖欠之錢債，除豁軍人垛兑之差發，皆希世之洪恩得復覩於今日，是誠生民之大幸，社稷之永福也。如大都和買、和顧、夫役、鹽貨等事，與所以培養根本之意，特未有以達之耳。

（元）蘇天爵《元文類》卷四〇《雜著・商税》 國家始得中原，賦諸民者，未有定制。歲甲午，始立徵收課税所以徵商賈之税，初無定額。

至元七年立法，始以三十分取一。每歲隨路通收税課以銀四萬五千定爲額，禁毋多取，以紓民力。逮二十六年僧格爲丞相遂重增其税，自是以來漸以增益，視其初倍蓰十百不侔矣。

綜　述

（宋）竇儀《宋刑統》卷二六《雜律·器物絹布行濫短狹》 諸造器用之物，及絹布之屬，有行濫短狹而賣者，各杖六十。不牢謂之行，不真謂之濫。即造横刀及箭鏃用柔鐵者，亦爲濫。得利贓重者，計利准盗論。販賣者亦如之。市及州縣官司知情，各與同罪，不覺者減二等。

疏：諸造器用之物，及絹布之屬，有行濫短狹而賣者，各杖六十。注云，不牢謂之行，不真謂之濫。即告横刀及箭鏃用柔鐵者，亦爲濫。議曰：凡造器用之物，謂供公私用，及絹布綾綺之屬行濫，謂器用之物不牢、不真，短狹謂絹匹不充四十尺，布端不滿五十尺，幅闊不充一尺八寸之屬，而賣各杖六十。故《禮》云：物勒工名，以考其誠。功有不當，必行其罪。其行濫之物没官，短狹之物還主。

又云，得利贓重者，計利准盗論。販賣者亦如之。市及州縣官司知情，各與同罪，不覺者減二等。議曰：得利贓重者，謂賣行濫短狹等物，計本之外，剩得利者，計贓重於杖六十者，准盗論，謂准盗罪一尺杖六十，一匹加一等。計得利一匹一尺以上，即從重科，計贓累而倍併。販賣者亦如之，謂不自造作，轉買而賣求利，得罪並同自造之者。市及州縣官司知行濫情，各與造賣者同罪，檢察不覺者減二等，官司知情及不覺，物主既别，各須累而倍論。其州縣官不管市不坐。

諸市司評物價不平者，計所貴賤坐贓論，入己者以盗論。其爲罪人評贓不實，致罪有出入者，以出入人罪論。

疏議曰：謂公私市易，若官司遣評物價，或貴或賤，令價不平，計所加減之價，坐贓論。入己者，謂因評物價，令有貴賤，而得財物入己者，以盗論，並依真盗除免、倍贓之法。其爲罪人評贓不實，亦謂增減其價，致罪有出入者。假有評盗贓應直上絹五匹，乃加作十匹，應直十匹，減作五匹，是出入半年徒罪，市司還得半年徒坐，故云，以出入人罪論。若應直五匹，評作九匹，或直九匹，評作五匹，於罪既無加減，止從貴賤不實坐贓之法。

諸賣買不和而較固取者，較謂專略其利，固謂障固其市。及更出開閉，共限一價，謂賣物以賤爲貴，買物以貴爲賤。若參市，謂人有所賣買，在旁高下其價，以相惑亂。而規自入者，杖八十。已得贓重者，計利准盗論。

疏：諸賣買不和而較固取者。注云，較謂專略其利，固謂障固其市。又云，及更出開閉，共限一價。注云，謂賣物以賤爲貴，買物以貴爲賤。議曰：賣物及買物人兩不和同，而較固取者，謂强執而市，不許外人買，故注云，較謂專略其利，固謂障固其市。及更出開閉，謂販鬻之徒，共爲姦計，自賣物者，以賤爲貴，買人物者，以貴爲賤，更出開閉之言，其物共限一價，望使前人迷謬，以將入己。

又云，若參市。注云，謂人有所賣買，在旁高下其價，以相惑亂。又云，而規自入者，杖八十。已得贓重者，計利准盗論。議曰：參市謂負販之徒，共相表裏，參合貴賤，惑亂外人，故注云，謂人有所賣買，在旁高下其價，以相惑亂，而規賣買之利入己者，並杖八十。已得利物計贓重於杖八十者，計利准盗論，謂得三匹一尺以上，合杖九十，是名贓重。其贓既准盗利，即合徵還本主。

諸買奴婢、馬牛駞騾驢，已過價不立市券，過三日，笞三十，賣者減一等。立券之後，有舊病者，三日内聽悔，無病欺者，市如法，違者笞四十。即賣買已訖，而市司不時過券者，一日笞三十，一日加一等，罪止杖一百。

疏：諸買奴婢、馬牛駞騾驢，已過價不立市券，過三日，笞三十，賣者減一等。立券之後，有舊病者，三日内聽悔，無病欺者，市如法，違者笞四十。議曰：買奴婢、馬牛駞騾驢等，依令並立市券，兩和市賣，已過價訖，若不立券，過三日，買者笞三十，賣者減一等。若立券之後，有舊病，而買時不知，立券後始知者，三日内聽悔，三日外無疾病，故相欺罔，而欲悔者，市如法，違者笞四十。若有病欺不受悔者，亦笞四十。令無私契之文，不准私券之限。

又云，即賣買已訖，而市司不時過券者，一日笞三十，一日加一等，罪止杖一百。議曰：賣買奴婢及牛馬之類，過價已訖，市司當時不即出券者，一日笞三十。所由官司依公坐，節級得罪。其挾私者，以首從論，一日加一等，罪止杖一百。

（宋）謝深甫等《慶元條法事類》卷七《職制門·監司巡歷》 關市令

諸物價每月一估，每物具上、中、下等實值時估結算申。價有增減者，旬具刺狀外，縣鎮寨實直仍申本州審察。監司若季點官巡按所至准此。

（宋）謝深甫等《慶元條法事類》卷三〇《財用門・經總制》 賞令

諸保明應在賞，若將經總制無額並市舶貨等錢物湊數者，更不理賞。

（宋）謝深甫等《慶元條法事類》卷三二《財用門・理欠》 諸房園課利以遞年比較，如有虧欠，監專公人依課例場務法。吏人同專副。

諸課利場務年終比較祖額，監專公人管兩務以上，若州縣鎮寨當職官，各隨所部場務，並通比。虧二釐，酒匠攔頭之類同。笞五十，專副減一等，並聽贖，滿五釐各加一等，監官罰俸半月，每一分又各加一等，至三分五釐止；添差者，減正官二等，令、佐、都監、添差都監減正都監二等。寨主減監官一等，知州、緣邊者免。通判、職官、曹官又減一等。不滿二釐，次年併計科罰。

諸課利場務虧額不滿全年者，以祖額對月通比，減全年法一等，不及半年免比。若因災傷限內全免，而不及者准此。【略】

諸房園課利虧欠者，勒本界干繫人認催。

（宋）謝深甫等《慶元條法事類》卷三六《庫務門・場務》 關市令

諸穀米遇災傷，聽從便般販，州縣輒阻遏及税務揀截留滯者，並許越訴。

（宋）謝深甫等《慶元條法事類》卷三六《庫務門・承買場務》 場務令

諸承買場務應停廢者，其年額課利錢，本州差官相度，如可併入隣近場務，即令分認。【略】

諸色人

告獲承買場務計合作無人承買，避名折變，錢一百貫。

（宋）謝深甫等《慶元條法事類》卷三六《庫務門・商税》 諸太中、右武大夫以上買竹木之類修宅者，許自給文憑，逐處審驗，免和買。【略】

諸應以經撫錢回易者，唯廣西安撫司，其税聽免。

（宋）謝深甫等《慶元條法事類》卷四八《賦役門・科敷》 雜敕

淳熙十六年七月十五日敕：臣僚劄子奏，監司有興販木植，抑令所屬州郡變轉，州責之於縣，縣敷及於民。今監司自有常賦，足了支遣。欲望禁止，如有違戾，許令外臺糾察，重置典憲。奉聖旨依。

（宋）謝深甫等《慶元條法事類》卷四八《賦役門・科敷》 諸公使庫買物不依實直，若過三十日不還價及部内科買、配賣，各以違制論，不以去官赦降原減。【略】

令

祀令

諸大禮合用物件，應辦官司並以見錢委官收買，不得輒敷州縣，科配人户。

關市令

諸供官之物，轉運司預度出產處計置價錢，下本州選官，體訪所產多寡約數，於要便處置場，作料次請錢，比市價量添價和買，物數少不須置場，及就出產處者，臨時相度。召人中賣。即原先一年召保請錢認數中賣者，聽。非出產或所產數少，或偶闕，即申本司下出產多處貼買。本路實闕或不足，本司保明申尚書户部。即不得擅科、折，提舉常平司覺察，違者，具官吏申尚書省。其被科、折之人，聽經本司陳訴，每遇和買，仍檢舉牓示。

諸和買官物，監司下立酌中期限，不體究土產有無，一概抛買，致州縣非理科配，吏人受賂移減，並聽人户越訴。

《宋史》卷一七五《食貨志・布帛》 神宗即位，京師米有餘蓄，命發運司損和糴數五十萬石，市金帛上京，儲之榷貨務，備三路軍須。京東轉運司請以錢三十萬二千二百貫給貸於民，令次年輸絹，匹爲錢千，隨夏税初限督之。詔運其錢于河北，聽商人入中。

熙寧三年，御史程顥言：京東轉運司和買紬絹，增數抑配，率千錢課絹一匹，其後和買并税絹，匹皆輸錢千五百。時王廣淵爲轉運使，謂和買如舊，無抑配。顥言其迎合朝廷意。王安石謂廣淵在京東盡力以赴事功，不宜罪以迎合。乃詔所給内帑別額紬絹錢五十萬緡，收其本儲之北京，息歸之内帑。右正言李常亦言：廣淵以陳汝義所進羨餘錢五十萬緡，隨和買絹錢分配，於常税折科放買外，更取二十五萬緡，請以顥言付有司。定州安撫司又言：轉運司配紬、絹、綿、布於州鎮軍砦等坊郭户，易錢數多，乞憫其災傷，又居極邊，特蠲損之。詔提刑司別估，民不願市，令官自賣，已給而抑配者正之。自王安石秉政，專以取息爲富國之務，故當時言利小人如王廣淵輩，假和買紬絹之名，配以錢而取其五分之息，其刻又甚於青苗。然安石右廣淵，顥、常言卒不行。二月，詔移巴蜀羨財，市布帛儲於陝西以備邊，省蜀人輸送及中都漕輓之費。

七年，兩浙察訪沈括言：本路歲上供帛九十八萬，民苦備償，而發運司復以移用財貨爲名，增預買紬絹十二萬。詔罷其所增之數。八年，韓琦奏倚閣預買紬絹等，雖稍豐稔，猶當五七歲帶輸。安石以爲不然，言於神宗曰：預買紬絹，祖宗以來未嘗倚閣，往歲李稷有請，因從之。近方鎮監司争以寬恤爲事，不計有無，異日國用闕，當復刻剥於民爾。

元豐以來，諸路預買紬絹，許假封樁錢或坊場錢，少者數萬緡，多者至數十萬緡。其假提舉司寬剩錢者，又或令以絹帛入常平庫，俟轉運司以價錢易取。三年，京東轉運司請增預買數三十萬，即本路移易，從之。四年，遣李元輔變運川峽四路司農物帛。中書言：物帛至陝西，擇省樣不合者貿易，糴糧儲於邊，期以一年畢。五年，户部上其數凡八百十六萬一千七百八十匹兩，三百四十六萬二千緡有奇。【略】

建炎元年，知越州翟汝文奏：浙東和預買絹歲九十七萬六千匹，而越乃六十萬五百匹，以一路計之，當十之三。望將三等以上户減半，四等以下户權罷。尋以杭之和買絹偏重，均十二萬匹於兩浙。乾道九年，祕書郎趙粹中言：兩浙和買，莫重於紹興，而會稽爲最重。緣田薄税重，詭名隱寄，多分子户。自經界後至乾道五年，累經推排，減落物力，走失愈重，民力困竭。若據畝均輸，可絶詭户之弊。淳熙八年，詔兩淮漕臣吴琚與帥臣張子顔措置。子顔等言：勢家豪民分析版籍以自託於下户，是不可不抑。然弊必有原，謂如浙東七州，和買凡二十八萬一千七百三十有八；温州本無科額，合台、明、衢、處、婺之數，不滿一十三萬；而紹興一郡獨當一十四萬六千九百三十有八，則是以一郡視五郡之輸而又贏一萬有奇，此重額之弊也。又如賃牛物力，以其有資民用，不忍科配；酒坊、鹽亭户，以其嘗趁官課，難令再敷；至於坍江落海之田，壤地漂没；僧道寺觀之產，或奉詔蠲免；而省額未除，不免陰配民户，此暗科之弊也。二弊相乘，民不堪命，於是規避之心生，而詭户之患起。舊例物力三十八貫五百爲第四等，降一文以下即爲第五等，爲詭户者志於規避，往往止就二三十貫之間立爲砧基。今若自有產有丁係真五等依舊不科，其有產無丁之户，將實管田產錢一十五貫以上並科和買，其一十五貫以下則存而不敷，庶幾僞五等不可逃，真五等不受困。於是詔：紹興府欑宫田園、諸寺觀、延祥莊并租牛耕牛合蠲和買，並於省額除之；坊場、鹽亭户見敷和買物力，及坍江田、放生池合減租税物力，並覈實取旨。

十一年，臣僚言兩浙、江東西四路和買不均之弊，送户部、給舍等官詳議。鄭丙、丘崈議，畝頭均科之説至公至平，詔施行之。十六年，知紹興府王希吕言：均敷和買，曩者亟於集事，不暇覈實，一切以爲詭户而科之，於是物力自百文以上皆不免於和買，貧民始不勝其困。乞將創科和買二萬五十七匹有奇盡放，則民被實惠矣。於是詔下户和買二萬五十餘匹住催一年，又減元額四萬四千匹有奇；均敷一節，令知紹興府洪邁從長施行。紹熙元年，邁定其法上之，詔依所措置推行，於是紹興貧民下户稍寬矣。

《宋史》卷一七五《食貨志·和糴》 宋歲漕以廣軍儲、實京邑。河北、河東、陝西三路及内郡，又自糴買，以息邊民飛輓之勞，其名不一。建隆初，河北連歲大稔，命使置場增價市糴，自是率以爲常。咸平中，嘗出内府綾、羅、錦、綺計直緡錢百八十萬、銀三十萬兩，付河北轉運使糴粟實邊。繼而詔：凡邊州積穀可給三歲即止。大中祥符初，三路歲豐，仍令增糴廣蓄，靡限常數。後又時出内庫緡錢，或數十萬，或百萬，别遣官經畫市糴，中等户以下免之。

初，河東既下，減其租賦。有司言其地沃民勤，頗多積穀，請每歲和市，隨常賦輸送，其直多折色給之。京東西、陝西、河北闕兵食，州縣括民家所積糧市之，謂之推置；取上户版籍，酌所輸租而均糴之，謂之對糴，皆非常制。麟、府州以轉餉道遠，遣常參官就置場和糴。河北又募商人輸芻粟於邊，以要券取鹽及緡錢、香藥、寶貨於京師或東南州軍，陝西則受鹽於兩池，謂之入中。陝西糴穀，又歲預給青苗錢，天聖以來，罷不復給，然發内藏金帛以助糴者，前後不可勝數。寶元中，出内庫珠直緡錢三十萬，付三司售之，收其直以助邊費。歐陽脩奉使河東還，言：河東禁並邊地不許人耕，而私糴北界粟麥爲兵儲，最爲大患。遂詔岢嵐、火山軍閑田並邊壕十里外者聽人耕，然竟無益邊備，歲糴如故。大抵入中利厚而商賈趨之，罷三路入中，悉以見錢和糴，縣官之費省矣。【略】

自熙寧以來，和糴、入中之外，又有坐倉、博糴、結糴、俵糴、兑糴、寄糴、括糴、勸糴、均糴等名。其曰坐倉：熙寧二年，令諸軍餘糧願糴入官者，計價支錢，復儲其米於倉。王珪奏曰：外郡用錢四十可致斗米於京師，今京師乏錢，反用錢百坐倉糴斗米，此極非計。司馬光曰：坐倉之法，蓋因小郡乏米而庫有餘錢，故反就軍人糴米以給次月之糧，出於一時急計耳。今京師有七年之儲，而府庫無錢，更糴軍人之米，使積久陳腐，其爲利害非臣所知。吕惠卿曰：今坐倉得米百萬石，則減東南歲漕百萬石，轉易爲錢以供京師，何患無錢？光曰：臣聞江、淮之南，民間乏錢，謂之錢荒。而土宜秔稻，彼人食之不盡。若官不糴取以供京師，則無所發泄，必甚賤傷農矣。且民有米而官不用米，民無錢而官必使之出錢，豈通財利民之道乎？不從。明年，又慮元價賤，神、龍衞及諸司每石等第增錢收糴，仍聽行於河北、河東、陝西諸路。元符以後，有低價抑糴之弊，詔禁止之。

其曰博糴：熙寧七年，詔河北轉運、提舉司置場，以常平及省倉歲用餘糧，減直聽民以絲、綿、綾、絹增價博買，俟秋成博糴。崇寧五年，又詔陝西錢重物輕，委轉運司措置，以銀、絹、絲、紬之類博糴斛斗，以平物價。

其曰結糴：熙寧八年，劉佐體量川茶，因便結糴熙河路軍儲，得七萬餘石，詔運給焉。未幾，商人王震言：結糴多散官或浮浪之人，有經年方輸者。詔措置熙河財用孫迥究治以聞。迥奏總管王君萬負熙、河兩州結糴錢十四萬六百三十餘緡、銀三百餘兩。乃遣蔡確馳往本路劾之，君萬及高遵裕皆坐借結糴違法市易，降黜有差。崇寧初，蔡京行於陝西，盡括民財以充數。五年，以星變講修闕政，罷陝西、河東結糴、對糴。

其曰俵糴：熙寧八年，令中書計運米百萬石費約三十七萬緡，帝怪其多。王安石因言：俵糴非特省六七十萬緡歲漕之費，且河北入中之價，權之在我，遇斗斛貴住糴，即百姓米無所糶，自然價損，非惟實邊，亦免傷農。乃詔歲以末鹽錢鈔、在京粳米六十萬貫石，付都提舉市易司貿易。度民田入多寡，預給錢物，秋成於澶州、北京及緣邊入米麥粟封樁。即物價踴，權止入中，聽糴便司兑用，須歲豐補償。紹聖三年，吕大忠之言，召農民相保，豫貸官錢之半，循税限催科，餘錢至夏秋用時價隨所輸貼納。崇寧中，蔡京令坊郭、鄉村以等第給錢，俟收，以時價入粟，邊郡弓箭手、青唐蕃部皆然。用俵多寡爲官吏賞罰。

其曰兑糴：熙寧九年，詔淮南常平司於麥熟州郡及時兑糴。元祐二年，嘗以麥熟下諸路廣糴，詔後價若與本相當，即許變轉兑糴。

其曰寄糴：元豐二年，糴便糧草王子淵論綱舟利害，因言：商人入中，歲小不登，必邀厚價，故設内郡寄糴之法，以權輕重。七年，詔河北瀛、定二州所糴數以鉅萬，而散於諸郡寄糴，恐緩急不相及，不若致商人自運。李南公、王子淵俱言：寄糴法行已久，且近都倉，緩急運致非難。於是寄糴卒不罷。

其曰括糴：元符元年，涇原經略使章楶請並邊糴買，豫榜諭民，毋得與公家争糴，即官儲有乏，括索嬴糧之家，量存其所用，盡糴入官。

其曰勸糴、均糴：政和元年，童貫宣撫陝西議行之。鄜延經略使錢即言：勸糴非可以久行。均糴先入其斛斗乃給其直，於有斛斗之家未有害也。坊郭之人，素無斛斗，必須外糴，轉有煩費。疏奏，坐貶。時又詔河北、河東倣陝西均糴，知定州王漢之坐沮格奪職罷。未幾，遂立均糴法。三年，以歲稔，諸路推行均糴。五年，言者謂：均糴法嚴，然已糴而不償其直，或不度州縣之力，敷數過多，有一户而糴數百石者。乃詔諸路毋輒均糴。既而州縣以和糴爲名，低裁其價，轉運司程督愈峻，科率倍於均糴，詔約止之。宣和三年，方臘平，兩浙亦量官户輕重均糴。明年，荊湖南、北均糴，以家業爲差。勸糴之法，其後寖及於新邊鄯廓州、積石軍，蕃部患之。

自熙寧以來，王韶開熙河，章惇營溪洞，沈起、劉彝啓交阯之隙，韓存寶、林廣窮乞弟之役，費用科調益繁。陝西宿兵既多，元豐四年，六路大舉西討，軍費最甚於他路。帝先慮科役擾民，令趙禼廉問，頗得其事。又以糧餉麤惡，欲械斬河東、涇原漕臣，以厲其餘，卒以師興役衆，鮮克辦給。又李稷爲鄜延漕臣督運，詔許斬知州以下乏軍興者，民苦摺運，多散走，所殺至數千人，道斃者不在焉。於是文彦博奏言：關陝人户，昨經調發，不遺餘力，死亡之餘，疲瘵已甚。爲今之計，正當勞來將士，安撫百姓，全其瘡痍，使得蘇息。明年，優詔嘉答。初，西師無功，議者慮朝廷再舉，自是，帝大感悟，申飭邊臣固境息兵，關中以蘇。【略】

南渡，三邊饋餉，糴事所不容已。紹興間，於江、浙、湖南博糴，多者給官告，少者給度牒，或以鈔引，類多不售，而吏緣爲姦，人情大擾。於是減其價以誘積粟之家，初不拘於官、編之户。凡降金銀錢帛而州縣阻節不即還者，官吏並徒二年。廣東轉運判官周綱糴米十五萬石，無擾及無陳腐，撫州守臣劉汝翼餉兵不匱，及勸誘賑糶流離，皆轉一官。七年以饒州之糴石取耗四斗，罪其郡守。自是和糴者計剩科罪。十三年，荊湖歲稔，米斗六七錢，乃就糴以寬江、浙之民。十八年，免和糴，命三總領所置場糴之。舊制：兩浙、江、湖歲當發米四百六十九萬斛，兩浙一百五十萬，江東九十三萬，江西百二十六萬，湖南六十五萬，湖北三十五萬。至是，欠百萬斛有奇。乃詔臨安、平江府及淮東西、湖廣三計司，歲糴米百二十萬斛：浙西凡糴七十六萬，淮西十六萬五千，湖廣、淮東皆十五萬。二十八年，除二浙以三十五萬斛折錢，諸路綱米及糴場歲收四百五十二萬斛。二十九年，糴二百三十萬石以備振貸，石降錢二千，以關子、茶引及銀充其數。

孝宗乾道三年秋，江、浙、淮、閩淫雨，詔州縣以本錢坐倉收糴，毋強配於民。四年，糴本給會子及錢銀，石錢二貫五百文。淳熙三年，詔廣西運司，糴錢以歲豐歉市直高下增減給之。

寶慶三年，監察御史汪剛中言：和糴之弊，其來非一日矣，欲得其要而革之，非禁科抑不可。夫禁科抑，莫如增米價，此已試而有驗者，望飭所司奉行。有旨從之。紹定元年，錫銀、會、度牒於湖廣總所，令和糴米七十萬石餉軍。五年，臣僚言：若將民間合輸緡錢使輸斛斗，免令賤糶輸錢，在農人亦甚有利，此廣糴之良法也。從之。開慶元年，沿江制置司招糴米五十萬石，湖南安撫司糴米五十萬石，兩浙轉運司五十萬石，淮、浙發運司二百萬石，江東提舉司三十萬石，江西轉運司五十萬石，湖南轉運司二十萬石，太平州一十萬石，淮安州三十萬石，高郵軍五十萬石，漣水軍一十萬石，廬州一十萬石，並視時以一色會子發下收糴，以供軍餉。

咸淳六年，都省言：咸淳五年和糴米，除浙西永遠住糴及四川制司就糴二十萬石樁充軍餉外，京湖制司，湖南、江西、廣西共糴一百四十八萬石，凡遇和糴年分皆然。

《續文獻通考》卷二七《市糴考·常平義倉和糴》 宋寧宗慶元元年，詔户部右曹專領義倉。

是年，又以兩浙轉運副使沈詵言，歲比不登米價翔踴，凡商販之家，發其囷積盡使出糶。於是告藏之令設矣。【略】

理宗寶慶三年，詔州縣和糴毋得科抑，并申嚴遏糴之禁。

監察御史汪剛中言：和糴之弊其來非一日矣，欲得其弊而革之，非禁科抑不可。夫禁科抑，莫如增米價，此已試而有驗者也。詔所司奉行之。又言豐穰之地，穀賤傷農，凶歉之地，濟糴無策，惟以其所有餘濟其所不足，則饑者不至於貴糴，而農民亦可以得利。乞嚴禁遏糴，凡兩浙江東西湖南北州縣有米處，並聽販鬻流通。違者許被害人越訴，官按劾，吏決配。庶令出惟行，不致文具。從之。

（清）徐松《宋會要輯稿·食貨三七·市易》 太祖建隆元年八月，禁商人不得齎箭笴、水銀、丹添等物於河東境上販易，違者重致其罪。沿邊民敢居停河東商人者，棄市。

開寶二年九月，開封府司録參軍孫嶼言：每奉中書及本府令，勘責京畿並諸道州、府論事人等。內論訟典賣物業者，或四鄰爭買，以何鄰爲先；或一鄰數家，以孰家爲上？蓋格文無例，致此爭端。累集左右軍莊宅牙人議定，稱凡典賣物業，先問房親；不買，次問四鄰。其鄰以東南爲上，西北次之；上鄰不買，遞問次鄰，四鄰俱不售，乃外召錢主。或一鄰至著兩家已上，東、西二鄰，則以南爲上；南、北二鄰，則以東爲上。此是京城則例。檢尋條令，並無此格。乞下法司詳定可否施行。所貴應元典賣物業者詳知次序，民止（端）〔爭〕端。據大理寺詳定，所進事件乞頒下諸道州、府，應有人户爭競典賣物業，並勒依此施行。從之。

七年五月，詔曰：官中市易，比務准平，或有愚民不遵公法，增減時價，欺罔官錢。慮彰露以自疑，必夙宵而懷懼。宜垂軫念，特議矜寬，庶知改過之方，得有自新之路。自今日已前，應有買著係省物色、偷謾官錢者，並特與免罪，不許論訟，如是有人更敢言告，以其罪罪之。若是今後買賣官物依前敢有欺謾，並准枉法贓斷，其所犯人家財物業並當没納，告事人賞錢百千。先是，馬步軍都軍頭史圭性粗暴無識，妄恣威福，嘗密令人於都市察買人中有曾收市官物者，皆誣其欺罔，即擒以上言，往往有寘於法者。繇是廛市之間，列肆盡閉，列：原作到，按《宋史》卷二七四《史珪傳》載此事作列肆無不側目，據改。而太祖聞之，故有是詔。

太宗太平興國二年七月，詔華州先籍入陽平市木吏田宅，悉給賜其家。先是，分遣州吏市木，歲供於京師，吏爲姦隱，没官錢以萬計。人有訴者，命使按之，得其實，抵罪甚衆，盡没其田宅貲財。至是，而太宗憫之，故有是命。【略】

淳化二年四月，詔：雷、化、新、白、鳩、恩等州山林中有群象，民能取其牙，官禁不得賣。自今許令送官，官以半價償之。有敢藏匿及私市與人者，論如法。

五年二月，詔：自來官中配買物色，内有元不出産去處，卻分擘在彼抑配，及諸般不便、侵擾户民之事並非理差役，州縣因循不敢條奏者，並仰三司、逐道判官及轉運使、副、知州、通判等具利害子細擘畫申奏，當議施行。

真宗咸平元年十二月，詔府州令直蕩族大首領鬼啜尾於金家堡置津渡，通蕃族互市。

二年七月，婺州通判崔憲言：天下土地所産之物，官以折科和買爲名，抑奪其價，重賦其民。乞選端士明大體者散下郡國，課其有無，爲一定規式。詔三司：自今應有折科並和買物色，並仰體量指揮。

四年二月，詔：應今後差往西川使臣，更不得託彼處官吏賤價收買匹帛，仍仰嚴行止絶之。

五年四月，詔雄州復置榷場，從知州何承矩所奏也。先是，承矩累言懇請開置，及陳得北界僞命新城都監押種堅牒請復設榷場，以通商旅。真宗曰：寇戎翻覆，實不可信，承矩之意，要弭邊患爾。開之如亦無損，且可其奏。

六年正月，何承矩言虜寇殺斥堠軍士卒，奪馬二匹，並得虜界新城都監種文煦牒，請徙九村民以避劫掠。尋告諭令爲警備，告：原作告告，據《長編》卷五四删。其榷場商旅見貿易不絶。帝以手詔賜承矩曰：守臣之意，務在綏邊，戎狄之心，蓋多背鳩，往事非遠，明驗可知。但慮難於懷柔，易致反覆。汝等宜領其來意，而辨其姦詐也。初，承矩首議建榷場，因欲謀繼好之事，帝慮其輕信弛備，因有是戒。

二月，户部言：東西窯務闕柴薪，乞置場收市。帝曰：自中春後來，雨雪稍頻，薪芻方貴，窯務所闕，蓋是省司失於經度。況不是急務，若官更取市，則都人益是不易。可令省司别作計度。

五月，詔：在京庫務物有備二年以上者，權停收市，俟闕少奏裁。先是，庫務充盈，而所司利於輸送，歲有配市，四方轉置，頗爲勞擾，故命吏部侍郎陳恕裁歲計之數。及是詔下，人頗便之。

七月，罷雄州榷場。時虜數寇邊，或言諜者以互市爲名，公行偵伺，故廢之。

十一日，詔府州：許唐龍鎮民往來市易，常加存撫。時本鎮有往府州互市者，州之蕃漢邀殺之，奪其貲畜，鎮主遣人詣闕上訴，故有是詔。

十一月五日，帝謂宰臣曰：江南、淮南、兩浙州軍配市納絹，如聞其價翔貴，恐損於民，並令蠲免。

二十三日，罷河南孳生羊務。原書天頭注云：南一作東。先是，轉運司奏置，而羊市於民，其死者令民償之。帝聞其勞擾，故罷焉。

景德二年正月，詔雄州：如北界商人賫物貨求互市者，且與交易，諭以自今宜令北界官司移牒，俟奏聞，遣人就山和市，無得抑配。

二月，有司言每歲諸道市紬絹百餘萬匹上供，詔蠲三分之一。

十月十三日，詔：東京畿内和買芻稾，比市價已令優給，宜更增其直。【略】

四年十月，詔滑、曹、許、鄭等州所納芻稾，並輸本州，不須至京。先是，近輔諸州歲以芻稾輸京師，至是年穀屢稔，輦下物價甚賤，畿内和市已及七百萬圍，故有是命。

大中祥符元年七月，免濮州和市茜草，仍詔三司市物非土地所宜者悉罷。【略】

〔三年〕七月，詔三司市木以茶酬直者，自今悉給緡錢。

八月，（詔）皇城司言：察知京城市肆以諸軍賜冬服綿帛，其用錢貿易，不依宣命條約，每百不盈七十四五，有雖稱省陌由貫，除錢三十。帝曰：此可諭周起，令府司申明約束。又曰：諸軍有營在京城外者，日赴教習，何暇貿易也。可特給假三數日。

四年六月，知澧州劉仁霸言：本路溪洞出産黄連黄蠟，原書天頭注云：路汾一作州沿。價賤而易得，省司所要上供數目多不依時預行指揮，致成勞擾，乞行條約。從之。

十一月，知河南府馮拯言：官市芻稾，望增給其直。樞密陳堯叟曰：增價以市，不若徙馬佗所。京師馬舊留二萬，今留七千，自餘悉付外監。仍欲於七千之中，更以四千付淳澤監，可省輦下芻秣之費。帝然之。

五年八（日）〔月〕，詔雜買場市物，並令給錢以便民。先是，收市應用之物尚有折支茶，小民難於分給，故有是命。

九月，詔京東、河北諸州民以大小麥折納預請和市絹錢，宜免其倉耗及頭子錢。

十二月六日，帝謂宰臣王旦等曰：民間乏炭，其價甚貴，每秤可及二百文。雖開封府不住條約，其如販夫求利，唯務增長。宜令三司出炭四十萬，減半價鬻與貧民。如此，非惟抑其高價，寔且濟得人民。

十一日，帝謂王旦等曰：官場賣炭，人頗擁併，至有踐死者。已令張旻等差軍員兵士分往逐場攔約，其踐死之家仍支與緡錢，無親族者官爲埋瘞。將來令三司別擘畫炭五十七萬，如常平倉斛斗封樁，遇炭貴，減價貨之，即京師炭價常賤矣。

六年正月，三司言：乞在京置場收買炭貨，准備來春減價貨賣，以惠貧民。帝曰：今歲民間闕炭，朕尋令使臣於新城内外減價，置場貨賣四十萬秤，頗濟貧民。今若自夏秋收買，必恐民間增錢，少人興販。宜令三司於年支外別計度五十萬秤般載赴京，以備濟民。【略】

九年八月，詔曰：近頒詔旨，多是蠲除，或尚軫於疚懷，故無忘於優惠。其今年和買草並全住。先是，宰臣因對奏曰：近者屢降恩詔，中外感悦，或聞和市稈草，已隨税分數蠲免，所餘無幾。三司亦有准擬。帝曰：可悉免之。故有是命。

天禧元年三月，以京十四場糴米，令每場日加至百碩，其勾當使臣有不任職者，令提舉司具名以聞。

四月，知濮州侯自成言：本州富民儲畜斛斗不少，近來不住增其價直。乞差使臣與通判點檢逐户數目，量留一年支費外，依祥符八年秋時每斗上收錢十五文省，盡令出糶，以濟貧民。詔只依前後敕旨勸誘出糶。

七月，三司言：乞依常年例，於開封府界體量取買稈草千餘萬束。帝以螟蝗爲害，慮煩民力，令中書、樞密院議其可否。向敏中等曰：國家監牧中馬數比先朝倍多，廣費芻粟。若令群牧司相度分減，或許出賣，散在民間，緩急取之，猶外厩耳。王欽若曰：如（中敏）〔敏中〕等論，寔爲利濟，往年已曾如此商議。蓋所見各異，妄與沮議，遂寢其事。今既詢謀僉同，臣請別具奏條。帝然之。

二年三月，鄆州言：准敕：收買紬絹，不得抑配人户，如願預請錢者聽。今來春澤霑足，農民種蒔，咸願預請錢收市種糧，以濟貧乏。州軍無錢，今以糴斛斗錢四千貫給外闕錢萬貫，萬貫：疑誤。望令三司速作般運赴州。從之。【略】

十月，詔河東沿邊州軍：自今民有私過北界，只是博糴斛斗，收買皮裘及諸般些小喫用物色，情理輕者，則依法決訖刺面，配五百里外州軍本城收管。先是，上封者言：河東民有與北界市易者，斷訖悉移隸淮南州軍。其中有理非切害，望差降其罪。故有是詔。

三年十二月，三司言：望下逐路轉運司，依例預支價錢收買紬絹。從之。

四年二月，詔：諸州合要黄糯米造酒及紅花紫草等，並逐時置場收市。如急須者，止得於中等已上物力户上量行均買，勿得抑配貧民。

乾興元年五月，此處疑脱仁宗已即位，未改元八字。詔：溪洞下溪州教練使田遂等自京進奉回至辰州，日池鎮務點檢有金添銀裝椅子一隻，稱是本州刺史彭儒猛令裝造。宜令開封府嚴行指揮在京行鋪商販人，自今不得與外道進奉人員並溪洞蠻人製造違越制度器用，及買賣禁榷物色，夾帶將歸本道。許人陳告，並當決配。

六月，詔：在京都商税院並南河北市告示客旅等，自今後如將到行貨物色，並須只以一色見錢買賣，交相分付。如有大段行貨須至賒賣與人者，即買主量行貨多少，召有家活物力人户三五人以上遞相委保，寫立期限文字交還。如違限，別無抵當，只委保人同共填還。若或客旅不切依稟，只令賒買人寫立欠錢文字，別無有家業人委保，官中今後更不行理會。若是内有連保人別無家活虛作有物力，與店户、牙人等通同矇昧客旅，誑賺保買物色，不還價錢，並乞嚴行決配。

仁宗天聖二年四月，工部侍郎知池州李虛己、都官員外郎張畢等原書天頭注云：畢一作異。言：伏覩天下州縣每年春初預先支官錢和買紬絹，頗聞煩擾。乞降敕不得更行均配。帝令三司下諸路轉運司，今後預支紬絹價錢，並取人户情願，其不出產州、軍，不得一例抑配，仍具施行訖聞奏。

四年正月，亳州言：乞將在城倉並諸縣見管斛斗，依在市時價預支表與人户，充和買紬絹價錢。帝可其奏，仍令三司指揮轉運司，如本州少闕斛斗，即仰般移應副，不管誤闕。

九月，度支員外郎梁頠言：廣南上供錢數，乞只令本處置場和買金、銀、香藥。詔送三司相度聞奏。

十月三日，司農少卿李湘言：河中府每年收買上京諸般紙約百餘萬，欲乞今後於河南出產州軍收買。詔送三司相度均減聞奏。

二十七日，陝州西路轉運使言杜詹言：原書天頭注云：州一作府。按作府是。欲乞指揮磁、相等州所出石炭，今後除官中支賣外，許令民間任便收買販易。從之。

五年四月，三司三司下疑脱奏或言字。知益州薛奎言：川界諸州軍監鹽酒場務，並是衙前公人買撲勾當，其年額錢內有分數折變送納紬絹，每匹六千五百，鋌□□兩五貫五百鋌口：疑當作鋌銀。緣諸州元無出銀坑冶，自來准望客人將川中匹帛往內地州軍破賣，收買到銀送納。今緣益州街市銀每兩見賣小鐵錢二十千足，若將比附鹽、酒折變，約是增長三倍以來。及問得添長因依，蓋爲客人在內地興販鋌銀入川，須經興、利、三泉縣三處官場，每十兩抽買一兩，每兩支小鐵錢十一貫三百文足，因茲客旅更有一重銷折艱難，致鋌銀得到川中價例增長。又勾當場務公人就大價收買，趁限送納，甚是不易。欲乞指揮利州路轉運司，興、利州、三泉縣住行抽買鋌銀，卻將逐年買銀錢收買紬絹上京送納。省司相度，欲依所請施行。從之。

十一月六日，三司言：司封員外郎王湛言廣南西路每年上供錢八萬貫，近令收買銀貨上京。至年終，如有支買不盡錢，般運上京。蓋緣自遠州用小船般運至桂州後，合成綱運，逐次別差綱官、舟船、人丁，牽駕艱阻，動乃數日，方得至全、永州交納。彼中又別差人船，至過重湖、江淮，方得到京。欲乞許令在京榷貨務明出暨示，諸色人有見錢據納下，於廣南西路除融、宜、邕、欽、廉等五州外，任便於諸州指射請領，與免請到錢商稅。省司今詳定，欲依王湛所請事理，乞降敕命下廣南西路轉運司，自天聖六年後，於年額錢八萬貫文收買銀貨上京送納外，據餘剩錢數令逐州軍准備支還客旅在京納下錢，仍約度年內合使過買銀錢數外有餘剩錢數，開坐寔封申省，以憑行下在京榷貨務出暨曉示客旅入錢，便與免請到錢商稅，並下本務，旋具納到客錢收附文狀供申。仍才候納及元降錢足，畫時分析申省。從之。

十六日，詔：應三司逐年於諸州軍科買物色，訪聞甚是勞擾，仰三司速具逐年科買諸般物色名件開坐數目，及作何准備使用，具委無漏落，結罪文狀申奏，當議特差近上臣僚與三司詳定蠲減。如將來除詳定名件外，非次合要物色，並須奏候敕命，方得行下諸處。

六年八月，審刑院、大理寺言：樞密副使姜遵言：前知永興軍，切見陝西諸州縣豪富之家多務侵併窮民莊宅，惟以債負累積，立作倚當文憑，不踰年載之間，早已本利停對，便收折所倚物業爲主。縱有披訴，又緣《農田敕》內許令倚當，官中須從私約處分。欲乞應諸處人户田宅凡有交關，並須正行典賣，明立契書，即時交割錢業，更不得立定月利，倚當取錢。所貴稍抑富民，漸蘇疲俗。其自來將莊宅行利倚當未及倍利者，許令經官申理，只將元錢收贖，利錢更不治問。如日前已將所倚產業折過，不曾爭理，更不施行。寺司衆官參詳，乞依所請施行，只衝改《農田敕》內許倚當田土宅舍條貫，更不行用。並從之。

九年四月，三司户部判官張保雍言：今後在京科買諸般物色，乞只留二年准備，免致積壓損爛。從之。

八年三月，開封府言：京城浩穰，鄉莊人户般載到柴草入城貨賣不少，多被在京官私牙人出城接買，預先商量作定價例，量與些小定錢收買。本主不期，卻被牙人令牽拽車牛輾轉貨賣，更於元商量價錢外剩取錢數；稍似貨賣未盡，又更於元數柴草內詐稱斤兩輕少，減落價錢，住滯人户車牛，枉費盤纏。府司雖曾出暨曉示鈐轄，終未斷絕。欲乞特降指揮止絕，如有違犯，並乞重行斷遣。所賣柴草任從人户自便貨賣，及令廂巡人等常切覺察收捉，送官勘斷，所貴遵稟。從之。

九年十一月六日，詔：三司科買物色，自今須本路轉運使按出產州軍均配，無得直下諸州。

景祐二年十月十七日，三司詳定諸路上供年額錢，內除淮南五萬貫、兩浙五萬五千貫、荊湖北路五萬貫依舊每年上供外，江南東路五萬貫，內一萬貫買綿，四萬貫買紬絹或銀；福建路十萬，西路八萬，並買銀。逐路轉運司自景祐三年後上供送納。詔從之，所買物依自來價例，不得虧民。

慶（歷）〔曆〕三年正月，三司言：在營繕歲用材木凡三十萬，請下陝西轉運司收市之。詔減三分之一，仍令官自遣人就山和市，無得抑配於人。

皇祐四年十月，詔三司：凡歲下諸路科調，若不先期而暴率之，則恐物價翔貴而重傷民也。其約民力所堪，預令鋪（辨）〔辦〕。若府庫有備，則勿復收市。

五年六月，詔：廣南西路夏税布舊例每匹折錢二百，如聞本路擅減其價，重困於民，宜復其價如故。

神宗熙寧三年二月二十八日，京東轉運司言：准朝旨問：去歲依暨和買紬絹，原書天頭注云：暨一作傍。多抛數目於人户上配散，每錢一千買絹一匹，後來卻令買絹，並税絹每匹納錢一千五百，又於等第一例配表粟豆錢一次。令具析所行事件聞奏。本司今具析到所行事理，緣本司所散粟豆錢只是要濟接民用，兼只召人户情願取要，即不是等第一例須行配俵。詔已行常平倉新法，今後更不得支俵粟豆錢，其支散內藏庫別額紬絹錢五十萬貫，候納到本錢，即撥北京封樁，所收息錢於內藏庫送納。

五年三月二十六日，詔曰：天下商旅物貨至京，多爲兼並之家所困。往往折閱失業，至於行鋪、裨販，亦爲較固取利，致多窮窘。宜出內藏庫錢帛，選官於京師置市易務，商旅物貨滯於民而不售者官爲收買，隨抵當物力多少均分賒請，立限納錢出息。其條約委三司本司官詳定以聞。先是，同管勾秦鳳路經略機宜文字王韶言：沿邊州郡惟秦鳳一路與西蕃諸國連接，蕃中物貨四流，而歸於我者歲不知幾百千萬，而商旅之利，盡歸民間。欲於本路置市易司，借官錢爲本，稍籠商賈之利，即一歲之入，亦不下一二十萬貫。呂公廂亦言：秦州蕃商以行鋪賒物貨，多滯留耗失。王安石欲令推市易新法行之，吴充恐遠近人情不同也。上曰：官爲出錢市之。復令坐賈量出息以賒價入官。蕃商既得早售，坐賈亦無所費，官又收息，此事所以爲便也。由是用韶議，令將本司見管西川交子差人往彼轉易赴沿邊置場。既而有魏繼宗者自稱草澤，上言：京師百貨所居，市無常價，貴賤相傾，或倍本數，富人大姓皆得乘伺緩急，擅開闔斂散之權，權：原作榷，據《長編》卷二三一改。取數倍之息。今榷貨務自近歲以來，以：原脱，據《長編》卷二三一補。錢貨寔多餘積，而典領之官但拘常制，不務以變易平均爲事。宜假所積錢別置常平市易司，擇通材之官以任其責，仍求良賈爲之輔，使審知市物之貴賤，使審知市物之貴賤：原作使審知市易物之賤，據《長編》卷二三一補。賤則少增價取之，賤：原脱，據《長編》卷二三一補。令不至於害商；貴則少損出之，令不至於害民。因得取餘息以給公上，則開闔斂散之權不移於富民，國用以足矣。於是中書奏：欲在京置市易務，監官二員，提舉官一員，勾當公事官一員，以地產爲抵官貸之錢，貨之滯於民者爲平價以收之，一年出息二分，皆取其願。其諸司科配、州縣官私煩擾民被其害〔者〕。悉罷之，並於市易計置，許召在京諸行鋪户牙人充本務行人、牙人，內行人令供通己所有或借它人產業金銀充抵當，五人以上爲一保。遇有客人物貨出賣不行願賣入官者，許至務中投賣，勾行、牙人與客人平其價，據行人所要物數先支錢買之，如願折博官物者仍聽，以抵當物力多少許令均分賒請，相度立一限或兩限送納價錢。若半年納出息一分，一年納即出息二分。以上並不得抑勒。若非行人見要物而寔可以收蓄變轉，亦委官司折博收買，隨時估出賣，不得過取利息。其三司諸司庫務年計物若比在外科買，省官私煩費，即亦一就收買。故有是詔。

二十七日，詔：三司户部判官呂嘉問提舉在京市易務，仍賜內藏庫錢一百萬緡爲市易本錢，其餘合用交鈔及折博物，令三司應副。

七月十七日，鎮洮軍置市易司，賜錢帛五十萬。

六年正月七日，樞密使文彦博言：臣近言市易司遣官監賣果寔，京邑翼翼，四方取則，魏闕之下，治象所觀。今令官作賈區，公取牙儈之利，古所謂理財正辭者，豈若是乎？初，王韶建議於古渭置市易，馮京言其不便，彦博助之曰：官中更爲販賣事，誠不便。王安石曰：且不論古事，止以今公私皆販賣，原書天頭注云：私一作使。人無以爲不便，何也？彦博又言：市易向召元瓘指使，乃是還俗僧，甚無行。安石曰：市易司募指使，何由盡得篤行君子？苟有無行之人，亦未害。至是又白上曰：陛下近歲放百姓貸糧至二百萬，支十斗全糧給軍，一歲增費亦計數十萬緡，以至添選人俸、增吏禄、給押綱使臣費，又百萬緡。天下愚智孰不以此知陛下不殖貨利，豈有所費如此，而乃於果寔收數千緡息以規利者？上曰：市易賣果寔太煩細，罷之如何？安石曰：市易司但以細民上爲官司科買所困，下爲兼並取息所苦，故自投狀乞借官錢出息行倉法，供納官果寔，自立法以來，販者比舊皆得見錢，行人比舊所費十減八九，官中又得美寔。每年行人爲供官不給，輒走失數家，每糾一人入行，又輒詞訟不已。今乃願投行人，則其爲官私便利可知。止是此等貧無抵當，故本務差人逐日收受官錢，初未嘗官賣果寔也。陛下謂其煩細，以爲有傷國體。臣竊謂不然。今設官監酒，一升亦沽，監商税一錢亦税，豈非細碎？而人習見，未有非之者。蓋自三代之法，周官固已征商，然不云須幾錢以上乃征之。泉府之法，市之不售，貨之滯於民用者，以其價買之以待買者，亦不言幾錢以上乃買。又珍異有滯者，斂而入於膳府，膳府供王膳，乃取市物之滯者。周公制法如此，不以煩細爲耻者，細大並舉，乃爲政體。但當論所立法有害與否，不當爲其細而廢也。市易務勾當官乃取賈人爲之，因爲其所事煩細原書天頭注云：因一作固。也，豈可責其不爲大人之事乎？上曰：比日所買果寔，比舊寔佳，行人亦極利，但素貧弊，與除放息錢無害。安石曰：行人比舊已少蘇，何須放息錢？見今商税所，取固有至貧乏爲税務所困者，固：原作因，原書天頭注云：因一作固，據改。亦合爲之蠲除矣。今諸司吏禄極不足，乃令乞覓爲生，今若以所收息錢盡給，何善如之。榷兼並收其嬴餘，榷：疑誤。以與功利，以捄艱阨，乃先王政事不名爲好利也。

二十三日，詔在京市易務勾當公事孫迪同兩浙、淮南東路轉運司制置杭州、楚州市易務利害以聞。楚州：原脱，據《長編》卷二四二補。

三月三日，詔提點秦鳳等路刑獄張穆之與熙州官吏制置市易條約以聞。

四月七〔月〕〔日〕，詔提舉在京市易務及開封府司録司同詳定諸行利害。

十月一日，提舉在京市易務言：市易上界先借內藏庫本錢百萬緡，乞三年還。從之，仍以今年當撥錢三十万緡借爲杭州市易務本。

二日，改提舉在京市易務爲都提舉市易司，應諸州市易務隸焉。

十二月七日，給度僧牒二千付都提舉市易司，募人入錢爲秦鳳路轉運司糴本。

二十四日，詔命梓夔路察訪司准備差遣蒲宗閔、新知温州永嘉縣沈逵，同成都府路轉運司相度成都府置市易務利害以聞。初，上論及成都市易，馮京曰：曩時西川因榷貨物，致王小波之亂，今頗以市易爲言。臣檢寔録，寔有此説。王安石曰：王小波自以饑民衆不爲官司所恤，遂相聚爲盜，而史官乃歸般取蜀物上供而致。然不知般孟氏府庫物以上供，於饑民有何利害？願乞陛下勿疑，臣保市易必不能致蜀人爲變也。上欲詳盡其事，故命宗閔等往焉。

二十七日，詔市易司：市例錢除量留支用外，並送抵當所，出息以給吏禄，隸都提舉市易司，仍令干當公事官二員專檢估。

七年正月十九日，知大名府韓絳言：知：原脱，據《長編》卷二四九補。本路安撫司累歲封樁紬絹，或致陳腐，乞下轉運司用新紬絹或錢銀對易，或依市易法令民户入抵出息，户入：户原脱，入原作人，原書天頭並注云：作人，今據此及《長編》卷二四九改補。其餘經略安撫司封樁，略：原作累，據《長編》卷二四九改。亦乞依此。從之。

二十四日，遣三司勾當公事李杞相度成都府置市易務利害。

二月十二日，知熙州王韶言：通遠軍自置市易司以來，收息本錢五十七萬餘緡，乞下三司根磨，推獎官吏。從之。

二十九日，都提舉市易司言：近遣試將作監主簿劉默相度置市易務於成都府路，乞借三司銀十萬買茶。從之。

三月二十五日，詔：權三司使曾布同吕嘉卿根究市易務不便事，權：原作榷，據《長編》卷二五一改。詣實以聞。先是，夜降手詔付布曰：聞市易日近收買物貨，有違朝廷置法本意，頗妨細民經營，衆言喧嘩，不以爲便，致有出不遜語者。卿必知之，可詳具聞奏。至是布言：問得提舉市易司指使魏繼宗稱：市易務近日以來，主者多收息以干賞，凡商旅所有，必賣於市易，或市肆所無，必買於市易，而本務率皆賤以買，貴以賣，廣收贏餘。誠如此言，則是挾官府而爲兼并之事也。故令布等究寔。

四月三日，中書奏事。時上論及市易利害，且曰：朝廷所以設此，本欲爲平准之法以便民，《周官》泉府之事是也。今正爾相反，使中、下之民如此失業，不可不修完其法也。已差韓維、孫永參問行人出錢免行利害。可令元詳定官呂嘉問、吴安持同取問。

八日，中書奏事。時上論及市易事，時：《長編》卷二五二作已，則當上讀。參知政事馮京曰：開封祥符縣給散民錢，有出息抵當銀絹米麥緩急喪葬之目，目：原作日，據《長編》卷二五二改。如此七八種，小民無知，但見官中給錢，無不願請，續累數多，寔艱送納。上曰：豈惟如此！天下之民所納二税至有十七八種者，使吾民安得泰然也？

十九日，詔：監楚州市易務、秘書省著作佐郎王景彰追兩官勒停，并劾干繫官吏，命官具案聞奏，其違法所納息錢給還，仍下杭州、廣州市易務勘會違法事，許令自首改正。以淮南東路轉運副使、提舉楚州市易司蔣之奇奏景彰違法権買商人物貨，及虛作中糴入務，立詭名糴之，白納息錢，謂之乾息。又勒商販不得往他郡，多爲留難以沮抑之。上初令劾之，既而又謂輔臣曰：景彰違法害人，事狀灼然，若不即行遣，更俟劾罪，必是遷延，無以明朝廷元立法之意，使百姓曉然開釋，無所歸咎。可速斷遣，庶使小人有所忌憚。故有是命。

二十三日，上批：見根究市易司，可催促結絶。呂惠卿言：近與曾布同根究市易事，其間雖有異同，已見利害大情，見：原作具，據《長編》卷二五二改。及有無違法。臣蒙恩命見辭免難同根究，乞令中書盡取公案，以異同情節逐一比對進呈。詔應根究文字，盡納中書。

二十九日，詔三司勾當公事李杞等罷相度成都府置市易務，止具經畫買茶於秦鳳熙河路博買利害以聞。其後成都路轉運司議亦以爲便，從之。

五月二日，上批：市易務遣人往諸路販易，可問何年月日指揮許令如此。執政進呈不行。按《御集》云進呈訖，即是無行遣也。比因四月十七日曾布言販茶鹽鈔事，故有此問，卒無行遣，應是呂惠卿爲呂嘉問蔽匿其事耳。呂惠卿爲：原脱，據《長編》卷二五三補。

二十四日，詔曾布根究市易違法事，令章惇、曾孝寬就軍器監置司根究以聞。先是，布屢聞手詔，以市易苛細，詰責中書，遂辟市易使臣魏繼宗爲察訪司指使，及領三司屬官。有以嘉問驕慢爲布言。前三司使薛向於嘉問未嘗敢校曲直，犯市易者一切繩治。布欲改更，會有手詔訪布，布以問繼宗。繼宗乃詆市易主者掊克，不如初議。布攜繼宗見王安石。安石責繼宗曰：事誠如此，何故未嘗以告我。繼宗曰：提舉朝夕在相公左右，何敢及此！提舉謂嘉問也。布既奏聞，上喜曰：必欲推究，見其寔狀，非卿不可。以奏付中書。明日，差呂惠卿同根究。或爲布言：嘉問已呼胥吏取案還私家，故隱藏更改。布奏請出暨市里，原書天頭注云：市一作示。厚募告者。得旨，即暨嘉問所居，不關中書覆奏。居兩日，惠卿至三司，訊行人，無異詞。退，以繼宗還官舍，詣問布辟繼宗所以及問市易害民之狀。繼宗密以告布，嘉問亦訴於安石。會中書以布初得旨不關中書覆奏，白上。得旨：收布所出暨。布欲避惠卿，乞別選官根究其行人所訴，對延和殿。上見布，因言薛向編管無罪茶牙人事。上嗟惻也之，曰：朕當時失於詳究，便令依奏。布又言：三司枉徇市易，決責商賈不一。上曰：他日可一一檢取進呈。時安石懇求去位，既而用惠卿言，送繼宗開封府知在，知在：疑有誤。布覺事變，復對上指糯米出息外別納息錢。上曰：此極分明。又曰：惠卿不免共事，不可與之喧争於朝廷觀聽爲失體。明日，惠卿詈行人及胥吏，以語侵布。又明日，惠卿參知政事。一日，悉取根究市易事送中書。布條析前後所陳，而以三司比較治平二年及去年收支錢數物進呈之。上憂歲費寖廣，令送中書，至是以付惇、孝寬鞫之也。章惇、曾孝寬鞫市易事於軍器監，又令户房會計治平、熙寧財賦收支數，與布所陳有異。布復對曰：臣與章惇有隙，今以惇治獄，其意可見。上曰：有曾孝寬在，未必不直。獄具，布坐不應奏而奏，公罪杖八十；嘉問亦坐不覺察雜買務多納月息錢，公罪杖六十。既而中書言：布所陳治平財賦，收數有内藏庫錢九十六萬緡，當於收數内除豁，不當於支數内除。又命御史台推直官蹇周輔劾布所陳，意欲明朝廷支費多於前日，致財用闕乏，收入之數不足爲出。當奏事詐不以寔，徒二年；嘉問亦坐不覺察雜買務納月息錢。

八月十七日，詔翰林學士、權三司使曾布落職，知饒州，都提舉市易司呂嘉問知常州，魏繼宗仍追官勒停。初，市易之建，布寔同之，至是揣知上意疑市易有弊，遂急治嘉問。而鳰卿與布有隙，乘此擠布，然議者亦不以布爲直。

九月十九日，都提舉在京市易司言：乞罷本司提舉官歲終比較推恩，其監官自從舊賞格，諸買賣博易，並隨市估高下，無得定價。其當給三司變轉物，即依三司所估。民願以抵保賒請折博，歲出息二分計月理息者聽。從之。

十月二十五日，三司使章惇乞借內藏庫錢五百萬緡，令市易司選能幹之人，分往四路入中筭請鹽引及乘賤計置糴買。筭：原作等，原書天頭注云：等一作筭。詔借二百萬緡。

十二月十日，詔河北監牧司見在錢、原書天頭注云：牧一作收。帛、糧等並隸都提舉市易司，充買茶本錢。

八年二月，詔秦州、永興軍、鳳翔府、潤州、越州、真州、大名府、安肅軍、瀛州、定州、真定府並置市易司。

二日，二日：原作一日，按《長編》卷二六〇繫二日甲子，據改。詔酒户貸市易司糯米，自去年中限至末限息錢並減半。初，市易司榷糴糯米，以貸酒户收息，犯者聽人告，賞錢至三百千，米没官。商人以官糴賤，不至，又值歲儉，值：原作至，據《長編》卷二六〇改。京師糯米少，少：原無，據《長編》卷二六〇補。價益高，本息錢厚，故有是命。

三日，都提舉市易司言：乞以諸路市易務隸本司，許本司移用錢物，度人物要會處，分諸路監官置局，隨土地所產、商旅所聚與貨之滯於民者，得以收斂。從之。

四月二十三日，以鳰州阜民監折二錢十萬緡，借廣州市易務爲本錢。從都提舉市易司請也。

七月十二日，詔百姓郭懷信逋市易司違限罰錢，聽輸同、延二州。以懷信請市易司監鈔，既償納本息，猶以納不如期，罰錢千五百餘緡，已納百七十餘緡訖，而市易司又使增納百三十緡，稽限法當計所欠罰之，而懷信自言乞輸同、延二州，以省道路之費故也。

八月二十六日，詔司農寺支坊場錢三十萬緡，爲鄆州市易本錢。

九月五日，中書言：已廢河南兩監牧司廢：原作發，據《長編》卷二六八改。河北十一監、京西三監、河東、太原監、京東東平監，其廢監錢物等，除給都提舉市易司充茶本外，令三司歲具合應副熙河路年計錢數，申中書取旨支撥。從之。

十四日，詔坊場錢令司農寺下諸路，歲發百萬緡於市易務封寄，許變易物貨至京。

十月二十三日，詔西京河清阜財監歲增鑄錢十萬緡爲市易務本錢，從提舉鑄錢監錢昌武請也。

十一月十三日，詔：都提舉市易司見錢見在熙河路者，並充本路軍須，仍具數以聞。

十二月九日，都提舉市易司言：宗室賒請物色，三人以上同保，經大宗正司出歷赴務約度，並息不過兩月料錢之數。如輸納遲期限，取料錢歷批上尅折，限半年輸足。同日又言：歲買商人茶，從本司貿易，乞以三百萬斤爲額，庶使商人預知定數，不雜粗惡草木，務令中賣數多。從之。

九年正月二十五日，詔都提舉市易司，自今不得賒請錢貨與皇親及官員公人。先是手詔：近禁止賒法條行下幾處，及從是何月日施行，違者有何刑名，可具聞奏。至是，中書奏請，故有是詔。

二月十六日，提舉市易司言：在京酒户歲用米三十萬石，比江、浙荐饑，米價翔貴，本司選官往出產處豫給錢，至秋成折納。從之。

四月三日，詔：在京市易司發物貨爲錢計直十五萬緡，赴熙河市易司貨易見錢爲本，其貨物卻於截到運司錢內除破。其後中書户房言：近都提舉市易司已發物貨十五萬緡爲熙州市易本錢，今欲令市易司增五萬緡，以十萬緡輸熙州，十萬令在京市易司入中本路糧草。從之。

五日，日：原作月，原書天頭注云：月一作日，考《長編》卷二七四亦繫此事於四月五日庚寅，據改。都提舉市易司言：奉詔支撥金六千兩，應副安南道將物貨五十萬與淤田水利司作糴本。緑本所支錢物貫萬數多，別無撥還指揮，今上界少闕錢本，欲乞支給末鹽鈔五十萬貫轉變作本。末：原作米，原書天頭注云：米一作末，考《長編》卷二七四亦作末，據改。從之。

二十四日，措置熙河財利孫迥乞移通遠軍市易務於秦州，措置：原無，據《長編》卷二七四補。罷秦州、通遠軍、永寧寨市易三外場。詔劉佐相度以聞。

十一月三日，詔都提舉市易司：今日以前賒請過錢物，限外送納本息已足，其罰錢並與免放；本息未足者，更展半年，足日准此。諸路詔到日以前見欠罰錢人户亦准此。

二十八日，都提舉市易司言：自置市易路，路：疑當作司。上界所用本錢，並是新法末鹽等錢，末：原作米，原書天頭注云：米一作末，據改。及於內（庫藏）〔藏庫〕借撥到五百萬貫作本，內五十萬貫與河北收糴斛斗封樁外，已還三百五十萬，止有一百萬貫係未撥還。及准朝旨，自十年爲頭，每年於息錢內撥二十萬貫赴內藏庫送納。今見在本錢除官員將物貨變轉外，只有四百一十六萬餘貫，深慮朝非汎取撥，乞除每年已認錢二十萬入內藏庫外，乞歲終更辦十五萬貫准備朝廷支用。今後乞免非時取撥，若三五年間更有儹積錢數，即從本司別具取旨。從之。

十年正月十九日，詔：祁、定州民欠市易水利淤田司結糴糧，可止令依常平法出息二分納錢。

四月二十五日，詔：市易務茶限二年結絶，許客茶交易。

五月七日，詔：應市易司計置物貨場務，不依客例收税，並許勾當官申提舉司，牒提刑司根究，依法施行。

十四日，都提舉市易司言：乞定上界本錢以五百萬緡爲額，以本理息，及一分半，等第推恩，見在息錢先封樁，聽朝廷移用。從之。

十一月七日，詔：都提點市易司上界本錢以七百萬貫爲定額，如不足，以歲所收息補滿。其先借內藏庫錢，借：原無，據《長編》卷二八五補。歲以息錢二十萬貫還之。

十二月十八日，詔榷場以市易司爲名，餘令立法以聞。

是歲，太府寺市易本、息、市例錢帳，歲收緡錢七百三十九萬七千有奇，詳見市易務。市易上界自熙寧五年置務，至十年七月比較已前收息錢、市例數，熙寧十年十一月指揮以七百萬爲額，不足，以息補滿。息錢比較訖，限次年比較前封樁，收本息。市例錢，熙寧七年：七百三十九萬七千一百三十一貫五百文，本五百八十七萬八千七百八十七貫七百三十五文，息一百四十三萬三百五十一貫四百一十二文，市例九萬七千九百九十二貫三百六十九文。

元豐元年二月一日，提舉市易司俞充言：永興軍路當兩川、秦鳳、熙河、涇原、環慶衝要，乞置市易務，與經制熙河路邊防財用司所置市易相爲表裏，以牽客旅往來。借內藏庫錢四十萬緡爲本，候收秦州等市易錢撥還。詔財用司同相度以聞。後財用司言：切慮他官典領，以各司錢物分彼此，即往來物貨或相害。乞與本司經制官同講求，別具與置次第以聞。從之。

八月，都提舉市易司請貨滯於本司者，轄：疑當作豁。聽臨時依市價轉易，如虧元直，即於每年比較樁留准備失陷錢轄除。從之。

九月四日，又請欲以市易務上界見欠內藏庫鹽引錢一百萬緡，候本務補滿本錢日，依奉朝旨作二年還足。詔許自來年爲始。

十一月十五日，詔：聞熙河路商賈所至州軍，並市易市司榷買，令提舉成都府路茶場司李稷體量。後稷言熙、河、岷、通遠軍等處商販匹帛等，經制司寔令市易務拘買。乃詔李憲具析以聞。

十七日，詔令提舉秦鳳等路常平等事李孝博催促本路州軍諸處官司應干市易本息借與人户見欠錢物。

二年正月九日，詔市易司：罷立保賒錢法。已出錢立輸限，半年內輸本息足者，者：原作日，據《長編》卷二九六改。蠲其出限罰息錢。物力雖薄而有營運者，聽量力支借，毋過舊數三之一。令元體量檢估官分認催收，期三年結絶。歲具所收錢數比較賞罰，委幹當公事官一員催驅。其用產業抵當，留契書，歲收息一分半。檢估官吏如容增直冒請，以違制論，不以去官赦降原減。即賒請物如舊法，毋得過其家物力之半。

二月十九日，詔：應置市易務處賒請錢，並依在京市易務法，聽以金銀、物帛抵當，收息毋過一分二釐。

二十九日，經制熙河路邊防財用司言：鳳翔府增置市易務，與秦、熙等五市易務相爲表裏，三州一軍移用變易，四市易務各增監官一員兼領市糴，可減罷本司准備差使四人。從之。

三月二十七日，邢州乞權住散本州市易司絹錢，以寬民力。詔都提舉市易司按民户逋負數多州縣，毋得給錢。

五月二十六日，都提舉市易司言：前市易務監官劉佐負市易錢十八萬緡，乞籍本家日入屋租償官，限二年輸納；不足，物產没官；又不足，責保人代輸。自今負市易錢違限有物產倣此，自籍家產，日與免息罰。從之。

六月一日，經制熙河路邊防財用李憲言：准詔具析擅榷熙河等州軍商貨事。自置司以來，除蕃商水銀及鹽川寨官鎮兩場依法禁私販外，市易賣買，並取情願交易，未嘗拘攔。臣以淺昧，終恐難逃吏議，乞獨坐臣罪。乃詔憲赴闕，令轉運使蔣之奇根治劾罪之人。及獄成，憲與馬申、趙濟、霍翔坐奏事不寔，徒二年。詔憲等坐緣公事，宜依德音釋之。

七月十三日，李憲言：乞詔秦、鳳、河、岷州、通遠軍五市易務募博買牙人，引致蕃貨赴市易務中賣，如敢私市，許人告，每估錢一千，官給賞錢二千。如此，則招來遠人，可以牢籠遺利，資助邊計。從之。

八月十三日，都提舉市易司言：諸路民以田宅抵市易錢，也不能償，公錢滯而不行，欠户有監錮之患。欲依令賒當在官於法當賣房廊、田土，重估寔直，如買坊場、河渡法，未輸錢間，官收租課，不惟少寬欠户禁錮，而公家亦享寔利。在京市易務准此。從之。

十二月八日，都提舉市易司王居卿言：歲賜州府合藥錢，乞以錢賜之半買藥於市易務。從之，地遠不願買者聽。

二十四日，詔在京市易務官吏轉官、減磨勘年、賜緡錢有差，以三司言市易務去年八月至今年七月，收息錢、市利錢總百三十三萬餘緡也。

三年三月二十六日，詔：在京及諸路賒當市易司錢物出限者，賒：原作販，據《長編》卷三一三改。展一季，如限内納足本息，其出限息罰錢悉蠲之。

四月三日詔：兩浙路減罷耆户長、壯丁、坊正，並撥還支酬衙前、度牒等錢百二十餘萬緡，其變市金帛輸司農寺封樁。從都丞吴雍請也。

九月五日，都提舉市易司王居卿言：市易之法有三：結保賒請，一也；契書金銀抵當，二也；貿遷物貨，三也。三法之中，惟賒保之法行之積年，逋負益衆。去歲有旨先罷結保見錢，惟賒請物貨舊法未革，然尚恐也遠未便，何則？舊欠之户，多以出限規避不輸，既費催督，又繼以再賒物貨之人，勢亦如此，宿貸新貫，歲增月累，原書天頭注云：貫歲一作舊户。其間消折不能備償者十有四五，則與賒取見錢，同歸於弊。欲乞自今後市易務許人户賒請物貨，歲不得過二百萬貫，別置簿支收，聽舊户賒請，以濟接在京行鋪之家，期以五年，所收息已逾元數，然後或止或行。其非舊請人户，則惟用抵當、貿遷二法，可以斂滯貨、通餘財矣。其諸路市易錢各以四分爲率，量留一分濟接舊户外，亦不行賒借之法。乞於每歲所收息錢内量減萬數，其監官等酬獎，亦與降等推恩。雖取息稍薄，而所收皆實利，庶使法行無弊。詔中書户房立法以聞。已而户房乞：在京物貨許舊欠户賒請，斂而復散，通欠數不得過三百萬貫。諸路市易貨以四分爲率，以一分許舊欠户賒請，斂而復散，通欠數不得過一分，並別置簿支收。從之。

四年二月二十三日，提舉廣南東路常平等事吴潛言：廣州自置市易司，七年本息錢七十四萬緡，去歲驅磨欠五十五萬緡，始用本錢三十萬緡，今於本錢尚少十萬有餘。可廢罷。詔都大提舉市易司委官根究。其後市易司言：本路錢物纔經林顔根磨，雖有逋欠，然轉運司有錢二十七萬餘緡尚未撥還，以此可見出息不少。會三司度支副使蹇周輔亦以爲言，乃詔本路提點刑獄司催理，限一年了絶。

五月十八日，詔：内外市易司民户見欠屋業等抵當並結保賒請錢物息罰錢，並等第除放，其本錢分三季輸納，輸：原無，據《長編》卷三二二補。息錢並出限罰錢分爲三分，第一季本錢納足者，息罰錢並放，第二季放二分，第三季放一分。出限尚欠，即估賣抵當，及監勒保人填納。所催錢物，在京於市易務下界、在外提舉司封樁。

十二月三日，前淮南東路提點刑獄范百禄、通判揚州傅扆、簽書判官邵光、林旦、陳奉古各展磨勘二年，右班殿直張歲閏罰銅二斤。歲閏監高郵縣樊良鎮税，鎮：原無，據《長編》卷三二一補。有市易司經税饒、潤竹木過鎮，更税之，百禄再委扆等定奪，稱合盡税。市易司言百禄等意在沮壞市易法故也。

八日，都提舉市易司賈青乞於新舊城内外置四抵當所，委官專主管，罷市易上界等處抵當，以便内外民户。從之。

五年四月二十八日，詔内外市易務錢展三年，均作月限納，限内罰息並除之。

五月二十九日，都提舉市易司賈青言：市易既革去結保賒請之弊，專以平准物價，及金銀之類抵當，誠爲良法。乞推抵當法行之畿縣。從之。

七月五日，太府寺言：提舉市易司狀：賒貸人户所欠至多，已得旨，展限三年催納。其先降指揮並以催到分釐計數，追奪酬獎。請俟至所展三年滿日施行之。上曰：朝廷市易法本要平准百貨，蓋《周官・泉府》之政。官失其職，一切賒貸，公私頗不便之。雖云有收息之數，名存寔亡。今已改用金銀鈔帛抵貨，最爲善法。其元催致欠官吏重行追奪，亦其宜也。遂從之。

六年正月十九日，太府寺言：抵當之法纔行於畿邑，外路殊未施行。欲乞許將諸路常平司市易賒借錢及寬剩錢，五路各借十萬緡，餘路各借五萬緡，充抵當本錢。從之。

六月十一日，詔撥市易下界收到市易欠錢六萬緡與上界，仍更給度僧牒千道、錢十三萬緡。以上界見闕本錢故也。

七年五月二十五日，尚書省言：自行官制以來，諸寺、諸：原作請，據《長編》卷三四五改。監不治外事，唯太府寺市易按與諸路相關。看詳興置市易，置：原作制，據《長編》卷三四五改。當令所在官司量度州縣閙要，閙要：原無，據《長編》卷三四五補。過賤則買，遇貴則賣。元詔半年出息一分，一年以上出二分。然所在物價增減，難以定期，而一州一縣價所增減，相去亦必不甚遠，則貨或積而難售。所在州縣物價不同，又不能偏知。今若每旬令一路州軍估定物價，報提舉司，提舉司報轄下州，州下所屬，暨募人出抵當或見錢，市易司收息至一分至二分，令商人自賣，則官已收二分之息，而又有餘利以資販者，則商賈流通，貨無壅滯，稅額敷羡，物價常平。若無客抵當，而貨須變易者，但不虧元價，亦許賣。詔具爲令。

八月二十四日，詔：諸路提舉常平司存留一半見錢，以二分爲市易抵當。

八年四月八日，中書省言：今年正月九日赦書：應人户市易錢物，仰所屬勘會元請本息等錢並納、欠數條具聞奏，其息錢當議減放。今在京未見有司依赦以聞。詔監察御史劉拯、詔：原無，據《長編》卷三五四補。兵部員外郎杜常、大常少卿宋彭年赴御史台置局點磨欠息，大姓户放七分，下户全放外，以合納數闕所屬催納，具無欺弊聞奏。具：原作其，原書天頭注云：其一作具，今據此及《長編》卷三五四改。

六月二十一日，詔：户部提轄拘催市易錢物，准赦除放息錢外，其合納本錢，特與展限三年。

七月二日，詔諸鎮寨市易抵當並罷，仍立法。

八月八日，詔：諸路州軍抵當取息至薄，民間緩急賴之，可以存留其半市易，餘並罷。如抑勒，依給納常平錢物法。從户部請也。

十一月十二日，詔：在京物貨場見在物貨應輸錢者，並蠲免。

十八日，詔蠲大姓户所欠市易分息錢，從葉祖洽請也。

哲宗元祐元年正月十二日，監察御史孫升言：朝廷立市易之法，意在抑兼並，使商賈通流貨財，平准物價。而行法之初，吕嘉問寔領其事，附會柄臣，奮行私智，引用兼並之徒，杜絶商賈之利，罔上壞法，肆爲姦欺。簿帳不明，首尾無據，官吏隱庇，曾無關防。以致蠹害之酷，姦弊之深，貨物纔行賒請，息錢已計分釐，縣官所得虚名，官吏皆冒寔賞。先朝察知弊害，廢滅殆盡，自元豐四年置局拘催，取責内外所欠九百二十一萬五千九百餘貫，今近五年，除放免息錢、支撥皇親公人舊欠外，納未及其半。其間失陷固多，自京師以及四方之人破家喪身者不可勝數，害及公私，毒流天下者，嘉問懷私壞法，寔爲之首。詔朝散大夫、光禄卿吕嘉問知淮陽軍。

閏二月十八日，詔户部：應諸路人户欠市易息錢，並特與除放。

二十八日，詔：應内外見監理市易官錢，在京委（大）〔太〕府寺、開封府界令提點司、諸路令轉運司，各限一月，取索逐户元請官本點勘，特計已納過息罰錢充折。如已納及官本，即便與放免。坊場净利錢准此。以上通折外，尚欠官本錢並净利，而家業蕩盡，及無抵保，或正身並保人孤寡者，權住催理。及今日以前積欠免役錢，與減放一半，一半：原無，據《長編》卷三七補。餘分限三年，隨夏稅帶納。近勘會欠負指揮勿行。並從右司諫蘇轍請也。

六月十六日，監察御史韓川言：市易之設，就使獲利，寔佐國用，尚不可，今所收不補所費。其市易務監官、監門請各留一員催納結絶。從之。

三年二月二十二日，詔變賣市易元豐庫物，從三省請也。

紹聖三年十一月七日，户部言：府界諸路折納籍没市易産業，請依在京已得指揮，限十年納元價收贖。從之。

十二月二十二日，詔：户部、太府寺同詳熙寧立法意，復置市易務，許用見錢交易，收息不過二分，不許賒請。監官惟立，任滿，賞法即不得計息賞。其餘應雜物並不許輒有措置，限十日條畫以聞。從三省請也。

元符三年五月，市易務改名平准務。

十月二十八日，尚書省勘會：平准務見置官吏、公人等，所費請給不少，兼差官出外計置物色，不無搔擾；及石炭自近年官中收買，置場出賣，後來在市價轉增高，寔於細民不便。詔罷平准務，仍今後更不官買石炭出賣，其户部、太府寺應緣平准務添置官吏及請給並罷。

徽宗建中靖國元年十月二十一日，户部言：内外因欠市易錢物，折納屋業田産，准指揮更不出賣，令人户承賃佃。又准今年二月十六日朝旨：閑慢處屋業許行出賣。伏緣諸路市易折納田産土有肥瘠，皆可耕種，見今卻依衝要屋業一例不許出賣。況天下户絶田産，不以肥瘠，並行出賣。其市易折納田産，今相度，欲乞並依户絶田産法。從之。

崇寧元年六月十七日，户部言：平准之法，所以制物價之輕重，通財賄之有無，使闔闢散斂之權歸於公上而已，佗司無得與焉。近者本部申請，得旨於諸路起發錢一百萬貫充本支用，即目兑使，漸有數目，然未有約束。竊慮官司申請支借，或直行取撥，則平准錢物遂見侵耗。欲乞應平准務錢物，官司並不許借用或乞取撥，雖奉特旨，並許本部奏知不行奏知：疑誤。提舉常平司錢物准此。詔申請支借取撥以違制論。

二年四月十一日，户部言：蘇州人户舊欠市易官本錢米，係熙寧、元豐年所逋欠錢物，原書天頭注云：所一作中。元符元年赦敕展限三年，分爲十二季送納。未足，准朝旨，權住催理。後復准敕：不許除放。提舉司請再與展作二年八季。詔據住催月日並行除豁，指揮到日，依元降催科指揮施行，外路依此。

六月十八日，詔：府界諸縣除萬户，及雖非萬户而路居要緊去處，市易抵當已自設官置局外，其不及萬户處，非衝要並諸鎮有監官卻係商販要會處，依元豐條例，並置市易抵當，就委監當官兼領。

七月九日，户部言：湖北提舉司申：縣鎮不及萬户處，雖非商旅往來興販之地，除市易務不須置外，卻有井邑翕集，兼在避遠正、民間緩急難得見錢去處，欲乞依舊存留抵當庫，令逐處官兼領。看詳欲諸路並依六月十八日已降朝旨施行。從之。

高宗紹興三年十二月十七日，御史台檢法官李元淪言：欲望嚴賜戒敕，應諸司抛買，並須置場和市。詔：今後軍器所、宣撫、安撫司合用軍須物色，並仰州縣依市價和買，如諸司一面收買過物，亦仰具數申尚書省。即不得抑配科擾，如違，並令提刑司按劾聞奏。

四年二月三日，詔：今後諸路州縣進奉天申節禮物，並置場和買，不得於民間科配。

八月三日，户部侍郎梁汝嘉言：來年諸軍百司、諸司等合用春衣，欲置場從本部委官依市價和買。從之。

二十八年十一月二十三日，南郊赦：諸路監司州縣抛買應用物色，多不以時支給價錢，雖已降指揮立限支還，尚慮視爲文具，狃習前弊。仰漕臣常切約束，覺察按治。監司違戾，令諸司互察，御史台彈劾，仍許人户越訴。

二十九年四月二十日，詔：椿管激賞庫出賣川布，今後止令雜買場及臨安府置場出賣，不得抑令三衙收買。

三十年八月二十五日，詔：今後官告院闕少犀象、軸頭，並令工部申取朝廷指揮，更不於行市及市舶司收買。

十月二十五日，臣寮言：江東諸郡監司守將則有公庫之例，屬官僚吏則有直廳之行，凡百供須，比之市價，大率十虧四五，蓋由市易司剋下婿上，恣爲低昂。夫營生之艱，莫若小民，終日市廛，僅餬其口。在官者常有以利之猶懼不給，況可瘠之以自肥乎？違制傷廉，理宜痛革！望飭監司、郡守，自今公庫私家凡金繒器用、食飲之所須，一切以市價爲率，毋循舊弊置行並直廳。從之。

十二月四日，權發遣嚴州樊光遠言：本州依例收買今年御爐木炭五千四百五十秤，原書天頭注云：一作五千四十五秤。顆塊炭二千秤，均下諸縣計置買發。元降指揮，於添酒錢取撥。其錢隸屬經總制窠名，從前不敢取撥，即無價錢支還諸縣。詔與免收買。上諭輔臣曰：御爐炭不過冬月欲其煖爾。聞有司須限定尺寸，至於要脂麻文青鴿色兩頭斧痕，此復何益？反以擾民。不若只令臨安府每歲收買，更不須嚴州科敷。陳康伯奏：臣等謹當遵稟行下。

（清）徐松《宋會要輯稿·食貨五六·户部》〔政和〕三年二月，户部奏：伏覩諸路買撲坊場，依降召人實封投狀，添錢承買。准紹聖免役敕。已買撲而官司經畫請官監者，徒二年，以革侵紊之弊。自奉行（役）〔後〕來，尚有陳請將興販去處拘取官監，計一百餘處，雖有上條，徒爲虛文。欲乞下諸路監司，今後遵依紹聖免役敕條施行。如尚敢依前陳請者，從本部申朝廷，乞重行黜責。從之。

（清）徐松《宋會要輯稿·食貨六四·雜録》〔太祖乾德五年〕十二月，詔曰：布帛之用，世道攸資，行濫之禁，律文具載。而商賈末，奸僞萌生，塗以粉藥，因而規利。瀆亂典刑，無甚于兹。自今宜禁民不得輒以紕疏布帛鬻於市，及塗粉入藥。吏察捕之，重寘其罪。【略】

〔太平興國〕九年十月，詔曰：有帛精粗不中數，幅廣狹不中量，不鬻於市，斯古制也。頗聞民間所織錦綺、綾羅及它匹帛，多幅狹不中程式，及紕疏輕弱，加藥塗粉，以欺誑販鬻，因而規利。宜令兩京諸州告諭民，所織匹帛須及程式。賈肆之末售者，限以百日當盡鬻之。民敢違詔復織，募告者，三分賞其一。【略】

〔咸平〕六年正月户部言：乞令江南、兩浙轉運司（輸）〔諭〕轄下州軍人民，今後不得織造短狹縑帛市易，致悮公私使用。如違，乞依法科罪。帝曰：風俗所用已久，官司驟行改革，恐民間不知，悮有犯者。可先行曉諭，限百日内改造。如違，方得科罪。

淳化元年八月，詔：川、陝諸州，官歲市絲綿、紬布、絹帛等不能充舊貫，蓋賈人利市侵其利，自今嚴禁之。限詔到，賈人先所市者悉送所在官，官以市價償之。藏匿者，寘於法。初，諸州上供絹皆常度外長數尺，及西上閤門副使張昭允、内班都知馮守規類知左、右藏庫，類：疑當作數。裂取餘者，付染所上官雜染，以備他用，每歲獲羨數甚衆。既而士卒受冬服，度之不及程，昭允等悉坐免。

（清）徐松《宋會要輯稿·食貨六四·免行錢》高宗紹興元年三月十七日，中書門下省言：昨降指揮，諸州郡罷納免行錢，見任官並許以實直買物。訪聞諸路見任官依應收買物色，無所不至，重用民力。詔諸路州軍依已降指揮免行錢並罷，見係人户更不作行户供應，見任官買賣依市價。違者計贓，以自盜論。候邊事寧息日，令户部取旨，依舊法施行。

十一年四月八日，臣僚言：州、軍、縣、鎮舊來行户立定時旬價直，令在任官買物，蓋使知物價低昂，以防虧損。而貪汙之吏並緣爲姦，貴價令作賤價，上等令作下等，所虧之直不啻數倍，致人户陪費失所。宣和間，市户乞依熙寧舊法納免行錢，罷行户供應，民實便之，至靖康間罷納。近來州、軍、縣、鎮遇有抛買，依前下行户供應。望下有司嚴行禁止，依舊法量納免行錢。從之。

六月十八日，户部言：諸路州縣行鋪户等，依近降指揮並免供應，令量納免行錢，革去科擾之弊。今訪聞州縣多將零細小鋪、貧下經紀不係合該行户之人，及村店貨賣細小之民一例敷納，其實有物力行鋪户等，卻致作弊幸免。欲乞申嚴約束監司、州縣，依近降指揮，照元畫一依公推排，立定錢數，開具供申。其零細小鋪、貧下經紀無物力之人，及村店貨賣細小，不得一例科敷搔擾。從之。

七月七日，臣僚言：近者復免行錢，而州縣行遣，與法意大不相當。既兼收於貧弱下户，復連及於鄉村下店，富者有賄賂以悦胥吏，故輸錢甚輕，貧者無貨財以行請囑，故輸錢反重，一出於胥吏之手，而民日益困。故有店鋪而廢業者，有攜家而他徙者。詔依奏，送合屬去處，限日下條具措置，申尚書省。其後，户部言：欲依臣僚奏請，令諸路提刑、轉運司疾速約束所部州縣，及親行按臨體究，將似此去處立便覈實改正。仍依已降指揮按劾取旨，重寘典憲。從之。

（清）徐松《宋會要輯稿·食貨六七·置市》太祖乾德三年四月十三日，詔開封府令京城夜市至三鼓已來不得禁止。

五年十二月二日，詔曰：錢，乃所以通貿易；布帛，所以備財帛，時之急務，不可闕焉。故幣之輕姦，國家所禁；物之行濫，律令甚明。近聞都市之中，賈人作僞，或刮銅取鉛，盜鑄公行；或塗粉入藥，詐欺規利。是致貨泉日弊，偷薄萌生。禁而止之，抑惟舊典。自今京城及諸道州府市肆，並不得行用新小錢鑞等錢，兼不得以疏惡絹帛入粉藥。違者，重寘其罪。

真宗天禧二年八月二十一日，閤門祗候張明言：臣知邕州，本州配率竹木，修蓋官市、廊店。自今以倉司頭子錢修蓋，更不配民。帝曰：

前已累詔，不令興土木之功，及占街衢。今尚如此科率，何也？此乃有司曠職，可令申明前制，嚴行斷絶。

仁宗慶曆五年九月十六日，詔：河北、河東、陝西沿邊州軍，有以堪造軍器物鬻於化外者，以私相交易律坐之，仍編管近里州軍。

皇祐五年七月一日，置邕州城外沙頭和市場。

至和三年七月十八日，上封者言：嶺南村墟聚落間，日會集裨販，謂之虚市。請降條約，令於城邑交易，冀增市筭。帝曰：徒擾民爾，可仍其舊。

嘉祐八年正月二十六日，宰臣韓琦言：秦州永寧寨，元以鈔市券馬之處，鈔：原作抄，據本書《食貨》六五之一九八改。昨修古渭寨，絶在永寧之西，而蕃、漢多互市其間，因置馬場。凡歲用緡錢十餘萬，苟蕩然流入虜中，寔耗國用。請復置場於永寧，而罷古渭城買馬。從之。

開禧元年三月二日，廣東提刑陳映言：廣南有摧鋒軍，專以防盗。軍中有回易，所以養軍。比年以來，於海洋僻遠去處，或稱巡鹽，或稱捕盗，客舟往來，寔受回易軍兵之擾。乞（木）〔下〕本路經略提刑司，今後摧鋒軍除捕盗外，不許諸司別作名色差撥下海。所有本軍回易，止許就屯駐營寨去處開置鋪席，典質販賣，庶幾不爲商賈之害。從之。

嘉定十四年九月十日，明堂赦文：朝廷行下諸路州軍收買軍需之物，並係支降合撥窠名錢給還。切慮諸路州不即去還價錢，妄行科擾，仰州縣常切遵守，毋致違戾。如違，仰監司按劾以聞。

同日，赦文：户部每年行下逐州，委官收買大軍支遣綿絹，係先截撥綱運上供諸色窠名錢，照市價收買，仍免除頭子錢，已是詳盡。尚慮州郡將已截綱運官錢占吝在州，抑勒民户牙儈先次買發，止支些小價錢，妄以未曾截撥爲名，遷延歲月，更不盡數支給。自今赦下日，如有似此未支錢數，仰人户徑經户部陳訴。將未支數目行下本處，日下一併支還。仍將當職官吏按治施行。

同日，赦文：户部每年行下逐州，委官收買大軍支遣綿絹，係先截撥綱運上供諸色窠名錢，照市價收買，仍免除頭子錢，已是詳盡。尚慮州郡將已截綱運官錢占吝在州，抑勒民户牙儈先次買發，止支些小價錢，妄以未曾截撥爲名，遷延歲月，更不盡數支給。自今赦下日，如有似此未支錢數，仰人户徑經户部陳訴。將未支數目行下本處，日下一併支還。仍將當職官吏按治施行。

（清）徐松《宋會要輯稿・食貨七〇・賦税》〔嘉泰元年〕十二月六日，臣僚言：臣聞有丁則有役，有田則有賦，有物力則有和買，今有物力雖高而和買不及者，寺觀之長生庫是矣。臣詢其故，始因緇流創爲度增之名，立庫規利，相繼進納，固亦不同。今則不然，鳩集富豪合力同則，名曰鬭紐者，在在皆是，嘗以其則例言之，結十人以爲局，高下資本，自五十萬以至十萬，大約以十年爲期，每歲之窮，輪流出局，通所得之利，不啻倍蓰，而本則仍在。初進納度牒之實，徒遂因緣射利之謀耳。乞行下諸州縣，應寺觀長生庫並令與人户一例推排，均敷和買，則託名僧局門紐財本以罔市利者，亦將無所逃矣。從之。

（清）徐松《宋會要輯稿・刑法二・禁約》〔宣和六年〕五月六日臣僚言：伏覩宣和二年御筆：在京官司輒置櫃坊收禁罪人，乞取錢物，害及無辜，已降指揮，並令去拆。及已重立法禁，又訪聞外路尚有沿襲置櫃坊去處，爲民之害尤甚，限一日去拆。自今敢置者以違御筆論。臣謹按詔書數下，訓辭深厚，恩施甚美，盛德之事也。然豪吏擅私，貪夫求利，覆出爲惡，無所畏忌。四方萬里之遠，耳目所不及者，其爲害可勝言耶！或鎖之櫃坊，或幽之旅邸，近則數月，遠則一年，守貳不能察，監司不以聞，銜冤之民，無所告愬，殊失陛下勤恤民隱之意。欲望特降處分，在京選彊明郎官一員，遍詣捉事使臣家，毀拆禁房。於法應捕人，限當日解府；有不及者，許送廂寄禁。輒經宿者，許人告，重坐以罪。在外委監司，各據分界，歲巡州縣，親詣點檢，毀拆私置櫃坊、禁房。見有拘留人户去處，按劾以聞。庶幾少副詔書懇惻本旨，實天下幸甚。詔依宣和二年已降御筆指揮，餘令尚書省立法。

（清）徐松《宋會要輯稿・刑法二・禁約》〔高宗建炎〕三年二月二十三日，詔：江浙等州軍應客旅般販米斛，並從便往來，其經由官司如敢非理騷擾阻節，許客人經尚書省越訴，官員停替，人吏決配。仰提刑司覺察。

四年二月二十三日德音：禁米穀鋪户停米邀勒高價，如違杖一百。

紹興元年三月十九日，詔：比來行在米價騰踊，或重税以困其興販，

或遏糴以扼其流通，或奪舡以害其往來。今後仰州縣特蠲收税，嚴止遏糴，及不得奪裝載米斛舟船。如違，並以違制論。【略】

〔四年〕七月六日，詔閩粤商賈常載重貨往山東，令廣南、福建、兩浙沿海守臣措置禁止。四年七月十九日，禁明越州、山東游民來〔往〕販糴。紹興二年三月九日，禁江浙之民販米入京東，及販易縑帛者，瀕海巡捕官覺察止絶，告捕人賞錢三千貫，白身補承信郎，有官人取旨推恩，犯人並依軍法。三年二月一日，禁販箭簳往山東，其有透漏并元裝發州縣，當職官吏並流三千里，各不以〔去〕官、赦降原減。三年八月七日，詔應水陸興販出界，其知情負載及隨舡售顧火兒，並徒二年罪。三年十月二日，禁客人以箬葉重龍及於茶節中藏筋鰾漆貨過淮，前往外界貨賣，許人告捉，並行軍法。所販物充賞外，其當職官吏等並依客舡泛海往山東法，並流三千里，不以去官、赦降原減。每旬具申以聞。京西等路州縣界首並依此。四年二月十九日，禁客人收買諸軍春衣絹往僞界貨賣，罪賞並依透漏筋鰾條法。五年五月十九日，以沿海人户五家結爲一保，不許透漏舟舡出北界。如違，將所販物貨盡給充賞外，仍將應有家財田産並籍没入官，同保人減一等。六年六月二十一日，禁販海金沙往僞界。十二年八月三日，禁客旅私販茶貨，私渡淮河，與北客私相博易。若糾合火伴，連財合本，或非連財合本而糾集同行之人數內自相告發者，與免本罪，其物貨給告人。若同伴客人令本家人告發者，亦與免罪，減半給賞。仍比附獲私茶鹽法，令户部立定賞格。二十二年八月二十六日，禁泉州商人泛海私販。上宣諭曰：累有約束禁止私泛海商人，聞泉州界尚多有之，宜令沿海守臣常切禁止，無致生事。

《遼史》卷五九《食貨志》 先是，遼東新附地不榷酤，而鹽麴之禁亦弛。馮延休、韓紹勳相繼商利，欲與燕地平山例加繩約，其民病之，遂起大延琳之亂。連年詔復其租，民始安靖。南京歲納三司鹽鐵錢折絹，大同歲納三司税錢折粟。開遠軍故事，民歲輸税，斗粟折五錢，耶律抹只守郡，表請折六錢，亦皆利民善政也。

《遼史》卷六〇《食貨志》 征商之法，則自太祖置羊城于炭山北，起榷務以通諸道市易。太宗得燕，置南京，城北有市，百物山偫，命有司治其征；餘四京及它州縣貨産懋遷之地，置亦如之。東平郡城中置看樓，分南、北市，禺中交易市北，午漏下交易市南。雄州、高昌、渤海亦立互市，以通南宋、西北諸部、高麗之貨，故女直以金、帛、布、蜜、蠟諸藥材及鐵離、靺鞨、于厥等部以蛤珠、青鼠、貂鼠、膠魚之皮、牛羊駝馬、毳罽等物，來易於遼者，道路繈屬。聖宗統和初燕京留守司言，民艱食，請弛居庸關税，以通山西糴易。又令有司諭諸行宫，布帛短狹不中尺度者，不鬻於市。明年，詔以南、北府市場人少，宜率當部車百乘赴集。開奇峰路以通易州貿易。二十三年，振武軍及保州並置榷場。時北院大王耶律室魯以俸羊多闕，部人貧乏，請以羸老之羊及皮毛易南中之絹，上下爲便。至天祚之亂，賦斂既重，交易法壞，財日匱而民日困矣。

（明）王圻《續文獻通考》卷二二《征榷考・征商》 遼大宗得燕，置南京，城北有市，百物山峙，命有司治其征，餘四京及他州縣貨産貿遷之地，置亦如之。

聖宗統和元年九月，南京留守奏：秋霖害稼，請權停關征，以通山西糴易。從之。

四年十一月，以古北松亭榆關征税不法致阻商旅，遣使鞫問之。

十二年二月，免諸部歲輸羊及關征。

十九年十一月，減關市税。

開泰二年十二月，貴德龍化儀坤雙遼同祖七州，至是有詔始征商。

（明）王圻《續文獻通考》卷三一《市糴考・互市》 太祖神册三年三月，置羊城于炭山之北以通市易。

太宗置南京，城北有市，東平郡城中置看樓，分南北市，禺中交易市北，午漏下交易市南。

聖宗統和三年十一月，詔禁行在市易布帛不中尺度者。

六年七月，觀市。七年二月，詔以南北府市場人少，宜率當部車百乘赴集開奇峯路通易州市。耶律隆運爲大丞相，以南京歲不登，請免百姓農器錢，又請平諸郡商賈價，從之。

道宗咸雍七年四月，禁布帛不中尺度者。

《金史》卷四九《食貨志・酤税》 酤税。自大定初，以國用不足，設官榷之，以助經用。至二十三年，以府庫充牣，遂罷之。

章宗明昌五年，以有司所入不充所出，言事者請榷酤息，遂令設官榷之，其課額，竢當差官定之。後罷。

承安三年三月，省臣以國用浩大，遂復榷之。五百貫以上設都監，千貫以上設同監一員。【略】

諸征商，海陵貞元元年五月，以都城隙地賜隨朝大小職官及護駕軍，七月，各徵錢有差。大定二年，制院務創虧及功酬格。八月，罷諸路關稅，止令譏察。

三年，尚書省奏，山東西路轉運司言，坊場河渡多逋欠，詔如監臨制，以年歲遠近爲差，蠲減。又以尚書工部令史劉行義言，定城郭出賃房稅之制。

五年，以前此河濼罷設官，復召民射買，兩界之後，仍舊設官。

二十年正月，定商稅法，金銀百分取一，諸物百分取三。

章宗大定二十九年，户部言天下河泊已許與民同利，其七處設官可罷之，委所屬禁豪強毋得擅其利。

明昌元年正月，敕尚書省，定院務課商稅額，諸路使司院務千六百一十六處，比舊減九十四萬一千餘貫，遂罷坊場，免賃房稅。十月，尚書省奏：今天下使司院務，既減課額，而監官增虧既有陞遷追殿之制，宜罷提點所給賞罰俸之制，但委提刑司，察提點官侵犯場務者，則論如制。詔從之。

三年，詔減南京出賃官房及地基錢。

二年，諭提刑司，禁勢力家不得固山澤之利。又司竹監歲採入破竹五十萬竿，春秋兩次輸都水監，備河防，餘邊刀笋皮等賣錢三千貫，葦錢二千貫，爲額。

明昌五年，陳言者乞復舊置坊場，上不許，惟許增置院務，詔尚書省參酌定制，遂擬遼東、北京依舊許人分辦，中都等十一路差官按視，量添設院務于二十三處，自今歲九月一日立界，制可。

大定間，中都稅使司歲獲十六萬四千四百四十餘貫，承安元年，歲獲二十一萬四千五百七十九貫。泰和六年五月，制院務課虧，令運司差官監榷。

金銀之稅。大定三年，制金銀坑冶許民開採，二十分取一爲稅。泰和四年，言事者以金銀百分中取一，諸物取三，今物價視舊爲高，除金銀則額所不能盡該，自餘金銀可並添一分。詔從之。七年三月，户部尚書高汝礪言：舊制，小商貿易諸物收錢四分，而金銀乃重細之物，多出富有之家，復止三分，是爲不倫，亦乞一例收之。省臣議以爲如此恐多匿隱，遂止從舊。

《續文獻通考》卷二五《市糴考・均輸・市易和買》　金海陵正隆六年四月，詔汝州百五十里內州縣量遣商賈赴溫湯置市。時幸汝州溫湯，故有是詔。

世宗大定二十四年八月，詔免上京今年市稅。時以五月至上京。

章宗明昌元年七月，詔罷西北路蝦蟆山市場。

承安元年五月，以久旱徙市。越數日詔復市如常。

五年正月，如春水諭點檢司車駕所至仍令百姓市易。

泰和三年四月，諭省司，官中所用物如民間難得毋强市之。

宣宗興定三年正月，議行均輸，又敕和市邊城軍需無至抑配貧民。

《通制條格》卷一八《關市・牙保欺蔽》　至元十年八月，中書省斷事官呈：大都等路諸買賣人口頭疋房屋一切物貨交易，其官私牙人僥倖圖利，不令買主賣主相見，先於物主處撲定價直，却於買主處高擡物價，多有尅落，深爲未便。今後凡買賣人口頭疋房屋一切物貨，須要牙保人等與賣主買主明白書寫籍貫住坐去處，仍召知識賣主人或正牙保人等保管，畫完押字，許令成交，然後赴務投稅。仍令所在稅務，亦仰驗契完備，收稅明白，附曆出榜，遍行禁治相應。都省准呈。

至元二十八年三月，欽奉詔書內一款：數年以來，所在商賈，多爲有勢之家占據行市，豪奪民利，以致商賈不敢往來，物價因而湧貴。在都令監察御史，在外令按察司，常切用心糾察按治。

《通制條格》卷一八《關市・濫給文引》　至元二十三年十二月，中書省樞密院呈：腹裏州城諸投下官司信從人户，以江南等處作買賣爲由，濫放文引，因而般取軍人在逃，使管軍官不能拘繫，擬合遍行禁約。都省議得：今後諸人若因事或爲商賈前去他所勾當，經由有司衙門陳告，取問隣佑是實，令人保管，別無違礙，方許出給差引，明置文簿銷照外。據其餘衙門並各投下官司，雖有印信，無得擅行出給文引。

至元二十四年七月，尚書省樞密院呈：議得蒙古軍人，凡闕礙車馬調度，勾補逃亡軍人，一切大小軍中勾當，合從蒙古奧魯官司出給差劄。各軍若爲私己勾當諸處買賣等事，於本管奧魯官司具狀陳告，行移所管有司依例出給文引。兩相關防，似爲便當。都省准呈。

至元二十六年八月內，樞密院議得：管軍大小衙門翼所自來不係有司，毋得擅給民匠，諸色客旅人等文引，及不得將官司應拘禁之物隱藏夾帶，不令納官。違者究治。

《通制條格》卷一八《關市·和雇和買》 至元五年八月，中書省奏：中都路每年應辦馬駝稈草，據忙兀魯海牙、那懷呂合剌、也的迷失等所管人匠，合無與民一體和買。准奏。今後仰忙兀魯海牙、那懷呂合剌、也的迷失等所管人匠，并不以是何諸色人等，但種田的都教和買者。其合該價錢，照依街市實直，劃時給散，毋致尅減，刁蹬人難。

至元十九年十月，欽奉詔書內一款：和雇和買並依市價。不以是何户計，照依行例應當，官司隨即支價，毋得逗遛刁蹬。大小官吏、權豪勢要之家，不許因緣結攬，以營私利。違者治罪。

至元二十一年四月，中書省户部呈：大都管下州縣和糴和買米糧、料草一切所須，官給價錢內，有給不到數目，及將元降料鈔，私下換作爛鈔，散與百姓。都省議得：如遇關支和買、和糴鈔數，明白開寫，行移合屬須管依數給散，毋致因而換易違錯。御史臺嚴加體察。

至元二十六年七月，尚書省御史臺呈：山東道按察司申，每年和買段疋，合趁絲蠶收成時分和買織造，官民俱便。及令各處官司，遞相體覆保勘，就申合干上司，但有不實體察。都省准呈。

至元二十八年四月，中書省御史臺呈：禮部應做好事，合用物價，每件須有減駁多破鈔數，官府因循作弊。本臺議得，各處今後凡有和買諸物，必須從實估價，合該上司體覆相應，依數支放。如有多估不實，取問當該官吏招伏，以其冒估之數多少論罪，追徵餘價還官。若元估相應，故行減駁，虧損人民，亦行治罪。在內監察御史，在外肅政廉訪司體察。都省准呈。

大德七年三月，中書省宣徽院呈：起運上都米麵等事，送户部與禮部一同議得，凡雇車運物，不分粗細，例驗觔重、里路，官給脚價。以此參詳，今後起運上都米麵等物，合從宣徽院選委有職役廉幹人員長押。先將合起物色，一一親臨秤盤裝發，打角完備，如法封記。斟酌合用車輛，令大都路巡院正官，召募有抵業信實車户，明立脚契，編立牌甲，遞相保管，然後許令攬運。各於契上開寫所載箱包、布袋，各各觔重，眼同交盤，責付車户收管，及令重護封頭，長押官通行管押。如運至上都交收，辨得封記打角俱無損壞，布袋、箱包亦不鬆慢，秤盤觔重又與元攬相同，中間却有短少不堪，蓋爲押運人員裝發之際，失於照略，着落追陪相應。若苫蓋不如法，裝卸不用心，致有損失，雖封記俱全，比元封打角鬆慢，或去封頭，箱包、布袋破漏，交出短少不堪者，即是車户不爲照略，或因而侵盜，就將行車人監勒，追徵不敷之物。照依脚契，先驗元雇車户均徵，更有追補不足者，着落當該雇車官司補納，仍以物多寡量情斷罪。押運人員回還，須要納獲無欠，朱鈔銷照。及經過村坊店户之家，排門粉壁，無得寄頓糴買官物。都省准呈。

至元四年三月，欽奉詔書內一款節該：諸王、駙馬經過州郡，從行人員，多有非理需索，官吏貪緣爲姦，用壹鳩百，重困吾民。自今各體朝廷節用愛民之意，一切懲約，毋蹈前非。其和雇、和買，驗有物之家，隨即給價。尅減欺落者，從監察御史、肅政廉訪司體察究治。欽此。

延祐元年十月，中書户部呈：益都、廣平等路和買皮貨，時估爭懸。今後各處合報諸物時估，司縣正官親行估體實價，開申路府，摘委文資正官、首領官，通行比較，務要相應。開具估體比較官員職名，依期申部。凡遇和買，即（今）〔令〕拘該官吏估體完備，正官比對時估無差，方許支價。如後照勘或因事發露，却有冒濫者，著落估體比較官吏追陪，似革苟且因循之弊，亦免減駁往復紊繁。都省准擬。

《通制條格》卷一八《關市·中寶》 至大四年三月，欽奉詔書內一款：諸人中寶，蠹耗國財。比者寶合丁乞兒八答私買所盜內府寶帶，轉中入官，既已伏誅。今後諸人毋得似前中獻，其扎蠻等所受管領中寶聖旨，亦仰追收。欽此。

《通制條格》卷一八《關市·牙行》 至元二十三年六月，中書省照得：先爲蓋里赤擾害百姓，已行禁罷。況客旅買賣，依例納稅，若更設立諸色牙行，抽分牙錢，刮削市利，侵漁不便。除大都羊牙及隨路買賣人口頭疋莊宅牙行依前存設，驗價取要牙錢，每拾兩不過貳錢，其餘各色牙人，並行革去。

皇慶元年三月，中書省御史臺呈：近年都下諸物價騰，蓋因各處所設船行步頭刁蹬客旅，把柄船户，以致舟船澀滯，貨物不通。擬合嚴行督責各處瀕河提調官司常加禁治，於本土有抵業之人量設貳叁名，牓示姓名，以革濫設之弊。刑部議得：合准臺擬。仍令監察御史、廉訪司常切體察。都省准呈。

皇慶元年八月，中書省照得：大都羊市設官恢辦税課皮毛，若遇官買，亦須兩平支價。其所委買羊之人，往往掯勒羊主賤買，或不即給價，營利轉賣，及權豪勢要之家挾勢強買，又一等無賴之徒，迎接絟占，乾要蓋利，羊牙人等，多取牙錢，驚擾羊客，公私不便，已嘗禁治。今體知得諸衙門往往亂行批寫印帖，就市強行奪買羊口，無賴之徒擾害客旅。如有違犯之人，許諸人捉拏到官，嚴行治罪，及劄付御史臺體察。

《通制條格》卷一八《關市・私𧴩》 至元十三年四月十三日，中書省奏：雲南省裏行的怯來小名的回回人去年提奏來，江南田地裏做買賣的人每，將着𧴩子去雲南是甚麼換要有。做買賣的人每私下將的去的，教禁斷了。江南田地裏，市舶司裏，見在有的𧴩子多有。譬如空放，着將去雲南或換金子或換馬呵，得濟的勾當有。奏呵，那般者。聖旨有呵，去年的𧴩子教將的雲南去來。那其間，那裏的省官人每説將來，雲南行使𧴩子的田地窄有，與鈔法一般有。𧴩子廣呵，是甚麼貴子，百姓生受有，腹裏將𧴩子這裏來的，合教禁子有。説將來呵，兩箇的言語不同有。那裏衆官人每與怯來一處説了話呵，説將來者。麽道，與將文書去來。如今衆人商量了説將來，將入來呵，不中。是甚麼貴子，百姓每也生受有。百姓每將入來的，官司將入來的，禁斷了，都不合教將入來。麽道，説將來有。俺商量得不教將入去呵，怎生？奏呵，休教將入去者。聖旨了也。欽此。

《通制條格》卷二七《雜令・買賣軍器》 至元二十八年三月，中書省刑部呈：鷹房官阿沙不花、黄兀兒指揮送到賣鐶刀等物人魏得榮並買主李仲璋。除將已到官鐶刀送庫寄收聽候外，本部參詳，若將鐶刀等物拘收，照例擬罪。却緣自前不曾禁斷貨賣軍器，魏得榮俱係商賈之人，又經赴務投税，別無情弊，合無將已到官鐶刀回付本主，賣與應合執把軍器人等，權以免罪相應。都省准擬。

《元典章》卷二二《户部・課程・運司合行事理》 至元十三年正月，中書户部：承奉中書省劄付：據東平等路轉運使蔡德潤等連名呈該乞依先立轉運司給降條畫，及隸中書省等事，都省區處，定下項事理，就便行移合屬，依上施行。

一、本司乞依先立運司給降條畫事理。前件，議得：仰本司欽依給降聖旨，照依累降聖旨條畫施行。

一、都轉運使司合無直隸中書省事。前件，議得：如有不係本司所管衙門沮壞攪擾辦課，令本司申部直呈省。外，其餘辦課等事理，並聽申部。

一、呈要各路增添户計事。前件，議得：省會於户部照勘者。

一、行鋪之家收下鐵貨并農器等生活，合無收買事。前件，議得：仰轉運使司令各處鋪户之家，將見在鐵器生活須管立限發賣了畢，限外依市價，都轉運司收買。

一、都轉運使司置立去處廨宇，除舊有外，無者從本司踏逐官房，令本路差撥人匠修完，并合用儀從公物一體應副事。前件，議得：若本司到置司去處，照依前運司聚會去處置司，儀從公物應副交割。

一、都轉運司乞依按察司一體迎接聖旨宣詔事理。前件，議得：准呈。

一、都轉運使司令史、奏差、譯史、典吏、收銀庫官、知印、祗侯人、曳剌等，從本司踏逐。前件，議得：本司擬設書吏，并奏差、通事、譯史人等，依上許令本司踏逐不作過犯相應人等充。收銀庫官、各院務辦課人等，除省部依例差設外，本司止設相副一員，依上選差相應不作過犯之人。

一、各運司合關鋪馬劄子、差使牌面，乞斟酌定奪事。前件，議得：各處運司所轄去處寬闊，若不給付，難以責備。除濟南等路、河間等路都轉運使司已有元給牌面不須，止給馬一疋、劄子二道外，據其餘都轉運司，各給差使銀牌二面，馬五疋劄子，内二疋一道、一疋三道。依上出給施行。

一、隨路管民官任滿，乞令於本司取給解由申部，有無增虧、私鹽等生發文解。前件，議得：除增虧外，餘准所呈。

一、各運司官依驗課額，以十分爲率，若增一分，遷官一等。三分者，遷官二等。五分以上，别加遷賞。前件，議得：候年終考較見數，至日依條定擬。

一、各運司合用紙（扎）〔劄〕印色，乞定奪事。前件，議得：照依前運司體例施行。

一、本司官吏合得公田俸給，乞定奪事。前件，議得：公田申部，照例定奪。外，俸給另行定奪。

一、本司管領數處，必須摘委司官行司，并差委催課幹事人員，亦合依按察司一體，馳驛支給分例。前件，議得：若本司官騎坐鋪馬，依例應副，餘者别無定奪。

一、各司運判改從五品，依按察司例給降宣命、金牌事。前件，議得：别無定奪。

一、都堂議得：各路人匠內，除軍器監成造軍器，少府監、金玉人匠總管府監收，護國仁王寺總管府、異様總管府等管人匠，依舊充元管官司管領催辦，其餘常課造作人匠，仰都轉運使司催辦，管領詞訟。其餘一切橫造，令總管府管領。

《元典章》卷二二《户部·契本·就印契本》　至元二十年十一月，福建行省准中書省咨：照得各處行省所轄路分周歲合用辦課契本，年例户部行下各處，和買紙札印造，發去辦課。緣大都相去地遠，不惟遲到，恐誤使用，抑亦多費脚力。除四川、甘肅、中興行省、陝西宣慰司所轄去處用度不多，依舊户部印造發遣外，據江南四處行省所管地面合用契本，合擬就彼和買紙劄工墨印造。今將鑄造到契本銅板一面、户部契本銅印一顆封面隨此發去，咨請照驗。據年例合用契本數目，就委彼處見任職官能幹相應人員，不妨本職，兼管監視印造，發下合屬行用，依例辦課。務要多方鈐束，無致中間因而作弊。仍令本省掌司郎中專一用心，常切提調，纔候印造了畢，據銅板、印信令掌司郎中封收，如有差故，以次首領官封收。若是板昏，除契板從本省倒鑄外，户部契本朱印預爲咨來鑄造，隨即發去倒换。今歲印發訖契本，開坐各路府州司縣備細數目，同實用過紙劄工墨價錢，隨季報課程另行咨來。至年終辦到鈔數，通行起納施行，先咨收管回示。

《元典章》卷二六《户部·賦役·科役·物價·月申諸物價直》　中統五年八月欽奉詔書內一款：雨澤分數，諸物價以鈔爲則，每月一次申部。

《元典章》卷二六《户部·賦役·科役·物價·至元新格》　諸街市貨物，皆令行人每月一平其直。其比前申有甚增減者，各須稱説增減緣由，自司縣申府州，由本路申户部，並要體度是實，保結申報。凡年例必於本處和買之物，如遇物多價少，可以趁賤收買者，即具其直，另狀飛申。

《元典章》卷二六《户部·賦役·科役·脚價·至元新格》　諸和雇脚力，皆儘行車之家，少則聽於其餘近上有車户内和雇，仍須置簿，輪轉（立）〔有〕法，無致司吏、里正、公使人等那攢作弊。

《元典章》卷二六《户部·賦役·科役·脚價·添答脚力價錢》　至元十五年，中書兵部符文：奉中書省判送：

户部呈：奉省判：兵部呈：（洛滋）〔洺磁〕路備永年縣申：和雇脚力遞運諸物，每千斤百里，脚價鈔一兩三錢。今有車户告，即目物料湧貴，乞依真定例添答事。本部議得：比年隨路田禾不收，草料湧貴，若止依舊例和雇，百姓委是生受。參詳，擬合照依真定例，平地千斤百里一兩三錢，加五添荅一兩九錢五分，山路亦依上分數添支。奉都堂鈞旨，送户部。照得，參詳見搬諸物，若依兵部已擬，依真定例加五添荅。如草料減價，依舊例。呈奉都堂鈞旨，依上施行。

《元典章》卷五一《刑部·諸盜·防盜·商賈於店止宿》　中統五年八月初四日，欽奉聖旨條畫內一款：

往來客旅、斡脱、商賈及賫擎財物之人，必須於村店設立巡防弓手去處止宿。其間若有失盜，勒令本處巡防弓手立限根捉。如不獲者，依上斷罪。若客旅、斡脱、商賈人等却於村店無巡防弓手去處止宿，如值失盜，並不在追捕之限。

《元典章》卷五七《刑部·諸禁·禁毒藥·禁假醫游行貨藥》　尚書省：來呈：

備高唐州申：至元六年正月十七日，准奉右三部符文該：奉中書省劄付：欽奉聖旨：禁約習醫道諸色人等，不通經書，不知藥性，欺誑俚俗，假醫爲名，規圖財利，亂行針藥，誤人性命之人。欽此。除外，切見隨處強切盜賊起數，其間多有托跡往來，假醫爲名，見便生情作過。略舉本州管下高唐等處捉獲賊人高道浪等，俱指賣藥打當爲名，得便爲盜。合無今後凡有村野説謊聚衆打當行醫、不通經書、不着科目之人，盡行禁斷，庶免妄行針藥，誤人性命，亦又革去賊人不得假醫爲名作過。本部議定：今後除諸科目人各令務本業，遇有患人，依經方對證用藥，或針灸看治外，據不通經書、不知藥性、妄行針藥、誤人性命之人，合行禁約。如違，治罪施行。

《元典章》卷五七《刑部・諸禁・禁毒藥・禁貨賣假藥》　至元九年八月，中書兵刑部承奉中書省劄付該：

准中書省咨：七月二十一日阿合馬平章奏：如今街上多有賣假藥，及用米麵諸色包裹，詐粧藥物出賣的也有，恐誤傷人性命。奉聖旨：您也好生出榜明白省諭者。如省諭已後，有違犯人呵，依着扎撒，教死者。欽此。

《元典章》卷五七《刑部・諸禁・禁毒藥・禁治買賣毒藥》　行省准中書省咨：

大德二年二月初四日，奏過事内一件：前者脱兒迷的上頭，賣毒藥的禁約整治，商量者。麽道，聖旨有來。俺與太醫院官、部官衆人一處商量得：今後如砒霜、巴豆、烏頭、附子、大戟、芫花、黎蘆、甘遂這般毒藥，治痛的藥裏多用着，全禁斷呵，不宜也者。如今賣藥的每根底嚴切整治，外頭收採這般毒藥將來呵，藥鋪裏賣與者。醫人每買有毒的藥治病呵，着證見買者，賣的人文曆上標記着賣與者。不係醫人每、閑雜人每根底，休賣與者。這般省諭了，明白知道，賣與毒藥，害了人性命呵，買的、賣的兩箇都處死者。閑雜人每根底賣與（阿）〔呵〕，不曾害人性命，有人告發呵，買的、賣的人每根底各杖六十七，追至元鈔一百兩與元告人充賞者。又街市造酒麯裏，這般毒藥休用者。不通醫術的人每合假藥，街市貨賣的，也禁治者。首告的人每言語若虚呵，也依體例要罪過呵，怎生？奏呵，奉聖旨：那般者。欽此。

《元史》卷九四《食貨志・商税》　商賈之有税，本以抑末，而國用亦資焉。元初，未有定制。太宗甲午年，始立徵收課税所，凡倉庫院務官并合干人等，命各處官司選有産有行之人充之。其所辦課程，每月赴所輸納。有貿易借貸者，並徒二年，杖七十；所官擾民取財者，其罪亦如之。世祖中統四年，用阿合馬、王光祖等言，凡在京權勢之家爲商賈，及以官銀賣買之人，並令赴務輸税，入城不弔引者同匿税法。至元七年，遂定三十分取一之制，以銀四萬五千錠爲額，有溢額者别作增餘。是年五月，以上都商旅往來艱辛，特免其課。凡典賣田宅不納税者，禁之。二十年，詔各路課程，差廉幹官二員提調，增羨者遷賞，虧兑者陪償降黜。凡隨路所辦，每月以其數申部，違期不申及雖申不圓者，其首領官初犯罰俸，再犯決一十七，令史加一等，三犯正官取招呈省。其院務官俸鈔，於增餘錢内給之。是年，始定上都税課六十分取一；舊城市肆院務遷入都城者，四十分取一。二十二年，又增商税契本，每一道爲中統鈔三錢。減上都税課，於一百兩之中取七錢半。二十六年，從丞相桑哥之請，遂大增天下商税，腹裏爲二十萬錠，江南爲二十五萬錠。二十九年，定諸路輸納之限，不許過四孟月十五日。三十一年，詔天下商税有增餘者，毋作額。元貞元年，用平章剌真言，又增上都之税。至大三年，契本一道復增作至元鈔三錢。逮至天曆之際，天下總入之數，視至元七年所定之額，蓋不啻百倍云。

《元史》卷九六《食貨志・市糴》　和糴自唐始，所以備邊庭軍需也，其弊至於害民者，蓋有之矣。元和糴之名有二，曰市糴糧，曰鹽折草，率皆增其直而市於民。於是邊庭之兵不乏食，京師之馬不乏芻，而民亦用以不困，其爲法不亦善乎。

市糴糧之法，世祖中統二年，始以鈔一千二百錠，於上都、北京、西京等處糴三萬石。四年，以解鹽引一萬五千道，和中陝西軍儲。是年三月，又命扎馬剌丁糴糧，仍敕軍民官毋沮。五年，諭北京、西京等路市糴軍糧。至元三年，以南京等處和糴四十萬石。四年，命沔州等處中納官糧，續還其直。八年，驗各路糧粟價直，增十分之一，和糴三十九萬四千六百六十石。十六年，以兩淮鹽引五萬道，募客旅中糧。十九年，以鈔三萬錠，市糴於隆興等處。二十年，以鈔五千錠市於北京，六萬錠市於上都，二千錠市於應昌。二十一年，以河間、山東、兩浙、兩淮鹽引，募諸人中糧。是年四月，以鈔四千錠，於應昌市糴。九月，發鹽引七萬道、鈔三萬錠，於上都和糴。二十二年，以鈔五萬錠，令木八剌沙和糴於上都。是年二月，詔江南民田秋成，官爲定例收糴，次年減價出（糴）〔糶〕。二十三年，發鈔五千錠，市糴沙、（静）〔净〕、隆興軍糧。二十四年，官發鹽引，聽民中糧。是年十二月，以揚州、杭州鹽引五十萬道，兑换民糧。二十七年，和糴西京糧，其價每一十兩之上增一兩。延祐三年，中糴和林糧二十三萬石。五年、六年，又各和中二十萬石。

鹽折草之法，成宗大德八年，定其則例。每年以河間鹽，令有司於五月預給京畿郡縣之民，至秋成，各驗鹽數輸草，以給京師秣馬之用。每鹽二斤，折草一束，重一十斤。歲用草八百萬束，折鹽四萬引云。

《元史》卷一〇四《刑法志·食貨》 諸匿税者，物貨一半没官，於没官物内一半付告人充賞，但犯笞五十，入門不弔引，同匿税法。諸辦課官，估物收税而輒抽分本色者，禁之。其監臨官吏輒於税課務求索什物者，以盗官物論，取與同坐。諸辦課官所掌應税之物，並三十分中取一，輒冒估直，多收税錢，别立名色，巧取分例，及不應收税而收税者，各以其罪罪之，廉訪司常加體察。諸在城及鄉村有市集之處，課税有常法。其在城税務官吏，輒於鄉村妄執經過商賈匿税者，禁之。諸辦課官，侵用增餘税課者，以不枉法贓論罪。諸職官，印契不納税錢者，計應納税錢，以不枉法論。

紀事

（宋）范鎮《東齋記事》卷三 薛簡肅公時，布一匹三百文，依其價，春給以錢，而秋令納布，民初甚善一作喜之。今布千錢，增其價才至四百。其後轉運使務多其數，富者至數百匹，貧亦不下二三十匹，而貧富俱不憀矣。

（宋）范鎮《東齋記事》卷四 張尚書詠在蜀時，米斗三十六文，絹疋三百文。公計兵食外，盡令輸絹，米之餘者許城中貧民買之。歲凡若干，貧民頗不樂。公曰他日當知矣。今米斗三百，絹疋三貫，富人納貴絹而貧人食賤米，皆以當時價，於官無所損益，而貧富乃均矣。此張公之惠於蜀之人，懷思之不能已也。

（宋）范鎮《東齋記事》卷四 文潞公任成都府日，米價騰貴，因就諸城門相近寺院，凡十八處，減價糶賣，仍不限其數。張榜通衢，翌日米價遂減。前此或限升斗以糶，或抑市井價直，適足以增其氣焰，而終不能平其價。大抵臨事當須有術也如此。

（宋）江少虞《宋朝事實類苑》卷二一《官政治績·内門買物支錢》 京師置雜物務，買内所須之物，而内東門復有字號，徑下諸行市物，以供禁中。凡行鋪供物之後，往往經歲不給其直，至於積錢至千萬者。或云其直尋給，而幹當、内門、内臣，東軒作頭目。故爲稽滯，京師甚苦之。蔡襄尹京，詢知其弊，建言乞取内東門買物字號付雜買務，今後乞不令内東門買物，遇逐月宫中請俸錢時，許雜買務具供過物價，徑牒内藏庫截支，以給行人。仁宗大以爲然，其事至今行矣。《東軒筆録》。

（宋）江少虞《宋朝事實類苑》卷二一《官政治績·河北市糧草用三説四説見錢之法》 河北入中糧草，舊用見錢。慶曆八年後，以茶鹽香藥見錢爲四説，緣邊用之。茶鹽香藥爲三説，近裏州軍用之。商旅不時得錢，賤市交鈔，而貴糶糧斛，由是物價翔貴，米斗七百，甚者至千錢。緣邊所入至少，而京師償價倍多，其利盡歸於富商矣。皇祐二年，茶交引舊賣百千者，得錢六十五千，至是止二十千。香一斤賣三千八百者，止得六百。鹽賣百千者，止得六十千。至三年，復更用見錢，而令商旅自便買鹽茶香藥。議者謂四説三説與見錢之法，皆不可常守，必視邊計之薄厚，與物價之高下，以時而變通之，乃可也。《東齋記事》。

（宋）江少虞《宋朝事實類苑》卷二一《官政治績·穀粟均配人户納見錢》 皇祐初，三司出絹數十萬，收市穀粟，轉運司均配人户，變納見錢，期限甚促。韓魏公以軍儲不乏，請滿歲方輸官，仍免配坊郭第四第五等户，鄉村亦聽以斛斗折納。於是人力舒緩，無逼迫之憂。《魏王别録》。

（宋）江少虞《宋朝事實類苑》卷二一《官政治績·劉晏知物價之術》 劉晏掌國計，數百里外物價高下，即日知之。人有得晏一事，予在三司時，掌行之于東南。每歲發運司和糴米于郡縣，未知價之高下，須先具價申稟，然後視其貴賤，貴則寡取，賤則取盈，盡得郡縣之價，方能契數行下，比至，則粟價已增，所以常得貴售。晏法則令多粟通途郡縣以數十歲糴價與所糴粟數，高下各爲五等，具籍于主者，今屬發運司。粟價纔定，更不申稟，即時稟收。但第一價則發第五數，第五價則糴第一數，第二價則糴第四數，第四價則糴第二數，乃即馳遞報發運司，如此粟賤之地自糴盡極數，其餘節級各得其宜，已無枉售。發運司仍會諸郡所糴之數計之，若過於多，則損貴與遠者。若尚少，則增賤與近者。自此粟價未嘗失時，各當本處豐儉，即日知價，信皆有術。出《筆談》。

（宋）江少虞《宋朝事實類苑》卷二三《官政治績·王居卿》 市易司法，聽人賒貸縣官貨財，以田宅或金帛爲抵當，三人相保，則給之。皆出息十分之二，過期不輸息，外每月更加罰錢百分之二。貪人及無賴子弟，多取官貸，原作貨，據明抄本改。不能償積息，罰愈滋，囚繫督責，徒存虛數，實不可得。刑部郎中王居卿初提舉市易司，奏以田宅金帛抵當者，減其息，抵當徒相保者，不復給。自元豐二年正月七日以前，本息之外，所負罰錢，悉蠲之，凡數十萬緡。負本息者，延期半年。衆議頗以爲愜。

（宋）李燾《續資治通鑑長編》太祖乾德五年十二月 又禁民不得輒以紕疏布帛鬻於市及塗粉入藥，吏謹捕之，重寘其罪。

（宋）李燾《續資治通鑑長編》太祖開寶七年四月 京師民有市官物或不當價者，馬軍都軍頭史珪密遣人伺之，告其誣罔，往往坐誅，列肆爲之晝閉。上既聞其事，乙丑，降詔曰：古人以獄市爲寄者，蓋知小民惟利是從，不可盡繩以法也。且先甲之令，未始申嚴，苟陷人于刑辟，深非理道，將禁其二價，宜示以明文。自今應市易官物有妄增損價直、欺罔官錢者，案鞫得實，並以枉法論。其犯在詔前者，一切不問。自是，珪所言上愈不用矣。

（宋）李燾《續資治通鑑長編》真宗大中祥符二年六月 增給諸州采木駕栰軍士裝錢、口糧，并賜衣服。商賈入官木在路稅算，悉蠲免之；官收市者，既賜給直，無得抑配。違者令發運司糾舉以聞。

（宋）李燾《續資治通鑑長編》真宗大中祥符四年六月 知洪州李玄病，上與宰相歷選朝士，將徙知揚州凌策代之。上曰：南昌水潦艱殆，長吏當便宜從事，不必稟於外計也。王旦言策涖事和平，若委以方面，望即授江南轉運使。詔可，仍遣使諭以遴簡之意。饒州產金，前詔禁商賈販鬻，或有論告，逮繫滿獄，策請縱民販市，官責其算，人甚便之。《實録》于明年閏十月末乃書饒州事，今依本傳并書之。策除漕，乙丑日也。

（宋）李燾《續資治通鑑長編》真宗大中祥符五年二月 京西諸州軍民饑處，令轉運使諭告積蓄之家有能賑濟及以糧斛減半價出糶者，並具名聞，第行恩獎。

（宋）李燾《續資治通鑑長編》真宗大中祥符五年六月 衛國長公主嘗請市比鄰張氏舍，以廣其居。張氏，即華容縣主壻也。上詔之曰：如立券出賣，則可也。及詢張氏，但云日僦錢五百，方所仰給。上戒令不得彊市，止賜錢二百萬，聽於他處圖置。宗慶販馬，《實録》在十月辛丑，今并書之。

（宋）李燾《續資治通鑑長編》真宗大中祥符五年八月 令雜買場市物，並給現錢。先是，以茶充直，不便於民也。

（宋）李燾《續資治通鑑長編》真宗大中祥符五年十月 癸丑，詔京西市糴軍糧，轉運使止當勸誘，無得迫促。時轉運使於西京市糴，條約過當，民不如約則杖之，故特示禁戒。

（宋）李燾《續資治通鑑長編》真宗大中祥符五年閏十月 詔河北榷場所市食羊死於路者，無得抑市人鬻之。

（宋）李燾《續資治通鑑長編》真宗大中祥符五年十一月 丁未，詔自今聽商賈以糧斛從便貨鬻，官司勿禁。時京師穀貴，上以斂糴增價侵民，故有是詔。

（宋）李燾《續資治通鑑長編》真宗大中祥符五年十二月 己巳，令三司出炭四十萬，減市直之半以濟貧民。時連日大雪苦寒，京城鬻炭者每秤錢二百，故有是命。仍遣使臣十六人分置場，以內供奉二人提總之。自是小民奔湊，至有踐死者，乃命都巡檢張旻遣軍校領徒巡護，賜死者家緡錢，無族者官爲埋瘞。仍令三司常貯炭五七十萬，如常平倉，遇價貴則賤鬻之。

（宋）李燾《續資治通鑑長編》真宗大中祥符六年九月 丁未，詔：河北榷務入中布，其數甚多，用爲博糴，亦所未便。自今除北界互市仍舊外，悉罷之。

（宋）李燾《續資治通鑑長編》真宗大中祥符八年二月 癸丑，三司言：陝西入中糧斛，交鈔併多，富民抑其價直，既賤市之，又稽留之，有害商旅，致入中艱難，須有釐革，用懲其弊。元定百貫交鈔，官給十九千。今請依市所買，每百貫有加擡者，官給十二千；無者官給十一千收市之。上慮其奪民利，止令權宜行之，不得著爲定式。

（宋）李燾《續資治通鑑長編》真宗大中祥符九年正月 發內藏錢二十萬貫，令三司預市紬絹，以濟京東、西路之乏。時青、齊間絹直八百，紬六百，官給絹直一千，紬八百，民極以爲便。自是紬、絹之直日增，後數歲遂皆倍於昔時云。此據王皡《百一編》，云祥符八年禁庭火，左藏庫、內藏庫皆然。來年降旨州郡，預支紬、絹之直，民間每歲蠶績既登，青、齊間絹直八百文，紬又減二。時官中支錢一千，紬八百文。自此紬、絹價日增，數歲後皆倍于昔也。又《國老閑談》云：王旦在中書，祥符末，內帑災，縑帛幾罄。時三司使林特請和市于河外，表三上，而旦悉抑之。既而特率屬僚訴于宰府，旦徐曰：瑣微之帛，固應自至，奈何彰國弱于四方。居數日，外貢併集，受帛四百萬，蓋旦先以密符督之也。今不取。

（宋）李燾《續資治通鑑長編》真宗大中祥符九年四月 丁酉，禁江南民賣穭膠。三年三月，但禁虔州。

（宋）李燾《續資治通鑑長編》真宗大中祥符九年十一月 甲辰，三司言諸州欠商賈飛錢，欲罷來年官市繒絹償之，詔發內藏錢二十萬緡以給其費。

（宋）李燾《續資治通鑑長編》真宗天禧元年二月 曹瑋言陝商人入中糧草交引愈賤，總虛實錢百千，鬻之才得十二千，請於永興、鳳翔、河中府官出錢市之，奏可。本志云鬻于市才八九千，今從《實録》。曹瑋言《會要》在五月甲戌。既而詳定茶鹽司又言：交鈔總虛實錢五千者，向來官給十三千至十九千市之，今鬻於市，止獲八九千，恐豪商乘其賤價，不於官場入中，復虞西鄙軍食闕乏，請官自收市，以九千爲準。從之。《實録》在二月癸巳，今移見此。曹瑋於去年十一月已改授秦州部署，命李及知秦州，而《實録》於此又云知秦州曹瑋，蓋瑋知秦州日所言也。交引愈賤，蓋所給茶多不精，商人罕有饒益故也。此據本志。

（宋）李燾《續資治通鑑長編》真宗天禧四年九月 王欽若請江、淮制置使罷雇民船，兩浙、淮南權罷和糴，聽商旅入中，並從之。

（宋）李燾《續資治通鑑長編》真宗天禧五年十月 發運使周實言，陝西入中芻糧甚少，淮南茶貨停積，望令三司再定商旅算買交引，以便公私，從之。實又言監當場務官得替，須批書一界課利增損畢，方聽發遣赴闕，從之。

（宋）李燾《續資治通鑑長編》仁宗天聖元年九月 丁亥，詔諸路糴場以濫惡高估入官，許人陳告，百石者全給，百石以上予半，餘皆没官。

（宋）李燾《續資治通鑑長編》仁宗天聖四年四月 壬子，詔京西、河北、淮南諸路，穀價翔貴，而富家多蓄藏以邀厚利，宜令所在平其價，以濟貧民。又詔外官代還，以公租、餘俸市物者聽之，即市物虧價及公爲商販者，論如法。

（宋）李燾《續資治通鑑長編》仁宗慶曆二年正月 詔河北、京東西民間以歲不稔，伐樹撤屋鬻賣甚多，宜令轉運司以省錢依價收市，修蓋新添軍營。

（宋）李燾《續資治通鑑長編》仁宗皇祐四年七月 辛未，詔雜買務，自今凡宮禁所市物，皆給實直，其非所闕者，毋得市。初，上謂輔臣曰：國朝監唐世宮市之患，特置此務，以京朝官、內侍參主之，且防擾人。近歲物非所急者一切收市，其擾人亦甚矣。故降是詔。

（宋）李燾《續資治通鑑長編》仁宗皇祐四年十月 辛卯，詔三司：凡歲下諸路科調，若不先期而暴率之，則恐物價翔貴而重傷民。其約民力所堪，預令輸辨。若府庫有備，則勿復收市。

（宋）李燾《續資治通鑑長編》仁宗至和元年十一月 知開封府蔡襄言：內東門市行人物，有累年未償價錢者。請自今並關雜買務，以見錢市之。其降出物帛，亦估直於左藏庫給錢。從之。

（宋）李燾《續資治通鑑長編》仁宗嘉祐四年六月 丁丑，詔諸路轉運使，凡鄰路鄰州災傷而輒閉糴者，以違制坐之。初，諫官吴及言：春秋之時，諸侯相傾，竊地專封，固不以天下生靈爲憂，然猶同盟之國有救患分災之義。凡外災則不書，莊公十一年書宋大水，昭公十八年書宋、衛、陳、鄭災，皆外災也，所以書者，是承赴告之辭，而患難相恤之謂也。又莊公二十八年，臧孫辰告糴於齊，《魯語》之文，以鬯圭、玉磬如齊告糴曰：不腆先君之敝器，敢告滯積，以舒執事。齊人歸其玉而與之糴。僖公十五年，晋侯及秦伯戰於韓，獲晋侯。《傳》云：晋饑，秦輸之粟，秦饑，晋閉之糴，故秦伯伐晋。諸侯無稱獲之例，而《經》書曰獲晉侯，貶絶之也。戰國之世，王道如線不絶，一有閉糴而《春秋》誅之。陛下恩施動植，視人如傷，然州郡之間，官司各專其民，擅造閉糴之令，一路饑，則隣路爲之閉糴，一郡饑，則隣郡爲之閉糴。夫二千石以上，所宜同國休戚，而班布主恩，坐視流離，又甚於春秋之時，豈聖朝所以子育兆民之意哉！故有是詔。

（宋）李燾《續資治通鑑長編》仁宗嘉祐六年八月　丙子，詔龍圖閣直學士楊畋，於三司取天下凡課利場務五年併增虧者，限一月别立新額。時場歲課多虧，惟逐時科校主典，而三司終不爲減舊額，故上欲特行之。

（宋）李燾《續資治通鑑長編》神宗熙寧三年八月　癸酉，權三司使吴充言：三路屯聚士馬，費用不貲。河北緣邊，歲於榷貨務給緡三二百萬，以共便糴，非次應副不在其數；陝西近年出左藏庫及内帑錢、銀、紬、絹數百萬計；河東歲支上京鈔不少。當無事之時，常苦不足。乞自明年歲減江、淮漕米二百萬石，委發運使於東南六路變易輕貨二百萬緡。五年外，漕米如舊，所得無慮緡錢千萬，轉致三路封樁，寬爲期限，與民變轉見錢，兼令商人入粟，優給物貨，委提點刑獄司主管，仍以三司封樁平糴備邊錢斛爲目。三司歲遣官三兩員，點檢催促。詔三司度可否，三司請如充議，從之。仍詔止撥往河東、陝西更便州軍樁管，依常平新法，量穀貴賤糴糶。

先是，充奏至，王安石以爲錢當付之常平，常平新法本所以權邊糴，待緩急也。曾公亮以爲不然。上令付常平如安石議，公亮曰：二百萬石恐太多，不如止百萬石可也。安石曰：今必欲變二百萬石米，則米必陡賤；必欲置二百萬貫輕貨，則貨必陡貴矣。上曰：止令客舟運米抵京師，即京師糴錢爲便。安石曰：臣本議亦及此，然京師一歲欲糴二百萬石米，即恐米復賤。兼數太多，即難糴。恐亦須令發運司度諸路有米貴處折錢或變爲輕貨乃便也。

（宋）李燾《續資治通鑑長編》神宗熙寧三年十二月　中書言：開封府優輕場務，令府界提點及差役司同共出牓，召人承買，仍限兩月内許諸色人實封投狀，委本司收接封掌。候限滿，當官開拆，取看價最高人給與。仍先次於牓内曉示百姓知委。從之。此據《瀘州編録册》熙寧五年二月十三日刑部帖、三年十二月九日中書劄子指揮，今附本月日。實封投買坊場，《實録》未見的月日，須别考詳。三年十一月七日，四年二月一日、三月十四日，並合參考。遍賣天下酒務，則在五年二月二十二日。

（宋）李燾《續資治通鑑長編》神宗熙寧五年三月　丙午，詔曰：天下商旅物貨至京，多爲兼并之家所困，往往折閲失業。至於行鋪、稗販，亦爲取利，致多窮窘。宜出内藏庫錢帛，選官於京師置市易務，其條約委三司本司詳定以聞。

先是，有魏繼宗者自稱草澤，上言：京師百貨所居，市無常價，貴賤相傾，或倍本數，富人大姓皆得乘伺緩急，擅開闔斂散之權，當其商旅並至而物來於非時，則明抑其價，使極賤而後争出私蓄以收之；及舟車不繼而京師物少，民有所必取，則往往閉塞蓄藏，待其價昂貴而後售，至取數倍之息。以此，外之商旅無所牟利，而不願行於途；内之小民日愈朘削，而不聊生。其財既偏聚而不洩，則國家之用亦嘗患其窘迫矣。古人有言曰：富能奪，貧能與，乃可以爲天下。則當此之時，豈可無術以均之也！況今榷貨務自近歲以來，錢貨實多餘積，而典領之官但拘常制，不務以變易平均爲事。宜假所積錢别置常平市易司，擇通財之官以任其責，仍求良賈爲之輔，使審知市物之貴賤，賤則少增價取之，令不至傷商；貴則少損價出之，令不至害民。出入不失其平，因得取餘息以給公上，則市物不至於騰踊，而開闔斂散之權不移於富民，商旅以通，黎民以遂，國用以足矣。

於是，中書奏：古者通有無、權貴賤以平物價，所以抑兼并也。去古既遠，上無法以制之，而富商大室得以乘時射利，出納斂散之權一切不歸公上，今若不革，其弊將深。欲在京置市易務，監官二，提舉官一，勾當公事官一。許召在京諸行鋪牙人充本務行人、牙人，内行人令供通己所有或借他人産業金銀充抵當，五人以上充一保。遇有客人物貨出賣不行願賣入官者，許至務中投賣，勾行、牙人與客人平其價，據行人所要物數先支官錢買之，如願折博官物者亦聽，以抵當物力多少許令均分賒請，相度立一限或兩限送納價錢，若半年納即出息一分，一年納即出息二分。已上並不得抑勒。若非行人見要物而實可以收蓄變轉，亦委官司折博收買，隨時估出賣，不得過取利息。其三司諸司庫務年計物若比在外科買，省官私煩費，即亦一就收買。故降是詔。四月七日檢繼宗文字，《國是論》曰：興利之中，其罪亦有輕重。青苗、均輸、助役，世以是爲安石大罪，猶可恕也。何者？安石之始學在此而始謀出此也。市易、免役，征利及於瑣屑，皆小人之附安石者爲之，而安石以爲王政，將誰欺乎？

（宋）李燾《續資治通鑑長編》神宗熙寧五年四月 先是，三司起請市易十三條，其一云兼并之家，較固取利，有害新法，令市易務覺察申三司，按置以法。御批：減去此條，餘悉可之。御史劉孝孫言：于此見陛下寬仁愛民之至。因言宜約束市易務。王安石曰：孝孫稱頌此事，以爲聖政。臣愚竊謂此乃是聖政之闕。天付陛下九州四海，固將使陛下抑豪彊、伸貧弱，使貧富均受其利，非當有所畏忌不敢也。較固法，是有律已來行用，今但申明所以爲均，均無貧，蓋孔子之言，于聖政有何害？陛下不欲行此，此兼并有以窺見陛下于權制豪強有所不敢，故內連近習，外惑言事官，使之騰口也。上笑曰：已有律，自可施行，故不須立條。安石曰：雖有律未嘗行，又未嘗委官司振舉，須先申明，使兼并知所避。上曰：若但設法傾之，即兼并自不能爲害。安石曰：若不敢明立法令，但設法相傾，即是紙鋪孫家所爲。孫乃百姓，制百姓不得，止當如此，豈有天下主亦爲孫家所爲也？上又言：新法行，故油貴。安石曰：以理論之，必無此。當是市人未喻耳。安石退，取市估及油店户私簿閱視。明日，亟白上曰：油未嘗增價也。又言：茶籠行人狀稱新法便民。牙人有誘人經三司陳訴嘗試官司如何者，不可不斥逐。茶籠行人乃曉此，朝廷豈不可喻此事？陳瓘論曰：呂嘉問請于律外別立市易較固一條，神考聖訓以爲已有律，不須立條。其時劉孝孫稱頌聖訓，曰：此仁厚愛民之意也。安石奏曰：孝孫之言非也，此事正是聖政之闕也。陛下不欲行此，此兼并所以窺見陛下于權制豪強有所不敢，故內連近習，外惑言事官，使之騰口也。臣竊謂神考不欲于律外立較固之條，可謂仁厚愛民之意，劉孝孫將順聖美不爲過也。《日録》之內，但爲顯揚嘉問，故不以御批爲是，不以孝孫爲然。于是，造神考之言曰：若設法傾之，則兼并不能爲害。又撰對上之詞曰：若不能明立法令，但設法相傾，即是紙鋪孫家所爲。紙鋪孫家爲是百姓，制百姓不得，故止如此，豈有爲天下主乃止如紙鋪孫家所爲？何以謂之人主！嗚呼，設法相傾之語，謂之不誣可乎？紙鋪孫家之語，謂之不詆可乎？神考愛民守法而指爲闕政，力主嘉問，遂至于侮薄君父，不亦悖乎？

（宋）李燾《續資治通鑑長編》神宗熙寧五年七月 壬午，詔以榷貨務爲市易西務下界，市易務爲東務上界。

（宋）李燾《續資治通鑑長編》神宗熙寧五年十一月 上謂王安石曰：市易賣果實，審有之，即太繁細，令罷之如何？安石曰：市易司但以細民上爲官司科買所困，下爲兼并取息所苦，自投狀乞借官錢出息，行倉法供納官果實。自立法已來，販者比舊皆即得見錢，行人比舊官司兼并所費十減八九，官中又得好果實供應，此皆逐人所供狀及案驗事實如此。每年行人爲供官不給，輒走却數家，每糾一人入行，輒訴訟不已。今自立法數月以來，乃有情願投行人，則是官司利便可知。止是此等皆貧民無抵當，故本務差人逐日收受合納官錢，初未嘗官賣果實也。陛下謂其繁細，有傷國體，臣愚竊謂不然。今設官監酒，一升亦賣，設官監商税，一錢亦税，豈非細碎？人不以爲非者，習見故也。臣以爲酒税法如此，不爲非義。何則？自三代之法固已如此。《周官》固已征商，然不云須幾錢以上乃征之。泉府之法，物貨之不售，貨之滯於民用者，以其價買之，以待買者，亦不言幾錢以上乃買。又珍異有滯者，斂而入于膳府，供王膳，乃取市物之滯者。周公制法如此，不以煩碎爲耻者，細大並舉，乃爲政體，但尊者任其大，卑者務其細，此先王之法，乃天地自然之理。如人一身，視、聽、食、息，皆在元首，至欲搔癢，則須爪甲。體有小大，所任不同，然各不可闕。天地生萬物，一草之細，亦皆有理。今爲政但當論所立法有害於人物與否，不當以其細而廢也。市易務勾當官乃取賈人爲之，固爲其所事煩細故也，豈可責市易務勾當官不爲大人之事？臣以謂不當任煩細者，乃大人之事。如陛下朝夕檢察市易務事，乃似煩細，非帝王大體，此乃《書》所謂元首叢脞也。陛下修身，雖堯、舜無以加，然未能運天下者，似於大體未察，或代有司職，未免叢脞。《書》稱庶績咸熙，又曰庶績其凝。帝王收功，當如陽之熙，如陰之凝。陛下於政事尚未能熙，固未能凝。譬如天方春時，陽氣將熙，乃吹以涼風，摧以霜霰，即萬物豈能敷長？物尚不能敷長，即何由致成實？上笑且曰：買得果實，誠比舊極佳，行人亦極便，但行人皆貧弊，宜與除放息錢。安石曰：行人比舊已各蘇息，可以存活，何須除放息錢？若行人已蘇息，比舊侵刻之若已十去八九，更須除放息錢，即見今商税所取，不擇貧富，固有至貧乏人尚爲税務所困，亦合爲之蠲除。既未能蠲除彼，何獨蠲除此？今諸司吏禄極有不足，乃令乞覓爲生，不乞覓即不能自存，乞覓又犯刑法。若除放息錢，何如以所收息錢增此輩禄。安石又曰：陛下不殖貨利，臣等不計有無，此足風化天下，使不爲利。至於爲國之體，摧兼并，收其羸餘，以興功利，以捄艱阨，乃先王政事，不名爲好利也。此段朱史乃繫之六年正月七日，今仍附本日。

明日，進呈内東門及諸殿吏人名數白上曰：從來諸司皆取賂於果子行人，今行人歲入市易務息錢，幾至萬緡，欲與此輩增禄。上曰：諸殿無事，惟東門司事繁，當與增禄。安石曰：如入内内侍省吏人亦當與增禄，蓋自修宗室條制，所減貨賂甚多故也。上又曰：大宗正司吏人亦宜與定禄法，免困擾宗室。宗室漸有官卑及不得官者，不宜更令吏人乞取困擾之。先帝每遷官，此輩所乞取須數十千。安石曰：宗正吏止十一二三人，更與量增禄，即可行重法。此段朱史乃繫之三年八月二十三日，今依《日録》，仍附見此。

安石又言：市易務如果子行人事，才立得七行法，如此類甚衆，但以陛下檢察太苛，故使臣畏縮不敢經制。臣以謂陛下不當擾之使怠惰因循，令細民受弊也。王省惟歲，歲、月、日、時無易，乂用明，俊民用章。今陛下未見叢脞，乃責市易務煩細，此乃所謂歲月日時既易。士之有能、有爲者畏縮不敢有爲，俊民與怠惰無能之人同，即微而不章矣。

又録廛人、泉府事白上曰：此周公所爲也。上曰：周公事未能行者豈少？安石曰：固有未能行者。若行之而便於公私，不知有何不可，而乃變易以從流俗所見？上因言重禄法，曰：聞吏舊日受賕多於今禄所得。安石曰：所得雖多，然須姦猾敢犯法者乃多得，而懦善畏法者所得未必多於今也。左藏自來號爲脂膏，然招人常不足，自賦重禄以來，所招人乃不闕。上曰：賦禄立重法，兼可召得顧惜行止人，兼爲免刺面，所以人樂應募也。朱史以重禄法附三年八月二十三日，今仍見於此。陳瓘論曰：神考聖訓謂市易法苛細，恐其有害細民，故初欲罷之，所以懷保小民也。而安石則曰非帝王大體，此《書》所謂元首叢脞也。神考沮抑吕嘉問，所以去蟊賊而養嘉穀也，乂之用明，何以加此？安石則曰俊民不章矣。借《典》、《謨》、《洪範》之言以文私意，豈獨此哉！

（宋）李燾《續資治通鑑長編》神宗熙寧六年正月　樞密使文彦博言：臣近言市易司遣官監賣果實，有損國體，斂民怨，乞寢罷，至今涉旬，未聞施行。切慮陛下以事小不卹，而臣愚以所損甚大，決不可爲。且京邑翼翼，四方取則，魏闕之下，治象所觀，今令官作賈區，公取牙儈之利，古所謂理財正辭者，豈若是乎？凡衣冠之家罔利于市，搢紳清議尚所不容，豈有堂堂大國皇皇求利，而不爲物議所非者乎？斯乃龍斷之事，聚斂小臣希進妄作，侵漁貧下，玷累朝廷，乞賜詳擇。於是王安石白上曰：陛下近歲放百姓貸糧至二百萬，支十斗全糧給軍，一歲增費亦計數十萬緡，以至添選人俸、增吏禄、給押綱使臣所費又有百萬緡，天下愚智孰不共知陛下不殖貨利？豈有所費如此，而乃於果實收數千緡息以規利者？直以細民久困於官中需索，又爲兼併所苦，故爲立法耳。彦博所言遂寢不報。朱史取去年十一月十二日、十三日王安石所言併附此。今並依《實録》，見本日。

（宋）李燾《續資治通鑑長編》神宗熙寧六年四月　詔提舉在京市易務及開封府司録司同詳定諸行利害以聞。

初，京師供百物有行，雖與外州軍等，而官司上下須索，無慮十倍以上，凡諸行陪納猥多，而齎操輸送之費復不在是。下逮稗販、貧民，亦多以故失職。肉行徐中正等以爲言，因乞出免行役錢，更不以肉供諸處，故有是詔。上因謂執政曰：近三司副使有以買靴皮不良決行人二十者。今兩府尚不下行人買物，而省府乃擾民如此，甚非便也。墨本但云：初，京師百物有行，官司所須，皆以責辦，下逮貧民、負販，類有陪折，故命官講求。今從朱本。

（宋）李燾《續資治通鑑長編》神宗熙寧七年九月　都提舉在京市易司言：乞罷本司提舉官歲終比較推恩，其監官自從舊賞格。諸賣買、博易並隨市估高下，毋得定價。其當給三司變轉物，即依三司所估。民願以抵保賒請折博，歲出息二分，計月理息者聽。從之。

（宋）李燾《續資治通鑑長編》神宗熙寧七年十月　又詔淮南發運司，歲歲於兩浙所買紬絹，許自來年以後，於出産州軍置場和買，或預給價錢，毋得抑配民户。

（宋）李燾《續資治通鑑長編》神宗熙寧七年十二月　中書言：春、秋祭祀，雖法從官給，而近年諸縣往往借貸豬羊，或量買市肉以祭，乞條約之。詔河北西路轉運司，令州縣自今禱祠、祭祀，並依祀儀，以省錢買禮料。

（宋）李燾《續資治通鑑長編》神宗熙寧八年正月　開封府界、京東、京西路黄牛并水牛角，并許通商。

（宋）李燾《續資治通鑑長編》神宗熙寧八年二月　都提舉市易司言：乞以諸路市易務隸本司，許本司移用錢物，度人物要會處，分諸路監官置局，隨土地所產，商旅所聚，與貨之滯於民者，皆可收斂。從之。【略】

三司言：在京官局多援例指射官屋、軍營修廨舍，并乞破賃宅錢，轉相倣傚，有增無減，宜一切禁止。從之。【略】

都提舉市易司言：乞借奉宸庫象牙、犀角、真珠直總二十萬緡，於榷場交易，至明年終償見錢。從之。

（宋）李燾《續資治通鑑長編》神宗熙寧八年四月　都提舉市易司賈昌衡等言：金寶非衣食所資，但當禁其侈僭，若有縻壞，舊法致之以死，則論罪太重；募以厚賞，則爲禁太密。今新敕止坐以銷爲飾者，則舊法已刪改，其縻壞金銀蓋已無禁。然民尚循前法，未敢通用。已令本司造金銀箔出賣。上批：市易務箔金宜罷出賣，已成者聽於後苑作折换。上又批：市例錢，元條無税物，商人當納與否？舊舟栰入京城，典吏並緣爲姦，匄取留難，而征算入官，十纔三四。於是，有司請計所匄取數，減五六收之，以禄典史，而典史犯匄取百錢以上，皆坐配法，征算入官，十收其八，皆緣有税物始收。至是，上疑無税物者亦收市例錢，故以問中書也。

（宋）李燾《續資治通鑑長編》神宗熙寧八年八月　辛亥，詔羅買糧草違法致虧官甚者，監官及知州、通判並取旨降黜。

（宋）李燾《續資治通鑑長編》神宗熙寧八年十二月　都提舉市易司言：宗室賒請物，乞三人以上同保，經大宗正司出歷赴務約度，并息不得過兩月料錢之數，如輸納違限，取料錢歷批上剋折，限半年輸足。又言：歲買商人茶，從本司貿易，乞以三百萬斤爲額，庶使商人預知定數，不雜粗惡草木，務令中賣數多。並從之。《實録》於此丙申已書：詔李公義用鐵龍爪、范子淵用濬川杷疏濬黄河，自河陰下至海口。《新紀》因書：丙申浚黄河。復云此書當在五月。據《實録》明年九月丙辰所書與《時政記》合，今繫之十二月九日，誤也，合削去，仍附注此。

（宋）李燾《續資治通鑑長編》神宗熙寧九年正月　詔市易司自今不得賒請錢貨與宗室及官員公人。

（宋）李燾《續資治通鑑長編》神宗熙寧九年四月　賈人郭永言：牛皮、筋、角，慶曆中嘗禁止，至皇祐弛禁，逮今三十餘年無闕誤，近軍器監請禁通商，并立告賞，盡科違制。今官庫自禁法行，比通商日所買此角數已倍少。且農家以牛爲耕種之本，今其斃死，更爲條限趣其剥納，道路往復，官司留滯，所費極多，稍稽違又有告賞法，不獨害其農事。欲乞盡罷禁法，若軍器所須，取辦臣等，以開農人商販之利。上批：角禁之行，公私皆病，郭永所陳，頗爲詳盡，中書、樞密院可同詳議，許令復舊。其後遂詔府界、京東西並令通商。

（宋）李燾《續資治通鑑長編》神宗熙寧九年五月　河東路經略司言：北界人稱燕京日閲火礮，令人於南界榷場私買硇黄焰硝，慮緣邊禁不密，乞重立告賞格。於是審刑院、大理寺申明舊條行之。

（宋）李燾《續資治通鑑長編》神宗熙寧九年六月　丁憂人將作監丞蘇子元言：乞依舊許欽、廉、雷等州民主管蜑户，各依海岸灣澳居止，採魚爲生，遇有出入，須令主户知其所往，俟大兵進討，即發蜑户及船隨軍，庶免爲賊偵候。先是，廣西轉運司言：乞邊海州軍許土著富民養蜑户，遇入海得珠，則約價以償惠養之直。所貴蜑户不爲外夷所誘。從之。至是，又詔廣西轉運司備録前旨，牓於沿海州軍。

（宋）李燾《續資治通鑑長編》神宗熙寧十年二月　丙戌，知荊南章惇言：伏見詔勘荊南澧州應副廣西糧草違法官吏開：所買草、不致虧百姓，今已詔貼給其直。又勘：官司恐自今緩急軍期，豪猾之家不肯中賣，以待厚價，官吏畏避，各求苟免，則難辦事。詔釋之。

（宋）李燾《續資治通鑑長編》神宗熙寧十年四月　詔在京見欠市易及諸處官錢人免收禁，聽責保知在。

（宋）李燾《續資治通鑑長編》神宗元豐元年十月　都提舉市易司言，乞以見錢於河北出絲蠶州縣，俟三司和、豫買紬絹足日，如民願請價錢，委令佐續行支給，其收斂並依和買條施行。從之。【略】

庚戌，詔司農寺令諸路提舉司，應常平金帛、絲綿，促令依條變轉，如市價賤，即以本州逐色元價，以貴賤滚同紐計，所虧不及一分，并許出賣，不得抑配。如出賣不售，即具如何經畫申寺相度，或兑充上供錢數，其餘物準此。【略】

都提舉市易、兵部郎中王居卿言：應賒市易錢貨，許以金帛等物爲抵當，收息毋過一分二釐；其不及年者，月計之；如願全請錢，或欲以物貨兼給者，並聽。從之。明年正月八日壬子，又此年十二月二日壬寅，當考。

（宋）李燾《續資治通鑑長編》神宗元豐二年三月　上批：西驛交市，舊法除賣于官庫外，餘悉聽與牙儈市人交易。提舉市易司近奏並令市易上界管認一切，禁其私市，聞戎人甚不樂。昨正旦使所須物，本務又不能盡有，不免責買于市肆，今會其贏數亦不多，宜令仍舊。【略】

詔：敗折場務買撲等錢，保人當填納者，委提舉司具拖欠年限、歲豐凶及保人家力，當給日限，申司農寺詳度指揮。從本寺請也。

（宋）李燾《續資治通鑑長編》神宗元豐二年九月　修完京城所請賃官地創屋，與民爲麪市，收其租。下開封府相度，乞如其請。從之。仍詔自今空地募人租賃，行訖以聞。其後御史丁執禮以爲言，詔取行遣看詳，而修完京城所有言，令磨户及熟食人於城東西房廊作麪市，收衆磨户錢入官，即無行遣公案，執禮奏遂寢。後開封府又請牙人磨户私以麪貿易者杖一百，許人告捕，五斤以上賞錢三斤，十斤以上十千。亦從。朱史削去，以爲事小，今復存之。執禮爲御史在此後六日。

（宋）李燾《續資治通鑑長編》神宗元豐三年五月　甲戌，知廬州、工部郎中韓宗道，權發遣虔州、太子中允劉載各罰銅十斤，楚州税務監官，並差替。坐前在淮南轉運司，以楚州市易務鬻民納税緜絹作，違詔不行，及許税務違詔税市易竹木等故也。

（宋）李燾《續資治通鑑長編》神宗元豐三年九月　都提舉市易司王居卿言：市易之法有三：結保賒請，一也；契書金銀抵當，二也；貿遷物貨，三也。三法之中，惟賒保之法行之積年，逋負益衆。去歲有旨先罷結保見錢，惟賒請物貨舊法未革。然尚恐久遠未便，何則？舊欠之户，多以出限規避不輸，既費催督，又繼以再賒物之人，勢亦如此。宿貸新貫，歲增月累，其間消折不能備償者，十有四五。則與賒取現錢，同歸於弊，是宜解而更張者也。欲乞自今後市易務許人户賒請物貨，歲不過二百萬貫，別置簿支收，惟聽舊户請賒，以接濟在京行鋪之家，期以五年，所收息已逾元數，然後或止或行，更不取朝廷裁度；其非舊請人户，則惟用抵當、貿遷二法，可以斂滯貨，通餘財。如此，則法全利遠，而用不窮矣。其諸路市易錢穀，以四分爲率，量留一分接濟舊户外，亦不行賒借之法。如蒙朝廷施行，乞於每歲所息錢內量減萬數。其監官等酬獎，亦與降等推恩。雖取息稍薄，而所收皆實利，庶使此法行之無弊也。詔中書户房立法以聞。已而户房乞：以京物貨許欠户賒請，斂而復散，通欠數不得過三百萬貫，諸路市易貨以四分爲率，以一分許舊欠賒請，斂而復散，通欠數不得過一分，並別置簿支收。從之。二年正月九日、二月十九日，當考。

（宋）李燾《續資治通鑑長編》神宗元豐四年四月　詔：茶場司條，令中書別立抵當法。先是，特旨市易司罷賒請官錢，令民用金帛抵當，公私以爲便，故欲推廣之。

（宋）李燾《續資治通鑑長編》神宗元豐四年五月　詔：内外市易務民户見欠屋業等抵當，并結保賒請錢物息罰錢，並等第除放。其本錢分三季輸納，息錢并出限罰錢分爲三分，等第除放：第一季本錢納足者，息、罰錢並放；第二季，放二分；第三季，放一分，出限尚欠，即估賣抵當及監勒保人填納。所催錢物，在京於市易務下界、在外提舉司封樁。

（宋）李燾《續資治通鑑長編》神宗元豐五年八月　開封縣言：養馬户未審止以屋業爲物力，或通計營運財物。祥符縣言：自頒養馬令，民買馬後，質賣家産，或於市易務拘管抵當，未審合與不合養馬。詔：以屋契錢數並屋租爲物力，隱匿契者，以鹽税爲定。如有質賣，馬亦隨之。若已抵當，或因事在官拘管，本户不得課利者，驗實與免。二月五日，霍翔云云，并九月十四日，又七年二月八日，又二十八日，又三月二十三日，當考。《王安禮行狀》云：京師坊郭户率以家貲二千緡畜馬一匹，謂之户馬。有訴于堂者，安禮言之，上許用食鹽錢爲法，計三千緡始畜一馬，賴免者甚衆。此事與此相關，須更考詳。七年二月二十八日，詔府界户馬並以家產、鹽税爲定，恐《安禮行狀》云云合附彼時。

尚書右丞王安禮先在開封時，大姓負市易息錢者累訴於庭。安禮既爲執政，言於上曰：市易之法，行之已久，取息滋多，而輸官不時者又有罰息。方天下無事，而行法之弊，民至困窮，竊爲朝廷惜之。臣願陛下涣然下詔，蠲其罰息，則天下幸甚。上曰：卿言有理，羣臣未有爲朕言者。其詔使大姓以限輸納，除其罰息。安禮退，批詔語加內外字，蔡確曰：方上有旨時，無外字，公欲增詔耶？安禮曰：亦不指言內字。卒加之。此據《行狀》，當考。

時京城置堆垛場，物貨居積，商賈患之。安禮奏曰：堆垛所獲之息既微，而商税正額必損，徒有利民之名，而無富國之實，願罷之。上曰：卿可否與馮景謀。景，內侍也，實總其事。既而會其息緡，不滿十萬，上曰：近聞市易變染幣帛，此誠可鄙。千金之子，猶耻居肆，況朝廷乎？上且有意於改作，會有沮滯者，其事竟寢。

（宋）李燾《續資治通鑑長編》神宗元豐五年十月　壬戌，西上閤門使、果州團練使、涇原路經略安撫制置使司行營總管劉昌祚爲涇原路總管兼第一將、權知鎮戎軍。屬歲凶無草，束爲錢百六十，昌祚按近邊，白草無際，即遣官軍刈之，束錢三十，人樂從，遂不乏，因上其事，著爲令。

（宋）李燾《續資治通鑑長編》神宗元豐六年正月　詔：太醫生八人，四廂使臣各轄二人，凡商旅與窮獨被病者，録名醫治，會其全失爲賞罰法。人月支合藥錢二千。從兩浙轉運副使許懋請也。

（宋）李燾《續資治通鑑長編》神宗元豐七年四月　户部乞改市易下界依舊爲権貨務，上界爲市易務。從之。【略】

尚書省言：自行官制以來，諸寺、監不治外事，唯太府寺市易案事與諸路相關。看詳興置市易，當令所在官司量度州縣閙要，遇賤則買，遇貴則賣。元置市易詔，半年出息一分，一年以上出二分。然所在物價增減，難以期定，而一州、一縣價所增減，相去亦必不甚遠，則或積而難售。所在州縣物價不同，又不能遍知，今若每旬令一路州軍估定物價，報提舉司，提舉司報轄下州，州下所屬，榜募人出抵當或見錢，市易司收息一分至二分，令商人自賣，則官已收二分之息，而又有餘利以資販者，則商賈流通，貨無湮滯，税額敷羡，物價常平。若無可抵當而貨須變易者，但不虧元價亦許賣。詔具爲令。

（宋）李燾《續資治通鑑長編》神宗元豐七年八月　詔諸路提舉常平司存留一半見錢，以二分爲市易抵當。

（宋）李燾《續資治通鑑長編》神宗元豐七年十月　乙酉，上批：知青州鄧綰言：本路夏秋豐稔，米斗直五七錢。未知虚實，宜令京東西路提舉司具州縣米穀市價以聞。既而綰言：昨以秋成，故奏菽粟斗六七錢，今慮提舉司奏物價稍增，乞照察。上以綰佞，知其初奏不實也。

（宋）李燾《續資治通鑑長編》神宗元豐七年十二月　詔户部尚書王存、侍郎楊汲各展磨勘二年，郎中晁端彦展三年。坐言乞復銅禁，不知增錢監用銅多也。

（宋）李燾《續資治通鑑長編》神宗元豐八年四月　中書省言：今年正月九日赦書，內外人户見欠市易錢物，並仰所屬勘會元賒請本息等錢并已納、見欠數目，條具聞奏，其息錢當議減放。在京至今未見有司依赦以聞。詔監察御史劉拯、兵部員外郎杜常、太府少卿宋彭年赴御史臺置局點磨所欠息錢，大姓户放七分、小姓户全放外合納數目，關所屬依條催納，仍曉諭人户，并具無欺弊聞奏，限一月。

（宋）李燾《續資治通鑑長編》神宗元豐八年五月　户部狀：檢會條敕，諸路各量閙要州、縣，興置市易抵當，僻小縣分不可興置處，不置。看詳上件指揮，止云僻小縣分不置，即慮其間亦有僻小州郡，及雖不係僻小，卻別無出産物貨，不係商賈買賣去處，須當一例興置，不惟所收息課不多，虚有支破人吏請給，兼恐監司專以趨辦息課，別致拘攔，阻抑民旅在市買賣及諸般違礙，誠爲未便。欲乞下諸路提舉常平司，委自本司官躬親逐一體量，及將自置市易抵當已來，所收息數，會較支費。如內有閑僻或不産貨物，不係商賈買賣，委實不銷興置去處，並具詣實保明，申部看詳廢罷。從之。五月八日指揮，《法册》有此，合增入。八月八日可考。

（宋）李燾《續資治通鑑長編》神宗元豐八年十月　庚午，臣僚言：在京市易帳狀，舊申三司勾考，官制行，分屬户部左曹。元豐七年，內外市易，右曹總其政。今改隸太府，其帳當歸右曹。從之。

（宋）李燾《續資治通鑑長編》神宗元豐八年十一月　戊申，兵部員外郎葉祖洽奏：市易之逋，一旦官中以法督促，近雖有寬期會、減分數之詔，然民力已弊，必無從出；朝夕限滿，又加督促。竊以祔廟在近，願乘此時更下有司檢察，如委無可納，特議蠲放。詔大姓户見欠市易三分息錢並特與除放；其人户本錢，仰所屬依詳前後所降指揮催納，不管少欠。

（宋）李燾《續資治通鑑長編》哲宗元祐元年閏二月　詔户部勘會應係諸色欠負窠名數目，若干係官本，若干係息或罰，及逐户已納過息罰錢數，并抛下免役及坊場净利等錢，仍以欠户見今有無抵當物力，速具保明以聞。從蘇轍甲戌所奏也。二月十五日甲戌，蘇轍具奏。《舊録》云：先帝理財，裕民足國，轍以爲重斂致旱，其後省併罷廢，無所不至，而水旱連年。《新録》辨曰：省併罷廢，所以寬民力也。因此而致水旱連年，豈其理哉！自先帝理財至水旱連年三十字，並删去。閏月二十九日丁巳，改此指揮。

（宋）李燾《續資治通鑑長編》哲宗元祐元年七月　措置熙河蘭會路經制財用司言：本路五州軍穀價甚貴，蓋自軍興之後，舊田或廢，新田未闢，地產全少。請懲客人邀求厚利及銀、絹、鹽鈔、公據，價必平，經費漸省，仍著爲令。從之。

（宋）李燾《續資治通鑑長編》哲宗元祐五年夏四月　湖南轉運司言：應金、銀、銅、鉛、錫興發不堪置場官監，依條立年額課利，召人承買，而地主訴其騷擾。請先問地主，如願承買，檢估已業抵當及所出課額利錢數已上，即行給付；如不願，或已業抵當不及，即依本條施行。從之。

（宋）李燾《續資治通鑑長編》哲宗元祐六年八月　户部言：應告捕博易糴買入糴賣綱運斛斗人，合支賞錢，並當日内先於賣坊場錢内借支，依元條監催填納，候至歲終，如催納不足，即委提刑司牒發運司以息錢據數貼還。從之。

（宋）李燾《續資治通鑑長編》哲宗元祐六年十一月　户部言：承買場務，界滿有欠，已根究承買人自己財產及保人抵當納官外，尚有欠數，承買人委無可納者，如無情弊，縣、州、監司次第保明，除放訖，申本部。若已除放，而場務尚無人承買者，即權行停閉，别召人承買。從之。

（宋）李燾《續資治通鑑長編》哲宗元祐六年十一月　户部言：應兩户以上同狀承買場務，内有委實無力，願退免自召人承續者，並先詣官自陳，限十日取問同買見開沽人，如願承併，限一月依數别供抵當，若不願或限滿供通抵當不足，許退免人别召人經官承續。從之。

（宋）李燾《續資治通鑑長編》哲宗元祐八年四月　戊午，御史中丞李之純言：臣僚上言，乞嚴立制度，以絶奢僭之源；杜絶邪侈，以成風俗之厚。至於閭巷庶人，服錦綺，佩珠璣，屋室宏麗，器用僭越，皆可禁止。詔令禮部將見行條貫行下。按嘉祐敕，猶有品官民庶裝飾真珠之法，至熙寧、元祐編敕即行删去。竊以承平日久，風俗恬嬉，以華麗相高，而法禁縱弛，至於閭閻下賤，莫不僭踰，以逞私欲。商賈販易，獲利日厚，則彼方采取，其數日增，最爲殘物害人、浮侈踰僭之甚者。獨無其法，何以示民？願降明詔，禁廣南東、西路人户采珠，止絶官私不得收買外，海南諸蕃販真珠至諸路市舶司者，抽解一二分入官外，其餘賣與民間。欲乞如國初之制，復行禁榷珠，其抽解之外，盡數中賣入官，以備乘輿宫掖之用。申行法禁，命婦、品官、大姓、良家許依舊制裝飾者，令欲官買，雜户不得服用。以廣好生之德，而使民知貴賤之别，莫敢踰僭。及民間服用諸般金飾之物，浮侈尤甚，而條貫止禁銷金。其鏤金、貼金之類，皆是糜壞至寶，僭擬宫掖，往年條禁甚多，亦乞修立如銷金之法。詔鏤金、貼金之類，令禮部檢舉舊條；珠子，令户部相度以聞。

（宋）李燾《續資治通鑑長編》哲宗紹聖四年九月　甲申，太府寺言：除放民户欠負，先將户下欠市易錢除放。如已及五百貫，即其他欠負更不合除放。如無市易欠錢，或除放不及五百貫，即據户下其餘欠負，合于五百貫除放。仍先令欠户供通應係本户少欠官錢名數，依此除放。内係别司錢，令所屬互相關報、照會，與免會問。如隱匿，致多放官錢者，準盗論。許人告，賞錢一百貫。告所數多，即于三分中理一分充賞，三百貫止。

（宋）李燾《續資治通鑑長編》哲宗紹聖四年十一月　詔：户部嚴戒諸路監司，應承詔旨抛買物色，並令體訪出產多寡，所在約度數目，令逐州軍置場，用見錢和買，召人取情願赴場中賣。其逐州軍如不係出產或出產數少，及雖係出產而當年偶闕，即具因依回申本司，别行下出產數多處貼數和買。如本路諸州軍實買不足，令監司具詣實事狀申陳，即州縣輒有科買及監司不爲申陳者，並以違制論。仍令提舉常平司覺察，如有違犯，具事因及官員名銜申尚書省，仍許被科擾人户直經提舉常平司陳訴。如本司不爲行遣者，一等科罪。每遇和買，備此詔旨全文揭牓曉示。

（宋）李燾《續資治通鑑長編》哲宗紹聖四年十二月　甲辰，三省言：熙寧年，興市易務，本以通有無，利商賈，抑兼并。元祐任事之臣，不深原先朝立法之意，一切罷去，民實病之。詔：户部、太府寺同詳立法惠意，復置市易務。許用見錢交易，收息不過二分，不許賒請。監官惟立任滿賞法，即不得計息理賞。其餘應雜物，並不許輒有措置，限十日條畫以聞。

（宋）李燾《續資治通鑑長編》哲宗元符元年正月　丙戌，户部言：今後官司應緣收買及造换修完出染之類物色，若不預行計料，申乞支撥收買；及將官庫現在之物，妄有退嫌，及有别色可以充代而輒稱充代不行，經歷官司逗遛行遣，並褋買務不依在市實直估價，及不依條出榜召人減價中直，官吏並科杖一百，不以失減。其所估價錢，並關申度支審覆行下。如估不實，致大請官錢，並許諸色人告首，得實支賞錢二十貫文，以犯人家財充，或無及不足，以官錢代支，其受贓人依重禄公人。從之。

（宋）熊克《中興小紀》卷一五　時大旱，上曰：和買未爲良法，今支錢一千，州縣吏更不奉行，重困吾民。可下監司覈實，勿爲文具。甲子，手詔略曰：朕於民事未嘗敢緩，其和買紬絹錢已虧，而多有不支。民咨怨而傷和氣，因以致旱。可索逐路未支實數條上。言者謂艱難以來，中原隔絶，祖宗開國功臣，子孫凋喪幾盡。乞訪其後，量才録用。從之。

（宋）熊克《中興小紀》卷二三　户部尚書章誼言：自榷貨務復置提舉官，見係臣獨領，緣無同官商議。竊恐誤事，望仍隸户部。壬午，詔從之。時榷貨務賣度牒，而遠方不能就買，宰執欲付之諸路。上曰：如此則州縣將苛於民矣。趙鼎等曰：不限以數，則無此弊。上曰：宜嚴爲約束，毋使民受患。

（宋）熊克《中興小紀》卷三〇　上殿官宇文剛言：湖外米賤，乞行收糴。戊午，上諭宰執令即行之。且曰：水旱堯湯所不能免，惟有以備之，則民免流移之患也。八月乙丑，宰執奏湖北帥臣劉錡言：沅州徭人作過事。上曰：蠻夷但當綏撫，不可擾之。慮致生事，於是秦檜恭稟聖訓，以諭錡焉。

（宋）留正《皇宋中興兩朝聖政》卷八《高宗皇帝・廢越州榷務》　〔建炎四年八月〕庚寅，自分榷貨務場於臨安，而商人不復至行在。詔廢越州務場。

（宋）留正《皇宋中興兩朝聖政》卷一三《高宗皇帝・和買折納》　〔紹興三年〕三月戊午，詔兩浙諸州和買物帛聽以三分折納見緡。

（宋）留正《皇宋中興兩朝聖政》卷一七《高宗皇帝・命三衙諸路揀軍》　〔紹興五年閏二月〕辛亥，詔榷於濠州等處置市易務以通商貨。其後，岳州潭州亦如之。

（宋）留正《皇宋中興兩朝聖政》卷二七《高宗皇帝・復收免行錢》　〔紹興十一年〕夏四月丙子，詔諸州縣量收免行錢。自宣和間始復熙寧舊法，罷行户，而令輸錢。至靖康初又罷。紹興初，雖令見任官市買方物，悉如民間之價，而汚吏猶虧其直，議者以爲不便。會軍興用乏，遂復令免行。仍詔公私和買物色，並依市直。違者以自盗論。

（宋）留正《皇宋中興兩朝聖政》卷五六《孝宗皇帝・罷創立場務》　〔淳熙五年五月〕是月，詔諸路州縣創立場務者，皆罷之。

（宋）留正《皇宋中興兩朝聖政》卷六一《孝宗皇帝・不許軍將置田宅房廊》　〔淳熙十一年〕秋七月戊子，右正言蔣繼周言：乞詔諸軍將佐屯駐去處，自今並不許私置田宅、房廊、質庫、邸店及私自興販營運。從之。

（宋）留正《皇宋中興兩朝聖政》卷六一《孝宗皇帝・禁阻遏客販米》　〔淳熙十一年八月〕戊辰，給舍看詳趙汝誼奏乞行下守臣遇客販米，不得阻遏。其免收力勝錢一項，自有見行約束。如有違戾，及以唱花爲名，故作留滯者，許客人赴監司臺部越訴，重寘典憲。從之。

（宋）李心傳《建炎以來繫年要録》建炎三年八月　丙辰，詔祠部度牒改用綾紙，倣茶鹽鈔法，用朱印合用號，仍增綾紙工直錢十緡。通舊爲百二十緡，以尚書户部侍郎葉份兼權禮部侍郎，提領措置。自治平末年，始鬻度牒。

（宋）李心傳《建炎以來繫年要録》建炎四年七月　己未，詔明越州禁山東之游手來販糴者。時海、密諸州米麥貴踴，明州進士林秉德言，積粟之家，利其高價，皆傾廪以鬻之，正恐因緣爲姦，以泄中國之機。又且耗吾國計，以資寇糧，不可不慮。乃命禁止焉。初，宣撫處置使司參議官京西制置使王以寧爲桑仲所逼，以所部走潭州。寧以本司便宜之命，節度湖南軍馬，更易全郡守臣。科斂無度，官吏有被誅者，民甚苦之。至是以寧言欲赴朝奏事，而病未能行，請以所部於岳、鄂、潭州聽旨。詔以寧還本司供職。時以寧已提兵在長沙，而朝廷未知也。

（宋）李心傳《建炎以來繫年要録》紹興三年二月　初置廣西提舉買馬司於賓州。俸賜視監雜司，凡買馬事，經略司毋得預。仍命撥本路上供封樁內藏錢合二十七萬緡，欽州鹽二百萬斤爲買馬費。先是，提舉峒丁李棫與帥臣許中有隙，坐停官。中遣屬官任彥輝代領其事，移司賓州。至是雍州效用蒙賜，投匭上書，以爲賓州去横山寨十二程，道遠不便，又鹽綵價高，公私多弊，故良馬不可得。上納其言。遂以左朝請大夫新知建昌軍李預提舉廣西買馬，仍召見，遷官而後遣行。預，江陰人也。

（宋）李心傳《建炎以來繫年要録》紹興三年三月　召布衣蘇庠赴行在。庠，丹陽人。父堅，元祐中爲太府卿。庠少能詩，不事科舉。徐俯薦其賢於上，令赴都堂審察，固辭。又命鎮江以禮敦遣赴行在，庠喪明不至。淮西安撫使胡舜陟至廬州，時潰卒王全王全初見正月辛未。蹂境上，督府檄召之，全拒不從。聞舜陟入境，遂與其徒來降。詔以全爲承信郎，擇其少壯之士五百人隸淮西軍籍。王全以是月戊寅補官。前郡將王亨籍官逋之在民者，亡慮數萬緡，舜陟盡蠲之。亨又託名贍軍，令市販輸金。物物苛斂，民擾且怨，行旅幾絶，舜陟亟罷之，流民稍稍自歸。舜陟發粟貸民，俾濟農事，俟秋登乃償，會歲大穰，所收至倍，公私皆給焉。

（宋）李心傳《建炎以來繫年要録》紹興三年四月　邕州進士昌慤特補充州文學，充廣西買馬司準備差使。初，提舉峒丁李棫既罷，經略司更委通判賓州任彥輝就本州買馬。道里迂遠，大理馬遂不至。及是朝廷復置司買馬，慤上疏請招來之。仍諭諸蕃中馬及三百匹，賜錦袍銀帶，如有出格之馬，依溪峒搭價收買，不可循其舊例，每蕃令提舉官以綵帛爲信。如遣效用人蠻，許借官錢，多市鹽綵，結託山獠及諸蠻，令開拓道路。庶幾諸蕃忻慕，曲盡招馬之術。疏入，遂授以官，俾行其説焉。

（宋）李心傳《建炎以來繫年要録》紹興三年四月　西南蕃武翼大夫歸州防禦使瀘南夷界都大巡檢使阿永獻馬百有十二匹，瀘州以聞，詔押赴行在。阿永，乞第子也。元豐閒，乞第既效順，願歲進馬，以見向化之心。官以銀繒賞之，所得亡慮數倍。其後阿永所獻之數，歲增不已。政和末，始立定額。每歲冬至後，蠻以馬來，州遣官視之。自江門寨浮筏而下，蠻官及放馬者九十三人，悉勞饗之，帥臣親與爲禮。諸蠻從而至者，幾二千人，皆以筏載白椹茶麻酒米鹿豹皮雜氈蘭之屬，博易於市。留三日乃去。馬之直雖約二十千，然揆以銀綵之直，則每匹可九十餘千。自夷酋已下，所給馬直，及散犒之物，歲用銀帛四千餘匹兩，鹽六千餘斤，銀則取於夔之涪州及大寧，物帛則果、遂、懷安。凡馬之死於漢地者，亦以其直賞之。此其大略也。

（宋）李心傳《建炎以來繫年要録》紹興三年七月　自移建康権貨務於鎮江，而入納絶少。建康日課近二萬緡，鎮江纔千緡而止。論者以爲軍攘奪，商旅不敢行。詔尚書省降敕榜，禁止士卒，有犯當依法，統制官已下並取旨重竄。今來所繫朝大利，務在必行。仍令江、淮兩宣司依地分巡察。兩宣司巡察在此月己巳旨。

（宋）李心傳《建炎以來繫年要録》紹興三年九月　都省言，近降金銀錢帛和糴米一百萬斛，務欲利國便民。聞前時和糴郡縣，多將糴本留不即支，及阻節減剋，民户實得無幾，致所糴數少。今宜革去前弊。詔有違戾者，當職官吏並徒二年。〔中興聖政臣留正等〕曰：古今言理財者必曰輕重斂散也。太公行之於周，管仲行之於齊。其後李悝以爲平糴，耿壽昌以爲常平，李彪以爲和糴。名雖不同，其實一也。然則和糴之法，豈不爲甚良，而其效豈不爲甚著？今天下利之所出，取之悉矣。理財者無所施其能矣。其猶可以佐用度之乏，而兼利於公私者，莫若和糴。賤而斂，貴而糴，民有所濟而不饑。利不入於大賈蓄家，而公上享其羸餘。此其法所以爲可行也。然而朝廷行之未見夫爲利者，法非不善，而行之者重蠹爾！太上皇帝因都省之言，重違戾之罪，蓋將以痛懲其弊也。其在今日，和糴之法，未常廢而不講。臣願舉太上皇帝是法而奉行之，有違戾者必罰無赦。庶幾和糴之法，不徒存其虚名，而遂收其實效。此誠當今之急務也。

（宋）李心傳《建炎以來繫年要録》紹興三年十月　庚子，詔廣西路安撫司，取撥歲額鹽一百萬斤，和買牛皮筋角赴行在。於是兩路各以其數抑配於民，民之殺牛者甚衆。此以明年七月九日丙辰廣西運判趙子巖所奏修入，日麻無之。

（宋）李心傳《建炎以來繫年要録》紹興四年四月　戊申，罷婺州市御爐炭，令户部講究更有似此之類，並行禁止。時兩浙轉運司檄婺州市炭，須胡桃紋鵓鴿色。會守臣王居正入爲起居舍人，面奏：臣頃承漕司牒，開讀至此，羣吏以目。俄頃之閒，道路籍籍。有司過舉，上累盛德，下擾百姓。臣以更不施行。而聞之傍郡，蓋有不勝其憂者。乞明詔州縣，如有似此之類，許之執奏。上曰：朕平居衣服飲食，猶且未嘗問其美惡。隆冬附火，只取温煖，豈問炭之紋色也？及是輔臣進呈，上蹙然曰：當艱難之時，豈宜以此擾人。可令速罷。故有是旨。

（宋）**李心傳《建炎以來繫年要録》紹興四年八月**　詔諸軍不得陳乞自往廣西買馬。先是，神武右軍遣將官曹章持羅錦綵纈至横山寨市馬，又增其直予之。提舉官李預以章所持皆蠻人所未見，恐後無繼，乃以本司所市馬五百付之。因奏其事，且謂若諸軍更來收買，則臣無復可措手足。乞候綱馬到日，取旨裁撥，庶事歸一體。故有是命。

（宋）**李心傳《建炎以來繫年要録》紹興四年十二月**　提轄榷貨務都茶場郭川等請令臨安府本務，將每日入納錢三分之一，椿還見錢關子，仍俟客人身到而許合之。時朝廷降見錢關子爲糴本，而川等言未有關防，故有是請焉。

（宋）**李心傳《建炎以來繫年要録》紹興五年四月**　顯謨閣待制知湖州李光言：本州上供歲額不過五萬餘石，比諸郡最爲窮窘。前政汪藻，將本州軍糧每月四千四百餘石，盡拋在民間糴買，人户無得脱者。官給價錢，每斗不過三百文，而攬户又於民間每斗取錢三百文，方能輸納。近來兩浙米價倒長，街市每斗已七百文，民情皇皇，委是無虞糴買。乞於上供米内借留萬斛，以紓目前之急。詔借支五千石，候秋成撥還。仍令守臣措置，約度歲用，收簇錢物，趁新兑糴，自今毋得科擾。

（宋）**李心傳《建炎以來繫年要録》紹興五年十二月**　江西轉運司奉朝旨措置賑濟事件。乞支降本路實催苗米五十萬石，委提舉司以州縣災傷分數取撥，比市價減錢十分之三，零細出糶。仍令州縣勸諭有力之家，入納粳米。每一千石，補迪功或承信郎，便作官户免丁身差役。本路帥司舉辟合入差遣。入納稻穀每二千石，依入納米斛補官例。第四等已下户，本户秋料全放十分者，並賑貸爲種，更不取息。仍令州縣勸誘商賈，出給公據，往秋收處收糴斛㪷，免納斛㪷力勝税錢。仍每米一百石，許附帶別色行貨，約計一百貫。沿路與免收税錢三分。令州縣密切詢訪，停塌興販，見有斛㪷之人，勸諭令依元收糴時價，量取利息，責認石㪷，數日出糶，接濟闕食之民。雖放税不及七分州縣，亦許賑給。若常平穀不足，聽取撥入納穀米支給，候將來有納到義倉斛㪷，卻行撥還。州縣當職官賑濟有方，使饑民安業者，委提舉司保明，提刑司覈實，申奏朝廷，優與旌賞。都省勘會，取撥苗米及許入納米穀補官不行外，餘從之。

（宋）**李心傳《建炎以來繫年要録》紹興六年三月**　詔浙東州縣守令，勸誘上户，廣行出糶，如糶及三千石已上之家，依已降旨等第補官。若有頑猾上户依前閉糴之人，亦抑斷遣，仍令提舉官躬親檢察。尚書省奏，婺州積米之家，乘時射利，閉倉遏糴，緣此細民，轉致艱食，偷生爲盜。故有是旨。未幾，殿中侍御史周秘入對，論發廪勸分，古之道也。臣但聞其勸分矣，未聞其迫之也。今止令州縣勸誘，猶懼其抑勒。若更許之以斷遣，則彼將何所不至？臣恐州縣官吏不復問民之有無，而專用刑威，逼使承認。姦貪之吏，因得濟其私；而善良之民，或有被其害者矣！乘時射利，閉糴待價，富民好利之心，固多如是。然而爲守令者，苟能布宣陛下之德意，感之以至誠，動之以利害，再三諭勉，使各以不費之惠，自周其隣里鄉黨，彼宜無不從者。其或不從，則亦守令之政教約束不素行於其民也！欲望再降指揮，專委諸路提舉官，徧諭所部，戒約守令，多方勸誘，務令民户樂從。或因今來酌情斷遣指揮，輒有分毫搔動，並令提舉官奏劾。從之。三月丙申行下。

（宋）**李心傳《建炎以來繫年要録》紹興六年四月**　丙辰，司農寺丞金安節面對，論和糴之弊。大略言：以行在觀之，去歲糴價，僅用今歲三分之一。而粒米有餘，願糴者衆。近歲州縣和糴，往往有弊，或不增價勸誘，使之願糴，而輒令有物力之家，等第均認。雖名和糴而實抑配。其弊一也。又所均之數亦未集，而輒先告辦，以覬恩賞。及當起發，乃始追呼。倉猝供輸，民力重困。其弊二也。又或與射利之民，相爲表裏，貸以公帑，使營私利，取貴價於官，而以賤價糴之於民，專收其贏，利不及衆。其弊三也。願陛下申敕有司，各體德意，毋蹈兹弊。安節又言：近歲吏部注官，率數人而共一闕。又三歲而增數百人，豈不益甚乎？任宫觀而仰給州縣者衆。有未嘗歷任而坐理考，第用舉主陞改，又非特月費俸錢而已。望陛下明詔大臣，深思其弊。凡官至任子者，無論貴近，皆爲之限。宫觀嶽廟格法，更加裁約，俾無濫授。至於考任舉官，亦宜區別。無令與服勤州縣者一概收使，以絶僥倖。庶幾二弊可去，少捄今日宂財匱之患，天下幸甚。

（宋）李心傳《建炎以來繫年要録》紹興六年四月 詔諸州試經給降度牒權住三分之二。舊法，降賜度牒凡二，有撥賜，有試經。自軍興以來，名山福地及他當賜者並罷，如寺觀有金寶牌及御書去處等。而每州試經猶不下三十人。至是配賣度牒益多，官直百二十千，民間三十千而已。議者乞權住五年，故有是命。

（宋）李心傳《建炎以來繫年要録》紹興六年七月 殿中侍御史石公揆入對，言比都督行府恭稟聖訓，措置科斂之弊，以寬民力。內州縣賣官告，除大姓全户承買外，如糾定衆户湊數請買之人，雖已均敷，若未曾送納，並截日住罷，非陛下勤恤民隱，何以及此。然全户承買，雖曰勸誘，實出科敷。欲乞以承買納錢者，令諸縣別置簿籍。他日如有科斂，即令參照，不得更敷。令以次得及之家均出。湊數事不見日厤因公揆奏表出之。公揆又訪聞營田人假官勢力，因緣爲弊。如奪民農具，伐民桑柘，占據蓄水之利，強耕百姓之田。民若爭理，則羣起攻之以爲盜。斯民□□，有失朝廷本意也。今來秋成收刈，竊恐營田之人，耕耘鹵莽，欲償其費，奪民之稼以爲己功。侵漁攘劫，無所不至。望下營田司預行戒約。皆從之。

（宋）李心傳《建炎以來繫年要録》紹興六年九月 癸巳，翰林學士朱震言，按大理國本唐南詔，大中、咸通間，入成都犯邕管，召兵東方，天下騷動。藝祖皇帝鑒唐之禍，乃棄越巂諸郡，以大渡河爲界，欲寇不能，欲臣不得，最得禦戎之上策。今國家南市戰馬，通道遠夷，其王和譽遣清平官入獻方物。陛下詔還其直，卻馴象，賜敕書，即桂林遣之。是亦藝祖之意也。然臣有私憂，不可不爲陛下言之。今日干戈未息，戰馬爲急。桂林招買，勢不可輟。然而所可慮者，蠻人熟知險易，商賈囊橐爲姦，審我之利害，伺我之虛實，安知無大中、咸通之事？願密諭廣西帥臣，凡市馬之所，皆用謹信可任之士，勿任輕猥生事之人，務使羈縻而已。異時西北路通，漸減廣馬，庶幾消患未然。詔劄與廣西帥臣。

（宋）李心傳《建炎以來繫年要録》紹興八年八月 徽猷閣待制江淮荊浙等路經制發運使程邁入見言：劉晏爲九使，財賦悉歸於一，國朝始分二。而三司使居中，發運使居外，相爲表裏。今租庸分於轉運司，常平分於提舉司，鹽鐵分於茶鹽司，鼓鑄則有坑冶司，平準則有市易司，總之以户部，而發運使徒有其名。臣恐未及施爲，而議論蜂起，上瀆聖聽。上乃督邁使亟行，且諭以置場和糴，毋甚賤傷農。邁曰：臣敢不遵聖意。於是降本錢四百萬緡，令於六路豐熟之地，置場和糴焉。降本錢事，日厤不載。今年十一月十七日户部供到狀修入。

（宋）李心傳《建炎以來繫年要録》紹興八年九月 丁亥，侍御史蕭振言：近除發運使，令糴米以待闕用。其價雖隨時低昂，當使官價高於民間，仍不加耗。及即時支錢，則有以助國寬民。詔從之。振又言：古之賢將，皆協力以成功。今陛下舉付之諸將，使分屯近甸，此係社稷之安危，攻之與守全在諸將協力。昔何充所謂將賢則中原可定，勢弱則社稷同憂。蓋事同者忌功，功同者忌賞，自古有之。望明詔諸將，俾首尾相應，唇齒相依。庶幾人人協謀，大功克舉也。是日，振又劾參知政事劉大中身爲大臣，而不以孝聞於中外，乞賜罷斥。疏留中不下。振本趙鼎所薦，後以秦檜引入臺。其劾大中，蓋以搖鼎也。趙鼎《事實》云：初，監察御史蕭振力求外補，且託其鄉人吴表臣薛徽言爲請甚切，鼎從之。遂除郡而去。及秦檜拜相，一詔即來。始振以親年七十求去，至是不復以親爲辭。尋除南康，是必有薦爲鷹犬者也。未踰月，論劉大中，至三章不已。鼎謂不在大中，行且及臣矣。振去年十二月除浙西憲，此云除郡，小誤。

（宋）李心傳《建炎以來繫年要録》紹興八年十月 丁卯，侍御史蕭振言：朝廷支降見緡，令經制司糴米。而發運使程邁一例抛與諸州，則諸州不免抛下諸縣，科之百姓，即非創司寬民之本意。宜令官自置糴場。從之。右諫議大夫李誼嘗言：祖宗時，發運所領，乃轉輸東南之粟，以實中都。又制茶鹽香礬百貨之利，今皆所不及。惟是給以本錢，使之糴買，然復興一司豈專爲此哉？如營田經理之制，市易懋遷之法，又州縣錢物之限無所拘，賦斂之橫無所考，監司廢格詔條，漫不加省，宜有稽考。臣願俾總六路，而調其盈虛。內與户部相爲表裏，則劉晏之策可展，而不爲虛文。不然，則糴買一事自可責之諸路漕臣，何必創此司哉？望下臣之説於三省，講而行之。

（宋）李心傳《建炎以來繫年要録》紹興十五年十一月 癸亥，兵部言：泰州舊買馬二萬匹，今僅發五十八綱，乞省押馬使臣。許之。自紹興後，川、秦茶馬司歲市馬九千八百有奇。黎、叙、文、長寧、南平五州軍千匹，係川司。宕昌寨峯、貼峽三千八百匹，係秦司。成都、潼川府、利州路漕司歲應副博馬紬絹十萬餘匹。成都五萬，潼川三萬，利州二萬餘匹。成都、利州路二十三茶場歲產茶二千一百餘萬斤。一千六百十七萬斤，餘係西路九州軍，凡二十場，四百八十四萬斤，餘係利路二州，凡三場。而茶馬司歲輸總領所錢四十萬緡，此其大略也。紹興十三年二月二十四日，宣撫副使鄭剛中奏，乞將成都府路轉運提刑司合椿坊場鼓鑄食茶稅錢三色，共三十二萬貫文，令都轉運司徑行取撥外，更那融續添錢八萬貫，通作四十萬貫，並取發博馬絹一萬八千七百五十匹。自紹興十三年爲頭應副。奉聖旨依。已見本月日，紹興二十五年七月丙辰所書可參考。

（宋）李心傳《建炎以來繫年要録》紹興二十三年九月 辛亥，宰執進呈左朝奉大夫知静康府陳璹奏：廣西邊面闊遠，兵額頗多，稅米所入，不足贍給。祖宗以來，隨苗和糴，每石價錢四百或五百文足，而漕司從來以苗米支移所納價錢，每石卻至三貫文足。比之所支和糴本錢，多至數倍。望委本路帥臣與轉運司官，公共相度，少增和糴之直，略鐫折米之價，務令適中。俾民力稍紓，漕計不乏，實公私經久之利。詔户部取索措置申省。

（宋）李心傳《建炎以來繫年要録》紹興二十四年十二月 庚辰，詔宕昌寨峯、鐵峽兩場綱馬，自來歲爲始，循環撥付殿前馬步三司，各一年，周而復始。先是，市馬者歲於宕昌寨峯、鐵峽市馬三千八百匹赴樞密院，而部送者利其芻粟，多道斃者。至是始命統領官一員往取之。再歲一往返，用四千四百人，皆精甲。既而楊存中言馬多不及格者，乞令統領官就場監視買馬，不行。川馬二十七年七月壬午所書可參考。

（宋）李心傳《建炎以來繫年要録》紹興二十五年四月 壬寅，詔今後典賣舟船，若減落價貫，投稅印契，依典賣田宅法。以知安豐軍李樫有請，從權右司郎官林一飛看詳也。

（宋）李心傳《建炎以來繫年要録》紹興二十五年五月 户部侍郎曹泳言：諸路免行錢，一歲計一百八萬餘緡。訪聞州軍敷納至於提鹽挈盉微小買賣之人，閒有敷及鄉村去處，所收苛細，委實騷擾，欲截日竝行住罷。仍乞舊令官司不得下行買物，庶幾少寬民力。從之。乾道元年七月辛亥所書可參考。

（宋）李心傳《建炎以來繫年要録》紹興二十五年十二月 詔諸樸買坊場，並遵依常平法施行。如有違戾去處，仰提舉司檢舉改正。此當是爲罷諸軍酒坊酒庫張本。秘書省校書郎兼普安恩平郡王府教授趙逵、左宣教郎通判徽州周麟之並爲著作佐郎。逵仍兼權中書舍人。先是，制授占城蕃首鄒時蘭巴懷遠軍節度觀察留後占城國王散官檢校官憲御勳邑如故事，加賜寬衣一對，金帶一條，細衣著百疋，金花銀器二百兩，衣著百疋，銀帛千疋兩。又以其進奉使薩逵麻爲歸德郎將，使副見日皆賜金帶。判官金花銀帶襲衣著，辭日皆賜衣服器幣有差。

（宋）李心傳《建炎以來繫年要録》紹興二十六年二月 庚辰，執政進呈權刑部尚書韓仲通，看詳知雷州趙伯樫所奏廣西州軍經制等窠名銀，皆是括率百姓，隨稅均敷。欲令今後只依市價收買，不得敷民。上曰：此豈可不禁。上又曰：朕聞蜀中銀價，高比江浙間過一倍，如劉宴掌邦計，懋遷有無，低昂適中，方是理財之術。可令有司措置，毋致枉費。

（宋）李心傳《建炎以來繫年要録》紹興二十六年六月 御前諸軍統制知興州吴璘言：紹興十一年，得旨令宕昌寨歲所市西馬十分之二給本軍，而茶馬司績五年不與。今軍中有馬七千，皆已老大，恐無以備緩急。望茶馬司今歲如額支撥，其餘逐旋補還。從之。

（宋）李心傳《建炎以來繫年要録》紹興二十六年七月 丙辰，詔進士因事送諸州軍聽讀，可特放逐便，仍許取應。又詔臨安府猪羊圈，并安撫司回易麻布連竹紙增息出賣，及責借官錢，付炭牙人放炭收息，可並住罷。又詔諸州民閒地土占充官司營寨房廊，其隨地產稅和買，並與除放。明、婺、嚴、衢州所買發納牛羊司羊口，令椿支合用官錢，依市價和買，不得依前抑配民户。應州縣受稅賦，即時銷注，並只以縣鈔照用，不得索取户鈔。皆以尚書省有請也。

（宋）李心傳《建炎以來繫年要録》紹興二十六年七月 户部尚書兼權知臨安府韓仲通言：安撫司回易庫昨將官錢責借油鋪，并置米鋪以收利息。又居民日用疏菜果實之類，近因牙儈陳獻，置團拘賣，尅除牙錢太多，致細民難于買賣。又本府買撲稅錢，并新添河渡，所納錢物不多，因此邀阻往來之人，欲乞並行住罷。從之。三事皆曹泳所剏，及是因星變而罷。

（宋）李心傳《建炎以來繫年要録》紹興二十六年八月 癸未，宰執進呈淮南漕司具到米價最賤處每斗一百二三十文。上曰：昨聞淮南米賤，朕恐傷農，故欲乘時收糴以惠民。今米價如是，則米須急候價減，每石亦不下一千。至時若户部無錢，朕當自支一百萬緡令收糴也。

（宋）李心傳《建炎以來繫年要録》紹興二十七年九月　户部言：諸路州縣人户買樸場務，停閉去處甚多。今相度欲除見欠官錢物，及見充吏人貼司巡檢司土兵軍員之家外，其餘不以有無拘礙，竝許實封投狀承買。候界滿無欠少，聽依條接續。上曰：坊場名課，朝廷所仰補助歲計，若不以有無拘礙，庶幾接續不至敗闕。宜從之。

（宋）李心傳《建炎以來繫年要録》紹興二十九年五月　丁巳，户部言：秋成不遠，欲豫行儲蓄收糴，以爲賑貸之備。今科降本錢，及取撥常平司作賑糴錢，令江湖浙西漕司選官置場，或就客販增價收糴米共二百三十萬石。内浙一百萬石，並起赴鎮江、平江府、常州。江東五十萬石，赴建康府、太平、池州。江西三十萬石，赴江州。湖南二十萬石，赴荆南。湖北三十萬石，赴荆南府、鄂、純州。每石降本錢二十。西以關子茶引及銀充其數。從之。

（宋）李心傳《建炎以來繫年要録》紹興二十九年閏六月　右正言都民望言：近降旨依户部措置儲蓄，收糴米斛，此大務也。然其間措置有未當，約束有未盡。倉場情弊，中外一同。交納邀求，在所不免。若和糴之價，不高于市直，人誰肯就場中糴？又物價高下，隨時低昂，官私收糴之初，略集行人，供俱三等價直，後有增減，更不復問。所以民間雖與中交易，謂直約束，依公實增，勿爲文具，隨時增減，勿爲定價。又所糴米專委知通認數椿管。緣交量損折，或積久米乾，重以鼠雀之耗。若令認定，必致增損斗面，誅求于民。又以銀折錢，須依市價折支，方使人無詞説。茶關充本，須刷實錢應副，方得事務濟集。望申命有司，講畫曲盡，詔户部措置。户部乞令諸州守倅，逐旬審度估定。每石量增市價一二百錢。每椿收及一年，聽除一蠡充折耗之數。仍令牙人把斛交量，勿用㪷子。官吏量給湯茶食錢。每糴及五萬石，減磨勘半。多者并賞。其關子茶引，並令漕司先兑見緡。從之。

（宋）李心傳《建炎以來繫年要録》紹興二十九年十月　乙亥，詔禁止沿淮私渡盗買鞍馬，博賣物色，已是嚴切。尚慮冒利之人，或假託貴要，或作軍中名目，往來買賣。令帥憲知通加意禁約，有違戾去處，即時奏劾，當繼遣御史遍行譏察。犯人如有假託，追赴大理寺根究，從軍法處斷。其失察故縱官吏，並當編竄遠方，旬具有無申三省樞密院。

（宋）李心傳《建炎以來繫年要録》紹興三十年二月　癸亥，上諭王綸等曰：近聞馬步軍司從雜賣場市川布甚多，恐其搭息刻剥軍人，不可不察。卿等可同三省詳議禁止。自今毋得售與軍中，以革抑配之弊，於是令追還户部。既而主管步軍司公事趙密言：本司前軍先買川布共四萬匹，其實低於市直，並係諸隊情願前來取買。乞只依所言價錢赴官送納，特免拘收。詔今後不得收買。後旨在二月癸酉。

《宋史》卷一《太祖紀》〔開寶元年秋七月〕戊申，坊州刺史李懷節坐强市部民物，責左衛率府率。

《宋史》卷三《太祖紀》〔開寶七年五月〕乙丑，詔市二價者以枉法論。

《宋史》卷八《真宗紀》〔天禧三年〕夏四月甲午，西上閤門使高繼勛坐市馬虧直削官。

《宋史》卷一二《仁宗紀》〔皇祐四年三月〕辛未，詔宫禁市物給實直，非所闕者毋市。

《宋史》卷一五《神宗紀》〔熙寧五年三月〕丙午，以内藏庫錢置市易務。

《宋史》卷二二《徽宗紀》〔宣和七年冬十月〕戊午，罷京畿和糴。

《宋史》卷二八《高宗紀》〔紹興六年春正月〕庚寅，還預借坊場錢。

《宋史》卷二九《高宗紀》〔紹興八年二月〕甲申，減紹興府和市絹萬匹。

《宋史》卷三〇《高宗紀》〔紹興十八年〕閏月庚申，免江、浙湖南今歲和糴。

《宋史》卷三一《高宗紀》〔紹興二十八年二月〕戊戌，禁沿海州軍博買。

《宋史》卷三一《高宗紀》〔紹興二十九年〕八月甲子，募商人輸米行在諸倉，願以茶、鹽、礬鈔等償直者聽。

《宋史》卷三一《高宗紀》〔紹興二十九年十月〕乙亥，立諸路和糴募民運米賞格。

《宋史》卷三二《高宗紀》〔紹興三十一年春正月〕辛卯，詔江、浙官民户均輸和市紬帛。

《宋史》卷四七《瀛國公紀》〔德祐元年七月〕丙戌，令權糴公田今年租，每石以錢十貫給佃主，十貫給種户，其鎮江、常州、江陰被兵者勿糴。

《宋史》卷三〇二《吴及傳》又言：春秋有告糴，陛下恩施動植，視人如傷。然州郡官司各專其民，擅造閉糴之令，一路饑，則鄰路爲之閉糴；一郡饑，則隣郡爲之閉糴。夫二千石以上，所宜同國休戚，而坐視流離，豈聖朝子育兆民之意哉！遂詔：隣州、隣路災傷而輒閉糴，論如違制律。

《宋史》卷三〇四《范正辭傳》先是，令商人輸米豆而以茶鹽酬其直，謂之折中，復有言其弊，罷之，至是復置焉。

《宋史》卷三二八《薛向傳》監在京榷貨務，連歲羨緡錢，當遷秩，移與其兄。三司判官董沔議改河北便糴，行鈔法。向曰：如此，則都內之錢不繼，茶、鹽、香、象將益不售矣。有司主沔議，既而邊糴滯不行，沔坐黜。

（明）陳邦瞻《宋史紀事本末》卷一六《蜀盜之平》初，蜀亡，其府庫之積悉輸汴京，後任事者競喜功利，於常賦外更置博買務，禁商賈不得私市布帛。蜀地狹民稠，耕稼不足以給，由是小民貧困，兼并者益糴賤販貴以規利。

（明）陳邦瞻《宋史紀事本末》卷三七《王安石變法》〔熙寧四年〕九月，鬻諸路坊場、河渡，募人承買收取浄利，歲收六百九十八萬六千緡，穀、帛九十七萬六千六百石、匹有奇。既而司農并祠廟鬻之，聽民爲賈區其中。

（明）陳邦瞻《宋史紀事本末》卷三七《王安石變法》〔熙寧五年三月〕丙午，行市易法，六市易司皆隸焉。

（明）陳邦瞻《宋史紀事本末》卷三七《王安石變法》〔熙寧六年夏四月己亥，文彦博罷。彦博久居樞密，以王安石多變舊典，言於帝曰：朝廷行事，務合人心，宜兼采衆論，以静重爲先。陛下勵精求治，而人心未安，蓋更張之過也。祖宗法未必皆不可行，但有偏而不舉之弊爾。安石知爲己而發，奮然排之曰：求去民害，何爲不可！若萬事隳脞，乃西晉之風，何益於治！及市易司立，至果實亦官監賣，彦博以爲損國體，斂民怨，致華嶽山崩，爲帝極言之。且曰：衣冠之家罔利於市，搢紳清議尚所不容，豈有堂堂大國，皇皇求利，而天意有不示警者乎！安石曰：華山之變，殆天意爲小人發。市易之起自爲細民久困，以抑兼并爾，於官何利焉。彦博求去益力，遂以司空、河東節度使，判河陽，徙大名府。

（明）陳邦瞻《宋史紀事本末》卷四三《元祐更化》〔元豐八年〕十二月壬戌，罷市易法。時言者交論市易之患被於天下。本錢無慮千二百萬緡，率二分其息，十有五年之間，子本當數倍，今乃僅足本錢。蓋買物入官，未轉售而先計息取償，至於物貨苦惡，上下相蒙，虧折日多，空有虚名而已。監察御史韓川論市易，以爲雖曰平均物直，而其實不免貨交取利。就使有獲，尚不可爲，況所獲不如所亡。願趣罷其法。於是詔罷市易，而削前提舉市易光禄卿吕嘉問三秩，貶知淮陽軍。

（明）陳邦瞻《宋史紀事本末》卷四六《紹述》〔紹聖四年十一月〕復立市易務。

元符元年六月戊寅朔，改元。甲午，蔡京等上常平、免役法。

（清）畢沅《續資治通鑑》卷六七《宋紀・神宗》〔熙寧二年秋七月〕辛巳，立淮、浙、江、湖六路均輸法。

條例司言：天下財用無餘，典領之官，拘於弊法，内外不相知，盈虚不相補。諸路上供，歲有常數，豐年便道，可以多致而不能贏；年儉物貴，難於供億而敢不足。遠方有倍蓰之輸，中都有半價之鬻，徒使富商大賈，乘公私之急以擅輕重斂散之權。今發運使實總六路賦入，其職以制置茶、鹽、礬、酒税爲事，軍儲國用，多所仰給。宜假以錢貨，資其用度，周知六路財賦之有無而移用之。凡糴買、税斂上供之物，皆得徙貴就賤，用近易遠，令預知中都帑藏年支見在之定數所當供辦者，得以從便變易蓄買以待上令。稍收輕重斂散之權，歸之公上，而制其有無以便轉輸，省勞費，去重斂，寬農民，庶幾國用可足，民財不匱。詔本司具條例以聞；而以發運薛向（領）均輸平準事，賜內藏錢五百萬緡，上供米三百萬石。議者多言不便，帝弗聽。向既董其事，乃請設置官屬，從之。

嘉問上建置三十〔十三〕條，其一云：兼并之家較固取利，令市易務覺察，申三司，按置以法。帝削去此條。御史劉孝孫言：於此見陛下寬仁愛民之至。安石曰：孝孫稱頌此事以爲聖政，臣愚竊謂此乃聖政之闕也。自是諸州上供薦席、黄蕉之類，悉令計直，從民願者市之以給用。尋改在京市易務爲都提舉市易司，秦鳳、兩浙、滁州、成都、廣州、鄆州六市易司皆隸焉。

（清）畢沅《續資治通鑑》卷六九《宋紀・神宗》〔熙寧五年二月〕丙午，行市易法。

自王韶倡爲緣邊市易之説，王安石善之，以爲與漢平準法同，可以制物低昂而均通之，遂用草澤魏繼宗議，以內藏庫錢帛置市易務於京師。凡貨之可市及滯於民而不售者，平其價市之，願以易官物者聽。以抵當物力多少均分賒請，相度立限，歲出息二分納還。以户部判官吕嘉問爲提舉。

（清）畢沅《續資治通鑑》卷一三九《宋紀・孝宗》〔乾道元年八月〕癸巳，臣僚言：去歲江西湖口和糴，其弊非一：不問家之有無，例以税銀均敷，此一弊也。州縣各以水脚耗折爲名，收耗米什之二三，此二弊也。公吏斛脚，百方乞覓，量米則有使用，請錢則有縻〔糜〕費，此三弊也。以關、會償價，許之還以輸官，然所在往往折價，至輸官則不肯受，此四弊也。詔：逐路委漕臣並提舉，往來巡按，務盡和糴之意以革四弊。

（清）畢沅《續資治通鑑》卷一四四《宋紀・孝宗》〔淳熙元年七月〕丁酉，詔罷諸路州縣市令司官司，及在任官收買物色，並依民間市價支錢，不得科抑減剋。

《遼史》卷一〇《聖宗紀》〔統和三年十一月〕癸巳，禁行在市易布帛不中尺度者。

《遼史》卷一七《聖宗紀》〔太平七年〕六月，禁諸屯田不得擅貨官粟。

（宋）李心傳《建炎以來繫年要録》紹興二十九年正月 金主亮詔：自來沿邊州軍，設置榷場，本務通商，便於民用。其間止因隨處榷場數多，致有夾帶違禁物貨，圖利交易，及不良之人私相來往，未爲便利。可將密、壽、潁、唐、蔡、鄧、秦、鞏、洮州、鳳翔府等處榷場，並行廢罷，只留泗州榷場一處，每五日一次開場。仍指揮泗州照會，移文對境州軍，照驗施行。

《金史》卷七《世宗紀》〔大定十六年四月〕戊子，制商賈舟車不得用馬。

《金史》卷八《世宗紀》〔大定二十二年九月〕乙未，壽州刺史訛里也、同知查剌、軍事判官孫紹先、榷場副使韓仲英等以受商賂縱禁物出界，皆處死。

《金史》卷八《世宗紀》〔大定二十四年八月〕乙亥，詔免上京今年市税。

《金史》卷九《章宗紀》〔明昌元年〕八月癸未朔，禁指託親王、公主奴隸占綱船、侵商旅及妄徵錢債。

雜録

（宋）趙與時《賓退録》卷九 《夷堅戊志》載《裴老智數》謂：紹興十年七月，臨安大火，延燒城內外室屋數萬區。裴方寓居，有質庫及金珠肆在通衢，皆不顧，遽命紀綱僕分往江下及徐村，而身出北關，遇竹木磚瓦蘆葦椽桷之屬，無論多寡大小，盡評價買之。明日有旨：竹木材料免征税抽解。城中人作屋者皆取之。裴獲利數倍，過于所焚。後閲張芸叟所著《浮休閲目集》書焦隱事云：一日，京師火。隱晨出，之木場，凡木皆以姓字題識，後至者率詣隱市材。始知《夷堅》指爲裴老者誤矣。雖曰富家智略，往往相似，然不應如是之同也。

明清分部

論説

（明）陳子龍《皇明經世文編》卷三九三《王文端公文集·答郜文川督府王家屏》　互市之權，我與虜共之者，一低一昂，勢居然也。惟彼方挾其重以要我，我怵于其挾而急與之講，則彼得勢而益昂矣。惟不有其挾而亦不受其要，彼以急來，我以緩應，曠日持久，彼計滋窮，勢必自折，翁處卜酋得其術矣。來貢者進，不來者不強。馬好惡期先後，悉置不較。若是則我乃益緩，彼乃益急。宜其遷要挾之謀，爲就講之説也。卜酋既下，諸酋畢來，此所謂以拒之之法招之耳。且莊酋認罰，又已有端，套虜聯翩而下，功何偉也。顒佇顒佇。

（清）賀長齡《皇朝經世文編》卷四一《户政·荒政·通商籌濟編楊景仁》　謹按歉歲民無糴所，則無所得食而刼奪興，賢司牧料其必然而危之。及其未然而弭之，則通商以裕食，洵賑濟之餘事，而平糶之先聲也。大抵商之不通也有故，遏糴者，藉口留本境之糧，不知米儈益昂其價，而興販莫來。抑價者，命意惠艱食之衆，不知囤户暗售他方，而貿遷莫至。毋遏糴而糴廣，不抑價而價平，而復無暴關以困之，商民有不奔走偕來者乎。查雍正三年，直隷天津等處被水，米價甚昂。行文將軍府尹等，將盛京糧米十萬石，由海運至天津新倉。有旨令商民自海運米者，不必禁止，聽其運至天津貿易。四年，以山東登青萊連年豐稔，諭撫臣動帑採買，分貯濟南等屬米少之州縣，再勸諭各商販運。八年議準：行令盛京將軍奉天府尹，轉飭守口官弁，如有商民販運米穀者，聽其出口。該管州縣，給與商民船票。十年奏準：凡有商賈販運米穀，至山東直隷糶賣者，米船一到，即便放行。其臨清淮揚等關，將梁頭米税，自五月至七月，暫行寬免，秋收之後，再行徵收。乾隆元年議準：行令督撫，轉飭管理關務各官，凡有米船過關，詢明各商如果前往被灾各邑糶賣者，免税，給與印票。責令到境之日，呈送該地方官鈐蓋印信，以便回空核銷。如有免税米船，偷運别省，並未到被灾地方先行糶賣者，將寬免之税，加倍追出。仍照違禁例治罪。十三年諭以地方偶有偏灾，即將該處關口應徵米豆税，加恩寬免，則估舶聞風雲集，市直自平，駔儈不得居奇，窮黎均沾實惠，轉得權操自上等因。自後每遇灾年，米商應徵關税，非免則減，幾爲常例，蓋湛恩汪濊如此。甚至各關米税之免，將届停止，復行展期，所以鼓舞招徠之者甚至。二十五年，畿輔左近，穀價未能大減，派侍郎給事中會同直隷總督，至德州沿河一帶察看，務令舟車無阻。蓋恐臨河州縣因糧艘需備駁運，或藉名多封船車，以致商人輓運留滯。

（清）葛士濬《皇朝經世文續編》卷四五《户政·鹽課·請免現商帶輸銀兩疏左宗棠》　竊照閩省鹽商歷年積欠按限帶輸一款，内除應歸補司道庫墊款銀二十六萬二千八百六十五兩剔出照案依限帶完外，其餘銀兩曾經臣等奏請減免奉旨飭部議覆，嗣准部咨，飭將此項請免銀八十七萬一千二百六十六兩認真釐剔，自定案後實在倒革無着，應於現商代完若干，另造清册懇恩豁免，統以報部，有案爲憑，方准列入册内。其或新商認完舊商欠項，舊商以館埠器具鹽包作抵，此即與現商應完無異，不得朦混列入，其現商應完銀若干兩，應仍照案依限帶完，不准再行請免，以示限制等因。臣等細繹部議重在分别造册准免退商仍追現商，自係核實辦理慎重款項之意。然臣等前請減免帶輸，原欲顧全現商，非以庇脱倒商，何也？商既倒革必已産破家傾，雖使追比頻仍，亦於國課無補。歷奏帶輸積之既久，而爲數過鉅者姑弗具論，即此八十七萬餘兩之中退商約欠四十九萬有零，現商約欠三十八萬有零，自是現商欠少退商欠多。而應歸司道庫墊銀二十六萬餘兩，其中退商無着，均責現商匀完，又是現商欠多退商欠少。如照部指仍追現商，則退商得邀曠典而現商轉抱向隅，徒有豁免之名仍無豁免之實。況今行票之商多即昔時行引之商，如此時易於追完，則從前不至積欠，從前既至積欠此時何能追完。縱令勒比監追間有完納，亦無非挪新賦以完舊欠，帶輸一分舊欠即短徵一分新賦，是新賦無全繳之年，舊課即無清完之日也。上年甫議改票之時首先請免帶輸，蓋以輕舊逋即所以重新賦，紓商困即所以保利源。留商改票俾得專顧課釐，庶幾年清年款，可爲一勞永逸之計耳。幸改票以來，甫及期年，成效大著。使從此經理得人，將來遞年盈溢之數積微成鉅，即以後日之贏餘償從前之欠款亦尚綽然有餘，是各商既霑逾格之恩，國家亦收無窮之利。一時觀之雖若見絀，通盤計之實可取盈也。若必謂新商帶輸不可盡豁，則商力既未能紓，恐票運翻多窒礙。臣等督同司道再四熟籌，若不一律請豁，殊與全綱大局攸關。合再瀝情奏懇天恩俯鑒愚忱，曲賜允准，即將前項帶輸銀兩除應補司道庫墊款銀二十六萬二千八百六十五兩照案依限帶完外，其餘銀八十七萬一千二百六十六兩，無分退商現商一律豁免，俾紓商力而顧課釐。

綜述

《大明令·户令》 凡内外軍民官司，並不得指以和顧和買，擾害於民。如果官司缺用之物，照依時值，財物兩平收買，或客商到來中賣物貨，並仰隨即給價。如或減駁價值及不即給價者，從監察御史、按察司體察，或赴上司陳告，犯人以不應治罪。

《大明令·户令》 凡客店，每月置店曆一扇，在内付兵馬司，在外付有司，署押訖，逐日附寫到店客商姓名人數、起程月日，月終各赴所司查照。如有客商病死，所遺財物，别無家人親屬者，告官爲見數，行移招召父兄、子弟或已故之人嫡妻，識認給還。一年後無識認者，入官。

《大誥續編·牙行》 天下府州縣鎮店去處，不許有官牙、私牙。一切客商應有貨物，照例投税之後，聽從發賣。敢有稱係官牙、私牙，許隣街坊廂拿獲赴京，以憑遷徙化外。若係官牙，其該吏全家遷徙。敢有爲官牙、私牙，兩隣不首，罪同。巡闌敢有刁蹬多取客貨者，許客商拿赴京來。不應税而税者，且如海南民有娶新婦者，其縣官將下禮牲口並新婦俱要税錢，已行拿赴京師，治以死罪。今山東膠水縣丞歐陽祥可不鑒前非，又將人家下禮牲口索要税錢，詐取財物。自取之罪，安可逃乎？所以罪同海南縣官者，爲其蹈惡也。

《大誥三編·私牙騙民》 軍民有違令而不從教者，莫甚於應天府上元、江寧兩縣民劉二等，軍丁王九兒等一十四名。先爲天下府州縣及人烟輳集村店、馬頭去處，客商人等販賣物貨，多被官私牙行等高擡低估，刁蹬留難，使客商不得其便。商有强者，本利無虧。纔有淳良者，皆被牙行所制，本利俱傷，亦且留難遲滯。所以《續誥》頒行，明彰禁治。其劉二等暗出京師百里，地名邊湖，稱爲牙行，恃强阻客，以致拿縛赴京，常枷號令，至死而後已，家遷化外。此誥一出，所在人民，觀此以爲自戒。倘不奉命，罪同劉二等。

《明會典》卷三七《户部·課程·時估》 物貨價直高下不一，官司與民貿易，隨時估計，已具《諸司職掌》。今以内外買辦物料備列于後，而贓罰時估則見刑部，光禄寺買辦廚料，見本寺職掌之下。

洪武二年令：凡内外軍民官司並不得指以和雇和買，擾害於民。如果官司缺用之物，照依時值對物兩平收買。或客商到來中買物貨，並仰隨即給價。如或減駁價值，及不即給價者，從監察御史、按察司體察，或赴上司陳告。犯人以不應治罪。

又定時估，仰府州縣行屬，務要每月初旬取勘諸物時估，逐一覆實，依時開報，毋致高擡少估，虧官損民。上司收買一應物料，仰本府州縣照依按月時估，兩平收買，隨即給價，毋致虧損于民，及縱令吏胥里甲鋪户人等因而剋落作弊。

二十六年定：凡民間市肆買賣，一應貨物價值，須從州縣親民衙門按月從實申報合干上司。遇有買辦軍需等項，以憑照價收買。

宣德八年，令各處買辦諸色物料，聽差殷實大户齎價，于出産地方收買供用。九年，令應天府買辦物料，于都税司支鈔給主。

正統二年，令買辦物料，該部委官一員，會同府縣委官，拘集該行鋪户，估計時價，關出官錢，仍委御史一員會同給與鋪行收買送納。三年，令買辦賞賜達官器皿，及鄉試會試合用紙劄等物，并遇有買辦之類。皆估計價鈔數目，照舊具奏。限一月内赴庫領散，不許過違。如官司暫用凳卓器皿，係買辦者，用畢送工部廠寄收，以待再用。八年，令朝廷所用物件免有司買辦，查出産地方于存留糧内折收解京。沿途官司，應付船隻脚力。南直隸府并山東者，送北京該衙門收。福建、廣東、浙江、湖廣、江西、四川者，送南京該衙門收。歲終具奏。九年，令歲用果品廚料，照舊支領官錢派置，不許于存留糧内折徵。又令凡遇造作等項急用物料，止於官庫關用。有不敷者，方許具奏。先給官價派買。

景泰六年，令京城内不係常久開張鋪面，及小本出攤提買等項買賣，俱免買辦。

嘉靖三十一年議准：自本年爲始，每半年一次，將供用等庫并各倉場，一應合用物料糧草等項，山東、河南二道管糧官員查訪。行令宛大二縣造册六本，空立前件，二本送巡青科道，二本送巡視庫藏科道，一本送巡視中城御史，一本送該司，與九門委官公同參酌。如先估與市價相合，不必更易。其間物料時有貴賤，價有低昂，應增應減，務要酌量時宜。上半年不過正月，下半年不過七月，務依期照例會估。三十二年議准：行十三布政司、南北直隸所屬，凡遇會派年例錢糧，務要以京估爲準。有餘者減，不足者增。

萬曆九年，令九門鹽法委官會同科道，將各倉場料草及各庫物料價銀，參酌往年近日舊册，量加增減，著爲定規。以後非物價大相懸絶，不得再行會估。

《正德明會典》卷一三五《刑部・市廛・明律・私充牙行埠頭》　凡城市鄉村諸色牙行，及船埠頭，並選有抵業人户充。應官給印信文簿，附寫客商舡户住貫姓名、路引字號、物貨數目，每月赴官查照。私充者，杖六十，所得牙錢入官。官牙埠頭容隱者，笞五十，革去。

《正德明會典》卷一三五《刑部・市廛・明律・市司評物價》　凡諸物行人評估物價或貴或賤，令價不平者，計所增減之價坐贓論。入己者，准竊盜論，免刺。其爲罪人估贓不實，致罪有輕重者，以故出入人罪論。受財者，計贓以枉法從重論。

《正德明會典》卷一三五《刑部・市廛・明律・把持行市》　凡買賣諸物兩不和同，而把持行市專取其利，及販鬻之徒通同牙行共爲姦計，賣物以賤爲貴買物以貴爲賤者，杖八十。若見人有所買賣，在傍高下比價以相惑亂而取利者，笞四十。若已得利物計贓重者准竊盜論，免刺。

（明）王圻《續文獻通考》卷三一《市糴考・權量》　今上萬曆元年，令九門鹽法委官會同科道將各倉場料草及各庫物料價銀參酌往年近日舊册量加增減，著爲定規。以後非物價大小懸絶，不得再行會估。二十九年，工科給事中奏：鋪商向年題請編審之日，舊商報之，臣等核之。報之不實則失在舊商，核之不真則失在臣等。若豪猾之徒公以賄免，則罪在奸商。公報新商查雍、劉欽等二十八名，如查雍等十三名郡中最稱富厚，劉欽等十五名亦皆中人之産可協工役者。雍等乃倚恃錢神，擅通關節倖免，止遺劉欽等十五名，以數人之力支煩劇之役。在雍等享富藏厚積之饒，在欽等遭傾家蕩産之困。國家之工程自奸商誤之，象魏之法紀自奸商撓之。若不嚴行禁止，痛加罪治，竊恐再報之商踵雍等之故智，倣已售之奸謀，妄肆攀援矣。伏乞敕下該部，今次補報新商俱勒限三日内投遞認狀供役。其有遷延違悮賄托求退者，許該部并臣參送法司，從重究罪。各衙門亦毋得借稱官校匠役名色，曲爲代題。如此則通都有斧鉞之嚴，鋪商無偏累之苦，而臣等亦可以免公役耽延之慮矣。

（明）沈德符《萬曆野獲編》卷二四《畿輔・内市日期》　内市在禁城之左，過光禄寺入内門，自御馬監以至西海子一帶皆是。每月初四、十四、廿四三日，俱設場貿易。聞之内使云：此三日例令内中賤役輦糞穢出宫棄之，以至各門俱啓，因之陳列器物，借以博易。今諸小璫相習爲推糞者，必拳毆之至死不休，亦可哂矣。近因倭番事興，言官建白，欲禁内市。蓋慮勾引奸細，窺伺禁近。其説亦是。但内府二十四監，棊布星羅，所設工匠厮役隸人圉人，以及諸璫僮奴親屬，不下數十萬人，朝夕出入，能保其無夾帶交搆諸弊乎。又請内市不許貨買刀劍諸利器，尤爲舛謬。兵仗局所鍛造諸械器，晝夜不絶，武庫方資以爲用，市上刓缺殘物，何足爲有無。以此釐奸，未爲通論。

（明）沈德符《萬曆野獲編》卷二四《畿輔・廟市日期》　城隍廟開市在貫城以西，每月亦三日，陳設甚夥，人生日用所需，精粗畢備。羈旅之客，但持阿堵入市，頃刻富有完美。以至書畫骨董真僞錯陳，北人不能鑒别，往往爲吴儂以賤值收之。其他剔紅填漆舊物，自内廷闌出者，尤爲精好。往時所索甚微，今其價十倍矣。至於窑器最貴成化，次則宣德。杯琖之屬，初不過數金，余兒時尚不知珍重，頃來京師，則成窑酒杯，每對至博銀百金，予爲吐舌不能下。宣銅香爐所酬亦略如之。蓋皆吴中儇薄倡爲雅談，戚里與大估輩，浮慕效尤，澜倒至此。

（清）嵇璜《續通典》卷一六《食貨・平糴常平義倉》　明太祖時，州縣東西南北設預備倉四，以賑荒歉，即前代常平之制。

成祖永樂中，置天津及通州左衛倉，且設北京三十七衛倉，益令天下府縣多設倉儲。預備倉之在四鄉者移置城内，迨會通河成，始設倉于徐州、淮安、德州、臨清并天津，凡五倉，以資轉運。

英宗正統四年，大學士楊士奇上言：堯湯之世不免水旱，堯湯之民不聞困瘠者，有備故也。太祖篤意養民，備荒有制，天下郡縣悉出官鈔糴穀貯倉，以時散斂，歷久弊滋，豪猾侵漁，穀盡倉毁，風憲官不行舉正，守令漫不究心，事雖若緩，所繫甚切。請擇遣京官廉幹者往督有司，凡豐稔州縣各出庫銀平糴儲以備荒，具實奏聞。郡縣官以此舉廢爲殿最，風憲巡歷各務稽考，有欺蔽怠廢者，具奏罰之。庶幾官有備荒之積，民無旱澇之虞，仁政所施，無切于此。詔户部急行之，乃制侵盗之罰，納穀一千五百石者敕奬爲義民，免其徭役。

孝宗弘治三年限州縣十里以下積萬五千石，二十里積二萬石，衛千户所萬五千石，百户所三百石，考滿之日稽其多寡以爲殿最。不及三分者，奪俸；六分以上，降調。初預備倉皆設倉官，至是革之，令州縣官及管糧倉官領其事。嘉靖初，諭德顧鼎臣言，成弘時每年以存留餘米入預備倉，緩急有備。今秋糧僅足兑運，預備無粒米，一遇災傷輒奏留他糧及勸富民借穀以應故事。乞急復預備倉糧以裕民。帝乃令有司設法多積米穀，仍倣古常平法，春賑貧民，秋成還官，不取其息。府積萬石，州四五千石，縣二三千石爲率。既又定十里以下萬五千石，累而上之，八百里以下至十九萬石。其後積粟盡平糶以濟貧民，儲積漸減。穆宗隆慶時，劇郡無過六千石，小邑止千石，久之數益減，科罰亦益輕。神宗萬曆中，上州郡至三千石止，而小邑或僅百石，有司沿爲具文，屢下詔申飭，率以虚數欺罔而已。弘治中，江西巡撫林俊嘗請建常平及社倉。世宗嘉靖八年，乃令各撫按設社倉，令民二三十家爲一社，擇家殷實而有行義者一人爲社首，處事公平者爲社正，能書筭者一人爲社副，每朔望會集。別户上中下，出米四斗至一斗有差，斗加耗五合。上户主其事，年饑上户不足者量貸，稔歲還倉。中下户酌量賑給不還倉。有司造册送撫按，歲一察覈，倉虚，罰社首出一歲之米。其法頗善。其和糴和糶之制，惟成化十八年南京荒歉米貴，南京户部議減糶倉米以濟民，候秋成平糴還倉。

（清）龍文彬《明會要》卷五七《食貨·市易》　洪武元年，令兵馬司并管市司，二日一次校勘街市斛、斗、秤、尺，并依時估定其物價。在外府州各城兵馬，一體兼理市司。王圻《考》。

二年，令：凡內外軍民官司，並不得指以和雇、和買擾害於民。如果官司缺用之物，照依時直，兩平收買。《通典》。又令：凡斛、斗、秤、尺，司農司照依中書省原降鐵斗、鐵升較定式製造，頒行各司府州縣。《會典》。既又令：宫禁中市物，視時估率加十錢。《食貨志》。又令：天下府州縣各鎮市不許有官牙、私牙，一切客商貨物投税之後，聽從發賣。敢有稱係官牙、私牙，許拏獲赴京，遷徙化外。

又定時估，仰府州縣行屬，務要每月初旬取勘諸物時估，逐一覆實，毋致虧官損民。上司收買一應物料，仰本府州縣照依按月時估，兩平收買，隨即給價，毋致虧損於民。已上王圻《考》。

二十六年，定：斛、斗、秤、尺已有定式，頒行各司府州縣收掌，務要如式成造印烙，降給民間行用。《會典》。

仁宗初，敕：自今官司所用物料，於所產地計直市之。科派病民者，罪不宥。

宣德八年，令：各處買辦諸色物料，聽差殷實大户，齎價於出產地方收買供用。

九年，令：應天府買辦物料，於都税司支鈔給主。已上王圻《考》。

正統二年，令：買辦物料，該部委官一員會同府、縣委官拘集該行鋪户估計時價，關出官錢。仍委御史一員會同給與鋪户收買送納。《通典》。

九年，令：歲用果品廚料，照舊支領官錢，不許於存留糧內折徵。王圻《考》。

成化四年，給事中陳越言：光禄市物，概以勢取。負販遇之，如被劫掠。大學士彭時亦言：光禄寺委用小人買辦，假公營私，民利盡爲所奪。請照宣德、正統間例，斟酌供用，禁止買辦。《食貨志》。

嘉靖二十七年，户部言：京師召商納貨取直。富商規避，應役者皆貧弱下户，請覈實編審。給事中羅崇奎言：諸商所以重困者，物價賤則減，而貴則不敢增。且收納不時，一遭風雨，遂不可用，多致賠累。既收之後，所司更代不常，不即給直，或竟沈閣。幸給直矣，官司折閱於上，番役齮齕於下，名雖平估，所得不能半。諸弊若除，商自樂赴，奚用編審？帝雖納其言，而仍編審如户部議。《食貨志》。

隆慶四年，户部條議恤商事宜，言：物價與時低昂，而錢糧因時辦納。若先期估計，則貴賤無憑，或倉場遠近，所用多寡，遥度懸斷，豈盡合宜？此後九門鹽法，委官與十三司掌印官及巡青科道估價，務在隨時定其價直。其內庫鹽局召買物料，亦倣此。《通典》。

《大清律例》卷一五《户律・市廛・市司評物價》　凡諸物牙行人評估物價，或以貴，爲賤，或以賤，爲貴，令價不平者，計所增減之價，坐贓論。一兩以下笞二十，罪止杖一百、徒三年。入己者，准竊盜論，查律坐罪，免刺。其爲以贓入罪之罪人估贓，增減不實，致罪有輕重者，以故出入人罪論。若未決放減一等。受財受贓犯之財估價輕，受事主之財估價重者，計贓，以枉法從重論。無禄人，查律坐罪。

《大清律例》卷一五《户律・市廛・私充牙行埠頭》　凡城市鄉村諸色牙行，及船之埠頭，并選有抵業人户充應，官給印信文簿，附寫逐月所至客商船户住貫姓名、路引字號、物貨數目，每月赴官查照。其來歷引貨若不由官選，私充者，杖六十，所得牙錢入官。官牙、埠頭容隱者，笞五十，各革去。

條例

一、凡客店每月置店簿一本，在內赴兵馬司，在外赴有司，署押訖逐日附寫到店客商姓名、人數、起程月日，各赴所司查照。如有客商病死，所遺財物别無家人親屬者，官爲見數，移招召其父兄子弟或已故之人嫡妻識認給還，一年後無識認者，入官。

一、旂、民遇有喪葬，聽憑本家之便，雇人擡送。不許作私分地界，霸占扛擡，分外多取雇值。如有恃強攙奪，不容本家雇人者，立挐，枷號兩箇月，杖一百。

一、凡在京各牙行，領帖開張，照五年編審例，清查换帖。若有光棍頂冒朋充，巧立名色，霸開總行，逼勒商人，不許别投，拖欠客本，久占累商者，問罪，枷號一箇月，發附近充軍。地方官通同徇縱者，一并參處。

一、京城一切無帖舖户，如有私分地界，不令旁人附近開張，及將地界議價若干，方許承頂；至發賣酒觔等項貨物，車户設立名牌，獨自霸攬，不令他人攬運，違禁把持者，枷號兩箇月，杖一百。

一、各處關口地方，有土棍人等，開立寫船保載等行，合夥朋充，盤踞上下，遇有重載雇覓小船起剥，輒敢恃強代攬，勒索使用，以致擾累客商者，該管地方官查挐，照牙行及無籍之徒用強邀截客貨例，枷號一箇月，杖八十。

一、各衙門胥役，有更名捏姓兼充牙行者，照更名重役例，杖一百，革退。如有誆騙客貨、累商久候，照光棍頂冒朋充霸開總行例，枷號一箇月，發附近充軍。若該地方官失於覺察，及有意徇縱，交部分别議處。受財故縱，以枉法從重論。

《大清律例》卷一五《户律・市廛・把持行市》　凡買賣諸物，兩不和同，而把持行市，專取其利，及販鬻之徒，通同牙行共爲姦計，賣己之物以賤爲貴，買人之物以貴爲賤者，杖八十。若見人有買賣在旁，混以己物高下比價，以相惑亂而取利者，雖情非把持，笞四十。若已得利，物計贓，重於杖八十、笞四十者，准竊盜論，免刺。贓輕者仍以本罪科之。

條例

一、會同館內外四鄰軍民人等，代替外國人收買違禁貨物者，問罪，枷號一箇月，發近邊充軍。

一、凡外國人朝貢到京，會同館開市五日，各舖行人等，將不係應禁之物入館，兩平交易。染作布絹等項，立限交還。如賒買及故意拖延，騙勒遠人久候，不得起程者，問罪，仍於館門首枷號一箇月。若不依期日，及誘引遠人潛入人家，私相交易者，私貨各入官，舖行人等照前枷號。

一、甘肅、西寧等處，遇有番夷到來，所在該管官司委官關防督查，聽與軍民人等兩平交易。若勢豪之家，主使弟男子姪家人等，將遠人好馬奇貨包收，逼令減價，以賤易貴，及將一切貨物、頭畜拘收取覓，用錢方許買賣者，主使之人，問發附近地方充軍；聽使之人，減主使一等。委官知而不舉通同分利者，參問治罪。

一、各處客商輻輳去處，若牙行及無籍之徒，用強邀截客貨者，不論有無誆賒貨物，問罪俱枷號一箇月。如有誆賒貨物，仍追比完足發落。若追比年久，無從賠還，累死客商者，發附近充軍。

一、凡內府人員家人，及王、貝勒、貝子、公、大臣、官員家人領本生理，霸占要地關津，倚勢欺陵，不令商民貿易者，事發，將倚勢欺陵之人擬斬監候。如民人借貸王以下大臣、官員銀兩，指名貿易，霸占要地關津，恃強貽累地方者，亦照此例治罪。又內府人員家人，及王以下大臣、官員家人，指名倚勢網收市利，挾制有司，干預詞訟，肆行非法，該主遣去者，本犯枷號三個月、鞭一百。本犯私去者，照光棍例治罪。王、貝勒、貝子、公失察者，俱交與該衙門照例議處。管理家務官，革職。大臣、官員失察者，亦俱革職。不行察拏之該地方文武官，交該部議處。

一、大小衙門公私所需貨物，務照市價公平交易不得充用牙行縱役私取。即有差辦，必須秉公提取，毋許藉端需索。如有縱役失察，交部分別議處。其衙役照牙行及無籍之徒用強邀截客貨者，不論有無誆賒貨物例，枷號一個月、杖八十。如贓至三十五兩者，照枉法贓問擬，所得贓私貨物，分別給主、入官。

一、牙行侵欠控追之案，審係設計誆騙侵吞入己者，照誆騙本律計贓治罪。一百二十兩以上，問擬滿流，追贓給主。若係分散客店牙行並無中飽者，一千兩以下照例勒追一年不完，依負欠私債律治罪。一千兩以上，監禁嚴追一年不完，於負欠私債律上加三等，杖九十，所欠之銀仍追給主。承追之員，按月册報，巡道稽查逾限不給者，巡道按册提比。如怠忽從事，拖延累商者，該巡道據實揭參，照事件遲延例議處。有意徇縱者，照徇情例，降二級調用。如有受財故縱者，計贓從重，以枉法論。

一、糧船雇覔短縴如有棍徒勒價聚衆攢毆等事，押運員弁拿交地方官審實，將爲首及下手傷人之犯，俱問發近邊充軍。餘俱杖一百，枷號兩個月，於河岸示衆。

《清朝文獻通考》卷三二《市糴考・市》 臣等謹按馬端臨《市糴考》，其言市政也，曰均輸，曰市易，曰和買，皆本於泉府之法，所謂以市之征布，斂市之不售，貨之滯於民用者是也。其言糴政也，曰常平，曰義倉，曰和糴，皆本於平糴之法，所謂穀賤不傷農，穀貴不傷人者是也。葢古之立法者曰滯於民用則官買之糴之，適於民用則官賣之糶之，原以酌盈劑虛曲爲貧民之地，而後之泥古者乃至置平準、立五均、配折帛、興和市。漢之均輸、宋之青苗皆以泉府藉口，而泉府之意併失矣。自唐始以和糴充他用，至於宋而邊儲軍餉悉仰給之。逮熙豐而後又有結糴、寄糴、俵糴、均糴、博糴、兑糴、括糴等名，皆以常平藉口，而常平之意併失矣。原其始意未嘗不欲抑富賈居奇之謀，而其既也，則官自效商賈之爲，而利其積粟之入。宜端臨之與和買和糴併爲一編也。夫萬古不易之法，惟聖人能行之。洪惟我國家列聖相承以時乂厥庶民，法制精詳，度越前古。自順治元年即奉諭旨將前朝召買糧料諸弊盡行蠲除，自時厥後凡市糴皆因商民所便，時地所宜，度物貨，平市價，勸商賈，敦節儉，抑豪強，禁科派，通工易事，經邦柔遠。其在各直省則設有常平倉，鄉村則有社倉，市鎮則有義倉，近邊則有營倉，瀕海則有鹽義倉。又復以時布截漕之惠，定勸輸之法。時其糶糴，筦其出納，取嬴散帶，出陳易新，鉅細有章，遠邇一體。皇哉茲實，食貨之常經，王道之大源，自古惠民之政未有如今日之切實而周備者也。臣等續修五朝市糴考，因宋末元初猶沿市易司平準庫之遺，是以仍依馬端臨舊目編列，今則並無所謂均輸和買和糴各各目，既無其事自合芟去舊目，悉依昭代實政，按年謹書，較若畫一，用昭萬民樂業，百物阜成，垂示無極焉。首編市，次編市舶互市，又次編糴，其開税茶馬諸制則具詳正榷考，茲不贅入。至於常平義社既實見於卷內，亦不復臚爲目云。

市

順治元年，定貿易人參例。諭户部：比因東來之人借鬻人參名色擾害地方，特行嚴察究治。但小民恃貿易爲生，未便禁止，惟當設立科條，使之遵守。以後人參止許於南京、揚州、濟寧、臨清四處開肆貿易，一應滿漢人民或商或賈各聽其便。儻市易不平，致行搶奪，以及虧值勒買等項，地方官即執送京師治罪。

二年，禁止各莊頭人勒價強買。先是，令各莊頭人若採買芻糧，定於民間開市之日，著一人率領同往，餘日毋得私行。至是，復奉諭旨：我國家荷天庥命，底定中原，滿漢官民俱爲一家，所以分給田廬，原欲資其生養，彼此交利，貿易宜公。今聞各處莊頭人等輒違法禁勒價強買，少不遂意即恃強鞭撻，甚至有捏稱土賊妄行誣告。且狡猾市儈甘爲義子豪僕，種種不法，殊爲可恨。爾部傳諭各處撫按道府州縣各官，不論滿洲及滿洲家漢人，若有違法犯罪者即送來京。如滿洲恃強不服拘拏，即識其姓名居址赴京控告，便差人逮問。若地方官不能稽查，即屬庸懦溺職，刑部官有所徇縱，即屬挾私誤公。國法具在，但不許聽無據虛詞妄行具奏，爾部可速刊示通行曉諭，俾新舊兵民各安生業，共享太平。

又奉諭旨：往年市賣紬緞等物皆寬長精密，近來人心姦巧，希圖射利，概多短窄鬆薄，以致民間徒費錢財無裨實用。爾部移文內院督臣傳諭江寧蘇杭各處機房商賈，以後織造市賣紬緞等物，務要寬長合式，精密堪用，如仍前短窄鬆薄，查究治罪。【略】

五年，禁止諸王府商人及旗下官員家人外省貿易。

六年，停止各省貿易人參。時以各省賣參人役，地方官民商賈甚受擾害。敕令永行禁止，不得仍前遣往各省發賣，止許在京均平市易，永爲定例。違者重罪不宥。其採參人丁并行酌減，若於額外多遣者，其所遣之人入官。如官員人民私行採取，人亦入官，伊主治以重罪，仍於山海關設人稽察。

八年，停止陝西買辦皮張。定山西解潞紬例。先是，山西長治、高平二縣歲織潞紬三千匹，至是頒定式樣，每匹長五丈闊二尺五寸，酌定價銀十三兩，歲織一千四百七十九匹。康熙六年題准，減去大潞紬一百匹，改織小潞紬四百匹，長三丈闊一尺七寸。至十四年又議准，大小潞紬各減去一百匹。十年題准，每匹核減銀五錢。

十三年，户部以江南採買布匹粗惡，令入覲官帶回另買。詔以發回另買，恐致累民，令該部將解到布匹酌議價值另用。

十七年，禁止滿大臣霸占行市木場。時內大臣伯索尼遵諭上言：聞各省商民捆載至京者，滿洲大臣家人出城迎截短價，强買如此，則商人必畏縮而不敢前，甚非盛世所宜有也。邊外之木皆係商人僱民採伐，水運解部，除照額抽税外，其餘悉令發賣，實欲利及商人。今聞諸大臣將採木地方私行霸占，以致商不聊生，並請嚴行禁止。從之。

康熙五年，嚴禁姦棍霸佔船隻關津。諭户部：近聞內外姦棍違禁妄稱顯要名色，於各處貿易馬匹緞匹，及各項貨物河路霸占船隻關津，恃强妄爲。此皆該管官瞻徇怠玩所致，以後如有此等仍前指稱王貝勒輔政大臣及內外大臣名色，招搖肆行者，地方官必嚴察拏獲送部，從重治罪。如地方官仍踵故轍，不行緝捕，或別經發覺，或旁人出首，將其貿易過地方不行緝捕官從重治罪。爾部即行嚴飭。

六年，禁止四川、湖廣、江西、浙江、江南五省採辦楠木官役借端累民，從户科給事中姚文然請也。

又嚴察福建、廣東、江南三省採買香料借端累民之弊。

七年，定河南布花價值折解之令。時河南巡撫張自德以折解布花價值數目具奏，有旨：令户部核議減折。尋議准，照每年時價折解，如有冒徵侵蝕之弊，該撫指名題參。

九年，議定部駁核減銀兩出自民間辦買者，概行給還。户科給事中姚文然言：各省辦買豆米草料等項，俱當官發價。其藥材、銅鐵、絹布、絲綿、白麻、魚、膠顔料等項，俱係民間辦買交官，價係官發則部駁核減銀兩自應追還貯庫，若出自民間，駁減之後，仍追銀貯庫，實爲重困。請嗣後將減價銀兩概行給還。下部議行。

十四年，禁里攤之弊。户部議湖廣道御史郝浴奏言：招買軍需名爲市易實係里攤，比及發價或貪官層扣，或蠹吏互侵，未必盡得實價。嗣後軍需糧料，如小民情願抵納正賦者，即行給與印票。儻有里攤情弊，該督撫據實指名題參，嚴行處分。應如所請。從之。

十五年，定文武官市買軍需浮冒開銷處分。時軍前所用米豆草束諸項，自將軍以下有自行販賣囑託地方官多取價值浮冒開銷者，亦有地方官販賣支放多行開銷者，有已備本色不行收納折價入己者，有民間運到米豆草束地方官遲延勒掯，及至軍前又刁難解官恣意需索者。至於購買馬匹不開實價，情弊種種，王大臣等遵旨議：大小文武官備辦軍前草束米豆等項，有營私射利浮冒開銷者，照貪官例問罪。該管官知而不舉，亦以其罪罪之。能從旁舉首者，職官准應陞先用，旗民授爲七品官。從之。

十八年，定包衣下人王貝勒貝子公大臣家人霸占關津生理之罪。先是，上諭諸臣曰：包衣下人及諸王貝勒大臣家人侵占小民生理所在，指稱名色以網市利，所關非細。至是九卿等遵旨議：包衣下人王貝勒貝子公大臣家人領貲本，霸占關津生理倚勢欺凌者，在原犯事處立斬示衆，該管官革職。若係宗室王以下公以上家人，親王罰銀一萬兩，郡王罰銀五千兩，貝勒罰銀二千五百兩，貝子罰銀一千三百兩，公罰銀七百兩，仍交宗人府從重議處。其管家務官俱革職。若係民公侯伯大臣官員家人，將伊主俱行革職。汛地文武官不行查拏者，俱革職。至王以下大臣各官將銀借貸與民，指名貿易霸占地方者，亦照此例治罪。從之。

十九年，以藩下人霸占廣東市利諸弊，特諭侍郎宜昌阿等曰：廣東所有大市小市之利，經藩下諸人霸占者無算，可會同巡撫詳察，應歸百姓者題明仍歸百姓。藩下所屬私市私稅，每歲所獲銀兩，當盡充國賦以濟軍需。

二十二年，定渾河運木至天津貿易例。奉天將軍伊巴漢等言：臣等遵旨差官三路勘驗渾河根源，如運放木植俱可入海，應偏行曉諭八旗并府州縣，有情願至天津貿易者，該部給發執照准其貿易。有借此夾帶禁物偷打貂鼠、私刨人參等物者，嚴行禁止。從之。

二十四年，以光禄寺估計價值等項頭緒甚多，敕令各物俱照時價詳察估計，釐剔諸弊，逐一定爲條款，永久遵行。

二十五年，停止四川採運楠木。九卿等議入覲四川松茂道王騭奏：四川楠木採運艱難，應行停減。得旨：蜀中屢遭兵燹，百姓窮苦已極，朕甚憫之，豈宜重困。今塞外松木材大可用者甚多，若取充殿材即數百年可支，何必楠木。著停止川省採運。

又停止直隸採辦狐皮，巡撫于成龍言：請將直隸每年辦解狐皮改爲折色。上諭：地方採買狐皮一倍費至十倍，故百姓困苦。此後俱著停止。應用狐皮，令户部在京採買。

二十六年，令估計採買物料皆依時價。諭大學士等曰：各項採買估計價值，前浮冒欺飾者甚多，是以令其核減。今所減者太過，恐致苦累，可令察訪時價量度估計。又諭：凡諸修造工程，其估計在前修造已完者，仍照原估銷算。

二十七年，清釐江西採買竹木之弊。巡撫宋犖言：江省每年採買竹木名爲官捐實係累民，請嗣後動支正帑，並嚴禁科派採買勒捐經收等弊。從之。

三十二年，停減各省解送物料，户部遵旨上言：各省解送物料，共九十九項，京中無貨買之物應令照舊解送外，查所解印書紙張庫内現有存貯白銅無應用之處，應停其解送。青粉等二十八項價值并脚價合算比在京師較貴，應停其外解，照時價在京採買應用。或遇時價騰貴辦買不得者，具題行令出産處解送。從之。【略】

又革除私設牙行。户部議御史張蓮疏言：貿易貨物設立牙行例給官帖使平準物價，乃地方棍徒於瓜果蔬菜等物亦私立牙行名色，勒措商民，請令部查税課定例，一切私設牙行盡行革除，應如所請。從之。

五十四年，定採買銅鉛之例。九卿遵旨議：寶泉、寶源二局需用銅斤請勻交江南等處八省巡撫，擇賢能官動正項採買。鉛由户部發銀給商人採買。現今寶泉局銅少不敷鼓鑄，所買銅鉛令其四月交一半，九月全完。嗣後俱照此例。從之。

臣等謹按：採買銅斤暨疏通錢價各條，有關市易行使，謹載入市門。至於禁用銅器收買小錢廢銅各條，事關鼓鑄，則別載《錢幣門》，茲不復入。

五十九年，禁止河工採買短價之弊。工部議准吏科給事中紀遴宜奏：河工所需草束，河廳差役向民間採買，不無借端擾累。嗣後凡置辦工料，請嚴飭廳員協同地方官購買，不得短價多收，令民運送。如有累民之處，或經首告，許該地方詳報總河督撫據實題參。如總河不行題參，經督撫題參者，將總河及道員等俱照徇庇例議處。

六十一年，禁諸王大臣家人争買草炭。奉諭旨：外間草炭價值騰貴，其故皆因諸王阿哥及家貲豐裕大臣等令家人出城邀截，居積待價，冀獲重利，家人復揑增原價以圖肥己。此等情弊，朕所洞悉。嗣後凡草炭運至局廠聽買用外，不得仍前遠迎争買。該部嚴行傳示，倘仍蹈前轍，令官兵即行緝拏。

雍正二年諭：各省採辦木植，俱著該督撫遴選賢員，照民間價值給發，不許絲毫剋扣。仍著該督撫等時時留心訪察，倘稍有不遵諭旨之處，將督撫等一併從重治罪。

六年，嚴禁承辦軍需剋扣侵蝕之弊。奉諭旨：向來預備軍需如採買贏馬製辦物件之類，不肖有司往往虛耗國帑，派累民間，種種弊端，朕知之甚悉，已降旨屢行飭禁。而今年預備進藏軍需仍有甘屬金縣王錫九等剋扣價值，經岳鍾琪題參議罪，是此風尚未全改也。朕愛養斯民，不使絲毫擾累，凡軍務所需悉動帑金照時價購辦。又恐承辦官預留將來核減之地稍借民力以助公事，特令岳鍾琪等核定折中價值，倘時價可減即爲節省。或定價不敷，據實奏加。此皆體卹官員，撫綏黎庶之至意也。倘嗣後承辦各員再有剋扣短發侵蝕之弊，其罪誠不可逭矣。若參革後必俟審擬定案方行著追，則該犯之銀物或至花費隱藏，而百姓守候補領未足之價值必累月經年而不能得，深可軫念。以後若有此等劣員，一經題叅摘印即照數核明剋扣之價，先動軍需銀兩，另委賢員傳集百姓如數找給，造册具報。仍將該員於本境枷號，勒限一月追完，分别還項補帑。如再逾限不完，嚴加治罪。庶貪墨之人知所儆懼，而軍需有益民無擾累之虞矣。

九年，令八旗五城設局兑换錢文以平市價。御史王玨言：京師春初米價稍昂，蒙恩軫念民食，特諭五城添設米廠減價糶賣，羣黎無不均沾聖澤。但定例五城糶賣概用錢文交貯户部，目下錢價雖未高昂，祇恐將來錢文積聚必至價昂。查户部每月給放兵丁錢糧原有搭放錢文之例，可否於定例外暫增分數，將五城交貯之錢配入搭放，俟米廠停止仍照前例。奉諭旨：錢文乃民間日用必需之物，向以價值昂貴屢厪皇考聖心，數年以來朕備極焦勞所以爲便民利用籌畫經理者亦殫竭心思矣。惟是欲價值之得平。若遽繩以官法，又恐有生事滋擾之弊。發米平糶以濟民食，而令交納錢文，本是便民之意。今王玨又稱收錢既多則錢價必致漸長，此亦事之所有，不可不慮。朕思錢價之不能平減者因兑换之柄操於鋪户，官府不司其事，是以小人圖利得任意多取以便其私耳。若照五城減價糶米之道，將搭放兵餉之錢文令八旗於五城各設一局兑换與民，照鋪户之數多换數十文，以銀一兩换錢一千文爲率。如此則錢價不待禁約自然平減，於民用似有裨益。復諭：八旗都統等八旗所設錢局倘定價太賤，則射利之徒賤買貴賣就中取利反生弊端。今比民間價值每兩酌賤十數文，逐漸減至每兩换大制錢一千文止。其隨時減價之處，八旗務須畫一辦理，并知會步軍統領及察旗侍衛叅領等留心察訪。爾等亦不時稽查。

又議定：疏通錢價應行應禁事例。户部遵旨議言：一、民間錢多則價賤，錢少則價增，應令提督府尹五城御史不時稽查。其有販運出京及囤積居奇者即行拏究。一、五城十廠糶賣成色米所得錢文發五城錢鋪照定價九百五十文兑换，俟此項兑完即令官錢鋪將所换銀兩照時價收錢循環流轉。至八旗米局糶賣錢文亦交本旗錢鋪照五城例循環收换。一、兵丁月餉現在一九搭放，今户部卯錢及五城賣米等錢共得二十四萬餘串。官錢鋪既有銀兩兑换，不必於庫内再發，則八九十月餉錢皆可以二成搭放，俟十一月以後仍照舊例行。一、八旗五城現有錢文并所賣成色米之錢，定價每市平紋銀一兩换大制錢九百五十文。俟市價漸增官價亦漸增，以銀一兩合大制錢一千文爲率，不得因市價而遞減。一、京城内有姦民勾通經紀預發本銀，於大小鋪户收買制錢多藏堆積，俟錢貴始行發賣，名爲長短錢。應嚴行查禁。從之。十一月，飭各省文武官所賞給兵丁營運生息銀兩，毋與小民争利。兵部覆准：雲貴、廣西總督鄂爾泰奏恩賞各省兵丁生息銀兩足資營運，必須公平辦理。如有將營運銀或占百姓行業，或重利放債與商賈小民争利者，將出納官弁照騷擾地方索詐部民財物例，治罪。該上司，照失察屬員貪劣例，議處。

十年，令肅州開採硫磺并禁私販。大學士伯督巡陝甘經略軍務鄂爾泰言：武備軍威火器最重，火藥宜精。惟是揀材置料硝易而磺難，硝賤而磺貴，必赴外省採買，運費工價未免浩繁。肅州極邊，每磺一斤價值一錢至二錢不等，軍需要地接濟維艱。查肅州嘉峪關金佛寺堡之所管汛地内，南山隘口抵朱魯郭迤邐而西有硫磺山一座，周圍四五十里遍產硫磺，環山遠近並無番夷住牧。若委員開採依法煎熬，合算人工運費，每净磺一斤值不過五分，而出產甚多用之不竭，不獨便利軍需亦足接濟陝甘兩省標營需用。事關邊陲武備，現與劉於義面商委員經理，一面先支銀數百兩交總兵沈力學作本開工，理合奏聞。得旨：開採硫磺固於軍需有益，但行之日久不無私販盜賣之弊。著署督劉於義飭令總兵沈力學派兵防護實力稽查，俟開採足用後奏聞請旨。

十一年，令直省督撫酌定牙帖額數報部。凡城市鄉村通商之處陸有牙行船有埠頭，並選有抵業人户充，應官給印信文簿，附寫客商船户住貫姓名路引字號物貨數目，每月赴官查照，不許私充。雍正二年有言各省牙帖之弊者，略謂小民趁集交易乃數百文數十文之事藉以營生餬口，而地方光棍自呼爲經紀，百十成羣，逐日往州縣中領牙帖數十紙，每紙給銀二三錢不等。持帖至集任意勒索，不論貨物大小精粗皆視賣之盈縮爲抽分之多寡，名曰牙帖税。少與齟齬即行驅逐，不容陳設於街道。此積弊也。於是令各省藩司查明禁止。至是諭：各省商牙雜税額設牙帖，俱由藩司衙門頒發，不許州縣濫給，所以防增添之弊，不使貽累於商民也。近聞各省牙帖歲有增添，即如各集場中有雜貨小販向來無藉牙行者今概行給帖，而市井奸牙遂持此把持抽分利息，是集場多一牙户商民即多一苦累，甚非平價通商之本意。著直省督撫飭令各該藩司因地制宜，著爲定額，報部存案，不許有司任意增添。嗣後止將額內退帖頂補之處查明換給，再有新開集場應設牙行者，酌定名數給發，亦報部存案，庶貿易小民可永除牙行苛索之弊矣。

又禁私販硝磺。諭旨：硝磺爲軍器火藥之用，例禁甚嚴。聞河南地方有出產焰硝之處，小販經紀往往以雜物零星易換，赴隣省售賣，現據湖北各屬盤獲甚多。朕思河南之硝既私行於楚北，則其私行於附近各省更不待言。著該督等飭令各屬實力查禁，不得仍蹈前轍。

十三年，禁止淮安土棍代僱船載。江南淮安板閘地方，向有土棍開立寫船保載等行由縣請司帖合夥朋充，爲客商之擾累。後經追帖禁止，而土棍等仍盤踞淮關上下，凡河路豆米貨船有重載至關口須用小船起剝者，輒恃強代僱，任意勒索，行旅苦之。至是奉特旨：飭令該督撫嚴行禁止，布政使不得濫給牙帖。若他處關口有似此者，該管督撫一體查禁。

又禁河工封捉客船。河工官員每於裝運工料，差役封船，胥役借端騷擾，及三汛搶工則稱裝運緊急物料，甚至將重載之客船勒令中途起貨，以致商船聞風藏匿。奉諭旨：河工裝運物料原有額設淺船，即使搶築之時淺船或不敷用，祇應僱募本地民船協濟運送，原不必封捉客船阻遏商旅。著河道總督飭令所屬河員嚴行查禁。

又禁各省採辦貢物短價累民之弊。諭旨：自古地方官員有進獻方物之禮，蓋以將其誠意，而爲君者鑑其意而酌納，所以篤堂廉之誼，聯上下之情也。朕即位以來亦循照舊例，間有進獻珍寶古玩者朕概降旨停止。鎮臣中亦有隨督撫進獻者，朕皆諭止之。至於所獻之物，備隨時賞賜內外臣工，以示家人一體之意，並非朕所需用而收貯內府也。雖臣之效忠於上，君之加恩於下不在乎此。然亦儀文禮節之一端，所以歷來未廢。凡爲督撫者既以此將其誠悃，則當厚其價值，俾官民歡欣從事，方爲事君盡禮之實心。乃朕向聞有恃上司體勢發價減少者，以致民間視爲畏途。如榆次不敢種好瓜，肅寧畏植好桃，外間傳爲話柄。近聞福建採買甘果有短價累地方官民之處，則與君臣聯接之本懷大相違背。朕豈肯爲此無益之儀文而令承辦之微員、貿易之百姓或受擾累哉？以貢物而累及閭閻萬萬不可，即或交與屬員代辦而令其暗中賠補，是又假公濟私收受賄賂之巧術也。似此食用微物，朕發價市買何所不得，豈肯絲毫累及地方。可通行曉諭，自接奉此旨爲始，著將從前貢物之數再減一半。倘仍蹈舊轍，朕必將各省貢獻之例全行停止。

乾隆元年，禁止商人增長物價巧取兵丁營運銀兩。奉諭旨：朕因八旗兵丁寒苦者多，再四思維，特命借給官庫銀兩，俾伊等營運有資，不憂匱乏。伊等自應仰體朕心，諸凡撙節，以爲久遠之計。乃聞領銀到手濫行花費，不知愛惜。而市肆貿易之人惟利是圖，將紬緞衣服等項增長價值以巧取之，獨不思兵丁商賈原屬一體，兵丁用度寬餘則百貨流通，商人可獲自然之利。是國家之加恩於兵丁未嘗無益於商賈也，何得昧其天良使窮苦兵丁暗中受其剝削。縱國法不便遽加，亦當各自猛省。著順天府五城通行曉諭商人，並令八旗大臣等教訓兵丁，咸使聞知。

二年，申嚴商人居奇勒價之禁。御史明德言：姦民富户囤積錢文、勒價昂貴，請敕下嚴查，從重治罪。奉諭旨：上年八月朕加恩八旗官員兵丁，借給一年俸餉，而京師錢文貨物一時昂貴。彼時即降旨曉諭，令其省改，目下朕又加恩借給八旗兵丁半年餉銀，以厚其生計。乃帑銀尚未領出而錢物價已驟長，此等商民竟不凛遵從前諭旨，而惟以圖利爲心，是不奉法之姦民矣。殊不知兵民原屬一體，貿易亦應公平。況兵丁以銀易錢易貨，商賈營運得以流通，即照常市賣亦儘可獲子母之利，何得借以居奇，不知饜足，致國家加惠兵丁之善舉竟爲姦民等所阻。其罪誠不可逭矣。朕思伊等商民既具有人心則天良未泯，尚可望其省悟。著步軍統領、順天府尹、五城御史多方曉諭，速令悛改。如仍蹈故轍，則國法難寬。即照該御史所奏，從重治罪。如兵丁等因此諭旨有向舖户短價強買者，亦必重治其罪。

三年，定宣屬採辦楊木長柴報銷之例。奉諭旨：直隸宣化府屬懷來保安二縣採辦楊木長柴供郊壇宗廟焚帛之用，向無開銷之例，俱係兩縣捐資，繼因添用柴薪，又分派宣屬他縣協辦，相沿已久。朕思州縣公捐已啓，借端科派之弊，不可不防其漸。著從乾隆三年爲始，將每歲需用楊木長柴按照辦解之數動用正項造入地丁册內報銷，令出產之懷來縣承辦，以專責成。倘有私行派累等弊，該督即行查參，從重議處。

又令東豫二省採買黑豆運通以供支放。奉諭旨：八旗喂養馬駝，黑豆在所必需。今户部因倉貯豆少，請每月減半支放。朕念若兵丁等自行添買不無多費，且在京收買恐市價益復高昂。今年山東河南兩省收成尚好，應於山東採買五萬石，河南採買三萬石，共八萬石，足敷支放。著該部行文東豫二省巡撫，酌量地方情形，動支正項錢糧，分令各州縣採買。嚴禁短價病民，及胥吏侵蝕等弊。務須於河凍之前委員運送抵通，勿致有悞臘月以後支放之用。其豆價并脚費等項，仍造册報部核銷。

又嚴牙行侵吞客商資本之禁。先是，安慶按察使張坦麟言：牙行侵吞客商銀兩，雖值農忙亦准告理追給。奉旨：發與各省督撫閲看回奏。至是大學士管川陝總督查郎阿議應如所奏，定例通行。又西安巡撫張楷議亦應如坦麟所奏，但牙行領帖時應令地方官查明，取具保隣甘結，不得濫行給發。奉諭旨：張楷所奏更爲詳悉，下部議行。

四年，以牙帖歲增，令各省嚴加核實。奉諭旨：昔我皇考惠愛商民，恐州縣牙行歲有增添以致姦棍爭奪抽分利息爲閭閻之擾累，於雍正十一年特諭：令直省因地制宜，著爲定額，報部存案，不許有司任意增添。所降諭旨甚明。近聞江蘇各屬於額帖之外陸續請增者，一縣竟有數十張以至百餘張不等。此必州縣官員才識短淺，聽信吏胥播弄，借新開集場准其添設之例，或舊集而捏爲新設，或裁牙而混詳改充，徒使貿易小民受其苛索莫可伸訴。江蘇如此，則各省亦必皆然。著該部即通行各省督撫，該地方果有新開集場應設牙行者，由府州核實詳司給發牙帖。如非新開集場而朦混請添者，即行題參，從重議處。至五年，議定清釐牙行之例。向例每行認充經紀，取具同行互保一人，出具殷實良民甘結，該管官加結送司給帖充應。互結雖有殷實字樣，而互保之責成未經議及。今定鋪家拖累商人者，將本牙行帖追繳勒限清還，仍行給與。若係牙行誆騙商人者，將互保行帖一併追繳，勒限清還本牙更換互保行帖仍行給與，倘逾限不完，將互保之人一併更換牙行。惟圖用錢任鋪户坑騙客商者，除逾限不完將牙行革退外，仍將鋪户責限追比。其不足之項，令牙行賠補。牙行侵吞客帳者，除逾限不完將本牙互保一體斥革外，仍將本牙責限追比。其不足之項，令互保攤賠。其追比之限期，按欠數多寡酌定。至於以後客之貨那補前客之欠，移弱客之貨代償強客之欠，該互保先行舉首，免其治罪。容隱者，責令分賠。牙行夥計人等侵吞客帳，總照牙行侵吞之例，追帖賠補。本年又奉諭民間懋遷有無官立牙行以評物價便商賈，其頂冒把持者俱有嚴禁。近聞外省衙門胥役多有更名捏姓兼充牙行者，此輩倚勢作奸壟斷取利，必致魚肉商民。被害之人又因其衙門情熟，莫敢申訴。其爲市廛之蠹，尤非尋常頂冒把持者可比，所當亟爲查禁。嗣後胥役人等冒充牙行作何定例嚴禁，及地方官失於查察作何處分之處，交該部定議具奏。尋議定：胥役更名捏姓兼充牙行者，杖一百，徒三年。誆騙客貨者，枷號一個月，發附近充軍。地方官失察者，罰俸一年。徇縱者，降二級調用。受財故縱者，計贓論罪。

臣等謹按：牙即古互字，書如朩，古稱駔儈，亦謂互市郎。蓋通知交易所以便商，故帖不可闕，而盤踞滋弊亦即以累商，故禁不可不嚴。我國家利民阜物，凡厥懋遷之規罔弗釐正，而於牙行尤爲法制詳備，革除私設以杜指勒，嚴懲侵噬以安商旅，核定額數以免濫增，禁止冒充以防壟斷。其給帖則有藩司以稽州縣之弊，復有部册以權各省之宜。其交貨則鋪户不得累及商人互保，亦不得徇庇行户，上下相糾，主客相制，用以抑強扶弱，通百貨而康兆民，猗歟休哉。

五年，定各省開報物料價值之例。先是，奉諭旨：據工部奏稱直隸、山東、甘肅等省開報城磚石灰等項價值較原定之價或少一倍或少數倍，前後多寡甚覺懸殊。請將原定價值浮多款項行文各省督撫確查本處實價，一一更正。凡類此等款項一併查改報部等語。朕思今日開銷之價值既大減於前，則從前所報之價顯係浮開，工部何以不行指參，而但請行查改正。夫前此所開之價既不足憑，則此番改正之價又豈可以爲據乎？假有狡猾之人以開價少者爲錯悞，多者爲實數，該部又何以辨其虚實耶？總之百貨價值原屬隨時增減，各省不同，一省之中各郡縣亦不畫一。今預定數目，永遠一例遵行，則價賤之年必有餘貲以飽官吏之私橐，弊在侵漁錢糧，爲害尚小。若價貴之年採辦不敷，勢必科派閭閻，弊在苦累百姓，爲害甚大。惟在各省督撫留心訪查詳確綜覈，既不使承辦之官員恣意浮冒虚縻國帑，又不至苛刻從事過於減少貽累官民，庶爲公平之道，又豈預立成式所能杜絶弊端乎？其應如何酌量定例之處，著大學士九卿會議具奏。尋議：雍正八年因各題銷事件未有一定成規，止憑頂案銷算，頂案不能畫一，胥吏得以上下其手。經工部奏請，行令該督撫等將修造工程緩急，物料貴賤，悉心查訪市價題明定議。嗣據各該督撫等陸續造册具題，經九卿會議題准頒行并聲明。嗣後時價偶有低昂，必應增減者，於奏銷案內據實聲明在案。臣等請將各省所造册籍仍存工部，以備叅考。嗣後凡一應修造工程不必拘泥定價，所需物料令承辦各員悉照時價確估造報，工竣之日另委員查勘取具並無捏飾印結詳報，該督撫等詳細核明，據實題咨到日，工部再行核銷。倘承辦各員浮開捏報，該督撫即照冒銷錢糧例指叅。如所委員查驗不實，亦即以扶同徇隱例叅處。至京城物料以及顔料等項價值定例有年，復以雍正十二年經工部會同内務府確訪時價酌中更定，似無過寬過刻之處。即時價倘有低昂，亦令承辦之員據實聲明，工部就近查訪酌量辦理。從之。

又增寧夏採買糧草價值，奉諭旨：寧夏供支滿兵糧草，向係每年採買散給，共計白米一千五百餘石、粟米七千餘石、草一十三萬餘束，其所定部價白米、粟米每石價銀一兩，草一束價銀一分。今聞該地方自上年被災之後新寶二縣田地被水渰没不能耕種，已少產米糧數十萬石。目下糧草之價日覺昂貴，所定官價恐不敷採辦，勢必貽累小民。著將乾隆五年應支滿兵糧草白米每石加銀一兩，粟米每石加銀五錢，每草一束加銀一分。如此則價值增添，官民易於辦理。但係格外之恩，後不爲例，該部可即行文該督撫知之。

七年，仍設錢牙以平錢價，并定禁止囤積之數。步軍統領舒赫德言：京城各項貿易俱設立官牙經紀領帖平價，錢文一項向設經紀十二名。乾隆三年御史陶正靖等條奏裁革，嗣是囤錢各鋪無人説合，轉致居奇，請照舊設立官牙十二名領帖充當，責成該牙等議平錢價。再鋪户囤積錢文向有例禁，未經核定數目仍屬虚文。今酌議除當鋪外，各項鋪户所買大制錢積至五十千文以上者，即令赴市售賣。如敢囤積勒價，或經查出，或被人首告，即將一半賞給查出首告之人，一半入官。疏下大學士等議，尋議交與順天府尹，令大宛二縣召募老成殷實之人照舊領帖充當。如有鋪户居奇高擡價值等弊，責成官牙等嚴切曉諭，務令平減。該牙等倘敢從中壟斷，或別生事端，該管官立即查拿，并令五城御史一體稽查。

八年，令民買牛者自相論價。奉諭旨：上下兩江上年被水地方已經漸次涸出，東作方興，有資牛力，凡民間買賣牛隻者俱聽其自相論價交易，不許牙行從中需索，有司亦不得視爲細事一任胥吏侵蝕中飽。

十六年，令將平糶錢文照市價酌減以平錢價。時順天府四路發米平糶，所糶錢文經御史李文駒奏准，上届四萬四千石之數易銀解部，此番十萬石即將錢文解部，毋庸易銀。至是順天府尹蔣炳言：各廠官員惟恐多貯錢文致長錢價，已經多方銷售不能仍存所糶之數。請令各廠總以現存之錢儘數解部，其已經易銀即將銀解部，更屬簡便。奉諭旨：平糶錢文，前據軍機處議覆御史李文駒條奏，請解部搭放兵餉。今該府尹等既奏稱不及十萬串，爲數無多，且待至搭放兵餉轉不能即速流通，著不必解部，陸續交與八旗米局，令其照市價稍爲酌減，以平市價，俾錢文不至壅滯。

十九年，議定鉛廠通商之例。雲南巡撫愛必達言：滇省採銅俱係官發工本，除抽課外所獲餘銅官爲儘數收買以供鼓鑄，例禁商販偷漏。其卑塊普馬者海等鉛廠向係廠民自備工本採辦，各局鼓鑄錢文止照額用之數收買運供，其餘概不置議，與辦銅事例不同。近年各廠產鉛旺盛，除供買配鑄之外，又奏准於卑塊廠每年收買餘鉛二十五萬觔，留備鼓鑄。若照辦銅之例官爲儘數收買，所需工本銀兩一時難以歸款。若令僅照官買供鑄備鑄之數按年採辦，不特勢有不能，更恐無以資其生計，轉滋營私偷漏之弊。請嗣後各廠採辦鉛觔先儘官買額數，其餘所出之鉛按例一體抽課，無論隣省本省准令廠民自行通商，由布政使編發印票存廠，臨時填給，不許票外夾帶。有私買私運者罪之。部議應如所請。從之。

二十一年，定各省赴山西附辦民用磺觔之法。先是，江南湖北二省赴山西買磺，除官用磺觔外合具文另買民用磺二三萬觔帶回。至是部議巡撫明德奏：磺觔一項，各省民間所必需，如銀匠藥鋪薰布薰帽煎煉銀硃取燈花炮之類，在在需用。若各省買有官磺，零星賣與民間，則奸民私販之弊不禁自除。請行令不產磺觔各省督撫轉飭各州縣，將該地方銀匠藥鋪等項每年需用硫磺若干，查明定數，照江南湖北例，於採買官磺時令該鋪等出具鄉地鄰佑保結，繳價報官附辦，運回分給應用。其晉省各州縣亦照此例辦理。從之。

二十六年，准甘肅皋蘭縣採磺。先是，十一年甘肅巡撫黄廷桂請於皋蘭縣屬之騷狐泉開採硫磺，運交蘭州府衙門存貯。凡滿漢各營需用俱就近領買。得旨：允行。至是陝甘總督楊應琚言：從前採貯之磺僅存四萬餘觔，不足資用，而騷狐泉磺自封閉後磺砂旺盛，請照前例責成蘭州府招商開採。部議應如所請辦理，并交伊犂烏魯木齊各該處辦事大臣留心體訪。向來產磺處所一體查明採購，或附近地方所產亦可採取運往，以省內地辦運。從之。

二十七年，准江蘇辦解布疋工價以五錢核銷。巡撫陳宏謀言：辦解布疋工價既昂，每疋五錢難以再減。部議以辦解布疋定有額價，該撫所奏與原編定額不符，駁令核減。奉諭旨：此案辦解棉布每疋定有原編額價，該部自應核駁。但據該撫稱現在花紗工價既昂，著照所請暫准以五錢核銷，將來一俟物價平減即令照舊額辦理。又議：將五城平糶錢文换銀繳部以平錢價。時因五城設廠以米豆平糶所收錢文俱交户部，御史平治奏請將各廠所糶之錢兑换銀兩繳部，以平錢價。經大學士等議准，并議從前平糶錢文俱准市販錢牙易銀交庫，因恐奸牙囤積居奇於民閒仍無裨益，是以奏明交與步軍統領衙門出易，及工程處給發工價令。一面招商易换，一面於上道工程處仍照從前舊例通融辦理，調劑市價。每南市錢平紋銀一兩二錢，易制錢一千文。所易銀兩既係錢平，將來交庫時若依庫平收兑未免分兩不敷，應仍即照南市錢平交庫。查現在户部庫存平糶錢八萬五千餘串，又存廠錢一萬三千餘串，應即行領出辦理外，嗣後每日各廠所得錢文俱令按數交與步軍統領衙門陸續兑易。京城内外有此十萬餘串錢文以資流通，而每日平糶錢文又可源源轉運，歲底錢價自可不至加增。至各鄉鎮來京貿易貨物之人，售錢者居多，若聽其裝載四出，京城錢文仍未免短少。應交各該衙門嚴行稽查，除負販小民以貨易錢數在十千以内者，准其攜出各門外，其數在十千以外者，即令易銀攜回，不許任意搬運。再查向來每大制錢一千文市例扣底四文，近來錢鋪竟有短至二十文者，此又暗中增價巧於取利之一端。臣等酌議每錢一千准扣底四文，不許任意多扣。倘因禁止短扣而於銀色平頭暗加多索者，仍交與五城御史、順天府及步軍統領衙門密訪拿究。並得旨允行。

二十八年，議令湖南採磺備隣省赴買，并定官採硝觔之例。湖南湘鄉安化二縣山内產煤，煤中夾有硫磺。從前時開時禁，二十五年議准巡撫馮鈐奏委員經管開採，煤則聽民買用，磺則官爲收買。至是，復議准巡撫陳宏謀奏，收買磺觔已屆三年，其解省磺九萬一千三百六十三觔。計湖南各營赴領并湖北赴買每歲需用磺不過五千餘觔，現在積存磺八萬四千八百餘觔。若因積磺已多將礦封禁，則禁礦兼以禁煤，於民閒未便。且恐因此民閒私自刨煤，並設計私煎，轉致偷漏私磺。查江南各營向係在山西購買，路遠費多，若赴湖南購買，長江一水可達，脚費較輕。此外隣近各省凡有艱於遠購者，均令通咨赴買，則磺礦既可常開而私磺自免偷漏。又各省軍火需磺少而需硝多。而硝出土中惟視天氣之陰晴以定出產之衰旺。向來各省多係委員向硝户零星收買，不能一時足數，而硝户轉得潛行私賣，是以禁例雖嚴終不免有偷漏之弊。應照湖南磺廠現行之法，令地方官動支官項，於出硝之時即爲收買，報明收貯官局，將所收硝觔數目酌定官價，由督撫核明咨令隣省賫價赴買按期運回，不需委員守候零星收買。所產之硝即歸官局皆爲官硝，責成地方官設法稽查，民閒自無私硝可售。倘遇出產數多之年，亦可聽各省需硝營分多買備儲以資取用。但各省產硝地方遠近不同，所產之硝亦多寡不一，應令各該督撫酌量本處地方情形悉心妥議辦理。從之。

又酌定順天府屬牙行事例。向例在京各項經紀一牙一帖，統計額缺八百九十一名，例由順天府通判管理，遇有事故懸缺報明府尹衙門募補。復定爲五年編審一次，將各牙實在情形查明報部。至是户部侍郎管府尹事錢汝誠言：上年歲底正届編審之期，據通判呈稱，各牙定額多寡不一。現在綢緞、桐油、棉花、藥材等行帖多貨少，懸缺六十四名乏人充補。白炭、江米、猪肉、酒、石灰、銅鉛錫等行帖少貨多，分派城市不敷評價，此詘彼盈難於酌劑，總緣各行地處京畿，商賈輻輳，貨物消長，未能一定。伏思官設牙行原令其平較市價，以杜商民争執之端。今綢緞等行經紀貨少帖多，懸缺乏人充補，而白炭等行經紀又以貨多帖少，一人司平數市，不獨難以兼顧亦易恣其居奇，且恐奸棍私牙從中影射。各經紀每以貨積難售紛紛呈報情願領帖承充，又以格於定額不敢加增，是以臨時每致有估值之争，過後復徒滋負欠之控。似應隨時體察，量爲變通。請將現在懸帖六十四張發司查銷，所遺懸缺即於貨多帖少之行准其認補，飭司給帖，總不得逾原定牙帖八百九十一名之額。仍將陸續募補之行次隨時造册報部查核，并請嗣後届編審之期遇有應行變通者，因時酌量通融辦理。部議應如所請。從之。

二十九年，令湖北需用硝觔准於本省煎運發營。湖北各標營每年需硝五萬四千餘觔，向俱委員赴豫購運，至是總督吴達善言：本省之松滋巴東鶴峰長樂等州縣所產土硝先經煎試足敷應用，其運脚之費較前亦有節省，且可杜本地奸民偷挖之弊。部議應如所請。并將官辦商辦各價值，及各該處運至省局道里遠近情形妥爲籌辦。從之。

三十四年，大學士傅恒等議御史屏治請除通州米局積弊。應如所請，將通州米局永遠禁止，不許開設。從之。

三十五年，内閣學士富察善奏請停糶麥石，專賣麥麩，以平市價，於民食有益，囤積之弊亦不禁自除。得旨允行。

三十九年諭：據袁守侗等奏，近日查辦京城囤積，於通州馬駒橋沙河等處查有居民囤積各項雜糧至數千石之多，請將該民枷責，並將米石入官。此等漁利奸徒囤積居奇，實爲病民之蠹，自應枷杖以示懲儆。所有查出囤積米石，若查封入官，恐市中缺此糧石流通，於民食有礙。莫如照順天府上月米長之價，每石再行減價二錢，勒令出糶，俾民間得以賤價糴糧，且使遠近壟斷之徒聞風警畏，不敢再爲效尤滋事。

四十六年奉諭：京師開採煤窑爲日用所必需，近聞煤價比前昂貴，推原其故皆因煤礦刨挖日深，工本運脚既重，窑户無力開採，呈請地方官封閉，經工部核題覆准者甚多，於民間生計大有關係。現在西山一帶產煤處所尚有未經開採者，著步軍統領衙門會同順天府直隸總督委員前往逐細踹看，無礙山場，照例召商開採。一面咨部，一面奏聞，以副朕籌計生民之至意。

四十八年奉諭：據閔鶚元奏蘇州官商承辦洋銅，除每年額解六省銅五十一萬餘觔外，其多餘之銅俱令一律繳官，俟年清年款之後准該商變賣餘銅等語。此項銅觔前因范清濟辦理不善壓欠甚多，是以餘銅不准自行變賣。今新商王世臣代爲接辦，若能實力經理，趕緊轉運所有從前壓欠之項原可陸續帶交。況該商王世臣係接辦之人，若俟積欠全完始准變賣餘銅，該商不能少沾餘利，未免偏枯。嗣後除每年額運正項銅觔交清，並酌量分年帶交積欠若干外，其餘銅觔即准其照舊變賣以紓商力。

《清朝文獻通考》卷三四《市糴考・糴》 臣等謹按：市糴相爲表裏，國家法制精詳，凡常平義社各倉已於本門首卷序述領要，茲謹按年隸事如左。至於另倉貯備或以山海僻遠藉應急需，或以資隣近協撥，皆特行於常法之外，各省不必皆有，有之亦無定額。其稱名錯出，見存多寡，悉依各典册所録，類著於篇。

崇德元年，上命户部承政英俄爾岱馬福塔傳諭曰：米穀所以備食，市糴所以流通。有糧之家輒自收藏必待市價騰貴方肯出糶，此何意耶？今當各計爾等家口足用外，有餘者即往市糶賣，勿得仍前壅積，致有穀貴之虞。先令八家各出糧一百石，詣市發賣，以充民食。

二年，令固倫公主、和碩公主、和碩格格及官民富饒者，凡有藏穀俱著發賣。【略】

〔康熙〕七年，陝西西安等四府積穀變價，詔停止生息。户部議准：陝西巡撫賈漢復疏請將西安等四府積穀變價生息。上曰：出陳易新原以爲民，若將利息報部，反累百姓。著停止生息。【略】

〔三十一年〕又以永平等處米價騰貴，詔發各莊屯米穀轉糶。直隸巡撫郭世隆言：永平所屬及豐潤玉田等處去歲薄收，米價騰貴，奉天地方屢登大有，頗稱豐盈，請令山海關監督許肩挑畜馱者進關轉糶。從之。併諭大學士等曰：各皇莊及王等之莊屯所積米穀必多，如無伊主之言則莊頭何敢轉糶。通州以東至山海關所有皇莊及王等之莊屯米穀數目，爾等與户部會同内務府總管并辦理王府事務官員等公同查明，照時價轉糶。

又以山西平陽府等處麥收價賤，命兵部右侍郎王惟珍往糴麥備貯。

【略】

三十二年，令商人買米至西安發糶。以西安米價尚貴，諭令户部招募身家殷實富商給以正項錢糧，並照驗文據，聽其於各省地方購買糧米運至西安發糶。所得利息聽商人自取之，待西安米價平後但收所給原銀。

又發通倉米減價平糶，并禁止順永保河四府蒸造燒酒。諭大學士等：今歲畿輔地方歉收，米價騰貴，通倉每月發米萬石，比時價減少糶賣止許貧民零糴數斗，富賈不得多糴轉販。又蒸造燒酒多費米穀者，户部速移咨該撫將順永保河四府屬蒸造燒酒嚴行禁止。

三十三年，令將山東運至盛京之米於金州等處減價發賣。先是，以盛京地方歉收，令運山東省米石至三岔口以濟軍民。至是侍郎阿喇彌言：山東運來之糧由金州等處海岸經過，請酌量截留減價發賣。再遼陽、秀岩、鳳凰城三處之人向來俱在牛莊買米，亦應照金州等處將糧米截留。行

文各該管官，令其到三岔河購置運去。從之。【略】

〔三十六年〕四月，以山西米價騰貴，令扈從船隻載米至保德州平糶。【略】

四十三年，以京城米貴，命每月發通倉米三萬石運至五城平糶。【略】

四十七年，以江南米貴，截留湖廣江西漕米四十萬石分撥江寧、蘇州、松江、常州、鎮江、揚州六府減價平糶。

又令福建採買米穀存貯。以福建去歲被災，各處商販稀少，米價漸昂，借藩庫銀於他省採買存貯備賑。

又以江蘇久雨米貴，令各州縣將截留分貯米石平糶，并敕各省督撫聽商人販米出境。【略】

〔四十八年〕又以江浙米價騰貴，清查收買囤積之弊。時湖廣江西稻穀豐收，沿江販米甚多，而江浙米價愈貴，緣富豪之家廣收囤積於中取利，敕廷臣詳議。尋議：應檄各該督撫選委廉能官員，凡有名馬頭令其嚴行察訪。如有富豪人等將市米囤積者，即令在囤積之處照時價發糶。違者，以光棍例治罪。其有販米私出外洋者，令沿途文武官弁嚴查禁止。使湖廣江西販買之米俱入江南、浙江地方，則米價自平。上諭大學士等曰：如照爾等所議，則胥役借此稽察，徒滋需索而已。朕意以爲必於本源之地清查，自無收買囤積之弊。湖廣、江西之米，或江浙富商，或土著人民某人於某處買米石若干清查甚易，應行文湖廣江西督撫，委賢能官將有名馬頭大鎮店買賣人名姓及米數一併查明，每月終一次奏聞。併將奏聞之數即移知浙江督撫。湖廣、江西之米不往售於江浙更將何往？此米衆所共知，則買與賣不待申令而米之至者多，即大有利於民也。【略】

五十五年，發熱河倉米減價糶賣。時上駐蹕熱河，諭領侍衛內大臣等：聞熱河米價甚貴，每石至一兩七錢，扈從人等復行齊集採買，則米價愈加騰貴。官兵每月既得錢糧，若復給口糧未免重複，但以所給錢糧買米又恐不敷。著將熱河之倉及唐三營倉所貯之米發出設立一廠，每石定價銀一兩，賣與隨駕官兵。令各該管之人查視，不許多買，自無轉賣之弊，而於官兵亦大有裨益矣。

又暫開山海關米禁。户部議覆：直隸巡撫趙宏燮疏言：永平府屬艱食，臣聞得山海關外米穀頗多，向因奉禁不敢入關。請暫開兩月之禁，俾關外之民以穀易銀益見饒裕，關内之民以銀易粟得賴資生。應如所請。從之。

又以京師米貴，發米三萬石減價平糶。

又飭查河南、山東商賈販買麥穀數目禁止囤積，大學士九卿等遵旨議定：河南、山東與京師甚近，兼之連年豐收，乃京師麥價未見甚減者，皆由商賈富户等預行收買所致。應行文河南山東巡撫，查明由水路北來賣與商賈麥穀數目，每月繕摺奏聞。仍行文直隸巡撫，凡本處商賈及沿途富户有多買者俱嚴行禁止。從之。

五十六年，發通倉積米分運直隸各府州縣存貯平糶。【略】

六十年，以京師米貴，發京通倉米石并内務府莊頭穀石減價平糶。以陝西歲歉，撥運河南米石平糶，再撥河南湖廣米各十萬石運往存貯備用。是時，陝西歉收，上念陝省富户積藏米石甚多，復發内庫銀五十萬兩令左都御史朱軾、光禄寺卿盧詢往陝省勸諭富户照時價糶賣米石。議令直省督撫嚴查各州縣現在存倉米石。諭大學士等曰：古人云三年耕則有一年之蓄，九年耕則有三年之蓄。言雖可聽，行之不易。如設立社倉原屬良法，但從前李光地、張伯行曾經舉行終無成效。至於各省積貯穀石，雖俱報稱數千百萬，實在存倉者無幾。即出陳易新之法，亦不爲不善。第春間僅有所出，秋後並無所入，州縣官侵蝕入己，急則以折銀掩飾。此等積弊朕知之甚詳。其報荒之真僞虛實，朕亦無不洞悉。如熱河所積穀石，每年減價平糶，秋收糴補還倉，數目無多，稽查頗易，所以每有餘糧，爾等會同詳議具奏。於是議定：各省州縣現在存倉米麥穀石，令該督撫嚴查，如有虧空，勒限補足。

又令直隸、山東、河南、山西四省將常平倉穀平價糶賣。直隸、山東、河南、山西、陝西被旱，除陝西已差大臣賑濟外，現查常平倉米穀，直隸一百六十萬五千二百七十石零、山東四百七十三萬石零、河南一百三十四萬七千石零、山西四十八萬二百石零，令四省巡撫遣官分賑，并平價糶賣。

《清朝文獻通考》卷三五《市糴考四・糴》〔雍正三年〕又以米價騰貴，諭倉場總督將舊貯米石減價平糶。并行文直隸總督，凡近水州縣可

通舟楫者，俱令赴通倉領運平糶便民。【略】

〔四年〕又飭禁賤買貴糶之弊。奉諭旨：各倉減價平糶，原期有益貧民。聞清河本裕倉，奸胥猾吏串通富户賤買貴賣，本倉賣完又賣別倉，甚屬可惡。倉場侍郎等所司何事？向後若再有此弊，定將監糶米石之員正法，倉場侍郎嚴加治罪。

又發通倉米二萬五千石運至保定平糶，從直隸總督蔡珽請也。【略】

又令五城設廠平糶，以京城米價騰貴，特諭發倉米五萬石分給五城平糶，俟市價平減即行停止。所存賸米即貯該城，爲將來之用。又以五城米廠並在外城，城内糴買維艱，復諭於内城設廠數處以便窮民。【略】

〔五年〕又令浙江省採買川米。先是，四年浙江巡撫李衛請動浙庫公項銀十萬兩委員赴川採買米石，以備浙閩兩省緩急。得旨：允行。至是，川米運回，正值杭嘉湖價昂之候隨令平糶，復允。李衛請將糶米歸款銀借動五萬兩，并各商公項銀三萬兩，再委員往川採買，亦俟運到分款存貯。【略】

八年，准淮商領運湖南倉穀，仍令商人即於湖南需米處糶賣。先是，六年湖南布政使趙城言湖南現貯倉穀六十餘萬石之多，又有收捐穀石，本省可云有備。但地勢卑濕，請分撥別省，令來楚運往，以免霉變。下户部議，嗣議：應行文江浙督撫令其詳酌，如有應需穀石之處即委員轉運。得旨：俞允。兩淮巡鹽御史噶爾泰言：據兩淮商人黄光德等具呈，情願出資將湖南積穀三十餘萬石照依原買之價交納湖南藩庫領運，隨地隨時售賣。仍將所售價銀交納運庫。從之。至是，湖南總督邁柱言：今年湖南岳常二府微欠雨澤，正在動用公項銀一萬兩買米備糶。而貯倉之現穀與其照原價以給商，不若留俟來年春夏照原價平糶，以濟本地之民。似應飭商暫停領賣，俟明年無需用之處仍聽該商領運。奉諭旨：向因湖南撫藩皆言地方積穀甚多難以久貯，奏請分撥別省以免霉變，是以兩淮商人有赴楚領運效力急公之請。今商人既已交價，而邁柱又稱楚南需米請飭商暫停領賣，是湖廣督撫藩司前後自相矛盾也。湖南現貯穀六十餘萬石之多，欲分撥別省以免霉變，則本省府縣有需米之處正可將此奏聞，平糶以濟民食。而邁柱乃云正在動用公項銀一萬兩買米備糶，是邁柱之奏又自相矛盾也。且邁柱又稱此時飭商停運俟楚省不需米穀之時仍聽該商領運，是米貴之時則令商人停運而米賤之時則令商人領賣，亦甚非情理之平。查從前噶爾泰代衆商具奏，原有隨時隨地售賣之語。今江浙俱獲豐收，米價甚賤，湖南既有需米之州縣，著該商仍照前議領米，即於湖南需米之處照時價糶賣。不許地方官抑勒商人，亦不許商人高擡價值。倘商人獲有餘利，聽其自取，不許交官。如此則淮商領米得以貿易，而楚省積穀仍得流通，於商民均有裨益。湖廣督撫等即遵諭行。【略】

九年，以山東水患發米二十萬石平糶。

又發倉米五萬石於五城平糶，禁八旗米局糶賣增價，從大學士馬爾賽等議也。

又撥運浙江米穀至淮北、山東平糶。先是，八年夏秋之交淮北、山東接壤州縣被水，至是以浙省永濟、鹽義二倉及附近水次州縣穀石運至該處平糶。從浙江總督李衛請也。【略】

〔十一年〕又令浙江動支公項於湖廣等省採買米穀。先是，十年浙省秋成歉薄，倉穀不敷接濟，議令動支鹽庫銀五萬兩委員分往產米地方採買以資平糶。至是，總督程元章以杭城五方雜處撥濟仍艱，再請動鹽費備公銀五萬兩照例增置。從之。復議定：每年令該督酌定米數，於秋收時動項赴湖廣等省採買，分貯省城永濟倉及杭嘉湖所屬州縣以備歉歲平糶之用。

又令福建分地採買，并將臺灣社穀撥運分貯。閩省地處山海田產無多，雍正五年截留浙漕十萬石併採買米穀共二萬九千餘石，節次糶賣存價六萬餘兩。至是，總督郝玉麟請分地採買以廣倉儲。尋議定：以一萬兩於楚省買運，并將臺灣鳳山縣八社積穀酌撥十萬石赴福興漳泉四府分貯，來歲將平糶銀發交臺灣，秋成採買還倉。【略】

〔十三年〕又議行平糶倉穀三事。内閣學士方苞條奏：一、倉穀每年存七糶三，設遇穀價昂貴必待申詳定價示期窮民，一時不得邀惠。請令各州縣酌定官價，一面開糶一面詳報，俾民均沾實惠。一、江淮以南地氣卑濕，若通行存七糶三恐積至數年必有數百萬霉爛之穀。有司懼罪往往以既壞之穀抑派鄉户強授富民。請飭南省各督撫驗察存倉穀色，因地分年酌定存糶分數。其河北五省倘遇歲歉亦不拘三七之例，隨時定數發糶，秋收如數買補。一、穀之存倉則有鼠耗，盤糧則有折減，移動則有脚價，糶糴守局則有人工食用。春糶之價即稍有贏餘，亦僅足充諸費。請飭監司郡守歲終稽查，但查穀數不虧，不得借端要挾。倘逢秋糴價賤除諸費外果有贏餘，詳明上司別貯一倉以備歉歲賑濟之用。俱從之。

又令直隸買麥收貯。時直隸二麥豐收，准於司庫存公銀內給清河道二萬兩、天津道萬兩、大名道三萬兩、霸昌道萬兩、河閒府二萬兩，分發各屬於麥多價平之州縣盡數採買收存本倉，每年易穀積貯。

《清朝文獻通考》卷三六《市糴考·糴》 乾隆元年，以山西米價昂貴，令發社倉積穀二十餘萬石照例出借外，餘皆酌減價值及時發糶以裕民食。【略】

二年，以京師雨澤愆期米價稍長，特旨發通倉米每城各二千石共設十廠減價平糶，並嚴禁富户假託貧民賤買貴賣及興販窩囤之弊。尋準户部議，於京師四鄉添設八廠廣行糶賣。【略】

〔三年〕又申明直省買補倉穀之例。先是，元年議准：秋收買補倉穀照各地方時價足數給發，不得稍有短少。至二年又議准：被災州縣倉糧散給無存者，務於秋收豐稔之時即題明撥銀完補以實倉儲。如逢水旱價值昂貴，令將存價緣由咨部，以俟次年秋收采買。如次年仍延緩不買，以玩視倉儲例參處。至是，復議定：買補倉穀，嚴禁派累小民及發短價低銀抑勒交糧，或斗秤以大易小以重易輕。有蹈此者即詳揭參究，督撫徇隱者并罪之。再買補時若秋成穀價仍昂，則就鄰近價平之處於春月購買補足。如鄰近價亦未平，暫停買補，或俟次年麥收豐稔買麥收貯，秋成易穀還倉，或竟俟次年秋成買穀，隨時酌量辦理。至倉穀無多地方不便虛懸，令確訪鄰省價平之處委官采買。其原糶價值不敷，即於通省糶價內通融撥補。倘再不足，准其將糧價運費腳費在於藩庫存公銀內酌量撥給。至應買若干之數預行知受買地方，隔省則知會督撫轉行知照。買足運回之日取具地方官印結，將數目、價值一併送府驗報察核。

又准兩江總督那蘇圖條奏分別平糶事宜。兩江總督那蘇圖遵旨議言：常平倉穀每年存七糶三，秋成買補，本屬法良意美，祇以有司奉行不善遂至滋弊多端。自宜詳定章程，庶使永遠遵守。但平糶一事原有不同，有於歉收之後不拘三分之數發糶以濟民食者，有於青黄不接之際市米昂貴發糶以平市價者，有市價雖不昂貴祇因米穀難以久貯循例發糶以易新者。三項之情事既異，則隨時之辦理宜分。查江南省各府州縣附城人民習於經營，率皆不務農業，終年糴米而炊。居鄉之民人以力田爲事，秋成之後尚有儲蓄，糴米者少。此各屬情形之大較也。今詳細斟酌，如該地方當歉收之後，則城鄉之民均無蓋藏咸資糴米，時價必至倍昂。應於城鄉八方多設廠所，預定開糶日期，令村莊居民各赴附近廠所糴買。州縣印官及佐雜教職分頭巡視監糶，并將平糶價值大加酌減，兼應不拘糶三之數以濟窮民。如年歲原屬豐稔，則鄉閒頗有蓋藏，惟城市居民當青黄不接之際市價昂貴必藉平糶，應止於四城關廂及大鎮集處所酌量設廠。其糶價止須視倉中米穀成色比市價酌減一二分，因地制宜，臨時報明督撫核定發糶，不必大爲減少。蓋此不過藉平市價，非歉歲缺米可比。兼之買補之時亦免不敷數多，動請撥補，徒耗公項。而奸民囤户利不甚裕，自不干蹈法紀，肆行囤積，窮民得霑實惠。至於年既豐登市價亦不昂貴，不過循例易新者，則聽各州縣自行酌量公平出糶，或稍爲減價以便秋後買補。此平糶一事，似宜分別三等辦理，庶有實濟。若衿户、役户、牙户、囤户以及倉書、丁役乘機串通捏買暗竊，事在必有。查江南各州縣現行保甲逐户懸掛門牌，紳衿衙役商賈庶民俱經登註一目了然。平糶之時應令貧民各賫門牌赴廠驗糶，兼令保甲稽察，自無捏買。其糶給之數，每户以二斗爲率，不許過多，則囤户亦難施其伎倆。至丁役竊賣，則惟令本官於出倉之時親身監視，發糶之後稽核清楚。或未糶而缺米或已糶而無價，即嚴行追究，自可水落石出。倘該州縣仍不實力奉行，致有前項等弊，該管上司察實參處。從之。時雲南總督慶復議，以分設各廠則人少易於查察，出糶時令各鄉保在旁識認，如有衿户等捏名報買即行舉究。

又准兩廣總督鄂彌達條奏平糶減價之法。兩廣總督鄂彌達言：平糶之價不宜頓減。蓋小民較量每在錙銖，平糶時市價必貴，若官價與市價相去懸殊，市儈惟有藏積以待價，豈能抑價以就官。而小民之藉以舉火者必皆仰資於官穀，倉儲有限，其勢易罄，而商販轉得居奇於其後，是欲平糶而糶仍未平也。從來貨集價落，民閒既有官穀可糴，不全賴舖户之米以供朝夕。舖户見有官穀發糶而所減有限，亦必少低其值以冀流通。請照市價止減十分之一，以次遞減，期平而止，則舖户無所操其權，官穀不虞其匱，穀價可以漸平而小民實霑其惠。從之。

又派員往張家口、古北口二處采買米豆雜糧運京平糶。奉諭旨：京城米價現在不能平減，來春青黄不接之時恐益加騰貴。著派出户部司官二員、内務府官二員於張家口、古北口二處，每處各二員，攜帶内庫帑銀前往會同地方官將米豆雜糧照時價采買運送來京，交八旗米局平糶。使都門兵民得資外來之米，而口外有餘之糧亦不致耗費於燒鍋等無用之地，實屬兩有裨益。嗣户部議：古北等口運到米豆雜糧已交八旗米局存貯者，各該局在内城發糶，嗣後運到俱交五城於城外關廂存貯，俟來春開放平糶。從之。【略】

又令江南收買民間有餘麥石。户部議覆：兩江總督那蘇圖奏言：江南各屬麥收豐稔，小民有餘之麥必將急於糶賣，既恐價賤傷農，兼恐奸商富户囤積射利，或販賣出境，均與民食有關。應令各屬詳察本境情形，如果二麥有餘價值平減，該印官或將平糶米穀價銀，或於司庫撥項，在麥糧聚集處所，凡遇民間糶剩之麥即照市價收買存倉，不必拘定數目。若麥少價昂，即行停止。所收麥石俟秋禾一有定局，或易穀存倉，或動撥濟用，總期因地制宜隨時辦理。應如所請。從之。

又發帑糴口外雜糧。直隸提督永常言：今歲口外收成較往歲倍爲豐稔，八溝等處民間雜糧甚多，難於出糶。似應乘此糧多價賤之時，令地方官按市價給發官銀采買。奉諭旨：著户部酌量給發帑銀數萬兩，交與永常會同地方官采買口外雜糧，分貯附近各倉以爲地方儲蓄。並使民間得價以資歲底用度。

又令浙江買補倉穀。時浙江各屬買補倉穀，議令除今歲偶有偏災收成歉薄者暫停買補外，豐收之地將乾隆三年四年糶穀照數買足。其餘各屬飭令將三年所糶之穀全行買補，四年所糶之穀在四千石以下者亦全行買補，四千石以上或緩買十之三或緩買一半，隨宜辦理。【略】

六年議定倉穀估成糶賣之例。奉諭旨：地方積穀不厭其多，賑恤加恩亦所時有，正未易言。倉儲充盈，州縣有司往往慮及霉變賠補，以多積穀石爲憂。其如何酌量定例俾其從容不致賠補之處，該部議奏。尋議：除地高燥不致霉變及倉穀減少每年可按數出易者外，其有地本潮溼積穀最多不便經年久貯者，令各該督撫查照廒座新舊、年分遠近，照京倉氣頭廒底數目酌減開報估成糶賣題明辦理。從之。【略】

七年，令州縣通融買補倉穀，歉歲酌量減價。奉諭旨：從前廷臣議准張渠買補倉穀一事，以本邑之贏餘爲本邑之撥補，其他州縣不得通融。如歲歉穀價昂貴不敷采買，准其展限。朕思地方積穀原以備民間緩急之需，必及時買足方於儲蓄有益，若一概不許通融，而無贏餘之州縣或又值歲歉價昂，咨部展限，則倉儲必至久懸，非濟民利用之道也。嗣後如州縣當秋成之時穀價高昂不能買補，而該處存倉穀石尚可接濟者，照例展限，於次年買補。倘穀價既屬不敷而貯倉穀石又係不足，准其詳明上司以別州縣穀價之贏餘添補采買，爲酌盈劑虚挹彼注兹之計。該管督撫一面辦理一面奏聞。又從前張渠奏請減價糶穀，於成熟之年每一石照市價核減五分，米貴之年每一石照市價核減一錢，此蓋欲杜奸民賤糴貴糶之弊也。但思尋常出陳易新之際，自應遵此例行。假若荒歉之歲，穀價甚昂，止照例減價一錢，則窮民得米仍屬艱難，不能大霑恩澤。嗣後著該督撫臨時酌量情形，將應減若干之處預行奏聞請旨。如有姦民賤糴貴糶之弊，嚴拏究治。【略】

又申明平糶減價之令。奉諭旨：各省地方每遇歉收米價昂貴，國家動撥倉儲減價平糶，乃養民之切務。然有司經理不善，即滋弊端。是以本年二月間特降諭旨，令該督撫等於平糶時酌量情形，應減若干之處，預行奏聞請旨。今朕再四思維，地方當饑饉之時黎民乏食，朝廷百計區畫方且開倉發粟，急圖救濟，一賑再賑，以安全之。豈有於平糶一節預防奸民之賤糴貴糶不爲多減價值，而使嗷嗷待哺之窮民仍復艱於餬口乎？況赴官糴買官米與赴店糴買市米，其難易判然，又可歷數？銀色有高低之不等，戥頭有輕重之不同，道里有遠近之各殊，守候有久暫之莫定。此在平時且然，何況年荒乏米之日。若官價較市價略爲減少，所差幾何，是國家徒有平糶之恩而閭閻未受平糶之益也。朕痌瘝在抱，言念及此，再行明白宣諭：凡各省大小官員皆朕設立以牧養斯民者，倘於此等要事視爲具文苟且塞責，則罪不可逭。嗣後務將該地方實在情形必須減價若干方於百姓有益之處，確切奏聞請旨。至於奸民當歉收之年圖利囤積，將官穀賤糴貴糶，則惟在州縣官嚴行查拏。倘或疏漏隱匿，該督撫即嚴參從重治罪。是亦並行而不悖也。

是月，復申諭湖南有司奉諭旨：各省常平倉穀遇地方米少價貴之時當多糴以濟民食，毋得拘泥成例。從前已屢經降旨。今許容奏稱，青黄不接糧價增長，各州縣詳報市米稀少，平糶倉穀已符額數等語。此言甚屬不經，是湖南有司並未領會朕旨也。國家儲蓄倉糧專爲接濟百姓而設，若民間米穀充裕即三七之數亦可不需，如粟少價昂則安得以存七糶三目爲額數。今許容所轄一省如此錯悞，或他省有似此者亦未可定，可即通行傳諭知之。

又申諭：古北口采買米石之法。先是，古北口地方收成豐稔，令將河南山東所有應供陵寢官兵米石運往江南接濟，令古北口於本地購買以補原額。至是復奉旨：此外再廣爲收買以備將來撥用。其采買之道視收成豐稔之處照依時價，不可勒派，亦不可急於多糴，使民間反致價昂。此不過恐穀賤傷農之意耳。【略】

又申遏糴之禁。奉諭旨：天時有雨暘，地土有高下，而年歲之豐歉因之。以天下之大疆域之殊，歉於此者或豐於彼，全賴有無相通緩急共濟，在朝廷之采買撥協，固自有變通之權宜，斷無有於米穀短少之處而強人之糴賣者。若有收之地，商賈輻輳，聚集既多，價值自減，則窮黎易於得食，此鄰省之相周與國家賑恤之典相濟爲用者也。我皇考與朕俱曾屢頒遏糴之禁，惟是地方官民識見未廣偏私未化，未免以米糧出境稍多價值漸貴，雖不敢顯行遏糴，靡不隱圖自便羣相禁約。有司又從而偏袒之，遂視鄰省爲秦越矣。用是再頒諭旨：著各省督撫各行勸導所屬官民，毋執畛域之見，務敦拯恤之情，俾商販流通裒多益寡以救一時之困厄。將來本地或值歉收又何嘗不於鄰省是賴。並將此曉諭官民共知之。

臣等謹按：平糴之道有二：穀賤，增價而糴，使不傷農；穀貴，減價而糶，使不傷民。此官糶於民也。豐熟之鄉，商賈交糴，以起太賤之價，災歉之區，舟車輻輳，以壓太貴之直，此民糶於民也。官糴於民則馬端臨《考》所已載，如常平倉是也。民糴于民則馬端臨《考》所未載，如禁遏糴、開米禁、戒囤積興販各條是也。葢聖天子因民所利而斟酌調劑，慮無弗周法無弗備，是以利澤溥遍烝民率育，惠民之政與導民之方交資並濟，而糴之義始盡矣。

八年，以米價增長發京倉官米平糶。黑豆亦如之。嗣復奉諭旨：今年直隸所屬河間等處偶被偏災，彼地貧民赴京覓食者俱已加恩賑濟。但其間尚有不在賑濟之數者，或手藝營生或傭工度日。適值米價暫昂，當此歲暮天寒，情殊可憫。著户部將京倉米石酌量給發各旗局及五城米廠，照依時價核減平糶，賣與零星肩販之人，俾得沿途糶買，皆霑實惠。

九年，以停止采買，諭各省督撫斟酌辦理。奉諭旨：積貯乃民食所關，從前各省倉儲務令足額。原爲地方偶有水旱得資接濟，是以常平之外復許捐貯，多爲儲蓄，無非爲百姓計。後因糴買太多市價日昂，誠恐有妨民食，因降旨暫停采買，俾民間米穀自在流通，價值平減，亦無非爲百姓計也。乃近聞各省大吏竟以停止采買爲省事，不知常平之設不特以備荒歉，即豐稔之年當青黄不接亦得藉以平糶，於民食甚有關係。其間因時制宜，原不可執一定之見。今因停止采買之令，遂任倉廒缺少，置而不理，將來必至糶借無資，固非設立常平本旨，又豈朕停止采買本意乎？各省督撫務須斟酌地方情形，應買則買應停則停，總在相機籌畫，不可膠執定見希圖省事。

又以直隸米價昂貴，於四路同知駐劄之處分設四廠平糶，從順天府尹蔣炳請也。東路之通州、西路之蘆溝橋、北路之沙河三廠各發米二千石，南路之黄村發米六千石，即令各該管同知就近管理平糶。通州一廠交通永道稽查，沙河一廠交霸昌道稽查，蘆溝橋、黄村二處各派御史一員稽查。

《清朝文獻通考》卷三七《市糴考・糴》 乾隆十五年，山東麥收豐稔，巡撫準泰請於沿河麥價平減之處採買麥十五萬石，分運德州、臨清二處抵穀貯倉。奉諭旨：若因收買數多致市價騰踊，是民間並未有被旱之形而先有麥貴之苦，不可不爲致慮。著傳諭該撫，諸事應隨宜措置，非至穀賤傷農之時未可輕言採買。【略】

〔二十二年〕又准旗丁餘米在通州出糶。奉諭旨：今年各省糧艘抵通約早一月，該運丁等除交倉全完外，所餘食米尚多。此等餘米俱由坐糧廳衙門給與照票，俟回空時于天津一帶沿途售賣。而通州水次則例應嚴禁私糶，蓋因通倉爲兑米之地，恐夾雜影射致滋弊端也。若漕米均已不致掛欠，而例應官買之餘米亦皆交倉事畢，其所有餘剩食米自可聽其在通出糶，不必過爲苛禁。在各運丁等既可免領照驗票之煩，而通州米石充裕，於京師民食亦屬有益。該部即遵諭行。嗣於二十四年至二十八年並准糶賣如例。

二十四年，命減甘肅臯蘭各屬糶價。奉諭旨：甘肅臯蘭省會之地，以及平番古浪、武威、靖遠、張掖、肅州等屬糧價較貴，而關外之安西五衛價值尤昂。雖該督等現在減價平糶，然照常例酌減恐仍不足以平市價。並著加恩將粟米每石減糶銀二兩四錢，小麥每石減糶銀二兩二錢，庶貧民不致難於買食。該督撫等其董率屬員悉心查辦，務使農民普霑實惠。

又以京師米價稍昂，於京倉內撥米五萬石在五城適中地方設廠平糶。并令河南巡撫胡寶瑔於河南麥收豐稔之處購麥來京分撥米廠以平市價。

【略】

二十五年，申禁姦商市販囤積牟利之弊。奉諭旨：上年因得雨稍遲糧價易致增長，是以節次酌設五城各廠米豆草束多方籌畫出糶，以平市價。而麥麵一項至今源源接濟。現在河南麥石將次糶完，而山東五萬石已經續到，江南十萬石亦已連艘北上。且商販以時轉運流通，當此冬雪優霑春膏疊沛秋苗青葱暢茂，所有現在麥價尤當日就平減。乃據順天府尹奏報現今時價較上半月每石加增三錢，此必其中姦商市販巧爲牟取以致翔貴若此。國家立法調劑，原屬因時制宜，非可援爲定例。且前經降旨將官員俸祿先行借放，原期米石倍爲充裕。而商販等乘時落價收買存積，及至支放已停則乘機昂貴獲利，在在有之。京城重地設官糾察彈壓至爲詳備，顧任一二刁民乘閒居奇，甚至齊行把持累及閭閻口食，而莫之懲儆，可乎？著步軍統領衙門會同五城御史、順天府嚴行飭禁。如有藉此多收囤積高擡市值者，即行查拿究處，以爲逐利病民者戒。【略】

〔二十六年〕又申嚴行户冒糴之禁。御史毛永燮言：本年直隸附近被水之地，欽奉諭旨先後截漕撥粟共四十萬石，以資賑糶。直屬奉撥米石既屬充裕，除應賑卹之外自必兼行平糶。平糶一事，必嚴行户冒糴之禁。但顯然之行户設法可稽，而影射之行户滋弊尤易。向例地方官辦理平糶赴糴者，俱限以升斗，祇許零星糴買。雖有巨商挾重貲以圖倍利者，亦無所施其技。立法綦嚴矣。惟是不肖行伍聞有誘買無賴窮民給予零星價值令其赴糶，糶得之米仍入行鋪之手，聚少成多重利可致。糴係貧民，而利歸商販。狡獪之術，禁遏宜嚴。至若串通經手胥役朦混官司致滋冒濫，尤不可不防其漸。請敕下直隸督臣嚴飭地方官，於平糶時如有前項情弊，察出照例治罪。如有胥吏串通，尤必嚴行懲治。至所用斗斛務準官頒，出糶多寡必遵定額，均須司事者親身經理，不得專委代辦員役人等經管。該管上司亦不時查察，庶易滋之弊曰除，而逾格之恩普被矣。疏入，得旨：著照所請速行。【略】

〔三十一年〕又弛直隸山東商民販米奉天之禁。奉諭旨：向來奉天糧石充裕，准令直隸山東就近販運。今夏因該處雨少，或恐市集昂貴，曾諭暫禁商販。今續經得雨，糧石必充，且現在山東稍歉，直隸又以隣省運販，糧價未免稍增。所有二省商民販米奉天者無庸禁止。【略】

三十二年，奉諭：節年以來屢經降旨准令旗丁在通州變賣餘米以資日用，現在各該省漕艘陸續抵通，於兑足正供後，旗丁餘多米石如有情愿出售者，仍著加恩准其在通州糶賣。旗丁既屬便宜，而地方糧石益加充裕，於民食更有裨益。該部遵諭速行，嗣於三十三年至五十年並准糶賣如例。

又諭裘曰：修等奏京師因道途泥濘，通州交倉餘米商販等艱於輓運，是以上月米價稍昂，請將八月甲米移前數日開倉等語。八月甲米原係官兵等應支之項，今豫爲開放，京價自可就平，於兵民自爲有益。著即將八月甲米於本月二十五日開倉支放。該部遵諭速行。【略】

三十六年，奉諭：京城及近畿地方自春入夏雨澤較稀，麥收不免歉薄，幸有官麥平糶，市值未致加昂。但現届青黄不接之時，米價或恐因而增長，此尤小民口食所資，自應豫爲籌畫以期充裕。著照乾隆二十七年之例，於京倉內量撥米石給五城平糶，仍令原派監糶麥廠之大臣并該城御史就近經理。其應撥米石若干作何酌定章程之處，即著該監糶大臣等會同該部詳悉妥議速奏。並著步軍統領衙門派委員役嚴查奸商販買囤積，俾閭閻均沾實惠。

三十七年，（奏）〔奉〕諭：前因徐績奏報糧價單內各屬多註價昂，當即批諭今年山東既獲豐收何以米價尚昂，令其查明覆奏。據奏：因乾隆三年前護撫黄叔琳奏准將貴賤昂平分爲等則，歷年以次酌定，所奏太屬拘泥。徐績平日尚屬明曉吏治者，何以不通事體若此。朕令各督撫按月奏報糧價，原以米穀爲民食所關，期於市糴貴賤時得周知。若如該撫所辦尚以三十年前定價爲率，又安用此虚文爲耶？米糧價值贏縮固視夫歲收豐歉，及閲歲既久生齒日繁，則用物廣而需值自增乃一定之理，即各省買補倉糧屢請增價可知矣。況天下無不食米之人，米價既長，凡物價夫工之類莫不准此遞加，誠以民愈庶富愈難，不得不於豫大之時切持盈之儆，非朕厭聞米價之貴。嗣後當飭屬周咨市價，率以三五年前後爲準，核實詳明列單具奏，不得蹈襲積年陋習。【略】

四十年奉諭：上年直隸天津河間等府各屬倉穀因賑動用者例應補買，但恐一時官買過多致市閒糧價少昂，於民食有礙。著加恩截留豫東二省漕米十萬石暫貯北倉，交該督周元理酌量領運撥糶，俾民閒多留蓋藏，以示優惠。

又奉諭：近日京師糧價較上年四五月閒少增，自因昨秋天津、河閒一帶地方歉收所致。現屆青黃不接之時，宜使市糴價平，俾閭閻不虞穀貴。著照向例於京倉內量撥米石給五城設廠平糶以裨民食。【略】

四十九年，山東巡撫明興言：東省乾隆四十八年通省秋禾收成雖八分有餘，但時值春月青黃不接，現據各屬開報每穀一石價銀七錢五分至一兩三錢二分不等，買食貧民未免餬口維艱。謹循照歷年奏請平糶之例，隨時酌減，總不得過三錢。至鄉村設廠平糶所需腳費照例動支司庫充公銀兩，事竣核實報銷。

（清）嵇璜《清朝通志》卷九三《食貨略·市易》 順治二年，上諭江寧蘇杭各處織造市賣綢緞務寬長精密，毋短窄鬆薄，致民閒徒費錢財無裨實用。並禁止各莊頭採買芻糧勒價強買之弊。

六年，敕令東來賣參人役止許在京均平易市，不得遣往別省滋事。按元年令該商於南京、揚州、濟寧、臨清四處開市，後以擾累地方官民商賈故有是命。又嚴禁王府商人旗下莊頭人役等霸佔集場出外貿易，及短價揹買之弊。

康熙初，民閒有指稱王貝勒輔政大臣名色據關津肆行者，上飭地方官緝拏。續定包衣下人王貝勒貝子公大臣家人霸佔關津生理，及王大臣以下各官以銀借貸居民，指名貿易，及據關口市場者罪例。時尚孔逆藩所屬多有霸佔廣東私市者。十九年，令該管官清釐其有霸佔私稅者罪之。二十四年，以光祿寺估計物價頭緒繁多，令凡應買各物俱照時價估計，定爲條款。嗣又以核減太多恐累商户，諭大學士等再行斟酌隨時估計。四十三年，革除直省私設牙行。敕户部造鐵斛升斗頒行天下。先是，湖廣道御史郝浴言：官吏採買軍需往往層扣户侵，名爲市易實係里攤，請行嚴禁。至五十九年，吏科給事中紀遴宜又言：河工所需物料任河廳採買差役不無借端擾累，嗣後凡置辦工料請飭河廳協同地方官平價購買。並從之。

雍正六年諭：向來採辦軍需有司往往虛耗國帑派累民閒，節經降旨嚴行禁飭，令照時價購辦。又恐承辦官預留爲將來核減之地稍借民力以助公事，是以特令核定折中價值。倘時直可減即爲節省，或定價不敷，據實奏明。此後再有尅扣短發侵蝕之弊，一經題參，即核明尅扣之數。先動軍需銀兩，另委賢員如數找給百姓，仍將該員治罪勒限追完。九年，以總督鄂爾泰言，敕各省文武官所有賞給兵營生息銀兩毋得占百姓行業，或重利放債與商賈小民争利。時京師錢價昂貴，上言者謂商賈販運出京及囤積居奇所致，乃於八旗五城設官局兑换以平市價。又淮安板閘地方向有豪民開立寫船保載牙行勒索行旅，十三年敕該督撫嚴行禁止，布政使不得濫給牙帖。其他處關口有似此者，亦一體禁緝。又禁河工運裝工料封阻客船及採辦諸物短價累民之弊。

乾隆元年，禁商人增長物價巧取兵丁營運銀兩。二年，復申飭居奇勒價之禁。是年，嚴牙行侵吞商客資本之禁，令地方官於牙行領帖時取具保鄰甘結，不得濫行給發。四年，以直省牙行歲增，詔令各督撫嚴加核實。於是定牙行之例，凡鋪户拖欠商本追繳本牙行帖勒令鋪户清完，其不足之項牙行賠補。如牙行侵蝕者，並責互保牙行攤賠。舊例，仍充經紀取同牙行互保一人出具殷實良民互結。至於以後客之貨挪補前客之欠，移弱客之貨代償強客之欠，准互保先行舉首，免其治罪。容隱者，責令分賠。其牙行内同事人侵吞客本，均律以牙行侵吞之例。尋又奉旨：外省衙門書役多有更名捏姓兼充牙行，交部定例治罪。地方官失察徇縱，亦均論罪。五年，定各省開報物料價值之例。又增寧夏採買糧食價值。七年，於京城立錢牙以平錢價。按此條互見《錢幣門》。又令將平糶錢文照市價酌減易銀。互見《錢幣門》。又定額解京局銅鉛及歲貢物料皆隨時增直，鹽務額引亦隨時撥濟，按地行銷。

（清）沈書城《則例便覽》卷二一《關市·開採鐵觔》 一、設爐開採，一切人夫責令山主僱覔土著良民，取具保隣户首甘結，報明地方官詳賫督撫存案，不許招集外來人民致生事端。如巡查員弁有狥縱情弊，該管文武官弁照漁船舵水人等越數多帶或鬼名頂替例，降二級調用。

一、本省商販在產鐵處所收買鐵觔，令將包捆數目、販賣地方呈明地方官給照，移明發賣地方官，俟該商到彼，將印照繳驗，移送給照地方官銷燬。其兩湖口岸，湖南責令辰州府知府，湖北責令武昌府同知，漢口責令漢陽府同知盤查，以杜夾帶私販。至沿途關津隘口，照例抽收驗照放行。如有照外夾帶私鐵，盤出據實根究。併沿途失察文武官弁，照廢鐵潛出邊境沿海近邊關隘徇私故縱例，革職。稽查官弁如有勒措留難，降二級調用。係胥役借端勒索，該管文武各官分別知情失察，照衙役犯贓例議處。

一、外省商販開採之日，咨明不產鐵省分督撫轉飭所屬，如有殷實良商赴楚販運兩江等省售賣者，令將買鐵觔數、運銷地方呈明地方官，轉詳督撫給咨，該商親自賫投轉飭產鐵地方官，准照咨內採買發運。於該商起程時報明地方官詳請咨明經由各關并往賣地方，督撫查明將印照一例詳請咨銷。仍嚴飭沿江沿海各州縣及口岸汛弁，凡遇商船出口實力稽查。如有違例夾帶，即照本省商人夾帶例治罪。其無照票私販，關津不行查拿，往賣地方不行查報，及各口汛弁疎縱需索，照例查參究處。

一、沿海地方并沿江沿河等處，如有遞運鐵觔交賣商漁船隻，事發該管文武官員俱照出洋漁船夾帶釘鐵例，分別失察賣放議處。

《工部則例》卷二五《軍需・硝磺禁止出口》 乾隆八年欽奉上諭：硝磺爲邊關嚴禁之物久有定例，聞各省沿邊口隘姦民嗜利，往往勾通守口兵役夾帶出口以圖重利。又聞准噶爾境内不產硝磺，每令内地往來之番夷喇嘛私偷夾帶，出重價購買。各省督撫，提鎮當時刻留心，嚴飭文武員弁一體實力搜查，以防偷漏。再遣妥員於口隘之處細行訪察，如有出產硝磺之處，作何設法防範，毋得稍有疏忽。欽此。

乾隆三十四年欽奉上諭：向來硫磺出入海口俱有例禁，原因磺斤係火藥所需，自不便令其私販。若姦商以内地硫磺偷載出洋，或外來洋船私買内地硫磺載歸者，必當實力盤詰治罪。乃定例於洋船進口時亦不許其私帶，殊屬無謂。海外硫磺運至内地并無干礙，遇有壓艙所帶，自可隨時收買備用，於軍資亦屬有益，何必於洋船來時多此一番詰禁乎？嗣後惟於海船出口時切實稽查，不許仍帶磺斤，以防偷漏之弊，違者照例究治。其各省洋船入口禁止壓帶硫磺之例概行停止，著爲例。欽此。

《工部則例》卷八三《關税・奉天府屬山場木植招商領票》 一、奉天府所屬邊内各山場，附近殷實居人有情願砍木者，具呈盛京工部給票砍木輸税。倘有姦商領票之後誆騙財物，互相控告，致誤錢糧，將領票之人從重治罪。其未經詳查之該司官員，指名題參。給票之時即知會盛京將軍，飭令興京、鳳凰城等處城守尉不時稽查，毋任違禁生事，及砍伐木植以多報少。如有前項情弊，一經查出，將領票商人照例治罪。失查之城守尉、監督等，一并題參。營繕司。

（清）王又槐《錢穀備要》卷五《承變案》 一、入官田房什物等項既經估定價值，出具並無浮短印結，自應依期及時召變以抵帑項。其所以遷延莫售，大概出於經胥之抑勒需索，以致承買乏人。惟在地方官留心查察杜絶弊端，勸諭殷實之户秉公交易，自能照估認買不致有變價不敷之虞。惟是舊估案件歷年稽久，遂不免房屋傾頹、腴田變瘠，其價亦因之漸減。是原估草率者居其半，承變遲延者亦居其半。如果召變之後寔有不敷，此項不敷價值自應分別着賠。今議承變者即屬原估，應令自行全賠。如估計後已歷數任，輾轉遲延者，此係承變不力所致，應着如何均攤分賠以昭平允。

一、凡承追承變各案件，本司等衙門現俱詳記檔案已未完結，按册可稽。該地方官如果寔力查辦，於初次限内能將千兩以上之案即追變清楚，亦屬留心政務之一端。如遇計典之年，原籍彙辦。若係平時，亦請酌量記功，以示獎勵。仍責成該管道府各嚴速督查，倘有不寔力遵辦者，即行詳揭請參。其該管府州縣亦視所屬案件完結多寡一體分別功過，以示勸懲。以上江省案。

《回疆則例》卷六《巴雜爾市集禁止私設牙行》 一、各城回子巴雜爾市集兵民、回子自行買賣，各駐紥大臣隨時飭禁私設牙行高抬市價，並於每歲年終咨報軍機處、理藩部查覈，仍嚴飭阿奇木伯克等，毋許私派家人護衛彈壓市集，藉端滋擾，違者嚴參治罪。

《兵部處分則例》八旗卷八《營私・軍前運到米豆草束》 一、運到軍前米豆草束等項，所委經收旗員延挨抑勒及不行收納本色勒令折價者，將軍及統兵大臣查出題參，俱照貪官例革職提問。私罪。若經放錢糧官員將此等情弊已經申明不行糾叅者，將軍及統兵叅贊大臣亦革職提問。私罪。

失察者，將軍及統兵叅贊大臣各降四級調用。公罪。將經收旗員之該管官革職。公罪。至出征將軍統兵大臣大小官員及欽差部差官員販賣米豆草束等物，囑託地方官多取價值，或將民間所賣米豆草束作爲己物囑託地方官令其收買者，俱革職提問。私罪。如將此等情弊舉首者，係官照伊應陞之缺先用，係平人賞給八品頂帶。

《兵部處分則例》八旗卷九《倉庫・錢糧挪移》　一、內外旗員將經管正項雜項錢糧擅自挪移別用者，革職。私罪。如將應解正雜等項錢糧不行報明該管大臣私自挪移以就緊急軍需者，降一級留任。私罪。俟其清完之日，聽該管大臣題請由部詳覈具題開復。其係存留錢糧因公挪用者，覈其情節屬實，免議。至將米豆草束挪用者亦照此例分別辦理。

《兵部處分則例》八旗卷一三《承催・呈繳産業分別辦理》　一、應交各項銀兩人員有無力完繳願呈房産抵項者，如係兄弟未經分析之産，按兄弟名數均分，將本人名下應得之股呈出入官。倘有託詞産業未分任意隱匿，照隱匿財産例辦理。若該管官勒令將兄弟名下應得之産一併呈出致滋波累者，佐領驍騎校降一級留任，私罪。失察之參領、副參領罰俸一年，公罪。都統、副都統罰俸六個月。公罪。

《兵部處分則例》緑營卷二五《馬政・私買進貢馬駝》　一、蒙古進貢馬駝之外途間有願賣者，聽其貨賣。若有通曉蒙古語言之人與蒙古交結前往邊界迎買駝牛馬匹者，交刑部治罪，所買牲畜入官。守口官員私放出口者，革職。私罪。其蒙古到館後未進貢之先有入館私買貢馬貢駝者，係職官降一級留任，罰俸一年。私罪。係平人，鞭一百。私罪。如有搶奪偷盜者，交刑部治罪。

（清）梁廷枏《粤海關志》卷一九《禁令・商販禁令》　道光十八年閏四月，鴻臚寺卿黄爵滋奏言：臣惟皇上宵衣旰食，所以爲天下萬世計者，至勤且切，而國用未充，民生罕裕，情勢積漸，一歲非一歲之比，其故何哉？考諸純廟之世，籌邊之需幾何，巡幸之費幾何，修造之用又幾何，而上下充盈，號稱極富。嘉慶以來，猶微豐裕，士夫之家以及巨商大賈奢靡成習，較之目前不啻霄壤。豈愈奢則愈豐，愈儉則愈嗇耶？

臣竊見近日銀價遞增，每銀一兩易制錢一千六百零，非耗銀於內地，實漏銀於外夷也。蓋自鴉片流入中國，我仁宗睿皇帝知其必有害也，故誥誡諄諄，例有明禁。然當時臣工，亦不料其流毒至於此極矣。早知若此，必有嚴刑重法遏於將萌。

查例載，凡夷船到廣，必先取具洋商保結，保其必無夾帶然後聽其入口。爾時雖有保結，視爲具文，夾帶斷不能免。故道光三年以前，每歲漏銀數百萬。其初不過紈袴子弟，習爲浮靡，尚知斂戢。嗣後上自官府搢紳，下至工商優伶，以及婦女、僧尼、道士，隨在吸食，置買煙具，爲市日中。

盛京等處爲我朝根本重地，近亦漸染成風。外洋來煙漸多，有躉船載煙，不進虎門海口，停泊零丁洋中之老萬山、大嶼山等處。粤省奸商勾通巡海兵弁，用扒龍、快蟹等船，運銀出洋，運煙入口。故自道光三年至十一年歲漏銀一千七八百萬兩，自十一年至十四年歲漏銀二千餘萬兩，自十四年至今漸漏至三十餘萬兩之多。此外福建、浙江、山東、天津各海口合之亦數千萬兩。以中國有用之財，填海外無窮之壑，易此害人之物，漸成病國之憂，日復一日，年復一年，臣不知伊于胡底。各省州縣地丁漕糧，征錢爲多，及辦奏銷，皆以錢易銀，折耗太苦，故前此多有盈餘，今則無不賠墊。各省鹽商俱係錢文，交課盡歸銀兩，昔之争爲利藪，今則視爲畏途。若再至數年間，銀價愈貴，奏銷如何能辦，稅課如何能清。設有不測之用，如何能支。

臣每念及此，輒轉不寐。今天下皆知漏卮在鴉片，所以塞之之法，亦紛紛講求，或謂嚴查海口，杜其出入之路，固也，無如稽查員弁未必悉皆公心，每歲既有數千餘萬之交易，分潤毫釐，亦不下數百萬兩，利之所在，誰肯認真查辦？偶有所獲，已屬寥寥。況沿海萬餘里，隨在皆可出入。此不能塞漏卮者一也。

或曰禁止通商，拔其貽害之本，似也，不知洋夷載入呢羽、鐘表，與其所載出茶葉、大黄、湖絲，通計交易，不足千萬兩，其中沾潤利息不過數百萬兩，尚係以貨易貨，較之鴉片之利不敵數十分之一，故夷人之着意不在彼而在此。今雖棄粤海關稅不准通商，而煙船本不進口，停泊大洋，居爲奇貨。內地食煙之人刻不可緩，自有奸人搬運，故難防者不在夷商而在奸民。此不能塞漏卮者二也。

或曰查拿興販嚴治煙館，不能清其源，亦庶可遏其流。不知自定例以來，興販鴉片者發邊遠充軍，開設煙館者照左道惑人引誘良家子弟罪至絞。今天下興販者不知幾何，開設煙館者不知幾何，而各省辦此案者絶少。蓋原粵省總辦鴉片之人，據設窰口，自廣東以至各省，沿途關口，聲勢聯絡。各省販煙之人，其資本重者，窰口沿途包送，關津胥吏容隱放行，轉於往來客商藉查煙爲名恣意留難勒索。其各府州縣開設煙館者，類皆奸猾吏役兵丁，勾結故家大族不肖子弟，素有聲勢。於重門深巷之中，聚衆吸食。地方官之幕友家人半溺於此，未有不庇其同好。此不能塞漏卮者三也。

或又曰開種罌粟之禁，聽内地熬煎煙膏，庶可抵當外夷所入，積之漸久，不至紋銀出洋。殊不知内地所熬之煙食之不能過癮，不過興販之人用以攙和洋煙希圖重利。此雖開種罌粟之禁，亦不能塞漏卮者四也。

然則鴉片之害，其終不能禁乎。臣謂非不能禁，實未知其所以禁也？夫耗銀之多，由於販煙之盛。販煙之盛，由於食煙之衆。無吸食者自無興販，無興販則外夷之煙自不來矣。今欲加重罪名，必先重治吸食。臣請皇上嚴降諭旨：自今某月日起至明年某月日止，准給一年期限戒煙。雖至大之癮，未有不能斷絶。若一年以後仍然吸食，是不奉法之罪民，置之重刑，無不平允。查舊例，吸食鴉片者罪僅枷杖，其不指出興販者罪止杖一百徒三年。然皆係活罪，斷癮之苦甚於枷杖與徒，故甘犯明刑不肯斷絶。若罪以死論，臨刑之慘急，更苦於斷癮之苟延。臣知其情願絶癮而死於家，必不願受刑而死於市。推皇上明慎用刑之意，誠恐立法稍嚴，互相告訐，以至流及無辜。然吸鴉片者是否有癮，到官熬審立刻可辨。如非吸食之人，雖大怨深仇不能誣枉良善。果係吸食，究亦無從掩飾。故雖用刑，並無流弊。臣查余文儀《臺灣志》云咬𠺕吧本輕捷善鬬，紅毛製造鴉片誘使食之，遂疲羸受制，其國竟爲所據。紅毛人有自食鴉片者，其法集衆紅毛人環視，繫其人竿上，以礮擊之入海。故紅毛無敢食者。今入中國之鴉片來自暎咭唎等國，其國有食鴉片者以死論，故各國祇有造煙之人，無食煙之人。

臣又聞夷船到廣，由孟薑經安南邊境，初誘安南人食之，安南人覺其陰謀，立即嚴出示禁，凡有食鴉片者死不赦。夫以外夷之力尚令行禁止，況我皇上雷電之威赫然震怒，雖愚頑之沈溺既久，自足以發聵振聾。但大計非常情所及，惟聖明乾綱獨斷，不必衆議僉同。誠恐畏事之人未肯爲國任怨，明知非嚴刑不治，託言吸食人多，治之過驟則有決裂之患。今寬限一年，是緩圖也。在諭旨初降之時，總以嚴切爲要。皇上之旨嚴，則奉法之吏肅，奉法之吏肅，則犯法之人畏。一年之内尚未用刑，十已戒其八九。已食者竟藉國法，以保餘生。未食者，亦因炯戒，以全身命。此皇上止辟之大權，即好生之盛德也。復請飭諭各省督撫嚴切曉諭，廣傳戒煙藥方，毋得逾限吸食。並一面嚴飭各府州縣清查保甲，預先曉諭居民，定於一年後取具五家鄰佑互結。仍有犯者，准令舉發，給予優獎。倘有容隱，一經查出，本犯照新例處死外，互結之人照例治罪。至如通都大邑，五方雜處，往來客商去留無定，鄰佑難於查察。責成鋪店，如有容留食煙之人，照窩藏匪類治罪。現任文武大小各官如有逾限吸食者，是以奉法之人等爲犯法之事，應照常人加等。除本犯官治罪外，其子孫不准考試。地方官於定例一年後如能實心任事，拿獲多起者，照獲盜例請恩議叙，以示鼓勵。其地方官署内官親幕友家丁仍有吸食被獲者，除本犯治罪外，該本管官嚴加議處。各省滿漢營兵，每伍取結，照地方保甲辦理，其所管轄失察人，照地方官衙門辦理。庶幾軍民一體，上下肅清。無論窮鄉僻壤，務必布告詳明，使天下曉然於皇上愛惜民財，保全民命之至意。向之吸食鴉片者，自當畏刑感德，革面洗心。如是則漏卮可塞，銀價不致日昂，然後講求理財之方，誠天下萬世臣民之福也。

奏入。諭曰：黄爵滋奏請嚴塞漏卮以培國本一摺，著盛京吉林黑龍江將軍，直省各督撫各抒所見，妥議章程，迅速具奏。欽此。

道光十九年五月，宗人府等衙門會議奏言：臣等查鴉片之來，皆由海口内地奸民與夷匪私相交易，加以弁兵縱容受財護送，以致毫無顧忌，肆意暢行，錮習益深，日甚一日。受其害者類皆沉溺不返，幾同毒藥迷人，迨至骨立形銷，等於殘廢，而執迷不悟，莫可挽回。我皇上恫瘝在抱，欲爲天下除此大患，特命廷臣會同妥議，明定章程，以期易俗移風，還淳返樸。臣等謹就黄爵滋原奏，及各省將軍督撫科道條陳各摺，參互考訂，擇其實可見諸施行者臚列以陳，用備採擇。

竊惟明刑所以弼教，立法尤貴因時。鴉片之禁載在爰書，果能及早查拿，何至流毒如今日之甚。總緣各省大小臣工視爲具文，不肯認真查辦，遂致澆風日熾，幾成習慣自然。當此波靡日甚之時，勢非雷厲風行不足以振聾啓聵。查海販窰口實爲禍首罪魁，必應一律從嚴分別論罪，方足以破奸徒之膽而昭情法之平。至若巡海兵弁假公濟私，內地奸商輾轉銷售，以及開設煙館引類呼朋，墮其術者，罔不形同鬼域蕩產傾家，傳染幾徧天下。覈其情罪，實爲盛世所不容，必應明罰敕法，俾無倖逃，使狡獪之徒共凛然於法律森嚴，不敢冒危險以圖重利。而後其源可塞，其流自清，數十年漸染之風不待禁而自止矣。至於吸食鴉片者，初則被人引誘，半屬愚民，近則視爲泛常，明目張膽，已屬罪不容誅。倘經此次廣爲勸諭依然怙惡不悛，律以藐法則爲亂民，律以梗化則爲頑民。緣情定讞，愚民可寬，亂民頑民必不可寬。況吸食之弊一日不斷，則興販之來一日不絶。是興販與吸食厥罪維均，斷不容稍從寬典。惟有一律從嚴，俾吸食者共畏刑書，興販者無從牟利，庶可根株盡絶，永杜弊源。此外官員之失察，胥吏之得財，商船之窩藏，關津之偷漏，棍徒之冒充官人，奸民之栽贓誣陷，種種流弊不可勝數。

（清）梁廷枏《粤海關志》卷二五《行商》　臣謹按：國朝設關之初，番舶入市者僅二十餘柁，至則勞以牛酒令牙行主之，沿明之習，命曰十三行。舶長曰大班，次曰二班，得居停十三行，餘悉守舶，仍明代懷遠驛旁建屋居，番人制也。乾隆初年，洋行有二十家，而會城有海南行。至二十五年，洋商立公行，專辦夷船貨税，謂之外洋行。別設本港行，專管暹羅貢使及貿易納餉之事。又改海南行爲福潮行，輸報本省潮州及福建民人諸貨税。是爲外洋行與本港福潮分辦之始。其後本港既分隷無常，總商章程亦屢易。蓋商得其人則市易平而夷情洽，商不得人則逋負積而餉課虧。聖訓昭垂諄諄，於停貢獻禁採辦，凡以爲卹商也。而拖欠夷債者，必寘之重法，所以示調劑之平而專責成之效。成規具在，董其事者，曷可不加之至意哉。

凡粤東洋商承保税餉，責成管關監督，於各行商中擇其身家殷實居心誠篤者，選派一二人，令其總辦洋行事務，並將所選總商名姓報部備查。

凡外洋夷船到粤海關進口貨物，應納税銀，督令受貨洋行商人於夷船回帆時輸納。至外洋夷船出口貨物應納税銀，洋行保商爲夷商代置貨物時隨貨扣清，先行完納。

乾隆四十二年三月奉聖諭：據李質穎奏革監倪宏文賒欠暎咭唎國夷商貨銀一萬一千餘兩，監追無着。經伊胞兄倪宏業、外甥蔡文觀代還銀六千兩，餘銀五千餘兩，遵旨於該管督撫司道及承審之府州縣照數賠完貯庫，俟夷商等到粤給還。並請將倪宏文即照部議酌發等語。（倪文宏）〔倪宏文〕赤手無賴，肆行欺詐，賒欠夷商貨銀多至纍萬，情殊可惡。而其應追銀兩半係伊兄伊甥措繳，半係地方官代賠，伊轉得脱然無累，僅予發遣，實不足以蔽辜。倪宏文著發往伊犂永遠安插，以示儆懲。

乾隆四十五年七月，刑部會奏言：廣東巡撫李湖等奏稱，廣東行商顔時瑛等借欠夷商銀兩分別扣繳給還一摺。奉硃批：該部議奏。欽此。欽遵，鈔出到部，查例載交結外國詎騙財物發遠邊充軍等語。今行商顔時瑛、張天球明知借欠奉有例禁，乃不將每年所得行用餘利撙節歸還，任聽夷人加利滾算，顯存詎騙之心。應如該撫等所奏，顔時瑛、張天球應均照交結外國詎騙財物例，擬軍，從重革去職銜，發往伊犂當差，以示懲儆。再該撫等奏稱，所有泰和裕源行兩商資財房屋交地方官悉行查明估變，除扣繳應完餉鈔外，俱付夷人收領。其餘銀兩，著落聯名具保商人潘文巖等，分作十年清還。庶各行商人不能私借夷債，並不敢混保匪人。而放債之夷人既免追銀入官，且原本之外多得一倍，益感天朝寛大之仁。併將辦理緣由剴切曉諭該大班，令其於各該國夷船回航時稟請該國王嚴飭港脚鬼子，嗣後不許違禁放債，如有犯者即追銀入官，驅逐回國。臣等更有請者，向來外番各國夷人載貨來廣，各投各商交易。行商惟與來投本行之夷人親密，每有心存詭譎，爲夷人賣貨則較別行之價加增，爲夷人買貨則較別行之價從減。祇圖夷人多交貨物，以致虧本，遂生借銀換票之弊。臣等雖嚴行示禁，該行商等因無定例，亦視爲故套，非奉明立科條，終難禁遏。臣等悉心籌酌，請自本年爲始，洋船開載來時仍聽夷人各投熟悉之行居住，惟帶來貨物令各行商公同照時定價銷售。所置回國貨物，亦令各行商公同照時定價代買，選派廉幹之員監看稽查。臣圖明阿隨時留心察訪，務使交易公平，盡除弊竇。所有行用餘利存貯公所，先完餉鈔，再照分年之數提還夷人等語。查乾隆二十四年十二月，軍機大臣議准：原任兩廣總督李侍堯條奏，內地行商人等有向外夷違禁借貸者，照例問擬。所借之銀，查追入官，等因在案。今據該撫等奏稱，夷人違禁放債又復重利滾息，自應照例追銀入官。惟念該夷人於二十三年放債尚在例禁以前，仰體皇上綏柔遠人至意，按其原本照例加一倍追還等語。查顏時瑛等所供原欠夷人銀兩，既係自二十三年起陸續所借，而該夷商等於未禁之時並未截清欠數呈請追還，是否在例禁以後有無續行借過之處，自應查明分别酌辦。但聯名具保之潘文巖等共有幾人，顏時瑛等家產現在估變若干，除提餉鈔外，餘剩銀兩給付夷人。其不敷若干如何攤派分扣之處，該撫摺内均未分晰聲明，户部碍難覈議，應令另行查明，奏到日再議。至請自本年爲始，洋船載來貨物，及回國所置貨物，俱令各行商公同照時定價銷售，再行選派廉幹之員監看稽查，行用餘利存貯公所，先完餉鈔等語。查行商交易自應聽從其便，今因商人每多心存詭譎，祇圖夷人多交貨物，於臨時定價任意高下，致有虧本借貸諸弊。應行設法示禁清理。但如該撫等所請派員監看稽查，立法之初或無他故，久或官員索規，吏胥取費，難保其無需索擾累，漸且串通作弊，更難究詰，是立一法而欲得其益轉致由此而滋其弊，亦正不可不防。其如何整飭行規，應令該督巴延三、監督圖明阿一併查明妥議，具奏到日再議。再此案係刑部主稿合併聲明，臣等謹會同户部具奏。奉旨：依議。

乾隆四十九年九月，軍機大臣會同總督奏言：查粵海關監督穆騰額奏，洋商蔡昭復拖欠夷人番銀一十六萬六千餘兩，即飭令出結之保商等按年照數分還以清夷欠一摺。奉硃批：好，知道了。欽此。昨又據舒璽告知，面奉聖諭，令臣等會同該督議奏。欽此。臣等當即詢之舒璽，據稱洋商拖欠夷人銀兩，總由夷人於回國時將售賣未盡物件作價，留與洋商代售，售出銀兩言明年月幾分起息。洋商貪圖貨物不用現銀，輒爲應允。而夷人回國時往往有言定一年，託故不來遲至二三年後始來者。其本銀既按年起利，利銀又復作本起利，以致本利輾轉積算，愈積愈多。商人因循負累，久而無償等語。臣等公同酌議，嗣後洋商接受夷人貨物，必須公平定價，並令衆商立保，將來可以清償，始准存留。仍立定限，務將本利按年全還，不得以於限外稍有拖欠。如逾限不清，即照此次蔡昭復之例，令出保各商先爲填還。其夷人回國時亦止准於立定年限内按本起利，如逾限託故不來即停止利銀，尤不得以利作本違例滾剥。如此立定章程，則夷人回國時既得銷售貨物，而行商起息銀兩各有限期自易清還，亦可不致拖延積重，於柔遠恤商之道彼此均有裨益。俟命下，臣舒璽回粵後即會同粵海關監督穆騰額遵照妥辦。奉旨：依議。

乾隆五十五年十二月奉聖諭：從前廣東巡撫及粵海關監督，每年呈進貢品俱令洋商採辦物件賠墊價值，積習相沿，商人遂形苦累。上年欽派尚書福康安前往查辦，將巴延三等分别治罪。明降諭旨，嚴飭該督撫等，嗣後不准呈進鐘表洋貨等物。並嚴禁地方官向商人墊買物件，以杜弊端。今粵海關監督穆騰額奏稱，該商等感載恩施代爲呈貢物件。但粵省洋商究非兩淮可比，此次例進物件業已到京姑准留用外，嗣後不准該商等再行呈進貢物，俾商力益得寬裕。至粵海關監督向不進呈貢物，自德魁由如意館出任監督備物進呈，李質穎等遂相沿辦理。但念該監督每年養廉不過二千五百兩，辦公及家用外未必能多有餘貲，不可與三處織造及鹽政養廉豐厚者比。嗣後該監督亦不准備物呈進。至該督撫及監督等不得因洋商現已停止進貢，復藉端令墊買物件，致滋擾累，以示朕體恤遠商之至意。若日久廢弛故智復萌，必重治其罪。謹案嘉慶二十五年十月，總管内務府奏准，各省將軍督撫織造鹽政關差畢獻方物，若一概停止，究於體制未協，且無以申芹獻之忱，所有方物仍照舊例呈進。粵海關監督遵奉行知准進朝珠、鐘表、鑲嵌掛屏、盆景、花瓶、琺瑯器皿、雕牙器皿、伽楠香手串、玻璃鏡、日規、千里鏡、洋鏡。

乾隆五十六年，奉聖諭：行商吴昭平揭買夷商貨買久未清還，情殊可惡，應照擬發遣所欠銀兩，估變定產，餘銀先給夷商收領，不敷之數各商分限代還。但内地商人拖欠夷商銀兩，若不即爲清欠，轉致貽笑外夷。著福康安等即將關税盈餘銀兩，照所欠先給夷商收領，再令各商分限繳還歸款。

乾隆六十年七月，奉聖諭：朱珪等奏洋商石中和拖欠夷貨價銀審擬具奏一摺，已批該部議奏矣。粵省洋商承售夷貨，先將價值議定，俟轉售後陸續給價。其未售之貨，俟下次洋船到時一面歸清舊欠，一面又交新貨，不能年清年款，固屬實在情形。但洋商等承售洋貨，即新舊牽算，每有拖欠，亦應予以限制。此案石中和積欠夷商貨銀，除變產抵還外，尚欠五十九萬八千餘兩，爲數實屬過多。現據該夷商呈控，業經照例懲辦，將無著銀兩著令通行分限代還，自可依限清理。但此後各行商等似此拖欠過多，或該國王聞知，以內地行商拖欠夷人帳目多至數十萬兩，或竟具表上聞，實屬不成事體。著傳諭廣東督撫及粵海關監督，嗣後洋商拖欠夷人貨價每年結算不得過十餘萬兩。如有拖欠過多，隨時勒令清還。即自今歲爲始，通飭各洋商一體遵照辦理。將此諭令知之。

嘉慶五年，監督佶山奏言：竊臣欽承恩命監督粵海關税務，於嘉慶四年八月十二日抵任，所有一切榷務悉照舊章辦理，勿事更張。惟查粵海關征輸餉課，招接民夷商貨，現有外洋行、本港行、福潮行三項名目。外洋行專辦外洋各國夷人載貨來粵發賣輸課諸務，本港行專管暹羅貢使及夷客貿易納餉之事，福潮行係報輸本省潮州及福建民人往來貿賣諸税。其外洋、本港一切納餉諸務，乾隆十六年間俱係外洋行辦理，共有洋行二十家，並無本港名目，亦無福潮行名，止有省城海南行八家。迨乾隆二十五年，洋商潘振成等九家呈請設立公行，專辦夷船，批司議准。嗣後外洋行商始不兼辦本港之事。其時查有集義豐晉達豐文德等行，專辦本港事務，並無稟定設立案據。其海南行八家，改爲福潮行七家，亦無案可稽。迨乾隆三十五年，因各洋商潘振承等復行具稟，公辦夷船，衆志紛歧，漸至推諉，於公無補。經前督臣李堯堯會同前監督臣德魁示禁，裁撤公行名目，衆商皆分行各辦，而本港行亦屢有開閉。嗣後有如順行劉如新、怡順行辛時瑞、萬聚行鄧彰傑，於乾隆六十年因拖欠夷帳被控押追，由南海縣詳議，將本港行三家概行革除。該商所欠暹羅夷帳，著外洋行衆商先行墊還，即將本港之行用分年扣還商欠。其本港事務，仍著外洋行兼辦，以昭慎重。業據稟准行，旋於嘉慶元年五月據外洋行商以不能兼顧爲辭，呈請將本港行事務改歸福潮行商人經理，議定章程，仍由外洋行統轄。復於是年十二月，據福潮衆商公舉福潮昌隆行陳緒衍之弟陳長緒承開本港行一家。詎陳長緒恃其獨行，大肆壟斷，侵吞客商，於臣到任後疊被客人張啓拔、王名利等告發。即於嘉慶四年九月間，委粵盈庫大使詢明追還商欠，咨明督臣將該商陳長緒立行斥革。臣因與督臣再三籌議，本港之生意雖非若外洋行之必須大本行商方可承充，而招接暹羅貢使貿易税餉諸務事頗非細，如外洋行有身家之人又不欲充當。若仍以不甚殷實本分之人董司其事，則將來弊竇正難預計。至外洋行之不願兼辦本港者，非力不能兩顧，不過以外洋之生計利厚自居大商，視本港之行利微細。若輕取行用，則徒費經營，如重取行用，又恐致訐控，是以屢爲規避。而本港行多設行口，既非經久之道，止開一家，又起壟斷之階。莫若仍著外洋行永遠兼理，或公同照料，或公委二家承當。凡有侵吞把持客商諸弊，一經告發，惟諸洋商是問在諸洋商，自顧身家，必謹慎自持，諒不敢復蹈前轍也。此事臣酌定章程，不難即飭洋商遵諭辦理。第恐日久弊生，若不奏明，則將來該商等窺便推諉，本港行一開又必致有劉如新、陳長緒等案。相應仰懇聖恩，俯准將本港一行裁革仍歸外洋行兼理，永著爲例，庶可不悮餉務，取信民夷，歷久無弊矣。臣與督臣往來計議，意見相同，爲此具（奉）〔奏〕。（奏）〔奉〕硃批：洋行之本，總須正己督率，切勿剝削。汝斟酌既妥，即照汝所辦可也。旋經監督咨稱案照本港行事務前經奏准歸併外洋行辦理，當經諭飭該商等遵照去後，隨據該商潘致祥、盧觀恒等稟稱，當即悉心細籌公同酌議。所有本港行事務，議舉二行值年辦理。自嘉慶五年爲始，本年舉議同文廣利二行值年，六年分係怡和、義成二行值年，七年分係東生、達成二行值年，八年分係會隆、麗泉二行值年，週而復始，輪流值辦。如有新充之商，即令挨次輪值。歇業之商，應請除名，不准辦理，庶洋行現商無分新舊，按年挨次輪值，無可推諉，實爲公當。至洋行兼辦本港船事務，必須設立章程，俾衆知所遵守畫一辦理，不致日久廢弛滋生事端，始可垂諸永久。容商等另行悉心妥議章程，稟請憲示飭遵，商等理合先將遵辦緣由稟覆察奪等情。據此查本港行事務，各商等輪年值辦，最爲公當。除批示出具認狀照依本港行向辦事宜，自行議明，輪年承辦，務使商賈流通無欺無詐，於國課商夷兩有裨益。

嘉慶十八年，監督德慶奏言：竊照外洋夷商重譯梯航，來廣貿易，全賴洋行商人妥爲經理，俾知樂利向風，以昭天朝綏懷遠夷至意。臣蒙恩簡任以來，一切俱有舊章可循，尚無應須查辦之事。惟查舊卷，見從前辦理洋商欠餉之案，俱移會督撫，將乏商家產查封變抵。其不敷銀兩，著落接辦行業之新商代爲補足。如行閉無人接開，衆商攤賠完結。倘再有虧欠夷人銀兩，即會同督撫專摺奏明，從重治罪。歷來辦理無異。即如嘉慶十五年間，有福隆行洋商鄧兆祥虧餉潛逃，經前監督常福移會前督臣百齡，檄飭地方官一面嚴緝，一面將該逃商家產查封備抵税餉。其行業查有職員關祥向在該行司事，其子關成發亦隨父幫辦有年。經洋商黎顔裕結保，關成發接辦福隆行務，即責令先行墊完鄧兆祥所欠税餉，俟查明鄧兆祥遺產給領變抵。雖經辦結在案，而鄧兆祥尚未弋獲，未得即加懲創，現在飭行地方官上緊嚴緝務獲究辦。臣伏思洋商承攬夷貨，動輒數十萬兩，承保税餉自數萬兩至十餘萬兩不等，責成綦重，非實在殷實誠信之人不克勝任。向來開設洋行僅憑一二商保即准充商，並不專案報部，本非慎重之道。遇有一商虧餉，每致貽累通行。而不肖疲商，於夷船進口時，每有自向夷人私議貨物，情愿貴買賤賣，只圖目前多攬不顧日後虧折。迨至開征，即形支絀，揆厥所由，祇因向無總商辦理，未能畫一，衆商争先私攬，相率效尤，遂成積習。臣到任後，訪悉前情，即嚴行飭禁。並督同一二誠實商人隨時稽查，極力整頓。兩年以來，各商辦理尚無貽悮，惟商力急切未能全臻充裕，催征税課仍有竭蹶情形。如將稍乏之商概行革退另招新商，則一時難得其人，且生手不諳夷情更恐辦理不善。臣與督臣蔣攸銛再四講求，與其紛更而無當，不若因時以制宜。商人之弊巧雖多，同行之耳目難掩。祇以向無督率之責，殷商避罪而容隱，乏商效尤而競利，遂致積習難返，關務日疲。今欲整關務須察商情，欲除弊竇須專責任。惟有於各洋商中擇其身家殷實居心公正者一二人，飭令總理洋行事務，率領各商與夷人交易貨物，務照時價一律公平辦理，不得任意高下私向争攬。倘有陽奉陰違，總商據實稟究。臣仍不時面諭各商崇儉黜華，各顧大體，以期積弊盡除，商力漸裕。並嗣後如遇選新商，責令通關總散各商，公同慎選殷實公正之人聯名保結，專案咨部備查。倘所舉不實，或有虧欠餉項情事，著落原保商賠繳。其因事革退者，亦隨咨部註銷，令每年滿關後仍將商名造册，隨同各册檔送部查考，以昭慎重。如此立定章程，庶現在各商可望日有起色，將來亦不濫用非人，貽累關務。奉聖諭：粵東洋商承保税餉，向來僅憑一二商人保舉准充，旋因虧折疲乏拖欠逋逃，弊竇叢滋。著照該監督所請，准於各洋商中身家殷實居心誠篤者選派一二人，令其總辦洋行事務，率領衆商公平整頓。其所選總商先行報部存案，遇有選充新商時，即責令通關散總各商公同聯名保結，專案咨部。如有黜退報明註銷，并於每年滿關日將商名通行造册送部，以備稽考。該部知道。

嘉慶二十年十一月，奉聖諭：蔣攸銛等奏查明洋商拖欠夷人貨帳銀兩，業經停利歸本，請勒限分年清還一摺。該商等經此次情釁之後，自遵照定限一律清還，毋令再有拖欠。惟是該夷人以貨易貨，乃壟斷盤剥，任令疲商賒欠，即明知亦有不得過十萬之舊章朦朧匿報，亦應嚴行飭禁。近年内地銀兩爲外夷貿易攜去者動逾百萬，日久幾同漏巵。著該督撫及該監督留心稽察，如外夷有以奇巧貨物攜至洋行重價求售者，該監督斷不准用重價購買呈貢，亦不許私行留用。此等物件飢不可食寒不可衣，令其將中土財貝潛就消耗，太覺不值，殊爲可惜。果能實力禁絶，該夷人等知内地不寶異物，不能行商，則來者漸少，易去銀兩亦必日減，亦節財流之一道也。

道光九年，監督延隆奏言：竊照粵省外洋行從前共有十三家，在西關外開張料理各國夷商貿易，向稱十三行街，至今猶存其名。惟近年止存怡和等七行，其餘六家或因不善經營，或因資本消乏，陸續閉歇。自應另招新商，隨歇隨補，方可以復舊觀。自嘉慶十八年前，監督德慶奏請設立總商經理行務，并嗣後選充新商，責令總散各商聯名保結。欽奉俞允准行在案。是以十餘年來止有閉歇之行，並無一行添設。推原其故，皆因從前開行止憑一二商保結即准承充，今則必需總散各商出具聯名保結方准承充。在總商等，以新招之商身家殷實與否不能洞悉底裏，未免意存推諉。倘有一行不保，即不能承充，以致新商雖有急公踴躍之心，而歷任監督以格於成例不便著充。數年以來夷船日多，税課日旺，而行户反日少。買賣事繁料理難於周到，勢不能不用行夥，於是走私漏税勾串分肥，其弊百出。臣等愚昧之見，應請嗣後如有身家殷實具呈情愿充商，經臣察訪得實，准其暫行試辦一二年。果其貿易公平，夷商信服，交納税項不致虧短，即請仍照舊例，一二商取保著充。其總散各商聯名保結，應請停止。如此略爲變通，實於國課商情均有裨益。奉上諭：延隆奏請變通招募新商章程一摺。粵省開設洋行，止憑一二商保結即准承充。自嘉慶年間奏准設立總商經理，其選充新商，責令總散各商聯名保結。該總商往往意存推諉，以致新商格於成例，不便著充。數年以來，洋船日多行户日少，照料難周，易滋弊竇。自應量爲變通。著照所請，嗣後如有身家殷實呈請充商者，該監督察訪得實，准其暫行試辦一二年。果能貿易公平，夷商信服，交納餉項不致虧短，即照舊例，一二商取保著充。其總散各商聯名保結之例，著即停止。

道光十七年，總督鄧廷楨、監督文祥會同奏言：竊照粵東港口准予外夷通商，全在行商經理得人，方克仰副懷柔，俾梯航溥沾樂利而杜私裕課均攸賴之於榷務，所關非細。從前洋行共有十三家，因日久玩生，各商內即有以虧餉逋債治罪者。曾於嘉慶十八年，經前監督德慶奏請設立總商綜理行務，并嗣後選承新商責令總散各商聯名保結等因，奉旨允行。迨至道光九年，各洋行陸續閉歇，僅存怡和等七行，不敷經理。前監督延隆以招商不前，恐責令保結之總商意存推委，又經議立變通章程，亦奉旨欽遵在案。自是以後，缺商隨時招補，至今已復十三行。舊觀照料無虞不足，而新充之仁和行商潘文海，試辦已歷七年，屢催未據出結咨部。又孚泰行商易元昌、東昌行商羅福泰，暨新充尚未列册達部之安昌行商容有光，試辦或届二年或逾一年不等。臣等現已勒限一月，飭令趕緊遵照新例，出具一二商切實保結咨部，以專責成。如逾限無商保結，即行咨銷其名。仍查明試辦有無經手未完，分别嚴追究辦。惟是制事端貴因時，立法尤期經久。現行延隆奏准新例，臣等公同悉心確覈，有宜於昔不宜於今者，有弊生於法終於杆格難行者。蓋粵省洋行十三家由來已久，每值船多税旺，從無承辦不周之虞。延隆前因各行閉歇將半，是以權宜變通，聽殷户自請充商，察訪得實即准其試辦。其作何限制，並未議及。小民趨利乘便，設逐漸增多伊於胡底。且商衆則流品多雜，稽查難周。十餘年來，紋銀出洋、鴉片流毒，以及走私漏税諸弊叢生，固由外匪因緣爲奸，亦難保非蠹從內出。即如本年三月拿獲走私匪犯梁亞奇等案內，起有洋商羅福泰與逸犯鄭永屏書信，因牽涉肇慶水師營守備羅曉峯干預該商掛牌情事。經臣鄧廷楨據實奏參，奉旨革職解回提併審辦。現在案雖未定，而該商資本不豐，交通匪類，已可概見。當此查辦喫緊之時，若不亟截其流，誠恐弊將滋甚。又試辦一層，本爲擇商要術，無如人心叵測，安知其不於試辦一二年內巧作彌縫以求遂其承商骫法之計，迨至限滿取結卮漏已形，執法以從究竟何補？是試辦之毫無足恃，亦有斷然而無疑者。至德慶奏准舊制保商必通行出結，曹好曹惡一本大公，何等鄭重。新例則慮其或涉推諉，改議一二商具保遽准承充。不知推諉致有遲延，其悮尚小。若此一二商者使非其親昵即事出賄通馴致覆餗僨轅，爲害乃大。況向辦商欠之案，鈔產不敷備抵，統派衆商攤賠，今已援爲成例，無論保商與否，不容稍事諉延。然與其所賠非所保之人，輸資類難甘服，何如所賠即所保之人，濫舉各生戒心之爲愈。臣等愚昧之見，竊以洋商既已招補無缺，足敷辦公，即當明立限制。應請嗣後十三行洋商遇有歇業或緣事黜退者，方准隨時招補，此外不得無故添設一商，亦不必限年試辦，徒致有名無實。其承商之時，仍請復歸聯保舊例，責令通關總散各商公同慎選殷實公正之人聯名保結，專案咨部著充。毋許略存推諉之私，以絶其壟斷之念。餘俱循照舊例，一律妥爲辦理。如此明立定限，庶幾簡而不濫。充商者必挾重貲責有攸歸，保舉者務求覈實於以裕餉課而杜朋奸。似亦不無小補矣。奉上諭：鄧廷楨等奏請復承商舊制一摺，粵東洋商自嘉慶年間設立總商經理，其選充新商，責令總散各商聯名保結。後因夷船日多，行户日少，照料難周，易滋弊竇，是以量爲變通，以殷户自請充商暫行試辦，停止聯名保結之例。茲據該督等查明，現在招補缺商已復舊額，足敷辦公，自應仍復舊例，以示限制。嗣後該商遇有歇業或緣事黜退者，方准隨時招補。此外不得無故添設一商，亦不限年試辦，以歸覈實。其承商之時，責令通關總散各商公同慎選殷實公正之人聯名保結，專案咨部著充。並著該督等隨時查察，毋許該總商等仍蹈從前推諉壟斷惡習，俾保充者務求覈實，而走私漏税諸弊亦責有攸歸，以裕課餉而杜姦私。該部知道。

（清）王慶雲《石渠餘紀》卷五《紀恤商》 凡貿遷有無，皆商也。而定以數，使不得多寡；别以地，使不得南北。布以官吏，節節譏稽，惟鹽爲然。若井若場竈，又力作自食，以供賦税，比於南畝者也。國初除明苛政，與民更始。順治二年令河南、江南北鹽課，照前明會計，録原額徵收。凡明季加增新餉、練餉、雜派，皆罷之。官吏分外科斂者，重罪。特免各省本年鹽課三之一。四年以後，平閩平浙平粵，皆免前明苛派。方招撫四川，免鹽課一年八月。世祖親政，禁各鹽差御史收解課外餘銀。十七年巡撫張所志奏，四川每鑿一井，費中人數家之產。請三年起課，得比田地開荒。康熙四年免各省舊欠錢糧，竝及鹽課。以旱免山東竈課。九年停鹽課全完及溢額議叙。十四年軍興需餉，每引加銀五分。事平，亟罷之。停兩淮預徵，次第免福建、廣東、長蘆、天津新增課額。二十八年免河東鹽池租。三十八年上南巡，罷兩淮加增課額，又減兩淮年額二十萬兩，浙江三萬餘兩。乾隆初年以湖北歲歉，湖南過兵，分淮南綱課帶徵，免場竈舊欠。於滇裁課外盈餘，以平鹽價，革煙户，分派食鹽，免鹽井規禮。於粤革餘平，又以鹽貴增斤改引。十一年免海州贛榆帶徵場課。自後各省場竈屢邀恩澤。十四年長蘆鹽臣麗柱以大軍凱還需餉，請飭各省增課。諭曰：金川用兵供億，固爲浩穰。但公帑所儲，儘足供用。且康熙十四年原因開國未久，正供缺乏。今時勢懸殊，豈可援以爲例？麗柱著交部議處。十六年免兩淮追繳貴價盈餘。自後省方所至，或增加綱食引鹽，以便民食；或展緩奏銷及帶徵期限，以紓商力。又免長蘆加斤，天津餘引輸課，仍時戒商人不得貴價以病民。四十七年免淮商提引餘利二百萬兩。次年以未完一百六十餘萬兩，全行豁免。而長蘆、河東屢以商本不敷，酌增鹽價。蓋恤民裕商，本屬一事。見於十六年諭旨者，至詳且盡。今謹録於右，必也官無病商，商勿病民，庶爲各得其所哉。

《户部則例》卷四一《關税・海洋商船驗照》 一、海洋貿易商船，令報明海關監督及地方官。該地方官嚴查，確係殷實良民，取具保結，准其依式成造。仍取具船主不得租與匪人甘結，將船身烙號刊名，查明在船人口，與例相符，填給執照，于出口時，呈官驗放。若遇舵水偶有事故，許該船户就近召募，出具保結，赴該海關廳縣請照頂補，掛號造册，回日銷號。沿海貿易之船，亦令于出口時，驗照掛號，回日覆驗銷號。若有詭名頂替及違例多帶舵水人等，汛口官盤查不實，或別有勒掯失察情弊，俱分別議處治罪。

一、各項商人出洋，地方官查明真實姓名、居住地方及往何洋貿易，取具里鄰甘結，給與印照，守口官弁驗准放行，仍載入稽考簿内。其從外洋販貨進口者，亦必詳查人貨，汛明經由何洋，概行註册。

一、出洋小本商民，因風信届期不能回籍請照，在福建者呈明廈門同知，在廣東者呈明南海縣，在浙江者呈明海關監督及乍浦海防同知。該海關廳縣取具行户、船主保結，給與印照，行知該地方官備案。回日，仍赴原衙門銷照。其舵水貨客有在番地帳目不清及别項事故者，原給照衙門取具鄰船客商水手甘結，移行地方官存案。回日，呈明繳銷。

一、由五虎門出口渡臺商民，向在閩省置貨貿易，不能赴原籍領照者，責令行保出具保結，并將置何貨物、裝攬何船報明福防同知衙門，就近給照放行。

一、由淡水内渡商民，免其給照，飭令取具行鋪認保，開明姓名、年貌、籍貫，由船户持交管口官弁，驗戳放行。

一、渡臺商民不由行保人等查明出結，報明該管同知衙門給照掛驗，私自偷渡者，照私渡關津律治罪。行保人等知情故縱者，一體坐罪。

一、廈門商運船隻，不許越赴泉州府屬之蚶江口渡載。

一、泉州府屬之蚶江口商、漁船隻，往江浙及福州省城、福寧、福安等處貿易，責令蚶江通判查察，掛驗放行。如有違例偷渡臺灣，人照不符及夾帶禁物等項，查拿究治，守口文武員弁故縱失察，分别參處。

一、臺灣府屬之鹿仔港海口出入船隻，責令鹿仔港同知查察，掛驗放行。

一、福寧、興化、漳州等府并廈門所屬沿海小港，及臺灣府屬之淡水、彰化、嘉義、鳳山所轄之各處小港，均責成沿海各屬及守口員弁實力查禁。如有拿獲無照船隻私渡者，船户照越渡緣邊關塞律治罪，船隻入官。倘有夾帶違禁貨物出口者，各照本律分别治罪。若文武官員有故縱失察情弊，分别查參議處。

一、有照商船因風漂泊收岸者，守口員弁驗明牌照放行。

一、閩省舢舨頭船易滋偷漏，永禁置造，違者嚴行究治。

《户部則例》卷四二《關税・牙行廢帖》 一、京城及各直省所屬牙行經紀，除病故准其募補外，其緣事退帖，必須查明實係年老有疾及緣事不安本分之人，方准革退另募，不得任意去留。如有昔廢今興復設者，許以該行原有廢帖募補。如該行本無廢帖，不准以别行廢帖改補。

《户部則例》卷一〇〇《通例・嚴禁官價科買》 一、衙門需要鋪户貨物，各照市價平買，毋得私立官價名目科取物件，違者照例懲處。

一、各省府州縣等衙門除菜蔬油醬食物，准其于本處照市價平買外，其餘布疋、綢緞一切貨物等項，或由本籍携帶，或在鄰境買用，毋得于所屬地方濫行賒買，致啓勒索掯價之端。該管上司仍應隨時稽查，如有在本境賒欠等弊，即行嚴參究治。

《六部處分則例》卷二三《關市・兩廣催追商欠》 一、兩廣州縣官帶徵商欠，照承追虧空銀兩例議處。例載本卷。限滿不完，該管府州罰俸六個月，道員罰俸三個月。俱公罪。

一、兩廣州縣官帶徵商欠，全完，照承追虧空銀兩全完例議敘。例載本卷。

一、兩廣帶徵商欠，廣東省廣州各埠以運使爲督催，潮州各埠以運同爲督催，高州茂名埠以本管知府爲督催，廣西省各埠以鹽道爲督催，如督催不力，即照知府例議處。

《六部處分則例》卷二三《關市・大宛二縣承追處分》 一、大宛二縣一切承追案件，俱照不作分數雜項錢糧例處分。例載催徵門。如該縣徇情不追，降二級調用。私罪。將本犯應追之項著落該縣賠還。

《六部處分則例》卷二三《關市・抽分木税》 一、潘家桃林古北口等處商人出口砍運木植，由該監督請領部票給發。該商一年限滿，繳舊换新。儻該監督領到工部新票不俟舊票期滿即行給發者，罰俸一年。公罪。舊票限期已滿不即收回繳部者，罰俸六個月。公罪。因而致夾帶影射重複砍運等弊者，降一級調用。公罪。知情徇縱者，革職。私罪。

一、抽分木税，不抽大木而抽小木者，該監督照徇情例，降二級調用。私罪。

一、除商欠木税銀兩照例行知該地方官將木植變價抵税外，若該監督有應繳關税銀兩未清，總以差滿之日爲始，計其銀數在三千兩以下者，定限兩個月完解；三千兩以上者，定限三個月完解。如逾限不完，工部題參，將該員革職。公罪。行文該旗嚴追，再限三個月繳部。限內全完，准其開復。逾限不完，交部治罪。

一、古北口抽分木税銀兩，該差官以任滿日期爲始，限四個月內完繳。潘家桃林抽分木税銀兩，該差官以任滿日期爲始，限八個月內完繳。如限內不完，議以革職留任。公罪。數在一千兩以下者，限半年完繳；一千兩以上至三千兩者，限一年完繳；三千兩以上至五千兩者，限二年完繳；五千兩以上至一萬兩者，限三年完繳；一萬兩以上至二萬兩以內者，限四年完繳。均以接到部文之日起限，如仍不依限全完，即行革職。公罪。若革職後能於半年內全數完繳，准其開復。

《六部處分則例》卷二三《關市・陞調人員催繳罰俸銀兩》 一、州縣以上保題陞調人員，該督撫將該員罰俸銀兩飭催補繳。數在三百兩以下者，定限半年。三百兩以上者，定限一年。一千兩以上者，定限二年。五千兩以上者，定限三年。一萬兩以上者，定限五年。該督撫以奉到部文之日起，一面統計該員罰俸之案共有若干，覈明銀數多寡，按限飭追，一面造具案由清册，送部查覈。如限滿不完，該督撫即專咨報部，俱停其陞調，戴罪完納，完日開復。（公俱罪）〔俱公罪〕。

《六部處分則例》卷二三《關市・清查牙行》 一、各省牙帖由布政使鈐印頒發，奉天牙帖係旗員徵收者，由盛京户部頒發；係民員徵收者，由府尹頒發。地方官務查殷實良民取具保鄰甘結，方准領帖承充。其素行無賴，産業毫無者，不許濫給。仍將充牙行經紀姓名按季造册，申送布政使存案。如地方官查察不實，濫給牙帖，以致吞騙客本者，降一級調用。公罪。不用司頒印帖，輒自用印私給者，亦降一級調用。私罪。該上司不將私帖查參，知府罰俸一年，布政使道員俱罰俸六個月。俱公罪。

一、牙行領帖開張，每屆五年編審一次，清查换照。若有頂冒朋充，巧立名色，霸開總行，擾累商民等事，地方官失於查拏，罰俸一年。公罪。有意徇縱者，降二級調用。私罪。受財故縱者，計贓以枉法論。

一、額設牙行照舊税課，不得於客外增添。如有姦宄之徒捏稱牙行混行索詐，在外令各州縣官，在京令順天府通判、大宛二縣、五城兵馬司嚴拏治罪。如失於查拏，照前例分别議處。

一、生監書役更名捏姓承充牙行，地方官查實即應追回印帖，勒令歇業。如不行追帖，照前例分别議處。

一、各省地方遇有客商控追牙行侵欠之案，令經理之員按月册報巡道查覈按册提比。若經理之員拖延不結，逾限不及一月者，罰俸三個月。一月以上者，罰俸一年。半年以上者，罰俸二年。一年以上者，降一級留任。俱公罪。係有意徇縱牙行者，降二級調用。私罪。受財故縱者，計贓以枉法論。

《六部處分則例》卷二六《解支・承追買賣人借欠官銀》 一、買賣人借欠官銀，以刑部文到之日起，勒限六個月，交與地方官追完解送。若逾限六個月者罰俸六個月，逾限九個月者罰俸一年，逾限一年者降一級再罰俸一年。俱公罪。仍勒限六個月催追。若又逾限不完，將承追官革職留任。公罪。完日開復。

（清）顏世清《約章成案匯覽》乙篇卷一一上《章程・通商門貿易類》

・商部奏遵旨擬先訂公司商律摺光緒二十九年》

奏爲遵旨擬訂商律，謹先將公司一門繕册呈覽，恭候欽定事。竊臣載振於光緒二十九年三月二十五日奉上諭：通商惠工，爲古今經國之要政，急應加意講求。著派載振、袁世凱、伍廷芳先訂商律作爲則例等因。欽此。仰見朝廷慎重商政，力圖振興之至意。維時伍廷芳在上海會議商約，臣載振曾與函商，先將各國商律擇要譯録，以備參考之資。旋於七月十六日奉旨設立商部，伍廷芳復承簡命補授臣部侍郎，於八月間來京。臣等與之公同籌議，當以編輯商律，門類繁夥，實非剋期所能告成。而目前要圖莫如籌辦各項公司力祛曩日涣散之弊，庶商務日有起色，不至坐失利權。則公司條例亟應先爲妥訂，俾商人有所遵循，而臣部遇事維持設法保護亦可按照定章覈辦。是以趕速先擬商律之公司一門，並於卷首冠以商人通例，於脱稿後函寄直隸督臣袁世凱會商在案。嗣准軍機處交片内開，十一月十一日奉上諭：袁世凱奏差務太繁，請開去各項兼差一摺。商務商律現已設有商部，即著責成該部詳議妥訂等因。欽此。並准該督咨同前因自應欽遵辦理。茲將商律卷首之商人通例九條暨公司律一百三十一條繕具清册，恭呈御覽。如蒙俞允，即作爲欽定之本，應由臣部刊刻頒行。此外各門商律仍由臣等次第擬訂，奏明辦理。現在伍廷芳奉旨調補外務部侍郎，臣等深悉該侍郎久歷外洋，於律學最爲嫻熟，嗣後籌議商律一切事宜，仍隨時與該侍郎會商，以期周妥。所有擬訂商律，先將公司一門繕册呈候欽定緣由理合恭摺具陳，伏乞皇太后皇上聖鑒訓示。謹奏。光緒二十九年十二月初五日，奉旨：依議。欽此。

附録

欽定大清商律

商人通例

第一條　凡經營商務貿易買賣販運貨物者，均爲商人。

第二條　凡男子自十六歲成丁後方可爲商。按年月計算足十六歲。

第三條　凡業商者，設上無父兄或本商病廢而子弟幼弱尚未成丁，其妻或年届十六歲以上之女或守貞不字之女，能自主持貿易者，均可爲商。惟必須呈報商部存案，或在該處左近所設商會呈明轉報商部存案。如該處未設商會，即就近赴各業公所呈明轉報商部存案。

第四條　已嫁婦人，必須有本夫允准字據，悉照第三條辦理呈報商部方可爲商。惟錢債轇轕虧折等事，本夫不能辭其責。

第五條　凡商人營業，或用本人真名號，或另立店號某記某堂名字様，均聽其便。

第六條　商人貿易，無論大小必須立有流水賬簿。凡銀錢貨物出入，以及日用等項，均宜逐日登記。

第七條　商人每年須將本年貨物、産業、器具，以及人欠、欠人款目盤查一次，造册備存。

第八條　商人所有一切賬册及關繫貿易來往信件留存十年，十年以後留否聽便。倘十年之内實有意外燬失情事，應照第三條呈報商部存案例辦理。

第九條　無論何項商人、何項公司、何項舖店均須按照第六七八條遵守無違。

欽定大清商律

公司律

第一節　公司分類及創辦呈報法

第一條　凡湊集資本共營貿易者，名爲公司，共分四種。

一、合資公司。

一、合資有限公司。

一、股分公司。

一、股分有限公司。

第二條　凡設立公司赴商部註册者，務須將創辦公司之合同規條章程等一概呈報商部存案。

第三條　公司名號後設者，不得與先設者相同。

第四條　合資公司係二人或二人以上集資營業公取一名號者。

第五條　合資公司所辦各事應公舉出資者一人或二人經理以專責成。

第六條　合資有限公司係二人或二人以上集資營業，聲明以所集資本爲限者。

第七條　設立合資有限公司，集資各人應立合同聯名簽押，載明作何貿易，每人出資若干，某年某月某日起，期限以幾年爲度。限先期十五日將以上情形呈報商部註册方准開辦。

第八條　合資有限公司招牌及凡做貿易所出單票圖記，均須標明某某名號有限公司字樣。

第九條　合資有限公司如有虧蝕、倒閉、欠賬等情，查無隱匿銀兩訛騙諸弊，祇可將其合資銀兩之儘數，並該公司產業變售還償，不得另向合資人追補。

第十條　股分公司係七人或七人以上創辦集資營業者。

第十一條　股分公司創辦人訂立創辦合同，所應載明者如左。

一、公司名號。

二、公司所做貿易。

三、公司資本若干。

四、公司總共股分若干，每股銀數若干。

五、創辦人每人所認股數。

六、公司總號設立地方，如有分號一併列入。

七、公司設立後布告股東或衆人之法，或登報或通信，均須聲明。

八、創辦人姓名住址。

第十二條　設立股分公司者應將第十一條各項限先期十五日呈報商部註册方准開辦。

第十三條　股分有限公司係七人或七人以上創辦集資營業聲明資本若干，以此爲限者。

第十四條　股分有限公司創辦人應訂立創辦合同與第十一條同，惟須聲明有限字樣。

第十五條　股分有限公司招牌及凡做貿易所出單票圖記亦均須標明某某名號有限公司字樣。

第十六條　股分公司不論有限無限，如須招股必先刊發知單並登報布告衆人。其知單及告白中所應聲明者如左。

一、公司名號。

二、公司作何貿易及所作貿易大概情形。

三、公司設立地方。

四、創辦人姓名住址。

五、公司總共股分若干，每股銀數若干，現招股若干，及分期繳納之數。

六、收取股銀地方。

七、創辦人有無別得或他人應許之利益。

八、創辦人爲所設公司先與他人訂立有關銀錢之合同之類。

第十七條　凡創辦公司之人，不得私自有非分之利益隱匿以欺衆股東。倘有此項情弊，一經查出，除追繳所得原數外，並按照第一百二十六條罰例辦理，以示懲警。至其應得之利益，先在衆股東會議時聲明允認者，不在此例。

第十八條　公司招股已齊，創辦人應即定期招集各股東會議，即由衆股東公舉一二人作爲查察人，查察股數是否招齊及公司各事是否妥協。

第十九條　如股東查出公司創辦人不遵照按第十六條聲明各項辦理及有他項弊竇者，衆股東可以解散不認。

第二十條　如股東查明公司創辦人確係遵照按第十六條聲明各項辦理亦無他項弊竇，該公司應於十五日内呈報商部註册開辦。

第二十一條　公司呈報商部註册時所應聲明者如左。

一、公司名號。

二、公司作何貿易。

三、公司總共股分若干。

四、每股銀數若干。

五、公司設立後布告股東或衆人之法，或登報或通信，均須聲明。

六、公司總號設立地方，如有分號一併列入。

七、公司設立之年月日。

八、公司營業期限之年月日，如無期限亦須聲明。

九、每股已交銀若干。

十、創辦人及查察人姓名住址。

第二十二條　公司開辦三月後，限於一月之内，董事局須邀請衆股東會議將開辦各事宜詳細陳説，俾衆股東知悉。如有關繫緊要者即可請衆股東酌奪。

第二十三條　凡現已設立與嗣後設立之公司及局廠行號舖店等，均可向商部註册，以享一體保護之利益。

第二十四條　股分銀數必須畫一不得參差。

第二十五條　每股銀數至少以五圓爲限，惟可分期繳納。

第二十六條　每一股不得析爲數分。

第二十七條　公司必須遵照第二十一條聲明各項辦理方能刊發股票，違者，股票作廢。他人因此受虧者，准控官向該公司索賠。

第二十八條　公司股票必須董事簽押，加蓋公司圖記爲憑，依次編號，並將左列各項叙明。

一、公司名號。

二、公司註册之年月日。

三、公司總共股分若干。

四、每股銀數若干。

五、股銀分期繳納者應將每期所交數目詳細載明。

六、附股人姓名住址。

第二十九條　股分有限公司如有虧蝕倒閉欠賬等情，查無隱匿銀兩訛騙諸弊，祇可將其股分銀兩繳足，並該公司產業變售還償，不得另向股東追補。

第三十條　無論官辦、商辦、官商合辦等各項公司，及各局凡經營商業者皆是。均應一體遵守商部定例辦理。

第三十一條　凡合資公司、股分公司於呈報商部註册時未經聲明有限字樣，應作無限公司論。如遇虧蝕，除將公司產業變售償還外，倘有不足應向合資人附股人另行追補。

第三十二條　無限公司或舖户等欠賬虧短，可向股東舖東追償，並將己名下產業變售封抵。詳倒賬追欠各專條內。

第二節　股分

第三十三條　附股人應照所認股數任其責成。

第三十四條　附股人應在公司入股單上按式填寫簽押，送交公司指定收單之處依期繳納股銀。

第三十五條　附股人無論華商洋商，一經附搭股分即應遵守該公司所定規條章程。

第三十六條　附股人不能以公司所欠之款抵作股銀。

第三十七條　數人合購一股者，應准以一人出名。其應得權利即由出名人任領分給合購各人。至有繳納股銀不能應期繳足者，仍由各人分任其責。

第三十八條　如無違背公司章程股票可以任便轉賣，惟承買之人應赴公司總號註册方能作准。

第三十九條　公司不能自己買回及抵押所出股票。

第四十條　附股人到期不繳股銀，創辦人應通知該附股人，限期半月，逾限不繳，可將所認股數另招他人接受。

第四十一條　公司令各股東續繳股銀應於十五日前通知，逾期不繳，再展限十五日，仍不繳則失其股東之權利。

第四十二條　股東於展限期內不續繳股銀，公司可將所認股數招人承買。得價不足，仍向原股東追繳。

第四十三條　公司欲給紅股應於創辦時預行聲明不得隱匿。

第四十四條　附股人不論職官大小，或署己名或以官階署名，與無職之附股人均祇認爲股東，一律看待。其應得餘利暨議決之權，以及各項利益，與他股東一體均沾，無稍立異。

第三節　股東權利各事宜

第四十五條　公司招集股東會議，至少於十五日前通知並登報布告。其知單及告白中應載明所議事項。

第四十六條　公司董事局每年應招集衆股東舉行尋常會議，至少以一次爲度。

第四十七條　舉行尋常會議董事局應於十五日前將公司年報及總結分送衆股東查核。

第四十八條　舉行尋常會議時公司董事應對衆股東宣讀年報，並由衆股東查閱賬目。衆股東如無異言，即行列册作准決定分派利息，並公舉次年董事。衆股東有以賬目爲未明析者，可即公舉查察人一二名詳細查核。

第四十九條　公司遇有緊要事件，董事局可隨時招集衆股東舉行特別會議。

第五十條　有股本共合全數十分之一之股東，或一人或多人不限人數。

有事欲會議者，可即知照董事局招集衆股東舉行特別會議，惟必須將會議事項及緣由逐一聲明。如公司董事局不於十五日內照辦，該股東可稟由商部覈准自行招集衆股東會議。

第五十一條　股東於所認股數到期不能繳納者不能會議。

第五十二條　衆股東無論舉行尋常及特別會議，即將所議各事由書記列册。凡議決之事一經主席簽押作准後，該公司董事人等必須遵行。

第五十三條　衆股東會議時如有議決之事，董事或股東意爲違背商律或公司章程者，均准赴商部稟控核辦。惟須在一月以内呈告，逾期不理。至股東稟控，必須將股票呈部爲據。

第五十四條　公司創辦時所訂合同及記載衆股東歷次會議時決議各事之册，並股東總單，須分存公司總號及分號，俾衆股東及公司債主可以隨時前往查閲。

第五十五條　公司總號應立股東姓名册，册内所應載者如左。

一、股東姓名住址。

二、股東所有股數並其股票號數。

三、每股已繳銀若干，何時所繳。

四、股東購入股票之年月日。

第五十六條　凡購買股票者，一經公司註册即得爲股東。所有權利與創辦時附股者無異，其應有之責成亦與各股東一律承任。如須續加股銀亦應照繳。

第五十七條　中國人設立公司，外國人有附股者，即作爲允許遵守中國商律及公司條例。

第五十八條　凡公司有股之人，股票用己名者，無論股本多少，遇有事情准其赴公司查核賬目。

第五十九條　股東赴公司查核賬目，應先期三天函告該公司總辦。如無總辦即總司理人，俾可預備。公司股東不一，其人司事有逐日應辦之事，任意查賬未免難於應接，致有掣肘誤公等弊，故應先行函訂。

第六十條　公司往來書劄及各項事件，如股東欲赴公司查閲，亦須先期三天函告公司總辦或總司理人預備。如所查之書劄及各事於該公司較有關係，或略有窒礙者，總辦或總司理人可請董事局酌奪。如有應行秘密之書函不合宣布者，亦不得交與股東閲看。

第六十一條　如有股東以查核公司賬目書劄及各事爲名，實係借端窺覬虚實私自別圖他項利益，損礙公司大局者，董事局應禁阻其查閲。

第四節　董事

第六十二條　公司已成，初次招集衆股東會議時由衆股東公舉董事數員，名爲董事局。

第六十三條　公司董事至少三人，至多不得過十三人，惟必須舉成單數爲合例。

第六十四條　董事局議會如有三人到場即可議決各事，惟務須遵守會議條例。

第六十五條　充董事者必須用本人姓名暨至少有該公司股分十股以上者。

第六十六條　董事薪俸，如創辦合同未經載明者，應由衆股東會議酌定。

第六十七條　各公司以董事局爲綱領，董事不必常川住公司内。然無論大小應辦應商各事宜，總辦或總司理人悉宜秉承於董事局。

第六十八條　董事任事之期以一年爲限，期滿即退。最初一年應掣籤定留三分之二，以後按舉輪替。如人數不能合三分之二者，即取其相近之數。

第六十九條　董事期滿，如衆股東以爲勝任，可於尋常會議時公舉續任。

第七十條　董事期滿，股東欲另舉他人，應於尋常會議兩日前將擬舉之人姓名通知公司總辦或總司理人。其願充董事者，亦可先向公司報名，俟會議時由衆股東公舉。

第七十一條　董事如有事故不能滿任，董事局人數不敷，可由董事局暫委一妥慎之股東代理，俟衆股東於尋常會議時再行公舉充補。

第七十二條　董事辦事不妥或不孚衆望，衆股東可於會議時決議即行開除。

第七十三條　董事遇有以下各事即行退任。

一、倒賬。

二、被控監禁。

三、患瘋癲疾。

四、董事局會議時並未商明他董事，接連三月不到。

第七十四條　董事未經衆股東會議允許不得做與該公司相同之貿易。

第七十五條　公司股本及公司各項銀兩係專做創辦合同内所載之事者不得移作他用。

第七十六條　公司虧蝕股本至半，應即招集衆股東會議籌定辦法。

第七十七條　公司總辦或總司理人、司事人等均由董事局選派，如有不勝任及舞弊者，亦由董事局開除。其薪水酬勞等項，均由董事局酌定。

第七十八條　公司尋常事件，總辦或總司理人、司事人等照章辦理。其重大事件，應由總辦或總司理人請董事局會議，議決後列册施行。

第五節　查賬人

第七十九條　公司設立後衆股東初次會議時應公舉查賬人至少二名，其酬勞由衆股東酌定。

第八十條　查賬人任事之期以一年爲限，限滿衆股東於尋常會議時另行公舉。如衆股東願留者，可以續任。

第八十一條　董事不能兼任查賬人。

第八十二條　查賬人不能兼任董事。如經衆股東舉爲董事，即開去查賬人之職。

第八十三條　查賬人因有事故不能滿任，董事局可以委人暫行代理，股東於尋常會議時再行公舉。

第八十四條　查賬人可以隨時到公司查閲賬目及一切簿册，董事及總辦人等不能阻止，如有詢問應即答覆。

第六節　董事會議

第八十五條　董事局會議至少必須三人到場方能開議。

第八十六條　董事局會議應就董事中公推一人充主席，一人充副主席。

第八十七條　董事局會議主席董事主議主席不到由副主席代理，副主席亦不到臨時另舉一人代理。

第八十八條　董事局會議時所議之事有與董事一人之私事牽涉者該董事應自行迴避。

第八十九條　董事局會議時每人有一議決之權。所謂議決之權者，指一人有決事之一權也。假如有五人在場共議一事，則五人得有決事之五權。

第九十條　董事局會議事件如有意見不同者總以從衆爲決斷，如董事在場，共有五人，有三人以爲可行二人以爲不可行，所議之事即可從衆照行，即由書記註明記事册内，主席簽字作准。

第九十一條　董事局會議時，如在場董事連主席共有六人會議一事，三人以爲可行三人以爲不可行，則彼此議決之權相等，主席董事可加一議決之權酌理以決定其事。若議決之權不相等，主席不得加一議決之權。

第九十二條　董事局會議時應就公司司事中選派一人充書記，將所議決各事登記董事局會議記事册。

第九十三條　書記將議決各事登記會議記事册候下次會議時對衆董宣讀，如無不合即由主席簽押作准。

第九十四條　董事局會議議決之事，於下次會議時經主席簽押，其原未到場之董事若無異言即爲默許。

第九十五條　董事局每一星期須赴公司會議至少一次，總辦或總司理人可將應辦各事向董事局請示。如有緊要事件，可請董事局隨時至公司會議酌奪。

第九十六條　董事局尋常會議期數任便酌定，如有緊要事件但有二人欲行會議者可即定期舉行特別會議。

第九十七條　董事局會議議決之事，該公司總辦及各司事人等必須遵行。

第七節　衆股東會議

第九十八條　股東尋常會議及特別會議以主席董事充主席亦可由股東另行公舉。

第九十九條　會議時股東有事請議即由請議之人建議，並須一人贊議，再由衆人決議。

第一百條　會議時有一股得一議決之權。如一人有十股者，即有十議決之權，依此類推。惟公司可預定章程，酌定一人十股以上議決之權之數。如定十股爲一議決之權，或二十股爲一議決之權，依此類推。

第一百一條　凡會議各事決議可否從衆所言爲定。如彼此議決之權相等，則主席可另加一議決之權。惟必須照第九十、第九十一兩條辦法一律辦理。

第一百二條　凡決議可否即由書記登記股東會議記事册，由主席簽字作准。

第一百三條　公司有重大事件，如增加股本及與他公司併合之類。招集股東舉行特别會議。若議決准行，限一月内復行會議一次以實其事，議畢施行。

第一百四條　股東會議時所議之事有與股東一人之私事牽涉者，該股東仍可到場會議，毋須迴避。

第一百五條　股東不能到場會議者，可出具憑證派人代理。代理人如非股東衹能代行議決之權，不能有所辯駁以申論其原因。

第一百六條　股東派會議代理人所出憑證應於三日前送交公司總辦或總司理人查核。

第八節　賬目

第一百七條　董事局每年務須督率總辦或總司理人等將公司賬目詳細結算，造具年報，每年至少一次。

第一百八條　董事結賬時應先由查賬人詳細查核一切賬册，如無不合，查賬人應於年結册上書明核對無訛字樣並簽押作據。

第一百九條　公司年報所應載者如左。

一、公司出入總賬。

二、公司本年貿易情形節略。

三、公司本年贏虧之數。

四、董事局擬派利息並撥作公積之數。

五、公司股本及所存産業貨物，以至人欠欠人之數。

第一百十條　董事局造成年報，應於十五日前由總號分號分送衆股東查核，並分存總號分號任憑衆股東就閲。

第一百十一條　公司結賬必有贏餘方能分派股息，其無贏餘者不得移本分派。

第一百十二條　公司結賬贏餘至少須撥二十分之一作爲公積，至積至公司股本四分之一之數停止與否乃可聽便。

第九節　更改公司章程

第一百十三條　公司有權可以訂立詳細規條章程以補律載之不足，惟不得與明定之條例有所違背。

第一百十四條　董事局欲將公司創辦合同或公司章程更改，必須由衆股東會議議決。

第一百十五條　衆股東會議議決，必須股東在場者有股東全數之半，其所得股分必須有股分全數之半。若不能如上所限，而在場股東以爲事在可行者已居多數，可以暫時決議公司事，將決議之事登報，並通知衆股東限一月内重集會議從衆決定。

第一百十六條　公司如欲增加股本，亦須照第一百十四條、第一百十五條辦理，並於決議後十五日内呈報商部。

第一百十七條　公司欲增加股本，必須衆股東將原定每股銀數繳足之後方能舉辦。

第一百十八條　公司增加股本，其新股票因漲價所得之利應歸公司。

第一百十九條　公司增加股本，其新股銀數繳足後董事應即招集衆股東會議當衆宣布。會議時衆股東有欲查核者，可公舉查核人一二名，詳細查明是否繳足。

第十節　停閉

第一百二十條　凡公司遇有後列各款情事者即作爲停閉。

一、經衆股東照第一百十條會議例議決停閉。

二、股本虧蝕及半。

三、公司期滿。

四、股東不及七人。

五、與他公司併合。

第一百二十一條　公司停閉之時即以董事充清理人，如董事不能勝任，可由衆股東會議公舉。所公舉之清理人衆股東亦可隨時會議開除。

第一百二十二條　公司停閉之時如衆股東不克公舉清理人可呈請商部派人清理。

第一百二十三條　有公司股本全數十分之一之股東，若以清理人辦理不善，可呈請商部派人接辦。

第一百二十四條　清理人將賬目算結款項清還後，應開具清册，招集衆股東會議決定允准方能了結。

第一百二十五條　公司停閉後所有賬簿來往緊要信件必須留存十年，十年限滿留否聽便。

第十一節　罰例

第一百二十六條　公司創辦人、董事、查賬人、總辦或總司理人、司事人等有犯以下所列各款者，依其事之輕重罰以少至五圓多至五百圓之數。

一、不依期呈報商部註册。

二、不將律定布告各事布告或布告不實。

三、凡以上各條明定應交人查閲之件，若無第六十條、第六十一條情事不交查閲人查閲。

四、阻止他人查問以上各條應當查問之事。

五、未經註册先行開辦。

六、未經註册先發股票。

七、不遵律設立股東姓名册，或不依第五十五條開載，或開載不實。

八、股票不遵依第二十八條所定開載，或開載不實。

九、不遵第五十四條及第一百十條，將公司創辦合同，或記載衆股東歷次會議之事之册，或股東總單、公司物業總賬、總結年報、贏虧總賬、公積賬、分息賬分存總號分號。或以上各件開載不全或開載不實。

十、股本虧蝕至半不遵依第七十六條招集股東會議。

十一、公司創辦人有違第十七條私自得有非分之利益。

第一百二十七條　公司人等不論充當何職，如不遵以上第七十五條將公司股本或公司各項銀兩移作他用者，除追繳移用之款外並罰以少至一千圓多至五千圓之數。

第一百二十八條　董事總辦或總司理人、司事人等違背商律及公司章程被人控告商部，商部應視其事之輕重罰以少至五圓多至五千圓之數。

第一百二十九條　董事總辦或總司理人司事人等，有偷竊虧空公司款項，或冒騙他人財物者，除追繳及充公外，依其事之輕重監禁少至一月多至三年，或並罰以少至一千圓多至一萬圓之數。若係職官，並詳參革職。

第一百三十條　如有違背以上條律而未載明罰款者，即酌其輕重罰以少至五圓多至五百圓之數。

第一百三十一條　以上各條例奉旨批准頒行後自應永遠遵守。惟此係初定之本，如於保護商人推廣商務各事宜未能詳盡例無專條者，仍當隨時酌增，續行請旨核准頒行。

《商船公會章程》　第一條　商船公會專爲保護整頓中國航業，由航業商人稟呈本部批準設立。【略】

第四條　商船公會總理、協理各員，由航業商人中公舉熟悉航務衆望素孚之人，稟請本部酌核加札委用，其任期及續舉等項悉照商會章程辦理。

第五條　商船公會應辦之事如左：

一、調查船隻之種類籍貫編列號數；

二、檢查船隻之良窳；

三、編制航業商人名簿；

四、計劃航業之發達航路之擴張。

第六條　商船公會有直接保護商民船隻之責，應製備船旗、船牌發給船户收執，其格式由本部頒定。

第七條　船旗、船牌每年應更換一次，由商船公會分别大、中、小三等，每年大號收費六元，中號四元，小號二元，惟須俟開辦後，商情允洽著有成效，方準收納，不得抑勒强派。

第八條　除前條旗牌之外，凡運貨之船，每次應另給行照一張，填明所裝貨物明目件數及運往某處字樣，以爲沿途關卡呈驗之據，行照之費應由商船公會另擬專章，呈報本部核定。【略】

第十三條　凡小輪冒稱洋商者，應由商船公會查訪屬實，勸令改領商船公會旗牌行照，其不遵者，稟請關道轉商領事核辦。

第十四條　商船公會既有保護航業之責，凡領有旗牌行照之船，運載貨物照章完納税釐，如遇關卡留難需索及地方差役抑勒等事，應即查明保護，一面稟報本部辦理。該商船亦不得夾帶私貨，偷漏税釐。倘查有夾帶偷漏等弊，應由關卡將該貨提出充公，惟不得扣及照内報驗他貨及扣留船隻。

第十五條　凡地方官如因要公需用船隻，可知照商船公會代雇，以免差役騷擾，所有船價應照民雇發給，不得扣減。

第十六條　凡航業商人如有不能申訴各事，商船公會體察屬實，應向就近地方官衙門伸訴，秉公訊斷。倘不得申理，準稟本部核辦。【略】

第十八條　凡會議辦事一切詳細規則，應由商航公會斟酌情形，擬定草章，禀請本部核定。

《大清法規大全・實業部》卷四《商業・商部奏酌擬獎給商勳章程摺並章程光緒三十二年奏準依議》　竊維近百年來，環球各國藝術競興，新法、新器月異而歲不同。綜其要端，舉凡農業、工藝、機器製造等事，靡不進步甚速，收效甚巨。中國地大物博，聰明才力不難杰出，乃通商垂數十年，雖經次第仿辦，惟咸拘守成法，莫能改良標異，推陳出新。而每辦一事，需用機器原料類須取給外洋。故進口洋貨日增，而出口者僅恃生貨，一經製造販運來華，遂獲巨贏，坐使利源外溢，漸成漏卮。推原其故，豈皆辦理之未力，殆亦提倡之未盡其道也。查歐、美當二百年前，所有新法、新器絶少發明。自英國首定創新法，製新器者，國家優予獎勵之例，自是各國踵行。其獎勵最優者，乃至錫爵。此例既頒，人人争自濯磨，講求藝術，每年所出新器，多至數千百種。論者謂歐、美實業興盛，其本原皆在於是。現在臣部工藝局日漸擴充，勸工陳列所將次開辦，亟宜因事利導，設法提倡。其有創製新法、新器以及仿造各項工藝，確能挽回利權，足資民用者，自應分别酌予獎勵。臣等公同商酌，謹就現在亟須提倡各端，擬訂獎給商勛章程八條，各按等級給予頂戴，由臣部奏請賞給。現在中國工藝尚在幼稚之時，如章程所載，製造輪船、鐵路、梁橋，以及電機、鋼鐵等項，一時尚難其人，不得不稍從優異，以資鼓舞振興。臣等自當隨時嚴核所造之品，果係精心自造，確能及格，方予奏請頒賞，以昭慎重。夫講求實業，必有器具可驗，非等空談，似尚無虞冗濫。謹繕清單，恭呈御覽。如蒙俞允，即請作爲專章，由臣部分咨各省將軍、督撫，通飭出示曉諭，以新觀聽，似於振興實業不無俾益。謹奏。光緒三十二年月、日，奉旨依議。欽此。

謹將擬定獎給商勛章程繕具清單恭呈御覽。

一、凡製造輪船能與外洋新式輪船相埒者；能造火車、汽機及造鐵路長橋在數十丈以上者；能出新法造生電機及電機器者，擬均獎給一等商勛，並請賞加二品頂戴。

一、凡能於西人製造舊式外，别出新法創造各種汽機、器具，暢銷外洋，著有成效者；能察識礦苗，試有成效，所出礦産，足供各項製造之用者，擬均獎給二等商勛，並請賞加三品頂戴。

一、能創作新式機器，製造土貨格外便捷者；能出新法製煉鋼鐵，價廉工省者；能造新式便利農器，或農家需用機器，及能辨别土性，用新法栽植各項穀種，獲利富厚，著有成效者；獨力種樹五千株以上，成材利用者；獨力種葡萄、蘋果等樹，能造酒，約估成本在一萬元以上者；能出新法，製新器開墾水利，著有成效者，均擬獎給三等商勛，並請賞加四品頂戴。

一、凡能就中國原有工藝美術，翻新花樣，精工製造，暢銷外埠，著有成效者；能仿造外洋各項工藝一切物件，翻新花樣，暢銷外埠，著有成效者，擬均獎給四等商勛，並請賞加五品頂戴。

一、凡能仿照西式工藝各項日用必需之物，暢銷中國内地，著有成效者，擬均獎給五等商勛，並請賞加六品頂戴。

一、凡上開列應獎各款，僅舉大端，具有未盡事宜，應均比附此項章程，由本部酌核辦理。其有所製之器，所辦之事，成效卓著，實屬特異者，應由本部專摺奏請恩施，量加優異，以新觀聽。至尋常工藝製作精良者，未便概給。此項商勛，應由本部參照功牌式樣，另造商牌，以備隨時給發。

一、凡請獎者，可將所制之器、所辦之事，呈明本部，查核辦理，或由各省管理商務官員暨各處商會代報，由本部切實考驗，分别給獎，以昭慎重。

一、凡此項商勛，應由本部隨時奏請，並即參照寶星獎牌式樣，由本部酌量仿製，以備應用。並擬定執照一紙，將所製之器、所辦之事，一一詳列照内，隨同此項商勛，發給本人收執，以昭信守。

《大清法規大全・實業部》卷四《商業・農工商部奏改訂獎勵華商公司章程片並章程光緒三十三年七月十三日奏準依議》　再臣部於光緒二十九年九月間，具奏獎勵華商公司章程一摺，奉旨依議。欽此。欽遵辦理在案。

現遵旨擬訂辦理實業爵賞章程，專以個人資本，核計所有集股創辦之商，非平日信望素孚，才能邁衆，附股者決不信從。況一局一廠，創辦經理，担負較重，不無勞勩。應請將此項章程，稍寬其格，定爲獎勵集股創辦人專章，俾與爵賞章程相輔而行。庶出材出力，各盡其忱，論賞論功，兩得其當。謹將酌改各條繕單，並呈御覽，伏候命下施行。謹奏。光緒三十三年七月十三日，奉命依議，欽此。

謹將改訂獎勵華商公司章程恭呈御覽。

一、集股兩千萬元以上者，擬準作爲本部頭等顧問官，加頭品頂戴，並請仿寶星式樣，特賜雙龍金牌，準其子孫世襲本部四等顧問官，至三代爲止。

一、集股一千五百萬元以上者，擬準作爲本部頭等顧問官，加頭品頂戴，並請特賜匾額，準其子孫世襲本部頭等議員，至三代爲止。

一、集股一千萬元以上者，擬準作爲本部頭等顧問官，加頭品頂戴，並請特賜匾額，準其子孫世襲本部二等議員，至三代爲止。

一、集股八百萬元以上者，擬準作爲本部頭等顧問官，加頭品頂戴。

一、集股六百萬元以上者，擬準作爲本部二等顧問官，加二品頂戴。

一、集股四百萬元以上者，擬準作爲本部三等顧問官，加三品頂戴。

一、集股二百萬元以上者，擬準作爲本部四等顧問官，加四品頂戴。

一、集股一百萬元以上者，擬準作爲本部頭等議員，加五品銜。

一、集股八十萬元以上者，擬準作爲本部二等議員，加五品頂戴。

一、集股六十萬元以上者，擬準作爲本部三等議員，加六品銜。

一、集股四十萬元以上者，擬準作爲本部四等議員，加六品頂戴。

一、集股二十萬元以上者，擬準作爲本部五等議員，加七品頂戴。

一、自四等顧問官以上，應由本部專摺奏請給獎。自頭等議員以下，應由本部分別給獎，每届年終，匯奏一次。

一、商人原有職銜，在所定等第之上，準其遞加一等。譬如集股四十萬元，本身已有五品頂戴，應準換四品頂戴，仍作爲本部四等議員。餘以類推。以上各條，係就集股之數量爲核減，藉資鼓勵。其餘仍照光緒二十九年九月間，奏定獎勵華商公司原章辦理，合併陳明。

一、商人集股若干，或本身已有職銜，不願再加本部職銜者，準其具呈聲請移獎該商之胞兄弟及親子侄，惟不得濫移遠族。

一、獎勵公司固以列名於首者爲斷，若係數人同集之股，勢均力敵，亦可呈請分獎。譬如五人各集股二十萬元，合爲一百萬元，即照集股二十萬元核獎，五人各作本部五等議員，餘以類推。

一、商人得有本部顧問官及議員職銜者，均無庸在本部當差。惟遇有關係商務稍弊，應行建白之事，準其隨時具函，徑達本部，只須叙事詳明，一切體裁，概不拘以繩尺。其事或準或駁，由本部酌核辦理。

一、商人既得本部獎勵職銜，自應優加禮貌，如在京外各處，有以事關商務謁見督撫司道等官，自四等顧問官以上，均按京卿儀注。頭等議員以下，均按部員儀注，行庭見禮。惟遇有招摇包攬不法各情，仍由地方官按例核辦。

一、以上獎勵章程，應在公司開辦一二年後，著有成效，由本部查驗得實，方準酌核給獎。其尚未開辦，僅在本部呈驗資本，以及辦理久無成效者，不得濫行給獎，庶於鼓勵之中，仍寓限制之意。

一、向來官場出資經商者，頗不乏人，惟狃於積習，往往耻言貿易，或改换姓名，或寄託他人經理，以致官商終多隔閡。現在朝廷重視商政，亟宜破除成見，使官商不分畛域，合力講求，庶可廣開風氣。如有世家鉅族，出資奏集公司，辦有成效者，亦準按照以上章程獎給。其或已有官階、職分較崇者，另由本部隨時酌量情形，奏明請旨給獎，以示優異。

紀事

（明）田汝成《炎徼紀聞》卷二《斷藤峽》　七曰：榷商税以資公費。峽江既通，營堡既立，凡修理城壘哨船，犒賞官軍新民甲長，諸所貲費，若一一取之庫藏，恐有不給。舊規峽江上水商船，大者納鹽七包，次五包，又次三包，各重九十觔。下水商船大者納瓦器九百一十三件，折銀一錢八分；次六百四十六件，折銀一錢五分，又次四百五十六件，折銀一錢二分。原屬潯州衛收貯轉給各猺，名爲埠頭常例。今既議革給猺之弊，則所得商税，宜如前徵之，以備公用。但鹽堆日久，必有折耗，而變賣展轉，益滋弊端。宜照梧州商税則例，每包折銀三錢，以便出納。

（明）卜世昌《皇明通紀述遺》卷一〇 〔嘉靖七年正月〕大學士楊一清言：處積邊儲，不過糴買、召商二事。今糴買既有弊，惟召商爲最便耳。必自今永爲定制，凡開中鹽引，務令商人上納本色邊儲銀兩。除量留以備凶歲折放，亦當召商糴粟，稍優其直，而不苛其收。然欲以本土之所出，供本土之所需，非廣興屯種不可。欲廣興屯種，非補助屯丁不可。宜令清軍官各查理衛所軍户。不然，亦可倣古募民實塞之意，召募隴右、關西之民，以屯塞下。授地之外，任其開墾，俟三稔廼徵其稅。屯政修舉之時，牛具種子皆爲官物，屯地埋沒者，聽人首告官豪。借種者，諭令吐還管屯之官。貪婪侵尅者，罰無赦。有成效者，薦舉擢用。上令擬議條例以聞，仍敕王憲、劉天和身親督課，務底成效。

（明）清波逸叟《折獄明珠》卷四《商賈類・告追本》 脱騙妻本事。身苦傭工，攢積妻本二十兩。惡厶誘合販魚，罄囊付伊出入，身只伴行。中途拐脱，坑身流落，覔食度歸。白吞妻本，情蔽黑天。上告。覔，求也。

訴

賴騙事。身往楚地販魚，厶求仝往。彼迷花酒，節諫不悛。身趕買賣先回。惡恠未等，反誣脱騙。切惡傾費本銀，與身何干？乞台詳審，分□上訴。

戴公審語：審得吴計傭工，苦積妻本。陳清睥睨，滴酒立誓，而誘以合夥者，此籠絡之術也。及至楚地，拐銀先回。揑稱計迷花酒，沉陷本銀。噫！拘攔浪子，豈田野傭夫爲之耶？且臨行財本，計悉付清。此彰彰經人耳目者。即使花費，龜玉毁櫝，是誰之愆？況同行同命，清則先回，而計獨留後，又未能釋然于人心。合究前銀，以正律法。

（明）清波逸叟《折獄明珠》卷四《商賈類・告經紀》 虎牙吞騙事。揭本買糖，往蘇貿易。棍牙厶口稱高價，攔河餌接。囑稍撑載貨船，彎至伊家發賣。鬼名出數，三日一空。議限十日帳完，延今半載無取，孤客牢籠，號天追給。上告。貿，賣也。

訴黑冤誣陷事。身充牙行，刁客耿厶將糖投賣，現價交易，並無賒帳。因取牙用飯錢，筭銀八兩。梟圖白騙，黑心反誣。乞准明查，若係吞騙，罪甘斧劈。上訴。

果公審語：審得朱秀，以喇虎市棍，私充牙行，攔接耿文糖貨，盡行吞騙。此以唇吻爲劍鐔，門户爲坑穽，厘秤爲戈矛，而劫殺客商者也。夫糖曰五十兩，亦已多矣。價曰六十兩，不爲少矣。豈惡令無耻棍惡，一概鯨吞。而俾異鄉孤客，纍纍然如喪家狗耶？理合追還，疏通客路。朱秀量問不應。纍纍喪家之狗，出《史略》。喪，失也。

（明）清波逸叟《折獄明珠》卷四《商賈類・梱淺告勘》 乞天憐憫事。人窮則籲天，疾痛呼父母。身等荒牌四帖，已經蕪湖抽分。單投台下，豈期冒險中窒，淺在厶處，折卸則違法，不敢輕動，抽分則爺未俯親臨。況今江水日涸，繩纜朽壞，朝夕徬徨。天矜恤，曲賜轉移。俾得上完國課，下保殘貲。上告。

（明）清波逸叟《折獄明珠》卷四《商賈類・求丈木梱》 乞蘇商困事。上命當遵，下情宜察。事關迫切，冒昧以聞。商等報領手本已久，稍泊遠近不齊。後末者已沐鴻恩，先至者未經抽丈。繩纜朽壞，日夜驚惶。進問則遲，枉耽年苦。身家切係，國課攸關。是以望切雲霓，伏乞俯舒引領。軫念下情，即賜親丈。久困獲甦，沾恩肺腑，激切稟迎。

（明）清波逸叟《折獄明珠》卷四《商賈類・告經紀》 剪棍救貧事。揭本買鐵，誤投棍牙厶發賣，被拴惡黨厶等餌發強吞。婉取，則推張推李；急取，則加辱加刑。遭此究坑，坐斃性命，情苦徬徨。乞天剪究。上告。

訴

朋騙延累事。客人鄧鳳，將鐵投行發賣。鋪户陳厶等賒去，限期還價。豈意脱逃，致客告台，寔出無辜。乞捕追還，免身遭累。哀又上訴。

舒公審語：審得客人有貨，主家須要擔當。鋪户無錢，經紀豈應出貨？厶等之脱騙客貨，是丁端誤之也。理合賠還，無得異説。

（明）談遷《國榷》卷七《太祖洪武十三年》 〔七月〕己丑朔，壬辰，諭户部運陝西布于近邊，易米麥。

（明）談遷《國榷》卷八《太祖洪武十九年》 〔五月甲申〕命光禄寺市價視常販每百錢增十，爲民息。

（明）談遷《國榷》卷一五《成祖永樂八年》 〔正月〕辛卯，許四川棉布得販茂威疊溪。特嚴出境之禁。

（明）談遷《國榷》卷一八《成祖永樂二十二年》〔九月壬午〕諭曰：比年丹漆石青之類，所司不究物宜，概徵郡縣。郡縣逼迫小民，鳩斂金幣，詣京師博易。商販乘時射利，踴價十倍，更復夤緣自肥。計民費千百，朝廷得十一耳。自今計直，所產地以官市，科斂者誅。

《明實録》洪武元年十二月〔壬午〕詔中書省：命在京兵馬指揮司並市管司，每三日一次校勘街市斛斗秤尺，稽考牙儈姓名，平其物價。在外府州各城門兵馬司，一體兼領市司。

《明實録》洪武三年十二月 丁丑，禁武官縱軍鬻販者。敕都督府曰：兵衛之設，所以禦外侮也。故號令約束常如敵至，猶恐不測之變伏於無事之日。今在外武臣俸禄非薄，而猶役使所部出境行賈，規小利而忘大防。苟有乘間竊發者，何以禦之？爾其榜示中外衛所，自今有犯者，罪之無赦。

《明實録》宣德四年六月 丁亥，行在户部尚書郭敦言嘗具奏減中鹽則例，召商於北京納米，不拘資次支鹽。緣近年中納名項數多，鹽不足支，客商來者愈少。今擬依永樂五年營造事例，淮浙等處鹽不爲常例，以十分爲率，六分支與北京在城倉納米者，四分支與遼東、永平、山海、甘肅、大同、宣府、萬全已納米者，其餘各處中納暫且停支，則客商皆至，糧儲可積。從之。敦又言：洪武中，客商中淮浙等處鹽者年久物故，其子姪及遠親異姓之人往往具告代支，多有虚冒，請行各運司但洪武三十五年以前客商所中鹽於流通簿内銷注，以各商姓名籍貫造册，繳部移文原籍，有司每鹽一引，給與本錢鈔十錠，庶革連年冒支之弊。上曰：國家嘗資其用矣，彼身雖殁有妻子存，今所給鈔不償所費，其每引給鈔二十錠。

《明實録》景泰四年十二月〔甲申〕禮部奏：日本國王有附進物及使臣自進附進物，俱例應給直考之宣德八年賜例，蘇木、硫黄每斤鈔一貫，紅銅每斤三百文，刀劍每把十貫，鎗每條三貫，表裏宜量加二表裏，下程每人羊一隻。也先母並弟四人及長男遣來使臣可等七人二等，原賜二表裏宜量加一表裏。從之。

《明實録》天順三年五月 丙申，工部奏：近聞易州山廠各處採運柴炭，夫有帶領弟姪貨買或齎鹽米布絹爲衣食計者，多被附近州縣無賴之徒百計欺騙，不得輒陷之於罪，致人民逃竄，柴炭負欠。請命都察院給榜禁約。從之。

《明實録》成化二年十二月〔戊午〕户部奏：朝廷以京城民饑，發倉糶米以濟之。本部已諮行吏部，取考滿聽選能幹有司官監糶。然官少事繁，不能周濟。近該御史戴縉言，欲添差官五十員，每城十員，監督鋪户，零碎糶賣。其米每人止許糴五升至一斗或二斗，不許過多。價直視前增一錢。仍令給事中御史並錦衣衛官校，訪察姦弊，犯者治罪。從之。

《明實録》成化六年十二月 庚午，户科都給事中丘弘等言：近來京城内外，風俗尚侈，不拘貴賤，概用織金寶石服飾，僭擬無度。一切酒席，皆用簇盤糖纏等物。上下倣效，習以成風。民之窮困，殆由於此。其在京射利之徒屠宗順等數家，專以販賣石爲業，至以進獻爲名，或邀取官職，或倍獲價利，蠹國病民，莫甚於此。乞嚴加禁革。如有仍前僭用服飾，大張酒席者，許錦衣衛官校及巡城御史緝捕，及將宗順等倍價賣過寶石銀兩，追徵入官，給發賑濟，以警將來。疏奏，命有司詳議以聞。於是刑部尚書陸瑜上議，以爲：弘等所言，深切時弊，宜申明舊制，備榜禁約，並逮宗順等數人，各治其罪；追其所得價利，以充賑濟。庶足以革蠹弊而示勸懲。有詔：宗順等姑置不問，所言諸事皆備榜申明禁約，犯者不宥。

《明實録》成化七年九月〔丁丑〕户部請以太倉庫銀平糴漕軍納餘糧，米每石給價五錢。其米就臨船充與京衛官旗，作十月分俸糧之數。如米不足，照價給銀。漕軍不賣者，聽。但不許私糴，及通同客商收買載於米貴處糶賣，違者治罪。從之。

《明實録》成化十一年三月 甲子，守備西寧都指揮趙英部下指揮，受委巡茶，有私販者，餽之以馬，事連英子鏻。巡按御史請逮英及鏻等並問。詔以英不知情，特免之。

《明實録》成化十二年十一月 甲子，提督通州等倉監察御史徐鏞言：京通二倉收糧事例，有每石兩平，明加八升者，有每石一尖一平者。然其間斛尖及撼下餘米，通約六升，平斛上留二指亦有二升，大約暗合八升之數。然法令不一，軍斗得以高下其手，無賂則加多，或過一斗；有賂則減少，不及五升。今欲得明加八升爲便。户部以爲此事屢經奏行，乞立定例，永爲遵守。命繼今收糧，每石別加八升，聽納户刮鐵行概。

《明實録》**成化十三年六月**　辛丑，禮部郎中樂章、行人張廷綱，既下西廠獄，鞫其使安南時，挾貨貿易，多受饋遺諸事，刑部問擬爲民，命俱冠帶閒住。

《明實録》**成化十七年冬十月**　己酉，嚴遼東馬市之禁。先是，陳鉞爲都御史，巡撫遼東，奏開馬市於開原、廣寧二處。朵顔諸夷，每月兩市。後通事劉海、姚安稍侵牟之。諸夷懷怨，寇廣寧，不復來市。至是鉞爲兵部尚書，懼罪及己，乃奏言初立馬市，非資外夷馬以爲中國之用，蓋以結朵顔之心，撤海西之黨。今宜申嚴禁例，每爲市，令參將及布按司官一人監之。有侵刻者，重罪之，庶無激變之患。詔可。仍令巡按御史治劉海、姚安之罪以聞。

《明實録》**成化十九年十一月**　〔辛亥〕巡撫鳳陽等處右副都御史徐英奏申明益法事宜：一、南京户部鹽引，板刻昏暗，印文模糊，請重爲鑄造。一、兩淮歲辦額鹽，俱以六分爲常股，以次關支；四分爲存積，以備急用。鹽商到場，量其場分上下，三七分派支。近豪商巨賈，輒占上場，宜加禁治。一、南京各衙門關支食鹽，五府六部都察院並錦衣衛，宜令派儀真批驗所，其餘衛所並五城兵馬〔司〕令派淮安批驗所，所司務（辦）〔辨〕驗批領帖文，引目無僞，方爲關給。收繳引目於運司，以革詐僞。一舊例有引官鹽不許轉於別境貨賣，近馬船快船回公差回，多於長蘆收買私鹽，至於儀真發賣，奸民效尤，亦以民船混作官船，隨後夾帶。請依律究問。章下户部，覆奏如議。從之。

《明實録》**成化二十三年十二月**　〔辛卯〕南京禮部郎中李諒奏請禁馬快船之附載私貨騷擾驛遞者。兵部覆奏，從之。

《明實録》**正德十六年七月**　〔乙亥〕工科都給事中吴巖等劾奏真定抽分太監祖臣，參隨魏通、李雄，家人祖學等科害商民，奸利不法。内官太監邵恩矯稱：舊例，抗違詔旨，請下祖臣等法司議罪追贓，並將邵恩革任。有旨，切責祖臣、邵恩，命法司逮祖學、魏通等議罪以聞。

《明實録》**嘉靖元年正月**　〔乙丑〕守備紫荊關太監耿忠奏：新城等倉放支略盡，軍無見糧，乞行所在徵納本色，或召商糴買以濟緩急。户部議言：往者夏秋税糧，法不畫一，承解包納之徒，得以候時，貴賤自擇，本折去取，肆漁獵其中。頃年奏行折收召買之例，穀賤召買，穀貴折銀，而官價不虧。穀貴放本色，穀賤放折色，而軍士沾惠，計無便于此者。但本折二色，未定關支月分，委官樂折支之便召買坐廢，而軍餉恒苦不給。今請自元年正月爲始，本折間月關支。其折色每石如例給銀四錢五分；其本色聽委官召買支用，或價值太高，召買不及，每石加銀二錢給之。候米麥平價，及時貿易本色，務足半年之用。

《明實録》**嘉靖二年四月**　〔辛卯〕給事中汪應軫等請革京城鋪户。言：古者徙豪傑以實京師，我朝亦有富户，皆重根本。至于和買之法，則自宋南渡始，殊非善政。今和買不給直，獨累京城以戕根本，其不善尤甚焉。臣以爲革之便。如不可革，則宜照例給價，務在兩平。事下户部，覆言：累朝舊規及《會典》所載：和買必多其直。正德以來始取物于市，而令領價于官，使民損貲失業，困極生怨，今鋪户卒未可革。請令户、工二部，凡辦物納科，皆當先給以價。從之。

《明實録》**隆慶三年五月**　〔戊午〕户部奉聖諭覆議給事中劉繼文等所論恤商便宜五事：一、明智各場芻嵩太倉黑豆原係營馬及防秋支用，本折之間，時有變更，然軍商咸以折色爲便，而官費亦省。請今後經營所給，不必拘泥成限，但視價賤，今許全折。其防秋月支草糧，亦不必別立名色，但令在場有草六十萬束，有豆三萬石，通融接濟，召買亦易。又御馬監馬數，未經覈實，宜會同巡視。科道驗數等籍送部關給，以杜冒支。二、倉場各商多係中户，宜令巡青科道、五城御史盡心查審，必求其當。除文武正途如例優免，若援例監生、錦衣官校傳陞乞陞納級買功諸類，止免本身，其弟侄子男一體均派。且商人名數，無用過多，舊朋户類諸宜盡除之，免致騷擾。三、科道部臣會估料價，每多避嫌過刻，令宜稍加從寬，定以每歲十月終糴買。又御馬監草料視各場倉多寡懸絶，殊非事體，今後並不許多估以滋侵漁。四、給放糧價舊多不時，今後各商納料過半，宜即與全給，仍陸續補完以前欠數。山東、河南督糧參議錢糧未完，不許輒回，其在順天府輪委通判一員，責以督催之事。五、諸司書辦諸役需索無厭，宜令部臣科道查數厘革。其商人納糧領銀，自本部及監收兩道之外，凡各衙門點卯掛號，一切停止。又象房草束守支留難，增耗獨多，甚爲商累。請令錦衣衛官一員同部屬監收即以軍役，看守耗草，如各場例，止加二斤，毋得濫增。奏入，得旨允行。商人名數既已裁省，令五城御史悉心查審殷實人户允當，不許勢豪阻撓影射累及平民。

《明實録》**隆慶三年五月**〔甲寅〕工部奉聖諭議覆科道官劉繼文等所陳恤商事，其略謂：諸臣所論言人人殊，然大端不外簽照之初在清冒濫，選充之後在照時佑，發預支時給領禁需索，均肥瘠而已。今商人隸在本部，不過五十餘名，編審公，而法制定。凡言官所陳，略已施行，諸商不稱困也。惟是赴監輸納之際，横索多門，剥膚錐體，則臣等不能越職而争。惟望皇上親加訓飭，仍令科道官偹查各監局年例加增之數量爲裁減，庶前旨不爲空言，而商困可以少紓。上是之。

《明實録》**隆慶四年六月**〔甲辰〕户部條議恤商事宜。一、定時估。言物價與時低昂，而錢糧因時辦納。若先期估計，則貴賤無憑。或倉場遠近，僦費多寡，遥度懸斷，豈盡合宜？此後，九門鹽法委官與十三司掌印官及巡青科道估價，上半年定於五月，下半年定於八月，俱以十六日爲期，務在隨時估價，不得執一。其内庫監局召買物料價亦倣此。一、議給價。將御馬三倉、壩上等馬房錢糧，原屬山東、河南督理京糧道者，俱改於太倉關領，各倉場料草原泒數少者，給以全價，數多者，預給三分之一，完日補給，皆以時估爲率。其兩省督糧官既無關領之擾，則催督宜嚴，如有怠玩者，劾治。一、嚴禁革。各庫監局及牛羊象馬房等倉、西安等門典守官吏有需求抑勒者，悉治其罪。一、裁冗費。量減各倉場草束斤數，又脚夫庫秤之冗食者。一、酌坐買。凡料草數多，一時難以卒辦者，量於秋冬二孟收成之月坐買，不得仍前全坐，致費高價。陳草悉令發買，或如數補放。未給價者，速給之。一、公僉報。各商果貧困不能供役者，具通狀告部，轉行巡青衙門驗實，方許舉報富户更代。疏入，上悉從之。

《明實録》**隆慶六年二月**〔癸巳〕巡撫山西右僉都御史楊綵言：開市時虜馬之來，其數難定，若官民互市有限，而馬益壅滯，恐阻夷心。乞許另交易不盡者，官爲收買，解太僕寺以代直隸、山東今年應俵本色之數。每馬一匹，即給銀十二兩以爲來歲收馬資。兵部請暫用綵議，以後市馬無壅，即正。報可。

《明實録》**萬曆十九年十月**〔丙辰〕户部覆科臣韓學信條議：一、申條鞭之法，不得分外科派，假公濟私。一、革富户之累，不許僉立殷實名色以滋勞擾。一、剔積穀之弊，不得濫罰折價，私充囊橐，違者各宜參治。着如議行。

《明實録》**天啓五年三月**癸酉，大學士顧秉謙等題：適臣等講筵回至閣中，有中書官鄭崇光等陳説前門細段印當等鋪，一時俱關，且有逃去者。蓋爲陶朗先扳扯借貸各鋪銀兩以抵贓欠，問官不經奏請，擅拏商人勒寫文契，諸商無柰暫爾應參，既得脱去，相孛逃避。夫朗先有贓則拷比嚴追，無贓則奏請湊辦，或掺括于室家，或變賣其田產焉。有剋落帑金取償商賈，不候明旨，公行強暴，如今日之刑官者哉。輦轂之下駭人耳目，蕭墻之患遂亦叵測。有聞入告臣等之職也，伏乞皇上速行禁止，曉諭商人還歸本鋪，各安生理。仍責問刑部，令其回話，庶大獄不興而近憂可免矣。得旨：陶朗先匿贓不吐，板害無辜，刑官未經奏請，擅拏勒契，以致商人閉門逃避，成何法紀？該司官姑且不究，即著曉諭諸商各安生理，退還文契贓銀，仍于本犯名下嚴追，務在速完。

《明實録》**天啓五年七月**〔庚申〕巡青給事中等官霍維華等，以商人苦累，酌議規則：一、議估價。物價與時消長，原無一定之理，乃從前估價止就舊數稍爲增減，非平也。今議依季定估，不得故延後時所估，一照市價不得一毫任意增減。一、議放銀。各商領銀漫不稱兑，甚且如搭錢而復折銀，暮四朝三，總屬敝政。今議著各商公同敲針，照數稱兑，不得分毫短少。其辦完料價及時給放，毋得因循滋累。一、議僉報。商人每遇僉報，或求情面而倖免，或挾夙恨而妄報，株連蔓引，延累無窮。今議定編審之期，即著舊役商人各人自行查訪，每一人止許報二名，填註姓名、住址、籍貫、房產、家貲於册，唤至公同對質，於二名擇僉一名，如報者不堪即著舊商仍自充役。或不及編審之年，有物故消乏，查審情真者，亦酌此法行之。則事不煩而民不擾，亦足免衙役市棍詐騙之害矣。伏乞天語申飭，以便永久遵行。上命如議申飭行。

《明實録》**天啓五年十月**〔甲申〕户部尚書李起元以國計匱詘，採集輿論，一、暫復榷税，議檄行各省直撫按，查境内關津扼要、水陸衝衢，照萬曆二十七八年例，量征什一，於商賈事平即止，仍慎擇榷官嚴禁騷擾。一、暫納充附，議令民間俊秀子弟納銀一百三十兩准充附學。各生納銀之後，該州縣申詳學道照嘗鼓樂送學，遇歲考科舉，一體考試，不得分援納名色。一、廣開屯田，議令關門内外，凡膏腴之地設法屯種。其在省直行各該道備查各衛所原額屯地若干，見今實在徵糧若干，其地畝不敷原額者，見係何人占種，履畝清查舊田，無使影射新墾處，以本工限三月内造册報部。一、申飭茶馬，議令囤户賣茶，及茶商興販告引給繇與批驗納貨等項，務遵引繇條例逐一查照批驗，必無夾帶方准放行。盤獲私茶，並船、車、頭畜等物，一概入官。一、申明鹽法，近有積姦吴惟順搠議新法賣窩指商，一時商人驚散，幸本部條議三十萬之咨至而商心稍定。然三十萬之内亦有難行者，今量將一二十萬坐發運司作爲年年鑄本，年年將鑄息按季解部以爲積貯，仍將吴惟順付鹽臣罰治。至如先年征倭征播加泒錢糧，事平之後，已奉旨概行蠲免。然聞各省直有已徵未解尚留在庫者，又有朝廷雖蠲，而司府州縣仍行帶徵，借作别項支用，或抵充公費者，乞敕撫按官盡數清查以解臣部。得旨：諸款鑿鑿可行，榷税照舊例量徵，委廉能甲科推官管理入貲充附，既非虐取貧民，又不壅塞仕路。各省直提學官即如議遵行，一體考試。屯田籽粒實數著各撫按管屯設法清查，依限報部。其征倭、征播、加泒錢糧已經蠲免，有司毋得溷徵，茶馬鹽法俱依議着實舉行。有虚文抵塞視爲故事者，你部會同該科參來重治。

《明實録》天啓五年十月〔己亥〕御史崔呈秀疏議江西行鹽，言：淮商江禮等願將南贛二府委以屬粤，聽其自行鹽自收利，止將吉安一府仍歸於淮，除舊課十五萬照舊認完外，仍願歲加新課十五萬以佐軍興。且見賚有引銀四萬二千五百兩，先貯銀庫以助大工，國家不煩搒括而坐收無疆之利，於計甚便。乞敕部如議施行。又言：粤之沿海新漲沙田數千萬畝，皆爲强有力者所占，南太僕寺之餘地，經先科臣周希令簡舉下部查覆，至今未清，犯官張我續、汪心淵之侵餉贓銀，至今未追，乞大破情面，嚴行追究。得旨：以南贛二府屬粤，以吉安一府歸淮，此鹽法定論，著該部如議行。淮商見賚引銀四萬二千五百兩，着監部科道照數收貯以助大工。其粤東灘田，南太僕餘地，行該撫按查確。

《明宣宗寶訓》卷二《恤民》 洪熙元年七月戊寅，行在都察院右副都御史弋謙言：有司於民間買辦諸物，多虧價值。上覽之，謂侍臣曰：科買諸物，每令實與價值虧。益上則爲損民，宜速行戒約。有不悛者，必加之罪。

《明宣宗寶訓》卷三《弛利》 宣德三年閏四月庚子，廣東都司奏：番隅縣有鉛沙，縣民私取烹煉，可得白金鉛錫。請官開冶。上曰：山澤之利，民取之勿問，冶不可遽開。命巡按御史勘視。至是，御史何善奏：發工匠取沙烹煉，所得不償所費。上謂尚書夏原吉曰：朕料鉛沙之烹所得無幾，若果有銀利，置冶烹煉豈待今日？彼小民或竊取以求毫末之利，無足怪。朕已宥之不問。其令有司悉填坑洞，國家之利不藉此，民亦免逐末之弊。

《明宣宗寶訓》卷三《弛利》 宣德六年九月丙戌，初，河南民言：嵩縣白泥溝地産銀礦，宜開官冶。上命主司鄭誠往同三司官覆勘，於是誠等用人力二千七百工，止得黑鉛五十斤、銀二兩，至是還奏。上曰：小人獻利之言不可聽。其罷之。

《明孝宗寶訓》卷三《恤遠人》 弘治二年五月甲戌，錦衣衛夷匠阮清等其先安南人，永樂中以能製火銃短鎗神箭及刻絲衮龍袍服，收充軍匠，月給米一石，後以例減五斗至是。清等自是夷人，無家不贍，詔仍與一石。

《明武宗寶訓》卷二《恤民》 正德五年十二月丙申，内承運庫奏缺賞賜叚疋，請令工部如例發官銀收買萬五千疋，以備急用。仍下浙江及蘇松司織造者催督解納，年終不完者，治罪。工部議：先買五千疋，而分派浙江及蘇松等府亦各五千。差官督解。得旨：令工部買納如數。浙江及蘇松地方災傷，民窮盜起，朝廷已寢差官。其派辦之數亦併免之，以俟年豐。

《明武宗寶訓》卷二《備邊》 正德八年八月乙丑，兵部覆給事中傅鑰所奏備邊事宜：一、遼東錦義等城堡圈廢壞，是以寇至莫禦，宜令修補，並河東等處皆添設之。一、各邊軍士貧難，鋭氣銷耎，無以禦敵，宜令官爲婚娶及置辦軍裝，仍每軍復余丁二人，專令耕種以資助之。一、選擇總兵不必侯伯，凡都督以下素有威名未曾委任，或在下僚及詿誤閒住者，宜疏名簡用。一、各邊被虜人民在虜日久，每遇征剿之時跽而請命。官軍貪功，一概妄殺。宜令定格例，凡獲被虜男婦老少，俱准陞級，仍令本家出銀充賞。如仍前妄殺，斬首示衆。一、廣寧開原舊設馬市，所以羈縻諸夷，互市之日宜嚴爲之禁。其各城索賞夷人俱出百里之外，使之駐牧，或近塞垣者，即驅逐之，則在我無取釁之端，在彼知潛入之戒矣。詔是之，且令馬市驗放夷人入市，務依期出境，禁其夾帶弓箭之類。非互市日不許輒近塞垣。管馬市官並備禦軍士，有誘取夷貨、縱令入境及私交通漏泄者，罪不赦。

（清）查繼佐《罪惟録》紀卷一〇《孝宗紀》〔弘治六年冬十月〕西安知府嚴永濬疏諫裝織綵絨，悉停之。

（清）查繼佐《罪惟録》紀卷一二《世宗紀》〔嘉靖七年三月〕甘肅米貴，尚書胡世寧請復鹽法以舒邊困，免商賈輸金户部。霍韜亦曰：宜復鈔法以存灶户，輕引銀以來商賈。帝嘉納之。增築花馬池至靈州一帶邊牆。

（清）查繼佐《罪惟録》紀卷一四《神宗紀》〔萬曆十六年〕夏四月，直隸江浙大飢，焚劫盜甚。新建有民飢，飯砒求死，里長貴科知之，義贈穀五斗，穀有遺金，義還里長，長不受，以爲天賜，分受之。詔平糴，復禁遏糴。

《明史》卷九《宣宗紀》〔洪熙元年六月〕甲寅，趣中官在外採辦者還，罷所市物。

（清）龍文彬《明會要》卷五三《食貨・勸農桑》〔洪武〕十四年，上加意重本抑末。下令：農民之家，許穿紬紗絹布，商賈之家，止許穿布。農民之家，但有一人爲商賈者，亦不許穿紬紗。《農政全書》。

十八年九月，諭户部曰：人皆言農桑衣食之本，然業本必先於黜末。自什一之塗開，奇巧之技作，於是一農執耒而百家待食，一女躬織而百夫待衣，欲民之毋貧得乎？朕思足食在於禁末作，足衣在於禁華靡。宜令天下四民各守其業，不許游食。庶民之家，不許衣錦繡。《大訓記》。

（清）龍文彬《明會要》卷六二《兵・茶馬》〔嘉靖〕三十七年，議令茶商收買民馬，抽税給票，許其販賣，禁其夾帶。至四十年，仍禁止茶商販賣民馬。《世法録》。

（清）龍文彬《明會要》卷七五《方域・街市》〔弘治〕九年，吏部尚書屠滽等言：勳戚縱家人列肆通衢，邀截商賈，都城内外，所在有之。伏望綸音戒諭，所有店肆悉皆停止；更敕都察院揭榜禁戒。擾商賈、奪民利者，聽巡城巡按御史及所在有司執治。《憲章録》。

《清實録》康熙二十二年閏六月 辛丑朔，奉天將軍伊巴漢等議覆，臣等遵旨，差官三路勘驗渾河、太子河、根源應砍木植之山，及所砍之木離水路遠近情形。據稱杉木廠木植，離太子河三十餘里。栗家口、哈爾山、索爾擴木植，離蘇子河六十餘里。自此運至界凡方入渾河。又納魯窩濟内有小河五道。此河兩邊山上木植離納魯河，俱有二十餘里。自此運至杭家方入渾河。此兩河根源，如運放木植，俱可入海。應遍行曉諭八旗並府州縣，有情願至天津貿易者，該部給發執照，准其貿易。有借此夾帶禁物，偷打貂鼠、私刨人參等物者，嚴行禁止。從之。

《清實録》雍正七年七月 〔丁卯〕户部議覆：湖廣總督邁柱條奏苗疆事宜：一、湖南地方民人往苗土貿易者，令將所置何物、行户何人、運往何處，預報明地方官。該地方官給與印照註明姓名人數，知會塘汛，驗照放行。不得夾帶違禁之物。如有官吏兵役借端需索者，一併查究。一、苗人至民地貿易，請於苗疆分界之地設立市場。一月以三日爲期，互相交易，不得越界出入。仍令該州縣派佐貳官監視。一、苗疆州縣，請選擇諸苗説服之人立爲苗長，以稽捕緝之事。三年無過，量爲獎賞。其有生苗歸化者，給以寨長千百户執照。三年無過，亦予獎賞。造册彙報兵部。一、請照川省之例，於苗疆州縣，選安分勇敢之土苗，每處用一二十名充當民壯，以備差遣訪緝。仍行文武互相覺察之法，以防勾通推諉等弊。均應如所請。從之。

《清實録》乾隆十三年三月 兩廣總督策楞覆奏：各省經辦常平，未免心懷欲速，不計年歲價值，嚴限催督。而不肖有司，甚或扣價勒派，并有争勝求奇，於常平外另立名色，截買商販米糧，留以接濟鄰封、應援通省。提鎮營協，亦交口言積貯，别置營倉。捐監又需本色，以官弁紳衿之全力，萃於一二産米之鄉，價值自必頓昂。於此時能疏通調劑，尚不致日漸昂貴。奈州縣惟知積貯有關考成，督撫大員又亟求米價之平，爲之多方籌辦，於是竟靡年不貴矣。約有四事：一在官爲抑價。米貴之區，官必先爲定價，不許再長。今日拏囤户，明日訪米牙，每日糧單，必令親遞。另立循環簿，上下稽查。沿途商船，發令箭差押。市井牙儈，日奔走公庭，吏役需索刁難，一切使費，仍貫入米價之中，欲減轉增。商人更聞而裹足。一在勸諭開糶。村落一二殷實良民，家有儲蓄，不過求價而沽。

即囤積之家，計權子母，一至青黄不接，亦即出糶，以圖別爲經營。否亦賣舊買新，決不肯久貯。且歉收之地，不患價昂而患無接濟。有米之户，何妨姑緩以聽其自糶，并以備不時之需。乃地方官一遇米價稍貴，即勒令減價開糶，并有豫封廒座者。名爲勸諭，實則勒派。如或不遵，目爲囤户而坐以罪。從此有米之家，不敢稍留餘步，鄉鄰亦幾於告貸無門。而奸徒久甘心於富户，目擊官府之抑勒，益視爲弱肉可欺，强借强搶之刁風滋起，而米益視爲奇貨矣。一在稽查出境。客船販米出境，關津有意留難，更有好事之徒倡爲鄉禁，結黨强阻。或勒索重賄，或竟不放行。告發到官，又以本地民食不敷，從輕完結。雖非顯行遏糴，實則禁其復來。夫商人販運，無非冀覓微利，公私阻滯，展轉遲留。運到地頭，又或有司風聞産地之值，先爲覈定賣價，所得不償所出，良商必畏避不前矣。一在禁止質當。貧農耕作之際，家中所有，靡不在質庫之中。待至秋成，逐件清理，禦冬之具，更所必需。每以食米轉换寒衣，交春又以寒衣易穀。年來官之查察頗密，當商恐蹈囤積之愆，遇有米糧，已不願抵當。近又有囤當米穀之禁。於是窮民不得不賣米以贖當，青黄不接又不得不買米以救飢。向者出入於當鋪，每石不過錢許之利。今則買米必須現銀，買價與賣價相較，每石多至六七錢，少亦三四錢。且以從前粗有儲粟之農，亦出而零買糧食，墟市之人愈衆，米糧之價愈增矣。以上四者，又於辦理不善之後，刻意以求速平，卒之在在增昂，亦不自知流弊至此。若不暫停採買，將豐年仍同歉歲，終無平減之時。且各直省常平倉額穀共二千八百萬，縱有賑糶，加以屢年捐監及社倉穀，仍不下三千萬石，積貯已備。即或一省不敷，鄰省亦可通融。再如近年發帑賑恤，何止萬萬，大概給銀，可見有銀便可買食。請將各省常平倉穀，總以現在存倉之數爲額，其四面不通水路之州縣，如存穀不敷，統在各該省現存數内撥補，此後不必再增。如遇小灾賑銀，大灾銀米兼賑。再平糶時，若照例減銀五分及一錢，小民沾惠無幾，並請成熟之年，每石減銀一錢，荒歉減銀二錢。其糶價仍以足敷買補爲率。倘再有缺，委員在價平處，照時價採買，不得委諸州縣，派累地方，亦不必限定部價。所有常平捐監事例，及當米之禁，并各營所設之倉，概請停罷。生俊仍歸户部報捐。其官爲抑價，勒令有米之家開糶，以及借稽查名色阻遏商船，均行嚴禁。庶妨穀之事悉除，在官採買有節，商運流通。民間之米日多，價值可望漸減。總之治粟如治水，澄之則清，淆之則濁，必知真確，方可施行。如尚在兩歧，不妨姑緩。

《清實録》**乾隆十四年七月**〔壬子〕軍機大臣議覆，陝甘總督尹繼善奏稱，前督黄廷桂奏請將準夷交易之事。照前官辦，惟令商人領變，以所得餘利歸公。查交易惟商素習，置辦綢緞、變賣皮貨等物，俱能籌畫。及講價交换，裒多益寡，通盤計算，方不至大有虧折。若在官承辦，不特官與夷錙銖較量，有關體制。而貲本價值，亦必不能如商人之斟酌減省。且所得羡餘歸公，商人毫無所利，亦非情理。應仍令商辦，而官爲總攝照看，庶爲妥協。又夷人三年内交易兩次，一商承辦，貲本難於轉輸，請派兩商輪值。至熬茶等年額外交易之事，仍交官辦，而以貨交商領銷。應如所請。從之。

《清實録》**乾隆十四年九月**〔丁巳〕陝甘總督尹繼善奏：臣前奏準夷貿易，仍令商辦。但現届明年貿易期近，一時艱於募商，請暫準官辦一次。得旨：準如此奏行。並另有旨諭，諭軍機大臣等，尹繼善覆奏準夷交易一摺，著照所請，暫準動項官辦一次。向來夷人於交易年分之外，借端不時往來，希圖獲利。其無厭之求，固當少爲節制，然以字小之恩，宏懷遠之略，使邊庭息警，疆宇寧謐，所全實多。尹繼善固不可輕信屬員，多糜帑項，亦不可過求贏餘，以益官帑，而使夷人觖望，有失輕重之宜也。著傳諭尹繼善知之。

《清實録》**乾隆十五年六月**〔辛卯〕陝甘總督尹繼善奏：今歲係準夷貿易之年。現據報夷目諾洛素伯等已到哈密，但準夷自交易以來，貨物漸增，宜示節制。今歲夷貨，業已遠來，臣已諄諭肅州鎮道，俟夷人到肅，責其違例，不準全數交易。如果情詞恭順，再行酌量辦理。至嗣後章程，必宜定議。應令商人仿照節次交易數目，將牛馬羊隻皮張等項一一與之議定。並言明内地商人，止照此數備貨。若違例多來，不準全入交易，並不準全入交界。下軍機大臣等議行。

《清實録》**乾隆四十三年十一月** 壬寅，諭軍機大臣等：昨據趙鈞瑞供稱，乾隆四十年，葉爾羌、因雅德、瑪興阿，俱有發賣官玉萬餘觔，所以陸續收買四千二百餘觔，俱經給有官票等語。現諭永貴，詳細查奏。兹復詢據雅德稱，四十年間採辦大玉，除挑選進呈外，其餘零碎平常玉塊，於摺内聲明，照例變價，分給官兵認買。尚未奉到硃批，即奉調喀什噶爾。所有葉爾羌官玉變價之事，係瑪興阿、淑寶接辦等語。此項玉石，雖經雅德奏明變價認買，但原定之價爲數過輕，若再照高樸所定之價出售，則伊等漁利尤重，更不成事體矣。總之發賣官玉，實開影射私玉之端。從前所辦，本屬未妥。而日久弊滋，遂致高樸勾串官商，贓私狼籍若此，不可不徹底嚴懲。至葉爾羌官兵，與喀什噶爾、阿克蘇無異，勞逸亦同。何以他處俱無，獨葉爾羌酌賞，亦未平允。永貴前奏，仍欲官爲變價，是未知去弊之根源也。前已諭令永貴，嗣後將官兵回子議給賞玉之處，一併停止。並諭知永貴，將密爾岱山，即行永遠封禁，絲毫不許夾帶偷漏，方爲正本清源之道。永貴深體朕意，妥議行之。至瑪興阿等，從前辦理此事，是否照所定官價發賣，抑係輕價收買官玉，重價發給商人，從中牟利染指。及雅德尚未經手，即交給瑪興阿辦理之處，是否確情。并著永貴詳悉確查，據實迅速覆奏。所有軍機大臣，詢問雅德奏片，并著鈔寄永貴閲看。

《清實録》乾隆四十三年十一月 〔丁亥〕又諭：據勒爾謹等奏，審訊在西安拏獲私販玉石之吴芑洲等七犯，堅供各玉石或係發賣綢緞，在口外阿克蘇并肅州價買，或係在肅州、涼州、蘭州等處以結欠貨帳折得玉石，并或以貨換玉，帶回銷售。該犯等與常永、趙鈞瑞並不認識，實未向伊等接買玉石。質之趙鈞瑞亦供未認識其人，不敢混扳，反覆嚴審，矢口不移。至搜出玉石，並無官給照票，自係私販。但向無治罪專條，請敕部定擬，分別治罪等語。轉可不必如此辦理。自平定回部以來，所産玉石，除交官所餘，招商變價外，其回民違禁私賣，奸商潛踪私買，載回内地，製器牟利者，並不始於此時。而邇年來蘇州所製玉器，色白而大者，不一而足，非自回疆偷售而何？朕久經深悉，第以國家幅幀廣闢，地不愛寶，美玉充盈。以天地自然之利，供小民貿易之常，尚屬事所應有，故雖知之而不加嚴禁。此即抵璧於山之意。至高樸駐劄回疆，敢於明目張膽偷賣官玉，價逾鉅萬，實出情理之外。雖已審明在該處正法，尚不足抵其罪愆。其案内之商人張鑾、鄉約趙鈞瑞膽敢交結大臣，夥同其家人沈泰、李福、常永輩偷販覓利，情罪可惡，自難輕逭。至吴芑洲等既訊與趙鈞瑞等不相認識，並非高樸案内有名人犯，則不必與張鑾等同科。但吴芑洲所販之玉，既無官給照票，其爲私販無疑。若伊等謂買時實不知情，乃必無之事。此等狡獪伎倆，豈能欺人乎？況已人贓並獲，偷販之罪，實無可辭。亦伊等所自取，但究非與高樸通同販賣，尚可末減。若將此七人治罪，則前此私販回疆玉石之人，轉得漏網，亦非情法之平。今該犯等所販之玉，俱已查明入官，亦足以蔽辜，無庸另行治罪。吴芑洲等現據該撫奏明解京，俟解到時，軍機大臣會同刑部覆訊供詞。如果無虚捏，即行奏聞釋放。昨陳輝祖奏，於襄陽盤獲玉商楊添山等十七名。解到時亦著詳悉研鞫，是否與張鑾、趙鈞瑞同夥，或不相干涉，訊取確供，分别辦理具奏。其現在或有續獲者，亦照此辦理。此乃朕格外之恩，凡屬商衆，俱當感激改悔。若經此次查辦之後，復有私赴新疆偷販玉石者，一經查獲，即照竊盜滿貫例，計贓論罪，不能復邀寬貸矣。將此通諭中外知之。

《清實録》乾隆四十三年十二月 丁丑，諭軍機大臣等：本年夏間，因京畿麥價漸昂，諭令畢沅將陝省常平倉所貯麥石，酌撥五萬，轉運京城，以備平糶之用。嗣據該撫陸續運到，發廠平糶，市價漸平。即將餘麥三萬石，存貯在倉備用。現在京師麥價又復昂貴，因諭部臣，即將前麥發廠平糶。數日以來，市麥價值漸平，於民食甚爲有益。今歲豫東二省，已普種秋麥，明歲似可望有收。但現距麥收，爲期尚遠。當此青黄不接之時，商販尚不能流通轉運，不可不豫爲籌辦。著傳諭畢沅迅速查明常平麥石内，能否再酌撥麥四五萬石解京，據實奏聞。如能再撥若干萬石，即於河路可行時，仍照今年之例，由豫省轉運。一面辦理覆奏，一面知照豫省備辦接運。將此由六百里諭令知之。仍由驛六百里覆奏。

《清實録》乾隆四十五年五月 〔戊子〕然常平豐歛而歉散，其制在於出陳易新。但逢穀貴而採買入倉，慮有强派之弊。穀賤而紅陳召糶，恐滋勒買之虞。何道而使倉庾常盈，閭閻不累歟？仰藉社倉者，必皆貧户。倘所入之息不敵所出之數，則義舉且漸廢。使必按册而促之償補，則追呼滋擾，善政反成作法之涼，將何以斟酌而歸於實惠歟？《書》稱刑期無刑，辟以止辟。蓋天地之道，温肅並行，帝王之治，恩威交濟。固大異乎名法之家，而亦非徒博寬大之譽也。後世秉憲之吏，不知德禮刑政之同原，其於明罰敕法之道，未能權衡要於至當，豈咸中之治，果難復見歟？將使惟明惟允無縱無枉，以協於弼教之意，果操何道歟？夫先資自獻，官之始也。敷奏以言，古之制也。多士學古入官，於經世之略，講之有素。又新自田間來，於民生利弊知之必悉，其竭慮以對，毋泛毋隱。朕將親覽焉。

《清實録》**乾隆五十八年九月** 〔戊戌〕諭：據恒秀奏，審明韓祥生、項如賓偷換赫哲等貂皮一案，請將韓祥生等枷號兩個月，杖責逐出境外等語。民人韓祥生等，膽敢豫在赫哲等來路，偷換貂皮，甚屬不法。若僅逐出境外，亦不過逐出吉林邊外而已。吉林境外，非盛京即黑龍江地方，仍不免在彼處有偷換貂皮人蔘之事。韓祥生、項如賓均著枷號兩個月，滿日杖一百，發遣烟瘴地方，以示儆戒。嗣後似此者，俱照此辦理。

《清實録》**嘉慶元年四月** 丁丑，諭軍機大臣等：據吉慶奏，嚴拏奸徒偷漏硝黄，並咨明各省一體查禁一摺。硝黄火藥，例干嚴禁。近來海洋盜匪，每遇商船，即放礮爲號。海洋非出硝黄之地，此等硝黄，若非奸徒偷賣，盜匪又從何處購覓？是欲杜私販透漏情弊，必先於出産地方嚴行查禁。著傳諭各該督撫，飭令地方官嚴行查察。於官爲給照採辦之外，毋許絲毫私售。使奸徒不能販運偷賣，而盜匪即無從接濟。該督撫等務當飭屬嚴禁，毋得日久生懈。

《清實録》**嘉慶十一年十一月** 丁巳，諭内閣：刑部審訊步軍統領衙門拏獲拉運米石，並存積逾額各鋪户一摺。所辦甚是。奸商等囤積居奇，致妨民食，並或啓偷運回漕之弊。是以加之例禁。其本係流通糶賣者，無論米石多寡，俱聽其自便。定例本爲明晰。今若不問是否流通，一經逾額，即以囤積拘拏，必致鋪户畏累，商販不前，於民食商情轉有妨礙。刑部摺内稱，城内之米勿許出城，城外之米勿許出境。所辦最爲得要。著步軍統領衙門申明定例，出示曉諭，毋許番役人等妄拏鋪户，藉端滋擾。所有此次審明並非囤積之劉二等三十二名，著即概行省釋。其車大一犯，著照例懲治。

《清實録》**嘉慶十九年三月** 乙卯，諭内閣：前據刑部奏，審訊王三等勾通天津鋪户販運米石出城，恐有回漕情弊。當降旨交那彦成查究。兹據那彦成奏稱，天津烟户稠密，惟藉商販米石接濟，刑部訊出該鋪户盧德等自上年四月至今，共買運細稜米一萬四千餘石，於全漕似無大礙等語。奸商私運米石出城，本干例禁。京城居民繁庶，百倍天津，此項私運稜米一萬四千餘石，若云可濟天津民食，獨不計都城民食驟少此數乎？况天津一帶，爲漕艘經過通津，正係回漕弊藪，豈可不嚴密查禁？著那彦成仍派員確查該處私運米石。若實係細米零星售買，無庸究辦。儻將粗米攙混，影射回漕，即嚴拏按律懲辦，以除積弊。並著刑部將王三等再行提訊。

《清實録》**嘉慶二十二年七月** 〔戊辰〕又諭：蔣攸銛奏請嚴禁茶葉海運一摺。閩皖商人販運武彝松羅茶葉，赴粤省銷售，向由内河行走。自嘉慶十八年漸由海道販運，近則日益增多。洋面遼闊，漫無稽查，難保不夾帶違禁貨物，私行售賣。從前該二省巡撫並不查禁，殊屬疏懈，念其事屬已往，姑免深究。嗣後著福建安徽及經由入粤之浙江三省巡撫，嚴飭所屬，廣爲出示曉諭。所有販茶赴粤之商人，俱仍照舊例令由内河過嶺行走，永禁出洋販運。儻有違禁私出海口者，一經拏獲，將該商人治罪，並將茶葉入官。若不實力禁止，仍聽私運出洋，别經發覺，查明係由何處海口偷漏，除將守口員弁嚴參外，並將該巡撫懲處不貸。漏税事小，通夷事大，不可不實心實力杜絶弊端也。

《清實録》**道光十五年十月** 〔甲子〕諭内閣：御史阿林保奏，嚴禁奸民夜間售賣雜貨，以清市肆一摺。此等曉市，相沿成習，不過希圖牟利。惟於天尚未明，即擺攤售賣，難保無奸匪盜竊，藏匿消贓，自應申明例禁，以靖閭閻。嗣後著步軍統領衙門，及巡城御史，出示曉諭各街市擺攤者，日出後方準售賣。毋任鼠竊匪徒，伺隙藏奸。儻有來歷不明之物，犯案後查出，即將知情售賣之人，一併按律治罪。

《清實録》**道光十七年四月** 〔甲寅〕諭軍機大臣等：御史雙壽奏請禁冒充官紀，私税害民一摺。向來額設牙行，官爲給帖。其有新開集場必應設立牙行者，確查結報轉詳覈給，例禁甚嚴。奉天省幅員式廓，沿海市場不少，其原無額設斗秤之處，自應酌設牙行，以杜弊端。若如該御史所奏，竟有土棍勾串胥役，冒充官紀，私徵課税，屢經滋事。即如廣寧之新民屯，向無額設斗秤，現在商賈輻輳，綿延十餘里。似此殷盛市場，任聽土棍壟斷居奇，箕斂股分，其擾累閭閻實甚。且奸商蠹役，隨在皆有，如新民屯者尚恐不止一處。著奕顥等查明各屬場集處所，酌量增設牙行，募民選充，照例給帖輸課，以歸畫一。儻仍有土棍冒充官紀，及互毆構訟之案，著隨時嚴辦，以惠商賈而儆刁風。將此各諭令知之。

《清實録》咸豐九年正月　〔乙未〕又諭：勝保、翁同書奏，請飭各路統兵大臣及各省督撫，嚴禁偷販私磺等語。據稱參將李世忠詳稟，逆匪横行，皆由私磺接濟。並指出大江南北水陸口岸各要隘，奸商通匪偷販各情，亟應嚴行查禁，以杜私售。惟現在用兵地方，袤延數省，隘口過多，私磺販運之處，斷絶非易。其各省會及著名鎮市，商賈輻輳之所，尤應詳加盤詰。除山西等處産磺之地，嚴禁私磺出售外，其各路軍營及用兵省分非有統兵大臣、及該督撫、委員解送印文知照者，概不準擅行採買。其經過關津隘卡，如無印文護票者，即著查拏徵辦。儻有不肖官吏，私行賄放者，察出嚴行治罪。軍營兵勇，如有偷漏硝磺火藥、接濟賊營者，即以軍法從事。著官文、德興阿、和春、勝保、曾國藩、張芾、傅振邦等及各直省督撫，嚴定章程，實力盤禁，毋稍鬆懈。至所呈該參將原稟，太平關無爲州等處，粤逆日收税銀，爲數甚鉅。並著和春、何桂清等嚴飭地方員弁，於東壩一帶，曉諭商民，不準在太平關等處販賣貨物。使該逆收税日少，無從接濟米糧，以冀制賊死命，是爲至要。將此各諭令知之。

《清實録》光緒二十八年十二月　庚寅，諭軍機大臣等：有人奏請將私設小押暫押當局，查封提究，開單呈覽一摺。據稱京畿盗案，層見疊出，實由小押私當，爲之罪魁。請將私設各當局，嚴密查抄，永遠封禁。並將開設私當之人，送交刑部治罪等語。著步軍統領衙門、順天府、五城御史，按照單開各處，嚴密查封，分别究懲。原摺單均著鈔給閱看。將此各諭令知之。

《明清以來蘇州社會史碑刻集·蘇州府示諭楓橋米市斛力碑嘉慶十七年十二月》　特調江南蘇州府正堂加七級隨帶加一級紀録二次習爲遵批查議出示曉諭事。嘉慶十七年九月二十六日，奉布政司慶批：據洞庭會館司事文生徐昌期呈稱：在楚販米回蘇，在楓鎮經行發賣，向給斛力，每石米五合。今有樂自新、王全興、張路九、郭太和等，以建立會館爲名，設立巡船，聚集匪類，無船不索，無貨不抽，遂致米無人斛，船不能留，米價騰貴。□蒙撫憲查拿究辦，米市復興，商民頌德。惟是斛費與其□犯棍告，準之八厘，莫若遵前憲頒定之五合。且付給斛力，米便於銀。在楚寫船之時，已將斛力米五合交付舟人代給。今雖頒定八厘，餘米不得收回，舟人亦不肯找出空餘之米，犯棍餘黨，必起覬覦。故欲頒定八厘，必求示諭舟人，將寫船所交之五合交付米客，斛力之八厘俾米客自給，方始各無弊混，等情詞。蒙批：樂自新等業經拿獲，現在飭府究辦。至於斛費錢文，既經酌定八厘，不給本色，自應聽各米客自行付給，豈容他人中飽，以至斛手轉無實惠。仰蘇州府一並妥議，訊詳毋遲。碑摹并發，等因。到府。奉此。查楓鎮米市斛手應得斛費，先經查提牙斛人等訊供，查照前署府議定，以米折銀，每石給斛手銀八厘，毋許格外多索，取結，通詳飭縣，勒碑遵守。其樂自新借建會館科斂商民一案，業奉各憲飭拏，發府訊供，按擬通詳解勘，各在案。兹奉藩憲批府查議。本府查徐昌期所請斛費米便於銀一節，既經酌定八厘，不給本色，且經節次曉示，現又飭縣勒石遵守，毋庸另議。至於斛費，向係給米五合，今改給銀八厘，米客在楚寫船，未悉在蘇更易章程，仍付舟人五合，代給斛手。在斛手於八厘之外，不敢多取，在米客先經付出，不得收回，竟爲舟人中飽，米客並無沾惠。除經議詳藩憲，俯準徐昌期所請，出示曉諭遵辦，並請移咨楚省，一體出示曉諭外，合行出示曉諭。爲此示。仰楓鎮各省米客及船户牙斛人等知悉：嗣後在楚寫船，不得再將斛費交付舟人代給，應聽米客自行將銀發給斛手，不得從中影射弊混。自示之後，該船户倘敢藉端捎勒不遵，一經訪聞，或被告發，定即按名嚴拿究辦，決不姑寬。凛之。特示。遵。

嘉慶十七年十二月　日示。

專賣法制部

先秦分部

論說

（宋）呂祖謙《歷代制度詳説》卷五《鹽法·詳説》　《洪範》初一曰五行，一曰水，水曰潤下，潤下作鹹，此鹽之根原。五行之氣無所不在。水周流於天地之間，潤下之性無所不在。其味作鹹，凝而爲鹽，亦無所不在。種類品目甚多，世所共知者有三，如出於海，出於井，出於池。三者鹽之尤多，世共知之。如青州出於東井，幽薊北海、嶺南南海皆出於海，劍南西川出於井，如河東鹽出於池，如解池，鹽之尤著者。三種之外所出亦多，如河北有鹵地，此出於地者；如永康軍鹽出於崖，此出於山者。又有出於石，出於木，品類不一。大抵鹽生民之日用，不可一日缺者，所以天地之間無處不有。自《禹貢》青州貢鹽、絺，此海鹽之見於經。三代之時，鹽雖入貢，與民共之，未嘗有禁法。自管仲相威公，當時始興鹽筴，以奪民利。自此後，鹽禁方開。雖漢興除山澤之禁，到武帝時孔僅、桑弘羊祖管仲之法，鹽始禁榷。至昭帝之世，召賢良文學論民疾苦，請罷鹽鐵，又桑弘羊反覆論難，所以鹽榷不能廢。元帝雖暫罷之，卒以國用不足復建。自此以後，雖鹽法有寬有急，然禁榷與古今相爲終始，以此知天下利源不可開，一開不可復塞。於是論其作俑出於管仲，計近功淺效，奪民利以開鹽禁，自此天下之鹽皆入禁榷。論禁榷之利，惟是海鹽與解池之鹽最資國用。南方之鹽皆出於海，北方之鹽皆出於池。如蜀中井鹽，自贍一方之用，於大農之國計不與焉。前代鹽法興衰皆不出於所論，今且論宋朝鹽本末。宋朝就海論之，惟是淮鹽最資國用。方國初，鈔鹽未行，是時建安軍置鹽倉，乃令真州發運。在真州，是時李沆爲發運使，運米轉入其倉，空船回，皆載鹽，散於江浙湖廣，諸路各得鹽資船運而民力寬，此南方之鹽，其利廣而鹽榷最資國用。解池之鹽，朝廷專置使以領之，北方之鹽盡出解池。當時南方之鹽全在海，北方之鹽全在解池。然而南方之鹽，管得其人則其害少，惟北方解池之鹽有契丹、西夏之鹽嘗相參雜，奪解池之鹽，所以宋朝議論最詳。大抵解池之鹽，味不及西夏，西夏優而解池劣；價直，西北之鹽又賤。所以沿邊多盜販二國鹽以奪解池，所以國家常措置關防，西夏常護視入中國界。大抵南方所出是海鹽，自漢以來，海鹽、井鹽用煎熬之制，皆烹煉後成，兩處之鹽必資人力。如解池之鹽，大抵如耕種疏爲畦壠，决水灌其間，必南風起此鹽遂熟。風一夜起，水一夜結成鹽。所以北方皆坐食鹽，如南風不起，則課利遂失。大海鹽、井鹽全資於人，解池之鹽全資於天而人不與。至徽宗時，如兩浙之鹽多有變更。自蔡京秉政，廢轉搬倉之法，使商賈入納於官，自此爲鈔鹽法，請鈔於京師，商賈運於四方。有長引、短引，限以時日，各適所適之地，遠近以爲差。蔡京專利罔民，所以鹽法數十日一變。鹽法既變，則鈔鹽亦不可用，商賈既納錢之後，鈔皆不用，所以商賈折閲甚多，此海鹽之一變也。解鹽之變，緣徽廟初，雨水不常，圍壍不密，守者護視不固，爲外水參雜。雨水不常，外水瀰滿流入，解池不復成鹽，所以數年大失課利。後大興徭役，盡車出外水，漸可再復，此是解鹽之一變也。若論禁榷之利，天下之鹽固皆禁榷，惟是河北之鹽自安史亂河北一路，緣藩鎮據有河北鹽，後本朝因而以鹽定税，所以河北一路鹽無禁榷。仁宗時，議者要禁榷，仁宗不肯。神宗時，王安石、章惇亦欲禁榷，神宗亦不許。自後章惇爲相，方始行禁榷，犯刑禁者甚多，盜賊滋起。河北所以不可禁榷，兼河北之鹽又與其他不同。如井鹽，官司只守一井，故井鹽可榷。如解池之鹽，毫釐封守亦可禁榷。海鹽亦待煎起爐閉爐，非一旦所成，官司又勤禁察，亦可禁榷。惟河北鹽是鹵地，其地甚廣，非如井池可以爲牆垣籬壍封守，又却才煎便成，非如海鹽必待煎煮可以禁察，所以最易得犯禁。自章惇禁榷河北，一到靖康之末，盜賊愈多。河北風俗慓悍，鹽又易成，小人圖利，所以不體朝廷之法，遂輕來相犯。鹽大略如此。然推大綱論之，鹽固是三代以前與民共之，若就後世不得已，彼善於此論之，取諸山澤不猶勝取之於民。蓋所謂興販煎鹽皆非地著之人，因而取之，必寬民力。本之民力，然而取之欲寬，不盡其利，則鹽可以公行，若迫而取之，必有官刑。此見小失大鹽法所以不行。

（元）馬端臨《文獻通考》卷一五《征榷考·鹽鐵》 按：《周禮》所建山澤之官雖多，然大概不過掌其政令之厲禁，不在於征榷取財也。至管夷吾相齊，負山海之利，始有鹽鐵之征。觀其論鹽，則雖少男、少女所食；論鐵，則雖一鍼、一刀所用，皆欲計之，苛碎甚矣。故其言曰：利出一孔者，其國無敵；出二孔者，其兵不詘；出三孔者，不可以舉兵；出四孔者，其國必亡。先王知其然，故塞人之養，養，利也。隘其利途。故予之在君，奪之在君，貧之在君，富之在君。又曰：夫人予則喜，奪則怒。先王知其然，故見予之形而不見奪之理，故民可愛而洽於上也。其意不過欲巧爲之法，陰奪民利而盡取之，既以此相桓公霸諸侯，而齊世守其法。故晏子曰：山木如市，弗加於山；魚鹽蜃蛤，弗加於海。民參其力，二入於公，而衣食其一。山林之木，衡麓守之；澤之萑蒲，舟鮫守之；藪之薪蒸，虞侯守之；海之鹽蜃，祈望守之。縣鄙之人，入從其政；偪介之關，暴征其私。布常無藝，徵斂無度。蓋極言其苛如此。然則桑、孔之爲，有自來矣。

綜述

（唐）杜佑《通典》卷一〇《食貨·鹽鐵》 管子曰：海王之國，海王者，言以負海之利而王其業。王音于况反。謹正鹽筴。正，税也。音征。十口之家，十人食鹽，百口之家，百人食鹽。終月大男食鹽五升少半，少半，猶劣薄也。大女食鹽三升少半，吾子食鹽二升少半，吾子，謂小男小女也。此其大曆也。曆，數。鹽百升而釜，鹽十二兩七銖一黍十分之一爲升，當米六合四勺也。百升之鹽，七十六斤十二兩十九銖二累爲釜，當米六斗四升。今鹽之重，升加分強，釜五十也；分強，半強也。今使鹽官税其鹽之重，每一斗加半合爲強而取之，則一釜之鹽，得五十合而謂之強。升加一強，釜百也；升加二強，釜二百也。鍾二千，十釜之鹽，七百六十八斤爲鍾，當米六斛四斗是。十鍾二萬，百鍾二十萬，千鍾二百萬。萬乘之國，人數開口千萬也。舉其大數而言之也。開口，謂大男大女之所食鹽也。禺筴之商，日二百萬，禺讀爲偶。偶，對也。商，計也。對其大男大女食鹽者之口數而立筴，以計所税之鹽，一日計二百萬，合爲二百鍾。十日二千萬，一月六千萬。萬乘之國，正九百萬也。萬乘之國，大男大女食鹽者千萬人，而税之，鹽一日二百鍾，十日二千鍾，一月六千鍾也。今又施其税數，以千萬人如九百萬人之數，則所税之鹽一日百八十鍾，十日千八百鍾，一月五千四百鍾。月人三十錢之籍，爲錢三千萬。又變其五千四百鍾之鹽而籍其錢，計一月每人人籍錢三十，凡千萬人，爲錢三萬萬矣。以此籍之數而比其常籍，則當一國而有三千萬人矣。今吾非籍之諸君吾子，而有二國之籍者六千萬。諸君，謂老男老女也。六十以上爲老男，五十以上爲老女也。既不籍於老男老女，又不籍於小男小女，乃能以千萬人而當三千萬人者，蓋鹽官之利耳。鹽官之利既然，則鐵官之利可知也。鹽官之利當一國而三千萬人，鐵官之利當一國而三千萬人焉，故能有二國之籍者六千萬人耳。其常籍人之數，猶在此外。使君施令曰：吾將籍於諸君吾子，則必囂號，令天給之鹽筴，則百倍歸於上，人無以避此者，數也。今鐵官之數曰：一女必有一鍼一刀，若其事立。若猶然後。耕者必有一耒一耜一銚，若其事立。大鋤謂之銚，羊昭反。行服連輂名，所以載作器，人挽者。軺羊昭反輂居玉反者，大車駕馬。必有一斤一鋸一錐一鑿，若其事立。不爾而成事者，天下無有。今鍼之重加一也，三十鍼一人之籍。鍼之重，每十分加一分，爲強而取之，則一女之籍得三十鍼也矣。刀之重加六，五六三十，五刀一人之籍也。刀之重，每十分加六分，以爲強而取之，五六爲三十也，則一女之籍得五刀。耜鐵之重加七，三耜鐵一人之籍也。耜鐵之重，每十分加七分，以爲強而取之，則一農之籍得三耜鐵也。其餘輕重皆准此而行，其器彌重，其加彌多。然則舉臂勝音升事，無不服籍者。

桓公曰：然則國無山海不王乎？

管子曰：因人之山海，假之名有海之國，雖無海而假名有海，則亦雖無山而假名有山。售鹽於吾國。彼國有鹽而糶於吾國爲售耳。釜十五吾受而官出之以百，受，取也。假令彼鹽平價釜當十錢者，吾又加五錢而取之，所以來之也。既得彼鹽，則令吾國鹽官又出而糶之，釜以百錢也。我未與其本事也，與，用也。本事，本鹽也。受人之事，以重相推，以重相推，謂加五錢之類也。推猶度也。此人用之數也。彼人所有而皆爲我用也。

又曰：齊有渠展之鹽，渠展，齊地，泲水所流入海之處，可煑鹽之所也，故曰渠展之鹽。請君伐菹薪，草枯曰菹。采居反。煑水爲鹽，煑海水。正音征而積之。十月始正，至於正月，成三萬六千鍾，下令曰：孟春既至，農事且起，大夫無得繕冢墓，理宮室，立臺榭，築牆垣。北海之衆無得聚庸庸，功也。而煮鹽。北海之衆，謂北海煮鹽之人。本意禁人煮鹽，下令託以農事，慮有妨奪，先自大夫起，欲人不知其機，斯爲權術。此則坐長十倍，以令糴之。梁、趙、宋、衛、濮陽彼盡餽食之國，本國自無鹽，遠餽而食。無鹽則腫，守圉之國，圉與禦同，古通用。用鹽獨甚。桓公乃使糴之，得成金萬斤。

（元）馬端臨《文獻通考》卷一七《征榷考·榷酤禁酒》　《酒誥》：文王誥教小子，有正有事，無彝酒。越庶國，飲惟祀，德將無醉。矧汝剛制於酒，厥或告曰：群飲。汝勿佚，盡執拘以歸於周，予其殺。又惟殷之迪諸臣惟工乃湎於酒，勿庸殺之，姑惟教之。

東坡蘇氏曰：自漢武帝以來至於今，皆有酒禁，刑者有至流，賞或不貲，未嘗少縱，而私釀終不能絶。周公獨何以能禁之？曰：周公無所利於酒也，以正民德而已。甲乙皆笞其子，甲之子服，乙之子不服。何也？甲笞其子而責之學，乙笞其子而奪之食。此周公之所以能禁酒也。

《周官》：萍氏掌幾酒、謹酒。

紀　事

《管子·海王》　桓公曰：何謂官山海？管子對曰：海王之國，謹正鹽筴。

《春秋左傳·魯昭公二十年》　〔晏子對曰〕海之鹽、蜃，祈望守之。

《國語·齊語》　〔管仲〕通齊國之漁鹽於東萊，使關市幾而不征，以爲諸侯利，諸侯稱廣焉。

《商君書·墾令》　貴酒肉之價，重其租，令十倍其樸，然則商賈少，農不能喜酣奭，大臣不爲荒飽。

《史記》卷三二《齊太公世家》　〔齊〕桓公既得管仲，與鮑叔、隰朋、高傒修齊國政，連五家之兵，設輕重魚鹽之利，以贍貧窮，禄賢能，齊人皆説。

（宋）王應麟《玉海》卷一八一《食貨·鹽鐵茶法·周鹽人》　《禮》鹽人奄二人。掌鹽之政令，以共百事之鹽。祭祀共其苦鹽散鹽，賓客共形鹽，王之饍羞共飴鹽。凡齊事鬻鹽以待戒令。注：杜子春讀苦爲鹽。鄭司農云：散鹽湅治者。玄謂鬻水爲鹽。疏：鹽謂出於鹽池，今顆鹽是也。散鹽出於東海。形鹽，鹽之似虎形。疏：《左氏傳》鹽，虎形是也。飴鹽，鹽之恬者。今戎鹽有焉。疏：即石鹽是也。齊事，和五味之事。鬻鹽，湅治之鹹鹺建其明號，虎形昭其盛飾。《商書》載説命之辭，《周官》列鹽人之職。

秦漢分部

論説

（漢）桓寬《鹽鐵論》卷一《禁耕》 大夫曰：家人有寶器，尚函匣而藏之，況人主之山海乎？夫權利之處，必在深山窮澤之中，非豪民不能通其利。異時鹽鐵未籠，布衣有朐邴，人君有吴王，皆鹽鐵初議也。吴王專山澤之饒，薄賦其民，賑贍窮乏，以成私威。私威積而逆節之心作。夫不蚤絶其源而憂其末，若決吕梁，沛然，其所傷必多矣。太公曰：一家害百家，百家害諸侯，諸侯害天下，王法禁之。今放民於權利，罷鹽鐵以資暴彊，遂其貪心，衆邪羣聚，私門成黨，則強禦日以不制，而并兼之徒姦形成也。

文學曰：民人藏於家，諸侯藏於國，天子藏於海内。故民人以垣牆爲藏閉，天子以四海爲匣匱。天子適諸侯，升自阼階，諸侯納管鍵，執策而聽命，示莫爲主也。是以王者不畜聚，下藏於民，遠浮利，務民之義；義禮立，則民化上。若是，雖湯、武生存於世，無所容其慮。工商之事，歐冶之任，何姦之能成？三桓專魯，六卿分晋，不以鹽鐵。故權利深者，不在山海，在朝廷；一家害百家，在蕭牆，而不在朐邴也。

大夫曰：山海有禁而民不傾，貴賤有平而民不疑。縣官設衡立準，人從所欲，雖使五尺童子適市，莫之能欺。今罷去之，則豪民擅其用而專其利。決市閭巷，高下在口吻，貴賤無常，端坐而民豪，是以養強抑弱而藏於跖也。彊養弱抑，則齊民消；若衆穢之盛而害五穀。一家害百家，不在朐邴，如何也？

文學曰：山海者，財用之寶路也。鐵器者，農夫之死士也。死士用，則仇讎滅，仇讎滅，則田野闢，田野闢而五穀熟。寶路開，則百姓贍而民用給，民用給則國富。國富而教之以禮，則行道有讓，而工商不相豫，人懷敦樸以相接，而莫相利。夫秦、楚、燕、齊，土力不同，剛柔異勢，巨小之用，居句之宜，黨殊俗易，各有所便。縣官籠而一之，則鐵器失其宜，而農民失其便。器用不便，則農夫罷於壄而草萊不辟。草萊不辟，則民困乏。故鹽冶之處，大傲皆依山川，近鐵炭，其勢咸遠而作劇。郡中卒踐更者，多不勘，責取庸代。縣邑或以户口賦鐵，而賤平其準。良家以道次發僦運鹽、鐵，煩費，百姓病苦之。愚竊見一官之傷千里，未覩其在朐邴也。

（漢）桓寬《鹽鐵論》卷一《復古》 大夫曰：故扇水都尉彭祖寧歸，言：鹽、鐵令品，令品甚明。卒徒衣食縣官，作鑄鐵器，給用甚衆，無妨於民。而吏或不良，禁令不行，故民煩苦之。令意總一鹽、鐵，非獨爲利入也，將以建本抑末，離朋黨，禁淫侈，絶并兼之路也。古者，名山大澤不以封，爲下之專利也。山海之利，廣澤之畜，天地之藏也，皆宜屬少府；陛下不私，以屬大司農，以佐助百姓。浮食奇民，好欲擅山海之貨，以致富業，役利細民，故沮事議者衆。鐵器兵刃，天下之大用也，非衆庶所宜事也。往者，豪強大家，得管山海之利，采鐵石鼓鑄，煮海爲鹽。一家聚衆，或至千餘人，大抵盡收放流人民也。遠去鄉里，棄墳墓，依倚大家，聚深山窮澤之中，成姦僞之業，遂朋黨之權，其輕爲非亦大矣！今者，廣進賢之途，練擇守尉，不待去鹽、鐵而安民也。

文學曰：扇水都尉所言，當時之權，一切之術也，不可以久行而傳世，此非明王所以君國子民之道也。《詩》云：哀哉爲猶，匪先民是程，匪大猶是經，維邇言是聽。此詩人刺不通於王道，而善爲權利者。孝武皇帝攘九夷，平百越，師旅數起，糧食不足。故立田官，置錢，入穀射官，救急贍不給。今陛下繼大功之勤，養勞勸之民，此用麋鬻之時；公卿宜思所以安集百姓，致利除害，輔明主以仁義，修潤洪業之道。明主即位以來，六年於兹，公卿無請減除不急之官，省罷機利之人。人權縣太久，民良望於上。陛下宣聖德，昭明光，令郡國賢良、文學之士，乘傳詣公車，議五帝、三王之道，《六藝》之風，册陳安危利害之分，指意粲然。今公卿辨議，未有所定，此所謂守小節而遺大體，抱小利而忘大利者也。

大夫曰：宇棟之内，鷰雀不知天地之高；坎井之鼃，不知江海之大；窮夫否婦，不知國家之慮；負荷之商，不知猗頓之富。先帝計外國之利，料胡、越之兵，兵敵弱而易制，用力少而功大，故因勢變以主四夷，地濱山海，以屬長城，北略河外，開路匈奴之鄉，功未卒。蓋文王受命伐崇，作邑于豐；武王繼之，載尸以行，破商擒紂，遂成王業。曹沫棄三北之耻，而復侵地；管仲負當世之累，而立霸功。故志大者遺小，用權者離俗。有司思師望之計，遂先帝之業，志在絶胡、貉，擒單于，故未遑扣扃之義，而録拘儒之論。

文學曰：鸞雀離巢宇而有鷹隼之憂，坎井之鼃離其居而有蛇鼠之患，況翱翔千仞而游四海乎？其禍必大矣！此李斯所以折翼，而趙高没淵也。聞文、武受命，伐不義以安諸侯大夫，未聞弊諸夏以役夷、狄也。昔秦常舉天下之力以事胡、越，竭天下之財以奉其用，然衆不能畢；而以百萬之師，爲一夫之任，此天下共聞也。且數戰則民勞，久師則兵弊，此百姓所疾苦，而拘儒之所憂也。

（漢）桓寬《鹽鐵論》卷三《輕重》　御史進曰：昔太公封於營丘，辟草萊而居焉。地薄人少，於是通利末之道，極女工之巧。是以鄰國交於齊，財畜貨殖，世爲彊國。管仲相桓公，襲先君之業，行輕重之變，南服彊楚而霸諸侯。今大夫君修太公、桓、管之術，總一鹽、鐵，通山川之利而萬物殖。是以縣官用饒足，民不困乏，本末並利，上下俱足，此籌計之所致，非獨耕桑農也。

文學曰：禮義者，國之基也，而權利者，政之殘也。孔子曰：能以禮讓爲國乎？何有。伊尹、太公以百里興其君，管仲專於桓公，以千乘之齊，而不能至於王，其所務非也。故功名隳壞而道不濟。當此之時，諸侯莫能以德，而争於公利，故以權相傾。今天下合爲一家，利末惡欲行？淫巧惡欲施？大夫君以心計策國用，構諸侯，參以酒榷，咸陽、孔僅增以鹽、鐵，江充、楊可之等，各以鋒鋭，言利末之事析秋毫，可爲無間矣。非特管仲設九府，徼山海也。然而國家衰耗，城郭空虚。故非特崇仁義無以化民，非力本農無以富邦也。

御史曰：水有猵獺而池魚勞，國有强禦而齊民消。故茂林之下無豐草，大塊之間無美苗。夫理國之道，除穢鋤豪，然後百姓均平，各安其宇。張廷尉論定律令，明法以繩天下，誅姦猾，絶并兼之徒，而强不凌弱，衆不暴寡。大夫君運籌策，建國用，籠天下鹽、鐵諸利，以排富商大賈，買官贖罪，損有餘，補不足，以齊黎民。是以兵革東西征伐，賦斂不增而用足。夫損益之事，賢者所覩，非衆人之所知也。

文學曰：扁鵲撫息脈而知疾所由生，陽氣盛，則損之而調陰，寒氣盛，則損之而調陽，是以氣脈調和，而邪氣無所留矣。夫拙醫不知脈理之腠，血氣之分，妄刺而無益於疾，傷肌膚而已矣。今欲損有餘，補不足，富者愈富，貧者愈貧矣。嚴法任刑，欲以禁暴止姦，而姦猶不止，意者非扁鵲之用鍼石，故衆人未得其職也。

御史曰：周之建國也，蓋千八百諸侯。其後，彊吞弱，大兼小，並爲六國。六國連兵結難數百年，内拒敵國，外攘四夷。由此觀之：兵甲不休，戰伐不乏，軍旅外奉，倉庫内實。今以天下之富，海内之財，百郡之貢，非特齊、楚之畜，趙、魏之庫也。計委量入，雖急用之，宜無乏絶之時。顧大農等以術體躬稼，則后稷之烈，軍四出而用不繼，非天之財少也？用鍼石，調陰陽，均有無，補不足，亦非也？上大夫君與治粟都尉管領大農事，灸刺稽滯，開利百脈，是以萬物流通，而縣官富實。當此之時，四方征暴亂，車甲之費，克獲之賞，以億萬計，皆贍大司農。此者扁鵲之力，而鹽、鐵之福也。

文學曰：邊郡山居谷處，陰陽不和，寒凍裂地，衝風飄鹵，沙石凝積，地勢無所宜。中國，天地之中，陰陽之際也，日月經其南，斗極出其北，含衆和之氣，産育庶物。今去而侵邊，多斥不毛寒苦之地，是猶棄江皋河濱，而田於嶺坂菹澤也。轉倉廩之委，飛府庫之財，以給邊民。中國困於繇賦，邊民苦於戍禦。力耕不便種糴，無桑麻之利，仰中國絲絮而後衣之，皮裘蒙毛，曾不足蓋形，夏不失複，冬不離窟，父子夫婦内藏於專室土圜之中。中外空虚，扁鵲何力？而鹽、鐵何福也？

（漢）桓寬《鹽鐵論》卷六《水旱》　大夫曰：禹、湯聖主，后稷、伊尹賢相也，而有水旱之災。水旱，天之所爲，饑穰，陰陽之運也，非人力。故太歲之數，在陽爲旱，在陰爲水。六歲一饑，十二歲一荒。天道然，殆非獨有司之罪也。

賢良曰：古者，政有德，則陰陽調，星辰理，風雨時。故行修於内，聲聞於外，爲善於下，福應於天。周公載紀而天下太平，國無夭傷，歲無荒年。當此之時，雨不破塊，風不鳴條，旬而一雨，雨必以夜。無丘陵高下皆熟。《詩》曰：有渰萋萋，興雨祁祁。今不省其所以然，而曰陰陽之運也，非所聞也。《孟子》曰：野有餓殍，不知收也；狗豕食人食，不知檢也；爲民父母，民饑而死，則曰，非我也，歲也，何異乎以刃殺之，則曰，非我也，兵也？方今之務，在除饑寒之患，罷鹽、鐵，退權利，分土地，趣本業，養桑麻，盡地力也。寡功節用，則民自富。如是，則水旱不能憂，凶年不能累也。

大夫曰：議者貴其辭約而指明，可於衆人之聽，不至繁文稠辭，多言害有司化俗之計，而家人語。陶朱爲生，本末異徑，一家數事，而治生之道乃備。今縣官鑄農器，使民務本，不營於末，則無饑寒之累。鹽、鐵何害而罷？

賢良曰：農，天下之大業也，鐵器，民之大用也。器用便利，則用力少而得作多，農夫樂事勸功。用不具，則田疇荒，穀不殖，用力鮮，功自半。器便與不便，其功相什而倍也。縣官鼓鑄鐵器，大抵多爲大器，務應員程，不給民用。民用鈍弊，割草不痛，是以農夫作劇，得獲者少，百姓苦之矣。

大夫曰：卒徒工匠，以縣官日作公事，財用饒，器用備。家人合會，褊於日而勤於用，鐵力不銷鍊，堅柔不和。故有司請總鹽、鐵，一其用，平其賈，以便百姓公私。雖虞、夏之爲治，不易於此。吏明其教，工致其事，則剛柔和，器用便。此則百姓何苦？而農夫何疾？

賢良曰：卒徒工匠！故民得占租鼓鑄、煮鹽之時，鹽與五穀同賈，器和利而中用。今縣官作鐵器，多苦惡，用費不省，卒徒煩而力作不盡。家人相一，父子戮力，各務爲善器，器不善者不集。農事急，輓運衍之阡陌之間。民相與市買，得以財貨五穀新幣易貨；或時貰民，不棄作業。置田器，各得所欲。更繇省約，縣官以徒復作，繕治道橋，諸發民便之。今總其原，壹其賈，器多堅硜，善惡無所擇。吏數不在，器難得。家人不能多儲，多儲則鎮生。棄膏腴之日，遠市田器，則後良時。鹽、鐵賈貴，百姓不便。貧民或木耕手耨，土耰淡食。鐵官賣器不售或頗賦與民。卒徒作不中呈，時命助之。發徵無限，更繇以均劇，故百姓疾苦之。古者，千室之邑，百乘之家，陶冶工商，四民之求，足以相更。故農民不離畦畝，而足乎田器，工人不斬伐而足乎材木，陶冶不耕田而足乎粟米，百姓各得其便，而上無事焉。是以王者務本不作末，去炫燿，除雕琢，湛民以禮，示民以樸，是以百姓務本而不營於末。

（漢）桓寬《鹽鐵論》卷七《取下》 大夫曰：不軌之民，困橈公利，而欲擅山澤。從文學、賢良之意，則利歸於下，而縣官無可爲者。上之所行則非之，上之所言則譏之，專欲損上徇下，虧主而適臣，尚安得上下之義，君臣之禮？而何頌聲能作也？

賢良曰：古者，上取有量，自養有度，樂歲不盜，年饑則肆，用民之力，不過歲三日，籍斂，不過十一。君篤愛，臣盡力，上下交讓，天下平。浚發爾私，上讓下也。遂及我私，先公職也。孟子曰：未有仁而遺其親，義而後其君也。君君臣臣，何爲其無禮義乎？及周之末塗，德惠塞而嗜欲衆，君奢侈而上求多，民困於下，怠於上公，是以有履畝之稅，《碩鼠》之詩作也。衛靈公當隆冬興衆穿池，海春諫曰：天寒，百姓凍餒，願公之罷役也。公曰：天寒哉？我何不寒哉？人之言曰：安者不能恤危，飽者不能食饑。故餘粱肉者難爲言隱約，處佚樂者難爲言勤苦。夫高堂邃宇、廣廈洞房者，不知專屋狹廬、上漏下濕者之瘤也。繫馬百駟、貨財充內、儲陳納新者，不知有旦無暮、稱貸者之急也。廣第唐園、良田連比者，不知無運踵之業、竄頭宅者之役也。原馬被山，牛羊滿谷者，不知無孤豚瘠犢者之窶也。高枕談臥、無叫號者，不知憂私責與吏正戚者之愁也。被紈躡韋、搏粱齧肥者，不知短褐之寒、糠粃之苦也。從容房闈之間，垂拱持案食者，不知蹠耒躬耕者之勤也。乘堅驅良、列騎成行者，不知負檐步行者之勞也。匡牀旃席、侍御滿側者，不知負輅輓船、登高絶流者之難也。衣輕暖、被美裘、處温室、載安車者，不知乘邊城、飄胡、代、鄉清風者之危寒也。妻子好合、子孫保之者，不知老母之顦顇、匹婦之悲恨也。耳聽五音、目視弄優者，不知蒙流矢、距敵方外者之死也。東嚮伏几、振筆如調文者，不知木索之急、箠楚者之痛也。坐旃茵之上，安圖籍之言若易然，亦不知步涉者之難也。昔商鞅之任秦也，刑人若刈菅茅，用師若彈丸；從軍者暴骨長城，戍漕者輦車相望，生而往，死而旋，彼獨非人子耶？故君子仁以恕，義以度，所好惡與天下共之，所不施不仁者。公劉好貨，居者有積，行者有囊。大王好色，內無怨女，外無曠夫。文王作刑，國無怨獄。武王行師，士樂爲之死，民樂爲之用。若斯，則民何苦而怨，何求而譏？

公卿愀然，寂若無人。於是遂罷議止詞。

奏曰：賢良、文學不明縣官事，猥以鹽、鐵爲不便。請且罷郡國榷沽、關內鐵官。

奏可。

綜　述

（唐）杜佑《通典》卷一〇《食貨・鹽鐵》　漢孝武中年，大興征伐，財用匱竭，於是大農上鹽鐵丞孔僅、東郭咸陽言：山海，天地之藏，皆宜屬少府，陛下弗私，以屬大農佐賦。願募民自給費，因官器作煑鹽，官與牢盆。牢，價直也，今世人言傭手牢。牢盆，煑鹽盆也。浮食奇民欲擅管山海之貨，若人執倉庫之管籥。以致富羨，羨，饒也。役利細民。其沮事之議，沮，才據反。不可勝聽。敢私鑄鐵器煑鹽者，釱左趾，釱音徒計反，足鉗也。沒其器物。郡不出鐵者置小鐵官，鑄故鐵。使屬在所縣。使僅、咸陽乘傳，舉行天下鹽鐵，舉，皆也。普天之下皆行之。作官府，主煑鑄及出納。除故鹽鐵家富者爲吏，吏益多賈人矣。

卜式爲御史大夫，元鼎六年。見郡國多不便縣官作鐵器苦惡，謂作鐵器民患苦其不好。價貴，或強令民買之，而船有算，商者少，物貴，乃因孔僅言船算事。上不說。

又董仲舒説上曰：今鹽鐵之利二十倍於古，人必病之。

孝昭元始六年，令郡國舉賢良文學之士，問以民所疾苦，教化之要。皆對曰：願罷鹽鐵酒榷均輸官，無與天下争利，示以儉節，然後教化可興。

御史大夫桑弘羊難詰難議者之言。以爲：此國家大業，所以制四夷、安邊足用之本。往者豪強之家，得管山海之利，采石鼓鑄煑鹽，一家聚衆或至千餘人。大抵盡放流之人，遠去鄉里，弃墳墓，依倚大家，相聚深山窮澤之中，成姦僞之業。家人有寶器，尚猶柙而藏之，況天地之山海乎？夫權利之處，必在山澤，非豪人不能通其利。異時鹽鐵未籠，布衣有朐邴，人君有吴王，專山澤之饒，薄賦其人，贍窮乏以成私威，積而逆節之心作。今縱人於權利，罷鹽鐵以資強暴，遂其貪心，衆邪羣聚，私門成黨，則強禦日以不制，而并兼之徒姦形成矣。鹽鐵之利，佐百姓之急，奉軍旅之費，不可廢也。

文學曰：人庶藏於家，諸侯藏於國，天子藏於海內，是以王者不蓄，下藏於人，遠浮利，務民之義。義禮立則人化上。若是，雖湯武生存於代，無所容其慮。工商之事，歐冶之任，何姦之能成？三桓專魯，六卿分晋，不以鹽冶。故權利深者不在山海，在朝廷；一家害百家，在蕭牆，不在朐邴。

大夫曰：山海有禁而人不傾，貴賤有平而人不疑，縣官設衡立準而人得其所，雖使五尺童子適市，莫之能欺。今罷之，則豪人擅其用而專其利也。

文學曰：山海者，財用之寶路也；鐵器者，農夫之死士也。死士用則仇讐滅，田野闢而五穀熟；寶路開則百姓贍而人用給，人用給則富國，而教之以禮，禮行則道有讓，而人懷敦朴以相接而莫相利也。夫秦、楚、燕、齊，士力不同，剛柔異氣，巨小之用，倨勾之宜，黨殊俗異，各有所便。縣官籠而一之，則鐵器失其宜而農人失其便，器用不便則農夫罷於野而草萊不闢，草萊不闢則人困乏也。

大夫曰：昔商君理秦也，設百倍之利，收山澤之税，國富人彊，蓄積有餘，是以征伐敵國，攘地斥境，不賦百姓，軍師以贍。故利用不竭而人不知，地盡西河而人不苦。今鹽鐵之利，所以佐百姓之急，奉軍旅之費，務於積蓄，以備乏絶，所給甚衆，有益於用，無害於人。

文學曰：昔文帝之時，無鹽鐵之利而人富，當今有之而百姓困乏，未見利之所利而見其所害。且利非從天來，不由地出，所出於人閒，而爲之百倍，此計之失者也。夫李梅實多者，來年爲之衰，新穀熟，舊穀爲之虧。自天地不能滿盈，而況於人乎？故利於彼者，必耗於此，猶陰陽之不並曜，晝夜之代長短也。商鞅峭七呌反法長利，秦人不聊生，相與哭孝公，其後秦日以危。利蓄而怨積，地廣而禍搆，惡在利用不竭乎？

於是丞相奏曰：賢良文學不明縣官事，猥以鹽鐵爲不便，宜罷郡國榷酤，關內鐵官。奏可。於是利復流下，庶人休息。

孝元時，嘗罷鹽鐵官，三年而復之。

後漢章帝時，尚書張林上言：鹽，食之急者，雖貴，人不得不須，官可自鬻。

獻帝建安初，關中百姓流入荆州者十餘萬家。荆州，今襄陽南。及聞本土安寧，皆企願思歸，而無以自業。於是衛覬議以爲：鹽者，國之大寶，自喪亂以來，放散，今宜如舊置使者監賣，以其直益市犂牛，百姓歸者以供給之。勸耕積粟，以豐殖關中。遠者聞之，必多競還。魏武於是遣謁者僕射監鹽官，移司隸校尉居弘農，流人果還，關中豐實。

（唐）杜佑《通典》卷一一《食貨・榷酤》 漢孝武天漢三年，初榷酒酤。韋昭曰：以木渡水曰榷。謂禁人酤釀，獨官開置，如道路設木爲榷者，獨取利。顔師古曰：榷者，步渡橋，《爾雅》謂之石杠，今之略彴是也。禁閉其事，總利入官，而下無由以得，若渡水之榷。彴音酌。孝昭始元末，丞相車千秋奏罷酒酤，賣酒升四錢。

孝元時，貢禹之上書曰：昔孝文時，天下人賦四十，丁男三年而一事。今天下人賦數百，造鹽鐵榷酒之利，以佐用度，猶不能足，而人困矣。

王莽時，羲和魯匡言：名山大澤，鹽鐵錢布帛，五均賒貸，斡在縣官，斡，謂主領之，音管。唯酒酤獨未斡。酒者，天之美禄，帝王所以頤養天下，享祀祈福，扶衰養疾。百禮之會，非酒不行。故《詩》曰亡酒酤我，酤，買也。言王於族人恩厚，要在燕飲，無酒則買而飲之也。《論語》云酤酒市脯不食，二者非相反也。夫《詩》據承平之代，酒酤在官，和旨便人，可以相御也。旨，美也。御，進也。《論語》孔子當周衰亂，酒酤在人，薄惡不誠，是以疑而弗食。今絶天下之酒，則無以行禮相養；放而無限，則費財傷人。請法古，令官作酒，以二千五百石爲一均，率開一壚以賣，壚，謂賣酒之區也，以其一邊高，形如鍛家壚，故取其名也。讎五十釀爲準。一釀用麤米二斛，麴一斛，得成酒六斛六斗。各以其市，月朔米麴三斛，并計其價而參分之，參，三。以其一爲酒一斛之平。除米麴本價，計其利而什分之，以其七入官，其三及糟酨灰炭酨，酢漿也。酨，才代反。給工器薪樵之費。而人愈怨。

（宋）王應麟《玉海》卷一八一《食貨・鹽鐵茶法・漢郡國鹽鐵官斡官 鹽鐵令品鹽澤》 《食貨志》元狩四年以東郭咸陽、孔僅爲大農丞，領鹽鐵事。咸陽齊之大鬻鹽，僅南陽大冶，鄭當時進言之。桑弘羊賈人子，三人言利事析秋豪矣。明年大農上鹽鐵丞孔僅、咸陽言：山海天地之藏宜屬少府，陛下弗私，以屬大農佐賦。願募民自給費，因官器作煮鹽，官與牢盆。敢私鑄鐵器鬻鹽者釱左趾，没入其器物。郡不出鐵者置小鐵官，鑄故鐵。使屬在所縣。使僅、咸陽乘傳舉行天下鹽、鐵，作官府，主鬻鑄出納。除故鹽、鐵家富者爲吏。《通鑑綱目》元狩四年冬置鹽鐵官，《大事記》五年初榷鹽鐵。大農斡鹽鐵官布多，置水衡，欲以主鹽鐵，大農以均輸調鹽鐵助賦。元封元年弘羊代僅斡天下鹽鐵，請置大農部丞數十人，分部主郡國各往往置均輸鹽鐵官。紀昭帝始元六年二月，詔問郡國所舉賢良文學民所疾苦，議罷鹽鐵榷酤。丞相奏罷關内鐵官見上。宣帝地節四年九月，詔減鹽賈。元帝初元五年四月，詔罷鹽鐵官。永光三年冬，以用度不足復鹽鐵官。《志》曰三年而復。成帝河平三年正月，沛郡鐵官冶鐵飛。《五行志》征和二年涿郡鐵官鐵飛。陽朔三年六月，潁川鐵官徒百八十人盗庫兵。永始三年十二月，山陽鐵官徒二百二十八人盗庫兵。列傳，張湯請造白金及五銖錢，籠天下鹽鐵。師古曰：籠羅其事皆令利入官，《傳》又云趙國以冶鑄爲業，王數訟鐵官事。賈捐之對：武帝時民賦數百，造鹽鐵酒榷之利，以佐用度。貢禹言：漢家鑄錢及諸鐵官皆置吏卒徒攻山取銅鐵一歲十萬人已上。中農食七人是七萬人常受其饑也。王尊補遼西鹽官長，如淳曰：《地理志》遼東有鹽官。翟方進請增益鹽鐵百官表，治粟内史更名大司農，屬官有斡官鐵市兩長丞。初，斡官屬少府，中屬主爵，後屬大司農。注：如淳曰：主均輸之事，所謂斡鹽鐵而榷酒酤也。《史記》自序司馬昌爲秦王鐵官。《貨殖傳》山東食海鹽，山西食鹽鹵，嶺南沙北固往往出鹽。《鹽鐵論・本議篇》大夫曰：先帝建鐵官以贍農用。《水旱篇》賢良曰：鹽與五穀同賈，縣官鼓鑄多爲大器，務應員程，不給民用。民或木耕手耨。《復古篇》大夫曰：故扇水都尉彭祖寧歸言，鹽鐵令品，令品甚明。卒徒衣食縣官，作鑄鐵器，給用甚衆。而吏或不良，禁令不行，故民煩苦之。後《百官志》大司農屬官，舊有郡國鹽官、鐵官，中興皆屬郡縣。注：出鹽多者置鹽官，主鹽税，出鐵多者置鐵官，主鼓鑄。紀，和帝章和二年夏四月戊寅，詔曰：昔孝武致誅胡越，故權收鹽鐵之利，以奉師旅之費。自中興以來，匈奴來賓，永平末年復脩征伐。先帝即位，務休力役，然猶深思遠慮，安不忘危。探觀舊典，復收鹽鐵，欲以防備不虞，寧安邊境，而吏多不良，動失其便，以違上意。先帝恨之，故遺戒郡國，罷鹽鐵之禁，縱民煮鑄入税縣官如故事。永元十五年七月丙寅，復置涿郡故安鐵官。列傳，鄭衆，建初六年爲大司農，肅宗議復鹽鐵官，衆諫以爲不可。注：昭帝罷之，今議欲復。詔數切責，至被奏劾。衆執之不移，帝不從。朱暉，元和中穀貴，縣官經用不足，尚書張林上言：鹽食之急者雖貴人不得不須，官可自煮。詔諸尚書通議暉奏，林言不可施行，事遂寢。後陳事者復重述林前議以爲便，帝然之，有詔施行。暉復獨奏曰：鹽利歸官，則下人窮怨。帝怒切責諸尚書，暉等皆自繫獄云云。帝乃意解，寢其事。馬稜，章和元年遷廣陵太守。時穀貴民饑，奏罷鹽官以利百姓。循吏傳，衛颯，建武二年遷桂陽太守，耒陽縣山鐵石，《續志》耒陽縣有鐵官。他郡民庶私爲冶鑄，多致姦盗，颯乃上起鐵官罷斥私鑄，歲所增入五百餘萬。

（元）馬端臨《文獻通考》卷一五《征榷考·鹽鐵》

漢高祖接秦之敝，量利禄，度官用，以賦於民。而山川、園池、市肆租税之入，自天子至於封君湯沐邑，皆各自爲奉養，不領於天下之經費。秦賦鹽鐵之利，二十倍於古，漢興，循而未改。

按：史既言高祖省賦，而復言鹽鐵之賦仍秦者，蓋當時封國至多，山澤之利在諸侯王國者，皆循秦法取之以自豐，非縣官經費所榷也。

孝惠、高后時，吴有豫章銅山，即招致天下亡命盗鑄錢，東煮海水爲鹽，以故無賦，國用饒足。

班固贊曰：吴王擅山海之利，能薄斂以使其衆，逆亂之萌，自其子興。古者諸侯不過百里，山海不以封，蓋防此矣。

武帝元狩四年，置鹽鐵官。

元狩中，兵連不解，縣官大空，富商大賈冶鑄煮鹽，財或累萬金，而不佐公家之急。於是以東郭咸陽、孔僅爲大農丞，領鹽鐵事。五年，僅、咸陽言：山海，天地之藏，宜屬少府，陛下弗私，以屬大農佐賦。願募民自給費，因官器作煮鹽，官與牢盆。蘇林曰：牢，價直也。今世人言雇手牢。如淳曰：牢，廪食也。古者名廪爲牢。盆，煮鹽盆也。浮食奇民欲擅斡山海之貨，以致富羡，役利細民。其沮事之議，不可勝聽。敢私鑄鐵器煮鹽者，釱左趾，没入其器物。郡不出鐵者，置小鐵官，使屬在所縣。使僅、咸陽乘傳舉行天下鹽鐵，作官府，除故鹽鐵家富者爲吏，吏益多賈人矣。孔僅使天下鑄作器，而縣官以鹽鐵緡錢之故，用少饒矣。益廣關，置左右輔。初，大農斡鹽鐵官布多，置水衡，欲以主鹽鐵，及楊可告緡，上林財物衆，乃令水衡主上林，上林既充滿，益廣。卜式爲御史大夫，見郡國多不便縣官作鹽鐵，器苦惡，鹽味苦，器脆惡。賈貴，强令民買之，乃因孔僅言事，上不説。

先公曰：孔僅、咸陽所言，前之屬少府者其利微，今改屬大農，則其利盡，此聚斂之臣飾説以蓋其私也。管仲之鹽鐵，其大法税之而已，鹽雖官嘗自煮之以權時取利，亦非久行，鐵則官未嘗冶鑄也，與孔、桑之法異矣。

元封元年，因桑弘羊請，置大農部丞數十人，分部主郡國，名往往置均輸鹽鐵官，不出鐵者置小鐵官，使屬所在縣。

鹽官凡二十八郡。【略】

鐵官凡四十郡。【略】

元鼎中，博士徐偃使行風俗，矯制，使膠東、魯國鼓鑄鹽鐵，還，奏事，徙爲太常丞。御史大夫張湯劾偃矯制大害，法至死。有詔下終軍問狀，軍詰偃：膠東南近琅琊，北接北海，魯國西枕泰山，東有東海，受其鹽鐵。偃度四郡口數田地，率其用器食鹽，不足以并給二郡邪？將勢宜有餘，而吏不能也？何以言之？偃矯制而鼓鑄者，欲及春耕種贍民器也。今魯國之鼓，當先具其備，至秋乃能舉火。此言與實反者非？重問之。偃已前三奏，無詔，不報聽也。不惟所爲不許，惟，思也。而直矯作威福，以從民望，干民采譽，此明聖之所必誅也。偃矯制顓行，非奉使體，請下御史徵偃即罪。上善其請，奏可。

昭帝始元六年，詔郡國舉賢良文學之士，問以民所疾苦，教化之要。皆對願罷鹽鐵、酒榷、均輸，毋得與天下争利，視以儉勤。御史大夫桑弘羊難，以爲此國家大業，所以制四夷，安邊足用之本，不可廢也。

弘羊言：往者豪强之家得管山海之利，采石鼓鑄、煮鹽，一家聚或至千餘人，大抵盡放流之人，遠去鄉里，棄墳墓，依倚大家，相聚深山窮澤之中，成姦僞之業。家人有寶器，尚猶柙而藏之，况天地之山澤乎？夫權利之處，必在山澤，非豪人不能通其利。異時鹽鐵未籠，布衣有朐邴，人君有吴王，專山澤之饒，薄賦其人，贍窮乏以成私威，私威積而逆節之心作。今縱人於權利，罷鹽鐵以資强暴，遂其貪心，衆邪群聚，私門成黨，則强禦日以不制，而并兼之徒姦形成矣。鹽鐵之利，佐百姓之急，奉軍旅之費，不可廢也。文學曰：庶人藏於家，諸侯藏於國，天子藏於海内。是以王者不蓄，下藏於民，遠争利，務民之義，利散而人怨止。若是，雖湯、武生存於代，無所容其慮。工商之事，歐冶之任，何姦之能成？三桓專魯，六卿分晋，不以鹽鐵。故權利深者，不在山海，在朝廷；一家害百家，在蕭墻，不在朐邴。大夫曰：山海有禁而人不傾，貴賤有平而人不疑。縣官設衡立準，而人得其所，雖使五尺童子適市，莫之能欺。今罷之，則豪人擅其用而專其利也。文學曰：山海者，財用之寶路也。鐵器者，農夫之死士也。死士用則仇讎滅，田野闢而五穀熟。寶路開則百姓贍而人用給，人用給則富國而教之以禮。禮行則道有讓，而人懷敦朴以相接而莫相利也。夫秦、楚、燕、齊，士乃不同，剛柔異氣，巨小之用，倨勾之宜，黨殊俗異，各有所便。縣官籠而一之，則鐵器失其宜，而農人失其便。器用不便，則農夫罷於野而草萊不闢，草萊不闢則人困乏也。大夫曰：昔商君理秦也，設百倍之利，收山澤之税，國富人强，蓄積有餘。是以征伐敵國，攘地斥境，不賦百姓，軍師以贍。故利用不竭而人不知，地盡西河而人不苦。今鹽鐵之利，所以佐百姓之急，奉軍旅之費，務於蓄積，以備乏絶，所給甚衆，有益於國，無害於人。文學曰：昔文帝之時，無鹽鐵之利而人富，當今有之而百姓困乏，未見利之所利而見其所害。且利非從天來，不由地出，所出於人間而爲之百倍，此計之失者也。夫李梅實多者，來年爲之衰；新穀熟，舊穀爲之虧。自天地不能滿盈，而况於人事乎？故利於彼者必耗於此，猶陰陽之不並曜，晝夜之代長短也。商鞅峭七叫反。法長利，秦人不聊生，相與哭孝公，其後秦日以危。利蓄而怨積，地廣而禍搆，惡在利用不竭乎？於是丞相奏曰：賢良、文學不明縣官事，猥以鹽鐵爲不便。宜罷郡國榷酤關内鐵官。奏可。於是利復流下，庶人休息。

宣帝地節四年，詔：鹽，民之食，而賈咸貴，其減天下鹽賈。

元帝初元五年，罷鹽鐵官。

永光二年，復鹽鐵官。

成帝綏和二年，賜丞相翟方進策曰百僚用度各有數。君增益鹽鐵，更變無常。朕既不明，隨奏許可，云云。方進自殺。

東漢郡有鹽官、鐵官者，隨事廣狹置令長及丞。本注曰：凡郡縣出鹽多者，置鹽官主鹽税；出鐵多者，置鐵官主鼓鑄。

明帝時，官自鬻鹽。

時穀貴，縣官給用不足。尚書張林言：鹽，食之急，雖貴，人不得不須，官可自鬻。詔諸尚書通議。朱暉等言：鹽利歸官，則人貧怨，非明主所宜行。帝卒以林言爲然。

肅宗建初中，議復鹽鐵官，鄭衆諫，以爲不可。詔數切責，至被奏劾。衆執之不移，帝不從。

永元十五年，復置涿郡故安鐵官。

按：鹽鐵官，顯宗已嘗置矣，今言復，豈中間嘗罷邪？

和帝即位，罷鹽鐵禁。

詔曰：昔孝武皇帝致誅胡、越，故權收鹽鐵之利，以奉師旅之費。自中興以來，匈奴未賓，永平末年，復修征伐。先帝即位，務休力役，然猶深思遠慮，安不忘危，探觀舊典，復收鹽鐵，欲以防備不虞，寧安邊境，而吏多不良，動失其便，以違上意。先帝恨之，故遺戒郡國罷鹽鐵之禁，縱民煮鑄，入税縣官如故事。其申敕刺史、二千石，奉順聖旨，勉行德化，布告天下，使明知朕意。

獻帝建安初，置使者監賣鹽。

時關中百姓流入荆州者十餘萬家，及聞本土安寧，皆企願思歸，而無以自業。於是衛覬議以爲：鹽者，國家之大寶，自喪亂以來放散，今宜依舊置使者監賣，以其直益市犁牛。百姓歸者，以供給之，勸耕積粟，以豐實關中。遠者聞之，必多競還。魏武於是遣謁者僕射監鹽官，移司隷校尉居弘農。流人果還，關中豐實。

（元）馬端臨《文獻通考》卷一七《征榷考・榷酤》 漢文帝即位賜民餔五日。餔，布也。王德布於天下，合聚飲食爲餔。

漢興，有酒酤禁，其律：三人以上無故群飲酒，罰金四兩。

十六年九月，令天下大餔。

後元年，詔戒爲酒醪以靡穀。

景帝中元三年，夏旱，禁酤酒。

後元年，夏，大餔，民得酤酒。

武帝天漢三年，初榷酒酤。

昭帝元始六年二月，詔有司問郡國所舉賢良文學民所疾苦，乃罷榷酤官。從賢良文學之議也。令民得以律占租，賣酒升四錢。

顏氏曰：占謂自隱度其實，定其辭也。武帝時賦斂煩多，律外而取，今始復舊。

公非劉氏曰：罷酤、占租、賣酒錢，共是一事。以律占租者，謂令民賣酒，以所得利占而輸其租矣。占不以實，則論如律也。租，即賣酒之税也。賣酒升四錢，所以限民不得厚利爾。《王子侯表》旁况侯殷坐貸子錢不占租，皆免侯，義與此占租同。

先公曰：按：租字古時恐以爲錢貨所直之名。如《食貨志》賈誼諫：法使天下公得僱租鑄錢。顔注僱傭之直，或租其本是也。

王莽篡漢，始立法，官自釀酒賣之。【略】

東漢和帝永元十六年，詔兗、豫、徐、冀四州雨多傷稼，禁酤酒。

順帝漢安二年，禁酤酒。

桓帝永興二年，以旱蝗饑饉，禁郡國不得賣酒，祠祀裁足。

漢末，曹操表奏酒禁，孔融爭之。

紀事

《史記》卷三〇《平準書》 於是以東郭咸陽、孔僅爲大農丞，領鹽鐵事；桑弘羊以計算用事，侍中。咸陽，齊之大煑鹽，孔僅，南陽大冶，皆致生累千金，故鄭當時進言之。弘羊，雒陽賈人子，以心計，年十三侍中。故三人言利事析秋豪矣。【略】

大農上鹽鐵丞孔僅、咸陽言：山海，天地之藏也，皆宜屬少府，陛下不私，以屬大農佐賦。願募民自給費，因官器作煑鹽，官與牢盆。浮食奇民欲擅管山海之貨，以致富羨，役利細民。其沮事之議，不可勝聽。敢私鑄鐵器煑鹽者，釱左趾，没入其器物。郡不出鐵者，置小鐵官，便屬在所縣。使孔僅、東郭咸陽乘傳舉行天下鹽鐵，作官府，除故鹽鐵家富者爲吏。吏道益雜，不選，而多賈人矣。【略】式既在位，見郡國多不便縣官作鹽鐵，鐵器苦惡，賈貴，或彊令民賣買之。而船有算，商者少，物貴，乃因孔僅言船算事。上由是不悦卜式。

《史記》卷三〇《平準書》 漢連兵三歲，誅羌，滅南越，番禺以西至蜀南者置初郡十七，且以其故俗治，毋賦税。南陽、漢中以往郡，各以地比給初郡吏卒奉食幣物，傳車馬被具。而初郡時時小反，殺吏，漢發南方吏卒往誅之，閒歲萬餘人，費皆仰給大農。大農以均輸調鹽鐵助賦，故能贍之。然兵所過縣，爲以訾給毋乏而已，不敢言擅賦法矣。

《漢書》卷六《武帝紀》 〔武帝天漢三年〕初榷酒酤。

《漢書》卷七《昭帝紀》 〔昭帝始元年六年〕秋七月，罷榷酤官，令民得以律占租，賣酒升四錢。以邊塞闊遠，取天水、隴西、張掖郡各二縣置金城郡。

《漢書》卷八《宣帝紀》 〔宣帝地節四年〕九月，詔曰：朕惟百姓失職不贍，遣使者循行郡國問民所疾苦。吏或營私煩擾，不顧厥咎，朕甚閔之。今年郡國頗被水災，已振貸。鹽，民之食，而賈咸貴，衆庶重困。其減天下鹽賈。

《漢書》卷二四下《食貨志》 齊相卜式上書，願父子死南粵。天子下詔褒揚，賜爵關内侯，黄金四十斤，田十頃。布告天下，天下莫應。列侯以百數，皆莫求從軍。至飲酎，少府省金，而列侯坐酎金失侯者百餘人。乃拜卜式爲御史大夫。式既在位，見郡國多不便縣官作鹽鐵，器苦惡，賈貴，或彊令民買之。而船有算，商者少，物貴，乃因孔僅言船算事。上不説。

《漢書》卷五九《張湯傳》 會渾邪等降漢，大興兵伐匈奴，山東水旱，貧民流徙，皆仰給縣官，縣官空虚。湯承上指，請造白金及五銖錢，籠天下鹽鐵，排富商大賈，出告緡令，鉏豪彊并兼之家，舞文巧詆以輔法。

《後漢書》卷四《孝和帝紀》 〔章和二年夏四月〕戊寅，詔曰：昔孝武皇帝致誅胡、越，故權收鹽鐵之利，以奉師旅之費。自中興以來，匈奴未賓，永平末年，復修征伐。先帝即位，務休力役，然猶深思遠慮，安不忘危，探觀舊典，復收鹽鐵，欲以防備不虞，寧安邊境。而吏多不良，動失其使，以違上意。先帝恨之，故遣戒郡國罷鹽鐵之禁，縱民煮鑄，入税縣官如故事。其申敕刺史、二千石，奉順聖旨，勉弘德化，布告天下，使明知朕意。

《後漢書》卷七《孝桓帝紀》〔永興二年〕九月丁卯朔，日有食之。詔曰：朝政失中，雲漢作旱，川靈涌水，蝗螽孳蔓，殘我百穀，太陽虧光，飢饉荐臻。其不被害郡縣，當爲飢餒者儲。天下一家，趣不糜爛，則爲國寳。其禁郡國不得賣酒，祠祀裁足。

《後漢書》卷四三《朱暉傳》朱暉字文季，南陽宛人也。家世衣冠。暉早孤，有氣決。年十三，王莽敗，天下亂，與外氏家屬從田閒奔入宛城。道遇羣賊，白刃劫諸婦女，略奪衣物。昆弟賓客皆惶迫，伏地莫敢動。暉拔劍前曰：財物皆可取耳，諸母衣不可得。今日朱暉死日也！賊見其小，壯其志，笑曰：童子内刀。遂捨之而去。【略】

自去臨淮，屏居野澤，布衣蔬食，不與邑里通，鄉黨譏其介。建初中，南陽大飢，米石千餘，暉盡散其家資，以分宗里故舊之貧羸者，鄉族皆歸焉。【略】

是時穀貴，縣官經用不足，朝廷憂之。尚書張林上言：穀所以貴，由錢賤故也。可盡封錢，一取布帛爲租，以通天下之用。又鹽，食之急者，雖貴，人不得不須，官可自鬻。又宜因交阯、益州上計吏往來，市珍寳，收采其利，武帝時所謂均輸者也。於是詔諸尚書通議。暉奏據林言不可施行，事遂寢。後陳事者復重述林前議，以爲於國誠便，帝然之，有詔施行。

暉復獨奏曰：王制，天子不言有無，諸侯不言多少，禄食之家不與百姓争利。今均輸之法與賈販無異，鹽利歸官，則下人窮怨，布帛爲租，則吏多姦盗，誠非明主所當宜行。帝卒以林等言爲然，得暉重議，因發怒，切責諸尚書。暉等皆自繫獄。三日，詔敕出之。曰：國家樂聞駮議，黄髮無愆，詔書過耳，何故自繫？暉因稱病篤，不肯復署議。尚書令以下惶怖，謂暉曰：今臨得譴讓，柰何稱病，其禍不細！暉曰：行年八十，蒙恩得在機密，當以死報。若心知不可而順旨雷同，負臣子之義。今耳目無所聞見，伏待死命。遂閉口不復言。諸尚書不知所爲，乃共劾奏暉。帝意解，寢其事。後數日，詔使直事郎問暉起居，太醫視疾，太官賜食。暉乃起謝，復賜錢十萬，布百匹，衣十領。

（宋）王應麟《通鑑答問》卷四《漢武帝・初榷酒酤》或問酒醪糜穀，文帝有詔，帝不監于成憲而作法於貪，何歟？曰：酒以成禮，流則生禍。大禹惡旨酒而疏儀狄易之未濟終以濡首。爲戒彝酒，有誥：幾酒有官，所以正民德，非以浚民財也。其罰用豐其尊用禁，惟沈湎是懲，匪貨利是殖也。趙武靈王滅中山，酺五日，許其羣飲，猶有節也。漢律羣飲罰金。文帝十六年始令天下大酺，景帝中三年以旱禁酤，若榷酤則自武帝始。

《鹽鐵論》云：大夫以心計策國用，參以酒榷。蓋桑弘羊作是法也，長國家而務財用者必自小人矣。昭帝始元六年罷之，令民得以律占租。成帝末，翟方進復奏賣酒醪之議。王莽時羲和引《詩》無酒酤我，謂承平之世酒酤在官。《論語》酤酒不食，謂當周衰亂，酒酤在民。其飾經文姦至此，於是開壚以釀。後漢又罷之。陳文帝復行之，至唐德宗以助軍費遂爲千載不易之法。開利源以壞民俗，弘羊實爲之。古有化民以德義，未聞導民以淫泆也。以是理財其可謂正辭禁非乎。

（宋）王應麟《通鑑答問》卷四《漢武帝・置鹽鐵官》或問《武帝紀》書初筭商車、初筭緡錢、初榷酒酤，與春秋初税畝同，所以志變法之始也。置鹽鐵官不言初，何歟？曰：鹽鐵之税始於齊之管仲，計口食鹽，計人用鐵，山海之利作俑於此。然戰國秦漢之際未盡籠於官也。太史公《貨殖傳》云猗頓用盬鹽起，邯鄲郭縱以鐵冶成業，卓氏趙人用鐵冶富，程鄭亦冶鑄，宛孔氏用鐵冶，魯曹邴氏以鐵冶起，則富猶在民也。

文帝令民得鑄錢、冶鐵、煑鹽，吴王擅鄣海澤，鄧通專擅山利，國富刑清，登我漢道，未嘗開利，孔爲民罪梯也。武帝窮征遠討兵連費廣，經常之賦不足而横斂起焉。張湯倡之，東郭孔桑和之，而鹽鐵之官掌於大農布於郡國，其利二十倍於古。以《地理志》攷之，鹽官三十有六，鐵官四十有九。昭帝議罷之而不克行，元帝嘗罷之而又復置。東都屬於郡縣。章帝復收之，和帝乃詔縱民煑鑄，入税縣官。

至唐乾元而鹽鐵有使矣。天下有鹽之縣一百五，有鐵之縣一百三，皆多於漢時，作法於貪弊益甚焉。古者名山大澤不以朌，恐諸侯顓利以剥民也。《禹貢》青州之鹽、梁州之鐵，皆以爲貢，不以爲賦也。在《易・泰》與《謙》，德之大者則曰不富以其鄰。《小畜》德之小者則曰富以其鄰。君之近民，所謂鄰也。富在民則國亦蒙其利，富在國則民先受其害。武帝用聚斂之臣筦山海而歸於上，其德之小者乎。故文帝得《泰》、《謙》之有餘，而成殷富之治；武帝得《小畜》之不足，而稔虛耗之弊。可以鑒矣。

魏晉南北朝分部

綜　述

《魏書》卷一一〇《食貨志》　河東郡有鹽池，舊立官司以收税利，是時罷之，而民有富強者專擅其用，貧弱者不得資益。延興末，復立監司，量其貴賤，節其賦入，於是公私兼利。世宗即位，政存寬簡，復罷其禁，與百姓共之。其國用所須，別爲條制，取足而已。自後豪貴之家復乘勢占奪，近池之民，又輒障吝。強弱相陵，聞於遠近。神龜初，太師、高陽王雍，太傅、清河王懌等奏：鹽池天藏，資育羣生。仰惟先朝限者，亦不苟與細民競茲嬴利。但利起天池，取用無法，或豪貴封護，或近者吝守，卑賤遠來，超然絶望。是以因置主司，令其裁察，強弱相兼，務令得所。且十一之税，自古及今，取輒以次，所濟爲廣。自爾霑洽，遠近齊平，公私兩宜，儲益不少。及鼓吹主簿王後興等詞稱請供百官食鹽二萬斛之外，歲求輸馬千匹、牛五百頭。以此而推，非可稍計。後中尉甄琛啓求罷禁，被敕付議。尚書執奏，稱琛啓坐談則理高，行之則事闕，請依常禁爲允。詔依琛計。乃爲繞池之民尉保光等擅自固護，語其障禁，倍於官司，取與自由，貴賤任口。若無大宥，罪合推斷。詳度二三，深乖王法。臣等商量，請依先朝之詔，禁之爲便。防姦息暴，斷遺輕重，亦準前旨。所置監司，一同往式。於是復置監官以監檢焉。其後更罷更立，以至於永熙。

自遷鄴後，於滄、瀛、幽、青四州之境，傍海煮鹽。滄州置竈一千四百八十四，瀛州置竈四百五十二，幽州置竈一百八十，青州置竈五百四十六，又於邯鄲置竈四，計終歲合收鹽二十萬九千七百二斛四升。軍國所資，得以周贍矣。

（元）馬端臨《文獻通考》卷一五《征榷考・鹽鐵》　陳文帝天嘉二年，太子中庶子虞荔、御史中丞孔奂以國用不足，奏立煮海鹽税，從之。

後魏宣武時，河東郡有鹽池，舊立官司，以收税利。先是罷之，而人有富强者專擅其用，貧弱者不能資益。延興末，復立監司，量其貴賤，節其賦入，公私兼利。孝明即位，復罷其禁，與百姓共之。

時御史中尉甄琛表稱：《周禮》，山林川澤有虞衡之官，爲之厲禁。蓋取之以時，不使戕賊而已。故雖置有司，實爲民守之也。夫一家之長，必惠養子孫；天下之君，必惠養兆民。未有爲民父母，而吝其醯醢；富有群生，而榷其一物者也。今縣官障護河東鹽池而收其利，是專奉口腹而不及四體也。蓋天子富有四海，何患於貧？乞弛鹽禁，與民共之。録尚書、彭城王勰曰：聖人斂山澤之貨，以寬田疇之賦；收關市之税，以助什一之儲。取此與彼，皆非爲身。所謂資天地之産，惠天地之民。鹽池之禁，爲日已久，積而散之，以濟國用，非專爲供大官之用，宜如舊。魏主卒從琛議。

致堂胡氏曰：鹽之爲物，天地自然之利，所以養人也。盡捐之民，則縱末作、資游惰；盡屬之官，則奪民日用，而公室有近寶之害。琛、勰之言，皆未得中道也。官爲厲禁，俾民取之，而裁入其税，則政平而害息矣。

魏自弛鹽禁之後，官雖無榷，而豪貴之家復乘勢占奪，近池之人又輒障吝。神龜初，太師、高陽王雍，太傅、清河王懌等奏，請依先朝，禁之爲便，於是復置監官以監檢焉。其後更罷更立，至於永熙。自遷鄴後，於滄、瀛、幽、青四州之境，傍海煮鹽。滄州置竈一千四百八十四，瀛州置竈四百五十二，幽州置竈一百八十，青州置竈五百四十六，又於邯鄲置竈四，計終歲合收鹽二十萬九千七百八斛四斗。軍國所資，得以周贍矣。

後周文帝霸政之初，置掌鹽之政令，一曰散鹽，煮海以成之；二曰盬鹽，引池以化之；三曰形鹽，掘地以出之；四曰飴鹽，於戎以取之。凡盬鹽形鹽每地爲之禁，百姓取之皆税焉。

按：東南之鹽，煮海而已；西北之鹽，則所出不一，而名亦各異。《南史・張暢傳》，魏太武至瓜洲，餉武陵王以九種鹽，曰此諸鹽各有所宜：白鹽是魏主所食；黑者療腹脹氣滿，細刮取六銖，以酒服之；胡鹽療目痛；柔鹽不用食，療馬脊創；赤鹽、駮鹽、臭鹽、馬齒鹽四種，並不中食是也。

《隋書》卷二四《食貨志》 後周太祖作相，創制六官。【略】掌鹽掌四鹽之政令。一曰散鹽，煑海以成之；二曰盬鹽，引池以化之；三曰形鹽，物地以出之；四曰飴鹽，於戎以取之。凡盬鹽形鹽，每地爲之禁，百姓取之，皆稅焉。

紀事

《三國志》卷二一《魏志・衛覬傳》 衛覬字伯儒，河東安邑人也。少夙成，以才學稱。太祖辟爲司空掾屬，除茂陵令、尚書郎。太祖征袁紹，而劉表爲紹援，關中諸將又中立。益州牧劉璋與表有隙，覬以治書侍御史使益州，令璋下兵以綴表軍。至長安，道路不通，覬不得進，遂留鎮關中。時四方大有還民，關中諸將多引爲部曲，覬書與荀彧曰：關中膏腴之地，頃遭荒亂，人民流入荆州者十萬餘家，聞本土安寧，皆企望思歸。而歸者無以自業，諸將各競招懷，以爲部曲。郡縣貧弱，不能與爭，兵家遂彊。一旦變動，必有後憂。夫鹽，國之大寶也，自亂來散放，宜如舊置使者監賣，以其直益市犁牛。若有歸民，以供給之。勤耕積粟，以豐殖關中。遠民聞之，必日夜競還。又使司隸校尉留治關中以爲之主，則諸將日削，官民日盛，此彊本弱敵之利也。彧以白太祖。太祖從之，始遣謁者僕射監鹽官，司隸校尉治弘農。

《晉書》卷一〇《安帝紀》 〔隆安五年〕是歲，饑，禁酒。

《晉書》卷一〇《安帝紀》 〔義熙三年春二月〕己丑，大赦，除酒禁。

《陳書》卷三《世祖紀》 〔天嘉二年十二月〕太子中庶子虞荔、御史中丞孔奂以國用不足，奏立煑海鹽賦及榷酤之科，詔並施行。

（宋）司馬光《資治通鑑》卷一四五《梁紀・武帝天監二年》 〔北魏景明四年〕魏既罷鹽池之禁，魏主踐阼之初，中尉甄琛表弛鹽禁，彭城王勰與邢巒以爲不可，魏主詔從琛請。《通鑑目録》已提其要，此事合載於一百四十三卷齊東昏永元二年，而《通鑑》正文逸其事，錯簡置於百四十六卷天監五年。而其利皆爲富强所專。庚午，復收鹽池利入公。

（宋）司馬光《資治通鑑》卷一四八《梁紀・武帝天監十七年》 〔北魏延昌三年〕是歲，魏太師雍等奏：鹽池天藏，藏，徂浪翻。資育羣生，先朝爲之禁限，朝，直遥翻。亦非苟與細民争利。但利起天池，取用無法，或豪貴封護，或近民吝守，貧弱遠來，邈然絶望。因置主司，令其裁察，强弱相兼，務令得所。什一之稅，自古有之，所務者遠近齊平，公私兩宜耳。及甄琛啓求禁集，事見一百四十六卷五年。乃爲繞池之民尉保光等擅自固護；語其障禁，倍於官司，取與自由，貴賤任口。言鹽價賤貴，任其口之所出也。請依先朝禁之爲便。詔從之。

（宋）司馬光《資治通鑑》卷一五二《梁紀・武帝大通二年》 〔北魏武泰元年〕會有詔廢鹽池稅，魏朝蓋謂弛鹽利以與民，可以得民也。稚上表以爲：鹽池天産之貨，密邇京畿，唯應寶而守之，均贍以理。今四方多虞，府藏罄竭，冀、定擾攘，冀、定二州時爲葛榮、杜洛周攻圍。常調之絹不復可收，唯仰府庫，有出無入。略論鹽稅，一年之中，準絹而言，不下三十萬匹，乃是移冀、定二州置於畿甸；今若廢之，事同再失。前此宣武帝用甄琛之言，廢鹽池稅，已爲失計；今又廢之，是爲再失。臣前仰違嚴旨，不先討關賊，徑解河東者，非緩長安而急蒲反，一失鹽池，三軍乏食。天助大魏，兹計不爽。爽，乖也。昔高祖昇平之年，無所乏少，少，詩沼翻。猶創置鹽官而加典護，非與物競利，恐由利而亂俗也。況今國用不足，租徵六年之粟，調折來歲之資，調，徒吊翻。折，之列翻。此皆奪人私財，事不獲已。臣輒符同監將、尉，謂監鹽池之將、尉也。還帥所部，依常收稅，帥，讀曰率；下同。更聽後敕。謂合罷與否，更聽後番敕下也。

（宋）司馬光《資治通鑑》卷一七五《陳紀・長城公至德元年》 〔隋文帝開皇三年〕周末榷酒坊、鹽池、鹽井，至是皆罷之。周末，官置酒坊收利，鹽池、鹽井皆禁百姓採用。池鹽，則河東鹽池。井鹽，則蜀中處處有之。

《魏書》卷六八《甄琛傳》 〔甄琛奏〕是以月令稱：山林藪澤，有能取蔬食禽獸者，皆野虞教導之；其迭相侵奪者，罪之無赦。此明導民而弗禁，通有無以相濟也。《周禮》雖有川澤之禁，正所以防其殘盡，必令取之有時。斯所謂鄣護雖在公，更所以爲民守之耳。且一家之長，惠及子孫，一運之君，澤周天下，皆所以厚其所養，以爲國家之富。未有尊居父母，而醯醢是吝；富有萬品，而一物是規。今者，天爲黔首生鹽，國與黔首鄣護，假獲其利，是猶富專口斷不及四體也。且天下夫婦歲貢粟帛。四海之有，備奉一人；軍國之資，取給百姓。天子亦何患乎貧，而苟禁一池也。

古之王者，世有其民，或水火以濟其用，或巢宇以誨其居，或教農以去其飢，或訓衣以除其弊。故周《詩》稱教之誨之，飲之食之，皆所以撫覆導養，爲之求利者也。臣性昧知理，識無遠尚，每觀上古愛民之迹，時讀中葉驟税之書，未嘗不歎彼遠大，惜此近狹。今僞弊相承，仍崇關鄽之税；大魏恢博，唯受穀帛之輸。是使遠方聞者，罔不歌德。昔亶父以棄寶得民，《碩鼠》以受財失衆。君王之義，宜其高矣；魏之簡税，惠實遠矣。語稱出内之吝，有司之福；施惠之難，人君之禍。夫以府藏之物，猶以不施而爲災，况府外之利，而可吝之於黔首？且善藏者藏於民，不善藏者藏於府。藏於民者民欣而君富，藏於府者國怨而民貧。國怨則示化有虧，民貧則君無所取。願弛茲鹽禁，使沛然遠及，依《周禮》置川衡之法，使之監導而已。

詔曰：民利在斯，深如所陳。付八座議可否以聞。

司徒、録尚書、彭城王勰，兼尚書邢巒等奏：琛之所列，富乎有言，首尾大備，或無可貶。但恐坐談則理高，行之則事闕，是用遲回，未謂爲可。竊惟古之善爲治者，莫不昭其勝途，悟其遠理，及於救世，升降稱時。欲令豐無過溢，儉不致弊，役養消息，備在厥中，節約取足，成其性命。如不爾者，焉用君爲？若任其生產，隨其啄食，便是芻狗萬物，不相有矣。自大道既往，恩惠生焉，下奉上施，卑高理睦。然恩惠既交，思拯之術廣，恒恐財不賙國，澤不厚民。故多方以達其情，立法以行其志。至乃取貨山川，輕在民之貢；立税關市，裨十一之儲。收此與彼，非利己也；回彼就此，非爲身也。所謂集天地之產，惠天地之民，藉造物之富，賑造物之貧。徹商賈給戎戰，賦四民贍軍國，取乎用乎，各有義已。禁此淵池，不專大官之御；斂此匹帛，豈爲後宮之資。既潤不在己，彼我理一，猶積而散之，將焉所吝？且税之本意，事有可求，固以希濟生民，非爲富賄藏貨。不爾者，昔之君子何爲然哉？是以後來經圖，未之或改。故先朝商校，小大以情，降鑒之流，疑興復鹽禁。然自行以來，典司多怠，出入之間，事不如法，遂令細民怨嗟，商販輕議，此乃用之者無方，非興之者有謬。至使朝廷明識，聽瑩其間，今而罷之，懼失前旨。一行一改，法若易棊，參論理要，宜依前式。詔曰：司鹽之税，乃自古通典，然興制利民，亦代或不同，苟可以富氓益化，唯理所在。甄琛之表，實所謂助政毗治者也，可從其前計，使公私並宜，川利無擁。尚書嚴爲禁豪強之制也。

《北齊書》卷八《後主紀》 冬十月壬戌，詔禁造酒。

隋唐五代分部

論說

（唐）韓愈《韓昌黎文集》卷八《論變鹽法事宜狀》　　張平叔所奏鹽法條件

右奉敕將變鹽法，事貴精詳，宜令臣等各陳利害可否聞奏者。平叔所上變法條件，臣終始詳度，恐不可施行。各隨本條分析利害如後：

一件：平叔請令州府差人自糶官鹽，收實估匹段，省司準舊例支用，自然獲利一倍已上者。臣今通計所在百姓，貧多富少，除城郭外，有見錢糴鹽者，十無二三。多用雜物及米穀博易。鹽商利歸於己，無物不取，或從賒貸升斗，約以時熟填還。用此取濟，兩得利便。今令州縣人吏坐鋪自糶，利不關己，罪則加身。不得見錢及頭段物，恐失官利，必不敢糶。變法之後，百姓貧者無從得鹽而食矣。求利未得，斂怨已多，自然坐失鹽利常數。所云獲利一倍，臣所未見。

一件：平叔又請鄉村去州縣遠處，令所由將鹽就村糶易，不得令百姓闕鹽者。臣以爲鄉村遠處，或三家五家，山谷居住，不可令人吏將鹽家至户到。多將則糴貨不盡，少將則得錢無多，計其往來，自充糧食不足。比來商人或自負檐斗石，往與百姓博易，所冀平價之上，利得三錢兩錢；不比所由爲官所使，到村之後，必索百姓供應。所利至少，爲弊則多。此又不可行者也。

一件：平叔云，所務至重，須令廟堂宰相充使。臣以爲若法可行，不假令宰相充使；若不可行，雖宰相爲使，無益也。又宰相者，所以臨察百司，考其殿最；若自爲使，縱有敗闕，遣誰舉之？此又不可者也。

一件：平叔又云：法行之後，停減鹽司所由糧課，年可收錢十萬貫。臣以爲變法之後，弊隨事生，尚恐不登常數，安得更望贏利？

一件：平叔欲令府縣糶鹽，每月更加京兆尹料錢百千，司録及兩縣令每月各加五十千，其餘觀察及諸州刺史縣令録事參軍多至每月五十千，少至五千三千者。臣今計此用錢已多，其餘官典及巡察手力所由等糧課，仍不在此數。通計所給，每歲不下十萬貫。未見其利，所費已廣。平叔又云停鹽司諸色所由糧課，約每歲合減得十萬貫錢。今臣計其新法，亦用十萬不啻。減得十萬，却用十萬，所亡所得，一無贏餘也。平叔又請以糶鹽多少爲刺史縣令殿最，多者遷轉不拘常例；如闕課利，依條科責者。刺史縣令職在分憂，今惟以鹽利多少爲之升黜，不復考其治行，非唐虞三載考績黜陟幽明之義也。

一件：平叔請定鹽價每斤三十文；又每二百里每斤價加收二文，以充腳價；量地遠近險易加至六文；腳價不足，官與出。名爲每斤三十文，其實已三十六文也。今鹽價京師每斤四十，諸州則不登此。變法之後，秖校數文，於百姓未有厚利也。腳價用五文者官與出二文，用十文者官與出四文；是鹽一斤，官糶得錢名爲三十，其實斤多得二十八，少得二十六文，折長補短，每斤收錢不過二十六七。百姓折長補短，每斤用錢三十四。則是公私之間每斤常失七八文也。下不及百姓，上不歸官家，積數至多，不可遽筭，以此言之，不爲有益。平叔又請令所在及農隙時，併召車牛，般鹽送納都倉，不得令有闕絶者。州縣和雇車牛，百姓必無情願。事須差配，然付腳錢；百姓將車載鹽，所由先皆無檢，齊集之後，始得載鹽；及至院監請受，又須待其輪次，不用門户，皆被停留；輸納之時，人事又別：凡是和雇無不皆然。百姓寧爲私家載物取錢五文，不爲官家載物取十文錢也。不和雇則無可載鹽，和雇則害及百姓，此又不可也。

一件：平叔稱停減鹽務，所由收其糧課，一歲尚得十萬貫文。今又稱既有巡院，請量閒劇留官吏於倉場，勾當要害守捉；少置人數，優恤糧料；嚴加把捉；如有漏失私糶等，並準條處分者。平叔所管鹽務，所由人數有幾？量留之外，收其糧課，一歲尚得十萬貫；此又不近理也。比來要害守捉，人數至多，尚有漏失私糶之弊；今又減置人數，謂能私鹽斷絶：此又於理不可也。

一件：平叔云：變法之後，歲計必有所餘，日用還恐不足；謂一年已來，且未責以課利，後必數倍校多者。此又不可。方今國用常言不足，若一歲頓闕課利，爲害已深；雖云明年校多，豈可懸保？此又非公私蓄積尚少之時可行者也。

一件：平叔又云：浮寄奸猾者轉富，土著守業者日貧。若官自糶鹽，不問貴賤貧富、士農工商、道士僧尼，并兼游惰，因其所食，盡輸官錢；并諸道軍諸使家口親族，遞相影占，不曾輸税，若官自糶鹽，此輩無一人遺漏者。臣以此數色人等，官未自糶鹽之時，從來糴鹽而食，不待官自糶然後食鹽也。若官不自糶鹽，此色人等不糴鹽而食；官自糶鹽，即糴而食之：則信如平叔所言矣。若官自糶與不自糶，皆常糴鹽而食：則今官自糶，亦無利也。所謂知其一而不知其二，見其近而不見其遠也。國家榷鹽，糶與商人；商人納榷，糶與百姓：則是天下百姓無貧富貴賤皆已輸錢於官矣；不必與國家交手付錢，然後爲輸錢於官也。

一件：平叔云：初定兩税時，絹一匹直錢三千，今絹一匹直錢八百。百姓貧虚，或先取粟麥價，及至收穫，悉以還債，又充官税，顆粒不殘。若官中糶鹽，一家五口，所食鹽價，不過十錢，隨日而輸，不勞驅遣，則必無舉債逃亡之患者。臣以爲百姓困弊，不皆爲鹽價貴也。今官自糶鹽，與依舊令商人糶，其價貴賤，所校無多。通計一家五口所食之鹽，平叔所計，一日以十錢爲率，一月當用錢三百；是則三日食鹽一斤，一月率當十斤。新法實價，與舊每斤不校三四錢以下。通計五口之家，以平叔所約之法計之：賤於舊價，日校一錢，月校三十，不滿五口之家，所校更少；然則改用新法，百姓亦未免窮困流散也。初定税時，一匹絹三千，今只八百。假如特變鹽法，絹價亦未肯貴。五口之家，因變鹽法日得一錢之利，豈能便免作債，收穫之時，不被徵索，輸官税後有贏餘也？以臣所見，百姓困弊日久；不以事擾之，自然漸裕：不在變鹽法也。今絹一匹八百，百姓尚多寒無衣者；若使匹直三千，則無衣者必更衆多。況絹之貴賤，皆不緣鹽法，以此言之，鹽法未要變也。

一件：平叔云：每州糶鹽不少，長吏或有不親公事，所由浮詞云：當界無人糴鹽。臣即請差清強巡官檢責所在實户，據口團保，給一年鹽，使其四季輸納鹽價。口多糶少，及鹽價遲違，請停觀察使見任，改散慢官。其刺史已下，貶與上佐；其餘官貶遠處者。平叔本請官自糶鹽以寬百姓，令其蘇息，免更流亡。今令責實户口團保給鹽，令其隨季輸納鹽價，所謂擾而困之，非前意也。百姓貧家食鹽至少，或有淡食動經旬月；若據口給鹽，依時徵價，辦與不辦，並須納錢。遲違及違條件，觀察使已下各加罪譴。官吏畏罪，必用威刑。臣恐因此所在不安，百姓轉致流散。此又不可之大者也。

一件：平叔請限商人鹽納官後，不得輒於諸軍諸使覓職，掌把錢捉店，看守莊磑，以求影庇。請令所在官吏嚴加防察，如有違犯，應有資財，並令納官；仍牒送府縣充所由者。臣以爲鹽商納榷，爲官糶鹽，子父相承，坐受厚利，比之百姓，實則校優。今既奪其業，又禁不得求覓職事，及爲人把錢捉店、看守莊磑：不知何罪，一朝窮蹙之也！若必行此，則富商大賈必生怨恨；或收市重寶，逃入反側之地，以資寇盜。此又不可不慮者。

一件：平叔云：行此策後，兩市軍人，富商大賈，或行財賄，邀截喧訴。請令所由切加收捉。如獲頭首，所在決殺，連狀聚衆人等，各決脊杖二十。檢責軍司軍户，鹽如有隱漏，並準府縣例科決，并賞所由告人者。此一件若果行之，不惟大失人心，兼亦驚動遠近。不知糶鹽所獲幾何，而害人蠹政，其弊實甚！

右前件狀，奉今月九日敕，令臣等各陳利害者。謹録奏聞，伏聽敕旨。

（唐）白居易《白居易集》卷六三《策林・議鹽法之弊論鹽商之幸》

臣伏以國家鹽之法久矣，鹽之利厚矣。蓋法久則弊起，弊起則法隳，〔法隳則利厚〕，利厚則奸生，奸生則利薄。臣以爲隳薄之由，由乎院場太多，吏職太衆故也。何者？今之主者，歲考其課利之多少，而殿最焉，賞罰焉。院場既多，則各慮其商旅之不來也，故羨其鹽而多與焉。吏職既衆，則各懼其課利之不優也，故慢其貨而苟得焉。鹽羨則幸生，而無厭之商趨矣；貨慢則濫作，而無用之物入矣。所以鹽愈費而官愈耗，貨愈虚而商愈饒，法雖行而奸緣，課雖存而利失。今若減其吏職，省其院場，審貨帛之精麤，謹鹽量之出入；使月有常利，歲有常程，自然鹽不誘商，則出無羨鹽矣；吏不争課，則入無濫貨矣。鹽不濫出，貨不濫入，則法自張而利復興矣。利害之効，豈不然乎？臣又見：自關以東，上農大賈，易其資産，入爲鹽商。率皆多藏私財，別營稗販，少出官利，唯求隸名，居無征徭，行無榷稅；身則庇於鹽籍，利盡入於私室。此乃下有耗於農商，上無益於筦榷明矣。蓋山海之饒，鹽鐵之利，利歸於人，政之上也。利歸於國，政之次也。若上既不歸於人，次又不歸於國；使幸人姦黨，得以自資：此乃政之疵，國之蠹也。今若剗革弊法，沙汰奸商；使下無僥倖之人，上得析毫之計，斯又去弊興利之一端也。唯陛下詳之。

（唐）白居易《白居易集》卷六三《策林·不奪人利議鹽鐵與榷酤，誡厚斂及雜稅》 問：鹽鐵之謀，榷酤之法，山海之利，關市之征，皆可以助佐征徭，又慮其侵削黎庶。捨之則乏用於軍國，取之則奪利於生人。取捨之間，孰爲可者？

臣聞：君之所以爲國者，人也；人之所以爲命者，衣食也；衣食之所從出者，農桑也。若不本於農桑而興利者，雖聖人不能也。苟有能者，非利也，其害也。何者？既不自地出，又非從天來，必是巧取於人，曲成其利。利則日引而月長，人則日削而月朘。至使人心窮，王澤竭。故臣但見其害，不見其利也。所以王者不殖貨利，不言有無。耗羨之財，不入於府庫；析毫之計，不行於朝廷者，慮其利穴開而罪梯搆。然則聖人非不好利也，利在於利萬人；非不好富也，富在於富天下。節欲於中，人斯利矣；省用於外，人斯富矣。故唐堯、夏禹、漢文之代，雖薄農桑之稅，除關市之征，棄山海之饒，散鹽鐵之利，亦國足而人富安矣。何則？欲節而用省也。秦皇、漢武、隋煬之時，雖入太半之賦，徵逆折之租，建榷酤之法，出舟車之算，亦國乏用而人貧弊矣。何則？欲不節而用不省也。蓋所謂山林不能給野火，江海不能實漏卮。夫利散於下，則人逸而富；利壅於上，則人勞而貧。故下勞則上無以自安，人富則君孰與不足。《禮記》曰：人以君爲心，君以人爲體。《詩》曰：愷悌君子，人之父母。由此而言，未有體勞而心逸者也，未有子富而父貧者也。臣又聞：地之生財，多少有限；人之食利，衆寡有常。若盈於上，則耗於下；利於彼，則害於此。而王者四海一家，兆人一統，國無異政，家無異風；若奪其利，則害生，害不加於人，欲何加乎？若除其害，則利生，利不歸於人，欲何歸乎？故奪之也，如皮盡於毛下，本或不與存之同也。囊漏於貯中，利將焉往？與奪利害，斷可知焉。是以善爲國者，不求非農桑之產，不重非衣食之貨，不用計數之吏，不畜聚斂之臣。臣聞榷筦之謀，則思侵削於下；見羨餘之利，則念誅求於人；然後德澤流而歌詠作矣。故曰：利出一孔者王，利出二孔者強，利出三孔者弱。此明君立國子人者，貴本業而賤末利也。

（唐）杜牧《樊川文集》卷一三《上鹽鐵裴侍郎書》 伏以鹽鐵重務，根本在於江淮，今諸監院，頗不得人，皆以權勢干求，固難悉議停替。其於利病，豈無中策？某自池州、睦州，實見其弊。蓋以江淮自廢留後已來，凡有寃人，無處告訴，每州皆有土豪百姓，情願把鹽每年納利，名曰土鹽商。如此之流，兩稅之外，州縣不敢差役。自罷江淮留後已來，破散將盡，以監院多是誅求，一年之中，追呼無已，至有身行不在，須得父母妻兒錮身驅將，得錢即放，不二年內，盡恐逃亡。

今譬於常州百姓，有屈身在蘇州，歸家未得，便可以蘇州下狀論理披訴。至如睦州百姓，食臨平監鹽，其土鹽商被臨平監追呼求取，直是睦州刺史，亦與作主不得，非裏四千里糧直入城役使，即須破散奔走，更無他圖。其間搜求胥徒，針抽縷取，千計百校，唯恐不多，除非吞聲，別無赴訴。今有明長吏在上，旁縣百里，尚敢公爲不法，況諸監院皆是以貨得之，恣爲奸欺，人無語路。況土鹽商皆是州縣大户，言之根本，實可痛心。比初停罷留後，衆皆以爲除煩去冗，不知其弊，及於疲羸，即是所利者至微，所害者至大。

今若蒙侍郎改革前非，於南省郎吏中擇一清慎，依前使爲江淮留後，減其胥吏，不必一如向前多置人數。即自嶺南至於汴宋，凡有寃人，有可控告，奸贓之輩，動而有畏，數十州土鹽商，免至破滅。除江淮之太殘，爲侍郎之陰德，以某愚見，莫過於斯。若問於鹽鐵吏，即不欲江淮別有留後，若有留後，其間百事，自能申狀諮呈，安得貨財，表裏計會，分其權力，言之可知。伏惟俯察愚衷，不賜罪責。某再拜。

（清）董誥《全唐文》卷七二〇《李珏·論王播增榷茶疏》 伏以榷率救弊，起自干戈，天下無虞，所宜蠲省。況稅茶之事，尤出近代。貞元中不得不爾，今四海鏡靜，八方砥平，厚斂於人，殊傷國體。其不可一也。而又茶爲食物，無異米鹽，人之所資，遠近同俗，既蠲渴乏，難舍斯須。至於田閭之間，嗜好尤切。今收稅既重，時估必增，流弊於人，先及貧弱。其不可二也。且山澤之饒，出無定數，量斤論稅，所冀售多。若價高則市者稀，價賤則市者廣，歲終上計，其利幾何？未見阜財，徒聞斂怨。其不可三也。臣不敢遠徵故事，直以目前所見陳之。伏惟陛下暫留聰明，稍垂念慮，特追成命，更賜商量。則嗷嗷萬姓，皆荷福利。臣又竊見陛下愛人育物，動感神明，即位之初，已懲聚斂，外官抽貫，旋有詔停。洋洋德音，千古不朽。今者榷茶加稅，頗失人情。臣忝職諫司，豈敢緘默，塵黷旒扆，戰越伏深。

（清）董誥《全唐文》卷八五八《李知損·陳鹽法利弊疏》 臣以前承御札，許進言者直書其闕，況臣在諫司，不敢避事。臣近聞衆議云，國家將變鹽法，有司即欲宣行。竊以諸道所糶賣鹽，令逐處更添一倍，委州司量其屋宇均配，城内户人，每歲勒兩限俵鹽，隨二税納價。言之雖易，作之極難。此法若行，甚非穩便。然則歷代變法，先取其益國利人。前王開基，本在於安時恤物。設國無所益，人不聊生，斯乃害時之理昭然，變法之功何有。今添配鹽貨，資困弊者有二，作敗亂者有三。何則？

念寰海烝民，屬梁朝季運。困之以兵革，重之以科徭。幾經宗社改更，刑法變换。地經百戰，往年之事力都無。室告九空，到處之鄉村未復。止於州城衆户，所在貧乏者多。臣頻曾守職藩方，莫不詳觀利病。且常年城内居户，例於屋税請鹽。比其徵納之時，備見艱難之狀。以至須勞鞭朴，尚有逋懸。況所請之數甚微，應督之期猶失。若以逐州場院鹽貨，於合賣數增倍俵之，以税錢均攤，則貧富高低而不等。以屋宇紐配，則盈虚剩少以難齊。於功罕全，與物爲病。其資困弊者一也。

逐處州府，必委官吏行之。官雖强明，而吏藏姦倖。斯蓋必然之理，可得而知。儻官乏能名，吏多欺詐，則力不足者，重傷於增配。家已給者，卻獲其輕均。是則率百姓而困國家，虐貧窮而由胥吏。其資困弊者二也。

且諸州糶鹽收利，省司差官置場，所掌者國家之利權，安得假厚薄而輒廢。所立者國家之法制，豈可沿輕重而濫施。使四方之人，何以取則。聞一朝之令，孰不見疑。散利權於諸州，變鹽法於天下，俵給不均而民弊，徵催不便而民逃，國無利而喪權，民積困而失業，其作敗亂者一也。

所在之處，多有土鹽。或煎而食之，或藏而貨之。流行既深，紊亂非細。如無告訐，莫得追尋。若配俵之權，憑於官吏，誡嚴之法，委自藩方，則民漸困以何辜，國轉虚而何利，其作敗亂者二也。

天下鹽鐵，國家大權，當重慎於弛張，助國家之經費，喻河流之不竭，同嶽鎮以無傾。蓋轉運所引，行之如水。禁嚴其固，挺之若山。豈可緣支用而絶本源，爲迫切而摧重大。權衡一失，整頓甚難。利害再思，辯明極易。是則民有害而可救，國無利而何圖，其作敗亂者三也。

困弊敗亂，願陛下細而思之，審而行之。恐不宜以爲常事而不軫聖慮也。大凡錢穀之利，祇以聚斂爲能。至於度支之司，唯以濟辦爲效。殊不知人心小失，所憂之事非常。王道大行，所悦之方蓋遠。

臣竊慮有司以配鹽事件，敷奏聖聰，必云百姓賒得食鹽，半年然後納價。國家隨其二税頭段，徵得鹽錢，場院既免遷延，官典更無逋欠。民獲其濟，國有所資。臣請詰之，以解前説。且百姓窮困，十八九焉。或市肆經營，取錐刀宜利。至於日食鹽酪，辦即買之。偶或無錢，不妨淡食。今以半年鹽味，配給貧民。請歸其家，殆非所濟。當俵鹽之日，已不欣歡。及納價之時，可量困躓。復有税租甚大，舍屋頗多，骨肉替零，家事牢落，官中以户門而須配，本人懼條法以難辭，剩請官鹽，莫之爲用，都徵省債，無足可償。以此通民，何州不有。以此編户，何處不空。則是百姓因之逃亡，鹽鐵固所虧失。省司指本州本使，不管流移。州司追鄰人保人，須令攤配。如此則已傷殘而重困，未逋逃而復驅。益國濟民，其利安在？蠹時害政，不亦多乎？

所司或對曰：自古理民，有利則有害。當今贍國，不斂則不充。諫官祇以憂民爲詞，不知經國之務。臣請再詰，以證斯言。夫國家取利之方，王者安民之道，雖或甚利於國，微損於民，聖君尚以割股啗腹而爲言，本固邦寧而垂誡，何況有甚害於物，而小益於時者乎？必欲糶賣鹽錢，須要倍於往日。唯宜減落鹽價，慎選場官。示諭諸州，峻整公法。凡經半課利，但令逐處較量。比及周正，必期集事。如糶賣倍於元數，課租濟於朝廷，則必授以殊資，別委主之重務。如或所賣不及於元數，所資不濟於朝廷，則必顯示斷懲，永更不令任使。既鹽價極輕，而鹽法甚重，則民間不犯，而貨易自通。州府以公家在心，場院以貞幹爲事，自然國有其利，民無所傷。與夫配百姓而失經費之資，其利害懸於天壤矣。伏惟皇帝陛下每憂勤庶政，嘗諮訪羣臣，當明君求諫之秋，是微列得言之日。

（清）董誥《全唐文》卷九六七《闕名・禁園户盜賣私茶奏開成五年十月**鹽鐵司》**　伏以江南百姓營生，多以種茶爲業，官司量事設法，惟税賣茶商人，但於店鋪交關，自得公私通濟。今則事須私賣，苟務隱欺，皆是主人牙郎中裏誘引，又被販茶姦黨分外勾牽。所繇因此爲姦利，皆追收攪擾，一人犯罪，數户破殘，必在屏除，使安法理。其園户私賣茶犯十斤至一百斤，徵錢一百文，決脊杖二十。至三百斤，決脊杖二十，徵錢如上。累犯累科，三犯已後，委本州上歷收管，重加徭役，以戒鄉閭。此則法不虚施，人安本業，既懼當辜之苦，自無犯法之心。條令既行，公私皆泰。若州縣不加把捉，縱令私賣園茶，其有被人告論，則又砍園失業。當司察訪，別具奏聞，請准放私鹽例處分。

（清）董誥《全唐文》卷九七一《闕名・定私鹽科罪奏長興四年五月**鹽鐵使》**　應食課鹽，州府省司，各置榷糶折博場院，應是鄉村，並通私商興販。所有折博并每年人户蠶鹽，並不許將帶一斤一兩入城，侵奪榷糶課利。如違犯者，一兩已上至一斤，買賣人各決臀杖一十三放。一斤已上至三斤，買賣人各決臀杖十五放。三斤已上至五斤，買賣人各決脊杖十三放。五斤已上至十斤，買賣人各決脊杖十七放。十斤已上不計多少，買賣人各決脊杖二十處死。有犯鹽人隨行錢物驢畜等，並納入官。所有元本家業田莊，如是全家逃走者，即行典納。仍許般載脚户經過店主人脚下人力等糾告，等第支與優給。如知情不告，與買賣人同罪。其犯鹽人經過處地分門司厢界巡檢節級所繇并諸色關連人等，不專覺察，即據所犯鹽數，委本州臨時科斷訖報省。如是門司關津口鋪捉獲私鹽，即依下項等第支給一半賞錢。一斤已上至十斤，支賞錢二十貫文，五十斤已上至一百斤，支賞錢三十貫文。一百斤已上，支賞錢五十貫文。應食末鹽地界州府縣分，並有榷糶場院。久來内外禁法，即未有一概條流，應刮鹻煎鹽，不計多少斤兩，並處極法。兼許四鄰及諸色人等陳告，等第支與賞錢。欲指揮此後，犯一兩已上至一斤，買賣人各決臀杖十三放。一斤已上至二斤，買賣人各決臀杖十五放。二斤已上至三斤，買賣人各決脊杖十六放。三斤已上至五斤，買賣人各決脊杖十七放。五斤已上，買賣人各決脊杖二十處死。如是收到鹻土鹽水，即委本處煎煉鹽數，准條流科斷。或有已曾違犯，不至死刑，經斷後公然不懼條流再犯者，不計斤兩多少，所犯人並處極法。其有榷糶場院員寮，節級人力，煎鹽池各竈户，般鹽船綱押綱將軍衙官稍工等，具知鹽法。如有公然偷盜官鹽，或將貨賣，其買賣人及窩般主人，知情不告，並依前項刮鹻例，五斤已上處死者。其諸色關連人等，並各支賞錢。即准雒京、邢、鎮州條流事例指揮。顆末青黄等鹽，元不許界分參雜，其顆鹽先許通商之時指揮，不得將帶入末鹽地界。如有違犯，一斤一兩，並處極法。所有隨行色物，除鹽外一半納官，一半與捉事人充優賞。其餘鹽色，未有畫一條流。其雒京并鎮、定、邢州管内，多有北京末鹽入界捉獲，並依雒京條流科斷。欲指揮此後，但是顆末青白諸色鹽，侵界參雜捉獲，並准雒京條例施行。慶州青白榷税，元有透税條流。所有隨行驢畜物色，一半支與捉事人充優賞，其餘一半并鹽並納入官。欲並且依舊，一斗已上至三斗，決臀杖十五放。三斗已上至五斗，決脊杖十三放。五斗已上處死。安邑、解縣兩池榷鹽院，河府節度使兼判之時，申到畫一事件條流等，准敕牒。兩池所出鹽，舊日若無榜文，如擅將一斤一兩，准元制條，並處極法。其犯鹽人應有錢物，並與捉事人充優賞者。切以兩池禁棘峻阻，不通人行，四面各置場門弓射，分擘鹽池地分居住，並在棘圍内更不別有遺差，祇令巡護鹽法。如此後有人偷盜官鹽一斤一兩出池，其犯鹽人並准元敕條流處分，應有隨行錢物，並納入官。其捉事人依下項定支優給。若是巡檢弓射池場門子，自不專切巡察，致有透漏到棘圍外，被別人捉獲，及有糾告，兼同行反告，官中更不坐罪，陳告人亦以捉事人支賞。應知情偷盜官鹽之人，亦依犯鹽人一例處斷。其不知情關連人，臨時酌情定罪。所有透漏地分弓射及池場門子，如是透漏出鹽十斤已下，決脊杖十五放。一十斤已上，與犯鹽人同罪科斷。一斤已上至十斤，支賞錢一十貫文。十斤已上至五十斤，支賞錢二十貫文。五十斤已上至一百斤，支賞錢三十貫文。一百斤已上，支賞錢五十貫文。前項所定奪到鹽法條流，其應屬州府捉獲抵犯之人，便委本州府檢條流科斷訖申奏，別報省司。其屬省院捉到犯鹽之人，干死刑者即勘情申上，候省司指揮。不至極刑者，便委務司准條流決放訖申報奏。

（清）董誥《全唐文》卷九七四《闕名・條奏鹽法狀大中元年閏三月**鹽鐵使》**　據兩池榷鹽使狀，應舊鹽法敕條内，有事節未該，及准去年赦文，合再論理事件等。

一曰：准貞元元和年敕，如有姦人損壞壕籬，及放火延燒，捉賊不獲，本令合當殿罰，皆已有條制，今見施行。但未該地界所繇，及無捉賊期限。伏以鹽池提禁，只仰壕籬，如有放火延燒故損壞，本縣分一周年内十月度同捉得五斗以上私鹽，先准元和十二年六月三日敕，與減一選，即所酬殊寡，難使盡心。若必遣縣令，須令賞罰相稱。伏請從今以後，其縣本界内，若五度捉得私鹽，每度捉得一斗以上兼賊同得者，不限歲内歲外，但數足後，即與減一選。如累捉得，亦請累減，減至三選即止。如是別色現任正官員前官差攝縣令，亦准正縣令處分。如是散試官差攝縣令無選可減者，亦得年五度捉得私鹽并賊同得者，即請別賞見錢五十貫，累捉得亦請累賞。如兩畿令及赤縣令無選可減者，在任之日，但界内捉得私鹽件數與敕文相當，檢勘別無異同，即請申中書門下，秩滿後便與依資除官。如此則必悉心奉法，不失罪人。其餘即請各准元敕處分。

一曰：應捉獲越界私鹽，并刮鹻盜兩池鹽賊，與劫奪犯鹽囚徒頭首闞連人等，推勘是合抵死刑者，承前並各准元敕極法處分者。伏以本制鹽法，束勒甚嚴，近年以來，稍加寬令。又准會昌六年五月五日赦文，靈武、振武、天德三城封部之内，皆有良田，緣無居人，遂絶耕種。自今以後，天下囚徒各處死刑、情非巨蠹者，特許全生，并家口配流。强盜、鹽賊蹤入界，各許本州界一月内捉賊送使，如過限不到，即是私存慢易，搜索未精。其元敕内所罰縣令課科，便請准敕文牒本州府，當日據數徵剋送使。又弓矢射所繇等，晝夜只於池内檢巡。其壕籬外面，山林掩映，村柵相次，每有姦人興心結構，必須與村人相熟，乃敢下手，若或無人勾致，即遠賊不敢自來。亦緣從來未立科條，以此沿池所由，都無稟束。伏請從今後，如有姦人損動壕籬，及放火延燒，并有盜竊蹤跡，其地界保社所繇村正居停主人等，如有自擒捉得賊，每捉得賊一人，推勘得實，所捉人當日以官中諸色見錢一十貫文充賞。如漏網及不覺察到，並請追就便各决脊杖十五。如推勘與賊知情，即請准所犯人條例處分。如是所繇及別色人等捉得，亦請准前給賞，其餘並請各准元敕處分。

一曰：諸州府應捉搦販賣私鹽及刮鹻煎賊等。伏請前後敕節文，本界縣令如一周年内十度同捉獲私鹽五斗已上者，本縣令減一選，如每年如此，即與累減者。伏以私鹽厚利，煎竊者多，巡院弓矢力微，州縣人烟遼夐。若非本界縣令，同立隄防，煎販之徒，無繇止絶。其縣令本界漏網私鹽，據石斗各有元敕，並請依舊條處分。如縣令若侍本此三道者，當時應緣鹽法，捉獲前件賊等，並是固違敕文。挾持弓刀棒杖，皆非殺人調致，巨蠹兇惡，情狀難原。如或許有生全，則必欺偷轉甚，別無其法可以畏之。今伏請捉獲此色賊，推勘得實，合寘極刑者，並請各准奏處分。以前户部侍郎判度支盧宏正奏：臣又得兩池榷茶使檢較司封郎中兼侍御史司空輿狀，自領職以來，披尋捉鹽條制，其間有此三節，須重奏論。伏以鹽法條制，須是嚴刑，稍似寬容，則姦人無懼，招收榷課數闕，伏望聖慈許依司空輿所請，即冀私鹽杜絶，榷課增加。

（清）陸心源《唐文拾遺》卷二六《李應・請許百姓自酤奏》 先是官酤代百姓納榷，歲月既久，爲弊滋深。伏望許令百姓自酤，取登舊額。仍許入兩稅，隨貫均出，依舊例折納，輕賫送上都。

（清）陸心源《唐文拾遺》卷二六《王播・糶鹽加價奏》 揚州白沙兩處納榷場，請依舊爲院。又請諸鹽院糶鹽付商人，請每斗加五十文，通舊二百文價。諸道處煎鹽場停置小鋪，糶鹽每斗加二十文，通舊一百九十文價。

（清）陸心源《唐文拾遺》卷二六《王播・鹽户不許追擾奏》 應管煎鹽户及鹽商，并諸鹽院停場官吏所由等，前後制敕，除兩税外，不許差役追擾。今請更有違越者，縣令奏聞貶黜，刺史罰一季俸錢，再犯者奏聽進止。

（清）陸心源《唐文拾遺》卷三〇《裴誼・請任百姓自醖奏》 當道從大和元年，觀察使李憲以軍用不足，奏請禁百姓造酒，官中自酤，吏緣爲奸，酒味薄惡，老病生產，盡不堪任，公開倖門，私謗盈路。臣叨膺重寄，合務便人。請停官酤，任自醖造。臣請諸色，方圓節儉，冀使軍用濟辦，人無怨咨。

綜　述

（宋）王欽若等《册府元龜》卷四九三《邦計部・山澤》 隋高祖開皇二年三月戊子，弛山澤之禁。

三年，高祖以周末之弊收利鹽池鹽井，皆禁百姓採用。於是通鹽池鹽井與百姓共之，遠近大悦。

（唐）杜佑《通典》卷一〇《食貨·鹽課》　隋開皇三年，通鹽池鹽井，並與百姓共之。

大唐開元元年十一月，左拾遺劉彤論鹽鐵上表曰：臣聞漢孝武之時，外討戎夷，内興宫室，殫費之甚，實倍當今。然而古費多而貨有餘，今用少而財不足者，何也？豈非古取山澤而今取貧人哉！取山澤，則公利厚而人歸於農；取貧人，則公利薄而人去其業。故先王作法也，山海有官，虞衡有職，輕重有術，禁發有時，一則專農，二則饒國。夫煮海爲鹽，採山鑄錢，伐木爲室，農餘之輩也。寒而無衣，飢而無食，傭賃自資者，窮苦之流也。若能收山海厚利，奪農餘之人，調斂重徭，免窮苦之子，所謂損有餘而益不足，帝王之道，可不謂然乎？臣願陛下詔鹽鐵伐木等官收興利，貨於人，則不及數年，府有餘儲矣。然後下寬大之令，蠲窮獨之徭，可以惠羣生，可以柔荒服。雖戎狄未服，堯湯水旱，無足虞也。玄宗令宰臣議其可否，咸以鹽鐵之利，甚益國用，遂令將作大匠姜師度、户部侍郎強循俱攝御史中丞，與諸道按察使檢責海内鹽鐵之課。

二十五年倉部格：蒲州鹽池，令州司監當租分與有力之家營種之，課收鹽。每年上中下畦通融收一萬石，仍差官人檢校。若陂渠穿穴，所須功力，先以營種之家人丁充。若破壞過多量力不濟者，聽役隨近人夫。

（唐）杜佑《通典》卷一一《食貨·榷酤》　大唐廣德二年十二月敕，天下州各量定酤酒户，隨月納税。除此外，不問官私，一切禁斷。大曆六年二月，量定三等，逐月税錢，並充布絹進奉。建中三年制，禁人酤酒，官司置店自酤，收利以助軍費。

（唐）李吉甫《元和郡縣圖志》卷一一《河南道》　縣理東南一百三十里濱海有鹵澤九所，煮鹽，今古多收其利。

《舊唐書》卷四八《食貨志》　開元元年十一月，河中尹姜師度以安邑鹽池漸涸，師度開拓疏决水道，置爲鹽屯，公私大收其利。

其年十一月五日，左拾遺劉彤上表曰：臣聞漢孝武爲政，厩馬三十萬，後宫數萬人，外討戎夷，内興宫室，殫費之甚，實百當今，而古費多而貨有餘，今用少而財不足，何也？豈非古取山澤，而今取貧民哉！取山澤，則公利厚而人歸於農；取貧民，則公利薄而人去其業。故先王作法也，山海有官，虞衡有職，輕重有術，禁發有時，一則專農，二則饒國，濟人盛事也。臣實爲今疑之。夫煮海爲鹽，採山鑄錢，伐木爲室，農餘之輩。寒而無衣，飢而無食，傭賃自資者，窮苦之流也。若能以山海厚利，資農之餘人，厚斂重徭，免窮苦之子，所謂損有餘而益不足，帝王之道，可不謂然乎？臣願陛下詔鹽鐵木等官收興利，貿遷於人，則不及數年，府有餘儲矣。然後下寬貸之令，蠲窮獨之徭，可以惠羣生，可以柔荒服。雖戎狄猾夏，堯湯水旱，無足虞也。奉天適變，惟在陛下行之。上令宰臣議其可否，咸以鹽鐵之利，甚益國用，遂令將作大匠姜師度、户部侍郎強循俱攝御史中丞，與諸道按察使檢責海内鹽鐵之課。比令使人勾當，除此外更無别求。在外不細委知，如聞稱有侵刻，宜令本州刺史上佐一人檢校，依令式收税。如有落帳欺没，仍委按察使糾覺奏聞。其姜師度除蒲州鹽池以外，自餘處更不須巡檢。

貞元十六年十二月，史牟奏：澤、潞、鄭等州，多是末鹽，請禁斷。從之。

元和五年正月，度支奏：鄜州、邠州、涇原諸將士，請同當處百姓例，食烏、白兩池鹽。

六年閏十二月，度支盧坦奏：河中兩池顆鹽，敕文只許於京畿、鳳翔、陝、虢、河中澤潞、河南許汝等十五州界内糶貨。比來因循，兼越興、鳳、文、成等六州。臣移牒勘責，得山南西道觀察使報，其果、閬兩州鹽，本土户人及巴南諸郡市糴，又供當軍士馬，尚有懸欠，若兼數州，自然闕絶。又得興元府諸耆老狀申訴。臣今商量，河中鹽請放入六州界糶貨。從之。

十年七月，度支使皇甫鎛奏，加峽内四監、劍南東西川、山南西道鹽估，以利供軍。從之。

十三年，鹽鐵使程异奏：應諸州府先請置茶鹽店收税。伏準今年正月一日赦文，其諸州府因用兵已來，或慮有權置職名，及擅加科配，事非常制，一切禁斷者。伏以榷税茶鹽，本資財賦，贍濟軍鎮，蓋是從權。昨兵罷，自合便停，事久實爲重斂。其諸道先所置店及收諸色錢物等，雖非擅加，且異常制，伏請準赦文勒停。從之。

十四年三月，鄆、青、兗三州各置榷鹽院。

長慶元年三月，敕：河朔初平，人希德澤，且務寬泰，使之獲安。其河北榷鹽法且權停。仍令度支與鎮冀、魏博等道節度審察商量，如能約計課利錢數，分付榷鹽院，亦任穩便。自天寶末兵興以來，河北鹽法，羈縻而已。暨元和中，皇甫鎛奏置稅鹽院，同江、淮兩池榷利，人苦犯禁，戎鎮亦頻上訴，故有是命。

其月，鹽鐵使王播奏：揚州、白沙兩處納榷場，請依舊爲院。又奏：諸道鹽院糶鹽付商人，請每斗加五十，通舊三百文價；諸處煎鹽停場，置小鋪糶鹽，每斗加二十文，通舊一百九十文價。又奏：應管煎鹽户及鹽商，并諸鹽院停場官吏所由等，前後制敕，除兩稅外，不許差役追擾。今請更有違越者，縣令、刺史貶黜罰俸。從之。

二年五月，詔曰：兵革初寧，亦資榷筦，閭閻重困，則可蠲除。如聞淄青、兗、鄆三道，往來糶鹽價錢，近取七十萬貫，軍資給費，優贍有餘。自鹽鐵使收管已來，軍府頓絶其利。遂使經行陣者有停糧之怨，服隴畝者有加税之嗟，犯鹽禁者困鞭撻之刑，理生業者乏蠶醬之具。雖縣官受利，而郡府益空，俾人獲安寧，我因節用。其鹽鐵先於淄青、兗、鄆等道管内置小鋪糶鹽，巡院納榷，起今年五月一日已後，一切並停。仍各委本道約校比來節度使自收管充軍府逐急用度，及均減管内貧下百姓兩税錢數。至年終，各具糶鹽所得錢，并均減兩税，奏聞。

安邑、解縣兩池，舊置榷鹽使，仍各别置院官。元和三年七月，復以安邑、解縣兩池留後爲榷鹽使。先是，兩池鹽務隸度支，其職視諸道巡院。貞元十六年，史牟以金部郎中主池務，恥同諸院，遂奏置使額。二十一年，鹽鐵、度支合爲一使，以杜佑兼領。佑以度支既稱使，其所管不宜更有使名，遂與東渭橋使同奏罷之。至是，裴均主池務，職轉繁劇，復有是請。

大和三年四月，敕安邑、解縣兩池榷課，以實錢一百萬貫爲定額。至大中二年正月，敕但取匹段精好，不必計舊額錢數。及大中年，度支奏納榷利一百二十一萬五千餘貫。

女鹽池在解縣，朝邑小池在同州，鹵池在京兆府奉先縣，並禁斷不榷。

烏池在鹽州，舊置榷税使。長慶元年三月，敕烏池每年糶鹽收博榷米，以一十五萬石爲定額。

温池，大中四年三月因收復河隴，敕令度支收管；温池鹽仍差靈州分巡院官勾當。至六年三月，敕令割屬威州，置榷税使。緣新制置，未立榷課定額。

胡落池在豐州界，河東供軍使收管。每年採鹽約一萬四千餘石，供振武、天德兩軍及營田水運官健。自大中四年党項叛擾，饋運不通，供軍使請權市河東白池鹽供食。其白池屬河東節度使，不係度支。

初，玄宗已前，亦有鹽池使。景雲四年三月，蒲州刺史充關内鹽池使。先天二年九月，強循除豳州刺史，充鹽池使，此即鹽州池也。開元十五年五月，兵部尚書蕭嵩除關内鹽池使，此是朔方節度常帶鹽池使也。

《舊唐書》卷四九《食貨志》 天寶以來，楊國忠、王鉷皆兼重使以權天下。肅宗初，第五琦始以錢穀得見。請於江、淮分置租庸使，市輕貨以救軍食，遂拜監察御史，爲之使。乾元元年，加度支郎中，尋兼中丞，爲鹽鐵使。於是始大鹽法，就山海井竈，收榷其鹽，立監院官吏。其舊業户洎浮人欲以鹽爲業者，免其雜役，隸鹽鐵使。常户自租庸外無横賦，人不益税，而國用以饒。明年，琦以户部侍郎同平章事，詔兵部侍郎吕諲代之。【略】

〔建中〕其年三月，以韓洄爲户部侍郎，判度支；金部郎中杜佑權勾當江淮水陸運使。炎尋殺晏于忠州。自兵興已來，凶荒相屬，京師米斛萬錢，官廚無兼時之食，百姓在畿甸者，拔穀挼穗，以供禁軍。洎晏掌國計，復江淮轉運之制，歲入米數十萬斛以濟關中。代第五琦領鹽務，其法益密。初年入錢六十萬，季年則十倍其初。大曆末，通天下之財，而計其所入，總一千二百萬貫，而鹽利過半。李靈耀之亂，河南皆爲盜據，不奉法制，賦税不上供，州縣益減。晏以羨餘相補，人不加賦，所入仍舊，議者稱之。其相與商榷財用之術者，必一時之選，故晏没後二十年，韓洄、元琇、裴腆、包佶、盧貞、李衡相繼分掌財賦，出晏門下。屬吏在千里外，奉教如目前。四方水旱，及軍府纖芥，莫不先知焉。

其年詔曰：天下山澤之利，當歸王者，宜總榷鹽鐵使。

三年，以包佶爲左庶子、汴東水陸運鹽鐵租庸使，崔縱爲右庶子、汴

西水陸運鹽鐵租庸使。【略】

順宗即位，有司重奏鹽法，以杜佑判鹽鐵轉運使，理於揚州。元和二年三月，以李巽代之。先是，李錡判使，天下榷酤漕運，由其操割，專事貢獻，牢其寵渥。中朝柄事者悉以利積於私室，而國用日耗。巽既爲鹽鐵使，大正其事。其堰埭先隸浙西觀察使者，悉歸之；因循權置者，盡罷之；增置河陰敖倉，置桂陽監，鑄平陽銅山爲錢。又奏：江淮、河南、峽內、兗鄆、嶺南鹽法監院，去年收鹽價緡錢七百二十七萬，比舊法張其估一千七百八十餘萬，非實數也。今請以其數，除煑之外，付度支收其數。鹽鐵使煑鹽利繫度支，自此始也。又以程异爲揚子留後。四月五日，巽卒。自榷筦之興，惟劉晏得其術，而巽次之。然初年之利，類晏之季年，季年之利，則三倍於晏矣。舊制，每歲運江淮米五十萬斛，至河陰留十萬，四十萬送渭倉。晏歿，久不登其數，惟巽秉使三載，無升斗之闕焉。六月，以河東節度使李鄘代之。【略】

〔六年〕其年詔曰：兩稅之法，悉委郡國，初極便人。但緣約法之時，不定物估。今度支鹽鐵，泉貨是司，各有分巡，置於都會。爰命帖職，周視四方，簡而易從，庶叶權便。政有所弊，事有所宜，皆得舉聞，副我憂寄。以揚子鹽鐵留後爲江淮已南兩稅使，江陵留後爲荆衡漢沔東界，彭蠡已南兩稅使，度支山南西道分巡院官充三川兩稅使。峽內煎鹽五監先屬鹽鐵使，今宜割屬度支，便委山南西道兩稅使兼知糶賣。峽內鹽屬度支，自此始也。

九年十二月，左僕射令狐楚奏新置榷茶使額：伏以江淮間數年以來，水旱疾疫，凋傷頗甚，愁歎未平。今夏及秋，稍較豐稔。方須惠恤，各使安存。昨者忽奏榷茶，實爲蠹政。蓋是王涯破滅將至，怨怒合歸。豈有令百姓移茶樹就官場中栽，摘茶葉於官場中造，有同兒戲，不近人情。方有恩權，無敢沮議，朝班相顧而失色，道路以目而吞聲。今宗社降靈，姦兇盡戮，聖明垂佑，黎庶各安。微臣伏蒙天恩，兼授使務，官銜之內，猶帶此名，俯仰若驚，夙宵知愧。伏乞特迴聖聽，下鑒愚誠，速委宰臣，除此使額。緣國家之用或闕，山澤之利有遺，許臣條流，續具奏聞。採造欲及，妨廢爲虞。前月二十一日內殿奏對之次，鄭覃與臣同陳論訖。伏望聖慈早賜處分，一依舊法，不用新條。惟納榷之時，須節級加價，商人轉擡，必較稍貴，即是錢出萬國，利歸有司，既無害茶商，又不擾茶户，上以彰陛下愛人之德，下以竭微臣憂國之心，遠近傳聞，必當咸悦。詔可之。先是，鹽鐵使王涯表請使茶山之人，移植根本，舊有貯積，皆使焚棄，天下怨之。及是楚主之，故奏罷焉。【略】

大中六年正月，鹽鐵轉運使裴休奏：諸道節度、觀察使，置店停上茶商，每斤收搨地錢，并税經過商人，頗乖法理。今請釐革横税，以通舟船，商旅既安，課利自厚。今又正税茶商，多被私販茶人侵奪其利。今請強幹官吏，先於出茶山口，及廬、壽、淮南界內，布置把捉，曉諭招收，量加半税，給陳首帖子，令其所在公行，從此通流，更無苛奪。所冀招恤窮困，下絶姦欺，使私販者免犯法之憂，正税者無失利之歎。欲尋究根本，須舉綱條。敕旨依奏。其年四月，淮南及天平軍節度使并浙西觀察使，皆奏軍用困竭，伏乞且賜依舊税茶。敕旨：裴休條流茶法，事極精詳，制置之初，理須畫一，並宜準今年正月二十六日敕處分。

建中三年，初榷酒，天下悉令官釀。斛收直三千，米雖賤，不得減二千。委州縣綜領。醨薄私釀，罪有差。以京師王者都，特免其榷。

元和六年六月，京兆府奏：榷酒錢除出正酒户外，一切隨兩税青苗據貫均率。從之。

會昌六年九月敕：揚州等八道州府，置榷麴，并置官店沽酒，代百姓納榷酒錢，并充資助軍用，各有榷許限，揚州、陳許、汴州、襄州、河東五處榷麴，浙西、浙東、鄂岳三處置官沽酒。如聞禁止私酤，過於嚴酷，一人違犯，連累數家，閭里之間，不免咨怨。宜從今以後，如有人私沽酒及置私麴者，但許罪止一身，并所由容縱，任據罪處分。鄉井之內，如不知情，並不得追擾。其所犯之人，任用重典，兼不得没入家産。

（宋）王溥《唐會要》卷八七《轉運鹽鐵總叙》 九年，張滂奏立税茶法：郡國有茶山，及商賈以茶爲利者，委院司分置諸場，立三等時估爲價，爲什一之税。是歲得緡四十一萬。茶之有税，自滂始也。自後裴延齡專判度支，與鹽鐵益殊塗而理矣。十年，潤州刺史王緯代之，理于朱方。數年而李錡代之。鹽院津堰，供張侵剥，不知紀極。私路小堰，厚斂行人。多是錡始。時鹽鐵轉運有上都留後，以副使潘孟陽主之。王叔文權傾朝野，亦以鹽鐵副使兼學士爲留後。故鹽鐵副使之俸，至今獨優。順宗即位，有司重奏鹽法。以杜佑判度支鹽鐵轉運使，治於揚州。

（宋）王溥《唐會要》卷八八《鹽鐵》 開元元年十二月，河中尹姜師度以安邑鹽池漸涸，開拓疏決水道，置爲鹽屯。公私大收其利。其年十一月五日，左拾遺劉彤論鹽鐵上表曰：臣聞漢孝武爲政，厩馬三十萬，後宮數萬人。外討戎夷，內興宮室。殫費之甚，什百當今。然而古費多而貨有餘，今用少而財不足者，何也？豈非古取山澤，而今取貧民哉？取山澤，則公利厚而人歸於農；取貧民，則公利薄而人去其業。故先王之作法也，山海有官，虞衡有職，輕重有術，禁發有時。一則專農，二則饒國，濟民盛事也。臣實爲當今宜之。夫煮海爲鹽，採山鑄錢，伐木爲室，豐餘之輩也。寒而無衣，飢而無食，傭賃自資者，窮苦之流也。若能收山海厚利，奪豐餘之人，蠲調斂重徭，免窮苦之子，所謂損有餘而益不足，帝王之道，可不謂然乎？然臣願陛下詔鹽鐵木等官，各收其利，貿遷于人。則不及數年，府有餘儲矣。然後下寬大之令，蠲窮獨之徭，可以惠羣生，可以柔荒服。雖戎狄降服，堯湯水旱，無足虞也。奉天適變，惟在陛下行之。上令宰臣議其可否。咸以鹽鐵之利，甚益國用。遂令將作大匠姜師度、户部侍郎强循俱攝御史中丞，與諸道按察使檢校海內鹽鐵之課。至十年八月十日敕：諸州所造鹽鐵，每年合有官課。比令使人勾當，除此更無別求。在外不細委知，如聞稍有侵剋。宜令本州刺史上佐一人檢校，依令式收税。如有落帳欺没，仍委按察糾覺奏聞。其姜師度除蒲州鹽池以外，自餘處更不須巡檢。

貞元十六年十二月，史牟奏：澤潞、鄭等州，多食末鹽，請一切禁斷。從之。【略】

元和二年九月，給事中穆質請州府鹽鐵巡院應決私鹽死囚，請州縣同監，免有冤濫。從之。【略】

五年五月，度支奏：鄜、坊、邠、寧、涇原諸軍將士，請同當處百姓例，食烏白兩池鹽。從之。

六年閏十二月，户部侍郎判度支盧坦奏，河中兩池顆鹽，敕文祇許于京畿、鳳翔、陝虢、河中、澤潞、河南、許汝等十五州界內糶貨。比來因循，兼越興元府及洋州興鳳文成等六州。臣移牒勘責，得山南西道觀察使報，其果、閬兩州鹽，本土户人及巴南諸郡市糴，又供當軍士馬，尚有懸欠。若兼數州，自然闕絶。又得興元府諸耆老狀申訴。臣今商量，河中鹽請放入六州界糶貨。從之。

十年七月，度支皇甫鎛奏加陝西内四監，劍南東西兩川山南西道鹽估，以利供軍。從之。

十三年，鹽鐵使程异奏：應諸州府先請置茶鹽店收税。伏準今年正月一日赦文，其諸道州府，因用兵以來，或慮有權置職名，及擅加科配，事非常制，一切禁斷者。伏以榷税茶鹽，本資財賦。贍濟軍鎮，蓋是從權。兵罷自合便停，事久實爲重斂。其諸道先所置店及收諸色錢物等，雖非擅加，且異常制。伏請准赦文勒停。從之。

十四年三月，鄆、青、兖三州各置榷鹽院。

十五年閏正月，鹽鐵使柳公綽奏：當使諸鹽院場官，及專知納給，并吏人等有罪犯合給罪者，比來推問，祇罪本犯所由。其監臨主守，都無科處。伏請從今後，舉名例律。每有官吏犯贓，監臨主守同罪，及不能覺察者，並請准條科處。所冀貪吏革心。從之。

其年九月，改河北税鹽使爲榷鹽使。

長慶元年三月敕：河朔初平，人希德澤。且務寬泰，使之獲安。其河北榷鹽法宜權停。仍令度支與鎮冀魏博等道節度審察商量。如能約計利錢數都收管，每年據數付榷鹽院，亦任隱便。自天寶末，兵興以來，河北鹽法，羈縻而已。暨元和中，用皇甫鎛奏，置税鹽院，同江淮兩池榷利。人苦犯禁，戎鎮亦頻上訴。故有是命。

其月，鹽鐵使王播奏揚州白沙兩處納榷場，請依舊爲院。又奏請諸鹽院糶鹽付商人，請每斗加五十文，通舊二百文價。諸道處煎鹽場，停置小鋪糶鹽，每斗加二十文，通舊一百九十文價。又奏，應管煎鹽户及鹽商，并諸鹽院停場官吏所由等，前後制敕。除兩税外，不許差役追擾。今請更有違越者，縣令奏聞貶黜，刺史罰一季俸錢。再犯者，奏聽進止。並從之。

二年三月，王播爲淮南節度使，兼領鹽鐵轉運。播請攜鹽鐵印赴鎮，上都院請別給賜。從之。

其年五月敕：兵革初寧，實資榷筦。閭閻重困，則可蠲除。如聞淄青兖鄆三道，往年糶鹽價錢，近收七十萬貫，軍資給費，優贍有餘。自鹽鐵使收管已來，軍府頓絶其利。遂使經行陳者，有停糧之怨；服隴畝者，興加税之嗟。雖縣官受利，而郡府益空。俾人獲安寧，我能節用。其鹽鐵使先于淄、青、兗、鄆等道管内置小鋪糶鹽，及巡院納榷，起長慶二年五月一日以後，一切並停。仍委薛平馬總曹華約校比年節度使自收管，充軍府州縣逐急用度，及均減管内貧下百姓兩税錢數，兼委節度觀察使。至年終，各具糶鹽所得錢，并減放貧下税數聞奏。

四年五月敕，東都江陵鹽鐵轉運留後，並改爲知院者，從鹽鐵使王涯請也。

太和二年七月敕，潼關以東度支分巡院，宜併入鹽鐵江淮河陰留後院。

開成元年閏五月七日，鹽鐵使奏應犯鹽人準貞元十九年太和四年已前敕條：一石已上者，止於決脊杖二十，徵納罰錢足。於太和四年八月二十已後，前鹽鐵使奏二石以上者，所犯人處死；其居停并將舡容載受故擔鹽等人，並準犯鹽條問處分。近日決殺人轉多，榷課不加舊。今請卻依貞元舊條：其犯鹽一石以上至二石者，請決脊杖二十，補充當據捉鹽所由待捉得犯鹽人日放；如犯三石已上者，即是囊橐奸人，背違法禁，請決訖待瘡損錮身，牒送西北邊諸州府効力。仍每季多具人數及所配去處申奏。挾持軍器，與所由捍敵，方就擒者，即請準舊條，同光火賊例處分。從之。【略】

五年九月敕：税茶法，起來年，卻付鹽鐵使收管。

（宋）王溥《唐會要》卷八八《榷酤》　貞元二年十二月，度支奏請於京城及畿縣行榷酒之法，每斗榷酒錢百五十文。其酒户與免雜差役。從之。

十二年四月，户部奏准敕文，如配户出榷酒錢處即不待更置官店榷酤。其中或恐諸州府先有不配户出錢者，即須榷酤。請委州府長官，據當處錢額，約米麴時價收利，應額足即止。仍限起請到後一月日内處置。

十四年七月，湖州刺史李應奏：先是，官中酤酒，代百姓納榷。歲月既久，爲弊滋深。伏望許令百姓自酤，取舊額。仍許入兩税，隨貫均出。依舊例折納輕貨，送上都。許之。

太和八年二月九日敕節文：京邑之内，本無酤榷。自貞元用兵之後，費用稍廣，始定户店等第，令其納榷。殊非惠民。今後特宜停廢。

（宋）王溥《唐會要》卷八八《鹽鐵使》　長慶元年三月敕：烏池每年糶鹽收榷博米，以一十五萬石爲定額。【略】

太和二年三月，度支奏：京兆府奉先縣界鹵池側近百姓，取水柏柴燒灰煎鹽，每石灰得一十二斤鹽，亂法甚於鹹土，請行禁絶。今後犯者，據灰計鹽，一如兩池鹽法條例科斷。從之。

三年四月敕：安邑、解縣兩池榷課，以實錢一百萬貫爲定額。至大中元年正月，敕：但取疋段精好不必計舊額錢數。及大中六年，度支收榷利一百二十一萬五千餘貫。

（宋）王欽若等《册府元龜》卷四九三《邦計部・山澤》　元和元年五月，鹽鐵使奏請每州所貯鹽若遇價貴，斗至二百二十，減十文出糶，以便貧人，公私不缺。其鹽倉每州各以留州錢造一十二間，委知院官及州縣官一人同知所糶錢送院，市輕貨送上都。從之。

三年七月，復以度支安邑、解縣兩池留後爲榷鹽使。先是，兩池鹽務隷度支，其職視諸道巡院。貞元十六年，史牟以金部郎中主池務，遂奏置使額。二十一年，鹽鐵度支合爲一使，以杜佑兼領。佑遂奏院屬度支亦有使名，則鹽務不合有使號，遂與東渭橋給納使同奏，罷之。至是，判度支裴均以其事益繁，遂奏置使焉。十月乙亥，重申採銀之禁。應輒採一兩已上者，笞二十，遞出本界州縣官吏節級科罰。

（宋）王欽若等《册府元龜》卷四九四《邦計部・山澤》　〔大中六年〕五月，鹽鐵轉運使户部侍郎裴休立税茶之法，凡十二條，陳奏之。宣宗大悦，下詔曰：裴休興利除害，深見奉公，盡可其奏。是年，度支收納安邑、解縣池榷利一百二十一萬五千餘貫。女鹽池在解縣，朝邑小池在同州，鹵池在京兆府奉先縣，並禁斷不爲榷。

（宋）王欽若等《册府元龜》卷五〇四《邦計部・榷酤》　唐高祖武德二年閏二月，詔曰：酒醪之用表節制於歡娱，芻豢之滋致肥甘于豐衍。然而沉湎之輩絶業亡資，惰寙之民騁嗜奔慾。方今烽燧尚警，兵革未寧，年數不登，市肆騰踊。趣末者衆，浮冗尚多，肴羞麴糵，重增其費，救弊之術，要在權宜。關内諸州官民具斷屠酤。

高宗咸亨元年七月庚戌，粟麥貴，斷五熟雜食酤酒。

玄宗先天二年十一月，禁京城酤酒。歲饑故也。

肅宗乾元元年三月，詔曰：爲政之本期於節用，今農工在務，廩食未優，如聞京城之中酒價尤貴。但以麴糵之費，有損國儲，游惰之徒，益資廢業。其京城内沽酒即宜禁斷，麥熟之後仍依常式。

二年十月，禁沽酒，除光禄供進祭祀及宴蕃客外一切禁斷。

代宗寶應二年三月，以泰陵乾陵發引詔禁酤酒。廣德二年十二月，詔天下州縣各量定酤酒户，随月納税。除此之外不論官私，一切禁斷。

德宗以大歷十四年五月即位，七月罷天下榷酒。

建中三年閏正月，初榷酒，天下悉令官釀，斛收直一千，米雖賤不得減二千。委州縣綜領，醨薄私釀罪有差。以京師王者都，特免其榷。貞元二年十二月，度支請於京城及畿縣行榷酒之法，每斗榷一百五十，其酒户並蠲免差役。從之。憲宗元和二年正月，制酤酒及雜榷率並同禁斷。

六年六月，京兆府奏榷酒錢除出正酒户外，一切随兩税青苗錢據貫均率。從之。

十四年七月，湖州刺史李應奏，先是官酤代百姓納榷，歲月既久爲弊滋深。伏望許令百姓自取酤，登舊額。仍許入兩税，随貫均出。依舊例折納輕貸，送上都。許之。權酒錢舊皆随兩税徵衆户，自貞元已来有土者競爲進奉，故上言百姓困弊輸納不充，請置官坊酤酒以代之。既得請則嚴設酒法，閭閻之人舉手觸禁，而官收厚利以濟其私，爲害日久矣。及李應奏罷，議者謂宰臣能因湖州之請推爲天下之法，則其弊革矣。

穆宗以元和十五年正月即位，閏正月浙西觀察使竇易直奏當道舊例官酤酒代百姓納榷，去年湖州刺史李應奏請罷當州官酤代百姓納榷，庶戎鎮易爲安撫，疲人免輸榷利。敕曰：不酤官酒有益疲人，管内六州皆合一例，宜並准湖州敕處分。議者是李應而非易直。

長慶元年正月，制榷酒錢有已分配百姓處，又置酒店官酤，并諸色榷率，切宜禁斷。

三年，王仲舒出爲江西觀察，奏罷犯榷酒之罪，以官錢三萬貫代貧户輸税。

文宗太和四年七月，湖南觀察使韋詞奏：前使王公亮奏請榷麴，收其赢利，将代上供。臣到州察訪，自停加配，閭里稍安，人户逃者亦漸歸復。但藏挾頗易，挂陷頗多，兼當州土宜，少有麴麥，州司遠處求糴，般運甚難。伏請却停榷麴，任商旅将至當州，州司准榷酒元敕，及洪州、鄂州流例，於州縣津市官酤，以代人户配額。可之。

五年正月，江西觀察使裴誼奏：當道從太和元年觀察使李憲以軍用不足，奏請禁百姓造酒，官中自酤，吏緣爲奸，酒味薄惡，老病生産，盡不堪任，公開倖門，私謗盈路。臣叨膺重寄，合務便人，請停官酤，任自醖造。臣請諸色方圓節儉，冀使軍用濟便，人無怨咨。可之。六月，誼又奏：洪州每年合送省榷酒錢五萬貫文。舊例百姓醖造，其錢依前例，随百姓兩税貫頭均納。當管洪州停官店酤酒，其錢已據數均配訖，並不加配業户。從之。

八年二月詔：京邑之内本無榷酤，屬貞元用兵之後費用稍廣，始定店户等第，令其納榷。況萬方所聚，私釀至多，禁令既不可施，榷利自無所入，徒立課額，殊非恵人。其長安、萬年兩縣，見徵榷酒錢一萬五千一十貫八百文，若先欠者並宜放免。其榷酒錢起今亦宜停。

武宗會昌六年九月，敕揚州等八道州府置榷麴，并置官店酤酒，代百姓納榷酒錢，并充資助軍用，各有榷許。限揚州、陳許、江州、襄州、河東五處榷麴，浙西、浙東、鄂岳三處置官酤酒，如聞禁止私酤，過聞嚴酷，一人違犯，連累數家，閭里之間不免咨怨。宜從今以後，如有私酤酒及買私麴者，但許罪止一身，并所由容縱，任據罪處分。鄉井之内，如不知情，並不得追擾。其所犯之人，任用重典，兼不得没入家産。

《新唐書》卷五四《食貨志》 天寶、至德間，鹽每斗十錢。乾元元年，鹽鐵、鑄錢使第五琦初變鹽法，就山海井竈近利之地置監院，游民業鹽者爲亭户，免雜傜。盗鬻者論以法。及琦爲諸州榷鹽鐵使，盡榷天下鹽，斗加時價百錢而出之，爲錢一百一十。

自兵起，流庸未復，税賦不足供費，鹽鐵使劉晏以爲因民所急而税之，則國足用。於是上鹽法輕重之宜，以鹽吏多則州縣擾，出鹽鄉因舊監置吏，亭户糶商人，縱其所之。江、嶺去鹽遠者，有常平鹽，每商人不至，則減價以糶民，官收厚利而人不知貴。晏又以鹽生霖潦則鹵薄，暵旱則土溜墳，乃隨時爲令，遣吏曉導，倍於勸農。吴、越、揚、楚鹽廩至數千，積鹽二萬餘石。有漣水、湖州、越州、杭州四場，嘉興、海陵、鹽城、新亭、臨平、蘭亭、永嘉、大昌、候官、富都十監，歲得錢百餘萬緡，以當百餘州之賦。自淮北置巡院十三，曰揚州、陳許、汴州、廬壽、白沙、淮西、甬橋、浙西、宋州、泗州、嶺南、兗鄆、鄭滑，捕私鹽者，姦盜爲之衰息。然諸道加榷鹽錢，商人舟所過有税。晏奏罷州縣率税，禁堰埭邀以利者。晏之始至也，鹽利歲纔四十萬緡，至大曆末，六百餘萬緡。天下之賦，鹽利居半，宮闈服御、軍饟、百官禄俸皆仰給焉。明年而晏罷。【略】

貞元中，盜鬻兩池鹽一石者死，至元和中，減死流天德五城，鏄奏論死如初。一斗以上杖背，没其車驢，能捕斗鹽者賞千錢；節度觀察使以判官、州以司録録事參軍察私鹽，漏一石以上罰課料；鬻兩池鹽者，坊市居邸主人、市儈皆論坐；盜刮鹼土一斗，比鹽一升。州縣團保相察，比於貞元加酷矣。【略】

是時奉天鹵池生水柏，以灰一斛得鹽十二斤，利倍鹼鹵。文宗時，采灰一斗，比鹽一斤論罪。開成末，詔私鹽月再犯者，易縣令，罰刺史俸；十犯，則罰觀察、判官課料。

宣宗即位，茶、鹽之法益密，糶鹽少、私盜多者，謫觀察、判官，不計十犯。户部侍郎、判度支盧弘止以兩池鹽法敝，遣巡院官司空輿更立新法，其課倍入，遷榷鹽使。以壕籬者，鹽池之隄禁，有盜壞與鬻鹼皆死，鹽盜持弓矢者亦皆死刑。兵部侍郎、判度支周墀又言：兩池鹽盜販者，迹其居處，保、社按罪。鬻五石，市二石，亭户盜糶二石，皆死。是時江、吳羣盜，以所剽物易茶鹽，不受者焚其室廬，吏不敢枝梧，鎮戍、場鋪、堰埭以關通致富。宣宗乃擇嘗更兩畿輔望縣令者爲監院官。户部侍郎裴休爲鹽鐵使，上鹽法八事，其法皆施行，兩池榷課大增。【略】

唐初無酒禁。乾元元年，京師酒貴，肅宗以稟食方屈，乃禁京城酤酒，期以麥熟如初。二年，饑，復禁酤，非光禄祭祀、燕蕃客，不御酒。

廣德二年，定天下酤户以月收税。建中元年，罷之。三年，復禁民酤，以佐軍費，置肆釀酒，斛收直三千，州縣總領，醨薄私釀者論其罪。尋以京師四方所湊，罷榷。貞元二年，復禁京城、畿縣酒，天下置肆以酤者，斗錢百五十，免其傜役，獨淮南、忠武、宣武、河東榷麴而已。元和六年，罷京師酤肆，以榷酒錢隨兩税青苗斂之。大和八年，遂罷京師榷酤。凡天下榷酒爲錢百五十六萬餘緡，而釀費居三之一，貧户逃酤不在焉。昭宗世，以用度不足，易京畿近鎮麴法，復榷酒以贍軍，鳳翔節度使李茂貞方顓其利，按兵請入奏利害，天子遽罷之。

初，德宗納户部侍郎趙贊議，税天下茶、漆、竹、木，十取一，以爲常平本錢。及出奉天，乃悼悔，下詔亟罷之。及朱泚平，佞臣希意興利者益進。貞元八年，以水災減税，明年，諸道鹽鐵使張滂奏：出茶州縣若山及商人要路，以三等定估，十税其一。自是歲得錢四十萬緡，然水旱亦未嘗拯之也。

穆宗即位，兩鎮用兵，帑藏空虚，禁中起百尺樓，費不可勝計。鹽鐵使王播圖寵以自幸，乃增天下茶税，率百錢增五十。江淮、浙東西、嶺南、福建、荆襄茶，播自領之，兩川以户部領之。天下茶加斤至二十兩，播又奏加取焉。右拾遺李珏上疏諫曰：榷率起於養兵，今邊境無虞，而厚斂傷民，不可一也。茗飲，人之所資，重税則價必增，貧弱益困，不可二也。山澤之饒，其出不訾，論税以售多爲利，價騰踊則市者稀，不可三也。其後王涯判二使，置榷茶使，徙民茶樹於官場，焚其舊積者，天下大怨。令狐楚代爲鹽鐵使兼榷茶使，復令納榷，加價而已。李石爲相，以茶税皆歸鹽鐵，復貞元之制。

武宗即位，鹽鐵轉運使崔珙又增江淮茶税。是時茶商所過州縣有重税，或掠奪舟車，露積雨中，諸道置邸以收税，謂之搨地錢，故私販益起。大中初，鹽鐵轉運使裴休著條約：私鬻三犯皆三百斤，乃論死；長行羣旅，茶雖少皆死；雇載三犯至五百斤、居舍儈保四犯至千斤者，皆死；園户私鬻百斤以上，杖背，三犯，加重傜；伐園失業者，刺史、縣令以縱私鹽論。廬、壽、淮南皆加半税，私商給自首之帖，天下税茶增倍貞元。江淮茶爲大摸，一斤至五十兩。諸道鹽鐵使于悰每斤增税錢五，謂之剩茶錢，自是斤兩復舊。

（宋）宋敏求《唐大詔令集》卷二《帝王・即位赦・穆宗即位赦》

著大明者日也，出乎震而見乎離，則八紘開朗，萬象昭焕。孚大號者風也，發厚地而鼓羣動則氛蒙盪滌，鬱伏舒散。王者如日之照臨，故聖功作而庶類覩。如風之號令，故德音降而兆人從。朕以寡薄，方兹法象，荷天地之眷祐，承宗祧之祚運，夙夜祗勵，懼不克周。永惟風教之流弊，甿俗之疾苦。思布濟時之政，宜弘利物之澤。庶有以導迎和氣，感致歡心。宜申在宥之恩，用啓自新之路。可大赦天下。自元和十五年二月五日昧爽已前，大辟罪已下罪無輕重，咸赦除之。唯官典犯贓及故殺人者，不在免限。左降官量移近處，已經量移者，更與量移。如復資者即任依常調選。責授降資正員官者，亦與進改。亡官失爵不齒者、量加收叙，流人及僧尼道士移隸者，節級放還及移近處。諸色得罪人中，如先有敕云縱逢恩赦不在放還之限者，並與量移。若曾任五品已上官者，奏待進止。左降官及流人先有官者，如已亡歿，各還本官。自今日已前，曾有係累禁錮□身等，一切並與洗滌。永懷罔極，弓劒不留，奉號終天，用深哀感。應緣山陵制度，及喪儀禮物，宜委中書門下及諸司長官等，博詢故實。務遵禮度，必誠必信，副朕哀懷。所緣山陵造作，及橋道置頓所須，並以內庫錢充，不得輙令科配百姓。度支諸州府監院，從貞元八年已後至元和十年已前，共計欠錢壹百萬伍仟玖百餘貫。鹽鐵使諸監院應欠元和十三年已前錢物，除准前制疏理外，共計壹百捌萬捌仟陸百餘貫石等。户部諸州府，從建中三年已後至元和十三年已前，應欠在州貧窮并遭水旱逃亡百姓腹內兼連接淮西河南賊界并燒劫散失及貸百姓錢物伍拾萬玖百餘貫石等。京兆府從元和五年已後至十三年已前，應欠諸色物共肆拾壹萬玖仟陸百餘貫石束等。州府監院百姓欠負但不在官典所由腹內者，一切放免。諸州府除京兆河南府外，應有官莊宅鋪店碾磑茶菜園鹽畦車坊等，宜割屬所管官府。諸道除邊事營田處，其軍粮既取正税米分給其所管營田自爲軍中如要營田任取食粮健兒不得輙妄招召。天下百姓等自屬艱難，棄其鄉井，户部版籍，虚繫姓名。建中元年已來，改革舊制，悉歸兩税，法久則姦弊濫生。自今已後，宜准例三年一定兩税。非論土著俗居，但據資産差率。其擇刺史縣令，宜委門下中書尚書省御史臺官，有所諳知，即具聞奏。如贓汚賤人，當坐舉主。榷税之法，雖合同遵，瘡痍之餘，姑欲寬假。其河北鹽宜委度支與榷鹽使審細商量，具條流聞奏。內外百官食料錢一倍至五倍以上，節級放免。仍每經十年，即內外百司各賜錢壹萬貫充本。各據司額大小、公事閑劇、及當司貧富作等第給付。應屬諸軍諸使司人等在村鄉及坊市店鋪經紀者，宜與百姓一例差科，不得妄有影占。如有違越，所司具所屬司并其人名聞奏。如聞度支鹽鐵監院等所在影占當商高户，庇入院司，不伏州縣差科，疲人偏苦，事轉不濟。如有此色，仰當日勒歸。諸道州縣除正敕率税外，不得妄託進奉，擅有諸色榷率。天下州府除兩税合送上都錢物及所司常貢外，輙不得別進物錢。【略】天下諸道州，不得擅有閉糴禁錢，務令通濟。內外文武官及諸色人等，任上封事，極言時政得失。才有可觀，別當甄奬。應流外色役人等，賜勳有差。

（宋）宋敏求《唐大詔令集》卷一一二《政事・財利・減鹽鐵價敕》

三代立制，山澤不禁，天地財利，與人共之。王道寖微，疆霸争行，於是設祈望之守，興榷筦之法，以佐兵賦，以寛地征。公私之間，猶謂兼濟。歷代遵用，遂爲典常。自頃寇難荐興，已三十載。服干櫓者農桑其盡，居閭里者杼軸其空。革車方殷，軍食屢調，人多轉死，田卒汙萊。乃專煮海之利，以爲贍國之術。度其所入，歲倍田租。近者軍費日增，榷價日貴，至有以穀數斗，易鹽一升。本末相踰，科條益峻。念彼貧匱，何能自資。五味失和，百疾生害。以茲夭甕，實用痛傷。嗚呼。朕丕承列聖之緒，遐覽前王之典，既不克静事以息用，又不獲弛禁以便人。征利滋深，疲甿重困，予則不恤，其誰省憂。應淮并峽州榷鹽，宜令中書門下及度支商量，裁減估價，兼蠲革利害。速具條件聞奏，削去繁刻，杜塞姦訛，務於利人，以稱朕意。

（宋）宋敏求《唐大詔令集》卷一一二《政事・財利・放天下榷酒敕》

敕，朕聞孟子曰：國不以利爲利，以義爲利。欽若前訓，賢哉是言。故務德崇賢，理之先也。趣本棄末，政之興也。《禹貢》徵以財賦，《周禮》入其貨賄，皆贍國用，無奪人業。漢接秦弊，時匱費殷，置筭緡之科，下榷酤之令。郡國發奸于下，公卿言利于朝。賈誼所以云天下之大殘也。朕獲奉宗廟之祀，永惟淳風，猶聞江淮之間，頃緣兵食未足。榷酒收利，權以救時。雖廣儲蓄之資，實隳商賈之業。方敦禮節，漸致和平，豈財悖而入，與百姓争利者乎。其轉運使下，先諸道榷酒宜停，俾利歸於人，化臻知耻。仍宣示中外，知朕意焉。

（宋）宋敏求《唐大詔令集》卷一一二《政事・財利・禁京城酤酒敕》

爲政之本，期於節用。今農功在務，廩食未優。如聞京城之中，酒價尤貴。但以麴蘗之費，有損國儲。游惰之徒，益資廢業。其京城內酤酒，即宜禁斷。麥熟之後，任依常式。乾元元年二月。

（宋）高承《事物紀原》卷一《榷鹽》 其始原于唐第五琦，及劉晏代其任，大曆末，一歲征賦所入之鹽，當天下大半之賦。

（宋）高承《事物紀原》卷一《榷茶》 起于唐建中、貞元之間，趙贊、張滂建議税其什一。一云德宗貞元八年，張滂奏收茶税。《唐會要》曰：貞元九年正月，初税茶。先是張滂奏請于出茶州縣及茶山要路，定三等，每十税一。茶之有税，自此始也。一云穆宗時，王涯始榷茶。

（宋）高承《事物紀原》卷一《酒務》 唐德宗建中元年制，禁人沽酒，官司置店自沽，收利以助軍費。《唐志》云：貞元二年，天下置肆以沽也。《通典》云：隋開皇三年，罷酒坊。則兹事起自隋前，而唐復之也。

（宋）呂祖謙《歷代制度詳説》卷五《鹽法·制度》 東海鹽青州厥貢鹽絺。《禹貢》絺，細葛。管子曰齊有渠展之鹽。唐青楚海滄棣等州以鹽價市輕貨，亦輸司農。《食貨志》。形名籩人掌朝事之籩，其實形鹽。《天官》鄭司農云築鹽以爲虎形，玄謂鹽之似虎者。唐貞元十六年，史牟有斷澤潞等州末鹽。元和六年，盧坦奏河中兩池顆鹽放入六州界。陶隱居云五味之中唯此不可闕。有東海、北海鹽，及河東海鹽、梁益鹽井，交廣有南海鹽，西羌有山鹽，湖中有水鹽。而色類不同，以河東者爲勝。東海鹽官鹽白草粒細，北海鹽黄草粒麁。以作魚鮓及鹹葅，乃言北勝，而藏繭必用鹽官者。蜀中鹽少淡，廣州鹽鹹。河東鹽池，鹽人掌鹽之政令，以供百事之鹽。祭祀，共其苦鹽、散鹽，《史記》索隱曰：杜子春讀苦爲盬，一説云盬鹽河東大鹽。賓客供其形鹽、散鹽，王之膳羞共飴鹽，后及世子亦如之。凡齊事鬻盬上音貴下音古。以待戒令。《天官》杜子春讀苦爲盬，謂出鹽直用不煉者。鄭司農云：散鹽煉治者。玄謂散鹽鬻水爲鹽，形鹽，鹽之似虎形，飴鹽，鹽之恬者，今戎鹽有焉。正義云：戎鹽即石鹽是也。漢章帝元和三年，帝幸安邑觀鹽池。《通鑑》。唐蒲州安邑解縣有池五，總曰兩池，歲得萬斛，以供京師。《食貨志》。唐末兩池爲河中節度使王重榮所有，歲貢鹽三千車。中官田令孜募新軍五十四都，運轉不足，仍倡議兩池復歸鹽鐵使，而重榮不奉詔，至舉兵反，僖宗爲再出，然而卒不能奪。《食貨志》。

（宋）呂祖謙《歷代制度詳説》卷六《酒禁·制度》 國家承李唐舊制，酒皆有榷。太祖乾德四年，以京城民酤釀者規利頗多，命有司計其麴蘖之用定其價直，仍官給與升量之器。太宗淳化五年，詔徵天下酒榷，先遣使者監管，歲取其利，以資國用。自今募民掌之，減常價十之二，使其易辦，勿復遣吏與其間。是歲又罷之，但賣麴收其值。先是，官吏爲擾，州縣苦之，故有是詔。真宗咸平六年，遣朝官乘傳諸州郡，增榷沽之課。景德元年罷之。又景德元年，下詔：榷酤之法，素有定規，宜令計司立爲定式。自今中外不得妄議增課，以圖恩奬。仁宗天聖元年，太常博士王軫上言：諸處酒務先係買撲，每歲課利多有不登，望復許百姓買撲，三司詳定如所奏。

（元）馬端臨《文獻通考》卷一五《征榷考·鹽鐵》 隋文帝開皇三年，先是尚依周末之弊，鹽池、鹽井皆禁百姓採用，至是通鹽池、鹽井與百姓共之。

唐肅宗即位時，兩京陷没，民物耗弊，天下用度不足。於是吴鹽、蜀麻、銅冶皆有税，市輕貨繇江陵、襄陽、上津路轉至鳳翔。

唐開元元年，河中尹姜師度以安邑鹽池漸涸，開拓疏决水道，置爲鹽屯，公私大收其利。左拾遺劉彤請檢校海内鹽鐵之利，從之。

彤上表曰：臣聞漢孝武爲政，厩馬三十萬，後宫數萬人，外討戎夷，内興宫室，殫費之甚，實百當今。然而古費多而貨有餘，今用少而財不足者何也？豈非古取山澤，而今取貧人哉！取山澤，則公利厚而人歸於農；取貧人，則公利薄而人去其業。故先王之作法也，山海有官，虞衡有職，輕重有術，禁發有時，一則專農，二則饒國，濟人盛事也。臣實爲當今疑之。夫煮海爲鹽，採山鑄錢，伐木爲室，豐餘之輩也。寒而無衣，饑而無食，傭賃自資者，窮苦之流也。若能收山海厚利，奪豐餘之人，蠲調斂重徭，免窮苦之子，所謂損有餘而益不足，帝王之道，可不謂然乎！臣願陛下詔鹽、鐵、木等官各收其利，貿遷於人，則不及數年，府有餘儲矣。然後下寬大之令，蠲窮獨之徭，可以惠群生，可以柔荒服，雖戎狄未服，堯、湯水旱，無足虞也。奉天適變，惟在陛下行之。上令宰臣議其可否，咸以鹽鐵之利，甚益國用，遂令將作大匠姜師度、户部侍郎强循俱攝御史中丞，與諸道按察使檢校海内鹽鐵之課。至十年八月十日，敕：諸州所造鹽鐵，每年合有官課，比令使人句當，除此更無别求。在外不細委知，如聞稱有侵剋，宜令本州刺史上佐一人檢校，依令式收税。如有落帳欺没，仍委按察糾覺奏聞。其姜師度除蒲州鹽池以外，自餘處更不須巡檢。

唐有鹽池十八，井六百四十，皆隸度支。蒲州安邑、解縣有池五，總曰兩池，歲得鹽萬斛，以供京師。鹽州五原有烏池、白池、瓦窑池、細項池，靈州有温泉池、兩井池、長尾池、五泉池、紅桃池、回樂池、弘静池，會州有河池，三州皆輸米以代鹽。安北都護府有胡落池，歲得鹽萬四千斛，以給振武、天德。黔州有井四十一，成州、巂州井各一，果、閬、開、通井百二十三，山南西院領之。邛、眉、嘉有井十三，劍南西川院領之。梓、遂、綿、合、昌、渝、瀘、資、榮、陵、簡有井四百六十，劍南東川院領之。皆隨月督課。幽州、大同横野軍有鹽屯，每屯有丁有兵，歲得鹽二千八百斛，下者千五百斛。負海州歲免租爲鹽二萬斛以輸司農。青、楚、滄、海、棣、杭、蘇等州，以鹽價市輕貨，亦輸司農。天寶、至德間，鹽每斗十錢。乾元元年，鹽鐵、鑄錢使第五琦初變鹽法，就山海井竈近利之地置監院，游民業鹽者爲亭户，免雜徭。盗鬻者論以法。及琦爲諸州榷鹽鐵使，盡榷天下鹽，斗加時價百錢而出之，爲錢一百一十。自兵起，流庸未復，税賦不足供費，鹽鐵使劉晏以爲因民所急而税之，則國用足。於是上鹽法輕重之宜，以鹽吏多則州縣擾，出鹽鄉因舊監置吏，亭户糶商人，縱其所之。江、嶺去鹽遠者，有常平鹽，每商人不至，則減價以糶民，官收厚利而人不知貴。晏又以鹽生霖潦則鹵薄，暵旱則土溜墳，乃隨時爲令，遣吏曉導，倍於勸農。吴、越、揚、楚鹽廪至數千，積鹽二萬餘石。有漣水、湖州、越州、杭州四場，嘉興、海陵、鹽城、新亭、臨平、蘭亭、永嘉、大昌、侯官、富都十監，歲得錢百餘萬緡，以當百餘州之賦。自淮北置巡院十三，曰揚州、陳許、汴州、廬壽、白沙、淮西、甬橋、浙西、宋州、泗州、嶺南、兖鄆、鄭滑，捕私鹽者，姦盗爲之衰息。然諸道加榷鹽錢，商人舟所過有税。晏奏罷州縣率税，禁堰埭邀以利者。晏之始至也，鹽利歲纔四十萬緡，至大曆末，六百餘萬緡。天下之賦，鹽利居半，宫闈服御、軍饟、百官禄俸皆仰給焉。明年而晏罷。貞元四年，淮西節度使陳少游奏加民賦，自此江淮鹽每斗亦增二百，爲錢三百一十，其後復增六十，河中兩池鹽每斗爲錢三百七十。江淮豪賈射利，或時倍之，官收不能過半，民始怨矣。劉晏鹽法既成，商人納絹以代鹽利者，每緡加錢二百，以備將士春服。包佶爲汴東水陸運、兩税、鹽鐵使，許以漆器、瑇瑁、綾綺代鹽價，雖不可用者，亦高估而售之，廣虚數以罔上。亭户冒法，私鬻不絶，巡捕之卒遍於州縣。鹽估益貴，商人乘時射利，遠鄉貧民困高估，至有淡食者。巡吏既多，官冗傷財，當時病之。其後軍費日增，鹽價寖貴，有以穀數斗易鹽一升。私糶犯法，未嘗少息。順宗時，始減江淮鹽價，每斗爲錢二百五十，河中兩池鹽斗錢三百。增雲安、涣陽、涂澮三監。其後鹽鐵使李錡奏江淮每斗減錢十以便民，未幾復舊。方是時，錡盛貢獻以固寵，朝廷大臣皆餌以厚貨，鹽鐵之利積於私室，而國用耗屈，榷鹽法大壞，多爲虚估，率千錢不滿百三十而已。兵部侍郎李巽爲使，以鹽利皆歸度支，物無虚估，天下糶鹽税茶，其贏六百六十五萬緡。初歲之利，如劉晏之季年，其後則三倍晏時矣。兩池鹽利歲收百五十餘萬緡。四方豪商猾賈雜處解縣，主以郎官，其佐貳皆御史。鹽民田園籍於縣，而令不得以縣民治之。

元和中，皇甫鎛奏：應管煎鹽户及鹽商，并諸監院停場官吏、所由等，前後制敕除兩税外不許差役追擾。今請更有違越者，縣令奏聞貶黜，刺史罰俸，再罰奏取旨施行。從之。

貞元二十一年，停鹽鐵使月進。舊鹽鐵錢總悉入正庫，以助給費，而主此務者，稍以時市珍玩時新物充進獻，以求恩澤。其後益甚，歲進錢物，謂之羨餘，而給入益少。及貞元末，逐月有獻，謂之月進，及是而罷。

憲宗之討淮西也，度支使皇甫鎛加劍南東西兩川、山南西道鹽估以供軍。貞元中，盗鬻兩池鹽一石者死，至元和中，減死流天德五城。鎛奏論死如初，一斗以上杖背，没其車驢，能捕斗鹽者賞千錢，州縣團保相察，比於貞元加酷矣。自兵興，河北鹽法羈縻而已。至皇甫鎛又奏置榷鹽使，如江淮榷法，犯禁歲多。

元和十三年，鹽鐵使程异奏：應諸州府先請置茶鹽店收税。伏准今年正月一日赦文，諸州府因用兵以來，或慮有權置職名及擅加科配，事非常制，一切禁斷者。伏以榷税茶鹽，本資財賦，贍濟軍鎮，蓋是從權，兵罷自合便停，事久實爲重斂。其諸道先所置店及收諸色錢物等，雖非擅加，且異常制，伏請準赦文勒停。從之。

按：皇甫鎛、程异皆聚斂小人。元和十三年，則憲宗平淮西之後，浸以驕侈，二人以進羨餘有寵爲相之時也。然鎛加鹽估，峻榷法，靡所不至，而异能上此奏，猶爲彼善於此。史稱异自知不合衆心，能廉謹謙退，爲相月餘，不敢知印秉筆，故終免於禍，觀此奏，亦其一節也。

穆宗時，田弘正舉魏博歸朝廷，乃命河北罷榷鹽。户部侍郎張平叔議榷鹽法敝，請官自賣鹽，可以富國，詔公卿議其可否。中書舍人韋處厚、兵部侍郎韓愈條詰之，以爲不可，遂不行。

愈奏略謂：平叔請令州府差人自糶官鹽，可以獲利一倍。臣以爲城郭之外，少有見錢，糴鹽多用雜物貿易。鹽商則無物不取，或賒貸徐還，用此取濟，兩得利便。今令吏人坐鋪自賣，利不關己，罪則加身，非得見錢，必不敢受，如此則貧者無從得鹽，自然坐失常課，如何更有倍利？又欲令人吏將鹽家至户到而糶之，必索百姓供應，騷擾極多。有貧家食鹽至少，或有淡食，動經旬月，若據口給鹽，依時徵價，官吏畏罪，必用威刑，臣恐所在不安，此尤不可之大者。平叔又云：浮寄姦猾者轉富，土著守業者日貧，若官自糶鹽，不問貴賤貧富，四民僧道并兼游手，因其所食，盡輸官錢；并諸道軍、諸使家口親族，遞相影占，不曾輸税，若官自糶鹽，此輩無一人遺漏者。臣以爲此數色人等，官未自糶鹽之時，從來糴鹽而食，不待官自糶然後食鹽也。國家榷鹽，糶與商人，商人納榷，糶與百姓，則是天下百姓無貧富貴賤，皆已輸錢於官矣，不必與國家交手付錢，然後爲輸錢於官也。

時奉天鹵池生水柏，以灰一斛得鹽十二斤，利倍鹻鹵。文宗時，采灰一斗，比鹽一斤論罪。開成末，詔私鹽月再犯者，易縣令，罰刺史俸；十犯，則罰觀察、判官課料。宣宗即位，茶、鹽之法益密，糶鹽少、私盗多者，謫觀察、判官，不計十犯。户部侍郎、判度支盧弘止以兩池鹽法敝，遣巡院官司空輿更立新法，其課倍入，遷榷鹽使。以壕籬者，鹽池之隄禁，有盗壞與鬻鹻皆死，鹽盗持弓矢者亦皆死刑。兵部侍郎、判度支周墀又言：兩池鹽盗販者，迹其居處，保、社按罪。鬻五石，市二石，亭户盗糶二石，皆死。是時，江、吳群盗以所剽物易茶鹽，不受者焚其室廬，吏不敢枝梧，鎮戍、場鋪、堰埭以關通致富。宣宗乃擇嘗更兩畿輔望縣令者爲監院官。户部侍郎裴休爲鹽鐵使，上鹽法八事，其法皆施行，兩池榷課大增。其後兵遍天下，諸鎮擅利，兩池爲河中節度使王重榮所有，歲貢鹽三千車。中官田令孜募新軍五十四都，餫轉不足，仍倡議兩池復歸鹽鐵使，而重榮不奉詔，至舉兵反，僖宗爲再出，然而卒不能奪。

後唐同光三年，敕：魏府每年所徵隨絲鹽錢，每兩與減放五文，逐年俵賣蠶鹽、食鹽、大鹽、甜次冷鹽，每斗與減五十，鱳鹽與減三十。

天成元年，敕：諸州府百姓合散蠶鹽，今後每年祇二月内一度俵散，依夏税限納錢。

晋天福元年，敕：洛京管内逐年所配人户食鹽，起來年每斗減放十文。

七年，宣旨下三司：應有往來鹽貨悉税之，過税每斤七文，住税每斤十文。其諸道應有係屬州府鹽務，並令省司差人勾當。

先是，諸州府除俵散蠶鹽徵錢外，每年末鹽界分場務，約糶錢一十七萬貫有餘。言事者稱，雖得此錢，百姓多犯鹽法，請將上件食鹽錢，於諸道州府計户，每户一貫至二百，爲五等配之，然後任人逐便興販，既不虧官，又益百姓。朝廷行之，諸處場務且仍舊。俄而鹽貨頓賤，去出鹽遠處州縣，每斤不過二十文，近處不過一十文，掌事者又難驟改其法，奏請重置税焉，蓋欲絶興販，歸利於官。場院糶鹽雖多，人户鹽錢又不放免，民甚苦之。

按：鹽之爲利，自齊管仲發之，後之爲國者，榷利日至。其初也，奪竈户之利而官自煮之，甚則奪商販之利而官自賣之。然官賣未必能周遍，而細民之食鹽者不能皆與官交易，則課利反虧於商税。於是立爲蠶鹽、食鹽等名，分貧富五等之户而俵散抑配之。蓋唐張平叔所獻官自賣鹽之策，而昌黎公所以駁議之者，其慮已略及此矣。迨其極弊也，則官復取鹽自賣之，别取其錢，而人户所納鹽錢遂同常賦，無名之横斂永不可除矣。當時，江南亦配鹽於民而徵米，在後鹽不給而徵米如故，其弊歷三百年而未除。宇縣分割，國自爲政，而苛斂如出一轍，異哉！

周廣順二年，敕令慶州榷鹽務，今後每青鹽一石依舊抽税錢八百八十五陌、鹽一斗；白鹽一石抽税錢五百八十五陌、鹽五升，此外不得别有邀求。

青、白鹽池在鹽州北。唐朝元管四池：曰烏池、白池、瓦窑池、細項池。今出税置吏唯有青、白二池。

敕諸色犯鹽、麴五斤以上，並重杖處死，以下科斷有差；刮鹻煎鍊私鹽，所犯一斤以上斷死，以下科斷有差；人户所請蠶鹽祇得將歸裒蠒供食，不得博易貨賣，違者照私鹽科斷。州城、縣鎮郭下人户係屋税合請鹽者，若是州府，並於城内請給；若是外縣鎮郭下人户，亦許將鹽歸家供食。仰本縣預取逐户合請鹽數目，攢定文帳，部領人户請給，勒本處官吏及所在場務同點檢入城。若縣鎮郭下人户城外别有莊田，亦仰本縣預先分擘開坐，勿令一處分給供使。

三年，敕：諸州府并外縣鎮城内，其居人屋税鹽，今後不俵，其鹽錢亦不徵納。所有鄉村人户合請蠶鹽，所在州城縣鎮嚴切檢校，不得放入城門。

顯德元年，上謂侍臣曰：朕覽食末鹽州郡，犯私鹽多於顆鹽界分。蓋卑濕之地易爲刮鹻煎造，豈惟違我榷法，兼又污我好鹽。况末鹽煎煉，搬運費用倍於顆鹽。今宜分割十餘州，令食顆鹽，不唯輦運省力，兼亦少人犯禁。自是，曹、宋已西十餘州皆食顆鹽。種者曰顆鹽，出解州。煮者曰末鹽，出瀕海。

三年，敕：漳河已北州府管界，元是官場糶鹽，今後除城郭草市内仍舊禁法，其鄉村並不許鹽貨通商。逐處有鹹鹵之地，一任人户煎鍊，興販則不得逾越漳河，入不通商界。

五年，既取江北諸州，唐主奉表入貢，因白帝以江南無鹵田，願得海陵鹽監南屬以贍軍。帝曰：海陵在江北，難以交居，當别有處分。乃詔歲支鹽三十萬斛以給江南，士卒稍稍歸之。

（元）馬端臨《文獻通考》卷一七《征榷考·榷酤禁酒》 隋文帝開皇三年，先時尚依周末之弊，官置酒坊收利，至是，罷酒坊，與百姓共之。

唐初無酒禁。乾元元年，京師酒貴，肅宗以廪食方屈，乃禁京城酤酒，期以麥熟如初。二年，饑，復禁酤，非光禄祭祀、燕蕃客，不御酒。

代宗廣德二年，敕天下州各量定酤酒户，隨月納税。此外不問公私，一切禁斷。

大曆六年，量定三等，逐月税錢，並充布絹進奉。

德宗建中元年，罷酒税。三年，復禁人酤酒，官自置店酤，收利以助軍費，斛收直三千，州縣總領，漓薄私釀者論其罪。尋以京師四方所湊，罷榷。

致堂胡氏曰：善政建於古聖王者，後世鮮克遵之，以謂時異事殊，不可膠柱而調瑟也。不善之政興於聚斂之臣者，後世多不肯改，以爲强兵足用，不可既有而棄之也。榷酒茗、算舟車、筦山澤，古聖王所不爲，而後世以爲大利之源，置官立法，防之嚴，取之悉，甚於常賦，一有廢弛，立見闕匱。不知三代之天下，亦後世之天下，亦廪官吏，亦用軍旅，亦賑水旱，亦交四夷，所仰者獨貢、助、什一而足，是何道也？故取之有制，用之有節，量入以爲出，無侈靡妄費，則貢、助、什一不啻足矣。費出無涯，征求無藝，貢、助常法所不能支，則必榷之又榷，算之又算，筦之又筦，稱貸於富家，税陌於大旅，多至於倍蓰，加至於什百，於是財竭下叛，并國而失之。是故知治體者欲罷官榷酒，使民自爲之，而量取其利，雖未盡合古制，亦裕民去奢之漸也。德宗盡罷之，善矣，已而侔利最急。故知盡罷之，未若勿榷而以予民之爲善也。

貞元二年，復禁京城、畿縣酒，天下置肆以酤者，每斗榷百五十錢，其酒户與免雜差役。獨淮南、忠武、宣武、河東榷麴而已。

按：昔人舉杜子美詩，以爲唐酒價每斗爲錢三百。今榷百五十錢，則輸其半於官矣。

憲宗元和六年，京兆府奏：榷酒錢除出正酒户外，一切隨兩税、青苗錢據貫均率。從之。

十二年，户部奏：准敕文，如配户出榷酒錢處，即不得更置官店榷酤；其中或恐諸州府先有不配户出錢者，即須榷酤。請委州府長官據當處錢額，約米麴時價收利，應額足即止。

太和八年，遂罷京師榷酤。凡天下榷酒爲錢百五十六萬餘緡，而釀費居三之一，貧户逃酤不在焉。

會昌六年敕：揚州等八道州府，置榷麴，并置官店酤酒，代百姓納榷酒錢，并充資助軍用，各有權許，限揚州、陳許、汴州、襄州、河東五處榷麴，浙西、浙東、鄂岳三處置官店酤酒。如聞禁止私酤，官司過爲嚴酤，一人違犯，連累數家，閭里之間，不免咨怨。宜從今以後，如有百姓私酤及置私麴者，但許罪止一身；同謀容縱，任據罪處分。鄉井之内，如有不知情，並不得追擾，兼不得没入家産。

昭宗世，以用度不足，易京畿近鎮麴法，復榷酒以贍軍。鳳翔節度使李茂貞方顓其利，按兵請入奏利害，天子遽罷之。

梁開平三年敕：聽諸道州府百姓自造麴，官中不禁。

後唐天成三年敕：三京、鄴都、諸道州府鄉村人户，自今年七月後，於夏秋田苗上，每畝納麴錢五文足陌。一任百姓造麴，醖酒供家，其錢隨夏秋徵納，並不折色。其京都及諸道州府縣鎮坊界及關城草市内，應逐年買官麴酒户，便許自造麴，醖酒貨賣，仍取天成二年正月至年終一年，逐户計算，都買麴錢數内十分祇納二分，以充榷酒錢，便從今年七月後，管數徵納。榷酒户外，其餘諸色人亦許私造酒麴供家，即不得衷私賣酒。如有故違，便仰糾察，勒依中等酒户納榷。其村坊一任沽賣，不在納榷之限。

吴氏《能改齋漫録》曰：今之秋苗有麴脚錢之類，此事起於五代後唐。當時雖納麴錢，而民間却許自賣酒。時移事變，麴錢之額遂爲定制，而民間則禁私酤矣。

長興元年赦節文：人户秋苗一畝元徵麴錢五文，今後特放三文，止徵二文。

二年，放麴錢。官中自造麴，逐州減舊價一半，於在城貨賣。除在城居人不得私造外，鄉村人户或要供家，一任私造。令下，人甚便之。其年七月，以課額不迨，准前禁，鄉村百姓造麴，其已造到者，令納官，量支還麥本。

周顯德四年敕：停罷先置賣麴都務。應鄉村人户今後並許自造米醋，及買糟造醋供食，仍許於本州縣界就精美處酤賣。其酒麴條法依舊施行。先是，晋、漢以來，諸道州府皆權計麴額，置都務以沽酒，民間酒醋例皆漓薄。上知其弊，故命改法。

吴氏《能改齋漫録》曰：《魏名臣傳》，中書監劉放曰：官販苦酒，與百姓争錐刀之末。請停之。苦酒，蓋醋也。醋之有榷，自魏已然，乃知不特近世也。

（元）馬端臨《文獻通考》卷一八《征榷考·榷茶》 唐德宗建中元年，納户部侍郎趙贊議，税天下茶、漆、竹、木，十取一，以爲常平本錢。時軍用廣，常賦不足，所税亦隨盡，亦莫能充本儲，及出奉天乃悼悔，下詔亟罷之。

貞元九年，復税茶。先是，諸道鹽鐵使張滂奏：去歲水灾，詔令減税。今之國用，須有供儲。伏請於出茶州縣及茶山外商人要路，委所由定三等時估，每十税一，充所放兩税。其明年已後所得税錢外貯，若諸州遭水旱，賦税不辦，以此代之。詔可，仍委張滂具處置條目。每歲得錢四十萬貫，茶之有税自此始。然税無虚歲，遭水旱處亦未嘗以税茶錢拯贍。

致堂胡氏曰：茶者，生人之所日用也，其急甚於酒。然王鉷、楊慎矜、韋堅以及劉晏皆置而不征，猶爲忠厚。天地生物，凡以養人，取之不可悉也。張滂税茶，則悉矣。凡言利者，未嘗不假托美名，以奉人主私欲，滂以茶税錢代水旱田租是也。既以立額，則後莫肯蠲，非惟不蠲，從而增廣其數，嚴峻其法者有之矣，或至於官盡榷之，商旅不得貿遷，而必與官爲市。在私，則終不能禁，而椎埋惡少竊販之害興，偶有敗獲，姦人猾吏相爲囊橐，獄迄不直，而治所由歷，株連枝蔓，致良民破産，接村比里，甚則盗賊出焉。在公，則收貯不虔，發泄不時，至於朽敗，與新斂相妨，或没入竊販，無所售用，於是舉而焚之，或乃沉之，殃民害物，咸弗恤也。其原則在於得數十萬緡錢而已。夫弛山澤之禁以予民，王政也。必不得已，聽商旅貿遷而薄其征。茶也者，東南所有，西北所無，雖曰薄征，其入於王府者亦不貲矣。息盗奪，止訟獄，佐國用，其利亦大矣，張滂、王涯豈足效哉！

穆宗即位，兩鎮用兵，帑藏空虚，禁中起百尺樓，費不可勝計。鹽鐵使王播乃增天下茶税，率百錢增五十。江淮、浙東西、嶺南、福建、荆襄茶，播自領之，兩川以户部領之。天下茶加斤至二十兩，播又奏加取焉。

右拾遺李珏上疏諫曰：榷茶起於養兵，今邊境無虞，而厚斂傷民，不可一也。茗飲，人之所資，重賦税則價必增，貧弱益困，不可二也。山澤之饒，其出不貲，論税以售多爲利，價騰踊則市者稀，不可三也。

文宗時，王涯爲相，判二使，復置榷茶使，自領之，徙民茶樹於官場，焚其舊積者，天下大怨。令狐楚代爲鹽鐵使兼榷茶使，復令納榷，加價而已。李石爲相，以茶税皆歸鹽鐵，復貞元之舊。

武宗即位，鹽鐵轉運使崔珙又增江淮茶税。是時，茶商所過州縣有重税，或掠奪舟車，露積雨中，諸道置邸以收税，謂之搨地錢，故私犯益起。大中初，鹽鐵轉運使裴休請：釐革横税，以通舟船，商旅既安，課利自厚。又正税茶商，多被私販茶人侵奪其利，今請委强幹官吏，先於出茶山口及廬、壽、淮南界內，布置把捉，曉諭招收，量加半税，給陳首帖子，令所在公行，更無苛奪。所冀招懷窮困，下絶姦欺，使私販者免犯法之憂，正税者無失利之歎。從之。

休著條約：私鬻三犯皆三百斤，乃論死；長行群旅，茶雖少亦死；顧載三犯至五百斤、居舍儈保四犯至千斤，皆死；園户私鬻百斤以上，杖脊，三犯加重徭；伐園失業者，刺史、縣令以縱私鹽論。廬、壽、淮南皆加半税，税商給自首之帖，天下税益增倍貞元。江淮茶爲大模，一斤至五十兩。諸道鹽鐵使于悰每斤增税五錢，謂之剩茶錢，自是斤兩復舊。

按《陸羽傳》：羽嗜茶，著經三篇，言茶之原、之法、之具尤備，天下益知飲茶矣。時鬻茶者至畫羽形置煬突間，祀爲茶神。有常伯熊者，因羽論復廣著茶之功。其後尚茶成風，回紇入朝，始驅馬市茶。羽貞元末卒，然則嗜茶、榷茶，皆始於貞元間矣。

（元）馬端臨《文獻通考》卷一八《征榷考·坑冶》 唐，凡金、銀、鐵、錫之冶一百八十六：陜、宣、潤、饒、衢、信五州，銀冶五十八，銅冶九十六，鐵山五，錫山二，鉛山四。汾州礬山七。

貞觀初，侍御史權萬紀上言宣、饒二州銀，大發采之，歲可得數百萬緡。帝曰：朕之所乏者非財也，但恨無嘉言可以利民耳！卿未嘗進一賢，退一不肖，而專言税銀之利，欲以桓、靈視我邪？乃黜萬紀還家。

麟德二年，廢峽山銅冶四十八。

開元十五年，初税伊陽五重山銀錫。

天寶五載，李林甫爲相，謂李適之曰：華山有金礦，采之可以富國，主上未知也。他日，適之因奏事言之，上以問林甫，對曰：臣久知之，但華山陛下本命王氣所在，鑿之非宜，故不敢言。上以林甫爲愛己，薄適之慮事不熟，適之自是失恩。

德宗時，户部侍郎韓洄建議，山澤之利宜歸王者，自是隸鹽鐵使。

元和時，天下銀冶廢者四十，歲采銀萬二千兩，銅二十六萬六千斤，鐵二百七萬斤，錫五萬斤，鉛無常數。

三年，禁采銀，一兩以上者笞二十，遞出本界，州縣官吏節級科罪。

開成元年，復以山澤之利歸州縣，刺史選吏主之。其後諸州牟利以自殖，舉天下不七萬緡，不能當一縣之茶税。

宣帝增河、湟戍兵衣絹五十二萬餘匹，裴休請復歸鹽鐵使以供國用，增銀冶二、鐵山七十一，廢銅冶二十七、鉛山一。天下歲率銀二萬五千兩、銅六十五萬五千斤、鉛十一萬四千斤、錫萬七千斤、鐵五十三萬二千斤。

後唐長興二年敕：今後不計農器、燒器，動使諸物並許百姓逐便自鑄造，諸道監冶除依常年定數鑄辦供軍熟鐵并器物外，祇管出生鐵，比已前價，各隨逐處見定高低，每斤一例減十文貨賣，雜使熟鐵亦任百姓自鍊。巡檢、節級、勾當賣鐵場官并鋪户，一切並廢。鄉村百姓祇於係省夏秋苗畝上納農器錢一文五分足，隨夏秋二税送納。

晋天福六年赦節文：諸道鐵冶三司，先條流百姓農具破者，須於官場中賣，鑄時却於官場中買鐵。今後許百姓取便鑄造買賣，所在場院不得禁止攙擾。

（清）董誥《全唐文》卷一《高祖·禁屠酤詔》 酒醪之用，表節制於懽娱；芻豢之滋，致甘旨於豐衍。然而沈湎之輩，絶業忘資；惰窳之民，騁嗜奔慾。方今烽燧尚警，兵革未寧，年穀不登，市肆騰踴。趣末者衆，浮冗尚多。肴羞麴蘖，重增其費。救弊之術，要在權宜。關內諸州官民，宜斷屠酤。

（清）陸心源《唐文拾遺》卷七《文宗·答崔鄲奏改茶法詔》 榷茶本率商旅，紐貫涉於加税。東省曾有駁正，鹽鐵又經奏論。法貴大同，事難獨改。

（宋）王溥《五代會要》卷二六《鹽》 後唐同光三年二月敕：魏府每年所徵隨絲鹽錢，每兩與減放五文，逐年俵賣蠶鹽、食鹽、大鹽、甜次冷鹽，每斗與減五十，欒鹽與減三十。

天成元年四月敕：諸州府百姓合散蠶鹽，今後每年祇二月內一度俵散，依夏税限納錢。

晋天福元年十一月敕節文：洛京管內逐年所配人户食鹽，起來年每斗減放十文。

七年十一月，宣旨下三司：應有往來鹽貨悉稅之，過稅每斤七文，住稅每斤十文。其諸道應有係屬州府鹽務，並令省司差人句當。先是，諸州府除俵散蠶鹽徵錢外，每年末鹽界分場務，約糶錢一十七萬貫有餘。言事者稱，雖得此錢，百姓多犯鹽法，請將上件食鹽錢于諸道州府計户，每户一貫至二百，爲五等配之。然後任人逐便興販，既不虧官，又益百姓。朝廷行之，諸處場務且仍舊。俄而鹽貨頓賤，去出鹽遠處州縣，每斤不過二十文，近處不過一十文，掌事者又難驟改其法，奏請重置稅焉。蓋欲絶其興販，歸利于官，場院糶鹽雖多，人户鹽錢又不放免，民甚苦之。

周廣順二年三月敕：青、白池務，素有定規，祇自近年，頗乖循守。比來青鹽一石，抽稅錢八百，鹽一斗；白鹽一石，抽稅錢五百，鹽五升。訪聞改法以來，不便商販，宜令慶州榷鹽務，今後每青鹽一石，依舊抽稅八百、八十五陌，鹽一斗；白鹽一石，抽稅錢五百、八十五陌，鹽五升。此外更不得別有邀求。青、白鹽池在鹽州北。唐朝元管四池：曰烏池、白池、瓦窑池、紐頂池。今出稅置吏，惟有青、白二池。

三年十二月敕：諸州府并外縣鎮城內，其居人屋稅鹽，今後不俵，其鹽錢亦不徵納。所有鄉村人户合請蠶鹽，所在州縣城鎮嚴切檢校，不得放入城門。

顯德元年十二月，上謂侍臣曰：朕覽食末鹽州郡，犯私鹽多於顆鹽界分。蓋卑溼之地，易於刮鹹煎造，豈惟違我榷法，兼又污我好鹽。況末鹽煎煉，般運費用，倍于顆鹽。今宜分割十餘州，令食顆鹽，不惟輦運省力，兼亦少人犯禁。自是曹、宋已西十餘州，皆食顆鹽。

三年十月敕：漳河已北州府管界，元是官場糶鹽，今後除城郭草市內，仍舊禁法，其鄉村並不有鹽貨通商。逐處有鹹滷之地，一任人户煎煉，興販則不得踰越漳河，入不通商界。

（宋）王溥《五代會要》卷二六《麴》 梁開平三年十一月敕：聽諸道州府百姓自造麴，官中不禁。

後唐天成三年七月十三日敕：應三京、鄴都、諸道州府鄉村人户，自今年七月後，于是秋田苗上，每畝納麴錢五文、足陌。一任百姓造麴，醞酒供家，其錢隨夏秋徵納，並不折色。其京都及諸道州府縣鎮坊界及關城草市內，應逐年買官麴酒户，便許自造麴，醞酒貨賣，仍取天成二年正月至年終，一年逐户計算，都買麴錢數內十分祇納二分，以充榷酒錢，便從今年七月後，管數徵納。榷酒户外，其餘諸色人亦許私造酒麴供家，即不得衷私賣酒。如有故違，便仰糾察，勒依中等酒户納榷。其坊村一任沽賣，不在納榷之限。其麴敕命到後，任便踏造。如賣麴酒户中，有去年曾買官麴，今年因事不便買麴任開店者，則與出落。如覩新敕，有情願開店投榷者，則不計舊户、新户，便令依見納錢等户例出榷。此後酒户中有無力開店賣酒者，亦許隨處陳狀，其舊納錢並宜停廢。應諸處麴務，亦仰十分減八分價錢出賣，不得更請官本踏造。

長興元年二月赦節文：諸道州府人户，每秋苗一畝上，元徵麴錢五文，今後特放二文，祇徵三文。

二年五月敕：應三京、諸道州府，苗畝上所徵麴錢，便從今年夏並放。其麴官中自造，委逐州減舊價一半，於在城撲斷貨賣。除在城居人，不得私造外，鄉村人户，或要供家，一任自造。敕既下，人甚便之。其年七月，三司奏：諸道州府申論，先有敕命，許百姓造麴，不來官場收買。伏慮課額不迨，請准前麴法，鄉村百姓與在城條法，一例指揮。從之。仍據百姓已造到麴，務令送納入官，量支還麥本。

周顯德四年七月敕：諸道州府麴務，今後一依往例，官中禁法賣麴，逐處先置都務處，候敕到日，並仰停罷。據見在麴數，准備貨賣，兼據年計合使麴數，依時踏造，候人户將到價錢，據數給麴，不得賒賣抑配於人。其外酒場務，一切仍舊。應鄉村人户，今後並許自造米醋，及買糟造醋供食。仍許于本州縣界，就精美處酤賣，其酒麴條法依舊施行。先是，晉、漢已來，諸道州府皆榷計麴額，置都務以沽酒。民間酒醋皆漓薄，上知其弊，故命改法。

（宋）王溥《五代會要》卷二六《鐵》 後唐長興二年十二月敕：今後不計農器、燒器、動使諸物，並許百姓逐便自鑄造，諸道監冶，除當年定數鑄辦供軍熟鐵并器物外，祇管出生鐵，比已前價，各隨逐處見定高低，每斤一例減十文貨賣，雜使熟鐵，亦任百姓自煉。巡檢、節級、句當賣鐵場官并鋪户，一切並廢。鄉村百姓，祇於係省夏秋苗畝上納農器錢一文五分足，隨夏秋稅二時送納。

晉天福六年八月赦節文：諸道鐵冶三司先條流，百姓農具，破者須於官場中賣，鑄時卻于官場中買鐵。今後並許百姓取便鑄造買賣。所在場院，不得禁止攪擾。

（宋）王溥《五代會要》卷二六《鹽鐵雜條上》 後唐長興四年五月七日，諸道鹽鐵轉運使奏：

諸道州府鹽法條流元末，一概定奪，謹具如後：

應食顆鹽州府，省司各置榷糶折博場院，應是鄉村，並通私商興販。所有折博，並每年人户蠶鹽，並不許將帶一斤一兩入城，侵奪榷糶課利。如違犯者，一兩已上至一斤，買賣人各杖六十；一斤已上至三斤，買賣人各杖七十；三斤已上至五斤，買賣人各杖八十；五斤已上至十斤，買賣人各徒二年；十斤已上，不計多少，買賣人各決脊杖二十，處死。所有犯鹽人隨行錢物、驟畜等，並納入官。所有元本家業莊田，如是全家逃走者，即行點納。仍許般載脚户、經過店主并脚下人力等糾告，等第支與優給。如知情不告，與賣鹽人同罪。

其犯鹽人經過處，地分門司、廂界巡檢、節級、所由并諸色關連人等，不專覺察，委本州臨時斷訖報省。如是門司關津口鋪捉獲私鹽，即依下項等第，支給一半賞錢。一十斤已上至五十斤，支賞錢二十千；五十斤已上至一百斤，支賞錢三十千；一百斤已上，支賞錢五十千。

應食末鹽地界，州府縣鎮並有榷糶場院，久來内外禁法，即未一概條流。應刮鹹煎鹽，不計多少斤兩，並處極法，并許四鄰及諸色人等陳告，等第支給賞錢。欲指揮此後犯一兩已上至一斤，買賣人等各杖六十；一斤已上至二斤，買賣人等各杖七十；二斤已上至三斤，買賣人各徒一年；三斤已上至五斤，買賣人各徒二年；五斤已上，買賣人各決脊杖處死。如是收到鹹土、鹽水，即委本處煎煉鹽數，准條科斷。或有已曾違犯，不至死刑，經斷後，公然不懼條流再犯者，不計斤兩多少，所犯人並處極法。其榷糶場院員僚、節級人力、煎鹽池客、竈户、般鹽船綱、押綱軍將、衙官、梢工等，具知鹽法，如有公然偷盜官鹽，或將貨賣，其買賣人及過鹽主人知情不告，並依前項刮鹹例，五斤已上處死。其諸色關連人等，並合支賞錢，即准洛京、邢、鎮條流事例指揮。

顆、末、青、白等鹽，元不許界分參雜。其顆鹽先許通商之時，指揮不得將帶入末鹽地界。如有違犯，一斤一兩並處極法。所有隨行物色，除鹽外，一半納官，一半與捉事人充賞。其餘鹽色，未有畫一條流。其洛京、并、鎮、定、邢州管内，多有北京末鹽入界，捉獲並依洛京條流科斷。欲指揮此後但是顆、末、青、白諸色鹽侵界參雜，捉獲並准洛京條流施行。慶州青、白榷税院，元有透税條流，所有隨行驢畜物色，一半支與捉事人充賞，其餘一半并鹽並納入官。欲並且依舊，一斗已上至三斗，杖七十；三斗已上至五斗，徒一年；五斗已上，處死。

安邑、解縣兩池榷鹽院，河中府節度使兼判之時，申到畫一事件條流等，准敕牒，兩池所出鹽，舊日苦無文榜，如擅將一斤一兩，准元敕條並處極法。其犯鹽人應有錢物，並與捉事人充賞者。竊以兩池禁棘峻阻，不通人行，四面各置場門弓射，分劈鹽池地分居住，並在棘圍裏面，更不別有差遣，祇令巡護鹽池。如此後有人偷盜官鹽一斤一兩出池，其犯鹽人並准元敕條流處分，應有隨行錢物，並納入官。其捉事人依下項定支優給：若是巡檢弓射、池場門子自不專切巡察，致有透漏到棘圍外，被別人捉獲，及有糾告兼同行反告，官中更不坐罪，陳告人亦依捉事人支賞。應有知情偷盜官鹽之人，亦依犯鹽人一例處斷。其不知情關連人，臨時酌情定罪，所有透漏地分弓射及池場門子，如是透漏出鹽二十斤已下，徒一年半。一十斤已上至二十斤，支賞錢一十千；二十斤已上至五十斤，支賞錢二十千；五十斤已上至一百斤，支賞錢三十千；一百斤已上，支賞錢五十千。前項所定奪到鹽法條流，其應屬州府捉獲抵犯之人，便委本州府檢條流科斷訖申奏，別報省司。其屬省院捉到犯鹽之人，干死刑者，即勘情罪由犯申上，候省司指揮。不至極刑者，便委務司准條流決放訖申報。

從之。

（宋）王溥《五代會要》卷二七《鹽鐵雜條下》 周廣順二年九月十八日敕：

條流禁私鹽麴法如後：

一、諸色犯鹽麴，所犯一斤已下至一兩，杖八十，配役；五斤已下一斤已上，徒三年，配役；五斤已上，並決重杖一頓，處死。

一、應所犯鹽麴，關津門司、廂巡門保如有透漏，並行勘斷。

一、刮鹻煎煉私鹽，所犯一斤已下，徒三年，配役；一斤已上，並決重杖一頓，處死。犯私鹽，若捉到鹻水，祇煎成鹽，秤盤定罪。逐處凡有鹻鹵之地，所在官吏節級所由，常須巡檢，村坊鄰保，遞相覺察。若有所犯處彰露，並行勘斷。

一、所犯私鹽，捉事、告事人各賚賞錢，以係省錢充，至死刑者賞五十千，不及死刑者三十千。

一、顆、末鹽各有界分，若將本地分鹽侵越疆界，同諸色犯鹽例科斷。

一、鄉村人户所請蠶鹽，衹得將歸裛繭供食，不得別將博易貨賣，投託與人，如違，並同諸色犯鹽例科斷。若是所請蠶鹽，道路津濟，須經過州府縣鎮，委三司明行指揮。

一、凡買鹽麴，並須于官場務內買，若衷私投託興販，其買賣人並同諸色犯鹽麴例。

一、諸官場官務，如有羨餘出剩鹽麴，並許盡底到官。如衷私貨賣者，買賣人並同諸色人犯鹽麴科斷。若鹽鋪酒店户及諸色人，與場院衷私貨賣者，並同罪科斷。

一、所犯私鹽麴，有同情共犯者，若是骨肉卑幼奴婢同犯，祇罪家長主首，如家長主首不知情，祇罪造意者，餘減等科斷。若是他人同犯，並同知情科斷遣，若與他人同犯，據逐人脚下所犯斤兩，依輕重斷遣。

一、州縣城鎮郭下人户，係屋税合請鹽者，若是州府，並於城內請給，若是外縣鎮郭下人户，亦許將鹽歸家供食。仰本縣預取逐户合請鹽數目，攢定文帳，部領人户請給，勒本處官吏及所在場務，同點檢入城。若縣鎮郭下人户城外別有莊田，亦仰本縣預前分劈開坐，勿令一處分給供使。

一、應諸道今後若捉獲犯私鹽麴人，罪犯分明，正該條法，便仰斷遣訖奏。若稍涉疑誤，衹須申奏取裁。

顯德二年八月二十四日宣頭節文，改正鹽法如後：

一、贍國軍堂場務，邢、洺州鹽務，應有見垛貯鹽貨處，并煎鹽場竈，及應是鹻地，並須四面修置牆塹。如是地里遥遠，難爲修置牆塹，即作壕籬爲規隔。內偷盜夾帶官鹽，兼於壕籬外煎造鹽貨，便仰收捉，及許諸色人陳告，所犯不計多少斤兩，並決重杖一頓，處死。其經歷地分及門司節級人員，並當量罪酌斷，所有捉事、告事人賞錢，一兩已上至一斤，賞錢二十千；一斤已上至十斤，賞錢三十千；一十斤已上，賞錢五十千。

一、應有不係官中煎鹽處，鹻地並須標識，委本州府差公幹職員與巡鹽節級、村保、地主、鄰人，同共巡檢。若諸色人偷刮鹻地，便仰收捉，及許人陳告。若勘逐不虚，捉事人每獲一人，賞絹一十疋；獲二人，賞絹二十疋；獲三人已上，不計人數，賞絹五十疋。刮鹻煎鹽人并知情人，所犯不計多少斤兩，並決重杖一頓，處死。其刮鹻處地分，並刮鹻人住處巡檢、節級、所由、村保等，各徒二年半，令衆一月，依舊句當。刮鹻處地主，不切檢校，徒二年，令衆一月。

一、顆鹽地分界內，有人刮鹻煎練鹽貨，所犯並依前法。

一、今緣改價賣鹽，慮有別界分鹽貨，遞相侵犯，及將鹽入城，諸色犯鹽人，今下三司依下項條流科斷：其犯鹽人隨行物色，給與本家，其鹽没納入官。所經歷地分節級人員，並行勘斷。一兩至一斤，決脊杖五十，令衆半月，捉事、告事人賞錢五千；一斤已上至一十斤，徒一年半，令衆一月，捉事、告事人賞錢七千；十斤已上，不計多少，徒二年，配發運務役一年，捉事、告事人賞錢十千。

一、諸州府人户所請蠶鹽，不得於鄉村衷私貨賣，及信團頭、脚户、縣司請鹽節級所由等剋折糶賣。如有犯者，依諸色犯鹽例科斷。

一、如有人於河東界將鹽過來，及自家界內有人往彼興販鹽貨，所犯者並處斬。其犯鹽人隨行驢畜資財，並與捉事人充賞。

《舊五代史》卷七六《晉書·高祖紀》 其在京鹽貨，元是官場出糶，自今後並不禁斷，一任人户取便糶易，仍下太原府，更不得開場糶貨。其麴其麴，原本作其麵，今從《文獻通考》改正。每斤與減價錢三十文。【略】其北京管內鹽鐺户，合納逐年鹽利，昨者僞命指揮，每斗須令人户折納白米一斗五升，極知百姓艱苦，自今後宜令人户以元納食鹽石斗數目，每斗依時價計定錢數，取人户便穩，折納斛斗。其洛京管內逐年所配人户食鹽，起來年每斤特與減價錢十文。應諸道商税，仰逐處將省司合收税條例，牓於本院前，牓內該設名目者，即得收税。

《舊五代史》卷八一《晉書·少帝紀》 〔天福七年十一月〕辛丑，以右金吾衛大將軍、權判三司董遇爲三司使。詔：州郡税鹽，過税斤七錢，住税斤十錢，州府鹽院並省司差人勾當。先是，諸州府除蠶鹽外，每年海鹽界分約收鹽價錢一千七萬貫，高祖以所在禁法，抵犯者衆，遂開鹽禁，許通商，令州郡配徵人户食鹽錢，上户千文，下户二百，分爲五等，時亦便之。至是掌賦者欲增財利，難於驟變前法，乃重其關市之征，蓋欲絶其興販歸利於官也。其後鹽禁如故，鹽錢亦徵，至今爲弊焉。

《舊五代史》卷一一二《周書·太祖紀》〔廣順二年八月〕癸丑，詔改鹽麴法，鹽麴犯五斤已上處死，煎鹻鹽者犯一斤已上處死。先是，漢法不計斤兩多少，並處極刑，至是始革之。【略】

〔冬十月〕庚寅，詔：諸州罷任或朝覲，並不得以器械進貢。先是，諸道州府，各有作院，每月課造軍器，逐季搬送京師進納。其逐州每年占留繫省錢帛不少，謂之甲料，仍更於部內廣配土產物，徵斂數倍，民甚苦之。除上供軍器外，節度使、刺史又私造器甲，以進貢爲名，功費又倍，悉取之於民。帝以諸州器甲，造作不精，兼占留屬省物用過當，乃令罷之。仍選擇諸道作工，赴京作坊，以備役使。【略】

〔十一月〕甲戌，詔曰：累朝已來，用兵不息，至於繕治甲胄，未免配役生靈，多取于民，助成軍器。就中皮革，尤峻科刑，稍犯嚴條，皆抵極典，鄉縣以之生事，姦猾得以侵漁，宜立所規，用革前弊。應天下所納牛皮，今將逐所納數，三分內減二分，其一分於人户苗畝上配定。每秋夏苗共十頃納連角皮一張，其黄牛納乾筋四兩，水牛半斤，犢子皮不在納限。牛馬驢騾皮筋角，今後官中更不禁斷，只不得將出化外敵境。州縣先置巡檢牛皮節級並停。

《舊五代史》卷一四六《食貨志》唐同光二年二月，詔曰：會計之重，鹹鹺居先，矧彼兩池，實有豐利。頃自兵戈擾攘，民庶流離，既場務以隳殘，致程課之虧失。重茲葺理，須仗規模，將立事以成功，在從長而就便。宜令河中節度使冀王李繼麟兼充制置度支安邑、解縣兩池榷鹽使，便可制一一條貫。按《五代會要》：同光三年二月，敕：魏府每年所徵隨絲鹽錢，每兩與減放五文；逐年俵賣蠶鹽、食鹽、大鹽、甜次冷鹽，每斗與減五十；欒鹽與減三十。天成元年四月，敕：諸州府百姓合散蠶鹽，今後每年祇二月內一度俵散，依夏税限納錢。長興四年五月七日，諸道鹽鐵轉運使奏：諸道州府鹽法條流元末，一概定奪，謹具如後：應食顆鹽州府，省司各置榷糶折博場院。應是鄉村，並通私商興販。所有折博并每年人户蠶鹽，並不許將帶一斤一兩入城，侵奪榷糶課利。如違犯者，一兩已上至一斤，買賣人各杖六十；一斤已上至三斤，買賣人各杖七十；三斤已上至五斤，買賣人各杖八十；五斤已上至十斤，買賣人各徒二年；十斤已上，不計多少，買賣人各決脊杖二十，處死。所有犯鹽人隨行錢物、驢畜等，並納入官。所有元本家業莊田，如是全家逃走者，即行點納。仍許般載脚户、經過店主并脚下人力等糾告，等第支與優給。如知情不告，與賣鹽人同罪。其犯鹽人經過處，地分門司、廂界巡檢、節級所由并諸色關連人等，不專覺察，委本州臨時斷訖報省。如是門司關津口鋪，捉獲私鹽，即依下項等第，支給一半賞錢：一斤以上至十斤，支賞錢二十千；五十斤已上至一百斤，支賞錢三十千；一百斤已上，支賞錢五十千。應食末鹽地界，州府縣鎮並有榷糶場院，久來內外禁法，即未一概條流。應刮鹹煎鹽，不計多少斤兩，並處極法，兼許四鄰及諸色人等陳告，等第支給賞錢。欲指揮此後犯一兩已上至一斤，買賣人各杖六十；一斤已上至二斤，買賣人各杖七十；二斤以上至三斤，買賣人各徒一年；三斤以上至五斤，買賣人各徒二年；五斤已上，買賣人各決脊杖二十，處死。如是收到鹹土鹽水，即委本處煎鍊鹽數，准條科斷。或有已曾違犯，不至死刑，經斷後公然不懼條流再犯者，不計斤兩多少，所犯人並處極法。其有榷糶場院員僚節級人力、煎鹽池客竈户、般鹽船綱、押綱軍將衙官梢工等，具知鹽法，如有公然偷盜官鹽，或將貨賣，其買賣人及窩盤主人知情不告，並依前項刮鹹例，五斤已上處死。其諸色關連人等，並合支賞錢，即准洛京、邢、鎮條流事例指揮。顆、末、青、白等鹽，元不許界分參雜。其顆鹽先許通商之時指揮，不得將帶入末鹽地界。如有違犯，一斤一兩，並處極法，所有隨行物色，除鹽外，一半納官，一半與捉事人充賞。其餘鹽色，未有畫一條流。其洛京并鎮、定、邢州管內，多北京末鹽入界，捉獲並依洛京條流科斷。欲指揮此後但是顆、末、青、白諸色鹽侵界參雜，捉獲並准洛京條流施行。一應諸道，今後若捉獲犯私鹽麴人，罪犯分明，正該條法，便仰斷遣訖奏。若稍涉疑誤，祇須申奏取裁。

晉天福中，河南、河北諸州，除俵散蠶鹽徵錢外，每年末鹽界分場務，約糶錢一十七萬貫有餘。言事者稱，雖得此錢，百姓多犯鹽法，請將上件食鹽錢於諸道州府計户，每户一貫至二百，爲五等配之，然後任人逐便興販，既不虧官，又益百姓。朝廷行之，諸處場務亦且仍舊。俄而鹽貨頓賤，去出鹽遠處州縣，每斤不過二十文，近處不過一十文，掌事者又難驟改其法，奏請重制鹽場税，蓋欲絶其興販，歸利於官也。

七年十二月，宣旨下三司：應有往來鹽貨悉税之，過税每斤七文，住税每斤十文。其諸道州府，應有屬州鹽務，並令省司差人勾當。既而糶鹽雖多，而人户鹽錢又不放免，至今民甚苦之。按《五代會要》：晋天福元年十一月，赦節文：洛京管内逐年所配人户食鹽，起來年每斗減放十文。

周廣順元年九月，詔改鹽法，凡犯五斤已上者處死，煎鹻鹽犯一斤已上者處死。先是漢法不計斤兩多少，並處極刑，至是始革之。

三年三月，詔曰：青白池務，素有定規，祇自近年，頗乖循守。比來青鹽一石，抽税錢八百文足陌、鹽一斗；白鹽一石，抽税錢五百文、鹽五升。其後青鹽一石，抽錢一千、鹽一斗。訪問更改已來，不便商販，蕃人漢户，求利艱難，宜與優饒，庶令存濟。今後每青鹽一石，依舊抽税錢八百文，以八十五爲陌，鹽一斗；白鹽一石，抽税錢五百，鹽五升。此外更不得别有邀求。訪聞邊上鎮鋪，於蕃漢户市易糶糴，私有抽税，今後一切止絕。按《五代會要》：周廣順二年九月十八日，敕：條流禁私鹽麴法如後：一、諸色犯鹽麴，所犯一斤已下至一兩，杖八十，配役；五斤以下一斤以上，徒三年，配役；五斤以上，並決重杖一頓，處死。一、應所犯鹽麴，關津門司、廂巡門保，如有透漏，並行勘斷。一、刮鹹煎鍊私鹽，所犯一斤已下，徒三年，配役；一斤以上，並決重杖一頓，處死。犯私鹽若捉到鹻水，祇煎成鹽，秤盤定罪。逐處凡有鹻鹵之地，所在官吏節級所由，常須巡檢，村坊鄰保，遞相覺察，若有所犯處彰露，並行勘斷。一、所犯私鹽，捉事、告事人各支賞錢，以係省錢充。至死刑者賞錢五十千，不及死刑者三十千。一、顆末鹽各有界分，若將本地分鹽侵越疆界，同諸色犯鹽例科斷。一、鄉村人户，所請蠶鹽，祇得將歸零𧂭供食，不得别將博易貨賣，投託與人。如違，並同諸色犯鹽例科斷。若是所請蠶鹽，道路津濟須經過州府縣鎮，委三司明行指揮。一、凡買鹽麴，並須於官場務內買，若衷私投託興販，其買賣人並同諸色犯鹽麴例科斷。一、諸官場官務，如有羨餘出剩鹽麴，並許盡底報官。如衷私貨賣者，買賣人並同諸色犯鹽麴例科斷。若鹽鋪酒店户及諸色人與場院衷私貨賣者，並同罪科斷。一、所犯私鹽麴，有同情共犯者，若是骨肉卑幼奴婢同犯，祇罪家長主首。如家長主首不知情，祇罪造意者，餘減等科斷。若是他人同犯，並同罪斷。若與他人同犯，據逐人脚下所犯斤兩，依輕重斷遣。一、州城縣鎮郭下人户，係屋税合請鹽者，若是州府，並於城内請給，若是外縣鎮郭下人户，亦許將鹽歸家供食。仰本縣預取逐户合請鹽數目，攢定文賬，部領人户請拔，勒本處官吏及所在場務，同點檢入城。若縣鎮郭下人户，城外别有莊田，亦仰本縣預先分擘開坐，勿令一處分給供使。三年十二月，敕：諸州府并外縣鎮城内，其居人屋税鹽，今後不俵，其鹽錢亦不徵納。所有鄉村人户合請蠶鹽，所在州城縣鎮嚴切檢校，不得放入城門。

顯德元年十二月，世宗謂侍臣曰：朕覽食末鹽州郡，犯私鹽多於顆鹽界分，蓋卑濕之地，易爲刮鹹煎造，豈唯違我榷法，兼又污我好鹽。況末鹽煎鍊，般運費用，倍於顆鹽。今宜分割十餘州，令食顆鹽，不唯輦運省力，兼且少人犯禁。自是曹、宋已西十餘州，皆盡食顆鹽。按《五代會要》：顯德二年八月二十四日，宣頭節文：改立鹽法如後：一、瞻國軍堂場務、邢洺州鹽務，應有見垛貯鹽貨處，并煎鹽場竈及應是鹻地，並須四面脩置牆塹。如是地里遥遠，難爲修置牆塹，即作壕籬爲規隔。如是人於壕籬内偷盗，夾帶官鹽，兼於壕籬外煎造鹽貨，便仰收捉，及許諸色人陳告。所犯不計多少斤兩，並決重杖一頓，處死。其經歷地分及門司節級人員，並當量罪勘斷。所有捉事、告事人賞錢，一兩以上至一斤，賞錢二十千；一斤已上至十斤，賞錢三十千；一十斤已上，賞錢五十千。一、應有不係官中煎鹽處鹻地，並須標識，委本州府差公幹職員與巡鹽節級、村保、地主、鄰人，同共巡檢。若諸色人偷刮鹵地，便仰收捉，及許人陳告。若勘逐不虚，捉事人每獲一人，賞絹一十匹；獲二人，賞絹二十匹；獲三人已上，不計人數，賞絹五十匹。刮鹻煎鹽人并知情人，所犯不計多少斤兩，並決重杖一頓，處死。其刮鹻處地分，并刮鹻人住處巡檢、節級、所由、村保等，各徒二年半，令衆一月，依舊勾當。刮鹻處地主，不切檢校，徒二年，令衆一月。一、顆鹽地分界内，有人刮鹻煎鍊鹽貨，所犯並依前法。一、今緣改價賣鹽，慮有别界分鹽貨遞相侵犯，及將鹽入城，諸色犯鹽人，令下三司，依下項條流科斷：其犯鹽人隨行物色，給與本家，其鹽没納入官。所經歷地分節級人員，並行勘斷。一兩至一斤，決臀杖十五，令衆半月，捉事、告事人賞錢五千；一斤已上至一十斤，徒一年半，令衆一月，捉事、告事人賞錢七千；十斤已上，不計多少，徒二年，配發運務役一年，捉事、告事人賞錢十千。一、諸州府人户所請蠶鹽，不得於鄉村衷私貨賣，及信團頭、脚户、縣司、請鹽節級、所由等尅折糶賣，如有犯者，依諸色犯鹽例科斷。一、如有人於河東界將鹽過來，及自家界内有人往彼興販鹽貨，所犯者並處斬。其犯鹽人隨行驢畜資財，並與捉事人充賞。慶州青白榷税院，元有透税條流，所有隨行驢畜物色，一半支與捉事人充賞，其餘一半并鹽，並納入官。欲並且依舊一斗已上至三斗杖七十，三斗已上至五斗徒一年，五斗已上處死。安邑、解縣兩池榷鹽院，河府節度使兼判之時申到畫一事件條流等，准敕牒，兩池所出鹽，舊日若無文榜，如擅將一斤一兩，准元敕條，並處極法。其犯鹽人應有錢物，並與捉事人充賞者。切以兩池禁棘峻阻，不通人行，四面各置場門弓射，分擘鹽池地分居住，並在棘圍裏面，更不别有差遣，祇令巡護鹽池。如此後有人偷盗官鹽一斤一兩出池，其犯鹽人並准元敕條流處分，應有隨行錢物，並納入官，其捉事人依下項定支優給。若是巡檢、弓射、池場門子，自不專切巡察，致有透漏到棘圍外，被别人捉獲，及有糾告，兼同行反告，官中更不坐罪，陳告人亦依捉事人支賞。應有知情偷盗官鹽之人，亦依犯鹽人一例處斷。其不知情關連人，臨時酌情定罪。所有透漏地分弓射及池場門子，如是透漏出鹽一十斤已下，徒一年半。一十斤已上至二十斤，支賞錢一十千；二十斤已上至五十斤，支賞錢二十千；五十斤已上至一百斤，支賞錢三十千；一百斤已上，支賞錢五十千。前項所定奪到鹽法條流，其應屬州府捉獲抵犯之人，便委本州府檢條流科斷訖申奏，別報省司。其屬省院捉到犯鹽之人，干死刑者，即勘情罪申上，候省司指揮。不至極刑者，便委務司准條流決放訖申報。從之。

三年十月，敕：漳河已北州府管界，元是官場糶鹽，今後除城郭草市內，仍舊禁法，其鄉村並許鹽貨通商。逐處有鹹鹵之地，一任人户煎鍊，興販則不得踰越漳河，入不通商地界。按《文獻通考》：五年，既取江北諸州，唐主奉表入貢，因白帝以江南無鹵田，願得海陵鹽監南屬以贍軍。帝曰：海陵在江北，難以交居，當別有處分。乃詔歲支鹽三十萬斛以給江南，士卒稍稍歸之。

（宋）王欽若等《冊府元龜》卷六一三《刑法部·定律令》 十二月，開封府言商賈及諸色人等訴稱，被牙人店主人引領百姓，賒買財貨，違限不還其價。亦有將物去，便與牙人設計，公然隱没。又莊宅牙人，亦多與有物業人通情，重疊將店宅立契典當，或虚指別人産業，或浮造屋舍，僞稱祖父所置。更有卑幼骨肉，不問家長，衷私典賣，及將倚當取債，或是骨肉物業，自己不合有分，倚強凌弱，公行典賣。牙人錢主，通同蒙昧，致有争訟。起今後欲乞明降指揮，應有諸色牙人店主，引致買賣，並須錢物交相分付，或還錢未足，仰牙人店主明立期限，勒定文字，遞相委保。如數内有人前却，及違限別無抵當，便仰連署契人同力填還。如諸色牙行人内有貧窮無信行者，恐已後誤索，即許衆狀集出。如是客旅自與人商量交易，其店主牙行人並不得邀難遮占，稱須依行店事例引致。如有此色人，亦加深罪。其有典質倚當物業，仰官牙人業主及四鄰人同署文契。委不是曾將物業已經別處重疊倚當，及虚指他人物業。印税之時，于税務内納契日，一本務司點檢，須有官牙人鄰人押署處，及委不是重疊倚當錢物，方得與印。如違犯，應關連人並行科斷，仍徵還錢物。如業主別無抵當，只仰同署契牙保鄰人均分代納。如是卑幼不問家長便將物業典賣倚當，或雖是骨肉物業自己不合有輙敢典賣倚當者，所犯人重行科斷。其牙人錢主並當深罪。所有物業，請准格律指揮。如有典賣莊宅，准例，房親鄰人合得承當。若是親鄰不要，及著價不及，方得別處商量，和合交易，只不得虚擡價例，蒙昧公私。如有發覺，一任親鄰論理，勘責不虚，業主牙保人並當科斷，仍改正物業，或親戚實自不便承買，妄有遮悋阻滯交易者，亦當深罪。從之。

（清）董誥《全唐文》卷一二三《周太祖·改定鹽麴條法敕》 承前所立鹽麴條法，每犯至少，盡處極刑。近年以來，抵罪甚重。兼以邑居人户，隨税請鹽，既不許將入城隍，又不容向外破賣。立法之弊，一至於斯。爰自新朝，尚沿舊制。昨因鄭州按獄，備見百姓銜冤，既詳斷之踰違，亦條令之疑誤。睹兹深刻，須議改更，庶令輕重得中，兼復上下知禁。國計之重，立法爲先，貴在必行，何須過當？凡鹽麴犯，一斤已下至一兩杖臀十七，配役一年；五斤已下一斤已上杖脊二十，役三年；五斤已上杖死之。煎鹻鹽犯，一斤已下杖脊二十，役三年；一斤已上杖死之。若捉獲鹻土及水煎成鹽，了秤之定罪。顆鹽末鹽，各有界分，如界分相侵，同犯鹽罪論。鄉村所請蠶鹽，只自充用，不得將入城邑村坊，博易貨賣。如違同犯鹽論。所請蠶鹽處道路津鎮，須驗公憑。凡賣鹽麴，並須官場官務，若衷私興販，同犯鹽麴例論。官場官務有羨餘鹽麴，並盡底納官，如輙將貨賣，同犯鹽麴論。凡鹽户酒户衷私與場官院官買賣，同犯例論。凡鹽麴同情共犯，若是卑幼骨肉奴婢同犯，只罪家長。主者不知情，只罪造意者，其餘減等。凡城郭人户係屋税鹽，並於城内請給。若外縣鎮郭下人户，亦許將所請鹽歸家供食，即本部官據人户合請數，都計於俵場請數，點檢入城，不得因便帶入。其郭下户或城外有莊田合並户税者，亦本處官預前分説，勿令逐處都請。凡鹽麴鹽鹻，隨處地分節級專切捉搦，如透漏必重科斷。其告犯鹽麴人，死罪者賞錢五十千文，不死罪賞三十千文。以本處係省錢充，故斟酌輕重，立此科條，宜令三司施行。其中有合指揮件目，隨事處分以聞。

紀　事

（唐）李肇《唐國史補》卷中 史牟榷鹽于解縣，初變榷法以中朝廷。有外甥十餘歲，從牟撿哇拾鹽一顆以歸。牟知，立杖殺之。其姊哭而出救，已不及矣。

《舊唐書》卷一三《德宗紀》 〔貞元九年春正月〕癸卯，初税茶，歲得錢四十萬貫，從鹽鐵使張滂所奏。茶之有税，自此始也。甲辰，禁賣劍銅器。天下有銅山，任人採取，其銅官買，除鑄鏡外，不得鑄造。

《舊唐書》卷一八《武宗紀》　〔唐武宗開成五年〕十一月，鹽鐵轉運使奏江淮已南請復税茶，從之。

《舊唐書》卷一二三《劉晏傳》　又至德初，爲國用不足，令第五琦於諸道榷鹽以助軍用，及晏代其任，法益精密，官無遺利。初，歲入錢六十萬貫，季年所入逾十倍，而人無厭苦。大曆末，通計一歲征賦所入總一千二百萬貫，而鹽利且過半。累遷吏部尚書。大曆四年六月，與右僕射裴遵慶同赴本曹視事，敕尚食增置儲供，許内侍魚朝恩及宰臣已下常朝官咸詣省送上。八年，知三銓選事。

《舊唐書》卷一四二《王武俊傳》　時均輸鹽法未嘗行於兩河，承元首請鹽法，歸之有司，自是兖、鄆諸鎮，皆稟均輸之法。承元寬惠有制，所理稱治。

（宋）高承《事物紀原》卷六《酒坊》　又曰：唐有酒坊使，宋朝初加内字，後去之。

（宋）高承《事物紀原》卷六《法酒》　《通典》曰：梁有酒庫丞。《宋朝會要》曰：周太祖平河中，得酒工王恩，善造法麴，因置法酒庫使。蓋亦梁酒庫丞比也。自皇城至法酒庫已上爲東班。

（宋）司馬光《資治通鑑》卷二一九《唐紀・肅宗至德元年》　第五琦見上於彭原，請以江、淮租庸市輕貨，泝江、漢而上至洋川，見，賢遍翻。上，時掌翻。洋川郡，洋州；本音羊，今人多讀如祥。令漢中王瑀陸運至扶風以助軍；《考異》曰：《鄴侯家傳》云：薦元載，令於鄖鄉縣置院以督運。按《載傳》，是時在蘇州及洪州，未嘗在鄖鄉。今不取。上從之。尋加琦山南等五道度支使。度支使始此。宋白曰：故事，度支案，郎中判入，員外判出，侍郎總統押案而已，官銜不言專判度支。開元已後，時事多故，遂有他官來判者，乃曰度支使，或曰判度支，或曰知度支事，或曰勾當度支使，雖名稱不同，其事一也。度，徒洛翻。琦作榷鹽法，用以饒。琦變鹽法，盡榷天下鹽。就山、海、井、竈置監院，使吏出糶。舊業鹽户併游民願業者爲亭户，免其雜徭。盗煮、私市者論以法。百姓除租、庸外無得横賦，人不益税而上用以饒。榷，古岳翻。

（宋）司馬光《資治通鑑》卷二二五《唐紀・代宗大曆十四年》　壬申，毁元載、馬璘、劉忠翼之第。載，祖亥翻，又音如字。璘，離珍翻。初，天寶中，貴戚第舍雖極奢麗，而垣屋高下，猶存制度，然李靖家廟已爲楊氏馬厩矣。及安、史亂後，法度墮弛，墮，讀曰隳。大臣將帥競治第舍，各窮其力而後止，時人謂之木妖。將，即亮翻。帥，所類翻。治，直之翻。妖，於驕翻。上素疾之，故毁其尤者，仍命馬氏獻其園，隸宫司，宫司，掌宫禁園禦者也。謂之奉成園。《雍録》：奉成園，在安邑坊。自丹鳳門南出，東街第六坊，爲安邑坊。

（宋）司馬光《資治通鑑》卷二二五《唐紀・代宗大曆十年》　元載、王縉奏魏州鹽貴，請禁鹽入其境以困之。載，祖亥翻，又音如字。縉，音晋。上不許，曰：承嗣負朕，百姓何罪！

（宋）司馬光《資治通鑑》卷二二五《唐紀・代宗大曆十二年》　先是，秋霖，河中府池鹽多敗。河中府管下安邑、解縣，皆有鹽池。先，悉薦翻。户部侍郎判度支韓滉恐鹽户减税，丁亥，奏雨雖多，不害鹽，仍有瑞鹽生。度，徒洛翻。滉，呼廣翻。宋白曰：大曆初，韓滉進漫生鹽，以爲靈瑞，後又奏乳鹽生。上疑其不然，遣諫議大夫義興蔣鎮往視之。義興，漢陽羨縣地，晋置義興郡及縣，隋廢郡存縣，以屬常州。

（宋）司馬光《資治通鑑》卷二二五《唐紀・代宗大曆十四年》　至德初，第五琦始榷鹽以佐軍用，事見二百一十九卷至德元載。琦，音奇。榷，古岳翻。及劉晏代之，法益精密。初歲入錢六十萬緡，末年所入逾十倍，而人不厭苦。大曆末，計一歲所入總一千二百萬緡，緡，眉巾翻。而鹽利居其太半。以鹽爲漕傭，自江、淮至渭橋，此東渭橋也。率萬斛傭七千緡，自淮以北，列置巡院，擇能吏主之，不煩州縣而集事。

（宋）司馬光《資治通鑑》卷二二九《唐紀・德宗建中四年》　鹽鐵使包佶佶，互乙翻。有錢帛八百萬，將輸京師。陳少游以爲賊據長安，未期收復，言收復未有期也。欲强取之。强，如字。佶不可，少游欲殺之；佶懼，匿妻子於案牘中，急濟江。少游悉收其錢帛；《考異》曰：《奉天記》曰：佶以財幣一百八十萬欲轉輸入城。少游强收之。今從《舊傳》。佶有守財卒三千，少游亦奪之。佶纔與數十人俱至上元，復爲韓滉所奪。上元縣，時帶昇州。宋白曰：上元縣，晋江寧縣地，貞觀七年移還舊郭，即今所置縣也，九年改爲江寧縣；玄宗置昇州，因縣宇爲州城；縣元治鳳皇山南，今移治會府。時包佶蓋在揚子巡院也。史言天子播遷，藩鎮阻兵，陵轢王人。復，扶又翻。

（宋）司馬光《資治通鑑》卷二四三《唐紀・敬宗寶曆元年》秋，七月，甲辰，鹽鐵使王播進羨餘絹百萬匹。播領鹽鐵，誅求嚴急，正入不充而羨餘相繼。正入，謂歲入有正額者。羨，弋綿翻。

（宋）司馬光《資治通鑑》卷二四五《唐紀・文宗太和九年》 榷茶使令狐楚奏罷榷茶，從之。王涯誅，乃罷榷茶。

（清）王昶《金石萃編》卷一四〇《鹽池靈慶公碑》 地絡之紀，莫宗於河；陰潛之功，光啓于匯。既略太華，浸淫中條，嶽瀆宣精，融爲巨寢，肇有元命，元珪告成。惟其潤下，乃生舄鹵；鹽池之數有九，七在幽朔，二陂河東。皇穹陰騭兆人，眷祐中土，因飲食以致其味，節和齊以調其心。溟溟天池，實曰鹽澤。幅圓百里，澄澈萬頃。元極積數，太鹹爲醝。其墟實沉，其宿畢昴；其漕砥柱，其關巔軨。后祇賣之，設以重險。謙順成量，潤溪攸鍾。涵風蓄雷，終古不息。漫若山外，連爲海門。所以帝乙建社而臨之，王豹遷都而據之，執其重輕，以曜富有。在昔山澤，委于虞衡，周制無征，漢方盡斡。

務其尊穡，蓋用抑商。少府所尸，均其權量。群族自占，築廬環之。業傳祖考，田有上下，旱理其埤，水營其高。五夫爲塍，塍有渠；十井爲溝，溝有路。梟之爲畦，釃之爲門，漬以渾流，灌以殊源。陰陽相烝，清濯相孕。動物潛舄，蠢爲陶工。溜乎而凝，莫見其朕。雪野霜地，積如連山。羨漫區域，歸于塗潦。泉貨之廣，没於齊人。皇家不賦，百三十載。廟諱宗御國，五十年，姦生□丘，爟火通鎬。嗣聖受命，以兵静之，擊鼓崤洛，封屍燕趙。却獫狁于絶漠，走昆夷於窮荒，亶其扆威，風動八極。調發之費，仰於有司。雖田征益加，而軍實不足，遂收鹽鐵之筭。置榷酤之官，以權合經，以貨聚衆，畫野摽禁，塹川爲壕，西籠解梁，左繚安邑，乃滌場圃，乃完瘠倉，畢其陽功，以謹秋備，度土定食，止於中州，濟于横汾。爰距隴坂，東下京鄭，而抵於宛。艘連其檣，輦擊其轂，終歲所入，二百千萬。供塞垣盡敵之賞，減天下大半之租。然後傳於甸人，納於醢人，有形有散，以宴以祀，每仲夏初吉，爲墠而饗之。懿夫明徵，厥有前誌。中宗反政，崇朝而復鹹，大廟諱窮霖，巨漲而不淡。誠宜命祑，視彼封君。先皇帝薦靈慶以號神，索氤氲而建廟。拖諸侯之法服，鏘泮懸之清樂。籍二郡之版六百，隸於司池，故得浮榮光，結顥氣，冲其德，正其味。粒重英以表稔，花四出而呈瑞，陳陳相因，非秭載可能計矣。

貞元九年冬，天子親祀明堂，大裘而郊。孝道昇聞，百蠻頓首。粟帛之賚，及於鰥惸；庶政惟和，達于遐邇。户部尚書裴公延齡，奠三壤之差，□九州之賦。鐵鈹之貢，林鹽之饒，凡晋人是輸，以河中爲會府。遂表職方郎中兼侍御史馮公□，推其全材，委以大計。詔曰：俞。興往哉！汝諧。乃駐車蒲城，以馭群吏。分命前永樂縣丞張巨源、前鄭縣丞蕭曾率屬而臨之。洎十一年秋九月，裴公薨，今户部侍郎蘇公弁繼之。以馮公成績有聞，禮任如舊。度支又以前詹事府司直陸位知解縣池，前大理評事韋縦知安邑池。惟職方領地官之外權，惟評直守制使之成算，姦氣不作，阜財有經。十三年四月五日，兩池官吏及畦户等，請勒豐碑，揚兹利澤。感和羹之訓，心游傅氏之巖；稽近鹽之詞，氣對郇瑕之邑。微臣作頌，式贊新宫。

《舊五代史》卷三九《唐書・明宗紀》〔天成三年秋七月〕己未，己未，原本作丁未。考《通鑑》云：東都民有犯私麴者，留守孔循族之。或請聽民造麴，而于秋税畝收五錢。己未，敕從之。今改正。詔弛麴禁，許民間自造，於秋苗上納徵麴價，畝出五錢。時孔循以麴法殺一家於洛陽，或獻此議，以爲愛其人，便於國，故行之。

《舊五代史》卷四二《唐書・明宗紀》〔長興二年秋七月乙未〕三司奏：先許百姓造麴，不來官場收買。伏恐課額不逮，請復已前麴法，鄉户與在城條法一例指揮，仍據已造到麴納官，量支還麥本。從之。

《舊五代史》卷一一六《周書・世宗紀》〔顯德三年冬十月〕己巳，詔：漳河已北郡縣，並許鹽貨通商，逐處有鹹鹵之地，一任人户煎鍊。

《新五代史》卷六六《楚世家・馬殷》〔馬殷〕乃自京師至襄、唐、郢、復等州置邸務以賣茶，其利十倍。郁又諷殷鑄鉛鐵錢，以十當銅錢一。又令民自造茶以通商旅，而收其筭，歲入萬計。

（清）吳任臣《十國春秋》卷六七《楚・武穆王世家》〔開平二年〕秋七月，王奏梁於汴、荆、襄、唐、郢、復諸州置回圖務，運茶河之南北，以易繒纊、戰馬，仍歲貢茶二十五萬斤，梁主詔曰可。由是屬内民皆得摘山箅茗箅，募户置邸閣以居，茗號曰八牀主人，歲收數十萬，國用遂足。

（清）吴任臣《十國春秋》卷八一《吴越·忠懿王世家》〔廣順二年九月〕國内禁酒。

（清）吴任臣《十國春秋》卷八一《吴越·忠懿王世家》〔建隆二年〕九月，始榷酤。

宋遼金元分部

鹽

論説

（宋）包拯《包孝肅奏議集》卷八《言財利·言陝西鹽法》 第一章

臣奉敕差往陝西與轉運使并范祥面議鹽法利害。緣臣前任本路轉運使，備知前來鹽法。自慶曆二年，因范宗傑擘畫禁榷之後，差役兵士車牛及逐州衙前等，般運鹽席，往諸州官自置場出賣，以致兵士逃亡死損，公人破蕩家業，比比皆是，所不忍聞。其衙前估計家業，每直一貫者，即管認般鹽兩席。雖家業已竭，而鹽數未足。嗟怨之聲，盈於道路。前後臣僚累言不便，乞復舊法通商以救關中凋弊。有司執議，終不施行。

昨因范祥再有起請，兼葉清臣曾知永寧軍，見其爲患之甚，因乞依范祥擘畫，用通商舊法，令客人於沿邊入納見錢收糴軍糧，免虛擡貴價入中斛斗，於榷貨務大支官錢，兼寬得諸般差役勞擾，此乃於國有利，於民無害，理甚灼然。但以變法之初，豪商猾吏悉所不樂，而議者沿其歲入課利稍虧於前，而横有沮議，乞復舊法。若舊法誠善，復之無疑，但恐爲害浸深耳。且法有先利而後害者，有先害而後利者。若復舊日禁榷之法，雖暴得數萬緡，而民力日困，久而不勝其弊，未免隨而更張，是先有小利而終爲大害也；若許其通商，雖一二年間課額少虧，漸而行之，必復其舊，又免民力日困，則久而不勝其利，是先有小損而終成大利也。且國家富有天下，當以卹民爲本。今雖財用微窘，亦當持經久之計，豈忍争歲入數十萬緡，不能更延一二年以責成效？輕信横議，不惟命令數有改易，無信於下，而又欲復從前弊法，俾關中生靈何以措其手足？

臣細詳范祥前後所奏，事理頗甚明白。但於轉運司微有所損，以致異同耳。臣固非憚其往來之勞，妄有臆説，實亦爲國家惜其事體，不欲徇一時之小利，而致將來大患。臣欲乞候到陝西相度，如沿邊近裏州軍糧儲有備，錢物可以那容，得行新法，公私未至大害，其間或有未便之事，即與逐司將通商舊法與今來新法公共從長商量損益，且令通行。如沿邊糧儲闕乏，公私爲大不便，即具畫一事狀，乞朝廷詳酌指揮。

第二章

臣近奉敕差往陝西相度鹽法，自入陝西界，沿路訪聞，民間恐朝廷改法，頗甚憂畏。蓋以前來禁榷之後，差役人力般運鹽席，不堪其苦。臣因諭以朝辭日面奉德音，所議鹽法只要便人，况聖上卹念關中生靈，必不忍重困人力，羣情無不感悦。臣今與本路轉運及制置解鹽司同議，且乞依新法施行。兼爲客人疑惑，未肯入中，已牒逐司告示訖。其有未便事件，雖有減損，即不虧官，委是公私利便。

臣竊見天下歲入錢帛萬數不少，而近年財用窘乏，何也？蓋自西事以來，三路並仰給三司，逐歲入糧草，支榷貨務見錢銀絹香茶納數千萬貫，是所入有限而所出無限，安得不窘乏乎？方今邊防無事，亦當以國家大計爲先，若不鋭意而速圖之，臣恐日削月朘爲害不淺。萬一小有警急，何以取濟。

臣固謂致朝廷窘乏如是者，三路使之然也。但令三路各自足用，則帑廩何患不實哉。只如陝西自有解鹽之利，若盡以付與，令計置糧草，一二年後，可全減榷貨務每歲見錢銀絹等五千七百萬貫。其河北、河東雖無解鹽，然出産絲蠶米麥最多，兼諸般課利不少。河北只以連值災傷，朝省權且一切應副。若將來豐稔，逐路稍減冗官冗兵，或移那兵馬近南就食，令轉運司多方擘畫，計置糧草，漸減入中見錢，以寬縣官經費，不踰三五年，則東南財用盡聚京師，帑廩必有豐盈之望。若乃輕信横議，不究本末，圖目前之小利，忽經久之大計，竊恐難以善其後也！望陛下留神省察。

（宋）黎靖德《朱子語類》卷一一一《朱子·論財》 閩下四州鹽法分税，上四州官賣。浙東紹興四州邊海亦合如閩下四州法，而官賣之，故其法甚弊。

（元）王惲《秋澗先生大全文集》卷九〇《便民三十五事·論鹽法》

竊詳調度鹽法，以便民爲心者，莫若於所轄州縣，量户數多寡，將元認課額均分。依已定價錢一十四兩一錢，仰各處管民官設立鹽官，赴運司關支鹽貨，置局發賣，納舊課，關新鹽，挨次送納。其沿路脚錢，於各處鹽局官用己錢出備，却於發賣鹽價上搭帶，仰各道按察司不時計點多餘之數。

一、既分鹽課爲正額，聽從各處從實發賣。中有比別路賣不盡去處，督勒本處，須管驗合關數目，依限關支，課亦依期送納。何故？當元驗民户多寡均分。食鹽之家既等，緣何却有不盡數目？防有私鹽生發。仰各路正官提調，不致阻滯正課，亦不須設立巡鹽官擾民。其先行賣訖去處，必須再來關支，是爲增餘。近年以來，人口增添，食鹽既多，别無虧失，止有增羨，可不勞而辦也。

一、官爲調度者，從省、部差有根脚、慎行止、諳錢穀人充。規措所官聽運司節制，於用糧去處設立。許諸人赴倉送納；或米或粟，納獲朱鈔，赴規措所關引支鹽。近見運司官差規措官於南京等處，不問人之貧富、有無抵業，九一抽分，虛立文契，指於某處中納糧斛，其實將引到家，不問價直高低，貨賣了當，或償舊債，或納官錢，或别作營運。至今五七年間，錢糧不能到官者，不可勝計，深爲未便。今者止合明出榜文，招募諸人於所指倉分先行送納糧斛，納獲朱鈔，然後赴規措所支引，次來關監。鳌勒鹽主毋得刁蹬停滯，立便支發。似此别無阻礙，鹽法大行，倉廩充實，不須和糴和中，豈小補哉！

一、長蘆本處，除收米粟外，並不得收受諸物。止收實鈔，赴萬億庫送納；止收米粟者，以備御河上下官爲支持不收諸物者。諸物官司無用，中間作弊，不無阻礙鹽法。若以收鈔、納鈔，其便有三：一則鈔法通快，二則革去舊弊，三則官民兩便。

一、便商賈爲利者，許諸人赴場買引關鹽。鳌勒監（生）〔主〕不得刁蹬客旅，最爲急務，蓋禁官吏不得買引賣引是也。既許諸人興販，官吏亦用己錢，何故不可？若使本管官吏得買，其間客旅深爲未便，課程不能恢辦。何故？鹽價貴則官吏盡數拘買，客旅不能得買；鹽價賤則官吏並不收買，客旅爲曾赴場不能得買，嘗被耽誤，又知鹽價遲澁，亦不興販。虧損官課，皆此之由。又官吏買鹽，先揀離場近便去處，次揀潔净乾白好鹽，又不依序，先行攙支，使客旅人等無所措手，其弊不能一一徧舉。竊惟鹽場，天下號爲争利之所，況本管官吏乎？蓋防微杜漸，尚有不能禁者，以官物爲己有之資，放縱由己，可不戒哉！

一、運司上下大小請俸人員近七百名，其中虛設者太半。行户部都轉運司之名，可易爲提舉鹽使司大使、副使各一員，次以管勾催煎，足以辦集，自然官減俸省，亦便利之一端也。

一、解州池鹽，天然自成，不同清、滄犯本煎造，費用浩大。往年陝西運使爲課額重大，立法頗峻。山谷遠人不知禁忌，食既艱得，未免私煎冒販，事發到官，情罪不小，往往有破家殘生者，良爲可哀。昔隋初罷酒坊，通池鹽，鹽井之利與民共之，至今稱爲仁政。若於見定解鹽價直内更爲減免分數，使民易得食用，亦國家惠民而不費之一端也。

（元）魏初《青崖集》卷四《奏議·論鹽貨樁配》〔至元八年〕五月十六日。比聞朝廷以山東蝗旱，多闕食，已差官給糧賑濟，及倚閣懸欠税糧，其民固已幸矣。外據鹽貨見行樁配，其法施之豐穰之歲猶有所不堪，況其蝗旱之餘，闕食之際，豈可不爲之更張哉！今體知得其鹽貨在先令瀕海去處樁配，今滕、嶧、淄州等處，去海七八百里，俱各樁配，每户月樁配三斤，以毫氂品答近上户計，每年不下樁配鹽三百斤，每斤價鈔四分，絲絹麻布並不收受。大絹一疋長二丈八尺，重一十三兩，於街市倒鈔七錢，布一疋長十八尺，倒鈔五錢，然後赴鹽局送納。又立主首，賫信牌，立限約，催督民户赴州縣官局關買，遠者離城三百餘里，正於農忙時分，往復不下十日，每年四季如此。及到城無錢，多於鋪户之家借貸，以應官司督迫之急。及關買出局，却於城内每斤折二三兩依市價轉買，每斤價鈔三分，賣訖鈔却還元借鋪户。參詳今既給糧賑濟，又倚閣懸欠税糧，則朝廷優恤元元之意可謂深切著明矣。如上件鹽貨事理更爲從長講究施行，是亦賑濟之一大端也。古所謂惠而不費，因民之所利而利之，蓋近是也。

（元）蘇天爵《元文類》卷四〇《雜録·鹽法》 國初以酒醋、鹽税、河泊、金銀、鐵冶，取課于民，歲定白銀萬定，六色均辦之。太宗皇帝歲庚寅始行鹽法，立河間、山東、平陽、四川課税所四，每鹽一引，須重四百斤，其價銀一十兩。世祖皇帝中統二年減銀爲七兩。至元十三年既取宋，立兩淮、兩浙、福建運司三，每引改中統鈔九貫。二十六年增爲五十貫。凡天下總設運司七，分辦歲課。然難易各不同，有因自凝結而取者，解池之課鹽也；有煑海而後成者，河間、山東、兩淮、兩浙、福建之末鹽也。惟四川之鹽出于井，深者數百尺，汲水煑之。井亦多不同，往往在萬山之中，解鹽之外工力勞費，竈户凋弊，調額漸增，本末均困，此其難者也。元貞丙申每引增課鈔爲六十五貫，至大己酉至延祐乙卯七年之間累增爲一百五十貫。泰定乙丑減去二十五貫，天歷己巳復增爲一百五十貫。凡今天下歲辦正餘鹽以引計者二百五十六萬四千有奇，以課鈔計者歲入之數七百六十六萬一千餘定。噫，視中統至元之數已增幾二十倍矣，然而國用益不給，何哉？司財用者不可不察也。

（元）史伯璿《青華集》卷二《代言鹽法書》　嘗謂政無大小，裕民爲先；賦無輕重，足國爲要。切見鹽爲國家大課，自世祖皇帝混一南北，而淮浙福廣鹽利，始資國用。初焉鹽額猶少，鹽價猶輕。額少則易辦，價輕則易賣，非惟有裕民之實，又且有足國之要。然當世之制，尚以高價椿配急徵，其每爲禁。以買賣食用，聽從民便爲喻。自是以來，至今日七十餘年，額屢增而屢多，價屢增而屢重。額多，則亭竈之户破産，不能以克而逃移者衆，故鹽課有虧兑之患。價重，則販賣私鹽者多，小民利於買食，而鹽法有澁滯之患。二患交作，而足國裕民之意兩失之矣。竊嘗疑之，各場牢盆工本，皆公家所與，亭竈不過使之出力煎熬而已。官司又與免其别差以優恤之，然則亭竈何至有破産逃移之苦難矣，鹽課又安得有虧兑哉？且鹽爲五味之一，民食所以不可缺，理宜賫價赴買，何至抑配，而猶有不肯占認耶！不過以官鹽價貴，私鹽價賤而已。今之官鹽，計其工本，每引止於半錠，而賣之於民，則價不止四錠，而一引之中，本居其一，而利居其七也。本輕利重既已如此，又與倉官秤子工脚之所減尅，每引雖有四百觔，而減尅之餘，多者不過三百觔，少者但有二百餘觔而已。是一觔之鹽，幾於一貫之價。私鹽之賤者，或一貫四觔，甚者或一貫五六觔，或七八觔。一貴一賤，相懸如此，宜貧民之不肯買食官鹽，而但食私鹽，雖有嚴法，不可得而禁遏也，鹽法安得不澁滯也哉！然則所謂利居其七者，全以爲國家之課利猶可，而七分之中，實則二分爲買引客人所得，公家寔收不過五分而已。而五分之中，除以給轉使司與各場官吏俸禄之外，公家所得不知實有幾分，何苦自違高價椿配之舊，而不能聽民便者乎？漢儒有言：譬如琴瑟不調，則當改而更張也。今之鹽法，積弊至此，可不速思改立良法，以求足國裕民之實乎哉！昔我世祖皇帝之時，佞臣如桑哥、盧世榮之徒用事，始雖信而任之，至奸惡敗露，則誅不旋踵，恐其妨吾仁而病吾民。今上皇帝，性儉慈，心世祖愛民之心，屢頒明詔，務欲厚下以甦民困，不意轉運倉場之官與民争利，爲國斂怨，又有甚於桑哥、世榮之所爲者，殆今上未知之耳。爲今之計，上策莫如一切革去，轉運提舉與各處倉場官吏，其沿海路府州縣之民，欲以煮鹽爲業者，與各處客商有欲興販貸者，皆從其便。朝廷但爲通計其在先實入公家鹽利之數，於各處税務，添設務官一員，專一職掌鹽税。其近海熬煮之處，所熬之鹽量，取三分税一。其客商興販者，須要將所販之鹽，到務起給由單一，報明該鹽數多少，於何州何縣發賣，納税之處，務官檢點多少。如是，又逐與鹽數，不相應者，量與斷治。如無作弊，則與十分税一。大概相舶貨已經抽解，又須投税之例，合此一税，總紐其入。如又不逮在先所入之數，則委司州府縣之官，敷與買食之人户，令其與酒醋一體包納，課程隨季申解。猶有不是，則捐與民，不失世祖皇帝立法之初意可也。如是，則上可以足國，下可以裕民，自不至於商價抑配，而可以聽從民便矣。如是，鹽課浩大，此法未易舉行。其次，莫只且革去轉運提舉之官，以各處鹽場分隸所在路府州縣，却將部引照依各場原額發付，本場不須給散工本，令其自煮自賣，扣算公家每引實得之價，隨月申解。所屬分路，但令場家處置。巡鹽吏卒若干人，於本場行鹽地面巡邏，若有本場引目，即不爲私，如無引及他場之鹽來本場地面貨賣者，則斷没之。至於場家虧尅觔兩，豪强欺凌場家，則有司爲之平直。如是，則自無私鹽侵襯官課之患矣。大抵民間私鹽，未有不出亭竈者。場官但任熬煎之職，不任貨賣之責，則所賣之私鹽，常數倍於所煮之官鹽，此鹽法之所由以澁滯也。誠能就以貨賣之，或付之，則自無澁滯之患矣。夫鹽之爲法，自至治以來，爲弊日甚一日。數載以前，椿配抑勒，使民古認。鄉都之民，至有賣田廬、鬻妻子以充鹽價者。又不及數，則笞箠逮曳，不勝慘酷，有力者則散而之四方，無力者自經於溝瀆。路州府縣之官，以牧養撫字爲職，亦豈樂於坐視其困也哉！特迫於運司一一比簿責之嚴限，不得已而爲之耳。自至正四年，寬恤之詔下，然後官民兩得其便。今又有配抑之漸矣，若不改絃易轍，政恐將來之弊，又有甚於曩日，而民仍大不堪者矣！惟高明裁之。

（元）史伯璿《青華集》卷二《上鹽禁書》　蓋聞膠柱調瑟，失事之宜；拔本塞源，立法之要。竊見鹽爲國家大課，朝廷設官分職，其干係於鹽法者不一。如以熬煎之任，付之各場，以積貯之事，付之各倉。州有補司，縣有尉，固關津要緊所在，則有巡檢司，及鎮守軍官分任巡邏。私鹽之禁，至於綱羅總統督董而運掉之，則一以寄之轉運使司，設法之意如此固密。然而私鹽卒至透漏，官鹽卒至壅遏，其故何哉？有膠柱調瑟之失，而不知拔本塞源之要故也。是但知販賣買食之當詰，而不究其所販所買何地，宜乎禁愈密而法愈弊也。本州地面，介山瀕海，聞販私鹽者，跋山而出，遵海而趨，動以千百成群，往往多處州、建寧，負固走險、凶兇不逞之徒，涉歷本州地界，公然操辦，往返各處。巡禁在官之人，袖手莫敢攔截，不過取索買路錢貫而已。略不思公家委任之職，在所當盡，就中號爲十分盡職者，亦不過視隊群之小少者，捉獲一二以塞己責而已。總督之司，受其申聞，亦不復究其所販之鹽出在何處，而泥於正理現發之説，而不知通變，其失拔本塞源之意，正所謂膠柱調瑟之失也。夫正理現發，慮其妄指平民則然耳。今之私鹽，出於小民之鑊煮者甚少。其擔數以百千計者，未有不出於亭竈之所煮煎者也。且各場之官，既有常俸，竈户辦官課，則每至虧兑，賣私鹽則夕辦，玩法徇私莫甚於此。此而不罪，設法何爲？今後若有捕獲私鹽者，必須根究其鹽出在何處場竈，其與賣竈户，則加等斷罪，場官則嚴加責罰。如場官有知情放縱，或分贓入己者，又當斷不叙以痛懲之。如此，則私鹽不絶，官課猶虧，未之有也。其餘則有如正理現發之法，意使平民不受妄指之害可也。當職守土正官，若不行申飭，設法關防，萬一生出餘事，不無干計云。

（元）梁寅《策要》卷四《榷鹽》　鹽之尤著有三種：一曰末鹽，海鹽也，即周官散鹽；二曰顆鹽，解州池鹽也，即周官盬鹽；三曰井鹽，西川所出也。又有崖鹽，出永康軍；又有賷鹻而成者，出河東并州，又湖中有鹽出於水，又或出於石或出於木；西夏鹽出於池，在鹽州五原及靈會二州，其色青。海鹽者，京東、河北、淮南、兩浙、福建、廣南凡六路。其煑鹽之處，曰亭場；民曰亭户，或謂之竈户。户有鹽丁，歲課入官受錢或折租錢。兩浙又役軍士煑焉。在京東曰密州丁州；河北曰滄州、濱州；淮南曰通、泰、楚、海州漣水軍；兩浙曰杭、秀、温、台、明五州；福建曰福、漳、泉州、興化軍；廣南曰潮、惠、廉、化、瓊、崖、儋、萬、安九州。諸鹽之利，唯煑海最資國用。煑海之利，唯淮鹽尤重。解鹽者，出陝西解州安邑。其鹽如畊種疏畦。隴圍塹其外，決水灌之。候南風，鹽一夕而結。無南風則失課利，或多雨圍塹不密，則外水參雜，亦不成鹽。必車出外水乃可復。每歲二月墾畦，四月引池爲鹽，八月乃止。籍解州及傍州民謂之畦户。復其家。歲出夫二，謂之畦夫。歲給户錢四萬。夫米日二升。解鹽味不及契丹西夏鹽，且價貴。故沿邊多盜販二國鹽，奪解池之利。宋常設法防之，而西夏亦常護視入中國界。宋初官自運賣之。范祥始爲鈔法，令商人入錢邊郡售鈔，至解州請鹽，任其私賣，遂省遲賣。蜀井鹽者，爲井共六百餘。陵州有大井，後井口頹圮，毒氣上如烟霧，煉匠縋入者皆死，井益塞，民艱鹽食。宋初通判賈連始建議浚井，逾年至泉脉，井深五十四丈。初煉鹽日三百斤，稍增日三千六百斤。大宗端拱中，川鹽不足。詔許陝州井鹽，永康崖鹽入川。真宗時，諸井歲久泉涸。馬亮盡免其負課，或廢其井。川鹽止贍一方，無與於大農。元之世，北方常鹽二州產紅鹽。又有疙疸鹽，即長盧所産，其塊如白石，所謂水晶鹽者是也！

三代之時，以鹽充貢而已，官味嘗榷之以爲利也。自管仲興鹽筴以富齊國，而鹽利始興。漢武帝用桑宏羊、孔僅，唐用劉晏，而鹽利益大。譬之江河，由濫觴之源而至滔天之勢。軍國之用，鹽居大半。亦安得而復弛乎？若以近世言之，榷鹽之敝亦有三焉。一則積鹽之停積也；二則私鹽之爲害也；三則民或苦於鹽貴也。有司設法，使官無虧利，商無阻艱，鹽價常平而民食無苦，斯爲得矣。

綜　述

（宋）佚名《宋大詔令集》卷一八三《政事・財利・賜通州煎鹽亭户敕榜》　敕：通州係管煎鹽亭户等，朕臨御區宇，惠養蒸黎，每推惻怛之恩，曲示優饒之意，所期衆庶，各遂蘇舒。自來官中每正鹽一石給錢五百文，並示將絹布茶斛㪷折支，深慮虧損人户，今議特行軫恤。宜令本州，自今後應支鹽本錢，一依舊定，每石正鹽價例，並給見錢與人户，不得更有折支。故茲榜示，各令知悉。

（宋）李燾《續資治通鑑長編》仁宗天聖八年冬十月　陝西解州解縣、安邑兩池，歲爲鹽百五十二萬六千四百二十九石，石五十斤，以席計爲六十五萬五千一百二十席，席百六十斤。

初，以給京師及西京、南京，京東之兗鄆曹濟濮單廣濟、京西之滑鄭潁陳汝許孟、陝西之河中陝解虢慶成、河東之晋絳慈隰、淮南之宿亳、河北之懷衛及澶州諸縣之在河南者，總府州軍二十八，皆官役鄉户衙前及民夫，謂之貼頭，水陸漕運，禁人私鬻。

京西之襄鄧蔡隨唐金商房均郢光化信陽、陝西之京兆鳳翔同華耀乾涇原邠寧儀渭鄜坊丹延環慶秦隴鳳階成保安鎮戎及澶州諸縣之在河北者，總府州軍三十七，聽商賈販鬻，官收其算。並邊秦延環慶渭原保安鎮戎德順九州軍，又募人入中芻粟，償以鹽。

凡通商州軍，在京西者爲南鹽，在陝西者爲西鹽。若禁鹽地，則爲東鹽。各有經界，防其越逸。而三京、二十八州軍官自輦鹽，百姓困於轉輸，頗受其弊。有上書言縣官榷鹽，得利微而爲害博。兩池積鹽爲阜，其上生木合抱，數莫可較，請通商平估以售，少寬百姓之力。乃詔盛度、王隨議更其制。

度隨與權三司使胡則畫通商五利上之，曰：方禁商時，官伐木造船，以給輦運，而兵民罷勞，不堪其命，今無復其弊，一利也。始以陸運，既差貼頭，又役車户，貧人懼役，連歲逋逃，今悉罷之，二利也。又船運河流，有沈溺之患，綱吏侵盜，雜以泥砂、硝石，其味苦惡，疾生重膇，今皆得食真鹽，三利也。國之錢幣，謂之貨泉，蓋欲使之通流，而富室大家多藏鏹不出，故民用益蹙，今得商人六十餘萬，頗助經費，四利也。歲減鹽官、兵卒、畦夫、傭作之給，五利也。

丙申，詔曰：池鹽之利，民食所資，申命近臣，詳立寬制，特弛煩禁，以惠黎元。其罷三京、二十八州軍榷法，聽商賈入錢若金銀京師榷貨務，受鹽兩池。此據本志。或云上書者王景也。景嘗言：池鹽之利，唐代以來，幾半天下之賦。太宗時，法令嚴峻，民不敢私煮煉，官鹽大售。真宗務緩刑罰，寬聚斂，私鹽益多，官課日虧。景時爲選人，始建通商之策，大臣咸言其不便，太后力欲行之，謂大臣曰：聞外間多苦鹽惡，信否？對曰：惟御膳及宫中鹽善爾。外間皆食土鹽。太后曰：不然，御膳多土不可食。或議通商，何如？大臣皆以爲如是則縣官必多所耗，太后曰：雖棄數千萬亦可，耗之何害！大臣乃不敢復言。故命盛度等與三司詳定利害，卒行景策。詔下，蒲、解之民皆作感聖恩齋。此據司馬光《記聞》。自是雖商賈流行，而歲課之入官者耗矣。此據《實録》。

（宋）李燾《續資治通鑑長編》仁宗慶曆六年十一月　右諫議大夫、權御史中丞張方平爲翰林學士、權三司使。河北鹽務在滄、濱二州，滄州務三，濱州務四，歲課九千一百四十五石，以給一路，舊并給京東之淄、青、齊三州，淄、青、齊通商，乃不復給。自開寶以來，河北鹽聽人貿易，官收其算，歲爲額錢十五萬緡。上封者嘗請禁榷以收遺利，余靖時爲諫官，亟言：前歲軍興以來，河北之民揀點義勇強壯及諸色科率，數年之間，未得休息。臣常痛燕薊之地入於敵中幾百年，而民忘南顧之心者，以外域之法，大率簡易，鹽麴俱賤，科役不煩故也。昔者太祖皇帝特推恩意以惠河朔，故許通鹽商，止令收税。今若一旦榷絶，價必騰踊，民苟懷怨，悔將何及！伏緣河朔土多鹽鹵，小民税地不生五穀，惟刮鹻煎之以納二税。今若禁止，便須逃亡，鹽價若高，犯法必衆，邊民怨望，非國之福。伏乞且令仍舊通商，無輒添長鹽價，以鼓民怨。其議遂寢。河北初議榷鹽，《實録》不載，余靖諫草獨存此奏。及王拱辰奏立榷法，時靖黜責久矣。蓋先有建此議者，靖論其不可，故罷。既而拱辰使三司，復議舉行，又爲河北漕臣所沮，而河北漕臣乃别議增算，拱辰更立榷法，未下，而張方平亟奏罷之。《實録》、《國史》並疎略，今參取靖諫草及《食貨志》並方平墓誌修入。

及拱辰爲三司使，拱辰是年正月戊子，以翰林學士兼龍圖閣學士、權三司使。復建議悉榷二州鹽，下其議於本路，都轉運使魚周詢亦以爲不可，本志以爲都轉運使夏竦，誤也。竦五年八月判并州，六年二月改大名。拱辰十一月戊子罷三司使，出知亳州，張方平代之。方拱辰在三司時，竦無緣卻爲都轉運使。據何郯奏議，爲都轉運使者乃魚周詢也。王巖叟元祐初奏議，亦誤以魚周詢爲夏竦。且言：商人販鹽，與所過州縣吏交通爲弊，所算十無二三。請敕州縣以十分算之，聽商人至所鬻州縣併輸算錢，歲可得緡錢七十餘萬。三司奏用其策，上曰：使人頓食貴鹽，豈朕意哉！於是三司更立榷法而未下也，方平見上，問曰：河北再榷鹽，何也？上曰：始議立法，非再也。方平曰：周世宗榷河北鹽，犯輒處死。世宗北伐，父老遮道泣訴，願以鹽課均之兩稅錢而弛其禁，世宗許之。今兩稅鹽錢是也，豈非再榷乎？且今未榷也，而契丹常盜販不已，若榷之，則鹽貴，敵鹽益售，是爲我斂怨而使敵獲福也。敵鹽滋多，非用兵不能禁，邊隙一開，所得鹽利，能補用兵之費乎？上大悟曰：卿語宰相立罷之。方平曰：法雖未下，民已户知之，當直以手詔罷之，不可自有司出也。上大喜，命方平密撰手詔下之，河朔父老相率拜迎於澶州，爲佛老會七日以報上恩，且刻詔書北京。其後父老過詔書下，必稽首流涕。《食貨志》云：三司奏用其策，仁宗曰：使民頓食貴鹽，豈朕意哉！下詔不許。若不許三司之請，則不須下詔，今既下詔，蓋已立法而未行。墓志當得其實，今從之。《食貨志》不載方平事，蓋疎略也。熙寧八年六月，章惇又議榷鹽。

監察御史何郯亦言：臣伏見河北諸州所産鹽貨，自太祖開寶年降詔罷禁通商，止令收税，於今多年，民享其利。昨聞臣僚擘畫，欲榷買滄、濱鹽入官，召商旅入中邊上糧草算請。且欲榷滄、濱鹽，即須禁止諸州小鹽，不禁，則侵官中課利，若禁，則十數州軍從此民必受弊。何者？河北一路，除滄、濱出鹽外，其深、冀、邢、洺等十數州，地多鹹滷，不可耕殖，民唯以煮小鹽爲業，衣食賦税皆出於此。若果禁斷，一旦窮民失業，散而爲盜，則所虞非細。近因朝廷指揮，下本路都轉運司相度，事雖未行，民心已甚疑惑。況本路諸色鹽，官中久來各已定起税額，每年所入課利，數亦不少，今雖改用榷法，或商旅未信，不來算請，所得年課，未必增多。兼聞都轉運使魚周詢已具條利害論列，亦謂榷法不可行，而止乞增税。臣竊謂此舉於河北事體利害最大，其臣僚所請榷鹽，且乞停罷。如朝廷已議定不行，猶恐彼處民或未知，亦乞指揮下本路諸州軍，告諭人民以朝廷今來並用舊法，不復行禁榷之意，使一方之人各安生業。

（宋）李燾《續資治通鑑長編》仁宗慶曆八年十月　丁亥，屯田員外郎范祥提點陝西路刑獄，兼制置解鹽。祥先請變兩池鹽法，詔祥乘傳陝西與轉運使共議，時慶曆四年春也。已而議不合，祥尋亦遭喪去。及是，祥復申前議，故有是命，使自推行之。

其法，舊禁鹽地一切通商，鹽入蜀者亦恣不問。罷並邊九州軍入中芻粟，第令入實錢，以鹽償之，視入錢州軍遠近及所指東、南鹽，按《宋史・食貨志》作東西南鹽。第優其估；東、南鹽又聽入錢永興、鳳翔、河中，歲課入錢總爲鹽三十七萬五千大席，授以要券，即池驗券，按數而出，盡弛兵民輦運之役。又以延、環、慶、渭、原、保安、鎮戎、德順地近烏、白池，姦人私以青白鹽入塞，侵利亂法，乃募人入中池鹽，予券，優其直，還以池鹽償之，以所入鹽，官自出鬻，禁人私售。峻青白鹽之禁，並邊舊令入中鐵、炭、瓦、木之類，皆重爲法以絶之。其先以虚估受券，及已受鹽未鬻者，悉計直使輸虧官錢。又令三京及河中、河陽、陝、虢、解、晋、絳、濮、慶成、廣濟，官仍鬻鹽，須商賈流通乃止，以所入緡錢市並邊九州軍芻粟，悉留榷貨務錢幣以實中都。行之數年，猾商貪賈無所僥倖，關内之民，得安其業，公私以爲便云。已上並據《食貨志》。

祥始受命，詣中書訴提點刑獄非掌計者所當爲，意欲得轉運使。陳執中曰：提點刑獄乃資序合入，制置解鹽自是朝廷委任，已敕陝西都轉運使，凡解鹽事悉交與制置司矣。公復何求？苟有成績，朝廷固不惜一轉運使，若静言庸違，誅責隨至，豈可豫擇官乎！祥遂不敢言。此據魏泰《東軒筆録》。

（宋）李燾《續資治通鑑長編》仁宗皇祐元年十月　壬戌，遣户部副使、工部員外郎包拯與陝西轉運司議鹽法。

始，范祥議改鹽法，論者争言其不便，朝廷獨以爲可用，委祥推行之。於是，侍御史知雜事何郯言：風聞改法以來，商旅爲官鹽長價，獲利既薄，少有算請，陝西一路即自已虧損課利百餘萬貫，其餘諸路比舊來亦皆頓減賣鹽見錢，甚妨支用。兼陝西民間官鹽價高，多以賣私鹽事敗，刑禁頗繁，官私俱不爲利，經久何以施行？緣事有百利，始可議變，變不如前，即宜仍舊。況陝西調用，多仰兩池歲課，今如此虧損，向去必甚匱乏，未免干朝廷乞支金帛。今改更日月未久，爲害猶淺，速宜講求，以救其弊。欲望朝廷指揮，選擇明幹臣僚一員往陝西，令與本路轉運使並范祥面議利害，如新法必不可行，即乞一切俱令復舊，免致匱乏調用，寖久爲害。

拯既受命，即言：

臣前任陝西轉運使，備知鹽法自慶曆二年范宗傑建請禁榷之後，差役兵士、車牛及衙前等，般運往諸州，官自置場出賣，以致兵士逃亡死損，公人破蕩家業，比比皆是。嗟怨之聲，盈於道路。前後臣僚累言不便，乞復舊法通商，以救關中凋敝，有司執奏，議終不行。昨因范祥再有啓請，兼葉清臣曾知永興軍，見其爲患之甚，遂乞依祥擘畫，復用通商舊法。令客人於沿邊入納見錢，收糴軍儲，免虛擡貴價入中斛斗，於榷貨務大支官錢，兼寬得諸般差擾勞役。此乃於國有利，於民無害，理甚灼然。但以變法之初，豪商猾吏悉所不樂，而議者因其歲入課利稍虧於前，横有沮議，乞復舊法。舊法誠善，復之無疑，但恐爲害寖深爾。

且法有先利而後害者，有先害而後利者，舊日禁榷之法，雖暴得數萬緡，而民力日困矣，久而不勝其弊，不免隨而更張，是先有小利而終爲大害也。若計其通商，雖一二年間課利少虧，漸而行之，必復其舊，又免民力日困，則久而不勝其利，是有小害而終成大利也。且國家富有天下，當以卹民爲本，今雖財用微窘，亦當持經久之計，豈忍争歲入數十萬緡，不能更延一二年，以責成效？信取横議，不惟命令數有改易，無信於下，而又欲復從前弊法，俾關中生靈何以措其手足？

臣細詳范祥前後所奏，事理頗甚明白，但於轉運司微有所損，以致異同爾。臣固非憚往來勞費，妄有臆説，所貴亦爲國家惜其事體，不欲徇一時之小利而致將來之大患也。當是時，魏瓘爲陝西都漕，李參爲漕。

及拯至陝西，益主祥所變法，但請商人入錢及延、環等八州軍鬻鹽，皆量損其直。即入鹽八州軍者，增直以售。又言三京及河中等處官仍鬻鹽，自今請禁止。而三司以謂京師商賈罕至，則鹽直踊貴，請得公私並貿，餘則禁止。皆聽之。

拯還自陝西，又言：今天下財用所以窘乏，蓋自西事以來，三路並仰給三司逐路歲入糧草，支榷貨務見錢、銀絹、香茶等，約數千萬貫。是所入有限而出無限，安得不窘乏也。方今邊防無事，亦當以國家大計爲先，若不鋭意而遠圖之，臣恐日削月朘，爲害不淺。萬一小有警急，何以取濟。臣固謂致朝廷窘乏如是者，三路使之然也。但令三路各自足用，則帑廩何患不實哉？只如陝西自有解鹽之利，若盡以付與，令計置糧草，一二年後，可全減榷貨務每歲見錢銀絹等五七百萬貫。其河北、河東雖無解鹽，緣出産絲蠶米麥最多，兼諸般課利不少，河北只以連值災傷，朝省權且以一切應副。若將來豐稔，逐路稍減冗官，或移那軍馬近南就食，令轉運司多方擘畫，計置糧草，漸減入中見錢，以寬縣官經費，不逾三五年，則東南財貨盡聚京師，帑廩必有豐盈之望。若乃輕信横議，不究本末，圖目前之小利，忽經久之大計，竊恐難以善其後也。惟陛下留神省察。沈括《筆談》云，陝西顆鹽，舊法，官自般運，置務拘賣。兵部員外郎范祥始爲鈔法，令商人就邊郡入錢四貫八百，售一鈔，至解池請鹽二百觔，任其私賣，得錢以實塞下，省數十郡般運之勞。異日輦車牛驢以鹽役死者，歲以萬計，冒禁抵罪者不可勝數，自此悉免。行之既久，鹽價時有低昂，又於京師置都鹽院，陝西轉運司自遣官主之。京師食鹽，斤不足三十五錢，則歛而不發，以長鹽價。過四十，則大發庫鹽，以壓商利。使鹽價有常，而鈔法有定數。行之數十年，至今以爲利。

（宋）李燾《續資治通鑑長編》仁宗嘉祐三年七月 壬辰，復以度支員外郎范祥制置解鹽，從三司使張方平及御史中丞包拯之言也。

祥自慶曆八年十月制置解鹽，皇祐五年四月坐他罪責去。祥始言歲入緡錢可得二百三十萬，後不能辦。皇祐三年，入緡錢二百二十一萬，四年二百十五萬。以四年數視慶曆六年增六十八萬，視七年增二十萬。又，舊歲出榷貨務緡錢，慶曆二年六百四十七萬，六年四百八十萬，至是，榷貨務錢不復出。其後歲入雖贏縮不常，至五年猶及百七十八萬，至和元年百六十九萬。其後，遂以元年入錢爲歲課定率，量入計出，可助邊費十之八。久之，並邊復聽入芻粟以當實錢，而虛估之弊滋長，券直亦從而賤，歲損官課無慮百萬。故方平及拯請復用祥。祥既受命，請重禁入芻粟者，其券在嘉祐已前，每券别使輸錢一千，然後予鹽。又言商人持券若鹽鬻京師，皆虧失本錢。請置官京師，畜錢二十萬緡，以待商人至者。券若鹽估賤，則官爲售之；券紙六千，鹽席十千，毋輒增損，所以平其市估，使不得爲輕重。詔以都鹽院監官兼領之。自是，稍復祥舊云。此據本志。

（宋）李燾《續資治通鑑長編》仁宗嘉祐七年二月 初，江、湖漕鹽既雜惡，又官估高，故百姓利食私鹽，而並海民以魚鹽爲業，用工省而得利厚，由是盗販者衆。又販者皆不逞無賴，捕之急則起爲盗賊。而江、淮間雖衣冠士人，狃於厚利，或以販鹽爲事。江西則虔州地連廣南，而福建之汀州亦與虔接，鹽既弗善，汀故不産鹽，二州民多盗販廣南鹽以射利。每歲秋冬，田事既畢，往往數十百爲羣，持甲兵、旗鼓，往來虔、汀、漳、潮、循、梅、惠、廣八州之地。所至劫人穀帛，掠人婦女，與巡捕吏卒鬭格，至殺傷吏卒，則起爲盜，依阻險要，捕不能得，或赦其罪招之。歲月浸淫滋多。而虔州官糶鹽，歲纔及百萬斤，朝廷以爲患。

自慶曆中，廣東轉運使李敷、王繇請運廣州鹽於南雄州，以給虔、吉。敷等即運四百餘萬斤於南雄州，而江南轉運使初以爲非便，不往取。其後户部判官周湛等八人復請運廣鹽入虔州，江西亦請自具本錢取之。皇祐五年，始詔屯田員外郎施元長乘驛會江西、廣東轉運使司議利害。至和初，元長與轉運使閤詢、元絳皆請如湛等議，而發運使許元以爲不可，三司是元言，遂止。

嘉祐中，知連州曾奉先請商人販廣南鹽入虔、汀州，所過州縣收其算。知汀州林東喬請放虔、汀、漳、循、梅、潮、惠七州鹽通商。通判真州阮士龍請毋運嶺外鹽入虔州，第歲運淮南鹽七百萬斤至虔，二萬斤至汀，使民間足鹽，寇盜自息。虞部員外郎朱泌請令虔州增散蠶鹽錢。知潮州吕璹、知梅州王叔亦皆論其利害。或者又請官自置舖，役兵卒運廣南、福建鹽至虔州。或請榷虔州官鹽價以平其直。論者不一。

朝廷嘗遣職方員外郎黄炳乘驛會所屬監司及知州軍、通判議。於是炳等合議，以謂虔州食淮南鹽已久，不可改。第損近歲所增官估，斤爲錢四十，以十縣五等户夏税率百錢令糴鹽二斤，隨夏税入錢償官。繼命提點鑄錢沈扶覆視可否。扶及江西福建廣東轉運使、虔州官吏，又請選江西漕船，團爲十綱，以三班使臣部之，直取通、泰、楚都倉鹽。既又命比部員外郎曾楷詣廣南，與監司復議通廣南鹽，而轉運判官陳從益請即惠、循、梅、潮置五都倉貯鹽，令虔州募鹽舖户入錢二州，趨五倉受鹽，還三州貿易。所謂變私鹽爲官鹽，易盜賊爲商旅。朝廷難之，卒用炳、扶等策，然歲纔增糶六十餘萬斤。

先是，屯田員外郎蔡挺知南安軍，常條奏利害。至是，擢挺權提點江西刑獄，使之制置。挺令民首納私藏兵械，以給巡捕吏卒。令販黄魚籠挾鹽不及二十斤，徒不及五人，不以甲兵隨者，止輸算，勿捕。淮南既團新綱漕鹽，挺增爲十二綱，綱二十五艘，鏁袱至州乃發。輸官有餘，則以畀漕舟吏卒，官復以半賈取之。由是減侵盜之弊，鹽遂差善。又損糶價，歲課視舊額增至三百餘萬斤，乃罷扶等所率糴鹽錢。異時汀州人欲販鹽，輒先伐鼓山谷中，召願從者與期日，率常得數百人已上與俱行。至是，州縣督責耆保，有伐鼓者輒捕送，盜販者稍稍畏縮。朝廷以挺爲能，留之江西，積數年乃徙。久之，江西鹽皆團綱運致如虔州焉。挺以二月辛巳權江西憲，九月丙寅落權字；治平元年四月庚寅，理轉運使資序；二年三月丙寅，改陝西運副。熙寧三年七月，張頡論蔡挺措置，視此略不同，今兩存之。按《宋史》載二月己卯朔，更江西鹽法，與此不合。

（宋）李燾《續資治通鑑長編》神宗熙寧五年二月　戊辰，檢正中書吏房公事、殿中丞盧秉權發遣兩浙提點刑獄，仍專提舉鹽事。秉前與著作佐郎曾點行淮南、兩浙，詢究利害。異時竈户煎鹽，與官爲市，鹽場不時償其直，竈户益困。秉先請儲發運司錢及雜錢百萬緡以待賣鹽者。而鹽場皆定鹽竈火灰盤數，以絕私煎之弊，自三竈至十竈爲一甲，而煎鹽地什伍其民，以相譏察；及募酒坊户願占課額，取鹽於官賣之，月以錢輸官，毋得越所沽地；而又嚴捕盜販者，此據《食貨志》增入。凡私煎、盜販及私置煎器罪不至配者，雖杖罪皆同妻子遷五百里，擅還者編隸。此據《刑法志》增入。本志云：四年，遣大理寺丞盧秉、著作佐郎曾點行淮南、兩浙云云，至益兵千人，皆聯書之。按：益兵千人，在六年十月十八日，非四年事，今但掇取措置鹽事附秉初除憲時。秉本傳云：奉使淮、浙措置鹽法，秉又與發運使薛向鈎索利病，預備本錢，優給煮海之民，俾無私販，遂著爲令。方勺《泊宅編》云：元豐初，盧秉提點兩浙刑獄，會朝廷議鹽法，秉請自錢塘縣楊村場上接睦、歙等州與越州錢清場等，水勢稍淡，以六分爲額；楊村下接仁和縣湯村，爲七分；鹽官場爲八分；竝海而東，爲越州餘姚縣石堰場、明州慈溪縣鳴鶴場，皆九分；至岱山、昌國，又東南爲温州雙穗、南天富、北天富場十分；著爲定數。蓋自岱山及二天富皆取海水煉鹽，所謂熬波者也。自鳴鶴西南及湯村則刮鹻以淋鹵，以分計之，十得六七而已。鹽官、湯村用鐵盤，故鹽色青白，而鹽官鹽色或失墨，由擺灰故也。楊村及錢清場織竹爲盤，塗以石灰，故色少黄，竹勢不及鐵，則黄色爲嫩，青白爲上，色墨即多鹵，或有泥石，不宜久停。石堰以東，雖用竹盤，而鹽色尤白，以近海水鹹故耳。後來法雖少變，公私所便，大抵不易盧法。且水性潤下爲鹹，其勢不少折，則終不可成鹽。安邑池鹽以濁河曲折故，因終南山南風以成，若明、越、温、杭、秀、泰、滄等州，爲海水限奥曲折，故可成鹽，其數亦不等，惟限奥多處則鹽多，故二浙產鹽尤盛他路。自温州界東南止閩、廣，鹽升五錢，比浙賤數倍，蓋以東南最逼海，潤下之勢既如此，故可以爲鹽，不必曲折也。秉七年五月十九日改淮東憲，六月十五日轉官陞任，八年五月二十六日又轉官陞任。

（宋）李燾《續資治通鑑長編》神宗熙寧八年閏四月　中書言户房比較陝西鹽鈔利害及定條約八事：買鈔本錢有限，出鈔過多，買不盡，則鈔價減賤，及高擡糴價，支出實鹽，前日西鹽是也，故出鈔不可不立限，一也；出鈔雖有限，入中商人或欲變轉而官不爲買，即爲兼并所抑，則鈔價亦不免賤。兼邊境緩急，即鈔亦有不得已須至多出，故不可不置場平買，二也；和糴軍糧出於本路，買鈔錢本出於朝廷，所買鈔若賣盡，即無所費，若賣不盡，毁抹。雖已轉之邊上，乃是朝廷分外資助本路經費。其已毁鈔，當於應副本路錢物内折除，三也；舊鈔因官失買致價賤，已爲商人中糧虧官，即不妨市易司用市價買，四也；若止令市易司減價買，而不置場以實價平之，即一鈔爲鹽一席，所入糧少直其半，即是暗損鹽價。若官減價買盡，固無所害，緣官立買直，商旅輒增之，自難買盡，近日買鈔是也。官買其一，私買其九，則是所折鹽價，商旅十取其九，而官纔收其一也。故不可以低價買鈔之故，輒廢實價買鈔之法，五也；買鈔場既以實價買盡，即他州軍緩急有減價賣，所減亦不多，前日東南鹽是也。市易司雖買以市直，所贏不多，徒長虛擡之弊，故新鈔不須買，六也；舊鈔額酌中歲出百六十六萬緡，今雖計一歲賣鹽二百二十萬緡，熙河自有鹽井，用解鹽絶少，鹽禁雖嚴，必不能頓增五六十萬緡，恐所在積鹽數多，未可便爲民間用鹽實數。昨雖立定三百萬額，緣分定逐路及各有封樁數，止爲熙河費用未定，兼今又有交子，即於實賣鹽數外不須過立數。若所在渴鹽，自可令市易司買鈔場依商人例以鈔請鹽自賣，縱不如此，商人亦必於官場買鈔，即所在不至闕鹽，爲私鹽所侵，七也；西鈔失買，致有虛擡之弊，近官以賤價買，民亦以賤價買，今永興買鈔場若一概收買，乃是費用實錢買民賤價蓄買之鈔，所買新鈔卻致闕錢，當令截日收買。兩路實賣鹽二百二十萬，又增熙河一路，若止與百八十萬鈔，即自支費不足，若兼支舊鈔，即與出鈔何異？然以加擡腳費，不如止以當月鈔數立額，卻置場賣鈔飛錢爲便，八也。今請永興、秦鳳兩路共立二百二十萬緡爲額，永興路八十一萬五千緡，秦鳳路一百三十八萬五千緡，内熙河路五十三萬七千緡。選官監永興軍買鈔場，歲支轉運司折二銅錢十萬緡買西鹽鈔。錢有餘封樁聽旨，依在京市易務賒請法，募人賒鈔變易。即民間鈔數稍多，所買鈔難變易，大書不用字送解池，對元納遞牒毁抹，於在京當應副逐路錢物數折除。自今年五月十五日後鈔，本場買，十四日以前鈔，聽市易司以市價買。從之。凡通商州軍，在京西者爲南鹽，在陝西者爲西鹽，若禁地則爲東鹽，其詳具天聖八年十月。《食貨志》：八年，中書奏户房較陝西鹽鈔利害及立法八事，曰：買鈔錢有限，出鈔過多，買不盡，則鈔賤而糴貴，故出鈔當有限，一也；雖限出鈔，商人欲易錢而官不爲買，乃爲兼并所抑，則鈔價賤。而邊境有急，鈔未免多出，故當置場平買，二也；和糴軍糧出於本路，買鈔錢出於朝廷，鈔賣不盡則毁，而錢數轉之並邊，當勿計於本路常費，三也；舊鈔因失買而賤，商人已私其利，市易司當以市價買之，四也；市易司減價買，而官場不以實價平之，即一鈔爲鹽一席，所入糧當其半，則陰摧鹽價。今官減價以買，商旅輒增之，買不得盡，則官買其一，私買其九，故實價買鈔不可廢，五也；既以實價買盡，則他郡雖緩急，自不得多減。市易司雖買以市直而利薄，徒長虛估之弊，可毋買新鈔，六也；舊鈔額酌中歲出百六十六萬緡，今雖歲增額爲二百二十萬緡，而熙河有鹽井，不賴解鹽，安能頓補新額？恐民間徒多積鹽，安能實用此數。請實賣鹽外，可毋過立數。若須鹽者，當令市易司以鈔請鹽賣之，而商人亦且買鈔於有司，私鹽未能間其乏，七也；近官以賤價買鈔，民價亦賤，今永興買鈔場若概買之，則是費實錢而買民賤蓄之鈔，而市新鈔之直，反有闕焉。既增熙河之用，則百八十萬不給，當定買。兩路實賣鹽二百二十萬，以當用鈔數立額，置場買鈔飛錢爲便，八也。今請永興、秦鳳兩路共立二百二十萬緡爲額，永興路八十一萬五千，秦鳳路一百三十八萬五千，内熙河路五十三萬七千，永興軍遣官買鈔，歲支轉運司錢十萬緡，買西鹽鈔，又用市易務賒請法，募人賒鈔變易，或民間鈔多而滯，則送解池毁之。詔從其請。正史刪修《實録》或只用正史。

（宋）李燾《續資治通鑑長編》神宗熙寧十年二月　三司言：奉詔同制置解鹽使皮公弼詳議中外所論陝西解鹽鈔法利害。去年十一月十一日詔也。《會要》載此詔，卻無此利害，中書《時政記》載詔，並利害書一特詳，今但依《實録》。蓋鹽法之弊，由熙河鈔溢額：鈔溢額，故鈔價賤；鈔價賤，故糧草貴。又東、西、南三路通商州縣榷賣官鹽，故商旅不行。如此，鹽法不得不改，官賣不得不罷。今欲更張前弊，必先收舊鈔，點印舊鹽，行貼納之法。然後自變法日爲始，盡買舊鈔入官，其已請出鹽，立限許人自陳，準新價貼納錢，印鹽席，給公據。今條具所施行事：東南舊法：鹽鈔一席，毋過三千五百；西鹽鈔一席，毋過二千五百，盡買入官，先令商人以鈔赴解州榷鹽院并池場照對批鑿，方許中賣。已請出鹽，立限告賞。許商人自陳。東南鹽一席貼納錢二千五百；西鹽一席貼納三千，與換公據，立限出賣。罷兩處禁榷官賣，其提舉司出賣鹽，並依客人貼納價錢充買舊鈔支用，取客人情願對行算。請從省司降篆書鹽席木印樣，委逐州軍雕造，付所差官點檢印記，給與新引。將京西南北、秦鳳河東路、在京開封府界應通商地分，各與官一員。其全席鹽，限十日內經官自陳，點印貼納；委所差官點數，用印號，毀抹舊引，給與新引。其貼納錢許供通抵當。如商人願以舊鈔依估定價折會貼納鹽錢者聽，從便於隨處送納，抹訖封印送制置司。若私鹽衰息，官鹽自可通行。民間請出兩路鹽無慮三十五萬席，比候民間變轉，約須期年。慮緣邊未入新法鹽錢，糧草有闕，乞權於去年折納欠負穀粟計物價借充軍糧，候入到鹽錢，依數撥還。通商州、軍、縣、鎮，歲終委轉運、提點司，各以管下民户多少同者，將繳納商人住賣鹽引多少爲準，比較增虧，依編敕江、淮等路賣鹽酒，比較賞罰。詔除提舉出賣解鹽司官賣地分別降指揮外，及市易司已買鹽，亦依客人例貼納價錢。餘依所定。凡通商州軍，在京西者爲南鹽，在陝西者爲西鹽。若禁鹽地則爲東鹽，其詳具天聖八年十月。司馬《記聞》載皮公弼言官賣鹽無利，此稱官賣不得不罷，當改其事。然詔云官賣地分，別降指揮，則是官賣不全罷也。三月十六日指揮，當即是別降者，《記》又差誤，具注八年閏四月十八日。御史劾額外鹽鈔，在九年二月六日。

沈括《自誌》曰：

先此，陝西鹽利亡其大半，未有以救其弊。括言其爲鹽之蠹者，其説有四：其一，民足於鹽，歲不過三十五萬囊，爲錢二百一十餘萬緡而已。是時乃出鈔三百五十萬緡，鹽有常費而出鈔無藝，此鈔之所以輕也。實用之外，可益二十萬緡，以備水火敗失。以二百萬緡爲歲常，無得加焉，鈔自無低昂。其二，池鹽舊分東、西路，西鹽下東鹽之價囊千錢，欲勝塞外之姦鹽，卒不可止，而徒抑西鹽之價，以傾東鹽之利，西鹽日流於東路，而東鹽益不售，守疆之吏，不能禁也。括請合東、西之價爲一，而省晝疆之吏、兵數百。其三，出鈔委之解鹽司，外司持損益之柄，不計三司之有無，鈔輕則又出度支錢以斂滯鈔，故中都之藏日虛，而鹽之出者歲溢。括請外司惟謹其出納，而制鈔之本歸之三司。其四，制諸司之鬻鹽者同爲一價，無得低昂以兼商人之利，則歲售有常，而畜鈔可以無弊，而滯錢藏於民者出矣。法雖已具，而鈔之藏於民未有術以斂之，於是閉池無出鹽，而以時價收宿鈔，貸錢八十餘萬緡于少府，以斂滯鈔，而公私之鈔悉上矣。是時鈔爲錢二千五百，滯鈔既上，則爲錢六千，囊有三千五百之羨，藏鈔者過幸。於是發五使分籍公私之鹽，囊輸錢三千，然後得貨民，得羨餘價五百，而斂鈔之貸不失一錢，而鹽利復貫。度支歲羅河北邊粟三百萬緡，悉爲東南鹽鈔，而榷貨務日入鈔之利萬緡以爲常，是時纔得千餘緡。括以其原生於法出於多孔，省、寺羣有司或借鹽鈔而陰用以易百貨，稱貸入息，自制高下之價。民趨一切之利，而度支之鈔益輕。諸道轉運司得用田廬券契質鹽，人不持一錢，搏手以取萬鈞之鹽，豈復賴度支之鈔？又四方上太府錢募民入資，太府執券以受錢于外州，以省轉送之費。此雖爲利，而不知民樂應募，而鈔鹽不售。鹽所以生財，利出於海而無窮，不售則爲朽壤。錢雖未入太府，而藏於外州，其實皆在也。獨費將送而已。閉便錢之路，而專以售鹽爲利者，不知民食鹽有常，而爲鈔歲蔓，則陝西折估之弊，復移于東南，是二法欲相權，當以售鹽爲望，而以便錢調其盈虛，不可以一術御也。三孔既塞，而榷貨萬緡之入，不踰月而復。括《自誌》措置解鹽鈔法，當即是十年二月二十七日《實録》所書者。但《實録》全載吏牘，《括誌》稍文其言耳。三十萬囊，即三十五萬席也。其四説第三説，《實録》乃於元豐二年二月丙辰載之。按：括罷三司使，在熙寧十年七月初九日，括爲三司使，當即行其説，不知何故《實録》就括罷三司使一年後始載此也。《食貨》第五卷：十年，三司言：鹽法之弊，由熙河鈔溢額，故價賤而芻糧貴，又東、西、南三路通商郡邑榷賣官鹽，故商旅不行。今鹽法當改，官賣當罷，請先收舊鈔，印識舊鹽，行加納之法。官盡買舊鈔，其已出鹽，約期聽商人自言，準新價增之，印鹽席，給符驗。東、南舊法，鹽鈔席才三千五百，西鹽鈔席減一千，官盡買，先令解州場院驗商人鈔書之，乃許賣。已請鹽，立限告賞，聽商人自陳。東南鹽席加錢二千五百，西鹽席加三千，爲易舊符，立期令賣。罷兩處禁榷官賣，提舉司賣鹽並用新價錢充買舊鈔，商人願對行算請者聽。官爲印識如法，應通商地各舉官一員，其全席鹽限十日自言，乃令加納錢，爲印識，給新引，聽以舊鈔當加納錢。皆行之，而別定官賣鹽地。詔市易司已買鹽亦加納錢。已上十年二月二十七日。三司言：澶、濮、濟、單、曹、懷州、南京，陽武、酸棗、封邱、考城、東明、白馬、長垣、胙城、韋城九縣，雖使通商，而爲他鹽侵奪，害于商販，請復官賣便。河陽、同華解州、河中、陝府、陳留、雍邱、襄邑、中牟、管城、尉氏、鄢陵、扶溝、太康、咸平、新鄭，試令通商，其入不及官賣者，官復自賣。從之。已上三月十一日。又詔：商鹽入京，悉賣之市易務，每席毋減十千，民鹽皆買之市易，私與商人爲市，許告没其鹽。已上四月十二日。三司言：皮公弼鹽法，酌前後兩池所支鹽數，歲請以二百三十萬緡爲額。以上四月二十三日。又詔：京師置七場買東南鈔，而市易務言爲錢五十九萬三千餘緡，三司言闕錢，頗還其鈔，令賣之於西。買者其三給錢，其七準緣邊價給新引，庶得民間舊鈔，而新引易於變易。詔用其議。已上四月二十四日。《實録》無。制置解鹽使。皮公弼請復范祥舊法，平市價。詔假三司錢三十萬緡，市鈔於京師。已上六月二十九日。上嘗謂轉臣曰：向以陝西用不足，使市鈔京師，蓋欲權鹽價飛錢於塞下，而出錢五百萬緡不能救其弊也。朝廷措置經始，所當重謹，便國者姑安静以持之。已上元豐二年正月二十六日。先是，解鹽分東西，西鹽賣有分域，又並邊州軍市芻糧給鈔過多，故鈔及鹽甚賤，商旅不行，官價自分爲二。於是三司及制置解鹽司言，鹽價東重而西輕，請令西鹽得自便稍增價如東鹽，以平鈔法，歲可增十二萬緡。因復不分東西，悉廢西鹽約束。解池鹽鈔舊以二百二十萬緡爲額，轉運使皮公弼請增十萬，以助邊糴。至是，又爲二百四十二萬。三司又言，商人已請西鹽，宜令加納錢，使與新法價平。兩議皆行之。已上元豐二年二月十七日。

（宋）李燾《續資治通鑑長編》神宗熙寧十年三月　三司言：相度及再體問商人，自來出産小鹽及鄰接京東、河北末鹽地分澶，濮、濟、單、曹、懷州，南京及開封府界陽武、酸棗、封邱、考城、東明、白馬、長垣、胙城、韋城九縣，令通商必爲外來及小鹽侵奪，販賣不行。合依舊官自出賣，仍召客人入中外，其河陽、同、華、解州，河中、陝府，及開封府界陳留、雍邱、襄邑、中牟、管城、尉氏、鄢陵、扶溝、太康、咸平、新鄭十一縣，欲且令通商，候逐月繳到客人交引，對比官賣課利不相遠，即立爲定法。若相遠，或趁辦年額不敷，即依舊官賣。從之。本志删潤亦可用，已附注二月二十七日。

先是，張景温提舉賣鹽，八年閏四月十八日。頗增鹽價，民不肯買，則課民日買之，隨其貧富作業爲多少之差；有買賣私鹽者，重賞募人告，以犯人家財充賞；民買官鹽、食不盡留經宿者，同私鹽法。民間騷怨，鹽鈔每席舊直六千，至是才二千有餘，商不入粟，邊儲失備。朝廷疑之，召陝西轉運使皮公弼入議其事，公弼極陳官賣鹽爲不便，詔與三司議之。沈括在三司，雖不能奪公弼議，然王安石方主景温，括希王安石意，乃言若通商則歲失官賣緡錢二十餘萬，雖乞將管城等十一縣并南京、孟、陝、同、華、衛六州府通商，而中書訖不行。此見九年四月二十八日。安石既去位，括始與公弼共言官賣鹽不可不罷，十年二月十六日。於是詔許孟、陝、同、華、解、河中六州府，陳留等十一縣通商，餘官賣猶如故云。司馬《記聞》載張景温賣鹽事雖多差誤，然不可不入《長編》，今考按前後，删取附見。大抵官賣鹽事，七年四月二十八日，三司先有相度，中書不行；十年三月十六日，再相度，乃許河陽、同、華、解、河中、陝六州府并陳留等十一縣通商。皮公弼先于二月二十六日言官賣不得不罷，今罷官賣者，但此六州府并十一縣耳，曹、濮、澶、懷、衛、濟、單、南京并陽武等九縣官賣猶如故。

（宋）徐夢莘《三朝北盟會編》卷三一　《開居録》又曰：宣和間王黼急於財用，以燕山免夫爲名，徧率天下。所得纔二千萬緡，而結怨四海矣！又令州縣取鹽課一年最高者，立爲定額，不許通融。虧欠及分釐，監課司守令一例黜責。於是計户率錢，猶不能給，羅織告訐，無所不至。犯法者不復行刑，但令買鹽。厚利悉歸大商，楚毒被於良民。逃移逋負，不可勝計。

（宋）謝深甫等《慶元條法事類》卷三六《庫務門·場務》　諸賣官鹽，不得以所收耗隨正數支，止於帳内銷破，支盡而有剩者，附帳。

（宋）謝深甫等《慶元條法事類》卷三六《庫務門·承買場務》　諸承買場務課利，均爲月納，遇閏依所附月數别納，並限次月足。其應支移在三百里外者，季一納，限次季足。即元係官監場務及界滿無人承買者，課利不得支移折變。

諸官監場務已爲人承買而界未滿者，不得拘收。即無力幹辦願退免而召賣不行者，申轉運司相度，復爲官監。

（宋）謝深甫等《慶元條法事類》卷三六《庫務門·商税》　諸客販解鹽經過税務，將到引杖不爲批鑿者，杖六十。若批鑿而無故留滯經日，罪亦如之。每一日加一等，罪止杖一百。

（宋）謝深甫等《慶元條法事類》卷四八《榷禁門·科敷》　給賜令

諸散蠶鹽縣，取人户願與不願請鹽，印憑由給人户赴縣請，其錢並從夏税日限，只就本縣送納。如不願請鹽，即據合散鹽數，止納六分價錢。以上除依久例外，即不得創行支移、折變，内納六分價錢，如遇災傷，隨税除放。

（宋）謝深甫等《慶元條法事類》卷四八《賦役門·科敷》　諸散蠶鹽不取問人户者，杖一百，抑勒者，加三等。諸官司擅以鹽准折應給錢物者，徒二年。【略】

諸散鹽縣，於前一月取人户願與不願請鹽，十一月具都數申州，預買物帛縣十月申。次月令、佐一員赴州勘請，歸縣，先印憑由，據等第高下書填每户所請斤數，付户長，給人户執赴縣請。請射及歸業户，候起税年分乃給。仍量鄉村人户衆寡，約定請日，限正月十五日起支，至三月終畢，申本州。預買物帛縣分，隨散預買物帛錢日一就支散。其錢並隨夏税日限，只就本縣送納。如不願請鹽，即據合散鹽數，止納六分價錢。以上除依久例外，即不得創行支移、折變，內納六分價錢，如遇災傷，隨税除放。

（宋）李心傳《建炎以來朝野雜記甲集》卷一四《財賦·淮浙鹽》

淮、浙鹽額最多者，泰州歲産鹽一百六十一萬石，嘉興八十一萬石，通州七十八萬石，慶元三十九萬石。淮、浙鹽一場十竈，每竈晝夜煎鹽六盤，一盤三百斤，遇雨則停。淳熙末，議者謂總轄、甲頭權制亭竈，兜請本錢，恣行刻剥，懼其赴愬，縱令私煎，且如一日雨，乃妄作三日申，若一季之間十日雨，則一場私煎三十六萬斤矣。而又有所謂鑊子鹽，亭户小火，一竈之下，無慮二十家，家皆有鑊。一家通夜必煎兩鑊，得鹽六十斤，十竈二百家，以一季計之，則鑊子鹽又百餘萬斤矣。一場之數如此，則諸路可知也。十三年九月己未，遂罷總轄，令亭户自請本錢焉。

（宋）李心傳《建炎以來朝野雜記甲集》卷一四《財賦·廣鹽》

廣鹽舊從官賣，建炎四年春，以淮鹽道不通，户部侍郎葉份乞通閩、廣鹽於諸路。侍郎高衛因請即虔州榷貨務鬻廣南鹽鈔二十萬緡，以供行宫之用。許之。正月辛亥。未幾復止。是時恩州未有鹽，紹興初，以鹹土生發，始榷之。鹽田一頃二十四畝，置竈六十七，歲産鹽七十萬斤有奇。元年三月壬子。後收浄息錢三萬餘緡。九年，罷官賣鹽，許通商於嶺外，其錢助鄂州養兵之費。十二年冬，議者以欽州鹹土生發，歲産鹽三十餘萬斤，商人不通，請復官賣。許之。十月辛巳。已而，廣東轉運判官范正國亦言本路上供及經費皆仰於賣鹽息錢，客鈔既行，遂或闕乏，請得官賣如廣西。不許。自後廣西官賣之法，又改爲鈔法。乾道四年，罷鹽鈔，令漕司自認鈔錢，嶺南極以爲患。淳熙初，張欽夫爲帥，始與漕臣詹體仁計議，立爲定額、定直，且條上之。邕州官賣鹽每斤百錢，二人既去，漕臣趙公瀚增其六十；欽州歲賣鹽千斛，公瀚五增之。六年秋，侍御史江溥以爲言，上黜公瀚，遂詔閩、廣發賣鹽自有舊額及定直，自今毋得擅有增添。九月癸未。九年，上命奉議郎胡庭直奉使嶺南，詳議鹽法。庭直還，言鈔法甚便。詔罷官賣，復通商。十月己未。擢庭直太府寺丞。十二月壬寅。尋出爲提舉廣南東路常平茶鹽、同措置廣西鹽事，使行其法。明年春，降詔諭二廣官吏以更法之故。正月乙未。夏，又遷庭直胡廣、廣西轉運判官兼提舉鹽事，同措置廣東鹽事。四月己酉。胡本詹體仁所薦，體仁時爲吏部侍郎，即命知静江府。四月庚戌。其後，又置都提舉廣南鹽事官一員，俾掌其政。淳熙末，體仁坐改法不當抵罪，於是官般如故焉。

（宋）李心傳《建炎以來朝野雜記甲集》卷一四《財賦·福建鹽》

福建鹽自祖宗以來，漕司官般官賣，歲産鹽一千一百萬斤，收課錢四十萬。建炎末，以淮鹽不通，權改鈔法，未幾與廣鹽皆罷之。四年四月辛卯。第令漕司歲認鈔錢二十萬緡，運赴行在。紹興中，閩鹽既增倍，朝廷以其多羨息。十二年，又增鈔錢十萬緡。正月辛亥。時鹽司悉貯鹽於海倉，令上四州取而鬻之，以供歲用。其後吏緣爲姦，鹽惡不可售，即按籍而散，號口食鹽。下里貧民無一免者，人甚苦之。民多私鬻以給食，而官亦不問。二十六年，湯中丞鵬舉以爲言，詔提刑崇安吴逵覈實。七月甲子。逵遂約郡縣歲費除二税所入外，即分鹽綱補之，凡上四郡歲般千有六百萬斤，視舊直損其三，毋得散於民户，舊漕司所增鹽錢，提舉司吏禄錢皆損三之一。增鹽錢每斤二十八，今損其九。吏禄錢每斤一文，今損三分。又漕、帥二司毋得鬻鹽以侵州縣。上悉許之。二十七年二月庚申。由是民力稍寬，然郡邑無以供百費，且尤非漕司之便，故衆論搖之。朝廷遂徙吴守鼎州，命諸司相度更定。其冬，諸司請運鹽如逵數，而增其直。官肆鹽直止減一分，漕司鹽本錢每斤爲二十五錢。上命輔臣計之，會提舉常平官張汝楫奏行鈔法，陳樞密誠之言於上曰：閩中山谿之險，細民冒法私販，禁之不可，恐不盡請鈔，則課入愈虧。上是之，乃減鈔錢八萬。十一月癸亥。自此漕司及州縣稍舒，不復抑售於民矣。乾道初，陳正獻公、劉忠肅公在二府，有言福建鹽弊者，詔户部侍郎沈度、陳彌祚相度，二人請量減鈔錢之半，歲令漕司於八州增鹽錢及樁留鹽本錢内，那融十一萬緡起發。四年春，遂減鈔錢十五萬，第令漕司抱七萬緡，以充上供，於是宿弊稍去。忠肅與三公皆閩人云。四年五月壬辰，罷鹽鈔錢。

（宋）李心傳《建炎以來朝野雜記甲集》卷一四《財賦·蜀鹽》

蜀

鹽，自祖宗以來，皆民間自煮之，歲輸課利錢銀絹總爲八十萬緡。紹興二年秋，趙應祥總計始變鹽法，盡榷之，倣蔡京東南、東北鈔鹽條約，置合同場以稽其出入，每斤納引錢二十五，土產税及增添約九錢四分，所過税錢七分，住税一錢有半，每引別輸提勘錢六十。其後，又增貼納等錢。凡四川二十州，四千九百餘井，歲產鹽約六千餘萬斤。引法初行，每百斤爲一擔，又許增十斤勿算以優之。其後遞增至四百餘萬緡，休兵後數減之，今猶存三百餘萬。始趙應祥之立榷法也，令商人入錢請引，井户但如額煮鹽，赴官輸土產税而已。然鹹脈盈縮不常，久之，井户月額不敷，則官但以虛鈔付之，而收其算，引法由是壞。井户既爲商人所要，因增其斤重以予之，每擔有增至百六十斤者。又有逃廢絶没之井，許人增其額以承認，小民利於得井，每界遞增，鹽課益多，遂不可售，而引息土產之輸無所從出，由是刎繿相尋，公私皆病。紹熙三年夏，趙子直爲吏部尚書，奏言：趙開鹽法最爲精密，今井户多鑿私井，務以斤重多寡相高，故鹽日多，價日賤，而其法益壞，乞下總領所參照舊法施行。從之。時楊嗣勳總計，因是遣官覈去虛額，棧閉助筒二千有奇，申嚴合同場舊法，禁斤重之踰格者，而重私販之罰，鹽直由是頓昂。嘉泰二年，陳郎中曄總計，又盡除官井所增之額焉。自慶元後，州縣及井户稍舒，而民始食貴鹽矣。

（宋）李心傳《建炎以來朝野雜記甲集》卷一四《財賦·蜀中官鹽》

蜀中官鹽，有隆州之仙井，邛州之蒲江，榮州之公井，大寧、富順之井監，西和州之鹽官，長寧軍之淯井，皆大井也。若隆、榮等十七州，民間所煎則皆卓筒小井而已，其用力甚難。惟大寧之井，鹹泉出於山竇間，有如垂瀑，民間分而引之。又有彭山之瑞應井，味近硝，得隆、榮鹵餅雜煎之，然後成鹽。元豐、崇寧兩嘗禁止。以食者多病故也。紹興末，總領所復弛其禁，隆、簡、嘉、榮之人，病其侵射商販，因代輸課息，再行棧閉，今謂之石脚錢。然彭山之民私煎如故。仙井歲產鹽二百餘萬斤，隸轉運司。蒲江亞之，隸總領所。大寧鹽二百五十餘萬斤，歲取其四分，一百三萬七千餘斤。計直九萬餘緡，亦隸總領所。每斤舊爲三百，紹興十七年，宣司減五十。二十二年，又減二十錢。淯井四十餘萬斤，歲取其贏五萬餘緡爲軍食之用。舊額四十九萬二百斤，取撥錢引四萬八千八百五道五百七十文，應副總所。紹興十六年，實產鹽四十一萬九千四百斤，內三萬三千六百斤犒設，七千八百斤贍學，三萬斤鍋本外，餘三十四萬八千斤，每斤二百二十二文，計七萬七千三百十九貫五百文，而本軍省計應用二萬三千八十七貫八百十二文，餘折官價錢引三萬七千六百八十二緡而已。每歲大科二萬三千餘緡，漕司抱其半，尚虧萬一千餘緡，二十二年十二月，乃悉除之。惟鹽官歲產鹽，計羨緡錢三萬，爲利州錢監鑄本云。然官鹽多惡雜不可食，往往抑售於民，州郡第利其贏，無能正之者。

（宋）李心傳《建炎以來朝野雜記甲集》卷一四《財賦·解鹽》

解池鹽，今隸虜中，置解鹽使以掌之。池周百里，開畦灌水，遇風即成，不假人力，故味厚而直廉。邊人多盜販者，往往十百爲羣，遇巡尉出邏，則蹋開生路以避之，有司亦不敢問，第遥護之出境而已。今邊上惟行鹽官鹽，其鹽，官歲課七十餘萬斤，半爲官吏柴茅之費，半鬻於西和、成、鳳州，歲得錢七萬緡爲鑄錢之本。紹興十五年始。鹽多地狹，人甚苦之。紹興二十九年秋，詔減其直之半。九月丙戌。今每斤猶爲錢二百云。

（宋）李心傳《建炎以來朝野雜記甲集》卷一四《財賦·總論國朝鹽筴》

國朝鹽筴，舊有三路。解鹽行於關中，東北鹽行於東、西畿甸，東南鹽行於江、淮。東南鹽者，通、泰煎鹽也，舊爲江、湖六路漕計。蔡京爲政，始行鈔法，取其錢以贍中都。自是淮、浙之鹽，則官給亭户本錢，諸州置倉，許商人買鈔算請。閩、廣鹽則官般官賣，以助歲計。其後亦行鈔法，然罷復不常。舊淮鹽息錢，歲八百餘萬緡，紹興初纔三十五萬緡而已。以後朝廷益修其政，至紹興末年，東南歲產鹽二萬七千八百六十萬斤。浙西路臨安、平江、嘉興三府，凡一百十三萬七千一百四十五石六斗七升七勺，浙東路紹興、慶元府、温、台州，凡八十四萬八千二百八十三石九升二勺。淮東路通、泰、楚三州，凡二百六十八萬三千七百十一石六斗二升五合。廣東路廣、惠、南恩州，凡二十三萬一千六十石三斗四升。廣西路廉、高、欽、化、雷五州，凡二十三萬一千六百八十九石。福建路福、泉、漳三州，興化軍，凡一千六百五十六萬九千四百十五斤十三兩五錢。自福建外，每五十斤爲一石，淮、浙鹽六石爲一袋，鈔錢十有八千。紹興四年正月，增三千。九月以入納遲，遂罷之。今六路二十二州，通收息錢約一千九百二十餘萬。紹興中，東南產鹽，每年二萬七千三百七萬餘斤。

（宋）李心傳《建炎以來朝野雜記乙集》卷一六《財賦·廣西鹽法》

廣西鈔鹽之法，詹體仁所請也。體仁嘗爲廣西漕，知官般之法有未便者，故欲以客鈔易之。及入爲起居郎，乃薦浙西安撫司幹辦公事胡庭直，令往廣東、西與帥漕及兩路提舉等司詳議鹽法。淳熙九年二月庚戌也。其冬，庭直使還，與廣西運判兼提鹽王正巳、廣東提舉常平茶鹽林枅共奏：官賣之法害民，客鈔爲便。而庭直又自言：二廣頃行客鈔之時，通以九十萬緡爲額。廣東十萬籮，一百斤爲一籮。正鈔錢五十萬緡。廣西八萬籮，正鈔錢四十萬緡。及廣西行官賣法，而廣東除去通入廣西之數二萬五千籮，纔爲七萬五千籮耳。惟廣西不立額數，故今所賣爲十一萬五千餘籮。不產鹽十六州，賣七萬五千八百餘籮。產鹽五州，賣一萬八千四百餘籮。海外四州，賣五千五百餘籮。前任漕臣梁安世又創賣淹造鹽一萬五千五百餘籮。皆科抑也。今通行客鈔，廣東可九萬籮，廣西可六萬籮，仍增收漕計，存留鹽本，改指通貨。兩路可得二十八萬餘緡。十五萬緡，兩路增收漕計錢。六萬餘緡，兩路存留鹽本，改指通貨錢。三萬緡，東路存留鹽本錢。二萬一千緡，東路九萬籮內，有西客改指請東鹽者，以二萬籮爲率，每籮依東客改指西鹽例，納通貨錢七百文，計上件。一萬八千緡，東鹽六萬籮上，每斤增收西路漕計錢二文二分，計上件。合西路正鈔錢三十萬緡爲五十八萬緡，可充廣西漕司一歲之用。既而漕司又言：比舊行鈔法之時，有增支錢十八萬緡未有補足。庭直乃奏乞廣東省增爲十萬籮，廣西八萬籮。詔吏部尚書鄭少融，與給、舍施聖與、宇文子英、葛楚輔及體仁詳議。議者皆以爲可。于是檢正官王誠之、都司陳安行、謝務本、王吉老擬定，如庭直所乞十萬、八萬籮之數。仍嚴私販之法，重官鬻之禁。既命南庫、户部、廣西帥憲司、湖廣總領所，歲共捐二十萬緡，以補廣西漕計之闕。户部合得廣東鹽司錢一萬二千餘緡，改赴西漕，令南庫撥償。免西漕合起靖州錢三萬緡，令户部科降。廣西合起鄂州大軍錢十萬緡免起解，令總所通融。廣西詔發廣東鄂州大軍錢二萬五千餘緡，令廣東於正鈔錢內起解。廣西帥、憲司合得錢七千緡並免椿。廣西漕司一年雜支三萬緡，令節省一萬。又出祠牒、會子四十萬緡，貸漕司爲歲計之用。會子二十五萬緡，度牒三百道，計十五萬緡。詔可。其年十二月己亥也。後數日，擢庭直太府寺丞。又數日，除廣東提舉鹽事，使行其法。明年正月，體仁亦除吏部侍郎。四月，詔以體仁陳奏二廣利害，深知民瘼，除集英殿修撰、知静江府。旋遷敷文閣待制。十五年三月，又詔以體仁宣勞累載，升敷文閣直學士。廣西窮遠，自乾道以來，鹽法更變不常，凡商人之稍有資財者，皆遷徙而去，商販既不通，官般又罷，而軍食遂闕。廣東提鹽韓璧首陳其不便，事下安撫司。十年十月戊子。庭直時已升本路運判兼提鹽司，二人初不爲之變也。久之，又併廣東、西鹽事爲一司，十二年十二月甲子。通以十六萬五千籮爲額。廣東九萬五千，廣西七萬。體仁尋奏言：累年共賣之數，通不盈十三、四萬籮，乞減爲十五萬，仍罷通貨錢，以便商販。從之。十五年九月乙巳。蓋自行鈔法五、六年間，州縣率以鈔抑售于民，其爲害愈甚于官般之日，人甚苦之。其秋，胡子遠爲侍御史，首論廣西鹽鈔爲民深害，皆由儀之附下罔上，文過遂非，固位患失，甘心害民，以至于此。乞行鐫黜，正其欺罔之罪。上諭以當先更易帥臣，徐議鐫黜。三省擬用趙彦膚公碩。上曰：負荷不得，可別選人。樞密院黄德潤、留仲至繼奏事，上曰：廣西帥須得平心人爲之，庶幾不至輕易改法。如賈逵平穩可用，近有微疾。潘景珪有才，亦穩。卿等更與丞相議之。既而賈、潘皆以母老辭，議久不決，子遠亦上疏言之。周丞相乃奏以應寺丞孟明知静江府，召體仁赴行在。上因言廣西鹽法利害相侔，如聞侍從中有人亦主客鈔。仲至曰：臣久在廣中，備知利害，事關兩路，若輕改法，即兩路紛紛，須且因其弊而救之。上曰：今除孟明，與儀之爲代，朕當親札與之，止可舉偏補弊，未可輕易改法。時九月甲寅也。子遠再奏，乞寢體仁召命。上親賜札云：已差應孟明詳究利害事實以聞，所以不令朝辭，恐奪于臺臣議論，使之掣肘，不能平心處事。若鹽鈔果害于民，儀之豈得輕恕乎？孟明至官，首奏：本路見今以鈔鹽抑勒民户，流毒一方，且都鹽司不支本錢，鹽丁散走，人户多有請鈔而未得鹽者。又人户以產業抵當請鹽鈔，亦有已業既盡，借荒田砧基以充要約者。不若復舊法，令漕司般官賣，以解愁怨。十六年正月壬寅，進呈。上謂大臣曰：始議行此事時，先遣胡庭直往體量，非不詳審，往往止是符同儀之之説，今爲所誤，宜令孟明條具更改。如人户有未支鈔鹽，須令盡數支還，不可復失信于民。丙午，詔體仁予在外宫觀，從所請也。先是，朱晞顔除廣西小漕，入辭，上諭會同孟明審究鹽法利害。晞顔奏：今鈔以客爲名，實無客商，乃強税差之家，使之承認，至於破產而後止。況静江官般之時，每斤百文。自變爲客鈔，每斤百三十文，尚何便民之有？子遠乃見上，乞重黜體仁，仍從兩司所奏，依舊法行下。丙寅，詔體仁落職學士，罷宫祠，送袁州安置。擢知瓊州王光祖爲都提舉廣南路鹽事，同帥、漕二司一面措置，毋致再有科抑之弊。仍截撥本路諸州應起湖廣歲計錢十五萬緡，補助今年支用。除高、雷、化、欽、廉五州賣二分鹽外，令官般官賣。廉州鹽每斤二十二文，主户月買三斤，客户二斤，寡婦一斤半。雷州鹽每斤三十二文，每年主户一丁食鹽十二斤，客户減半。化州吴川縣鹽每斤三十文，石城縣三十五文，石龍縣三十八文。高州茂名縣三十二文，電白縣四十五文，信宜縣四十五文。欽州鹽每斤四十五文，上户月買三斤，中户二斤，下户一斤半。餘鹽令東路漕司歲賣七萬五千籮，充上供。紹熙元年冬，用廣西提刑吴宗旦之請，頗損五州鹽直、鹽數。又用廣東提舉劉坦之之請，減鈔鹽一萬籮。户部奏如是則暗失經費六萬三千餘緡，然光宗不之靳也。二年秋，廣東復言六萬五千籮猶有未售者，乃又減五千籮。蓋廣東潮、惠、南恩三州，既自產鹽，而官復般賣，往往計口抑售於民，自紹熙後，朝廷暗損經費十萬緡，而科抑少減矣。

（宋）王應麟《玉海》卷一八一《食貨·鹽鐵茶法》

呂成公曰：《洪範》五行，一曰水。水曰潤下作鹹，此鹽之根原。品目甚多。世所共知者如青州出東井，幽、薊、北海、嶺南、南海皆出於海，劒南、西川出於井，河東出於池。鹽之尤著者，河北鹵地出於地者，永康軍崖鹽爲出於山，又有出石木。大抵生民日用，不可一日闕，所以天地間無處不有。自《禹貢》青州貢鹽絺，此海鹽之見於經。三代鹽雖入貢，與民共之，未嘗有禁。自管仲相威公，始興策奪民利，自後鹽禁方開。漢興，除山澤之禁。武帝時孔僅、桑弘羊祖管仲之法，始禁榷。昭帝召賢良文學論民疾苦，請罷鹽鐵。弘羊論難不能廢。元帝雖暫罷而復建。此後法雖有寬有急，然禁榷與古今相爲終始。以此知天下利源不可開，一開不可塞。本朝南方之鹽全在海，其利廣，最資國用。北方全在解池，與契丹西夏相參雜，所以議論最詳。海鹽全資於人，解池全資於天。自章惇行禁榷，蔡京專利變法，鹽法既變，犯禁者多矣。胡致堂曰：鹽爲天地自然之利，盡捐之民，則縱末作資游惰。盡屬之官，則奪民日用，公室有近寶之害。官爲厲禁，俾民取之，而裁入其税，則政平害息。鐵官非世所重，故論者詳於鹽法。

（宋）王應麟《玉海》卷一八一《食貨·鹽鐵茶法·咸平江淮鹽法》

建隆二年五月丁丑，以兩池鹽給徐、宿、鄆、濟州。乾德三年正月，減西川鹽價。四年十月，寬犯鹽之罪。開寶三年四月庚子，除河北鹽禁，收其征。四年四月己巳，詔榷嶺南鹽。七年七月，減成都鹽價。興國三年二月甲子，罷昌州鹽井虛額。雍熙元年五月，除江南鹽禁。二年六月戊子，尋復之。端拱元年七月，除蜀鹽禁。至道二年十一月，楊允恭言淮南十八州軍，其九禁鹽，餘不禁。商人由海上販鹽，官倍數而取之，至禁鹽地，則上下其價。今請悉禁遣吏主之。詔知制誥張秉與鹽鐵使陳恕二會議。恕等言不可，允恭力請。詔從之。是歲收利巨萬。咸平元年十月十八日，以允恭建議江淮鹽利，擢康州刺史。釋恕不問。慶曆六年五月十一日戊子，減邛州鹽井歲課。十一月，詔罷河北榷鹽。嘉祐三年冬十月癸亥，除河北陪納鹽錢。【略】元祐元年正月二十八日，詔河北鹽復用舊法通商。紹聖四年復榷。

太祖放河北鹽税，太宗通金商鹽，真宗弛儀渭榷法。

國朝鹽池二，鹽七，場二十二，井八百二十二。鹽四種：一曰末鹽；海鹽也。其次顆鹽；解州鹽澤及晋絳潞澤所出。又次井鹽；鑿井取之。又次崖鹽。生土崖之間。淮南鹽置倉以受之，通、楚州各一，泰州三。又置轉般倉二，一於真州以受五倉鹽，一於漣水軍以受海州、漣水鹽。江南荆湖歲漕米至淮南，受鹽以歸。

（宋）王應麟《玉海》卷一八一《食貨·鹽鐵茶法·祥符瑞鹽》

祥符三年八月辛未，解州言東池水自成鹽潔白晶瑩。九月辛巳，賜近臣及三館秘閣解州瑞鹽。時兩池自生，凡數十里。陳堯叟等繼獻。凡四千七百斤。知制誥錢惟演、直史館盛度、集賢校理宋綬咸奏賦紀其事。四年二月丙寅，又出解池自生鹽賜近臣及列校。崇寧四年六月十一日，以興復解池鹽實百官表賀。政和元年八月，生紅鹽。

《宋史》卷一八一《食貨志·鹽》

鹽之類有二：引池而成者，曰顆鹽，《周官》所謂盬鹽也；鬻海、鬻井、鬻鹻而成者，曰末鹽，《周官》所謂散鹽也。宋自削平諸國，天下鹽利皆歸縣官。官鬻、通商，隨州郡所宜，然亦變革不常，而尤重私販之禁。

引池爲鹽，曰解州解縣、安邑兩池。墾地爲畦，引池水沃之，謂之種鹽，水耗則鹽成。籍民户爲畦夫，官廩給之，復其家。募巡邏之兵百人，目爲護寶都。歲二月一日墾畦，四月始種，八月乃止。安邑池每歲歲種鹽千席，解池減二十席，以給本州及三京，京東之濟兗曹濮單鄆州、廣濟軍，京西之滑、鄭、陳、潁、汝、許、孟州，陝西之河中府、陝虢州、慶成軍，河東之晉、絳、慈、隰州，淮南之宿、亳州，河北之懷州及澶州諸縣之在河南者。凡禁榷之地，官立標識、候望以曉民。其通商之地，京西則蔡襄鄧隨唐金房均郢州、光化信陽軍，陝西則京兆鳳翔府、同華耀乾商涇原邠寧儀渭鄜坊丹延環慶秦隴鳳階成州、保安鎮戎軍，及澶州諸縣之在河北者。顆、末鹽皆以五斤爲斗，顆鹽之直每斤自四十四至三十四錢，有三等。至道二年，兩池得鹽三十七萬三千五百四十五席，席一百一十六斤半。三年，鬻錢七十二萬八千餘貫。

咸平中，度支使梁鼎言：陝西沿邊解鹽請勿通商，官自鬻之。詔以鼎爲陝西制置使，又以内殿崇班杜承睿同制置陝西青白鹽事。承睿言：鄜、延、環、慶、儀、渭等州洎禁青鹽之後，令商人入芻粟，運解鹽於邊貨鬻，其直與青鹽不至相懸，是以民食賤鹽，須至畏法，而蕃部青鹽難售。今聞運解鹽於邊，欲與内地同價，邊民必冒法圖利，卻入蕃界私販青鹽，是助寇資而結民怨矣。繼又有上疏言其不便者，鼎請候至邊部斡運，及乘傳至解池即禁止商販。旋運鹽赴邊，公私大有煩費，而邊民頓無入中，物論紛擾。於是命判鹽鐵勾院林特、知永興軍張詠詳議，以爲公私非便，請復舊商販。詔切責鼎，罷度支使。大中祥符九年，陝西轉運使張象中言：兩池所貯鹽計直二千一百七十六萬一千八十貫，慮尚有遺利，望行條約。真宗曰：地利之阜，此亦至矣，過求增羨，慮有時而闕。不許。

先是，五代時鹽法太峻。建隆二年，始定官鹽闌入法，禁地貿易至十斤、鬻鹻鹽至三斤者乃坐死，民所受蠶鹽以入城市三十斤以上者，上請。三年，增闌入至三十斤、鬻鹻至十斤坐死，蠶鹽入城市百斤以上，奏裁。自乾德四年後，每詔優寬。太平興國二年，乃詔闌入至二百斤以上，鬻鹻及主吏盜販至百斤以上，蠶鹽入城市五百斤以上，並黥面送闕下。至淳化五年，改前所犯者止配本州牢城。代州寶興軍之民私市契丹骨堆渡及桃山鹽，雍熙四年，詔犯者自一斤論罪有差，五十斤加役流，百斤以上部送闕下。

天聖以來，兩池畦户總三百八十，以本州及旁州之民爲之，户歲出夫二人，人給米日二升，歲給户錢四萬。爲鹽歲百五十二萬六千四百二十九石，石五十斤，以席計，爲六十五萬五千一百二十席，席百一十六斤。禁榷之地，皆官役鄉户衙前及民夫，謂之帖頭，水陸漕運。而通商州軍並邊秦、延、環、慶、渭、原、保安、鎮戎、德順，又募人入中芻粟，以鹽償之。

凡通商州軍，在京西者爲南鹽，在陝西者爲西鹽，若禁鹽地則爲東鹽，各有經界，以防侵越。天聖初，計置司議茶鹽利害，因言：兩池舊募商人售南鹽者，入錢京師榷貨務。乾興元年，歲入纔二十三萬緡，視天禧三年數損十四萬。請一切罷之，專令入中並邊芻粟，及爲之增約束、申防禁，以絶私販之弊。久之，復詔入錢京師，從商人所便。

三京、二十八州軍，官自輦鹽，百姓困於轉輸。天聖八年，上書者言：縣官禁鹽，得利微而爲害博，兩池積鹽爲阜，其上生木合抱，數莫可較。宜聽通商，平估以售，可以寬民力。詔翰林學士盛度、御史中丞王隨議更其制度。因畫通商五利上之曰：方禁商時，伐木造船輦運，兵民不勝疲勞，今去其弊，一利也；陸運既差帖頭，又役車户，貧人懼役，連歲逋逃，今悉罷之，二利也；船運有沉溺之患，綱吏侵盜，雜以泥沙硝石，其味苦惡，疾生重膇，今皆得食真鹽，三利也；錢幣國之貨泉，欲使通流，富家多藏鏹不出，民用益蹙，今歲得商人出緡錢六十餘萬助經費，四利也；歲減監官、兵卒、畦夫傭作之給，五利也。十月，詔罷三京、二十八州軍榷法，聽商人入錢若金銀京師榷貨務，受鹽兩池。行之一年，視天聖七年，增緡錢十五萬。其後歲課減耗，命翰林學士宋庠等以天聖九年至寶元二年新法較之，視乾興至天聖八年舊法，歲課損二百三十六萬緡。康定元年，詔京師、南京及京東州軍，淮南宿、亳州，皆禁如舊。未幾，復弛京師榷法，并詔三司議通淮南鹽給京東等八州，於是兗、鄆、宿、亳皆食淮南鹽矣。

自元昊反，聚兵西鄙，並邊入中芻粟者寡。縣官急於兵食，調發不足，因聽入中芻粟，予券趨京師榷貨務受錢若金銀；入中它貨，予券償以池鹽。繇是羽毛、筋角、膠漆、鐵炭、瓦木之類，一切以鹽易之。猾商貪吏，表裏爲姦，至入椽木二，估錢千，給鹽一大席，爲鹽二百二十斤。虚費池鹽，不可勝計，鹽直益賤，販者不行，公私無利。慶曆二年，復京師榷法，凡商人虚估受券及已受鹽未鬻者，皆計直輸虧官錢。内地州軍民間鹽，悉收市入官，官爲置場增價出之。復禁永興、同、華、耀、河中、陜、虢、解、晋、絳、慶成十一州軍商鹽，官自輦運，以衙前主之。又禁商鹽私入蜀，置折博務於永興、鳳翔，聽人入錢若蜀貨，易鹽趨蜀中以售。久之，東、南鹽地悉復禁榷，兵民輦運，不勝其苦，州郡騷然。所得鹽利，不足以佐縣官之急。並邊務誘人入中芻粟，皆爲虚估，騰踊至數倍，大耗京師錢幣，帑藏益虚。

太常博士范祥，關中人也，熟其利害，常謂兩池之利甚博，而不能少助邊計者，公私侵漁之害也；儻一變法，歲可省度支緡錢數十百萬。乃畫策以獻。是時韓琦爲樞密副使，與知制誥田況皆請用祥策。四年，詔祥馳傳與陜西都轉運使程戡議之，而戡議與祥不合，祥尋亦遭喪去。八年，祥復申其説，乃以爲陜西提點刑獄兼制置解鹽事，使推行之。其法：舊禁鹽地一切通商，聽鹽入蜀；罷九州軍入中芻粟，令入實錢，償以鹽，視入錢州軍遠近及所指東、西、南鹽，第優其直；東、南鹽又聽入錢永興、鳳翔、河中；歲課入錢總爲鹽三十七萬五千大席，授以要券，即池驗券，按數而出，盡弛兵民輦運之役。又以延、慶、環、渭、原、保安、鎮戎、德順地近烏、白池，姦人私以青白鹽入塞，侵利亂法。乃募人入中池鹽，予券優其估，還，以池鹽償之；以所入鹽官自出鬻，禁人私售，峻青白鹽之禁。並邊舊令入中錢、炭、瓦、木之類，皆重爲法以絶之。其先以虚估受券及已受鹽未鬻者，悉計直使輸虧官錢。又令三京及河中、河陽、陜、虢、解、晋、絳、濮、慶成、廣濟官仍鬻鹽，須商賈流通乃止。以所入緡錢市並邊九州軍芻粟，悉留榷貨務錢幣以實中都。行之數年，黠商貪賈，無所僥倖，關内之民，得安其業，公私便之。

皇祐元年，侍御史知雜何郯復言改法非是。明年，遣三司户部副使包拯馳視，還言行之便，第請商人入錢及延、環等八州軍鬻鹽，皆重損其直，即入鹽八州軍者，增直以售，三京及河中等處禁官鬻鹽。而三司謂京師商賈罕至則鹽貴，請得公私並貿，餘禁止。皆聽之。田況爲三司使，請久任祥，俾專其事。擢祥權陜西轉運使，賜金紫服。祥初言歲入緡錢可得二百三十萬，皇祐三年，入緡錢二百二十一萬；四年，二百一十五萬。以四年數視慶曆六年，增六十八萬；視七年，增二十萬。又舊歲出榷貨務緡錢，慶曆二年，六百四十七萬；六年，四百八十萬。至是，榷貨務錢不復出。其後，歲入雖贏縮不常，至五年，猶及百七十八萬；至和元年，百六十九萬。時祥已坐它罪貶，命轉運使李參代之。三年，遂以元年入錢爲歲課定率，量入計出，可助邊費十分之八。

久之，並邊復聽入芻粟以當實錢，而虚估之弊滋長，券直亦從而賤，歲損官課，無慮百萬。嘉祐三年，三司使張方平及包拯請復用祥，於是復以祥總鹽事。祥請重禁入芻粟者，其券在嘉祐三年已前，每券别請輸錢一千，然後予鹽。又言商人持券若鹽鬻京師，皆虧失本錢。請置官京師，蓄錢二十萬緡，以待商人至者，券若鹽估賤，則官爲售之。券紙六千，鹽席十千，毋輒增損，所以平其市估，使不得爲輕重。詔以都鹽院監官兼領，自是稍復舊。未幾祥卒，以轉運副使薛向繼之。治平二年，歲入百六十七萬。

初，祥以法既通商，恐失州縣征算，乃計所歷所至合輸算錢，併率以爲入中之數。自後州縣猶算如舊。嘉祐六年，向悉罷之，并奏減八州軍鬻鹽價。兩池畦户，歲役解、河中、陜、虢、慶成之民，官司旁緣侵剥，民以爲苦，乃詔三歲一代。嘗積逋課鹽至三百三十七萬餘席，遂蠲其半。中間以積鹽多，特罷種鹽一歲或二歲三歲，以寛其力。後又減畦户之半，稍以傭夫代之，五州之民始安。

青白鹽出烏、白兩池，西羌擅其利。自李繼遷叛，禁毋入塞，未幾罷，已而復禁。乾興初，嘗詔河東邊人犯青白鹽禁者如陜西法。慶曆中，元昊納款，請歲入十萬石售縣官，仁宗以其亂法，不許。自范祥議禁八州軍商鹽，重青白鹽禁，而官鹽估貴，土人及蕃部販青白鹽者益衆，往往犯法抵死而莫肯止。至和中，詔番部販青白鹽抵死者，止投海島，羣黨爲民害者，上請。嘉祐赦書，稍遷配徒者於近地，自是禁法稍寛。熙寧初，詔淮南轉運使張靖究陜西鹽、馬得失。靖指向欺隱狀，王安石右向，靖竟得罪，擢向爲江、淮等路發運使。諫官范純仁言賞罰失當，因數向五罪，向任如初。乃請即永興軍置賣鹽場，又以邊費錢十萬緡，儲永興軍爲鹽鈔本，繼又增二十萬。

四年，詔陜西行蜀交子法，罷市鈔；或論其不便，復舊。七年，中書議陜西鹽鈔，出多虚鈔，而鹽益輕，以鈔折兑糧草，有虚擡邊糴之患。請用交子法，使其數與見錢相當，可濟緩急。詔以皮公弼、熊本、宋迪分領其事，趙瞻制置。又以内藏錢二百萬緡假三司，遣市易吏行四路請買鹽引，仍令秦鳳、永興鹽鈔，歲以百八十萬爲額。八年，中書奏陝西鹽鈔利害及立法八事，大抵謂買鈔本錢有限，而出鈔過多，買不盡則鈔賤而糴貴，故出鈔不可無限。然商人欲變易見錢，而官不爲買，即爲兼幷所抑，則鈔價益賤；而邊境有急，鈔未免多出，故當置場以市價平之。今當定買兩路實賣鹽二百二十萬緡，以當用鈔數立額，永興路八十一萬五千，秦鳳路一百三十八萬五千，內熙河路五十三萬七千；永興軍遣官買鈔，歲支轉運司錢十萬緡買西鹽鈔，又用市易務賒請法募人賒鈔變易，即民間鈔多而滯，則送解池毀之。詔從其請，然有司給鈔溢額，猶視其故。九年，乃詔御史劾陝西官吏，止三司額外出鈔。

十年，三司言：鹽法之弊，由熙河鈔溢額，故價賤而芻糧貴。又東、西、南三路通商郡邑榷賣官鹽，故商旅不行。今鹽法當改，官賣當罷。請先收舊鈔，印識之舊鹽，行加納之法。官盡買舊鈔，其已出鹽，約期聽商人自言，準新價增之，印鹽席，給符驗。東、南舊法鹽鈔，席纔三千五百，西鹽鈔席減一千，官盡買。先令解州場院驗商人鈔書之，乃許賣。已請鹽，立限告賞，聽商人自陳，東、南鹽席加錢二千五百，西鹽席加三千，爲易舊符，立期令賣。罷兩處禁榷官賣，提舉司賣鹽並用新價，錢承買舊鈔，商人願對行算請者聽，官爲印識如法。應通商地各舉官一員，其鹽席限十日自言，乃令加納錢，爲印識，給新引，聽以舊鈔當加納錢。皆行之。而別定官賣鹽地，市易司已買鹽，亦加納錢。

舊制，河南北曹、濮以西，秦、鳳以東，皆食解鹽。自仁宗時，解鹽通商，官不復榷；熙寧中，市易司始榷開封、曹濮等州。八年，大理寺丞張景温提舉出賣解鹽，於是開封府界陽武、酸棗、封丘、考城、東明、白馬、中牟、陳留、長垣、胙城、韋城，曹濮澶懷濟單解州、河中府等州縣，皆官自賣。未幾，復用商人議，以唐鄧襄均房商蔡郢隨金晋絳虢陳許汝潁隰州、西京、信陽軍通商，畿縣及澶、曹、濮、懷、衛、濟、單、解、同、華、陝、河中府、南京、河陽，令提舉解鹽司運鹽貨鬻，仍詔三司講求利害。

鹽價既增，民不肯買，乃課民買官鹽，隨貧富作業爲多少之差。買賣私鹽，聽人告，重給賞，以犯人家財給之。買官鹽食不盡，留經宿者，同私鹽法。於是民間騷怨。鹽鈔舊法每席六緡，至是二緡有餘，商不入粟，邊儲失備。召陝西轉運使皮公弼入議，公弼極言官賣不便，沈括爲三司使，不能奪。王安石主景温，括希安石意，言通商歲失官賣緡錢二十餘萬。安石去位，括在三司，乃言官賣當罷。於是河陽、同華解州、河中、陝府、陳留、雍丘、襄邑、中牟、管城、尉氏、鄢陵、扶溝、太康、咸平、新鄭聽通商，其入不及官賣者，官復自賣；澶、濮、濟、單、曹、懷州，南京，陽武、酸棗、封丘、考城、東明、白馬、長垣、胙城、韋城九縣，官賣如故。詔商鹽入京，悉賣之市易務，每席毋得減千；民鹽皆買之市易務，私與商人爲市，許告，沒其鹽。

皮公弼鹽法，酌前後兩池所支鹽數，歲以二百三十萬緡爲額。又令京師置七場，買東、南鹽鈔，市易務計爲錢五十九萬三千餘緡，三司闕錢，請頗還其鈔，令賣之於西，買者其三給錢，其七準沿邊價給新引；庶得民間舊鈔，而新引易於變易。詔用其議。公弼請復范祥舊法平市價，詔假三司錢三十萬緡，市鈔於京師。先是，解鹽分東西，西鹽賣有分域；又並邊州軍市芻糧，給鈔過多，故鈔及鹽甚賤，官價自分爲二。於是增西鹽價比東鹽，以平鈔法，歲約增十二萬緡，毋復分東西，悉廢西鹽約束。解池鹽鈔舊以二百二十萬緡爲額，轉運使皮公弼請增十萬，以助邊糴，至是，又爲二百四十二萬。商人已請西鹽，令加納錢，使與新法價平。元豐三年，三司舉張景温賣解鹽息羨，進官賜帛。

明年，權陝西轉運使李稷言：自新法未行，鈔之貴賤，視有司出之多寡。新法已後，鈔有定數，起熙寧十年冬，盡元豐三年，通印給一百七十七萬餘席，而鹽池所出纔一百一十七萬五千餘席，餘鈔五十九萬有餘，流布官私，其勢不得不賤。遂下三司住給。五年，户部猶以鈔多難售，歲給陝西軍儲鈔二百萬，裁其半，然鈔多，卒不能平價。

元祐元年，户部及制置解鹽司議：延、慶、渭、原、環、鎮戎、保安、德順等八州軍，皆官自鬻，以萬五千五百席爲額，聽商旅入納於八州軍折博務，算給交引，如范祥舊法。鹽價錢應償者，以轉運司年額鹽鈔給之，所鬻鹽錢，以待轉運司糴買。仍舉承務郎以上一員，於在京置場，以鹽鈔鬻見錢而輸之都鹽院庫，遇給解鹽額鈔盡歸之本司，毋更給轉運司。他司皆毋得販易，雖有專旨，聽執奏。其已買鈔，自本司拘之，若民間鈔少或給本路緡錢，即上户部議鬻其鈔。詔皆從之。既而又以商人入納解鹽減年額賣鹽費錢二萬七千餘緡，增在京買鈔之本。入中解鹽，並劾熙河鈔，而價隨事增損以折，澶懷滑州、陽武鹽價，定爲錢八千二百。時，陝西民多以朴硝私煉成顆，謂之倒硝，頗與解鹽相亂。紹聖三年，制置使孫路以聞，詔犯者減私鹽法一等坐之。

初，神宗時，官賣解鹽，京西則通商。有沈希顔者爲轉運使，更爲榷法，請假常平錢二十萬緡，自買解鹽，賣之本路，民已買解鹽盡買入官，掊克牟利，商旅苦之。哲宗即位，殿中侍御史黄降劾希顔罷，元祐元年，京西始復舊制通商，然猶官賣，元符元年乃罷之。永興軍渭河北高陵、櫟陽、涇陽等縣，如同、華等六州軍，官仍自賣鹽，而禁官司於折博務買解鹽販易規利。俄以水壞解池，聽河中府解州小池鹽、同華等州私土鹽、階州石鹽、通遠軍岷州官井鹽鬻於本路，而京東、河北鹽亦通行焉。三年，詔陝西轉運副使兼制置解鹽使馬城，提舉措置催促陝西、河東木栰薛嗣昌，提舉開修解州鹽池。

崇寧元年，解州賈瓦南北圓池修治畦眼，拍磨布種，通得鹽百七十八萬二千七百餘斤。初，解梁東有大鹽澤，綿亙百餘里，歲得億萬計。自元符初，霖潦池壞，至是，乃議修復；四年，池成。凡開二千四百餘畦，百官皆賀。内侍王仲千者董其役，以課額敷溢爲功。然議者謂解池灌水盈尺，暴以烈日，鼓以南風，須臾成鹽，其利固博；苟欲溢額，不俟風日之便，厚灌以水，積水而成，味苦不適口。

崇寧初，言事者以鈔法屢變，民聽疑惑，公家失輕重之權，商旅困往來之費，乞復范祥舊法，謹守而力行之，無庸輕改。雖可其請，未幾，蔡京建言：河北、京東末鹽，客運至京及京西，袋輸官錢六千，而鹽本不及一千，施行未久，收息及二百萬緡。如通至陝西，其利必倍。議遣韓敦立等分路提舉。及鹽池已復，京仍欲舊解鹽地客算東北末鹽，令榷貨務入納見緡無窮，以收己功，乃令解鹽新鈔止行陝西。五年，詔：鈔法用之民信已久，飛錢裕國，其利甚大，比考前後法度，頗究利害，其别爲號驗，給解鹽換請新鈔。先以五百萬緡赴陝西、河東，止給糴買，聽商旅赴榷貨務换請東南鹽鈔。貼輸見緡四分者在舊三分之上，五分者在四分之上。且帶行舊鈔，輸四分者帶五分，輸五分者帶六分；若不願貼輸錢者，依舊鈔價減二分。先是，患豪商擅利源輕重之柄，率減鈔直，使並邊糴價增高，乃裁限之。崇寧四年，以鈔價雖裁，其入中州郡，復增糴價，客持鈔算請，坐牟大利。乃詔陝西舊鈔易東南末鹽，每百緡用見錢三分，舊鈔七分。後又詔減落鈔價踰五千者，論以法。

及大觀四年，張商英爲相，議復通行解鹽如舊法，而東北鹽毋得與解鹽地相亂。繼而有司議解池已復，依舊法印鈔請。商旅已買東北鹽，隨處官司期三日盡籍，輸官償其價，隱匿者如私鹽法。解鹽未到，官鬻所得東北鹽，解鹽到即止。已請鈔已支者悉毁，已支未請者聽别議。在京仍通行，其經由州縣鄭州、中牟、開封府祥符、陽武縣境内，亦許通放。而王仲千所請通入京西北路陳潁蔡州、信陽軍，榷止之。商旅已算請東北鹽，元指定東京，未至者，止令所至州軍批引；其已入京未貨者，都鹽院全袋拘買鬻之，許坐賈請買碎賣。

政和元年，詔陝西鈔依鈔面實價，輒增減者，以違制論。未幾，復以陝西通行鹽鈔，舊雖約以銅錢六千爲鈔面，然鈔貴則入粟增多，鈔平則入穀減少。若限以六千，陝西唯行鐵錢，是鹽鈔一席得六千鐵錢斛斗矣，深損公家，其隨時增減聽之。二年，蔡京復用事，法仍變改，鈔不可用者悉同敗楮。六年，兩池漫生鹽，募人倍力採取，且議加賞；繼生紅鹽，百官皆賀，制置解鹽使李百禄等第賞有差。七年，議復行解鹽，時童貫宣撫關、河，實主之。詔解鹽地見行東北鹽，復盡收入官，官給其直，在京於平貨，在外於市易務椿管，如解鹽法鬻之；不自陳，如私鹽法。重和元年，詔復行解鹽舊法。踰年，榷貨歲虧數百萬貫，又鈔價減落，糴買不行，三省趣講畫以聞，貫遂請罷領解鹽。俄而三省條奏：舊東北鹽地客販解鹽，立限盡鬻，限竟鬻未盡者，運往解鹽地，踰者論如私鹽法。京畿、京西復置官提舉。初，崇寧中，以鹽各利一方，故解鹽止行本路，東南鬻海利博，行於數路。既復行解鹽，商旅苦於折閲，即改如舊，慮商旅疑惑，遂詔諭諸路，鈔法更不改易，扇摇者論如法，仍倍之。

靖康元年，解鹽鈔入納算請，並參照熙寧、元豐以前舊法，又增改解鹽及東北鹽地，即商旅不願鹽，則用鈔面請錢如舊法。繼定每席鈔爲八貫省，盡收入鈔面，其入納糧草者，許直赴池請鹽，省復入京批鈔之擾。

鬻海爲鹽，曰京東、河北、兩浙、淮南、福建、廣南，凡六路。其鬻鹽之地曰亭場，民曰亭户，或謂之竈户。户有鹽丁，歲課入官，受錢或折租賦，皆無常數，兩浙又役軍士定課鬻焉。諸路鹽場廢置，皆視其利之厚薄，價之嬴縮，亦未嘗有一定之制。末鹽之直，斤自四十七至八錢，有二十一等。至道三年，鬻錢總一百六十三萬三千餘貫。

其在京東曰密州濤洛場，一歲鬻三萬二千餘石，以給本州及沂、濰州，唯登、萊州則通商，後增登州四場。舊南京及曹、濮、濟、兗、單、鄆、廣濟七州軍食池鹽，餘皆食二州鹽，官自鬻之。慶曆元年冬，以淄、濰、青、齊、沂、密、徐、淮陽八州軍仍歲凶菑，乃詔弛禁，聽人貿易，官收其算，而罷密、登歲課，第令户輸租錢。其後兗、鄆皆以壤地相接，罷食池鹽，得通海鹽，收算如淄、濰等州。自是諸州官不貯鹽，而百姓鬻鹽歲皆罷給，然使輸錢如故。至和中，始詔百姓輸錢以十分爲率，聽減三分。

元豐三年，京東轉運副使李察言：南京、濟、濮、曹、單行解鹽；餘十有二州行海鹽，請用今税法置買賣鹽場。其法，盡竈户所鬻鹽而官自賣，重禁私爲市者，歲收錢二十七萬三千餘緡，而息幾半之。吳居厚爲轉運判官，承察後治鹽法，利入益多。六年，較本路及河北買賣鹽場，自改法抵今一年有半，得息錢三十六萬緡。察、居厚皆進官，加賜居厚三品服。詔運賣鹽錢儲之北京，令河北都轉運使蹇周輔、判官李南公受法于居厚，行之河北。

其在河北曰濱州場，一歲鬻二萬一千餘石，以給本州及棣、祁州雜支，并京東之青、淄、齊州，若大名、真定府，貝、冀、相、衛、邢、洺、深、趙、滄、磁、德、博、濱、棣、祁、定、保、瀛、莫、雄、霸州，德清、通利、永静、乾寧、定遠、保定、廣信、安肅軍則通商。後濱州分四務，又增滄州三務，歲課九千一百四十五石，以給一路，而京東之淄、青、齊既通商，乃不復給。

自開寶以來，河北鹽聽人貿易，官收其算，歲額爲錢十五萬緡。上封者嘗請禁榷以收遺利，余靖時爲諫官，亟言：前歲軍興，河北點義勇強壯及諸科率，數年之間，未得休息。臣嘗痛燕薊之地，陷入契丹幾百年，而民忘南顧心者，大率契丹之法簡易，鹽麴俱賤，科役不煩故也。昔太祖推恩河朔，故許通商，今若榷之，價必騰踊，民苟懷怨，悔將何及。河朔土多鹽鹵，小民税地不生五穀，惟刮鹻煎鹽以納二税，禁之必至逃亡。鹽價若高，犯法亦衆，邊民怨望，非國之福，乞且仍舊通商。其議遂寢。

慶曆六年，三司使王拱辰復建議悉榷二州鹽入官，以專其利。都轉運使魚周詢以爲不可，且言：商人販鹽，與所過州縣吏交通爲弊，所算十無二三。請敕州縣以十分算之，聽商人至所鬻州軍併輸算錢，歲可得緡錢七十餘萬。三司奏用其策，仁宗曰：使人頓食貴鹽，豈朕意哉？於是三司更立榷法而未下，張方平見上問曰：河北再榷鹽何也？上曰：始議立法，非再榷。方平曰：周世宗榷河北鹽，犯輒處死。世宗北伐，父老遮道泣訴，願以鹽課均之兩税，而弛其禁，許之，今兩税鹽錢是也。豈非再榷乎？且今未榷，而契丹盜販不已，若榷則鹽貴，契丹之鹽益售，是爲我斂怨而使契丹獲福也。契丹鹽入益多，非用兵莫能禁，邊隙一開，所得鹽利能補用兵之費乎？上大悟曰：其語宰相立罷之。方平曰：法雖未下，民已户知之，當直以手詔罷，不可自下出也。上喜，命方平密撰手詔下之。河朔父老相率拜迎，於澶州爲佛老會七日，以報上恩，且刻詔北京。後父老過其下，必稽首流涕。

久之，緡錢所入益耗，皇祐中，視舊額幾亡其半。陝州録事參軍王伯瑜監滄州鹽山務，獻議商人受鹽滄、濱二州，以囊貯之，囊毋過三石三斗，斗爲鹽六斤，除三斗爲耗勿算，餘算其半。予券爲驗，州縣驗券縱之，聽至所鬻州軍併輸算錢；即所貯過數，予及受者皆罰，商人私挾它鹽，并没其貲。時知滄州田京，與伯瑜合議上聞，詔試行之，踰年，歲課增三萬餘緡，遂以爲定制。熙寧八年，三司使章惇又請榷河北鹽，召提舉河北、京東鹽税周革入議，將施行焉。文彦博論其不便，乃詔仍舊。

《宋史》卷一八二《食貨志・鹽》　元豐七年，知滄州趙瞻請自大名府、澶、恩、信安、雄、霸、瀛、莫、冀等州盡榷賣以增其利，纔半歲，獲息錢十有六萬七千緡。哲宗即位，監察御史王巖叟言：河北二年以來新行鹽法，所在價增一倍，既奪商賈之利，又增居民之價以爲息，閭貧家至以鹽比藥。伏惟河朔天下根本，祖宗推此爲惠，願陛下不以損民爲利，而以益民爲利，復鹽法如故，以爲河北數百萬生靈無窮之賜。會河北轉運使范子奇奏，鹽税欲收以十分，遣范鍔商度。巖叟復言：臣在河北，亦知商賈有自請於官，乞罷榷買，願輸倍税。主計者但知於商賈倍得税緡以爲利，不知商賈將於民間復增賣價以爲害也。慶曆六年，既不行三司榷買之法，又不從轉運司增税之請，仁宗直謂朕慮河北軍民驟食貴鹽，可令依舊。是時計歲增幾六十萬緡，仁宗豈不知爲公家之利？意謂藏之官不若藏之民。今陛下即位之始，宜法仁宗之意，不宜以小利失人心也。明年，遂罷河北榷法，仍舊通商。六年，提舉河北鹽税司請令商賈販鹽，於場務輸税，以及等户保任，給小引，量道里爲限，即非官監鎮店，聽以便鬻之，鹽税舊額五分者，增爲七分。則鹽税蓋已行焉。

紹聖中，河北官復賣鹽，繼詔如京東法。元符三年，崇儀使林豫言：河北榷鹽，未必敷前日税額，且契丹鹽益售，慮啓邊隙。明年，給事中上官均亦以爲言，皆不果行。宣和元年，京畿、四輔及滑州、河陽所產鹻地，悉墾爲田，革盜刮煎鹽之弊，知河陽王序以勸誘推賞。三年，大改鹽法，舊税鹽並易爲鈔鹽。凡未賣税鹽鈔引及已請算或到倉已投暨未投者，並赴榷貨務改給新法鈔引，許通販；已請舊法税鹽貨賣者，自陳，更買新鈔帶賣，已請鈔引，毋得帶支。初，茶鹽用换鈔對帶之法，民旅皆病，然河北猶未及也；至是，併河北、京東行之。

其在兩浙曰杭州場，歲鬻七萬七千餘石，明州昌國東、西兩監二十萬一千餘石，秀州場二十萬八千餘石，温州天富南北監、密鸚永嘉二場，七萬四千餘石，台州黄巖監一萬五千餘石，以給本州及越、處、衢、婺州。天聖中，杭、秀、温、台、明各監一，温州又領場三，而一路歲課視舊減六萬八千石，以給本路及江東之歙州。

慶曆初，制置司言：比年河流淺涸，漕運艱阻，靡費益甚，請量增江、淮、兩浙、荆湖六路糴鹽錢。下三司議，三司奏荆湖已嘗增錢，餘四路三十八州軍，請斤增二錢或四錢。詔俟河流通運復故。既而江州置轉般倉，益置漕船及傭客舟以運，制置司因請六路五十一州軍斤增五錢。民苦官鹽估高，無以爲食，諸路皆言其不便。久之，韓絳安撫江南還，亦極言之。其後兩浙轉運使沈立、李肅之奏：本路鹽課緡錢歲七十九萬，嘉祐三年，纔及五十三萬，而一歲之内，私販坐罪者三千九十九人，弊在於官鹽估高，故私販不止，而官課益虧。請裁官估，罷鹽綱，令鋪户衙前自趨山場取鹽，如此則鹽善而估平，人不肯冒禁私售，官課必溢。發運司難之，立、肅之固請試用其法二三年，可見利害，詔可。

立嘗論東鹽利害，條亭户、倉場、漕運之弊，謂：愛恤亭户使不至困窮，休息漕卒使有以爲生，防制倉場使不爲掊克率斂，絶私販，減官估，果能行此五者，歲可增緡錢一二百萬。集《鹽策》二十卷以進，其言亭户困乏尤甚。然自皇祐以來，屢下詔書輒及之，命給亭户官本，皆以實錢；其售額外鹽者，給粟帛必良；亭户逋歲課久不能輸者，悉蠲之。所以存恤之意甚厚，而有司罕有承順焉。

熙寧以來，杭、秀、温、台、明五州共領監六、場十有四，然鹽價苦高，私販者衆，轉爲盜賊，課額大失。二年，有萬奇者獻言欲撲兩浙鹽而與民，乃遣奇從發運使薛向詢度利害。神宗以問王安石，對曰：趙抃言衢州撲鹽，所收課敵兩浙路，抃但見衢、湖可撲，不知衢鹽侵饒、信，湖鹽侵廣德、昇州，故課可增，如蘇、常則難比衢、湖。今宜制置煎鹽亭户及差鹽地人户督捕私販，般運以時，嚴察拌和，則鹽法自舉，毋事改制。

五年，以盧秉權發遣兩浙提點刑獄，仍專提舉鹽事。秉前與著作佐郎曾默行淮南、兩浙，詢究利害。異時竈户鬻鹽，與官爲市，鹽場不時償其直，竈户益困。秉先請儲發運司錢及雜錢百萬緡以待償，而諸場皆定分數：錢塘縣楊村場上接睦、歙等州，與越州錢清場等，水勢稍淡，以六分爲額；楊村下接仁和之湯村爲七分；鹽官場爲八分；並海而東爲越州餘姚縣石堰場、明州慈溪縣鳴鶴場皆九分；至岱山、昌國，又東南爲温州雙穗、南天富、北天富場爲十分；蓋其分數約得鹽多寡而爲之節。自岱山以及二天富煉以海水，所得爲最多。由鳴鶴西南及湯村則刮鹻淋鹵，十得六七。鹽官、湯村用鐵盤，故鹽色青白；楊村及錢清場織竹爲盤，塗以石灰，故色少黄；石堰以東近海水鹹，故雖用竹盤，而鹽色尤白。秉因定伏火盤數以絶私鬻，自三竈至十竈爲一甲，而鬻鹽地什伍其民，以相幾察；及募酒坊户願占課額，取鹽於官賣之，月以錢輸官，毋得越所酤地；而又嚴捕盜販者，罪不至配，雖杖者皆同妻子遷五百里。仍益開封府界、京東兵各五百人防捕。

時惟杭、越、湖三州格新法不行，發運司劾奏虧課，皆獄治。王安石爲神宗言捕鹽法急，可以止刑。久之，乃詔兩浙提舉鹽事司，諸州虧課者未得遽劾，以增虧及違法輕重分三等以聞。七年，以盧秉鹽課雖增，刑獄實繁，慮無辜即罪者衆，徙其職淮南，以江東漕臣張靚代之，且體量其事。靚言秉在事，越州監催鹽償至有母殺子者，詔劾其罪，然竟免，仍以增課擢太常博士，升一資。歲餘，三司言兩浙漕司寬弛，鹽息大虧，命著作佐郎翁仲通更議措置。元祐初，言者論秉推行浙西鹽法，務誅利以增課，所配流者至一萬二千餘人，秉坐降職。兩浙鹽亭户計丁輸鹽，逋負滋廣，二年，詔蠲之。後更積負無以償，元符初，察訪使以狀聞，有司乃以朝旨不行，右正言鄒浩嘗極疏其害。

明州鳴鶴場鹽課弗登，撥隸越州，宣和元年，樓異爲明州，請仍舊，且於接近台州給舊鹽五七萬囊。詔曰：明州鹽場三，昨以施置不善，以鳴鶴一場隸越，客始輻湊。猶有二場積鹽以百萬計，未見功緒，此而不圖，東欲取於越，西欲取於台，改令害法，動搖衆情。令狀析以聞。

其在淮南曰楚州鹽城監，歲鬻四十一萬七千餘石，通州利豐監四十八萬九千餘石，泰州海陵監如皋倉小海場六十五萬六千餘石，各給本州及淮南之廬和舒蘄黄州、無爲軍，江南之江寧府、宣洪袁吉筠江池太平饒信歙撫州、廣德臨江軍，兩浙之常、潤、湖、睦州，荆湖之江陵府、安復潭鼎鄂岳衡永州、漢陽軍。海州板浦、惠澤、洛要三場歲鬻四十七萬七千餘石，漣水軍海口場十一萬五千餘石，各給本州軍及京東之徐州，淮南之光、泗、濠、壽州，兩浙之杭蘇湖常潤州、江陰軍。天聖中，通、楚州場各七，泰州場八，海州場二，漣水軍場一，歲鬻視舊減六十九萬七千五百四十餘石，以給本路及江南東西、荆湖南北四路，舊并給兩浙路，天聖七年始罷。

凡鹽之入，置倉以受之，通、楚州各一，泰州三，以受三州鹽。又置轉般倉二，一於真州，以受通、泰、楚五倉鹽；一於漣水軍，以受海州漣水鹽。江南、荆湖歲漕米至淮南，受鹽以歸。東南鹽利，視天下爲最厚。鹽之入官，淮南、福建、兩浙之温台明斤爲錢四，杭、秀爲錢六，廣南爲錢五。其出，視去鹽道里遠近而上下其估，利有至十倍者。

咸平四年，祕書丞直史館孫冕請：令江南、荆湖通商賣鹽，緣邊折中糧草，在京入納金銀錢帛，則公私皆便，爲利實多。設慮淮南因江南、荆湖通商，或至年額稍虧，則國家折中糧草，足贍邊兵，中納金銀，實之官庫，且免和雇車乘，差擾民户，冒寒涉遠。借如荆湖運錢萬貫，淮南運米千石，以地里脚力送至窮邊，則官費民勞，何啻數倍。詔吏部侍郎陳恕等議。恕等謂：江、湖官賣鹽，蓋近鬻海之地，欲息犯禁之人，今若通商，住賣官鹽，立乏一年課額。冕議遂寢。至天禧初，始募人入緡錢粟帛京師及淮、浙、江南、荆湖州軍易鹽。乾興元年，入錢貨京師總爲緡錢一百十四萬。會通、泰鬻鹽歲損，所在貯積無幾，因罷入粟帛，第令入錢，久之，積鹽復多。

明道二年，參知政事王隨建言：淮南鹽初甚善。自通、泰、楚運至真州，自真州運至江、浙、荆湖，綱吏舟卒，侵盜販鬻，從而雜以沙土。涉道愈遠，雜惡殆不可食，吏卒坐鞭笞，徒配相繼而莫能止。比歲運河淺涸，漕輓不行，遠州村民，頓乏鹽食，而淮南所積一千五百萬石，至無屋以貯，則露積苫覆，歲以損耗。又亭户輸鹽，應得本錢或無以給，故亭户貧困，往往起爲盜賊，其害如此。願權聽通商三五年，使商人入錢京師，又置折博務於揚州，使輸錢及粟帛，計直予鹽。鹽一石約售錢二千，則一千五百萬石可得緡錢三千萬以資國用，一利也；江、湖遠近皆食白鹽，二利也；歲罷漕運糜費，風水覆溺，舟人不陷刑辟，三利也；昔時漕鹽舟可移以漕米，四利也；商人入錢，可取以償亭户，五利也。

時范仲淹安撫江、淮，亦以疏通鹽利爲言，即詔知制誥丁度等與三司使、江淮制置使同議。皆謂聽通商恐私販肆行，侵蠹縣官，請敕制置司益漕船運至諸路，使皆有二三年之蓄；復天禧元年制，聽商人入錢粟京師及淮、浙、江南、荆湖州軍易鹽；在通、楚、泰、海、真、揚、漣水、高郵貿易者毋得出城，餘州聽詣縣鎮，毋至鄉村；其入錢京師者增鹽予之，并敕轉運司經畫本錢以償亭户。詔皆施行。景祐二年，諸路博易無利，遂罷，而入錢京師如故。

康定元年，詔商人入芻粟陝西並邊，願受東南鹽者加數與之。會河北穀賤，三司因請内地諸州行三説法，亦以鹽代京師所給緡錢，糴二十萬石止。慶曆二年，又詔：入中陝西、河東者持券至京師，償以錢及金帛各半之，不願受金帛者予茶鹽、香藥，惟其所欲。而東南鹽利厚，商旅皆願得鹽。八年，河北行四説法，鹽居其一，而並邊芻粟，皆有虚估，騰踊至數倍。券至京師，反爲蓄賈所抑，鹽百八斤舊售錢十萬，至是六萬，商人以賤估售券取鹽，不復入錢京師，帑藏益乏。皇祐二年，復入錢京師法，視舊錢數稍增予鹽，而並邊入中先得券受鹽者，河東、陝西入芻粟直錢十萬，止給鹽直七萬，河北又損爲六萬五千，且令入錢十萬於京師，迺聽兼給，謂之對貼，自是入錢京師稍復故。

初，天聖九年，三司請榷貨務入錢售東南鹽，以百八十萬三千緡爲額，後增至四百萬緡。嘉祐中，諸路漕運不足，榷貨務課益不登，於是即發運司置官專領運鹽公事。治平中，京師入緡錢二百二十七萬，而淮南、兩浙、福建、江南、荆湖、廣南六路歲售緡錢，皇祐中二百七十三萬，治平中三百二十九萬。

江、湖運鹽既雜惡，官估復高，故百姓利食私鹽，而並海民以魚鹽爲業，用工省而得利厚。繇是不逞無賴盜販者衆，捕之急則起爲盜賊，江、淮間雖衣冠士人，狃於厚利，或以販鹽爲事。江西則虔州地連廣南，而福建之汀州亦與虔接，虔鹽弗善，汀故不產鹽，二州民多盜販廣南鹽以射利。每歲秋冬，田事纔畢，恒數十百爲羣，持甲兵旗鼓，往來虔、汀、漳、潮、循、梅、惠、廣八州之地。所至劫人穀帛，掠人婦女，與巡捕吏卒鬬格，至殺傷吏卒，則起爲盜，依阻險要，捕不能得，或赦其罪招之。歲月浸淫滋多，而虔州官糶鹽歲纔及百萬斤。

慶曆中，廣東轉運使李敷、王繇請運廣州鹽於南雄州，以給虔、吉，未報，即運四百餘萬斤於南雄，而江西轉運司不以爲便，不往取。後三司户部判官周湛等八人復請運廣鹽入虔州，江西亦請自具本錢取之。詔尚書屯田員外郎施元長等會議，皆請如湛等議，而發運使許元以爲不可，遂止。

嘉祐以來，或請商販廣南鹽入虔、汀，所過州縣收算；或請放虔、汀、漳、循、梅、潮、惠七州鹽通商；或謂第歲運淮南鹽七百萬斤至虔，二百萬斤至汀，民間足鹽，寇盜自息；或請官自置鋪役兵卒，運廣南、福建鹽至虔、汀州，論者不一。先嘗遣職方員外郎黄炳乘傳會所屬監司及知州、通判議，謂虔州食淮南鹽已久，不可改，第損近歲所增官估，斤爲錢四十，以十縣五等户夏秋税率百錢令糴鹽二斤，隨夏税入錢償官。繼命提點鑄錢沈扶覆視可否，扶等請選江西漕船團爲十綱，以三班使臣部之，直取通、泰、楚都倉鹽。詔用炳等策，然歲纔增糶六十餘萬斤。

江西提點刑獄蔡挺制置鹽事，乃令民首納私藏兵械給巡捕吏卒，而販黄魚籠挾鹽不及二十斤、徒不及五人、不以甲兵自隨者，止輸算勿捕。淮南既團新綱漕鹽，挺增爲十二綱，綱二十五艘，鏁栿至州涵發。輸官有餘，以畀漕舟吏卒，官復以半賈取之，繇是減侵盜之弊，鹽遂差善。又損糶價，歲課視舊增至三百餘萬斤，乃罷炳等議所率糴鹽錢。異時，汀州人欲販鹽，輒先伐鼓山谷中，召願從者與期日，率常得數十百人已上，與俱行。至是，州縣督責耆保，有伐鼓者輒捕送，盜販者稍稍畏縮。朝廷以挺爲能，留之江西，積數年乃徙。久之，江西鹽皆團綱運致如虔州焉。

初，荆湖亦病鹽惡，且歲漕常不足，治平二年，纔及二十五萬餘石。三年，撥淮西二十四綱及傭客舟載鹽以往，是歲運及四十萬石。四年，至五十三萬餘石。

慶曆初，判户部勾院王琪言：天禧初，嘗以荆湖鹽估高，詔斤減三錢或二錢，自後利入寖損。請復舊估，可歲增緡錢四萬。許之。治平中，淮南轉運使李復圭、張芻、蘇頌，三司度支判官韓縝，相繼請減淮南鹽價，然卒不果行。

熙寧初，江西鹽課不登，三年，提點刑獄張頡言：虔州官鹽鹵濕雜惡，輕不及斤，而價至四十七錢。嶺南盜販入虔，以斤半當一斤，純白不雜，賣錢二十，以故虔人盡食嶺南鹽。乃議稍減虔鹽價，更擇壯舟，團爲十綱，以使臣部押。後蔡挺以贛江道險，議令鹽船三歲一易，仍以鹽純雜增虧爲綱官、舟人殿最，鹽課遂敷，盜販衰止。自挺去，法十廢五六，請復之便。詔從之。仍定歲運淮鹽十二綱至虔州。及章惇察訪湖南，符本路提點刑獄朱初平措置般運廣鹽，添額出賣，然未及行。元豐三年，惇既參政，有郟亶者，邪險鋭進，素爲惇所喜，迎合惇意，推倣湖南之法，乞運廣鹽於江西。即遣蹇周輔往江西相度。周輔承望惇意，奏言：虔州運路險遠，淮鹽至者不能多，人苦淡食，廣東鹽不得輒通，盜販公行。淮鹽官以九錢致一斤，若運廣鹽，盡會其費，减淮鹽一錢，而其鹽更善，運路無阻。請罷運淮鹽，通般廣鹽一千萬斤於江西虔州、南安軍，復均淮鹽六百一十六萬斤於洪、吉、筠、袁、撫、臨江、建昌、興國軍，以補舊額。詔周輔立法以聞。周輔具鹽法并總目條上，大率峻剥於民，民被其害。舊，江西鹽場許民買撲，周輔悉籍於官賣之。遂以周輔遥領提舉江西、廣東鹽事，即司農寺置局。

四年，周輔改漕河北。明年，提舉常平劉誼言道途洶洶，以賣鹽爲患。詔江東提點刑獄范峋體量，未報，誼坐言役法等事罷。及峋奏至，但以州縣違法塞詔，竟無更張。未幾，周輔奏：虔州、南安軍推行鹽法方半年，已收息十四萬緡。自以爲功。詔命發運副使李琮體訪利害，琮知周輔方被獎用，止謂鹽法宜變通而已，不敢斥言其害。六年，周輔爲户部侍郎，復奏湖南郴、道州隣接韶、連，可以通運廣鹽數百萬，卻均舊賣淮鹽於潭、衡、永、全、邵等州，並準江西、廣東見法，仍舉郟亶初議，郴、全、道三州亦賣廣鹽。詔委提舉常平張士澄、轉運判官陳偲措置。明年，士澄等具條約來上，詔施行之，額利增加，一方騷然。于時淮西亦推行周輔鹽法，發運使蔣之奇奏立知州、通判、鹽事官賞罰，下户部著爲令。

紹聖三年，發運司言淮南亭户貧瘠，官賦本錢六十四萬緡，皆倚辦諸路，以故不時至，民無所得錢，必舉倍稱之息。欲以糴本錢十萬緡給之，不足，畀以憑由，即欲質於官，與平之七，而蠲其息，鹽本集，復給其三分，憑由毀棄。

崇寧元年，蔡京議更鹽法，乃言東南鹽本或闕，滯於客販，請增給度牒及給封樁坊場錢通三十萬緡。并列七條：一、許客用私船運致，仍嚴立輒踰疆至夾帶私鹽之禁；二、鹽場官吏概量不平或支鹽失倫次者，論以徒；三、鹽商所繇官司、場務、堰牐、津渡等輒加苛留者，如上法；四、禁命吏、廕家、貢士、胥史爲賈區請鹽；五、議貸亭户；六、鹽價太低者議增之；七、令措置官博盡利害以聞。明年，詔鹽舟力勝錢勿輸，用絶阻遏，且許舟行越次取疾，官綱等舟輒攔阻者坐之。遂變鈔法，置買鈔所於榷貨務。凡以鈔至者，並以末鹽、乳香、茶鈔并東北一分及官告、度牒、雜物等換給。末鹽鈔換易五分，餘以雜物，而舊鈔止許易末鹽、官告。仍以十分率之，止聽筭三分，其七分兼新鈔。定民間買鈔之價，以抑豪強，以平邊糴。在河北買者，率百緡毋得下五千，東南末鹽鈔毋得下十千，陝西鹽鈔毋得下五千五百，私減者坐徒從之罪，官吏留難、文鈔展限等條皆備。

四年，又以筭請鹽價輕重不等，載定六路鹽價，舊價二十錢以上皆遞增以十錢，四十五者如舊；筭請東南末鹽，願折以金銀、物帛者聽其便。而亭户貸錢，舊輸息二分者蠲之。五年，詔筭請不貼納見錢，以十分率之，毋過二分。大觀元年，乃令筭請東南末鹽貼輸及帶舊鈔如見條外，更許帶日前貼輸三分錢鈔，輸四分者帶二分，五分者帶三分。後又貼輸四分者帶三分，五分者帶四分，而東南鹽並收見緡換請新鈔者，如四分五分法貼輸。其換請新鈔及見錢筭東南末鹽，如不帶六等舊鈔者，聽先給；如止帶五等舊鈔，其給鹽之叙，在崇寧四年十月前所帶不貼輸舊鈔之上。六等者，謂貼三、貼四、貼五、當十鈔、并河北公據、免貼納錢是也。

時鈔法紛易，公私交弊。四年，侍御史毛注言：崇寧以來，鹽法頓易元豐舊制，不許諸路以官船迴載爲轉運司之利，許人任便用鈔請鹽，般載於所指州縣販易，而出賣州縣用爲課額。提舉鹽事司苛責郡縣，以賣鹽多寡爲官吏殿最，一有循職養民不忍侵克，則指爲沮法，必重奏劾譴黜，州縣孰不望風畏威，競爲刻虐？由是東南諸州每縣三等以上户，俱以物產高下，勒認鹽數之多寡。上户歲限有至千緡，第三等末户不下三五十貫，籍爲定數，使依數販易，以足歲額；稍或愆期，鞭撻隨之。一縣歲額有三五萬緡，今用爲常額，實爲害之大者。

又言

朝廷自昔謹三路之備，糧儲豐溢，其術非他，惟鈔法流通，上下交信。東南末鹽錢爲河北之備，東北鹽爲河東之備，解池鹽爲陝西之備，其錢並積於京師，隨所積多寡給鈔於三路。如河北糧草鈔至京，並支見錢，號飛錢法；河東三路至京，半支見錢，半支銀、紬、絹；陝西解鹽鈔則支請解鹽，或有泛給鈔，亦以京師錢支給。惟錢積於京師，鈔行於三路，至則給錢，不復滯留。當時商旅皆悦，争運糧草，入於邊郡。商賈既通，物價亦平，官司上下，無有二價，斗米止百餘錢，束草不過三十，邊境倉廩，所在盈滿。

自崇寧來鈔法屢更，人不敢信，京師無見錢之積，而給鈔數倍於昔年。鈔至京師，無錢可給，遂至鈔直十不得一，邊郡無人入中，糴買不敷，乃以銀絹、見錢品搭文鈔，爲糴買之直。民間中糴，不復會算鈔直，惟計銀絹、見錢，須至高擡糧草之價，以就虛數。致使官價幾倍於民間，斗米有至四百，束草不下百三十餘錢，軍儲不得不闕，財用不得不匱。如解鹽鈔每紙六千，今可直三千，商旅凡入東南末鹽鈔，乃以見錢四分、鹽引六分，榷貨務惟得七十千之入，而東南支鹽，官直百千，則鹽本已暗有所損矣。

臣謂鈔法不循復熙、豐，則物價無由可平，邊儲無由可積，方今大計，無急於此。薛向昔講究於嘉祐中，行之未幾，穀價遽損，邊備有餘，逮及熙、豐，其法始備。比年榷貨務不顧鈔法屢變，有誤邊計，惟冀貼納見錢，專買東南鹽鈔，圖增錢數，以僥冒榮賞。前鈔方行，而後鈔又復變易，特令先次支鹽，則前鈔遂爲廢紙，罔人攘利，商旅怨嗟。臣願明詔執政大臣，精擇能吏，推明鈔法，無以見行爲有妨，無以既往爲不可復，如薛向之法已效於昔者，可舉而行之。

今之練政事、通鈔法，不患無人；在京三庫之積，皆四方郡縣所入，不患無備。如以三四百萬緡樁留京師，隨數以給鈔引，使鈔至給錢，不復邀阻，上下交信，則人以鈔引爲輕齎，轉相貿易。或支請多，惟轉廊就給東南末鹽鈔或度牒之類，如東南末鹽鈔或度牒敕牒唯許以鈔引就給外，餘並令在京以見錢入易，樁留以爲鈔引之資，亦計之得者。若舊出文鈔，亦當體究立法，量爲分數，支鹽償之。自昔立法之難，非特造始，修復既廢，亦爲非易。欲興經久之利，則目前微害，宜亦可略，惟詳酌可否施行之。

未幾，張商英爲相，乃議變通損益，復熙、豐之舊，令內府錢別樁一千五百萬緡，餘悉移用，以革錢、鈔、物三等偏重之弊。陝西給鈔五百萬緡，江、淮發運司給見錢文據或截兑上供錢三百萬緡。以左司員外郎張察措置東南鹽事，提舉江西常平張根管幹運淮鹽於江西，罷提舉鹽香，諸路鹽事各歸提刑司。議定五等舊鈔，商旅已換請新鈔及見錢鈔不對帶，聽先給東南末鹽諸路貨易。仍下淮、浙鹽場，以鹽十分率之，樁留五分，以待支發官綱，備三路商旅轉廊算請，餘五分以待算請新鈔及見錢鈔與不帶舊鈔當先給者。於是推行舊法，以商旅五色舊鈔，若用換請新鈔對帶，方許支鹽，慮伺候歲月，欲給無由，乃立增納之法。貼三鈔許於榷貨務更貼見緡七分，貼四鈔更貼六分，貼五、當十鈔貼七分，河北見錢文據貼五分算請。

有司議，三路鈔法如熙、豐舊法，全仰東南末鹽爲本，若許將舊鈔貼納算請，正與推行三路熙、豐鈔法相戾；即不令貼納算還，又鈔無所歸。議將河北見錢文據減增納二分，餘各減二分，以告敕、度牒、香藥、雜物、東南鹽算請給償。帝詔：東南六路元豐年額賣鹽錢，以緡計之，諸路各不下數十萬。自行鈔鹽，漕計窘匱，以江西言之，和、豫買欠民價不少，何以副仁民愛物之意？令東南諸路轉運司協力措置般運。

政和元年，詔商旅願依熙、豐法轉廊者，許先次用三路新鈔算請，往他所定價給賣。優存兩浙亭户額外中鹽，斤增價三分。已而張察均定鹽價，視紹聖斤增二錢，詔從其説，仍斤增一錢。議者謂：異時鹽商於榷貨務入納轉廊，惟視東南諸郡積鹽多寡，鹽多則請鈔者衆，所入亦倍，其闕鹽地，客不肯往。在元豐時遠地須豫備二年或三年，次遠一年至二年，最近亦半年及一年，謂之準備鹽，而後鈔法乃通。紹聖間遵用舊制，廣有準備，故均價之後，課利增倍。謂宜嚴責轉運司般運準備鹽外，更及元豐準備之數，則鈔法始通，課利且羨。亭户煎鹽，官爲買納，比舊既增矣，止用元豐舊價自可，況用新價，而有本錢，復加借貸，何慮不增？若斤更增一錢，虛費亦大。詔施行之。六路通置提舉鹽事官，置司於揚州，未幾罷。

議者復謂：客人在京榷貨務買東南末鹽者，其法有二：一曰見錢入納，二曰鈔面轉廊。今既許三路文鈔得以轉廊，若更循舊制，許以見錢入納，則客旅之錢，當入於榷貨，而不入於兼并，見錢留於京師，客旅走於東南。詔采用焉。又有謂：舊法聽以物貨及官鈔引抵當，所以扶持鈔價，不大減損，昨禁之非是。其舊轉廊鹽鈔，販致東南，轉運司乃專以見錢爲務，致多壅閼。於是復鈔引抵當，一如其舊。末鹽以十分率之，限以八分給末鈔，二分許鬻見緡，後又增見緡爲三分。

二年，江寧府、廣德軍、太平州斤更增錢二，宣、歙、饒、信州斤增錢三，池江州、南康軍斤增錢四，各以去產鹽地遠近爲差。是歲，蔡京復用事，大變鹽法。五月，罷官般賣，令商旅赴場請販，已般鹽并封樁。商旅赴榷貨務算請，先至者增支鹽以示勸。前轉廊已算鈔未支者，率百緡別輸見緡三分，仍用新鈔帶給舊鈔三分；已算支者，所在抄數別輸帶賣如上法。其算請悉用見緡，而給鹽倫次，以全用見緡不帶舊鹽者爲上，帶舊鹽者次之，帶舊鈔者又次之。三路糴買文鈔，算給七分東南末鹽者，聽對見緡支算二分，東北鹽亦如之。自餘文鈔，毋得一例對算。復置諸路提舉官。於是詔書褒美京功，然商旅終以法令不信爲疑，算請者少，乃申扇搖之令，增賞錢五百緡。

三年，以商人承前先即諸州投勾，乃請鹽於場，留滯，罷之。若請鹽大帶斤重者，官爲秤驗，乃輸錢給鈔。時法既屢變，蔡京更欲巧籠商賈之利，乃議措置十六條，裁定買官鹽價，囊以三百斤，價以十千，其鬻者聽增損隨時，舊加饒脚耗並罷。客鹽舊止船貯，改依東北鹽用囊，官製鬻之，書印及私造貼補，並如茶籠篰法，仍禁再用。受鹽、支鹽官司，析而二之，受於場者管秤盤囊封，納於倉者管察視引據、合同號簿。囊二十，則以一拆驗合同遞牒給商人外，東南末鹽諸場，仍給鈔引號簿，有欲改指別場者，並批銷號簿及鈔引，仍用合同遞牒報所指處給隨鹽引，即已支鹽，關所指處籍記。中路改指者倣此。其引繳納，限以一年，有故展毋得踰半年，限竟，鹽未全售者毁引，以見鹽籍于官，止聽鬻其處，毋得翻改。大抵皆視茶法而多爲節目，欺奪民利，故以免究盗販、私煎、大帶斤重爲名，而專用對帶之法。客負鈔請鹽，往往阨不即畀，必對元數再買新鈔，方聽帶給舊鈔之半。慮令之不行也，嚴避免之禁，申沮壞之制，重扇搖之法，季輒比較，務峻督責以取辦。

四年，以遠地商販者稀，鹽倉以地遠近爲叙，先給遠者。繼令大搭帶正鹽，期一月不買新鈔，没官，而剩鹽即没納。五年，僞造引者並依川錢引定罪。六年，以產鹽州軍大商弗肯止留，其用小袋住賣者聽輸錢二十給鈔，毋得輒出州界。

宣和二年，詔六路封椿舊鹽數踰億萬，其聽商旅般販，與淮、浙鹽倉即令鹽鈔對算。四年，榷貨務建議：古有斗米斤鹽之説，熙、豐以前，米石不過六七百，時鹽價斤爲錢六七十，今米價石兩千五百至三千，而鹽仍舊六十。崇寧曾定鹽價，買鈔折算，酌以中價，斤爲錢四十，今一斤三十七錢，虧公稍多。欲囊增爲十三千入納，而亭户所輸並增價，庶克自贍，盗販衰止。於是舊鹽盡禁住賣，而籍記、貼輸、帶賣之令復用焉。

初，鹽鈔法之行，積鹽于解池，積錢于京師榷貨務，積鈔于陝西沿邊諸郡，商賈以物斛至邊入中，請鈔以歸。物斛至邊有數倍之息，惟患無回貨，故極利於得鈔，徑請鹽於解池，而解鹽通行地甚寬；或請錢于京師，每鈔六千二百，登時給與，但輸頭子等錢數十而已。以此所由州縣，貿易者甚衆。崇寧間，蔡京始變法，俾商人先輸錢請鈔，赴產鹽郡授鹽，欲囊括四方之錢，盡入中都，以進羡要寵，鈔法遂廢，商賈不通，邊儲失備；東南鹽禁加密，犯法被罪者多，民間食鹽，雜以灰土，解池天產美利，乃與糞壤俱積矣。大概常使見行之法售給才通，輒復變易，名對帶法，季年又變對帶爲循環。循環者，已賣鈔，未授鹽，復更鈔；已更鈔，鹽未給，復貼輸錢，凡三輸錢，始獲一直之貨。民無貲更鈔，已輸錢悉乾没，數十萬券一夕廢棄，朝爲豪商，夕儕流丐，有赴水投繯而死者。

時有魏伯芻者，本省大胥，蔡京委信之，專主榷貨務。政和六年，鹽課通及四千萬緡，官吏皆進秩。七年，又以課羡第賞。伯芻年除歲遷，積官通議大夫、徽猷閣待制，既而黨附王黼，京惡而黜之。伯芻非有心計，但與交引户關通，凡商旅算請，率尅留十分之四以充入納之數，務入納數多，以昧人主而張虚最。初，政和再更鹽法，伯芻方爲蔡京所倚信，建言：朝廷所以開闔利柄，馳走商賈，不煩號令，億萬之錢輻凑而至，御府須索，百司支費，歲用之外沛然有餘，則榷鹽之入可謂厚矣。頃年，鹽法未有一定之制，隨時變革以便公私，防閑未定，姦弊百出。自政和立法之後，頓絶弊源，公私兼利。異時一日所收不過二萬緡，則已詫其太多，今日之納乃常及四五萬貫。以歲計之，有一郡而客鈔錢及五十餘萬貫者，處州是也；有一州倉而客人請鹽及四十萬袋者，泰州是也。新法於今纔二年，而所收已及四千萬貫，雖傳記所載貫朽錢流者，實未足爲今日道也。伏乞以通收四千萬貫之數，宣付史館，以示富國裕民之政。小人得時騁志，無所顧忌，遂至於此。

于時御府用度日廣，課入欲豐，再申歲較季比之令，在職而暫取告，其月日皆毋得計折，害法者不以官廕並處極坐，微至於鹽袋鬻鹽，莫不有禁，州縣惟務歲增課以避罪法，上下程督加厲。七年，乃詔：昨改鹽法，立賞至重，抑配者多，計口敷及嬰孩，廣數下逮駝畜，使良民受弊，比屋愁嘆。悉從初令，以利百姓。三省其申嚴近制，改奉新鈔。然有司不能承守，故比較已罷而復用，抄劄既免而復行，鹽囊既增而復止，一囊之價裁爲十一千，既又復爲十三千，民力因以擾匱，而盗賊滋焉。

靖康元年，詔未降新鈔前已給見錢公據文鈔，並給還商賈，以示大信。時鹽盡給新鈔，亦用帶賣舊鹽立限之法。言者論：王黼當國，循用蔡京弊法，改行新鈔，舊鹽貼錢對帶，方許出賣，初限兩月，再限一月。是時黼方用事，專務害民，剥下益上，改易鈔法，甚於盗賊。然今不改覆車之轍，又促限止半月，反不及王黼之時，商賈豈得不怨？詔申限焉。

南渡，淮、浙亭户，官給本錢。諸州置倉，令商人買鈔，五十斤爲石，六石爲袋，輸鈔錢十八千。紹興元年，詔臨安府、秀州亭户二税，依皇祐法輸鹽，立監官不察亭户私煎及巡捕漏泄之法。二年九月，詔淮、浙鹽令商人袋貼輸通貨錢三千，已算請而未售者亦如之，十日不自陳，如私鹽律。時吕頤浩用提轄張純議，峻更鹽法。十有一月，詔淮、浙鹽以十分爲率，四分支今降旨符以後文鈔，四分支建炎渡江以後文鈔。先是吕頤浩以對帶法不可用，令商人貼輸錢，至是復以分數如對帶法，於是始加嚴酷矣。三年，減民間蠶鹽錢。四年正月，詔淮、浙鹽鈔錢每袋增貼輸錢三貫，並計綱輸行在，尋命廣鹽亦如之。九月，以入輸遲細，減所添錢。然自建炎三年改鈔法，及今所改，凡五變，而建炎舊鈔支尚未絶，乃命以先後併支焉。

孝宗乾道六年，户部侍郎葉衡奏：今日財賦，鬻海之利居其半，年來課入不增，商賈不行，皆私販害之也。且以淮東、二浙鹽出入之數言之，淮東鹽竈四百一十二所，歲額鹽二百六十八萬三千餘石，去年兩務場賣淮鹽六十七萬二千三百餘袋，收錢二千一百九十六萬三千餘貫；二浙課額一百九十七萬餘石，去年兩務場賣浙鹽二十萬二千餘袋，收錢五百一萬二千餘貫，而鹽竈乃計二千四百餘所。以鹽額論之，淮東之數多於二浙五之一，以去歲賣鹽錢數論之，淮東多於二浙三之二，及以竈之多寡論之，兩浙反多淮東四之三，蓋二浙無非私販故也。欲望遣官分路措置。

淳熙八年，詔住賣帶賣積鹽，以朝廷徒有帶賣之名，總所未免有借撥之弊故也。十年，先是湖北鹽商吴傳言：國家鬻海之利，以三分爲率，淮東居其二。通、泰、楚隸買鹽場十六，催煎場十二，竈四百十二。紹興初，竈煎鹽多止十一籌，籌爲鹽一百斤；淳熙初，亭户得嘗試鹵水之法，竈煎至二十五籌至三十籌，增舊額之半。緣此，鹽場買亭户鹽，籌增稱鹽二十斤至三十斤爲浮鹽。日買鹽一萬餘籌，其浮鹽止以二十斤爲則，有二十萬斤，爲二千籌，籌爲錢一貫八百三十文，内除船脚錢二百文，有一貫六百三十文。其鹽並再中入官，爲鈔錢四百五十一萬七千五百餘緡。又綱取鹽一袋并諸窠名等，及賣又多稱斤兩，亭户饑寒，不免私賣。若朝廷嚴究，還其本錢，而後可以盡革私賣之弊。至是，詔還通、泰等州諸鹽場欠亭户鹽本錢一百一十萬貫。

寧宗慶元初，詔罷循環鹽鈔，改增剩鈔名爲正支文鈔給算，與已投倉者通理先後支散。以淮東提舉陳損之言循環鈔多弊，故有是命，於是富商臣賈有頓爲貧民者矣。開禧二年，詔自今新鈔一袋，搭支舊鈔一袋，如新鈔多於舊鈔，或願全以新鈔支鹽，及無舊鈔而願全買新鈔者聽，以新鈔理資次。嘉定二年，詔淮東貼輸鹽錢免二分交子，止用錢會中半。三年詔：停塌鈔引之家，增長舊鈔價直，袋賣官會百貫以上。自今令到日，鹽鈔官錢袋增收會子二十貫，三務場朱印於鈔面，作某年某月新鈔，俟通賣及一百萬袋，即免增收。其日前已未支鹽鈔並爲舊鈔，期以一年持赴倉場支鹽，袋貼輸官會一十貫，出限更不行用。此淮、浙鹽之大略也。

唐乾元初，第五琦爲鹽鐵使，變鹽法，劉晏代之，當時舉天下鹽利，歲纔四十萬緡。至大曆，增至六百餘萬緡，天下之賦，鹽利居半。元祐間，淮鹽與解池等歲四百萬緡，比唐舉天下之賦已三分之二。紹興末年以來，泰州海陵一監，支鹽三十餘萬席，爲錢六七百萬緡，則是一州之數，過唐舉天下之數矣。

寶慶二年，監察御史趙至道言：夫産鹽固藉於鹽户，鬻鹽實賴於鹽商，故鹽户所當存恤，鹽商所當優潤。慶元之初，歲爲錢九百九十萬八千有奇，寶慶元年，止七百四十九萬九千有奇，乃知鹽課之虧，實鹽商之無所贏利。爲今之計，莫若寬商旅，減征税，庶幾慶元鹽課之盛，復見於今日矣。從之。紹定元年，以侍御史李知孝言，罷上虞、餘姚海塗地創立鹽竈。端平二年，都省言：淮、浙歲額鹽九十七萬四千餘袋，近二三年積虧一百餘萬袋，民食貴鹽，公私俱病。有旨，三路提舉茶鹽司各置主管文字一員，專以興復鹽額、收買散鹽爲務，歲終尚書省課其殿最。淳祐元年，臣僚奏：南渡立國，專仰鹽鈔，紹興、淳熙，率享其利。嘉定以來，二三十年之間，鈔法或行或罷，而浮鹽之説牢不可破，其害有不可勝言者。望付有司集議，孰爲可行，孰爲可罷，天地之藏與官民共之，豈不甚盛？從之。五年，申嚴私販苛征之禁。

寶祐元年，都省言：行在榷貨務都茶場上本務場淳祐十二年收趁到茶鹽等錢一萬一千八百一十五萬六千八百三十三貫有奇，比今新額四千萬貫增一倍以上，合視淳祐九年、十年、十一年例倍賞之，以勵其後。有旨依所上推賞。四年五月，以行在務場比新額增九千一百七十三萬五千九百一十二貫有奇，本務場并三省、户部、太府寺、交引庫，凡通管三務場職事之人，視例推賞，後以爲常。十有二月，殿中侍御史朱㙔言：近者課額頓虧，日甚一日，姑以真州分司言之，見虧二千餘萬，皆由臺閫及諸軍帥興販規利之由。於是復申嚴私販之禁。

五年，朱㙔復言：鹽之爲利博矣。以蜀、廣、浙數路言之，皆不及淮鹽額之半。蓋以斥鹵彌望，可以供煎烹，蘆葦阜繁，可以備燔燎。故環海之湄，有亭户，有鍋户，有正鹽，有浮鹽。正鹽出於亭户，歸之公上者也；浮鹽出於鍋户，鬻之商販者也，正鹽居其四，浮鹽居其一。端平之初，朝廷不欲使浮鹽之利散而歸之於下，於是分置十局，以收買浮鹽，以歲額計之，二千七百九十三萬斤。十數年來，鈔法屢更，公私俱困，真、揚、通、泰四州六十五萬袋之正鹽，視昔猶不及額，尚何暇爲浮鹽計邪？是以貪墨無耻之士大夫，知朝廷住買浮鹽，龍斷而籠其利；纍纍竈户，列處沙洲，日藉銖兩之鹽，以延旦夕之命，今商賈既不得私販，朝廷又不與收買，則是絶其衣食之源矣。爲今之計，莫若遵端平之舊式，收鍋户之浮鹽。所給鹽本，當過於正鹽之價，則人皆與官爲市，卻以此鹽售於上江，所得鹽息，徑輸朝廷，一則可以絶戎閫争利之風，二則可以續鍋户烹煎之利。有旨從之。

《宋史》卷一八三《食貨志・鹽》 其在福建曰福州長清場，歲鬻十萬三百石，以給本路。天聖以來，福漳泉州、興化軍皆鬻鹽，歲視舊額增四萬八千九百八石。

熙寧十年，有廖恩者起爲盜，聚黨掠州郡。恩既平，御史中丞鄧潤甫言：閩越山林險阻，連亘數千里，無賴姦民比他路爲多，大抵盜販鹽耳。恩平，遂不爲備，安知無躡恩之跡而起者？乃詔福建路蹇周輔度利害。周輔言：建劍汀州、邵武軍官賣鹽價苦高，漳泉福州、興化軍鬻鹽價賤，故盜多販賣於鹽貴之地。異時建州嘗計民産賦錢買鹽，而民憚求有司，徒出錢或不得鹽。今請罷去，頗減建、劍、汀、邵武鹽價，募上户爲鋪户，官給券，定月所賣，從官場買之，如是則民易得鹽，盜販不能規厚利。又稍興復舊倉，選吏增兵。立法，若盜販、知情囊橐之者，不以赦原；三犯，杖、編管鄰州；已編管復犯者，杖、配犯處本城。皆行之，歲增賣二十三萬餘斤，而鹽官數外售者不預焉。

元豐二年，提舉鹽事賈青請自諸州改法酌三年之中數立額。又請捕盜官獲私鹽多者，論賞不限常法。三年，青上所部賣鹽官吏歲課，比舊額增羨。詔曰：周輔承命創法，青相繼奉行，期年有成，課增盜止，東南賴之。時周輔已擢三司副使，監司已次被賞者凡二十人。

哲宗即位，御史中丞黄履奏福建多以鹽抑民，詔：去歲先帝已立分遣御史、郎官察舉監司之法，福建遣御史黄降，江西遣御史陳次升按之。繼又以命吏部郎中張汝賢併察舉周輔所立鹽法。降言：福州緣王氏之舊，每産錢一當餘州之十，其科納以此爲率，餘隨均定，鹽額亦當五倍，而實減半焉。昨王子京奏立産鹽法，失於詳究，遂概以額增，多寡之間，遼遠絶殊，遠民久無以伸。詔付汝賢。明年，按察司盡以所察事狀聞，於是福建轉運副使賈青、王子京皆坐掊克，謫監湖南鹽酒税；刑部侍郎蹇周輔坐議江西鹽法，掊克誕謾，削職知和州；郟亶坐倡議運廣鹽江西，張士澄坐附會推行周輔之法，肆志抑擾，並黜官；閩清縣尹徐壽獨用鹽法初行，能守官不撓，民以故不多受課，言於朝加賞焉。汝賢請定福建産賣鹽額，詔從其請；凡抑民爲鹽户及願退不爲行者，以徒一年坐之，提舉鹽事官知而不舉，論如其罪。

已而殿中侍御史吕陶奏：朝廷以福建、江西、湖南等路鹽法之弊，流毒生靈，遣使按視，譴黜聚斂之吏，以慰困窮之民，天下皆知公議之不可廢也。然湖南、江西運賣廣鹽添額之害，京東、河北榷鹽，皆章惇所倡，願付有司根治其罪，使賊民罔上之臣，少知所畏。監察御史孫升繼言：江西、湖南鹽法之害，兩路之民，殘虐塗炭，甚於兵火，獨提舉官劉誼乃能上言極其利害，誼坐奪官勒停。詔復誼官，起守韶州。

崇寧以後，蔡京用事，鹽法屢變，獨福建鹽於政和初斤增錢七，用熙寧法聽商人轉廊算請，依六路所算末鹽錢每百千留十之一，輸請鹽處爲鹽本錢。

建炎間，淮、浙之商不通，而閩、廣之鈔法行；未幾，淮、浙之商既通，而閩、廣之鈔法遂罷。舊法，閩之上四州建、劍、汀、邵行官賣鹽法，閩之下四州福、泉、漳、化行産鹽法。隨税輸鹽也。官賣之法既革，産鹽之法亦弊，鈔法一行，弊若可革，而民俗又有不便。故當時轉運、提舉司請上四州依上法，下四州且令從舊。及鈔法既罷，歲令漕司認鈔錢二十萬緡輸行在所榷貨務，自後或減或增，卒爲二十二萬緡。

二十七年，常平提舉張汝楫復申明鈔法，上以問宰執。陳誠之奏曰：建、劍山溪之險，細民冒法私販，雖官賣鹽猶不能革，若使民自賣，其能免私販乎？私販既多，鈔額必虧。上曰：中間曾用鈔法，未幾復罷，若可行，祖宗已行之矣。大抵法貴從俗，不然不可經久。淳熙五年，詔泰寧、尤溪兩縣計產買鹽之令，更不施行。

八年，福建市舶陳峴言：福建自元豐二年轉運使王子京建運鹽之法，不免有侵盗科擾之弊，且天下州縣皆行鈔法，獨福建膺運鹽之害。紹興初，趙不已嘗措置鈔法，而終不可行者，蓋漕司則藉鹽綱爲增鹽錢，州縣則藉鹽綱以爲歲計，官員則有賣鹽食錢、縻費錢，胥吏則有發遣交納常例錢，公私齟齬，無怪乎不可行也。鈔法未成倫序，而綱運遽罷，百姓率無食鹽，故漕運乘此以爲不便，請抱引錢而罷鈔法。鈔法罷而綱運興，官價高，私價賤，民多食私鹽而官不售，科抑之弊生矣。於是詔峴措置。峴請從榷貨務自五千斤至百斤，分爲五等，造大小鈔給買，仍預措置賣鈔，先以本錢界三倉買鹽，以備商旅請買。九年正月，以福建鹽自來運賣，近爲鈔法敷擾害民，於是詔福建轉運司，諸州鹽綱依舊官般官賣。三月，詔轉運傅自得、楊由義廉察官賣鹽未便者，措置以聞。

淳熙十三年，四川安撫制置趙汝愚言：汀州民貧，而官鹽抑配視他州尤甚，乞以汀州爲客鈔。事下提舉應孟明及汀州守臣議，孟明等言：上四州軍有去產鹽之地甚邇者，官不賣鹽則私禁不嚴，民食私鹽則客鈔不售，既無翻鈔之地則客賣銷折，所以鈔法屢行而屢罷。四川闊遠，猶不可翻鈔，汀州將何所往？故鈔法雖良，不可行於汀州，惟裁減本州并諸縣合輸內錢，而嚴科鹽之禁，庶幾汀民有瘳矣。復下轉運趙彦操等措置裁減，以歲運二百萬四千斤會之，總減三萬九千三十八緡有奇，又免其分隸諸司，則汀州六邑歲減於民者三萬九千緡有奇，減於官者一萬緡有奇，所補州用又在外。蓋上四州財賦絶少，所恃者官賣鹽耳。

又瀕海諸郡計產輸錢，官給之鹽以供食，其後遂爲常賦，而民不復請鹽矣，此又下四州產鹽之弊也。寧宗嘉定六年，臣僚嘗極言之，於是下轉運司，將福之下四州軍凡二十文產以下合輸鹽五斤之家盡免，其析户產錢僅及二十文者不輸鹽錢。

寶慶二年，監察御史梁成大言：福建州縣半係瀕海產鹽之地，利權專屬漕臣，乃其職也。鹽產於福州、興化，而運於劍、建、汀、邵，四郡二十二縣之民食焉。福建提舉司主常平茶事而鹽不預，漕司與認凈鏹以助用，近來越職營利，多取綱運，分委屬縣。縣邑既爲漕司措辦鹽課，今又增提舉司之額，其勢必盡敷於民，殆甚於青苗之害。望將運鹽盡歸漕司，提舉司不得越職，庶幾事權歸一，民瘼少蘇矣。從之。

景定元年九月，明堂赦曰：福建上四州縣倚鹽爲課，其間有招趁失時，月解拖欠，其欠在寶祐五年以前者，並與除放，尚敢違法計口科抑者，監司按劾以聞。三年，臣僚言：福建上四州山多田少，税賦不足，州縣上供等錢銀、官吏宗子官兵支遣，悉取辦於賣鹽，轉運司雖拘榷鹽綱，實不自賣。近年創例自運鹽兩綱，後或歲運十綱至二十綱，與上四州縣所運歲額相妨，而綱吏搭帶之數不預焉。州縣被其攙奪，發泄不行，上供常賦，無從趁辦，不免敷及民户，其害有不可勝言者。有旨：福建轉運司視自來鹽法，毋致違戾；建寧府、南劍州、汀州、邵武軍依此施行。

廣州東莞静康等十三場，歲鬻二萬四千餘石，以給本路及西路之昭桂州、江南之南安軍。廉州白石、石康二場，歲鬻三萬石，以給本州及容、白、欽、化、蒙、龔、藤、象、宜、柳、邕、潯、貴、賓、梧、横、南儀、鬱林州。又高、竇、春、雷、融、瓊、崖、儋、萬安州各鬻以給本州，無定額。天聖以後，東、西海場十三皆領於廣州，歲鬻五十一萬三千六百八十六石，以給東、西二路。而瓊、崖諸州，其地荒阻，賣鹽不售，類抑配衙前。前後官此者，或擅增鹽數，煎鹽户力不給，有破產者。元豐三年，朱初平奏蠲鹽之不售者，又約所賣數定爲煎額，以惠遠民。久之，廣西漕司奏民户逋鹽税，其縣令監官雖已代，並住奉勒催，須足乃罷。而廣東漕臣復奏嶺外依六路法，以逐州管幹官爲鹽官，提點刑獄兼提舉鹽事，考較賞罰如之。瓊、崖等州復請賦鹽於民，斤重視其户等，而民滋困矣。

南渡，二廣之鹽皆屬於漕司，量諸州歲用而給之鹽。然廣東俗富，猶可通商；廣西地廣莫而彫瘁，食鹽有限，商賈難行。自東廣而出，乘大水無灘磧，其勢甚易；自西廣而出，水小多灘磧，其勢甚難。建炎末鬻鈔，未幾復止，然官般、客鈔，亦屢有更革，東、西兩漕，屢有分合。

紹興元年三月，南恩州陽江縣土生鹹，募民墾之，置竈六十七，產鹽七十萬八千四百斤，收息錢三萬餘緡。十有二月，復置廣西茶鹽司。八年，詔廣西鹽歲以十分爲率，二分令欽、廉、雷、化、高五州官賣，餘八分行鈔法。尋又詔廣東鹽九分行鈔法，一分產鹽州縣出賣。廣南去中州絶遠，土曠民貧，賦入不給，故漕司鬻鹽，以其息什四爲州用，可以粗給，而民無加賦。昭州歲收買鹽錢三萬六千緡，以七千緡代潯、貴州上供赴經略司買馬，餘爲州用。及罷官賣，遂科七千緡於民户，謂之縻費錢焉。九年，罷廣東官賣，行客鈔法，以其錢助鄂兵之費。

孝宗乾道四年，罷鹽鈔，令廣西漕司自認漕錢二十萬。且廣西之鹽乃漕司出賣，自乾道元年因曾連請併歸廣東，於是度支唐琢言：廣西鹽引錢欠幾八千萬緡，緣向來二廣鹽事分東西兩司，而西路鹽常爲東路所侵，昔廣西自作一司，故鹽課不至於虧減，今既罷西司併入東路，則廣東之鹽無復禁止，廣西坐失一路所入。故有是命。既而宰執進蔣芾之奏：鹽利舊屬漕司，給諸州歲計，自賣鈔鹽之後，漕司遂以苗米高價折錢。今朝廷更不降鹽鈔，只令漕司認發歲額，則漕司自獲鹽息，折米招糴之弊皆去矣。九年，詔廣州復行官般官賣法。

淳熙三年，詔廣西轉運司歲收官鹽息錢三分撥諸州，七分充漕計，從經略張栻請也。栻去而漕臣趙公漖增鹽直斤百錢爲百六十，欽州歲賣鹽千斛而五增之。六年，侍御史江溥以爲言，上黜公漖，詔閩、廣賣鹽自有舊額定直，自今毋得擅增。

九年，詔遣浙西撫幹胡庭直訪求利害，與帥、漕、提舉詳議以聞。使還，尋以庭直提舉廣東同措置廣西鹽事。十年，詔曰：廣南在數千里外，疾痛艱於上聞，朕憫之尤切。蓋鹽者，民資以食，向也官利其贏，轉而自鬻，久爲民疾。朕爲之更令，俾通販而杜官鬻，民固以爲利矣；然利於民者官不便焉，必胥動以浮言，且朕知恤民而已，浮言奚恤？矧置監司、守令以爲民，朕有美意，弗廣其推，顧撓而壞之，可乎？自今如或有此，必寘之法。於是命詹儀之知静江府，併廣東、西鹽事爲一司，其兩路賣鹽，歲以十六萬五千籮爲額。儀之等言：兩路鹽且以十萬籮爲額，俟三數年，視其增虧，乃增其額。所有客鈔東西路通貨錢與免，以便商販。

十六年，經略應孟明言：廣中自行鈔法，五六年間，州縣率以鈔抑售於民，其害有甚於官般。詔孟明、朱晞顔與提舉廣南鹽事王光祖從長措置經久利便。毋致再有科抑之弊。寶慶元年，以廣州安撫司水軍大爲興販，罷其統領尹椿、統轄黄受，各降一官。

鬻鹻爲鹽，曰并州永利監，歲鬻十二萬五千餘石，以給本州及忻、代、石、嵐、憲、遼、澤、潞、麟、府州，威勝、岢嵐、火山、平定、寧化、保德軍，許商人販鬻，不得出境。仁宗時，分永利東、西兩監，東隸并州，西隸汾州。籍州民之有鹻土者爲鐺户，户歲輸鹽於官，謂之課鹽，餘則官以錢售之，謂之中賣。鹽法亦與海鹽同，歲鬻視舊額減三千四百三十七石。河東唯晉、絳、慈、隰食池鹽，餘皆食永利鹽。其入官，斤爲八錢或六錢，出爲錢三十六，歲課緡錢十八萬九千有奇。

自咸平以來，聽商人輦鹽過河西麟府州、濁輪砦貿易，官爲下其價予之。後積鹽益多，康定初，罷東監鬻鹽三年。皇祐中，又權罷西監鬻鹽，俟鹽少復故。時議者請募商人入芻粟麟府州、火山軍，予券償以鹽，從之。既而芻粟虚估高，券直千錢，爲鹽商所抑，纔售錢四百有餘，而出官鹽五十斤，蠹耗縣官。或請罷入芻粟，第令入實錢，轉運司議以爲非便而止。大抵鹻土或厚或薄，薄則利微，鐺户破産不能足其課。至和初，韓琦請户滿三歲，地利盡，得自言，擿他户代之。明年，又詔鐺户輸歲課以分數爲率，蠲復有差，遇水災，又聽擿他户代役，百姓便之。河北、陝西亦有鬻鹻爲鹽者，然其利薄。明道初，嘗詔廢河中府、慶成軍鹻場，禁民鬻鹽以侵池鹽之利。

熙寧八年，三司使章惇言：兩監舊額歲課二十五萬餘緡，自許商人並邊入中糧草，增饒給鈔支鹽，商人得鈔千錢，售價半之，縣官陰有所亡，坐賈獲利不貲。又私鹽不禁，歲課日減，今纔十萬四千餘緡，若計糧草虚估，官纔得實錢五萬餘緡，視舊虧十之八。請如解鹽例，募商人入錢請買，或官自運，鬻於本路，重私販之禁，歲課且大增，並邊市糧草，一用見錢。詔如所奏，官自運鬻於本路。

元豐元年，三司户部副使陳安石言：永利東、西監鹽，請如慶曆前商人輸錢於麟、府、豐、代、嵐、憲、忻、岢嵐、寧化、保德、火山等州軍，本州軍給券於東、西監請鹽，以除加饒折糴之弊。仍令商人自占所賣地，即鹽已運至場務者，商人買之加運費。如是則官鹽價平而商販通。遂行其說，用安石爲河東都轉運使。安石請犯西北青白鹽者，以皇祐敕論罪，首從皆編配；又青白入河東，犯者罪至流，所歷官司不察者罪之。四年，安石自言治鹽歲有羨餘，及增收忻州礬地鋪户、馬城池鹽課，詔安石遷官，賞其屬。

元祐元年，右司諫蘇轍言：異時河東除食解鹽，餘仰東、西永利鹽，未嘗闕。元豐三年後，前宰相蔡確、兄礪等始議創增河東忻州馬城池鹽，夾硝味苦，民不願買。乞下轉運司，苟無妨闕，即止勿收。詔從之。

四年，陳安石坐爲河東轉運使附會時論，興置鹽井，害及一路，降知鄭州。先是，熙寧中，議收熙河蕃部包順鹽井，或以爲非宜，王安石謂邊將苟自以情得之，何害？議者不能奪焉。

六年，詔代州賣鹽年額酌以中數，以八十五萬斤爲額，部內多少均裁之。紹聖元年，河東復行官賣法。崇寧三年，以河東三路鈔無定估，本路尤賤，害於糴買，罷給三路鈔，止給見錢鈔，他如河北新降鈔法。四年，詔河東永利兩監土鹽仍官收，見緡鬻之，聽商人入納算請，定往河東州軍，罷客販東北鹽入河東者。

鬻井爲鹽，曰益、梓、夔、利，凡四路。益州路一監九十八井，歲鬻八萬四千五百二十二石；梓州路二監三百八十五井，十四萬一千七百八十石；夔州路三監二十井，八萬四千八百八十石；利州路一百二十九井，一萬二千二百石：各以給本路。大爲監，小爲井，監則官掌，井則土民幹鬻，如其數輸課，聽往旁境販賣，唯不得出川峽。初，川峽承舊制，官自鬻鹽。開寶七年，詔斤減十錢，令幹鬻者有羨利但輸十之九。

太平興國二年，右拾遺郭泌上言：劍南諸州官糶鹽，斤爲錢七十，鹽井濬深，鬻鹽極苦，樵薪益貴，輦之甚艱，加之風水之虞，或至漂喪；豪民黠吏，相與爲姦，賤市於官，貴糶於民，至有斤獲錢數百，官虧歲額，民食貴鹽。望稍增舊價爲百五十文，則豪猾無以規利，民有以給食。從之。有司言：昌州歲收虚額鹽萬八千五百餘斤，乃開寶中知州李佩掊斂以希課最，廢諸井薪錢，歲額外課部民鬻鹽，民不習其事，甚以爲苦，至破產不能償其數，多流入他部，而積年之征不可免。詔悉除之，其舊額二萬七千六十斤如故。端拱元年七月，西川食鹽不足，許商販階、文州青白鹽、峽路井鹽、永康軍崖鹽，勿收算。

川峽諸州自李順叛後，增屯兵，乃募人入粟，以鹽償之。景德二年，權三司使丁謂言：川峽糧儲充足，請以鹽易絲帛。詔諸州軍食及二年、近溪洞州三年者，從其請。大中祥符元年，詔瀘州南井竈户遇正、至、寒食各給假三日，所收日額，仍與除放。三年，減瀘州淯井監課鹽三之一。

仁宗時，成都、梓、夔三路六監與宋初同，而成都增井三十九，歲課減五萬六千五百九十七石；梓州路增井二十八，歲課減十一萬一千十九石；利州路井增十四，歲課減四百九十二石三斗有奇；夔州路井增十五，歲課減三千一百八十四石。各以給一路，夔州則并給諸蠻，計所入鹽直，歲輸緡錢五分，銀、紬絹五分。又募人入錢貨諸州，即產鹽厚處取鹽，而施、黔並邊諸州，并募人入米。

康定元年，淮南提點刑獄郭維言：川峽素不產銀，而募人以銀易鹽，又鹽酒場主者亦以銀折歲課，故販者趨京師及陝西市銀以歸，而官得銀復輦置京師，公私勞費。請聽入銀京師榷貨務或陝西並邊州軍，給券受鹽於川峽，或以折鹽酒歲課，願入錢，二千當銀一兩。詔行之。既而入銀陝西者少，議鹽百斤加二十斤予之，并募入中鳳翔、永興。會西方用兵，軍食不足，又詔入芻粟並邊，俟有備而止。芻粟虚估高，鹽直賤，商賈利之，西方既無事，猶入中如故。夔州轉運使蔣賁以爲入中十餘年，虚費夔鹽計直二十餘萬緡，今陝西用池鹽之利，軍儲有備，請如初。詔許之。

先是，益、利鹽入最薄，故并食大寧監、解池鹽，商賈轉販給之。慶曆中，令商人入錢貨益州以射大寧監鹽者，萬斤增小錢千緡，小錢十當大錢一。販者滋少，蜀中鹽踊貴，斤爲小錢二千二百，知益州文彦博以爲言，詔皆復故。

四路鹽課，縣官之所仰給，然井源或發或微，而積課如舊，任事者多務增課爲功，往往貽患後人。時方切於除民疾苦，尤以遠人爲意，有司上言，輒爲蠲減。初，鹽課聽以五分折銀、紬、絹，鹽一斤計錢二十至三十，銀一兩、紬絹一匹折錢六百至一千二百，後詔以課利折金帛者從時估。

荆湖之歸、峽二州，州二井，歲課二千八百二十石，亦各以給本州。熙寧中，蜀鹽私販者衆，禁不能止。欲盡實私井，運解鹽以足之，議未決。神宗以問修起居注沈括，對曰：私井既容其撲買，則不得無私易，一切實之而運解鹽，使一出於官售，此亦省刑罰籠遺利之一端；然忠、萬、戎、瀘間夷界小井尤多，止之實難，若列候加警，恐所得不酬所費。議遂寢。九年，劉佐入蜀經度茶事，嘗歲運解鹽十萬席。侍御史周尹奏：成都府路素仰東川産鹽，昨轉運司商度賣陵井場，遂止東鹽及閉卓筒井，失業者衆，言利之臣，復運解鹽，道險續運甚艱；成都鹽踊貴，東川鹽賤，驅民冒法。乞東鹽仍入成都，勿閉卓筒井，罷官運解鹽。詔商販仍舊，賣解鹽依客商例，禁抑配於民。未幾，官運解鹽竟罷。

元祐元年，詔委成都提點刑獄郭概體量鹽事。右司諫蘇轍劾概觀望阿附，奏不以實，且言：四川數州賣邛州蒲江井官鹽，斤爲錢百二十，近歲鹹泉減耗，多雜沙土，而梓、夔路客鹽及民間販小井白鹽，價止七八十，官司遂至抑配，概不念民朝夕食此貴鹽。詔遂罷概，令黄廉體量以聞。上封事者言：有司於税課外，歲令井輸五十緡，謂之官溪錢。詔付廉悉蠲之。詔自今溪有鹽井輸課利鹽税外，毋得更增以租。

崇寧二年，川峽利、洋、興、劍、蓬、閬、巴、綿、漢、興元府等州，並通行東北鹽。四年，梓、遂、夔、綿、漢州、大寧監等鹽仍鬻於蜀，惟禁侵解鹽地。

紹興二年，四川總領趙開初變鹽法，倣大觀法置合同場，收引税錢，大抵與茶法相類，而嚴密過之。斤輸引錢二十有五，土産税及增添約九錢四分，所過税錢七分，住税一錢有半，引别輸提勘錢六十，其後又增貼輸等錢。凡四川四千九百餘井，歲産鹽約六千餘萬斤，引法初行，百斤爲一檐，又許增十斤勿算以優之，其後遞增至四百餘萬緡。二十九年，減西和州賣鹽直之半。

孝宗淳熙六年，四川制置胡元質、總領程价言：推排四路鹽井二千三百七十五、場四百五，除井一千一百七十四、場一百五十依舊額煎輸，其自陳或糾決增額者井一百二十五、場二十四，并令渲淘舊井亦願入籍者四百七十九，其無鹽之井，即與刬除，不敷而抱輸者，即與量減，共減錢引四十萬九千八百八十八道，而增收錢引十三萬七千三百四十九道，庶井户免困重額。七年，元質又言：鹽井推排，所以增有餘減不足，有司務求贏餘，盈者過取，涸者略減，盡出私心。今後凡遇推排，以增補虧，不得踰已減之數。十一年，以京西轉運副使江溥言金州帥司置場拘買商鹽，高價科賣，致商旅坐困，民食貴鹽，詔金州依法聽商人從便買賣，不得置場拘催。

初，趙開之立榷法也，令商人入錢請引，井户但如額鬻鹽，輸土産税而已。然鹹脈有盈縮，月額有登耗，間以虚鈔付之，而收其算，引法由是大壞。井户既爲商人所要，因增其斤重予之，每檐有增至百六十斤者。又逃絶之井，許增額承認，小民利於得井，界增其額，而不能售，其引息土産之輸，無所從出，由是刎縊相尋，公私病之。

光宗紹熙三年，吏部尚書趙汝愚言：紹興間趙開所議鹽法，諸井皆不立額，惟禁私賣，而諸州縣鎮皆置合同場，以招商販，其鹽之斤重，遠近皆平準之，使彼此均一而無相傾奪，貴賤以時而爲之翕張。今其法盡廢，宜下四川總所視舊法施行。時楊輔爲總計，去虚額，閉廢井，申嚴合同場法，禁斤重之踰格者，而重私販之罰，鹽直於是頓昂。輔又請罷利州東路安撫司所置鹽店六，及津渡所收鹽錢，與西路興州鹽店。後總領陳曄又盡除官井所增之額焉。

五年，户部言：潼川府鹽、酒爲蜀重害。鹽既收其土産錢給賣官引，又從而征之，矧州縣額外收税，如買酒錢、到岸錢、榻地錢之類，皆是創增。於是申禁成都、潼川、利路諸司。寧宗嘉定七年，詔四川鹽井專隸總所，既而宣撫使安丙言防秋藉此以助軍興，乃復奪之。

（清）嵇璜《續通志》卷一五五《食貨略·鹽鐵茶》 宋太祖建隆二年，始定官鹽闌入禁法。凡禁榷之地，官立標識候望以曉民，其顆鹽末鹽，通商之地，各隨其利便。雍熙後，以用兵乏饋餉，令商人輸芻粟塞下，增其直，令江淮荆湖給以顆末鹽。太宗端拱二年置折中倉，聽商人輸粟京師，優其直，給江淮茶鹽。仁宗康定元年，詔商人入芻粟陝西並邊，願受東南鹽者，加數予之。而河北復出三税法，亦以鹽代京師所給緡錢。然東西鹽利特厚，商旅不願受金帛，皆願得鹽。江湖漕鹽既雜惡，又官估高，故百姓利食私鹽。而並海民以魚鹽爲業，用工省而得利厚，無賴之徒盜販者衆，捕之急則起爲盜賊。江淮間雖衣冠士人，狃於厚利，或以私鹽爲事。江西則虔州地連廣南，而建之汀州與虔接，虔鹽既不善，汀故不産鹽，多盜販廣南鹽以射利，鹽法於是大壞。神宗熙寧時，轉運使沈希顔更爲榷法，請假常平錢自買解鹽賣之本路。然其制亦不能盡行。南渡後，官給本錢，諸州置倉，令商人置鈔算。孝宗乾道六年，户部侍郎葉衡奏：

今日財賦之源，煮海之利居其半。然年來課入不增，商旅不行者，皆私販之害也，乞委官分路措置。詔酌行之。寧宗慶元初，以提舉陳損之言，改鹽課賸鈔爲正支而課愈重。鹽法弊益多矣。

《遼史》卷五九《食貨志》 鹽筴之法，則自太祖以所得漢民數多，即八部中分古漢城別爲一部治之。城在炭山南，有鹽池之利，即後魏滑鹽縣也，八部皆取食之。及征幽、薊還，次于鶴剌濼，命取鹽給軍。自後濼中鹽益多，上下足用。會同初，太宗有大造於晉，晉獻十六州地，而瀛、莫在焉，始得河間煮海之利，置榷鹽院於香河縣，於是燕、雲迤北暫食滄鹽。一時産鹽之地如渤海、鎮城、海陽、豐州、陽洛城、廣濟湖等處，五京計司各以其地領之。其煎取之制，歲出之額，不可得而詳矣。

《金史》卷四九《食貨志・鹽》 鹽。金制，榷貨之目有十，曰酒、麴、茶、醋、香、礬、丹、錫、鐵，而鹽爲稱首。貞元初，蔡松年爲户部尚書，始復鈔引法，設官置庫以造鈔、引。鈔，合鹽司簿之符。引，會司縣批繳之數。七年一釐革之。

初，遼、金故地濱海多産鹽，上京、東北二路食肇州鹽，速頻路食海鹽，臨潢之北有大鹽濼，烏古里石壘部有鹽池，皆足以食境内之民，嘗征其税。及得中土，鹽場倍之，故設官立法加詳焉。然而增減不一，廢置無恒，亦隨時捄弊而已。

益都、濱州舊置兩鹽司，大定十三年四月，併爲山東鹽司。二十一年滄州及山東各務增羨，冒禁鬻鹽，朝論慮其久或隳法，遂併爲海豐鹽使司。十一月，又併遼東等路諸鹽場，爲兩鹽司。大定二十五年，更狗濼爲西京鹽司。是後惟置山東、滄、寶坻、莒、解、北京、西京七鹽司。

山東、滄、寶坻斤三百爲袋，袋二十有五爲大套，鈔、引、公據三者俱備然後聽鬻。小套袋十，或五、或一，每套鈔一，引如袋之數。寶坻零鹽較其斤數，或六之三，或六之一，又爲小鈔引給之，以便其鬻。

解鹽斤二百有五十爲一席，席五爲套，鈔引則與陝西轉運司同鬻，其輸粟於陝西軍營者，許以公牒易鈔引。

西京等場鹽以石計，大套之石五，小套之石三。北京大套之石四，小套之石一。遼東大套之石十。皆套一鈔，石一引。零鹽積十石，亦一鈔而十引。

其行鹽之界，各視其地宜。山東、滄州之場九，行山東、河北、大名、河南、南京、歸德諸府路，及許、亳、陳、蔡、潁、宿、泗、曹、睢、鈞、單、壽諸州。莒之場十二，濤洛場行莒州，臨洪場行贛榆縣，獨木場行海州司候司、朐山、東海縣，板浦場行漣水、沭陽縣，信陽場行密州之五場又與大鹽場通行沂、邳、徐、宿、泗、滕六州。西由場行萊州録事司及招遠縣，衡村場行即墨、萊陽縣，之二場鈔引及半袋小鈔引，聽本州縣鬻之。寧海州五場皆鬻零鹽，不用引目。黄縣場行黄縣，巨風場行登州司候司、蓬萊縣，福山場行福山縣，是三場又通行旁縣棲霞。寧海州場行司候司、牟平縣，文登場行文登縣。寶坻鹽行中都路，平州副使於馬城縣置局貯錢。解鹽行河東南北路、陝西東、及南京河南府、陝、鄭、唐、鄧、嵩、汝諸州。西京、遼東鹽各行其地。北京宗、錦之末鹽，行本路及臨潢府、肇州、泰州之境，與接壤者亦預焉。

世宗大定三年二月，定軍私煮鹽及盗官鹽之法，命猛安謀克巡捕。

三年十一月，詔以銀牌給益都、濱、滄鹽使司。

十一年正月，用西京鹽判宋俣言，更定狗濼鹽場作六品使司，以俣爲使，順聖縣令白仲通爲副，以是歲入錢爲定額。四月，以烏古里石壘民飢，罷其鹽池税。

十二年十月，詔西北路招討司猛安所轄貧及富人奴婢，皆給食鹽。宰臣言去鹽濼遠者，所得不償道里之費，遂命計口給直，富家奴婢二十口止。

十三年二月，併榷永鹽爲寶坻使司，罷平、灤鹽錢。滄州舊廢海阜鹽場，三月，州人李格請復置，詔遣使相視。有司謂是場興則損滄鹽之課，且食鹽户仍舊，而鹽貨歲增，必徒多積而不能售，遂寢其議。三月，大鹽濼設鹽税官。復免烏古里石壘部鹽池之税。

二十一年八月，參知政事梁肅言：寶坻及傍縣多闕食，可減鹽價增粟價，而以粟易鹽。上命宰臣議，皆謂鹽非多食之物，若減價易粟，恐久而不售，以至虧課。今歲糧以七十餘萬石至通州，比又以恩、獻等六州粟百餘萬石繼至，足以賑之，不煩易也。遂罷。十二月，罷平州椿配鹽課。

二十三年七月，博興縣民李孜收日炙鹽，大理寺具私鹽及刮鹹土二法以上。宰臣謂非私鹽可比，張仲愈獨曰：私鹽罪重，而犯者猶衆，不可縱也。上曰：刮鹻非煎，何以同私？仲愈曰：如此則渤海之人恣刮鹻而食，將侵官課矣。力言不已，上乃以孜同刮鹻科罪，後犯則同私鹽法論。

十一月，張邦基言：寶坻鹽課，若每石收正課百五十斤，慮有風乾折耗。遂令石加耗鹽二十二斤半，仍先一歲貸支償直，以優竈户。

二十四年七月，上在上京，謂丞相烏古論元忠等曰：會寧尹蒲察通言，其地猛安謀克户甚艱。舊速頻以東食海鹽，蒲與、胡里改等路食肇州鹽，初定額萬貫，今增至二萬七千。若罷鹽引，添竈户，庶可易得。元忠對曰：已嘗遣使咸平府以東規畫矣。上曰：不須待此，宜亟爲之。通又言可罷上京酒務，聽民自造以輸税。上曰：先灤州諸地亦嘗令民煮鹽，後以不便罷之，今豈可令民自沽耶。

二十五年十月，上還自上京，謂宰臣曰：朕聞遼東，凡人家食鹽，但無引目者，即以私治罪。夫細民徐買食之，何由有引目。可止令散辦，或詢諸民，從其所欲。因爲之罷北京、遼東鹽使司。

二十八年，尚書省論鹽事，上曰：鹽使司雖辦官課，然素擾民。鹽官每出巡，而巡捕人往往私懷官鹽，所至求賄及酒食，稍不如意則以所懷誣以爲私鹽。鹽司苟圖羨增，雖知其誣亦復加刑。宜令别設巡捕官，勿與鹽司關涉，庶革其弊。五月，創巡捕使，山東、滄、寶坻各二員，解、西京各一員。山東則置於濰州、招遠縣，滄置於深州及寧津縣，寶坻置於易州及永濟縣，解置於澄城縣，西京置於兜答舘，秩從六品，直隸省部，各給銀牌，取鹽使司弓手充巡捕人，且禁不得於人家搜索，若食鹽一斗以下不得究治，惟盜販私煮則捕之，在三百里内者屬轉運司，外者即隨路府提點所治罪，盜課鹽者亦如之。

章宗大定二十九年十月，上朝隆慶宫，諭有司曰：比因獵，知百姓多有鹽禁獲罪者，民何以堪。朕欲令依平、灤、太原均辦例，令民自煎，其令百官議之。十二月，户部尚書鄧儼等謂若令民計口定課，民既輸乾辦錢，又必别市而食，是重費民財，而徒增煎販者之利也。且今之鹽價，蓋昔日錢幣易得之時所定，今日與向不同，况太平日久，户口蕃息，食鹽歲課宜有羨增，而反無之，何哉。緣官估高，貧民利私鹽之賤，致虧官課爾。近已減寶坻、山東、滄鹽價斤爲三十八文，乞更減去八文，歲不過減一百二十餘萬貫，官價既賤，所售必多，自有羨餘，亦不全失所減之數。况今府庫金銀約折錢萬萬貫有奇，設使鹽課不足，亦足補百有餘年之經用，若量入爲出，必無不足之患。乞令平、灤乾辦鹽課亦宜減價，各路巡鹽弓手不得自專巡捕，庶革誣罔之弊。禮部尚書李晏等曰：所謂乾辦者，既非美名，又非良法。必欲杜絶私煮盜販之弊，莫若每斤減爲二十五文，使公私價同，則私將自己。又巡鹽兵吏往往挾私鹽以誣人，可令與所屬司縣期會，方許巡捕，違者按察司罪之。刑部尚書郭邦傑等則謂平、灤瀕海及太原鹵地可依舊乾辦，餘同儼議。御史中丞移剌仲方則謂私煎盜販之徒，皆知禁而犯之者也。可選能吏充巡捕使，而不得入人家搜索。同知大興府事王翛請每斤減爲二十文，罷巡鹽官。左諫議大夫徒單鎰則以乾辦爲便。宰臣奏以每斤官本十文，若減作二十五文，似爲得中。巡鹽弓手可減三分之一，鹽官出巡須約所屬同往，不同獲者不坐。可自來歲五月一日行之。上遂命寶坻、山東、滄鹽每斤減爲三十文，已發鈔引未支者准新價足之，餘從所請。十二月，遂罷西京、解鹽巡捕使。

時既詔罷乾辦鹽錢，十二月以大理司直移剌九勝奴、廣寧推官宋扆議北京、遼東鹽司利病，遂復置北京、遼東鹽使司，北京路歲以十萬餘貫爲額，遼東路以十三萬爲額。罷西京及解州巡捕使。

明昌元年七月，上封事者言河東北路乾辦鹽錢歲十萬貫太重，以故民多逃徙，乞緩其徵督。上命俟農隙遣使察之。十一月，定禁司縣擅科鹽制。

二年五月，省臣以山東鹽課不足，蓋由鹽司官出巡不敢擅捕，必約所屬同往，人不畏故也。遂詔，自今如有盜販者，聽鹽司官輒捕。民私煮及藏匿，則約所屬搜索。巡尉弓兵非與鹽司相約，則不得擅入人家。

三年六月，孫即康等同鹽司官議，軍民犯私鹽，三百里内者鹽司按罪，遠者付提點所，皆徵捕獲之賞於販造者。猛安謀克部人煎販及盜者，所管官論贖，三犯杖之，能捕獲則免罪。又濱州渤海縣永和鎮去州遠，恐藏盜及私鹽，可改爲永豐鎮與曹子山村各創設巡檢，山東、寶坻、滄鹽司判官乞陞爲從七品，用進士。上命猛安謀克杖者再議，餘皆從之。

尚書省奏，山東濱、益九場之鹽行於山東等六路，濤洛等五場止行於沂、邳、徐、宿、滕、泗六州，各有定課，方之九場，大課不同。若令與九場通比增虧，其五場官恃彼大課，恐不用力，轉生姦弊。遂定令五場自爲通比。舊法與鹽司使副通比，故至是始改焉。五年正月，八小場鹽官左華等，以課不能及額，繳進告敕。遂遣使按視十三場再定，除濤洛等五場係設管勾，可即日恢辦，乃以華所告八場，從大定二十六年制，自見管課，依新例永相比磨。户部郎中李敬義等言，八小場今新定課有減其半者，如使俱從新課，而舊課已辦入官，恐所減錢多，因而作弊，而所收錢數不復盡實附曆納官，遂從明昌元年所定酒稅院務制，令即日收辦。

十一月，以舊制猛安謀克犯私鹽酒麴者，轉運司按罪，遂更定軍民犯私鹽者皆令屬鹽司，私酒麴則屬轉運司，三百里外者則付提點所，若逮問犯人而所屬恡不遣者徒二年。【略】

四月，宰臣奏，在法，猛安謀克有告私鹽而不捕者杖之，其部人有犯而失察者，以數多寡論罪。今乃有身犯之者，與犯私酒麴、殺牛者，皆世襲權貴之家，不可不禁。遂定制徒年、杖數，不以贖論，不及徒者杖五十。

八月，命山東、寶坻、滄州三鹽司，每春秋遣使督按察司及州縣巡察私鹽。

泰和元年九月，省臣以滄、濱兩司鹽袋，歲買席百二十萬，皆取於民。清州北靖海縣新置滄鹽場，本故獵地，沮洳多蘆，宜弛其禁，令民時採而織之。

十一月，陜西路轉運使高汝礪言：舊制，捕告私鹽酒麴者，計斤給賞錢，皆徵于犯人。然監官獲之則充正課，巡捕官則不賞，巡捕軍則減常人之半，免役弓手又半之，是罪同而賞異也。乞以司縣巡捕官不賞之數，及巡捕弓手所減者，皆徵以入官，則罪賞均矣。詔從之。

三年二月，以解鹽司使治本州，以副治安邑。

十一月，定進士授鹽使司官，以榜次及入仕先後擬注。

四年六月，以七鹽使司課額七年一定爲制，每斤增爲四十四文。時桓州刺史張煒乞以鹽易米，詔省臣議之。

六月，詔以山東、滄州鹽司自增新課之後，所虧歲積，蓋官既不爲經畫，而管勾、監同與合干人互爲姦弊，以致然也。即選才幹者代兩司使副，以進士及部令史、譯人、書史、譯史、律科、經童、諸局分出身之廉慎者爲管勾，而罷其舊官。

十月，西北路有犯花鹻禁者，欲同鹽禁罪，宰臣謂若比私鹽，則有不同。詔定制，收鹻者杖八十，十斤加一等，罪止徒一年，賞同私礬例。

五年六月，以山東、滄州兩鹽司侵課，遣户部員外郎石鉉按視之，還言令兩司分辦爲便。詔以周昂分河北東西路、大名府、恩州、南京、睢、陳、蔡、許、潁州隸滄鹽司，以山東東西路、開、濮州、歸德府、曹、單、亳、壽、泗州隸山東鹽司，各計口承課。

十月，簽河北東西大名路按察司事張德輝言，海壖人易得私鹽，故犯法者衆，可量户口均配之。尚書省命山東按察司議其利便，言萊、密等州比年不登，計口賣鹽所斂雖微，人以爲重，恐致流亡。且私煮者皆無籍之人，豈以配買而不爲哉。遂定制，命與滄鹽司皆馳驛巡察境内。

六年三月，右丞相内族宗浩、參知政事賈鉉言：國家經費惟賴鹽課，今山東虧五十餘萬貫，蓋以私煮盜販者成黨，鹽司既不能捕，統軍司、按察司亦不爲禁，若止論犯私鹽者之數，罰俸降職，彼將抑而不申，愈難制矣。宜立制，以各官在職時所增虧之實，令鹽司以達省部，以爲陞降。遂詔諸統軍、招討司，京府州軍官，所部有犯者，兩次則奪半月俸，一歲五次則奏裁，巡捕官但犯則的決，令按察司御史察之。

四月，從涿州刺史夾谷蒲乃言，以萊州民所納鹽錢聽輸絲綿銀鈔。

七年九月，定西北京、遼東鹽使判官及諸場管勾，增虧陞降格，凡文資官吏員、諸局署承應人、應驗資歷注者，增不及分者陞本等首，一分減一資，二分減兩資、遷一官，四分減兩資、遷兩官，虧則視此爲降。如任迴驗官注擬者，增不及分者陞本等首，一分減一資，二分減一資、遷一階，四分減兩資、遷兩階，虧者亦視此爲降。

十二月，尚書省以盧附翼所言，遂定制竈户盜賣課鹽法，若應納鹽課外有餘，則盡以申官，若留者減盜一等。若刮鹻土煎食之，採黃穗草燒灰淋鹵，及以酵粥爲酒者，杖八十。

八年七月，宋克俊言：鹽管勾自改注進士諸科人，而監官有失超陞縣令之階，以故怠而虧課，乞依舊爲便。有司以泰和四年改注時，選當時到部人截替，遂擬以秋季到部人注代。

八年七月，詔沿淮諸榷場，聽官民以鹽市易。

宣宗貞祐二年十月，户部言，陽武、延津、原武、滎澤、河陰諸縣饒鹹鹵，民私煎不能禁。遂詔置場，設判官、管勾各一員，隸户部。既而，御史臺奏，諸縣皆爲有力者奪之，而商販不行，遂敕御史分行申明禁約。

三年十二月，河東南路權宣撫副使烏古論慶壽言：絳、解民多業販鹽，由大陽關以易陝、虢之粟，及還渡河，而官邀糴其八，其旅費之外所存幾何。而河南行部復自運以易粟于陝，以盡奪民利。比歲河東旱蝗，加以邀糴，物價踴貴，人民流亡，誠可閔也。乞罷邀糴，以紓其患。四年七月，慶壽又言：河中乏糧，既不能濟，而又邀糴以奪之。夫鹽乃官物，有司陸運至河，復以舟達京兆、鳳翔，以與商人貿易，艱得而甚勞。而陝西行部每石復邀糴二斗，是官物而自糴也。夫轉鹽易物，本濟河中，而陝西復強取之，非奪而何。乞彼此壹聽民便，則公私皆濟。上從之。

興定二年六月，以延安行六部員外郎盧進建言：綏德之嗣武城、義合、克戎寨近河地多產鹽，請設鹽場管勾一員，歲獲十三萬餘斤，可輸錢二萬貫以佐軍。三年，詔用其言，設官鬻鹽給邊用。

四年，李復亨言，以河中西岸解鹽舊所易粟麥萬七千石充關東之用。尋命解鹽不得通陝西，以北方有警，河禁方急也。元光二年内族訛可言，民運解鹽有助軍食，詔修石牆以固之。

《元典章》卷二二《户部・課程・鹽課・設立常平鹽局》　至元二十二年□月，江淮行省准中書省咨：

至元二十一年十二月初一日奏過事件：鹽的體例，一引鹽根底，官司處一十五兩買了，國家不多要課程。賣這鹽呵，本待教百姓都得販鹽喫來。如今官員豪富有氣力的人每，詭名兒教人買出鹽來，把柄着行市，掯勒百姓，多要利錢賣有。十八年，潭州一引鹽賣一百八十兩，江西賣一百七十兩。一個月前，這大都一引鹽也賣一百二十兩來。爲這上頭，皇帝少要課程的聖恩，不曾到百姓身上。爲這般上，窮百姓多有不得鹽喫的有。咱每的鹽引，二百萬引鹽根底教客旅興販，一百萬引鹽諸路運將去放者，立常平鹽局。販鹽底人每若時貴呵，咱官司賤賣。那般做呵，百姓每都得鹽喫，國家更有利錢。奏呵，奉聖旨：那般者。欽此。所有合行事理，逐一區處于後，咨請欽依施行。

一、鹽局官，從各處官司於近上户計内選保有抵業人、通商賈、信實不作過犯之人充。每局大使一員，副使一員，本路出給付身，委用勾當，開具花名，保結申宣慰司，呈報行省。腹裏路分，申部照會。

一、鹽局房舍，於各處係官房内從便標撥。如無，係官錢内起蓋，合用夫匠，本處就便差發。

一、合賣年銷鹽數，驗各處人户多寡，斟酌可用鹽袋，開坐數目，行移宣慰司、總管府各差管押官一員，賫擎公文，將引各處局官，前去合干運司關引支撥，須要交割明白。到局若有短少，着落元關局官陪償。如是在場鹽數不敷，分作兩次搬運。合用脚力，運司就便和雇。行下鹽轉運司依上施行，仍將賣過鹽引逐旋繳申提點官批鑿訖，申覆本路，轉申省部。

一、發賣鹽價，如今鹽袋不問價例，平和聽從民便發賣。如無客旅興販，鹽價增添時分，官爲發賣。價直雖高，每行不過一錢，須要一斤至二斤三斤各作一裹，預先如法多廣包裹。如遇人户買鹽，即便驗價支發，免致逐旋秤盤，停滯買户。據賣到價錢，本局明附文曆，每日分豁本息，具單狀申報提點官司印押，每旬開申本路，轉申宣慰司，呈〔行〕省。比及次月終，須要開咨到省。腹裏路分，每局申部呈省。據每月賣到數目，不過次月初五日申解本路送納。

一、本處正官提點催趕發賣，毋致闕誤，亦不得剋減斤兩，虧損百姓。

一、合設鹽局，除各縣置立一處外，各路并户多州郡及人煙輳集鎮官市可以添設去處，本路就便斟酌設立訖，開具各各數目，保結申宣慰司，呈行省。腹裏路分申部。

一、合用攢典、秤子、合干人，從本路斟酌賣鹽多寡，就便定奪，於酌中户内差撥，毋致多餘濫設。仍將設定人數申部，保結申宣慰司，具呈行省。

一、局官俸給、攢典秤子工食錢，隨後另行定奪。

一、各處運司至元二十二年額煎鹽數，先儘常平鹽袋。如遇各道宣慰司、各路差官賫公文關撥，隨即先行依資次關引支查，本司和雇脚力，運立局去處。如是見在不敷，先儘實有見在，均俵分作兩處般運，毋致短少斤重，刁蹬停滯。具關訖鹽貨并用過脚力，保結申宣慰司，呈行省，腹裏路分申部。若有客旅關賣鹽貨，等候官鹽了畢支查。

一、各運司額辦鹽數，催督各場管勾竈秤人等趁時煎造，毋致闕誤支發。

《元典章》卷二二《户部・課程・鹽課・立都提舉司辦鹽課》 至元二十九年，中書省：

今照到辦課聖旨條畫，開立于後。

一、隨路應管公事官吏，并軍民人匠打捕諸色頭目人等，常切禁約，毋得縱令不干礙人虚樁飾詞，妄行扇惑，攪擾沮壞見辦課程。如有違犯之人，並行斷罪。

一、蒙古、漢軍、探馬赤、打捕鷹房、站赤諸色人等，一體買食官鹽，不得私煎販賣，及不得私造酒醞，偷匿商税。辦課其間，諸衙門毋得妄生事端攪擾，擅勾辦課官吏人員。如有違犯，或提點官禁治不嚴，並欽依累降聖旨斷遣施行。

一、近年各處轉運鹽使司所用皆非其人，省降鹽引多爲勢力之家賒買，賫引下場，攙蓦資次，多查斤兩，遮當客旅，把握行市，以致鹽法不行，公私兩不便當。今後見錢賣引，照依資次支發鹽袋，監臨主守官吏並不得賒買，違者其價與鹽俱没官。詭名盜買者，仍徵倍贓，官解見任，司吏勒停。

一、各位下并權豪勢要之家，納課買引，赴場查鹽，不得攙越資次，恃賴氣力，逼勒場官，多要斤重。如有違犯之人，取問是實，依條斷罪。

一、運司煎鹽地面内，如有係官山場、草蕩、煎鹽草地，諸人不得侵占斫伐及放牧頭疋，亂火燒燃。仰所在官司常切用心關防禁治，如有違犯之人，斷罪陪償。

一、諸人販賣鹽貨，除官定袋法每引四百斤之外，夾帶多餘斤重者，同私鹽法科斷。

一、巡禁私鹽者，附場百里之内，從運司選委相應人員巡捉。其餘府州司縣行鹽去處，摘委鹽司正官員，與管民正官一同巡捉。

一、行鹽地面路府州縣私立鹽牙行大秤，有壞鹽法，仰所在官司截日罷去。違者捉拿到官，痛行治罪。

一、竈户煎到鹽數，在先當該官吏多取餘鹽，剋減工本，或以他物准折，致使生受。今後從實給散，但有依前剋減准折，虧損竈户，嚴行斷罪，仍勒倍償。

一、諸人興販鹽貨，務要兩平發賣，不得中間插和灰土，違者嚴行斷罪。

一、諸犯私鹽者，照依已降聖旨，科徒二年，决杖七十，財産一半没官。决訖，發下鹽司帶鐐居役，滿日疏放。若有人告捕得獲，於没官物内一半充賞。犯界鹽貨，減犯私鹽罪一等。仍委自州縣長官提點禁治。知道賣私鹽的人每根底拿去時分，拿去的人每根底相迎着厮殺的根底，敲了。二次做伴當爲從厮閧的，斷没家緣，流遠。又他每之下做伴當來的每根底，家緣斷没了，鐐着，三年竈户裏使用。如竈户人等私賣鹽者，同私鹽法科斷。兩鄰知而不首者，減犯人罪一等。場官失覺察者，初犯笞四十，再犯杖八十，三犯杖一百、除名。場官知情貨賣者，與犯人同罪。管民提點正官不爲用心禁治捉拿，縱令百姓買食私鹽，與場官同罪。如經過關隘港汊去處，管軍官不爲用心盤捉，與管民提點官一體斷罪。如有通同縱放貨賣私鹽者，與犯私鹽人同罪。

一、兩淮、兩浙運司，欽依聖旨，辦課其間，諸衙門無得攪擾沮壞，亦不得將辦課官吏擅自差占勾攝。如有沮壞之人，取問是實，從行省就便斷罪。

一、隨路運司官吏，若有虧兑官課不公之人，問當得實，截日罷去。據本官拖欠課程，依數追徵，須管日近補納數足，别差有産業、不作過犯、信實人員補闕勾當。今後若有放意挾仇，妄生飾詞，因而胡亂陳言，沮壞課程者，諸衙門無得受理。如是委有侵欺官錢，憑准堪信文憑，明注月日，等候年終考較，前來陳言，一同對證歸斷施行。如違，嚴行治罪。

一、附場百里之内村莊鎮店城郭人户食用鹽貨，官爲置局發賣，驗各家食鹽月日，從運司出給印信，憑驗關防，無致私鹽生發。如是過期，却有附餘鹽貨，別無由關，同私鹽法科斷。

一、諸人賣過鹽引，欽奉聖旨，限五日赴所在官司繳納。隨路管民官每月用心拘刷，每季繳申行省照勘。如不用心拘刷，縱令客旅違限不納，夾帶私鹽，影射使用，從行省究治。

一、兩淮、兩浙運鹽綱船車輛，并辦課官吏、巡鹽弓手騎坐馬疋，欽依聖旨，諸人不得奪要拘撮。如有違犯之人，從行省就便斷罪。

《元典章》卷二二《户部・課程・鹽課・新降鹽法事理》　大德四年十一月，兩淮都轉運鹽使司承奉中書省劄付：

欽奉聖旨節該：中書省奏：諸處鹽課，兩淮爲重。比年以來，諸人盜賣私鹽，權豪多帶斤重，辦課官吏賄賂交通，軍官民官巡禁不嚴，以致侵襯官課，宜從新設法關防，乞降聖旨事。准奏。自大德四年爲始，立倉查運，撥袋支發，以革前弊。真州采石依舊設官批驗，置軍巡捉，江淮海口私鹽出没去處，添撥車船。附場閑雜船隻，不許往來灣泊。軍民捕盜等官，常切用心防禁，毋致私鹽生發。欽此。所有立法合行事理，命中書省定立條畫。上江下流諸衙門大小官吏人等，各務遵守奉行。若有滅裂沮壞之人，照依已降聖旨究治。欽此。又於大德四年十二月二十日聞奏過：兩淮鹽法爲不定體的上頭，合整治的法度，張參政題説來。在後海道運糧朱參政也依那言語題説呵，上位奏過，提調整治的，教（來）〔朱〕參政、更一個姓郝的漢兒人、省裏行來的張都事等去來。他每到那裏，合行的勾當就便行了，更有幾件合整治的題説有。數内一件：應有合整治事理，行聖旨，怎生？説有。俺商量來，上位奏過，省裏行文書呵，怎生？奏呵，奉聖旨：那般者。欽此。都省欽依聖旨事意，通行參考，議立條畫，開坐于後，仰欽依施行。

一、淮東揚州、淮安地面，以遠就近，分立六倉，給雇綱船，設官押運，赴場查鹽，入倉收貯，撥袋發賣。今後客旅納課買引，赴倉關鹽，照依資次，晝時支付。運司以下，無得非理取擾，仍前作弊。違者依條追斷。

一、兩淮運司歲辦鹽課六十五萬七十（五）引，雖是周歲立額，例於九個月攢辦。自二月爲頭煎燒，十月終足備，月該煎鹽七萬二千二百三十引。所據運鹽綱船，亦須春首河開查運，比及冬月河凍水涸儹運了畢。其煎鹽運鹽，俱在九個月之間。今依驗諸場日煎月辦課額多寡、地里遠近、河水淺深、倉場装卸往回日程，以遠就近，通立四十綱，每綱設官一員，分運前項月煎鹽袋。中間或有上中下則月分，煎鹽多寡不等，及河道通塞不一，亦須於九個月内增虧相補，務要齊足。仍多方預積柴滷，雖連陰數月，並不許申報陰雨妨工，以爲久遠常例。

一、諸倉遇客支鹽，若留難不給，隨即理斷。因而受財者，並從枉法科斷。其運官人等給散工本、脚價及席索等錢而有侵剋者，各如之。

一、諸王、公主、駙馬位下行運斡脱人等，及官豪勢要之家，今後納課買引，赴倉支鹽，不得欺凌倉官，攙越資次。如到發賣去處，亦不得恃勢攙奪行市。若有違犯之人，依條斷罪，仍具姓名呈省。

一、綱船運到鹽袋，須要入倉排垜收貯。如遇客旅關鹽，添席重包，然後支發，不許就船兑撥。違者，倉官、監運各決三十七下，解見任，期年後别行求仕。運官有失關防，罪亦及之。通同縱放者，與同罪。

一、裝鹽席索，運司較勘樣製，各於立倉拘該州縣撥户織造，務要堅密牢壯。諸倉就管收支，州縣官司添力催辦，仍將席户籍定姓名，諸人不許私織私賣，違者決杖五十七下。倉官不依元様，受錢濫收，或依樣故行刁蹬，因而受財，並同枉法科斷。運官有失關防者，亦行究治。

一、監運赴場查鹽，就廩裝打硬袋，每引帶席索，通秤四百一十斤出場。袋法之外，餘有十斤，以充在船坐倉走滷折耗，内諸倉破耗六斤，監運破耗四斤。綱船運鹽到倉，倉官、監運眼同交收。耗例之外，若有短少斤重，如在四百斤之内者，即令綱頭、船户陪償，就於脚錢内照依官價掯除，另行解官，監運、船户約量治罪。短鹽十斤之上者，附簿申報運司，捕足支發。其侵偷盜賣者，依私鹽法。如四百一十斤之上，但有多帶餘鹽，亦仰倉官置簿，從實附寫，晝時申報運司，當該監運、監查場官各決三十七下，解見任，期年後降先職一等。倉官通同不報者，與同罪。運司官有失關防，罪亦及之。

一、諸綱運鹽船隻，每歲住運之後，督責船主趁時修船，整辦浮動，不許擅自離綱。私離綱者，決杖五十七下。

一、在先場官措勒竈户，多取斛面，以通鹽商，支查大鹽。今既立倉，依法裝袋，已積鹽廩必有附餘。若不關防，恐致場官通同竈户虚過鹽籌，冒關工本。仰諸綱監運到場查鹽，並要互相覺察，一廩支盡積出餘鹽數目，場官、監運連銜保結，隨即開申運司，置簿銷附。通同漏報者，許諸人首告是實，場官、監運各決三十七下，解見任，期年後别行求仕。仍自大德五年爲始，竈户赴場納鹽，置簿明白附寫某字號，一廩自幾年月日竈户某人納鹽爲始，至幾年月日竈户某人納鹽爲尾，計鹽一千引，各開備細花名鹽數。已後查盡積出餘鹽，照依各各納鹽分數，依例支給工本。

一、運司泛濫差人下場，必要祗待賚發。在先客旅就場查鹽，多帶斤重取要分例，場官有以支持。既已在倉，革除前弊，若又泛濫差人，必是侵漁竈户。今後運司凡有下場文字，須要入遞發行。其有照勘追會公事，運官散本之時就便理會。諸場月報實煎鹽袋，隨月比較，虧兑者依例決罰。若有問出竈户、場官通同發賣私鹽，必須差人勾追，須明給差劄，立限幹辦。違期不至者問罪。

一、諸場煎鹽柴地，舊來官爲分撥，初非竈户己業。亡宋時禁治豪民不許典賣，亦不許人租佃開耕。今知各場富上竈户往往多餘冒占。貧窮之人，内多買柴煎鹽。私相典賣，開耕租佃，一切無禁。今後運司嚴加禁治，更爲差官體究。若有似此情弊，即仰依理歸着。無柴去處，從公分撥，務要貧富有柴煎鹽，不得似前違錯。

一、凡獲私鹽、犯界鹽貨，須先從實挨問監賣鹽場，罪及場官。經過把隘去處，罪及鎮守軍官。轉行貨賣地面，罪及路府州縣提點捕盗等官。或通同作弊，或有失覺察，並從運司照依已降聖旨條畫科斷。其軍民鹽場捕盗等官能自敗獲者，止罪元賣竈户、正犯鹽徒。管民官、鹽場官、捕盗官獲到私鹽、犯界鹽貨各各起數，任滿於解由内開寫，量加遷擢。鎮守把隘巡鹽軍官，若能周歲之内所獲私鹽并犯界鹽貨，百户有及三百引、千户五百引、萬户千引之上者，並各陞官一等。親獲之人，應捕者每鹽一引賞鈔一十五兩，不干礙人賞鈔二十五兩，所在官司就便畫時支給。雖獲私鹽而不獲鹽徒者，不在理准之限。

一、敗獲鹽徒，多係累經配斷，視爲尋常，不改前過。一番事發，一遍詐人。諸場富上竈户、有司殷實良民，多被妄行通指。此等之徒，紛亂准甸。今後犯鹽經斷賊徒，各於門首粉壁，大字書寫犯鹽經斷賊徒六字，官爲籍記姓名。責令巡尉、捕盗等官，每月一次點名撫治，務要改過，別求生理。出入往回，須使鄰佑得知。三日之外不歸者，即報捕盗官究問。三年不犯，鄰佑保舉，方許除籍。

一、附場百里之内，在先設立官局一十七處，拘該一府四州一十一縣，歲賣官鹽四千六百餘引。中間夾帶私鹽，擾害百姓，有名無實，奸弊多端，於官無濟，於民有損。今擬附場十里之内人户，取見實有口數，責令買食官鹽。十里之外，盡作行鹽地面，許令客旅通行興販，以便公私。若革罷局鹽之後，城鎮無賣鹽鋪户，鄉村無販鹽客旅，又少有拘到退引，即是管民捕盗把隘軍官不爲用心，以致私鹽生發，運司從長施行。

一、諸人賣過鹽引，鋪户、牙人私相隱匿，影射私鹽，侵襯官課。仰督責各路提點正官，先將立倉已前應發舊引盡數拘刷到官，牒發運司。如無不盡數目，亦仰保結牒呈。改法之後賣過退引，依期拘收，每季牒發，諸官府無得存留。各處行省若有在先已收退引，亦仰盡數發付運司。其運司拘到退引，即係元降法物。若擬存留別用，及或久頓在庫，中間必生奸弊。運司正官點勘見數，並仰當官燒毁，已後無得停留。

一、采石依舊設官，批驗引目，摘撥軍船，一同盤捉私鹽。今後，前去上流販鹽船隻，須由彼中批驗，另無夾帶私鹽，方許經行。匿不批引者，同私鹽法科斷。其海船、海仙鶴、鐵頭船，采石之上不許放過，違者决杖五十七下，其船没官。若軍官、批引官通同脱放者，與犯人同罪。

一、煎鹽之所，皆爲禁地。在前諸人閑雜船隻通行往來，因而搬販私鹽。今後除竈户般運柴滷等船、運鹽綱船、巡鹽船隻，運司印烙行使外，其餘諸人船隻，並不許於附場江淮海口并場邊港汊往來灣泊。違者捉拿到官，犯人决杖五十七下，斷訖牒發元籍，仍將船隻拘没入官。其運鹽大河内買賣民船，雖由場邊經過，却不得因而當攔搔擾。

一、賣引支鹽批驗關防：

客人入狀運司買引，自大德五年爲始，每引納官中統鈔六十七兩五錢。

正課鈔六十五兩。帶收鈔二兩五錢：綱船水脚一兩一錢，裝鹽席索錢七錢，倉場子脚錢六錢。

運官監視，挨次交檢數足，送庫收訖，支引出庫。隨於引面上書填客名，次於引背上墨印批鑿兩淮都轉運鹽使司發引，赴某處鹽倉支鹽，於墨印上再用本司正印訖，出給下倉勘合，同引當官給付客旅，赴倉關鹽。本司另置花名銷簿，於上附寫一貼幾年月日某人買鹽若干，幾年月日用某字號勘合，行下某倉放支，仍於貼項後餘留空紙。已後鹽倉、批驗所申到出倉賣過月日，並於本客名下相續銷附。

鹽倉從運司置立關防號簿，每號餘留空紙半張，印押過，預發諸倉收掌。如承運司勘合，比對元發字號相同，辨驗引上客名印信別無詐冒漏落，即於簿上附寫幾年月日，承奉運司幾年月日某字幾號勘合，放支客人某人鹽若干，然後照依資次，撥袋支鹽。如鹽商欲往真州發賣者，即將客名、鹽數、出倉月日，關發真州批驗所發賣。如鹽商不到真州，徑去淮東、淮西貨賣者，本倉依例就收批引牙錢中統鈔四錢，並於引上皆使出倉批驗印記，付客從便興販。食魚局鹽一體批收。仍將出倉月日、客名、鹽數、收到官錢，各於前簿本客名下銷付，每月一次，開申運司照驗。

真州批驗所從運司置立關防文簿，印押過，發付本所收掌。如承鹽倉關到客人出倉鹽袋，即於簿上附寫幾年月日某倉關到某人出倉鹽若干，仍於客名後餘留空紙。每日賣過鹽數，牙人、鹽商賫引同赴本所批鑿。如鹽過岸上江發賣者，依例每引收要中統鈔一錢，牙錢鈔一錢，即將客名、鹽數關發采石，再行批驗。如過岸不到采石，徑去江東、淮西州郡就賣者，每引全收批引中統鈔三錢，牙錢鈔一錢。如不過岸上，就江北、淮東發賣者，亦仰全收批引牙錢，並於引上背使各各關防青印，付客從便興販。應鹽倉關發真州客鹽，須到真州批驗發賣。如匿不批引，私自發賣者，依條追斷。仍將鹽倉元關客名、鹽數、賣過花名月日、收到官錢數目，隨於前簿本客名下銷附，每月一次開申運司照驗。

采石批驗所從運司置立關防文簿，仰申過，發付本所收掌。如承真州批驗所關發客人鹽船到岸，即於簿上附寫幾年月日關文發到某人販去上江鹽若干，仍於客名後餘留空紙，隨於引上背使關防青印。依例每引收要批引中統鈔二錢，點檢別無夾帶私鹽，即便放行。其真州全收官錢，江東、淮西就賣客鹽，而有復過采石者，亦仰驗真州鹽引，更爲依例批鑿放訖，移關真州批驗所會問，以防其弊。應真州關發采石客鹽，須到采石再行批驗了畢，然後通放，并本處發賣。如匿不批引而先發賣者，依條追斷。仍將真州元關客名、鹽數、批驗過月日同收到官錢數目，各於前簿本客名下銷附，每月一次開申運司照驗。

諸路拘該到退引，內多不行批毁，中間爲弊最深。既立倉之後，應賣鹽引上改給條印，明白批鑿關防，其隨路拘收退引亦合改給印記，從新批毁，法令歸一，庶革奸弊。仰運司議立關防批毁條印，粘連行移拘該路分，委自提點長官監視，依樣置造，發付司縣提點正官收掌。依期拘收退引到官，隨於引上正面批使，入庫對收，每季牒發運司比較。如有滅裂不行用意拘收，及漏用批退印記，並行究問。

一、淮東真州，南北商旅聚集去處，故於彼中設立批驗所。官府專責批鑿鹽引，發運辦課，欲使無擾鹽商，交易快便。不謂近年以來，批驗所以爲作弊要錢之司，除通同牙人取要分例外，縱令攢典、合干、門下家丁人等私立名色，紛擾鹽商，取要錢物，其於鹽法一毫無補。又所設鹽牙，皆非從公選擇，濫用無藉破落之徒，各名下別帶小牙、秀才、勾當人等，百數成群，結攬鹽商，把柄行市，多取牙錢，坑陷客旅。今次立倉改法，從新整治，已令真州官司於本土諸行鋪户內，選到有抵業、慎行止、不作過犯（者）、知商賈、信實之人，以充鹽總部轄，專一説合賣鹽交易。運司常加用心關防鈐束，務要盡革前弊。已後批驗官吏、鹽總部轄人等，敢有似前取要分例、多取牙錢、擾害鹽商作弊之人，運司隨事追問。運官通同看循，罪亦及之。議到關防合行事理：

鹽總部轄擬設四名，專一説合賣鹽交易。如無過犯，不得擅自更換。其在下掌附文曆，接手協力之人，並從部轄入狀保用。如或陷害鹽商，作弊敗事者，正犯人嚴行斷遣，元保部轄亦行斷罪。

已前應有鹽牙，盡行革去。除今次額設鹽總部轄外，敢有私充牙人，及已罷舊來潑皮鹽牙，仍前結攬鹽商、暗行交易者，許諸人首捉到官，犯人決杖六十七下，仍於名下各追中統鈔五定，付告人充賞。

新立部轄，每日止於批驗所，與買主、賣主對面説合交易，不許他處暗地成交。如有違犯之人，許諸人首告是實，各決四十七下，仍於各名下追中統鈔伍定，給付告人充賞。

一、真州江口，係兩淮運司發鹽總會去處，擬立部轄四名，説合賣鹽，關防批驗。其餘行鹽地面、上江諸路，如鄉例須用牙人説合，從各路提點長官，照依真州，依例於土居信實、不作過犯、有抵業、通曉商賈諸行鋪户內從公選差，出給文憑，立部轄，專一説合賣鹽交易。如鄂州、龍興、潭州、江陵、吉州等路聚鹽去處，擬設二名，其餘去處止設一名。凡遇客旅到彼，須於賣鹽處所，買主、賣主對面成交。牙錢每引不過中統鈔一錢，餘上不得多取。如有似前多取牙錢，許鹽商諸人首告是實，犯人決杖六十七下，違法多取牙錢盡給告人充賞。除額設部轄外，其餘濫設私牙，截日盡行罷去。敢有私充鹽牙，及已罷牙人結攬鹽商私相交易者，決杖六十七下，門前粉壁，毋令再犯，仍於名下各徵中統鈔伍定，給付告人充賞。提點官有失關防，罪亦及之。

一、體知行鹽地面諸路官府，多將上司官員并自己販到鹽貨添荅價錢，攙先發賣，使無勢力鹽商不得成交。縱然分晾在地，其鹽牙索到價錢，止還權勢之家，因而客旅虧折錢本。今後各處提點正官常加關防，毋致似前作弊，陷害鹽商，違者並行究治。

一、諸路鹽牙鋪户人等經手賣過客鹽，如有未還價鈔，分司運官到處，先行取會見數，及令鹽商自行首告，督責各處提點官吏，晝時監徵給主，無使停滯。怠（謾）〔慢〕去處，就便究治。

一、行鹽地面，拘該行省、宣慰司官各一員專一提調。路府州縣提調正官、鎮守把隘軍官、巡鹽、捕盗等官，若有奉行不至者，許廉訪司糾彈究治。事關各省爲例事理，仰運司直呈都省。

一、該載不盡，凡於官司不便事理，運司官欽依已降聖旨，就便從長規畫，無致虧兑。

《元典章》卷二二《户部・課程・鹽課・申明鹽課條畫》 延祐五年三月十六日，長生天氣力裏，大福蔭護助裏，皇帝聖旨（裏）：

中書省、御史臺官人每根底，宣慰司、轉運司、廉訪司官人每根底，管城子達魯花赤官人每根底，軍官每根底，軍人每根底，各枝兒頭目每根底，大小諸衙門官人每根底，打捕户昔寶赤每根底，站赤每根底，衆百姓每根底，宣諭的聖旨：中書省奏：諸處鹽課，兩淮爲重。大德四年改法立倉，撥袋支發，定立條畫，宣諭諸司，各另遵守。比來所司弛於奉行，宜申舊制宣諭。乞降聖旨事意。准奏。所有條畫，隨列于後。

一、隨處所辦課程，依舊例，管民正官提點，若有差出，以次官提點。若有沮壞虧兑，取問得實，依例究治。

一、諸王、公主、駙馬位下行運斡脱人等，及官豪勢要之家，今後辦課買引，赴倉支鹽，不得欺凌倉官，攙越資次。如到發賣去處，亦不得恃勢攙奪行市。若有違犯之人，依條斷罪，仍具姓名呈省。

一、各處運司辦課其間，諸衙門官吏人等無得縱令歹人虚椿飾詞，妄行扇惑，搔擾沮壞。若果有言告鹽司場官人等不公等事，從運司依例科斷。如理斷不應，許監察御史、廉訪司糾彈。運司官若有非違，〔申臺〕呈省。辦課人員無得擅自勾擾。

一、行鹽地面，拘該行省、宣慰司官各一員專一提調。路府州縣提調正官、鎮守把隘軍官、巡鹽、捕盗等官若有奉行不至者，許廉訪司糾彈究治。事關各省爲例事理，運司直呈都省。

一、隨處河邊，舊有釘立樁橛，阻礙運司船隻，沿河官親行點視拔去。若有因而沮壞販鹽船隻，其工本一切損失之物，當處官司陪償，仍行斷罪。

一、鹽商、竈户、綱船、工脚、鑄盤、織席之家，運司常加照管，無令有司拖拿搔擾，違者究問。

一、凡於官課不便事理，運司就便從長規劃，無致虧兑。

一、管民提點正官常切提調關防，嚴加禁治。如不爲用心，（至）〔致〕有私鹽并犯界鹽貨，初犯笞四十，再犯八十，三犯〔杖〕一百、除名。通同縱放者，與犯人同罪。

一、關津隘口守把軍官軍人、（當）〔及〕巡尉弓兵人等，本以機察奸僞而設。比聞各處私鹽、犯界〔鹽貨〕，白晝公行，無所畏忌，蓋是不遵法禁，以至如此。今後嚴加關防，往來盤捉，無至似前透漏〔違犯。如因仍舊弊，不爲用心盤捉，致有走透〕私鹽并犯界鹽貨，初犯笞四十，再犯〔杖〕八十，三犯〔杖〕一百、除名。

一、凡獲私鹽并犯界鹽貨，須先從實挨問（盗）〔監〕賣鹽場，罪及場官。經過把隘去處，罪及鎮守軍官。轉行貨賣地面，罪及路府州縣提點、捕盗官司。通同作弊，有失覺察者，與犯人同罪。

一、淹浥魚鮝，各有破鹽定例，又係商販之物，不拘行鹽地方，許令諸處興販，投税貨〔賣〕。其有因而夾帶私鹽者，依例科斷。

一、煎熬燒草，每年常有野火燒延，靠損草地，及有斫伐柴薪之人，以至失（悟）〔誤〕用度。仰本處鄰接官司，委自管民正官，專一關防禁治。但犯杖八十，因而闕用者，奏取敕裁。

一、諸客旅并行鋪之家賣訖官鹽，限五日赴所屬州司縣繳納引〔目〕。如違限，匿而不批納者，同私鹽法。仍委提調官置簿關防，無致停藏卧引，影射私鹽。拘到退引，當官隨即毁抹，每季申解運司收管。運司官所至之處，先行檢舉，不如法者，就便究問。

一、客旅買到官鹽并官司綱運鹽貨經由河道，其關津、渡口、橋梁妄生事故邀阻者，取問得實，杖一百。因而乞取財物者，徒二年。官司取受故縱者，與同罪。失覺察者笞五十。如有拘當客旅取利者，徒二年，鹽付本主，買價没官。

一、轉運司辨課其間，諸衙門人等不得攙擾沮壞。運司官吏人等却不得因而分外生事，侵擾官府，椿配百姓。

一、該載不盡事理，照依累降聖旨事意施行。

《元典章》卷二二《户部・課程・鹽課・鹽法通例》　延祐六年八月十三日，承奉上司旨揮，承奉江浙等處行中書省劄付：准中書省咨：來咨：據兩浙運司申：延祐元年八月十八日，有中書省差來官直省舍人欽賫御寶聖旨開讀節該：經國之費，鹽課爲重。比歲以來，所司失於關防，以致私鹽、犯界鹽貨生發，侵襯官課，澀滯鈔法。仰所在管民官、管軍官常切用心提調，關防禁治，毋致似前違犯。所有條畫，開列于後。欽此。除遵依外，照得頒降條畫一十一款，内有該載未盡、其餘干犯等罪名，若候申稟通例，至日施行，却緣每日各處解到違犯私鹽起數甚衆，切恐日積月增，不無久淹停禁。卑司除將窮問私鹽犯人無疑者，照依今次坐到條畫科斷外，據該載未盡干犯等項罪名，取問明白，審録是實，權依舊例斷決。外，若蒙省府開咨都省，令合干部分通行，一一讞擬定，付下遵依，似望輕重得倫，法令歸一。本省合行咨請照詳。准此。送據刑部呈：約請户部侍郎楊中議一同議擬間，又准户部關：奉省劄：山東鹽運使張太中言：諸偷犯私鹽不曾貨賣，自行食用，依例斷罪。再犯以上，依貨賣私鹽例。諸偷販私鹽貨賣，初犯，依例斷配。再犯，全藉家産，決杖一百七下，仍於手背刺鹽徒二字，發付淘金、（怙）〔鐵〕冶等處，配役三年。三犯以上，比賊徒出軍例論。諸人但犯持杖般偷私鹽，拒捕的、殺傷的、燒毁房舍的，比依强盗論罪等事。本部議得，前項所言，事干刑名。如今刑部約會本部官，一同從長商議，明白議擬相應。都省准擬。關請依上施行。准此。請户部侍郎王中憲到部，一同議擬到下項事理，開呈照詳。得此。都省咨請依上施行。

一、本省咨稟：

一、見欽奉聖旨内一款節該：諸犯私鹽者，科徒二年，決七十，財産一半没官。決訖，發下鹽場鐐役。兩鄰知而不首者，決六十。買食私鹽者，杖六十。轉行貨賣博易諸物者，同私鹽法。正犯鹽徒再犯，加等斷罪，居役。三犯，斷訖，發付邊遠屯田。前件，除欽遵外，照得：大德八年八月十二日，也可扎魯忽赤奏准：與省官、院官、臺官衆人商量來：舊賊每根底兩遍做了賊、經刺來的賊每拿獲呵，是第三遍有，將這的每交出軍。三遍做了賊，經刺來的賊每拿獲呵，是第四遍有，將這的每也交出軍。色目人有合出軍的，明白問了，無隱諱呵，令各路官司依例斷遣。漢兒人、蠻子人申解遼陽省發付出軍，色目、高麗（及）〔人〕申解湖廣省發付出軍。得此。都省准擬，仰依上施行。奉此。切詳斷遣鹽徒，即與斷遣賊人例相似。未審鹽徒先當經犯，取訖招伏，斷配問遇赦疏放，今次拿獲，是否作再犯論罪？其三犯者，止言斷訖發付邊遠屯田，不見定到杖數多少，發付是何近遠處所。色目人煎販私鹽，别無所坐罪名。及婦女犯私鹽拿獲本司，止是單衣受刑，杖七十，抄財産，免鐐役。今後婦女犯此罪者，未審如何處斷？又博易諸物同私鹽法，謂如有將私鹽博易諸物段疋、布帛、衣服、孳畜。或有博易喫食、酒肉、瓜果、五穀、草鞋、蓑笠、柴草等微賤之物，若不論其多寡，俱同鹽法一概斷配，似涉輕重不倫。乞照詳。刑部一同議得：私鹽事發到官，取訖招伏，合以赦後爲坐。其三犯者，與再犯一體斷罪。蒙古、色目人發付兩廣、海南，漢人、南人發付遼陽屯田。色目人煎販私鹽者，依例科斷。婦人有犯，單衣受刑，例合免徒。轉行貨賣、博易諸物者，不以物巨細、價之多寡，依例全科相應。前件，依准部擬。

一、見欽奉聖旨内一款節該：諸人捕獲私鹽，其告首親獲之人，於犯人没官家産内一半充賞。若犯人貧窮，無産可藉，雖（是）〔有〕不酬其功者，每私鹽一引，官給中統鈔伍拾貫，應捕人减半。不及引者，同一引例。於運司係官錢内支給。前件，切詳一起私鹽内，有獲正犯人二名至十餘名者，及指問出煎賣私鹽竈户一二家，俱各斷没一半財産。是否盡將一起内應有斷没到各家没官一半財産再分一半，都與首告親獲之人。（准）〔唯〕復止將一起正犯人内，從斷没多者一名財産内分付，將一半給賞。又私鹽不及引者同一引，運司給賞中統鈔五十貫。原其鹽每引例重四百斤，有獲二百斤已上者，同一引論賞則可，或有止捉獲二百斤以下，并十斤三二斤者，未審依上全給？乞照驗。刑部一同議得：諸（各）〔告〕首親獲私鹽之人，擬合將各家没官財産，依例一半付告人充賞。其展轉指出者，不在諸賞之限。外，據不及引者，無問多寡，同一引給賞相應。前件，依准部擬。

一、見欽奉聖旨節該：管民提點正官、關津渡口守把軍官軍人巡尉弓兵人等，致有私鹽、犯界鹽貨走透私鹽，初犯笞四十，再犯杖八十，三犯杖一百，仍除名。通同縱放者，與犯人同罪。前件，照得軍民官員人等通同縱放私鹽，事發到官，取問是實，照依犯私鹽人應得罪名，將軍民官員人等斷決。外據財産并鐐役一節，若依犯人一體抄配，誠爲尤重。乞照詳。刑部一同議得：管民提點正官、關津渡口守把軍官軍人巡尉弓手人等通同縱放者，既與犯人同科，止坐其罪相應。前件，依准部擬。

一、諸犯私鹽淹浥魚鰕鮝鮎、竹筍貨賣，或自家食用，及博易諸物者。前件，照得每年本（同）〔司〕於額辦鹽内提豁七八千引，分俵兩浙，召募瀕海漁户人家請買，給引支査，淹浥海鮮魚蝦鮝鮎、竹筍，檢據給程發賣。若有私鹽淹浥者捉獲，本司比同私鹽法科斷。正犯人杖七十，財産一半没官，鐐役二年。挑擔受寄爲牙引領之人，杖六十。食用者，笞五十七下。終非都省定到通例，今次未審若何。乞照詳。刑部一同議得：私鹽淹浥魚鰕者，合依運司所擬，比同私鹽法科斷藉配。所據挑擔受寄爲牙引領并食用之人，知情者依上科斷，不知情者依例革撥。前件，議得：私鹽淹浥魚鰕鮝鮎、竹筍貨賣，或自家食用，及博易諸物犯人罪名，合依運司元呈。餘准所擬。

一、諸犯私滷，刮取鹹土。前件，照得在先有百姓於竈户處買到滷水歸家，以私自煎鹽貨賣，被獲，同私鹽法科斷。終非成鹽，本司量情將買賣之人各杖六十，挑擔撑載受寄爲牙引領之人，減等笞五十。潛地偷取滷水者，止坐偷滷之人。買食私滷、切取鹹土淋滷食用者，各笞四十七下。終非都省定到通例，今次未審若何，乞照詳。刑部一同議得：諸人於竈户處買到滷水歸家，欲以私自煎鹽貨賣，被捉到官，合准運司所擬。所據潛地偷取滷水之人，買食私（鹽）〔滷〕，切取鹹土淋滷食用者，照得至元八年刑部准中書省劄付：日照縣人户馬青等偷掃鹹土。舊例，掃刮鹹土食用者，與採（賣）〔買〕穗草、燒灰淋滷，難同私鹽。量笞卅七下相應。前件，議得：挑擔撑載受寄爲牙引領犯人罪名，合依運司元呈。餘准部擬。

一、掃取、敲打納官零鹽。前件，有守倉（圍）〔團〕軍人或百姓竈户，於官倉敖外裝袋畢撒鹽在地、及竈户（排）〔挑〕鹽送納（蘿白）〔籮内〕漏下鹽貨，掃聚取（撥）〔撮〕包裹，歸家食用，本司俱各量情決斷二十七下。或於野泊拾得無犯人私鹽食用者，笞五十七下。終非都省定到通例，今次未審若何。乞照詳。刑部一同議得：依准運司所擬相應。前件，議得：掃取敲打收撥納官等鹽歸家食用者，量笞一十七下。野泊拾得無主私鹽，不即首告，自行食用之人，笞決二十七下。

一、挑擔撑載受寄爲牙引領，貨賣私鹽干犯人。前件，本司將挑擔撑載受寄并引領爲牙貨賣私鹽者，比正犯減等，杖六十。及受寄買食私鹽人雇倩挑載，受寄私鹽者，又比買食人減等。終非都省定到通例，今次未審若何。乞照詳。刑部一同議得：依准所擬相應。前件，依准部擬。

一、守把團倉敖巡防軍官軍人，於場官、司秤、竈户、滷丁處乞取煎到官鹽。前件，照得在先有軍人索取鹽貨賣，本司申奉省府劄付，決杖六十七下，發付本役，依舊當軍。切詳軍官軍人（持）〔挾〕勢求取官鹽私下貨賣者，合無照依私鹽法斷；所食用者，減等斷決六十；與鹽之人，笞五十七下。乞賜定奪可否付下。伏乞照詳。刑部一同議得：依准運司所擬相應。前件，議得：軍官軍人所犯，依准運司所擬。

一、承奉中書省判送：江浙省咨：據兩浙運司申：延祐四年正月初二日欽奉聖旨節該：從新拯治歲辦課額，照依累降聖旨，依例恢辦者。又辦課其間，諸衙門不以是誰，横枝兒休侵犯者。這般宣諭了，它每的勾當其間侵犯的人，有罪過者。欽此。會驗延祐元年八月十八日欽奉聖旨條畫内一款節該：關津隘口守把軍官軍人，及巡尉弓兵人等，本以機察奸僞而設。比（間）〔聞〕各處私鹽、犯界鹽貨，白晝公行，無所畏忌。蓋是不遵法守，以致如此。今後嚴加關防，往來盤捉，無致似前透漏違犯。如因仍舊弊，不爲用心盤捉，致有走透私鹽併犯界鹽貨，初犯笞四十，再犯杖八十，三犯杖一百，仍除名。通同縱放者，與犯人同罪。又會驗先欽奉聖旨條畫内一款節該：若有不便事理，運司從長規畫。欽此。除遵依外，照得延祐三年正月至年終各處解到私鹽内，無犯人二百餘起。數内略舉一起：錢百四等（犯）〔私〕鹽，返問出起內：杭州路仁和縣城東巡檢司弓兵相先、貼書陸榮祖捉獲犯人錢百四、周顯保、王三十八私鹽一十二擔，將錢百四停留在家，教令指攀平民潘萬四等貨賣私鹽，要訖王三十八、周顯保中統鈔三定二十五兩入己，將各人脱放，止將錢百四解官。又一起：陳壽一等私鹽，浙西分司返問出松江萬户府軍人俞勝、徐福狀招：延祐三年五月十一日，捉獲犯人陳壽一、李萬七私鹽四草包，停留五日，接受陳壽一中統鈔五十兩，於金山鎮守官張百户處打話，將犯人脱放，作無犯人私鹽申解。又一起：（加）〔嘉〕興邳州萬户府軍人王馬兒捉獲犯人王千四等私鹽一袋，解赴千户所引過，差劉百户與軍人王馬兒、劉淵等一同赴解問，有金三、夏居於本所典史節洪、該吏劉克寬、首領官樊提領等處説合，用財計會換扣文解，作無犯人私鹽分付劉百户等。解至海鹽州嚴慶一家，劉百户等又行接受錢物，將鹽博換鷄酒食用，縱放王（二）〔千〕四等還家。解另行返問到其餘起數：或申巡至鄉村田畈江海河漢，見有男子挑擔私鹽，或用船裝載，向前捉挐，犯人懼怕，棄鹽走透，或因天色夜晚昏暗，或稱跳水登岸走透，不知去向，無處根捕；或曠野草場，見有草柴遮蓋無主私鹽。似此弊倖多端，本司止行各處常川根捕，至日申解，未曾勾獲一起到官。今來參詳，兩浙鹽課歲辦五十萬引，課鈔壹佰伍拾萬定，不爲不重。行鹽地面撥山帶嶺，瀕湖靠海，南抵福建，北接大江，出没私鹽，港汊數多。若各處鎮守把隘軍民捕盗等官嚴加關防，肯心盤捉，則外方私鹽不禁自絶。近年以軍民捕盗提點等官不以國課爲重，視爲泛常，縱然獲到私鹽犯人，有受財脱放者，虚稱在逃者，除剋斤重者，往往止作無犯人私鹽申解。運司更不追究，止行常川根捕。由是大開倖門，一年之内，無犯人者二百餘起。若不從新拯治，實於鹽法有礙。至如强切盗賊，捕獲者給賞，不獲者定立三限刑責。今私鹽既獲犯人理賞，不獲犯人者亦合有罪。今後各處所捕軍民官司，但獲有犯人私鹽，依例給賞，無犯人，擬合比依切盗例三限根捉，庶革奸弊私貪。然此，申乞照詳明降。得此。本省參詳，若依運司所擬，別無遵守通例，咨請照詳，希咨回示。批奉都堂鈞旨，送刑部，依已批照擬連呈。奉此。前件，照得欽奉聖旨節該：管民提點正官、關津渡口守把軍官軍人、巡尉弓兵人等，致有私鹽、犯界鹽貨走透私鹽，初犯笞四十，再犯杖八十，三犯杖一百，仍除名。通同縱放者，與犯人同罪。欽此。又照得欽奉聖旨條畫内一款節該：諸人捕獲私鹽，其告首親獲之人，於犯人没官家産内一半充賞。若犯人貧窮，無産可藉，雖有不酬其功者，每私鹽一引，官給中統鈔五十貫，應捕人減半。不及引者，同一引。例於運司係官錢内支給。欽此。議得：軍民官司捕獲私鹽罪賞，擬合欽依已降聖旨事意施行相應。前件，依准部擬。

一、准户部關：承奉中書省劄付：本部呈：奉省判：山東鹽運司張大中言：本司歲辦鹽課浩大，供給國用，不爲不重。近年以來，諸人往往攪擾沮壞澀滯鹽法，不能辦集。略舉合行事理，開坐照詳。奉此。本部照得下項事理，乞照詳。得此。都省議到下項事理，開坐前去。合下仰照驗，就便行移依上施行。奉此。除外，數内一項：諸犯私鹽，科徒二年，决杖七十，財産一半没官，决訖，發下鹽司帶鐐居役，滿日疏放。若有人告捕得獲，於没官物内一半充賞。如獲犯界鹽貨，減犯私鹽罪一等。仍委自州縣長官提點禁治私鹽及犯界鹽貨，如禁治不嚴，致有私鹽并犯界鹽貨生發，初犯笞四十，再犯杖八十，三犯以上開具申省，聞奏定罪。欽此。量擬到下項事理于後：諸偷犯私鹽，不曾貨賣，自行食用，依例斷罪。再犯以上，比依貨賣私鹽例。諸偷犯私鹽貨賣：初犯，依例斷配；再犯，全藉家産，决杖一百七下，仍於手背刺鹽徒二字，發付淘金、鐵冶等處配役三年；三犯以上，比依賊徒出軍例論。諸刮鹹淋滷私煎鹽，賣與不賣：初犯，依例斷配；再犯，全藉家産，决杖一百七下，仍於手背刺鹽徒二字，發付淘金、鐵冶等處配役三年；三犯以上，比依賊徒出軍例論。諸人但犯持杖般偷私鹽，拒捕的、殺傷的、燒毁房舍的，比依强盗論罪。前件，本部議得：前項所言，事干刑名。如令刑部會本部官一同從長通行講究，明白議擬相應。都省准擬，仰就便施行。關請依上議擬，就便施行。前件，照得鹽法條畫内一款：諸犯私鹽者，科徒二年，决杖七十，財産一半没官，决訖發下鹽場鐐役。兩鄰知而不首者，决六十。買食私鹽者，杖六十。轉行貨賣博易諸物者，同私鹽（鹽）法。正犯鹽徒再犯，加等斷罪，居役；三犯，斷訖發付邊遠屯田。欽此。又照得至元八年刑部呈：准中書省劄付：日照縣人户馬青等偷取鹹土。舊例，掃取鹹土食用者，與採買穗草燒灰淋滷，難同私鹽，量笞三十七下。奉（比）

〔此〕。議得，諸犯私鹽并刮鹹土之人，合依前例區處相應。前件，依准部擬。

《元典章新集至治條例・户部・課程・鹽課・至治元年鹽引十分中收一分銀》　至治元年二月□日，袁州路准兩淮鹽運司牒：

奉中書省劄付：延祐七年十一月二十七日，拜住丞相等奏過事内一件：　今年聚會裏多支用了銀子來，庫裏見在銀錠少有。預先不規措呵，誠恐不敷支用。在先似這般聚會裏支用的銀定不敷呵，也曾於鹽引内帶收銀來。俺衆人商量來，將來年賣的鹽引，十分中交收一分内銀，每一定銀做四十定鈔呵，怎生？奏呵，奉聖旨：那般者。欽此。都省議得：預賣延祐八年鹽引，除廣海廣東提舉司并邊遠中糧、散辦軍人食鹽不預帶收銀兩，其餘去處，驗發賣鹽引欽依收辦，每中統鈔四十定折白銀一定，七成以上，依例折算，兩平交收。據賣到銀數，各驗元收等第成色銷鑄成定，同課鈔分運，差人赴都交納。不以是何買鹽之家，並聽一體共發賣。支查資次，一切關防，照依累降聖旨條畫事意施行。奉此。除已擬於至治元年正月二十四日受狀發賣本年鹽引，依上帶收銀兩外，牒可出榜曉諭施行。

（元）劉孟琛《南臺備要・照刷鹽運司文卷》　大德八年九月二十二日，御史臺承奉中書省劄付：大德二年五月初六日，奏准節該：鹽運司年終照刷文卷呵，教臘月、一月照刷了，再休照刷者，不曾限定十一月爲頭，至次年正月。這三個月其間照刷文卷者，那其間運司勾當也得空便有。其餘事理，依已降運司聖旨體例行呵，怎生？麽道別帖本兒根底商量來，照刷文卷的，自十一月爲始至正月，三個月其間照刷呵，遍了者。其餘事理依聖旨體例裏行者。別帖木兒那般説來。教那般行呵，怎生？商量來奏呵，奉聖旨：則那般行者。欽此。又大德七年二月二十四日奏過事内一件：　臺官每説一句言語有：鹽課勾當裏行的官吏人等做賊説謊呵，到年終問者道來。若候年終問呵，影蔽了做賊説謊的。若拿住他每做賊説謊的呵，不候年終，便拿着問呵，怎生？這般説有。俺回説：在先這勾當不是不曾行來。爲辦大課程其間好生有窒礙的上頭，在前官人每多曾遞互聞奏，終不曾定體〔例〕來。如今依着您的言語，許您便教拿着問呵，這其間整治軍人氣力，並其餘支持用錢處多有。每年收的錢，鹽課辦着多一半，大課程虧兑了呵，在誰身上有？這般説呵，臺官每不曾回言語來。俺衆人商量定，只依在先聖旨體例行呵，怎生？奏呵，奉聖旨：那般者。欽此。

（元）劉孟琛《南臺備要・建言鹽法》　至正十一年七月十六日，准御史臺咨：承奉中書省劄付：據江北淮東道肅政廉訪司申：准淮安等處分司牒該准副使姚太中牒：嘗謂致治必澄其本，救弊必塞其源。不揣其本而齊其末，欲行去其弊，未之有也。竊覩朝廷立法，其爲允平，有司奉行，常患不至，法不披詳，人多冤枉。伏覩國家以鹽課爲重，比因各處私鹽生發，蓋因拘該有司失於關防，以致侵襯大課。巡按至淮東路，據本路牒報到見禁罪囚數内，鹽徒四起：一起，郭老九等狀招不合於至正八年四月十六日各出本錢壹拾錠，於安東鹽倉河下卞綱頭買訖私鹽大小肆拾陸袋；一起，包和尚狀招不合於至正八年五月初五日用鈔壹拾壹兩伍錢，買到廟灣場竈户蔣海驢私鹽壹佰捌拾斤；一起，戚都保狀招不合於至正八年九月十八日，同徐子中等四名各出本錢共肆拾伍錠，於調字綱、卞綱頭處買到私鹽捌拾伍蒲包；一起，許季保狀招不合於至正八年七月初六日，用鈔壹拾兩，於五祐場廣盈團蔣六三處買到私鹽壹百餘斤。除録另行外，竊詳凡私鹽及犯界鹽貨，止理見發之家，不得展轉指攀平民之例，謂如甲私鹽被獲到官，招指此鹽係乙處所屬，乙又不招，復指於丁，是爲展轉指攀。（令）〔令〕郭老九等明供所犯私鹽於調字綱、卞綱頭，廟灣場竈户蔣海驢、五祐場廣盈團蔣六三處買到，多至萬餘斤，少者數拾引，本係各場元煎官鹽，爲因場官、綱官通同巡鹽軍官、軍人縱令竈户、綱頭恣意盗賣，比與小民煎熬，展轉攀指人數不同。此等之人，處心僥幸，貨鹽則收利於己，事發則歸罪於人。捕獲之際，鹽徒指出各場偷賣官鹽之家，其路、府、州、縣必須移文合該場分，並申牒運司取發，皆以止理見發，不得展轉攀指。及以起火時月，有妨辦課爲詞，往往徇私占吝，一概置而不問，是致猾吏得以肆其奸，鹽徒得以長其惡，使愚民枉受役配之刑，場綱人等坐享豐厚之利。苟免犯賣之愆，甚失朝廷立法之初意，又恐日就月將，大啓倖門，爲弊滋甚。今後除小民自行煎熬，依例止理見發〔外，據販賣鹽徒指出場官、總催、綱頭、竈户、工丁人處買到官鹽者，不計多寡，擬合並依正犯私鹽例，一體科斷，難同止理見發。〕如此不惟用法允平，抑且鹽課易辦，而斯民亦免枉罹刑憲之苦也。當司牒請照驗，轉達施行。准此。看詳：如准副使姚堉太中所言，誠爲允當。申乞照驗。得此。具呈照詳。得此。批奉都堂鈞旨：送刑部照擬連呈。奉此。本部議得：御史臺呈淮東道廉訪司副使姚太中言：凡私鹽及犯界鹽貨，止理見發之家，不得展轉指攀平民。本係元煎官鹽，爲因場官、綱官通同巡鹽軍官、軍人縱令竈户、綱頭恣意盜賣。捕獲之際，鹽徒指出各場偷賣官鹽之家，其路、府、州、縣必須移文合該場分，並申牒運司取發，皆以〔止理見發〕不得展轉指攀。及以火起時月，有妨辦課爲詞，往往徇私占吝，一概置而不問，是致猾吏得以肆其奸，鹽徒得以長其惡。今後除小民自行煎熬私鹽，止理見發之家外，據販賣鹽徒指出場官、總催、綱頭、竈户、工丁人處買到官鹽者，不計多寡，擬合並依正犯私鹽例，一體科斷，難同止理見發。〔如此〕不惟用法允平，〔抑且〕鹽課易辦。以此參詳：私鹽止理見發，不得展轉指攀平民，已有定例。其場官、總催、綱頭、竈户、工丁通同巡鹽官軍將煎辦官鹽私地賣與鹽徒，事發供指到官，難同指攀平民，對問是實，擬合隨事追問，依例科斷相應。如蒙准呈，宜從都省移咨各省，劄付御史臺，本部依上施行，户部遍行爲例遵守相應。連呈照詳。覆奉都堂鈞旨：送刑部約會户部，一同照驗連呈。奉此。刑部與户部一同議得：淮東道廉訪司副使姚太中建言：凡獲私鹽及犯界鹽貨，止理見發之家，不得展轉攀指平民。如甲犯私鹽，指係乙處所買，乙復指於丁，是展轉攀指。郭老九等明供所犯私鹽於調字綱、卞綱頭等三處買到，多至萬餘斤，少者數十引，本係元煎官鹽，爲因場官、綱官通同巡鹽軍官、軍人縱令竈户、綱頭恣意盜賣，比與小民煎熬、展轉攀指人數不同。此等之人處心僥倖，貨賣則收利於己，事發則歸罪於人。捕獲之際，指出各場偷賣官鹽之家，其路、府、州、縣必須移文合該場分，並申牒運司取發，皆以止理見發之家，不得轉指。及以起火時月，有妨辦課〔爲詞〕，置而不問，〔是致〕猾吏肆奸，鹽徒長惡，日就月將，大啓倖門。今後除小民自行煎熬，依例止理見發外，據販賣鹽徒指出場官、總催、綱頭、竈户、工丁人處買到官鹽者，不計多寡，擬合並依正犯鹽徒例，一體科斷，難同止理見發。〔如此〕用法允平，鹽課易辦。以此參詳：各處運司，地方有異，風土不同，情弊多端，難拘一律。謂如淮、浙二司，鹽場無不毛之地，悉皆開墾種蒔，若催煎運司官、場司官吏人等煎辦之際用心設法關防，巡場軍官、軍人晝夜嚴加巡綽，使竈插工丁人等，將給本煎辦鹽袋盡實秤盤入官，則私鹽何從而出？又山東、河間二司，鹽場多在瀕海煎造，其在海大船，每歲入場，通同場官、竈户人等，公然買賣親給本已煎官鹽，賤如糞土。每船少者買販數百引，多者仟餘引，運至揚州路管下崇明州地面石牌鎮揚子江口轉賣。此間（邊江）〔江邊〕撥腳鐵頭大船，結䑸運至上江發賣。拒敵巡哨軍船，殺害軍官人等，歲歲有之。比走透官鹽，致有虧煎兑賣，廉副姚堉所言，切中弊情。今後除小民自行煎熬，榷貨器具明白者，依例止理見發，所據河海販鹽並陸地十引之上，鹽徒指出場官、總催、綱頭、竈户、工丁等處買到鹽數，合准所言，難同止理見發，並聽隨事追問。如此，庶幾鹽無走透，課易辦集。如蒙准呈，宜從都省移咨各省，劄付御史臺，依上施行，照會刑、户二部爲例遵守相應。具呈照詳。得此。除外，都省合下仰照驗，依上施行。承此。除外，咨請依上施行。

《元史》卷九四《食貨志・鹽法》 國之所資，其利最廣者莫如鹽。自漢桑弘羊始榷之，而後世未有遺其利者也。元初，以酒醋、鹽稅、河泊、金、銀、鐵冶六色，取課於民，歲定白銀萬錠。太宗庚寅年，始行鹽法，每鹽一引重四百斤，其價銀一十兩。世祖中統二年，減銀爲七兩。至元十三年既取宋，而江南之鹽所入尤廣，每引改爲中統鈔九貫。二十六年，增爲五十貫。元貞丙申，每引又增爲六十五貫。至大己酉至延祐乙卯，七年之間，累增爲一百五十貫。凡僞造鹽引者皆斬，籍其家產，付告人充賞。犯私鹽者徒二年，杖七十，止籍其財產之半；有首告者，於所籍之內以其半賞之。行鹽各有郡邑，犯界者減私鹽罪一等，以其鹽之半沒官，半賞告者。然歲辦之課，難易各不同。有因自凝結而取者，解池之顆鹽也。有煮海而後成者，河間、山東、兩淮、兩浙、福建等處之末鹽也。惟四川之鹽出於井，深者數百尺，汲水煮之，視他處爲最難。今各因其所產之地言之。

大都之鹽：太宗丙申年，初於白陵港、三叉沽、大直沽等處置司，設熬煎辦，每引有工本錢。世祖至元二年，又增實坻三鹽場，竈户工本，每引爲中統鈔三兩，與清、滄等。八年，以大都民户多食私鹽，因虧國課，驗口給以食鹽。十九年，罷大都及河間、山東三鹽運司，設户部尚書、員外郎各一員，別給印，令於大都置局賣引，鹽商買引，赴各場關鹽發賣。每歲竈户工本，省臺遣官逐季分給之。十九年，改立大都蘆臺越支三叉沽鹽使司一。二十五年，復立三叉〔沽〕、蘆臺、越支三鹽使司。二十八年，增竈户工本，每引爲中統鈔八兩。二十九年，以歲饑減鹽課一萬引，入京兆鹽運司添辦。大德元年，遂罷大都鹽運司，併入河間。

河間之鹽：太宗庚寅年，始立河間税課所，置鹽場，撥竈户二千三百七十六隸之，每鹽一袋，重四百斤。甲午年，立鹽運司。庚子年，改立提舉鹽榷所，歲辦三萬四千七百袋。癸卯年，改立提舉滄清鹽課使所，歲辦鹽九萬袋。定宗四年，改真定河間等路課程所爲提舉鹽榷滄清鹽使所。憲宗二年，又改河間課程所爲提舉滄清深鹽使所。八年，每袋增鹽至四百五十斤。世祖中統元年，改立宣撫司提領滄清深鹽使所。四年，改滄清深鹽提領所爲轉運司。是年，辦銀七千六十五錠，米三萬三千三百餘石。至元元年，又增三之一焉。二年，改立河間都轉運司，歲辦九萬五千袋。七年，始定例歲煎鹽十萬引，辦課銀一萬錠。十二年，改立都轉運使司，添竈户九百餘，增鹽課二十萬引。十八年，以河間竈户勞苦，增工本爲中統鈔三貫。是年，又增竈户七百八十六。十九年，罷河間都轉運司，改立清、滄鹽使司（工）〔二〕。二十二年，復立河間等路都轉運鹽使司，增鹽課爲二十九萬六百引。二十三年，改立河間都轉運司，通辦鹽酒税課。二十五年，增工本爲中統鈔五貫。二十七年，增竈户四百七十，辦鹽三十五萬引。至大元年，又增至四十五萬引。延祐元年，以虧課，停煎五萬引。自是至天曆，皆歲辦四十萬引，所隸之場，凡二十有二。

山東之鹽：太宗庚寅年，始立益都課税所，撥竈户二千一百七十隸之，每銀一兩，得鹽四十斤。甲午年，立山東鹽運司。中統元年，歲辦銀二千五百錠。三年，命課税隸山東都轉運司。四年，令益都山東民户，月買食鹽三斤；竈户逃亡者，招民户補之。是歲，辦銀三千三百錠。至元二年，改立山東轉運司，辦課銀四千六百錠一十九兩。是年，户部造山東鹽引。六年，增歲辦鹽爲七萬一千九百九十八引，自是每歲增之。至十二年，改立山東都轉運司，歲辦鹽一十四萬七千四百八十七引。十八年，增竈户七百，又增鹽爲一十六萬五千四百八十七引，竈户工本錢亦增爲中統鈔三貫。二十三年，歲辦鹽二十七萬一千七百四十二引。二十六年，減爲二十二萬引。大德十年，又增爲二十五萬引。至大元年之後，歲辦正、餘鹽爲三十一萬引，所隸之場，凡一十有九。

河東之鹽：出解州鹽池，池方一百二十里，每歲五月，場官伺池鹽生結，令夫搬摝鹽花。其法必值亢陽，池鹽方就，或遇陰雨，則不能成矣。太宗庚寅年，始立平陽府徵收課税所，從實辦課，每鹽四十斤，得銀一兩。癸巳年，撥新降户一千，命鹽使姚行簡等修理鹽池損壞處所。憲宗壬子年，又增撥一千八十五户，歲撈鹽一萬五千引，辦課銀三千錠。世祖中統二年，初立陝西轉運司，仍置解鹽司於路村。三年，以太原民户自煎小鹽，歲辦課銀一百五十錠。五年，又增小鹽課銀爲二百五十錠。至元三年，諭陝西四川，以所辦鹽課赴行制國用使司輸納，鹽引令制國用使司給降。四年，立陝西四川轉運司。六年，立太原提舉鹽使司，直隸制國用使司。十年，命撈鹽户九百八十餘，每丁撈鹽一石，給工價鈔五錢。歲辦鹽六萬四千引，計中統鈔一萬一千五百二十錠。二十三年，改立陝西都轉運司，兼辦鹽、酒、醋、竹等課。二十九年，減大都鹽課一萬引，入京兆鹽司添辦。是年五月，又革京兆鹽司一，止存鹽運司。大德十一年，增歲額爲八萬二千引。至大元年，又增煎餘鹽爲二萬引，通爲一十萬二千引。延祐三年，以池爲雨所壞，止辦課鈔八萬二千餘錠。於是晉寧、陝西之民改食常仁紅鹽，懷孟、河南之民改食滄鹽。五年，乃免河南、懷孟、南陽三路今歲陝西鹽課，仍授鹽運使暨所臨路府州縣正官兼知渠堰事，責以疏通壅塞。六年，改陝西運司爲河東解鹽等處都轉運鹽使司，直隸中書省。十月，罷陝西行省所委巡鹽官六十八員，添設通判一員，別鑄分司印二。又罷撈鹽提領二十員，改立提領所二，增餘鹽五百料。是年，實撈鹽一十八萬四千五百引。天曆二年，辦課鈔三十九萬五千三百九十五錠。

四川之鹽：爲場凡一十有二，爲井凡九十有五，在成都、夔府、重慶、叙南、嘉定、順慶、潼川、紹慶等路萬山之間。元初，設拘搉課税所，分撥竈户五千九百餘隸之，從實辦課。後爲鹽井廢壞，四川軍民多食解鹽。至元二年，立興元四川鹽運司，修理鹽井，仍禁解鹽不許過界。八年，罷四川茶鹽運司。十六年，復立之。十八年，併鹽課入四川道宣慰司。十九年，復立陝西四川轉運司，通辦鹽課。（三）〔二〕十二年，改立四川鹽茶運司，分京兆運司爲二，歲煎鹽一萬四百五十一引。二十六年，一萬七千一百五十二引。皇慶元年，以竈户艱辛，減煎餘鹽五千引。天曆二年，辦鹽二萬八千九百一十引，計鈔八萬六千七百三十錠。

遼陽之鹽：太宗丁酉年，始命北京路徵收課税所，以大鹽泊硬鹽立隨車隨引載鹽之法，每鹽一石，價銀七錢半，帶納匠人米五升。癸卯年，合懶路歲辦課白布二千匹，恤品路布一千匹。至元四年，立開元等路運司。五年，禁東京懿州乞石兒硬鹽，不許過塗河界。是年，諭各位下鹽課如例輸納。二十四年，灤州四處鹽課，舊納羊一千者，亦令如例輸鈔。延祐二年，又命食鹽人户，歲辦課鈔，每兩率加五焉。

兩淮之鹽：至元十三年命提舉馬里范張依宋舊例辦課，每引重三百斤，其價爲中統鈔八兩。十四年，立兩淮都轉運使司，每引始改爲四百斤。十六年，額辦五十八萬七千六百二十三引。十八年，增爲八十萬引。二十六年，減一十五萬引。三十年，以襄陽民改食揚州鹽，又增八千二百引。大德四年，諭兩淮鹽運司設關防之法，凡鹽商經批驗所發賣者，所官收批引牙錢，其不經批驗所者，本倉就收之。八年，以竈户艱辛，遣官究議，停煎五萬餘引。天曆二年，額辦正餘鹽九十五萬七十五引，計中統鈔二百八十五萬二百二十五錠，所隸之場凡二十有九，其工本鈔亦自四兩遞增至十兩云。兩浙之鹽：至元十四年，立運司，歲辦九萬二千一百四十八引。每引分作二袋，每袋依宋十八界會子，折中統鈔九兩。十八年，增至二十一萬八千五百六十二引。十九年，每引於舊價之上增鈔四貫。二十一年，置常平局，以平民間鹽價。二十三年，增歲辦爲四十五萬引。二十六年，減十萬引。三十年，置局賣鹽魚鹽於海濱漁所。三十一年，併煎鹽地四十四所爲三十四場。大德三年，立兩浙鹽運司檢校所四。五年，增額爲四十萬引。至大元年，又增餘鹽五萬引。延祐六年，罷四檢校所，立嘉興、紹興等處鹽倉官，三十四場各場監運官一員，歲辦五十萬引。七年，各運司鹽課以十分爲率，收白銀一分，每銀一錠，準鹽課四十錠。其工本鈔，浙西一十一場正鹽每引遞增至二十兩，餘鹽至二十五兩；浙東二十三場正鹽每引遞增至二十五兩，餘鹽至三十兩云。

福建之鹽：至元十三年，始收其課，爲鹽六千五十五引。十四年，立市舶司，兼辦鹽課。二十年，增至五萬四千二百引。二十四年，改立福建等處轉運鹽使司，歲辦鹽六萬引。二十九年，罷福建鹽運司及鹽使司，改立福建鹽課提舉司，增鹽爲七萬引。大德四年，復立鹽運司。九年，又罷之，併入本道宣慰司。十年，又立鹽課都提舉司，增鹽至十萬引。至大元年，又增至十三萬引。四年，改立福建鹽運司。至順元年，實辦課三十八萬七千七百八十三錠。其工本鈔，煎鹽每引遞增至二十貫，曬鹽每引至一十七貫四錢。所隸之場有七。

廣東之鹽：至元十三年，克廣州，因宋之舊，立提舉司，從實辦課。十六年，立江西鹽鐵茶都轉運司，所轄鹽使司六，各場立管勾。是年，辦鹽六百二十一引。二十二年，分江西鹽隸廣東宣慰司，歲辦一萬八百二十五引。二十三年，併廣東鹽司及市舶提舉司爲廣東鹽課市舶提舉司，每歲辦鹽一萬一千七百二十五引。大德四年，增至正餘鹽二萬一千九百八十二引。十年，又增至三萬引。十一年，三萬五千五百引。至大元年，又增餘鹽一萬五千引。延祐二年，歲煎五萬五百引。五年，又增至五萬五百五十二引。所隸之場凡十有三。

廣海之鹽：至元十三年，初立廣海鹽課提舉司，辦鹽二萬四千引。三十年，又立廣西石康鹽課提舉司。大德十年，增一萬一千引。至大元年，又增餘鹽一萬五千引。延祐二年，正餘鹽通爲五萬一百六十五引。

《元史》卷九七《食貨志·鹽法》　大都之鹽：元統二年四月，御史臺備監察御史言：竊覩京畿居民繁盛，日用之中，鹽不可闕。大德中，因商販把握行市，民食貴鹽，乃置局設官賣之。中統鈔一貫，買鹽四斤八兩。後雖倍其價，猶敷民用。及泰定間，因所任局官不得其人，在上者失於鈐束，致有短少之弊。於是巨商趨利者營屬當道，以局官侵盗爲由，輒奏罷之，復從民販賣。自是鈔一貫，僅買鹽一斤。無籍之徒，私相犯界，煎賣獨受其利，官課爲所侵礙。而民食貴鹽益甚，貧者多不得食，甚不副朝廷恤小民之意。如朝廷仍舊設局，官爲發賣，庶課不虧，而民受賜矣。

既而大都路備三巡院及大興、宛平縣所申，又户部尚書建言，皆如御史所陳。户部乃言，以謂榷鹽之法，本以裕國而便民。始自大德七年罷大都運司，令河間運司兼辦。每歲存留鹽數，散之米鋪，從其發賣。後因富商專利，遂於南北二城設局，凡十有五處，官爲賣之。當時立法嚴明，民甚便益。泰定二年，因局官綱船人等多有侵盗之弊，復從民販賣，而罷所置之局。未及數載，有司屢言富商高擡價直之害。運司所言綱船作弊，蓋因立法不嚴，失於關防所致。且各處俱有官設鹽鋪，與商賈販賣並無窒礙，豈有京城之內，乃革罷官賣之局。宜准本部尚書所言，及大都路所申，依舊制於南北二城置局十有五處。每局日賣十引，設賣鹽官二員，以歲一周爲滿，責其奉公發賣。每中統鈔一貫，買鹽二斤四兩，毋令雜灰土其中，及權衡不得其平。凡買鹽過十貫者禁之，不及貫者從所買與之。如滿歲無短少失陷及元定分數者，減一界升用之；若有侵盜者，依例追斷其合賣鹽數。令河間運司分爲四季，起赴京厫，用官定法物，兩平稱收，分給各局。其所賣價鈔，逐旬起解，委本部官輪次提調之。仍委官巡視，如有豪強兼利之徒，頻買局鹽而增價轉賣於外者，從提調巡督官痛治之。仍令運司嚴督押運之人，設法防禁，毋致縱令綱船人等作弊。其客商鹽貨，從便相參發賣。四月二十六日，中書省上奏，如户部所擬行之。

至元三年三月，大都京厫申户部云：近奉文帖，起運至元二年京厫發賣食鹽一萬五千引，令兩平稱收，如數具實申部。除各綱滲没短少鹽計八百四十八引，本厫實收一萬四千一百五十有二引，已支一萬一百引付各局發賣，見存鹽四千五十有二引，支撥欲盡。所據至元三年食鹽，宜依例於河間運司起運一萬五千引赴都，庶民間食用不闕。户部准其所言，乃議：京厫食鹽，今歲宜從河間運一萬五千引，其脚價席索等費，令運司於鹽課錢內通算支用。仍召募有產業船户，互相保識，每一千引爲一綱，就差各該場官一員，并本司奏差或監運巡鹽官，每名管押一綱，於大都興國等場見收鹽內驗數，分派分司官監視，如數兩平支收，限三月內赴京厫交卸，取文憑赴部銷照。但有雜和沙土，濕潤短少數，並令本綱船户、押運場官、奏差監運諸人，如數均賠，依例坐罪。中書如户部所議行之。

至正三年，監察御史王思誠、侯思禮等建言：京師自大德七年罷大都鹽運司，設官賣鹽，置局十有五處，泰定二年以其不便罷之，元統二年又復之，迨今十年，法久弊生。在船則有侵盜滲溺之患，入局則有和雜灰土之姧。名曰一貫二斤四兩，實不得一斤之上。其潔凈不雜，而斤兩足者，唯上司提調數處耳。又常白鹽一千五百引，用船五十艘，每歲以四月起運，官鹽二萬引，用船五十艘，每歲以七月起運，而運司所遣之人，擅作威福，南抵臨清，北自通州，所至以索截河道，舟楫往來，無不被擾。名爲和顧，實乃強奪。一歲之中，千里之內，凡富商巨賈之載米粟者，達官貴人之載家室者，一概遮截，得重賄而放行，所拘留者，皆貧弱無力之人耳。其舟小而不固，滲溺侵盜，弊病多端。既達京厫，又不得依時交收，淹延歲月，困守無聊，鬻妻子、質舟楫者，往往有之。此客船所以狼顧不前，使京師百物湧貴者，實由於此。竊計官鹽二萬引，每引脚價中統鈔七貫，總爲鈔三千錠，而十五局官典俸給，以一歲計之又五百七十六錠，其就支賃房之資，短脚之價，席草諸物，又在外焉。當時置局設官，但爲民食貴鹽，殊不料官賣之弊，反不如商販之賤，豈忍徒費國家，而使百物貴也。宜從憲臺具呈中書省，議罷其（監）〔鹽〕局，及來歲起運之時，出榜文播告鹽商，從便入京興販。若常白鹽所用船五十艘，亦宜於江南造小料船處如數造之。既成之後，付運司顧人運載，庶舟楫通而商賈集，則京師百物賤，而鹽亦不貴矣。御史臺以其言具呈中書，而河間運司所申，亦如前議。

户部言：運司及大都路講究，即同監察御史所言，元設（監）〔鹽〕局，合准革罷，聽從客旅興販。其常白鹽繫內府必用之物，起運如故，宜從都省聞奏。二月初五日，中書省上奏，如户部所擬行之。

河間之鹽：至正二年，河間運司申户部云：本司歲辦額餘鹽共三十八萬引，計課鈔一百一十四萬錠，以供國用，不爲不重。近年以來，各處私鹽及犯界鹽販賣者衆，蓋因軍民官失於禁治，以致侵礙官課，鹽法澀滯，實由於此。乞轉呈都省，頒降詔旨，宣諭所司，欽依規辦。本部具呈中書省，遂於四月十七日上奏，降旨戒飭之。

七月，又據河間運司申：本司辦課，全藉郡縣行鹽地方買食官鹽。去歲河間等路旱蝗闕食，累蒙賑恤，民力未蘇，食鹽者少。又因古北口等處，把隘官及軍人不爲用心詰捕，大都路所屬有司，亦不奉公巡禁，致令諸人裝載疙疸鹽於街市賣之，或量以斗，或盛以盤，明相饋送。今紫荊關捕獲犯人張孜羣等所載疙疸鹽，計一千六百餘斤。自至元六年三月迄今犯者，將及百起。若不申聞，恐年終課不如數，虛負其咎。本部具呈中書省，照會樞密院給降榜文禁治之。

三年，又據河間運司申：生財節用，固治國之常經；薄賦輕徭，實理民之大本。本司歲額鹽三十五萬引，近年又添餘鹽三萬引，元簽竈户五千七百七十四户，除逃亡外，止存四千三百有一户。每年額鹽，勒令見在疲乏之户勉強包煎。今歲若依舊煎辦，人力不足。又兼行鹽地方旱蝗相仍，百姓焉有買鹽之資。如蒙矜閔，自至正二年爲始，權免餘鹽三萬引，俟豐稔之歲，煎辦如舊。本部以錢糧支用不敷，權擬住煎一萬引，具呈中書省。正月二十八日上奏，如户部所擬行之。

既而運司又言：至元三十一年，本司辦鹽額二十五萬引，自後累增至三十有五萬。元統元年，又增餘鹽三萬引，已經具呈。蒙都省奏准，住煎一萬引。外有二萬引，若依前勒令見户包煎，實爲難堪。如并將餘鹽二萬引住煎，誠爲便益。户部又以所言具呈中書省，權擬餘鹽二萬引住煎一年，至正四年煎辦如故。四月十二日上奏，如户部所擬行之。

山東之鹽：元統二年，户部呈：據山東運司准濟南路牒，依副達魯花赤完者、同知闍里帖木兒所言，比大都、河間運司，改設巡鹽官一十二員，專一巡禁本部。詳山東運司，歲辦鈔七十五萬餘錠，行鹽之地，周圍三萬餘里，止是運判一員，豈能遍歷，恐私鹽來往，侵礙國課。本司既與濟南路講究便益，宜准所言。中書省令户部復議之，本部言：河間運司定設奏差一十二名，巡鹽官一十六名，山東運司設奏差二十四名，今既比例添設巡鹽官外，據元設奏差内減去一十二名。具呈中書省，如所擬行之。

三年二月，又據山東運司備臨朐、沂水等縣申：本縣十山九水，居民稀少，元係食鹽地方，後因改爲行鹽，民間遂食貴鹽，公私不便。如蒙仍舊改爲食鹽，令居民驗户口多寡，以輸納課鈔，則官民俱便，抑且可革私鹽之弊。運司移文分司，并益都路及下滕、嶧等州，從長講究，互言食鹽爲便。及准本司運使辛朝列牒云：所據零鹽，擬依登、萊等處，銓注局官，給印置局，散賣於民，非惟大課無虧，官釋私鹽之憂，民免刑配之罪。户部議：山東運司所言，於滕、嶧等處增置十有一局，如登、萊三十五局之例，於錢穀官内通行銓注局官，散賣食鹽，官民俱便。既經有司講究，宜從所議。具呈中書省，如所擬行之。

至元二年，御史臺據山東肅政廉訪司申：准濟南路備章丘縣申見奉山東運司爲本司額辦鹽課二十八萬引，除客商承辦之外，見存十三萬引，絶無買者，將及年終，歲課不能如數。所據新城、章丘、長山、鄒平、濟南俱近鹽場，與大、小清河相接，客旅興販，宜依商河、滕、嶧等處，改爲食鹽，權派八千引，責付本處有司自備席索脚力，赴已擬固堤等場，於元統三年依例支出，均散於民等事，竊照山東運司，初無上司明文，輒擅散民食鹽，追納課鈔，使民不得安業。今於至元元年正月、二月，兩次奉到中書户部符文，行鹽食鹽地分已有定例，毋得椿配於民。本司不遵省部所行，寢匿符文，依前差人馳驛，督責州縣，臨逼百姓，追徵食鹽課鈔，不無擾害。據本司恣意行事，玩法擾民，理應取問，緣繫辦課之時，宜從憲臺區處。又據監察御史所呈，亦爲茲事。若便行取問，即繫辦課時月，具呈中書省區處。户部議呈：行鹽食鹽已有定所，宜從改正。若准御史臺所呈，取問運司，却緣鹽法例應從長規畫，似難别議。中書省如所擬行之。

陝西之鹽：至元二年九月，御史臺准陝西行臺咨備監察御史帖木兒不花建言：近蒙委巡歷奉元東道，至元元年各州縣户口額辦鹽課，其陝西運司官不思轉運之方，每年豫期差人，分道賫引，遍散州縣，甫及旬月，杖限追鈔，不問民之無有。竊照諸處運司之例，皆運官召商發賣，惟陝西等處鹽司，近年散於民户。且如陝西行省食鹽之户，該辦課二十萬三千一百六十四錠有餘。於内鞏昌、延安等處認定課鈔一萬六千二百七十一錠，慶陽、環州、鳳翔、興元等處歲辦課一萬七千九百八十五錠，其餘課鈔，先因關陝旱饑，民多流亡，准中書省咨，至順三年鹽課，十分爲率，減免四分，于今三載，尚有虧負。蓋因户口凋殘，十亡八九，縱或有復業者，家産已空，爾來歲頗豐收，而物價甚賤，得鈔爲艱。本司官皆勒有司徵辦，無分高下，一概給散，少者不下二三引，每一引收價三錠，富家無以應辦，貧下安能措畫。糶終歲之糧，不酬一引之價，緩則輸息而借貸，急則典鬻妻子。縱引目到手，力窘不能裝運，止從各處鹽商，勒價收買。舊債未償，新引又至，民力有限，官賦無窮。又寧夏所產韋紅鹽池，不辦課程，除鞏昌等處循例認納乾課，從便食用外，其池隣接陝西環州百餘里，紅鹽味甘而價賤，解鹽味苦而價貴，百姓私相販易，不可禁約。以此參詳，河東鹽池，除撈鹽户口食鹽外，辦課引數，今後宜從運官設法，募商興販。但遇行鹽之處，諸人毋得侵擾韋紅鹽法。運司每歲分輪官吏監視，聽民采取，立法抽分，依例發賣，每引收價鈔三錠。自黄河以西，從民食用，通辦運司元額課鈔。因時夾帶至黄河東南者，同私鹽法罪之，陝西興販解鹽者不禁。如此庶望官民兩便，而課亦無虧矣。

又據陝西漢中道肅政廉訪使胡通奉所陳云：陝西百姓，許食解鹽，近脱荒儉，流移漸復，正宜安輯，而鹽吏不察民瘼，止以恢辦爲名，不論貧富，散引收課，或納錢入官，動經歲月，猶未得鹽。蓋因地遠，脚力艱澀。今後若令大河以東之民，分定課程，買食解鹽，其以西之民，計口攤課，任食韋紅之鹽，則官不被擾，民無蕩産之禍矣。且解鹽結之於風，韋紅之鹽産之於地，東鹽味苦，西鹽味甘，又豈肯舍其美而就其惡乎。使陝西百姓，一概均攤解鹽之課，令食韋紅之鹽，則鹽吏免巡禁之勞，而民亦受惠矣。本臺詳所言鹽法，宜從省部定擬，具呈中書省，送户部議之。本部議云：陝西行臺所言鹽事，宜從都省選官，前赴陝西，與行省、行臺及河東運司官一同講究，是否便益，明白咨呈。

三年，都省移咨陝西行省，仍摘委河東運司正官一員赴省，一同再行講究。三月初二日，陝西行省官及李御史、運司同知郝中順會鞏昌、延安、興元、奉元、鳳翔、邠州等官，與總帥汪通議等，俱稱當從御史帖木兒不花及廉使胡通奉所言，限以黄河爲界，令陝西之民從便食用韋紅二鹽，解鹽依舊西行，紅鹽不許東渡。其咸寧、長安録事司三處未散者，依已散州縣，一體斟酌，認納乾課，與運司已散食鹽引價同。見納乾課，辦鈔七萬錠，通行按季輸納，運司不須散引。如此則民不受害，而課以無虧矣。郝同知獨言：運司每歲辦課四十五萬錠，陝西該辦二十萬錠，今止認七萬錠，餘十三萬錠，從何處恢辦？議不合而散。本省檢照運司逐年申報文册，陝西止辦七萬二千六十餘錠，郝遂稱疾不出，其後訖無定論。

户部參照至順二年中書省嘗遣兵部郎中井朝散，與陝西行省官一同講究，以涇州白家河永爲定界，聽民食用。仍督所在軍民官嚴行禁約，毋致韋紅二鹽犯境侵課。中書如所擬行之。

兩淮之鹽：至元六年八月，兩淮運司准行户部尚書運使王正奉牒：本司自至元十四年創立，當時鹽課未有定額，但從實恢辦，自後累增至六十五萬七十五引。客人買引，自行赴場支鹽，場官逼勒竈户，加其斛面，以通鹽商，壞亂鹽法。大德四年，中書省奏准，改法立倉，設綱儹運，撥袋支發，以革前弊。本司行鹽之地，江浙、江西、河南、湖廣所轄路分，上江下流，鹽法通行。至大間，煎添正額餘鹽三十萬引，通九十五萬七十五引。客商運至揚州東關，俱於城河内停泊，聽候通放，不下三四十萬餘引，積疊數多，不能以時發放。至順四年，前運使韓大中等又言：歲賣額鹽九十五萬七十五引。客商買引，關給勘合，赴倉支鹽，雇船脚力，每引遠倉該鈔十二三貫，近倉不下七八貫，運至揚州東關，俟候以次通放。其船梢人等，恃以鹽主不能照管，視同己物，恣爲侵盜，弊病多端。及事敗到官，非不嚴加懲治，莫能禁止。其所盜鹽，以鈔計之，不過折其舊船以償而已，安能如數徵之。是以裏河客商，虧陷資本，外江興販，多被欺侮，而百姓高價以買不潔之鹽，公私俱受其害。竊照揚州東關城外，沿河兩岸，多有官民空閑之地。如蒙聽從鹽商自行賃買基地，起造倉房，支運鹽袋到（槁）〔場〕，籍定資次，貯置倉内，以俟通放，臨期用船，載往真州發賣，既防侵盜之患，可爲悠久之利，其於鹽法非小補也。

既申中書户部及河南行省，照勘議擬，文移往復，紛紜不決。久之，户部乃定議，令運司於已收在官客商帶納挑河錢内，撥鈔一萬錠，起蓋倉房，仍從都省移咨河南行省，委官與運司偕往，相視空地，果無違礙，而後行之。

兩浙之鹽：至元五年，兩浙運司申中書省云：

本司自至元十三年創立，當時未有定額。至十五年始立額，辦鹽十五萬九千引。自後累增至四十五萬引，元統元年又增餘鹽三萬引，每歲總計四十有八萬。每引初定官價中統鈔五貫，自後增爲九貫、十貫，以至三十、五十、六十、一百，今則爲三錠矣。每年辦正課中統鈔一百四十四萬錠，較之初年，引增十倍，價增三十倍。課額愈重，煎辦愈難，兼以行鹽地界所拘户口有限。前時聽從客商就場支給，設立檢校所，稱檢出場鹽袋。又因支查停積，延祐七年，比兩淮之例，改法立倉，綱官押船到場，運鹽赴倉收貯，客旅就倉支鹽。始則爲便，經今二十餘年，綱場倉官任非其人，惟務掊克。況淮、浙風土不同，兩淮跨涉四省，課額雖大，地廣民多，食之者衆，可以辦集。本司地界，居江枕海，煎鹽亭竈，散漫海隅，行鹽之地，裏河則與兩淮隣接，海洋則與遼東相通，番舶往來，私鹽出没，侵礙官課，雖有刑禁，難盡防禦。鹽法隳壞，亭民消廢，其弊有五：

本司所轄場司三十四處，各設令、丞、管勾、典史，管領竈户火丁。

用工之時，正當炎暑之月，晝夜不休。纔值陰雨，束手彷徨。貧窮小户，餘無生理，衣食所資，全籍工本，稍存抵業之家，十無一二。有司不體其勞，又復差充他役。各場元簽竈户一萬七千有餘，後因水旱疫癘，流移死亡，止存七千有餘。即今未蒙簽補，所據拋下額鹽，唯勒見户包煎而已。若不早爲簽補，優加存恤，將來必致損見户而虧大課。此弊之一也。

又如所設三十五綱監運綱司，專掌召募船户，照依隨場日煎月辦課額，官給水脚錢，就場支裝所煎鹽袋，每引元額四百斤，又加折耗等鹽十斤，裝爲二袋，綱官押運前赴所撥之倉而交納焉。客人到倉支鹽，如自二月至於十月河凍之時，以運足爲度，其立法非不周密也。今各綱運鹽船户，經行歲久，奸弊日滋。凡遇到場裝鹽之時，私屬鹽場官吏司秤人等，重其斤兩，裝爲硬袋，出場之後，沿途盜賣，雜以灰土，補其所虧。及到所赴之倉，而倉官司秤人又各受賄，既不加辨，秤盤又不如法。在倉日久，又復消折。袋法不均，誠非細故。不若仍舊令客商就場支給，既免綱運俸給水脚之費，又鹽法一新。此弊之二也。

本司歲辦額鹽四十八萬引，行鹽之地，兩浙、江東凡一千九百六萬餘口。每日食鹽四錢一分八釐，總而計之，爲四十四萬九千餘引。雖賣盡其數，猶剩鹽三萬一千餘引。每年督勒有司，驗户口請買。又值荒歉連年，流亡者衆，兼以瀕江並海，私鹽公行，軍民官失於防禦，所以各倉停積累歲未賣之鹽，凡九十餘萬引，無從支散。如蒙早降定制，以憑遵守，賞罰既明，私鹽減少，户口食鹽，不致廢弛。此弊之三也。

又每季拘收退引，凡遇客人運鹽到所賣之地，先須住報水程及所止店肆，繳納退引。豈期各處提調之官，不能用心檢舉，縱令吏胥坊里正等，需求分例錢，不滿所欲，則多端留難。客人或因發賣遲滯，轉往他所，水程雖住，引不拘納，遂有埋没，致容姦民藏匿在家，影射私鹽，所司亦不檢勘拘收。其懦善者，賣過官鹽之後，即將引目投之鄉胥。又有狡猾之徒，不行納官，通同鹽徒，執以爲憑，興販私鹽。如蒙將有司官吏，明定黜降罪名，使退引盡實還官，不致影射私鹽。此弊之四也。

本司自延祐七年改立杭州等七倉，設置部轄，掌收各綱船户，運到鹽袋，貯頓在倉，聽候客人，依次支鹽，俱有定制。比年以來，各倉官攢，肆其貪欲，出納之間，兩收其利。凡遇綱船到倉，必受船户之賄，縱其雜和灰土，收納入倉。或船户運至好鹽，無錢致賄，則故生事留難，以致停泊河岸，侵欺盜賣。其倉官與監運人等爲弊多端，是以各倉積鹽九十餘萬引，新舊相並，充溢廊屋，不能支發，走鹵消折，利害非輕。雖繫客人買過之物，課鈔入官，實恐年復一年，爲患益甚。若仍舊令客商自備脚力，就場支裝，庶免停積。此弊之五也。

五者之中，各倉停積，最爲急務。驗一歲合賣之數，止該四十四萬餘引，儘賣二年，尚不能盡，又復煎運到倉，積累轉多。如蒙特賜奏聞，選委德望重臣，與拘該官府，從長講究，參酌時宜，更張法制，定爲良規，惠濟黎元，庶望大課無虧。見爲住煎餘鹽三萬引，差人賫江浙行省咨文赴中書省，請照詳焉。

户部詳運司所言，除餘鹽三萬引別議外，其餘事理，未經行省明白定擬，呈省移咨，從長講究。六年五月，中書省奏，選官整治江浙鹽法，命江浙行省右丞納麟及首領官趙郎中等提調，既而納麟又以他故辭。

至正元年，運使霍亞中又言：兩淮、福建運司，俱有餘鹽，已行住免。本司繫同一體，如蒙依例住煎三萬引，庶大課易爲辦集。中書省上奏，得旨權將餘鹽三萬引倚閣，俟鹽法通行而後辦之。

二年十月，中書右丞相脱脱、平章鐵木兒塔識等奏：兩浙食鹽，害民爲甚，江浙行省官、運司官屢以爲言。擬合欽依世祖皇帝舊制，除近鹽地十里之内，令民認買，革罷見設鹽倉綱運，聽從客商赴運司買引，就場支鹽，許於行鹽地方發賣，革去派散之弊。及設檢校批驗所四處，選任廉幹之人，直隸運司，如遇客商載鹽經過，依例秤盤，均平袋法，批驗引目，運司官常行體究。又自至元十三年歲辦鹽課，額少價輕，今增至四十五萬，額多價重，轉運不行。今户部定擬，自至正三年爲始，將兩浙額鹽量減一十萬引，俟鹽法流通，復還元額，散派食鹽，擬合住罷。有旨從之。

福建之鹽：至元六年正月，江浙行省據福建運司申：本司歲辦額課鹽，十有三萬九引一百八十餘斤，今查勘得海口等七場，至元四年閏八月終，積下附餘增辦等鹽十萬一千九百六十二引二百六十二斤。看詳，既有積儹附餘鹽數，據至元五年額鹽，擬合照依天曆元年住煎正額五萬引，不給工本，將上項餘鹽五萬，准作正額，省官本鈔二萬錠，免致亭民重困。

本年止辦額鹽八萬九引一百八十餘斤，計鹽十有三萬九引有奇，通行發賣，辦納正課。除留餘鹽五萬餘引，預支下年軍民食鹽，實爲官民便益。本省如所擬，咨呈中書省。送户部參詳，亦如所擬。其下餘鹽五萬一千九百六十二引，發賣爲鈔，通行起解。回咨本省，從所擬行之。

至正元年，詔：福建、山東俵賣食鹽，病民爲甚。行省、監察御史、廉訪司拘該有司官，宜公同講究。二年六月，江浙行省左丞與行臺監察御史、福建廉訪司官及運使常山李鵬舉、漳州等八路正官講究得食鹽不便，其目有三：一曰餘鹽三萬引，難同正額，擬合除免。二曰鹽額太重，比依廣海例，止收價二錠。三曰住罷食鹽，並令客商通行。

福建鹽課始自至元十三年，見在鹽六千五十五引，每引鈔九貫。二十年，煎賣鹽五萬四千二百引，每引鈔十四貫。二十五年，增爲一錠。三十一年，始立鹽運司，增鹽額爲七萬引。元貞二年，每引增價十五貫。大德八年，罷運司，併入宣慰使司恢辦。十年，立都提舉司，增鹽額爲十萬引。至大元年，各場煎出餘鹽三萬引。四年，復立運司，遂定額爲十三萬引，增價鈔爲二錠。延祐元年，又增爲三錠，運司又從權改法，建、延、汀、邵仍舊客商興販，而福、興、漳、泉四路椿配民食，流害迄今三十餘年。本道山多田少，土瘠民貧，民不加多，鹽額增重。八路秋糧，每歲止二十七萬八千九百餘石，夏税不過一萬一千五百餘錠，而鹽課十三萬引，該鈔三十九萬錠。民力日弊，每遇催徵，貧者質妻鬻子以輸課，至無可規措，往往逃移他方。近年漳寇擾攘，亦由於此。運司官耳聞目見，蓋因職專恢辦，惠無所施。如蒙欽依詔書事意，罷餘鹽三萬引，革去散賣食鹽之弊，聽從客商八路通行發賣，誠爲官民兩便。其正額鹽，若依廣海鹽價，每引中統鈔二錠，宜從都省區處。

江浙行省遂以左丞所講究，咨呈中書省，送户部定擬，自至正三年爲始，將餘鹽三萬引，權令減免，散派食鹽擬合住罷。其減正額鹽價，即與廣海提舉司事例不同，别難更議。十月二十八日，右丞相脱脱、平章帖木兒達失等，以所擬奏而行之。

廣東之鹽：至元二年，御史臺准江南諸道行御史臺咨備監察御史韓承務建言：廣東道所管鹽課提舉司，自至元十六年爲始，止辦鹽額六百二十一引，自後累增至三萬五千五百引，延祐間又增餘鹽，通正額計五萬五百五十二引。竈户窘於工程，官民迫於催督，呻吟愁苦，已逾十年。泰定間，蒙憲臺及奉使宣撫，交章敷陳，減免餘鹽一萬五千引。元統元年，都省以支持不敷，權將已減餘鹽，依舊煎辦，今已三載，未蒙住罷。竊意議者，必謂廣東控制海道，連接諸蕃，船商輳集，民物富庶，易以辦納，是蓋未能深知彼中事宜。本道所轄七路八州，平土絶少，加以嵐瘴毒癘，其民刀耕火種，巢顛穴岸，崎嶇辛苦，貧窮之家，經歲淡食，額外辦鹽，賣將誰售。所謂富庶者，不過城郭商賈與舶船交易者數家而已。竈户鹽丁，十逃三四，官吏畏罪，止將見存人户，勒令帶煎。又有大可慮者，本道密邇蠻獠，民俗頑惡，誠恐有司責辦太嚴，斂怨生事，所繫非輕。如蒙捐此微利，以示大信，疲民幸甚。具呈中書省，送户部定擬，自元統三年爲始，廣東提舉司所辦餘鹽，量減五千引。十月初九日，中書省以所擬奏聞，得旨從之。

廣海之鹽：至元五年三月，湖廣行省咨中書省云：廣海鹽課提舉司額鹽三萬五千一百六十五引，餘鹽一萬五千引。近因黎賊爲害，民不聊生，正額積虧四萬餘引，卧收在庫。若復添辦餘鹽，困苦未甦，恐致不安。事關利害，如蒙憐憫，聞奏除免，庶期元額可辦，不致遺患邊民。户部議云：上項餘鹽，若全恢辦，緣非元額，兼以本司僻在海隅，所轄竈民，累遭刼掠，死亡逃竄，民物凋弊，擬於一萬五千引内，量減五千引，以舒民力。中書以所擬奏聞，得旨從之。

四川之鹽：元統三年，四川行省據鹽茶轉運使司申：至順四年，中書坐到添辦餘鹽一萬引外，又帶辦兩浙運司五千引，與正額鹽通行煎辦，已後支用不闕，再行議擬。卑司爲各場别無煎出餘鹽，不免勒令竈户承認規劃，幸已足備。以後年分，若不申覆，誠恐竈户逃竄，有妨正課。如蒙憐憫，備咨中書省，於所辦餘鹽一萬引内，量減帶辦兩浙之數。又准分司運官所言云：四川鹽井，俱在萬山之間，比之腹裏、兩淮，優苦不同，又行帶辦餘鹽，竈民由此而疲矣。行省咨呈中書省，上奏得旨，權以帶辦餘鹽五千引倚閣之。

《元史》卷一〇四《刑法志・食貨》　諸犯私鹽者，杖七十，徒二年，財産一半没官，於没物内一半付告人充賞。鹽貨犯界者，減私鹽罪一等。提點官禁治不嚴，初犯笞四十，再犯杖八十，本司官與總管府官一同歸斷，三犯聞奏定罪。如監臨官及竈户私賣鹽者，同私鹽法。諸僞造鹽引者斬，家產付告人充賞。失覺察者，鄰佑不首告，杖一百。商賈販鹽，到處不呈引發賣，及鹽引數外夾帶，鹽引不相隨，並同私鹽法。鹽已賣，五日內不赴司縣批納引目，杖六十，徒一年，因而轉用者同賣私鹽法。犯私鹽及犯界斷後，發鹽場充鹽夫，帶鐐居役，役滿放還。諸給散煎鹽竈户工本，官吏通同剋減者，計贓論罪。諸大都南北兩城關廂，設立鹽局，官爲發賣，其餘州縣鄉村並聽鹽商興販。諸賣鹽局官、煎鹽竈户、販鹽客旅行鋪之家，輒插和灰土硝鹻者，笞五十七。諸蒙古人私煮鹽者，依常法。諸犯私鹽，會赦，家產未入官者，革撥。諸私鹽再犯，加等斷徒如初犯，三犯杖斷同再犯，流遠，婦人免徒，其博易諸物，不論巨細，科全罪。諸轉買私鹽食用者，笞五十七，不用斷没之令。諸捕獲私鹽，止理見發之家，勿聽攀指平民。有榷貨，無犯人，以榷貨解官；無榷貨，有犯人，勿問。諸巡捕私鹽，非承告報明白，不得輒入人家搜檢。諸犯私鹽，被獲拒捕者，斷罪流遠，因而傷人者處死。諸巡鹽軍官，輒受財脱放鹽徒者，以枉法計贓論罪，奪所佩符及所受命，罷職不叙。

（明）王圻《續文獻通考》卷二三《征榷考・鹽法》 元之立國初，以酒醋、鹽税、河泊、金、銀、鐵冶六色，取課於民，歲收銀萬錠。太宗庚寅年，始行鹽法，每鹽一引重四百斤，其價銀一十兩。世祖中統二年，減銀爲七兩。至元十三年既取宋，而江南之鹽所入尤廣，每引改爲中統鈔九貫。二十六年，增爲五十貫。元貞丙申，每引又增爲六十五貫。至大己酉至延祐乙卯，七年之間，累增爲一百五十貫。凡僞造鹽引者皆斬，籍其家產付告人充賞。凡私鹽徒二年，杖七十，止籍其財產之半；有首告者，於所籍之內以其半賞之。行鹽各有郡邑，犯界者減私鹽罪一等，以其鹽之半没官，半賞告者。然歲辦之課，難易各不同。有因自凝結而取者，解池之顆鹽也。有煮海而後成者，河間、山東、兩淮、兩浙、福建等處之末鹽也。惟四川之鹽出于井，深者數百尺，汲水煮之，視他處爲最難云。

世祖中統二年，定鹽酒税課等法。三年九月，聽太原民食小鹽歲輸銀七千五百兩。四年七月，禁蒙古漢軍諸人煎收私鹽。至元元年七月，以烏合馬言益解州鹽課，均賦諸色僧道軍匠等户。其太原小鹽，聽從民便。

二年二月，禁山東東路私煎硝鹽。五月，敕上都商税酒醋諸課毋徵，其榷鹽仍舊。三年四月，申嚴瀕海私鹽之禁。四年正月，申嚴平陽等處私鹽之禁。八月，申嚴平灤路私鹽之禁。八年七月，尚書省請增太原鹽課，歲以鈔千錠爲額，從之。十九年四月，議設鹽使司賣鹽引法擇利民者行之，仍令按察司磨刷運司文卷。十月，增兩浙鹽價。二十年四月，申私鹽之禁，許按察司糾察鹽司。是年，罷北京鹽鐵課程提舉司。

二十一年十二月，立常平鹽局。二十二年三月，詔依舊制，凡鹽一引四百斤價銀十兩以折今鈔爲二十貫。二十三年正月，詔禁沮擾鹽課。二十六年，詔兩淮兩浙都轉運使司諸人毋得沮辦鹽課。尚書省臣又言南北鹽均以四百斤爲引，今權豪家多取至七百斤，莫若先貯鹽于庫來則授之爲便，從之。禁江南北權要之家毋沮鹽法。

二十八年，詔毋擾山東轉運使司課程。江淮行省言鹽課不足由私鬻者多，乞付兵五千人巡捕，從之。二十九年，詔聽僧食鹽不輸課。世祖時朝廷經費鹽利居十之八，而兩淮鹽獨當天下之半，法日以壞，以郝彬行户部尚書省經理之。彬請度舟楫所通、道里所均，建六倉，煮鹽于場，運積之倉，歲首聽群商於轉運司探倉籌定其所得買券，又定河商江商市易之不如法者，著爲法。

紀事

（宋）錢若水《太宗皇帝實録》卷三三《雍熙二年六月》 戊子，詔曰：去年有司上請通行江浙鹽商，蓋欲均利於民而絶其犯禁者。然變法易制，自古所難。故且行之歲時，以觀其利害。如聞罷榷之後，重擾於民，庶便於時，宜仍舊貫。自今宜依太平興國九年七月己酉已前禁法從事。

（宋）李燾《續資治通鑑長編》太宗太平興國二年二月 有司又言：煮鹽之利，以佐用度，非申明禁法，則豪民專之，山澤之出，不能盡征於王府矣。應江南諸州先通商處悉禁之，凡烏土鹵水民並不得私煮鹽，差定其罪，著於甲令。其諸處池監，監臨主者盜官鹽販鬻以規利，亦如盜煮鹽之法。其通商禁法等處及西路青白鹽各相伺察，不得令私鹽侵奪公利，犯者自一兩至二斤論罪有差。於是比乾德之禁，增闌入至二百斤以上，煮鹻及主吏盗販至百斤以上，蠶鹽入城市五百斤以上，並杖背黥面送闕下。《宋朝要録》：其民間食鹽，州縣吏量口賦之，蠶鹽以版籍度而授之，詔並從其請。先是，以官鹽貸於民，蠶事既畢，即以絲絹償官，謂之蠶鹽。其食鹽，令民隨夏秋賦租納其直。

（宋）李燾《續資治通鑑長編》太宗太平興國二年三月　右千牛衛將軍董繼業前知辰州，私販鹽賦於民，斤爲布一匹，鹽止十二兩，而布必度以四十尺，民甚苦之。有詣闕訴其事者，下御史獄鞫實，於是責繼業爲本部中郎將。

（宋）李燾《續資治通鑑長編》太宗太平興國二年夏四月　辛卯朔，右拾遺郭泌言：劍南諸州，官糶鹽斤爲錢七十。豪民黠吏，相與囊槖爲奸，賤市於官，貴糶於民，斤爲錢或至數百。望稍增舊價爲百五十，則豪猾無以規利，而民食賤鹽矣。從之。

（宋）李燾《續資治通鑑長編》太宗太平興國五年七月　己酉，詔：西川諸州民，比者但犯鹽禁，皆部送京師。自今不滿十斤，委所在州府依法區分；十斤以上，並依舊部送赴闕。從轉運使聶泳所奏也。

（宋）李燾《續資治通鑑長編》真宗咸平四年十一月　己卯，秘書丞、直史館孫冕上言：茶鹽之制，利害相須，若令江南、荆湖通商賣鹽，緣邊折中糧草，在京納金銀錢帛，則公私皆便，爲利實多。今若便施行，即南中州軍且令官賣。商人既已入中，候其換交引，往亭場，川路脩遐，風波阻滯，計須二年以上方到江、潭。未到間，則官賣鹽課已倍獲利，及其坌集，稍侵官賣之額，然以增補虧，於官無損。況三路官賣，舊額止百三十萬貫，臣計在北所入已多，在南所虧至少，舊額錢數必至增盈。其淮南禁鹽，有長江之限。但嚴切警巡，明立賞罰，則官賣鹽課，必不虧懸。設使淮南因江南、荆湖通商之後，官吏怠慢，或至年額稍虧，則國家以折中糧草贍得邊兵，以中納金銀實之官庫，且免和雇車乘，差擾民户，冒涉凜寒，經歷遐遠。借如荆湖運錢萬貫，淮南運米千石，以地里斤腳送至窮邊，則官費民勞，何啻數倍。

又言：臣所上通商放鹽，爲公私之利者有十，而横生疑沮者有三。詔吏部侍郎陳恕等議其事。恕等上議曰：江、湖之地，素來官自賣鹽，禁絶私商，良亦有以。蓋由近海煮海之地，息犯禁之人，官得緡錢，頗資經費。且江、湖之壤，租賦之中，穀帛雖多，錢刀蓋寡，每歲買茶入榷，市銅鑄錢，準糧斛以益運輸，平金銀以充貢入。乃至京師便易，南土支還，贍用之名，實藉鹽錢以助，居常廣費，猶或間闕。今若悉許通商，則必頓無儲擬，未有別錢備用，鹽法詎可更張？且變制改圖，事非細故。若匪官鹽住賣，則又私商不行，即令住賣官鹽，立乏一年課額。況行商算畫，必務十全，豈有江、湖官猶賣鹽，邊塞私肯入粟？假令敢入私物，獲請官鹽，首初運到江、湖，必須官私競貿。既而又官價高大，私價低平，多糶商鹽則官鹽不售，並依官價則私價太高。公私兩途，矛盾不已，則官利失而私商困矣。況不住賣而望商人入中藁粟者，未之有也。既入中藁粟而望課利不虧者，亦未之有也。向者淮南通商，亦於邊上折中，一歲之内，入數甚微，糧則不及萬鍾，草則都無一束。近者陝西鹽法，亦令納秸資邊，一年之間，數亦無幾。全亡實驗，但有虛名。江、湖若放通商，淮南亦須撤禁，三處既私商雜擾，兩浙必官鹽流離，透漏浸淫，禁不可止。乍變易則江、湖爲首，終紊亂則淮、浙相兼，大失公儲，莫救邊備，施於今日，恐未叶宜。從之。

（宋）李燾《續資治通鑑長編》真宗大中祥符九年四月　丁亥，陝西轉運副使張象中言：安邑、解縣兩池見貯鹽三千二百七十六掩，計三億八千八百八十二萬八千九百二十八斤，計直二千一百七十六萬一千八百緡。竊慮尚有遺利，望行條約。上曰：厚地阜財，此亦至矣。若過求增羡，必有時而闕，不可許也。

（宋）李燾《續資治通鑑長編》真宗天禧元年九月　甲辰，三司言：江、淮、兩浙、荆湖路入錢粟買鹽者，望依解州顆鹽例，預給交引付榷貨務。俟有商旅算射，即填姓名，州軍給付。從之。

（宋）李燾《續資治通鑑長編》真宗天禧四年六月　壬辰，詔通、泰、楚等州煎鹽亭户，因災沴乏食，預請錢糧，逋欠者悉蠲之。

（宋）李燾《續資治通鑑長編》仁宗天聖二年六月　丁丑，夔州路轉運使刁湛言：雲安軍所管鹽井，歲課甚多，而武臣知軍，失於鈎考簿書，積有所負。請自今選朝臣爲知軍。從之。

（宋）李燾《續資治通鑑長編》仁宗天聖三年十一月　初，計置司議茶鹽利害，因言：解州安邑兩池舊募商人售京西諸州鹽者，入錢京師榷貨務。乾興元年，歲入才二十三萬緡，視天禧三年數損十四萬。請一切罷之，專令入中並邊芻粟，及爲之增約束防禁，以絶私販之弊。於是，復詔入錢京師，從京師所便。此據本志掇出附見，志云久之，今改云於是，更須考詳。或全取本志，并就天聖八年十月聯書之。

（宋）李燾《續資治通鑑長編》仁宗天聖六年十一月　乙巳，廢福州連江，羅源、寧德、長溪四縣官煎鹽場，以鹽田賦貧民。

（宋）李燾《續資治通鑑長編》仁宗明道元年二月　癸丑，廢河中府慶成軍賣鹼場。民有盜刮鹼土者，令所在收捕之。

（宋）李燾《續資治通鑑長編》仁宗明道元年十二月　庚申，命樞密直學士權三司使李諮、翰林學士盛度、侍讀學士王隨同議解鹽法。天聖八年，始聽解鹽通商，行之一年，歲入視天聖七年增緡錢十五萬，明年，更損九萬，其後歲益耗，故令諮等議之。度、隨皆初以通商爲便者也。

（宋）李燾《續資治通鑑長編》仁宗景祐元年三月　丙寅，右班殿直龍惟亮言，廣州瀕海煎鹽户輸官鹽，每斤給錢六文，廣、惠、端三州官鬻鹽，斤爲錢十五文，故民間多私販者，請減爲十文，從之。

（宋）李燾《續資治通鑑長編》仁宗康定元年十二月　初，明道二年，復用天禧舊制，聽商人入錢粟京師及淮、浙、江南、荆湖州軍易鹽，此據《食貨志》第四卷，已附明年明道二年年末。及景祐二年，三司言諸路博易無利，乃罷之，而入錢京師如故。此亦據《食貨志》第四卷。景祐二年詔，《實録》無之，今且依本志附此。

（宋）李燾《續資治通鑑長編》仁宗康定元年十二月　是歲，又詔商人入芻粟陝西並邊，願受東南鹽者，加數予之。此亦據《食貨》第四卷，志云康定元年詔，而《實録》亦無有，今且附此。

會河北穀賤，三司因請内地諸州行三税法，募人入中，且以東南鹽代京師實錢，詔糴至二十萬石止。此據《食貨志》第三卷。其第四卷加數與東南鹽下又云：河北用三税法，亦以鹽代京師所給緡錢，即第三卷所書也。第三卷所書稍詳，今用之。

（宋）李燾《續資治通鑑長編》仁宗慶曆二年正月　自元昊反，聚兵西鄙，並邊入中芻粟者寡。縣官急於兵食，且軍興用度調發不足，因聽入中芻粟，予券，趨京師榷貨務，受錢若金銀；入中他貨，予券，償以池鹽。由是羽毛、筋角、膠漆、鐵炭、瓦木之類，一切以鹽易之。猾商貪人，乘時射利，與府吏表裏爲姦，至入椽木二，估錢千，給鹽一大席，大席爲鹽二百二十斤，虚費池鹽，不可勝計。鹽直益賤，販者不行，公私無利。朝廷知其弊，戊午，用三司使姚仲孫請，以度支判官、刑部員外郎、祕閣校理范宗傑爲制置解鹽使，往經度之。

始，詔復京師榷法。宗傑請：凡商人以虚估受券，及已受鹽未鬻者，皆計直輸虧官錢。内地州軍民間鹽，悉收市入官，爲置場增價而出之。復禁永興、同、華、耀、河中、陝、虢、解、晉、絳、慶成十一州商賈，官自輦運，以衙前主之。又禁商鹽私入蜀，置折博務于永興、鳳翔，聽人入錢若蜀貨易鹽，趨蜀中以售。詔皆用其説。

（宋）李燾《續資治通鑑長編》仁宗慶曆四年二月　乙未，命知汝州、太常博士范祥，馳傳與陝西都轉運使程戡同議解鹽法，從三司請也。慶曆二年，既用范宗傑説，復京師榷法。久之，東南鹽池悉復榷，量民資厚薄，役令輓車轉致諸郡。道路糜耗，役人竭産不能償，往往棄甽晦、捨妻子亡匿。東鹽凡通商州軍，在京西者爲南鹽，若禁鹽地則爲東鹽。總州府軍二十八，已見天聖八年。則盛置卒徒，車運抵河而舟，寒暑往來，未嘗暫息，關内騷然。所得鹽利，不足以佐縣官之急。並邊務誘人入中芻粟，皆爲虚估，騰踊至數倍，歲費京師錢幣，不可勝數，帑藏益虚。祥本關中人，熟其利害，嘗以謂兩池之利甚博，而不能少助邊計者，公私侵漁之害也；儻一變法，可歲省度支緡錢數百萬。乃畫策以獻。是時韓琦爲樞密副使，與知制誥田況皆請用祥策，故有是命。本志云，會祥以喪去。按祥明年三月壬午，乃自知華州提舉坑冶鑄錢，其以喪去，實在此後，行狀亦云，本志誤也。八年十月，乃復用祥，當是祥與戡議不合，故以祥知華州，明年三月，除提舉坑冶鑄錢，始遭父喪去耳。

（宋）李燾《續資治通鑑長編》仁宗皇祐三年冬十月　己卯朔，詔三司解鹽聽通商，候二年較其增損以聞。初，包拯自陝西還，力主范祥所建通商法，朝廷既從之，已而判磨勘司李徽之又言不便，乃下其事三司，驛召祥，令與徽之及兩制共議。而議者皆以祥爲是，故有是詔。包拯事在元年十月。

（宋）李燾《續資治通鑑長編》仁宗皇祐三年十二月　先是，包拯還自陝西，言：伏見近降敕命，陝西鹽法且依范祥擘畫通商放行，此誠國家大利。而中外臣僚不詳本末，時有橫議，所賴朝廷特與主張，兼祥見充本路提點刑獄，與轉運司每常公事往來，或至違異，必恐不能協心以濟，深屬不便。欲望聖慈特許就除祥權本路轉運副使，只理提點刑獄資序。所貴擘畫鹽法利害，計置沿邊斛斗，事歸一局，易爲辦集。又言：勘會祥新法，自皇祐元年正月至二年十二月終，共收見錢二百八十九萬一千貫有零，比較舊法，二年計增錢五十一萬六千貫有零。三年春季，又已收到見錢七十餘萬貫，兼糴到斛斗萬數不少。緣陝西累歲豐熟，今秋又大稔，正當計置之際，況祥顯著成效，可備驅策。欲望允臣前奏，特除祥本路轉運副使，俾之一面制置解鹽及將見錢收糴糧斛，庶沿邊軍儲足備，又免向去入中，枉費榷貨務見錢，經久之利，無便於此。

而三司使田況亦請久任祥，使專其事。己亥，度支員外郎范祥爲陝西轉運副使，仍賜金紫服以寵之。賜服，據本志。

（宋）**李燾《續資治通鑑長編》仁宗至和二年七月** 丙子，詔蕃部犯青白鹽坐法當死者，自今並配沙門島，若羣黨爲民害，奏聽裁。自范祥議禁八州軍商鹽，重青白鹽之禁，而官鹽估貴，青白鹽估賤，土人及蕃部販青白鹽者益重，往往犯法抵死而莫肯止，雖屢摧官估，不能平其直。朝廷知其弊，故有是詔。此據本志，又云嘉祐赦書，稍遷配徙者於近。是青白鹽禁法稍寬，當因後來經制青白鹽。并附此。

（宋）**李燾《續資治通鑑長編》神宗熙寧五年五月** 發運司奏杭、越、湖三州不肯行新法捕鹽，課利更虧，乞根勘。上從之。王安石曰：議者皆謂捕鹽即陷刑者衆，今淮南捕鹽急，遂無陷刑者，如杭、越、湖不依新法捕鹽，即犯禁者不絕。上曰：王者之法如江河，使人易避難犯。如倉法行，去年止斷綱稍二百人，比以前已減五百人矣；且米又盡不雜，軍人不須行賕，此實良法也。安石曰：今新法關防猶未盡，故雖無夾雜，尚有少欠。若他日關防不令少欠，即此所斷人數，尚可更減也。安石又曰：倉人尤無賴，所以不免時有犯法，然隨輒被告。至於銓、審等處，即更無復敢受賕。上曰：不知開封何如，恐未能遽絕耳。安石曰：聞開封府吏自言向時遇事，且思如何可以取錢，又思如何可以欺罔官員，實無心推究人枉直。自今誠恐有暇及此。然經久天下吏祿恐須當盡增，令優足。上曰：如此豈不善，但患闕錢耳。安石曰：此極多不過費百萬緡，然吏祿足則政事舉，政事舉則所收放散之利亦必不少，且今人吏衣食固亦出於齊民，但不令以法賦之而已。昨雖十萬餘緡，然九萬緡出於酒坊稅錢，若將來諸路收酒坊稅錢，必然可足吏祿有餘也。見五年五月二十六日。上又曰：吏受賕亦不免出於官錢耳。安石曰：如綱運於庫務行錢，復以酒坊償之是也。今公賦祿與之，即不爲餘人侵牟，而又不至枉法害事以取賂矣。安石論倉法，因捕鹽及之，朱史乃附見三年八月二十七日癸未，於斷綱稍事尤失次，今仍見本日。

（宋）**李燾《續資治通鑑長編》神宗熙寧八年閏四月** 中書上《解鹽通商地分縣鎮寨城條約》，詔頒之。

（宋）**李燾《續資治通鑑長編》神宗熙寧八年十月** 辛亥，詔河東路永利兩監鹽，自今官自計置，依商人和雇車乘，輦赴本路州縣鎮鬻之，禁人私販，犯者并告捕，賞罰論如私鹽法；並邊糧草以見錢糴買，仍出見錢鈔十萬緡給其費，收賣鹽錢償之。先是，章惇權三司使，建議下河東轉運司相度可否，至是以爲可行也。

（宋）**李燾《續資治通鑑長編》神宗熙寧九年十二月** 判司農寺熊本言：蒙朝旨令張諤並送詳定鹽法文字付臣。伏緣所修鹽法，事干江淮八路，凡取會照應鹽課增虧賞罰之類，係屬三司。竊慮移文往復，致有稽滯，兼昨權三司使沈括曾往淮、浙體量安撫措置鹽事，乞就令括與臣同共詳定。從之。此據《會要》十二月八日事增入。

（宋）**李燾《續資治通鑑長編》神宗熙寧九年十二月** 丙申，知太原府韓絳言：

詢問民間疾苦，其大者有三：一曰鹽食，味之所急也。今立法使人人自買於官場，則貧下之人去官場遠者，勢不能冒祁寒暑雨，朝夕奔走，遂至於無以養父母、畜妻子。下則駝與羊，土產也，家家資以爲利，非鹽不活，故冒法者衆，徒罪日報而不能止。況私鹽味甘而易得，孰肯畏刑而不販鬻乎？比來本路盜賊持梃成羣，竊恐東南盜賊之患將移於河東矣。建議者本欲籠利以助經費，苟以價直步乘及告捕償錢計之，所得無幾。又舊法以鹽鈔易緣邊軍儲，今則鹽錢散在內地，邊廩頗耗，但聞殘民，未見國富也。二曰鐵錢，盜鑄者廣，濫雜而不可除，貧民尤被其害。蓋貧民者急於日求之贏，所賣之直，良錢不過五分，豈暇擇之。其買於坐賈，則賈多豪，而不汲汲於速售，必擇去其濫者，所失率四五分，故貧者日益困也。三曰和糴，一路之人誅剥歲久，匱乏已極，前後爲朝廷言者衆矣。幸遇陛下哀之，詔臣等講求，而議者尚以邊儲爲重，弗肯閔卹。臣等見一方之人勞身苦體，日夜竭力於田畝，山田多而沃土少，繼有水旱則如前歲易子而食，可不痛哉！本道北距強敵，西接黠羌，今其政大弊，如此使民樂歲不免於凍餒而愁嘆，異乎人和之理，雖有天時地利，豈足賴哉。萬一二敵投隙而渝盟，將用其民以禦之，孰肯爲陛下盡力死邪？

臣竊嘗思之，除害興利，則鹽法宜若河北之通商，或如江、淮等路弛茶禁之策，則刑省利博矣。錢法宜若陝西鑄錢，本重而模精，則姦盜無以牟利，仍交子相權以斂濫惡，則貧者不失其本矣。和糴宜於元數減放三分，罷支錢布，則所得已厚於前，仍寬其支移之苦，則實惠皆及於本户。遇災傷十七以上亦與蠲免，又爲別其貧富等第，均定合約之數，則編户莫不樂輸矣。兼勘會邊儲，惟河外三州，穀土寡而畜聚爲難。其保德以東五州軍，計置不至艱甚。況本路鐵鑛石炭足以鼓鑄，公錢不可濫，又以交子灌輸通流，并用鹽以役商賈，則邊兵决可足食，且紓疲俗之大患。茲事若止一端，則窒閡者繁，惟并舉而行之，則效速見矣。欲乞陛下精選才臣，令與臣即監司置局于太原，講求利害，具可行事狀以聞。所冀取信朝廷，不爲横議所沮，仍願假臣數年之期，委以推行之權，庶幾終始成就。

詔三司相度利害以聞。十年九月十八日，絳又乞遣才臣置局議和糴。元豐元年閏正月一日，陳安石云云。

（宋）李燾《續資治通鑑長編》神宗熙寧十年四月 詔：今後客鹽入京，並於市易務中賣，本務依市價收買。雖賤，每席不得減十貫，並晝時支還見錢。其京城内外諸路販賣鹽人，並於本務給印歷請買，願立限賒請者聽。如私自買賣，許人告首，等次給賞，鹽没納入官。《會要》有此，《實録》無之。二月二十八日、四月二十四日當考，本志删修此段。又詔：商鹽入京，悉賣之市易務，每席無得減十千。民鹽皆買之市易，私與商人爲市許告，没其鹽。

（宋）李燾《續資治通鑑長編》神宗熙寧十年四月 三司言：近奉朝旨，將舊法東南鹽鈔，委官於在京等七處置場，每席三貫四百，權於内藏庫借見錢二十萬貫應副收買，候貼納到鹽錢逐旋撥還。尋令市易務依此收買。本務申：客人擁併赴務投下文鈔，據所買計用錢五十九萬三千餘貫，省司全闕見錢，深慮有妨鈔法，欲將在京客人所乞中賣文鈔，除單合用鈔，別無收附，對勘卻退令於向西州軍官場就近勘合中賣外，其餘鈔數盡行收買。價錢内三分支還見錢，餘七分依沿邊入中鈔價細算合支價錢目，給與新引。所有合貼新鈔，候降下指揮，從省司牒三班院，差使臣一員赴制置解鹽司取撥合銷新鈔，赴市易務下界契勘書填給付客人，令於解池請領鹽貨。所貴買盡民間舊鈔，兼客人換得新引，請鹽趁時變賣。從之。其新鈔仍在熙寧十年合出鈔額。《會要》有此，《實録》無之。二月二十八日、四月十二日、二十三日當考。初，詔京師置七場買東南鈔，而市易務言爲錢五十九萬三千餘緡。三司言闕錢，願還其鈔，令賣之於西，買者其三給錢，其七準沿邊價給新引，庶盡得民間舊鈔，而新引易於變易，從之。本志如此，删修或即用此。

（宋）李燾《續資治通鑑長編》神宗元豐二年九月 河東都轉運使陳安石乞本路犯西北兩界青白鹽者，並依《皇祐敕》斷罪，仍不分首從邊配。從之。《皇祐敕》刑名比今爲重，又法非興販三分得一分之罪。時安石方行鹽法於河東，以希功利，故欲峻其禁也。朱本削去《皇祐敕》比今爲重以下數語，今復存之。

（宋）李燾《續資治通鑑長編》神宗元豐五年九月 淮南轉運司言：奉朝旨，令淮西一路官自賣鹽，以年終實收課額比奏。從之。本志但於五年書：明年，推周輔法於淮南西路。

（宋）李燾《續資治通鑑長編》神宗元豐六年三月 壬午，京東轉運副使吴居厚言：自置鹽税司近二十年，置鹽税司近二十年，據《御集》已增入，當考。商人負正税錢七萬六千餘緡及倍税十五萬二千餘緡，皆周革提舉日失於拘催。乞依市易務例，除放倍罰銅錢，百千以下限三年，百千以上限五年，止令納正税。上批：宜依所奏，作朝廷直降指揮。

（宋）李燾《續資治通鑑長編》神宗元豐六年五月 户部言：知瓊州劉威相度瓊州昌化、萬安、朱崖軍民户，鄉村、坊郭第一至第三等，每丁逐月鹽一斤，第四、第五等及客户、僧道、童行每丁逐月半斤，不以月日爲限，歲終買足。遇有死亡，開落；進丁，收上。看詳所配賣鹽數太多，欲乞兩等鹽各減半，餘依劉威所定。從之。

（宋）李燾《續資治通鑑長編》神宗元豐六年十月 京東轉運司言：

商人販青州高家港鹽至齊州等處減價賒賣，以致本司賣河北鹽不售。欲依見行税法，酌中數每歲買認高家港鹽二萬席，運至齊州界，依河北鹽價相兼貨賣。如敢商販者，依漏税法。從之。六月己未，初賣河北鹽。沈括《自誌》論河北鹽事，云京東主司得罪，合參照。

（宋）**李燾《續資治通鑑長編》哲宗元祐元年八月**　庚子，江、淮、荆、浙等路發運副使蔣之奇言：江、淮、荆、浙六路捕到私鹽，除官給鹽犒賞錢外，更於犯人名下別理賞錢，並依條先以官錢代支。其逐州縣代支過轉運司者甚多，無由納足。竊計失陷不貲，以至未獲犯人先支三分充賞，比以舊法，亦復太多。況舊法募賞已備，足以禁止，豈須枉費官錢以申無益之禁？今相度欲一遵嘉祐敕告，捕私鹽未獲徒伴，即據獲到鹽數，十分中官給一分充賞。從之。《新本》無此。

（宋）**李燾《續資治通鑑長編》哲宗元祐五年九月**　陝西制置解鹽司言：應告捕獲私鹽，除準價支賞外，將別理賞錢，如不及十斤倍之，每十斤加二貫，至百貫止。内本路仍乞據今來所添錢只用本司錢支充。從之。

（宋）**李燾《續資治通鑑長編》哲宗元祐六年二月**　專切提舉出賣解鹽官孫迥言：請西京、河陽、鄭州并管下逐縣並非本司所差官賣鹽地分，其巡檢、縣尉等自來所獲犯人並送所屬州縣斷賞。竊恐不依條法，請令西京、河陽、鄭州並管下逐縣斷賞有不如法，並依本司見管賣鹽州縣條例按劾。從之。

（宋）**李燾《續資治通鑑長編》哲宗元祐六年二月**　乙未，提舉河北鹽税司言：請自今許令商賈以所販鹽，於有監官處所屬場務，依條例輸納税錢。召本處等第人户，委保出給小引，量所賣處人煙、地里遠近、鹽數多少，給鑿日限，毋得過三十日，搬運赴無監官鎮店從便貨賣，依限勾收元引。從之。

（宋）**李燾《續資治通鑑長編》哲宗元符元年正月**　陝西制置解鹽司言，乞應官司並不得于折博務買賣興販解鹽，如違，其買賣官司並科違制之罪。從之。《新》無。

（宋）**程大昌《考古編》卷七《張平叔請官糶鹽》**　平叔嘗議官自糶鹽，韓退之駁之。東坡曰：平叔者，不知何人，但必是小人也。按唐《食貨志》穆宗命河北罷榷鹽。户部侍郎張平叔議榷法弊，請立糶法。詔公卿議其可否，韋處厚韓愈條詰之，平叔屈服。

（宋）**熊克《中興小紀》卷八**　户部侍郎葉份言：淮鹽路梗，妨阻客販。浙鹽數少，積壓客鈔。請權以福建鹽通商。仍指還買鹽本錢，即本路官般官賣，兩不相妨。壬申，詔從之。初，政和中遣左司郎官張察，至本路參定鹽法。歲以三分爲率，二分歸朝廷。許商人輸錢於榷貨務給鈔，即本路受鹽。一分歸漕司，許自買鹽，積於海滄，令上四郡及屬縣般賣以辦歲計。時商販、官般二法並行。靖康俶擾，商販殆絶，故官悉自鬻。至是份請行鈔法，而姦民乘之，盜販多矣。

（宋）**熊克《中興小紀》卷一三**　先是通州歲支鹽二十萬袋。時淮南宣撫使劉光世、下統制官喬仲福，置私鹽倣官袋，而用舊引貨於池州，人不敢問。言者以爲：今歲緣此支鹽僅三萬袋，實損課額。於是尚書省言：茶鹽之法，朝廷利柄。今養兵大費，多仰鹽課。若將佐容縱侵紊，非獨妨客販，即養兵大費必闕。乃詔光世追仲福取問。仍誡部將佐，不得販鹽，違者重竄。

（宋）**熊克《中興小紀》卷一三**　主管川陝茶馬趙開，倣大觀東南北鹽法，置合同場鹽市。驗視稱量封記發放，與茶法大抵相類。鹽引每斤納錢二十五，土産税及增添等共約九錢四分。鹽所過每斤納錢七分，住賣納錢五分。若以錢引折納，別輸稱提勘合錢六十，自此始推行之。

（宋）**熊克《中興小紀》卷一四**　初，吕頤浩以養兵費廣，乃稍更鹽法。循法爲序，使商賈入納奔湊。又經理淮甸，以護通泰專鹽利。而堂吏張純獻計，頤浩增定私鹽刑名，多配嶺南，犯者相屬。於是殿中侍御史常同言：法已極重，貧民所負至少，而受捕豪家，結羣持仗，則法不能及。宰臣循蔡京之舊，亦用張純提嶺兩務。而户部與胥吏通姦利，已有顯狀。上諭同曰：凡舉事不能有利無害，第當擇利多害少者爲之。非卿言，朕不知其害。至是，亟命有司更定其法，下純大理寺治罪。取兩務復隷户部。時選部案牘不存，吏得爲姦，川陝官到部者，多以微文沮抑，往返輒經歲。於是考功郎官歷陽魏矼奏請細節不圓者，悉先放行。人以爲便。自後踵行之。

（宋）**熊克《中興小紀》卷一五**　初，福建鹽法以三分爲率：二分商販，一分官搬。比年商販殊少，鬻鈔不行。邵武軍判官趙不已上言，乞併令轉運司搬賣，歲認鈔錢二十萬緡。漕司以鈔錢太重，請減爲十五萬緡。從之。時虔寇竊發，多緣羣入閩，廣販鹽以致作亂。至是知梅州陳杲，乞散賣小鈔。謂非特可助國計，亦使細民得販。則暗消其爲盜之端。事下榷貨務。己亥，本務言福建二分客鈔，已令轉運司歲輸二十五萬緡。而廣東亦係官搬，杲所言不惟有侵漕計，兼礙成法。遂格不行。杲，建陽人也。

（宋）熊克《中興小紀》卷一九　自南渡以來，國計所賴者爲鹽。每因闕用，即改新鈔，以幸入納之廣，第苟目前，不知利權悉爲商賈所持。去年冬，鼎請立對帶之法，商賈聽命，而鹽法遂爲定制，除去積年之弊。是秋，加以出剩，立爲分數，計入納與對帶二法並行。出入有常，源源不絶，始不爲巨猾所制矣。此據趙鼎《事實》修入。

（宋）熊克《中興小紀》卷三三　建、劍、汀、邵在閩中，號上四郡。每歲上供諸費，皆仰鹽以辦。時建之鹽綱不集，且官鹽莫之售，私鹽莫之禁，故公家之用匱。守臣敷文閣待制林又熟其弊。蓋鹽綱非請託不行，或綱未入手而本錢爲之一空，坐是故得而不行，行而不至，公私俱困。又乃選使臣皂隸之廉幹者十餘人以授之。且犒勞良厚，戒之毋藉銖兩。至是損其直鬻之故，鹽貨流行，郡以不乏。

（宋）熊克《中興小紀》卷三五　福建舊行產鹽法，民歲輸錢而受鹽於官。其後法壞，輸錢如故，而民不得鹽，其間多私鬻以給食而官亦不問。至是帥臣龍圖閣學士張宗元，始再榷鹽，犯者滋衆，人不以爲是。帥司屬官胡憲，上書於宗元，告以爲政大體。宗元不悦。久之，憲請嶽祠而去。同時在幕中，有輕薄者用其姓名，爲詩嘲之曰：獻陳利害知何益。蓋憲獻同音，謂胡憲也。

（宋）熊克《中興小紀》卷三五　時住鬻度僧道牒已久，其徒寖少。又福建官自運鹽，頗爲民患，乃遣太府寺丞鍾世明，下本路措置寺觀田產。凡僧道之見存者，計口給食。餘則爲寬剩之數，籍歸於官，并究運鹽之弊，世明方行。殿中侍御史林大鼐言：慮民間未知指意，或有疑惑。辛酉，上諭宰執：明降指揮以曉諭之。世明，將樂人也。

（宋）熊克《中興小紀》卷三七　初，福建鹽貨轉運司積於海倉，令上四州及屬縣取而鬻之，以充歲用。近年，州縣船運過多，吏緣爲姦。鹽斤兩數虧而多雜，官肆不售，即按籍而敷，號口食鹽，閭閻下户無一免者，民甚苦之。甲子，湯鵬舉極論其弊。乞令憲臣據紹興元年綱數，立爲定制，以去一路之弊。乃詔提刑吴逵覈實其數。

（宋）熊克《中興小紀》卷三七　户部言：義倉米歲隨苗輸，而州縣吏不據數令樁。故令臨時有誤賑給，欲下逐路常平司，劾其違戾者。癸丑，詔從之。初，福建鹽自提刑吴逵奏定綱額及減價三分，轉運司鹽本錢亦減，只收一十九文，且不許科賣。雖民力稍寬，而州縣無以供百費。且尤非轉運司利，故衆論搖之。朝廷加逵直祕閣移守鼎州。逵憤而死。有旨下本路諸司，以逵所奏相度更定。至是諸司條上，歲般一千六百萬斤如逵數，而鹽價惟減一分，鹽本錢收二十五文。上方與宰執共議，提舉常平官張汝楫別奏，請行鈔法。庚申，上以問宰執，陳誠之曰：福建山溪之險，細民冒法私販，雖官賣鹽猶不能絶。若百姓賣鹽，豈免私販之弊，第恐不盡請鈔有虧課額。上曰：大中間福建曾用鈔法，未幾復罷。若可行，祖宗已行之，不待今日。正如萬户酒前後有榷者甚多，然終不可行，大抵法貴從俗。不然，不可經久。先是福建歲認鹽鈔錢三十萬緡，至是與減八萬。減鈔鹽錢在十一月一日，今聯書之。自此轉運司及州縣少舒，不復科賣於民矣。

（宋）熊克《中興小紀》卷三九　建、劍、邵、汀在閩號上四郡，例般鹽自鬻，以辦歲費。鬻而不售，則科於民。時汀之長沙縣鬻鹽峻暴，民走轉運使司訴之。知縣事陳夢遠乃漕司主管陳正綱之族子。正綱爲白漕臣王時升押訴者還汀，而本州見差巡檢官於鄉下督鹽錢。民因共留巡檢，乞州釋訴者兩易之。是月，汀守謂民嘯聚，亟遣兵捕戮。復疑平民與之關通，皆繫之獄，欲論以重辟。録事參軍劉師尹争不能得，致仕而去。帥臣王師心即移文釋諸囚，具薦師尹於朝。既而夢遠與州之守貳皆坐罷，而師尹復仕。正綱，沙縣人，瓘子。師尹，閩縣人也。

（宋）留正《皇宋中興兩朝聖政》卷一《高宗皇帝・梁揚祖措置茶鹽》　〔建炎元年五月〕壬寅，江淮等路發運使梁揚祖提領措置東南茶鹽公事，尚書工部員外郎楊淵同提領置司真州。時東北道梗，鹽筴不通。揚祖言真州東南水陸要衝，宜遣官置司，給賣鈔引，所有茶鹽錢，並充朝廷封樁，諸司毋得移用。朝廷以爲然。故有是命。

（宋）留正《皇宋中興兩朝聖政》卷七《高宗皇帝・給閩廣鹽》

〔建炎四年二月〕甲午，尚書省言淮鹽道路不通，商人皆自京師持鈔引至兩浙請鹽，故温、台州積下引鈔至多有至二三年者。乞令行在榷貨務換給新鈔，赴閩廣筭請，每袋貼納通貨錢三千。從之。

（宋）留正《皇宋中興兩朝聖政》卷九《高宗皇帝・許亭户折税》

〔紹興元年四月〕乙未，詔：臨安府秀州亭户合納二税，依皇祐專法，計實直價錢折納鹽貨。先是兩浙轉運司以罷給蠶鹽，令輸本色。提舉茶鹽公事梁汝嘉奏：亭户以煎鹽爲生，未嘗墾田。於是申明行下。

（宋）留正《皇宋中興兩朝聖政》卷一二《高宗皇帝・榷明州縣鹽》

〔紹興二年十一月〕辛酉，詔自今住講日令經筵官輪進春秋口義一授，至開講日如舊。初，明州象山定海鄞縣旁海，有鹵田三十七頃，民史超等四百六十餘家。刮土淋鹵煎鹽，官未嘗收其課。至是，浙東提舉茶鹽公事王然，始拘充亭户，盡榷其鹽，歲爲二百九萬餘斤，收鈔錢十萬餘緡。事既行，乃言於上守臣陸長民，以是爲言，都省勘會，令憲司具的確利害申尚書省，卒推行之。

（宋）留正《皇宋中興兩朝聖政》卷一三《高宗皇帝・減蠶鹽錢》

〔紹興三年正月〕乙酉，減民間蠶鹽錢。初，祖宗時賣民間蠶鹽。政和三年，詔民間不願請鹽者，輸鹽錢十之六。渡江後，不復予鹽，而差損其直。至是又申明之。

（宋）留正《皇宋中興兩朝聖政》卷一三《高宗皇帝・王然以榷鹽罷》〔紹興三年二月〕壬子，提舉浙東茶鹽公事王然罷，仍貶秩一等。先是宣諭官朱異論然置明州三縣鹽場，將沿海下户一例拘籍，其間有不願結甲，及雖結甲而不願貸本錢至有憂畏而自縊者，或持杖而逐保正者，言者亦論其擾民。故有是命。

（宋）留正《皇宋中興兩朝聖政》卷一五《高宗皇帝・增鹽鈔貼納錢》〔紹興四年正月〕詔淮、浙鹽鈔錢，每袋增貼納錢三千，通舊爲二十一千。諸州所收貼納錢，並計綱赴行在。尋命廣鹽所增亦如之。

（宋）留正《皇宋中興兩朝聖政》卷一六《高宗皇帝・鹽法五變》

〔紹興四年九月〕戊申，詔減淮、浙鈔鹽錢每袋三千，令諸場對支新舊鈔各半。以户部言榷貨入納遲細故也。自渡江至今，鹽法五變。而建炎舊鈔，支發未絶。乃命以資次前後從上併支焉。

（宋）留正《皇宋中興兩朝聖政》卷四七《孝宗皇帝・蠲福建鈔鹽錢》〔乾道四年〕二月甲午朔，是月詔福建路建、劍、汀、邵武四州軍科賣官鹽搔擾民户，可將本路鈔鹽一項盡行住罷。轉運司每歲合抱發鈔鹽錢二十二萬貫，並與蠲免。却令本司於八州軍增鹽錢并將樁留五分鹽本錢抱認七萬貫充上供起發。今後州縣不得更以賣鈔鹽爲名，依前科敷搔擾。初，臣僚極言其弊，詔令前漕臣沈度、陳彌作看詳來上。遂有是命。

（宋）留正《皇宋中興兩朝聖政》卷四七《孝宗皇帝・欲盡蠲無名賦》〔乾道四年二月〕未幾，沈度奏事。上曰：前日觀卿所奏鹽事，已盡蠲十五萬緡以寬民力。且曰：朕意欲使天下盡蠲無名之賦，悉還祖宗之舊，以養兵之費，未能如朕志。

（宋）留正《皇宋中興兩朝聖政》卷四七《孝宗皇帝・放四川鈔鹽綱》〔乾道四年二月〕又言：四川有鈔鹽綱，有歲計鹽綱。鈔鹽綱者，爲抱納鈔鹽錢窠名。歲計鹽綱者，每斤除分隸增鹽錢鹽本等錢外，其餘係州縣所得市利錢，即以充納上供銀錢等用。今鈔鹽窠名已盡行除放，州縣只是搬賣一色。歲計綱須令置場出賣，不得科抑於民。

（宋）留正《皇宋中興兩朝聖政》卷五二《孝宗皇帝・罷福建鈔鹽法》〔乾道九年正月〕中書門下省言：福建鹽貨自來止是州軍分立綱數，自行般運出賣，以辦歲計。近改爲鈔法，聽從客販。訪問州郡緣住般賣，却致支用不足。切慮敷擾，以爲民害。詔罷鈔法。諸州軍綱鹽並依舊分撥，官般官賣，所有本司元借本錢一十萬貫，并已賣到鈔面錢一十九萬貫并續賣鈔面錢，並拘收赴左藏庫交納。

（宋）留正《皇宋中興兩朝聖政》卷五二《孝宗皇帝・廣西鹽復官賣法》〔乾道九年十二年〕是月，廣西鹽復官賣法，從帥臣范成大之請也。二廣鹽法自靖康間行官般官賣法，至紹興八年後因臣僚言其爲利甚博，遂改行鈔法，節次更廢不一。至乾道六年，逐司互有申陳，遂自八年詔令兩路通販官鈔九十萬貫，同認歲額。然實於西路歲計不便。遂詔廣西鹽住行鈔法，撥還運司，均與諸州官般官賣以充歲計。

（宋）留正《皇宋中興兩朝聖政》卷五四《孝宗皇帝・張栻論廣西鹽

法》〔淳熙二年〕八月甲戌，廣西經略張栻言：諸郡賦入甚寡，用度不足。近年復行般賣鹽，此誠良法。然官般之法雖行，而諸郡之窘猶故。蓋以此路諸州全仰於漕司，漕司發鹽使之自運，除本腳之外，其息固有限。而就其息之中以十分爲率，漕收其八，諸州僅得其二。逐州所得既微，是致無力盡行般運。而漕司據已撥之數，責八分之息以爲寄樁，則其窮匱何時而已。幸有僅能般到者高價抑買，豈保其無欲？乞委本司及提刑鄭丙、漕臣趙善政公共將一路財賦通融斟酌，爲久遠之計。既於漕計不乏，又使一路州郡有以支吾，見行鹽法不致弊壞。從之。

（宋）留正《皇宋中興兩朝聖政》卷五四《孝宗皇帝·給亭户納鹽手歷》〔淳熙二年閏九月〕壬戌，詔浙東提舉鹽司體訪浙西提舉薛元鼎措置印給亭户納鹽手歷式樣，將合支本錢，盡數秤下支給，毋致積壓拖欠。先是，元鼎印給手歷遍給亭户，令賫歷就秤下支錢，至是復令浙東行之。

（宋）留正《皇宋中興兩朝聖政》卷五六《孝宗皇帝·守廣西官賣鹽法》〔淳熙五年〕是歲，前知雷州李茆奏：廣西鹽法見於已行者曰鈔商興販也，曰官自搬賣也。然二利害不可不究。且官自搬賣，舊係本路轉運司主其事。行之既便，歲課自充，諸州亦無闕乏之患。爰自紹興八年改行鈔法，轉運司所得僅二分，不能給諸州歲計。至於高折秋苗，民被其害，逐年賣鈔，所虧之數甚多。陛下灼見其弊，仍舊撥還轉運司，均與諸州官搬官賣，盡罷折米招糴之爲民害者，止令轉運司歲認息錢三十一萬貫。其爲計甚善，自當確守此法，必爲永久之利。臣恭聞光堯太上皇帝在御之日，嘗詔諸路提舉鹽事司不得妄有申請變更鹽法。乞申嚴行下，勿使朝廷良法爲妄議者紛更。實一路幸甚。詔令户部將廣西官搬官賣鹽法申嚴行下，常切遵守。

（宋）留正《皇宋中興兩朝聖政》卷五八《孝宗皇帝·禁販解鹽入界》〔淳熙七年八月〕己丑，臣僚言沿邊人盜販解鹽私入川界，侵射鹽利。詔興州興元府都統司開具已措置禁止事件以聞。既而吴挺言本司已立賞錢五百貫，出榜行下沿邊屯戍統兵官，廣布耳目，嚴行緝捕。從之。

（宋）留正《皇宋中興兩朝聖政》卷六〇《孝宗皇帝·詔廣鹽復鈔法》淳熙十年春正月戊子，詔廣鹽復行鈔法。略曰：鹽者民資以食。向也官利其贏而自鬻，久爲民病。朕既遣使詢之，得其利害以歸，復謀諸在廷，僉言惟允，始爲之更，令許通商販而杜官鬻民，固以爲利矣。然利於民者，官不便焉。何者？監之息厚，凡官與吏之所爲妄費以濟其私者，異時一出於此，一旦絶之，無所牟取，必胥動以浮言，將毀我裕民之政。且朕知恤民而已，浮言奚恤？矧置監司守令，皆以爲民。朕有美意，弗推而廣之，顧撓而壞之，可乎？七月一日爲始，罷官般官賣，通行客鈔法。

（宋）留正《皇宋中興兩朝聖政》卷六〇《孝宗皇帝·申禁解鹽入界》〔淳熙十年九月〕癸未，興元府都統制吴挺言：本司同安撫司增置賞錢，募人告捉盜販解鹽入界。見係出戍官兵把截去處嚴行搜捕外，有不係官兵出戍地分，乞行下沿邊州郡督責捕盜，官司搜捕。詔利路安撫提舉各申嚴行下階、成、西和、鳳州禁止，毋得透漏。如未覺察，守令並取旨，重作施行。

（宋）留正《皇宋中興兩朝聖政》卷六一《孝宗皇帝·不明言趙傑之罪》〔淳熙十一年〕夏四月辛酉，詔金州依見行鹽法，聽客人鋪户從便買賣，不得依前置場拘摧。

（宋）留正《皇宋中興兩朝聖政》卷六一《孝宗皇帝·禁附帶解鹽》〔淳熙十一年四月〕丁酉，權知均州何惟清言：解鹽除京西客人般販外，更有均房界入川者甚多，皆是取□□兵附帶而去。乞嚴賜約束。從之。

（宋）留正《皇宋中興兩朝聖政》卷六一《孝宗皇帝·置漁陽井鹽官》〔淳熙十一年十一月〕辛卯，置萬州南浦縣漁陽井鹽官一員。井歲收鹽十四萬六千三百餘斤，初以主簿兼監，於是始專置官。

（宋）留正《皇宋中興兩朝聖政》卷六二《孝宗皇帝·禁販交鹽入界》淳熙十有二年春正月己丑，廣西提舉胡庭直言邕州賣官鹽，並緣紹興間一時指揮，於江左永平、太平兩寨置場，用物帛博買交趾私鹽，夾雜官鹽出賣。緣此溪洞之人亦皆販買交鹽。近雖改行鈔法，其本州尚仍前弊。詔經略司及知邕州陳士英公共措置聞奏。既而經略司申，元初起置博易場，以人情不可止絶，而博易交鹽亦是祖宗成法。乞只嚴禁博販等人不得販鬻交鹽，攙奪官課，餘仍舊。從之。

（宋）留正《皇宋中興兩朝聖政》卷六三《孝宗皇帝・革廣州給歷賣鹽弊》〔淳熙十三年〕秋七月己卯，知廣州潘知言奏：本州置局拆賣鹽包係淳熙元年創置，六年內方始計口給歷，付民户照。不測點歷，比較責罰。其實鹽包之價比之鹽鈔減三分之一，公私各便。但給歷鈎考，近於均數。欲拘回元歷頭，買多或少，聽從民便。從之。

（宋）留正《皇宋中興兩朝聖政》卷六三《孝宗皇帝・淮浙鹽秤下支錢》〔淳熙十三年〕閏七月己酉，令淮浙提鹽約束逐州主管官，遇亭户納鹽，在官須管，即時秤下，支還本錢，不得縱容官吏掊克。如廳用、以待鹽官饋遺宴集之用。花帶以待鹽官秩滿裹糧之費。等錢，及上户兜請折除等事，並嚴覺察按劾。仍許亭户越訴。

（宋）留正《皇宋中興兩朝聖政》卷六三《孝宗皇帝・汀州科鹽之害》〔淳熙十三年〕十有二月辛巳，臣僚言汀州科鹽之害，詔令漕臣趙彥操、王師愈同提舉應孟明措置聞奏。彥操等尋奏：汀州六邑，長汀、清流、寧化則食福鹽，上杭、蓮城、武平則食漳鹽，亦各從其俗耳。夫食鹽者既異，則鈔法難於通行。今欲將舊欠鹽錢盡與蠲放，及減鹽價。其所蠲舊欠與所減鹽價，本司卻多方措置那兑，應補其數，如此則州縣之力即日可紓。立價既平，買鹽者衆，私販遂息，官賣益行。價雖裁減，用無所虧。是汀州與六邑歲減於民者三萬九千緡有奇，減於官者一萬緡有奇，所補州用與所放舊欠又在此外。加以利源不壅，財力自豐，救弊之本，無以尚此。並從之。

（宋）李心傳《建炎以來朝野雜記乙集》卷一六《財賦・四川石腳井》 眉之彭山、丹稜，嘉定之洪雅等縣，皆有石腳井筒，其實硝也。在多悦者謂之山門，在彭山者謂之瑞應，此二井尤盛。然必得隆、榮諸井之鹵對鍊，而後可成鹽。隆、榮諸井，煎鹽既成，其水之尤苦洌者，棄之不用，煉而成餅。食之者得泄利之疾。官未榷鹽時，小民或私煎求利。元豐三年，立法禁止。崇寧初，張天覺爲尚書右丞，建遣成都府路常平司句當公事句居體兼措置兩川鹽事，俾之鹽榷。天覺罷，尚書省言丹稜、洪雅等縣多有石腳井苦鹽，不堪食用，乞依元豐法禁人開鍊，并罷居體。從之。三年十一月戊寅也。紹興中，瑞應鄉民户，始有盜販鹵餅拌和硝石煎成小鹽，低價以售者，有司因爲拘榷，凡三十六井，歲輸官錢萬七千餘緡。既而總領所以爲不便，言于朝，復行棧閉，以其課額均于鄰近嘉、榮、隆、簡四州之井户，謂之石腳錢。紹興二十四年也。及嘉定五年，多悦民有犯法私鍊者，州既抵罪，制置大使聞之，即遣秉義郎、新夔州路兵馬都監楊仲端往山門措置，其年九月也。自後月得小鹽一萬五千斤，皆不用引鈔，徑行發賣，歲責息錢一萬九千二百緡。然鹽既苦惡不可食，率以抑售土居之人。盜煎私販者因亦肆行，官不敢問。議者謂元豐立法者，參知政事蔡確也。崇寧禁止者，右僕射蔡京也。財用雖乏，可以大制司而爲京、確所不爲乎，則失之矣。

（宋）李心傳《建炎以來朝野雜記乙集》卷一六《財賦・四川總制司争鬻鹽井》 三路官井，舊法令人承煎。自軍興後，總領所已依官田法召人投買，得錢數十萬緡。大使司以爲未及價，復賣之，又得錢百萬緡，入制司激賞庫。王子益以爲失信，檄止之。大使司乃以總計所負制司廣惠倉米三十萬石，言之於朝，子益議遂格。

（宋）李心傳《建炎以來繫年要録》建炎元年二月 元帥府以隨軍轉運使梁楊祖統領措置財用。初，王在濟州，軍食不繼，楊祖言京城圍久，鹽法不通，權印賣東北鹽鈔，王許之。未踰月，商人入納至百餘萬緡，軍餉遂給，逮元帥府結局乃止。汪伯彥《中興日曆》云：王移軍東平，梁楊祖軍錢糧有後至者，大元帥既行，大名尹張慤截留弗恤。楊祖移文屢索，不報。逮聞王將即位，乃變易輕齎以還。楊祖具稟王，王發笑。案慤以公忠名，恐未必有此。或別有曲折，當攷。

（宋）李心傳《建炎以來繫年要録》紹興元年十二月 辛巳，復置廣西茶鹽司。舊淮南鹽息，歲收八百萬緡。自軍興，淮南道梗，許通廣鹽於江湖諸路，而二年半入納才七十萬緡。至是江湖鹽價每斤爲七八百錢，議者以爲利厚而冒販者多，故復置官提舉。户部侍郎柳約復請增諸路酒錢，上等每石二千，下等一千，其半令提刑司樁管，餘備軍費。從之。去年十一月辛亥已增，至此又增。

（宋）李心傳《建炎以來繫年要録》紹興二年九月 詔淮、浙鹽每袋令商人貼納通貨錢三千，已算清而未售者亦如之。十日不自陳，論如私鹽律。應販私茶鹽，雖遇非次赦恩，特不原免。時呂頤浩用提轄榷貨務張純議，峻更鹽法。至是畫一行下。鹽鈔畫一，《日麻》全不載，《會要》亦無之。十月十八日乙巳右諫議大夫徐俯劄子，比降鹽鈔指揮，内一項貼納錢三貫文省云云。十一月十五日壬申，有旨：廣南鹽鈔並依今年九月二十七日，淮浙鹽鈔已降畫一指揮施行。三年正月十五日刑部狀：檢會九月二十六日聖旨應販私茶鹽，雖遇非次赦恩，特不原免。今參附書入，以補史闕。但呂頤浩鹽鈔畫一，與張浚措畫指揮，乃同日而下，亦可怪也。徐俯劄子廣鹽指揮，詳具本月日，可以參考。

（宋）李心傳《建炎以來繫年要録》紹興二年九月 是日，直龍圖閣宣撫處置司隨軍轉運使專一總領四川財賦趙開初變鹽法，盡榷之，倣大觀法，置合同場，收引税錢，與茶法大抵相類，而嚴密過之。初，成都、潼川、利州路十七州鹽井户，自元豐間，歲輸課利，錢銀絹總爲直八十萬緡。比軍興，所輸已增數倍。至是開始令每斤輸引錢二十有五，土產税及增添約九錢四分，所過税錢七分，住税一錢有半。應折錢引者，每引别輸提勘錢六十。其後又增貼納等錢。蜀中鹽課最盛者，莫如簡州。舊爲課利錢纔千三百緡，絹千九百匹，銀百兩。引法初行，歲課至四十八萬餘緡。他州倣此。自是歲益增加。合三路所輸，至四百餘萬緡。而夔路十三州及隆、榮、邛、岷諸州官煎者不與焉。

（宋）李心傳《建炎以來繫年要録》紹興二年十一月 初，明州象山、定海、鄞縣旁海有鹵田三十七頃，民史超等四百六十餘家刮土淋鹵煎鹽，官未嘗收其課。至是浙東提舉茶鹽公事王然始拘充停户，盡榷其鹽，歲爲二百九萬餘斤，收鈔錢十萬餘緡。事既行，乃言於上，於是守臣直祕閣陸長民言、此乃失業細民，旋採薪煉土，往來無常。明州自兵火之後，民未復業，今又集舟調夫，水陸防拒，勞苦已甚，豈宜更置鹽場，重其騷擾。都省勘會，提舉官建明，有利無害，令憲司具的確利害申尚書省，毋得少有觀望。既而提點刑獄公事孫近言：象山一縣，可以置場如然請。然之未榷也，知定海縣蓋文淵嘗以爲言。張守時爲安撫使，言小人不曉朝廷之意，務在苛刻，恐非今日所宜。事遂寢。至是卒推行之。用孫近言置象山場，在三年四月九日。文淵建言，在今年閏月二十五日。此據《會要》，《日厤》無之。

（宋）李心傳《建炎以來繫年要録》紹興三年六月 是日，都省批狀：諸路私煎盜賣鹽，並依通州已得科罪。用提轄榷貨務都茶場張純請也。時呂頤浩更淮南鹽法，亭户私貨者，不以多少，杖脊配嶺南，雖赦不宥。事見去年十二月。會淮東提舉茶鹽郭楫言，非亭户而與軍民交易者，未有明文。事下榷貨務，於是純言，亦合一等科罪。頤浩奏從之。至是浙東提刑司申明亭户盜賣形名。純言上件指揮，雖緣通州管下有犯，臣僚起請，諸路亦合一體施行。頤浩不復奏陳，徑以批狀行下。自是斷配日多，民間破家蕩產不可勝計矣。頤浩批狀事，《日厤》不載。今以紹興三年十月十一日臣僚上言并刑部勘會狀增入。狀云，紹興三年六月十八日，省批狀指揮，本月十八日也。非亭户一等科罪指揮，在今年三月癸亥。今并附此，更不别出。

（宋）李心傳《建炎以來繫年要録》紹興三年九月 廣南宣諭明槖言：二廣官賣鹽諸州，價平者每籮不下八九千，而漕司官價止於四千七百。其餘所入，皆爲私有。乞將立定官價，永爲中制外。或增或損，隨時低昂，官司不得執定。將鹽息所入，並充經費，毋得科斂。其餘封樁，以待朝廷移用。槖又言：二廣州縣多缺官。有一郡止知州，或一縣全缺正官者，望令吏部速注正官，催促之任。事下榷貨務及吏部勘當。

（宋）李心傳《建炎以來繫年要録》紹興三年十月 初，閩鹽自兵亂以來，商販絶少，鬻鈔不行，乃用邵武軍判官趙不已請，併令轉運司撥賣，歲輸錢鈔十五萬緡。時虔盜竊發，多緣郡入閩、廣，販鹽以作亂。右朝奉郎知梅州程杲乞散賣小鈔，謂非特可助國計，亦使細民得販，則暗消其爲盜之端。事下榷貨務，而提轄官張純以爲福建、廣東皆係官販，杲所言有侵漕計，且礙成法，事遂寢。杲，建陽人也。案榷貨務所申，以此日行下，乃張純未罷前所勘當也。

（宋）李心傳《建炎以來繫年要録》紹興四年九月 令諸場對支新舊鈔各半，以户部言榷入納遲細故也。自渡江至今，鹽法五變。而建炎舊鈔支發未絶。乃命以資次前後，從上併支焉。建炎三年二月二十一日，改鈔法。紹興二年九月二十七日又改，十一月十七日又改，今年正月五日又改。通今改所改凡五色。趙鼎《事實》云：自南渡以來，國計所賴者惟鹽。每因缺用，則改新鈔，以幸入納之廣。第苟目前，不知利權悉爲商賈所持。去年冬，鼎請立對帶之法。商賈聽命，而鹽法遂爲定制。除去積年之弊。加以出剩立爲分數，許入納不對帶。二法並行，出入有常，源源不絶，始不爲巨猾所制矣。〔案〕對帶指揮，乃在今年九月。此時朱勝非爲相，鼎知密院，不知何以云鼎所請。且附此，更須詳考。

（宋）李心傳《建炎以來繫年要録》紹興五年七月 言者論私商販獲，州縣根究來歷之弊，以爲：素與交易者，多不通吐，以爲後日販鬻之計。所牽引者，類皆畏謹粗有生計之人。臣謹案祖宗法：應犯推貨，並不根究來歷，止以見在爲坐。今若不問是與不是產茶鹽地分，一切不根究來歷，止以見在結斷，不惟囹圄可致空虛，而私販者即伏，刑憲亦將止息。事下户部。其後榷貨務言：勘會出產州軍捕獲私鹽，如係徒以上罪，及亭場禁界内杖罪，既獲私茶，並合根究來歷。雖有紹興令稱犯榷貨者不得根問買賣經歷處，即係海行條法。緣紹興敕内該載一司有别制者從别制。又緣諸處私茶鹽，並係停竈園户賣與販人。今若概不行根究來歷，深恐無以杜絶私販之弊，卻致侵害官課。乞遵見行茶鹽專法施行。乃詔自茶鹽外，其餘榷貨如所請。後旨在九月庚寅。

（宋）李心傳《建炎以來繫年要録》紹興八年六月　庚申，詔廣西鹽歲以二分令雷、廉、高、化州官賣人户食鹽，餘八分行鈔法。尋又詔廣東鹽九分行鈔法，一分產鹽州縣出賣，皆不出嶺。《日曆》無此指揮。今以紹興十二年十月二十二日户部狀修入。《會要》廣東行鈔法在十二月二十五日。廣南去中州絶遠，土曠民貧，常賦入不支出，故往時之法，諸州以漕司錢運鹽鬻之，而以其息什四爲州用，是以州租給而民無加賦。昭州歲入買鹽錢三萬六千餘緡，以其七千緡代潯、貴州上供，赴經略司買馬，餘爲州用，及罷官賣鹽，遂科七千緡於民户，謂之縻費錢焉。

（宋）李心傳《建炎以來繫年要録》紹興八年十一月　初，新知筠州葉擬請福建鹽半給小鈔，與官賣兼行，庶幾謀息增羨。事下提刑提舉司，委通判福州趙壽相度，壽言：初行鈔法時官鹽本每斤六錢，客人鈔錢三十二錢有半。今薪米益貴，鹽本錢斤爲十有七，比舊至三倍。而建、汀、南劍州、邵武軍遣衙前運鹽貨賣，每斤百錢，自水腳縻費之餘，所贏無幾。若以其半行小鈔，則每斤又增上供九錢，通舊爲六十。如此則民間食貴鹽，而州縣失省計，不可行。至是兩司以聞，詔從壽議。

（宋）李心傳《建炎以來繫年要録》紹興九年九月　中書門下省檢正諸房公事范同論私鹽窮究來歷之害，以爲：州郡徒刑，殆無虚日，深可憫惻。臣嘗詢究利害，而得其詳。蓋比年以來，亭竈煎鹽，起止火伏之法盡廢，略無稽察。致亭户私煎，莫知紀極。雖許額外煎到鹽賣納入官，而官價低小，校之私賣，不及三分之一。又場鹽乞覓減剋，遲緩艱阻，坐罄資糧。如是則私賣與官鬻孰利？欲望命有司講究，先革私煎之弊，其次斟酌煎鹽實費，立定適中價值，仍嚴防場鹽之際，勿令循蹈前轍，庶幾亭户所煎有限。縱有賸數，不歸於私，而以輸官爲便。非特法行禁止，因繫漸少，亦使利歸於公上，國計不爲小補。詔户部措置。

（宋）李心傳《建炎以來繫年要録》紹興十二年十月　詔廣西欽、廉、雷、高、化州所產鹽並令官賣，内欽州所收錢赴鄂州軍前送納。先是，有旨罷二廣官賣鹽。後又詔廣西鹽八分客販，二分官賣，充漕計。至是欽州鹹土生發，歲產鹽三十餘萬斤，論者以爲商人不通，請復官賣。許之。而廣轉運判官范正國代還，亦言本路上供及經費，皆仰賣鹽息錢，客鈔既行，遂或闕乏。望令本路軍屯駐軍馬去處，許依客人賣鈔請鹽，各就本州出賣。所得息錢，專充軍費。庶免上煩朝廷應副，實爲利便。不從。正國奏請，在十三年四月辛酉。

（宋）李心傳《建炎以來繫年要録》紹興十九年十月　己未，右朝請郎幹辦行在諸軍糧料院王珏提舉兩浙西路常平茶鹽公事。先是，秀州歲以錢給亭民煑鹽。至十五年，積十九萬七千餘緡不給，亭民無以煮鹽，訴於朝。上曰：亭户宜恤，不則逋去，其害非細。可令户部究實。於是用珏。珏至官踰年，盡償所負。又開華亭海鹽河二百餘里，鹽滋得通流其隘。以溉田經界之法行，甚害者三百六十九事，其七千二百二十七户尤爲病，珏奏除之。珏，安石曾孫也。上語在八月戊辰，併附此。《日厤》所載甚略，今以晁公遡所作珏墓誌增修。

（宋）李心傳《建炎以來繫年要録》紹興二十二年三月　丁巳，詔新除司農寺丞鍾世明往福建路措置寺觀常住絶產。時住鬻度僧道牒已久，其徒寖少，而福建官自運鹽，其直頗貴，於是民多私販。議者以爲客販可行，遂命世明往本路措置。凡僧道之見存者，計口給食，餘則爲寬剩之數，籍歸於官。其後世明言，自租賦及常住歲用外，歲得羨錢三十四萬緡。詔赴左藏庫。熊克《小厤》云：明年，慶遠軍節度使張澄帥福州，復請於朝，率還六七。案《會要》，世明元措置剩錢三十六萬五千八百餘緡，已而澄乞添給童行人力米外，實餘三十三萬九千餘緡，克誤也。

（宋）李心傳《建炎以來繫年要録》紹興二十二年四月　右諫議大夫林大鼐言：比者朝廷以福建寺觀絶產上供鈔鹽，委司農寺丞鍾世明措置。而遠方盛傳以爲計口籍丁而沙汰之。又謂更變鹽法，以杜絶私販，别致生事。欲望降旨諭以至意，詔言者論列福建住持請記之弊，官鹽科賣之擾，令世明以使指行下州縣照會。

（宋）李心傳《建炎以來繫年要録》紹興二十六年七月　甲子，御史中丞湯鵬舉言：臣近聞福建路州縣以鹽綱擾民，每歲增添，不知紀極。福建民户素貧，因科敷鹽貨，家家堆積，而錢穀空虚，日甚一日。臣究其所由來，不特縣令容其姦，實由太守漕臣，藉此以應付權貴，恣爲妄用。上下督責，更相黨庇，故有以致然也。乞令本路憲臣，巡歷一路州縣，並不許過紹興元年般運鹽綱之數，立爲定制。仍仰監司按劾，臺諫彈奏，人户越訴。在州當職官，在縣令佐，並以自盜論。庶幾杜絶一路之害。先是福建鹽貨，漕司悉貯於海倉。令劍、建、汀、邵上四州取而鬻之，以供歲用。其後漕司提舉司及州縣皆自賣鹽，名數既不一，而州縣又高其直，以收其利。吏緣爲姦，鹽惡不可售，即按籍而敷，號曰食鹽。下里貧民，無一免者，人甚苦之。鵬舉以爲言。詔付户部。其後本部乞委提點刑獄吴逵躬親巡按覈實，限一季畢。從之。

（宋）李心傳《建炎以來繫年要録》紹興二十七年二月　初，福建提點刑獄公事吴逵奉詔覈實鹽事，謂紹興元年，漕司第辦歲計，未認鈔錢，不可爲準。蓋慮有不足，必别致擾民，宜約州縣歲費總數，除二稅所入外，有闕即分鹽綱補之。凡上四郡及屬縣歲般千有六百萬觔，視舊直十損其三，毋得數於民户。舊漕司取於州縣，號增鹽錢，及提舉司取利禄錢，皆損三分之一。增鹽錢觔二十八文，今損其九，吏録錢觔一文，今損三分。又帥漕二司毋得鬻鹽以侵州縣。時逵已移鼎州。詔從之。自是閩之上四郡民力稍寬矣。

（宋）李心傳《建炎以來繫年要録》紹興二十七年十一月　十有一月癸亥朔，詔減福建路轉運司鈔鹽錢，每年八萬緡。初吴逵既覈福建鹽數，雖民力稍寬，而郡邑無以供百費，且尤非轉運司之便。故衆論搖之。逵既移鼎州，憤而死。殿中侍御史王珪乃請令諸司相度更定。至是諸司請運鹽如逵數，而增其直。官肆鹽直止減一分，漕司鹽本錢每斤爲二十五錢。上命輔臣計之，會提舉常平鹽事張汝楫别奏乞行鈔法，上問同知樞密院事陳誠之如何。誠之曰：閩中山溪之嶮，細民冒法私販，雖官賣鹽，猶不能絶，若百姓賣鹽，豈無私販之弊？第恐不盡請鈔，則有虧額。上曰：中間福建曾用鈔法，未幾復罷。若可行，祖宗已行之，不待今日。正如萬户酒，前日欲榷者甚多，然竟不可行。大抵法貴從俗，不然，不可經久。珪以六月乙巳奏乞相度，誠之以十月庚申奏此事。時福建歲認鈔錢三十萬緡，乃詔減八萬。自此漕司及州縣稍舒，不復抑售于民矣。乾道四年二月壬辰再減。

（宋）李心傳《建炎以來繫年要録》紹興二十八年八月　初，議者以淮東積鹽，命提舉官吴巘措置。至是巘言：本路催煎場一十九，共管竈四百五十二。今諸倉積鹽三百七十四萬石，欲省竈八十四，減歲額鹽五十二萬石有奇。度歲收尚三百三十萬石，如每年支及六十萬袋，則可將積鹽三十萬石帶支，期以十年支發盡絶。從之。

（宋）李心傳《建炎以來繫年要録》紹興二十九年正月　左正言何溥請禁諸州科賣倉鹽。上曰：鹽雖民閒常用之物，不可一日闕。至於科賣，則爲大害。朕頃在京東，目擊此事，州縣抑民均買，謂之計口食鹽，其後盜由此起。今當嚴禁止之。

（宋）李心傳《建炎以來繫年要録》紹興三十年二月　權户部侍郎邵大受言：淮浙鹽場諸弊，乞於通貨錢内每袋留三百文，就場送納，帶還積欠亭户本錢。又言：紹興府一歲賣鹽止及十六萬觔，而衢州乃及三百萬觔，婺州五百萬觔，灼見人户盡食私鹽，乞嚴爲禁止。皆從之。先是提舉官取鹽本錢爲羨緡以獻，而本錢遂乏，因令亭户先輸鹽而後給本。又以所輸出額之鹽，理爲正額，於是犯法者衆。土軍反與私販爲市，諸場積鹽不售者至五百萬石有奇，故大受以爲請。

（宋）李心傳《建炎以來繫年要録》紹興三十年九月　右迪功郎新廣西南路提舉鹽事司幹辦公事李鼎臣言：廣西買馬歲額，增損無定。沈晦爲帥，一年所買至三千匹，今率不及二千匹。若欲買千騎，且以中價計之，亦不下十萬餘緡。況皆本路諸州上供錢買銀每兩三四千，其折與蠻夷，每兩二千而已，折閱太甚。伏見廉州白石場歲額賣鹽六百萬斤，已自有餘，而雷、化諸州運赴白石場，積而不售者尤衆。願令帥司同鹽司相度，般運於横山塞，以備博馬，是以無用爲有用也。詔兩司疾速措置。十一月辛巳，上云：昨李鼎臣上書言鹽博馬利便。十二月二十八日，鼎臣請辟海外四州守臣，繫此銜。熊克《小厤》載此事，止云言者，蓋不詳考也。

（宋）李心傳《建炎以來繫年要録》紹興三十一年二月　庚戌，直敷文閣兩浙轉運副使王時升入對，論福建上四州鹽直太重，時議者亦言福建路科賣官鹽，其弊已甚。昨者汀州又以科鹽，遂媒賴福高之禍。臣聞閩地瘠薄，舟車少通，明道以前，鹽法固未立也。景祐之後，始置海倉。納收秣鈔錢十萬緡。以三分之二許客人於榷貨務入納興販，一分與轉運司般賣，充上四郡買發。百餘年間，公私便之。宣和末，偶因兵火，客販阻絶。故海倉之鹽，盡歸州縣般運。建炎間，雖量增價值，猶是官司置場出賣，民未以爲病也。續因邵武軍簽判趙不已獻言，本路每歲遂抱納鈔鹽錢一十萬緡。節次增至三十萬緡爲額。鈔錢每增，鹽價遂長。頃年每斤不過三五十文，今甚者至百有餘錢矣。官價既高，私販難戢。州縣貨賣不行，始議抑配。議者以爲今欲上給經常之費，下寬齊民之力，無如取歲計之實用，去無補之虛耗。且如本路歲賣鹽一千一百三十萬斤，以錢百二十爲率，計收錢百三十五萬六千緡，歲計所用不過六十萬緡。據實而取，民亦何辭？自餘七十五萬六十緡，悉非公上之人，多與運綱人充優補糜費，兼供官吏百種侵欺。此所謂無補虛耗，重困於民力，爲可去也。今漳、泉、興化、福州下四郡，見行科納鹽息，計產而出，謂之產鹽錢，印契而出，謂之浮鹽錢，每歲不下四十餘萬緡，行之既久，民亦安之。上四郡所用歲計六十萬緡，以數内三十萬緡視下四郡，令人户計產印契，作產鹽錢入納。然後罷海倉之買納，免官司之運賣，弛一路之禁榷，所至場務別行委官拘收，稅鹽錢歲約三十萬緡，湊成六十萬緡，則歲計無不足之患矣。或者又欲倣茶引之法，從漕司造長短鈔引，合同號簿，據逐州縣合運歲計並鈔鹽綱數分抛。今自招客人，入納見錢算請，仍以合同號簿，付懷安等處鹽倉支鹽。謂如本州賣鹽一斤爲錢一百文，内二十八文係漕司鹽本。增鹽等錢二文、助學錢一文、吏録錢三文、醋息錢六文、豐國監錢二十六文。市用錢每斤共計錢二十五文。入納見錢六十五緡，即給一千斤鹽鈔之類，仍便指躬往賣去處，與百姓和合買賣。而六十五文之外利歸商賈，則人亦必樂於入納。況所在鹽價不等，少者獲什伍，多者獲倍稱之息乎？所有拖脚耗鹽之數，並依舊優潤客旅。州縣卻將所賣鹽鈔錢，並據諸色科名分隸發納，不用鹽本，坐辦歲計，而宿弊可以盡革。二者之策，俱可施行。若由前所言，科產浮鹽錢及收稅鹽錢滿六十萬緡，以充歲計，而使民自便，亦云善矣。竊恐曠日持久，言利之臣，又欲官自煑海，重困居民，誠爲措置刻石，以示永久，則不足慮矣。由後所言，行長短鈔引，竊恐漕司州縣之吏，利於科擾，則監司州郡，欲以綱運周旋人情，巧爲不可之説。欲望下臣此章，令福建諸路司，公共詢究風俗，博求利害，擇宜於永久，可以便民者，嚴立程限，以實來上。陛下斷而行之，則八郡之民，均受其賜，且免州縣分差使臣下鄉科擾之弊。詔福建諸司同具措置，限兩月申尚書省。

（宋）李心傳《建炎以來繫年要録》紹興三十一年四月　右朝奉郎何休知化州還，言廣西轉運司自榷鹽之後，利入頓虧，遂令諸郡變稅折錢。如化州額管稅米八千石，歲用萬五千石，漕司歲於本州科六千五百石，赴容州送納，每石折錢二千六百。而令本州和糴萬石，支價錢四百，仍就稅户均糴，民間甚以爲患。乞於廣州榷鹽數内撥一半赴漕司充歲計，令逐州之稅，各隨本州送納。户部奏：乞坐法約束行下。從之。既而左朝奉郎知廉州程逖召還。亦言：廉州丁米偏重，每丁有輸八斗六升者。而漕司又以丁口歲敷二分食鹽十餘萬斤，民力益困。願減丁米三千石，而以賣鹽錢糴米償之。事下户部。尋以逖爲大理寺丞。休上奏在甲辰，逖留中在己酉，今併書之。

《宋史》卷一《太祖紀》〔建隆二年夏四月〕庚申，班私鍊貨易鹽及貨造酒麴律。

《宋史》卷三《太祖紀》〔開寶七年秋七月丙辰〕詔減成都府鹽錢。

《宋史》卷四《太宗紀》〔太平興國二年二月〕己酉，令江南諸州鹽先通商處悉禁之。

《宋史》卷五《太宗紀》〔端拱元年〕秋七月丙午，除西川諸州鹽禁。

《宋史》卷八《真宗紀》〔天禧元年三月〕庚申，免潮州逋鹽三百七十萬有奇。

《宋史》卷九《仁宗紀》〔天聖八年〕八月丙戌，詔詳定鹽法。

《宋史》卷一〇《仁宗紀》〔明道元年五月〕壬午，廢杭、秀二州鹽場。

《宋史》卷一一《仁宗紀》〔慶曆元年十一月丙寅〕弛京東八州鹽禁。**【略】**

二年春正月丁巳，復京師榷鹽法。**【略】**

〔六年五月〕戊子，減邛州鹽井歲課緡錢一百萬。

《宋史》卷一二《仁宗紀》　〔嘉祐七年〕二月己卯朔，更江西鹽法。

《宋史》卷一四《神宗紀》　〔熙寧二年〕三月乙酉，詔漕運鹽鐵等官各具財用利害以聞。

《宋史》卷一七《哲宗紀》　〔元祐元年十一月〕庚辰，蠲鹽井官溪錢。

《宋史》卷二七《高宗紀》　〔紹興二年九月〕甲申，提轄榷貨務張純峻立淮、浙鹽法，增其算。總領四川財賦趙開初變四川鹽法，盡榷之。【略】

〔十一月〕乙丑，初榷明州鹵田鹽。

《宋史》卷三〇《高宗紀》　〔紹興十七年〕八月庚子，罷建州創置賣鹽坊。【略】

〔二十二年〕十二月辛酉朔，減夔州路及蒲江、淯井兩監鹽錢歲八萬二千緡有奇。

《宋史》卷三一《高宗紀》　〔紹興二十七年二月〕庚申，更定福建路鹽法。【略】

十一月癸亥朔，減福建鹽鈔錢歲八萬緡。【略】

〔二十九年春正月〕庚辰，禁諸州科賣倉鹽。【略】

〔二十九年閏月甲子〕罷福建安撫司官賣鹽。

《宋史》卷三四《孝宗紀》　〔乾道八年〕五月戊子，福建鹽行鈔法。

《宋史》卷四六《度宗紀》　〔咸淳四年十月〕己亥，已減四川州縣鹽酒課，詔自咸淳四年始，再免徵三年。【略】

〔七年〕夏四月辛亥，免廣東提舉司鹽籮銀叁萬兩。

《宋史》卷二六七《李惟清傳》　嘗入奏事，太宗問曰：荆湖累年豐稔，又無徭役，民間蘇否？惟清曰：臣見官賣鹽斤爲錢六十四，民以三數斗稻償，方可買一斤。乃詔斤減十錢。【略】

判度支許仲宣建議通鹽法，以賣鹽歲課賦于鄉村，與户稅均納。惟清奉詔往荆湖諸路詳定，奏言以鹽配民非便，遂罷。使還，上又問民間苦樂不均事，惟清言：前在荆湖，民市清酒務官釀轉鬻者，斗給耗二升，今三司給一升，民多他圖，而歲課甚減。詔復其舊。

《宋史》卷三〇四《梁鼎傳》　時西鄙未寧，建議陝西禁解池鹽，所在官鬻，詔從之。【略】

議者多言：邊民舊食青鹽，其價甚賤。洎禁青鹽以困賊，令商賈入粟，運解鹽於緣邊，價直與蕃鹽不相遠，故蕃部賫鹽至者，不能貨鬻。今若禁解池鹽，與內地同價，則民必冒禁復市青鹽，乃資盜粮也。時劉綜爲陝西轉運使，鼎奏罷之。綜歸朝，亦密陳其非便。鼎既行，即移文禁止鹽商，所在約束乖當，延州劉廷偉、慶州鄭惟吉皆不從規畫。

《宋史》卷三二八《黃履傳》　時閩中患苦鹽法，獻言者衆，神宗謂履自閩來，恃以爲決。履乃陳法甚便，遂不復革，鄉論鄙之。

《宋史》卷三二八《張璪傳》　以集賢殿修撰知蔡州，復知諫院兼侍御史知雜事。

盧秉行鹽法於東南，操持峻急，一人抵禁，數家爲黥徙，且破產以償告捕，二年中犯者萬人。璪條列其狀。又言：行役法以來，最下户亦每歲納錢，乞度寬羨數均損之，以惠貧弱。後皆施行。

（清）畢沅《續資治通鑑》卷七二《宋紀·神宗》　〔熙寧十年三月〕丙寅，三司言：相度及再體問商人，自來出產小鹽及鄰接京東、河北末鹽地分，澶、濮、濟、單、曹、懷州、南京及開封府界陽武、酸棗、封丘、考城、東明、白馬、長垣、胙城、韋城九縣，令通商，必爲外來及小鹽侵奪，販賣不行；合依舊官自出賣，仍召客人入中外，其河陽、同、華、解州、河中、陝府及開封府界陳留、雍丘、襄邑、中牟、管城、尉氏、鄢陵、扶溝、太原〔康〕、咸平、新鄭十一縣，欲且令通商，候逐月繳到客交引，對比官賣課利，不相遠，即立爲定法，若相遠，或趁辦年額不敷，即依舊官賣。從之。

（清）畢沅《續資治通鑑》卷一三九《宋紀·孝宗》　〔乾道元年十月〕甲申，臣僚言：私鹽之不可禁者，其弊三：亭户煎鹽入官，官不以時給直，往往寄居，爲之干請而後予之，至有分其大半者，一也。煎煉之初，必須假貸于人，而監司類多乘時放債，以要其倍償之息，及就場給直，往往先已尅除其半，而錢入于亭户手者無幾，二也。鹽司及諸場人吏，類多積私鹽以規厚利，亭户非不畏法，以有猾胥爲之表裏，互相蒙庇，三也。請申嚴禁戢。從之。

（清）畢沅《續資治通鑑》卷一六四《宋紀·理宗》〔紹定二年八月〕壬寅，監察御史留元英言：二廣列郡及福建上四州，惟鹽是利，守令克剥，于常賦之外，籍户口以敷鹽，民被其擾。近者汀口亦基於此。宜戒飭二廣、福建漕司，嚴察州縣，痛革前弊，仍令憲司歲行所部，許人陳訴。從之。

《金史》卷一二《章宗紀》〔泰和四年〕冬十月甲午，定私鹻法。

《元史》卷二〇五《姦臣傳·阿合馬》至元元年正月，阿合馬言：太原民煑小鹽，越境販賣，民貪其價廉，競買食之，解鹽以故不售，歲入課銀止七千五百兩。請自今歲增五千兩，無（問）〔間〕僧道軍匠等户，鈞出其賦，其民間通用小鹽從便。

茶

論說

（宋）洪邁《容齋三筆》卷一四《蜀茶法》 蜀道諸司，惟茶馬一臺最爲富盛。茶之課利多寡與夫民閒利疚，它邦無由可知。予記《東坡集》有送周朝議守漢州詩云：茶爲西南病，甿俗記二李。何人折其鋒，矯矯六君子。注：二李，杞與稷也。六君子，謂思道與姪正孺、張永徽、吴醇翁、吕元鈞、宋文輔也。初，熙寧七年，遣三司幹當公事李杞經畫買茶，以蒲宗閔同領其事。蜀之茶園不殖五穀，惟宜種茶，賦税一例折輸。錢三百折絹一匹，三百二十折紬一匹，十錢折綿一兩，二錢折草一圍。凡税額總三十萬。杞剏設官場，歲增息爲四十萬。其輸受之際，往往壓其斤重，侵其加直。杞以疾去，都官郎中劉佐體量多其條畫，於是宗閔乃議民茶息收十之三盡賣於官場，蜀茶盡榷，民始病矣。知彭州吕陶言：天下茶法既通，蜀中獨行禁榷。況川峽四路所出茶貨，比方東南諸處十不及一。諸路既許通商，兩川却爲禁地。虧損治體，莫甚於斯。且盡榷民茶，隨買隨賣，或今日買十千，明日即作十三千賣之，比至歲終，不可勝筭，豈止三分而已。佐、杞、宗閔作爲敝法，以困西南生聚。佐坐罷去，以國子博士李稷代之。陶亦得罪。侍御史周尹復極論榷茶爲害，罷爲湖北提點刑獄。利路漕臣張宗諤、張升卿復建議廢茶場司，依舊通商。稷劾其疎謬，皆坐貶秩。茶場司行劄子督綿州彰明縣，知縣宋大章繳奏以爲非所當用。稷又詆其賣直釣奇，坐衝替。一歲之間通課利及息耗至七十六萬緡有奇，詔録李杞前勞而官其子。後稷死於永樂城，其代陸師閔言其治茶五年，獲净息四百二十八萬緡，詔賜田十頃。凡上所書，皆見於國史。坡公所稱思道乃周尹，永徽乃二張之一，元鈞乃吕陶，文輔乃大章也，正孺、醇翁之事不著。

（元）梁寅《策要》卷四《榷茶》 宋初，江南諸州官市茶十分之八，餘二分復税其什一，然後給符聽其貨鬻，商人傍緣爲姦，樊若水請禁之，仍增所市之直以便民。嘉祐中沈立言：茶利每歲纔得四十萬緡，而民以茶獲罪者歲不下數萬人。乞行通商法令，園户出净利之半，餘收商販之税，而四十萬數可得有餘。於是三司使張方平以爲請。而富弼韓琦皆力言於上，乃詔議之。慶曆中，議欲弛茶鹽之禁及減商税。范仲淹言爲今計莫若先省國用。國用有餘，當先寬賦役，然後及商賈。弛禁非所先也。

夫茶之爲物，不著於經傳之中；茶之爲課，不見於三代之世。然自今言之，則民間之用不可以一日而缺，國課之重不可以一歲而虧。觀唐宋之所得，歲止四十萬緡，而爲民之害，莫此爲甚。然欲寬茶商之税，則可不思范仲淹之言，而以首寬農民爲先。

（元）蘇天爵《元文類》卷四〇《雜著・茶法》 皇朝至元五年，始以興元交鈔同知運使白賡言，初榷成都茶課。十三年，江南平，左丞吕文焕首以主茶税爲言，以宋會五十貫準中統鈔一貫。次年，定長引短引，是歲征一千二百餘定。十七年，置榷茶都轉運使司于江州路，總江淮荆湖福廣之税，而遂除長引專用短引。二十一年，免食茶税以益正税。二十三年，以李起南言，增引税爲五貫。二十六年，丞相僧格增爲一十貫。延祐五年，用江西茶運副法呼嚕丹言，減引添錢，每引再增爲一十二兩五錢。次年，課額遂增爲二十八萬九千二百餘定。逮天曆己巳，罷運司而歸諸州縣。按茶之榷始于唐德宗，宋遂爲國賦額，今國家茶課由約而博，原委有自云。

綜述

（宋）王得臣《麈史》卷上《惠政》 鄂州諸邑皆有茶税，民苦之。獨崇陽一縣不產茶，而民間率藝桑，而税以絲兼，人甚樂輸。蓋興國初，九河張公詠登進士第，以大理評事知縣事，禁民種茶而教以植桑，易税以縑。夫賢臣君子所至，利民亡窮也。

（宋）王得臣《麈史》卷上《利疚》 六路租茶通商以來，蠲減外歲計三十三萬八千六十八貫有畸，湖北獨當十萬二千三百三十一貫有畸，而鄂一州所斂無慮三萬九千緡；諸邑之中，咸寧又獨太重。嘗試訪之，其茶凡三名，一曰供軍税茶，蓋江南李氏所取以助軍也；二曰酒茶，乃景德以前因撲買縣酒，其課利計茶以納，後因敗欠，遂以其數敷出於民；

三曰市茶，景德三年歲荒，官許額外貨茶以濟其艱食，所入既倍，而監場官因亦被賞，竟不復減。議者數乞均此無名之額以入諸邑，蓋非通論也。夫以一邑之患，而欲困諸邑，尤無名矣。

湖北一路唯安、復、漢陽三州軍無茶租，蓋民不種以資利耳。嘗按茶之起，謂之根税茶，蓋以茶株均敷其多寡而已。今水田湖澤之地，無茶株而有茶税矣。又茶園户坐享厚息以自豐，議者欲以所重均於所輕之邑，以所有均於所無之州，是大不知爲政者也。

（宋）江少虞《宋朝事實類苑》卷二一《官政治績·茶利》 國朝茶利，除官本及雜費外，净入錢，禁榷時取一年最中數計一百九萬四千九十三貫八百八十五，内六十四萬九千六十九貫茶净利。賣茶，嘉祐二年收十六萬四百三十一貫五百二十七，除元本及雜費外，得净利十萬六千九百五十七貫六百八十五。客茶交引錢，嘉祐三年除元本及雜費外，得净利五十四萬二千一百一十一貫五百二十四。四十四萬五千二十四貫六百七十茶税錢。最中嘉祐元年所收數，除川茶錢在外。通商後來取一年最中數計一百一十七萬五千一百四貫九百一十九錢，内三十六萬九千七十二貫四百七十一錢茶租，嘉祐四年通商立定茶租錢六十八萬四千三百二十一貫三百八十緡，累經減放，至治平二年最中分收上數。八十萬六千三十二貫六百四十八錢茶税。最中治平三年除川茶税錢外，會此數。

（宋）葉夢得《石林燕語》卷八 故事，建州歲貢大龍鳳團茶各二斤，以八餅爲斤。仁宗時，蔡君謨知建州，始别擇茶之精者爲小龍團，十斤以獻，斤爲十餅。仁宗以非故事，命劾之。大臣爲請，因留而免劾，然自是遂爲歲額。熙寧中，賈青爲福建轉運使，又取小團之精者爲密雲龍，以二十餅爲斤而雙袋，謂之雙角團茶，大小團袋皆用緋，通以爲賜也。密雲獨用黄，蓋專以奉玉食。其後又有爲瑞雲翔龍者。宣和後，團茶不復貴，皆以爲賜，亦不復如向日之精。後取其精者爲銙茶，歲賜者不同，不可勝紀矣。

《攷異》：君謨爲福建轉運使，非知建州也。始進小龍團凡二十餅重一斤。此云斤爲十餅，非也。

（宋）佚名《宋大詔令集》卷一八三《政事·財利·令茶官不售者受之輕價出之詔咸平二年正月壬申》 如聞榷茶之所，官不售者，必毁棄之，斯可惜也。自今第其品而受之，輕其價而出之，使物無棄而民獲利也。

（宋）佚名《宋大詔令集》卷一八三《政事·財利·賜潭州造茶人户敕榜》 敕：潭州管内造茶人等，逐年所行造納官湖南獨行號大方茶。近擬本州般到開寶五年六年獨號茶斤稍重，與自前入納棬模，輕重不同，切慮人户採摘打造不易事。惟兹茶茗，產在湖湘，斤片重輕，固有常式。既棬模之稍大，念製造之惟艱，兼慮輸納之時，或有邀難之弊，宜依舊例，用便烝民。凡爾衆多，體我優恤。宜令本州自今並依舊棬模製造茶貨。舊日每三十片重九斤者，不得令過十斤，即須如法製造，無令鹵莽夾雜。若是場司受納人員及州府固違敕命指揮，邀難人户，須令送納重茶要及十斤以上，並許人户上京論告。若勘鞫得實，應干繫官吏，並當重斷其論。告事人仍支賜賞錢二百貫文，兼與放本户下差税。故兹榜示，各令知悉。

（宋）佚名《宋大詔令集》卷一八四《政事·財利·通商茶法詔》 敕：古者山澤之利，與民共之，故民足於下而君裕於上，國家無事，刑罰以清。自唐末流，始有茶禁。上下規利，垂二百年。如聞比來，爲患益甚，民被誅求之困，日惟咨嗟。官受濫惡之入，歲以陳積。私藏盜販，犯者寔繁，嚴刑重誅，情所不忍，使田閭不安其業，商賈不通于行。嗚呼！允若兹，是以江湖之間，幅員數千里，爲陷穽以害吾民也。朕心惻然，念兹久矣，間遣使者，往就問之。而皆歡然，願弛榷法，歲入之課，以時上官，一二近臣，件析其狀，朕嘉覽于再，猶若慊然。又於歲輸，裁減其數，使得饒阜，以相爲生。剗去禁條，俾通商賈。歷世之弊，一旦以除，著爲經常，弗復更制，損上益下，以休吾民。尚慮喜於立異之人，緣而爲姦之黨，妄陳奏議，以惑官司，必寘明刑，用戒狂謬，布告遐邇，體朕意焉。

（宋）謝深甫等《慶元條法事類》卷三六《庫務門·商税》 諸以茶於通商路匿税者，謂除許有之數者，蠟茶一斤折草茶十斤。計所匿，依通商茶法。品官聽免税。

（宋）李心傳《建炎以來朝野雜記甲集》卷一四《財賦·總論東南茶法》 東南茶，舊法官買官賣。天禧三年，合六榷貨務、十三山場所收茶錢十三萬緡，除買茶本錢外，止有息錢三萬緡而已。六榷貨務乃荆南府、漢陽軍、蘄州、蘄口、無爲軍、真州、海州也。天聖中，稍改其法，歲所得亦不過數十萬緡，人多盗販抵罪，上下苦之。嘉祐中，韓魏公當國，遂弛其禁，但收茶租净利錢三十三萬八千餘緡，時以爲便。元豐復榷，輦致都下，即汴流爲水磨，官自鬻之。政和初，蔡京欲盡籠天下錢實中都，乃創引法，即汴京置都茶場，印賣茶引，許商人赴官算請，就園户市茶赴所在合同場秤發，歲收息錢至四百餘萬緡。建炎渡江，不改其法，至紹興末年，東南十路六十州二百四十二縣，歲産茶一千五百九十餘萬斤。浙東紹興、慶元府、温、台、衢、婺、處州八萬三千二十一斤三兩。浙西臨安、平江府、湖、嚴、常州共四百四十八萬四千五百斤十三兩。江東寧國府、徽、饒、池、信、太平州、南康、廣德軍共三百七十五萬九千一百二十九斤十四兩。江西隆興府、贛、吉、袁、撫、江、筠州、建昌、興國、臨江、南安軍共四百四十五萬三千一百九十七斤十四兩四錢。湖南路衡、潭、永、邵、全、郴州、桂陽、武岡軍共一百十三萬五千三百四十八斤七兩。湖北江陵、常德府、澧、辰、沅、歸、峽、鄂、岳州、荆門軍共九十萬五千七百四十一斤十四兩。福建路建寧府、福、汀、南劍州、邵武軍共九十八萬一千六百六十九斤半。淮西廬、蘄、舒州、安豐軍共一萬九千三百五十八斤十兩。廣東南雄、循州二千六百斤。廣西静江府、融、潯、賓、昭、鬱林州共八萬九千七百九十六斤六兩。以上總計茶一千五百九十一萬四千三百七十九斤十兩四錢，係紹興三十二年數。收鈔錢二百七十餘萬。淳熙初，歲收四百二十萬。

（宋）李心傳《建炎以來朝野雜記甲集》卷一四《財賦·江茶》 江茶在東南草茶内最爲上品，歲産一百四十六萬斤，其茶行於東南諸路，士大夫貴之。隆興亦産茶二百二十八萬斤，臨安二百十九萬斤，嚴州二百十二萬斤，徽州二百十萬斤，寧國一百十二萬斤，潭州一百三萬斤，其他皆不登此數。自江南産茶既盛，民多盗販，數百爲羣，稍詰之則起而爲盗。淳熙二年，茶寇賴文政反於湖北，轉入湖南、江西，侵犯廣東，官軍數爲所敗。辛棄疾幼安時爲江西提刑，督諸軍討捕，命屬吏黄倬、錢之望誘致，既而殺之。江州都統制皇甫倜因招降其黨隸軍中。今東南茶皆自榷場轉入虜中，亦有私渡淮者，雖嚴爲稽禁，而終不免於透漏焉。

（宋）李心傳《建炎以來朝野雜記甲集》卷一四《財賦·建茶》 建茶歲産九十五萬斤，其爲團胯者號臘茶，久爲人所貴。舊制，歲貢片茶二十一萬六千斤。建炎二年，葉濃之亂，園丁亡散，遂罷之。紹興四年，明堂，始命市五萬斤爲大禮賞。五年，都督府請如舊額，發赴建康，召商人持往淮北。檢察福建財用章傑以片茶難市，請市末茶。許之。轉運司言其不經久，乃止。既而官給長引，許商販渡淮。十二年六月，興榷場，遂取臘茶爲榷場本。九月禁私販，官盡榷之。上京之餘，許通商，官收息三倍。又詔私載建茶入海者，斬。此五年正月辛未詔旨。議者因請鬻建茶於臨安，十月，移茶事司於建州，專一買發。十三年閏月，以失陷引錢，復令通商。今上供龍鳳及京鋌茶，歲額視承平纔半，蓋高宗以錫賚既少，懼傷民力，故裁損其數云。

（宋）李心傳《建炎以來朝野雜記甲集》卷一四《財賦·蜀茶》 蜀茶舊無榷禁，熙寧間始令官買官賣，置提舉司以專榷收之政。其始，歲課三十萬，李稷爲提舉，增至五十萬緡。其後，歲益多，至百萬緡。久之，不能敷其數，而蜀人以爲病。建炎初，趙應祥爲成都漕司，上言：榷茶、買馬五害，請用嘉祐故事，盡罷榷茶，仍令漕司買馬。或未能然，亦當痛減額以蘇園户，輕立價以惠行商，如此則私販衰而盗賊息矣。朝廷然之，擢應祥同主管川、陝茶馬。二年十一月，應祥至官，遂大更茶法，官買官賣並罷，倣蔡京都茶場法，印給茶引，使商人即園户市茶，置合同場以稽其出入，重私商之禁。其法，每斤引錢，春七十，夏五十，市利、頭子在外。所過徵一錢，住徵一錢五分，每百斤增十斤勿算。自後引息錢乃復至一百五萬緡。紹興後，提舉官又旋增引錢。至十四年，每引收十二道三百文，比應祥初立法又增一倍。於是茶司一年遂收二百萬，而買馬之數復不加多，故當此時，茶馬司之富，甲於天下。時以其歲賸者上供，他司不敢問也。自乾道末，青羌作亂，茶司爲之增長細馬名色等錢，歲約三十萬。淳熙六年以後，又累減園户重額錢，歲約十六萬。其四年，李正之爲提舉，以茶課稽滯，爲減引息錢十六萬。至紹熙初，楊嗣勳爲使，遂定以爲例焉。紹熙元年減。今成都府、利州路二十三處茶場，歲産二千一百二萬斤，一千六百十七萬，係成都府路九州軍凡二十場。四百八十四萬，係利州路二州三場。通博馬物帛，歲收錢約二百四十九萬三千餘緡。川茶司歲收一百七十八萬有奇，秦茶司歲收十八萬有奇，川、秦兩馬司歲收諸州博馬物帛並雜貨，收錢共五十二萬有奇。朝廷歲撥共一百十三萬緡，隸總領所贍軍。宣撫司先取撥四十萬，紹興二十五年七月，裕民所又增撥七十三萬。然茶馬司率多難之。乾道以後，歲撥或止一、二十萬緡，至淳熙十一年，遂以五十萬緡爲準，蓋茶司自言歲用二百四十六萬餘緡以支，比收止有賸錢二萬餘緡故也。然川、秦八場額市馬一萬二千九百九十四匹，而比歲所市未嘗及焉，則其言蓋未足憑，而歲賸之緡可以坐計矣。自熙、豐以來，茶司官權出諸司之上。淳熙十四年，議者請令制置司檢點。奏可。後亦不果行。舊博馬皆以麤茶。乾道末，趙彦博爲提舉，始以細茶遺之。今雅州徼外夷人亦有即山種茶者，由是綱茶遂爲夷人所賤。然蜀茶之細者，其品視南方已下，惟廣漢之趙坡，合州之水南，峨嵋之白芽，雅安之蒙頂，土人亦自珍之，但所産甚微，非江、建之比也。

（宋）李心傳《建炎以來朝野雜記甲集》卷一四《財賦·夔州茶》

夔路自祖宗以來不榷茶，政和中，有司請賣引，議者以民夷不便，罷之。紹興中，韓球美成同提舉茶馬，始榷忠、達州茶，即渠、合、廣安置合同場，歲收以八萬斤爲額，然商人以利薄不通，但以引錢敷民間耳。民甚苦之。二十七年冬，忠守董時敏以爲言，事下茶馬司。時許覺民侍郎爲主管官，不肯蠲，乃止。後三年，王瞻叔以漕副攝事，遂除之。先是美成在茶司，盡取園户加饒之茶爲正額，有一場而增至二十萬斤者。韓以十七年十二月領茶事，十九年五月移夔。民知輸官不補所得，於是起爲私販。二十六年六月，秘書省正字張震真甫以爲言，遂命茶司裁損，今茶場每百斤加饒率過半，若茶官稍加裁抑，則商販者遂轉而之他。宜量減引錢，而禁其搭帶，又因地之遠近不同，而稍低昂之，庶幾乎其可矣。

（宋）李心傳《建炎以來朝野雜記甲集》卷一七《財賦·榷貨務都茶場》

榷貨務都茶場者，舊東京有之。建炎二年春，始置於揚州。正月壬辰。明年，又置於江寧。二月乙丑。紹興三年，又置於鎮江及吉州。五年冬，省吉州務，而行在務場隨移臨安，以都司提領。其始，歲收茶、鹽、香息錢六百九萬餘緡。紹興元年。六年九月，詔歲收及一千三百萬緡，許推賞，時以爲極盛矣。休兵寖久，歲課倍增。二十四年收二千六十六萬緡，三十二年收二千一百六十五萬緡，皆有奇。乾道三年三月，詔以二千四百萬緡爲額，建康千二百萬緡，臨安八百萬緡，鎮江四百萬緡。於是淮東總領所實在鎮江，月支榷貨錢三十萬緡爲贍軍之用。淳熙中，三務場官吏互争課賞，始禁鎮江務鈔引不得至臨安。十年夏，朱少卿佺爲淮東總領，遣屬吏劉荀訴諸朝。時黄德潤爲中執法，率臺諫上言：鎮江務場，軍食所係，儻有不售，其害非輕。臨安務場，年額未始有虧，萬一無有羡財，不過官吏不該泛賞而已。請令提領官總三務場增虧以爲殿最，而鎮江鈔引復如著令，許至臨安。從之。六月戊申。自是鎮江務場始給矣。

（宋）王栐《燕翼詒謀録》卷二《沿江榷貨務》　國初沿江置務收茶，名曰榷貨務，給賣客旅如鹽貨，然人不以爲便。淳化四年二月癸亥，詔廢沿江八處，應茶商並許於出茶處市之。未幾，有司恐課額有虧，復請于上。六月戊戌，詔復舊制。六飛南渡後，官不能運致茶貨，而榷貨務只賣茶引矣。

（宋）王應麟《玉海》卷一八一《食貨·鹽鐵茶法·乾德榷茶》　乾德五年初榷江、淮、湖、浙、福建路茶。蓋禁南商擅有中州之利，故置場以買之。自江以北皆爲禁地。興國中，樊若水奏江南諸州茶，官市十分之八，其地分量税聽自賣。踰江涉淮，乘時射利，望嚴禁之。謂乾德榷法也。自若水建議，其法始密。凡茶之利：一則官賣以實州縣，一則沿邊入中糧草算請以省餽運，一則榷務入納金銀錢帛算請以贍京師。而河東北互市、川陝折博，又以所有易所無，而其大者最在邊備。蓋祖宗以西北宿兵供億之費重困民力，故以茶引走商賈而虚估加擡以利之。其後理財之臣以遺利在民，數務更張。然大概無過李諮林特二法，大概以折茶商及便邊民。特以實錢算茶，諮祖劉式之意，使自就山園買茶，而官場坐收貼納之利，行之三年而罷。景祐以後，西邊事興，始復行加擡法。嘉祐四年，一切弛禁。自此茶不爲民害者六七十載。至蔡京，始復榷法，於是茶利自一錢以上皆歸京師。

真宗時，胡則提舉二浙榷茶法。紹興十二年十月丁亥，詔福建專置提舉茶事官，置司建州。先是，歲貢片茶二十餘萬斤。建炎二年罷之，以市舶官兼茶事。紹興四年，市五萬斤爲大禮賞。及是將鬻建茶於臨安，始别置官。

（宋）王應麟《玉海》卷一八一《食貨·鹽鐵茶法·天聖茶法　景祐茶法》　乾德五年，始禁私鬻茶。興國二年，删定禁法。淳化三年七月，行貼射法。四年初行交引，罷貼射。是歲罷，榷務等復。至道元年，鹽鐵使陳恕爲三説法。自西北宿兵募商人入芻粟，度遠近增其虚估給券，以茶償之。又益以東南緡錢香藥象齒謂之三説。咸平五年，三司使王嗣宗始立三分法。六年改四分。景德二年，許人入中錢帛金銀謂之三説。祥符九年，茶引益輕。乾興元年，改三分法。茶引三分，東南見錢二分半，香藥四分半云。天聖元年正月丁亥，詔曰：三路軍儲出山澤之利，比移用不足，命三司使李諮、侍御史王臻、中丞劉子儀較茶、鹽、礬課歲入登耗，更定其法。三司置計置司。二月庚申，命樞副張士遜、參政吕夷簡、魯宗道總之。紀云議茶鹽法。三月辛卯，諮等考茶法利害，請罷三説，行江淮十三山場貼射之法。論者言其未便。三年八月二十二日，命孫奭、夏竦再詳定。九月四日，命三司使范雍同定。十一月庚辰，從奭等議，復行三説法。香茶緡錢。詔三司罷貼射。景祐元年九月二十一日，樞副李諮依天聖初改定。三年正月九日，命諮及參政蔡齊、三司使程琳、中丞杜衍、知制誥丁度更議茶法。三月十四日，復令商賈以見錢算請。五年正月二十九日丙寅，詔王博文、張觀等與三司以新舊茶法定酌中之制。六月，三司副使司馬池、侍御史程戡、司諫韓琦各上茶法利害。七月丁酉，損京師入錢河北入中之直。康定元年十二月，詔三司以見行茶法裁定。慶曆八年十二月，增以南鹽爲四説。河北並邊入中芻粟，改行四説法，内地以康定詔書從事，自是三説四説之法並行於河北。皇祐二年正月，行入中對貼法。用見緡。仁宗朝，茶利歲得九十餘萬緡。或云嘉祐初行通商法，歲入不過八千餘萬。

（宋）王應麟《玉海》卷一八一《食貨·鹽鐵茶法·嘉祐弛茶禁》

嘉祐三年九月，始命韓絳、陳升之、吕景初即三司置局，議弛茶禁。先是，著佐何鬲請通商收净利以疏利源寬民力，故命絳等議。其十月，三司言宜約至和之後一歲之數，以息錢均賦茶民，恣其買賣，所在收算。詔遣王靖等分行六路詢察利害。及還皆言如三司議便。己巳，詔曰：古者山澤之利與民共之，自唐建中始有茶禁，上下規利，垂二百年。如聞比來爲患益甚，民被誅求之困，官受濫惡之入。私藏盗販，犯者寔繁，嚴刑重誅，情所不忍，是於江湖之間幅幀數千里爲陷穽以害吾民也。朕心惻然，念此久矣，間遣使往就問之，皆願弛其禁，歲入之課以時上官。一二近臣，條析其狀，朕猶若慊然，又於歲輸裁減其數，使得饒阜，以相爲生，剗去禁條，俾通商利。歷世之敝，一旦以除，著爲常經，弗復更制，損上益下，以休吾民。尚慮喜於立異之人、緣而爲姦之黨，妄陳奏議，以惑官司，必寘明刑，無或有貸。一本云四年二月己巳，詔開江淮茶禁，聽民自賣通商收税，罷十三山場。六榷務歲輸不過三十三萬有奇，謂之茶租錢，以歲課均賦於茶户。初慶曆三年六月甲辰，詔曰：議者多言茶鹽銀銅之有遺利。朕懼開掊刻之政，抑而弗宣。按《長編》初所遣官議弛禁，比三司歲課均賦茶户凡爲緡六十八萬有奇，比輸茶時其出幾倍。朝廷損其半，歲輸緡錢三十三萬八千有奇，謂之租錢，儲以待邊糴。唯臘茶禁如舊，餘肆行天下矣。崇寧以後，歲入至二百萬緡，視嘉祐五倍矣。政和元年正月，始剏引法，置都茶場，歲收四百餘萬緡。中興循其法。紹興末，東南十路六十州二百四十二縣，歲產茶一千五百九十餘萬斤，收鈔錢二百七十餘萬。紹興二十五年九月十七日辛亥，宰臣奏三都茶場收鈔錢二百七十餘萬。淳熙初，收四百二十萬。政和以來不置場，不定價，茶商買引就園户交易，依引内之數赴合同場秤發，至今不易，公私便之。

《宋史》卷一八三《食貨志·茶》

宋榷茶之制，擇要會之地，曰江陵府，曰真州，曰海州，曰漢陽軍，曰無爲軍，曰蘄州之蘄口，爲榷貨務六。初，京城、建安、襄復州皆置務，後建安、襄復州務廢，京城務雖存，但會給交鈔往還，而不積茶貨。在淮南則蘄、黄、廬、舒、光、壽六州，官自爲場，置吏總之，謂之山場者十三；六州采茶之民皆隸焉，謂之園户。歲課作茶輸租，餘則官悉市之。其售於官者，皆先受錢而後入茶，謂之本錢；又民歲輸税願折茶者，謂之折税茶。總爲歲課八百六十五萬餘斤，其出鬻皆就本場。在江南則宣、歙、江、池、饒、信、洪、撫、筠、袁十州，廣德、興國、臨江、建昌、南康五軍；兩浙則杭、蘇、明、越、婺、處、温、台、湖、常、衢、睦十二州；荆湖則江陵府、潭、澧、鼎、鄂、岳、歸、峽七州、荆門軍；福建則建、劍二州，歲如山場輸租折税。總爲歲課江南千二十七萬餘斤，兩浙百二十七萬九千餘斤，荆湖二百四十七萬餘斤，福建三十九萬三千餘斤，悉送六榷務鬻之。

茶有二類，曰片茶，曰散茶。片茶蒸造，實棬模中串之，唯建、劍則既蒸而研，編竹爲格，置焙室中，最爲精潔，他處不能造。有龍、鳳、石乳、白乳之類十二等，以充歲貢及邦國之用。其出虔袁饒池光歙潭岳辰澧州、江陵府、興國臨江軍，有仙芝、玉津、先春、緑芽之類二十六等，兩浙及宣、江、鼎州又以上中下或第一至第五爲號。散茶出淮南、歸州、江南、荆湖，有龍溪、雨前、雨後之類十一等，江、浙又有以上中下或第一至第五爲號者。買臘茶斤自二十錢至一百九十錢有十六等，片茶大片自六十五錢至二百五錢有五十五等，散茶斤自十六錢至三十八錢五分有五十九等；鬻臘茶斤自四十七錢至四百二十錢有十二等，片茶自十七錢至九百一十七錢有六十五等，散茶自十五錢至一百二十一錢有一百九等。

民之欲茶者售於官，其給日用者，謂之食茶，出境則給券。商賈貿易，入錢若金帛京師榷貨務，以射六務、十三場茶，給券隨所射與之，願就東南入錢若金帛者聽，計直予茶如京師。至道末，鬻錢二百八十五萬二千九百餘貫，天禧末，增四十五萬餘貫。天下茶皆禁，唯川峽、廣南聽民自買賣，禁其出境。

凡民茶折稅外，匿不送官及私販鬻者没入之，計其直論罪。園户輒毁敗茶樹者，計所出茶論如法。舊茶園荒薄，采造不充其數者，蠲之。當以茶代稅而無茶者，許輸他物。主吏私以官茶貿易，及一貫五百者死。自後定法，務從輕減。太平興國二年，主吏盗官茶販鬻錢三貫以上，黥面送闕下；淳化三年，論直十貫以上，黥面配本州牢城，巡防卒私販茶，依本條加一等論。凡結徒持仗販易私茶、遇官司擒捕抵拒者，皆死。太平興國四年，詔鬻僞茶一斤杖一百，二十斤以上棄市。雍熙二年，民造温桑僞茶，比犯真茶計直十分論二分之罪。淳化五年，有司以侵損官課言加犯私茶一等，非禁法州縣者，如太平興國詔條論決。

茶之爲利甚博，商賈轉致於西北，利嘗至數倍。雍熙後用兵，切於饋餉，多令商人入芻糧塞下，酌地之遠近而爲其直，取市價而厚增之，授以要券，謂之交引，至京師給以緡錢，又移文江、淮、荆湖給以茶及顆、末鹽。端拱二年，置折中倉，聽商人輸粟京師，優其直，給茶鹽于江、淮。

淳化三年，監察御史薛映、祕書丞劉式等請罷諸榷務，令商人就出茶州軍官場算買，既大省輦運，又商人皆得新茶。詔以三司鹽鐵副使雷有終爲諸路茶鹽制置使，左司諫張觀與映副之。四年二月，廢沿江八務，大減茶價。詔下，商人頗以江路回遠非便，有司又以損直虧課爲言。七月，復置八務，罷制置使、副。至道初，劉式猶固執前議，西京作坊使楊允恭言商人市諸州茶，新陳相糅，兩河、陝西諸州，風土各有所宜，非參以多品則少利，罷榷務令就茶山買茶不可行。太宗欲究其利害之説，命宰相召鹽鐵使陳恕等與式、允恭定議，召問商人，皆願如淳化所減之價，不然，即望仍舊。有司職出納，難於減損，皆同允恭之説，式議遂寢。即以允恭爲江南、淮南、兩浙發運兼制置茶鹽使。二年，從允恭等請，禁淮南十二州軍鹽，官鬻之，商人先入金帛京師及揚州折博務者，悉償以茶。自是鬻鹽得實錢，茶無滯積，歲課增五十萬八千餘貫，允恭等皆被賞。

初，商人以鹽爲急，趨者甚衆，及禁江、淮鹽，又增用茶，如百千又有官耗，增十千場耗，隨所在饒益。其輸邊粟者，持交引詣京師，有坐賈置鋪，隸名榷貨務，懷交引者湊之。若行商，則鋪賈爲保任，詣京師榷務給錢，南州給茶；若非行商，則鋪賈自售之，轉鬻與茶賈。及南北和好罷兵，邊儲稍緩，物價差減，而交引虚錢未改。既以茶代鹽，而買茶所入不補其給，交引停積，故商旅所得茶，指期於數年之外，京師交引愈賤，至有裁得所入芻粟之實價，官私俱無利。是年，定監買官虧額自一釐以上罰奉、降差遣之制。

景德二年，命鹽鐵副使林特、崇儀副使李溥等就三司悉索舊制詳定，而召茶商論議，別爲新法：其於京師入金銀、綿帛實直錢五十千者，給百貫實茶，若須海州茶者，入見緡五十五千；河北緣邊入金帛、芻粟，如京師之制，而茶增十千，次邊增五千；河東緣邊次邊亦然，而所增有八千六千之差；陝西緣邊亦如之，而增十五千，須海州茶者，納物實直五十二千，次邊所增如河北緣邊之制。其三路近地所入所給，皆如京師。河北次邊、河東緣邊次邊，皆不得射海州茶。茶商所過，當輸算，令記録，候至京師併輸之。仍約束山場，謹其出納。議奏，三司皆以爲便。五月，以溥爲淮南制置發運副使，委成其事。行之一年，真宗慮未盡其要，三年，命樞密直學士李濬等比較新舊法利害。時新法方行，商人頗眩惑，特等請罷比較，從之。

有司上歲課：元年用舊法，得五百六十九萬貫，二年用新法，得四百一十萬貫，三年二百八萬貫。特言所增益官本少而有利，乃實課也，所虧虚錢耳。四年秋，特等皆遷官，仍詔三司行新法，不得輒有改更。大中祥符二年，特、溥等上編成《茶法條貫》并課利總數二十三策。

自新法之行，舊有交引而未給者，已給而未至京師者，已至而未磨者，悉差定分數，折納入官。大約商人有舊引千貫者，令依新法歲入二百千，候五歲則新舊皆給足。官府有以茶充公費者，慮其價賤亂法，悉改以他物。山場節其出耗，所過商稅嚴其覺舉。諸榷務所受茶，皆均第配給場務，以交引至先後爲次。大商刺知精好之處，日夜走僮使賫券詣官，率多先焉。初，禁淮南鹽，小商已困，至是，益不能行。

六年，申監買官賞罰之式，凡買到入算茶，及租額遞年送榷務交足而有羨餘者，即理爲課績，其不入算者，雖多不在此限。大中祥符五年，歲課二百餘萬貫，六年至三百萬貫，七年又增九十萬貫，八年纔百六十萬貫。

是時數年間，有司以京師切須錢，商人舊執交引至場務即付物，時或特給程限，踰限未至者，每十分復令別輸二分見緡，謂之貼納。豪商率能及限，小商或不即知，或無貼納，則賤鬻於豪商。有司徒知移用之便，至有一歲之内文移小改至十數者，商人惑之，顧望不進。乃詔刑部尚書馮拯、翰林學士王曾詳定，拯等深以慎重敦信爲言，而上封者猶競陳改法之弊。九年，乃命翰林學士李迪、權御史中丞凌策、侍御史知雜呂夷簡與三司同議條制。時以茶多不精，給商人罕有饒益，行商利薄，陝西交引愈賤，鬻於市纔八千。知秦州曹瑋請於永興、鳳翔、河中府官出錢市之，詔可。迪等以入中緡錢、金帛，舊從商人所有受之，至是請令十分輸緡錢四五，又定加饒貼納之差。然凡有條奏，多令李溥裁酌，溥務執前制，罕所變革。

天禧二年，太常博士李垂請放行茶貨，左諫議大夫孫奭言：茶法屢改，商人不便，非示信之道，望重定經久之制。即詔奭與三司詳定，務從寬簡。未幾，奭出知河陽，事遂止。三司言：陝西入中芻糧，請依河北例，斗束量增其直，計實錢給鈔，入京以見錢買之，願受茶貨交引，給依實錢數，令榷貨務並依時價納緡錢支茶，不得更用芻糧文鈔貼納茶貨。詔每入百千，增五千茶與之，餘從其請。時陝西交引益賤，京師裁直五千，有司惜其費茶。五年，出内庫錢五十萬貫，令閤門祇候李德明於京師市而毁之。

乾興以來，西北兵費不足，募商人入中芻粟如雍熙法給券，以茶償之。後又益以東南緡錢、香藥、犀齒，謂之三說；至塞下急於兵食，欲廣儲偫，不愛虚估，入中者以虚錢得實利，人競趨焉。及其法既敝，則虚估日益高，茶日益賤，入實錢金帛日益寡。而入中者非盡行商，多其土人，既不知茶利厚薄，且急於售錢，得券則轉鬻於茶商或京師交引鋪，獲利無幾；茶商及交引鋪或以券取茶，或收蓄貿易，以射厚利。由是虚估之利皆入豪商巨賈，券之滯積，雖一二年茶不足以償，而入中者以利薄不趨，邊備日蹙，茶法大壞。初，景德中丁謂爲三司使，嘗計其得失，以謂邊糴纔及五十萬，而東南三百六十餘萬茶利盡歸商賈。當時以爲至論，厥後雖屢變法以救之，然不能亡敝。

《宋史》卷一八四《食貨志·茶》　天聖三年八月，詔翰林侍講學士孫奭等同究利害，奭等言：十三場茶積而未售者六百一十三萬餘斤，蓋許商人貼射，則善者皆入商人，其入官者皆粗惡不時，故人莫肯售。又園户輸歲課不足者，使如商人入息，而園户皆細民，貧弱力不能給，煩擾益甚。又姦人倚貼射爲名，強市盜販，侵奪官利，其弊不可不革。十月，遂罷貼射法，官復給本錢市茶。商人入錢以售茶者，奭等又欲優之，請凡入錢京師售海州、荆南茶者，損爲七萬七千，售真州等四務十三場茶者，又第損之，給茶皆直十萬。自是，河北入中復用三說法，舊給東南緡錢者，以京師榷貨務錢償之。

奭等議既用，益以李諮等變法爲非。明年，摭計置司所上天聖二年比視增虧數差謬，詔令嘗典議官張士遜等條析。夷簡言：天聖初，環慶等路數奏芻糧不給，京師府藏常闕緡錢，吏兵月奉僅能取足。自變法以來，京師積錢多，邊計不聞告乏，中間蕃部作亂，調發兵馬，仰給有司，無不足之患。以此推之，頗有成效。三司比視數目差互不同，非執政所能親自較計。然士遜等猶被罰，諮罷三司使。初，園户負歲課者如商人入息，後不能償。至四年，太湖等九場凡逋息錢十三萬緡，詔悉蠲之。然自奭等改制，而茶法寖壞。

景祐中，三司吏孫居中等言：自天聖三年變法，而河北入中虚估之敝，復類乾興以前，蠹耗縣官，請復行見錢法。時諮已執政矣。三年，河北轉運使楊偕亦陳三說法十二害，見錢法十二利，以謂止用三說所支一分緡錢，足以贍一歲邊計。遂命諮與參知政事蔡齊等合議，且令詔商人訪其利害。是歲三月，諮等請罷河北入中虚估，以實錢償芻粟，實錢售茶，皆如天聖元年之制。又以北商持券至京師，舊必得交引鋪爲之保任，并得三司符驗，然後給錢，以是京師坐賈率多邀求，三司吏稽留爲姦，乃悉罷之，命商持券徑趣榷貨務驗實，立償之錢。初，奭等雖增商人入錢之數，而猶以爲利薄，故競市虚估之券，以射厚利，而入錢者寡，縣官日以侵削，京師少蓄藏。至是，諮等請視天聖三年入錢數第損一千有奇，入中增直亦視天聖元年數第加三百。詔皆可之。前已用虛估給券者，給茶如舊，仍給景祐二年已前茶。

既而諮等又言：天聖四年，嘗許陝西入中願得茶者，每錢十萬，所在給券，徑趣東南受茶十一萬一千。茶商獲利，爭欲售陝西券，故不復入錢京師，請禁止之。幷言商人所不便者，其事甚悉，請爲更約束，重私販之禁，聽商人輸錢五分，餘爲置籍召保，期半年悉償，失期者倍其數。事皆施行。諮等復言：自奭等變法，歲損財利不可勝計，且以天聖九年至景祐二年較之，五年之間，河北入中虛費緡錢五百六十八萬；今一旦復用舊法，恐豪商不便，依託權貴，以動朝廷，請先期申諭。於是帝爲下詔戒敕，而縣官濫費自此少矣。

久之，上書者復言：自變法以來，歲輦京師金帛，易芻粟於河北，配擾居民，內虛府庫，外困商旅，非便。寶元元年，命御史中丞張觀等與三司議之。觀等復請入錢京師以售真州等四務十三場茶，直十萬者，又視景祐三年數損之，爲錢六萬七千，入中河北願售茶者，又損一千。既而詔又第損二千，於是入錢京師止爲錢六萬五千，入中河北爲錢六萬四千而已。

康定元年，葉清臣爲三司使，是歲河北穀賤，因請內地諸州行三說法，募人入中，且以東南鹽代京師實錢。詔糴止二十萬石。慶曆二年，又請募人入芻粟如康定元年法，數足而止，自是三說稍復用矣。八年，三司鹽鐵判官董沔亦請復三說法，三司以爲然，因言：自見錢法行，京師錢入少出多，慶曆七年，榷貨務緡錢入百十九萬，出二百七十六萬，以此較之，恐無以贍給，請如沔議，以茶、鹽、香藥、緡錢四物予之。於是有四說之法。初，詔止行於並邊諸州，而內地諸州有司蓋未嘗請，即以康定元年詔書從事。自是三說、四說二法並行於河北，不數年間，茶法復壞。芻粟之直，大約虛估居十之八，米斗七百，甚者千錢。券至京師，爲南商所抑，茶每直十萬，止售錢三千，富人乘時收蓄，轉取厚利。三司患之，請行貼買之法，每券直十萬，比市估三千，倍爲六千，復入錢四萬四千，貼爲五萬，給茶直十萬。詔又損錢一萬，然亦不足以平其直。久之，券比售錢三千者，纔得二千，往往不售，北商無利，入中者寡，公私大弊。

皇祐二年，知定州韓琦及河北轉運司皆以爲言，下三司議。三司奏：自改法至今，凡得穀二百二十八萬餘石，芻五十六萬餘圍，而費緡錢一百九十五萬有奇，茶、鹽、香藥又爲緡錢一千二百九十五萬有奇。茶、鹽、香藥，民用有限，榷貨務歲課不過五百萬緡，今散於民間者既多，所在積而不售，故券直亦從而賤。茶直十萬，舊售錢六萬五千，今止二千，以至香一斤，舊售錢三千八百，今止五六百，公私兩失其利。請復行見錢法，一用景祐三年約束。乃下詔曰：比食貨法壞，芻粟價益倍，縣官之費日長，商賈不行，豪富之家，乘時牟利，吏緣爲姦。自今有議者，須究厥理，審可施用，若事已上而驗問無狀者，寘之重罰。

是時雖改見錢法，而京師積錢少，恐不足以支入中之費，帝又出內藏庫錢帛百萬以賜三司。久之，入中者寖多，京師帑藏益乏，商人持券以俟，動彌歲月，至損其直以售於蓄賈之家。言利者請出內藏庫錢稍增價售之，歲可得遺利五十萬緡。既行，而諫官范鎮謂內藏庫、榷貨務皆領縣官，豈有榷貨務故稽商人，而令內藏乘時射利？傷體壞法，莫斯爲甚。詔即罷之，然自此並邊虛估之弊復起。

至和三年，河北提舉糴便糧草薛向建議：並邊十七州軍，歲計粟百八十萬石，爲錢百六十萬緡，豆六十五萬石，芻三百七十萬圍，並邊租賦歲可得粟、豆、芻五十萬，其餘皆商人入中。請罷並邊入粟，自京輦錢帛至河北，專以見錢和糴。時楊察爲三司使，請用其說。因輦絹四十萬匹當緡錢七十萬，又蓄見錢及擇上等茶場八，總爲緡錢百五十萬，儲之京師，而募商人入錢並邊，計其道里遠近，優增其直，以是償之，且省輦運之費，唯入中芻豆計直償以茶如舊。行未數年，論者謂輦運科折，煩擾居民，且商人入錢者少，芻豆虛估益高，茶益賤。詔翰林學士韓絳等即三司經度。絳等言：自改法以來，邊儲有備，商旅頗通，未宜輕變。唯輦運之費，悉從官給，而本路舊輸稅絹者，毋得折爲見錢，入中芻豆罷勿給茶，所在平其市估，至京償以銀、紬、絹。自是茶法不復爲邊糴所須，而通商之議起矣。

初，官既榷茶，民私蓄盜販皆有禁，臘茶之禁又嚴於他茶，犯者其罪尤重，凡告捕私茶皆有賞。然約束愈密而冒禁愈繁，歲報刑辟，不可勝數。園户困於征取，官司並緣侵擾，因陷罪戾至破産逃匿者，歲比有之。

又茶法屢變，歲課日削。至和中，歲市茶淮南纔四百二十二萬餘斤，江南三百七十五萬餘斤，兩浙二十三萬餘斤，荆湖二百六萬餘斤，唯福建天聖末增至五十萬斤，詔特損五萬，至是增至七十九萬餘斤，歲售錢并本息計之，纔百六十七萬二千餘緡。官茶所在陳積，縣官獲利無幾，論者皆謂宜弛禁便。

先是，天聖中，有上書者言茶、鹽課虧，帝謂執政曰：茶鹽民所食，而强設法以禁之，致犯者衆。顧經費尚廣，未能弛禁爾！景祐中，葉清臣上疏曰：

山澤有產，天資惠民。兵食不充，財臣兼利，草芽木葉，私不得專，封園置吏，隨處立筦。一切官禁，人犯則刑，既奪其資，又加之罪，黥流日報，踰冒不悛。誠有厚利重貲，能濟國用，聖仁恤隱，矜赦非辜，猶將弛禁緩刑，爲民除害。度支費用甚大，榷易所收甚薄，刳剥園户，資奉商人，使朝廷有聚斂之名，官曹滋虐濫之罰，虚張名數，刻蠹黎元。

建國以來，法敝輒改，載詳改法之由，非有爲國之實，皆商吏協計，倒持利權，幸在更張，倍求奇羨。富人豪族，坐以賈贏，薄販下估，日皆朘削，官私之際，俱非遠策。臣竊嘗校計茶利所入，以景祐元年爲率，除本錢外，實收息錢五十九萬餘緡，又天下所售食茶，并本息歲課亦衹及三十四萬緡，而茶商見通行六十五州軍，所收税錢已及五十七萬緡。若令天下通商，衹收税錢，自及數倍，即榷務、山場及食茶之利，盡可籠取。又況不費度支之本，不置榷易之官，不興輦運之勞，不濫徒黥之辟。

臣意生民之弊，有時而窮，盛德之事，俟聖不惑。議者謂榷賣有定率，征税無彝準，通商之後，必虧歲計。臣按管氏鹽鐵法，計口受賦，茶爲人用，與鹽鐵均，必令天下通行，以口定賦，民獲善利，又去嚴刑，口數出錢，人不厭取。景祐元年，天下户千二十九萬六千五百六十五，丁二千六百二十萬五千四百四十一，三分其一爲産茶州軍，内外郭鄉又居五分之一，丁賦錢三十，村鄉丁賦二十，不産茶州軍郭鄉村鄉如前計之，又第損十錢，歲計已及緡錢四十萬。榷茶之利，凡止九十餘萬緡，通商收税，且以三倍舊税爲率，可得一百七十餘萬緡，更加口賦之入，乃有二百一十餘萬緡，或更於收税則例，微加增益，即所增至寡，所聚逾厚，比於官自榷易，驅民就刑，利病相須，炳然可察。

時下三司議，皆以爲不可行。

至嘉祐中，著作佐郎何鬲、三班奉職王嘉麟又皆上書請罷給茶本錢，縱園户貿易，而官收租錢與所在征算，歸榷貨務以償邊糴之費，可以疏利源而寬民力。嘉麟爲《登平致頌書》十卷、《隆衍視成策》二卷上之，淮南轉運副使沈立亦集《茶法利害》爲十卷，陳通商之利。時富弼、韓琦、曾公亮執政，决意嚮之，力言於帝。三年九月，命韓絳、陳升之、吕景初即三司置局議之。十月，三司言：茶課緡錢歲當入二百二十四萬八千，嘉祐二年纔及一百二十八萬，又募人入錢，皆有虚數，實爲八十六萬，而三十九萬有奇是爲本錢，纔得子錢四十六萬九千，而輦運糜耗喪失，與官吏、兵夫廪給雜費，又不預焉。至於園户輸納，侵擾日甚，小民趨利犯法，刑辟益繁，獲利至少，爲弊甚大。宜約至和以後一歲之數，以所得息錢均賦茶民，恣其買賣，所在收算，請遣官詢察利害以聞。詔遣官分行六路，還言如三司使議便。

四年二月，詔曰：古者山澤之利，與民共之，故民足於下，而君裕於上，國家無事，刑罰以清。自唐建中時，始有茶禁，上下規利，垂二百年。如聞比來爲患益甚，民被誅求之困，日惟咨嗟，官受濫惡之入，歲以陳積，私藏盗販，犯者實繁，嚴刑重誅，情所不忍，是於江湖之間幅員數千里，爲陷穽以害吾民也。朕心惻然，念此久矣，間遣使者往就問之，而皆驩然願弛其禁，歲入之課以時上官。一二近臣，條析其狀，朕猶若慊然，又於歲輸裁減其數，使得饒阜，以相爲生，俾通商利。歷世之敝，一旦以除，著爲經常，弗復更制，損上益下，以休吾民。尚慮喜於立異之人、緣而爲姦之黨，妄陳奏議，以惑官司，必寘明刑，無或有貸。

初，所遣官既議弛禁，因以三司歲課均賦茶户，凡爲緡錢六十八萬有奇，使歲輸縣官。比輸茶時，其出幾倍，朝廷難之，爲損其半，歲輸緡錢三十三萬八千有奇，謂之租錢，與諸路本錢悉儲以待邊糴。自是唯臘茶禁如舊，餘茶肆行天下矣。論者猶謂朝廷志於恤人，欲省刑罰，其意良善；然茶户困於輸錢，而商賈利薄，販鬻者少，州縣征税日蹙，經費不充，學士劉敞、歐陽脩頗論其事。敞疏大要以謂先時百姓之摘山者，受錢於官，而今也顧使之納錢於官，受納之間，利害百倍；先時百姓冒法販茶者被罰耳，今悉均賦於民，賦不時入，刑亦及之，是良民代冒法者受罪；先時大商富賈爲國懋遷，而州郡收其税，今大商富賈不行，則税額不登，且乏國用。脩言新法之行，一利而有五害，大略與敞意同。時朝廷方排衆論而行之，敞等雖言，不聽也。

治平中，歲入臘茶四十八萬九千餘斤，散茶二十五萬五千餘斤，茶户租錢三十二萬九千八百五十五緡，又儲本錢四十七萬四千三百二十一緡，而内外總入茶税錢四十九萬八千六百緡，推是可見茶法得失矣。自天聖以來，茶法屢易，嘉祐始行通商，雖議者或以爲不便，而更法之意則主於優民。

熙寧四年，神宗與大臣論昔茶法之弊，文彦博、吴充、王安石各論其故，然於茶法未有所變。及王韶建開湟之策，委以經略。七年，始遣三司幹當公事李杞入蜀經畫買茶，於秦鳳、熙河博馬。而韶言西人頗以善馬至邊，所嗜唯茶，乏茶與市。即詔趣杞據見茶計水陸運致，又以銀十萬兩、帛二萬五千、度僧牒五百付之，假常平及坊場餘錢，以著作佐郎蒲宗閔同領其事。初，蜀之茶園，皆民兩税地，不殖五穀，唯宜種茶。賦税一例折輸，蓋爲錢三百，折輸紬絹皆一匹；若爲錢十，則折輸綿一兩；爲錢二，則折輸草一圍。役錢亦視其賦。民賣茶資衣食，與農夫業田無異，而税額總三十萬。杞被命經度，又詔得調舉官屬，迺即蜀諸州創設官場，歲增息爲四十萬，而重禁榷之令。其輸受之際，往往壓其斤重，侵其價直，法既加急矣。八年，杞以疾去。

先是，杞等歲增十萬之息，既而運茶積滯，歲課不給，即建畫於彭、漢二州歲買布各十萬匹，以折脚費，實以布息助茶利，然茶亦未免積滯。都官郎中劉佐復議歲易解鹽十萬席，雇運回車船載入蜀，而禁商販，蓋恐布亦難敷也。詔既以佐代杞，未幾，鹽法復難行，遂罷佐。而宗閔乃議川陝路民茶息收十之三，盡賣於官場，更嚴私交易之令，稍重至徒刑，仍没緣身所有物，以待賞給。於是蜀茶盡榷，民始病焉。

十年，知彭州吕陶言：川峽四路所出茶，比東南十不及一，諸路既許通商，兩川却爲禁地，虧損治體。如解州有鹽池，民間煎者乃是私鹽，晋州有礬山，民間煉者乃是私礬，今川蜀茶園，皆百姓己物，與解鹽、晋礬不同。又市易司籠制百貨，歲出息錢不過十之二，然必以一年爲率；今茶場司務重立法，盡榷民茶，隨買隨賣，取息十之三，或今日買十千之茶，明日即作十三千賣之，變轉不休，比至歲終，豈止三分？因奏劉佐、李杞、蒲宗閔等苟希進用，必欲出息三分，致茶户被害。始詔息止收十之一，佐坐措置乖方罷，以國子博士李稷代之，而陶亦得罪。稷依李杞例兼三司判官，仍委權不限員舉劾。

侍御史周尹論蜀中榷茶爲民害，罷爲提點湖北刑獄。利州路漕臣張宗諤、張升卿議廢茶場司，依舊通商，詔付稷，稷方以茶利要功，言宗諤等所陳皆疏謬，罪當無赦。雖會赦，猶皆坐貶秩二等。於是稷建議賣茶官非材，許對易，如闕員，於前資待闕官差；茶場司事，州郡毋得越職聽治。又以茶價增減或不一，裁立中價，定歲入課額，及設酬賞以待官吏，而三路三十六場大小使臣並不限員。重園户採造黄老秋葉茶之禁，犯者没官。蒲宗閔亦援稷比，許舉劾官吏，以重其權，二人皆務浚利刻急。茶場監官買茶精良及滿五千馱以及萬馱，第賞有差，而所買粗惡僞濫者，計虧坐贓論。凡茶場州軍知州、通判並兼提舉，經略使所在，即委通判。又禁南茶入熙河、秦鳳、涇原路，如私販臘茶法。

自熙寧十年冬推行茶法，至元豐元年秋，凡一年，通課利及舊界息税七十六萬七千六十餘緡。帝謂稷能推原法意，日就事功，宜速遷擢，以勸在位，遂落權發遣，以爲都大提舉茶場，而用永興軍等路提舉常平范純粹同提舉。久之，用稷言徙司秦州，而録李杞前勞，以子珏試將作監主簿。蒲宗閔更請巴州等處産茶並用榷法。

五年，李稷死永樂城，詔以陸師閔代之。師閔言稷治茶五年，百費外獲净息四百二十八萬餘緡，詔賜田十頃。而師閔榷利，尤刻於前，建言：文、階州接連，而茶法不同，階爲禁地，有博馬、賣茶場，文獨爲通商地。乞文、龍二州並禁榷；仍許川路餘羨茶貨入陝西變賣，於成都府置博賣都茶場。事皆施行。初，羣牧判官郭茂恂言，賣茶買馬，事實相須，詔茂恂同提舉茶場。至是，師閔以買馬司兼領茶場，茶法不能自立，詔罷買馬司兼領；令茶場都大提舉視轉運使，同管幹視轉運判官，以重其任。賈種民更立茶法，師閔論奏茶場與他場務不同，詔並用舊條。初，李杞增諸州茶場，自熙寧七年至元豐八年，蜀道茶場四十一，京西路金州爲場六，陝西賣茶爲場三百三十二，税息至稷加爲五十萬，及師閔爲百萬。

元祐元年，侍御史劉摯奏疏曰：蜀茶之出，不過數十州，人賴以爲生，茶司盡榷而市之。園户有茶一本，而官市之，額至數十斤。官所給錢，靡耗於公者，名色不一，給借保任，輸入視驗，皆牙儈主之，故費於牙儈者又不知幾何。是官於園户名爲平市，而實奪之。園户有逃而免者，有投死以免者，而其害猶及鄰伍。欲伐茶則有禁，欲增植則加市，故其俗論謂地非生茶也，實生禍也。願選使者，考茶法之敝，以蘇蜀民。右司諫蘇轍繼言：吕陶嘗奏改茶法，止行長引，令民自販，每緡長引錢百，詔從其請，民方有息肩之望。孫迥、李稷入蜀商度，盡力掊取，息錢、長引並行，民間始不易矣。且盜賊贓及二貫，止徒一年，出賞五千，今民有以錢八百私買茶四十斤者，輒徒一年，賞三十千，立法苟以自便，不顧輕重之宜。蓋造立茶法，皆傾險小人，不識事體。且備陳五害。吕陶亦條上利害，詔付黄廉體量；未至，摯又言陸師閔恣爲不法，不宜仍任事。詔即罷之。先是，師閔提舉榷茶，所行職務，他司皆不得預聞，事權震灼，爲患深密。及黄廉就領茶事，乃請凡緣茶事有侵損戾法，或措置未當及有訴訟，依元豐令，聽他司關送。十一月，蒲宗閔亦以附會李稷貢茶罷。

明年，熙河、秦鳳、涇原三路茶仍官爲計置，永興、鄜延、環慶許通商，凡以茶易穀者聽仍舊，毋得踰轉運司和糴價，其所博斛斗勿取息。七年，詔成都等路茶事司，以三百萬緡爲額本。

紹聖元年，復以陸師閔都大提舉成都等路茶事，而陝西復行禁榷。師閔乃奏龍州仍爲禁茶地，凡茶法並用元豐舊條。師閔自復用，以訖哲宗之世，其掊克之迹，不若前日之著，故建明亦罕見焉。

茶之在諸路者，神宗、哲宗朝無大更革。熙寧八年，嘗詔都提舉市易司歲買商茶，以三百萬斤爲額。元祐五年，立六路茶税租錢諸州通判轉運司月暨歲終比較都數之法。七年，以茶隸提刑司，税務毋得更易爲雜税收受。紹聖四年，户部言：商旅茶税五分，治平條立輸送之限既寬，復慮課入無準，故定以限約，毋得更展。元祐中，輒展以季，課入漏失。且茶税歲計七十萬緡，積十年未嘗檢察，請内外委官，期一年驅算以聞。詔聽其議，展限令出一時，毋承用。

崇寧元年，右僕射蔡京言：祖宗立禁榷法，歲收净利凡三百二十餘萬貫，而諸州商税七十五萬貫有奇，食茶之算不在焉，其盛時幾五百餘萬緡。慶曆之後，法制寖壞，私販公行，遂罷禁榷，行通商之法。自後商旅所至，與官爲市，四十餘年，利源寖失。謂宜荆湖、江、淮、兩浙、福建七路所産茶，仍舊禁榷官買，勿復科民，即産茶州郡隨所置場，申商人園户私易之禁，凡置場地園户租折税仍舊。産茶州軍許其民赴場輸息，量限斤數，給短引，於旁近郡縣便鬻；餘悉聽商人於榷貨務入納金銀、緡錢或並邊糧草，即本務給鈔，取便算請於場，别給長引，從所指州軍鬻之。商税自場給長引，沿道登時批發，至所指地，然後計税盡輸，則在道無苛留。買茶本錢以度牒、末鹽鈔、諸色封樁、坊場常平剩錢通三百萬緡爲率，給諸路，諸路措置，各分命官。詔悉聽焉。

俄定諸路措置茶事官置司：湖南於潭州，湖北於荆南，淮南於揚州，兩浙於蘇州，江東於江寧府，江西於洪州。其置場所在：蘄州即其州及蘄水縣，壽州以霍山、開順，光州以光山、固始，舒州即其州及羅源、太湖，黄州以麻城，廬州以舒城，常州以宜興，湖州即其州及長興、德清、安吉、武康，睦州即其州及青溪、分水、桐廬、遂安，婺州即其州及東陽、永康、浦江，處州即其州及遂昌、青田，蘇、杭、越各即其州，而越之上虞、餘姚、諸暨、新昌、剡縣皆置焉，衢、台各即其州，而温州以平陽。大法既定，其制置節目，不可毛舉。四年，京復議更革，遂罷官置場，商旅並即所在州縣或京師給長短引，自買於園户。茶貯以籠篰，官爲抽盤，循第叙輸息訖，批引販賣，茶事益加密矣。

大觀元年，議提舉茶事司須保驗一路所産茶色高下、價直低昂，而請茶短引以地遠近程以三等之期。復慮商旅影挾舊引，冒詐規利，官吏因得擾動，以御筆申飭之。又以諸路再定茶息，多寡或不等，令斤各增錢十。三年，計七路一歲之息一百二十五萬一千九百餘緡，榷貨務再歲一百十有八萬五千餘緡。京專用是以舞智固權，自是歲以百萬緡輸京師所供私奉，掊息益厚，盜販公行，民滋病矣。

政和二年，大增損茶法。凡請長引再行者，輸錢百緡，即往陝西，加二十，茶以百二十斤；短引輸緡錢二十，茶以二十五斤。私造引者如川錢引法。歲春茶出，集民户約三歲實直及今價上户部。茶籠篰並皆官製，聽客買，定大小式，嚴封印之法。長短引輒竄改增減及新舊對帶、繳納申展、住賣轉鬻科條悉具。初，客販茶用舊引者，未嚴斤重之限，影帶者衆。於是又詔凡販長引斤重及三千斤者，須更買新引對賣，不及三千斤者，即用新引以一斤帶二斤鬻之，而合同場之法出矣。場置於產茶州軍，而簿給於都茶場。凡不限斤重茶，委官司秤製，毋得止憑批引爲定，有贏數即没官，別定新引限程及重商旅規避秤製之禁，凡十八條，若避匿抄劄及擅賣，皆坐以徒。復慮茶法猶輕，課入不羨，定園户私賣及有引而所賣踰數，保内有犯不告，並如煎鹽亭户法。短引及食茶關子輒出本路，坐以二千里流，賞錢百萬。

重和元年，詔：客販輸税，檢括抵保，吏因擾民，其蠲之。未幾，復輸税如舊。大抵茶、鹽之法，主於蔡京，務巧掊利，變改法度，前後相踰，民聽眩惑。初，令茶户投狀籍於官，非在籍者，禁與商旅貿易，未幾即罷。初，限計斤重，令買新引，茶有贏者，即及一千五百斤，須用新引貼販，或止願販新茶帶賣者聽；未幾，以帶賣者多，又罷其令。

陝西舊通蜀茶，崇寧二年，始通東南茶。政和中，陝西没官茶令估賣，繼以妨商旅，下令焚棄。俄令正茶没官者聽興販，引外剩茶及私茶數以給告者。長引限以一年，短引限以半歲繳納。久之，令已買引而未得於園户者，期七年，許民間同見緡流轉，長引聽即本路住賣，以二浙鹽香司有言而止。其科條纖悉紛更，不可勝記，慮商旅疑豫，茶貨不通，迺重扇搖之令。於時掊克之吏，争以贏羨爲功，朝廷亦嚴立比較之法。州郡樂賞畏刑，惟恐負課，優假商人，陵轢州郡，蓋莫有言者。獨邠州通判張益謙奏：陝西非產茶地，奉行十年，未經立額，歲歲比較，第務增益，稍或虧少，程督如星。州縣懼殿，多前路招誘豪商，增價以幸其來，故陝西茶價，斤有至五六緡者，或稍裁之，則批改文引，轉之他郡。及配之鋪户，安能盡售？均及税農，民實受害，徒令豪商坐享大利。言竟不行。

然自茶法更張，至政和六年，收息一千萬緡，茶增一千二百八十一萬五千六百餘斤。及方臘竊發，乃詔權罷比較。臘誅，有司議招集園户，借貸優恤，止於文具，姦臣仍用事，蠹國害民，又慮人言，扇搖之令復出矣。靖康元年，詔川茶侵客茶地者，以多寡差定其罪。

初，熙寧五年，以福建茶陳積，乃詔福建茶在京、京東西、淮南、陝西、河東仍禁榷，餘路通商。元豐七年，王子京爲福建轉運副使，言建州臘茶，舊立榷法，自熙寧權聽通商，自此茶户售客人茶甚良，官中所得惟常茶，税錢極微，南方遺利，無過於此，乞仍舊行榷法。建州歲出茶不下三百萬斤，南劍州亦不下二十餘萬斤，欲盡買入官，度逐州軍民户多少及約鄰路民用之數計置，即官場賣，嚴立告賞禁。建州賣私末茶，借豐國監錢十萬緡爲本。並從之；所請均入諸路榷賣，委轉運司官提舉：福建王子京，兩浙許懋，江東杜偉，江西朱彦博，廣東高鑄，然子京蓋未免抑配於民。

時遠方若桂州修仁諸縣、夔州路達州有司皆議榷茶，言利者踵相躡，然神宗聞鄂州失催茶税，輒蠲之。建州園户等以茶粗濫當剋納，爲錢三萬六千餘緡，慮其不能償，令準輸茶。初，成都帥司蔡延慶言邛部川蠻主苴尅等願賣馬，即詔延慶以茶招來，後聞邊計蠻情非便，即罷之。哲宗嗣位，御史安惇首劾王子京買臘茶抑民，詔罷子京事任，令福建禁榷州軍視其舊，餘並通商。桂州修仁等縣禁榷及陝西碎賣芽茶皆罷。

崇寧二年，尚書省言：建、劍二州茶額七十餘萬斤，近歲增盛，而本錢多不繼。詔更給度牒四百，仍給以諸色封樁。繼詔商旅販臘茶蠲其税，私販者治元售之家，如元豐之制。臘茶舊法免税，大觀三年，措置茶事，始收焉。四年，私販勿治元售之家，如元符令。政和初，復增損爲新法。三年，詔免輸短引，許依長引於諸路住賣，後末骨茶每長引增五百斤，短引倣此；諸路監司、州郡公使食茶禁私買，聽依商旅買引。六年，詔福建茶園如鹽田，量土地產茶多寡，依等第均税。重和元年，以改給免税新引，重定福建骨茶斤重，長引以六百斤爲率。

元豐中，宋用臣都提舉汴河隄岸，創奏修置水磨，凡在京茶户擅磨末茶者有禁，並許赴官請買，而茶鋪入米豆雜物揉和者募人告，一兩賞三千，及一斤十千，至五十千止。商賈販茶應往府界及在京，須令產茶山場州軍給引，並赴京場中賣，犯者依私販臘茶法。諸路末茶入府界者，復嚴爲之禁。訖元豐末，歲獲息不過二十萬，商旅病焉。

元祐初，寬茶法，議者欲罷水磨。户部侍郎李定以失歲課，持不可廢，侍御史劉摯、右司諫蘇轍等相繼論奏，遂罷。紹聖初，章惇等用事，首議修復水磨。乃詔即京、索、天源等河爲之，以孫迥提舉，復命兼提舉汴河隄岸。四年，場官錢景逢獲息十六萬餘緡，吕安中二十一萬餘緡，以差議賞。元符元年，户部上凡獲私末茶幷雜和者，即犯者未獲，估價給賞，並如私臘茶獲犯人法。雜和茶宜棄者，斤特給二十錢，至十緡止。

初，元豐中修置水磨，止於在京及開封府界諸縣，未始行於外路。及紹聖復置，其後遂於京西鄭、滑、潁昌府，河北澶州皆行之，又將即濟州山口營置。崇寧二年，提舉京城茶場所奏：紹聖初，興復水磨，歲收二十六萬餘緡。四年，於長葛等處京、索、潩水河增修磨二百六十餘所，自輔郡榷法罷，遂失其利，請復舉行。從之。尋詔商販臘茶入京城者，本場盡買之，其翻引出外者，收堆垛錢。裁元豐制更立新額，歲買山場草茶以五百萬斤爲率。客茶至京者，許官場買十之三，即索價故高，驗元引買價量增。三年，詔罷之。

明年，改令磨户承歲課視酒户納麴錢法。五年，復罷民户磨茶，官用水磨仍依元豐法，應緣茶事併隸都提舉汴河堤岸司。大觀元年，改以提舉茶事司爲名，尋命茶場、茶事通爲一司。三年，復撥隸京城所，一用舊法。政和元年，京城所請商旅販茶起引定入京住賣者，即許借江入汴，如元豐舊制；其借江入汴却指他路住賣者禁，已請引者並令赴京。二年，以課入不登，商賈留滯，詔以其事歸尚書省。於是尚書省言：水磨茶自元豐創立，止行於近畿，昨乃分配諸路，以故致弊，欲止行於京城，仍通行客販，餘路水磨並罷。從之。四年，收息四百萬貫有奇，比舊三倍，遂創月進。

高宗建炎初，於真州印鈔，給賣東南茶鹽。當是時，茶之產於東南者，浙東西、江東西、湖南北、福建、淮南、廣東西，路十，州六十有六，縣二百四十有二。雪川顧渚生石上者謂之紫筍，毗陵之陽羨，紹興之日鑄，婺源之謝源，隆興之黄龍、雙井，皆絶品也。建炎三年，置行在都茶場，罷合同場十有八，惟洪、江、興國、潭、建各置場一，監官一。罷食茶小引，捕私茶法視捕私鹽。二十一年，秦檜等始進《茶鹽法》。先是，臣僚或因事建明，朝廷亦因時損益，至是審訂成書，上之。

孝宗隆興二年，淮東宣諭錢端禮言：商販長引茶，水路不許過高郵，陸路不許過天長，如願往楚州及盱眙界，引貼輸翻引錢十貫五百文，如又過淮北，貼輸亦如之。當是時，商販自榷場轉入虜中，其利至博，幾禁雖嚴，而民之犯法者自若也。乾道二年，户部言：商販至淮北榷場折博，除輸翻引錢，更輸通貨儈息錢十一緡五百文。八年，減輸翻引錢止七緡，通貨儈息錢止八緡。淳熙二年，以長短茶引權以半依元引斤重錢數，分作四緡小引印給，而翻引貼輸錢隨小引輸送。光宗紹熙初，漳州守臣朱熹奏除屬邑科茶七千餘緡。臣僚申明長短小引相兼，從人之便。户部言給賣小引，除金銀、會子分數入輸，餘願專以會子算請者聽。

寧宗嘉泰四年，知隆興府韓邈奏請：隆興府惟分寧縣產茶，他縣無茶，而豪民武斷者乃請引，窮索一鄉，使認茶租，非便。於是禁非產茶縣不許民擅認茶租。

建寧臘茶，北苑爲第一，其最佳者曰社前，次曰火前，又曰雨前，所以供玉食，備賜予。太平興國始置，大觀以後製愈精，數愈多，胯式屢變，而品不一，歲貢片茶二十一萬六千斤。建炎以來，葉濃、楊勍等相因爲亂，園丁亡散，遂罷之。紹興二年，蠲未起大龍鳳茶一千七百二十八斤。五年，復減大龍鳳及京鋌之半。十二年，興榷場，遂取臘茶爲榷場本，凡胯、截、片、鋌，不以高下多少，官盡榷之，申嚴私販入海之禁。議者請鬻建茶於臨安，移茶事司於建州買發，明年，以失陷引錢，復令通商。自是上供龍鳳、京鋌茶料，凡製作之費、篚笥之式，令漕司專之。

蜀茶之細者，其品視南方已下，惟廣漢之趙坡，合州之水南，峨眉之白牙，雅安之蒙頂，土人亦珍之，但所產甚微，非江、建比也。舊無榷禁，熙寧間，始置提舉司，收歲課三十萬；至元豐中，累增至百萬。建炎元年，成都轉運判官趙開言榷茶、買馬五害，請用嘉祐故事盡罷榷茶，而令漕司買馬。或未能然，亦當減額以蘇園户，輕價以惠行商。如此則私販衰而盜賊息。遂以開同主管川、秦茶馬。二年，開至成都，大更茶法，倣蔡京都茶場法，以引給茶商，即園户市茶，百斤爲一大引，除其十勿算。置合同場以譏其出入，重私商之禁，爲茶市以通交易。每斤引錢春七十、夏五十，市利頭子錢不預焉。所過征一錢，所止一錢五分。自後引息錢至一百五萬緡。至十七年，都大茶馬韓球盡取園户加饒之茶爲額，茶司歲收二百萬，而買馬之數不加多。

乾道末年，青羌作亂，茶司增長細馬名色等錢歲三十萬。淳熙六年以後，累減園户重額錢十六萬，又減引息錢十六萬。至紹熙初，楊輔爲使，遂定爲法。成都府、利州路二十三場，歲產茶二千一百二萬斤，通博馬物帛歲收錢二百四十九萬三千餘緡。朝廷歲以一百一十三萬緡隸總領所贍軍，然茶馬司率多難之；乾道以後，歲撥止一二十萬緡，至淳熙十年，遂以五十萬緡爲準。

自熙、豐以來，茶司官權出諸司之上。初，元豐開川、秦茶場，園户既輸二税，又輸土産，隆安縣園户二税、土産兼輸外，又催理茶課估錢，建炎元年立爲額，至寧宗慶元初，始除之。六年，詔四川産茶處歲輸經總制頭子錢五千四十一道有奇，又科租錢三千一百四十道有奇。

宋初，經理蜀茶，置互市于原、渭、德順三郡，以市蕃夷之馬；熙寧間，又置場于熙河。南渡以來，文、黎、珍、叙、南平、長寧、階、和凡八場，其間盧甘蕃馬歲一至焉，洮州蕃馬或一月或兩月一至焉，疊州蕃馬或半年或三月一至焉，皆良馬也。其他諸蕃馬多駑，大率皆以互市爲利，宋朝曲示懷遠之恩，亦以是羈縻之。紹興二十四年，復黎州及雅州碉門靈西砦易馬場，乾道初，川、秦八場馬額九千餘匹，淳熙以來，爲額萬二千九百九十四匹，自後所市未嘗及焉。

（清）嵇璜《續通志》卷一五五《食貨略·鹽鐵茶》　宋太祖乾德五年，詔民茶折税外，悉官買收藏。按宋時茶已盛行，有産茶之場十二，蘄州曰王祺石橋洗馬，黄州曰麻城，廬州曰王同，舒州曰太湖羅源，壽州曰霍山麻步開順口，光州曰商城子安。其各場之外，建茶亦别置務。所製龍鳳各式，以佳者充貢。南渡以後，各場特置官者，則有洪州江州興國軍潭州建州諸處焉。太宗太平興國八年，乃詔禁僞茶。端拱三年置折中倉，聽商人輸粟京師，給江淮茶，與鹽法相同。其收茶之法：凡百姓所輸税，願折茶者亦折爲茶，謂之折税。其鬻茶之法：凡民鬻茶者皆售於官，其以給日用者，謂之食茶，出境則給券。商賈之願貿易者，入錢若金帛，京師榷貨務以射六務十三場茶按射茶之法，即以貨物易茶引取茶鬻焉。給券，隨所射予之，謂之文引。然其後或官置場，或置捕私茶賞罰，榷法愈密矣。南宋紹興後，遂置榷場貨茶於金。建炎二年，詔成都諸州更茶法，令茶商即在茶園市茶，不復官買，惟嚴禁私商而已。

（清）徐松《宋會要輯稿·刑法二·禁約》　〔淳熙〕二年二月二十三日，中書門下省言：湖南北路每歲販茶，除官司差撥軍兵戍守彈壓，訪聞所差官以巡綽爲名，將過往客旅興販物貨不問有無文引，攔截搜檢騷擾。詔湖南北帥、憲司戒約部轄兵將官，各嚴行鈐束所部官兵，務要鎮静，毋令非理騷擾生事。如有違犯，重作施行。

（清）徐松《宋會要輯稿·食貨三〇·茶法雜録》　〔政和元年三月二十四日〕臣僚上言：乞應將茶貨尚立價例，尚：疑當作倍。約期依限糴賣與卑幼及浮浪之人，並依有利債負條施行。法案檢條看詳臣僚上言，客人將茶貨倍立高價賒賣，遠約期限，已有《治平通商茶法》約定三限，并《元符令》高擡賣價不得受理外，有賒買茶貨與浮浪及卑幼，今修立下條：諸客人將茶販賣與浮浪及卑幼者，依有利債負法，右合入《通商茶法》。從之。

（清）徐松《宋會要輯稿·食貨三〇·茶法雜録》　〔政和〕二年八月二十六日，尚書省黄牒：奉聖旨，原書天頭注云：奉一作奏。注當誤。令尚書省措置茶事。【略】

一、諸路茶園户，官不置場收買，許任便與客人買賣，仰赴所屬州縣投狀充茶户，官爲籍記。非投狀充户人，不得與客人買賣。

一、客人許於茶務買引，指定某州縣買，往所指處任便貨賣。

一、客販茶，並於茶務請長、短二引，各指定所詣州縣住賣。長引許往他路，短引止於本路興販。其約束沿路阻節，給公據，並依鹽引法。

一、客人請到文引，更不經由官司，許徑赴茶園户處私下任便交易。

一、長、短引令太府寺以厚紙立式印造書押，當職官置合同簿注籍訖，每三百道并籍送都茶場務。

一、客請長引，每引納錢一百貫，若詣陝西路者加二十貫文，許販茶一百二十貫；原書天頭注云：二二作三。短引二十貫，許販茶二十五貫。若於非指定出賣者，依私茶法罪，告賞亦如之。

一、客販茶不請引而輒販者，加私茶法一等，告賞亦如之。若引外增數搭帶，或以一引兩次行用若踰限不申繳者，罪當准此。

一、應茶引輒私造者，應：原作印，原書天頭注云：印一作應，據改。依川錢引法，賞錢三百貫；已成未行，用減一等，其賞如之。

一、客請引販茶，許自陳乞限，長引不得過一年，短引一季，於引内批書所至州縣，賣訖批鑿，自赴茶務，或遣親人繳引，務官對簿銷落，抹訖申太府寺。【略】

一、茶園户隨地土所出，依久來分爲等第，即不得以上等爲中等，以次等爲上等，餘等亦如之，違者各杖一百。

一、州縣春月園户茶出時，集人户以遞年所出具實數、賣價，縣申州，州驗實，以前三年實直與今來價具實封申户部，下茶務照會。若平價不實，虚擡大估者，杖一百；受贓者以盗論，贓輕徒一年；吏人、公人、牙人配千里。許客越訴，或理不直者，經監司、尚書省。

一、客人賫引輒改易楷改，徒一年；若添減斤重、日限者，加二等。即去失者若水火盗賊，並隨處經所屬自陳，驗實召保，赴茶場再請買，違者，依私販法。

一、客人請引，須正身若親人正身赴場，不得假倩他客。借人或倩之者，各杖一百。

一、客人賫引販茶，所至州縣若商税市易務、堰閘、橋鎮、柵門輒邀阻留難，一日杖六十，二日加二等，三日徒一年，又三日加一等，至徒二年止。吏人、公人並勒停，永不叙。即受財者，以自盗論，贓輕吏人、公人配千里。

一、客人賫引販茶，所顧舟車若爲人以他事惹絆，因致留阻者，杖一百。若長引客有罪，杖以下聽留家人受罪，其茶限一日放行。

一、勘會福建路臘茶，舊茶法禁止，不許通商，今並許客人依草茶法興販。

《金史》卷四九《食貨志・茶》 茶。自宋人歲供之外，皆貿易於宋界之榷場。世宗大定十六年，以多私販，乃更定香茶罪賞格。章宗承安三年八月，以謂費國用而資敵，遂命設官製之。以尚書省令史承德郎劉成往河南視官造者，以不親嘗其味，但採民言謂爲温桑，實非茶也，還即白上。上以爲不幹，杖七十，罷之。

四年三月，於淄、密、寧海、蔡州各置一坊，造新茶，依南方例每斤爲袋，直六百文。以商旅卒未販運，命山東、河北四路轉運司以各路户口均其袋數，付各司縣鬻之。買引者，納錢及折物，各從其便。

五月，以山東人户造賣私茶，侵侔榷貨，遂定比煎私礬例，罪徒二年。

泰和四年，上謂宰臣曰：朕嘗新茶，味雖不嘉，亦豈不可食也。比令近侍察之，乃知山東、河北四路悉椿配於人，既曰強民，宜抵以罪。此舉未知運司與縣官孰爲之，所屬按察司亦當坐罪也。其閲實以聞。自今其令每袋價減三百文，至來年四月不售，雖腐敗無傷也。

五年春，罷造茶之坊。三月，上諭省臣曰：今雖不造茶，其勿伐其樹，其地則恣民耕樵。六年，河南茶樹槁者，命補植之。十一月，尚書省奏：茶，飲食之餘，非必用之物。比歲上下競啜，農民尤甚，市井茶肆相屬。商旅多以絲絹易茶，歲費不下百萬，是以有用之物而易無用之物也。若不禁，恐耗財彌甚。遂命七品以上官，其家方許食茶，仍不得賣及餽獻。不應留者，以斤兩立罪賞。七年，更定食茶制。

八年七月，言事者以茶乃宋土草芽，而易中國絲綿錦絹有益之物，不可也。國家之鹽貨出於鹵水，歲取不竭，可令易茶。省臣以謂所易不廣，遂奏令兼以雜物博易。

宣宗元光二年三月，省臣以國蹙財竭，奏曰：金幣錢穀，世不可一日闕者也。茶本出於宋地，非飲食之急，而自昔商賈以金帛易之，是徒耗也。泰和間，嘗禁止之，後以宋人求和，乃罷。兵興以來，復舉行之，然犯者不少衰，而邊民又窺利，越境私易，恐因泄軍情，或盗賊入境。今河南、陝西凡五十餘郡，郡日食茶率二十袋，袋直銀二兩，是一歲之中妄費民銀三十餘萬也。奈何以吾有用之貨而資敵乎。乃制親王、公主及見任五品以上官，素蓄者存之，禁不得賣、餽，餘人並禁之。犯者徒五年，告者賞寶泉一萬貫。

《續文獻通考》卷二二《征榷考・榷茶》 金世宗大定十六年十二月定榷場香茶罪賞格。金代茶自宋人歲供之外皆貿易於宋界之榷場，至是以多私販乃更定罪賞格。

章宗承安三年八月，命設官製茶。

時以茶爲費國用而資敵，遂命設官製之，以尚書省令史承德郎劉成往河南視官造者，以不親嘗其味，但采民言謂爲温桑，實非茶也，還白帝，帝以爲不幹，杖七十，罷之。

四年三月，命淄、密、寧海、蔡州各置一坊造茶。

依南方例每斤爲袋，直六百文。以商旅猝未販運，命山東河北四路轉運司以各路户口均其袋數，付各司縣鬻之。買引者，納錢及折物，各從其便。

《金史・賈鉉傳》 曰鉉改左司諫，上書論山東采茶事，言茶樹隨山皆有，一切護邏，已奪民利，因而以揀茶樹執誣小民，嚇取貨賂，宜嚴禁止。仍令按察司約束。從之。

五月，定山東人户造賣私茶比煎礬例，罪徒二年。

泰和元年二月，去造土茶律。

四年，禁諸路椿配食茶，并減茶價。

帝謂宰臣曰：朕嘗新茶，味雖不嘉，亦豈不可食也。比令近侍察之，乃知山東、河北四路悉椿配於人，既曰強民，宜抵以罪。此舉未知運司與縣官孰爲之，所屬按察司亦當坐罪。自今其令每袋價減三百文，至來年四月不售，雖腐敗無傷也。

五年春，罷造茶坊。

至三月又諭省臣曰：今雖不造茶，其勿伐茶樹，其地則恣民耕樵。

次年，令河南茶樹槁者補植之。

六年十一月，定食茶制。

尚書省奏：茶者飲食之餘，非必用之物。比歲上下競啜，農民尤甚，市井茶肆相屬。商旅多以絲絹易茶，歲費不下百萬，是以有用之物而易無用之物也。若不禁，恐耗財彌甚。遂命七品以上官，其家方許食茶，仍不得賣及饋獻。不應留者，以斤兩立罪賞。至七年正月，更定食茶制。

八年七月，令以鹽及雜物博易宋茶。

言事者以茶乃宋土草芽，而易中國絲綿錦絹有益之物，不可也。國家之鹽貨出於鹵水，歲取不竭，可令易茶。省臣以爲所易不廣，遂奏令兼以雜物博易。

宣宗元光二年三月，復定茶禁。

省臣以國蹙財竭，奏曰：金幣錢穀，世不可一日闕者也。茶本出於宋地，非飲食之急，而自昔商賈以金帛易之，是徒耗也。泰和間，嘗禁止之，後以宋人求和，乃罷。兵興以來，復舉行之，然犯者不少衰，而邊民又窺利，越境私易，恐因洩軍情，或盜賊入境。今河南陝西凡五十餘郡，郡日食茶率二十袋，袋直銀二兩，是一歲之中妄費民銀三十餘萬也。奈何以吾有用之貨而資敵乎。乃制親王、公主及見任五品以上官，素蓄者存之，禁不得賣餽，餘人並禁之。犯者徒五年，告者賞寶泉一萬貫。

臣等謹按，茶價承安四年每袋價六百文，泰和四年減三百文，是後無考。至是省臣奏每袋銀二兩，當國蹙財竭之際不應遽增如是之多。且上云五十餘郡，郡日食茶二十袋，合五十餘郡計之每日當食一千餘袋。合一歲三百六十日計之，每歲當食三十六萬餘袋，每袋二兩，則每歲當費銀七十二萬餘兩，不應僅費三十餘萬也。二兩疑即一兩之訛。時軍旅倥偬故其價與承安、泰和稍不同耳。

《元典章》卷二二《户部・課程・茶課・販茶（例）〔倒〕據批引例》 至元十八年，湖廣行省：爲（確）〔榷〕茶都轉運司呈，蒙都省降到引據條畫備坐文牒内一款：

客旅興販茶貨，納訖正課寶鈔，出給公據，前往所指山場裝發茶貨出山，齎據赴茶司繳納，倒給省部茶引，方許齎引隨茶。諸處驗引發賣畢，限三日已裏，將引於所在官司繳納，即時批抹。違限匿而不批納者，杖六十。因而轉用，或改抹字號，或增添夾帶斤重，及引不隨茶者，亦同私茶斷。仍於各處官司，將客旅節次納到引目，每月一次解赴合屬上司繳納。

《元典章》卷二二《户部・課程・茶課・恢辦茶課》 至元二十一年六月，中書省：

准江淮行省咨：食茶課程，不問有無産茶去處，一概椿配百姓。爲此，移准江西行省咨：備榷茶都轉運司申：照得亡宋自來舊例，别無食茶課額。自至元十七年前運司盧世榮創立門攤食茶課程一千三百六十餘定，每歲添荅入額，至元十九年考較作八千六百定。若是聽從民便，於額内開除相應。請定奪事。議擬之間，據江州榷茶都轉運使廉正議呈：本司至〔元〕二十年茶課，年終辦到二萬八千定。若於本司每年納賣三十五萬引上，每草茶一引元價二兩二錢四分上添鈔一兩九分，每引作三兩三錢三分，末〔茶〕二兩四錢九分添鈔一兩一分，每引作鈔三兩五錢，周歲約辦鈔二萬四千定。并與販茶課四千定，計二萬八千定，已過盧運使數目，却將食茶課程革去。如此恢辦，庶免百姓食茶攪擾之害，課亦不虧。合將食茶鈔數，於正賣引上均補事。都省依准所擬，移咨各省，自咨文到日爲始，將各路食茶課程罷去，合該鈔數於正辦茶引上均補，務要不失元額。外，仰照驗施行。

《元典章》卷二二《户部・課程・茶課・私茶同私鹽法科斷》 中書省：

於至元二十二年二月十九日柳林裏奏過事内一件：據東平濟南路鹽

局規運官于敏陳言：目即茶貨澀滯，客人將廢引循環行使，中間影蓋私茶，侵襯官課。俺商量得，古今鹽茶係國家榷貨，俱合與引相隨。鹽無引者，便作私鹽斷没。據無引茶貨，若便依鹽法究治，恐傷百姓。如不關防，又慮作弊，夾帶私茶，侵襯官課。擬咨各處行省禁約，江南應有茶貨，權且止於江南發賣，令襄陽、真州、廬州、淮安州、陽邏渡沿江官司關防，毋令客人般來迤北。候腹裏路分無引茶貨立限賣絕，都省明文到彼，方許放行。令户部將客旅行鋪店局人等應有見在茶貨，限一百日賣絕，限外有賣不盡之數，官司依市價收買。如有隱匿，同私鹽法科斷。奏呵，奉聖旨：那般者。欽此。

《元典章》卷二二《户部・課程・茶課・私茶罪例》　至元二十四年五月，建寧等處榷茶提舉司：

會驗先承奉中書省降到條畫内一款：但犯私茶者，杖七十，所犯私茶一半没官，一半付告人充賞。應捕人亦同。如茶園磨户犯者，及運茶車船主知情夾帶裝載無引私茶，一體科斷。本處官司禁治不嚴，致有私茶生發去處，仰將本處當該官吏勾斷。又奉江西等處榷茶都轉運使司旨揮：備奉行中書省劄付内一款：應係出産園茶地面，所在官司委自各路府州司縣達魯花赤、長官不妨本職，專一提點，務要不致私茶生發起數，倒給解由，方許求仕。仍每月一次開申私茶起數申司事。承此。先爲福建等八路民户採造茶貨，私與客旅成交，侵襯官課，以此呈奉到江西行省劄付，并福建道宣慰使司備榜各路，嚴行禁治施行。

《元典章》卷二二《户部・課程・茶課・榷茶運司條畫》　至元二十五年三月，欽奉聖旨：

據尚書省奏江西榷茶運司改立江西等處都轉運司，所辦課程浩大，乞降聖旨禁治事，准奏。所有條畫，逐一區處如後。

一、所辦茶課，照依茶引内條畫事理施行。

一、運茶綱船，隨處官司不得拘撮搬運官物。如爲軍情緊急，明有行省許令文字，然後應副。

一、隨處河邊若有舊來釘立樁橛，阻礙運茶船隻勾當，沿河官司盡行拔去。若不出拔，因而損壞販茶船隻，據茶本一切損失之物，當處官司陪償，仍行斷罪。

一、諸人應有賣過茶袋、合納舊引，依限赴所在官司繳納，每月繳申總管府，每季將繳納舊引申報尚書省，咨省照勘。如違限，及不經由所在官司，或與茶司通同作弊，再行赴場支茶。許諸人告首到官，或因事發露取問得實，依條治罪。

一、諸路應管公事官吏、軍民人匠打捕諸色頭目人等，常切禁約，無得縱令歹人虚椿飾詞，妄行搧惑，攪擾沮壞見辦課程。如有違犯之人，並行斷罪。

一、經過使臣人等，不得將運司催辦課程人等騎坐馬疋、販茶車輛船隻頭疋奪要走遞。如有違犯之人，聽於所在官司陳告，開具姓名，申省聞奏。

一、舊來茶園，諸人不得斫伐，恣縱頭疋啃咬損壞，違者重行斷罪。

一、諸局院人匠、鷹房打捕、并軍人奧魯諸色人等，如是不有朝廷法度，專（檀）〔擅〕地利，以國家榷貨看爲私家永業，貪圖厚利，聚成群黨，恃勢打奪，私酒麯貨匿税，不畏公法之人，事發到官，如或各處占恡不發，仰轉運司、本路宣慰司、總管府將犯人及占恡人一同依條歸斷，不得妄分彼我。

一、辦課官吏除職官外，其餘運司合差員數，如是闕員，照依累降條理，於不以是何投下，許令踏逐慎行止、有家業、不作過犯、能幹人員勾當。

一、運司辦課去處及行茶地面闊遠，如遇差官巡綽，出給差劄勾當，不得因而夾帶不干礙人等，如違治罪。

一、隨處所辦課程，依舊例，管民正官充提點官。若有差出，以次官提點。如有沮壞虧兑，取問得實，依條究治施行。

一、所辦課程，照依元認課額，須管比額增羨，盡實到官，無致欺隱。如有虧兑，勒令依數陪償，更行治罪。

一、茶司週圍蒙古軍萬户、千户、頭目人等，無得非理於茶司取要飲食、盃酒、撒花等物。

一、轉運司凡有合添氣力辦課公事，仰就便申覆江西等處行尚書省施行。

一、若有該載不盡事理，行尚書省照依累降聖旨，從長規畫施行。

《元典章》卷二二《户部・課程・茶課・不得沮壞茶課》　至元三十年正月，欽奉聖旨：

諭行中書省、行御史臺、行樞密院、宣慰司、廉訪司、各路達魯花赤、應管公事大小官吏、軍民諸色人等：據中書省奏，江西等處榷茶都轉運使司見辦課程浩大，切恐諸人沮壞，乞降聖旨禁約事。准奏。管辦課程其間，照依在先聖旨體例裏，不揀誰休沮壞者，沮壞的人每要罪過者。轉運司官吏人等，却不得因而作弊違錯。

《元典章》卷二二《户部・課程・茶課・茶課》　至元三十年九月，湖廣行省准中書省咨：

奏奉聖旨節該：存減茶由局事內，將各局分合辦課程，照依二十九年實辦課數，須要不失元額。令産茶地面有茶樹之家，驗多寡物力貧富均辦。有司隨地租門攤，一年兩次催斂起解。既已抱納，聽民自便，不得因而將無文引茶貨偷販出境貨賣，告發到官，便同私茶斷没。若遇客旅賫據，詣園户處造茶，依例辦課。或外方客人賫有引茶貨入境，聽從貨賣。仍出榜曉諭，依上恢辦施行。

《元典章》卷二二《户部・課程・茶課・僧道私茶事》　大德元年二月，江西行省：

爲榷茶運司捉獲僧人張了興發賣私茶公事，移准中書省咨：送户部照議得：隨路鹽茶，即係立法榷貨，難同其餘買賣商税。參詳，僧道販賣，合依行省所擬一體禁治。若有違犯，一體追斷相應。咨請照驗施行。

《元典章》卷二二《户部・課程・茶課・優恤茶户》　大德元年四月，江西行省：

檢會欽奉聖旨節該：中書省官人每奏：江西運司所辦的茶課浩大有，他每勾當其間裏，不揀是誰休入去者。麼道，那般聖旨有來。如今辦課時分，依着在先聖旨體例裏，不揀誰休入去者。這般宣諭了呵，他每勾當其間裏，入去沮壞的人每，要罪過者。又欽奉聖旨條畫內一款節該：造茶人户，常加優恤，不致生受。又一款節該：應客旅裝買茶貨車船，官司並不得拖拽。若必合和雇，直抵發賣地面下卸訖，方許和雇。如違，陳告得實，决杖六十。因而故縱取受者，〔與〕同罪。如有邀當客旅，拘買取利者，杖六十，茶付本主，買價没官。欽此。

《元典章》卷二二《户部・課程・茶課・斷没私茶鹽錢依例結課》

大德元年九月二十六日，江西廉訪司准運司牒，奉江西行省劄付：

來申：山南廉訪司將追到裴成販買無引私茶價錢解臺，不肯發遣。移准中書省咨該：送户部照議得：應犯私鹽茶貨，各處運司追斷結課，即係通例。前項私茶價錢，既山南廉訪司作贓罰解臺，又江西運司課程已經造册，別難更改。擬合劄付御史臺，照勘上項錢數委曾收訖，依例作數。行下合屬，今後應犯私茶鹽貨，追到没官錢物，依例令運司結課相應。都省准呈，咨請施行。

《元典章》卷二二《户部・課程・茶課・茶法》　大德四年九月，湖南宣慰司准江西榷茶都運使司牒該：

〔來牒〕：據潭州路榷茶提舉司申：唐子讚等狀告：年甲不等，係永州路零（零）〔陵〕縣進賢鄉上甲住坐，見充湘口水站户計。節次在家將梯已米石博换到茶貨共計二百三十斤。雇覓梢人，用船裝載。切緣本路州縣客人興販茶貨，盡行赴商税務投税。若將前項茶貨用船裝載，徑自前來潭州發賣，誠恐商税務攔頭人等捉獲，枉受杖責。爲此，隨例將前項茶貨赴永州在城商税務投税，就納中統鈔五兩，給到印信關由二紙，照茶前來發賣。於大德四年六月初七日到來潭州，爲見榜文禁治私茶嚴緊，不敢發賣。以此將元給到商税務印信關由二紙告乞施行事。得此。今將潭州提舉司繳到永州路在城務的本印批粘連發去，牒請照驗施行。准此。并據潭州路提舉司申，亦爲此事。得此。照得至元三十年爲各提舉司申：各路府州司縣商税務，因爲茶貨收税，當攔客旅，攪擾澀滯茶法，不能通行，課程虧兑。元貞元年正月內，本司認辦正額茶課八萬定之上，再添賣税鈔三千定，通辦八萬三千定，却將茶貨免税。申覆江西等處行省，移咨都省定奪。去後，又據鄂州提舉司申：奉湖廣等處行省劄付：准中書省咨：元貞元年二月初二日奏過事內一件：爲整治江南茶底勾當上，姓張底漢兒人多題幾件勾當來，依着他的言語行來。一件，江南底茶到淮河這壁城子裏每納税。江南地面裏賣呵，不納税有。今一例取要。麼道，説呵，依着他的言語裏，合交要。麼道，先皇帝根底奏了，行文書來。如今江西省官人每并管茶勾當底人每説有：江南底各處城子裏，每因着要税，盤當着做買賣的人每，茶的買賣勾當澀滯底一般，哏交做買賣的人每生受有。

這納底税錢，該三千定有。在前底年分裏，合辦的額八萬定有來。如今再添三千定，做八萬三千定額，却將各處城子裏要税錢底，依着在先體例裏不交要呵，怎生？商量來。麼道，奏呵，那般者。聖旨了也。欽此。都省除外，咨請照驗施行。省府除外，合下照驗施行。外據已收到官茶税錢鈔，差人管押赴省交納。承此，申乞施行。得此。又照得茶引條畫内一款：客旅興販茶貨，隨處發賣，依例投税。若依舊例改正，客旅興販茶貨，江淮迤南依舊免税，江淮迤北發賣依例投税，似爲相應。申奉到江西等處行省劄付：准中書省咨：來咨事理，送户部照擬得：茶税既蒙都省奏准，江淮迤南依舊免税，擬合就今次改鑄板面，除去至元三十年茶引内客旅興販茶貨，隨（此）〔處〕發賣，依例投税一款，依舊却添客旅所販茶貨，江淮迤南依舊免税，江淮迤北發賣去處依例投税一款。如准所呈，劄付禮部，一就鑄造板面，仍咨本省照會相應。除已劄付户部，就關禮部，依上改鑄印造外，咨請照驗，依上施行。奉此。除已行下合屬依上施行，今據見申，照得永州路係淮南行茶地面，今本處税務又行收納茶税，事屬違錯。除已差官前去，約會永州路委官，一同取問本務官攢招伏，擬定呈司詳斷外，牒請照驗，欽依已降聖旨事意，更爲行下合屬，禁約施行。

《元典章》卷二二《户部・課程・茶課・私茶》　大德七年八月初六日，江西行省准中書省咨該：

來咨：榷茶運司申：諸人販賣私茶，事發到官，除正犯人欽依決杖外，茶園人户依驗客賫公據由引，別無詐冒，方許成交，如有事發，（駁）〔驗〕得茶貨與公據輕重不同，茶園人户合無科罪？其各處提調正官禁治不嚴，可否照依鹽司定到罪名科決，惟復別行定奪。准此。送户部，與刑部一同議得：管辦茶課人員，止是發賣引據，事簡務輕，課額非重，即與鹽運司事體不同。所據官吏，但肯廉勤奉職，私茶之徒減少，亦無擾民被問之弊。今後茶園磨户，但有買茶客旅，須要驗所賫引據，依數發賣。如有不驗由引，夾帶多賣，買賣之人即同私茶科斷。若告捕得獲，依例給賞。提舉司禁治不嚴，正官取招議罪，首領官吏的決，標注過名，任滿解（申）〔由〕内開寫。如蒙移咨本省，行下合屬，遍行出榜曉諭相應。都省咨請依上施行。

《元典章》卷二二《户部・課程・茶課・茶課從長恢辦》　皇慶元年四月，欽奉聖旨：

據中書省奏江西等處榷茶都轉運使司歲辦課程浩大，切恐諸人攪擾，乞降聖旨禁約事，准奏。仰據所辦茶課，從長恢辦，務要增羨，盡實到官。辦課其間，諸衙門不得攪擾沮壞，所在官司毋得將運茶船隻拘奪遞運官物。轉運司官吏人等，却不得椿配百姓，作弊違錯。欽此。

《元典章》卷二二《户部・課程・茶課・巡茶及茶商不便》　延祐元年五月，江西廉訪司准監察御史牒該：

據人户李均信等告：茶商黎良伯將帶末茶，指倚江西茶運司公文行下，添荅價錢，每茶一袋要鈔一兩，遍擾村鄉，俵散人户。少不如意，將茶撇散人家，作無引私茶展賴，取要錢物。及佘用甫虚椿何總九等欠少茶錢，赴武昌提舉司陳告，本司不詳虚實，輒便違例行移追理。除另行追問外，照得荊湖北道宣慰司承奉河南行省劄付：准中書省咨：據户部呈：議擬到拯治茶課内一款節該：今後告捕私茶，先須於本處官司自下至上陳告，依理追問，其訴訟人並不得隔越徑直赴運司告言。如果有私茶告發去處，必合巡捉者，即聽茶司與本處官司若應捕之人明賫文帖，方許巡捕。其非應捕人員，別無文帖在手，並不得一面搜捉。運司亦不許非時泛濫差人巡捉，驚擾民商。凡諸人告捕，本處官司不爲理問，或理斷不當，並聽運司依法究治。仍督各處巡捕官司嚴行巡禁，毋致私茶生發，侵襯官課。如巡禁不嚴，敗獲到官，驗事發起數，少者罰俸，多者的決，任滿於解由内開寫，視爲殿最。其有假托運司差遣，妄行搜捉私茶，欺騙百姓之人，即仰被害人户就便將領，赴所在官司痛行懲治。本部議得，販造私茶已有禁例。告捉私茶事理，如准所擬相應。承此。除遵依外，若不禁治，誠恐其餘茶商似此倣傚，擾害人户。牒請禁治施行。

《元典章》卷二二《户部・課程・茶課・告茶錢合從有司追理》　延祐六年十月，江西等處行中書省准江浙等處行中書省咨：

據饒州路申：准本路推官張承德牒呈：見問吕陳孫告茶司以欠茶錢爲由，索要賫發不從，將吕通八等打傷身死公事。除另行追問外。參詳：管民官例提調茶課，今後似（以）〔此〕徵索錢物、勾擾百姓等事，理合經由有司追理。因無循行定例，有茶司強差無俸司吏，出往外郡，名爲分司，恣意勾擾，取受錢物，害及良民。如吕通八等身死，本路已事發却緣又即係茶司熊汝明泛受安生勾擾致傷人命。今後民間陳告欠少茶錢，若令經由有司陳告追理，明立案驗，以備照刷，似望大革濫擾之弊。然此即係爲例事理，（今）〔乞〕照詳。得此。移准中書省咨：送據刑部呈：議得，取索茶錢，即係私相交易，既是擾害良民，未便。今准江浙行省推官張承德所言，令有司追理，實爲相應。具呈照詳。得此。都省准擬，依上施行。

《元典章》卷五二《刑部·詐僞·僞·僞造茶引》　至元二十八年，湖北宣慰使司奉行中書省劄付：

爲（確）〔榷〕茶運司呈奉都省降到引據條畫榜文内一款：僞造茶引者，處死。首告得實者，犯人家産並付告人充賞。

《元典章新集至治條例·户部·課程·茶課·延祐五年拯治茶課》

延祐五年十二月□日，江西行省准中書省咨：

户部呈：奉省判，江西茶運副法忽魯丁奉直言：茶貨始自至元十三年吕都督管辦，該中統鈔一千二百餘定。後立運司及各處提舉司，由此連年增羨不已。至延祐五年，已增至中統鈔二十五萬餘定。數内運司親榷江州、興國課鈔三萬五千餘定，其餘課鈔二十二萬餘定，俱係各處提舉司及各處有司帶辦。所是各處提舉司合辦課鈔。延祐二年都省准運使鄭中大夫呈言，徑赴各省送納。以此思之，運司不過一領袖而已。至於運司各處提舉司官吏人等俸禄，週歲計中統鈔四千一百七十二定二十兩，及有分司書吏、奏差人等差出乘坐鋪馬站船，闕請首思。先已如此虧官，而所辦課程却要額上添額，無非害民取辦。宜從都省會議聞奏，將運司停罷，合該課鈔令各處提舉司依舊帶辦，就解各省送納，實爲長便。具呈照詳。送户部照議到逐項事理，咨請依上施行。

一、合辦課。延祐二年都省咨文：忽都魯帖木兒尚書講究，及運司經斷書吏周明仲陳言：茶課可增至三十萬定。自此額上添額。爲此，檢照得大德七年五月中書省咨文：奏准事内一款節該：恢辦課程，額外辦出的增餘又作正額，次後交代的人驗着那數，那人又辦出增餘，又作正額。因此即漸的添的重了，交百姓〔生〕受。今後額外辦出來的增餘，依例納官，不作正額。欽奉如此。所辦茶課，合無以二十萬定爲額。合該公據引由，每引一道，舊例官錢一十兩，今通作中統鈔一十五兩。批驗每引，舊例官錢〔一〕錢，今通增作中統鈔一錢五分。茶由每（引）〔斤〕，舊例官錢一錢一分一釐一毫二絲，今通增作一錢六分六釐六毫八絲。如此減引添錢，必可增至三十萬定。若慮以減引添錢，似於數上有妨，則望照依延祐三年考較定二十五萬定爲則，依驗前數，每引一道上添二兩五錢，通作中統鈔一十二兩五錢，又可增至中統鈔三十萬餘定，然終不若減引添錢之爲便。所是舊來公據引（内）〔由〕，則望從新立法更張，與民行用。外有福建、兩廣每年差官吏奏差人等責辦，惟務巧取，滿其所欲。則呈報本司，彼處無茶可以辦課，宜從有司從實報官納課。議得：本官所言額辦茶課減引添錢，必可增至三十萬定。照得至元十五年木八剌運使管辦時，長引收鈔一兩八分五釐六毫，短引收鈔八錢四分五釐六毫，辦鈔六千六百餘定。至元十七年盧運使陳言，將〔長〕引革去，止用短引，末茶收鈔二兩四錢九分，草茶收鈔二兩二錢四分，辦課一萬九千八百餘定。至元二十一年廉運（便）〔使〕言，草茶課作三兩三錢三分，末茶添作三兩五錢，本年辦鈔二萬八千餘定。至元二十三年李起南言，每引添作鈔五兩，辦課四萬餘定。至元二十六年阿里渾撒里、葉右丞等奏准，每引添作一十兩，通發引五十萬道。在後節次添增茶引至一百五十萬道，每引止依至元二十六年元定辦課一十兩，到今三十年，再不增添加。延祐三年辦到課鈔二十五萬五千餘定。今既本官言額上添額，事同椿配，以此參詳：合准所言，權擬減引三十萬道，以一百二十萬引爲則，每引量添中統鈔三兩，通作一十三兩，候至年終，比較總辦課數、元發引目，有無多餘短少，至日議擬。自延祐六年正月一日爲始恢辦。舊來公據由引，若便立法從新改造，延祐六年引據本省已行關撥去訖。如蒙准呈，宜從都省移咨各處行省照會。外據運司差去福建、兩廣書吏人等及本處官吏擾民取要錢物，劄付御史臺，令各道廉訪司嚴加體察，依例追斷相應。前件，議得：江西茶課自至元十五年爲始榷辦到今，雖有節次增添之名，而無依額辦足之實。今既各省并前茶運副法忽魯丁俱言見行茶法官民無益，減引添錢爲便，依准所言，每歲量發引目一百萬道，每引添中統鈔二兩五錢，通作一十二兩五錢，作額恢辦。茶由批驗分例等錢，上依舊例辦納，公私俱濟。

延祐五年十一月二十七日奏過事内一件：江西茶運司額辦的茶課，自至元十五年爲始，榷辦中統鈔六千六百餘定來。在後節次添額，至元二十六年每引添作一十兩，通發引五十萬道。在後額上添額，教榷辦一百五十萬引，該鈔三十萬定。因爲課額重了的上頭，靠損了茶户，辦納不前有。榷擬減引三十萬道，每引却添鈔三兩，通作一十三兩發賣。麽道，户部與俺文書有。俺商量來，文書照呵，最多辦出的年分，延祐三年辦了二十四万九千餘定來，該引一百二十五萬道。其餘年分，不曾辦上這些來。如今引目裏減了，止發一百萬道，每引量添價鈔二兩五錢，通作一十二兩五錢額恢辦呵，該二十五萬定鈔有。這般辦呵，不失元額，茶户也不生受也者。其餘茶由批驗等錢，止依舊例辦納呵，怎生？奏呵，那般者。麽道，聖旨了也。欽此。移咨江西榷茶，拘該行省欽依恢辦。外據運司差去福建、兩廣書吏人等及本處官吏擾民取要錢物等事，劄付御史臺，嚴加體察。

一、運司所辦鈔止是親榷江、興二路課鈔三萬五千餘定，其餘課鈔係各處提舉司并有司帶辦，徑赴各省送納。將運司停罷。議得：運司始自歸附以來設立辦課，到今四十餘年，未嘗更改。若准本官所言革罷，不見彼中事宜。切恐因而虧兑課額，似難議擬。前件，議得：江西茶課既已奏准，移咨行省減引添錢恢辦，所言革罷運司，依准户部所擬，別無定奪。茶運司今後無得不時頻委分司，濫差書吏人等，多坐鋪馬站船，擾害官府。合咨行省禁約，及劄付御史臺，嚴加體察施行。

一、運司差放局、所官攢人等不下五百餘人，公然納賄賣弄，明是將本圖利。批驗每引官錢一錢外，取人情中統鈔一貫至一貫五百者。茶由每斤官錢一錢一分一釐一毫二絲外，人情中統鈔五百至一貫者。官錢至微，而取要至重。緣前項局所難以停罷，且以院務攢攔大處不過二三，小處不過一二，合無照依税務例存設。據局官一節，檢照得皇慶二年九月中書省咨文：奏准事内一款節該：批驗所、茶由局合委的人，五百定之上，設立税官，五百定之下，行省於到選錢穀官内銓注。欽此。尚有五百定之下者二十八（名）〔處〕，未蒙行省欽依銓注。合設攢典，合無於司縣吏内點差合干人，依税務例自行踏逐。議得：本官所言相應。前件，議得：茶運司見設局、所，五百定之下者二十八處，合從行省斟酌各處課額輕重，擬定可用攢典、合干人數，就令局、所正官自行公選無過信實人委用，運司不許濫設。仍將濫設之人截日革去。若有不應及取要錢物，劄付御史臺，體察施行。

一、各處提舉司合辦課鈔，已係各省送納，僅有月季申課數徑申運司。年終考較，官吏乘坐船馬前來運司，淹延旬月，考較人情所費尤多。如蒙存留提舉司恢辦課鈔，及責付有司，依舊帶辦。議得：今後年終考較，令當該司吏一名赴運司立限照算，依例置簿標附，事畢即便發回，不許勾唤正官、首領官。攢報中間，若有取要錢物，依前勾擾，宜從都省劄付御史臺，嚴加體察。外據有司依舊帶辦一（一）節，似難議擬。前件，議得：各處榷茶提舉司年終考較，依准部議，今後不許運司勾唤各處正官、首領官，取要錢物，劄付御史臺嚴加體察。所言有司帶辦茶課，別無定奪。

一、運司每年各官分司，吏、貼人等買囑隨行，又有舍人、總領、祗候、曳剌人等隨至分司去處，威挾有司，需求百端。稍有相違，結構無籍之徒，以私茶爲由，妄經分司陳告，展轉追問。又分司所至之處，卒至禍及平民，所有各處解課之人，必須先投各官舍人、總領門下，方敢賫鈔納官。又被各衙祗候、曳剌人等，合成群黨，恐要衙番納事錢物。議得：今後如遇分司，從本司公選書吏、奏差各一名，牒發分司公使。若有多餘濫設人數，不公不法，宜從都省劄付御史臺，令各道廉訪司嚴加體察相應。前件，議得：茶運分司吏、貼人等擾民事理，依准部議，今後分司止許將引書吏、奏差各一名，無得似前多引吏、貼人等，擾民害政。劄付御史臺，嚴加體察施行。

《元典章新集至治條例・户部・課程・茶課・茶課添力辦納及不得拘奪運茶船》　延祐六年七月□日，欽奉聖旨：中書省奏：江西茶運司爲每年額辦茶引數多、難辦的上頭，去年奏了減引添價，每引通作一十二兩五錢，計引一百萬道，該辦中統鈔二十五萬定。其茶由批驗等錢，依舊例辦納。切恐諸人攪擾，乞降添氣力聖旨。准奏。本司合辦茶課，依已了的聖旨從長恢辦，務要增羨，盡實到官。辦課其間，諸衙門及應管公事人等不得沮壞，拘奪運茶船隻，妨礙辦課。若有違犯人每，要罪過也者。運司官吏人等，却不得因而椿配百姓作弊。欽此。

《元典章新集至治條例・刑部・訴訟・追理・茶運司與鹽運司事體不同》　延祐六年六月□日，江南行臺准御史臺咨：奉中書省劄付：

戶部呈：奉省判：御史臺呈：監察御史呈：體知江西茶商人等告到茶運司文字，以辦課爲名，於百姓處強聘茶貨，誣賴欠少茶錢，又差奏差倈散茶由，取要民財，擬合禁治。及運司奏差人等取受不公，發付廉訪司追問，誠爲民幸。送刑部與戶部一同議得：江西運司縱令茶商人等，以添力辦課爲名，於百姓處強行高價聘散茶貨，誣賴欠少茶錢，搔擾百姓，及濫委無俸人等下鄉擾民，合准所言禁治。違法之人，取問明白，詳情嚴行斷罪。不係運司委付之人，從有司就便究治。外據茶運司并所轄官吏人等取受不公，若依戶部所擬，比依鹽運司一體定論，却緣鹽運司官催煎分辦，事務繁重，管辦茶課人員止是發賣引據，事簡課輕，茶運司實與鹽運司事體不同。參詳：茶運司官有犯，申臺呈省。以下并所轄官吏人等，如准御史臺元擬，行省委官與本道廉訪司一同追問。隨處府州司縣提調官禁治不嚴，致有私茶生發，比依私（帖）〔鐵〕提調官例，初犯笞三十，再犯加一等，三犯別議黜降相應。都省准擬，仰依上施行。

《元史》卷九四《食貨志·茶法》　榷茶始于唐德宗，至宋遂爲國賦，額與鹽等矣。元之茶課，由約而博，大率因宋之舊而爲之制焉。

世祖至元五年，用運使白賡言，榷成都茶，於京兆、鞏昌置局發賣，私自採賣者，其罪與私鹽法同。六年，始立西蜀四川監榷茶場使司掌之。十（二）〔三〕年，既平宋，復用左丞呂文煥言，榷江西茶，以宋會五十貫準中統鈔一貫。十三年，定長引短引之法，以三分取一。長引每引計茶一百二十斤，收鈔五錢四分二釐八毫。短引計茶九十斤，收鈔四錢二分八毫。是歲，徵一千二百餘錠。十四年，取三分之半，增至二千三百餘錠。十五年，又增至六千六百餘錠。十七年，置榷茶都轉運司于江州，總江淮、荊湖、福廣之稅，而遂除長引，專用短引。每引收鈔二兩四錢五分，草茶每引收鈔二兩二錢四分。十八年，增額至二萬四千錠。十九年，以江南茶課官爲置局，令客買引，通行貨賣。歲終，增二萬錠。二十一年，廉運使言：各處食茶課程，抑配于民，非便。於是革之。而以其所革之數，於正課每引增一兩五分，通爲三兩五錢。二十三年，又以李起南言，增爲五貫。是年徵四萬錠。二十五年，改立江西等處都轉運司。二十六年，丞相桑哥增引稅爲一十貫。三十年，又改江南茶法。凡管茶提舉司一十六所，罷其課少者五所，併入附近提舉司。每茶商貨茶，必令賫引，無引者與私茶同。引之外，又有茶由，以給賣零茶者。初，每由茶九斤，收鈔一兩，至是自三斤至三十斤分爲十等，隨處批引局同，每引收鈔一錢。

元貞元年有獻利者言：舊法江南茶商至江北者又稅之，其在江南賣者，亦宜更稅，如江北之制。於是朝議復增江南課三千錠，而弗稅。是年凡征八萬三千錠。至大元年，以龍興、瑞州爲皇太后湯沐邑，其課入徽政院。四年，增額至一十七萬一千一百三十一錠。皇慶二年，更定江南茶法，又增至一十九萬二千八百六十六錠。延祐元年，改設批驗茶由局官。五年，用江西茶副法忽魯丁言，立減引添課之法，每引增稅爲一十二兩五錢，通辦鈔二十五萬錠。七年，遂增至二十八萬九千二百一十一錠。

天曆二年，始罷榷司而歸諸州縣，其歲征之數，蓋與延祐同。至順之後，無籍可考。他如范殿帥茶、西番大葉茶、建寧胯茶，亦無從知其始末，故皆不著。

《元史》卷九七《食貨志·茶法》　至元二年，江西、湖廣兩行省具以茶運司同知萬家閭所言添印茶由事，咨呈中書省云：本司歲辦額課二十八萬九千二百餘錠。除門攤批驗鈔外，數內茶引一百萬張，每引十二兩五錢，共爲鈔二十五萬錠。末茶自有官印筒袋關防，其零斤草茶由帖，每年印造一千三百八萬五千二百八十九斤，該鈔二萬九千八十餘錠。茶引一張，照茶九十斤，客商興販。其小民買食及江南產茶去處零斤採賣，皆須由帖爲照。春首發賣茶由，至於夏秋，茶由盡絕，民間闕用。以此考之，茶由數少課輕，便於民用而不敷，茶引課重數多，止於商旅興販，年終尚有停閑未賣者。每歲合印茶由，以十分爲率，量添二分，計二百六十一萬七千五十八斤。算依引目內官（鈔）〔茶〕，每斤收鈔一錢三分八釐八毫八絲，計增鈔七千二百六十九錠七兩，比驗減去引目二萬九千七十六張，庶幾引不停閑，茶無私積。中書戶部定擬，江西茶運司歲辦公據十萬道，引一百萬，計鈔二十八萬九千二百餘錠。茶引便於商販，而山場小民全憑茶由爲照，歲辦茶由一千三百八萬五千二百八十九斤，每斤一錢一分一釐一毫二絲，計鈔五千八百一十六錠七兩四錢一分，減引二萬三千二百六十四張。茶引一張，造茶九十斤，納官課十二兩五錢。如於茶由量添二分，計二百六十一萬七千五十八斤，每斤添收鈔一錢三分八釐八毫八絲，計鈔七千二百六十九錠七兩，積出餘零鈔數，官課無虧，而便於民用。合准本省所擬，具呈中書省，移咨行省，如所擬行之。

至正二年，李宏陳言內一節，言江州茶司據引不便事云：榷茶之制，古所未有，自唐以來，其法始備。國朝既於江州設立榷茶都轉運司，仍於各路出茶之地設立提舉司七處，專任散據賣引，規辦國課，莫敢誰何。每至十二月初，差人勾集各處提舉司官吏，闞領次年據引。及其到司，旬月之間，司官不能偕聚。吏貼需求，各滿所欲，方能給付據引。此時春月已過。乃還本司，方欲點對給散，又有分司官吏，到各處驗户散據賣引。每引十張，除正納官課一百二十五兩外，又取要中統鈔二十五兩，名爲搭頭事例錢，以爲分司官吏饋饍之資。提舉司雖以榷茶爲名，其實不能專散據賣引之任，不過爲運司官吏營辦資財而已。上行下效，勢所必然。提舉司既見分司官吏所爲若是，亦復倣效遷延。及茶户得據還家，已及五六月矣。中間又存留茶引二三千本，以茶户消乏爲名，轉賣與新興之户。每據又多取中統鈔二十五兩，上下分派，各爲己私。不知此等之錢，自何而出，其爲茶户之苦，有不可言。至如得據在手，碾磨方興，吏卒踵門，催併初限。不知茶未發賣，何從得錢。間有充裕之家，必須別行措辦。其力薄者，例被拘監，無非典鬻家私，以應官限。及終限不能足備，上司緊併，重復勾追，非法苦楚。此皆由運司給引之遲，分司苛取之過。茶户本圖求利，反受其害，日見消乏逃亡，情實堪憫。今若申明舊制，每歲正月，須要運司盡將據引給付提舉司，隨時派散，無得停留在庫，多收分例，妨誤造茶時月；如有過期，別行定罪。仍不許運司似前分司自行散賣據引，違者從肅政廉訪司依例糾治。如此，庶茶司少革貪黷之風，茶户免損乏之害。中書省以其言送户部定擬，復移咨江西行省，委官與茶運司講究，如果便益，如所言行之。

《元史》卷一〇四《刑法志·食貨》 諸茶法，客旅納課買茶，隨處驗引發賣畢，三日內不赴所在官司批納引目者，杖六十；因而轉用，或改抹字號，或增添夾帶斤重，及引不隨茶者，並同私茶法。但犯私茶，杖七十，茶一半没官，一半付告人充賞，應捕人同。若茶園磨户犯者，及運茶船主知情夾帶，同罪。有司禁治不嚴，致有私茶生發，罪及官吏。茶過批驗去處，不批驗者，杖七十。其僞造茶引者斬，家産付告人充賞。諸私茶，非私自入山採者，不從斷没法。

紀事

（宋）江少虞《宋朝事實類苑》卷二一《官政治績·陳晉公》 陳晉公爲三司使，將立茶法，召茶商數十人，俾各條利害，晉公閱之第東軒有爲字。三等，語副使宋太師東軒作初。曰：吾觀上等之税，東軒作說。取利太深，此可行於商賈，而不可行於朝廷。下等固滅裂無取。唯中等之説，公私皆濟，吾裁損之，可以經久。於是爲三説法，行之數年，貨財流通，公用足而民富實。世言三司使之才，以陳公爲稱首。後李侍郎諮爲使，改其法而茶利浸失。後雖屢變，然非復晉公之舊法也。

陳晉公恕自升朝入三司爲判官。既而爲鹽鐵使，又爲總置使。洎罷參政，復爲三司使。首尾十八年，精於吏事，朝廷藉其才。晚年多病，乞解利權，真宗諭曰：卿求一人可代者，聽卿去。是時寇萊公罷樞密使歸班，晉公即薦以自代，真宗用萊公爲三司使，而晉公集賢學士判院事。萊公入省，撿尋晉公前後改革興立事件，類爲方册，及以所出牓示，別用新板題遍。躬至其第，請晉公判押，晉公亦不讓，一一與之押字既，而萊公拜於庭下而去。自是計使無不循其舊貫。至李諮爲三司使，始改茶法，而晉公之規模漸革，向之牓示亦稍稍除削，今則無復有存矣。《東軒筆録》。

（宋）李燾《續資治通鑑長編》太祖乾德二年八月 辛酉，初令京師、建安、漢陽、蘄口並置場榷茶。自唐武宗始禁民私賣茶，自十斤至三百斤，定納錢決杖之法。於是令民茶折税外悉官買，民敢藏匿而不送官及私販鬻者，没入之。計其直百錢以上者，杖七十，八貫加役流。主吏以官茶貿易者，計其直五百錢，流二千里，一貫五百及持仗販易私茶爲官司擒捕者，皆死。自唐武宗以下至皆死，並據本志，當在此年，今附見榷茶後。

（宋）李燾《續資治通鑑長編》太宗太平興國二年二月 有司言：江南諸州榷茶，準敕於緣江置榷貨諸務。百姓有藏茶於私家者，差定其法，著於甲令，匿而不聞者，許鄰里告之，賞以金帛，咸有差品。仍於要害處縣法以示之。詔從其請。凡出茶州縣，民輒留及賣鬻計直千貫以上，黥面送闕下，婦人配爲鐵工。民間私茶減本犯人罪之半。榷務主吏盜官茶販鬻，錢五百以下，徒三年；三貫以上，黥面送闕下。茶園户輒毀敗其叢株者，案叢株，《文獻通考》作叢樹。計所出茶，論如法。

（宋）李燾《續資治通鑑長編》太宗太平興國六年五月　太子中允潘昭緯知天長軍，擅增價鬻官茶，爲商人所訴。乙丑，昭緯坐除籍爲民。

（宋）李燾《續資治通鑑長編》真宗大中祥符六年夏四月　甲子，三司定監買茶場官賞罰之式，凡買到入算茶及租額，遞年送榷務，交足而有羨餘者，即理爲課績。其不入算者，雖多不在此限。

（宋）李燾《續資治通鑑長編》真宗大中祥符八年八月　戊寅朔，詔曰：榷茗之規，著令已久，固計入之素定，非異端之可攻。載詳言事之人，時進單辭之説，初陳封奏，必煩述於事端，洎究指歸，多未詳於本末。自今羣臣如有茶法便宜，當顯拜封章，盡述條目，下有司詳議施行。況金穀細務，非軍國事機，自合歸於職司，豈朕所宜親決。今後有所陳述，無得更乞留中。

（宋）李燾《續資治通鑑長編》真宗大中祥符九年二月　庚辰，上謂輔臣曰：提舉諸司庫務藍繼宗言，榷貨務去年茶引錢一百五十萬緡，比新額殆虧十萬緡。丁謂曰：比遞年及新額雖少，比未改法則利且倍矣。自大中祥符已後，歲及二百萬緡，六年至三百萬緡，七年又增九十萬緡，故八年止有此數。然以今年正月比去年，已贏三十萬緡。由是校之，改法非不便也。翌日，中書復以三司歲校茶利數聞，上曰：從初歲利幾何？至於前代，與今孰多？王旦等曰：元和國計，茶稅歲不過四十萬緡。朝廷自克復江、浙，總山場榷務，共獲錢四百餘萬緡。太平興國初，並實錢也。自後，西北急於軍糧，入中之際，添估加耗，入粟之地，與出茶之區，不相應會，以是實直盡爲虛錢。舊法弊極，難於行用，故須改法。今若守而不變，則三百萬緡歲利可以不失。本志以王旦對上語並出丁謂，今從《實録》。

（宋）李燾《續資治通鑑長編》真宗天禧二年十月　癸丑，太常博士、祕閣校理李垂請令江、浙兩路放行茶貨。左諫議大夫孫奭言：茶法屢改，非示信之道，望遣官重定經久之制。即詔奭與三司詳定，務從寬簡。時言者愈多，不過欲惠小商、優園户，朝廷亦嘗差優其直、饒其給。大抵客茶之出，而須錢實京師，故法不能變。言者但采浮論，而不切於事理。未幾，奭出知河陽，事遂止。奭初自密州代還，時方置天慶等節，天下設齋醮，張燕費廣。奭又請裁省浮用，不報。奭復出，其居朝廷蓋不周歲云。十一月十九日，奭出知河陽，今并書。

（宋）李燾《續資治通鑑長編》真宗天禧二年十一月　己巳，三司言：陝西入中芻糧，請依河北例，每㪷束量增直，計實錢給鈔，入京以見錢買之。如願受茶貨交引，即依實錢數給之，令榷貨務並依時價納緡錢支茶，不得更用芻糧交鈔貼給茶貨。詔每入百千，增五千茶引與之，餘從其請。

（宋）李燾《續資治通鑑長編》仁宗天聖元年正月　國朝惟川峽、廣南茶聽民自買賣，禁其出境，餘悉榷，犯者有刑。在淮南則蘄、黄、廬、舒、壽、光六州，官自爲場，置吏總之，謂之山場者十三，六州採茶之民皆隸焉，謂之園户，歲課作茶、輸其租，餘官悉市之。其售於官者，皆先受錢而後入茶，謂之本錢。又有百姓歲輸稅者，亦折爲茶，謂之折稅茶。總爲歲課八百六十五萬餘斤，其出鬻皆就本場。在江南則宣歙江池饒信洪撫筠袁十州、廣德興國臨江建昌南康五軍，兩浙則杭、蘇、明、越、婺、處、温、台、湖、常、衢、睦十二州，荊湖則荊潭澧鼎鄂岳歸峽八州、荊門軍，福建則建、劍二州，歲如山場輸租折稅，餘則官悉市而斂之。總爲歲課，江南千二十七萬餘斤，兩浙百二十七萬九千餘斤，荊湖二百四十七萬餘斤，福建三十九萬三千餘斤，皆轉輸要會之地，曰江陵府，曰真州，曰海州，曰漢陽軍，曰無爲軍，曰蘄州蘄口，爲六榷貨務。凡民鬻茶者皆售于官，其以給日用者，謂之食茶，出境則給券。商賈之欲貿易者，入錢若金帛京師榷貨務，以射六務、十三場茶，給券，隨所射與之，謂之交引。願就東南入錢若金帛者聽，入金帛者計直予茶如京師。凡茶入官以輕估，其出以重估，縣官之利甚溥，而商賈轉賣於西北以至散於夷狄，其利又特厚焉。縣官鬻茶，歲課緡錢，雖贏縮不常，景德中至三百六十餘萬，此其最厚者也。

然自西北宿兵既多，饋餉不足，因募商人入中芻粟，度地里遠近，增其虛估，給券，以茶償之。後又益以東南緡錢、香藥、象齒，謂之三稅。而塞下急於兵食，欲廣儲峙，不受虛估，入中者以虛錢得實利，人競趨焉。及其法既弊，則虛估日益高，茶日益賤，入實錢、金帛日益寡，而入中者非盡行商，多其土人，既不知茶利厚薄，且急於售錢，得券則轉鬻於茶商或京師坐賈號交引鋪者，獲利無幾。茶商及交引鋪，或以券取茶，或收蓄貿易，以射厚利，由是虚估之利皆入豪商巨賈，券之滯積，雖二三年茶不足以償，而入中者以利薄不趨，邊備日蹙，茶法大壞。景德中，丁謂爲三司使，嘗計其得失，以爲邊糴纔及五十萬，而東南三百六十餘萬茶利盡歸商賈，當時以爲至論。厥後雖屢變以救之，然不能無弊。已上據本志。

丁亥，詔曰：三路軍儲，出於山澤之利。比聞移用不足，二府大臣，其經度之。乃命三司使李諮、御史中丞劉筠、入内副都知周文質、提舉諸司庫務王臻薛貽廓及三部副使較茶、鹽、礬税歲入登耗，更定其法。遂置計置司，《實録》丁亥日同。以樞密副使張士遜、參知政事吕夷簡魯宗道總之。

計置司首考茶法利害，奏言：十三場茶，歲課緡錢五十萬，天禧五年纔及緡錢二十三萬。每券直錢十萬，鬻之，售錢五萬五千，總爲緡錢實十三萬，除九萬餘緡爲本錢，歲纔得息錢三萬餘緡，而官吏廩給不與焉。是則虚數雖多，實用殊寡。因請罷三税，行貼射之法。其法以十三場茶買賣本息併計其數，罷官給本錢，使商人與園户自相交易，一切定爲中估，而官收其息。如鬻舒州羅源場茶，斤售錢五十有六，其本二十有五，官不復給，但使商人輸息錢三十有一而已。《實録》三月辛卯，《會要》同。然必輦茶入官，隨商人所指而予之，給券爲驗，以防私售，故有貼射之名。若歲課貼射不盡，則官市之如舊。園户過期而輸不足者，計所負數如商人入息。《會要》。舊輸茶百斤，益以二十斤至三十五斤，謂之耗茶，亦皆罷之。《實録》二月。其入錢以射六務茶者，如舊制。

先是，天禧中，詔京師入錢八萬給海州、荆南茶，入錢七萬四千有奇給真州、無爲、蘄口、漢陽，并十三場茶，皆直十萬，所以饒裕商人；而海州、荆南茶善而易售，商人願得之，故入錢之數厚於他州。其入錢者，聽輸金帛十之六。至是，既更十三場法，又募入錢六務，而海州、荆南增爲八萬六千，真州、無爲、蘄口、漢陽增爲八萬。《會要》三年五月。商人入芻粟塞下者，隨所在實估，度地里遠近增其直。以錢一萬爲率，遠者增至七百，近者三百，給券，至京師，一切以緡錢償之，謂之見錢法；願得金帛若他州錢，或茶鹽、香藥之類者聽。《實録》五月甲子。大率使茶與邊糴，各以實錢出納，不得相爲輕重，以絶虚估之弊。朝廷皆用其説。李諮等新立見錢法，《實録》分載數處，今悉從本志，就正月癸未初命官日并書之。朝廷用其説，乃三月辛卯，今亦并書。《實録》分載，有詳有略，今參以《會要》，則本志所去取蓋得之，不可不從也。

（宋）李燾《續資治通鑑長編》仁宗天聖元年三月　辛卯，始行淮南十三山場貼射茶法。茶法已具正月癸未初命官時，今從本紀特書此，以表事始。

（宋）李燾《續資治通鑑長編》仁宗天聖二年七月　壬辰，遣殿中侍御史王碩、内殿承制朱緒點檢山場所積茶。

初，朝廷既用李諮等貼射法，行之期年，豪商大賈不能軒輊爲輕重，而論者或謂邊糴償以見錢，恐京師府藏不足以繼，争言其不便。會江、淮制置司言茶有滯積壞敗者，請一切焚棄。朝廷疑變法之弊，下書責計置司，因令碩等行視。

既而諮等條上利害，且言：嘗遣官視陝西、河北，以鎮戎軍、定州爲率，鎮戎軍入粟直二萬八千，定州入粟直四萬五千，給茶皆直十萬。蘄州市茶本錢視鎮戎軍粟直，反亡本錢三之一，所得不償，其弊在於茶與邊糴相須爲用，故更今法。以新舊二法較之。乾興元年用三説法，每券十萬，茶售錢萬一千至六萬二千，香藥、象齒售錢四萬一千有奇，東南緡錢售錢八萬三千，而京師實入緡錢七十五萬有奇，邊儲芻二百五萬餘圍，粟二百九十八萬石。天聖元年用新法，二年，茶及香藥、東南緡錢每給直十萬，茶入實錢七萬四千有奇至八萬，香藥、象齒入錢七萬三千有奇，東南緡錢入錢十五萬五百，而京師實入緡錢增一百四萬有奇，邊儲芻增一千一百六十九萬餘圍，粟增二百一十三萬餘石。舊以虚估給券者，至京師爲出錢售之，或折爲實錢給茶，貴賤從其市估。其先賤售於茶商者，券錢十萬，使別輸實錢五萬，共給天禧五年茶直十五萬。小商百萬已下免輸錢，每券十萬，給茶直七萬至七萬五千，天禧茶盡則給乾興已後茶，仍增別輸錢五萬者皆爲七萬，並給耗如舊，俟舊券盡而止。如此，又省合給茶及香藥、象齒、東南緡錢總直緡錢二百七十一萬。

二府大臣亦言：所省及增收計爲緡錢六百五十餘萬。異時邊儲有不足以給一歲者，至是，多者有四年，少者有二年之蓄，而東南茶亦無滯積之弊。其制置司請焚棄者，特累年壞敗不可用者爾。因言：推行新法，功緒已見。蓋積年侵蠹之源一朝閉塞，商賈利於復故，欲有以搖動，而論者不察其實，助爲游説。願力行之，無爲流言所易。於是，詔有司牓諭商賈以推行不變之意，賜典吏銀絹有差。《實録》但于此記遣使視積茶，并四年三月甲辰附見賜典吏銀絹事，餘皆無之，今並從本志。《會要》亦無差使視積茶及李諮等條上利害、牓諭商賈、賜銀絹事，不知何也。

（宋）李燾《續資治通鑑長編》仁宗天聖三年八月　李諮等既條上茶法利害，朝廷亦牓諭商賈以推行不變之意，然論者猶争言其不便。辛未，命翰林侍讀學士孫奭、知制誥夏竦、同工部郎中盧士倫、殿中待御史王碩、如京使盧守懃再加詳定。《實録》但命奭、竦二人，此從本志。士倫，是年三月以工外判度勾，尋改工中、陝漕，十月，以度勾爲户副。

（宋）李燾《續資治通鑑長編》仁宗天聖三年十一月　孫奭等言：十三場茶積未售六百一十三萬餘斤，蓋許商人貼射，則善茶皆入商人，其入官者皆粗惡不時，故人莫肯售。又園户輸歲課不足者，使如商人入息，而園户皆細民貧弱，力不能給，煩擾益甚。又姦人倚貼射爲名，彊市盗販，侵奪官利。其弊如此，不可不革。請罷貼射法，官復給本錢市茶，而商人入錢以售茶者，宜優之。請凡入錢京師售海州、荆南茶者，損爲七萬七千，售真州等四務、十三場茶者，損爲七萬一千，皆有奇數。入錢六務、十三場者，又第損之，給茶皆直十萬。庚辰，詔從奭等議。自是，河北入中復用三説法，舊給東南緡錢者，以京師榷貨務錢償之。本志云十月遂罷貼射法，恐脱誤，今從《實録》。

（宋）李燾《續資治通鑑長編》仁宗天聖四年閏五月　初，李諮等變法，使茶園户負歲課者如商人入息，後不能償。至是，太湖等九場凡逋息錢十三萬緡，詔悉蠲之。

（宋）李燾《續資治通鑑長編》仁宗景祐元年九月　丁未，樞密副使李諮言：天聖初，行新定茶法，而議者沮毀之。吏人王舉等皆坐黜配。今三司言歲課益虧，請復用天聖初所定法。舉等顯爲非辜，乞與優叙之。詔舉等先依三司出職例，各遷一資。

諮頃在三司，陝西緣邊數言軍食不給，度支都内錢不足支月俸，太后憂之，命輔臣與諮經度其事。諮以謂舊法商人入粟邊郡，算茶與犀象緡錢爲虚實三估，至用十四錢易官錢百，坐困三司，乃請變法，以實錢入粟，實錢售茶，二者不得相爲輕重。既行，而商人果失利，怨謗蜂起。諮尋以病請外，相繼坐變法譴黜，踰六年，乃再入三司，遂登西府。時三司税法蠹耗日甚，議者皆言諮前枉被譴黜，將復用見錢法，故諮先有是請。

（宋）李燾《續資治通鑑長編》仁宗景祐二年正月　又詔山澤之民，擷取草木葉爲僞茶者，計其直從詐欺律，準盗論，仍比真茶給賞之半。

（宋）李燾《續資治通鑑長編》仁宗景祐三年正月　戊子，命知樞密院事李諮、參知政事蔡齊、三司使程琳、御史中丞杜衍、知制誥丁度同議茶法。諮以前坐變法得罪，固辭，不許。時三司吏孫居中等言，自天聖三年變法，而河北入中虚估之弊，復類乾興以前，蠹耗縣官，請復行見錢法。度支副使楊偕亦陳三説法十二害，見錢法十二利，以謂止用三説所支一分緡錢，足以贍一歲邊計。故命諮等更議，仍令召商人至三司訪以利害。楊偕以此月壬寅始自度支副使除河北都漕，今未也，本志即稱都漕，蓋誤矣。

（宋）李燾《續資治通鑑長編》仁宗景祐三年三月　是月，李諮等請罷河北入中虚估，以實錢償芻粟、實錢售茶，皆如天聖元年之制。又以北商持券至京師，舊必得交引補爲之保任，并得三司符驗，然後給錢，以是京師坐賈率多邀求，三司吏稽留爲姦，乃悉罷之，命商持券徑趣榷貨務驗實，立償之錢。初，孫奭等雖增商人入錢之數，而猶以爲利薄，故競市虚估之券，以射厚利，而入錢者寡，縣官日以侵削，京師少畜藏。至是，諮等又請視天聖三年入錢數，第損一千有奇，入中增直，亦視天聖元年數第加三百。詔皆可之。又詔前已用虚估給券者，給茶如舊，仍給景祐二年已前茶。

既而諮等又言：天聖四年，嘗許陝西入中願得茶者，每錢十萬，在所給券，徑趣東南受茶十一萬一千。茶商利之，争欲售陝西券，故不復入錢京師，請禁止。並言商人輸錢五分，餘爲置籍召保，期年半悉償，失期者倍其數。事皆施行。輸五分錢，召保立限，見《實録》康定元年正月，今依本志附此。

諮等復言：奭等變法，歲損財利不可勝計。且以天聖九年至景祐二年較之，五年之間，河北緣邊十六州軍，入中虚費緡錢五百六十八萬。今一旦復用舊法，恐豪商不便，依託權貴，以動朝廷，請先期申諭。於是帝爲下詔戒敕，而縣官濫費自此少矣。三月癸巳，復行見錢法，罷交引。壬申，榷務給交引以景祐二年茶。五月，勒陝西入中交引並赴京師，十二月，禁豪商請託。今並從本志聯書之。

（宋）李燾《續資治通鑑長編》仁宗景祐三年三月　權判户部勾院葉清臣請弛茶禁，以歲所課均賦城郭、鄉村人户。其疏曰：

山澤有産，天資惠民。自兵食不充，財臣兼利，草芽木葉，私不得專，封園置吏，隨處立筦。一切官禁，人犯則刑，既奪其貲，又加之罪，黥流日報，踰冒不悛。誠有厚利，無費貲，能濟國用，聖仁恤隱，矜赦無辜，猶將弛禁緩刑，爲民除害。度支費用甚大，榷易所收甚薄，刳剥園户，資奉商人，使朝廷有聚斂之名，官曹滋濫虐之罰，虚張名數，刻蠹黎元。

建國以來，法弊輒改，載詳改法之由，非有爲國之實，皆商人協計，倒持利權，倖在更張，倍求奇羨。富人豪族，坐以賈贏，薄販下估，日皆朘削，官私之際，俱非遠策。臣竊嘗校計茶利所入，以景祐元年爲率，除本錢外，實收息錢五十九萬餘緡。又天下所售食茶，并本息歲課，亦祇及三十四萬緡，而茶商見通行六十五州軍，所收税錢已及五十七萬緡。若令天下通商，祇收税錢，自及數倍，即榷務、山場及食茶之利，盡可籠取。又況不費度支之本，不置榷易之官，不興輦運之勞，不濫徒黥之辟。

臣意生民之弊，有時而窮，盛德之事，俟聖不惑。議者謂榷賣有定率，征税無規準，通商之後，必虧歲計。臣案管氏鹽鐵法，計口受賦，茶爲人用，與鹽鐵均，必令天下通行，以口定賦，民獲善利，又去嚴刑，口數出錢，人不厭取。景祐元年，天下户千二十九萬六千五百六十五，丁二千六百二十萬五千四百四十一，三分其一爲産茶州軍，内外郭鄉又居五分之一，丁賦錢三十，村鄉丁賦二十；不産茶州軍郭鄉、村鄉如前計之，又第損十錢，歲計已及緡錢四十餘萬。榷茶之利，凡止五十餘萬緡，通商收税，且以三倍舊税爲率，可以得百七十餘萬緡，更加口賦之入，乃有二百一十餘萬緡，或更於收税則例微加增益，即所增至尠，所聚愈厚，比於官自榷易，驅民就刑，利病相須，炳然可察。

詔三司與詳定所相度以聞，皆以爲不可行，及嘉祐四年卒行之。

（宋）李燾《續資治通鑑長編》仁宗景祐四年五月　戊申，命權三司使王博文同詳定茶法。

（宋）李燾《續資治通鑑長編》仁宗寶元元年四月　辛卯，命翰林學士晁宗慤、内侍押班史崇信同議茶法。

（宋）李燾《續資治通鑑長編》仁宗嘉祐四年二月　始，命韓絳、陳旭、吕景初即三司置局議弛茶禁，其十月三司言：茶課緡錢歲當二百四十四萬八千，嘉祐二年才及一百二十八萬，又募人入錢，皆有虚數，實爲八十六萬，而三十九萬有奇是爲本錢，才得子錢四十六萬九千而已，其輦運糜費喪失與官吏、兵夫廪給雜費又不與焉。至於園户輸納，侵擾日甚，小民趨利犯法，刑辟益蕃，獲利至小，爲弊甚大。宜約至和之後一歲之數，以所得息錢均賦茶民，恣其買賣，所在收算。請遣官詢察利害以聞。詔遣司封員外郎王靖等分行六路，及還，皆言如三司議便。三司奏茶課歲入數，及遣使察六路利害，本志在去年十月，而《實録》不云，今附見于此。

（宋）李燾《續資治通鑑長編》仁宗嘉祐五年三月　己巳詔書既弛茶禁，論者猶謂朝廷志於便人，欲省刑罰，其意良善。然茶户困於輸錢，而商賈利薄，販鬻者少，州縣征税日蹙，經費不充。知制誥劉敞、翰林學士歐陽修頗論其事，敞疏云：

古人有言：利不百，不變法。蓋言立事之難也。朝廷變更茶法，誠欲便百姓，阜國用而已。自變法以來，由東南來者，更言不便。徒以初詔不欲人立異，故一切緘默，莫敢正言。其大要以謂先時百姓之摘山者，受錢於官，而今也顧使之納錢於官，受納之間，利害百倍。先時百姓冒法販茶者被罰爾，今悉均賦於民，賦不時入，刑亦及之，是良民代冒法者受罪，子子孫孫未見其已。先時大商富賈爲國貿遷，而州郡收其税，今大商富賈不行，則税額不登，且乏國用。此三者最其害也。或以謂法遂不變，則中家必困，小家必流，若因緣驅逼，起爲盜賊，甚非國家之利也。臣愚欲乞申敕有司，益采輿議，且收格前詔，極論可否。若朝廷能粲然復三代之舊風，損山澤之末禁，則乞一弛茶法，恣民勿問。設爲國用尚繁，利源未可悉除，猶當擇其利害，變而通之，使公私兩濟，若求益反損，求利反害，臣恐東南數十州之民，由此而困，則所謂利不百，不變法者也，未知其可。

臣暗於時事，不足以商功利。然耳之所聞，心之所疑，不敢不陳。望朝廷因臣之言，以求便國惠民之策。至於細意委曲，臣亦不能盡也。修疏云：

朝廷近改茶法，欲救其弊失，而爲國誤計者，不能深思遠慮，究見本末，惟知圖利而不圖其害。方一二大臣鋭於改作之時，樂其合意，倉卒輕信，遂決而行之。令下之日，猶恐天下有以爲非者，遂直詆好言之士，指爲立異之人，峻設刑名，禁其論議。事既施行，而人知其不便者十蓋八九。然君子知時方厭言而不肯言，小人畏法懼罪而不敢言。今行之踰年，公私不便，爲害既多，而一二大臣以前者行之太果，令之太峻，勢既難回，不能遽改。而士大夫能知其事者，但騰口於道路，而未敢顯言於朝廷。幽遠之民日被其患者，徒怨嗟於閭里，而無由得聞於天聽。陛下聰明仁聖，開廣言路，從前容納，補益尤多。今一旦令改事，先爲峻法，禁絶人言，中外聞之，莫不嗟駭。語曰：防民之口，甚於防川，川壅而潰，傷人必多。今壅民之口已踰年矣，民之被患者亦已衆矣，古不虚語，於今見焉。

臣亦聞方改法之時，商議已定，猶選差官數人，分出諸路，訪求利害。然則二三大臣不惟初無害民之意，實亦未有自信之心。但所使之人見朝廷必欲更改，不敢沮議，又志在希合，以求功賞，傳聞所至州縣，不容吏民有所陳述，直云：朝廷意在必行，但要一審狀爾。果如所傳，則誤事者在此數人。蓋初以輕信於人，施行太果，今若明見其害，救失何遲？患莫大於遂非，過莫深乎不改。臣於茶法本不詳知，但外論既喧，聞聽漸熟。古之爲國者，庶人得傳言於朝，正爲此也。

臣竊聞議者謂茶之新法既行，而民無私販之罪，歲省刑人甚多，此一利也。然而爲害者五焉：民舊納茶税，今變租錢，一害也；小商所販至少，大商絶不通行，二害也；茶税不登，頓虧國用，三害也；往時官茶，容民入雜，故茶多而賤，今民自買賣，須要真茶，真茶不多，其價遂貴，四害也；河北和糴，實要見錢，不惟商旅得錢艱於移用，兼自京師歲歲輦錢於河北，理必不能，五害也。一利不足以補五害，今雖欲減放租錢以救其弊，此特寬民之一端爾，然未盡公私之利害也。

望詔主議之臣不護前失，深思今害，黜其遂非之心，無襲弭謗之迹，除去前令，許人獻説，亟加詳定，精求其當，庶幾不失祖宗之舊制。

是時，朝廷方排衆論而行之，敞等雖言，不聽也。及治平中，歲入臘茶四十八萬九千餘斤，散茶二十五萬五千餘斤，茶户租錢三十二萬九千八百五十五緡，又儲本錢四十七萬四千三百二十一緡，而内外總入茶税錢四十九萬八千六百緡。史臣曰：推是可見茶法得失矣。及治平至得失矣並用本志修入，三項錢總一百三十萬二千七百八十六緡。龔鼎臣《東原録》云：歐陽永叔與劉原甫言新定茶法不便，乞別立法，富鄭公前上言：近罷榷茶，改一百餘年之弊法，不能無些少未便處，須略整齊可矣。譬猶人大病方愈，須用粥食、湯藥補理，即漸平復矣。上頷之。修、敞論改法非便，他書並不載，君、相當時不從之説，惟鼎臣記此，今附注云。

（宋）李燾《續資治通鑑長編》仁宗嘉祐六年六月　丁丑，命翰林學士吴奎、王珪同詳定茶法。《實録》：明年正月丁丑乃命王珪。今從《會要》。

（宋）李燾《續資治通鑑長編》神宗熙寧四年二月　是日，上對輔臣言向來茶法之弊。文彦博曰：非茶法弊，蓋昔年用兵西北，調邊食急，用茶償之，其數既多，茶不售則所在委積，故虚錢多而壞法也。王安石曰：榷茶所獲利無多。吴充曰：仁宗朝茶法極弊時，歲猶得九十餘萬緡，亦不爲少，茶法因用兵而壞，彦博所言是矣。然立法之初，許商人入芻粟邊郡，執交鈔至京師，或使錢、銀、綢、絹，或香藥、象牙惟所欲，商人便之，故法大行。至祥符初，限以三税之法，定立分數，不許從便，客旅拘制；又茶官多買茶之下者，苟足課額，商人得之，往往折閲；又法數變，而民不信，此其所以大壞。如邊鄙無事，法令不爲小利輕變易，自無不行之法。王安石曰：茶法本亦不善，須挾見錢、香藥等乃能售，蓋見錢、香藥等已足辦邊糴，而茶乃更爲賈人之累，以此小賈不能入中，惟大賈能之；惟大賈始能，則邊糴之權制於大賈，此所以糴價常高，而官重費也。

（宋）李燾《續資治通鑑長編》神宗熙寧十年四月　甲辰，詔市易務茶限三年結絶，許客茶交易。上令中書召嘉問面問之，乃降是詔。面問嘉問，據《御集》。

（宋）李燾《續資治通鑑長編》神宗元豐元年四月　提舉成都府等路茶場李稷奏請賣茶以買馬，而所賣茶價高下不一，或能增不能減，或知減不知增。欲裁立中價，聽隨市色增損，仍定歲入課額及設酬賞格。又言蕃部無錢，止以米及銀、絹、雜物賣錢買茶。乞許博易銀、米等物，立限半年易錢。從之。《時政記》甚詳，今止從《實録》。

（宋）李燾《續資治通鑑長編》神宗元豐六年十一月　通直郎、都大提舉成都府等路茶場陸師閔言：比者，賈種民重立茶場法，並用年終額外增剩，依江、湖、淮、浙六路賣鹽條支賞，其立額并其餘增虧比較賞罰，並依課利場務法，茶場司專條更不用。管勾官賞罰減監官之半，而不給賞之法。切詳本司與天下課利場務不同，如鹽、酒之類皆以本息通立額，而本司但以净利爲額。今用種民之法，須當用本息别立祖額。如用本多，收息薄，通比祖額增則受賞；用本少，收息多，以息填本，通比不及祖額，則受罰。深害茶法，不可施行。詔：茶場司並用舊條。其户部議法不當，尚書李承之、侍郎蹇周輔各罰銅六斤，金部郎中晁端彦、員外郎井亮采各罰銅八斤，户部及都省吏各罰銅有差。師閔云賈種民立法，而種民獨免罰，當考。

（宋）李燾《續資治通鑑長編》神宗元豐七年二月　都提舉汴河隄岸司奏：乞不許在京賣茶人户等擅磨末茶出賣，許諸色人告首，依私臘茶科罪支賞。從之。此據《鹽法册》元豐七年二月六日敕增入，要考見初置水磨月日。六年二月二十七日，初置水磨，又八月十二日，又是年六月一日。

（宋）李燾《續資治通鑑長編》神宗元豐七年十月　福建路轉運副使王子京言：建州臘茶舊立榷法，商賈冒販利甚厚。自熙寧三年官積陳茶，遂權聽通商，自此茶户售客之茶甚良，官中所得惟常茶，税錢極微。南方遺利，無過於此，乞仍舊行榷法。建州歲出不下三百萬斤，南劍州亦出二十餘萬斤，欲盡買入官，度逐州軍民户多少及約鄰路民用之數計置，即官場賣，嚴立告賞，禁建州賣私末茶。乞借豐國監錢十萬緡爲本。並從之，所乞均入諸路榷賣，委轉運司官提舉，福建王子京，兩浙許懋，江東杜偉，江西朱彦博，廣東高鏄。《御集》載子京奏云：榷賣臘茶所收净利，不減鹽課。當考。八年二月七日，并榷通商地分；元祐元年二月二日，依舊通商。《食貨志》第五卷，七年，福建路轉運副使王子京言：建州舊榷臘茶，而商賈冒販獲厚利。熙寧三年，官茶陳積，乃聽通商。自此茶户以善茶售賈人，官所得皆下，税錢爲耗，請榷之便。建州歲出茶不下三百萬斤，南劍州亦二十餘萬，官盡買之，度逐州及鄰路當用數爲多寡，均與榷賣，委轉運官一員領之，以助經費，園户亦便。假豐國監錢十萬緡爲本。並從之。如是兩浙、江東西、廣西路皆委官，而福建以委子京。其法盡索種茶民，使自古歲造茶數，悉賣於有司，而重禁福建、兩浙、江南東西、廣西之鬻建茶者。明年，户部言，子京又請禁兩浙、江南、廣東茶，詔惟畿南、陜西路通商，餘皆爲榷茶地云。

（宋）李燾《續資治通鑑長編》神宗元豐八年二月　辛未，户部言福建路轉運副使王子京乞并鄰近兩浙、江南、廣東復禁茶，諸路仍通商，未有朝旨。詔在京及開封府界、陜西路通商之外，並爲榷茶地。七年十月十七日，可考。元祐元年二月二日改此。

（宋）李燾《續資治通鑑長編》哲宗元祐七年二月　乙卯，詔：諸路茶税並專委提刑司管其税務，毋得以茶税錢更易作雜税收附。其令本州通判及發運、轉運、提刑司覺察，仍許人告首。監官、專攔坐違制分故失定罪。若事由監官而專攔自能告首者免罪，外支賞錢三百貫文，以賣酒場錢充。

（宋）李燾《續資治通鑑長編》哲宗元祐七年八月　管勾成都府等路茶事閻令言：熙州獲人户趙世亨造假名山茶二千餘斤，從不應爲重斷罪，不足懲艾。欲乞應於禁茶地分造僞濫茶，許人告捕，除依治平陸行路通商茶法斷罪理賞外，其犯人送禁茶地分隣州編管。從之。《新》無。

（宋）李燾《續資治通鑑長編》哲宗元符元年九月　都大提舉成都等路茶事司言：請應買茶及以物貨博易，而官司拘攔或抑勒者，並徒二年。茶價如合增減，而官司不切體訪市價，行遣失時，並科杖一百。客旅以物貨赴場博茶，如不及擔數，並許隨斤重博易。若物價多，茶價少，許貼給物價；物價少，茶價多，許貼給茶價。内貼給錢不得過一分。從之。《新》削。

（宋）李燾《續資治通鑑長編》哲宗元符元年十月　户部言：應獲到私末茶并伴和，如不獲元犯人，請並依私臘茶獲犯人法，估價給償。内伴和茶合毁棄者，每斤如有獲到抛棄隨行之物，準折充賞，剩數即納官，無或不足，即候獲犯人日，追理還官。從之。

（宋）熊克《中興小紀》卷四　初，成都路轉運司官安居趙開奏：祖宗以三司總諸路轉運使，此成憲也。熙寧後因事設官，而漕司遂至不足。今榷茶買馬，乞依嘉祐故事，併歸漕司。仍減額以蘇茶户，減價以惠茶商，則私販衰而盗息。是秋，擢開主管川陜茶馬事，使推行之。開乃先更茶法，官買、官賣茶並罷。酌政和都茶場法，印給茶引。使茶商執引，與茶户交易。改成都茶場爲合同場，仍置茶市，交易者必由市，而引與茶必相隨。茶户茶鋪，皆籍其名姓，使之互察。此其大略也。

（宋）熊克《中興小紀》卷三六　九月，言者請於産茶地分差官置場收買，庶免私販之患。辛亥，上問宰執曰：今天下一歲，茶利所入幾何。秦檜曰：都茶場三處，共得二百七十餘萬貫。上曰：比承平少陝西諸路，故其數止此。

（宋）留正《皇宋中興兩朝聖政》卷三《高宗皇帝·梁揚祖改茶鹽法》〔建炎二年八月〕辛未，淮南等路制置發運使梁揚祖遷徽猷閣直學士，以措置就緒也。茶法自政和以來，許商人赴官買引，即園户市茶，赴合同場稱發。淮、浙鹽則官給亭户本錢，諸州置倉，令商人買鈔筭請，每三百斤爲一袋，輸鈔錢十八千。閩廣鹽則隸本路漕司官般官賣，以助歲計。公私便之。自揚祖即真州置司，歲入錢六百萬緡，合東南産鹽之州二十二，總爲二萬七千八百一十六萬餘斤，通收鹽息錢一千七百三十餘萬緡，茶引錢二百七十萬餘緡，後增至二千四百萬緡。而四川三十州歲産鹽約六千四百餘萬斤，後隸總領財賦所贍軍。成都府路九州、利路二州歲産茶二千一百二萬斤，隸提舉茶馬司買馬，皆不係版曹之經費焉。

（宋）留正《皇宋中興兩朝聖政》卷一七《高宗皇帝·市建州茶》〔紹興五年四月〕丙辰，詔建州歲起片茶五萬斤赴行在，仍市末茶十五萬斤，赴都督行府市易務交納。舊額歲貢茶二十萬六千斤，葉濃之亂，園户逃散，遂罷之而取其錢。至是本州奏乞蠲免，而行府以爲指準淮南支用，乃命市末茶，俾商人持往淮北焉。

（宋）留正《皇宋中興兩朝聖政》卷二八《高宗皇帝·置福建茶事提舉》〔紹興十二年十月〕丁亥，詔福建專置提舉茶事官一員，置司建州。先是建州歲貢片茶二十餘萬斤，葉濃之亂，園口亡散，遂罷之，以市舶官兼茶事。上祀明堂于臨安，始命市五萬斤爲大禮賞。已而都督府請如舊額發赴建康，召商人持往淮北。既而官給長引，許商販渡淮。及興榷場，遂取臘茶爲榷茶本。尋禁私販，官盡榷之。上京之餘許通商，官收息三倍。及是將鬻建茶於臨安，始別置提舉官專一發賣。

（宋）留正《皇宋中興兩朝聖政》卷五五《孝宗皇帝·閻蒼書言茶馬弊》〔淳熙四年七月〕是月，吏部郎閻蒼舒言：馬政之弊，不可悉數。今欲大去其弊，獨有貴茶。蓋北人不可一日無茶以生，祖宗時一馱茶易一上駟。陝西諸州歲市馬二萬匹，故於名山歲運二萬馱。今陝西未歸版圖，西和一郡歲市馬三千匹爾，而併用陝西諸郡二萬馱之茶，其價已十倍。又不足而以銀、絹、紬及紙幣附益之。其茶既多，則北人遂賤茶而貴銀、絹、紬，而茶司之權遂行於他司。今宕昌四尺四寸下駟一匹，其價率用十馱茶。若其上駟，則非銀、絹不可得。祖宗時，禁邊地賣茶極嚴，自張松大弛永康茶之禁，因此諸人盡食永康細茶，而巖昌之茶賤如泥土。且茶愈賤，則得馬愈少，猶未足道，而因此利源，遂令洮、岷、疊、巖之土人深至吾腹心内郡，此路一開，其憂無窮。今後欲必支精好茶而漸損其數，又嚴入北茶之禁，則馬政漸舉而邊境亦漸安矣。詔令朱佺嚴行禁止。

（宋）李心傳《建炎以來繫年要録》建炎二年十一月　初，成都府路轉運判官趙開開初見元年四月丁亥。言榷茶買馬五害，請用嘉祐故事，盡罷榷茶，仍令漕司買馬。或未罷，然亦當痛減額以蘇園户，輕立價以惠行商。如此則私販衰而賊盜息矣。朝廷然之，擢開同主管川陝茶馬。是日，開至成都，遂大更茶法，官買賣茶並罷，倣政和都茶場法，印給茶引，使商人即園户市之。茶引錢每斤春七十，夏五十。市例頭子在外所過征一錢，往征一錢有半。置合同場以譏其出入，重私商之禁，號合同場，爲茶市，交易者必由是，而引與茶必相隨，違者抵罪。至四年，各買馬乃踰二萬匹，引息錢至一百七十萬緡。改酒法在三年十月辛丑，改鹽法在紹興二年九月甲申。

（宋）李心傳《建炎以來繫年要録》紹興七年正月　是日，四川都轉運使李迨始視事。時茶馬司闕官，命迨兼領，自熙、豐以來，始即熙、秦、戎、黎等州置場買馬，而川茶通於永興四路。故成都府、秦州皆有榷茶司、買馬監牧司，各置官吏。至是關、陝既失，迨請合爲一司，名都大提舉茶馬司，以省冗費。從之。後月餘，迨至成都，徽猷閣待制趙開乃辭漕職。都運司題名趙開今年三月八日替。是月，名周處廟曰英烈，後封處忠勇仁惠侯。封侯在二十六年二月。

（宋）李心傳《建炎以來繫年要録》紹興十三年二月　川陝宣撫副使鄭剛中言：奉旨相度茶馬兩司每年應副都轉運司錢物，今相度乞將成都府路提刑轉運司合椿坊場鼓鑄食茶稅錢三色，共二十三萬緡，令都運司徑行取撥外，更那融續添錢八萬緡，通作四十萬緡，并取博馬緡一萬八千七百五十四匹，自紹興十二年爲頭應副。從之。自趙開行鈔法，每茶百斤爲一大引，令商人輸引錢市利，共六引八百文，至是遞增爲十一引。紹興七年，李迨增一引二百文。八年，張深增四引五百文。九年，趙開減三引。十年，馮康國增一引半。共爲此數也。時物價騰湧，茶商取息頗厚。自得旨取撥之明年，主管官左朝請大夫賈思誠又增爲十二引三百文。於是諸場類皆溢額，而買馬之數復不加多。人但知茶馬司之富甲天下，其實所收引錢，視建炎增倍。後雖破敗，不可復減矣。淳熙十四年李大正裁減事可考。

（宋）李心傳《建炎以來繫年要録》紹興十七年十二月　庚戌，直龍圖閣都大提舉川秦茶馬監牧公事韓球始至成都。自趙開以來，每茶百斤，除其十勿算。球至官，遂盡取園户加饒之茶，增爲正額，有一場而增至二十萬斤者，民知輸官不補所得，於是起爲私販。夔茶自祖宗以來不榷禁，政和中，有司請賣引，議者以民夷不便，罷之。球又榷忠、達州茶，即渠、合、廣安軍置場賣引，歲以八萬斤爲額。然商人以利薄不通，第以引錢斂民間耳，民甚苦之。十六年□月乙亥□十七年十一月陳請可攷。

（宋）李心傳《建炎以來繫年要録》紹興二十四年七月　壬戌，詔四川制置總領司許於茶馬司寬剩錢内撥取，以寬民力，用都省請也。自熙寧七年，榷法初行，官買民茶，增價發賣，其初歲收息不過五十萬緡。至元豐六年，增額一倍，猶不過百萬。建炎以來，榷法弊壞，提舉官趙開遂體倣京師鈔法，刱行茶引，令園户客人就場交易，而官止收引息市利錢。每茶百斤爲一大引，客人不過納錢引六道五百，市利錢三百。以當時茶額計之，歲收亦不過爲錢引一百五萬九千餘緡，比熙寧所立之額未甚遠。紹興初，宣撫司取撥茶馬司餘剩贍軍，亦不過歲收四十萬而止。其後物價騰踴，茶商取息頗厚，累政提舉官於是增長引息等錢。至紹興十四年，每茶一引，倍收引錢十二道三百文，比趙開初立法時增及一倍。茶既貴售，諸場大段溢額，而買馬之數，復不加多。當此時，茶司之富甲天下，率以歲剩上供，一歲多者至二三百萬。及是，詔捐以予民，蜀人稍蘇矣。

（宋）李心傳《建炎以來繫年要録》紹興二十五年九月　丙午，左朝奉大夫新知資州左守道言：國家推行茶法，爲利甚大。比年以來，給賣茶引，多有虧欠。欲乞應州縣産茶地分，官募有力之家，權給木記，置場收買，候收成畢日，差官秤盤見數，依字號給賣與有引商旅。庶幾私販之弊自革，而官課日益增羨。詔户部看詳申省。後數日，宰執奏事，上因問：今天下一歲茶利所入幾何？秦檜曰：都茶場等三處，一歲共得賣茶鈔錢二百七十餘萬貫。上曰：比承平時少陝西諸路，故其數止此。上問在辛亥，今聯書之。

（宋）李心傳《建炎以來繫年要録》紹興二十六年六月　乙亥，祕書省正字張震言：四川茶場，每貸茶百斤以上，必有所增予，謂之加饒，所以優商。官自捐之，民則無與。自韓球行刻剥之政，希增羨之課，始取償於民，盡舉所捐，增爲正額，或一場增至三二十萬。茶既不足，則併採新芽，來年轉荒，舊產愈負。自此額未嘗足，民日破貧。且民者茶之所自出，商者茶之所自行。優商而困民，是淩其流而竭其源也。民知輸官不補所得，於是強悍之民，起爲私販，以爲苟保於朝暮，孰與坐待於死亡？其弊若斯，將損國計。願將韓球以前茶額，比今所取，裁酌施行。庶幾民力稍可復舊，以爲四川根本之計。從之。

（宋）李心傳《建炎以來繫年要録》紹興二十七年七月　庚午，給事中王師心言：鼎澧歸峽產茶民私販入北境，利數倍。自知戾法不顧，因去爲盜。由引錢太重貧不能輸，故抵此。望别刱憑由，輕立引價，既開其衣食之門，民必悔過改業，而盜自消矣。上覽疏謂宰執曰：茶鹽禁榷，本爲國用所需。若財賦有餘，則摘山煮海之利，朕當與百姓共之。姑遵舊制可也。熊克《小厤》載師心建請於今年六月末，又云上然之，乃與《日厤》所書全不同。至於此日所書上語，則又去其首尾。蓋克本故相王淮門下士，而書成之歲，淮尚爲左相，故於師心事多所緣飾也。今竝正之。

（宋）李心傳《建炎以來繫年要録》紹興三十年二月　甲寅，罷夔州路茶引。先是右朝請大夫董時敏知忠州，嘗請罷榷夔茶，都大主管四川茶馬公事許尹不可。既而尹復言：商旅不通，委於民夷不便。而都茶場以其前後異說，持之不行。及是成都府路轉運副使權提舉茶馬王之望復以爲言，遂弛其禁。董時敏申請在紹興二十七年，今併書之。

《宋史》卷一〇《仁宗紀》　〔景祐三年〕三月癸巳，復商賈以見錢算請官茶法。

《宋史》卷二〇《徽宗紀》　〔大觀三年秋七月〕丙辰，詔罷都提舉茶事司，在京令户部，在外令轉運司主之。

《宋史》卷三一《高宗紀》〔紹興三十年〕二月甲寅，罷夔州路榷茶。

（清）畢沅《續資治通鑑》卷三〇《宋紀·真宗》〔大中祥符五年四月戊申〕三司請民有販茶違法者，許家人告論，帝曰：此犯教義，非朝廷當言也。不許。

（清）畢沅《續資治通鑑》卷四〇《宋紀·仁宗》〔景祐三年〕三月，復入中見錢算請官茶法。凡商賈入錢於京師者，給南方茶；入芻糧於邊者，給京師及諸州錢。

《金史》卷一二《章宗紀》〔泰和六年十一月庚子〕初定茶禁。

【略】〔七年正月〕己亥，有司奏更定茶禁。

酒

論説

（宋）李燾《續資治通鑑長編》哲宗元祐五年十月　侍御史孫升言：臣檢準元祐四年八月二十八日敕，據兩浙轉運副使葉温叟言，申請有蔭之人犯酒，至三犯，特許真決。無蔭之人依法斷罪外，隨所犯輕重，勒令遷徙别州縣居住，滿一年不再犯，申所屬施行。臣訪聞兩浙西路州縣，見今緣此指揮，逢迎葉温叟意，應犯私酒，不分輕重，盡令移鄉。至有讐嫌之人，多端架搆，以斗升之酒，誣陷良民，遷徙失業，道路嗟怨。臣伏見朝廷向懲盧秉所立監法移鄉之弊，已行廢罷，今復從温叟之請，使一路之人遷徙失業，恐傷二聖忠厚之政。況犯私酒，於前後敕自分輕重徒杖配流之法，法外滋張，徒生姦弊。伏望聖慈特降指揮，所有元祐四年八月二十八日兩浙路所犯私酒移鄉指揮，更不施行，庶使一路生民，各獲安堵。元祐五年十月十六日奏，從違當考。

（宋）趙與時《賓退録》卷三　《玉壺清話》云：真宗問近臣：唐酒價幾何？丁晉公奏曰：每升三十。杜甫詩曰：速須相就飲一斗，恰有三百青銅錢。與時嘗因是戲考前代酒價，多無傳焉。惟漢昭帝命罷榷酤之時，賣酒升四錢，明著于史，劉貢父云所以限民不得厚射利是已。《典論》謂孝靈末百司湎酒，酒千文一斗。曹子建《樂府》：歸來宴平樂，美酒斗十千。此三國之時也。然唐詩人率用此語，如李白金尊清酒斗十千，王維新豐美酒斗十千，白樂天共把十千酤一斗，又軟美仇家酒，十千方得斗，又十千一斗猶賒飲，何況官供不著錢，崔輔國與酤一斗酒，恰用十千錢，郎士元六言絶句十千提攜一斗，遠送瀟湘故人，皆不與杜詩合。或謂詩人之言，不皆如詩史之可信。然樂天詩最號紀實者，豈酒有美惡，價不同歟？抑何其遼絶邪！穆宗朝，王仲舒爲江西觀察使，時穀數斛易斗酒，尤可怪。楊凝詩：湘陰直與地陰連，此日相逢憶醉年，美酒非如平樂貴，十斤不用一千錢。《嶺表録異》云：廣州人多好酒。生酒行兩面羅列，皆是女人，招呼鄙夫，先令嘗酒。盎上白甆甌謂之瓿，一瓿三文。不持一錢來去嘗酒致醉者，當壚嫗但笑弄而已。《嶺表録異》，唐之書也，今必不然。瓿字不見于字書，《説文》云：甌瓿謂之瓵。瓵，盈之切。疑是瓵字傳寫之誤。或南方俗字自有瓿字，亦不可知。若梁元帝《長歌行》當壚擅旨酒，一卮堪十千，謂之堪，則非真十千也。

（宋）王栐《燕翼詒謀録》卷三《設法賣酒》　官榷酒酤，其來久矣。太宗皇帝深恐病民，淳化五年三月戊申，詔曰：天下酒榷，先遣使者監莞，宜募民掌之。減常課之十二，使其易辦，吏勿復預。蓋民自鬻則取利輕，吉兇聚集，人易得酒，則有爲生之樂，官無譏察警捕之勞，而課額一定，無敢違欠，公私兩便。然所入無贏餘，官吏所不便也。新法既行，悉歸于公，上散青苗錢於設廳，而置酒肆于譙門，民持錢而出者，誘之使飲，十費其二三矣。又恐其不顧也，則命娼女坐肆作樂以蠱惑之。小民無知，爭競鬭毆，官不能禁，則又差兵官列枷杖以彈壓之，名曰：設法賣酒。此設法之名所由始也。太宗之愛民，寧損上以益下，新法惟剥下奉上，而且誘民爲惡，陷民於罪，豈爲民父母之意乎？今官賣酒用妓樂如故，無復彈壓之制，而設法之名不改，州縣間無一肯釐正之者，何耶？

（元）王惲《秋澗先生大全文集》卷九〇《便民三十五事・禁醞酒》　目今自真定路以南直至大河，地方數千里，自春至秋，雨澤衍期，旱暵成灾，致米麥湧貴，無處糴買，例皆闕食，百姓往往逃竄，莫能禁戢。有司誠宜多方計置，救災恤民。竊見民間醞造杯酒，所用米麥，日費極多。略舉真定一路，在城每日蒸湯二百餘石，一月計該六千餘石，其他處所費比較可知。若依至元十五年例，將民間醞造杯酒權行禁止，庶幾省減物斛，以滋百姓食用，誠救災恤民之大事也。

（元）魏初《元文類》卷四〇《雜著・酒課》　國初有徵收課稅所，而州縣酒醋悉隸。後大都則立酒課提舉司，外而路府州縣皆著課額，爲國賦之一，其利亦云厚矣。

綜述

（宋）佚名《宋大詔令集》卷一八三《政事・財利・兩川罷酒酤等詔　太平興國七年八月己卯》　應劍南東西川峽路管内州軍監鎮等，初言事者，以變錢法興榷酤有以便於民而佐用度，朕不得已而聽之。行之踰年，未見其利。如聞民庶頗極怨咨，因遣使乘，馹以觀之，備得其狀。朕奄有四海，寵綏元元，以百姓爲心。常恐一物失所，舉事乖當，蓋由朕之不聰，出令惟行，遂使民之受弊，況失道之未遠，固改調以爲宜。先是諸州官置酒酤並從除放，依舊造麯市與民，其益州歲增錢六萬貫並除之，依例只納錢，從前官市及織錦綺鹿胎透背六銖欹正龜殼等，宜令諸州自今只織綾羅紬絹絁布錦等，餘悉罷去，限詔到，各于要害處粉壁揭而示之。

（宋）佚名《宋大詔令集》卷一八三《政事·財利·榷酤不得增課詔景德四年四月甲午》 榷酤之法，素有定規。宜令計司，立爲永式。自今中外不得更議增課，以圖恩獎。

（宋）謝深甫等《慶元條法事類》卷二八《榷禁門·酒麯》 諸禁地內謂去東京城二十五里、州二十里、縣鎮寨十里內。餘條酒麯稱禁地者准此。私造酒一升，笞四十，五升加一等，五斗徒一年，五斗加一等，五石不刺面配本城。禁地內私有，禁地外私造，各減一等。以上再犯至罪止者，各不以禁地內外並配本城。兩犯禁地外私有至罪止者，不刺面。其造者，酒匠爲從。下條麯匠准此。即將外來官酒入禁地，一升笞四十，二升加一等，一石五斗徒一年，一石五斗加一等，罪止徒三年。禁地外及鄉村酒自相浸越沽賣，減一等。

諸以所得官酒入別州界賣者，依外來官酒入禁地法。

諸酒户知情放酒入禁地反賣者，減犯人罪三等，罪止杖一百。

諸私有麯，謂小麥麵麯。其連麸麯二斤，大麥、米、豆麯二斤半，雜物造成，但可造酒者，三斤並比一斤。禁地內一兩笞四十，一斤加一等，十斤徒一年，十斤加一等，百斤不刺面配本城。禁地外一兩笞四十，二斤加一等，二十斤徒一年，二十斤加一等，一百五十斤不刺面配本城。酒户賣與界內不應造酒人者，杖八十，自將入禁地及賣與別界不應造酒人，減私有一等。其買人係禁地內，同私有法；禁地外，減一等。【略】

鬬訟敕

諸私造酒、麯沽賣並舍鄰人知而不糾，論如《五保》律。

廐庫敕

諸命官以錢物就公使庫或場務醞造酒者，論如私醞酒法加一等。已入，以自盜論，長貳、當職官加二等。監司知而不舉，與同罪；不知，減三等。

令

賞令

諸備賞應以犯人財産充而無或不足者，禁地內犯私有酒麯及外來官酒，責知情干繫人及鄰保、買酒户；酒麯販，責知情酒户均備。

諸告獲禁地內私有酒麯及外來官酒者，給賞外，仍據見獲酒麯、糟酵及造販之具，估價以官錢全給。

捕亡令

諸官司捕獲或透漏私有酒麯，估酒麯及鹽價，比鹽計斤重理賞罰，係禁地內及外來官酒入禁地，仍一兩比二兩。【略】

場務令

諸酒户知情放酒入禁地販賣者，計犯人應出賞錢數追罰。應均備者，仍依本條。即自將酒入禁地沽賣者，計一界買撲價錢追罰二分，並入官，隸轉運司，雖遇恩亦理納。

格

賞格

諸色人

告獲禁地內私有酒麯及外來官酒者：當收領時棄毀其物不在者，准笞罪給。禁地外酒麯准此。笞罪，錢五貫；杖六十，錢六貫，每等加一貫；徒一年，錢二十貫，每等加十貫；流二千里，錢七十貫，每等加一十貫。

告獲禁地外私有酒麯者：笞、罪杖，錢三貫；徒一年，錢五貫，每等加五貫。

（宋）謝深甫等《慶元條法事類》卷三六《庫務門·場務》 諸糟酵積留過二年致損敗者，減安置不如法罪五等。

諸酒麯雖損敗不虧正數者，不坐。【略】

雜敕

諸人户吉凶聚會、修造之類，州縣及坊務輒抑勒令買酒及麯引者，徒一年，當職官不覺察與同罪，許被抑人經監司越訴。【略】

令

場務令

諸酒務聽加料造細酒，增價沽賣准常料，不得虧官。其祠祭旬設及致仕官應請者給之。

諸官監酒務，監專同立界主管若遇欠折，監官均備一分，餘欠，依干繫人專副均備法。

諸酒務監官、同監官、專匠親戚，不得拍酒沽賣。

諸造麯酒務官，日輪一員同專匠、麯院官監造，獨員者，兼監官在務，正官赴，無兼監官者，止輪專副。

諸酒務、麯院並館驛無倉場者，預約歲計就近科撥税租，不足即糴買並別差官，仍以本驛院務專副主管。糴買若無官可差，聽差本驛院務監官。盤量訖交受，不得別曆收支。

諸酒醋務、麯院應支轉運司錢而有文案及踏麯應僱人者，並以轉運司錢充。

諸官監酒務糟酵，若公使庫及人户不承買者，官自造醋賣。

諸糟酵多者，許添料造醋，增價沽賣。

諸糟醇依年次賣，一年破耗五釐，過二年應地卑濕處一年，下文稱二年准此。賣不行者，其價聽減。若見在數約二年未盡者，雖未及二年，價亦聽減。因積留致損敗者，除之，並申轉運司差官驗實，減除訖申尚書户部。即專副所交前界糟酵除堪好外，實有不堪者，勒前界管認，依數陪填。

諸酒務事有未便，聽轉運司議定利害聞奏。酒、麯損敗少欠，計所虧功料之價，干繫人均償。麯，願償本物者，於造時備功料就院造。損敗係剩數者免償。其損敗物，差官同監官定驗，毀棄訖保明申轉運司。【略】

雜令

諸人户吉凶聚會、修造之類，若用酒者，聽隨力沽買，州縣及坊務不得抑勒。

（宋）謝深甫等《慶元條法事類》卷三六《庫務門・承買場務》 令

倉庫令

諸官監酒務虧本者，召人承買，其所收課額除撥充漕計外，餘五分，令提點刑獄司拘收封樁，每季具帳申尚書省，仍每上下半年團併起發上供。上限八月，下限次年二月起發盡絶。地里遠及不係沿流處，即變易輕賫物。不係沿流處，即報諸司兑上沿流處團併。

場務令

諸承買官監酒務量添錢，以熙寧四年爲額。隨買價納，其見在物並估錢給，酒麯、醋估功料價，糟及柴薪什物之類估實直，仍別供抵當。分三年隨課利納，屋宇聽承買人賃。不願者，別召人賃。本界内有私酒麯，官司不爲止絶及敗獲而推斷不盡理者，聽陳訴。【略】

諸承買官監酒務，願退免而應復爲官監者，糟酵納官，餘並給價錢。酒麯、醋計功料，造酒器用計所置。【略】

諸酒務拍户事故或無力逃亡而輒抑勒家屬子孫充拍户者，許越訴。

（宋）李心傳《建炎以來朝野雜記甲集》卷一四《財賦・東南酒課》

東南酒課之入，自祖宗時悉以留州。慶曆二年秋，祠部員外郎王琪始請增價，以其錢上京。自後提舉常平司、經制司、發運司各因事增添，然多不過每升增七八錢，少至一、二錢而止。建炎四年冬，每升始驟增錢二十四，謂之軍期錢。自是總制司、都督府又遞增之。迄紹興六年春，浙路出煮酒，每升共增一百十五錢，而官始困矣。時煮酒每升百三十錢爲率，然則祖宗時每升十五錢。其坊場課利者，自開寶九年冬，詔承買以三年爲限，仍戒當職官吏毋得信任小民，一時貪利，妄增課額。此祖宗之仁政也。大中祥符元年春，始有實封投狀給賣價高之令，而民亦困矣。熙寧以後，坊場錢又盡入常平司。紹興元年，又命概增五分輸户部。二十七年後，其販鬻者復弛之，惟長沙一城無酒禁，蓋劇盜馬友爲税酒之法，人便安之，故不復改也。舊兩浙坊場有一千二百二十四所，每歲收净利錢八十四萬緡，至是合江、浙、荆湖人户撲買坊場才一百二十七萬緡而已，蓋敗闕者衆故也。是時行在户部贍軍，東、南、中三庫并殿司所獻酒坊七十五所，歲收息錢亦有一百三十萬緡，諸路酒課約有五百餘萬緡，蓋自軍興諸帥擅榷酤之利，朝廷所仰者茶鹽耳。紹興二十六年正月，始詔諸軍撲買場務，令常平司拘收，城郭酒店令總領所拘收。三十一年二月，楊存中罷殿巖，趙密代爲帥，又上軍中及私家所買酒坊於户部，由是縣官始得以佐經費。至乾道間，行在七酒庫日售錢萬緡，每歲收本錢一百四十萬，息錢一百六十萬，麴錢二萬，而歲額之外，羡餘獻於内帑者，又二十萬，其後加增至五十萬緡，遂爲定數云。

（宋）李心傳《建炎以來朝野雜記甲集》卷一四《財賦·四川酒課》

四川酒課，在建炎中，合官民之入，總爲緡錢百四十萬。三年十月，張魏公爲宣撫使，承制以趙應祥總領財賦。應祥言蜀民已困，惟榷酒尚有贏餘，遂大變酒法，自成都始。令罷公帑賣供給酒，即舊撲買坊場所置隔釀，設官主之。民願釀者，米一斛輸錢三千。明年，遂偏四路行其法。於是歲課遞增至六百九十餘萬緡。凡官隔槽四百所，私場店不與焉。然法之始行，聽民就務分槽醖賣，官計所入之米而收其課。行之既久，醖賣虧欠，則責入米之家認定月額，不復覈其米而第取其錢，民始以爲病。二十六年二月，知榮州安仁費廷直夫入對，爲上言之。上謂輔臣曰：此張浚、趙開以軍興財匱，濟一時之急耳。今休兵既久，内外無事，自當更也。遂命總漕司措置。時湯侍郎允恭總計言：若改爲官監，應用米本至多，無從應副。王瞻叔爲潼川漕，獨請罷三州官監，隔槽二百三十餘務許撲買，省官吏冗食以便民。明年，詔許之。其後撲買又改爲官監。今四川酒課累減之餘，猶爲緡錢四百一十餘萬。

（宋）李心傳《建炎以來朝野雜記甲集》卷一四《財賦·夔路酒》

夔路自祖宗以來亦不榷酒，趙應祥爲大漕，建炎四年始榷之。舊一路場店一百四十餘所，應祥增爲六百餘所，歲收錢四萬二千九百餘引。紹興十五年，鄭亨仲爲宣撫副使，奏除之。

《宋史》卷一八五《食貨志·酒》 宋榷酤之法：諸州城内皆置務釀酒，縣、鎮、鄉、閭或許民釀而定其歲課，若有遺利，所在多請官酤。三京官造麴，聽民納直以取。

陳滑蔡潁隨郢鄧金房州、信陽軍舊皆不榷。太平興國初，京西轉運使程能請榷之，所在置官吏局署，取民租米麥給釀，以官錢市薪槱及吏工奉料。歲計獲無幾，而主吏規其盈羨，及醖齊不良，酒多醨薄，至課民婚葬，量户大小令酤，民甚被其害。歲儉物貴，殆不償其費。太宗知其弊，淳化五年，詔募民自釀，輸官錢減常課三之二，使其易辦；民有應募者，檢視其貲產，長吏及大姓共保之，後課不登則均償。是歲，取諸州歲課錢少者四百七十二處，募民自酤，或官賣麴收其直。其後民應募者寡，猶多官釀。

陝西雖榷酤，而尚多遺利。咸平五年，度支員外郎李士衡請增課以助邊費，乃歲增十一萬餘貫。兩浙舊募民掌榷，雍熙初，以民多私釀，遂蠲其禁，其榷酤歲課如麴錢之制，附兩税均率。二年，詔曰：有司請罷杭州榷酤，乃使豪舉之家坐專其利，貧弱之户歲責所輸，本欲惠民，乃成侵擾。宜仍舊榷酒，罷納所均錢。天禧四年，轉運副使方仲荀言：本道酒課舊額十四萬貫，遺利尚多。乃歲增課九萬八千貫。

川峽承舊制，賣麴價重，開寶二年，詔減十之二。既而頗興榷酤，言事者多陳其非便，太平興國七年罷，仍舊賣麴。自是，惟夔達開施瀘黔涪黎威州、梁山雲安軍，及河東之麟、府州，荆湖之辰州，福建之福泉汀漳州、興化軍，廣南東、西路不禁。

自春至秋，醖成即鬻，謂之小酒，其價自五錢至三十錢，有二十六等；臘釀蒸鬻，候夏而出，謂之大酒，自八錢至四十八錢，有二十三等。凡醖用秔、糯、粟、黍、麥等及麴法、酒式，皆從水土所宜。諸州官釀所費穀麥，準常糴以給，不得用倉儲。酒匠、役人當受糧者給錢。凡官麴，麥一斗爲麴六斤四兩。賣麴價：東京、南京斤直錢百五十五，西京減五。

咸平末，江、淮制置增榷酤錢，頗爲煩刻。景德二年，詔毋增榷，自後制置使不得兼領酒榷。四年，又詔中外不得更議增課以圖恩奬。天禧初，著作郎張師德使淮南，上言：鄉村酒户年額少者，望並停廢。從之。

至道二年，兩京諸州收榷課銅錢一百二十一萬四千餘貫、鐵錢一百五十六萬五千餘貫，京城賣麴錢四十八萬餘貫。天禧末，榷課銅錢增七百七十九萬六千餘貫，鐵錢增一百三十五萬四千餘貫，麴錢增三十九萬一千餘貫。

五代漢初，犯私麴者並棄市；周，至五斤者死。建隆二年，以周法太峻，犯私麴至十五斤、以私酒入城至三斗者始處極刑，餘論罪有差；私市酒、麴者減造人罪之半。三年，再下酒、麴之禁，凡私造差定其罪：城郭二十斤、鄉閭三十斤，棄市；民持私酒入京城五十里、西京及諸州城二十里者，至五斗處死；所定里數外，有官署酤酒而私酒入其地一石，棄市。乾德四年，詔比建隆之禁第減之：凡至城郭五十斤以上、鄉閭百斤以上，私酒入禁地二石三石以上，至有官署處四石五石以上者，乃死。法益輕而犯者鮮矣。

端拱二年令：民買麴釀酒酤者，縣鎮十里如州城二十里之禁。天聖以後，北京售麴如三京法，官售酒、麴亦畫疆界，戒相侵越，犯皆有法。其不禁之地，大概與宋初同，唯增永興軍、大通監、川峽之茂州、富順監。

時天下承平既久，户口寖蕃，爲酒醪以靡穀者益衆。乾興初，言者謂：諸路酒課，月比歲增，無有藝極，非古者禁羣飲、教節用之義。遂詔：鄉村毋得增置酒場，已募民主之者，期三年；他人雖欲增課以售，勿聽；主者自欲增課，委官吏度異時不至虧額負課，然後上聞。既而御史中丞晏殊請酒場利薄者悉禁增課。

天聖七年，詔：民間有吉凶事酤酒，舊聽自便，毋抑配，而江、淮、荆湖、兩浙酒户往往豪制良民，至出引目，抑使多售。其嚴禁止，犯者聽人告，募人代之。慶曆初，三司言：陝西用兵，軍費不給，尤資榷酤之利。請較監臨官歲課，增者第賞之。繼令蕭定基、王琪等商度利害。

初，酒場歲課不登，州縣多責衙前或伍保輸錢以充其數，嘉祐、治平中，數戒止之。治平四年，手詔蠲京師酒户所負麴錢十六萬緡，又江南比歲所增酒場，强率人酤酒者禁止。皇祐中，酒麴歲課合緡錢一千四百九十八萬六千一百九十六，至治平中，減二百一十二萬三千七百三；而皇祐中，又入金帛、絲纊、芻粟、材木之類，總其數四百萬七百六十，治平中，乃增一百九十九萬一千九百七十五。

熙寧三年，詔諸郡遇節序毋得以酒相饋。初，知渭州蔡挺言：陝西有醞公使酒交遺，至踰二十驛，道路煩苦。詔禁之。至是，都官郎中沈衡復言：知莫州柴貽範饋他州酒至九百餘瓶，用兵夫踰二百人。故并諸路禁焉。

四年，三司承買酒麴坊場錢率千錢税五十，儲以禄吏。六月，令式所删定官周直孺言：在京麴院酒户鬻酒虧額，原於麴數多則酒亦多，多則價賤，賤則人户損其利。爲今之法，宜減數增價，使酒有限而必售，則人無耗折之患，而官額不虧。請以百八十萬斤爲定額，閏年增十五萬斤。舊直，斤百六十八，百以八十五爲數，請增爲二百，百用省數，以便入出。七年，諸郡舊不醸酒者許醸，以公使錢率百緡爲十石，溢額者以違制論。在京酒户歲用糯三十萬石，九年，江、浙災傷，米直騰貴，詔選官至所産地預給錢，俟成稔折輸於官。未幾，詔勿行，止以所糴在京新米與已糴米半用之。

元豐元年，增在京酒户麴錢，較年額損麴三十萬斤，閏年益造萬斤。二年，詔：在京鬻麴，歲以百二十萬斤爲額，斤直錢二百五十，俟鬻及舊額，令復舊價。酒户負糟、糯錢，更期以二年帶輸，并蠲未請麴數十萬斤。先是，京師麴法，自熙寧四年更定後，多不能償，雖屢閣未請麴數，及損歲額爲百五十萬斤，斤增錢至二百四十，未免逋負。至是，命畢仲衍與周直孺講求利病，請：損額增直，均給七十店，令月輸錢，周歲而足，月輸不及數，計所負倍罰；其炊醞非時、擅益器量及用私麴，皆立告賞法。悉施行之，而裁其價。三年，詔：帶輸舊麴錢及倍罰錢，仍寬以半歲，未經免罰者蠲三之一。五年，外居宗室酒，止許於舊宫院尊長及近屬寄醞。增永興軍乾祐縣十酒場。酒户負糟、糯錢，更令三年之内均月限以輸，並除限内罰息，其倍罰麴錢已蠲三之一，下户更免一分。

元祐元年，删監司鬻酒及三路饋遺條。紹聖二年，左司諫翟思言：諸郡醸酒，非沿邊並復熙寧之數。詔：熙寧五年以前，諸郡不醸酒、及有公使錢而無酒者，所醸並依《熙寧編敕》數。仍令諸郡所減勿逾百石，舊不及數者如舊，毋得於例外供饋。後又以陝西沿邊官監酒務課入不足，乃令邊郡非帥府並酌條制定醸酒數，諸將并城砦止許於官務寄醸。

崇寧二年，知漣水軍錢景允言建立學舍，請以承買醋坊錢給用。詔常平司計無害公費如所請，仍令他路準行之。初，元祐臣僚請罷榷醋，户部謂本無禁文。後翟思請以諸郡醋坊日息用餘悉歸常平，至是，景允有請，故令常平計之。十月，諸路官監酒直，上者升增錢二，中下增一，以充學費，餘裨轉運司歲用。

大觀四年，以兩浙轉運司之請，官監鬻糟錢別立額比較。又詔：諸郡榷酒之地，入出酒米，並別遣倉官。賣醋毋得越郡城五里外，凡縣、鎮、村並禁，其息悉歸轉運司，舊屬常平者如故。

政和二年，淮南發運副使董正封言：杭州都酒務甲於諸路，治平前歲課三十萬緡，今不過二十萬。請令分務爲三，更置比較務二，毋增官吏兵匠，仍請本路諸郡並增務比較。從之。四年，兩浙轉運司亦請置務比較，定課額醸酒收息，以增虧爲賞罰。詔：酒務官二員者分兩務，三員者復增其一，員雖多毋得過四務。内有官雖多而課息不廣者，聽如舊。是歲，以湖南路諸務糟酵錢分入提舉司，令斤增錢三，爲直達糧綱水工之費。立酒匠闕聽選試清務廂軍之法。清務者，本州選刺供踏麴𥟟蒸之役，闕則募人以充。

宣和二年，公使庫假用米麴及因耗官課者，以坐贓罪之，監官移替。三年，發運使陳遘奏：江、淮等路官監酒直，上者升權增錢五，次增三，爲江、浙新復州縣之用。其後尚書省請令他路悉行之。詔如其請，所收率十之三以給漕計，餘輸大觀庫。五年，罷夔路榷酤，未幾復舊，以轉運司言新邊城砦藉以供億故也。六年，在任官以奉酒抑賣坊户轉鬻者，論以違制律。先是，政和末，嘗詔毋得令人置肆以鬻，今併禁之。諸路增酒錢，如元豐法，悉充上供，爲户部用，毋入轉運司。七年，諸路鬻醋息，率十五爲公使，餘如鈔旁法，令提刑司季具儲備之數，毋得移用。靖康元年，兩浙路酒價屢增，較熙、豐幾倍，而歲稔米麴直賤，民規利，輕冒法，遂令罷所增價。

渡江後，屈於養兵，隨時增課，名目雜出，或主於提刑，或領於漕司，或分隸於經、總制司，惟恐軍資有所未裕。建炎三年，總領四川財賦趙開遂大變酒法：自成都始，先罷公帑賣供給酒，即舊撲買坊場所置隔釀，設官主之，民以米入官自釀，斛輸錢三十，頭子錢二十二。明年，徧下其法於四路，歲遞增至六百九十餘萬緡，凡官槽四百所，私店不預焉，於是東南之酒額亦日增矣。四年，以米麴價高，詔上等升增二十文，下等升增十八文，俟米麴價平依舊。

紹興元年，兩浙酒坊於買撲上添净利錢五分，季輸送户部。又增諸酒錢上升二十文，下十文。其諸州軍賣酒虧折，隨宜增價，一分州用，一分漕計，一分隸經制司。先是，酒有定價，每增須上請。是後，郡縣始自增，而價不一矣。五年，令諸州酒不以上下，升增五文，隸總制司。六年，以紹興二年以後三年中一年中數立額，其增羨給郡縣用。罷四川州、軍、縣、鎮酒官百七員，其酒息微處並罷之。

七年，以户部尚書章誼等言，行在置贍軍酒庫。四川制置使胡世將即成都、潼川、資、普、廣安立清酒務，許民買撲，歲爲錢四萬八千餘緡。自趙開行隔槽法，增至十四萬六千餘緡，紹興元年。及世將改官監，所入又倍，自後累增至五十四萬八千餘緡，紹興二十五年。而外邑及民户坊場又爲三十九萬緡。淳熙二年。然隔槽之法始行，聽就務分槽醖賣，官計所入之米而收其課，若未病也。行之既久，醖賣虧欠，則責入米之家認輸，不復覈其米而第取其錢，民始病矣。

十年，罷措置贍軍酒庫所，官吏悉歸户部，以左曹郎中兼領，以點檢贍軍酒庫爲名，與本路漕臣共其事。十五年，弛夔路酒禁。以南北十一庫並充贍軍激賞酒庫，隸左右司。十七年，省四川清酒務監官，成都府二員，興元遂寧府、漢綿邛蜀彭簡果州、富順監并漢州綿竹縣各一員。

二十一年，詔諸軍買撲酒坊監官賞格依舊。四萬、三萬貫已上場務：增及一倍，減一年磨勘，二倍減二年磨勘，三倍減三年磨勘，四倍減四年磨勘。二萬、一萬貫已上場務：增及一倍，減三季磨勘，二倍減一年磨勘，三倍減三年磨勘。七千貫以上場務：增及一倍，升三季名次，二倍減一年磨勘，三倍減一年半磨勘，四倍減二年磨勘。七千貫以下場務：增及一萬貫，減一年磨勘，二萬貫減二年磨勘，三萬貫減三年磨勘，四萬貫減四年磨勘。二十五年，罷諸路漕司寄造酒。二十七年，以隔槽酒擾民，許買撲以便民。罷官監，後復置之。

三十年，以點檢措置贍軍酒庫改隸户部。既而户部侍郎邵大受等言：歲計賴經、總制，窠名至多，今諸路歲虧二百萬，皆緣諸州公使庫廣造，别置店酤賣，以致酒務例皆敗壞。詔罷諸州别置酒庫，如軍糧酒庫、防月庫、月椿庫之類，并省務寄造酒及帥司激賞酒庫，凡未分隸經、總制錢處，並立額分隸，補趁虧額。三十一年，殿帥趙密以諸軍酒坊六十六歸之户部，見九年。同安郡王楊存中罷殿帥，復以私撲酒坊九上之；歲通收息六十萬緡有奇，以十分爲率，七分輸送行在，三分給漕計。蓋自軍興以來，諸帥擅榷酤之利，由是，縣官始得資之以佐經費焉。

孝宗乾道元年，以浙東、西犒賞庫六十四隸三衙，輸課於左藏南庫，餘錢充隨年贍軍及造軍器。二年，詔：臨安府安撫司酒庫悉歸贍軍；并贍軍諸庫及臨安府安撫司酒務，令户部取三年所收一年中數立額。日售錢萬緡，歲收本錢一百四十萬，息錢一百六十萬，麴錢二萬，羨餘獻以内藏者又二十萬，其後增爲五十萬。四年，立場務官賞格。七年，以淮西總領周閟言，總所庫四，安撫司庫五，都統司庫十八，馬軍司庫一，增置行宫庫一，共爲庫二十九，以三年最高年爲額；其行宫新庫息錢，除分認諸處錢及縻費，以净息三分爲率，一分輸御前酒庫；以提領建康府户部贍軍酒庫爲名，遂鑄印及改庫名。八年，知常德府劉邦翰言：湖北之民困於酒坊，至貧之家，不捐萬錢則不能舉一吉凶之禮。乃檢乾道重修敕令，申嚴抑買之禁。淳熙三年詔：四川酒課折估困弊，可減額錢四十七萬三千五百餘緡，令禮部給降度牒六百六十一道，補還今歲減數，明年於四川合給湖廣總所錢補之。

寧宗開禧元年，知臨安府兼點檢贍軍激賞庫趙善防、轉運判官提領户部犒賞酒庫詹徽之言，官吏冗費，請諸司官屬兼管。明年，又以都省言課額失陷，依舊辟置。

初，趙開之立隔醲法也，蓋以紓一時之急，其後行之諸郡，國家贍兵，郡縣經費，率取給於此。故雖罷行、增減，不一而足。而其法卒不可廢云。

《續文獻通考》卷二一《征榷考·禁酒》　遼制，凡頭下軍州酒税赴納上京。

《遼史·地理志》曰頭下州軍，官位九品之下及并邑商賈之家徵税各歸頭下，惟酒税課納上京鹽鐵司。太祖神册時，遼東新附地不榷酤，鹽麴之禁亦弛。至聖宗太平中馮延休、韓紹勳相繼商利欲與燕山平地例加繩約，其民病之。興宗景福元年，禁職官不得擅造酒糜穀，有婚祭者，有司給文字始聽。道宗清寧十年十一月，詔南京不得非時飲酒。

《金史》卷四九《食貨志·酒》　金榷酤因遼、宋舊制，天會三年始命榷官以周歲爲滿。世宗大定三年，詔宗室私釀者，從轉運司鞫治。三年，省奏中都酒户多逃，以故課額愈虧。上曰：此官不嚴禁私釀所致也。命設軍百人，隸兵馬司，同酒使副合干人巡察，雖權要家亦許搜索。奴婢犯禁，杖其主百。且令大興少尹招復酒户。

八年，更定酒使司課及五萬貫以上，鹽場不及五萬貫者，依舊例通注文武官，餘並右職有才能、累差不虧者爲之。九年，大興縣官以廣陽鎮務虧課，而懼奪其俸，乃以酒散部民，使輸其税。大理寺以財非入己，請以贖論。上曰：雖非私贓，而貧民亦被其害，若止從贖，何以懲後。特命解職。

二十六年，省奏鹽鐵酒麴自定課後，增各有差。上曰：朕頃在上京，酒味不嘉。朕欲如中都麴院取課，庶使民得美酒。朕日膳亦減省，嘗有一公主至，而無餘膳可與。朕欲日用五十羊何難哉，慮費用皆出於民，不忍爲也。監臨官惟知利己，不知利何從來。若恢辦增羨者酬遷，虧者懲殿，仍更定併增併虧之課，無失元額。如横班祗虧者，與餘差一例降罰，庶有激勸。且如功酬合辦二萬貫，而止得萬七八千，難迭兩酬者，必止納萬貫，而輒以餘錢入己。今後可令見差使内不迭酬餘錢，與後差使内所增錢通算爲酬，庶錢可入官。及監官食直，若不先與，何以責廉。今後及格限而至者，即用此法。又奏罷杓欄人。

二十七年，議以天下院務，依中都例，改收麴課，而聽民酤。户部遣官詢問遼東來遠軍，南京路新息、虞城，西京路西京酒使司、白登縣、迭剌部族、天成縣七處，除税課外，願自承課賣酒。上曰：自昔監官多私官錢，若令百姓承辦，庶革此弊。其試行之。

明昌元年正月，更定新課，令即日收辦。中都麴使司，大定間，歲獲錢三十六萬一千五百貫，承安元年歲獲四十萬五千一百三十三貫。西京酒使司，大定間，歲獲錢五萬三千四百六十七貫五百八十八文，承安元年歲獲錢十萬七千八百九十三貫。七月，定中都麴使司以大定二十一年至明昌六年爲界，通比均取一年之數爲額。

五年四月，省奏：舊隨處酒税務，所設杓欄人，以射糧軍歷過隨朝差役者充，大定二十六年罷去，其隨朝應役軍人，各給添支錢粟酬其勞。今擬將元收杓欄錢，以代添支，令各院務驗所收之數，百分中取三，隨課代輸，更不入比，歲約得錢三十餘萬，以佐國用。

泰和四年九月，省奏：在都麴使司，自定課以來八年併增，宜依舊法，以八年通該課程，均其一年之數，仍取新增諸物一分税錢併入，通爲課額。以後之課，每五年一定其制。又令隨處酒務，元額上通取三分作糟酵錢。

六年，制院務賣酒數各有差，若數外賣、及將帶過數者，罪之。

宣宗貞祐三年十二月，御史田迥秀言：大定中，酒税歲及十萬貫者，始設使司，其後二萬貫亦設，今河南使司亦五十餘員，虚費月廩，宜依大定之制。元光元年，復設麴使司。

《元典章》卷二二《户部·課程·恢辦課程條畫》　一、諸犯私酒麯貨者，取問得實，科徒二年，決七十，財産一半没官，於没官物内一半付

告人充賞。【略】

一、隨州府司縣應立酒務辦課去處，無得將別行醞造到祗應使客醋酒沽賣，仍委自酒務官關防體究。如是因而沽賣，便同私酒法科斷施行。

《元典章》卷二二《户部・課程・酒課・葡萄酒三十分取一》 至元十年四月，中書户部：

承奉中書省劄付：御史臺呈：體察得大都酒使司，不依舊抽分葡萄酒貨體例三十分取要一分，却於十分中取要一分，不要本色酒貨，只要鈔兩。問得賣葡萄酒客人白英并酒使司司吏趙守信等詞因。又問得酒使司申：於已先各界舊經手勾當人處會問得，自戊午年至至元五年，每葡萄酒一十斤數勾抽分一斤，至至元六年、七年，有荅失蠻一周歲六十兩抱認了當。又照得衆酒户見納課程，正糯夾糯米衮二石賣鈔八兩，每石鈔四兩，内納官課鈔一兩。葡萄酒貨每斤一錢，每一千斤該鈔一百兩，納官課鈔六兩，每四兩止納二錢四分四釐。此係（確）〔榷〕貨，難同商税，止合依酒户一體納課事。省部議得：葡萄酒漿雖以酒爲名，其實不用米麯，難同醞造丕酒一體辦課。又兼在先制府已曾斷令三十分取一，及至〔元〕六年、七年定立課額，葡萄酒漿止是三十分取一。以此參詳，擬合改正，依舊例三十分取一，驗所賣價直折收寶鈔納官。呈奉都堂鈞旨，送本部，准呈施行。

《元典章》卷二二《户部・課程・酒課・禁治私造酒》 至元十五年七月，行中書省准中書省咨：

（中）〔北〕京路行中書省咨：心舍歹兒説二月初十日聖旨：做私酒來的，爲頭的人殺者。家筵抄上了呵，官司收拾者。麼道，聖旨了也。欽此。據北京路申：准按察司牒：省部斷大都造酒底人七十七下，飲酒底人一十七下，抄到錢財衣物没官。俱係一體事理，咨請定奪事。都省於七月十六日聞奏，聖旨：造酒底，除本人夫妻二人隻身外，應有老小財産，盡行斷没了者。欽此。

《元典章》卷二二《户部・課程・酒課・鄉村百姓許造酒》 至元二十二年二月，欽奉聖旨：江南府州縣鄉鎮店一體榷酤，腹裏除州城外，鄉村鎮店權且依舊行來。如今講究課程來的官人每與部家商量，若村裏的不以江南一般榷辦呵，恐怕私酒生發，侵襯着城裏課程，難辦有。除大都、河西務、楊村所管州城依例官司榷酤外，有腹裏大都上都、江南福建兩廣鄉村地面裏，交百姓自行造酒辦課呵，怎生。奉聖旨：課程底勾當，您理會得，那般行者。欽此。

《元典章》卷二二《户部・課程・酒課・添辦酒課》 至元二十九年三月，江西行省准中書省咨：

至元二十九年正月初五日奏過事内一件：阿老瓦丁説來的五件勾當内：杭州省酒課一年額辦二十七萬餘定有。湖廣、龍興省兩省的酒課一年都辦九萬定有。俺的重有。麼道，拾分裏減二分、辦八分。麼道，説有。俺也商量來，他的言語是的一般有。減了二分呵，該四萬一千四百餘定有。這減下來的數目，却交湖廣、龍興、南京這幾省裏分俵與辦呵，均匀的一般有。商量來。麼道，奏呵，那般者。麼道，聖旨了也。欽此。都省與各處行省議擬定合添數目，至元二十九年依例恢辦，請欽依聖旨事意，驗數均辦施行。

《元典章》卷二二《户部・課程・酒課・寺院酒店課程》 至元三十一年正月，江西行省准中書省咨：

至元三十年十月初九日欽奉聖旨：屬寺家的酒店、做買賣的店裏出辦的課程，更阿你哥的酒店裏出辦的錢，盡數都交收拾者。麼道，聖旨了也。又：揚州有的屬寺家酒店，并其餘税課程，誰説來：那的也交收拾者道來。您收拾來。麼道，聖旨有呵，是俺説來，未曾收拾裏，和宣政院官人每衆人同一處奏麼道説來。奏呵，休疑惑，都交收拾了者。不是咱每的言語，是在先已定體例的勾當有。他每根底休與者，無那體例。荅失蠻那的每根底説者。麼道，聖旨了也。又奏：阿你哥的酒店裏的錢，今春交別收拾者麼道，聖旨有呵，另交收拾來。奏呵，不索另收拾，您每收拾者。麼道，聖旨了也。欽此。

《元典章》卷二二《户部・課程・酒課・犯界酒課不便》 大德五年，江浙行省：

據左右司都事趙承事呈：見照算大德四年一應收支錢糧。除外，查照出建康路獲到李再興、方雄犯界煮酒五千五百一十五瓶，取訖各人招伏，依例斷決，各罰中統鈔一定。外據元獲酒數，給還元主。及常州路録事司獲到軍人何定犯界酒一十五瓶，除賣訖酒一十二瓶外，賣不盡酒三瓶，被獲到官，依例斷遣，止罰到中統鈔二十兩，將捉獲酒貨没官了當。照得元准中書省咨：檢會到至元十三年十一月内，保定路准真定河南都漕運司牒：承奉中書省户部符文：承奉中書省劄付：准北京路行省咨該：合失歹村下認辦酒課，私將入城，其務官胡撒馬丁將酒斷没。緣斷没錢物已行納官，即不見將酒入城，如何歸斷。又據户部備濟南路：捉獲犯界酒人孫福，於大槐樹趙翳處買酒四瓶，前來四關賣訖。又於趙翳處買到酒八瓶，夤夜入城貨賣。都省議得，今後犯界酒一十瓶以下，追罰鈔一十兩，決二十七下。一十瓶以上，追罰鈔四十兩，決四十七下。酒雖多，止杖六十，追鈔五十兩。今照得各路捉到犯界酒貨，有斷没入官者，有給付元主者，前後歸斷不一，及追罰到鈔數不同，具呈照詳。省府相度，都省元議犯界酒貨，已有斷決追罰定例。據所獲酒數，擬合給主，仍勒出境，毋致侵襯課程。仰行下，依上施行。

《元典章》卷二二《户部·課程·酒課·私造酒麯依匿税例科斷》

延祐六年五月□日，承奉行中書省：准中書省咨：

刑部呈：奉省判：江浙省咨：據杭州路申：切詳化民易俗，以教化爲先，非本於刑。前代有象刑而治者，古人作刑，使民無犯，去惡趨善而已。昔舜、皋陶期于無刑，長惡不悛，而必加刑，出於不得已也。照得至元二十五年三月，欽奉聖旨條畫内一款：犯私酒麯者，科徒二年，決杖七十，財産一半没官，於没官〔物〕内一半付告人充賞。又大德七年禁酒聖旨條畫内一款：醞造私酒、速魯麻并葡萄酒犯人，七十七下，追中統鈔一百貫，付告人充賞。及至元二十四年五月建寧榷茶提舉司先奉中書省降到條畫内一款：但犯私茶者，杖七十，所犯私茶一半没官，一半付告人充賞，應捕人亦同。如茶園磨户犯者，及運茶車船主知情夾帶裝載無引私茶，一體科斷。本處官司禁治不嚴，致有私茶生發去處，仰將本處當該官吏勾斷。又欽奉聖旨條畫内一款：諸販賣私鹽，正犯人科徒二年，決杖七十，財産一半没官，決訖發下鹽場，帶鐐居役。欽此。除欽遵外，府司參詳，國家立法禁斷私犯酒麯茶鹽，本爲侵襯官課，理宜原其所犯，詳情定罪。茶鹽官課，另立運司等官，設法恢辦。酒醋課程元係官務榷辦，目今本路已有上户自包認，其它路分門攤散辦，課額不虧。本路見獲私酒數起，犯人（正）〔止〕招不合用鈔糴買米（麵）〔麯〕，醞造私酒，於打發到認户酒内夾帶影射沽賣，不過營求微利糊口而已。俱照至元二十五年官辦時分禁斷私犯酒麯例，科徒二年，決杖七十，財産一半没官，與犯私鹽無異。其鹽徒動輒百十結連群黨，持把器仗，專一私販。每遇巡捕，拒傷官兵，背法欺官，莫甚於此。由斯言之，情既不同，罪難一體。如蒙照依大德七年禁酒例，決杖七十七下，追中統鈔一百貫付告人充賞，庶幾刑法得中。然此，申乞照詳，斟酌施行。得此。本省看詳：杭州路所言犯酒事例不一，繫干通例，宜從合干部分定擬相應。咨請照驗。批奉都堂鈞旨，送刑部定擬呈省。奉此。本部議得，即係干礙課程事理，合令户部與本部一同議擬相應。呈奉都堂鈞旨：送刑部，與户部一同議擬明白，擬定連呈。奉此。施行間，又奉中書省判送，亦爲此事。依上約請户部員外郎王承直。又於别卷内照得承奉中書省判送：湖廣省咨：據常德路申：承准嶺南湖北道肅政廉訪司牒：來牒：本路副達魯花赤哈珊太中關：自榷沽之法已廢，酒醋課程散入民間恢辦，諸人皆得造酒，止驗米數赴務投税。其不税者，與匿税無異。即今官司依舊例決杖七十，籍没一半財産。比年以來水旱相仍，小民無知，誤犯刑憲。雖有籍没之名，其貧家小户能有幾何。今後有匿税〔酒〕者，如蒙減輕，依匿税例科斷，似望刑法得中，不失恤刑之美意。緣事干通例，伏請照詳施行。准此。照得延祐四年十一月二十二日，准本路副達魯花赤哈珊太中關：檢照中統二年欽奉聖旨條畫節該：諸犯私鹽酒麯貨者，徒二年，決杖七十，財産一半没官，於没官物内一半付告人充賞。又一款：諸犯匿税者，笞五十。所犯物貨一半没官，内一半付告人充賞。欽此。除欽遵外，竊惟聖朝推好生之仁，廣恤刑之意。法貴得中，刑宜從薄。始立榷沽之時，官設酒庫，出備米（麵）〔麯〕工本造酒發賣，諸人皆不得私自醞造，亦猶鹽場支用官本，竈户煎鹽，發賣辦課，故犯酒禁者與犯鹽之法同。已後廢榷沽之法，酒醋課程散入民間恢辦，諸人皆得造酒。有地之家納門攤酒課者，許令造酒食用。造酒發賣者，止驗米數赴務投税。其造〔酒〕發賣而不税者，是與匿税無異。即今官司往往將犯人依舊例決杖七十，籍没一半財産。若富有之家造酒沽賣，安肯吝惜些小税錢，當此重罪。皆因比年以來水旱相仍，多係小民爲無生理，沽賣酒漿過活，愚而無知，以致匿税，誤犯刑憲。事發到官，無問斗升之米，一體科斷。雖有籍没之名，其貧家小户財産能有幾何。況犯私茶者，亦止斷没所犯物貨。以此校之，中間輕重似有不倫。今後有匿税酒者，如蒙減輕，依匿税例科斷，〔以〕〔似〕望刑法得中，不失恤刑之美意。關請會議施行。准此。看詳：刑法乃天下之平，苟有偏重，則民無所措手足。今副達魯花赤哈珊太中體聖上寬仁欽恤之意，參酌先後事理，所言誠爲允當。緣事干通例，申乞照詳施行。得此。本省看詳，如准〔副〕達魯花赤哈珊所言，似爲便益。咨請照驗。批奉都堂鈞旨，送刑部照擬連呈。奉此。今奉前因，本部與户部員外郎王承直一同講議得：榷沽之法既已改革，酒醋課程普散於民。除認納門攤，許令醖造飲用外，其諸人自備工本，踏造酒麴貨賣，不行赴務包認關由者，若與私煎販賣鹽貨一體科斷徒配，似涉太重。以此參詳，合准湖廣行省并常德路副達魯花赤哈珊所言，依匿税例科斷，庶使刑法得中。如蒙准呈，遍行照會相應。具呈照詳。得此。都省准呈。除外，咨請依上施行。

《元典章新集至治條例·户部·課程·酒課·私酒同匿税科斷》 延祐六年三月□日，江西行省准中書省咨：

刑部呈：奉省判：江浙省咨：杭州路申：照得至元二十五年三月欽奉聖旨條畫内一款私酒麴例，大德七年禁酒例，至元〔二〕十四年五月私茶例。又奉聖旨條畫内一款云私鹽例。欽此。除欽遵外，本路見獲私酒數起，犯人止招不合用鈔糴買米麴醖造私酒，於認户酒内夾帶影射沽賣，不過營求微利糊口而已。俱照至元二十五年犯私酒麴例，科徒二年，决杖七十，財産一半没官，與犯私鹽無異。其鹽徒私販，每遇巡捕，拒傷官兵，情既不同，罪難一體。如蒙照依大德七年禁酒例，决杖七十七下，追中統鈔一百貫付告人充賞，庶幾刑法得中。送刑部，約請到户部王承直。照得奉省判：湖廣行省咨：常德路申：准副達魯花赤哈珊〔大〕〔太〕中關該：酒醋課程散入民間恢辦，諸人皆得造酒。有地之家納門攤酒課者，許令造酒食用。造酒發賣者，止驗米數赴務投税。其造酒發賣而不税者，是與匿税無異。即今官司往往將犯人依舊例决杖七十，籍没一半財産。若富有之家，造酒沽賣，安肯吝惜些小税錢，當比重罪？皆因比年以來水旱相仍，多係小民爲無生理，沽賣酒漿過活，愚而無知，以致匿税，誤犯刑憲。事發到官，無問斗升之米，一體科斷。雖有籍没之名，其貧家小户財産能有幾何。況犯私茶者，亦止斷没所犯物貨。以此較之，中間輕重似有不倫。今後有匿税酒者，如蒙減輕，依匿税例科斷，似望刑法得中。咨請照詳。奉都堂鈞旨：送刑部照擬連呈。奉此。今奉前因，本部與户部員外郎王承直一同講議得：榷沽之法既已改革，酒醋課程普散於民。除認納門攤，許令醖造飲用外，其諸人自備工本醖造酒麴，不行赴務包認（官田）〔關由〕者，若與私煎販賣鹽貨一體科斷徒配，似涉太重。以此參詳：合准湖廣行省并常德路副達魯花赤哈珊所言，依匿税例科斷，庶使情法得中。具呈照詳。都省准呈，咨請依上施行。

《元史》卷一〇四《刑法志·食貨》 諸私造唆魯麻酒者，同私酒法，杖七十，徒二年，財産一半没官，有首告者，於没官物内一半給賞。諸蒙古、漢軍輒醖造私酒醋麴者，依常法。諸犯禁飲私酒者，笞三十七。諸犯界酒，十瓶以下，罰中統鈔一十兩，笞二十，七十瓶以上，罰鈔四十兩，笞四十七，酒給元主。酒雖多，罰止五十兩，罪止六十。

《續文獻通考》卷二一《征榷考·榷酤禁酒》 元太宗二年正月，定酒課驗實息十取一。

三年，立酒醋務坊場官榷酤辦課。

仍以各州府司縣長官充提點官，隸徵收課税所，其課額驗民户多寡定之。

六年，頒酒麴醋貨條禁，私造者依條治罪。

邱濬《大學衍義補》曰：穀麥既已納税，用穀爲酒又税之，造麥爲麴以醖酒又税之，以米與糟爲醋又税之，是則穀麥一物，農耕以爲食官既取之，商糴於農以爲酒與麴醋，官又取之，三四出税，豈上天生物養民，人君代天子民之意哉。

世祖中統三年三月，免高麗酒課。

至元二年四月，敕上都商税酒醋等課毋徵。

四年八月，申嚴平灤路私鹽酒醋之禁。互見《鹽鐵考》。

九月，申嚴西夏中興等路僧尼道士商税酒醋之禁。互見《征商考》。至十四年五月，申嚴大都酒禁，犯者籍其家貲散之貧民。十八年五月，禁甘肅瓜沙等州爲酒。十九年十月，禁大都及山北州郡酒。二十年四月，《元典章》作十五年七月。申嚴酒禁，有私造者，財産女子没官，犯人配役。

七年九月，山東饑，敕益都濟南酒税以十之二收糧。

十年四月，定葡萄酒三十分取一例。

時大都酒使司欲於十分中取一，省部議葡萄酒漿雖以酒爲名實不用米麴，自六年七年立爲課額止三十分取一，宜令如舊。從之。

十五年正月，弛女直碩達勒達酒禁。

二月，以川蜀地多嵐瘴，弛酒禁。四月，以時雨霑足稍弛酒禁。民之衰疾飲藥者，官爲醖釀量給之。十一月，開酒禁。

十六年二月，以大都河間山東酒醋等課併入鹽運司。

二十二年正月，詔禁私酒。

右丞盧世榮言京師富豪户釀酒價高而味薄，以致課不時輸，宜一切禁罷，官自酤賣，向之歲課一月可辦。從之。至二月又申禁私造酒麴。

三月，罷上都醋課。

九月，罷榷酤。

初，民間酒聽自造，米一石官取鈔一貫。盧世榮以官鈔五萬錠立榷酤法，米一石取鈔十貫，增舊十倍。至是罷之，聽民自造，增課鈔一貫爲五貫。

臣等謹按：《食貨志》云是年二月，命隨路酒課依京師例每石取一十兩。三月，用右丞盧世榮等言，上都酒課改榷酤之制，令酒户自具工本，官司拘賣，每石止輸鈔五兩。是因世榮言而課從輕也。以《姦臣傳》考之，二十一年十一月世榮居中書，言京師富豪户釀酒酤賣價高味薄，且課不時輸，宜一切禁罷，官自酤賣。明年正月奏：古有榷酤之法，今宜立四品提舉司以領天下之課，歲可得鈔千四百四十錠。二月，又奏大都酒課日用米千石，以天下之衆比京師當居三分之二，酒課亦當日用米二千石。今各路但總計日用米三百六十石而已，姦欺盜隱不可不禁。已責各官增舊課二十倍，後有不如數者重其罪。皆從之。四月，以言者劾，始下世榮於獄。然自是雖罷榷酤，猶增前一貫者爲五倍，蓋言利之臣貽害如此。志稱用其言改輸十兩爲五兩，誤矣。惟鄉民造醋者免收課，乃世榮所奏九事之一，因怒之者衆聊託此以要譽者。《元典章》言先是鄉村農民造醋與城市一體收課，是年二月命並免之，是其事也。《典章》又言酒課除大都河西務楊村所管州城依例榷酤外，所有腹裏大都上都江南福建兩廣鄉村内，百姓皆聽自造酒辦課，所謂罷榷酤之實如此。

二十五年二月，禁遼陽酒。

至六月，禁上都桓州應昌隆興酒。二十七年七月，禁平地忙安倉釀酒，犯者死。十月，禁大同路釀酒。十一月，禁上都山後釀酒。二十八年三月，太原饑，嚴酒禁。

十月，嚴山後酒禁。三十一年，成宗即位，六月以甘肅等處米價湧貴，詔禁釀酒。

《元史·刑法志》曰私造薩滿阿喇克酒者同私酒法，杖七十，徒二年，財產一半没官。有首告者，於没官物内一半給賞。蒙古、漢軍醞造私酒醋麴者，依常法。犯禁飲私酒者，笞三十七，犯界酒十瓶以下罰中統鈔一十兩，笞二十七；十瓶以上罰四十兩，笞四十七。酒給原主。酒雖多，罰止五十兩，罪止六十。

四月，以武岡寶慶二路薦經寇亂，免今年酒稅課。

至二十七年八月，又免大都、平灤、河間、保定四路流民租賦及酒醋課。

七月，弛寧夏酒禁。

至二十七年九月，武平地震，盜賊乘隙剽劫，民愈憂恐。平章政事特穆爾以便宜蠲租賦，罷商稅，弛酒禁。

二十九年四月，弛太原甘肅酒禁，仍榷其酤。八月，弛平灤酒禁。十月，弛上都酒禁。

二十九年正月，江西、福建酒稅課悉歸有司。

自二十五年二月改江西茶運司爲都轉運司并榷酒醋稅，至是從江西行省左丞高興言，詔江西酒醋之課不隸茶運司，福建酒醋之課不隸鹽運司，皆依舊令有司辦之。

三月，令湖廣龍興南京分辦杭州酒課十之三。

丞相完澤等言杭州省酒課歲辦二十七萬餘錠，湖廣龍興歲辦止九萬錠，輕重不均。於是減杭州省十分之三，令湖廣龍興南京三省分辦。

臣等謹按：《元典章》是年正月阿喇卜丹以此爲言，中書省議行之。阿喇卜丹江西行省也。

成宗元貞元年閏四月，弛甘州酒禁。

大德元年七月，免上都酒課三年。

至二年五月，罷蕁麻林酒稅羨餘。三年五月，鄂岳漢陽興國常澧潭衡辰沅寶慶常寧桂陽茶陵旱，免其酒課。五年九月，江陵常德澧州皆旱，免其門攤酒醋課。

十一月，禁和林釀酒。

至五年四月，又禁和林釀酒。其諸王駙馬許自釀飲，不得酤賣。六年十一月，禁和林軍釀酒，惟安西王阿南達諸王呼喇珠托克托布哈伊奇哩駙馬曼濟台鴻吉哩岱雅爾哈許釀。八年六月，開和林酒禁，立酒課提舉司。

五年十月，以歲饑禁釀酒。

至十一月，詔諭中書省，近因禁酒聞年高需酒之人有豫市而儲之者，其無釀具者勿問。六年正月，又禁民釀酒。十二月，禁諸路釀酒。七年正月，以歲不登，禁河北甘肅陝西等郡釀酒。

臣等謹按：《元典章》是年以各路犯界酒貨有斷没入官，有給付原主者，歸斷不一，罰鈔數亦不同，都省議斷决追罰仍依定例，所獲酒數給主，仍勒出境，毋致侵課。至七年，定决杖七十七，追中統鈔一百貫付告人充賞。

七年二月，併大都鹽運司，入河閒運司，其所掌京師酒稅課令户部領之。

五年，開上都大都酒禁。其所隸兩都州縣及山後河東山西河南嘗告饑者，仍悉禁之。

閏五月，又詔上都路應昌府伊奇喇斯和林等處依内郡禁酒。

十月，弛太原平陽酒禁。

十二月，又弛京師酒課，許貧民釀酒。

八年，大都酒課提舉司設槽房一百所。

至九年併爲三十所，每所一日所醖不許過二十五石之上。十年，復增三所。武宗至大三年，又增爲五十四所，歲輸十萬餘錠。

《大學衍義補》曰槽房每所一日醖二十五石，總計日費七百五十石，月費二萬二千五百石，歲費二十七萬石矣。

九年七月，禁晉寧冀寧大同釀酒。

至十一年，武宗即位。九月，中書省言杭州一郡歲以酒糜米麥二十八萬石，禁之便。河南益都諸郡亦宜禁之。制曰可。十二月，以饑故，禁山東河南江浙民釀酒。

十一年七月，時武宗已即位。江浙水民饑，詔酒醋門攤課程免一年。

十一月，詔免建康路今年酒醋課。

武宗至大元年九月，弛諸路酒禁。

十月，又以大都艱食罷榷酤。閏十一月，以杭州紹興建康等路歲比饑饉，免今年酒課十分之三。

仁宗延祐元年正月，除四川酒禁。

至七年，英宗即位。五月，弛陝西酒禁。八月，罷上都嶺北甘肅河南諸郡酒禁。

禁興元鳳翔涇州邠州酒。以歲荒故也。至十二月，又以汴梁南陽歸德汝寧淮安水，敕禁釀酒。四年四月，禁嶺北酒。五年三月，禁和寧净州路酒。十月，又禁大同冀寧晉寧等路酒。十一月，禁開成莊浪等處酒。六年三月，禁甘肅行省所屬郡縣酒。六月，濟寧等路水，禁酒。九月，禁山東諸路酒。

七年，英宗即位。四月，申嚴和林酒禁。

六年三月，定私造酒麴依匿稅科斷例。

常德路副達嚕噶齊哈尚言，比來水旱相仍，小民無以爲生，沽賣酒漿，無知犯法，若無問斗升一體科斷，雖有籍没之名，貧家小户財産幾何。況私茶止没物貨，而賣酒匿稅反重於彼，似乎不倫。部議榷酤之法既已改革，酒醋課程普散於民，除認納門攤許令醖造飲用外，其自備工本造賣酒麴，不行赴務包認關由者，止依匿稅例。

英宗至治元年正月，以奉元路饑，禁酒。

十二月，又以真定保定大名順德等路水，民饑，禁釀酒。至二年二月，以河閒路饑，禁釀酒。三月，以河南兩淮饑，禁釀酒。四月，以恩州饑，禁釀酒。五月，以彰德府饑，禁釀酒。三年五月，以嶺北米貴，禁釀酒。

十一月，以營田提舉司徵酒擾民，命有司兼榷之。

二年十二月，弛河南陝西等處酒禁。

泰定帝泰定二年閏正月，以河閒真定保定瑞州四路饑，禁釀酒。

四月，又禁山東諸路酒。九月，禁大都順德衛輝等十郡酒。十二月，以大寧路鳳翔府饑禁釀酒。至三年二月，禁汴梁路釀酒。五月，以涇州饑禁釀酒。四年十一月，禁晉寧路釀酒。

十二月，弛瑞州路酒禁。

至三年九月，弛大都上都興和酒禁。十一月，弛寧夏路及成都酒禁。

文宗天厤元年十一月，以汴梁河南等路及南陽府頻歲旱蝗，禁其境内釀酒。

十二月，又詔被兵郡縣免雜役禁釀酒。至二年十月，禁奉元永平釀酒。

十二月，開上都酒禁。

至二年三月，開遼陽酒禁。十二月，開河東冀寧路、四川崇慶路酒禁。

二年十二月，令所撥賜酒課仍輸官。

大都槽房累朝以課程撥賜諸王公主及各寺者凡九所，至是中書省言諸王公主自有封邑，歲賜宮寺亦各有常產，其酒課悉令仍舊輸官爲宜。從之。

順帝至元三年五月，以興州松州民饑，禁上都興和造酒。

至至正四年十一月，以河南民饑禁酒。六年五月，以陝西饑禁酒。八年五月，以四川旱禁酒。十四年九月，禁河南淮南酒。十五年閏正月，以上都路饑嚴酒禁。

紀事

（宋）王得臣《麈史》卷下《垂謬》 安陸雖號節鎮，當南北一統，實僻左無事之地。往者，守臣或以遷謫而來，率多時之聞人，歲久皆吏部擬授，往往厚重而無作爲者。熙寧間，一太守點檢清酒務，校量缸酒數少，怒甚。監官對曰：陶器滲漏。又校一缸亦然，太守作色曰：君子居之，何漏之有？遂不復問。

（宋）李燾《續資治通鑑長編》真宗大中祥符八年十一月 己巳，三司奏乏銀支用，請令諸路榷酒課悉改輸銀。上曰：若此，民間銀益貴矣。因謂輔臣曰：咸平中，銀兩八百，金五千，今則增踴逾倍，何也？王旦等曰：國家承平歲久，兼并之民，徭役不及，坐取厚利。京城資產，百萬者至多，十萬而上，比比皆是。然則器皿之用，畜藏之貨，何可勝算！此外，則兩蕃、南海，歲來留易，有去無還。加之坑冶興廢有時。增價之由，或恐以此。上又曰：聞長安故都，至今有淘沙得金玉者，豈非當時尤盛富耶？旦等曰：咸秦自三代已來建都，至西漢徙天下富民實之，訖有唐，千餘載相繼，其富盛固可知矣。方今京城繁庶，與漢、唐無異。長安、洛陽，雖云故都，然地險而隘，去東夏遼遠，故漢之吴、楚七國，唐之山東、河北，往往彊悖，良亦遠而難制也。加其轉漕非便，仰給四方，常苦牽費。今國家始封於宋，開國於梁，實四方之要會，萬世之福壤也。

（宋）李燾《續資治通鑑長編》真宗天禧三年十一月 知應天府王曾言：府民五户共撲買酒場歲課三萬餘緡，逋欠積久，其兩户已破產，三户累嘗披訴，而計司慮虧歲課，不肯與奪。乞賜蠲減。上謂輔臣曰：南京，太祖興王之地，比他處尤當優卹，豈可靳兹小利，重困吾民。乃詔依東、西京例，令民取便買麴醞酒，其三户逋欠悉除之。

（宋）李燾《續資治通鑑長編》仁宗天聖五年五月 壬子，詔河北諸州軍酒税務，自有監臨官，而轉運使復差官比校歲課，務以侵民，其罷之。

（宋）李燾《續資治通鑑長編》仁宗天聖七年十二月 先是，開封府界提點諸縣公事張應物言：諸縣酒務，多爲豪民買撲，坐取厚利。自今請差官監榷，仍委三司保舉。從之，時天禧四年也。乾興中罷舉官，天聖四年應物復以爲請，乃詔依前舉官。是歲，上封者又言：諸縣課額多虧，蓋監臨之官皆是保舉，多相庇匿不言。自今請止委審官、三班院差人監當。自是遂罷府界舉官之制。

（宋）李燾《續資治通鑑長編》仁宗嘉祐六年五月 丙戌，詔諸知州軍及兵官許造酒者，毋得賣易及以折物價。

（宋）李燾《續資治通鑑長編》英宗治平元年三月 京師賦麴於酒户有常數，數少而用多者不得增，不及數者雖督責至破產無以償，歲課久不增。燾請廢歲額，嚴地界爲禁，使各量所用，買不拘數，則買者宜廣，自是課增數倍。嘗與三司使議鑄錢事，帝詰難，皆不能對，燾徐開陳，帝是之，既退，令左右記姓名。燾，亢兄子也。

（宋）李燾《續資治通鑑長編》神宗熙寧四年二月　司農寺言：相度京西差役條目內，酒税等諸般坊店場務之類，候今界滿拘收入官，於半年前依自來私賣價例要鬧處出牓，召人承買，限兩月日，並令實封投狀，置曆拘管。限滿，據所投狀開驗，著價最高者方得承買，如著價同，並與先下狀人，其錢聽作三限，每年作一限送納。從之。此用《編録册》五年二月十三日刑部帖備坐四年二月十一日中書劄子增入，實封撲買或自此始。三年十一月七日、十二月九日，四年三月十四日當并考。徧賣天下酒場則在五年二月二十二日。

（宋）李燾《續資治通鑑長編》神宗熙寧四年三月　司農寺言：京東常平倉司奏請賣酒場約束，乞下本路依開封府界條貫施行。從之。此項用《編録册》四年三月十四日中書劄子指揮修入，開封府條貫在三年十二月九日，遍賣坊場則在五年二月二十二日。

（宋）李燾《續資治通鑑長編》神宗熙寧四年六月　詳定編修三司令式所刪定官周直孺言：在京麴院，自來酒户沽賣不常，難及初額，累經更張，未究利害，推究其原，在於麴數過多，酒數亦因而多，多則價賤，賤則人户折其利。爲今之法，宜減其數，增其價，使酒有限而必售，則人無耗折之苦，而官額不虧矣。請以一百八十萬斤爲足額，過閏年則添額踏十五萬斤。舊價每斤一百六十八文，請增作二百文。省舊法，以八十五爲陌，請並紐計省錢，便於出入。舊額二百二十二萬斤約計錢三十七萬貫，今額一百八十萬斤計錢三十六萬貫，三年一閏十五萬斤計三萬貫，又減小麥萬餘石及人功，並不虧元額錢數；況免賒麴酒户納小官錢，借賃契書及公私費用不過每斤添支十文，令用麴無餘，官物無積；況國初麴價二百文，八十五陌，太平興國六年始減五十，并具到酒户情願事件。從之。十一月乙酉，賞直孺章服。

（宋）李燾《續資治通鑑長編》神宗熙寧五年二月　壬申，詔天下州縣酒務，不以課額高下，竝以租額紐算净利錢數，許有家業人召保買撲，與免支移、折變。三年十一月七日、十二月九日，四年二月一日、三月十四日，可并考。

（宋）李燾《續資治通鑑長編》神宗元豐二年八月　詔在京賣麴，以百二十萬斤爲歲額，斤錢二百五十，候賣及舊額，復舊價，酒户所負白糟、糯米錢，更展限二年帶納。京師麴法，自熙寧四年定以百八十萬斤爲歲額，斤錢二百，後多不能償，雖屢倚閣未請麴數，及減歲額爲百五十萬斤，斤增錢至二百四十，猶不免逋欠，酒户又負市易務白糟、糯米錢五十餘萬緡。至是命户房檢正官畢仲衍、太常博士周直孺同三司講究利害，迺請減麴額爲百二十萬斤，斤爲錢二百，均給七十店，令月輸錢，周歲而足，月輸不及數，計所負倍罰。又炊醞不以時，擅增器量及用私麴，皆立告賞法。悉施行之，而裁其價，又有未請麴數十萬斤，悉蠲之。

（宋）李燾《續資治通鑑長編》神宗元豐三年四月　陝西路轉運使李稷言：秦州造公使酒給省倉米，慶曆中，詔歲毋過千五百石。嘉祐四年後，歲給四千至六千餘石。熙寧二年，遂至九千石。自後歲不下八七千石。前後違法官吏亡存相半，未敢推劾。詔釋官吏罪，自今歲毋過四千石。

（宋）李燾《續資治通鑑長編》哲宗元符元年三月　户部言：諸路酒務，乞將大務所收錢數，至歲終先比較祖額。如有虧少，即將比較務收到錢數補填大務虧少。外有剩數，仍依大務見趁祖額，以十分爲率，除出二分外，餘數依條紐計合支賞錢，只支與比較監專等，其大務即與免作虧欠。若大務所收課利至歲終比額增剩，比較務至歲終亦須收趁及二分外，其餘增剩錢數與大務所收增剩錢通衮，比較務賞錢仍比附依朝旨減正監官之半。如比較務歲終趁不及二分數目，其賞錢更不支給。若大務依條合該改正新額，即隨新額，依此施行。從之。《新本》削去。

（宋）熊克《中興小紀》卷七　壬寅，宣撫處置使張浚抵興元。於是浚言漢中實形勢之地，已理財積穀，願陛下於來夏早爲西行。前控六路之師，後據兩蜀之粟，左通荆襄之財，右出秦隴之馬。天下大勢，斯可定矣。浚知主管川、陝茶馬趙開有心計，即承制以開兼本司隨軍轉運使，總領四川財賦。開言蜀民已困，獨榷貨尚有盈餘，而貪猾認爲己私。惟不恤怨詈，斷而行之，庶救一時之急。浚以爲然。開於是大變酒法。自成都始，先罷公帑賣酒。即舊坊場所置隔槽，設官主之。麴與釀具，官悉就買，聽釀户各以米赴官自釀。凡米一石，輸錢三千。其釀之多寡，惟錢是視，不限數也。既遂行於四路。又依成都府法於秦州置錢引務，興州鼓鑄銅錢，官賣銀絹，聽民以錢引或銅錢買之。凡民錢當入官，並聽用引折納，官支出亦如之。民私用引爲市於一十及五百上，許從便加擡，惟不得擅減錢引法，民頗便之。

（宋）留正《皇宋中興兩朝聖政》卷八《高宗皇帝·增諸路酒價》

〔建炎四年十一月〕辛亥，兩浙轉運副使曾紆請權增諸路賣酒錢：上等每斛增二千八百，下等增千八百。從之。

（宋）留正《皇宋中興兩朝聖政》卷五四《孝宗皇帝·減四川虚額錢》　〔淳熙三年〕六月乙酉，四川制置范成大奏四川酒課折估虚額錢四十七萬餘緡，乞自淳熙三年爲始減放。詔以湖廣總領所上供錢内撥還。

（宋）葉適《葉適集·水心文集》卷一〇《記·平陽縣代納坊場錢記》　自前世鄉村以分地撲酒，有課利買，名净利錢，恣民增錢奪買，或賣不及，則爲敗缺而當停閉，雖當停閉而錢自若，官督輸不貸。民無高下，枚户而償，雖良吏善政莫能救也。

嘉定二年，浙東提舉司言：温州平陽縣言：縣之鄉村坊店二十五，當停閉二十一，有坊店之名而無其處。舊傳自宣和時則然。錢之以貫數二千六百七十三。州下青册於縣，月取歲足，無敢蹉跌。保正賦飲户不實，杯盂之酤，罌缶之釀，强家幸免，浮細受害。窮山入雲，絶少醉者，鬻樵雇耕，抑配白納。而永嘉至有筭畝而起，反過正税，斯又甚矣。且縣人無沈湎之失而受敗缺之咎，十百零碎，承催乾没，闔門逃避，攘及鍋釜，子孫不息，愁苦不止，惟垂裁哀，頗加救助。伏見近造僞會子抵罪者所籍之田，及餘廢寺亦有殘田，謂宜賜縣就用，禾利粗足相直。補青册之缺，釋飲户之負，不勝大願。於是朝廷惻然許之。命既布，一縣無不歌舞贊歎，以紀上恩。

（宋）葉適《葉適集·水心文集》卷一七《墓誌銘·黄子耕墓誌銘》

朝廷第其語，子耕亟授處州通判。經總制有額無錢，十收六七。每歲三月，右曹按籍校之，有展減磨勘之文。俗號爲殿最綱，其法必行。通判卑辭借係省，預斂牙契，常爲殿矣。子耕會一郡成賦，法應隸經總者，以十年中酌取之，閣免其逋負，錢額均等，故態盡革，更爲最矣。【略】子耕於酒税不用最高比，私賣偷瞞陰縱之。減則例，添升方，人感其寬，既而課入皆多於舊。虚籍坊場錢百餘萬，非本界也，壹償不自列。而在民者猶太半，貸不復取。縣當輸錢七千萬，子耕曰：前後相承至此爾，不能爲鞭撻費也。盡除之。

（宋）李心傳《建炎以來繫年要録》建炎二年正月　詔併真州榷貨務都茶場於揚州，以行在務場爲名，以延康殿學士同專一措置財用黄潛厚言，真州地近行在，而兩處給鈔引非便故也。潛厚在維揚，率遣人於近州村坊市酒，入都城鬻之，得息至倍。議者誚之。此以紹興二年十月丙午劉裴論潛厚四罪章疏修入，不得其年月，因事附見。去年九月庚戌，張慤自作酒肆，或與相關，當攷。

（宋）李心傳《建炎以來繫年要録》建炎三年十月　辛丑，張浚承制以朝請郎同主管川陝茶馬鹽牧公事趙開兼宣撫司隨軍轉使，專一總領四川財賦。開言：蜀民已困，惟榷索尚有盈餘，而貪猾認以爲己私，惟不恤怨詈，斷而行之，庶救一時之急。浚以爲然。於是大變酒法，自成都始，先罷公帑賣供給酒，即舊撲買坊場所置隔槽，聽民以米赴官自釀。每一斛輸錢三千，頭子錢二十二，多寡不限數。明年，遂徧四路行其法。夔路舊無酒禁，開始榷之。舊四川酒課歲爲錢一百四十萬緡，自是遞增至六百九十餘萬緡。夔酒紹興十五年七月乙巳減免。

（宋）李心傳《建炎以來繫年要録》紹興二年十月　己酉，詔帥臣統兵官以公使酒酤賣者取旨論罪。先是李綱爲湖廣宣撫使，請於所在州軍造酒，許之。及是吕頤浩因進呈言：茶鹽榷酤，今日所仰養兵，若三代井田，李唐府兵可復，則此皆可罷。不然，財用舍此何出？朱勝非曰：榷酤自漢孝武時，因兵興而有。上曰：行之千餘年，不能改革，可見久長之利。故有是旨。

（宋）李心傳《建炎以來繫年要録》紹興五年三月　禮部侍郎兼侍講唐煇言：榷酤征商，皆取利於民，非先王美政，蓋不得已。要亦觀時之宜，度民之力，知與爲取，勿病斯民可也。淮甸屢遭寇攘，凋弊爲甚。近者朝廷極意料理，州縣官併省者十五六，常賦悉蠲，庶流亡之來歸。惟是酒税務恐尚仍舊貫，若非此州郡無他入。臣竊謂酒務尚可，税務專以責利，官得其一，公吏取其十，物價必貴，民益無聊。是利不可得，而害則多也。望俾有司相度，舊有酒税官處加減省。前日爲縣者，今已改而爲鎮，人户必稀少，願罷勿置，姑捐以予民。惟舟車衝會之地存留，俟三二年，旅人通行，民稍歸業，復舊未晚。詔以付淮南提點官張澄照會。

（宋）李心傳《建炎以來繫年要録》紹興八年十二月　是歲，四川制置使胡世將即成都潼川府、資、普州、廣安軍創清酒務，歲收息錢四十五萬緡。舊成都酒務許人户買撲分認，歲課爲錢四萬八千餘緡。建炎三年額。趙開行隔槽法，所增至十四萬六千餘緡。紹興元年額。及世將改爲官監，所入又倍。自後累益增加至五十四萬八千餘緡，紹興二十五年數。而外邑及民户坊場又爲三十九萬餘緡。淳熙二年數。於是隔槽之法已壞，諸郡漸變爲官監。而民户坊場，率以三十年一榜賣，公私俱困矣。

（宋）李心傳《建炎以來繫年要録》紹興十五年七月　秋七月乙巳朔，罷夔路軍興以來所置酒店，以寬民力，用四川宣撫副使鄭剛中奏也。夔路舊無酒禁，爲場店者，百四十餘所而已。建炎末，增至六百餘。然土荒民少，人不以爲便。剛中既以本司錢四百餘緡代撥贍軍，遂弛其禁。

（宋）李心傳《建炎以來繫年要録》紹興二十六年二月　乙亥，上曰：近榮州守臣費庭論蜀中隔槽酒甚擾民。當是時張浚、趙開以軍興窘於財用，濟一時之急耳。今休兵既久，內外無事，自合更也。魏良臣曰：已令鍾世明詳之矣。上曰：須下本路漕臣，方能盡其利害。上又曰：四川交子亦有弊，如沈該稱提之説。但官中常有百萬緡，遇交子減價自買之，即無弊矣。先是建炎中，趙開爲四川大漕，始變酒法，置隔釀，設官主之。其法聽民就務分槽醞賣，官計所入之米而收其課。行之既久，酤賣虧欠，則責入米之家認定月額，不復覈其米，而第取其錢，民始以爲病。庭，安仁人，時以左朝奉大夫除知榮州。前四日入辭，因奏其事。上問，庭曰：酒户入易出難，必至傷殘而後已！從其便則無難矣。上曰：常付之漕臣。於是命總領所與諸路轉運司措置。明年正月辛亥申到。何俌《龜鑑》：總所征榷之增茶交場子之造，條具錢穀，裁節浮費，趙霈言之。大禮錢帛，各令減半，沈該言之。至論折閲稱提之説，乃謂但得官中有錢百萬緡，遇減價則用錢自買，方得無弊。以此理財，而財無不豐矣。右司員外郎兼權户部侍郎鍾世明論四川諸縣預借賦税之弊，乞下四路轉運司覈實。如借及一年者，分作四料；及二年者，分作八料理折。庶寬民力，州縣亦不闕乏歲計支用。自後輒敢預借，及不與民户理折者，並令按劾，仍許越訴。他路或有預借去處，亦乞依此施行。從之。

（宋）李心傳《建炎以來繫年要録》紹興二十六年三月　癸卯，侍御史湯鵬舉言：兩浙漕司於諸州縣寄造酒，不支本錢，專用耗米。始於李椿年，甚於曹泳。諸路倣傚，至今未罷。淮、浙提舉茶鹽司減尅停户煎鹽本錢，公然不支。韓沃倡之於其先，王晌繼之於其後，至今未盡禁戢。乞將逐路漕司寄造酒住罷，將逐路茶鹽司亭户鹽本錢盡數支給。稍復違戾，許御史臺按劾施行。從之。

（宋）李心傳《建炎以來繫年要録》紹興二十六年十二月　左朝散大夫知嘉州朱昌裔言：四川鹽酒場務，自建炎中，總領財賦官變法以盡一時之利，應副川陝軍食，蓋勢有不得已者，自後累政，惟務增添。逮今每歲共收鹽酒課息錢一千一百餘萬緡，比之舊額，幾四五倍。遂至趣辦不及，積欠數多。乃者朝廷遣使裕民，歲減七十萬，雖未能盡去重額，民亦少寬。惟舊欠未除，追催嚴峻，官吏貧民，俱被其害。破産舉債，終難補足。望將未減額以前舊欠，如非侵欺盜用，並行除放。詔蕭振等相度以聞。

（宋）周密《癸辛雜識》別集卷上《沈次卿》　沈次卿者，吳興人，待制之後。常登趙節齋之門。趙尹京，使提督十三酒庫，課以增羡而人不怨咨。常言比較自有捷法，既不害物，自可沮勸。其法使拍户於本府入錢給由，詣諸庫打酒，仍使自擇所向。遇比較則萃諸庫，而視其所售之多寡，取其殿最之尤者，加之賞罰。誡令不煩，激厲自倍，真不易之良法也。

《宋史》卷八《真宗紀》　〔大中祥符四年冬十月〕丁巳，定江、淮鹽酒價，有司慮失歲課，帝曰：苟便於民，何顧歲入也。

《宋史》卷一三《英宗紀》　〔治平四年春正月〕辛亥，蠲京師逋麴錢。

《宋史》卷二一《徽宗紀》　〔重和元年五月〕庚戌，手敕兩浙漕司，以權添酒錢盡給御前工作。

《宋史》卷二一《徽宗紀》　〔重和元年〕二月戊辰，增諸路酒價。

（清）畢沅《續資治通鑑》卷二《宋紀・太祖》　〔建隆二年四月己未〕漢初，犯私麴者棄市；周令至五斤死。帝以其法尚峻，庚申，詔：民犯私麴十五斤，以私酒入城至三斗者，始處極典，其餘罪有差。考異：《長編》繫以壬申日，按四月無壬申，今從《本紀》。又以前朝鹽法太峻，定令：官鹽闌入禁地貿易至十斤，煮鹻至三斤者，乃坐死。民所受蠶鹽入城市，三十斤以上者，奏裁。

（清）畢沅《續資治通鑑》卷九《宋紀·太宗》〔太平興國二年十月〕是月，初榷酒酤。

《金史》卷四《熙宗紀》〔天會十三年正月甲戌〕詔公私禁酒。

《元史》卷二〇五《盧世榮傳》〔至元二十一年十二月癸亥〕世榮言：京師富豪户釀酒酤賣，價高味薄，且課不時輸，宜一切禁罷，官自酤賣。

總論

論說

（宋）葉適《葉適集·水心別集》卷一一《外稿·茶鹽》　何謂茶鹽之患？榷之太甚，利之太深，刑之太重，此其事已在於建炎、紹興之先。今用度既繁，經制未能一一復古；減經總制，罷和買、折帛而捨茶鹽，則無以立國，故最在後。雖然，榷之不寬，取利不輕，制刑不省，亦終不可以爲政於天下。使措置諸事有緒，二三年之後，臣乃言之。

綜述

（宋）佚名《宋大詔令集》卷一八三《政事·財利·茶鹽榷酤不得增課詔太平興國元年十月壬戌**》**　先是募民掌茶鹽榷酤，民多增常數，求掌以規利，歲或荒儉，商旅不行，至虧失常課，多籍没其家財以償，甚乖仁恕之道。自今並宜以開寶八年額爲定，不得復增。

（宋）佚名《宋大詔令集》卷一八三《政事·財利·川峽酒稅鹽井諸色課利勿折金帛詔至道元年八月癸酉**》**　西蜀經亂，瘡痍未平，常思撫綏，庶獲安泰。而爲民禁暴，尚復屯兵。仍資筦榷，以備供億，蓋非獲已，良用惡焉，而或失中，至於剥下，則豈朕任人愛物之意邪。其川峽州軍，自今酒稅鹽井諸色課利，宜令並據元額輸緡錢，勿復折納金帛。

（宋）佚名《宋大詔令集》卷一八四《政事·財利·罷茶鹽立額應奉司江浙置局花石綱西城租課等詔宣和七年十二月十九日**》**　朕祗紹丕圖，撫臨萬寓，顧德弗類，永惟宗廟付託之重，靡遑康寧，眷予兆民，是爲邦本。比年以來，寬大之詔數下，裁省之令屢行。然姦吏玩法，而衆聽未孚，有司便文，而實惠不至。蓋緣任用非人，過聽妄議，興作事端，蠹耗邦財。依享上之名，修營私之欲，漁奪百姓，無所不至。使朕軫念元元若保赤子之意，何以取信於萬方。夙夜痛悼，念有以拊循慰安之，應茶鹽立額結絶，應奉司江浙路置局及花石綱等，諸路非從上供抛降物色，延福宮西城租課，內外修造，諸路採斫木植製造局所並罷。更有似此有害于百姓者，三省樞密院條具以聞。夫民罔常懷，保于有仁，朕於吾民，每懼仁愛之弗至，一夫不獲，時予之辜，播告之修，咸聽朕指。

（宋）謝深甫等《慶元條法事類》卷二八《榷禁門·榷貨總法敕令格式**》**　敕

名例敕

諸稱禁物者，榷貨同；稱榷貨者，謂鹽、礬、茶、乳香、酒、麯、銅、鉛、錫、銅礦、鍮石。

衛禁敕

諸犯榷貨私有者，許人告，販私有者，許捕。

諸違犯禁物，如被盗詐恐喝及因水火致彰露者，並同首原。

諸犯榷貨，止以見在爲坐，本物不在而犯狀分明者，元犯杖以上，論如不應得爲律。徒以上從重。

諸共犯榷貨雖不行，各依本首從論。非同財者，計己分依相因爲首從法。

諸犯榷貨非販者，銅、鉛、銅礦、鍮石非。二分得一分之罪，罪止徒三年，仍免編配。

諸持仗裹送人販私有榷貨者，與同罪，許人捕。通販者及三人，依結集徒黨法。

諸集結徒黨持仗私造或販私有榷貨，但共謀同行，不以財本同衮，各加本罪一等。乳香加至罪止者，皆配五百里。拒捕者，依同謀共毆傷人。不同拒捕、謀者，以結集人爲元謀。即抛棄榷貨而拒捕及拒捕加等各罪輕者，徒二年。其折傷下手重及元謀各配鄰州；折支以上下手重，配遠惡州，元謀配千里，元謀記配五百里，餘下手配鄰州；殺人下手重者，斬，元謀配遠惡州，餘下手配二千里以上。配遠惡州者，遇赦不還。

諸知情引領交易、停藏、負載榷貨者，二分爲一分之罪，二人以上之物，仍依倍法。罪止徒三年，與本犯人刑名等若重者，各減犯人一等名。知情借助錢物與客人作本私犯者，依犯人法。

諸知情私有榷引貨，販與非販等。及知情引領交易、停藏、負載人，不以赦前後。四犯杖並鄰州編管，經編管後各又兩犯杖，不刺面配本城。各以本色榷貨理犯數。

諸犯榷貨，赦書到後限三十日首納毁棄。限外不首毁及雖在限内輒將貨易者，復罪如初。

諸獲犯榷貨人，具曾無拒捍或持仗申所屬，有不實者，以出入人罪論。

諸巡捕榷貨使臣差人巡察者，徒二年。知犯人藏匿及經過處須分捕而差者不坐。

諸巡捕人失覺察本界内停藏、謂經日者。貨易若漏透私有榷貨而被他人告捕獲者，犯人杖罪，笞四十；徒罪，杖八十；流罪，杖一百。堰閘應搜檢人透漏，各減二等。由笞罪減者，再犯乃坐。

諸當職官及税務專副、攔頭若巡捕官司所管諸軍公人，故縱榷貨者，與同罪。税務雖輕，收税同。專、攔非在務及堰閘應搜檢人故縱者，各減二等。監門官吏及守把公人不搜檢，故縱榷貨入城者，准此。

諸監司屬官同。若當職官及巡捕官司所管諸軍公人各及其家人販榷貨者，罷役弓手、放停土軍於本地分有犯同。加凡人一等，茶、鹽又加一等。或將捉到茶、鹽數減尅不送官，若私自賣罪輕者，各徒二年，知情容縱不糾舉者，部轄人與犯人同罪，所管官減二等，若失覺察者，各杖一百。

諸巡捕榷貨人已獲犯人而故縱，若減所獲物或受贓者，並許人告。

擅興敕

諸販榷禁物，將有刀器仗謂堪以拒捍者。隨行，以私有禁兵器論。

鬭訟敕

諸綱兵梢每三船爲一保，若於本綱負載及販私有榷貨者，犯人雖於法不許捕者，亦許人捕。同保知而不糾，依五保有犯律，杖罪笞三十，不知情各減三等；部綱兵級不知情，減保人罪一等。即因保人告獲犯人者，應連坐人不覺知罪並免。

令

職制令

諸縣尉，專管捕禁物。

諸都監、寨主、巡檢、監堰官，兼巡捕本地分禁物。

諸巡捕官捕獲或透漏私有鹽、礬、茶、乳香。透漏，謂入别界被他人告捕獲，經歷明白者。餘條榷貨稱透漏准此。許以未經賞罰斤兩對行折除外，據數賞罰。

捕亡令

諸巡捕榷貨人各給印紙，具録所獲捕物數。如失覺察本地方停藏、貨易、透漏者，聽以所獲犯人刑名等第互相准折。刑名不等，許通計。並謂已獲犯人者，笞罪二折杖罪一，杖罪二折徒罪一，徒罪二折流或配罪一。其以重罪折輕罪准此。能於三十日内别獲犯榷貨人，亦聽依此折除。其堰閘應搜檢人雖不給印紙，遇有透漏及捕獲准此。

場務令

諸場務受告捕榷貨，並送所屬，不許擅行及取責人狀。

斷獄令

諸獲榷貨到官，即時對告捕人稱量，以數申轉運司點檢。

諸販獲犯榷貨者，不得根問賣買經歷處，其轉易爲他物，仍不追没。

諸販私有榷貨，其船車畜産之類，知情借賃運至者，没官。

賞令

諸給賞者，以犯人財産充，無或不足者，以官錢代支。即獲禁物如事狀明白，當日以官錢借支。

諸官司捕獲榷貨，以該賞日以前事務失覺察之數謂透漏之類。比折訖有餘，乃得理數推賞。

諸官司於本地分捕獲榷貨者，賞如法。諸軍公人隨從本官手獲者，減半給之。

諸獲禁物應給賞者，勒見獲賣買或進人共備。有未獲人應追究者，獲日，以己分應備數理還元備人。應給禁物及價者，估價以官錢給。

諸獲榷貨已給賞而犯人後獲者，依獲犯法人貼支。若獲犯人者，非元獲榷貨之人，即通計全賞者給半。

諸將校告獲已税因而獲榷貨者，准價依獲榷貨法減半給之。

諸將校捕榷貨因鬭敵或救助致重傷應賞者，仍奏裁。

格

賞格

諸色人

獲持仗裹送人販私者，有榷貨者，每人錢二十貫。告獲巡捕人減、竊所獲榷貨或受贓者，以所受贓及准所減、竊物價全給。

因捕榷貨鬬敵或救助致死傷：輕傷，絹三匹；重傷，絹五匹；廢疾，絹一十匹；篤疾，絹一十五匹；致死，絹二十匹。

（宋）謝深甫等《慶元條法事類》卷二八《榷禁門・茶鹽礬敕令格申明》

敕

衛禁敕

諸私有茶，一兩笞四十，四斤加一等，四十斤徒一年，四十斤加一等，六百斤不刺面配本城。

諸私有鹽，一兩笞四十，二斤加一等，二十斤徒一年，二十斤加一等，三百斤配本城。煎煉者，一兩比二兩。以通商界鹽入禁地者，減一等，三百斤流三千里。其人户賣於就近州縣買食鹽五斤以下者不坐。一斤笞二十，二十斤加一等，二百斤徒一年，二百斤加一等，罪止徒三年。

諸犯榷貨私有者，許人告，通商鹽入禁地，官鹽入别縣界，非應有者亦許告。販私有者許捕。

諸私有及煎煉白礬並依鹽法，私有土礬、碌礬、摘碌礬夾石、柳絮礬同。青膽礬，一斤笞四十，十斤加一等，百斤徒一年，百斤加一等，千斤不刺面配本城。其諸路礬侵越界分賣者，依私有法。即私煎煉白礬，鄰保知而不告者，減犯人罪一等，罪止杖一百。

諸私煎煉鹽，煉未成者，論如不應得爲律。

諸引領、交易私有乳香，出産地分茶鹽同。各依犯人法。

諸鹽司屬官同。若當職官及巡捕官司所管諸軍公人各及其家人販榷貨者，罷役弓手、放停土軍於本地分有犯同。加凡人一等，茶、鹽又加一等。或將捉到茶、鹽數減剋不送官若私自賣罪輕者，各徒二年；知情縱容不糾舉者，部轄人與犯人同罪，所管官減二等，若失覺察者，各杖一百。

諸巡捕官透漏私茶、鹽稅務鹽官搜撿稅物而透漏者同。不及百斤，罰俸一月，每百斤加一等，至三月止，五百斤展磨勘二年，一千斤差替。兩犯通及一千五百斤者准此。不係正官者，二斤比一斤。鹼地分令、佐透漏刮鹼煎鹽同。雖獲犯人而本物不在並不坐。

諸巡捕官失覺察本界内停藏謂經日者。貨易私茶、鹽而被他人捕獲，二百斤罰俸一月，每二百斤加一等，至三月止，追索印紙批書。若有獲到數日，依法比折，不係正官，二斤比一斤。

諸巡捕官透漏私有礬者，百斤罰俸一月，每百斤加一等。至三月止，一千五百斤差替。兩犯通及二千斤者准此。不係正官者，三斤比一斤。即令、佐透漏私煎煉白礬減不係正官罪一等。雖獲犯人而本物不在者，並不坐。

諸巡捕人失覺察本界内停藏謂經日者。貨易若透漏私有榷貨而被他人告捕獲者，稅務專、攔搜檢稅物而透漏私茶、鹽同。犯人杖罪，笞四十；徒罪，杖八十；流罪，杖一百。堰閘應搜檢人透漏，各減二等。由笞罪減者，再犯乃坐。

諸販私茶、鹽榷禁者，將有刃器仗謂堪以拒捍者。隨行，以私有禁兵器論。

詐僞敕

諸官司捕獲私茶、鹽輒將透漏地分妄入姓名同狀申解者，杖一百。

諸和同詐犯私茶，意在分賞而妄相告捕者，各徒二年，許人告。

令

賞令

諸命官獲私有鹽、礬、茶應賞。未獲犯人，三斤比一斤，遣人獲者，各一斤半比一斤。其産鹽界内獲私鹽者，須四分中獲一分犯人，方得比折。

諸獲犯私有鹽、礬、茶五斤以上者，犯人隨得行己物全給。内知情、停藏負載人隨行己物准此。其賞錢及物價仍准格。

諸獲販私有鹽、礬、茶及將通商鹽入禁地，官鹽入别縣界販者，准價以官錢給外，仍於犯人准格别理錢給之。

諸獲販及私有鹽、礬、茶若將通商界鹽入禁地，官鹽入别縣界而未獲犯人者，准全價以官錢給三分。内獲鹽者，若去煎鹽場並通商處不滿三百里，止給鹽場及通商處見賣價，獲犯人日依獲處賣價貼支。其巡捕官司未擭犯人者，勿給。

諸捕獲私茶、鹽妄入透漏地分姓名同狀申解者，不在酬賞之限。

諸稅務監專、攔頭搜檢稅物而獲私茶、鹽者，並依格法推賞。

諸捕獲私茶、鹽應賞者，許徑詣提舉茶鹽司陳乞，限三日勘驗，詣定保奏，合給錢者，當日支給。

諸赦前告者首私鹽，赦後獲犯人者，據合没官鹽，依告獲私有鹽格以價備賞，不得過一百貫。

諸獲販及私有礬，應代支賞錢者，許借諸色封椿錢，本州無，即報所屬於他州借兑，又不足，許以轉運並提點刑獄司所管不係上供諸色窠名錢内借支。候有封椿錢，即撥還於州縣，排垛當日給。

諸捕盗官親獲販及私有礬者，依命官親獲格陞一等推賞，無可陞者，比數類奏。

諸獲販及私有礬，如事狀明白，犯人雖應贖，亦限當日先以官錢代支充賞。若私販而當收捕者際輒棄毀者，許計元犯斤數理當。

諸獲販及私有礬者，知情、停藏、負載人隨行己物全給充賞。

理欠令

諸代支私鹽賞錢，先估定犯人家業，候斷訖限三十日追還足數。當行人吏或監催人無故違限不追者，均備五分。

捕亡令

諸捕盗官獲販及私有礬，斤重不該酬賞者，許以二人比折未獲竊盗一名。

諸巡捕官司捕獲或透漏私鹽或私賣貿茶、鹽，候斷訖，具巡捕官職位姓名關報所屬，依賊盗法批書印紙，仍隨事申提舉茶鹽司。任滿以斤重比折外，應賞罰者，申本司保明，舉劾施行。

職制令

諸巡捕官捕獲或透漏私有鹽、礬、茶，透漏，謂入别界被他人告捕獲，經歷明白者。餘條榷貨稱透漏准此。許以未經賞罰斤兩對行折除外，據數賞罰。

諸巡捕官獲私茶、鹽、礬，所屬監司歲終比較，謂私假鹽、茶係提舉茶鹽司比較之類。具最多、最少之人，最少，謂地分内透漏及犯者數多而獲到數少者。每路各二員以聞。

關市令

諸在京若京畿、京東、京西、河北、河東、陝西路，賣隆德平陽府、陰、相州礬，内陝西路自潼關以西、黄河以南，京西路襄陽府、均房鄧金州賣坊州礬，成都、潼川府路賣西山保、霸州礬，餘路賣無爲軍礬。若諸處有私礬坑穴，所屬官司封閉檢察，禁斷采取。

斷獄令

諸獲犯有鹽兼他物件和者，不除拌和之物。謂同獲犯人者。

諸販私茶、鹽賣私茶園户同。及知情、引領、停藏、交易人斷訖，藉記居止姓名，粉壁曉示，犯處有犯，報所居州縣准此。廂耆鄰保覺察。若移徙他所，限當日申縣，以元犯報所詣州縣。經三年不再犯者，除之。

諸獄旬具礬禁狀，縣申州，州院、司理院申提點刑獄司。經州點勘繳申，事干茶、鹽、礬者，仍申所隸監司。

諸私煎煉白礬情重及應贖人再犯私礬者，並具犯情申尚書省。

格

賞格

命官

親獲私有茶、鹽。

獲一火：三百斤，蠟茶一斤比二斤。下項依此。陞半年名次；八百斤，免試；一千二百斤，減磨勘一年；二千斤，減磨勘一年半；三千斤，減磨勘二年；四千斤，減磨勘二年半；五千斤，減磨勘三年；七千斤，減磨勘三年半；一萬斤，轉一官；三萬斤，取旨。

累及：一千斤，陞半年名次；一千五百斤，免試；二千斤，陞一年名次；四千斤，減磨勘一年；五千斤，減磨勘一年半；七千斤，減磨勘二年；八千斤，減磨勘二年半；一萬斤，減磨勘三年；三萬斤，轉一官；十萬斤，取旨。

親獲私有礬累及：一萬斤，陞半年名次。二萬斤，免試。四萬斤，減磨勘二年。七萬斤，減磨勘三年。一十萬斤，轉一官。

諸色人

告獲私有鹽、茶及將通商界鹽入禁地、官鹽入别縣界者，准價以官錢支給：不滿一百斤，全給；一百斤以上，給一百斤；二百斤以上，給五分。

獲販私有鹽、茶及告獲將通商界鹽入禁地、官鹽入别縣界販者，除以犯人隨行己物全給外，別支賞錢，不滿一十斤，各錢一十五貫。每一十斤加一十五貫，至七百五十貫止。

告獲私有礬者，准價以官錢支給：不滿一百斤，全給；一百斤以上，給一百斤；二百斤以上，給五分。

獲販私有礬者，除以犯人隨行已物全給外，別支賞錢：礬不滿一十斤，錢三貫，每一十斤加三貫，至三百貫止。土礬、碌礬、青膽不滿一十斤，各錢一貫。每二十斤加三貫，至三百貫止。

告獲知情、引領、交易、停藏、負載私茶、鹽者：笞罪，錢二十貫；杖罪，錢五十貫；徒罪，錢一百貫。

告獲和同詐犯私茶意在分賞而妄相告捕者，錢五十貫。

雜格

許有禁物

茶：品官蠟茶、草茶各：九品三斤；八品以上六斤。僧、道草茶一斤。

鹽：九品五斤；八品以上一十斤；六品以上二十斤。

申明

隨敕申明

衛禁

紹興十四年三月二十六日敕：巡捕官獲到客人私渡茶過界及諸色人獲到依獲私茶法，一斤比二斤推賞。所有透漏私渡過界合干地分，巡捕官亦比附賞格，斤一重斤比二斤責罰施行。

淳熙四年九月四日敕：今後與蕃商博易解鹽之人，徒二年，二十斤加一等，徒罪皆配鄰州，流罪皆配五百里。知情引領、停藏人與同罪，許人捕。若知情負載，減犯人罪一等，仍依犯人所配地里編管，許人告。透漏官司及巡察人，各杖一百。獲犯人並知情引領、停藏人，徒罪賞錢二百貫，流罪三百貫，如告獲知情負載人，減半。其徒，提舉官並守令失覺察，並取旨重作施行。

紹熙五年十一月二十四日敕：刑部申乞行下內外諸軍，嚴行約束所遣回易官兵，不得以收買軍須爲名，私販茶、鹽。如有違戾，重作施行。奉聖旨：依。令刑部鏤版行下，內外諸軍主帥約束施行。

斷獄

淳熙元年三月十七日敕：今後販賣私鹽，捕獲到官之人，若罪合科徒、流者，當官相驗，身貌强壯及得等杖堪充征役，免罪刺填軍額。如身貌怯小，疾病不堪征役，即依本法施行。

淳熙二年七月三日尚書省批下提領務場所勘當平江府申，捕獲遇私鹽，合科徒流之罪，相驗得身貌强壯及得等杖，並刺填許浦水軍着役訖。乞免追贓賞。送所指定。檢准淳熙二年六月十六日敕：將犯私鹽免罪刺填軍額人並免追贓錢。契勘上件指揮，未有其餘州軍遵依明文，行下諸路提點刑獄司，下所屬州縣依此施行。後批：依勘當到事理施行。

淳熙三年十月四日敕：犯私鹽合科徒、流罪人，相貌强壯及得等杖堪充征役，並依已降指揮免罪，免追贓，刺填軍額。其元係舟船內被獲之人，即刺充本路水軍。

淳熙四年十二月十二日敕：刑部看詳，犯私鹽，係舟船內被獲，合科徒、流罪刺充水軍之人，若本路無水軍去處，即合依陸路犯私鹽被獲合科徒、流罪人，相貌强壯及得等杖堪充征役，依已降指揮免罪，免追贓，刺填軍額施行。

（宋）謝深甫等《慶元條法事類》卷三六《庫務門・商税》　諸客販茶貨經由税場，監官不躬親檢察者，杖一百。諸客販解鹽往通商州縣，經過税務不將引狀批鑿者，杖六十，許人告。

（宋）謝深甫等《慶元條法事類》卷三六《庫務門・場務》　諸茶鹽酒税場務，州都監、縣有都監同，並謂非緣邊州縣都監者。縣令佐、鎮監鎮同監，真都監兩員者，日輪一員入務。

（宋）王應麟《玉海》卷一八一《食貨・鹽鐵茶法・淳化制置茶鹽使》　建隆二年正月戊午，以解州刺史周訓兼兩池榷鹽制置使。解鹽制置使始見此。淳化三年十月丙子，命雷有終爲江淮兩浙制置茶鹽使，張觀、薛映副之。上欲更立新制，初以趙昌言爲使，昌言極陳非便，以有終代之。至道元年七月癸亥，以楊允恭爲都大發運使，改擘劃爲制置茶鹽使。咸平二年制置使王子輿言江淮浙收錢三百九十七萬餘貫，比舊額增五十萬八千餘貫。景德三年二月癸巳，馮亮制置茶鹽兼都大發運使。康定元年五月十七日，王滋爲陝西、河東制置青白鹽使。慶曆二年，以度支判官范宗傑爲制置解鹽使，始詔復京師榷法。八年，范祥制置解鹽一切通商。嘉祐中，即發運司置官專領運鹽事。

（宋）王應麟《玉海》卷一八一《食貨·鹽鐵茶法·紹興茶鹽法》

紹興二十一年七月二十八日，一云八月四日。宰臣上鹽法敕令格式，并目録續降指揮，共一百五十五卷；茶法敕令格式，并目録續降指揮，共一百四卷。詔以紹興編類茶鹽法爲名。以元豐法并續降旨八千七百三十條并見行法看詳編類。茶鹽二書共二百六十卷冊。先是八年七月七日，陳康伯請編成一書。

大觀四年閏八月十三日，修東南鹽法百三十條。沈立撰《茶法易覽》述茶之利害，著爲令。又著《鹽筴總類》。又論東南鹽利害，條亭户、倉場、漕運之敝。謂愛恤亭户使不至困，休息漕卒使有以爲生，防制倉場使不爲掊克率斂，絶私販，減官估。能行此五者歲可增緡錢一二百萬。集鹽筴二十卷以奏。言亭户之困尤甚。

（宋）王應麟《玉海》卷一八一《食貨·鹽鐵茶法·祥符議茶鹽制度》 九年十月二十六日丁酉，詔曰：山澤之禁，慮傷厚斂。令翰學李迪、中丞凌策十二月十一日改命侍御史吕夷簡。與三司同議茶鹽制度，俾園亭户無失所，商旅便興販，百姓供用不匱，入中算射一依往例。國家茶鹽之利兼唐數倍。

《宋史》卷一八三《食貨志·茶》 天聖元年，命三司使李諮等較茶、鹽、礬税歲入登耗，更定其法。遂置計置司，以樞密副使張士遜、參知政事吕夷簡、魯宗道總之。首考茶法利害，奏言：十三場茶歲課緡錢五十萬，天禧五年纔及緡錢二十三萬，每券直錢十萬，鬻之售錢五萬五千，總爲緡錢實十三萬，除九萬餘緡爲本錢，歲纔得息錢三萬餘緡，而官吏廩給雜費不預，是則虚數多而實利寡，請罷三説，行貼射法。其法以十三場茶買賣本息併計其數，罷官給本錢，使商人與園户自相交易，一切定爲中估，而官收其息。如鬻舒州羅源場茶，斤售錢五十有六，其本錢二十有五，官不復給，但使商人輸息錢三十有一而已。然必輦茶入官，隨商人所指予之，給券爲驗，以防私售，故有貼射之名。若歲課貼射不盡，或無人貼射，則官市之如舊。園户過期而輸不足者，計所負數如商人入息。舊輸茶百斤，益以二十斤至三十五斤，謂之耗茶，亦皆罷之。其入錢以射六務茶者如舊制。

先是，天禧中，詔京師入錢八萬，給海州、荆南茶，入錢七萬四千有奇，給真州、無爲、蘄口、漢陽并十三場茶，皆直十萬，所以饒裕商人；而海州、荆南茶善而易售，商人願得之，故入錢之數厚於他州。其入錢者，聽輸金帛十之六。至是，既更爲十三場法，又募入錢六務，而海州、荆南增爲八萬六千，真州、無爲、蘄口、漢陽增爲八萬。商人入芻粟塞下者，隨所在實估，度地里遠近，量增其直。以錢一萬爲率，遠者增至七百，近者三百，給券至京，一切以緡錢償之，謂之見錢法；願得金帛、若他州錢、或茶鹽、香藥之類者聽。大率使茶與邊糴，各以實錢出納，不得相爲輕重，以絶虚估之敝。朝廷皆用其説。

行之期年，豪商大賈不能爲輕重，而論者謂邊糴償以見錢，恐京師府藏不足以繼，争言其不便。會江、淮制置司言茶有滯積壞敗者，請一切焚棄。朝廷疑變法之敝，下書責計置司，又遣官行視茶積。諮等因條上利害，且言：嘗遣官視陝西、河北，以鎮戎軍、定州爲率，鎮戎軍入粟直二萬八千，定州入粟直四萬五千，給茶皆直十萬。以蘄州市茶本錢視鎮戎軍粟直，反亡本錢三之一，得不償失，敝在茶與邊糴相須爲用，故更今法。以新舊二法較之，乾興元年用三説法，每券十萬，茶售錢五萬一千至六萬二千，香藥、象齒售錢四萬一千有奇，東南緡錢售錢八萬三千，而京師實入緡錢五十七萬有奇，邊儲芻二百五萬餘圍，粟二百九十八萬石。天聖元年用新法，至二年，茶及香藥、東南緡錢每給直十萬，茶入實錢七萬四千有奇至八萬，香藥、象齒入錢七萬二千有奇，東南緡錢入錢十萬五百，而京師實入緡錢增一百四萬有奇，邊儲芻增一千一百六十九萬餘圍，粟增二百一十三萬餘石。舊以虚估給券者，至京師爲出錢售之，或折爲實錢給茶，貴賤從其市估。其先賤售於茶商者，券錢十萬，使別輸實錢五萬，共給天禧五年茶直十五萬，小商百萬以下免輸錢，每券十萬，給茶直七萬至七萬五千；天禧茶盡，則給乾興以後茶，仍增別輸錢五萬者爲七萬，並給耗如舊，俟舊券盡而止。如此又省合給茶及香藥、象齒、東南緡錢總直緡錢一百七十一萬。二府大臣亦言：所省及增收計爲緡錢六百五十餘萬。時邊儲有不足以給一歲者，至是，多者有四年，少者有二年之蓄，而東南茶亦無滯積之弊。其制置司請焚棄者，特累年壞敗不可用者爾。推行新法，功緒已見。蓋積年侵蠹之源一朝閉塞，商賈利於復故，欲有以動摇，而論者不察其實，助爲游説。願力行之，毋爲流言所易。於是詔有司牓諭商賈以推行不變之意，賜典吏銀絹有差，然論者猶不已。

（明）陳邦瞻《宋史紀事本末》卷二七《茶鹽榷罷》 仁宗天聖元年春正月癸未，命三司節浮費，遂立計置司，罷榷茶、鹽，行貼射通商法。時承平既久，兵籍益廣，吏員益衆，佛老、夷狄，蠹耗中國，百姓縱侈，而上下困於財。三司使李諮請省浮費。鹽鐵判官俞獻卿亦言：天下穀帛日耗，稻苗未生而和糴，桑葉未吐而和買。自天禧以來，日甚一日。宜與大臣議救正之。上納其言，乃立計置司，以張士遜、吕夷簡、魯宗道領之。初，陝西、河北商人入芻糧者，榷貨務給券，以茶償之，又益以東南緡錢及香藥、犀象，爲虚實三估，謂之三説。而塞下急於兵食，欲廣儲偫，不愛虚估，入中者以虚錢得實利，人競趨焉。其後虚估日益高，茶日益賤，入實錢金帛日益寡，茶法大壞。至是，上命諮等校歲入登耗更定之。諮等言：淮南十三場茶，歲課五十萬緡，天禧五年纔及二十三萬緡。每券直錢十萬，鬻之，售錢五萬五千，總爲實錢十三萬緡，除九萬緡爲本錢，歲纔得息錢三萬餘緡，而官吏廩給、雜費不與焉。是則虚數雖多，實利殊寡。請罷三説，以十三場本息併計其數，罷官給本錢，使商人與園户自相交易，一切定爲中估而官收其息。如鬻舒州羅源場茶，斤售錢五十有六，〔其本錢二十有五〕據《宋史》一八三《食貨志》補，官不復給，但使商人輸息錢三十有一而已。然必輦茶入官，隨商人所指而與之，給券爲驗，以防私售，謂之貼射。若歲課貼射不盡，則官市之如舊。商人入芻糧塞下者，隨所在實估，度地里遠近，量增其直給券，至京，一切以緡錢償之，謂之見錢法。諮等又以鹽之類有二：解池引水而成，曰顆鹽；淮、浙、蜀、廣鬻海或井或鹻而成，曰末鹽，皆通商貿易。乾興初，解鹽計歲入二十三萬緡，視天禧中數，損十四萬，請罷之，專令兩池入中並邊芻粟。上皆從之。

三年十一月，復榷茶、鹽。李諮以實錢入粟，實錢售茶，二者不得相爲輕重。既行而商人失厚利，怨謗蠭起。上疑變法之弊，下詔責計置司，而遣官行視。諮具言新法便。會孫奭等論其煩擾，遂罷貼射法，官仍給本錢市茶，商人入錢售之，茶法復壞。解鹽亦復榷之。

八年八月，復解鹽通商法。上書者言，榷解鹽，官得利微而民困於轉輸。詔翰林學士盛度、御史中丞王隨議更其制，因畫通商五利上之，曰：方禁商時，伐木造船，輦運民兵，不勝疲勞，今去其弊，一利也。陸運既差帖頭，又役車户，貧人懼役，連歲逋逃，今悉罷之，二利也。船運有沈溺之患，綱吏侵盜，雜以泥沙、硝石，其味苦惡，疾生重膇，今皆得食真鹽，三利也。錢幣，國之貨泉，欲使通流，富家多藏鏹不出，民用益蹙，今歲得商人出緡錢六十餘萬助經費，四利也。歲減鹽官、兵卒，畦夫、傭作之給，五利也。遂罷三京、二十八州軍榷法，聽商人入錢若金銀於京師榷貨務，受鹽兩池，而民便之。自是雖商賈流行而〔歲〕據《續綱目》、《薛鑑》補。課耗矣。

景祐三年三月，罷榷茶，復行貼射法。自貼射茶法廢，而河北入中虚估之弊益甚，李諮既居政府，請復行見錢法，皆如天聖元年之制。又命商持券徑趨榷貨務，驗實立償之錢，而三説之法廢。縣官自此省費矣。

慶曆二年春正月丁巳，復榷鹽法。自元昊反，軍興，用度不足，因聽並邊入中芻粟，予券，趨京師榷貨務，愛錢若金銀；入中他貨，予券，償以池鹽。由是羽毛、筋角、膠漆、鐵炭、瓦木之類，一切以鹽易之。猾商貪吏，表裏爲姦，至入椽木二，估錢千，給鹽二百二十斤。鹽直益賤，販者不行。至是，詔凡商人虚估受券及已受鹽未鬻者，皆計直輸虧官錢。内地州、軍民間鹽悉收市入官，官爲置場，增價出之。復禁永興等十一州、軍商鹽，官自輦運，以衙前主之。又禁商鹽私入蜀，置（析）〔折〕據《宋史》一八一《食貨志》改。博務於永興、鳳翔，聽人入錢若蜀貨，易鹽趨蜀中以售。已而東南末鹽悉復禁榷。

皇祐四年九月，以范祥爲陝西轉運使，制置解鹽事。自復榷法，兵民輦運，不勝其苦；並邊務誘人入中芻粟，皆爲虚估，騰踊至數倍，大耗京師錢幣。太常博士范祥，關中人也，熟其利害，嘗謂兩池之利甚博，而不能少助邊計者，公私侵漁之害也。倘一變法，歲可省度支緡錢數十百萬。乃畫策以獻，遂命制置其事，使推行之。論者爭言其非是，遣户部使包拯馳視，還言其便。論者猶籍籍，驛召祥至，與三司雜議，皆是祥所建，詔從之。田況請久任祥以專其事，乃擢祥爲轉運使。於是舊禁鹽地一切通商，聽鹽入蜀；罷九州、軍入中芻粟，令入實錢，償以鹽，授以要券，即池驗券，按數而出；盡弛兵民輦運之役，以商所入緡錢糴粟，輸並邊九州、軍，而悉留榷貨物錢幣以實中都。由是黠商貪賈無所僥倖，關內之民得安其業，公私便之。

嘉祐四年二月，罷榷茶。自茶爲官榷，民私蓄，盜販皆有禁，臘茶之禁尤嚴，歲報刑辟，不可勝計。園户困於征取，官司並緣侵擾，因陷罪戾，至破產逃匿者，歲比有之。又茶法屢變，歲課日削，官茶所在陳積，縣官獲利無幾，論者皆謂宜弛其禁。帝曰：茶、鹽，民所食，而強設法以禁之，致犯法者衆，顧經費尚廣，未能弛禁耳。既而葉清臣請令通商收税，以免輦運之勞，弭刑辟之濫。又茶與鹽均爲人用，宜以口定賦。三司議以爲不可行，於是著作佐郎何鬲、三班奉職王嘉麟皆上書，請罷給茶本錢，縱園户貿易，而官收租錢；與所在征算歸榷貨務，以償邊糴之費，可以疏利源，寬民力。富弼、韓琦、曾公亮然其策，請於帝行之。下三司議，三司言：茶課給本收利，所獲甚微，而煩擾爲患。園户輸納，侵害日甚，小民趨利，犯法益繁。宜約歲入息錢之數，均賦茶民，恣其買賣，所在收算，而不給本錢。遂下詔曰：古者山澤之利與民共之，故民足於下而君裕於上，國家無事，刑罰以清。自唐建中時，始有茶禁，上下規利，垂二百年。如聞比來爲患益甚，民被誅求之困，日惟咨嗟；官受濫惡之入，歲以陳積。私藏盜販，犯者實繁，嚴刑峻誅，情所不忍，是於江湖間幅員數千里，爲陷穽以害吾民也！朕心惻然念此久矣。間遣使者往就問之，而皆懽然願弛其禁，歲入之課以時上官。一二近臣條析其狀，朕猶若慊然。又於歲輸裁減其數，使得饒阜以相爲生，俾通商利。歷世之弊，一旦以除，著爲經常，費復更制，損上益下，以休吾民。尚慮喜於立異之人，緣而爲姦之黨，妄陳奏議，以惑官司，必寘明刑，無或有貸。凡歲輸緡錢三十三萬八千有奇，謂之租錢，與諸路本錢悉儲以待邊糴。自是惟臘茶禁如舊，餘茶肆行天下。論者猶謂，朝廷志於恤人省刑，其意良善，然茶户先時受錢於官，而今也顧使納錢於官，受納之間，利害百倍。先時百姓冒法販茶被罰耳，今悉均賦於民，賦不時入，刑亦及之，是良民代冒法受罪。先是商賈爲國遷貿而州郡收其税，今商賈以利薄不行，致歲額不登，經費日蹙。翰林學士歐陽修、知制誥劉敞皆主是説，請除前令。帝不聽。

神宗熙寧二年（三）〔四〕據《續綱目》、《薛鑑》改。月，以薛向爲江、浙、荆、淮發運使。時范祥卒，以向繼領其事。向請兼以鹽易馬，王安石時領羣牧，主其説，請久任向。會淮南轉運使張靖言向壞鹽法，且有欺隱。帝召向與靖對，錢公輔、范純仁皆言向罪。安石排羣議，抵靖於法，以向代之。向請即永興軍置買鹽場，以邊費錢十萬緡儲永興，爲鹽鈔官本，官自鬻之，而罷通商。從之。

七年夏四月，初榷蜀茶。時，王韶建開河、湟之策，遣三司幹當公事李杞入蜀，經畫買茶，於秦、鳳、熙、河博馬，以著作佐郎蒲宗閔同領其事。初，蜀之茶園皆民兩税地，不殖五穀，惟宜種茶，賦税一例折輸，税額總三十萬。杞乃即蜀諸州創設官場，更嚴私交易之令。知彭州吕陶言：市易司籠制百貨，歲出息錢不過十之二。今茶場司盡榷民茶，取息十之三，茶户被害，不可勝窮。詔止取息十之一，而陶亦以是得罪。未幾，以李稷都大提舉茶場。稷與宗閔務浚利刻急，一年之間，通課利及舊界息税七十六萬七千餘緡。稷又辟陸師閔幹當公事以自輔。

八年十二月，更定解池鹽鈔法。自薛向立鹽鈔本，其後多虚鈔，而鹽益輕。至是，多言官賣不便，乞通商。王安石主提舉張景温之言，至課民買官鹽，隨貧富作業爲多少之差。買賣私鹽，聽人告，以犯人家財給之。買官鹽食不盡留經宿者，同私鹽法。於是民間騷怨，鹽鈔舊法，每席六緡，至是三緡有餘，商不入粟，邊儲失備。

哲宗元祐元年秋七月，罷成都榷茶場。時，劉摯、蘇轍論陸師閔在成都增場榷茶，其害過於市易，遂貶師閔官而罷茶場。值上官均論集賢修撰黄廉往附蔡確，出爲陝西都轉運使。廉至陝，謂：茶政隨事制宜，便於公者，不苟去以爲名；害於民者，不苟存以爲利。請榷熙、秦茶勿改，而罷成都茶場，許東路通商，禁南茶毋入陝西，以利蜀貨。定博馬歲額爲萬八千疋。朝廷從之。歲餘，人皆稱便。初，陸師閔歲計茶息以一百二十萬緡，掊克斂怨，無所不至。及廉盡除公私之病，比數年，亦得百二十萬。

六年秋七月，復制置解鹽使，詔鹽復許通商。

徽宗崇寧二年夏四月，更鹽鈔法。蔡京欲囊括四方之錢實中都，以誇富強而固恩寵，俾商人先輸錢於榷貨務請鈔，赴產鹽州郡支鹽，而舊鈔悉不用。商人凡三輸錢，始獲一直之貨。因無資更鈔，已輸錢悉乾没，於是有齎數十萬券一旦廢棄者，朝爲豪商，夕儕流丐，有赴水投繯而死者。商貫不通，邊儲失備。提點淮東刑獄章繹見而哀之，奏改法誤民。京怒，奪繹官。

《元典章》卷二二《户部・課程・恢辦課程條畫》　中統二年六月，欽奉皇帝聖旨：道與各路宣撫司并達魯花赤、管民官、課税所官、不以是何投下軍民諸色人等：隨路恢辦宣課，已有先朝累降聖旨條畫，禁斷私鹽酒醋麯貨、匿税，若有違犯，嚴行斷罪。今因舊制，再立明條，庶使吾民各知所避。欽此。

一、諸犯私鹽者，科徒二年，決杖七十，財産〔一半〕没官。決訖，發下鹽司帶鐐居役，滿日疏放。若有告捕得獲，於没官物内一半充賞。如獲犯界鹽貨，減犯私鹽罪一等。仍委自州府長官提調禁治私鹽罪。如禁治不嚴，致有私鹽并犯界鹽貨生發，初犯笞四十，再犯杖八十，三犯已上開具呈省，聞奏定罪。若獲犯人，依上給賞。如有鹽司監臨官與竈户私賣鹽者，同私鹽法科斷。

《元典章》卷二二《户部・課程・常課・民官管課程事》　御史臺咨：中書省劄付：

至元二十八年九月十八日奏奉聖旨節該：茶運司只管茶，鹽運司只管鹽。其餘酒醋税課的勾當，新年爲始，依在先體例裏，交路官人每管者。欽此。

紀　事

（宋）李燾《續資治通鑑長編》太祖開寶九年十月　先是，茶鹽榷酤課額少者，募豪民主之，民多增額求利，歲或荒歉，商旅不行，至虧失常課，乃籍其資産以備償。於是詔以開寶八年額爲定，勿輒增其額。

（宋）李燾《續資治通鑑長編》真宗景德四年九月　福建巡撫、比部員外郎張令圖言：福建路諸寨棚巡兵捕得私鬻茶鹽人，多分其財物，縱初犯人逃逸。請自今許途中反告，重寘其罪，仍以所分財之半没官，餘給告人。從之。

（宋）李燾《續資治通鑑長編》真宗大中祥符九年十月　先是，丁謂力庇李溥，主行新法，言不便者雖衆，謂持之益堅。及謂罷政，羣議復起，上謂王旦等曰：茶鹽之利，要使國用贍足，民心和悦。卿等宜熟思之。旦等曰：此屬邦計，欲選官與三司再行定奪，臣等參詳可否奏裁。上曰：卿等宜即具詔，明述卹民之意。丁酉，下詔曰：朕思與蒸黔，共登富壽。山澤之禁，雖有舊章，措置之宜，慮傷厚歛。將期惠物，無憚從寬，專命朝臣，僉謀邦計，使共詳於通制，庶俯洽於羣心。宜差翰林學士李迪、權御史中丞凌策、知雜御史吕夷簡與三司同共定奪。務要茶園、鹽亭户不至辛苦，客旅便於興販，百姓得好茶鹽食用。仍送中書門下參詳，並令榷貨務告示客旅，應入中算射茶鹽等，一依常例，並不別生名目，致有疑誤虧損。蓋欲濟人，固非言利，商旅等各安乃業，以竚於樂成，有司等無棄予言，免彰於掊克。《會要》繫此事於十五日丁酉，今從《實録》。丁謂罷政，乃命李迪等，此據本志。

（宋）李燾《續資治通鑑長編》真宗天禧元年四月　詳定茶鹽所言：入中緡錢，舊悉從商人所有受之。請令十分輸緡錢四五，仍定加饒、貼納之差。從之。此據《會要》及本志，而《實録》不書，今附見。

（宋）李燾《續資治通鑑長編》真宗天禧元年七月　詳定鹽茶所請罷買陝西芻糧交抄，別立久制，許商人入中，從之。

（宋）李燾《續資治通鑑長編》仁宗天聖七年三月　甲申，上封者言天下茶鹽課虧，請更議其法。帝以問三司使寇瑊，瑊曰：議者未知其要爾。河北入中兵食，皆仰給於商旅，若官盡其利，則商旅不行，而邊民困於餽運矣。法豈可數更？帝然之，因謂輔臣曰：茶鹽民所食，而強設法以禁之，致犯法者衆。但緣經費尚廣，未能弛之，又安可數更其法也。

泰州鹽課虧緡錢數十萬，事連十一州，詔殿中丞張奎往按之。還，奏三司發鈔稽緩，非諸州罪。因言：鹽法所以足軍費，非仁政所宜行。若不得已，令商人轉貿流通，獨關市收其征，則上下皆利，孰與設重禁壅閼之爲民病。有詔悉除所負。奎，臨濮人，全義七世孫也。奎事不得其時，附茶鹽課虧後，當考。

（宋）李心傳《建炎以來繫年要録》建炎元年五月　江淮等路發運使梁揚祖提領措置東南茶鹽公事，尚書工部員外郎楊淵同提領，置司真州。時東北道梗，鹽筴不通，揚祖言：真州東南水陸要衝，宜遣官置司，給賣鈔引。所有茶鹽錢，並充朝廷封樁，諸司無得移用。朝廷以爲然，故有是命。明年八月戊辰，揚祖進職。

（宋）李心傳《建炎以來繫年要録》建炎二年八月　辛未，徽猷閣待制江南等路制置發運使提領措置東南茶鹽梁揚祖遷徽猷閣直學士，以措置就緒也。茶法，自政和以來，許商人赴官買引，即園户市茶，赴合同場秤發。淮浙鹽則官給亭户本錢，諸州置倉，令商人買鈔算請，每三百斤爲一袋，輸鈔錢十八千。閩廣鹽則隸本路漕司官船官賣，以助歲計。建炎四年，福建行鈔法，旋即罷之。紹興八年，二廣行鈔法。公私便之。自揚祖即鎮州置司，歲入錢六百萬緡。其後歷三十年，東南歲榷茶以斤計者：浙東七州八萬，紹興府、温、台、衢、婺、明、處州。浙西五州四百四十八萬，臨安、平江府、湖、嚴、常州。江東八州三百七十五萬，宣、饒、徽、信、池、太平州、南康、廣德軍。江西十一州四百四十五萬，洪、贛、吉、袁、撫、江、筠州、建昌、興國、臨江、南安軍。湖南八州一百一十三萬，潭、衡、永、邵、全、彬州、桂陽、武岡軍。湖北十州九十萬，江陵府、鼎、澧、辰、沅、歸、峽、鄂、岳州、荆門軍。福建五州九十八萬，福建、汀、南劍州、邵武軍。淮西四州一萬，舒、廬、蘄州、安豐軍。廣東二州二千，南雄、循州。廣西五州八萬，静江府、融、潯、賓、昭州。皆有奇。合東南産茶之州六十五，總爲一千五百九十餘萬斤。通收茶引錢二百七十餘萬緡。〔案〕茶引錢數，原本錯入通收鹽息錢句下，今移附於此。鹽以石計者：浙西三州一百十三萬，臨安、平江府、秀州。浙東四州八十四萬，紹興府、温、台、明州。淮東三州二百六十八萬，通、泰、楚州。廣東三州三十三萬，廣、惠、南恩州。廣西五州三十三萬，廉、高、欽、化、雷州。率以五十斤爲一石。皆有奇。以斤計者：福建四州二千六百五十六萬。福、泉、漳州、興化軍。合東南産鹽之州二十二，總爲二萬七千八百一十六萬餘斤。通收鹽息錢一千七百三十餘萬緡。此紹興二十五年數。後增至二千四百萬緡。乾道三年三月癸丑立額。而四川三十州，歲産鹽約六千四百餘萬斤，後隸總領財賦所贍軍。成都府路九州、利路二州，歲産茶二千一百二十萬斤，隸提舉茶馬司買馬。皆不係版曹之經費焉。蜀茶，十一月庚子，蜀鹽，紹興二年九月甲申，所書可參考。

（宋）李心傳《建炎以來繫年要録》建炎四年四月　言者乞罷四川榷鹽榷酤，以安遠民。自同主管川陝茶馬兼宣撫司隨軍轉運使趙開變茶酒法，怨詈四起。至是開復議更鹽法，言者遂奏其不便。且曰如謂大臣建請，務全事體，必須更制，即乞劄與張浚照會施行。詔以其章示浚。時鹽法未行，事得暫止，而酒課已爲軍食所仰，浚訖不爲所變也。《日厤》云言者乞罷四川榷鹽榷酤。案改鹽法在紹興二年九月，此時尚未行，當是方有此議；或者浚請於朝，言者遽及之而暫止耳。今略删潤修入。熊克《小厤》附此事於甲申，恐誤。

（宋）李心傳《建炎以來繫年要録》紹興三年十二月　詔四川諸州犯私茶鹽人，並不用赦蔭原免。初，吕頤浩因通州鹽畫旨，而榷貨務張純又請批狀行之東南諸路。至是左朝請大夫成都府路提點刑獄公事何慤言，所降指揮，爲專置提舉茶鹽司路分，本路即非專司去處，總領四川財賦趙開以白宣撫司。且言恐官吏觀望，全不禁戢。宣撫處置副使王似盧法原以便宜從之，言於朝，故有是命。自是天下茶鹽皆用重法矣。慤，資陽人也。

（宋）李心傳《建炎以來繫年要録》紹興四年四月　直龍圖閣都大同主管川、陝茶馬公事兼宣撫處置司隨軍轉運使專一總領四川財賦趙開令再仕，用王似等奏也。初，張浚既召歸，開亦亟白王似、盧法原求罷。其自辨疏曰：開既兼宣撫處置使司隨軍轉運使，專一總領四川財賦，切謂應副軍期，費用不貲。若加斂於民，即民愈不堪。尋措置改修茶、鹽、酒已壞之法，不惟廣收息錢，兼歲入有常，不誤措準。自建炎三年至紹興二年終，茶、鹽、酒息增額錢並買抵擬絶户田産等錢，共收一千五百三十五萬餘貫。兼隨軍秦州應副過陝西茶馱，及於陝西創行印造銅錢引紐，計川錢八百三十四萬餘貫。此外未嘗創立名目，科抑民間。所榷茶、鹽、酒，並係祖宗舊法，置合同場買引。及置官鹽務，亦係朝廷已常行者。其犯人斷罪刑名，未嘗輒有删定。但增添告捕賞錢，意欲犯法者少。惟是營私官吏，惡其不便於己，懷異忌疾者，共興謗讟，謂改修弊法，爲生事擾民。口舌沸騰，必相陷害。況開年垂七十，心力凋耗，若叨冒無耻，重致煩言，豈惟有辱士風，決然上誤國事。似等察開雅非辭難畏謗讟者，而軍事方急，果不可無開。乃奏言：川陝屯駐大軍費用浩瀚，漕司所入止充常賦，諸司錢物見在不多，累年經費委是趙開悉力措置。茶、鹽、酒息之類，通計約二千萬貫。資助調度，搜革宿弊，增廣課息，於民無科率搔擾。今來若令本官罷任，緣目即正當邊事之際，財用急闕，全籍趙開措畫應辦。深恐别差官主管不知首尾，措置乖方，有誤贍養大軍，利害至重。故有是旨。

（宋）李心傳《建炎以來繫年要録》紹興六年六月　湖北路提舉茶鹽常平公事范寅秩言：茶鹽之利，常平之法，專一應副國家大計，州縣不得擅用。比因盗賊累年爲害，如本路州郡官私移用，或申畫朝旨，特免監司支取，朝廷一時取撥免年限，或二年，或三年，有至限滿又展年限，及有一面擅行支用錢米盡浄，申乞朝廷除破。提舉官縮手坐視，不敢誰何。欲乞自今後兩司錢物，應申畫展限及除破，并通融本州支用及截撥，并一面支取指揮。並乞行下本司，覈實保明收支的確下落。委實要用，及無可椿還，再行申明，方許依應。從之。寅秩，建陽人也。

（宋）李心傳《建炎以來繫年要録》紹興九年九月　起居郎周葵乞將犯私茶鹽人免根問來歷。上曰：犯榷貨者，不根問經由，此嘉祐著令，仁宗盛德也。舉而行之，則吏不至並緣，獄不至滋蔓，可令省部相度速復，不果行。熊克《小厤》，載此事在九月丁未，蓋誤。給事中蘇符試尚書禮部侍郎，仍兼資善堂翊善。

（宋）李心傳《建炎以來繫年要録》紹興三十年九月　壬午，右正言王淮言：兩淮閒多私相貿易之弊，如茶牛及錢寳三者，國家利源所在，而皆巧立收税，肆行莫禁。茶於蔣州私渡，貨與北客者既多，而榷場通貨之茶少矣。牛於鄭莊私渡，每歲春秋三綱，至七八萬頭，所收税錢固無幾矣。若錢寳則有甚焉，蓋對境例用短錢，南客以一緡過淮，則爲數緡之用。況公然收貫頭錢而過淮者，日數十人，其透漏可概見矣。帥憲通知相與掩蔽，望詔多方措置，革去宿弊。從之。淮，金華人，師心猶子也。

《宋史》卷一一《仁宗紀》〔慶曆三年〕六月甲辰，詔諸路漕臣令所部官吏條茶、鹽、礬及坑冶利害以聞。

《宋史》卷二八《高宗紀》〔紹興五年春正月〕乙丑，罷淮南茶鹽提刑司，置提點兩路公事官一員，兼領刑獄、茶鹽、漕運、市易事。

《宋史》卷三〇《高宗紀》〔紹興十五年八月〕己亥，改諸路提舉茶鹽官爲提舉常平茶鹽公事，川、廣以憲臣兼領。

《宋史》卷三〇《高宗紀》〔紹興二十一年〕八月辛未，秦檜上《重修諸路茶鹽法》。

《遼史》卷一七《聖宗紀》〔太平九年八月〕初，東遼之地，自神册來附，未有榷酤鹽麯之法，關市之征亦甚寬弛。

其他

綜述

（宋）謝深甫等《慶元條法事類》卷二八《榷禁門・乳香敕令格》

敕

衛禁敕

諸私有乳香，造假乳香及知而販賣者同。一兩笞四十，二斤加一等，二十斤徒一年，二十斤加一等，三百斤配本城。

諸販官乳香引外，有剩及應赴官批銷而不赴，若不應出本州縣界而出者，以私有論。

諸引領、交易、私有乳香，依犯人法。

諸巡捕官透漏私有礬者，百斤罰俸一月，每百斤加一等，至三月止，一千五百斤差替。兩犯通及二千斤者，准此。私乳香一斤比十斤。不係正官者，三斤比一斤。雖獲犯人而本物不在者，並不坐。

詐僞敕

諸糾合人共造假乳香而首告以規賞者，徒二年。造假乳香而首告者，許人告。

令

賞令

諸命官獲私有乳香應賞者，未獲犯人，三斤比一斤；遣人獲者，各一斤半比一斤。

諸獲販私有乳香五斤以上者，犯人隨行己物全給。知情、停藏、負載人隨行己物准此。其賞錢及物價仍准格。

諸獲私有乳香而未獲犯人，或未買人自首而未獲賣人者，唯准價給官錢三分，獲犯人、賣人者，仍准格別理錢給之。

諸告獲違法開乳香鋪者，以本鋪係己產業及同財若爲主管知情幹辦人鋪內所有財物給之。

諸告獲糾合人共造假乳香而首告以規賞者，依告獲私有乳香法給賞。

職制令

諸巡捕官巡獲或透漏私有乳香，透漏，謂入別界被他人告捕獲，經歷明白者。許以未經賞罰斤兩對行折除外據數賞罰。

諸巡捕官獲私假香，所屬監司歲終比較，謂私假香係提舉茶鹽司比較之類。其最多、最少之人，最少，謂地分內透漏及犯者數多而獲到數少者。每路各二員以聞。

格

賞格

命官

親獲私有乳香，累及：五十斤，陞半年名次；一百斤，免試；二百斤，減磨勘二年；三百五十斤，減磨勘三年；五百斤，轉一官。

諸色人

告獲私有乳香者，准價以官錢，給五分。

告獲私有乳香，謂准價給外，於犯人別理者，即造假乳香及知而販賣者同。不滿一十斤，錢一十五貫。每一十斤加一十五貫，至七百五十貫止。

雜格

許有禁物

乳香：九品一斤；八品以上二斤；六品以上四斤。

（宋）謝深甫等《慶元條法事類》卷二八《榷禁門・銅鍮石鉛錫銅礦敕令格》

敕

衛禁敕

諸私有銅及鍮石者，銅礦及夾雜銅並烹煉淨銅計數。其盜人許存留之物者，免烹煉，每兩除豁三錢。一兩杖八十，一斤加一等，十五斤不刺面配鄰州本城。爲人造作器物者，與物主同罪，配亦如之，作具沒官。自造者准此。

諸私有鉛夾雜者，並黃丹、砂子，並烹煉淨鉛計數。一斤，笞五十，二十斤加一等，過杖一百，三十斤加一等，罪止徒三年。出産地分私烹煉加一等。

諸犯榷貨非販者，銅、鉛、銅礦、鍮石非。二分得一分之罪，罪止徒三年，仍免編配。

諸巡捕官任内透漏銅出界及失覺察私置爐烹煉或賣買不入官，以捕得斤數折除外，五十斤展磨勘半年，縣尉殿三月參選；百斤展一年，縣尉殿半年；二百斤展二年，縣尉殿一年。如係所產去處各遞加一等。磨勘、殿選並以一季爲一等，專差巡捕使臣透漏失覺察至二百斤，仍降等差遣。其銅礦、鉛、錫十斤，或銅垢以烹煉到浄銅五斤，各比銅一斤。

諸巡捕人失覺察本界内停藏、謂經日者。貨易若透漏私有榷貨而被他人告捕獲者，犯人杖罪，笞四十；徒罪，杖八十；流罪，杖一百。若係產銅界内巡捕人透漏失覺察私賣銅或私輒鑄造銅器出賣者，各加一等。

諸出產銅、鉛、錫界内耆長失覺察私置爐烹煉而爲他人告捕獲，並同保父保正長知而不糾者，並依界内停藏、貨易透漏榷貨法。

擅興敕

諸私有銅鑼，謂堪充軍用者。杖一百，許人告。村鄉保伍曾經鐫記及官給者非。

雜敕

諸守令任内失覺察鉟銷錢寶、私鑄銅器，提點刑獄司具申尚書省取旨。

令

職制令

諸巡捕官獲私造銅、鍮石之物，所屬監司歲終比較，謂私造銅、鍮石，係提點刑獄司比較之類。其最多、最少之人，最少，謂地分内透漏及犯者數多而獲到數少者。每路各二員以聞。

賞令

諸產銅、鉛、錫界巡捕官，任内親獲私置爐烹煉若賣買不入官應賞者，未獲犯人，二斤比一斤；遣人獲者，各一斤半比一斤。

諸獲販私有銅、鉛、錫、鍮石、銅礦五斤以上者，犯人随行己物全給。其賞錢及物價仍准格。

捕亡令

諸巡捕榷貨人各給印紙，具録所捕獲物數。若失覺察本地分停藏、貨易、透漏若私置爐烹煉者，聽以所獲犯人刑名等第互相准折，刑名不等，許通計。並謂已獲犯人者，笞罪二折杖罪一，杖罪二折徒罪一，徒罪二折流或配罪一。其以重罪折輕罪者准此。能於三十日内別獲犯人、榷貨人。亦聽依此折除。

關市令

諸應用銅及鍮石之物不可闕者，謂鐘磬、鐃鈸、鈴、杵、照子、鍱、鑻之類。文思院鑄造鐫鑿，發赴雜賣場立價請買，仍給憑由照會。寺觀闕大鍾，聽經所在州陳乞，勘會詣實，保明申尚書省，候得指揮，聽鑄。若諸軍合用銅鑼，申降指揮下軍器所造給。

諸買官造銅器、鍮石之物者，出賣官司具數給引。

諸錫非出產界而官賣者，聽。商販及造器用貨易仍並免税。

諸產錫界内寺觀及私家，所有功德像之屬聽留。仍官給文憑，遇損壞，賣入官。下條錫器物損壞准此。其寺觀仍具名件，置籍及榜示。

諸產錫界内民間所用錫器物，聽於通商處收買，諸當處税務驗實，具數給公憑，賫詣所居州縣税務覆驗。亦聽貨易。貨易者，仍於本務俟憑貨訖限次日納毀。

雜令

諸私造銅、鍮石器物及買販罪賞條禁，於要閙處曉示。

諸私鑄銅器物，守臣月具有無違戾聞奏，並申提點刑獄司，仍從本司檢察類奏。如有違戾，具當職官奏裁。

諸舊有銅、鍮石鑄道釋功德像、鐘磬、鐃鈸、鈴、杵、相輪、照子、鍱、鑻、銅鑼，謂己藉定數目及曾經鐫記給憑由，或元經官給買到者。並許存留。

諸格令許有榷貨，謂非販賣者；銅、鍮石物，謂曾經鐫記及官給賣者。

諸以鉛造鍱、鑻、婦人首飾、釵、釧及稜道泥畫者聽。

軍器令

諸造銅鑼及弩牙發之類，闕銅及無工匠者，轉運司就近使州造成支付。

格

賞格

諸色人

告獲私有銅及鍮石者：杖罪，錢五貫；徒一年，錢一十五貫，每等加一十貫；流二千里，錢六十五貫，每等加一十貫。

告穫私有鉛者，准價全給。五十貫止。

告獲私有銅鑼，謂堪充軍用者。計斤兩准銅價倍給。

（宋）謝深甫等《慶元條法事類》卷三六《庫務門·場務》　諸銅、鍮石物損壞不堪者，赴鹽酒税務中折賣。非損壞而願賣者，聽，官司不得邀阻。

諸出產金銀置場買者，本州旋發上京。

（宋）謝深甫等《慶元條法事類》卷七九《畜產門·總法》　申明

隨敕申明

衛禁

乾道六年四月七日，尚書省批下户部勘當淮西總領所劄子：客人自江西、湖、廣北興牛販馬入本路界首，已給曆，付逐處地分巡、尉，令指定所賣處州軍縣鎮，或到彼欲別詣他處者，亦聽自便。但只得於廬、和、舒、蘄以南，不得嚮北至緣邊去處。即時差人傳押出界，交付以次巡、尉。亦各鈔轉至所指定處止，歲終換曆稽考。欲下京西、湖北、兩淮提刑、轉運司，遍下所部州縣，依此遵守施行。後批依勘當到事理施行。

【略】

廄庫

乾道七年九月七日樞密院劄子：御前軍器所申，契勘諸路州軍歲額合起黄牛皮，乞下諸路州軍，於四角用火印記，起發赴所，細折長三尺，闊二尺五寸皮數交收，仍於綱解内封連火印樣記，前來以憑照驗。右依申劄子，付工部施行。【略】

旁照法

衛禁申明

隆興元年五月九日敕立定下項：

一、鰾膠，漆，牛皮，筋角，弓弩，竹木，槍杆，簳幹，箭鏃，箭頭，白蠟，翎毛，皮韉，鞋皮底，生、熟鐵，羊、鹿、獐、麂、麅麈、兔、犬、馬皮皆爲軍須之物。

一、契勘逐項物件者，若不分所販州軍一例禁止，緣其間有係民間及州縣所用之物，欲除筋不許興販外，其餘名件不許販海及指往應緣邊州縣出賣外，許於所置買州縣具物件數目於税場官司出給公據，指往近裏州縣出賣。所經由税場照驗放行。若不經官司請給公據，又不依所指州軍出賣，並賣訖不毀公據，及買人不照公據收買者，各科杖一百，並許人告，支賞錢一百貫，其所賣物没官。雖有官司公據，若往次邊、緣邊州縣出賣者，並依後項所立罪賞施行。

一、今後興販軍須之物泛海，不以是何州縣捉獲，及其餘水陸路往次邊州軍捉獲者，徒二年，以物估價，及二貫加一等，過徒三年，三貫加一等，徒罪皆配千里，流罪皆配遠惡州。若於極邊州軍捉獲者，徒三年，以物估價，及二貫加一等，徒罪皆配三千里，流罪皆配海外，十貫絞。已過界捉獲者，不以多寡，並從軍法定斷，仍並奏裁。許諸色人告捕。其知情、引領、停藏、負擔、乘載之人，並減犯人罪一等，各依犯人配法。經由透漏州縣官吏公人、兵級，並減犯人罪一等。以上並不以去官赦降原減。

一、今後告捕興販軍須之物往極邊並次邊及其餘州軍貨賣者，除盡給隨行物與告捕人充賞外，徒罪命官轉一官。次邊，止減磨勘三年。其餘州軍，止減磨勘二年。諸色人錢一千貫，仍補進義副尉；次邊，止給賞錢。其餘處，賞錢給半。流罪，命官轉一官，仍減磨勘三年，次邊，止轉一官。其餘處，止減磨勘三年。諸色人錢一千五百貫，仍補進義校尉；次邊，止給賞錢。其餘處，賞錢給半。死罪，命官轉兩官，仍減磨勘三年，諸色人錢二千貫，仍補承信郎。

一、知情、停藏同船同行梢工、水手能告捕及人力、女使告首者，並與免罪，與依諸色人告捕支賞、補官。

（宋）李心傳《建炎以來朝野雜記甲集》卷一四《財賦·礬白礬、青膽、黄礬》　礬，國朝舊制，晉州礬行於河東北、京畿，淮南礬行於東南九路，今猶無爲軍崐山場爲盛，歲額白礬六十萬斤。祖額一百二十萬斤，紹興十四年始有此額。韶州岑水場十萬斤，信州鉛山場青膽、黄礬無定額。其法自榷貨務給引赴場，許客人算請，每百斤爲一大引，輸引錢十二千，頭子、市利、雇人、工墨錢二百七十六，又許增二十斤勿算以優之。五十斤爲中引，三十斤爲小引，引錢及加貨以是爲差。十四年，以商販利薄，減爲十千。六月戊子。十四年，又增一千。十一月丙寅。崐山礬則民間自煮，官置場置買納，紹興初年，每斤錢十三文至二十文。十四年十一月，增爲三十文。

歲收息錢四萬緡有奇。二十九年閏六月，以四萬二千五百八十五文爲額。鉛山礬則官自煎，以十分爲率，四分充工本，六分赴榷貨務焉。

（宋）李心傳《建炎以來朝野雜記甲集》卷一八《兵馬・川秦買馬》

川、秦馬舊二萬匹，乾道間，川秦買馬之額，歲爲萬有一千九百有奇。川司六千，黎、叙、文、長寧、南平五州軍。秦司五千九百。宕昌寨五千一百，峯貼峽八百。益、梓、利三路漕司，歲應副博馬綢絹十萬四千匹。成都路五萬，潼川路三萬，利路二萬三千餘。成都、利州路十一州產茶二千一百二萬斤。其詳見《茶事》中。茶馬司所收，大較若此。其後，文州改隸秦司，而川司增珍州之額，共爲四千八百九十六，黎州三千，叙州八百，南平軍四百，長寧軍三百九十六，珍州二百五十。秦司六千一百二十，宕昌寨三千九百二十，文州千五百，峯貼峽寨七百。合兩司爲萬有一千十有六匹，此慶元初之額也。嘉泰末，川司五場又增爲五千一百九十六匹，秦司三場增爲七千七百九十八匹，合兩司爲萬有二千九百九十四匹。然累歲所市，多不及額焉。蓋祖宗時所市馬分而爲二，其一曰戰馬，生於西邊，强壯闊大，可備戰陣。今宕昌、峯貼峽、文州所產是也。其二曰羈縻馬，產於西南諸蠻，格尺短小，不堪行陣。今黎、叙等五州軍所產是也。羈縻馬每綱五十匹，其閒良駟不過三、五匹，中等十許匹，餘皆下下不可服乘。守貳貪於賞格，以多爲貴，起綱遠來，或死道路，其僅至者，但有皮骨。茶馬司以其將斃者，責付諸縣鬻之，至則隨死。而計綱赴江上者，又爲押綱卒校竊其芻粟，道斃相望焉。成都府馬務，每年排發江上諸軍馬五十八綱，每綱一月券，食錢米二百貫，五十八計一萬一千六百貫。押馬官五十三員，每員六百貫，共三萬一千八百貫。興元府馬務，每年撥發三衙馬一百十二綱，所費稱此。率未嘗如數，蓋茶馬司靳吝錢帛，蕃蠻馬至，多不即償故也。或謂守倅、兵官有市馬賞，茶司屬官亦有，兩都大主管官無之，故至此。舊蕃蠻中馬高下良駑各有定價，紹興中，張松爲黎倅，欲馬溢額以倖賞，高其直以市之，自是夷人得欲無厭，愈肆邀索。癸巳變故之後，邛部川蠻邀功，趙彥博始以細茶、錦與之，至今夷人常以馬博茶錦，不堪藉口。淳熙中，龔總爲黎守。又與邛部蠻設席於倅廳之副階，犒以酒食，夷人益肆，稍不如欲，則詆訶官吏，牽馬出場。宕昌馬舊止三千，淳熙中，始增其數。慶元中，金人既爲蒙國所侵，冀之北土遂失。己未歲，乃於洮州置場買馬，由是馬至秦司者差罕云。

（宋）李心傳《建炎以來朝野雜記甲集》卷一八《兵馬・淮馬》

淮馬者，隆興初，張魏公爲江、淮都督，嘗即淮上市之。魏公以爲朝廷歲於川、廣市戰馬，每匹不下三、四百千，而又道遠多斃。今淮馬每匹通不滿二百千，且軍中即日可得。上從之。逮督府廢，乃止。然淮馬矮小，實不可用，其可用者，乃取之淮北耳。乾道以後，又詔於淮郡市馬，於是多有越淮盜馬來售者。右奉議郎曾昭時守濠州，至以其馬起綱赴行在，北人以爲言，淮西帥臣趙善俊奏其事，大臣欲下令還之。孝宗以爲失體，乃諭善俊執死囚罪付昭，令斬之，曰：此盜馬者也。於是一綱已至，御馬院命濠州以死損報，而次綱未至者，皆遣還之。昭坐追三官放罷。自是不復買淮馬云。曾昭以乾道七年三月二十四日戊戌行遣。此事嘗見親筆處分，史不能詳也。

（宋）李心傳《建炎以來朝野雜記甲集》卷一八《兵馬・廣馬》

廣馬者，建炎末，廣西提舉峒丁李棫始請市戰馬赴行在。四年五月戊辰。紹興初，隸經略司。三年春，即邕州置司提舉，正月壬午。市於羅殿、自杞、大理諸蠻，未幾廢買馬司，以帥臣領其事。七年，胡待制舜陟爲帥，歲中市馬二千四百匹，詔賞之。其後馬益精，歲費黄金五鎰，中金二百五十鎰，錦四百端，綺四千匹，廉州鹽二百萬斤，而得馬千五百匹。馬必四尺二寸以上，乃市之，其直爲銀四十兩。每高一寸增銀十兩，有至六、七十兩者。土人云：其尤駔駿者，在其出處，或博黄金二十兩，日行四百里，但官價有定數，不能致此耳。然自杞諸蕃，本自無馬，蓋又市之南詔。南詔，今大理國也，去自杞國可二十程，而自杞至邕州横山寨二十二程，横山寨至静江府又二十餘程。羅殿國又遠於自杞十程。乾道九年冬，有大理人李觀音得等二十二人，至横山求市馬，知邕州姚恪盛陳金帛誇詡之，其人大喜，出一文書，稱利貞二年十二月，約來年以馬來，所須《文選》、《五經》、《國語》、《三史》、《初學記》及醫、釋等書，恪厚犒遣之，而不敢奏也。會宜州谿洞巡檢常恭者赴闕，持南丹州莫延葚表來，乞就宜州市馬，比之横山可省三十餘程。產馬地至南丹十程，南丹至静江十三程。張説在樞筦，以其表聞。李壽翁時爲檢詳文字，爲説言：邕遠宜近，人孰不知，前迂其途，豈無意乎。況今莫氏方横，乃欲爲之除道，而擅以互市之饒，誤矣。小吏妄作，將啓邊釁，請論如法。説不聽，命從義郎李宗彦以提點綱馬驛程，往宜州措置。九年十二月壬戌。既而説罷政，密院乃奏宗彦等所言邊防不便，罷之，時淳熙元年秋也。說以八月己未罷略。密院以九月乙巳奏罷宜州買馬。帥臣范致能因劾常恭之罪，下吏削籍流竄焉。廣馬例以五十四爲一綱，每年過三十綱許推賞。然官吏爲姦，博馬銀多雜以銅，蠻人交易，每銀一兩爲握臂釧樸以爲率。鹽百斤爲一畚，朘減至六十，所贏皆官吏共盜之。蠻覺知，不肯以良馬來，所市率多老病駑下，且不能登數。致能爲約束，令太守莅鎔釧樸，增足鹽畚。逮其去官之歲，市馬乃六十綱，前此未有也。淳熙二年。嶺南自產小駟，匹直十餘千，與淮南所出無異。大理地連西戎，故多馬，雖互市於廣南，其實猶西馬也。蓋馬喜高寒，非炎方所利。淳熙二年秋，占城國主遺瓊州守臣書，遺六百人，海舟三十艘，至海南買馬，上命帥臣張敬夫作書，諭以中國馬未嘗出外夷，乃去。安南亦不產馬，故以象拒戰焉。

（宋）李心傳《建炎以來朝野雜記乙集》卷一四《官制·川秦茶馬二司分合》　川、秦榷牧，自元豐以來，雖各有兩司，秦司榷茶，秦司買馬。川司榷茶，川司買馬。然大抵川、秦皆止除一使，蓋摘山市駿非相通不可也。紹興初，陝西失守，李子公爲使，乃奏合四司爲一司，以省官吏，如是者六十八年矣。有吳摠者，武順之第四子，初補京秩，乾道中自都官郎官易帶御器械，年三十餘爲池州都統制，每妄殺人。孝宗知之，復命易文。淳熙中，以敷文閣待制提舉茶馬，坐黎州變故，降爲集英殿修撰，奉祠。久之，復命出守，稍遷寶文閣待制，知瀘州。慶元、嘉泰之間，摠食祠祿，居漢中，而從子曦爲殿副，二人不相能。摠每丐任使，曦數陰沮之，摠無以爲策。時胡直閣大成爲茶馬司，盡核諸場額外之茶，且損蕃商中馬之直。舊例，買馬必四尺四寸以上，及大成損馬直，而馬至益希，所市四尺一寸而已。其至軍中，斃者復衆。朝廷苦之。摠一日與殿司取馬，統制官彭輅謀納賂于蘇師旦，且說之曰：馬政之積弊，此非西人諳其利病者不能更張，莫若復委吳次對。師旦然之。命下，後省駁之。乃詔摠與郡。朝論方難其選。一日，輅與師旦語，因及之。輅自言世西人，今西蕃，多善馬，特茗司損其直，故以駑駘入市，誠以善價招之，當可得。師旦喜曰：無踰公者矣。翌日，召輅至韓府，平原見之，立語少頃。又翌日，遂有分司之命。大略以爲茶馬司所發綱馬全不及格，積弊極深，宜有更革。自今差文、武臣各一員，令三省、樞密院條具來上。嘉泰三年八月丁未也。後四日，遂命直祕閣、知瀘州王大過與輅分領之。大過置司成都，輅置司興元府。方摠之受堂帖也，即日以秦司屬官印視事于其宅。又以迓吏稍緩，私遣御前軍二人至成都府捕胥長以來。自紹熙末，茶使視事皆申知制司，摠以身爲從官，用故事，不復關白。謝用光怒，會得邸吏報，即追還迓人，械所遣二卒還軍中。摠大沮，然猶得知潼川府云。時義烈廟初成，摠身至興元，以謁廟爲名，與曦樂飲，結歡而去。輅至司，所市馬終不及格，則以深蕃道梗，難以猝致爲詞焉。輅，果之子，後爲殿巖。

《宋史》卷一八五《食貨志·礬》　唐於晉州置平陽院以收其利，開成三年，度支奏罷之，乃以礬山歸之州縣。五代以來，復創務置官吏，宋因之。

白礬出晉慈坊州、無爲軍及汾州之靈石縣，綠礬出慈、隰州及池州之銅陵縣，皆設官典領，有鑊戶鬻造入官市。晉、汾、慈州礬，以一百四十斤爲一馱，給錢六千。隰州礬馱減三十斤，給錢八百。博賣白礬價：晉州每馱二十一貫五百，慈州又增一貫五百；綠礬：汾州每馱二十四貫五百，慈州又增五百，隰州每馱四貫六百。散賣白礬：坊州斤八十錢，汾州百九十二錢，無爲軍六十錢；綠礬，斤七十錢。

建隆中，詔：商人私販幽州礬，官司嚴捕沒入之。繼定私販河東幽州礬一兩以上、私鬻礬三斤、及盜官礬至十斤者，棄市。開寶三年，增私販至十斤、私鬻及盜滿五十斤者死，餘論罪有差。太平興國初，以歲鬻不充，迺詔私販化外礬一兩以上、及私鬻至十斤，並如律論決，再犯者悉配流，還復犯者死。淳化元年，有司言：慈礬滯積，小民多於山谷僻奧之地私鬻侵利，而綠礬價賤，不宜與晉礬均法。詔同犯私茶罪賞。

先是，建隆二年，命左諫議大夫劉熙古詣晉州制置礬，許商人輸金銀、布帛、絲綿、茶及緡錢，官償以礬，凡歲增課八十萬貫。太平興國初，歲博緡錢、金銀計一十二萬餘貫，茶計三萬餘貫。端拱初，銀、絹帛二萬餘貫，茶計十四萬貫。至是，言者謂：礬直酬以見錢，商人以陳茶入博，有利豪商，無資國用。詔今後惟聽金銀、見錢入博。

至道中，白礬歲課九十七萬六千斤，綠礬四十萬五千餘斤，鬻錢一十七萬餘貫。真宗末，白礬增二十萬一千餘斤，綠礬增二萬三千餘斤，鬻錢增六萬九千餘貫。天聖以來，晉、慈二州礬募民鬻之，季鬻礬一盆，多者千五六百斤，少者六七百斤，四分輸一入官，餘則官市之。無爲軍亦置務鬻礬，後聽民自鬻，官置場售之，私售礬禁如私售茶法。六年，詔弛兩蜀榷礬之禁。

時河東礬積益多，復聽入金帛、芻粟。芻粟虛估高，商人利於入中。麟州粟斗實直錢百，虛估增至三百六十，礬之出官爲錢二萬一千五百，纔易粟六石，計粟實直錢纔六千，而礬一馱已費本錢六千。縣官徒有榷礬之名，其實無利。嘉祐六年，罷入芻粟，復令入緡錢。礬以百四斤爲一馱，入錢京師榷貨務者，爲錢十萬七千；入錢麟、府州者，又減三千。自是商賈不得專其利矣。皇祐中，晉、慈入礬二百二十七萬三千八百斤，以易芻粟之類，爲緡錢十三萬六千六百；無爲軍礬售緡錢三萬三千一百。治平中，晉、慈礬損一百九萬六千五百四斤；無爲軍礬售錢歲有常課，發運使領之，視皇祐數無增損；隰州礬至是入三十九萬六千斤，亦以易緡錢助河東歲糴。

熙寧元年，命河東轉運司經畫礬、鹽遺利。李師中言：官積礬三百斤，走鹵消耗，恐後爲棄物。詔令商人入中糧草，即以償之。三年，罷潞州交子務，以防中納糧草、算請礬鹽故也。知慶州王廣淵言：河東，礬爲利源之最，請河東、京東、河北、陝西別立礬法，專置提舉官。詔遣光祿丞楊蟠會議以聞。蟠言：坊州產礬，官雖置場，而商多私售。請置鑊户，定其數，許於陝西北界黃河，東限潼關，南及京西均房襄鄧金州、光化軍，令鑊户遞相保察。或私賣越界，禁如私白礬法，仍增官獲私礬輒以夾雜減斤重之法。從之。

元豐元年，定畿內及京東、西五路許賣晉、隰礬；陝西自潼關以西、黃河以南，達于京西均、房、襄、鄧、金州則售坊州礬；礬之出於西山、保霸州者，售於成都、梓州路；出無爲軍者，餘路售之。私鬻與越界者，如私礬法。

自熙寧初，礬法始變。歲課所入，元年爲錢三萬六千四百緡有奇，併增者五年，乃取熙寧六年中數，定以十八萬三千一百緡有奇爲新額；至元豐六年，課增至三十三萬七千九百緡，而無爲軍礬歲課一百五十萬斤，用本錢萬八千緡；自治平至元豐數無增損。

元祐元年，户部言：商旅販礬，舊聽其便，迺者發運司請用河東例，令染肆鋪户連保豫買，頗致抑擾。詔如舊制。元符三年，崇儀使林像奏：禁河北土礬非便。若即河北產礬地置場官買，增價出之，罷運晉礬，則官獲淨利，無運載之勞，民資地產，省犯法之弊。詔下户部。

初，熙、豐間，東南九路官自賣礬，發運司總之。元祐初通商，紹聖復熙、豐之制。大觀元年，定河北、河東礬額各二十四萬緡，淮南九萬緡，罷官賣，從商販，而河東、河北、淮南各置提舉官。政和初，復官鬻，罷商販如舊制。淮南礬事司罷歸發運司，上供礬錢責以三萬三千一百緡爲額。三年，有司奏減河北、河東并淮南礬額，計十六萬緡。四年，礬額復循大觀之制。五年，河北、河東綠礬聽客販於東南九路，民間見用者，依通商地籍之，聽買新引帶賣，大率循做鹽法。宣和中，舉比較增虧賞罰，未幾，以擾民罷。

建炎三年，措置財用黃潛厚奏許商人販淮南礬入東南諸路，聽輸錢行在，而持引據赴場支礬。

紹興十一年，以鑄錢司韓球言，撫州青膽礬斤錢一百二十文，土礬斤三十文省，鉛山場所產品高於撫，青膽礬斤作一百五十文，黃礬斤作八十文。二十九年，以淮西提舉司言，取紹興二十四年至二十八年所收礬錢一年中數四萬一千五百八十五緡爲定額。其他產礬之所，若潭州瀏陽之永興場、韶州之岑水場，皆置場給引，歲有常輸。惟漳州之東，去海甚邇，大山深阻，雖有采礬之利，而潮、梅、汀、贛四州之姦民聚焉，其魁傑者號大洞主、小洞主，土著與負販者，皆盜賊也。

香　宋之經費，茶、鹽、礬之外，惟香之爲利博，故以官爲市焉。建炎四年，泉州抽買乳香一十三等，八萬六千七百八十斤有奇。詔取赴榷貨務打套給賣，陸路以三千斤、水路以一萬斤爲一綱。

紹興元年，詔：廣南市舶司抽買到香，依行在品答成套，召人算請，其所售之價，每五萬貫易以輕貨輸行在。六年，知泉州連南夫奏請，諸市舶綱首能招誘舶舟、抽解物貨、累價及五萬貫十萬貫者，補官有差。大食蕃客囉辛販乳香直三十萬緡，綱首蔡景芳招誘舶貨，收息錢九十八萬緡，各補承信郎。閩、廣舶務監官抽買乳香每及一百萬兩，轉一官；又招商入蕃興販，舟還在罷任後，亦依此推賞。然海商入蕃，以興販爲招誘，僥倖者甚衆。

淳熙二年，郴、桂寇起，以科買乳香爲言。詔：湖南路見有乳香並輸行在榷貨務，免科降。十二年，分撥榷貨務乳香於諸路給賣，每及一萬貫，輸送左藏南庫。十五年，以諸路分賣乳香擾民，令止就榷貨務招客算請。

紹熙三年，以福建舶司乳香虧數，詔依前博買。開禧三年，住博買。嘉定十二年，臣僚言以金銀博買，洩之遠夷爲可惜。乃命有司止以絹帛、錦綺、瓷漆之屬博易，聽其來之多寡，若不至則任之，不必以爲重也。

（清）徐松《宋會要輯稿・刑法二・禁約》〔慶元二年〕二十七日，臣僚言：鉟銷之禁，不可不嚴。且如輦轂之下，實爲法令之始，孝宗皇帝固嘗親有訓戒矣。今乃列肆負擔，無非銅器，打鑄稜作，公然爲業。又如建康之句容，台州之城下，專以古器得名，今則紹興、平江等處皆有之。江西之撫州專以七筋器皿得名，今則四明、隆興、鄂州、静江等處皆有之。且今冶司歲鑄生銅，所入蓋自有限，其餘皆是取給於淋銅、浸銅。夫毁一錢則（則）有十餘之獲，小人嗜利十倍，何所顧藉。欲責之守令，凡臣庶家所有銅器及僧道供具，立以近限，赴官鐫鑿，不得續行置造。如有違犯，坐以違制之罪，不以蔭論。官吏失覺察，罪亦如之。其鼓鑄打造爐户，仰所屬州縣括籍姓名，監令日下改業，犯者決配海外，永不放還。仍乞重立賞格，許人告捕。詔令三省措置條具將上。

三年正月，三省措置下項：

一、令諸路監司、守臣行下州縣等結甲，立罪賞，粉壁曉諭。

一、令諸路監司、守（官）〔臣〕根刷私鑄銅器之家，免罪改業，再犯立賞斷配。

一、有於軍寨、寺觀、舟船内鑄造，仰主兵官、巡尉嚴切緝捉。

一、官民户除日前現有腰帶鍱鑻及鞍轡、作子、照子外，應有銅器并有銅釘飾器具不許使用。

一、巡尉、都監捉獲鉟銷銅錢到官，即與保奏推賞。

一、内外應奉官司等處，法物等應用銅鑄釘飾，限一月申朝廷，仍舊使用。

一、僧道鐘磬等并民間及船户日前置到銅鑼，係防托使用者，仰寺觀主首及民户各開具件數，經州府陳狀鐫鑿，限一月申官。

一、鑄造之家未賣器皿，委官置場，立限聽人户投賣。

一、鐘磬等、鞍轡、作子，令文思院鑄造，聽人户、僧道請買。

一、應造軍器須用銅者，申所屬支降。

一、民間照子，令湖州拘籍工匠在官鑄造，從人户請買。

一、諸路監司、州軍公然呼集工匠鑄造，今後敢自違戾，外責監司互察，内委御史臺彈奏。

一、自今降指揮之後，官員、士庶尚敢私下收買者，許人陳告。

一、今降指揮到日，仰諸路監司等鏤板曉示。

一、有闕防未盡事件，許所在官司限一月（降）〔條〕具申聞。詔令刑部疾速遍牒施行。【略】

〔紹興五年〕五月十九日，户部言：禁戢私鑄銅器，已有見行條法罪賞。若私置爐烹鍊，鉟銷、磨錯、剪鑿錢寶鑄造銅器，乞以五家結爲一保，自相覺察。除犯人依條外，若鄰保内不覺察，亦乞依私鑄錢鄰保知而不糾法。詔依。

六年五月二十七日，詔：今後有銷毁錢寶及私以銅石製造器物賣買興販者，一兩以上並依服用翡翠法徒二年，賞錢三百貫。鄰保失覺察鑄造，並杖一百，賞錢二百貫，許人告。仍令州縣每季檢舉。【略】

十年五月十三日，户部言：續降禁（錮）〔銅〕器指揮，一兩以上並依翡翠服用法徒二年，賞錢三百貫。緣立法太重，諸路州縣未見遵依。今欲並依紹興舊法，一兩杖一百，一斤加一等，令衆三日，配本城，十斤配五百里。廂耆、巡察人失覺察，杖八十。杖一百罪，賞錢五十貫；徒二年，錢七十貫，每等加十貫；流二千里，錢一百貫，每等加十貫。鄰保知而不糾者，以犯人減一等。仍州委通判、縣委令丞，先將見造賣銅器之家應有動用作具限一日並行毁棄，及將自來私造銅器之人先籍定姓名，版榜曉示。其民間見賣銅器，限一月令人户赴所屬送納，隨斤兩給還價錢。州縣當職官吏違戾，具名取旨。

十二年四月三日，户、工部言：今欲將民間見買賣銅器之物立定每兩價錢不得過二十文足，輒增價錢一文以上，並依紹興十年五月十三日指揮。

二十六年六月二十二日，户、工部言：其買銅器之人未有約束，欲並從杖一百私罪科斷。七月十一日，御史中丞湯鵬舉言：乞將已成坯而未鑄者、已鑄而未出賣者，並許諸色人告，盡以家業充賞，仍以犯人斷配錢監。

二十七年四月八日，左司諫凌哲言：欲將天下寺觀佛像、銅磬之屬官爲籍記存留外，自後鑄造者許人告首，僧徒工匠施與受施並依見行罪賞斷遣。

二十八年七月二十四日，户部言：士庶之家除照子，及寺觀佛像鐘磬鐃鈸、官司銅鑼存留外，其餘所有鍮石銅器，如違限不納入官，不滿十斤杖一百，賞錢一百貫，十斤以上並徒二年，賞錢三百貫，許諸色人告。或豪富、命官之家限外尚敢沉匿，依條給賞、斷罪外，具名取旨。當職官奉行違慢，重行黜責。鑄銅器匠人立賞錢三百貫，許人告捉，從徒二年斷罪，配鑄錢監重役。

《遼史》卷六〇《食貨志》 坑冶，則自太祖始併室韋，其地產銅、鐵、金、銀，其人善作銅、鐵器。又有曷朮部者多鐵；曷朮，國語鐵也。部置三冶：曰柳濕河，曰三黜古斯，曰手山。神冊初，平渤海，得廣州，本渤海鐵利府，改曰鐵利州，地亦多鐵。東平縣本漢襄平縣故地，產鐵礦，置採煉者三百户，隨賦供納。以諸坑冶多在國東，故東京置户部司，長春州置錢帛司。太祖征幽、薊，師還，次山麓，得銀、鐵礦，命置冶。聖宗太平間，於潢河北陰山及遼河之源，各得金、銀礦，興冶採煉。自此以訖天祚，國家皆賴其利。

《元典章》卷二二《户部·課程·酒課·鄉村百姓許（盒）〔盦〕醋》

至元二十二年二月，欽奉聖旨條畫内一款節該：諸處村莊農民盦醋者有數，在前有司與城市一體收課。今後聽從各處農民造醋食用，官司並免收課。欽此。

《元典章》卷二二《户部·課程·洞冶·立洞冶總管府》 至元四年〔正〕月，欽奉聖旨：

道與隨路達魯花赤、管民官、轉運司、管軍奥魯官、工匠、鷹房打捕諸色頭目人等。據制國用使司奏：諸路鹽場酒稅醋課額，元委轉運司管領外，隨處洞冶出産諸物，別無親臨拘榷規畫官司，以致課程不得盡實到官。又隨處爐冶見今耗塌官鐵數多，未曾變易。此上，設置諸路洞冶總管府，專以掌管隨處金銀銅鐵丹粉錫碌，從長規畫，恢辦課程，聽受制國用使司節制勾當。今降條畫，逐一區處于後。

一、諸路係官撥户興煽洞冶、見設官員自備工本洞冶，並聽諸路洞冶總管府管領催督，趁時煽煉，無得失誤，更爲相驗合辦課程額。外據隨處鑄瀉沙泥人等，從本府兩平雇覓鑄瀉。若有虚閑諸色洞冶，并堪以立冶地面，更仰召募諸人，自備工本，起立採打興煽，從長辦課，毋得曠闕辦課月日。

一、諸路山川多有舊來曾立洞冶，往往勢要之家不曾興工，虚行影占，阻當諸人不得煽煉辦課入官。今擬諸路洞冶都總管府將上項洞冶所出之物取勘見數，召募諸人，赴制國用使司入狀立額興煽。若有依前占恡人員，申覆制國用使司定奪。

一、隨處爐冶户每年合着供爐礦炭等差役，仰管爐官品荅貧富，依理均科。其礦炭出給花名由帖驗數數，又將科定數目攢造文册，申報洞冶總管府。除外，管爐官再不得一面擅行科差。

一、隨處係官并自備諸色洞冶採打礦炭大石砧工，照依舊例施行。其經行地面，所在官司及各處軍民諸色人等並不得遮當。如違，申覆制國用使司究問施行。

一、諸路洞冶都總管府合設官吏合干人等，依轉運司例，於不以是何投下户計内踏逐勾當，并所管隨處洞冶勾當官吏諸色工役人等，所在官司不得一面勾攝。如有相關公事，仰行移洞冶都總管府一同皈問。如本府官不在，約會管爐冶官一同取問歸斷。及諸路係官并自備工本洞冶，俱係恢辦官課去處，仰經過宣使軍馬人等並不得騷擾，如違治罪。

一、若有該載不盡合行事理，仰諸路洞冶都總管府申覆制國用使司，照詳施行。

《元典章》卷二二《户部·課程·洞冶·根訪銅礦》 至元二十年六月，福建行省准中書省咨：

契勘銅、鐵係國家必用之物。除鐵貨已有煽煉處所外，據出銅坑冶，未曾經理，擬合根訪出産銅礦去處，召人興煉，禁約諸人毋得沮壞。於六月初四日奏奉聖旨：那般者。欽此。

《元典章》卷二二《户部·課程·洞冶·鐵貨從長講究》 大德元年

十一月，中書省：近爲各路係官鐵冶，累年煽到鐵貨積垜數多。百姓工本煽爐，雖是二八抽分納官，中間多不盡實。爲此，於元貞二年九月初八日奏准，革罷百姓自備工本爐冶，官爲興煽發賣。除已差官將各處爐冶、見在鐵貨及官鐵從實計點，若有短少，追陪，仍講究如何興煽，備細保結呈省。准此。

《元典章》卷二二《户部・課程・洞冶・鐵課依鹽法例》　大德七年十一月十一日，中書省：

御史臺呈：河東山西道廉訪司申：奏准：鹽運司裏官吏人等休買鹽者。有臺官人每説，如今鹽多是官豪勢要之家買有。又官人每根底與錢，（侍）〔恃〕賴着官人每的氣力，做着他每的名字買鹽的上頭，貴了的緣故，因那般有。今後都省官、户部官、行省官休買要者。運司官，他每自來有禁例。除外，其餘衙門裏官員不禁。欽此。按治河東等處鐵冶都提舉司，係辦課四品衙門，所據鐵法，未審與鹽課一體禁約。緣係爲例事理。得此。送户部議得：各處鐵冶發賣鐵課，合依鹽法一體禁治相應。得此。除外，咨請依上施行。

《元典章》卷二二《户部・課程・竹課・紫竹扇杆收買給引》　至元九年十月，中書户部：

承奉中書省判送：御史臺呈：爲京兆府客人辛玉告：販到紫竹扇杆五千六百條，有監下竹局官捉拏，作私竹斷没，該鈔七十五兩、驢二頭。批奉都堂鈞旨，送户部取勘端的，擬定連呈。奉此。施行間，又據本路申，亦爲此事。呈奉到中書省劄付該：除已劄付御史臺，將元斷辛玉鈔數、驢畜分付本人收管外，仰行下合屬照會。今後若是客旅搬到紫竹扇杆，即便赴衛輝路總管府扣算元該工本、脚力、盤纏等錢，官爲收買給引，與本處爈桿相兼發賣。如有不行、私下販賣之人，捉拏到官，依私竹例斷没。外據辛玉販竹杆，亦仰依上扣算支價收買施行。

《元史》卷九四《食貨志・歲課》　初，金課之興，自世祖始。其在益都者，至元五年，命于從剛、高興宗以漏籍民户四千，於登州棲霞縣淘焉。十五年，又以淘金户二千簽軍者，付益都、淄萊等路淘金總管府，依舊淘金。其課於太府監輸納。在遼陽者，至元十年，聽李德仁於龍山縣胡碧峪淘採，每歲納課金三兩。十三年，又於遼東雙城及和州等處採焉。在江浙者，至元二十四年，立提舉司，以建康等處淘金夫凡七千三百六十五户隸之，所轄金場凡七十餘所。未幾以建康無金，革提舉司，罷淘金户，其徽、饒、池、信之課，皆歸之有司。在江西者，至元二十三年，撫州樂安縣小曹周歲辦金一百兩。在湖廣者，至元二十年，撥常德、澧、辰、沅、（静）〔靖〕民萬户，付金場轉運司淘焉。在四川者，元貞元年，以其病民罷之。在雲南者，至元十四年，諸路總納金一百五錠。此金課之興革可考者然也。

銀在大都者，至元十一年，聽王庭璧於檀州奉先等洞採之。十五年，令關世顯等於薊州豐山採之。在雲州者，至元二十七年，撥民户於望雲煽煉，設從七品官掌之。二十八年，又開聚陽山銀場。二十九年，遂立雲州等處銀場提舉司。在遼陽者，延祐四年，惠州銀洞三十六眼，立提舉司辦課。在江浙者，至元二十一年，建寧南劍等處立銀場提舉司煽煉。在湖廣者，至元二十三年，韶州路曲江縣銀場聽民煽煉，每年輸銀三千兩。在河南者，延祐三年，李允直包羅山縣銀場，課銀三錠。四年，李珪等包霍丘縣豹子崖銀洞，課銀三十錠，其所得礦，大抵以十分之三輸官。此銀課之興革可考者然也。

珠在大都者，元貞元年，聽民於（揚）〔楊〕村、直沽口撈採，命官買之。在南京者，至元十一年，命滅怯、安山等於宋阿江、阿爺苦江、忽吕古江採之。在廣州者，採於大步海。他如兀難、曲朶剌、渾都忽三河之珠，至元五年，徙鳳哥等户撈焉。勝州、延州、乃延等城之珠，十三年，命朶魯不䚟等撈焉。此珠課之興革可考者然也。

玉在匪力沙者，至元十一年，迷兒、麻合馬、阿里三人言，淘玉之户舊有三百，經亂散亡，存者止七十户，其力不充，而匪力沙之地旁近有民户六十，每同淘焉。於是免其差徭，與淘户等所淘之玉，於忽都、勝忽兒、舍里甫丁三人所立水站，遞至京師。此玉課之興革可考者然也。

銅在益都者，至元十六年，撥户一千，於臨朐縣七寶山等處採之。在遼陽者，至元十五年，撥採木夫一千户，於錦、瑞州鷄山、巴山等處採之。在澂江者，至元二十二年，撥漏籍户於薩矣山煽煉，凡一十有一所。此銅課之興革可考者然也。

鐵在河東者，太宗丙申年，立爐於西京州縣，撥冶户七百六十煽焉。

丁酉年，立爐於交城縣，撥冶户一千煽焉。至元五年，始立洞冶總管府。七年罷之。十三年，立平陽等路提舉司。十四年又罷之。其後廢置不常。大德十一年，聽民煽煉，官爲抽分。至武宗至大元年，復立河東都提舉司掌之。所隸之冶八：曰大通，曰興國，曰惠民，曰利國，曰益國，曰閏富，曰豐寧，豐寧之冶蓋有二云。在順德等處者，至元三十一年，撥冶户六千煽焉。大德元年，設都提舉司掌之，其後亦廢置不常。至延祐六年，始罷兩提舉司，併爲順德廣平彰德等處提舉司。所隸之冶六：曰神德，曰左村，曰豐陽，曰臨水，曰沙窩，曰固鎮。在檀、景等處者，太宗丙申年，始於北京撥户煽焉。中統二年，立提舉司掌之，其後亦廢置不常。大德五年，始併檀、景三提舉司爲都提舉司，所隸之冶有七：曰雙峯，曰暗峪，曰銀崖，曰大峪，曰五峪，曰利貞，曰錐山。在濟南等處者，中統四年，拘漏籍户三千煽焉。至元五年，立洞冶總管府，其後亦廢置不常。至至大元年，復立濟南都提舉司，所隸之監有五：曰寶成，曰通和，曰昆吾，曰元國，曰富國。其在各省者，獨江浙、江西、湖廣之課爲最多。凡鐵之等不一，有生黄鐵，有生青鐵，有青瓜鐵，有簡鐵。每引二百斤。此鐵課之興革可考者然也。

朱砂、水銀在北京者，至元十一年，命蒙古都喜以恤品人户於吉思迷之地採煉。在湖廣者，沅州五寨蕭雷發等每年包納朱砂一千五百兩，羅管賽包納水銀二千二百四十兩。潭州安化縣每年辦朱砂八十兩、水銀五十兩。碧甸子在和林者，至元十年，命烏馬兒採之。在會川者，二十一年，輸一千餘塊。此朱砂、水銀、碧甸子課之興革可考者然也。

鉛、錫在湖廣者，至元八年，辰、沅、靖等處轉運司印造錫引，每引計錫一百斤，官收鈔三百文，客商買引，赴各冶支錫販賣。無引者，比私鹽減等杖六十，其錫沒官。此鉛、錫課之興革可考者然也。

《元史》卷九四《食貨志・酒醋課》 元之有酒醋課，自太宗始。其後皆著定額，爲國賦之一焉，利之所入亦厚矣。初，太宗辛卯年，立酒醋務坊場官，榷沽辦課，仍以各州府司縣長官充提點官，隸徵收課税所，其課額驗民户多寡定之。甲午年，頒酒麯醋貨條禁，私造者依條治罪。世祖至元十六年，以大都、河間、山東酒醋商税等課併入鹽運司。二十二年，詔免農民醋課。是年二月，命隨路酒課依京師例，每石取一十兩。三月，用右丞盧世榮等言，罷上都醋課，其酒課亦改榷沽之制，令酒户自具工本，官司拘賣，每石止輸鈔五兩。二十八年，詔江西酒醋之課不隸茶運司，福建酒醋之課不隸鹽運司，皆依舊令有司辦之。二十九年，丞相完澤等言：杭州省酒課歲辦二十七萬餘錠，湖廣、龍興歲辦止九萬錠，輕重不均。於是減杭州省十分之二，令湖廣、龍興、南京三省分辦。

大德八年，大都酒課提舉司設槽房一百所。九年，併爲三十所，每所一日所醖，不許過二十五石之上。十年，復增三所。至大三年，又增爲五十四所。其制之可考者如此。若夫累朝以課程撥賜諸王公主及各寺者，凡九所云。

《元史》卷一〇四《刑法志・食貨》 諸產金之地，有司歲徵金課，正官監視人户，自執權衡，兩平收受。其有巧立名色，廣取用錢，及多秤金數，剋除火耗，爲民害者，從監察御史廉訪司糾之。

諸出銅之地，民間敢私鍊者禁之。

諸鐵法，無引私販者，比私鹽減一等，杖六十，鐵沒官，内一半折價付告人充賞。僞造鐵引者，同僞造省部印信論罪，官給賞鈔二錠付告人。監臨正官禁治私鐵不嚴，致有私鐵生發者，初犯笞三十，再犯加一等，三犯别議黜降。客旅赴冶支鐵引後，不批月日出給，引鐵不相隨，引外夾帶，鐵沒官。鐵已賣，十日内不赴有司批納引目，笞四十；因而轉用，同私鐵法。凡私鐵農器鍋釜刀鎌斧杖及破壞生熟鐵器，不在禁限。江南鐵貨及生熟鐵器，不得於淮、漢以北販賣，違者以私鐵論。

諸衛輝等處販賣私竹者，竹及價錢並沒官，首告得實者，於沒官物約量給賞。犯界私賣者，減私竹罪一等。若民間住宅内外并闌檻竹不成畝，本主自用外貨賣者，依例抽分。有司禁治不嚴者罪之，仍於解由内開寫。

紀事

（宋）李燾《續資治通鑑長編》太宗太平興國二年十二月 有司言礬官歲鬻礬不充舊貫，請嚴其禁。癸酉，詔：私販化外礬至三斤，私煮及盜至十斤者，並棄市，餘悉決杖配流。已論決而再犯，雖所犯不如律，亦決杖配流；還，復犯者死。

（宋）李燾《續資治通鑑長編》仁宗天聖四年七月　罷永興軍、秦、坊等州新醋務。初，陝西轉運司言民間買官糟造醋，頗有遺利，已置務榷之，請推其法天下。王曾曰：榷酒蓋出於前代之不得已，今以經費至廣，未能省去。若又榷醋，則甚矣。故罷之。

（宋）李燾《續資治通鑑長編》仁宗天聖六年十一月　壬寅，三司言巡捉私礬，其賞罰請如私茶鹽法，從之。

（宋）李燾《續資治通鑑長編》神宗元豐元年十二月　詔畿内及京東西五路許賣晉、隰礬；陝西自潼關以西，黄河以南，達於京西均、房、襄、鄧、金州，則售坊州礬；礬之出於西山、保霸州者，售於成都、梓州路；出無爲軍者，餘路售之。禁私鬻者與越界者如私礬法。《食貨志》係之元豐元年，今附年末。

（宋）李燾《續資治通鑑長編》神宗元豐七年七月　詔虔、吉州界並爲禁銅、鉛、錫地分，從户部請也。

（宋）李燾《續資治通鑑長編》哲宗元祐元年四月　詔：銅、錫、鍮石，依舊禁榷，有犯并私造作及與人造作器用，罪、賞依《嘉祐編敕》法。除諸軍官員器用、鞍轡及寺觀士庶之家古器、佛道功德像、鐘、磬、鐃、鈸、鈴杵、相輪、照子等許存留外，餘銅器限一百日赴官送納，每觔支錢二百文。限滿不納，杖一百，物没官。從左正言朱光庭之請也。《新録》云，乙巳，禁以銅、鍮石爲器，七月末，劉摯云云。五年正月二十四日又立禁。

（宋）李燾《續資治通鑑長編》哲宗元祐二年八月　禁私賣易銅、鍮石器，犯者依私有法。

（宋）李燾《續資治通鑑長編》哲宗元祐六年六月　辛亥，户部言：今後新城諸門透漏私錫入門，貨賣百斤以上，依出産地分巡捕官司不覺察私置爐烹煉法，百斤，展一年磨勘，選人殿半年參選；二百斤，展二年磨勘，選人殿一年參選。從之。《新》無。

（宋）《建炎以來朝野雜記甲集》卷一八《兵馬・廣中鹽易馬》　廣馬之良者赴三衙，而其它則付建康、鎮江府、池鄂、太平州軍中，皆有常數。舊以廣西十州民運鹽至横山寨，民甚苦之。紹興十九年，逮陳璹爲經略使，始以官錢募小校運送，若鹽無闕失，則使部良馬至行在以酬之，至今爲例。

（宋）李心傳《建炎以來繫年要録》紹興八年六月　戊午，淮西轉運判官李仲儒言：崑山場積礬千餘萬斤不售，乞損引錢六分之一。許之。其後歲鬻礬六十萬。官買礬，每斤十三錢至二十錢，舊引錢每斤一百，至是損之。礬斤分一百斤、五十斤、三十斤爲大中小等。又有韶州岑水礬，歲額十萬斤，信州沿山場青膽礬、黄礬無定額。十四年十一月，崑山礬增作三十錢一斤。

《宋史》卷二八《高宗紀》　〔紹興五年三月〕乙未，初榷鉛、錫。

《遼史》卷二一《道宗紀》　〔清寧二年〕閏月己亥，始行東京所鑄錢。

明清分部

鹽

論説

（明）龔詡《野古集》附録《上周文襄公書》 一、鹽法禁令，未能兩全。詡竊惟古人有言：禁人之所必犯，法必不行。又聞仁人之御下，猶慈父母之於子女，其愛惟均，衣服飲食，必須兼濟。一有不愜，向隅而泣，爲父母者其心得安耶。詡竊見近者執事欽承上命，深懲積年鹽法不通之弊，重勞宏慮，立法禁止，且責州縣能否以爲殿最。詡愚以爲，鹽法之所以不通，其弊非一，蓋由官鹽多雜灰土牛糞等類穢汚之物，色惡味劣，鄉人樂於私鹽之瑩浄。且負擔往往到門求售，隨物貿易，可或容賒，非特銖兩饒足，抑無往返之勞。此鹽法之所以不通者一也。數年以來官府計口責納鹽鈔，笞楚逼迫甚於星火。鄉人無由得鈔，不免將産畜布帛薪粟麻麥加賤貿鬻，以救一時之急。既納之後，徒爲主收吏胥刻落肥家之利而已，官鹽何嘗有銖兩之給還哉。此鹽法之所以不通者二也。又若天下鹽商引目，苦費本力，忘其父母妻子，經寒歷暑，忍飢受凍，遠從千里邊塞營中而得。奈何各處鹽場拘於先後，恣意阻滯，至有二三十年守待不得支而甘於自棄者。此鹽法之所以不通者三也。洪武年間，四品以上官員之家不得中鹽，以侵商賈之利。近年往往見有鹽商，多稱官下舍人，原其關支之際，不無凌壓侵越，以致阻滯。此鹽法之所以不通者四也。以此言之，固不可獨責之於下矣。抑詡自童幼時聞長老言，鹽丁灶户，類多窮苦，終歲勤動，父母妻子不得煖飽，惟仗餘鹽以活性命。古人有詩曰：生女嫁盤瓠，誓莫近嫁宋家亭。則其苦情久矣。又若沿海衛所，近年軍士糧餉例不全支，運糧造船，耗折賠補，費用百出。每月所得，八斗之糧，不充一索之費。飢寒切身，哀音滿耳，是以忘其法禁，敢於負賣私鹽。一日奔走，動經七八十里，所得微利，不過四五十文。一家長幼，待此爲命。今執事必求令行禁止，則是絶其衣食之源，而使之就死地。愚以爲此輩本非素知禮義之人，孰肯就道而死。萬一困極，禍出意外，弱者散而之四方，强者聚而爲盗賊，放肆猖獗，以思快其所忿，而致居民不得安枕帖席，所得者小，所失者大，不無動勞執事措置規畫之廑也。且夫州縣之職，在乎分憂，固不當以細務而責其優劣。如古之撫字，心勞催科，政拙者豈可以爲不肖而黜之乎。況今各處有司，聞斯令之出，於是黨結牙儈，益加夾襍。又將挑販小民預勒見錢，以爲鹽本，因而得以爲肥家之利。其他生事科擾，非止一端，以致苦楚之極，舉家哀號，無所控訴。則是法未及行，而民先受害。詡雖愚昧，未見其可也。聖天子愛恤軍民，一夫失所，形於咨嗟，所以特令執事下臨巡撫，務在敉寧。如鹺務細末，固非所急。乞爲深惟大體，痛念至情，務求兩全，勿徇一見。合無令各處出鹽所在，煎煑務從精潔。其鹽丁竈户，除該納常額外，或有餘鹽，請得官爲設務，專委公直廉謹、衆所信服者一士人主之，將各處倉庫官糧并積出餘米，一照民間價值，勿恃官勢，兩平收買堆積。遇有鹽商來支，勿拘先後，無使經年守支阻滯，隨到即給。如該場或有不敷，即將所關堆積餘鹽給與。彼此相資，誠爲兩便。仍乞申明洪武祖制食禄之家不得中鹽事例，以禁侵越。其沿海軍士，月給糧餉，例得全支。或遇凶年，得照民例，概施賑濟。仍將近年小民納過鹽鈔之鹽，一一如數給還，勿吝出内，無使失信。如此，則商賈流通，人得所養，民有餘鹽，私無所售，法不待立而自行，禁不待嚴而自止矣。

（明）丘濬《大學衍義補》卷二八《治國平天下之要·制國用·山澤之利》 臣按此宋朝轉般之法，似於今日亦可行者。今兩京之間，運道所經，凡三運司。淮鹽在南，滄鹽在北，山東之鹽居其中。往時會通之河未開，水陸分隔，各自通商給民，今則一水可通。惟今三處之鹽，價直各有低昂，中納各有等則，而惟淮鹽之價最高，殆居其倍。山東之鹽，抵河頗遠，而滄鹽近河而價最廉。臣請行宋人轉般之法，遇有官軍運糧空船南回，道經滄州，每船量給與官鹽，每引量給脚價。俾其運至揚州河下，官爲建倉於兩岸。委官照數收貯，原數不虧，然後給與脚錢，少有虧損，即與折筭。如此則官得倍稱之息，軍得順回之利。積鹽既多，乃令通筭累年客商所中，常股存積等鹽，共該若干，依次給與見鹽。不出一二年間，支給完足，然後行臣向所陳官給牢盆，民自煎煮之策。此後又乞於河間沿海一帶出鹽去處，不分民丁竈户，皆許其私煮。既已成鹽，具數赴官告賣，量爲定價，給與見錢。陰雨之時，則或加或倍。有私賣及買者，皆抵以私鹽之罪。其錢乞於内帑豫借，待成效之後筭還。年年存積，歲歲轉股。積之既多，遇有急用，即出榜定直，召商於所用之地，或上糧芻，或輸金帛，付以執照，定以倉分。俾其親詣其所，即給以見鹽，於行鹽地方發賣。如此比之舊法，當得倍利。非惟得以足今日之用，亦可以銷他日之患。草茅偏見，未必可行，姑述之以俟。

陝西河東顆鹽舊法，官自般運置務拘賣。兵部員外郎范祥始爲鈔法，令商人就邊郡入錢售鈔請鹽，任其私賣，得錢以實塞下，省數十郡般運之費。

臣按鹽鈔之名始此，大抵今日禁榷之利其大者在於鹽。鹽非一種，其最資國用者，惟是末鹽與顆鹽耳。末鹽出於海，海非一處。顆鹽出於池，池惟解州有之。蓋海鹽出於人，必煎熬烹湅而後成。解鹽出於天，畦壠既成，決水以灌，必俟南風起，然後結成焉。出於人者歲額不足，可以增補。出於天者，歲額或有不足，則將取之何所哉。是以開中解鹽與海鹽異，海鹽非一所，此不足則取之彼，可以通融輳補。解鹽惟一池，不幸而歲多霖雨，風不自南，則歲顆不及額矣。竊聞近年以來商賈中納解鹽之數，已踰十年歲額，守支待次，至十數年。一遇兵荒，官府有所措置，召商中納，患其折閱，多不肯應。爲今之計，莫若行下有司，通行查筭。鹽課見存者若干，商賈待支者若干，計其所有之數。果不足以給其所支，即令商人據時估價，每引若干，官通計之，總該若干限以三年之内，於海鹽或井鹽存積多餘之處估以時價，以見鹽償之。如解鹽一引三錢，海鹽一引六錢，即以一引當二引，他皆倣此。如此不出數年，解鹽有餘積而商賈通利矣。不然則是朝廷開官府設官吏，專爲商賈聚利以償債。舊欠多而新入少，終無已時。況且解池切近西北二邊，於用爲急。異時國用有闕，邊儲不足，當於何所取給哉。

（明）王守仁《王陽明全集》卷九《疏通鹽法疏十二年六月十五日**》**

據江西按察司整飭兵備帶管分巡嶺北道副使楊璋呈：奉巡撫江西右副都御史孫燧案驗，准兵部咨：行移各該巡撫官員，今歲俱免赴京議事，各要在彼修舉職業。若有重大軍務，應議事件，益於政體，便於軍民者，明白條陳，聽會官計議奏請等因，已經行仰所屬查訪去後，隨據吉安、臨江、袁州等府，萬安、泰和、清江、宜春等縣商民彭拱、劉常、郭閏、彭秀連名狀告：正德六年，蒙上司明文行令贛州府起立抽分鹽廠，告示商民，但有販到閩、廣鹽課，由南雄府曾經折梅亭納過勸借銀兩，止在贛州府發賣者，免其抽税；願裝至袁、臨、吉三府賣者，每十引抽一引。閩鹽自汀州過會昌羊角水、廣鹽自黄田江、九渡水來者，未經折梅亭，在贛州府發賣，每十引抽一引；願裝至袁、臨、吉三府發賣，每十引又抽一引。疏通四年，官商兩便。正德九年十月内，又蒙贛州府告示，該奉勘合開稱，廣鹽止許南、贛二府發賣，其袁、臨、吉不係舊例行鹽地方，不許越境。以致數年廣鹽禁絶，淮鹽因怯河道逆流，灘石險阻，止於省城三府。居民受其高價之苦，客商阻塞買賣之源。乞賜俯念吉、臨等府與贛州地里相連，自昔至今惟食廣鹽，一向未經禁革。況廣鹽許于南、贛二府發賣，原亦不係洪武舊制，乃是正統年間爲建言民情事，奉總督兩廣衙門奏行新例。如蒙將廣鹽查照南、贛事例，照舊疏通下流發賣，萬民幸甚等因。又據贛州府抽分廠委官照磨汪德進呈：近奉勘合禁止廣鹽，止許南、贛發賣，不許下流。但贛州、吉安地理相連，水路不過一日之程。今年夏驟雨泛漲，雖有橋船阻隔，水勢洶惡，衝斷橋索，以致奸商計乘水勢，聚積百船，執持兇器，用强越過。後雖拿獲數起，問罪不過十之一二。又有投託勢要官豪，夾帶下流發賣者；又有挑擔馱載，從興國、贛縣、南康等處小路越過發賣者。其弊多端，不禁則違事例，禁止則勢所難行，呈乞議處等因。卷查正德六年奉總制江西等處地方軍務左都御史陳金批：據江西布政司呈，准本司右布政使任漢咨稱，查得江西十三府俱係兩淮行鹽地方，湖西、嶺北二道灘石險惡，淮鹽因而不到。商人往往越境私販廣鹽，射利肥己。先蒙總督衙門奏准廣鹽許行南、贛二府發賣，仰令南雄照引追米納價，類解梧州軍門。官商兩便，軍餉充足。當時止是奏行南、贛，不曾開載袁、臨、吉三府。分無遵照敕諭，便宜處置，暫許廣鹽得下袁、臨、吉三府地方發賣，立廠盤掣，以助軍餉。及據江西按察司兵備副使王秩亦呈前事。隨該三司布政等官劉杲等議得委果於事有益，於法無礙。呈詳，批，允前來，遵照立廠，照例抽税外，正德九年十月內，准户部咨，該巡撫都御史周南題，該本部覆議，內開廣東鹽課，仍照正德三年題奉欽依事理。有引官鹽，許於南、贛二府發賣，不許再行抽税。袁、臨、吉不係舊例行鹽地方，不許到彼。如有犯者，不分有引無引，俱照律例問罪没官。又經行仰禁革去後，今據前因，隨查得正德六年十一月二十七日設立抽分廠起，至正德九年五月終止，共抽過税銀四萬八百四十餘兩。陸續奉撫鎮衙門，明文支發三省夾攻大帽山等處賞功軍餉，并犒勞過狼兵官軍士兵口糧，并取赴饒州征勦姚源軍前應用，及起造抽分廠廳浮橋，修理城池，買穀上倉，預備賑濟，及遵巡撫軍門批申，借支贛州衛官軍月糧等項，支過税銀三萬八千二百九十餘兩。由此觀之，則地方糧餉之用，歲費不貲而仰給於商税獨重。前項商税所入，諸貨雖有，而取足於鹽利獨多。及查得近爲緊急賊情事，該兵部題奉欽依，轉行議處停當，具由呈報。該本道會同分守守備衙門議得賊首謝志珊有名大寨三十餘處，擁衆數萬，盤據三省，窮兇極惡，神怒人怨。已經呈詳轉達奏聞，動調三省官兵會勦去後，及議得本省動調官兵以三萬爲率，半年爲期，糧餉等費，約用數萬。查得贛州府庫收貯前項税銀，除支用外，止餘二千九百餘兩。又是節催起解赴部之數，續收銀兩止有一千六百餘兩。但恐不日命下，尅期進勦，軍行糧食，所當預處。及查得廣東所奏前項鹽法，准行南、贛二府販賣，果係一時權宜，不係洪武年間舊例。合無查照先年總制都御史陳金便宜事例，一面行令前商，許於袁、臨、吉三府販賣，所收銀兩，少爲助給；一面別行議處，以備軍餉。庶使有備無患，不致臨期缺乏。候事少寧，另行具題禁止。庶袁、臨、吉三府無乏鹽之苦，南、贛二府軍門得軍餉之利，而關津把截去處免阻隔意外之變，誠爲一舉而三得矣，等因。已經備由呈奉巡撫都御史孫燧批：看得所議鹽税，既不重累商人，抑且有裨軍餉，輿情允協，事體頗宜。但其至贛州府十取其一，吉、臨等府十而取二，似乎過重。仰行再加詳議，斟酌適中回報。依奉訪得商民販鹽，下至三府發賣者，倍取其利，既許越境販賣，乃其心悦誠服，並無税重之辭。又經呈詳，奉批：看得所議鹽税事情，商賈疏通，軍餉有賴，一舉兩得，合遵照欽奉敕諭便宜處置事理，仰行各道并該府縣遵奉。仍禁革奸徒，不許乘機作弊，因而瞞官射利，擾害地方。具由繳申，今照本院撫臨，理合再行呈請照詳等因。據呈到臣，看得贛、南二府，閩、廣喉襟，盗賊淵藪。即今具題夾攻，不日且將命下；糧餉之費，委果缺乏；計無所措，必須仰給他省。但聞廣東以府江之師，庫藏漸竭；湖廣以偏橋之討，稱貸既多；亦皆自給不贍，恐無羡餘可推。若不請發内帑，未免重科貧民。然内帑以營建方新，力或不逮；貧民則窮困已極，勢難復征。及照前項鹽税，商人既已心服，公私又皆兩便，庶亦所謂不加賦而財足，不擾民而事辦。臣除遵照敕諭，徑自區畫事理，批行該道，暫且照議施行。候地方平定之日，將抽過税銀、支用過數目，另行具奏。抽分事宜，照例仍舊停止外，緣係地方事理，爲此具本題知。

（明）王守仁《王陽明全集》卷一一《再請疏通鹽法疏十三年十月二十二日》　據江西按察司分巡嶺北道兵備副使楊璋呈：備贛州府呈：蒙備仰本府，即將正德十二年正月起，至九月終止，抽過税銀及上猶、龍川兩次用兵支過軍餉并今剩餘銀兩查報等因。依蒙查得正德十一年十二月終止，舊管銀三千五百七十四兩三錢一釐二絲一忽九微；并新收正德十二年正月起至正德十三年九月終止，共抽過商税銀一萬六千七百八十八兩五錢八分七釐七毫五絲；兩次用兵共用過銀四萬七千二百八十七兩二錢二分八釐四毫三絲八忽六微，米九千九百四十九石五斗六升九合四勺四抄，穀五百三十九石四斗；内除提督南、贛、汀、漳等處軍務都察院左僉都御史王守仁查發紙米價銀八十九兩六錢，巡撫江西等處地方都察院右副都御史孫燧查發紙米價銀二千兩，本道查發紙米價銀七千八百二十兩二錢七分八釐六毫，南、贛二府查出在庫贓罰缺官柴薪等項銀一萬九千五十九兩四分六釐六毫八忽三微外，實支用過商税銀一萬八千三百一十八兩三錢三釐三毫三絲三微；見今餘剩銀二千四十四兩五錢八分五釐七毫五絲一忽六微等因，開報到道。案查先爲比例請官專管抽分以杜奸弊事，准户部咨，該巡撫右副都御史周南題：備仰本道照奉欽依事理，即將所收商税再行參酌，從輕定議則例，仍嚴加稽考，務使税課所入，隨多寡以爲數，而不以多取爲能。其廣東鹽課，許於南、贛二府發賣，不許再行抽税。袁、臨、吉三府不係舊例行鹽地方，不許到彼發賣。所抽分商税，除軍餉聽巡撫都御史動支外，其餘不許擅動。年終差人解部，轃支光禄寺賒欠鋪行廚料果品支用，以省加派小民。仍將再議過緣由，呈報施行等因。行據贛州府呈稱，依奉將貢水該抽諸貨從輕定擬則例，及開稱廣東鹽引不許放過袁、臨、吉三府發賣等因，備呈本院，詳允出給禁約；及將餘剩銀二千九百六十七兩一錢八分二釐二毫三絲一忽九微，行令起解間，隨據該府呈，奉巡撫江西等處地方都察院右副都御史陳金批：看得該府連年用兵之費，所積不多，近又定擬除減，所入亦少。況地方盜賊不時竊發，別無堪動錢糧，將餘剩税銀暫且存留在庫，以備軍餉等因。已該前兵備副使陳良珊，將自正德六年十一月二十七日立廠抽分起至正德十二年終止，造册，差舍人王鼎，續該本職將正德十一年正月起至本年十二月終止，造册，差舍人屠賢，各奏繳訖。本年九月二十六日，抄奉提督軍門，案驗：准户部咨，備行本道照奉欽依事理將廣東官鹽暫許袁、臨、吉三府發賣，自今爲始，至正德十三年終止。仍將先次未解并今次抽税過銀兩、支用過數目，緣由造册，徑自奏繳，及造清册齎送該部并本院查考。除遵奉外，查得正德十三年將終，及上猶、龍川兩處征勦事畢，所據商税收支，應該造册解繳。備行該府查報去後，今據前因，查得南、贛地方兩次用兵，中間商税實爲軍餉少助；然而商税之中，鹽税實有三分之二。爲照南、贛二府與廣東翁源等縣壤地接連，近該兩廣具奏征勦，前賊乘虛越境，難保必無。見今府庫空虛，民窮財盡，將來糧餉絶無仰給。況此鹽利一止，私販復生，雖有禁約，勢所難遏。與其利歸於奸人，孰若有助于軍國！合無轉達，將前項鹽税著爲定例，許於袁、臨、吉三府地方發賣；照舊抽税，以供軍餉；每年終依期造報，餘剩之數解部，轉發光禄寺支用，以省加派小民。如此，則奸弊可革，軍餉有賴，光禄寺供用亦得少資，誠所謂一舉而數得矣。呈乞照詳轉達等因，具呈到臣。

查得接管卷内，先爲處置鹽鐵以充軍餉事，江西布政司呈，奉總制江西左都御史陳金批：查得廣西、嶺北二道灘石險惡，淮鹽不到，商人往往私販廣鹽，射利肥己。先蒙總督衙門奏准，廣鹽許行南、贛二府發賣，仰令南雄照引追納米價，類解梧州軍門，官商兩便，軍餉充足。當時止是奏行南、贛，不曾開載袁、臨、吉三府，合無遵照敕諭，便宜處置，暫將廣鹽許下三府發賣，立廠盤掣，以助軍餉。隨該布政司管官劉果等議稱：委果于事有益，于法無礙，具呈詳允，批行遵照立廠抽税等因。續該户部覆議，内開廣東鹽課，許令南、贛二府發賣，不許到於袁、臨、吉三府，備行禁革外，正德十二年正月十五日，臣撫臨贛州，隨據副使楊璋呈稱：奏調三省官兵夾勦上猶等巢，糧餉所費，約用數萬間舊例。早行計處，必致有誤軍機。查得前項鹽法，准行南、贛二府販賣，果係一時權宜，不係洪武年石，若不合無查照先年便宜事例，行令前商，許令袁、臨、吉三府販賣；所收銀兩，少備軍餉，候事少寧，另行具題禁止等因，呈詳到臣。看得即今調兵夾勦，糧餉缺乏，遵照敕諭徑自區畫事理，批行該道暫且照議施行，候平定之日照舊停止。具題去後，隨准户部覆議：將廣東官鹽暫於袁、臨、吉三府發賣，至正德十三年終止。行該道官照前抽分，將税課供給軍餉，不許多取妄用，至期照舊停止等因，具題：奉聖旨：是。欽此。欽遵。已經轉行該道一體欽遵。去後，今呈前因，爲照袁、吉等地方，溪流湍悍，灘石峻險。淮鹽逆水而上，動經旬月之久；廣鹽順流而下，不過信宿之程。故民苦淮鹽之難，而惟以廣鹽爲便。自頃奉例停止，官府但有禁革之名，其實私鹽無日不行。何者？因地勢之便，從民心之欲，非但不能禁之於私，每遇水發，商舟動以百數，公然蔽河而下，如發機之弩。官府邏卒寡不敵衆，袖手岸傍，立視其過，孰得而沮遏之！故廣鹽行則商税集，而用資於軍餉，賦省於貧民；廣鹽止則私販興，而弊滋於奸宄，利歸於豪右；此近事之既驗者。今南、贛盜賊，雖已仰仗天威，克平巢穴，然漏殄殘黨，難保必無。且地連三省，千數百里之内，連峯參天，深林蔽日；其間已招之新民，尚懷反覆；未平之賊壘，多相勾聯；乘間窺竊，不時而有。方圖保戍之策，未有撤兵之期；況後山、從化等處，見在調兵征勦，臣亦繆承方略之命，師行糧食，勢所必然。今府庫空虛，民窮財盡，若鹽税一革，軍餉之費，苟非科取於貧民，必須仰給於内帑。夫民已貧而斂不休，是驅之從盜也；外已竭而殫其内，是復殘其本也。矧内帑之發，非徒緩不及事，抑恐力有未敷。臣切以爲宜開復廣鹽，著爲定例；籍其税課，以預備軍餉不時之急；積其羨餘，以少助内府缺乏之需；實夾公私兩便，内外兼資。夫聚斂以爲功，臣之所素耻也；掊克以招怨，臣之所不忍也。況臣廢疾日深，決於求退，已可苟避地方之責，但其事勢，不得不然。若已畢而復舉，是遺後人以所難，而於職守爲不忠矣。願皇上憫地方之瘡痍，哀民貧之已甚，慮軍資之乏絶，察臣心之無他；特敕該部俯采所議，酌量裁處，早賜施行，則地方幸甚！

（明）王慎中《遵巖集》卷八《記·鹽政刻石記》　權天下之鹽以資財計，其法至本朝周盡簡便矣。而閩中之法尤爲便。閩中有八郡耳，下四郡皆瀕海，鹽所從産，其得以法行鹽於其地者上四郡也。行法之地，法不行則鹽不售，鹽不售則商不通，商不通則課爲之虧，而財計匱乏之病必及於國。故必有禁戒之令，偵捕之科，以絶民間之私行者，而以法行鬻之鹽，始得不滯。而其所從産之方，非法之所行也。於令甲未嘗設爲禁戒，而偵捕吏兵，自以徼候非常，不爲鹺政置也。今乃不用於徼候，而每以其偵捕之威，施於鬻鹽者。舟車之任載，匹夫匹婦之負擔，往往皆見執拘。民愚不習於法，不知其所鬻之不當得執，而駭於吏兵，輒出財賂之而後得免。其不能具賂，則棄其所任載負擔以去，而以鹽與吏兵耳。夫所謂緣法爲虐者，猶有禁戒之令，直於輕重多寡之間，託倚以爲低昂。如於法不得以舟載者，而譏及乎牛任，不得以牛任者，而譏及乎人荷。雖其作奸起暴，尚寄於可援之條是也。今鹽之所轉徙，水浮則用舟楫，陸行則引牛馬，而匹婦匹夫之負擔不能以幾於此乎。産於此乎。鬻第轉之於漳漉荒滷之濵，而致之市落山谷，亦何以異乎。蔬果穀粟之行於民間，而鬻此者空以鹺名横被譏求，是下自爲法也。民苦此久矣。比者余柏坡公以按察僉事分巡是邦，戢横刷奸，聰明旁燭。而司徒新山顧公，以重德高年，爲一方蓍蔡。部使者至郡，必禮其廬，以咨政俗之得失。顧公乃以民之苦爲告，余公爲慨然出禁。於是載任負販之家，曉然知其所鬻之物之不當得執，無畏於譏求偵捕。吏兵亦洒然濯去昔日爲暴之心，而無所覬於此也。已而方西川公来爲郡，晋江邑侯朱肅菴君亦繼至，敬事愛民，推行尤慎。於是鹽之鬻於民間，無異果蔬穀粟之通行流布，而無所害。此鹽轉徙，必集於新橋浯溪之渡，近渡居民常資以爲生。其黨王憲遠羅德静，甚私司徒公之德，羣来涕泣以請曰：顧公已矣，吾等不忍忘。相與尸祝之於家，而尤願一言以記於石。政俗安玩之久，事之不出於法而爲民病者蓋多矣。爲使者有如余公，爲士夫者有如顧公，告焉必以忠，聽焉而决行。推此以及於他民，猶有病者鮮矣。兹事之細不足記，而使者與士夫相與盡心於民，有可書者，日改月新，兹禁將有不復知者，暴行又作，則此石之記尚若司徒公之存，而諄諄乎其言之也。予鄙不敢任政俗得失之論，問而不對者有矣。其可以不問而告乎。其爲此記，蓋嫌於爲不問之告，而鄉人思司徒公之情不可但已也。於是乎書。

（明）孫旬《皇明疏鈔》卷四二《征榷·處治鹽法事宜疏陸深》　臣近日伏見兩淮長蘆之間，商賈嗷嗷，怨聲載道。問之，皆云：勢要奪其利故也。臣謹按鹽課一事，本因海澤自然之利，以充邊方緩急之儲，於國計甚便。然使朝廷壅實惠而不下，商賈畏空名而不來，則蠹亦甚矣。祖宗時設立各處轉運提舉等司，僉竈以辦税，置倉以收鹽，建官以涖政，設法以開中。其要在於通商而已。商益通，則利益厚，此立法之本意也。夫以窮邊絶塞，輸轉極難之地，而使商賈挾貨負重以往，隨令而足。比至户部給引派場，涉歷萬里，動踰歲年。又况守支存積，徒冒虚名，仍復買補，魚貫聽掣，其辛苦如此。今以勢要之人，妄干恩典，動以百萬，往參其間。馮陵假借，支則盡支，掣則便掣。所經官司，曲爲奉承。雖憲臣亦將有投鼠忌器之嫌，彼將何憚而不爲乎？小人營利之心寧有厭足！大率彼通一分，則此塞一分，自然之數也。夫能得商賈力，以利驅之耳。彼既以有利而來，亦必以無利而去，又自然之勢也。矧以彼之辛苦，對此之徼倖，勞逸之間，又相懸絶，坐使自然之利，上不歸於朝廷，中不在於商賈，下不藏於民間，雖天地亦將厭棄之。臣實懼焉。仰惟皇上軫念立法之本意，靳惜恩澤，不妄施與。然後其□□畫，次第可舉行矣。臣又按今天下榷鹽之地，兩淮爲上，兩浙次之，而弊端亦於此二處爲多。然其大壞鹽法之端有二焉。其一則竈丁苦於兼并，其一則今日勢要之侵利是也。然於兩浙又微不同。大抵壞兩淮之鹽法者，多勢要；壞兩浙之鹽法者，多私販。而竈丁之苦，則一而已矣。蓋淮浙之鹽出於人力，非若河東天造地設，不勞之利也。其法在於曬土爲鹵，煮鹵成鹽，以鹽納官。然而逋負多而國課損者何也？夫欲曬土，必有攤場；欲煮鹵，必有草蕩。今之場蕩，悉爲總催者所併，而鹽課又爲總催者所欺，竈丁不過總催家一傭工而已。煎煮之法，名存實亡。而總催者下欺竈户，上負國課，百計遷延，以覬一赦而已。使欲處之，在於盡復竈丁之場蕩，而盡懲總催之奸欺，則其弊可息矣。浙中私販之徒，以拒捕爲常，以殺人爲戲。驟不可剪，則比之勢要差爲易處。苟使出鹽之地，捕其買者之市家；行鹽之地，捕其賣者之市行。而悉置於法，則其黨可空矣。非若勢要之家，蛇蟠虎翼，不可一旦去也。夫今日得侵兩淮、長蘆之鹽利者，雖曰朝廷業已許之，然終非法意。臣以爲與其壞天下之大法，寧傷數人之私恩，必使小人之奸，無所容而後已。夫上之支中，盡歸於商賈，下之場蕩，盡歸於竈丁，則商通課足，而鹽法不行者，未之有也。謀利之事，君子所羞。臣恐利未興，而害作。故得備而論之。

（明）孫旬《皇明疏鈔》卷四二《征榷·覆處鹽法以濟邊儲疏二李如珪》 先該户科都給事中郭鋆等題前事，已該本部覆題。奉聖旨：變亂鹽法，起于餘鹽，邊餉不充，私鹽盛行，正由於此，這餘鹽着革了，只遵照祖宗朝鹽法舊規，行便查具來説。欽此。臣等伏覩《大明會典》内一款：鹽場竈丁人等，除正額鹽外，夾帶餘鹽出場，及私煎貨賣者，同私鹽法。百夫長知情故縱，及通同貨賣者，與犯人同罪。又一款：凡起運官鹽每引二百斤爲一袋，帶耗五斤。經過批驗所依數掣摯秤盤，但有夾帶餘鹽者，同私鹽法。若客鹽越過批驗所，不經掣摯關防者，杖九十，押回盤驗。又《問刑條例》開：一、越境興販官私鹽引至二千斤以上者，問發附近衛所充軍。原係腹裏衛所者，發邊衛充軍。其客商收買餘鹽，買求掣摯至三千斤以上者，亦照前例發遣。經過官司縱放，及地方親隣里老知而不舉者，各治以罪。巡捕官員，乘機興販至二千斤以上，亦照前例行法。律例昭然，永宜遵守。近該臣等會同各衙門官員，參酌議擬餘鹽事情，委屬未當。欽奉明旨：變亂鹽法，起于餘鹽，邊餉不充，私鹽盛行，正由于此。這餘鹽着革了。只遵照祖宗朝鹽法舊規，行便查明來説。欽此。查得兩淮額課鹽，共六十九萬六千三十引一百斤。兩浙額課鹽，共四十四萬四千七百六十九引一百四十九斤二兩。長蘆額課鹽，共一十三萬五千七百七十五引八十六斤。山東額課鹽，共六萬五千三百四十八引一百八十四斤七兩。並無額外餘鹽之數。本部每年各邊開中額派并補歲用不敷，俱係前項正額引鹽。至于餘鹽，委係近年新增，應該革去。但嘉靖二十年以前開中者，商人有已納餘鹽價銀在于運司未曾起解，有已下場買有餘鹽在官。見今聽候掣摯納價。所據前項鹽價并一應事宜，似應通行議處。欲候命下本部移咨都察院，轉行兩淮、兩浙、山東、長蘆各巡鹽御史。即查嘉靖二十年以前開過各邊引鹽，如商人賫領勘合，投到巡司派場支鹽，價銀在於運司，未曾起解者，或已下場，買有餘鹽在官，聽其掣摯取納價者，即將前項價銀，作急差官，轉解發太倉鹽庫收貯，以爲濟邊之用。自嘉靖二十一年以後開中引鹽，每引遵照舊規，只許正鹽掣摯，其額外餘鹽盡行革去。如有夾帶多餘之數，就便秤没入官。應變賣者，運司照依時價變賣，價銀解部。仍嚴加禁革販賣私鹽，有罪人犯，查照律例，從重究治。如此，則宿弊頓除，人心警畏，鹽法疏通，而邊餉亦攸濟矣。奉聖旨：這鹽法爲餘鹽所壞，積有歲年，坐損邊儲，國計非小。前後變法，官員既往姑不追究。你每既查議明白，都依擬。自嘉靖二十一年起開中支給掣摯，禁革事宜，你部裏還立科條，備行各邊各運司，務在着實如法遵行。欽此。臣等遵奉明旨，將各邊并各運司開中支給掣摯禁革，一應事宜，逐一查議明白，開立科條。欲候命下本部，轉行各邊巡撫都御史巡鹽御史及管糧郎中并運司，務要着實如法遵行。伏乞聖裁。

一、今後開中引鹽，如有權豪勢要之人，投書囑托，及積年無藉之徒，占窩、賣窩、買窩等項作弊，各該官員即便拏問，從重治罪。應參奏者，徑自參奏。其巡撫都御史并管糧郎中，若有阿諛奉承聽受囑托，及狥私作弊者，悉聽巡按御史訪拏究治。一、本部置立印信文簿八扇，行令管糧郎中，無郎中去處行巡撫都御史收掌。如遇商人報中驗其實在糧銀數目若干，方與准行。隨將商人年貌、籍貫登簿，給與勘合實收。事完將簿印封，差人送部轉發巡鹽御史收候查驗。若有詐冒，嚴加根究。干碍内外人員，一併參究。奏請定奪。一、巡撫都御史并管糧郎中，每遇開中，務查本處急缺糧料、草束、城堡，方許定與數目，令商人上納，選委廉能官員，監收完足呈報。重覆委官查盤明白。其糧料草束，務要新鮮乾潔，不許插和糠粃沙土，及腐爛不堪等項；亦不許將積有餘剩糧草去處，希圖價賤，重復上納；及孤城遠堡通同作弊，并假以按伏免支等項爲由，有名無實，冒破錢糧。致使利歸奸狡，軍士不沾實惠。一、本部移咨都察院，轉行兩淮、兩浙、山東、長蘆各該巡鹽御史，自嘉靖二十一年以後開中引鹽，每引遵照舊規，只許正鹽掣摯，其額外餘鹽盡行革去。如有夾帶多餘之數就便割没入官。應變賣者，運司變賣價銀解部，轉發各邊應用。仍嚴加禁約興販私鹽者，有罪人犯，照依律例，從重究治。

（明）孫旬《皇明疏鈔》卷四二《征榷·代題議處鹽法利弊以裨國用疏章懋》 臣聞鹽之爲用，乃生民食味之所急，而國家經費之所資。爲物雖微，其利甚博，不可以一日而缺焉者也。然在虞夏之時，不過以鹽充貢，而未嘗專利於上。成周之盛，雖或以鹽名官，而未嘗不同利於民。齊因相管仲而鹽筴始正，漢用桑孔而鹽禁始重。其源一開，末流無所不至矣。臣以菲才，叨官臺察，欽蒙聖恩，差往兩浙等處巡視鹽課，按行屬郡，訪求民隱，得其所當行者數事：

一曰存恤竈户。夫鹽之所出，雖由土產，而其成用必資人力。海濱之民，以煎鹽爲業者，謂之竈户。其採辦薪芻，朝夕烹煉，不勝勞苦，固皆在所當恤。而單丁老弱，家計貧難者，煎辦前課，數入不敷，屢遭鞭撻之苦。而鹽入於官，或被雨水銷鎔，又有追賠之患。此窮户之尤可哀矜者也。若蒙輕其歲課，使納折色，庶幾寬民一分，使之稍可存活。是即生死肉骨之恩也。其有丁力衆多，家道殷富，爲催總大户者，煎鹽既多，私賣尤廣，亦宜有以處之。合照黄册事例，凡軍民户之里甲有缺，就將圖内丁糧高大者，折户當差，以補其數。若以竈户之丁多家富者，亦行折户充役，照丁辦課，以補竈籍逃絶，皆免雜泛均徭，則差役均平，而歲課不虧矣。

二曰輕減鹽糧。國初，嘗命鹽司以掣下餘鹽行，令各縣差人赴司關領，回縣分給小民，計口食鹽而納鈔，以償鹽價。民感上恩，得鹽而納鈔，固此樂也。厥後鹽司久無餘鹽關給，而鹽鈔又改爲鹽糧。惟市民仍許納鈔，而鄉民皆納鹽糧。又使之遠輸外郡，則不惟米價高貴，而遠輸勞費十倍於納鈔，則鄉民之受困甚矣。若得照依市民一體納鈔，固爲大幸。如或不能即改，亦乞照依秋糧折色事例，納銀准鈔。使民受一分之賜，有若大旱之遇時雨，亦爲幸矣。

三曰申禁鹽窩。我聖祖以邊城險遠，兵餉不充，而糧運勞苦，乃命商人輸粟邊倉而給引鹽以償費。商人喜得厚利，樂輸邊餉。公私兩便，最爲良法。近年以來，法久弊生。每遇開中之時，權豪勢要之家，詭名請託，占窩轉賣，商人不求於彼，無路中納。以故中鹽者少，邊餉不充，而國家失利，爲害非輕。先朝雖有禁例，而權豪玩法，仍襲前非，未能盡禁。伏望特賜宸斷，申嚴前例，有犯必誅，使人知警懼。則其害可除，而邊餉無不足矣。

四曰鹽商挾私。夫商人輸粟餉兵，受鹽於官，出外平賣，利亦厚矣。而有貪得無厭者，乃於正數之外，賄求場官私加斤數，有一引至三百餘斤者。而掣鹽之後，運入江船，又買私鹽夾帶在船，混同發賣。亦有經過關津，賄求批驗盤詰人員，不行照引截角。或什中止截一二，徑自越關到於所往地方發賣，而賣鹽已訖不即繳引，再買私鹽仍將前引影射過關，隨處發賣，往復數次，多取價利。直待上司催取，然後繳引。其載鹽船户，亦買私鹽，夾帶前去，混同貨賣。此商人之倚官挾私，所當禁治者也。臣於前項奸弊，雖聞人言，未得實跡，難便究治。但律中已有夾帶餘鹽及舊引影射之文，則必先嘗有是事矣。與其治之於已然，曷若禁之於未然。乞敕該部移文各該巡鹽風憲，選取廉能官員，照依出鹽場數秤掣就行責取商人重甘結狀。如有前項奸弊，着實究治，盡將財本没官。而載鹽船户有犯者，亦將船隻没官。及行訪察沿路關津，經該官吏凡有容令引不截角，及舊引影射不行覺舉，皆問贓罪。則人知警懼，不敢挾私，而官鹽不致阻滯矣。

五曰禁治鹽徒。鹽商之倚官挾私影射者，臣既言之矣。其有肩挑背負，而沿街貨賣者，亦私鹽也。又有坐船紅船水夫，及各處船户到於杭州攬載，欽差内外官及各處經過官員，行李在船，昏夜收買私鹽，藏在船内，經過關津不敢盤問，隨其所往地方貨賣。此皆所得不多，爲害亦小。若嚴加巡察，則不敢爲矣。惟有一種游手無籍之徒，不務本等生理，十五爲群，乘駕小船出没江上，多置篙楫，滿載私鹽，沿江上下，賣與往來客商閒雜人等。亦有不肯買者，則將私鹽一包丢入船内，口稱巡捕恐嚇，取財得財即去。其私鹽賣盡，浮游江中，遇有客船遭風着淺，不能行動，窺見船中人少孤舟無侶，即便擁衆上船，肆行搶掠。舟人見其勢兇，力不能敵，任其所取，不敢與抗，抗則必被傷害。掠得財物回船，衆手舉棹運船即行，江面闊遠，頃刻之間，不知行往何處。失其所在，無處跟尋，惟有呼天痛哭而已。又有船行遇晚，未及止宿，或船行太早，天色未明，亦與遭風着淺者同，皆被劫奪。此等鹽徒肆無忌憚，積習成風，恐生他變。若唐末之王仙芝、黄巢，元末之張士誠，皆鹽徒也。不可不早爲之所。乞□敕巡鹽御史選差府衛佐貳官各一員，帶領巡捕軍餘及應捕人等，巡江爲名，沿江上下往來巡察。上至桐江，下至曹娥，及江之兩岸小港，亦皆遍歷，務使鹽徒盡散，官鹽疏通，而國家常獲其利矣。凡此數事，皆爲國家之要務。其前二事，見民患之不可不恤，蓋以民爲邦之本也。其後三事，明財用之不可不理，盖以財爲民之心也。能舉仁民之政，使民無失所。則尊君親上，事必有終，而國本固矣。能盡理財之道，使財無散失。則聚人得衆，生財有道，而國用足矣。長治久安之道，豈有外於是哉？臣學識寡陋，不能有所建明。但以職居言路，不容緘默，感一得之愚，上瀆寡聰。如蒙准言，乞敕該部看詳事理，參酌時宜，擇其可行者賜之施行，天下幸甚。

（明）葉春及《石洞集》卷二《應詔書・足國用・理屯鹽》　臣聞國家治邊塞以制遠人，修屯鹽以代輸輓。所以立富強，固疆圉，萬世之利也。然而法相因也，弊相乘也。察相因之機，審相乘之勢，故弊革而法成也。自成化、弘治以來，開中之格廢，而折色之例興。至於今日，穀粟貴而金幣輕。謀國之臣，莫不咨嗟嘆息於洪武永樂間矣。是不可不求其故也。開國之初，士馬盛於北陲，威稜震乎殊俗。驍將勁兵，揚旌萬里之表。旃裘之君，不敢南向而牧。墩臺之內，即堂闥也。當是之時，墾田之令行，而闢地之人衆。富商大賈，耕則徒易集，糴則困易足。豈其人之贍智哉，時使然也。承平久而武備衰，教令弛而阡陌廢。四野蕭然，千里彌望，糴猶艱阻。乃欲使之疾耕積粟以應開中，知其難矣。且商賈之權，孰與縣官，縣官不能號召游閒除斥荒莽，而責販易小民，以數引之鹽，任萬頃之地，則臣見其勢之不能得也。天下之事未有辭其勞而享其成者也。廣屯樹、厚儲蓄，誠縣官所宜爲者，何必豎賈哉。況昔支鹽一引，輸粟二斗五升，今至銀六七錢，十餘倍矣。持此溢羨以爲勞費，亦相值也。折色豈過乎。即今屯田未能遽復，臣愚以爲宜如丘濬之説，立常平司於各邊都御史總之。將折色銀發司和糴以充軍饟，而後修復屯田。東自遼薊，西至甘涼，地非鹻鹵，皆墾治焉。京邊軍自團營乘障外，隱占役放者，悉驅於農。已有月糧，官給牛種器具。行之數年，其入必多。報中上納，將有所取，所謂相因者也。至於鹽課，有可言矣。農人既供賦税，所餘穀粟，即如丘陵，貿易變遷，縣官不問也。鹽課正額外，所産餘鹽，絲毫銖兩，悉屬朝廷。既無工本以給竈丁，復令附帶以重商賈，亦可見其法之不能行矣。律令益嚴，奸弊益甚。富商大賈十八困焉。芻粟之上不免侵歛，勸借之方又溢例分。斗面火耗之增加，查盤勘合之濡滯。而又兩地搭配，數世守支。官攢恣其貪饕，稱掣因之上下。賣窩占中，剋之於先，奏求私販，奪之於後。此利之所以益微，而召之所以難至也。臣愚以爲天下鹽課，皆令折色。隨各司上下之鄉，酌以前增減之數，定爲一引，税銀幾錢，運司徵解，鹽無官私，聽竈丁與商從便貿易。商人給引，下場買鹽，官於要津照引而税，從各行鹽地方變賣，嚴繳退引。商竈於引，目外買賣皆絞。夫正額不失，每歲所産之鹽皆取而税，較之召商自賣不惟勞逸相懸，其獲亦倍。竈丁納銀，無消鎔追償之患。煎熬所得，易於變化，自不至於逃亡。節目簡易，商人侵削滯抑之困，可以少解。法既通融，人鮮争奪。勢豪專利之心，渫惡推剽之虞，不禁自息。日久事定，多餘鹽官亦可漸省。其守支未盡者，或轉般或改撥。期一二年，而折色之法即可舉行。蓄積既多，可以濟屯田之所不及。盖先王之法，遺於世者，纖悉備至。及其久也，皆不能無弊。審其勢察其機，而法於是乎可復。苟聽頹壞，莫知其所從起，莫究其所將至，則豈貴智哉。

（明）蕭良榦《拙齋十議・鹽法議》　按鹽之爲制，因天地自然之利，以實邊足國，其策不可廢也。歷代無論已，國朝鹽法，大都以通商恤灶爲本。洪武初，邊方召商，納銀八分，給鹽一引。永樂間改輸粟二斗五升。是征之官者薄，而貽之商者厚也。灶丁辦鹽課，每丁給與草場一頃有餘，能辦引鹽四百斤者與工本鈔二貫五百文，是使灶得實利於官而陰以寢其私鬻也。法盖至精矣。嗣後權豪報中，引價騰貴，科罰門多，商利漸薄。鈔法罷而工本之制虚，草場失而供煎之具缺，私販盛而官鹽阻，餘鹽興而引目亂，奏討煩而輸納壅，折色徵而邊實匱，其視祖宗之法弊也極矣。夫因循安静者難語摘奸，喜事多岐者適以滋亂。然則如之何而後可哉？亦曰善法，古者師其意不泥其迹。即今邊儲宜裕而商人極累，不可不通其財，如淮引浙引之類當爲之調停也。國課宜增，而灶丁重困不可不恤，其隱如内商豪舉之類，當爲之預限也。自餘禁捕科條、貢課差役，務在遵成憲以酌時宜。使公私俱盈，上下無患，庶幾不失立法之旨。不然取其文不考其意，是亦漁獵之爾矣，豈盛世所宜有哉？

（明）陳子龍《明經世文編》卷五三《刘文靖公奏疏・變賣鹽引疏劉健》　祖宗舊制，鹽法本以備邊，近來奏討數多，成法盡壞。先帝深知其弊，特令該部查處。臣等親承面命，議擬施行，而龍馭忽升，事功未就。恭遇皇上涣頒明詔，痛革弊端。特令大臣，分投清理，天下傳誦，稱爲聖明。奈何清理之使方行，織造之命隨下。生財之源既塞，蠹財之弊復生。臣等若坐視不言，依阿順旨，不惟負先帝面託之重，亦且虧皇上新政之明。前敕決不敢撰寫。況太監崔杲奏討引鹽，不過變賣銀兩。若户部支與價銀，尤爲省徑。若仍給引鹽，聽其支賣，必夾帶數多。向來作弊射利之人，因而附搭，則鹽法之壞，愈甚于前，清理之官殆爲虚設，東南困敝之民恐生不測，西北兵荒之急何以應之。臣等之憂，有不止此。伏望收回成命，止照該部擬給與價銀織造，則公用不乏，鹽法可行。

（明）陳子龍《明經世文編》卷六三《馬端肅公奏疏·重鹽法以備急用疏馬文升》 切惟鹽課者，國家之重事，民生一日而不可缺者，以之備緊急之軍餉，以之救凶荒之民命。誠有國者之大利，濟時之急務也。各處鹽課，兩淮爲急，若使法不嚴而利歸於下人，必致用不足而患貽於不測。所以歷代相因，必重其法。仰惟我朝建制之初，其於鹽法尤爲嚴重。行鹽各有地方，販賣不許越境。勢要中納者有禁例，軍民私販者有重刑。所以鹽法通行，無敢沮壞。至宣德正統年間，鹽法漸弛，朝廷屢命内臣同在京堂上官員前去清理，袪除奸弊，懲治豪強，使存積鹽課，常有數十年之用。或遇緊急用兵，缺乏糧餉，卒不能至。或地方水旱災荒，軍民缺食，乏糧賑濟，方纔召商中納糧米，賴其飛輓以備急用。上納完足，通關繳部。就給引文隨到隨支，得利數倍。所以客商樂於中納，而緩急得其所濟。此我朝鹽法之定規也。自成化年間以來，有乞恩求討者，有織造支用者。加以兩京往來勢要船隻，夾帶私鹽數多。又況行鹽地方之不拘，私自販賣之無禁，雖有中者，及至到邊，多不上納糧料，止是折收銀兩。一遇緊急缺糧，復命大臣前去督理，重復勞民買運，所以祖宗鹽法，壞之極矣。若不通行整理，誠恐有誤大事。乞敕户部通查鹽法始末舊規，并今日廢壞之由，徑自處置停當，上請定奪。務俾鹽課有餘而緩急得濟，法令嚴明而奸弊革除，緊急之軍餉不致有誤，飢荒之民命賴有所活。法定之後，永遠遵守。凡一應勢要之家，權豪之人，敢有乞恩沮壞者，許六科十三道官指實劾奏。皇上斷自宸衷，必置於法。庶祖宗舊制不至於廢弛，軍國重務弗被其沮撓矣。

（明）陳子龍《明經世文編》卷八五《韓忠定公奏疏·為一詔令以全大信事韓文》 臣等切聞詩著克終，禮稱謹始，惟公斯可以服天下，惟信斯可以結人心。仰惟皇上當九五應運之期，正萬物咸睹之日，登極一詔，法制具載，而鹽課一款，尤爲周悉。羣聽維新，懽呼動地。各該鹽場，正在遵行。今乃又奉明旨，令臣等再議，朝野驚愕，罔知攸措。且前項引鹽，先帝雖嘗准令納銀，隨場買補。後因廷臣論奏，尋復罷止，已而慶雲侯周壽、壽寧侯張鶴齡，出名奏討，至再至三，乃不得已，准令關支，遂使鹽法阻壞，商賈不通。故羣工庶職，每特奏于闕廷，雖田夫野老，亦嗟怨于閭巷。先帝隨時悔悟，特優召臣，面受敕旨。惟欲查照舊例，痛革弊端，睿意所發，正謂此耳。本部備將前項事宜開款上聞，不幸仙馭升遐，攀號莫及。然則成先帝欲爲之志，復祖宗不易之法，不有在于今日乎。節該伏覩詔書，除已支賣外，其未支掣者，悉皆住支還官。今奉欽依，除已納價銀者，即係未支應該住支之數。及給與引目者，即係未掣應該還官之數。若未納價銀，則先帝已有成命停止，故不待于今日矣。邇者陛下俯念内外臣工人等效勞先帝有年，大行賞賚。命集廷臣多方議處，而帑藏空虚。計無所出，姑從衆議，差官分投變賣各處鹽課解銀赴京以備支用。内外臣工人等，亦皆延頸跂足，想望前項鹽銀，計日可得。今又准令二家買補，則商賈依舊不行，鹽課何從變賣。而賞賚之典，畢竟廢格而付之空言矣。且慶雲侯周壽等，姻聯戚畹，列官列侯，爵享萬鍾，田連阡陌。其所以爲身計而遺子孫者，不爲不厚矣。前項引鹽，失之未足爲損，得之未足爲益。何獨孜孜需求，漫無厭足。使先帝前日之志，抑鬱而未宣，陛下今日之令，濡滯而不行。祖宗列聖之靈，弗慊尉于在天也耶。況今水旱交作，盗賊蜂起，流移内聚，夷狄外攻，地震山崩，日月薄蝕。又京城内外，霪雨爲災，彌月不止，有識之士孰不寒心。彼周壽等，亦陛下人臣耳，亦朝廷赤子耳，忍獨享富貴，曾不爲之一動心耶。臣等才本疏庸，叨司邦計，憂積于中，至忘寢食。況當財用匱乏之時，事勢危急之秋，若復緘默不言，將來誤事，罪臣何益。是以輒敢不顧忌諱，昧死上陳。伏望皇上獨斷宸衷，不惑羣議，仍照臣等原擬，遵依先次詔旨施行。

（明）陳子龍《明經世文編》卷八五《韓忠定公奏疏·題為欽奉事韓文》 臣等切惟國家之務莫重于邊餉，飛輓之利莫良于鹽法。故我太祖高皇帝立爲禁條，至嚴且備。以是一遇邊方有警，糧草缺乏，召商上納，無不響應。小民免轉運之勞，邊方得緊急之濟。效速而大，未有過于此者也。但近年以來，法久弊生，世殊時異，冒濫阻壞，廢弛殆盡。開中雖多，實用全無。荷蒙皇上重慮邊陲弗靖，蓄積少充，特召臣文，恭承聖諭。欲通鹽法，先求弊端。臣等職司邦計，何勝慶幸，敢不驅策駑鈍，仰副聖情萬一。謹將祖宗舊制事宜，及今日各項弊端，逐一條具開款上陳，伏望皇上少垂睿覽，早賜施行。

一、革開中引鹽之弊。仰惟祖宗舊制，各處鹽課遇有邊方緊急聲息，糧草缺乏，方許招商開中。若權勢之人請買鹽引勘合，侵奪民利者，犯人問罪，鹽貨沒官。以是法度嚴明，人心儆畏。近年以來，勢豪之家往往主令家人詭名報中。及至赴官上納則減削價值，下場關支則不等挨次，貨賣則夾帶私鹽，經過則不服盤詰，虛張聲勢，莫敢誰何。以致資本微細者，斂跡退避，不敢營運。著實濟邊者，坐困歲月，不得關支。及訪得各邊巡撫都御史并本部管糧郎中，遇有開中，著實用心者固多，任情忽略者亦有。且如達賊出沒，軍馬屯聚去處，正當多積糧草以備支用。卻乃不行坐撥，一遇緊急，束手莫措。其不係要害所在，或附近腹裏地方，糧料草束，反至有餘。以致年久浥爛，不堪支用。甚至買窩賣窩而任其規利，折銀折布而本色不收。商賈不通，鹽法弊端，莫此爲甚。合無通行禁約，今後如有前項豪強之輩冒禁中納，事發到官者，不分內外文武之家，俱查照律例施行。其各該巡撫并本部管糧官，今後如遇開中，務要公同計議，照依地方遠近，定立斗頭。先儘緊關要害，及軍馬屯聚去處，糧料草束加倍存積，務勾主客兵馬數年支用。斯爲得策。其餘不係緊要所在，酌量緩急報納，以防不虞。若是遇有開中，再收輕賫，不收本色。及縱容賣窩買窩等項，聽本部指實參究。如此則邊鄙充實，而軍餉不至缺乏矣。

一、革興販私鹽之弊。仰惟祖宗舊制，巡禁私鹽，每年差委御史一員，專一禁革姦弊，疏通鹽法。而又行文各該守禦官司，及有司巡檢司于該管地方，并附場緊關去處，常川嚴加緝捕。立法至嚴，人不敢犯。近年以來，各處軍民人等，爲因艱難缺食，不能聊生。濱海人家，及有硝鹻去處，私煎小鹽，隨處貨賣，以致官鹽阻滯，不得通行。又有等權豪之徒，專買灶丁私鹽，假充官鹽發賣。經過關津去處，其守禦巡司等官，畏其勢重，不敢擅自阻當，任從到處貨賣。商賈不通，鹽法弊端，莫此爲甚。合無通行各處行鹽地方巡鹽御史嚴督所在守禦巡司等官，務要用心設法，時常巡視，但有興販私鹽之徒即便挐問，查例發落。干礙內外官員，指實參究，不許曲法回護，致生別議。如此則利興弊革，而人皆畏法矣。

一、革賤賣官鹽之弊。仰惟祖宗舊制，各處額辦鹽課，俱候邊方開中召商報納糧草，許令關支。近年以來惟淮浙官鹽，人皆樂中。其四川、廣東、雲南三省鹽課，爲因地窵遠，商人多不情愿。間有中納者，每一引，本地方價值七八錢，止得六七分，一兩止得八九分。計其邊方所入，不及本地十分之一。商賈不通，鹽法弊端，莫此爲甚。合無今後照依山東福建事例，本部行移四川廣東雲南巡撫官，督同布政司掌印官并管鹽官員，各將提舉等司每年額辦鹽課，除客商在于先年各邊上納糧草、給有倉鈔本司，已投勘合、見在守支，并舊例存留本處歲用，俱照舊外，自弘治十九年爲始，今後每年額辦鹽課，俱照彼中時價，變賣銀兩，傾瀉成錠。批差的當官員，責限年終到部，轉發各邊糴買糧草，以備緊急支用。行之數年，果有利益，著爲定規，日後悉依此例而行。如此則鹽不浪費而軍餉皆得實用矣。

一、革買補殘鹽之弊。仰惟祖宗舊制，各處運鹽使司等衙門，歲辦鹽課，照依額數徵完。堆積在場，聽候商人關支。百餘年來，行之無弊，商灶稱便。近者慶雲侯周壽家人周洪，奏買兩淮殘鹽八十萬引，壽寧侯張鶴齡家人杜成朱達等，奏買長蘆兩淮殘鹽九十六萬餘引，名雖買補殘鹽，其實侵奪正課，以召物議沸騰。人心積怨，商賈不通，鹽法弊端，莫此爲甚。合無將前項報中殘鹽，原額引目，赴官銷繳，價銀照數給還。未完之數，悉皆停止，不許陸續上納。仍通行各該運司等衙門，今後額辦鹽課，務要如法收積，聽候各邊商人挨次關支，不許勢要之家假以買補殘鹽爲名，仍前主令家人侵奪商利阻壞鹽法。違者聽本部及科道論奏究治。如此庶國體不傷，而豪強知所警懼矣。

一、革夾帶餘鹽之弊。仰惟祖宗舊例，各處運鹽使司等衙門，客商關支引鹽，每引帶耗，止該二百二十斤。但有夾帶餘鹽者，同私鹽法，立禁最嚴，人不敢犯。近年以來，官豪之家，假以中買殘鹽爲名，主使家人下場關支。狐假虎威，縱橫自如，或通同鹽灶作弊，或倚勢挾制官府。夾帶餘鹽，每引或三四百斤者有之，或六七百斤者有之，以致正課虧欠，商賈不通，鹽法弊端，莫此爲甚。合無本部通行各該鹽運司等衙門，今後務要嚴加禁約。但有商人支出官鹽，各照斤數掣摯。敢有似前夾帶阻壞鹽法者，巡鹽御史并管鹽官員拏問如律，查例發落。如此庶姦人知懼，而鹽法得以疏通矣。

一、革越境賣鹽之弊。仰惟祖宗舊制，設置各該運鹽使司、提舉司、鹽課司，行鹽地方，各有界至，立法之嚴，既周且備。但自成化弘治年來，長蘆鹽課，節該親王順帶食鹽，及內臣織造開賣鹽價，而回空馬快等船，亦皆假借夤緣，私自裝載，越界前去兩淮地方發賣，輒稱欽賞欽賜等項名色，橫行江河，攙奪市肆。商賈不通，鹽法弊端，莫此爲甚。合無今後親王之國，免帶食鹽。內臣織造，免賣鹽價。本部仍通行各處巡鹽御史并管鹽官員，務遵舊制。及查照節行事例，嚴加禁約，各照行鹽地方，不許私自越境發賣。其裏河一帶洪閘等處，一體搜撿。務在鹽法疏通，商人得利。如此則宿弊可除，而邊儲亦與有賴矣。

一、革運司廢弛之弊。仰惟祖宗舊制，各運鹽使司提舉司鹽課司，既設運司提舉等官掌管鹽課，又設分司判官各場大使副使等官分理其事。立法之意，極爲周密。先年官多得人，鹽法修舉，額辦正課，儘有附餘。近年以來，各該官員，公廉守法者固有，貪懦壞事者尤多，以致灶丁疲敝，日就消耗，鹽課虧欠，經年不完。商賈不通，鹽法弊端，莫此爲甚。合無本部移咨吏部，今後各鹽運司掌印佐貳官員，務要選用科目出身，素有聲望，久任老練之人，轉補前職。其各該場分大使等官，雖係吏員出身，亦要揀選年力精壯，素無過犯之人，以充其任。仍通行各該巡撫巡按巡鹽等官，將各司見任大小官員，逐一從公考察。要見某官廉能幹濟，任內經收鹽課，依期早完，不失原額，相應旌擢。某官貪懦無爲，任內經收鹽課累年拖欠，虧損正課，相應罷黜，明白具奏上請定奪。中間又有等姦頑無知之徒，欺公玩法，靡所不爲，侵欺盗賣，肆無忌憚。查有實跡，應參奏者，即便參奏，應拏問者，就便拏問。如此鹽法得人而百弊自除矣。

（明）陳子龍《明經世文編》卷三一七《王鑒川文集・條覆理鹽法疏王崇古》 又准山西撫院咨。據各兵備道呈稱，鹽行於運司，而引派於九邊，鹽通則引通，鹽壅則引壅。故引價之貴賤，視鹽利之通塞。斗頭之多寡，視引價之貴賤。鹽壅則引不得不賤，引賤則不得不減價以求售，其勢然也。然則疏通鹽法者，當求之運司，而不在九邊。但今之病鹽法者非一端，工本之加派，餘鹽之割没，各色鹽斤之通行，每官引一道，例該掣正鹽二百引，今可掣三引之鹽。行鹽地方如故，產鹽竈户未增，而掣鹽數多，何方變賣。且各司坐司大商各收有邊商鹽引，多者數十萬，少者亦不下數萬，足供數年之掣用。一遇邊商鹽勘到司，變賣則無主承買，守支則無資不能挨及，聽其勒減價值。淮鹽費本五錢，止三四錢。浙鹽費本三錢五分，止賣一二錢。山東鹽僅賣五七分，惟長蘆鹽引原額數少。近年直隸各處鹽法疏通，每年用引數十萬。故一時引價，每引比原本尚有微利。此各運司鹽法之大略也。夫商以規利而争趨，引以遲速爲貴賤。果引價增貴，則以五錢之本而賣至七八錢，則在邊原納糧草時估，自可加增，而商無苦難，即争相報中，可復飛輓之舊。今照各司鹽引壅滯，則不得不減時估，苟求完報以濟歲支也。查得前任屯鹽都御史龐某，曾立邊商司商兼掣之法，定邊商引勘價值之例，責司商承買邊引之規。凡司商告掣，務令續買有新鹽方准挨掣舊引。立蘆鹽歲增之額，一時邊商稍蘇。今本官去任，復爲司商在司夤緣更議，無惑乎鹽法之復壅也。其邊方買窩賣窩占中之弊，乃鹽引有利之時，豪強圖利之爲。今官召無應，坐派不甘，自無占中之弊矣。茲蒙廟議申飭，臣復嚴行各道，并管粮郎中在邊者極力調停，禁革夙弊，及時召納外，在各運司者，伏乞敕下户部，通行各巡鹽御史并運司等官，於凡掣鹽割没之大濫，行鹽壅滯之夙弊，痛行裁革。查照龐都御史原議，定邊商引價之定值，分司邊各商兼掣之定例，於司商積引之家。務令承買新引，遇掣支之時，須驗有新引，方准掣舊。庶邊商不至坐困，鹽勘有售主之微利，而召中自樂從矣。

（明）陳子龍《明經世文編》卷三五七《龐中丞摘稿・清理鹽法疏龐尚鵬》 竊惟國家經費，莫大於邊儲。兩淮煮海爲鹽，歲課甲天下，九邊之供億實賴之。先年邊計常盈，公私兼利。邇來時異勢殊，沿革不一，成法幾於蕩然矣。或取給於一時，而不防其末流之患。或牽持於衆論，而不察其受弊之源。專事紛更，迄無寧歲。臣謬叨總理之任，愧無經畧之才，博採輿情，旁稽往牒，已經督同各該兵備等官，就事參詳，因時考訂，悉加籌度，曲示劑量，酌通變權宜之方，爲救弊補偏之術。欽遵敕諭條目，照款開陳。實出千慮之愚，似爲一得之見。伏乞敕下該部覆議施行。

壅滯者作何疏通：

一、設法銷引。夫引目壅滯，則鹽法不通，積累數多，則勢難盡掣。如先年加增工本鹽三十五萬引，以至停積引目至五百有餘萬，此壅滯之病根也。若非權宜酌處，終無疏通之期。查得淮南每年掣鹽捌單，每單柒萬三千引，今議加爲八萬五千引。淮北每年四單，每單該鹽五萬引，今議加爲五萬五千引。淮南淮北，每歲共加引一十一萬六千有奇，行鹽地方，消遣甚易，商人稱便，課額日增。見在淮鹽，不三年可盡掣矣。至於銷引銷鹽，皆疏通之（艮）〔良〕法。除各單加掣外，更欲比照嘉靖初年事例，改行小鹽，每引止四百八十五斤。淮南納餘鹽銀五錢二分五厘，淮北三錢七分三厘。若令即日解綑小包，未免工費煩難，商人虧損，恭候題奉欽依到日爲始，即行各場綑鹽，俱照嘉靖初年斤數，不許過多。候淮鹽掣盡，然後挨掣小鹽。淮南每單八萬五千引，扣算加增爲十萬四千引。淮北每單五萬五千引，扣算加增爲七萬引。一年之內，復多銷引目二十一萬有奇，較諸常額，每年多銷引目共三十二萬八千引。疏通之法，何以加此。或曰小鹽之行，銷引雖易，每年少餘銀二萬五千七百六十兩，於課額得無損乎。臣反覆思之，歲額餘銀六十萬，非盡爲餘鹽得，此蓋於割沒取盈焉。今引目既多，則割沒益倍矣。當不下十萬之數，又何患餘銀之不足乎。每引少餘鹽六十五斤，因而減納餘銀一錢七分五厘。一則寬恤商人，一則疏通引目，不惟可銷目前之壅滯，雖傳之經久，似亦可行而無窒礙矣。若欲照見行則例，每引五百五十斤，須待引目盡銷之後，再加酌議另行，亦未爲晚也。

一、稽查實效。竊惟天下之事，職掌既相關，則責成當有明法。彼此相退託，則綜覈盡爲虛文。兩淮行鹽地方，除巡鹽御史歲經巡歷考成外，其餘事關各省，禁令難齊。先年總理鹽法都御史累經題奉欽依，坐委江西湖廣河南鹽法道嚴行監督。各該有司，以銷引之多寡，別功過之殿最，其有不及數者，即考滿給由，嚴行查覈參問住俸，各有明條。而該道之舉劾，兩淮巡鹽御史實柄之，法可謂詳且密矣。然引之銷繳十無四五，官之勸懲百無二三。若舉刺該道，則寂乎未聞。此無他，皆積習相沿之過也。臣至兩淮，查前後題請事宜，悉已通行各省矣。然稽其成效，造報者誰與，覆覈者誰與，簿牒全不相聞，功罪何由考見。鹽法之壅塞，何怪其然也。臣愚再三籌之，謂各省府州郡縣遼邈，獨以鹽法道一人兼督，雖稱事有專職，其實勢難必行。遇智巧有司，輒以空文相蒙蔽，豈能一一就近察之。查得各府皆有守巡道，分駐一方，就令將部內州縣，各從近地分管。某州縣隸分守道，某州縣隸分巡道，各府州縣設立循環文簿二扇。每季內開商人運到官鹽若干，引目若干。或自行發賣，或舖户轉販，彼此有無抑勒，鹽法果否疏通，州縣一體查造。各府併造所屬，凡有利病事宜，逐一具詳區處。如或水陸難行，商人不到，有何緣由，俱要明開，以便查議。每季終將原簿并截角文引，同時齎送。各該道覆查無異，即令具印。鈐文簿一扇，通將分理府州縣，驗其引目，分別功罪。某完及幾分，某不及幾分，遵照先年題准事例，明開某應旌異，某應戒飭。或參問住俸等項，各爲差等。聽巡鹽御史，上半年於六月終，下半年於十二月終，查道路遠近，各差人給與脚力，齎文前去。查取守巡道即以原引連簿封付本差領回。其巡鹽御史即將各守巡道所擬，再加參酌，照例開列條款。應參者參，應獎者獎，通於接管一年內具題，該部據實覆請，亟加勸懲。

一、議減開中。竊惟兩淮鹽法，自昔疏通。近因開中數多，而商人附帶餘鹽，益倍蓰無算。鹽多則消遣不盡，引多則支掣不及。日益月累，力無所施。今工本之鹽已停，一二年來漸見疏通，此其明驗也。然守支商人，今猶苦之。查得舊制兩淮鹽法，七分常股，三分存積。近因報中紛紛，而二項名色亦混然無辯矣。今欲於七分常股照常開中，而存積三分暫行停止。使引目既少，鹽價必增，人情樂趨，而其效立見矣。此於本色供邊之數，雖一時未免少減，然權宜通變，責效將來，誠未可屑屑爲錙銖計也。況掣鹽之數，一如往年。解部餘銀，照常不廢，亦何憚而不爲耶。

一、先期給引。查得鹽運司每年預處官銀，遵奉欽依事理，差人前往南京户部請給當年引目，回司給發商人，以免守候之苦。此法人人稱便。但據各商告稱南部請引，姦弊多端，托故留難，科索無厭。有後至而先給者，有坐守經年而展轉遷延者，此皆職掌官員失於稽察，以致左右人等，任意科求。商人久羈，鹽法壅滯，亦多坐此。臣愚乞行南京户部，每年坐委司官一員，專管鹽引。如運司預請關給，即具呈巡鹽御史，移文該部經管官員，務要依期給發，仍具回文查驗。若復仍前遲悞，據實查參，庶事有專職，關領如期，而商人支鹽不致曠日持久矣。

私販者作何禁制：

一、收買餘鹽。查得私鹽横溢，則官鹽壅滯。而私販之所以盛行者，以餘鹽未盡區處也。蓋勤竈數口之家，全資餘鹽以爲歲計。若商人收買不盡，則其勢不得不歸之私販矣。今欲查各户竈丁之多寡，人力之强弱，盤鐵若干，草蕩若干，滷池若干。終歲所煎，正鹽若干，應有餘鹽若干。分司官先期督同場官總催人等逐户面審，登記簿籍。每年除正鹽併商人收買餘鹽外，仍有剩數若干，官爲收買。其合用鹽價，請於割没餘銀内，借留十餘萬，以備支用。或謂官買餘鹽，則竈丁與官交易，未免納鹽有轉輸之難，給銀有守候之苦，其何以堪。若轉販於民間，即俄頃立就，絶無留難。雖至愚者，亦豈肯舍此而趨彼哉。此其説誠然，臣三復思之，亦處之未盡其方云爾。查得各場多殷實竈丁，皆習聞鹽場之利病，而朝夕與俱者也。今欲於上場僉肆名，中下場各貳名，免其總催等役，責令管買餘鹽，按月給領官銀，授以印信文簿，令其將銀自壹錢以上者皆預先鑿定，各照輕重數目另封收貯。如遇竈丁餘鹽，即時秤對明白，就給見銀，不許頃刻留滯。其各場俱有竈倉，通行脩理苫蓋。每倉添設人夫，大場四名，小場二名，同原設倉夫看守。如有侵欺，各從重追究。每年收買餘鹽，或貯以爲存積，或買補商人，令其照常納價。其苫蓋席草等項，俱用官銀，每半月該場官吏查算一次。每月終將買過鹽斤，用過銀兩，開印信手本，送各該分司稽查。每季終各分司親赴各場，照依月報數目，查丈鹽斤，有無少欠，類造鹽册，關送總司，備呈巡鹽御史。每年冬夏二季，造册報部查考。凡□切典守之責，或力不能支，如水火盗賊之類，即分司官親行勘驗，不得貽害追賠。其收支各項利弊事宜，俱俟逐一稟官，亟加酌處。至於餘鹽之價，此商人交易者，須量爲增益。蓋鹽倉之遠近難齊，道路之險夷不一。有商人應支正鹽，而榜派場分隔遠，自願别場買補，不願本場關支，以避脚價之費。即此推之，則竈丁餘鹽，不可不收，而其價實有不可强同。悉聽分司官隨地劑量，曲爲區處。每百斤比常價或加伍分，或加叁分，使竈丁樂於官買，而翕然從之，乃爲長策。其收買之人，如有抑勒虧損，許竈丁即時口告，以憑究罪。竈丁未納正鹽，先行轉賣，及販與鹽徒，定行從重處治。各分司刻示曉諭通知，以便遵守。或曰解部餘銀，歲不可缺。今借買餘鹽，則不能取足原額矣。年例所需，何以應之。夫事固有先損而後益者，借餘銀以買餘鹽，銀固不能依期以解部，而原銀初未嘗損也。況所收餘鹽，留爲存積，以備他年開中，則其利更有不可勝言者。臣所謂毋取給於目前，而圖爲經久之利者，此類是也。

一、禁止私煎。查得淮南安豐諸場，鹽出於煎燒，必藉用盤鐵。淮北白駒諸場，鹽出於灘晒，必藉用埻池。然盤鐵原有定額，埻池原有定口，非竈户所能私專置造也。今則家家增鏾，户户開池。場官畏而不敢問，司官遠而不及知。私晒私煎，日增月盛，蓋不知私鹽之積，將何所紀極也。失此不治，而規規於私鹽之緝捕。譬諸治水，泉源方滲，丸泥可封，洚水横流，則千防莫障矣。臣細加咨度，訪之貧竈，極陳時弊。謂在嘉靖叁拾年，舊盤損壞，告官脩理。富竈姦商，合謀作弊，始告於官曰盤鐵重大而難於脩補，鍋鏾輕省而便於置造。且盤煎之鹽青而錙，鍋鏾之鹽白而潔，商人有取舍焉，官司聽其便宜而許之。鍋鏾之興始於此。然猶官有防禁也。繼而富竈與經紀合謀，再白于官曰，鍋鏾雖容置買，但鐵冶住在鎮江，隔越長江之險置買甚難。乞要召匠開舖于揚州，就近買辦，免遭覆溺。官司又墮其可欺之方而信之，遂召鐵匠就白塔河開場鼓鑄。而擅買私鏾者，明目張膽而爲之，縱横絡繹，蕩然而莫之禁矣。是以各場富竈，家置叁伍鍋者有之，家置拾鍋者有之。貧竈爲之傭工，草蕩因而被占。巨船興販，歲無虚日。問其壹鍋日煎火鹽幾何，謂每鍋一伏火，可得火鹽壹大桶。一伏火者，一日一夜也。壹桶者以斤計之，可得貳百餘斤也。夫壹鍋日計火鹽可得貳百斤，則拾鍋一日可得貳千斤，百鍋可得貳萬斤。各場終歲，殆莫計其幾千百萬矣。多方緝捕，可得而止之乎。今欲將鐵匠即日遞回鎮江原籍，不許留住揚州開鑄，以絶其私煎之具。各分司官督令各場官吏親詣各竈，督同總催竈頭，逐場逐户查報磚池若干，私池若干，盤鐵若干，官鏾若干，私鏾若干，盡數開申以憑酌量。每場用盤幾角，用鏾幾口，計壹場額鹽若干，該用鍋鏾若干。如盤鐵不便煎燒，從宜易以鍋鏾亦可也。但須官爲置造，每壹官鏾，必運司花押，無花押則爲私鏾。置私鏾者，比照私鹽千斤，坐以重罪。有犯而不舉者，則同竈連坐，本場官吏坐贓并究。至於晒鹽場分，私築鹽池者，盡行填塞。每歲巡鹽御史，出其不意，倏委一官行查，庶幾法禁嚴而私鹽絶，私鹽絶而興販息矣。蓋鹽徒之出没無定，而巡緝爲難。竈户之煎煮有常，而禁捕爲易，其本又在三分司官，各在本場住劄，以時督率場官巡視譏察，則弊端無所逃矣。否則以邊海產鹽之地，而盡委於拾數場官，而責其令行於姦竈。私煎私鍬，其可得而盡禁乎。說者又謂鹽法固在通商，尤當恤竈。假令盡禁私煎，彼貧竈日不聊生，將何所資以爲衣食，俯仰計耶。此其慮誠然。臣愚則曰置私鍬私池以私煎者，非貧竈之力所能爲也。貧竈無立錐之地，不過自食其力耳。惟富竈累貲千萬，交結場官，串通總催，大開囤鬻之門，坐收壟斷之利。若一概姑息，而不思所以處之，是所恤者小，而所妨者大也。此私煎之所以不可不禁也。

專利偏累者作何調停：

一、酌處引價。查得國初原無邊商內商名色，自邊商難於守支，故賣引于內商。內商難于報中，故買引于邊商。一專報中，一專守支。其初鹽法疏通，引可速賣，鹽可速掣。彼此交易，兩利俱全。今鹽法不行，在內商有支鹽上堆，數年而不得掣者，則其不樂於買引，非得已也，勢也。由是抑勒減價之弊生，而邊商始蹙額矣。在邊商有中引到司，數年而不得賣者，則其告掣河鹽，亦非得已也，勢也。由是展轉增價之議興，而內商始側目矣。轉相攻激，視爲寇仇，故曲示調停。河鹽掣三單，淮鹽掣五單，蓋以邊商之報中也。揭資於一二年之前，轉粟于數千里之外，櫛風沐雨，履危蹈險，甚至官司逼勒監併鬻產以應其求。及齎倉鈔到司，而又苦于內商之抑勒。若非超掣河鹽，激勵而鼓舞之，即諸商解散，邊塞空虛。將欲導其流而先竭其源，將欲強其枝而先戕其幹。爲國家飛輓者誰與。此河鹽誠不可不掣矣。又據邊商呂應麟等赴臣控訴，執稱河鹽既行，即內商堆鹽守支年久，深以壅塞爲患。若分撥引目，必待八年以上，方得掣賣，坐受虧損，雖至愚者不爲也。故邊商至此引既不能賤售，鹽復不能守支，亦於是乎坐困矣。臣反覆咨詢，乃知邊人中納糧草，利在賣引以資奇贏之利，朝入淮而暮還家，乃其情也。今留滯他鄉淹踰歲月，關給引目，收買餘鹽，勞苦萬狀，邊人何以堪此。況餘鹽納價，動稱鉅萬，負重資而奔走南北，往返畏途，豈無他虞。且聞告掣河鹽，坐規厚利者，多係截買之人，於沿邊報中者無與焉。故質之輿情，皆稱河鹽之行否。而鹽法之通塞，隨之近查內商支鹽上堆，比三年前十減七八，人情向背利害較然，河鹽決不可不停矣。然停掣河鹽，而不詳議引價，即彼此紛爭，何時而定。已經劄行兵備道，召集邊內二商，從公酌議。將邊商引價，著爲三等，分撥見引。淮南定銀玖錢，淮北定銀捌錢，分撥起紙關引。淮南捌錢，淮北柒錢，分撥到司勘合。淮南柒錢，淮北陸錢，劑量得宜，彼此稱便。若非設法再爲區處，則將來內商之抑勒，邊商之坐守，猶夫故也。今令內商將的名報出，造册在官。如遇支鹽，到橋頂壩，行令白塔河安東壩各巡司驗放鹽船。如商人該掣鹽壹百引，務要見有新引壹百引，方准造單呈掣。驗畢用印鈐記，不得再照。如無新引，不許過橋入單。臣覆審各商，心悅誠服。謂處分曲當別無異詞，以後邊商上納糧草，內商分撥引目，彼此相濟，著爲定規。若邊商倉鈔已到，而內商執拗留難，許邊商齎送運司，照數給價。以便即日回邊。凡有引目在官，內商依原價承買，其官給價銀。乞暫留割没餘銀貳拾萬以備支用，轉移之間當不出三月外，即原銀照常解部矣。數年紛爭，寢于一旦。停河鹽固所以速淮鹽也，恤邊商所以厚內商也。自今論之，邊商跋涉諸艱，視內商何啻什伯。蓋內商利重則趨，利輕則散。鹽斤非價貴不賣，餘鹽非價賤不收。雖有守支之勞，終獲自然之利。是專利者內商，偏累者邊商也，告掣河鹽，乃其不得已之下策云耳。國初正鹽之外，原無餘鹽，隨到旋支，隨支旋掣，故不勞餘力，而引目疏通。今超掣河鹽，似爲邊商得利。然支掣之費，浮于內商，而轉販獲利，復遠不逮焉。所得無幾，而利歸稱貸之家矣。然則邊商亦何樂而爲此耶。故邊商自以爲偏累，而以專利惡內商。內商亦以爲偏累，而以專利仇邊商。其趨利也，猶水之無坊也。苟無所底止，則橫決之患，孰能禦之。惟引價一定，則停河鹽於邊商不爲摧抑，行淮鹽於內商不爲偏利。在此無濡滯之患，在彼無觖望之私。二商相爲表裏，本相濟而非所以相病也。

一、拆鹽舖户。查得各商掣鹽之後，運赴各州縣地方不能親賣。即有司查報殷實之家，督令承買隨便轉販，而先以鹽價給商人，謂之拆鹽舖户。各該地方去鹽場隔遠者，私鹽不到，官鹽大行，舖户皆樂爲之。惟淮揚地方，附近鹽場，民間買食私鹽，視官價減十之七八，以致舖户之鹽，無地消遣。官商徵價，破產包賠，且報充之時，有力者皆夤緣脱免。淮中人之家，乃身任此役，其爲累蓋百有餘年矣。完銷引目，追併甚難，鹽法壅滯，此亦一端。臣初入境，即紛紛赴訴，因召集各處水商，細加訪問，各稱大江以南，地廣民一，食鹽數多，隨宜分派，再增壹貳拾萬引，綽然有餘。已行兵備道面審諸商，開坐數目。查二府拆賣之引，計陸萬有奇。均派各省地方，無致偏累鋪户，似得調停之法矣。或謂鹽法之行，當自近始。若附場各州縣軍民，通令坐食私鹽，恐非所以明法。古有計口授鹽，而納直于官，其法似爲可行。請查各州縣户口册，酌量差等，盡以官鹽付掌印官。照里分授，而歲徵其價解司，庶法守畫一，遠近無議。夫私鹽之禁，律例甚嚴。若使法不能行，則課額何由取足。但鹽之給散，銀之追徵，户口實數難憑，未免日增煩擾。且貧難軍民，肩挑背負，易米度日，原不在法禁之内，則民間買食，亦不盡禁可知也。況聞有汲水爲滷，而終歲不食鹽者，即一概派徵可乎。夫革去拆鹽鋪户，使免偏累傾家，無容議矣。若使近場居民盡食官鹽，照常納價，似爲難行。寬一分，則民受一分之賜，此實有望于陛下特恩也。

一、報中糧草。查得各邊開中鹽糧，務要量彼處米價貴賤，及道路遠近險易定奪，則例具奏，召商中納，此祖宗成規也。邇來邊上中納，多不依時估。及雖依時估，而轉運交收，領給勘合，其間私費尤難盡言。甚或以勸借爲詞，而陰行科罰之訪，邊商之不堪命久矣。糧草湧貴，商人規避，遂督責沿邊有司。或報殷實富户，或捉原日商人，驅逼上納，如捕重囚。其間鬻田宅，括資財，破家以奔命者，飲泣呼天無從籲告，可勝嘆哉。夫國家以鹽課供邊，其利甚大。往年權貴之家，屬託夤緣，欲染指於其間，猶恐不入手。今商人之散，招之不來，而逼勒富民代之。此其利害較然矣。輕費無窮，民力有限，以九邊兵食大計，而偏累無辜，固非仁人之所忍聞，亦豈備邊長久之計耶。臣生長東南，於商人中鹽納糧草利病，纖悉未得其詳，獨念利之所在人必趨之。惟裁抑已甚，則嚴父不能強其子，豈勢力之所能驅遣乎。今議於商人報納粮草，曲加存恤，減斤重寬斗頭，計時估若干，仍量洞數目若干，以補其各色私費。至於科罰勸借，通行禁革。倉鈔勘合，給不踰時。凡能寬一分使商人受一分之賜，莫不極力爲之。其間別有區處事宜，關係内地鹽法，有非邊臣所能徑行者，乞行各邊巡撫及管糧郎中等官隨事擬議，務要委曲周全，勉爲商人計。各不時題請，行臣與巡鹽御史加意籌畫，内外相通，互爲變通，必使鹽法大行，商人輳集，始爲千百年永利。其責報商民，逼納糧草，不知此法創自何年。乞行沿邊撫按衙門，早爲區處，毋令偏累傾家，各另具足邊長策以聞，庶轉輸常繼，而邊民賴有寧居，積貯常盈，而司農不至告匱矣。

行鹽地方今昔不同者作何定擬：

一、行鹽地方。照得淮鹽之利，所以甲於天下者，以行鹽之地周偏廣闊而流通不滯也。江西一省，先是南贛袁吉四府，俱借行廣鹽，以資贛州軍門兵餉。近該巡鹽朱御史，題奉欽依，改令袁吉二府，仍行淮鹽。舊地既復，鹽法漸通矣。尋聞軍門具題，仍令吉安一府復行廣鹽。夫廣鹽之行，專爲兵餉計也。今淮鹽願納兵餉，亦何以異於廣鹽哉。復原額行鹽之地，納軍門兵餉之銀，可謂彼此兩全矣。既奉明旨，復中易之，彼各爲地方用情，誠非以此爲争端也。但贛州與吉安一水連接，河流如飛。不信宿可達臨江，直抵南昌矣。若廣鹽行於贛州，而吉安不與焉，則於萬安縣臨河喉咽之地，設官盤詰，禁捕私鹽，庶幾無欃越之弊。今既達吉安，即晝夜横行，孰能捕之。近審水商，皆稱廣鹽滿地，淮鹽不行，非惟吉安地方，朝更夕改，即袁州臨江等府，亦不能發賣矣。各商推避，紛紛有詞，雖經派給水程，絶無一人認領。豈其逐利之心，故有所擇哉。蓋或淮或廣，與奪無常。官鹽私鹽，勢難並發。商人之違從靡定，有司之禁令不行，雖至愚者亦不敢投足於其間，自虧資本矣。今查廣鹽每引納軍餉銀壹錢貳分，若淮鹽到吉安，照此納税，恐偏累不均。合無於通省淮鹽，每引均派若干，先令納税，然後准其發賣。每年務足原數，類解軍門，則行淮鹽，是即行廣鹽也。在先年已題有成案，奚容中變其説哉。否則吉安既行廣鹽，而袁州臨江皆非淮商所樂就矣。坐失二府之利，皆自吉安致之。往於峽江設浮橋，爲杜絶廣鹽之路。曾未踰年，盡行毁滅，皆鹽徒惡其厲己，而以洪水衝激爲詞。此往事有明鑒也。江西十三府，而六府不行淮鹽。欲引目之疏通，其勢能乎。湖廣如衡州寶慶永州郴州，查舊制俱係兩淮行鹽地方。向聞各府執稱兩廣軍門明文，通行廣鹽，以致淮商不入其地，而廣鹽自此盛行。若非剖斷分明，未免依違無據。查得巡鹽御史題稱淮商若到，量免抽税，以資剥淺之費。必待淮鹽賣盡，方許廣鹽發賣。仍抽納税銀解布政司，隨便解部以給邊需。曾經題奉欽依，似難別議。但廣鹽既許兼行，而復使暫讓淮鹽，彼此互市，誰能禦之。且軍門題准明文，未知有何考據。徵銀解司解部，未聞定數幾何。臣愚乞行該部查兩廣軍門，曾否於何年題請，爲何年用兵，各府每年徵解税銀若干，有無完欠若干。仍咨湖廣巡撫衙門，備行該府守巡及鹽法道，通查各府鹽額，每年應消若干，應納餉銀若干。淮鹽與廣鹽至此，道路險夷，果孰爲便。或淮鹽可到，即令廣鹽不得仍前侵越。若淮鹽全不入境，即當專行廣鹽。所納課程，或應解軍門以充兵餉，或應解户部以濟邊儲，悉著爲畫一之規。而淮鹽原課若干，應否量爲末減，亦於此當有定論矣。若河南南陽府，亦淮北行鹽故地也。初因淮鹽少到，暫許解鹽兼行。其後乃稱人情向背，道路遠近，獨使解鹽專行於一府十二州縣，惟舞陽仍行淮鹽。夫銅板祖宗舊制也，一旦持異論，遂起而更之。初云暫許兼行，今則全奪之矣。淮商未聞以遠道爲辭，南陽未嘗喜解鹽爲近。淮北之路雖稍遠，而舟行甚便。淮鹽到彼，人競得之以爲食貨之珍。解鹽之路雖稍近，而馱載爲難，每遇雨雪載途，連月不到，即價直高騰，復插和沙土，人甚怨之。臣嘗面問揚州府知府衛東、楚江縣知縣方九功，皆南陽人也，悉稱郡人喜淮鹽，惟恐其不至。有得之私販者，自以爲出於望外，則所謂人情之向背，道路之遠近，其説得無誕乎。況行鹽各有地方，安得由人取介。鎮江去兩淮近在咫尺，而遠踰數百里以食浙鹽，豈不辨遠近若是哉。法制所限，不容越也。臣愚欲權訪兼行之説，曲示調停。乞將南陽各州縣分而爲二，某州縣行淮鹽，某州縣行解鹽，權一時之宜，爲目前之計。待會議既定，然後永久尊行。是亦疏通鹽法之一端也。再照兩淮之鹽，流布各省不爲不廣矣。自今觀之，江西之南贛、吉安，湖廣之衡州、永州、寶慶、郎陽、彬州，河南之南陽，皆行鹽故地也。事變無常，遂爲他省侵越，竟不能悉舉而復之。地方日見促狹，國課日漸加增，原額正鹽，誠不暇論。彼數拾萬餘鹽，將安所消遣乎。蓋鹽法之行也，譬則水焉，上流壅則導之，下流壅則疏之。所謂上流者，西北飛輓之人是也。所謂下流者，東南行鹽之地是也。下流之壅滯，而欲上流之疏通，雖有絶倫之才，亦安能爲神輸鬼運之術哉。

本色折色今昔不同者作何定擬：

一、議處本。竊惟淮鹽供邊，其利甚大，而山東長蘆次之。故全納本色，惟兩淮爲然。山東長蘆俱納折色，仍搭配兩淮。如遇年豐願納本色者，聽從其便，此定例也。除山東長蘆無容别議外，以兩淮言之，邊中海支，原係祖宗舊制。自弘治五年户部尚書葉淇，以邊糧二斗五升，支鹽一引，費少而利多，遂改令納銀，發邊糴買。初年甚以爲利，其後邊糧騰貴，積儲空虚，尋復開中本色，而飛輓艱難。商人利薄，大非往時矣。故論者每歸咎於淇，謂其廢壞成法，自改折色始，而不知自淇改廢者，今已復其舊矣。每鹽一引，洪武初年，納銀八分，永樂年間納糧二斗五升。官之徵甚薄，商之利甚厚。蓋取給邊費者，不專於鹽課，故未暇深較也。臣至兩淮，弔查各邊倉鈔，每鹽一引，官價伍錢。其間所納粟米，雖時歲之豐歉，道路之夷險，不能盡同。然每引所納，多者五六斗，少亦不下三斗以上。其路近而價賤者，將及一石，則其視國初不特倍之矣。至於解部餘銀，每年六十萬，此皆正德以前所未有也。而邊餉常缺，大司農往往告匱，其故何哉。蓋九邊額供之數，以各省民運爲主，屯糧次之，此十例也。而鹽糧乃補其所不足，亦千百十一耳。先年民運屯糧，歲盈常數，故中鹽納糧草，多在缺乏之時，開中不常，故引價騰湧。此鹽法所由疏通也。若謂每引納糧二斗五升，即能充實邊儲，計淮鹽七十三萬五千引，共該邊糧一十八萬三千石有奇，其能盡給諸邊之費否乎。今各邊中鹽一引，官價五錢，甘肅四錢五分，盡令中納本色，決不可紛更矣。若改納折色，事出權宜，此弊端不可開也。議者謂餘鹽開邊，最爲大利，種種論列，確乎可行。抑不知竈户餘鹽，本無常數。若商人報中支鹽，不知令竈户出辦乎。抑商人自買乎。額外加派，竈户決不能勝。若商人既納糧草，復令買鹽，不知其能堪否耶。況報中正鹽全倚餘鹽爲利，若盡納本色，即耗損多矣。雖強之必不就也。且餘銀納於運司原在掣鹽之後，隨時營辦，易於斡旋。孰不畏其所難，而樂其所易哉。責人之所不能，事必不立。強人之所不欲，法必不行。臣愚謂餘鹽以折色解部，此不易之法也。至於革去餘鹽，則引目易銷，誠救時之論。然困商病國，竈亦苦之，其弊殆有甚焉。蓋行鹽地方數千里，人民億萬家。若止行正鹽七十萬，其何以足用乎。此餘鹽決不能革也。且各場竈丁，皆倚此爲命。私販之門不開，即枵腹死矣。若稍弛其禁，則百萬私鹽，横溢遠近間，欲官鹽之不壅滯得乎。故徵銀解司，發邊糴買，較之開中本色者，不爲大相懸絶。一旦革除，則課額大虧，商竈絶望，於鹽法何利焉。況改行小鹽，每引量減其數，而引目立見疏通，又何必盡革而後可也。

一、禁止截賣。查得内商掣鹽之後，即發水商承買，給與水程，各照行鹽地方，前往各府投引發賣。近有姦商乘時規利，常以中途得善價，輒便截賣。所領官鹽，全不到原派地方，以致食鹽缺乏，衆口嗷嗷，阻壞鹽法，莫此爲甚。今議内商掣鹽之日，轉販水商，即查其的確姓名籍貫，取結投司，備將水商原泒某府州縣地方，通呈巡鹽御史，行各省鹽法道，轉行各屬稽查。若過違限期四月以上不到，即便呈巡鹽衙門，以憑移文水商原籍嚴行追究，連内商一併提問，庶官鹽無往不達，而各省之民並受其益矣。

（明）陳子龍《明經世文編》卷四〇六《郭中丞三臺疏草・申明職掌疏郭惟賢》 臣奉南京都察院劄委掣鹽，除一面遵照近題季掣事理行批驗所催鹽船及期赴掣外，卷查得淮南水商解細小鹽，例赴南京召灰山關聽御史掣驗，遇有夾帶及鹽斤短少者，問罪罰贖。完日將銀兩解貯南京户部，轉解濟邊。此法相沿已久，諸經管者亦多悉心清理，似無容置喙矣。但臣謬承差委，隨詢之民瘼，采之輿論。因得于事例之可倣而行者，其何敢以無説而處于此。臣惟國家之設官分職也，職在錢穀，則理錢穀之務，職在糾察，則理糾察之務。如南京工部龍江竹木抽分，專委主事一員管理，而南京各道御史，不過監督之而已。蓋惟有專官，則事易責成，惟有監督，則弊無從滋。于協心共理之中，寓相維相制之義，法莫善乎此也。而何獨鹽政一差之有不然哉。臣竊有以喻之。今夫千金之家，舉所積聚，悉掌握于一人之手，爲費易耳。使有一人者掌之，又有一人者朝夕按簿牒督而稽焉，即欲恣費，不已難乎。理國計何以異此。夫鹽政贓罰，俱解貯之于計部，又經計部轉解，則此項銀兩，乃南京户部錢粮，雖聽該部委官分掌之可也。既可以貯該部之帑，獨不可以協管于該部之官乎。即使委及于御史，亦止宜倣監督抽分之例。查其船隻之多寡若何，覈其贖鍰之贏縮若何，所謂一人掌一人督而稽焉者也，奚得獨理之而獨專之耶。何者，臣臺臣也，職參糾察。錢穀之務，自有司存，而非臣之所宜專也。借云此項銀兩，係批發上元、江寧二縣收貯，爲務頗簡，似不必别委以分事權。然而政關利源，則稽查宜慎；利經多手，則奸弊易生。與其經臣之批發，又經該縣之追收，而後傾銷解部展轉之若此煩擾也，孰若以該部之銀，隨該部委官掣收，而以臣監督之。于法不尤爲直截，于事不尤爲歸一乎。方今朝政清肅，百度惟貞，諸凡省直之贓罰，俱欽奉明旨，諭令撫按互相稽查矣。矧其掣鹽之務，其所關于邊餉之需者，事亦非細，烏容循循于故常之安，而不爲之所也。伏望敕下户部都察院覆議，如果臣言不謬，乞照南京工部抽分之例。行令南京户部專委主事一員，臨關秤掣。仍咨南京都察院，輪差御史按季監督之。其餘應行事宜，悉聽所司從長詳議。如有營私罔公，減少國課者，容臣指名參究。庶乎責任專一，而臣工之職掌不淆。稽覈詳明，而軍需之詘乏有賴矣。再照理鹽固所以足國，而足國莫先于惠商。所謂惠商者，豈必蠲其常課，而可取之利，盡置之于不取哉。興一利，莫若除一害。而省一分，則商受一分之賜。惟去其所以害商者，而其所以利商者自在也。臣聞鹽商之赴縣納銀也，全憑保歇攬納。此輩多積棍無賴，詐稱勒騙者，既指一而科十，甚至攬銀入手，即挈家逋逃。縣官急于完繳實收，仍拘正身，重復賠納，商人敢怨不敢言。此包攬之不可不嚴禁者一也。掣鹽之法，數多者罪擬夾帶，短少者罪擬盗賣。緣夾帶納贖，重于盗賣。故秤役遂因而上下其手，需索已遂，即爲報數少，未遂即妄報數多。自非躬親截查，則增損任之而已。此秤掣之不可不親驗者二也。鹽商投文到關，每名私送該關官吏共銀三錢。以千名計之，則數盈三百矣。又歇家指稱各衙門使用名色，每船一隻，索銀一兩。以千隻計之，則數盈一千矣。多方剥削，營費不貲。此常例之不可不嚴禁者三也。又經收吏役，勒騙火耗，每兩多至一錢，少亦不下四五分，故一遇罪單到縣，吏役往往争收。夫商既變鹽價以入之官矣，又辦罪贖以輸之官矣。吏復勒其耗餘而取之，彼所獲幾何，而能當此誅求之困耶。此耗餘之不可不盡革者四也。以上四弊，均爲蠹政病商之尤者，臣竊謂商人之熙熙，爲利來也，固將徼其贏餘以博富厚也。乃各商之朘彼以生，而使之無以爲生者，其弊類若此。如不及今明禁，安保夫改差之後，寧無營營射利之役，尋踵故轍，而恣害者乎。伏惟聖明留意，併敕部院議覆，容臣遵照施行。如有蹈前弊者，重治之。如此，則宿垢盡剔，而實惠曁沾。富商輻輳，而赴掣恐後。其于鹽政，未必無萬一之裨矣。

（明）陳子龍《明經世文編》卷四〇八《張洪陽文集・請止搭賣官鹽揭張位》 今日發下金吾左衛副千户尹英等一本，爲澣濯丹衷，捐軀報國，少助大工，以盡鄙忠事。内稱揚州沉匿没官鹽引，請逐季挨次副搭變賣，一年可得銀六萬兩進獻。臣等竊惟我朝鹽法，專備九邊軍餉而設，國計所關，莫此爲重，累朝之講畫，諸臣之條議，取盡錙銖，已無遺策矣。

大約欲其上不至於虧國，下不至於病商，則其法可以久行而不廢。一經變動必致商賈不來，國課減額矣。蓋商人先納粮草於邊，然後許其給引賣鹽。後以積鹽過多，掣單有限，故鹽日堆積而商人利日微。加以餘鹽新增，以致正課益壅，鹽法之弊，今日爲甚，設若官鹽引事，可以副搭，則巡鹽御史久宜舉行，不待今日尹英之請矣。奸商惟圖目前自利，故求越次搭單。狥其所言，雖得小利，恐壞大法。大抵鹽之委曲，非頃刻能盡所談。商之謀利，則百計必求巧中。今持一面之詞，臣等豈敢遽謂可行。所以前票擬下户部看議，若果可行，在該部必能仰體聖心，以裕國用。儻事體有碍，亦望曲諒俯俞。庶幾成法不至於廢壞，邊計不至於虧損。此事關係甚大，伏望皇上俯從，仍照前票，或竟賜停寢不行，臣等幸甚。

（明）陳子龍《明經世文編》卷四三一《劉文節公集·鹽政考劉應秋》

夫鹽之爲用，非若五穀麻絲之最切。虞夏時僅以充貢，未嘗專取于民也。自管仲擅山海之類而鹽策始征。漢用桑孔之謀，而鹽禁始重。迄于唐宋，利源愈益開，征榷愈益多。蓋天下財賦鹽居其半，而談利害者亦紛然費講求矣。我聖祖獨觀大計深惟永利，念邊城險遠，兵餉不充，而糧運勞費。乃以鹽糧召商開中，令其輸粟實邊，謂之飛輓。嘗試考之有數便焉。商人自募民耕種塞下，得粟以輸邊，有償鹽之利無運粟之苦。便一。流亡之民因商召募，得力作而食其利。便二。兵卒就地受粟，無和糴之擾，無侵漁之弊。便三。不煩轉運，如坐得芻糧，以佐軍興。又國家所稱爲大便者。至如存卹竈户，則給鹵地，給草場，給工本錢而免其雜差，甚良法也。比其後也，奸商販私鹽以壅正額，貧竈挾餘鹽以市商利。乃令給官鈔以收餘鹽，輕課税以杜私販。已又下令曰販私鹽者絞，挾餘鹽者絞。可謂纖悉靡有遺筴矣。籍第令遵成法而不變，即可令國家千萬億年邊用無乏時，豈不大愉快乎。奈何議論之臣喜爲紛更，睹末流而捐必然之畫，計目前而忘長卻之慮。有見謂本色莫如折色便，于是起自三錢五分，浸尋至六錢七錢，課目不貲。兼之有支給之難，有補賠之累，而商病矣。有見謂給粟莫如納鈔，更又復改爲鹽糧。于是餘鹽不見加多，而鹽糧卒難議減。且也草鹵之場，占没于勢。有稱貸之息倍入于富室，而竈病矣。商人避正課之害，不得不借影于私鹽。竈户無餘鹽之利，不得不私賣以聊生。甚者招致亡命，挾海負險，官兵不敢拒，有司不敢言，卒致官鹽日滯，芻糧日匱。名曰召商，實則里中窶人家無宿舂者也。名曰中鹽，實則轉販數手而不知誰之子也。一旦邊城有警，倉皇失措，召商而商不從，輓餉而餉不繼，其病兵民病國家可勝道哉。今之議者，又曰世稱米鹽，言同用也。乃五穀與民無禁，而獨于鹽禁，其弊至。禁愈嚴而貧民愈甚，富室愈横，盜賊愈熾，殆非所以同民利示天下至公也。寬之便。噫。文學之策已不能行之漢矣，如今日何。矧皇祖之法令具在，先朝流弊可鑒。爲此説者，愚竊謂非計也。無亦申明祖制，與天下共遵守可乎。邊方曠土，皆可耕之田也。嗷嗷待哺，皆能耕之人也。斥鹵草場，今非不足也。土馬糧饟，今非有餘也。如輸粟之令，則本色可無折，而正課自不能壅。如種邊之令，則得粟可無難，而窶民且有所給粟以收餘鹽。即無工本而竈不患貧，民利鹽而樂輸粟，即無遠運而兵有餘餉。凡此皆祖宗朝故事，特在今日一遵行之而已。他如晒鹽不便，則議通融。鹽花不敷，則議酌求。河東額課，則議輕減。超支報納，則議派分。議者非不斌斌，要之一時權宜之筴，非澄本清源之論也。善乎，先臣有言，治鹽利猶治河患也。治鹽利不究弊源，惟末流之防，猶治河患不去壅淤，而愈築愈潰，亦勢也。故今之計，惟在慎簡廉能有力者爲御史，出而操理鹽之柄，而專任之以青其成。即祖宗法度不難復，而邊用可永無患，計無便于此者。

（明）陳子龍《明經世文編》卷四七三《畿南奏議·藩鹽改支違制疏王紀》

題爲藩鹽改支長蘆，違背祖制，蠹壞鹽法，懇乞聖明收回成命改支河東，以維國計，以杜亂萌事。福藩掣鹽兩淮一節，舉朝以爲不可，伏闕力争而天聽彌高，識者憂之，謂天下從此多事矣。不謂頃於户部李汝華覆疏中，奉聖旨，福王所請兩淮食鹽，今歲鹽已登舟，著遵旨撥運完備。已後年分，准照潞王事例，改支長蘆食鹽。典實高朝，不諳事體，致生事端。著承奉司啓王，即行撤回，嚴加懲戒。欽此。夫以舉朝所力争而不可幾幸者，綸音忽從天而下，臣未嘗不嘆服大聖人轉圜之懿，而深惜其改掣之猶有遺議也。祖制親王食鹽止三百引，每引重二百斤。視分封之地，食鹽何方即於行鹽之運司支取，限制森然，毫不敢僭差。非徒昭節儉，亦以杜凌越，慮至深矣。河東之鹽，晶瑩如玉，甘美甲於天下。舍河東而支兩淮，豈福王之意哉。此正左右垂涎淮鹽數倍於河東，居爲奇貨，故熒惑王聽，即屑越祖制而不暇反顧也。一旦改掣，誰謂不快公論。然不改於衆所共請之河東，而竟改於意料所不及之長蘆。其故不可曉。豈明旨所謂不便於兩淮者，獨便於長蘆。長蘆之商民何辜，乃代兩淮以當刀俎也乎。高朝一入兩淮，横行無忌，揮斥官鹽而奪商鹽，擅拆官船而搶民船。種種不法狀，即蔑明旨，扞文網。少不掛意，淮商不即爲虀粉者幸耳。今朝雖撤回，臣恐宦豎貪狠，蓋其天性，去一高朝，而百千高朝售矣。淮固祖宗湯沐邑，皇上不忍其蹂躪而撤之。滄瀛距神京咫尺，實國家根本重地，豈堪此輩魚肉。萬一後來者復脩高朝故事，憑倚城社，招納亡命，飛揚跋扈。以一引挾帶數十百引，以一船挾帶數十百船，首尾相銜，舳艫千里。龍旗之下，翼虎縱横。當之者焦，觸之者碎。豈惟伍綱商人，痛遭荼毒，無一寸行鹽之地。將恐鹽徒嘯聚，一呼響應，更有艸澤大姦雄，如殘唐鹽徒，崛起其中，爲所欲爲。鹽臣牟志夔所謂揚旌內指，不四日而抵闕下，真識天下之大利害者也。皇上聰明天縱，豈不知改支長蘆之害甚於兩淮。突然旨從中出，得無曰有潞王改支舊例乎。夫潞王開邸於衛輝正長蘆行鹽之地，改之爲有名，若洛陽舊食鹽河東者也。舍附近之河東而支紆遠之長蘆，壞祖宗之典章，開邊疆之大釁。此其害猶之乎兩淮。而大姦大盜，一旦延之於卧榻之側，卒有不測，正所謂胡越起於輦下，而羌夷接軫也。豈不危哉。伏乞皇上收回成命，照潞王食鹽例，就近改從河東支取。如此，庶長蘆無辜之商可脱塗炭之苦，而河東行鹽之地，亦免凌奪之患矣。

（明）陳子龍《明經世文編》卷四七四《兩淮鹽政編·鹽法議一袁世振》　夫理鹽法如人治病，語云急則治其標，緩則治其本。今兩淮鹽政，內商邊商皆極困重憊，而邊商尤甚。以事勢觀之，則誠急矣。然而浮課既去，病原已拔。雖有積滯，自可徐爲疏導，正是緩則治本之症。今不務正本清源，而惟攻積引之是務，何異沉疴將起，而日服芒硝，將終不可救藥矣。何謂治本，國初鹽策，商人率田塞下，邊中開支，飛輓雲集。此甚盛際，不可復矣，已而邊內雖分爲兩商蹵蹷，實相爲依附，邊引隨到隨賣，內鹽隨支隨掣。所行者即見年之引，而邊商無守候之艱。所掣者即見年之鹽，而內商無壅積之困。此所謂鹽法之經常，國計之根本也。迨至近年以來，阻滯日甚，敝套相沿。即如行引一節，邊商執倉勘到運司矣，守至何年而後起紙關引，引到司矣，榜派搭單矣，守至何年而後得價。展轉羈延，河清難俟，不得不賤跌其值而投引于囤户。此邊商之苦也。至于內商掣鹽，常壓十載，一朝序及，實搭比嚴，又不得不倍其值而收引于囤户。此內商之苦也。總此一紙引耳，買者常逾于一兩，賣者苦不得二錢，利歸于囤户，而害及于兩商。豈非法之未善，使人得操緩急以爲高下耶。

夫邊商受害，則邊倉之上納，徒費嚴刑。內商受害，則搭單之比迸，日煩箠楚。商病則國病，而邊計日廩廩矣。此其病在不行見年之額引，而專行積年之壅引。何謂見年之額引？每歲邊商所中常股存積，共七十萬五千一百八十引是已。何謂積年之壅引？自存積火燒滓消工本諸多名色，横行横壓，日壅日甚。或稱幾百幾十幾單，或稱幾百幾千萬引，入海算沙，茫無確數者是已。雖其所壅之引，原不在逐年額引之外，非不欲速之行也。但壅積既多，須疏導有法。臣謂以行見引爲主，附積引而漸疏之，則通利有期。若以行積引爲主，累見引而日壅之，則弊藪無盡。嗟此鹽政，永絶疏通之望矣。請先言積引之弊，而徐及行見引之法可乎。

蓋行積引，則慮新引之不售，故不得不套嚴套搭，又慮新課之不完，故不得不預徵。所謂銀徵于八九年前，鹽掣于八九年後，預徵之謂也。夫至于八九年後，雖有利息，盡歸賠累矣。查嘉靖末年，稱引壅矣，然猶止五百萬，而都御史龐尚鵬爲小鹽之法以疏之。今稱壅至八百餘萬，尚不亟爲設法疏通，而祇倚套搭，以苟目前。年復一年，套上加套，膏血有盡，預借何休。是徒抱積薪之歎也。貧者力難報單，併舊引而不掣。富者勉圖掣舊，恨新債之日增。或質引目以納餘銀，或罄田廬以實單口。甚有子承父套，弟承兄套，父子兄弟不相保而皆以命殉者。是長爲飲恨之囮也。夫政平而商賈趨焉，乃不願藏于其市，而設爲一切之法以束縛之。于是上以套縛，下以套應，抵驗秪屬虚文，插單遂爲故事。巧詐叢生，夾帶無算，是名爲弊竇之招也。且淮商所納于太倉者，每年止六十萬有奇之正數耳，尚有停壓而無羨徵。若使買見年引目，即謂之徵見年餘銀，實固不加，而名則甚正。今以壓掣之故，至開預借之名。在上者以常賦而爲乞貸則不雅，在下者以乞貸而受敲朴則不甘。是大拂惟正之經也。夫套搭之説，本令實買，至于租引抵驗例已成弊，又至於明搭虚單弊乃爲例。所謂虚單者，止據商人報名入單上納餘銀，而買引補單在後。初時亦謂既係預徵，恐難並舉，姑暫緩之，而非令其終不買也。乃各商乘此，久不補空，徒爲占窩，故謂邊引之壅，動至數百萬不售者，職此虚搭之故耳。近雖查驗實搭，而所重在徵餘銀，則所輕在買邊引，是岐爲秦越之觀也。當此極敝之時，而欲求疏通之術，臣以爲非行見引不可。欲行見引，非附積引而漸銷之不可。此所謂緩則治本之說也。或曰兩淮歲掣十二單，額行九十萬引。今若以行見引爲主，即占引七十萬五千有奇矣。後止附行積引十九萬有奇，尚望有疏通之日耶。曰每歲行鹽，終不敢越九十萬之數，并除七十萬五千有奇見引，一切俱照常規支掣，不敢分毫越格者戒紛更也。其餘附行積引，雖亦不越十九萬有奇之數，然稍倣龐都御史小鹽兼引之法，則可行三十八萬九千六百四十引矣。此通固滯也。行之不過十年，舊引盡銷，而每年見額七十萬五千一百八十引，一切皆仍舊貫，無增損焉，無變易焉。曩所謂邊引隨到隨賣，內鹽隨支隨掣，兩商均利，國計充盈，可立見于今日。此緩則治本之效也。

且今兩淮所稱積引，動至五六百萬，或七八百萬。臣以爲決無如許之多，蓋弊引參半耳。何以明之，每歲邊中不過七十萬引，乃兩淮例掣有九十萬引。自十數年來，單壅掣稀，每年即少數單，淮北常有三單，淮南常有六單，七十萬額數所少無幾。即謂淮南尚有五四三二單時，然近年已行八單。以八單抵二三，以六單抵三四，截長補短，極少亦常有五單，則十年以來，于七十萬正數中，每年止少行八萬餘引，十年不過少行八十餘萬引耳。況浮引之行，歲止八萬，正與少數相當，合以停壓兩年有半，未行正引，又不過一百七八十萬耳。摠之惟有二百五六十萬，不爲虛數。況各邊引尚有曠歲未中者，則何以壅積至七八百萬之多也。頃據鹽法道臣申呈本部，謂細查上元江寧等六縣食鹽引目，自萬曆二十二年起至四十年止，共積有未繳老引九萬七千二百七十二引不行運銷。由此推之，則所謂七八百萬積引者，毋亦多此類耶。此皆單法糾纏階之爲厲。故力行見引，附疏積單，庶幾不煩套搭而邊引自無不售，不假預徵而積滯從此漸消，實爲鹽法之王道。所爲緩則治本之說，大略如此。

（明）陳子龍《明經世文編》卷四七四《兩淮鹽政編·鹽法議二袁世振》

今聞兩淮之疏引也，新舊兼行，裁省套搭之半，漸銷舊引之積。其于正行見引，附疏積引之意，不謀而合。顧其間更有須商確者在焉，何也？今淮上所謂新舊兼行者，舊引斷自三十二年是矣，乃新引則斷自三十六年。是皆囤户所收之引而非邊商見到之引也。蓋自四十三年以前，邊中倉勘，多以賤值投之囤户，與邊商無涉矣。故今欲肇自四十五年，復祖制行正鹽，必以行見引爲主，而行見引必以四十四年所到邊鈔爲正。今冬到淮，即獲實價，免其守候，早得回邊。所慮者惟是倉勘不便填賣，則有預關引目之一策焉。此策一行，能使倉勘到淮，即爲新引。不苦邊商守候，不令囤户賤收而貴賣，一舉而邊商內商兩獲其利，誠鹽法之一肯綮也。查得萬曆十九年，南京户部尚書張西銘條陳預關引目，以免邊商守候之艱。本部覆行巡鹽御史周孔教等酌議，以爲甚便。覆奉欽依，已經行各運提司呈明按鹽衙門，每歲差官徑赴南京户部預先關刷一年引目，發司收貯，候九邊商人上納鹽粮已完，投到勘合，即便給發見在引目，聽其下場支鹽，免其守候。此法可謂至善，然竟不能行者，何也？彼時但欲速邊商中引之利，而未復見年行引之法。引既不行于見年，則雖預先關到引目內商竟不承買，夫亦何益之有。故預關引目，必力行見引，而後承買自速。欲行見引，必預關引目，而後支掣不羈。此實相須以爲用耳。每年兩淮開中邊鹽七十萬五千一百八十引，此所謂見引也。今欲正行見引，即從四十五年爲始。預于四十四年冬，該運司遵奉欽依呈明巡鹽御史，差官徑往南京關刷丙辰年引目到司收貯。俟今四十四年，邊商納完近年鹽粮，中過額引，投到勘合，照依到司次序，該司即將見在引目，逐填姓名年月，照例三等順逆榜派給發邊商，賣與內商下場支鹽。法令初行，或邊商未必即到。該司查明四十五年應該行引內商的名，預徵引價貯庫。俟邊商隨到隨給，不必與內商親手貿易可也。其引價准照倉勘原額大輕之，以五錢五分爲率。夫以見引，而更減于倉勘之價，則利在內商。售倉勘而即同見引之速，則利在邊商。兩商均利，而囤户無所操緩急之權。此所謂正行見引之説也。若夫行見引之商，則又外于積引之舊商。脱非舊商，則見引乃爲超掣。神姦出而鑽營，大利大害，反爲鹽法之蠹。前鹽臣設爲新單，祈免套搭，祇因行新單一商，而行舊單者又一商，痛痒既不相關，遲速自生計較。于是終格不行，亦法未盡善耳。運司于部文到日，即查積引舊商共有幾何名數，挨順積壓年月序次，刊爲一册。以已納餘銀，已買邊引者爲先，其納餘銀未買邊引者次之。册中商名，止許用一的名，不許混用即名頂名種種詭冒。每年淮南仍行八單，每單亦仍以八萬五千引爲率。但內以六萬六千一百二十八數行見年正引，以一萬八千八百七十二數行壓年積引。其積引又做小鹽兼引之法，則一引而行二引，倍爲三萬七千七百四十四引。每年編單，悉照刊册先後順序審定。即以三萬七千七百四十四舊引之商，爲六萬六千一百二十八見引之商。此一單見引之數，八之則爲五十二萬九千二十四，是淮南一歲正引之額數也。此一單舊數一萬八千八百七十二，八之則爲十五萬九百七十六，是淮南一歲附單之額數也。合之則爲六十八萬，是淮南一歲八單之額數也。往時搭單之法，如去年行儀字七百八十九單，爲七百六十七單所套；七百六十七單，又爲七百三十九單所套。凡單内有消乏事故，或姦巧賄脱者，單口各定，難于那補。故每年借庫銀十餘萬，竟難追償而司庫漸空。今照刊册編審，人到即爲僉點。儻有事故，即移壓册後，亦誰肯有規脱壓年者乎。則正課定足，而庫藏可永無那借矣。此其小者。至于歷來套搭，如束濕薪。昔日素封，盡成乏買。若歲行見引，又何搭單套借之足憂乎。惟是餘銀之數，淮南六十八萬引，除十五萬有奇行舊引外，祇有五十三萬稍縮，係徵新課。若止照舊七錢，雖加割没，尚未足六十萬兩額解之數，似非八錢不可者。雖徵八錢，視近年淮南所徵餘銀至一兩二錢五分不足。又加借二錢孰多，諸商自能晰此矣。又近年加帶銀五萬六千兩，邊餉所需，難議停止。仍淮南每引帶鹽十斤，徵銀五分。淮北帶鹽二十斤，徵銀一錢，俱照舊行，無庸別議。或曰淮上諄諄以銷邊引爲説，而本部獨謂與邊商無涉者，其詳可得聞歟。曰往者邊内二商，相爲一體。近者藩籬已析，分爲兩家。每年邊中倉勘，盡爲囤户所收。其囤户即内商之有力者，其收價僅一錢有零。甚有往邊賤收，價尤不過七八分而止。蓋屯餘軍士所得，以抵月銀之鈔，雖賣價極薄，猶愈覆瓿。邊商安得不極困歟。故今淮上以三十六年爲新引，實自買自賣，爲一家温飽計耳，于邊商何涉也。今欲急救邊商，須令邊商實沾引價。欲令實沾，決無越年。稍停一年，即不可待矣。彼四十四以前所中倉勘，能枵腹忍飢待至四十五年而後賣乎。況繇今之法，雖待至五十年，尚有未賣者。故淮上以三十六年爲新引，誠未悉邊商之苦耳。又兩淮謂邊商停引在淮需次者，尚有十之二三，亦未免爲内商條議所誤。推究至此，見引之行，豈容一日少緩乎哉。

（明）陳子龍《明經世文編》卷四七四《兩淮鹽政編・鹽法議四袁世振》

每歲行正附引百餘萬，誠爲三商均利之法。所慮者惟場鹽踊貴，有當亟爲議處者。蓋十年以前，甚苦鹽賤而病灶，近十年以來，又苦鹽貴而病商。往一桶重一百五十斤者，爲價僅七八分。近漸增至三錢，每一引須火鹽五桶，則去價一兩五錢。又去正餘價并包索賑濟挑河諸項雜費，難以毛舉。及賣與水商，僅得價三兩二錢，必至虧本。如是而多責之行正附鹽引難矣。近聞兩淮病商脂之竭，憤倉鹽之空，極力清覈，改減價值，誠爲疏通根本。然而姦灶未必樂從也。臣廣詢博採，蓋有五事之當議焉。

一曰覈倉鹽。兩淮歲額鹽七十萬五千一百八十引，除開豁逃亡及改徵折色外，實徵本色上倉鹽三十七萬三千二百餘引耳。視之歲額，僅僅强半。以若干艸蕩，辦若干引鹽，以待商支，奚啻足矣。乃單鹽停滯十餘年未掣，各場額鹽亦停下十餘年未支。及至關支，輒稱無鹽，每千引或給四五百引，或以不堪物貨抵償。商恐違限，不得不貴買以足榜派之數，有唖手以任總灶負騙耳。竊謂三十場額課，年年報完。報則有鹽，支則無鹽，不知此十餘年額課之積，畢竟頓于何地乎。蓋場官也，總催也，竈户也，吏胥也，盡以場鹽鬻之私販，無一登于廩者。而分司官又與若輩巧爲欺蔽，雖有查盤，祇循故事。今所望于鹽臣嚴督三分司官，查覈倉鹽，按其十餘年來所報完數，從何年起至何年止。未經商支已入倉者幾何，未上倉幾何，務要清核明白，一一設法追完，盡入倉廒，以俟榜派之商隨到隨支。其所徵入之課，或至充棟，即爲平價，賣作商人火鹽，既省上倉耗費，又免久堆消折。而價以二錢一引爲率，貯司以給輪年支商。如是則價無騰踴而灶無積騙，此誠甦商要務也。蓋此鹽雖曰灶逋，實姦總乾没爲多，一遇查盤，則借廩那丈。遇商支放，則重復徵收。貧灶受無窮之害，支商受無鹽之苦。彼分司官苟非潔己奉公寬嚴劑量，亦難以一旦取盈矣。是在巡方者一查行之，嚴其殿最，庶祛倉蠹以實倉鹽。誠平價第一義也。

其二曰禁越場。以三十場所煎辦之鹽，供各商關支買補，充然有餘，曷至踴貴三四倍于曩日。惟是祖制三等榜派，支買各有定場。于此場支正鹽，即于此場買火鹽。乃近年以來，羣三十場支鹽之商而併聚于富安、安豐、梁垛、何垛、東臺五場。場鹽雖欲不貴，其可得乎。彼二十五場者，豈不以鹽爲業。而正鹽則僅支折價，火鹽則委棄莫收。如去歲通州分司所申廟灣一場，東南北三倉積鹽至七百餘堆。已榜派者不肯赴支，未榜派者營求不派，欲不賣之私販，其可得乎。以彼五場鹽價之騰踴，至此二十五場私販之橫溢，私販溢則正鹽不得不壅，此微賤則彼不得不徵貴。乃問其所以舍此而趨彼者何故，則曰道里便也。夫鹽聽于法，豈狥商情之便利而棄此二十五場之斤鹵，盡聽私鬻耶。曰運河深也。夫掣摯有挑河之價徵貯在司，本宜時淤時濬。況三十六年疏濬之後，逐叚議工，逐工議人，定人分地。每歲委查，照名挑濬，著爲定例。臣部覆奉欽依，商灶永賴，何不查例疏通，致爲支運梗耶。曰人情習熟也。謂宜斷以榜派場分爲據。派在某場者，正鹽火鹽俱不許越場支買。越必法若榜派之時，必須照前院事規，不許預先買求及派後告改。每月支放完日，呈院查考，違者必重法。誠使榜派官及三分司官，精明振作，飭法抑情，了此易易耳。惟是地有遠近則利有重輕，前院議將三十場分別遠近，近者照舊數支買鹽斤，次遠者每引量加商鹽十五斤，遠者不足以病商，而反足以增利，誠便而可行者。夫使諸商散買于三十場，而不羣聚于富安五場，何踊貴之足慮哉。誠平價第一義也。

其三曰護商貲。商人所以專趨富安等五場者，微獨以道里便也，亦以地邇人稠，懷貲無慮。若餘則除淮北五場外，尚有二十場。濱海人稀，萑苻多警，厚亡之恐，誰肯赴者。竊謂各鎮標商輸税幾何，尚有沿途護送，要以通行旅耳。矧淮商歲供百萬之課，乃驅之不測之鄉，以逐蠅頭之利。即越場有禁，其誰聽之。故欲諸商遍赴各場，須逐場密爲護送。爲獲送計，各場灶勇，與水陸營兵各衛軍快哨巡非乏也。于凡要害地方，連營分布以相犄角，每營以三十人爲率，擇一哨長統之。每營僅隔二三里許，務使聲援相及。營卒更番，半游奕而半居守。以其游奕之半，夾衛商舟以行，而以其居守之半，時張應援之勢。如有失事，營哨必懲。并嚴督地方捕官，賊在必獲，則地方永靖，貲本無虞。二十場不必驅之而自赴，五場鹽價，不必抑之而自輕。誠平價第一義也。

其四曰窮弊源。夫三十場草蕩之地，自淮南起吕四距廟灣，凡二十五場，綿亘八百六十一里。淮北起莞瀆距徐瀆浦，凡五場，綿亘四百有五里。每年煎辦鹽斤，不知幾何。而所供正課，止三十七萬三千二百餘引耳。尚逋欠不與商支，則餘鹽盡歸何處。以朝廷煑海之利，而悉付姦人橐中裝，可恨也。萬曆二年，臣部覆御史王琢玉題，謂禁捕私販，固當嚴于經過關津，尤當窮于產鹽處所。凡私販鹽斤，決無越三十場外自爲燒煮者，總是各場灶丁，苦正鹽之不買火鹽，明通私販，違禁盜賣。該場官攢與分司官知情故縱，踵習爲常。此禁不嚴，雖經由地方百方巡緝，終難斷絶。蓋不正其本源，而徒防其末流耳。鹽引式中，明載捉獲私鹽，仍須追究是何場分所賣鹽貨，依律擬絞。國制森然，竟格不行，何也？合行巡鹽御史通行兩淮管鹽官員，務要常加密訪。但有灶户私賣鹽斤，查照引式，及節年題行事例，嚴行處斷。如行鹽地方，獲有鹽犯，務要根究來歷。原係某場某灶轉賣的係何官攢通同容隱，審究明白，一體重治，則鹽不洩于私販，自不得不售于正商，誠平價第一義也。

其五曰禁墾蕩。祖制草蕩每場若干頃，皆禁之以長草煎鹽。而近乃漸墾之以開田積穀，穀之利豈不倍蓰于草，顧有所甚急焉者。善乎前鹽臣之言曰：蕩即產金，金不能燒灰淋滷。租即充帑，帑不能煎滷成鹽。語云利不百，不變法。乃今貪富豪三釐之租，賣祖宗百年之蕩。皆運司及三分司官圖升租之利，給帖争先，徵銀恐後。場官分管批文起解，在三分司各有十處莊田，在運司則有三十處莊田。此兩淮運司所以賢者視爲懼府，不肖者目爲奇貨。自前鹽臣上疏清理，臣部覆奉欽依，所委副使張鳴鶚等三臣查丈。要見三十場地方舊額草蕩若干，見今開墾成田若干。升科徵租，自何年爲始，租納何處。運司查明，另項收貯解部濟邊，毋得朦朧隱匿，以滋姦弊。仍造青册送部查考，迄今十餘年矣，竟無一字報部。據彼疏中廟灣一場，已開至九萬九千二百餘畝。又三十六年，查出草堰一場，東西南北四團，并四十總開墾逃亡草蕩十萬畝有奇，則三十場可知矣。今又越十年，則所墾又不知幾何矣。開墾日多，草蕩日促，草無從出，鹽將何辦。彼豪灶方畢力于農畝，鹽雖欲不踊貴得乎。是在鹽臣嚴覈請禁，庶草日蕃而鹽場辦，誠平價第一義也。合此五者以平價，價萬萬無不平者。其于行正附引百餘萬，何鹽貴之足憂乎。

（明）陳子龍《明經世文編》卷四七五《兩淮鹽政編·鹽法議五袁世振》

問欲行今法次第當何如？曰惟刊定積引名册爲第一義，其次則刊定邊引名册，其次則節清商賄以速掣摯，其次則嚴禁月利以速運賣，其次則查刷所書之弊以公派口岸文册，而行鹽之事畢矣。乃預闢南京引目預行南京户部改鑄引板，尤爲急務。此行法之次第也。蓋預闢引目，非但爲邊商，邊商携倉鈔到淮，倘即有引目填給分賣固善。恐一時引目未即闢到，則運司先將庫銀給發邊商，早得回邊，速辦下次鹽糧，斷不可以引目未到使之需次窮旅，致悞國課。然則倉鈔可以速售，固不俟預關引目之至矣。而預關引目，則全爲内商行本年之正鹽而設。葢内商欲行本年之正鹽，而不得本年之正引，則何所據以行鹽。如明年行四十五年見鹽，則須得四十四年見引。今審各邊商所中未賣引，見在手中，未卸與囤户者，大約止有四十餘萬，則又皆三十九年至四十三年倉鈔耳。安所得四十四年鈔勘，以爲關引之地耶。所以謂之預關者，其肯綮全在于此。該運司奉欽依到日，且據各邊商手中倉鈔未投，賣與囤户者，自三十九年至四十三年四十餘萬引，先將庫銀，每引五錢五分，給與邊商回邊。以五錢辦正課，以五分爲脚費。雖絶無利息，此時且急于解懸，俟行五六年後，内商獲利，然後漸加引價。加至六錢五分，如曩日所定倉鈔價數即止，再不必加以重内商之困，且令書商鑽占囤户垂涎以奪邊商之利也。引價既給，仍先于該庫備價起紙速往南京關到丙辰年一年引目到司，照新刊積引名册，派與内商下場支鹽。仍即追引價及紙價補還該庫，其引背務將借用某年倉鈔填註明白。倘各邊商見鈔足用則已，如不足七十萬五千一百八十引額數，則將囤户之引，照刊册序次撥賣，以足額數。此明年一年法令初行，姑且齊其不齊，以至于齊，不得不爾。若四十六年行引，則預令各邊商皆中四十五年倉鈔，務足七十萬五千一百八十引之數。該司預關引目預徵引價，皆斷自本年爲始，不得有一引之參差，乃爲復祖制行鹽本意耳。其四十四年已前未中鹽糧，各餉司及運司俱清查明白，挨年順序，刊一逋欠名册。俟五六年邊價漸加，仍照各邊所欠分數，如民賦帶徵二分，至積引疏通之後，即將此引序行，以補淮上停壓兩年有半之課。此一舉而兩得之者。若南京户部引格模糊，從來已久，年號漫難，撿覈追銃，徒爲故事。人皆謂每年改刻木板爲便，不知祖制原係銅版，未敢易而爲木，但如各衙門印刓改鑄之例，今請旨明白，即行南京將各運司銅鑄引版年久朦糊不明，盡行改鑄以新耳目。自明年爲始，所行者係今年之引，另刻一木戳横列萬曆丙辰年兩淮運司鹽引十一大字，打于引頭。其引紙比舊稍長半寸，以便戳印，戳完足數即毁之。每年如此改刻，但改木戳而不改銅版。引上仍用部堂及部司二印顯明辨，後面多留餘紙，令各衙門逐節填註，某字號勘合，邊商某人中到，某年某項鹽引，某官榜派，某字號榜簿内商某人承買，某年月日下場支鹽，某年月日到橋上堆，某官驗放，某月日過關抵所，某官掣摯，水商某人成交解綑，某官督綑，某月日江浦京掣，某官查驗，某月日領水程至某省，某口岸發賣，某月日到某府州縣投驗，某月日某府州縣追繳訖，俱要逐行指頂大字，開寫明白。此則一封之中，次第了然。一引之中，月日畢載，老引弊引，何從攙插。雖稍費紙筆，其實大省侵蠹。所關疏理，甚非渺小。若往日舊引字様糊塗，不可識認，紙復澆薄，印且無文，以致投驗之時，毋論場官廵撿，莫能别其真贋。故引版新式不可不更紙張堅厚，不可惜費，此皆預關引目中頭緒也。

何謂刊定積引名册爲第一義，葢既令以一舊引行二新引。倘各商所積舊引，不先嚴覈，則積弊滋蔓，清絶無期。夫舊引之不可致詰久矣，其根實始于單法。夫所謂儀字七百幾十幾單，淮字三百幾十幾單者，雖有巧歷，無得而稽焉。往行套搭，則不得不用單法。前單套後單，後單搭前單。單口各定，則賄消者難于撥補，於是受借庫之窘。事緒繁多則影冒者巧於負贑，於是叢老引之姦。層疊預徵則取償者緩邀月利，於是慢行鹽之令。弊端無盡，皆自單法貽之。今既行新引，則套搭可以不用矣，套搭不用則單法可以盡絶矣。惟淮南每單以八萬五千爲數，淮北每單以五萬五千爲數仍舊不改。若某單套某單，某單搭某單，一切剗去，另刊新册。查兩淮商人所積舊引，審其已納餘銀，已完引價者，列于册前。止納餘銀，未買邊引者次之。逐張清查，果無别弊，然後挨年順序大字寛行，明白開列。只許用一的名趙甲錢乙，不許用即名詭名冒名頂名之類。即引已質當，只用原名，以便臨期僉點派算，庶無詭弊。一商不得越次，一引不得紊序，淮南自爲一册，淮北自爲一册。于刊册時，即審各商有無消乏。如果係消乏，力不能買新引完新課，則壓于册後，俟積引疏通盡完，亦許序掣不令付流水也。此册既定，每年運司預關引目到司，據册編僉，自無攙越。從來額數，每年中引七十萬五千一百八十引，淮南常行五十二萬九千二十四引，淮北常行十七萬六千一百五十六引。近例行九十萬，分爲十二單。今仍據此分單，淮南八單，每年共該行引六十八萬，以新引五十二萬九千二十四引僉點舊引十五萬九百七十六引，共足六十八萬之數。分而爲八，每單該舊引一萬八千八百七十二引，新引六萬六千一百二十八引，共八萬五千引爲一單數。其舊引以改行小鹽之法剖之，則以一萬八千八百七十二引，加倍僉點，應照刊册次序，每單實點舊引三萬七千七百四十四，而派新引六萬六千一百二十八，與之搭配兼行，單單皆然，此淮南之定數也。淮北四單，每年共該行引二十二萬，以新引十七萬六千一百五十六引，僉點舊引四萬三千八百四十四引，共足二十二萬之數。分而爲四，每單該舊引一萬九百六十一，新引四萬四千三十九，共五萬五千引爲一單數。其舊引以改行小鹽之法剖之，則以一萬九百六十一，加倍僉點，應照刊册次序實點舊引二萬一千九百二十二而派新引四萬四千三十九，與之搭配兼行，單單皆然，此淮北之定數也。此册一定，則姦詭易清。凡插單加額之弊，賄消借庫之弊，躲買邊引之弊，一切剗絶。此刊定積引名册，爲宜首加之意者也。至刊定邊引名册，尤有不可緩者。蓋今日兩淮邊引，有已投賣與囤户者，有尚在邊商手中者，自邊囤不分。近日兩淮所行新引，皆囤户之引。以一錢七八分收之，賣銀八錢五分，邊商已爲側目。乃中出新引見求以一錢七八分售買，而又不可得。各邊倉鹽糧日匱一日，微獨二商受害，即九邊亦受囤户之害矣。其實爲囤户者，無甚大罪也。諸所收買邊引可遂追没乎。該運司亦盡查出，挨年順序，另刊一册。凡内商之行舊引也，有納過餘銀已買邊引者，即自行引掣鹽。其有納餘銀而未買邊引者，與夫淮揚二府食鹽買引，則挨年順序買此引支鹽掣運。此引之價，一概以四錢爲則。蓋囤户之獲利厚矣，雖守支不爲不久，但令子錢倍蓰而足矣，不得與見在邊商手中者正價五錢外加五分腳費同例。邊商雖外加五分，豈足償使費乎。此册一定，庶乎邊商賣新引，囤户賣舊引，各自分途，瞭然易見。其邊商新引，年行一年，不必復入此册，以增纏繞。是刊定邊引名册，亦行鹽之要節也。此後則以速掣爲要，欲速掣摯，非清商賄不可者。姦商罔利，全在阻掣。自分引而後，節節有賄，節節有弊。即一榜派也，視場分之遠近肥瘠，爲各商之行求去取。今榜派既有專官，即姦書不得恣派。派畢赴場，三分司及各場官嚴緊督催竈户，不得拖騙正鹽，商人不得多築大包。速運出場，早抵橋壩。既到橋壩矣，不許賄橋壩吏書，以單次未滿爲延。既呈單矣，不許賄運司吏書，將底馬故捱不申。既呈底馬，不許將敝鹽故捱不捆。鹽既捆矣，掣既完矣，不許將引目送司逗遛不領。前單既盡，後單隨下。前單掣完，後單隨掣。掣畢即便解捆，捆完即便裝運。倘在京掣稍遲責在解捆，解捆稍遲責在掣鹽，掣鹽稍遲責在放關，放關稍遲責在放橋，到橋到壩稍遲則又責在三分司之與場官。各有職守，互相規責。此在鹽法御史嚴爲懲警，不少假借，然後能清商賄以速掣摯。法行如流，而國課不滯矣。然掣摯所以不速者，全由水内二商約納月利，故運賣遲而單額欠耳。蓋水商自儀所開價後，已定内商堆鹽矣，然尚未掣摯解捆也。使内商能速掣交與，豈不兩便。乃水商窺探行鹽地方鹽賤，不欲運去。恐價值一時難增，直通内商使緩。待江廣等處地方鹽價踊貴，然後運去。且許以月納利息，内商豈不樂從。故堆鹽少有者，無復運足之期。未過橋壩者，無復急運之念。直至水商信到，而後急運所聽掣解捆。使人人前此能以此急急解捆之心，早交水商，則單額何至壅滯乎。故痛懲月利，則前此而掣摯自速，後此而運賣不遲，爲行鹽之一喫緊也。至于口岸文册，司鹺之官，從來漫不加意。近查各運司行鹽數目，有絶大首縣，止行三四百引者，有彈丸小縣，反行三四千引者。本部方據銷繳，以定考成。不倫如此，參罰何施。如兩淮運司口岸册，大抵解捆官聽憑鹽所積滑書手，通同水商，任意擇地。其鹽可多行之處，或以官護私鹽而不肯往，於是求少派以自便其鹽。不可多行之處，或以土俗淳儒而争爲趨，於是任多派以病民。且夫户口之登耗，商情之趨避，惟本地方官知之。彼解捆官，即未必皆不肖，安能盡知遠方事。莫若以口岸之多寡，付之彼中之鹽道，鹽道取原定之成額，查其該屬某處許大幅員而鹽引反少，某處壤地褊小而鹽引反多。行該府州縣務要劑量地宜，裒多益寡，責取各商認狀，存縣具結申道，道申鹽院，院行兩淮鹽道，發解捆官。按此編次口岸文册行各省直，則據其所認之數，即可責其所銷之數。此後水程違限，銷引踰期，該道按季提取吏書嚴比，摘其逋額之甚者，解院赴比。然後以考成之法隨其後，則各該有司不得以偏多偏寡，歸怨分派，參罰公平而銷繳自無不速矣。雖然，肅法清賄，諸商之隱疾雖消，而加罰割没，鹺政之駢枝宜省。蓋此二者原非有意厲商，不過因正課稍詘，借此裨助耳。今諸商憊極，倘額課已足，則科算違限，情亦可矜。每引加罰二錢，務當其罪，勿概科罰可也。割没常取盈十萬餘兩，商人預度不免，益恣夾帶。與其厚割没以益私鹽，孰若取正單以通額課，則如十五年明旨，依擬輕減可也。如是則商病全甦，官課恒足矣。

（明）陳子龍《明經世文編》卷四七五《兩淮鹽政編·鹽法議六袁世

振》 且夫法制既敝則議論叢生，議論叢生而法制因之愈敝矣。今自淮鹽壅阻，在上則欲增，在下則欲減，在內商則欲行舊引，在邊商則欲行新引，在囤户則欲假邊商新引之名，而操內商舊引之利。試列陳其概焉。

何謂在上則欲增也？御史楊選之言曰：兩淮商人正引歲七十萬，兼之收買餘鹽，蓋每歲一百四十萬小引耳。然竈蕩物力，歲可辦鹽三百萬引，自商人收買之外，未聞有停蓄坐待消化者也。即每歲擒獲私鹽，亦必賣與民間。夫以三百萬引之餘鹽，加以七十萬引之正課，年年用盡，則兩淮行鹽地方，歲食蓋三百七十萬引矣。而顧止以一百四十萬小引爲歲行，豈非官鹽行五分之一，而私鹽行五分之四哉。詹事霍韜，亦謂兩淮行鹽地方，南盡江楚，西抵河南，東盡東海，地方數千里，人民億萬家，歲仰食只七十萬引，饔飧安所取足乎。無怪乎私鹽横溢，而鹽價踊貴也。此皆謂引鹽數少，欲盡去私鹽，增行官引，言可徵信者。故近歲淮南雖極壅滯，然自正額八單外，聞其夾帶，尚猶不下八單。然則兩淮單引，非必不可增明矣。故近議欲解套搭，有爲加斤之説者，欲于每引五百七十斤外，再加帶鹽一百五斤，賣銀八錢有奇，以完額課，免套搭。此亦酌量出產之多與行鹽之廣，而爲此論。顧審以今日之勢，又有不得不爲之劑量于其間者。所謂在上則欲增如此。

何謂在下則欲減也？往歲姦商夾帶盛行，單掣稀少，故套搭雖苦，猶可坐邀月利。今淮南行八單，則掣摯稍密，益以夾帶。行之江楚，則鹽稍多而價稍賤矣。於是率而倡爲減單減斤之説。爲減單之説者曰，八單徵解，從來舊規。但失去南贛等府，仍行八單，故鹽賤不售。今宜改每歲止掣六單，又每鹽一斤，宜令江廣定價一分，庶乎易行。即少掣鹽一十七萬引，似于課額不敷。但每引餘銀七錢之外，再加徵二錢三分，則以六單之名，而得八單之課，不憂缺額矣。顧行引無邊囤之分，二商鮮利賴之實。減掣雖便，貴賣何堪，未見其可也。爲減斤之説者曰，法行八單，單數不可減也，其惟減斤乎。每歲淮南務行舊引二單，新引六單，須足八單之數。舊二單共十七萬引，照舊每引以五百七十斤爲率。惟新六單五十一萬引，每引減作四百斤，加帶十斤，每引減去鹽一百六十斤，其餘銀則仍舊七錢，共該三十五萬七千兩。加淮北十三萬兩，食鹽餘銀三萬兩，新舊八單，割没約十萬兩，共得銀六十一萬七千兩，而額課裕如矣。其所費本，每引餘銀并加帶共七錢五分，又買新引三錢五分，并買鹽包索割没諸項約銀九錢五分，共成本二兩零五分。捆鹽四百一十斤，過所賣與水商，每兩以一百七十八斤算，凡得價二兩三錢。除本外，每引獲息二錢五分，自謂率此而行，則八單無壅，三商均利矣。然鹽以法稱，謂軌于正路，不以權宜隳祖制，操以平衡，不以方便啓私竇。每年邊中引七十萬五千一百八十引，引隨到隨賣，鹽隨運隨掣，所謂祖制也。鹽法雖壞，倘一稟成憲，消息而行，決不大敝至此。數十年來，凡套單也，預徵也，虚搭實搭也，新舊兼行也，皆所謂權宜苟且之法。法愈變而弊愈滋，皆由去祖制遠耳。今減斤之説，倘亦所謂苟且之法。非耶。其意之所主，秖圖鹽少則便于夾帶而已。若夫割裂憲章使良法日隳，損削邊價使鹽糧日詘，侈言割没使私築有藉，減鹽踊值使民食滋艱，皆所不暇顧矣。又有欲減作四百五十斤者，其説每兩儀真定價一百四十斤，合成舊規每引鹽賣銀三兩二錢二分之數，每小包鹽解成六斤六兩合成今每引鹽解七十包之數，江廣定價每包鹽六分六釐合爲一分一斤鹽之數。不必加增餘銀，不必六單行鹽，而國課可辦，套搭可免矣。此説削鹽大輕，增值太重，于國法人情通屬未便。與前減單減斤之説，法雖不同，機智則一。然審今日之勢，亦有不容不察其情而采用之者。所謂在下則欲減如此。

何謂在內商則欲行舊引也？其言曰：朝廷預借商銀四百餘萬，今不言借而言徵，惟徵之一字，可以行法，故執敲朴以鞭笞之。預徵于十年之前，又套搭于十年之後，慘刑血比，總爲歲解。歲解不足，勢必責逃亡于見在，横徵不已，將復驅見在爲逃亡，其所以免脱未能者，惟陳陳舊引，爲祖父積累之艱。倘得蚤爲銷掣，掉臂而去，如遠坑穽耳。其專欲舊引之亟行者，勢也。但欲行舊引，則不顧新引，明爲虚搭而不問倉勘，任情減價而罔惜邊儲。此其視邊商不啻秦越，則其挾私之可恨者也。何謂在邊商則欲行新引也？邊商之困，至今而極矣。往歲携倉勘至兩淮，卸之囤户，尚賣銀二三錢。今求一錢七八分而不可得，於是有抱空紙回京，投之部堂者，有相率哭愬部堂，彌留歲月，不敢回邊者。恐回邊則又拘比次年鹽糧，嚴刑楚毒苦倍重囚。此皆由新引不售耳。倘新引可售，即得湊辦下次國課，刑迸可甦，則欲新引之亟行者，勢也。但欲行新引則不顧舊引，終日執龐都御史刊碑爲説。彼邊引之價雖勒三等，要須舊引可掣，倉鈔方疏。今舊鹽壅積而嘵嘵以八錢九錢之價責之，此其視內商不啻寇讐，則其挾私之可恨者也。

何謂在囤户則欲假邊商新引之名，而操內商舊引之利？囤户者積邊商之引乘急射利，以一錢七八分收之。至守支已足，而內商仍出八錢五分買之。近兩淮新舊兼行，動謂新引爲邊商蘇困，其實祇爲囤户倍息耳。今四十四年八月，審各邊鎮商人本年尚未開中一引。其四十三年以前直至三十九年，各邊倉鈔止約有四十萬。未得賣與囤户，尚在邊商之手。此正邊商之新引也。臣所謂見行正引者，行此引耳。然臣初意本謂四十五年行引，即以今四十四年所中七十萬五千一百八十引謂之新引。今各邊歷欠不完，即四十三年，惟大同一鎮全完。以前年分，或完或欠，缺額甚多，不得不權以見在邊商手中者爲新引。蓋法令初行，不能齊一，且據見在者行之。該司預闕丙辰年引目到司，引背註明係某商中某年倉鈔，暫抵四十四年引目，另造一册登記明白，以便後日查行補中。此亦權宜之法耳。其實欲行臣法，務令畫一。今年往矣，當斷自四十五年爲始，令各邊商所中淮鹽七十萬五千一百八十引，當年務要全完，以便四十六年行掣。此如民賦，正徵其四十四年以前所欠未中引鈔，令各邊餉司查其的數，另造一册呈部。又令兩淮運司將四十四年以前各邊商未到倉勘，亦查一的數，另造一册呈部，務與餉司相合。此如民賦積欠，今當困憊之極，難遽同民賦帶徵，姑俟五六年後，此法漸爲疏通，兩商均利，則于邊引五錢五分之外，漸加至六錢五分，使其稍沾利息。然後如民賦，照各鎮所欠分數，每年帶徵二分，俟內商積引疏盡，即將此引接續行掣，徵解餘銀，以補兩淮停壓兩年有半之數。其每年正引七十萬五千一百八十引，務于行引前一年責令各邊商全完，不得少一引也。如是則正徵帶徵，頓漸有緒。商既不苦，國課亦完。若如近年囤户專利之弊，賤收邊引，而邊商困，厚索內價，而內商困。又動假邊商名目陳告疏通，即司鹺之官，亦爲其所困，而不知孰爲邊孰爲囤。商病莫瘳，國課愈壓。夫朝廷良法，自不料理，而使囤户專利，且至貽害無窮。此豈可不亟爲之易轍哉，以上諸項，人情願欲，各自不同。如臣正行見引附疏積引之法，似亦可謂變而通之，與時宜之矣。

（明）陳子龍《明經世文編》卷四七五《兩淮鹽政編·鹽法議七袁世振》

今鹽法所由廢壞，若窮源論之，皆行鹽法之官也。倘行鹽法之官，本清心以行儉政，彼商灶安有不奉法者。故國家所取于鹽課者有限，而鹽官所取于商賄者甚苛。自榜派下場，築包搭單，掣摯解捆，傾寶借庫，以至京掣，處處無非買囑，事事皆須侈費。所費愈侈，則取償愈巧，商弊愈滋，宦橐愈肥，而鹺政愈壞。可爲痛哭者此也。謹以運司用人急務，宜更始風勵之説，詳與主爵者商焉。今夫鹽課居國計之半，與民賦並重。司民賦者遷擢行取，一無所礙，獨奈何司鹽課者，一筦榷務，便屬污曹。春閒計吏，六運司之長，察處與掛議者六人，同副而下又無論矣。此果苛求之耶？若以贓汙法論處猶輕耳。是何長民者之多賢，而司榷者之盡不肖耶。朝廷之事，禮教刑名錢穀甲兵，事體雖别，責任則同。唐宋名臣，如程异、裴休、吕夷簡、范仲淹輩，無不起家轉運，表著勳庸。迺今時士夫一當錢穀之司，歉然若有所凂，而待之者亦曰某爲善士，勿以是累之。夫錢穀果能累人哉？方今邊儲匱竭，閭井枵虛，財爲邦本，立政在人。正當選用英傑，責成綜理，使官有遷轉之慕，人懷向進之思。亟圖收拾，猶虞其晚。況今各運司所領財賦，惟兩淮甲于天下，鹽課七十萬，鹽糧亦七十萬，共一百四十萬，爲九邊額餉。而歲修漕河鹽河賑濟等銀二十萬，貿易場鹽四十萬，是皆經由運司各官之手。此其平準盈縮，關係宗社安危，奈何以污濁視也。

查近年諸運司遷除運使，有不以滋議知府，及豪華任子爲之者幾人耶。查同副分判，有不以物望輕微者遷之，及善營貲郎補之者幾人耶。年來運使至分司多官，除添註遷謫外，有能以善狀聞，以資叙擢者，又幾人耶。是當遷補之始，已預枳其前進之途。人不爲名則爲利，阿堵在前劣處在後，如是而責之自拔難矣。

今以兩淮運司言之，毋論僚屬場官，六十餘員，具瞻攸係，即本司吏書皂快諸役數十百人，淮南北豪商姦灶積牙狡獪數千百人，積弊如海，千頭萬緒，莫可究詰。此非有剛介之操，練達之士，豈能于紛紜狡窟之中而卓然料理之當哉。往御史戴金請敕行吏部，今後兩淮運司員缺，或于名望知府先舉擢用，或于各部郎中越級超遷，則朝廷待之者既踰常格，而彼受之者益勵初心。僚佐有所視效，豪猾無所售姦，裕商足國，端不外此。即近時條畫，亦屢有簡才望，隆體貌，優遷擢，諸議歷歷在案。臣以爲此官干係甚重，當兩淮運使員缺之時，銓除者深念朝廷二百萬錢糧。經由此地，稍破常格。加意簡用，宜如戴金越級超遷之議。蓋運使官階三品，本爲崇秩，但人情厭薄，匪朝伊夕。倘仍舊階，雖稱優以體貌，終不能行。莫若于陞轉之時，越級選授，如郎中有憲副俸者，即超陞參政兼運使銜以勸勵之。其在外轉，即簡憲副有聲望者改陞參政兼運使銜。另加專敕一道，俾釐夙蠹疏理鹽法，庶官階既異，耳目一新。體貌全照監司，展布自無撓阻。俟廉幹著聲，考有成蹟，查照三品陞遷，或晋京卿，或擢藩臬之長，亦有往例可更僕數者。倘不其然，而府縣得以憑陵，司道忌爲踰獵。事有掣肘之虞，官無超擢之望。自非患失乾没，有不掉臂以去者鮮矣。此運使之當議者一也。

以本司同副判官言之，朝廷建官，設參置伍，矧列繁署，詎有冗員，該司之事夥矣。其大者無如掣捆徵解，掣摯多在秋冬，難以刻期取齊。委官多用別府，佐貳縣正，動淹數旬，離局廢職。且天池一泓之水，盤剥千艘已掣之空船，苦于重圍而不得出。未掣之重船，急于抵岸而不得入。前官到所則責後單之越次而驅之下，後官到所則憤前單之軋已而争之先，彼此競掣，往往成嫌。何若于佐貳之中，簡用一人，專駐解捆廳以司掣務，不論何單鹽船，亦不拘多寡隻數，但一到所，隨報隨掣。則不惟河道常通而無壅塞之苦，抑且易于撿察而弭夾帶之姦。況冠紳無越鹽之思，共事泯囂凌之氣，計莫便焉。顧豈可令碌碌者處之耶。又徵解一節，有多索秤頭之弊，有通同鑽鉛之弊，有輕減成色之弊，每解正額三十萬兩，每錠五十兩零五錢。今到太倉率皆輕減，剋削甚多，盡屬浮沉，祇盈谿壑，國儲冒其名實，邊士怨入骨髓。且消乏借庫，尤多受賄，從未比徵，聽其展轉支吾。迨至解期迫促，仍復借庫。今解又借十萬矣，借日益增庫日益減，不知何所底止。此又豈可令碌碌者任之耶。該司事務，既屬叢遝，各官佐理，宜簡才賢。由今之道，無變今之俗而能奏成效者鮮矣。此本司同副各官之當議者二也。

以三分司運判言之，淮南二十五場，綿亘八百六十餘里，淮北五場，綿亘四百有五里。三十場與地廓遠，幾當三大郡，而以三運判總理之。其間查理草蕩，修舉倉廩，催徵鹽課，則有督儲之責。整飭兵備，操練灶勇，防禦鹽盗，則有清軍之責。修明保甲，譏察姦細，禁遏私販，則有緝捕之責。照丁撥夫，修濬鹽河，疏通鹽運，則有水利之責。督察場官，剔刷吏弊，問理詞訟，清查盤鐵，禁伏暴總，摘發隱蠹，則有明刑之責。此其事體繁重，雖領以俊才，猶懼不勝。乃以貲郎任子及官箴已玷者處之，欲令不猫鼠商灶，蠅狗羶逐，庸可冀乎。此三分司運判之當議者三也。

先年吏部三原王尚書，因見各運司政弊叢多，題准以二甲進士選副使，三甲選判官，及雜以考選前列舉人銓補。三年查有成積曾經薦舉，或節年考語俱優者，副使比照知州推陞各部員外郎，判官比照知縣推陞各部主事。一時人皆自奮，各運司稱爲得人。今此例之不行久矣。雖有欲策勵之人，而未蒙異常之擢，則亦終歸于不振。又都御史龐尚鵬疏請慎選鹽官一款，惓惓于運使之缺，固當慎重注授，其同知運副判官，悉于正途内擇其敏達廉正者，酌議選除。通行申飭，久任超遷責成。其有不稱者，即爲官擇人，早爲更置，不得以貲郎任子厠溷其間。此兩議者，非有更張，難爲破格。且如兵馬司從來不用正途，自近日題用，遂有以能官陞部者。即臣部諸税關，額課多者五六萬，少不過一二萬，猶必擇才而使深虞隕墜。豈以兩淮運司二百餘萬錢糧出產之地，欲令會計盈縮，平準貿易，使下不失商灶之心，上不損邊儲之備，所關係何如其重也。而乃沿習近例，盡授鄙劣。興言至此，能無悼心。伏乞陛下垂察安危大機，敕行吏部選用運司官員，運使官必如御史戴金越級超遷之議，運同以甲科廉正有望者遷之，運副運判用二三甲進士及考選前列舉人授之。俟有成績，陞擢超等。運使即内轉，或擢藩臬之長。運同陞司道善郡，運副判陞部屬。如聲實卓異，仍照例行取，以風髦俊。如此，庶人心激勸，不自汙浼。鹽政中興，捨是別無他策矣。

（明）陳子龍《明經世文編》卷四七六《兩淮鹽政編・鹽法議八袁世振》

唐至中葉，諸鹽場多爲藩鎮所據。劉宴料理鹽法，祇用兩淮一運司之地。其初至也，鹽利歲纔四十萬緡，其後乃至六百餘萬緡。宫闈服御、軍國饋餉、百官禄俸，皆仰給焉。説者謂三代之取民也，貢賦而已。山海之利，乃天地所生以利民。有四海之大者，租賦遍天下，欲資國用，利亦多端，胡區區于一鹽立法以專之，盡利以取之。如宴之爲，自非剥削灶户，折閲商賈，何以得鹽利如此之多，豈天地生物養民之意哉。吁，此文學言耳。漢文學願罷鹽鐵官，無與民争利，桑弘羊難以爲此國家大業，所以置四夷安邊足用之本，佐百姓之急，奉軍旅之費，不可廢也。夫世儒輒斥弘羊，似此數言，千古不易。葢天地之利，田疇山澤，各居其半。元勰謂聖人歛山澤之貨，正所以寬田疇之賦。若盡弛鹽禁以予民，必倍加民賦而後可。後世民賦之徵，已倍于古。若復不以鹽法佐之，民無類矣。且夫弛鹽禁，果爲民利乎。立法流布，尚慮争馳，若無經制，豪奪競起，賊民擅煑海之利，閭井無息肩之期。故與其捐之以養禍亂，孰若取之以寬民力。然古今以來，惟宴取鹽利能若彼之多者，豈真掊克商灶，如世儒所云哉。夫商灶利害與國家共之者也，商灶不足，國孰與足。欲利國而先害及于商灶，拙亦甚矣。此後世淺計所不爲，而謂宴爲之乎。夫宴善操利權者也，要不過嚴爲厲禁，使私販屏絶。故商灶之鹽，無不盡疏，歲課之入，無不盡利，真所謂國家大業也。如今日兩淮鹽法，纔行五分之一，而私販實奪其五分之四。倘能盡取以佐國計，其所得豈獨少于宴哉。故今雖設法爲三商疏壅，而私禁不嚴，壅終不可疏，而鹺政終難與理耳。然則何以嚴之，統其要領惟有二端：一則申明鹽法以信考成，一則申飭嚴禁以重專責而已。今之談鹺政者，孰不云禁私販爲首務。顧人皆知私販之害官鹽，官鹽所以不行，而不知行官鹽者之縱私販所以愈熾耳。凡今天下號稱良有司者，皆以盗爲害民，故窮法捕緝，則有盗不入境者矣。又皆以私鹽爲利民，故廢法弛禁，有私鹽不入其境者誰乎。彼非盡沽是愛民之名也，國計遠而民情近。圖其近者，則忘其遠者，故不暇爲軍民捍衛計長久，而但以商民貧富分彼此。曰吾不爲商，但爲民耳。於是官望愈清，則束商愈急。或不令官鹽入境，或不消官引一張，或故意減值，或輒加箠楚，或參疏將出而託申鹽無撥到，或追繳目引而不顧窮商貲本，或議包課數十金而虧正課千百，或捕緝大夥有証而以詐騙反坐，或開廠以停私鹽，或虚比以了故事。雖近立鹽法考成，何曾妨其陞滿。而鹽法道臣，見其官望之卓然，且迎而相許，安能出一語詰問耶。大抵鹽法二字，從來未講。一行作吏，率皆惘然。即其視巡鹽御史，若騈拇耳。而巡鹽之蒞之也，亦多行直指激揚事。查盤訪拏，鮮究鹽蠹，復命舉劾，不據銷引，所從來非一日矣。欲救此弊，所賴巡鹽按臣，一蒞任時，即將鹽法始終申明昭揭，遍示按屬行鹽地方。謂祖宗監于前代，設立鹽法，非爲商賈益富計也。從來立國，足食足兵。兵出力以衛民，民饋食以養兵。今日民力竭矣，國初猶有屯田可贍邊旅，自屯田湮没，全賴鹽課，與民賦共。歲入四百萬，盡以餉邊，猶不免脱巾之患。當此時而欲弛鹽禁，是重厲民也。故鹽法與民賦平分國課，則銷鹽引與徵民賦兼重考成。今民賦之考成舉矣，而鹽法考成尚未盡行。自是申明以後，各按屬府州縣有司官務要一體商民，毋分秦越。凡已前阻商虧課堅執成心，自今更始，毋蹈前轍。

查得條例一款久經准行事例：各省府州縣掌印官，派賣引鹽，如一萬引繳到不及六千六百六十引，一千引不及六百六十引，三百引不及二百引，徑自提問。一萬引繳到不及三千三百三十引，一千不及三百三十引，三百引不及一百引，參問降調，一引不繳，即係縱容私販，阻滯官鹽，坐以罷軟罷黜。如果引目盡銷，以賢能論。巡鹽御史查該旌擢參問者，具奏施行。又一款：各省地方郡縣遼邈，獨以鹽法道一人兼督，勢難必行。查得各府皆有守巡各道，分駐一方。就令將部内州縣各從近地方，管各府州縣，設立循環文簿，每季開商人運到鹽引若干。如商人不到，有何緣由，明開以便查議。每季終將原簿并截角文引，賫送各該道，驗其引目，分別功罪。其完及幾分，遵照先題事理，上半年於六月終，下半年于十二月終，聽巡鹽御史將原簿查取，參酌具題勸懲。若守巡坐視遷延漫無甄別者，一體參究等因。各鹽法守巡及該坐道，如遇各商投到水程，驗明之日，即照口岸文册，速發各府各州縣掌印官，即具由徑報巡鹽御史，稱于某年月日蒙某道府派發商鹽若干已到，遵照督賣。如此遞報，則商人無所宛轉，而盗賣之弊自絶。日後繳引不及數，各府州縣亦難以商人未到爲詞矣。如該地方有勢家僕隸，頤指惡黨，鹽到則恐嚇商人，不令發賣，希圖日久賤收自賣。敢有如此，明係阻撓，各官即時懲究，照依時價督令地方承買，尤見本官不撓權貴力量。巡鹽御史宜行亟録，俟半年後，該道將賣過引鹽，查覈完欠分數，春秋二季呈報鹽院，以憑參酌舉劾。該道與有相成之義，未可謂條例中一體參究爲虚文也。其餘各運司照此通行。如此，則鹽法大明于天下，人人知與民賦同科，鹽政考于本部，人人知與逋賦同罰。又何患私鹽不緝而官引不銷也耶。

夫治法生于治人，地方各官，人人知重鹽法，則捕緝私鹽自有百方。譬如捕盗，豈有成法，似乎申飭鹽禁，亦可以無事矣。今欲申嚴私禁，事雖詳備，乃要旨所在，亦惟謹防其源，而重其責于鹽法道臣而已。葢私鹽亦多端矣，顧要之不越三種：其自兩淮出者，有夾帶之私鹽，有興販之私鹽。其蔓延于兩淮行鹽地方者，則有浙福川廣之私鹽。是諸私鹽，來非天降，必各有出產從來之處，所謂作姦之源也。治其源則易爲力，截其流則難爲功。如夾帶之私鹽，既已出場矣，則掣摯一關固其甚要者。邇來大鹽既絶，雖無一引帶五六千斤，如曩日姦商所爲，然據去歲鹽法道書册中，尚有商人員耀三百一十六引，每引多八十三斤。又三百一十二引，每引多七十五斤。共多鹽四萬九千九百二十八斤，類筭可作正鹽八十七引有奇，即一引以例千萬引，即一商以例千萬商。積弊相沿，固難頓改。委掣之官，向多鑽營。本其來意，衹圖膏潤。事權到手，輕重任情。今欲痛革此弊，須簡委添註甲科官，專駐解捆廳及河北所，矢公掣摯，庶釐夙蠹。且令萬商歲省賄掣數萬金，安心遵憲，毋致犯科，誠今日所亟爲振刷者。但與其摘發于既掣之後，曷若預防杜于未掣之先。蓋商人執引下場支鹽，必驗以場官，此爲舊例。近各支鹽，絶不將引目投場司，徑與廠夫指引任意築買大包，場官全不與知，即分司官亦不與聞，則官可無設矣。此後各商支鹽，先將引目赴場官處投驗。場官遵例，置立循環文簿，填寫到場日期，查明引數登填。至出場日，亦赴場官登簿，印打新戳，查明無弊，呈報分司，庶前途橋壩，方作官鹽。如有不然，至掣所查出弊鹽，則商人以夾帶坐罪，廠夫以窩囤抵法，灶户以私賣懲姦，場官以扶同擬罰。而該分司官，亦逐次紀過，重則參論。如此則正本清源，爲力較易。此所謂防夾帶之源者也。如興販之私鹽在兩淮稽察防禦之法未嘗不周且密矣。淮北則有草灣磨港赤岸清河等八關，淮南則有三江大河周橋瓜儀等諸營，并白塔宜陵海堰狼山等處巡司，而府州縣衛所又各設有捕鹽員役，宜乎私鹽絶跡矣。然亡命之夫，千百爲群，湖海之雄，五合六聚，殺傷官捕，而未有已也。總由淮南江河四達，淮北平原千里，土輿遼曠，水陸浩渙向來法制懈弛，禦遏無策，以故巡兵虚設，反爲私鹽護送資也。宜參酌各場灶勇與水陸營兵、各衛軍快名數，于凡要害地方，連營分布，互相犄角。每營以三十人爲率，擇一哨長統之，編次甲乙。如乙營獲功則甲營治罪，癸營獲功則九營皆罪。每營僅隔二三里，務使聲援相及。營卒更番，半游奕而半居守，則聲勢壯而紀律嚴，誰復肯以錙銖蹈重罪者。蓋嘗計之，兩邑相距，大都百餘里，而水陸要津不過五六處，悉兵勇充邏卒，毋慮人不足也。有功必賞，有罪必懲，毋慮氣不奮也。雖然，此亦截流法耳。若窮源治之，凡私販之鹽皆自場出，彼其買場鹽也，朝貿而夕即可售。售必倍，則不難增價以餌灶。及其賣鹽也，朝售而夕復可貿，貿必倍，則不難減價以速化。增價餌灶，則姦灶不樂售商而樂售于私，以故火鹽之價日騰而商困。減價速化，則民間不樂食官鹽而樂食私鹽，以故水商之利日薄，而商益困。此私賣之多，爲害不小。況復有窩囤之家，預儲以待，而接濟以往，安得不縱横水陸，私鹽遍地也。然私賣必由私煎，待其煎而後禁其賣抑末矣。查淮志所載，都御史藍章奏設團煎之法，每一場分幾團，一團分幾户，輪流煎辦以納丁鹽。此外多煎之數，名曰勤灶。許賣商人湊補掣摯，但不在本場煎辦者即是私鹽，就便拿問。奈何近年以來，豪灶有私立十數灶者，七八灶者，私煎私販，各無忌憚。合無今後但有不在團分煎辦，私立灶者，就便拿問，從重照例問遣。如此行之，私鹽有不屏跡者否矣。此所謂防興販之源者也。此兩者皆就出產處嚴杜其源，若浙福川廣之私鹽，皆如此塞源固善。但已蔓延于兩淮行鹽地方，則又當自從來之處，論塞源之法，如江西廣鹽由峽江而下，流入新喻新淦清江豐城，併侵入上高高安等處，此峽江爲之弊源也。福鹽以五福杉關南城瀘溪等爲弊源，而侵占建昌一府，併侵入崇仁東鄉等縣。浙鹽以安仁德興浮梁爲弊源，而流入鄱陽餘干萬年等縣。至于粮船座船及貨船滷水蝦醬等船，夾帶私鹽則又由湖口而達吴城柘林謝埠撫城等處。此源不杜，鹽何以行。湖廣私鹽，比江西較少。惟川鹽自夷陵以下，乃楚蜀咽喉，原設有牛口南邏南津三關。特置巡司把總，兵快哨船巡緝。又置横江鐵索，以遏其舟。所謂扼其阬而塞其源者，法亦密矣。若句容高淳溧陽溧水諸縣食鹽，過石拍湖出烏鵲橋，越販太安寧池等府，以致四府原額日減。靈虹姦商告買老引鹽，卸賣鳳陽十八州縣，而鳳陽一府正鹽俱壅，官課難銷。職此之由，各省直行鹽正官，宜于各私鹽從入處所，嚴督巡役，著實緝捕。此所謂防各省直私販之源者也。誠能如此截流防源，私鹽庶乎可禁矣。

（明）陳子龍《明經世文編補遺》卷四《鹺鹹議錢梗》

古之河北，今畿甸也。真定以西，爲古大陸之澤，下作鹹，生齒之徒，無旦暮之糧以活家命，則擇斥鹵之尤，積潤之鹻，刮其土而鍊之。匹夫匹婦，窮月作勞，可得升斗苦鹽，易粟爲命。宋慶曆中有上封者請榷河北滄濱二州鹽，余靖諫曰：河朔土多鹽鹵，小民税地，不生五穀，惟刮鹻煎之，以納二稅。今若禁止，便須逃亡。近民怨望，非國之福。黄履翁亦曰：河北之鹵，素無禁約，其議卒寢。至我國朝設長蘆山東二轉運鹽使司，滄州、青州、濱州、膠東四分司。凡轄四十四場編集順天等府屬邑竈丁，旁海賁辦，鹽課不缺。則是河北滄濱二州，古之瀛海郡渤海郡也。其在今日，可謂施法之悉，盡地之利矣。若夫真定之西，深趙冀屬數邑，微鹻小鍊，較諸滄濱，不過億兆之一，譬若瀛渤海中之半滴爾，有之不足妨國之課，置之不足廢國之法。聽之民間，誠若披離之滋。榷之官捕，則無捉摸之處。今若長蘆一司行鹽地方百四十餘州邑，其間有鹻州邑，不過數處。其鹻疏薄惡陋，頗以刮鍊而成之鹽者不過頃畝中之尺寸。執其尺寸之微，例諸瀛渤之榷，誠有間矣。況擔負出入，不越真定之境。縱窮所有，所來無幾，良以物微民貧之甚者爲之也。且玆畿内鹻土，無尺寸無不徵糧之畝，無一歲無不均徭養馬之家，無一人之倖漏免。其坐鹻畝在籍，無不貧下之户。其鍊鹻代耕而輸國之稅，而救口不贍，無不煢煢可憫之夫。其奔走易粟，無不擔負手挽，貧寠隻弱，萬無大夥貨殖之徒。方今西北邊警，首嚴真定，招募義勇之急，編選民壯之多，運輸糧料車馬之繁，加以屢歲凶荒之歉，滹沱泛溢之虞。夫京師天下之根本也，畿甸所以培植擁輔乎根本者也。滄鹽巨商，每嫌山陸之遥，不自肯至，又從而禁入毫釐之鹻，月報藍縷之獄，流離捕人之慘，非所以寬近民優畿輔也。

（明）張慎言《泊水齋詩文鈔》卷一《第三疏》　近議鹽法者，亦既多言繁稱矣。然計天下之鹽法，河東不同於長蘆，長蘆不同於兩淮，兩淮不同於兩浙，乃其要領則可一言而盡曰：恤商而已。

國課之所以不虧者，鹽之行也。行鹽者誰？商行之也。商之所以能行者，以有厚利也。故商得重貲而鹽自行，非官能使之行也。鹽行而課自足，非徒嚴刑峻法而使之不虧也。故曰：在恤商而已。雖其間科條不一，而大指總歸於是。猶之足賦者，在盡地之利；欲盡地之利者，在得農之情而農得竭其力；欲得農之情而竭其力，在去其農之害。鹽法亦然。欲課之無虧者，在得商之情，而去其商之害。故策鹽者不必官，别尋一整齊之法。即以行鹽之法，仍曲詢於商，若何而可行，若何而可以經久，若何而可以使私販不禁而自止。因其勢而利導之，即有姦商積弊，但去其泰甚，使之樂而喜從事自下，令於流水之源矣。

蓋鹽商與他賈不同，皆携數萬之貲以求什一之利息，重廉耻而惜體面。以故，多一官則多一害，稍加凌虐，即行重賄以圖苟免，無可奈何，稍稍解散以去。即以一切法繩之，亦止得一二年之利，而其後商散而賦遂以不繼。此所謂竭澤而漁也。

猶記萬曆末年，有袁世振者，行綱法，行之半年，新舊之引帶銷，而課之解太倉者，遂幾倍於曩時。其後法既效，而世振誤用群小以敗，人去而法已更矣。其所謂綱法者，臣不知其詳，然淮之父老必有能悉之者。其時世振爲專官，另設於運使之外。今但重運使之權，而慎其選，令御史提綱於上，訪世振之法而輕重布之，不必再設多官足矣。但法雖具，而不能如世振之善行，則法如人何矣！

若以錢法行鹽法，此必不可行之數也。況於揚州設爐三百座，又使所在皆鑄，可乎？錢者，利器也。國之利器不可以示人。使刀布之權不操於國，人人得而操之，無論制錢益壅而不可行，私錢布滿天下，雖取犯者日誅之，不能衰止。天下之事皆當以無事行之，非真無事也，因其時，便於民，固有事若無事耳。如禹之治水，決汝、漢，排淮、泗，豈曰無事？殆因水之勢而導之，但覺其無事。故曰法、曰政、曰利、曰禮，皆以人情爲主。語有之：王道以人情爲本，至哉言乎！是在計臣條畫之也。

臣謹言其大略如此。臣無任恐懼待命之至。

（明）宋應星《野議・鹽政議》　食鹽，生人所必需，國家大利存焉。政敗于弊生，商貧于政亂。夫人情之趨利也，走死地如鶩。使行鹽有利，誰不竭蹶而趨？夫何同一爲商也，昔年積玉堆金，今日傾囊負債，蓋至商貧而鹽政不可爲矣。

國家鹽課，淮居其半，而長蘆、解池、兩浙、川井、廣池、福海共居其半。長蘆以下雖增課，猶可支吾，而淮則窘壞實甚。淮課初額九十三萬，而今增至一百五十萬。使以成、弘之政，隆、萬之商，值此增課之日，應之優然有餘也。商之有本者，大抵屬秦、晋與徽郡三方之人。萬曆盛時，資本在廣陵者不啻三千萬兩，每年子息可生九百萬兩。只以百萬輸帑，而以三百萬充無端妄費，公私具足，波及僧、道、丐、傭、橋梁、梵宇，尚餘五百萬。各商肥家潤身，使之不盡，而用之不竭，至今可想見其盛也。

商之衰也，則自天啓初年。國則璫禍日熾，家則敗子日生，地則慕羶之棍徒日集，官則法守日隳，胥役則奸弊日出。爲商者困機方動，而增課之令又日下，盗賊之侵又日熾，課不應手，則拘禁家屬而比之。至於今日，半成窶人債户。括會資本，不尚五百萬，何由生羡而充國計爲？嘗見條陳私鹽者，一防官船，再防漕舫。夫漕舫自二十年來，回空無計，則折板貨賣，典衣换米。旗軍有誰腰鏹餘一貫者，迤逦臨清道上，買鹽一二百斤，資本罄矣。官船家人夾帶，一引入倉，萬目共見，冠紳一懲而百戒焉，豈復有裂閑射利之人，不繩其僕者哉？

所謂私鹽者，乃當官掣過按，淮使者瓜期已滿，而尚未之詳也。祖制每引重八百斤，多一斤則注割没銀一分，多十斤則注一錢，多至四十斤，則割没而外，另擬罪罰。今每引輕者千二百斤，重者千四五百斤。食鹽之人，止有此數，而稱過關橋，鹽數則倍之。關橋一驗，儀真再驗，皆虚應故事，而牢不可革，積壅不行，弊由于此矣。萬曆以前，充役運司者，皆有家之人。夫稍有家私，猶懷保身保妻子之慮，後因課不足，則訪拿之法日峻日嚴，一入運司，則追贓破産，賣妻鬻子以完者，不一而足。自是稍有生活者，視此爲死路，而投入其中者，皆赤貧猾手，捹命攫金，誅之不可勝，而究之不可詳。弊壞及此，尚可言哉！

鹽政變革之秋，有一最簡最易法，國帑立充而生民甚便者，長蘆以下不具論，第論淮鹽。夫計口食鹽，一人終歲必鹽五十斤，價值貴時五錢而溢，賤時四錢而饒，而場中煎煉資本四分而止，則一口在世，每歲代煮海，生發子息四錢有餘。食淮鹽者億萬口，則每歲出本四千萬兩，以酬煮海之費，此非彰明易見者哉？

朝廷將前此煩苛瑣碎法，盡情革去，惟於揚州立院分司，逐場官價煎煉，貯於關橋，現存廠内。各省買鹽商人，多者千金萬金，少者十兩二十兩，徑駕各方舟楫，直扣廠前，甲日兑銀，乙日發引，一出瓜、儀閘口，任從所之。一帶長江，百道小港，再無譏呵逼擾。各省鹽法道、巡鹽兵，盡情撤去，大小行商販鹽之便，仝販五穀。此法一行，則四方之人奔趨如騖。不半載，而丘山之積成矣。區區百五十萬，何俟今日議直指，明日摘度支，前月罰巡兵，後月訪胥吏，比較商人，拘禁家屬，而日有不足之憂哉？使以劉晏得揚州，必鎮日見錢流地面。從來成法，未有久而不變者。鹽行已千里，入於山僻小縣，而銷票繳册又有私鹽之罰，何爲者哉？浙中責令鹽兵每年每月限捉獲私鹽若干，此非教民爲盗耶？其題目猶可姍笑。此直截簡便通商惠民一捷徑大道，世有善理財者，願與相商略焉。

（清）孫承澤《天府廣記》卷一三《户部·鹽法》　天下鹽課惟兩淮爲多，浙次之，長蘆次之，福建無巡差，以行無遠地，河南場無運官，以出有專所，廣場兼之，故巡運俱無。總計天下設轉運司者六，提舉司者七，歲辦舊額一百一十七萬六千五百二十五引，每引五百五十斤，多五斤以下照例割没，五斤之上照夾帶律問擬。初制每引納銀八分，粟二斗五升，商人納粟於邊，受鹽於場，無守支之苦。嚴禁食禄之家不得牟商利，一切請乞悉絶之，私賣阻亂者處死。竈丁給以滷池草場，每引給工本鈔二貫五百文，復其雜役。有餘鹽，官自出鈔收之。下以資竈户，上以攬利柄，故鹽法行。自正統中有常股存積之法。常股七分以爲常，而存積三分以待塞下之急，倍賈開中，越次支放，又引價日增，需索日繁，而鹽法大壞。且易粟而爲銀，不之塞下而之鹽司，於是塞地盡荒，邊儲俱匱，而邊事亦大壞。造其議者户部尚書葉淇，允其請者内閣徐溥也。

户部尚書李汝華疏云：國家財賦所稱鹽法居半者，蓋歲計所入止四百萬，半屬民賦，其半則取給於鹽筴。兩淮歲解六十八萬有奇，長蘆十八萬，山東八萬，兩浙十五萬，福建二萬，廣東二萬，雲南三萬八千各有奇，除河東十二萬，及川陝鹽課雖不解太倉，併其銀數，實共該鹽課銀二百四十餘萬兩。又各邊商所中鹽糧銀，淮浙蘆東共該銀六十餘萬兩，總鹽課鹽糧二項，併舊額新添計之，實有二百餘萬之數。每歲完不缺額，庶合民賦牽補邊計，猶少二十餘萬，乃今竟何如也？蓋我朝鹽法自正德迄今凡三壅，而今爲甚。正德末年，權閹占窩，淮鹽大壅。至嘉靖初年，爲小鹽之法以疏之。嘉靖末年，鄢懋卿增行引三十五萬，淮鹽復大壅。至隆慶初年，龐尚鵬倣小鹽之法以疏之，迄今十餘年來，璫課横行，淮鹽復益大壅。謂亦宜倣小鹽之法，師其意以疏之。臣兹不揣，竊謂今日兩淮鹽法須以急救二商爲主，以急復祖制爲經，以正行見引附疏積引爲題目，以預關引目改行小鹽倣前人已事爲方略。預關引目，所以行新引也；引行小鹽，所以疏積引也；見行正引而帶疏積引，如見徵正賦而帶徵夙逋，所以復祖制也。祖制復而二商蘇矣；二商蘇而國計舉矣。蓋新引之利，人人所攘臂而爭趨焉者，惟是舊引日積，無法疏通，則併新引之利而捐之。今有法於此，令得新引之厚息而又併沾舊引之微貲，人其舍諸？蓋舊引新引皆以一商合併而行，其虧本者少而其獲利者多，故積壅漸疏而新課無套搭之憂，倉鈔盛行而邊引無不售之歎也。

崇禎十一年，工部侍郎張慎言疏云：計天下之鹽法，河東不同於長蘆，長蘆不同於兩淮，兩淮不同於兩浙。乃其要領則可一言而盡，曰恤商而已。猶之足賦者在盡地之利，欲盡地之利者在得農之情，而農得竭其力。欲得農之情而竭力，在去其農之苦。鹽法亦然。欲課之無虧者在得商之情而去其商之害。故策鹽者不必官別尋一整齊之法，即以行鹽之法仍曲詢於商，若何而行，若何而可以經久，若何而可使私販不禁而自止，因其勢而利導之，即有奸商積弊，但去其太甚，使之樂而喜從事，自下令於流水之源矣。猶記萬曆末年，有袁世振者，行綱法，行之半年，新舊之引帶銷而課之解太倉者幾倍於曩時。其後法既效，而世振誤用羣小敗，人去而法已更矣。其所謂綱法者，臣不知其詳。然淮之父老必有能悉之者。其時世振爲官，另設於運使之外，今但重運使權而慎其選，令御史提綱於上，訪世振之法而輕重布之，不必再設多官足矣。

鹽道袁世振綱法：今查淮南紅字簿中納過餘銀之數，凡三十一單，該有二百六十餘萬引。內除消乏銀者納六十餘萬引，其實數僅有二百萬稍縮耳。本道刳心極慮，爲衆商設爲綱法，遵照鹽院紅字（薄）〔簿〕，挨資順序，刊定一册，分爲十綱，每綱扣定納過餘銀者整二十萬引。以聖德超千古皇風扇九圍十字編爲册號。每年以一綱行舊引，九綱行新引。行舊引者止於收舊引本息，而不令有新引拖累之苦；行新引者，止於速新引超掣，而更不貽舊引套搭之害。兩不相涉，各得其利。如今丁巳年爲第一聖字綱應行舊引之年，止令行本綱二十萬引，不令行新引一張。其新引派於淮南者凡四十八萬六千五百九十六引，却分派與九綱共行之，又加以掛掣附綱十餘萬引，每正綱算派新引五萬一千二百引，附綱算派新引二萬五千六百引，是在向也以四十八萬有零新引而責行於二十萬舊引之商，今也以四十八萬有零新引而散行於二百餘萬超掣之商。其在僉點之中者，既不苦於力量之難支，其在僉點之外者，又不苦於冷坐而難待。至明年戊午年爲第二德字綱應行舊引之年，亦止令行舊引，不行新引，却令第三超字綱以至第一聖字九綱及附綱照窩數派行新引。己未以後，俱照此行，從此以往，行至丙寅，凡九年而舊引盡淨，即掛掣之引是年亦盡，却令漸加新引，以補淮北暫停新引之數。此十字綱册自今刊定以後，即留與衆商，永永百年據爲窩本，每年照册上舊數派行新引。其册上無名者又誰得鑽入而與之爭騖哉？此法至輕便，至明白，至公普，至饒益，利無不收，弊無不除，不待行之數年而即今鹽法既一旦豁然大通矣。若行於數年之後，不但歲額無停可以漸爲增加，即運司庫中亦從此大有餘積矣。昔人論行鹽法，惟劉晏知取。予謂知所以取民不怨，知所以予民不乏也。今兩淮數十年來所以征商者稍急之而怨讟叢至，稍緩之而匱缺多虞，取予之謂何？

（清）顧炎武《日知録》卷一〇《行鹽》　松江李雯論：鹽之產於場，猶五穀之生於地，宜就場定額，一税之後不問其所之，則國與民兩利。又曰：天下皆私鹽則天下皆官鹽也。此論鑿鑿可行。丘仲深《大學衍義補》言復海運，而引杜子美詩：雲帆轉遼海，稉俗作粳稻來東吴爲證。余於鹽法亦引子美詩云蜀麻吴鹽自古通，又曰風烟㗉吴蜀，舟楫通鹽麻。又曰蜀麻久不來，吴鹽擁荆門。若如後代之法，各有行鹽地界吴鹽安得至蜀哉。人人誦杜詩，而不知此故事，所云誦詩三百，授之以政不達者也。

洪武三年六月辛巳，山西行省言，大同糧儲自陵縣長蘆運至太和嶺，路遠費重。若令商人於大同倉入米一石，太原倉入米一石三斗者，俱准鹽一引，引二百斤，商人鬻畢，即以原給引自赴所在官司繳之。如此則轉輸之費省，而軍儲充矣。從之。此中鹽之法所自始。

唐劉晏爲轉（連）〔運〕使，專用榷鹽法充軍國之費。時自許汝鄭鄧之西，皆食河東池鹽，度支主之。汴滑唐蔡之東，皆食海鹽，晏主之。晏以爲鹽吏多則州縣擾，故但於出鹽之鄉置鹽官，收鹽户所主之鹽，轉鬻於商人，任其所之。自餘州縣不復置官。其江嶺間去鹽鄉遠者，轉官鹽於彼貯之。或商絶鹽貴，則減價鬻之，謂之常平鹽。官獲其利，而民不乏鹽。始江淮鹽利不過四十萬緡，季年乃六百萬緡。由是國用充足而民不困弊。今日鹽利之不可興，正以鹽吏之不可罷。讀史者可以慨然有省矣。

行鹽地分有遠近之不同，遠於官而近於私，則民不得不買私鹽。既買私鹽，則興販之徒必興，於是乎盜賊多而刑獄滋矣。《宋史》言江西之虔州，地連廣南，而福建之汀州亦與虔接，虔鹽弗善，汀故不産鹽，二州民多盜販廣南鹽以射利。又言虔州官鹽自淮南運致鹵濕襍惡輕不及斤，而價至四十七錢。嶺南鹽販入虔一斤半當一斤，純白不襍賣錢二十，以故虔人盡食嶺南鹽。虔州即今贛州府，宋時屢議不定介卒食廣東鹽。每歲秋冬田事纔畢，恒數十百爲羣，持甲兵旗，鼓徃虔汀漳潮循梅惠廣八州之地。所至刼人穀帛，掠人婦女，與巡捕吏卒鬬格。或至殺傷，則起爲盜，依阻險要，捕不能得。或赦其罪招之。元末之張士誠，以鹽徒而盜據吴，會其小小興販，雖太平之世未嘗絶也。余少居崑山常熟之間，爲兩浙行鹽地，而民間多販淮鹽。自通州渡江，其色青黑，視官鹽爲善。及游大同，所食者蕃鹽，堅緻精好，此地利之便，非國法之所能禁也。明知其不能禁而設爲巡捕之格，課以私鹽之獲，每季若干，爲一定之額，寧非奉行之具文哉。宋嘉祐中，著作佐郎何鬲三班奉職王嘉麟，上書請罷給茶本錢，縱園户貿易，而官收租錢。與所在征算歸榷貨務以償邊糴之費，可以疏利源而寬民力。仁宗從之，其詔書曰：歷世之敝，一旦以除，著爲經常，弗復更制。是以雖當王安石之時，而於茶法未有所變，其説可通之於鹽課者也。

（清）賀長齡《皇朝經世文編》卷四九《户政・鹽課・商鹽加引減價疏盧詢》

竊惟從來鹽政之壞，皆歸咎於官鹽之壅滯。官鹽之壅滯，皆歸咎於私鹽之盛行。故（購）〔講〕求鹽政者，莫不以禁私爲首務。乃法令愈密，緝捕愈嚴，而私鹽終不可禁，以致商民交困，課額屢虧。若無良法以善其後者，此皆不治其源而徒治其流，不求其本而惟求其末也。

鹽之行與不行，其本源總在於鹽價之貴賤。私鹽之所以易行者，由於價賤而民食之者衆也。官鹽之所以難行者，由於價貴而民食之者少也。然私販原以圖利，必不肯折本而又犯重罪。而價竟賤者，以不必貴也，價賤而利已多耳。官鹽亦以圖利，亦必不肯折本而再虧課額。而價終貴者，以不能賤也，價貴而尚恐無利耳。夫官商之鹽，固用貲本買於鹽場，竈户私收之鹽，亦用貲本買於鹽場。官鹽行賣，固費人工脚載。私鹽行賣，亦必費人工脚載。乃爲官鹽則貴，爲私鹽則賤，私鹽雖賤價亦有利，官鹽雖貴價亦無利者，其故何歟。

蓋私鹽自貲本人工脚載而外，每觔多賣一釐，則此一釐，即屬餘利，則其價安得不賤，而其利安得不多。官鹽自貲本脚載人工而外，其爲費方將數倍於此。每觔必照私鹽多賣數倍，方有餘利，則其價安得不貴，而其利安得不難。

然官商之鹽，其較私鹽多費者，於鹽本人工脚載而外，完課一項，實不過十分之一二耳。商人服食奢靡，積慣成習，身家所費，已無限量。而各衙門額規，千頭萬緒，鹽院鹽道等官，固其本管官，額規決不可缺。而行鹽地方，文官自督撫以至州縣雜職，下及胥役，武官自提鎮以至千把，下及兵丁，莫不皆有額規。而額外交際誅求，又復不可計算。各項費用，總皆增加於鹽價之上耳。

夫商人亦非必盡出於至愚，其寧虧國課爲身家子孫之累，而決不敢缺少額規者，因鹽引之鹽，原不敷用，亦各賴引外行鹽，以濟其引鹽之不足。夫引外之鹽即私鹽也，彼雖官鹽，既賣私鹽，則安得不爲地方官吏之所挾制，而多出於無窮之費用乎。但官商雖與私販同賣私鹽，而私販之鹽則無費，鹽商之私鹽則費重，故鹽商之私鹽，其價亦究與官鹽相等。安能禁百姓之不食私鹽，與私鹽之不盛行乎。故鹽商行官鹽亦困，行私鹽亦困。究其私販之盛行，實官商之價貴驅之也。商鹽之價貴以致壅滯者，實官吏之額規爲之也。是以欲使商鹽之行，惟在價賤，使私鹽無利，則私鹽將不禁自止。欲使商鹽之價賤，惟絶額規，使可賤價以出賣，則商鹽自通行而無滯矣。

臣愚以爲莫若加引而不加額，大減其價。如向行一萬引，原須二萬引方足敷用，即將一引分作二引。須三萬引方足敷用者，即以一引分作三引。而課銀則仍只完原額之數目，正課絲毫不必增加。總儘其所賣皆成官鹽，則地方官無所挾制，鹽賤多賣，則自有利。鹽價既賤，則私鹽更何所利，而犯重罪以耗己貲乎。百姓亦何所利，而冒法禁以食私鹽乎。此實正本澄源，爲鹽政之術也。

或疑現今缺課，皆因引鹽不能盡銷，則雖增引何益。夫今日私販之賣私鹽，鹽商之夾帶私鹽，皆數倍於引鹽數目，此固人人所共知。故止有鹽不敷用，決不至用有餘鹽之理。其鹽引之所以不能盡銷者，因地方官既得鹽商額規，聽其恣賣私鹽，不能比銷之故。則加引之後，豈復再有缺課之憂，特地方官一無所利耳。但加引之後，其所用引數目，必盡行呈露。我皇上如天之仁，以惠民通商爲念，臣故敢以此言進。

然其法一立，則萬世永行。特恐後或有言利幸進之臣，只須一紙文書，按其加引數目，令其照依加課，商民皆無可辭，則鹽法必至大壞。害商害民，莫此爲甚。而臣且爲萬世之罪人矣。如果其説可行，仰求皇上特降德音，垂示萬世。加引之後，總只照原額輸課，永不得增加。質諸天日，矢之山河，庶幾商民永亨其利，而鹽政永爲無弊矣。

（清）賀長齡《皇朝經世文編》卷四九《户政·鹽課·甘鹽請改收税疏姜開陽嘉慶五年》 查甘省鹽課，歲不過二萬四百有零，其課甚微，而官民反受累無窮者，則立法之未善。雖屢易其法，而弊益滋也。臣在甘五年，細加查訪，姑就所知各州縣言之。

如中衛鳴沙八堡，商則挨户輸充，課則按户幫派。姦頑抗欠，官爲賠墊，良善拖累，或至重科。其害半在官而半在民。平凉無充商之户，前此各任自行辦運，而衢途四達，私鹽充斥，勢不可行，旋亦中止，歲歲官爲賠課。其害專在於官。固原州以殷實之家四五人朋充，三歲一换，歷年尚無逋欠，而充商者多至賠累。有力之家，百計千方，先期營免，胥役鄉保，皆高下其手。每逢點换之年，一州騷然。其害又專在民。以三州縣推之，其餘大概可知。非累官則累民，然官累則必及於民，民累亦必及於官，又兩弊之道也。

前任總督松筠，臣曾將鹽政之利弊，詳細禀明，而松筠慨然思變法以甦其困。彼時因遠在漢中，軍務旁午，未及具奏，旋離甘省。現在總督長麟，又駐劄徽城，當此軍務緊要之際，亦未暇及此。臣愚昧之見，以爲早除一日之弊，即官民早受一日之益。當此皇上大開言路，廣思集益之際，若遲回不言，實不忍官民之受累愈深也。

臣查甘省本無殷實之户，其最上者不過數千金。以之充商，定至疲乏。數十年之後，輪充一遍，俾有力之家，盡屬無力。現在各商人紛紛呈控，欲課歸地丁，各州縣無不樂從，屢經詳議。臣以課歸商辦，既有所不可，即歸於地丁，亦非久遠之計。蓋出課之民，不必皆販鹽之民，肩挑背負，藉以糊口。惟近池諸百姓則可，其遠而數站，或十餘站，車載驢馱，轉運取利，非有大力者不能。彼精於心計，必不肯多置田産，以避差徭，廣儲牛馬，賤積貴售。小販皆賴其貲本，四出營運，有利同分。彼於官課分毫無出，而坐享厚利，乃令力田務本之農民，代之納課，非重本輕末之道。其弊一也。

利權不可以假人，今官不配鹽，無人爲之經理。游手無賴之徒，群集其中，趨利如鶩，是使之争也。争端既起，既不可以驅逐，又不易於稽查。積久生奸，必釀事變。其弊二也。

甘省地瘠民貧，而河東尤甚。數年以來，幸際豐穰，已不能無逋欠。今驟加以鹽課，又益之以鹽規紙價官吏飯食諸費，能保其不拖欠乎。即如涇州所屬鹽課，早歸地丁。聞自四十七年至今，官爲代墊者，每年或千金數百金不等。是名雖不累官，而其實仍不免於賠墊也。且歷任之官，豈盡愛民如子，必嚴行苦比，無可奈何，而後甘心代爲賠墊也。况豐稔之年，尚可勉强催科。一遇水（早）〔旱〕，流離轉徙。正項錢糧，可以奏明蠲免，而鹽課必不能减。將仍取之民，而民不能堪。將不取之民，而課無所出。其弊三也。

當立法之始，各州縣如釋重負，無不樂從。行之數年，其弊立見。再思變法，勢必有所難行，何如慎之於始也。臣謹按唐劉晏之治鹽也，但於出鹽之鄉，置鹽官，收鹽户所煮之鹽，轉鬻於商人，任其所之。其餘州縣，不復置官。官獲其利，而民不乏鹽。史稱江淮鹽利，始不過四十萬緡，季年乃六百萬。由是國用充足，而民始不困敝，是法良意美，莫過於此。宜倣而行之，就場定額。一税之後，皆任其所之，則國與民兩利。查花馬小池，每年額設引六萬七千四百四十張，每年課征銀一萬四千五百三十三兩三錢二分。每引一張，應課銀二錢一分五釐零，公用紙張雜費銀四分九釐零。統計鹽一引，爲二錢六分五釐零。今專責之鹽捕廳，每鹽一引重若干斤，抽税二錢八分，官吏飯食襍税皆出其中，各給税票爲憑。一税之後，不論富商大賈，貧民小販，聽其隨地售賣。除扣工本，得利甚多，人自樂爲，脚販日廣，鹽價日賤。無攤派之擾，無追呼之煩，無逋欠之憂，無賠墊之累。上不虧國帑，下不病閭閻，誠良法也。其餘各州縣有鹽池者，亦不止一處，皆設局收税。近惠安堡者，兼領於鹽捕廳，遠者即領於各廳州縣，以通省之鹽供通省之食，即抽通省之税以完通省之額，自見其有餘而無不足也。

抑臣更有請者，中衛邊外，有大小鹽池。今爲阿拉善王所轄，其鹽潔白堅好，內地之民，皆喜食之，私販者繹絡不絕。大約甘肅全省，食花馬小池鹽者，僅十分之三，食各縣私池鹽者十分之一，食阿拉善王之鹽者，約有十分之六。陝西一省，亦居其三。聞阿拉善王但於兩池置官收税，不論蒙古漢人，聽其轉運。彼正行劉晏之法者，故於民甚便。私販日多，駱駝牛騾，十百成群，皆持挺格鬬，吏役不敢呵止，惟得其常例。以此爲例，私鹽盛行，而官鹽壅滯，職此故也。久非國法之所能禁，不若明開其禁，令沿邊各州縣各隘口所從入之處，俱設局收税。但彼已在阿拉善王處納税，不得再照内地額税，止照額税減半給以税票，令通行。關津渡口，有需索之常例，其費亦略相當，誠爲兩便之道。如此辦理，則三年之中，章程既立，内地鹽池之税少，則邊口之税必多。邊口之税少，則内地鹽池之税必多。通盤核算，永遠可行。通省之私鹽皆成通省之官鹽，刑獄息而賊盜少，官税省而國用充。萬世之利，莫過於此矣。

（清）賀長齡《皇朝經世文編》卷四九《户政·鹽課·請改漢中鹽課歸地丁疏方維甸》

竊陝西鹽務，尚在試辦期内。本年二月，臣與山西巡撫成齡，奏將鳳翔府屬，仍照舊制，準食花馬大池鹽，攤納鹽課銀，毋庸設立土商。業經户部議準，民情稱便。兹據漢中府禀稱漢中各屬留壩定遠，本無鹽課。南鄭等九州縣，額引二萬五千道，每年應交鹽課三千七百五十兩，設有土商抽鹽辦課。而各州縣内洋縣西鄉兩縣鹽法，於康熙年間議定，由各里攤納課銀，並不抽鹽。此漢中向來辦理章程也。今復設立土商，抽鹽辦課。漢中本無殷實大商，認充者率皆市儈，抽鹽抽錢，未免貪得無厭。即或公平抽收，而肩挑背負之人，獲利有限，不肯分給他人。是以每遇抽課，鬬毆口角，争競紛然。隨時懲辦，不能盡絶。請照鳳翔之例，裁去土商，於洋縣西鄉，一律攤納課銀，庶免滋擾等語。

臣詳加查覈，雍正十一年十月，甘肅巡撫題請漢中改食花馬大池鹽斤，户部議令將如何可以實銷，照例截角之處，妥議題覆。於乾隆元年，會同陝甘總督劉於義、河東鹽政孫嘉淦具題，以漢中窵遠，不得不賴小販以濟民食，實運勢所難行，亦當俯從民便。若於課項有虧，民食有誤，自當責以實運實銷。今既兩無違礙，仍照舊空截引角，毋庸另議更張。經部題覆，奉旨准行。

又漢中府屬之洋縣，於康熙三十三年，該縣士庶公議，按里攤納，詳定章程。西鄉縣亦即仿照辦理各在案。蓋緣漢中地處萬山之中，僅通負販。該處食鹽，有自花馬大池由鳳翔山内運來者，有自川甘邊界運來者。所設土商，向不持引運鹽，皆俟小販到境，抽錢抽鹽，謂之抽鹽辦課。俟課項交足，即將官引截角繳銷，謂之空截引角。從前因土商苛勒小販，乾隆二年，布政帥念祖等，即有詳請裁商照鳳翔洋縣攤納課銀之議。今既復設土商，則掯勒多收之課，在所不免。且小販到境，不復抽鹽，已閲十餘年之久。一旦爲土商坐分其利，人情總不貼服。此等無業貧民，亦有軍營散出之人，性復桀驁。若竟絶其生計，商販相激，恐致釀成事端。此實地方隱憂，尚不僅販運不前，民食貴鹽而已。臣訪詢情形，漢中文武軍民，所言大抵相同。臣再四籌思，漢中鹽法，自國初至今，皆係小商，並非商運商銷。贅設土商，徒使累民滋事。似應依仿帥念祖原議，將漢中一府鹽課，照洋縣西鄉章程，一律攤納。並請照鳳翔之例，裁去土商，永杜壟斷之弊。如此辦理，尚係遵循舊章，並非輕更成法。鹽價益賤，民情益安。每年交官課銀，仍可絲毫無缺，實與官民均屬有益。且漢中鹽價貴於興安，向不販過西鄉地界，於興安行銷河東鹽斤，亦無妨礙。至於空截引角，原非核實辦法。漢中引數，又不在河東額引之内。今既裁商，亦可停發，以歸簡易。

（清）賀長齡《皇朝經世文編》卷四九《户政·鹽課·鹽法論曹一士》

天地有自然之利焉，固爲民而生之也。爲民生之，而不聽民之取之，則利壅於上，而下有遏絶無賴之憂。然聽民取之，而一切不攬其權於上，則豪宗猾吏，操贏縮以乘時之緩急。其究也，利歸於姦人，而民愈重困。夫天地自然之利，莫如鹽。而一切攬其權於上者，莫如鹽法。論者以煮海之謀，禁及聚庸，輒以罪桑孔之律，上及夷吾。於戲。耕鑿之變而爲井田，井田之變而爲阡陌，勢不可以復反也。苟聽鹽之自生自息，而無有爲之厲其禁者，吾見海濱之民，其亦日尋干戈於萑薪斥鹵之間爾矣。有聖王在上，雖微管氏，得不起而大爲之防乎。夫禁之是也。而所以禁之之道，固將以利吾民也。

考之於古，鹽法屢變，大抵不出收鹽與收税兩端，官賣與商賣兩術。如齊則計其鐘釜，而官出之，又征而積之矣。漢則因官器作煮鹽官與牢盆矣，後漢則衛覬請置使者監賣鹽，魏武從之矣。陳文帝則立煮海鹽税矣，後魏宣武則收鹽池税利，迄於永熙，傍海置竈煮鹽矣。唐開元中，鹽池有租，鹽井有錢，欠即均徵竈户矣。至於收鹽轉鬻商人，置亭户以司竈丁，置巡院以捕私鹽者，從劉晏之請也。宋雍熙中，令商人輸粟塞下，增其直，給顆末鹽矣。端拱初，置折中倉，聽商輸粟京師，優其直，給江淮鹽矣。至建鹽倉於真州，俟漕船回空，即載鹽散之江浙湖廣者，本李沆之議也。有明參用漢唐宋之法，洪武中，每竈一丁，給工本鈔二貫，又給以草蕩灰場，此即官與牢盆之意也。又令商人輸粟詣邊换引，邊粟實而鹽課不虧，是用宋法而得之者也。自宣德而有存積常股之名，以八分給守支客商，以二分存官。候缺餉召中人到，即支。其價重。迄宏治朝徐溥倡議，而葉淇成之。令淮商引鹽，悉輸銀户部，送太倉銀庫，分送各邊。是用唐轉鬻商人之法，而亦未爲大失也。乃自成化時，林誠奏定鹽課之例，以半折銀解京，半存場給客，於是不徵鹽而征銀。遇有僉補，即議均賠。鹽法始與古大變。私販之徒有以藉口，而利歸於姦民，害叢於貧竈。延至萬曆之季，而民困甚矣。夫法之既敝，未有不窮者。窮而無所入，於是必有一途焉。因其勢之不得不然，而自趨之。在上者因而予之，則民樂其便，而法可以久則。

今者商買鹽於竈，而官取税於商，誠不易之法已。何者。官徵銀於竈，而私販滋多，則官病。官取鹽於竈，而吏上下其手，不免有抑勒折閲之患，則民病。孰若竈自煮之，竈自賣之，無亭户總催之賠納，無各鄉濱海之區分。商自收之，商自鬻之，無存積常股之濡滯，無折徵給發之紛紜。其法若與古一變，而歷代之積弊廓如。民之所便，勢不得不趨於是。即理不容不出於是。故曰法莫良焉。然而商人計引以買鹽，引額之外，商人不敢問也。而鹽之所産，實不可以引額限。於是私販之弊，復叢生其間。官從而立之程，曰歲捕私鹽當若干，捕不及額者有罰。利之所在，雖嚴刑峻法，莫之或止，有朝鐵趾而夕泛艖耳。不寧惟是，此數十萬游手無賴之徒，既無閒田以驅之農，不爲私販，其肯晏然而已乎。

且夫上之人定其額而限之捕，是明知夫鹽之所産之不盡於商引矣。委而棄之，乃掩而取之，於義何居。何莫非天地所生以利吾民之物也。然則將聽其私販而莫之禁乎。曰不然，民有不盡之利，我固將以不盡者予之，而收其餘鹽。請倣唐時常平鹽法，每歲俟客引既足，即令民以餘鹽具數，詣官告買，官爲給價。如其與商市之數，籍而記之，而上之於運司，視其地去鹽鄉遠者設倉置守，如積穀之法。遇歲霖潦，鹽或不登，商引告滯，價將踴貴，則運司爲減價以糶，散之州縣。是其始也，場無棄地之貨，所以利民者一，其既也，市無驟長之價，所以利民者又一。而國家於引額之外，亦可歲收餘鹽數百萬石，爲緩急之備，此劉晏所以裕國，而民不知病者也。

曰官與商收鹽之價，其不能如私售之價明矣，焉保民之必無出於私也。曰吾豈特收之而已，吾仍將禁之。請爲申明舊制，負戴於道路者勿禁，離場若干里以内者勿禁。而江海出入之所，艨艟巨艦，巡哨倍嚴矣。夫前者莫爲收之，而徒禁之，民瞪然於上之人之將置此所餘者於何所也。既收之，然後從而禁之，犯者必論如法，民又何説之辭乎。若是，曷不增引之額，而必餘鹽是收爲。曰有定之謂額，無定之謂餘。額一增，則後不可復減，且商人方怵於正課之難辦，又增其引，誰樂受之。若夫餘者，多寡視晴雨，有無在勤惰，不拘其數，不强其來，此國家所以酬美利，惠窮黎，而不譾譾於少男少女之算，異於所云坐長十倍也。然則官收而官糶之，與商並行可乎。是争利也。漢獻時，以流民失業，欲因鹽直市牛勸耕，偶一行之，非盛世所宜有。昌黎所謂求利未得，斂怨已多者，不可以不戒。曰我所爲收餘鹽者，固以利吾民也，亦非以病吾商也。此法行而私鹽絶迹，商引無壅，將鹽之貴不至於傷民，而賤不至於傷商。民之利，商與被之矣。夫商與民，則孰非國家以自然之利共之者哉。

（清）賀長齡《皇朝經世文編》卷四九《户政・鹽課・更鹽法鄭祖琛》

弊莫甚於鹽法，而鹽法之弊，由於引目之不能流通，價直之不能平減，故其弊在商而不在民。定例沿海及有井池之地，聽民闢地爲場，開畦置竈。或商出本以售之，或官出帑以收之，轉授之商以行之，由部給引，受之於場，掣之於批驗所，轉運於應行之地，皆按引以知其數。此入彼界，即爲私鹽。夫同一天地自然之利，同一朝廷耕鑿之民，何以畫井分疆，引地不能稍讓乎。

推原立法之初，計口以授鹽，故按地以給引，而又恐民之淡食也，設商轉運，俾民無匱乏之虞。此法之至善者也。行之既久，户口有滋生之不同，道路有開闢之不一，而商之世其業者，遂專其利以病民，百弊爲之叢集。出之於場竈，則偷漏有弊，夾帶有弊。驗之於監掣，則掌稱有弊，捆包有弊。運之於中途，則換駁有弊，改包有弊。行之於口岸，則加滷耗有弊，加三帶有弊。售之於水販，則攙和有弊，輕稱有弊。甚至船户商厮，交相句串。江湖險阻，捏報淹消。故鹽法之弊始於場商，成於運商，而民之私日以起。

蓋小民惟利是趨，今見場之可以無引而售也，則亦無引以售之。商之可以夾帶而行也，則亦夾帶以行之。而商之借官行私者，以爲官引之滯銷，皆民之私有以害之。結納地方文武，自郡縣以至營弁佐貳，無不爲其所使。而四方游客，下逮傭夫販豎，人人覬覦於鹽商。於是爲商者，操行同於賤隸，服用擬於公侯，匣費磨單，公銷私用。巡船卡栅，朝改暮更，假巡緝之名，邏騎四出。捨大夥私梟於不問，而日取步販肩挑以爲魚肉。卒之經費愈多，則成本愈重。官直昂於私直之半，雖驅天下之窮民，而盡入於囹圄，其勢終不能止。持竿執梃，甚且爲盜賊之原，而況隣商之黠者。又時其價值之貴賤，越引地以充之，故其始也，商與民争利，其繼也，商與商争利。地方長吏又各爲其私而護持之，而其弊可勝言哉。

今之議鹽法者，一則曰裁費，再則曰緝私。無論費不能盡裁，即日裁一二，而鹽價如故也。無論私不能盡緝，即日緝千人，而私鹽自若也。欲清其源，莫若一切蠲之，倣古劉晏之法，就場地以起課，聽商民之自爲轉運，而百弊可除。何以言之？天下之鹽場，除奉天二十場不徵課外，餘場一百有五。大池一，小池二，大井十六，小井七千七百有三，皆頒引給商以贍課。從前滇省不頒引，按井以給票。黔省則近楚者食楚，近蜀者食川。小民就近負販，輸税於官。今皆非復舊制矣，應請照二省舊例，參而行之。凡産鹽之地，歲計其竈若干，出鹽若干，如税竈地法。責令場官招募場商經理，按場給票，就鹽地以定課之多寡。場商納課於場官，徵解如地丁處分。無論遠近商民，聽其就場地售買。併其課於鹽價，而給以官票，不拘引地，許其隨時轉運。所在關津，驗票放行。歲終則繳其票於州縣彙銷，囤積者罪之。如此，則私鹽盡變爲官，而國家之課無不足矣。

或曰場有豐歉，場可定課乎。曰然則何以税竈地也。場之所産，即有時地之不同，終不能大遠乎引額。必謂所出之鹽，不及額引之數。然則今之先納課而後行鹽者，無鹽何以運引。其將責運商以賠償乎。惟確核其每歲出場之鹽數，以正課配之，定爲場若干引，應徵若干課，鹽餘於引則爲餘課，以補歉歲，蠲緩之不足。此必嚴場官徵收之處分，而後可行也。

或曰運商有河工報效之資，其積引分年帶銷，若併正課於鹽價，不特報效無資，且引無帶銷，不慮課有短絀乎。曰今之運商，名爲報效，實則分年帶銷，從無年清年額。逋欠纍纍，不下千百萬，有虚名而無實濟，何爲也。

或曰地有遠近，藉商之轉運，以稽其出入，不分引地。其遠於産鹽之地者，商販不至，民不將淡食乎。曰此未達形勢之言也。長蘆山東河東浙粤川淮，天下産鹽之地，與行鹽之地，近則百里數百里，遠至千餘里一二千里，從未有三四千里之隔絶者。商民之趨利也，梯山航海，以有易無，往來不絶。況其近在數千百里内也。鉛錫遠逾萬里，洋銅遥隔重洋，而銅鉛錫之用，遍於窮鄉僻壤。誠能假之以販鹽之途，富者挾貲而來，貧者擔簦而至，不逾於世其業者之專利以病民乎。

或曰今之私鹽無課，故直賤，直賤故販之者多。若場地有課，商民亦何所利而爲之。曰鹽産於場，以斤論之，不過錢數文。正課之所取，亦不及銀一分。即加之以滷耗之盤折，舟車之輓運，萬不至如今日鹽價之貴者。今之鹽價，由於官爲代計其行息道路之資，而督責之，豫籌之。且有餘課之帶銷，有匣費之應酬，有緝捕之經費，無一不歸之於成本。故浮於正課之數，且五六倍也。誠能蠲其空名之餘課，而聽其自爲轉運，則一切均無所費。僅以場鹽自然之直，合之於正課，每觔不過銀一分有奇。即場地有豐歉之不齊，場民有生計之不等，加之每觔亦不及銀二分，商民有不招而自至者矣。

或曰一日無鹽則民病，故定之以價直，使不至於居奇。苟聽其自爲，民無乃不便乎。曰物之盈虚消長，自然之理也。民不可一日無鹽，亦不可一日無茶。天下之榷茶者，或有引或無引，然未嘗有定價，而民之食茶者不以爲病也。況今之所謂定價，商能遵而行之乎。運商售於水販，水販賣於子店，處處分銷，重重剥削。或藉口於鹽艘之不至，或托詞於滷耗之消糜，其居奇如故也。且水販必由於官程，鄉市必售於子店，故水販子店可以專利，小民雖犯法而樂於食私。若由場以起課，則出於場者皆官鹽，無地不可行，即無地不可市。小民既易爲趨避，而商販亦無由居奇。寬其關税之防，嚴其囤積之禁，價未有不平，民未有不便者也。若此，則朝有正賦之供，官無督禁之擾，商無虛糜之費，民無私販之虞。而倣劉晏之古法，復滇黔之舊例，則與我國家定課之成憲，又不相違。似無不可行之法也。

（清）賀長齡《皇朝經世文編》卷四九《户政・鹽課・淮鹽三策包世臣》 鹽法以兩淮爲大，請言兩淮而以類推之。説者皆謂私梟充斥，阻壞官引，遂以緝私梟爲治鹽之要。此下策也。兩淮鹽境，西盡兩湖，北至河南之歸陳光而東，下盡徐州，南自江寧，沿江以西，盡江西之域。幅員六省，約食鹽二百萬引，係康熙初年計口定額。今户口之增無算，而每年常絀銷三五十萬引，則私暢官滯之説似矣。然私有十一種，梟私特其一二，而爲數至少。正引額三百四十斤，而淮南捆至五百餘斤，淮北且及倍，此官商夾帶之私也。官鹽船户自帶私鹽，沿途銷售者，船私也。灌安襄荆鄖者，潞私也。灌宜昌者，川私也。灌永寶者，粤西私也。灌南贛者，粤東與閩私也。灌歸陳者，蘆私也。灌饒州寧國者，浙私也。回空糧艘夾帶以灌江廣腹内者，漕私也。又有各口岸商巡捕獲私鹽入店，名曰功鹽。作官售賣，而不遵例按斤配引輸課者，功私也。其潞蘆粤東西閩浙之私，皆鄰境官商轉賣越境之鹽。漕私亦買自天津公口岸，及淮南之江甘總。唯潞私有梟販夾裸其中。而川私與淮北鳳潁泗之私，爲梟徒自販耳。

梟徒之首，名大仗頭，其副名副仗頭，下則有秤手書手，總名曰當青皮。各站馬頭，私鹽過其地則輸錢，故曰鹽關。爲私販過秤，主交易，故又曰鹽行。争奪馬頭，打仗過於戰陣。又有乘夜率衆賊殺者，名曰放黑刀。遣人探聽，名曰把溝。巨梟必防黑刀，是以常聚集數百人，築土開濠，四面設礮位，鳥鎗、長矛、大刀、鞭鎚之器畢具。然相約不拒捕，非力不足也，知拒捕則官兵必傷敗，恐成大獄，阻壞生計耳。

淮南以深江孔家涵子爲下馬頭，而瓜州老虎頸爲上馬頭。淮北以新壩龍苴城爲下馬頭，而錢家集古寨爲上馬頭。大夥常五六百人，小亦二三百爲輩，皆强很有技能。猶幸文武吏卒，利規賄緝，捕不盡力，上司催促甚，則商之仗頭，取其役使數人，以鹽數百千斤解交，名曰送功。若皆認真巡緝，使梟徒曉然，共知私之不能復販，則解釋仇怨，并力以争一旦之命，其爲害豈特十百於阻壞鹽法而已哉。

官船舊時受載，大者三千引，小者亦千餘引。每引水脚銀一兩，一年受載兩三次，故船户不俟爲奸而自足。今船一載，需年半乃能回空。而大船才受七八百引，小者三四百引。水脚如舊，而埠頭之抽分，較前四倍。船户所剩，以酬商夥商厮而猶不足。約計造一船之費以萬計，每年須歸船主官利銀二千。每船舵水四十人，辛食之費，并篷纜油索，每年又需二千。計年半非得銀六千兩，則不能償本。皆取給於賣私，官商夾帶加斤，十已浮六，益以船私，比水程所載引數，不啻三倍。官船與私梟皆集儀真。儀真改捆之所，婦女掃其脚鹽，已敷儀民之食。而大小官吏，皆指老虎頸爲私窩，百計設禁，而不知其去路。知者以爲言，即獲咎於商，而爲大吏所不容。掩耳盜鈴，事同兒戲。

竈户燒鹽售與場商，而場商於停煎之時，舉錢濟竈。比及旺煎，以大桶中其鹽，重利收其債。竈户交鹽而不得值，非透私則無以爲生。故商私之鹽本則浮取於大桶，水脚則隱射於水程，又無官課。故有識之士爲之説曰：鹽暢而引滯，商贏而課絀。然官引到岸，先賣商私，而船私則賣於中途，又在商私之前。課既甚絀，鹽官不能不誅求於商，贏者終歸於絀，暢者終歸於滯。病勢相因，莫洞其源，而皆曰緝私。甚者則釀巨案，否亦徒增官費而無成效，故曰下策。

善治鹽者，有上中二策。中策有二，一曰稽查火伏，一曰烙驗官船。場官有火伏簿扇，以查竈煎之數。有定額，一竈一日夜，煎鹽一鏾。有定斤，名曰火伏，嚴禁大桶重利。飭竈户所有之鹽，場商盡數收買，則梟徒無所得鹽，而私之源清矣。運官鹽必以官船，律有明文。官先按船編號排甲，量其載之所勝，烙於船而注於册。載不及九分，則不準開行，而私之委清矣。革除埠頭浮費，而於口岸建鹽倉，船至即卸鹽上倉。不過兩月，船自載米煤等物，順流而下，船得倍利，並以便民。是雖不足以杜越境之私，而官商既不能賣無引之鹽，又不能使船户帶私以代水脚。梟徒無從得鹽，則衆自解散，是亦可以提行溢課，而無滯絀之憂矣。

若夫上策，則裁撤大小管鹽官役，唯留運司主錢糧。場大使管竈户，不立商垣，不分畛域。通核現行鹽課，每斤定數若干。各處雖難畫一，斷可不致懸殊。仿現行鐵硝之例，聽商販領本地州縣印照，赴場官掛號，繳課買鹽。州縣發照後，一面具詳運司查覈，則場官不能乾没正課，而運司與場員俱有平餘。州縣亦藉鹽照紙硃之費，津貼辦公。長江大河，轉輸迅速，民間鹽價，必減於今十之五六。而私鹽十一種，皆輸官課，課入之數倍於今。梟徒化爲小販，不至失業，爲盜賊以擾害閭閻。撥出現行課額，仍歸正供，酌提盈餘，增翰詹科道部院司員之養廉，略如同通。使京職不爲債累，而外放取償於所屬。衝繁州縣，量設公費，使廉吏可以不浮取於民，而無賠累。是一舉而公私皆得，衆美畢具。千年府海之陋，一朝盡革，六馬朽索之凛，萬世無虞者矣。

（清）賀長齡《皇朝經世文編》卷四九《户政・鹽課・雲南鹽法議王芝成》 鹽有官私，鹽法之弊所由生也。井各有銷鹽之地，地各有解課之額，私鹽充斥，則官鹽堆積，而課無所出。在他處猶可遏私販之塗，以疏官引，惟雲南山路叢雜，遏之爲難。於是司其事者，不得不出於計口授食，按户均銷，以圖照額徵課，而短科昂價，攙土苛派之弊叢生。夫有官所以别乎私也，官之異於私，由於銷鹽徵課之各分其地也。

凡人購物，利賤而惡貴，官貴私賤，而欲使之反其情，按地銷鹽，假手胥役，而欲使之平其價。此雖繁設科條，重立刑罰，有所不能矣。止弊之道，貴正本不貴持末。鹽之弊既因分官私而起，曷若泯官私之迹，不必按地銷鹽，而使之自然流通哉。

何以謂泯官私之迹，合計通省課銀之額，每井應徵課若干。又較各井竈户所煎滷水之厚薄，酌其中以爲常，按額分派。每竈户徵課若干，課銀納自竈户，徵解但由井司。竈户輸課之後，所煎之鹽，聽其銷售。所售之數，與納課之數，無論盈絀，總以派定之額爲斷。亦如商代之貢法，樂歲與凶年一致。課銀既徵，買者不拘何井，賣者不拘何地。買賣之數，不問多少，與市肆之貨同。如此，則無鹽非私，實無鹽非官。官省防制之勞，民鮮催科之累。以通省之鹽，供通省之食，任其所之而無阻，官民兩得其便矣。不見夫田畝之税乎，計上中下而科以賦。業田者照額輸之，田中所出，雖轉相糶糴，不必指某穀爲官，某穀爲私也。

或難之曰：竈户納課是已。倘課既納而鹽不能售，奈何。答曰：鹽之切於日用，與薪米等。惟不爇薪食米之人，而後可以不需鹽。非然，則鹽不能不需，需不能不買，買不能不於井。而何慮竈户之不能售乎。

或又曰：人情樂趨便利，鹽不分井，則買者争向附近之井，彼僻遠者何望。答曰：便利固人所樂趨，貴賤亦人所必較。少者貴而多者賤，物之情也。附近之井易銷，必致於少而貴，貴則人將不憚遠求以圖賤矣。且僻遠之井，獨不可移其鹽於輻輳之所以求售乎。

或又曰：課銀責成竈户，而買之多寡，聽民自便。倘買鹽之數，不敷納課之數，竈户爲定額所苦，將逃亡而不爲矣。奈何。答曰：往時分地以銷，民間食官之外，尚購私鹽。今官私合并，所食豈反從減。食既不減，課豈不足。竈户之煎而售之，亦如織者之貨其布帛，陶者之貨其瓦缶。世不能不資而購之也。方將争爲竈户，而何逃亡之有。

或又曰：凡爲此者，所以杜短秤昂價諸弊也。今以井司竈户主之，其弊豈不生自井司竈户乎。答曰：諸弊之生，由於各有應銷之地也。既不分地，則此井所售不公，人將改之他井。竈户欲鹽易銷，井司欲課易徵，豈肯生弊以致買者稀少，而課不能敷，利不能獲哉。

（清）賀長齡《皇朝經世文編》卷四九《户政・鹽課・請改雲南鹽法議屠述濂》 爲酌籌滇省鹽法，以清積弊而恤邊氓事。竊查滇省鹽井二十八區，以供十府三廳四州民食。設立提舉大使等官，分轄經管，預領薪本，督率竈户。每年煎辦額鹽三千七百一十萬六千二十斤，按月交存井倉。而行銷之法，則係按照各州縣户口多寡，酌定額數。地方官墊價雇夫，赴井運歸本地，設店收貯，分發所屬鋪販銷售。每鹽百斤，定價三兩。各屬每年共解鹽道庫銀一百四萬三千四百一十八兩，内撥解司庫正課銀二十六萬一千六百四十三兩，餘作開支養廉經費，歸還薪本運價等項，按年造册，分款奏銷，立法本爲周備。維因竈户則先本後鹽，食户則先鹽後課，不免墮誤。是以乾隆四十五年，清查商民積欠四十六萬一千六百餘兩，奏蒙恩旨分别有著無著追賠在案。迄今又閲二十年，竈户墮煎鹽斤，商民積欠課銀，爲數又復不少。且因薪價日昂，原定薪本，實有不敷。竈户無項賠墊，不得不攙和沙土，以低潮充數交官。而賣給私販，則成本之外，得沾餘潤。故利於私販，不樂於交官。反偷煎净鹽，以招徠私販。此官鹽之所以潮雜，而私鹽之所以純净也。私販所買私鹽，無須完課，有利可圖。井上司事，分潤走漏，梟徒益無忌憚，百十爲群，塘汛不能堵截。私鹽程色既高，價值較賤，小民止圖便宜，罔顧食私之律。此私鹽之所以充斥，而官銷之所以日壅也。

承銷州縣，鹽有定額，課有定限。欲顧考成，不得不分派里甲，勒令領銷。此門户鹽之所以不能禁絶也。鹽既非人心之所願領，不得不簽差以提其來。課既非民力之所裕輸，不得不立限以嚴其比。追呼需索，已屬不堪。且發鹽之時，由官店而發交於鄉保，由鄉保而轉交於火頭小甲。收課之時，由火頭小甲而轉交於鄉保，由鄉保而匯交於官店。鹽則遞發而漸少，課則遞收而漸增。凡各州縣經手辦鹽之人，以千百計，無不以小民爲魚肉，稱貸鬻及兒女。春課未清，夏課又緊，鞭笞不惜，墮欠仍多。從前民力稍寬，姑忍剥膚之痛，近日民力已竭，各懷走險之心。前歲迤西迤南，各屬紛紛蠢動，已有明驗，自應亟籌良法，俾民無壓派之累，課無墮誤之虞，方爲盡善。

查川省鹽法章程，現係定額，招商赴井買鹽，配引完課，任便運銷。即滇省所屬之東川昭通二府，亦銷川省邊引鹽斤，不經地方之手，百姓隨買隨食，行之日久，甚屬相安，似應仿照辦理。查滇省各井額鹽三千七百一十萬六千二十斤，今全歸民辦，配引營銷。原定薪本脚費，均無庸官爲開支，而各州縣店費，概可裁汰。每鹽百斤，止需徵正課銀七錢五釐一毫二絲五忽，公費銀二錢九分四釐一毫四絲九忽，二共銀九錢九分九釐二毫七絲四忽。加以鹽價運脚，約計每鹽一斤，賣銀三分，足敷販户本息。議定之後，將各井鹽額課款數目，通盤牽算，每引一張，准配鹽三百斤，該課若干。計每年每井該引若干，由鹽道編號鈐印，發交井官收貯。飭令地方官招商赴井，領引繳課。自向竈户給價配鹽，發運售賣。如此則竈户各圖銷售多速，自然煎熬净鹽以招商販，而不致潮雜。在商販轉運以多速獲利，自然不敢短稱昂價，而程色純净。在百姓隨銀錢之有無，任買鹽之多寡，自無壓派之煩，追呼之擾。從前積弊悉可掃除。

議者謂滇省鮮殷實之户，難在招商。查現在州縣經銷，無不嚴緝私販，百姓尚冥不知畏，犯法行私。今奉示招徠，似無畏難退縮之理。

議者謂私鹽價賤，故販賣者多，官引價增，則販者必少。查市井之情形，惟計餘息之有無，不論本價之貴賤。官價之外，仍不禁其餘利，販賣自必踴躍。

議者謂鹽利歸官，故各堵緝私販。今歸商辦，地方官不復留意，私販必致充斥。查私鹽亦有成本運脚，其賣價原不能甚賤，實由官鹽過貴過醜，百姓不願領食，故私販得以乘機而入。今聽百姓買引行鹽，則私販可以不堵自絶。

議者又恐井員不肖，納賄放私，額課必至短缺。查各井既有定額，該員各顧考成，且附井要隘，自當設卡驗放，毋許鹽引相離。井員不能造僞引而放私，商販豈肯不領引而繳課。即或書巡額外勒索，以致商販裹足不前，請將商人所領鹽引，著交地方官截角，每月申繳鹽道核銷。如何井之鹽引獨少，即知何井之辦理不善。無難立時懲創，或另易井官，自不致因循誤課。

議者又恐從前竈欠民欠，累萬盈千，難以追補。查前此竈户薪本不敷，丁力日就疲乏，以致墮煎。今則聽其照本發銷，不復虧折，自可漸次補煎。舊日之民欠，實因鹽醜價昂，約差派累，官課尚可緩於旬日，使費不能待於須臾所致。今則民運民銷，官吏無從壓勒，胥役不得需索。百姓既無新虧，自能專完舊欠，斷不致於無著。并查滇省，雖有川私交私衝入，然陸運費重，止能行於近邊。而腹地私鹽，實係本省各井走漏，其數不下於正額。今則聽商販運，無分公私。凡昔日之私銷，悉歸今日之公課。鹽課兩無墮誤，辦理更覺裕如。凡此情形，各就管見所及者，縷陳憲鑒，以備採擇。

（清）賀長齡《皇朝經世文編》卷四九《户政·鹽課·粵西行鹽議　高熊徵》

考古鹽法之善，無過劉晏。其理鹽也，不過於出鹽之鄉，置鹽户，所煮之鹽，鬻於商人，任其所之。至江嶺閒去鹽鄉遠者，轉官鹽於彼貯之，故鹽得常平。今各縣有各縣之引，不得任其所之也，專行官引，禁絶私鹽，則非俟商絶鹽貴，然後減價鬻之也。鹽何以得常平。且晏之理財，必委士類。今商皆積賈，惟利是圖，即僉士商亦豈盡得其人。不得其人，則徒滋紛擾，法雖甚善，利害仍相等耳。

查粵西往例，每引至桂，該銀八兩三錢零，今每引止銀六兩六錢三分零耳。而昔日之鹽賤，引能多銷。今日之鹽貴，壅滞不行。其故何也。蓋粵西自古行鹽之法，不論官民商賈，但有資本者，皆得在東買鹽。惟於梧州立廠以榷之，每鹽一包，梧州納銀三錢，平廠納銀一錢二分，桂廠納銀一錢七分，任其發賣，官無考成之責，是即劉晏但鬻於商人，任其所之之法也，故經久無弊。

康熙元年，廣東撫憲以鹽引滞積具題，前撫金公始行文各處，計口授鹽。於是各府州縣，俱有定額。彼時吏有賢不肖，民有巧拙。其賢有司雖奉上法，亦恤民艱，開報丁口，酌可而行。不肖有司專事逢迎，務爲苛索，乳哺之子，盡行開報。民之巧者，互相隱匿，丁多而派鹽最少。民之愚者，無所覆藏，丁少而派鹽反多。其始之立法，各處設埠，按額營銷，未嘗不善。而其究也，可行鹽之處，得鹽反少。發買既速，別處之鹽，不得攙賣，民苦淡食。其山高水峻，不能行鹽之處，得鹽雖未嘗多，而壅滯不行。商人交接衣食出其中，搬運脚費出其中，鹽價日騰，民不能買，尤苦淡食。縣官既畏考成之獲罪，又與商多有交，於是任商開價，按丁發鹽。追呼遍及鷄豚，敲扑盡於閭里。民不聊生，甚於青苗之害矣。厥後不能行鹽地方，乃有寧願醵銀銷納乾引，聽從商人別處發賣者矣。此當日傅將軍在梧日久，目擊其弊，故特題總商通融銷引。地方官無僉商派食之累，而商人盡握利權，低昂任意。民食貴鹽，引額仍滯。其弊又有如今日者。

要而論之，有近鹽地方，有不近鹽地方。近鹽地方，私鹽必賤，窮苦小民，趨賤避貴，雖刑髡日報，欲求私鹽之絶，不可得也。不近鹽地方，私鹽既無，官鹽又少，雖出示嚴禁，欲商人之不高擡其價，亦不可得也。粵西鹽法之弊，總在按額行銷。而按額行銷之弊，總在能行鹽之處，苦鹽少而價高，不能行鹽之處，苦鹽多而難售。欲不派之百姓，鹽滯不行，則病商且病官。鹽而派之百姓，則追呼不及，病民亦病官。何則？官有考成故也。然今額引既定，國課不容虧損，古之良法，豈能復行。救時之政，但如憲諭革去東商，令總商實開拆引之費，脚價之費。其餘濫費與各陋規，盡行查革。總於梧廠合計其到鹽之多寡，定其價值之高下，任其通融各處發賣，而不能行鹽之地，派幫拆引之費，庶幾國課無虧，公私兩便。然而總商盡握利權，又實難其人矣。要之有治人無治法，是在擇之而任之耳。

（清）賀長齡《皇朝經世文編》卷四九《户政・鹽課・論抽鹽税疏李衛雍正九年》

發到顧成天條奏一事，交臣議奏。臣前歲於丹陽舟中，遇顧成天來見。告稱入都，即當條陳鹽政，創所未行。臣答以此法若然可爲，則古人如管仲之煮海，劉晏之度支，早已行之，何待今日。況初抵雲南時，盧詢亦曾條陳，鹽井尚難看住無漏，沿海數千里，憑何關攔收税之處。伊初仍辨論，後又理屈。不意至京果有此條陳也。

至於顧成天所陳更定之政，欲貽億萬年生民之樂業者，臣請得而論之。如縣場三十里，聽民自爲買賣，不設巡邏。此類於現行例内，仁錢等十餘縣額銷肩引之意也。然止係沿海縣分，竝不限定三十里。而納課定期，每日準挑百斤。分境杜私，冒支越界，皆有一定明禁，無所謂聽民買賣，不設巡邏也。此三十里外，以至千百餘里，江河山嶺水陸間隔之州縣。數十百處，若不令商人轉運，則鹽既未能不脛而走，人亦豈能越遠而來，將聽其食淡而已乎。如謂以應輸之額，攤之各竈夫。竈丁多係燒刮赤貧，本身煎鹽之蕩地丁課，徵比尚不能全納。今責其代人完課，而後賣鹽，則力量既所不逮。如任其賣鹽而後完課，則通天下之竈户，盈萬纍千，晝夜所煎多寡數目，孰爲稽查。且即省却官吏之費矣，舟車捆運亦可減乎。即不問所賣之地矣，越海過江可不問乎。

臣見其説已窮，又變而爲商人抽税於關之論。夫榷貨之關，直省不過數十處耳。其不經由於關者，無税也。今天下無不食鹽之家，即無不爲鹽所到之處。若内地盡行添設，數不可計，即止就沿海建置，則自奉天以迄粵省，東南半壁，水陸口岸，處處可走，防範何止盈千。且臣親見山西安邑縣，止有一處鹽池，數十里。四圍高墻，悉由總門出入。專設院司，官役巡守，尚不能免其偷漏作弊，何況沿海遼闊遥遠，毫無關攔堵截。臣恐所省鹽院道員以下之官吏俸薪工食，不足以抵，勢將百倍而過之矣。

又伊既云利之所在，刑不能止。則濱海竈地，山水沙泥交錯，寂寞荒凉之區。强梁夥衆，孰非攘奪之場，人人可煎，竈户亦難自主。無引之鹽既行，即有商人，亦便於營私，誰肯又爲納課。其争鬧鬬殺，釀出大端，害及生民，實甚於私販拒捕之刑獄矣。他如煢煢竈户，有何甲貲厚而乙貲微。歷代章程，豈能有鹽利而無鹽害。

此皆紙上空言，不可見諸實事，殊屬誕妄之至。此等迂執，不可以口舌争，而服其偏見之心。惟仰懇皇上，不拘何地方，大而鹽道，小則分司。俾其將素所籌畫生民樂業之法，試行於一二處。有益則竟畀鹽政之任，再聽其改正，廣而推之各省。庶涇渭得分，而成效是非立見矣。

（清）賀長齡《皇朝經世文編》卷四九《户政・鹽課・廣鹽屯邱嘉穗》

窮民之所以販鹽而冒死不顧者，非徒以供滋味之需而已。彼實以家無宿儲，專恃營運，荷擔而往，易米而歸，而一家之婦子所資以爲命者也。蓋自三代而後，田不可以復井，民之有田者什之一，而無田者什之九。彼有田者，猶往往困於誅求。其無田者，不取給於百貨，勢且無以爲生。而百貨之所出，又實操其權於富商巨賈之手，而非販夫販婦所得而與者。獨鹽之爲產，乃天地自然之利，窮民能肩荷背負者，猶可藉之以少延殘喘，而卒不免於犯上之厲禁。由是無所得食之民，非轉死於溝壑，亦終去而爲盜焉已矣。

顧今天下國用浩繁，九重宵旰，雖四方日開捐例，猶且不給，而必欲如西漢文學北魏甄琛之論，盡弛海內之鹽禁，而歸之百姓。以言乎仁民則得矣，其如經費之無措何。此所謂書生之論，可言而不可用者也。

然則居今之世，而欲其恤民之仁，經國之義，並行而不悖，其將何道之從而後可耶。曰是莫若先舉現在之鹽田，選近地强壯之兵，與民間之膂力絶人者，而倣二十受田，六十歸田之制，各授以百畝，而使之更番屯戍其中，以抵軍餉。其自遼左山東以迄淮浙閩粵，沿海數千里之地，率多限於私煮之禁，而不得盡闢者，計亦不下數百萬畝。則當用元虞集墾荒之策，募民以千夫百夫開治。即授之軍職，而裁入其稅。仍禁屯兵及將領等，不得擅離鹽屯，遠售專利。止聽四方商民轉販流通，而不復限以行鹽地界。如是則私鹽之禁可罷。官既增利，而於窮民亦甚便矣。

今夫田畝之税，米粟之徵，自古及今，皆遵大禹遺法，則三壤以成賦。雖以商鞅開阡陌，楊炎變兩税，亦必隨田之在民，與民之有田者而取之。未聞不聽民分地輸租於官，而反欲所在設官給本督耕，自爲收糶者也。何獨至於鹽田而乃大不然耶。愚請得權其利弊而較論之。

國家歲解田税，以充軍餉，而於兩淮兩浙等鹽場，地廣人稠，又不免集兵團練，以備不虞。今既立鹽屯，而正税可省，鹽兵可撤，不用海防，而黄巢王仙芝之亂不作。利弊一也。

竈丁淋煮，自宋元以來，照引酌給工本，而錢入貧手，不免妄用。及督以鹽課，每至積負，甚或逃亡無辦。若立鹽屯，除額免科，軍自爲利，誰肯聽其荒廢。而工本之費，又可盡除。利弊二也。

行鹽必須分地，近地價常賤，遠地價常貴。地廣則撥引不足而亦貴，地狹則銷引有限而亦賤。而官商逞其貪心，復賄道府，以制其低昂，使之有貴而無賤，則青苗抑配之弊必生。而公私争界，越境興販之害，猶不與焉。惟其鹽屯所產，許商轉販，有無相易，遠近廣狹，無不流通，而後其價可平。利弊三也。

自立鹽禁，而亡命棍徒，資身無策，借名查鹽，投充官商。輔以巡攔牙儈，捕私販，搜私煎，因而窟穴其中，借威生事，嚇詐財物，陷害善良，所至騷然，人不堪命。甚至權奸下走，交通販鬻，亦皆怒馬鮮服，抗禮公庭。綱紀凌遲，至此已極，而鹽屯豈有是哉。利弊四也。

朝廷遣官行鹽，有巡鹽御史，有鹽運司，有鹽法道，有管鹽同知、通判、知事、經歷、主簿等官。而其下人役，更難悉數，無不月費俸廪，科索船夫。又聞其海濱頗多餘蕩，及村落土鹽，皆可供煎。而畏官吏私墾之禁，莫敢開耕，以致人有遺力，地有遺利。計其所得，不償所失。誠使以鹽利散之屯軍，復除私墾之令，則冗官冗役冗費，十去八九，而朝廷可以坐收軍實無窮之利。利弊五也。

由此論之，廣鹽屯與立鹽場，孰盈孰虚，孰便孰不便，其大略亦可覩矣。舍是不圖，而欲擅煮海之富，必曰不禁私鹽不可。吾恐窮民易米而炊，並日而食，少奪其數文之錢，已扼其入口之吭，而較其國用之利弊，卒又相去倍蓰，而徒爲九重斂怨也。悲夫。

（清）賀長齡《皇朝經世文編》卷四九《户政·鹽課·開中鹽法儲大文**》**

明初徵安南兵八十萬，北徵五十萬，而兵不告闕，饟不告匱。此雖繇屯衛合府兵法，亦繇有開中鹽法以濟之也。開中也，因宋制而益精之。宋制利折色，明制利本色。自洪武三年，山西行省言大同糧儲，路遠費重，若令商人於大同倉入米一石，太原倉入米一石三斗，給長蘆淮鹽各一引，引二百斤。則轉輸之費省，軍儲易充矣。從之。而開中法實權輿於此。後因邊饟不繼，户部尚書郁新遂定召商開中法，令商輸粟九邊塞下，按引支鹽，凡鹽一引，計準價銀八分。若商能捐貲墾荒者，俟成熟量徵其租十之一二，聽就附近堡報納鹽糧。軍有侵擾者懲治。永樂時，定鹽一引，輸邊粟二斗五升。成化時少增至二斗七升二合。粟入引出，引入鹽出，費少而利厚。而又非報中於邊，率無以牟厚利，故欲賣鹽不得不報中，欲報中不得不積粟，欲積粟不得不耕塞下之田。而米穀羨衍，亦不得不籍之於堡，而糶之於邊。此所謂以鹽法行屯政者也。軍衛屯米，六石以贍軍，六石以貯倉，其溢十二石外者，官勿餘，而又有開中鹽法年例以濟之。若間值邊警，斗斛闕乏，又有開中先支法以濟之。常股鹽户鹽以爲年例，存積鹽以備先支。鹽法疏通，而引無壅滯。是故當其時，商未嘗有邊商内商之分，内商皆邊商也。課未嘗有鹽課餘鹽之分，餘鹽皆鹽課也。而鹽亦未嘗有河鹽堆鹽之分，河鹽皆堆鹽也。今考河東鹽法，至宏治時，常股鹽二十九萬四千引，存積鹽一十二萬六千引，始定運司召商辦課之法，而成化以前無聞焉，則其在兩淮兩浙長蘆山東又可知矣。此繇洪武迄成化鹽法之略也。

宏治五年，山陽葉淇，爲户部尚書，見是時塞上銀一錢，可易粟四斗，商人費益少，而利益厚。乃定納銀運司，解户部，給邊費。於是庫銀驟增至百萬兩有奇，一時皆以爲利。今考《鹽政志》，宏治時，六運司之納銀不一，而河東最薄，至二錢一分。嘉靖二十七年，六運司之增銀不一，而河東最薄，亦至三錢二分。爰暨萬曆時周賓所著《識小編》，謂歲入餘鹽課税等銀，約一百萬三千兩有奇。各邊中鹽引價，約五十六萬兩七千有奇。其於常賦蓋五之一，而兩淮中鹽引課不與焉，則其鹽利之厚可知矣。然而邊土遂繇此荒，粟益涌貴。雖盡一引價，或且倍之，至不能易斗粟，軍多呼庚癸。而大同山西二鎮，亦時召李國貞鄧景山之變，議者喟然歎息，謂實繇淇輕變祖制始。至其後九邊胥闕食，剿餉練餉頻加，而行人陳際泰論之尤詳以覈。蓋有嘅乎其言之也。且夫人情莫不趨利而避害，亦莫不趨逸而避勞。夫惟以其趨利之心易其避勞之心，而事迺克濟。自改法既弊，復思本色，而本色又不可遽復，於是令河東暨兩浙長蘆山東，胥納折色，惟兩淮利較厚，獨納本色。

隆慶時，總理屯鹽都御史龐尚鵬，嘗上鹽法疏曰：議者每歸咎於淇，而不知自淇改廢者，今已復其舊矣。凡鹽一引，官價五錢。納粟多者五六斗，少亦不下三斗以上。路近價賤，將及一石，視國初不翅倍之。爰暨崇禎時紹興推官陳子龍，亦曰淮鹽仍中本色，至今猶然。而議者不考，以爲盡行折色。此胥鹽政掌故也。然而邊土之既荒者遂不可復墾，而開中例又不敢盡斥廢其名，商不得已，迺歧邊商内商之言以應之。邊商辦鹽課，内商辦餘鹽。内商羣力有餘，而以其券引之利，初不繫於邊也，雖能墾荒，將焉用之。邊商力不足，而況其烽堠之危，又適警於邊也，雖欲墾荒，且姑已之。用此祖制卒不可復，邊儲卒不可充。鹽利益厚，戎備益虚，而一代久安長治之彝典，遂以澌滅而不可復問。蓋今河東鹽法，雖與兩淮殊制，而有坐商又有運商，則猶本於邊商内商之遺意云。

或曰然則開中可復乎。曰萬曆中商邱宋莊敏公纁爲户部尚書，嘗言邊儲大計，最重屯田鹽筴。近諸邊年例銀增至三百六十一萬，視宏治初八倍，宜修屯政，募商人墾荒中鹽。上稱善者久之，而其説亦裁爲文具焉已矣。且夫明季曾軍屯之不卹而暇語開中哉。

或曰夫緣邊之苦饑久矣，何以徵明初之粟若是其賤。曰尚鵬疏陳甘肅屯田，嘗謂西寧遇豐年，銀一錢可易粟五斗，故西寧給軍之月糧，皆願得折色。莊浪銀一錢僅易粟一斗四五升，各軍月糧，皆願得本色。是粟價至銀七八分，已苦其貴矣。蒲州王崇古總制三邊，尚鵬又嘗遺書曰：榆林銀一錢時估糧八升，彼僅納五升，猶稱艱苦。是粟價至銀二錢，遂爲極貴矣。蓋開中墾荒之利，猶有存者，而匪若萬曆以後之尤彫殘也。

或曰鈞是開中也，何以宋之范祥收折色，則爲利，明之葉淇收折色，則爲害。曰范祥鹽鈔，此以本色之虚估變，而納折色之實價者也，故在宋爲利。葉淇鹽課，此以折色之時估變，而忘本色之常價者也，故在明爲害。且宋之邊近，故得本色猶易，明之邊遠，故得本色倍難。而其尤遠於東勝嘉峪者，又可知矣。此又宜綜時代道里以計之者也。

或曰襄城李恭靖公敏，嘗巡撫大同，見山東河南轉餉至者，道遠耗費，乃會計歲支外，胥令轉銀。民輕賫易達，而將士得以其贏治軍裝，交便之。及爲户部尚書，並請畿輔山西陝西州縣，歲輸糧各邊者，每糧一石，徵銀一兩。以十九輸邊，依時值折軍餉，有餘則召糴以備軍興。上從之。自是北方二税，胥折銀，實繇襄城始。夫襄城即先山陽而任户部者也。

何以襄城輕賫則爲利，山陽折色則爲害。曰襄城輕賫，猶可以紓齊豫輸輓之勞。山陽折色，乃遂以貽邊關輸輓之害。其法祇問毫芒，其謬不翅千里。曰山陽之謬，不待詞畢矣。然布政文貴，初改迤荒爲折色，侍郎馮青，又盡改本色爲折色。而陝西塞上之粟彌尠，則其害亦不始開中也。曰齊豫或間可行輕賫，全秦必不可行折色。税糧折色雖利於民，而實深害於軍。開中折色但利於商，而遂永害於國。利民且不得無辜者，其害仍自民受之。而利商之辜滋甚者，其害直國與軍民鈞受之，而匝七世而莫之能救也。河東近邊，解池鹽利，實濟邊需。此志河東鹽法，所宜勤勤懇懇，以特書之者也。

（清）賀長齡《皇朝經世文編》卷四九《户政・鹽課・商屯議董以寧》

今天下有其名甚美，而實難行者，商屯之説是也。蓋商屯之善，在不令商屯，而商自不得不屯，又在商不必自屯，而邊卒自爲之屯。入粟於邊，給之鹽引，使往産鹽處支受。初欲商自任其轉運耳，而商欲遠載於産米之地，費既不支；欲就糴於少米之鄉，則價將益踊。於是乎即邊募種，而商屯以興，屯卒在邊，始資商利，以爲牛種之需。復與商貿易於秋收，粟得以售。而商之於邊卒，又如召佃收息，稍得取贏，兩利而均便之。故永樂時，遂倣宋之雍熙，而以邊中海支著爲令。自葉淇與揚商媾，請改折銀，商人納於鹺使，鹺使解於司農，司農發於邊地。邊地之向爲商屯者，耕種無所資，收穫又無所售，便於商不便於屯，而屯以廢矣。然其商之所以便者，不過以就近納銀，可省往還勞費。乃廷議因粟價之賤，石止二錢，計納二斗五升，即支二百斤之引，爲銀不過五分，減於洪武八分之額，遂增至四錢有奇。其後又屢增以至一金之外，是且不便於商，而商亦受病矣。至商病而中鹽漸減，則入納之銀必減，而解邊之數不敷，於是乎折漕折白以充之。内地之民，争欲以米易銀，米皆涌賤，而農受困。邊地之卒，又争欲以銀易米，米皆湧貴。而兵復難支。勝國商屯之廢，其弊乃至此哉。然欲復之於今時，則斷乎不可。

蓋商之屯，屯於邊者也。宋之邊，界於西夏北遼，故有雍熙之制。明之邊，在宣大薊遼諸處，故有永樂之制。今則率土皆臣向之邊，皆屬内地，而重兵已經裁減，其該省税糧撥派本處尚有餘剩，不必輸納自商。計惟親王重藩駐劄之地，如滇中粤中，乃謂之邊，而可以屯，特其地相去給鹽之地太遠。策商屯者，將就近而給之鹽乎，抑仍給之於淮而搭配以浙乎。就近而給之鹽，則苦於鹽之少。廣鹽歲辦止四萬餘引，滇鹽歲辦止數百餘萬觔。轉販之利無多，則入中之商無幾。就使行屯，亦爲有限之屯。若仍給之以淮浙之鹽，而奔走於數千里之遥，又復守支坐困，日月不遑。一歲之入中，既無幾何。則竈丁之鹽，與屯卒之糧，必至兩無所售，徒使行鹽之地，艱於得鹽而價日高，不且屯未行而鹽先壅哉。

或曰滇粤邊餉，固不必議矣。以商屯置西北畿輔之地，使自召游民，給牛種而相貿易，粟則於京通改納，鹽則仍於淮浙受支，略（彷）〔仿〕宋端拱中之制，不亦可乎。不知畿輔自圈地以來，幾幾乎無復餘地。即有之，而遼左招民之役，又幾幾乎無復餘民。商而欲屯，商固不能自爲屯也，空言無裨，不如嵩議兵屯。

（清）賀長齡《皇朝經世文編》卷五〇《户政・鹽課・鹽法議吕星垣》

今夫天下大利，惟天下無欲者理之。無欲則明，明則去積弊，而天下之大利出。自管子創煮海之法，漢興，修明法禁，歷代因仍。度支邊餉，咸取給焉。世之議鹽法者，概曰恤商竈，緝私販。夫使私靖引行，商竈樂利，上不缺課，下不病民，顧其源不在此。

按《兩浙鹺志》，參以見聞，爲鹽法六議，俾留心釐剔者有所採焉。

一曰勵官廉以清源也。今鹽官動言緝私，文書上下無虚日。究之私多引壅，積壓掣期。知私梟之販私，不知官引之夾帶，知官引之夾帶，不知官縱之夾帶，則掣規之不可不革也。定例每引三百斤，包滷耗二十斤，胥役工食統增三十五斤。官費商本，並無缺乏。緣商人捆運引鹽，重至七八十斤，百餘斤不等。是以奉部頒摯子，索重一斤八兩。鈎重十七斤六兩，嚴摯清查。設有重斤，全船銃毀。乃場官不查捆發，朦隱多斤，引鹽未到掣亭，胥吏已通線索。名掣簽點驗，皆暗記提包。假爲多斤，一律至三四斤而止。抽驗一包，全船照罰。但罰重斤，不行全毀。官利其罰，商隱其餘。十引之中，挾帶四五引，掣期焉得不壓，引課焉得不虧。故順治十三年，户科王益朋，直言四境之販私，即巡鹽之官役。則累年之缺課，即係累季之掣規。使盡除掣規，則引鹽實銷而值賤，商力足，課孰與不足，販私亦何利之有。

二曰嚴功過以督捕也。官吏臨民，端貴按功過以考察。今緝私者，雖設循環功過簿，轉報藩司，敲比虚文，事無實際，場官領本催煎，竈户剋期趕捆，貧商買補不盡，堆倉折耗爲虞。又或交倉之際，重稱浮收。倉有餘鹽，責令折色。逢節請會，科斂竈丁。致令産鹽竈地，先欲售私，遂有奸民結夥販賣，連船飛渡，比屋收藏。緝捕弓兵，年節包規，縱容恣横。捕官取役，場官取竈，彼此徇私，罔知法紀。及上官嚴催訪緝，則指擒小販，宕塞遲延。乃有肩負數十斤者，非刑桎梏，甚或指扳殷實，肆意婪吞。設遇大夥，持兵拒捕，律宜斬決者，非平日鈎通，即臨時縱放。捕政日弛，私梟日熾，揆其由來，以設差巡鹽，遂有冒充白捕，擾害行人，曾干例禁，因咽廢食，積漸包荒。又場官屬運使，每遇計典，卓薦爲難。名途既難，利心日盛，又無地方管轄，惟取私販，以肥身家。捕官緝獲私鹽，既礙場官考成，又失捕役規例。首告人即以獲鹽給賞，得小怨大，瞻顧爲多。惟嚴飭場官，有縱容私賣者，立行革究，五年無過，咨部即遷。嚴飭捕官，有私販在境，過境失察者，降革有差。果能撲獲私窩私販千斤外者，照獲江洋大盗例，即予遷除，則私賣私買之途兩清矣。

三曰恤商本以藏富也。商之鉅者曰甲商，遞降曰副甲商，經公商，最下曰肆商。夫持本運鹽，完課裕食者，肆商也。肆商氈笠布衣，持籌握算，子母贏餘，其望已足。公商以上，身不行鹽，食用豪侈，一衣一饌，數百十金。皆出入公門，攀援官吏，乘上下之間，託名墊發，影射虚嚇，徒手攫取，轉瞬起家，以次相承，吞索商本，致令貧商竭蹷。即際旺消，趕配苦少貲本，錢糧借貸滯留，掣期遲誤，逐季坍卸，膏髓益枯。復借加價名色，媚商病民，以自漁利。飾詞銀貴錢賤，並與州縣報司錢價不符。地棍因之覬覦規例，索詐不遂，訐訟朋興，公費紛繁，歸重稱價。列肆貿易，短稱攙灰。運引夾帶，船尾船頭夾艙鋪放，混引不截，漏渡不掣。訛報沉舟，僞結買補，胥吏蹈瑕，格外需索。其赴所也，引有引費，程有程費，捆有捆費，掃有掃費。其赴掣也，書役有免委減斤加鈎批掣供應公費之需，承差有監掣監艙傳旗叫牌填封發封催掣擺幫之索。包賠愈多，引本益貴，甚至商本全無。官給運本，折扣發出，責令實償。老商既革，另行招募，並無殷實應募，但以浮滑承充。夤緣得引，借領帑銀，遮掩歲時，捲貲巧逸。假名僞籍，關捕無蹤。乃以無著帑銀，攤現商賠繳。長蘆河東，尤多此弊。惟公商以上名目，概予删除，胥吏一切陋規，盡行芟削，許人首告，盡法究懲。則商本無虧，上下俱足。

四曰恤丁力以培本也。刮土淋滷，翻盤煎鹽，催趕烈日之中，坐愁霖雨之下。海濱窮民，迫而爲此。較之農夫耕作，勞有甚焉。場官規例既多，上倉名目不少。更可恨者，捕兵置私不問，轉於出團到倉各路，嚇詐竈户賣私。窮户愚民，甘心餽給。又際山場草場隔遠，柴草缺乏，急望鹽乾，遽即灑灰，致壞色味。上倉平驗，屏斥不收，需索使費重斤。或甫煎成，便遭雨耗，蓋藏不及，竈無常鹽。官責額課，缺前那後，勢必售私，漸設私竈。一次得利，積漸成風。一人得利，遠近效尤。遂難究詰。又海潮起落，蕩地坍漲。或有新沙未丈，官竈私行煎賣。舊場既坍，官竈仍復催徵。始也因地計丁，有丁錢無出之苦。繼也攤丁於地，有地税不實之虞。漏課賠課，胥吏上下其手。惟清丈蕩地，確核工本，以定場價。其有私竈私賣，挂稱私收，通商重捆者，查有實據多斤，即行全家發徙。果爲地坍雨耗，許移竈給地。通三年之力，以補不足。設有官吏需索，一經告發，立即嚴拏法按，石出搜根，則丁無欠課售私，倉無劣鹽缺額。且商力既舒，鹽無壅滯，場價亦平，私販漸無重利，將不禁而自絶也。

五曰通引額以裕課也。官煎商煎，肩挑船運，因地制宜，不拘一例。而州縣歲行引額，定有成數。設遇商有滯引，而鄰邑旺消，原許借掣，俟後歸款，通融販易，彼此便利。但苦時際旺消，無從借掣。又借賣者勒貲，借買者索費，責令歸款，影射宕延。惟有正引之外，設立票引，隨鹽報引，計引起課。果能額外行銷，聽憑交糧領票。此項票引，隨正引報部奏銷。但補正引缺額，不拘歲額，羡餘則留省庫充公。其引額不足者，通三年趕掣。再不及額，分攤願領殷商。設遇辦公，即照各商每年實行引數，公攤分濟，不許畸重畸輕，則課足而商裕矣。至列肆出賣，先後爭競，乃有核三年内各家行銷之數，以爲多少者。如每年行千引，許先賣百斤。每年行二千引，許先賣二百斤。此尤不便。商本時有長落，運鹽遲速不齊。到肆之鹽，本難畫一，一拘此例，遂令先到者留包不賣，未到者撥包借銷。村肆守候於市廛，老弱奔走於道路，舟人不行緊趁，非偷走小路，則遲滯挖包，弊端百出。惟令運鹽到肆，隨到隨行，舟商儹程，趕裕民食。則勤商得辛苦之實獲，惰商不得蒙祖父之虚名。市無壅鹽，商無虚肆，而引不留滯矣。

六曰謹私渡以防漏也。定例畫江爲界，常鎮二都，並行浙鹽。雍正二年，江督查弼納欲改食淮鹽，會議不果，以爲淮鹽貴，浙鹽賤，不必禁淮私，不必改食者，固未平允。以爲改食之後，遂無淮私者，亦非。夫刮煎配掣者貴，刮煎私賣者賤。但分官私，何別淮浙。淮與浙各有私販，豈改食之能禁乎。所患者，江口汊港横雜，又龍潭孟河玉河等口，泛舟逕走，覺察無從。小吏查拏，易於賄縱。更有攙雜魚菜，飾詐多端。他如諸暨義烏浦江東陽江山鎮海崇明靖江等邑，地雜人悍，尤易作奸。重設盤詰，既病行人，坐視偷漏，更無底止。夫私販雇舟，必有倍值。惟嚴飭防捕等官，實力擒獲大夥。既懲奸民，並治船户。船即没官，船主發遣，則懲一警百，可冀杜絶偷漏也。六條之弊，弊有相因。因官病竈，因竈病商，因商病而私集，私集引壅而商愈病，課愈虧。《兩浙鹺志》户口四百六十七萬四千二百七十二，竈丁十九萬七千六百十四，歲引八十萬二千三百九十七。六十年來，户口日添，引額宜增無減。而往往壓掣，不求其本，縱加價病民何益歟。

（清）賀長齡《皇朝經世文編》卷五〇《户政・鹽課・鹽法考金鎮》

管子曰：海王之國，謹正鹽筴，國用富强。後世言鹽利者倣焉。漢初，弛山海之禁，不領於縣官。吴王濞封於廣陵，招致亡命，煑海爲鹽，國無賦而用饒。武帝時，以東郭咸陽孔僅言山海天地之藏，宜屬少府，置鹽鐵官，募民自給費，因官器作煑鹽。元封間，以桑宏羊代僅，斡天下鹽鐵。唐開元二十二年，江淮轉運使裴耀卿，置輸場鹽倉，以受淮鹽。乾元初，第五琦變鹽法，就山海井竈近利之地，置鹽院。籍游民業鹽者爲亭户，免雜徭。煑鹽盜鬻者，論以法。至德十四年，以劉晏爲轉運使。晏上鹽法輕重之宜，謂官多則民擾，惟於出鹽之鄉置吏及亭户，收鹽轉鬻，任商所之。其去鹽鄉遠者，轉官鹽於所在貯之，商絶鹽貴則減價以糶，曰常平鹽。官獲其利而民不知。舊時諸道，有榷鹽錢，商舟所過，復有税錢。晏悉奏罷之，商民均便，歲獲鹽利至六百餘萬緡，居天下賦税之半，國用給焉。

宋制，諸鹽聽州縣給賣，歲課所入，申尚書省，而轉運使操其贏，佐一路之費。兩淮鹽始行於江浙荆湖諸路，所謂末鹽者也。久之軍吏困於轉輸，舟卒侵盜，雜以沙土，鹽惡不可食。坐鞭笞徒配相繼莫能止，而積鹽多露積，至生合抱木於其上，數莫可較。天聖中，用翰林學士盛度言，於是詔罷官自鬻，聽入金錢京師榷貨務，而以江淮若兩池鹽給之，歲增課十五萬。其後西事劇，募商人輸芻粟塞下。又置折中倉，聽商人以金錢若粟，輸於京師。入中者，優其值，予券以所在鹽給價。後世召商中鹽之法自此始。唐初榷天下鹽利，歲僅四十萬緡，劉晏增至六百餘萬緡。迨宋紹興末，泰州海陵一監，支鹽三十餘萬席，爲錢幾七百萬緡。區區一州，當晏時天下徵榷之數而尤浮之，於鹽利籠取盡矣。

迨明以鹽課給諸邊糧餉，而水旱兇荒，亦時借以賑天下。設都轉運使司者六，而兩淮居其一，歲課百二十餘萬，幾於漕運等制。置沿海竈丁，以附近有丁産者充之，免其雜徭，給以草蕩。犯罪自流徒以下，刑止杖，仍發煎鹽。其煎辦以丁爲率，初制引四百斤，尋改辦小引，半之。每丁歲辦小引鹽十六引。計兩淮鹽歲額七十萬五千一百八十引。歲終，轉運司具所辦課如目上會計，虧額者追理。凡竈丁所煎鹽一引，給工本鈔二貫，一貫值錢千。合用引目，運司官以時請於户部，印造給付。召商納粟中鹽，量所在米價高下道里遠近爲之則。中已出給引詣場支鹽如目，鹽出場，經批驗所依數驗掣。所過官司，照驗放行。其轉賣各照所定行鹽地，毋越界。若引與鹽離，及越境賣者，同私鹽追斷。商賣鹽已，即所在退引還官，僞造引者斬。諸監臨勢要，令家僕行商中鹽，侵民利者罪如律。法令嚴具如此。於時商中鹽者引輸銀八分，榷利甚微，而商獲甚厚。蓋以總利權抑專擅贍民食而已。

永樂中，令商於各邊納米二斗五升，或粟四斗，準鹽一引。於是富商大賈，自出財力，招游民墾田，田日就熟而年穀屢豐。甘肅寧夏粟石直銀二錢，邊以大裕。

宣德中，歲遣御史督視鹽法，令各運使查中鹽商年遠事故，無子孫支給者，行原籍官司，每引給資本鈔二十錠，恤優之。

正統初，令淮浙貧竈，有餘鹽，官給米麥收之。竈丁逃移者，鹽課核實停其徵。又令各商守候年深不得鹽者，聽以十分爲率，支淮鹽四分，其六分兑於山東運司。不願支者聽。諸所爲軫恤商竈甚厚。其後始分爲常股存積，常股者，商人中納依次守支之鹽；存積者，積鹽在場，偶軍餉急，增價開中越次而放支之鹽也。存積行而常股益艱滯，商人有守候數十年，老死不得支，而兄弟妻子代之支者矣。

成化中，户部尚書葉淇，言商輸粟二斗五升，是以銀五分得鹽一引也。請更其法，輸銀於運司。銀四錢，支鹽一引，可得粟二石。是以一引之鹽，坐致八倍之利。且商人納銀運司，道近而便，上下交利。奏可。於是鹽銀歲驟增至百萬餘兩，諸商墾田塞下，悉撤業歸，西北商或徙家於淮南以便鹽。而邊地爲墟，粟踊貴，石直五兩。欲復如前者輸粟塞下，及薄取八分之利，不可復矣。

宏治中，大學士李東陽，言今者鹽法壞盡，各邊開中，徒有名而商實失利。因極言皇親王府及内臣奏討者一，夾帶者十，弊尤甚。於是下詔悉住支還官，自今勢要，毋得求討窩占，違者聽巡按御史糾劾。至正德中，奏討紛紜，盡隳舊制，而鹽法決裂殆盡。

嘉靖五年，用御史戴金言，每正鹽一引，許帶餘鹽一引。正引於各邊納糧草，餘鹽納銀運司解部。其夾帶多餘者，割没入官。歲增餘鹽銀六十萬。其後鹽法御史王紳、黄國用，復請以割没銀給竈户，人二錢有差，取鹽一引，例開邊報中，名工本鹽。歲復增課銀三十萬。是時商人於邊中鹽者，引納銀七錢，已漸減五錢，視初制不啻倍蓰。而各邊穀踊貴不易糴，勢要或占中賣窩，若斗頭加耗，官科罰而吏侵漁之，爲費不貲。及給引下場，或官吏留難，或丁額課不辦，經年不得掣。且商業輸餉於邊矣，安所得贏羨重貲，往返數千里外，復輸納於運司。而有司奉令申嚴，非徵完餘鹽，即正引不得下場。即已支鹽上堆，而挨單守候，非五六年，鹽不得行。諸行鹽地遼遠，涉長江，排風浪，時有飄損，數十萬之貲本，擲於烏有。又不能防船户攬載之無盗賣耗竊也。

蓋商憊至是而甚，於是遂分爲三，曰邊商，曰内商，曰水商。邊商多沿邊土著，專輸納米豆草束，中鹽所在，出給倉鈔，填勘合以賫投運司，給鹽引，官爲平引價，聽受直於内商而賣之。内商多徽歙山陜之寓籍淮揚者，專買邊引，下場支鹽。過橋壩上堆候掣，亦官爲之定鹽價，以轉賣於水商。水商係内商自解捆者什一，餘皆江湖行商。以内商不能自致，買引鹽代行，官爲總其數，並給水程，於行鹽地而販鬻焉。明初，嚴商人代支之禁。及是而諸商名目不一，均逐末利，舊制不行，勢使然也。邊商以賣引得利微，復自支鹽出場，名河鹽。而鹽法御史鄢懋卿，爲請將河鹽堆鹽，相兼掣稱。懋卿又奏各場未掣引鹽百五十餘萬引，宜責令通行解捆，約可得銀百餘萬。奏下，兩淮大擾，徵斂督逼無虚日。會御史徐爌上言，商人挾資萬里，出百艱，爲國足邊。今正引之外，既徵餘鹽，又加以工本割没，可謂厄矣。乃一歲之間，必取盈百五十萬，前鹽有掣無售，一時越境私販者不可遏。民間皆賤買私鹽，淮鹽大阻。故水商船往返，勢不能無愆期，而淮南鹽歲掣減舊額四之一。乃部解餘鹽銀六十萬，一歲兩解，無容緩，則預徵内商以取盈其數。至二十年以後，所預徵商銀百五十餘萬，始以鹽上堆，而徵堆鹽。堆鹽盡，則徵在倉鹽，久之將商未買引而徵課矣。其後寧夏多事，兵餉費鉅無所出，始議增寧夏引鹽八萬，東軍引鹽四萬有奇，名加增鹽，附單搭掣，以佐軍興旦夕之費。而諸宿猾巧爲奸利者，往往營部札爲例。於是有加罰違没引鹽，以舊鹽舊引而告加罰，許令搭掣，射利者趨焉。而運司黠猾吏受重賄，因得主使官私加罰而盗賣之，諸領部札者反不與，由是衆大銜憤。會神廟大榷海内商貨，因奏言兩淮没官鹽，歲久山積，遣内臣賣之，可得銀數十萬，爲大工費。二十七年，始遣内臣魯保奉敕查理，駐揚州爲鹽政府。既至，而没官鹽歲久消折盡，乃括庫積餘銀五萬兩上之。所分委查鹽官四出，探巨商累鏹百萬者，捕鞫，沿海竈户殷實者無得免。自是竈商俱困，無復有願買新鹽者矣。夫兩淮鹽課百餘萬，取之於商，商安所出，出之於竈。以區區海濱荒蕩莽蒼之壤，民穴居露處，魑魅之與群，而歲供國家百餘萬金之課。自鈔法壞而優恤虚，所恃供課之外，商收其餘鹽，得錢易粟以餬口。若商不得利，則徙業海上，饑無所得粟，寒無所得衣。窮丁坐以待斃，恃强者集衆私販，因而椎剽。甚則盗弄潢池，震動城邑，若唐末黄巢王仙芝之類是矣。故商不得利之禍淺，而竈不得食之禍深。

然竈户之困，由於商困。商人之困，由於私販行而正鹽壅。自魯璫查理存積，遂停壓課引八百餘萬。至四十五年，特遣郎中袁世振疏理兩淮鹽法，上十議，立減斤法，每引定鹽并包索。淮南四百三十斤，淮北四百五十斤。除引價五錢外，淮南納餘課八錢，合引價一兩三錢，淮北納餘課六錢，合引價一兩一錢。改單立綱，正行見引，附行積引。自丁巳至己巳十三年間，積引銷盡，附引始罷。天啓元年，户部侍郎臧爾勸，題準每引加鹽十五斤，徵銀一錢，以充遼餉。六年，逆閹魏忠賢差中璫二員駐維揚，搜括運帑八十萬金，爲之一空。又以大工每引加鹽十三斤，納銀八分。崇禎二年，奉詔停止。三年，户部尚書畢自嚴，以兵興餉急，題充遼餉。五年，議照遼鈔攤行之例，於綱外另行新引七萬，又題增黔鹽五萬引。六年，從撫臣唐暉請，又於湖廣武昌漢陽二府增行淮鹽三萬引。末年復派練剿諸餉，浮課增而商資竭矣。皇朝受命，戎衣初定，滇黔閩粤，未盡削平，所需兵餉，半資鹽課。

順治二年，巡鹽御史李發元、運使周亮工，協新鹽法，請留垣鹽給商，招令認窩辦納，免徵一切浮課。諭諸商量力行鹽，以丙戌一年爲止，後不爲例。奉部刊定引額，剖一爲二。歲行一百四十一萬三百六十引，每引運鹽二百斤。其部剳加帶及解費滷耗包索等斤不與焉。引不分南北，納銀六錢七分有奇，與舊額符。四年至八年，各商認行鹽引，雖年運年銷，究不及額。九年始定綱數，淮南派行一百四萬二千三百九十引，淮北派行二十二萬九千一百二十二引。上江八縣，食行綱鹽十三萬八千八百四十七引。合南北正綱額數，及連年頻加雜課，九年起至十六年止，統計引二百七十餘萬，壅積亦近二百三十餘萬。十七年，巡鹽御史李贊元，疏請行見年額引，將積鹽帶入正綱內，二引附銷，一引每包加鹽一百斤。户部覆允。十八年御史胡文學莅任，合計十五十六年積引，僅銷三十餘萬。而十七年正引，反壅至四十餘萬。皆因鹽斤未減，以致嬴壅。除淮北併引外，奏請淮南附銷之引，納引半之課，行一引之鹽，除加帶百斤，俟三年積鹽銷清，如舊徵納。章再上，制曰可。於時天下鹽課，惟兩淮最多，而天下商力，惟兩淮最困。蓋正課之外，私費不貲。遇一事，即有一事之陋規，經一處，即有一處之科派。而壅滯之敝，則由綱地節增食窩，苦於地狹鹽多，商人甘納課而不願帶鹽，乃橋所兩掣，額外之斤增重，益爲鹽法大害。則先橋掣溢斤，所掣割没，原以禁多帶之弊耳。乃其後以多報割没爲功，藉口加斤，相沿爲例。司掣者公既便於報解，私又易於隱欺，官以多斤爲利，而商病之。有司既仍踵爲故事，而奸胥宿猾，盤踞窟穴其中。鹽政之弊，至是而極矣。

康熙九年，巡鹽御史席特納、徐旭齡，憫商之困，特疏陳運鹽六大苦：一曰輸納。商人納課，例將引數填注限單，謂之皮票，以便商下場也。而運庫扣勒皮票，每引科費錢數不等，方得給單。又有胥役使用，謂之照看。商總科斂，謂之公匣。每引正給外，費至一二錢，計歲納數萬金。其苦一。一曰過橋。商鹽出場，例將艙口報驗，謂之橋掣，以便商放橋也。而關橋扣勒引票，每引科費數分不等，方得掣放。又底鹽面鹽，則有搜鹽之費；多斤少斤，則有買斤之費。每引溢斤外，費至七八分，計歲約數萬金。其苦二。一曰過所。商鹽呈綱，例必造册擺馬，謂之所掣，以便商驗斤也。而未經稱掣，先有江掣之費，茶果之費，一引各數分不等。又緩掣有費，加窩有費，每引割没外，費至一二錢，計歲約數萬金。其苦三。一曰開江。引鹽既掣，例必請給水程，每引數分不等，請給桅封，每張數兩不等。又報狀撲戳引費錢餘，封引解捆引費數分，每引開行，費至二三錢，計歲約數萬金。其苦四。一曰關津。船鹽既行，所過鹽道之挂號，營伍之巡緝，關鈔之驗料，俱各有費。計歲約數萬金。其苦五。一曰口岸。船鹽既已抵岸，而江廣進引，則有道費每引錢餘，匣費每引數分，又樣鹽每包數釐。查批每船數兩，爲費不等，計歲約數萬金。其苦六。此六苦者，爲商隱痛，請旨嚴革各項私費名色，立石永禁。並責成鹽屬各官，歲取各商有無私費甘結繳查，以甦商困。

又疏陳掣摯三大弊。一曰加鉈。掣官藉餘斤虧額爲名，不論鹽包輕重，暗挂斤兩。商鹽非增捆額外，不能與鉈準。每一引增二三十斤不等，利歸於鉈，而病中於商。其弊一。一曰坐斤。掣官藉合算底馬爲名，不論斤之有無，預定餘鹽。商非多帶，不能抵掣，每引帶至四五十斤不等。公解愈多，私科愈重。其弊二。一曰做斤改斤。姦商斤多，入賄則可以填少。良商斤少，不入賄則可以填多。掣官索得使費，未掣之先，暗做斤兩。已掣之後，暗改斤兩。斤多者納銀反少，斤少者納銀反多。姦商之鹽日嬴，良商之鹽日壅。輸納不均，則害課，口岸不銷，則害引。其弊三。此三弊者，假公濟私，以爲鹽害。請敕定例，橋所掣摯，溢斤割没，少者三四斤，多者七八斤，不得逾額。如姦商夾帶過多，則將引目銃毁，計引科罪。掣官虚填太重，則將底馬合算，計斤坐贓，庶銷運易而商利均，掣驗公而國法信。興利除弊，莫善於此。疏奏，温旨褒嘉，勉其稱職。仍令以後各鹽差，毋得因循陋規，朘削商民，敕部禁飭。數年以來，商困少甦矣。及十三年，滇黔告變，湖南淪陷，繼以江右郡縣，爲伏莽揭竿之徒，動摇蹂躪。其寇竊攘據者，商無行鹽之地。即王師蕩掃，以次底定，而兵燹之後，户口消耗者，幾逾半。嚮鹽之貯口岸者，既被刦奪，而載艑連檣之商，又畏風鶴，逡巡江上而不敢進。間冒險阻，至其地，榛墟彌望，人民鳥獸竄，亦無所得售。度支以軍需孔棘，督餉之檄，星火日下，於是而商又困。賴先後巡鹽御史劉錫魏雙鳳，多方惠恤，請蠲請緩，而又勸勉以忠義，樂輸罔後，商忘其疲。夫兩淮歲課百萬，商人廢箸竭資，逐什一之利，而上供縣官儲糈，下代閭左租庸，幾省天下秷秸之半。其有功於國，有利於民者甚大。然必鹽行不壅，而後課納不匱。使寬然少有餘裕，乃可供國家筭緡之賦，當事審諸。

（清）賀長齡《皇朝經世文編》卷五〇《户政·鹽課·歷代鹽政沿革户部鹽法志》 天下鹽課，兩淮獨居其半，乃利之所競，弊亦隨之。救弊之道，貴乎立法。然天下因弊而立法者，甚且法久而弊生。爲寬爲嚴，代以時殊，宜因宜革，法由人異。得其道，則商富而用饒。失其道，則商困而用竭。固千萬世有同揆也。粤稽兩淮煮海之利，昉於漢。先是高祖王關中，除秦煩苛，一切更始，獨鹽賦猶仍秦制。蓋其封國至多，凡林園池市租税之所入，自天子至於封君湯沐邑，悉名爲奉養。而山澤之利，凡在諸侯王境内者，皆取以自豐，要非縣官經費之所存也。故至孝惠時，吴有豫章銅山，則自鑄之，有東海熬波，則自擅之，而先王禁制防微之意失矣。

武帝時，鄭當時逢其意以榷鹽，法益密而官益繁。大司農屬，有幹官，有兩長丞，有水衡都尉，有均輸官，皆主鹽事。以至郡國鹽官三十有九，雁門沃陽，皆有長丞。而先王公利於民之意，抑又遠矣。昭帝始元六年，賢良文學有罷榷之對，惜沮於桑宏羊。宣帝中，詔減天下鹽價。元帝時，復罷鹽鐵官，則猶足多也。東漢，郡有鹽官，隨事廣狹，置長及丞。凡郡出鹽多者，即主其税。明帝時，穀貴，縣官給用不足。尚書張林上言，鹽爲食之急，雖貴人不得不須，官可自鬻。詔通議。朱暉曰：鹽利歸官，則人貧怨。是矣，帝奚爲卒從林言耶。陳文帝天嘉二年，太子中庶子虞荔、御史中丞孔奂，以國用不贍，皆奏乞煮海鹽税。從之。

唐開元元年，令將作大匠姜師度、户部侍郎强循，俱攝御史中丞，與諸道按察使檢校海内鹽鐵之課，從左拾遺劉彤之請也。乾元元年，第五琦初變鹽法，就山海井竈近利之地，置鹽院。游民業鹽者爲亭户，免雜差，盜鬻者治以罪。其爲法也，盡榷天下鹽，斗加時價百錢出之，爲錢一百一十，則十倍矣，果云善乎。惟至德十四年，劉晏起而代之。大曆末，歲緡入至十五倍於前，軍需常裕，而郡邑無擾。以利國之權，行愛民之政，故江淮鹺法必首推晏。而咸僅心計，皆不可同年語也。奈何繼之以元載，而白著之取，漁獵徧於江淮。加之以陳少游，而利藪之歸，什百盡於豪右。肅宗則令獻錢餉軍，文宗則以平章支課。太和大中之年，劉晏之法，變壞盡矣。非裴休識治禮，順民情，因時而力修之，抑孰能究極其弊端，而俾鹽法復盛於唐哉。

流至五代，唐省庫錢，晋行官買。固非大道，而周主不予海陵，止饋鹽歸俘，亦僅一節之美而已。

乃宋雍熙間，給江淮等處，以顆末鹽。顆鹽盡給諸州縣之在南河者，末鹽則楚州鹽城監歲煮四十一萬七千餘石，通州豐利監四十八萬九千餘石，泰州海陵監，如皋倉小海場六十五萬六十餘石。給本州及淮南廬和舒蘄黄州無爲軍，江南之江寧府，以及廣德臨江軍等處者也。其海州之板浦惠澤洛要三場歲煮四十七萬七千餘石，漣水軍海口場十一萬五千餘石，則給京東之徐州、淮南之光壽濠泗等處者也。至道末年，凡禁榷之地，官俱立標幟候望以曉民，蓋其慎哉。端拱時，置折中倉，貯江淮鹽，聽商輸粟京師，優其直以給之。真宗時，李沆爲發運使，運通泰楚三州之鹽。又請自真州置倉，曰轉般，凡淮鹺悉由達於江浙荆湖，至今便焉。仁宗時，張綸爲發運副使，時鹽課大詘，通泰楚三州積逋甚多，綸悉奏免。未幾而商民勃然，歲額頓增，爲國者豈不貴薄斂歟。明道中，王隨陳益國便民五事，利至溥也。景祐中，范純仁請減江南諸處鹽價，恩至渥也。朱熠議買環海浮鹽，劉達可復論海州鹽城浮鹽之弊。議至正，法至嚴也。是皆宋法之卓然者也。

元太宗庚寅歲，始定鹽法，朝廷經費，皆以取資。其閒歲減銀，歲改鈔，旋又增鈔，多不一其制。乃郝彬請建六倉，凡河商江商之市易者，皆賴其營建之功，而敬儼不以增羨爲歲入，則尤得乎經常之要略矣。

明洪武元年，定兩淮引數。凡三十五萬二千五百七十六，引一百斤。已而改大引爲小引，共七十萬五千一百八十引。其竈丁鈔工，每引則以二貫五百文爲額。故明初之竈常裕，而其私販爲易制也。至邊中納米則例，洪武二十八年始定。其備主兵者曰常股鹽，蓋十分之七。備客兵之需，急則倍價開中引到則支者，曰存積鹽，蓋十分之三。凡中常股稍輕，存積較重，後增減不無有差。正統六年，準御史張裴請，勸商每引借以米麥賑濟貧竈。景泰三年，又令各竈應納糧草，皆準折。餘鹽既給米收買之，復準以折納，使勤竈之鹽悉獲其利。此私賣之所以絶也。宏治元年，勸借賑濟竈丁之糧，變爲折銀，從商便也。二年，凡商無鹽支給，又聽其買勤竈之鹽行引，是則餘鹽之始。蓋明初止有鹽糧，而無鹽課。鹽之有課，則自變賣餘鹽始耳。是年又定開中納銀，俱令解部。洪武初，開中俱係邊輸正色，至是不以粟而以銀，不之邊而之部，而中粟實邊之制亡矣。若乃水鄉而朱冠爲之請減，團煎而藍章爲之求復，則皆切時政云。嘉靖中，霍韜首以商竈利弊上陳，殆知先務者。嗣是朱廷立周相徐九臯齊東道張九功朱炳如諸臣，前後繼之。恤竈户，則爲之開墾餘蕩。疏鹽法，則爲之處置餘鹽。竈役失於偏累者，則爲之清查。鹽斤大包夾帶者，則爲之嚴禁。以至慮海潮，爲之墾築堰堤。因勢占，爲之申嚴包攬。而起掣過期，增開工本者，又爲之禁其停壓，罷其原扣。咸能修舉職業，要亦所遇之時然也。隆慶二年，龐尚鵬議淮鹽分價，著爲三等。而引目關自南京者，其分撥關引，及到司勘合俱有則。萬曆初，先年積鹽壅滯，暫停存積鹽十萬五千七百餘引，至是照舊一併開中。固鹽法疏通之驗也。旋經部題，修河銀兩，俱準停止。既而又停增添寧夏哱變引八萬，又停遼東標兵引四萬，及防倭缺餉引三萬。四十年餘鹽預徵，而顏思忠請甦。四十一年新增餘鹽，而徐嬪議革。四十四年鹽場賈缺，而李汝華議平。四十四年囤户收買，而袁世振議禁。四十五年鹽法十議，而有顏思忠之恭進庫銀借徵及新舊食鹽，又有龍遇奇請補之條議。兩淮鹽法，必遡隆萬而上，有以夫。流及天啓，充餉加徵，曷爲而溢。請抵充袍價，曷爲而輕議。鄧啓隆合算兩淮新舊之引，已計增銀七萬九千六百餘兩，張養合算兩淮割没帶鹽，又計增銀十一萬二千九百餘兩，而皆着爲例，云竭澤矣。夫何逆璫中使，復駐淮揚搜括庫銀八十萬，致令御史掃庫不足相償，而復借支秋課。求鹽法不壞，胡可得耶。惟是崇禎三年，畢自嚴則思開中輸粟，冀存舊制於什一之中。六年而倉鹽折價，增引過多。或請自冏卿，或止自部臣，尤有救時之深思焉。蓋天下鹽課，兩淮半之，淮鹺關乎至計爲何如耶。不有良法，抑奚以善其後哉。

（清）賀長齡《皇朝經世文編》卷五〇《户政·鹽課·河南鹽法説》朱雲錦 豫州地處土中，各屬仰食長蘆山東淮北河東之鹽，各就所近之處，分地定引，無相踰越。長蘆鹽行於豫者，凡二十六萬九千三百三十引，其地則開封衛輝懷慶彰德陳州許州各府州屬，及南陽府屬之舞陽縣，價則每觔自二十六文至二十一文。山東之鹽九萬二千二百六十引，其地則歸德府屬及衛輝府屬之考城縣，價均二十七文。淮北鹽共七萬七千七百三十八引，行於汝寧光州，及所屬縣價，每觔銀自三分三釐至四分一二釐不等。河東之鹽行於河南南陽汝陝府州屬，及許州屬之襄城縣。

查池鹽向歸地丁辦理，自嘉慶十二年歸商辦運，引鹽尚未定額。按舊額七萬九千一百四十引，價每觔自十九文至三十二文不等。凡商運到境，將引呈該管州縣驗明。每引註明行銷年月，截去一角，鈐蓋印信。奏銷時，據此爲驗。州縣督銷不完，咎在州縣。商人不敷引額，罪在商人。並免其由府造報，令各州縣逕報鹽道查核，彙册移送運司，轉送鹽政衙門奏銷。此河南通省行鹽之大略也。考宋時兩池顆鹽最盛，京東之濟兗曹濮，京西之滑鄭陳潁汝許，淮南之宿亳州，河北之懷澶，及諸縣之在河南者，皆食之。明時，河南之汝寧、南陽、河南三府及陳州，食淮鹽。其歸德、懷慶、河南、汝寧、南陽五府及汝州，兼食解池鹽。彰德衛輝食長蘆鹽。

萬曆間黄河以南，鹽價騰踴，私販甚衆，各執利器，往來自如，官軍莫敢誰何。御史李戴奏曰：私鹽之衆，由官鹽之不行。然官鹽之所以不行者有三：河東鹽花之生太減，往者取數不盈，一也。山路崎嶇，轉運不便，二也。商人因脚價之重，不攙和不足以償本，沙土參半，味苦不佳，三也。官鹽價重味苦，民又不堪淡食，故私鹽日衆。今欲驅鹽徒使不爲害，亦惟於鹽法加之意耳。蓋河北彰德衛輝，長蘆行鹽之地也。河南之汝寧陳州，兩淮行鹽之地也。鹽徒在北者取之長蘆，在南者取之兩淮，是河南五府，名屬河東，所食者實兩淮長蘆之鹽。莫若量爲變通，近北者分屬長蘆，近南者分屬兩淮，近西者仍屬河東，庶鹽行既便，其價自減，私販者不禁而自息。於時議定開封歸德衛輝懷慶食長蘆鹽，河南南陽汝州食河東鹽，汝寧及開封所屬之陳州商水項城沈邱西華，南陽所屬之舞陽與光州光山商城固始息縣，食兩淮鹽。

國朝鹽法，一依明制。今惟陳州四屬及舞陽一縣，康熙二十六年改食蘆鹽，而地界始定。竊謂鹽者，本天地自然之利，所以養人。在古人淳事簡，故古聖藏富於民，不肯徵榷其利。自井田制廢，豪强兼并，若不置官領之，則豪勢恣其估處，游惰藉以藏身，其弊有不可言者。故太公封齊，管魚鹽之利。漢武開邊，置鹽鐵之官。其事古矣。謹採其法之善者著之。唐劉晏爲鹽鐵使，上鹽法輕重之宜，以鹽吏多則州縣擾，出鹽鄉因舊置吏。亭户既糶與商人，以後則縱其所之。江嶺間鹽遠者，有常平鹽，每商人不至，則減價以糶，官收厚利，而人不知貴。諸道有榷鹽錢，商人舟車所過有稅，晏奏罷之。晏之始至也，鹽利才四十萬，至大曆末，六百餘萬緡。宋有兩稅鹽錢，免鹽之榷而均諸稅，以夏秋兩季，同地稅徵收，然惟行之河北。京東諸路，則行蠶鹽。其法賦人以鹽，而徵其稅。如先課其桑，後徵其絲。故謂之爲蠶鹽。明有開中法，開中者，仿宋之折中而爲之，其法令商人於大同倉入米一石，太原倉入米一石三斗，給淮鹽一小引。四百觔爲大引，二百觔爲小引。商人鬻畢，即以原給引，自赴官司所在繳之。其各行省邊境，多有商中鹽以爲軍儲，鹽法邊儲，相輔而行。中視時緩急，米直高下，編置勘合，發各布政司及都司衛所，商納糧畢。書所納糧，及應支鹽數，齎赴各轉運提舉司，照數支鹽。鬻鹽有定所，犯私鹽者罪至死，造引者如之。鹽與引離，即以私鹽論。按以上諸法，如劉晏之制，則官坐場收利，無轉運舟車之勞，無官給之費。於窵遠之處，又有常平鹽以濟其不及，則民亦無淡食之虞矣。宋兩稅鹽錢，即近時課隨地徵，天下無不食鹽之人，即無不供課之人，而私梟不除自去矣。明開中之法，則不待飛輓，而粟積於邊。用晁錯積粟塞下之法，特彼以爵，此以鹽，不同耳。屯戍之卒，無開口仰食之患，而邊備固矣。方今鹽筴之法，上下奉行已久。然古之良法美意，不可不表而出之，以爲因時制宜者之一助云。

（清）賀長齡《皇朝經世文編》卷五〇《户政·鹽課·鹽法芻言汪甡》

鹽之大利有三：一曰國課，一曰商資，一曰民食。究之課出於商，商出於鹽，鹽售於民，一利無不利矣。鹽之大弊亦有三：國課慮其絀也，商資慮其困也，民食慮其壅也。究之民食壅則商資困，商資困則國課絀，一弊無不弊矣。除其弊，興其利，則恃乎法。曷言乎興利之法也？鹽之爲物，民生日用之需，少則淡食，多則必壅，故立法之始，必先計户口之數，而後定鹽斤之數。定鹽斤之數，而後定額引之數。引無溢額，鹽不停留。商恃民以銷鹽，國恃商以辦課。呼吸相通，首尾相應，一興利而利無不興。曷言乎除弊之法也？弊之大者惟在鹽徒，而其爲害私鹽夾帶爲尤甚。蓋私鹽多一引，則官鹽壅一引。夾帶多一斤，則正鹽壅一斤。故立法之詳，内而産鹽地方，自場至所，節節盤查，以防私販，儀所擺馬，宗宗稱掣，以防夾帶。外而行鹽地方，所在有司，處處申飭，以捕奸犯。凡此者所以保此額鹽不使之多，正保此額地之民，盡歸而食額引之鹽，民與鹽符，運銷自速。鹽疏課裕，理固然也。是保鹽即以保民，保民即以保商，保商即以保課，一除弊而弊無不除。即使法久弊生，更端肆起，加鹽加課，壅困時聞，而弊猶是弊，利猶是利。雖其間或請蠲引，或請帶課，或請減斤，或禁私鹽，或杜夾帶。而除弊興利之意，依然莫逃乎法也。倘或籌國者，但增課而不顧商，籌商者，但督民而不問鹽。截然割裂，漠不相關。誠不知壅鹽何所銷，而商課何所出也。縱令官受參罰，民受督比，商受刑追，其於國課終無益耳。是知鹽政之要，惟在視三者爲一家，保三者爲一體。護其法，疏其流，使鹽之源源不壅者，即課之源源不竭也。敢爲主持鹺政之君子，獻一芻蕘焉。

（清）賀長齡《皇朝經世文編》卷五〇《户政·鹽課·酌鹽法郭起元》

天下有自然之利，而利之所在，害即伏焉者，不可以不察也。夏后氏則壤成賦，鹽爲青州之貢，管仲府海而齊以饒，漢武設鹽鐵使，募民煮鹽，官與牢盆，榷其入以佐軍興。自唐訖宋，鹽官歷代相沿。元衰，徵斂無度，張士誠、方國珍因民怨以嘯聚海濱，天下亂而元亡。明興，太祖懲鹽之弊，而詳爲之制。諸産鹽地，胥設官，轉運使六，曰兩淮、兩浙、長蘆、山東、福建、河東。提舉司八，曰廣東、海北、四川、雲南黑鹽井、白鹽井、安寧鹽井、五井、陝西靈州。兩淮鹽場三十，鹽行應天、寧國、太平、揚州、鳳陽、廬州、安慶、池州、淮安九府，滁和二州，江西、湖廣二省，河南、汝寧、南陽三府及陳州。兩浙鹽場三十五，鹽行浙江、直隸之蘇州松江常州鎮江徽州五府，及廣德州江西之廣信府。長蘆鹽場二十四，鹽行北直隸、河南之彰德衛輝二府。山東鹽場十九，鹽行山東、直隸徐邳宿三州，河南開封府。福建鹽場七，鹽行境内。河東鹽池，分東西二場，鹽行陝西之西安、漢中、延安、鳳翔四府，河南之河南歸懷汝南陽五府及汝州，山西之平陽潞安二府、澤沁遼三州。廣東鹽場十四，海北鹽場十五。廣東鹽行廣惠韶潮肇慶南雄六府及江西贛州府，海北鹽行高雷廉瓊四府，湖廣之桂陽郴二州，廣西桂林柳梧潯慶遠南寧平樂太平思明鎮安十府，田龍泗城奉議利五州。四川鹽井課司十七，鹽行成都叙夔順慶保寧五府，潼川嘉定廣安廣元雅五州縣。雲南黑白安寧各課司一，五井課司七，鹽行境内。靈州大小鹽池，又漳縣西和鹽井，鹽行鞏昌臨洮二府，及河州。歲辦引課有定額，輸邊上供外，歲入大倉餘鹽銀，多者至六十萬兩，少者數萬兩。鹽之生長不同，解州鹽風水所結，寧夏鹽刮地，淮浙鹽熬波，川滇鹽汲井，閩粤鹽積鹵，淮南鹽煎，淮北鹽曬，山東鹽有煎有曬。洪武間給米鈔作工本，草場供樵採，其恤鹵丁者甚厚，而法莫善於開中。洪武三年，山西行省上言，大同糧運，路遠費多，請召商於大同倉納米一石，太原倉納米一石三斗，給淮鹽一引。鬻畢將原引赴所在官司繳銷，省運費而益邊儲。帝善之。令通行各邊，謂之開中。於時商人招民塞上墾田，築臺堡以相保聚，邊方粟多，無騰貴之時，公私便焉。自後納穀納馬納草，皆可中鹽。宏治間，葉淇變法，令商納銀運司，解京分給各邊，而太倉之銀累百萬，各邊開中之法遂廢。商屯撤業，粟價翔貴，而邊儲日虚。權貴中官，怙勢掣引者多。商人守支延久，有自祖及孫不得者。因立名目曰常股，以給守支之商，曰積貯，以備國有大兵役召中。又有鹵丁引外羡鹽，官用米易之，曰餘鹽。鹽不貯倉，堆於河干者，曰河鹽。始商人以常股支給艱難，競中積貯，繼而積貯亦難，競帶餘鹽。有司以餘鹽利重厚徵，奸商又争買河鹽。總之正引之徵浮，則私引之奸熾。商人反緣爲利，幾於公私莫辨。遡明世鹽法，變而日下，至天啓時，奄黨崔呈秀、郭與治等，增引超掣，兩淮鹽課至百餘萬，竭澤而漁，而明亡亦兆於此矣。本朝榷筦司使，及行鹽處所，大約因明制損益之，而立法周詳，超越往代。課則畫一，浮派不加，私販杜絶，正引流通，其恤商者至矣。且各邊糧餉具足，無藉開中，民間食鹽，所在都有。其裕國惠民者，亦無不至。所欲酌者，上之良法美意而下之奉行未盡善，時或有之。臣在江南儀真通州等處見鬻鹽每觔制錢二三文，至江西湖廣省，民間買鹽，每觔制錢一二十文不等。夫商之販易，或因水旱出鹽多寡，程途遠近，其價誠難限制。然相去不過千餘里，路費可計，即雜項加算，何至昂價十倍邪。其勒浮病民，上所當察者。今誠令行鹽州縣，每季各報鹽價於本省大僚，移所轄運司核酌之，貴價止於若干，賤價止於若干，則無浮勒之弊，而商民胥得其平也。臣又見江南州縣各鄉鎮管村堡若干，鬻鹽之賈，官給烙牌，方設肆盆。近見領烙牌者，轉輾詳請，因緣需索，一牌至數十金。賈人得之，即高昂鹽價，囑搆兵役，專俟附近村民。間至别鄉買鹽者，即指爲越境，執縛解官，逮鞫訊得釋，而民已破家矣。竊念此縣至彼縣，方爲越境，豈有一邑之中，此鄉至彼鄉，可指爲越境者乎。夫推廣上意，商民均恤者，有司之職也。言之無罪，聞之足戒者，儒生之事也。臣謹述前制之得失，與今時之善而不能無弊者。筦鹺政者聞之，亦庶幾有所省乎。

（清）賀長齡《皇朝經世文編》卷五〇《户政・鹽課・鹽法議盧紘》

　考山左之域，乃青齊故墟。昔桓公用夷吾鑄山煮海之議，富强甲於天下。今其遺書具在，曰筴者，籌畫多寡。曰衡者，較量輕重。未有不隨時變通，而拘於一成之法者。其筴與衡一操諸上，而密寄於司計者之心，必不可使其柄有所旁落而陰竊。如使利權之大，而使人得以窺伺假借，乘隙而舞弄於其間，則利之所歸，上不在國，下不在民，而專歸於奸商與積蠹。此由於司計者原不從國計與民生起見。故奸商積蠹得中以所私。夫是以籌畫之筴，不難移多以爲寡，移寡以爲多。較量之衡，亦不難變重以爲輕，變輕以爲重。日陵夷而不可救也。山左産鹽之地，惟濱海州縣，有東有北，權其産鹽與行鹽之地，而遠近可知矣。山左食鹽之數，視州縣户口有裒有益，權其殷耗與通塞之宜，而增減可知矣。此不過一按籍按圖，而俱已瞭然在目，了然在心。且今之人情，非真有鬼蜮之不可窮。古之治法，亦非真有謬巧之不可及。即今讀《管子・守國》之篇，不過曰十口之家，十人舐鹽，百口之家，百人舐鹽。凡食之數，一月丈夫五升少半，婦人三升少半，嬰兒二升少半。鹽之重，升加分耗而釜百，升加十耗而釜千。伐菹薪，煮泲水，爲鹽正而積之三萬鍾。當是時，梁趙宋衛濮陽諸國，無鹽之地，皆仰食於東齊。東齊之國，亦藉是以富甲天下。如《國語》所記桓公之時，成鹽三萬六千鍾。令使糶之，成金萬一千餘觔，其富强之效，章章可考也。今時則不然，商納鹽課，而以票分之州縣。州縣按票之數，償價於商，繳票於官。然往往私鹽盛行，而官鹽致塞，票價不足，而國課以虧。於是奸商辭其害，而告以引歸民，發票於州縣，而責以輸票課於運司。票課輸於運司，而行鹽之地，仍聽商爲主持而撥給，是商既辭其害而仍專其利，民既無其利而兼受其害。

　大抵濱海富饒之州縣，鹽商與官役，皆其土人。表裏爲奸，那移閃變，皆出其手。地境本近也，户口本繁也。而行鹽與納課之數，反得其輕而寡。既得其輕而寡，是以彼邑往往樂從之。而最遠最疲之州縣，無力賄賂於要津，其行鹽與納課之數，反贏數十倍於彼。如是而欲責其鹽之行而課之裕，胡可得哉。至不得已有司代民呼號，控之於上，則諉之曰原額已定，而數不可改易矣。嗟乎。財力之貧富存乎地，户口之殷耗因乎時。彼儼然持筴操衡之人，而不以國計民生爲念，但知循一成不變之法，以責成於有司，亦何貴乎居能變通之地，而行轇轕之事耶。且彼之責於有司者，曰鹽課胡以虧也。夫使量治地之大小，户口之多寡，以定鹽票適中之數，則在民不憂虧，在商亦不憂虧矣。又曰私鹽胡以行也，夫使量地境之遠近，行鹽之多寡，以酌鹽價適中之數，則民不苦官鹽之貴，自無取私鹽之賤矣。此愚之所以重望於司計之人，欲其秉至公之念，審獨斷之權，隨時變通，參酌良法，自不患官課之不敷，私鹽之不禁也。大都課歸於國，利食於民。而居中往來，令其疏通而不滯者，商也。三者偏重，俱有所不可。然國利民利，而商未有不利者也，商專害而國與民固未有能利者也。察今之勢又不然。司計者之心，殆欲顯居利國之名，而兼收利己之實，遂陰假利商之便，而罔深恤害民之由。即其害之在民，亦有差等。又視其經營之巧拙，以爲受害之重輕，此偏枯之中又有偏枯焉。愚所令之新泰，殆所謂極遠而極疲，數年之間，乃身嘗其害者。故言之有如是其深切也。

（清）賀長齡《皇朝經世文編》卷五〇《户政·鹽課·請定鹽法疏朱軾》　欽惟我皇上御極以來，深恤民隱，寬大之詔屢下。舉凡錢糧課税兵刑禮法之所在，爲臣下奉行之未當者，無不逐一釐正。措施期於盡善，固已四海共沐恩膏，無不歡騰鼓舞矣。惟是鹽政一事，上關國計，下繫民生，向來各處俱定有規條。而法久弊生，每滋紛擾。上廑聖懷，有不得不急爲講求補救者。臣查出鹽之地，有海有池有井，而各省鹽法，辦理不同，始或因地以制宜。今當從長而定議，去其弊則利自興，便於民始有補於國。臣謹就平日見聞之所及，酌目前因革之所宜，敬抒管見，爲我皇上陳之。

一、行鹽地方，宜酌量變通也。查各省不皆産鹽，所以必藉商人行運。但即以江南之鎮江等府而論，與淮揚相去甚近，而向例必食浙鹽。浙江路遠，商運需費，鹽價自貴。而淮鹽就近可得，價亦甚賤，捨賤買貴，人情所難。近日丹徒縣販私搶鬧一案，所謂私鹽者，蓋即淮揚之官鹽。因其非浙商所賣之鹽，即謂之私耳。夫淮浙雖有不同，以國家視之，食鹽無非赤子，完課總歸正供。此疆彼界，有何區別。徒以商引銷積之不均，致使小民法網之不免。自應令該督撫會同鹽臣，斟酌變通。如鎮江等府竟改行淮鹽。其餘各省似此者甚多，如河南上蔡等縣，本有河東之鹽，而必銷淮引。湖廣巴東等縣，逼近四川之界，而必食淮鹽。有一省而各府所食之鹽地方不同者，有一府而各州縣所食之鹽地方不同者，俱應就鹽地之遠近，逐一查明，盡爲改易。則一變通間，於國家既毫無所損，而民之受福不少矣。

一、各州縣銷引，宜通同計算也。查商人行鹽各有地方，州縣銷引原有定額，是以舊例不許越界買賣。但犬牙相錯之地，有此縣莊村插入彼縣地界者，就近買食官鹽，即爲犯禁，查拏拘繫，往往不免。而本縣所設鹽店，或遠在數十里之外，小民食鹽無幾。欲其捨鄰近易買之鹽，而遠求於數十里之外，此必不可得之數也。况水陸之裝載有難易，鹽觔之積貯有盈縮，而價之高下因之。若必拘定所屬地界，甚爲不便，而愚民之易至於犯禁令也必矣。夫額定之引目，原量烟户之多寡。此縣之民買食彼縣之鹽，則彼縣之引必不足，而此縣之引自有餘。何不即以有餘之引，補充不足之數，合總計算，自必有盈無虧。臣請敕下各處督撫鹽政諸臣，酌量地界相連之處，或一府，或數州縣，合爲一局。將所領鹽引，通融行銷，不拘商買分地，無論州邑界限，聽商民就便交易。庶引課民食，兩有裨益。

一、竈户煎鹽，宜令商人助其資本，并酌定賣私治罪之例也。查定例竈丁人等，夾帶餘鹽出場，及私煎貨賣者，同私鹽法。乃近來拏獲私販，止據現獲之人問理，並不根究竈户。不知私鹽皆竈户所鬻，若使場竈間無私出之鹽，奸徒何從興販。故欲杜絶私梟，必先清查場竈。而欲絶場竈之私出，又必先體恤其苦情。凡竈户資本，多稱貸於商人。至買鹽給價，則權衡子母，加倍扣除。又勒令短價，竈户獲利無多，鹽復有餘，且恃私鹽事發，罪亦不及。是以敢於售私，實由鹽商驅之，而該管官縱之也。臣以爲宜令商人認定竈户，酌給資本，使得及時煎曬。雖遇陰雨連綿，鹽觔不致缺少，於商人亦大有益。其價值於掣鹽時，該管公同酌定，寧有餘，毋不足，務使竈丁得沾利益。庶日用有資，而工本無缺。然後嚴絶私售之弊，而治之以法。除老幼負擔四十觔以下，許照例賣給，令鹽場大使驗明掛號，準其出場，並逐日報明分司。此外人非老幼，籍非本境，鹽過四十觔以上者，一概嚴行禁止。煎出之鹽，務令鹽商盡力多買。或露積，或貯倉，大使逐一查明封識。如有聽憑商人偷運，及違例賣與梟販等弊，將竈户分别究治。該管大使，以縱容論罪。再大使微員，守法自愛者甚少，應將分司丞倅，移駐場所，責令監管。如此則私弊可除，竈丁亦不致受累矣。

一、附近出鹽地方鹽價宜減也。查私鹽自三四百觔至千餘觔者，皆大夥梟販，運至遠處發脱，此其窩頓有地，出没有時，來蹤去跡容易追尋。且惟江岸河干，船隻往來之地方，文武官及水陸關口，果能緝查嚴密，奸徒自然銷阻。惟四十觔以内，不在禁例。而五十觔至一二百觔者，俱在近地百里之内售賣。蓋遠則擔負非易，工食費多，得不償失也。食鹽之家，每冒禁而買私鹽者，不過以其價賤於官鹽耳。與其嚴拏而滋擾，不若平價以杜絶。凡附近出鹽地方，百里之内，將官鹽價值減與私鹽之價相等，則民間皆食官鹽，私鹽不禁而自絶矣。在商人於出鹽近地，既少搬運盤駁之費，鹽價自應酌減。況食鹽地方遼闊，此附近百里之内，不過千百分之一，何必定要昂價。彼奸徒販私，原圖厚利，即照彼減價，亦可償本，完課有餘，何憚而不爲耶。

一、鹽引額設多餘之處，宜行酌減也。竊國家休養生息，天下户口，誠日加繁庶。然民間食鹽，以家計之豐嗇爲多寡。即稍豐之家，見鹽價騰貴，亦必加意節省。鹽觔所銷，究不能多。乃數十年來，引目之數，或議加於司鹺之員，或請益於封疆之吏，或據商人公呈，或稱兆姓情願，時有增益。究之頻年壅滯，照數徵完者甚少。似宜令各該督撫，逐一確查議減。與其多餘而必欠，存紙上之虚名，何如減少而易完，收久遠之實效。至於鹽規一項，立法之初，本無此名色，緣行鹽利息饒餘，各處不免饋送，遂爾相沿成例。近因各官俱有養廉，此項久經禁革。但恐各官非皆潔己之員，舊規既去，或又巧爲生發，商人照舊饋送，無非出之於鹽，則無非出之於民。并懇皇上敕下直省，嚴行申禁。其存充公用者，亦酌量減免，以裕商力。懲商必先恤商，恤商即所以恤民也。

一、商人宜加甄别，并慎爲選擇也。查運鹽辦課，有本有利，必身家殷實之人，始能承辦無誤，且知自愛，不致生事。而各處引名，俱向來預定。有初本有餘，而花銷敗落，仍然爲商者。亦有豪强棍徒，欺壓霸佔者。又有私相售賣，頂名鑽充者。或係赤手無藉之徒，或係兇棍不法之輩。始則夾帶營私，繼且窮奢極欲，誤引虧課，諸弊叢生。欺官累民，無惡不作，此皆商中敗類也。宜令巡鹽等官，嚴行稽查。并著衆商從公舉首，逐一甄别，慎選老成富厚之人，情願承充者，更立引名，使之承辦。仍不時教訓衆商，嚴加管束，務令謹身節用，盡去從前積習，勉爲善類。其子弟俊秀者，設立義學，延師教授。如此，則商賈亦敦善行，而風俗歸淳厚矣。

一、鹽價宜公平酌量，使商民兩無虧累也。凡商賈貿易，賤買貴賣，無過鹽觔。總緣裝運遠涉，既多使費，而鹽商縻費花銷，又復不貲，皆取給於鹽，此鹽價之所以日益增貴也。每見封疆大吏及巡鹽御史，有庇護鹽商者，任其高擡，從不過問。而操守廉潔之員，不收饋遺，又或刻意核減，至於已甚。商人見定價太賤，因而匿鹽閉市，反致滋擾。臣以爲應隨時酌定中平價值，使買賣兩無虧累，自然相安無事。又商人行鹽，多存貯省會，其各處行銷，係本地小商，領單轉販，運往城郭市鎮會總之處，開鋪發行。其各鄉村小店，又從城市販往，層層遞運，費亦遞增。而經過地方，盤驗掛號，使用尤多。是以遠鄉鹽價，較之發鹽之地，往往加倍。臣請敕下督撫，嚴行禁革。如有借端需索，許販鹽之人據實控告。再鹽從省會遞運，斷無夾帶私鹽之事，并飭免其盤驗，以省守候之苦。庶鄉村小販，得沾微息，而鹽價亦不致太貴矣。

一、荒僻鄉村，宜擇良民領鹽零賣，以便民食也。查窮鄉僻壤，難於消鹽之處，從無開設鹽店。窮苦小民，經年食淡，或煎熬鹹土充食，以致生病，老人尤不能堪。間有家道充足之人，從城市多買數觔携歸，途遇巡兵，盤詰訛詐，往往不免。請令有司於荒僻村莊，擇一謹厚良民，給以小票，令其領鹽零賣，賣完繳價，又復發給。如此，則衰老窮民得以就近零星買食，而於鹽觔之行銷，亦不無少補矣。

以上數條，皆臣從前所經地方，及近來察訪，略知梗概者。此外臣所未知，及知而不能確信者，不敢以入告也。夫國家度支經費，所關甚大，弊不可不除，而法不可不善，必揆之上下而皆宜，斯行之久遠而無弊。臣仰體聖意之憂勤，敢獻芻蕘之末議，伏乞皇上睿鑒。

（清）賀長齡《皇朝經世文編》卷五〇《户政・鹽課・緝私鹽徐文弼》

夫鹽徒販私，皆奸民與場丁交通。奸民利得賤鹽，場丁利其售貨。其私販所至之地，又必有窩家，而鄉村小民，食私較食官頗賤，故群相爭買，而販私者亦因其易售而視爲恒業。於是私鹽盛行，而官鹽日壅。然更有大夥鹽徒，南方撑駕大船，北地多驢馱負，弓刀炮火，白晝公行。莊村任其經過，捕壯不敢稽攔。其尤可怪者，官商納課領引，到場買鹽者也。如直隸山東等之商，所認各州縣額引，在場鹽運行，州縣例有銷引考成，不得不督責民間買食。其如本商貪圖多賣，反暗買私鹽，而充官鹽，以致鹽多難消。又藉口民多食私，而令官壅。此北地奸商借官行私之弊也。如江淮兩浙之商，例有管理上場下河等夥計，其不肖之徒，糾合無賴，連檣運載，明插旗號，執持官引，以爲影射。江河四達，莫敢伊何。又間有大膽豪商，賄通官長，綑載多觔，公然行掣，徑同額鹽，一體裝往地頭發賣，或別售他商，以取倍稱之息。此南方奸商借引行私之弊也。

一、清北商之弊。北地之商，買私暗充官鹽，由於引鹽到境，官不爲稽考也。夫本州縣額引若干，每引額鹽若干。本商每年或一次二次運行，先將運到引鹽若干觔，呈報到官。本官即出示張掛本店門首，將運到引鹽若干斤，諭城鄉約地莊頭照烟户於某日爲始，速赴本商店内，照時價公平買賣，本商不得故昂其值。酌定引期，於某月日買完。本商每月將民間買過引鹽若干，呈報州縣，俟定期引完之日，將本商賣鹽底簿弔查。如尚未賣完，再行出示，催令民間速買，以便銷引而副考成。如已照數買完，即令本商將運過引目送驗，具文連引，填明批解月日繳銷。引鹽賣完之後，本店又復開張，或潛行私賣，即係買私網利。或傍人首告，或本州縣查出，定行申報，按律究擬。歷來地方官，每於歲終將銷引文書，徑交本商自投運道，而引未嘗寓目，保無匿引影射私鹽者乎。惟引鹽按額完銷，運引即行驗解，商無暗賣之私，民息多賣之累。此借官行私之弊，可以杜絶矣。

一、清南商之弊。南方之商，運行各省，定由長江大河而去，非沿途州縣之可稽查也。其弭私之責，殆在巡鹺使者之與運道乎。商人領引赴場買鹽，竈丁只照引目聽買，不許將私煎夾帶。查出本商餘鹽，併究所賣竈丁。若批驗所掣，摯之後，將引即行截角。於擇吉開行之後，仍有駕船插旗，江河行走者，即爲查挐解究，務盡根株。每年行銷舊引，剋期報繳，不得留藏本商，以滋影射。夫竈丁不賣餘鹽，掣所嚴查夾帶，則私鹽不得出場。引目照例截繳，私販盡法窮究，則商人無所容奸。此借引行私之弊，可以立清矣。

（清）賀長齡《皇朝經世文編》卷五〇《户政・鹽課・四川鹽課疏》張德地康熙十一年》

爲恭報鹽課鹽税銀兩等事，奉部行查議，川省大引一款，隨即備移鹽法道查議去後，今據夔州府回稱，查萬雲寧大有井四縣，俱屬新經開淘，所産之鹽無幾。即今日所出鹽斤，尚不足本地易食之用，以四邑些須之鹽，何堪舉行大引。即有引亦無多鹽可填，更無處可賣。及查各縣舊制，原無大引行鹽之規，似難輕議舉行。又據潼川州回稱，查得鹽引之設，必地方全盛，行鹽既多，鹽課繁溢，恐有私販縱横，國課短少，故非鹽引不足以督考成，別殿最。今蜀省户口寥寥，非期之百餘年之後，斷無生聚驟蕃之理。況鹽井盡爲賊填，開淘原復不易，祇此小票，聽民自領自賣，頗爲簡便。若額定每州每縣行鹽若干，派引幾許，反致行鹽無民，歲課有虧。其大引自應俟地方蕃庶之日，再爲領頒。又據犍爲縣回稱，節年俱小販行鹽，或借本，或合本，不過數百斤而已。俱討小票，負運馱載，取其就便。本少利捷，以省僱船僱夫之費，是民之朝夕養命者，恃有小票。且小票招商，節年奉行之數，尚已難銷。兹欲行大引，恐大引未行，而小票亦停，所誤鹽税民生不少。又據閬中縣回稱，查得鹽政關乎國課，務在通商便民，因時制宜，然後行之經久，可以無滯。查行大引之例，前因時勢難行，遂議通便之法。大商每票五十包，小販填鹽四包，每包額定税銀六分八釐一毫。不拘大商小販，通行無滯。裕國通商，法盡善也。蜀省川北，人民稀少，食鹽無多。且産鹽之井，又僅存昔之什一。若復部頒大引，必至商民交困，殊非長久之計也。合無仍照見行引票，俟人民繁衍之日，再請部引，庶上不虧課，下不病商，通行經久，而可以無滯矣。又據彭水縣回稱，郁山鎮所産之鹽，原聽思南婺川黔江酉陽各土司商販，零星易賣，或一二十斤，或三五十斤，多則不過一百斤。況係南北東西之人，焉得久住井場，以待合引貿易。前奉頒鹽票河引一張，載鹽五十包，旱引一張，載鹽四包。商販始得稱便，通行無滯。若舉行部頒大引，則郁山零星小販，坐守經月，難合一引，必至病商損税，恐非良策。又據忠州申稱，有鹽必有引，載在鹺政，天下遵行，罔敢違越。但查得各省鹽引州縣，俱載額數，課則辦之商，引則繳之官。按其完欠，以爲考成。此卑職兩任縣令時所深知者。至於忠州雖有鹽井二處，水既不佳，産亦無幾。竈户各照人丁歲納課銀，自漢唐宋以迄元明，從無納課之外，又行大引之法。井暨碑誌，鑿鑿可憑者。若謂稽核考成，則歲課完欠，即有司之殿最矣。鹽商不至，引萬難行，川省近以小票行鹽，原因各處人民稀少，商販零星，實屬便民至計。但部行以考成無稽，遂有頒行大引之議。國家創制，損益因時，似原不必拘泥成規也，等情到道。除龍遵馬三府，瀘眉邛雅四州，原不産鹽外。臣看得大引之設，原蒙内部爲普天率土，裕國通商，剔弊而專考成之善策也。但省分有凋殘繁庶之不同，故大引有可行不可行之異。今揆情度理，大引有萬難行者二，有不必行者一。歷年商販，本少力微，所販鹽斤，多則不過數百斤，少僅數十斤耳。今欲舉行大引，查舊例每張必盈二萬三千斤之數，非窮年經月，何能得多商湊集，合一大引之數，此必不能行者一也。又川省産鹽地方，遼闊零星，俱係深山峻嶺，即濱江通水道者，不過五六處，其他盡陸行背負。若必欲舉行大引，則二萬三千斤之鹽，非二三百人不能運動。此必不能行者二也。再查川省之井，盡爲寇逆填塞，開鑿萬難。此日之竈民，不過單夫隻婦，即盡力經營，不但煎燒有限，且以所出者半供衣食，半供納課，較之他省曬海煎池，不及百萬中之毫末。若舉行大引，又安能驟得二萬三千斤盈足之竈户以給之乎。此不必行者一也。歷年小票行鹽，久經額有税課，一旦變爲大引，商竈畏難不前，是本欲增税，而不免反至於虧税也。鹽政爲國課重務，引票爲鹽法紀綱，但地方有荒熟，故立法有經權。目前川中既無昔時蕃盛，竈户亦無湊集煙民。是以因時通變，填給水陸小票，以便通其商。今若驟改大引，不惟零星小販，既無一引之資，即寥寥竈户，又無一引之貨，勢必竈商俱困，而課税交虧。至於稽核考成，則遞年開淘井眼，與行票收税，按年俱有册報。而撥充兵餉，亦年終皆有奏銷。是稽核考成，又不在大引之設與不設也。伏乞皇上睿鑒，敕部議覆施行。

（清）賀長齡《皇朝經世文編》卷五〇《户政·鹽課·論川鹽嚴如熤》

四川之貨殖，最鉅者爲鹽。川北之南部西充射洪樂至蓬溪，川南之犍爲富順榮縣資州井研，川東之定州雲陽開縣大寧彭水，川西之簡州，上川南之鹽源，州縣著名産鹽者二十餘處。而地出鹹水，可以熬鹽，閭閻私井不外賣者，不在此數。大鹽廠如犍富等縣，竈户傭作商販各項，每廠之人，以數十萬計。即沿邊之大寧開縣等廠，衆亦以萬計。竈户煮鹽，煤户柴行供井用，商行引張，小行販肩挑貿易，或出貲本取利，或自食其力，各營生計，無所謂事端也。自商販相爭，商占行消口岸，販趨透漏徑路，利之所在，走險如騖。此攔彼拒，邊徼多一防維矣。

大寧鹽運至譚家墩，巫山鹽運至巴霧河，奉節鹽運至茨竹溝發賣，鶴峯長樂鹽則運至各該地發賣。白龍泉之水較温湯雲安清而更鹹，無挽曳之勞，泉水四季皆旺。無旁泄旁滲之苦，逼近老林，薪柴甚便。近年來譚家墩口，出有煤洞，煤載小舟，順流而下，更爲便當。天不愛寶，養活無數生命。故大寧商人不須大有工本，亦能開設也。惟巫山奉節，例消雲安之鹽，則雲安之相近者，民食尚多。而鶴峰長樂商人行銷，運本頗艱，只就本處行銷，未免有滯積之虞。陝西平利安康鹽課歸地丁，房竹興歸山内。重岡疊巘，官鹽運行不至，山民之肩挑背負，赴廠買鹽者，冬春之間，日常數千人。廠中舊例，每鹽一背，給商引錢六十文。引課不虧，而無攔截拒捕之事，則法之變而得宜者也。

川中産鹽最盛之區，額設井竈固多，私井亦數倍於官。各井之鹽，舊有本地商引配銷。鹽販一項，貧民自食其力，赴井挑負，於就近州縣地方，零星發賣。從前商人，各照定地行銷，即有鹽販賣私，與商引無損，不致争競。自增引改配之後，始有打鹽店結夥拒捕等案。而川東尤甚。嘉慶十九年夏間，廣元寧羌幾釀事端，改配之議，因川北井枯課虧，改配代銷，名曰通融調劑，嗣即援以爲例。各州縣舊額，本地之商，殷實者少，大半皆西商租引代銷，認給引課，然後察地方之光景，改配引張之多寡。本商貪得引利，西商之增引，於彼無涉。所配鹽觔，不特浮於定額，且有重照兩三次之弊。大概增引之地，皆屬水次，以便船載。如重慶以下，水次之江北長壽涪州酆都石砫忠州，皆增有引張，就數廳州縣本地而論，未必能銷加增之引，不過藉在水次引鹽，船載而下，可由川江達荆宜，或由石砫至施南永順各路售銷耳。至私販所賣之鹽，距各廠近者，固買自竈户。其途路或相隔數百里，決不能從各竈挑負而來，不過就隣近州縣鹽店，販買轉易。是鹽販所賣，仍係商人私鹽。論其事，係此邑買引之商，與彼邑買商鹽之販争利。乃商人改配之利既多，各欲自顧口岸，即以别縣販子挑至者爲私鹽，設立巡丁，遇零星鹽販，捕拏到官，輒以私販充斥，阻滯官引爲詞。地方官課税爲重，不得不爲禁止。鹽販懷怨於商，遂有打鹽店之事。又慮巡丁捕拏，因之結夥成群而行，是販子日聚日多，肆無忌憚，實商人激之使然也。商人如果照原引定地配鹽，則禁私尚爲有詞。今商人未免挾私，而專欲禁販，是以燕伐燕矣。所患者鹽販爲商人逼迫，既已結夥而行，時存格鬬之心。若再加之嚴法，結怨愈深，勢必拒捕釀成事端。各州縣皆有販子，其中無賴惡少不少。或竟激而蜂起，必先擾害地方。商人棄資本有限，而百姓之受害甚大，其關於邊防者非淺鮮也。

大利所在，害常伏焉。陝西南山，利在木鐵各廠，患在停工歇業。十八年岐郿之厢匪，其顯徵也。然木鐵廠之衆，通計不過數萬而已，非如川中鹽廠，匠作轉運各色之人，至不可紀計也。海濱煎鹽，取薪草蕩。蜀井開近山林，有煤有火出自井，其煎熬視海鹽爲易。潞鹽風過而掃，蒙鹽水中自撈，其成鹽亦易。而西北陸運以肩挑，以騾駝，行數百里千餘里，而費不貲。川鹽則處處運以舟，淮鹽亦以舟運，而泝流而上，不如川運順流而下之便當。工本運脚，既較省於海鹽，故其價常賤，而消售甚易。消售既易，業鹽之人愈繁。川中沃饒，爲各省流徙之所聚。其他陸路來者無論已，即大江拉把手，每歲逗留川中者，不下十餘萬人。歲增一歲，人衆不可紀計。豈山中墾荒，平疇傭工，所能存活。幸井竈亦歲盛一歲，所用匠作轉運人夫，實繁有徒。轉徙逗留之衆，得食其力，不至流而爲匪。故川中近年邊腹地之安靖，得力於鹽井之盛爲多也。但私販既干例禁，賺銷尤功令所嚴。將來消鹽之地隘，鹽積於無用，則竈井漸次歇業，而此藉鹽營生，不可紀計之人，將何所安措。井竈盛則私販之患生，井（寵）〔竈〕衰而歇業之患大。是他省之爲引課計者，專在鹽利，川省之爲商販慮者，尤在邊防。通籌合計，俾利存而害不生，殊非易易矣。

（清）賀長齡《皇朝經世文編》卷五〇《户政・鹽課・粵東鹽政議彭釬**》** 語曰法立弊生，無不弊者法也。患乎承法者矜革弊之名，而無益於法。尤患於救法者貽法外之弊，而徒有其名。鹽弊之甚也，莫粵若，請先言其弊，次言革弊，而後析言久而無弊之議可乎。頃者場埠諸利，皆强有力者擅而專之。近雖檄召里排承販，嗟乎，安得有真里排承之哉。即更改埠商，亦不過爲鹺鹽開利孔耳。重貲營埠，昂直求償，私販安得不多，鹽餉安得不缺，所謂矜革弊之名而無益於法者此也。粵鹽歲餉二十六萬有奇，今缺且半，則病在餉。往時鹽直，曾不及今之十一，今法日苛，直日昂，則病在民。折海之後，地少則鹽田日少，田少則竈丁又少，而食鹽者不加少也。强有力者持之，而皆借粵賈爲名，則病在水客。粵引鹽行於府若州者，三十有三，潮賈由三河東抵閩汀，廣商自南雄。北連贛吉，一自梧桂西泊衡永，而轉運於北，一自樂昌北至宜郴，一自連州白牛橋北逕臨武而迤延於西。今行引鹽賈，率皆營棍姦人，則病在商。所謂貽法外之弊而徒有其名者此也。大弊一至於此，而欲使餉不必歉而頓增，直不必昂而頓減，水客商人不必困而頓舒，則惟是督撫大吏，嚴著爲令，不復瞻徇，凡鹽商鹽賈，敢有雜營弁子弟親戚，詐稱同夥以滋鹽蠹者，死無赦。庶幾牢弊永革，鹺政肅清，裕國便民，莫大於此。至於久而無弊，則鹽埠之疆界宜弛也，鹽商之名目宜去也。每歲埠有定數，每埠餉有定額，故商人得以操獨市之利，任意低昂，而民間因以食重價之鹽，莫從告訴。徒苦於民，無益於國。若使各縣埠餉，計日起科，在每丁不過歲輸豪米，而商自不困，餉自不虧，價自不騰，鹽自不滯。縣令考成，鹽餉與秋糧，一視同重。行之於粵，固可永永無弊者也。至於出嶺之鹽，則仍照常告引。鹽有定額，商無定名，視今日之輸於公帑者一，而中飽於蠹吏之手者百，則大相徑庭矣。抑更有不可不講者，隆萬以來，西省專衡永之利，而禁韶鹽不輸平石，連鹽不輸白牛，東人餉虧，楚人艱食，此萬萬宜通者也。潮鹽入汀，地鄰贛吉，於是潮人覬江右之利，而與雄商争衡於嶺北。夫汀鹽行則南鹽阻，南鹽阻則税鹽虧，此萬萬宜塞者也。是或一得之見也。

（清）賀長齡《皇朝經世文編》卷五〇《户政・鹽課・陳粵省鹽法疏楊琳雍正元年**》** 奉上諭：鹽務歸地方官辦理，不用商人銷運，可行與否，著該督撫商酌具奏。欽此。臣等公同細加商議，查廣東鹽法，除瓊州一府，遍地産鹽，向係就竈丁徵課，不設引目外。其餘各府産鹽地方，所産之鹽，則係於廣東廣西二省，江西之南贛二府，福建之汀州一府，湖南之嘉桂八州縣，共計一百六十餘處行銷。每年課餉，共徵銀五十萬兩零。向來設商行鹽，有場商埠商之分。場商養竈收鹽，賣於埠商。埠商納課買鹽，行銷各地。前因場商無力養竈，不能收鹽，埠商無鹽可運，不能完餉，以致積欠九十一萬餘兩。自五十六年，御史常保題請發帑收鹽，臣楊琳議請綑徵舊欠，近年課餉未缺，舊欠亦漸次帶完矣。再查福建新定鹽法，將鹽院衙門各官及商人，盡行裁革，鹽課均攤各場，交與州縣官照數收納，平買平賣，殊覺簡捷。但廣東與福建相較，地方遠近，課餉多寡，大相懸殊。福建除臺灣一府外，其行鹽止七府一州，地方原屬無幾。且於鹽場相隔不遠，課餉僅止九萬餘兩，就場攤徵，委員平賣，尚屬可行。若廣東行鹽一百六十餘州縣，場鹽必由海船運至內河，再從水陸分運。其間州縣離場地遠者，二三千里不等，盤費脚價，多於正課。若著各地方官，赴場納課運鹽，州縣官不諳鹽務者，必委之家人衙役，將鹽運至地頭，非一任家人衙役，設鋪分賣，中飽花費，即分發里地，按户勒派。且州縣官納課運鹽，不能自備貲本，勢必挪動地丁錢糧，鹽觔之銷售難定，州縣官之事故交代不一，恐鹽課未必能完，而地丁之虧空日多，似未便交與地方官行運。如聽一應貿易人等，赴場上納課餉，任其擇地運銷，則易銷之地人争趨之，難銷之地粒鹽不至，民食大缺，課餉無出，而私販任意透越，竟難稽查，似又未便聽一應貿易人等自行銷賣。再兩廣額定引目，六十萬餘道，內查廣東有二十餘州縣，斷難完銷。福建汀州八縣，止長汀一縣可以兼銷，其餘七縣或銷至六七分四五分而止，約計每年必有十餘萬道引目不能銷完，即空懸課餉四五萬兩。除舊欠九十一萬餘兩，已歸緝徵，引未行銷，送部截毀外，尚有商人歷年已經完餉，而鹽未運銷者，共引目八十餘萬道，計墊完課銀六十餘萬兩。其商人顧其埠業，年壓一年，尚圖運銷歸本，墊完課餉。若地方官去留不定，貿易人行止自由，勢難作通融久長之計。查課餉每年五十餘萬，所關匪細。商人近年課餉全完，舊欠賠足，尚屬急公。今於舊欠將完之際，盡行裁革，似覺可憫。臣等細加商酌，廣東鹽務，課餉不缺，全在收鹽充足。若聽場商收鹽，貲本不繼，必難多收。應將場商停設，仍發帑委官監收，埠商仍留，聽其完課運鹽。內有課餉難完，無人充商之地，則著落地方官，領鹽運銷，解價完課。更有引多壅積，地方有可以代銷者，聽其呈明代銷。則國課不缺，商民咸獲便利矣。

（清）賀長齡《皇朝經世文編》卷五〇《户政·鹽課·滇南鹽政張泓》

滇處天末，幅幀遼闊，而民户日增，食鹽歲需三千六百餘萬。滇産鹽者九井，歲止三千五百餘萬，尚不敷九十餘萬觔。沿邊諸處，每有淡食之苦。自制軍慶公福，撫軍張公允隨奏請運買川鹽一百萬，以濟昭通東川兩府。又請運買粵鹽二百萬，以濟廣西廣南兩府。於是鹽頗充溢，而各州縣均有壅銷之患焉。各竈户煎鹽，從前柴木甚近，邇來日伐日遠，柴價昂而鹽本因之亦貴。竈户煎辦拮據，難以養生，屢有拖欠逃逸之弊。余任黑井提舉司時，制軍碩公色，檄議通省鹽觔章程。余因力陳竈户艱苦，必得加添薪本，脚户加價，以杜盗賣而裕公務。并陳明採買餘鹽之弊。蓋九井中，惟黑井産鹽最豐，白井次之。白井不患無鹵，而柴難。黑井不患無柴，而鹵少。

緣從前較煎之官，過爲苛細，涓滴不留餘步，至如煎額鹽一千零九十萬，廣往額一倍。然鹽增而用薪亦增，薪益艱，竈户虧憊，不能自辦，仰給薪本於上，價又仍舊額，是驅竈户以逋逃也。查歷年卷案，可爲各竈稍蘇其力者，惟免採買餘鹽一策。前提舉孫必榮，以竈户薪本不足，乃假採買餘鹽，以暗益薪本。其鹽出沙露井，歷未報明入額。井在河中，夏秋水漲鹵解，必冬涸井露，方汲煎。各竈領鹵及薪本，每鹽百觔，銀二兩，較成本多銀一兩一錢，各竈欣然。既有鹵可補額鹽，復獲銀可助薪本。煎至次年三月井没始停，歲可獲鹽四十餘萬，名曰餘鹽。究非餘也。余查實議詳，與其明賣餘鹽，暗加薪本，不若免買餘鹽，明加薪本，年年報解，毋庸假借，以蹈欺隱，上官許之。惟每年所加之薪項無出，余復歷陳各州縣行銷鹽觔，每百觔可獲羨餘若干。若少分潤，以蘇竈力，似亦急公惠下之義。各憲嘉許，即飭余定之。余何敢避嫌怨，乃於州縣羨餘中，通計可獲銀五六萬餘兩，擬扣存四萬兩。一增竈户之薪本，一加脚户之運價，其餘存剩銀兩，仍留爲各州縣運銷店費。庶竈户脚夫獲實用，而各州縣亦未至拮据也。入於章程中，恭蒙奏允。而黑井之煎辦，至今有餘力焉。

滇民食鹽，各有界限。黑井供雲南楚雄、曲靖三府，安豐井、琅井、阿陋井、安寧州安井，供澂江、臨安、開化三府。按板井、抱母井供元江、普洱、鎮沅三府，白井供大理、永昌、鶴慶、蒙化四府，雲龍州井供順寧府兼供永昌，麗江井、五井、彌沙井供麗江府、劍川州二處。維西中甸食口外沙鹽，景東府食本地沙井鹽，東川昭通二府食川鹽，廣西廣南二府食粵鹽，俱不敢紊。越界者以私論。然人畜食鹽，其性各與水土相習。如浪穹素食雲龍井鹽，後改白井，則民食之脹，牛羊食之輒病死。民屢訴未許復，咸私買雲龍井鹽，官知之亦不禁也。余定章程，曾請改浪穹仍食雲龍以便民，鹺使以白井鹽多，少一縣食鹽，則鹽無銷處。未允行。

（清）賀長齡《皇朝經世文編》卷五〇《户政・鹽課・鹽法隅説孫玉庭》 鹽者天財地寶，資民食而裕國課，利至溥也。是以場則設官，運則招商，總會計於運司，而以巡鹽監之，此國家理財之大政也。顧財以理而後國與民兩利，否則民有食私茹淡之虞，商有墮運誤銷之弊，終於國課有虧。乃或者借帑以濟商，而商猶不振。商不振，則運仍墮而民食私。民食私，則私愈多而引愈壅。於是嚴緝私之法，以疏官引，而私販終不爲止者，抑又何哉。蓋場竈産鹽，得利而售者情也。官買例有定價，售私則價重於官。場竈必賣私鹽者此其一。官商之鹽有課，私販之鹽無課，無課則價輕，小民願食私鹽者此其二。場竈必賣，小民願食，私販從中射利，而欲以法令禁之，此必不能。所由梟徒盛而拒捕多也。夫拒捕殺人，罪在必誅，因而亡命，何事不爲。陸路之巨匪，海洋之群盜，此類實多。是鹽法不得其理，私梟爲害之外，又有强盜之患。豈但民食之不充，國課之不裕已哉。玉庭承乏嶺西，兼司鹺務，考之鹽法舊志，參以現行事例，均有未安於心者。管見所及，聊述其略。夫粤東各場，鹽分煎曬，産鹽而售，此其利也。竈場有課，如田賦然，爲數無幾。至於運商所輸，則有價有餉有雜項之别。價者場鹽運省，每包成本若干，餉則每引國課若干，雜項則硃引奏銷，以及鹽羨之類，爲數實多。往者粤中産鹽，官發帑金，買運省河，貯之鹽倉，然後配商領運。課必年清，價則後完。嗣後不惟欠價，并致欠課，因而虧帑。揆厥由來，固緣商人辦理不善，亦因官司調濟失宜。於是亟圖補救，而改帑爲綱之法行焉。其法先勸富民若干家，各出貲若干兩，共彙成若干萬兩。先歸還無著帑欠若干萬兩，餘者以爲綱本，買場竈之鹽，運歸省河。核定每包成本若干，餉雜若干，餘息若干，令運商照依完交，然後配與鹽包，此爲先餉價而後行鹽。又設綱總十人以理之，而官稽其出納，用是運商不欠餉價，綱商可得餘利，誠能久遠行之，亦良法也。無如運商貲本微薄，營運難周，而正餉則令先完，積引不能盡配，因之貲本愈薄，墮誤愈甚，而私鹽充斥，遂不可制。且綱商特富民耳，初不盡解鹽務，其司事綱總，利則歸己，他人肥瘠，視同秦越。兼以海運被刦，綱費日煩，終亦無利虧本，不可支持。此理勢之必然，不待智者而決也。早思變計，莫如課歸場竈。

查《鹽法志》，粤東某場池堧若干，某場竈若干，歲産鹽若干，各有定額，鹽額定，而每年運銷之課額亦定。其額外所産，名爲餘鹽，亦皆具報場官，盡歸官買，售配暢銷之商，收羨而不收課，此向例也。今擬課歸場竈，其法應於竈曬各户具報産鹽時，令場官查明確數，登記簿籍。至出售時，按照包數斤重計算，正鹽每包應課若干，餘鹽每包應羨若干。抽收後，即放令出場。其售之於商也，則令竈曬各户，合計成本餉項共需若干，增價以賣。俾歸本之外，尚有餘息。不必問售之何商，任其自爲交易。其商人轉運，則凡粤鹽應行口岸，皆聽所之。但不侵淮浙等處引地，則無所礙。如此變通改定，在曬竈之户，出課雖增，而得利亦贏，必所深願。運商無須官設，則有貲本者，無論多寡，皆可貨鹽獲利，孰不樂爲。且無官商之名，則小民隨處皆可買食，鹽值必減，商民兩便，無過於是。而徵收國課，亦得簡易之法。此即李雯天下無非私鹽，則天下無非官鹽之説也。顧或者謂粤中各場，遠近不一，價餉輕重亦異。或場地近而價餉輕，或場地遠而價餉重。如聽商販自買，勢必舍遠趨近，避重就輕。遠場或致積鹽，國課恐因缺額。奈何。不知前人分場定配，原已斟酌適均，斷無偏畸而能經久之理。其價餉重者，如粤西埠地較遠，則行配高廉西場之鹽，並無再近之場，且銷值亦多。價餉輕者，如粤東近海各屬，及閩汀一帶，毗連潮州，則銷值必少。貴東江右，以及郴桂各處，可以類推。且場産有額，近場之鹽爲數幾何，安能供五省多商之買運，而過慮遠場之積鹽，國課之缺額，亦無謂矣。又或者謂不設官商，則通都大邑，商所争趨，僻壤窮鄉，民將茹淡。此則不然。利之所在，不脛而走。嘗見村落間，有肩擔賣菸者。菸非人人皆嗜，尚有小販往來。鹽則日用必需，豈轉慮無貿易。况僻小村莊，尚可赴市鎮購之，獨不見河東鹽課，近歸地丁，民間反得食賤之益，並無乏鹽之患乎。又或者謂即如是，課歸地丁可矣，而必歸於場竈，其無乃故爲紛更，窒礙而不可行。此又不然。粤鹽情形與河東異，河東行鹽之區，地丁多而鹽課少，在百姓不覺加賦之累，而有食賤之益。若粤省則鹽課多於河東，而行鹽口岸旁跨五省，且所出地丁無河東之多。倘亦仿照行之，必滋擾累。况使力田之民出課，而逐末者坐享其利，尤屬偏枯，故不可也。又或者謂課歸場竈，固有説矣，但竈曬之户皆貧民也，能保課之必易完乎。曰粤場産鹽，舊有定額，兹則課入鹽出，無從拖欠。至於餘鹽，向每少報，以爲售私之地。今既聽其自爲交易，則無私非官，有餘皆羡，納課後各聽所之，必共翕然稱便。是課歸場竈之法行，不惟額鹽有課，餘鹽亦復多羡，所謂民可使由，國課且將日增者也。又況課既有歸，則鹽禁弛。向之由私販而成梟徒，以致爲陸路巨匪，海洋群盗者，皆知謀生有藉，可返故鄉，將以所有之資，貨鹽小販，而爲良民。又何爲犯必誅之法，蹈不測之淵哉。裕國便民而外，兼可弭盗，此事理之顯然，非迂闊而無當也。至於場鹽旺産之年，商運已贏。竈曬露積而恐消耗，則仿劉晏常平鹽法，以濟商竈之不及，并備産鹽之偶歉。則隨時酌劑，存乎其人而已。潮橋鹽務，向未歸綱，視此一例，更弗贅言。所有課歸場竈章程，開列於後。

一、課歸場竈，宜合計每年引課共若干兩，分別各場大小匀派徵收也。查現在粵鹽額行引目，共八十一萬四千五百餘道，其奏銷課銀六十餘萬兩。又粵西所行引鹽，除完引課外，另納商税銀四萬七千五百餘兩，此引課歲額之總數也。今議課歸場竈，應請將課税兩項，分別各場大小均匀攤徵。

一、課歸場竈，宜查核各場産鹽數目，按包分攤也。查課從鹽出，鹽以包計。合算行銷額引之鹽，每包一百五十斤，共需鹽一百二十八萬九千餘包。粵東各場大小不一，産鹽多寡亦異。其産生鹽之場，多者歲額收鹽十四萬餘包，少者亦在二萬四千餘包以上，每年共額收鹽一百二十五萬三千六百餘包。其産熟鹽之場，多者歲額收鹽三萬八千餘包，少者不過二千數百包，每年溢額收鹽十四萬五千餘包。此《鹽法志》所載，收鹽總數也。雖各場衰旺，今昔不同，熟場改生，情形亦異。然通盤合算，增虧相補，總屬有餘。至各場額外仍有所産，名爲餘鹽，以供配銷各項雜鹽之用，有價無課。所獲羡銀，亦俱係報部撥餉，及充東西兩省公用。今議課歸場竈，應請即照各場額收包數，分別多寡，均匀攤算，每包應攤課税銀若干。於各場出鹽時，按包徵收。課既有歸，則向來請引行銷之例，應請删除。其餘鹽獲羡，應行酌辦之處，另於後條開注，以清眉目。

一、東莞縣熟引四千餘道，課銀二千四百餘兩，久已歸入民糧，由縣徵解。即在引課總數之中，應於前開六十餘萬兩之内開除，無庸再於鹽包抽課，以免重複。

一、雷州府海康、徐聞、遂溪三縣，引餉銀共四百三十八兩零。其三縣各有鹽場，歲産之鹽無多，止供本處銷售，向未計包收買，其引餉係各該縣辦解。今議課歸場竈，應令各該縣照依新定章程辦理。查該三縣引餉銀兩，即在前開額課六十餘萬之内，其所産之鹽，則在前開各場額收包數之外。所有引課銀四百三十八兩零，應在該三縣鹽場内計數徵收，無庸於前條額收包數内攤徵，以免重複而歸平允。

一、瓊州府所屬各州縣，四面環海，遍地産鹽，向未設引行銷。其鹽課銀兩，歷係併歸竈場完納，由府州縣徵解，應仍照舊辦理。查此項課銀是否即在前開奏銷六十餘萬總數之内，《鹽志》未詳，運司衙門自有案據。如在其内，亦無庸於前開額收鹽包内攤徵，以免重複。

一、各場例納丁課，及竈埇鹽田之課，應仍照舊徵收也。查粵東各場丁竈池埇等課，歸場官徵收者十居八九，歸府縣徵收者甚少。每年通共徵銀一萬四千八百八十一兩有奇，爲數無多，且與引課無涉。應照舊辦理，無庸更張。

一、鹽課正款之外，尚有雜項羡銀，應分別辦理也。查向來場鹽運省，每包加有滷耗鹽斤。除去沿途折耗外，餘者名曰子鹽，配商銷賣收價，歲獲羡銀二萬三四千兩。又節省包價工伙等項，歲約獲羡銀五千餘兩。又每餉銀一百兩，徵收部飯銀一兩五錢，平頭銀三兩三錢，二共徵收銀二萬九千八百餘兩。另徵紙硃引費奏銷銀共九千四百餘兩。又潮屬秤頭鹽羡，及公費場脚等項，共銀二萬一千餘兩。又西省每年另銷秤頭鹽斤，獲羡銀二萬七千一百餘兩，銷受土司鹽包羡銀三千三四百兩。又滇省採買粵鹽場羡銀九百餘兩，大埔縣徵收魚滷税銀五百七十餘兩。以上各項，共計獲羡銀十二萬餘兩。再查從前商人所納鹽價銀兩，除給場及海運船脚外，每年約餘銀二三萬兩不等，名曰場羡。連前項各羡共銀一十四五萬兩，俱係報部撥餉，及充東西兩省公用之項。自應仿照正課之例，於各場所産餘鹽内，按包匀攤徵收，以歸畫一。惟查滇省採買粵鹽一款，係銅鹽互易。所出之羡，其鹽仍須運滇，未便亦於場産鹽包内，再行攤派，致有重複。此項鹽斤，應請照場鹽實價採買運滇。所獲羡銀，另行辦理。又大埔縣所徵魚滷税銀一款，係腌魚瀝出滷汁，並非鹽斤。因民間愛食此物，是以定有税額。且係由縣徵解之項，於鹽包無涉，應仍照舊辦理。又土司鹽羡一款，係南寧太平鎮安思恩慶遠等府所屬土民，歸土司管轄，例禁商人前往貿易。所有各該處土民食鹽，僅止四千三百九十餘包，向係各該知府領運，轉發土司銷售，解繳餉銀歸項。所獲羡銀，由府解西鹽道造册奏銷。此項羡銀，亦不能歸於場鹽包内攤徵，應照舊歸各該府辦理。其歲需鹽包，亦仿照滇鹽之法，由東省實價採買，運貯省河鹽倉，配給各該府行銷。以上滇鹽羡、土司鹽羡及滷税三項，共銀四千八百餘兩，應於前開雜項羡銀共十四五萬内開除，以昭核實而免重複。

一、鹽規養廉一項，宜仍照舊辦理也。查粤西舊例，鹽歸官賣，凡府州縣官辦鹽務者，均沾餘潤，以資公用。逮後改歸商辦，地方官即無此項餘潤，是以埠商致送鹽規，幫補辦公，日久成爲陋例。而粤西地方清苦，養廉不敷公用，勢不能裁此陋規。經前任總督李侍堯等奏明，奉部覆準，即以此項鹽規銀兩，爲各官添補養廉之用。每年由西鹽道徵收，造報奏銷，與正項無異。今課税議於鹽包内抽收，此項鹽規養廉共銀一萬三千餘兩，攤入鹽包之内，爲數無多。應請統歸於雜項羡銀内，合計總數，每包應攤若干，一併徵收，由東省解歸西鹽道支放奏銷。

一、場産餘鹽，向係官商收買，以供配銷各項雜鹽之用。其旺産之場，於配足雜鹽之外，仍有餘鹽，向每匿報，以爲售私之地。今應酌量辦理，以恤竈曬貧丁也。查竈曬之户，專以煎曬爲業，其辛苦甚於農民。歲産鹽斤，歸官商收買，例價除工本外，贏餘甚少，不能養贍。而售私則價重於官，是以匿報餘鹽，售私圖利。今議課歸場竈，雜項羡銀，亦均於餘鹽内按包徵收。款項已屬有著，則此外所産之餘鹽，似應聽其自行銷賣，無庸再收羡銀，以恤貧丁。但餘鹽本無一定，旺産則多，歉産則無，若不分别辦理，則旺産之年，餘鹽較多，未免過優，應請於旺産較多年分，照雜項羡銀，每包應攤若干之處，酌減一半徵收。其歉産之年，即行停免。庶幾斟酌適均，於羡銀有增無減，於貧丁大可有益，似屬兩得。

一、各場鹽價，應聽竈曬各户，自行酌定銷賣也。查粤中各場鹽包，例有定價者，因官運配銷，課餉出自商人故也。今課羡各款，既歸場竈，於正餘鹽包内徵收，則鹽價應聽竈曬各户合計餉項，細入成本，酌量增添，售給買運之人。無庸官爲定價，以免煩擾。如謂聽其自賣，或致高擡價值，則有斷不能者。蓋産鹽場地甚多，人情有利則售，此場不賣，另有彼場，焉能居爲奇貨。此亦如大行大市，自有公平時價，人不能争，况場竈之户，皆係貧民，尤屬不能持久，固無慮也。至於商販運往他處銷賣，事同一理。既無販私之嫌，即無壟斷之慮。小民買食，價必平減，無庸更議。

一、按包抽税，宜分别正餘，以次徵收也。查各場産鹽，多寡不同，應查照向來場分産鹽包數，核定若干包爲正鹽，若干包爲餘鹽。正鹽課多，儘先徵收。餘鹽羡少，其次徵收。至此外旺産之餘鹽，本無定數，故前條議照雜羡之數，減半徵收，以恤貧丁。應請儘收儘報。如遇歉産年分，並無多餘鹽斤，即行停止，無庸計數定額，以免窒礙。

一、徵收課項，宜於場竈出售鹽斤時，照數核收也。查場竈各户，向於收鹽汛期，具報場官，查明存記。至起運省河時，場官仍監同配發，以防夾私之弊。此向例也。今議課歸場竈，應請於場竈具報産鹽時，令場官親往查驗，注於印簿。俟商販到場出售鹽斤時，仍令竈曬之户，具報場官，親往查驗。即照所售包數，抽收課項，放令出場。竈曬貧民於售鹽時出課，自屬便而易行。亦仍與商人納課無異，而斷不致拖欠追呼，則較勝焉。至場中别項稽查督催事務，仍應照舊，無庸更張。

一、鹽場大使所收課項，宜責成各府稽核綜理也。查鹽場坐落廣肇惠潮高廉等府屬，距省較遠，而距各該府城爲近。應請令各府知府，就近稽查場官所收課項，按旬按月報明本府。積有成數，即令批解府庫，仍仿照州縣徵解錢糧之例，通報各上司存案。各府庫積有成數，即解交司庫兑收，俟歴足一年，款項全完。照例分别正雜，造册奏銷。

一、廣西鹽道，兼轄鹽務，所管西税銀兩，宜酌改章程辦理也。查向來運商辦埠之時，西税歸鹽道徵收。自歸綱以來，所有税項及秤頭鹽羡鹽規養廉等項，係綱商解交道庫，由道詳請奏銷，報部撥餉，及充東西兩省公用。今課歸場竈，綱商裁撤，所有正雜款項，均於鹽包内徵收解司。應請由東省每年按款移解西鹽道庫收貯，分别造報。其土司鹽羡一項，則仍由太平等五府解道，詳請奏銷。

一、粤中各鹽場，濱臨海洋，間遇風潮湧溢，損壞基圍池堀必須修復。因竈曬之户，均係貧民，無力搶修，有礙産鹽。向係運司查明，酌借工本，飭場官督令修理，俟收鹽時，於鹽價内扣還。又各場有存貯倉穀，向於青黄不接時，借與竈曬各户，俟秋成繳價還官，採買歸倉。所以恤丁，即所以裕課也。應請就近由府查明，具報院司，照舊借給。統俟場竈出鹽時，於鹽包內一併收還，以示體恤。

一、應裁冗員養廉，以贍場官也。鹽課既議歸於場竈，無須配商行運。則運司運同以及鹽庫大使經歷知事批驗所等官，均屬冗員，應行裁汰。場官養廉無幾，責任既重，事務亦繁於前，應請將所裁各官養廉，酌量各場繁簡，分添各大使，以資辦公之用。庶不致另生弊端，較爲兩得。

（清）林則徐《林則徐全集·奏摺卷·甲午綱淮北鹽課奏銷額款全清摺道光十五年十二月二十六日》 奏爲恭報甲午綱淮北鹽課奏銷額款全清，仰祈聖鑒事：

竊照淮北引鹽，前經督臣陶澍於辛卯綱起，將湖運滯食各岸減輕科則，改行票鹽，奏准嗣五年底覈算造報奏銷。嗣因票鹽試行有效，又經奏明將湖運暢岸一律推廣辦理，如有多運，即以融代江運之不足，並將科則復還舊制，每引徵銀一兩五分一釐各在案。茲甲午綱淮北鹽課錢糧，於道光十五年底屆應造報奏銷之期，據鹽運使俞德淵分別截數，造具册揭，詳送前來。

臣查甲午綱淮北應徵入奏不入奏正雜各課銀三十一萬一千一百二十五兩七錢二分七釐內，票販請運引內徵完銀三十萬七百八十一兩四錢七分九釐，官運引內徵完銀八千九百二十三兩六錢六分九釐，商運引內徵完銀一千四百二十兩五錢七分九釐。以上甲午綱正引額課業已徵足。又甲午應帶節年各課銀九萬六千一百四十一兩三錢七分八釐內，於票販請運引內撥收銀九萬一千三百三十四兩二錢一分七釐，官運引內徵收銀四千一百四十六兩九錢九分二釐，商運引內徵收銀六百六十兩一錢六分九釐。以上甲午綱帶徵課款亦已徵足。二共徵完正帶課銀四十萬七千二百六十七兩一錢五釐。此淮北民販官商徵課如額之各實數也。

至運鹽引額，查淮北甲午綱綱食各岸正引，並帶運戊子、己丑、庚寅殘鹽，共該三十七萬五千一百五十八引二百斤，除上年癸巳綱溢請二十七萬五百四十一引零，因場產滿額無鹽付捆，奏明留爲甲午綱造報，本年照請給捆，歸入甲午綱引額計數外，仍應請運鹽十萬四千六百十六引零，即敷一綱之額。而甲午綱內復據各販納稅請運鹽三十五萬三千八百二十七引，合之癸巳溢請之數，共六十二萬四千三百六十八引。在票販運行四十二州縣，祇須請鹽二十六萬九千二百二引二百斤，已敷額數。因江運八岸暨天長一縣應歸商運鹽十萬五千九百五十六引內，該商止運一千六百九十五引，再加官運一萬六百四十七引二百斤，仍缺額九萬三千六百十三引二百斤。今於票販多請引內，循照奏案撥補商運之缺，除甲午全綱引額補足外，計仍溢請二十六萬一千五百餘引。其鹽尚未全運，應照上届章程，俟給捆後，歸入乙未綱造報。統計甲午一綱，課已全足，引仍多餘。實爲票鹽暢行之效。

除行運司暨總辦票鹽並場局各員等仍遵照定章認真經理，以期久遠暢行外，所有淮北奏銷實數及辦理情形，理合恭摺具奏，伏乞皇上聖鑒。謹奏。

（清）魏源《古微堂外集》卷七《上陸制軍請運北鹽協南課狀咸豐二年署海州分司任内》 敬稟者，頃接總辦委淮南監掣同知謝丞來札，以本年新章開局，必應掃數全完。而收課至冬尚止八十萬大引，缺三十萬大引。欲令淮北票商協運淮南二十萬大引等因。源即傳詢各票商，據稱本年票鹽壩價不長，已虞壅滯，成本佔閣，安能再有兩分貲本以運南鹽。且南鹽泝長江而上，北鹽泝洪湖而上，相去千里，安能兼顧。況南鹽如果有利，南商何不運之。又南場缺產與否尚不可知，如因奏銷之故，不問利害，強令必行，則是既運無利之鹽，又納無鹽之課。商等只辦票鹽，資本已盡于淮北四十六萬引，安又有三十萬大引之本。實屬力不從心，礙難冒險嘗試等語。源思該商等所難，皆出實情，一時無以奪之。惟是新章大局所關，不可聽其窒礙，再三熟思。本年淮北非常旺產，足有兩綱之鹽，與其以北商運南鹽而趦趄不前，何如即使北商運北鹽協南課，更加種種調劑。如以貲本不敷爲疑，儘可令其將已運到壩之鹽，先運到揚，不必抵岸，即在儀徵發賣，隨賣隨徵。或在壩先納半課，到揚補納，亦隨其便。俟明年南鹽銷畢，始再運北場之鹽，以補本綱票鹽額課。該商等因手開節略章程，局商轉交公議，該商等計議三日，始各翕然多以爲可行。謹陳大概于左以備采擇。

一、鹽價宜酌減也。本年淮北掃兩綱之鹽，即銷售兩綱所得場價，本在前綱之外，難照常年價值，應請每引交場價銀七錢。

一、錢糧宜酌減也。淮北自帶納懸引以來，課額已重。今更協貼南鹽，應請永除倉穀三錢，惟河費爲冬春二單打壩濟運之用，不能議減。

一、請即用原包出場也。北鹽過淮，例須北掣同知秤掣，到儀例需南掣同知過掣。若令逐包改捆，不獨層層抛撒，亦恐時日稽延。應請准其原包出場，其過淮過儀止過掣而不改捆，給引費不給捆費，以歸簡速。

一、請壩鹽先運，再以明年票運補還壩鹽也。北商並無兩番貲本，今鹽既存壩，即係有課之鹽，應請准其先運。其鹽未出場者，應准其先納半課，俟到揚出售，補足南課。此二項鹽均于明歲再運票鹽補足，各歸各額，不過令各商不添貲本而多獲一綱之利，初不相妨。

一、南課之鹽應請准其即在儀徵出售也。此等均係淮北票商，若令遠赴淮南各岸銷售，勢必不能兼顧。且恐有誤淮北票額之鹽，應請令即在儀徵發給水販，庶就近易于收回成本，補辦票鹽。

一、北鹽南課應請即在揚州開局也。現在新章會辦之時，只論鹽課之有無，不問商賈之南北。應請令即在揚州開局，源等會同辦理，逐日收納。不但使各商争先搶納，無可觀望，易于足額。即源等遇有公事節目，同處局中，彼此面商，立即可定議，以免參差知會之煩。

以上六條，係爲新章奏銷大局起見，在淮北則爲以一年運兩綱之鹽，以一綱納兩綱之課。事係創行，更張闊大是否有當，伏乞訓示。如可施行，應請憲頒示諭，刊印多紙，廣貼揚城内外，及海州各卡局，以廣招徠而昭新令，實爲公便。

（清）葛士濬《皇朝經世文續編》卷四二《户政·鹽課·鹽不設官議　李祖陶》　鹽爲天地自然之利，煮海曬於池吸於井皆可成鹽，爲民生必不可少之物。榷之以爲軍國之需，實足補田賦之所不及。故漢以來，善治財者，非必加派田畝。及若唐之間架陌錢，宋之青苗市易也，大都取足於鹽耳。然或處處張官設吏以牢籠之，則利不歸於上，亦不及於下，而盡中飽於官與胥。故予欲鹽直賣與商人也。唐劉晏之爲轉運使也，專用榷鹽法，充軍國之用。時自許汝鄭鄧之西皆食河東池鹽，度支主之。汴滑唐蔡之東，皆食海鹽，晏主之。晏以爲鹽吏多則州縣擾，故但於出鹽之鄉置鹽官，收鹽户所煮之鹽，轉鬻於商人，任其所之。其餘州縣不復置官。其江嶺間去鹽鄉遠者，轉官鹽於彼貯之。或商絶鹽貴，則減價鬻之，官獲其利而民不乏鹽。始江淮鹽利不過四十萬，季年乃六百萬緡，由是國用充足，而民不困。顧亭林《日知録》，引松江李雯之論，謂鹽産於場，猶穀之生於地，宜就場定額，一税之後，不問其所之，則國與民兩利。此蓋以天下皆私鹽，即天下皆官鹽也。謂其言鑿鑿可行。今日鹽利之不興，正以鹽吏之不可罷也。且云行鹽地分有遠近不同，遠於官而近於私者，民不得不買私鹽。既買私鹽，則興販之徒必多於是，盜賊盛而刑獄滋矣。予少居崑山常熟之間，爲兩浙行鹽地，而民間多販淮鹽。自通州渡江，其色青黑，視官鹽爲善。及游太原，所食皆番鹽，堅緻精好，此地利之便，非國法之所能禁也。明知其不可禁，而設爲捕之格，課以私鹽之獲，每季若干，爲一定之額。此掩耳盜鈴之政也。其言如此，亦可謂深切而著明矣。繼此以來，賢士大夫以此名説各疏者不可勝計，總不能行。至道光初年，陶文毅公總制兩江兼綰鹽政，始本海陽李侍郎賛元之説，奏行票鹽，然止行於淮北，而不行於淮南。江南以食鹽利者衆，把持而阻遏者多也。然私鹽愈多，官鹽愈滯，課不足額，官疲而商亦疲。馴至湖北塘角火災，漢岸鹽船，被燬幾盡。天變於上，人怨於下，雖欲不變其法不可得矣。於是兩江總督陸公建瀛，敬陳淮南鹽務，恤灾必先興利，興利必先除弊。謹酌擬章程，恭摺奏聞。大意謂淮南鹽務之疲壞，實由口岸之不銷。其不銷之故，則在官價昂於私價，官本重於私本，而成本過重之故。又在銀價日貴，浮費日增。爲今之計，欲暢銷必先敵私，欲敵私必先減價，欲減價必先輕本，欲輕本必先裁省浮費，攤減科則。竊謂今日大弊，莫大於利不歸國，亦不歸下，而歸於中飽之人。淮南引地首尾四省，仰食於鹽者，官則文武印委等員，吏則大小衙門書役，以及商夥商厮商船，不可億計。一議整頓，則必羣起而撓之，造謡挾黨，恐嚇挾詐，必使良法中止而後已。臣受恩深重，不敢以帑項正課，商民脂膏，爲避誹謗養奸蠹之計。謹將淮南全局通盤籌畫，以裕課之法，爲恤灾之方。酌議章程十條云云。部議有准有駁，飭令覆奏而卒從之。一時鹽價大跌，一包之錢，幾可得兩包之鹽，四野騰歡。額手頌聖天子恩膏，暨陸制臺德意，遍東南數千里之地，如出一口。嗚呼，可謂快矣。第按其章程，仍處處問以官吏，與《日知録》所云，不問其所之者不同，又大致倣票鹽，而却不名票鹽。大意謂票鹽散不可稽核，此則操縱在手，可以自如也。然前人有言，凡立一法，必待其人而後行者，非良法也。必人人可行，而後可稱良法。今法如陸君長在兩江尚能堅持不變，否則官窮乘間，陋規裁者可復，少者可增。猶之漕運本有餘米月糧，可供一切費用，乾隆年間即奏增脚錢數十文，今則暗增至數百文矣。且浮收勒折，習以爲常，朝廷雖明知之，而亦不以爲怪也。天下之事，類皆如此，可勝嘆哉。

（清）葛士濬《皇朝經世文續編》卷四二《户政·鹽課·整頓鹺務摺　林則徐》　竊臣質本庸愚，鹽務尤非所習，仰蒙聖慈委任，先經署理兩江總督，旋復擢授湖廣總督，於鹺政皆責無旁貸，不敢不加意講求。因講求而愈知籌辦之難，因難辦而益矢轉移之力。其中曲折繁重情形，有非循常蹈故所能收其實效者。故必倍加整頓，不敢稍避怨嫌。現雖積弊漸除，猶恐久而生玩。謹將一切辦法，爲我聖主縷陳之。伏查兩淮引額，除淮北二十九萬六千九百八十二引不在湖廣行銷外，其淮南年額應銷鹽一百三十九萬五千五百十引，内江蘇安徽江西三省額銷之數僅居四分有零，而湖廣銷額幾及十分之六。以每引四百斤計之，每一萬引即合鹽四百萬斤，積而至於七十七萬九千九百餘引之多，其爲鹽殆不可以數計。此湖廣所以爲淮南最重之口岸也。然楚民並不盡食淮鹽，如湖北施南一府六縣，及宜昌府屬之鶴峯長樂二州縣，均屬例食川鹽。湖南郴桂二州屬，并衡州府屬之酃縣共十一州縣，例食粵鹽。是楚省境内本有川粵引地，則凡犬牙相錯之處，皆不能無影射透漏，正不獨湖南永興一縣熬煎粵鹽，以灌淮界，久爲粵省之所必争也。至應食淮鹽之地，亦有離淮較遠，例準借食鄰鹽者。如宜昌府屬巴東等四州縣之借食川鹽，永州府屬道州等五州縣之借食粵鹽，鎮筸等處苗疆之借食川鹽，皆經宣諸令甲，雖定例不許過十斤以上，但一人可買十斤，合衆人計之，即不知凡幾矣。

論者謂行鹽之額，定自國初，近來生齒日繁，何至歲銷鹽斤轉不能如原定之數。此言殆未深考耳。查《兩淮鹽法志》載，國初淮南歲行綱鹽只九十六萬六百八十四引，迨後綱食遞有加增，至嘉慶七年，始符現在引數。是淮南現行額引比之國初原額，實多四十三萬四千八百引有零。又國初每引運鹽二百斤，至雍正年間，定爲每引三百四十四斤，嗣後累次加增，至道光十一年，始以每引四百斤爲定額，較之三百四十四斤爲一引者，每七引溢出一引。以此科算，是湖廣所銷之鹽，比前又暗加十餘萬引而不覺也。竊思原定鹽額，每以民數爲衡，近數年來湖北湖南兩省，報部民數細册，約共五千萬人有零。除例食鄰鹽之處，至少亦去十分之一，其應食淮鹽者，約有四千五百萬人。以每人日食三錢，照例科算，是每引四百觔之鹽足供六十人終年之食。即以所報民數與應銷引數互相比較，已恐有絀無贏。且生齒既繁，則食鹽之人固多，而賣鹽之人尤多，民間生計維艱。故凡有鹽利可圖之處，貧民無不百計挑運，四出售私。其近川近粵近潞地方，與兩淮場竈，相距皆遠。淮鹽挽運到岸，自千餘里至二三千里不等，而鄰鹽不蹴即到，成本既輕，賣價自賤，欲令民間舍近食遠，舍賤食貴，本係極難之事。且以鹽課較之，則鄰省皆輕，而淮綱獨重，即如川鹽每包一百三十五觔，在大寧雲陽等廠，僅納六分八釐一毫。即最重之犍爲廠，每包亦只一錢三分四釐。若淮鹽一百三十五觔即該納銀一兩三四錢，比川課加重十數倍。

又查潞鹽每一百二十引爲一名，完正雜課銀一百兩。若淮鹽一百二十引，即該納銀四百八十兩，亦不啻倍蓰。雖粵鹽課則臣未深知，而考其總數，不逮淮課十分之二，其輕可知。夫以重課之鹽，而與鄰界之輕課争售，即彼此同一官鹽，亦必彼贏此絀。況又加以無課之私販，紛紛浸灌，其勢之不能相敵，更不待言。且不特此也。潞鹽之行於陝西，有應從湖北勛陽府經過者，川鹽之行於貴州，有應從湖南辰沅等處經過者。以淮綱地界，而爲鄰鹽必由之路，雖欲禁其私賣，勢必不能。唯因引地既定於前，若不保衛藩籬，則浸灌更無底止。是以嘉慶年間，中外臣工屢有奏請，以勛陽改食潞鹽，衡永改食粵鹽，辰沅改食黔鹽者，均經駁飭不準。是楚省邊境名爲淮界，而實不銷淮鹽之處，又去十之一二。所恃以行銷者，惟在腹地數郡耳。然自黄州以至武昌漢陽，凡鹽船經由停泊之處，其爲夾帶脚私所佔者，久已習爲故常。又商民各船由江浙來楚，每有船户水手帶鹽私售。且近來淮北票鹽盛行，更由安徽之英山霍山，與河南之光山商城羅山等縣，灌入黄州德安漢陽各處。故雖腹地數郡，亦愈見其難銷。更有一種棘手情形，則以商人完課買鹽，發給運脚，皆須用銀，而市上鹽斤無非賣錢。從前銀價賤時，以千作兩，照奏案粱鹽每包價銀三錢科算，不過賣錢三百文。近因銀貴錢賤，三錢庫銀，即合錢四百二三十文。縱使市上鹽價較前有增，而以錢合銀，實已暗減。岸商水販，皆惟利是圖，豈甘虧本，則招徠愈難。今試將高低之鹽一律牽計，每引只算銀十四兩，湖廣每年食鹽按額，即須銀一千餘萬兩。以錢計之，則須一千五六百萬千文，其爲繁重甲於各省。是運鹽納課，雖在兩淮，而輸納營運之貲，大都出諸兩楚。此臣所以夙夜籌思，而兢兢然惟恐貽誤也。

臣自上年三月到任，因正二兩月售鹽稀少，亟籌設法疏銷。凡所陳奏，督屬緝獲各路私鹽，及嚴禁銅鉛船買帶川私，與夫襄陽等處，撤退鄰境三十里内鹽店，並衡永一帶，責成道員督緝各事宜。幸俱仰蒙訓示，並諭令四川河南各督撫一體稽查。俾臣得以嚴飭各屬，加倍懍遵，認真堵拏。如宜昌一籌爲川私叢集之藪，則委候補道劉肇紳前往，督同宜昌府知府程家頣查拏，究出弁兵縱私分肥情弊，從嚴懲創。又襄陽府屬久被潞私侵佔，絶無水販運鹽。臣親至其地，相度機宜，責成安襄鄖道楊以增改立章程。並將施南府金石聲，奏蒙恩準，調任襄陽。該道府一同出力籌辦，潞梟漸見斂退，水販即源源運行。又衡州一帶，亦久不銷引，自臣親到該處，飭拏私鹽多起，並將卡座奏改游巡，責令衡永道張晋熙會同湖南鹽道李裕堂督辦。近日粵私差少，惟距武昌甚遠，尚須隨時察看。又黄州武穴一帶，爲鹽船入楚停泊要口，船户水手與岸上奸販串通賣私，日甚一日。臣派委試用知府但明倫駐劄該處，凡有鹽船入境，親行催儹。並將水痕風色，察驗報明，如有水迹不符，及無故逗遛，立即究辦。聞船户奸販皆憚其嚴。凡此遠近印委各員分飭籌辦，仍責令湖北鹽道於克襄督同漢岸總卡委員，武昌府同知陳天澤，綜司其成。此外各府州縣，皆有緝私疏引之責。雖楚省向例準其融計銷數，而臣惟恐各屬互相觀望，會同撫臣周之琦，飭令鹽道于克襄，按月按季，覈計各州縣銷數，分別功過，先將短銷之黄安縣知縣劉坤琳撤任查辦。於是州縣始知儆懼，競思設法督銷。又經該道于克襄捐貲，密遣親丁，分路緝私，尤多起獲。是以統計上年兩省所獲私鹽竟至一百餘萬觔之多，且獲一觔之鹽，即提一觔之課，不特有裨庫項並向來揑報邀功、朦混搪塞諸弊，舉無所施。此皆仰賴聖主洞燭無遺，允臣獲私提課之奏，始得欽遵督辦。感懍尤深。

臣又思鹺務事宜，仍須恩威並用。若一味嚴緝，恐窒礙亦多。故又剴切示諭紳民，曉以利害大意，以爲每人每日食鹽僅止三錢，所費不過一文，即官鹽不如私鹽之賤，而按日分計，所争亦僅毫釐。民間日用飲食，何在不可節省，而獨於必不能已之食鹽，計較毫釐貴賤，公然犯法食私。在紳矜應革功名，在平民應受滿杖，明於利害者，當不至若是之愚。且湖廣錢漕最輕，比之江蘇僅及數分之一。聖恩高厚，賦額永不加增。若於鹽課正供，尚相率而背官食私，天良安在。除既往姑寬免究外，嗣後責令紳矜大户，以及鄉團牌保，互禁食私，犯者公同送究。小民見此示諭，俱尚聽從。又挑賣私鹽之窮民，許其改悔投充肩販，由各處官鹽子店給票，挑赴四鄉，賣完繳價。如此則肩販各有生路，庶可化莠爲良，而偏僻村莊皆有官鹽挑到，不得藉口食私，於銷引似有裨益。查向來民間匪類，大半出於鹽梟。即襄陽之捻匪紅鬍，爲害最甚。總因逼近豫省，以越販潞私爲事，遂至無惡不作。今自整飭鹽務之後，襄陽絶無搶劫之案。並將隔省盜犯拏獲多名，是所辦者鹽務，而其效即不止於鹽務也。又各處水販在漢岸買鹽，向給水程一紙，運到後須由地方官彙繳。臣恐胥役藉端勒索，致水販裹足不前，是以變通辦理，俾省浮費，以示招徠。因事屬細微，不敢瑣屑入告，乃準兩江總督臣陶澍移咨，欽奉上諭，林則徐曾署兩江總督，其於鹺務轉運交關之處，熟悉情形，現經酌定道里遠近，限期由水販交付鹽行，送局賫道，不準由州縣催繳，可免需索留難，辦理甚爲合宜等因。臣跪誦之餘，益當欽遵妥辦。水販因此稍沾微利，頗見踴躍買鹽。惟此縣之水程轉運別縣售賣者，恐致漫無稽考，仍應令其送縣呈查。此又隨後續立之章程，與前議兩不相悖者也。又宜昌府屬例食川鹽之鶴峰長樂二州縣，歷由兩淮委員駐劄萬户沱地方代川辦運，原爲保護淮界起見。而兩淮鹽政，相距甚遥，倘有借官行私，無憑稽察。經臣咨商兩江督臣陶澍，改爲由楚省委員駐辦，以便約束。並只許就近購運，四川巫山縣之大寧廠鹽，已足以敷民食，不準遠赴數千里之犍爲縣裝運花鹽，以致下侵荆州等處。接準陶澍咨覆，意見亦極相同。又從前楚省歷因襄陽宜昌衡州三處額引不銷，陸續奏明官運商鹽，前往減價售賣，以敵鄰私。此意未嘗不善，而於利弊未能洞澈，不免似是而非，是以歷辦並無成效。蓋淮鹽成本重大，即減之又減，總不能賤於無課之私鹽。若不認真緝私，而欲以官鹽衡其鋒，是商本徒虧，而鄰私仍不能敵。且商人本爲牟利，必抑價以虧其本，則商運愈不前，而私鹽愈充斥矣。況又訪有一種奸販，轉買減價之賤鹽，以灌旺售之引地，是爲藉寇資盜，無異剜肉補瘡。臣將此三處之鹽，一概不令抑價，以杜流弊。現在襄陽水販，運鹽已多，宜昌亦已通販。衡州則官鹽業經運往，水販尚未前來，祇須隨時察看情形，如水販銷路大暢，則官運固可無需。即有必需官爲倡導之處，亦照時價發售，務令鹽色純净，秤足味佳，不宜抑勒減價，以致虧本滋弊。其揚商向因減價賠墊，立有三鹽名目，按引捐貼。兹由臣咨明兩淮，嚴行裁汰，不任藉口賠累，致礙鹺政。現聞揚商輸課，倍形踴躍，而楚岸售得價銀，臣復不時催解赴揚，不任花銷糜費。本届所報銷數，有一引即解一引之銀，務使針孔相符，胥歸實在，不準如前之漫無憑證。要之銷鹽之暢滯，上之視乎天時，下之視乎地利，而人力總不可不盡。臣竊恐無可操之券，而斷不敢有未盡之心，惟賴聖慈福庇，長使年歲豐登，堤防鞏固，則民力寬裕，而肥腯之奉旨蓄之供，售鹽自當更旺。此時所屬各員，雖有籌辦出力之處，臣均不敢遽行保奏，致啓易視之心。務令一力奉行，始終無怠，庶幾暢益加暢。至私鹽現獲固多，然有私總不如無私之爲妙。果使將來銷引愈多，而獲私轉少，更足以見化莠爲良之實效。臣惟禱祀以求，不敢稍有懈忽，以期仰副聖主委任，責成於萬一。

（清）葛士濬《皇朝經世文續編》卷四二《户政・鹽課・疏通鹽引疏賀熙齡》 竊惟兩淮鹽務，自道光十年冬，皇上洞燭情形，法窮當變，欽差大臣前赴江南會同兩江總督陶澍，籌議釐革舊弊，更定新章。自是以來，浮費裁而成本較輕，庫款嚴而出納不混。計凡九載，奏銷八綱，且攤帶乙未、己亥諸綱殘引數十萬，較之從前十載僅行六綱，且多預收空本者，已有區別。惟是兩淮奏銷正項，緣先納課後行鹽，與他省之先鹽後課者情形迥異。故雖奏銷八綱，實非已銷去八綱之鹽。緣運司每遇奏銷届期，即派商趕納，雖有存岸未銷之鹽，存庫未銷之引，而新綱限迫，不得不按數分派各商，如期完納。商人成本止有此數，口岸多積一引之鹽，即佔擱一引之本。近聞淮南奏銷，雖過八綱，竟有積存兩綱未銷之引。如江西湖廣安徽綱食各岸，截至去年冬月止，已運未銷鹽共一百六十餘萬引，約計一綱有餘。以到岸成本每引十兩有零計算，即佔擱成本一千數百萬兩。又運庫中已納丙申、丁酉、戊戌、己亥四綱未運之引，又一綱有餘，亦佔擱商本二百餘萬兩，通計佔擱商本二千萬兩。而現在揚州各商己貲實不過五六百萬，其餘皆係出利會借，每綱岸鹽，非兩載不得銷售回課。而此兩載内，又添出兩綱派納之數，此淮南轉輸不靈之實在情形也。且淮南綱食引鹽額，完正雜帶款課銀五百餘萬兩。近年奏銷，則止完正項，其餘雜款緩納之銀，需候運岸銷售，始行補納。每一綱之課，非數綱不能全清。故目前雖奏銷八綱，實未能徵足八綱之全課，以致各省應解各款，不時奏催，無由應手。若但以正項奏銷爲事，雜款何由足額。此又淮南徵解，各款新陳積壓之實在情形也。臣訪求所以積壓兩綱之故，亦非由於辦理之不善，祇緣道光十年更定新章之始，前督臣陶澍任事過鋭，代銷辛卯以前滯鹽殘引一百三十餘萬引，又代徵還未銷印本積欠葠價銃引殘課三百數十萬兩，皆以後任代償前任之積欠，共佔一綱引額。加以江漢水灾滯銷，復積一綱。因此積壓兩綱，至今總無疏通之策。臣思鹽務，不過在場輕本，在岸速銷二端。現在淮南裁減浮費以來，每引正雜錢糧四兩，實難再議輕減。而漢岸銷鹽止有此數，即使湖廣緝私認真整頓，亦止能銷足本綱正額。若欲以溢銷，加倍提行兩綱，恐必無之事。然則淮南當年積此兩綱未銷之鹽，空佔商人之運本，作何銷納。且引愈積壓則愈多，課愈佔擱則愈絀。倘一二年内，竟有竭蹶不能輸納之商，復致倒歇者。彼時奏銷，又將如何辦理。正項且不能支，雜款又將如何徵解。臣詳加訪察，皆因淮南目前之患，在於中梗。若不亟籌全局及早疏通，即恐有難於措辦之勢。惟是鹺務繁重，非他人所能代謀，應請敕下兩江總督督同運司，徹底確查，通盤籌畫。務須先事圖維，將前積兩綱引目，如何設法疏通之處，據實入告。勿徒彌縫目前，直至奏銷不前，始爲臨渴掘井之計。再者淮北票鹽，近年因販多鹽少，創爲驗貲折扣之法，而驗貲銀數歷年遞增，聞本年竟多至一千餘萬兩。其實票鹽應收錢糧場價不過百萬，其餘九百餘萬，一經核定，折領之票，仍須發還各票販收回，徒然壓擱，本無所用。而每當淮北驗貲之時，正淮南奏銷之日，一時彙集銀千百萬兩，悉赴淮北驗貲而去，遂致揚州銀短價昂，雖重利無可借貸。是驗貲之法，於淮北無毫髮之益，而適掣淮南奏銷之肘。應如何量爲變通，或官運到壩發販，或簽商認引認岸，或歸場定額售賣，於此數策中酌行其一，即可無庸驗貲，以累奏銷。及將淮南無著懸引，如何酌歸淮北之處，應請一併飭交兩江總督督同運司詳籌妥議，以期有利無弊。臣因訪聞淮南鹺務新陳積壓，不能轉輸，一二年内，恐誤奏銷。而淮北票鹽驗貲，十倍有累，正課不得不豫籌疏通之策，爲此恭摺具陳。

（清）葛士濬《皇朝經世文續編》卷四三《户政·鹽課·變鹽法議 姚瑩》 嘉慶道光間，兩淮鹽法之敝極矣。淮北無商，陶文毅力行票法而轉盛。獨淮南未及變法，僅奏請數端，減輕課本以恤商而已。當時雖云恤商，而病根未去，淮南鹽法仍未有瘳也。病根奈何，一曰出鹽之場竈，一曰銷鹽之岸店。二病不除，鹽法未見其可矣。道光十六年，文毅嘗問瑩曰：有勸淮南並行票鹽者，可乎。瑩曰：淮北課少而地狹，淮南課多而地廣，其事不同。夫票法之善，以去商販之束縛而民便之也。有票販，有水販。票販納課赴場領鹽，運至西壩而止，爲時數月，行內河數百里耳。水販則皆淮北引地諸府州縣之人，至西壩買鹽而歸，散售於州縣食鹽之户，謂之水販。官惟責課於票販，而不問水販。票販惟售鹽於水販，而不問食鹽之人，地近原闕而易從。此其所以善也。淮南不然。其引地遠在楚西三省，且有長江千里之險。若行票法，則票販斷不肯赴場領鹽，且冒險千里運至楚西，其遠者運及儀徵而止耳。楚西水販亦斷不肯冒險售鹽於淮南。如此，是楚西無淮鹽也。三百一十九州縣之人，能淡食乎。惟驅使食蜀粵之私耳。淮南既無所銷售，課將十去七八，國家何賴焉。文毅乃止。然至今日，文毅之法，又窮於淮南矣。昔者瑩嘗再護運司，庫貯實銀，常三百六十餘萬，歲解京外諸餉，未嘗告缺。今司庫存銀纔十餘萬，京外諸餉，積欠又數百萬，官與商皆爛額焦頭，相顧束手矣。淮南額引一百四十餘萬，儀徵改捆歲常七八十萬，猶以爲少。今頻年儀捆僅三十萬，捆工數萬人，餓者大半。環監掣號呼乞活，而無以應之。殷商運鹽，能行二三萬引以上者，不過十餘家。新綱每開，幾於無商可派，積引如山，復多懸而無着。運司計窮，惟以率由舊章四字，藉口藏拙。大府籌議補救，又沮格不行。商人困極，無如何矣。十一月十九夜，楚北停鹽，忽被天灾，焚去四百餘艘，逃存不過三分之一。淮商課本，一炬而去四百餘萬。衆商聞之，魂魄俱喪，同聲一哭，相與僉呈告退。通計淮商資本不及千萬，今一炬失其大半，欲責其運行千餘萬金之鹽，以輸國課，恐加以嚴法而不行。此誠危急存亡之秋，更甚於道光八九年間矣，尚能無變法乎。變法奈何？曰法半敝者猶可補救圖全，今敝十之八九，如病者僅存一息耳，非大瀉大補之不可。大瀉大補者，減緝私之費以收場竈之鹽，撤楚西岸店以免匣費之弊而已。夫緝私之途不一，自鄰私外，以江船夾帶之私，場竈透賣之私爲大。江船透賣，七八出於場竈，其病由垣商相時謀利，不能多收竈户之鹽，竈户不能枵腹以死也，勢不能不私售於梟販。例禁雖嚴，而無所用。若清查場竈實數，每竈出鹽若干，分爲四季，垣商收不盡者，官爲收買。俾竈户得以生養，何必犯法售私乎。垣商之鹽，以備商運。官收之鹽，以應官辦口岸。較之用銀買自垣商者，資本不更省乎。官辦鹽本既省，何致復有欠課。第收鹽之費不貲，司庫不能復籌此款，則莫如減緝私之費以收鹽，計無善於此者。

蓋緝私一項，歲常費數十萬，大抵有名無實，不過委員稍分梟販之利，益其私橐耳，無益於公久矣。今大加裁汰，第存扼要之所數區，及總督隨時賞犒委員之用，可歲省其費之半。飭淮南二十場大使，責令按季收鹽，報明備用。如有短欠不實，嚴定處分。官運口岸之委員，無須鹽本，但須運岸之費。是去緝私之虚名，拔梟私之病根，而益官岸之實用。此其爲大補者也。楚西岸店，其弊無窮。始爲商人賣鹽收課本而設，既乃爲地方文武取用不窮之府。乾隆中，即有匣費之名，屢經裁減。迨道光十年，奏定每引四錢，以銷鹽之數計之也，而不肖有司，則不計銷數而定爲歲額。楚岸七十萬，西岸四十萬，不問費所由來，第以額定賂規，争取之而已。近十餘年，楚岸日增，至一百餘萬。蓋名爲歲額，而有重支，有豫借，習以爲常。是無增額之名，而有加費之實也。復有往來游客，隨時抽豐，不能定數。蓋自總督鹽道以至州縣委員，無復念商情之苦者矣。楚西岸店之人，無非淮商親友，復借有司之掊克貪求，而浮報用數，分潤入己。此所以歲至一百餘萬也。夫以銷鹽一引，輸費四錢計之，楚西匣費年僅當數十萬耳。而違例妄取加增之數，及於百數十萬。試思國家歲課幾何，尚年欠百數十萬，而入有司之腹者，反絲毫無欠。且重支豫借，過於其額。今中外度支如此之絀，聖主日夕憂勞，大小諸臣，食何人之禄，不能爲國分憂，而相與營私蠹耗於公如此，其能無愧於心乎。楚鹽因岸店所在漢口人煙稠密，無地建倉，又時有火患。是以皆船泊省會，由鹽道給發水程，聽各縣水販子店，分鹽散售。然自九江大姑塘以下，楚西二境二十餘州縣，皆坐視鹽船之過而不能買商鹽，仍須自省運回，價值安得不增。是以人情不順，皆争買船户之脚私，商鹽爲例所拘，轉不許開艙售賣，此成何理耶。法令皆自相束縛以困商民，及其敝也，國家亦暗受其害而不知。夫爲法而病商病民以至病國，猶斤斤守之而不敢議。此非愚也，私耳。昔陶文毅原奏，本有僉商於黄州等處認運口岸之議，而楚鹽道詳稱，設店即有應用經費，恐不肖商夥，影賣脚私，致漢岸水程無從稽查。西鹽道則稱所僉之商，新置店屋鹽倉，以及岸店辛工日用，核算店費，浮於水販赴青山領鹽水脚。商力難賠，仍必增入鹽價，似多窒礙，遂格不行。夫添店僉商，誠有如二道所云者。然實則假爲公言，以陰遂其就近魚肉商人之計。且既有省店，又於中途添店，資費皆須重出，故不願行。今不僉商添店，但令商鹽船至九江姑塘，即準其開艙分給水販子店運售，或自至各府散售。其楚西岸店皆撤，有留者，官不必問，但令赴兩鹽道請領水程，一如淮北票鹽。西壩以上，官爲稽查，西壩以下，但給水程，其餘聽之。則官皆便，火患胥除，兩省匣費，仍遵定例，按數由淮商完納，運司委員批解，交兩鹽道分給。如此，則岸夥無自浮開，不肖有司無從重支豫借，游客無騷擾，可省匣費百萬。

設本商願在青山或九江大姑塘一帶立店者，聽之可也。楚西接界卡要之地，緝私文武，照舊設立。其費亦令商納司庫，備文批解鹽道，不許私取於商。蓋鹽法本爲國課，群下收其餘利，以資辦公，可也。然亦止可十之一二。今正雜課纔三百數十萬，而岸費已一百數十萬，是三分而及其一。盛時猶爲違制，況凋壞至於今日。歲完正雜課，不及二百萬，而岸費猶一百數十萬，有加無已。雖幸衆爲諱匿，上無嚴譴，其如商力不支，何哉。今以淮南之姑塘九江，當淮北之西壩。姑塘九江以上，既處處稽查嚴密，姑塘九江以下，大開法網，去其束縛，聽商售賣。但約以水程，邊卡仍設官緝私，地方官毋庸責成銷鹽分數，則文武不能額外多取，店夥不能影射浮開，游客不能抽豐騷擾。然後岸費之浮增可節，而正雜課之輸納可盈。蘇商之困，下利民而上利國，中不失辦公之資。楚西文武衙門及委員店夥，俱有人心，宜亦無怨。此其所謂大瀉者也。誠使大府原議諸條頒行，而益以大補大瀉之法，是雖不行票鹽，而實半師其意，淮綱其猶可立乎。

（清）葛士濬《皇朝經世文續編》卷四三《户政·鹽課·論鹽三孫鼎臣》　往者亭林顧氏善劉晏之法，而稱李雯之言。亭林之説，後人習聞之，舉之達於朝，諗於當事之吏尼而不行，則所謂鹽利之不可興，由於鹽吏之不可罷也。當道光之九年，御史王贈芳嘗以課歸場竈請矣，襄平蔣相國與鹽政福森駁之。越二年，華陽卓相國太僕寺卿梁中靖、翰林侍講學士顧蒓又以是請，安化陶文毅駁之。今觀其駁議之言，則慮場地之廣而漏税也，竈户之貧而逋税，鹽之隨税增價也，商之爭競居奇，遠地之不得鹽也。場不能置庫，而場官之輦運煩也。場官之職卑，而稽察不能周也，竈地之被灾而病税也，根窩裁而失業者多也。根窩之説，後卒裁之，亦無甚害。懼竈地之不能無灾，則制田賦者，亦豈能必天之無水旱哉。是數説者，皆未嘗就其事之理而熟思之，爲之説而詳處之也。誠着爲法，以場商之有亭池自煮鹽者爲鹽户，予以執照編之册。其有亭池煮鹽之竈丁願爲鹽户者告官，一例予照編册。其貧無力以亭池鬻於富民而自爲竈丁者聽。命督撫舉廉能州縣官爲場官，而優其品秩。税銀之徵解考成，視地丁錢糧例。運司總其成，餘官皆罷。其税則通覈一歲舊徵正課之數，與各場一歲産鹽之數，均之而酌其中。每百觔定税若干，必畫一，毋畸輕畸重。其舊徵之雜項，勿計。鹽户自煮鹽，鹽成，告官開市，場官稽其數而監其買賣。按所賣之鹽，依税則納銀。税畢，官給税票，販商運鹽出場，關津驗票而行，不問所販之地，販商不問何人，先於所在州縣領照赴場買鹽，無照者禁。州縣每三月具其數，上之運司。鹽之價，毋官定。税則必畫一者，均輕重以絶趨避也。勿計羨者，有鹽即有税，鹽溢税亦溢，鹽無所爲餘，則税無所爲羨。許貧丁以亭池鬻之富民者，通貧富以重鹽户，順丁之情勿强也。舉州縣爲場官者，吏選慎然後鹽政清。劉晏用士人之意也。罷餘官而總於運司者，一事權，塞利孔也。場官給税票者，利商旅，譏盗鬻也。販鹽必領照，而具其數上運司者，稽匿漏，防侵欺也。鹽無定價者，産有衰旺，物有高下，市易之道，不可以法齊也。天下無無税之鹽，而私販不必緝。鹽隨出，税隨入，逋課不必督，大商小賈，人人得出財自運鹽，而鹽無地不通。壟斷不必慮，淡食不必憂，官少而費省，價輕而售易。鹽之利盡歸於場，不必優恤，而鹽户自饒，不必厲禁多取，而歲入自倍。諸弊去，諸利興。因利利民而國亦賴焉者此也。道光之初，綱法猶未甚壞，食鹽之利者衆，税徵於場，國利民利商利，而官不與焉。故雖以襄平之忠，安化之才，不能不撓於衆多之勢。時之未至，雖賢者無所用其力歟。兩淮之綱既廢，引地之禁亦盡弛，東南民之食鹽莫可究詰，其直不減於昔之綱鹽。民不食賤，而國失數百萬之課。利權旁落，皆中飽於奸民。鹽法之更，宜莫便於此時矣。於是當事之吏，始思往者之言，謀徵場税，而不立法，不擇官。自咸豐五年至七年七月，税銀止八萬六千五百餘兩，偷漏侵漁，皆所不免。或者遂謂海濱隨地爲鹽，不盡受場吏約束，勢必設兵重刑，而彼亡命無不通盗，雖賢能有難制。且鹽官之不能盡罷，猶河吏之不能盡裁，以爲場税果不可行，信能從吾言，鹽户立矣，猶有不受約束者乎。鹽利盡歸於場，猶有通盗鬻私者乎。定場官之考成而精其選，猶有侵欺者乎。《傳》有之，疑事無成。建非常之原，而蹈常習，故之見牽於中，以此而責成功也，難矣哉。

（清）葛士濬《皇朝經世文續編》卷四四《户政·鹽課·條陳長蘆鹽務疏曾國藩》 竊臣於同治八年五月初一日，奉到寄諭，前因給事中陳鴻翌奏請整頓長蘆鹽務，當經降旨交户部議奏。兹據奏稱陳鴻翌所擬各條，或係申明成例，或係現辦有案，或款由外銷向未報部，總之蘆綱積弊在引岸虚懸，乏人認運。因而交款日絀，浮費過重，商力難紓，正供遂致暗虧，請飭迅速整頓等語。著曾國藩按照部議各條，督飭長蘆運司，將應辦事宜趕緊修舉，應汰陋習實力掃除。如尚有未盡事宜，並着體察情形，酌擬章程具奏等因。欽此。當即恭録，札飭運司恒慶據實詳覆，以憑核奏。旋據該運司將鹽捐錢文津貼剥船一條，先行詳請咨覆，其餘九條亦於六月間詳復。臣以其中利弊未能詳細釐剔，所陳尚有不實不盡，批令再行確查具詳。九月初間又經另委候補知府李興鋭馳赴天津，按照原奏各條，明查暗訪，悉心考究，據實稟復。兹據該司及委員先後查復前來，臣參觀互證，酌擬辦法，分條具陳如左。

第一條，認辦懸岸宜定限期。查蘆商認辦引地，向例於具稟之後，飭綱查明是否家道殷實，仍由本商自覓散商，聯名出結具保。由綱總循例加結，始由運司轉詳咨部更名，一面給發行知，領引辦運。此等層折，原爲慎重課帑，由來已久。其中緊要關鍵，重在出結之保商，不在加結畫押之總商。其或商本實不充足，或外來人地生疏，綱中無商承保，則往返查訪，稽延時日，亦事勢所常有，並非該商總等有意刁難，藉端需索也。惟新商認岸之初，辦千引者向令先交兩課銀一千餘兩不等，名曰寄庫，以驗殷乏。又認運租運捆運之外，另有試運章程，試之二三年，果不能辦，準其稟退。有寄庫則資本之證據早明，有試運則本商之進退裕如，在綱總不必過於慎重，徒啓壟斷之疑，不以爲因循廢公，即以爲靳惜美岸，迹近把持，情同勒措。嗣後新商具呈，但有散商聯名具保者，即令綱總酌定限期，於二十日内加結畫押，運司亦迅速發給行知，庶衆商可資鼓舞。

第二條，保結商人宜專責成。查長蘆向例，新商入綱，取具聯名商保，保其家道殷實。如有貽悮課運，願甘分賠甘結。惟各商因通綱向有隨引帶交參課銀兩，遇有參商拖欠課款，除以查抄家産變抵不敷外，均在商交參課内彌補，是以從無保商攤賠之案。迨至道光二十九年，引岸參懸，無商認辦，懸課過多，參課不敷。彌補通綱，添捐懸岸課一款，隨領引時每引交銀四分，專補懸課之用。無如懸岸日增，歸補愈難，所有續參商課，雖逐案飭令分賠，總未據完交實銀。且查蘆綱商人多因悮運悮課，其本商名下自能保全出綱者，甚屬稀少。若再責令分賠，代人受過，並不予以年限，難免不紛紛畏累遠避，則蘆屬引地，從此有參無認，殊於全局有礙。自應量爲變通，擬請仿照保固三年定限。如果三年正課之内，認商貽悮，課運被參，即將應交正課，除抄查備抵外，其餘參欠課銀分作三成，在於參商名下追交二成，出結之散商加結之總商分賠一成。如逾三年之期，認商業經完過奏銷引課，可稱家道殷實，即與保商無涉，以示限制。似此酌核辦理，於課款分賠有着，而於各商亦不致有畏累不保之虞矣。

第三條，督催總商宜先完課。查蘆商完課，無論總商散商，均照通綱一律辦理。近年奏銷後所欠勒限課銀，委係累商欠交之款，綱商名下應交正課，均經依限催完。惟向來章程，每届上課之期，運司派委鹽務候補數員，率同綱總督催委員，平日與衆商情誼不洽，於鹽務底裏不明，督催無權，虚應故事，每届籠統完至八分以上爲率。而此八分中孰多孰寡，孰先孰後，無從稽考。是總商之拉匀搾算，從中取巧，其物議亦由此而起。嗣後惟當遵照部議，敕令綱總首先完納每届奏銷，將總商名下課款，是否清完之處，附案聲明。仍由運司將總商另立簿册，散商亦立一簿，將已完幾成，未完幾成，據實登注，隨同銷册詳文送鹽院衙門備查。綱總無從牽拉，衆商無從朦混，開誠布公，共見共聞，征收亦當日有起色。

第四條，捆運懸岸宜交全額。查長蘆懸岸，前於道光二十八年，經欽差王大臣查辦鹽務案内，將無商州縣五十五處，除有州縣自行運銷者十一處，無容更改外，其餘四十四處之河南懸岸二十州縣，盡改票鹽。仿照淮北成案，先課後鹽，無論資本多寡，一經交課給票，護運直隸懸岸二十四處，予限半年，責令各州縣，或招商或招販，一律整理。倘商販無人，責成各州縣領運。如州縣實不能辦理之處，仍由鹽運司遴員官運等因。今查直豫各處懸岸除陸續招有新商具認外，尚有豫屬之新鄭太康扶溝長葛，直屬之成安開州，並先經曾有商認辦，復又參懸之豫屬鄢陵沈邱項城洧川。又二十八年以後，續經參懸引岸，除隨據新商接認外，尚有南岸之祥符許州禹州臨潁郾城，直隸之永清邢臺鷄澤隆平鉅鹿衡水唐山曲周。統計二十三處內，除衡水現有新商稟認試辦外，其餘各岸疊經該司出示招商，並通飭各屬一體廣爲招募，迄今無商認辦，引岸虛懸，民食堪虞，自不得不照案飭令官商販招運藉濟民食，以補課款。惟捆運多寡無定，原與包額認辦不同。若輩惟利是圖，能多捆一包之鹽，即多獲一包之利，亦未嘗不願多運多銷。而卒之所運無幾，蓋亦有故。或因資本微薄，無力多捆，或因岸地滯銷，有虧成本，以致未能按額捆運。現在既準部議，自應遵照，飭令捆運之各官商，如果情願包額認辦，限一年之內，出具認狀保結，詳請咨部更名。一面由司另行募新商，稟認妥辦。如有實在銷滯，無商認辦之處，每岸專案詳咨，不復以籠統浮詞搪塞。蓋懸岸爲中外所同慮，捆運乃鹺政之弊端，本無所容其掩飾也。

第五條，長蘆綱總宜令更代。查山東綱總，雖係按年更換，第山東先課後引，長蘆先引後課，綱總之責任兩不相侔，換期太促，必以甲年應完之課款，責成丙年之綱總督催。恐此推彼諉之弊，必且層見疊出。且綱總爲通綱領袖，要在遴選得人，非其人即一月一換，無裨實政，得其人即累年不換，亦愜輿情。蘆商殷實者少，殷實而認真辦事者尤少。年年更換，恐中選之人無多，而廢弛之患滋甚。現經運司於舊綱總四人之內，挑留楊俊元華楨，斥退高凌漢黃昭融，於本年六月具奏，衆論尚屬允協。嗣後綱總擬不必限定換期，爲衆商所翕服者，酌留接充。如其不然，隨時撤換，詳請咨部查照。

第六條，代銷融銷宜行分別。查長蘆滯岸積引，例準融與暢岸，分成代銷。當辦理融銷之初，原爲蘆商疲累居多，銷路又滯，每至奏銷届限，雖引地積有存鹽，而課項無措，力不能完，勢必紛紛參追。各商以融鹽與融引，事同一律，稟請將積鹽融賣與別商銷售，以所得之鹽價，即交庫抵課。惟復價一項，歸買商完交，其餘一切課款，仍由賣商按限呈納，仍爲保全奏課起見。同治三年，前任督臣劉長佑奏覆，河南撫臣張之萬奏參蘆商把持案內，將融銷引鹽一層，業經詳細聲明，有案可稽。檢查近三年案卷，亦係疲累之商，或因正課無措，或因復價到限無力措交，不得已將所運之鹽融賣與別商，運赴暢岸銷售。其所得價銀，由買商呈出交官，以濟目前之急。是賣商得價融銷，即與自運銷售無異。在買商既經按包交價，並非得無課之鹽。在賣商鹽已收價，亦非上無鹽之課。融賣融買，事出兩商情願，並非買商圖得便宜，致有弊竇。且代銷與融銷稍異之處，代銷則賣主津貼銀每引三錢五六分至四錢不等，其正雜課復價等款，概歸買主完納。融銷則買主代交正課六錢復價五錢，解費二分一釐，其餘各款仍由賣主自行完納。代銷則賣主出津貼之費，融銷則賣主有自納之款。其辦法不同，而使累商得稍資周轉則同，賣者買者彼此扣算定價兩相情願則亦同。所有各商融銷引鹽，除捆運之商仍遵三年奏案，飭令一概領引運鹽，不準融銷外，其行商融鹽，應請照舊辦理，免其禁革，以保頹綱而重帑項。

第七條，歷年積欠宜令代交。查歸補庫墊積欠一項，自道光二十八年清查案內，共計銀二千三百四十三萬一千四百餘兩。每年議定庫墊銀六萬兩，積欠銀十一萬兩，分年按引攤交，每引攤銀二錢四分零。自同治二年起，因商力拮据，改爲外引撥出銀一錢二分，京引撥出銀八分，領引時隨引完納。其餘銀兩，仍照案按限帶交。嗣於同治五年，因綱情愈疲，稟請外引減交銀一錢，京引減交銀六分。自道光二十九年起至咸豐八年止，除已完現商淨欠交銀五十九萬八千三百三十餘兩，業經奏奉部覆，準自咸豐十一年奏銷後，分作五年代完。又自咸豐九年起至同治七年止，續應徵銀一百七十萬兩，內除參懸無著銀四十九萬九千二百四十餘兩，永平七屬官辦，暨天津公共口岸未撥銀四萬四千二百三十餘兩，現商應交銀一百十五萬六千五百二十餘兩，內已完銀三十五萬六千七百餘兩。連前實計，現商共未完銀一百三十九萬八千一百五十餘兩。其已交銀兩，均經湊撥各餉動用，按季冊報在案。其欠交銀兩，雖屢經嚴諭飭催，無如各商僉稱，因近年引地被擾被災，領運失時，額引滯銷，商力拮据，顧運顧課已屬萬分竭蹶，前項積欠，代交前商參累之款，一時無力賠交，委屬實情。且近來參商迭出，長蘆懸岸已屬不少。若以此紛紛參辦，通綱無商不欠，幾至無岸不懸，全綱掣動，所關非細。茲準部議，除將欠交銀兩趕緊設法嚴行催交以清積欠外，所有隨引先交之款，按每年出庫引數，核計應完數目，造入春秋撥册，聽候部撥。至於欲紓商力，必須減成本，臣當另案陳奏。

第八條，報灾補運宜再詳查。查各州縣詳報被搶被水各商引鹽，有詳運司已經委員會勘尚未勘覆詳報者，是以失鹽數目，即院司兩處案卷已覺未能相符。茲據該司逐細詳查，除奉部覆準補運五六等年被梟匪髮逆燒搶之寧晋臨城杞縣，七年被捻逆焚搶之定州南樂清豐大名開州東明臨漳等州縣，商人益德裕等被搶失鹽一萬六千零二十九包不計外，實在據委員勘復陸續詳報之清苑等處商人被搶失鹽四萬五千六百七十七包，又新城等州縣被水衝淹鹽一萬八千六百三十一包。又已委未經復勘之濟源等州縣，并未經委勘之安平縣商人，被搶失鹽一萬零八百五十六包。又因案情未符，批飭覆查，未據詳覆之温縣等處商人，在途被搶，失鹽三千二百四十六包。除由司核明照例分案叙詳，并將未經通詳之各州縣，分飭另行補報以昭核實外，所有州縣商名鹽數，分別另造清册，呈送備查。請將原册封送軍機處，并分咨户部，以備考核。

第九條，加觔抽錢宜行禁止。查道光二十八年清查案内，每包加鹽一百五十觔，合計北鹽重五百六十七觔有奇，南鹽重五百七十二斤有奇。違者即以私論。各商赴坨築鹽，向由批驗所大使驗明秤掣，按包編號之後，始行飭商裝運。前奉部飭，即經該運司明查暗訪，出示嚴禁，并親赴關所查照鹽包，挨次編列號數，按包抽提，當堂秤掣，均屬相符。訊據各商僉稱，伊等赴坨按引築包，均由批驗大使查驗，秤掣編號，有一鹽必有一引。造關時按號抽提，過秤既有官司稽查，又有部砝斤兩，衆目共睹，非商等所能行私朦混。且伊等深知例禁綦嚴，亦當自顧身家，何肯犯法取利。至造關時裝載備掣者，即係批驗所過秤編號之引鹽，此外實在並無另有私築號鹽，意圖夾私加斤情事。復飭據小直沽批驗所大使王鳳岡，以查明各商赴坨築運，均係遵照部砝斤兩一律辦理，並無夾斤加帶另築號鹽，以備掣抽情弊。出具印結，詳送到司。該司恐尚有不實不盡，復經連日逐細查訪，僉稱如一。此後惟有嚴益加嚴，督飭委員暨批驗大使，認真秤掣，不時密查。倘有奸商夾私加斤情弊，立即照例從嚴懲辦。臣亦當不時由省委員赴津，密查掣驗事宜，斷不敢稍存姑息，以杜流弊而肅鹺政。至隨引每包抽收津貼錢五十文，乃係同治六年海運案内各商公議，捐作津貼漕剥民船之用，並無浮收抑勒情弊。業經另行詳明，咨部覆準在案。

第十條，墨筆科則宜加裁革。查道光二十八年，欽差王大臣查辦鹽務，核定科則曰正雜課，曰平飯，曰補欠，曰歸補積欠，曰王范滿垣租息，曰領告雜費，曰緝費，曰各項解費，曰内外帑利共九款。每引攤交銀二兩六釐，刊單通行，飭商遵照，此木板之則也。後有續增商捐款項，因年限多寡並無一定，一經捐足，即由各商隨時稟請停止，並非作爲定額。是以向用墨筆添寫刊單之後，同治三年，河南撫臣張之萬奏參蘆商把持運使受其朦蔽案内，指稱墨筆私加私用，經前運司克明查出，墨筆添寫者曰懸岸課，曰捐補參價，曰欽天監生息，曰歸補緝費，曰口岸汛工，曰籌補津貼，曰還墊辦公，曰酌增領告，曰朝袍册寶，曰修署，曰報效軍需，曰隨引復價凡十二款。當將墨筆原委逐款造册，由前督臣劉長佑奏覆，有案可稽。嗣將朝袍册寶六釐，修署一分，報效軍需二分，三款先後停止。同治六七年間，因迭奉内務府奏派長蘆採辦絹箋以及蘆勇口糧，並捐築金堤，挑挖府河等事，增添一款。初曰寄庫還款，改曰金堤還款。其餘均照前奏之數並無絲毫加增。此外又有南場各商稟添大河口延費一款，南引各商捐添報效豫省協餉一款，係不在通綱科則之列，皆墨筆之則也。至所稱領引時外加者三，查有津貼辦貢一款。因前辦採貢緞商人張鑑歷年賠累，各舊商公議，情願每引津貼辦貢銀三分五釐。又津貼辦公一款，因總商辦公，一切費用出自己囊，衆商公議，願每引幫貼辦公銀六釐。迨因舊商星散，新商心力不齊，完交寥寥。本年已將此二款停止矣。至巡費津貼一款，係承辦青静滄鹽四處引地緝費裁減，不敷通綱公議，每引願幫銀四釐。此爲保護引地而設，應仍其舊。斯三者外交幫貼之則也，據該運司造具木板科則一册，續增墨筆一册，外交幫貼一册，並將領告科則款式呈送前來，理合封送軍機處，並分咨户部備查。至部議以浮費過重，行令認真釐剔，分別禁止。臣亦深知蘆綱之疲，由於成本太重，銷路太滯。而衆商亦稟訴苦累情形，呈請拯救。頃至天津與運司面商一切，即日將各項科則酌擬裁減具奏，以輕成本而挽頹綱。以上十條，就部文所指者，逐細登覆。至於引滯商疲，全綱不振，別圖補救之方，容即於酌減科則案内另行具陳。

（清）葛士濬《皇朝經世文續編》卷四六《户政・鹽課・遼海榷鹽私議胡傳》　鹽筴之（謹）〔課〕，始於管子。歷代因之，遂爲理財之大政。我朝每歲財賦所入，鹽課尤爲大宗。軍興以來，天下產鹽之省，抽釐助餉，莫不沛然而有餘。鹽之利軍國豈淺鮮哉。然天下產鹽之省，如直隸山東山西兩淮兩浙四川閩廣，莫不有課。惟奉天沿海各州縣，處處產鹽，未嘗有課。非遼海之鹽不可榷也，金時上京東北二路食肇州鹽，速頻路食海鹽，皆徵其稅。元時北京路徵收遼陽鹽課，立隨車隨引載鹽之法，史有明文。我朝以東三省爲湯沐邑，世世無所與，所以恤旗民，培根本也。然吉林黑龍江之旗兵，往者以精鋭聞天下，咸豐以後積弱不振。俄羅斯無故敗盟要割我黑龍江以北烏蘇里江以東數千里之地，不敢與校，遂拱手而畀之。甚且地方盜賊竊發，亦不能剿捕。其故何哉。東三省賦稅少，兵餉皆給於京師。咸豐間，内地兵事日亟，軍需浩繁。户部之帑，不能如額以給。東三省兵丁乏餉，飢疲虚弱，故遂不復可恃。同治以後，内地之寇漸平，於是加練餉以剿盜。近年俄患迫切，奉天設防則食河南之餉，吉林設防則食户部之餉。黑龍江爲吉林北方屏蔽，地尤緊要，以餉無所出，至今尚未設防。夫東三省爲國家根本重地，苟有外患，即竭天下之財力以爭之，朝廷固亦不惜。然必海宇昇平，中原無事，内地各行省之賦稅以時貢於户部，而後户部有帑以給東三省。萬一内地用兵，户部乏帑，則咸豐間之覆轍，奉吉現設之防兵必復蹈之。此事勢之顯而易見者也。近年地方當事大員，有鑒於此，孳孳汲汲，招民開墾閒荒，搜求百貨釐稅。皆欲就地籌餉，以給軍食，而獨不知榷鹽。譬以一杯水救一車薪之火，其無濟於用也明矣。

夫山澤之利，莫大於鹽。古之善理財者莫如劉晏。其爲鹽鐵使也，初年歲入纔四十餘萬緡，至大曆末六百餘萬緡。天下之賦，鹽利居半。夫晏之榷鹽，豈有他術哉，加稅而已矣。考唐時鹽價，天寶至德間，鹽斗價只十錢。晏領鹽鐵使時，已加稅十倍，每斗爲錢一百一十。故經理得法，一歲能增五百餘萬緡之多。近時曾文正公之榷淮鹽，六百觔爲一引，自淮南運至湖廣，其初每引抽釐銀十兩三錢，其後減定章程，每引抽釐銀六兩三錢。夫以六百觔之鹽，而抽釐銀十兩三錢，是民間食鹽一觔，官收稅銀一分六釐有奇，後減至一分有奇也。今奉天沿海各州縣之鹽，市價每觔不過制錢二文，誠能遠倣劉晏之法，近援曾文正公榷鹽之例。奏請朝廷設官於產鹽之地，以制錢二文收買遼鹽，加釐課錢十八文，每斤爲錢二十，以鬻於商，縱其所之。遼東之鹽，運往承德以東南内地各廳州及吉林黑龍江等處。遼西之鹽，由錦義運往蒙古各部落。引地甚廣，銷路必暢。如每月能銷鹽百萬斤，便可得釐課錢一萬八千千。每月能銷鹽千萬斤，便可得釐課錢一十八萬千。榷遼海之鹽以助奉吉黑設防之用，使三省通力合作，軍儲饒裕，邊防益固，永紓朝廷東北之憂。匡時急務，似莫切於此矣。

第我朝自開國以來，遼海之鹽未嘗有課，民情難以圖始。士大夫溺於政尚寬大之説，視國計之盈絀，如秦人視越人之肥瘠，漠然不關喜戚於其心。聞榷鹽之議，必將斥爲苛政，詆爲剥民，恣騰謗讟，冀阻其事。或模棱兩可，請少加釐稅，先行試辦者。此皆迂疏之談，不知利害之輕重者也。奉吉現雖設防，常有地闊兵單之慮。黑龍江尚未設防，宜切綢繆未雨之思。一旦有警，欲分防則無兵，欲添兵則無餉，皆意中事也。其宜就地籌添鉅款，以厚兵力，不可緩也。自今海宇昇平，中原無事，朝廷之財力尚難兼顧吉黑，廣設邊防。如内地有變，俄夷亦乘機竊發，當此之時，中邊交警，餉必益絀，軍必虞饑，亦意中事也。其宜就地籌添鉅款，以蓄邊儲，尤不可緩也。此利害之在軍國者也。民間食鹽，每人每月不過一斤，以每斤加釐課錢十八文計之，每人每歲不過多出錢二百一十六文。民雖甚貧，易爲力也。湖廣江西安徽之食淮南鹽，市價每斤制錢六七十文。遼鹽現運吉林，市價每斤十五六文，運於寧古塔，市價每斤二十三四文。縱加釐課錢每斤十八文，其價尚輕於湖廣等處十之五十之三也。此利害之在閭閻者也。東三省旗地無賦，民地之賦輕於東南各省數倍十數倍不等，而東南鹽之價又重，取東南之財，以供東三省之餉，二百餘年矣，未聞東南之民怨及朝廷，以爲苛虐也。東三省之民，沐朝廷之深仁厚澤二百餘年，而不知感激圖報，吝此鹽釐，不亦自同化外哉。凡事兩利相較，當取其重，兩害相較，當取其輕。居今日而爲東三省深謀遠慮，非就地急籌鉅款無濟於事。然則遼鹽之榷，即援淮引初章以定稅，則亦不爲過，況從輕則哉。如慮釐課既加，官價較重，小民嗜利販私者衆，縱之則虧課，嚴緝廣捕則糜費。辦理不善，正課所入，仍不能多。則清查各場，每日產鹽若干，盡數官爲收買，使民間無從得私，以清其源。如慮立法之始，商販恐官鹽價重，難以出售，或裹足不前，則倣劉晏常平鹽之遺意，及近時各省官運官銷之成案，先行官運。民間不能淡食，不得不市官鹽。數月以後，價值畫一，官鹽通行，商販亦可不招而自至。遼鹽章程既定，吉之琿春三姓，黑之艾輝，鹽有從俄界來者，照各國通商不準帶鹽條約，杜其入境可也。因地制宜，設卡抽收釐税亦可也。要在當事之人，主持大計，實力舉行，以爲東三省濬莫大之餉源，而不爲浮議所摇耳。

（清）趙爾豐《川邊奏牘·鹽井設局試辦徵收鹽税片》　再，查巴塘産鹽，惟在鹽井一處，濱臨瀾滄江東西兩岸，皆有井地。光緒三十一年冬間，於巴、理等處平定之後，即經委員前往察看，正在設局籌辦之際，而河西臘翁寺番僧屢出兹擾，以致商販裹足，無從措手。光緒三十二年夏間，克服桑披寺，臣始分發哨隊，赴井彈壓。而臘翁寺仍敢聚衆抗拒，傷我營勇，是年臘月始將該寺攻克，僧俗人等，陸續投誠。復飭前派委員招回曬户，修整鹽箱，出鹽稍多，方望運銷，漸有起色，又復阻塞。本年以來，該委員等設法整頓辦理，已有條緒，現查瀾滄江東岸有井三十餘口，其西岸有井二十口。東岸井深，鹽質頗厚，西岸井淺，曾有硝質，色味較遜。曬户就井設箱，汲水攤曬，全賴風日之力凝結成鹽。惟每歲夏間，瀾滄江水勢盛漲，井口悉被淹灌，須待秋冬水涸，曬户乃能復業。屢經就井圍壩築堤，終以江濤狂涌，人力難施而止。其鹽色紅而味澀，本擬改用煎熬之法，曾經試驗，一經提煉，色味俱佳。惟關外向無煤礦，全用山柴，成本幾增二十餘倍，只可暫仍其舊。現計每歲産鹽約一萬馱之譜，每馱以一百二十斤爲準，完納税課藏元一元半，並於附近設卡盤驗，暫用巡防營勇，締造伊始，産鹽無多。一切疏節闊目，順民間之習俗，以廣招徠，俾閭閻得免淡食之虞，而邊務經費，亦稍資挹注。如果將來出産較旺，銷路一暢，一切應行改良辦法，及添設巡卡，專辦緝私等事，仍由臣隨時規劃，奏請施行。

所有鹽井設局試辦，徵收鹽税緣由，除咨部查照外，理合附片具陳。伏乞聖鑒。訓示。謹奏。

奉硃批：度支部知道。欽此。

《同治中興京外奏議約編》卷四《請整頓鹽法疏劉毓楠》　竊兩淮鹽課爲皖省軍餉大宗，皖營現當攻剿喫緊之時，全賴北鹽暢銷，課銀充裕，方資接濟。查淮北票鹽初行，歲銷四十六萬餘引，加江運數萬引，征收正雜課銀幾逾百萬，奏銷年清年款，良由立法精、用人當也。近年歲銷不過二十萬引，或十餘萬引，乙卯、丙辰兩綱尚未運清，票商則完納無資，場竈則晒掃失業，漸成涣散之勢。推其故皆由該管官吏經理不善，祇知牟利營私，不知恤商招販，以致引滯課絀。皖營守提軍餉累月經年，貽悮大局，所關匪細。是以前任運判許惇詩、陳照均經原任漕運總督袁甲三舉劾去任。奈鹽官積習相沿，專尚夤緣奔競，更多闒冗庸劣之輩。求其正本清源，實心任事，百不獲一。淮北潰敗已甚，必得有爲有守之員，方足以資整頓而籌課餉。查運使兼轄兩淮，現蒙皇上簡放新任，必能破除情面任用賢員。惟淮北利弊所在，恐難周知。臣愚以爲得人則法自立，除弊則利自興。謹據平日聞見所及，酌目前因革所宜，敬抒管見六條，爲我皇上敬陳之。

一、裁釐捐以裕引課也。查西壩爲淮北票鹽總匯之區，湖南由壩運經各岸，途經高良澗、正陽關、臨淮關、三河尖等處，現俱設有釐卡，每處按包抽捐制錢六七百文或一千一二百文，均係各營弁勇管理，交納稍遲，鞭笞立至，商販畏懼裹足不前，引課日絀，實由於此。且釐捐向無定額，不肖營弁往往征十報一，各營仍有缺餉之虞。是釐捐有名無實，已可概見。擬請裁撤釐卡，招徠商販，以期額行全復，軍餉日饒，國計民生均有裨益。

一、禁私鹽以廣銷路也。自來整頓鹽法，首重緝私。而官中之私，尤宜嚴加禁止。淮北提鹽抵課以來，營弁捆運餉鹽，買私帶運，包庇梟販，漏卡闖關。一引餉鹽數引私鹽，其勢不可以窮詰。且票販赴場買鹽，經漕運總督委員，每運一引，於例定鹽斤之外加帶二十餘斤，集零成引，運交漕局，不征國課。名爲餉鹽，實則私鹽。且令場商賠鹽斤，票鹽賠包索，舡行賠販脚，百端騷擾，怨讟沸騰。徐州糧臺餉鹽，向在西壩採買，今則海州運判親屬代辦，赴場買鹽，尅減價值，拘拿車船，夾帶私包，莫敢如何。應請將營鹽夾帶諸弊認真剔除，並將漕局徐臺之鹽概行停止。

一、汰冗員以免擾累也。鹽官之設各有專司，淮北從前運行綱鹽過淮改捆，是以設有淮北監掣同知一員，專司改捆同知一員，淮北批驗所大使一員，白搭河烏沙河巡檢各一員，專司改捆等事。迨改票以後，北鹽徑運西壩，出湖舊道全徙，官行徒設，該同知等員有官無職，罔不謀署他缺。應即裁缺以省俸廉。再票鹽改章之始，板浦中正臨興三場設立四局，新關大伊山五丈河順清河等處各設一卡，均由運使委員稽查。乃日久弊生，竟有掛號請秤查艙裁角諸名目，每引黑費輒至制錢數千。該委員等勒索陋規，徒爲商販之累。應將局卡各員即行裁撤，所有秤掣查驗事，即責成三場之官實心經理。

一、減經費以輕成本也。淮北票鹽舊有經費一款，隨同正雜課銀征收，爲數甚鉅。嗣因轉輸不及，改運四成鹽包，核計正雜課銀不及三成，經費等款已在一成以上。凡經費所提鹽包存壩變價，官民互市搶售勒索，殊屬不成事體。又壬戌年請運較旺海州運判於例提鹽包之外，每百引加征現銀數兩，是年請運二十餘萬引，加征幾至二萬餘兩。是否稟詳上司有案，應令嚴切根究，以禁苛派。並將經費應提鹽包速行停止，酌留舊制經費十成之二征收現銀，則官吏無分鹽爭售之弊，有現銀辦公之實。票販成本較輕，亦足以廣招徠。俟壩銷暢旺，並將鹽課提包章程停止，仍征現銀以杜弊端。

一、定鹽價以恤竈丁也。淮北改票以後，丁竈鹽價駁價每引例定九錢，嗣後屢減屢復，變更不已。每一運判到任，必先詳請運使核減鹽價，恐嚇商民，迨至賄賂滿囊，始行詳復舊制。是以前任各運判均經減復駁價有案，價減則產廢，產廢則鹽缺，鹽缺則課懸，課懸則餉虧，弊之相因有如此者。況淮北屢遭捻匪焚掠，亭疃池井大半荒蕪，丁竈流離，晒掃失業，亟宜保固池鹽以裕課源。應仍查照票鹽定章，每引定爲鹽價駁價九錢，永遠遵行。該管官不得擅行核減，至滋擾害。

一、疏河道以利挽運也。海州運鹽河道，潮汐時通常患淤塞。商販舊有河費捐款，每引捐銀二分，足額年分捐銀八千餘兩，向例存儲海州運判庫內，以備隨時挑河。乃自咸豐元年以來，從未興挑。現在河身淤墊日高，乾涸時形，挽運多阻。近來銷數雖絀十餘年之久，捐款已逾數萬。商販累請挑河，該運判輒謂庫存無款，置若罔聞。應令確切查明，速將捐存款項發給興挑，以利捆運。又聞淮北商捐全係官爲經理，乃捐倉穀則義倉如洗，捐勇糧則練勇無多，應令一併清查，以杜侵蝕。以上六款皆關淮北鹽務利弊，臣訪聞較確，不敢壅於上聞。應請旨飭下兩江總督遴委清正大員，會同該運使徹底清查，毋得瞻徇隱飾，以清積弊而裕課源。臣爲整頓淮北鹺務起見，是否有當，伏乞皇上聖鑒。謹奏。

（清）梁啓超《飲冰室文集》卷八《中國改革財政私案·整頓鹽課之法》

鹽稅之在今日，固已爲國家歲入一大宗。然苟得其道而整理之，則能使民間鹽價視今日不加騰，而國帑所入視今日且數倍。雖然，欲奏此效，必須將現在制度改絃而更張之。是則視當局者果斷之力，與綜覈之才何如耳。考現在各國鹽稅所入，德國二千七百餘萬元，法國一千三百餘萬元，意國三千一百餘萬元，日本二千三百餘萬元。內中惟意國收稅太重當別論，其餘各國所稅，尚不爲厲民，而所得乃若是之鉅。彼諸國者其人數大率不及我國十之一，以比例推之，我國所入當十倍於彼亦不爲過。乃今者各省鹽稅鹽釐之解於度支部者，不過一千三百餘萬兩。各省外銷之數，雖不知其詳，然統計之，當不出二千萬兩以外，則其視各國之比例實霄壤矣。今欲知我國鹽稅之額可以增至幾何，則當先察全國所食之鹽應需幾何。此事若甚難知，然以各國比較之可得其大概，雖不中不遠矣。按各國統計表，荷蘭每人每年平均食鹽十七斤，法國十四斤，德國十三斤，意大利十一斤，日本十六斤，內中惟意大利因稅太昂，故食者特少，其餘各國則不甚相遠。日本在臺灣初行鹽專賣時，豫算每人十五斤，後經累年比較，則每人每年實食十三斤十兩有奇。日本每斤約當我十五兩六錢。故以各國之比例算之，我國每人每年平均食鹽以十四斤起算，其數當不甚相遠。醬油醬料及其他製造用者一切在內。我國人口據西人所調查謂有四萬二千六百萬餘，今雖未得確數，然即以四萬萬計之，每人每年平均食鹽十四斤，則全國每年食鹽總額應爲五千六百萬擔。若以四萬二千六百餘萬人起算，則應五千八百餘萬擔。實則以鄙見度之，我國食鹽總額在六千萬擔以上，蓋我國人數斷不止四萬萬也。而現在官鹽票引合計不過二千八百十二萬五千擔，僅得其半數，則其餘皆爲私鹽所蝕，不問可知矣。

既推得食鹽總額之大概，則當斟酌其稅額之重輕。考諸各國，則意大利每百斤稅十七元有奇，法國稅三元有奇，日本稅一元半，荷蘭稅一元有奇，德國最輕每千斤稅僅四元。其餘各國多有不收鹽稅者。我國若折其中，每百斤約稅一兩五錢，最爲適當。若依此推算，則每年鹽稅可至八千四百餘萬兩，銷鹽之額增加，則税亦隨而增加，此其大概也。

今我國鹽税之額，曾不及此數七分之一，此其故皆由爲私鹽所蝕，盡人知之。而私鹽何以如此其盛，則其原因可得言焉。

一曰，由税率太高苛捐太多，以致官鹽之成本太重也。我國鹽税之率，雖各省不同，然試就長蘆一區論之，每引三百斤所徵正課銀領告費銀帑利銀三項合計共三兩四分五釐。又地費規費每引一兩八錢，此皆解部之款，而每百斤已税一兩六錢矣。然惟在出鹽地販賣之鹽僅如是耳，若運至他岸，則遇卡抽釐，行地愈遠，抽釐愈重矣。況課與釐皆解部者也，其督撫外銷官吏層層中飽者尚不在此數。嘗讀光緒三十年鐵尚書良查明兩淮鹽務一摺，言兩淮所銷鹽共八十餘萬引，而所收課釐等項合計凡千二百餘萬兩。查淮鹽以六百斤爲一引，八十餘萬引之鹽，舉大數約爲五萬萬斤。以五萬萬斤而得税千二百餘萬兩，則每百斤所税已將及二兩五錢矣。況官吏中飽之數，雖以鐵尚書之精明，恐亦未能盡悉。則鹽官所收千二百萬者，鹽商所出又豈止千二百萬耶。兩淮如此，他區可推。夫民之趨利，愍不畏死。今官鹽之課如此其重，私鹽之利如彼其厚，雖日殺一人以警之，猶不能止也。而人民之買私鹽者亦若是矣。今各省當仰屋之時，動以加價加釐爲救急之捷法，中央政府亦不得已而許之。每加一次，何嘗不多得百數十萬，而豈知私鹽之增長，其漏巵有不止此數者乎。不然，鹽爲人生日用所必需，其銷數當與人口之孳生成比例，曷爲人口歲增於前，而官引反滯銷於昔也。故啓超管見以爲宜盡除釐捐規費各種名目，減輕税率，惟平均每百斤税一兩五錢内外，則税項雖若驟減，然辦理得宜，不一二年而必增數倍，可斷言也。

二曰，由行鹽地各分疆界助私鹽流行之勢也。今國中之鹽分爲長蘆、山東、河東、兩淮、兩浙、兩廣、福建、甘肅、四川、雲南之十區，區各有其引地，不許相侵軼，侵軼者以私鹽論。此實我國最奇之制度，驟以語外國人而苦難索解者也。現今各國行專賣法，他國之鹽不准入境，則有之矣，未聞有一國之内，各割據一方以行專賣，而相視若敵國者也。不特此也，各商又自有其引地，所領之引，限銷於某府某縣，越境即以私論。故現在所謂私鹽者其種類雖不一，然鄰私實爲大宗。故以淮鹽而論，則有所謂川私蘆私浙私等名目，其他鹽區之互相指爲私也亦然。同爲中國之産物，同納國家之正課，然在國内甲地則爲公，在乙地則爲私，可笑孰甚於是。況引地之區畫尤極無理，有近淮而必銷蘆鹽者，有近川而必銷淮鹽者，大率由前任督撫互相爭奪，圖本省餉源一時之豐裕，而民之便否非所計也。夫運路遠則價昂，運路近則價賤，此事之至易見者。民孰肯取昂而舍賤，此鄰私所以盛行者一也。各省課税規費等互有輕重，官鹽之價，因而互殊，則税輕者易銷，税重者多滯，此鄰私所以盛行者二也。各區鹽質不同，其製造之成本亦異。如川鹽之成本視淮廣等殆十餘倍，人民貧富不齊，有願食佳品而不嫌價高者，有願得賤價而不嫌品劣者，宜各從其所好，今乃强干涉之。此鄰私所以盛行者三也。昔唐之劉晏，以善理財聞於後世，其治鹽之法，一税之後，任其所之，史家稱爲名言。今欲遏私鹽，莫急於先掃鄰私，而盡除引地之制限。則鄰私之名目自無從而生，謀鹽政之統一，其基礎首在是矣。或疑不分引地恐商人避難就易，則不産鹽之省其民將有淡食之虞，此前人所屢以爲憂者。然此實無足慮，下文更詳辨之。

三曰，由鹽商壟斷權利，販鹽之業不能普及，而奸儈得因緣爲奸也。鹽專賣法各國盛行，中國鹽政亦專賣之一種也，然其與各國異者，各國惟官專賣而已，中國則於官專賣之下，復加以商專賣，此所謂兩重專賣也。夫所貴乎專賣者，其一固以增國庫之收入，其一又以此業利益太大，不許少數人壟斷而朘多數人之脂膏以自肥也。中國鹽商當嘉道以前，其豪富殆過王侯，今即稍遜，然猶爲商界之雄，莫能與競。其所以致此者，半由獨占其業，任取高價，試略舉鹽商所取過當之利譬，有鹽一包自蘆臺運至天津，復自天津運至京城，其成本約幾何，計鹽場買價約八錢，蓆繩等及搬至天津之脚價約共五錢，天津至北京脚價約六錢，此外則正課銀六錢八分六釐，帑利銀四錢二分一釐，領告費銀一兩九錢三分八釐，鹽坨費及雜捐共一兩五錢五分五釐，合共費銀七兩二錢之譜。而在京城發行，每包價十三兩，其净利實五兩八錢也，此皆小民之脂膏爲鹽商所蝕者也。半由摻運私貨，隱匿國税。夫取高價則情猶可恕，而立法以防之亦較易。若其帶銷私鹽，而故擱官引，則爲患益深。然以世於其業之故，作弊之技，愈久愈精，社鼠城狐，去之無術。凡今所謂私鹽者，由奸商假官以行私者實什之八九，其莠民冒險盗賣者不過十之一二。此稍明鹽政利弊者所能知也。故今日欲整頓鹽政，非削除鹽商之專賣權，則萬事殆無從著手也。而論者疑爲難行，則亦有説，蓋以國家握有此鹽不便於零賣也。

故必賴有批發者，而其價既鉅，易於虧欠，非擇殷商以專責成不可。此鹽商之所由有特權，而一旦革之極多窒礙也。以啓超愚見則謂在前此誠不得已而出於此舉，今日則有良法可以代之。請於下文別縷陳焉。

以上所陳，不啻將現行鹽政制度翻根柢而破壞之非好爲是更張，誠以積弊太劇，不如是不足以圖廓清也。舊制既已破壞，新制當謀建設，試參酌各國專賣法擬其綱領如下。

一、凡全國之鹽，皆歸政府專賣。

二、設提鹽使司提鹽使十人，分管現在之十鹽區。每區按鹽場之多寡大小，分設一二三等鹽務官若干人。其不產鹽而距鹽地太遠之省或酌設督運官。

三、凡製鹽人，皆須按照政府所定請願書格呈請提鹽使批準，給以憑照，方得開業。

四、凡製鹽人製出之鹽，衹准交付鹽務官及鹽務官所指定之人，違者除退繳憑照永不許製外，仍課罰金。

五、鹽務官點收製鹽人所交付之鹽，隨即發與買價。其買價則鑑定鹽質之高下，除製造費外，每斤約予製鹽人以銅錢一文之餘利。

六、鹽務官所買受之鹽，除買價外，每百斤再加以銀一兩五錢之鹽稅作爲定價，批發於販鹽人。如買價爲每百斤二錢者，則以一兩七錢之定價批發。買價爲每百斤一兩者，則以二兩五錢爲定價批發。

七、凡向鹽務官販鹽者，每次必五百斤以上始行交付。

八、凡販鹽者必須先繳鹽價，但以公債券作保者，准其於三個月或六個月內隨時完納。

以上所述不過略舉大綱，其防弊便民之法尚多，若承下問當別草詳細章程呈核。

若行此法，則私鹽之弊可以漸絶。蓋凡製鹽者皆須領照，全國中有製鹽人若干，所製出之鹽若干，政府皆能知之。除此之外，無所得鹽，則私何從出。難者曰：凡鹽一經政府之手，則每百斤價漲一兩五錢，則不領照而私造鹽，或雖領照而私賣鹽者，其利甚厚。作奸犯科，豈能盡免。況如西北鹽池四川鹽井等稽查尚易，至如沿海一帶，隨地可製，何從設防。是私鹽終不能免也。答之曰：此似甚有理，然未解私鹽之性質也。凡私鹽必所銷者多而始有利，若以區區萬數千斤之所贏而觸法網，愚者不爲也。今使私製者而爲少數之大鹽場乎，苟鹽務官稍盡職，斷無不能發覺之理。若爲多數之小鹽場乎，積銖累寸所得能幾，而惴惴然日在刑罰之中，誰肯爲之。夫私製之人，必非能直接私賣之人也，而恒恃私販者居間以爲之轉運。私販者冒大險以營此業，非有大利則不肯爲。故其所分與於私製者之利不能甚多，每斤銅錢三四文極矣。製鹽者苟領照之後，而售所製於政府，固可以得銅錢一文之餘利。今售與私販者利雖二三倍，然使售一萬斤，亦不過多得二三十兩耳。而其業日在危險之中，誰肯爲之。是則不領照而私製之弊可以無慮也。若夫已領照而額外多製以私賣者，更不必慮。各國之例，其所以稽管此業之人者，法甚周密。必須依官定格式，製爲帳簿，官吏隨時可以調查，其作弊甚不易。且此輩大率皆安分良民，既領得此照，所製出品，不患不能銷售，年年可得若干之餘利，實爲最穩固之營業。今若多製私賣，其所製者若太多則易於發覺，若甚少則無利可圖，稍有心計者必不肯貪目前之小利而棄終身之正業明矣。且夫私鹽之來歷，果何自乎？耳食者流，以爲皆由私製之人售與私販之人也，而豈知皆由鹽官鹽吏鹽商相狼狽聚而嘬國家之財。故鄰私商私船私壩私等十居八九，甚者如數年前江蘇巡撫某與鹽梟頭目相結託而中分其利，私鹽安得不盛。而竈私實不及十之一二。今若行此法，則各種之私無從發生矣。所餘者竈私一項而已。即使不能盡絶，而爲數固已有限。況如上所陳，並此而不足慮耶。

舊制之所以畫分引地，固所以保護各省及各鹽商之專利，亦慮僻遠不産鹽之地，民苦淡食，故勒令某商之引，必行銷於某地，亦立法不得已之苦衷也。今既倣劉晏之法，一稅之後，任其所之，得毋慮販商畏難就易，轉運不周，而陬谷之民，常以乏鹽爲患乎。啓超以爲此蓋不甚足慮。然補救之法，亦不可不講也。夫民之趨利，若水就下。市場上苟有一物焉，求過於供，則此物將不遠千里森集而補其闕。凡百皆然，即鹽亦何以異是。況鹽爲人生必需之品，一有缺乏，其價立昂。價昂則販者獲利，孰不趨之。前此徒以有專賣商之故，別人不得侵入引地，故舍此無供給之途耳。一旦破除此界，則鹽自與普通貨物等，恒應於供求相劑之率，以行於各市場，而何偏枯之爲患乎。故曰不必深慮也。但時或有意外之變，運路梗塞，或販賣者少，易於居奇，則先事調劑之方，亦不可忽。故宜於運路較遠之地設督運局，由官運往，以供該地人就近之採買，此亦便民之要着也。

舊制鹽價皆官爲洌定，不使鹽商得爲無藝之取，今若行新制，尚需此乎？曰：可以無需矣。何也？前此惟少數鹽商得有賣鹽之權，非其人而販賣即以私論。故鹽商得壟斷以射高利，民莫如何，非官爲定價以保護之不可也。今既人人可販，苟有欲高其價以圖過當之利，則買者求諸他家，而彼之門乃莫或過問矣。故此法行，則市面鹽價，常比例於官價與運費之和而稍昂。其稍昂之率，即販者之利也。如是安有罔利病民之患哉。惟太僻遠之地，小販力不能達，其業常爲一二大資本家所專，如貴州廣西等省。聯行擡價之弊不可不防。此則官設督運局之所以不容已也。

舊制皆由少數鹽商將全國之鹽躉購，雖弊竇叢生，然國家甚省事，可以不勞而得税也。今行此制，則零賣者較夥，鹽務官自不能如前此之逸。雖然，仍必有法以便躉購巨額之商人，然後其業可以日趨於盛大。然則其道何由？凡商業之性質，其資本回復愈速周轉愈多，則其獲利愈厚。假使販鹽者能以一萬金之資本，而隨時向官局賒得二萬金之鹽，則爲利豐矣。然賒之爲道甚危險，非官局所能許也。故有一法焉，使之以公債券作擔保，將價值一萬金之公債券爲質者，則官局隨時可賒與一萬金之鹽。使以三月或半年爲期，期至繳價，則其於販賣者蓋甚便。蓋必先繳全價，則有萬金之資本者僅能營萬金之業，且所得爲一重利息，其數甚微。以公債作保，則有萬金之資本者，可以營數萬金之業，且所得爲兩重利息，其數甚博故也。夫如是則集股以從事者必多矣。此非徒助鹽業之發達，而又以增公債之需要，實財政家不傳之秘也。淺見者動以爲中國不能舉辦内債，然以啓超所計畫，苟能設種種法門，以廣債券利用之途，則將朝發券而夕售罄矣。無術以操縱之，宜其難也。此理當於次篇別論之。

既行此法，則國内鹽政大略整理矣。然其效猶不止此，比年以來，外國鹽入口日盛，俄鹽日鹽其最也。彼其鹽煉製得法，顔色潔白，品質已優於我。而内地官鹽合正課釐金規費等項每百斤殆税二兩以外，而蘆鹽淮鹽等之原價，每百斤不過值三四錢，是不啻值百税百五六十也。而入口之外鹽，其逃税者勿論矣，即納税者亦不過與尋常貨物同率，值百税十二五耳。大勢所趨，將滔滔然盡爲外私所攙奪。官引閣滯，無人過問，言念及此，能無寒心。今者幸而國中私鹽之數遠過於官鹽，而私鹽之價又視外鹽爲尤賤，故外鹽之入有所限制耳，否則我鹽業久爲外人奪盡矣。今若欲禁外鹽進口，或增高税率，則須待改定條約之時多費唇舌，猶恐未得。若將此項進口之鹽盡行由官承受，不許與人民私相交易，如此磋商，或較易從。前此條約似有禁鹽入口之條，惟近日與各國所訂新約均無明文。啓超僻處海外，條約書不備，未能確查，此條所論或不中肯。政府則將所買得之外鹽，仍照加每百斤一兩五錢之税，則利源自不至外溢矣。

不特此也，現在蒙古一帶大率行用俄鹽，西藏一帶大率行用印度鹽。若政府專賣之後，辦理得宜，可設法運往，奪回其利。又朝鮮現爲日本鹽一大市場，南洋羣島現爲印度鹽臺灣鹽所分據。我國鹽質，本極佳良，徒以製造不得法，顔色黝黑，故爲外人所不喜。若加改良之後，以我國工價之廉，成本之輕，必能與日鹽臺鹽印鹽競而壓倒之。則鹽業日旺，而國家財源亦日增矣。凡此皆非改行新制後不能爲功者也。

又新法若行，則處置現在已經納税而未銷完之官引，亦頗費商量。啓超已頗思得兩全之法，今避煩文，不及具陳。

綜述

《大誥續編・匿奸賣引》 兵馬指揮趙興勝係是國初舊根刻期人數，年深命爲瓜州巡檢。制胡惟庸心腹人，同僚兩員皆被胡惟庸朦朧收下，一名月魯帖木兒已死，獨興勝獄存。垂亡之際，妻擊登聞鼓，取至京師。後陞爲南城兵馬指揮，警巡坊廂一切非爲之人。洪武十八年夏，民人陳來安首平涼侯男造反，興勝匿而不奏，被同僚指揮法則刺不從，纔方朦朧奏聞，又不詳細。及至鞫問平涼侯男，其弊多端，因而將興勝平昔職掌稽求所以。又路引之弊贓多，凡出軍民引一張，重者一錠，中者四貫，下者三貫，並無一貫、兩貫引一張者。其引紙皆係給引之人自備，興勝却乃具文關支官紙，三年間一十五萬有奇。已往之年不追，止追十八年半年紙劄，其鈔已盈萬計。嗚呼！中奸臣之計垂亡，活而復官，家給人足，奈不知感恩之報，乃又匿告反之情，所以不赦而誅之爲此也。

《大誥武臣・剋落糧鹽》 襄陽衛千户孫齊，剋落各軍月糧三百石入己。千户周銘，剋落軍人鹽鈔二百貫入己。鎮南衛百户周原德，剋落軍人月鹽三十三斤入己。福州左衛百户劉義，尅落軍人鹽鈔二十二貫五百文入己。台州衛鎮撫錢興，尅落軍糧三百七十八石入己。紹興衛百户王伯當，尅落軍人鹽鈔九貫八百文入己。定遼衛百户靳允恭，尅落軍糧一十八石入己。應天衛百户袁思誠，尅落軍人屯種稻穀一十石、小麥一十五石入己。沂州衛百户王仁美，尅落軍人鹽鈔四十貫入己。永州衛百户毛思盟，尅落軍人鹽鈔二十貫入己。儀真衛百户劉仲賢，尅落賞軍蘇木二十二斤入己。平陽衛百户何敬，尅落軍人賞賜鈔一百貫入己。事發，都貶去邊遠充軍。那小軍每每月關的糧，及關得些兒賞賜，全家兒都望着他，做官的不能撫卹他，倒又去尅落了他的東西，也將心去度量一度量，果實過得去不過得去？這等無仁心的人，你怕他得長久，子孫出來怕會長進？

《諸司職掌·吏户部職掌·户部·鹽法》　凡天下辦鹽去處，每歲鹽課各有定額。年終各該運司并鹽課提舉司，將周歲辦過鹽課，出給中信通關，具本入遞奏繳。本部委官於內府户科領出，立案附卷作數。及查照繳到通關內該辦鹽課，比對原額，有虧照數追理。其客商興販鹽貨，各照行鹽地方發賣，不許變亂。合用引目，各運司申報本部委官關領。本部將來文立案，委官於內府印造。候畢日將造完引目呈堂關領回部，督匠編號用印完備，明立文案，給付差來官收領回還，取領狀入卷備照。其各處有司，凡有軍民客商中賣官鹽，賣畢隨即將退引赴住賣官司，依例繳納，有司類解各運司，運司按季通類解部。本部塗抹不用。凡遇開中鹽粮，務要量其彼處米價貴賤，及道路遠近險易，明白定奪則例，立案具奏，出榜給發各司府州并淮、浙等運司，張掛召商中納。

（明）王圻《重修兩浙鹺志》卷三《詔令》　國朝景泰三年，令商人補支，詔曰：淮浙等處運司，四川雲南鹽課提舉司，正統十四年正月以前躧免拖欠鹽課客商無鹽支給者，所司查勘明白，仍照先後挨年以次補支。後不爲例。若竈户已徵在官，官吏總催人等侵欺盜賣者，不在此例。

景泰四年奏准：凡有代支引鹽者，户部行各該府衛體勘，各具結狀繳部，方准代支。及關給資本錢鈔或兑換引鹽如有冒詐，發邊衛充軍。

成化二年，禁勢要占窩詔曰：今各邊開中引鹽糧草俱不許勢要及內外官員之家平討占窩領價上納，違者從巡撫御史糾舉。

成化四年，禁官員占中引鹽詔曰：如今各邊糧草不敷，皆因鹽法廢弛，弊出多端所致。今後內外官員之家，不許占中鹽引，侵奪商利，虧損邊儲。其兩淮已差官整理户部興革利弊事宜酙酌來説。

是年，申嚴占中詔曰：朝廷開中鹽糧，本爲實邊儲省轉輸，乃利國經久良法。近體得各邊開中鹽糧，內外官員之家詭名開報包中鹽引數多。中間又令家人子弟去買那不堪米麥上納的，有自己不行上納轉賣與人徒手得錢的。及轉賣之人先用價錢過多卻稱斗頭太重，具告官府，因而減數上納的。那各邊鎮守總兵巡撫等官，非但不行禁革，中間有曲循人情，聽令通同官攢斗級，或將官軍該支月糧指廒作數，或將關出積年陳米相沿進納虛出通關的。有自行包占鹽引轉賣與人的，先將本處米麥收積，臨期增價。或插和糠粃，糶與客商上納的。似此奸弊，非止一端，以致邊廩空虛，軍餉缺乏，好生不便。恁部裏便出榜京城并各邊張掛曉諭多人知道。除已往的罷，今後遇有開中，都依户部奏准事例，並不許內外官員之家中納包占。其各商引數亦不許過名。附近的赴户部報名，路遠并見在各邊居住的赴巡撫等官處報名。都在監臨等官，務存公道，不許扶同作弊，虧損邊儲。如違，在內從户科給事中參奏，在外從巡撫并巡按御史糾察，都治以罪不饒。

成化二十一年，禁勢要中鹽詔曰：茶鹽之利，國有所資。近年以來招商不肯上中，皆因勢要之家攙支攙買，及夾帶私販侵其利。今後開中茶鹽，不許勢要及內外見任官員之家上中及夾帶販賣，侵奪民利。違者，治以重罪，茶鹽入官。

成化二十三年，禁勢要中鹽詔曰：鹽糧國用所資，近年以來欽賞數多，及被內外勢要之人奏討奏買存積常股，盤割私餘鹽觔，攙越支賣，夾帶私販，以致上損國課，下奪民財。詔書到日，各該巡按巡鹽御史即查前項鹽課已支賣外，其未支掣者各住支還官。今後行鹽各照地方，不許越境販賣。各邊開中引鹽及糴賣糧草，俱不許勢要及內外官員之家求討占窩價上納，亦不許巡按管糧等官徇情受囑。違者，許巡按御史糾舉。

正德二年，命都御史清理制曰：國家設立鹽法以濟邊餉，所係甚重。近來法令廢弛，奸弊日滋。鹽徒興販而巡捕不嚴，課額寖虧而侵欺罔治。勢要占中而商人支買不前，小竈貧難而豪強吞噬不已。草蕩盡歸于富室，鹽價乾没於總催。加以公差人員假托夾帶，謾無紀極。各該官司盤詰秤掣，全不用心。如此弊端，難以枚舉。運司官吏既多姑息逢迎，巡鹽御史亦或因循玩愒。通關每年申繳實數全無完足，以致鹽法大壞，商賈不通。即令各邊多事，供餉浩繁，開中引鹽減輕價值而出榜召商，全無告中。弊至於是，可不痛爲清革。今特命爾前去兩淮及長蘆等處，公同巡鹽御史督同都布按三司并運司府州衛官員，查照舊制及近年節次奉行事例，將彼處鹽法逐一整理。詢訪民瘼，禁革奸弊，撫恤小竈，鋤法豪強，緝捕私販，嚴謹秤掣。查盤遞年鹽課，追究侵欺虧折。勢要占中奏討者照舊□革，商人見在守支者依期撥給。其一應公差人員假托名目夾帶私販者，依法盤詰參究，私鹽入官。其餘利所當興弊所當革，敕内該載未盡者，悉聽爾便宜從事。事體重大者，具奏定奪。各該司府州衛官員勤能幹濟，事有成効者，具奏旌擢。怠惰曠職推姦避事者，指實參奏。爾受茲委任，尤須秉公持正，殫心竭力，務俾宿弊盡革，鹽法疏通，課額不虧，邊餉得濟。如或因循鹵莽，徒具虚文，責有攸歸。爾其欽承毋忽。故諭。

正德五年，慎擇官員詔曰：朝廷以鹽課事重，特加意整理，必須得人分治方克有濟。這推選官員都依擬着做監察御史，在外便行文書去取着馳驛上緊來，各照分定地方寫敕與他。每去俱要用心興舉鹽法，除革奸弊。各處商人奸僞詐冒者多，查有遠年支過并補完截角舊引影射私鹽的，照例拏問，從重治罪。還各斟酌地方事體，應該作何處治，奏來定奪。但係行鹽地方，就行督令官軍民快巡拏緝捕盗賊，待一二年後果有功績，恁部裏訪察陞用，如或貪懦不職，指名參奏降黜。

是年優商詔曰：各處商人先年報中糧草已納在官，未給鹽引者，照數給與見鹽。未納者，悉皆釋放免賠。

是年，除賠價詔曰：各處商人報中糧草，近因新例不給價銀及反賠原價，已令該部給價免追。詔書到日，俱照舊例報中上納，照數給價。原欠者陸續補給，官糴糧米，盡行停止。

正德十二年，禁奏討殘鹽詔曰：各年風雨消折等項殘鹽，已有旨准買的外，今後一應商人勢要人等俱不許違例奏討，以致阻壞鹽法，有悮邊儲。違者定行拏問重治。

正德十六年，嚴革官商阻壞鹽法詔曰：新詔權勢中鹽侵奪民利，并客商中鹽，增價轉賣，俱問罪入官，律有明禁。近年以來，奸商投託勢要，每遇開中，盡數包占，轉賣取利。甚至奏開殘鹽，減價中支，每米一石支鹽四引，任場買補，夾帶私鹽，阻滯正課，以致鹽法大壞，邊儲告乏。罪雖有免，鹽當追没。詔書到日，巡鹽御史并各運司官即便查訪鹽糧勘合内坐到已支未掣并未派未支鹽課，但係商人投托勢要，詭名占中，賣窩買窩，及河東運司鹽課例該宣府中納，被勢要奏討賣窩，别處開中，并奏開殘鹽減價報中者，悉照《大明律》裁革入官，不許放掣派支。敢有將勢要中鹽賣窩買窩情由設計隱瞞，仍舊冒支官鹽掣賣者，許諸人首告給賞。正犯追完鹽課，發邊衛充軍。干礙勢要，奏聞處治。巡鹽御史運司官吏知情容令掣支，各治以罪。其見堆皇鹽并各處已賣銀兩未賣鹽觔，盡數入官。各項入官鹽課，巡鹽御史作急回奏户部，查照邊儲急缺去處開中本色糧料以濟急用。

嘉靖六年，嚴禁私鹽詔曰：鹽利乃民生所須，近來官鹽阻滯不通，鹽價高貴，民食艱難。而濱江濱海鹽徒興販無忌，私鹽船隻多至數百，往來大江，張打旗號，擅用火器兵器。停泊地方貪利之徒公然替伊轉販，遇有商民船隻，因而刦掠。即今江南各府民間所食多是私鹽，官引阻塞。着巡鹽巡江御史督令各該巡鹽巡捕官司，將鹽徒上緊設法挨拏，務要盡絶。仍根究官鹽何以不通，私鹽何以盛行。應自處置者徑自處置，事體重大者奏來定奪。務使官鹽疏通，鹽商得利，課額不虧，邊儲有賴。若鹽徒勢衆，原設巡鹽巡捕人役不敷，巡按巡江都御史斟量緩急調兵擒捕，無令滋蔓以貽地方之害。

嘉靖十五年，御史巡鹽敕曰：先因兩浙等處地方販賣私鹽者多，兼以運司及各場鹽課司批驗所衙門官吏人等作弊多端。又有等無藉之徒并權豪勢要人等通同竈户私煎私販，以致鹽法阻壞，該辦鹽課累歲虧欠，客商守支年久艱難。嘗命大臣清理，未見成效。今特僉爾前去兩浙專理鹽課，提調運司官吏人等督丁煎辦。竈丁有缺量約僉補，一應姦弊隨宜禁革。□□巡歷行鹽地方提督所在軍衛有司官旗弓手人等，緝捕所獲私販之徒，輕則量情發落，重則解京處治。鹽没入官。其巡捕官旗人等，敢有與私販之徒通同作弊者，一體治罪。運司及各官吏人等，若因循怠忽曠職廢事，或貪圖賄賂虧損官課者，就便拏問。應參奏者具奏發放。爾須持廉秉公，正己率下，設法禁約，嚴切關防，使人不犯，務俾鹽課完足，斯稱委任。

仍湏或約下人，不許搜求生事，將貧難小民賣鹽易食者一概擾害。違者從重究治。爾其勉之。故敕。歷年同。

嘉靖十六年，都御史清理鹽法敕曰：國家設立鹽法以濟邊餉，所係甚重，歲久法令廢弛，姦弊日滋。近該太傅兼太子太師武定侯郭勛奏稱，鹽法本以裕邊，商人上納之際分外有科罰之苦，往往畏懼不肯上納，以致邊備空虛，一遇有警即奏請太倉銀兩以資其急。至於年例引鹽裝打大包，又割取餘銀以爲功績，有妨國計。事下户部，會官議擬，前項鹽法屢下敕旨，但所司奏行未至，故勛臣有此舉奏。請差才望大臣清理其事。今特命爾以原職前去兩淮兩浙山東長蘆等處地方，督同運司并府州衛官，查照舊制及近年節次奏行事例，將今次所奏事宜悉心體訪，何者窒礙不便，何者經久可行，何者當因，何者□革，何以先年通行，何以近年廢格，逐一酌處。務使鹽法疏通，竈商兩便。奏來定奪。其各該地方官員悉聽委用，如有盡心整理及沮壞鹽法者，聽爾從公舉劾以示勸懲。內有應提問者徑自提問發落，應奏請者指實參奏朝廷。以爾素有風力，特茲委任，尤須秉公持正，殫心竭力，課額不虧，邊餉得濟，斯爾之能，事畢之日論功陞擢。如或因循鹵莽，徒具虛文，責有攸歸，爾其欽承毋忽。故諭。

《明會典》卷三二《户部・課程・鹽法》 國朝鹽法，設轉運司者六，提舉司者七，鹽課司以百計。大小引目二百二十餘萬，解太倉銀百萬有奇，各鎮銀三十萬有奇。閩廣二省，課額無多。井池二鹽，撈辦亦易。長蘆山東，價廉課充。惟淮鹽居天下之半，浙次之，而皆艱於徵納。顧祖宗立法最善，歷朝累更，盡失初意。如常股存積空有其名，餘鹽割没倍增其數。甚至設工本以妨正額，通河鹽以亂正單。二者，其弊滋甚。近年議革，鹽法始通。若額數漸加，規條漸密，則因時變通，備述於後。【略】

〔兩淮〕洪武元年，定兩淮歲辦鹽數，每引重四百斤，官給工本米一石。後改行小引，每引重二百斤。

永樂間議准：淮鹽每引，納米二斗五升，或小米四斗。遇米貴，小米亦止二斗五升。兩浙同。

正統二年，令兩淮官鹽聽各商於貴州地方貨買，鹽引於鎮遠府告銷。七年，令兩淮運司所屬鹽場，以路途便利者爲上場，窵遠者爲下場。富安、安豐、梁垛、東臺、何垛五上場，配臨洪一下場。丁谿、草偃、小海、白駒、劉莊、五祐六上場，配徐瀆一下場。新興、角斜、拼茶、豐利、馬塘、石港、西亭、金沙、餘西九上場，配板浦一下場。餘中、餘東、呂四三上場，配莞瀆一下場。掘港一上場，配廟灣一下場。凡支鹽之時，上場派盡方以下場輳數補派，以便鹽商。十三年，令兩淮運司於各場利便處置立倉囤，每年以揚州、蘇州、嘉興三府所屬附近州縣，及淮安倉，并兑軍餘米內，量撥收貯。凡竈户若有餘鹽送赴該場，每二百斤爲一引，給與米一石。年終具奏造册申報。其鹽召商於開平、遼東、甘肅等處開中，不拘資次給與。兩浙運司及松江、嘉興二分司，仁和許村等場，亦准照此例。十四年，令增兩淮存積鹽爲四分，召商供給邊儲。

景泰元年，令增存積鹽爲六分。三年，令兩淮運司，各場竈户，有將該徵糧草，不分起運存留，願折納餘鹽者，每正糧米麥豆五斗，草五包束，各折徵鹽一小引。

成化四年，奏改富安、安豐、梁垛、東臺、何垛五場，配搭莞瀆場。丁谿、草偃、小海、白駒、劉莊、伍祐六場，配搭臨洪場。新興、角斜、拼茶、豐利、馬塘、石港、西亭七場，配搭徐瀆浦場。金沙、餘西、餘中、掘港、呂四五場，配搭板浦場。餘東一場，配搭廟灣場。七年，令減兩淮存積鹽，仍爲四分，常股六分。

弘治二年，令兩淮各場鹽囤地方，皆東西南北爲界。如南北爲門爲路，則東堆存積，西堆常股，定立石碑，每囤止一千引。如總催名下有一千五百引，一千爲大囤，五百爲小囤，先儘存積足數然後收常股。一年鹽課皆完，方徵收下年者。委官盤鹽，務逐引秤盤，不許丈量堆綮查算。又令兩淮運司守支客商，成化十五年以前無鹽支給者，許收買竈丁餘鹽，以補官引，免其勸借米麥。成化十六年以後至二十年以前，正支不敷者，亦許買補。該勸借賑濟米麥，仍照支鹽分數上納。二十一年至二十三年已辦未完者，嚴限追補完足，給與各年應支客商，不許收買餘鹽。該勸借賑濟米麥，亦照例上納。十六年，令兩淮運司派鹽，將天賜、廟灣二場，改作正場，搭配板浦支給。豐利、梁垛、餘中三場，搭配莞瀆、臨洪、徐瀆支給。十七年，令兩淮巡鹽御史清理各場竈丁鹽課，有丁少辦納不敷者，許多餘鹽課，灑派丁多去處帶辦。待後貧難場分竈丁復舊，各照原額辦納。又議准：淮鹽累年開中過額，致累商人。以後止開實在之數，免致額外透派。目下續到應透派者，聽巡鹽御史徑行運司挨取。未開常股，空額免其添價。

正德七年題准：兩淮水鄉竈丁，每歲該辦鹽九千一百四十九引，每引納工本銀三錢五分，解送運司，給散煎辦竈丁。今辦納不前，每引減舊額徵銀二錢，年終運司徵完解部。又令改富安、安豐、梁垛、東臺、何垛、草偃、角斜、拼茶、豐利、石港、金沙、餘西、吕四爲上場，馬塘、天賜、西亭、新興、餘中、餘東、廟灣、掘港、伍祐、劉莊、白駒、小海、丁谿爲中場，莞瀆、臨洪、板浦、徐瀆爲下場。又令寧夏開中兩淮運司，本年分鹽課，每引定價一錢五分。不拘糧草，取勘時估貴賤、道路遠近，定立斗頭斤重，撥納本色。不願納本色者，兩淮鹽課，每引納銀四錢五分，河東每引三錢。聽從各官召商糴買抵數。

嘉靖六年議准：兩淮運司餘鹽，每二百斤，淮南定價八錢，淮北六錢。七年奏准：南京户部遇運司賫領鹽引，額辦之外，增刷引目兩倍，共一百四十四萬道，每五十道爲一封，移咨都察院，轉行巡鹽御史，用印鈐蓋，發運司收領。自嘉靖七年爲始，照商人各邊報中引目，以額鹽總數爲則。如原在邊中正鹽一千引，許報中餘鹽二千引，照年分場分配搭。淮南每引定銀一兩二錢，淮北一兩。內各除資本銀二錢五分，淮南納九錢五分，淮北納七錢五分。俱赴運司上納，照數給與引目，令其自行買補，免其納賑。八年議准：自嘉靖七年爲始，各邊中正鹽一引到於運司，令添中餘鹽二引。先納引紙價銀六釐。行南京户部添刷引目二道，給與商人，正鹽照舊派場納賑關支。添中二引，聽各商自行買補。過所，如法秤掣。每引除包索二十斤，其餘每二百斤，淮南納銀八錢，淮北納銀六錢。支掣之後，赴司納價，解送太倉庫，候各邊支用。添刷過引目，年終通查搭配過邊商報中若干。支賣繳到者，照正額引目截角；解部未支者，運司貯庫造册送部查考，候次年照數補刷。每年輳足一百四十四萬道以備開中。九年議准：停止添刷引目，每鹽一引五百五十斤，過所，內除正鹽二百八十五斤，其餘鹽二百六十五斤，每二百斤，淮南納銀八錢，淮北六錢。就令本商納完，給小票執照發賣。該納價銀，量其發賣月日，限以程期，赴運司上納。十五年議准：兩淮正餘引鹽，照舊五百五十斤爲一包。內餘鹽二百六十五斤，每二百斤，淮南原定價銀六錢五分，又六十五斤該銀二錢一分零，共銀八錢六分零，今減作銀八錢。淮北原定價銀五錢，又六十五斤該銀一錢六分零，共銀六錢六分零，今減作銀六錢。此外若有夾帶，淮南以一百六十斤，淮北以二百斤，各納銀一兩，以懲築打大包姦弊。二十八年題准：餘鹽二百六十五斤，在淮南徵銀七錢，淮北五錢一釐二毫。三十年議准：兩淮運司，除將原額正鹽七十萬五千一百八十引及餘鹽并行開邊報中外。自嘉靖三十年爲始，每包內加二百斤，令商人照數，自行買補。與同新舊開邊正餘鹽數，俱作一包，赴儀淮二所過掣。淮南淮北，悉納銀解部。三十一年議准：行兩淮巡鹽御史，轉行運司，每年查照原定里分掣過引目出給水程，填註期限，并商人貫址姓名、開申巡鹽，移文各該行鹽地方巡按轉行所屬。如遇各商運到引鹽，即拘令報官。賣畢，就拘退引截角，封送布政司。直隸府州按季差人類繳運司交割，仍申巡按勾銷。但有過限繳不足數，即查追提問。每年終，巡鹽仍通查該繳退引，奏行户部。查果不及原派數目，至三五千引之上者，將各司府州縣掌印官參奏問罪。三十二年題准：解京割没銀兩，量扣留作爲工本。將各場竈户分爲上中下三則，收買餘鹽三十五萬引，分派辦納商人。每中額鹽二引，帶中工本，鹽一引，照依正鹽定價，上納本色糧草。三十七年議准：工本鹽每引，淮南七錢，減銀二錢，淮北五錢一釐三毫五絲，減銀一錢五分。免其官買鹽斤，令商自向各場小竈買鹽赴掣。其扣買收買工本割没銀，照舊解部。仍要每單淮南六萬六千引外，加三萬四千引爲一單。淮北三萬四千引外，加一萬六千引爲一單。每年淮南四單，淮北二單，務期一年掣盡。四十年題准：儀淮二批驗所，各商未掣鹽一百五十一萬三千二百二十一引，計淮南十八單淮北六單，所載共該餘鹽銀一百一萬一千一百三十六兩一錢。委官盡行改綑秤掣，每引五百五十斤，若多五斤以下，照常割没，五斤之上照夾帶問擬。大約每單實解出餘鹽一萬一千九百一十引一百七十斤，折算改作正鹽配引附掣，照例徵納餘鹽銀兩，頂補逃亡定額無徵之數。又題准：湖廣衡寶二府仍食淮鹽，鄖陽一府造入兩淮行鹽地方引目，撥鹽發賣。四十四年題准：工本鹽雖有報納，而正鹽未免停積，且商竈俱困。將工本鹽三十五萬引盡行革去，止解餘鹽銀六十萬兩。

隆慶二年議准：河鹽引價著爲三等，分撥見引，淮南定銀九錢，淮北定銀八錢。分撥起紙關引，淮南八錢，淮北七錢。分撥到司勘合，淮南七錢，淮北六錢。若邊商賫執倉鈔勘合到運司，責令內商照依原定價則收買，以便即日回還，不得措勒留難。仍將內商的名報出，造册在官。如遇支鹽到橋頂壩，行令白塔河、安東壩各巡檢驗放鹽船。如該掣鹽一百引，方許造單。如無新引，不許過橋入單。著爲定例。四年，令兩淮鹽法盡復大鹽舊例。

萬曆五年題准：先因兩淮堆鹽擁滯數多，暫停存積。今照舊開中。七年議准：淮揚二府逼近鹽場州縣，聽其以米易鹽。止許肩挑背負，不許多綑大包。其二府所屬原派官鹽一千引者，止派五百引。五百引者，止派三百引。責令各州縣僉選殷實鋪户，赴儀淮二所架下，分買掣過單鹽，運往拆賣。鹽盡，仍將鋪户領過引目繳報。【略】

〔兩浙〕洪武元年，定兩浙歲辦鹽數。每引四百斤，給工本米一石。後改行小引，與兩淮同。

正統十四年，令增兩浙存積鹽爲四分。

景泰元年奏准：近場滷丁，令於鹽場煎辦鹽課。水鄉竈户，離場三十里之外者，每丁歲出米六石，或折收價物，置立倉庫收貯，委官專掌，按季查算。滷丁代納鹽數若干，照名給與食用。令增存積鹽爲六分。

成化七年，減存積鹽仍爲四分，常股六分。九年，令兩浙巡鹽御史，督同分巡分守，并運司官，清查竈丁。其絶户及寡婦，鹽課照數開豁，以清出多餘滷丁頂替。再有餘丁，照例辦課。幼丁候長成辦鹽。俱造册備照，仍類造送部。自後每十年一次。其水鄉竈户，每引納工本銀三錢五分，解司給散竈丁，或年終解部，送太倉各邊支用。十九年，令浙西場分，每正鹽一引折銀七錢，浙東折銀五錢，解送太倉。候餘鹽支盡，仍納本色。

弘治元年奏准：兩浙鹽課二十二萬三千三百餘引，內除水鄉折銀三萬餘兩，實鹽八萬九千七百餘引，將解京折價，浙西每引原定七錢減爲六錢，浙東原定五錢者減爲三錢五分。又令兩浙水鄉鹽户，每一引納銀六錢。煎辦竈丁，存積鹽課，俱納本色。其常股，每引折銀三錢，候商到支給，將價照例於勤煎竈户餘鹽內，插買補課。二年，令各場竈丁，離場三十里內者，全數煎辦。三十里外者，全准折銀。每年十月以裏，徵送運司解部。其折銀則例，每一大引，浙西六錢，浙東四錢。

正德九年奏准：兩浙鹽，每引二百斤，許帶餘鹽五十斤。連包索五十斤，共三百斤爲一引。十三年議准：運司所屬許村等場，額徵本色鹽不及百斤者，照浙東西折鹽官價，徵銀解部。

嘉靖六年議准：兩浙運司，嘉靖五年以前，空額折銀，仍令解部。原徵本色，大引折小引鹽，聽候照舊開中。其嘉靖六年以後年分，折價小引鹽例該解京者，俱存留運司，每引定擬價銀四錢。户部遇有邊方奏討，與同前項原徵本色引鹽，陸續開中。十一年奏准：浙東額鹽五萬二千五十六引，引少鹽多。浙西額鹽一十四萬六千四引，引多鹽少。派場之時，於浙西數內改出四萬六千九百七十四引派與浙東，疏通鹽法。十三年題准：永嘉場衝壞沙灘，逃亡竈丁，折銀鹽課。查概縣民田地池，均派包補，隨糧徵收，發場起解。十六年題准：兩浙官商不到之處，立爲山商。鉛山、弋陽、貴谿、永豐、靖江、昌化、浦江、武義、東陽、義烏、湯谿、永康、建德、桐廬、壽昌、慶元、宣平、縉雲、景寧、雲和二十縣，每程一張，納銀六錢。餘杭、富陽、臨安、新城、嘉興、秀水、嘉善、崇德、桐鄉、德清、武康、諸暨、新昌、嵊縣、奉化、泰順、青田十七縣，每程一張，納銀四錢三分。其餘坐場縣分，容令竈丁肩挑易賣。仍修復松江分司，令分司官駐劄督課。二十年題准：台州府長亭、黄巖、杜瀆三場引目，一票作爲一引。每票照鹽三百斤，納銀九分。二十四年題准：兩浙歲辦水鄉鹽課，照舊折價解部。存留在場者，徵收折色，解貯運司，給商下場買鹽聽掣。二十六年題准，天賜場竹箔等處。沙場畬田八百二十六頃八十畝餘，撥民竈佃種，納銀崇明縣解司。遇商人應得鹽價。每一小引，給與銀二錢一分八釐。其扣存之數解部。又題准：兩浙運司天賜場原額引目，俱改派仁和許村二場，輪次買補。完日，就於二場打引截角，運赴杭州批驗所掣放。又題准：兩浙運司，今後遇該邊商納價，派場買補，不必拘定年分，隨派隨給。邊商有不願赴場者，方許內商牙店，三面赴司告撥。即與邊商名下，註記明白，以杜冒領之弊。三十年題准：將給商正鹽二百斤外，再加餘鹽一百斤。連前餘鹽五十斤，共一百五十斤。

隆慶二年題准：額課改行小鹽，以隆慶三年爲始。每引定以正鹽二百斤，外加包索三十斤，帶餘鹽七十斤，共三百斤，爲定例。每引餘鹽七十斤，納銀一錢四分五釐，比舊每引少銀一錢五分五釐。將内商派引執照紙張中津橋票税，與各近便場户買補折色引鹽等項銀兩，加增抵補。仍查照户部近議存積三分，改中本司，每引加銀二錢上下，以抵補前課之額。六年奏准：寧波府所轄五縣，松江所轄二縣，共一十四場，俱無住賣商引。又未議行票鹽，令僉選牙埠，置立簿票，每票一張照鹽三百斤，納銀一錢二分。

萬曆十年題准：兩浙鹽課，務令盡數通完，如有拖欠，每年終總計完欠分數，將各運司縣場掌印管鹽官，照依京庫錢糧事例分別參奏。又題准：兩浙巡鹽御史，嚴督運司，將杭、嘉、紹三批驗所每季掣鹽，俱以掣畢日爲始，五十日内，盡數交完餘鹽等銀，印給限帖，發運行鹽地方住賣。違者問罪。如違十日以外，即將引鹽追没三分之一。二十日以外，追没三分之二。一月以外，盡没入官。如有風雨等項阻滯，量行寬假。【略】

〔長蘆〕成化六年題准：海盈等十三場陸路窵遠，商人不支鹽課。定自本年爲始，每二大引合爲四小引，折闊白布一疋，徵解通州通濟庫交納，以備折俸支用。

弘治二年，令長蘆運司商鹽，願發賣别處者，聽於所在官告驗，轉給文憑，改易地方。其退引水程，仍照例告繳。

正德五年議准：長蘆運司在官鹽課，量場分遠近，定爲四等。召商中賣，高下相搭。其遠年不敷鹽斤，官爲立法，令於納剩餘鹽，自相買賣。

嘉靖元年題准：長蘆所轄場分，有海灘地一十二頃八十畝，民竈挑修，共立灘池。以十分爲率，三分補納逃亡額數，七分給與各家，償其挑修等費。九年題准：青州分司所屬濟民、石碑、惠民、歸化四場，離小直沽批驗所窵遠，支掣既難，鹽課倒埕相繼。令竈丁每鹽一引，納銀一錢，給商買勤竈餘鹽補數。十七年題准：長蘆山東支引鹽，其正鹽二百五斤外，加包索二十斤，連餘鹽四百五十斤爲一包。此外夾帶，照例問發，追價入官。其餘鹽價銀，務酌遠近，限以月日，不許於未掣未賣之先，逼令稱貸豫納。二十九年議准：深州海盈場竈户，内除鹽山縣近場一十三户辦納本色，其居住真定府衡水縣等户，每引納銀一錢。利國等一十一場，歲辦入津等倉課米，每石徵銀五錢。其海盈等一十三場，折布鹽價銀，舊例七分五釐，今減一分。各徵完赴司類解。三十年，令長蘆山東二運司，各除原額正餘鹽，連包索共四百五十斤。自嘉靖三十年爲始，每包再加餘鹽一百五十斤，并加包索一十五斤，通共六百一十五斤。照常納價，依數派場，令商人買補。三十九年題准：長蘆鹽運司利民等場官鹽引目，按各府州縣里數，分别等則。上則，順天府屬四萬八百三十四引，保定府一萬二千六十七引，順德府八千五百五十九引，大名府三萬八百八十三引，彰德府一萬五千六百七十四引，衛輝府一萬八百七十八引。中則，河間府一萬四千八百七十七引，真定府一萬四千三百一引，廣平府八千二百二十一引。下則，永平府三千九百一十八引。通行發賣。各該官司置立循環文簿，登記賣過引鹽，并水程期限，按季送巡鹽御史查考。四十四年議准：正餘鹽每包止許五百六十斤，正鹽二百八十五斤，餘鹽二百七十五斤。南所納銀三錢九分七釐五毫，北所四錢三分七釐二毫。此外多至二十斤者，納銀一錢。百斤以外，問徒，没鹽入官。二千斤以上，查例發遣。

隆慶元年議准：長蘆運司并二十四場官吏，本色俸給，共銀六百餘兩。于各場繳納灘價，并鹽商腳價銀内支用。河間府免行編派。又令長蘆鹽運司，歲增五萬引，每引納銀二錢五分。聽商自行收買。六年題准：張家灣批驗所舊以商人運到引鹽，每一十引抽鹽一斤，放支做工官軍。後前鹽議免，止每十引割收銀五釐解部。該所見設官吏三員裁革。【略】

〔山東〕宣德五年題准：山東信陽等場鹽課，每二大引，折闊白綿布一疋。運司委官總催運赴登州府交收，備遼東支用。

正統十年奏准：官臺場鹽課，照信陽等場例折布。

弘治十二年議准：濤洛、富國、高家港三場，鹽多苦黑，無商中納。每一大引，折徵銀一錢五分。

正德三年題准：西由、信陽、登寧、行村、滄海、并固堤、官臺等八場，原折布疋，照濤洛等場折銀事例，解部。七年奏准：永阜等場，逃移竈户丁地鹽課，著落佃地人，每引辦納銀一錢五分。九年題准：運司鹽課，年分稍遠者，每一小引止納一錢二分。稍近者，止納銀一錢四分。通留山東，備兵馬賑濟等支用。十四年，令山東運司民佃竈地，該納布者，照民佃竈地納銀徑解運司事例。亦徑解登州府，自取通關完銷，不許竈户催納。

嘉靖元年奏准：豐國場逃移竈户遺下竈地，在武定利津等州縣，照永阜場例，納銀送司類解。仍照徵收事例，年終出給總足通關繳部。五年題准：寧海場逃竈，照例納銀。十三年題准：山東長蘆二處商人，違限罰穀，俱以限滿擬罰。未及二年者，以年半論。未及年半者，以一年論。未及半年者，止照例問罪，免罰穀。二十九年題准：將高家港等十一場逃移丁鹽四萬二千七百三十二引，與寧海等八場正支買補，小引鹽八萬三百三十九引，并永阜豐國等場復業竈户鹽一十二萬六千一百一十引，定價開派遼東山西等處，召商中納，起運蒲洛二關掣賣。扣定遼東徵數，餘俱解部。其遠逃地銀四千二百六十一兩，見在地銀八千八百十九兩，行濱膠二分司，濟、青、登、萊四府，委官催徵。近逃地銀六百四十八兩，根究得業人，照數辦納。三十九年議准：山東鹽法，上則，直隸徐宿二州沛碭二縣，兗州府所屬滋陽等州縣，共該鹽九萬八千二百五十引一十九斤五兩零。中則，東昌府所屬，該鹽二萬二千四百引。下則，濟南府所屬，該鹽五千五百六十引。官置循環文簿，逐月登記發過引鹽水程，按季查銷。其青、登、萊三府，官臺等十一場，除歲辦額課正數外，運司印刷小票，送巡鹽御史掛號。各場收掌。聽各竈丁納銀一錢五分，給票一張，照鹽一引計五百斤，編定地里等則發賣。每票，收牙税銀一分。

隆慶二年題准：官臺等十一場，折布鹽課，給票納銀事例。詳查竈户貧富，分别上中下三等。除額辦正課外，每年上丁納票銀二錢，中丁一錢，下丁五分。其票，户各執三張，以便行鹽地方發賣。四年題准：買補鹽四萬引，量停三萬引開邊。官臺等十一場，督行運司，每票以六百斤爲率，除正課外，另票銀一錢。其支運賣鹽等項，悉聽巡鹽御史督令各衙門查考。五年題准：濟青鹽價頗高，票定銀一錢五分。登萊鹽價甚賤，票定銀七分。每季終該府解司濟邊。

《明會典》卷三三《户部・課程・鹽法》

〔福建〕正統十三年奏准：將潯、洒、浯三場鹽課，共五萬六千八百八十三引，俱准全折，每引折米一斗。派納泉州府附近永寧衛，并福全金門等所倉，聽給官軍月糧。

弘治十六年題准：將惠安場鹽七千三百五十二引，每引徵銀七分解部。各場竈户濱海諳煎曬者，陸續輸官。其依山不諳者，官爲收買。付總催給散諳煎者，代納鹽斤。

正德四年議准：該省報中人少，今後依山價銀，不必支商。將附海本色，逐年變賣解部。十一年，令依山鹽課，如遇商人報中，每一小引折銀一錢二分五釐，與附海本色鹽課相兼支給。十二年題准：將上里、海口、牛田三場附海鹽課六千六百五十引餘，每一引折二小引，每引二百斤，就於本處召商，照例每引納銀三錢解部。又題准：附海鹽課，不必邊方開中，就於本省召商中賣。十四年，令福建鹽場商人，中到引鹽，以十分爲率，五分派與福興泉漳四府一州，五分派與延建邵汀四府，各地方行賣。

嘉靖九年奏准：將潯美場鹽課米，每石折銀五錢，加耗修倉銀三分，追解泉州，貯庫支放。十年題准：福建官鹽，仍以二百五斤爲一引。每引一道，照包正鹽一引，并割出餘鹽若干，不必給以小票，每包許帶餘鹽二引。正鹽照原價三錢，餘鹽定價四錢。十三年題准：福建運司引鹽，照舊例每引二百斤爲一袋，帶耗五斤。不許以進貢修城等項名色，濫加耗鹽四十五斤。其正鹽一引，止許帶餘鹽二引，不許給與小票，縱令多帶。十九年題准：浯州、洒州二場鹽米，每石俱折銀五錢。

萬曆二年，設運判一員，駐劄黄崎分司。將黄崎分司運副移駐水口，運同移駐泉州。專督理泉漳二府鹽務，給票抽税。每鹽三千斤，定税一錢五分。潯浯洒惠四場，除竈户原曬鹽場不課，其新漲海灘民間開曬者，通行計坵徵課。惠安場歲徵課銀，仍舊解部。其潯浯洒每引復加二分，與給票抽税。及漳浦詔安等縣，潯浯等場，新設坵税，俱作該省常餉。待海上撤兵，起解濟邊。三年題准：將上里、海口、牛田附海本色每引納銀三錢，差官解部。八年，裁革福建添設運判一員。同知仍駐水口，副使駐劄黄崎各分司管理鹽法。【略】

〔河東〕成化十年，修築河東鹽池垣牆，置東門以爲出入。設解鹽東場分司於安邑縣路村地界，撈辦東場鹽課。設解鹽西場分司於解州，撈辦西場鹽課。每歲運司輪委佐貳官一員，各領該分司印信駐彼，量帶官攢秤斗，及提督巡檢司官兵人等巡視。兼捕獲鹽徒，修理牆垣。二十二年，增河東歲辦鹽課一十一萬六千引，共爲四十二萬引。

弘治二年奏准：添設解鹽中場分司，并給印信。

正德八年題准：將本運司鹽課額辦四十二萬引外，另撈二十萬引，召商於偏頭等關中納糧草。將原派倉場糧草，照數扣除，以補拖欠禄糧之數。又奏准：河東運司將見在引目，不拘年分，挨次領給。欠少鹽課，從宜帶撈補完。其每年額辦鹽課，未開中者，除該解宣府年例銀八萬兩外，餘剩鹽候補足各年商人所中之數，方許另開。仍行山西、陝西今後不許指以户鹽名目，不候户部奏有明文，輒便開中。如違，聽本部并巡鹽御史奏治。

嘉靖十年，令河東巡鹽御史變賣在場新舊鹽課，補還借欠户部及拖欠宣府年例，并山西布政司易换民糧之數。每引定價四錢。不許倡爲餘鹽之説，矇朧奏討。二十七年議准：河東運司正鹽四十二萬引，該銀一十三萬四千四百兩。除解宣府年例八萬兩外，剩餘五萬四千四百兩，并餘鹽五十萬引，折銀六萬四千兩，共銀一十一萬八千四百兩。内除四萬三千一百一十六兩八錢徑解大同府，補給代府禄糧，其餘七萬五千二百八十三兩二錢俱解布政司，抵補民糧，及通融處補禄糧。各王府不得另行奏討，徑自支取。三十一年議准：河東鹽法引目，增入太原大同字樣，行令二府一例行鹽。併行巡鹽御史將王府三司食鹽，查照彼中鹽價，定與折色，於臟罰銀内解送。不許仍前撥給本色，滋生弊端。三十二年題准：河東鹽引革去餘鹽名目，定以六十二萬爲額。除宣大二鎮及各項食鹽照舊起解，其餘撥補先年額欠消折等鹽，所中銀兩一體解部。聽解宣大山西，專備主客兵年例支用，運司文册，正餘鹽通行歸併。

隆慶四年，令河南南陽府所屬鄧唐十二州縣，改鑄銅版，仍屬河東行鹽地方。又令山西太原府所屬陽曲等十州縣，并汾州及所屬三縣，共十四州縣，以後通食票鹽。每票抽税銀六分，責令屯鹽道督理，完解運司。每年終，巡鹽御史題解户部濟邊。其關防稽考之法，悉照鹽法則例舉行。其原派陽曲等十四州縣引目，准令均攤河東運司行鹽地方。又奏准：河東鹽運司開墾解州陸小等池，照太汾事例，印給小票發賣。其撈辦入官鹽課當校三年内實收之數，酌爲定額，接補東池額欠。有餘，一併補給大同，并布政司年例之數。仍令運司各官，遵照舊制，運副駐劄安邑專管東場，運同駐劄池南專管南場，運判駐劄解州專管西場各鹽。該州掌印官協理女鹽等池北岸，中場責令運使帶領，分守河東道移駐解州，監理東西兩池事務。將該道原領敕書，添載監理解州鹽法字樣换給。巡鹽御史亦照長蘆兩淮巡鹽，并陝西巡茶事例，就便巡歷該管行鹽地方。續以設立南場不便尋罷。又議准：河東運司將延安府地方改食池鹽，邠、永、汧、隴、麟游五處仍食解鹽。【略】

〔陝西〕正統三年議准：將靈州官鹽召人中納寧夏馬匹。凡上馬一匹，鹽一百引。中馬一匹，鹽八十引。送總兵官收用。

成化二十三年，移萌城批驗所於紅德城堡。令黑城乾溝二路鹽車，俱抵慶陽府城市關廂卸載。商人同卸載店主，齎執引目，赴府驗過，赴行鹽地方貨賣畢，引目付店主銷繳。

弘治二年，令靈州鹽課司行鹽地方，仍舊於平涼、静寧、隆德、政平、慶陽、環縣等處。九年題准：將靈州引鹽，止收銀給軍自行買馬。每引一百道，折價銀一十五兩。十五年題准：一池鹽引，每引增定價銀四錢五分，載鹽六石。東路鹽價發慶陽府，西路鹽價發固原州，各收貯分解各邊買馬。

正德元年奏准：靈州大池，每年增課一萬五千引，并舊課二萬六千二百三十二引。小池，增三萬引，并舊三萬三千一百五十引。共五萬九千三百八十二引，每引納銀二錢五分。照鹽一車，以六石爲則，運至鹽場卸所，仍收卧引銀一錢，共銀三錢五分，俱送慶陽固原官庫收貯買馬。十二年，令革去卧引錢，及車户上納門鹽等項。慶陽、固原各給批一張，或三十二十引，填註行鹽地方，各赴兵備掛號，立限截角，按季解繳。

嘉靖八年議准：大池增三萬三千六百二十六引，小池增二萬二千四百一十七引。每引二錢五分，卧引銀一錢，共一萬九千六百一十五兩。送平涼府收貯，專備禄糧。十四年題准：靈州小鹽池額鹽三千一百零五引，專供花馬池一帶修邊支用。其加增鹽三萬引，召商開中三邊，輪流買馬，或接濟軍餉支用。如遇虜賊臨邊，車腳阻礙，照舊停止。三十四年奏准：陝西行鹽地方，每鹽二百斤爲一引，每引收銀四錢五分。每十引，西鹽二分，搭配漳鹽八分。一切掛號截角支放禁約巡緝事宜，俱聽分守隴右道監理。其收貯銀兩，於年終解送花馬池管糧衙門交收，專備防秋兵馬支用。三十五年題准：將二池鹽，每引定價四錢，鹽八石。額課新增，三七掣支。餘鹽銀二錢五分收納。

隆慶元年題准：將大小二池納價餘鹽等銀五錢二分，以四錢作引價，一錢二分作卧引。商人上納淮浙鹽一千引，准配池鹽一百引。小池鹽於西路發賣者，仍照舊例納斗底銀一錢五分，解固原州，聽軍門犒賞。其餘引價，解慶陽府，聽延寧二鎮客兵支用。又議准：西和縣原開鹽井一眼，漳縣舊開鹽井四眼，又有新井，各商獲利爭報。令每百斤，納銀二錢九分。四年題准：將西漳二縣課銀，每年二千餘兩，改解蘭州收貯。專備臨鞏兵備固原二道客兵支用。五年題准：花馬池大小二池鹽，每引照鹽八石，四倍河東。令各商報納，每引增銀一錢二分。共五錢二分。其卧引銀一錢二分，西路斗底銀一錢五分，共增課銀七千有奇。

萬曆五年題准：將定邊道庫貯鹽，大池者解延綏，小池者解寧夏。其新增延安府課銀三千二百二十一兩，原議解河東運司，就近改解延綏。即將該鎮應發主兵銀，扣補宣府，抵河東額課。【略】

〔廣東〕正統七年奏准：廣東海北提舉司所屬臨川等六場鹽課，每一大引，折米一石。運赴府倉，聽支衛所官軍俸糧。

景泰五年，令廣東海北二鹽課司，竈丁有私煎餘鹽者，送本司，每引官給米四斗。

正德五年奏准：廣東鹽商引目，通收在官，候下場載鹽給發，酌量地方遠近，定與限期。俱以載鹽出場爲始，廣惠二府限三箇月，肇慶韶州二府限四箇月，南雄梧州二府限六箇月，高廉等府限八箇月，廣西湖廣衡永二府、江西南贛二府限十箇月以裏，各將引目赴巡鹽御史銷繳。違限者，坐以故將舊引影射私鹽罪。又題准：靖康等二十三場，照量鹽場生熟貴賤和中徵價。熟鹽場分，有徵，每一小引，徵銀二錢三分。無徵，收銀一錢。生鹽場分，有徵，每一小引，徵銀一錢七分。無徵，亦收銀一錢。責令各官攢照數徵完，解提舉司。

嘉靖三年議准：廣西梧州府所貯鹽利銀，每年動支一萬五千兩，解本司預備軍餉。有餘，通融給散王府禄米及官軍人等俸糧。

隆慶四年題准：舊例凡行鹽地方，各立鹽場。廣西則梧州，廣東則肇慶、南雄、清遠。商人投税者，每正鹽一引，收銀五分。餘鹽，每引收銀一錢。後每正引一道，准照餘鹽四引，納軍餉銀四錢五分。後又准照餘鹽六引，納銀六錢五分。再有夾帶，謂之自首，每引抽銀二錢。商價通融，足支兵餉。令該省巡撫查理疏通，有勢豪阻撓、奸商作弊，參奏處治。

萬曆二年題准：廣西雇募水手人夫，改造中船，赴廣東買鹽，仍添設梧州鹽運司副提舉二員，常輪一員賫銀，督船往來，管理公私諸費，悉如商販之例。買完，運梧州，候桂林船到轉發。八年題准：廣西每年於廣東運鹽五萬四千四百五十四包，每包用工價銀四錢一分九釐。湖廣衡永二府，價銀隨時高下。每發官鹽一包，許搭商鹽一包同賣。一歲一運，可得鹽利銀一萬五千餘兩。著爲定例。【略】

〔四川〕景泰四年，令四川鹽課提舉司，於每年三月以前，具上中下三等鹽課司，并商名引鹽數目，挨次挨號，扣課均派，開報布按二司，并巡鹽官處。定於三月初一日，會同照引，唱名給散。以引目連各商通帖散帖，封發各鹽課司收貯，分派各井，逐月支鹽，隨時批訖。退引給付各商，限次年三月終送提舉司，類總轉達布按二司并巡鹽官，比對相同，照數完造歲報。若遇急用邊糧開中，務亦先年出榜，次年三月唱名支鹽。

正德元年奏准：四川大寧課少場分，不拘年月久近，俱徵銀二兩。其餘井場，定立上中下三等，年分遠近，亦作二等。弘治十五年至十八年未開中者，每引上場徵銀一兩五錢，中場一兩二錢，下場九錢。弘治十四年以前未開中者，上場徵銀一兩二錢，中場一兩，下場六錢。商人有願爲代納，陸續支鹽者，照井場年分，就於數內，每錢減去三分，以作商人之利。竈户還鹽或銀，不許過所定之數，商人亦不得自行選擇。其有乾淡坍塌等項，許以私開小井，幫補煎辦，不再徵課。四年奏准：四川大寧場竈丁，止令辦納原課。其逃民私煎加增之數，另行召人，并各竈餘丁頂補。毋致負累人難。

靖嘉四年議准：將四川鹽井衛實在旗軍一千二百名，分爲四班，二年一換。每班撥軍三百名同民竈五十名，各與官房住坐，日逐煎辦鹽斤。聽其自行貿易，以爲衣糧之資。每軍該支月糧，扣留在倉，准前項鹽課。各軍有事，仍聽調用，拘各餘丁更替煎燒。無事，隨班操練。其民竈該納鹽課，仍舊收倉，每年給作合衛官員折俸鈔貫，并旗軍三等人户九月醃菜鹽斤，止委指揮一員，管領煎辦。十年題准：四川大寧安雲等一十五場額辦鹽課，俱照弘治十五年則例，徵銀存留本省，以備接濟松□運糧腳價之費。每年按季徵收，與秋糧一體起解。其小民邊糧本色，止徵正米價銀，不許重派腳價。三十七年議准：四川鹽課，從引定銀，大寧等場照舊每引折銀二兩，雲安等一十四場每引折銀七錢五分四釐三毫五絲。綿州等三十四州縣，丁井漸添，量爲增額。仁壽等九縣，丁井亡耗，量爲減額。簡州一十六州縣，丁井額課照舊。通計五十七州縣一所一場，共鹽八萬九千二百六十三引一斤，實徵銀六萬九千一百七十二兩四分六釐，尚少額鹽三千三十九引一百一十九斤，該銀二千二百九十一兩九錢五分四釐。查有布政司歲收商鹽小票税銀抵補，候查新井新丁，照額派補。其閏課原非部額，逋負尚多，各場暫免派徵。所少王府食鹽，亦於鹽税銀內支補。其有餘剩，與正課一同解部。

隆慶二年題准：許竈丁多開小井，以補塌井。逃丁之數，不必加增。其保寧重夔嘉潼等處窵遠，商人赴提舉司告給小票不便，亦令增加引票，酌定張數，分發五府州縣就近告給。【略】

〔雲南〕正統九年，令雲南各鹽課司，每竈户添撥餘丁二人，免其差役，專一採薪煎鹽。鹽課不許擅除。

正德八年議准：雲南安寧鹽井鹽課提舉司折色課銀，每引徵銀九錢貯庫，以備邊軍支用。

嘉靖八年題准：雲南鹽引，合置流通簿一本，每年差人赴部賫領，仍赴南京户部印編。歲額無閏五萬六千九百六十五引召商開中。巡撫酌量井鹽美惡，定擬價銀，收布政司，聽户部支用。以後倒换文簿，并印編引目，率以爲常。一切批文小票，悉革不用。三十三年題准：將黑白安五彌沙蘭州舊河尾等井鹽課革去成色虚數，盡折紋銀。其五井提舉司額辦布疋，原解大理府，搭放官吏俸鈔，今將折俸另處補給。其漂布，每叚折銀四分五釐。每銀一兩，折鹽一引。俱作正課。及續增新增加辦加閏復開河頭等井，每歲共該銀四萬三千三百三十四兩六錢零，無閏，止該銀四萬五兩六錢零。著爲定額。三十五年題准：將雲南安寧井原額引鹽，摘發琅井帶辦八十七竈鹽，每引折銀七錢三分。輪撥三十六竈，每竈每月領滷二百一十桶，折納銀一兩六錢八分零。安寧井實在鹽，每引減折徵銀四錢五分，順盪井給商本色鹽，每引徵銀八錢備邊。折色鹽，每引徵銀一兩。實徵鹽課，無閏，該鹽四萬七千三百八十二引一百四十九斤一十四兩九錢，共銀三萬五千七百十九兩一錢三分零。通閏，該鹽五萬一千三百三十一引六十二斤六兩零，共銀三萬八千七百六十兩七錢零。俱解太倉。其山井并新開石門關三井鹽課，本提舉司照舊徵納。

《明會典》卷三四《户部·課程·鹽法》

鹽法通例

凡歲辦額鹽。洪武初，定兩淮歲辦鹽數，每引四百斤，官給工本米一石，兩浙如之。後分一引爲二引，而以四百斤者爲大引，二百斤者爲小引，名曰改辦小引鹽。

二年，定山東、北平、河間、靈州、廣東、海北歲辦鹽課，每引四百斤。河東歲辦鹽課，每引二百斤。

二十三年，定兩淮兩浙各竈户，每丁歲辦小引鹽一十六引，每引重二百斤，共歲額七十萬五千一百八十引。復鹽工丁半之，其餘工丁四升。

二十六年定，凡天下辦鹽去處，每歲鹽課，各有定額。年終，各該運司并鹽課提舉司，將周歲辦過鹽課，出給印信通關，具本人遞奏繳。户部委官於內府户科領出，立案附卷作數。及查照繳到通關內，該辦鹽課，比對原額有虧，照數追理。

正統五年，令兩淮、兩浙、長蘆運司，每歲額辦鹽課，以十分爲率，八分給與守支客商，二分另爲收積在官，候邊方急缺糧儲召中。以所積見鹽，人到即支，謂之存積。其八分，年終挨次給守支客商，謂之常股。凡中常股價輕，存積價重。

弘治二年，令各處歲報鹽課册內，務開寫某運司提舉司，每歲額辦鹽課存積常股數目，該本色鹽若干，或布米等折貨若干，某場鹽課歲辦若干，辦完若干。每項各立行款，開寫官攢某人總催某人，辦過鹽課或布、或米、或貨，收入某字號倉囤，某年月日完足，出給某字號通關送繳，查算無差。各款後空立前件。長蘆、山東、河東運司，於次年三月終。兩淮、兩浙運司，於次年四月終。福建、廣東、雲南、四川運司提舉司，於次年六月終。差吏親賫奏繳。仍造青册二本，一本送户科註銷，一本送本部查考。若有過期，并數目不清，及虚出揑造者，查究問罪。

正德十三年，令各運司提舉司，但係海濱竈户應辦額鹽，及應納囚鹽，俱收本色給商。不許折收價銀，派及各商買補。違者，聽巡鹽御史等官，嚴加究治。

凡工本鹽鈔。洪武十七年，定兩淮兩浙鹽工本鈔每引二貫五百文，河間、廣東、海北、山東、福建、四川每引俱二貫。二十八年，令兩淮兩浙鹽運司煎鹽工本，照各場額辦鹽數關鈔，遣監生管運給散。宣德五年，罷差監生於兩淮兩浙給散煎鹽工本鈔，每歲照山東例，於官庫內關給。

凡餘鹽。景泰元年，令竈丁餘鹽，每引給米。淮鹽八斗，浙鹽六斗，長蘆鹽四斗。正德五年，令上中場分，竈户所煎鹽斤，除彀本場正課外，多餘之數，許缺鹽場分竈户自相貿易。嘉靖元年議准：各運司以後有私餘引鹽，俱令本處召商納價解部。三年奏准：以後各竈丁，除辦納正課外，餘積之數，聽賣有引商人，照例納銀解部，赴各批驗所掣割。十五年議准：今後商人到場，若餘鹽缺煎，時難收買，許陳告查實，止將正鹽秤掣，不必抑勒取盈。如勤竈餘鹽積多，聽巡鹽御史區處。或召有本商人收買，隨同正引秤掣。二十一年題准：今後開中引鹽，只許正鹽掣摯。其額外餘鹽，盡行革去。又題准：虜寇侵擾，太倉銀積少支多，各運司餘鹽，照舊納銀解部，以濟邊儲。其兩淮價銀，自本年爲始，量爲輕減。每二百斤，淮南定價五錢五分，淮北四錢。山東兩浙長蘆，各照原定舊價收納。

凡開中。洪武二十六年定，凡客商興販鹽貨，各照行鹽地方發賣，不許變亂。合用引目，各運司申報户部，委官關領。本部將來文立案，委官於內府印造。候畢日，將造完引目呈堂，關領回部。督匠編號用印完備，明立文案，給付差來官收領回還，取領狀入卷備照。其各處有司，凡有軍民客商中賣官鹽，賣畢隨即將退引赴住買官司依例繳納，有司類解各運司，運司按季通類解部，本部塗抹不用。凡遇開中鹽糧，務要量其彼處米價貴賤，及道路遠近險易，明白定奪則例，立案具奏。出榜給發各司府州并淮浙等運司張掛，召商中納。二十八年，定開中納米則例，出榜召商，於缺糧倉分上納。仍先編置勘合并底簿，發各該布政司并都司衛分，及收糧衙門收掌。如遇客商納糧完，填寫所納糧，并該支引鹽數目，付客商賫赴各該運司及鹽課提舉司，照數支鹽。其底簿，發各運司及鹽課提舉司收掌，候中鹽客商納米完，賫執勘合到，比對硃墨字號相同，照數行場支鹽。又令：以鹽糧勘合并鹽引印，及鹽引銅板，收貯內府户科編號木記，收貯户部。遇該召商開中，本部奏請印刷編定，給發各商。

永樂十七年，令各處客商，原中不拘資次鹽引，遇到即支。又令中鹽客商，賫倉鈔赴運司。運司查原來印信，比對明白，即與派場支鹽。

正統二年，令兩淮運司，永樂年間客商該支引鹽，以十分爲率，支與淮鹽四分，其六分兑與山東運司支給。不願兑者，聽令守支。又令各該中鹽衛分，造册一本，具客商名數，徑繳户部。其鹽運司仍將該司額辦鹽數申報。每年終，支過引鹽，及客商姓名，另具總數，徑申本部註銷。三年奏准：召商納馬中鹽，每上等馬一匹，一百二十引。中等馬一匹，一百引。令客商中納，官鹽支給不敷者，兩淮運司、雲南鹽課提舉司於河東、陝西、福建、廣東各運司提舉司兑支。河間、長蘆及河東、陝西運司於廣東海北鹽課司兑支。又令各邊召商中納鹽糧淮浙兼中，如以十分爲率，淮鹽八分，浙鹽二分。或淮鹽七分，浙鹽三分。淮鹽止米麥二色，浙鹽雜糧皆准。又令各運司給客商引目，每引納中夾紙一張。至關領之時，類解户部倒引。又令四川陝西雲南中鹽客商，免納引紙。五年，令年遠客商中鹽未支者，每引給資本鈔三十錠。願守支者，聽。八年奏准：永樂洪熙宣德年間客商，原中淮浙長蘆運司引鹽，願兑支河東山東福建運司者，每一引支與二引。不願者，聽其守支。九年，令客商中鹽，不許過三千引。其所納糧，限半年內完足。不完者，扣日截出勘合。十年，令客商年久不得支鹽。願兑支者，如係原中地方，准量各場遠近三七關支。非原中地方，一引兑與二引者，量地遠近中半關支。十四年，令中鹽客商先將倉鈔賫赴户部，送禮部鑄印局辨驗，前去運司支鹽。

景泰元年，令各處該上鹽糧倉分置立內外字號底簿二扇，用半印勘合。內號一扇本倉收，外號一扇申送運司。候各商賫倉鈔前來，比對印信硃墨字號相同，仍查原投印信勘合并印信流通文簿俱同。每於十二月派場支給，造册繳部查照，免商人赴部辨印。又令各商中到存積官鹽，人到即支。其常股鹽，每年依期將見在商人，挨次量高低場分派搭，封驗引目，赴場關支。備將商名貫址，勘合字號，米鹽數目，搭派場分，造册繳部。年終，仍將放過商名鹽數類總造册，送部查照。又令收糧衙門，類填勘合，每道客商不得過二十名。年終，通將商人糧斛鹽數并倉鈔勘合，造册送部查考。二年，令各商報中鹽數，遷延一年之上不報完者，即於常股鹽內派撥，挨次關支。四年，令各運司提舉司客商引目，支鹽出場，該場即爲截角。仍具商名引數，申繳總司收照。

成化四年，令遼東各倉鹽引，許商人運米近倉之家囤放。告報管糧官親驗是實，取寄主鄰佑人等結狀，方許進倉。隨即督同官攢監收作數。年終，巡撫官照例隔別委官查盤。若有虧弊，將經收人員通問均陪。完日許填給勘合，繳部行場支鹽，不必折罰。十六年，令永樂、宣德、正統年間客商所中引鹽全未支者，各造册送部，於原籍有司關給資本鈔，每引三十錠。景泰元年以後未支引鹽願關資本鈔者，聽。願守支兑换者，兩淮兑福建山東，兩浙兑廣東，俱每引加半引。不願者，聽照舊守支。十八年，令各處開中鹽糧，户部行南京户部編造勘合底簿之後，仍行各運司等衙門，查取客商姓名，并原奉某號勘合於某年月日奉某例該支鹽若干，開報該部查考。其該衙門關領引目之日，備開勘合字號客商姓名，比對相同，依數領給。其客商領過耳目鹽斤，各運司提舉司務開支過某年項下若干事故者開除，候年終通類，分豁舊管收除實在數目造册，一樣三本。一本送南京户部查對，一本送户部，一本送本處巡鹽御史并風憲官處。若有一應奸弊，聽該部參究。十九年奏准：正統十四年以前客商中鹽未支者，淮鹽每引給資本鈔三十錠，兩浙、廣東、四川、雲南每引二十五錠，河東、長蘆、福建、山東每引二十錠。其景泰元年以後願關資本鈔者，及今告代支故商引鹽者，亦照此例。又令客商支鹽，皆以上下場分三七分派常股存積正收正支。如違，商人治罪，鹽貨入官，官吏坐以枉法贓罪。又令各運司派撥商人下場單帖及引目，俱送該管分司驗實，印封倒文，轉發該場封收在官，聽令守支畢，將引截角，照鹽出場。又令運司，於客商齎到勘合連底簿，俱送巡鹽御史處比對相同，掛號明白，方與派場。其運司關引之時，該部亦要查數明白，如法印封，給與領回。運司辨驗引真數足，另封收貯，逐起給散。若商人不到者，聽令再領。不許混同收放，新舊那移，及縱容通同盜賣。又令各鹽運司提舉司，徵解商人引紙，每一百張收銀三錢，委官運南京户部，轉發應天府官庫。凡遇本部缺紙，先期會計，行令該府拘集鋪行，收買送用。積有餘銀，准折官軍俸糧。

弘治元年，令上納引鹽客商，病故無子，父母見在，兄弟同居同爨不係別籍異財，妻能守志不願適人，孫非乞養過繼者，保勘明白，俱准代支。妻若改嫁，仍追還官。其伯叔妾姪并室出嫁之女，及遠族異爨之人，不許代支。又令支鹽客商，每鹽一引，勸借米一斗，或麥一斗五升。其無鹽自買補者，免勸借。二年，令各鹽場該支客商，如有見鹽者，運司具查，同引目手本付客商，齎至巡鹽御史處告投。比對數目相同，親筆責限分司官支給。如過期不與支給者，問罪。三年奏准：凡客商未支引鹽，不分存没已未到官，但過三十五年者，俱不准告關。其流通底簿并勘合文簿盡行銷繳。十六年，令已故商人遺下引鹽，父母祖孫同居兄弟，俱准兑支，免其具奏。止於巡鹽御史告行運司，查勘支給。

正德三年議准：遼東二十五衛鹽場，額設軍餘，煎辦本衛官軍食鹽，離衛窵遠難以運送。自後免運給軍，令加倍煎辦，每年共鹽七百七十一萬二千八百六十斤，該三萬八千五百六十四引。每引定價銀二錢，召商糴買糧料，以備官軍月糧支用。五年議准：鹽課不許於腹裏地方中賣，亦不許奏開殘鹽，以遂商人奸計。待各邊奏有缺乏，户部開送各邊，報中本色糧草，不許折納銀兩。十年，令南京户部印編鹽糧勘合，置立底簿二扇。內號一扇送本部，外號一扇發運司，各收掌。商人在邊納領勘合，類繳本部，比號銷註。又每年置流通文簿一扇，計紙一百張，印鈐發運司，挨次附寫商人鹽數。以憑年終叫派，各開前件，派鹽下場，記派訖二字，支鹽出場。記支訖二字，隔年不支者，改派別商。本部仍每年坐委員外郎主事一員專管鹽法簿籍，計量鹽課高下，追理通關完欠考究各邊虛實，斟酌開中多寡，比對勘合，查革奸弊。十六年，令將鹽商貫址年貌事由，到司到場出場秤掣日期，并經過住買地方，銷繳限期，刊板各留空處，如各府縣路引之式。隨處填註，以杜退引影射之弊。

嘉靖五年議准：以後各邊開中引鹽，都遵照舊例。不許徑自奏討及專乞淮鹽。六年議准：以後開中兩浙鹽課價銀，每引以六錢爲例，不許任意增添。兩浙、長蘆，仍量搭配。八年議准：今後各邊開中淮浙等引鹽，俱要查照舊例，召商上納本色糧料草束，不許折納銀兩。其商人自出財力，開耕邊地，上納引鹽者聽。又議准：遼東各衛鹽場，煎辦官軍食鹽，果有額外餘鹽，盡行查出，召商收買，易穀上倉，以備賑濟支用。十四年題准：以後開中引鹽，給與户部印信文簿一扇，行令管糧郎中，無郎中處所行巡撫都御史收掌。如遇商人報中，驗其實在糧銀若干方與准行。隨將本商年貌籍貫并納完糧草數目，明白登簿，給與勘合實收，一併照簿填寫。事完，將簿印封送部，轉發巡鹽御史收候查驗。若有詐冒，嚴加根究。干礙内外人員，一併參提，從重治罪。本部仍每年正月將派過各運司引鹽數目，類行各該衙門。先將在庫私鹽紙贖等銀，照例每引三釐頂解南京户部造引領回。候商人投到勘合，即與給引派支。所納紙價貯庫，以備來年解造。又題准：兩淮鹽斤，每包五百五十斤，内二百八十五斤，連包索，爲正引。原定六錢，近減作五錢。二百六十五斤爲餘鹽。淮南原定八錢，今減作六錢五分。淮北原定六錢，今減作五錢。兩浙每正鹽一引，連包索二百五十斤，原定四錢，近減作三錢五分。餘鹽通融二百斤爲一引。嘉興批驗所銀五錢，杭州批驗所四錢五分，紹興批驗所四錢，温州批驗所二錢。長蘆、山東，每包四百三十斤，内二百零五斤爲正引。長蘆定價二錢，山東一錢五分。二百二十五斤連包索爲餘鹽。長蘆南掣鹽所銀三錢，北掣鹽所三錢五分，山東三錢八分，今減作三錢一分。以上正鹽俱照舊。淮浙上納本色糧草，長蘆山東折納價銀。遇有願納本色者，聽。餘鹽不必開邊，照舊運司納銀解部，轉發各邊糴買客兵糧草。其甘肅險遠，止開淮浙二鹽。淮鹽再減價五分，每引銀四錢五分。浙鹽再減價五分，每引銀三錢。其餘各邊，如開淮鹽，搭長蘆，不必更搭山東。開浙鹽，搭山東，不必更搭長蘆。以便掣支。正餘鹽斤數外，各商不許夾帶。違者，依時價追入官問罪。二十三年題准：今後各邊額鹽，并加添歲用不敷存積鹽，俱於先一年秋月開中，以便乘時糴買糧草。二十七年題准：自二十八年爲始，開中引鹽，無論常股存積，不分淮浙山東長蘆，俱照原定價則，止令上納本色糧草。仍須申嚴法令，不許勢豪占中，經紀包攬。并禁革額外勸借，官攢常例，使商人獲利樂從。二十九年題准：河東引目舊板，行鹽地方之下，當增入南陽汝州字樣，及歸德與潞安二州，近改爲府，一體改正，另行鑄造。四十年題准：自今以後，每正鹽一引之外，許帶餘鹽一引。正鹽在各邊報中，上納糧草，餘鹽在各運司，查照題定則例，徵銀解部。永爲遵守。

隆慶二年題准：南京工部，各查照鑄造銅版完日，送南京户科收貯，刷印引目。通行各該鹽運司提舉司，分爲四起限期。兩淮限三月中，兩浙限四月中，長蘆限五月中，河東、福建、廣東、陝西、四川、雲南各爲一起限八月終。各依期差人赴南京户部關領引目。

萬曆六年題准：南京户部自萬曆二年以後鹽引勘合，以二千引爲一道，照數刷完，轉發各邊收掌。如遇商人納完糧草，即行填給。

鹽引式洪武初定

南京户部見爲鹽法事。照到奏准各項事例，除欽遵外。本部合行開坐半印勘合引目，付客商收執，照鹽前去發賣施行，須至引者。

一、兩淮運司，凡遇客商販賣鹽貨，每引，二百斤爲一引，給付半印引目。每引納官本米收入倉，隨即給引支鹽。

一、各場竈丁人等，除正額鹽外，將煎到餘鹽夾帶出場，及私煎貨賣者，絞。百夫長知情故縱，或通同貨賣者，同罪。兩鄰知私煎鹽貨不首告者，杖一百充軍。

一、凡守禦官吏巡檢司巡獲私鹽，俱發有司歸問，犯人絞，有軍器者，斬。鹽貨車船頭匹没官。引領牙人及窩藏寄放者，杖一百，發煙瘴地面充軍。挑擔馱載者，杖一百，充軍。有能自首者，免罪。常人捉獲者，賞銀一十兩。仍須追究是何場分竈户所賣鹽貨，依律處斷。鹽運司拏獲私鹽，隨發有司追斷，不許擅問。有司通同作弊脱放，與犯人同罪。

一、起運官鹽，每引四百斤，帶耗鹽一十斤，爲二袋，客鹽，每引二百斤爲一袋。經過批驗所，依數掣挈秤盤。但有夾帶私鹽，隨發有司追斷。客商貨賣官鹽，自揚子江至湖南襄鄧，俱係經過官司，辨驗鹽引。如無批驗掣挈印記者，笞五十，押回盤驗。

一、凡諸色軍民，權豪勢要人等，乘坐無引私鹽船隻，不服盤驗者，杖一百，軍民俱發煙瘴地面充軍。有官者，依上斷罪罷職。

一、將官運鹽貨偷取，或將沙土插和抵换者，計贓比常盜加一等。如係客商鹽貨，以常盜論。客商將買到官鹽，插和沙土貨賣者，杖八十。

一、凡客商興販鹽貨，不許鹽引相離。違者以私鹽追斷，如賣鹽畢，五日之内，不行繳納退引者，杖六十。將舊引影射鹽貨，同私鹽論罪。僞造鹽引者，處斬。

一、起運官鹽并場户往來搬運上倉，將帶軍器者，并行處斷。

一、諸人買私鹽食用者，減犯私鹽人罪一等。因而販賣者，處絞。

一、凡各處鹽運司運載官鹽，許用官船轉運。如竈户鹽丁，卻用別船裝載，即同私鹽科斷。

凡掣割。

正統三年，令竈户起運官鹽，運司給批，總填數目，用印鈐蓋。定限給付執照，各處批驗所、巡檢司照數掣摯盤驗。送納畢，在京於户部，在外於本衙門送繳。批發運司查銷。

景泰元年，令起運兩京官鹽并客商發賣引鹽，南京於龍江批驗所掣摯，俱赴江東門。北京於張家灣批驗所掣摯，俱赴崇文門。開報兩京户部，各委官看驗，批放入城。各門不許混放。

成化七年，令山東郯城縣，每歲委官秤掣清洛場商鹽。九年，令兩淮運司，凡盤獲一應私鹽，并没官掣割等項商鹽，俱運至儀真批驗所。并本所掣割餘鹽，通至二萬引以上開報，差官變賣給邊。十一年，令長蘆運司，凡收割没餘鹽，積至一千斤以上，申報户部變賣。十九年，令儀真淮安批驗所運鹽客商，不拘官軍民，俱依法掣割。其割没餘鹽，除放支南京各衙門食鹽外，巡鹽御史按季督同運司掌印監掣等官，變賣時價，類解户部。

弘治二年，令各處秤掣引鹽，止許批驗所官。若本所無官，方委運司官。有司不許干預。

正德二年，令四川萬縣等處抽掣鹽銀，自本年爲始，每年會算類解户部。仍將一年收過銀數，造册送部查考。五年，令以後商人支鹽出場，必待秤掣之後，量地遠近，定與水程。引隨所在官司賣過即繳，不許過違一年之上。九年奏准：各運司遇割没餘鹽，巡鹽御史督同運司，從公估賣，或聽本商納價，年終類解太倉銀庫，以濟邊用。十四年，令各運司今後割没餘鹽，不拘多寡，俱令本商照依時估，納銀中賣。量加火耗，以資解人路費。若本商乘機夾帶，賄通官吏，不行盡數掣割者，船鹽没官，官吏坐以枉法贓罪，照例問遣。

嘉靖二年議准：以後兩淮運司，割没私餘鹽斤，淮南每引價一兩，淮北每引價八錢，俱存留變賣銀兩解部，接濟邊儲。四年，令各運司掣割私餘等項鹽價，但積至一十萬兩，即便類解。年終將解過次數，申報户部查考。不許那移侵欺。十五年，令山東長蘆二運司，召商報中先年割没入官引鹽，及中支未盡殘鹽，定價有差。二十一年題准：今後割没餘鹽，許令變價解部，不拘本商别商，遇有見在鹽價，即與中納。如有勢豪占中者，聽巡按御史參奏重治。四十五年題准：該掣鹽引，每引五百五十斤外，附帶餘鹽二十二斤，淮南定價一錢一分，淮北九分，以補原割没本銀無扣之數。此外若多餘鹽，照舊一分一斤割没。又議准：長蘆山東二運司，商人報中引鹽正餘外，有一包多重二十斤，納銀一錢。百斤以上，依舊問徒，没鹽入官。若於一包正數外夾帶重百餘斤，積至二十包而重二千斤者，照例發遣。其有包數更多，積算至二千斤者，止照常例割没問徒。

隆慶二年議准：商人割没鹽斤，免其重罰。積算至五百五十斤，令照近日擬定引價納銀。及該鹽關引起紙賑濟挑河等銀，就將運司收買官引，給與一道，以便照鹽發賣。若有分外多綑大包者，每斤罰銀三分。所收銀兩與同餘鹽銀，一併解部。六年題准：南京石灰山關，每年差事簡御史一員，專管掣驗。一年定以四掣，每仲月，巡鹽御史委官稽船封引，督批驗所催船登册，務限季月末旬，赴關聽掣。

萬曆四年題准：長蘆割没鹽，商人完納不前，每没四十斤，定銀一錢。令本商自行上納。又題准：兩淮巡鹽及南道御史，以後每季掣鹽，以孟月二十日開價分賣，仲月二十日封引，季月二十日到關，如期驗放。若奸商觀望故違前期者，不准續賣。及到關違時者，亦不准放。九年題准：南京户部添委主事一員，每遇石灰山關鹽商到日，與鹽政道御史齊詣公所，眼同掣驗。如御史不到，主事不得行事。主事不到，御史不得開關。其主事以四季爲滿，另委更替。

凡鹽禁。

洪武二十七年，令公侯伯及文武四品以上官，不得令家人奴僕行商中鹽，侵奪民利。

宣德五年，令往來内官内使官軍人等夾帶私鹽者，許應捕官軍人等盤拏。九年，令各處運司并鹽課司，但有客商夾帶私鹽者，原支引鹽，俱没入官。十年，令各處總兵鎮守及沿河捕盗錦衣衛官、監察御史、浙江等布政司、直隷府州縣各巡按監察御史，及按察司官，俱設法緝捕私鹽。如巡檢司捉獲私鹽者，准作事蹟。若雖獲盗而不獲私鹽者，不准陞用。其各處軍官縱令家人興販者，家人問罪，正犯發本衛充軍。若所管旗軍餘丁興販者，該管官旗一體坐罪。

正統元年，令各處有首獲私鹽者，鹽入官，以鈔照時值給賞。三年，令販賣私鹽軍民人等，有能捕獲百斤以上至二千斤以上爲止，每鹽一斤賞鈔一貫。其近海近場窮軍貧民，有以肩挑易米者，不必具奏，徑自問結。

景泰元年，令各運司提舉司及所屬鹽課司，原有山場灘蕩，供採柴薪者，不許諸人侵占。三年奏准：淮浙山東長蘆運司，收到客商退引，按季類解。福建河東陝西運司，并四川雲南廣東靈州小鹽池等鹽課提舉司，年終類解，俱開客商某，於某年月日支出官鹽若干，發賣某行鹽地方。及某月日繳到，及已繳若干，未繳若干。其有沉匿在庫通同庫役人等，轉賣影射私鹽者，照私鹽榜例問罪。四年奏准：凡詐冒代支引鹽者，發邊衛充軍。七年奏准：凡勢豪軍民人等，聚衆興販私鹽者，徑解兵部，發鐵嶺衛充軍。其巡捕巡司官兵人等，受財故縱，及令軍兵用強護送者，罪亦如之。

成化二年，令軍民人等，有駕使遮洋大船，擺列軍器，興販私鹽者，邊衛充軍。三年奏准：凡越境夾帶興販官私鹽至二千斤以上者，不拘軍民舍餘，俱充軍。舍餘係腹裏者，發邊衛。係邊衛者，發鐵嶺衛。其經過官司及四鄰里老，俱照例問罪。四年，令內外官員之家，不許占中鹽引。其報中客商，引數不許過多，并轉賣與人及聽人包攬。如違，在內從户部并户科參奏，在外從巡撫巡按等官究治。奏准：馬快糧船夾帶私鹽二千斤以上者，民發附近衛，軍舍餘丁發邊衛，原係邊海衛者發遼東鐵嶺衛，各充軍。五年奏准：販賣私鹽，但係駕使多櫓快船，擺列軍器，及聚至五隻以上者，不能見獲，許根訪的確坐址姓名，告官挨拏。追取船隻軍器入官。俱照三年例問發。七年，令兩淮鄉村竈户，所在有司，連家小發遣各場煎辦。不許冒名代替，及賣放逃回。十三年，令沿河軍衛有司，應該巡捕官兵，止許緝捕本處地方私煎私販及窩藏寄囤者，不許拘留馬快運糧船隻，擾軍誤事。其運糧并馬快回船，照舊於臨清儀真二處，委官搜檢。不許仍前乘機偷搶盤纏食米等項，違者拏問。奏准：內外官員，凡坐馬快船隻，如有夾帶私鹽，不分有無知情，俱照例問罪。各糧船夾帶私鹽，該管指揮千户等官問罪，減半給俸。十七年奏准：西安府人民不許興販靈州鹽課。十八年，令巡捕官員，興販私鹽至二千斤以上，發邊衛充軍。十九年，令客商典當引目與人名爲夥支，或典賣有勢之人名爲賣支，及以假引賣與商人，冒頂真引并以舊引轉賃與人，影射私鹽者，俱問罪。引目鹽貨入官。又令客商僞造印引，詭名貨賣者，梟首示衆。久住鹽場撥置害人者，遞發原籍當差。又令客商派定場分，守支完，即打引出場。若無見鹽者，止許於本場買補。若將已完鹽課，捏作未完遺留空引，侵盜影射私鹽者，鹽貨價錢並入官。官吏縱容，以枉法論。二十一年奏准：各運司提舉司鹽課，但有奏討，許户部并科道官糾舉治罪。

弘治元年，令各處軍衛舍餘興販私鹽，該管官通同縱容者，問罪。革去見任。二年，令兩淮運司於各鹽場，每總催一名，出通關一紙，編立內外號簿，用印鈐蓋，責付分司發各場。如遇總催名下并該管鹽課納完，分司官查算歸併倉口別無虧欠，方照名填繳。仍委官覆盤，不許指倉指囤，通同捏作虧折。如違，該場分司總司官吏，總催委官，俱發邊遠充軍。户部該司，仍立該年鹽課文卷一宗。已完未完，按季照刷。户科立上下半年註銷添銷之法，查考各運司提舉司，以每歲辦完鹽課實數，年終造册奏繳，即差吏赴户科註銷。又令各商給領引目，自出司到場之日爲始，中多者不過一十五年，中少者不過十年，俱依期支盡，起離本場。若故意遷延，過違年限，倚住害人者，依律問罪。仍照占中賣窩事例發落，未盡鹽引沒官。其勢豪竈户發賣私鹽，及勒措該支客商者，私賣之數盡追入官，該支之數立限給商。仍各治以重罪。又奏准：各處商人齎倉鈔赴運司告投派場關支，該場不許阻滯，違者治罪。八年奏准：客商軍舍人等，敢有貨賣私鹽，及於親王之國收買私鹽，買求跟隨軍舍人等夾帶，及軍舍人等私自買者，保人并牙保，依律例發落。鹽入官。干礙本府輔導官員，一體參問。若各該地方官員，縱容越過者，聽户部參究連坐。令兩浙運司竈户，若事故例當新僉者，止許府縣查補，照例納銀。滷丁事故，方許運司勾充。俱各明立簿籍查考。其場官催目人等，敢有將銀課改作鹽課，竈户捏作滷丁，一概朦朧勾擾者，俱問以枉法贓罪。十三年奏准：客商收買餘鹽買求掣摯至二千斤以上者，照私鹽例發遣。經過官司縱放，及地方火甲里老知而不舉，各治以罪。巡捕官員乘機興販，至二千斤以上，亦照前例問發。其豪強鹽徒，聚衆撐駕大船張掛旗號擅用兵仗響器者，巡捕巡鹽官兵，尋訪擒捕。若拒敵殺傷人命者，俱梟首示衆。各處鹽場無藉之徒，號稱長布衫、趕船虎、光棍、好漢等項名色，把持官府，詐害客商，犯該徒罪以上，及再犯杖罪以下，俱發邊衛充軍。凡僞造鹽引印信，賄囑運司吏書人等，將已故并遠年商人名籍、中鹽來歷，填寫在引，轉賣誆騙財物。爲首者依律處斬外，其爲從并經紀牙行、店户、運司吏書一應知情人等，但計贓滿貫者，不拘曾否支鹽出場，俱發邊衛充軍。令各王府不許奏討食鹽。其織造官有奏討引鹽、越境貨賣者，聽户部并户科論奏治罪。又令逃竄窩隱豪民之家，三箇月不出，豪民發充竈丁，竈户問罪。鄰佑不舉，所司占恡不發，一體治罪。十四年議准：今後商人關支引鹽，務照舊例，每引二百斤。掣出斤重有餘，即將商人依律問罪發遣。令兩淮行鹽地方有司，凡遇商人運到引鹽，即拘告報數目，賣畢追收退引，按季繳送運司，聽巡鹽御史年終通查具奏。如有不繳至五千引之上者，該府州縣官，聽本部參奏問罪。十六年奏准：織造叚疋，再不許奏討鹽價。違者，許該部該科論奏。令兩淮運司，今後各場鹽課，先要辨驗竈丁日逐納鹽。若有泥土，不許收受。係官吏總催插和抵數那補，問發附近衛分充軍。分管官不行用心辨驗者，事發一體治罪。十七年議准：鹽場先將該年正課納完，剩有鹽斤方許各商買補。正課未完就將鹽斤先買裝出者，竈商一體治罪。額辦鹽課，除年例供應各項食鹽關支外，其餘務要如法收積，聽候各邊商人關支。但有勢豪之家，仍前奏討買補，侵奪商利，阻壞鹽法者，奏詞立案。仍聽户部及科道官論奏，治以重罪。十八年詔：各該巡鹽巡按御史，從實查理内外勢要奏討奏買各項鹽斤，未支掣者，俱各住支還官。今後行鹽各照地方，不許越境販賣。

正德二年，令四川雲南鹽井，遇有商人支鹽，過期不與支者，提該管官吏人等問罪。若竈户勒措該商，將餘鹽貨賣，事發即同私鹽，盡數入官。犯人依律究治，總催枷號一箇月發落。三年，令都察院出榜曉諭，長蘆直抵儀真各該巡鹽分巡官，嚴督官攢，禁革奸弊，清查額課。果有侵欺那借虧折等弊，照數追陪。有私販并夾帶者，追没入官。官民船隻經過者，管洪管閘官員，隨路盤驗。交通故縱者，一體治罪。五年，令江西湖廣三司掌印官同各守巡等官，巡捕私鹽，每月結報巡鹽御史。奏准：商人支鹽出場，不許堆積日久，坐待高價。三月以上不行發賣者，商人牙行店户問罪。半年以上者，鹽引没官。議准：廣東沿海軍民蛋户，賴私煎鹽斤爲生，許令盡數報官，於附近場分，減半納課，以補無徵之數。鹽課提舉司給與批文執照。有不報官貨賣私鹽者，充軍。又令以後商人領引出司，自到場之日爲始，有見鹽者，一百引以下，俱限一箇月。一百引以上至五百引，俱限兩箇月。六百引以上至一千引，俱限三箇月。一千引以上至五千引，俱限四箇月。五千引以上至一萬引，俱限六箇月。若無見鹽，有例許客商備本買補，及竈户名下追支者，俱照前引數限期，五千引以下通再寬限一箇月，五千引以上再寬限兩箇月。俱令出場。若違限者，查治。自出場爲始，俱各照依原定水程，運至各批驗所，候掣過發運，定撥賣鹽處所。俱照舊定水程，不許違限。至各處住賣，三百引以下俱限兩箇月，三百引以上至一千引俱限三箇月，一千引以上至三千引俱限四箇月，三千引以上至五千引俱限五箇月，五千引以上至七千引俱限六箇月，八千引以上至一萬引俱限十箇月。中間有路途不便者，限外一月不繳，免究。十一年奏准：進貢馬快船隻，不許在長蘆收買私鹽興販。十二年議准：一應商人并勢要人等，俱不許違例奏討風雨消折等項殘鹽，阻壞鹽法，有誤邊儲。奏准：福建起解軍器及各進貢、雇到民船，夾帶私鹽至二千斤以上者，比照馬快船附搭客貨私物事例，俱發口外爲民，或邊遠充軍。令長蘆等運司，各照每歲額鹽若干，除户口織造并各項奏討若干外，見在若干，務於本司遞年季報循環簿内，開報本部。遇有邊警，照數開中。盡數乃止。以後敢有通同任情，更改以次年分營求上等鹽場，及透派下年紊亂成法者，經該官吏俱問擬枉法贓罪。商人從重問擬，鹽貨住支，引目入官。十六年詔：巡鹽御史并各運司官，查訪鹽糧勘合内，坐到已支未掣并未派未支鹽課，但係商人投託勢要，詭名占中，賣窩買窩，及河東運司鹽課，例該宣府中納，被勢要奏討，賣窩别處中并奏開殘鹽減價報中者，悉照《大明律》裁革入官，不許放掣派支。

嘉靖元年，令總鎮等官，不許縱容下人倚勢販鹽，侵奪民利，阻壞軍餉。四年，令商人原中靈州大小池鹽課，照原該行鹽地方發賣，不許攙越境界。山西、河南、陝西各府州縣衛所，將河東行鹽地方，翻刊大字告示，張掛曉諭。但遇客商將官鹽越境貨賣，及奸人興販本地自煎私鹽，查照律例，從重問發。五年議准：開中各運司引鹽，不許透派以誤緊急邊餉。如有奸商人等故違律例，不待守臣會奏，户部議開，仍前夤緣報中者，許科道糾劾。本部參送法司，治以變亂成法重罪。六年，令巡鹽巡江御史，督令各該巡鹽巡捕官司，將濱海濱江鹽徒，挨拏盡絕，仍根究官鹽不通私鹽盛行之弊。應自處者，徑自處置。事體重大者，具奏定奪。若鹽徒勢重，原設巡鹽巡捕人役不敷，巡撫巡江都御史酌量緩急，調兵擒捕，毋令滋蔓。又令在外各衛及守禦千户所，巡獲私鹽，俱即時連人贓，衛則關堂，所則解送附近州縣收問。贓物變賣價銀，類解運司轉解户部。敢有違限半年之上，不即關衛及送有司者，不拘有無入己，即照巡獲私鹽不解官者律，坐罪。有能告首，就將所獲私鹽贓物充賞。議准：今後巡鹽御史委官掣割餘鹽，不必務足先年積銀百萬餘兩之數。其商人赴場支鹽，比照原引，量買勤竈餘鹽，打包過所秤掣。敢有務爲貪得，打包至不可秤掣者，查照私鹽事例，連正額引鹽，俱令没官。干礙勢要，聽御史指實參奏治罪。奏准：各運司節年開剩殘鹽，風雨消折，有名無實。奸商投託勢要奏討，減價中支，任場買補，不候挨單者，聽該科參出，徑送法司枷號示衆。八年，令商人買鹽添包，各於本場收買勤竈納剩官鹽，不許别場買補。違者，商人問以私販私煎徒罪。若至二千斤以上者，引例充軍，鹽貨入官。十年奏准：長蘆運司差人解納供用庫、內官監、光禄寺等鹽斤，不許無藉歇家兜攬裝運權勢店內抽包盜賣。十八年題准：張家灣客商運到鹽斤，聽其從便堆卸，不許權豪勢要之家，及牙行人等，邀截停勒。如違，聽巡按御史拏問重治。又題准：今後緝事衙門旗校，敢有遠出數百里外，生事擾害，阻壞鹽法者，聽巡鹽御史參奏治罪。二十一年議准：開中引鹽，如有權豪勢要之人投書囑託，及積年無藉之徒占窩賣窩等項作弊者，各該官員即便拏問治罪。應參奏者徑自參奏。其巡撫都御史、管糧郎中聽受囑託及徇私作弊者，悉聽各該巡按御史參究。二十六年題准：長蘆運司運進年例鹽斤到京，不許軍民勢豪人等，開店囤住，及歇家抽取店錢，指稱打點。其供用庫等衙門，止照原派數目，速爲收受，不許刁難勒措。違者，監收科道、巡鹽巡城御史參拏。東廠毋容緝事人役嚇詐解官竈丁，違者，許户科訪實糾奏。又題准：河東運司報中鹽課，除邊儲八萬兩外，但有贏餘，俱解布政司，通融處補拖欠禄糧。宗室不得陳乞自行撈掣，阻壞鹽法。二十七年題准：山西巡鹽御史，遇鹽花生結，務要儘力撈辦，如法苫蓋。以後放支之時，如千引中銷折不及百引者，將該年攢典問罪。待生鹽年分，責令撈捕。其百引以上者，俱於經收官攢及看秤斗名下，照例追陪，不許撈補。二十九年題准：該司將行鹽地方府分，備查各屬州縣里分，歲用食鹽若干，明白開申巡鹽衙門，照數批行運司，將一應掣過官鹽挨次關撥，填給水程，行令各商前往行鹽地方發賣。仍選殷實人户，充當鋪行，照依時估交易。若有商人過違限期不到者，許所在官司照例問罪。仍置循環簿印發，按季將賣過退引鹽數申繳倒換。敢有仍前興販私鹽者，照例問罪發遣。

隆慶元年題准：官吏食鹽，各衙自行差人，公給脚價，赴場關支。即委運司首領官催儹起發至小直沽批驗所，另委府官會同秤掣。如有夾帶，與商人一體割没問罪。至二千斤以上者，照例發遣。議准：御馬尚膳二監，取啖馬涼鹽及魚蛤等鹽，令該管人役於見賣商鹽買用。不許下場易買。敢有仍前指稱者，聽所在官司拏究。勢衆者，鄰近州縣約會擒捕。其各處進貢進鮮糧運并沿河射利之家，窩藏夾帶者，許各巡捕官兵，設法搜邏，依律重治。事干權豪聽巡鹽御史參究。又題准：商人有囤積引目影射者，清查盡數入官，犯者從重究治。中納商人領引，方許親自下場。當官驗引，照數買鹽。如無見鹽，官立文書，銀交竈户，依時算值，嚴限交完，即將引目截角，不許多買。没官引目，即行燒燬，不許告買以滋多弊。其奸商通同催秤，以貨物舉放貧竈私債准折虧害者，嚴行禁革。場官通同總催，科索常例，擾害竈户者，即時拏究問黜。又議准：福山狼山二港，爲鹽徒往來門户，責成總兵官督令把總等官用心防禦。有任其縱横出没者，一併參究。又議准：行北直隸、山東、河南各州縣地方，嚴禁私煎貨賣。如地本鹹滷不生五穀，責令依額納鹽，發官商領賣，給與印信小票，令其肩挑背負貨賣，不許攙越别境。又題准：御馬監歲用啖馬涼鹽，移文本監知會，毋得差人下場收買夾帶。長蘆運司查照來文內鹽引，每年先期處辦，候差人支領。六年題准：行各省鹽法道專管驗引稽撥事宜，一切囤積夾帶私賣之弊，嚴行禁治。

萬曆十年題准：各省直凡遇商人運到引鹽，掌印官驗令原編牙鋪，照依時值貨賣。不許仍前分派里甲、大户、馬頭、鄉長致害小民。其緝獲私鹽，秤驗上廒，開報運司，撥商支掣。如有消折，量減斤數，毋致鋪户陪累。又題准：江南鹽徒，越境興販，行令應天浙江巡撫并操江都御史，於各該參游守把等官，俱給與批劄，不妨原務，兼捕鹽盜。各照信地巡緝，不許畏縮推諉。十二年議准：湖廣荆州府屬人民買食川鹽，及潛住歸夷地方興販私鹽，嚴行禁革。不許仍前販賣起税。

凡優處鹽丁。

洪武二十七年，令優免鹽丁雜泛差役。又令兩浙兩淮竈户，有犯笞杖斷决、徒流遷徙、雜犯死罪者，止杖一百，仍發煎鹽。其事故竈丁，勘實，以附近有田糧丁力相應人户撥補。

宣德二年，令各處竈户免雜泛差役。十年，令竈户犯該徒罪有力者，准納米贖罪。

正統二年，令各處竈丁有犯，俱免納米及調場。笞杖者的决，雜犯死罪與徒流罪者，除歲辦額鹽外，令每日煎鹽三斤。死罪，准工五年。流罪，准工四年。徒五等，各照年限，計日煎鹽贖罪。又令兩淮兩浙貧難竈丁，除原額鹽課照舊收納，其有餘鹽者不許私賣，俱收貯本場。運司造册發附近州縣，每一小引官給米麥二斗。四年，令兩淮貧難竈丁户下該徵税糧，於本州縣存收，免令遠運。六年，令兩淮兩浙勸借支鹽客商米麥收積該場，賑給貧難竈丁。其該支引鹽，仍挨次放支。十二年奏准：河東運司鹽丁除正役里甲該辦糧草外，其餘柴夫弓兵皂隸，一應雜泛差役，丁少者，俱蠲免。丁多者，亦量減除。十六年奏准：竈丁逃亡事故者，運司官公用有司僉補。其竈丁拖欠鹽課并鹽價者，運司并分司官催徵。拖欠税糧者，府縣官催徵。各不相干預。

弘治二年，令各處鹽場總催竈丁，有犯三年五年徒罪并加役等項，每日令煎鹽三斤。通計若干，折作引鹽。每一小引，追銀二錢，類總解京。又令各處竈户犯徒罪以上，審有力，并干礙鹽法囚犯杖徒以上該納米贖罪者，俱發所在倉場，照罪上納米穀。及入官船隻頭畜貨物，亦變賣價銀，送發該場，以備凶年賑濟貧竈。又令竈户除全課二十丁三十丁以上，通户優免，若殷實竈户，止當竈丁數名，亦止照見當丁數貼竈。此外多餘丁田，俱發有司官差其餘該課鹽丁，亦照原議丁田津貼，免其差徭夫馬。若奸民詭寄田糧，及豪强竈户全家影占差徭者，就將多餘丁田照數收補逃故竈丁。詭寄不多者，依律問罪，田糧改正。七年奏准：竈户死絶充軍者，即以本場新增出幼空閒人丁撥補。如無，方許於附近民户僉補。十六年奏准：淮揚二府各場竈丁，有欠税糧者，止許催促，不許拘拏監追。犯罪者，行運司提問，亦不許徑自拘擾。户内該解軍役，另僉相應人丁管解，不許將見辦鹽課竈丁一概僉解。議准：巡鹽御史每三年一次查審各場竈丁。其正丁，就將餘丁幫貼，不拘户籍同異，務使均平。十八年議准：辦納鹽課竈丁，一丁至三丁者，每丁免田七十畝。四丁至六丁者，每丁免田六十畝。七丁至十丁者，每丁免田五十畝。十一丁至十五丁者，每丁免田四十畝。十六丁至十九丁者，每丁免田三十畝。二三十丁者，全户優免。中間該免之外，若有多餘田畝，方許派差。如有將田准丁辦鹽者，一體照數除免。其有丁無田者，不許他人將田請寄户下，影射差役，違者問罪。照例充竈。

正德元年奏准：各該巡鹽御史清查竈丁原給灘蕩，見在者給與領業，逃亡者給增出空丁，或投充人役，預補原課。六年議准：以後竈户犯罪在撫按衙門覺發者，除人命强盗重情外，其餘一應輕罪，俱行巡鹽御史問罪，不許動輒勾擾。附近州縣人民，如藏匿竈丁，侵占草場，運司行文提問而有司坐視者，有罪人犯聽巡鹽御史查提問擬。州縣官吏，一體參究。八年奏准：兩淮鹽場水災渰死竈丁遺下鹽課暫准分豁，候有復業出幼人丁頂補。渰消在倉鹽課，照例免賠。遇有商人該支之數，查照年分均勾搭配，免納賑濟銀米，許其自買勤竈餘鹽補數。被患竈丁賑濟，量給器具，起蓋竈房。十一年議准：長蘆運司竈户，照依有司上中下户則例，編審造册。除上中户丁多力壯者，量將二三丁幫貼辦鹽。此外多餘人力，照舊編當别項差役。下户者，止令營辦鹽課。一切夫役、民快、邊餉、馬價、軍器等雜差，俱與優免。又令長蘆運司每五年一次，選委能幹佐貳官一員，親詣有場分州縣，會同各掌印官，將概場人户，照依均徭則例，逐一編審。丁力相應者爲上户，獨當總催一名。次者，兩户朋當一名。貧下者，聽其著竈。十五年，令各府州縣囚徒情罪深重者，不論遠近，俱發本省鹽場缺人鍋下，照依年分煎鹽，抵辦逃亡竈丁課額。

嘉靖元年，令長蘆海灘附近竈民修濬灘地，攤曬鹽畝者，每年以十分爲率，止取三分，補納逃亡額數。如遇風雨不結年分，即爲減免。九年，令運司將一應無礙官錢及上司本司贓罰等項，悉糴米收貯，以備鹽丁賑濟。十一年，令山東永利等場有堪以耕種地叚，許各竈丁開墾，收取花利，備辦鹽課。又令兩淮巡鹽御史嚴督分司官，招撫逃移竈丁。十三年題准：令後有司，但有竈户告理歸民，務要查册審實，申呈撫按詳允，不許擅自更張。十五年詔：各處鹽場，有因雨水損壞倉廒，消化鹽課，曾經撫按官奏報勘實者，並免追陪。十八年，令查通泰淮三分司所屬鹽場，掣過餘鹽銀五萬兩，賑濟被災場分竈丁。極貧無妻者，每丁給銀三兩使自娶。死亡者，召募僉補。若有人民犯私鹽徒罪以上者，補充竈丁。諸項差課，暫爲寬貸。二十四年議准：優免竈丁，除原額大小外，止以實徵小丁納銀之數爲主。如六錢至七錢者，照舊三丁折算原額一大丁，免田一百畝。四錢至五錢者，四丁折算原額一大丁。二錢至三錢者，五丁折算原額一大丁。其餘一錢，必朋足一兩八錢之數，方准算原額一大丁。俱免田一百畝。各縣編僉之時，先行各場，備查原額大丁鹽銀若干，見在實徵小丁若干，某户見有幾丁，每丁實辦銀若干，本户有田若干，應免若干。仍吊黄竈二册，查對明白，照數優免。此外多餘田地，照例與民一體科差。仍止出銀津貼，不許力差煩擾。二十七年議准：兩浙運司石堰場新漲沙地，除通洩鹽水并原係辦鹽採薪地畝，照舊起科，分撥除豁外。其上中二則，實該陞科田五萬一百六十三畝三分二毫，俱自二十六年爲始，每畝科糧五升五合，折銀三分，共該銀一千五百四兩八錢九分九釐六絲。內係軍民匠户得業者，行餘姚縣隨糧帶徵。係竈户得業者，行該場隨課帶徵。通解運司貯庫。遇有竈户逃移復業及年時荒歉，量支賑恤。

隆慶元年題准：清查竈丁影射，行督撫及行各鎮軍衛衙門，以後選充軍人，務要互相保結。果係空閒民丁方許投充。若係竈户，即行追回所給軍裝，押還該場問罪。若朦朧保結者，一體連坐。運司官員，亦要設法招徠，加意安撫，使其守土樂業。

凡差官清理。

永樂十三年，差御史給事中內官各一員，於各處開支鹽課。十四年，差監察御史一員，巡視河間運司私鹽。

宣德十年，差監察御史一員，於兩淮通州狼山鎮守，提督軍衛，巡捕私鹽。

正統元年，差侍郎及監察御史巡視長蘆等處私鹽。三年，令取回兩淮、兩浙、長蘆，整理鹽法內外官及御史等官。又令兩淮兩浙長蘆等運司，每歲各差御史一員巡視，及催督鹽課。十一年，令長蘆巡鹽御史兼理山東鹽法。

景泰元年，差侍郎二員，清理兩淮兩浙鹽法。二年，取回兩浙巡鹽御史，令鎮守侍郎兼理鹽法。三年，令巡河御史兼理兩淮鹽法，裁省巡鹽御史。又令差監察御史二員，於兩淮兩浙巡鹽。七年，令廣西按察司各道分巡官兼催督各該鹽課司鹽課。又令四川按察司各道分巡官，兼督鹽課。

天順四年，令山西按察司分巡該道官，兼巡視河東鹽池。

成化四年，差都御史一員，清理兩淮鹽法。令兩淮各場，每遇年終，選差有司官查盤鹽課。每三年，巡鹽御史親詣各場查盤。九年，差監察御史一員，於河東運司巡鹽。十七年，令雲南布政司提督銀場參議，兼理鹽法。二十三年，令陝西慶陽府，每歲委佐貳官一員，監支靈州鹽課司商人納馬官鹽，及民間食鹽，皆以次相兼給放。

弘治元年，差侍郎二員兼僉都御史，清理兩淮兩浙鹽法。二年，令福建清軍御史兼理鹽法。仍照兩淮等處巡鹽御史例，年終具奏催辦過鹽課。六年，添設廣東按察司僉事一員，專理鹽法。十三年，差都御史一員，清理兩淮鹽法。

正德二年，令浙江水利僉事，往來蘇松嘉興等處地方，提督巡鹽。三年，差科道官各一員，查盤兩淮運司革支商人引鹽，變賣銀兩解京。又添差科道官清查各運司在庫并未賣引目。十年，令陝西巡茶御史兼理西漳二縣鹽課，關給引目勘合，設法開中。十四年，令廣東巡按御史帶管鹽法。又令福建巡海副使，照舊帶管鹽法。又令山東守巡兵備官，統理山東六府并徐宿二州鹽法。大名兵備官，統理順天等北四府及彰德衛輝二府鹽法。

嘉靖八年，令雲南巡撫都御史於布政司參政參議官員內，定委一員，專管鹽法。九年，令延綏西路及寧夏管糧僉事，分管靈州大小二池。十五年，令固原兵備副使稽察批驗所奸弊。十六年，差都御史一員清理鹽法。

隆慶二年，差都御史三員經理各處屯鹽。六年題准，各運司判官，責令駐劄信地，專徵鹽課，一切解銀賫捧並不許差委。

《正德明會典》卷一三五《刑部·課程·明律·鹽法》　凡犯私鹽者，杖一百，徒三年。若有軍器者，加一等。誣指平人者，加三等。拒捕者，斬。鹽貨車船頭匹並入官。引領牙人及窩藏寄頓者，杖九十，徒二年半。挑擔馱載者，杖八十，徒二年。非應捕人告獲者，就將所獲私鹽給付告人充賞。有能自首者，免罪，一體給賞。若事發止理見獲人鹽，當該官司不許輒轉攀指，違者，以故入人罪論。

凡鹽場竈丁人等，除正額鹽外夾帶餘鹽出場，及私煎貨賣者，同私鹽法。百夫長知情故縱，及通同貨賣者，與犯人同罪。

凡婦人有犯私鹽，若夫在家或子知情，罪坐夫男。其雖有夫而遠出，或有子幼弱，罪坐本婦。

凡買食私鹽者，杖一百。因而貨賣者，杖一百，徒三年。

凡守禦官司及鹽運司巡檢司，巡獲私鹽，即發有司歸勘，各衙門不許擅問。若有司官吏通同脱放者，與犯人同罪。受財者計贓以枉法從重論。

凡守禦官司及有司巡檢司，設法差人於概管地面，并附場緊關去處常川巡禁私鹽。若有透漏者，關津把截官及所委巡鹽人員，初犯笞四十，再犯笞五十，三犯杖六十。並附過還職。如知情故縱，及容令軍兵隨同販賣者，與犯人同罪。受財者，計贓以枉法從重論。其巡獲私鹽入己不解官者，杖一百，徒三年。若裝誣平人者，加三等。

凡軍人有犯私鹽，本管千百户有失鈐束者，百户初犯笞五十，再犯杖六十，三犯杖七十，減半給俸。千户初犯笞四十，再犯笞五十，三犯杖六十，減半給俸，並附過還職。若知情容縱及通同販賣者，與犯人同罪。

凡起運官鹽，每引二百斤爲一袋帶耗五斤，經過批驗所依數掣挐秤盤，但有夾帶餘鹽者，同私鹽法。若客鹽越過批驗所，不經掣挐關防者，杖九十，押回盤驗。

凡客商販賣官鹽不許鹽引相離，違者同私鹽法。其賣鹽了畢，十日之內不繳退引者，笞四十。若將舊引影射鹽貨者，同私鹽法。凡起運官鹽并竈户運鹽上倉將帶軍器，及不用官船起運者，同私鹽法。

凡客商將官鹽插和沙土貨賣者，杖八十。

凡將有引官鹽不於拘該行鹽地面發賣，轉於別境犯界貨賣者，杖一百。知而買食者，杖六十。不知者，不坐。其鹽入官。

（明）沈德符《萬曆野獲編》卷二二《司道·鹽運使》 天下六轉運使理鹺政，而兩淮鹽課，居五運司之大半，其事權最繁鉅。先朝極重此官，永樂間，平涼知府何士英以循良第一，特陞兩淮運使，重可知矣。嗣後耿清惠以故都運轉侍郎，仍出理鹽法。歷朝皆特差都轉運使董其事。嘉靖間，清如龐惺庵尚鵬，濁如鄢劍泉懋卿，俱中丞涖任，故上下相安，不致大決裂。自隆慶初始罷大臣不遣，歸重巡鹽御史及鹽法道，於是運使之權日輕，體日削。且銓地以處知府之下考者，冑子乙科往往得之，人亦不復自愛，而鹺政日壞矣。今上用言官建議，命重運長之權，且隆其體貌比藩臬，得與鹽法道抗禮，特選廉吏石楚陽崑玉充之。石故守蘇州守紹興以清冠海内者，石至而侍御道臣不爲禮，勒令長跪庭參如舊儀，石恚恨掛冠去，繼之者俯首伏謁益卑下矣。至辛亥年，吾郡有馮桂海盛典者，辛丑進士，由彰德守遷是官。而同郡一大參，以漕儲道至揚州，怪馮修謁不執屬禮，叱之出，轉聞撫按彈之，馮遂謫去，一時駭異。運長爲鹽道所轄，稱屬猶有説。至漕儲與運課何關，而苛責乃爾。頃年丁巳，户科給事中給事中三字據寫本補。商等軒周祚建白，特重鹽政。擇户部郎袁滄孺世振理其事，而以按察副使銜稱，疏理鹽法掌運使之印，併鹽道運長爲一官，袁始得行其意，而兩淮困稍甦矣。袁故材吏，與石楚陽俱楚之黄州人，石今以中丞在告。

（明）何喬遠《名山藏》卷五四《鹽法記》 劉彝曰：鹽産不同，有刮地而得者，有風水而成者，有熬波而出者，有汲井而爲者，有積鹵而結者。夫刮地而得則今寧夏之鹽也，風水而成則今解州之鹽也，熬波而出則今淮浙之鹽也，汲井而爲則今川滇之鹽也，積鹵而結則今閩粤之鹽也。鹽者天地所以養人也。予聞蠻夷中不得鹽利者，必雜乾牛馬糞爲和調，故管子曰：饋食之國無鹽則腫，守圉之國用鹽獨甚。先王塞人之養，隘其利途，予奪貧富，無不在君。後儒鄙其論，以爲桑弘羊、劉晏之所出，而不知天下之物無主乃争，争則亂。弱者弛惰，强者知專。唐之黄巢、王仙芝，元之張士誠，所以階禍也。先王塞養隘途，非爲利也，亦有已亂之術焉。

明有天下，置鹽官轉運之司六，提舉之司七，鹽課之司百七十有奇，又非徒攬天下利權使歸上而已。軍卒屯田塞下，使商人鬻其粟實邊，官給鹽與引貨買以償其勞，名曰開中。夫非爲無人無粟可以輸邊也，微徵商人之利而實借其力以儲峙吾塞下，芻粟出自商人則塞下實有其利，可無乾没廢弛之虞。而軍卒爲我屯田，且亦可爲我守邊，萬世之利也。蓋高帝之初籍竈丁徵商税。竈丁煎鹽每引與工本鈔一貫五百文，商人一引徵白金八分，酌所在米價貴賤道里遠近險易而重輕之，使竈不爲我困而商樂爲我輸，於是始嚴私鹽之禁，論法至死。其後定律通變，猶至徒杖。高帝所以禁如是嚴者，明未嘗虚役於竈而厚徵於商也。引有小大，大引斤四百，小引斤二百。永樂中引輸邊粟二斗五升，加重矣，猶本六而息七八。當此之時，鹽價平賤，食鹽之民並受其賜，而富商大賈自出財力招游民就塞，丁墾荒種藝自爲保伍。塞下之人其勤者亦力耕，歲收以待貿易，邊無不足於粟豆者，而邊備亦壯。此國初鹽法之善也。江以北解之鹽，大江以南兩淮之鹽大解。鹽之法一定，無所加損，而淮地據南京之間行鹽界域，皆人物蕃阜之處。天下引鹽共二百十萬有奇，兩淮居一焉。鹽法之屢變也，皆淮鹽也。商人實粟塞下，歸而支鹽，故無資次。其後中納數多，守支日久，有老死不得者。又令於他處搭配兑支，及淮浙兼中，而商人有奔命之勞。其後存積常股之法興，而鹽法一變矣。每歲額十分爲率，八分以給守支商人，歲終如次予之，謂之常股。官存二分之鹽，邊儲有急，使人倍價開中，越次放支，謂之存積。常股猶常行也，存積則若居貨罔利。然是法立於正統之四年，存積開中價倍矣，顧商人樂有見鹽，報中殊多。行之既久，滯無以異常股而商復困。

弘治初，户部尚書葉淇，淮人也。淮商皆其鄉舊，言於淇曰：塞下所輸者粟，商人實粟亦須賫金而歸，又有守支之困，孰若增鹽之直，輸金縣官，縣官出金送邊，不兩利哉。淇以其言奏行，得歲輸金解户部，名曰折色，而鹽法又一變矣。此時鹽一引輸白金至三四錢有奇。計其得粟之直，視國初數倍，一時太倉之藏充羨至百餘萬，舉朝之人謂淇爲能。然自是塞下商人撤業自歸，田作坐廢，塞下之人亦用惰耕，屯田廢失，邊守自此皆寙矣。金下軍士經手，既衆朘削之弊十耗六七，倉庫空虚，輸鹽之直雖貴，而粟豆貴亦視昔以數倍，兩無利也。

又自弘治末年以及正德之世，皇親閹宦以餘鹽爲名，輒多請買補兩淮長盧鹽引，又夾帶影射，不可詰治。至則買鹽而窩之，商人報中必索其利息，私鹽逾賤官鹽逾貴，鹽法壞矣。

正德十五年，瀋王府缺禄，户部請於解額之外另撈二十萬引，召商中納芻粟實邊，而出倉場所派芻粟以給瀋。於是餘鹽法立，而所在倣行之。然故無一定額數。

嘉靖中言鹽法者謂餘鹽納價每鹽一小引，至徵金一兩，其價視成化時復一倍有餘。於是私鹽之禁益嚴，以致開中無商，國計不充。欲盡去餘鹽，惟開正課。户部臣言，商人所以病困者，以一引之鹽其價十倍國初之舊，今第令次第隨方量減，免其别處搭配，以省奔命之勞，而歸重於專責，邊方巡撫修舉屯政以復祖宗之舊。然竟付之空言而已。其後户科都給事中管懷理請盡收餘鹽屬之於官，立額開中。户部臣覆奏煎鹽之法，歲春夏若孟冬爲旺煎之月，餘月則爲衰閉，鹽之多寡繇天不可必也，必欲立額屬官，恐難耴盈，要聽巡鹽御史因時酌處而已。二十年，兵部尚書張瓚等請如先朝高明王瓊故事，選精通有心計都御史一員，專一整理長蘆山東兩淮四運司鹽法，以實邊儲。户科給事中郭鋆言其不便罷。已鋆復言鹽法之壞起於多耴餘鹽銀兩，失朝廷飛輓大計。户部覆勘，上盡革罷之，一如祖宗之舊。都御史周用復言，竈丁煎鹽辦課即民户種田辦糧也。民户辦糧餘米聽其變易，竈丁辦課餘鹽乃名私鹽，嚴而禁之，則委棄而已乎。蓋國初煎鹽資本盡給在官，其後稍以餘鹽準折資本，其後令人有餘鹽送官收買給與米麥。今此法盡廢矣，而餘鹽猶以爲私而禁之，奈何不夾帶滲漏影射引目，令民益私也。私則鹽益賤而官鹽益不行，私則興販鹽徒亡命興焉，私則官司吏胥生通縱之弊，不如開之便。而餘鹽價銀久之以虜警乏儲，命運司解部如故。故事又有官民户口食鹽皆計口納鈔，自行關支，在京各衙門，歲遣撥辦吏一人下場收買。至嘉靖末年積弊已久，往往藉官司勢倍蓰收運。錦衣衛官較至連舟數百，擁塞而上，沿道私販莫敢捕詰，鹽法爲壅。巡鹽御史乃請令運司具百官食鹽較官定斤兩築包，以俟支鹽人至輒數包與之。夾帶及自行下場者，論如律。於是錦衣之私販頓息，乃各衙門吏既無所獲，而一應納鈔僦輓之費悉其私出，多坐累不支，貧者至棄役逃去。驗封司郎中陸光祖言於尚書嚴訥，疏請革之，自後百司遂停食鹽不支，唯十三道歲支如故。

（明）陳仁錫《皇明世法録》卷二九《鹽法·鹽法條例》　鹽固利藪也，亦奸孔也。

祖宗時，周慮曲防，既有律以經之，復有例以緯之。考諸經牒，鹽之爲律，惟伍章耳。其外載在《會典》，以及《問刑條例》諸書，總之，爲例三十二條。此皆祖宗成憲，易簡可守。而今茲所集，斷自成化以下，迺數倍焉。萬曆四年，御史許三省序言。

鹽法改議品搭場分成化四年太監王允中題

奉户部准字號勘合，將所屬富安等二十九場，各量地方遠近，分爲上下二等，作三七分搭派商。一向遵依，以爲定例。今照歷年已久，竈丁有消長，鹽課有足欠，先年上等場分，此時反爲下場。客商遇派艱難，鹽場將領到勘合藏躲，不肯赴司投下。本司又遵舊照不敢那移。有此不均，今將上下場分，會議酌量地里遠近美惡相兼品搭適均開後：

富安馬塘西亭配莞瀆場，　安豐新興配莞瀆場，
梁垛餘東配臨洪場，　東臺餘中配臨洪場，
何垛廟灣配興莊場，　艸堰掘港配徐瀆場，
角斜伍祐配徐瀆場，　拼茶伍祐配徐瀆場，
豐利劉莊配板浦場，　石港劉莊配板浦場，
金沙白駒配板浦場，　餘西小海配板浦場，
呂四丁溪配板浦場。

免追逋以惜竈丁弘治元年御史史簡題

兩淮運司富安等三十場，原額竈丁三萬五千二百六十六丁，歲辦大引鹽三十五萬二千五百九十引。每丁該大引鹽十引，每日該鹽一十三斤有零，照數追納。本場官總既生事侵擾，有司糧差，又不時催逼，以此逃移及事故者太多。其遺下額課，又累見在竈丁包賠。户部題准，凡逃亡事故竈丁，於各場新增人户内撥補。如有不敷，於殷實相應民户内撥補。其虧折鹽課，量免追捕。許令商人照例，自行買補。

定勘合以一事體正德二年鹽法御史王題

洪武建都南京，茶鹽引由契共銅版一百一十片，俱在南京户科收貯。每遇開中，南京户部印刷勘合，發去各邊，填寫各商人姓名并所中米豆引鹽數目，俱用印蓋，不許洗改。每勘合一道，或填寫萬引，或三五千引，不拘定數。編置底簿并流通文簿，發去運司收。候商人齎到勘合，比對字號相同，派場支鹽。及印刷引目，運司關領，付商人照鹽發賣外。永樂建都北京，鹽法庶務，俱行在户部掌行。惟獨鹽糧勘合引目銅版，仍南京收貯。及勘合底簿并流通文簿，亦由南京户部編置轉發。正統六年，鑄換印信，改行在户部爲南京户部，而鹽引勘合文簿，仍舊南京户部印編。正統七年，户部因無繳到中過鹽糧勘合數目，恐客商將勘合增添洗改，無憑查考，奏要每年終各邊將收過糧數填給過勘合字號，及各運司各商人齎到勘合字號，納過鹽糧勘合數目，各造册繳部比對查考。又因造册難憑，弘治十二年户部又奏令南京編造勘合底簿完，備送北京户部抄謄字號，轉發各邊支用。往返遲悞難行，乞敕户部行移工部，除南京二字，照樣鑄造鹽糧勘合銅版一片，送户部收貯。如遇奏開鹽糧，户部差官帶領人匠赴科印刷。每鹽五千引，印刷號紙一張，回部轉發開中去處或布政司或都司衛分有印信衙門收掌。每號紙一張，填寫三五千引或七八千引或萬餘引，不必拘定一萬之數。所填商名貫址并米豆鹽引數目，俱用印鈐蓋。印色如法製造，毋致脱落，因而洗改字樣。如有填剩號紙，年終繳送户部塗銷。仍置内外號半印勘合底簿二扇，户部收掌。内號一扇發運司收掌，外號一扇商人赴邊納獲。勘合投到運司，比對外號相同，支鹽完畢，將勘合類繳户部比對内號，再將各邊歲報錢糧文册磨對有無相同，然後註銷。又每年置立流通文簿一扇，計紙一百張，用印鈐記，發各運司收掌。挨次附寫商人姓名鹽數，以憑年終榜派。各開前件，派鹽下場記派訖二字，支鹽在場記支訖二字。若今年派場遇有事故，明年終不往支者，將原派鹽課改派别商下場，免致積滯。待本商到日，另派。仍乞照兵部職方司、工部營繕司事例，就各司員外主事内改註一員，或改員外郎職銜陞用，專一掌管鹽法文簿册籍，計量鹽課高下，追理通關完報，考究各邊虚實，斟酌開中多寡，并比對勘合，稽查奸弊等項事宜。

清本源以理鹽法正德二年御史張題

兩浙運司仁和等三十五場，每年竈丁煎辦鹽課，召商中支，不許私煎私販，俱有定規。其法不爲不重。奈何無籍鹽徒或老引姦商及積年窩家，通同豪竈，離團私煎私煮，以致商人支賣不前。此等鹽徒，多是濱海勢豪，軍民場所，莫敢誰何。雖有鹽運分司官員，亦皆住劄運司衙門不常巡歷。近場縣所，雖有巡鹽等官，多是虚應故事，全無責成。合無責在運司掌印分司官，并附近場分軍衛有司，掌印巡鹽等官，各每年不時赴場，提督竈丁，照舊聚團煎煮，不許離團私煎。仍將該場地方見在人户，不分軍民竈籍編成排甲，立保伍之制，行連坐之法。責令彼此互相覺察，敢有似前通同私煎私販，及將舊引影射走水者，事發俱問罪。

嚴引限以杜影射

國初商人領引到場支鹽畢，隨即掣賣。十日內不繳退引者，律有禁條。彼時立法嚴謹，初無年限，後因各場沙蕩坍崩，煮煎艱難，鹽課虧少，司鹺者從權聽令客商照例自行赴場收買勤煎竈户納剩餘鹽補作官課，完銷引目，蓋欲便益窮竈故也。而商人買補者或一時不能得完，未免淹延歲月，於是多有作弊者。弘治年間，侍郎彭韶奏行户部，斟酌引鹽多寡，立限銷繳。多者十五年，少者十年，違限者引鹽俱追入官。緣彼時立限太寬，未曾擬定引數，亦無責成巡鹽衙門督同運司每年照例通行查追，以致有司場所因循怠忽，及訪得各該客商多是合夥分引支買，往往藉此爲姦展轉影射，驗出客商舊引。天順成化年間，往往不填年月，又不剪角，此等張引不知翻謄幾次，是一張之引而可以照數次之鹽矣。今自正德二年正月爲始，商人領引到場，千引以上者六年爲限，千引以下者四年爲限，三千引以上者多不過十年爲限。如過限期，將引目影射興販，或朦朧包封赴官秤掣盤驗者，就將引鹽盡數追收入官，客商照私鹽律論罪。其經過運司場所，有司不將引目照例剪截，事發，一體究問。蓋限期近則必急於掣賣，掣賣速則必急於報中，亦招來商買之術也。仍行運司，查自正德元年以前領去引目，如無一千引以上經十五年，千引以下過限十年者，俱入官，免其問罪。自正德二年以後領去引目，各照例限銷繳。

疏通掣摯正德二年部覆

據兩淮運司經歷司呈，據守支商人吳愷等告稱，愷等各帶資本在於各邊上納糧艸，每鹽一引用銀四錢五錢，中到運司鹽課，每引上納紙價及賑濟米麥豆穀，方得關支。若遇透派場分，又未免收買勤竈納剩餘鹽轃數打引，及要備辦包索船錢脚錢等項，方得赴掣，每引算該銀一兩二三錢。又遇時價低賤賣不得利。先因掣摯太嚴，商人折本，不樂趨中，鹽法不通。節蒙朝廷簡命大臣前來整理，訪求商困，通融掣放。每引量包索輕重及照時價低昂，斟酌量加斤重以補資本。其多餘應割鹽斤，仍與商人發賣，止是折納價銀解部。此時縱不獲利，亦不甚折。近奉户部明文，運司監掣委官計算嚴切，不准包索斤重，不分鹽價貴賤，斤兩不敢加添，又將餘鹽割没入官。

改議行鹽地方正德五年御史劉題

兩淮運司分管場分共三十處，儀真批驗所該掣淮南二十六場行鹽地方。應天、寧國、太平、池州、揚州、安慶六府，滁、和二州，江西南昌等十三府，湖廣武昌、黄州、荆州、常德、寶慶、辰州、岳州、德安、漢陽九府，安六、沔陽、靖州三州。淮安批驗所該掣淮北四場行鹽地方。直隸淮安、廬州、鳳陽三府，河南南陽、汝寧二府，陳州一州，照得徐州、宿州二州，湖廣長沙、衡州、永州、襄陽四府，三州、道州、郴州、武崗州四州。見非兩淮行鹽之地，若再改議，恐鄰鹽越境，反生弊端。況前項地方鹽引備載卷册，遵行已久，人皆稱便，合無暫且照舊，待行巡按江西湖廣河南鹽察御史并江西等布、按二司議處停當，另行奏請，則兩淮鹽法幸甚。

杜僥倖之利正德七年御史朱題

據商人王傑等稟稱，近該户部題准，各運司鹽課俱在邊方開中，亦不許奏開殘鹽。但兩淮運司又有一項逃亡竈丁無徵正課，每年計一十一萬九千六百一十四引，係某御史於正德三年奏准在本司就便開中，尚未明言改正，所以支商老實者，各將資本安心赴邊報中。又有一等姦商，慣得坐家之利，窺知前鹽含糊未决，俱逗遛不去。乞敕該部，將前項無徵正鹽，查勘不係舊規，一體通行改正。若指以正途，奪其捷徑，彼不赴邊，則將焉往？待各邊報中既完之後，商人積糧望引之時，若將此鹽同殘鹽再擬價值，仍於各邊開中，彼亦樂趨。如此，庶邊儲早完，商心俱平。

均榜派之則

兩淮運司榜派場分，舊分上下二等，富安等二十六場爲上等，莞瀆等四場爲下等。奉有舊例，不敢分毫那移。臣到兩淮，據各場竈丁告稱，商人只在富安等場支鹽，馬塘等一十六場名雖上等，今經八年之上，並無一商一引到場。蓋緣富安等場出鹽高，相離掣鹽所且近；馬塘等場出鹽低，相離掣鹽所又遠。先時概例一等，其實相去百倍。又況一年鹽課榜派，俱從富安場起。商人報中之時，算計本年鹽課，榜派好場將盡，只恐派到別場，遂將一年遺下又中次年。運司拘於舊例，不免又從富安場派起，所以富安等場歷年之課，並無一引停留。而馬塘等場，八年以來今無一商見面也。酌議除下等四場照舊外，將上等二十六場品量搭配，以富安、安豐、梁垛、東臺、何垛、艸堰、角科、拼茶、豐利、石港、金沙、餘西、吕四十三場定爲上等，馬塘、天賜、西亭、新興、餘東、餘中、廟灣、掘港、伍祐、劉莊、白駒、小海、丁溪十三場定爲中等。如商人有一千引，除二百四十引五十一斤照舊榜派下等場分外，其七百五十九引一百四十九斤，上等富安場鹽課，略多派三百八十二引一百六十二斤。中等馬塘鹽課，差少派三百七十六引一百八十七斤。挨次搭配，週而復始。其在邊開中，乞敕户部仍行各邊管糧官員，務儘一年鹽課報中盡絕，方許報中次年，不許似前遺下一半。如此則商人知場有分，趨避之計無所施；竈知場場有商，不均之嘆或可免矣。

割附餘以均利正德九年御史帥題

竈丁以煎辦爲業，商人以販賣爲生。若正引之外少得纖須羨餘，尤勝夾帶致罪。若納剩之外少得微價生活，猶省私販爲奸。割下餘鹽，變賣價銀類解給邊，而國家亦得羨餘之利。以此節有割剩事例，而上下稱便。及查得兩浙掣鹽除正引及包索外，多餘之數就令商人納價，而斤重不許過三百斤。違者照例問罪入官。而所納價銀亦各有等，嘉興批驗所五錢，杭州四錢五分，紹興四錢，温州二錢。

止預開鹽課以重邊儲正德十一年御史盧題

糧艸缺乏，召商報中，此固供邊之長策。然必須鹽價高貴，而後商人樂從。查得兩淮鹽課，舊例以七分爲常股，邊方開中。三分爲存積，收貯在倉，非遇緊急不開。若夫常股之開，亦未隔年。以故往年鹽價高貴，而商人樂爲邊儲也。近年以來，不分常股存積，一概開中，至於當年課盡，又將次年開之。夫鹽課有定數，行鹽有定處。今隔年開中，則是一年而出兩年之課。加之往年報中已領勘合到場守支未盡者，一併出場，鹽價雖欲不賤，不可得也。近年來寧夏、榆林、大同、宣府地方多事，兼以山東、河南、四川、江西、南北直隸屢遭災傷，糧艸缺乏。累因言官建言，往往召商報中。當年常股存積既盡，遂將隔年課額開報。今將正德十一年十二月分兩淮已行開中，今有勘合到場者，聽從巡鹽御史挨次派掣。自十三年爲始，仍照課額開中。庶常股存積不致虧損，而鹽法鹽課得以併行。

定掣鹽數目以清本源

兩淮鹽課每歲總該七十二萬餘引，行鹽地方限定湖廣江西等處。此淮鹽之舊規也。以前鹽課而發於行鹽地方，一年之間不惟鹽之發賣易盡，且將至於鹽少而價高矣。鹽少價高，鹽法不求其通而自通。近者開中頻數，加之累年開中，守支未盡，及納價買補囚徒等項鹽引欲出場望掣之數，一年不下一二百萬引。若不掣，則各有限例，恐違限入官，以虧商本；若盡掣，則地方有限，恐發賣不盡，以阻鹽法。招奔競而惹攢求，必由於此。況又差官清理，查出各年各項殘鹽共一百餘萬引，陸續開中。若不預爲調停，限定秤掣數目，將來壅滯，豈可勝言。乞敕户部註爲定例，一不之間，每一巡鹽御史，秤掣引鹽，以一百萬引爲率，止許減少，不許過多。

聚團煎辦

每一場分幾團，一團分幾户，輪流煎辦，以納丁鹽。此外多煎之數，名曰勤竈鹽，許賣商人，輳補掣摯。但不在本團煎辦者，即是私鹽，就便拿問。此是舊規。近年以來，豪竈有私立十數竈者七八竈者，私煎私販，□無忌憚。合無今後但有不在團分煎辦，私立竈者，就便拿問，枷號一月。

嚴覈掣放

兩淮掣鹽之際，將該掣鹽船俱令在揚州河下，照依先後次第擺幫，親爲抽盤。如某商鹽三五隻，令自抽籤，止驗一船，每船止抽一倉。秤掣斤數，明書在簿。後赴批驗所秤掣斤數，兩下相符，斯爲無弊。

禁約提單

掣鹽之規，以先出場者，淮南至白塔河巡簡司，淮北至安東壩上巡簡司。照依先後，定爲次第，開單送巡鹽御史。放過揚州者，俱在鈔關迤東上堆；淮北者，俱在支家河迤北上堆。放掣之際，查照單之先後，赴各批驗所秤掣。近被富豪姦商通同作弊，將單在後者先攙秤掣，名曰提單。此弊不禁，姦人得利，本分者束手傍觀，控訴無門。紊亂鹽法，莫此爲甚。以上正德十二年鹽法御史藍題。

杜絶買補

《大明律》鹽法條及舊例，凡遇客商官鹽，俱係守支，並無買補。近年來司其事者，妄准貧竈折納價銀，却令鹽商領價買補，謂之買補額鹽。囚徒經赦宥已無鹽課，亦准商人納價買補，謂之買補囚鹽。災傷拖欠已經除豁，亦准商人納價買補，謂之買補空額。場分底簿已經派撥，又准原商揀場買補，謂之揀場買補。此皆亂法之源也，致令猾竈指稱納價，濫行煎燒，貨賣姦豪，假以買補，濫行影射興販，無怪乎權豪嗜利而鑽求，客商受抑而虧損也。爲今之計，各運司提舉司除例該解京水鄉折價額鹽囚鹽外，俱係各場該年濱竈應辦額鹽及應納囚鹽，俱要徵收本色給與。再不許折收價銀，給派各客收領買補。

定資格以均守支正德十六年御史鄭題

朝廷開利而召商，商人趨利而中引。推輓轉運，彼此同一辛勞；輸粟納銀，姦良同一資本；齊民勢要，爾我同一事例。甚至同齎勘合倉鈔，同赴運司投下，同領單帖引目，同一到場守支。及到場之後，勢要之徒獨占見在之鹽。如無本年見鹽，即將各年分者那補足數。一番不知夾帶幾千百引，一引不知築打幾千百斤。姦頑之徒，獨戀興販之利，將本年本場者支賣，又告改年改場。一年不知賣過幾番，一本不知獲利幾倍。惟此良善齊民，守支空額殘課，有坐年久而囊橐費盡不得生還者，有老死異鄉而道路遥遠不得歸葬者。夫辛勞同、資本同、事例同、赴司同，到場無往而不同，彼之得利甚速而至大，此則求利未得卒至於亡身。事之不均如此，蓋亦司其事者未加之意也。今後合無通行巡鹽御史，行令各該運司分司，合查各場各年分已徵在倉見鹽，某年分若干、又某年分若干，在竈未徵鹽，某年分若干、又某年分若干。以十分爲率，要見幾分在倉，幾分在竈。各商中到某年分引鹽，即查該場原中年分已未支分數，亦以十分爲率。搭派就於各商領赴該場單帖明白，對衆派定，該見支在倉鹽幾分，守支鹽在竈幾分。在倉已有七分，百引者，見支七十引，守支三十引。千引者，見支七百引，守支三百引。如在倉鹽止二分，百引者，見支二十引，守支八十引。千引者，見支二百引，守支八百引。以後有續徵續到者，挨年挨月，俱筭分數，派定守支。其故意戀場不出者，仍查三年五年事例施行。如此則勢要者不得越次而争先，姦頑者不敢戀場而往後，良善齊民亦得隨幫而出場。

鹽法條約嘉靖五年御史戴題

兩淮運司衙門，有運使同知副使以總理鹽課，有通州、泰州、淮安三分司各判官一員以分理其事。通州所屬吕四、餘東、餘中、餘西、金沙、西亭、石港、馬塘、掘港、豐利十場，泰州所屬富安、拼茶、角斜、安豐、梁垛、東臺、丁溪、何垛、草堰、小海十場，淮安所屬白駒、劉莊、伍祐、新興、廟灣、莞瀆、板浦、臨洪、徐瀆、興莊十場。多者設大使、副使二員，吏二名；少者設大使一員、吏一名，以總管一場鹽課。又有總催以催鹽，竈丁以煎鹽。每歲額辦小引鹽七十萬五千一百八十引，奉例開豁。餘東、餘西、徐瀆浦等九場逃亡竈丁，無徵空額，買補一十一萬九千六百一十四引，實辦本色小引鹽五十七萬六千四百一十六引一百斤。水鄉竈丁該辦折色鹽九千一百四十九引一百斤，每引折銀二錢，共銀一千八百二十九兩九錢。原額煎鹽草蕩八萬八千一百三十八頃五十八畝，永爲遵守。

各鹽課司總催竈丁多寡不一。每一丁辦大引鹽十引，各自曬灰淋滷，砍草煎鹽。二三四人共一盤鐵，或五六人共一盤鐵。每一日該煎鹽一十三斤。各場置立厫經一扇，順總牌甲第幾總催某人名下甲首幾十名，計開某人某人額鹽幾引。五日一次，將該納鹽幾引擔赴本場，聽候收鹽官吏總催眼同竈丁以□唱名。用官降木桶盛鹽，每桶二百斤爲一小引，擡至廩上堆放，散與木籌收執。收鹽畢，照籌筭數，就於厫經簿内寫某年月日收鹽幾桶，用印鈐蓋，給與小票一紙執照。每一總堆放做一廩，各自看守支放。該場總催收完正鹽，出給通關。次年二月中，運司類總造册齎送户部奏繳，聽候勘合，至日派商關支。

運司起解青白鹽斤，奉南京户部劄付。每年會計坐派光禄寺做造奉先殿供養。瓜茄菜蔬醃造、起運魚菜等項，額用青鹽二萬斤、白鹽二萬斤，及孝陵神宫監青白鹽五千斤，又内官監青白鹽二萬斤，共鹽六萬五千斤，折小引三百二十五引。查得近年於儀真所掣割餘鹽内支解。臣思割没餘鹽，涉於入官之物，恐非誠敬。今後遇到坐派青白鹽斤，照數定場煎辦潔白好鹽，完足依期差官解赴南京户部，轉送各衙門交納，取獲實收通關批迴附卷，年終造册繳報户部查考。

王府食鹽，運司派場煎辦。差官前來關支，因多夾帶禁革下場，就於儀真所收貯餘鹽内關支。南京府部都察院等衙門食鹽，俱在儀真所關支。南京旗手衛等衙門，俱在淮安所關支。弘治十七年，該清理鹽法都御史王題，稱南京至淮安水程五百餘里，經過高郵等湖，守候不便。要將旗手等衛食鹽亦在儀真所關支，備行運司，今在儀真所餘鹽内關支。及查各王府歲支食鹽二千六百三十引，南京府部都察院歲支食鹽七千餘引，大約不過一萬小引。今後儀真委官掣鹽止割一萬小引，收貯在倉，足彀一年放支。如數不足，待下次掣補。若有餘剩，作爲下次支銷。不許多割存留在倉。如此鹽止彀放數無羨餘，一則杜姦商變賣之望，一則絶勢豪鑽刺之謀。

商人先年添包鹽斤，俱是本場買補。正德年間，勢要縱横，減價報中，不次换單，便場買補，其後因循，視以爲常規。道路又近、脚價又省，所以各商輻輳近便場分，不肯歸復本場買補。本場勤竈縱有餘鹽，一則商人筭計路程又遠、脚價又多，不肯收買；一則竈丁自謂既無商人到場買鹽，又有興販私鹽禁例不得貨賣。鹽有餘積，日無用度，何以煎燒？凡遇凶荒，往往逃亡。今後商人買鹽添包，止許於本場勤竈納剩官鹽内照依時價收買。一則不許仍前便場買補，以絶勤竈生意。如果凶荒旱澇，本場缺鹽大許左右兩邊場分買補，不爲常例。若是附場買鹽、圖利圖便，問擬興販私鹽罪名，鹽貨入官。

通鹽法以資民用嘉靖六年御史戴題

憲宗皇帝嘗曰，朝廷開中鹽糧，本爲實邊儲，省轉輸，乃利國利民，經久的良法。不許内外官員之家中納。近年來淮鹽若干價高，實緣報中之難。查得各邊鹽糧斗頭等則，永樂年間淮鹽每引不過納米二斗五升，成化以後或開折色，亦不過三錢五分，或四錢二分。正德末年漸至四錢五分。嘉靖二年議增淮鹽引價，遂加至七錢五分。商人苦本色之難及包攬之害，雖勉强上納，而實非其情也。况中間又被權豪勢要占中賣窩、展轉增減，價至一兩之上。又查得先年淮浙搭中，不過二八、或三七分。近年既搭兩浙，又搭長蘆。商人照價中出減半發賣，積等淮鹽而價已倍增。督糧衙門間有例外，每鹽一引勸借米一斗。官既重取於商，商必重取於農，亦勢所必至。乞敕户部今後開中鹽糧，酌量彼處地方遠近險夷，仍照先年四錢五分開去各邊，照依地方斗頭等則，或本色折色相兼報中，以復舊規賣窩之弊，申明憲宗皇帝，禁令長蘆鹽仍舊各另開中，淮浙相兼亦照舊規。以二八或三七分配搭，少甦淮鹽之苦。若曰長蘆别無處法，兼以一人而配搭三處，非惟其法不通，而勢亦不能行也。使日復一日，而淮鹽累甚，無人報中，則將何法以處之？

開中添引遲掣三弊嘉靖八年户科給事中蔡經題

昔年鹽課有存積有常股，存積以備緊急之需，而常股則以時開中，使當地方收成之後糧艸價賤，而商人易於上納。故一引之鹽常得二引之用，且其定價每引不過三四錢，而又外無處置之名，内無科罰之費。是非不知商人中納之價少，所獲之利厚也。以爲利不厚，則商人不趨，而邊儲不足。凡若此者，秖爲邊儲計耳，何暇計錙銖之利，以與商人較哉？今則開鹽之期未必收成之候，糧草價貴，買納甚艱。每引定價之外，復有處置名色，科罰多端，甚至費銀一兩五六錢猶不足以周一引之用。此則開中之弊一也。昔年鹽課正額之外，不許夾帶餘鹽。凡有餘者，必割入官，未有餘鹽納價之説也。其後割出餘鹽，堆積既多，而權豪之輩指以官買爲名，因而夾帶私鹽以謀大利，侵害商賈，騷擾官司，於是始將餘鹽聽商納價。然皆隨其所餘多少以爲納價輕重，亦未有所餘之鹽，而反多於正額之數也。今則兩淮鹽引加添兩倍，意欲即添引以照餘鹽，而豈知引之不可虚添乎？引目既多，視夫鹽課，而鹽課多少，則視夫竈丁多寡、鹹地廣狹以爲差等。故必場有實在之鹽，而後派於該場之引。執引支鹽，如有契券。今場本無鹽而罔之以虚引也。且如淮鹽七十萬引，今乃添引一百四十餘萬，是各場之鹽不加多而額外之引乃兩倍之。不知執此引而支鹽於何所哉？邇者建議雖云聽其隨宜買補掣後納銀，而商人終恐費用資本以中無鹽之引，莫肯赴司投引。况前此在邊中引，一到運司，即得支鹽貨賣，今於每引之外必加二引，使其陸續收鹽，乃與正鹽同掣。非惟躭延歲月，抑且資本不敷，是欲餘鹽之通而反致正鹽之滯，納價於腹裏而缺儲於邊方。此則添引之弊二也。至若昔年鹽課，清掣以時，且前後相接，價值常平。買食小民易於取足，又不但各商之利而已。近年巡鹽衙門多有别嫌避謗，不肯依時清掣，雖轉委官員，亦有經年累月莫肯仕事者，以致久泊淹留，坐銷資本，遂使江西湖廣地方官鹽不繼，價值湧騰。商人乘此雖得一時之利，然歲月既久，耗費已多，終亦無益矣。此則遲掣之弊三也。合無每年正月預派各邊，但遇收成之時聽其召商，照依原價上納本色糧草，不許指以處置爲名，妄加科罰。中有地在極邊甘肅二鎮者，或量減價值，使其樂從。及至支鹽應掣，則以船到之多寡爲請掣之期程。如兩淮鹽船多至一百隻，兩浙等處鹽船至七十隻，該司即便具呈巡鹽衙門委官清掣，不許遲延。

折官鹽以便商竈嘉靖八年御史王舜耕題

長蘆青州分司所屬濟民、石碑、惠民、歸化等四場，道隔灤州，地近山海，動經千里，舟楫不通。每鹽一引運至小直沽批驗所，脚價三倍於鹽本。商人難於支掣陪本買補，截角出場。且該場總催通同官吏，將各竈丁鹽課俱折收銀布等物。每引或勒收銀三四錢，少亦不下二錢五分。通將在場埕包上用泥土封固，相傳作數，名曰倒埕。有一年之鹽倒至五六年者。一遇坐派，商人到場串同店户，勒折低價，每引止許銀四五分。間將貨物以一作十。孤商遠地，含忍收用，自行買補出場，其竈丁多餘鹽價俱被總催官吏公然侵尅分用。竈民不免納課，商人不獲實惠。若不查處，商竈兩困。莫若將濟民等倒埕四場，俱令竈民每引止納價銀一錢，運司貯庫。如遇商人坐派該場，當官驗引領價，聽令照例收買勤竈餘鹽掣賣。庶竈丁便於輸納，無倍出之累；商人樂於關支，無虧本之苦。

開闢草蕩以資貧竈嘉靖八年御史朱題

兩淮運司原額鹽課七十萬五千一百八十引，額有官蕩八萬一千四百七頃八十一畝，分給各竈蓄草煎鹽。邇來海潮平定，葦草長茂，供煎之外，餘皆可以耕種。但各竈畏懼私墾之禁，莫敢開耕，其煎剩葦草徒爾腐積，不敢伐賣，冬暮舉爲獵火焚燒。夫以有用之產而置之無用，不無可惜；欲耕之民而驅之不耕，誠所未安。合無行令運司，轉行三分司官親詣各場原額草蕩清查丈量。查照額課，每鹽一引，撥與若干蓄草以供煎燒，其餘蕩地仍照丁分給，定立界址，造册在官。如有力願自開耕者，即付該分司告報畝數，附册給帖執照，照例免其三年之租。以後仍從寬，每畝肥厚者科租米一斗，磽薄者五升，納於該場倉內，以備賑濟。

嘉靖九年部覆

本部看得商人朱綱所奏事宜，除差大臣總理鹽法，減引價以速報中，二事窒礙難行。

清詭寄以除弊端嘉靖十年御史陳題

辦鹽竈丁，先年舊例，一丁至三丁，每丁免田五十畝；四丁至十丁者，每丁免田三十畝；十丁至二十丁者，每丁免田二十五畝；二十丁至三十丁以上者，全户優免。其餘田畝，俱歸有司當差。該徵税糧存留本縣免其起運，雜泛差役盡行優免。田有全户優免之例，則其間詭寄之弊不在數丁以下窮户之内，多在二三十丁以上田多之家。該前御史趙春灼見前弊，改以二三十丁以上者，每丁止免田一十畝。題行户部議擬。二十丁以上者，每丁除田二十五畝，以課盡而止，其餘田畝俱發有司當差。其法盡善，故丁多大户優免有限，莫遂影射之姦。近年以來，詭寄之弊不在二三十丁以上富竈之家，反在數丁以下窮户之内。或小竈明受親戚囑托，而容寄在户者有之；或里書受人私賄，及將自己田畝暗寄，而竈户不知者有之；或附場衛所豪富官軍，承買竈田，不行過割者有之；或竈買竈田仍存原户，以彀優免之數者有之；或田多富民，因其竈户辦鹽人丁，一丁免田二十五畝，而每户花寄田一二十畝或三四十畝者有之。一遇編僉均徭水馬等差，有司驗其丁田俱免，致使小竈徒負有田之虚名，富豪反受免田之實惠。

議開中奏討以定法守嘉靖十一年御史楊東題

舊例河東引鹽，止是宣府一處開中。正德年間或開中延綏各鎮，或改派兩淮諸司。而山西巡撫衙門并各王府、各衛所又節次奏討銀兩，又倡爲餘鹽之説。今日討餘鹽，明日討餘鹽，苟有一毫之羡餘，必欲築底而後已。近年鹽花不生，遂狼狽莫支，致出内帑之銀以給之。蓋由平日不能深思遠慮務廣蓄積，以致一旦有急，卒無以應之也。臣請自今日爲始，每年撈鹽盡數變賣，内除八萬兩解宣府作該鎮年例，又除八萬九千三百五十兩解山西布政司作王府禄糧、軍士月糧，此外尚有餘銀，不拘多寡，盡解户部以備緩急。若遇不生鹽年分，該部就將前銀給發宣府，抵作河東年例。如此，則内帑無借貸之擾，河東無補欠之累，而邊儲無不足之憂矣。若果年久行之，其勢必至積出，決無不足之理。合無自今以後，再不必改中河東引鹽，及各處奏討鹽銀者，一切立案不行，則法立而可守，權豪勢要者不敢占中，各處奏討無由藉口矣。

議處長蘆等處鹽法嘉靖十三年户科給事中管懷理題

天下之鹽利，莫大於兩淮，而浙江次之，山東長蘆則其下者也。故其價兩淮最高，浙江稍次，山東長蘆最下。所以然者何也？兩淮當江河之衝，四通八達，水運甚易。浙江則稍僻遠。而山東長蘆又深入東偏，陸路數百餘里，水路千里之遠。故商人報中只於兩淮，而浙江差少，長蘆全無。議者強爲驅逐，乃設爲淮浙搭配之法，每中淮鹽十引，許帶中浙鹽二引或三引。是雖未便，然淮浙相去無幾，又俱在水路，人不甚苦。近乃復令兼搭長蘆，一人而兼三路，情豈能堪？故商人照價中出，減價發賣，中間亦有棄而不支者矣。是長蘆之鹽不惟不爲國益，而反爲商病。查得弘治九年，長蘆運鹽使司運司宋鉞奏稱，前户部將山東長蘆二運司鹽課，令召商於臨清、德州上納米糧，後因價重，改爲折納銀兩。本司自弘治七年以前鹽課，一等場分每引價銀二錢五分，二等每引二錢三分，三等每引一錢二分，庶商人樂中等因。臣愚以爲臨清、德州，俱在運河之衝，若蓄糧於此，則天津、薊州、永平、隆慶、山海、宣府等處緩急有備。且商人喜其道路頗近，易於上納。今若減價使其報中，彼必肯從。至於竈丁所煎餘鹽，合亦照兩淮事體，令商人比正引減半上納，留餘利一半使自收買。仍行山東巡鹽御史查勘各場鹽價高下，定爲差等。奏請聽行，務要參酌時值，價輕利重，外不虧商，内不損竈，正鹽餘鹽俱爲國利。然後嚴禁私販，疏通正課。如此，則不惟山東長蘆之利盡歸公府，而淮商之苦亦得少甦矣。然此在長蘆山東者然也，至於河東運司，近年鹽花盛結，比常十倍。但出產既多，價值必賤。司鹽課有遠嫌避謗，不敢輕減，以致日久發賣不盡，氣蒸水淫，俱成鹹滷。先年巡鹽御史楊東題准少減，然亦不照時值。後雖漸次發賣，而虧損已過半矣。臣愚以爲與其積置消鑠而措於無用，孰若輕減發賣，官民兩便，而趁時再撈之爲愈哉？

議處邊儲嘉靖十三年給事中管題

國初邊威強盛，胡虜衰微，凡沿邊之地皆可耕治，無有空隙。故公私兩利，取用不竭。今則邊備廢弛，胡馬充斥，勢不能耕治，一也。軍士貧乏，牛具子種，不能備辦，力不能耕治，二也。逃亡數多，空野千里，無人耕治，三也。黄河之套盡爲賊有，賊反居内，田顧居外，堅壁清野，無敢耕治，四也。因而屯田俱爲抛荒草蕩矣。管屯田官復不省憂，乃坐名分派，履畝徵取，而曰未能催督屯田糧，是豈知屯田軍無粒米之穫而空賦取盈耶？臣聞邊軍月糧既以減扣，及至關支，又以屯糧未完盡行坐除，是既無其利而反有其害矣。屯田何自而興？國初設立鹽法專爲邊儲，故使人入粟歸邊，下場支鹽，官無科取，商獲重利。不費轉輸而邊倉積實，謂之飛輓。今則開中不時，米價湧貴，而易糴之難。勢要占中，賣窩買窩，而報中之難。官司科罰，吏胥侵漁，而輸納之難。定價太高，支過本值，而取利之難。及至給引下場，又被官吏留難，棍徒騙害，挨單守支，動以經年，而支掣之難。至於行鹽地方，私鹽盛行，民皆買賤，官鹽又復壅滯，而發賣之難。有此六難，故商人有傾家蕩産妻子不相見者矣。夫商人離親戚、棄墳墓、備資本、出於數千里之外者，非以重義也，惟以計生息之利以資身耳。今求利未得而反得害，欲望正課之行，豈可得乎？正課不行，私鹽自盛。乃設餘鹽之利，如兩淮報中正鹽一引許帶餘鹽二引，正鹽在邊納粟，餘鹽在場納價。故商人猶肯一二報中，甘受正鹽之害，以趨餘鹽之利。殊不知餘鹽之法一行，雖每歲易銀百數十萬兩。而無益邊儲，則猶徒也。鹽法何自而行？二者俱不能行，惟日請發内帑。内帑有不繼，又於軍糧尅減。有識之士，寧不寒心？

酌議官買歸商附開照引倍帶餘鹽嘉靖十三年御史鄧題

《諸司職掌》内開正統十三年，令兩淮運司收買餘鹽，召商於開平遼東等處中納，無商人收買餘鹽納價之例，近來始有之。又《大明律》内一款，凡起運官鹽每引二百斤爲一袋，帶耗五斤。又鹽引内云，每引四百斤，帶耗十斤爲二袋。不許引鹽相離，違者同私鹽法。無附帶餘鹽之説，近來始行之。夫變通以濟時，其事固不可膠於一定。

祖宗鹽課成法，亦不可變易而弗顧也。嘗即官買歸商二者論之，官爲立法，用價收買，事體實正，利益實多，但料理經畫難以旦夕責效。一遇匪人，非但民不沾惠，弊端又有不可言者。此其官買之法。似不易行也。若夫商人收買，即如今附帶餘鹽之類，貿遷有無，聽彼兩願，早晚下任彼和同，民無拘忌之擾，官無掊尅之私。是商買之事，順民安竈，比之官買較爲穩便。又即附開照引與倍增餘鹽二者論之。夫倍增餘鹽，正餘鹽斤總作一包，大約以五百五十斤爲則。然而其間有五百七八十斤者，有五百三四十斤者，委官秤掣，止以斤重扣計，竟無一定正數。商人發賣止於掛號引皮，而總開正餘鹽共若干，下河商人承買隨又分拆改作小包，或七八斤、或數十斤。計一大引可改五六十包。紛紜混亂，引數莫考。若正引之外復有照引，則正鹽若干引餘鹽若干引，斤數不得混淆，買賣各有條理。夾帶者無自，私販者計窮。是照引之開，其法正，其弊絶，比於附帶甚利益也。大抵兩淮餘鹽，令商人收買不可也，收買而不開照引不可也，納價而不開邊不可也。兩淮鹽場每年煎辦鹽斤，除正額六十九萬有奇，即十數年商人收買之已然者驗之，大約僅可一倍，亦不可懸絕過多。爲今之計，合無除正課外，再開餘鹽引一倍。每遇各邊開中鹽糧，如正鹽十萬引即附以餘鹽十萬引，正鹽令其照依時估全價，上納本色糧草；餘鹽比之正課量爲輕減，令其或折半，或三分減一，亦納本色糧草。正鹽仍照舊納賑關支，餘鹽免賑，聽其自行買補。或者納價有便，亦聽各邊巡撫衙門臨時酌處。蓋餘鹽價銀或折半或三分減一者，以餘鹽俱商人自行買辦，必須量留以爲買鹽之本。納價臨時聽便者，又恐有軍士願領折色之不一也。夫餘鹽收買專於開邊，如此庶乎事體歸一，公私俱順，而於鹽法初意亦不甚相遠也。如或各邊鹽糧年例數定，加倍開中，勢不可常。仍於運司納價解部，則必量減餘鹽官價而後可。蓋兩淮餘鹽價值，其初淮南每引納銀一兩，淮北六錢五分，自後淮南減作八錢，淮北減作六錢。邇來商人告虧，究其始末，蓋緣初時發賣，每引十三斤得銀一錢，尚有一二分利息，自今或十七八斤或十九斤始賣銀一錢。夫以淮南論之，每餘鹽一引二百斤，收買用銀二錢以上，船脚包索等項用銀一錢以上，納價銀八錢，尚有鞘箍脚價，各項共用過銀一兩二錢以上。及查儀真批驗所報到時估，遇貴每鹽一百七十斤賣銀一兩，遇賤一百九十斤賣銀一兩。夫以貴時價值計算，每一百七十斤以上始可賣其原本，所餘者止七八斤，仍有地主經紀等費。價貴時如此，一遇價賤，并與其本亡之矣。商人可能樂從乎？其事可能久行乎？所據餘鹽價銀，淮南合量減一錢五分，以償商人經費之勞，以防商人虧折之虞。其淮北原價比淮南稍輕，收買比淮南稍易，亦合量減銀八分或一錢。庶乎商人樂從，事體可久也。或者必曰餘鹽定價，俱經奏請，似難輕減。不知餘鹽乃彼自行收買，固非分我所有以予之者，必欲銖銖兩兩分毫計算，恐非通商惠民之道也。況自餘鹽銀兩論之，只以每年約有百萬餘銀解部，竟不知兩淮一年正課六十九萬有奇，除正積四分外，該支常股六分，鹽亦不止四十萬引。就使餘鹽一倍，每二百斤銀八錢，計一年餘鹽銀亦不過四五十萬。所以有百萬銀兩解部者，蓋積數年支放之而後得也。夫開邊之説，自目下計之，若於太倉銀兩歲少所入，然運司收而部解太倉，太倉收而後轉發於各邊，固未有居然不動者。況其間收受運解之艱難，程途往返之盤費，一經開邊，可以盡革。且倉儲充實，邊境無臨期取給之虞；商民惠同，飛輓有聞風樂赴之意。即四者論之，官買之法難也，商買之法便也，附開照引者正也，附帶餘鹽者權也。

寬餘鹽以通官課嘉靖十五年御史謝題

國家置立鹽場，徵收鹽課，令商人開邊報中，每引以二百五斤爲一包，原定價值不盈斗谷，商人赴邊隨其所輸，粟米麥豆草束雜貨皆得報納。近來倡爲餘鹽之説，有正課未泒而先估餘鹽之價者，有鹽未出場而先定餘鹽之數者，有掣鹽未及賣而先稱餘鹽之銀者。家丁械繫於囹圄，出息稱貸以完官。加以搭派之法，支兩淮者不暇雇夫長蘆，守山東者不及支□兩浙，經年屢月不得出場。及委官掣放，則又奔東走西，不得赴掣。以致引目壅滯，數十年而不得支給。中間或有一二依時赴掣，又以私販阻塞，官鹽壅滯，不得發賣，甘心没官，棄而弗顧者。夫祖宗設立鹽法，本以充實邊儲。今商人升米斗粟不得輸邊中納，而脂膏骨髓盡行剥削而歸之公。遂使軍士仰給於太倉，轉船重難於道路。是欲取餘鹽之利，反爲正課之累也。

酌議報中納銀利害嘉靖三十年御史楊題

鹽課之設，原爲備邊，解銀於部，不免給發。且軍馬以芻食爲大，邊方以糧草爲急。與其解銀於部而發之邊，豈若報中於邊而就其便者之爲愈耶？或者邊方報中，每引不過五錢。今淮南餘鹽，每引尚有七錢。苟邊有急而奏討焉，則以此七錢而爲糧草之價猶有餘也。殊不知商人之報中必乘收成之時，收成則物價平易，故五錢可以完其引。邊方奏討，必當急遽之秋，急遽則物價騰踊，雖七錢難以敷其數。此不及者一也。報中則輓輸之勞商任之，發銀則糴買之勞官任之。商任之，則費在五錢之外而坐收其全；官任之，則費在七錢之中而止獲其剩。此不及者二也。報中則輸納於居常，奏討則置辦於倉卒。或事窮勢迫，不暇爲謀，不可不豫慮也。此不及者三也。矧淮南餘鹽近日可得七錢，淮北餘鹽近日僅得五錢，折而論之，固不甚加於邊方報中之數。此不及者四也。商人近者徒樂餘鹽之易得，遠者每苦正引之久待。正欲售引於中途，不欲遠涉乎邊塞。恐志趣一溺，報中必寡。邇來踪跡已可概見。此不及者五也。或者曰每歲舍六十萬兩之見銀，而取莫可稽考之糧草。殊不知糧草者有形之見銀，見銀者無形之糧草。邊方銀賤而糧貴，軍馬食糧不食銀。此不及者六也。即此而報中與納銀利害較然，合無敕下該部，將前項正餘引數通令赴邊報中，免其運司納銀。惟割沒餘鹽，照舊解部。則商人一意輸邊而不溺於轉賣之私，邊方倍數獲需而不阻於置辦之苦矣。

江西行鹽嘉靖三十四年都御史陳題

江西一省所行淮鹽原額三十九萬引，後因兩廣南贛用兵，議將南贛吉三府撥行廣鹽抽稅給餉，遂減去淮額九萬九千三百九十餘引。廣信府後亦改行浙鹽，又減淮額一萬八千一百七十餘引。南昌等九府實止行淮鹽二十七萬餘引。照地里户口分派臨江府四萬八百三十九引，瑞州府二萬二千七百三十八引，袁州府一萬八千二百五十一引，撫州府五萬二千二百三十七引，建昌府一萬八千七百四引，南昌府七萬一千七百二十三引，饒州府四萬二千六百一十一引，南康府二千八百五十九引，九江府三千一百二十九引。此歲額之應用者也。然今惟南昌、南康、九江、饒州淮鹽見行，其袁、臨、瑞三府俱私食廣鹽，撫、建二府私食福鹽。查據布政司送到兩淮引目底册，計算嘉靖三十四五六等年，大約每年銷引僅止一十六萬，比之原額虧減一十一萬引。又查淮鹽正引價赴邊中納，餘鹽價運司告納，每引約銀一兩，少行鹽一十一萬引，是虧邊餉十餘萬兩，比失之於兩淮者可謂甚多。及查廣鹽行南贛吉三府，每歲二十萬引，此外未嘗加多。贛州軍門橋税亦未嘗溢於額引之外。其所以散漫流行而侵入於淮鹽地面者，盡是夥合奸人轉相搬運，利歸私販，課損公家。此法之宜禁者一。又私販之夥合既衆，地方之鹽數愈滋。陸則肩摩踵接究詰爲難，水則筏載船裝盤驗無所。甚至八槳十六槳、三板七板等船布列兇器，破浪飛風，上下縱横，勢難堵截。及其卸鹽爲盗，不待糾合自已成羣。上則吉水之三曲灘，下則餘干之瑞洪等處，直入鄱陽湖尤爲藪澤。蓋因鹽爲盗勢既相資，而虧官害民弊亦相倚。此法之宜禁者二。今於峽江縣建立橋關一節，勘合原有成議，工料不費官錢。即以其關於鹽法者論之，使本省九府行淮鹽地方歲復額引二十七萬，可以補前虧一十一萬之數，而坐得十餘萬兩餉邊之利。此鹽法修復之利也。橋關既設，查驗可憑，三曲灘瑞洪各無以成其窩隱之謀，鄱陽湖無以廣其藪澤之勢。此橋關之所係於地方者，又不特鹽法事爲然也。九府額食淮鹽二十七萬引，今止行一十六萬引，若使私販盡除，口食所賴益衆，將恐引鹽數少，商價必騰，百姓既苦於食淡之難堪，小人又冒於禁忌之不顧。查驗方謹，犯法必多。合行兩淮衙門即爲添發官鹽前來接濟，庶乎此行彼塞，法立民安。蓋南贛吉三府食廣鹽二十萬引以爲常，則南昌等九府雖盡食淮鹽二十七萬引猶必不足，斷可知矣。前所云袁、臨、瑞私食廣鹽，撫、建私食福鹽，是亦與其大概，其實南昌所屬如豐城、進賢，饒州所屬餘干、安仁，尚爲廣鹽私行之地。今令一切私鹽不行，必令一切官鹽俱到。每年除前二十七萬引之外仍難，須添發二十萬引。量照原額派分臨江府二萬五千五百引，瑞州府一萬三千引，袁州府一萬四千二百引，撫州府四萬七千引，建昌府一萬三千八百引，饒州府二萬七千八百引，南康府一千四百引，九江府二千三百引，南昌府五萬五千引。令各商俱照原派引目，陸續一體齎投本省巡按衙門驗發，管理鹽法分巡道按季查銷。則地方必不苦於官鹽之踴貴，而私販自然盡除。計二十萬引官鹽，於兩淮可增得商價十餘萬兩。

湖廣行鹽嘉靖四十年御史王題

湖廣一省原係兩淮行鹽地方，而鄖陽則係成化年間添設。永州郴州係海北提舉司行鹽地方，但稱成化十八年，兩廣并湖廣撫院會題，將衡永二府通食廣鹽。每年税銀若干，不知作何支費。查得弘治十四年，鹽御史題准湖廣行鹽引數，每年寶慶府該食鹽四千六百五十七引二十二斤，衡州府該食鹽一萬八百五十九引六十斤，靖州該食鹽三千二百八十引一百四十三斤，永州府該食鹽六千三百七十二引一百九十八斤，每年該餘銀一萬七千六百一十九兩零。不知所納之税果足與淮鹽相抵否。乃因題准衡州許食廣鹽，并寶慶一府而私通矣。衡寶二府既私通，辰沅長沙一帶皆廣鹽散漫，莫究詰矣。即據寶慶府所呈，廣東鹽船每年入境以二百號計，而所繇之路必繇梧州招平堡至平樂府，入桂林府掛號，然後從小江峒裝載，經行三十六堵，陸行一半，肩挑至永州府東安縣投税。其路亦不爲不險且遠也。然人情樂於廣鹽而不樂於淮鹽者，以貴賤不同故也。所以不同者，廣鹽税輕而淮南餘鹽之價重故也。殊不知淮鹽之通行湖廣者，所以濟九邊之需。其法載在銅板。廣鹽之暫行於衡州者，所以濟一時之急，却乃久假不歸。雖曰俯狥民情，其實已變亂成章。雖曰暫借衡州，而其鹽則有自東安而入者，有自宜章而入者，有自連州而入者。三路並進，伊誰爲之禁禦。乃今邊計甚匱，引目積滯以百萬計，豈可因循姑息，而不思所以改正哉？

議照引給蕩嘉靖四十二年御史徐題

祖宗立政之初，凡有竈丁，每丁日辦鹽一十三斤四兩，而供煎柴草之需則照引給蕩，多寡不等。其蕩皆順總埃户，各有定界，不相假借，與之世守，似恒産然。故竈丁各守其業，辦鹽頗易。今日之弊殆不可勝言矣。有力不相敵而爲人侵占者，有典當於始而終遂屬之他人者，有貧丁已故而富家爲之乾没其後雖有補丁辦鹽而蕩不可得者，有因貧難逃移後告復業止復辦鹽而不復草蕩者，有以遠近互换而□籍不明者，有父故子幼而莫稽考者，是以富竈蕩連阡陌，貧者地無立錐。或行告官被財買捺，或與理論因餌昧心。蕩之有無不明，而課之定額常在。臣欲於各場遍查老册，考覈實在事産，畫圖貼説，挨總於前，細開花户於後，而即係蕩於其下，分别區界，明開四址。要見該蕩原係某人事産，原數若干，内註被某人侵占若干，典當若干，或照舊管業，或全爲併吞。指名畫註，如見諸掌。若爲人侵占者，悉令退出；典當者，查年限之久近、花利之多寡，依律追出。務使丁各有蕩，蕩可辦鹽，子孫相傳，世世賴之。畫圖則四址愈明，註丁則年久可考。如此每場一樣三本，一貯運司，一貯分司，一發該場鹽課司。每花户各執己業零圖一紙，皆用分司印鈐。此亦永久之利。

復舊制以廣運行嘉靖四十二年御史徐題

兩淮行鹽地方，自昔淮南鹽課六十三萬六千五百引，原派南直隸應天等府并江西湖廣二省，計三十二府六州。淮北鹽課十三萬一千四百九引，原派直隸廬鳳等府并河南南陽汝寧陳州共五府一州。彼時商賈繁多，行鹽廣遠，國課易充，職此之故。正德二年，江西以急缺軍餉，權宜奏請南贛二府暫通廣鹽，抽税以足軍餉。後因用兵不休，復奏將袁臨吉三府抽税應用。嘉靖三十九年，又奉户部覆題袁臨二府仍食廣鹽。四十年，總理鹽法都御史鄢懋卿題請將南贛袁吉四府及湖廣永州一府通食廣鹽。計該淮南舊額内，五府共除去鹽一十二萬四千一百一十二引有奇。又將河南南陽府自舞陽一縣之外，南陽等十二州縣專食解鹽。計該淮北舊額内，共除去鹽一萬六千四百五十二引有奇。彼時以地方可以裁割，鹽額不可改更，遂將引目原數盡令均湧於見存地方。夫户口不改其舊而鹽引日增其新，行鹽之地日蹙而額鹽之課不減，此於永久之法，所當講求而深議者，即使令派地方盡食淮鹽無他錯阻，不可程度。然法立弊生，時異勢殊。各省私鹽太濫，私路太多，如廣東私鹽則由南路過梅嶺直抵九江可達湖廣之衡州矣，福建私鹽由分水關可至饒州矣，浙江私鹽自廣德泥水東壩越之蕪湖矣，河東私鹽越河南至襄陽徑往下江矣。兼之長蘆直沽張秋一帶，回還馬快船隻多夾帶興販，把陝不嚴，徒開穴隙，□□有常，遂成鈎餌。臣已行各省鹽法道督令嚴禁勿致透越。其餘各商不免繩勒發賣，而地方或得以全食官鹽。是雖不能有裨於法，而諒亦無病於商也。以今考之，江西湖廣行鹽故地，近奉題開者無敢復議。若河南南陽改食解鹽，其不可者有三説焉：論遠近，則南陽去淮安府特二千里。論水陸，則舟載千引直抵南陽府北舞渡，其車載者三百里云耳。自河東來則山路傾險水道不通，驢騾馱載不越百斤，皆千里而遠。論國課，則河東行鹽有山陝河南三布政司地方，而鹽且不開邊，通計一年所得之數不及淮課四分之一。淮北行鹽之地本爲甚隘，今又減去南陽府一十二州縣，而一年課銀尚該二十八萬三千兩有奇。此其河東課當增而不增，淮北課當減而不減。雖云河東近亦增課，却非淮北數内之銀。地歸河東，課在淮北，猶之田去糧存，羣商咸苦。且題請之時除南陽既食解鹽，遂將滁州來安全椒三州縣撥補。夫此三州縣者，原係淮南行鹽地方，且地濱大江一水之便，故船裝引鹽無慮千引。今乃取之淮北，未免地方隔越，且馱載而行，於事甚不相宜。乞敕户部再加詳議，將南陽一府仍令復屬淮北，而滁州來安全椒原屬淮南，庶爲兩便。如以爲南陽一府必須改屬河東，合無將淮北額課數内銀兩隨地改撥於河東，責令辦納，其滁州來安全椒原屬淮南可也。如此則商民皆樂從而不爲偏累矣。

議處本折隆慶二年都御史龐題

每鹽一引，洪武初年納銀八分，永樂年間納糧二斗五升。官之徵甚薄，商之利甚厚。蓋取給邊費者不專於鹽課，故未暇深較也。今於兩淮吊查各邊倉鈔，每鹽一引官價五錢。其間所納粟米，雖時歲之豐歉、道路之險夷不能盡同，然每引所納多者五六斗，少者亦不下□斗以上。其路近而價賤者將及一石，則其視國初不特倍之矣。至於解部餘銀每年六十萬，此皆正德以前所未有也。而邊餉常缺，何哉？蓋九邊額供之數以各省民運爲主，屯糧次之，此年例也。而鹽糧乃補其所不足，亦千百一十耳。先年民運屯糧，歲盈常數，故中鹽納糧草多在缺乏之時，開中不常，故引價騰湧。此鹽法所由疏通也。若謂每引納價二斗五升即能充實邊儲，計淮鹽七十萬五千引共該邊糧一十八萬三千石有奇，其能盡給諸邊之費否乎？今各邊中鹽一引官價五錢，甘肅四錢五分。盡令中納本色，決不可紛更矣。若改納折色，事出權宜，此弊端不可開也。議者謂餘鹽開邊最爲大利，種種論列，確乎可行。抑不知竈户餘鹽本無常數，若商人報中支鹽，不知令竈户中辦乎，抑商人自買乎？額外加派竈户決不能勝。若商人既納糧草，復令買鹽，不知其能堪此否耶？報中正鹽全倚餘鹽爲利，若盡納本色，即耗損多矣。雖強之，必不就也。且餘銀納於運司原在掣鹽之後，隨時營辦，易於斡旋，孰不畏其所難而樂其折易哉。臣愚謂正鹽以本色開邊，餘鹽以折色解部。此不易之法也。至於革去餘鹽，則引目易消，誠救時之論，然困商病國，竈亦苦之。其弊殆有甚焉。蓋行鹽地方數千里，人民億萬家，若止行鹽七十萬，其可以足用乎？此餘鹽決不能革也。且各場竈丁皆倚此爲命，私販之門不開，即枵腹死矣。若稍弛其禁，則百萬私鹽橫溢遠近，間欲官鹽之不壅滯，得乎？故徵銀解部，發邊糴買，較之開中本色者不爲大相懸絶。一旦革除，則額課大虧，商竈絶望，於鹽法何利焉？況改行小鹽，每引量減其數而引目立見疏通，又何必盡革而後可也？

議復大鹽舊例隆慶四年御史馬題

兩淮鹽法，舊以五百五十斤爲一引。每引除正鹽二百八十五斤外，餘鹽二百六十五斤。淮南納銀七錢，淮北納銀五錢零。近因邊引壅滯，議改小鹽，定以四百八十五斤爲一引。除正鹽外，餘鹽二百斤。淮南納銀五錢二分五厘，淮北納銀三錢七分五厘。淮南歲掣八單，每單八萬五千引增至十萬四千引。淮北歲掣四單，每單五萬五千引增至七萬引。又定立三等引價，凡邊商賫執倉鈔到司，許内商作價分撥。此蓋設法以多消邊引之意。迨行之至今，僉以爲小鹽之行，較之大鹽，每引少六十五斤。若照儀淮二所時估扣算，則少鹽六十五斤，計賣銀四錢。雖減銀淮南一錢七分五厘，淮北一錢二分八厘二毫五絲，仍虧商銀二錢有零。況重綑裝載之費、分撥引價之費俱與大鹽相等，而較其所得遠甚。夫商人皆壟斷之徒也，利之所在，毫厘必爭，而況每引二錢乎？緣是邊商倉鈔到司，内商多不樂買。雖經運司拘集該單内商，令其依價分撥，如無新引，不許挨掣堆鹽，然勉強抑勒，甚爲費力。及至買引在手，又不下場支鹽。今據該司呈稱，先年淮南大鹽各商支出上堆者，一年之内納共二十餘單，歲計消引九十餘萬。自隆慶二年九月議改小鹽至今一年零九月，支出小鹽自五百一十九單起至五百二十七單止共九單，算該每年出鹽上堆不過五單有零，歲僅消引五十餘萬，則小鹽較之大鹽消引反少三十餘萬。淮南如此，淮北可知。是小鹽有消引之名，無消引之實。至於竈户納剩餘鹽，全賴賣與商人收買添包，以爲糊口之計。今商人每引少收鹽六十五斤，則竈户每引少賣鹽六十五斤。

議禁掣河鹽萬曆六年御史董題

兩淮歲額鹽課七十萬五千一百八十引。國初邊方開中，每年停留三分在邊，謂之存積；遞年開中七分，謂之常股。商人報中，每引價止八分。永樂宣德以來，止納米二斗五升。成化年間，每引派納折銀三錢五分，遞加至四錢二分。當此之時，每一邊商引鹽派定一運司未有搭派别處之例。故商人親中親支，隨支隨掣。淮南歲掣八單，淮北四單，引鹽流通，絶無阻格，亦無内商邊商之别。弘治年間，各邊開中長蘆山東運司鹽引，連年無商報中。户部議行搭派南北兼支，以此道里隔遠，一商不能奔走陸運司，以故邊商漸次賣引於近淮。富家照引支鹽，相因既久，而邊商内商之名從茲起矣。引鹽猶未壅也。正德以來，權貴之占中奏討，勢豪之奏行殘鹽。兼之棍商乘機夾帶，額外之鹽既熾而正單之鹽遂阻。嘉靖五等年節經巡鹽御史題請禁革，始蒙世宗皇帝俞旨停止。是時内商雖有守候之苦，而餘銀尚無定額。迨至嘉靖二十八年，該巡鹽御史陳其學題該户部覆議，將兩淮掣鹽俱以五百五十斤爲一引，内除正鹽二百八十五斤外，添包餘鹽二百六十五斤。淮南每引納銀七錢，淮北每引納銀五錢零。歲徵餘鹽銀共六十萬兩，皆自内商出辦。每年分爲二季解赴太倉交納。邊商中引，内商守支，彼此相須，不相妨害。嘉靖三十一年，該總理鹽法都御史王紬題行工本鹽，由是堆鹽愈加壅塞，引目未得速賣，邊商因而朋計營求告掣河鹽。所謂河鹽者，謂其在河徑自超掣，全不上堆也。該臣看得兩淮行鹽地方止有此數，而每年掣發之鹽亦有定額，河鹽行則單鹽滯。隆慶二年都御史龐尚鵬因見河鹽有礙國課，題請禁止，一時鹽法清肅。第因往年單鹽壓積數多，以致數年之間未能遽然盡掣。兼之萬曆二年邊商劉威等假捏引目壅滯，朦朧奏擾，御史許三省迫於要津，請託不得已，權行七萬餘引，至今尚有遺議。自萬曆四年至今，該前巡鹽御史王曉及臣膠守常規，並未擅行一引。臣計見堆引鹽，除今年掣至五百五十八單外，止剩堆鹽二十二單，不四五年可望掣盡。以後內商得以旋支旋賣，邊引亦可隨到隨掣。鹽引大通，邊內俱利哉。若河鹽復掣，每年淮南掣鹽八單，若再掣河鹽一二單，江西湖廣地方鹽價必賤。鹽價既賤，水商必不樂於承買。水商承買既少，則掣過單鹽必至停閣，內商餘銀無從處辦，而六十萬兩之額課大可慮矣。內商坐困，邊商引目，豈能及期分撥。是河鹽之行不獨累及內商，勢必累及國課而併及於邊商矣。

會勘兩浙鹽政吏部郎中戴澳題

兩浙行鹽之地視他處最窄，海壖竈私鹽又什之三。歲銷引四十四萬有奇，輸課二十二萬有奇，即地盡行引，猶虞引不及銷，而課因以縮。況復侵季而額跳引而票乎？名爲增課實以蠹課，名爲疏引實以壅引。唯是以增課爲名，而繩以蠹課不受；以疏引爲名，而繩以壅引亦不受。

祖制照地行引，照引輸課，至直截也。行鹽止有邊引，行引止有季商，至畫一也。小票以通引之窮，已多一孔竇。至割餘引爲增額，化小票爲大票，又化餉票爲籮票，季之輸課如故，額之裂地已多。引之滯掣方艱，票之超獵彌橫。不引而還於祖制不相釋也。於是攤增課而存其急公之名，追包補而覈其代銷之實。大票仍爲小票，不得占則而巧漁；籮票仍爲餉票，姑俟事平而盡革。

覈虛課行正引疏崇禎四年商人方俊

兩浙年額銷引四十四萬四千有奇，買鹽止有三十六場，賣銷止有一百八縣。自嘉靖十六年，奸徒刱行台州大票六萬，嗣後漸漸加增濫觴至二十六萬五千張。而引鹽場縣半爲侵奪，以致壅滯引目幾至二百萬，守候掣銷必待五六載。商力匱竭，輸辦日艱，而歲課宜虧而未虧者，全賴預徵執抵按季掣鹽之法在耳。夫預徵，則商資先輸公帑，不得私爲去留；執抵，則執現在運鹽水程，復告一引以抵一引，斯前課完而後課有著，而四季掣鹽之次序即以納課之次序編之，春固不得遲之夏，夏亦不得超之春，所以名爲季引也。在上得以操法以繩，在下自遵法以守。故京解得以支吾，而引目之壅，恐積歲月而愈多。天啓六年，屢奉革票疏引之旨。票商百計陰撓，引商不得已，自願割季引七萬八千七百張以代票行鹽，而引課三萬七千兩，又引商代賠足課，無非欲收票地以銷壅引，詎謂假增課之虛名，競便捷之弊引。隨納隨掣，不與季引同預徵，隨掣隨賣，不與季引同執抵。鑽夤首領，遲速自繇，不與季引同挨掣。且以一引裝頭影射不計其數，一鹽名色輒重五六百斤，踰界侵彊充塞引地，竟致季引無處賣銷，以致舊本莫償，新課何來，所以敲朴之刑日慘，而京解之課日虧矣。夫奸之罔上曰增課增額，不知正引仍前四十四萬四千七百六十九引。未嘗加多，何爲增額？每引餘鹽銀外，反漏包補抵告二錢，何爲增課？

（明）陳仁錫《皇明世法録》卷七二《邊防·陝西》 昔我太宗皇帝之供邊也，悉以鹽利，鹽一引輸邊粟二斗五升，故富商大賈悉於三邊自出財力，詔游民，墾邊地，藝菽粟，歲時屢豐。至天順成化間，粟石銀二錢。時有計利者，曰輸粟二斗五升支鹽一引，是以銀五分得鹽一引，請更其法，課銀四錢二分支鹽一引，銀二錢得粟一石，鹽一引得粟二石。是一引之鹽得八引之利，户部以爲實利，遂變其法。凡商人引鹽悉輸銀户部，繇是商賈耕稼積粟無用，遂輟業而歸，邊地荒蕪，米粟一石值銀五兩。皆鹽法更弊之故也。然則欲足邊疆，其復太宗鹽法乎。

（明）談遷《國榷》卷四《太祖洪武四年》 〔二月癸酉〕定淮浙山東中鹽之例。商輸粟中都，每引淮鹽五石，浙鹽四石。輸開封淮鹽二石五斗，浙鹽二石。輸襄陽淮鹽二石五斗，浙鹽一石五斗。輸□安淮鹽四石，浙鹽三石五斗。輸辰永峽州淮鹽三石五斗，浙鹽二石五斗。輸荆州淮鹽四石五斗，浙鹽四石。輸歸州淮鹽二石，浙鹽一石二斗。輸大同淮鹽一石，浙鹽八斗。輸太原淮鹽一石三斗，浙鹽一石。輸孟津淮鹽一石五斗，浙鹽一石二斗。輸北平淮鹽一石八斗，浙鹽一石五斗，山東鹽二石三斗。輸河南淮鹽一石五斗，浙鹽一石二斗。輸西安淮鹽一石二斗，浙鹽一石。輸陳州淮鹽三石，浙鹽二石。輸北通州淮鹽二石，浙鹽一石八斗，山東鹽二石五斗。

陳繼儒曰：明之兵與農分矣。然借鹽以屯邊，不至盡驅東南之農而養西北之兵者，則鹽屯爲之灌輸也。今策鹽者曰，苦課重，苦守支，苦私鬻，苦攤派存積也。策屯田者曰，苦牛具，苦溝洫，苦課税子粒也。此亡他，以鹽屯之未合而祖制未復也。往高皇帝召商實粟邊下，商爲之募衆墾土，鹽與屯合，斥鹵千里化爲腴田。一利也。農不輸餉，兵不媮飽。二利也。商旦賫糧，夕受鹺，券交于左，筐盈于右。三利也。邊實虜虛，即淮揚有儆而咽喉自在。四利也。且耕且守，人自爲戰，里甲成行，敵氣自寢。五利也。生齒繁，煙爨集，戍卒無鄉國之悲，而流移有土著之樂。六利也。商以邊爲陸海，虜以田爲地網。七利也。於乎。七利舉，而即使劉大夫握管，趙先零給圖，何以讓哉。不然，江以北窘言兵，江以南窘言農，盻盻然枵腹相望，而兵則虜且薄之，農則水旱薄之。惟鮮衣大賈，跣手堅坐以享獵天下之利，何不召而爲鹽屯易輸也。

（明）汪砢玉《古今鹺略》卷五《政令》　洪武二十七年詔曰：凡公侯伯及文武四品以上官，不得令家人奴僕行商中鹽侵奪民利。

洪武間，户部鹽引印及鹽糧勘合並引繇契本銅板俱收貯内府，户科編號木記收貯户部。凡遇各急缺糧草，户部奏請印刷編定，召商開中。正統十一年，鑄換銅板，各增南京二字於户部之上，仍收貯南京内府。嘉靖年間，新鑄山東運司銅板四字。【略】

兩淮行鹽事宜

曰關引　每年夏冬二季起紙運司查算勘合若干道，中鹽若干引，每引正紙銀三厘加耗銀三毫，差史解赴南京户部，關領引目紙價赴部掛號。轉給應天府買紙刷引，完日領回收貯架閣庫挨次榜派。近議四季起紙四季榜派，見今遵行。

曰榜派　正德七年，御史朱冠奏准分三十場爲上中下三等，均匀挨次榜派。以富安、安豐、梁垛、東臺、何垛、草堰、角斜、拼茶、豐利、石港、金沙、餘西、吕四爲上場，馬塘、西亭、新興、餘東、餘中、廟灣、掘港、伍祐、劉莊、白駒、小海、丁溪爲中場，莞瀆、臨洪、興莊、徐瀆、板浦爲下場。每遇投到勘合發付榜派單年，上等自吕四，中等自丁溪，下等自板浦，逆派起。雙年上等自富安，中等自馬塘，下等自莞瀆，順派起。仍分派本折逃亡，本色商人赴場支鹽，折色商人在司領價，逃亡聽商自行買補。

撥引　先因淮南引鹽壅滯以致邊引不售，御史蔡時鼎設法，凡遇淮鹽臨掣，如一單堆鹽一千引，限買邊引八百，方准赴掣，名謂二八搭派，今遵行，淮北引目疏通，無庸限賣。

鹽單　商人執引下場支鹽，淮南運至白塔河過橋將引投入該巡司，積至八萬五千爲一單，造册二本送院，一發掣鹽委官，一發該司收貯備照，謂之真單。淮北運至安東過壩將引投安東縣，積至五萬五千爲一單，造真單如前。淮南歲行鹽八單，淮北四單，謂之單鹽。

秤掣　每據運司呈掣之時，將院存真單委就巡府佐縣正官秤掣。其秤掣事規，每引各認色號，插旗一面，至二十號而止。委官親手掣簽對號，提上一引，執旗人役帶領上秤，即以一引輕重之數例十九引二十引完，以後照前周而復始。

割没　臨掣時，淮南每引以五百五十觔，淮北每引以五百六十觔爲則。如一引之外多餘鹽五觔以内，通將原掣引鹽積算，淮南每百六十觔納銀一兩，淮北每二百觔納銀一兩，是爲舊割没。若多出五觔以外，即照違例夾帶問罪，每觔納銀一分，是爲新割没。餘銀不足額數，即以割没湊完補解。

解綑　專委運司佐貳官將掣過單鹽，四單一次，開價解綑。若内商之鹽綑大，賣與水商改小，以便裝運，謂之解綑。

京掣　水商已買過解綑之鹽，抵石灰山關舊聽鹽院移牒南道復掣放行，謂之牒掣。萬曆二十二年題革，後水商告復，今改于浦子口鹽院歲兩次親赴驗掣放行。

食鹽　食鹽者乃於單鹽内過橋壩之時抽點另堆，俟鋪户執引票支賣謂之食鹽。

開中支賣　凡邊方有警急缺糧草等項，户部奏准開中引鹽印編勘合，遼東、大同、宣府三邊發本處户部管糧郎中，陝西、榆林、寧夏、甘肅等邊，本處布政司俱行收貯。商人有赴边，宣大同管糧郎中或陝西巡撫都御史處報納，或粟米或馬草料豆或折色銀兩，各官定立斗頭，照例上申。存積常股等鹽取有糧草等項實收，遼宣大同仍從管糧郎中，陝西各邊仍從陝西布政司填註勘合并商人姓名。大同宣府發大同府，遼東發都司，陝西各邊在本布政司，令各用本衙門印信鈐蓋。商人賫投兩淮運司，查驗比對相同塗銷。倉鈔乃候次榜派場分各納紙價，本司差官前赴南京户部印刷鹽引，照名與數領回。商人各用私記，本司印封關發各分司官，轉發各場土庫收貯。商人到場上納賑濟米石，回繳本司復呈巡鹽察院，行委分司官監放鹽畢，該場截引一角。封至運司，復查無礙，又截引一角。封付本商，賫告察院，前後查同，聽候挨單赴批驗所掣摯畢，又截引一角。仍給商人，於行鹽地方發賣，完日就於所賣地方官司又截引一角。印封立限，賫赴本司銷繳。積至退引六七萬或十數萬，差官解送户部交割。每年驗查退引過限不至，類行商人原籍勾取追究議罪。若遇腹裏州縣饑荒，户部奏准委官開中。其勘合實收報納等項，俱聽所在官司委官收執施行。

存積長股　正統五年，令兩淮、兩浙、長蘆運使司，每歲額辦以十分爲率，八分給與守支客商，二分另爲收積在官，候邊方急缺糧儲召中。以所積見鹽，人到即支，謂之存積。其八分，遠年挨次給守支客商，謂之常股。凡中常股價輕，存積價重。正統十四年增兩淮兩浙存積鹽爲四分，景泰元年增兩淮兩浙存積鹽爲六分。二年令客商報中鹽數遷延一年之上不報完者，即於常股。鹽內派撥，挨次關支。成化七年令兩淮兩浙運使司各場存積鹽課仍舊止作四分，常股增爲六分。十九年令客商支鹽皆上下場分三七分派常股存積正收正支。如違，商人治罪，鹽貨入官，官吏以枉法贓罪。弘治二年，都御史李嗣題准令兩淮各場鹽囤地方以東西南北爲界，如南北爲門爲路，則東堆存積西堆常股立定石碑。如摠催名下有一千五百引者，一千爲大囤，五百爲小囤，先儘存積足處然後收常股。一年鹽課皆完，方徵收下年者。委官盤鹽務逐引秤盤，不許文量堆垛查算。又令各處歲折鹽課册內，務開寫某運司提舉司每歲額辦鹽課存積常股數目，該本色鹽若干，或布米等折貨若干，某場鹽課歲辦若干，辦完若干。每項各立行款，開寫官攢某人總催某人，辦過鹽課或布或米或貨，收入某字號倉囤，某年月日完足，出給某字號通關送繳，查算無差，各款後空立前件。長蘆、山東、河東運司於次年二月終，兩淮、兩浙運司於次年四月終，福建、廣東、雲南、四川運司提舉司於次年六月終，差吏親賫奏繳。仍造清册二本，一本送户科註銷，一本送本部查照。若有過期，並數目不清，及虚出揑送者，查究問罪。

（清）傅維鱗《明書》卷八一《食貨志・鹽法》　明以鹽課給邊糧餽而水旱凶荒亦時藉以振民，故天下筦榷之利莫如鹽制。産鹽之地，設都轉運使司者六，曰兩浙、兩淮、福建、山東、長蘆、河東，各設運使運同知副使判官經歷。鹽課提舉司者九，曰廣東、海北、四川、鹽井衛、靈州、雲南、黑鹽井、白鹽井、五井，各設提舉副提舉吏目。鹽課司一百六十九，而鹽課歲有定額，歲終，轉運若提舉司具所辦出給課如目上以待會，虧額者追理。其商販各照制定行鹽地轉賣，毋過界。合用引目，各運司以時請户部請內府印造給付。而諸所開中鹽，量所在米價高下，道里遠近險易爲之。則招商納粟中，已給引詣場行支鹽如目，而嚴額外夾帶貨賣之誅。鹽出場，經批驗所依數驗掣，而所過官司，辨驗放行。其引與鹽離者，同私鹽追斷。商所中者，鹽賣發已，即所在退引還官。運司數進，僞造引者斬，而峻勢要令家僕行商中鹽，及坐私鹽船隻之令。其竈丁，勘實以附近有丁産殷實人撥充優雜泛繇，其犯笞杖斷決徒流遷徙，其刑罪止杖一百，仍煎鹽。而河東則審里甲爲鹽户，遇鹽結則召撈，而皆遣御史巡行提督之，又往往出風憲重臣，奉詔行天下鹽以爲常。而各司有分司，有額課。兩浙都轉運鹽使司，一總，分司四，曰嘉興，曰松江，曰寧紹，曰温台。其鹽課司三十六，其額辦歲課鹽二十二萬四千五十七引有奇。兩淮都轉運使司，分司三，曰泰州，曰淮安，曰通州。其鹽課司三十，其額辦歲課鹽三十五萬二千五百七十六引有奇。福建都轉運鹽使司，其鹽課司七，其額辦歲課鹽一十萬四千五百七十二引有奇。山東都轉運鹽使司，分司二，曰膠萊，曰濱洛。其鹽課司十九。其額辦歲課鹽一十四萬三千八百八十七引有奇。河東都轉運使司，其鹽課司二，其額辦歲課鹽六千八十萬斤。長蘆都轉運使司，分司二，曰青州，曰洛州。其鹽課司二十三，其額辦歲課鹽一十八萬八百七引。廣東鹽課提舉司，其鹽課司十四，其額辦歲課鹽四萬六千八百五十五引有奇。陝西鹽課司二，曰靈州，曰漳縣，其額辦歲課鹽一千二百五十七萬七千六百六十八斤。四川鹽課提舉司十五，其額辦歲課鹽一百六十一萬九千五百七十斤有奇。雲南鹽課提舉司十六，其額辦歲課鹽二十七萬二千一百三十七斤。又折綿布七百二十段，後改折小引鹽，惟廣東如故。而行鹽各有分地，各王府及南京各衙門，俱儀真所關支鹽六千四百九十引有奇。四十九衛及五城兵馬司，皆淮安所關支鹽九千二百九十九引有奇，又解送光禄寺青白鹽一百五十□引。其北京各衙門，係長蘆辦納食鹽六萬四千七百四十四斤有奇，而諸滷鹽不與焉。

初明太祖辛巳始議鹽法，置局設官以掌之，令商人販鬻，每二十分而取其一，以資軍餉。二年，以各處鹽二百斤爲一引，尋以四百斤爲一引，官給工本米一石。後四百者曰大引，二百斤者曰小引，名曰改辦小引鹽。又以山西行省言，邊糧路遠費重，令商人於大同倉入米一石，太原入米石三斗，給長蘆鹽二百斤，以省轉輸。從之。而陝西如山西例，粟不足則以金銀布帛馬牛之類驗直準之。六年，商民沮壞鹽法，刑官擬以亂法，罪當死。上曰：愚民無知犯罪，猶赤子無知入井，豈可遽以死論。法司執奏。上曰：有罪而殺，國之常典。然有可以殺，可以無殺。彼愚民出此，原其情，不過爲貪利耳。初無他心，乃悉免死。輸作臨濠。後定禁令，凡除正額鹽外，將餘鹽私貨者死。而兩鄰車船户引領牙行，其罪輕重各有差，而商人和沙土及影射皆罪之。諸禁令甚具。已敕中書省臣曰，朕初以邊餉勞民，商人納粟於邊，以淮、浙鹽償之，蓋欲足軍食而省民力也。今行之數年，軍餉不給，皆因鹽價太重，商人無利，以致輸粟者少，其議減鹽價，俾輸粟者願，而省輓輸勞。於是凡輸粟者，量地遠近減價有差。而鹽運使呂本言：舊額，鹽輸官以四百斤爲一引，官給工本米一石，又準米價低昂，聽錢鈔兼支，以資竈民。然其間有丁產少而鹽額多者未蠲，非均也。臣謹於各道分司，即鹽場所屬地方，驗丁產多寡，地利有無，官田草蕩，除額免科外，他薪鹵所宜，得量等分則，較一詳定而均平之便。詔曰：可。雲南布政使張紞言：舊例商人納米於金齒者，每斗十斤，以穀准米者聽，以是多輻輳輸，其後有司不收穀，商罕至，餉乏。請仍舊。從之。而各場每引給工本鈔二貫五百文。尋定淮、浙各竈户每丁歲辦小引鹽十六引，重二百斤，復鹽工丁半之，其餘工丁四引，民頗稱便焉。上以民之艱於商抑也，命户部聽民買食。尚書郭桓執不可，上曰：天之生財，本以養民，國家禁防，以制其欲，息其爭耳。苟便於民，何拘細利，求以利官，損民多矣。其時涼公玉令僕中到雲南鹽萬引，倚勢先支，上知之，怒曰：此事侵奪民利，沮壞鹽法，嗣後但是功臣家中鹽悉没官。後有犯者皆不宥。

永樂中，定户口食鹽利以疏鈔法。先是洪武中囚徒發煎鹽，歲得鹽二十五萬九千八百斤有奇。太宗即位，盡放之。而四川九十五鹽井悉閉。十四年，命遣徒開之。時鹽法大蠹。九月，始命巡鹽御史釐積弊。

仁宗即位，諭户部尚書原吉曰：鈔法滯，蓋由散出太多，宜設法廣斂之。民間鈔少，想自通。原吉對曰：斂之易，莫若許有鈔之家中鹽。上曰：此可一時權宜耳，俟鈔法通則止。然必寬爲則例，庶人皆趨向。遂命多官議定各處中鹽例，各減十之四。滄州每引鈔三百貫，河東百五十貫，福浙百貫。鈔不間新舊，引到即支。上曰：善。其速行之。

宣德中，施大惠於天下，令各運司提舉司查中鹽商若土民，年遠事故無子孫支給者，行原籍官司，每引給資本鈔二十錠優之。蓋隱恤至於此，而申中使官軍夾帶私鹽之誅。

正統初，令竈丁逃移者，鹽課司蠲實停其徵。又令淮、浙貧竈有餘鹽，官給米麥收之。一小引給米麥二升，已增給至一石。而客商守支年深不得鹽者，聽以十分爲率，支淮鹽四分，其六兑於山東運司支給。不願給者聽守支。而長蘆鹽運司商所分地不便貿易者，聽於所在官司告驗，給文憑改易。諸爲通商計甚悉，已弊孔乃稍日滋矣。五年四月，立存積常股鹽法。先是永樂中令商自輸邊，每引上粟二斗五升，當時內地大賈，爭赴九邊墾田積糧，以便開中。朝中暮支，價平息倍，商樂輸輸之利，邊無飛輓之勞，緩急有備。至是行常股存積法，常股七分，歲支以爲常，存積者貯於官，候邊方急缺糧儲，召中以所貯越次支。於是常股有守候數十年不得支者，已常股存積無定額，或四或六，而常股價輕，存積價重，蓋亦鹽法一變矣。然未嘗輸銀運司也。

景泰中，令竈户正稅皆納鹽，每米豆五斗，草五包，折徵鹽一小引，竈户稱便。復諭户部言：邊不輸粟，軍食匱。令天下能自備腳力運臨清倉米於代州諸處，三百石與冠帶，二百石旌異，餘有差，每引米淮八斗，浙六斗，長蘆六斗，河東二斗。而邊忽多米，已而薊鎮亦行之。初廣東鹽例不出境，歲久積多，商困，往往賄守關者走廣西市。而巡撫葉盛以爲鹽出境，若聽之，則法壞而利商，禁之，則商滯而利關津。乃請許鹽商多寡入米餉邊而後出境，公私皆利之。

成化中，太監潘洪請令弟姪中鹽疏積鹽，而户部覆奏言：祖制，凡內外食禄之家，不得中鹽，以侵商利，損邊儲。今洪所請，壞祖法，且啓在位逐利心。上曰：朝廷存積鹽課，以待邊用。祖宗禁例，食禄之家，尚不許中，況內臣給事內廷，凡所養生送死者，朝廷爲之處置，又可損國課以益私家乎。其勿與。尋太監梁芳恣，差鎮撫梁山等於兩淮運關欽賜鹽五萬引，而江南巡撫王恕執奏：近奉明詔，不許勢要之家中鹽，雖芳鹽稱欽賜，而愚民難以户曉，未免致疑。且需索多端，人情怨憤，乞撤回山等，而以鹽備邊儲。敢有仍前求討者，户部科糾劾，使人無覬覦公有儲積。不聽。然舊例中鹽者，皆户部定則例，出榜召商，無徑奏，時有富民吕銘等，托勢要奏中淮鹽五萬五千引，旨自中出允之。時户部不能執奏，而鹽法於是大壞。

弘治初，以蠹耗敕刑侍郎彭韶行兩淮清理。韶念治安長利之道，在厚下固本也。具疏言：天下小民無慮皆窮苦，而莫甚於竈户。竈户者，上所使煮海爲鹽收博利者也，所當恤宜莫如之矣。古未有圖詠，臣行視海濱，目擊其苦，爲之涕下，破屋缺椽，不蔽風雨。脱粟糲飯，不得一飽，此居食之苦也。山蕩渺漫，人倫物踐，欲守無人，不守無薪，此積薪之苦也。曬淋之時，舉家登場，刮泥吸海，隆寒砭骨，亦必爲之，此淋滷之苦也。煎者燒灼，蓬頭垢面，人形盡變，酷暑如湯，不敢暫離，此煮辦之苦也。寒暑陰晴，日有程課，煎辦不前，鞭撻隨至，此徵鹽之苦也。客商至場，無鹽抵償，備極逼辱，舉家憂惶，此賠鹽之苦也。逃亡則身口飄零，住業則家計蕩盡。所宜加意矜念，遇事寬恤。因爲繪煮海窮民，曬淋熬煎，負戴折閱，若朋償之若累物事情，爲圖詩以上，而祭酒章懋覩鹽事利弊，代都御史爲奏言五端。

一曰存恤竈户。以爲鹽之出於地，而成用必資人。濱海之民，以煎鹽爲業，採辦薪芻，朝夕烹煉，爲苦甚矣。其單丁老弱之家，煎辦不前，課入不敷，吏以嚴刑峻督之。至鹽入官，雨水銷敗，又輒有追賠之患，此窮户之猶可隱者也。其殷實户爲總催者，場蕩歸其兼并，鹽課爲其乾没，煎者既多，私賣者廣。凡諸竈丁，盡其家傭，分業蕩然，乞貸爲活，雖欲無逃，不可得已，合行優恤。且照黄册事例，遇竈户缺，聽令析户充役，照丁辦課，以補竈籍逃絶之數。二曰輕減鹽糧。國初命鹽司以掣下餘鹽，行諸縣關領，計口分給，民得鹽以食，而納鈔以償，固其理也。後鹽司久無餘鹽關給，而鹽鈔改爲鹽糧，市民猶得納鈔，至鄉民往往令輸本色。或遠糴於外郡，費且十倍，爲困甚矣。乞依市民例一體納鈔便。三曰申禁鹽商。國家以邊地險遠，餉饋乏而飛輓勞費也。乃命商輸粟邊倉，給引鹽以償其費，商人喜得厚利，競赴之，而邊饒。近遇開中，則豪勢家詭名請托，占窩轉賣，商人不藉手於彼，即無由中納於此，故費多而中鹽者日少。先朝雖有禁例，而法玩不行，乞申嚴前例，有犯必誅，庶人知所警。其四五言鹽商挾私，鹽徒横放之弊。以爲商受鹽於官，有額也。於正數外，賄求場官，私加斤數以益之，至有得以倍蓰者矣。已運入江，又買私鹽而夾帶行之，所過關津，賂其吏，不照引截角，其截者十止一二。發賣訖，引不即繳，往復數次，以前引影射而行，故私鹽行而正鹽已壅。請敕巡鹽憲臣，嚴商人私載之禁，違者没其貨。關津有容全引不截角，及舊引影射不舉覺者，罪如法。乃其間游手無賴之徒，什伍爲羣，駕小舟，舟多置篙楫，載私鹽，沿江上下而强賣之。即不售，輒挺取其財，又伺間爲椎劫，已跳身疾棹，瞬息相失，不復可迹，失今不治，恐生他變。唐末之王仙芝、黄巢，元末之張士誠，皆鹽徒，此尤宜深防者也。而其責在巡江。

時天子加意於國家盈縮之變，召閣學士許屯田茶馬之故甚悉已及鹽。大學士東陽言：主臣今鹽法壞盡矣，各邊名召商開中，而商賈失利，類不肯中納。上問何也，閣學士因極言皇親王府及内臣奏討之弊，上曰：奏討不過幾家。東陽對曰：奏討之内，又有夾帶。奏討者一，夾帶者十，復有各年未盡支曰零鹽，有剩堆積曰所鹽，皆爲奏討後事端。因言國家茶馬法行，有歐陽駙馬者爲夾販，高祖大震怒曰：我纔一行法，乃即欲首壞之耶。遂寘極典。此等事今皆不敢言。上慨然曰：非不敢言，乃不肯言耳。於是下户部查議，而部尚書文於是條鹽法積弊七事以上。曰開中引鹽，興販私鹽，賤賣官鹽，買補殘鹽，夾帶私鹽，越境鬻鹽，而因及運司弛廢，當擇人主鹽政。於是詔下，言鹽國用所須，近年欽賞數多，又内外勢要人奏討奏買，存積常股，盤割私餘，言乃遂攙越支賣，夾帶私販，以致上損國課，下奪民財，此遵何義哉。其往支還官。自今各邊開中引鹽，及糴買糧草，勢要並勿得求討窩佔。巡撫糧儲，官毋阿徇受囑。違者聽巡按御史究劾。

已，户部尚書葉淇奏准商引鹽，悉輸銀户部，送大倉收貯，分送各邊。按淇淮安人，鹽商皆其親識，因與淇言，商人赴邊納糧價少，而有遠涉之虞，在運司納銀價多，而得易辦之利，於是淇爲之奏。而閣學士徐溥爲淇厚同年，亦受其啖利，因然之。得積銀至百餘萬，人以爲利，而實鹽法之大變。商人赴邊開中之法既廢，近邊米豆無人買運，價遂騰踴，邊儲自此資於内帑，而國匱民貧，日益艱苦矣。

是時定每引納銀三錢五分，或四錢二分，又令客商無見，許本場買補邊例報中。兩淮爲主，兩浙、長蘆、山東搭配，淮歲中七十萬五千一百八十引，至正德中放決，而鹽法於是大敗。織造太監得以販鹽，其奏討種種，鹽場日不暇給。其後織造太監王瓚奏乞長蘆鹽萬二千引，是時户司官李夢陽、王宗文等言於尚書文曰：今以淮鹽予內臣，不可。文執奏，上召近臣曰：户部何不與。閣學士健曰：內官裝載官鹽，中間夾帶數多，沿途害人，且壅滯商課。先帝末年鋭意整理，此正今日急務。上不悦曰：天下事豈只是幾內官壞耶，十人中亦有四五好人，而恩予如故。

先是都御史陳金以流賊軍餉，奏立廠於贛州，抽分廣鹽，許至袁、吉、臨三府發賣。因灘高，民苦乏鹽，欲暫停止，而南贛巡撫王守仁遂上議，以爲廣鹽行則商税集，而用資於軍餉，賦省於貧民。廣鹽止則私販興，而弊滋於姦宄，利歸於豪右。況南贛巢穴雖平，殘黨未盡，方圖保安之策，未有撤兵之期。若鹽税一革，軍餉乏費，苟非意取於貧民，必須仰給於內帑。夫民以貧而斂不休，是驅之從盜也。外已竭而殫其內，是復殘其本也。臣竊以爲宜開復廣鹽，著爲定例。向鹽課送各邊曰年例銀，劉瑾專政，欲難户部，而曰祖宗朝無此例，遂查原自天順年始，瑾怒曰此户部官通督撫共盜內帑明驗，悉逮各邊都御史，革年例銀，而各邊於是大匱。因而侍郎叢蘭整理陝西邊務，令百姓每名徵銀二兩五錢，准米一石，百姓不堪其困。户尚書顧佐咎劉瑾之非，貽弊如此。

世宗即位，乃撥河東裁革鹽，每引二錢五分，淮八錢，浙六錢。餘定價有差，召商上納。而御史秦鉞上言，餘鹽納價，本朝令典，本商自納，每引一兩，而開中止八錢，或減少。正鹽母，餘鹽子也。正鹽守支久而費多，願中者少，而餘鹽乃到即支掣，則願中者衆。今舍母求子，餘鹽無自而積。乞以後令本商自納餘鹽之苦毋開中。於是正支外，聽商收買餘鹽，上運司銀，每引五七錢有差。

嘉靖六年，上諭户部曰：鹽課接濟邊儲，泉貨流通民用，俱當今急務。邇來鹽法之壞，由於私鹽盛行，官鹽阻滯，錢法之弊，由於私鑄者多，官不爲禁。其區處之。户尚書鄒文盛對曰：臣思救今日之弊，必先申明祖宗之法，又在朝廷之上，杜奏討之門，而奸無所利，絶窩占之弊，而商有所資，然後鹽法不致阻壞。若錢法，必奉行之吏，參酌物情，使市肆無擾，宣布條格，俾爲僞者不容，而後錢法乃行。因條鹽法五事。曰禁私鹽，禁占窩，禁奏討，明限期，添刷引。錢法三事，曰遵制錢，禁私鑄，禁私販。上納之。

已，上曰：邊儲缺乏，其詳畫經久之策。户尚書胡世寧言：邊儲缺乏，由祖制隳壞。昔永樂時，邊需悉資鹽利，每引輸粟二斗五升於邊，故富商大賈，悉聚邊陲。自出財力，招游民，墾邊地，藝菽粟，築屯堡，所以歲時屢豐，而芻粟不虧。自天順成化中變其法，謂舊以粟二斗五升支鹽一引，時粟一石值二錢，是以銀五分得鹽一引也，乃課銀四錢二分。銀二錢得一石，鹽一引得二石，是一引致利八引矣。乃令商人中鹽，輸金户部或運司，邊賈無戌，撤業而歸，以致墪臺日頹，保聚日渙，游民日去，荒地益荒。今千里沃野，莽然邱墟，米一石值金五兩。今次厚邊儲，莫良於祖制。上深然之而不行。

至是鄒文盛添刷鹽引事行，而巡鹽御史王庭立上言：欽依添刷引目，而商人莫有應者，其故有二。一則昔時餘鹽，先製鹽而後納價，今則否。既輸於邊，又輸於司，苟非巨商，必不應命。一不便也。一則淮南納銀一兩九錢，淮北一兩五錢，比之舊額，增四錢矣。有損無利，其誰肯從。今宜以添刷之引，先行給商，待其掣過納價，以寬先期併徵之意，而添中餘鹽，減三四錢不等，以恤虧折，庶新法可行。上從之。而都御史周金因言：裁革餘鹽，不如收買爲利，官買不如商賣便，解價不如解邊便，照票不如開引可行。或謂餘鹽不可過額，引目不可增刷，鹽銀不可解邊。部謂鹽課正引，各有常規，餘鹽原無定額，遏私販以通官鹽，正法也，假課額餘鹽，權宜也。革餘鹽則商竈俱困，而私鹽盛行。倍收餘鹽，則旱潦難齊，而邊引壅滯。夾帶餘鹽，律有明禁，增刷引目，則祖制有違。中鹽有引目，別票立，則與引目相背。官收鬻，不若聽商收買，簡易可行，盡數開邊，又恐將來難繼。從之。

初鹽法開中，有常股法需收支掣，有存積法，以待不次之需，俱令商人輸與常股鹽，並掣夾運以鬻。然自餘鹽行，而存積之法廢，運司積輸無幾，而邊儲益虚，良法壞。時户兵二部集議，以裕邊儲以清理鹽法爲要，請設都御史一人，專理長蘆、山東、淮、浙四運司鹽法。而給事中郭鑾言，官不宜輕設。户尚書李如圭言：鹽法不行，由占窩賣窩之弊未革，商人無利，其餘鹽似難輕革。上曰：變亂鹽法，起於餘鹽，邊儲不充，私鹽盛行，正由此。其亟罷餘鹽。於是悉罷餘鹽例，明年，吏尚書許讚稱復之，而餘鹽復行。

三十七年，更定兩淮掣鹽法，運司一遇各邊中完工本鹽商賫到勘合，分正餘鹽引，即聽各商自向小竈買捆出場，依期循單赴掣。仍量減鹽引之價，淮南引五錢，淮北引三錢有奇。而淮南以萬六千引爲一單，定以半年，南掣四單，北二單。先是江西派行淮鹽三十九萬引，後南、贛、吉三府改行廣鹽，惟南昌諸府行淮鹽二十七萬引，既而袁、臨、瑞皆私食廣販鹽，撫、建、廣三府私食福販鹽，於是僅十六萬引，而國計大詘。巡撫馬森極言其害，於是設關禁，稍增至四十九萬引。先是以主事一人詣淮、浙理鹽法，後命大臣，吏部希嚴嵩旨，以鄢懋卿往，於是懋卿關通苞苴無虚日，鹽法大壞。

故事，諸府州縣巡司邏卒責捕鹽盜脱遺者罪，不剋以次。懋卿奏立剋限法，每卒一人，季限復鹽若干，販夫若干，舟若干。其有舟無販夫，有鹽無舟，有販夫無舟鹽者，不録爲次，不及數亦不録，削其顧役錢充舟鹽值。故此曹終歲不得支一錢，乃行私販，牟大利。遇商舶旅舟，誣爲鹽盜，攜鹽入舟，盗掠劫致刑獄至死亡，害不可言。有司或增賦於民，徵金作舟鹽值，不復責邏卒，而私鹽横行，正鹽愈壅矣，迨御史林潤劾罷而稍平。

其後隆慶初，以先年有請行河東鹽於太原、汾州等處，而禁民私煎者，時議以邊地不毛，幸資鹽抵税，而併禁之，令民失業，不可。復有言太原、汾州山路崎嶇，商運難致，乃許行私鹽，給票收税，每鹽百斤納銀三分，仍聽轉販於岢嵐、保德、河曲等處。惟平定、代石十州縣地稍平，行運鹽，然商人亦多不至。至是御史趙睿奏太原、大同原屬河東地，以有土鹽，故官鹽不行，即今開中亦難，税入無幾，宜令鹽御史查覈州縣户口食鹽之數，計口定鹽，給票收税，務使地無遺利，法無遺奸，或濟邊儲，或作禄餉，著爲令。報可。而御史郜永春理河東鹽，上言：鹽池南北，產鹽非有豐嗇之異，而採鹽者往往在北不在南，以往來之未通，招募之無術，壓支之爲患，丁夫之有限也，迄未有議處者，其故有三。司官習於晏安，而不便於收支，鹽丁習於偷縱，而不便於撈取，牙儈習於罔利，而不便於處分耳。臣以爲宜於南岸開門以通往來，省伐木遠涉之勞，一也。池南人跡罕至，而鹽多遺棄，請招貧民撈取，不必給與募直，即以所取鹽，每十取一，得給小票發賣，民將攘背而爭趨矣，二也。池南地勢汙下，多爲雨水所傷，合令各場於池南旋報旋支，三也。往者鹽丁二萬餘名，每二十名納一料頭，初無遠近貧富之分，其後令富者納直於官，官爲募民以充役，是以貧民之力益弱，而富民之值日通。臣以爲當令民鹽合一，凡鹽夫，如里甲編審，一料給賑銀八兩，或給工本鹽二十五引，以爲轉輸俯仰之資，夫里甲自有丁夫，而鹽丁之名亦可除矣，四也。上從其三，而鹽丁如故。

萬曆中，差内官理鹽法，所在以朘商害民爲事，一商因罪有追銀至二十五萬者，第以各宦進銀多寡爲優劣，不復問其所從來，而鹽法又困。二十九年，户部奏以國家經費，莫大於軍儲，邊儲半資於鹽法，故鹽法之通塞，邊儲之贏縮係焉。頃内監陳增，不察原委，誤將山東運使候掣未銷之引，指爲餘積，上請變價，而巡鹽御史馮應鳳則揭稱税監誤將即引，上惑天聽，虧課病商，阻滯鹽法，萬萬難行。夫鹽法臣部職掌也，山東税派鹽引中開抵山東、遼東軍餉，其行鹽之地，止青、登、萊三府，而濟、東、兗行運司鹽，分存積常股。嘉靖初年，大約常股三萬，不足以存積補之，中歲定存積四萬，常股八萬六千有奇，遂引多鹽壅，銷掣不前。隆慶中，存積停三萬。萬曆十二年，鹽法稍疏，後復壅，至三十六萬九千餘引，復停三萬，迄今運司新積引目，多至三十一萬九千餘引矣。此引皆邊商納過糧草之引，非積棍窩囤之引，乃正額候掣之引，非貯庫無用之引。商人趨利，因何停積。祇緣資本不敷，故多壓墊。若指前引爲餘積，是攘奪之也，商人誰復肯輸納濟邊。臣等以爲憂在邊陲，不第困商耳。不報。

天啓中，御史孫之益上言：鹽猶水也，須開其必赴之壑，而防其阻格之端，請就各處行鹽之地及派引而稽之。如兩淮行鹽之地止三十一府，而派引七十萬有奇，河東行鹽之地止十七府，而派引六十萬有奇，長蘆行十八府，而額引竟十八萬，不太寡耶。兩廣行二十五府，而額引竟六十萬有奇，不又寡耶。此皆可酌而議增者。嘗查兩淮開中之法，與長蘆、兩浙、河東同，而引價餘鹽參差懸絶，此又可酌而議增者。至於閩、蜀、南直三處，止納鹽課，並無邊中，額引難徧地方，私鹽引處無礙，似宜每引加鹽，以塞私販之路，照鹽增課，以濟邊廩之虚，邊寧乃止，不久爲地方累也。今括及兩淮，有折價可議，商應支而責之買，竈應借而索之價，殊於鹽法有蠹。或無自天啓二年始，每新引一引，令商人加帶買補鹽十五斤，連折價共納三錢，徑批引赴場關支，不必令竈户上納折價。是商以市鹽之金輸之官，而官以海夫之法取之竈，邊事寧則寢，上從之。後以邊饟匱甚，議借每運商三四十萬五六十萬不等，而壓引愈多。至崇禎時，終未能疏通，而國以亡。

先是萬歷末年，定兩淮鹽斤，每包五百五十斤，內二百八十五斤連包索爲正引，納五錢。二百六十五斤爲餘鹽，淮南六錢五分，淮北五錢。兩浙每正鹽一引連包索二百五十斤，納三錢五分，餘鹽通融二百斤爲一引。嘉興五錢，杭州四錢五分，温州二錢。長蘆、山東每包四百三十斤，內二百零五斤爲正引，長蘆二錢，山東一錢五分。二百二十五斤爲餘鹽，長蘆南掣三錢，北掣三錢五分，山東三錢一分。正鹽則納本色糧草，餘鹽則上錢運司，而其肅開中則各減五分，以其險遠也。而配搭則開淮鹽搭長蘆，不更搭山東，開浙鹽搭山東，不更搭長蘆，以便支掣。其法行之三十年不變，商頗稱便。

（清）查繼佐《罪惟録》志卷二九《鹽法志總論》 味鹹，水之正也。從天者淡，從地之承天者鹹。人身之水，居上者淡，居下者鹹，亦猶之天與地也。其功附五穀之淡味以行，絶附久，病雀瞽。獨異列國時齊以煮海致富，而吴粤不聞恃此走集與國。且自鹽池、鹽井外，韓魏荆楚，地不產鹽，五味缺一，豈各國互有貴賤，商爲之通乎？然則征商獨宜此時，大統可無務也。歷代以爲利藪，而奸宄百出。于是治奸累於奸，借治奸而反以行奸，夥爲奸，其耗損國家之生氣十居其五六，亦未足以爲全利矣。覯國初張士誠、方國真，皆以狙販起，則又禍之伏此，有不可勝道者哉。蓋顯以資其利，而隱以防其害，法或與時遞變，而奉之必嚴，然後害不生，而利自溥。按洪武中，運使吕本所請覈實，凡丁產多寡，地科有無，官田草場，除額免科，薪鹵得宜，約量增額，分爲等則，務使均平。成化中，户部所請內外食禄之家，不得中鹽以侵商利，損邊儲。弘治中，尚書周經所請鹽策本以濟邊，各有分地，若以私給許令越境，盜販必多。尚書韓文所請不宜准鹽課織造。嘉靖中，尚書霍韜所請上策復古，須變通鈔法，鈔法重則錢法均，而鹽法行矣。蓋私鹽行，由正課重，正課輕，私鹽不禁自止。中策救敝，容正鹽許帶餘鹽，而革大包借勸借轄害諸弊。鹽課邊儲，互相關通，盈縮均受，本折因時，遂以餘積開墾，則鈔與屯實相終始。總之，諸説可以酌行，而私挾私賣，斷斷律絞不赦，貴乎朝廷務專此不變。

（清）查繼佐《罪惟録》志卷二九《鹽法志》 國初召商中鹽，量納糧料實邊，不煩轉運，謂之飛輓。即如召商於密雲隆慶，中淮鹽者，引米七斗，荳五斗，草四十束，古北口引米七斗，荳三斗，草三十五束。後貴賤阨，制不得不變。當時防鹽弊，考諸經牒，鹽之爲律五章，其載在《會典》以及《問刑條例》諸書，總之爲例合三十九條。

景泰中，減國初例，如密雲、隆慶，米、荳各減一斗，草減十束，隆慶米減五升。已而貴賤阨，改上中折色。議者以爲多得銀，不如少得米，省和糴之擾，杜侵刻之弊，慰待飢之望，恃接濟以俟開墾，尚有四便。未幾，漸失其故，商以營利，官以責課，事無實濟，於屯運之助大乖。

弘治五年，兩淮等鹽運司鹽引，俱于運司招商，開中納銀，類解户部太倉，以備邊儲，不復中邊之舊。久之，邊米荳少，運價愈增，侵剋多端，發報苦難，甚至奏討不休，朝廷不以爲國課，而以爲恩例。十八年，閣臣劉健等極言其弊，不果用。蓋法壞始于成化中葉淇之請徵銀，成于馮清之請折色。

正德中，浸淫入權奸漏巵，十去八九。

嘉靖中，大舉鹽政，更飭條約。十三年，科臣董懷理言屯，因併議鹽，其難有六：開中不得，米價騰貴，召糴難，一。勢豪居中，利權專擅，報中難，二。官司科罰，吏胥侵索，輸納難，三。定價太昂，利不償本，取贏難，四。下場挨掣，動以數年，守支難，五。私鹽四出，官鹽沮滯，市易難，六。至不得已，設餘鹽以佐之，然不以開邊需軍，而以解部，終非勝算。故欲通鹽法，先處餘鹽，欲處餘鹽，必多減正價。正價減則私鹽自息，私息則正自行。正鹽價輕，既利于商，餘鹽收盡，又利于灶。

鹽課歲額

兩淮都轉運鹽使司：所屬分司三：泰州、淮安、通州。爲鹽課司有三十二，批驗所二，鹽場三十處。洪武間，歲辦鹽三十五萬二千零引。弘治間，改少引七十萬五千零，內本色常股三十九萬一千零，存積二十五萬零，折色六萬二千零。萬曆中，歲辦小引七十萬五千零，常股四十九萬三千零，存積二十一萬一千零，歲解太倉，餘鹽銀六萬兩。

兩浙都轉運鹽使司：所屬分司四：嘉興、松江、寧紹、温台。爲鹽課司二十七，鹽場三十五處。洪武中，歲辦鹽二十二萬零。弘治間，改小引四十四萬四千零，內常股一十三萬三千零，存積八萬九千零，折色二十二萬一千零。萬曆中，小引四十四萬四千零，常股三十一萬一千零，存積一十三萬三千零，解太倉銀一十四萬兩。

長蘆初爲北平、河間，後改都轉運鹽使司：所屬分司二：滄州、青州。爲鹽課司二十四，批驗所三，鹽場二十四處。洪武初，歲辦引萬三千零，弘治間，小引一十八萬零，內常股九萬九千零，存積三萬六千零，折色四萬五千零。萬曆中，小引一十八萬零，內常股一十二萬六千零，存積五萬四千零，解太倉銀一十二萬。

山東都轉運鹽使司：所屬分司二：膠萊、濱樂。爲鹽課司十九，批驗所一，鹽場一十九處。洪武初，歲辦引一十四萬三千零。弘治間，小引二十八萬四千零，內常股一十四萬九千零，折色一十三萬四千零。萬曆中，小引九萬六千零，內常股八萬六千零，存積一萬零。原小引一十四萬五千零，除折布民佃竈地鹽引外，實開邊小引一十二萬六千零。隆慶四年，奉停存積三萬引，解太倉銀五萬兩。

福建都轉運鹽使司：爲鹽課司者七，鹽場七處。洪武初，歲辦引一十萬四千零。弘治間，大引一十萬五千零，內常股四萬七千零，折色五萬七千零。萬曆中，大引一十萬四千零，解太倉銀二萬三千二百兩一錢。泉州軍餉銀二千三百四十四兩三錢。

河東都轉運鹽使司：所屬分司三：東場、中場、西場。洪武間，歲辦六千八十萬斤。弘治間四十二萬引，內常股二十九萬四千引，存積一十二萬六千引。萬曆中，小引六十二萬，歲解太倉銀四千三百九十兩零，宣府銀七萬六千七百七十兩零，大同代府禄銀四萬三千一百十兩零，抵補山西民糧七萬四千二百五十兩零。

陝西靈州鹽課司：漳縣、西河二鹽井，洪武初，歲辦靈州、西河、漳縣共鹽二百五十一萬四千六百斤零。弘治間歲辦如前數。萬曆中，一千二百五十七萬六千六百斤零，歲解寧夏年例銀一萬三千二百四十二萬，延綏年例一萬三千七百一十四兩二錢零，固原客兵銀二千五十九兩，固原犒賞銀七千一百二十兩零。

廣東鹽課提舉司：爲鹽課司三十。洪武初，廣東鹽場一十四處，歲辦四萬六千八百零引。海北鹽場一十五處，二萬七千四十引。弘治間，與原額同，但海北有本色、折色之分。萬曆中，小引三萬二百零，熟鹽三萬四千零，海北小引正耗一萬二千四百零，解太倉銀一萬一千一百七十八兩，備用銀四千七百九十兩零。

四川鹽課提舉司：爲鹽課司十五，又鹽井衛鹽課司一。其爲井者，上流等九，永通等七，雲安等五，通海等三，福興等六，廣福等三，華池等三，新羅等二，富義等二十三，羅泉等五，黄市等二，郁山、涂耳、仙泉各一。在洪武中，歲辦一千三十六萬七千四百斤零。弘治間，大增舊額，止福興照常。萬曆中，九百八十六萬一千一百斤零，解陝西鎮歲課銀七萬一千四百六十兩零。

雲南黑鹽井鹽課提舉司：爲鹽課司十五。洪武初十九井，五井提舉歲辦鹽二十七萬二千七百零斤，又折棉布七百二十段段一丈一尺闊八寸。黑鹽井提舉司辦五十七萬三千三百斤零，安寧井提舉司辦七十七萬二千六百斤零，白鹽井提舉司辦三十三萬四千三百斤零。永樂中，開楗爲縣鹽井。萬曆中，歲辦一百八十二萬七千八百斤零。五井提舉司棉布每段折銀四分五厘。解太倉銀三萬五千五百兩零，遇閏該銀三萬八千五百二十兩零。

論曰：合計歲鹽大小引二百二十餘萬，解太倉銀一千萬有奇，各鎮銀三十萬有奇。閩廣課額無多，井池撈辦亦易，而長蘆、山東價廉課足，惟淮鹽居天下之半，浙次之，而皆艱於徵納，相沿常股存積，空有其名；餘鹽割沒，倍增其數。甚至設工本以妨正額，通河鹽以亂正單。其敝總由額數漸加，規條漸密而益滋，非因時變通，嚴慎持之，不可以久。

按鹽有五色，東海色白，出雲南井色黑，甘肅靈夏之地，産鹽有青黄紅三色。

《明史》卷八〇《食貨志·鹽法》 煮海之利，歷代皆官領之。太祖初起，即立鹽法，置局設官，令商人販鬻，二十取一，以資軍餉。既而倍征之，用胡深言，復初制。丙午歲，始置兩淮鹽官。吳元年置兩浙。洪武初，諸産鹽地次第設官。都轉運鹽使司六：曰兩淮，曰兩浙，曰長蘆，曰山東，曰福建，曰河東。鹽課提舉司七：曰廣東，曰海北，曰四川，曰雲南；雲南提舉司凡四，曰黑鹽井，白鹽井，安寧鹽井，五井。又陝西靈州鹽課司一。

兩淮所轄分司三，曰泰州，曰淮安，曰通州；批驗所二，曰儀真，曰淮安；鹽場三十，各鹽課司一。洪武時，歲辦大引鹽三十五萬二千餘引。弘治時，改辦小引鹽，倍之。萬曆時同。鹽行直隸之應天、寧國、太平、揚州、鳳陽、廬州、安慶、池州、淮安九府，滁、和二州，江西、湖廣二布政司，河南之河南、汝寧、南陽三府及陳州。正統中，貴州亦食淮鹽。成化十八年，湖廣衡州、永州改行海北鹽。正德二年，江西贛州、南安、吉安改行廣東鹽。所輸邊，甘肅、延綏、寧夏、宣府、大同、遼東、固原、山西神池諸堡。上供光禄寺、神宫監、內官監。歲入太倉餘鹽銀六十萬兩。

兩浙所轄分司四，曰嘉興，曰松江，曰寧紹，曰温台；批驗所四，曰杭州，曰紹興，曰嘉興，曰温州；鹽場三十五，各鹽課司一。洪武時，歲辦大引鹽二十二萬四百餘引。弘治時，改辦小引鹽，倍之。萬曆時同。鹽行浙江，直隸之松江、蘇州、常州、鎮江、徽州五府及廣德州，江西之廣信府。所輸邊，甘肅、延綏、寧夏、固原、山西神池諸堡。歲入太倉餘鹽銀十四萬兩。

明初，置北平河間鹽運司，後改稱河間長蘆。所轄分司二，曰滄州，曰青州；批驗所二，曰長蘆，曰小直沽；鹽場二十四，各鹽課司一。洪武時，歲辦大引鹽六萬三千一百餘引。弘治時，改辦小引鹽十八萬八百餘引。萬曆時同。鹽行北直隸，河南之彰德、衛輝二府。所輸邊，宣府、大同、薊州。上供郊廟百神祭祀、內府羞膳及給百官有司。歲入太倉餘鹽銀十二萬兩。

山東所轄分司二，曰膠萊，曰濱樂；批驗所一，曰濼口；鹽場十九，各鹽課司一。洪武時，歲辦大引鹽十四萬三千三百餘引。弘治時，改辦小引鹽，倍之。萬曆時，九萬六千一百餘引。鹽行山東，直隸徐、邳、宿三州，河南開封府，後開封改食河東鹽。所輸邊，遼東及山西神池諸堡。歲入太倉餘鹽銀五萬兩。

福建所轄鹽場七，各鹽課司一。洪武時，歲辦大引鹽十萬四千五百餘引。弘治時，增七百餘引。萬曆時，減千引。其引曰依山，曰附海。依山納折色。附海行本色，神宗時亦改折色。鹽行境內。歲入太倉銀二萬二千餘兩。

河東所轄解鹽，初設東場分司於安邑，成祖時，增設西場於解州，尋復并於東。正統六年復置西場分司。弘治二年增置中場分司。洪武時，歲辦小引鹽三十萬四千引。弘治時，增八萬引。萬曆中，又增二十萬引。鹽行陝西之西安、漢中、延安、鳳翔四府，河南之歸德、懷慶、河南、汝寧、南陽五府及汝州，山西之平陽、潞安二府，澤、沁、遼三州。地有兩見者，鹽得兼行。隆慶中，延安改食靈州池鹽。崇禎中，鳳翔、漢中二府亦改食靈州鹽。歲入太倉銀四千餘兩，給宣府鎮及大同代府禄糧，抵補山西民糧銀，共十九萬兩有奇。

陝西靈州有大小鹽池，又有漳縣鹽井、西和鹽井。洪武時，歲辦鹽，西和十三萬一千五百斤有奇，漳縣五十一萬五千六百斤有奇，靈州二百八十六萬七千四百斤有奇。弘治時同。萬曆時，三處共辦千二百五十三萬七千六百餘斤。鹽行陝西之鞏昌、臨洮二府及河州。歲解寧夏、延綏、固原餉銀三萬六千餘兩。

廣東所轄鹽場十四，海北所轄鹽場十五，各鹽課司一。洪武時，歲辦大引鹽，廣東四萬六千八百餘引，海北二萬七千餘引。弘治時，廣東如舊，海北萬九千四百餘引。萬曆時，廣東小引生鹽三萬二百餘引，小引熟鹽三萬四千六百餘引；海北小引正耗鹽一萬二千四百餘引。鹽有生有熟，熟貴生賤。廣東鹽行廣州、肇慶、惠州、韶州、南雄、潮州六府。海北鹽行廣東之雷州、高州、廉州、瓊州四府，湖廣之桂陽、郴二州，廣西之桂林、柳州、梧州、潯州、慶遠、南寧、平樂、太平、思明、鎮安十府，田、龍、泗城、奉議、利五州。歲入太倉鹽課銀萬一千餘兩。

四川鹽井轄鹽課司十七。洪武時，歲辦鹽一千一十二萬七千餘斤。弘治時，辦二千一十七萬六千餘斤。萬曆中，九百八十六萬一千餘斤。鹽行四川之成都、叙州、順慶、保寧、夔州五府，潼川、嘉定、廣安、雅、廣元五州縣。歲解陝西鎮鹽課銀七萬一千餘兩。

雲南黑鹽井轄鹽課司三，白鹽井、安寧鹽井各轄鹽課司一，五井轄鹽課司七。洪武時，歲辦大引鹽萬七千八百餘引。弘治時，各井多寡不一。

萬曆時與洪武同。鹽行境內。歲入太倉鹽課銀三萬五千餘兩。

成祖時，嘗設交阯提舉司，其後交阯失，乃罷。遼東鹽場不設官，軍餘煎辦，召商易粟以給軍。凡大引四百斤，小引二百斤。

鹽所產不同。解州之鹽，風水所結。寧夏之鹽，刮地得之。淮、浙之鹽，熬波。川、滇之鹽，汲井。閩、粤之鹽，積鹵。淮南之鹽，煎。淮北之鹽，曬。山東之鹽，有煎有曬。此其大較也。

有明鹽法，莫善於開中。洪武三年，山西行省言：大同糧儲，自陵縣運至太和嶺，路遠費煩。請令商人於大同倉入米一石，太原倉入米一石三斗，給淮鹽一小引。商人鬻畢，即以原給引目赴所在官司繳之。如此則轉運費省而邊儲充。帝從之。召商輸糧而與之鹽，謂之開中。其後各行省邊境，多召商中鹽以爲軍儲。鹽法邊計，相輔而行。

四年定中鹽例，輸米臨濠、開封、陳橋、襄陽、安陸、荆州、歸州、大同、太原、孟津、北平、河南府、陳州、北通州諸倉，計道里近遠，自五石至一石有差。先後增減，則例不一，率視時緩急，米直高下，中納者利否。道遠地險，則減而輕之。編置勘合及底簿，發各布政司及都司、衛所。商納糧畢，書所納糧及應支鹽數，齎赴各轉運提舉司照數支鹽。轉運諸司亦有底簿比照，勘合相符，則如數給與。鬻鹽有定所，刊諸銅版，犯私鹽者罪至死，僞造引者如之，鹽與引離，即以私鹽論。

成祖即位，以北京諸衛糧乏，悉停天下中鹽，專於京衛開中。惟雲南金齒衛、楚雄府，四川鹽井衛，陝西甘州衛，開中如故。不數年，京衛糧米充羨，而大軍征安南多費，甘肅軍糧不敷，百姓疲轉運。迨安南新附，餉益難繼，於是諸所復召商中鹽，他邊地復以次及矣。

仁宗立，以鈔法不通，議所以斂之之道。户部尚書夏原吉請令有鈔之家中鹽，遂定各鹽司中鹽則例，滄州引三百貫，河東、山東半之，福建、廣東百貫。宣德元年停中鈔例。三年，原吉以北京官吏、軍、匠糧餉不支，條上預備策，言：中鹽舊則太重，商賈少至，請更定之。乃定每引自二斗五升至一斗五升有差，召商納米北京。户部尚書郭敦言：中鹽則例已減，而商來者少，請以十分爲率，六分支與納米京倉者，四分支與遼東、永平、山海、甘肅、大同、宣府、萬全已納米者。他處中納悉停之。又言：洪武中，中鹽客商年久物故，代支者多虚冒，請按引給鈔十錠。帝皆從之，而命倍給其鈔。甘肅、寧夏、大同、宣府、獨石、永平道險遠，趨中者少，許寓居官員及軍餘有糧之家納米豆中鹽。

正統三年，寧夏總兵官史昭以邊軍缺馬，而延慶、平涼官吏軍民多養馬，乃奏請納馬中鹽。上馬一匹與鹽百引，次馬八十引。既而定邊諸衛遞增二十引。其後河州中納者，上馬二十五引，中減五引；松潘中納者，上馬三十五引，中減五引。久之，復如初制。中馬之始，驗馬乃掣鹽，既而納銀於官以市馬，銀入布政司，宗祿、屯糧、修邊、振濟展轉支銷，銀盡而馬不至，而邊儲亦自此告匱矣。於是召商中淮、浙、長蘆鹽以納之，令甘肅中鹽者，淮鹽十七，浙鹽十三。淮鹽惟納米麥，浙鹽兼收豌豆、青稞。因淮鹽直貴，商多趨之，故令淮、浙兼中也。

明初仍宋、元舊制，所以優恤竈户者甚厚，給草場以供樵採，堪耕者許開墾，仍免其雜役，又給工本米，引一石。置倉於場，歲撥附近州縣倉儲及兑軍餘米以待給，兼支錢鈔，以米價爲準。尋定鈔數，淮、浙引二貫五百文，河間、廣東、海北、山東、福建、四川引二貫。竈户雜犯死罪以上止予杖，計日煎鹽以贖。後設總催，多朘削竈户。至正統時，竈户貧困，逋逃者多，松江所負課六十餘萬。民訴於朝，命直隸巡撫周忱兼理鹽課。忱條上鑄鐵釜、恤鹵丁、選總催、嚴私販四事，且請於每年正課外，帶徵逋課。帝從其請。命分逋課爲六，以六載畢徵。

當是時，商人有自永樂中候支鹽，祖孫相代不得者。乃議倣洪武中例，而加鈔錠以償之，願守支者聽。又以商人守支年久，雖減輕開中，少有上納者，議他鹽司如舊制，而淮、浙、長蘆以十分爲率，八分給守支商，曰常股，二分收貯於官，曰存積，遇邊警，始召商中納。常股、存積之名由此始。凡中常股者價輕，中存積者價重，然人甚苦守支，爭趨存積，而常股壅矣。景帝時，邊圉多故，存積增至六分。中納邊糧，兼納穀草、秋青草，秋青草三當穀草二。

廣東之鹽，例不出境，商人率市守關吏，越市廣西。巡撫葉盛以爲任之則廢法，禁之則病商，請令入米餉邊，乃許出境，公私交利焉。成化初，歲洊災，京儲不足，召商於淮、徐、德州水次倉中鹽。

舊例中鹽，户部出榜召商，無徑奏者。富人吕銘等託勢要奏中兩淮存積鹽。中旨允之。户部尚書馬昂不能執正。鹽法之壞自此始。勢豪多攙中，商人既失利，江南、北軍民因造遮洋大船，列械販鹽。乃爲重法，私販、窩隱俱論死，家屬徙邊衛，夾帶越境者充軍。然不能遏止也。十九年頗減存積之數，常股七分，而存積三分。然商人樂有見鹽，報中存積者爭至，遂仍增至六分。淮、浙鹽猶不能給，乃配支長蘆、山東以給之。一人兼支數處，道遠不及親赴，邊商輒貿引於近地富人。自是有邊商、內商之分。內商之鹽不能速獲，邊商之引又不賤售，報中寢怠，存積之滯遂與常股等。憲宗末年，閹宦竊勢，奏討淮、浙鹽無算，兩淮積欠至五百餘萬引，商引壅滯。

至孝宗時，而買補餘鹽之議興矣。餘鹽者，竈户正課外所餘之鹽也。洪武初制，商支鹽有定場，毋許越場買補；勤竈有餘鹽送場司，二百斤爲一引，給米一石。其鹽召商開中，不拘資次給與。成化後，令商收買，而勸借米麥以振貧竈。至是清理兩淮鹽法，侍郎李嗣請令商人買餘鹽補官引，而免其勸借，且停各邊開中，俟逋課完日，官爲賣鹽，三分價直，二充邊儲，而留其一以補商人未交鹽價。由是以餘鹽補充正課，而鹽法一小變。

明初，各邊開中商人，招民墾種，築臺堡自相保聚，邊方菽粟無甚貴之時。成化間，始有折納銀者，然未嘗著爲令也。弘治五年，商人因守支，户部尚書葉淇請召商納銀運司，類解太倉，分給各邊。每引輸銀三四錢有差，視國初中米直加倍，而商無守支之苦，一時太倉銀累至百餘萬。然赴邊開中之法廢，商屯撤業，菽粟翔貴，邊儲日虛矣。

武宗之初，以鹽法日壞，令大臣王瓊、張憲等分道清理，而慶雲侯周壽、壽寧侯張鶴齡各令家人奏買長蘆、兩淮鹽引。户部尚書韓文執不可。中旨許之。織造太監崔杲又奏乞長蘆鹽一萬二千引。户部以半予之。帝欲全予。大學士劉健等力争，李東陽語尤切。帝不悦。健等復疏争，乃從部議。權要開中既多，又許買餘鹽，一引有用至十餘年者。正德二年始申截舊引角之令，立限追繳，而每引增納紙價及振濟米麥。引價重而課壅如故矣。

先是成化初，都御史韓雍於肇慶、梧州、清遠、南雄立抽鹽廠，官鹽一引，抽銀五分，許帶餘鹽四引，引抽銀一錢。都御史秦紘許增帶餘鹽六引，抽銀六錢。及是增至九錢，而不復抽官引。引目積滯，私鹽通行，乃用户部郎中丁致祥請，復紘舊法。而他處商人夾帶餘鹽，掣割納價，惟多至三百斤者始罪之。

淮、浙、長蘆引鹽，常股四分，以給各邊主兵及工役振濟之需；存積六分，非國家大事，邊境有警，未嘗妄開。開必邊臣奏討，經部覆允，未有商人擅請及專請淮鹽者。弘治間，存積鹽甚多。正德時，權倖遂奏開殘鹽，改存積、常股皆爲正課，且皆折銀。邊臣緩急無備，而勢要占中賣窩，價增數倍。商人引納銀八錢，無所獲利，多不願中，課日耗絀。姦黠者夾帶影射，弊端百出。鹽臣承中璫風旨，復列零鹽、所鹽諸目以假之。世宗登極詔，首命裁革。未幾，商人逯俊等夤緣近倖，以增價爲名，奏買殘餘等鹽。户部尚書秦金執不允。帝特令中兩淮額鹽三十萬引於宣府。金言：姦人占中淮鹽，賣窩罔利，使山東、長蘆等鹽別無搭配，積之無用。虧國用，誤邊儲，莫此爲甚。御史高世魁亦争之。詔減淮引十萬，分兩浙、長蘆鹽給之。金復言：宣、大俱重鎮，不宜令姦商自擇便利，但中宣府。帝可之。已而俊等請以十六人中宣府，十一人中大同，竟從其請。

嘉靖五年從給事中管律奏，乃復常股存積四六分之制。然是時，餘鹽盛行，正鹽守支日久，願中者少；餘鹽第領勘合，即時支賣，願中者多。自弘治時以餘鹽補正課，初以償逋課，後令商人納價輸部濟邊。至嘉靖時，延綏用兵，遼左缺餉，盡發兩淮餘鹽七萬九千餘引於二邊開中。自是餘鹽行。其始尚無定額，未幾，兩淮增引一百四十餘萬，每引增餘鹽二百六十五斤。引價，淮南納銀一兩九錢，淮北一兩五錢，又設處置、科罰名色，以苛斂商財。於是正鹽未派，先估餘鹽，商竈俱困。姦黠者藉口官買餘鹽，夾販私煎。法禁無所施，鹽法大壞。

十三年，給事中管懷理言：鹽法之壞，其弊有六。開中不時，米價騰貴，召糴之難也。勢豪大家，專擅利權，報中之難也。官司科罰，吏胥侵索，輸納之難也。下場挨掣，動以數年，守支之難也。定價太昂，息不償本，取贏之難也。私鹽四出，官鹽不行，市易之難也。有此六難，正課壅矣，而司計者因設餘鹽以佐之。餘鹽利厚，商固樂從，然不以開邊而以解部，雖歲入距萬，無益軍需。嘗考祖宗時，商人中鹽納價甚輕，而竈户煎鹽工本甚厚，今鹽價十倍於前，而工本不能十一，何以禁私鹽使不行也？故欲通鹽法，必先處餘鹽，欲處餘鹽，必多減正價。大抵正鹽賤，則私販自息。今宜定價，每引正鹽銀五錢，餘鹽二錢五分，不必解赴太倉，俱令開中關支，餘鹽以盡收爲度。正鹽價輕，既利於商；餘鹽收盡，又利於竈。未有商竈俱利，而國課不充者也。事下所司，户部覆，以爲餘鹽銀仍解部如故，而邊餉益虛矣。至二十年，帝以變亂鹽法由餘鹽，敕罷之。淮、浙、長蘆悉復舊法，夾帶者割没入官，應變賣者以時估爲準。御史吴瓊又請各邊中鹽者皆輸本色。然令甫下，吏部尚書許讚即請復開餘鹽以足邊用。户部覆從之，餘鹽復行矣。

先是，十六年令兩浙僻邑，官商不行之處，山商每百斤納銀八分，給票行鹽。其後多侵奪正引，官商課缺，引壅二百萬，候掣必五六載。於是有預徵、執抵、季掣之法。預徵者，先期輸課，不得私爲去留。執抵者，執現在運鹽水程，復持一引以抵一引。季掣，則以納課先後爲序，春不得遲於夏，夏不得超於春也。然票商納税即掣賣，預徵諸法徒厲引商而已。

靈州鹽池，自史昭中馬之議行，邊餉虧缺，甘肅米直石銀五兩，户部因奏停中馬，召商納米中鹽。

二十七年令開中者止納本色糧草。三十二年令河東以六十二萬引爲額，合正餘鹽爲一，而革餘鹽名。時都御史王紳、御史黄國用議：兩淮竈户餘鹽，每引官給銀二錢，以充工本，增收三十五萬引，名爲工本鹽。令商人中額鹽二引，帶中工本鹽一引，抵主兵年例十七萬六千兩有奇。從其請。初，淮鹽歲課七十萬五千引，開邊報中爲正鹽，後益餘鹽納銀解部。至是通前額凡一百五萬引，額增三之一。行之數年，積滯無所售，鹽法壅不行。言事者屢陳工本爲鹽贅疣。户部以國用方絀，年例無所出，因之不變。江西故行淮鹽三十九萬引，後南安、贛州、吉安改行廣鹽，惟南昌諸府行淮鹽二十七萬引。既而私販盛行，袁州、臨江、瑞州則私食廣鹽，撫州、建昌私食福鹽。於是淮鹽僅行十六萬引。數年之間，國計大絀。巡撫馬森疏其害，請於峽江縣建橋設關，扼閩、廣要津，盡復淮鹽額，稍增至四十七萬引。未久橋毁，增額二十萬引復除矣。

三十九年，帝欲整鹽法，乃命副都御史鄢懋卿總理淮、浙、山東、長蘆鹽法。懋卿，嚴嵩黨也，苞苴無虚日。兩淮額鹽銀六十一萬有奇，自設工本鹽，增九十萬，懋卿復增之，遂滿百萬。半年一解。又搜括四司殘鹽，共得銀幾二百萬。一時詡爲奇功。乃立剋限法，每卒一人，季限獲私鹽有定數；不及數，輒削其僱役錢。邏卒經歲有不得支一錢者，乃共爲私販，以牟大利，甚至劫估舶，誣以鹽盜而執之，流毒遍海濱矣。嵩失勢，巡鹽御史徐爌言：兩淮鹽法，曰常股，曰存積，曰水鄉，共七十萬引有奇。引二百斤，納銀八分。永樂以後，引納粟二斗五升，下場關支，四散發賣，商人之利亦什五焉。近年，正鹽之外，加以餘鹽；餘鹽之外，又加工本；工本不足，乃有添單；添單不足，又加添引。懋卿趨利目前，不顧其後，是誤國亂政之尤者。方今災荒疊告，鹽場淹没，若欲取盈百萬，必至逃亡。弦急欲絶，不棘於此。於是悉罷懋卿所增者。

四十四年，巡鹽御史朱炳如奏罷兩淮工本鹽。自葉淇變法，邊儲多缺。嘉靖八年以後，稍復開中，邊商中引，内商守支。末年，工本鹽行，内商有數年不得掣者，於是不樂買引，而邊商困，因營求告掣河鹽。河鹽者，不上廩囤，在河徑自超掣，易支而獲利捷。河鹽行，則守支存積者愈久，而内商亦困，引價彌賤。於是姦人專以收買邊引爲事，名曰囤户，告掣河鹽，坐規厚利。時復議於正鹽外附帶餘鹽，以抵工本之數，囤户因得賤買餘鹽而貴售之，邊商與内商愈困矣。隆慶二年，屯鹽都御史龐尚鵬疏言：邊商報中，内商守支，事本相須。但内商安坐，邊商遠輸，勞逸不均，故掣河鹽者以惠邊商也。然河鹽既行，淮鹽必滯，内商無所得利，則邊商之引不售。今宜停掣河鹽，但别邊商引價，自見引及起紙關引到司勘合，别爲三等，定銀若干。邊商倉鈔已到，内商不得留難。蓋河鹽停則淮鹽速行，引價定則開中自多，邊商内商各得其願矣。帝從之。四年，御史李學詩議罷官買餘鹽。報可。

是時廣西古田平，巡撫都御史殷正茂請官出資本買廣東鹽，至桂林發賣，七萬餘包可獲利二萬二千有奇。從之。

自嘉靖初，復常股四分，存積六分之制。後因各邊多故，常股、存積並開，淮額歲課七十萬五千餘引，又增各邊新引歲二十萬。萬曆時，以大工搜遠年違没廢引六十餘萬，胥出課額之外，無正鹽，止令商買補餘鹽。餘鹽久盡，惟計引重科，加煎飛派而已。時兩淮引價餘銀百二十餘萬增至百四十五萬，新引日益，正引日壅。千户尹英請配賣没官鹽，可得銀六萬兩。大學士張位等争之。二十六年，以鴻臚寺主簿田應璧奏，命中官魯保鬻兩淮没官餘鹽。給事中包見捷極陳利害。不聽。保既視事，遂議開存積鹽。户部尚書楊俊民言：明旨嚴没官鹽，而存積非没官也。額外加增，必虧正課。保奏不可從。御史馬從聘亦争之。俱不聽。保乃開存積八萬引，引重五百七十斤，越次超掣，壓正鹽不行。商民大擾，而姦人蠭起。董璉、吴應麒等争言鹽利。山西、福建諸税監皆領鹽課矣。百户高時夏奏浙、閩餘鹽歲可變價三十萬兩，巡撫金學曾勘奏皆罔。疏入不省。於是福建解銀萬三千兩有奇，浙江解三萬七千兩有奇，借名苛斂，商困引壅。户部尚書趙世卿指其害由保，因言：額外多取一分，則正課少一分，而國計愈絀，請悉罷無名浮課。不報。三十四年夏至明年春，正額逋百餘萬，保亦惶懼，請罷存積引鹽。保尋死。有旨罷之，而引斤不能減矣。

李太后薨，帝用遺誥蠲各運司浮課，商困稍甦，而舊引壅滯。户部上鹽法十議，正行見引，附銷積引，以疏通之。巡鹽御史龍遇奇立鹽政綱法，以舊引附見引行，淮南編爲十綱，淮北編爲十四綱，計十餘年，則舊引盡行。從之。天啓時，言利者恣搜括，務增引超掣。魏忠賢黨郭興治、崔呈秀等，巧立名目以取之，所入無筭。論者比之絶流而漁。崇禎中，給事中黄承昊條上鹽政，頗欲有所釐革。是時兵餉方大絀，不能行也。

初，諸王府則就近地支鹽，官民户口食鹽皆計口納鈔，自行關支。而官吏食鹽多冒增口數，有一官支二千餘斤，一吏支五百餘斤者。乃限吏典不得過十口，文武官不過三十口；大口鈔十二貫支鹽十二斤，小口半之。景泰三年始以鹽折給官吏俸糧，以百四十斤當米一石。京官歲遣吏下場，恣爲姦利。錦衣吏益暴，率聯巨艦私販，有司不能詰。巡鹽御史乃定百司食鹽數，攟束以給吏，禁毋下場。納鈔、僦輓，費無所出，吏多亡。嘉靖中，吏部郎中陸光祖言於尚書嚴訥，疏請革之。自後百司停支食鹽，惟户部及十三道御史歲支如故。軍民計口納鈔者，浙江月納米三升，買鹽一斤，而商賈持鹽赴官，官爲斂散，追徵之急過於租賦。正統時，從給事中鮑輝言，令民自買食鹽於商，罷納米令，且鬻十斤以下者勿以私鹽論，而鹽鈔不除。後條鞭法行，遂編入正賦。

巡鹽之官，洪、永時，嘗一再命御史視鹽課。正統元年始命侍郎何文淵、王佐，副都御史朱與言提督兩淮、長蘆、兩浙鹽課，命中官御史同往。未幾，以鹽法已清，下敕召還。後遂令御史視鹺，依巡按例，歲更代以爲常。十一年以山東諸鹽場隸長蘆巡鹽御史。十四年命副都御史耿九疇清理兩淮鹽法。成化中，特遣中官王允中、僉都御史高明整治兩淮鹽法。明請增設副使一人，判官二人。孝宗初，鹽法壞，户部尚書李敏請簡風憲大臣清理，乃命户部侍郎李嗣於兩淮，刑部侍郎彭韶於兩浙，俱兼都御史，賜敕遣之。弘治十四年，僉都御史王璟督理兩淮鹽法。正德二年，兩淮則僉都御史王瓊，閩、浙則僉都御史張憲。後惟兩淮賦重，時遣大臣。十年，則刑部侍郎藍章。嘉靖七年，則副都御史黄臣。三十二年，則副都御史王紳。至三十九年，特命副都御史鄢懋卿總理四運司，事權尤重。自隆慶二年，副都御史龐尚鵬總理兩淮、長蘆、山東三運司後，遂無特遣大臣之事。

（清）龍文彬《明會要》卷五五《食貨·鹽法》 吴元年二月，置兩浙都轉運鹽司於杭州，設三十六場。《大政紀》。

太祖初起，即立鹽法，置局設官。令商人販鹽，二十取一，以資軍餉。後於産鹽之地，次第設官。其鹽一引歲額多隨時酌辦。因所産之地，制法不同，故課亦各有多少。《通典》。

洪武三年五月，山西行省言：大同糧儲自陵縣運至太和嶺，路遠費煩。請令商人於大同倉入米一石，太原倉入米一石三斗，給淮鹽一小引。商人鬻畢，即以原引赴所在官司繳之。如此，則運費省而邊儲充。帝從之，請召商輸糧而與之鹽，謂之開中。其後各行省邊境，多召商中鹽，以備邊儲。計道里遠近，自五石至一石有差。《三編》。

三十年二月，工部尚書嚴震直疏言：廣東舊運鹽八十五萬餘引，於廣西召商中買。今終歲所運纔十之一。請分三十萬八千餘引貯廣東，别募商入粟廣西乏糧衛所，而支鹽廣東，鬻之江西之南安、贛州、吉安、臨江四府，便。帝從之。廣鹽行於江西，自此始。《嚴震直傳》。

成祖即位，以北京諸衛糧乏，悉停天下中鹽，專於京衛開中。唯雲南金齒衛、楚雄府、四川鹽井衛、陝西甘州衛開中如故。不數年，京衛糧米充羨。而大軍征安南，多費。甘肅軍糧不敷，百姓疲轉運。迨安南新附，餉益難繼。於是諸所復召商中鹽，他邊地復以次及矣。仁宗立，以鈔法不通，議所以斂之之道。户部尚書夏原吉請令有鈔之家中鹽。宣德元年，停中鈔例。已上《通典》。

正統元年，始命侍郎何文淵、王佐，副都御史朱與言，提督兩淮、長

蘆、兩浙鹽課。未幾召還。遂令御史視鹺，依巡按例，歲更代以爲常。《食貨志》

三年，寧夏總兵官史昭以邊軍缺馬，而延慶、平涼官吏軍民多養馬。乃奏請納馬中鹽。中馬之始，驗馬乃掣鹽。既而納銀於官以市馬。銀入布政司，宗禄、屯糧、脩邊、振濟，展轉支銷。銀盡而馬不至，而邊儲亦自此告匱矣。於是召商中淮、浙、長蘆鹽以納之。令甘肅中鹽者，淮鹽十七、浙鹽十三。淮鹽惟納米麥，浙鹽兼收豌豆、青稞。因淮鹽直貴，商多趨之，故令淮、浙兼中。然舊例：中鹽，户部出榜召商。無徑奏者。富人吕銘等託勢要，中兩淮存積鹽。中旨允之。户部尚書馬昂不能執正。鹽法之壞自此始。勢豪多攙中，商人失利，江南、北私販愈多，課亦漸減。《通典》。

弘治元年，以鹽法日壞，邊儲匱乏，户部尚書李敏請簡風憲大臣整理。上以刑部侍郎彭韶方在浙，即命韶理浙鹽，而別遣户部侍郎李嗣清理兩淮鹽法。嗣至淮，請令商人置餘鹽，補官引。且停各邊開中。俟逋課完日，官爲賣鹽，三分價值，二充邊儲，而留其一以補商人未交鹽價。由是以餘鹽補充正課，而鹽法小變。詔以浙商苦抑配，爲定折價額，蠲逋負。憫竈户煎辦徵賠折閲之困，繪八圖以上。條其利弊奏行之。《實録》。

五年，商人困守支。户部尚書葉淇請召商納銀運司，類解太倉，分給各邊。每引輸銀三四錢有差。視國初中米直加倍，而商無守支之苦。一時太倉銀累至百餘萬。然赴邊開中之法廢，商屯撤業，菽粟翔貴，邊儲日虚矣。《食貨志》。

《三編發明》曰：葉淇召商納銀之議，論者多咎其更開中法，以致邊儲日匱。而不知明代邊儲之匱，自在屯政不脩，而不盡關於鹽法。其鹽法之壞，又在勢家乞中，而不關淇之變法也。蓋産鹽有盈有絀，邊地不能懸知，則但知召商開中，而初不爲支鹽計。故守支之弊，在永樂時已不免。逮憲宗之時，勢家争先奏乞，所賜鹽引動以萬計，且許其越場支鹽，不限年次。於是商人益困守支，而鹽亦壅遏不行。夫商人輓輸數千里外，守支至數十年之久，而不得鹽。及既得鹽，復爲奏乞鹽所壅閼，而不獲速售。然則商人病開中亦極矣。雖曰下令招之，其誰應哉？淇見報中之怠，乃爲更制以利商。商利則報中多，報中多則國課裕，是亦救弊之策也。如云：商屯撤業，邊粟翔貴，獨不思塞下之地，商可屯，軍不可屯乎？明《食貨志》稱：成化時，屯田法廢。戍卒多役於私家，子粒不歸於公廩。論者不深咎此，而徒責其變法，亦昧於輕重之計者矣。

正德十一年，梁儲奏：近年鹽法太壞，由奏討數多，客商守支艱難，日漸貧困。今太監劉允差往烏斯藏，奏討長蘆運司見鹽一萬引，兩淮運司見鹽六萬引，跟隨人役各支一萬引，乃夾帶至八九萬引。以此載運船隻，填滿河道，南北官商舟楫一切阻塞。非惟有壞鹽法，抑恐激成他變。乞亟將劉允取回。今後凡有奏討鹽引者，一概不與。疏入，帝不納。《明臣奏議》。

十三年十月，南贛巡撫王守仁請疏通鹽法。初，廣鹽止行於南贛，而淮鹽行於袁、臨、吉三府。因灘高，民苦乏鹽。守仁乃上議，以爲廣鹽行則商税集而軍餉足，廣鹽止則私販興而奸弊滋，請復開廣鹽便。從之。王圻《考》。

嘉靖四年，奸商逯俊等夤緣近倖，以奏買殘鹽開中宣府。户部秦金言：淮、浙、長蘆等處引鹽，俱爲供邊之用。必邊臣奏討，經部覆允。未有商人擅自奏討及專開淮鹽者。故弘治間，存積鹽甚多。正德間，權奸用事，奏開殘鹽，遂使鹽法大壞。皇上登極詔：首命裁革，鹽法疏通。今以奸商之奏，復開兩淮額鹽三十萬引於宣府。臣恐奸人占中淮鹽，賣窩罔利，使山東、長蘆等鹽别無搭配，積之無用。虧國用，誤邊儲，莫此爲甚。御史高世魁亦争之。詔減淮引十萬，分兩浙、長蘆給之。金復執奏：宣、大俱重鎮。不宜令奸商自擇便利，但中宣府。上然之。已而俊等請以十六人中宣府、十一人中大同。竟從其請。《實録》。

五年二月乙丑，户科給事中管律言：兩淮鹽課，舊制七十二萬引有奇。其常股四分，以給工役振濟之需；其存積六分，非國家大事邊鎮有警未嘗擅開。糧草皆輸本色，未嘗濫收銀價。正德中，改常股、存積皆爲正課。破例生奸，遂令商人自請開中。又皆折收銀價，緩急無備。請自嘉靖五年始，盡復舊規。户部覆議，從之。同上。

時，延、綏用兵，遼左缺餉，盡發兩淮餘鹽之引於二邊開中。自是餘鹽行。又設處置科罰名色，於是正鹽未派，先估餘鹽，商竈俱困。給事中管懷理言：鹽法之壞，其弊有六：開中不時，米價騰貴，召糴之難也；

勢豪大家，專擅利權，報中之難也；官司科罰，吏胥侵索，輸納之難也；下場挨掣，動以數年，守支之難也；定價太昂，息不償本，取贏之難也；私鹽四出，官鹽不行，市易之難也。有此六難，正課壅矣。而司計者因設餘鹽以佐之。餘鹽利厚，商固樂從。然不以開邊，而以解部。雖歲入鉅萬，無益軍需。嘗考祖宗時，商人中鹽，納價甚輕。而竈户煎鹽，工本甚厚。今鹽價十倍於前，而工本不能十一，何以禁私鹽使不行也？故欲通鹽法，必先處餘鹽。欲處餘鹽，必多減正價。大抵正鹽賤則私販自息。定價之後，不必解赴太倉，俱令開中關支。餘鹽以盡收爲度。正鹽價輕，既利於商。餘鹽收盡，又利於竈。未有商竈既利而國課不充者也。事下所司。户部覆以爲餘鹽銀仍解部如故，而邊餉益虚矣。《食貨志》。

二十一年正月，户部尚書李如圭條上鹽法四事：一、革餘鹽；一、禁權勢囑託及占窩買賣之弊；一、商人報中，俱置印信簿籍，行各邊郎中或巡撫收掌，收納事完，轉行巡鹽御史查驗；一、各邊急缺糧草者，方令商人上納，其孤城遠堡不得以兑支爲名，致多侵冒。時，御史吴瓊又請各邊中鹽者皆輸本色。詔皆從之。然令甫下，而尚書許瓚復請開餘鹽以足邊用。部議從之。於是餘鹽卒不能禁。《實録》。

江西故行淮鹽三十九萬引。後，南安、贛州、吉安改行廣鹽。既而私販盛行，袁州、臨江、瑞州三府私食廣鹽，撫州、建昌、廣信三府私食閩鹽，於是淮鹽僅行十六萬引，國計大絀。巡撫都御史馬森疏其害，請於峽江縣建橋設關，扼閩、廣要津，盡復淮鹽額，增至四十七萬引。《食貨志》。

四十一年十一月壬寅，巡鹽御史徐爌言：兩淮餘鹽額徵六十萬兩。後開工本鹽，增至九十萬。總理鹽法鄢懋卿復增至百萬，每半年解銀五十萬。商人苦之。夫正鹽之外，加以餘鹽；餘鹽之外，又加工本；工本不足，乃有添單；添單不足，又加添引。懋卿趨利目前，不顧其後，是誤國亂政之尤者。方今災荒疊告，鹽場淹没。若欲取盈百萬，必致逃亡。弦急欲絶，莫棘於此。於是悉罷懋卿所增者。《實録》。

四十四年九月庚申，罷工本鹽。自工本例開，增收鹽課至三十五萬引。户部以國用方絀，藉以抵年例，不能罷也。至是，巡鹽御史朱炳如言：工本鹽不罷，不惟無益邊餉，而商竈兩困，並往時正鹽常例，一切失之。蓋逋欠日多，有名無實也。下户部議，請自明年爲始，悉數停罷。同上。

隆慶二年九月，屯鹽都御史龐尚鵬疏言：邊商報中，内商守支，事本相須。但内商安坐，邊商遠輸，勞逸不均，故掣河鹽者以惠邊商也。然河鹽既行，淮鹽必滯，内商無所得利，則邊商之引不售。今宜停掣河鹽，酌定邊商引價。邊商倉鈔已到，内商不得留難。蓋河鹽停則淮鹽暢，引價定則開中自多。邊商、内商各得其願矣。詔從之。《食貨志》。

萬曆二十六年，以鴻臚寺主簿田應璧奏，命中官魯保鬻没官餘鹽。給事中包見捷極陳利害。不聽。保既視事，遂議開存積鹽。户部尚書楊俊民言：明旨鬻没官鹽，而存積非没官也。額外加徵，必虧正課。保奏不可從。御史馬從聘亦争之。俱不聽。保乃開存積鹽，越次超掣，壓正鹽不行。商民大擾，而姦人争起。董璉、吴應麒等争言鹽利。山西、福建諸税監皆領鹽課，而鹽法更壞。《通典》。

巡鹽御史龍遇奇立鹽政綱法，以舊引附見引行。淮南編爲十綱，淮北編爲十四綱。計十餘年，則舊引盡行。從之。《食貨志》。

（清）莽鵠立《山東鹽法志》卷八《法制・鹽禁》 定例，凡場竈照額煎鹽，大使親驗，按月開報運司，如有隱匿以通同治罪。其商人不許混派雜役行鹽。填明賣銷地方，完日同引繳查，不得告改。或鹽引焚溺，取具地方官印結察實補買。

順治十三年題定鹽政衙門不許商役互充。順治十四年五月，工科陰應節題稱山東鹽政四款，一積棍走空之弊宜禁，一挨單困商之弊宜禁，一秤關需索之弊宜禁，一土商把持之弊宜禁。户部覆稱：查鹽政考一切無名私派等弊，臣部屢次通行嚴禁。但地方或有積棍亦未可定，應敕該御史嚴查力行禁革。

順治十四年，題定勢豪不許佔中引窩，商舖不許自定價值。如有專利害民，串通經紀攙賣掯勒等弊，該御史嚴行禁飭。

順治十六年，題定商人載鹽大小船隻俱用火烙印記，不許混行封捉。

順治十七年，題定鹽場設公垣，場官專司啓閉，凡竈户煎鹽俱令堆貯園中與商交易。如藏私室及垣外者，即以私鹽論。商人領引赴場亦在垣中買築，場官驗明放行，倘有私放夾帶等弊，該場官役一併重處。又題定鹽船過關止納船料，如有借端盤驗、額外苛求者，以枉法治罪。又題定凡獲大夥私鹽，必究訊窩家經紀所過地方有無徇縱，管鹽司道指參，扶同不舉者一并參究。不許以肩挑背負零星小販塞責。

又議定：貧民食鹽四十觔以下者免稅，四十觔以上者仍令納課。又覆定：將領衛所等官縱兵私販，許州縣官緝拿揭報參處。又題定：竈丁不許充當衙役。

順治十八年題定：巡鹽御史親歷場分，清丈竈地，歸還竈户，不許豪右隱佔。

康熙二年題定：凡殷實人户願行鹽者，聽其頂補辦課，不許僉報滋擾。

康熙七年九月，户部題稱：定例商人賣鹽自行運銷，不得責令百姓銷引。今查吏科給事中王承祖疏稱，陝西省按地畝攤派，百姓轉買於商每引費銀一兩等語，應請敕下該省巡撫并巡鹽御史，將勒令百姓買引與私派户口銷引州縣嚴查禁革。凡行鹽地方，俱令商人認引賣鹽。將認過引目商人姓名并取保結認狀造册，報部查核。仍通行各省巡鹽御史兼理鹽法巡撫，嗣後不時稽查，如有私派勒買情由，即行指名題參，每於年終取具并無派引累民印結送部。如徇情不行禁革以致累民，或旁人首告，或科道究參，即將巡鹽御史巡撫一併從重議處。奉旨：依議。

康熙二十八年，刑部覆直撫于成龍題定，嗣後鹽店設立小票私蓄鹽丁概行禁止。若有擅用者，照違禁律治罪。若借端擾民等事犯者，照依所犯之罪從重科斷。

康熙三十三年十二月，部議加增各關差鹽差課銀一疏，奉旨：這加增銀兩俱出於該差官員所私得贏餘之數，不得借端於定額外多徵，貽累商民。

（清）莽鵠立《山東鹽法志》卷九《禁令・鹽法定例》　一、凡興販私鹽民人，俱照例治罪。其地方官失於覺察，被旁人赴鹽院衙門首告一次者，許該御史指名題參，降職一級。首告二次者，降職二級。俱准其帶罪，限一年内緝獲私鹽一次者還職一級，緝獲二次者還職二級。被人首告三次者，革職爲民。至於營兵販賣私鹽，皆由該管營官失於鈐束。如被地方官民拿獲一次者，該御史指名題參，亦降職一級。拿獲二次者，降職二級。亦俱載罪限一年内有能將私販兵丁拿獲一次者還職一級，二次者還職二級。如被地方官民拿獲三次者，革職爲民。凡旗下人并放馬人等私鹽事犯，本犯之主係官，罰俸兩個月，不係官，鞭七十。佐領驍騎校包衣大各罰俸一個月，小撥什庫催莊撥什庫各鞭五十。放馬人等興販私鹽者，總管去的旗下章京，每甲喇去的章京等，俱罰俸兩個月。撥什庫等各鞭八十。不及十人一二人私販，或十人以上不帶軍器，仍照律治罪。官員照前定例議處。興販私鹽旗下人之主，係佐領驍騎校小撥什庫及放馬人等，所管章京撥什庫等，仍照前定例議處。凡旗人兵民聚衆十人以上，帶有軍器興販私鹽者，無論有無拒捕傷人，俱照強盗已行得財律立斬。至於興販私鹽，一體交與文武各官嚴行緝拿。其不及十人及十人以上不帶軍器者，汛地武官失於覺察，亦應照前定文官處分之例處分。若十人以上帶有軍器興販私鹽，失於覺察者，將失事地方專管文武官員革職，兼轄官降二級，俱留任，限一年緝拿。緝獲一半以上者，還其官級。若不獲者，題參之日照此定例革職降級。仍應請敕下各該督撫巡鹽御史提督總兵官嚴加督緝，如有失察官員，即行題參。倘徇庇不參，或被旁人出首，或科道糾參，照徇庇例議處。專管官一年内拿獲十人以上帶有軍器大夥私販一次者，紀録一次。二次者，紀録二次。三次者，加一級。四次者，加二級。五次者，不論俸滿，即陞。兼轄官一年内拿獲三次，紀録一次。六次者，紀録二次。九次者，加一級。若拿獲次數多者，俱照此次數紀録加級。兵部亦照此定例行。其已經離任者，照虚革虚降例，每次補官罰俸一年。

一、嗣後鹽徒拒捕殺傷兵丁不能擒獲者，仍照例處分。全獲者，免議。拿獲一半者，專汛官住俸，兼轄官罰俸九個月，統轄官罰俸六個月。餘賊限一年緝拿。如一年内不獲，將專汛官罰俸一年，兼轄官罰俸六個月，統轄官罰俸三個月。餘賊照案緝拿。

一、官員該管界内有伊衙役私行煎鹽或私賣者，革職。其軍民人等在伊界内私行煎鹽或私賣者，降三級調用。如旗下人私鹽事發，犯主係官，罰俸兩個月。如本官自行拿獲者，免議。至鹽池未經修築以致池牆倒壞，行鹽無術，商販不前，或不遵行食鹽舊例借端不行鹽者，俱罰俸一年。

一、修築牆渠堰以防水患，應按丁均攤認工務期修築堅固。如有鹽池牆堰不固倒決者，該州縣官降一級，戴罪督修，工完之日，該御史題請開復。

一、康熙十二年十二月，兵部題定，軍民人等在伊界内私煎鹽觔私行販賣者，降三級調用等語。查武職各官無管民稽查之責，防守地方緝拿盜賊外，有不係伊營兵丁爲別兵丁民人私行煎賣，將專汛兼轄統轄各官俱降三級調用太過。以後武職伊營兵丁私行煎賣，至鹽徒拒捕不能拿獲者，仍照例處分。若有別營兵丁及民人爲煎賣，不行查拿情由，免其處分。

一、康熙二十三年五月，吏部議鳳陽衛運丁夾帶私鹽，沿途失察静海縣知縣曹元並未因公出境，謊稱出境，明係推卸。相應將曹元比照官員奉修沖決地方或稱非係本汛推卸降一級調用例，曹元降一級調用，奉旨：依議。

一、康熙二十七年十月，刑部覆山東巡撫錢題，楊會尹等九人各帶器械興販私鹽拒捕，射傷蘇頂臣等五人，又將馮隆際射死一案。查楊會尹等同夥共九人，未及十人。定例以十人以上爲重，楊會尹等照十人以上例俱立決，與例不符。其十人以下帶有軍器拒捕殺人，作何治罪之處又無定例。楊會尹等應比照十人以下原無兵仗，遇有追捕拒敵，因而傷至二人以上律，爲首之楊會福應擬斬，下手之楊會洪等俱應擬絞，未下手之楊會德應擬充軍，已死免議外，未下手之楊會尹等應僉妻發邊衛充軍。鹽商王景初不察明來歷即將十九驢鹽賣與私販鹽人楊會尹等，揆此王景初明知楊會尹等私販擅賣，王景初合依犯私鹽者杖一百徒三年至配所折責四十板。恭遇康熙二十七年十月三十日恩赦，楊會尹等均應免罪。鹽驢變價入官。嗣後十人以下執有軍器拒捕殺人，俱照此治罪。奉旨：依議。

一、康熙二十七年十二月，户部覆浙江巡鹽御史席題准，敕下江南提鎮諸臣，轉飭所屬將弁，於海邊隘口率兵嚴緝，毋許大夥梟徒私販透漏。如兵弁知情故縱併借端生事擾害商民者，該督撫巡鹽御史題參到日從重治罪。至兵弁若不嚴行緝獲，該御史亦行題參可也。奉旨：依議。

一、康熙二十八年五月，户部覆江蘇巡撫洪題參把總何應魁失察私鹽一案，嗣後失察私鹽各官降職一級，戴罪緝拿。一年限滿無獲仍罰俸一年，帶所降之職緝拿，俟拿獲私鹽之日開復。奉旨：依議。

一、康熙二十九年二月，户部覆長蘆巡鹽御史江蘩題，令各該御史并管鹽法督撫飭行緊要地方文武各官嚴加緝拿，并令該管官巡役協同商人不時巡緝。如有私販失察情弊，該御史即行指名題參，從重治罪可也。奉旨：依議。

一、康熙二十九年五月，户部覆長蘆巡鹽御史江蘩題，查御史既稱奸猾之徒將私鹽潛行窩頓，咸藉口於易米度日。如張虎尚大等並非貧難，贓物亦非易米，乃狡稱易米，將鹽觔驗秤一二百觔至九千五百餘觔不等，實非貧難亦非易米等語。果係貧難小民肩負易米者例不禁外，如有奸猾之徒藉此將私鹽潛行窩頓，似張虎等借口易米度日者，即拿獲照私鹽例治罪。奉旨：依議。

一、康熙三十年十月，兵部覆江蘇巡撫鄭題王二官等興販私鹽一案，嗣後十人以上帶有軍器興販私鹽者，失察各官係本汛將此賊獲一半以上者，照例免其處分外，其本汛雖未拿獲被別汛全獲者，亦應免其處分。別汛雖拿獲少一二人者，仍照例處分。奉旨：依議。

一、康熙三十七年七月，吏部覆户部咨長蘆巡鹽御史赫壽題，静海知縣鍾尚志捉獲私鹽船隻已經七月有餘，隱匿不報。照定例，官員凡入官田產隱匿不報者，革職。奉旨：依議。

一、康熙三十八年五月，吏部覆廣東巡鹽御史題，先經户部議覆遂溪縣知縣李一驄，本竈丁私煎，又不拿解，反給關大等四人印照，越界興販，殊屬不合。應將遂溪縣知縣李一驄不便照軍民人等煎賣之例降三級調用，應照衛役私行煎賣之例革職。其失察各官職名移咨都察院，轉行該御史查參在案。查定例，軍民人等在界内私行煎鹽或私賣者，降三級調用等語。應將遂溪縣典史毛日昇照例降三級調用。查典史無級可降，相應革職。署雷州府同知事海康縣知縣陳子蕡，該管地方任其竈丁私煎，越界興販並不查拿，明係狥情故縱，應將陳子蕡照狥庇例，於現任内降三級調用。奉旨：依議。

一、康熙三十九年十二月，兵部覆兩江總督阿疏，查定例内鹽徒拒捕，專汛官不能擒獲及被殺傷兵丁者，革職。兼轄官降一級，戴罪限一年緝獲等語。今該督既稱販私之徒官兵巡緝勢必拒捕，若兵丁有被殺傷，專汛官即罹重譴，則人皆自顧其功名性命反生懈心等語。應如該督所題，嗣後除巡緝小夥鹽徒不議外，若遇大夥鹽船，有能全獲者，該督與巡鹽御史酌量捐賞。如私梟知風預行逃去，止獲私鹽，即將所獲私鹽變價充餉。倘或私梟黨衆官兵不能全獲，或止獲一二名，及兵丁反被殺傷者，專兼各官俱免其處分，限一年緝獲。如不獲，仍照舊例處分。又定例十人以上帶有軍器興販私鹽失於覺察者，將地方專管文武官員革職，兼轄官降二級，俱留任，限一年緝拿。緝獲一半者，還其官級。若不獲者，題參之日照此定例革職降級等語。今該督既稱其有縱私不擒者，仍定嚴例繩之，庶幾將弁感激思奮等語。嗣後若有縱放私梟不行擒獲者，專汛官革職，兼轄官降二級調用，不知情者仍照失察私鹽例處分。候命下之日，載入例册，通行直隸各省遵行可也。奉旨：依議。

另文申飭七款

一、各場竈丁除正額鹽外，將餘鹽夾帶出場，及私煎貨賣者，絞。兩鄰知私煎而不首者，杖一百，充軍。因而販賣者，處絞。

一、各處運載官鹽許用官船轉運。如竈户鹽丁別用船裝載，即同私鹽科斷。

一、凡守禦官吏巡檢司巡獲私鹽俱發有司審問。犯人帶有軍器者斬，鹽貨車舡牲畜入官。引領牙人及窩藏寄放者，杖一百，發煙瘴地面充軍。挑擔馱載者，杖一百充軍。自首者，免罪。常人捉獲者，賞銀十兩。仍究何場竈户所賣，依律處斷。鹽運司盤獲私鹽隨發有司追斷，不許擅問。有司通同作弊脱放，與犯人同罪。

一、凡諸色軍民權豪勢要人等，乘坐私鹽船隻，不服盤驗者，杖一百。軍民發煙瘴地面充軍，有官者依律斷罪罷職。

一、將官運鹽貨偷取或將沙土插和抵换者，計贓比常盗加一等。如係客商鹽貨，以常盗論。若商人將所賣官鹽插和沙土貨賣者，杖八十。

一、起運官鹽並場户搬運上倉將帶軍器者並行處斷。

一、諸色人買私鹽食用者減犯私鹽人罪一等。

（清）莽鵠立《山東鹽法志》卷九《禁令·鹽法條例》 一、各邊召商上納糧草，若内外勢要官豪家人開立詭名，占窩轉賣取利者，俱問發邊衛充軍。干礙勢豪參究治罪。

一、凡豪強鹽徒聚衆至十人以上，撑駕大船，張掛旗號，擅用兵仗響器拒敵官兵，若殺人及傷三人以上者，比照強盗已行得財律，皆斬。爲首者，仍梟首示衆。其雖拒敵，不曾殺傷人，爲首者依律處斷，爲從者俱發邊衛充軍。若止十人以下，原無兵仗，遇有追捕拒敵因而傷至二人以上者，爲首依律處斷，下手之人比照聚衆中途打奪罪人因而傷人律絞。其不曾下手者，仍爲從論罪。若貧難軍民將私鹽肩挑背負易米度日者，不必禁捕。

一、越境如淮鹽越過浙鹽地方之類。興販官司引鹽至三千觔以上者，問發附近衛所充軍。原係腹裏衛所者，發邊衛充軍。其各商收買餘鹽，買求掣摯至三千觔以上者，亦照前例發遣。經過官司縱放及地方甲隣里老知而不舉，各治以罪。巡捕官員乘機興販，至三千觔以上，亦照前例問發。須至三千觔，不及三千觔在本行鹽地方雖越府省仍依本律。

一、凡兩淮等處運司，中鹽商人必須納過銀兩紙價，方給引目守支。若先年不曾上納，故捏守支年久等項虚詞奏擾者，依律問罪。仍照各處鹽場無籍之徒把持詐害事例發遣。

一、凡僞造鹽引印信賄囑運司吏書人等，將已故并遠年商人名籍中鹽來歷填寫在引，轉賣誆騙財物。爲首者依律處斬外，其爲從并經手牙行店户運司吏書一應知情人等，但計贓滿數者，不拘曾否支鹽出場，俱發邊衛充軍。

一、各鹽運司總催名下該管鹽課納完者，方許照名填給通關。若不曾納課總催買囑官吏并覆盤委官假指課已上倉指上囤扶同作弊者，俱問發邊衛充軍。

一、各處鹽場無籍之徒號稱長布衫趕船虎光棍好漢等項名色，把持官府，詐害客商，犯該徒罪以上及再犯杖罪以下者，俱發邊衛充軍。

（清）莽鵠立《山東鹽法志》卷九《禁令·改定私鹽處分》 一、康熙四十四年，户部題定，該臣等會議得，鹽課關係國用，而興販私鹽甚多者，係該管官員懈弛不盡心嚴緝，奸宄之徒圖利藐法所至。是以不可不再行嚴加定例。查定例内，十人以上帶有軍器興販私鹽者，立斬。竈丁人等私煎私賣，及奸宄之徒興販私鹽，不及十人，十人以上不帶軍器者，俱杖一百，徒三年等語。相應仍照舊例，再行嚴飭各省。至舊例該管文武官員失於覺察一次者降職一級，二次者降職二級，三次者革職。今改爲該管吏目典史知州知縣千總把總守備等官，失察一次者降二級，失察二次者降四級留任，失察三次者革職。舊制將道府直隸州知州副將參將游擊等官，未定有處分之例，恐怠玩不行嚴緝私鹽，亦未可定。嗣後興販私鹽事發，道府直隸州知州副將參將游擊等官，失察一次者降職一級，失察二次者降職二級，失察三次者降職三級留任，失察四次者降三級調用。再運使運同運判鹽場大使，俱係管查鹽務之員，查拿私鹽係伊等專責，而舊例內未定有處分之處。嗣後竈丁販賣私鹽大使失於覺察者，革職。知情者，革職，杖一百，枷號一個月，不准折贖。運同運判照該管州縣官之例處分，運使照道府之例處分。再查關津過往回空糧石官座船隻裝載私鹽貨賣者，舊例未定有處分之處，嗣後如有夾帶私鹽在船者，或被旁人首告，或被查出，將夾帶私鹽之人照興販私鹽例，杖一百，徒三年。管船同知通判守備千總文武等官，知情故縱夾帶私鹽者，革職。不知情者，降三級調用。此外別款仍照現行則例遵行。應令各鹽差御史務須嚴禁，俾私鹽永行杜絕，官鹽勿致壅滯，隨時得價發賣，額課不致缺欠可也。奉旨：依議。

一、康熙五十一年八月，户部覆長蘆巡鹽御史穆哈連題，嗣後每年粮船回空至德州桑園地方，選委能員協同德州衛弁公同搜查催儹回空糧船，并令長蘆巡鹽御史、河道總督、山東巡撫、登州總兵官，嚴飭地方文武官弁，嚴行查拿窩囤，務使私鹽盡絶，官鹽不致壅滯。至沿河地方文武官弁亦嚴飭搜查催儹回空糧船，不許逗遛，如有夾帶私鹽事發，將專委漕員，德州衛弁押運官員，并該地方文武各官，該督撫總鎮御史即行指名題參，交與該部照新定例嚴加議處。如有該員以搜查藉端生事，該督撫總鎮御史亦指名題參可也。奉旨：依議。

一、雍正元年八月，長蘆巡鹽御史莽鵠立，面奏糧船私鹽流毒沿河引地肆無顧忌，前鎮臣袁立相奉部行令委員查拿治罪，故旗丁水手尚知畏懼。後經倉場督臣阿錫鼐爲逐船截查，不無阻滯，具奏停止在案。查向年糧船爲害非止一端，凡路截鹽船卸鹽起撥搶刼官鹽隨路發賣，巡役兵快不能禁緝，商民受困，難以枚舉。再查山東交界桑園地方，原設有關口，漕臣專委游擊一員盤查回空船隻，近因日久法弛，臣除一面嚴飭地方營汛官弁多撥巡役兵丁在沿河一帶巡緝外。嗣後所有回空糧船過關之處，臣請會同天津鎮臣徐仁親往查放。如山東河南交界地方，臣移會漕臣撫鎮等臣，在東邊行鹽地方差委知府游擊等官搜查。若有夾帶之鹽，俱盡行抛入河內，不必拿人治罪，催促前行，船自無阻留。而旗丁水手愛惜本錢，亦不敢私買夾帶。如有凶頑不遵盤查，及失察之員，即照去年漕臣條奏新例治罪處分。臣再不時差員巡查，則私鹽可杜，官引得消矣。奉旨：糧船旗丁水手私行夾帶爲害地方，朕素所深知。除已往不究外，爾即速行文總督倉場並總漕及該地方撫鎮等官嚴查。欽此。

一、雍正元年月，吏部尚書隆科多等奉旨：議奏，會議得直省小民興販私鹽，其始不過希圖小利，或十餘人或二三十人結伴興販，原無強横。迨至日久，利之所在即有地方光棍出爲幫頭，或稱將頭，將人鹽引入村莊按户口大小洒派，約時收價，肆行無忌。是以人愈衆而鹽愈多，地方文武各官雖有嚴行巡緝之名，實有莫可如何之勢。今若欲絶私販，必先密訪本地爲首之人，交與巡撫嚴飭地方官密加訪緝，設法務獲，按法重處，餘俱開釋。既無領袖之人，則所販私鹽不得按户洒派，必致零星分賣，則鹽徒之勢已孤，而緝獲尤易矣。再查肩挑背負不在禁例，此指人少而言。近則男女絡繹，雖肩挑背負，即與鹽課有虧，亦宜交與各地方文武官嚴拿杖責，即時發落，私鹽入官。至於鹽場竈户誘致鹽徒賤賣偷利，應交與鹽政衙門設法嚴禁，則其源清其流自止矣。奉旨：依議。

一、雍正二年十一月，刑吏兵三部議覆，直隸巡撫李維鈞疏稱，遇有販私鹽梟由他處入境，巡役緝拿拒捕殺傷鹽梟之案，或當場人鹽並獲，或於疎防限内拿獲過半以上者，將事由據實呈報咨部，免其疎防參處，以示鼓勵。應如該撫所請，免參疎防餘犯照案緝拿。再雍正元年，吏部尚書隆科多等會議，將肩挑背負亦交與地方文武官嚴拿杖責，即時發落，私鹽入官等因。奉旨依議，欽遵在案。今該撫疏稱聽其挑賣，毋許稽察，則積久鹽梟將來籍貧難爲詞夥衆興販拒捕格殺，而地方官弁又惧干失察處分，瞻狥隱匿，有虧國課，勢所必至。嗣後果係老幼殘疾貧難男婦肩挑背負易米度日者，應如該撫所議，照例免罪，毋許官弁兵役借端生事，扳累擾民。如有積梟籍稱貧難男婦，將私鹽潛行窩頓興販貿易者，令地方官弁及鹽政衙門一體稽察，照例從重治罪。庶私販可杜，而鹽課不致有虧矣。奉旨：依議。

一、雍正二年閏四月，刑吏兵三部議覆，漕運總督張大有題覆，嗣後除肩挑背負販賣零星仍照律不治罪外，如有回空糧船夾帶私鹽，闖鬧闖關，不服盤查，十人以上持械拒捕，及傷三人以上者，將爲首并下手殺傷人之人應斬立決。其未曾下手殺傷人者，俱發邊衛永遠充軍。其雖拒捕不曾傷人及十人以下拒捕傷人，致死者，爲首依律擬斬監候，秋後處決。爲從者，俱發邊衛充軍。再恃衆闖閘闖關惡徒，雖無夾帶，將首先頭船舵丁人等各枷號兩個月，發邊衛充軍。其隨同闖關闖閘旗丁頭舵俱照爲從，枷號一月，杖一百，徒三年。不知情者，俱不坐。再賣私之人及鹽場竈丁私煎貨賣於糧船者，杖一百，流三千里。窩藏寄頓者，杖一百，徒三年。如回空糧船夾帶私鹽，亦照販賣私鹽人等加一等，杖一百，流二千里。若巡鹽兵役人等受賄縱放者，計贓以枉法從重治罪。未經受賄者，責四十板，革退。查定例，回空糧船裝載私鹽，管船同知通判等官知情故縱者，革職。不知情者，降三級調用。又定例，官員該管界内私行煎鹽，或私賣者，降三級調用等語。除糧船夾帶私鹽，押運官查明知情不知情，分別降革。并境内有私行煎賣之專管官降調之處，俱有定例，應仍照例遵行外，其販私地方之兼轄官，押空漕船之運官，并隨幫例，未定有處分。應如該督所請，如專管官降三級調用，將兼轄官降一級罰俸一年，押空之運官照狥庇例議處，該幫隨幫革退。至闖閘闖關押運等官亦無處分定例，查康熙五十七年，湖廣杭州各幫頭舵水手各持鳥鎗弓箭等械鬬殺傷人，又六十一年湖州白糧等幫水手徐四等打搶德州衛生員楊天鵑楊大成家二案，部議將押運等官均照溺職例革職在案。嗣後如有惡徒恃衆闖閘闖關，將押運等官亦照溺職例革職，隨幫照例責三十板革退。如有倚恃糧船任意販載私鹽，不服盤查，闖閘闖關持械傷人，押運等官明係不行約束知情故縱，應將押運等官革職，隨幫照例責四十板革退。再查糧船關乎倉儲，今闖閘闖關既定有盤查嚴例，恐該管關閘等官借此勒索，故意留難，以致糧船阻滯不克，副冬兊冬開之限亦未可定。如有此等情弊，許押運等官呈明各該督撫據實題參究治。奉旨：依議。

《大清律例》卷一三《户律·課程·阻壞鹽法》　凡客商赴官中買鹽引勘合，不親赴場支鹽，中途增價轉賣，以致轉賣日多，中買日少，且詭冒易滋，因而阻壞鹽法者，買主、賣主，各杖八十，牙保減一等，買主轉支之鹽貨、賣主轉賣之價錢，并入官。其各行鹽地方，鋪户轉買，本主之鹽而拆賣者，不用此律。

《大清律例》卷一三《户律·課程·監臨勢要中鹽》　凡監臨鹽法官吏詭立僞名，及内外權勢之人，中納錢糧，於各倉庫，請買鹽引勘合，支領官鹽貨賣，侵奪民利者，杖一百、徒三年，鹽貨入官。鹽引勘合追繳。

《大清律例》卷一三《户律·課程·鹽法》　凡犯無引私鹽凡有確貨即是，不必贓之多少。者，杖一百，徒三年。若帶有軍器者，加一等流二千里。鹽徒誣指平人者，加三等。流三千里。拒捕者，斬。監候。鹽貨、車船、頭匹並入官。道塗引領秤手牙人及窩藏鹽犯寄頓鹽貨者，杖九十、徒二年半。非應捕人告獲者，受雇挑擔馱載者，與例所謂肩挑背負者不同。就將所獲私鹽給付告人充賞。同販中有一人能自首者，免罪，一體給賞。若一人自犯而自首，止免罪不賞，仍追原贓。若私鹽事發，止理見獲人鹽。如獲鹽不獲人者，不追；獲人不獲鹽者，不坐。當該官司不許聽其展轉攀指，違者，官吏以故入人罪論。謂如人鹽同獲，止理見發，有確貨無犯人者，其鹽没官，不須追究。

凡鹽場竈丁人等，除歳辦正額鹽外，夾帶餘鹽出場，及私煎鹽貨賣者，同私鹽法。該管總催知情故縱，及通同貨賣者，與犯人同罪。

凡婦人有犯私鹽，若夫在家，或子知情，罪坐夫男。其雖有夫而遠出，或有子幼弱，罪坐本婦。決杖一百，餘罪收贖。

凡買食私鹽者，杖一百；因而貨賣者，杖一百、徒三年。

凡管理鹽務，及有巡緝私鹽之責文武各衙門，巡獲私鹽，即發有司歸勘，原獲各衙門不許擅問。若有司官吏通同原獲各衙門脱放者，與犯人同罪；受財者，計贓以枉法從其罪之重論。

凡管理鹽務，及有巡緝私鹽之責文武各衙門，設法差人於該管地面，并附場緊關去處，常川巡禁私鹽。若有透漏者，關津把截官及所委巡鹽人員，初犯，笞四十；再犯，笞五十；三犯，杖六十；公罪。並留職役。若知情故縱，及容令軍兵隨同販賣者，與犯人同罪；私罪。受財者，計贓以枉法從重論。其巡獲私鹽入己不解官者，杖一百、徒三年。若裝誣平人者，加三等。杖一百、流三千里。

凡起運官鹽每引照額定斤數爲一袋，並帶額定耗鹽，經過批驗所，依引目數掣摯秤盤。隨手取袋，摯其輕重。但有夾帶餘鹽者，同私鹽法。若客鹽越過批驗所，不經掣摯及引上不使關防者，杖九十，押回，逐一盤驗。盡盤鹽而驗之，有餘鹽以夾帶論罪。

凡客商販賣有引官鹽，當照引發鹽，不許鹽與引相離，違者，同私鹽法。

其賣鹽了畢，十日之内不繳退引者笞四十。若將舊引不繳影射鹽貨者，同私鹽法。

凡起運官鹽并竈户運鹽上倉，將帶軍器，及不用官船起運者，同私鹽法。

凡客商將驗過有引官鹽，插和沙土貨賣者，杖八十。

凡將有引官鹽，不於拘定應該行鹽地面發賣，轉於別境犯界貨賣者，杖一百。知而買食者，杖六十，不知者不坐，其鹽入官。

條例

一、越境如淮鹽越過浙鹽地方之類。興販官司引鹽，至三千斤以上者，問發附近地方充軍。其客商收買餘鹽，買求掣摯，至三千斤以上者，亦照前例發遣。經過官司縱放，及地方甲隣里老知而不舉，各治以罪。巡捕官員乘機興販至三千斤以上，亦照前例問發。須至三千斤，不及三千斤在本行鹽地方，雖越府省，仍依本律。

一、凡僞造鹽引印信，賄囑運司吏書人等，將已故並遠年商人名籍中鹽來歷，填寫在引，轉賣誆騙財物，爲首者，依律處斬外，其爲從，并經紀牙行店户、運司吏書、一應知情人等，但計贓滿數應流者，不拘曾否支鹽出場，俱發近邊充軍。

一、各鹽運司總催名下，該管鹽課納完者，方許照名填給通關。若不曾納課總催買囑官吏，并覆盤委官，假指課已上倉指上囤，扶同作弊者，俱問發近邊充軍。

一、各處鹽場無籍之徒，號稱長布衫、趕船虎、光棍、好漢等項名色，把持官府，詐害客商，犯該徒罪以上，及再犯杖罪以下者，俱發近邊充軍。

一、凡豪強鹽徒，驟衆至十人以上，撑駕大船，張掛旗號，擅用兵仗響器拒敵官兵，若殺人及傷三人以上者，比照強盜已行得財律，皆斬，爲首者仍梟首示衆；傷二人者，爲首斬決，爲從絞監候；傷一人者，爲首斬監候，爲從發黑龍江等處給與披甲人爲奴。其雖拒敵，不曾殺傷人，爲首絞監候，爲從流三千里。若貧難軍民，將私鹽肩挑背負，易米度日者，不必禁捕。

一、凡兵民聚衆十人以上，帶有軍器興販私鹽，拒捕殺人，及傷三人以上，爲首并殺人之犯，斬決；傷人之犯，斬監候；未曾下手殺傷人者，發近邊充軍。傷二人者，爲首，斬；下手者，絞；俱監候。傷一人者，爲首絞監候；下手者，發黑龍江等處給與披甲人爲奴；爲從，滿流。其雖帶有軍器，不曾拒捕者，爲首，發近邊充軍；爲從，流二千里。若十人以下拒捕殺人，不論有無軍器，爲首者，斬；下手者，絞；俱監候；不曾下手者，發近邊充軍。傷至二人以上者，爲首者，斬監候；下手之人，絞監候。止傷一人者，爲首，絞監候；下手之犯，杖一百、流三千里；其不曾下手者，仍照私鹽本律治罪。其不帶軍器，不曾拒捕，不分十人上下，仍照私鹽律，杖一百、徒三年。若十人以下，雖有軍器，不曾拒捕者，爲首，亦照私鹽帶有軍器加一等律，杖一百、流二千里；爲從，杖一百、徒三年。其失察文武各官，交部議處。有拿獲大夥私販者，交部議叙。

一、凡竈丁販賣私鹽，大使失察者，革職；知情者，枷號一個月發落，不准折贖。該管上司官，俱交該部議處。

一、凡回空糧船，如有夾帶私鹽，闖閘闖關，不服盤查，聚至十人以上，持械拒捕，殺人及傷三人以上者，爲首并殺人之人，擬斬立决；傷人之犯，斬監候；未曾下手殺傷人者，發近邊充軍。其雖拒捕，不曾殺傷人，爲首，絞監候；爲從，流三千里。十人以下，拒捕殺傷人者，俱照兵民聚衆十人以下例，分別治罪。頭船旗丁、頭舵人等，雖無夾帶私鹽，但闖閘闖關者，枷號兩個月，發近邊充軍。隨同之旗丁、頭舵，照爲從例，枷號一個月，杖一百、徒三年，不知情不坐。賣私之人及竈丁，將鹽私賣與糧船者，各杖一百、流二千里。窩藏寄頓者，杖一百、徒三年。其雖不闖閘闖關，但夾帶私鹽，亦照販私加一等，流二千里。兵役受賄縱放者，計贓以枉法從重論；未受賄者，杖一百，革退。販私地方之專管官、兼轄官，及押運官，並交部議處；隨幫，革退。其雖無夾帶私鹽，倚恃糧船，闖閘闖關者，押運等官，革職；隨幫，責三十板，革退。不服盤查持械傷人者，押運等官，革職；隨幫，責四十板，革退。倘關閘各官勒索留難，運官呈明督撫參處。

一、拿獲販私鹽犯，承審官務須先將買自何人何地，以及買鹽月日數目究明，提集犯証，並密提竈户煎鹽火仗簿扇查審確實，將賣鹽及窩頓之人均與本犯按照律例一體治罪。若查審無據，即屬虛誣，將本犯依律加三等治罪。如承審官不能審出誣扳者，交部分別議處。若審出買自場竈，即將該管鹽場大使，並沿途失察各官題參議處。其不行首報之竈丁，均照販私例治罪。

一、凡大夥興販，聚衆拒捕，及執持器械殺傷巡役人等脱逃之梟徒，照強盗例勒緝。地方文武各官疎縱，及上司容隱不參，交部議處。

一、拿獲私鹽限四個月完結，其案内私鹽，交與本處鹽商，較時價減十分之一二立即變價，所獲騾、馬、牛、驢如延挨不變以致倒斃，着落該州、縣官照中等價值賠補，車、船等物亦照依時價據實變價報部查核。倘有侵漁捏報情弊，並逾限不行完結，及不即變價報解者，將該州、縣分別議處治罪。

一、鹽船在大江失風失水者，查明，准其裝鹽復運，倘有假捏情弊，以販私律治罪。

一、除行鹽地方大夥私販嚴加緝究外，其貧難小民年六十歲以上，十五歲以下，及年雖少莊身有殘疾，并婦女年老孤獨無依者，於本州、縣報明驗實註册，每日赴場買鹽四十斤挑賣，只許陸路，不許船裝，并越境至別處地方，及一日數次出入，如有違犯，仍分別治罪。

一、巡鹽兵捕自行夾帶私販，及通同他人運販者，照私鹽加一等治罪。

一、凡收買肩販官鹽越境貨賣，審明實非私梟者，除無拒捕情形仍照律例問擬外，其拒捕者，照罪人拒捕律加罪二等。如興販本罪，應問充軍者，仍從重論。倘拒捕毆人至折傷以上者，絞；殺人者，斬。俱監候。爲從，各減一等。

一、鹽商雇募巡役，如遇私梟大販，即飛報營汛，協同擒拿。其雇募巡役，不許私帶鳥鎗。違者，照私藏軍器律治罪。失察之地方官，交部照例議處。

一、凡運鹽船户偷竊商鹽，整包售賣者，照船户行竊商民例，分别首、從，計贓科罪，各加枷號兩個月。仍盡本法刺字。所賣之贓照追給主。如追不足數，將船變抵。其押運商厮起意通同盗賣者，依奴僕勾引外人同盗家長財物計贓，遞加竊盗一等例治罪。如非起意，止通同偷賣分贓者，依奴僕盗家長財物照竊盗例計贓科斷。若商厮稽察不到，被船户乘機盗賣者，照不應重律，杖八十。如押運之人，或係該商親族，仍分别有服無服，照親屬相盗律例科斷。

一、埠頭明知船户不良，朦混攬装，及任意扣尅水脚，致船户途間乏用，盗賣商鹽者，照寫船保載等行恃強代攬勒索使用擾害管客例治罪外，加枷號一個月。船户變賠不足之贓，並令代補。如無前項情弊，止於保雇不實者，照不應重律杖八十。

一、販賣私鹽數至三百斤以上，及盤獲糧船夾帶，訊係大夥興販，均即究明買自何處，按律治罪。如不將賣鹽人姓名據實供出者，即將該犯於應得本罪上加一等定擬。若向老幼孤獨零星收買，數在三百斤以下，實不能供出賣鹽人姓名者，仍以本罪科斷。如承審各員有心庇縱，含混完結，該管上司不行詳揭，一併題參議處。

一、拿獲船載車裝馬馱私鹽，該地方官如不按律治罪，曲爲開脱者，該管上司察出，即照故出人罪律，從重參處。

一、引鹽淹消具報到官，該地方州縣官即會同營員查勘確實，限一月内通詳鹽道。該道於詳到之日起，限半月内核轉，以憑飭商補運，限三月内過所運口岸，該鹽政仍將淹消補運鹽斤數目報部。其沿途督撫及該管鹽道知府，隨時查察，如有州縣營員扶同商人捏報及勒索捺擱情弊，即行指名題參，商人照例治罪。

《大清律例》卷一三《户律·課程·人户虧兑課程》 凡民間週歲額辦茶鹽商税諸色課程，年終不納齊足者，計不足之數，以十分爲率，一分，笞四十，每一分加一等，罪止杖八十。追課納官。若茶鹽運司鹽場茶局，及税務河泊所等官，不行用心催辦課程，年終比附上年課額虧欠兑缺者，亦以十分論。一分笞五十，每一分加一等，罪止杖一百。所虧課程，著落追補還官。若人户已納而官吏人役有隱瞞不附簿因而侵欺借用者，並計贓，以監守自盗論。

條例

一、鹽課錢糧不完者，將經督各官照分數議處外，其各商名下應完鹽課作爲十分，欠不及一分者，責二十板。欠一分者，枷號一箇月，責二十板。欠二分者，枷號一箇月半，責二十五板。欠三分者，枷號兩箇月，責三十板。欠四分者，枷號兩箇月半，責三十五板。欠五分者，枷號三箇月，責四十板。以上欠課各商題參之日，扣限一箇月，全完者免處。如逾限不完，照此例枷責。如於枷限内照數全完者，釋放免責。如枷限滿日，仍全不完納，除杖責外，將該商咨參革退。並帶徵等項，俱以引窩變抵。欠六分者，將該商杖六十，徒一年，所欠課項限四箇月全完。欠七分者，杖七十，徒一年半，限六箇月全完。欠八分者，杖八十，徒二年，限八箇月全完。欠九分者，杖九十，徒二年半，限十箇月全完。欠十分者，杖一百，徒三年，限一年全完。以上自六分至十分，將該商鎖禁，嚴查家產。如限内全完，革退商人免其杖徒。倘逾限不完，即將該商發配，所欠新課帶徵等項，著落引窩家產變抵。

一、管收税課錢糧，倘有隱匿，加倍著追。如接收官不行清查，上司不行轉報題參，俱著落分賠。

一、在京在外官員眷口船隻過關，除無貨物照常驗放，胥吏人等毋得任意需索外，如有奸牙地棍假稱京員科道名帖，或京員子弟執持父兄名帖討關夾帶貨物希圖免税者，該管關員即行查拏究治。如該管關員不行詳查，及明知瞻徇，照例議處。

《清朝文獻通考》卷二八《征榷考・鹽》 順治元年，整理長蘆鹽法詹事府通事舍人王國佐條奏長蘆鹽法十四事。一復額引以疏壅滯，一改引部以速引利，一便引價以壯京國，一革防銷以省商費，一除濫牘以伸商冤，一除變價以止姦欺，一清焚溺以杜虛冒，一止改告以一引鹽，一疏關禁以通引楫，一杜擾害以清私販，一核場竈以清窩囤，一復兩坨以備譏察，一免徭助以濟孤商，一設賞例以鼓富商。部覆允行。

二年，敕免陝西本年鹽引額課三分之二。

又定河東鹽法改票用引，户部議覆河東巡鹽御史劉今尹疏言，河東鹽額課銀一十二萬四千九百餘兩，故明給宣大山西三鎮宗禄軍餉今應解京庫。其給發鹽引之法，河東地遠勢不能先納銀而後領引，應先解紙價後按引納課，舊例可循。至河東地方去年十月方出湯火，業于順治二年春定期征解以甦商力，其撈采之法均宜仍舊。惟是山西太原府汾遼沁州，欲行票鹽，似非畫一，當如山東例革票行引，以信令甲，而除私販之弊。從之。

又定原食淮鹽之汝寧歸兩淮巡鹽御史管理，原食西和漳縣鹽之臨洮鞏昌歸甘肅巡按兼管，從河東巡撫御史劉今尹請也。

定河南江北江南等處鹽課征解例。奉諭旨：河南江北江南等處各運司鹽課自順治二年六月初一日起，俱照前朝會計録原額征解。官吏加耗重收，或分外科斂者，治以重罪。

又准鹽臣於户部領引召商納課。户部議覆兩淮巡鹽御史李發元疏言，兩淮鹽引舊例于南京户部關領，今南直規制未定，鹽臣請于臣部急頒鹽引以疏鹽利，應先給二十萬引濟目前急用。其邊商納粟原爲邊計，今中外一統防兵無多，應令運司召商納銀，依額解部。從之。

又給新引以杜混冒。鳳陽巡撫趙福星疏言，鹽課爲軍需所關，今各商所行皆故明舊引，其中不無混冒，請速給新引以裕國課。疏入，如所請行。

又詔：免本年鹽課三分之一。奉諭旨：各運司鹽法，明末遞年加增，有新餉練餉及雜項加派等銀，深爲厲商。今盡行蠲免，止照舊額按引徵收，本年仍免三分之一。

又核定本年行鹽一百七十一萬六千六百二十五引，徵課銀五十六萬三千三百一十兩六錢有奇。

臣等謹按，是年行鹽一百七十餘萬引，次年即行引三百餘萬，十六年行引四百餘萬，固由昇平之後户口日增民食漸廣，亦以我朝蠲政之寬，將故明加派名色盡與蠲除，無積引套搭之苦，無常股存積之名，無新餉練餉追呼徵繕之擾。場竈煎晒可以當耕鑿之勤自食其力，而商賈出湯火之後額徵既減亦自易于轉輸，是以行銷既遠而課額日增。傳所云爲之者疾，用之者舒，則財恒足。葢鹽法祇國計之一端，而因連歲革除之苛政與遞年引目之加增，由此識維新治象與商民抃舞之效可以並觀而互見也。

四年，蠲免浙閩加派鹽課。時以浙東福建初定浙閩運司，鹽課自故明天啓崇禎年閒加派名色甚多深爲商厲，今盡行蠲免，止照萬厤年間舊額按引徵課。

又免江南崇明鹽課銀兩，允招撫江南大學士洪承疇請也。

又嚴禁旗兵私販。奉諭旨：興販私鹽屢經禁約，近聞各處姦民指稱投充滿洲，率領旗下兵丁車載驢馱，公然開店發賣，以致官鹽壅滯，殊可痛恨。爾部即出示嚴禁，有仍前私販者，被獲鞭八十，其鹽觔等物入官，巡緝員役縱容不行緝拏者，事發一體治罪。

五年六月，以地方土棍串同滿兵車牛成羣，攜帶弓矢公然販賣私鹽。諭各管旗官員嚴行禁止，並敕部再加申飭地方巡緝，擒拏解部，依律治罪。

又蠲免廣東鹽課加派銀兩。以廣東初定，本省鹽課照萬厤四十八年舊額按引如數徵解，其天啓崇禎年閒加派盡行蠲免。

又議准：山西鹽法道歸鹽運司兼管。

六年，免四川商民鹽課。以四川未定，免徵鹽課，從巡撫趙班璽請也。

七年，敕廣西驛鹽事務歸併布政使兼理。

八年，以鹽課餘銀通飭各鹽差御史，奉諭旨：各處所報鹽課，每報餘銀若干，細思鹽課正額自應徵解。若課外餘銀非多，取諸商人，即係侵尅百姓，大爲弊政。户部都察院通行各鹽差御史及各鹽運司，止許徵解額課，不許分外勒索餘銀。有御史及運司各官貪縱者，許商民指實赴都察院首告，審問確實，奏請治罪，用布朝廷恤商裕民至意。

十二年，稽核河東長蘆鹽務，奉諭旨：河東長蘆等處各運司鹽課，原應商人辦納，中有每年派民納課而民不見升合之鹽者，著該運司詳加稽核，從長計議，務令公私兩便，經久可行，毋得因循積弊。又復差御史巡理鹽政，從科臣張王治請也。

十五年，暫停長蘆鹽政解送光禄寺鹽觔。禮部議覆，光禄寺條奏，長蘆運司所解青白鹽磚歷年存剩六十萬觔有零，現在足用，應暫停解本色，自十五年以後該地方官照時價改折解送光禄寺，俟庫内現存之鹽用完日具題，仍解本色。應如該寺所議行。從之。

户部議准，上元江寧等八縣食鹽九萬六千七百引，將原派綱鹽十三萬八千八百四十七引仍歸綱地行銷。

十七年，嚴糧船夾帶私鹽之禁。巡鹽御史李贊元疏請預杜糧艘夾帶之弊。回空糧船約有六七千隻，皆出瓜儀二閘，其船一幫夾帶私鹽奚止數十萬引，合而計之，實侵淮商數十萬引鹽之地。查漕規，回空利于速回，以便早赴下運，如此夾帶私鹽必致躭延時日，是害鹽法亦所以害漕規。乞令督撫轉行漕道申飭禁緝發賣之地先窮其源，所過之地嚴察其弊，庶于鹽法漕規兩有裨益。户部覆准，令各該督撫檄行沿河各道府州縣並山清高寶等處地方官，嚴加禁緝。揚州鈔關乃萬艘必由之地，回空到彼，勢不能飛渡，應令該巡鹽御史逐船查驗，即便放行。如有仍前夾帶者罪之。後鹽政李贊元復奏請，緝私不力議處及拏獲私鹽議叙，以次數分別輕重。著爲例。

又議准按臣條奏清理四川鹽政。户部議覆，四川巡按張所志奏，蜀省之鹽皆產于井，必相山尋穴鑿石求泉而井始成，開鑿艱難，每一井常費中人數家之產。應照開荒事例，三年起課，以廣招徠。新鑿鹽井仍令每年報部。武弁抽索竈丁應嚴行申飭，違者題參重處。貧民易食鹽觔，應令四十觔以下者准免課稅，四十觔以上者仍令納課。至蜀省鹽課則例，查明季萬厤年閒額鹽九百八十六萬一千二百四十觔，歲解陝西省銀五萬餘兩，歲留本省備用銀二萬一千餘兩。其行鹽地方係成都府、嘉定州、叙州府、潼川州、順慶府、保寧府、廣元縣、夔州府、廣安州、雅州也，其告運行鹽事宜，鍋井徵收則例，應行該御史斟酌損益具題。從之。

又議准鹽臣條奏清釐兩淮鹽務。兩淮御史李贊元條奏鹽政八款：一每年見行額引宜帶積引附銷，一清釐府州縣私販之源，一清釐三十鹽場之弊，一嚴飭各道巡緝各省越販，一稽核官引以杜夾帶重複，一淮北地方宜併引行鹽，一鹽引日增請照長蘆河東兩浙例加課不加引，一溢觔割没日重請照所發印簿實填。下户部議行。

十八年，定鹽引歸部以杜鹽賤引壅之弊。巡視長蘆鹽政御史張沖翼疏言，長蘆舊例，引存户部，先課後引。順治十五年，户部發引到司，皆争先求售，減價而沽，以致鹽賤引壅，逋課甚多。請仍循舊例，將鹽引歸部，庶引不虛發，課無逋欠。從之。

又定臨安府屬枯木八寨牛羊新縣四處食鹽銀兩，自順治十七年爲始，編入蒙自縣經制全書。

又免崇明縣鹽課。户部議覆江南總督郎廷佐疏言，崇明縣地丁錢糧雖已蠲免，其鹽課仍應完解。得旨：崇明孤懸海外，逆賊來犯，皆賴兵民同心協力固守，全城所欠鹽課著與豁免。

康熙元年，以淮北食鹽改撥淮南派額銷引。巡鹽御史鄭名疏言，兩淮南北綱引食鹽原有定例，派行州縣户口不無盛衰，宜設法疏理，請行改銷。部議覆准既稱淮北引壅，酌量派銷疏通，淮安府等州縣一萬引，改撥寧國府六千五百引，和州含山三千五百引，每年奏銷，以爲定額。

三年，免廣東康熙元年分逋欠鹽課銀七萬一千一百一十五兩。

又准江西吉安府改食淮鹽。江西總督張朝璘疏言，吉安府向食粤鹽，但距粤千餘里，更有十八灘之險，商賈裹足，民多淡食。請以康熙三年爲始，改食淮鹽，仍照粤額完課。得旨允行。

四年，恩詔蠲免鹽課積欠銀兩。時因遵奉詔旨蠲免直省舊欠錢糧，推廣及之。

又蠲免東省竈課銀兩。户部議覆長蘆巡鹽御史李粹然疏言，本年東省旱災錢糧盡行蠲免，竈地同爲被災之地，竈民同爲應恤之民，請將本年竈課銀一萬四千八百餘兩照例全免。應如所請。從之。又減廣西鹽引額數。户部議覆廣西巡撫金光祖疏言，粤西鹽引舊額一萬三千四百九十有奇，但丁少民貧無力行銷，請減存四千四百九十一引，以康熙三年分見在丁口均派定額，俟户口繁盛再議加增。應如所請。從之。

六年，定湖南衡永寶三府改食淮鹽。巡鹽御史寧爾講疏言，湖南衡永寶三府改食淮鹽，應酌議引額課銀，將兩粤課銀照淮南輸課則例，計派引九萬五千八百一十七引，其口岸照三府見行粤鹽包數派銷。部議准行。

又定湖廣郴州等十一州縣食鹽免其銷引辦課。先是，湖廣郴州十一州縣食鹽取給廣東連韶諸處，例不銷引。粤商欲令楚民分引辦課，户部以郴州等州縣既食粤東之鹽，自宜分銷鹽引。得旨：據該撫奏言，郴民既食粤商興販之鹽，是食鹽之民已寓税于買鹽之内，而認税之商已浮税于賣鹽之中，兩得其便。又十一州縣民困已極，分銷鹽引，恐窮民愈致苦累，其再詳議。至是部議仍如舊例，免楚民分銷鹽引。從之。

七年，敕廣西布政使兼理鹽務。

是年，飭禁陝西州縣官按畝攤派銷引病民。户部議覆吏科給事中王承祖疏言，各省鹽觔應令商人自行銷運。今陝西州縣官轉向商人買引，按畝攤派，每引費銀一兩，甚爲民困。應飭撫臣并巡鹽御史嚴行禁革。從之。

又改廣東巡海道爲廣肇道，管理鹽法。

九年，禁止兩淮運鹽額外私派及淮鹽掣摯弊端。巡鹽御史席特納徐旭齡疏言，兩淮積弊相沿，其苦有六。其一爲輸納之苦。商人納課，例將引數填注限單，謂之皮票。而運庫扣勒皮票，胥役又有使用，謂之照看。綱總又有科斂，謂之公匣。除正納外，必費一二錢始得築一引之鹽，計歲費約至數萬金。其苦一也。其一爲過橋之苦。商鹽出場，例將艙口報驗，謂之橋掣。而關橋扣勒引票，每引科費數分不等，除溢觔外，必費七八分始得過一引之鹽，計歲費約至數萬金。其苦二也。其一爲過所之苦。商鹽呈綱，例必造册擺馬，謂之所掣。而未經稱掣，先有江掣之費，又有茶果之費，又有緩掣之費，又有加窩之費。除割没外，每引必費一二錢方能過所，計歲費約至數萬金。其苦三也。其一爲開江之苦。引鹽既制矣，例必請給水程。每引數分不等，又請給桅封，每張數兩不等，每引約費二三錢方能開行，計歲費又至數萬金。其苦四也。其一爲關津之苦。鹽船既放行矣，而所過鹽道有掛號之費，營伍有巡緝之費，關鈔有驗料之費，計歲費又至數萬金。其苦五也。其一爲口岸之苦。船鹽既抵岸矣，而江廣進引，每引約費錢餘不等，樣鹽每包數釐不等，查批書吏每船數兩不等，計歲費又至數萬金。其苦六也。又言淮鹽掣摯三大弊。其一爲加鉈之弊。掣官每藉餘觔虧額爲名，不論鹽包輕重，暗掛觔兩，每一引增至二三十斤不等，利歸于鉈而病中于商。其弊一也。其一爲坐觔之弊。掣官又藉合算底馬，假以論捆爲名，不論觔重有無預定，餘鹽商鹽非多帶觔兩不能抵補掣費，每一引帶至四五十觔不等，公觔愈多則私科愈重。其弊二也。其一爲做觔改觔之弊。商之姦良不一，姦商觔多賂入可以填少，良商觔少賂不入亦可以填多。掣官于未掣之先議定使費暗做觔兩，已掣之後議定使費又暗改觔兩。其弊三也。此三弊者惟有請旨嚴禁，觔重一法。火鹽出場滷耗雖有參差，觔兩原自無多，乞交部酌議。定例，凡橋所掣摯溢觔割没，少者三四觔，多者七八觔，不得逾額。如奸商夾帶過多，掣官有虚填太重者，商則計引科罪，官則計觔坐贓，則掣驗公而國法信。疏上，奉諭旨：各處鹽差官員因循陋規，巧立名色，額外私派，苦累商民。據席特納所奏情節俱實，各鹽差積弊作何禁止，經部議將私派等款嚴禁，勒石立于橋所及經過關津口岸，永行禁止。如有違禁私派苦累商民者，照律治罪。

停止鹽政官員徵收鹽課議叙例。順治十八年，以内外大小官員勢豪之家貿易販鹽倚勢不納課銀，巡視鹽課官員畏勢徇情即致課銀虧欠，于是有管鹽官稱職者從優議叙，課額虧欠者以溺職治罪之例。至是僉都御史陳一炳條議，巡鹽御史及運司分司州縣等各官任內，徵收鹽課不能全清，虧額者仍照考成定例處分，其全清及溢額議叙紀録加級，俱行停止。

又停止鹽課預徵。巡鹽御史席特納等疏言，兩淮鹽法春夏行鹽，秋冬納課，相沿已久，原照引數徵納，並無計日催徵之例。祗因康熙七年鹽臣差遣稍遲時日，部覆鹽差在任一日即有一日考成之責，于徵完本年課銀外又行重徵新鹽。四月方掣新課，即於五月開徵，鹽尚未賣一引，而課已催至二十餘萬。此種金錢追呼無措，非重利揭債即典鬻赴比，最爲苦累。及查此項銀課，前差所徵，仍入後差考成，例于八九等月起解，九十等月到部，是商人徒受預徵之苦，而鹽課並無預徵之益。官收一金，商費數金，年年遞壓，流害無窮。兩淮鹽課一百五十餘萬，每歲報完，早徵于額不增，遲徵于額不減。查民間地丁正賦尚禁預徵，商民徵納法無二視，伏乞交部議，將五十七日預徵立行停止。户部議覆，兩淮御史按日扣算考成，後差任内徵銀作爲前差御史考核，係歷差額徵不便更改。疏入，上以預徵原非舊例，飭部再行確議。户部覆奏，該御史既稱此五十七日課銀預徵累商，應照所請，今後差御史徵收。

十二年，定長蘆等處鹽務，仍令御史巡視。順治二年定巡視兩淮長蘆兩浙河東鹽政，差監察御史各一員，歲一更代。順治十年裁去各省巡按御史，將巡鹽御史一併議停，鹽務交與運司。十二年部覆科臣條議，以運司權輕難以糾劾鎮將抑豪强禁私販，請仍擇廉能風力御史巡察。康熙七年部院會議，嗣後鹽差不分滿漢，應將六部郎中員外郎及監察御史，選擇賢能官員，每一差，滿漢官各一員。康熙八年侍郎李棠馥奏，巡鹽原差御史，不獨釐政利弊，兼有舉劾地方官員并察拏惡棍之責。應將六部司官停差，專差御史，以便責成。至康熙十一年，左都御史杜篤祐奏准停差巡鹽御史，歸併各巡撫督理。至是九卿等會議，直隸巡撫金世德疏言，直屬事務殷繁，長蘆鹽政巡撫勢難兼顧，請仍差御史專理。應如所請。其兩淮兩浙河東三處鹽政亦仍照例差御史巡視。從之。

十三年，添設江南安徽驛鹽道，其管理通省驛道改爲江蘇等處驛鹽道。是年添設四川督糧道及湖北驛傳道，俱兼管理鹽務。至十四年，改陝西固原道爲平慶道，管理驛鹽事務。十七年刊刻竈户由單，先經臺臣奏場竈丁地錢糧，照民户地丁刊刻由單，部議行令鹽臣查覆。嗣據兩淮巡鹽御史郝浴疏稱，刊刻由單則總竈無包攬之隱情，散竈知正供之確數，亦似有裨鹽政。部覆施行。

十八年，蠲免福建舊欠鹽課銀兩，以海澄等十三縣歷年被兵故也。

二十年，革除廣東福建鹽務積弊。先是，尚之信在廣東令其部人私充鹽商，據津口，立總店。耿精忠在福建横徵鹽課，久爲民害。命該部檄各督撫，悉革除之。

停止奉天銷引，聽民人自行貿易。九卿議覆户部侍郎達都疏言，盛京地方係招徠安插之民，其烏喇以内居住之人並新滿洲邊外蒙古等盡屬窮苦，自康熙十八年召募商人吕進寅等領引行鹽徵課無幾，而鹽價騰貴將及二倍，窮民難以資生，請停止銷引。民人有情願煎鹽發賣者，聽其自行貿易，不許豪强霸佔。更行令奉天將軍、户部侍郎查緝嚴禁。應如所請。從之。

二十一年，以高廉鹽田既復，令廣西食鹽仍復舊。例兩廣總督吴興祚疏言，謹按舊例，廣西南太思三府俱食廉鹽，鬱林等處俱食高鹽，挽運甚便。後因鹽田盡遷，改銷梧引，今高廉二府鹽田既復，請仍照舊例改食高廉之鹽，路近價賤有便於民。從之。又蠲免廣東渡口鹽埠額外加增銀兩。户部議覆廣東巡撫李士禎疏言，渡口鹽埠等項較舊額增銀六萬五千餘兩，均請蠲免。從之。

二十二年，議修撰漕運鹽法二書。户部題，臣部專治錢糧，而錢糧事務莫大于漕運鹽法。但漕鹽二項條款繁多，隨時因革，如撥餉裁員，截漕增引，以及商民旗弁之優恤，鹽課運艘之增減，合加纂集。查臣部主事趙吉士、張琦纂修《會典》將次告成，應即令其續修漕運鹽法二書，臣等覆加檢閱，再行繙譯進呈。從之。

又豁免山西修築鹽池包賠銀兩。户部議覆山西巡撫穆爾賽、巡鹽御史馬爾漢疏言，前撫圖克善查核鹽丁，將老少病廢盡行開報，迨鹽池水患仍責鹽丁修築，以致力役交困，甲里包賠。今通計包賠一萬七千一百餘丁，銀一萬五百餘兩，請行豁免。從之。

二十五年，定江西南贛二府仍食粤鹽。江西南贛吉安三府原食淮鹽，後改食粤鹽。康熙五年，兩淮御史黄敬璣請將吉安一府仍食淮鹽。康熙十七年，南贛二府改行淮引。至是，廣東巡撫李士禎疏言，粤東濱海小民，藉鹽以資生。從前江西南贛兩府俱食粵鹽，因康熙元年禁海以來粵東路阻，後改食淮鹽。今粵省平定已久，產鹽甚多，銷售無地，請循舊例，令南贛兩府仍食粵鹽銷引，下部議行。

二十六年，准陳州項城等處均改食蘆鹽。陳州項城等處舊食解鹽並舞陽縣，均于明季改食淮鹽，各屬距淮窵遠，風濤險阻，腳費既多，鹽價騰貴，額引難以完銷。河南巡撫章欽文奏請，比照懷慶府之例，改食蘆鹽。以長蘆距豫道路平坦，挽運甚易，引課不難完銷，將六屬額引九千一百張改增于長蘆，國課無虧，民生有益。部議應如所請，將兩淮之課照數除去。自康熙二十七年爲始，增入蘆額。得旨允行。

二十七年，清釐粵省鹽政諸弊。廣東巡撫朱弘祚條奏粵省鹽政。一、查從前僉商掣鹽納餉，凡上下大小衙門皆有公費，官役分派取用，此乃正課之外加出私派者，請嚴行禁革。一、埠商定例三年一換，倘商人內有公平交易地方相安者，應令永遠承充。其欠課及作奸犯科者，即行驅逐，另募充補。一、各州縣銷引設有定額，如定莞增城等縣，逼近海洋無地非鹽，小民就近取食，官引難銷。其餘州縣户口繁多，或有官引不敷之處，請酌量增減。又私廢埠商課餉派徵田畝，有累居民，請仍令招商行運。一、粵省舊駐尚逆黨棍未靖，或冒名旗下，或投託現任，謀充卡商，踞地爲害。請敕查冒名旗人及投託現在文武各官佔奪民利者，嚴加處分。一、粵省地方遼闊，易于行私，艱于巡緝。如虎門港口惠州浮橋等處，皆爲要津，請專委佐貳廉幹之員駐守盤查。一、粵省行鹽原有生熟二引，熟鹽出歸德等場，生鹽產淡水等場，民間嗜好不一，有食生鹽者有食熟鹽者。自尚逆在粵時以生熟鹽引限令三七配搭，派往鹽埠行銷，民間多有不便。請嗣後隨商掣運，隨民買食，不拘定額，以利商民。一、掣鹽之地多一次盤查即多一次冗費，如佛山距省城不過三十里，省城掣定之鹽行至佛山應免其復行稱掣。一、粵省鹽價奸商多任意增加，今各項陋弊俱令禁絶。商人雜耗既少，鹽價自宜少減。請酌水陸運費之多寡以定鹽價之低昂，遠者以一分二釐爲準，近者以七釐爲準。如遇陰雨，量加一二釐，商民兩便。至奸商攙和沙土諸弊，一併嚴禁。從之。

二十八年，豁免河東本年分額徵鹽池地租。又豁免長蘆新增引課。户部議覆直隸巡撫于成龍疏言，長蘆新增鹽引原因軍興需餉，暫議加增，數年以來，積引難銷，請賜豁免。查康熙十四年因軍需按引加增五分，已于康熙二十五年停止。今所增新引乃康熙十七年按人丁加徵，並非因軍需所增，應不准行。得旨：長蘆新增引課照該撫所題豁免，嗣于二十九年蠲免，新增天津鹽引課餉亦如之。敕甘肅巡撫就近管轄徵收花馬小池並臨鞏二府鹽課，河東巡鹽御史索禮疏言，陝西花馬小鹽池並臨鞏二府鹽課去河東衙門遼遠，不便徵收，請令甘肅撫臣就近管轄徵課。從之。

豁免雲南黑井鹽課。雲南巡撫王繼文疏言：雲南黑井鹽課前因官兵衆多，吴逆題請加增。今全滇恢復之後，逆屬家口盡行遣發，投誠人員按插各省食鹽甚少，此項加徵課銀懇祈豁免。從之。

二十九年，定直隸宣化各屬自煎食鹽例。直隸巡撫于成龍等疏言，長蘆行鹽地方惟宣屬最苦，請將額引除去，聽民自煎食鹽，仍照舊額納課。從之。

三十二年，以西鳳二府歲歉，暫減額銷鹽引之半，俟年豐仍照舊額行銷。

又議定改設兩廣鹽政所屬人員。吏部議覆巡視兩廣鹽課太常寺少卿沙拜疏言，兩廣鹽政向屬撫臣兼管，課餉引目係鹽道提舉司經管。茲蒙皇上欽差管理鹽課，所屬之員自應照例改設，將驛鹽道改爲運司。潮州一府離省窵遠，行鹽亦多，必得專員管理，應將提舉裁去，改設運同，使之駐劄潮州，催徵課餉。廣州府有歸德等場，惠州府有淡水等場，爲鹽觔出產之所，課餉之源，必須設立分司催徵巡緝。應如所請。從之。

三十八年，減兩淮鹽課二十萬以紓民力。奉諭旨：朕子育黎元，勤求治理，日孜孜以施德澤厚民生爲急務。而江浙二省尤東南要地，朕時切軫念。比歲以來，蠲豁田賦賑濟凶荒，有請必行，無災不恤。雖漕項錢糧向未蠲免者，亦曾特旨蠲免，愛養之道備極周詳。庶幾民生日益康阜，用是乘輿時邁，於視河事竣，巡歷江浙，咨訪民間情形，見淮揚一路既困潦災，而他所過州縣察其耕穫之盈虚、市廛之贏絀，視十年以前實爲不及。此皆由地方有司奉行不善，不能使實惠及民，所以小民雖懷愛戴之誠，而朝廷恩澤卒未下究。朕目擊廑懷，極思拯恤，截留漕粮，寬免積欠，另有諭旨。惟各鹽差關差向因軍需繁費，于正額外以所私得盈餘交納充用。今思各官孰肯自捐私橐，必仍行苛取，商瘠民困，職此之由，著將加增銀兩一概停罷，以紓商民之累。其兩淮鹽課，恐商人辦課維艱，有漸至匱乏者，著減去二十萬兩。朕視民如傷，惟恐一夫不獲其所。茲值海宇昇平，兵革不事，正當與民休息之時，故特涣沛德音，減徵寬税，以爲閭閻留有餘之力。爾部即遵諭行。減浙江鹽課加徵銀三萬一千三百兩。

三十九年，免緝私官兵獲鹽不獲人及私梟不能全獲處分。江南總督阿山疏言，大夥鹽梟結黨興販，遇有獨行船隻及孤僻村莊，恣肆劫奪，實爲小民大害。臣令兵弁協力緝拏，設遇鹽梟抗拒傷民，梟賊不能全獲，即罹重譴。故兵弁遇有賊犯不無躊躇卻顧。臣思販私之徒盡屬輕生亡命之輩，緝私勢必拒捕，拏獲十人以下私梟不能敘功，不幸兵丁有被殺傷，專汛官即罹重譴，則人皆自顧其功名性命，所以反生懈怠。臣請嗣後巡緝小夥鹽徒不論外，若大夥鹽船有能人鹽全獲者，臣與巡鹽御史酌量捐賞。凡私販知風預行逃走，止獲私鹽，變價充餉。設或私梟黨衆，官兵不能全行緝獲，而兵丁或被殺傷，專兼各官從寬概予免議。一年不獲，仍照舊例處分。其有縱私不擒者，仍定嚴例繩之。庶幾將弁思奮，地方寧謐。部議覆准。其縱私不擒者，專汛官革職，兼轄官降二級調用，不知情者仍照失察私鹽處分。

四十三年，勒石嚴禁兩淮鹽務浮費。江南總督阿山疏言：兩淮鹽課甲于他省，全賴商力充裕，價平民便，易于銷辦，急應禁除浮費。如賞給差役，如餽送別意，如過往賸儀，皆鹽政差滿所有也。又如帶行鹽觔，如隨費飯食，如重收桅封，則鹽政書差規例也。又如巡鹽到任規費，如過所稱掣鹽觔，如到任預借息銀，如承差二十名之内點用發收一名，以經手諸事魚肉衆商，致鹽之壅滯商民交困。請悉行禁革，勒石建碑。嗣後如有違禁，即行指名題參，從重治罪。奉旨：請革各款，大有裨于商民，著勒石永行嚴禁。

四十四年，敕禁直隸山東兩省私鹽。奉諭旨：朕頃者南巡，見直隸山東兩省販私鹽鑄私錢者甚多，傳諭該部嚴行禁止。

四十八年，議定均派行銷鹽引並改就近食鹽，以利商民之事。廣東巡撫范時崇疏言：廣東連州總鹽額引原派行銷本州及湖廣之桂陽、臨武、藍山、嘉禾等四州縣，樂昌總鹽額引原派行銷本縣及湖廣之郴州、宜章、興寧、永興等四州縣。今應將此項引餉作爲十分，量地均匀，連州、樂昌二處行銷十分之三，桂陽、郴州等八州縣行銷十分之七。又潮州惠州贛州三府，俱行銷廣濟橋之鹽，此三府所屬平遠鎮平程鄉興寧長樂五縣額引較別州縣獨多，而惠州府屬之龍川和平永安三縣及江西贛州府屬十二縣額引獨少，應將平遠等五縣之引匀銷于龍川等十五縣。至贛屬十二縣内信豐龍南定南三縣，原食潮鹽，接壤惠州，距潮路遠轉運維艱，應就近改食惠鹽。又福建汀州府屬八縣額引内，長汀一縣之引幾居通府之半，應撥長汀縣額引匀銷于寧化等七縣。廣西所屬鹽引易銷者爲全州、灌陽、興安三州縣，其鹽引難銷者爲靈川、陽朔、義寧三縣，應撥靈川等三縣額引匀銷于全州等三州縣。庶于商民均有裨益。部議應如所請。從之。

四十九年，定湖廣鹽引無分南北一例通銷。户部覆准兩淮巡鹽御史李煦會同湖廣督撫等奏，楚省長岳等十五府一州向行淮引，原行酌量地方食鹽多寡，通融銷售。自康熙六年將向食粤鹽之衡州永州寶慶三府改行淮引，遂致各守口岸不能通銷。而衡永寶三府又有粤省私販，鹽引壅積，請照舊例不計疆界，一例通銷。運到漢口之鹽，聽水商分運各處銷賣，合力緝私，同心辦課，兩有裨益。從之。

五十年，定兩浙鹽差交代之期。兩浙巡鹽御史顧圖疏言，兩浙鹽差于每年十二月交代，請改期八月，當秋水滿盈盤運不難，則錢糧易于完納。下部議行。

五十三年，准川鹽加增引額。户部議覆四川巡撫年羹堯疏言，查成都所屬犍爲等七州縣竈民請增水陸鹽引一千一百四十五張，徵税銀七百三十兩有奇，于康熙五十三年爲始徵收，以便民食。應如所請。從之。

臣等謹按，四川一省請增鹽引歲有陳奏，蓋蜀中經明季兵燹之後，招集流亡土著者僅百分之一二，江楚人民往耕其地動成村落，我國家休養生息日見蕃庶。是以户口歲增，食鹽者衆。請增請給數倍于昔，而鹽井所生流澤孔長，滇黔連界，盡仰食于斯。蓋自成都以外各郡邑水陸鹽引悉無壅滯，舉此一隅以見蜀中鹺政之大概云。

五十七年，添駐兵丁于三江營緝防私販。兩淮巡鹽御史李煦疏言，揚州府屬三江營地方，惡棍販賣私鹽者甚多，雖有分防汛兵，爲數極少，不敷巡防之用。應于京口將軍標下派兵一百五十名，千總一員，赴三江營地方駐防，聽江寧府江防同知鈐束。從之。

五十八年，裁去山東膠萊分司，令濱樂分司兼管。山東巡撫李樹德疏言，東省濱樂膠萊各設分司一員，膠萊分司不過在雒口驗放商鹽出關。查雒口離省僅十餘里，而鹽法道駐劄省城驗放最易，請裁去膠萊分司，其應管事務令濱樂分司兼轄。從之。

裁湖北驛鹽道，即以湖北糧道管理，從總督滿丕請也。

五十九年，議定兩廣鹽務交與兩廣總督管理。户部等衙門議覆廣東廣西巡鹽御史昌保疏言，兩廣鹽課有歷年積欠九十一萬餘兩，康熙五十七年十月經督臣楊琳題請先完新餉，舊欠五年帶銷。臣於康熙五十八年三月到任，以舊欠全未清完，因截住舊鹽飭完新餉，不但舊欠未交，新餉又復拖欠。且場鹽缺少，私鹽横行，臣力不能任，請將臣撤回交督撫管理，庶新舊課餉得按年清完。應如所請，將兩廣鹽務并新舊錢糧交與兩廣總督專理。從之。

定就撫鹽梟重販私鹽之罪。刑部題，直隸各省有鹽梟就撫之後復行販賣私鹽者，應將本犯解部充發和布多烏蘭古木地方。其從前受撫出結之地方專汛兼轄各該管官，俱照失察例議處。從之。

六十年，敕江浙官兵嚴緝私匪。奉諭旨：聞江浙私鹽盛行，盡爲盜賊，地方官員明知並不查拿，應著江南浙江京口將軍等派出兵丁嚴行查拏。大學士九卿科道等會議，查江浙行鹽地方遼闊，若令官兵在一處查拏，不能徧緝。江南京口地方應交與江南京口將軍，每處揀選賢能協領各一員，佐領防禦等各八員，兵丁酌量派出，各分明地方，除窮民肩挑背負小販外，其大夥私販嚴行查拏。如有能拏獲大夥私販一次者，准其紀録一次。獲二次者，准其加一級。該督撫等不時稽查，如有不將偷販私鹽之盜賊緝拏混行生事者，亦即行題參。其地方文武官員議處議叙之處，俱照從前九卿原議定例遵行。至雍正元年，以江寧私梟甚少，停止江寧滿營官兵協捕。

雍正元年，飭各省鹽道革除鹽法陋例積習。奉諭旨：邇年鹽法弊竇叢生，正項每多虧欠，一由上下各官需索商人，巧立名色誅求無已，窮商力竭不得不挪新補舊，上虧國課，高擡鹽價，下累小民。一由商人用度奢靡，相仍陋俗，不知節儉，致欠額征。爾等運籌鹽法，宜將陋例積習盡情禁革，必思何以甦商，何以裕課，上供軍國下利閭閻，方爲稱職。

又以崇尚節儉敕諭各省鹽政官員。奉諭旨：國家欲安黎庶，莫先于厚風俗，厚風俗莫要于崇節儉。《周禮》一書上下有等，財用有度，所以防僭越，禁驕奢也。孟子亦曰食時用禮，菽粟足而民無不仁。朕臨御以來，躬行節儉，欲使海内之民皆敦本尚實，庶康阜登而風俗醇。夫節儉之風貴行于閭里，而奢靡之習莫甚于商人。朕聞各省鹽商内實空虚而外事奢侈，衣物屋宇，窮極華靡，飲食器具，備求工巧。俳優妓樂，恒舞酣歌，宴會嬉游，殆無虚日。金錢珠貝，視爲泥沙。甚至悍僕豪奴，肥食起居，同于仕宦，越禮犯分，罔知自檢。驕奢淫佚，相習成風。各處鹽商皆然，而淮揚爲尤甚。使愚民尤而效之，其弊可勝言哉。爾等既司鹽政，宜約束商人，嚴行禁止，出示曉諭，諄諄勸誡，使其痛自改悔，庶循禮安分，不致蹈僭越之愆。而省一日靡費，即可以裕數日之國課。且使小民皆知儆惕，敦尚儉約，庶不負朕維風振俗之意。若仍前奢侈不知悛改，或經朕訪聞，或被督撫參劾，商人必從重究治，爾等亦不能辭徇縱之咎。

又定湖廣鹽斤價值。先是，奉諭旨：據楊宗仁奏請欽定鹽價，固執伊所原題具奏。朕視民商皆屬一體，士農工商雖各異業，皆係國家子民，理當一視。著黄叔琳、謝賜履前往楚省會同楊宗仁將鹽價作何酌定之處確議具奏。經部臣黄叔琳等覆奏，伏查歷來鹽價貴賤之因，率由場竈産鹽多寡不一，運到口岸先後不齊，歲時豐歉不常之故。但查康熙三十年間，楚省鹽價每包一錢，是以督臣楊宗仁因照此減定兼革陋規，亦冀稍便于民。其于正雜加增實未深悉。而鹽臣謝賜履專司鹾政，通計銅觔織造河工並帶徵等項，每年加增數十萬兩，不得不代商人縷晰呈奏。臣等公同酌議，除照裁革陋規，每包減去六釐外，于價賤時每包以一錢一分九釐爲率，于價貴時每包不得過一錢二分四釐。但楚省有安梁二種，黑白不同價，亦稍有低昂，安鹽每包應較梁鹽再減二釐。飭令遵行，商民兩便。疏入，如所議行。

二年，定廣西鹽法。廣西總督孔毓珣奏稱：粵西地處邊遠，商人資本無多，往往悞鹽悞課，欲求便民裕課，惟有官運官銷一法。通計合省一年鹽觔賣出價内約有餘銀四萬六千六百八十餘兩，二年之内共約餘銀九萬三千三百餘兩，存銀六萬兩永爲每年鹽本運費之用，尚餘三萬三千三百餘兩交貯道庫，行至下年盈餘又增。于第三年將通省鹽價照部定之價每觔減去二釐，每年所得餘銀四萬六千六百餘兩之内約減二萬七千八百餘兩，尚餘銀一萬八千八百餘兩，收貯道庫，遇有地方公事，撫臣奏明支用，核實造册題銷。部議准行。嗣經廣東督臣等奏，福建所定鹽法，將鹽院衙門各官及商人盡行裁革，鹽課均攤各場交與州縣官照數收納，殊覺簡捷。但廣東與福建地方懸殊，若著地方官赴場納課運鹽，必委之家人衙役，非設舖分賣中飽花銷，即分發地里按户勒派。臣等商議廣東課餉不缺，全在收鹽充足，應將場商停設，仍發帑委官監收，埠商仍留完課運鹽，内有課餉難完，無人充商之地，著落地方官領鹽運銷解價完課，引多壅積，地方有可以代銷者，聽其呈明代銷。從之。

又以兼理鹽政申諭各省督撫。奉諭旨：從來鹽差之弊，飛渡重照貴賣夾帶，弊之在商者猶少，加派陋規，弊之在官者更多。若不徹底澄清，勢必至商人失業國帑常虧。夫以一引之課漸添至數倍有餘，官無論大小，職無論文武，皆視爲利藪，照引分肥，商家安得而不重困。賠累日深則配引日少，配引日少，則官鹽不得不貴，而私鹽得以橫行。故逐年之課難以奏銷，運歲之引盡皆壅滯，非加派之所致與。鹽差惟在力除加派，使商困少蘇，盡復舊業，則課自盈餘。至于督撫係封疆大吏，更當仰體朝廷歸併之意。巡鹽御史地方官或不奉約束，今歸督撫則孰敢抗違。況欽差猶每年更換，而督撫兼理而無限期，若不實心奉行，使風清弊絶，則大負歸併之本意矣。至將耗羨充課，固屬急公，但恐以耗羨歸正額，而正額之外復加耗羨，商民重輸疊出，何以堪此。朕深悉商民營逐之苦，特諭爾等，其悉遵朕旨。

又議准：湖廣江西及江南上江等處，每引加鹽五十觔。户部侍郎李周望等議，兩淮所行之鹽，如湖廣江西及江南上江等處，地方闊大而鹽不敷用者，自甲辰綱爲始，准其每引加鹽五十觔。其山陽等州縣逼近場竈鹽不易售，不必加鹽，照舊遵行。又敕查漕船私鹽于運河口。奉諭旨：漕船回空夾帶私鹽固宜嚴禁，但仍照例在運河口内地方派官搜查。查出私鹽，必究明根窩場竈照例治罪。若至大江不可攔阻搜查，致生事端，有悮漕運。

又議給竈丁鹽價，復設兩廣運同一員，福建汀州府鹽務即令知府領運辦理。户部議覆兩廣總督孔毓珣奏，發帑收鹽，所給竈價水脚銀兩，照從前所定數目，每十分之内加增一分。其所加銀兩，即于埠商鹽包内議增之羨餘銀二萬兩内給發。汀郡引課，通融長汀等八縣協辦銷售，專責知府彙總，務將每年引課照數全完。淡水等場，係皆地勢廣遠，産鹽甚多，應揀選廉幹之員分委督收。至兩廣運使原設運同一員，應准潮州府照舊復設。得旨報可。嗣于雍正十一年以高廉二府私鹽充斥，知府不能兼管，添設高廉二府運判一員。

又飭巡鹽御史酌量時價改撥綱地行鹽以濟民食。巡鹽御史噶爾泰題明，食鹽難銷之處，值有綱地，行銷不敷，臨時改撥，又海潮淹没，竈煎不繼。鹽少價貴，成本倍增。懇祈隨時銷售。奉諭旨：鹽價之貴賤亦如米價之消長，歲歉則成本自重，價亦隨之，歲豐則成本自輕，不待禁而自減。近來聞得自湖廣禁價之後以致商竈居民皆甚不便，此楊宗仁一時偏執之見。朕意若仍隨時銷售，以便商民，均屬有益。該部於此本内一併確議具奏。尋議除壬癸二綱，積存廪鹽從前煎辦之額，應仍照依平價運銷。其自雍正二年海潮淹没以後，煎辦不繼，商本自必倍增，應令該御史以本年成本之輕重，合輓運遠近脚價，酌量時價，移會曉諭商民公平買賣，隨時銷售，不得禁定鹽價以虧商，亦不得高擡時價以病民。至食鹽之課輕於綱鹽，如果有綱地行銷不敷之處，應將何府州縣并可銷若干之處，查明具題改撥，照綱輸課，暫濟民食，俟各場煎辦旺足，即行停止。

三年，巴東縣地湧鹽泉，准於楚北州縣行引分銷。户部議覆湖北巡撫納齊喀疏報，荆州府巴東縣北紙倍溪地方忽湧鹽泉，居民煎煮，每日得鹽約二千餘觔，請照淮鹽行引於楚北各州縣分銷。應如所請。從之。

又裁波羅沖可克地方鹽務官。怡親王允祥等議覆原任大將軍年羹堯奏稱，臣在西寧時因邊外波羅沖可克舊有鹽池，青海蒙古人等運來邊内貿易，西寧軍民賴食此鹽。臣奏設副將一員，兵一千六百名，駐防彼處，將西寧通判移駐管理鹽務在案。現今郡王額駙阿寶移在波羅沖可克地方駐劄，無庸復駐官兵。其管理鹽務之通判亦應裁去。應如所請。從之。

五年，定滇鹽減價增薪之例。户部議覆雲南總督鄂爾泰奏，黑鹽一井薪本不敷，請每百觔加銀四分二釐，又額煎撥給鹽觔每百觔酌加銀二錢，應如所請行。至稱黑鹽發價于每觔額定三分内再減二釐之處，不准行。奉旨：地方出産有舊無而可以新增者，亦有舊有而應當裁減者。若有彼此抵算之項，准據實奏聞，則事皆核實。倘但令增添而不許裁減，殊非公平之道。且隱瞞那移之弊由此而生。著鄂爾泰查明鹽觔內所增銀兩抵補減價增薪之數定議奏聞。嗣經鄂爾泰奏，滇省各鹽井新增正課之數共銀五萬七千七百八十三兩，減價增薪之數共銀一萬九千餘兩，抵補有餘，請如前奏議行。從之。

又河東池鹽獻瑞，產鹽七百萬餘觔。河東鹽政碩色奏報，十月初三日起至十一月十一日止，池鹽獻瑞，不需人力自然滋生，多至七百萬餘斤，悉皆顆粒盤簇味甘如飴，迥異常鹽，下部知之。

六年，停止河南省知府彙銷鹽引例。河南總督田文鏡疏言：豫省惟汝寧一府九屬係食淮鹽，各州縣自應各照額引督銷。如銷不足引者，應照分數參處。乃因光州所屬之光山固始等縣與湖廣連界，湖廣食鹽價貴，奸商趨利盡將汝寧府屬之鹽賄通光州等處地方官，全運湖廣作私鹽貨賣。故光州等處每年銷引溢額，而汝寧府屬之汝陽、上蔡、新蔡、西平等縣終年不銷一引，謬謂民間不食官鹽，每引一張派令小民出銀一錢八分，解府通融奏銷，甚爲民累。至汝陽上蔡新蔡西平等縣俱與銷食蘆鹽之陳州項城等州縣連界，又以長蘆之官鹽作私鹽自行販運買食，各縣紳衿富户俱縱令家人佃户挑販私鹽，鄉地巡役不敢過問。及至奏銷派課，止累一二窮民，更爲偏苦。葢因彙銷之知府有收課分潤之肥，督銷之知縣無分數考成之咎。近楚之地方又有商人買路之規，運銷之商人坐獲官引私銷之價，欲絶其弊，當先嚴以法。部議應如所請。嗣後汝寧一府所屬引鹽停止知府彙銷，令各州縣招募殷實水商取結送部，准其行鹽辦課。該管州縣按季督催各銷各引，將商人運到鹽觔按引註明某州縣於某年日月行銷字樣，並截去一角，鈐蓋印信，俟銷完日繳部查驗。違者罪之。報可。

議准修理河東鹽池經費。河東巡撫御史碩色疏言：河東鹽池爲山陜河南三省食鹽所關，其防水之池牆渠堰均屬緊要。查舊例於額外羨餘之內，每年動撥銀五千兩，歲修渠堰。而鹽池一帶若不每歲修補，恐致大修之年倍多費用。請於添設餘引羨餘銀內，每歲再動撥六千兩，以三千兩作歲修池牆之用，以三千兩存貯運庫，積至五年以作大修之費，則池牆渠堰俱可永保完固。此等工程運同不能獨力兼營，請於附近州縣揀選幹員，凡遇修築之時委用五六員協助監修，庶事有專責而工無怠誤。從之。

又議准福建督臣條奏鹽政五條。户部議覆福建總督高其倬條奏閩省鹽政事宜：一、謹產地之收曬。閩省鹽場福清一場最大，其各團所產之鹽零散難稽，請建設總倉，令各團曬丁將所曬之鹽統歸一處封鎖，則稽查自易，且免雨濕水淹之患。莆田一場，各團滷窟並無遮蔽，應設法修砌以資防護。至潯美浰州浯州惠安漳浦南場金坑漳南詔安等場，俱各委員整頓，期有實效。一、嚴銷地之售賣。閩鹽向係商行，後改爲官賣，近復用水客肩販，請暫令水客分認行銷，而以官運接濟，俟行之三年有辦理無誤者，報部僉爲商人，再請發引以立成法。至存貯鹽觔，照例於場鹽多產之時，官動課銀就場收積，以備接濟。一、定鹽課之額數，閩省鹽課有額徵公費二項，共徵銀一十七萬有奇，是爲正額。其額外溢行之鹽，乃爲盈餘，除支給鹽道暨各官場役公用外，俱造入盈餘册奏銷。一、酌辦理之人員，閩省舊設辦理鹽務各官，雍正二年悉行裁去，嗣後請於通省佐雜官內遴選廉幹之員管理鈐束，仍不時遣官巡查。均應如所請。從之。

又定浙省玉環各嶴徵收漁鹽税銀列。户部議，浙省玉環各嶴舊有采捕漁船，應照例刊號給牌，令赴玉環查驗。其濱海煎鹽之户亦令編入保甲，并竈聚煎，官收官賣，毋許私販出境。所有漁鹽税銀即以備各項公費之需，俟玉環一切經理完備後，另照內地之例，各歸藩司鹽政項下充餉。從之。

又飭江蘇常鎮道督緝鎮江閘口私鹽。户部議覆總督兼理兩浙鹽政李衛疏言：江南蘇松常鎮四府，民間食鹽定例行銷浙引，至京口一帶地方接壤兩淮，僅隔一江，私販易於偷渡，是以從前鎮江閘口責成文武各員盤驗搜查。但日久法弛，以致私販潛滋，浙鹽壅滯。請交常鎮道就近管理，督同鎮江府海防同知、京口將軍標下副將、鎮江城守參將輪流分班經管，不論糧船兵船差船，如有夾帶私鹽，許即嚴拿。其水陸一切私鹽，並令查拏。倘有疏縱失察，照例糾參。仍嚴禁官弁兵役，毋得勒揹商民，需索進閘使費。倘該道員不能實力整頓，該督即行指參，照例議處。應如所請。得旨：依議。盤查私鹽著該管官實力奉行，並令江南巡察御史不時訪察。

又定私梟連坐之法，浙江總督李衛議覆江南督臣奏稱：私梟窩囤已經會題舉行十家連坐之法，如一甲之人不行出首致旁人首告者，其甲長及同甲人等一併治罪。查連坐之法惟當就兩鄰甲長嚴治其罪足蔽厥辜，若因一人而株連及於同甲之十家，未免罹法者繁。且恐反畏同罪，衆口朋比隱匿難以稽查。應請尋常興販，止治兩鄰甲長以不首之罪。若大夥窩囤聚衆拒捕者，將首犯之同甲一併連坐。從之。

又議准兩淮鹽場設立竈長保甲以清鹽政。户部議覆：浙江總督李衛遵旨會議：兩江總督范時繹等條奏兩淮鹽務：一、各竈燒鹽處令商人公舉幹練殷實者，按其場竈酌用數人，并設立竈長巡役，查核其鹽之多寡，盡入商垣，以杜竈丁私賣之弊。一、凡州縣場司俱令設立十家保甲互相稽查，遇有私販據實首明，將本犯照例治罪，私鹽變價分別賞給，誣者治以反坐之罪。倘有徇隱等情被旁人告發者，該州縣場司官照失察私鹽例參處。俱應如所請。從之。

臣等謹按，保甲之法所以靖盜源，而著效莫切於場竈，蓋都會郡邑以及鄉里市鎮土著者，與外來相閒，奸良錯雜，遷徙靡常，非精勤職事之員鮮能徹底清釐永久無弊。惟鹽場竈户星羅碁布環聚而居，且皆各有執業，不同游手，少爲檢察，一望可知。其法以十家爲甲，十甲爲保，櫛比鱗次，不須越户編排。保長甲長謹司其事，私煎私販無自而生。而且晝夜之守望相助，蕩草之有無相通，盤鐅之假借相近，兼以賑貸之恩旁施遍及丁男户口指掌可推，保甲之易行而有效無過於是。惟在場官及地方有司力行而堅守之，有要有倫，不疏不懈，則鹽法中所以清釐場竈之道思過半矣。

又禁鹽場竈户私置盤鐅并定淮北曬掃餘鹽商買配運例。江南巡鹽御史戴音保條奏：從來場竈燒鹽之具，深者爲盤淺者爲鐅，設有定數，無許過額。而煎燒鹽觔以一晝夜爲火伏，竈户臨燒向本商領取旗號，舉火則張旗，息火則偃旗，垂爲定例。又有巡查之人往來場竈閒，用防息火之後復又私煎。近來竈户每多私置盤鐅，而火伏又不稽查，是以任意煎燒，每多溢出之數。請飭鹽法官將在場盤鐅徹底清查，再嚴火伏之法。如有額外私置盤鐅，於火伏之外私行煎燒者，即以販私之罪罪之。又淮安之北五場用潮水曬掃成鹽，難與火伏一例，請責令各場官，凡日掃之鹽全數送入商垣，餘鹽令商人收買配運酌加引課，報部查核。下部議行。

七年，清理山東鹽法，添設膠萊運判一員。户部議覆欽差刑部左侍郎繆沅等條奏山東鹽政事宜：一、永阜永利濤雒三場灘廣鹽豐，率皆露積，請設立官鹽坨，將所產鹽觔收貯。編設保甲，互相稽察。一、商人領引行鹽每多重複透運，請設水程驗單，隨領隨運。一、州縣行鹽殘引應按期繳銷，如地方官督催不力，請嚴查揭參。一、東省十場地方遼闊，運同一人鞭長莫及，請復設膠萊分司運判一員，分任管轄。均應如所請。從之。

八年，定川省鹽引行銷分別納課例。奉諭旨：川省鹽課考成惟責之產鹽州縣，其餘並無巡查之責。且有僻遠地方不行官引，以致私販充塞，甚爲鹽政之弊。應將官引通行各省，約計州縣户口之多寡，均勻分發引張，令其各自招商轉運。倘有壅滯，責成各州縣定爲考成。如此則有司等自必加意查察，使私販息而官引銷，弊端可釐剔矣。著督撫詳議具奏。經四川督撫覆奏稱，川省州縣如簡州閬中等三十九州縣，均係產鹽地方，原無引目分發各州縣招商辦運，應將各州縣應銷引目計算户口，另請增給，責令竈户照商人一例行銷辦理。至所產鹽不敷民食之處，亦令計算户口分認別州縣招商行運。其不產鹽之成都華陽等州縣廳衛共九十九處，均令分認引目招商運銷。又疏稱，僻遠州縣如松潘衛、南江縣、儀隴縣、建始縣四處，或道處遥遠，或治設山僻路途崎嶇，人民散處招商不易，因而鹽價高昂，貪利奸徒乘機興販。應令地方官查明户口約計食鹽配引，凡一村一莊配發引目，招商轉運，接濟民食。至各州縣考成，既經分引行鹽，倘官引壅滯，或課税未能全完，以及招商遲延私販發覺，均仍照定例處分。又據稱，寧遠一府係新設府治，查所屬之西昌會理冕寧鹽源越巂德昌迷易鹽中等州縣衛所，俱食鹽源縣鹽。今鹽源縣行銷陸引四百張，倘有餘鹽，自應查明鹽觔，請引行銷。查該府所屬八處地方均屬漢番雜處，向來引税俱係就買鹽人民抽收税課，應將引目交與鹽源縣，令該縣典史駐劄白鹽井地方，仍於各屬居民買鹽時抽税。又據稱，川鹽有例行黔省之貴陽、安順、平越、都勻、思南、石阡、大定、威寧，並改黔省之遵義，滇省之鎮雄、烏蒙等十一府州縣，及川省之西陽石砫明正木坪瓦寺金川阿日離谷九姓等各土司，並新改設之黄螂雷波等處發賣者。從前引目並未帶往各省及土司等處地方，蓋因途路遥阻，商人不能前進，皆係沿途州縣截角掛驗，彼處商人轉運該地方截角，州縣換給照票，以爲前途盤驗之據。今請將應行黔滇兩省及土司並新設之黄螂雷波等處鹽觔，行令該督撫核明水陸引張確數，照例刊刻雙聯引根引紙，鈐蓋鹽道印信，分發沿邊州縣，俟商人運鹽到日，該州縣照部引字號張數填註引根引紙，於中縫大書鹽觔數目，以引紙截給鹽商照例截角放行。其引根飭令該州縣俟鹽觔運銷完日同部引申送鹽道查核銷繳。得旨允行。

又議准青登萊鹽課攤入地糧征收。巡視長蘆鹽政御史鄭禪寶疏言：山東青登萊三府所屬之安邱蓬萊十六州縣票鹽舊係招商辦課，民情未便，嗣後請革除商名，聽民自行領票銷賣。其應納課銀攤入地糧征收追報部議。應如所請。從之。

又議准東省鹽包分重作輕以便行運，并舉行經徵全完議叙之例。户部議覆原任長蘆鹽政鄭禪寶條奏，山東行運散鹽地方逐一確查，除可以整包行運者照舊每包額重二百二十五觔外，其道路崎嶇車輛難行之處，許分作四包，每包五十六觔四兩，著爲定例。至嗣後經徵全完之場大使並州縣等官，請照地丁錢糧經征五萬兩以下全完之例，督催之分司運同運判照直隸州知州知府督催十萬兩以下全完之例，鹽運使照布政使督催五十萬兩全完之例，俱給與紀録一次，以示鼓勵。均應如所請。從之。

九年，敕兩江總督兼行總理鹽政。奉諭旨：兩淮所轄地方甚爲遼闊，緝私禁弊往往官弁視同膜外，該鹽政呼應不靈。兩淮鹽務著署總督尹繼善兼行總理與高斌和衷共濟，於鹺政自有裨益。

十年，議准廣東子鹽貯省配引行銷。户部議覆廣東總督郝玉麟疏稱，廣東帑鹽俱由海運赴省，往往趲運稽遲，商人候配，居民缺食。今每年所收子鹽約有二十封，應請存貯省倉，遇正鹽遲缺之時撥配商引以濟民食。每包仍照定價收銀三錢六分五釐，所收價銀同廣西鹽餘歸入京羨項下據實題報。從之。

又撥節省銀兩加給竈丁鹽價。户部議覆廣東總督鄂爾達疏言，疏通官引必先杜絶私鹽，而粤東私販充斥，總由沿海竈丁偷賣所致。今該督以竈曬各丁所領官價除完課租等項外，所餘無幾，不得不冒法鬻私。今欲杜私鹽，必加增鹽價。奏請將淡石二場專歸官辦，每年可節省銀一萬六千三百五十八兩零，即分給通省曬丁以培竈户。應如所請，將惠州淡石二場專歸大使督收管理，除每包給工火銀一分五釐外，所有節省銀一萬六千三百五十八兩零即以分給通省曬丁，内每包加銀一分五釐零，以爲煎曬工本。仍行該督飭令該管官不時查察，嗣後倘再有鬻私情弊，即行從重究治。疏入，從之。嗣於乾隆元年九月據督臣奏，鹽丁貧苦即加價收鹽，不敷養贍。部議鹽有貴賤，自應隨時增長以養竈曬，乃竟以核定價值致竈曬苦累，從前辦理原未妥協。應如該督所題，將每年所獲鹽場羨餘銀兩出示曉諭，自行銷乾隆元年引鹽爲始，於通省各場每年應收鹽一百萬餘包内，每包加增銀四分，共銀四萬餘兩，以裕竈曬各丁養贍家口之資。得旨允行。

十一年，嚴禁鹽觔虧短，并令行銷省分十日一咨以懲遲滯。江南總督尹繼善等覆奏：王士俊條陳鹽觔虧短價值增昂一款。查淮商捆鹽觔數無虧短少，惟是鹽到口岸轉發水商，而水商偷出觔兩銷售，不可不嚴懲其弊。應如所請，於引鹽到岸未發之先抽稱，不足即將淮商究治。如已發水商在地行銷觔兩不足，即將水商究治。又覆奏，鹽船到楚向無時日可稽，請於鹽船開行之日，將裝載引目及商人姓名定爲十日一咨，移會行銷省分，令其依限到岸。如遇風大難行，即將緣由報所泊地方官轉報行銷省分地方官稽察。此外遲延，即行究處。從之。

又改設淮南巡道督緝鹽務，並令設專營於儀徵之青山頭。吏部等衙門議覆原署兩江總督伊繼善條奏兩淮鹽政事宜。一、淮南三池營地方舊設鹽捕同知，不足以資彈壓，請改設巡道一員，督緝揚州通州各屬暨鹽城阜寧靖江等鹽務，以重職任。一、儀徵之青山頭請立一專營，設守備一員，把總一員，外委把總一員兵一百名。江都縣之馬家橋、甘泉縣之邵伯鎮、北壩僧道橋各添設把總一員兵三十名，分駐巡緝。應如所請。從之。

又革除廣東坐標行標私收税課之弊。户部覆准廣東總督鄂爾達疏言，東莞新會等十三埠，從前各商設立坐標税收漁户幫餉，又於各墟場鎮市設立館舍，凡遇挑賣鹽魚鹽菜等物，勒令納税，苦累貧民。請將坐標幫餉嚴行禁革，令各商帶罪辦課。并曉諭沿海漁户，照部定價值減去一釐五毫務買實鹽應用，並將墟場鎮市之館舍行標勒石永禁。嗣後如仍有坐標私收幫餉及行館私收税課者，分別治罪。

又定湖南新闢苗疆行銷淮引。户部議覆湖廣總督邁柱疏言，永順府之永順保靖龍山桑植四縣，及辰州府屬分防永綏同知地方向來均屬苗土，所食鹽觔原未定額行銷，是以該地食鹽價值昂貴。今土民輸誠向化改土歸流，經辰永靖道王柔奏請，照川省引鹽之例借支藩庫帑項，令各該地方官承運行銷川鹽。内閣議覆楚省行銷淮鹽十分之七，若因苗土一隅領運川鹽，致恐川私蔓延，淮引難銷。行令湖廣督撫會同江南總督兩淮鹽政詳悉妥議，另設引張，酌減課額，運銷淮鹽。今會查永順所屬四縣及永綏同知地方，通計户口，照江西吉安口岸引鹽之例，共需運鹽三千二百七十一引，可足民食。應如所請，增給淮鹽引目。從之。

定新闢苗疆鹽價。湖廣總督邁柱疏言：永順府屬之永順保靖龍山桑植四縣，每年需鹽二千七百二十一引，又辰州府屬永綏苗疆每年需鹽五百五十引。惟是永順永綏均係新闢地方，且又極處楚邊，其所增引張應輸課額，實難照淮南正綱一例完納。今遵部議酌減，請照獨行認運之江西吉安口岸一例納課，每引納銀八錢四分八釐零。查鹽價隨時久奉諭旨，兹苗疆食鹽原奏内開，現在鹽價每觔幾至四分，今折中定價雖至貴不得過三分，既不過昂以病民，亦無過剋以累商，於商民實爲兩便。從之。旋於雍正十二年，湖督邁柱酌定永順永綏等處改捆包砠觔兩，每小包以八觔爲率，每一引改小鹽四十三包。咨部准行。

十二年，定湖南常寧縣屯户食鹽行銷淮引。湖南巡撫鍾保疏言：湖南常寧桂陽二州縣界址毘連，屯丁田賦户口欽奉上諭清查歸併。常寧例銷淮引，貴陽例食粵鹽，今屯丁散處常寧縣交界地方，食粵食淮不無混淆。又因離州窵遠不服縣轄，遂有販私抗拒之弊。查五十四户屯丁散布彌勒等處，實常寧腹内之地，今屯户錢糧仍在該州完納，煙户門牌又在該州查點，似此離州窵遠不服縣轄實屬兩岐。請將五十四户屯丁田賦户口歸併就近之常寧縣，以雍正十二年爲始徵收管轄。其五十四户之食鹽亦照常寧縣銷引成例改銷淮引，可杜私販之源。再常寧桂陽二州縣年銷額引經行已久，未便更張。即此五十四户屯丁散鹽諒亦無多，不便議請彼增此減。部議覆准，應如所請，額引毋庸另議增減。從之。

又定粵省餘鹽價值。廣西巡撫金鉷條奏廉州鹽務收買場竈餘鹽以清私販之源，奉上諭：收買餘鹽以清私販，金鉷所奏甚是。但私既歸官，而官或又行私，其間收數之多寡，運銷之先後，定價之寬刻，報課之虛實，惟視奉行者何如。謂立法以除弊，恐弊即因法生，亦正未足恃也。其廣西通省可否專銷廉州鹽，及廉場餘鹽作何收買，動何款項，並如何撥用，如何交領，能否遍行土司，有無關礙引課之處，著鄂爾達等會同金鉷一併虛衷熟籌妥議具奏。經廣督鄂爾達等奏稱，場竈餘鹽不鬻於官而售于私，故欲清私販之源不得不用官買之法。而官買餘鹽若照正鹽一例給價，恐竈丁貪圖重利，仍不免漏私之弊。今每包酌定價銀四錢五分，以每包一百五十觔計算，每觔合銀三釐，較之額價每觔增銀一釐三毫零。應照所奏行之。收買餘鹽既比正鹽額價酌增，若照正鹽一例配引納課，則工本較重，恐致壅滯難銷，亦應如所奏，每官鹽一包令帶銷餘鹽五十觔，即於正引内填載引程不必另設引目。再據稱，每鍋一口應煎得鹽四百觔，即以三百觔爲正鹽給以額價，一百觔爲餘鹽給以加價，或有多寡不等，照此遞算。通省各場應按各場各地實價，不必拘定四錢五分，約計工本銀四萬兩方能敷用。應准其在於雍正九年場羨銀内借動，俟收有羨餘歸還原項。並令將廣西省如何行銷酌搭之處，再行查議具奏。經廣東督臣等合詞疏稱，東省各場增加價值收買生熟餘鹽，價有高下不同，配運搭銷亦異。自廣東廣州府等各屬每包加價由一錢八分以至五錢一分不等，其就場配埠搭銷及配銷西省，每包收價自三四錢以至九錢有零不等，分晰註册報部。至西省運銷，如南太思三府額銷廉州場熟鹽共應加銷餘鹽六千三百五十一包，内除該三府加額一千九百五包外，其餘四千四百四十六包分撥於太平府等各土司及寧明歸順二州，照數領銷。鬱林等七屬例配高州場熟鹽，共應加銷餘鹽四千一百五十九包，内除該七屬加銷一千二百四十七包外，其餘二千九百一十二包再令岑溪容縣北流三縣領銷。其該府州共應帶銷餘鹽一萬二千三百七十包。該督等既稱生引各埠遞年銷鹽不能畫一，未便派定埠地，應令該督等按年稽查各埠行銷數目，通塞隨時酌撥行運。至各埠帶銷生熟餘鹽，應令嚴飭各該埠照部定價值一體銷售，毋得高價累民。其分撥土司及改土爲流地方，照各府首邑定價酌減四五六釐，令各土司該管官運回發賣以便民食。其鹽包專責該管知府領運轉發，督銷解價。至各埠遞年收買餘鹽，除撥西省運銷外，所餘鹽觔分別搭銷，按年造册送部查核。一、據稱西省各埠銷此餘鹽，每包除歸還東省鹽本羨餘，并扣西省轉運腳費賣鹽工火，又扣還場價納回東省場羨銀兩并各土司減賣，每年約共羨餘銀三萬餘兩。此項羨餘應歸西省，每年於造報正引羨餘外另案造册題報。一、西省領銷餘鹽并收買墩白兩栅餘鹽，該督等既稱每年共需銀二萬三千兩，應於該督官運官銷羨餘銀内暫行動支，俟兩年内將所得餘鹽羨餘歸還原項，再於餘鹽羨餘銀内提出二萬三千兩永爲買運餘鹽之用，至雷州府屬海康等三場所收鹽包，既僅足供本埠額引之用，三場餘鹽毋庸議收。從之。

又定留各場竈醃切及貧難挑負售買鹽觔。户部議准江南總督趙宏恩疏言，淮南淮北之通州泰州興化鹽城阜寧如臯等州縣，濱臨江海，民竈多以捕魚爲業，食鹽之外又有醃切一項，應按户口醃切多寡，就附近場竈餘鹽酌留。漁汛之期於海關填定鹽數，照票赴場買鹽彙册報查。至各州縣酌留食鹽，應令各州縣於城市鄉村查造貧難小民花名年貌，置造循環號籌，循去環來，輪流倒换。其鹽無許過四十觔之數。或有假託貧難，肩挑運送窩囤合成大夥私鹽者，仍照律併數究擬。從之。

議准高寶等處口岸食鹽。兩江總督趙宏恩等議前督尹繼善條奏，高寶儀徵等處同淮北綱鹽口岸共增食引二萬道，綱引二萬道，配運餘鹽。所有高郵州寶應縣泰興縣共請頒發食引一萬道，收買餘鹽配運試行。一綱告竣，如有不足，另請續頒。倘銷售不前，即將餘引繳銷，俟行三綱再作準數定額。其捆運事宜，悉依江甘食鹽成例。從之。

又添淮南儀所監掣官。吏部覆准兩江總督趙宏恩等疏言，儀所乃淮南綱食引鹽掣鹽重地，即鹽政不奉別差亦難逐日身親其事，批驗大使微員，非可代辦。是以歷委府佐幹員在儀監掣究屬借用，應於儀所添設專理監掣一員，以重職守。嗣後於通省府佐内遴選諳練之員題補，并請鑄給淮南儀所監掣關防。報可。

十三年，議准直省鹽法四條。兩淮鹽政高斌疏言：一、浙閩川粤及長蘆商人於淮鹽接界，廣開鹽店，多積鹽觔，結梟興販。私梟借官店爲囤户，鹽店以梟棍作生涯。應行令各督撫實力查拏究治。一、湖廣界連川粤，設有總巡商人，究非職官可比，宜各選勤幹府佐一員督率巡查。一、審鹽案無許避重就輕。一、江廣水程與引目無異，請歸撫臣就近查核完欠分數，檄行驛鹽道勒限嚴催。下部議行。

又敕諭兩淮鹽課乙卯綱正額分年帶銷。奉諭旨：淮南鹽政課額甲於天下，兩江三楚延袤七八千里，皆仰給於淮鹽課源用以饒裕。近聞湖北旱禾收成稍歉，鹽未暢銷，楚地素爲魚米之鄉，湖魚旺產亦號豐收，商得資其醃切藉以完課。今年漢水漲發，魚市稀少，又湖南因經理貴州苗疆軍務，未暇轉運，以致漢口鹽壅未銷，積至七八百萬包。是乙卯綱正額未能當年報銷，而明年乾隆元年丙辰綱又應接年起運，兩年並納，商力維艱。朕心深爲軫念，用是詳爲區畫籌度變通，將乙卯未完正額提出分年帶徵。自乾隆元年丙辰綱起，按年接運，則商力既紓，完納自無遲悮，從此年清年額可永無遞壓之虞。又蠲免兩淮場竈應徵折價錢糧。奉諭旨：朕即位之初，加恩海内民人，已降旨將雍正十二年以前民欠錢糧悉行蠲免，俾閭閻無催科之擾。因查兩淮鹽場竈户應徵折價錢糧亦有未完之項，當與民人一體加恩者，著該部即速傳諭總督趙宏恩、鹽政高斌將雍正十二年以前舊欠若干一一查明，照地丁錢糧例奏聞蠲免，俾竈户均霑實惠。毋許胥吏作弊中飽。

《清朝文獻通考》卷二九《征榷考·鹽》　乾隆元年正月，弛窮民販鹽四十觔以下之禁，停止商人私僱鹽捕及巡船汛兵以除擾累。奉諭旨：私鹽之禁，以大夥私梟每爲盗賊，逋藪務宜嚴加緝究。然恐其展轉株連，故律載私鹽事發，止理人鹽並獲，其餘獲人不獲鹽，獲鹽不獲人者，概勿追坐。至于失業窮黎，肩挑背負易米度日，不上四十觔者，本不在查禁之内。乃近見地方官辦理私鹽案件，每不問人鹽曾否並獲，亦不問販鹽觔數多寡，一經指拏，輒根追嚴究，干累多人。至于官捕業已繁多，而商人又添私僱鹽捕巡鹽船隻，凡遇奸商大梟公然受賄縱放，而窮民擔負無幾輒私拘執，或鄉民市買食鹽一二十觔者並以售私拏獲。此弊直省皆然，而江浙尤甚，朕心深爲憫惻。著直省督撫嚴飭各府州縣文武官弁，督率差捕，實拏奸商大梟，勿令私縱。其有愚民私販四十觔以上被獲者，照例速結，不得拖累平人。至貧窮老少男婦挑負四十觔以下者，概不許禁捕。所有商人私僱鹽捕及巡鹽船隻幫捕汛兵俱嚴查停止，毋得滋擾地方。

又改浙江巡撫爲總督，管理兩浙鹽政。浙江布政使張若震奏稱：藩司之職經管直省錢糧，難以兼管鹽務。奉諭旨：大學士嵇曾筠現爲浙江巡撫，著改爲總督，兼管兩浙鹽。政浙省海濱之地，向來鹽價每觔不過數文，今加一倍且有不止一倍者，小民甚爲不便。嵇曾筠悉心調劑，使之平減，俾商民均受其益。

又裁汰滇省鹽課盈餘以平鹽價。奉諭旨：朕聞滇省鹽價昂貴，每百觔自二兩四五錢起，竟有賣至四兩以上者。邊地百姓物力艱難，僻壤夷民更爲窮苦，每鹽價太貴，有終年茹淡之事，朕心深爲軫念。查該省鹽課，除正項外有增添盈餘以備地方公事之用。朕思盈餘之名原係出於民力充裕之後，若民食不充，自無仍取盈餘之理。著總督尹繼善悉心妥辦，將盈餘一項即行裁汰，令鹽價平減。縱使昂貴，亦只可在三兩以下。若裁去盈餘之後，公用有不敷處，另行酌議請旨。

減廣西鹽觔價值。先是，廣西鹽引因商人無力承辦，於雍正元年經督臣孔毓珣題請官運官銷，借動庫銀，將鹽本赴廣東納價配鹽分給各州縣，照部定價值發賣。行之二年已有盈餘，遂將通省鹽價照部定之數，每觔減價二釐，百姓稱便。雍正五年又經孔毓珣奏稱，粵西鹽觔自官運官銷以來，已無鹽缺價貴之虞，應請照原定部價一體銷售，不必裁減二釐，經部議准。至是奉諭旨：食鹽乃小民日用之需，部價既多二釐，則民間所費必不止於二釐。廣西地瘠民貧道路遥遠，應令鹽價平減，以惠閭閻。自乾隆元年爲始，著照雍正元年原題每觔減去二釐銷售，該督撫可嚴飭各州縣，不許加增分毫，務使小民均沾實惠。

暫停浙江鹽政領發餘引。大學士浙江總督、管理鹽政嵇曾筠奏，查兩浙正引每年共七十萬一千六百九十八道，雍正七年間前督臣李衛預請餘引額目十萬道，經部議准，鹽多增配，鹽少續銷，贏縮隨時，原不拘定成數。嗣後則步趨前例，必欲取盈，遞年增至二三十萬引不等。查上年冬掣不敷正額，今届夏掣竭力趕煎，祇可照正引捆運，暫停請領餘引。從之。

又議准浙江鹽務四條。大學士浙江總督嵇曾筠條奏浙江鹽政四條。一、一、商捕難裁，請盡改爲官役，報明地方官，造入卯簿，以便約束。一、水路巨梟積販，原藉兵役駕舟巡緝，請將緊要隘口令有司會同營汛逐一確查，編號造册，以備巡緝之用。一、巨商領運鹽觔自應一引一鹽，若飛渡灌包夾帶引鹽相離，殊非鹽法定制，應飭巡船弁兵一體查拏究處。一、巡緝私鹽應以功過之大小定賞罰之次第，嗣後巡鹽兵捕能拏獲私鹽船隻，應分别賞給有差。部議應如所請。從之。

定漁户領鹽例。兩江總督趙宏恩奏覆酌籌鹽務事宜，經部行查各款，逐一分晰咨部。查漁户領票赴買之鹽，除淮分司所屬場分歷來並無海關照票，亦無完課之處。至通泰二分司所屬各場，每逢魚汛之期，沿海民居僱備船隻，先赴海關投納船税，請領照票。本關驗明該船梁頭尺寸，九尺以上爲大船，八尺以上爲中船，七尺以上爲小船。票内填定舵工船户姓名，並大中小尺寸。漁户執票赴場，場司驗票，大船給鹽三千觔，中船給鹽二千觔，小船給鹽一千觔。漁户買鹽出洋採捕汛畢歸港，報明場司，查驗該船得魚若干。如魚少鹽多，即令將餘鹽歸垣售商。如魚多鹽少，漁户即投醃切牙行，照魚數買鹽復醃，仍照魚數于狼鎮投納餉税，然後裝赴江南貨賣。此外並無完納别項課銀。再報税用鹽，俱以魚數之多寡爲憑。此等船隻承潮雲集，赴場則多報魚數，希圖混冒鹽觔；赴關則少報魚數，希圖脱漏税課。關場官役勢難盤查實數，每多受其欺蒙。應飭令各場員，每年汛畢，漁船進港，該船報明捕得魚數，一面查核用銀之多寡，一面將各船魚數咨呈狼鎮收税衙門。如漁户投税少報魚數，聽收税衙門查究，則漁船不敢捏報冒鹽，亦不敢減數漏税，應飭行爲例。下部議行。

又定浙江增觔改引例。奉諭旨：浙江海濱地皆斥鹵，向來鹽價甚賤，居民稱便。十餘年來，鹽價增長近則加至二三倍不等。朕再四圖維，並留必諮訪，鹽價之貴固在于場鹽少産，亦由于商本艱難。惟有使商人鹽觔充裕，則鹽價自然平減。今酌定增觔改引之法，將杭嘉湖三所引鹽，循照兩淮舊額，每引加增鹽五十觔，連包索共重三百三十五觔。至松江一所原爲海濱産鹽之區，向因額設季引九萬餘道，分别上中下三則征收正課公費銀五萬四千餘兩，遂使近場州縣多有鹽貴之苦。今循照沿海温台等處之例，改行票引九萬餘道，每引給鹽四百觔，令商人設店住賣。如此增觔改引，則商本寬裕，轉輸便易，庶可復還數十年前之原價，以便民用。

又以運河挑淺預運鹽觔酌寬商人納課限期。奉諭旨：淮揚運河于來歲挑淺，鹽船不能行走，民食所關，必須先事綢繆預爲捆重，運至儀所，以便源源運往口岸，計得預鹽七十萬引。但商人行鹽原係陸續完課，以次轉輸。今既預運七十萬之引鹽，即須早完七十萬引之正雜錢糧，商力未免竭蹷。查鹽務正雜錢糧，商人向分三次完納，首先完銀謂之請單，其次完銀謂之呈綱，最後完銀謂之加觔，此舊例也。今朕寬緩其期，將此預運之引鹽所有請單呈綱兩次應納錢糧，准于加觔時一併完納，俾商力寬舒，得以從容辦課。至淮北引鹽亦由運河經過，所有預運鹽觔十萬餘引，亦照此例行。嗣以預運與正運一齊趕辦，恐其中仍不免竭蹷，令將淮南丁巳綱正運引鹽未築壩以前運到儀所過掣者，其應納請單呈綱錢糧各先完納一半，餘聽陸續完納總限奏銷之時，全數通完，俾商人更得通融辦理。

裁滇省鹽課盈餘并除分派煙户食鹽之弊。先是，滇省鹽價昂貴，每百觔價至四兩以上者。敕諭：滇省督臣裁減盈餘，以平鹽價。續於是年又奉諭旨：各省鹽政辦理之法各異，如雲南所產井鹽俱係府州縣領銷派定額數，由各鹽井領運分銷辦課，不許越界販賣，通行已久。兩迤衝繁之處，人民輻輳，不難照常銷引。間或缺鹽，借之鄰近州縣通融協濟。其山僻州縣鄉村窵遠居民鮮少，地方官恐蹈墮銷之咎，關碍考成，遂將鹽觔分派里甲，挨户分食官鹽按限繳課，名曰烟户鹽。小民家口多者可以照數納銀，若貧民家口無多餘鹽未曾食盡，及期催追前課未完後派又至，輾轉積累，懸欠難償。夫鹽爲小民日用必需之物，慮民遠涉，是以因地制宜，不徒爲銷引計也。一則患鹽之不足，一則患鹽之有餘，俱非均平之道。著該督撫酌量變通，悉心妥議，務使官不墮銷，民無偏累。户部行文該督，經督臣尹繼善等疏奏，仍下户部議覆。除井地賣價每百觔自二兩内外至三兩以内者毋庸置議外，其黑井等井鹽觔運至昆陽永北建水保山嶍峨開化石屏等處行銷，鹽價每百觔既自三兩一二錢至四兩一二錢不等，應令該督等遵奉上諭減至三兩以下。至鹽觔派散煙户多由鹽不能銷，官慮考成所致，自應酌量變通，改撥調劑。其白井墮銷鹽九十萬觔，照依該督等送部原册，改撥省店並元謀等州縣行銷。白井井東按板改板等井煎鹽共八十四萬一千六百觔，其鹽課及本款盈餘銀兩，相應一併准其豁免。滇省每年正項鹽課銀二十七萬六千三百三十九兩七錢零，今除豁免銀一萬四千三百九十餘兩，尚應徵課銀二十六萬餘兩。應令該督尹繼善等造入鹽課奏銷册内，具題查核。疏上。如議行。

臣等謹按，滇省地處極邊，水程難達，自後漢時夷人歲輸鹽一斛以爲常賦，至明季而分井各置鹽官，我朝因之。順治十七年給票易引，以出鹽多寡定經制課程，各隨商販照例抽税。雍正二年，於鎮沅府地方開按板井，於威遠地方開抱母井。三年，於普洱地方開磨黑井，元江府地方開猛野土井，合之白珥雲龍安寧阿陋等共十五井。地不愛寶，鹽井已視前加闢，而昇平日久生齒繁庶，苗猺夷猓仰食於各井鹽觔，是以鹽價日昂。皇上裁減盈餘，以核定鹽價，爲民食計者至周且渥。而因地制宜，改撥調劑，則一時酌盈劑虛裒多益寡之道，並著於此矣。

二年，免兩廣鹽課餘平銀兩。户部議准兩廣總督鄂爾達疏稱，兩廣鹽課商人完餉，每一千兩於平頭三十三兩之外征收飯食銀十五兩，其餘平二十五兩全行免征。應如所請。從之。

四年，議准古州行食粵鹽。先是，乾隆三年户部議准兩廣總督鄂爾達疏稱，貴州省古州地方原係新闢苗疆，向無官引行銷，係俱買食淮鹽，價值甚昂，民苦食淡。經臣于雍正十年七月内奏明撥發帑鹽，委員運往該地試銷，每觔定價一分二釐，聽該地方苗買食，題增引餉。欽奉諭旨允行。嗣查古州試銷帑鹽將及五載，委員料理，民苗稱便。但思官辦究非常策，自應招商認引行鹽以定章程，咨商貴州督臣轉行鹽道核議。茲據驛鹽道黄岳牧詳稱，黔省司道所議從前于古州設埠試銷之始，恐僻遠居民未能遍及，是以于丙妹永從三角坉等處俱設子埠以便民屯就近買食。今試銷五載日漸疏通，應以古州爲總埠，分撥銷售，其商人亦應聽古州同知管理。每年銷引應請定額四封，計引三千八百道，遞年按引輸餉，歸古州同知衙門督征銷解。所有應輸餉銀，應請照粵東次輕之保昌埠例，每封餉銀六百二十七兩五錢三分有奇，遞年額引三千八百道，共應輸餉銀二千五百一十兩一錢四分有奇。所有鹽觔亦照東省各埠，每引行鹽二百三十五觔。自乾隆四年行銷乾隆三年引鹽爲始，彙入東省額内造册奏銷，每觔應照定價賣銀二分一釐，毋許絲毫增長。應如所請。從之。至乾隆六年，復於銷買引鹽酌減價銀案内每觔減銀二釐。

停止浙江省儲備鹽觔。先是，管理浙江總督嵇曾筠疏稱，請動道庫帑羨收買餘鹽入厫存貯，以備平價之需。至是巡撫盧焯奏稱，出易之時分派各商脚費甚重，鹽觔消耗力不能賠，勢必取償于賣價，不但累商并以累民。是貯鹽一事殊有未便。部議應如所奏，將儲備鹽觔永行停止。從之。

又以兩浙鹺政分隸江南，敕江南督撫提鎮督率所屬稽查私販。奉諭旨：江南蘇松常鎮四府及太倉州，皆邊海鄰場爲浙鹺門户。該地方文武官弁倘或巡緝懈弛，必致有妨引課。而藉端滋擾，又必有累平民。著江南督撫提鎮諸臣，時飭所屬官弁實心稽查，善于辦理，務期有裨公事不擾閭閻，勿以爲鄰省之鹽政而淡漠視之。

又免雲南各鹽井歸公之項及黑井鍋課銀兩。奉諭旨：雲南黑白琅等鹽井，舊有規禮銀二千八百餘兩，歸入公項下爲公事養廉之需，在于每年發給薪本銀内扣解。在當日柴價平減，竈户猶能供辦，聞近年以來童山漸多薪價日貴，兼之鹵淡難煎，所領薪本不敷購買柴薪之用，竈户未免艱難，所當酌量變通，以示存恤。著將白琅二井節禮黑井鍋課銀兩免其扣解，俾竈户薪本較前寬裕。所有公項不敷，統于銅息銀内撥補放給。

六年，議准酌加淮鹽引價成本。先是，乾隆四年十一月，太僕寺卿蔣漣奏，兩淮運地極廣，鹽價日昂，小民甚受其累，請仿照長蘆之例，官爲定價。湖北巡撫崔紀奏，湖廣通省行銷淮鹽，蒙世宗憲皇帝特差吏部侍郎黄叔琳等酌定價值，迨雍正二年鹽臣噶爾泰奏海潮淹没鹽場倍增成本，懇祈隨時銷售，部議覆准。至乾隆二年部議，據鹽臣三保撫臣崔紀開列成本數目，互相參校請旨，并交接任鹽臣準泰秉公查察，巡撫徐士林會同確核定議。旋經撫臣鹽臣等會議，查南鹽草本之資，包索水脚之費，辛工火足之用，掣鹽之裝載，三汊河之起駁，揚州漢口之商夥，灣頭關銷之税課，及織造銅觔河餉等之銷算，引窩根窩之租息，合之引課定額，按照閣部會議通盤酌核。賤價時每引應需成本銀五兩三錢七分三釐八毫零，每包一錢三分八釐，每觔一分五釐六毫零。至貴價時，每引應需成本銀五兩七錢八分二毫零，每包一錢三分八釐六毫零，每觔一分六釐八毫零，按款造册。大學士會同户部議覆應如所請。奉旨：依議。至是，巡撫徐士林奏，恤商正以惠民，懇加給淮商餘息，每引三錢。至七年九月，兩淮鹽政準泰奏，場竈爲行鹽根本，連遭水潦商運艱難，懇再加每引餘利三錢。下部議駁。奉旨：今年江省被水，非尋常可比。著照依該鹽政所奏，以次年四月爲限，不得爲例。

七年，定福建鹽務歸水商辦理，並定該省行鹽引額。户部議覆閩浙總督那蘇圖等奏，鹽法定例自應以部引爲憑，商領引以行鹽，官按引而徵課，方可無那移影射之弊。閩省除汀州一府尚食粤鹽外，其餘各府州縣舊額共部頒引一十萬九千九百二十二道，每引配鹽多寡不等，額征正課及額征坵折銀共九萬四百六十一兩六錢。嗣經定例，將鹽院衙門及商人盡行裁革，援照粤東瓊州竈户征課之例，均派各場交與各府州縣照數收納解司。上游西路延建邵三府屬，下游福興泉漳福薄潯洒惠浯浦詔各場，俱係官運，其餘各縣或招水客行運，或聽民販在場完課挑賣。漳州府屬之龍溪、海澄、南靖、長泰、平和、龍巖、漳平、寧洋八縣，在于石碼設館征課，奏准遵行，並未請引。至雍正六年十年節經督臣先後請奏，閩省之鹽全歸商運。惟永安一縣仍留官運，更有福州府屬之長樂福清，泉州府屬之晋江同安，或係附場之邑，或係産鹽之區，非官運不能遏絶私梟，毋庸招商。其漳州府之漳浦海澄長泰平和詔安暫委官運，現在招募水客承充，亦經奏准遵行，而歷年因循，至今並未請引。查閩省鹽額原額九萬四百六十一兩六錢零，又經裁革鹽院各官雜費歸公銀八萬二千二百一十兩，又雍正元年以後陸續陞報坵折銀三百七十三兩八錢零，共銀一十七萬三千四十五兩五錢零。内除原額及新陞坵折共銀一萬三千八百八十五兩七錢零，另行解部外，實存銀一十五萬九千一百五十九兩七錢零。此項額征有年，自應定爲正引。内西東南三路，及各縣澳共應給引五十四萬五千六十五道，合之西路鹽觔銀兩，連雲澳額課及臺灣鹽埕餉銀，徵課如額，應令僉商分地行銷，定爲正課。其附近場地各縣仍歸官辦。又前經户部議准，督臣郝玉麟以閩省銷鹽既招水客承充，應酌定盈餘，均匀配搭。此項盈餘銀一十四萬一千六百九十八兩六錢零，歷年征收並未缺額，似應定爲餘引。其東西南三路及各縣澳共應給餘引四十萬六千九百四十四道，及連雲澳台灣頒發餘引，定爲盈餘額課。再此外每年尚有盈餘銀兩，每年西路約發餘引二萬三千道，東南二路及各縣澳約發餘引十萬道，應額外銷算不入年額考成之内。倘有存剩餘引，繳部查銷。均應如所奏辦理。得旨：如議行。

又議准匀銷粤鹽商引酌量改撥，並將沿海鹽堀改種稻麥以重本計。户部覆准署理兩廣總督慶復條奏，粤省各商埠地遠近不一，其近在場竈之埠因各場産鹽日多，鹽價日賤，民間多食就近私鹽而官鹽壅滯難銷，此名曰難銷之埠。其離場地稍遠界近鄰省，雖運費加增，民多買食，此名曰易銷之埠。請將難銷埠引匀撥于易銷之埠配運行銷。應如所奏辦理。如有匀出埠地轉難爲易，或受匀之埠别有難銷，仍准臨時酌量題請改撥。又沿海鹽堀太多，宜改稻田以絶私販之源。查鹽觔米穀均關民食，而産鹽之區日多，究不若産米之地日墾，粤東鹽堀前據侍郎吴應棻等奏請改爲稻田，臣部原恐産鹽或有不敷，民食無以接濟。且已懇鹽田均係斥鹵，諒難改種穀麥，是以無庸置議。查粤場近年以來正鹽之外收有餘鹽，出産甚多，四處充溢。應如所奏，將離場窵遠之鹽堀飭改稻田，數經雨洗即可改種稻麥。從之。

又准四川蓬溪等處積滯鹽引改撥行銷。户部議覆四川巡撫碩色奏稱，蓬溪一縣于雍正九年計口授鹽，時原額祇陸引四百九十七張，嗣復增一千三百五十二張，又增水引一百七十八張，較原額三倍有餘。又瀘州仁壽縣松潘廳均有積滯，引張難以行銷。今查有德陽等十三縣，均以食指漸繁，額鹽不敷，情願各就近便認銷。應如所請，將蓬溪等四廳州縣積引二千二百五十一張，自乾隆八年爲始，酌量改撥于德陽等處就近行銷。得旨：依議速行。

以揚淮鹽務道事歸併揚淮道管理。户部議：淮揚海一帶地方場竈俱係淮揚道所屬，其通州地方場竈亦與該道所屬毗連，請將鹽務道所有事宜俱責成淮揚道管理。青山頭守備、三江營陸路守備及各營弁丁，并原設巡役俱聽鈐束。從之。

八年，議准兩淮乙卯綱未完引領提入癸亥綱閏月内帶銷。户部覆准兩淮鹽政準泰奏稱，兩淮引鹽經前任鹽政三保奏請，自庚申綱起，將乙卯綱引鹽照帶戊之例分作十年帶銷。今乾隆八年遇有閏月，現行癸亥綱引既不敷民食，自當通融酌辦，以資接濟。應如所請，將己巳年淮南應帶乙卯綱引一分提入癸亥綱内帶辦。得旨准行。

九年，改撥川鹽接濟滇黔兩省民食。户部議覆四川巡撫紀山疏稱，滇省東川等處鹽觔不敷民食，經滇省督臣奏請改撥川鹽接濟。查犍爲各廠現有餘鹽可以增引行滇，應令照富順原行水引一百五十張，折增陸引一千八百七十五張，自廠順流運至宜賓縣換截引紙。水小之時督商運至鹽井渡，若時届大水，仍聽由筠高長寧等縣換截引紙，運至川滇口岸，令滇省民人商販接運發賣。其犍鹽入滇，務令川省换截，各衙門將截過引數日期移明滇省查察。其應征課銀，查川省水引一張征税銀三兩四錢五釐，陸引一張征税銀二錢七分二釐，今以折增陸引一千八百七十五張，按引征税，應令該撫飭令犍爲縣照現行折增陸引數目，按則征收造報。至行滇引鹽既于宜賓換截，自應照例刊入引紙以便换截配運。其黔省施秉縣及鎮遠縣屬之西南北三隅，均係沿邊買食川鹽地方，應令一併刊入引紙。從之。

十年，添鑄煎鹽盤角。兩淮鹽政吉慶奏言：臣前因兩淮所產之鹽僅敷年額，並無積餘足備緩急，是以籌議奏明添鑄盤角二十七副，較之鍬煎費省產多甚爲便利，自應多爲添鑄，以資廣產而備儲蓄。兩淮煎鍬向係商人呈明開鑄，茲添鑄盤角應無論商竈，如有情願備資自鑄者，許其循照往例呈明，官爲稽察。從之。

又議准兩廣鹽法八條。户部議覆兩廣總督那蘇圖條奏兩廣鹽法：一商欠宜分年帶征以清帑項，一催追商欠宜酌定議處議叙之例以示勸懲，一現在埠商宜秉公甄别以肅鹺政，一運鹽到埠宜令地方官先收鹽價以專責成，一加增各埠鹽包宜盡行革除以清鹽法，一緝捕私鹽宜頒發賞格以示獎勵，一各屬鹽規宜責令首報，一運司分司鹽庫宜徹底清查以杜侵冒。俱應如所請。從之。

又定淮揚預運鹽觔每引加鹽之數。是年，淮揚之串場等河築堤挑濬，鹽舟不能行走。其丙寅新綱預先趕運，特旨諭令請單、呈綱兩次應納錢糧俱緩至加引時一併完納。又以預運鹽觔堆積垣所不無滷耗，著照乾隆二年之例，凡本年十二月三十日以前到所新鹽，每引加耗二十觔。自是每恭遇南巡省方之歲，皆奉諭旨加耗如例。

又准兩淮食鹽撥于綱地行銷。兩淮鹽政吉慶因山清等八州縣食鹽壅滯，屢次奏請通融酌銷，以三分留運本地，以七分撥運綱鹽口岸行銷，户部照例議覆不准所請。奉諭旨：通融撥銷鹽引自于商人有益，其夾帶影射之處該鹽政等亟當實力稽查，以清弊竇。著暫准其所請，俟一二年後食鹽疏通之日，該鹽政奏聞，仍照定例辦理。嗣于十一年四月以淮南寧國等縣壅積食鹽，經鹽政奏請通融行銷，户部仍按例議駁。上以事同一例，准其所請，交與該部鹽政遵照淮北之旨一體辦理。

十一年，豁免海贛二州縣鹽場帶征銀兩。奉諭旨：淮安分司所屬坐落海贛二州縣之板浦、徐瀆、中正、莞瀆、臨洪、興莊等六鹽場，乾隆十年以前未完折價帶征銀兩一體豁免。

十二年，定淮鹽運楚限期，並建常平鹽倉于漢口鎮。户部議覆湖廣總督鄂爾達奏言，淮鹽運楚船大難行，改用小船得以速運，請將現在可裝四百引以上至一千二百引之船，准其常行裝運。其水程日期，擬裝四百引及五六七百引之船，定限一月到漢。其裝八九百引以至一千二百引之船，定限四十日到漢，逾限十日以外，即比照凡差送起解官物違限例笞二十，以每五日加一等科斷。又漢口建造常平倉厫以存貯遞年未銷積引，自是有備無患。查倉基舊址有二十三處，雖或經棄置，或經改造，請即飭令各商仿照從前倉房酌量修葺。仍轉飭鹽道于場鹽旺產水滿風便之時，督令各商預爲多運存貯，以備接濟。從之。

十三年，加給兩淮引額鹽觔，兩淮鹽政吉慶奏稱：兩淮綱食引鹽，近因蒲草歉產包索減輕鹽觔易致虧折，仰請量予加增，俟蒲草豐時奏聞停止。奉諭旨：于引額之外每引增給十觔，俾商本不致虧折，民食永資利益。

十四年，以長蘆鹽臣請增課額，傳旨申飭交部察議，長蘆鹽政麗柱奏稱：大軍凱旋辦理一切善後事宜官兵糧餉等項在在需用，其撥協軍餉之各省歲支俸餉亦所必需。請照康熙十四年之例，蘆東每引增銀五分，並請飭令兩淮兩廣河東浙江等省一體按引增課。奉諭旨：金川用兵供億固爲浩穰，但國家公帑所儲儘足敷用。且康熙十四年增加鹽課，原因開創未久正供缺乏，今時勢懸殊豈可援以爲例。麗柱著交部察議。

又議准粵省鹽引按年酌撥運銷。户部議准兩廣總督碩色奏言，粵省難銷埠地共有順德等四十二埠，易銷者計有連州等三十六埠，奏請將難銷各埠積引撥交易銷之埠代爲運銷，三年一撥，造册報部。惟是近場難銷之埠尚不止于四十二處，此外如仁化江浦乳源陽江長樂等二十餘埠，亦皆屬近場疲爛之區。與其三年之後方始造册報部，致有在外私融之弊，莫若按年隨時酌撥據實報部。且查閩省鹽法，遇有難銷額引，俱係按年隨時酌撥彙册報部。閩粵事同一例，自可援照辦理。從之。

十六年，豁免兩淮竈户未完折價帶征銀兩。奉諭旨：兩淮竈户僻處海隅，專以煎曬鹽觔爲業，其生計更窘于農民，殊深軫念。所有乾隆二年至十四年，因災停緩帶征各未完折價共四萬二千餘兩，著加恩照民户例一體豁免。

臣等謹按，場竈爲鹽法根本之地，竈丁爲鹽場作苦之民。故竈户之勤與農家等。葢竈丁終年盤鐵之間，畜蕩草勤淋曬謹火候伏陰晴，薄寒盛暑不得休息，展四體之力僅足以給衣食。我皇上軫念細民咨詢疾苦，憫其生計更窘于農民，數年逋欠盡予豁免。計通州分司所屬各場曰豐和曰掘港曰石港曰西亭曰金沙曰吕四曰餘西曰餘東曰角斜曰栟茶，泰州分司所屬各場曰富安曰安豐曰梁垜曰東台曰何垜曰丁溪曰草偃曰小海曰劉莊曰伍祐曰新興曰廟灣曰板浦曰中正曰臨興，凡場有竈，竈有户，户有丁，丁有額，家人婦子棲息于濱海斥鹵之地，按册考數可以坐計而周知。大抵兩淮鹽場執業約有二端，淮南之鹽熬於盤其形散，淮北之鹽曬于地其形顆。鹽成輸賦，爲民食之源，國家所以保護而生全之者，旁皇周浹無不曲至。自是年豁免帶征折價之外，有蠲恤以救其歉收，有借給以免其稱貸，雖煮海編氓漸有家給人足之象，睿慮所經不使一夫不獲其所也。加兩淮綱食引額鹽觔。奉諭旨：朕省方所至廣沛恩膏，因兩淮商衆運綱輸課接濟民食，著將兩淮綱鹽食鹽于定額外每引加賞十觔，不在原定成本之内，減一分售鹽之價，即利一分食鹽之人。其有昂值綱利致累閭閻，則深負德意矣。該鹽政其通示商衆知之。

又免兩淮追繳鹽引貴價盈餘，並令淮商嗣後不得于貴價外另增價值。兩淮運銷丁卯戊辰己巳三綱引鹽，皆照原定貴價，曾經部駁追繳，鹽政吉慶奏請免追，户部仍照例議駁。奉諭旨：向來各省鹽引原聽其自相交易，無官爲限制之例，長蘆河東至今尚然。惟兩淮行運江楚鹽引，適因崔紀沽名，三保庇商，兩持異議，始將各商運楚成本分別定以賤價貴價。然自定價以來，商人總以貴價銷售至今。夫恤民裕商本屬一事，若任其屢擡時價，日引日增，則于民食有害。然勒令賤價，則該商等又以成本有虧，不免紛紛籲請。今計各商比年行銷價值于成本自可無虧，將來即藉口年歲不齊，料亦不過如今之所稱歉年而止耳。嗣後淮商銷售引鹽，即過應貴之年亦不得于現在所銷價值外復議稍有加增，庶可示以限制。至于歲事豐稔，鹽價可以酌量平減，則令各該督撫會同鹽政等隨時籌畫妥辦，部臣亦不必固執定例徒滋駁詰之繁，庶于商民均爲有益。至于部議已賣貴價，復令商人追繳之處，事理亦屬難行。若云買貴在民，則仍應給還食鹽之户，于勢固有所不能，否則以商人市值所餘而歸之官帑，于政體尤有所不可。總之，民間物價本自不齊，祇可隨時調劑，不能概繩以官法。即如人生日用最急者，莫如食米一項，今謂意在恤民而欲官爲立制，務使市價損之又損，閭閻皆得賤食。意則善矣，欲其行之于事，能乎不能乎。國家休養生息百有餘年，户口繁衍自古希逢之盛會，人庶則用廣，用廣則價昂，此一定之理。經國者要在務知大體，而于事勢通變，贏縮之間爲之補偏救弊，俾庶政皆得其平。即所以嘉惠元元者，不外是矣。因議鹽法，故推類及之。而因時立政之道，實不外此。將此傳諭中外知之。

又借給兩淮鹽丁公項銀兩。兩淮鹽政吉慶奏言：兩淮各場煎丁本屬窮民，專以煎曬鹽觔爲業，每因鹽觔不能接濟，向各竈户重利借貸，以資日用生計，甚爲拮据。奉諭旨：該鹽政酌量于公項内動銀數萬兩，准其赴官借領。每年春借冬還，不必加息，務須妥協經理，俾濱海窮丁咸沾實惠。

又酌減河東餘引四萬道，并更正陝西咸寧等處升斗照依部式。軍機大臣議覆河東鹽政西寧條奏酌減河東餘引一摺。奉諭旨：河東商人營運資本，原非兩淮可比，歷年餘引存積既多，自難一時銷售。但向來頒給餘引本爲廣濟民食起見，例准儘銷儘報，並未責其按數全完，何至領運不前，藉稱商本銷乏。或由商人等以每歲餘引既有額頒，則于銷未及額之中究不敢過爲減少，而司榷政者因視爲考成所繫，雖儘數銷報之項亦未便任其贏縮懸殊，此鰓鰓過計所由慮其辦理拮据也。此項既屬餘引，嗣後部臣亦不防量爲酌准，以示體卹朕加惠商民原無二視。著照軍機大臣等所請，令該鹽政會同山西陝西河南各該撫，將實在民官行銷及商人承辦各情形詳悉熟籌疏引裕商一一酌議具奏。嗣經三省撫臣及鹽政會議合詞具奏。查得晋省太原汾州寧武三府，遼沁平定忻代保德等六州，例銷河東之引，或食本地土鹽或食蒙古達鹽，州縣各按引征税，名曰鹽税。陝西鳳翔一府，邠州屬之長武縣，例銷河東之引，食花馬池鹽，州縣按引徵課，名曰鳳課長武課。此官民行銷之情形也。引既無多，鹽復任便，經久相安，税課不誤，無可置議。其晋省之平陽蒲州潞安澤州四府，解絳吉隰四州，陝西西安同州二府，邠乾商興四州，豫省之河南河陽二府，陝汝二州，許州屬之襄城，共一百二十四州縣，例銷河東之引，食河東池鹽，俱係商人認地銷引。凡出鹽出場覓脚轉發，所認地方或用升斗或計觔兩，遵照定價聽民買食。如有額引不敷之處，請領餘引接濟。此商人承辦各情形也。查河東餘引自雍正十三年至乾隆五六兩年，陸續增添至二十四萬道。若如該鹽政所請，遽減十分之三，核計減數已至七萬二千道，較之歷年未銷之數反覺過多。不若將續增餘引四萬道暫爲酌減，其餘引二十萬道作爲定數。至所稱陝省咸寧等十二廳州縣，查明升斗較報部之數加重，應請改正，並運銷豫省鹽觔請由水路運發以省脚費。均屬恤商疏引之舉，應悉照該鹽政等所議辦理。從之。

又議准滇省鹽政五條。户部議雲南巡撫愛必達條奏：一、滇省原定鹽價低昂不齊，請按照地方情形統行酌定數目，每百觔自一兩五六錢至二兩三兩不等，與乾隆元年欽奉諭旨每百觔總在三兩以内之數相符。一、滇省鹽斤惟黑白兩井額煎最多，黑井鹽概運省店行銷，白井鹽分運大理等府屬行銷。其雲龍安寧琅阿陋草溪麗江景東抱母各井，或分給近便府州縣行銷，或即令本府兼辦，均係歷年各按應徵課款開報奏銷。嗣于乾隆四年奏撥川鹽二百四十餘萬，又奏運粤鹽，以致鹽多壅滯，自應量爲增減。原題川鹽另行撥銷，並將增減改撥數目開造清册送部。一、各井員離任交盤，應將支發薪本流滷及舖販鹽觔各項應追應接，統于册内分别條款交代。一、滇省行鹽井官專司督煎，則奏銷督征職名自應免其開列。至該管知府有督征之責，行銷未完者應開列請參，全完者亦應開列請叙。以上均應如所議辦理。一、滇省井官督煎，有無墮悮，作何議叙議處，亦應如所奏。督煎井官如按年足額，准照課款全完五萬兩以下議叙之例，紀録一次。其墮煎官亦照輕重分别議處。得旨：如議行。

十七年，敕長蘆加觔商鹽減半納課，並豁免應追未完鹽課加觔銀兩。奉諭旨：從前長蘆各商積欠甚多，令于每引加鹽五十觔分派行銷，續經部覈每年應增課銀八萬九千餘兩。但蘆商積困之餘，舊欠甫清，若按觔加課，商力未免拮据。著將所加鹽觔減半納課，永爲定額。其乾隆二年至六年，應追未完加觔課銀一十四萬餘兩，著一併加恩豁免。

十八年，准長蘆添領餘引七萬道。長蘆鹽政吉慶奏：長蘆額引而外向設餘引五萬道，今乾隆十八年領到餘引均已分領全完，就現在暢銷情形通計本年應運引數。前領餘引實在不敷銷售，應請再領餘引七萬道，連前共合十二萬道，存貯運庫，庶可乘此場鹽旺産之候多爲領運，使引地皆有貯積，民食不虞缺乏。疏入，報可。

免天津餘引輸納課銀。軍機大臣議覆直隸總督方觀承等奏言，天津縣老少牌鹽影射滋弊，仍舊折給錢文，俾老弱貧民餬口有資。牌鹽既去而引鹽計本取值，則民食皆須增錢買鹽，與民情亦多未便。若使商鹽仍照牌鹽之價，亦虧運商成本。請以天津所銷餘引，免其輸課，惟額引照例輸納。從之。

十九年，禁止蕩草出境販賣。户部議覆兩淮鹽政吉慶奏稱，通泰二分司所屬各場俱係淋滷煎鹽，而其法即將煎鹽之草灰攤曬淋滷熬成鹽觔，是以沿海草蕩俱撥給竈户供煎，歷禁開墾占賣。蕩内産草二種，白者力大較旺，灰滷沈厚，紅者稍遜，總以供場竈之燒煎，不容出境販賣。乃各場竈藉口紅草曾有出賣，每將蕩草私販出場，轉至煎辦無資。查《鹽法誌》載止有放荒蓄草之條，而私販蕩草，該管場員分司州縣並無處分之例，應照管理礦廠官員私運銅鐵出廠不行查出罰俸一年。至產草極豐之年供煎有餘，紅草仍聽酌量轉售，白草雖遇豐收仍禁止販賣，以裕竈煎。疏入，報可。

十月，定鎮雄州歲解鹽觔仍歸商辦設口抽税。户部議准雲南巡撫愛必達條奏，滇屬鎮雄州地方歷係行銷川省，邊引鹽觔聽商販自行運售。今既官爲辦銷，若聽威寧鹽販，經由過往查察難周，必致販商充斥官鹽壅銷。若概令禁阻，則威寧川販雖向由永寧畢節一路運銷，而自開羅星渡以來，即俱由羅星渡轉運，享便捷之利已久，一旦阻止，令其繞道赴威，又恐于威寧民食額税致多掣肘，官商實有不能並行之勢。應將鎮雄官鹽停止，仍聽商販行銷。于鎮雄總匯扼要之處，酌設税口抽收，每馱一百六十觔抽税銀一錢八分。試抽一年，再行題請定額。從之。

二十年，議准兩淮新淤草灘悉照亭鐅給陞。户部議覆江蘇巡撫莊有恭奏言，泰州分司所屬十二場，除何垜一場新淤尚屬不毛外，其餘十一場共丈出有草新淤八千六十一頃八十一畝零。原應給各竈户報陞，但版籍竈户並不盡業煎鹽，現煎場亭亦不盡皆竈業，自應分别給陞。查富安安豐梁垜東台丁溪劉莊伍祐等七場亭場俱係竈業，所有新淤沙蕩自應按各本場竈户現在亭池面口匀派給陞。至草偃小海新興三場，及廟灣一場，應請無論爲商爲竈，俱按現在煎辦亭鐅均匀酌配管業，無亭鐅者，雖係竈籍，不准給陞。則場商之自置亭鐅者，俱各有草可刈，不須重價購買。倘恐日久商佔竈業，則令地隨亭鐅轉移。如該商亭鐅歇開，即將原給蕩地另給接開之人。倘版籍竈户向不業煎者，肯自置亭鐅辦鹽。查淤地甚多，因草未旺盛未經全丈，嗣後草漸蕃庶，亦即照例撥給。應如所奏辦理。從之。

二十一年，准河東借買蘆鹽配運接濟。河東每年額餘引張共五十八萬三千一百三十八引，應配鹽四千八百五十九名。是年，河東鹽政西寧奏稱，六七等月陰雨連綿收鹽歉薄，除收獲鹽觔配運之外，尚不敷鹽二千四百名。懇借買長蘆餘鹽一千五百名，仍用河東額引運發附近之豫省汝州等州縣及晉省潞澤等府屬，按地行銷。即將河東收獲應配晉豫二省鹽觔就近改撥陝省，嗣後不得援以爲例。疏上，報可。嗣是累年皆以池鹽不敷配運，借買蘆鹽接濟，俱經部覆准行。

議准粤東海康等縣場埠事務統歸官辦。粤東場産鹽觔例係動帑收買，轉給各商配埠行銷，原屬官爲經理。惟雷屬海康遂溪徐聞三縣，向未設有場員，一切場埠事務俱交商人承辦。據兩廣總督楊應琚奏稱，自各商經辦以來，未能撫恤竈户，重收鹽觔，近復無力養竈，漸致田壖荒殘，竈丁失業。請一體改歸官辦，其埠務亦現乏殷商承充。部議應如所請，統歸各縣管理。從之。

又議准增復河東餘引。河東鹽政西寧奏稱：河東從前每年請領餘引二十四萬道，嗣因積鹽過多壅滯難消，于乾隆十六年奏請將續增四萬道暫爲酌減。乾隆十八年經前任鹽政薩哈岱以從前積鹽銷完，商力稍紓，奏請酌復餘引二萬道。今積鹽久已銷完，商力亦覺漸紓，各地方既經暢銷，請將從前酌減餘引二萬道照舊增復。從之。

二十二年，加淮鹽每引十觔以二年爲限。奉諭旨：兩淮商衆銷引辦課，歲額通完，而于地方公事更樂輸恐後。著加恩自丁丑綱爲始，綱鹽食鹽每引加賞十觔，不在原定成本之内，以二年爲限，庶民食足而商力亦紓。以示恤商愛民之意。

又以河東鹽池歉收，准運蒙古鹽觔接濟。户部議覆山西巡撫塔永寧等奏言，本年河東池鹽不敷配運，伏查太原府屬之岢嵐州等一十八州縣，皆因相距河東千有餘里馱運維艱，向無官鹽到此。而地近沿邊，所以俱買食蒙古之鹽，百姓便安已久。此十八州縣之民既准買食蒙古之鹽，則其餘州縣之民偶因不足，暫時通融，亦得仰請援照，事同一例。查河東運發陝省鹽觔，由黄河運入渭河，向來船筏行之已久。今自蹬口裝載，由黄河運至河津縣蒼頭鎮，順流而下計程不過二千餘里。且鹽觔運回必須由河保營等處按票查驗，然後放行進口，一路經由地方均可按票稽查。其包頭地方交易，仍轉飭薩拉齊通判就近約束，無許滋擾。應令理藩院轉行鄂爾多斯貝子吴喇忒公綏遠城建威將軍，將所買鹽觔照依時價公平交易，不得高擡居奇，致滋勒掯。并令該管蒙古將山椽小木售賣商人，以備船筏行運，各商亦勿得借端私販木植。得旨：如議行。

二十三年，修築河東鹽池以資澆晒。山西巡撫塔永寧、河東鹽政那俊奏言：河東鹽池畦地爲産鹽之本，引課之源，三省民食攸繫，今爲水所淹沒，急須修築。請于池北築堰一道，外禦南面之汪洋而戽乾堰內之水，使復舊畦，仍開涵洞以資澆晒。其餘地有可墾者多，開新畦添補不足。部議應如所奏，借給耗羨銀兩興工修築。從之。

又定兩廣鹽務章程。大學士忠勇公傅恒等議覆户部侍郎吉慶署兩廣總督李侍堯條奏兩廣鹽務章程。一、改設引目以定課程也。查粵省鹽法，正鹽之外又有正額餘鹽、額外餘鹽、子鹽、耗鹽、花紅餘鹽等項，正餉之外又有正鹽場羨、餘鹽場羨、埠羨、額外餘鹽場羨、七折埠羨、三封掛一鹽價子鹽京羨、花紅額溢羨餘等項，名目紛雜，官吏易于牽混。請照每年各色餘鹽觔數所納羨餘銀數核計，改爲額引，按引輸課，實屬簡便易行。而于各省鹽法亦歸畫一，應改設額引一十七萬六千六百九十五道，併入現行六十萬四千一百三十二道額引之內，又給餘引五萬道，以備接濟。即自乾隆己卯年爲始，按數行銷。一、嚴緝私處分以杜私梟也。查粵西巡查私鹽立法未嘗不善，無如相沿日久視爲故套。間獲一起，多係有鹽無犯，又以積少成多，爲場員開脱處分。嗣後地方官承審私鹽案件，必須究其來自何場，審明實在數目，即將場員照鹽法透漏成例議革。如有仍聽多開人犯巧脱罪名者，將承審官嚴加議處。一、官辦各埠宜全行改歸商辦也。查粵西官辦之埠拖欠餘羨銀兩反多于商埠，且商人行鹽等弊賴地方官稽查，惟至官辦誰復爲之查察。自應照依平樂等埠一例召商領引辦課。至廣東之博羅等埠，亦應令該督作速召商承頂。一、禁攙和定價值以通商竈也。查竈丁煎晒鹽觔資本微細，一經虧折則攙和鬻私之弊必多。是欲杜弊端，必先恤竈户。應于歉收之年按場竈情形，生鹽每包加價二分至五分不等，熟鹽每包加價四分至八分不等，使竈力稍裕，則積弊可以漸除。但加價之後仍當不時稽查，如仍有攙和泥沙等弊，即行查拏究治。場員照例參處。從之。

又定買運蒙古鹽觔事宜。户部議覆山西巡撫搭永寧等奏稱，蒙古運鹽交商領買，馱運之地遠近不等。今查鄰近包頭之薩拉齊廳并托克托城與陝西之皇甫川，皆離水次甚近，即陝省神木縣離水次亦止一百餘里，該貝勒既情願分運至四處地方與商貿易，應准定以四處爲蒙古商人交易之所。至蒙古鹽斗，每斗四十觔有奇。今買運蒙古鹽觔彼此必須用牲口馱運，若不酌增價值，不敷食用。請按向日與民間交易至重之價，每斗酌定價銀二錢四分，令較準鹽斗印照給發各處。自今歲至明年正月，運足三萬石以資接濟。其餘鹽十三萬石零，統限于八月內運完。向來鹽觔入口，止于殺虎口河保營皇甫川三處水陸税口上税，即聽其散往各處售賣，應給發印票以便稽查。得旨：如議行。

二十四年，以河東池鹽歉收，准配銷花馬大小池等處鹽觔接濟。河東鹽政薩哈岱奏言：河東池畦被水，收鹽無幾，所有山陝兩省民食全賴蒙古鹽觔以資接濟，奈急切不能運到，民間待食孔殷。伏查甘肅寧夏府靈州所屬之惠安堡共計鹽井四百餘眼，除配運平慶寧各府屬本引之外，向有積鹽餘剩，並附近之花馬小池蓮花爛泥狗澗等池收鹽豐裕較勝，往時分多潤寡實于課食有益。再陝省延安府屬定邊縣之大花馬池，產鹽亦裕，但山路險僻馱運艱難，成本不無多費。然蒙古鹽觔未到之先亦宜令商人備資赴買，以濟配運不敷之處。部議應如所請，飭商自備資本前往買運以濟民食。仍照長蘆之例，給發護票以杜私販。至所買之鹽配河東之引輸河東之課，所有本省課税自應免其重複徵收。得旨：如議行。

議准粵西南寧等府土民鹽觔仍歸官辦。粵西南寧等府屬土民即苗獞之類，住居深山窮谷，向隸土司管轄，與漢人不相往來，從前俱係買食交趾鹽觔。嗣因改設流官分轄，每年分撥土司餘鹽四千三百九十四包，照各府首邑鹽價，每觔減去四五六釐不等，專責該管知府領運轉發土司官運回銷售，繳納價羨。旋因粵省官埠欠課，經侍郎吉慶等奏請，將官運各埠招商定引土司鹽觔亦應一體改引，以歸畫一。是年，兩廣總督李侍堯奏，該處每年領銷餘鹽僅止四千三百九十餘包，合引二千八百四道零，爲數無幾。若與民人畫一辦理，該土司素食賤鹽非其意所樂從，且苗獞與漢人素不相往來，未便以銷鹽細故，遽令商人前往交售，致啓漢奸交通之漸。所有南寧等府土司領銷鹽觔仍歸官運，免其改設引目。部議應如所奏辦理。仍令該督責成知府領運轉發稽查銷解，不得于額銷鹽包之外再請餘鹽，以杜價輕易致別埠影射之弊。疏上，報可。

又酌撥淮鹽食引于綱地行銷。户部議兩淮鹽政高恒奏，江甘高寶泰等州縣壅積食引，請改撥綱地融銷。查兩淮行鹽口岸，通融改撥，例有明禁。且江甘二縣逼近場竈，尤爲私鹽充斥之所，若派撥綱地，非特私鹽愈滋透越，將見綱鹽口岸悉爲食引所佔，殊于鹽法有碍。應將該鹽政所請之處無庸議。奉諭旨：高寶等十四州縣，著照該鹽政所請行，其江都甘泉二縣照部議，不准撥綱行銷。

又准滇省添買粤鹽撥給彌勒州行銷。雲南省城鹽店每年應收黑井等處鹽九百三十餘萬觔，聽各舖販領，賣于昆明嵩明彌勒十六州縣行銷。其開化廣南二府地方，每年買粤鹽一百四十萬觔，分運銷售。巡撫劉藻以近年生齒日繁，兼秋成豐稔，鹽觔較前多銷，請添買粤鹽三十萬觔，酌撥附近廣南之彌勒州行銷。其應支鹽價及帶買耗鹽等項，悉照從前買運成例辦理，統于銅鹽互易案内抵兑。如有不敷，核明應找價值數目支給報部。至添買鹽觔，即令委買本年粤鹽之員帶運回滇，撥給行銷。所有賣出鹽價，除還原借銅息銀兩，即將盈餘數目隨本年報銷案内一并造册送部查核。從之。

二十六年，議准籌辦河東鹽務事宜。大學士忠勇公傅恒等議覆巡撫鄂弼、鹽政薩哈岱等奏辦鹽務事宜。查河東鹽務自鹽池被淹以來産鹽既少，不敷配運，應准其所請，將二十五年額引寬至來年六月清繳，俾得漸次疏銷。續增餘引十四萬道之内暫行停領七萬道。現今鹽價之外，每觔酌增一釐。至該鹽政另摺所奏遴取殷商頂補引地，不過一時補救之計，在該鹽政惟當以經理鹽池爲急務。鹽池之産鹽果旺，商賈之人惟利是趨，不必勉强遴取而自争先恐後矣。至于近歲收買蒙古鹽觔甚屬有限，惟小民之貿易出口者，或以布帛煙茶互相抵换，往來既便，私販日多。在目下鹽少之時，禁之過嚴，則有妨民食，而將來鹽多之際，查之不力，則有碍官引。又當因時制宜，悉心籌畫，務祈河東鹽務日就整頓，以仰副我皇上軫念至意。疏上，如議行。

又議定兩淮鹽法七條。奉諭旨：兩淮鹽務浩繁，商力不無拮据。如預提餘引一事，從前吉慶係派之通綱，而普福高恒則擇其奮勉辦事者，以爲酬奬之地，其中即不能允協羣情。其應作何定立章程，著軍機大臣會同尹繼善、吉慶、高恒等詳悉妥議具奏。尋議：一擬派餘引宜均攤衆商以期普沾利澤，一外支銀兩除公務應用不得濫行開銷，一辦理常貢宜酌定用數以備查核，一鹽政養廉宜裁減五千歸之公項，一匣商費用宜嚴加查察以免通綱派累，一綱食鹽引宜照例行銷不得濫爲通融，一私鹽透漏宜嚴加查緝以疏引目。從之。

又敕准長蘆未完鹽課分作五年帶征。奉諭旨：户部議駁長蘆鹽政金輝鹽課緩徵一摺，自屬按例定議。但念該處鹽場今秋雨水過多，商力未免稍艱，著加恩將長蘆本年未完鹽課四十二萬兩，准其緩至明年奏銷後分作五年帶征，以示體恤。

二十七年，停止粤東茂暉等場墾闢鹽塲。先是，兩廣總督楊應琚疏請墾闢鹽塲奏准行知，嗣因沙土鬆浮，一遇大潮風雨，基圍易于坍壞，以致旋作旋輟。現在開成塲塲僅存一百八十三口，每年可收鹽三千包，餘皆罷廢。應准其停止，其築成鹽塲行令該督造具應陞課銀清册報部，所收鹽觔歸官收買，以資配運。從之。

二十九年，准長蘆鹽政奏增蘆鹽價值。大學士忠勇公傅恒等議准長蘆鹽政高誠疏奏，長蘆物價近年增長，繩巾蓆片車船脚費逐歲加增，辦課辦運每多拮据。除天津係公共口岸，衆擎易舉無庸增價外，其餘請照各州縣地方原定鹽價，每觔加增制錢一文以資行運。在小民每人每月食鹽不及一觔，以一月之内多用制錢一文，實無所累，而商免虧本之累，民無淡食之虞。應如所奏，以收因時調劑之益。從之。

又加給滇省黑白二井薪本銀兩。户部議覆雲南巡撫劉藻奏言，滇省黑白二井自十八年釐定章程以後，兩井合計每年多辦餘鹽一百二十餘萬觔，産鹽甲于通省。該二井取給薪柴于百里之外，運價較前倍蓰，與各井情形迥有不同，請將黑井之大東復三井應煎額鹽每百觔添給薪本銀一錢，白井所煎正額沙滷鹽每百觔添給銀一錢五分，即于該二井續辦收買，及白井所管之安豐井餘鹽息銀内動支，以二井額外之有餘補二井竈户之不足，于民食大爲有裨。應如所奏。從之。

二十九年，准兩淮鹽政奏預提乙酉綱引給商接濟。兩淮鹽政高恒奏：兩淮行鹽各省年穀屢豐銷售甚暢，現辦甲申一綱計算不敷民食，請預提乙酉綱淮南鹽引三十萬道、淮北鹽引十萬道分給領運，以裕民食。户部議：查兩淮每年行銷綱引共一百六十八萬五千四百九十二道，先于乾隆十一年據前任鹽政奏請預提綱鹽每年可銷若干，先期約數咨部請領，經臣部議覆准行。嗣後歷任鹽政按年酌數請領行銷，自二十萬至三四十萬不等。今該鹽政奏預提乙酉綱引四十萬道，應如所請，照數給商領運。從之。

又准長蘆鹽課奏銷展限一月。長蘆鹽政高誠奏：長蘆各商本年領借帑項運鹽較遲，鹽價未及歸回，而奏銷已屆，酌請暫展一月，于十一月舉行，以紓商力。得旨：如所請行。

三十年，准兩淮鹽政奏預提丙戌綱引給商接濟。兩淮鹽政高恒奏請預提丙戌綱，淮南綱引二十萬道以裕民食。户部議如所請。從之。

又令河東額外存鹽照淮揚之例配用餘引以濟民食。奉諭旨：據李質奏，河東本年收鹽配引足額外，尚存鹽三千二百名有零，令各商加謹收貯，以備將來不敷年分等語。鹽觔收貯過夏易致滷耗，該處池鹽何以獨能久貯留待將來補用。河東邇年產鹽既旺，照額暢銷之外尚有盈餘，或可將此項存鹽仿照淮揚之例配用餘引以濟民食，較貯積陳因不更妥協乎。著傳諭李質穎確按彼處情形悉心籌畫，據實奏聞。嗣河東鹽政李質穎奏請，先酌復餘引三萬道，自三十年爲始，赴部補領，仍察看情形，如有鹽引不敷之州縣即行奏請給引領運。從之。至三十一年復請復餘引二萬道給商領運。

又酌增山東行鹽餘票。山東原設額票一十七萬一千七百四十道，雍正八年增餘票五萬道，乾隆元年復增一千五百道，五年六年復增一萬五千道。至是，長蘆鹽政高誠奏，山東濱海行銷票鹽各州縣鹽觔日加暢銷，恐將來不敷接濟，請再增餘票一萬五千道。以本年請領丙戌綱票引爲始，所銷之票按數納課。户部議應如所請。從之。

三十一年，准兩淮鹽政奏預提丁亥綱引給商接濟。兩淮鹽政普福奏請預提丁亥綱，淮南鹽引二十萬道，淮北鹽引五萬道，以裕民食。户部議如所請。從之。

三十二年諭：朕此次臨幸天津，該商等趨事赴公，頗稱踴躍。因念長蘆通綱引課每年十月内奏銷，正值銷售菜鹽之時，鹽價未及收齊而奏限已屆，商力未能舒徐。著將長蘆通綱鹽課，嗣後改至十一月底奏銷，俾得從容完納，以示體恤。

三十五年，兩淮鹽政尤拔世奏：淮南北各場，春夏多雨，場鹽歉產，各口岸亦多被水，行銷不暢，請將己丑綱奏銷展至八月題報，經部議駁。得旨：著照所請行。

又諭：兩浙商人聞朕允直隸臣民之請，恭奉皇太后安輿巡幸天津情殷愛戴，籲懇巡撫熊學鵬代奏攜衆赴津抒誠祝嘏，奏到時伊等業已在途，情詞誠切。兹蹕途所至，見該商等歡忻踴躍忱悃可嘉，自應量加恩賚。著將每引額定鹽觔外，加鹽五觔，免其輸納課項，以一年爲滿，俾商力益臻饒裕。

三十六年，諭：上年夏間天津等處因雨水過多，被災較重，業經疊降諭旨動撥銀米，蠲賑頻施，黎民幸無失所。第念長蘆鹽地同時亦被淹浸，該商等工本不無稍虧，既仍照常納課，又不能與貧民一體沾恩，未免向隅。今翠華臨莅深悉該處情形，且咨訪錢價較前更爲平減，雖去歲曾加錢價，現在商力仍覺拮据。著加恩每觔再暫加錢一文，以降旨之日爲始，定限一年，仍照舊值行銷，俾資充裕，以副因災恤商之意。

又諭：山東引票各商，自乾隆十六年至三十一年，尚有積滯未銷之鹽六十餘萬包，課項俱已隨引清完，而鹽包仍須陸續運售，加以按年輸納正課，商力未免拮据。著加恩將乾隆三十五年應征款項，除雜項錢糧照舊交納外，所有正課銀十八萬三千八百五十兩零，分作八年帶征，俾各商益資寬裕。

又諭：前以長蘆鹽地去夏偶被水淹，且詢知今年錢價較前更爲平減，因降旨准將鹽價暫加錢一文，以一年爲限，仍照舊值行銷。兹臨涖山東，聞該商歷年引課無欠，而積鹽仍有未銷，經降旨將乾隆三十五年應征正課分作八年帶徵。第念東省錢價亦甚平減，著再加恩准照長蘆之例，每斤暫加錢一文，以奉旨之日爲始，定限半年，俾商力益資充裕。

三十八年諭：長蘆商衆貲業素微，前兩次巡莅天津，閱視鹺務，深悉其情，是以節次加恩增價，俾不致有墊累。並將乾隆三十六年引課分作三年帶徵，以紓商力。今翠華臨幸，各商無不踴躍歡呼，但念伊等第一次銀兩業已完交，而第二限帶徵之銀與本年正課同時並納，仍不免少形竭蹶。著再加恩將三十七年正餘課項，自三十八年奏銷後起分限六年帶征，俾紓商力益臻充裕，以示格外體恤。

三十九年，户部議覆山西巡撫覺羅巴延三、河東鹽政瑺齡奏，大池產鹽不敷配運，請開六小池，並撥運蘆鹽接濟。應如所請，將原封六小池開濬，仍將貯鹽處所堅固築垣，以防透漏，並令長蘆鹽政知會河東飭商買運。從之。

又長蘆鹽政西寧奏：商力微薄，請將乾隆三十六年第三限銀兩，並三十七年六限銀兩，統俟本年奏銷後，分限十年帶征。經部議駁。得旨：

允行。

又四川總督文綬奏請犍爲縣開淘鹽井，照例征收課銀。從之。

又諭：據李質穎奏，今歲黄河漫堤，淮安一帶鹽堆被浸，該商成本虧缺，商力未免竭蹷。請將甲午綱除已完正課外，其未運引鹽應完正課銀兩分限征收等語。著照所請，將淮北未運綱食引鹽應完正課銀二十七萬五千餘兩，加恩准其自乙未綱起，分限五年帶完，以紓商力。

四十年，兩淮鹽政伊齡阿奏請預題丙申年淮南綱引二十萬道，給商接濟，以裕民食。户部議如所請。從之。

又諭：兩淮鹽課例限次年二月奏銷，前以乙亥己丑兩綱該處鹽場歉收，是以准其展至八月。今乙未綱奏銷，復請展限，該部議駁。但念該處場竈偶被旱災，商力不無拮据，加恩將乙未綱准其展至明年八月造報。至稱淮北各商上年被水辦鹽實多竭蹷，請將丙申以後四綱帶完銀二十二萬餘兩展限完綱之處，並加恩展限四年分作八年完納，以紓商力。

署山西巡撫覺羅巴延三等奏請將河東暫增二釐鹽價，再展二年，經部議駁。得旨：户部議駁巴延三等奏河東暫增二釐鹽價再請展限三年之處毋庸議一摺，自屬照例辦理。但念該處場價未平，其小鹽池六處甫經開採接濟，所得赢餘未能補足前兩年歉收之數，商力不無拮据。著加恩照該撫等所請，將從前暫增二釐鹽價再行展限三年，俾轉運益資充裕。

四十一年諭：朕因兩金川蕩平奏凱恭奉皇太后安輿臨莅山左，詣岱拈香，告成闕里，所有東省商衆祈候迎鑾用宜特沛渥恩，俾沾慶澤。著加恩將山東商人本年應征乾隆四十、四十一兩年引票正項銀三十六萬七千七百餘兩，又未完借項銀二十四萬兩，自本年奏銷後起限分作八年帶征，以示優恤。

四十三年諭：河東鹽政與山西巡撫因各有專司，未免意存畛域，于鹽務每多掣肘。因思河東鹽政事務本簡，非兩淮長蘆可比，竟不如令山西巡撫兼管。至一切鹽務原有運使專辦，今得該撫統轄，但事權歸一，呼應更靈。並著爲令。

四十五年諭：朕巡幸江浙道經畿輔，長蘆商衆踴躍抒忱，用宜一體加恩，俾沾慶澤。著加恩將長蘆商人應征乾隆四十四年分鹽課銀五十餘萬兩內十分之一分作五年帶征，俾商力益資饒裕。

又諭：朕此次巡幸江浙，蹕途經過直隸山東地方，其長蘆商人業經加恩緩征課項，所有山東商人並著加恩，將乾隆四十五年應征票引鹽課銀八十萬餘兩，自本年奏銷後，起限分作六年帶征，以示優恤。

四十七年諭：淮南商人應繳提引餘利銀兩，前經降旨加恩，將未完銀展期遞緩，分作二十一限繳完。今該商人已完至第十三限，其餘八限尚應交銀三百八十六萬六千餘兩。此項提引餘利弊由高恒而起，該商等按限完交已經過半，朕思恤商即所以惠民，著加恩于未完銀內豁免二百萬兩，其餘一百八十六萬六千餘兩仍著按原限完繳，以示體恤。

四十九年諭：朕翠華南幸取道淮揚，兩淮商衆踴躍抒忱，自應特沛恩膏，俾沾慶澤。所有該商等提引餘利銀一百六十三萬二千七百七十四兩零，著加恩全行豁免，俾淮揚商衆益資饒裕。

又諭：朕此次南巡勤求民隱，翠華所莅慶典時行，因念兩淮竈户僻處海濱，亦應一體加恩，俾得均沾渥澤。所有乾隆四十五、四十六等年各場因災帶征遞緩未完銀七千九百餘兩著加恩全行豁免。

又諭：朕鑾輅時巡，普施慶惠，長蘆山東商衆踴躍抒忱，自應一體加恩，俾沾渥澤。所有長蘆應徵引課銀四十九萬餘兩，山東應徵引課銀三十六萬餘兩，著加恩分作八年帶征，俾商力益資饒裕。

又户部議覆兩廣總督舒常奏，粵東鹽務經尚書福康安會同福州將軍永德，于審辦譚達元控告總商沈冀川案內，查出各商逾限未完鹽價銀一十八萬七千三百餘兩，皆由轆轤轉運各商完舊掛新陸續拖欠。且因總商派捐津貼銀兩，散商有所藉詞，遂至積少成多，力難併納。請照乾隆二十三年清查積欠成例，分限帶徵。如數在一千兩以內者分別定限，自四箇月起至八箇月止，勒令全完。自一千兩至二千兩者，限一年帶完。自三千兩至四千兩者，限一年半帶完。自五千兩至一萬以內者，限二年半帶完。王昌龍名下埠地較多欠數繁重，應請限五年帶完等語。臣等伏思粵東鹽務自乾隆二十四年查辦以來，仰蒙皇上天恩先鹽後課，俾得轉輸獲利，各商等自應急公報效，乃經理不善，掛欠鹽價至如許之多，若一時遽議紛更，轉于公事無益，應如所奏，照乾隆二十三年清查積欠成例，分限帶征，勒追還款。仍令該督轉飭運使，將應完銀數按月追繳。倘有不實力急公，仍前拖欠者，即將該商加倍治罪。並將承追不力各員照例參處。該督仍隨時通飭文武員弁實力緝私，俾得暢銷官引。又稱總商之設，原因督辦查催必需有人承總，方得無誤課程。前因沈冀川倡議派捐，以致衆情不服。今面詢散商，均稱辦理奏銷督催餉項必須專責總商，請應仍循其舊。查粵省設立總商，原因督催餉課取辦奏銷，乃積久弊生，遂有收捐津貼，致成派累。今既清釐積弊，自應一併革除。況運使及場員皆專司鹽務地方官，又有承催鹽課不力處分，該督果實力督辦，不患不年清年款，何必因循陋習，復立總商，致滋勒派之漸。從之。

五十年諭：全德奏海州分屬板浦中正臨興三場，因去冬今春雨澤愆期，晴乾日久，產鹽有限，請將乙巳綱應征錢糧懇恩緩征。著照所請，所有該竈户等應輸乙巳綱錢糧，著加恩至本年秋場產旺後再行征收以紓商力。

十二月，山西巡撫伊桑阿奏請將河東續增二釐鹽價作爲定額，經部議駁。得旨：户部議駁伊桑阿奏河東運鹽成本不敷，請將續增二釐作爲定額一摺，固屬照例辦理。第念河東池鹽全係陸運，需費浩繁。今户口日增，物價胥貴，則運鹽之食物脚價較之往年自必有增無減。該撫既稱現增之價不致有妨民力，而該商等亦藉得少爲舒展，著照所請，將續增二釐鹽價加恩准作定額以紓商力。

（清）沈書城《則例便覽》卷一九《鹽政·鹽引賣與別縣》 一、此縣之引賣與別縣，未經查報之府廳罰俸一年，道員罰俸九個月，布政按察使罰俸六個月。

（清）沈書城《則例便覽》卷一九《鹽政·巡鹽御史考核》 一、巡鹽御史鹽課欠不及一分者，罰俸一年，欠一分以上，降俸二級。欠三分以上，降職一二級，留任。欠四五六分以上，降三四五級，調用。欠七分以上，革職。

（清）沈書城《則例便覽》卷一九《鹽政·各省徵課銷引全完議叙》

一、經徵鹽課督銷鹽引，於奏銷前催徵全完，或前官竝未徵解，接任官於奏銷前催徵全完，總以一官全完一年課引者，無論正署，俱照地丁錢糧例議叙。其兩浙代徵場員，全完五萬兩以上者，紀録一次。不及五萬兩，奏銷前全完者，統兩年合算，將兩年應徵之數徵收，全完亦准紀録一次，通融銷售地方，及正課雖完耗羨未完，并本年帶銷之項未完者，俱不准議叙。如有未完捏報全完，俱照地丁錢糧捏報全完例議處。

（清）沈書城《則例便覽》卷一九《鹽政·廣東收鹽官議叙議處》

一、廣東場員收鹽每年按額分作十分，如額外收足一二分者，記功示獎，三分以上紀録一次。其協辦効力委員，能於額外收足三分以上者，准其遇缺題補。至額内少收各員，責令知府確查，如係縱容私售以致缺額，即不論分數，嚴參究審。或因積雨連陰實較往歲爲甚，則三分以下姑准記過，至四分以上即行咨斥。

（清）沈書城《則例便覽》卷一九《鹽政·雲南鹽課奏銷》 一、雲南管井提舉大使等官係專司督煎，其行銷鹽斤責成各屬，與井員無涉，每年鹽課奏銷内管井官督徵職名免其開列。至兼管井務之知府同知知州知縣大使等官，有本任兼銷鹽斤者，仍照例開列。如管井官按年督煎足額紀録一次，倘鹽井被水以致墮誤數至十五萬斤以内者，限一二年趲補。不及三萬斤者，限半年趲補。逾限不完，將原督煎之數計作十分，按未完分數查參，照鹽課未完分數例議處。其督催未完之鹽道，亦照鹽課未完分數議處。若井非被災，偶因雨浸滷淡煎辦不敷，分別多寡勒限趲補。如爲數無多，限兩月内報完。其三五萬斤以上至五十萬斤者，勒限半一年。數至二三十萬斤者，將管井官照行鹽無術例，罰俸一年。仍勒限一年以上，逾限不完，著落管井官賠繳課款，竈户追繳薪本。其有課項延緩不繳，即照官員本身雜項錢糧不完例，議處。至於無故墮煎，數至十萬斤以内，亦照行鹽無術例，罰俸一年。數至二三十萬斤以上，照溺職例革職，著賠課銀追繳薪本。若隱匿墮煎不按月造報者，照規避例革職，課薪等銀俱著落追賠。又滇省各井每年共借墊薪本等銀四十萬兩，除原題官本六萬兩外，其借墊借發銀三十四萬兩，應令該撫將本年奏銷案内墊發銀兩數目，即於次年奏銷時催完入册造報。如有未完，照雜項錢糧例議處。

（清）沈書城《則例便覽》卷一九《鹽政·雲南鹽斤攙和沙土》

一、滇省鹽斤如有竈丁攙和沙土，管井之提舉大使等官縱容者，照白土攙和漕糧押運官不行查禁例革職。失察者，照失於覺察例，降一級調用。其兼管井務之府州縣等官縱容失察，亦照此分別議處。係知情受賄，照枉法贜從重治罪。其攙和鹽斤在井查出，勒令竈户照數改煎，發運出井，著落井官名下煎賠。如承銷州縣明知狥隱，一體著賠，仍照狥隱例革職。

（清）沈書城《則例便覽》卷一九《鹽政・煎販私鹽》　一、失察衙役私行煎販或私賣者，革職。失察軍民人等，降三級調用。兼轄官，降一級，罰俸一年。該管官自行拿獲者，免議。或自行查出未經拿獲詳報通緝者，俱照例革職降級留任，限一年緝拿不獲，仍照例降革。其兼轄之上司俱免議。如旗下人私鹽事發，伊主係官，罰俸兩個月。自行拿獲者，免議。至官員行鹽無術，以致商販不前，或不遵行食鹽舊例借端不行鹽者，俱罰俸一年。或苦累需索以致商販不前者，降一級調用。

（清）沈書城《則例便覽》卷一九《鹽政・管鹽官失察場竈販私》

一、鹽場大使失察竈丁販賣私鹽，革職。知情者，革職治罪。運同運判失察一二次者，降職二四級，留任戴罪緝拿。一年無獲，罰俸一年。如又年限已滿不獲，再罰俸一年。仍各帶原降之級緝拿。拿獲私鹽之日開復。失察三次者，革職。運使失察一二三次者，降職一二三級，留任戴罪緝拿。一年無獲，罰俸六個月。如又年限已滿不獲，再罰俸六個月。仍帶所降之級緝拿。拿獲私鹽之日開復。失察四次者，降三級調用。

（清）沈書城《則例便覽》卷一九《鹽政・大夥私鹽議處議叙》　修改

一、梟徒販私聚衆十人以上帶有軍器，失於覺察，或官兵巡役人等不能拿獲，間被殺傷，僅獲二三名，專管官降二級留任，兼轄官罰俸一年，俱限一年緝拿。限內拿獲一半以上者，未經拒捕傷人之案，准其開復。係拒捕傷人之案，將專管官降一級留任。拿獲之日再行開復。兼轄官罰俸一年。限滿不獲，專管官照所降之級調用，兼轄官降一級留任。本處竝未拿獲被別處全獲者，將專管官降二級留任，三年無過開後，兼轄官罰俸一年。若別處雖拿獲少一二人者，仍照例處分。照失察大夥私鹽例處分。地方官遇興販拒捕不行擒拿故爲疎縱，專管官革職，兼轄官降二級調用。凡興販拒捕，屬員失察故縱，上司狥庇不參，照狥庇例議處。如專管官一年內拿獲十人以上帶有軍器大夥私販一二次者，紀録一二次。三四次者，加一二級。五次者，不論俸滿即陞。兼轄官一年內拿獲三六次者，紀録一二次，九次者加一級。

（清）沈書城《則例便覽》卷一九《鹽政・小夥私鹽議處》　修改

一、梟徒販私竝拒捕殺傷兵丁人等不能擒獲，失察之該管州縣吏目典吏等，竝失事地方官，失察一二次者，降職二四級，留任戴罪緝拿。一年限內拿獲一半以上者，未經拒捕之案，准其開復。係拒捕傷人，免其初參處分，餘賊限一年緝拿。不獲，罰俸一年，餘賊照案緝拿。限滿不獲，罰俸一年。如又年限已滿不獲，再罰俸一年。仍各帶原降之級緝拿，獲日開復。失察三次者，革職。道府直隸州失察一二三次者，降職一二三級，留任，戴罪緝拿。一年限內拿獲一半以上者，未經拒捕傷人之案，准其開復。係拒捕傷人，免其初參處分，餘賊限一年緝拿。不獲，府州罰俸六個月，道員罰俸三個月，餘賊照案緝拿。限滿不獲，罰俸六個月。如又年限已滿不獲，再罰俸六個月。仍帶所降之級緝拿，獲日開復。上司自行拿獲，固應開復。若原參案內屬員拿獲開復，其本案之上司亦准開復。失察四次者，降三級調用。

（清）沈書城《則例便覽》卷一九《鹽政・失察私鹽經過》　續纂

一、失察私鹽經由地方竝無販賣情事，經別處發覺者，係大夥，將地方專管官罰俸一年，小夥罰俸六個月。

（清）沈書城《則例便覽》卷一九《鹽政・糧船回空夾帶私鹽》

一、回空糧船夾帶鹽貨賣，管船同知通判等官故縱者，革職。不知情者，降三級調用。

（清）沈書城《則例便覽》卷一九《鹽政・鹽船失風失火》　一、鹽船失風失火，州縣會營查勘，限一月內出結通詳，鹽道於詳到日起限半月內核轉，以憑飭商補運，限三個月過所運岸。仍令沿途督撫及該管鹽道府州隨時查察，如實係失風失火而有勒索掠擱，及受賄扶同揑報情弊，將該員題參治罪。如淹消火燬之案，勘訊不實即行結報，後經發覺，照不行查明給結例，罰俸一年。

（清）沈書城《則例便覽》卷一九《鹽政・鎮江閘口盤查私鹽》

一、鎮江閘口責成常鎮道督同鎮江府海防同知分班盤查私鹽，無論糧艘兵座大小差船，俱親身查驗。如有夾帶整包私鹽，即拿究治罪。其一切水陸私販，竝嚴飭該管官分頭查拿。如有疎縱失察，照例參究。仍嚴禁官役，毋得借拿私鹽名色需索進閘使費。倘該道員不實力整頓，或有夾私而不能查拿，照失察私鹽例處分。有勒索而不能懲禁，照失察衙役犯贓例處分。不能查禁屬員，照約束不嚴例處分。

（清）沈書城《則例便覽》卷一九《鹽政・湖廣盤查私鹽》　一、湖北之宜昌湖南之衡州等處，鄰省最易透漏，該督於兩省內各揀選勤幹府佐一員，擇適中緊要地方駐劄稽查。一應緝私事宜，率同巡商悉心辦理。如督緝有方著有成效，三年後題請從優議叙，并飭鹽驛道不時查察。如該員巡查不力，狥私廢公，或借端需索，或擾累巡商，即據實揭參。倘該道狥隱不揭，一併參處。

（清）沈書城《則例便覽》卷一九《鹽政·銷引》 修改 一、銷引欠一分者，停其陞轉。欠二三分者，降俸一二級。欠四分者，降職一級。俱令戴罪督銷。欠五六七分者，降二三四級調用，不准融銷開復。任內軍功錢糧級紀准其抵銷，別項級紀不准議抵。欠八分以上，革職。其戴罪督銷者，限一年銷完。限內不完，照徐淮等倉錢糧年限內未完例處分。如行鹽地方各官有私派户口勒買銷引者，州縣革職，未經查報之司道府各降三級調用，不行查參之巡鹽御史降一級調用，兼理鹽法巡撫降一級留任。如鹽引不行題明私自那撥者，該管官各降一級調用，巡鹽御史降一級留任，兼管巡撫罰俸一年。其前官已完銷引不行送部，及保題鹽引遲延，或申報鹽引前後矛盾者，該管官罰俸一年，巡鹽御史兼管巡撫俱罰俸六個月。

（清）沈書城《則例便覽》卷一九《鹽政·長蘆代銷鹽引》 一、長蘆州縣督銷鹽引，如遇水旱災傷，鹽引不能銷售，經鄰邑代銷者，該督暨該鹽政據實聲明免議外。其竝非災歉之歲銷引不及分數，雖鹽已代銷，仍按未完分數議處。次年察核如比上年多銷一分，准將上年處分開復。其本年有未完分數，仍照例查參。如不能多銷，或更不及上年，除上年處分不准開復外，仍按本年未完分數議處，統再俟次年比較多少分別查辦。至本地督銷額引，業至八分以上，其通融代銷僅止一二分者，無庸參處。

（清）沈書城《則例便覽》卷一九《鹽政·兩廣鹽課》 一、兼管鹽務之司道府州縣官欠不及一分者，罰俸一年。欠一分二分三四分五六分七分者，降職二三四五級。俱戴罪督催，停其陞轉。欠八分以上，革職。專管鹽務運使提舉分司大使等官，欠不及一分者，降職一級。欠一分者，降職一級，罰俸一年。欠二三分者，降職三四級。俱戴罪督催，停其陞轉。欠四五分者，降一二級調用。欠六分以上，革職。其戴罪督催各官限滿不完，及兼管鹽法之巡撫初參限滿，署官催徵督催等項，俱照原定鹽課例議處。

（清）沈書城《則例便覽》卷一九《鹽政·兩浙場員減輕處分》 一、兩浙各場鹽課錢糧，令場員就近設櫃代徵，原封解交各縣拆併。其代徵場員初參欠不及一分，免議。欠一二三分者，罰俸三六九個月。欠四分五分者，罰俸一年。免其停陞督催。欠六七分者，降職一二級，仍令戴罪督催。欠八分以上，革職。原欠不及一分一分年限內不全完者，罰俸六個月一年。原欠二分三分，年限內不全完者，降一級留任。再限一年督催不完，照所降之級調用。原欠四分五分，年限內不全完者，降一級調用。原欠六分以上，年限內不全完者，革職。如該場員催徵不力，許該縣提比經識。倘有那移侵欺情弊，即行揭報。若該縣平時不能稽察查揭，致有虧空，將該縣照直隸州失察屬員虧空例議處。至有一場坐落兩縣者，其場員兩地未完分數應合算併議。

（清）沈書城《則例便覽》卷一九《鹽政·禁墾泰州屬海灘蕩地》 一、江蘇泰州屬海灘蕩地原爲蓄草煎鹽，如有續墾地畝，該分司場員自行查出，免議。如場員失察，一畝以上，記大過一次。五畝以上，罰俸一年。十畝以上，降一級留任。明知故縱，革職。審有賄縱，計贓治罪。分司不行揭報，每一案記過一次。三案以上，罰俸一年。十案以上，降一級留任。故縱者，革職。

（清）沈書城《則例便覽》卷一九《鹽政·修築鹽池》 一、鹽池渠牆堤堰歲修大修工程，責令運同管理，仍於附近州縣內委用五六員協助監修，令運同督責其成。如有鹽池牆堰修理不固倒决者，將該管協助各官降一級戴罪督修，工完開復。

（清）沈書城《則例便覽》卷一九《鹽政·侵入私鹽贓物》 一、地方官將所獲例應入官私鹽贓物侵入己橐，或與各役分肥，竝大夥拒捕之案從中漁利，將人鹽數目以多報少者，該管官弁革職計贓，照枉法治罪。其未曾侵匿者，照狥隱例議處。各上司知情故縱，照狥庇劣員例議處。雖不知情而未經揭參，照不揭報劣員例，分別議處。

（清）沈書城《則例便覽》卷一九《鹽政·興販私茶》 一、官員縱容子姪家人等興販私茶，降一級調用。失察者，降一級留任。不係專司查緝官員失察子弟家人興販，竝無知情故縱情節者，免議。

（清）沈書城《則例便覽》卷一九《鹽政·盤查私茶》 一、茶商於正附定數之外多帶私茶者，照私鹽律治罪。如查驗地方官故縱失察者，照失察私鹽例處分。

（清）沈書城《則例便覽》卷一九《鹽政·失察私鹽私茶因公出境免

議》　一、私鹽私茶經過境内實係因公出境，准其免議。如並非因公出境，混行詳請者，降一級調用。該管上司並未確查，代請免議者，罰俸一年。

（清）沈書城《則例便覽》卷一九《鹽政·承審鹽犯不實》　修改

一、拿獲私鹽，承審各官務究明買自何人何地，係何場竈透漏，有無窩頓之家，運往何處囤賣，并買鹽月日鹽斤數目，密提竈户煎鹽火伏簿扇，審無誣攀確據按律治罪。該地方官場員分別何員失察，將何員議處，不得聽該犯指供含糊參處。倘不將誣攀情由審出，即照不能審出盜賊誣攀良民例議處。如任犯狡供，仍以買自不知姓名率混具詳不能究出私鹽來歷，及運往何處囤賣實情者，革職。或聽其指供含糊請參草率完結者，照不取緊要口供例，分別議處。

（清）沈書城《則例便覽》卷一九《鹽政·拿獲私鹽不照律治罪》

一、收賣私鹽船載車裝馬馱絡繹應照無引私鹽律治罪，不得藉口買自店家本屬官鹽曲爲開脱。地方官拿獲私鹽，如作官鹽杖責完案，照故出人罪律參處。

（清）沈書城《則例便覽》卷一九《鹽政·兩淮鹽場失察私販蕩草》

一、兩淮各場如有地棍奸竈將蕩草私販出售漁利，致誤攤煎，該管場員不行查禁，罰俸一年。分司州縣，罰俸三個月。

（清）沈書城《則例便覽》卷一九《鹽政·剥運銅觔展限》　一、滇省京銅運抵北河，上緊剥運陸續抵通，間遇糧船擁擠，一時難於僱剥，報明地方官加結報部，展限一月。即多者亦不得逾兩月。

（清）沈書城《則例便覽》卷一九《鹽政·運銅各員遲延議處》

一、運銅各員自滇省起程到瀘州限二十三日，如遲一日至十日，十日以上，二十日以上，罰俸一三六個月。逾一月，罰俸一年。果有中途患病及風水阻滯等情，取具地方官印結免議。

（清）沈書城《則例便覽》卷一九《鹽政·各省辦運銅錫鉛觔逾限》

修改一、各省委員赴雲南等省採辦銅錫鉛觔，於辦竣起運之後，沿途遲延逾限不及一月者，照舊例免議。一月以上，罰俸一年。兩月以上，降一級留任。三四五月以上，降一二三級調用。半年以上，革職。如沿途遇有阻滯，報明地方官出結轉報沿途督撫咨部，准其扣算。如有通同揑飾等弊，照例分別議處。

（清）沈書城《則例便覽》卷一九《鹽政·催儹銅鉛不力》　續纂

一、運京銅錫鉛觔，各省採辦銅鉛。運員有違統限者，沿途催儹不力之地方官，如原限應行四日而行至五日以上者，專催官罰俸一年六個月，督催官罰俸六三個月。原限四日行至六日以上，專催官降一級留任，罰俸九個月，督催官罰俸一半年。原限四日行至八日以上，專催官降二級留任，罰俸一年，督催官降一級留任，罰俸九個月。原限四日行至九日以上，專催官革職降一級留任，督催官降二級留任，罰俸一年。其餘程限多寡不同，皆照此核算。至運員並未逾違統限其經過地方稍逾程限，即經前途趲出，一體免議。

（清）沈書城《則例便覽》卷一九《鹽政·運解銅鉛逐站粘貼印花》

續纂一、委員解運銅鉛錫觔，仍照舊例，將所執兵牌持赴各站粘貼印花。如不按站赴驗，將該委員照不實力奉行例，罰俸一年。

（清）沈書城《則例便覽》卷一九《鹽政·鹽徒搶奪鬨鬧》　修改

一、地方有奸徒搶奪鹽店及鬨鬧場竈等事，文武官弁獲犯過半並獲首犯者，仍參疎防照盜案例，免其處分。如獲犯不及一半或不獲首犯者，照盜案例參處，限年緝拿。限滿不獲，亦照盜案例處分。如平時漫無約束，臨時不即擒拿，有意姑息致長刁風者，該管官弁照溺職例革職。各犯交接任官緝拿，該管巡道府廳直隸州將備等不行揭報，一併查參。如地方官弁整飭有方，鹽引疏銷私販斂跡，一年内無應參之案紀録一次，三年内無應參之案加一級。若希圖議叙，隱匿不報，或將大夥之案揑作偶然湊合，巧爲開脱者，一經查出，即照匿報鹽犯例議處。

（清）沈書城《則例便覽》卷一九《鹽政·給照販私》　一、官員不能拿獲私煎反給印照興販者，革職提問。上司知情故縱者，亦革職，一併審究。失察者，降一級留任，再罰俸一年。

（清）沈書城《則例便覽》卷一九《鹽政·禁革私立鹽標》　一、廣東東莞新會等十三埠，如仍有設立坐標私收漁户幫餉，又於各墟場鎮市設立館舍，凡遇鹽魚鹽菜等物勒令納税，甚至勾引梟販給標照運，衝賺他縣引餉者，該管各官不覺察詳報，照失察私鹽例議處。知情故縱者，與該犯一律治罪。受財者，計贜以枉法從重治罪。倘承審官狥情故縱，照狥庇例參處。

（清）沈書城《則例便覽》卷一九《鹽政・已撫鹽梟復行販私》

一、已撫鹽梟復行販私，審實將出結之地方專汛兼轄及該管各官，俱照失察卦子例議處。

（清）沈書城《則例便覽》卷一九《鹽政・匿報鹽犯》　修改一、大夥興販隱匿不報，及人鹽竝獲輕爲開脱者，專管官革職，兼轄官降二級調用。至大夥私鹽必有爲首之人，該地方官明知不報，事發將匿報各官革職，嚴加議罪。

（清）沈書城《則例便覽》卷一九《鹽政・混將平民作私販鹽犯查拿》　一、不肖官員希圖紀録，將貧難軍民肩挑背負易米度日之人，及外來貿易之平民，混作私販侉棍查拿，私用非刑害人致死者，照誣良爲盜例革職。未經致死者，降一級調用。

（清）沈書城《則例便覽》卷一九《鹽政・鹽課初參》　一、兼管鹽務之府州縣布政使各道，欠不及一分，停其陞轉。欠一分以上，降俸一級。欠二分三分四分五分六分七分，降職一三四級。俱戴罪督催，停其陞轉，完日開復。欠八分以上，革職。

一、專管鹽課之運使提舉司分司大使等官，欠不及一分，停其陞轉，罰俸六個月。欠一分者，罰俸一年。欠二三四五分者，降職一二三四級。俱戴罪督催。欠六分以上，革職。

一、巡撫兼管通省糧餉，其鹽課考成，欠一二三四分者，罰俸三六九個月一年。欠五六分者，降俸一二級。欠七八九十分者，降職一二三四級。俱戴罪督催，停其陞轉。署官催徵督催，俱照正官例議處。署印不及一月者，免議。

（清）沈書城《則例便覽》卷一九《鹽政・鹽課限滿》　一、鹽課被參後，兼管鹽務之州縣官，限一年。限内不完不復作分數，照原參分數處分。欠不及一分，一年内不全完者，降一級留任，再限一年催完。如再不完，照伊所降一級調用。欠一分二分三分四分五分六分，一年内不全完者，降三四五級調用。欠七分以上，一年内不全完者，革職。

一、兼管鹽法之布政使各道并府州被參後，限一年半全完。如欠不及一分，年限内不全完者，降職一級，停其陞轉。欠一分二分三分四分五分六分，年限内不全完，降三四五級調用。欠七分以上，限内不全完，革職。

一、兼管鹽法之巡撫，限二年全完。如欠不及一分，二年内不全完者，停其陞轉。欠一分二分三分四分五分六分七分八分九分十分，二年内不全完者，降職一二三四五級。俱戴罪督催，完日開復。

一、運司提舉分司被參後，限年半全完，大使限一年全完。限内不完，不復作分數，仍照原參分數題參。運使提舉分司大使照布政使州縣官地丁錢糧例處分。接徵接催官員以到任日爲始，接徵州縣大使等官限一年，接催布政使道府州運使等官限年半，接催巡撫限二年。如不能完，照現在未完分數，以初參例處分。

（清）蔣兆奎《河東鹽法備覽》卷九《律例・易大傳理財正辭禁民為非曰義恭讀》　《大清律集解・課程・鹽法》并《現行則例》斟酌盡善法令嚴明，與其繩之於後，何如惕之於先。而恤商愛民，疏引裕課之道，盡在乎此。用得欽遵而備編焉。

律

凡犯無引私鹽凡有確貨即是，不必贓之多少。者，杖一百，徒三年。若帶有軍器者，加一等。流二千里，鹽徒誣指平人者，加三等。流三千里。拒捕者，斬。監候。鹽貨、車船、頭匹並入官。道塗引領秤手牙人及窩藏鹽犯寄頓鹽貨者，杖九十，徒二年半。受僱挑擔馱載者，與例所謂肩挑背負者不同。杖八十，徒二年。非應捕人告獲者，就將所獲私鹽給付告人充賞。同販中有一人能自首者，免罪，一體給賞。若一人自犯而自首，止免罪不賞，仍追原贓。若私鹽事發，止理見獲人鹽。如獲鹽不獲人者，不追。獲人不獲鹽者，不坐。當該官司不許聽其展轉攀指，違者，官吏以故入人罪論。謂如人鹽同獲，止理見發，有確貨無犯人者，其鹽没官，不須追究。

註：　此禁販私鹽以裕正課也。凡屬財賦除正税外莫大於鹽課，領引行鹽曰官鹽，無引販賣曰私鹽。私鹽行則官鹽阻，故欲清鹽法必嚴私販。首節言軍民販賣私鹽，不計多寡，即杖一百、徒三年。帶有軍器，雖不拒捕，亦加一等。鹽徒被獲而誣指平人爲同犯，不論有無軍器，亦加三等。不服追捕而抗拒者，雖不傷人，亦坐斬監候。以上犯人所販鹽貨及馱載之車船、頭匹並没入官。其引領道路之人與牙儈，並窩藏鹽犯寄頓鹽貨者，皆是同謀，故杖九十、徒二年半。若受僱而爲挑擔馱載者，亦係從惡，故杖八十、徒二年。非應捕人役而能告發及捕獲送官者，即將所獲私鹽給與

告獲人充賞。若同販人及引領人等，有能自首者，免其本罪，仍如告獲人一體給賞。末節言私鹽事發，止許官司據見獲之鹽問理見獲人罪，不許聽私販罪人展轉攀指，濫害平人。違者，官吏以故入人罪論。

凡鹽場竈丁人等，除歲辦正額鹽外，夾帶餘鹽出場，及私煎鹽貨賣者，同私鹽法。該管總催知情故縱，及通同貨賣者，與犯人同罪。

註：此一條嚴竈丁夾帶私煎之罪，以靖私販之源也。凡各處鹽場竈户人丁每歲有應辦額引，每日有額煎正數。除正額課鹽外，即爲餘鹽。夾帶餘鹽出場及私煎貨賣，總催人知情故縱，及通同貨賣，各坐以罪。蓋鹽徒私販必由夾帶私煎，故首及之。

凡婦人有犯私鹽，若夫在家，或子知情，罪坐夫男。其雖有夫而遠出，或有子幼弱，罪坐本婦。決杖一百，餘罪收贖。

凡買食私鹽者，杖一百。因而貨賣者，杖一百、徒三年。

註：此二條皆禁民間之私販也。凡婦人犯罪例坐夫男，若有犯貨賣私鹽之罪者，其夫在家，則不論知情與否，一概以夫當之，罪其治家不嚴也。子則知情者坐罪，以其不能喻親於道也。若有夫而遠出在外，則未及顧家，或子雖知情而年在十五以下，則不能勸諫，故仍罪坐本婦。依婦人犯罪本條科斷。至於私鹽斷買然後私販可止，故知爲私鹽而利其價賤買食者，坐滿杖。因而轉賣者，坐滿徒。

凡管理鹽務，及有巡緝私鹽之責文武各衙門，巡獲私鹽，即發有司歸勘，原獲各衙門不許擅問。若有司官吏通同原獲各衙門脱放者，與犯人同罪；受財者，計贓以枉法從其罪之重論。

凡管理鹽務，及有巡緝私鹽之責文武各衙門，設法差人於該管地面，並附場緊關去處，常川巡禁私鹽。若有透漏者，關津把截官及所委巡鹽人員，初犯，笞四十；再犯，笞五十；三犯，杖六十。公罪。並留職役。若知情故縱，及容令軍兵隨同販賣者，與犯人同罪。私罪。受財者，計贓以枉法從重論。其巡獲私鹽入己不解官者，杖一百、徒三年。若裝誣平人者，加三等。杖一百、流三千里。

註：此二條嚴官司巡緝之責以絶私販也。凡各行鹽地方設有守禦官司及鹽運司巡檢司巡緝私鹽，一有所獲即應發與有司衙門歸結勘問，不許原獲衙門擅自審理，所以杜妄拿賄脱之弊也。若已發有司，而官吏通同原獲衙門脱放者，與鹽犯同罪。受財者，各計入己之贓，坐以枉法從重論。至守禦各官既有巡緝之責，自應於各該管地面並附場緊關去處，設法差人常川巡禁，不許私販透漏。若致透漏出外者，把截官及所委巡察人員均難辭咎，故各按次分別笞杖並留職役。若官役明知私販而故縱透漏，及容令軍兵隨同私販貨賣者，各與犯人同罪。受其財物而故縱容者，並計入己之贓，以枉法從重論。其巡緝所獲之私鹽，自應照數盡解送官，如有隱匿入己不解官者，事屬違法，故坐滿徒。至若裝誣平人爲興販而送官者，是借緝捕之法行誣陷之私，故又加三等。夫見獲者既嚴其脱放隱匿之罪，而非見獲者又禁其捏造攀指之姦，此於制法之中防亂法之漸也。

凡起運官鹽每引照額定觔數爲一袋，並帶額定耗鹽，經過批驗所，依引目數掣摯秤盤。隨手取袋，摯其輕重。但有夾帶餘鹽者，同私鹽法。若客鹽越過批驗所，不經掣摯及引上不使關防者，杖九十，押回，逐一盤驗。盡盤鹽而驗之，有餘鹽以夾帶論罪。

凡客商販賣有引官鹽，當照引發鹽，不許鹽與引相離，違者，同私鹽法。其賣鹽了畢，十日之内不繳退引者，笞四十。若將舊引不繳影射鹽貨者，同私鹽法。

凡客商將驗過有引官鹽，攙和沙土貨賣者，杖八十。

凡將有引官鹽，不於拘定應該行鹽地面發賣，轉於別境犯界貨賣者，杖一百。知而買食者，杖六十，不知者不坐，其鹽入官。

註：此四條皆指鹽商假公行私諸弊以清鹽政也。第一條言各商起運有引官鹽，每引俱有額定鹽觔並耗鹽數目，須照數裝包成袋，經過批驗所照引數目隨掣一二袋摯其輕重。但有額數之外夾帶餘鹽者，同私鹽論。若將引鹽不由正路，越過批驗所而不經官掣摯，及引上未曾印蓋關防者，杖九十，仍押回批驗所盤驗。如盤有餘鹽，亦從私鹽法論。第二條言額鹽販賣全憑鹽引以辨官私，故鹽與引不許相離，違者雖官鹽亦坐以私鹽之律。其鹽既經賣畢，則將引截角是爲退引，應於十日之内即赴所賣地方官司繳納，以防影射。如有過限不繳者，雖無影射，亦笞四十。若將不繳之舊引影射鹽貨私行販賣者，即以私鹽之法坐之。第三條言客商將官鹽貨賣之時攙和沙土者是爲罔利病民，故罪坐不應重杖。第四條言一應行鹽地方各有疆界以杜越販，凡客商將有引官鹽不照原定地面發賣，違例於別境犯界之

處貨賣者，杖一百。知係越境之鹽而買食者，杖六十。不知者，不坐。其鹽入官。此又於官販之中剔私販之弊也。

凡監臨鹽法官吏詭立僞名，及內外權勢之人中納錢糧，於各倉庫請買鹽引勘合，支領官鹽貨賣，侵奪民利者，杖一百、徒三年，鹽貨入官。鹽引勘合追繳。

註：此禁倚恃權勢以奪民利也。中鹽之法始於宋初令商人輸芻粟塞下，繼聽商人輸來京師，優其值而給以鹽，故曰中鹽。商資國用民食官鹽，商民兩利。明初猶仍其制，至宏治間始停輸粟法，而改令輸銀於運司，給以鹽引，其中鹽之名如舊。至今因之。監臨官吏，謂監臨鹽法之官吏。詭名，謂捏造僞名也。凡監臨官吏假托詭名及權要勢力之人中納課銀請引行鹽，以致滋弊百出，占奪鹽利，重爲民困者，各杖一百、徒三年。其所行之引鹽並追入官。

凡客商赴官中買鹽引勘合，不親赴場支鹽，中途增價轉賣，以致轉賣日多，中買日少，且詭冒易滋，因而阻壞鹽法者，買主賣主各杖八十，牙保減一等。買主轉支之鹽貨賣主轉賣之，價錢，並入官。其各行鹽地方舖户轉買本主之鹽而拆賣者，不用此律。

註：此禁客商賣引之弊也。凡客商納課領引必須親自赴場支鹽，若不照引親支，而於中途將所領之引增添原買之價賣於他人支鹽，以致鹽法阻抑廢壞，買者賣者各杖八十，牙保減一等杖七十。賣主之鹽買主之價並追入官。其舖户轉買商人之鹽零拆貨賣者，不用此律。【略】

處分則例

一、兼管鹽務之知縣、知州、知府、布政使各道，欠不及一分者停其陞轉，欠一分以上者降俸一級，欠二分三分者降職一級，欠四分五分者降職三級，欠六分七分者降職四級。以上俱令戴罪督催，停其陞轉，完日開復。欠八分以上者革職。

一、運司提舉司分司大使等官係專管鹽課之官，欠不及一分者，停其陞轉，罰俸六個月。欠一分者，罰俸一年。欠二分者，降職一級。欠三分者，降職二級。欠四分者，降職三級。欠五分者，降職四級。以上俱令戴罪督催。欠六分以上者，俱革職。

一、巡撫兼管通省糧餉，其鹽課考成：欠一分者，罰俸三個月。欠二分者，罰俸六個月。欠三分者，罰俸九個月。欠四分者，罰俸一年。欠五分者，降俸一級。欠六分者，降俸二級。欠七分者，降職一級。欠八分者，降職二級。欠九分者，降職三級。欠十分者，降職四級。以上俱令戴罪督催，停其陞轉。其署官催徵督催處分，俱照正官例議處。署印不及一月者，免議。右三條鹽課初參。

一、鹽課被參後兼管鹽務之州縣官限一年，其年限內不完，不復作分數，照原參分數處分。欠不及一分，一年內不全完者，降一級留任。再限一年，戴罪催完。如再不完，照依所降之級調用。欠一分、二分，一年內不全完者，降三級調用。欠三分、四分，一年內不全完者，降四級調用。欠五分、六分，一年內不全完者，降五級調用。欠七分以上，一年內不全完者，革職。

一、兼管鹽法之布政使各道並知府直隸知州被參後限一年半全完。如欠不及一分，年限內不全完者，降職一級，停其陞轉。欠一分、二分，年限內不全完者，降三級調用。欠三分、四分，年限內不全完者，降四級調用。欠五分、六分，年限內不全完者，降五級調用。欠七分以上，年限內不全完者，革職。

一、各省兼管鹽法之巡撫，限二年全完。如欠不及一分，二年內不全完者，停其陞轉。欠一分、二分，二年內不全完者，降職一級。欠三分、四分，二年內不全完者，降職二級。欠五分、六分，二年內不全完者，降職三級。欠七分、八分，二年內不全完者，降職四級。欠九分、十分，二年內不全完者，降職五級。以上俱令戴罪督催，完日開復。

一、運使提舉分司被參後限年半全完，大使限一年全完。如年限內不完者，不復作分數，仍照原參分數題參。運使提舉照布政使地丁錢糧例處分，分司大使照州縣官地丁錢糧例處分。接徵接催官員，以到任之日爲始，接徵州縣大使等官限一年，接催布政使道府直隸州運使等官限年半，接催巡撫限二年。如不能完，題參之日，照現在未完分數，以初參例處分。右四條鹽課限滿。

一、巡鹽御史鹽課欠不及一分者，罰俸一年。欠一分以上者，降俸二級。欠二分以上者，降職一級留任。欠三分以上者，降職二級留任。欠四分以上者，降三級調用。欠五分以上者，降四級調用。欠六分以上者，降五級調用。欠七分以上者，革職。

一、銷引欠一分者，停其陞轉。欠二分者，降俸一級。欠三分者，降俸二級。欠四分者，降職一級。俱令戴罪督催。欠五分者，降二級調用。欠六分者，降三級調用。欠七分者，降四級調用，不准融銷開復。任內有軍功錢糧加級紀録者，准其抵銷，别項級紀不准議抵。欠八分以上者，革職。其戴罪督銷者，限一年銷完。如年限内不完，照徐淮等倉錢糧年限内未完例處分。如行鹽地方各官有私派户口勒買銷引者，州縣官革職，未經查報之司道府等官各降三級調用。巡鹽御史及兼理鹽法巡撫不行查參者，將巡鹽御史降一級調用，巡撫降一級留任。如鹽引不行題明，私自那撥者，該管官員各降一級調用，巡鹽御史降一級留任，兼管巡撫罰俸一年。其前官已完銷引不行送部及題報鹽引遲延，或申報鹽引前後矛盾者，將該管官罰俸一年，巡鹽御史及兼管巡撫俱各罰俸六個月。

一、此縣之引賣於别縣者，未經查報之府廳官罰俸一年，道員罰俸九個月，布政使按察使罰俸六個月。

一、各省經徵鹽課督銷鹽引催徵各官，能於奏銷前催徵全完，或前官並未徵解接任官於奏銷前催徵全完，總以一官全完一年課引者，無論正署俱照地丁錢糧例議叙。其兩浙代徵場員全完五萬兩以上者，准其紀録一次。不及五萬兩，奏銷前全數通完者，統兩年合筭，將兩年應征之數徵收全完，亦准其紀録一次。通融銷售地方及正課雖完耗羨未完，並本年代銷之項未完者，俱不准議叙。該督撫鹽政於題銷疏内分晰聲明，以憑核議。如有未完捏報全完者，俱照地丁錢糧捏報全完例議處。

一、官員該管界内有伊衙役私行煎販或私賣，本官不能覺察，别經查出者，革職。其軍民人等在伊界内私行煎鹽或私賣，不能覺察，别經查出者，降三級調用。兼轄官降一級，罰俸一年。該管官自行拿獲者，免議。或自行查出未經拿獲詳報通緝者，俱照例革職降級留任，限一年緝拿。逾限不獲，仍照例降革。其兼轄之上司，俱免議。如旗下人私鹽事發，伊主係官罰俸兩個月。自行拿獲者，免議。至官員行鹽無術，以致商販不前，或不遵行食鹽舊例借端不行鹽者，俱罰俸一年。或苦累需索以致商販不前者，降一級調用。

一、雍正七年，長蘆巡鹽御史鄭禪寶疏稱，私鹽變價銀兩，例應具題，充餉之項，所屬州縣拿獲私鹽案内，車船驢鹽等物理宜據實估變，解貯司庫充餉。無如該州縣膜視鹽法，經年累月不行報解，乘機抵换，任意侵漁，竟將船每隻只變銀八九錢，馱私鹽重載之騾驢俱以瘸病老瘦爲詞，騾每頭只變銀一二兩，驢每頭變銀三五錢。甚至捏稱倒斃，每驢一頭只變銀三分零，鹽每觔只變銀一二釐，種種弊端固結陋習，業經屢飭長蘆山東二運司嚴飭，務令其據實確估變解在案。長蘆山東各屬未完私鹽案件尚有數十件，該州縣仍延挨觀望任催不解，見今造報數目較之時價大相懸殊，任意捏報。除飭二運司嚴查侵漁情弊，據實詳揭另行指參外。臣思私鹽變價之項，豈容朦混捏報，經臣屢次駁飭，無如該州縣以此項並非地丁錢糧可比，因狥苟且恣意侵漁，相沿成風牢不可破。若不定其章程各屬效尤，則以例應變解之公帑竟爲貪員之私橐。臣愚以爲，嗣後各州縣拿獲私鹽案件，審結之日即將鹽物等項所變之價銀一併報解。其案内私鹽應交本處鹽商較時價減去十分之一二，令其即日交價領去銷售。其騾馬牛驢各按肥瘦大小定爲三等價值，騾每頭四兩五兩六兩，馬每匹三兩四兩五兩，牛每隻二兩三兩四兩，驢每頭一兩二兩三兩。如有延挨不變，以致倒斃者，着落該州縣官照中等價值賠補。車船等物亦按新舊大小，務照時價據實變解。倘仍有侵漁捏報情弊，或經察出，或被告發，將該州縣照侵欺錢糧例議處。拿獲私鹽該州縣隱匿不報者，請照諱盜例議處。至從前未變案件分檄各屬，自文到之日扣限起，仍限一個月内完解。嗣後批發私鹽案件，定限四個月内完結報解。倘逾限不結，以及延挨觀望不即解交者，請照承審承變遲延例處分。再運司乃通屬引鹽之總匯，如一任州縣朦混漫無覺察據詳率轉，以及因循瞻顧逾限不行揭報者，即指名題參聽候部議，庶公帑不致侵漁，州縣咸知儆惕。等因前來。查拿獲私鹽車船驢騾牛馬等物，例應變價入官之項，乃不肖有司往往乘機抵换任意侵漁，不將所獲鹽物據實變價詳報。其賣多報少扣尅入己情弊，若不嚴定處分，積弊究難剔除。應如該御史鄭禪寶所請，嗣後各州縣拿獲私鹽案件，定限四個月内完結。其案内私鹽交與本處鹽商較時價減去十分之一二，令其即日交價領去銷售。騾馬牛驢各按肥瘦大小定爲三等價值，如有延挨不變以致倒斃者，着落該州縣官照中等價值賠補。車船等物亦按新舊大小，照依時價，據實變解報部查核。倘仍有侵漁捏報情弊，或經上司察出，或被旁人告發，將該州縣照侵欺錢糧例議處。拿獲私鹽該州縣隱匿不報者，照諱盜例議處。至於各州縣拿獲私鹽案件，倘於四個月限内不行完結，以及延挨觀望不即變價報解，照承審承變遲延例處分。倘運司一任州縣朦混，漫無覺察，據詳率轉，及因循瞻顧，逾限不行揭報，該御史即行指名題參。

一、運使運同運判鹽場大使係專管鹽務之員，如竈丁販賣私鹽，大使失於覺察者，革職。知情者，革職交部治罪。運同運判失察一次者，降職二級。失察二次者，降職四級。俱留任，戴罪緝拿。一年限滿無獲，將運同運判等官罰俸一年，各帶原降之級緝拿。如又年限已滿不獲，運同運判仍罰俸一年，各帶所降之級緝拿。拿獲私鹽之日俱准其開復。失察三次者，革職。運使失察一次者，降職一級。失察二次者，降職二級。失察三次者，降職三級。俱留任，戴罪緝拿。一年限滿無獲，罰俸六個月，帶原降之級緝拿。如又年限已滿不獲，仍罰俸六個月，帶所降之級緝拿。拿獲私鹽之日准其開復。失察四次者，降三級調用。

一、梟徒販私聚衆十人以上帶有軍器失於覺察，或官兵巡拿人等不能拿獲間被殺傷僅獲二三名者，專管官降二級留任，兼轄官罰俸一年。俱限一年緝拿。限内拿獲一半以上者，未經拒捕傷人之案准其開復，係拒捕傷人之案，將專管官降一級留任，拿獲之日再行開復，兼轄官罰俸一年。限滿不獲，專管官照所降之級調用，兼轄官降一級留任。本處並未拿獲被别處拿獲者，將專管官降二級留任，三年無過開復，兼轄官罰俸一年。若别處雖拿獲少一二人者，仍照例處分。地方官遇有興販拒捕，不行擒拿故爲疎縱，該督撫巡鹽御史查參，將地方專管官革職，兼轄官降二級調用。凡興販拒捕屬員失察故縱，上司狥庇不參，照狥庇例議處。如專管官一年内拿獲十人以上帶有軍器大夥私販一次者，紀録一次；二次者，紀録二次；三次者，加一級；四次者，加二級；五次者，不論俸滿即陞。兼轄官一年内拿獲三次者紀録一次，六次者紀録二次，九次者加一級，拿獲次數多者俱照次數紀録加級。

一、大夥興販隱匿不報及人鹽並獲輕爲開脱者，專管官革職，兼轄官降二級調用。至大夥私鹽必有爲首之人，如該地方官明知不報，事發將匿報官革職，嚴加議罪。

一、梟徒販私并拒捕殺傷兵丁人等不能擒獲，失察之該管州縣吏目典史等，并失事地方官，失察一次者，降職二級；失察二次者，降職四級。俱留任。戴罪緝拿。一年限内拿獲一半以上者，未經拒捕之案准其開復，係拒捕傷人免其初參處分，餘賊限一年緝拿。不獲，罰俸一年，餘賊照案緝拿。限滿不獲，罰俸一年，各帶原降之級緝拿。如又年限已滿不獲，仍罰俸一年，各帶所降之級緝拿，拿獲私鹽之日俱准其開復。失察三次者，革職。道府直隸州知州等官，失察一次者，降職一級；失察二次者，降職二級；失察三次者，降職三級。俱留任，戴罪緝拿。一年限内拿獲一半以上者，未經拒捕傷人之案准其開復，係拒捕傷人免其初參處分，餘賊限一年緝拿。不獲，府州罰俸六個月，道員罰俸三個月，餘賊照案緝拿。限滿不獲，罰俸六個月，各帶原降之級緝拿。如又年限已滿不獲，仍罰俸六個月，帶所降之級緝拿，拿獲私鹽之日俱准其開復。上司因屬員失察帶所降之級緝拿，自行拿獲者，固應開復。若原參案内所轄屬員降級之案因拿獲私鹽開復，其本案之上司亦准其開復。失察四次者，降三級調用。

一、販私鹽梟由他處入境人鹽並獲，或於拿獲過半者，免其處分，餘犯照案緝拿。其有經由地方並無販賣情事，經别處發覺者，係大夥，將地方專管官罰俸一年，小夥罰俸六個月。

一、鹽船失風失火，責成州縣官會同營員查勘確實，限一月内出結通詳鹽道，於詳到日起限，半月内核轉，以憑飭商補運，限三個月過所運口岸。仍令沿途督撫及該管鹽道知府直隸州隨時查察，如實係失風失火而有勒索掯擱及受賄扶同捏報情弊，即將該員指名題參治罪。如將淹消火燬之案勘訊不實即行結報，後經發覺者，將結報不實之員照不行查明給結例罰俸一年。

一、凡大夥興販聚衆拒捕，及執持器械殺傷巡役人等脱逃之梟徒，照強盜例勒緝。地方文武各官疎縱及上司容隱不參，交部議處。

一、地方有奸徒搶奪鹽店及鬨鬧場竈等事，文武官弁即行拿獲，究出主使同夥。如獲犯過半並獲首犯者，仍參疎防照盜案例免其處分。如獲犯不及一半，或不獲首犯者，照盜案例參處。限年緝拿。限滿不獲，亦照盜案例處分。如平時漫無約束，臨時不即擒拿，有意姑息致長刁風者，將該管官弁照溺職例革職。各犯交與接任官照案緝拿。該管巡道府廳直隸州將備等，不行揭報，一併查參。如地方官弁整飭有方，鹽引疏銷，私販歛跡，一年內無應參之案，准其紀録一次。三年內無應參之案，准其加一級。若有希圖議叙，隱匿不報，或將大夥之案捏作偶然湊合，巧爲開脱者，一經查出，即照匿報鹽犯例議處。

一、官員不能拿獲私煎反給印照興販者，革職提問。上司知情故縱者，亦革職，一併審究。失察者，降一級留任，再罰俸一年。

一、已撫鹽梟復行販私，審實者，將本犯解部發遣。其出結之地方專汛兼轄及該管各官，俱照失察卦子例議處。

一、地方各官失察外省倖棍來境私販，仍照定例處分。有能拿獲倖棍興販私鹽千觔以上者，將該管官核實題請紀録。如有不肖官員希圖紀録，將貧難軍民肩挑背負易米度日之人，及外來貿易之平民，混作私販倖棍查拿，私用非刑，害人致死者，將該員照誣良爲盗例革職。如未經致死者，將該員降一級調用。

一、拿獲私鹽承審各官，務先究明買自何人何地，係何場竈透漏，有無窩頓之家，運往何處囤賣，并買鹽月日鹽觔數目，提集犯証。並密提竈户煎鹽火伏簿扇，審無誣攀確據，按照律例治罪。該管地方官場員分别何員失察，將何員議處，不得聽該犯指供含糊參處。倘承審各官不將誣攀情由審出，即照不能審出盗賊誣攀良民例，分别議處。如任犯狡供，仍以買自不知姓名率同具詳，不能究出私鹽來歷，及運往何處囤賣實情者，革職。或聽其指供含糊請參草率完結者，照不取緊要口供例，分别議處。

一、收賣私鹽船載車裝馬馱絡繹應照無引私鹽律治罪，不得藉口買自店家，本屬官鹽，曲爲開脱。地方官拿獲私鹽如作官鹽杖責完案，照故出人罪律參處。

一、地方官拿獲私販，務將人鹽數目據實詳報。一切私鹽贓物例應入官者，不得一毫隱諱。如將所獲私鹽侵入己橐，或與各役分肥，並大夥拒捕之案從中漁私，將人鹽數目以多報少者，將該管官弁題參革職，計贓照枉法律治罪。其未曾侵匿者，照狥隱例議處。上司各官知情故縱者，照狥庇劣員例議處。雖不知情而未經揭參者，照不揭報劣員例，分别議處。

一、私鹽私茶經過境內，如有實係因公出境之員，即於查察案內據實確查聲明，准其免議。如並非因公出境混行詳請者，降一級調用。該管上司並未確查代請免議者，罰俸一年。

按：論鹽法而及律令，欲使上下皆有遵循，或亦刑期無刑之道。第各省鹽務歷年奉准條例不一，今惟詳夫現行並最有關于河東者，餘不備載。

（清）延豐等《重修兩浙鹽法志》卷一四《律例・鹽課初參罰俸毋庸具題開復》 雍正七年七月，吏部等衙門爲遵旨會議等事，護理兩浙鹽政布政使高斌咨稱，催徵錢糧各官奉文議處之後，若將未完錢糧照數通完，其原參部議革職留任及降職降俸與夫停陞戴罪督催之案俱應題請開復。若止奉議罰俸而無停陞督催之案者，其原參錢糧後雖通完，所奉議罰之俸仍應完解，並無可以開復之處。乃鹽課案內此等罰俸之官於錢糧通完之後亦均具題開復，以後似應照地丁等案現行事例，將續解通完銀兩於年限案內彙册報部，庶奉行畫一而案牘亦免紛繁，等因前來。查鹽課錢糧未完各官或議處降俸降職并停陞戴罪督催者，如參後全完，仍照地丁等案具題開復。若初參止以罰俸議結續報全完者，嗣後俱應照地丁等案例免其具題，仍令該員將罰俸銀兩完解，於年限內彙册咨報户部核明移咨本部銷案，仍劄該鹽政知照。

（清）延豐等《重修兩浙鹽法志》卷一四《律例・殘引遺失官商具結存案捏結加倍治罪》 雍正八年六月，户部爲敬陳鹽法相沿陋弊酌議調劑清釐事，議覆浙江總督兼理鹽務李衛題稱，歷任鹽臣銷過殘引例應追出繳部，其中或有水火賊盗遺失，及肩挑小販道路碎裂鹹浸漁户波濤漂没不能完全。從前每將後任殘引抵數繳送，又撥解定限止有八十日之期，而行銷州縣共有一百餘處，未能如期解足，故有後引先到者即行墊解，而以續解之前引反抵後發之引。臣嚴飭設法清查，惟將本任銷過之引隨時追繳貯庫，不許挪移牽混，而在已往者莫可究詰，今遠年舊引難於影射亦屬無用，謹據實題明將歷任現在者儘數繳銷。其已經抵還别任及實係遺失無著者，免其輾轉追究。此後逐年清出次歲遞繳，果屬水火遺失肩販漁户損壞，取具官商印甘各結聲明存案，扶同捏結加倍治罪等語。均應如該督所議可也。奉旨：依議。欽此。

（清）延豐等《重修兩浙鹽法志》卷一四《律例・越境買鹽四十斤以上挐解》 乾隆元年三月，户部爲敬陳鹽政等事，查行鹽地方各省疆界原毋許彼此侵越，應令該督嚴飭各該文武官弁嚴查禁遏。如有越境買食零鹽過四十斤以上者即行拏究，該管上司將買賣一同治罪。等因具題。奉旨：依議。欽此。

（清）延豐等《重修兩浙鹽法志》卷一四《律例·私販拒捕傷止一人》　乾隆二年三月，刑部爲人鹽并獲事，議覆東撫岳濬題蘭山縣張漢等販私拒捕打傷巡役郭太一案。查張漢拒捕實止傷及一人，若遽照傷至二人例擬斬監候殊未允協。但止傷一人爲首之犯例無明文，應請將爲首毆傷巡役一人之張漢改照罪人拒捕毆所捕人至折傷以上者，絞監候，秋後處決。下手之張臻、張天珏應照爲從律減一等，僉妻流三千里，至配所杖一百折責四十板。嗣後凡有此等案件悉照此辦理。奉旨：依議。欽此。

（清）延豐等《重修兩浙鹽法志》卷一四《律例·場庫大使停取殷實結并揀選及期滿年分》　乾隆三年十一月吏部爲澄叙官方事，議覆御史褚泰奏請場員庫大使停取身家殷實印結一摺，應概行停止以杜冒濫情弊。嗣後臣部於候補場員庫大使人員并舉人候選知縣內，如有情願改就者，令其自行赴部具呈。其恩拔副榜貢生考授州同州判縣丞職銜，取具赴選文結到部，及曾經該督撫驗看以州判咨部者，准與舉人一體具呈，臣等公同揀選帶領引見，恭候簡用。至各員補授之後，除貢生考授縣丞與大使品級相當，應停其報滿照缺陞轉外。其舉人候選知縣及貢生候選州同州判借補者，三年期滿未免太速，應令於到任後計算歷俸五年果能才守兼優整飭鹽務，准其保題以應得之缺分班選用。如係循分供職之員，即行咨部停其報滿，與各省現任場員庫大使一體較俸陞轉。奉旨：依議。欽此。

（清）延豐等《重修兩浙鹽法志》卷一四《律例·承審私鹽扣限查參》　乾隆四年七月，吏部爲請旨事，承審私鹽私鑄燒鍋賭具姦拐等項事件向未著有定限，嗣後一切未經定有限期案件，俱請照命竊等案定例，以六個月扣限完結。如逾期不結，該管上司即行查參，將遲延各官照事件遲延例議處。至命盜等案有以報官之日起限扣滿年限查議者，如限滿不能完結又復查報遲延，即照本案定限扣算分别議處，不便再予六個月之限，以致牽混。

（清）延豐等《重修兩浙鹽法志》卷一四《律例·鄰甲連坐分夥販大小》　乾隆五年閏六月，刑部爲請定竈户等事，議覆長蘆鹽政伊拉齊疏稱，十家牌甲民竈原係一體編立，第蘆東竈户錯居民莊煎曬處所，又相隔窵遠，奸竈漏私，鄰甲無從知覺，若不分大夥小起即將同甲之人連坐，未免無辜牽累，似應因地制宜等語。應如所題，嗣後凡屬鄰近灘鍋竈户，五家互具連環保結，呈送州縣場司存查。如有一家賣私事發，互結四家未經首出者，照例分别夥販大小，治以不首及連坐之罪。如有一家舉首者，三家均予免議，仍將私鹽變價分别賞給出首之人。至鄉鎮窩囤之家事發，亦應分别究治。如係窩留尋常興販，亦止治兩鄰甲長以不首之罪。如係窩囤聚衆大夥鹽梟，將同甲地鄰人等一并坐罪。如有一家舉首者，八家亦予免議，仍將窩囤之鹽分别賞給出首之人以示勸懲。奉旨：依議。欽此。

（清）延豐等《重修兩浙鹽法志》卷一四《律例·鹽徒拒捕傷人不得一案以兩人為首》　乾隆五年閏六月，刑部會議得，王恒斯等販私拒捕致傷巡役王世基等一案。先據山東巡撫疏稱，緣張寶珍糾約胡五、王恒斯等販鹽，王恒斯趕驢至道岔鹽店，張寶珍與胡五踵至，又有大李四等各自販私先後到店買鹽。行至崔家莊，被巡役王世基等撞遇喊拏，各犯俱棄驢鹽而逸，惟王恒斯被趕情急拾磚擲傷王世基鼻梁，高萬銀亦拾土塊撩擲擦傷王大止額顱奔逸。查王恒斯等鹽販九人原非一夥，並未持械拒敵，亦無爲首之人，實非豪強鹽徒聚衆拒敵者可比。將王恒斯、高萬銀均照鹽徒聚衆拒捕毆傷一人例，減等擬流。張寶珍等擬以徒杖具題。經臣部以例內鹽徒聚衆十人以下，原無兵仗，遇有追捕拒敵毆傷至二人以上，爲首者斬。又例內，若傷止一人，爲首者絞監候等語。該撫將王恒斯等擬流與例不符，題駁去後，今據東撫碩色疏稱，覆查王恒斯等越境販鹽趕驢馱載，實屬興販鹽徒，王恒斯、高萬銀應改鹽徒聚衆拒捕止傷一人例，均擬絞監候，餘俱仍照前議具題。查鹽徒聚衆本例必分首從，若使難分首從即屬與例不符，從無於一案之内將兩人俱以爲首論死之事。如果本非一夥，難分首從，則應分疏題結，毋使傳疑於後。應令該撫妥議具題到日再議。奉旨：部駁甚是，依議。欽此。

（清）延豐等《重修兩浙鹽法志》卷一四《律例·承審私鹽不實議處》　乾隆六年三月，刑部爲請定竈户私賣等事，議得兩淮鹽政準泰奏，查定例拏獲私鹽務須究出買何場竈，是何竈丁偷賣，并窩囤之家，據實報參。并雍正六年户部議覆，嗣後凡州縣場司俱令設立十家保甲互相稽查，一有私販，據實首明，並每季出結呈送。倘有私梟未經首出被旁人告發者，本犯及竈丁照興販私鹽例治罪。如係尋常興販，止治兩鄰甲長以不首之罪。若大夥窩囤聚衆拒捕者，將首犯及同甲地鄰一并連坐。以上二條現在遵行無異，惟是積慣梟徒串同奸竈興販私鹽，及被獲到官每不將賣鹽竈户據實供出，反將殷實良善之人任意誣扳藉端索詐。而承審各官聽其狡飾，不爲窮究，含混完結，以致積梟奸竈兩無顧忌，等因具題前來。應再行通飭各州縣，嗣後凡審理鹽案務須究明來歷，私鹽是何場竈，買自何人，嚴提究擬。如係誣扳，將被誣之人即行釋放。其誣扳之鹽犯，照例加等治罪。并嚴飭各分司場員再行明白曉諭十家牌甲實力稽查，一有私販即行首明。如敢窩藏隱匿，或經審出，或被旁人告發，即照例治罪。如承審各官聽其狡飾含混完結，即照不取緊要口供例題參議處。

（清）延豐等《重修兩浙鹽法志》卷一四《律例・私販誣扳平人照律加三等治罪》　乾隆六年四月，刑部爲敬陳芻蕘等事，議覆廣東按察使潘思榘奏，查私販誣扳，照鹽徒拒捕傷人律定擬，係雍正三年九卿議覆大理寺少卿王廷揚條奏，而律例館均未纂入。臣等伏思販私罪止滿徒，而誣扳平人即加至斬候，是反重於誣告人死罪未决者，原未允協。查雍正九年，臣部議覆陞任江蘇巡撫尹繼善題，孫士貴等販私誣扳耿文美等爲同夥，將孫士貴仍照例律擬以滿流，欽遵在案。請嗣後私販誣扳平人者，仍照律加三等杖一百、流三千里。再誣告例載，拖累致死一二人者絞監候，今私販誣扳既與誣告同科，則拖累致死亦應照誣告例定擬。

（清）延豐等《重修兩浙鹽法志》卷一四《律例・停止重解飯銀》

乾隆六年七月，户部爲呈明通行知照事，准銀庫付稱，查本庫凡收地丁鹽課關税一應批解銀兩，例有隨解飯銀，是以從前湖南所解黄白蠟折價并飯銀等項，亦照起解正項之例，俱收隨解飯銀在案。後經緞顔兩庫奏明，將各省折價飯銀俱解交銀庫查收，本庫因照向例每千兩元寶收飯銀七兩，散碎收飯銀十兩亦在案。查各處辦解物料，原有應解緞顔兩庫飯銀，續因停辦改解折價，其飯銀仍隨折價解交，是停解物料價值、既得緞顔兩庫飯銀一并隨解本庫，似無庸又照正項之例另收飯銀，相應呈明，通行各省。嗣後凡有起解緞顔兩庫各項停解腳價，除將原有隨解兩庫飯銀照舊解交本庫外，其本庫查收元寶七兩散碎十兩之飯銀，免其重解。

（清）延豐等《重修兩浙鹽法志》卷一四《律例・場員交代定限》

乾隆七年八月，户部爲請定場員交盤等事，題覆兩淮鹽政準泰奏稱，兩淮鹽屬二十五場大使均有徵解折解錢糧之責，按照奏銷分數考成，惟交盤未有部限。應如所請，將兩淮鹽場大使照州縣例，勒限兩月交盤，將經徵經解折價錢糧并奏定報銷公項銀兩造册，由該管分司核具印結申詳鹽運使加結，呈詳鹽政咨報部科查核。倘逾限未清，查明新舊兩任係何任遲延，分别參處。仍照限清交册報。如有侵挪虧空，即行參追。再兩淮場員交盤既定例限，則凡經管鹽課大使等官，自應一例遵照，應行文各省管鹽督撫鹽政一體遵行。

（清）延豐等《重修兩浙鹽法志》卷一四《律例・各買食鹽非聚衆販私可比》　乾隆八年三月，刑部議覆安撫審理虹縣馬康侯等販私拒捕一案，該撫將馬康侯董奇俱依鹽徒十人以下，遇有追捕拒敵傷止二人以上律絞候具題。此案私鹽人贓並未現獲，一任兵役開報姓名陸續拏解。除馬康侯曾經犯案外，餘犯僉供止此一次，各買各鹽邂逅相遇，其鹽斤自二十斤至八十斤不等，營兵擒截俱各驚竄，惟馬康侯等七人拒捕，至所買鹽斤俱换糧食喫用等語。是贓無實據人非現獲，既非糾夥興販，何得引聚衆之條。偶然攜帶换糧，亦難與販私同罪。等因，題駁去後，嗣據署撫將馬康侯等仍照原議具題，以被搶鎗刀業經起獲，實係拒捕確憑，即係販私實據。雖人鹽不獲，律有不坐不追之條，而拒捕傷兵並無不究不擬之例等語。查被搶鎗刀係在五河關獲，並非現犯馬康侯家起出，何以即指爲拒捕確憑，更坐以販私實據。即令拒捕屬實，亦必果係販私方擬死罪，豈因其拒捕遂不問其果否鹽徒，竟行擬絞之理。此等案件自應詳加分别，不應緝捕者概行開釋，其例應緝究者照買食私鹽例科罪，至拒捕人犯既與鹽徒聚衆、兵民聚衆等例不符，自應照罪人拒捕傷人律科斷等因。二次題駁去後，續據該撫將馬康侯董奇改依買食私鹽律加拒捕罪二等擬徒。馬康侯年逾八旬，照律勿論具題，應如所題完結。奉旨：依議。欽此。

（清）延豐等《重修兩浙鹽法志》卷一四《律例・場員拏獲奸匪移解地方官審理》　乾隆十一年十一月，刑部爲請增場員約束等事，議兩淮鹽政吉慶奏，嗣後除商竈因命盜、賭博、窩娼、奸拐、匪竊、鬬毆、打降、私宰、私鑄，以及海洋商漁透漏米鹽告發案件，聽地方官查辦，大使不得干預外，其未經告發事件，應准該場大使申禁約束，一有干犯立即就近查拏，移解地方官審理，并報明運使查核。如將無干之人混行捉拏，及有意借端生事擾害地方，將該場員題參議處。再奏稱場員應管事件，如營私擾累，例令地方官稽察，則場員與有司原屬一體，亦應如所奏。嗣後場員拏獲賭博奸匪私宰犯禁等案，准照文武官拏獲私鑄賭具例，將地方官免其失察處分。奉旨：依議。欽此。

（清）延豐等《重修兩浙鹽法志》卷一四《律例・稽查糧船沿途貨買私鹽》 乾隆十四年十一月，户部爲奏請因時調劑等事，議總漕瑚寶奏，查鹽法定例，各省貧難老幼許其負鹽四十斤易米度日，原所以養惠窮民，但只令其各自挑負易賣，若結隊成羣湊合興販，即干嚴禁。今據該總漕瑚寶奏，天津阿城淮安儀徵等產鹽之鄉，老幼男婦貨賣鹽斤者，一遇漕船經過即充塞河干混行售賣，甚有黑夜傍船私相包送，無知舵丁水手暗行夾帶等語。是若輩挑負鹽斤充塞河干，即與結隊成羣湊合興販無異，且糧舵夾帶私鹽例有明禁，今老少鹽斤充塞販賣以致舵丁水手暗行夾帶，殊干法紀，總由地方官不實心查辦所致。應如所奏，嗣後貧難老幼負賣鹽斤，行令沿途督撫轉飭地方營汛員弁，於糧船經過之時嚴行稽查，毋許老幼男婦跟隨貨賣。其舵丁水手應需食鹽，只許向官鋪售買，每人以三五斤爲率，每船總不許出定例四十斤之外。如有多斤夾帶私鹽等弊，即行查拏究治。若不實力稽查，以致夾帶過四十斤之外者，一經發覺，參送兵部，照不行詳查議處。

（清）延豐等《重修兩浙鹽法志》卷一四《律例・越境興販官鹽致死巡丁照鬬殺問擬》 乾隆十八年八月，刑部爲私販戳死埠巡事會看得梁亞紅等謀毆鎗傷巡丁尹寶身死一案，據廣撫定長疏稱，查譚勝彬等各買各鹽並未同夥，且均有埠標確據其非私鹽無疑。至遇巡丁捕捉之時均即棄鹽逃遁並未抗拒，後欲謀毆洩忿，已事越兩日，與臨時拒捕不符。而梁亞紅並非同買鹽之人，聽從譚勝彬討鹽謀毆，以致鎗傷巡丁尹寶當夜身死。應將梁亞紅照例擬絞，共毆之梁幼貞等擬以軍流杖徒，等因具題前來。查梁亞紅與梁幼貞共毆尹寶身死，但梁幼貞先戳尹寶太陽係屬微傷，而梁亞紅鎗戳尹寶右臂膊深透血盆，實因此傷殞命。且尹寶係下午被傷，死于是夜丑時，又非當時身死。梁亞紅不應如該撫所題，照共毆人傷皆致命當時身死，以後下手者當其重罪例絞候。應改依共毆人傷皆致命，當時未死而過後身死，究明何傷至死，以重傷者坐罪例，擬絞監候，秋後處決。餘均應如該撫所題完結。奉旨：依議。欽此。

（清）延豐等《重修兩浙鹽法志》卷一四《律例・私鹽案件巧脱罪名將承審官議處》 乾隆二十三年八月，吏部爲遵旨速議等事，會覆户部侍郎吉慶、署兩廣總督李侍堯奏，地方官承審私鹽案件，必須究其鹽斤來自何場，審明實在數目，將場員照鹽法透漏成例議革。如有多開人犯均其斤數，爲場員巧脱罪名，將承審官嚴加議處等語。查私鹽案件一經拏獲，理應逐加究訊，誠恐地方官往往爲場員巧爲開脱，遇大夥私梟非多開人犯即均其斤數以便輕減罪名，而私梟反得肆行無忌。應如所請，嗣後地方官承審私鹽案件，必須究其來自何場，審明實在數目，即將失察之場員照鹽法透漏成例議革。如有仍聽多開人犯巧脱罪名者，即將承審官照徇庇例降三級調用。奉旨：依議。欽此。

（清）延豐等《重修兩浙鹽法志》卷一四《律例・鹽課銀兩照例添兑》 乾隆二十六年七月，户部爲移付事。近年各處解到錢糧名爲按照部頒法馬彈兑入鞘，竟有每鞘短少十兩至八九十兩不等，殊非慎重錢糧之道。查銀庫向例，漕項關鈔鹽課例用小錠及散碎銀兩，前于乾隆四年關鈔鹽課每千兩加銀十五兩，漕項加銀五兩，仍計一千兩兑收等因，奏准在案。向祇照例兑收，並未行知各處，嗣後飭令於起解時遵照銀庫奏准定例，每鞘按數添入，詳細彈兑，毋許絲毫短少。仍慎選解員押運，如到庫兑收時短少十兩以内者，仍照例准令解員即時補交足數。倘有短少銀數懸殊者，臣等即行指參，照例議處。仍令將緣何致有短少之處查明自行奏聞。奉旨：依議。欽此。

（清）延豐等《重修兩浙鹽法志》卷一四《律例・船户盜賣商鹽》 乾隆五十五年，户部題定則例，一、各省商運鹽斤，如船户實有勾串私梟盜賣爬搶情事，准該商呈明地方官一面將船户等查拏治罪，一面轉報該鹽政核實所失鹽數補配行運，將失去原鹽在各犯名下勒追，變價報部充餉。若地方官於商人呈報時不即據報准理故行抑勒者，指名題參。倘查係商人串通船户盜賣捏報搶竊者，照私鹽例治罪。

（清）黄掌綸《長蘆鹽法志》卷一《諭旨一》 順治元年，欽奉恩詔内開。一、鹽課前代天啓崇禎年間，加派名色甚多，深爲商厲。今著盡行蠲免，止按萬歷年間舊額，按引徵課。

順治三年正月，奉上諭：鹽課關繫軍需，豈容私販虧課。著嚴示禁約，違者依律治罪。欽此。

順治四年正月，奉上諭：竈户若有投充王貝勒以下，俱不許投充。若有先投充者，悉一概退出。欽此。

順治四年六月十七日，户部奉上諭：興販私鹽，屢經禁約，近聞各處奸民，指稱投充滿洲，率領東兵，車載驢馱，公然開店發賣，以致官鹽壅滯，殊可痛恨。爾部即出示嚴禁，如有仍前私販者，被獲撻八十鞭，其鹽觔銀錢牲口車輛等物，俱入官。巡緝員役縱容不行緝拏者，事發一體治罪。特諭。欽此。

順治五年六月十六日，户部奉上諭：前因地方奸民，架引滿兵，興販私鹽，已傳諭爾部行文嚴禁，犯者捉獲撻八十鞭，鹽觔牛驢車輛銀錢等物盡行入官。近聞近京地方土棍，串通滿兵，車牛成羣，攜帶弓矢，公然販賣私鹽，以致官鹽壅滯，殊可痛恨。除已傳諭各固山牛彔嚴行禁止外，爾部即刊刻告示，再加申飭。如有仍前違旨，販賣私鹽者，不論滿漢地方巡緝員役，擒拏解部，依律治罪。鹽觔等項入官。爾部仍差人密訪，如地方官員，并巡鹽人役，容隱不舉，事發一體連坐。特諭。欽此。

順治八年三月初八日，奉上諭：朕於本月初六日，親覽巡鹽御史崔允宏章奏，因思各處報鹽課中，常報有餘銀若干。細思鹽課正額，自應徵解，若課外餘銀，非多取諸商，則侵剋於民，大屬弊政。傳户部、都察院通行各鹽差御史，及各鹽運司，止許徵解額課，不許分外勒索餘銀。如有貪縱御史及運司各官，許商民指實赴部院首告，審問確實，奏聞治罪，用布朝廷恤商裕民之意。該部院各刊刻告示，通發京城内外，及各督撫按徧傳内外，道府州縣鹽運等司，著實遵行。特諭。欽此。

順治十二年正月二十七日，奉上諭：兩淮河東長蘆等處各運司，鹽課原應商人辦納，内有每年派民納課，而民不見升合之鹽者。著該運司詳加稽核，從長計議，務令公私兩便，經久可行，毋得因循積弊。特諭。欽此。

順治十二年十一月二十九日，奉上諭，吏部、都察院，國家設立巡方御史，原爲察吏安民之本，首在懲貪，必按臣先能以廉持己，奉公守法，然後有司有所畏憚，不敢貪焚害民。近初遣顧仁等巡方時，曾詔至太和殿面諭，巡按已經止息，因此官關係甚重，吏治貪廉，民生利病，皆由此上達。故復遣爾等往巡直省地方，朕即倚爲耳目手足，爾等當體朕意，潔己率屬，奠安民生。若不法受賄，負朕委任，不拘常律，但得銀一兩一錢，定行處死。又召至左翼門，再加申諭：往聞巡按官初至地方，亦能虛博廉名，及至差滿回日，多婪取贓物。爾等若蹈此弊，初至廉名，俱置不問，必照貪婪處分。朕屬望如此殷切，戒諭如此嚴明，即當洗滌肺腸痛除積弊。乃顧仁輒敢背旨壞法，收蠹納賄。朕親行審鞫，情真罪著，已經正法訖。合通行天下，嚴加禁飭。以後各巡方御史，及巡鹽、巡漕、巡倉、巡視茶馬各御史，但有這等違法受賄犯贓，即行處斬，定不寬宥。爾等即行傳知。特諭。欽此。

順治十八年十二月二十五日，奉上諭：户部鹽課錢糧，關係軍國急需。聞内外大小官員，勢豪之家，多有貿易販鹽，倚勢不納課銀。巡視鹽課官員，不畏勢力，不徇情面，盡行催徵者，即能多得課銀。其畏勢徇情者，即致課銀虧欠。以後管鹽各官，多得課銀者，著以稱職從優議叙，額課不足虧欠者，以溺職從重治罪。其官員貿易，倚勢漏課情弊，該管官務須嚴加稽查參奏，本主一并從重治罪。巡鹽等官，如仍前徇隱，定行一並從重治罪不饒。爾部即遵諭行。特諭。欽此。

康熙七年三月二十三日，奉上諭，吏部户部都察院，鹽課關係國賦，最爲緊要，必得廉能之人差遣，乃能以嚴緝私販，惠恤商民，疏通引目，以裕國課。近見課額未增，商人又未有裨益之處，以後不必但將監察御史專差，應將廉能之人選擇兼差。爾部院酌量定議具奏。特諭。欽此。【略】

康熙十六年五月十一日，户部奉上諭：鹽課關係國用，各巡鹽御史理應潔己奉公據實奏報。如有將割沒等項銀兩，以多報少，侵隱情弊，發覺之日，必從重治罪，決不饒恕。著通行嚴飭。爾部及都察院，仍不時稽察，差回嚴加考核。欽此。【略】

康熙二十四年四月二十七日，奉旨：盜販私鹽，屢經嚴禁，未見杜絶，皆因地方經管各官，不實心奉行，以致仍多私販。著九卿詹事科道會同確議，具奏。欽此。【略】

康熙二十八年十二月，奉上諭：長蘆二十九年額徵鹽竈鹽地錢糧，

共二萬二千餘兩，俱著斷免。【略】

康熙三十八年十二月，奉上諭：凡差遣官員，理宜恪慎潔己，辦理公務事竣，即遄旋復命，庶不負委任之意。嗣後如巡鹽榷税，審事察荒，一應差遣，并部委各項官員，倘有沿途騷擾需索，遶道妄行，或公務已畢仍逗留地方，借端生事，恣意亂行，或將所帶筆帖式、撥什庫人等私自遣往他處，督撫繫簡任封疆大臣，著即指名參奏，以憑究治。如督撫瞻徇容忍，不行糾參，事情發覺，將督撫一併議處。欽此。

康熙四十四年五月初十日，奉上諭：今看得私鑄小錢，販賣私鹽者甚多。如何嚴行禁止之處，著户部定擬具奏。欽此。户部議覆，奉旨，九卿詹事科道會議具奏，欽此。經九卿等議覆，六月二十一日奉旨：舊錢展限之事，著另議具奏。其私鑄錢之人，並販賣私鹽者，斷不可寬。此事進京之日，著大學士九卿大臣會同議奏。欽此。

康熙四十六年十二月初九日，奉上諭，刑部，漕船往來河道運丁人等，夾帶私錢私鹽，並裝載一切貨物，遇有稽察員役，動輒抗拒，傷人放火，誣賴沿途，商民船隻，悉被欺淩，種種不法之事甚多。朕所深悉。漕運總督倘不嚴察懲處，則運丁恣意横行，必致重爲民害。這案著該督再行確審定擬，以爲悍丁生事病民者之戒。特諭。欽此。

雍正元年正月初一日，奉上諭：各省道員，爾等官歷僉司，所以贊襄藩臬，承流宣化者也。分守分巡，職居協理，糧河鹽驛，各有專司。身居是官，必顧名思義。名者實之華也，克副其實而後名歸焉。如守巡兩道，首當潔己惠民。凡府州縣之廉潔貪汙，俱宜細加察訪，不時密詳督撫，以憑舉劾。地方有土豪武斷，尤宜禁戢翦除，衛良鋤莠，乃稱其實。若但知趨承大吏，或祗圖下屬陋規，一切吏治民生概置不問，貪庸陋劣，殊負朝廷設官之意矣。糧道專理漕運，職任匪輕，使徒知起運規例，扣剋運費，苦累運丁，營私煩擾，有玷官箴，貽害百姓，何所底止。河道有董率工程之責，凡分修河員，孰賢孰否，俱應洞悉，並宜親身經歷查勘估計，某口險峻，某口平易，某處隄工堅固，某處冒支帑金。倘不計虚實，不辨勤惰，僅以納賄多者爲能員，餽遺少者爲拙吏，而於工程漠不經意，一遇坍潰，誰之咎耶。鹽道一官，尤關國課，邇年鹽法弊竇叢生，正項錢糧每多虧欠，一由上下各官，需索商人，巧立名色，誅求無已。窮商力竭，不得不那新補舊，上虧國課，高擡鹽價，下累小民。至於官鹽騰貴，貧民販賣私鹽，捕役鬬毆，株連人命，流弊無窮。一由商人用度奢靡，相仍陋俗，不知節儉，致欠額徵。爾等運籌鹽法，宜將陋例積習盡情禁革，必思何以甦商，何以裕課，上供軍國，下利閭閻，方爲稱職。驛道爲驛站錢糧所繫，必廉潔自守乃可剔弊釐奸。凡驛遞馬匹，數目多寡，每有假冒開銷。歲修船隻，亦有虚浮不實。該員一貪貲貨，勢必昏庸，或過於苛嚴，勒索多方，經管屬吏，疲不能支。總之病官病民，悉緣貪黷。敬爾有官，垂諸古訓。靖共爾位，載在風詩。爾等各有常職，各守官方。名實二字，極宜體認。今以獻賂爲實，虚譽爲名，動云名實兼收，内以欺己，外以負國。有靦面目，其何以立身而抒忠蓋乎。皇考御極六十餘年，以軫恤民生爲首務，各省道員必親加遴擢，諄諄戒勉，極其詳慎。朕纘承大統，翼翼小心，惟仰體皇考愛養元元至意，亦期爾等争自濯磨，振飭風憲，以副朕望。果能肅清綱紀，無致廢弛，朕當破格獎勵。其或因循不改，朕必置之重法。特諭。欽此。

雍正元年五月初八日，長蘆巡鹽御史莽鵠立進見，面諭：長蘆鹽法近來大壞，朕素知爾存心忠直，今特簡爾前去清除弊端，整理鹽法。商人歷年拖欠錢糧，已纍至一百數十萬兩，運使段如蕙深知鹽務，諸凡事件朕盡交與爾二人。爾率同段如蕙，只操真誠，堅心辦理。凡有利弊，務必徹底清查。當奏之事，爾即奏聞，候旨遵行，勿得隱蔽。鹽商之中有勢力光棍數人，專意鑽營勢要，借端起釁，指稱求情使費，大派衆商，到處餽送，羨餘利己，派累窮商。爾到任所留心察訪，如有此等，即便究其始末，查其承攬坐主何人。將受贓獲利情由，一併訊明，即便著落伊等名下賠補。從前既得人財物，豈容著他們便宜。如獲利之人抗不速完，爾即奏明嚴審治罪，毋得瞻徇。現今長蘆御史傅賚已經革職，即於本月二十日起程赴任。至水圍所用皇船，苦蓋修飾之事，朕另下旨意，交給坐糧廳辦理。再爾所奏舉人郭彦博、秀才郭玫二人，準爾帶去試用。如果一毫無私，與國課有益，爾當保奏可也。【略】

雍正元年八月，奉上諭：長蘆一帶，興販私鹽者甚多，或百十成羣，手執器械。經過州縣地方，應當嚴加查拏，務期禁絶。其如何查拏禁絶之處，隆科多與巡撫李維鈞、提督董象緯、總兵徐仁、巡鹽御史莽鵠立會同確議具奏。欽此。

雍正二年二月初二日，奉上諭：各省關差鹽差，從來關榷鹽税之設，所以通商裕國。或用欽差專轄，或用督撫兼理，無非因地制宜，利商便民之至意也。朕前於關鹽兩差，各下諭旨，誥誡諄切。但旗員向來相沿成習，陽奉陰違，任意侈靡，不知撙節，額外加派，苦累商民。差滿之日，惟恐回京有當差効力之事，每以缺額懇求寬限，希圖掩飾。是以不憚丁寧，再加申飭。大抵關差之弊，皆未講日計不足，月計有餘之長策，惟知目前小利，恣意侵漁，聽信家丁，縱容胥吏。開關分别遲早，肆無厭之誅求，報單任意重輕，爲納課之多寡。飽谿壑者，則任其漏税，代爲朦朧。不遂欲者，則倒篋傾箱，一物不免。致商賈畏懼，裹足不前，行旅彷徨，越關迂道，則困商實所以自困也。鹽差之弊，尤合重懲。飛度重照，貴賣夾帶，弊之在商者猶小，加派陋規，弊之在官者更大。若不徹底澄清，勢必致商人失業，國帑常虧。夫以一引之課，漸添至數倍有餘，官無論大小，職無論文武，皆視爲利藪，照引分肥，商家安得而不重困。賠累日深則配引日少，配引日少則官鹽不得不貴，而私鹽得以横行。故逐年之課難以奏銷，連歲之引盡皆壅滯，非加派之所致與。故關差惟在嚴禁苛求，使舟車絡繹貨物流通，則税自足額。鹽差惟在力除加派，使商困少蘇，盡復舊業，則課自贏餘。至於督撫係封疆大吏，更當仰體朝廷歸併之意，關政不得視爲帶理，漫不經心，誤任屬員，聽其剥削。鹽政不得罔恤窮商，獨專厚利，硬派州縣，計口徵錢。夫榷關部屬，尚有顧忌，恐督撫持其短長。今歸督撫，則何所瞻顧。巡鹽御史地方官或不奉約束，今歸督撫，則熟敢抗違。況欽差猶每年更换，而督撫兼理，則無限期。若不實心奉行，使風清弊絶，則大負歸併之本意矣。至將耗羨充課，固屬急公，但恐以耗羨歸正額，而正額之外復加耗羨，商民重輸疊出，何以堪此。朕深悉關鹽擾累之害，垂念商民營逐之苦，特諭爾等經理榷税者，務期奉公守法，遴委得人。知商旅之艱辛，絶箕斂之弊竇。通商即所以理財，足民即所以裕國。如有自利自便，罔上行私，責有攸歸，其悉遵朕旨。特諭。欽此。

【略】

雍正九年三月二十七日，奉旨：前據鄭禪寶奏稱，康熙二十七年間經撫臣等議定鹽價每觔價銀一分三四釐不等，彼時每銀一兩只换小制錢一千四五百文，是以每鹽一觔定爲十六文之價。迨後錢價漸平。現今每兩合錢可至二千，而鹽價仍是十六文，將錢易銀，不敷原數，以致商運消乏，欠課難楚。應請會同直隸督臣，作何使商民兩便帑課無虧之處秉公妥議等語。朕視商民均爲一體，若便於商而不便於民之舉，朕必不爲也。從前楊宗仁在湖廣時，議減鹽價本欲加惠於民，乃至商人裹足不前，百姓至於淡食。朕因悉此弊，是以見鄭禪寶之議，允從部議交與督臣等秉公詳議。朕本爲便民起見，並非以商人舊欠難清，而令其取償於民也。唐執玉身任地方，若確知民情未協，有不可施行之處，便當據實陳奏，何得爲兩岐之説，而以上年被水之數州縣爲辭。又稱俟可以加增之時再爲議請，似此瞻顧模棱，甚屬不合。著另行定議具奏。該部知道。欽此。

雍正九年六月，户部議覆，直屬銷賣鹽價，長蘆商人運本消乏，行運日艱，嗣後每鹽一觔酌加大制錢一文。奉旨：著將部議發與唐執玉，再行秉公定議，務期商民兩便，可以永遠遵行，不得固執前見。若果有不便於民之處，亦即據實陳奏。欽此。

雍正十三年九月二十三日，欽奉諭旨：雍正十二年以前，各省錢糧實欠在民者，一并寬免。欽此。

雍正十三年十一月十四日，欽奉恩詔，内開各省侵貪那移應追之項，家産盡絶力不能完者，已概予豁免。其分賠代賠指欠開欠之項，著查明一並豁免。欽此。

雍正十三年十二月初八日，奉上諭：朕前降旨該部，令傳諭江南督臣，將雍正十二年以前兩淮場課舊欠，查明奏聞蠲免。今朕聞兩浙、山東、福建、廣東諸處，各有舊欠場課鹽折銀兩，事同一體，宜並施恩著該部傳諭各該督撫等，查明奏聞，一併豁免。欽此。豁免長蘆竈户積欠白鹽折價等銀四千六百八十兩有奇。

（清）黄掌綸《長蘆鹽法志》卷二《諭旨二》 乾隆十一年五月二十三日，奉上諭：直隸通省，今年地丁錢糧已全行蠲免。其慶雲鹽山二縣本年應徵竈課銀，例不在蠲免之内，朕念二縣當積欠之後屢次加恩，今雖得透雨但收成尚難懸定，若此項竈課銀兩，照例按期催納，民力未免拮据。著將慶雲鹽山二縣本年應徵竈課暫緩徵納，俟秋收豐稔，該督撫奏明開徵。該部即遵諭行。欽此。

乾隆十一年十二月初九日，奉上諭：直隸慶雲鹽山二縣竈課，節年災緩並帶徵等銀，前經降旨自丙寅年起分作三年帶徵。但思二縣積欠之餘，元氣未能全復，若將分限帶徵舊欠一並開徵，以一年而完積年之欠，未免拮据。所有該二縣本年應起限帶徵竈課銀兩，著緩至丁卯年照原案起徵，俾緩舊徵新以紓竈力。欽此。【略】

乾隆十五年十月十八日，奉上諭：今歲夏秋雨水過多，長蘆鹽價昂貴，收貯之處又多被水耗損，各商辦運未免艱難。所有本年應徵鹽課銀兩，除春夏二季仍照例催徵外，其本年秋冬二季正課加課等銀，著加恩分作二年帶徵，以恤商力。該部即遵諭行。欽此。【略】

乾隆十八年六月，奉上諭：據吉慶奏鹽屬銷引地方，賣鹽錢文，悉令在本州縣市集出易，不得囤積在店，運往他處售賣射利等語。吉慶此奏，爲商人囤積射利起見，亦疏通錢法之一端。但各省鹽務地方，情形不一，著將此摺抄寄各督撫鹽政，令其查察所屬情形。若果如吉慶所辦，立法稽查，行之可有實效，不致滋擾商民。著即奏聞仿照辦理。如或有未便之處，亦不必勉強，著詳悉酌量具奏。欽此。

乾隆十九年十一月，奉上諭：長蘆鹽政普福奏蘆東衆商情願捐銀三十萬兩，稍充軍營賞需之用，且援金川之例爲請，此甚非是。金川用兵，適當朕普免天下錢糧數千餘萬之後，又值江南水災賑濟撫恤需用過多，是以兩淮蘆東浙閩等處，各商之急公捐輸者不便阻其報効之忱，俯允所請，其實於軍需所費何裨萬一。方國家全盛府庫充實，適當準夷報誠者接踵而至，應籌其游牧，俾令人安。且彼自亂，機有可乘，此不過以餘力舉之，已屬裕如。而近年以來，各省年穀順成，倉儲豐羨，即去秋淮徐諸郡被水成災，賑恤所需，亦不下數百萬。而每歲冬季八旗兵丁諸賞賚，按例舉行，並不因西北軍需，於應用帑項稍存裁節之見。統計經費仍復有盈無縮，何至遽以商捐爲請耶。向來偶遇軍興災賑之事，不知輕重之人多思藉以開例報効。然果使籌餉報荒動項經畫，則捐輸踴躍，原屬臣民忠愛之誠，而此時則殊可不必。況天地生財貴於流通，庫藏所積既多，而臨時又復別籌取益，殊非用財大道，朕所不爲。軍需所費，邊境資以流通，郡內商民亦均爲有益。普福此見甚小。著傳旨申飭，恐各省復有踵而行之者，是用明降此旨，諄切曉諭，令內外諸臣共知朕意。欽此。

乾隆二十二年七月十九日，奉上諭：今年豫省之衛廠及直隸之大名等廠，驟因水漲，鹽觔漂没，已降旨該鹽政飭商照數補運，接濟民食。但念秋運現已屆期，與補運同時共辦，重費資本。目下正值催徵引課之時，若令依期交納，商力未免拮据。著加恩將鹽觔被水各商，交該鹽政查明本年應徵課銀確數，分限三年帶徵，俾得從容完繳。朕此番加恩，原爲軫念災黎，該商等既蒙優恤，毋得藉口被災，加價牟利。該鹽政其隨時稽察，用副朕卹商惠民至意。此旨並令該撫知之。欽此。

乾隆二十四年三月初八日，奉上諭：官著奏據長蘆山東商衆呈稱，屯田塞上，中外一家，情願公輸銀三十萬兩稍備屯餉之需，不敢仰邀議敘等語。長蘆山東各商辦課素屬急公，今復籲請捐輸，情詞肫懇，著允所請，即令官著委員解赴甘省，交與該督吴達善收備軍屯賑務之用。該商等仍著交部議敘。欽此。【略】

乾隆三十六年十一月三十日，奉上諭：本年恭逢皇太后八旬萬壽，兩淮長蘆浙江等處商人來京，恭辦慶典，踴躍可嘉，業已優加賞賚，並將淮商提引案內應繳銀兩再展限以示體恤。更念該商等一體辦公，而總商甲商叨恩獨厚，其餘商衆未能徧逮，因傳旨詢問李質穎等，令就各處情形查明具奏。今據奏覆，所有兩淮之梁鹽、安鹽二種，成本原自不同，價值不應一例。著將淮商之梁鹽每觔增價二釐，安鹽每觔減價二釐。在物價裒益，既以適均，民商亦爲交便。其長蘆商人應完三十六年引課錢糧，準分作三年帶徵，以紓商力。山東商人每年應領額餘引五萬道，準其停領三年，其應完正雜課銀，仍照舊輸納。兩浙商人，準每引加餘鹽五觔，以三年爲限。如此分別加恩，庶總散各商得以同霑愷澤，共沐慈恩，用廣推仁至意。欽此。【略】

乾隆四十三年八月二十一日，鹽政西寧奏請將本年應徵引課四十萬兩，分限五年完交，户部議駁，内閣傳旨詢問，令其將實在情形明白覆奏，並將户部所駁情節抄寄西寧閲看，俟西寧覆奏到日再降諭旨。十月初十日，據西寧覆奏，查蘆商引課全賴銷售醬菜二季收齊鹽價始敷辦納。本年水淺阻運，以致運本不能週轉，據實奏覆。本日奉上諭：户部議駁長蘆鹽政西寧奏，請將本年應徵引課銀四十萬兩，分限五年完交一摺，固屬照例議駁。但據該鹽政奏稱，上年額課全賴本年醬菜二季，鹽價收齊完課，本年春夏運河淺阻，又兼儀封一帶被水，以致銷運遲滯等語，自屬實在情形。所有長蘆應完四十二年正餘引課銀四十萬兩，著加恩準其展限，分作五年完交，以紓商力。欽此。

乾隆四十八年八月，奉上諭：行在户部議覆長蘆鹽政徵瑞奏封船備剥情形，應設法調劑一摺，已依議速行矣。楊村剥運事宜，從前方觀承辦有成規，於速運通商兩無妨礙，本屬妥協。近年以來，因直隸督臣屢經更換，適遇青龍岡決口未堵，漕運緊急，需撥甚多。該道府辦理不善，胥役必藉端勒索，紛紛封禁，守候無期。並將重載貨船，差押起卸，概令騰空備撥，以致客貨聞風裹足，船户畏避不前。不特鹽運無船，貽誤帑課，並恐商貨壅滯，京師百物昂貴，於民間食用大有妨礙，尤屬不成事體。徵瑞所奏甚是。著劉峨速即親身前往天津，會同徵瑞督率道府等實力妥辦，酌定章程，具奏遵行，以垂永久。至徵瑞既爲此奏，自必有所見聞，如該道府等果有辦理不善，及縱容胥役需索滋擾情弊，即著告知該督，據實嚴參，以示懲儆，毋稍瞻徇。欽此。

乾隆四十八年十一月，奉上諭：軍機大臣會同户部議覆，浙省沿海及山僻等處緝私武員，所有歲支盤費薪水，準其照舊留支一摺，已依議行矣。武職緝私，分所應爲，既已酌給養廉，自不應再得鹽規銀兩。業經部議概行刪除，歸入運庫造報撥用。惟與本汛相距遥遠地方，所派千把外委，仍準於鹽規項下酌給盤費。爲數亦原無多，但恐各省武職内，或有不肖員弁奉委緝私藉巡查往來盤費薪水爲詞，仍向商人索取銀兩，是鹽規一項，名裁而實留。且於歸公外復行私給款項，則該員等影射重支，轉爲商人之累，不可不防其漸。著傳諭有鹽務之各省督撫，所有前項鹽規議裁之後，是否不復私給，有無需索重支情弊，並將如何設法查禁緣由據實覆奏，將此諭令知之。欽此。

乾隆五十年六月，長蘆鹽政徵瑞奏請，本年應完引課分年帶完一摺，經部議駁。奉旨：部駁甚是。但念本年直隸各屬，雨暘應候，二麥雖屬有收。而河南被旱地方較廣，麥收歉薄，鹽引不能暢銷，亦屬事理所有，商力究未免拮据。著加恩將本年長蘆應完正餘引課暫行緩徵，分作三年帶完，以紓商力，此後不得援以爲例。欽此。

乾隆五十年九月初四日，奉上諭：據徵瑞奏，向來南糧入北河後，俱繫官雇民船撥運，未免守候需時，並致商鹽艱於挽運。兹據長蘆商人呈請，捐銀三十萬，備造撥船一千餘隻，並請賞借庫項，各商按引均攤，分限十年歸款。如蒙俞允，即由運庫内動撥，解交劉峨派員赶緊成造等語。官雇民船撥運漕米最易滋弊，今另造官船隨時應用，民船既可免官封，商鹽亦足敷挽運。且旗丁等向用撥船，雖繫官爲雇辦，究不免小有津貼。今既有官船，該丁等亦可節省浮費，而該船户於空閒時，仍可攬載營生，公私俱有裨益。已明降諭旨準行矣。至徵瑞所奏，請交劉峨派員成造一節，此項撥船，繫一千餘隻，所需板片木料較多，直省恐不能應手。即營造工匠，亦不如江廣等省之諳習。所有應造船隻，即著徵瑞開明丈尺數目，知照特成額、吴垣、舒常，令該督撫等於湖廣江西二省遴派妥員，各趕造五百餘隻，以供撥運。惟明歲新漕頭二進前抵北河，即需撥船備用，約計彼時湖廣江西成造之船恐未必即能運到，並著特成額等，將此項船隻趕緊成造，先得一半或三分之一，於明年二三月前，即派員送到直省應用，免致臨時又須雇用民船。其餘一半，仍飭妥速趕辦，於該二省漕船開行時，隨幫前抵北河，庶不致遲悮。至成造此船，每船一隻計用銀三百兩，上下工價已屬寬裕，特成額等應嚴飭承辦各員，務將所用工料切實造辦，期於堅固經久，不致易於損壞。至應用帑項，若由長蘆解往，徒滋煩費，即著特成額等各於該省耗羨閒款等項内，各動支十五萬兩，辦理工竣，據實核銷。其長蘆商人分限十年應歸之款，仍著徵瑞按限催繳。所有成造船隻，送到直省後，並著劉峨交沿河州縣官小心經管，毋致貽悮。此後不得再行封雇民船，致滋擾累。倘有借端累民者，著該督、該鹽政隨時查察，嚴行參奏。至該船户除空閒攬載，得有餘資，足敷養贍應用外，其撥運漕糧銅鉛等項，應如何酌給船户水手工食，及逐年修艌之處，並著劉峨會同徵瑞一併另行妥議具奏。將此由五百里傳諭特成額等，並諭毓奇知之。欽此。

【略】

乾隆五十年九月，奉上諭：徵瑞奏請備造撥船以濟鹽漕一摺，據稱南漕入北河後撥運船隻向繫官爲封雇，未免守候需時，且船隻短少，商鹽艱於挽運，頗形掣肘。兹衆商請借帑造撥船一千餘隻以濟撥運，嗣後不致封雇民船，於商人運鹽甚便等語。所辦甚是。向來南糧入北河後，俱繫官爲雇船撥運。而糧艘未到以前，封撥之船即須先期預備，自不無守候之累。且船隻既經封撥，於商鹽挽運實屬有妨，自應設法調劑，以期鹽漕兩有裨益。今將此項撥船另行備造，則南糧一抵北河，即可隨到隨撥，不獨便于轉運，而民船得免官封，商引無虞壅滯。即該旗丁等，既有官船撥運，較用封雇民船，更可節省浮費。且南糧未到之先，及漕糧運竣以後，該船户仍可攬載營生，以資貼補。是備造此項船隻，於商民及軍衛各丁，均資利賴，自應如該鹽政所奏辦理。至船隻成造之後，著劉峨分交沿河州縣承管，遇有銅鉛，及奉天、河南麥豆等項，應需撥運，皆可隨時應用。並著該督嚴飭地方官，此後不得再行封雇民船，致滋擾累。該督及該鹽政，仍隨時稽查，如有借端累民者，即行據實參奏，以副朕惜丁愛民至意。欽此。

乾隆五十二年十月，奉上諭：吏部議覆，琅玕題請以陸費鑑實授崇明鹽大使一本。陸費鑑著該部於調補別省後，即準其實授。向來鹽大使，因無地方之責，並不迴避本省，是以陸費鑑籍隸浙江仍發浙江委用。但思鹽場各官與州縣官專司民社者雖屬有間，然鹽觔既關繫民食，且所屬曬丁竈户錢糧詞訟，俱繫該員經理，究恐有徇私瞻顧等弊。嗣後鹽務各員銓選分發，俱令迴避本省。其現在各省，鹽務各員有籍隸本省者，著該部一體查明，籤掣更調，以示慎重官方之意。著爲令。欽此。【略】

乾隆五十八年三月十三日，奉上諭：原任杭州織造基厚回京侍養，前來行在謝恩，經朕詢以福崧在浙江巡撫任内種種貪縱劣蹟，伊近在同城，豈得諉爲不知，何以並不參奏。基厚惟有俯首認罪，無可置辯。各省鹽政織造關差等，若以繫屬欽差，妄自尊大，或干預地方事務，則是自貽伊戚，固當治罪。至督撫等如有貪劣款蹟，一有見聞，自應據實參奏，方爲不負委任。即如福崧在浙時，派令柴楨購買物件，侵用掣規月費，敗檢營私。又福崧之母游翫西湖，派令鹽道預備食用燈綵船隻等項，每次費銀千兩，劣蹟彰著。而基厚身同聾聵不據實劾參，豈伊身爲織造，惟知坐享優厚養廉，於督撫聲名款蹟全置不問耶。基厚繫内務府郎中，著降爲内務府筆帖式，以示懲創。著通諭各省鹽政、織造關差，所有地方事件，固不得越職干預。如遇督撫等有貪黷營私，及地方水旱偏災督撫有諱飾不辦等事，俱應隨時查察，據實參奏，毋得如基厚之置若罔聞。並至如穆騰額之惟知派累商人，封殖自肥，致干重譴。該鹽政織造關差等，務須共知警戒，遇事實心。倘有瞻顧徇隱，及恃有此旨過甚滋擾等事，一經察出，必將伊等從重治罪。將此通諭知之。欽此。

乾隆五十八年九月二十二日，奉旨：户部議覆長蘆鹽政徵瑞奏蘆東各屬，本年應徵商課，請緩至五十九年分限五年帶徵一摺，所駁甚是。第念上年該處雨澤愆期收成稍歉，引鹽不能暢銷。今歲雖收成豐稔，商力轉輸不及，情形究屬拮据。但從前節年緩帶課項，已展至七年帶徵。此次若如該鹽政所請，再將本年商課分作五年帶徵，爲期未免太緩。所有本年長蘆應徵正餘引課銀五十餘萬兩，山東應徵引票課銀十八萬餘兩，著加恩自五十九年起分限三年帶徵，以紓商力。欽此。

乾隆五十九年四月初一日，奉上諭：長蘆山東鹽務，商本素非饒裕，節經加恩調劑以紓商力。今翠華臨涖天津，蘆東各商俱情殷瞻就踴躍歡忭，具見悃忱，自宜特沛恩膏，以敷愷澤。所有長蘆山東未完六限三限緩徵及帶徵五限川餉，並本年應完正餘引票課銀三百八十八萬餘兩，著再加恩於各原限届滿奏銷後起限，統行接展三年，分年帶徵，俾商力益臻饒裕，以示朕行慶施惠，有加無已至意。該部即遵諭行。欽此。

乾隆五十九年，奉上諭：梁肯堂覆奏蘆東鹽價改爲賣銀酌籌辦理情形一摺，據稱初接徵瑞札商之時，亦以改賣銀兩商人獲利浮多，未免病民。曾經詳晰咨詢嗣準徵瑞札覆，以商人應交正課外，尚有雜課餘引帑利運費等項，核計商人賠折，實一百餘萬兩等語，此論不通。蘆東商人因現在錢價較賤，易銀交課，不無賠折，商力難支。設以商之正課而論，或量爲變通俾得營運有資，不致虧本，其事尚可準行。若以内府帑利而論，則繫商人應交内府借項與民無涉。朕惠愛黎元，屢次蠲租貸賦，不惜帑金億千萬兩，豈肯爲商人應交内府些須帑利，轉將鹽價加增，致民受困之理。其事斷難準行。況此項帑銀，原繫該商等自行懇請借給者，並非官派其借，出於商人勉強也。且帑利衹繫一分起息，爲數甚輕。若商人等於民間自行借貸，焉得如此輕息。是商人已受其利矣。況從前借給時本繫銀兩，並非錢文，此時何得以易銀耗折，牽合藉口。現在錢價雖賤，然從前商人領帑之時，據稱紋銀一兩可易錢八九百文，以此核算，則該商等彼時自得利已多。且官借帑項，爲日已久，節經加恩帶緩，即就帑利言之，其所稱每年交納數目亦不應至如許之多。是梁肯堂並未深悉原委，衹據徵瑞一面之辭代爲附和。著傳諭徵瑞，將應交課帑及帑利各項實數清册，帶同經手總商數人，親自來京，聽候軍機大臣會同核辦。將此諭徵瑞即令其速來，並諭梁肯堂知之。若梁肯堂現無要事，即來同議更好。欽此。

乾隆五十九年十一月十七日，奉上諭：户部議覆長蘆鹽政徵瑞等奏，蘆東鹽價改爲賣銀一摺，内稱現在市集錢價較賤，若如該鹽政等所奏，照依市價隨時核算，則較之長蘆現行鹽價每觔約多賣錢二三文及五六文不等，統計長蘆每年額銷引張，可多賣銀一百數十萬兩。即謂蘆東鹾務，目前量宜變通，亦應核明該商等每年約賠數目，量出爲入，兩得其平，未可稍存偏重之見，或致累及閭閻，徒飽商橐。請敕下各該督撫，會同鹽政，切實詳查，秉公酌議具奏，再行核辦等語。此事前據徵瑞等奏稱蘆東商人以賣鹽錢文易銀交課，多有賠折。且河南省行銷四省引鹽，惟蘆東專賣錢文，商情不無偏絀，請一體改爲賣銀以紓商力等語。朕以所奏繫爲調劑鹾務，似有所見，因交該部核議。至其中如何合算增減，一切委折細數，朕豈能析及錙銖。今據部臣核奏，則稱若如該鹽政等所請，每年額銷引張竟多賣銀一百數十萬兩，徵瑞等即爲調劑商情起見，計其每年賠折不過四五十萬兩，亦應酌其賠折之數量爲變通，何得專事恤商，致令倍蓰得利。此語更近理。朕豈肯因恤商困，而令商受利令民受困乎。其應如何酌中定議，使商民兩便之處，除原議大臣不議外，著交大學士九卿會同悉心妥議具奏。至徵瑞前奏繫與梁肯堂福寧會同札商，該督等自必稔悉情形，何以並未將辦理偏重之處詳細查核，率行隨同會銜，令其據實回奏。再蘆東引鹽行銷直隸、山東、河南、江蘇、安徽五省，其銷售鹽觔，易銀交課，是否實有賠折，應如何量爲調劑，使商力寬紓，民無擾累，兩得其平之處，並著各該督撫各抒所見，一體秉公核議據實迅速具奏，再降諭旨。欽此。【略】

乾隆六十年九月初二日，奉旨：户部議駁長蘆鹽政方維甸奏請將本年應徵課銀分年帶徵一摺，蘆東商力疲乏，經朕節次加恩停利展本，已爲至優極渥。若再行緩徵，年限過寬，勢必層層積壓。户部照例議駁，自屬核實辦理。第念該商人等貲本微薄，上年行鹽各地間有雨多歉收，銷鹽未暢，應交款項尚多，若一律徵輸未免稍形竭蹶。著再加恩，準其將本年應徵課銀七十餘萬兩緩至明年起，分作二年帶徵。其節年緩徵銀三百三十餘萬兩，俟本年緩徵銀兩，於二年限内交完時再行起限，仍照從前奏定年分，次第按限帶徵。該商人等經此次加恩之後，貲本愈臻饒裕。該鹽政惟當督率妥辦，按限輸將，勿得再任延宕，以副朕格外體恤，恩施無已至意。欽此。

嘉慶元年九月初五日，奉上諭：户部議駁長蘆鹽政方維甸奏請將本年應徵引課緩至明年奏銷後起限分作三年帶徵等因一摺。蘆東商力疲乏，經朕節次加恩停利展本，已爲優渥。若再行緩徵，難免層層積壓，户部照例議駁，自屬核實辦理。第念商人資本微薄，各處錢價過賤，易銀交課，不免虧折，尚屬實在情形。著加恩準其將長蘆應徵正餘引課銀五十三萬四千九百餘兩，山東應徵正餘引票課銀十七萬七千七百餘兩，緩至明年奏銷後起限，分作二年帶徵歸款以紓商力。該鹽政惟當督率妥辦，毋得再任延宕，以副朕格外體恤，恩施無已至意。餘依議。欽此。【略】

嘉慶五年二月初七日，奉旨：户部議覆長蘆鹽政觀豫奏蘆東商人舊欠課帑，再請展限交納等因一摺。蘆東商人舊欠課餉帑本銀兩，前經加恩準其分作十二限完繳，茲據該鹽政奏請展至二十四限，爲期太寬。著照部議，準其自本年奏銷後起，分作十五限完交，俾商力益臻寬裕。餘依議。欽此。

嘉慶五年三月初六日，奉上諭：户部議覆長蘆鹽政觀豫奏請蘆東鹽觔加價一摺，所駁甚是，已依議行矣。現在軍務尚未蕆事，一切兵餉供支皆須發帑接濟，固應寬爲籌備，但朕斷不肯因此有累及閭閻之事。教匪何？民也，原因不肖官吏勒索苦尅，激成此事，至今未能復業。自滋事以來，到處焚掠裹脅，百姓逼於飢困，不得已而從賊。是欲剗平賊匪，必先使吾民各安生業，民安而賊自可平。多安一民，即少一賊，此事理之所必然者。若因軍興需費浩繁，遂思朘削百姓之脂膏，冀補國家之帑項，或至生計不足，别滋事端，即言利則所費豈不更多，爲害更大。朕躬行節儉，永杜貢獻，言利之徒無所施其伎倆。惟近日臣工往往藉軍需爲名，在朕前嘗試，巧言利國，實皆利己。此等假公濟私之人，本應加之譴責。但人材不易，豈遂以一眚遽斥。此時亦第存之於心，不肯宣露，早已薄其爲人矣。即如長蘆加增鹽價一事，雖計算食鹽之人每日所費不過一二文，似屬有限，而不知鹽觔爲食用所必需，一經議增，則人人均受其累。且私販本因官鹽過昂而起，今再議增加，則私鹽自必更爲充斥，官引壅銷愈多。長蘆鹽價加增已非一次，即該商積欠各款，節經寬免展限者亦非一次。恩施不爲不厚，豈得復行干瀆，爲此無厭之求。況鹽價既增之後，即不能復減，累民寧有已時。雖據觀豫奏稱此次加價爲清完積欠而設，但加價之後，該商等亦未必清完國課，徒然病民以裕商，更屬不值。朕寧可使帑項有稽，而斷不肯朘民以益帑。況天下山陬海澨，所有財貨，皆朕之財貨，豈必聚於宫府，踵瓊林大盈之鄙識哉。爲天子者富有四海，不問有無，藏富於民，周流泉幣，斯得九五福之二日富大旨矣。昨兩淮浙江廣東各商，俱籲懇報効，而長蘆商人並未呈請出資助餉，更無可藉口。今若允該商等所求，致兩淮等處亦復效尤，紛紛懇請加價，更無所底止矣。朕勤求上理，惟思克己利民，以符損上益下之義。將來軍務完竣，即見開捐例亦當停止，豈有無故將鹽價加增之理乎。觀豫此摺雖未必牟利私己起見，但率聽商人慫慂，遽行瀆請，實屬不合。觀豫著飭行，將朕此旨與諸王及大學士九卿同看，即行覆奏。欽此。【略】

嘉慶九年正月十九日，奉上諭：顏檢等奏查明長蘆現行鹽價委無餘利一摺，前次鹽務加價，如果於按年完繳官項及應需成本之外，尚有盈餘，自應劃出歸公。今既據該督等調查物價帳目，一切較前增昂，委無餘利，自繫實在情形。所有節年鹽務加價，核計盈餘，應行歸公之處，竟無庸議。嗣後該督惟當會同該鹽政，實心調劑，俾鹽務日有起色，不令額課稍闕。其應交帑利等項，按期完繳，勿稍延緩。該部知道。欽此。

嘉慶九年九月十二日，奉上諭：珠隆阿奏詳察商情籌議調劑一摺，該商等自嘉慶六年被水之後，物力加增，費用較昂，成本不能充裕。若將正課雜款等項，照依原限並徵，商力未免拮据。著加恩照該鹽政所請，將嘉慶九十兩年帶完緩徵五年引課銀四十二萬九千餘兩，俟城工淮本二項，按年交清後，再行歸入各限應交款内，照數添交。統計展至嘉慶二十八年限滿，俾得從容完納。用示朕體恤商人恩施格外至意。欽此。

（清）黄掌綸《長蘆鹽法志》卷七《律令·緝私》 凡無引而私行，及越禁私販者有禁。民或犯令，由地方文武官緝治之，疎縱者論。若老弱孤獨擔負四十觔以下者，免議。

私鹽變價

一、地方拏獲私鹽，照本地官鹽價值，交商一律變價入官，毋許胥役領賣滋弊。所獲馬騾牛驢，分上中下三等，交州縣變價。騾每頭八兩、七兩、六兩，馬每匹七兩、六兩、五兩，牛每隻六兩、五兩、四兩，驢每頭五兩、四兩、三兩。如延挨不變以致例斃者，著落州縣官照中等價值賠補。車船等物，照時價變解。州縣侵漁捏報，照侵盜錢粮例處分。承變遲延，照本例處分。仍於每年底分晰報部查核。

牌鹽

一、各省附近場竈貧民，六十以上十五以下，及壯歲有殘疾，並婦女年老孤獨無依者，準報明該地方官，驗實註册，給以印烙腰牌木籌，許其每人每日挑賣鹽四十觔。仍止準行陸路，不準船載。其長蘆之灤州、遷安、樂亭、豐潤、寧河、盧龍、撫寧、昌黎、天津、静海、滄州、鹽山等十三州縣，老少貧民，每名日給制錢二十四文。錢文俱繫商捐給領。

各省巡緝私鹽，均責成專汛及鄰汛額缺員弁經管，不得另派候補人員。或營汛遼闊，本汛相距遥遠，又無附近鄰汛可委，勢須派員巡查者，其所派額缺千把以及經制外委，準其按照委弁品級，并巡查地方遠近、日期久暫，於鹽規銀内酌給盤費銀兩，以資辦公。

一、直隸省天津鎮標等營，歲給派撥巡鹽兵丁盤費公食銀三千二百二十三兩二錢，修理巡船工料等銀二百二十四兩，静海營月給派撥巡鹽兵丁薪水銀一百一十五兩，均於鹽規銀内分别動用，造册報銷。

順治十七年覆準：口外鹽不許侵入長蘆行鹽之地，如有違越，照私鹽參處。

康熙五年題準：天津大沽鹽船出口，巡鹽御史印給號票，填明人數，地方防汛官查驗放行。如無印票及人數不符，并帶違禁貨物者，拏獲治罪。地方文武官疎縱者，照所定出境例處分。

康熙六年，直隸巡鹽御史會題，長蘆鹽船由海運鹽，據司道會查，裝鹽船隻别無小河可通，必從天津大沽出口，由海邊行走，請仍照順治十三年兵部覆準之例，令船户領巡鹽御史印票，赴海防大沽營，驗明出入，船到東省令海豐縣掛號，并會東省河口汛防官兵巡檢司驗放，違者治以重罪。則海禁與鹽課均兩無貽悮。下部議行。奉旨：依議。這裝運鹽觔，如有人船多於定數，及鹽觔之外違禁夾帶貨物等弊，將地方各官與所議各官，一并從重治罪。

康熙九年題準：凡旗人販賣私鹽照例治罪外，其主繫官罰俸，繫平人鞭責。佐領內管領驍騎校罰俸，領催屯長鞭責。其馬場牧人，有犯私鹽者，營總參領等皆罰俸，領催等各鞭責。

康熙九年，準巡鹽御史李棠羅璧等題，州縣額設私鹽銀兩，原因行鹽地方恐有私販，巡役賄放，每年科以額獲私鹽若干，爲前御史續支造册奏銷。心紅紙張、各役工食、商人獎賞，並賑濟貧生孤民，修理船隻衙署，抵解更名食鹽變價等用，雖有懸設之額，未敷所支之數，原未報部，理合奉裁。嗣後如有見獲私鹽銀兩，報解州縣，如有私徵者，該御史指參議處。額設私鹽獲免始此。

康熙十六年，劣衿張大壯等包管陳村私煎鹽觔，共得贓銀一百七十兩，刑部等衙門議定包管私煎鹽觔律無正條，合比照凡私煎貨賣者同私鹽法，杖一百、徒三年，折責四十板，餘依律治罪。

康熙十八年題準：凡私鹽經沿途官兵捕快盤獲者，徇縱場官及失察官一并參處。

康熙二十七年，商河縣楊會尹九人販私拒捕，射死一人，傷五人，議照十人以下原無兵杖，遇有拒捕因而傷至二人以上律，爲首擬斬，下手人擬絞，未下手人充軍。著爲令。

康熙三十年，河南巡撫閻興邦疏稱，巡緝私鹽，例有專責，在官則有州縣印捕專汛營弁等官，在役則有鹽捕弓兵等人。至於道臣，所以督率州縣緝私銷引，未有差人遠住隔省巡緝之例，應行禁止。議行。

康熙三十年，覆準：巡緝私鹽，原繫運使專責，令在所轄地方巡緝私鹽，毋許差人別往地方巡緝，藉端生事，擾害地方，挾制有司。

康熙三十七年，静海縣知縣鍾尚志，二次捉獲私鹽船隻，隱匿七月不報。同知郭鳳起始行申詳，都察院衙門議準，該員將私販鹽徒縱放，而所獲之鹽欲行入己，情弊顯然，應將鍾尚志照例革職究擬。

康熙三十九年，總督阿山疏稱，私販拒捕，若兵丁有被殺傷，專汛官即罹重譴，則人皆自顧功名性命，所以反生懈心。請嗣後巡緝大夥鹽徒，有能人鹽全獲者，臣與巡鹽御史酌量捐賞。設遇私梟黨衆反被殺傷，專兼各官從寬概予免議。其有縱私不擒者，仍定嚴法繩之。兵部等衙門議定，大夥鹽徒不能全獲，或止獲二三名，及兵丁反被殺傷者，專汛兼轄各官免其處分，限一年緝獲。如不獲，仍照舊例處分。

康熙四十二年，香河縣李四等興販私鹽，拒捕射殺巡役。直隸巡撫審擬，分别斬徒杖罪。三法司以初供同夥十四人，而該撫謂傅大等五犯，非此案同夥，止照十人以下律，圖卸地方官處分，應再行嚴訊確擬。從之。

康熙四十六年覆準：私販致礙官引，皆繫積梟巨囤所致，嗣後鹽法衙門將私販之徒，準其用刑拷訊。除正罪外，其餘不得濫用刑訊。

康熙四十六年覆準：巡鹽御史到任，差人坐落各場，名爲緝私，實即射利，急行裁革。

康熙四十六年覆準：私鹽之充斥，皆由總商不革，官自爲私，各賣己鹽，以圖一時之利。令將總商革去，違者，該督撫即行指參。

康熙四十九年，天津都司張裕，兵丁家人開店販私被獲，革職嚴審究擬。

雍正元年，巡鹽御史莽鵠立遵旨會議疏言，直省私鹽，其始不過希圖小利，原無强横。迨至日久，利之所在，即有地方光棍出爲幫頭，或稱將頭，將人鹽囤入村莊按户灑派，約時收價，肆行無忌，人愈衆而鹽愈多。地方文武官雖有巡緝之名，實有莫可如何之勢。必嚴飭地方官，密訪爲首之人，務獲重處，餘皆開釋。既無領袖之人，則鹽徒之勢孤，而緝獲易。再肩挑背負不在禁例，原指人少而言。近則男女絡繹，雖止挑負而亦虧鹽課，宜嚴拏杖責。私鹽入官。至於竈户誘致鹽徒賤賣偷利，應交鹽政衙門設法嚴禁。從之。

雍正二年議準：販賣私鹽交與地方官不時嚴加察緝，除奇零肩賣者不必緝拏，倘有大夥鹽梟，督撫會同將軍撥旗兵協捕。其私販爲首之人，與裝載私鹽之船户，拏獲一同治罪。拏獲及出首之人，照鹽數議叙。

雍正二年議準：如有積梟藉稱貧民，將私鹽潛行窩囤，興販貿易者，令地方官弁及鹽政衙門一同稽察。

雍正二年，直隸巡撫李維鈞疏稱，天津南至滄州灘場，惟静海縣屬之四黨口爲私販出没要路，應撥撫標下守備一員把總一員移駐，於保定在城三營內撥馬步兵五十名，天津標下撥馬步兵五十名，歸守備管轄，一年更替。私鹽由此而出，而人鹽不能並獲者，備弁照失察私鹽例參處。倘能於三年内無一私販，請以應陞之缺即用。又山東交界之鹽山縣屬高家灣，爲鹽梟越販之區，請撥天津鎮標就近營汛駐巡。又稱直隸私鹽，多由南場賣出官役分肥，嗣後必須究其買自何場，即將該場大小各官參處。又烏鎗歷奉嚴禁，但巡役數人僅執棍棒，倘遇夥衆私販持械拒捕，斷難捍禦。即商人運賣鹽價，亦須防護，不能一體禁用。應令鹽法道編號烙印，按名給執，該營汛官點驗，下部議行。

雍正五年議準：天津駐劄水師營官兵所食鹽觔，商人將就近灘場生鹽百包運至該處，交與該同知呈明都統，按名分給，以濟官兵食鹽，每包定價銀五錢。其鹽價銀兩，官兵初到，令該同知於俸餉内，照數扣交鹽法道庫。至明歲官兵駐劄已定，令該御史照依天津附近軍民食鹽之例，行文該都統將官兵水手人等，查明户口若干，應用鹽觔若干，造具清册，飭令分司聽其自備鹽價買食。如有不肖兵丁混雜灘場偷竊，以及串通商人夾帶行私等弊，該御史即行查拏治罪。按今水師駐防已裁撤。

乾隆元年，總督李衛、鹽政三保，會題準，天津青縣静海滄州鹽山等十三州縣近海地方，實在貧民年六十以上十五以下，少壯之有殘疾，婦女之老而孤獨者，各赴本地方官報名給牌，日許往來灘竈，買鹽四十觔，皆負在本境無引鹽地方售賣餬口。其津城内外菜鹽名色，永遠革除。

乾隆元年，總督李衛以巡獲私鹽等物俱應入官，值嚴寒巡兵深夜往來，非飽煖難以責其實力奉行，檄令冬季以一半賞給原拏兵丁。至三月天煖，仍照定例遵行。

乾隆四年議準：巡鹽御史安寧奏請，於嚴鎮場西南一帶荒窪小路，梟販出没地方，自竇家莊至邊兒莊共十二村，每處設灘役五名巡邏捍禦。

乾隆九年覆準：河南巡撫碩色議奏，按察使王丕烈條奏，河南省磏底小鹽請定禁例一案。查豫省地内有磏土硝土鹽土之不同，皆成土鹽，大概產於旱天瘠地，隨處俱有，隱見無定，乃天地自然之利。應只許其自行食用，不許公行煎販貨賣并取具地方官并無私販私煎印結，送部查覈。

乾隆九年十一月，巡鹽御史伊拉齊疏言：灤州、遷安、樂亭、豐潤、寧河五州縣引地，自設貧販以來，奸徒收賣牌鹽，私販充斥，官引難銷。況場竈遠近不齊，遠者二三日始獲負鹽一次，不敷往來食用。設遇寒暑風雪，雖欲負鹽，勢所不能。因而奸徒勾通，於附近偏僻之處，用賤價收買窩囤，或藉老少名目重複混買，或串猾竈盜私。茲據灤州知州等議詳停止老少牌鹽，照閩省例，加倍折給錢文，按口日給大制錢二十四文，飭商捐交貯庫，每月朔散給。此外設有貧販之天津等八州縣，亦據商呈請，一例折給錢文。經部議會同總督議行。其天津等八州縣内，除天津縣額引已附静海代銷，城鄉村鎮向來俱食牌鹽，仍聽照舊辦理。

乾隆十二年，巡鹽御史伊拉齊奏定，盧龍撫寧昌黎三縣，老少貧販，照依灤州遷安等屬一例停止負賣。飭各該縣查各老少名口，每日商人捐給大制錢二十四文。

乾隆十四年，巡鹽御史麗柱以三四五月灘鹽正旺，巡獲私鹽等物，議均照半給賞。

乾隆十六年，運使盧見曾以各營獲報鹽案，有鹽無犯者，十有八九，是非賄縱即止圖獲鹽邀賞，不實力擒捕。詳請隨時制宜，另立章程，人鹽俱獲，照例分半賞給，其有鹽無犯者，無庸分賞。經巡鹽御史高斌批，此項賞賚由來已久，一旦議停，恐致懈弛。若仍舊例，又漫無區別。復經議詳，獲鹽不獲犯者，以四分之一賞給。

乾隆十七年覆準：長蘆商雇巡役，飭令各該州縣詳察實在需役若干，定爲額數。老病者更换，病故者選補，不必分隸營汛佐雜衙門，統歸該州縣管束，以專責成，以資巡緝。不許給票專差，以致生事擾民。其商雇看守灘坨人役，歸各該場員就近管轄。

乾隆十七年議準：天津静海青滄鹽山五州縣，因有牌鹽，遂至影射，應將見在牌鹽盡行裁汰。察定額數，取具鄰里甘結，加具印結，開造花名年貌清册，送總督鹽政衙門存案。照灤州等州縣例，每名日給制錢二十四文。天津縣額引七百道，飭商照例行銷。以濟民食。

乾隆二十八年，天津鎮報部，派撥務關營額外外委一員、守兵五名、寶坻營存城守兵五名，駐新河，巡緝南海灘鹽，歸北塘汛額兵内。

乾隆三十四年，巡鹽御史高誠奏稱，州縣拏獲私鹽，例應交商變價。祇因例準減價售賣，是以州縣官不將私鹽交商，一任胥役領賣，侵漁中飽。應請概照本地官鹽價值，交商變賣入官。其牲畜價值今昔不同，原議騾每頭價銀四兩五兩六兩，馬每匹價銀三兩四兩五兩，牛每隻價銀二兩三兩四兩，驢每頭價銀一兩二兩三兩，較今時價未免過少，應請每等酌加銀二兩。至於車船等項，務照新舊大小依時價據實報解，統於年底分晰細數，詳報查覈，均下部議行。至所稱牲畜車船等物，運使勢難逐案親驗，請令本管知府親驗。及委派丞倅前往估計，仍由知府通詳直隸州屬，由州估報。其自理之案，詳明本道委員估計，由本道通詳之處，不特事近煩瑣，於政體未協，且恐州縣慮上司過往之煩，或轉朦朧詳報，希圖省事。是抵換侵漁之弊未即盡除，而捏改案情之弊恐由此啓，殊非覈實之意。應毋庸議。

乾隆四十一年，鹽犯擬徒，向由外結，奉刑部議定。外省徒犯案件有關人命者，均照軍流例，解臬司審轉，督撫專案咨部。其尋常徒罪，於批結後，叙供按季報部，不得自結，經按察司運司會詳。嗣後一切私鹽案件，罪止枷杖者，仍由按察司運司覆詳鹽政批結。其鹽變銀兩，仍歸本司鹽運司收報外，其一切擬徒鹽犯，歸按察司運司審勘，詳督批結，按季彙册報部。所獲私鹽變價銀兩，亦照斬絞軍流例，解歸藩庫收報，摘叙案由，造册送鹽院題咨充餉。

乾隆四十九年，兵部覆準，長蘆引商從前設立鳥鎗護解鹽課，及撥給灘坨，嚇禁賊匪，在所必需。非民間私鎗可比，不必禁斷，仍照舊編號註册，歲底報覈。

乾隆四十九年，總督劉峨奉旨查禁武職緝私鹽規，覆奏稱，天津鎮向於運庫支領養廉銀二千六百兩，已於議給武職養廉案内停支，存貯運庫，另行撥用。又號禮銀二百二十四兩，前任總兵祖尚德奏明歸公，排造巡鹽快船二十二隻，歲支修艙銀八十八兩，解司充公銀一百一十二兩，餘銀二十四兩，爲解司銀兩添平火耗之用。又天津鎮標兵丁，歲支巡鹽盤費銀一千六百八十一兩零，闔查盤費銀一百兩，又祁口汛歲支巡鹽盤費銀一百四十二兩，静海營歲支巡鹽盤費銀一百一十五兩，四黨口歲支巡鹽盤費銀一千三百兩，均繫商衆願捐，運庫支領，經分晰造册咨請留給，并無重支需索等弊。

（清）黄掌綸《長蘆鹽法志》卷七《律令・律例》 人户以籍爲定

凡軍民驛竈，醫卜工樂，諸色人户，並以原報册籍爲定。若詐軍作民，冒民脱匠免避己重就人輕者，杖八十。其官司妄準脱免，及變亂改軍爲民，改民爲匠。版籍者，罪同。

一、各處衛所官軍人等及竈户置買民田，一體坐派糧差，若不納糧當差，致累里長包賠者，俱問罪。其田入官。

一、八旗從前投充，及乾隆元年以前契買家奴，果原繫竈户，祖父姓名籍貫確有證據，令該大使查明出具印甘各結，詳報該管上司，核明，行文該處查提，準其放出歸竈。仍將賣身之人枷號三箇月，引進保人枷號兩箇月，各責四十板，追取原價給主。其並非竈丁，指稱竈丁，抗違家主者，杖一百，仍行給主。

一、大夥梟徒拒捕傷差案内，凡得贓包庇之兵役，俱擬斬監候。私售之竈丁，及窩頓之匪犯，俱發伊犁烏嚕木齊等處爲奴。

順治十四年題準：勢豪不許占攬引窩，商鋪不許自定價值，如有專利害民，串通經紀攙賣勒索等弊，該御史嚴行禁飭。

順治十七年題準：鹽船過關，止納船料。如有藉端盤驗，額外苛求者，以枉法治罪。

康熙二十七年覆準：各場折課等銀，令竈總分催，各竈自封投匱。如劣衿蠹役，營充竈總，包攬收納，照包攬州縣錢糧例治罪。

康熙二十八年題準：鹽店設立小票，私畜鹽丁，概行禁止。有擅用者，照違禁例治罪。

雍正元年議準：杜絶糧船私販，將爲首旗丁按法重處。

鹽引相離

一、商人運鹽，不準鹽引相離，違者同私鹽法。

掣盤鹽觔

一、商人運鹽經過批驗所，依數掣盤，有夾帶餘鹽者，同私鹽法。若私越批驗所，不經掣盤者，亦按律治罪，押回掣盤。

不繳殘引

一、商人賣鹽已畢，十日内不繳殘引者，按律治罪。將殘引重複行鹽者，同私鹽法。

攙和沙土

一、竈户將官鹽攙和沙土者，照丁舵已經攙和漕糧例治罪。官鹽提舉大使如繫縱容，照攙和漕糧，運弁不行查禁例議處。如止失於覺察，量減一等。若知情受賄，照枉法贓，從重治罪。官鹽著令經管官名下煎賠。

一、各省官辦鹽觔，每年開煎時，管鹽官將樣鹽呈送鹽政衙門，驗發鹽道收貯。如分發各屬行銷，有夾帶泥沙者，許承銷州縣呈報究參。倘明知攙和，不行呈報，將瞻徇容隱之員一并題參。

一、商人將官鹽攙和沙土貨賣者，查究治罪。

官吏行鹽

一、監臨鹽法官吏及内外權勢之人，詭立僞名，領引行鹽，侵奪民利者，查參治罪，追繳引票，鹽觔入官。

場鹽離垣

一、鹽場設立公垣，場官專司啓閉，竈户煎鹽，俱令堆貯垣中，與商交易。如藏私室及垣外者，即以私鹽論。商人領引赴場，亦在垣中買築，場官驗明放行。倘有私販夾帶等弊，該場官役一并參處。

糧船食鹽

一、漕船受兑回空，每船往返各準帶食鹽四十觔，於查鹽處聽官秤驗。如有多帶，照私鹽律科罪。若零星秤出餘數，僅及二三觔，非繫影射夾帶者，不坐。所餘之鹽，仍變價入官。

商人欠課

一、商人未完鹽課，於奏銷時題參，自題參日，扣限一箇月。再不能完，按所欠分數治罪。欠不及一分者，笞五十。欠一分者，枷號一箇月，笞五十。欠二分者，枷號一箇月半，杖七十。欠三分者，枷號兩箇月，杖八十。欠四分者，枷號兩箇月半，杖九十。欠五分者，枷號三箇月，杖一百。所欠於枷限内全完，釋放免責。枷限外全不完納，折責之外，仍革退商名，所欠以引窩變抵。又欠課至六分者，杖六十，徒一年，限四箇月全完。欠七分者，杖七十，徒一年半，限六箇月全完。欠八分者，杖八十，徒二年，限八箇月全完。欠九分者，杖九十，徒二年半，限十箇月全完。欠十分者，杖一百，徒三年，限一年全完。自欠六分至十分，均將該商即行銷禁，嚴查家產，限内全完，革退商名，免其杖徒。限外不完，該商發配，所欠以引窩家產變抵。

船户盜賣商鹽

一、各省商運鹽觔，如船户實有勾串私梟盜賣爬搶情事，準該商呈明地方官，一面將船户等查拏治罪，一面轉報該鹽政，核實所失鹽數，補配行運。將失去原鹽，在各犯名下勒追變價，報部充餉。若地方官於商人呈報時，不即據報準理，故行抑勒者，指名題參。倘查繫商人串通船户盜賣捏報搶竊者，照私鹽例治罪。

隱佔竈地

一、各場竈地，止準竈户管業，不準豪右隱佔，違者治罪。

凡場竈照額煎鹽，大使親驗，按月開報運司。如有隱匿，以通同治罪論，不許混派雜役。

順治十七年十一月，巡鹽御史李贊元疏言：各場竈丁，罪重徒犯，拘收在官，責令照徒年限煎鹽。如徒限未滿，於場中再有私販，擬以加煎之條，仍發場中。每名每日，令其納鹽三觔，每觔折銀一釐。此官煎官竈時所立之法也。今煎非官煎，竈歸私竈，而場竈私販仍問調場加煎之例，並未見有折銀之行，相沿已久，承問各官率多習而不察，大非前人立法之意。況律載鹽場竈丁人等，夾帶餘鹽出場貨賣者，即同私鹽，應杖一百、徒三年。查民間有犯三年徒罪者，即稍有力亦納銀十兩八錢，而竈有加煎之名並無究擬之實，亦何樂有此問擬之虚名耶。臣以爲今後凡有竈户犯罪，仍照鹽法條例問擬，與民一體納贖，不得異同，庶法重而犯者自少。所謂宜有變通者此也。竈丁爲鹽法根本，倘遇凶荒，流亡轉徙，亦根本之慮。邇年以來，恤竈之方闕焉未講，不知各場竈户濱海而處貧乏者多，日夜煎辦無時休息，其拮手裸體勞筋苦骨之狀良可憫惻。臣以爲自令以後，凡干礙鹽法徒杖人犯罪贖，與夫場竈興販照律問擬者，春夏仍追銀解部，秋冬糴穀上倉，貯各分司衙門。倘遇凶荒災眚，即查竈丁貧富，計其户口，賑穀多寡，則貧竈得以安生，無可逃竄，向隅之悲，所謂宜先撫恤者此也。部議，鹽法内一應罪贖，與興販私鹽變價及贖罪銀，俱繫解部充餉，不便更易。其竈户照民例納贖，據稱法重而犯者自少，應如該御史所議，每於年終仍將問過若干起數鹽觔變價，並贖銀細數，造册送部。不得隱漏。

康熙四十五年，江寧織造通政使兼兩淮巡鹽御史曹寅，敬抒管見，培益鹽法一疏，言私販之害官引，俱繫積梟巨囤，冥頑所致。若不繩之以法，則罔知畏懼。近奉部議，以鹽學闕差，俱不準動刑。若鹽差不準動刑，私販何能斂跡，官引日致壅滯。伏乞俯念鹽差非同學闕之差可比，請將私販按法究處。部議應如所題，私鹽之徒準其用刑。除正罪犯外，其餘禁止，不許妄用刑法。

雍正六年，巡鹽御史鄭禪寶奏言，奏銷未完，經督各官均按分數處分，而欠課商人未有處分之例。是以長蘆各商，固結陋習，延挨觀望。若將該商參革，只以引窩抵變並無議處，而該商反得脱然局外。請照所欠分數，指名題參。枷責杖徒按照所欠分數多寡定擬。詳前則例。再額徵錢糧果能於歲内全完者，臣衙門按其課項多寡，量給花紅扁額。再從前蘆商積欠一百十五萬四千八百餘兩，分作十二年帶徵，除徵收外，下剩八年未徵銀七十九萬七百餘兩。如有踴躍急公，不俟八年，於六年内全完者，仰祈交部議叙。或於四年二年内全完者，分别等第從優議叙。下部議行。

雍正六年議準：刑部尚書勵杜訥條奏，請申販私窩縱之法四款。一、宜根究窩頓之家，凡拏獲私鹽，必詳究其買自何地賣自何人，嚴拏到案，與私販者一體科罪。一、無引私鹽之禁宜定。越境興販有引之鹽問以軍罪，無引私鹽止科杖徒，似於法太疎。請嗣後私鹽三千觔以下仍照律杖徒，三千觔以上問邊衛充軍。一、當嚴有司開脱之弊。官役利在獲鹽，不擒梟犯，多致漏網。嗣後獲鹽務期獲人，如故爲疎縱，官從重議處，役加倍治罪。一、宜嚴申報不實之罪。嗣後隱匿肥己不報與減報少者，計贓照枉法律治罪。未曾侵匿者，照徇隱例處分。各上司知情故縱，及不知情而未揭參者，照徇庇失察例處分。

乾隆六年四月，刑部覆準廣東按察使潘思榘條奏，嗣後私販誣扳平人者，仍照律加三等，杖一百、流三千里。再誣告例載拖累致死一二人者，絞監候。今私販誣扳，既與誣告同科，則拖累致死，亦應照誣告例定擬。

乾隆十七年四月，巡鹽御史吉慶牌稱，認地行鹽，原不容攙越，律載凡將有引官鹽轉於别境犯界貨賣者杖一百。是應治罪者，惟轉於别境貨賣之人，非謂必追究本境賣鹽之商也。即例載拏獲私鹽，亦指窩頓及場竈而言，并未有連賣商一并治罪之條，誠以商店賣鹽原不能一一認識買鹽之人。若必株連商店，匪特無辜受累，適爲奸胥蠹役作生涯。是以淮浙司道會詳，越境官鹽事發，止理見獲人鹽不提商店，爲法甚善。今查蘆東所屬，拏獲越境官鹽報案，往往詳請關提鄰境之商店，殊屬節外生枝，合亟飭禁遵行。

《兵部處分則例》八旗卷三五《緝私·產鹻地方派官巡查》 一、和多多諾爾出產鹻土之五個諾爾，及開平等處附近地方，如有私行盜煎鹻塊者，各該官兵即查拏申報該管總管等，解送同知衙門治罪。所派官兵查拏不力，該總管呈報都統等即行參送，將官員革職，公罪。兵丁鞭一百。公罪。倘該管總管等所派官兵失于稽察，別經發覺者，除該官兵仍照例辨理外，該管總管等降一級調用。公罪。至該處有私行刨掘物件夥竊牲畜之徒，派出巡守官兵查拏不力，及該總管等失於稽察者，均照此例分别議處。

《兵部處分則例》八旗卷三五《緝私·販賣私鹽》 一、旗人販賣私鹽照律治罪，係另户人，將該佐領驍騎校各罰俸一個月；公罪。係包衣人，將内管領副管領各罰俸一個月。公罪。家僕有犯，家主係官罰俸兩個月，公罪。係平人折鞭責。如在屯莊居住人有犯，將屯領催守堡照在京驍騎校例處分，分别折責，該管佐領驍騎校領催均免議。至派往牧馬之人有犯者，領去之營總參領等各罰俸兩個月，公罪。領催照該管官處分，分别折責。如將販賣私鹽人犯自行拏獲者，俱免其議處。

《兵部處分則例》緑營卷三六《緝私·大夥興販私鹽》 一、地方有大夥興販十人以上，帶有軍器，興販私鹽出境，及入境販賣者，四個月限滿不獲，該地方專管官降二級留任，公罪。兼轄官降一級留任。公罪。俱限一年緝拏。二參限滿不獲，專管官降二級調用，公罪。逸犯交接任官照案緝拏。兼轄官降一級仍留任完結，公罪。逸犯照案督緝。如能於出境入境時拏獲者，其免議酌減之處，悉照小夥私鹽一律辦理。

《兵部處分則例》緑營卷三六《緝私·接緝鹽犯》 一、興販私鹽及販私拒捕之案，承緝官未經限滿離任者，逸犯交與接任官限一年緝拏。如於初參限内到任接緝者，限滿不獲，罰俸一年。公罪。再限一年緝拏，二參限滿不獲，再罰俸一年，公罪。鹽犯照案緝拏。如於初參限外到任接緝，一年限滿不獲，罰俸一年，公罪。鹽犯照案緝拏。

《兵部處分則例》緑營卷三六《緝私·故縱私梟》 一、地方武職遇鹽梟入境興販，及有拒捕情事，專管官故爲疎縱，不即擒拏者，革職。私罪。兼轄統轄官失察者，均降二級調用。公罪。如兼轄統轄官徇庇不行揭報者，均降三級調用。私罪。若已經揭報而提督總兵徇庇不行題參者，亦降三級調用。私罪。總督巡撫交吏部議處。

《兵部處分則例》綠營卷三六《緝私·鹽梟入境隱諱不報》　一、販私鹽梟由他處入境，督兵緝拏人鹽並獲，該地方武職免其失察處分，仍按大夥小夥名數議叙。倘在該處有拒捕情事隱諱不報者，照故縱鹽梟例分別議處。

《兵部處分則例》綠營卷三六《緝私·攬買川鹽》　一、湖北歸州巴東興山長陽等州縣民户買食川鹽，每人不得過十斤。如有彙總承買並藉端轉相貨賣，及別州別縣民人越境影射私買者，失察之地方官均照失察興販私鹽例議處。

《兵部處分則例》綠營卷三六《緝私·糧船夾帶私鹽》　一、糧船旗丁夾帶私鹽，押運官失察者，降三級調用，公罪。隨幫武舉革退。公罪。如倚恃糧船任意販載私鹽不服盤查，押運官革職。私罪。隨幫武舉責四十棍，私罪。革退。至回空糧船如領運之弁交糧後，除例應引見，及委辦公事不能趕幫者，遇有夾帶私鹽事故，准其免參。其託故逗遛，無論是否在幫，仍應與隨幫武舉一體參處。如能於該管幫船一年之内並無私鹽事故者，各該總督巡撫俟幫船回次查明，造册二分，一送户部一送漕運總督。漕運總督彙報户部覈明，移咨兵部議叙，運官紀録一次，隨幫武舉於補官日紀録一次。至回空三次並無私鹽事故者，該管上司出具印結，將該隨幫武舉咨部，以衛千總推用。

一、糧船經過天津阿城淮安儀徵等處産鹽之鄉，每船止許向官鋪售買食鹽四十斤□□舵人等多行夾帶過定數之外，産鹽地方之沿途員弁失于稽察，別經發覺者，罰俸一年。公罪。

《兵部處分則例》綠營卷三六《緝私·拏獲私鹽議叙》　一、地方武職各官，一年内拏獲過境十人以上不帶軍器小夥私梟，每二起紀録一次。拏獲十人以上帶有軍器大夥私梟，每一起紀録一次。拏獲大夥至三起者，加一級；四起者，加二級；五起者，不論俸滿即行陞用。該管上司一年内統計所屬拏獲小夥五起者，紀録一次；十起者，加一級。拏獲大夥三起者，紀録一次；六起者，加一級。

《兵部處分則例》綠營卷三六《緝私·小夥興販私鹽》　一、地方有小夥興販私鹽出境，或販賣入境限十人以下者，四個月限滿不獲，每一起專管官住俸，公罪。兼轄官罰俸三個月。公罪。俱限一年緝拏。二參限滿不獲，專管官罰俸一年，公罪。兼轄官罰俸六個月，公罪。再限一年緝拏。三參限滿不獲，專管官降一級留任，公罪。兼轄官罰俸一年，公罪。鹽犯照案緝拏，若小夥興販一案之内訊明同時或三起四起各販各私者，四個月限滿不獲，專管官降一級留任，公罪。兼轄官罰俸六個月，公罪。俱限一年緝拏。二參限滿不獲，專管官降一級仍留任，公罪。兼轄官罰俸一年，公罪。再限一年緝拏。三參限滿不獲，專管官降一級調用，公罪。兼轄官降一級留任，公罪。鹽犯照案緝拏。如於出境入境時，文職將人鹽並獲，毋論獲犯名數，武職均予免議。交界處所此汛拏獲即免彼汛處分，彼汛拏獲即免此汛處分。鄰境獲犯本境並未協拏者，仍照例酌減議處。若出境地方僅獲私鹽而人犯無獲，或僅獲人犯而私鹽未獲，均照例酌減議處。其入境地方僅獲鹽斤或只獲鹽犯，酌減議處者，失察出境各官仍照例議處限緝。能於限内續獲餘犯者，准其酌減議處。

《兵部處分則例》綠營卷三六《緝私·私鹽經由地方》　一、私梟過境並未有在境販賣情事，於犯案之時供出從何處興販，向何處私賣，僅止經由該處者，地方武職並無諱飾情事，實係失察者，係大夥經由，專管官每一起罰俸一年；公罪。係小夥經由，專管官每一起罰俸六個月。公罪。若經由地方該管各官故爲疎縱一味諱飾，即照故縱私梟隱諱不報例議處。其經由地方該官兵等，如能實力擒捕，將私梟拏獲，不計名數，照拏獲私鹽例，按其小夥大夥分別給予議叙。若因梟販衆多力不能辦者，准其移會鄰汛協力擒拏。其有兵役因捕格受傷者，該管各官均免其議處。

（清）魏源《古微堂外集》卷七《籌鹺篇》　利出三孔者民貧，利出二孔者國貧，曷以便國而便民，作《籌鹺篇》。

自昔筦山海之利以歸國家者，必出其陽而閉其陰。有陰陽即有官私，故鹺政之要，不出化私爲官，而緝私不與焉。自古有緝場私之法，無緝鄰私之法，鄰私惟有減價敵之而已。減價之要，先減輕其商本而已。議者動曰：減之有減，安能敵無課之私。此混鄰私于場私。場私無課，而鄰私有課。議者又曰：淮鹽引地，受浙潞川粤之四灌，其課或不及淮南三之一，安能減三分以敵一分。此又不知私鹽課輕而費重，關津規例多于課本，故遇官鹽減價之年，鄰私立阻而不行，提價之年，鄰私雖緝而無益。此已事之明效。或又謂道光十載，奏裁浮費以來，淮課減存四兩，食岸每引三兩，加以場價壩費改捆費每引成本十二兩，略符乾隆中阿文成公所奏之數，安能再減。不知乾隆中銀錢之價，以兩兑千，是昔時十二兩僅抵今日六兩之價，詎可以名而例實。淮鹽十載以來，江南湖廣大吏整飭又整飭，彌縫又彌縫，而銀價愈昂，私充愈甚，官銷愈滯，場岸復積存三綱之鹽。去冬甫請對折行鹽，今冬復請兩綱展緩，如窶夫之患債，如逋户之畏賦，如重病之日延一日，如窮鄰之月攘以待來年。天下無數百年不弊之法，無窮極不變之法，無不除弊而能興利之法，無不易簡而能變通之法。與其使利出三孔二孔病國病民，曷若盡收中飽蠹蝕之權使利出于一孔。出一孔之法如何？曰：非減價曷以敵私，非輕本曷以減價，非裁費曷以輕本，非變法曷以裁費。夫推其本以齊其末，君子窮原之學也。宜民者無迂途，實效者無虚議，大人化裁通變之事也。欲出一孔，無外四端。

一曰額課減而不減。淮南鹽課正雜錢糧，舊不過三百數十萬兩，以額引百四十萬計，引止二兩數錢。自帑利匣費併入引課，又加外支雜費，遂引至四兩有奇。今淮北既歲撥溢課協貼七十萬，是南引可縮至三兩有奇。淮南鹽課號甲天下，其實每年何曾運足百四十萬引之鹽，徵足四五百萬之課。雜款緩納，動欠數綱，奏銷虚報，并欠正課。計一綱之全課，數年尚未完清，是無減額之名而有減額之實也。計淮南綱食鹽共完入奏銷正雜銀二百萬兩外，加帑利鹽規匣費院司節省辦貢辦公外支雜費外，加參價十六萬兩，倉穀八萬餘兩，共每綱銀四百七十七萬兩。除淮北代納協貼七十餘萬外，每綱計三百九十餘萬兩，額行百四十萬引，計每引徵銀二兩九錢，應請作爲定額，每年一綱以外，無論提行溢銷若干，攤課而不增課。假如溢銷至四分之一，即每引錢糧可撥減至二兩有奇。若謂鄰省川粤浙潞課額懸殊，恐減價仍難敵銷，則請徵以二事。道光十一年三月，漢岸跌價，即銷九萬五六千引，每月額銷只六萬引。及四月提價，即僅銷五萬引。使盡如季春一月内減價之銷數，每年當銷百有十萬餘引。川粤潞私全行敵退，即一楚岸已應溢銷三十餘萬引，何況江西安徽皆同各岸，私鹽盡退，豈有引不溢額課不足額之理。是有減課之名而有溢課之實者一。又若淮北試行票鹽之初，亦惟恐不逮額。乃每年皆行兩綱之鹽，收再倍之課，歲貼淮南七十餘萬，是名爲每引徵課二兩，實已每引攤足三四兩之額。此又有減課之名而有溢課之實者二。故曰額課減而不減。

二曰場價平而不平。淮南各場，有商亭竈亭半商半竈之别，又有鹽色售價高下之差。商亭產皆商置，丁皆商招，其所煎之鹽，照鐅計火歸垣，每桶二百斤，兩桶成引。每桶給價錢百文至八百文止，鹽價例無長落。即有竈丁借欠調劑，通計每桶約加百文而止。半商半竈者，窮竈借垣商工本煎鹽，桶價與商亭等。此皆利在場商垣商者。竈亭則產鐅皆竈丁自置，其鹽任售各垣，其價隨時長落，每桶賤則五六百文，貴則二千餘文不等。此利在竈丁者。大抵場商十居五六，垣商與竈亭各居十二。其鹽色上白者銷湖廣，次者湖廣江西通行，惟極下之市鹽銷江西安慶，不銷湖廣。故桶價高下迥異。又有堆貯捆運之費，暨官私規草，價長落之異，每引鹽本至少約九錢一兩，多者一兩四五錢。及售與運商，均送泰壩交易，總視岸銷暢滯爲高下。每遇岸鹽獲利，則場價預提。由場至壩，僅數百里，一季往返數次，而場商每引得二三兩之利，運商即每引暗增二三兩之本。故變法而不先定場價，則衹供場商之壟斷。若道光十二年至十六年，南鹽場價大長，上鹽每引至六兩有奇，中鹽五兩有奇，下鹽亦四兩有奇。再加百斤帶殘復一兩有餘，較之目前平市每引相去二三兩。夫行鹽原欲使商獲利，特未可使不納一課不行一引之場商坐收倍利。淮北先定場價，始能改票，南鹽何獨不同。如欲變法輕本，應就目前平市，定爲永制，再裁規費平草價，以輕場商之成本。或仿淮北官局派買，或兼許各食岸融運北鹽，則南場自不居奇，且暢銷提行場鹽，儘煎儘售，有溢無壅，則商竈亦將倍利。故曰場價平而不平。

三曰壩工捆工裁而不裁。南場分通州泰州兩路，通屬之鹽，由場一水過壩，無須轉般換船，費省期速。泰屬則場運二河，中隔一壩，般剥偷撒，其弊甚大。近年運商願仿通屬之例，津貼場商銀兩，改出孔家涵口，直達運河，終爲各壩工役所格。其累運本者一。南鹽五百斤，出場到儀徵，改捆子包，江西七斤四兩，湖廣八斤四兩，其耗斤糜費透私濟匪更數倍泰壩。若謂岸銷小包始便，何以鄰私皆百斤大包暢行無阻，而官鹽反爲壅滯。可見子包改捆，并無益于岸銷，衹足爲官役把持偷耗之地。其累運本者二。從前淮北綱鹽，則三次捆成大包，千有三四百斤。淮南綱鹽，復改捆子包七斤八斤，其大無外，其小無内，皆絶不可解之制。今欲輕運本，速運期，應照食鹽百斤出場之例，分場設局，逐包掣定，無論通泰，皆一水直達運河，及至儀徵，但有掣驗而無改捆。其儀徵捆工仍令扛舁，船行仍令攬載，市不易肆，人不失業。而泰壩距揚伊邇，轉移執事，所在需人，何患安置之無地。泰壩委員移駐孔家涵，仿淮北大伊山抽驗之法，儀徵監掣同知，仿淮北西壩過載查驗之法。仍令總掣全綱。但無改捆偷漏，何患稽察之不周。故曰壩工捆工裁而不裁。

四曰各岸浮費不裁而裁。鹽爲利藪，官爲鹽蠹，而其蠹之尤甚者，爲江西湖廣。方其赴場重鹽也，每票千引，需七屯船，前後牽制不能分拆。且錢糧分四次完納，又有窩單，有請單，有照票，有引目，有護照，有桅封，有水程，有院司監掣批驗子鹽五次公文，委曲煩重，徒稽守候，而滋規費。大弊一。及商鹽到岸也，有各衙投文之費，有委員盤包較阻之費，有查河烙印編號之費，守候經年，然後請旗開封。又有南北兩局員換給水程之費，三關委員截票放行之費，名色百出，不可勝臚。例費歲七十萬，每引約計一兩。江西則不問鹽之多寡，例費四十餘萬。安徽三府食鹽官費亦三十餘萬兩。每引皆攤二兩。屢奏裁汰，有名無實。大弊二。今爲變通易簡，計移湖廣埠岸，九江奏委總辦大員專司其事，扼三省運道之樞，且爲江督所節制之地，其錢粮一次總納，以百引起票。其票先蓋院司之印，持票赴場捆鹽，過局過壩，抵儀過掣，皆止加印截角，而無改給。自儀開江沿途過關，亦止加印加鈐，而無改給。湖廣江西專設鹽道之由，由綱鹽均在省埠發賣，凡定價值報銷數催補緩納課銀，改給民販水程，皆鹽道專責。今輕本減售，則不煩定價，以到數爲銷數，則不責考成。錢糧在揚全納，則不煩提課。鹽票既指明口岸，票商在楚發販者，亦可將百引之票轉給水販，毋庸改給水程。到岸銷竣繳票，亦仿淮北之法，聽其自便，毋庸州縣催繳勒索。且九江既設總局司，每綱奏銷考成，則江廣鹽道可改地方巡道。淮南課重地廣，縱使減價暢銷，亦止能恢復引地，斷無侵越川粤潞浙之理，亦斷無轉淮灌北之事。應請令江運八岸，仍運北鹽外，其江甘食鹽不許過江安，池太食鹽不許赴湖廣江西，湖廣江西岸鹽不許售于食岸。共分四大界，其在四界内者，如所指州縣鹽過壅滯，許其就地呈明，改運鄰岸，盡蕩煩苛，與時消息，而鹽如百貨之通流矣。江西湖廣糧船貨船回空，皆可買載有課之鹽，千金數百金皆可辦百引之票，雲趨霧集，而船私皆變正課矣。夫以十餘疲乏之綱商，勉支全局，何如合十數省散商之財力，衆擎易舉。以一綱商任百十厮夥船户之侵蝕，何如衆散商各自經理之核實。以綱埠店設口岸而規費無從遥制，何如散商勞渙無可指索。以綱商本重勢重，力不敵鄰私，而反增夾帶之私，何如散商本輕費輕，力足勝鄰私，且化本省之私。此皆淮北已事，無勞多喙。至地方吏既無行銷之責，又無私梟之虞，考成輕，案牘省，陰受化私爲官之益。如淮北皖豫行票各州縣之成效，小損而大益，何顧口岸之阻撓。故曰各岸浮費不裁而裁。

以上四條，計省科則四十餘萬，場壩浮費百餘萬，在場在岸官費二百餘萬，共計減輕成本約四百萬。然後就其所輕之本，核其所減之價，約其所餘之利，而通計之。湖廣鹽每引四百斤，錢糧三兩，鹽價二兩七錢。此據上色真粱鹽價，其次色鹽價遞減。自場至儀船價八錢，在儀棧費及扛包關鈔共六錢四分，抵岸船價七錢，各處辛工店用八錢，計每引鹽四百斤需成本銀八兩四錢四分。江西鹽價更少一兩，惟加到省駁費一錢五分，共成本銀七兩五錢九分，較目前湖廣江西鹽本十二兩有餘者，已減省四兩數錢，輕重相去遠矣。計減去錢糧一兩一錢，鹽價一兩一錢，揚費儀河等費二錢五分，岸費九錢。又江船隨到隨售，無煩守住一年，省桅封加戳等費，亦減去八錢，共約減四兩幾錢。若提行溢銷錢糧攤減近二兩，則成本不過七兩有奇。目前子包岸價，楚鹽上者售銀二錢八分，江西二錢五分，今但依道光辛卯春減售之價，已可招販敵私。然辛卯□岸價而未大輕鹽本，故運商無利，不久即提價滯銷。今成本減輕，隨到隨銷，一歲往返二三次，則每包再酌減數分，而仍有數分之餘利，豈尚不敵川粤之私。此猶僅據定額而言。若試行之始，即并提行溢銷而計之，將錢糧攤減至二兩以外，使本更輕，銷更速，其效尚有不僅如是者。而其扼要則在以九江總局奪江廣岸吏挾制需索之權，故可慶十全而無一患。淮鹺明而浙粤蘆潞之利害皆明，淮鹺效而浙粤蘆潞之推行皆效，故曰天下無興利之法，去其弊則利自興矣。鹺政無緝私之法，化私爲官則官自暢矣。衣垢必澣，身垢必浴，疇不知之，爲千金之裘而必與狐謀其皮，爲百金之饌而必與兔謀其羞，何待撓格而始疑之。故法必可行者，其事必不果行。

此道光中陶雲汀宫保棄世時所草也，呈之後任李公星沅，未行。至陸公當漢岸火災之後，始力主行之。甫奏新猷，即遭上游粤賊之難，楚豫漕鹺皆不可復問。蓋運數所乘，非盡關人事也。咸豐二年記于興化西寺。

（清）魏源《古微堂外集》卷七《淮北票鹽志叙》　天下無興利之法，除其弊則利自興矣。鹺政無緝私之法，化私爲官則官自邕矣。欲敵私必先减價，减價必先輕本，輕本必先除弊。弊乎利乎，相倚伏乎。私乎官乎，如轉圜乎。弊之難去，其難在仰食於弊之人乎。淮北票鹽創行數載，始而化洪湖以東之場私，繼而化正關以西之蘆私。且奏銷數百萬外，其餘額猶足以融淮南懸引之不足。夫票鹽售價，不及綱鹽之半，而綱商岸懸課絀，票商雲趨鶩赴者，何哉。綱利盡分於中飽蠹弊之人，壩工捆夫去其二，湖梟岸私去其二，場岸官費去其二，厮夥浮冒去其二，計利之入商者什不能一。票鹽特盡革中飽蠹弊之利，以歸於納課請運之商，故價减其半而利尚權其贏也。且向日仰食於弊之人，即今日仰食於利之人，昔之利私而今之利公，何謂淮北可行而異地不可行。疑者或曰：减之又减，安能敵無課之私。不知場私無課而鄰私有課，有課之私减價敵之而有餘，無課之私豈盡價收之而不足乎。或又謂舊票充新，難免再運之虞，無論卡局截角重重稽察。且票可冒，課不可冒。苟票可轉運，則請票十餘萬引外，即應無復請票之人，何以每年數十萬引，從無票少於額鹽浮於課之事乎。或又謂湖私改販，難革鴞音，北鹽灌鄰，保無藩決。然則梟化爲良者，必不許其爲良，北受蘆侵者，必永爲其所侵也。又有謂收税章程，年更歲易，良由以有定之鹽，應無定之販，不如簽商認岸，一勞永逸者。不知指商索費，則成本立增，争暢舍滯，則規避競起。且票鹽有百世不易者，改道歸局是也。有必與時變易者，錢糧出納，販不足則以不足之證治之，販有餘則以有餘之證治之。弊不同，防弊亦不同。總之弊必出于煩難，而防弊必出于簡易。裕課必由于輕本，而絀課必由于重税。此則兩淮所同，亦天下鹽利所同，亦漕賦關榷一切度支之政所同。方今生齒日繁，生財日狹，司農常懔然盱衡山海，欲籌商課之有餘，以裨農賦之不足。然則一隅之得失，固將爲四方取則焉。前于道光十七載，曾刊票鹽初志，嗣因軍餉奏銷斟酌損益，章程屢變，事則倍難于前，功則無改于昔。重加釐訂，用垂法戒，以存創始守舊之規模，以明聖天子賢牧伯制法宜民可久可大之精意。志淮北也，而不專志淮北也。

曾有《淮北票鹽記》一篇，約二千言，最爲明核，不料失藁于揚州。今欲補之，非得《淮北票鹽志》不可，而亦無此心緒矣。自記。

（清）王慶雲《石渠餘紀》卷五《紀鹽法》　順治二年户部議邊商納粟，原爲邊計。今中外一統，防兵無多，應令運司召商納銀。於是罷邊商中鹽之法。今則例山東商人每引納粟一石，乃前後商接頂互輸，非實納於官也。康熙七年革陝西州縣按畝銷引徵派累民之弊。九年巡鹽御史席特納、徐旭齡陳淮商六苦、三大弊，乃勒石禁額外私派。時耿、尚二藩私人侵奪鹽利，民大擾；吴藩亦暴增黑井課額。三藩平，乃罷之。二十七年廣東巡撫朱宏祚奏：　掣鹽之地，多一盤查，即多一宂費。省城掣定之鹽，至佛山免其重掣。從之。四十三年勒石禁兩淮官胥陋例。雍正初以遞年正項多虧，申其禁於各省，竝遏止商人奢靡積習。二年廣西總督孔毓珣請官運官銷，可减鹽價，併得盈餘充地方公用。已議行矣，旋以督臣奏言：　福建將鹽院衙門及商人盡行裁革，鹽課均攤各場，州縣照數收納，殊覺簡捷。但閩、粤地方懸殊，若地方官赴場納運，必委之家人衙役，非設鋪分賣，中飽花銷，即分發地里，按户勒派，乃僅罷場商，委官收鹽，仍留埠商運銷完課。惟無人充商之地州縣領運行銷。是年以鹽差歸併各督撫，諭之曰：　鹽差之弊，飛渡重照，弊之在商者猶少；加派陋規，弊之在官者更多。一引之課，增之數倍。官無大小按引分肥，商人安得不重困！賠累日深，配引日少，官鹽貴而私鹽横行，皆加派所致。至將耗羡歸正額，恐正額之外，復加耗羡，商民何以堪此！時以兩淮鹽不敷用，於離場遠處，每引加鹽五十斤。三年巴東地涌鹽泉。是冬河東池鹽獻瑞，不需人力，滋生七百餘萬斤。六年福建督臣高其倬奏：　團產零散難稽，請設總倉，統歸收貯，且免水淹雨溼之患。又以閩鹽初係商行，後改官賣，近復用水客肩販。請暫令水客行銷，官運接濟。俟三年無誤，僉商請引。八年令川省產鹽州縣竈户，照商行銷。其不產鹽及出產不敷者，照商行運。免山東青、登、萊票課，攤入地糧。十一年革粤商私收漁户幫餉乃場市鹽菜鹽魚私税。十二年令粤省增價收買餘鹽。乾隆四年浙江總督盧焯奏：　餘鹽以備平價，乃出易之時，派費甚重，消耗無著，賣價必增。停其收買。七年兩廣總督慶復以沿海鹽塌太多，改作稻田，數經雨洗，即可種藝，以絶私販之源。始定閩鹽歸商請引，户部覆准。總督那蘇圖奏：　福建額徵正課九萬四千餘兩。嗣照瓊州竈户征課之例，裁革官商。有雜費歸公銀八萬二千餘兩。共十七萬餘兩，定爲正課。又前督郝玉麟以水客承充，酌定盈餘銀十四萬一千餘兩，定爲盈餘課額。夫雜費歸公，以官裁也。至官復設而歸公如故，酌定盈餘，以銷多也；至銷不多而盈餘如故，蓋不獨閩鹽爲然也。初，淮南煎鹽用盤鐵，後添鑄盤角，較鐵煎費省而產多。十二年葺漢口常平倉貯未銷積引。二十年河東鹽歉，借買蘆鹽、蒙古鹽及花馬池鹽接濟，乃修築鹽池。後又開濬原封之六小池。二十四年令粵西土民食鹽雖改設流官，仍責土司運售，不必設引，以免漢奸交通之弊。考本朝鹽法志成於康熙二十二年，尚未大備，謹就所見鈔撮大略，次引課，次私鹽，而歸之卹商，使知征商出於不得已。司國計者，毋徒自顧考成，而壅遏朝廷寬卹之澤，致不下究也。

（清）王慶雲《石渠餘紀》卷五《紀引課》 行鹽有引則有課，課則有重輕，引目有多寡。謹案：我朝開國行鹽一百七十餘萬引，徵課銀五十六萬兩有奇，自各省漸歸版圖，順治十六年行引四百餘萬，課亦遞增。十七年御史李贊元奏：兩淮鹽引日增，請照長蘆、河東、兩浙例，加課不加引。康熙四年以粵西丁少民貧，減額引三之二。舊額一萬三千餘引。時户部議准粵商請，令湖南郴州分引辦課。諭以郴民既食粵鹽，是食鹽之民已寓税於買鹽之内，而認税之商，已納税於賣鹽之中。乃不准行。二十年停奉天銷引，令民自行貿易。二十九年免直隸宣化行引，聽民自煎食。五十三年四川户口歲增，巡撫年羹堯請加增鹽引。乾隆元年浙江總督嵇曾筠奏：兩浙正引七十餘萬。雍正七年前督臣李衛請增十萬，部議贏縮隨時，不拘定數。後必欲取盈，遞增至二三十萬。上年冬掣不敷正額，請停領餘引。從之。十六年河東奏遞增餘引至二十四萬，銷售不及。諭曰：向來頒給餘引，本爲廣濟民食，例准儘銷儘報，竝未責其按數全完，何至領運不前，藉稱運本銷乏。或由商人以餘引既有頒額，不敢過爲減少。司榷政者，因視爲考成所繫，未便任其盈縮懸殊，爲此鰓鰓。過計既屬餘引，嗣後部臣不妨量爲酌准。於是准減四萬道，而旋復又減，隨時不同。是年，以來歲運河挑淺預運淮鹽十萬引，寬其課限。十八年長蘆增餘引七萬道。二十三年以兩廣鹽餉名目紛雜，核改爲額引十七萬，併入六十萬引之内，別給餘引五萬。旋山東亦增餘票。惟兩淮有提綱之例。二十九年户部奏兩淮年行綱引一百六十餘萬。乾隆十一年請預提綱鹽年銷若干，先期約數請領。歷年酌請二十萬至四十萬不等。蓋兩淮正引已多，不設餘引，正鹽不敷，輒提次綱而竝不立之定額。至引地時有更改，康熙初改江西吉安府，湖南衡、永、寶三府食淮鹽。二十五年改江西南、贛二府仍食粵鹽。旋以河南陳州、項城等處改食蘆鹽，以較淮引道平運易也。乾隆初，古州新闢，始行粵鹽。凡引地寫遠之處，官鹽難至，則病民；鄰鹽既至，又病商。雖時時調劑，猶不能以無弊。惟同一鹽政，而彼此銷售難易通融，請撥則有請輒行。康熙初改撥淮北引於寧國、和州。二十七年廣東巡撫朱宏祚奏：定東莞、增城等縣，無地非鹽，官引難銷，請與官引不敷之處酌量增減。自是粵引屢有改撥之請。四十九年令湖廣鹽引無分南北，一例通銷。乾隆十年以後兩淮食引壅滯，屢請酌撥綱地行銷，自餘引迭增。各省亦間酌量改撥。今行引之地與其數與其期，載在令甲，按籍可稽。惟舉所見因革大略如右。若夫額課所供，上關國計。取自道光二十一年起，各省遞年實徵之數，表之於左，俾司榷者有考焉。

（清）王慶雲《石渠餘紀》卷五《紀鹽禁》 小民以利扞罔者二，曰私鑄，私鹽。私鑄非濫，惡於官錢無所獲利，而私鹽非美，且賤於官鹽，亦無所獲利，特以引課上佐度支，故不得不立之厲禁。世祖入關，威令嚴肅，姦民未敢犯，乃誘滿兵販私，車牛成羣，弓矢入市。詔捕治之。順治十七年，御史李贊元言：糧艘回空，夾帶蘆私，侵淮綱數十萬引之地。且糧艘利速回早赴下運，若夾帶耽延時日，害鹽政亦害漕規。乃令沿途嚴禁，於揚州鈔關，逐船查驗。雍正初稽察漕私於運河口。六年嚴官引私銷之禁。時湖廣鹽貴，姦商以汝寧各縣所行淮鹽，運售湖廣，轉以蘆鹽私售汝寧，所過州縣以爲利，而汝寧終歲不銷一引。謬謂民閒不願食官鹽，派銀奏銷爲民累，乃令州縣督銷。時淮鹽南侵，浙引不行，令於鎮江閘口緝私。浙江總督李衛議覆江南請行私鹽連坐十家之法。言兩鄰甲長治罪，已足蔽辜。若因一人株連同甲，罹法者繁，畏罪隱匿，轉恐難於稽查。惟大夥窩囤，聚衆拒捕者，坐及同甲。從之。而兩淮各場，因用保甲法立竈長稽查。又禁竈户私置煎鹽盤鐅，及火候舉伏不以時。乾隆元年禁商人私僱鹽捕及巡船汛兵，以除擾累。旋以總督嵇曾筠請，改爲官役。其貧民易食之鹽，四十斤以下，不在禁例。自國初著令，至今不改。今略舉私鹽數事，以見其類之不一，而令行禁止之不易易。若督銷緝私，則具於各部則例云。

（清）王慶雲《石渠餘紀》卷五《紀河東鹽法篇上》

故明中葉，河東鹽課銀十二萬兩有奇，以給宣、大山西三鎮宗禄兵餉。其後徵斂煩苛，鹽法大敝，私販繁興。明以前見蔣兆奎《河東鹽法備覽》。國初革除，加派河東行鹽四十二萬餘引，引徵銀三錢二分，則嘉靖間原額也。時以巡鹽御史劉今尹言，革票歸引。今尹疏見《備覽》，略云：舊例鹽池附近十三州縣，官丁撈採者，商人按引輸課，引二百斤。十引輸課三兩二錢。此官引也。商人自備工本，撈採者七分爲官引，三分抵工本，免課。官給票以別於私鹽。請敕部畫一。畫汝寧歸兩淮，畫臨洮、鞏昌歸甘肅。是爲後來遵行之引地。惟懷慶後改。順治十三年始增引十萬，行之三歲乃停新引，而攤課於舊引之中。康熙十四年以後加課者，再又計丁加引四萬餘。二十四年以後停徵加課，改懷慶三萬餘引歸長蘆。至三十三年復加課十五萬餘兩。時勒貝爲鹽政，許桓齡爲運司。雍正二年仍加餘引十萬，議定額引不敷，始行填給。已行者，儘數題報，賸存繳部。時憲廟飭除各省鹽法陋例積習，頻申誥誡。五年鹽政碩色報河東池鹽獻瑞，不需人力，滋生七百餘萬斤，味甘如飴。案唐大曆、宋大中祥符，河東皆產瑞鹽。下其疏户部。昔晉人謂鹽爲寶，潤下之氣，融結鬱積將出，而大佐縣官之用。瑞鹽之生，示不愛寶。然官錢公務，增額課九分之六，實在此時。官錢公務詳見後。先是，歲用羡銀修鹽池渠堰。至是又以餘引羡餘修築池牆，歲費萬餘金。乾隆十六年鹽政西寧以餘引遞年存積，請停領十之三。上諭：餘引本爲廣濟民食，例准儘銷儘報，竝未責其按數全完，何至領運不前，藉稱運本消乏。或由商人以餘引既有額頒，不敢過爲減少。司榷者因視爲考成所繫，未便任其贏縮懸殊。此過計也。既屬餘引，嗣後不妨量爲酌准。乃下三省會議。尋户部奏：晉省太、汾、寧武三府，遼、沁、平定、忻、代、保德六州，例銷河東引，或食本地土鹽，或食蒙古達鹽，州縣按引徵税，名曰鹽税。乾隆五十一年巡撫兼鹽政伊桑阿奏：太原、汾州等四十四州縣，向食土鹽，課歸地丁支納，土鹽不敷，兼買阿拉善鹽接濟。陝西鳳翔一府、長武一縣，例銷河東引，食花馬池鹽，州縣按引徵課，名曰鳳課。二者引既無多，税課不誤，無可置議。惟晉省平、蒲、澤、潞四府，解、絳、吉、隰四州，乾隆四十三年巡撫富明奏：隰州竝太寧、永和，地處萬山之中，鹽運不通，請改食土鹽。課攤地丁，統徵分解。陝西西、同二府，邠、興、乾、商四州，豫省河南、南陽二府，陝、汝二州，襄城一縣，例銷河東之引，食河東池鹽，俱商人認地銷引。額引不敷，請領餘引接濟。自雍正至乾隆五、六年，陸續增引二十四萬道。今請減過多，應將續增四萬道暫爲酌減。從之。未數年而西寧、薩哈岱先後奏復原額，仍爲二十四萬道。原兩朝增設餘引之意，本以爲活引，以時補救民食之乏匱，而不必取盈於商，非專爲增課也。顧官司鉤稽之法，惟無定額者，方許隨時增減。若既立之額，無論餘羡改撥，皆與正額同。官司所奉行者，法純廟諭旨所云法外意也。且餘引非徒濟民食之不足，又以散池產之有餘。乃自乾隆二十年以後，頻歲以池鹽歉收，奏請借配蘆鹽、二十一年。蒙鹽，二十二年。又以蒙鹽道遠，至不如期，請借花馬池鹽。二十四年。蓋自餘引定額，不患食多而引少，又患引多而鹽少。於是薩哈岱請寬二十五年額引，於二十七年清繳，減領餘引七萬道，增鹽價斤一釐。下大學士公傅恒議准而駁其所請。遴商頂補不過一時權宜之計，惟當以經理鹽池爲急務。池產果旺，商賈莫不争先至。近歲收買蒙鹽甚少，皆由小民煙茶布帛貿易而來。此時禁之過嚴，恐妨民食。將來查之不力，必礙官引。宜因時整頓，以副上意。時河東課額四十二萬九千兩有奇，較國初爲三倍之入。見甲申《會典》。三十年鹽政李質穎奏：配引外，尚有存鹽。上諭或照兩淮配用餘引，以濟民食。兩年復餘引五萬。至四十九年又復二萬。三十九年池產又缺，奏開原封之六小池。四十一年以潞商疲乏日多，定五年一更換，謂之短商。時瑺齡爲鹽政，此例至四十七年停止。四十三年以後裁河東鹽政，歸巡撫兼管。或言百物貴賤，皆當與時消息。河東定價而後鹽法病。自二十六年加增二釐，旋又暫增二釐一，請展限，四十年。再請作爲定價。五十年。究竟鹽法利病，不繫乎此。此乾隆五十年以前河東鹽法之大略也。

案：明以前河東鹽法，詳於雍正八年敕修《河東鹽法志》。至乾隆五十四年蔣兆奎爲運使，輯《河東鹽法備覽》，於明代及本朝典故尤詳。其《課項源流篇》云：嘉靖二十七年河東正鹽四十二萬引，每引納銀三錢二分。後增至六十二萬引，歲課十九萬兩有奇。四十年鄢懋卿掊克獻媚，增浮課四萬三百兩。旋復原額。《鹽引篇》言萬曆十六年開歸改屬長蘆，減引十五萬，又減餘鹽五萬，仍爲四十二萬引。天啓間大工匱帑，加派八千餘兩以濟土木之用。崇禎加新餉四千，再加練餉七千，歲額復至十九萬兩。國初革明加派，實行引四十萬九千餘道，額課十三萬兩有奇。每引仍爲三錢二分。

順治十三年以軍需不給，增引十萬。尋除新引，而攤課於舊引之中。每引三錢九分八釐。歲徵十六萬餘兩。康熙十五年以軍需每引加銀五分。十七年復加七分。十八年御史傅廷俊清查竈鹽，加引四萬餘道。於是歲徵二十三萬兩。時每引至五錢一分有奇。二十四年御史李時謙奏停五分加課。二十八年御史郝惟謙又奏停七分加課。至雍正初年歲課僅十七萬餘兩。《會典事例載》：康熙三十三年加河東鹽課十五萬餘兩。《舊志》《備覽》皆不載，蓋非歲額。三年川陝總督兼管鹽務年羹堯裁革陋規，加增河東引項，每額引一名，百二十引爲一名。收官錢銀十一兩，公務銀二十四兩有奇。旋以額引不敷，又增餘引十萬。自後至乾隆初年，先後共增餘引二十四萬，儘銷儘報。後乃旋停旋復，其餘引則官錢公務之外，每名又收公費銀六兩，合之各雜項，歲額遂至五十一萬餘兩。又案：嘉慶十一年九月，侍郎英和等會議山西鹽務疏，內有云：臣等博訪兼諮，檢閱舊案，晉省商人賠累，實緣從前以賤價定爲長額。他省鹽由煎熬，故歲產有定。河東則由澆曬，每視天日陰晴以別豐歉。而牽輓不易，運本又多。從前因地制宜，以池產之豐歉與腳價之重輕，按照成本，長落隨時，不復限以定制，商民兩便，從無勒派富户之事。自乾隆八年鹽政吉慶倡議定價，十年鹽政衆神保就見行賤價定爲長額，不准增減，而商人始困。迨後紛紛告退，無人承充鹽政。薩哈岱不得已爲舉報殷户之計，數十年來人始視爲畏途。厥後歷任鹽政，或復請增價，或更議換商，屢經調劑，而總無良法。自改歸地丁，自行販運，而百姓久無食貴之事云云。讀此亦可得乾隆閒潞鹽大略。其歸咎於定價，又曰屢經調劑，總無良法，殆有微詞焉。觀《備覽》所載，故明及本朝以來引課歲額沿革增損之數，實潞鹽利病之大源。而池產歉收，蓋其偶耳。

又案《會典事例》，康熙十六年裁河東運同、運副、運判竝三分司，至二十四年李時謙請復經管池員，疏略云：池衝水漲，鹽花不生，今已六歷寒暑。查姚暹渠所以瀉條山諸谷之水，渠南鹽池，渠北民田，必須兩岸築隄，自免盜決。據運使張鵬翮詳，趁此東作未興，集夫修築。鹽池關繫國課，渠堰又關繫鹽池。二十餘萬之錢糧，五百家之商命，全賴專員管理。請於前裁三分司中，量復一員。詳見《備覽》。讀此見鹽池恃有渠堰不可不修，且當時潞商蓋五百餘家，以十倍後日之商人。乾隆閒僅五十八家。辨減半後此之課額前二十三萬兩，後五十一萬兩。巡鹽若李若郝，猶時請減加課務，以恤商。迨後課日增，商乃日少。謹附載於此，俾司榷者有所考焉。

（清）王慶雲《石渠餘紀》卷五《紀河東鹽法篇中》　乾隆五十年以後，各省商鹽告疲，江西、山西尤甚。五十六年三月，江西巡撫姚棻奏建昌界連福建，多私鹽。純廟察其弊，飭議酌撥引地，轉移鹽課。旋以兩淮鹽政全德執奏，事寢不行。見《實録》五十六年三月庚子，五月甲申。時河東亦以商力疲乏，急須調劑上聞。上以河東引鹽行銷三省，加價派商，久爲民病，乃鋭意整頓，授馮光熊山西巡撫，調甘肅布政使蔣兆奎爲山西布政使。先是，兆奎以河東運使入覲，上問調劑潞鹽之策，以課歸地丁爲便對。及光熊至京，命與軍機大臣議其事。尋軍機大臣奏：臣等會議課歸地丁，計畝攤徵，富户既免籤商，貧民得食賤鹽，誠屬利便。至池雖民產，須官經理，以免争端。計每年所出鹽，抽税若干，於歸入地丁鹽課內扣除。俟光熊抵任，與兆奎詳勘商辦。五十六年六月庚申《實録》。議未定而山西署巡撫布政使鄭源璹疏至，謂課歸地丁之議，雖意在恤商，民食諸多未便。惟將疲商抽換，另募殷户承充。上責源璹非實，諭曰：晉省籤商，向爲富户之累。地方官藉此訛詐，富户畏懼充當，罄貲圖免，百弊叢生。前令馮光熊、蔣兆奎議奏，恐地方官向受鹽規，聞課歸地丁，必紛紛稟阻。今鄭源璹果以爲不便，顯爲官吏留需索地步。該藩司在晉八年，想亦均霑餘潤。今已調任河南，河南亦有行銷河東引地。倘從中阻撓，必一併治罪。是年六月乙酉《實録》。於是中外知上志先定，浮言乃息。其年八月光熊體察情形入告，略言河東商力既疲，換商實屬無濟，加價又迄無底。止若課歸地丁，聽其自爲販運，既無官課雜費，又無兵役盤詰，關津留難，更爲便益。至歸課之法，山西省領引鹽四十四州縣，有引多而地丁少者，有引少而地丁多者，更有向食土鹽、蒙古鹽，僅領河東引額納税之陽曲等四十四州縣，及陝西鳳翔一府，長武一縣，本屬參差不齊。且以河南、陝西、山西三省比較，河南引多地丁少，二省引少地丁多。或將三省課額四十八萬餘兩，在於三省引地一百七十二屬地丁項下，通計均攤。於是議地丁一兩，攤課九分有餘。而河南引額較重，應酌量增攤。是年八月《實録》。次年正月，河南巡撫穆和藺奏：豫省正賦外，尚有攤徵河工歲料幫價等款，較他省稍多。所有應攤鹽課，照原議酌增三分有餘。每地丁一兩，攤銀一錢三分。其兩省應徵本省鹽課竝代攤河南幫課，每兩攤銀九分九釐，已無缺額。見《實録》五十七年正月。又案《會典事例》載：五十六年奏准三省攤徵之數，山西攤徵二十八萬一千一十二兩，陝西攤徵一十四萬六千三十七兩，河南攤徵八萬六千六百三十三兩，各有奇。共攤徵五十一萬三千六百八十三兩有奇。二月光熊以歸課事宜條列具奏曰：課銀應年清年款，各解本省藩庫。雖遇蠲免地丁之年，不在應蠲之列也；曰：部引停領免納紙硃銀也；曰：無許地方官私收税錢也；曰：鹽政運使運同經歷知事庫大使，三場大使俱請裁汰也；曰：運城地方移駐河東道，彈壓鹽池周百二十里，請將鹽池、長樂、聖惠三巡檢司分管三場巡緝也；曰：鹽池照舊歲修也；曰：三場仍立官秤鹽牙，以杜争端也；曰：課項内有併餘積餘等銀，應分别攤免也；曰：運阜、運儲二倉穀石，應分别歸併存借也；曰：鹽政應支各款，各就近省藩庫動支也。如寧夏等處將軍養廉，内閣各衙門飯食，鹽池歲修等款。又言：應解内務府之歸公、節省，河南唐縣、裕州有歸公銀；山西潞州有節省銀。及向解運庫之麥租等銀，安邑縣有麥租蘆課。改解藩庫。惟酌留公用銀，俟册到再議。次第經軍機大臣議覆。竝從之。是年二月《實録》。三月車駕幸五臺，面詢光熊、兆奎，奏言：晋省自弛鹽禁，鹽價俱減。民間無攤課之累，有食賤之利。是月陝西巡撫秦承恩奏報：西安等處鹽價有減無增。逾月穆和藺亦奏：河南自更定章程，各屬鹽斤充斥，價直減落七八文至三四文不等。上得其奏，一批以嘉悦，一批以欣慰。諭曰：鹽課改歸地丁，原期商民兩便，利歸於下。自改行以來，價即減落，可見調劑得宜，其效立應。鹽斤爲閭閻日用必需之物，價直既賤，小民每日皆有節省。以日日節省之數，完一年應攤之課，自有贏餘。今所奏相同，洵爲有利無弊。是年三月乙未及四月《實録》。於是賞光熊黄馬褂花翎。國史本傳。閏四月光熊報池產旺盛，諭曰：向來晋省引課未能辦理裕如，總以池產不旺爲解。自課歸糧輸，鹽歸民運，商販絡繹，較前多至加倍有餘。是池鹽本旺，從前派商勒索，商人視爲畏途，遂藉詞卸責。今販運流通，著該撫隨時稽查，毋任吏胥滋弊。閏四月己丑《實録》。又諭：課歸地丁，效驗甚速。此議實蔣兆奎所倡，今能始終承辦，甚屬可嘉。著加恩賞戴花翎。是年五月，召光熊入京。十二月擢兆奎山西巡撫。國史本傳。此河東鹽改歸地丁之大略也。至嘉慶十一年，同興爲山西巡撫，

金應琦爲藩司，而有河東復引招商之舉。

馮光熊，浙江嘉興人，乾隆丁卯舉人，以中書起家。五十六年四月，由湖南巡撫調任山西，次年五月命來京，授貴州巡撫，平松桃、南籠等處苗匪有功。嘉慶初入爲侍郎，遷總憲卒。國史本傳。其撫晋未久，潞鹽之事，實兆奎一人始終任之。蔣兆奎，字聚五。陝西渭南人，乾隆丙戌進士，以知縣起家。四十四年任山西澤州同知，升知太原府。四十九年擢河東鹽運使。五十四年遷甘肅布政使。五十六年調任山西。次年代光熊爲巡撫。嘉慶二年病免。再逾年，起漕運總督。屢以運丁費用不敷，請每石加津貼一斗，併輕齎改收本色。上以事同加賦，不許。兆奎先後求去，以費淳代之。命來京授侍郎。上知其官聲清潔，授山東巡撫。侍衛明安進香泰山，回奏山東墩汛不修，傳旨申飭，兆奎復以老疾乞代。上責其始終任性執拗，本應治罪。姑念其廉名素著，加恩以三品銜休致。比歸而御史周栻劾兆奎宜來京請罪，乃悍然不顧，逕自歸里。上察其實奉旨回籍也，原之。七年卒。國史本傳。史臣曰：嗟夫！自古能爲國家興利除弊，有不由廉吏者哉！兆奎歷筦財賦，清名爲上所知。跡其不合求去，未免近於矯激。然視脂韋者，相去遠矣。且明安之懟，周栻之劾，胡爲乎來哉！爲國家去弊一，即衆人夫利百。謠諑紛至，賴聖主始終保全之耳。後之人見任事之難，每動色相戒。然兆奎宦晋前後幾二十年，爲運使者六年，爲巡撫者七年，卒無有疑其沾潤者。桃李不言，下自成蹊，詎不信哉！

先是，乾隆四十七年，山西巡撫兼鹽政農起疏請增鹽價，竝停短商，有云：臣數月以來，廣諮博訪，均稱商力難支。實别無經久之法，惟有歸鹽課於地丁，盡去商人，聽民販賣，自能流通等語。查商運民銷良法，豈可遽易？若盡去商人，聽民販運，竊恐今日之私梟，盡爲他時之官販，不惟姦良莫辨，稽察難周。且以三省民販聚集運城，竝無統屬，將來千百爲羣，攘奪滋事，亦難保其不有。且既聽其自運，即應任其私售，勢必壟斷病民。在耕作農民，既爲販鹽之人代納課項，而所食之鹽，又屬貴價。流弊更無底止，自未便輕議更張。案此所言撤商之弊，談潞鹽者，亦不可不知。利之所在，龍斷奪攘，勢所必至也。及讀謝振定《知耻堂集》，載其覆初撫軍書云：時初彭齡爲雲南巡撫。鹽歸民銷一事，僕寄書相商，而閣下適先行之。顧有不可不防其弊者。僕聞之晋人曰：教匪之興，由於鹽

課之歸地丁也。始農中丞以籤商之難，又蒙古引鹽雜出，民受其累，故奏請更張，而商人囤鹽尚多，不得不賤售也。游民獪胥，居奇壟斷，而徐散之楚、蜀、秦、豫犬牙相錯之地，遂大獲利。邪黨句結，致爲禍階。此事人未之知，故補告之，俾閣下善其後圖焉云云。案雲南鹽歸官運，計口賦鹽，民不堪命。嘉慶四年，初彭齡爲巡撫，因前督臣富綱奏請罷官鹽，改民運。彭齡又酌爲變通，大意謂不分井地，聽民販運，遠近任其所之，故振定致書及之。然彭齡此舉，實出滇民於水火，至於今是賴。書中所言，教匪之興，由課歸地丁，考嘉慶十一年復引招商，彭齡實參其議，疏中蓋未之及。晋人之言，不知何據？教匪起襄、荆，隨在誘脅，固不能無鹽徒入其中，而非其發難之端也。至云農中丞更張成法，則振定之誤。農起爲山西巡撫，兼鹽政，在乾隆四十七年，至五十年八月卒於位。課歸地丁在五十七年，時馮光熊爲巡撫，且農起請增鹽價疏，長慮卻顧，方以更張爲戒，未可以禍階委之斯人也。聞晋人言：昔者汾水逼晋陽，城將圮，農中丞躬率畚築，擇水衝地自當之，水爲之卻。道光二十一年請祠名宦，因讀謝集，附載於此。

嘉慶十七年四川鹽商擡價病民，無業之人聚衆販私，與官爲敵。總督常明遽請課歸地丁，聽民興販。諭曰：此議若行，姦民趨利若鶩，爲害滋甚。且川省與兩湖毗連，私販順流而下，浸灌淮綱，諸多窒礙。常明身任封疆，不爲地方計及久遠，於鄰省顯分畛域。除所請，不准行。仍交部議處。十七年十二月《聖訓》。

（清）王慶雲《石渠餘紀》卷五《紀河東鹽法篇下》 河東課歸地丁，聽民販運，不復問其所之。嘉慶初年，山西撫臣屢請於晋、豫關津，給票驗放。上恐勒索滋弊，不許。七年正月巡撫伯麟奏，九年六月巡撫同興奏略同。詳見《聖訓》。至十一年始議復引招商。會阿拉善王瑪哈巴拉獻吉蘭泰鹽池，於是吉鹽歸併河東。行之數年，不便而罷。吉蘭泰鹽池者，在寧夏邊外賀蘭山之西，阿拉善額魯特旗所屬。沿邊蒙古、鄂爾多斯、蘇尼特諸部皆產鹽。嘉慶十三年六月，山西省奏請將兩部鹽斤照老少鹽免税，部議令酌定人數，設法稽查。詳見《聖訓》。吉池最遠，味甘而產多。舊行山西口外五廳，竝大同、朔平兩府，兼濟太原四十四州縣土鹽之不足。邊民販運，由殺虎口河堡營黄甫川輸税而入。先是，乾隆四十五年，恐侵潞綱，禁之。四十七年上念河東鹽敝，命議運吉鹽至臨縣，潞商領買行銷。巡撫兼鹽政農起以後皆兼管。會羅卜藏多爾濟於托克托城，傳諭商人。衆言前此兼買口鹽，以道遠費鉅奏停。今潞鹽收存八千餘萬，無須接濟。農起以聞，乃請開禁，聽邊民輸税販賣。時農起以口鹽不通，或致土鹽價貴，故請弛禁。見嘉慶八年《聖訓》。五十一年西巡五臺，旺親班巴爾親一作沁。請吉鹽改由水運。巡撫伊桑阿奏言：前撫臣農起禁吉鹽用大船木筏運至臨縣，四出私售。蓋太原等處原非全賴吉鹽，若聽外藩連舸而來，不特語言不通，且自托克托水程千里至臨縣磧口鎮，下接平陽之吉州鄉寧，與秦、豫皆一水可通，恐侵河東引地。惟陸販無多，藩民生計不足。臨縣至河東引地，尚有二三百里，應聽運至磧口貯岸，零星售販，不得載至下游。部議允之。蓋潞課未歸地丁以前，吉鹽已行於晋北，固難定其不浸淫逾越也。逮潞商盡撤，聽民自銷，而口鹽水運地界，益無譏察。由是越境行銷，而池鹽轉不能暢行於晋省，遂至私越楚、豫，淮引歷年爲滯。於是佶山時兩淮鹽政奏運豫潞鹽，定額給票，竝停吉鹽水運。嘉慶八年八月事。又九年四月諭旨：從前課歸地丁，原因籤商一事。富户求免，輾轉改籤。地方官私肥囊橐。欲絶其弊原，殊不知改歸地丁則窮民小户，轉代殷實之家輸納鹽課，本末平允。况池鹽偷漏，利總在民。若口鹽侵占，到處行銷，必致閭閻脂膏漸爲外藩盤剥，殊有關繫云云。以上竝見《聖訓》。尋旺沁班巴爾身故，内地嚴緝私販，禁邊民出口吉鹽。中廢。嘉慶十一年，甘肅疆臣以移咨阿拉善續派吉鹽池商入告，諭曰：蒙鹽入口，本有例禁。嗣定地行銷。迨河東課歸地丁，蒙鹽因此侵越。今因查拏馬君選、吉蘭泰竝未撈鹽，當趁此熟籌妥辦。從前課歸地丁，原非經久無弊之法。著英和等是年二月侍郎英和偕内閣學士初彭齡鞫獄西寧。與沿途各督撫會議奏聞。尋同興疏請復商，英和等亦自甘肅疏言阿拉善請將鹽池歸公，竝查訪蒙古不能挖運，懇照河東一體招商。阮元《揅經室文集·吉蘭泰鹽池客難篇》言：阿拉善王瑪哈巴拉任回民馬君選等販鹽侵潞、淮，乃執回民罪之。瑪哈巴拉懼而獻其地。同時奏至，又諭曰：此二事相爲表裏，據同興擬以商招商，又稱小民難與慮，始可見招商不易。民人不願充商，自因賠累。今英和奏吉池產旺，蒙古性拙耽安，不能撈取。計莫若將蒙鹽、河東鹽一併招商，以有餘補不足，庶可行之永久。前蒙古販運，係私鹽。若一併歸商，則皆官引，不待多方立禁，私販自無。乃令英和等將設官定界輸課事宜，竝給阿拉善王賞項會籌具奏。六月欽差與陝、甘督撫倭什布方維甸及同興先後會奏，言潞鹽獲利未豐，吉鹽池産較旺，一併招商，以有餘補不足，報充自必踴躍。山西殷户多於甘省，准晋民充甘商，仍令山西兼轄，毋庸另設鹽政。查晋商賠累，由從前以賤價定爲常額，懇仍照乾隆十年以前按本科價。其河東引地一百一十九處，暢滯勻配，以免偏枯。從前課稅攤入地丁者，除土鹽之稅核實酌留，餘悉歸商完納。至吉鹽向由船運至山西省北，所有山西兼食吉鹽之處，查照實銷定引。又改陝西神木等八州縣食吉鹽。吉蘭泰爲撈鹽之地，磴口爲發運之所，河口鎮爲入晋停泊要區，各設大使一。其陝西對岸有鄂爾多斯鹽侵越磧口龍王辿以下。辿，丑延切。即非吉鹽引地，均設官稽查。事下大學士九卿議，從之。惟言不定價直，恐漫無限制。俟一年酌中定價。又會奏言：自乾隆四十七年蒙鹽行銷内地，五十七年潞課改入地丁，從此晋、豫各省聽民販運，不免口鹽侵越晋地，潞鹽侵越淮綱。兩淮課甲天下，國計所關。今河東鹽既歸官，應合兩淮通盤籌畫。查河東引行豫省，在在與淮北毗連。淮鹽課本重大，潞鹽價直較輕，另行募商，難保不走私漁利。倘令淮北殷商兼辦河東引票，則彼此皆其綱地，偷越無虞，盈絀亦堪調劑。且淮商半係晋人，情形尤悉。其長蘆行銷豫省，引地亦與河東接壤。蘆商本有晋人，與淮商同辦晋鹽，較有裨益。又言吉鹽産旺價輕，易侵他省。時英和奏吉鹽尚有由甘肅鞏秦入陝西隴州，分途入楚，侵越淮綱之路。嘉慶八年定入口船五百隻，每載二萬八千斤，共四萬餘引。今應加引增課。從之。夫潞商兼辦吉鹽，此上旨也。以淮商、潞商兼辦潞鹽，未有上旨也。户部此奏，兩奏皆户部主稿。毋亦曲體商情。商人習見吉鹽之利，而不圖其害耳。不然，則解池去吉池已數千里，淮蘆場竈更遠在東南，所謂風馬牛不相及，其不能兼顧明甚。且引分秦、越而地錯犬牙者，隨在皆是。又能使同爲一商否邪！自吉鹽議歸潞商，又議出口撈鹽之坐商，寧夏造船之木商，委曲繁重，商情疑畏。且逆計河東有商，則各護引地，吉鹽無利可圖。是年十月應琦奏：河東舊商五十八家，已招四十家。再容招足，以供配掣。其磴口運至托克托之鹽，已別委新商試辦。旨詰以潞鹽、口鹽分爲兩事，與原議不符。且何必拘定五十八家之數，强令湊足。令撫臣再議。越月巡撫成齡竟以招足五十八家入告。又言晋商不諳口外情形，且以一家承辦數處，不能兼顧。就地勢而論，吉池在黃河上游，北鄰寧夏；解鹽池在黃河下游，地接豫秦。相去三千餘里，歷來不能越險行銷，原無須潞商兼辦，況河東鹽行三省，引課較多，獲利亦厚。吉引雖七十二處，每處三萬石，年銷二千一百萬斤，計八萬七千餘引，每引二百四十斤。徵課六萬餘兩。引課有限，獲利無多。潞商亦無須兼辦。且言應琦在晋多年，商情尤熟。口鹽、潞鹽必應分辦。事下户部議行。蓋應琦深慮墮課，急在招商，以爲百足不僵之計，故不得不曲爲之說。所言吉鹽不能越銷，潞商獲利已厚。然邪否邪？然吉鹽實則無利。十五年河東增價五釐，潞商僅足自給，而吉商頻年虧課誤運，招充乏人，改爲官運，引復不行。十七年命侍郎阮元巡視之。四月奏言：官運不難，難於官銷。愈運愈滯。若因滯銷，兼顧課額，勢不得不派之州縣，認引督銷。州縣非虧挪倉庫即擾累閭閻，是能銷之弊，更甚於不銷，斷難無弊。適河東道茅豫奏禁水運吉鹽，併下元議。於是議吉引終不可行於内地。先後與巡撫衡齡奏請吉池敕還阿拉善，停其歲賞，歸藩户撈曬，以資生計。禁用運船，陸販者，照各蒙古例，每百二十斤輸稅四分五釐入口。裁新設各官。初議猶以吉引之地歸潞商行鹽輸課，既終恐道遠誤運，乃於潞引六十二萬餘道之外，包吉鹽八萬七千餘引，視潞引不足之處，隨時指配，名爲活引。於潞課六十萬之外，河東課額前後衹五十餘萬，此六十萬據鈔本奏稿，疑有譌字。包納吉課六萬三千餘兩。凡内地悉遵舊制，無所更改。蓋潞商撤而吉鹽始利，水運通則潞鹽必病，二者無俱利之勢。數年以來，内外計臣，議分議合，卒至潞商包納吉課而後已。至蒙鹽有礙官引，已見於數十年以前忠勇公傅恒之奏，而今予告大學士阮元所言官運能銷之弊，甚於不銷，則尤司計者藥石之言也。

案《户部見行則例》，河東正引三十八萬一千三百二道，餘引二十四道，都六十二萬餘道，其徵課曰正課百二十引徵銀五十兩，曰官錢公務百二十引，徵銀三十五兩有奇，曰公費百二十引，徵銀六兩。凡正引不徵公費，每引徵七錢九釐，餘引内二千六百四十道與正引同，其餘概徵公費，每引徵七錢五分九釐。除陝西鳳、邠、興三屬二萬四千九百五十道，衹完納正課。引額在六十二萬道之内，其課攤入地丁，凡九千九百餘兩。加吉蘭泰裁改餘引八萬七千五百道，每引亦七錢五分九釐。凡歲徵鹽課雜項銀五十一萬兩有奇，每引鹽二百四十斤，行山西省平、蒲、澤、潞、霍、解、絳七府州屬及隰州之蒲縣，陝西省西、同、興、鳳、商、邠、乾七府州屬，河南省之河南、南陽二府，惟舞陽不行河東引。陝、汝二州，及許州之襄城。

又山西陽曲等州縣，土鹽引課一萬七千餘兩，河南唐縣裕州歸公銀一萬七千餘兩，安邑等縣地租蘆課等銀一千兩，澤、潞節省銀二萬兩，河南鹽規銀一萬七千餘兩，由各州縣徵解藩司，不在河東額課之内。

又河東帑本共銀二十八萬四千兩，歲輸息三萬八千兩。

戊申正月，取《會典》山東司所載各省竈課、引課、雜課、稅課、包課五項核計，天下歲徵鹽課銀七百四十七萬五千八百七十九兩有奇，内河東歲額五十三萬七千三百四十七兩有奇。嘉慶十七年額。以户部山西司道光二十二年紅册核計，二十一年各省實徵鹽課四百九十五萬八千二百九十兩有奇，内河東鹽課五十三萬六百三兩有奇。二十二年各省鹽課實徵四百九十八萬一千八百四十五兩有奇，内河東鹽課五十三萬一千三百六兩有奇。又二十五年紅册各省實徵鹽課五百六萬四千餘兩，内河東五十三萬四百三十五兩有奇。餘年紅册，尚未徧閱。因紀河東鹽務，互載於此。

（清）王慶雲《石渠餘紀》卷五《附江西建昌鹽政諭旨》 乾隆五十六年三月庚子諭軍機大臣曰：姚棻奏粤、浙兩省毗連江境之處，堵緝私鹽，尚易爲力。惟建昌府屬界連閩省之區，路徑較多，堵緝稍難。必須於各要隘添設卡巡，廣爲堵截，方收實效等語，各省行鹽，分引畫界，各銷各地，原以杜越境販私之弊，但必酌遠近情形，使民間食鹽不至舍近求遠，去賤就貴，方爲妥善。即如姚棻所奏建昌私鹽多從福建販入，可見建昌一府雖例食淮鹽，而距淮南二千餘里，閩省邵武、汀州等處不過二三百里，較淮南近至十倍，其鹽價自必貴賤懸殊。欲百姓舍近賤而食遠貴，原非正道。即禁閩鹽不入江境，顯屬有名無實，不知從前定例時，何以不將鄰閩府分就近行銷邪？他如湖南之永順，湖北之宜昌等府，與川境毗連，私鹽俱從川運入。以此類推，各省多有。在鹽政等各有額定引課，所謂出納之吝，不肎通融辦理，殊不知建昌與閩省相近，永順、宜昌與川省相近，何妨改食川、閩引鹽。所有應徵鹽課，即移至該二省輸納。如此轉移，不特便於民食，即私販亦無從影射，其弊可不禁而止。即直隸、豫、東、江、浙、閩、粤、山、陝、甘肅、雲、貴等省，向定銷引地方有相離較遠之處，或可改歸就近省分，庶民食國課，兩無妨礙。但行之既久，一涉更張，恐致滋擾，扞格難行，著傳諭各督撫，酌量情形，悉心核議。如能不動聲色，與鄰省彼此碻商調劑，可省許多緝私之繁。竝著會銜詳議具奏，總以不畏難而又不滋事爲妥。四月庚午二十六日。諭曰：昨據孫士毅奏：酌籌建昌府屬各隘，添設卡巡。朕以爲有名無實，交部核議。據户部奏：私鹽易售之故，總由舊定銷引之處距出鹽地方過遠，民間買私，勢所必至，雖添設卡巡，仍屬有名無實。且令商人徒靡費用。所奏均毋庸議，已依部議行，竝著長麟、全德前往詳悉妥議速奏矣。欲令民舍近求遠，舍賤買貴，不但其勢有所不能，且於情理亦未平允。今淮添卡增役，商人運鹽路遠，所費已屬不貲。復層層糜費，商人不能不於鹽價内取償，則病民益甚，其弊不止病商。長麟見署兩江總督，著即前往與全德一同至彼，會同姚棻妥議，竝知會閩省督撫會商辦理。此係發令之始，若江西辦有規則，各省即可仿照更定。至從前定地，必有成案可稽。全德兩淮鹽政。接奉此旨，即查明定例，因何不按遠近定立疆界？又行之已久，何近年方有此弊？商人行銷納課，是否早經賠累？一面先行覆奏，一面會同長麟前往。五百里寄信。辛未復諭曰：建昌府屬緝私一事，分地行銷，不始近年。若向有賠累，因何不早思變計？以情理揆之，殊不可解。或係歷任鹽政以額引有定，撥一府即少一府，鹽課未肎通融辦理。抑私鹽充斥，查緝不易，即使以建昌畫歸閩省，而私販越過建昌，仍可隨地闌入他府，則改撥亦屬無益。是以不必更張。再或商地各有窩本，置同產業，不肎撥歸鄰省，寧可添卡添兵。長齡等踏勘情形，悉心籌議覆奏。五月癸未諭曰：本日召見書麟，詢以江西建昌鹽務，所奏與新降諭旨大略相同。蓋小民惟利是圖，祇知得尺則尺，得寸則寸。如建昌畫歸閩省，則私販即可越建昌，沿及撫州。雖設卡巡緝，亦恐不能闌截，商人運遠費增。書麟亦奏：商情多有不願，何以又請添設巡卡？或通綱有公攤幫貼之處。長麟、全德據實查辦，不必迴護前旨。六百里寄信。甲申諭曰：據全德覆奏所言甚是。内稱若將建昌一府改食閩鹽，恐撫州等府漸有私鹽闌入，於通省鹽務有關。是以該處向係減價敵私，合通省綱力，派出公費貼補，與朕昨降諭旨相同。從前酌定行銷引鹽運道，全藉關津山隘，得以稽察遮闌。若舍此久定之界，聽其就便行銷，則平原豪無阻隔，鄰鹽逐漸侵入，必致無所底止。且以通綱之力，資助建昌，該商竝無賠累，況於關隘可爲門户堵截閩私，自應照孫士毅等奏，設立巡卡，增派兵役，以絶私販之路。至江西如此，他省可知。此事竟不必更張，以悉仍其舊爲是。長麟、全德如未經出境，即不必前往。如已赴江西，衹須將各隘口如何設卡巡緝，可絶私販之處，核定具奏，毋庸再議。畫歸閩省之事，是月丙申畢沅等奏：永順、宜昌兩府，年額不過各銷三千餘引，淮商竝不争此綱地。實係恃此數處險隘爲敵私之地，如改食川鹽，實有難行之處。諭曰：此事已降旨照舊辦理，無事更張矣。畢沅所奏，與諭旨相合，惟所稱永順、龍山等四縣，如遇淮鹽不能接濟，仍令零星買食川鹽。但不得過十斤以上一節，所言殊屬未當。使百姓以買食川鹽，奉有明文，遂致逐漸增多，無所底止。如十斤之外，加增數斤，地方官豈能按户稽查秤驗？如果私販鹽斤，事經發覺，自當按法懲處。若係官鹽不能接濟，零星買食，地方官衹可行所無事，所謂民可使由之，不可使知之。所奏定以十斤之處，不必行。將此各傳諭知之。六月乙巳二日。軍機大臣議：覆署江西總督覺羅長麟等奏稱，請於建昌府籤商設總店，所屬四縣設子店，分銷鹽引，照閩省時價，斤減二文。私販無利自止。再於各要隘嚴密巡緝，兵役拏獲梟販，即將鹽貨車船頭匹，全行賞給，竝咨會閩省於交界處委員查堵。得旨依議速行。

《户部則例》卷二五《鹽法·正餘引票》　一、長蘆正引玖拾陸萬陸千肆拾陸道，餘引自壹拾伍萬至貳拾萬道不等。正引爲歲銷定額，正引暢銷者，盡銷餘引，餘引有剩，彙行繳部。凡領餘引各省并同此法，票引與鹽引同。

一、山東省正引伍拾萬伍百道，正票壹拾柒萬壹千貳百肆拾道，餘引伍萬道，餘票捌萬叁千壹百捌拾道。

一、河東正引叁拾捌萬壹千叁百貳道，額餘引拾萬道，續餘引拾肆萬道。又，吉藍泰裁改餘引捌萬柒千伍百道。又，陽曲等州、縣土鹽引肆萬貳千壹百伍拾壹道。

一、兩淮正引内，綱引壹百肆拾貳萬貳千叁百玖拾肆道，食引貳拾柒萬玖拾捌道，行引地面離鹽場較遠，引課重者爲綱引；離鹽場較近，引課輕者爲食引。豫提下年綱引自貳拾萬至伍拾萬道；豫提食引貳叁萬道不等。兩淮不須餘引，本年額引暢銷，准約數提銷下年正引，引内注明豫提字樣，其下年正引，仍按歲額領運。如遇額引滯銷，間一二年或三四年，再請提銷，該鹽政覈實辦理，無庸拘定年限。

一、浙江省正引柒拾萬肆千陸百玖拾玖道，票引壹拾萬陸百玖拾捌道，餘引拾伍萬道。

一、兩廣正引捌拾壹萬肆千伍百零玖道。

一、福建省正引伍拾肆萬伍千陸拾貳道，入額盈餘引叁拾捌萬柒千肆百貳拾叁道。與正引同。餘引壹拾貳萬叁千道。福州府屬長樂、福清二縣，泉州府屬晋江、同安等二縣附近廠竈，所有正額并盈餘引玖拾玖萬叁千陸百伍拾捌道，均歸官辦。

一、四川省正引視上年已銷之數請領，鹽井坍廢，准豁引課，此外照領銷竣。仍備領餘引伍千道。新開鹽井即以餘引配運，存剩繳部。

一、甘肅省正引柒萬貳千陸百捌拾捌道。

《户部則例》卷二五《鹽法·改撥額票》　一、海豐縣額票撥出壹千張，分與惠民縣陸百張，樂陵縣肆百張；霑化縣額票撥出壹千張，分與商河縣陸百張，德平縣肆百張，各領運行銷。惠民縣加徵養廉銀拾貳兩陸錢，銅觔銀伍兩肆錢；德平縣加徵養廉銀捌兩肆錢，銅觔銀叁兩陸錢。

一、沂州府屬蘭山縣額設商銷鹽票肆千貳百張數内，撥出壹千貳百張，以伍百張改作兖州府屬嶧縣額引，又貳百張作爲沂州府屬費縣額票，又伍百張作爲濟南府屬長山縣額票。内除費縣票價與蘭山縣則例相同，并無增減外，嶧縣加徵引課銀壹拾肆兩貳錢伍釐，又，應徵歸公鹽觔銀壹拾陸兩伍錢，養廉銀貳拾捌兩叁錢叁分捌釐，銅觔河工銀壹拾玖兩伍錢，并長山縣加徵票價銀叁兩貳錢肆分玖釐，均歸入各該縣額徵項下，按年造報奏銷。

一、濰縣額票叁千貳百伍拾貳張，酌撥壹千伍百張歸富國場配運。

《户部則例》卷二五《鹽法·四川引根》　一、四川鹽引行銷貴州省之貴陽、安順、平越、都匀、思南、石阡、大定、遵義，雲南省之昭通等府州縣，四川省之酉陽州、石砫、明正、木坪、瓦寺、金川、阿日雜穀九姓司等各土司并黄螂、雷波等處，該沿邊州縣于商運到日，將部引截角掛驗，另用鹽道印發雙聯引根，引紙，照部引字號、張數逐一填注于引根引紙中縫，大書運鹽觔數，將引紙給商轉運，引根同已經截角部引申送鹽道查覈繳部，所給引紙由前途照例截驗放行，免其繳銷。

《户部則例》卷二五《鹽法·代銷正引》　一、長蘆引目滯銷之順天府屬大興、宛平、通州、涿州、永滑、寧河、昌平、固安、懷柔、順義、密雲等一十一州縣，舊州、採育二營，延慶一衛裁并宣化府屬延延慶州，易州、定州、冀州三直隸州，保定府屬清苑、容城、雄縣等三縣，永平府屬遷安、灤州、樂亭等三州縣，正定府屬正定、元氏、新樂等三縣，順德府屬南和、平鄉、廣宗、鉅鹿等四縣，廣平府屬永年、曲周、廣平、成安等四縣，大名府屬元城、大名、清豐、開州等四州縣，趙州直隸州屬寧晉一縣，河南省開封府屬通許、洧川、蘭陽、儀封等四廳縣，衛輝府屬汲縣一縣，懷慶府屬河內、孟縣、温縣等三縣，許州直隸州屬長葛一縣，每年准于應銷正引内勻出三四分，在暢銷州縣代銷。

一、淮南綱鹽額引，其應行銷之江西省并江南所屬之安、池、太三府，倘有滯銷官引不能足額，准其分派楚省融銷。如正鹽未到，即將已到之融鹽作爲正額，仍于綱引全完奏銷時分晰報部。

一、淮北行銷綱鹽各州縣正引，如銷不足額，准其將未銷引目在淮北綱鹽暢銷州縣代銷。

一、浙江省松江所一所年額正引柒萬玖千陸百叁拾叁引，勻撥貳萬引，又，嘉所額引貳拾陸萬肆千肆百拾伍引，每季改撥壹萬引，均于易銷之紹興所行銷，照紹所科則完納課銀。

《户部則例》卷二五《鹽法·引票奏銷》 一、各省引票于奏銷前全完者，經督各官照例議叙，有通融代銷及現年之引雖完而代銷之引未完者，均不准議叙，未完引票各按分數分别查參。

一、長蘆正引于次年五月奏銷，餘引壓一年，于又次年五月奏銷。

一、山東省民運正、餘引票，于次年五月奏銷，商運正、餘引票，于次年十月奏銷。

一、河東正、餘引目并新增餘引，均于次年四月奏銷。

一、兩淮正引并豫提引目，均壓一年，于又次年二月奏銷。

一、浙江省正、餘引目于次年十二月奏銷。

一、廣東省正、餘引目于次年十二月奏銷。

一、閩省正引于次年十月奏銷，餘引壓一年，于又次年十二月奏銷。

一、四川省正、餘引目，于次年四月奏銷。

《户部則例》卷二五《鹽法·商民運票》 一、山東省行銷票引之安邱、諸誠、蓬萊、黄縣、福山、棲霞、招遠、萊陽、寧海、文登、掖縣、平度、昌邑、膠州、高密、即墨、海陽、榮城等一十八州縣，共行銷票引叁萬壹百伍張，聽民買食，竈鹽票課攤入地畝徵收。

一、山東省行銷票引之章邱、濟陽、萊蕪、淄川、新泰、德平、鄒平、商河、臨邑、惠民等一十縣商人，于頂充時按正票壹道，輸穀貳石。陵縣、齊東、陽信、長山、博山、樂陵、青城、臨淄、蒙陰、臨朐、益都、高苑、沂水、費縣等一十四縣商人，于頂充時按正票壹道，輸穀壹石伍斗。莒州、新城、博興、濱州、蘭山、海豐、樂安、蒲臺、日照、霑化、利津、壽光、昌樂、濰縣、郯城等一十五州縣商人，于頂充時按正票壹道，輸穀壹石，仍每石商捐建倉等銀捌分，聽商每歲領票行鹽，永爲世業。如舊商告退，新商充補，給還舊商原輸穀價建倉等費。

《户部則例》卷二五《鹽法·額徵引課》 一、長蘆歲額正引玖拾陸萬陸千肆拾陸道内河南懷慶府屬河内、濟源、修武、武陟、孟縣、温縣等縣。引叁萬柒千貳百伍拾壹道，每引徵正課、加課共銀伍錢壹分肆釐捌毫陸絲柒忽陸微伍纖。又，直隸、順天府屬大興、宛平、良鄉、固安、永清、東安、通州、武清、昌平、順義、密雲、懷柔、涿州、房山、霸州、文安、大城、保定，保定府屬清苑、滿城、安肅、定興、新城、唐縣、博野、望都、容城、完縣、蠡縣、雄縣、祁州、束鹿、安州、高陽、新安、易州、淶水，永平府屬盧龍、遷安、撫寧、昌黎、灤州、樂亭、臨榆，河間府屬河間、獻縣、阜城、肅寧、任邱、交河、寧津、景州、吴橋、故城、東光，天津府屬青縣、南皮，正定府屬正定、獲鹿、井陘、阜平、欒城、行唐、靈壽、平山、元氏、贊皇、晉州、無極、藁城、新樂、冀州、南宮、新河、棗強、武邑、衡水、趙州、柏鄉、隆平、高邑、臨城、寧晉、深州、武強、饒陽、安平、定州、曲陽、深澤，順德府屬邢臺、沙河、南河、平鄉、廣宗、巨鹿、唐山、内邱、任縣，廣平府屬永年、曲周、肥鄉、溪澤、廣平、邯鄲、成安、威縣、清河、磁州，大名府屬元城、大名、南樂、清豐、東明，開州、長垣等州縣；河南開封府屬祥符、陳留、杞縣、通許、尉氏、洧川、鄢陵、中牟、陽武、封邱、蘭陽、儀封、鄭州、滎陽、滎澤、汜水、禹州、密縣、新鄭，陳州府屬淮寧、商水、西華、項城、沈邱、太康、扶溝、許州、臨穎、郾城、長葛，彰德府屬安陽、湯陰、臨漳、林縣、内黄、武安、涉縣，衛輝府屬汲縣、新鄉、獲嘉、淇縣、輝縣、延津、浚縣、滑縣，懷慶府屬河内、濟源、原武、修武、武陟、孟縣、温縣，南陽府屬舞陽等州縣。引捌拾壹萬捌千叁百貳拾陸道，每引徵正課、加課共銀伍錢壹分叁釐陸絲貳忽。又，直隸永平府屬遷安縣、灤縣、樂亭，順天府屬香河、三河、寶坻、寧河、薊州、平谷、遵化、玉田、豐潤等州縣。引叁萬道，每引徵正課、加課共銀伍錢壹分叁釐叁毫叁絲叁忽叁微叁纖有奇。又，直隸順天府屬香河、三河、寶坻、寧河、薊州、平谷、遵化、玉田、豐潤，永平府屬盧龍、遷安、撫寧、昌黎、灤州、樂亭、臨榆、采育、河間府屬獻縣，天津府屬天津、青縣、静海、滄州、鹽山、慶雲，正定府屬冀州、南宮、武邑、衡水、深州、武強、饒陽、安平等州縣。引捌萬肆百陸拾玖道，每引徵正課、加課共銀肆錢陸分陸釐玖忽玖微壹纖有奇。

一、山東省歲額正引伍拾萬伍百道，每引徵銀貳錢肆分伍釐捌絲，票壹拾柒萬壹千貳百肆拾道，内濟南、泰安、武安三府并青州府屬之博山一縣玖萬壹千伍百叁拾肆道，每票徵銀貳錢貳分叁釐壹毫陸絲柒毫有奇。又，沂州、青州二府屬。伍萬肆百貳拾叁道，每票徵銀貳錢壹分陸釐柒絲。又，登州、萊州二府屬。貳萬玖千貳百捌拾叁道，每票徵銀壹錢陸分柒釐柒毫壹絲陸忽。

一、河東省正、餘引陸拾貳萬壹千叁百貳道，每引徵正課銀肆錢壹分陸釐陸毫陸絲零，官錢公務銀貳錢玖分貳釐叁毫叁絲零，内餘引貳拾叁萬柒千叁百陸拾道，每引另徵公費銀伍分。又，新增由吉蘭泰裁改餘引捌萬柒千伍百道，每引額徵正課、官錢公務、公費等銀，均與餘引同。

一、兩淮歲額綱、食額引壹百陸拾玖萬貳千肆百玖拾貳道，内淮南綱引壹佰壹拾肆萬捌千捌百伍拾壹道，每引徵銀壹兩壹錢柒分貳釐柒毫陸忽伍微有奇。又，湖南永順、永綏等府。綱引叁千貳百柒拾壹道，每引徵銀捌錢肆分捌釐玖毫伍忽。淮北貳拾陸萬壹百陸拾叁道，每引徵銀玖錢陸分伍釐貳絲伍忽。又，壹萬壹百玖道，每引徵銀捌錢叁分玖釐叁毫貳絲伍忽。淮南上元、江寧二縣。食引伍萬叁千陸百壹拾貳道，每引徵銀壹兩伍分伍釐捌毫伍忽。又，句容、六合、高郵、溧水、江浦、全椒六縣。食引肆萬叁千捌拾捌道，每引徵銀壹兩肆釐叁毫伍忽。又，寧國、和州、含山等州、縣食引壹拾壹萬叁千玖百柒拾捌道，每引徵銀玖錢捌分壹釐叁毫伍忽。又，江都、甘泉。食引貳萬陸千柒百壹拾道，每引徵銀捌錢柒分貳釐玖毫伍忽。淮北山陽、清河、桃源、宿遷、邳州、睢寧、沭陽、贛榆等八州、縣食引貳萬陸千柒百壹拾道，每引徵銀捌錢肆分叁釐捌毫貳絲伍忽。又，高郵、寶應、嘉定三州、縣食引六千道，每引徵銀捌錢叁分肆釐玖毫捌絲。

一、兩浙歲額正引柒拾萬肆千陸百玖拾玖道，内杭州、嘉興、紹興三所正引共陸拾貳萬貳千柒拾伍道柒分伍釐，每引徵銀叁錢玖分柒釐柒毫捌絲肆忽玖纖有奇。松江所昆山、新陽、常熟、昭文、嘉定、寶山六縣正引叁萬叁千叁百捌拾肆道，每引徵銀肆錢貳釐肆絲貳忽貳微陸纖有奇。又，太倉、鎮洋、青浦三縣正引壹萬肆千叁百壹拾陸道，每引徵銀貳錢捌分陸釐伍絲玖忽捌微肆纖有奇。又，川沙廳、華亭、奉賢、婁縣、金山、上海、南江七廳、縣正引壹萬壹千玖百叁拾叁道，每引徵銀貳錢伍分壹釐肆毫貳絲玖忽肆微柒纖有奇。温州所正引捌千肆百柒拾壹道，每引徵銀壹錢玖分壹毫壹絲壹忽壹微捌纖有奇。臺州所正引壹萬壹千伍百壹拾玖道貳分伍釐，每引徵銀貳錢柒分伍釐肆毫玖絲壹微玖纖有奇。又，正引叁千道，每引徵銀貳錢陸分貳釐貳毫陸忽貳微貳纖有奇。又，杭州、嘉興、寧波、紹興四府屬。行銷票、引壹拾萬陸百玖拾捌道，每引徵銀壹錢玖分壹毫壹絲玖忽捌纖有奇。

一、兩廣歲額正引、漁引共捌拾壹萬肆千伍百壹拾道有奇，内江西省大庾、南康、上猶、崇義等縣引陸千伍百柒拾貳道伍分有奇，每引徵銀壹兩叁錢叁分肆釐叁毫有奇。又，廣西省富川、賀縣。引伍千伍百叁拾伍道壹分有奇，每引徵銀壹兩叁錢壹分柒釐有奇。又，廣西省馬平縣引肆千貳拾道玖分有奇，每引徵銀壹兩叁錢壹分叁釐柒毫有奇。又廣西省恭城縣引貳千叁百玖拾貳道玖分有奇，每引徵銀壹兩叁錢壹分壹釐陸毫有奇。又廣西省平安、永安、修仁、荔浦等縣引伍千貳百叁拾壹道伍分有奇，每引徵銀壹兩貳錢玖分玖釐貳毫有奇。又廣西省昭平縣引壹千肆百玖拾壹道有奇，每引徵銀壹兩貳錢玖分捌釐玖毫有奇。又廣西省蒼梧、藤縣、桂平、平南、貴縣、武宣、雒容、柳城、羅城、融縣、懷遠、來賓、象州、宜山、天河、河池、思恩、賓州、遷江、上林、天保、歸順、奉義等州縣，引肆萬陸千柒百叁拾柒道伍分，每引徵銀壹兩貳錢陸分伍釐壹毫有奇，又廣西省臨桂、靈川、興安、陽朔、永寧、永福、義寧、全州、灌陽、龍勝等州、縣、廳引叁萬捌千玖百貳道玖分有奇，每引徵銀壹兩貳錢陸分肆釐肆毫有奇。又廣東省連川、湖南省桂陽、臨武、藍山、嘉禾等州、縣引肆萬壹百肆拾道柒分，每引徵銀玖錢玖分肆釐柒毫有奇。又廣東省樂昌縣，湖南省郴州、宜章、永興、興寧等州、縣引伍萬壹百肆拾陸道叁分，每引徵銀玖錢玖分貳釐有奇。又江西省贛縣、信豐、雩都、興國、安遠、會昌、龍南、定南、長寧、瑞金、寧都、石城等州、縣引肆萬柒千伍百捌拾叁道有奇，每引徵銀捌錢柒分叁釐叁毫有奇。又廣東省連山縣引伍千叁百捌拾叁道肆分有奇，每引徵銀柒錢陸分壹釐肆毫有奇。又陽山、封川、廣寧、英德、始興等縣引肆萬玖百叁拾陸道柒分有奇，每引徵銀柒錢肆分貳釐貳毫有奇。又清遠縣引柒千玖百柒拾玖道有奇，每引徵銀柒錢肆分壹釐有奇。又曲江縣引玖千肆百貳道柒分有奇，每引徵銀柒錢肆分柒毫有奇。又仁化縣壹萬陸千壹百壹拾伍道柒分有奇，每引徵銀柒錢叁分壹釐叁毫有奇。又乳源縣引肆千柒百壹拾陸道柒分有奇，每引徵銀柒錢貳分玖釐捌毫有奇。又開建縣引叁千柒百玖拾玖道陸分有奇。每引徵銀陸錢玖分叁釐陸毫有奇。又和平縣引叁千柒百玖拾肆道壹分有奇，每引徵銀陸錢捌分叁釐叁毫有奇。又龍川縣引伍千叁百伍拾叁道柒分有奇，每引徵銀陸錢柒分陸釐陸毫有奇。又高明縣、恩平縣引叁千柒百貳拾肆道壹分有奇，每引徵銀陸錢陸分捌釐玖毫有奇。又廣西省懷集縣引柒千柒百貳拾道肆分有奇，每引徵銀陸錢陸分叁釐玖毫有奇。又慶德州。引貳千捌百叁道叁分有奇，每引徵銀陸錢陸分叁釐有奇。又貴州省古州同知、廣東省保昌縣引壹萬陸千玖百肆拾肆道有奇，每引徵銀陸錢陸分伍釐有奇。又廣西省養利、永康、百色、凌雲、西隆等州縣引壹萬壹千捌百玖道玖分有奇，每引徵銀陸錢伍分玖釐有奇。又廣東省西寧縣。引叁千壹百貳拾叁道壹分有奇，每引徵銀陸錢伍分柒釐陸毫有奇。又三水縣引伍千捌百貳拾陸道肆分有奇，每引徵銀陸錢伍分柒釐有奇。又四會縣、東安縣引柒千壹百肆拾肆道壹分，每引徵銀陸錢肆分柒釐貳毫有奇。又羅定州引肆千陸百伍拾伍道有奇，每引徵銀陸錢肆分肆釐肆毫有奇。又翁源縣引壹萬貳拾叁道壹分有奇，每引徵銀陸錢肆分肆釐貳毫有奇。又高要縣。引陸千肆百捌拾壹道叁分有奇，每引徵銀陸錢叁分肆釐柒毫有奇。又新興縣引壹千柒百玖拾叁道壹分有奇，每引徵銀陸錢叁分貳釐捌毫有奇。又開平縣引貳千伍百捌拾壹道伍分有奇，每引徵銀陸錢貳分捌釐陸毫有奇。又，廣西省宣化、隆安、永淳、新寧、上思等州縣，引捌千柒百陸拾道貳分有奇，每引徵銀陸錢捌釐有奇。又廣西省岑溪縣引貳千陸百陸拾道伍分有奇，每引徵銀陸錢柒釐伍毫有奇。又廣西省容縣、鬱林、博白、北流、陸川、興業、橫州、崇善、左州、寧明、武緣等州縣引貳萬捌千叁百貳拾柒道肆分有奇，每引徵銀陸錢柒釐壹毫有奇。又廣西省博羅縣引叁千叁百捌拾陸道玖分有奇，每引徵銀陸錢陸釐貳毫有奇。又海豐縣、陸豐縣引壹千柒百柒拾陸道陸分有奇，每引徵銀陸錢柒毫有奇，又新安縣引壹千伍百伍拾柒道玖分有奇。每引徵銀伍錢玖分玖釐陸毫有奇。又廣東省海陽、潮陽、揭陽、饒平、惠來、澄海、普寧、豐順、大埔、嘉應、新寧、長樂、平遠、鎮平等州縣，福建省長汀、寧化、清流、歸化、連城、上杭、武平、永定等州縣引壹拾捌萬貳千伍百陸拾肆道有奇，每引徵銀伍錢玖分捌釐有奇。又廣東省花縣引貳千捌百捌拾肆分有奇，每引徵銀伍錢玖分伍釐陸毫有奇，又番禺縣引壹萬叁千柒拾肆道叁分有奇，每引徵銀伍錢玖分肆釐陸毫有奇。又河源縣引叁千陸百柒拾壹道陸分有奇，每引徵銀伍錢玖分貳釐捌毫有奇。又南海縣引貳萬貳千伍百肆拾柒道壹分有奇，每引徵銀伍錢捌分柒釐玖毫有奇。又長寧縣引叁千柒百貳拾捌道陸分有奇，每引徵銀伍錢捌分柒釐貳毫有奇。又香山縣引肆千貳百捌拾陸道壹分有奇，每引徵銀伍錢捌分肆釐柒毫有奇。又永安縣引壹千道每引徵銀伍錢捌分肆釐伍毫有奇，又新會縣引伍千壹百叁拾伍道叁分有奇，每引徵銀伍錢捌分壹釐貳毫有奇。又順德縣引壹萬貳百陸拾捌道柒分有奇，每引徵銀伍錢柒分玖釐叁毫有奇。又陽春縣引叁千壹百肆拾道有奇，每引徵銀伍錢柒分叁釐有奇。又鶴山縣引貳千陸百捌拾叁道捌分有奇，每引徵銀伍錢伍分陸釐柒毫有奇。又從化縣肆千陸百壹道陸分有奇，每引徵銀伍錢肆分陸釐肆毫有奇。又連平縣肆千玖百玖道柒分有奇，每引徵銀伍錢肆分陸釐有奇。又新安縣餘鹽改引肆千壹百伍拾道柒分有奇，每引徵銀伍錢叁分貳釐柒毫有奇。又海豐縣、陸豐縣餘鹽改引伍千捌百肆拾玖道貳分有奇，每引徵銀伍錢壹分壹釐捌毫有奇。又龍門縣引叁千叁拾玖道柒分有奇，每引徵銀伍錢伍釐柒毫有奇。又茂名縣引貳千陸百柒拾玖道叁分有奇，每引徵銀肆錢玖分壹釐柒毫有奇。又東莞縣引玖千柒百叁道伍分有奇，每引徵銀肆錢捌分柒釐伍毫有奇。又合浦、欽州、靈山等州縣引捌千貳拾伍道壹分有奇，每引徵銀肆錢捌分伍釐壹毫有奇。又增城縣引肆千叁百陸拾壹道捌分有奇，每引徵銀叁錢捌分捌釐貳毫有奇。又化州、吳川、信宜、電白、石城、海康、遂溪、徐聞等州縣引壹萬貳千玖百柒拾壹道，每引徵銀叁錢壹分肆釐捌毫有奇。又陽江縣引貳千伍百叁道叁分有奇，每引徵銀叁錢捌釐貳毫有奇。又新寧縣玖百捌拾玖道柒分有奇，每引徵銀叁錢陸釐叁毫有奇。又番禺縣漁引壹千叁百貳拾道，每引徵銀貳錢玖分柒釐捌毫有奇。又，海豐、陸豐等縣，漁引柒百叁拾叁道叁分有奇，每引徵銀貳錢玖分陸釐陸毫有奇。又香山縣漁引壹千柒百陸拾道，每引徵銀貳錢玖分陸釐叁毫有奇。又新安縣漁引肆百肆拾道，每引徵銀貳錢玖分伍釐捌毫有奇。又海陽、饒平等縣漁引肆千肆百道，每引徵銀貳錢玖分壹釐玖毫有奇。又新會縣漁引壹千肆百陸拾陸道陸分有奇，每引徵銀貳錢陸分壹釐玖毫有奇。又順德縣漁引壹千柒百陸拾道，每引徵銀貳錢陸分壹釐捌毫有奇。又歸善縣漁引柒千捌百捌拾道貳分有奇，每引徵銀貳錢伍分捌釐貳毫有奇。又饒平縣加增漁引肆百肆拾道，每引徵銀壹錢伍分叁釐捌毫有奇。

一、福建省歲額正引伍拾肆萬伍千陸拾貳道壹千陸百柒觔，入額贏餘引叁拾捌萬柒千肆百貳拾叁道玖百壹拾貳觔捌兩，正、餘引課同內西路各府、州屬正引貳萬伍千貳拾陸道，入額贏餘引貳萬貳千伍百叁拾道，每引徵銀貳兩捌錢叁分叁釐叁毫有奇。東南路各府、州屬正引叁拾玖萬伍千玖百柒拾叁道壹千肆百肆拾肆觔，入額贏餘引貳拾叁萬肆百柒拾柒道柒百伍拾陸觔捌兩每引徵銀壹錢伍分；又東路福寧府屬霞浦、寧德、壽寧等三縣，福州府屬羅源縣正額細鹽引貳萬叁千道，入額贏餘引壹千貳百肆拾道，每引徵銀柒分伍釐；又南路漳州府屬龍溪、南靖、海澄、長泰、平和等五縣并龍岩直隸州屬漳平、寧洋三州縣正額引壹拾萬壹千陸拾叁道壹百陸拾伍觔，入額贏餘引壹拾叁萬叁千貳百肆拾陸道壹百伍拾陸觔，每引徵銀貳錢叁分貳釐。

一、四川省水引每道徵銀叁兩肆錢伍釐，陸引每道徵銀貳錢柒分貳釐肆毫。

一、甘肅省歲額正引柒萬貳千陸百捌拾捌道，內分銷隴西縣丞。引叁千陸百貳拾貳道，每引徵銀壹兩壹錢柒分叁釐伍毫有奇。又，分銷西河縣。引壹千陸百貳拾陸道，每引徵銀陸錢伍分伍毫有奇。又，花馬小池。引陸萬柒千肆百肆拾道，每引徵銀貳錢壹分伍釐伍毫。

《户部則例》卷二五《鹽法・陝省鹽票》　一、陝西省綏德州暨吴堡、米脂、榆林等三縣土鹽，由該州縣印票行銷。每票壹張，注明行鹽伍拾觔，綏德州吴堡縣共票壹萬叁千叁百貳拾張，米脂縣貳萬玖百伍拾貳張，榆林縣壹萬壹千肆拾張。責成該管道府，按日飭取發票、印結備覈；如查有溢發票張，嚴參治罪。

《户部則例》卷二五《鹽法・按引配鹽》　一、長蘆鹽引每引配鹽叁百觔。

一、山東省鹽引票每引每票合配鹽貳百貳拾伍觔。

一、河東鹽引每引配鹽貳百肆拾觔。

一、兩淮鹽引每引配鹽叁百陸拾肆觔。

一、兩浙鹽引每引配鹽叁百叁拾伍觔至肆百觔不等。臺州、處州、温州三府，金華府屬之東陽、永康、武義等三縣，江南省之松江府，太倉直隸州，蘇州府屬之昆山、新陽、常熟、昭文等四縣，每引配鹽肆百觔。浙江省湖州、衢州、嚴州三府，杭州府屬之富陽、臨安、於潜、昌化、新城，金華府屬之蘭溪、湯溪、金華、義烏、浦江，嘉興府屬之嘉興、秀水、嘉善、桐鄉，紹興府屬之諸暨等一十五縣，江西省廣信一府，每引配鹽叁百叁拾伍觔。又，票引每引配鹽叁百叁拾伍觔至肆百觔、捌百觔不等。浙江省嘉興府屬之海鹽、石門、平湖，杭州府屬之仁和、錢塘、餘杭、海寧州，寧波府屬之鎮海，紹興府屬之山陰、會稽、蕭山等十一州縣，每引配鹽捌百觔。寧波府屬之奉化、紹興府屬之嵊縣新昌等三縣，每引配鹽肆百觔。又，嘉興府屬之嘉興、秀水、嘉善、桐鄉四縣，每引配鹽叁百叁拾伍觔。又，住引配鹽肆百觔，肩引配鹽捌百觔，寧波府屬之鄞縣、慈溪、象山，紹興府屬之餘姚、上虞等五縣。按地搭配行銷。

一、兩廣鹽引每引配鹽貳百叁拾伍觔至貳百陸拾肆觔、叁百貳拾貳觔不等，江西省南安府每引配鹽叁百貳拾貳觔，贛州府、寧都直隸州每引配鹽貳百陸拾肆觔，廣東廣西兩省，福建省之汀州府，貴州省黎平府屬之古州，湖南省之桂陽直隸州、彬州直隸州并所屬之宜章、興寧、永興等三縣，每引配鹽貳百叁拾伍觔。按地搭配行銷。

一、福建省鹽引每引配鹽壹百觔至陸百柒拾伍觔不等，延平、邵武二府，建寧府屬之建安、甌寧、建陽、崇安、浦城等五縣，每引配鹽陸百柒拾伍觔，福州、福寧、興化、泉州、漳州五府，建寧府屬之松溪、正和二縣，永春、龍岩等二直隸州，每引配鹽壹百觔。按地搭配行銷。

一、四川省鹽引、水引每引配鹽伍千觔，陸引配鹽肆百觔。

一、甘肅省鹽引每引配鹽壹百柒拾捌觔伍兩至貳百觔、貳百觔貳兩不等，鞏昌府屬之西河縣，階州直隸州暨泰州直隸州屬之兩當、徽縣、禮縣等三縣，每引配鹽貳百觔貳兩；蘭州府屬之靖遠，鞏昌府屬之隴西縣、隴西縣丞、寧遠、伏羌、安定、會寧、通渭、岷州、洮州、西固州同暨秦州直隸州所屬之清水、秦安等一十四州縣廳，每引配鹽壹百柒拾捌觔五兩，平涼、慶陽、寧夏三府每引配鹽貳百觔。按地搭配行銷。

《户部則例》卷二五《鹽法・行鹽地界》　一、商人起運有引官鹽，不于例定應行地面發賣，轉于別境貨賣者，照例治罪，其鹽入官。

一、長蘆鹽引行直隸省，内易州直隸州屬之廣昌一縣，向食鄰封土鹽。宣化府之蔚州、延慶、宣化、懷來、西寧、保安、懷安、龍門、萬全、赤城等一十州縣食蒙古鹽。河南省開封、彰德、衛輝、陳州、懷慶五府，南陽府屬之舞陽縣，許州直隸州并所屬之臨潁、郾城、長葛三縣。

一、山東省鹽引行兖州、東昌、曹州三府，濟寧、臨清二直隸州及濟南府屬之歷城、齊河、禹城、長清、德州、平原、德州衛等七州、縣、衛，泰安府屬之泰安、肥城、東阿、平陰、東平州等五州、縣，河南省歸德府，江南省徐州府及鳳陽府屬之宿州。又，票引行青州、武定、沂州、登州、萊州等五府及濟南府屬之章邱、鄒平、淄川、長山、新城、齊東、濟陽、臨邑、陵縣、東平等一十縣，泰安府屬之新泰、萊蕪等二縣。

一、河東鹽引行山西省之平陽、蒲州、潞安、澤州等四府屬，霍州、解州、絳州等三直隸州并所屬各縣，隰州直隸州屬之蒲縣一縣，陝西省之西安、同州、興安、鳳翔等四府屬，商州、乾州、邠州等三直隸州并所屬各縣，河南省之河南一府，南陽府屬之南陽、南召、鎮平、唐縣、泌陽、桐柏、鄧州、内鄉、新野、淅川、裕州、葉縣等十二州縣，汝州、陝州等二直隸州并所屬各縣，許州直隸州屬之襄城一縣。

一、兩淮綱引行安徽省安慶、池州、太平、廬州、穎州等五府，鳳陽府屬之鳳陽、懷遠、定遠、靈璧、壽州、鳳臺等六州、縣，泗州、六安等二直隸州，滁州直隸州并所屬之來安縣；江西省南昌、饒州、南康、九江、建昌、臨江、瑞州、撫州、袁州、吉安等一十府；湖北省武昌、漢陽、安陸、襄陽、鄖陽、德安、黄州、荆州等八府；宜昌府屬之東湖、歸州、長陽、興山、巴東等五州、縣，内歸州、巴東、興山、長陽等四州縣，如遇淮鹽不能接濟，聽民零買川鹽，不得過十斛以上，亦不許轉相貨賣。湖南省長沙、岳州、寶慶、常德、辰州、永州、沅州、永順等八府，衡州府屬之衡陽、衡山，耒陽、常寧、安仁等五縣，靖州、澧州等二直隸州；河南省汝寧府、光州直隸州。食引行江蘇省江寧、揚州、寧國、淮安等四府及徐州府屬之邳州、宿遷、睢寧等三州縣，通州、海州等二直隸州；安徽省和州直隸州及滁州直隸州屬之全椒縣。

一、浙江省鹽引行浙江省湖州、金華、衢州、嚴州、臺州、温州、處州等七府，杭州府屬之富陽、臨安、於潛、昌化、新城等五縣，嘉興府屬之嘉興、秀水、嘉善、桐鄉等四縣，紹興府屬之諸暨縣；江蘇省蘇州、松江、常州、鎮江等四府，太倉直隸州并所屬之鎮洋、嘉定、寶山等三縣；外有崇明一縣孤懸海外，商艘難行，聽民買食鄰縣鹽觔，歲徵包課。安徽省徽州府、廣德直隸州；江西省廣信府。又，票引行浙江省嘉興府及杭州府屬之仁和、錢塘、餘杭、海寧等四州縣，寧波府屬之奉化、鎮海、鄞縣、慈溪、象山等五縣，外有定海一縣係產鹽之區，聽民買食本處鹽觔，歲徵包課。紹興府屬之山陰、會稽、蕭山、嵊縣、新昌、餘姚、上虞等七縣。

一、廣東省鹽引行廣東、廣西兩省，湖南省衡州府屬之酃縣，桂陽、郴州二直隸州并所屬之宜章、興寧、永興、桂陽、桂東等五縣；江西省南安、贛州等二府，寧都直隸州；貴州省黎平府屬之古州一縣；福建省汀州一府。

一、福建省鹽引行福建省福州、泉州、建寧、延平、興化、邵武、漳州、福寧等八府，永春、龍岩等二直隸州。

一、四川省鹽引行四川省，湖北省宜昌府屬之鶴峰、長樂等二州縣，施南府屬之恩施、宣恩、咸豐、來鳳、利川、建始等六縣。

一、甘肅省鹽引行平凉、鞏昌、慶陽、寧夏等四府，階州、秦州等二直隸州及蘭州府屬之靖遠一縣。外有狄道、河州、皋蘭、金縣、渭源等五州縣。聽民買食土鹽。

一、雲南省各井鹽觔，竈户自煎自賣，商、民自運自銷，不拘各井口地界。賣價聽從民便，在于本省之雲南、曲靖、臨安、澄江、普洱、大理、麗江、永昌、楚雄、蒙化、永北、景東、元江、武定、鎮沅、阿陋、彌沙等一十七府聽州屬行銷。

《户部則例》卷二七《鹽法·商運民銷》 一、豫省之閿鄉、靈寶、盧氏、内鄉、陝州、洛陽、澠池、新安、宜陽、孟津、寶豐、鞏縣、偃師、南陽、南召、永寧、登豐、郟縣、襄城、鄧州、唐縣、新野、泌陽、伊陽、鎮平、葉縣、嵩縣、桐柏、裕州、汝州、魯山、淅川三十二州縣統歸會興鎮一處口岸發票稽查，仍將靈寶口岸運道及閿鄉、孟津等縣水運鹽觔嚴行禁絶，以杜侵越。

一、商收民販，鹽價每觔酌定銀壹分柒釐，每銀壹兩合制錢壹千文。該民販發運售賣止許在三十二州縣之内，不得稍有侵越，致妨淮蘆綱地。

一、河東鹽經歷改令兼管批驗所大使事務，移住河南陝州會興鎮地方，查照民販運鹽數目、填寫印票、發給行銷。其銷鹽地方在四百里内者，以半月爲期；八百里内者，以一月爲期，逾期以私鹽論。銷竣後，將鹽觔在某州、縣銷售注明票内，呈繳批驗大使查銷。十引以上者限三個月繳銷，一名以上者限六個月繳銷，另給新票循環銷售，倘有逾限及侵越情事，由批驗大使詳清，行文銷鹽州縣查辦。其十引以下小販未繳之票查出，如届半年，即作爲廢紙。該地方官仍随時稽察，毋許重復影射滋弊。

一、鹽引由河東道戳明某商某縣字様，由該管大使截引二角，陝州截引二角，即行繳銷。

一、唐縣、裕州、澠池歸公銀壹萬柒千捌百柒拾捌兩伍錢伍分伍釐，按引均勻攤解，每年解交豫省專案報覈。

一、設立公直，由行商公舉明幹一二人充當。民販應買何商鹽觔，責令按引數多寡均勻發售，仍令委員随時稽查。如有暗中減價增秤，以致發售鹽觔多少偏枯者，即按律懲辦。

一、載鹽出場，每引分爲兩袋，遇冬月加耗伍觔，每袋加貳觔半。由河東道按照部頒砝碼，各給官秤一杆，另設一杆存于公所，不時覈對，毋許畸輕畸重。

《户部則例》卷二七《鹽法·鹽政考成》 一、各省鹽課奏銷如有未完，除將經徵之運使等官照例議處外，并將督徵之鹽政及兼管鹽務之督撫，随案開送職名，一并議處。

《户部則例》卷二七《鹽法·場鹽定額》 一、兩淮角斜場每年應産鹽捌萬柒千柒百捌拾引；栟茶場每年應産鹽玖萬捌千玖百壹拾陸引；豐利場每年應産鹽壹萬壹千肆百壹拾伍引；掘港場每年應産鹽貳拾壹萬叁千貳百玖拾肆引；石港場每年應産鹽壹千玖百陸拾陸引伍分；金沙場每年應産鹽壹萬壹千肆百陸拾陸引；餘東場每年應産鹽叁萬陸千貳百貳拾引伍分；餘西場每年應産鹽肆千貳百叁拾引；吕西場每年應産鹽伍萬貳千柒百肆引；富安場每年應産鹽伍萬捌千肆百柒拾陸引；安豐場每年應産鹽貳拾壹萬貳千柒百壹拾捌引；梁垛場每年應産鹽柒萬捌千貳百伍拾貳引；東臺場每年應産鹽柒萬壹千玖拾柒引玖分；何垛場每年應産鹽壹拾肆萬叁千肆百壹拾捌引；丁溪場每年應産鹽壹拾萬壹千叁拾伍引捌分；草堰場每年應産鹽玖萬叁千陸百壹拾玖引貳分；劉莊場每年應産鹽壹萬壹千伍百捌拾叁引；伍佑場每年應産鹽貳拾陸萬貳千玖百貳拾柒引伍分；新興場每年應産鹽壹拾伍萬柒百叁拾貳引；廟灣場每年應産鹽捌千捌百伍拾陸引；板浦場每年應産鹽壹拾柒萬肆千陸百柒拾伍引；中正場每年應産鹽肆萬捌千伍百肆拾引；臨興場每年應産鹽捌萬柒千玖百柒拾捌引。以上貳拾叁場每年共産鹽貳百貳萬壹千玖百肆引肆分。

一、廣東省新設上川司巡檢，督收裁撤海𡍼場原收鹽叁千包，派分恩開等埠酌運。又，玖千壹百伍拾捌包，令運商按通綱各埠勻銷。又，貳萬肆千包撥歸雙恩、電茂、博茂等三場入額督收，撥歸細數列後。雙恩場，收鹽叁萬貳千陸百壹拾陸包。又，新增海𡍼場原收鹽捌千柒百壹拾柒包。淡水場，收鹽壹拾貳萬陸千貳百壹拾肆包貳拾貳觔。大洲場兼管大洲柵，收鹽壹拾柒萬陸千柒百肆拾肆包。碧甲柵，收鹽陸萬捌千玖百陸拾壹包。墩白場，收鹽壹拾肆萬肆千陸百柒拾陸觔。石橋場，收鹽玖萬叁千玖百柒拾肆包貳拾伍觔。海甲柵，收鹽柒萬包壹百觔。小靖場兼管内五場，收鹽伍萬叁千伍佰伍包，小靖場兼管外三場收鹽伍萬壹千陸百肆拾捌包。電茂場收鹽壹拾伍萬貳拾陸包。又，新增海𡍼場原收鹽玖千壹百柒拾包。博茂場，收鹽壹拾玖萬陸千壹百伍拾陸包。又，新增海𡍼場原收鹽陸千壹百壹拾叁包。茂暉場，收鹽壹萬陸百包。白石分管東場收鹽貳萬壹千肆百肆包壹百肆拾觔。白石分管西場，收鹽壹萬柒百玖拾壹包陸拾觔。招收場收鹽捌萬叁千柒百玖拾叁包。河西柵，收鹽玖萬叁千柒百捌拾伍包。隆井場，收鹽叁萬包。惠來柵，收鹽貳萬玖千陸百肆拾包。東界場，收鹽捌萬壹千壹百伍拾包。海山澳場，收鹽肆萬叁千壹百肆拾包。小江場收鹽貳萬肆千包。各按場柵額鹽包數煎辦。

一、福建省福清王祥團，收鹽壹萬擔。洪白團，收鹽貳萬擔。赤杞團，收鹽貳萬伍千擔。江陰團，收鹽壹拾叁萬貳千肆百貳拾柒擔伍拾觔捌兩。上里場，收鹽柒萬肆千陸拾伍擔柒拾柒觔。下里場，收鹽壹拾柒萬伍百肆拾捌擔捌拾觔。前江場，收鹽壹拾叁萬捌千捌拾捌擔叁拾壹觔。潯美場，收鹽伍萬貳拾伍擔。丙洲場，收鹽貳萬玖千叁百柒拾伍擔。惠安場，收鹽捌萬肆千肆百玖拾貳擔叁拾貳觔。浯州場，收鹽貳萬柒千貳百陸拾柒擔伍拾觔。祥豐場，收鹽柒萬肆拾捌擔。蓮河場，收鹽貳拾陸萬捌千捌百貳擔肆拾觔。漳浦南場，收鹽叁萬壹千柒百肆擔陸拾玖觔。詔安場，收鹽陸萬伍千玖百捌拾捌擔捌拾叁觔貳兩玖分叁釐。福興場，收鹽壹拾叁萬石。

《户部則例》卷三〇《鹽法・兩淮鹽務事宜》　一、兩淮收鹽桶、秤，由運司衙門遵照定制驗烙頒發，不准場商私製。其提泰壩批驗所鹽秤亦一律烙發，認真秤驗，并于運河要道之北橋處所，運司親莅抽秤。如有烙外重觔，即將秤驗各官參撤示懲。

一、兩淮辦事商人于衆商内擇其公正醇謹，行鹽最多者數人，作爲辦事之商，遇有公事飭令覈議經辦，不准再定總商名目，永杜弊端。

一、鹽船遭風失險，淹消引鹽，停其津貼，隻准補運，不准免課；如船户盗賣，捏報淹消，查出即行照例嚴懲治罪。

一、漢口地方爲商船聚集分銷引鹽之所，各岸商按引捐銀，專爲各衙門公費等項之用；每引隻准捐銀肆錢，由鹽道覈數造報，永遠不准增加。

一、商課入庫，分别正、雜。正項專候部撥及應解正款，雜項分款另儲，不許與正項攙混挪移，并不許商人干豫庫儲事宜，以免弊混。

一、運鹽船價，嗣後仍照例定水脚照實覈發，毋許商廝、埠頭從中絲毫尅扣，并明定章程將各船挨次編號，連環保結。不准船户買裝帶私，亦不准盗賣商鹽，查出嚴行懲辦并將該埠保一并治罪。

一、楚西各岸設立督銷局，派委大員經理。商販運鹽到岸，投局掛號，懸牌定價，挨次輪銷，鹽未到輪，不准搶賣。同治三年奏准。

一、每引定爲正鹽陸百觔，分捆捌包，另給鹵耗柒觔半、包索叁觔半。如有重觔夾帶，即行嚴懲，提鹽充公，所收鹽課按上、下半年奏報。

一、鹽務各官有與商人聯姻、换帖或與商人夥本行鹽者，應即呈明回避。如有朦混，查出嚴行參辦。其各省鹽道除河南引地歸糧道兼理仍從其舊外，至湖北鹽道督銷功過，歸兼轄鹽務之總督衙門考覈，會同該省督撫具奏，以專責成。

《户部則例》卷三〇《鹽法・淮北票鹽章程》　一、淮北改行票鹽，行銷安徽省鳳陽府屬之鳳陽、懷遠、壽州、鳳臺、靈璧、定遠，潁州府屬之阜陽、潁上、霍邱、亳州、太和、蒙城，六安直隸州及所屬之盱眙、五河等十八州、縣；河南省汝寧府屬之汝陽、正陽、上蔡、新蔡、西平、遂平、確山、信陽州、羅山、光州直隸州及所屬之光山、固始、息縣、商城等十四州、縣；江蘇省淮安府屬之山陽、青河、安東、桃源、海州直隸州及所屬之贛榆、沭陽，徐州府屬之邳州、宿遷、睢寧等十州縣。

一、票鹽由運司頒給印票，交板浦、中正、臨興三場收儲。民販納税請票，該大使于票内填注民販姓名、籍貫、運鹽引數、所銷州縣。鹽運出場，由卡驗放，不准越卡。及票、鹽相離，侵越别岸，違者以私鹽論。如所指之地鹽壅銷滯，准就其所在地方呈明，轉運他岸售賣，仍不得越出四十二州縣之界，違者照私梟例治罪。其票由民販呈繳所銷州縣，按月申送運司查覈。

一、每票行鹽肆百觔，徵正課銀壹兩伍分壹釐，徵經費銀肆錢、鹽價銀陸錢，按票徵收，此外不得分毫需索。

一、各州縣招徠民販，由該州縣給予護照，載明姓名、年貌、籍貫，給本人赴場買鹽。其海州附近居民及各省客民在海州貿易者，即就近在海州請領護照，赴場呈照請票，該大使于護照内用戳登記。其護照准行，三年更换。其在本場居住者，衹用手本呈明姓名、年貌、居址，由局商加具保結，准其一體請票販運。

一、票鹽設局收税，以便竈户交鹽，民販納税。板浦場于西臨疃、太平埝各設一局；中正場于花垛垣設一局；臨興場于臨浦、富安疃各設一局。每局由運司遴委妥員一人常川駐札，遇有民販買鹽，由局商帶赴本場衙門納税請票。局員三六九日各照票載引數，眼同民販逐包秤驗，于票後加用本員銜名戳記，聽其出場。倘中途查出包内多帶，將該局員參處。

一、海州所屬之房山堡、大尹山、吴家集三處，係水陸要隘，于各該處設卡巡查。每年由運司派委妥員督查，限一年更替。遇民販到卡驗票抽秤，如包數觔重相符，于票内鈐蓋卡員戳記放行。倘有夾帶，移交地方官究辦。其鹽包應以浄鹽壹百觔爲一包，每引肆包，三場一律照辦。運到認銷口岸繳票時，如無卡員戳記，以越漏論，照不應律治罪。

一、臨興場所屬之唐生、興莊、柘汪三疃，僻在海隅，地方遼闊，由運司派委妥員，駐札青口經理漁船。醃切及贛榆縣本邑食鹽，照現定章程給票收税，以杜透漏。

一、私梟渡黄，責成沿海廳營文武員弁將渡船水手拿交地方官，無論人、鹽曾否并獲，但審有證據，即將渡船水手照窩屯私鹽例治罪，官船另募管駕，私船變價充賞。

（清）王定安《求闕齋弟子記》卷二九《吏治·淮鹽運行楚岸章程》

第一條，泰州設招商局。江路通暢亟應重整淮綱，本部堂先於泰州設立西岸招商總局，札委大員駐局經理。茲接辦楚岸，添派大員，併歸一局，辦理湖北南，每年定運十六八萬引，照舊例以六百斤成引，分四季起運，每季四萬引。毋論官紳商富，悉准赴局具呈認辦，以五百引爲始，願多者聽，少者不准。掛號後限一月内領照開江，逾限即將所掛之號註銷。本部堂已刊三聯護照，發交泰州總局，由局填發，以照根留泰州存查，以中照給商護運，以左照封寄漢口總局。如有運赴湖南者，在漢呈明，由漢局將左照轉送南總局。

第二條，兩湖設督銷局。規復引地以保價緝私爲要，本部堂札委大員於湖北之漢口鎮設立總局，專理售鹽定價，扣釐緝私等事。鹽船抵岸掛號後，按所到先後榜示局門挨次發售，不准争先壓後，亦不准私相授受跌價搶銷。兩湖所售之鹽已頒發庫秤，連皮包過秤，每百斤定價庫平足紋現銀四兩，不准絲毫短少。如銷市暢旺，由局員酌量出示提價。至銷滯之時，仍於所提價内酌減，至賤以四兩爲止，以保商本。向有商販不至漢口，即於下游武穴田家鎮漳源口等處發售，應另於入楚境之武穴地方設立分局，仍歸漢口總局兼管，照章辦理。至湖南應另設督銷局，業咨商湖南撫院會委大員督辦。淮鹽入湘另增水腳，每引四錢，准於售價内扣出連加分半利銀六分，一併給還商人，沿途概不完釐，統俟鹽到湘後，由局員照章扣解。

第三條，四處截角查私。此次辦運改復綱鹽章程，以六百斤爲一引外，加滷耗六十斤，包索三斤半，每引分裝八包，每包連包索重八十六斤，由泰抽查過秤，將護票截去第一角。運至安慶又抽查過秤，截去第二角。運至武穴，又抽查過秤，截去第三角。運赴湖南者，再由漢口抽查過秤，截去第四角。如有包外夾帶私鹽，毋論本商及船户水手，均照販私例治罪。各商亦宜實給水脚銀錢，毋稍尅扣，免致水手帶私連累本商。一經查出重斤照全船包數扣算，將鹽充公。嗣後如無本部堂護照及未按卡截角者，一概不准過卡。如有偷漏到岸，即照私販拏辦。其漢鎮及湖南設局之後，所有在岸舊鹽，毋論官運營運，一律歸局發售。係已完釐課之鹽，應如何補提餘利充餉，由局員核明市價，稟明辦理。

第四條，重加鄰私釐税。湖南湖北均例行淮鹽，近年爲粵私川私潞私侵佔，奪我淮引之地，應即重税鄰私，俾鄰本重而淮本輕，庶淮商之獲利較厚，而鄰鹽亦可化私爲官。現咨兩湖總督部堂湖北南巡撫部院，將鄰鹽釐税加抽，川鹽入鄂。於荆州加抽釐錢每斤八文，粵鹽入湘於衡州加抽釐錢每斤八文。其錢以五文歸兩淮鹽政重引地也，以三文歸鄂湘督撫重卡地也。新章發售之淮鹽，由鄂湘督銷局另刊水程執照，蓋用湖北湖南鹽道關防，填給水販護運。鄰鹽發給税單，亦蓋鹽道關防。如鄰私違抗不領税單，擅侵引地者，本部堂派礮船緝拏，鹽則入官，販則治罪。至楚岸鹽行向係鹽務衙門專管，應由總局委員將現開各行造册詳報，如有欺商欠課得賄售私等弊，隨時稟明拏究。

第五條，計算本利各款。棧鹽每引八包，連正雜課暨鹽價在内，約本銀五兩五錢二分。又繳泰州局費銀一錢八分，都營賞號銀四分八釐，駁船江船商夥辛工棧租等費銀四兩四錢四分二釐，共計湖北成本每引約銀十兩一錢九分。正鹽六百斤，漢局售價銀二十四兩，除每引由楚局扣存釐税銀十一兩九錢八分，楚局公費銀三錢外，餘銀給還。商本銀十兩一錢九分，給商一分半息銀一兩五錢三分，共銀十一兩七錢二分，交商具領，以利續運。其滷耗包索餘斤均准貼商，以廣招徠。如遇暢銷之時，提價至四兩以外者，所增之銀以三成給商七成解安慶粮臺。至於商人自用之小費，在泰州具呈時，應繳局費銀一錢八分，到岸後船户坐日等項均係商人自行理落。其售鹽時挑力等費，出自水販，一一預先説定各無争競。凡經本部堂核定數目，如有私加，及書役人等需索分文，准商販稟明，嚴行懲辦。湖南成本每引加四錢六分給商，餘俱照辦。

第六條，補完各處釐金。近年各路軍營皆賴抽釐濟餉，如揚州大營、鎮江大營、金陵大營、江南北水陸各營所設之卡，皆以鹽釐爲大宗。此次整頓淮綱，斷不能仍完逐卡之釐，而各營需餉甚急，又斷不能失此有著之款。應令於初次起運，暫緩完釐。湖北之鹽，俟到漢岸售銷之後，由漢局彙總扣出釐税銀每引十一兩九錢八分内，應派楚釐銀四兩二錢，每斤九文半。解交湖北牙釐局。又應派揚鎮軍營釐銀每引一兩二錢，又沙漫洲糧臺釐銀每引三錢二分，均解交揚州糧臺。又九江關税銀每引一錢四分，解交九江關道。又安慶各卡，每引銀二兩九錢七分，解交安慶牙釐局，分解各營。漢局所扣釐金，除分派外，尚餘銀三兩一錢五分，應解安慶糧臺。湖南之鹽僅由湖北經過，湖北不能全收九文半之釐，應以二文半歸鄂，以七文歸湘。其餘悉照湖北之例，由湘局彙總扣出。除分解鄂釐及各軍外，尚餘銀二兩六錢九分，亦解安慶糧臺。其李軍門通江關釐卡業經另籌抵款，江寧府楊守礮船釐金，業經另文停止。至各軍應分之釐只有初行時略爲展緩，以後源源解還，不致有誤。

第七條，商運官運畫一。本部堂現定新章重在商運，期復綱鹽規模，毋論官運營運，總應與商販一律辦理，不得絲毫取巧，亦不得再立營運餉鹽名目，至各營有借食鹽爲名私自下場採買，希圖不完釐課，即與販私無異。現已出示禁止，如敢違犯，毋論何營員弁，查出一律嚴辦。

第八條，沿途並無艱險。自克復九洑洲後，長江一律肅清，商船暢行。現飭沿江水陸各營及沿途關卡，凡新章淮鹽經過，驗明護照，一體放行，並派礮船護送，不得需索分文，留難片刻。其儀徵九洑洲中關等處，由金陵大營曾撫部院特派文武大員催儹防護，可期暢行無阻。如有雇船不慎斤兩有虧，係各商照料不周，毋得借口短斤，希圖減釐。倘有遭風失水情事，准其報明地方官勘詳，一面申送泰州總局補運，准免釐金一半。如無地方官勘明切結，不准請補。

（清）王定安《求闕齋弟子記》卷二九《吏治·淮北票鹽章程》 第一條，改復票鹽舊制。淮北票鹽立法本善，自以鹽抵餉，紊亂成規，現在淮河暢通，亟宜大加整理。應將皖營滁營之餉鹽，漕轅之捐鹽，徐台借運之北鹽，營弁私運之毛鹽，一概停止，招集新舊票販運鹽儲壩完納現課，出湖運售，每引例定正鹽四百斤，分綑四包，每包連滷耗壹百壹十斤。其請票截角抽秤上棧等事，悉照票鹽成法辦理。

第二條，接開己未新綱。淮北奏銷前已奏至戊午納爲止，應即接開己未新綱，由海分司擇吉起征。惟兵燹以後户口大減，斷不能銷四十六萬引之數，應循照近年奏案先辦正額二十九萬六千九百八十二引，責成海分司駐紮西壩，或改駐楊莊，經理收課發販等事宜。仍限一年造報奏銷，以符定制。

第三條，核定正雜各款。收課科則必須核定，以昭信守。查淮北向例每引收報部正課銀壹兩五分一釐，雜課二錢。又外辦經費銀四錢，倉穀一分，河費一分，鹽捕營一分，現開己未新綱，皆應照收，其團練壩工緝費號項等名目，均係不急之款，應一概删除，每引實收現銀一兩六錢八分一釐，此外不准另索分毫。如有額外加征，准商販指稟究辦。

第四條，裁并各處釐金。近來軍餉皆賴鹽釐接濟，而長淮處處設卡節節抽收，商販視爲畏途。現在滁營釐卡業已停撤，此外亦應從新妥議，仿照淮南總抽分解之法。惟淮北票鹽不分口岸，聽販户隨地運售，與淮南稍有不同，礙難緩釐。應擇扼要之處分作兩處抽收。自西壩出湖先在五河設卡，每包收釐錢五百文。運赴上游，再於正陽關設卡，每包收釐錢五百文。統由本部堂派委大員駐卡經收，所需卡用經費，即在鹽釐內稟定坐支，不另取諸商販。經此兩卡抽收之後，給予釐票，他卡驗票放行，不准重抽，以輕商本。

第五條，分派課釐數目。查淮北解餉原案係以十成分攤，臨營分四成，滁營分五成，撫營分二成。今滁州已歸併於督營，臨淮已歸併於撫營。嗣後所收北課，除臨營仍解四成外，其餘六成本應全解本部堂糧臺。惟漕部堂停止捐鹽，餉項不無短絀，茲議分撥一成歸於漕轅，以資貼補。至五河正陽關兩卡，總收鹽釐每包各五百文，亦應照十成分派，議以一成解漕部堂，四成解安撫院，五成解本部堂，連同鹽課分濟接防滁州各軍及金陵大營餉需。

第六條，計算成本餘利。自場運壩之鹽，每引除正雜課經費銀一兩六錢八分一釐照舊到壩完納外，另需鹽價駁價每引七錢，運腳辛工約六錢，共計二兩九錢八分一釐。西壩各棧售價，應由海分司就近稽察，每引至賤不准跌至三兩二錢以内。如遇暢銷，准其隨時提長。禁止湖販賒欠，一律以現銀交易，至正陽關三河尖售價，現在每引約在十兩内外，壩鹽出湖加以運腳釐金不過七兩上下，本部堂派淮揚水師節節護運，無游匪搶劫之患，其途甚安，其利甚厚，應由運司選派運判一員前赴該兩處往來督銷，嚴禁搶跌賤售，違者從重究罰。

第七條，嚴杜夾帶重斤。前因營弁下場自捆買斤放砠無弊不作，甚至以一引官鹽夾數引私鹽，大有害於票法，疊經出示嚴禁在案。嗣後毋論官運營運，只准就壩採買，不准下場，亦不准再立餉鹽名目。其下場票販類與卡員熟識，遇有重斤往往瞻徇情面通融放過，卡役人等兼有賣放之弊，以致大伊山順清河等處秤掣有名無實，殊屬不成事體。應責成海分司嚴督各卡員認真抽秤，查出包內重斤，即照全船包數扣罰充公。如有包外夾帶，嚴究詳辦。

第八條，禁止出湖改綑。近來票鹽出湖皆在西壩改綑大包，重一百二三十斤不等，以省運腳，及按包抽釐之費。改綑後鹽票不符，致有餘票護私之弊。現在鹽釐一項業經本部堂大加裁減，未便再任避省運腳叢生弊竇，應示諭車行船户論斤不論包，公平承僱。出湖之鹽除例給護票外，並由海分司發給艙口清單，以便卡員憑單查艙，按包抽釐，不准再行改綑，以挽積弊，而便稽查。

再新章甫定，誠恐湖販未盡週知，或不踴躍，各營既停餉鹽，勢難久待現課。凡督轅撫轅漕轅，皆可輔以官運，以示倡導，而速軍需。重訂官運章程四條開列於左。

一、各轅籌款委員赴棧請票買鹽，悉遵商運規矩，概以現銀交易，既以體恤商販，且不使官運本輕商運本重。

一、官運鹽船過卡驗票截角查艙完釐等事，均照商運一律辦理。

一、鹽斤到岸仍歸督銷委員稽查，不准以軍餉藉詞搶跌賤售。

一、委員薪水由營自給，餘利各歸各營充餉。

（清）王定安《求闕齋弟子記》卷二九《吏治・長蘆鹽政》 長蘆鹽引額數，自順治康熙以來計口授食，引目不能增廣，而近年尤多停減。其弊在引岸虛懸，乏人認運，而交款因以日絀，浮費過重，商力難紓，而正供遂致暗虧。言者多思祛除積弊，而議旋格不行。同治八年五月，給事中陳鴻翊疏請整頓長蘆鹽務，并擬章程十條，下部核議，奉上諭：著曾國藩按照部議各條，督飭長蘆運司，將應辦事宜趕緊修舉，應汰陋習實力掃除。如尚有未盡事宜，並著體察情形，酌擬章程具奏。欽此。公覆疏曰：臣奉諭旨，當即恭録札飭運司恒慶據實詳覆，以憑核奏。旋據該運司將鹽捐錢文津貼剥船一條，先行詳請咨復。其餘九條，亦於六月間詳覆。臣以其中利弊未能詳細釐剔，所陳尚有不實不盡，批令再行確查具詳。九月初間，又經另委候補知府李興鋭馳赴天津，按照原奏各條明查暗訪，悉心考究，據實稟復。茲據該司及委員先後查復前來，臣參觀互證酌擬辦法，分條具陳如左。

第一條，認辦懸岸宜定限期。查蘆綱認辦引地，向例於具稟之後，飭綱查明是否家道殷實，仍由本商自覓散商聯名出結具保，由綱總循例加結，始由運司轉詳咨部更名，一面給發行知領引辦運。此等層折，原爲慎重課帑，由來已久，其中緊要關鍵重在出結之保商，不在加結畫押之總商。其或商本實不充足，或外來人地生疎，綱中無商承保，則往返查訪稽延時日，亦事勢所常有，並非該綱總等有意刁難藉端需索也。惟新商認舉之初，辦千引者向令先交兩課銀一千餘兩不等，名曰寄庫，以驗殷乏。又認運租運捆運之外，另有試運章程。試之二三年，果不能辦，准其稟退。有寄庫則資本之證據早明，有試運則本商之進退裕如，在綱總不必過於慎重，徒啓壟斷之疑，不以爲因循廢公，即以爲靳惜美岸，情近把持，情同勒措。嗣後新商具呈，但有散商聯名結保者，即令綱總酌定限期，於二十日內加結畫押，運司亦迅速發給行知，庶衆商可資鼓舞。

第二條，保結商人宜專責成。查長蘆向例，新商入綱取具聯名商保，保其家道殷實，如有貽誤課運，願甘分賠甘結。惟各商因通綱向有隨引帶交參課銀兩，遇有參商拖欠課款，除以查抄家産變抵不敷者，均在商交參課內彌補，是以從無保商攤賠之案。迨至道光二十九年，引岸參懸，無商認辦，懸課過多，參課不敷彌補，通綱添捐。懸岸課一款，隨領引時每引交銀四分，專補懸課之用，無如懸岸日增歸補愈難，所有續參商課雖逐岸飭令分賠，總未據完交實銀。查蘆綱商人多因誤運誤課，其本商名下自得保全出綱者甚屬稀少，若再責令分賠代人受過，並不予以年限難免不紛紛畏累遠避，則蘆屬引地從此有參無認，殊於全局有碍。自應量爲變通擬請仿照保固三年定限。如果三年正課之内認真貽誤課運被參，即將應交正課除將查抄備抵外，其餘參欠課銀分作三成，在於參商名下追交二成，出結之散商、加結之總商分賠一成。如逾三年之期，認商業經完過奏銷引課，可稱家道殷實，即與保商無涉，以示限制。似此酌核辦理，於課款分賠有著，而於各商亦不致有畏累不保之虞。

第三條，督催總商宜先完課。查蘆商完課，無論總商散商，均照通綱一律辦理。近年奏銷後所欠勒限課銀，委係累商欠交之款，綱商名下應交正課，均經依限催完。惟向來章程，每届上課之期，運司派委鹽務候補數員，率同綱總督催。委員平日與衆情誼不洽，於鹽務底裏不明，督催無權，虛應故事，每届籠統完至八分以上爲率，而此八分中孰多孰寡孰先孰後無從稽考。是總商之拉勻捧算，從中取巧，其物議亦由此而起。嗣後惟當遵照部議，飭令綱總首先完納，每届奏銷，將總商另立簿册，散商亦立一簿，將已完幾成未完幾成，據實登注，隨同銷册，詳文送鹽院衙門備查。綱總無從牽拉，衆商無從朦混，開誠布公，共見共聞，征收亦當日有起色。

第四條，捆運懸岸宜交全額。查長蘆懸岸前於道光二十八年經欽差王大臣查辦鹽務案内，將無商州縣五十五處，除有州縣自行運銷者十一處無庸更改外，其餘四十四處之河南懸岸二十州縣，盡改票鹽，仿照淮北成案，先課後鹽，毋論貲本多寡，一經交課，給票護運。直隸懸岸二十四處，予限半年，責令各州縣或招商或招販，一律整理。倘商販無人責成，各州縣領運，如州縣實有不能販理之處，仍由鹽政遴員官運等因。今查直豫各處懸岸，除陸續招有新商具認外，尚有豫屬之新鄭太康扶溝長葛，直屬之成安開州，並先經曾有商認辦復又參懸之豫屬鄢陵沈邱項城洧川。又二十八年以後續經參懸引岸，除隨據新商接認外，尚有南岸祥符許州采州臨潁郾城，直隸之永清邢臺鷄澤隆平鉅鹿衡水唐山曲周，統計二十三處。内除衡水現有新商稟認試辦外，其餘各岸迭經該司出示招商，並通飭各屬一體廣爲招募，迄今無商認辦，引岸虛懸，民食堪虞，自不得不照案飭官商民販招運，藉濟民食以補課款。惟捆運多寡無定，原與包額認辦不同，若輩維利是圖，能多捆一包之鹽即多獲一包之利，亦未嘗不願多運多銷，而卒之所運無幾，蓋亦有故。或因資本微薄無力多捆，或因岸地滯銷有虧成本，以致未能按額捆運。現在既准部議自應遵照飭令，捆運之各官商，如果情願包額認辦，限一年之内出具認狀保結詳請咨部更名，一面由司另行招募新商稟認妥辦。如有實在滯銷無商認辦之處，每岸專彙詳咨，不復以籠統浮詞搪塞。蓋懸岸爲中外所同慮，捆運乃鹽政之弊政，本無所容其掩飾也。

第五條，長蘆綱總宜令更代。查山東綱總雖係按年更換，第山東先課後引，長蘆先引後課，綱引之責任兩不相侔。換期太促，必以甲年應完之課款責成丙年之綱總督催，恐此推彼諉之弊必且層見疊出。且綱總爲通綱領袖，要在遴選得人，非其人即一日一换，無裨實政，得其人即累年不換，亦愜輿情。蘆商殷實者少，殷實而認真辦事者尤少。年年更換，恐中選之人無多，而廢弛之患滋甚。現經運司於舊綱總四人之内挑留楊俊元華楨斥退高凌漢黄昭融，於本年六月具奏，衆論尚屬允協。嗣後綱總擬不必限定換期，爲衆商所翕服者酌留接充。如其不然，隨時更換，詳請咨部查察。

第六條，代銷融銷宜行分别。查長蘆滯岸積引，例准融與暢岸分成代銷。當辦理融銷之初，原爲蘆商疲累居多，銷路又滯，每至奏銷届限，雖引地積有成鹽，而課項無措，力不能完，勢必紛紛參追。各商以融鹽與融引事同一律，稟請將積鹽融賣與别商銷售，以所得之鹽價即交庫抵課。惟復價一項歸買商完交，其餘一切課款仍由賣商按限呈納，仍爲保全奏課起見。同治三年，前任督臣劉長佑奏復河南撫臣張之萬奏參蘆商把持案内，將融銷引鹽一層業經詳細聲明，有案可稽。檢查近三年案卷，亦係疲累之商，或因正課無措，或因復價到限無力措交，不得已遂將所運之鹽融賣與别商運赴暢岸銷售。其所得價銀由買商呈出交官，以濟目前之急，是賣商得價融銷，即與自運銷售無異。在買商既經按包交價，並非得無課之鹽，在賣商鹽已收價，亦非上無鹽之課。融賣融買事出兩商情願，並非買商圖得便宜致有弊竇。且代銷與融銷稍異之處，代銷則賣主津貼銀每引三錢五六分至四錢不等，其正雜稞復價等課，概歸買主完納。融銷則買主代銷正課六錢，復價五錢，解費二分一釐，其餘各款仍由賣主自行完納。代銷則賣主出津貼之費，融銷則賣主有自納之款。其辦法不同，而使累商得稍資周轉則同。賣者買者彼此扣算定價，兩相情願則亦同。所有各商融銷引鹽，除捆運之商仍遵三年奏案，飭令一概領引運鹽，不准融銷外，其行商融鹽，應請照舊辦理，免其禁革，以保頹綱而重帑項。

第七條，歷年積欠宜令代交。查歸補庫墊積欠一項，自道光二十八年清查案内共計銀二千三百四十三萬一千四百餘兩，每年議交庫墊銀六萬兩，積欠銀十一萬兩，分年按引攤交，每引攤銀二錢四分零。自同治二年起，因商力拮据，改爲外引撥出銀一錢二分，京引撥出銀八分，領引時隨引完納，其餘銀兩仍照案按限帶交。嗣於同治五年因綱情愈疲，稟請外引減交銀一錢，京引減交銀六分。自道光二十九年起至咸豐八年止，除已完現商净欠交銀五十九萬八千三百三十餘兩業經奏奉部覆，准自咸豐十一年奏銷後，分作五年代完。又自咸豐九年起至同治七年止，續應徵銀一百七十萬兩內，除參懸無著銀四十九萬九千二百四十餘兩，永平七屬官辦暨天津公共口岸未撥銀四萬四千二百三十餘兩，現商應交銀一百十五萬六千五百二十餘兩內已完銀三十五萬六千七百餘兩，連前實計現商共未完銀一百三十九萬八千一百五十餘兩。其已交銀兩均經奏撥各餉動用，按季册報在案。其欠交銀兩雖屢經嚴諭飭催，無如各商僉稱，因近年引地被擾被災，領運失時，額引滯銷，商力拮据，顧運顧課已屬萬分竭蹷，前項積欠代交前商參累之款，一時無力賠交，委屬實情。且近年參商迭出長蘆懸岸已屬不少，若以此紛紛參辦通納無商不欠幾至無岸不懸，全綱掣動所關非細。兹准部議，除將欠交銀兩趕緊設法嚴行催交以清積欠外，所有隨引先交之款，按每年出庫引數核計應完數目造入春秋撥册，聽候部撥。至於欲紓商力必減成本，臣當另案陳奏。

第八條，報災補運宜再詳查。查各州縣詳報被搶被水各商引鹽，有詳運司已經委員會勘尚未勘覆詳報者，是以失鹽數目即院司兩處案卷已覺未能相符。兹據該司逐細詳查，除奉部復准補運五六等年被梟匪髮逆燒搶之寧晉臨城杞縣，七年被捻逆焚搶之定州南樂清豐大名開州東明臨漳等州縣商人益德裕等被搶失鹽一萬六千零二十九包不計外，實在現據委員勘復，陸續詳報之清苑等處商人被搶失鹽四萬五千六百七十七包。又新城等州縣被水衝淹鹽一萬八千六百三十一包，又已委未經復勘之濟源等州縣，並未經委勘之安平縣商人被搶失鹽一萬零八百五十六包。又因案情未符，批飭覆查，未據詳覆之温縣等處商人在途被搶，失鹽三千二百四十六包。除由司核明照例分案叙詳，並將未經通詳之各州縣分飭另行補報，以昭核實外，所有州縣商名鹽數分別另造清册，呈送備查。謹將原册封送軍機處，並分咨户部，以備考核。

第九條，加斤抽錢宜行禁止。查道光二十八年清查案内，每包加鹽一百五十斤，合計北鹽重五百六十七斤有奇，南鹽重五百七十二斤有奇，違者即以私論。各商赴坨築鹽，向由批驗所大使驗明秤掣，按包編號之後始行飭商裝運。前奉部飭，即經該運司明查暗訪出示嚴禁，並親赴關所查照鹽包挨次編列號數，按包抽提，當堂秤掣，均屬相符。訊據各商僉稱，伊等赴坨按引築包，均由批驗大使查驗秤掣編號，有一鹽即有一引。造關時按號抽提過秤，既有官司稽查，又有部砝斤兩，衆目共覩，非商等所能行私朦混。且伊等深知例禁森嚴，亦當自顧身家，何肯犯法取利。至造關時裝載備掣者，即係批驗所過秤編號之引鹽，此外實在並無另有私築號鹽，意圖挾斤情事。復飭據小直沽批驗所大使王鳳綱以查明各商赴坨築運，均係遵部砝斤兩一律辦理，並無夾斤加帶，另築號鹽，以備掣抽情弊。出具印結詳送到司，該司恐尚有不實不盡，復經連日逐細查訪，僉稱如一。此後惟有嚴益加嚴，督飭委員及批驗大使認真秤掣，不時密查，倘有奸商夾私加斤情弊，立即照例從嚴懲辦。臣亦當不時由省委員赴津密查掣驗事宜，不敢稍存姑息，以杜流弊，而肅鹽政。至隨引每包抽收津貼錢五十文，乃係同治六年海運案内，各商公議捐以作津貼漕剥民船之用，並無浮收與抑勒情弊，業經另行詳明咨部覆准在案。

第十條，墨筆科則宜加裁革。查道光二十八年，欽差王大臣查辦鹽務核定科則，曰正雜課，曰平飯，曰補欠，曰歸補積欠，曰王范滿垣租息，曰領告雜費，曰緝費，曰各項解費，曰内外帑利，共九款。每引攤交銀二兩六釐，刊單通行，飭商遵照，此木板之則也。復有續增商捐款項，因年限多寡並無一定，一經捐足，即由各商隨時稟請停止，並非作爲定額，是以向用墨筆添寫刊單之後。同治三年，河南撫臣張之萬奏參蘆商把持運使受其矇蔽案内，指稱墨筆私加私用，經前運司克明查出墨筆添寫者，曰懸岸課，曰捐補參價，曰欽天監生息，曰歸補緝費，曰口岸汛工，曰籌補津貼，曰還墊辦公，曰酌增領告，曰朝袍册實，曰修署，曰報効軍需，曰隨引復價，凡十二款，當將墨筆原委逐款造册，由前督臣劉長佑奏覆，有案可稽。嗣將朝袍册寶六釐，修署一分，報効軍需二分三項先後停止。同治六七年間，因迭奉内務府奏派長蘆採辦絹箋，以及蘆勇口糧，並捐築金隄挖府河等事，增添一款，初曰寄庫還款，改曰金隄還款。其餘均照前奏之數，並無絲毫加增。此外，又有南場各商稟添大河口巡費一款，南引各商捐添報効豫省協餉一款，係不在通綱科則之列，皆墨筆之則也。至所稱領引時外交者三款，查有津貼辦貢一款，因前辦彩緞貢商人張鑑歷年賠累，各舊商公議情願每引津貼辦貢銀三分五釐。又津貼辦公一款，因總商辦公一切費用出自己囊，衆商公議願每引幫貼辦公銀六釐，迨因舊商星散，新商心力不齊，完交寥寥，本年已將此二款停止矣。至巡費津貼一款，係承辦青靜滄藍四處引地緝費裁減不敷通綱，公議每引願幫銀四釐，此爲保護引地而設，應仍其舊。斯三者外交幫貼之則也。據該運司造具木板科則一册，續增墨筆一册，外交幫貼一册，並將領告科則款式呈送前來，理合封送軍機處並分咨户部備查。至部議以浮費過重，行令認真釐剔，分別禁止。臣亦深知蘆綱之疲由於成本太重，銷路太滯，而衆商亦稟訴苦累情形呈請拯救。頃至天津與運司面商一切，即日將各項科則酌擬裁減，以輕成本而挽頹綱。

以上十條就部文所指者逐細登覆，至於引滯商疲，全綱不振，别圖補救之方，容即酌減科則案内另行具陳。十一月，公上疏曰：竊照給事中陳鴻翊條奏長蘆鹽務一摺，奉旨飭臣體察情形酌擬具奏。臣已按照十條逐一確查，分晰覆奏。惟於裁革科則一條，僅先將原定木板科則、續增筆墨科則，並外交幫貼三款，按項分晰臚陳，其如何酌擬裁減聲明即日另奏在案。伏查長蘆鹽務自道光中年以來疲乏已久，至二十八年欽差王大臣載銓等，查辦加斤減價裁費恤商科則，僅二兩六釐有奇。滿擬商力可紓，乃因加斤而未及減引，銷數仍形疲滯。咸豐同治年間，領引科則屢次遞增，較查辦時加至三分之一。加以私梟迭起，侵佔搶掠，捻逆縱横，擾亂焚毁，衆商虧累日深。本年銀價昂貴，每兩換制錢一千八百上下，而滹沱河北徙順廣等處之引不能行舟到廠，大清河枯旱，保定等處之引到岸過於遲滯。豫省加價，黄河以南之引盡被鄰私侵灌。各商之難處不同，而累狀則無少異，莫不由於交款太多、成本太重、銷路太滯。前據通綱商人聯名稟訴疾苦，嗣於雙口途次又據京引商人聯名投訴，臣委員至天津明查暗訪，又接晤運司恒慶，均稱商情疲憊，若不趕緊調濟，勢必家家受累，處處參懸。臣囑該司通盤籌計，務求有益於商人，而又不甚礙於庫款，斟酌裁減，以期變通盡利。茲據該運司恒慶核議詳覆前來，臣細加參核，理合奏懇恩施，曲加矜恤，以甦商困而保頹綱。謹分條陳列於左。

一、木板科則中二款可暫停也。查原定木板科則共九款，業於十月初二日造册具奏，内除七款無可裁減外，惟第三款曰補欠銀八分七釐九毫有奇，第四款曰歸補積欠銀一錢六分一釐一毫有奇。此二款係因積欠太鉅，道光二十八年議定每年歸完銀十七萬兩，由各商按引攤交彌補舊欠，是虧欠者乃數十年前之商，捐補者乃數十年以後之商，李代桃僵本屬勉强從事。嗣因各商拖欠不完，於同治二年起改爲隨領引時，外引先交銀一錢二分，京引先交八分，其餘銀兩仍照案依限催交。同治五年，綱情愈疲，又改爲外引交銀一錢，京引交銀六分，每年按出庫引數約納銀五萬餘兩。前奉户部飭撥，以備長蘆採辦布疋絲斤之用。目下通綱疲累異常，現商辦運交課自顧不遑，更無餘力代完舊商之欠，擬請將隨引攤交補欠歸補積欠銀兩暫行停止，五六年後如鹽務稍有起色，察看情形，再行酌量征收，以蘇商困。嗣後如遇傳派長蘆採買布疋絲斤，並請仍由引課項下動支，報部核銷。

一、續增墨筆科則中二款可減五款可裁也。查墨筆添寫科則共十一款，業經造册具奏，内除四款無可裁減外，擬酌減者二款，全減者五款。其酌減者，一曰軍需復價，外引銀五錢，京引二錢五分。此項復價原爲天津海防軍需而設，每年按出庫之引約徵銀二十餘萬兩，每月撥解天津支應局六千兩，解保定省局一萬一千兩，間或另文提用，爲數更增。目下餉需依舊，本難議減，惟念商力日形拮据，不得不量爲核減，以全大局。擬請外引減去一錢四分，每引交銀三錢六分，京引減去七分，每引交銀一錢八分。隨領引時，外引交銀九分，京引交銀四分五釐。下餘外引二錢七分，京引一錢三分五釐，仍照案以三個月爲一限，分作三項完納。一曰金堤還款銀三分六釐。此款前因迭奉内務府傳辦絹箋，並劉景芳蘆勇口糧每引捐交二分六釐，名曰寄庫還款。嗣因修築金堤挑挖府河捐賑等項，增爲三分六釐，改名曰金堤還款。計運庫墊發之款，商捐歸補尚有不敷，當此綱情疲敝，不得不設法恤商。所有金堤還款擬減去一分六釐，酌留二分。嗣後遇有内務府傳辦絹箋，價值運費擬請作正開銷。直字營馬隊餉需，責令運司另行籌解奏咨辦理。右二者皆可酌減者也。其全裁者，一曰復價解費二分一釐三毫，擬即在於木刻解費項下通融搭解。一曰籌補津貼銀三分，此款現已捐交足數矣。一曰懸岸課銀四分，此款自道光二十九年起飭商攤賠，參懸無着之課款，衆商求免未允，嗣後改爲蘆團經費。同治五年正月間，各商稟請豫省免抽鹽釐案内，又改爲協濟豫餉之用，名實久已不符，擬請停止豫省協餉免捐此款，以紓商困。一曰還墊辦公銀一分，此係昔年商墊軍營米麵天津壕牆之用，今早已歸款矣。一曰酌增領告銀二分，此款係咸豐十年所增，應即裁除。其中有應行支解者，可由木刻之領告雜費項下酌量籌撥。右五者皆可全裁者也。至此次墨筆款目比上次所奏款目微有參差，上次未列復價解費一款，此次未列大河口巡費協濟豫餉二款耳。

一、京引商人宜加補救也。查京引原額十萬五千九百餘道，從前銷六成滯四成，自道光元年以後減引二次停引一次，净行銷引七萬二百餘道，銷數已不及前。道光二十八年欽差王大臣查辦鹽務，每包加鹽一百五十斤，未曾減引，從此滯銷更甚。自京師行使大錢，諸行蕭索，每年銷鹽不過二萬六七千包，是所銷不過三成七八分，其餘六成二三分均係滯銷之數。以二萬六七千包之鹽價，上七萬餘引之課款，是一引幾及三課，包賠過鉅，商力如何能支。且百物均隨銀價長落，惟賣鹽例皆用錢而完交課款又須易銀。目今銀價日昂展轉虧賠，加以引多商衆，殷乏不一，心志不齊，此商賤價求售彼商即被牽掣。同治四年，衆商設立內廠收鹽，亦恐搶跌賤售之故，奈貲本有限價仍難齊。緣京引累商較多，辦運交課悉由重息借貸，鹽既運出，公私交迫。本京油鹽店窺見底裏，又復多方勒措，累商圖得現銀暫應眉急，不得不賤價濫售，一喝百隨。即殷商亦難自立，成本虧折，愈辦愈累。刻下雖將科則漸減輕，而滯銷太多，包課太重，仍不足蘇其困。茲據運司核議具詳，擬懇天恩飭下該部，俯念京綱苦累實情，准自同治九年起暫停額引二萬道，俾包課略輕，商力可漸舒展。餘存額引五萬二百餘道，督令勉力辦運，俟綱情稍轉，行市暢旺，再行相機議加。

一、河南加價宜請停免也。河南撫臣前因防剿兵多餉無所出，奏明豫鹽每斤加制錢二文，先由商人按包總交。雖曰取之於民，並非取之於商，惟其價先由商墊，商已不勝其累，屢次求免未允，不得已稟明每年捐銀八萬兩，分四月十月兩次呈交。無如豫引運道過遠，成本過重，上年被災被擾，商本虧折，辦運益覺艱難。今年請領引目不及十分之七，現計每引按四錢六分派攤不敷呈解之數。且河南一省分食潞淮東蘆四省之鹽，減價尚不能敵私，一經加減則別省私鹽更易侵灌充斥，商賈惟利是趨，居民擇賤而食。三路皆賤，蘆鹽獨貴，孰肯舍彼而取此。滯銷愈甚，攤數愈多。近年各商除逃匿參懸外，餘均岌岌自危，有朝不保暮之勢。刻下中原肅清，豫省兵數可減，商力實在不支，應請旨敕下河南撫臣，准將加價停免，不使南引各商捐此八萬兩之數，蘆綱幸甚。

一、山東館陶釐捐宜請停止也。山東撫臣前因逆氛孔熾，防餉難籌，因就館陶設局抽釐。凡豫引鹽船由此經過者，每包抽收津錢三百六十文，以備接濟餉需，在東省積少成多，籌款不無小補，在蘆商筋疲力困，元氣實已大虧。現在軍務已靖，餉項稍紓，本省應用款項尚爲分別可緩可停，普將科則裁減，以輕成本。此項釐捐應請皇上飭令山東撫臣將館陶鹽釐准予停免，以紓商力。

以上五條，第三條專恤京引之商，四五條專恤南引之商，第一二條則爲通綱商人力籌挽救之法。計木板刊刻並墨筆添寫之科則，連閏每引銀二兩七錢三分七釐六毫有奇，今裁減銀五錢二分六釐三毫有奇，尚存銀二兩二錢一分一釐二毫有奇。雖較之道光二十八年查辦時尚多二錢有餘，而較之近年已覺輕減，衆商稍有轉機，不至相對欷歔。但得此後不復參懸，懸岸漸可認辦，則名爲恤商，而裕課亦即寓其中。至滹沱河改道下西河，舟運不通，臣已屢次派員查勘，俟勘定後當奏明籌款挑挖一律深通，務期暢行無阻，俾西河各商免受改道改廠之累，長蘆鹽務可望漸有轉機。感荷天恩，實無涯涘。

（清）王定安《求闕齋弟子記》卷二九《吏治·淮鹽西岸認運章程》

第一條，泰州設招商局。江路通暢亟應重整淮綱，現於泰州設立招商總局，本部堂札委大員駐局經理，先辦江西口岸每年定運十萬引，仍照舊例以六百斤成引分作春秋兩綱，毋論官紳商富悉准赴局具呈認辦。以五百引爲始，願多者聽，少者不准。挂號後限一月內領照開江，逾限即將所挂之號注銷，每綱認足五萬引即行截數。本部堂已刊三聯護照發交泰州總局，由局填發，以照根留泰州存查，以左照封寄江西總局，以中照給商護運鹽，與票離即以私論。

第二條，江西設督銷局。規復引地以保價緝私爲要，本部堂札委大員於江西省城設局，專理售鹽定價扣釐緝私等事。鹽船抵岸挂號後，按所到先後榜示局門挨次發售，不准爭先壓後，亦不准私相授受跌價搶銷。所售之鹽已頒發庫秤連皮包過秤，每百斤定價庫平文現銀三兩五錢，不准絲毫短欠。如銷市暢旺，由西局酌量出示提價。至滯銷之時，仍於所提價內酌減，至賤以三兩五錢爲止，以保商本。

第三條，三處截角查私。此次辦運改復綱鹽章程，以六百斤爲一引，加滷耗六十斤，包索三斤半，每引分裝八包，每包連包索重八十六斤。未接此刊本章程之先業已裝十二包成引者，聽之照斤扣算。自見此刊本章程後，概以八包成引。由泰州抽查過秤，將護票截去第一角。運至安慶，又抽查過秤，截去第二角。運至湖口，又抽查過秤，截去第三角。如有包外夾帶私鹽，毋論本商及船户水手，均照販私例治罪。各商亦宜實給水腳銀錢，毋稍尅扣，免致水手帶私連累本商。一經查出重斤，照全船包數扣算，將鹽充公。嗣後如無本部常護照，及未經按卡截角者，一概不准過卡，如違重究。

第四條，加重鄰私釐税。江西十府例行淮鹽，近年爲粤私浙私閩私侵佔，奪我淮引之地，應即重税鄰私，俾鄰本重而淮本輕，庶淮商之獲利較厚，而鄰鹽亦可化私爲官。現飭江西各釐局，將鄰鹽釐税加重，閩鹽每斤征錢八文，浙粤鹽每斤各征錢十二文，責成各卡認真緝私，嚴拏繞越，以免偷漏。其新章發售之淮鹽，由西局另刊水程執照，蓋用江西鹽道關防，填給水販護運，與鄰鹽之發給税單者不相混淆。經過淮引地面釐卡一律放行，不准重抽絲毫留難片刻。如鹽與執照相離者即以私論。

第五條，計算本利各款。棧鹽每引八包，連正雜課暨鹽價在内，約本銀五兩五錢二分。繳泰州局費銀一錢八分，都營賞犒銀四分八釐，駁船江船商夥辛工棧租等費銀四兩四分二釐，共計成本每引約銀九兩七錢九分。正鹽六百斤，西局售價銀二十一兩，除每引由西局扣存各卡釐銀九兩四錢四分，西局公費銀三錢外，餘銀給還。商本銀九兩七錢九分，給商一分半息銀一兩四錢七分，共銀十一兩三錢，交商具領，以利續運。如遇暢銷之時，提價至三兩五錢以外者，所增之銀以三成給商，三成解安慶糧臺，四成解金陵大營。至於商人自用之小費，在泰州具呈時，應繳局費銀一錢八分，到西岸後倉租棧租上力均係商人自行理料，其售鹽時出倉下河等費出自水販，一一預先説定各無争競。凡經本部堂核定數目，如有私加及書役人等需索分文，准商販稟明，嚴行懲辦。

（清）王定安《求闕齋弟子記》卷二九《吏治·兩淮鹽政》　前明鹽法，兩淮歲行四百觔大引，七十萬五千一百八十引。我朝定鼎，剖一爲二，以二百觔爲一引，共行一百四十一萬三百六十引，内派淮南行一百十八萬一千二百三十七引，淮北行二十二萬九千一百二十三引，每引納銀六錢七分，此正綱也。其有加於正綱之外者，如安徽之寧國和州含山，江南之江都清河山陽桃源宿遷邳州贛榆睢寧沭陽等州縣，原食綱鹽，順治八年另加食窩十六萬七千三百九十八引，謂之食鹽加窩。又前明寧夏用兵，議加寧餉滴珠二項，順治十年將此項頒引目九萬二千六百九十七引。十七年巡鹽御史李贊元題准，帶課不行鹽，其課帶入正綱，謂之寧珠。又順治十三年，户部請加兩淮鹽十六萬引，亦經李贊元題明帶課入綱謂之新增。又上元八縣改行食鹽九萬六千七百引，亦請帶課不行鹽，謂之八縣歸綱。又康熙十四年，科臣余國柱奏准，改割没爲加觔，每引加鹽二十五觔，加課二錢五分，兩淮增鹽十七萬餘引，增課四十萬五百餘兩，謂之加觔。又康熙十七年，御史傅廷俊題請鹽引加丁，議加二萬七百四十二引，謂之加丁。又湖南衡永寶三府，前明借行粤鹽，順治十八年復令食淮，分行八萬一千七百六引，探入正綱帶納，謂之三府。復准以上七款皆加課而未入於額引也。以後綱額觔數時有增減，至道光二十九年淮南改行票法，以四百觔爲正引，加貼餘鹽二百觔。己酉庚戌兩綱實應造報湖廣江西安徽江蘇四省，並永順永綏邊鹽，江甘高寶泰興食鹽，總共一百九萬五千五百十引。辛亥綱票鹽壅滯，據商販公稟，由司詳院批准，改爲每引六百觔，照引半納課，共運鹽七十三萬三百四十引。核其引數銀數與己庚二綱相符，行未半而粤亂起，遂停綱。咸豐四年，部科以停綱久，議仿明王守仁就場抽税之法，檄淮試辦。署運使淮揚道郭沛霖設法試行，定以每鹽百觔抽食税錢百五十，出江倍之。各場奉行不力，或三石抽一，或五石抽一，更有十石抽一者。復設巡卡二十餘處，補漏税及不足者，行二年餘收税錢數十萬緡。七年秋，署運司喬松年受篆，前江蘇布政使聯英副之，議改税鹽法，於泰州設總局，通泰分司。另刊大票以八十五觔爲一包，成引征正雜課銀一兩三錢五分，行之年餘，舊商漸集。九年夏，聯英議撤兩分局，統歸舊商承辦，每年包納税銀以二十四萬引爲率，多運者聽，而每年所銷僅十餘萬引。蓋先設分局足收化私爲官之效，一經商辦則私梟從而侵占之，然欲行綱鹽復舊規則必以商辦爲宜。咸豐十年四月，公履兩江總督任時尚在安徽軍次，即疏言鹽場爲大利所在，若就場征課經理得宜，較近歲所入可多得百萬以外，宜辦淮揚水師以保鹽場。薦福建延建邵道李鴻章爲兩淮鹽運使，使興水師護鹽場疏通引地。事未果行，厥後軍書旁午倥偬未暇。十一年八月，大軍克安慶，江路漸通，湖北江西皆有淮鹽運販，沿江設卡抽釐以餉軍，而川私粵私充斥湘鄂，淮引滯銷。公乃建疏銷輕本保價杜私之議，商民便之。今録其奏議章程如左。

同治元年十二月，奉上諭：淮南鹺務廢弛已久，現在運販楚北者，劣員奸商居多，曾國藩雖設卡抽釐，而所得未多。前據户部飭該大臣酌提成本，由官督運，則利權操之自上，而於皖浙軍餉必能稍資接濟。茲據中允錢寶廉與户部前奏是否可行，著曾國藩一併悉心議奏。欽此。二年四月，公覆疏曰：臣奉諭旨，當即轉行兩淮鹽運使喬松年議覆去後，茲據該運使詳稱，竊繹户部之意，係欲加徵課銀收回引地，以冀漸復舊規。又恐商販不前，改由官運，洵是籌辦南鹽至要之策，無如引地爲鄰省侵占籌銷極難，正課因釐捐過多加增非易。上年江路漸通，楚西兩岸亦嘗招商試辦，乃以淮鹽久不到岸，所銷盡是川鹽粵鹽。蓋川鹽之成本較輕，賣價可減，淮鹽之成本較重，賣價獨昂。故淮鹽之疲滯斷不敵川粵各鹽之旺銷，則商既不前，即官運亦恐無起色。至部文所稱仍以四百觔爲一引，令繳正課，每引三兩七分三釐零，係照承平時科則而言。現在除完課外，運司衙門所收釐金，及沿江各釐每鹽一票，約共完十五兩以上。釐捐如是之重，是以試運楚西之鹽，止能照税鹽章程完納。税鹽每票九百觔，僅完課銀一兩八分，尚且無利可圖，今欲以四百觔鹽完三兩有零之課，其勢更有難行。蓋淮南目下情形不患無商可招，而患無利之可獲。惟有將楚西兩岸銷路大加整頓，仍由運司衙門招徠新舊各商運赴楚西銷售，以期淮鹽逐漸進步，爲得寸得尺之計。前經都統富明阿奏請招商旅，旋派知府杜文瀾前往楚北試辦。如果辦有成效，再當另議章程詳辦等情，具詳請奏前來。伏查各軍餉絀是臣之隱憂，兩淮鹽務是臣之專政。楚西兩岸被粵私川私侵占太久，斷非一蹴所能挽回。此時必欲争回引地，非大減賣價則不能敵鄰私，非先輕成本不能跌賣價。據現行事例九百觔一引者，並鹽本税稞釐金運腳拖費計算，幾及四十兩成本，已屬極重。若如部議改爲四百觔之引加爲三兩有零之課，又以重價購買之輪船拖帶試行之官鹽，則成本更重，安能敵鄰私而暢銷路。若將各處釐金概議裁減，則下而鎮揚滁州之軍餉，上而九江湖北之關釐，皆將向臣處索取。而臣軍除沿江鹽釐外，亦别無可籌之餉，實有不能終日之勢。臣悉心酌核，官運雖屬良法，目前尚多窒礙，應暫照該運使所議，俟富明阿派辦之官鹽試行有效，再行另擬章程奏明辦理。

同治三年正月，公疏言：淮南鹽課甲於天下，自長江梗阻引岸廢弛，疊經前督臣於咸豐四年奏辦，就場抽税，販户下場綑鹽，收課甚微。又於七年奏改設局征税，令水販就棧採買，稍有成效。但每年所征課銀較全盛時尚不及十分之一，總因楚西引地未通，鹽無去路，是以課無來源。現在江路肅清，運道暢行無阻，所有楚西各岸自應趕緊設法運鹽濟售，力圖整理。而籌辦之難，大端有二。一在鄰鹽之侵灌太久，西岸則食浙私粵私而兼以閩私，楚岸則食川私粵私而兼以潞私，引地被佔將及十年，民既借此以濟食，官亦借此以抽釐，積重難返，久假不歸，勢不能驟行禁絶。一在釐卡之設立太多，淮鹽出江自儀徵而金柱關而荻港而大通而安慶而華陽鎮，以達於楚西，層層設卡處處報税，均以鹽釐爲大宗，諸軍仰食，性命相依，勢不能不概行裁撤。臣博訪衆論，核定新章，按切今日之時勢，仍仿昔年之成法，大致不外乎疏銷、輕本、保價、杜私四者，請爲我皇上粗陳其略。自鄰鹽侵佔淮界，本輕利厚，淮鹽不能與之相敵。江楚百餘州縣偏地皆是，查之不勝其煩，堵之且恐生變，計惟重税鄰私，俾鄰本重而淮本輕，庶鄰鹽可以化私爲官，而淮鹽亦得逐漸進步。現已咨明湖廣江西各督撫，將鄰私釐金酌量加抽，聽鄰鹽與淮鹽並行不悖。譬之田産被客民佔據，田主初歸，姑與客分耕而食。待至淮運日多，然後逐佔田之客，申鄰鹽之禁，此疏銷之略也。近年楚西之鹽每引完釐約共在十五兩以上，所分濟者下游爲都興阿之餉、馮子材之餉、李世忠之餉，上游爲臣與官文部下之餉，皆萬不可停者。臣與各處咨商，鹽釐不能全停，未始不可暫緩。除揚鎮兩防宜照舊額外，其餘未始不可少減。臣酌定新章前之逢卡抽收者，今改爲到岸售銷後彙總完釐分解各軍。前之收十五兩有奇者，今改爲楚岸每引抽銀十一兩九錢八分，西岸每引抽銀九兩四錢四分，皖岸每引抽銀四兩四錢，既減釐以便商，又先售而後納，此輕本之略也。商販挾資求利，無不願價常昂保而無失，然不由官爲主持，往往見小欲速跌價搶售。其始一二奸商零販，但求卸貨而先銷，不肯守日而賠利。其後彼此争先，愈跌愈賤，如風捲潮退，雖欲挽回以保成本而不可得，官與商俱受其害。現於楚西各岸設立督銷局，派委大員駐局經理，鹽運到岸，令商販投局挂號，懸牌定價，挨次輪銷。時而鹽少，小民無食貴之虞，時而銷滯，商民無虧本之慮。此保價之略也。鹽法首重緝私，大夥私梟明目張膽，猶不難派兵捕拿最易。偷漏者包內之重斤，船户之夾帶，所謂官中之私查禁尤難。現經改復道光三十年舊章，每引正鹽六百斤分捆八包，每包另給滷耗七斤半，包索三斤半，共重八十六斤。由臣刊發大票，隨時填給，並於大勝關大通安慶等處派員驗票截角。如有重斤夾帶，立即嚴加懲究，提鹽充公。其各岸之兼行鄰鹽者，亦必另給税單。苟無單而販私，即按律而治罪。此杜私之略也。茲四者均就目前之要務及道光年間之成規，參酌而損益之，無論官運營運，悉照商運辦理。至應完課銀因鹽釐爲數過重，未能遽議加增，仍照咸豐七年奏案征收。向來鹽課按半年奏報一次，今擬將各處彙收之釐亦分上下半年，隨課並報，以便部臣有所稽考。惟兵燹之餘，户口大減，以今日之民數較承平之引額，恐運銷不及一半。加以鄰私充斥，挽復非易，殷商絶少，招徠尤難，能否漸有起色，殊無把握。臣惟有督飭運使忠廉實力講求，以期國課軍需兩有裨益。

同治三年十一月，奉上諭：户部奏淮北票鹽提充軍餉，請分別截留以保正課一摺，亦因苗逆伏誅，皖徐平静，淮北銷路漸通，亟將餉鹽分別截留，以挽頽綱而裕正課。著曾國藩嚴飭鹽運司忠廉，設法遵照辦理。欽此。三年八月，公覆疏曰：伏查淮北鹽務，自前督臣陶澍改行票鹽，意美法良商民稱便，果能率由舊章，可行之百年不改。無如軍興以後，運道之通塞靡常，銷數之暢滯無定，鹽既不能如額運售，課即不能按綱造報，拖延套搭，已覺年不如年。然未辦餉鹽以前，票販雖日形竭蹶，而尚能勉力從公。他商雖難免偷漏，而未敢任意售私。迨軍營提鹽抵課變易舊規，營員日出於其塗，商販遂聞而卻步。李世忠部下赴壩領鹽，尤屬桀驁，一不遂欲，百般恐嚇，甚至因棧鹽不足，下場自綑。一營開端，各營效尤，護私夾私之弊遂至不可窮詰。現在李世忠業經開缺，其部下兵勇亦皆遣散。當此淮甸澄清，自宜恪遵聖諭，將餉鹽截停，招集新舊票販運鹽完納，現課出湖銷售。臣旁咨博採，參考成法，核議新章，約有必須停止者三，急宜整理者四，請爲我皇上陳之。漕臣以清淮防費至絀，先令場商每包捐鹽五斤，每引共二十斤，旋因逐包捐繳諸多未便，由海州分司詳每運鹽百包帶繳五包。其應完課銀及售出鹽價，雖經吴棠奏明作爲清淮軍需，但錙銖而取之，瑣屑而派之，殊非政體所宜。此必須停止者一也。徐州係山東引地，前因捻匪梗阻，東引未能到岸，經督辦徐宿軍務田在田奏准借運北鹽劃收東課，原係暫時權宜之計，行之日久，流弊滋多。採買則私自赴場，售銷則旁侵皖界。刻下東引業已通行，皖民無虞淡食，不能再託借運之虚名，貽侵銷之實患。此必須停止者二也。北鹽向有净鹽毛鹽之分，已改捆者爲净鹽，未改捆者爲毛鹽。皆須納課方准出湖。近來私梟勾竄營弁朋販毛鹽，結隊横行，連檣闖越。堵之嚴則營員出而包庇，緝之疎則官引盡被占銷。此必須停止者三也。夫榷鹽之法，革其弊而利自興，餉鹽停則強封害販之弊除，捐鹽停則科斂病商之弊除，借運朋販之鹽停則引界混淆營私充斥之弊無不除。臣所謂整理之四端，蓋亦就諸弊既去，因勢利導耳。淮北綱引前係奏至戊午綱而止，今於五月初五日接開己未新綱。惟兵燹以後，户口大減，斷不能銷至四十六萬引之數。應循照兩年奏案，先辦正額二十九萬六千九百八十二引，每引例收報部正課一兩五分一釐，雜課二錢，又外辦經費四錢，倉穀河費鹽捕營各一分。此外如團練壩工緝費號項等款，名目太繁，一概删除，以紓販力。此現籌整理者一也。近來軍餉皆賴鹽釐接濟，勢不能概行裁撤。而長淮處處設卡，商販視爲畏途，且從前各卡總計每包約須完釐二千餘文，爲數過重，自應大加核減。今擬倣淮南總收分解辦法，歸併兩處。自西壩出湖先在五河設卡，每包收釐錢五百文，運赴上游再於正陽關設卡，每包收釐錢五百文。他卡只准驗票，不准重抽。由臣選派委員駐卡經理。蓋非減釐不足以輕本，非裁卡不足以卹商。此現籌整理者二也。淮北解餉原案向以十成分攤，臨淮軍營分四成，滁州李營分四成，安徽撫營分二成。今臨滁兩營業已分別截并，自可將該營舊有之餉改撥金陵一軍，稍解燃眉之急。惟漕臣停止捐鹽，亦應量予撥濟，以資貼補。嗣後所收課釐已咨明吴棠喬松年，應仍以十成分派，臣營派五成，撫營派四成，漕營派一成。論兵數則小有裒益，論舊例則無甚更張。此現籌整理者三也。北鹽每引例定正鹽四百斤，分綑四包，連滷耗重一百十斤。近來棧鹽出湖，皆在西壩改綑大包，重一百二三十斤不等，以省運腳及按包抽釐之費。換包後鹽票不符，叢生弊竇，臣已嚴申禁令，不准改綑大包，並於例給大票外，將每船裝鹽包數亦倣淮鹽之例，填給船户清單。庶鹽與票符，可杜就重而避輕，不致以多而報少。此現籌整理者四也。以上各條，係就户部原奏及御史劉毓楠之條陳，悉心參酌，力挽近年之秕政，悉復疇昔之成規。而又恐積弊已深，一旦改收現課，各販不甚踴躍，更議輔以官運，照商販一律辦理，以示倡導。淮北近年以來綱法紊亂，開綱既無定期，奏銷亦無定限。目下新章既定，臣嚴飭運司督同海州分司，廣爲招徠，源源認運，仍限一年造報奏銷，以符定制。但例銷北鹽口岸，疊被苗捻蹂躪，之後不但煙户凋零人民稀少，且未經開綱以前存積餉鹽捐鹽販鹽爲數不少。舊鹽之占壓太多，新鹽之售銷難速，勢有必然。又皖之潁六廬鳳，豫之信羅光逼近捻氛，軍情變幻刻刻可憂。課項能否如額收足，奏銷能否依限造報，未敢信有把握。其五河正陽關所收鹽釐，將來自當隨同正課，一并報部，以重款項。惟因餉需緊要，此時所收鹽課只能支應軍需，未能先運京餉，私衷耿耿，抱疚良深。臣惟督率運司忠廉殫盡血忱，實力經理，以仰副皇上整飭鹽綱之至意。

同治七年十月，公疏言：淮南引地定額最多銷鹽最廣，從前淮綱盛時，歲徵各岸課鹽甲於天下，其徵諸蘇省者不及十之一，徵諸江西安徽者不過十之三，徵諸兩湖者則居十之六，是淮綱之興替全視楚岸之暢滯爲轉移。軍興以後，長江梗塞，淮鹽不能行楚。經楚省督撫奏明，借食川鹽，原爲權宜之計。臣於同治二三年間，整理鹽務，維時淮商即以收復楚岸爲請，祇因引地被占十有餘年，行之既習爲常，禁之未便太驟。是以暫將鄰鹽釐稅酌量加重，原冀川私本重而日衰，淮鹽漸進而日旺，不謂川販巧於趨避，百計漏釐，每運兩引之鹽僅完一引之稅。臣訪其弊，上年曾派委員至宜昌會同楚省委員公同掣驗，本年又減淮鹽之釐，期收敵私之效，非不多方補救。乃查鄂湘兩局積壓淮鹽不下十餘萬引，存數極多，銷數滯，而川私紛至沓來，較前尤盛。推原其故，總由鄂省利食川鹽，雖有掣驗之名，而明讓斤兩。近聞宜昌抽收川稅，仍不過六七折，以致川販成本太輕，來源愈旺，是前此繞越而偷行者，今更肆行而無忌，川鄂官商幾忘引地之應屬何省。請舉淮之受害於川者數端，縷晰陳之。淮鹽逆流上駛，歷長江洞庭之險，每船至少須裝千餘包，船笨載重，計自瓜州開行，非四五個月不能達鄂，非六七個月不能達湘，偶遇暴風小磯，立時淹消，巨萬本銀悉歸烏有。川私則自川江順流而下，勢等建瓴，雜用小船靈便異常。計程途則淮遠而川近，論舟行則下易而上難，此運道之捷於淮者，其害一也。淮南之鹽以餘東呂四兩場爲通場之冠，俗所謂餘呂真梁者也。從前暢行楚岸，其鹽色之潔，由於商力充足，本年所產之鹽，堆至次年始行開售，堆愈久則鹽愈净。近年垣商疲乏，隨收隨售，鹽質甚乾，川販因之而居奇，淮岸因之而日廢。喧賓奪主，莫斯爲甚。此鹽色之難於淮者，其害二也。淮鹽定章以五百引起票，係有鑒於道光末年改辦票運，不拘引數，聽商稟認。厥後承辦數千引之大販皆爲一二十引之小販搶運所誤，故新章定以限制，一以杜無本冒充之弊，一以驗有力承運之資，計請鄂湘引票五百引，非現銀七八千兩不辦。川鹽則計斤不計引，售資數百千即可辦運，鹽皆散裝，既官私之莫辨。釐不預納，亦來去之自由。此籌運之巧於淮者，其害三也。鄂湘兩局售鹽，以到岸之先後定出售之遲速，鹽未到輪不准搶賣。近數年來，銷雖極疲而商未跌價，深得整輪之益。但在船守風抵岸守輪，計一檣之鹽非一年之久不得脱銷。川鹽則到處可售，得價即賣。銷路廣，則窮鄉僻壤徧地皆私，賣價輕，則舖户行家非川不鬻。此籌銷之便於淮者，其害四也。有此四害淮何能與川敵。川鹽一日不停，淮鹽一日無暢銷之望。意者謂川鹽停止，於川省業鹽人等有碍，殊不知淮南通泰二十場垣商煎丁以及鈎損捆忙人等，不下數百萬户，兵荒年久，困苦顛連，爲從來所未有。滿望江路通行，規復引地，徐圖轉機，不料鄂湘最暢之岸盡爲川私所占，西岸亦爲粵私閩私所占。場運各商倒歇之家固衆，而煎捆各役失業之人尤多。比之川省業鹽者，何止數倍。凡認淮引之商屢赴臣衙門呈遞稟詞，請堵川私，幾無虚日。譬之家有田產，任客民多年佔據，爲尊長者忍視子弟之啼飢號寒而不爲之救，有是情乎。至湖北軍餉原以川釐爲大宗，刻下髮捻俱滅，軍事大定，鄂省存營極少，餉項足敷周轉。況淮鹽内亦收鄂釐，淮銷果暢，鄂餉即因之而增。此時堵止川私核與前准部文，俟淮鹽暢，應即申明舊章，嚴禁鄰私，毋任侵佔等語，實相脗合。請旨飭下四川湖廣各督撫，停止川私行楚，以復昔年之舊制，而收經久之利權。臣職司鹽榷，歷有歲年，所徵課銀因軍餉緊要，未能多籌解京，私衷抱歉，耿耿於心。今雖交卸鹽篆，猶思籌異日之有餘，補近年之不足。我朝鹽法沿於舊制，畫分引地，係大經大法，一成而不可易。今南北軍務告竣，而不力争，以圖規復，則二百餘年之憲典自臣而隳。其拂逆商情，斂一時之怨，厥咎尚輕，敗壞成法，貽後世之譏，厥咎更重。用是縷晰具陳，如蒙諭旨准禁川私，應如何分立限期漸減漸停，如何堵緝粵私潞私浙私閩私不復抽收鄰税，統由新任督臣馬新貽，核議章程，奏明辦理。

同治十年二月，督辦陝西糧臺侍講學士袁保恒奏請權加鹽價以濟軍需，部議應由兼管鹽務各督撫轉飭各運司鹽道，將現辦綱引地方能否計斤加價，體察商力民情，據實覆奏。奉旨：依議。欽此。公覆疏曰：臣查袁保恒原奏，意在停捐以除積弊，增價以裕軍儲，用意未嘗不善。惟各省鹽法情形不同，即就淮而論，有窒礙難行者數端，請爲皇太后皇上縷晰言之。

夫所謂加增鹽價者，將加之於商乎。商人運鹽不能零星起運，淮南奏定章程，以六百斤爲一引，五百引爲一票，資本不足一票者即不准運。今擬每斤酌加三四文，約計每票須增成本一千餘串。分言之則形其少，合計之則見其多。此時淮南運商逈非昔比，類皆集資湊運，商力實有未逮。其窒礙難行者一也。

將加之於民乎。近來西楚鹽價較承平時已屬騰貴，一由鹽釐之過重，一由銀價之過昂，均以京外餉需緊迫，未能減輕售價。民間既以鹽貴爲苦，局中又以銷滯爲患，若再按斤加價，則水販無利可圖，勢必聞風而裹足；梟徒有私可囤，又將乘隙以賤售。其窒礙難行者二也。

原奏謂一省獨加則滯，各省同加則通。此固可免避貴食賤之患，殊不知市價難齊，物情使然，不獨一省有一省之價，即淮南自附場州縣起，推而至於江寧皖省，以達楚西，此岸與彼岸價皆不同。緣路有遠近之分，即價有低昂之判。今欲比而同之，雖法令亦有時而窮。其窒礙難行者三也。

原奏又謂，加價之款，即於各省鹽斤出場時，隨同正課收納，此亦可杜以多報少之弊，殊不知淮南新章之尚易招徠者，全在緩納課釐成本，借以減輕轉輸，可期便捷。應納之課須緩至場鹽售與運販後再繳，應完之釐須緩至到岸與水販後再繳。引額以兩淮爲獨多，加價即以兩淮爲更鉅。一旦責令商竈在於鹽斤出場之前完納巨萬鹽價，勢有不能。其窒礙難行者四也。

以上各層係就淮南商力民情言之，若論川淮交匯，則淮引受害爲尤深。前此長江未通，川鹽行楚同一占銷淮地，而彼時淮南兵燹之餘，通泰二十場商逃灶困鏾廢垺荒，場鹽既不能達岸，引地原不妨讓人。自賊平以後，另定新章，新舊各商添鏾修垺逐漸整頓，產數日增，而湖北湖南爲銷鹽最廣之區，迄今盡爲川私所占。現計存垣存棧存岸淮鹽積壓過多，苦無出路，商人資本久擱年復一年，運商則決裂堪虞，場商尤困窮無賴，灶丁貧而生變，亦屬意中之事。譬之治河，下游無歸墟之處，上游必有溢潰之患。今欲求疏通淮銷，非規復引地不可。欲規復引地，非禁止川私不可。臣於同治七年曾經剴切陳奏，而四川湖北湖南各督撫皆以軍餉爲重，交章力爭，部臣亦調停其間，是江督之於川鹽，方欲遏之使絶，而楚省且招之使來。臣目擊淮引地面盡被川私佔奪，不禁川則盡壞我朝之成法，欲禁川則先開鄰省之衅端。辦理掣肘，焦灼萬分。部議謂節經江督奏請減價以敵鄰私，淮引尚難暢銷，是淮南目前情形部中亦所洞悉。臣斷不敢預存推諉，不顧邊陲，亦何敢稍涉遷就，貽誤鹺局。再淮南鹽釐項下，有由場商捐輸內河鹽釐，每引四百文，先係分解揚州鎮江兩處糧臺充餉。嗣因糧臺裁撤，改撥京口緑旗餉銀等項之用。歷年歸入淮南造報開單，具奏在案。兹查前項鹽釐，起捐時係仿皖營漕營之案，飭令場商照捐，分解專爲接濟軍餉而設。現在東南軍務早經肅清，各場商因私鹽充斥，岸銷疲滯，轉輸不繼，虧耗日增，淮鹽既苦塵封，成本又多占擱，幾有岌岌不可終日之勢。據兩淮鹽運使方濬頤稟請奏停前項鹽釐以紓商力前來，臣查淮引滯銷，場商困苦，係屬實在情形。且皖營漕營之捐，經前督臣馬新貽奏停有案，此項事同一律，擬自同治十年正月起停止收捐。其京口緑旗餉銀另由藩庫籌解，俾商本略予減輕，庶垣產借資保固。

同治十年三月，户部議復湖南巡撫劉崐奏請，於永寶二府試行官運粵鹽一摺。衡州以下能否不致侵灌，近來淮南鹽釐收數逐形短少，永寶二府係淮南口岸，應由兩江督臣通盤籌畫有無窒礙淮綱之處，妥議覆奏。奉旨：依議。欽此。公覆疏曰：臣查湖南永州府一州七縣，寶慶府一州四縣，自康熙六年題准行銷淮鹽，雍正乾隆時屢有改食粵鹽之議，均經內外臣工奏駁有案。前人立法具有深意，行鹽必分界限，係我朝大經大法。凡兩省接壤之區，不許鄰私銷踰尺寸，引界一定，縱有奸民偷漏影射越境，即以私論。民尚知所畏憚，官亦便於稽查。即如蘇松常鎮，皆係浙鹽引地，與淮南場灶僅隔一江，鎮江與瓜州淮棧僅隔咫尺，路既便捷，價亦輕減，然必須行銷浙鹽而不能改食淮鹽者，正以界限分明則紀綱永守也。湖南之永寶二府，地居湘圻極邊又被粵私遍地侵灌，淮鹽久已不至該處，然不敢以二府改隸粵引者，誠以永寶一經改隸，則衡州亦將佔奪，長沙亦將侵灌。紀綱一紊，萬事紛亂，且留此二郡，借以保長衡之藩籬，尚可冀將來之暢旺。且鹽政不敢棄引地而不顧，猶之疆臣不敢棄邊邑而不守。今兩廣督臣既咨稱窒礙難行，而兩淮運司方濬頤亦詳稱湘省各商故不願以永寶引地改屬粵中。所有湘省官運粵鹽行於永寶之處，臣未敢輕於議准。抑臣更有請者，部庫餉源以鹽課爲大宗，鹽課又以兩淮爲大宗。而兩淮引地之被侵奪者，湖北全侵於川鹽，湖南則既見侵於粵鹽又大侵於川鹽。臣初次奏定淮南新章，但重加抽鄰税，不遽拒絶鄰鹽。旋因軍務大定，又於七年奏請禁止川私入楚，無非欲收回引地，冀復昔時之盛。現查川私侵楚，以鄰税收數計之，同治四五年間其勢稍衰，自七年分逐漸加增，八九兩年川鹽愈來愈旺。照淮南之六百斤成引者計之，每年占銷不下二十萬引，蓋一萬二千萬斤之多而繞越夾帶漏税之私者不在此數。湖北九年分所銷淮鹽僅七萬餘引，比川鹽銷數不過三分之一。喧賓奪主，莫此爲甚。運庫課釐日減，上年秋冬所收短絀尤甚，以部撥大婚彩綢之款不能應解。鹽積如山，庫空如洗，場商數百家艱窘尤甚。現在存堆在途到泰到瓜之鹽，共有五十餘萬引無處銷售。存堆者，成本之占擱已多；到瓜棧者，有上倉住舡之費，有换包折斤之耗，公私之虧累尤巨。日内紛紛至臣處呈稟，請令運商先買繳價，運商亦因楚岸不銷觀望不前。今年垣産甚旺，臣勉强借給銀十五萬兩，令場商收買春産，場商猶以款少鹽多不能遍收，深恐灶丁賣私通梟，尤慮其貧極生變，而舡户數千亦因無鹽可運，窮迫無聊。蓋淮南自官商以至舡灶夫役數十萬人，此兩月間皆皇皇焉若生計之將盡者，不料鹽務竭蹶一至於此。臣辦理不善，咎固難辭，亦實由楚南引地盡被川鹽侵佔，譬之農家被人奪去田産舉室無措也。部文有云，通泰各分司場灶所産鹽斤無從銷售，必致私梟競起，關係全局，所以百數十年無有改易。淮南口岸之議殆不啻目擊淮商近日苦況矣。臣於七年九月奏禁川私入楚一疏，經户部議准，欽奉諭旨，飭李鴻章等撤局停税，飭吴棠封禁井灶，並令覈議覆奏。旋於八年秋冬，李鴻章覆奏川鹽未可即禁者六端，而議於沙市設局，以川鹽八成，淮鹽二成配銷。吴棠覆奏，川鹽濟楚難以遽停者四端，而力言井之不宜封禁。經户部先後議覆，均令前兩江督臣馬新貽力圖補救，妥商覆奏。厥後沙市二八配銷之局，初議以斤計，繼議以包計。川鹽每包三百五十斤至八十斤不等，八成則近三千斤。淮鹽每包連包索八十六斤，二成則僅一百七十二斤。名爲淮占二成，實則不及一成。由此川勢日旺，淮銷日微。淮商吞聲飲恨而無如之何，今欲挽回一二，惟求皇上敕下户部主持全綱，剖斷是非。縱不能全禁川私入楚，亦當使淮多於川，保守國家之大經大法。或淮八成而川二成，或淮七而川三，川雖極多亦不得滿四成，庶幾官私判别，成憲常昭。其分成之法，或指明某府某縣暫准借食川鹽或鄂，每歲准行川鹽若干萬斤，不許溢額。但求部臣將大概規模斷定，其餘細微條目，臣當與川楚諸臣妥商章程具奏。凡疆吏辦事全賴各省和衷乃克有濟，向來江督鹽務本仗楚督緝私催銷，始有起色。道光年間林則徐、周天爵爲楚督時，則淮鹽大暢，他人爲督，其時並無袒護川鹽之事，而苟非一心維持，則淮銷常滯，蓋責弁役以緝私課州縣以銷數，均非本省大吏不足鞭策之也。目今湖廣督臣李瀚章曾在臣軍久管糧臺相得益彰，深知其顧全大局毫無私見，於臣處事件無不竭力相助，然外間頗議其袒護川鹽，膜視淮鹽非與淮爲難也。該督見水陸各營京協各餉需款甚鉅，恐一旦川鹽不暢，餉項驟減前數，係已成之規，不欲自己而隳。且見貧民散勇謀食於川鹽者，多恐其失業滋事。此二者籌之愈熟，故於川鹽護之愈堅。今欲楚岸鹽綱之平允，但在楚督一心之轉移。一心向川，則川銷旺，而衆商有恃矣。分心向淮，則淮銷旺，而衆商亦有恃矣。臣所求者，淮鹽堆積場棧者五十餘萬引，堆積鄂湘者十餘萬引，於此七十萬引中稍稍行銷楚岸，則運商場商之氣爲之一蘇，煎丁綑役及謀食於淮之衆不至失業滋事，即爲大幸，而淮南本分之引地不至棄而他屬，亦臣盡職之一端。至於餉項之嬴絀，則臣絶不敢争。昔年初定章程，淮鹽行楚，每引撥釐四兩二錢解交湖北糧臺，後遞減爲二兩四錢。初章撥釐銀六兩一錢二分解臣安慶糧臺，後遞減爲三兩九錢二分七釐。今欲鄂省減去川鹽入款，願將臣處應得釐銀多撥數成歸鄂，抑或全數歸鄂。如其全數歸鄂，則每銷淮鹽一引，鄂省可得銀六兩三錢有奇。以近日銀價計之，合錢十一千有奇。較之鄂省銷川鹽六百斤僅收川釐十千有奇，尚屬淮勝於川，於鄂省有嬴無絀。果能勤緝川私，鄂中應無難辦之處。倘蒙皇上乾斷，楚省引地必歸淮南作主，其餘各節臣當與李瀚章、吴棠妥商，無不通融辦理。俟湖北酌堵川鹽稍有起色，再商湖南堵川之法續行奏辦。

同治十一年正月，公以楚岸淮南引地業經會商定議暫與川鹽分界行銷，會同四川總督吴棠、湖南巡撫王文韶聯名上疏曰：伏查行鹽各有引界，今以川淮兩省之鹽同行湖北一界之内，此暢則彼滯，勢有必然。近年淮南銷數日疲，存鹽壅積，無術疏通，皆由川鹽到處洒賣，遂使淮引之界幾被川鹽占盡。論鹽斤則色白味鹹，川貨本勝於淮；論搬運，則下水順流，川路較近於淮；論民情，則楚人食川，習慣而已成自然；論官事，則川販聚楚，驟禁而恐生事變。故川私侵佔淮南引地，雖屬大紊紀綱之事，而有萬難遽變之勢。今欲於積重難返之後，挽回一二，仍當暫分疆界，爲徐圖規復之計。湖北淮引之地九府一州，此國家之大法，終古不變者也。就川私侵淮之地，而於其中收復數府，專以淮綱，酌分數府准銷川鹽。此目下之權宜，四面兼顧者也。臣等函牘往來，籌商再四。就湖北九府一州計之，現定將武昌、漢陽、黄州、德安四府先行歸還淮南，專銷淮鹽。其安陸襄陽鄖陽荆州宜昌荆門五府一州仍准川鹽暫行借銷。議定淮分之界，不准川鹽侵入分寸，而川分之界，仍可由淮商就中酌設子店，撥售零引，以明本係淮引地方，不可喧賓而奪主，一割而永棄。前於沙市所設配銷局，既於川販多有未便，而淮銷亦並無成效，應將此局裁撤移設新堤，改爲分銷淮鹽局。至武漢黄德四府内，湖北所設抽收川税水陸局卡亦一律裁撤，禁止川鹽不得顆粒侵銷四府引地。此會議分界之大略也。淮鹽滯銷之由，固由川私充斥，而銀價日昂，鹽價日貴，亦屬有碍銷路。初定章時，湖北每銀一兩約易錢一千五百餘文，今則增至一千八百餘文。居民買鹽則用錢，而局中售鹽則收銀，水販成本因之暗增，不能不量予酌減。查楚岸定章，本定每引售銀二十四兩，厥後遞減至十九兩二錢，現擬每引再減售價一兩二錢，每正引六百斤定售銀十八兩。所減之價在於應解鄂淮鹽釐内各半分扣，將來銀價如跌，再將鹽價隨時酌提，以昭平允。此減價之大略也。地方州縣本有緝私疏銷之責，若不加意整頓，深恐完税之川鹽雖申禁令，而無税之川私勢更蔓延。加以潞私北私交相侵灌，名雖定界，仍無補於淮銷。除湖北飭派緝私兵勇照常佈置外，所有武漢黄德四府擬擇扼要之地設卡分堵。凡潞私北私及川鹽越界漏税之私，仍由臣瀚章通飭各州縣，不分畛域，幫同局卡實力緝拿。每年年終，由督銷局會同湖北鹽道，視銷數之暢滯，定州縣之勤惰，開具清摺送由臣等會同考核，酌量勸懲，以收實效。一面由臣國藩責成運司督飭各場講求煎煉之法，務使淮南鹽色日潔，期與川鹽相敵。倘有以醜劣低鹽運棧，立將場員記過撤委。此又講求緝務整頓鹽色之大略也。兵燹以後，户口大減，各岸應銷之鹽較昔年額數已屬極少。而業鹽以謀食人數日衆，場井之産亦日多，臣等不敢期銷數之極旺，但求業淮鹽者不至因銷路被奪而遂絶生計，業川鹽者不至因銷路被堵而別出事端，是即兩全之道。此次分界之後，如果淮釐方贏鄂釐日絀，即當貼補鄂餉，期於勻分餘利而止。如果淮銷仍滯，川銷大暢，即當嚴堵川私，期於不侵新界而止。若其軍事大順，滇黔肅清，川鹽自有本管之引地，則今日今割之五府一州，仍當歸還淮綱。淮南引地行之數百年不刊之典，臣未敢輕於議割也。總之隨時體察川淮情形，補偏救弊，務在不戾時宜，不墜憲章。至湖南堵川之法，前經臣國藩奏明，俟湖北酌堵川鹽稍有起色，續行奏辦。現查湘省只有岳州常德澧州三屬行銷川鹽，岳州係達省會之門户，常德係入辰沅之要津，均爲淮鹽緊要口岸，亦經議定專歸淮銷。惟澧州與荆州相近，川鹽運往路捷價輕，應暫分與川銷。其餘未盡事宜，俟開辦數月，再行酌核續陳。

（清）王定安《求闕齋弟子記》卷二九《吏治·淮鹽運行皖岸章程》

第一條，觔兩改復舊制。淮南鹽務向以安徽爲中路，現在西岸楚岸均照道光三十年章程，以六百觔成引，皖省應即一律辦理。兹定淮鹽販運安徽者，專發護照，每照一張運鹽一百二十引，每引正鹽六百觔，外加滷耗六十斤，包索三斤半，分裝八包，每包連索過掣庫秤净重八十六斤。此外查出重斤，即以私論。

第二條，大通設招商局。中路售鹽向以大通爲總匯，本部堂札委劉牧履祥駐紮大通，設招商局，專司中路招商驗照抽秤收釐各事務。惟大通鎮銷鹽暢滯無定，上下口岸相距過秤不能仿照楚西之法挨次銷售。現另刊護照，將下游大勝關、金柱關、荻港、大通四卡釐金，全行緩納，驗照放行，俟鹽到大通，每引總完下四卡釐金錢六千文，專充水路彭楊，陸路曾鮑四軍之餉。按人數之多少，均勻分派運商完釐後，即將所領護照繳銷，由大局另給水程執照轉運他處口岸銷售。自大通以上，仍照舊章，逐卡完釐。

第三條，護照另繳軍餉。中路淮鹽護照，每年額定六百張，發交大通招商局劉牧招商承運，此外不另發。護照一張以一事權。凡各商販請領護照，除應繳下四卡釐金外，每護照一張另繳報効軍需銀三百兩。此項報効銀兩與楚西新章之提分商利無異，應專濟彭楊曾鮑四營軍餉，按人數之多少均勻分派。

第四條，計算成本數目。商販請領中路護照，前赴泰棧買鹽，每引八包，連正雜課暨鹽價在內，約計銀五兩五錢二分，應繳報効需銀二兩五錢，完揚鎮軍營釐銀一兩二錢，沙漫洲糧臺釐銀三錢二分，都營犒賞銀四分八釐，錢六千文，照時價約合銀四兩四錢，完大通局費銀一錢五分，共計每引約合成本銀十六兩三錢三分八釐。該局售價如遇暢銷之時，聽局員斟酌提價。即滯銷之時，至少每百斤不得跌至三兩以內，以保商本。如有不顧大局，私行賤售搶跌者，准衆商查出稟究議罰。

第五條，三處截角查私。運鹽過壩由泰州抽查過秤，將護照截去第一角。運至大勝關，又抽查過秤，截去第二角。運至大通，又抽查過秤，截去第三角。將照繳銷。如有重斤夾帶，均照販私律嚴懲。

《大清會典事例（光緒朝）》卷二二一《户部·鹽法》　鹽課總額

直省鹽課，以光緒十七年計之，共行四百一十七萬七千二百九十三引，課入七百三十九萬八千七百九十九兩有奇。謹案乾隆十八年，共行六百三十八萬四千二百三十一引，課入五百五十六萬五百四十兩有奇，又贏餘銀一百四十五萬四千四百一兩有奇。嘉慶五年，共行六百五十五萬八千六百五十八引，課入五百六十五萬二千五百七十五兩有奇，又贏餘銀四十二萬八千九百四十二兩有奇。

盛京

盛京鹽行奉天、錦州二府屬，以奉天府尹兼理。轄鹽場二十，黄旗場、竹心臺場、大板橋場、小板橋場、葫蘆套場、甜水河場、天橋場、二道溝場、三道溝場、四道溝場、柴河溝場、白馬溝場、劉三場、柳柴場、小鹽場、料河堡場、團山堡場、鐵廠屯場、鐵廠屯河西場、芝蔴彎場，均以州縣佐雜官兼司之。

天聰五年定，令守邊官兵稽查煎鹽。七年定，煎鹽人照價每兩納税三分。帶私鹽者，以其半入官。

順治元年定，奉錦各屬鹽場，歲辦供應陵寢長白山祭祀所需白鹽、上用白鹽、皇莊官莊鹽，共六萬六千斤。四年定，盜賣鹽者鞭八十，仍追鹽入官。

康熙十八年題准：奉錦各屬歲頒引萬三千七百七十四引，每引徵課銀四錢七分三釐有奇，共徵課銀六千五百二十三兩有奇。十九年題准：增三千一百引，加課銀千四百六十八兩有奇。三十年議准：停頒引鹽，仍聽民自行煎賣。

乾隆五十六年議准：盛京供應三陵，並支給過往官兵、各部院衙門匠役當差人夫等鹽斤，例由盛京户部支放。自盛京内務府領鹽二萬斤，又於額設鹽莊莊頭三名，每名交鹽一萬二千斤，共三萬六千斤。又於官莊所屬無地丁夫子弟分往鹽場煎鹽，不計丁數，交鹽一萬四千斤，每年通共收鹽七萬斤。嗣因各部院衙門人口食鹽當差丁夫生齒日繁，而鹽斤限於定額，復因災免缺鹽，准照餘鹽折價之例，每百斤折銀三錢二分，折還補缺，造入奏銷。其每年收鹽七萬斤，不敷需鹽八萬餘斤之數，應將額設莊頭三名，每名原交鹽一萬二千斤之外，各增四千斤，共得鹽四萬八千斤。並將查出官莊所屬無地丁夫現有五百名，亦按丁交鹽四十斤，共得鹽二萬斤，較原額增鹽六千斤。嗣後滋生人丁，按丁增鹽，儻有病故短少，必以二萬斤作爲定額，按丁攤交，不准遞減。統計新增舊額，合内務府原領鹽，每年共得鹽八萬八千斤，以資官用。

同治六年奏准：奉天所屬濱海地方所産鹽斤，因添籌本省練兵經費，按每石六百餘斤之數，由出買鋪户扣收東錢一千文，合制錢一百六十四文。以八成歸公，解充練兵經費。其餘二成，由外支銷。

長蘆

長蘆鹽行直隸順天府、保定府、永平府、遵化州、易州、河間府、天津府、正定府、冀州、趙州、深州、定州、順德府、廣平府、大名府、宣化府、河南開封府、彰德府、衛輝府、許州，並所屬之臨潁、郾城、長葛三縣，陳州府、懷慶府、南陽府舞陽一縣，統歸直隸總督管理。謹案：嘉慶年間，係欽差御史巡視，駐紮天津，兼轄山東，一年更代。嗣後專設長蘆鹽政管理，兼轄山東河南兩省。道光十七年，山東鹽務改歸山東巡撫統轄，長蘆鹽政兼轄直隸河南兩省。咸豐十年，裁長蘆鹽政，由直隸總督管理，仍兼轄直隸河南兩省。長蘆都轉鹽運使司管鹽法道運使專理。原駐滄州。轄鹽場八，豐財場、在滄州。蘆臺場，在寶坻縣。隸天津分司運同。駐紮天津，舊爲青州分司運同，乾隆四十六年改。越支場、在豐潤縣。濟民場、在灤州。石碑場、在樂亭縣。歸化場、在撫寧縣。海豐場、在鹽山縣。嚴鎮場，在滄州。隸薊永分司運判。駐紮滄州。以光緒十七年奏銷册計之，共銷六十六萬二千四百九十七引，每引行鹽五百五十斤，正課雜銀一百二萬五千八百兩有奇。謹案：嘉慶五年共銷九十六萬六千四十六引，每引行鹽三百斤。正雜課銀六十八萬一千三百十三兩四錢有奇外，餘引十八萬，儘銷儘報，並無定額。贏餘銀七萬六千三百四十三兩六錢有奇。

順治元年題准：長蘆正引七十一萬九千五百五十，又包課改引三萬五千四百五十有三，每引徵課銀二錢六分五釐七毫有奇。十二年題准：增備用四萬五千引，照正引例徵課。十三年題准：正備改用，每引增銀四分七釐八毫有奇。又題准：河南省開封府，每引增補額銀六分六釐六毫有奇。又題准：增正引十有二萬，照例徵課。十五年題准：停止備用新增二項引目，每正引攤納課銀七分一釐九毫有奇。十七年題准：改引附同正掣，增順天、永平二府屬三千六百引，照例徵課。

康熙元年覆准：長蘆巡鹽御史題附銷積引，納三引之課，行二引之鹽，每三引統毁一引，存司繳部，以防影射之弊。庶於國課無虧，復於各商有益。

二年題准：開封府所加補課，於正引内均攤，每正引，共課銀三錢九分六釐四毫有奇。

五年題准：開封府屬杞通太蘭儀四縣，改掣蘆鹽，增正引萬三千一百八十九紙，照例徵課。

六年題准：宣鎮改掣蘆鹽，增改千二百引，並保安衛改引三百，照包課改引薊永正河之例，每引納課三錢一分三釐六毫有奇。

十六年題准：長蘆每鹽一包，加鹽二十五斤，每引加課銀七分。又議准：京師地方，自十七年爲始，照元年覆准納三引之課，行兩引之鹽。

十七年題准：正定、河間、永平、宣化等府，薊州及大宛之采育營，每引鹽加課四分。又題准：計丁加五萬七千四百六十七正引，二萬九千四百九十五改引，共徵課銀四萬三千六百四十七兩有奇。

二十四年覆准：河南省懷慶府屬，因河東鹽少，改食蘆鹽，增三萬七千二百五十一引，照例增正引課銀萬九千二百九十八兩三錢有奇。又議准：興國場撥給地畝，免徵賦銀。

二十六年題准：舊州營汛内黄村等集鎮所行鹽引，歸併大宛二縣完銷。又題准：河南省陳州等六屬，改食蘆鹽，將兩淮課銀照數扣除。自二十七年爲始，增入蘆額，共增二萬四百十有九引，增課銀九千五百二十兩八錢有奇。

二十七年題准：陳州六屬原納淮課，兩倍於長蘆。今按課計引，將長蘆鹽引，照數速行給商行鹽，懸秤自賣，毋致按丁派食。

二十八年題准：長蘆新增三萬三千二百六十三引，課銀萬五千三百餘兩，原屬軍需暫增，悉行豁免。

二十九年題准：將天津衛十七年所加四千引豁除。又覆准：河南省陳州六屬，額頒二萬四百十有九引，照衛輝輪租例，每引該銀八釐，共銀一百六十三兩三錢有奇，於奉文之日爲始，徵收解部。又題准：直隸省宣化東西兩城深井堡三處，將額引除去，聽民自行煎鹽，包納引課。

三十年題准：直隸省懷來等衛六處，改食口外鹽，仍照舊額納課。

三十二年題准：直隸省延懷堡等地方，改設州縣，包課銀歸併徵收，永寧衛歸併延慶州，該包課銀九百七十九兩。深井堡改宣化縣，該包課銀四十二兩。懷來衛改懷來縣，保安衛礬山堡亦歸併懷來縣，該包課銀五百八十四兩。西城、東城二堡，歸併西寧縣，該包課銀四百六十六兩。保安州，該包課銀五百二十二兩各有奇。

三十三年議准：長蘆加增課銀萬二千兩。

四十一年議准：將直隸漷縣營頒五百五十引，歸通州知州管理。又覆准：順天府大宛二縣，加增三萬五千三百十有三引，每年應徵課銀，同四十三年引額造入奏銷册内，報部察覈。

四十七年議准：長蘆增行萬引，課銀四千二百三十六兩有奇。自四十七年爲始，照數徵收。又議准：直隸省薊遵等處增行萬引，徵課銀四千二百三十六兩有奇。又議准：直隸省永屬六州縣，增五百七十二引，徵課銀二百四十二兩有奇。

五十四年覆准：長蘆京引十有四萬，向設京館，句簿商鹽，挨次輪銷。今革除京館，令衆商張家灣買鹽。公保老成之商，於廣渠門、張家灣催科登記。別委員發鹽收課，立循單給商，赴張家灣委員處，驗換環照運鹽。止許從廣渠一門進城，循單環照，月終彙繳。

雍正元年議准：長蘆定例，每引行鹽二百五十斤。今商欠甚多，將現行鹽每包加鹽五十斤，以三百斤爲一包，令各商照例運銷，免其加課。徵完日，令該御史將所增鹽作何加賦，並應否裁存之處，題明再議。又題准：各州縣行鹽銷引，如地近場竈，私鹽充斥，銷不及額者，令各商通融代運銷賣。

四年諭：去年長蘆巡鹽御史奏稱長蘆竈地，久未清理，以致民竈爭控不已。請將竈户攤地從前售與民人者，許其回贖。如無力者，仍許現在耕種之民收租納糧，俟原業竈户有力之日，再行回贖等語。比經九卿議覆准行。近聞當年竈地轉售於民，其年分久遠有百餘年者，業主售主，多半變更。即有子孫，當時價值多寡，亦皆遺忘。或有逃亡等户，更無從質問，以致同姓影響之人，彼此爭贖，紛紛告訐，實滋煩擾。若必俟原業竈户有力之日回贖，儻原業之人始終無力，則此項地畝久久竟成民地，亦非清理竈地之良法。朕意以爲不若將竈户賣與民人之地，交易年近確有實據者，令竈户備價取贖。其餘年久迷失之地，所有爭告無憑辭狀，該衙門均行註銷。凡民人所有竈地，嗣後止許賣與竈户永遠爲業。如有仍轉行典賣與民者，照盜賣官地例治罪，永以爲例。如此則數年之後，竈地自漸歸於竈户，而無不清之弊矣。爾部即行文，著山東巡撫長蘆巡鹽御史遵照，實心奉行。

六年覆准：長蘆竈丁銀，攤入各場竈地徵收，按年完納。至白鹽一項，仍令竈丁辦納。又覆准：長蘆商人名下應完鹽課，作爲十分著追。永爲定例。

八年題准：長蘆掣鹽，令該御史按各商銷售醬鹽菜鹽之期，豫於春秋二季赴東秤掣驗放。其餘已未春運引鹽，委運同、運判督催春運秤掣驗放。

十年題准：直隸鹽價，按康熙二十七年原定之數，作爲標準，以現今價值稍爲變通，每斤酌加銀一釐，令商民兩便。又覆准：增直隸省薊遵灤等州縣三萬引，照例徵課。又題准：每年頒發餘引五萬，以備額引不敷之州縣領運，儘銷儘報。又題准：直隸省滄州分司所轄利民等六場，歸併各該州縣管理。其一應竈課銀，令州縣徵收，解交長蘆運司收儲。其六場大使，一併裁汰。再青州分司所轄濟民等五場，將天津府通判一員，移紮五場適中之越支場，專司鹽務。

十二年題准：增直隸省薊遵等州萬四千五百引，照例徵課。

乾隆四年題准：長蘆鹽引，令各商通融代銷。鹽政於批准之後，報部察覈，仍於奏銷册內聲明。

六年覆准：雍正元年長蘆每引加五十斤，原議俟各商積欠銀帶徵完日，再爲加課。今自乾隆二年起，長蘆綱引並分認儀封縣引，每引加課九分三釐二毫。薊州、永平府、正定府、河間府、采育營，每引加課八分四釐七毫有奇。懷慶府沙河縣，每引加課九分三釐六毫有奇。每年共加課八萬九千四百四十一兩九錢三分有奇。

十年題准：直隸省灤州遷安等處，停止老少牌鹽，令商人捐錢，將額定負鹽貧民，每名日給錢二十文，以資養贍，由地方官經理。十七年諭：前因長蘆各商積欠甚多，令其每引加鹽五十斤，分派行銷。續經部覈每年應增課銀八萬九千餘兩，但蘆商積困之餘，舊欠甫清，若按斤加課，商力未免拮据。著將所加鹽減半納課，永爲定額。其乾隆二年至六年應追未完加斤課銀十四萬餘兩，著一併加恩豁免。又議准：直隸省天津静海青滄鹽山五州縣，因有牌鹽，遂至影射，公行透漏夾帶，官鹽壅滯。應將現在牌鹽盡行裁汰，如實在合例老幼殘疾貧民，查定額數，取具里鄰甘結，加具印結，開造花名年貌清册，送總督鹽政衙門存案。照灤州等州縣之例，每名日給制錢二十四文。天津縣額引七百，飭商照例行銷，以濟民食。又奏准長蘆本年已領餘引，尚有不敷，請量領餘引三萬道，連原領餘引五萬道，共八萬道，給商運銷。儻有餘賸，照例繳部。

十八年奏准：牌鹽既經停止，必須開設官店，以濟民食。既開官店，勢須領引以嚴稽考。但官鹽之價，仍從牌鹽之舊，每斤止賣小制錢五文，覈計成本不敷，商力難以賠墊。惟有將津邑所銷餘引，免其輸課，則商不病而民得永受賤鹽之利。至天津縣額引七百道，仍照例輸課行銷。並將天津一縣作爲公共口岸，選商輪直，一年更換。

二十五年奏准：長蘆、山東引課錢糧，向於五月奏銷，嗣後改至十月舉行。長蘆餘引，遞壓一年，於五月奏銷。

二十九年議准：長蘆鹽斤，自康熙二十七年定價之後，至雍正十年題准，每斤酌增制錢一文。近年物價增長，鹽本加重，而鹽價仍照原定數目，致形竭蹶。除天津公共口岸毋庸增加外，餘俱照雍正十年之例，每斤增制錢一文。又議准：直隸省灤州遷安樂亭三處情形，僅能行銷六分。將三處之引通出四分，於能銷之州縣代銷，其灤州遷安樂亭三處行銷六分。儻再有此嬴彼絀，仍於三處內通融行銷。

三十二年諭：朕此次臨幸天津，該商等趨事辦公，頗稱踴躍。因念長蘆通綱引課，每年十月內奏銷，正值銷售菜鹽之時，鹽價未及收齊，而奏限已屆，商力未能舒展。著將長蘆通綱鹽課，嗣後改至十一月底奏銷，俾得從容完納，以示體恤。

三十五年議准：長蘆鹽斤售賣，所收均係錢文，近年錢賤銀貴，商人易銀完課，多虧成本。嗣後該處鹽斤，照現在定價數目，每斤增制錢二文，俟錢價稍昂，該鹽政即據實奏明酌辦。

三十六年議准：長蘆行銷鹽引，直豫兩省共一百八十四州縣兩營，數目多寡不等。大率以地方户口之繁簡，分別定額行銷，年深日久，今昔情形不同，致有滯銷之區。雍正元年曾經題准，各州縣行鹽銷引，如地近場竈，私鹽充斥，因而銷不及額者，照代銷之例，令各商通融代運銷賣。今滯銷之四十六州縣二營，每歲應銷八分引目，銷售未完，年復一年，壓本包課，積困日深。應照從前代銷之例，於續定八分引內，再匀出一二分，於暢銷之九十七州縣通融銷賣。又議准：長蘆正引課於次年十一月奏銷，竈課於次年五月奏銷，餘引課再次一年，於十月奏銷。

四十三年覆准：天津薊永通判，改爲薊永分司運判。將附近之越支濟民石碑歸化等四場灘地竈課錢糧等事，舊隸運同者，俱歸運判管理。

四十六年議准：長蘆青州分司運同，改爲天津分司運同。

四十七年奏准：長蘆鹽行直隸河南兩省，各州縣俱於現行價值外，每斤酌增制錢二文，以資行運。

五十年覆准：天津公共口岸，向係選商輪辦，一年更換。惟津邑逼近灘坨，爲私梟淵藪，防範難周，該商不能實心經理，漸次廢弛。嗣後定以五年報部更换。

五十三年議准：長蘆各引票，通行直隸河南，鹽價每斤加制錢二文，以資轉運。將來或遇錢價較貴之時，據實奏明，將所增鹽價停止。

嘉慶三年議准：長蘆官商原辦二十州縣引地，共引一十萬六千二百八十六道，全數入官。各商分認引地，每年應交租價銀二萬兩，解交内務府充公。

五年諭：户部議覆長蘆鹽政奏請蘆東鹽斤加價一摺，所駁甚是，已依議行矣。現在軍務尚未蕆事，一切兵餉供支，皆須發帑接濟，固應寬爲籌備。但朕斷不肯因此有累及閭閻之事。教匪何？民也。原因不肖官吏，勒索苦剋，激成此事，至今未能復業。自滋事以來，到處焚掠裹脅，百姓逼於不得已而從賊，是剗平賊匪，必先使吾民各安生業，民安而賊自可平。多安一民，即少一賊。此事理之必然者。若因軍興需費浩繁，遂思朘削百姓之脂膏，冀補國家之帑項，或致生計不足，別滋事端，所費更多，爲害更大。朕躬行節儉，永杜貢獻，言利之徒無所施其伎倆。惟近日臣工往往藉軍需爲名，在朕前嘗試，巧言利國，實皆利己。此等假公濟私之人，本應加之譴責。但人材不易，豈遂以一眚之失，遽爲罷斥。此時亦第存之於心，不肯宣露，早已薄其爲人矣。即如長蘆加增鹽價一事，雖計算食鹽之人，每日所費不過一二文，似屬有限。而不知鹽斤爲食用所必需，一經議增，則人人均受其累。且私販本因官鹽價昂而起，今再議增加，則私鹽自必更爲充斥，官引壅銷愈多。長蘆鹽價加增，已非一次。即該商積欠各款，節經寬免展限者，亦非一次。恩施不爲不厚，豈得復行干瀆，爲此無厭之求。況鹽價既增之後，即不能復減，累及閭閻，寧有已時。雖據稱此次加增，爲清完積欠而設。但加價之後，該商等亦未必清完國課，徒然病民以裕商，更屬不值。朕寧可使帑項有稽，而斷不肯朘民以益帑。況天下山陬海澨，所有財貨皆朕之財貨，豈必聚於宫府，踵瓊林大盈之鄙識哉。爲天子者富有四海不問有無，藏富於民，周流泉幣，斯得九五福之二曰富大旨矣。朕勤求上理，惟思克己利民，以符損上益下之義。將來軍務完竣，即現開捐例，亦當停止。豈有無故將鹽價加增之理乎。將此旨與諸王及大學士九卿同看。

十二年奏准：長蘆鹽包，每三百斤加消耗鹽十三斤十一兩，小法一塊。

十四年諭：本年長蘆天津分司所屬豐財場，灘副被水成災，所有該場貧竈修理灘一百九十副，共需工本銀二萬八千二百六十四兩，准其在於運庫借給。自嘉慶十八年菜鹽後，分限四年完交。

十六年定：直隸省天津縣，於額銷納課正引七百道之外，所銷餘引，不得過四萬道，免其輸課。

十七年諭：長蘆鹽務，自乾隆五十三年加價以後迄今已閱二十餘年。現在各商因虧折成本，日形疲乏，自不能不量爲調劑。除天津公共口岸，山東民運票地，例不增價外，所有正餘引票官鹽，著每斤加制錢一文。其所加之價，一半交官以完商欠，一半歸商俾資成本，俟欠項全完，商力漸有起色，再行奏明酌減，以復舊額。

十八年定：長蘆所用掣鹽法馬，十六兩爲一斤。令工部如式鑄造，會同户部，眼同委員，照依庫儲祖法，三面較準，給發該委員領回，仍取具領結存查。又奏准：長蘆鹽包，每三百斤加包皮耗鹽十斤。河南道遠，又加耗鹽五斤。商人不再加竈户價值。

十九年覆准：石碑場原額草蕩地及新增草蕩地，每畝徵銀六釐。新淤竈地，每畝徵銀八釐七毫二絲。

二十年議准：豐財蘆臺兩場灘副竈户，無力斟曬，或租給商民，或與商民夥曬。凡停曬未久，修灘工本較少者，限五年准其另租。其停曬日久，修灘工本較多者，限八年准其另租。竈户收回自曬，亦照此限，仍責成場員實力稽查。儻將鹽斤私行出售，或藉出租名目，將灘副影射典賣，照例嚴辦。

《大清會典事例（光緒朝）》卷二二二《户部・鹽法長蘆二　山東》

道光二年定：長蘆正引課仍於次年十一月奏銷，竈課仍於次年五月奏銷，餘引課改於又次年十一月奏銷。

五年奏准：堰工加價，長蘆每鹽一斤加制錢二文，每三月造報一次，聽候撥用。於次年二月彙數奏報，如有拖欠，照正課未完例辦理。

八年議准：長蘆商運鹽斤，每包於額定斤數並舊加包索滷耗之外，再加鹽二十斤，免其交課以補折耗，俟商力稍紓即行停止。

十年復准：直隸省天津武清二縣，作爲公共口岸，選商輪辦，定以五年爲限。如五年期滿，即行更換，毋得再請留辦，以符定制。又奏准：長蘆鹽政衙門除尋常事件該鹽政自行陳奏外，其有關繫錢糧者，俱會同直隸總督題奏。

十一年諭：天津爲運道總匯之區，糧船往返，每於例准買帶食鹽四十斤外，多帶鹽斤，以致妨礙蘆綱，亦且侵占淮引。茲據王鼎等查明，軍船私帶之弊，以江廣各幫爲最重，實亦不獨江廣爲然。其透漏鹽斤之弊，以天津爲最甚，亦不獨天津爲然。沿河一帶囤梟，每於幫船將次抵境，先向議定價值，迨船一到，即用小艇黄夜裝載。與其拶獲於既帶之後，不若嚴禁於未帶之先。現添派天津分司運同，暨天津府知府同知，總司稽察。並於于家堡楊柳青獨流各處，添派鹽務官各一員。其甎河地方，添派滄州知州，就近督率辦理。鹽務正當整飭之際，該署督等既經派委多員，沿途防範，尤當嚴飭各該員等，實力巡防，認真拶查。一面堵截河干囤販，一面嚴拏小艇截私，有犯必懲，毋致有名無實。如有差役兵目人等，得規徇庇，即行從重治罪。又覆准：長蘆鹽引，每年行運，准其以十引之鹽併爲九包，以省運腳。其課項仍按十引完納。所減一成引目，即在滯岸額引內提出存庫，坐繳於現行額引內，每包加鹽三十三斤，按斤升課，抵補所減之引，以符原額。儻該商等於所併引加斤之外，私行夾帶，藉圖影射，查出照例懲辦，以杜弊混。又議准：裁汰直隸省天津分司所轄之富國場大使一缺，其原籍之竈户，歸併各原籍州縣管轄。天津縣歸併富國場，原額竈地及新增竈地，每畝徵銀三釐八毫有奇。原額草蕩地，每畝徵銀二釐七毫。灘地，每畝徵銀八分九釐九毫有奇。靜海縣歸併富國場，原額竈地每畝徵銀三釐八毫有奇，草蕩地每畝徵銀二釐七毫。滄州歸併富國場，原額竈地每畝徵銀三釐八毫有奇。南皮縣歸併富國場，原額竈地每畝徵銀三釐八毫有奇。鹽山縣歸併富國場，原額竈地每畝徵銀三釐八毫有奇。慶雲縣歸併富國場，原額竈地每畝徵銀三釐八毫有奇。青縣歸併富國場，原額竈地每畝徵銀三釐八毫有奇。寧津縣歸併富國場，原額竈地每畝徵銀三釐八毫有奇。寧河縣歸併富國場，原額竈地每畝徵銀三釐八毫有奇。山東省樂陵縣歸併富國場，原額竈地每畝徵銀三釐八毫有奇。【略】

十二年諭：蘆商併引辦鹽，自道光元年試辦後，已歷多年，實有成效。著准其永遠遵行，以歸節省。嗣後每年應完引課，著該鹽政實力督徵，務須年清年款，以收引銷課裕之實效。儻該商人等於併引加斤之外，私行夾帶鹽斤，影射滋弊，即著查明嚴參懲辦，以杜弊混。又議准：直隸省天津府屬之天津縣歸併富國場竈丁六百六十八丁，每丁徵鹽十四斤十兩一錢有奇，每丁徵銀四錢九分一釐八毫有奇，遇閏加徵銀一分一釐二毫有奇。静海縣歸併富國場竈丁八十一丁，每丁徵鹽十四斤十兩一錢有奇，每丁徵銀四錢九分一釐八毫有奇。滄州歸併富國場竈丁四丁，每丁徵鹽十四斤十兩一錢有奇，每丁徵銀四錢九分一釐八毫有奇，遇閏加徵銀一分一釐二毫有奇。南皮縣歸併富國場竈丁七十六丁，每丁徵鹽十四斤十兩一錢有奇，每丁徵銀四錢九分一釐八毫有奇，遇閏加徵銀一分一釐二毫有奇。鹽山縣歸併富國場竈丁八丁，每丁徵鹽十四斤十兩一錢有奇，每丁徵銀四錢九分一釐八毫有奇，遇閏加徵銀一分一釐二毫有奇。慶雲縣歸併富國場竈丁六丁，每丁徵鹽十四斤十兩一錢有奇，每丁徵銀四錢九分一釐八毫有奇，遇閏加徵銀一分一釐二毫有奇。青縣歸併富國場竈丁二丁，每丁徵鹽十四斤十兩一錢有奇，每丁徵銀四錢九分一釐八毫有奇，遇閏加徵銀一分一釐二毫有奇。河間府屬之寧津縣歸併富國場竈丁八丁，每丁徵鹽十四斤十兩一錢有奇，每丁徵銀四錢九分一釐八毫有奇，遇閏加徵銀一分一釐二毫有奇。順天府屬之武清縣歸併富國場竈丁二丁，每丁徵鹽十四斤十兩一錢有奇，每丁徵銀四錢九分一釐八毫有奇，遇閏加徵銀一分一釐。寶坻縣歸併富國場竈丁十四丁，每丁徵鹽十四斤十兩一錢有奇，每丁徵銀四錢九分一釐八毫有奇，遇閏加徵銀一分一釐二毫有奇。寧河縣歸併富國場竈丁十四丁，每丁徵鹽十四斤十兩一錢有奇，每丁徵銀四錢九分一釐八毫有奇，遇閏加徵銀一分一釐二毫有奇。山東省武定府屬之樂陵縣歸併富國場竈丁十六丁，每丁徵鹽十四斤十兩一錢有奇，每丁徵銀四錢九分一釐八毫有奇，遇閏加徵銀一分一釐二毫有奇。

二十年奏准：長蘆提繳二成引十八萬三千五百九十四道。

二十二年奏准：長蘆引鹽每斤加價二文。

二十三年奏准：長蘆減十萬引，以六年爲限。

二十八年奏准：蘆綱奏銷與應交各衙門帑利同時並徵，商力未逮，所有二十七年正引課，改於二十九年五月奏銷。此後按年照辦，俟商力稍紓，再行責令趕辦一年，以符舊制。又奏准：嗣後長蘆鹽政衙門起，至知事巡檢止，並天津鎮、道、知府、同知、知縣、儒學等處，應交各款，及商人支項，書役工食薪水號禮，並一切支銷費用，統共删減銀四萬六千五百零三兩四錢一分三釐。其引地文武各衙門官役相沿陋規，一體裁汰。又奏准：長蘆各商每年應完內外各衙門帑利銀三十萬一千兩有奇，按引均攤，無論行引行票，悉同正課一併覈計徵收，分款支解遇閏照例加增。又奏准：長蘆巡緝私鹽，向係商人設汛，通綱津貼巡費，仍照舊章辦理。至協拏兵役，仿照京營捕盜章程，以所獲人鹽之多寡，立時分別獎賞，毋庸按季發給，以示鼓勵。至所獲之犯，統歸運司審辦，仍報鹽政，以昭覈實。又奏准：長蘆各商領運引鹽，每引除原額外，准加鹽一百五十斤，應免完課。仍俟商力稍紓，即行停止。其每斤賣價，均各減去制錢二文，俾商民兩有裨益。至協濟補欠充公等項加價名目，概行裁撤。

二十九年奏准：長蘆減十萬引，業已六年限滿，再展五年，以恤商力。

咸豐六年奏准：蘆綱行鹽，遇有運道阻塞，由該商隨時稟明運使，詳請改道。至落廠地方土棍，敢有攔阻陷害者，該商即稟明地方官嚴拏懲辦。八年覆准：長蘆引鹽，每斤復價制錢二文，分別京引外引，按引完銀。所徵銀兩解充天津海防經費，並本省練兵月餉之用。十年，裁長蘆鹽政，鹽務事件統歸直隸總督題奏。

同治元年諭：户部奏長蘆懸岸，於道光二十八年暨咸豐十年疊經奏定章程，勒限招商辦理。兹查咸豐九年奏銷册報，懸岸仍未招商，其閒各官商捆運交完懸岸課款之處，咸豐八年册報，徵補銀八萬四千餘兩，九年僅徵補銀五萬餘兩，逐年遞形短少。再懸岸引地，招募商販捆運，向由運使給票，不用部引，每年行銷若干無從稽考。應令遵照户部前咨，用部頒之引，加蓋字樣給發，以憑查覈。又長蘆積欠銀二千三百餘萬兩，前經奏定自道光二十九年起，每年按引攤補十七萬餘兩。近查奏銷册並未完報，嗣後務飭按引攤完各等語。長蘆懸岸共七十餘處，各官商辦理捆運交課較輕，自必日形踴躍。鹽有銷路，即課有來源，何以懸岸課款節年遞形短絀。著文煜督飭運司，將現在有人捆運之處，係何口岸，每年運鹽若干，交課若干，有無影射蒙混以多報少，及無人承辦各岸有無私運私銷，確切查明，據實報部。並照該部前咨，將懸岸運銷之鹽即用部頒之引，由該運司加蓋行銷懸岸引地字樣發給，以歸覈實。仍飭該運司趕緊一律招商認辦。應如何設法招徠之處，即著悉心酌覈，奏明辦理。至長蘆積欠銀二千三百餘萬，並著文煜飭該運司認真查覈，務令欠項虛懸，至干參辦。五年奏准：河南省行銷蘆鹽，每斤加價制錢二文作爲河防養勇經費。

六年覆准：直隸省永平府盧龍、撫寧、昌黎、臨榆、灤州、遷安、樂亭等七州縣鹽務，由各該州縣安汛設巡，官爲運銷。應徵課款，按額完交。每届奏銷，另册具題報部。

七年議准：河南省河防加價，改爲滎工加價，專款徵收，解還部款。

九年奏准：長蘆減停京引二萬道。

十一年奏准：河南省滎工加價，由長蘆徵收，每年以五萬兩解還部庫。

十三年奏准：蘆綱連年災歉，運本加重，傷耗過多，商力實不能支。今擬除津武口岸並永平七屬，均近灘坨不計外，其餘直隸各引岸，並蘆鹽所行引岸，請每包於向定斤兩之外，酌加二十斤，令其彌補傷耗，應免加課。又商人賣鹽得錢，必須易銀交課。現在銀價逐年增長，而賣價仍係原定錢數，賠累更多。今擬除津武口岸並永平七屬，向不隨同加價。又豫省蘆鹽前已加價不計外，其餘直隸各岸引鹽，每斤酌加賣價制錢二文，以每人日食鹽三錢計之，僅多費一文零，尚不至病民。即自六月初一日起，一律照加，暫以五年爲限。如商力稍紓，當分别奏請停止。又奏准：蘆綱引多銷滯，原停引目，推展五年，再請復額。

光緒五年奏准：蘆綱原停引目，再行推展五年。又奏准：直隸賑款支絀，自本年六月起，將加價展限五年，每年交銀二萬兩，共合十萬兩，彌補不敷之款。

十一年奏准：京商原停引二萬道，照案推展五年。又奏准：豫岸蘆商，令每年交銀八萬兩，五年爲限，仍每包准加耗二十斤，以資貼補。

十二年奏准：豫省行銷蘆鹽口岸共十六州縣，滯銷虧課，歷有年所。自同治十二年創辦官運，整頓漸有起色，至光緒十一年一律歸商辦理，按照捆運定數，改爲認運，仍逐漸加增，以期規復原額。

山東

山東鹽行濟南府、兗州府、東昌府、青州府、泰安府、武定府、萊州府、登州府、沂州府、曹州府、濟寧州、臨清州、河南歸德府，江蘇徐州府所屬之銅山、蕭、碭山、豐、沛五縣，鳳陽府所屬之宿州。以山東巡撫管理，山東都轉鹽運使司兼理，鹽法道運使專理。駐紮濟南府。轄鹽場八，永利場，在霑化縣。富國場，在霑化縣。王家岡場，在樂安縣。永阜場，在利津縣。官臺場，在壽光縣。隸濱樂分司運同。駐紮蒲臺。西由場，在掖縣。石河場，在膠州。濤雒場，在日照縣。隸膠萊分司運判。駐紮濟南。以光緒十七年奏銷册計之，共銷四十萬五百引，每引行鹽三百二十斤，票引十七萬一千七百四十紙，每票行鹽二百二十五斤，共課銀十三萬一千五百兩有奇。餘票八萬三千一百八十紙，課銀一錢六分至二錢二分不等。謹案：嘉慶五年，共行正餘鹽五十萬五百引，每引行鹽二百二十五斤，票引十有七萬一千二百四十紙，每票行鹽二百二十五斤，共課銀二十四萬三千三百五十四兩有奇。餘票八萬三千一百八十紙，儘銷儘報，並無定額。

順治元年題准：山東省歲行正鹽四十六萬三千七百三十七引，每引課銀二錢五釐有奇。又行票鹽九萬四千四十七引，每引課銀一錢二分八釐三毫。

十一年題准：減正引二十三萬三千七百三十有七，照額減課。十二年題准：復正引萬五千，照例徵課。

十三年題准：增正引八萬，照例徵課。十七年題准：停止新增引目，課銀按額攤納。

康熙五年題准：河南省開封府屬杞、通、太、蘭、儀五縣，改食蘆鹽，酌減萬三千百八十九引。六年覆准：復行正引八萬，照舊徵課。

十六年題准：每正引加鹽二十五斤加銀四分，每票引加鹽二十五斤，加銀三分。

十八年題准：每票引升課六分。又題准：每十引加增一引，共加三萬一千一百八十一引，每十票加增一票，共加九千四百有五票，照例徵課。二十五年，命豁免竈丁等項額外銀萬四千二百八十四兩五錢一分。三十五年題准：加增五萬引，照例徵課。

五十六年題准：加增五萬七千五百五十六引，照例徵課。

五十七年覆准：山東省歲行鹽四十五萬引有餘，節次漸增，令散派舊商行銷。五十八年，裁膠萊分司缺。

雍正三年覆准：東運行鹽地方，因從前節次漸加引目，未經分别州縣，止按引數派散，是以有引多引少之嫌，將山東魚臺等三十一州縣減去萬八千四百六十引，量增於河南鹿邑等二十一州縣行銷。

四年題准：山東省永利等十場應徵丁銀，將一半三千一百二十六兩有奇，攤入各場竈地及歷城等州縣民佃竈課之內，一半按丁均攤。遇有升課地畝，仍照例加攤丁銀，即將丁銀通覈減收。七年題准：山東省十場，地方遼闊，復設膠萊分司運判。又覆准：東省嗣後部頒引目，封儲司庫，照長蘆之例，設立水程驗單，填註商人姓名及引數目，並按程途里數限以運到日期。到後，該州縣查明截角。又覆准：增行四萬九千四百五十二引，照例徵課。又覆准：增行五萬二千九十二票，照例徵課。八年題准：河南省商河等縣增八千六十一票，山東省淄川等州縣增八千一百二十五票，照例徵課。又題准：每年頒餘票五萬，以備票引不敷之州縣領運，有餘繳銷。

乾隆元年題准：增行五萬引，照例徵課。又題准：新設山東省博山縣，增餘票千五百紙。又將益都縣二千四百四十三票，萊蕪縣三十四票，淄川縣二百五十二票，改撥博山縣運銷定額。

五年題准：增餘票一萬。

六年題准：增餘票五千。

七年覆准：東省行鹽票地，認充不一，更替靡常，豪強者得以鑽營謀奪。今分三等，按票輸穀，給爲世業。上等每票輸穀二石，中等每票輸穀一石五斗，下等每票輸穀一石，所輸穀歸於社倉內，令地方官經理。票商遇有事故，令新商給還原輸穀價。三十年覆准：山東省增餘票一萬五千道。

三十五年議准：山東省近年錢賤銀貴，商人以錢易銀完課，有虧成本，嗣後該處鹽斤，照現在定價數目，每斤增制錢二文，俟錢價稍昂，即據實奏明酌辦。又議准：山東省引課，商運課票於次年十月奏銷，民運票課竈課於次年五月奏銷。

四十三年覆准：山東省永利、濤雒二場，俱設立老少貧販共三十四名，仿照天津等州縣給錢停販之例，每老少一名日給制錢二十四文。飭該地商人按數捐輸，繳存縣庫，地方官按月散給，以資養贍。將舊設牌鹽永行停止。又覆准：山東省增餘票一千六百八十道。

四十七年奏准：山東省鹽價每斤加增制錢二文，以紓商力。

五十三年議准：山東省鹽價，每斤加增制錢二文，以資轉運。

五十四年議准：山東省所屬利津、蒲臺、莒州、日照、益都、博山、臨淄、博興、高苑、樂安、壽光、昌樂、臨朐、安邱、諸城、高密等十六州縣民佃竈地，鹽課正銀一千六百八十六兩四錢五分四釐，應徵一四耗銀二百三十六兩一錢四釐，各州縣統解運司衙門查收。其經催經徵應敘應處職名，均隨同正銀造報。至解交正銀，於耗銀項下支給解費腳費，外餘銀仍由運司移解藩庫充公。

五十六年議准：長蘆所屬滄州之譚家莊、鹽山縣之高家莊、田家莊、海豐場之崔家莊、劉家莊等五處孤懸村莊，共徵白鹽八百五十斤五兩六錢一分一釐，共徵折色銀二兩八錢三分四釐。又譚家莊、高家莊、田家莊等三處孤懸村莊，共竈地四頃九十畝九釐四毫一絲，共徵竈課銀四兩九錢九分九釐，遇閏加增銀六分，均撥歸山東永利場管轄，按數徵收。又題准：山東省沂州府屬之蘭山縣，額設鹽票四千二百張內撥出一千二百張，以五百張改作兗州府屬嶧縣額引，又二百張作爲沂州府屬費縣額引，又五百張作爲濟南府屬長山縣額票。除費縣票價與蘭山同，並無增減外，嶧縣加增引課銀一十四兩二錢五釐。又徵歸公鹽斤銀一十六兩五錢，養廉銀二十有八兩三錢三分八釐，銅斤河工等銀一十九兩五錢，並長山縣加增票價銀三兩二錢四分九釐，均歸入各該縣額徵項下，按年造報奏銷。又議准：山東省商運引鹽，每引一包，計重二百二十五斤。由永阜場築包，按引秤掣，自車運直達引地者毋庸盤剥，仍循舊例按包起運外，其由船運車運至兗州府屬陽穀縣之阿城交卸。有由阿城上船發濟寧州之安居者，有裝船運濟寧州屬魚臺縣之南陽、江南省徐州府屬沛縣之夏鎮者。鹽至安居，由曹州府屬之劉家口、單縣之董家口渡黄。鹽至南陽夏鎮，盤湖過壩，由徐州府屬碭山縣之李家口、徐州府之北關渡黄，復用車輛分發各引地，統自阿城重裝，二引合爲一包，以免耗折而省腳費。

嘉慶五年議准：山東省商運票課，照長蘆之例，改至次年十一月奏銷。民運竈課票課，仍於次年五月奏銷。

二十一年覆准：山東省濰縣額票三千二百五十二張，酌撥一千五百張歸富國場配運。

道光五年奏准：堰工加價，山東每鹽一斤加制錢二文，內山東引票各屬，銅山、宿州、蕭縣、碭山、商邱、寧陵、鹿邑、夏邑、永城、睢州、柘城、考城、利津、霑化、海豐、壽光、樂安、臨朐十八州縣加價俱行停免。按三月造報一次，聽候撥用，於次年二月彙數奏報。如有拖欠，照正課未完例辦理。

八年議准：東商行運鹽斤，山東鹽，每引加包索滷耗鹽二十斤。南運鹽，每引加包索滷耗鹽二十五斤，以資貼補。商力稍紓，即行停止。

十一年諭：訥爾經額奏籌辦緝私一摺，東省鹺務，官引滯銷，總由私梟充斥。沂州府各屬尤甚，該府接壤江南，現當南省籌緝私梟之際，尤恐此拏彼竄，闌入東境，於該處票地甚有關礙。據該撫議請變通舊章以靖梟私，著照所請於莒州日照沂水蒙陰蘭山郯城等處，召募殷商，並委鹽務熟諳人員，督率該商，於各要隘徧設巡役稽察，用杜疏漏。所需巡費，由運司籌款支發。其地方營縣，亦著按段加派兵役，協同堵拏，即於各州縣攤捐緝捕經費項下，酌量撥給工食。並另行遴委幹員會同營縣認真嚴緝。如能將大夥梟販拏獲多名，及官引暢銷，著有成效，即分別奏明，量予鼓勵。儻有妄拏無辜，擾害居民，或虛懸巡額，鹽引滯銷，即將印委各員分別嚴參示懲。至武定青州兩府屬票地，亦著隨時體察情形，仿照辦理。十七年定：山東巡撫兼轄河南、江蘇、安徽等處鹽務。謹案河南三省，向歸長蘆鹽政總理。

二十三年奏准：山東省減十萬引，以五年爲限。

二十九年奏准：山東省前減十萬引，業經限滿，再展五年，以紓商力。謹案嗣後遞請推展，迄未復額。又議准：一、山東省德州、冠縣、莘縣、臨清、鄆城、金鄉、城武、滕縣、壽張、朝城、德州、菏澤、觀城、范縣、日照、莒州、沂水、利津、濰縣、昌樂等二十州縣衛，商力疲乏，統改官辦。臨朐、樂安、濱州、臨淄、蒙陰、壽光、博興、新泰、益都等九州縣，向歸官辦，仍照舊章辦理。其河南省商邱、寧陵、睢州、永城、虞城、夏邑、柘城、鹿邑、考城等九州縣，由該撫督同運司遴委幹員督率妥辦。至泰安、滋陽、陽穀、單縣、濮州、堂邑、博平、館陶、恩縣、長清等十州縣，亦責成運司隨時招商辦運，以免懸額。一、東商應完正雜各課，自道光二十九年爲始，無論商辦官辦，均於領引時，先將正課加價交庫，春運至雒口，即將雜款等項，次第交齊。其票綱內由場起運，向不過關者，責成運司於官商請引時，亦將正雜各款分別提解運庫，統於年終一律奏銷。一、各商領運引鹽，每引除原額外，准加鹽七十五斤，免其完課。商力稍紓，即行停止。一、道光五年，堰工加價二文，每引向交銀三錢四分，今減去一錢，定爲每引交銀二錢四分。其十八年貼補案內加價二文，定爲減去一文，俾商民兩有裨益。又覆准：山東省引票兩綱，每綱止准二人承充綱總，按年輪替。

咸豐九年奏定，山東省引票歸商錢文，提解運庫，報部充餉。十一年定：山東省每引徵銀二錢二分。

同治二年奏准：山東省商情疲累，加價暫行歸商，仍減十萬引，以五年爲限。

四年定：嗣後東省加價，按年照數提解京餉。覈計引地加價，每年應徵銀五萬四千六百餘兩，票地加價，每年應徵銀二萬餘兩。

六年覆准：東省南運口岸，河南省歸德府屬之商邱、寧陵、睢州、永城、虞城、夏邑、柘城、鹿邑，及衛輝府屬之考城等九州縣，改歸官辦。在商邱縣設立總局，鹿邑縣設立分局，由藩運兩庫籌解運本銀兩，委員經理運本，限兩年內歸還。其領引春運悉遵定章先課後引，雜課隨引交納，州縣督銷處分，照例辦理。仍留本商引窩，以便復舊年例。奏銷，剔出另案題報。

七年奏准：東綱鹽務疲累，仍推展五年，減額引十萬道。

十一年覆准：東省宿州引地，改歸官辦，由歸德府南運總局撥鹽，並支給用款，委員經理一切。均照商邱等九州縣章程試辦，年例奏銷，歸併商邱等九州縣題報。

十二年議准：山東省鄆城、濮州、觀城、范縣、壽張、朝城、莘縣、冠縣、邱縣、武城等十州縣，委員設局試辦，領引春運完課，悉遵定章先課後引。雜款隨引完納。由運庫先後籌借運本銀九萬兩，自同治十三年起分限三年，每年完銀三萬兩，專案報部，不准逾限，並不得續行籌借。

《大清會典事例（光緒朝）》卷二二三《户部・鹽法兩淮》 兩淮鹽原行江寧府、淮安府、揚州府、徐州府、海州、通州、安慶府、寧國府、池州府、太平府、廬州府、鳳陽府、潁州府、六安州、泗州、和州、滁州，湖北武昌府、漢陽府、安陸府、襄陽府、鄖陽府、德安府、黄州府、荆州府、宜昌府、荆門州，湖南長沙府、岳州府、寶慶府、衡州府、常德府、辰州府、沅州府、永州府、永順府、澧州、靖州，江西南昌府、饒州府、南康府、九江府、建昌府、撫州府、臨江府、吉安府、瑞州府、袁州府，河南汝寧府、光州。行於湖南者兼行貴州思州府、鎮遠府、銅仁府、黎平府，不頒引。舊有江西南安贛州二府，康熙二十五年改食粵鹽。河南陳州舞陽等六州縣，康熙二十六年改食蘆鹽。以兩淮鹽政總理，駐紮揚州府，道光十年鹽政裁撤，歸兩江總督管理。兩淮都轉鹽運使司管鹽法道運使專理，駐紮揚州府。淮南監掣同知，駐紮儀徵縣。淮北監掣同知，駐紮淮安府。轄鹽場二十有三。富安場，在泰州。廟灣場，在阜寧縣。伍佑場，在鹽城縣。劉莊場，在泰州。安豐場，在泰州。梁垛場，在泰州。東臺場，在泰州。新興場，在鹽城縣。河垛場，在泰州。草堰場，在泰州。丁溪場，在泰州。隸泰州分司運判。駐紮泰州。拼茶場，在泰州。餘東場，在通州。餘西場，在通州。吕四場，在通州。金沙場，在通州。石港場，在通州。角斜場，在泰州。掘港場，在如皋縣。豐利場，在如皋縣。隸通州分司運判。駐紮通州。中正場，在海州。板浦場，在海州。臨興場，在贛榆縣。隸海州分司運判。駐紮安東縣，舊爲淮安分司運判，乾隆二十九年改。以光緒十七年奏銷册計之，淮南共銷四十萬引，課入二百八十萬兩有奇。淮北係行票鹽，並未領引，課入三十一萬二千一百八十二兩有奇。謹案嘉慶五年，共行正鹽百六十八萬五千四百九十二引，每引行鹽三百六十四斤，課入二百二十萬二千九百三十兩四錢有奇。兩淮未設餘引，如額引不敷，即挨年提綱接濟，名爲豫提引目。每年多寡無定。

順治二年題准：兩淮綱引一百四十一萬三百六十，每引徵課銀六錢七分五釐四毫。分行淮南一百十有八萬一千二百三十七引，淮北二十二萬九千一百二十三引。

九年題准：增行寧國食鹽十有六萬七千三百九十八引，每引徵課銀五錢二分五釐。分行淮南十有一萬三千九百七十八引，淮北五萬三千四百二十引。

十年題准：增行九萬二千六百九十七引，照綱引例徵課。十三年題准：增行十有六萬引，照綱引例徵課。十四年題准：改江都食鹽萬引，於寧國行銷。

十六年題准：上江增食鹽九萬六千七百引，照例徵課。

十七年題准：停止新增二項綱引，每綱引攤納課銀一錢二分一釐有奇。

康熙元年題准：改淮北食鹽萬引，於寧國和含等處行銷。五年題准：江西省吉安府改掣淮鹽，增行五萬一千三百有二引，照綱引例徵課。六年題准：湖廣省衡州、永州、寶慶三府改掣淮鹽，撥銷淮南額內綱引八萬一千七百有六。其舊額課銀，仍於淮南現行引目內，每引攤納銀六分八釐二毫有奇。

八年題准：食鹽照綱引例，每引增課銀一錢五分四毫有奇。又題准：停止歸綱引十有三萬八千八百四十七引，於淮南綱引内每年攤納課銀一錢一分五釐九毫有奇。

十年題准：改江都食鹽六千引，於寧國和含等處行銷。

十三年題准：改淮安食鹽萬一千九百三十引，於綱引地行銷。江都食鹽三萬五千九百八十一引，於寧國和含等處行銷。

十四年題准：改山陽等處食鹽三萬二千引，於寧國和含等處行銷。淮安食鹽萬二千一百引，於綱引地行銷。

十六年題准：增綱食鹽引，每引加鹽二十五斤，帶課銀二錢五分。又題准：食鹽每引升課銀一錢。

十七年題准：增寧國和含等處食鹽五萬六千引，照例徵課。

十八年題准：計丁增行二萬七百四十二引，照綱引例徵課。

二十一年題准：停寧國和含等處新增鹽引，減除課銀。

二十七年覆准：淮南綱引鹽，例有額徵桅封銀，原因既掣之後船中總散難稽，故每船給以印封，貼之桅上。吉安復食淮鹽，嗣後引目亦照例徵輸，每歲增桅封銀三百七兩八錢一分二釐。於二十六年爲始，照例徵解。又覆准：淮南寧國等處增食鹽萬引，太平、池州、安慶三府，增綱鹽二萬引，共增課銀二萬七千九百四十二兩六錢。三十六年爲始徵解。

二十八年覆准：安慶、池州、太平等府食鹽所加三萬引，准其除去，仍循舊額行銷。

三十三年議准：加課銀十有五萬兩。

四十三年題准：兩淮增織造銅斤河工等項銀三十餘萬兩，每引加鹽四十二斤。

四十九年覆准：湖南省長沙岳州等八府，與湖北武昌漢陽等八府，均食淮鹽，一例通融行銷。至湖南衡州、永州、寶慶三府，亦一例通融行銷。無分疆界。

雍正元年議准：湖廣鹽革除陋規，每包減去鹽價六釐，價賤時每包以一錢一分九釐爲率，價貴時每包不得過一錢二分四釐。安豐場鹽較梁垛場鹽再減二釐。又議准：兩淮行鹽地方，如江西、湖廣二省，及江寧府屬之上元縣等處，地方廣大，鹽不敷用，每引准其加鹽五十斤。其山陽等州縣逼近場竈，鹽多反致引壅，不必加鹽。其所加鹽，以次年爲始，交與巡鹽御史照數秤掣，令其出運。

三年諭：鹽價之貴賤，亦如米價之消長，歲歉則成本自重，價亦隨之，歲豐則成本自輕，不待禁而自減。朕意若隨時銷售以便商民，均屬有益。欽此。遵旨議定：兩淮南北行鹽，除積存廩鹽係從前煎辦之額，仍照平價運銷外，其自雍正二年海潮淹没以後，商本自必倍增，令兩淮巡鹽御史，將淮南湖廣等處行鹽，以本年成本之輕重，合遠近脚費，酌量時價，移會該地方官，諭令商民公平賣買，隨時售銷。不得禁定鹽價以虧商，亦不得高擡時價以病民，務令商民兩有裨益。仍令各地方所賣鹽價數目，分析報部。又覆准：兩淮舊例，於商人之中擇家道殷實者，點三十人爲總商，每年開徵之前，將一年應徵錢糧數目嚴明。凡散商分隸三十總商名下，令其成管催追。嗣後該鹽政運使不時查訪，遇有分外科派，無故私索者，一經發覺，從重治罪。又覆准：湖廣省荆州府巴東縣地湧鹽泉，增行二千五百二十六引，課銀二千八百六兩三錢有奇。又題准：兩淮每引加鹽五十斤。

五年覆准：兩淮鹽價，務令商民公平買賣，該商不得高擡時價。如有射利病民，即行題參治罪。該御史督撫等通同徇隱，交該部議處。

七年題准：江西省饒州府增行二萬引，照例徵課。

九年題准：嗣後淮商引鹽抵所，查明鹽引鹽包數目，該鹽政照例印結桅封，標發引皮。其引目釘封，亦由鹽政鈐印放行，毋庸赴儀徵縣印封，致滋紛擾。

十年奏准：兩淮鹽運至江西湖廣，均由大江，遇有失風失水，該地方官及營弁查明屬實，出具印結，仍許其裝鹽復運。但其中或有實因失風失水，而不肖地方官營弁勒索餽禮出結者，亦有不肖商人揑報失風失水，厚餽地方官營弁出結者。嗣後如有鹽船在大江失風失水報到，督撫即飛檄該省鹽道，别委廉幹之員會同地方官營弁確查明晰，即照例會同出結，准其裝鹽復運。有假揑情弊，亦即據實詳報該督撫，將商人以販賣私鹽律治罪。如該委員與地方官營弁有鹽船實在失風失水，勒索商人餽禮，及通同受餽假揑出結者，即指名題參，分别究治。其内河小港，止失數引數十引者，仍照舊例具詳鹽政運使，地方官嚴實出結，准其補給。

十一年題准：湖南省永順永綏增行三千二百七十一引，照例徵課。又覆准：淮鹽至楚，令鹽道於到岸未發之先抽秤，不足，即將淮商究治。如轉發水商查出斤兩不足，即將水商究處。再鹽船至楚，向無數目知會，無可稽查，嗣後定爲十日一咨，凡鹽船開行裝載引目，商人船户姓名逐一報明鹽政，移會行銷省分督撫，互相稽查。

十三年題准：兩淮應行湖南鹽引，因江湖險阻，商人船到漢口即繳引換領水程，分售水販，運赴湖南行銷。向係湖南鹽道委吏書在省經管，遂得從中舞弊。嗣後即委漢陽府同知就近辦理，湖南鹽道豫將水程編號封發該同知，凡鹽船到漢口繳引，即按編號次第，填註商人姓名給發。仍立循環簿，登明次數月日，並所收鹽引，每季送湖南鹽道察覈，鹽道將引目差赴兩淮鹽政投繳。

乾隆元年諭：朕聞揚州府儀徵縣江口，至江都甘泉二縣所轄三汊河一道，向例三年大濬一次，疏淺一次，共需銀一萬六百兩，皆商三民七分派捐輸，經管里甲不無苛索滋擾。嗣後著將商民捐派之項永行停止，所需工費即於運庫一半充公項下動支。又題准：淮北增引二萬七千，照例徵課。

四年題准：江西省饒州府增行萬五千引，照例徵課。又題准：湖南省行銷淮鹽，每引例應納税二分，交納藩庫充餉。今永順、永綏增設引目，原議照吉安一例納課行銷。吉安口岸並無引税之例，免其輸納税銀。

六年題准：江南省高寶泰三州縣定額三千引，照例徵課。又題准：楚省行銷淮鹽，飭令淮商於產鹽旺盛水滿易行之時，不拘何項船慣走大江者，隨便雇募豫爲多運，沿途催趲，毋許逗遛。又議准：淮鹽運楚，鹽價昂貴。查算各商運楚成本，定爲貴賤兩價，以便商民。豐年賤價，每引五兩四錢一分三釐，歉年貴價，每引五兩八錢二分八釐各有奇。又奏准：商人運鹽，按本計息。其運楚鹽，每引酌定貴賤兩價，止覈計成本，再量加餘息二三錢，以示鼓勵。又奏准：淮南引鹽產於場竈，原係滷煎，旋煎旋包，火氣未除，易於淌滷。時當署月，尤多折耗，往往斤數不足，商本有虧。酌定於五六兩月，每引加耗十五斤，七月加耗十斤，八月加耗五斤，至九月則時已秋涼，停止加耗。

九年覆准：豫省各屬土鹽，鄉民貧賤，多有買食。止許自行食用，不許煎販貨賣。

十一年題准：江西省安福、永新二縣，上西、龔西二鄉，刑名錢穀，既改歸蓮花廳管理，所有二縣引鹽，應行分銷。安福之上西分銷六百三引四分，永新之龔西分銷千一百三十一引。其分銷鹽引，歸廳督銷。又題准：淮鹽運楚，船大載重，輓運維艱，民食堪虞。統令改作小船，止許裝載四五百引以上至千二百引之船，定限四十日到漢。儻風大難行，報明地方官，轉報行銷省分督撫稽查。無故逾限十日以外者，即比照起解官物違限律，笞二十，每五日加一等科斷。

十三年奏准：淮北引鹽，照淮南引鹽加耗之例，除五月分中河水淺，尚未運掣，毋庸議給滷耗外，六月每引加耗十五斤，七月加耗十斤，八月加耗五斤。又諭：近年淮商急公輸課，頗爲踴躍，著加恩於引額之外每引增給十斤，俾商本不致虧折，民食永資利益。又奏准：兩淮每年額引不敷，令該鹽政先期約數奏請，即於次年額引内提出行銷。至次年正綱，仍照歲額請領引内，註明豫提字樣以免正綱重複，有餘繳部查銷。又題准：淮鹽運至江西銷賣，酌定貴價每引成本五兩九錢八分五釐，賤價每引成本五兩五錢七分九釐各有奇。

十四年奏准：江西鹽價，照楚省之例，每引加餘息二三錢。

十五年奏准：嗣後兩淮行運楚鹽，令鹽政每年會同江蘇湖廣督撫，查明該地方年歲豐歉，酌定應貴應賤，飭商運銷。事竣，造册送部存案，以省駁詰。其行運江西引鹽，亦一例辦理。

十六年諭：朕省方所至，廣沛恩膏。前因兩淮商衆踴躍急公，業已加恩優獎。更念其運綱輸課，接濟民食，恤商斯足以惠民，特再沛殊恩。著將兩淮綱鹽食鹽，於定額外，每引賞加十斤，不在原定成本之内，俾得永遠霑受實惠。商人當體朕博愛敦本至意，風俗雖不必驟更，近一分返樸之心，即遠一分極奢之念。殖息毋取其三倍，減一分售鹽之價，即利一分食鹽之人。其有昂值網利，致累閭閻，則深負加恩德意矣。該鹽政其通示衆商知之。又諭：兩淮各場煎丁，本屬窮民，每因不能接濟，向各竈户重利借貸，以資食用，生計甚爲拮据。著該鹽政酌量於公項内動銀數萬兩，准其赴官借領，每年春借冬還，不必加息，務須妥協經理，俾窮丁咸沾實惠。又議准：淮北山陽、清河、桃源、邳、宿遷、睢寧、贛榆、沭陽八州縣食引，壅滯難銷，以五分留運食地，五分撥運綱地，照綱輸課，俟食引疏通仍奏聞照定例辦理。

十七年議准：河南省汝寧府屬皆食淮鹽，每斤定價二分，惟上蔡、西平遂平三縣緊與行銷蘆鹽地方接壤。蘆鹽每斤賣錢十有六文，較賤於淮，小民多食私鹽，以致淮鹽引壅課絀，地方官每罹參處。自乾隆三年，議將三縣鹽價每斤酌減一釐，已與蘆鹽價等。而不肖鹽店以銀數作爲錢數出售，仍不免於食私。應將該三縣鹽價，每斤再減銀二釐，定爲一分七釐，如有以錢赴買者，務按換錢時價折算，不得仍行期誑。至所減鹽價，水商本小利微，難令虧折，應令上蔡、西平、遂平等商赴淮辦鹽之時，即將辦運引數報明該縣，轉報鹽政，飭知淮北綱商，酌覈應貼銀數，自爲攤派，給發水商歸本。如商店藉口虧本，有攙和沙土重戥短秤等弊，應令地方官不時查究。

二十年覆准：兩淮新淤草灘，按商竈現有埻鐓者，均勻派給，照則升科。如無埻鐓者，雖籍係商竈，不准給升。如有借竈强占，按律治罪。

二十八年覆准：江西省吉安府正引五萬一千五百四道，向來僉殷商辦運，三年更替，因不能如數儘銷，新舊套搭，額課等項皆辦商按綱應墊，商人每多推諉。今將吉安府正引，自癸未綱始，分交淮南商人，同江廣綱鹽一併運行，照綱引升課奏銷。其吉安府原額鹽數，運至南昌省城，令吉安水販赴省埠買運，每綱應交窩利銀五萬二千四百餘兩，照舊解交内務府。

二十九年奏准：兩淮鹽斤行運湖廣、江西銷售價值，以甲申綱爲始，每綱於綱首鹽船開江之日，即飭運司查取商人成本數目並餘息，統計每包覈定實應賣銀若干，移明該省督撫，行知鹽道通飭賣商遵照售賣，不得踰越。該鹽政每歲覈定賣價，奏明辦理。

三十一年奏准：江西省吉安額鹽，聽水販赴省埠買運銷，於吉安郡城公選賣鹽商夥數人，開設公店，以敵鄰私。

三十五年議准：江西省吉安所屬一廳九縣，幅員遼闊，僅於郡城設立公店，外屬不能徧及，以致食户憚於遠涉，就近買食私鹽。故設店三載以來，銷鹽不及前次水販之半。嗣後責成省埠賣商，自招殷實水販，分地售銷。

三十六年諭：兩淮之梁鹽安鹽二種，成本原自不同，價值不應一例。著將淮商之梁鹽，每斤增價二釐，安鹽每斤減價二釐。物價衰益既以適均，民商亦爲較便。

四十一年議准：兩淮鹽價，湖南省永順府屬永順、龍山、保靖、桑植四縣，河南省汝寧府屬汝陽、確山、正陽、新蔡、羅山、信陽六州縣，上蔡、西平、遂平三縣，各照定例行銷。其湖北省武昌府屬江夏、武昌、嘉魚、蒲圻、咸寧、崇陽、通城、大冶、通山、興國一十州縣，漢陽府屬漢陽、漢川、孝感、黄陂、沔陽五州縣，安陸府屬鍾祥、京山、潛江、天門四縣，荆門直隸州，並所屬之當陽縣，襄陽府屬襄陽、宜城、南漳、棗陽、穀城、光化、均州七州縣，鄖陽府屬鄖縣、房縣、竹山、竹溪、保康、鄖西六縣，德安府屬安陸、雲夢、應城、應山、隨州五州縣，黄州府屬黄岡、黄安、蘄水、羅田、麻城、廣濟、黄梅、蘄州八州縣，荆州府屬江陵、公安、石首、監利、松滋、枝江、宜都、遠安今改屬荆門直隸州。八縣，宜昌府屬東湖、長陽、興山、巴東、歸州五州縣，湖南省長沙府屬長沙、善化、湘潭、湘陰、寧鄉、瀏陽、醴陵、益陽、湘鄉、攸縣、安化、茶陵十二州縣，岳州府屬巴陵、臨湘、華容、平江四縣，澧州直隸州暨所屬石門、安鄉、慈利、安福、永定五縣，寶慶府屬邵陽、新化、城步、新寧、武岡五州縣，衡州府屬衡陽、清泉、衡山、耒陽、常寧、安仁六縣，常德府屬武陵、桃源、龍陽、沅江四縣，辰州府屬沅陵、瀘溪、辰溪、漵浦四縣，沅州府屬芷江、黔陽、麻陽三縣，永州府屬零陵、祁陽、東安、寧遠、永明、江華、新田、道州八州縣，靖州直隸州暨所屬會同、通道、綏寧三縣，江西省南昌府屬南昌、新建、豐城、進賢、奉新、靖安、武寧、寧州後改名義寧州。八州縣，饒州府屬鄱陽、餘干、樂平、浮梁、德興、安仁、萬年七縣，南康府屬星子、都昌、建昌、安義四縣，九江府屬德化、德安、瑞昌、湖口、彭澤五縣，建昌府屬南城、新城、南豐、廣昌、瀘溪五縣，撫州府屬臨川、金谿、崇仁、宜黄、樂安、東鄉六縣，臨江府屬清江、新淦、新喻、峽江四縣，吉安府屬蓮花、廬陵、泰和、吉水、永豐、安福、龍泉、萬安、永新、永寧十廳縣，瑞州府屬高安、新昌、上高三縣，袁州府屬宜春、分宜、萍鄉、萬載四縣，各屬鹽價，該鹽政每歲奏明行銷。其河南省光州直隸州，暨所屬光山、固始、息縣、商城四縣，江蘇省江寧府屬上元、江寧、句容、溧水、江浦、六合、高淳七縣，淮安府屬山陽、阜寧、鹽城、清河、安東、桃源六縣，海州直隸州暨所屬贛榆、沭陽二縣，揚州府屬高郵、泰州、江都、甘泉、儀徵、興化、寶應、東臺八州縣，通州直隸州暨所屬如皋、泰興二縣，徐州府屬邳州、宿遷、睢寧三州縣，安徽省安慶府屬懷寧、桐城、潛山、太湖、宿松、望江六縣，寧國府屬宣城、寧國、涇縣、太平、旌德、南陵六縣，池州府屬貴池、青陽、銅陵、石埭、建德、東流六縣，太平府屬當塗、蕪湖、繁昌三縣，廬州府屬合肥、廬江、舒城、巢縣、無爲五州縣，鳳陽府屬鳳陽、懷遠、定遠、虹縣、今裁。鳳臺、靈璧、壽州七州縣，潁州府屬阜陽、潁上、霍邱、太和、蒙城、亳州六州縣，滁州直隸州暨所屬全椒、來安二縣，和州直隸州暨所屬含山縣，六安州直隸州暨所屬英山、霍山二縣，泗州直隸州暨所屬盱眙、天長、五河三縣，各屬價隨時售，均無一定。又議准：兩淮正引豫提引課竈課，於次年三月奏銷。

四十三年覆准：兩淮近場竈，向不行銷官引之通州、海州、泰州、東臺、興化、鹽城、阜寧、如皋、安東各州縣濱海貧民，仍照向例赴場買鹽挑負各該處村莊售賣，將老少鹽斤名目永遠革除。

五十一年奉旨：豫提鹽斤一事，總以正引暢銷爲主。如正引實在疏銷暢速，即每年豫提一次，自無不可。儻遇額引滯銷，原不妨間一二年或三四年再請豫提，亦無不可，毋庸拘定年限。惟在該鹽政查察情形，隨時覈實奏請辦理。

五十三年議准：江西湖廣及江南之安池太三府，俱係淮南綱鹽地面，而課税相同。緣湖廣爲暢銷地面，江西與浙閩粤三省毗連，均有鄰私入境，官運銷不足額。該鹽政於每綱之首，查覈前綱暢滯情形，衰益分派額引，以期無壅無缺。至江南之安池太三府，本有定額，而該處在在濱江，私鹽隨路攔入，以致官引積壓日多。准其以四分融銷楚省，酌定應留應融分數，俟本岸之引請運過半，即給予融引，令其運楚。其間商力不齊，如正鹽未到，即以已到之融鹽作爲正額，仍於每綱全完奏銷時，分析報部。又議准：湖廣、江西水販鋪户赴省買運，從前原按程途遠近給以水腳，每包加餘利五釐。今腳價倍增，原價餘利多有賠貼，應每包量增餘利五毫。其鋪户領鹽轉售，雖不比水販有船隻運腳之費，而岸商不能盡識水販，惟責之鋪户交收鹽價，省居貿易房租食用等項在所必需，每包亦准加給餘利五毫。淮鹽行銷湖廣，自漢口鎮運至漢陽等一百一十六州縣，運腳每包一釐八毫至六分四毫不等。又各屬水販，每包加餘利五釐，銷户每包加餘利九釐。江西自南昌運至各屬，除附省之南昌新建二縣水販每包止加餘利五釐，不加運腳，亦無新增餘利外，其豐城等四十七廳州縣運腳，每包二釐至一分六釐五毫不等，餘利每包五釐五毫。又附省鋪户，每包加餘利五毫。自饒州府運至本屬，除附府之鄱陽縣水販每包止加餘利五釐，不加運腳，亦無新增餘利外，其餘干等六縣運腳，每包二釐三毫至五釐不等。又每包加餘利五釐五毫。

五十四年議准：兩淮行銷湖廣、江西引鹽餘息，每引於原額三錢之外，如成本較輕，每引酌加餘息二釐，成本較重每引酌加餘息一釐。

五十五年議准：淮南綱食引鹽，每季將銷數具奏一次，仍確查各案情形。如商鹽短少以致缺銷，按額計其缺銷之課，著落該商完繳。如商鹽充足而地方不銷，著落地方官賠出。如上季滯銷，下季暢售，亦許將嬴補絀。總期四季銷足一年之額，不准稍有拕欠。其年滿考覈銷數分別降罰之處，仍咨部照例辦理。

嘉慶元年奉旨：嗣後兩淮奏銷鹽數目著按年計算，不必按季具奏，致有牽混。

二十年覆准：兩淮角斜場額產鹽八萬七千七百八十引原額七萬三千五百引，嘉慶十二年，添置鹽鏾四十四口，十三年添置鹽鏾五十八口，十七年添置鹽鏾一百三十六口，共增一萬四千二百八十引。草堰場額產鹽九萬三千六百一十九引二分，原額八萬九千七百三十九引六分，嘉慶十四年添置鹽鏾十四口，十六年添置鹽鏾十二口，十八年添置鹽鏾二十九口，二十年添置鹽鏾六口，共增三千八百七十九引六分。餘東場額產鹽三萬六千二百二十引五分。原額三萬三千六百三十七引五分，嘉慶十七年添置鹽鏾八十二口，增二千五百八十三引。

二十三年覆准：淮南商量竈鹽，每桶定以二百斤，每引兩桶淨鹽四百斤，各分司眼同商竈用秤較準，毋許商人浮量累竈。至運赴儀所，每引仍按三百六十四斤掣驗。如有多斤，即令割配生引附運。

二十四年奏定：兩淮鹽價，湖南省永順、龍山、保靖、桑植四縣，每斤價銀不得過三分。河南省汝寧府屬汝陽、確山、正陽、新蔡、羅山、信陽六州縣，每斤價銀二分。上蔡、西平、遂平三縣，每斤價銀一分七釐。各照定價行銷。【略】

二十五年覆准：淮北商鹽分運安豫兩省，以兩引併爲一包，掣驗時，不得逾七百二十八斤定額。如有多斤，另配生引。原奏兩引不得逾七百四十八斤，內每引十斤，係奏明暫增之數，現應停止。

道光十年諭：據王鼎寶興奏請將兩淮鹽務改歸總督管理一摺，兩淮官引滯銷，鹽務疲敝。現據王鼎等奏稱，由該鹽政無管轄地方之責，文武員弁均非所屬，疏銷緝私難期令行禁止。著將兩淮鹽務改歸兩江總督管理，所有鹽政一缺，著即裁撤。欽此。遵旨議定：

一、兩淮鹽務，改歸兩江總督管理。

一、兩淮收鹽桶秤，由運司衙門遵照定制驗烙頒發，不准場商私製。其提泰壩批驗所各鹽秤，亦一律烙發，認真秤驗，並於運河要道之北橋處所，運司親莅抽秤。如有格外重斤，即將秤驗各官參撤示懲。

一、兩淮辦事商人，於衆商內擇其公正醇謹、行鹽最多者數人，作爲辦事之商，遇有公事飭令覈議經辦，不准再定總商名目，永杜弊端。

一、鹽船遭風失險，淹消引鹽，停其津貼，止准補運，不准免課。如船户盜賣捏報淹消，照例嚴懲治罪。

一、漢口地方爲商船聚集分銷引鹽之所，各岸商按引捐銀，專爲各衙門公費等項之用，每引止捐銀四錢，由鹽道覈數□報，永遠不准加增。

一、商課入庫分別正雜，正項專候部撥及應解正款，雜項分款另儲，不許與正項攙混挪移。並不許商人干豫庫儲事宜，以免弊混。

一、運鹽船價嗣後仍照例定水腳照實覈發，毋許商廝埠頭從中絲毫剋扣。並明定章程，將各船挨次編號連環保結，不准船户買裝帶私，亦不准盜賣商鹽，查出，嚴行懲辦。並將該埠保一併治罪。

一、漢口地方爲鹽船聚集停泊之區，嗣後隨到隨售，毋許封輪，以免守候，不准再有整輪。

一、鹽務各官有與商人聯姻換帖，或與商人夥本行鹽者，應即呈請迴避。如有蒙混，查出，嚴行參辦。其各省鹽道，除河南引地歸糧道兼理，仍從其舊外，至湖北鹽道督銷功過，歸兼轄鹽務之總督衙門考覈，會同該省督撫具奏，以專責成。

十一年諭：陶澍奏開綱以來，淮北止捆二萬餘引，較定額不及十分之一。本年將官收竈鹽，督商辦運，均擇暢銷之岸先行運往，以冀早收庫項。而滯岸仍無鹽濟售，民間既無官鹽，不得不買向民販，竈丁積有餘鹽，亦不能不賣與民販等語。著照所請，淮北暢岸仍歸商運，其餘滯岸即仿照山東浙江票引兼行之法，於海州屬之中正板浦臨興三場，分設行店，聽民投行購買，運往售賣。擇各場要隘之地，設立稅局，給以照票，註明斤數及運往何處字樣。凡無票及越境者，仍以私論。著陶澍即飭運司妥議條款，酌量試行。

十二年議准：

一、淮北改行票鹽，行銷安徽省鳳陽府屬之鳳陽、懷遠、壽州、鳳臺、靈壁、定遠，潁州府屬之阜陽、潁上、霍邱、亳州、太和、蒙城，六安直隸州及所屬之英山、霍山，泗州直隸州及所屬之盱眙、五河等十八州縣，河南省汝寧府屬之汝陽、正陽、上蔡、新蔡、西平、遂平、確山、信陽州、羅山，光州直隸州及所屬之光山、固始、息縣、商城等十四州縣，江蘇省淮安府屬之山陽、清河、安東、桃源，海州直隸州及所屬之贛榆、沭陽，徐州府屬之邳州、宿遷、睢寧等十州縣。

一、票鹽由運司頒給印票，交板浦、中正、臨興三場收儲。民販納稅請票，該大使於票內填註民販姓名籍貫運鹽引數，所銷州縣鹽運出場，由卡驗放，不准越卡及票鹽相離侵越別岸。違者以私鹽論。如所指之地鹽壅銷滯，准其就所在地方呈明，轉運他岸售賣，仍不得越出四十二州縣之界。違者照私梟例治罪。其票由民販呈繳所銷州縣，按月申送運司查覈。

一、每票行鹽四百斤，徵正課銀一兩五分一釐，經費銀四錢，鹽價銀六錢，按票徵收，此外不得分毫需索。

一、各州縣招徠民販，由該州縣給予護照，載明姓名年貌籍貫，給本人赴場買鹽。其海州附近居民及各省客民，在海州貿易者，即就近在海州請領護照，赴場呈照請票。該大使於護照內用戳登記，其護照准行三年更換。其在本場居住者，止用手本呈明姓名年貌居址，由局商加具保結，准其一體請票販運。

一、票鹽設局收稅，以便竈户交鹽，民販納稅。板浦場於西臨疃、太平埝各設一局，中正場於花朵垣設一局，臨興場於臨浦、富安疃各設一局。每局由運司遴委妥員一人常川駐紮，遇有民販買鹽，由局商帶赴本場衙門納稅請票。局員三六九日，各照票載引數，眼同民販逐包秤驗，於票後加用本員銜名戳記，聽其出場。儻途中查出包內多帶，將該員參處。

一、海州所屬之房山堡、大伊山、吴家集三處，係水陸要隘，於各該處設卡巡查，每年由運司派委妥員督查，限一年更替。遇民販到卡驗票抽秤，如包數斤重相符，於票内鈐蓋卡員戳記放行。儻有夾帶，移交地方官究辦。其鹽包應以浄鹽一百斤爲一包，每引四包，三場一律照辦。運到認銷口岸，繳票時，如無卡員戳記，以越漏論，照不應律治罪。

一、臨興場所屬之唐生、興莊、柘汪、三疃，僻在海隅，地方遼闊。由運司派委妥員駐紮青口，經理漁船醃切及贛榆縣本邑食鹽，照現定章程給票收稅，以杜透漏。

一、私梟渡黄，責成沿河廳營文武員弁，將渡船水手拏交地方官，無論人鹽曾否並獲，但審有證據，即將渡船水手照窩囤私鹽例治罪。官船另募管駕，私船變價充賞。

咸豐三年諭：淮南引鹽因道路梗塞未能銷運，而產鹽各場尚屬完善，若任聽私煎私售，致自然之利棄之如遺，於鹺綱全局大有關繫。著兩江總督飭令運司移駐通泰適中之地，督同運判場員，就場徵課，即照户部所議章程，變通酌辦，期於課項實有裨益。

同治三年奏准：一、楚西各岸設立督銷局，派委大員經理，商販運鹽到岸投局掛號，懸牌定價，挨次輪銷。鹽未到輪，不准搶賣。一、每引定爲正鹽六百斤，分捆八包，另給滷耗七斤半，包索三斤半。如有重斤夾帶，即行嚴懲，提鹽充公。所收鹽課，按上下半年奏報。

七年諭：淮南引地以楚岸爲大宗，從前因江路梗阻，淮鹽未能行銷。疊經湖廣總督奏明，借撥川鹽，並抽收川私釐稅，原係一時權宜之計。近年江路早經暢通，自應規復舊制。雖節經酌減淮釐以輕成本，而鄰私未能盡禁，淮鹽總難暢銷。曾國藩所陳川私病淮各節，自係實在情形，著吳棠、李鴻章、郭柏蔭、何璟即將川鹽行楚章程妥籌停止。其兩淮應用行鹽引張，並著兩江總督查明，委員赴部請領。不得僅用鹽政大票，以符舊例。

十年奏准：湖北省襄陽、鄖陽、安陸、荆州、宜昌五府及荆門州，並湖南省之澧州，係川淮二鹽分界行銷處所。

十二年奏准：淮南鹽棧前因儀徵難以修復，改由瓜洲開横河至七河口設棧。上年六河口江岸坍塌，仍應改設儀徵，以復舊制而利商運。

光緒二年奏准：荆州鹽課，改歸宜昌設局併辦。

六年奏准：前因淮南運銷暢旺，引票不能偏給，遂參綱法於票法之中，刊頒淮南循環章程。有票者恃循環爲恒業，無票者欲攙入而無從。行之近二十年，淮南商人獲利較有把握。厥後淮北踵而行之，新商每備本買票，稟請更名，十餘年來獲利者亦不乏其人。目前辦運各商，大率出過票本者居多，與初行票時情形迥異。今若令散循環之法，按年加以常捐，是既奪其可操之券，而又竭其不涸之源，恐新商從此裹足。現擬仿照歷次籌捐成案，勸令南北及食岸各商，共捐一次銀一百萬兩，由督銷各局按引覈收，分批解部。仍令照章將所認引票永遠循環，以裕餉需而保鹺局。

九年奏准：湖北省樊城、沙市、岳口、螺山等處，設立局店，試辦分銷川淮二鹽。

《大清會典事例（光緒朝）》卷二二四《户部・鹽法河東花馬池》　河東鹽原行山西太原府、平定州、忻州、代州、保德州、寧武府、汾州府、遼州、沁州、平陽府、蒲州府、解州、絳州、吉州、隰州、潞安府、澤州府，陝西西安府、鳳翔府、今改食花馬池鹽。邠州、乾州、商州、同州府、興安府，河南河南府、陝州、南陽府、汝州、許州之襄城一縣，以山西巡撫兼管，向係河東鹽政總理，駐紮山西運城，自乾隆五十六年課歸地丁，鹽政裁汰。河東都轉鹽運使司管鹽法道運使專理。駐紮山西運城。鹽池，在解州安邑縣，三場在鹽池之内。解鹽中場、在安邑縣。解鹽東場，在安邑縣。解鹽西場，在安邑縣。均隸中分司運同。駐紮運城，乾隆五十七年，運使、運同中東西三場大使概行裁汰。光緒十七年，照咸豐六年奏定山西、陝西、河南三省共行六十五萬九百七十一引，課入六十萬兩有奇。謹案：乾隆五十六年共行正鹽四十二萬六千九百四十七引，每引行鹽二百四十斤，共徵課銀四十六萬八千二百六十六兩八錢有奇，餘引二十四萬儘銷儘報，無定額。贏餘銀四萬五千四百十六兩五錢有奇。又奏准：鹽課攤入山西、陝西、河南三省地丁項下徵收，山西攤徵銀二十八萬一千一十二兩一錢九分三毫，陝西攤徵銀一十四萬六千三十七兩一錢五分六釐，河南攤徵銀八萬六千六百三十三兩九錢七分一釐，共攤徵銀五十一萬三千六百八十三兩三錢有奇，於五十七年爲始。

順治元年題准：河東行正鹽四十萬六千七百三十三引，改引三千二百，每引徵課銀三錢二分。

二年議准：山西太原府汾遼等州，停止票鹽，改行引鹽。

十三年題准：增行十萬引，照正引徵課。

十六年題准：停新增引目，每正改引攤納課銀七分八釐有奇。

康熙十四年題准：正改引每引加課銀五分。

十六年題准：增正改引，每引加斤銀七分。

十七年題准：計丁加四萬四千七百六十一引，照額徵課。

十九年題准：計丁加四千三百三十二引，照額徵課。又覆准：鹽池圍牆隄堰，皆係鹽丁責任，除原留二千名外，再酌給二十名以供修築。其餘鹽丁，盡令納糧。

二十四年覆准：停徵每引加五分課銀。又題准：河南懷慶府引課，已歸蘆商完納，減河東三萬七千三百五十一引。

二十五年覆准：將河東五小鹽池停止，令仍歸大池澆曬。

二十八年覆准：停徵每引加課七分。

三十三年議准：加課十有五萬三千三百二兩四錢二分有奇。

五十三年題准：山西平陽、潞安、澤州三府，陝西西安府、興安府，河南河南、南陽二府，汝州及襄城縣，均食河東解鹽。山西太原、汾州、遼沁等府州，食本地煎鹽。陝西鳳翔府，食花馬池鹽。

雍正二年題准：河東引分與山西、陝西、河南三省行銷各州縣，常有不敷，自雍正三年爲始，每年頒餘引十萬。如遇額引不敷之處，即令運使填給，照例納課，於奏銷時將已行餘引儘數題報。存賸餘引，仍繳内部。其有不能銷額引之州縣，於附近州縣帶銷。

六年題准：每年額引項下公務内留存銀五千兩，爲修築渠堰之用。

再於餘引公務内留存銀六千兩，以三千兩爲歲修池牆之用，以三千兩存儲運庫，積至五年，以備大修。又題准：鹽池禁牆築堰，歲修皆有動項，不必責令鹽丁民夫派修，並將丁夫編入民籍輪差。

七年覆准：解州安邑額行八千七百引，仍歸解安行銷，儘商儘辦，餘賸繳部。其山西、陝西、河南三省領引各商，一名仍增給三引，以足百二十引之數，不必代銷解安額引。其百二十引之外，再頒八千七百引，給發各商，按實數領運。

八年題准：陝西長武縣向銷河東之引，而食花馬池鹽，既稱民便，即照鳳翔之例，改食池鹽。增百有四引，發該縣照鳳翔例納課行運，造册奏銷。至長武縣舊額六百四十五引，歸入餘引項下，令陝西行銷。餘引商人領運，每年應輸課銀二百七十五兩，官錢公務輸銀一百九十二兩九錢四分，照數徵收造報。其以額作餘之公費銀，免其歸公。

九年題准：河東額引，如行銷不足，即請領餘引，每引加鹽四十斤，以資耗折。又題准：猗氏、稷山、高陵三縣，行銷不足舊額四千百有五引，輪坐加增。令陝西商人永遠作餘引行銷。

十三年奏准：修理渠堰銀，每年皆有餘賸，停止歲修禁牆銀三千兩。如有坍塌，即於歲修渠堰銀内動支。儻三年内有坍塌者，令原修之員賠築。又奏准：河東鹽池隄堰，查明工程平險，分别興修緩急，將姚暹一渠分爲一年，李綽等六堰分爲一年，其餘諸堰分爲一年，次第輪修，立限保固。

乾隆二年奏准：嗣後河東興修工程，照河工之例，於十月内題估，次年四月内題銷，令承修各官保固。

三年題准：鹽池内外壕地不便令兵役耕種，有礙禁牆，每年應徵穀米十有三石，准其豁免。十一年題准：蒲城縣額行七千三百七引，減千九百二十九引，夏縣額行五千二百四十八引，減千三百十有一引，歸於河南唐縣作餘引行銷。

二十六年奏准：池鹽歉收，減餘引七萬道。

二十八年覆准：河東引課改於次年十月奏銷。

三十一年奏准：復河東餘引五萬道。

四十一年覆准：河東招充鹽商，雖有准其更換之例，然並未定有年分，原欲杜規避之端。但閱時既久，疲乏日多，若非酌定年限招商更換，必致虧課誤公。應照晋省運銅之例，招充鹽商，亦以五年爲更換之期，令現充各商先期自行舉報殷實富户，巡撫行查各府州縣，詳覈果係殷實之人，取具印甘各結存案，俟應換時查其五年内引課無虧，許令更換。儻有故意停引欠課情弊，嚴行追繳，毋許貽累新商。

四十二年奉旨：河東鹽斤陸運易於損耗，又遇夏秋兩水虧折尤多，著加恩准其仿照兩淮，於五六七八等月酌半加添，每引量加耗鹽五斤，以示體恤。又覆准：河東行運商鹽，由巡撫發給運票，運司發給護票引張，該商等總派一押運之人，給令慎重收藏。其車户驢夫，另給連環小票，各令賫投該地方印官查驗。又覆准：河東坐商曬鹽畦地，仿照兩淮之例，令運商鬮定某坐商，其引鹽一切，即令運商稽查，毋許坐商私相租課。

四十三年諭：河東鹽政事務本簡，非兩淮長蘆可比。況直省中如浙江福建兩廣，俱係督撫兼理鹽政，較爲妥協。河東鹽政毋庸另行簡放，即著山西巡撫兼管。至一切鹽務，原有運使專辦，今得該撫統轄，俾事權歸一，呼應更靈，於商民均屬有益。並著爲令。欽此。遵旨議准：鹽政原有印信，應照浙江巡撫兼管鹽政之例，凡鹽務事宜仍用鹽政印信，毋庸另行改鑄。遇商民有交涉事件，地方官會同鹽員公議，詳報巡撫衙門覈實辦理。仍各司其事，毋許干預。

四十七年議准：河東商人原定五年更換，近因富户趨避充商，情僞百出。且鹽務頭緒紛紜，富户初膺其事，首尾茫然。所有五年更換之例，即行停止。先就現商中擇其殷實者定爲長商，疲乏者令其歸業，人數不足，即令所留之商公同舉報。若所舉不實，即將引地派令舉報之商公同認辦。並將引地分爲上中下三等，配搭均勻，鬮分掣認，以杜高下偏枯之弊。

四十九年奏准：河東每年請領餘引二十四萬道，嗣因池鹽歉收，減餘引七萬道，又陸續奏復五萬道。近年池鹽屢獲豐收，從前積滯引地漸次疏銷，今將已減未復之餘引二萬道全數增復，作爲乾隆甲辰年餘引，仍照舊例儘銷儘報。至陸運鹽斤，例於五六七八等月，每引加耗五斤。惟五月至八月正届農忙，必待九月以後天晴路乾，農隙腳賤之時，方能源源掣運，並將原定加耗月分改於九十十一十二等月。儻將來耗鹽充溢，以致餘引滯銷，統計新舊增復二十四萬之數，有虧銷至一萬引以上者，即將每引加耗五斤奏請革除。又議准：行銷河東鹽引之陝西興安直隸州改設府治，漢陰縣改爲安康縣，所有舊設興安州、漢陰縣地方，俱歸新改之安康縣管理。該二州縣原設額引，統令安康縣併案督銷。五十年奉旨：河東池鹽全係陸運，需費浩繁，今户口日增，物價胥貴，運鹽之食物腳價較之往年自必有增無減。著將續增二釐鹽價，加恩准作定額，以紓商力。

五十六年奏准：河東鹽務積疲，商屢換則病在殷户，價屢增則困在貧民，惟有課歸地丁，聽民自運，既無官課雜費，又無兵役盤詰及關津阻留，小民踴躍争先，斷無販運不前者。國無加賦之名，民無淡食之患。補偏救弊，舍此別無良法。其池鹽向不收税，聽令各原畦主照舊澆曬發販，官爲彈壓以杜争端。自乾隆五十七年爲始，山西、陝西、河南三省之鹽課雜項，共銀四十八萬餘兩，在於三省行鹽完課納税之一百七十二廳州縣地丁項下，統計酌量攤徵。

五十七年議准：河東課歸地丁，撤去運商，鹽聽民運。原設鹽政各官，已無專司之事，所有鹽政運使、運同、經歷知事、庫大使、中東西三場大使概行裁汰。鹽政印信係山西巡撫兼管，自本年十月始，題本文案，蓋用巡撫關防。先將鹽政印信繳銷，餘俟十月奏銷後，一切印記概行繳銷。又議准：小販赴河東買鹽，與坐商自相交易，毫無憑準，易起争端。應令仿照舊式，由河東道印烙另製官秤三杆，給發中東西三場斗級收執。凡有商販貿易，以此秤爲準，原秤存庫備較。又外來小販，人地生疏，必須牙行代爲經理。河東舊有鹽牙，不領牙帖，仍照舊設立，由河東道點充二十四名。又議准：山西茅津、陌底二處渡口，爲河南省行鹽必由之路，向係河東運商自置渡船以便往來。應將現存渡船，即給該處船户收管，嗣後小販運鹽過渡，由河東道酌定渡錢以資養贍。船有損壞，責令船户自行修補。又議准：行銷河東池鹽之山西、河南、陝西三省，共一百七十餘廳州縣，每歲額引四十二萬六千九百四十七道，餘引二十四萬道。今課歸地丁，無需商運，部引毋庸再領，紙硃銀兩免其解納。又議准：河東課歸糧輸，鹽聽人運，兼有就近買食土鹽、花馬池鹽、蒙古鹽之類，亦不許禁阻，並不許私收税錢，庶處處有鹽，民食無虞缺乏。惟池鹽界連湖北之處，恐有販越，應飭地方官留心緝禦。又議准：河東池鹽歲修渠堰銀五千兩，令坐商照數交納河東道庫，以備歲修之用。如經理不善，池有損壞，即將河東道參賠治罪。池内中東西三場畦地，飭商照舊管業，責令原設三巡檢分管，稽查巡緝，督飭澆曬，遇有典賣稟明河東道立案。至坐商曬成鹽料，除聽人買販外，許坐商自運山西、河南、陝西三省出售。如情願收存棧房從緩售賣者，亦聽其便。

嘉慶十一年奏准：河東鹽務已改歸地丁徵課，現在潞鹽浸灌鄰界，仍應改還商運。又覆准：晉省商人賠累，實緣原議以賤價定爲長額，請照乾隆十年成例，令該商等按收鹽豐歉成本重輕，自定賣價。仍令該撫等將各處售賣鹽斤實價，按月造册報部，俟試行一年再行酌中定價。又諭：河東運使毋庸復設，即以河東道兼辦鹽法道事務。

十三年諭：户部議覆山西省奏將鄂爾多斯蘇尼特鹽斤比照老少鹽之例，准令口内行銷，並聲明可否免税請旨一摺。向來附近場竈孤獨殘疾貧民，報明註册後，始准每人每日挑負鹽四十斤，售賣易食，並於經過各關，例皆免其納税，用示體恤。今鄂爾多斯蘇尼特無引蒙古鹽斤，亦比照老少鹽之例，進口銷售，該處人數衆多，非場竈貧民之向有限制易於查驗者可比，若聽其自行販賣漫無稽覈，以一人肩挑背負而計，爲數固屬有限。而每日之内，影射謀利，紛至沓來，正復不少，勢必至鹽斤充斥，於課引不無阻滯亦有關繫。至此項挑負之鹽，經過殺虎口地方，每人應完税銀雖止一分五釐，而積少成多，亦不可不統爲覈計。著該撫將鄂爾多斯蘇尼特行銷口内鹽斤每日挑負者，如何酌定人數設法稽查，其有違犯者應如何懲處，妥議章程。並將酌定人數後，殺虎口應免鹽斤税銀，統計一日共有若干，著一併具奏，再降諭旨。

十五年奏准：山西、河南、陝西三省自嘉慶十五年爲始，照乾隆五十五年以前原價，每斤加銀五釐二毫，作爲河東定價。至暫徵鹽價，以濟河工經費，於奏定例價之外，每斤加增銀一釐，按引徵收，俟河工告竣即行停止。

十七年奏准：河東新增由吉蘭泰裁改。餘引八萬七千五百道，每年額徵正課公務官錢平餘公費，計原額共銀六萬三千五百八十八兩，每名另加公費銀共四千三百七十五兩。又公費平餘銀一百九兩三錢零，又徵河工經費銀二萬一千兩。共銀八萬九千七十二兩有奇。

二十一年議准：吉蘭泰池鹽，准該處蒙民自行撈運。如有興販入口者，由殺虎口照例收稅，止准車載贏馱自陸路販售，不准水運。其販鹽之人並飭阿拉善王毋許發給執照。

二十四年覆准：一、豫省之閿鄉、靈寶、盧氏、內鄉、陝州、洛陽、澠池、新安、宜陽、孟津、寶豐、鞏縣、偃師、南陽、南召、永寧、登封、郟縣、襄城、鄧州、唐縣、新野、泌陽、伊陽、鎮平、葉縣、嵩縣、桐柏、裕州、汝州、魯山、淅川三十二州縣，統歸會興鎮一處口岸，發票稽查。仍將靈寶口岸運道及閿鄉、孟津等縣水運鹽斤，嚴行禁絶，以杜侵越。

一、商收民販鹽價，每斤酌定銀一分七釐。每銀一兩合制錢一千文。該民販發運售賣，止許在三十二州縣之內，不得稍有侵越，致妨淮蘆綱地。

一、委員駐會興鎮，給予戳記蓋用照票，給發民販行銷。其銷鹽地方在四百里內者，以半月爲期，八百里內者，以一月爲期。逾限照私鹽論。銷竣後，將鹽斤在某州縣行銷註明票內，呈繳委員查銷。十引以上者，限三箇月繳銷。一名以上者，限六箇月繳銷。另給新票，循環銷售。儻有逾限及侵越情事，由委員詳請行文銷鹽州縣查辦。

一、鹽引由河東道戳明某商某縣字様，由該管大使截引二角，陝州截引二角，即行繳銷。

一、唐縣裕州、澠池歸公銀一萬七千八百七十八兩五錢五分五釐，按引均勻攤解。每年解交豫省專案報覈。

一、設立公直，由行商公舉明幹一二人充當。民販應買何商鹽斤，責令按引數多寡，均勻發售。仍令委員隨時稽查。如有暗中減價增秤，以致發售鹽斤多少偏枯者，即按律懲辦。

一、載鹽出場，每引分爲兩袋，遇冬月加耗五斤，每袋加二斤半。由河東道按照部頒法馬，各給官秤一杆。另設一杆，存於公所，不時覈對，毋許畸輕畸重。

道光二年議准：河東鹽課，於次年四月奏銷，公務官錢等款，隨同正課徵解造報。

六年覆准：河東鹽經歷，改令兼管批驗所大使事務，移紮河南陝州會興鎮地方，查照民販運鹽數目，填寫印票，發給行銷。其銷鹽地方，在四百里內者，以半月爲期，八百里內者，以一月爲期。逾限，以私鹽論。銷竣後，將鹽斤在某州縣銷售註明票內，呈繳批驗大使查銷。十引以上者，限三箇月繳銷。一名以上者，限六箇月繳銷。另給新票，循環銷售。儻有逾限及侵越情事，由批驗大使詳請行文銷鹽州縣查辦。其十引以下小販未繳之票，查出，如屆半年，即作爲廢紙。該地方官仍隨時稽查，毋許重複影射滋弊。又奏准：河東鹽池渠堰，除商捐歲修銀五千兩，按年交納河東道庫外，每年復增給銀五千兩，在於商捐銷價生息項下，發商生息銀五萬兩之息銀內動支。爲歲修渠堰各工之用。歲底將用過銀數，造册報部，有餘存儲道庫備支。如經理不善，池有損壞，即將河東道查參著賠。

十二年諭：長齡奏查明蒲灘鹽地情形詳晰籌議一摺，山西省蒲灘産鹽處所，民曬官銷，挪引分辦，不特防範難周，更恐易滋流弊。自上年查禁私曬，鹽引已形暢銷。現據該商人等呈請捐輸永遠代賦津貼，是以商力之有餘，濟小民之生計。著照所議，准其將代賦銀五百四十三兩零，津貼銀九千一百五十兩零，由該商人等按年照數呈交道庫，轉發永濟縣按户分給。仍責令蒲州府永濟縣實力稽查，俟將來收穫有成，再將前項銀兩按畝劃除，庶民力不致竭蹷，而私曬亦可杜絶，洵於裕商便民兩有裨益。

十七年議准：河東池鹽，運商掣鹽，由東中西三禁門而出，每門每日止准出鹽二十五名，以杜擁擠夾帶。如掣運過多，即於次日接續出放。其車夫驢夫所執小票，註明給發日期，按道路之遠近定限期之多寡。先將給票運鹽數目及定限日期，飭知行銷之地方官，並河南會興鎮鹽經歷，按限催繳。如有遲延，照例治罪。儻該地方官並鹽經歷任令遷延，致有執票重運情弊，一經查出，從嚴參辦。每年將收鹽數目，由河東道造册申送巡撫，該撫於查閱營伍之便，順道抽查一次。儻非閱伍之年，派員抽查。如有收多報少情弊，立即嚴參。

咸豐二年諭：前因王慶雲聯英會同山西巡撫兆那蘇圖奏，通籌河東鹺務，酌議留商改票，先課後鹽章程，開單呈覽，當交户部妥議具奏。茲據該部逐條覈明，分析議奏。如永禁僉商，以省拕累，責成改票，以期暢銷。革浮費、禁攤派，以杜虧絀。定池價、減銷價，申明畦地租課舊章，以免流弊。覈科則以輕成本，立口岸以便發販，緝鹽池之透漏，堵引地之私售。另籌公用，酌加鹽斤。及潞澤節省銀兩，歸於通綱攤完各條。既經該部悉心籌度，分别准行。著即照新定章程，妥爲辦理。整頓鹺務，總以裁費緝私爲剔弊大端。裁費務盡，不得名去實留。緝私本地方官之責，現在池價既定，恐坐商罔利售私，必應認真巡緝，不得藉口減費，稍存玩泄。儻該官商等敢於阻撓廢格，以致辦無成效，即著指明參辦，毋稍徇隱。

三年諭：户部奏河東鹽務亟籌變通一摺。河東鹽務自有僉商之議，百弊叢生，近年以來酌議章程，屢定屢改，不過調停於長商短商之間，仍未能經久不弊。今據該部奏請，就現在運商一百餘家，各按籤地之多寡，家貲之厚薄，令其捐免充商，永無僉舉之患，該商無不樂從。所有鹽課，另議就場徵收，恤商裕餉，誠爲兩得之計。據該部約計捐貲可得銀數百萬兩，軍餉要需亦可藉資接濟。至就場徵課，該部所陳各條，果能經理得人，必當日有起色。恒春前在山西歷任有年，於該省鹺政情形定能洞悉。今任巡撫，鹺政是其兼管，亟應妥籌良法，與時變通。著即照該部指陳各節，體察情形，速議章程奏明辦理。並先將捐免銀數，覈實奏報，聽候撥用，毋得任聽屬員蒙混遷延，致滋貽誤。

四年覆准：一、河東鹽務，由商運改爲官運，就池收税，每鹽一斤收税銀四釐，每名三萬斤，（一百二十引爲一名，每引二百五十斤。）收税銀一百二十兩。又領引加費，豫陝兩省，每名酌徵銀六十兩。（同治四年奏准：暫減銀三十兩。）山西省分爲三等，暢銷八縣，每名四十兩。中等十九州縣，每名三十二兩。次等十七州縣，每名二十八兩。均先課後鹽，按年清完，入册報撥。一、山西陝西兩省，官運官銷，責成應銷河東引鹽各廳州縣，自派妥人領運納課，按名清交道庫。由監掣同知編明各廳州縣額定引鹽票據，給領照運，運畢後彙繳查銷。一、河南省官運民銷，責成河東道督同監掣同知，遴委妥員，按引運至會興鎮，聽民販自行買銷。一、鹽池價值，白鹽至貴每名不得過六十兩，青鹽至貴每名不得過四十兩。如有誤曬居奇情弊，照例治罪，畦地入官。一、坐商畦地出售，止准同夥畦商管業，不許市棍串通佃買。違者，鹽入官，授受人照阻壞鹽法律治罪。

五年覆准：河東添設靈寶縣口岸，於額引外加增鹽票，招商領運官鹽。以三百名爲率，每年徵正課銀一萬五千兩，雜課銀一萬六千五百兩，公費銀四千五百兩，統限次年六月奏銷前完納，專案另行奏銷。其截角殘票，隨同殘引造册送部查銷。又定：河東正引三十八萬一千三百二道，續增餘引十四萬道。又吉蘭泰裁改餘引八萬七千五百道，陽曲等州縣土鹽引四萬二千一百五十一道。六年奏准：山西陝西兩省，照河南會興鎮官民並運辦理。三省共行引五千名，每名三萬斤，每引徵税銀四釐。

同治八年諭：李宗羲奏蘆鹽越境侵銷，河東豫引壅滯，請飭查禁一摺。山西河東引地被蘆鹽越境侵灌，以致豫引滯銷，封課不旺，亟應設法疏通。著河南巡撫嚴飭行銷河東引鹽各州縣，協同委員實力查緝。如有長蘆商鹽、天津紅鹽，以及汴梁小鹽入境，即照私販例從重懲辦。並飭蘆鹽總匯之滎澤口及發運之鞏縣長葛襄城周家口朱仙鎮等處各地方官，出示曉諭，嚴密巡緝，毋任偷越，以重鹺綱。

九年諭：李宗羲奏河東豫引積滯，請飭禁違章抽釐並嚴緝私鹽一摺。據稱河東豫引滯銷，因蘆紅小土各鹽越境侵灌豫省行銷引地，各州縣未經會同委員認真協緝所致。且河東每年向有津貼河南銀二萬兩，不應再抽鹽釐。近來南陽府唐縣等處，仍復私抽釐金，遂致成本愈重，引銷愈形壅滯等語。著李鶴年嚴禁河南各府州縣，毋許違章抽收鹽釐。並飭行銷河東之引鹽各地方官，會同委員認真巡查，遇有蘆紅小土各私鹽越入引地，立即嚴拏私販人犯，照例懲辦。所獲私鹽，一半歸公，一半充賞。先將獲犯官役，隨時鼓勵，俟試辦一年，如有成效，准李宗羲會同李鶴年將委員及地方官等奏請優獎。如或虚應故事，會緝不嚴，任令私鹽攙越，並各府州縣仍敢私抽釐金，以致滯銷虧課，即著李宗羲會同李鶴年查明奏參，以示懲儆。

光緒四年奏准：河東丙子綱三省額引及靈寶加票，前請展至本年年底，辦理奏銷，奈三省行引地面遭值奇荒，徧地鴻嗷，豈復能買鹽而食。轉瞬届滿，萬難全數銷完，應請將丙子綱陳引，俟乙亥綱帶銷之引封運完竣後，再分三年帶徵，以紓商力。

六年議准：河東引地自己卯綱爲始，將豫陝靈寶減賸五成加費，並山西本省現准暫減五成仍留五成之三等加費，及先後續增羨餘，一概暫予裁除。

花馬池。

陝西定邊縣大池鹽，原行漢中府、延安府、鄜州，綏德州所屬之清澗縣。以光緒十七年奏銷册計之，甘肅行七萬二千六百八十八引，課入一萬九千八百四十一兩有奇。謹按：乾隆五十八年，延安府等處，行鹽萬一千四百引，漢中府行鹽二萬五千引，共課銀八千九百八十兩五錢有奇，每引均行鹽二百斤。以河東鹽政總理。此缺於五十六年裁汰後，就近由司道府兼理。五十八年奏准：鹽課攤入地丁項下徵收。五十九年爲始，甘肅靈州小池鹽，行平涼府、慶陽府、寧夏府，西和縣漳縣鹽行蘭州府、鞏昌府、秦州、階州、洮州衛、西固廳。以嘉慶五年奏銷册計之，小池六萬四千四百四十引，每引行鹽二百斤。西和縣千六百二十六引，每引行鹽二百斤有奇。漳縣三千六百二十二引，每引行鹽一百七十斤有奇。共課銀二萬四百十有六兩七錢有奇。以陝甘總督總理，就近由司道府兼理。

順治五年定：花馬大池一萬引，每引徵課一錢五分六釐，漢中府屬二萬五千引，每引徵課銀八分。

八年題准：花馬小池五萬五千四百四十引，每引徵課銀一錢一分五釐五毫。

九年題准：西和縣六百五十九引，每引徵課銀五錢八分五毫。漳縣二千八百有一引，每引徵銀一兩一錢三釐五毫各有奇。遇閏加課銀二百八十九兩四錢七分四釐。

十三年題准：增小池六千引，大池四千四百引照額徵課。

康熙二年題准：綏德、米脂、魚河今裁。三屬，置票二萬六百六十有四張，覈銷鍋稅。

十五年題准：每年加課銀五分。

十九年題准：增每引加斤銀七分。又題准：陝西西安府屬，照長蘆例計丁加增二萬六百六十引，每年徵課銀九千一百四十二兩有奇。又題准：大池每引增課銀三分。又題准：甘肅隴寧秦清禮洮靖撫民廳七處，計丁加九百四十三引，照例徵課。

二十年題准：階文徽三州縣，計丁加八百四十五引，照額徵課。

二十一年題准：小池每引增課銀三分。二十四年覆准：停徵每引加課銀五分。

二十九年覆准：花馬小池並臨鞏二府徵收鹽課，令甘肅巡撫管理徵課。

三十九年覆准：陝西三水縣，別招土販接運官鹽至縣，所需水腳，令肅州每鹽一斗，幫銀一分八釐。四十年題准：花馬小池產鹽在寧夏地方，其平涼、慶陽二府十五州縣，並固原州屬四營堡，行鹽辦課奏銷考成之責，改歸平慶道。其寧夏二十九營堡，仍屬寧夏道管理。

雍正二年題准：陝西漢中府屬，向食花馬大池鹽，自雍正三年爲始改食花馬小池鹽。

十二年覆准：漢中府引鹽改食花馬小池之後，空截引角，不能實運實銷，令仍食花馬大池之鹽。其小池歲產餘鹽六千石，每歲給六千引，令平涼、慶陽、寧夏三府所屬州縣商人行鹽辦課。其新增課銀，以十一年爲始，造報奏銷。

乾隆十六年議准：河東餘引，自雍正三年至乾隆四年，陸續增領至二十萬，全銷有年。乾隆五六兩年，於原引二十萬外，復增領四萬，兩年之後，漸見壅滯。應將續增餘引四萬，暫爲酌減，其二十萬餘引，作爲定數，照舊銷辦。俟數年後積鹽疏通，商力充裕，該鹽政酌量情形，仍復二十四萬之數。

四十一年議准：陝西之花馬大池、漢中府、並甘肅鹽價，隨時長落，俱無定價。又議准：甘肅引課於次年八月奏銷。

五十八年奏准：陝西西安等七府州屬，向食河東池鹽，自五十七年河東課歸地丁，該七府州屬鹽課銀兩，改歸地丁項下攤徵，鹽聽民運。延安等五府州屬，因不食河東池鹽，未經議及。今河東業已裁改，該五府州屬引課奏銷，未便仍循其舊，將應徵鹽課一併改歸地丁攤徵。

五十九年議准：陝西延安等屬向食花馬池鹽，歲額鹽引共三萬九千四百道，由延榆綏道並漢中府赴部領繳。今課歸地丁，鹽聽民運，所有每年行鹽部引，毋庸再領，紙價銀兩免其交納。又議准：陝西地方全係民運，無論土鹽、蒙古鹽、及花馬河東池鹽，悉聽民人到處運賣，並無禁私之地。即間有就近買食土鹽蒙古鹽之類，並有外來鹽販攔入者，均不許禁阻，亦不准私收稅錢。惟甘肅、四川、湖廣三省，與陝西之鳳、漢、商、邠等屬連界之處，飭令各該地方官留心查緝，毋許越界偷販。又議准：陝西榆林縣所屬之永樂倉馬湖峪，並綏德州屬之三眼泉等處鹽池，均係竈户祖業相承，其中界址，各有一定，應令照舊管業，不必官爲經理。遇有典賣，報明地方官立案查考。至定邊縣屬之花馬大池，係屬官地，白延榆綏道出示，召募坐商，自出工本，雇夫撈曬鹽斤，與商販交易自運出售，均聽其便。至大雨時行，應行保護，責成該處縣丞就近督令坐商妥協經理。

嘉慶元年覆准：陝西五郎廳從前册報定額鹽課銀二十二兩一錢，今應加接徵石泉縣課銀六兩六錢三分七釐，共應徵銀二十八兩七錢三分七釐。石泉縣前報定額鹽課銀一百三十七兩一錢三分六釐，今除改歸五郎廳接徵銀六兩六錢三分七釐，應攤徵銀一百三十兩四錢九分九釐。十三年諭：吉蘭泰鹽斤，令寧夏道兼管鹽法道辦理，並令該督於丞倅中酌量一員，在該處輪流駐紮，以資查察。其陝西鹽務，仍照舊令鳳邠道兼鹽法道管理。

十四年奏准：陝西漢中府二廳一州八縣原設土商，一概裁撤。額引二萬五千道，毋庸給發。每年應徵課銀三千七百五十兩，按丁攤納。

十六年奏准：陝西興安府一屬，照鳳翔府例，改食靈州花馬池鹽，聽民運銷。所有應徵鹽課紙價餘平等銀一千九百七十七兩零，亦照鳳翔府例，在於該府七屬地丁銀内攤徵。每年應銷餘引四千八百十道，仍赴河東道照舊領繳。應徵公務官錢等銀一千六百五十三兩零，一體減免。

道光九年覆准：甘肅鞏昌府屬之漳縣改爲隴西縣丞，所有領引繳殘事宜，均歸隴西縣丞經管。又定：甘肅省歲額正引七萬二千六百八十八道，内分銷隴西縣丞引三千六百二十二道，每引徵銀一兩一錢七分三釐五毫有奇。又分銷西和縣引一千六百二十六道，每引徵銀六錢五分五毫有奇。又花馬小池引六萬七千四百四十道，每引徵銀二錢一分五釐五毫。又定：甘肅省鹽引，每引配鹽一百七十八斤五兩至二百斤二兩不等。鞏昌府屬之西和縣，階州直隸州，暨秦州直隸州屬之兩當徽縣禮縣等三縣，每引配鹽二百斤二兩。蘭州府屬之靖遠，鞏昌府屬之隴西縣丞，寧遠、伏羌、安定、會寧、通渭、岷州、洮州、西固州同，暨秦州直隸州，並所屬之清水秦安等一十三州縣廳，每引配鹽一百七十八斤五兩。平涼、慶陽、寧夏三府，每引配鹽二百斤。按地搭配行銷。

咸豐八年諭：樂斌奏請將寧夏蒙古地方行銷内地土鹽抽收商税一摺，甘肅寧夏蒙古地方，向產土鹽，各處商民往運轉販，並未徵收税課。茲據樂斌奏委員查明，並酌擬章程抽收商税，聲明無礙正課，並不累蒙古生計，即著照所擬章程辦理。仍著該督隨時查察，以期經久無弊。至此項土鹽行銷内地，向無例禁明文，與失察私販者有間。所有歷任各官，均著免其查議。欽此。遵旨議奏：甘肅寧夏蒙古地方所產土鹽，准其進口，從一條山、五方寺至皋蘭、靖遠、條城，經安定、會寧、隴西、寧遠、秦州，轉運漢南一帶銷售，不准私繞小路侵銷別境。違者倍罰。所收税釐銀兩，每鹽一百斤，收税銀八兩，抽釐銀八分。由陝甘總督按季報部。

《大清會典事例（光緒朝）》卷二二五《户部·鹽法兩浙》　兩浙鹽行杭州府、嘉興府、湖州府、寧波府、紹興府、金華府、衢州府、嚴州府、温州府、台州府、處州府，江南蘇州府、松江府、常州府、鎮江府、徽州府、廣德州、太倉州，江西廣信府，以浙江巡撫兼管，謹案：舊係巡撫總理，乾隆五十八年改設兩浙鹽政，兼管杭州織造。道光元年復歸巡撫管理。兩浙都轉鹽運使司專理。駐紮杭州府，舊爲運使，康熙五十年改爲鹽法道，乾隆五十八年仍改爲運使。轄鹽場三十有二，仁和場、在仁和縣。三江場、在山陰縣。東江場、在會稽縣。曹娥場、在會稽縣。金山場、在上虞縣。錢清場、在蕭山縣。穿長場、在鎮海縣。石堰場、在餘姚縣。鳴鶴場、在慈谿縣。雙穗場、在瑞安縣。龍頭場、在鎮海縣。大嵩場、在鄞縣。許村場、在海寧州。杜瀆場、在臨海縣。永嘉場、在永嘉縣。長林場、在樂清縣。玉泉場、在象山縣。黄巖場、在太平縣。長亭場、在寧海縣。清泉場、在鎮海縣。隸寧紹温台分司運副。駐紮杭州府。浦東場、在金山縣。下沙頭場、在南匯縣。黄灣場、在海寧州。西路場、在海寧州。蘆瀝場、在平湖縣。鮑郎場、在海鹽縣。海沙場、在海鹽縣。下沙二三場、在南匯縣。青村場、在奉賢縣。袁浦場、在華亭縣。横浦場、在婁縣。崇明場，在崇明縣。隸嘉松分司運判。駐紮杭州府，舊有仁和縣場副使一員，康熙十八年裁。以光緒十七年奏銷册計之，共行鹽三十三萬六千六百引，徵課銀六十萬七千二百四十七兩。謹案：嘉慶五年共行正鹽七十萬四千六百九十八引，每引行鹽三百三十五斤。杭所、嘉所、紹所，每引徵課三錢九分七釐有奇，松所四錢二釐，下則二錢八分二釐，下下則二錢五分一釐。温所下則一錢九分，台所下則二錢七分五釐各有奇。票引十萬六百九十有八，每票行鹽四百斤，每引徵課一錢九分有奇，共課銀九十七萬四千三百十五兩七錢有奇。贏餘銀一萬六千五百五十二兩六錢有奇，餘引每年多寡不等。

順治二年題准：兩浙行正鹽六十六萬七千一百五十三引，每引徵課銀四錢五分六釐。分浙東三十萬八千五百九十八引，浙西三十五萬八千五百五十五引。小票改引五萬七千二百九十有五，每引徵課銀一錢一分一釐五毫有奇。

十年覆准：增票引萬七千四百五十有五，正引十萬，照例徵課。

十六年題准：停止新增引目，課銀於正票引內攤補。又題准：將温所五百二十引，改嘉所行銷升課。

康熙元年覆准：改台所萬引，於嘉松二所行銷升課。

二年題准：改紹所六千七百八十四引，於嘉所行銷升課。

七年覆准：增松所萬四千九百引，照例徵課。又題准：改紹所二萬五千十有六引，於杭嘉松三所行銷升課。八年，改台所二千六百二十五引，於杭所行銷升課。改紹所下則三千二十四引爲上則，照例升課。

十年題准：改温所六千引，於杭所行銷升課。

十四年題准：正票每引加課銀五分。又題准：松所下則三千引，改中則升課。

十五年覆准：太倉地窄引多，將新增引目二十，改於常熟縣地方行銷。

十六年題准：正票引照兩淮例每引加鹽二十五斤徵課。杭、嘉二所及松所中則，每引一錢。紹、台及松所下則下下則，每引七分。温所及紹所下則並票引，每引四分五毫。又覆准：票引，每引升課銀三分五毫有奇。

十八年題准：計丁加嘉所九千一百七十五引，松所千三百三十三引，杭所二千四百八十四引，紹所二千六十三引，温所千五百三十九引，台所二千有二引，照例徵課。又覆准：崇明縣地居海外，向不行引，亦無包課。今以十三丁派一引，按引包課，共計二千八百五十六引，照温所課則徵銀七百四十一兩有奇。又覆准：靖江縣逼近淮竈，商人不肯挾費蹈險，今照崇明縣例，十三丁派一引，共二千二百六十九引，徵銀五百八十九兩有奇。

十九年題准：計丁加正引八百八十七引五分，票引萬八千九百四十八引，照例徵課。二十年題准：計丁加仁錢二縣票引六千，照例徵課。

二十二年題准：加仁錢二縣票引，紹所中則正引各一千，照例徵課。

二十三年覆准：温、台、寧各場招徠竈丁，增墾鹽地，及新漲海塗，共升課銀千五百三十五兩八錢一分有奇。二十四年覆准：增墾鹽地稅銀

四百七十三兩五錢有奇。又覆准：增下沙、西興等場升課銀二百三十四兩五錢有奇。又覆准：停徵每引加五分課銀。二十五年覆准：兩浙鹽課，每兩加滴珠銀一分，於二十四年起徵，解餉車腳，每兩支給七釐。

二十六年覆准：下沙等場新漲蕩地共五千六百二十八畝二釐零，計升課銀一百八兩七錢九分九釐有奇，外再加滴珠銀一兩八分七釐有奇。又題准：兩浙鹽課，於近場府縣照民户納糧之例，立櫃徵收，竈丁自封投櫃，給票寧家，不許官收民解。

二十七年覆准：永嘉等五場續招竈丁千三百名，認墾地畝，共復課銀一百六十兩二錢有奇。又覆准：下沙等場漲墾蕩地共六千八百八十五畝零，共升課銀八十八兩五錢四分三釐有奇。

二十八年覆准：兩浙石堰、鮑郎等場新增竈丁六名，蘆薪沙塗沙蕩升課稅銀，於二十七年起徵。又覆准：玉泉、長亭二場，招徠竈丁八十三名，認墾蕩田地，共復課銀七十一兩七錢九分四釐有奇，每兩加滴珠銀一分。

二十九年覆准：穿長、玉泉等場，招徠竈丁，認墾蕩田地，共復課銀五十一兩二錢二分有奇，加滴珠銀五錢一分，於二十八年爲始徵解。

三十二年覆准：定海縣鹽課銀，照十八年崇明縣例，派引增課。又覆准：雙穗等五場招徠竈丁四百十有五名，照例徵課。又覆准：餘姚縣並錢清、石堰等場，漲墾蕩地沙塗共七十一頃七十二畝，照例升課。

三十三年覆准：定海縣派行二百有一引，照例起徵。又議准：加課銀五萬兩。

三十六年覆准：兩浙各場漲墾蕩地共三十頃三十一畝一分，於三十五年起徵。又覆准：竈丁越縣輸課，道路遥遠，嗣後令場員徵收。又奉旨：免加斤銀一半，共三萬一千三百八十九兩有奇。

四十二年覆准：浙省杭州等六府所屬地方竈課，歸入就近之平湖等州縣徵收。

四十六年覆准：浙江雙穗等場，共招復丁地課銀二十五兩五錢有奇，滴珠銀二錢有奇，於四十五年爲始入額徵解。又題准：浙江慈谿縣並西興等鹽場，共墾過地九頃二十六畝，於四十五年入額徵解。

四十八年題准：兩浙三江、石堰等鹽場，報升新丁並蕩地二頃八十

七畝九分，入額徵解。

五十一年覆准：將温所額行七千九百四十八引，歸入紹所照例徵收。

雍正元年覆准：江南婺源縣分銷休寧引鹽，祁門分銷黟縣引鹽。又覆准：長林、雙穗等場，認墾坍地二十五畝，招徠竈户三十八名，於本年爲始，入額徵解。又覆准：西興等場新墾沙地等項十頃三十四畝零，於本年爲始徵課。

二年覆准：將紹屬之西興場裁去，應配鹽引並丁蕩由單，歸併錢清場管理。

三年題准：每引加鹽三十五斤。五年覆准：江南蘇松二府屬，及太倉州所轄之縣，交蘇松道督緝。一切鹽務，令該道承審，定案詳結。其常鎮二府所屬，責成常鎮道督緝。如有督緝疏縱，該督指名題參。

六年議准：江南蘇、松、常、鎮四府屬縣，爲浙引疏銷之區，京口地方，爲兩浙行鹽門户，壤接淮界。而淮北私鹽透越蔓延，嗣後鎮江牐口盤查私鹽，責成江常鎮道，督同鎮江府海防同知，並京口將軍標下副將，及鎮江城守參將，就近分班輪流盤驗。無論糧船兵船大小差船，皆親查驗。如有夾帶整包私鹽，即行拏究，照興販律治罪。如有疏縱失察，照例參處。又覆准：動帑八萬兩，收買竈户餘鹽。

七年覆准：兩浙頒發額外引目十萬，依河東豫發餘引之例，令商人領配賣鹽完納課費通融配掣。如有餘賸，即行繳部。

八年題准：每餘引一紙，輸銀四分，以六釐留爲紙硃路費，餘抵功績額銀。又議准：兩浙引課，除江南松所外，杭所每引徵課銀四錢四分有奇，嘉所每引徵課銀四錢二分三釐有奇，紹所每引徵課銀三錢四分有奇。向因地方衝僻，行銷難易，分別等差，酌定課則。今各處私鹽漸少，官引疏通，完課似應畫一。嗣後杭、嘉、紹三所，每引均匀攤納課銀三錢九分七釐有奇。於本年爲始。

乾隆元年諭：浙江濱海地皆斥鹵，向來鹽價甚賤，居民稱便，十餘年來鹽價增長，近則加至二三倍不等。夫以小民日用必需之物，而昂貴若此，朕屢次切諭該督，令其悉心經理，乃數月以來雖據奏報鹽價漸平，然較之十數年前仍屬昂貴。朕再四思維，並留心諮訪，鹽價之貴固在於場鹽少產，亦由於商本艱難。惟有使商人鹽斤充裕，則鹽價自然平減。今酌定增斤改引之法，將杭嘉紹三所引鹽，循照兩淮舊額，每引加增鹽五十斤，連包索共重三百二十五斤。至松江一所，原屬濱海産鹽之區，向因額設季引九萬有餘，分別上中下三則，徵收正課公費銀五萬四千餘兩，遂使近場州縣多有鹽貴之苦。今循照淮海温台等處之例，改行票引九萬餘，每引給鹽四百斤，令商本充裕，轉輸便易。商人不受減價之累，百姓多受減價之益。該督再爲多方調劑，加意體恤，庶可復還十數年前之原價，以便民用。著該部行文該督，遵照諭旨辦理。

四年題准：浙江松所改歸紹所萬引、台所二千引，自乾隆二年爲始，入額辦銷。其改撥之引，均照各所課則納課行銷。改紹所萬引，例應完公費，其改台所二千引，例不輸納公費，所出公費銀在於台所贏餘項下撥補清款。又題准：浙江台温鎮府營場及崇明岱山等處，領帑收鹽支放解存各項，均於歲終截數，責令文武各官調換盤查，以清帑項。

六年題准：靖江一邑，原係浙鹽引地，因淮鹽引賤，多食淮私，應仍歸浙省運銷，將崇明餘鹽撥運，每年行銷三千引。如崇鹽不敷，即撥岱山之鹽接濟。

七年題准：兩浙收買餘鹽，原動帑銀八萬兩不敷收買，將贏餘銀增撥四萬兩，以爲收買餘鹽資本。

十八年奏准：浙江台州、温州二府屬所收外輸經費銀，每年准其留銀九千八百二十八兩有奇，以爲承辦帑鹽文武各官經費之用。其覈減銀二千六十九兩有奇，即造入贏餘奏銷册内，報部查覈。

二十六年覆准：兩浙鹽課，舊例於五月奏報，今改於歲底造册報銷。

二十九年覆准：玉環同知按年於原發帑本内領銀一千五百兩，給竈煎鹽。今所屬塘洋、後峻、鹽盤三處，每年約可得鹽百餘萬斤。煎鹽帑本不敷，酌加銀五百兩，以爲收鹽帑本。平陽縣之南鹽場，沙塗復漲三十里，計地六十餘畝，安竈三十座，令該處民人報充竈户。所出鹽斤，交官收買，於温州府收鹽帑本内動銀四千兩，設竈煎鹽。

三十年覆准：兩浙原存帑本銀十二萬兩，内除乾隆十二年漂失鹽斤案内，題豁銀一千五百五十兩零，實留銀十一萬八千四百四十九兩零。現在竈鹽有餘，需帑收買，於公費分規銀内再酌留八萬一千五百五十兩零，共成二十萬兩，爲收鹽帑本。

三十五年議准：定海縣三十七澳餘鹽，令定海縣知縣、定標中軍游擊，會同分廠收買，於鹽道庫收存公費銀內動撥銀四萬兩，以爲收鹽帑本。

三十七年奏准：兩浙每年酌定餘引十五萬道。又議准：松江所行銷壅滯，以松所難銷之引，改撥二萬引，添於紹所行銷，即照紹所科則，按引完課。

三十九年議准：兩浙加增餘引五萬道。

四十一年議准：兩浙行銷各屬鹽斤，價隨時售，並無一定。又議准：浙江正餘引課竈課，於次年十二月奏銷。

嘉慶二年題准：浙江省台州、温州、松江三所竈丁餘鹽，及定海縣各澳餘鹽，官爲給價收買。内温台松三所，並玉環一廳，定海一縣，原給帑本銀二十三萬九千五百九十五兩二錢二分一釐，除嘉慶元二等年風潮案内豁免帑本銀三萬八千二百三十五兩五錢五分五釐外，計實給帑本銀二十萬一千三百五十九兩六錢六分六釐。賣出價銀，除繳還帑本外，所獲贏餘，奏報充餉。

十八年覆准：南沙官廠，照場竈聚團之例，編列字號，僉派殷商賫本赴廠，與煎户自相交易，責令錢清、三江二場督察經理。如有私鹽偷漏，知縣照例議處，同知照州縣之例減半議處，巡檢照捕官例參處。

二十五年題准：浙江省台州、温州、松江三所竈丁餘鹽，及定海縣各澳餘鹽，官爲給價收買。原給帑本銀二十三萬九千五百九十五兩二錢二分一釐，除嘉慶元二等年風潮案内題豁銀三萬八千二百三十五兩五錢五分五釐，又嘉慶二十五年風潮案内題豁銀六千四百七十兩七錢五分。計實給帑本銀十九萬四千八百八十八兩九錢一分六釐。賣出價銀，除繳還帑本外，所獲贏餘，奏報充餉。

道光元年覆准：每年額頒餘引十五萬道外，另發照改餘引八萬道，在仁和、錢塘、海寧、餘杭、海鹽、石門、平湖、鎮海、山陰、會稽、蕭山、奉化、嵊縣、鄞縣、慈谿、象山、餘姚、上虞十八州縣，暨温台二所行銷。遇正引銷完，止准接銷餘引，不得仍前給照配銷。所領餘引，如有存賸，同已銷之引，按年一併解部查銷。其正雜課銀，均照各該地額引科則輸納，每年專案奏銷，另造引課清册送部查覈。又覆准：浙江杭、紹、嘉、松四所甲商，每所額定一人以資辦公，毋許額外增設。

二年議准：兩浙袁浦場崇缺地方所產竈鹽，悉令商人收配，每百斤加耗五斤，價隨時定。舊有墩塗地畝，由官勘丈報升，並編設竈户門牌，限定煎鹽數目。交不足數，按卯稽比。儻有透漏，嚴行究辦，仍將失察之場員議處。

九年覆准：兩浙石堰場埋上埋下兩團，設立煎竈七座。所產鹽斤，飭令餘姚、鄞縣、慈谿、奉化四縣商人及紹所各商按數認銷，儘收儘配，每鹽一百斤加耗五斤，以償滷耗。

十二年奏准：綱引套搭，庫款牽混，係浙省向來積弊，欲正綱分必先疏通積引。請將辛卯秋冬壬辰春夏四季正引，併作一綱，全行銃銷。應完正雜錢糧，從癸巳綱起，分五年賠繳，暫停請領餘引。即將積引作爲餘引，俟積引銷完，再領餘引。並革去巡商名目，以節經費。

二十九年奏准：杭嘉紹三所引鹽，於每引例捆三百三十五斤之外，杭所、嘉所加鹽四十斤，紹所加鹽二十斤。所加之鹽，止完正課，免輸内外雜款。責令該商隨同額鹽併包捆運，以杜弊竇。松所每引例捆鹽四百斤，爲數已重，毋庸再加。又奏准：嘉興所之丹陽、靖江，松所之崑山、新陽、青浦、上海、南匯等處認配各商，半多停歇，責成運司選商辦運，並於雜款内籌銀二三萬兩，委員赴場收買竈鹽，俟配商捆運時繳價歸款，免其輸息。又奏准：巡緝私販，責成官商分辦，並由運司查覈。如兩月不能報獲私鹽，以致銷數短絀，覈其短銷之數，將緝私經費分別扣成給發。其商人自行巡緝者，亦責令認真辦理。如有獲犯，皆歸運司審究。罪名重大之案，發州縣照例審解。其餘賞罰，悉由運司酌定，務歸覈實。至口岸存鹽，總以按額計算存有一月鹽數爲斷。如所存一月數外，又積一月之鹽，則是銷不足數，應責官以惰緝。如後鹽不繼，銷及一月應存之鹽，則是運不足數，應責商以惰運。務令地方官及該商人等，各自認真辦理，不得互相推諉。又奏准：緝獲私鹽，應酌量充賞，並令商人補課配銷。如拏獲私鹽數在一千斤以下者，全行變價充賞。其一千斤以上，及數千斤至數萬斤，不論有無奇零，統作十成計算，均以六成變價充賞，四成令商人補課，作正配銷，以昭平允。

同治三年奏准：浙省票鹽，歸牙釐局辦理。

四年奏准：兩浙鹽務，改行票運，課釐並收，無分正雜，各項帑利一概停徵。

八年議准：江蘇省蘇、松、常、鎮、太四府一州引地，招商認行六萬六千引，仍照票課每斤完課八文，毋庸另議科則。並將各所耗斤名目，即行禁革。又奏准：浙省票商，不列真名的姓，隨時領運搶銷，設有弊端，難以究詰。現在釐局各員，不能兼顧，另在省城設立督銷總局，專辦浙東各屬鹽務。委運司主政督辦，藩司會局辦理整綱，覈加額引，招商分地認運，按春秋兩季完課掣運。以庚午年春綱爲始，給予執照，循環轉運，按年領六萬二千引，徵正雜課銀九萬五千六百八十六兩。並飭各府局將釐捐鹽務，分款報解，以清眉目。九年奏准：蘇、松、常、鎮、太五屬鹽務，現改舊商認引完課，係屬參用票章，前部議毋庸另定科則，不論何地，一律每斤完課八文。恐暢地多銷，滯地少銷，課款必致虧短。且兩浙耗鹽，實因水陸拋散私衝銷滯折耗之故，其勢不能不加。若一經革除，則江省五屬舊商，認辦爲難，各票商必至裹足。應請將杭、紹、嘉、松四所耗鹽，仍照改票原案，分別給商，以示體恤。又奏准：浙東引地及浙西引地內之杭、嘉、湖三屬，招商認領二十四萬八百引。

十年覆准：兩浙鹽務由票運改辦票綱，每年共認引額三十三萬六千六百引，每引完銀自一兩九錢，以及一兩四五錢一兩不等。實徵銀五十萬七千二百四十七兩。內浙東金、衢、嚴、徽、廣，及諸、義、浦、富、新、於、昌，正減各地徵銀三十五萬二百四十七兩，杭、嘉、湖正減各地徵銀六萬三千兩，蘇、松、常、鎮、太正減各地徵銀九萬四千兩。又覆准：寧、紹、台、處四屬無商可招，仍抽鹽釐，通年約收錢七萬串。杭、嘉、紹三所肩住引鹽，仍照票章辦理，通年約收錢十萬餘串。以銀覈計，約共徵銀十萬兩。又覆准：釐定課銀六十萬七千二百四十七兩，內以銀三十二萬三千二百兩七錢九釐提充正課，以銀六萬提充按引徵收之公費，仍分春秋入冊報撥。再以銀八萬提充帑息，爲海塘修築經費。其餘銀十四萬四千四十六兩零，抵放雜支，分別內銷外銷，逐款隨案聲註。按現時引額尚未復舊，而課額未便稍虧，是以釐定科則，仿照票章從多覈計。將來引額復舊，仍准勻減科則，以昭公允。又覆准：織造公費，每年提銀五千兩，藩運兩庫支放各款，每年各提銀三萬兩。其巡費局用，俟奏銷時額課無虧，每年准提銀三萬六千兩，儻課額徵不足數，即將巡緝費減成支放，不覈之款由商捐墊。均在十四萬四千餘兩雜款銀內提用。餘銀提存運庫，以備緊急款項及銀價不敷短絀之需。又覆准：票綱商人認辦引額，概令捐輸海塘經費一次，按引捐銀六錢八錢一兩，至一兩二錢不等。給予印照執守，逢綱驗票運鹽。所捐銀兩，發典生息，作爲塘工歲修，每年隨同奏銷將收支數目另冊報部。又覆准：水鄉竈課額徵銀十一萬兩有零，除荒實徵若干，入冊報撥。

十一年諭：浙西蘇松等四府一州，爲浙鹽引地，自改復商引以來，試辦已逾兩年，迄無成效，所有耗餘加認之數，著暫行寬免，以恤商力。又覆准：浙東杭、嘉、湖、金、衢、嚴、徽、廣八屬，加耗二萬四千二百引，應完課銀三萬八千餘兩。又議准：江蘇靖江縣向食浙鹽，自浙省改票運後，暫食淮鹽，包完浙課。嗣後仍將靖江引地歸還兩浙，如有淮商藉包課之名，侵銷浙境，由浙江巡撫參辦。

光緒四年奏准：浙東綱引滯銷，所有杭、嘉、湖、金、衢、嚴、徽、廣八屬續加耗引，援照浙西成案，自戊寅綱起暫予停運，以恤商艱。又奏准：江蘇靖江縣，每年銷三千引，徵正課銀八百五十五兩有奇。

八年議准：蘇、松、常、鎮、太五屬，於原定六萬六千引外，加認三萬四千引，照靖江縣止完帑課成案，藉以減價敵私，其餘雜款概免輸納。

《大清會典事例（光緒朝）》卷二二六《户部·鹽法福建》 福建鹽行西路延平府，建寧府之建安、甌寧、建陽、崇安、浦城五縣，邵武府，東路福州府之羅源、古田、屏南三縣，建寧府之松溪、政和二縣，福寧府，南路福州府之閩、侯官、長樂、福清、連江、閩清、永福七縣，興化府，泉州府，漳州府，永春州，龍巖州。惟臺灣一府，自雍正元年裁革官商，委臺灣府兼管，官收官賣。以閩浙總督總理，福建鹽法道專理。謹案：舊係鹽驛道，雍正十三年驛傳事務歸於糧道管理，鹽驛道改爲鹽法道。轄鹽場一十有四。福清場、在福清縣。江陰西場、在福清縣。莆田場、在莆田縣。下里場、在莆田縣。前江場、在莆田縣。潯美場、在晉江縣。惠安場、在惠安縣。浯洲場、在同安縣。祥豐場、在同安縣。蓮河場、在同安縣。漳浦南場、在漳浦縣。詔安場、在詔安縣。石碼場、在龍溪縣。福興場。在福清縣。以光緒十七年奏銷冊計之，共銷鹽五十四萬五千引有奇，課耗釐三項，共入銀三十七萬七千二百九兩有奇。謹案：嘉慶五年共行正鹽五十四萬五千六十二引，額餘引四十萬一千四百二十有三。西路每引行鹽六百七十五斤，東南路每引行鹽百斤，課入十有七萬四千八百三十兩八錢有奇，額餘課銀十有四萬三千五百八十七兩九錢有奇，贏餘銀九千五百五十六兩八錢有奇。此外尚有額外餘引十有二萬三千紙，每年儘銷儘報，無定額。

順治三年題准：福建行正鹽二萬一千四百四十五引。分銷西路二萬引，每引課銀一兩一錢三分五釐四毫。東路千一百九十引，每引課銀二兩一錢一分三毫。南路二百引，每引課銀二兩五錢八分一釐。永福港五十五引，每引課銀一兩一錢七分三釐二毫各有奇。又南路六澳，每澳徵銀六十七兩七錢二分一釐。東路細鹽課銀二百二兩，漳屬西溪鹽二萬二千二百三十六包，每包稅銀二分七釐七毫，北溪鹽萬九千五百四十八包，每包稅銀八分六釐九毫各有奇。

康熙十六年題准：每正引加課銀五分。又題准：西路增鹽二千引，照額徵課。又裁黃崎分司一缺。

十七年題准：西路每引加斤銀七分，東南二路每引加斤銀三分。

二十二年題准：招回曬丁墾復鹽邱，每邱加徵銀一錢。

二十三年覆准：福、興、泉、漳等府屬，增二萬一千八百十有一引，入課銀五千八百四十二兩八錢有奇。其鹽引斤數與舊引不同，別鑄銅版刷給辦課。

二十四年議准：新引加斤，增課銀六百五十二兩七錢有奇。又議准：徵續墾鹽邱銀三百二十五兩八錢。又議准：福建依山竈户，墾復田地，徵鹽折銀四千三百十有六兩有奇。附海竈户，墾復田地，徵收本色鹽，聽商支取辦課。又覆准：停徵每引加五分課銀。

三十一年覆准：專設鹽差運使，刊造由單，呈該御史報部。又覆准：海牛二場，依山附海，一田兩賦，田地被海潮衝没，其鹽折與本色鹽免其徵收。又題准：增閩縣壺江灣課銀四十五兩，長樂縣石澳課銀三十兩，連江縣奇達、定海、北茭、依山館頭四澳課銀三百二十兩。又題准：泉屬七縣，及福屬福清閩連江三縣，認增淹浸鹽額，加課銀千二百四十五兩。興屬莆仙二縣，淹浸鹽斤，稅銀二百九十二兩五錢。漳屬鹽包鹽額，加增銀千七百四十一兩。

三十二年題准：將細鹽一半仍爲淹浸，按東路引額減半徵課，一半改引，照引額徵課。又覆准：永福、詔安二縣加課銀一百二十六兩一錢。又覆准：各路增行六萬四千三百九十四引，增課銀萬八千九百兩有奇，於三十二年爲始，照數徵收。又題准：加引之興、泉、漳三府屬，並福清等縣各場地方，行令專設捕役，責其緝私鹽以疏官引。

三十七年覆准：浯州一場，墾復鹽邱百五十七邱，照例徵課。

四十七年覆准：福建鹽田徵輸鹽折，總屬民田，將海牛場鹽折銀，歸併福清縣徵收。上里場鹽折銀，歸併莆田縣徵收。其海牛、上里二場官悉行裁汰，俸食充餉。其督緝諸務，歸併福莆二縣丞管理巡查。鹽折銀，二縣徑解運使，仍照例奏銷考成。

雍正元年覆准：將鹽院衙門各官及商人盡行裁汰，應徵課餉照廣東瓊州府徵課之例，均攤各場，交與各州縣照數收納，解交司庫。仍令每場選委佐貳官一人，專管鹽務，令買賣人等平買平賣。

五年覆准：令該督等將每年羨餘確數，據實奏聞充餉。又覆准：閩省鹽暫令水商行銷，試行一二年之後，無誤課入，再爲題明，照兩淮等處之例設引僉商。六年題准：閩省額徵鹽課公課，仍照實數作爲正額。其餘溢行之鹽，將所獲之銀，儘數造入贏餘册内具題。至起解鹽課、應支水腳等公費銀，俟解京時豫行題報動支。又題准：辦理鹽務各官，雍正二年悉已裁汰，嗣後於通省佐雜内遴選幹員，令其管理。又題准：閩省產鹽各場，令場官書役將鹽票填明，巡查之地，務令截角。並嚴飭該管各官，增設圖長、甲長，照保甲之例互相稽查。

乾隆元年題准：附場貧難老少，向許負鹽易米度日。閩省福清等場，貧難老少負鹽甚多，各縣課地反爲貧難負鹽所占，有礙鹽法。今將額定貧難七百九十六名，每名日給錢十文，於錢水項下動給。俾老少殘疾得資餬口，並杜其影射販私之弊。

七年諭：閩省爲濱海之區，百姓多藉魚鹽之利以爲生計。朕聞該省鹽課內，頗有苦累商民之處。蓋有司於應徵課銀外，輒以雜費無出，藉端加派，習以爲常。如每鹽百斤，加增錢二十文至七八十文不等，名之曰長價。又各場肩魚客販買鹽，請領道印結票執照，或每單徵錢三文，或每石徵錢三文，名之曰單錢。又正額每鹽百斤，收銀一錢五分，各場實收錢百五十文，該合銀一錢六分六釐，每百斤申銀一分六釐，亦令入官，名之曰錢水。以上各項，皆巧取陋規，不便於商民者。著該督撫一一確查，通行禁革。如有必不可少之雜費，即於項內存留若干，減去若干，不得仍前多索，永著爲例。務期實力奉行，俾商民得以寬裕辦課，且使肩挑背負之民均霑餘利以餬其口。又題准：閩省招商行鹽，每年額頒正引五十四萬五千六十有二，餘引四十萬三千一百六十有二。如有銷不及額，照例報參。又額外餘引十二萬三千，不必註定州縣，令各路通融辦銷儘銷儘報，不入年限考成之內。儻有存賸餘引，繳部查銷。

三十年覆准：福建運銷鹽斤，一切船價夫脚工伙食物，較前昂貴，商本不敷。除題定官辦之長樂、福清、晉江、同安四縣，並惠安縣招商乏人委官辦運並無增價外，其餘各幫，每斤按一文之數折半加增。其實在售運維艱，不敷成本幫數，准其每斤增價一文，以贏商利。俟商力充裕，臨時再行酌減。又議准：福建正引課竈課，於次年六月奏銷，餘引課再次一年，於七月奏銷。

四十三年覆准：福建溢額贏餘項下撥出銀一十三萬兩，分存鹽道庫及興化、泉州、漳州各府庫，飭令各場員按期陸續請領，養竈收鹽，配商轉運，收還原價，按月造報。儻所發帑項，竈丁不能歸還原款，即著落經手場員賠補。又覆准：閩省商辦各幫，若遇陰雨過多，場鹽少產，照粤省之例，總埠每斤量增賣價一二釐，子埠分別量增。

四十四年奏准：福建本薄小商，酌借帑銀以資接濟，所借秋季之帑於夏季底繳還，冬季之帑於秋季底繳還，以備支發。取息一分，應於領借時責成衆商出具連環保結，一商有誤，衆商公完。所收息銀，留爲修理鹽倉公用。

四十八年議准：福建福清、詔安、莆田、下里、浯洲、洪白、赤杞、江陰、潯美、洒洲、惠安、烈嶼、浦東、浦南、前江等十五場，或產鹽數多，或緝私緊要，俱一例改爲實缺，以專責成。

五十年奏准：福建王祥、洪白、赤杞、江陰、上里、下里、前江、潯美、洒洲、惠安、浯洲、烈嶼、浦東、浦南、詔安，計實缺十五場，共應配鹽一百二十萬一千四百六十七石一十九斤有奇。

五十一年議准：福建同安縣轄之祥豐里，爲新舊鹽埕適中之所，便於四面稽查，即於該處建設衙署，命名祥豐場，以資巡查。照該省原設十五場收鹽分數，一體按年造册考覈。

五十五年議准：福建臺灣原定額餘鹽斤之外，所有埕底泥鹽帶土刮收，每年約可得二萬石，撥臺灣、鳳山、嘉義、新化、淡水、澎湖等六廳縣銷售，每年應徵課銀一千八百一十八兩一錢八分二釐。按數徵輸，入册奏銷。如有缺誤，照例參處。

嘉慶二年覆准：閩省烈嶼場產鹽較少，裁歸附近之浯洲總場管理。又祥豐場產鹽較原額增至兩倍，於蓮河地方增設大使一員，分管祥豐事務。又覆准：福建正引額課，於次年十月奏銷，餘引額課再次一年於十二月奏銷。又諭：閩省商運溢課，既據該督奏稱從前場鹽絀產及海潮衝失等事，以致誤運積欠，急應量爲調劑，以紓積困。著加恩准將該省商運各幫年行溢引，自嘉慶三年起，應辦元年溢額，停徵二年，再展至嘉慶五年起，將應徵溢課項下分作三年帶徵，共限五年全行完款，庶商力益臻充裕。此係朕格外施恩，該督等務須飭令依限全完，不得再有懸宕，致干咎戾。

五年諭：晉江等四縣辦理鹽課最爲賠累，著加恩將晉江縣應銷餘引內酌減去五千道，南靖縣應銷餘引內酌減去四千道，莆田縣應銷餘引內酌減去二千道，福清縣應銷餘引內酌減去三千道，以示格外體恤至意。

十七年奏准：福建通省共定產額鹽一百三十二萬七千八百餘擔，飭令悉數歸官，並按官商分析幫地，就近分匀坐配。又奏准：福建各廳縣向將課地付之館伴丁胥，以致舞弊，嗣後館伴務令慎選妥人，每月報銷引張並賣收鹽價，責成該管知府隨時稽察，並廳縣交代，舊任官將已領未用之引，繳道查銷。其尚未届期之引，扣明截卸日期，交新任官行用。又奏准：添設福興場，分管赤杞場三小團原墾中則鹽埕三千三百九十九坎，又巖頭等村新墾下則鹽埕三萬一千四百四十坎，共鹽埕三萬四千八百三十九坎。又裁漳浦東場，歸漳浦南場兼管。

十八年議准：福建省福興場帑本銀四千兩，該大使承領發竈收鹽，年終委員盤查取結，造册報部查覈。如有虧挪，嚴揭參處。

十九年議准：閩省官商配運鹽斤，並革除團秤砠秤名目，及海耗等項開銷。

二十年題准：福建省福清王祥團收鹽一萬擔，洪白團收鹽二萬擔，赤杞團收鹽二萬五千擔，江陰團收鹽一十三萬二千四百二十七擔五十斤八兩，上里場收鹽七萬四千六十五擔七十七斤，下里場收鹽一十七萬五百四十八擔八十斤，前江場收鹽一十三萬八千八十八擔三十一斤，潯美場收鹽五萬二十五擔，洒洲場收鹽二萬九千三百七十五擔，惠安場收鹽八萬四千四百九十二擔三十二斤，浯洲場收鹽二萬七千二百六十七擔五十斤，祥豐場收鹽七萬四十八擔，蓮河場收鹽二十六萬八千八百二擔四十斤，漳浦南場收鹽三萬一千七百四擔六十九斤，詔安場收鹽六萬五千九百八十八擔八十三斤二兩九分三釐，福興場收鹽一十三萬擔。又題准：福建福清等十六場鹽塥一千三百六十一口半，鹽埕二十四萬一千一百零九坎，鹽邱三萬八千四百九十一邱八分六釐歲應徵解藩庫塥課鹽菜銀一百三十三兩一錢九分三釐，徵解鹽法道庫邱課鹽菜公費等共銀四千一百三十六兩六錢六分一釐八毫。內福興場應徵鹽折銀五兩二錢二分六釐，歸福清縣徵收。又議准：福建省官商赴場配鹽，遵照部法，每百斤爲一擔。西路各幫耗竈各鹽，每擔自十斤至三十斤不等。東南縣澳幫分耗竈各鹽，每擔自五斤至二十五斤不等。均准隨同正鹽配運。各場員以年產額鹽全數，統計十分爲率，以定考覈，按年分析造報。又覆准：臺灣府噶瑪蘭每年額鹽七千石，由府場撥運。每石徵番廣銀三錢三分，共徵番廣銀二千三百一十兩，折給蘭境兵餉。其曬價即於課本內支銷，責成該通判經理。如銷徵缺額，著落賠補，仍將經徵職名造入奏銷册内報參。

二十三年奏准：閩省鹽務場員一十六缺，以產鹽之多寡，分缺之繁簡，而場產衰旺今昔不同，應行裁改以歸覈實。定以福清、洪白、赤杞併爲一場，仍爲簡缺。潯美、洒洲併爲一場，改爲簡缺。莆田場亦改爲簡缺。其浦下一關，驗掣西南兩路各幫鹽斤。石碼一關，地處漳州龍巖之間，逼近場竈，掣驗漳州龍巖運船，儲倉轉剥，均關緊要，定爲繁缺。西河一關，僅司盤弔，定爲簡缺。又覆准：閩省鹽務商人，虧折賠累，一在裁革團秤，從前行用團秤，以中出砠秤六十斤，以三十斤抵價折耗。而又不加耗鹽，以擔引折篷引，百斤僅折給四十一斤有奇。一在折合篷擔，而又飭收回代額。嗣後官幫收回歷年未銷額引，仍飭西商代銷，以免懸宕。其匀代官幫縣澳，均免其折合篷擔。如有澳幫臨奏不及，或實在無力辦運及官幫缺銷課欠款懸，令西商代完銷者，一體邀免。除縣澳各幫仍照原額匀代外，各縣代額鹽數，按照現在情形，酌量改撥。

道光四年奏准：臺灣府匀銷內地南靖、長奉二縣引鹽。又覆准：閩商積欠銀兩，酌分年限帶徵。

十二年奏准：閩商欠完六八帶徵課款，分限完繳。

咸豐元年諭：閩鹽東西兩路倒退篷額，前經劉韻珂奏請改爲委員官運，甫届兩年，何以又請將東路官領運本，統交販户領運。著新任總督季芝昌、巡撫王懿德確查現辦官運有無把握，如將民捐運本交販户承領試辦有無流弊，查明據實覆奏。欽此。遵旨議奏：官運幫銷日絀，勢難加辦，又無殷實商人可以招舉，惟有力節虛糜務歸實在，並將代銷名目永遠革除。

同治四年奏准：福建鹽務自本年閏五月改行票運後，約計每年徵收課耗釐銀三十七萬九千六百餘兩，即作爲定額。原定課銀一兩隨徵耗銀一錢釐銀五錢。同治六年奏減每課銀一兩隨徵釐銀四錢。所有經徵督徵接徵各員考成，統按額定之數，分作十分覈計，全完議叙，未完議處。其奏銷月日，以每年五月二十一日截數後，先行奏報，十月題銷。又諭：前因左宗棠奏閩省鹽綱疲壞，請試行票運一年，當交户部議奏。嗣經該部以閩鹽改行票運，全議更張，恐虧課病民，咨令該督妥籌，期於毫無窒礙。茲據奏稱，自本年閏五月起，試行票運，甫及半年，所收實解之款已抵前次一年及一年半之數。向之疲滯口岸，自試行新章以來，漸有商販認辦。各衙門一切陋規，所裁不下七八萬兩，羣情翕然。且釐隨課出，皆取之買票商販，並未沿海散抽，數月以來亦無私梟拒捕之案。從前縣澳官幫坐收課費以充私橐，今則挈向時官吏私攫之款涓滴歸公。至閩鹽積欠數百萬兩，現雖專顧課釐，而舊欠仍未嘗不按期催繳。請仍飭部將試改票運行止，速行議覆等語。覽其所奏，於閩省鹽綱之積弊，及現辦票運之可行，實爲洞悉原委。總之鹽務爲國課大宗，亦爲姦胥利藪，惟在得人而理。斯能力挽頽綱，票運之行，雖不能保其必無流弊，儻承辦之員均能潔己奉公，不爲私計，自足以除從前積重難返之弊，而與爲更始。該督既稱商情既便，市價無增，無加額之名，而有裕課之實。即著照所請，先行試辦一年，俟有成效即行奏明。著爲定章，以肅鹽政而裕課餉。七年奏准：閩鹽雜支各款，每年約需銀六萬餘兩，向在長價、錢水、府税等項下動用。自改行票運，在額外贏餘款內支銷。初届報收銀十九萬八千餘兩，作爲額外贏餘，不計考成，嗣後徵收多寡不定。如每年徵收有餘，除抵放雜支外，餘銀報部候撥。如徵收較少，或竟無贏餘，准在鹽耗鹽釐項下借支，每歲仍不得過二三萬兩，以示限制。

十二年奏准：臺灣府屬加徵課釐銀一萬八千五百兩，歸於正課奏銷册內另款開列，一併覈計分數考成。其舊額應徵正溢兩課銀一萬五千九百三十九兩零，內正課銀四千五十兩二錢八分三釐，溢課銀一萬一千八百八十九兩五錢九分九釐。仍查照引章，年清年款，覈計考成，每年分造臺灣正溢兩課清册，隨同奏銷報部。又定：省西路各幫，東路寧福幫，羅源幫，南路幫，縣澳，閩清永福二幫，連壺幫，平潭幫，仙游幫，漳浦縣，詔安縣，均以加三配運，每擔加耗鹽三十斤。南安幫，海澄幫，永春幫，德化、大田二幫，龍巖幫，寧洋幫，漳平縣，龍溪縣，均以加二五配運，每擔加耗鹽二十五斤。安溪縣，雲霄廳，均以加二配運，每擔加耗鹽二十斤。福清縣縣辦，利橋館縣辦，高山又場辦，牛田、牛宅、城頭三山四館縣辦，嶼頭館場辦，後營館，長樂縣，莆田縣，涵江南門北門、華亭、黃石、西墩、白沙、平海、青山、黃林、東浦、東珠、江口、後店、黃堡各埠，平和縣，均以加一五配運，每擔加耗鹽十五斤。南靖縣，霞浦縣，晉江縣，同安縣，惠安縣，福鼎縣，長泰縣，均以加一配運，每擔加耗鹽一十斤。以上每擔覈定一百斤，俱遵用部頒新法。又定：臺灣府屬洲南、洲北、瀨東三場鹽斤，每擔一百斤，加耗鹽十二斤。瀨南、瀨北兩場，每擔一百斤，加耗鹽二十四斤。俱遵用部頒新法。又定：臺灣府暨府屬雲澳幫地方，由商認納課銀，不行鹽引。臺灣府，徵鹽埕銀三千一百二十五兩四錢有奇，贏餘銀六千八百七十四兩五錢有奇。雲澳幫，額課銀一十九兩七錢有奇，贏餘銀三百八十兩二錢有奇。共徵鹽埕等銀一萬三百九十九兩八錢有奇。

光緒十三年奏准：福建西路邵武等屬所行閩鹽，自光緒八年減釐金二成，續又量減二成。惟廣東潮鹽引地未減，擬請閩省將汀屬各埠鹽釐，援照邵武各埠一律覈減，即由潮埠按照閩省每年原包釐金之數，再減二成，代抽代繳。

《大清會典事例（光緒朝）》卷二二七《户部·鹽法廣東　廣西》

廣東鹽行廣州府、韶州府、南雄府、惠州府、潮州府、肇慶府、高州府、廉州府、雷州府，以上均設額引。瓊州府，就竈徵課，不設額引。連州、嘉應州、羅定州、廣西桂林府、柳州府、慶遠府、思恩府、鎮安府、平樂府、泗城府、梧州府、鬱林州、南寧府、太平府、潯州府、江西南安府、贛州府、寧都州、福建汀州府、湖南桂陽州、郴州、貴州之古州、雲南廣南府、開化府，以兩廣總督總理，以廣東都轉鹽運使司運使專理。駐紮廣州府。轄鹽場二十有一。淡水場、在歸善縣。招收場、在潮陽縣。隆井場、在惠來縣。東界場、在饒平縣。石橋場、在陸豐縣。電茂場、在電白縣。歸靖場、在新安縣，乾隆五十六年裁。東莞場、在新安縣，乾隆五十六年裁。海矬場、在新寧縣。雙恩場、在陽江直隸廳。白石東西場、在合浦縣，乾隆十八年西場分設委員，十九年裁汰，仍歸一大使管理。香山場、在香山縣，乾隆五十六年裁。茂暉場、在吳川縣。大洲場、在歸善縣。碧甲柵、在歸善縣。墩白場、在歸善縣。海甲柵、在陸豐縣。小靖場內五廠、在陸豐縣。小靖場外三廠，在陸豐縣。博茂場、在茂名縣。惠來柵、在惠來縣。河西柵、在潮陽縣。海山隆澳場、在饒平縣。小江場，在澄海縣，舊有鹽埠批驗所大使，康熙四十五年裁。潮州運同、廣惠分司四十六年裁併爲一。高廉運判，乾隆七年裁。均隸於惠潮江贛分司運同。駐紮潮州府。以光緒十七年奏銷册計之，共銷鹽九十四萬六百三十引，課入銀六十三萬九千三百四十兩有奇，鹽羨等銀九萬兩有奇。謹案：嘉慶五年共行鹽八十一萬四千五百十引，內廣西省分銷十六萬二千六百四十一引有奇，每引行鹽二百三十五斤至三百二十二斤不等，課入六十四萬四千九百八十一兩一錢有奇，贏餘銀六萬三百九十二兩四錢有奇。

順治十一年題准：兩廣正鹽五十四萬四千五百四十二引，分行廣東四萬一千八百八引，廣西萬八千引。除廣西徵解課銀外，各路徵課銀不等。分銷廣肇惠三路萬四千五百七十八引，每引課銀一兩一錢三釐，連韶二路八千六百三十引，每引課銀一兩二錢三釐。南雄路萬八千引，每引課銀一兩二錢三釐。梧州路萬八千引，每引除廣西徵收軍餉外，廣東止徵加餉引目紙價銀六錢三釐。懷集縣六百引，在廣西徵收課銀。十四年題准：增龍川縣一百十有二引，照惠州路額徵課。

康熙三年題准：吉安改行淮鹽，減南雄路萬四千三百有一引零，並除課銀。

六年題准：湖南省衡州、永州、寶慶三府改行淮鹽，減梧州路四千五百九引，並除課銀。十年題准：增番禺縣百二十引，照廣州路額徵課。

十二年題准：減連州路五千四百九引零，並除課銀。

十五年題准：每引加課銀五分。

十七年題准：每引行鹽十四包，每包百五十斤，每引加鹽二百六十二斤八兩，徵加斤銀每引一兩五分。二十年題准：計丁加廣韶等路三千二百二十四引零，照額徵課。二十一年題准：增茂名縣百五十四引，招商辦課。又題准：兩廣每引增徵引餉銀九錢四分五釐。

二十三年覆准：封川等五埠改行生鹽，增課銀八百八十八兩四錢有奇。

二十四年覆准：徵墾復竈田銀二千二兩四錢有奇。又覆准：停徵每引所加課銀五分。

二十六年覆准：番禺縣熟引改行生引，加課銀三百四十六兩四錢有奇。

二十七年題准：花縣改行生引，加課銀一百三十八兩一錢有奇。

三十年題准：加潮州廣濟橋課銀萬七千五百兩，海陽等七州縣菜鹽課銀二千五百兩。

三十二年題准：廣東省鹽課一引改爲十引，照兩淮之例，給發萬引。其連州、樂昌、仁化三埠，增行千引，加課銀五千六十一兩八錢。又諭：廣東竈丁竈地等項，原額外加增銀萬四千二百四十六兩零。此項加增銀，自今年起，著免一半。又覆准：沿海各處網魚，別立漁引，共增八千七百引。歸善、陽江二埠，增漁引千八百五十。又覆准：江西省贛州府屬，向食廣鹽，飭就近改食潮鹽。又題准：潮州廣濟橋並海陽等七州縣，按餉匀配十有四萬二千六百二十引。又題准：高、雷、廉三府，配八千一百八十三引。又覆准：連山等九埠，加三千二十引，照原額徵收。嗣後每引加派，一概禁止。又題准：廣東省認埠行鹽，三年一換，今定大埠招商二名，小埠一名，公平貿易者，令永遠承充，不許私相頂替。又覆准：廣東省行鹽，生熟二引，各聽民便行銷，毋得照舊生熟三七硬派，致商難於運銷。又題准：廣東省鹽包，省城盤掣之後，三十里至佛山，停其泊船。又題准：海、潮、揭等七縣菜鹽，每引加鹽七十斤，增行四千五十一引。

三十五年題准：廣東省各埠，每引加鹽七十斤，共配十有二萬七千三百八十三引零。

三十六年覆准：江西省南、贛二府引課，皆照兩淮例徵收，每引加鹽七十斤，亦一例配引完課。又覆准：淡水等四場，加增課銀三十兩。

三十七年題准：設永安縣鹽埠，行鹽百二十引。

四十年題准：設饒平縣海山隆澳場，徵餉銀二百兩。又設漁引三百，徵餉銀四十五兩。

四十一年覆准：兩廣鹽壅積，令通融配銷。四十六年題准：海晏、矬箭二場新墾竈丁，徵復課銀五兩四錢六分，照例加增課銀三兩一錢八分。又題准：海山隆澳場增三百引，每引加課銀七分。

四十七年覆准：順德等各埠漁引配鹽，增五千七百十有一引。

四十八年覆准：連州、昌樂，及湖南衡郴等八州縣行引額數，作爲十分，量地均分。連、樂二處各行銷十分之三，郴州等處行銷十分之七。又覆准：將平遠等五縣十萬餘引內，匀銷於龍川等三縣三千八十引，其贛屬十二縣匀銷二萬五千二百引。至贛屬十二縣內信豐、龍南、定南三縣，原食潮鹽，就近改食惠州府場鹽。又覆准：福建省長汀縣三萬一千八百餘引內，撥出萬六百十有八引，匀於寧化縣行銷。廣西靈川等三縣內，撥出三千四百三十五引，匀於全州等三州縣酌量匀銷。又覆准：將廣西富賀二縣額引，於平樂、永安、修仁、荔浦、恭城、昭平六州縣，代銷四千六百二十六引。其宣化等三州縣，代銷二千九百四十引。於百色地方設立一埠銷售。又覆准：潮州埠二十一萬四千四十六引，共徵銀五萬一千六百六十六兩。今按引均分，每引徵銀二錢四分五釐有奇。

五十四年覆准：江西省贛埠銷引，舊由省運，後改運潮鹽。今仍循舊例，復由省運。

五十六年題准：動帑銀六萬兩收買竈鹽。

五十七年題准：撤回兩廣巡鹽御史，鹽課事務，令巡撫管理。

雍正元年覆准：裁去廣東省場商，令總督發帑六萬兩，委官監收，責埠商運鹽納課。其有課餉難完，無人充商之地，著落地方官領鹽運銷。如引多壅積，聽各地方官通融銷售。其發帑收鹽散給竈丁等項，每包量行加增，以卹貧民。至賣於埠商，每包量增一二三分。除加給竈丁外，每年所得羨餘七萬兩，俟歲終造册具題。商人轉賣民閒，仍照定價，不許增長。

二年覆准：廣東省發帑收鹽，所給竈價水脚銀，照從前所定數目，每十分之內加增一分，於羨餘銀內給發，歲終造册題報。又覆准：福建省汀州引課，通歸長汀等八縣協辦，通融銷售。專責知府彙總，照例考成。

三年覆准：廣東省香山縣稅田，近海低陷鹹潮，改爲鹽場，輸課起科。

四年覆准：廣東省海豐縣小堰堨一口，海潮衝湧，浮沙填塞，改築池漏，照例升課，仍納田稅。

五年覆准：福建省汀屬引鹽，照前委官辦理之法，發帑融銷。其運鹽委官，遴選賢員，將姓名報部，仍令各該府縣協同辦理。

八年題准：廣東省商人，於奏銷時或有未完分數，照州縣帶徵未完地丁錢糧之例，以參後扣限一年通完。儻年限已滿，仍有拖欠，照例治罪。

九年題准：廣東省子鹽一項，原在正鹽之外。遇正鹽遲缺之時，即將所存子鹽約配商引，及時趲運，以濟民食。十年題准：廣東運使交盤，於定限兩月外，展限三月，造册具題。又覆准：廣東省惠州、淡石二場，專歸大使督守管理，每年節省銀即以散給通省曬丁，每包加給竈價一分五釐，再收鹽正課。酌定成規，秋冬乾燥，每包准收一百六十三斤，生鹽以三斤作滷耗，熟鹽以四斤作滷耗。春夏熱溼，每包准作一百六十五斤，生鹽以四斤作滷耗，熟鹽以五斤作滷耗。潮州小江一場，生鹽亦照熟鹽例折耗。淡石二場海運沈失，係商人賠補，今既歸官，如有沈失，即撥子鹽補足。

十一年題准：廣東省各商設立坐標，私收漁户幫餉，又設立館舍，凡遇擔賣鹽魚等物勒令納稅，別立行標，苦累貧民，勒石永禁。又覆准：動支羨餘銀四萬兩，收買竈户餘鹽。

十二年題准：廣東省各場加價收買生熟餘鹽，所出羨餘，統歸正鹽場羨册內造報。又覆准：江西省安遠縣改食惠鹽。又覆准：兩廣各商領運正額之外，餘鹽於該商領程之日，即行知該州縣官查點上倉。其賣出價銀，州縣不時稽察，照依定限，押令將應納價羨赴道完納。

乾隆元年覆准：廣東省竈價，每包加給四分，以資竈丁養贍。二年覆准：廣東省各州縣場，加增課銀八千六百餘兩，自元年爲始，一概豁除。

三年覆准：將靖康場歸併歸德場，更名歸靖場。香山場增設大使一員。高州府屬電白、茂名二縣之茂名、博茂二場，增設大使一員，更名電茂場。

四年覆准：從前原發帑銀十萬兩，不足以供收買，再於羨餘銀內動支十萬兩，以爲收鹽之用。又題准：廣東省存積鹽包幾及二十萬包，折耗堪虞。各商於應銷引鹽及正額餘鹽之外，又能領銷額外餘鹽者，其應納羨銀，准其八折交收，以疏壅積。

七年覆准：裁汰高廉運判，各項事宜，歸高廉二府兼理。

九年議准：廣東省鹽場，遇災傷漂失之鹽，應查勘明確，分別應賠應豁，明立章程。如係圍壆低塌，涵口損壞，不上緊修葺堅固，或天堆露囤，茅扇倉廒，並未苫蓋謹密，該管場大使漫無稽察，遇風潮災異漂失之鹽，著落場員竈曬，三七分賠。限三年完補。若圍壆堅固，苫蓋謹密，實因異常天災，猝起一時，非人力所能抵禦防護者，委勘確實，取具地方官印結，題請豁免。又覆准：廣東省各場產鹽日多，必須帑本寬裕，再於積存場羨銀內撥給十三萬兩。又覆准：正餘鹽每小包五十斤，准其照舊加一二貼贈以爲折耗。

十二年覆准：廣東省商力困乏，將八折餘鹽埠羨，再減一成，以七折交官。

十四年覆准：廣東省難銷引目，改撥易銷之埠代銷，即照易銷之埠課則完納，按年造册報部改撥，不得私自融銷。

十五年題准：潮橋帑本不敷，於餘鹽羨銀內增給銀萬五千兩，以爲收買餘鹽之用。

十九年覆准：廣東省歲需滇銅，滇省歲需粵鹽，請銅鹽互易，滇粵兩省按年輪直，免致各委員賫價之煩。

二十三年覆准：廣東省各項餘鹽，改設額引十七萬六千六百九十五道，併入現行額引之內。又給餘引五萬道，以備接濟，儘收儘報。又覆准：廣東省收買竈鹽，鹽斤旺產之年，仍照定價，生鹽每包一錢四分至二錢四分不等，熟鹽每包二錢二分至三錢八分不等收買。儻遇歉收，即按場竈情形，生鹽每包加價二分至五分不等，熟鹽每包加價四分至八分不等。

三十五年議准：廣東省鹽斤，原定額引六十萬五千八十三道零，每年額收鹽一百四十一萬包有奇。今陸續加增額引至八十一萬四千五百一十道零，配鹽一百三十餘萬包，此外尚有餘引五六萬道。增引既多，需鹽自廣，應酌增鹽十一萬包，與原定額鹽一併考覈。

三十八年奏准：廣東省海康、遂溪、徐聞三縣場務埠務，統歸商人管理。

四十一年議准：廣東省正餘引課竈課，於次年十二月奏銷。四十二年覆准：例食粵鹽之宜章等處總埠子埠，如遇雨水缺產，量增價值，一俟天氣晴明，仍照原定價值。

四十九年奏准：兩廣鹽務設立總商，督催餉課。今因總商有倡議收捐津貼之事，將該處向設總商名目，一併革除，以杜勒派之弊。

五十年議准：兩廣省配引鹽，將東匯關改委廣州府通判就近兼理配兑。其東匯關批驗所大使，移紮省城之西關廠，專司驗放。

五十一年議准：廣東省太平關，每年額徵鹽包稅銀一千二百二十九兩八錢九分九釐，遇閏應加增銀一百二兩四錢九分一釐五毫，歸入運司報撥充餉。

五十四年議准：廣東省河各鹽埠，併爲一局，公舉老成諳練者十人，定爲局商總司其事，統以省城河南、金家二倉爲公局。此外分設子櫃六處，西江在於梧州，北江在於韶州，中江在於三水，東江在於小淡水場，廉州在於平唐江口，高州在於梅菉鎮，每處由局商慎選妥人分管經理，場鹽統責局商按照定額，參以銷售難易地方，運配各櫃，報明總督衙門掣驗。開江所有原設埠地，一律召募運商，聽其各照地段，分赴公局及各櫃領鹽運銷。每年所獲鹽利，儘數彙歸公局，爲完課運鹽之用。獲有餘利，即按原出資本之家，均勻分給，仍令各櫃將賣獲之銀，每一月一解公局。由公局截出應完款項，每一季一解運庫，年終照例奏銷。如有短欠，惟局商是問。又議准：廣東省運商領運各櫃鹽包，均令現銀買運，並詢明籍貫、鹽數、行銷地面，切實填註運司所給三聯印票之内，仍蓋某櫃圖記。如船有鹽包而無聯票者，即以私鹽治罪。某處銷鹽若干，局商自報運司存記，仍將銷過鹽票於下月買運時繳回，俟至奏期，局商將本年繳銷聯票，彙解運司，覈對局商月報是否相符，親赴公局，將存銀、存鹽盤查結報。儻有欺隱，將該商詳革治罪，並將運商認銷分數於年終覈計，以定各地方官督銷考成。又議准：廣東省河各櫃地段之内難爲定額者，局商與運商量地制宜。易銷之埠，即多批若干引，難銷之埠，即少批若干引。總期通盤會覈，銷足引額。所有從前臨時酌量難易代銷之例，停止。又議准：廣東省河原發帑本銀三十萬七千餘兩，於完繳内先行劃出歸款，解存藩庫，永不動用。又議准：局商於領程赴運時，先期報明運司，給予批文，填註某船若干隻，赴某場配運，照定額應配鹽若干斤，到場將批投驗。該場員即眼同商丁，查明場内共堆存鹽若干，場丁現交鹽若干，毋許攙和短少，覈算包斤，照定價應銀若干，三面彈兑，按名散給場丁分領。又議准：廣東省歉收之白石東西及茂暉三場，年額量爲覈減。其丹兜、東莞、香山、歸靖四場，即行裁撤。所有量減裁撤鹽額，攤入旺產場分運配督收，通共裁減各場額鹽二十萬八千九百四包，在於旺產之電茂場加增鹽十三萬二千包，博茂場加增鹽六萬六千九百四包，雙恩場加增鹽一萬包，以符原定額數。又議准：廣東省各場多餘鹽斤，責成局商收買，准其運赴河南公倉，另款收存，以備陰雨年分缺乏之需，並於年終造册報部。如公倉存鹽較多，各櫃旺銷年分，能將正改引目及加增各項餘鹽積引，一概銷完無欠，尚有餘力，即准其由公局報明運司，儘公倉積存之半，撥給運銷。每包照各項溢鹽成例，覈出羨銀報撥充餉，毋庸作爲年額定款。又議准：省河鹽額，仿照淮鹽成法，每包加增二十斤，以二分歸局商，一分歸運商，均勻配給，所有船户水腳，由局商照民價給發。其船户准帶溢鹽之處，永行停止。

嘉慶十五年諭：粵東鹽斤加價，原爲該省捕盗之需。今海洋寧謐，所有加價銀兩，即著停止。惟東西兩江鹽場，濱臨大洋，由海配載，較之陸路便捷省費。且全洋寧静，與上年情形不同，應准海陸兼運。如陸運不便，仍由海運。【略】

二十五年奏准：雲南省之廣南府寶寧縣，俱係運銷粵鹽，應於埠商運鹽齊抵百色後，限半箇月秤交。又自該府縣接收完竣之日爲始，限三箇月趕運至本管地方，各將運完日期具報，扣限一年銷竣，接扣四箇月造册報銷。儻有逾違，將承督各官查參，照例分別議處。至陸運時，或因雨水煙瘴，牛馬難行，應須稍展限期。令該府縣隨時結報，於報銷案内聲叙。如有捏飾，亦即據實參處。又覆准：雲南省歲需粵鹽，粵省歲需滇銅，其滇銅由滇省按年委員運至剥隘，交廣南府設店收儲，先期咨會粵省，委員赴剥隘接運回粵。至滇省廣南、寶寧二府縣，應需粵鹽一百四十二萬六千七百六斤，交百色埠商按年帶運，運腳等銀，准照向例支銷。自粵開配，運司將鹽樣印封檄發百色同知，查驗監交。如有攙雜及成色不足，責令該省賠補。限尾幫到後半月内交滇員收清。如滇員未到，即起鹽另儲，令該同知驗收加封，移催滇員赴百色秤收。俟交清，由該同知備文給商回繳，仍責令該商將每年應運滇鹽埠鹽，各清各款，毋許遲誤。如有風水阻滯，呈明地方官結報扣算。儻無故逾限，及通同地方官捏報，查明究辦。

咸豐七年奏准：廣東省河各埠引課，應照舊限，於上年九月奏銷，惟引地多與江西廣西等省毗連，連年被擾，配運較少。所有省河各商應完咸豐四年課餉，及帶徵銀兩，均展限八箇月，於本年五月底奏銷。嗣後仍遞年提早一月，以復原限。

同治二年奏准：粵省鹽務向歸總商六人綜理，認餉納課，責無旁貸。其各埠商販，悉由總商招徠，雖無行票之名，隱寓行票之法。道光二十九年以前，正課從無短絀，自軍興後各埠糜爛，私販充斥，以致虧絀日敝，但使嚴緝梟匪，官引自可暢銷。若令改引用票，恐零星小販散漫難稽，一切帑本息銀，轉致無人專任，於公項殊多窒礙。

十二年定：廣東省額徵子鹽京羨銀一萬四千八百六十兩有奇，又場羨銀、魚滷税銀歲無定額。以上三款，按年題銷。又定：雲南省買運粵鹽羨餘銀、子鹽溢羨銀、缺鹽追價銀、低色鹽羨銀、工火羨銀、節省蒲包羨銀、秤頭鹽羨銀、平頭銀、公費銀、場腳銀、雜項銀、歲無定額。以上各款，按年咨銷。

光緒十二年奏准：潮橋運同一缺，其引地行銷於廣東之潮州、嘉應、福建之汀州者，爲大河，行銷於江西之贛州、寧都者爲小河。大河官代商辦，小河商仍埠舊。地聯三省，路隔千數百里，額引八百二十一程，場課餉項一十三萬有奇。自咸豐同治年間各省匪擾，埠商倒歇，每年奏銷約在七成以上。至光緒年間，該運同不諳綜覈，又多耗累，經奏參勒限後，僅將六年分奏銷正餉解足，疲累日深，即將各任參追，無益於課。現令潮州府知府□署運同，將以前滯引，設法疏銷，免致課餉愈久愈誤。

廣西。

廣西行銷廣東鹽引，以廣西桂平梧鹽道專理，除引課銀歸入廣東鹽課奏銷外，又於廣西各廠納税。以光緒十七年奏銷册計之，共應入課税銀四萬七千五百十四兩有奇。謹案：嘉慶五年共入四萬七千六百十有四兩六錢三分，嬴餘銀四千二百十有三兩三錢各有奇。

順治十一年題准：廣西省分銷廣東鹽，至梧州府盤驗繳引，換給印票，押運行鹽。除在廣東納課外，廣西每引納軍餉銀九錢，盤割五項銀三錢七分八釐五毫有奇。又按包押税，經過桂林廠者，徵税銀一錢五分，引餉銀七分五釐。過平樂廠者，徵税銀三錢。過潯州廠者，徵税銀三分。過南寧廠者，徵税銀三錢。又富、賀二縣照包抽税，每引銀一兩一錢六分二釐，懷集縣每引徵軍餉引目等銀一兩一錢三釐。

康熙三年題准：減梧州引額，並除餉税。

九年題准：改富、賀二縣五百八十八引，於太平、思恩二府並馬平縣行銷。

十一年題准：凡廠税改隸蒼梧驛鹽道經徵。

二十一年題准：廣西南、太、柳、思四府屬，代銷富、賀二縣東引，歸西商辦運，加西餉三千六百二十一兩有奇。又題准：富、賀二縣所銷東引，亦歸西商辦運，共加西餉五千四百三十二兩有奇。

三十二年題准：南、太、思三府，鬱林等七州縣，改食廉、高二府鹽。又覆准：廣西省原額大引及富賀代銷引，照兩淮例，一引改爲十引，共計行小引五萬九千六百一十。又奉旨：廣西地瘠民貧，鹽課著停其加增。

雍正元年定：廣西鹽務，令官運官銷，先動庫銀六萬兩，令廣西鹽道委官赴領，按引買鹽。運至廣西分給各州縣，照部定價值行銷，將鹽價收儲道庫，扣存應納西税銀。其東餉委官解東，交鹽道儲庫，令該督將動借藩庫銀六萬兩，照數歸還。此外通計所得餘銀，二年可得九萬三千三百餘兩，内扣存六萬兩，永爲每年鹽本。至第三年，照部價每鹽一斤減銀二釐。該督於歲終將官運銷鹽數目，分析造册報部。

五年覆准：將廣西雍正四年未拆鹽包，並嗣後額鹽，仍照原定部價一例銷售。

十年題准：廣西省秤頭餘鹽一項，積有萬六千餘兩，即將此項銀於廣東省買鹽二萬四千包，運至梧州上倉存儲，以備西省乏鹽之時，配發行銷。俟引鹽運到，即抵還存儲。

十一年題准：廣西省懷集一埠引鹽，自本年始，歸官辦理。一應行鹽事宜，皆照廣西官運之例辦理。

十二年題准：將廣西省羨餘銀内，以二萬三千兩爲臨桂等處官埠收買餘鹽之本。

乾隆元年諭：向來廣西鹽引，因商人無力承辦，以致民閒有淡食之苦。於雍正元年經督臣題請官運官銷，借動庫銀爲鹽本，赴廣東納價配鹽分給各州縣，照部定價值發賣。行至二年，已有贏餘，遂將通省鹽價，照部定之數，每斤減去二釐發賣，百姓稱便。雍正五年，又經該督奏稱，廣西鹽自官運官銷以來，已無鹽缺價重之虞，應請仍照原定部價銷售，不必裁減二釐。部議准行，至今因之。朕思食鹽乃小民日用之需，部價既多二釐，則民閒所需，必不止於二釐。廣西地瘠民貧，道路遥遠，應令鹽價平減，以惠閭閻。自乾隆元年爲始，著照雍正元年原題，每斤減去二釐銷售。該督撫可嚴飭各州縣，不許加增分毫，務使小民均霑實惠。儻有高價病民者，查出嚴行參處。

二年覆准：懷集一埠，歸商承辦，留原帑本六千兩，歸還原項充餉。

三年題准：廣西省平樂等二十八州縣埠，招商行鹽辦課。原存帑本六萬兩，應收回帑本二萬五千七百兩，存銀三萬四千三百兩，永爲臨桂等官埠鹽本之用。又原存帑本二萬三千兩，收買餘鹽，内歸還銀九千兩，存銀萬四千兩。

四年覆准：廣西省灘高水急，輓運需時，一遇鹽未到埠，小民不免淡食。將梧州存備鹽二萬四千包酌量分儲，桂林府豫儲七千包，柳州四千包，慶遠三千包。所儲鹽包，交與各府運回經管。尚存鹽萬包，仍儲梧州城以資接濟。

十八年覆准：粤西續增秤鹽，年額萬二千餘包，自十二年至今，共積存四萬四千餘包，即酌撥於易銷州縣行銷，非數年可以清理。且每年正引之外，尚有正額餘鹽，額外餘鹽，並有本等應銷秤鹽。又額外餘鹽一項，許其八折交價，州縣多樂於領運。其於續增秤鹽，多不赴領。若派令分銷，必多推諉延挨。應照額外餘鹽配定交價之法，量減一成，准其九折起解。

二十三年覆准：廣西省行銷廣東餘鹽，改設額引四萬八千四百三十道，免徵税銀。二十四年覆准：廣西省南寧、太平、思恩、鎮安、慶遠等府土民，係土司管轄，每年分撥土司鹽斤，責令該知府轉發土司運銷。徵納鹽價，照各府首邑，每斤減去銀四五六釐不等，賣給土民。不得於年額四千三百九十四包之外，多領餘鹽。

三十二年覆准：廣西省臨桂等三十八埠，官運埠鹽，改招商辦。所有官辦羨銀三萬六千二百餘兩，覈計增銷引三萬二千七百三十二道，交商行運。

四十一年議准：廣西省鹽税，於次年十二月奏銷。

同治十年奏准：廣西省應徵西税秤頭鹽羨等款，由廣西巡撫委員在梧州府河面設廠，按包每包鹽二百二十斤。徵收。銀二錢七分五釐公費銀三分。所徵數目，即由廣西巡撫專案奏報。其廣東應徵子鹽京羨等款，仍由兩廣總督造入省河奏銷，按年題報。

十二年議准：廣西省行銷廣東額引六萬五千六百一十道，在廣東按引納課，運鹽至廣西，仍按引納税。内五萬九千六百一十道，每引徵税銀七錢八分五釐九毫有奇。又六千道，每引徵税銀一錢一分三毫有奇。共徵銀四萬七千五百一十四兩有奇。其餘鹽改引四萬八千四百一十三道，免徵税銀。又定：廣西省額徵船頭銀一百四兩，運銷土司餘鹽羨餘節省等銀三千五百一十二兩有奇。以上二款，按年題秤。秤頭鹽羨銀二萬七千一百六十三兩有奇。此款按年咨銷。

《大清會典事例（光緒朝）》卷二二八《户部・鹽法四川》 四川鹽行成都府、茂州、寧遠府、保寧府、敘州府、敘永廳重慶府、酉陽州、忠州順慶府、夔州府、龍安府、綏定府、潼川府、眉州、嘉定府、邛州、瀘州、雅州府、資州、綿州、湖北宜昌府、鶴峯州、長樂縣、施南府、雲南東川府、昭通府、及曲靖府屬霑益州、南寧、平彝二縣，以四川總督總理，驛鹽道專理。順治年間，四川布政使司照部引式刊票，中送巡撫挂號，即發鹽法道轉行各屬，照井支鹽，按鹽徵税。康熙二十五年，令寶泉局鑄造銅版，刷刊給發，後改歸按察使司兼理。雍正五年，設驛鹽道。轄鹽井八千六百八十有八。簡州五百三十有三井，樂山縣二百五十七井，榮昌縣十有四井，犍爲縣千一百二十井，大足縣三井，榮縣三十有三井，合州一井，威遠縣二井，涪州二井，三臺縣二百七十有六井，銅梁縣一井，射洪縣三千井，忠州三十有四井，鹽亭縣百九十有六井，蓬溪縣千二百六十一井，閬中縣十井，遂寧縣十有九井，南充縣三十六井，中江縣百三十有五井，南部縣四百三十有六井，樂至縣百八十有六井，西充縣六十井，安岳縣三井，邊州三井，江安縣一井，大竹縣一井，綿州百五十九井，富順縣三百八十二井，資州二百三十七井，井研縣百十有三井，仁壽縣一井，長寧縣一井，內江縣六井，大寧縣二井，資陽縣五井，萬縣四井，太平縣三井，雲陽縣百三十五井，彭水縣十有四井，開縣三井，鹽源縣二井，均係各州縣兼管。以光緒十七年奏銷册計之，共銷鹽十六萬八千四百零七引，課入一十五萬一千六百二十六兩有奇，鹽羨等銀一十五萬五千兩有奇。謹案：嘉慶五年，水行二萬八千八百三十三引，每引行鹽五千斤，陸行十三萬千二百八十八引，每引行鹽四百斤。課入十有四萬八千四百八十六兩八錢有奇。餘引五千，川省各州縣每年開濬鹽井，則題增額引，因各州縣請引不一，題定每年豫發餘引，存儲巡撫衙門。有請增額引者，即將所存餘引給發，以作額引。應增課銀，歸入額課項下報銷。

順治八年題准：四川鹽票四千九百四十紙，每票填鹽，水運五十包，陸運四包，每包税銀六分八釐一毫。

十一年題准：開濬鹽井，照開墾例，三年後徵課。

康熙六年題准：建昌衛開井，置竈煎鹽，遇閏加課銀二十七兩二錢。

六年至二十一年題准：增鹽票共二千二百八十有八，均照額徵課。

二十三年議准：新收鹽井鍋竈課銀二十三兩六錢，遇閏加銀一兩二錢。

二十四年議准：增鹽井銀十有四萬二錢有奇。二十六年至四十九年議准：四川增行鹽萬五千一百二十五引，均照例徵課。

四十九年題准：增邊引八百，每引徵税銀四錢七分二釐。

四十九年至五十四年題准：增行鹽千四百十有一引，均照例徵課。

五十五年覆准：鎮雄、九姓兩土司向無額引，令增陸引一百，納税行鹽。

五十七年至六十一年題准：增水陸千一百四十引，均納税行鹽。

雍正元年覆准：樂至、潼川、綿、井、研、資、嘉定等州縣，增陸引三百有四，每引徵銀二錢七分二釐四毫。又覆准：潼川府增水引四十二，每引徵税銀三兩四錢五釐，每引配鹽五十包，每包重百斤，外加耗鹽十有五斤。

二年覆准：井研、射洪、中江、資陽等四縣，增水引二百十有六，陸引九十四。

三年覆准：豐玉新舊鹽井四十，增水引四十。又覆准：邛州增邊引千三百，共徵税銀六百十有三兩六錢，永爲定額。又覆准：中江、潼川、井研、樂至、嘉定等州縣，增水引九，陸引百有三。又覆准：上豐玉增水引六十。

四年覆准：射洪增水引二百十有五。又覆准：中江、綿州、潼川、樂至、射洪、蓬溪、井研、資陽、富順等九州縣，增水引三百九十有一，陸引百有八。又覆准：資陽縣增水引十。又覆准：犍爲縣增水引七，陸引二百二十七。

六年覆准：富順等州縣，增水陸二千九百二十六引。七年至十三年，共增水引二千八百九十四，陸引四萬七千一百五十二。

乾隆元年覆准：四川建始縣改隸湖北，民間食鹽，照舊行銷川鹽，以建始縣爲經徵，施南府爲督催，造册奏銷。又元年至三年題增水引六百九十二，陸引八千八百八十八。

三年題准：湖北改土歸流之鶴峯等七州縣，應就近買食川鹽，課額赴川省完納。府州縣銷引督催考成，皆歸川省考覈奏報。四年至十三年題：增水引千七百四十九，陸引萬八千八百六十五。

十四年至二十二年題：增水引四千六十有二，陸引八千三百二十有五。

二十三年至二十五年題：增水引一千八百九十四，陸引二千七百八十五。又題准：南部、閬中、綿州、西充仁壽、井研、內江、威遠、長寧、榮昌等十州縣，鹽井坍廢，豁除水引六，陸引九百八十。

二十六年至二十九年題：增水引一千三百有九，陸引一萬三百四十七。又題准：萬縣等十一縣，鹽井坍廢，豁除水引一百十八，陸引二千一百六十。

三十年至三十三年題：增水引一千二百十五，陸引二千四百六十九。又題准：中江、南部、綿州、榮昌、隆昌、內江、井研等七州縣，鹽井坍廢，豁除水引十有一，陸引五百三十有五。

三十四年至三十七年題：增水引一千六百十二，陸引六千四十有一。又題准：樂山、犍爲、威遠、忠州、西充、閬中、遂寧、中江、仁壽等九州縣，鹽井坍塌，豁除水引十有三，陸引一千四百七十八。

三十八年至四十年題：增水引一千有二，陸引一千三百六十有九。又題准：犍爲、南部、閬中、西充、遂寧五縣，鹽井坍廢，豁除陸引三千九百三十有三。

四十一年議准：四川鹽引，行銷貴州省之貴陽、安順、平越、都勻、思南、石阡大定、遵義，雲南省之昭通等府州縣，四川之酉陽、石砫、明正、木坪瓦寺、金川、阿日雜谷九姓司等各土司，並黃螂雷皮等處。該沿邊州縣於商運到日，將部引截角挂驗，另用鹽道印頒雙聯引根引紙，照部引字號張數，逐一填註，於引根引紙中縫，大書運鹽斤數，將引紙給商轉運，將引根同已經截角部引申送鹽道查覈繳部。所給引紙，由前途照例截驗放行，免其繳銷。又議准：四川鹽價隨時長落並無定價。又議准：四川引課井課，於次年四月奏銷。

四十一年至四十七年題：增水引二千三十有五，陸引三千三十有一。又題准：南部、閬中、遂寧、中江、綿州、富順、鄷都、彭水、樂山九州縣，鹽井坍塌，豁除水引四百五十三，陸引一千五百九十一。

四十三年議准：四川省富順、犍爲二縣，產鹽較旺，配引之外不無餘鹽。向有老少貧民易米養贍之例，姦販因而零星收買，積少成多，私行販運，在所不免。應將餘鹽儘數報官，填給照票，交商帶銷，繳息歸公，將老少鹽之例概行停止。仍飭該二縣查照舊時報驗註册老少貧民共有若干名，每名酌給銀二分，於前項所收息銀內覈實支銷。

五十一年至五十三年題：增水引二百有十，陸引三百十有五。

五十三年題准：犍爲、西充、三臺南部、內江五縣，鹽井坍塌，豁除水引三百有六，陸引一千六百七十有四。

五十四年至五十九年題：增水引四百六十，陸引三千五百七十有一。又題准：三臺、遂寧、樂至、閬中、內江、西充等六縣，鹽井坍廢，豁除水引三十有一，陸引三百四十有五。

六十年題：增水引一百十四，陸引一千七百。

嘉慶元年至四年題：增水引六百八十有九，陸引四千。又題准：西充縣鹽井坍廢，豁除陸引二百五十有五。

道光六年奏定：以代銷改配，不宜濫許至二三十年，嗣後至遲不得逾二三年，以滯引銷畢爲率。

三十年議准：川省鹽商，近多疲敝，每將引張覓代商承認。應納稅羨，向交本商自完，以致私挪濫用，歷來積欠。職此之由，嗣後該商等如有覓人代運，應准其飭令地方官，責成代商自行納課。儻再交給本商，拖延稅羨，即責令代商賠繳，以昭公慎。又奏准：經徵課稅，如地丁錢糧例爲之剋期，限定分數，期以十月爲上忙，以次年三月爲下忙。分數則上忙納六分，下忙全納。惟羨截許以下忙納七分，年終全納，歲以四月由總督奏銷。納不中程者，罪之如例。又奏准：川省鹽法疲滯，積欠羨截，數至三十三萬有奇。外犍潼兩商積欠，又幾二十萬，定期十二年，或本商或他商分年彌補。又奏准：改代之法，所以救課便商，從前並無定期，近率以一二年或二三年，於課於商兩無所益。今查出實屬無鹽無商之引，定以二三年爲期，屆期之先一年再行查辦，或竟永遠改代。又奏准：撥代行銷，有仍就本商認銷者，有計邊交相認代行銷者，有實因井衰岸滯而責令永遠認代者，嗣後殘引一年不繳部者，以廢紙論。又奏准：鹽務積弊，始分別釐定。花鹽顆末質輕易耗，每包二百斤。巴鹽堅整少耗，每包百六十斤。又奏准：嗣後發給引張，由道查明行銷口岸，蓋用墨戳，並將年月模糊之引，填註明白，發交地方官添註本商姓名，詢明何時可以配銷完竣，即填註繳殘限期轉給。庶影射攙越之弊，不禁自除。

咸豐三年議准：川鹽潞鹽接濟湖北，借運粵鹽以濟湖南。又議准：四川總督委員運赴巫山交楚，以濟民食。楚員接運一切腳費，亦不得濫行開銷。總之節費以輕本，減價以敵私。此次借運，無難源源接濟，以川粵之溢銷，借補淮課之不足。應令兩湖、兩廣、四川各總督，嚴飭該屬認真查拏堵緝，務令私梟斂迹，不致別滋弊端。又議准：川粵鹽斤入楚，無論商民，均許自行販鬻，不必由官借運。此次鹽斤，既不在本省引地銷售，應令減半完交正課。其商支外款，不得絲毫攤派，以輕成本。又諭：前因湖北省淮鹽阻滯，准其借銷川鹽潞鹽，以資接濟。茲據張亮基奏，川鹽轉運既易，成本亦輕，較之潞鹽更爲便利，自係實在情形。著四川總督，即飭鹽茶道借撥川鹽二千引，迅速解赴湖北，以濟急需。俟江路廓清，淮鹽通暢，仍照舊章辦理。

四年議准：四川夔州府屬之巫山縣，與湖北宜昌府屬之巴東縣，壤地相連，凡川私船隻順流而下，勢不能越巫山飛渡。今於此處扼要設卡，專駐道府大員，凡遇私販過卡，但按正引科則收取税銀，即便給引放行。無論軍民，均許自行販鬻。一税之後，不許胥吏再有絲毫需索。違者以贓論。又議准：川省原額共八千八百三十三井，按井眼鍋口，各分上中下榷税。於井竈旺銷之處，酌加引張，除正課之外，不再加分毫。又奏准：加鹽税斤增一釐，商人或慮沿爲故事，請改税爲捐。一水引捐銀八兩，陸引以次減。鹽盛時，樂山、犍爲、榮縣、富順、資州、井研、簡州、綿州、南部、三臺、射洪、蓬溪、中江、樂至、遂寧，鹽亭商竈號三分任納，其僻遠州縣不與，凡捐銀三十一萬一千兩。又奏准：夔州府設關卡，專察濟楚私鹽。

七年議准：湖北月銷水引九百道，分二百引歸官運，以道府一人駐川省，就月協楚餉三萬兩作運本，專運富順鹽。其七百引，仍聽商運，官商並行。又覆准：專撥富引，恐礙正額，酌撥各屬滯引並兼配犍富二廠花鹽巴鹽。按照道光三十年定章，計捆巴鹽八千斤，花鹽一萬斤，富廠例徵正雜課銀九兩六錢，犍廠例徵正雜課銀六兩三錢，廠局每引抽釐銀八兩，其餘外支各款，不准攤入。

九年奏准：道光三十年湖北軍興，積課不能完納。咸豐二年，濟楚鹽行八州縣，計岸大絀，課愈無出，嗣後停止墊納，並豁免積欠一萬八千八百兩有奇。

十年奏准：夔巫所榷濟楚税，僅議無引之鹽，而邊計行商，亦有以引鹽濟楚者，率多改配代銷之鹽。請設局重慶府曰渝釐，凡犍富各廠濟楚引鹽，花鹽一包，榷釐錢千二百五十，巴鹽一包，榷六百五十；各餘鹽一包，榷釐千五百。計引則五六斤榷銀一錢，歲率榷銀二三十萬兩有奇。

十一年奏准：巴鹽斤增一釐五毫，引榷十九兩五錢。花鹽斤增一釐，引榷二十五兩。

同治七年奏准：四川鹽井，近年獲利數倍，富順尤爲最旺，抽收井釐，已有成數。他處鹽井，仿照富順一律抽釐。

八年奏准：江南現已戡定，自應規復淮岸，令四川湖廣禁止川私。又議准：四川總督封禁井竈以節源，湖廣總督罷除局費以絶流，兩江總督煎鍊鹽色以敵私，整飭鹽岸以平價。又覆准：川淮兼銷，於荆州沙市設配銷局，淮鹽二成，川鹽八成，漸圖規復。

十年奏准：配銷局以包論配，川鹽包三百餘斤，淮鹽包八十六斤，名爲二八，淮鹽實不及一成，宜淮七八、川二三，畫地分任，責在湖廣總督。如鄂慮餉絀，則以歲撥江南鹽釐還之鄂。

十一年奏准：撤去沙市配銷局，就湖北九府一州，分武昌、漢陽、黄州、德安四府，專銷淮鹽，以安陸、襄陽、鄖陽、荆州、宜昌、荆門五府一州，借銷川引。淮銷之地不許銷川，川銷之地仍兼銷淮。淮銷大暢，仍令收還。湖南則岳州、常德專行淮，以澧州近荆州，仍暫行川。

光緒三年奏准：川省官運商銷法，於瀘州居中置官運總局，於井竈所分置廠局，於各岸分置岸局。廠局就井竈糶鹽授之岸局，岸局受而糶之商人。凡黔邊額引，皆令鹽道移交總局，並清查以前各積引，以次代銷，配運出納，皆筦其權於總局。又議准：於總局置裕濟倉以平價，置大盈庫以受各局之轉輸。於廠局外設押運委員以轉運，於岸局外設分卡以查驗。其引課税釐，皆銷納於成本中，商無私估，官無外取，引無留滯，課無責負，利歸公家，市無騰踊之患。又議准：於山東借銀三十萬，湖北借銀十萬，本省籌銀十萬，共五十萬兩作運本，先運黔岸，並帶行近邊叙永、永寧、瀘州、納谿、合江、江津、綦江、南川、涪州。又江北巴縣及舊行邊引之酉陽秀山黔江彭水本省各廳州縣，以防侵越。又議准：以貴州徵榷無藝，請飭罷鹽釐各局卡，由四川歲濟銀如其榷數。又奏准：行官運法於富廠自流井榮廠貢井，覈實鍋口大小，日出鹽幾何，設爲十户一鹽牌，五十户一竈首，百户一鹽甲，以備稽查。又奏准：改定花鹽包斤而減其榷數，富榮花鹽一引鹽萬一千斤，榷銀十八兩，巴鹽如故。犍樂花鹽，一引榷銀十七兩五錢。射洪廠遠，不及前引，止榷銀七兩五錢五分五釐，歲榷銀三十餘萬兩。

四年奏准：歲支官運局總辦以下各分局子卡委員薪水，總辦月二百兩，幫辦月一百兩。四所及各廠岸分局，正委員月五十兩，副委員及各子卡並押運聽差各委員月三十兩。各所卡司事月人十二兩或八兩，經書月人八兩，清書月人三兩，稱手月人四兩，健步巡丁工食並各局卡公費，局繁者月百兩，簡者五十兩或三十兩。歲約十四萬兩不等。遇閏照增。於發商時，由額引内一引攤徵銀五兩給用。又奏准：將軍副都統及道府以下陋規，現已裁汰，應代各州縣分墊公費銀十九萬五千四百五十六兩，由總局平餘内扣撥。

五年諭：前因恩承奏川省官運局，經竈民呈控多款，請飭妥爲區畫，當諭丁寶楨確查具奏。茲據該督奏稱，自上年開辦官運後，本年奏銷，覈計邊計各額引，已全數銷清，復銷積引一萬餘張，所收稅羨截釐及各雜款至一百餘萬兩。商人從前一切無名使費，悉予刪裁。民皆食賤，私梟潛蹤，實屬商民皆便。現經訪聞呈控各節，係富廠一二姦竈捏詞聳聽，意在阻撓。其犍射兩廠及富廠竈户不下千餘家，商人則黔邊近邊十三廳州縣，計岸不下一二百家，均無異詞等語。川省從前鹽務，積弊甚深，亟應力圖整頓。惟裕課仍須便民，方可行之永久。既據丁寶楨查明官運商銷，實爲有利無害，成效昭然，即著該督悉心經理，慎始圖終，毋以浮言而滋疑懼。餘著照所議辦理。又諭：前因恩承奏遵查川省鹽務改辦官運商銷，利少弊多，與丁寶楨原奏不符，當經諭令户部酌覈具奏。茲據奏稱川省自開辦官運後，疊據該督奏報邊計額引全數銷完，復銷滯引至一萬餘張，所收稅羨截釐暨雜款至一百餘萬，是該局之有益課款，似尚可憑。滇黔引岸久懸，現在開辦黔邊，甫著成效，未可遽行更改。其改包抽釐一節，統覈鹽價，每斤止在毫釐之間，不致遽妨民食。且該省現在辦法，雖屬官運，仍由商銷。該督摺内既有川鹽旺銷號商添設之語，自亦不致病商。再查該督前奏邊鹽增收銀兩，除本省支留外，尚能肆應有餘，即以抵捐撥款二十五萬餘兩言之，其贏餘之數，當不止八九萬，請仍飭該督妥籌辦理各等語。即著丁寶楨懍遵前次諭旨，將官運商銷各事宜，悉心區畫，慎始圖終。封疆大吏整頓地方公事，固不可動於浮言，亦不可操之過蹙，務令裕課恤商便民，均無窒礙，方爲不負委任。其在事官員，尤宜隨時督率，毋令日久生懈。設有始勤於怠，或將來徵收漸絀，不能如前，撥款不能按期解足，及不恤商力不便民用等情，則咎有攸歸，必惟該督是問。並著按照户部先後奏咨各案，迅將徵收雜款開支局用領收運本，及撥還借款數目限期，並新收舊管各款，如何分別存局解道，及此次恩承原奏所稱不同情節，各歸各款，詳悉查明具奏。仍一面分造清册，專案報部覈銷，不得稍涉含混，致滋口實。又奏准：歲支各鹽官籤驗費一萬兩有奇，歲支總督衙門撫兵房書吏承辦奏銷箱物三十六兩八錢四分，飯食錢三十千文。歲支安定五營防勇餉十四萬兩有奇，遇閏照增。歲支沿江巡緝礮船九千六百兩有奇，遇閏照增。歲支商人引底視銷引多寡約二萬兩有奇，或三萬兩之數。一水引給銀一兩，陸引以十二張半折給銀一兩，由官運成本扣出，年終令坐商按名領取。又奏准：歲備護本銀，爲官運鹽船覆溺，無力賠償，則撥此款爲之補配。内分三之一，作公濟堂孤貧口糧，皆無定額。

六年奏准：歲解雲南協餉六萬兩，抵捐二萬五千兩，共八萬五千兩。歲解貴州協餉十二萬六千兩，抵捐四萬兩，代徵稅釐十八萬兩，共三十四萬六千兩。又奏准：湖北八州縣計引積滯，請如黔滇邊岸例，併歸官運商銷，分置岸局於萬縣，置卡於大溪口、上洋平、萬户沱，置湖北萬户沱委員，帶行巫山萬縣計引，仍統於瀘州總局。是年官運局歲入稅羨截釐正雜各數，凡百二十七萬六千六百有奇，於上綱增行引三千四百餘道。又奏准：川鹽行楚，當時原暫爲通融，故於官不計考成，於商不報名姓，漸致邊計套搭，混雜難稽。其間重照影射，重斤夾帶，百弊叢生，迄今久假不歸。川鹽之浸灌淮岸者，有增無減。若非停運川鹽，則淮銷終無起色，應飭四川總督早爲禁絶。又奏准：禁川復淮，如鄂餉一時無著，則濟楚自未可即停。現擬將行楚引張，每月准驗配七八百引，以示限制，俟日後復淮一定，楚鹽既少囤聚，淮岸自可望暢銷。

七年議准：鑄造清漢文銅質關防一顆，文曰四川辦理滇黔邊計鹽務關防。又奏准：官運鹽務撥解北洋添購鐵甲輪船銀三十萬兩。又奏准：有舉道光以來遺失及商故無著水陸引，凡三十一萬八千有奇，咨部註銷。有著邊計積引，凡八十一萬有奇，仍令由官運局歲爲代銷。又奏准：富順縣自流井地方，鹽井甚多，水火並出，即以井內所出之火煎熬井中所汲鹹水，煉成花巴鹽斤，配引運銷，黔滇二省暨本省計岸，近年徵收釐稅，接濟各省軍餉，每歲率以百萬計。

八年議准：歲撥雲南邊防協餉銀二十萬兩。

《大清會典事例（光緒朝）》卷二二九《户部・鹽法雲南 貴州》 雲南鹽行雲南府、大理府、臨安府、楚雄府、澂江府、景東廳、廣西州、曲靖府、順寧府、武定州、麗江府、元江州、普洱府、蒙化廳、永昌府、永北廳、鎮沅州，阿陋井大使，彌沙井大使，以雲貴總督總理，雲南驛傳鹽法道專理。**【略】**

順治十七年題准：雲南不行部引，按井給票，徵收鹽課。

康熙元年題准：黑鹽井課銀九萬六千兩，琅鹽井九千六百兩，景東井三百二十兩，遇閏加課，不除小建。白鹽井二萬八千五百六十兩，安寧井千九百八十兩，雲龍州五井四千七百六十三兩七錢，阿陋井二千九百二十三兩二錢，彌沙井四百兩，只舊草溪井二百六十二兩四錢六分。遇閏加課，扣除小建。

四年題准：黑鹽井加煎鹽課銀二萬四千七百五十兩。遇閏加稅。

十年題准：只舊、草溪井，歸併黑鹽井辦課。十一年題准：減黑鹽井加煎鹽課。

三十四年覆准：黔省普安州等處改食川鹽，將雲南課扣除。

三十五年覆准：仍徵收黑鹽井加增鹽課。

三十八年題准：黑白等井，每年所用柴米役食六萬兩，豫於撥餉內動支，發各井煎鹽辦課，補還撥餉。

五十八年題准：雲南派煙户錮弊，著勒石永革。

雍正元年覆准：雲南九井行鹽辦課，革去上下一應陋規，不許督撫鹽道等官赴井煎鹽，居積買賣。又題准：近井之富民、祿豐、羅次、祿勸、元謀、和曲今裁。六州縣，改食白鹽井沙滷，原銷黑鹽井鹽，統運昆明省店行銷。

二年覆准：黑鹽井產新井二眼，除發竈户薪本役食器具銀萬兩，尚存銀萬七千兩，將白鹽井撥補黑鹽井課銀四千兩，雲龍井抵補課銀三千二十兩有奇，一併歸公。其黑鹽井缺課，於新井鹽課內撥補，以免互幫。又覆准：祿豐等州縣改食白鹽井沙滷，定價一錢六分，姚州及大姚、定遠、廣通、雲南四縣，仍食沙滷，每斤定價二分。其五州縣額鹽，分發於民多鹽少之楚雄府、蒙化廳、趙州、太和縣、鄧川州行銷。昆陽州之三泊，改食安寧井鹽，阿陋舊額，撥開化府行銷。又覆准：易門縣改食白鹽井多出之沙滷，照定價一兩六錢完解。其原籍阿陋井額鹽，撥開化府增銷。

三年覆准：琅、安二井鹽價高昂，量爲酌減，將麗江土井息銀二千二百餘兩抵補。至琅安井額鹽不敷民食，令石屏州就近在威遠地方領銷。按版、抱母等井原銷之鹽，分發寧、通海、河西、新興四州縣領銷。

四年覆准：普洱地方新開磨黑、磨弄井鹽，每年課銀三百六十三兩五錢二分有奇，元江府今改直隸州。屬猛野磨鋪井鹽，每年課銀二百三兩，歸入按版、抱母等井項下報銷。

五年覆准：黑鹽井正額鹽五百六十餘萬斤，內每百斤加銀四分二釐八毫，該銀二千四百十有三兩九錢二分。又撥給不敷課款鹽二十四萬斤，內每百斤加銀二錢，該銀四百八十兩，於所收沙滷等項贏餘銀內給發。又覆准：黑鹽發價，於定額三分價內，每斤准其再減二釐，共減銀萬六千一百十有六兩六錢有奇，並黑井所加薪本二千八百九十三兩九錢二分，共銀萬九千四兩五錢二分有奇，於多收沙滷等項贏餘內照數抵補。令該管官將每斤減價二釐之處，出示曉諭。其正項並額外贏餘銀六萬一千九百餘兩，照數存庫，如有留抵銀廠虧缺及公用之處，造册報部。又覆准：雲南只舊、草溪二井，每年升課銀四千二百八十三兩四錢，遇閏加增。至二井應發薪本銀，每斤一分五釐，於鹽價內借動發給，輪流解還。其該井官吏養廉工食等項，每月計銀四十兩，於正項內開銷。

九年覆准：雲南各井煎鹽，均除小建，惟黑鹽井小建不除，所以累任井司皆有虧空。將小建六日缺額鹽，於新出沙滷鹽內煎補。

乾隆元年題准：雲南黑鹽井等井鹽，運至昆陽等處行銷，鹽價每百斤，遵奉諭旨減至三兩以下，其應減鹽價等項銀六萬一千一百八十三兩一錢三分九釐四毫有奇，即將各井應減贏餘通融抵補，以敷正額。至裁汰贏餘銀，原係留爲地方公事之項，今已裁汰，應令俟有需用之處，別請動項報部。

三年題准：東川一府，舊隸四川，今改歸雲南，但滇鹽不敷民食，應由川省招商認引，徵税配運。其南寧、霑益、平彝三州縣，一併改撥川鹽。

四年題准：由廣東運鹽百萬斤，至廣西百色地方，由百色至雲南羅平、師宗等州，需用鹽價腳銀七千六百八十三兩四錢五分五釐，於司庫收存銅息銀内照數動發。飭令附近粵西之羅平州領運行銷二十萬斤，師宗州今改縣。運銷二十五萬斤，廣西府今改直隸州。運銷二十五萬斤，彌勒州今改縣。運銷三十萬斤，俟運銷完日，歸還原借銅本外，餘銀解儲藩庫充公。

五年奏准：安寧州地方，有洪源井一區，每年可煎鹽二十一萬六千斤，獲價銀五千三十二兩八錢，内除煎鹽薪本役食外，餘銀五百八十三兩二錢。麗江府地方，有老姆井二區，每年可煎鹽十有八萬四千一百二十一斤，獲價銀三千四百十有三兩四錢有奇，内除煎鹽薪本役食外，餘銀一百五十三兩五錢六分有奇。統將二井贏餘銀，按年歸入贏餘冊内造報。

七年覆准：姚安新開鹽井，每年煎鹽二百一萬九千六百斤，共賣獲鹽價銀三萬一千九百二十一兩八錢六分，内除應給煎鹽薪本人役工食外，尚餘銀三千九百四十三兩四錢一分有奇，按年歸入贏餘項下造報。但新開滷源，須增大使一員。其琅鹽井大使，業經裁汰，應移紮姚安新井。

十六年覆准：昭通、東川二府，逼近金江，開運京銅，係新闢苗疆，馱腳裹足不前，必須馱回川鹽接濟。應將南寧等處原食川鹽二百四十餘萬斤，留爲昭、東二郡行銷。其南寧等處食鹽，仍飭領銷滇鹽。又覆准：文山縣領銷阿陋井鹽，改撥十三萬斤，增給蒙自縣行銷。其文山縣不敷食鹽，在於每年採買粵鹽數内，增買二十萬斤，撥給該縣領銷。

二十四年覆准：雲南省店鹽斤，較前多銷，酌添買鹽三十萬斤。

三十年覆准：滇省懇地日廣生齒日繁，食鹽不敷，應增買鹽五十萬斤。

三十一年覆准：滇省買運粵鹽，歲額二百二十萬斤，以百五斤成包，每包加買耗鹽二十八斤。又每包塲丁貼補秤頭鹽二斤，其該省委員准自備本腳帶買耗鹽八萬九千斤，船户准帶買耗鹽十二萬六千四百二十二斤。

三十七年議准：雲南裁撤省店，改立鹽倉，責成官運，定額分銷。

四十一年議准：雲南鹽課於次年七月奏銷。

四十七年議准：滇省昆明、宜良、嵩明、晉寧、呈貢、昆陽、河陽、江川、路南、廣西、師宗、彌勒、陸涼、羅平、馬龍、邱北等十六州縣，民食鹽斤，俱責成鹽道由省倉分發各商鋪，先課後鹽，轉售各小販買運行銷，永爲定制。

五十三年議准：雲南他郎通判所轄猛野、磨鋪、二井認納鹽課，向由元江徵解，就近歸於他郎通判經徵，以專責成。

五十七年議准：滇省運銷粵鹽，於委員辦鹽齊抵百色，勒限兩月，秤交廣南等府縣接收完竣之日爲始，定限三月，令該府縣多雇牛馬，趕運至本管地方，各將運完日期具報，起限行銷，扣限一年銷竣。儻有逾違，將承督各官查參，照例分別議處。至現在已經運到之鹽，令首先售賣，毋庸拘定年分，以免積壓。再陸運時或值雨水連綿，或因煙瘴時發，牛馬難行，必須稍爲展限之處，令該府縣隨時查報，於報銷案内取結聲叙。如有捏飾，據實參究。

嘉慶五年奏准：雲南各井鹽斤，改爲竈煎竈賣，民運民銷，不拘井口地界，賣價聽從民便。於本省之雲南、曲靖、臨安、澂江、普洱、大理、麗江、永昌、楚雄、蒙化、永北、景東、元江、武定、鎮沅、阿陋、彌沙等一十七府廳州屬行銷。督飭井員查禁竈私偷漏，並嚴飭迆東之曲靖、開化、臨安等府文武，派撥兵役，於各要隘認真巡緝。如有私侵入境，即行擒拏報解。儻敢懈縱，嚴參究處。又議准：滇省商民買鹽運銷，以三百斤定爲一引，共需引紙十二萬三千六百八十七張，每引一張，徵正課銀二兩一錢一分五釐三毫六絲八忽，公廉銀四錢五分九釐一毫一絲七忽，經費銀四錢二分三釐三毫二絲，由鹽道刊刷引紙，編號鈐印，發交井官收存，聽商販完繳課款，領引買鹽。該井官即於引紙内註明商販地方姓名，輓運出井，於要隘設卡，責成大使等官盤驗，引鹽相符，挂號放行。飭令該商俟鹽斤賣完，將引紙呈繳地方官截角蓋印，按月彙報鹽道查銷。並於照票之外，另設小票，每票准配鹽五十斤，俾肩挑小販乘便販運，均由鹽道刊刷編號，印發井司，填用繳銷。又奏准：雲南黑鹽井，借給柴本銀二萬兩，白鹽、安豐二井，共借給柴本銀七千兩，琅鹽井借給柴本銀四千兩，每年於秋初全行發給，提舉傳集殷實柴户，眼同各竈户按數給領。採辦運井，自次年春季起，分作四季，於竈户賣獲鹽價内扣收還款。扣收不足，將提舉照例開參。儻有無著，經放之員賠補。又議准：雲南省年徵正課公廉經費，照年額鹽斤，均勻攤算。每鹽百斤，徵課銀七錢五釐一毫二絲，公廉銀一錢五分三釐三絲九忽，經費銀一錢四分一釐一毫，均於商民領引時，由井員照數徵收，按季彙解鹽道，分別支解。又議准：雲南琅鹽井滷質較淡，煎熬費力，每鹽百斤酌減正課銀三錢九分，止徵課銀六錢。自嘉慶四年十一月爲始，即照減數徵收。

十八年覆准：雲南省開化、文山兩府縣，全食石膏箐井鹽，酌增照票一千二百張，每票一張，配鹽三百斤，徵課廉經費銀二兩九錢九分七釐八毫，共配鹽三十六萬斤，共徵課銀三千五百九十七兩三錢八分六釐。較從前行銷粤鹽餘息，計長餘銀二百三十兩。添設巡役十六名，工食銀兩，於長餘銀內支銷。

十九年奏准：滇省抱香井大使，經管煎銷抱母井鹽一百九十二萬五千八百斤，香鹽井鹽九十九萬一千二百斤，仍責成威遠同知督率銷徵。普洱府，經管煎銷石膏箐井鹽一百二十六萬八千六百斤。

二十五年覆准：雲南省鹽井二十四區，黑井、新井、沙滷井、白井、安豐井、麗江老姆二井、琅井、安寧新洪二井、雲龍井、阿陋井、草溪井、只舊井、抱母井、香鹽井、按版井、恩耕井、景東井、彌沙磨黑木城安樂四井、石膏箐井。每年額定煎銷平鹽三千九百六萬八千一百斤，嘉慶十二年，開化、文山二府縣，改食滇省井鹽。增添額鹽三十六萬斤，共徵正課銀二十六萬四千一百八十三兩四錢七分三釐，養廉經費銀五萬八千三百三十二兩七錢六分一釐，井費銀五萬三千七百五十九兩三錢七分六釐，共應徵銀三十七萬六千二百二十二兩六錢二分。額外應增猛野磨鋪認納鹽課銀一百三十八兩，蠻磨井積餘銀八兩，廣南、寶寧二屬粤鹽餘息，抵補鹽規銀一千兩，維西通判鹽稅銀五十二兩三錢。應徵額課，經徵官能於奏銷前徵解全完及溢額者，照例分別議叙。其有短欠之井員，應照該井短徵課款原數覈實開參，照例議處。至接徵之員，責令將溢銷攤補之外，尚不足該井年額之數，代煎代銷，代爲趲補。如三參限滿，不能趲補全完，分別著賠。又覆准：滇省所屬之黑井，借給柴本銀二萬兩。白井、安豐二井，借給柴本銀共七千兩。琅井，借給柴本銀四千兩。每年於春季發給，提舉傳集殷實柴户，眼同竈户按數給領採辦。自次年夏季竈户領柴之時起，分作四季，於竈户賣獲鹽價內扣收還款，不得絲毫拖欠。如扣收不足，將提舉照例開參。儻有無著銀兩，責令經放之員賠補。

道光八年奏准：滇省鹽課溢餘銀兩，不必限以定額，於奏銷時查明徵收實數，一半造收報部撥用，一半存儲藩庫，以備沿邊諸事及銅運鹽務等項之用。仍按年將所留銀數及動用款目，隨同奏銷造册報部。

十七年議准：滇省井鹽照票，改爲每票一百斤。由鹽道刊發鈐印編號，巡撫加印，交各井官收存，聽商販完繳課款，領引運鹽。仍於要隘設卡，責成大使等盤驗，引鹽相符，挂號放行。該商鹽斤賣完，即將票根繳銷。並於照票之外，另設小票，每票准配五十斤，俾肩挑小販乘便販運，均由鹽道刊刷編號，印發井司填用繳銷。

同治十三年奏准：雲南軍務大定，所有迤西之黑元、永琅、阿陋、草溪、只舊、白井、麗江、老姆、彌沙、雲龍、景東及新開之喬后、喇雞鳴各井，現查明均歸鹽道委提舉大使前往接辦。迤南之抱母、香鹽、按版、恩耕等井，亦歸鹽道委員辦理。尚有石膏、磨黑、猛野各井，飭該鹽道暨普洱府設法整頓，久無成效，聞有武弁姦商把持包攬情弊，仍飭該道委員認真清理。

光緒五年奏准：川省接辦滇邊鹽務，歸併黔邊官運局經理，計滇岸及近滇之宜賓、南溪、屏山、慶符、長寧、高縣、珙縣、筠連、興文、江安、馬邊、雷波十二廳縣，計岸每年水陸額引約計二萬數千餘道，於丁丑綱黔邊鹽務，共徵稅羨截釐銀六十四萬九千九百一十七兩，全數截留局中，暫資滇邊購運本銀。照黔岸辦法，自本年始，分作八年定限清還，以歸畫一。此八年中應徵之稅羨截釐各項正款，除每年原撥部庫仍抵作黔滇兩省協餉，及支撥本省餉項外，所有餘存銀兩，報明儘數存留該局，仍作黔滇兩岸接濟運本，藉資周轉。又奏准：滇邊自五年正月初一日起開辦，至十二月十五日止，應行邊額陸引二萬五千一百五十四道，計額陸引一萬三百四十五道，水引一千一百五十一道，俱已銷竣，並帶銷積陸引二百五十一道。

十二年奏准：雲南各井，應徵原額正課銀二十六萬一千六百四十五兩三分，除上年已徵解課銀二十四萬四千一百二十七兩三分三釐外，尚短徵銀一萬七千五百一十七兩九錢九分七釐。現在釐金所收各井鹽釐項下，照數撥補，以符原額。

貴州。

貴州素不產鹽，無額銷之引，民間食鹽，由小販擔負四川、湖廣引鹽零賣。貴陽府、安順府、興義府、平越州、都匀府、思南府、石阡府、大定府、遵義府，以上九府州食四川鹽，鎮遠府、思州府、銅仁府、黎平府，以上四府分食湖南所行之兩淮鹽。以貴州布政使司、糧驛道兼理。光緒五年，改歸四川代榷，釐税兩款，歲入銀十七萬九千九百兩有奇。謹案：嘉慶五年奏銷册，共課入八千二百五十兩有奇。

順治十七年題准：貴陽、思南、鎮遠三府，每鹽百斤，徵税二錢。

康熙二年題准：徵税府衛，在貴陽、思南、鎮遠、石阡、安順、平遠、大定、黔西、永寧、畢節、烏撒、鴨池等處，每鹽百斤，徵税銀二錢四分。普安仍徵三錢。除黎平就近食湖廣鹽，不再徵税外，共鹽税銀五千七百三十兩五錢九分四毫，定爲額數，每年閒有浮缺，據實報解。遇閏加税四百十有八兩四分九釐二毫。

二十五年覆准：貴陽、平越、都匀、思南、石阡、大定、威寧等府州，安順府屬盤江以下州縣衛所，均食四川鹽。普安等處，仍食雲南鹽。

三十四年覆准：普安等處自食雲南鹽，商民兩病，將普安等處改食四川鹽。又覆准：貴陽等處向食川鹽，徵落地税銀，每百斤二錢四分。普安等處，亦照例徵收。

雍正十年覆准：黔省婺川縣濯水地方，設立税口，徵收鹽税。自本年起，按年依額起解造報，或赢縮不常，據實詳報。

乾隆四年覆准：貴州所屬之古州，係新闢之苗疆，應以古州爲總埠，丙妹、永從、三角坉等處爲子埠，聽古州總埠分撥銷售。其商人應聽古州同知管理。每年銷三千八百引，課銀二千五百十兩一錢四分二釐有奇。

四十一年議准：貴州鹽税，於次年五月奏銷。

道光三十年議准：四川犍商行黔水引，一由叙州，一由涪州龔灘，分運黔省安順、大定、興義、普安、思南、石阡、鎮遠、銅仁、思州等府廳銷售。其分給認代之潼水引一千二百三十七張，由涪州輓運至龔灘，轉運思南、石阡、鎮遠、銅仁、思州等府銷售。又由婺川之王家沱，轉運婺川縣銷售。富商行黔水引，一由合江，一由綦江，一由涪州，分運黔省貴陽、遵義、都匀、正安等府州銷售。其分給認代之潼水引一千二百八十五張，由涪州白馬鎮，陸運正安水車等處銷售。又由彭水縣江口，陸運濯水關，直達平越、都匀等府州銷售。至黔商婺川引鹽，由王家沱起運，不得侵富商白馬江口地面。富商由白馬進運正安水車引鹽，止在馬頭山過道，不准設店販賣。又由江口進運濯水關報税，直達平越、都匀引鹽，不准在婺川縣地面開包挂秤，所有毗連處所，各在要隘設卡互相稽查。至榮縣商人行黔邊引，向與富商共岸，仍循其舊。其犍、富兩廠煎鹽，責成兩廠嚴飭竈户，分別形色，以杜攙越。又奏准：犍、富兩廠産鹽甚旺，邊岸暢行，其代銷潼引綽有餘裕，請將本年潼商額行黔邊水引二千四百二十二張，撥交犍商一千一百三十七張，給富商一千二百八十五張代行。各運至現定之黔岸銷售，俟將來犍富兩廠鹽不敷配，再行臨時籌酌辦理。

同治二年諭：張亮基奏黔省餉需支絀，委員赴川催餉辦鹽，請飭川省迅速籌撥一摺。據稱黔省瘠苦，向賴各省協餉。軍興以來，協濟寥寥，藩糧兩庫，搒括一空，各屬地丁類多蠲免，倉穀動用殆盡。現在通省兵練不下五六萬人，所有餉糈，皆張亮基在川時所集捐款，藉以敷衍，而無源之水，易虞其竭，自應及早籌畫，以期源源接濟。川省歷年部撥貴州協餉等銀七十餘萬兩，屢催未解，不得已咨明該督請速撥鹽斤合銀二十萬兩之數，以濟急需各等語。張亮基恐川省協濟餉需，一時無此鉅款，擬以鹽斤通融抵撥。其需餉情形，實爲緊迫，著駱秉章轉飭司道，速撥約值價銀二十萬兩之鹽，陸續交兑該省委員承領，不拘川黔地面，聽其變價解繳。經過地方免其納税。所需腳價，或以鹽運鹽，或以長價作爲運費，均著隨時會同酌辦，以期川黔兩省均有裨益。

光緒三年奏准：川省開辦黔邊官運及近黔十三廳州縣計岸官運鹽務，仿照兩淮辦法，先課後鹽。如購引鹽一張，或用鹽本銀一百兩，即將應徵税羨截釐各項，按照定章，如數加入，合爲一百數十兩，發商銷售。又奏准：設黔邊鹽務總局，於瀘州置礮船十，沿江扼隘各分地段巡緝。又於兼辦楚計官運後，增設礮船四，上起嘉定，下訖巴東，聯絡相應，一以衛局，一以緝私。又奏准：行黔邊官運，先舉道光二十八年以來陳陳相因之犍、富、榮三縣行黔積滯水引七萬有奇，仍行黔岸，歲於額引外帶銷六成。其舊定犍、富永遠認代潼商邊引，率因岸滯不領，積存道庫者凡萬六千有奇，則專改濟楚而設。官引局司領發，期以銷畢，再銷計積。大率先行額引，帶行積引，不使新舊凌雜。畫定邊積行邊，潼積行楚，不使改代無常。官運局所行殘引，悉由局繳部。

四年議准：以邊岸最要者，爲入黔之永、仁、綦、涪四岸。由永寧縣前進者爲永岸，由合江縣前進者爲仁岸，由綦江縣前進者爲綦岸，由涪州前進者爲涪岸。峽隘湍激，多阻舟行，鹽從大江水磧直下，自轉江入岸，河則溯流而上，益形艱險。請爲鐫漕口、除亂石、挑積沙、修縴路，因勢利導，轉運較便。鹽至，又須舍舟而陸，或數十里乃復舟運，如前搬灘過坳者鑿通之，俾一水徑達運省，鹽值自賤。

五年奏准：四川行黔邊官運局，代権貴州釐稅，以黔省釐稅無則，爲代権而納諸黔。由黔邊四岸分局，於發商鹽時，引権稅十兩，権釐四兩，納於總局，由總局轉運黔省。稅釐兩款，歲可十八萬兩。鹽入黔境，不得再権。又奏准：黔邊自四年十二月十六日起，截至五年十二月十五日止，應行邊計額水引一萬四千零三十五道，陸引一萬三千一百六十一道，均已銷竣，並帶銷積水引六千九百二十五道，陸引一百二道。六年議准：四川總督與貴州巡撫會奏，就官運局一水引稅銀十兩，歲解貴州，罷各關稅及一切雜徵。著爲令。又議准：石砫廳、忠州直隸州、酆都、長壽二縣，計引與黔邊鹽混，請併歸官運。

《大清會典事例（光緒朝）》卷二三〇《户部・鹽法》 直省鹽差。

順治初，差長蘆、兩淮、兩浙、河東巡鹽御史各一人，直隸、山東、山西、河南、江南、江西、浙江、湖廣、陝西鹽政一年更差。其福建、四川、廣東、廣西、雲南、貴州六省鹽務，舊隸巡按，後改隸巡撫。

康熙七年定：長蘆等四處鹽差，於六部郎中員外郎及御史内，每處選差滿漢官各一人，筆帖式各二人。

十年題准：鹽差御史，不拘滿漢，每處止差一人。

十六年，停止鹽差筆帖式，如差滿御史，仍帶筆帖式一人。又覆准：京城及采育里地方鹽引，向由崇文門監督徵收。嗣後責成大、宛二縣行銷，與各州縣一例考成。

三十年題准：增設福建、廣東、廣西巡鹽御史。

四十六年，命廣東巡撫兼理鹽課。

五十九年覆准：將兩廣巡鹽御史撤回，鹽政交總督管理。

雍正元年議准：各鹽差筆帖式，停其差往。又覆准：福建鹽課，令各州縣徵收，興泉道管轄，著總督管理鹽務。

二年覆准：令各該御史將鹽法諸書，按年纂輯，繕呈御覽，並照式送部，以備參考。又覆准：雲南麗江府改土歸流，其鹽井交與知府督令經歷煎鹽，於本處行銷。又覆准：廣東發帑收鹽，如產鹽無幾之小場，地方官就近督收。淡水等各場，皆地勢廣遠，產鹽甚多，該督遴選廉幹之員，分派督收。又覆准：廣東運使管理五省鹽政，復設經歷一員，以供差委。

四年覆准：福建鹽場大使六員，業經裁汰，但鹽政必須專官料理，方能裕課。請簡同知、通判、知州、知縣等四五人，發往福建委任場務，仍遇員缺題補應得之官。又奉旨：兩浙鹽政交巡撫管理。

十二年題准：福建鹽政衙門，改爲鹽法道，專管鹽政。

乾隆四十三年奉旨：河東鹽政，令山西巡撫兼管。

五十八年奉旨：杭州織造改爲鹽政，兼管織造事務。其鹽道本無分巡地方之責，著改爲運使。

道光元年奏准：浙江鹽務復歸巡撫兼管，長蘆鹽務專設鹽政管理，兼轄直隸、山東、河南等處。兩淮鹽務專設鹽政管理，兼轄江西、湖廣、江寧、安徽等處。兩浙鹽務浙江巡撫管理，兼轄江西、江蘇、安徽等處。福建鹽務閩浙總督管理，兩廣鹽務兩廣總督管理，河東鹽務山西巡撫管理，兼轄山西、陝西、河南等處。四川鹽務四川總督管理，雲南鹽務雲南巡撫管理，陝西漢中府鹽務陝西巡撫管理，甘肅花馬小池鹽務陝甘總督管理，貴州鹽務貴州巡撫管理。

十七年諭：前據御史黄樂之奏，請將山東鹽務改歸巡撫統轄，當降旨交户部議奏。嗣據該部議准：請歸巡撫管理，復諭令經額布妥議具奏。本日據該撫奏稱，該省鹽務，現當設法清釐之際，非就近督催，難期得力。鹽政駐紮天津，相隔千里，遇有籌議事件，稟函往返動須月餘，實屬鞭長莫及等語。山東鹽務，著即改歸巡撫管理，以歸簡易。又奏准：長蘆鹽務，專設鹽政管理。兼轄直隸、河南等處。山東鹽務，山東巡撫管理。兼轄河南、江蘇、安徽等處。兩淮鹽務，改歸兩江總督管理。

咸豐八年奏准：陝西省華陰縣屬之三河口，現派委員行銷河東鹽引，試辦以來，費省事集，商販相安。嗣後該局鹽務，即用委員辦理，毋庸設官。並定爲三年一换，以專責成。

十年奏准：長蘆鹽務，統歸直隸總督管理。兼轄直隸河南等處。

《大清會典事例（光緒朝）》卷二三一《户部·鹽法》禁例。

順治元年覆准：場竈照額煎鹽，大使親驗，按月開報運使。如有隱匿，以通同治罪。其商人不許濫委雜役，行鹽水程，填明賣銷地方，完日同引繳查，不得告改。或鹽引焚溺，取具地方官印結查實補買。八年諭：巡鹽御史及運司，不許於額課外勒索侵剋。如有貪縱各官，許商民首告治罪。

十三年題准：鹽政衙門不許商役互充。

十四年題准：勢豪不許占攬引窩，商鋪不許自定價值。如有專利害民，串通經紀攙賣勒索等弊，該御史嚴行禁飭。

十六年題准：商人載鹽，不論大小船，均用火烙印記，船頭不許濫行封捉。又議准：將領衛所官弁，縱兵私販，該州縣官緝拏，揭報參處。

十七年題准：鹽場設立公垣，場官專司啓閉。凡竈户煎鹽，均令堆儲垣中，與商交易。如藏私室及垣外者，即以私鹽論。商人領引赴場亦在垣中買築，場官驗明放行。儻有私販夾帶等弊，該場官役一併重處。又題准：鹽船過關，止納船料，如有藉端盤驗額外苛求者，以枉法治罪。又題准：凡獲大夥私鹽，必究訊窩家經紀，所過地方有無徇縱，管鹽司道扶同不舉者，一併參究。不許以肩擔背負奇零小販塞責。又議准：貧民食鹽四十斤以下者免税，四十斤以上者，仍令納課。又覆准：竈丁不許充當衙役。又覆准：口外鹽，不許侵入長蘆行鹽之地。如有違越，照私鹽參處。

康熙五年題准：天津大沽鹽船出口，巡鹽御史印給號票，填明人數地方，防汛官弁查驗放行。如無印票及人數不符，夾帶違禁貨物者，拏獲治罪。地方文武官弁疏縱者，照所定出境例，處分。

七年題准：州縣衛所官，勒令百姓買引，私派户口銷鹽者，革職。司道府都司不查報，巡鹽御史、管鹽巡撫失於覺察，照例議處。

九年題准：凡旗人販賣私鹽，照例治罪外，其主係官罰俸，係平人鞭責。佐領、内管領、驍騎校，罰俸。領催、屯長，鞭責。其馬廠牧人有犯私鹽者，領去之營總參領等，皆罰俸。領催等各鞭責。

十五年題准：各官該管界内有私煎販賣者，係所管衙役革職，係軍民人等降調。如旗人私煎販賣，本主自行拏獲者，免議。

十七年題准：興販私鹽，文武失於緝捕者，如不及十人或十人以上不帶軍器，仍照例議處。十人以上帶有軍器者，專管官革職，兼轄官降級留任。限一年内緝獲一半以上者，還職。不能緝獲者，照例革職。該督、撫、巡鹽御史、提督、總兵官不題參者，照徇庇例議處。若專管官一年内，能獲大夥私販一次至五次者，分别議叙。兼轄官亦照例議叙。

二十一年題准：凡私鹽經沿途官兵捕快盤獲者，徇縱場官及失察官，一併議處。

二十七年覆准：各場折課等銀，令竈總分催。各竈自封投櫃，如劣衿蠹役營充竈總，包攬收納，照包攬州縣錢糧例治罪。

二十八年議准：私梟全獲，沿途失察武職免議。又議准：武職拏獲别汛私梟者，議叙。又題准：鹽店設立小票，私畜鹽丁，概行禁止。有擅用者，照違禁例治罪。

三十年覆准：十人以上帶有軍器、興販私鹽，本汛獲賊一半以上，失察各官免其處分。本汛未獲，别汛全獲者，亦免其處分。别汛拏獲少一二人者，仍照例處分。又覆准：巡緝私鹽，係運使專責，令在所轄地方巡緝，毋許差往他方，藉端生事，擾害地方，挾制有司。

三十三年議准：運丁夾帶私鹽，沿途各官失察，謊稱出境者，降調。

三十四年題准：嗣後興販私鹽事發，該管吏目、典史、知州、知縣、守備、千把總等官，失察一次至三次者，照例議處。道、府、直隸州、副將參將游擊等官，失察一次至四次者，照例議處。運使、運同、運判、鹽場大使，均係專管鹽務之員，以後竈丁販賣私鹽，大使失於覺察及知情者，分别處分。運同、運判，照該管州縣官例處分。運使照府道例處分。至關津過往回空糧船，官坐船，如有夾帶私鹽在船者，將夾帶私鹽之人，照興販私鹽例治罪。管船同知、通判、守備、千總、文武官弁，知情不知情，分别處分。

三十八年覆准：江廣糧艘回空至揚州關，令押運官弁於該御史衙門先遞報單，總漕並該御史選委能員，公同盤驗。如有夾帶私鹽，將押運官弁失察各官一併參劾。並令龍江等三關，凡遇回空糧船到關，亦一例盤查。如有私鹽即移報、督、撫、御史會同題參。

四十六年覆准：私販致礙官引，皆係積梟巨囤所致。嗣後鹽法衙門，將私販之徒，准其用刑拷訊。除正罪外，其餘不得濫用刑訊。

四十七年覆准：河南陳州舞陽等屬改食蘆鹽，汝寧一府仍食淮鹽。蘆商各守口岸，毋得紊亂經制，永遠遵行。又議准：淮南綱鹽，令該巡鹽御史親行盤查分銷，船至江楚地方，鹽道即給水程，地方官不得藉名盤查，需索挪借。又覆准：巡鹽御史到任，差人坐守各場口，名爲緝私，實即射利，急行裁革。又覆准：私鹽之充斥，皆由總商不革，官自爲私，各賣已鹽，以圖一時之利。令將總商革去。違者，該督撫即行指參。

五十六年題准：兩淮河曲、江漢、湖港、海濱地方，皆係私販要隘，嗣後各省棍徒來境私販，地方官失察，照從前九卿所定處分例處分。其地方官有能拏獲私販鹽千斤以上者，將該管官弁覈實題請議叙。

雍正元年諭：國家欲安黎庶莫先於厚風俗，欲厚風俗莫要於崇節儉。《周禮》一書，上下有等，財用有度，所以防僭越，禁驕奢也。孟子亦曰：食時用禮，菽粟足而民無不仁。朕臨御以來，躬行節儉，欲使海內之民，皆敦本尚實，庶康阜登而風俗厚。夫節儉之風，貴行於閭里，而奢靡之習，莫甚於商人。朕聞各省鹽商，內實空虛而外甚奢侈。衣服屋宇，窮極華靡，飲食器具，畢求工巧。俳優伎樂，恒舞酣歌，燕會嬉游，殆無虛日。金錢珠貝，視爲泥沙。甚至悍僕豪奴，服食起居，同於仕宦，越禮犯分，罔知自檢。驕奢淫佚，相習成風。各處鹽商皆然，而淮揚爲甚。使愚民尤而效之，其弊可勝言哉。司鹽政者，宜約束商人，嚴行禁止，出示曉諭，諄切勸戒，使其痛自改悔，庶循禮安分，不致蹈僭越之愆。而省一日之靡費，即可以裕數日之國課。且使小民皆知儆惕，敦尚儉約，於民生亦有裨益，庶不負朕維風振俗之意。若仍前奢侈，不知悛改，或經朕訪聞，或經督撫參劾，商人必從重治罪，鹽政各官亦不能辭徇縱之咎。又議准：杜絕糧船私販，將爲首旗丁按法重處。

二年議准：販賣私鹽，交與地方官不時嚴加查緝，除奇零肩賣者不必緝拏，儻有大夥私梟，督撫會同將軍撥旗兵協捕。其私販爲首之人，與裝載私鹽之船户，拏獲一同治罪。拏獲及出首之人，照鹽數議叙。又議准：令京口將軍分撥兵丁，於揚子江之三江口、瓜洲、揚州口等處巡查私鹽。又議准：嗣後如有積梟藉稱貧民，將私鹽潛行窩囤、興販貿易者，令地方官弁及鹽政衙門一同稽查。又覆准：令各省管鹽督、撫、巡鹽御史，將商人每年應完錢糧，務於奏銷限內照數完納。如有拖欠，即將該商革退引窩，別募殷實商人承頂。所欠錢糧，著落該商家產追賠。其原出結各官，交該部嚴加議處。如有通同徇隱以欠作完等弊，於發覺之日，將該管各官一併從重治罪。

四年議准：回空糧船，經過產鹽所在，該地方文武官弁不行力催，任其逗遛，與游客囤户等私相交易，致有夾帶之事者，將該地方文武官弁並押空官弁參劾，照例議處。運丁、游客、囤户等，照販賣私鹽人等例加等治罪。該管鹽務運使等官掣鹽出場，務將餘鹽嚴行巡查，不許夾帶。如有徇隱疏縱，發覺之日，將運司等官，令該巡鹽御史，照失察私鹽例題參議處。其竈丁人等，亦照販賣私鹽律治罪。又覆准：每年糧船回空之時，於瓜洲江口分委瓜洲營弁，協同廳員實力搜查。又覆准：糧船旗丁水手南北往返，必須食鹽，准其於受兑上船處，每船帶鹽四十斤，於交卸回空處，亦准其帶鹽四十斤。多帶者，同私鹽例從重治罪。

六年議准：拏獲私販，本犯脱逃者，即將裝帶私鹽之腳夫水手拘獲到案，詳究本犯蹤迹，勒限務獲，照例於私販上加治逃罪。售與之人，亦照私販例治罪。其腳夫水手分別懲治。若大夥興販，照強盗例勒限嚴緝。地方文武官弁，照溺職例議處。又議准：拏獲私鹽，務將人鹽數目，據實詳報。如有將私鹽入己，或與各役分肥，不行據實詳報，並大夥拒捕之案以多報少者，即將該管官弁指名題參，計贓治罪。其有未經侵匿者，照徇隱例處分。上司知情故縱，及雖不知情，未經揭參，或於別處發覺者，將該上司照失察例分別議處。又題准：拏獲私鹽，必詳究其買自何地，賣與何人，一併取具確供，照興販私鹽例，治罪。若買自場竈將，將該管場司，並沿途失察各官題參議處。其不行首報之竈丁，照販賣私鹽例，治罪。儻承審官不究私鹽之來由，草率完結，亦照例參處。又議准：嗣後拏獲私鹽，計其斤數之多寡，定罪名之輕重。如三千斤以下者，仍照例擬以杖徒。三千斤以上者，即照越境販鹽例，問發邊衛充軍。七年題准：山東永阜等場，灘廣鹽豐，率皆露積，應於各場適中設立鹽坨。除計口量留食鹽外，其餘鹽儘數運入官坨，按季造册出結，送運使察覈。

乾隆元年諭：私鹽之禁，所以除蠧課害民之弊。大夥私梟，每爲盜賊逋藪，務宜嚴加緝究。然恐其輾轉株連，故律載私鹽事發，止理人鹽並獲，其餘獲人不獲鹽，獲鹽不獲人者，概勿追坐。至於失業窮黎，肩擔背負，易米度日，不上四十斤者，本不在查禁之內。蓋國家於裕商足課之中，而即以寓除姦愛民之道。德意如是其周也。乃近見地方官辦理私鹽案件，每不問人鹽曾否並獲，亦竟不問販鹽斤數多寡，一經捕役汛兵指拏，輒根追嚴究，以致挾怨誣攀，畏刑迫認，干累多人。至於官捕業已繁多，而商人又增私雇之捕，水路又增巡鹽之船。州縣毗連之界，四路密布。此種無賴之徒，藐法生事，何所不爲。凡遇姦商夾帶，大梟私販，公然受賄縱放，而窮民擔負無幾，輒行拘執。或鄉民市買食鹽一二十斤者，並以售私拏獲。有司即具文通詳，照律杖徒，又因此互相攀染牽連貽害。此弊直省皆然，而浙江尤甚。朕深爲憫惻，著各省督撫，嚴飭各府州縣文武官弁，督率差捕，實拏姦商大梟，毋令疏縱。其有愚民販鹽四十斤以上被獲者，照例速結，不得拕累平人。至貧窮老少男婦擔負四十斤以下者，概不許禁捕。所有商人私設鹽捕巡船幫捕汛兵，皆嚴飭停止，毋得滋擾地方，俾良善窮民得以安堵。又題准：六十歲以上，十五歲以下，及少年之有殘疾者，其婦女亦止老年而孤獨無依者，許其背負鹽四十斤，易米度日。如不合例之人，概不許藉端興販。其稽查之法，令於本縣報明，驗實註册，給以印烙腰牌木籌，每日卯辰二時赴場買鹽擔賣。一日止許一次，並止許行陸路，不許船載。又覆准：沿河文武官弁，凡糧船經過，在於河干竭力稽查。除留食鹽外，其餘夾帶之鹽，照私鹽例入官。

十七年奏准：長蘆堆鹽之地，梟棍匪竊，每肆偷扒，以致商竈不敢多積。令場員照例製造鳥槍，上刻場名，編號註册。每灘坨發一二杆，擇老成謹飭之役，給予收執，遇有匪竊，施放恐嚇。仍令該鹽政不時稽查，如有輕行施放者，將該管場員照例參處。其各灘坨增造鳥槍之時，仍令册報兵部察覈。十九年覆准：兩淮各場如仍有地棍姦竈，將蕩草私販漁利，除民竈各犯按擬治罪外，其不行查禁之該管場員、分司、州縣各官，照例參處。如遇產草極豐之年，供煎有餘，紅草仍聽酌量轉售，白草雖遇豐收，禁止販賣。

二十四年覆准：江蘇范隄內外蓄草蕩地，除乾隆十年以前舊墾地畝仍留播種外，概行禁止。嗣後如有竈户圖利私墾，致礙淋煎，照盜耕官田律治罪。該分司場員自行查出，免議。失察之分司場員，照例參處。

二十七年覆准：揚州江都、甘泉二縣拏獲私鹽，分給各食鹽口岸抵配額引，照依該口岸之例納課，仍交變價銀兩。

二十八年議准：各場商運鹽斤，船户句通梟販盜賣爬搶等事，呈報地方官詳報鹽政，詳查確實，准其與淹消鹽斤一例補運。所失鹽斤，於各犯名下追變，解部充餉。如商人自行串賣，揑報搶竊，照私鹽例從重治罪。至商廝呈報，地方官抑勒不行准理，一經查出，指名參處。

二十九年覆准：糧船每隻准帶食鹽四十斤，至經過查鹽處所，將食鹽擺列船頭，聽官查驗。零星秤出餘多之鹽，每船不得過二三斤。如有多帶，入官變價充公，不得以私鹽混報，致滋擾累。

三十四年議准：州縣官拏獲私鹽，概照本地官鹽價值，悉令遵照定例，交商一律變價入官，毋任胥役領賣滋弊。至拏獲牲畜，價值今昔不同，每等酌加銀二兩。如有延挨不管，以致倒斃者，著落州縣官，照現定之中等價值賠補。至車船等項，務按新舊大小，照依時價據實報解。

三十五年奏准：湖北宜昌設卡處所，自東湖縣屬平善壩立卡盤驗。又自平善壩至南津關設立巡役巡船，專司堵禦。又自津關至西壩，令宜昌通判分派巡役，督率稽查。自西壩至白洋河，設立巡船巡役稽查。又議准：江西吉安府屬皂口等五處，凡山僻小徑要隘處所，多撥兵役，協同卡巡常川巡緝。即尋常偷漏小販，有犯必懲。其獲犯兵役，立即獎賞。該管員弁能拏獲積窩巨販者，奏請議敘。儻或兵役巡緝不周，以及賄縱等弊，即行分別嚴行究處，該管官並即嚴參。

三十七年議准：雲南井官縱容竈户攙和沙土者，提舉大使比照白土攙入漕糧，運弁與押夫千總不行查禁例，竈户比照丁舵已經攙和例，分別議處究治。失於覺察井員，量減一等。知情受賄，照枉法贓從重治罪。在井查出，勒令竈户照數改煎。發運出井，著落井官名下追賠。如承銷州縣明知鹽斤攙和，瞻徇容隱，一體著賠參處。各井員於每年開煎時，將樣鹽送巡撫衙門，驗發鹽道收儲。如分發各屬行銷，仍有夾帶泥沙，許各地方官將原鹽呈驗參究。又議准：雲南省北連川蜀，東抵廣西、昭通、東川二府屬，例食川鹽，廣南、開化二府屬，例食粤鹽。鄰私竄入，有經由津隘，應於匯歸總路，分設巡鹽員弁，酌帶兵役駐紮，專司緝捕。至本地私販，在井透漏，責成提舉大使；在途透漏，責成經由州縣，嚴密稽查。如井員、地方官緝究玩弛，分別失察知情參處。至開化、蒙自、臨安等府州縣，南接交趾諸沿邊界，一併嚴密巡禁。

四十一年議准：長蘆行鹽地界，不准蒙古鹽斤侵越，違者照私鹽例。其直隸宣化府屬延慶、保安、蔚州、宣化、懷來、西寧、赤城、萬全、龍門、懷安等十州縣，食蒙古鹽斤，不在禁例。

四十二年覆准：山東沂州府河工通判，改爲沂郯海贛通判，兼管緝私。並於兩省私鹽出入之龐家渡口，移紮把總一員，巡查盤詰。於大興鎮千總所轄兵丁內撥給十名，以供差巡。又覆准：河東鹽地，添設總巡一員，巡役二十名，在三禁門總卡路口並運城卸鹽垣店左近稽查，以防諸弊。

四十三年奏准：大夥梟徒拒捕傷差之案，一經審究得實，將得贓包庇之兵役問擬斬候，私售之竈丁，及窩囤之匪犯，一體擬發伊犁烏魯木齊爲奴。

四十五年奏准：山西池北口外鄂爾多斯阿拉善山一帶，產鹽甚多，且與內地相近，必有匪徒興販。嚴飭文武官弁督率兵役，於通衢及各要隘，實力查拏躧緝，務使口外私鹽不許絲毫偷入內地。儻有不實心查禁者，嚴參示儆。

四十六年議准：四川重慶一帶入楚船隻，零星食鹽，仿照巴東易食零鹽之例，每船不得過十斤以上。儻有任意售賣過數，除買鹽越販者照例究擬外，其賣給多鹽之鋪，即以通同貨賣例治罪。

四十七年覆准：山西民人販運蒙古口鹽接濟，止許在應食土鹽處所售賣，不得侵越商銷池鹽引地。嚴飭文武員弁，於要隘處所實力稽查，以防透漏。儻經發覺，嚴參議處。

五十四年議准：粵省虎門紫泥廠梔甲柵蕉門四處，令局商設立巡船，召募巡役，由守口員弁兼同晝夜巡緝。苦竹派、梅菉鎮、平塘江口等三處，亦令局商自行設卡，責成地方官派役巡緝。至鹽船入口到關，及局商分運各櫃，均由運司飭知沿途汛口地方官催趲前進。儻有遲逾，分別追罰治罪，以杜稽延偷賣。並將無私可截之三水、韶州兩關，概行裁撤。

五十六年議准：行銷淮鹽之江西、湖廣、江南、河南各省，無論巡役兵民，但能拏獲梟販者，將所獲鹽貨車船頭匹全行賞給。其所賞鹽斤，許該巡役兵民擕赴就近官商鹽店，令商人查照現賣時價，八折給領，鹽斤由商轉銷。所賞車船頭匹，獲犯之日，准該巡役兵丁自行看管，定案後，准其自行變賣。儻兵役等仍敢包庇縱私，一經民人告捕緝獲，將該管官弁嚴行參處，兵役與梟販一體治罪。如獲鹽不獲人者，將鹽貨車船頭匹，概以一半給賞，一半變解兩淮運庫充公。

六十年議准：河南南陽府屬之南陽、唐縣、鄧州、桐柏、內鄉、新野、淅川等七州縣，向食河東池鹽，鄰近楚省淮鹽綱地，池私易於透漏。其不與楚毗連南陽縣之賒旗店，爲池鹽總匯之所，瓦店爲水陸扼要之區，其與楚省毗連及距一二里至十數里者，唐縣之倉臺鎮、張博士店、湖河四莊、黑龍鎮，鄧州之都司衙、劉家集、夏莊、小孫莊、魏家集、張家店、玉皇閣、孟家樓，桐柏縣之鍾家岡、姚河集、出山店、固始集、月河店，內鄉縣之順陽川、黨子口、高家岡，新野縣之趙家橋、焦家灣、水臺村、梅家灣、新店鋪、文家橋、觀音寺、黃家集、張家集、袁家灣、大石橋，淅川縣之荊子關、白亭店、李官橋等，水陸要隘共三十七處，均應督飭地方文武員弁協同兵役，在於該處設卡巡防，晝夜實力躧緝。遇有私梟越楚，查拏究辦。

嘉慶五年奏准：雲南各井鹽斤，督飭井員查禁竈私偷漏，並嚴飭迤東之曲靖、開化、臨安等府文武派撥兵役，於各要隘認真巡緝。如有川粵私販侵越入境，即行擒拏報解。儻敢懈縱，嚴參究處。又議准：河東鹽池課歸地丁，將河東蒙古鹽斤，酌定限制，以杜侵越。口鹽由河運磧口鎮，責成汾州府派委妥員，輪班駐紮，該處彈壓稽查。遇口鹽船隻到鎮，押令起岸堆儲，零星販賣。儻委員賣放，經下游地方官拏獲，或被訪聞，嚴參究辦。黃河對岸陝西地方，令陝撫查禁。至河東池鹽，由茅津渡上游各渡口過河，責成河東道派委妥員，輪班駐紮，會同該管縣丞，遇商販赴豫鹽斤，務須押令對渡登岸，陸路轉運，毋得順流直下。儻有賣放，嚴參究辦，令豫省一體嚴查，免致侵越淮蘆引地。

二十一年奏准：江西省淮引滯銷，由鄰省私鹽侵越所致。應於要隘處所，分派文武員弁各帶兵役堵緝。需用經費，在於商捐項下支給。閩省私鹽於新城縣之杉關，派武職一員，帶兵五十名，盤湖隘派文職一員，帶巡役三十名堵緝。南豐廣昌一路私販，於金谿縣之許灣，派武職一員，帶兵五十名；寧都州之駱口，派武職一員，帶兵三十名查緝。浙省私鹽，於石港派文職一員，帶巡役三十名，設巡船二隻。安仁西門之藍橋，派武職一員，帶兵三十名，水陸分緝。粵東私鹽，於萬安之五里隘，派武職一員，帶兵五十名，泰和之白洋坳，派武職一員，帶兵五十名，在各該處及附近一帶堵緝。又奏准：江西省地方汛弁，督率兵丁常川巡緝。本營上司將派緝各弁職名，半載比較一次，按本州縣稍引溢缺分數，咨部議叙議處。又緝私弁兵，准攜帶鳥槍，編列字號，官爲給發。如無官編字號，即屬私帶。俟梟販稍戢，即行停止。若零星小販及大夥非持械拒捕者，該弁兵混行槍斃，仍照凡人鳥槍殺傷例問擬。【略】

〔二十三年〕又議准：江西省建昌、饒州二府屬各要隘地方，設卡分巡，遴選文武員弁，與各本處營汛弁兵協力堵緝，俱以半年考覈一次。查明各處獲私多寡，銷引溢缺分數，由巡撫會同鹽政覈實具題，分別議叙議處。江西省淮引滯銷由各鄰私侵越所致，凡緝私一切經費，俱奏准：由商人捐給。又議准：凡拏獲私鹽數在三百斤以上者，將買自何人何地及窩頓之人，訊明確據，關提審究，按律懲治。若審出買自場竈，將該管場員並沿途失察各官，一併題參。竈丁，按私販例，治罪。承審官率混詳結者，並予參處。又議准：引地交界處所，鄰商鹽店，止准開設數處，餘俱移至三十里外，以杜侵越。又議准：河東池鹽，皆由茅津渡上游各渡口過河，責成河東道委員輪駐，會同地方官巡察。遇商販赴豫鹽斤，押令對渡登岸，陸路轉運，毋得順流直下。儻委員等漫不經心，一經下游地方拏獲，或被訪聞，該管上司立予嚴參，並令豫省一體查禁，以杜侵越淮蘆引地。

二十四年覆准：江南浙江等省，附近場竈地方，貧難小民，年六十歲以上十五歲以下，及年雖少壯身有殘疾，並婦女年老孤獨無依者，報明州縣註册，給予印烙腰牌，赴場販鹽四十斤售賣。准行陸路，不許船載。每日止許一次，儻有更番疊出，積少成多，或串雇貧民，代爲分拆零售者，嚴拏究辦。其山西大同、朔平、寧武等屬並口外歸化城、清水河、薩拉齊、和林格爾、豐鎮、寧遠等廳，向食鄂爾多斯、蘇尼特兩處鹽斤，亦仿照江浙等省之例，准每人肩挑背負鹽四十斤，過此即以私販論。

道光十一年諭：盧坤等奏籌銷楚岸積鹽，並查出重斤懇恩從寬罰令量減售價以便民食一摺。楚省額銷淮鹽，據該督等查明現報存岸及載運在途鹽數，已有六十一萬餘引之多，幾佔一年銷額，並查出短少鹽包及重斤夾帶之弊。本應將該商船户斯夥等分別究懲，因人數過多，懇恩寬其既往，責令該商減價售賣，以溢出之重斤抵補減售之價值。於商本不致大折，可以稍示薄懲。所有查出重斤，著加恩一體免其究辦。罰令各商每包減價一成售賣，以期速銷。其辛卯綱到岸新鹽，毋得仍前套搭。並著此後查照奏定章程，由淮實發水腳，嚴禁扣價買裝，以杜帶私盜賣諸弊。至現在存岸鹽船，有歷一年十月之久，尚未開封者，雖到船月分多寡不一，儘可酌數開售。著照所議，上年正、二、三、四等月，到岸最久之船，計五萬餘引合爲一次先行儘開。其在後月分，到船數多者，一月一開，到船數少者，併爲兩三月一開。總期廣爲疏銷，俟新綱運岸，隨到隨售，永除封輪名目。其在揚在楚浮費，現已逐加釐剔，著該督隨時稽查，俾成本永遠輕減，民間無虞食貴。並著督飭所屬，嚴緝鄰私，仍於漢岸江船聚集之處，酌派幹員設卡稽查，以杜盜賣淹消各弊。該督等務當認真整頓，俾積弊悉除，鹺務日有起色，不可有名無實，至干咎戾。

又諭：楊國楨奏行銷淮鹽引地籌議章程一摺，前因陶澍奏淮鹽行銷引地，散在各省，請飭一體巡緝。當經降旨，飭令該督撫各就地方情形，妥議章程，明示懲勸。茲據楊國楨覆奏，河南汝寧府，並光州所屬十四州縣例食淮鹽，該撫於上年親往查辦水路隘口，添設卡座，責成地方員弁隨時巡邏，杜絶私販。現在明定懲勸章程，咨會兩江督臣，飭令該商迅速運鹽到岸，俾梟販捻匪無從乘隙爲姦。其毗連楚省地方，並咨明該省督撫，飭屬堵緝，以杜偷越。著照所請，嗣後豫省行銷淮引，如果地方官緝私出力，督銷三年如額，即咨部量予議叙。如督銷不力，或巡緝懈弛，即嚴行參辦。並著兩江總督，嚴飭淮商辦運迅速到岸，毋蹈從前稽遲懸引積弊。其行銷潞鹽南陽府屬，界連楚省淮鹽引地，著湖廣總督湖北巡撫一體飭屬堵緝。各該督撫等務當恪遵前次所降諭旨，督飭地方文武員弁，無分畛域，併力緝巡，俾官引暢銷，私販净絶。毋得日久生懈，致干重咎。

又諭：湖南郴州所屬永興縣地方，例食粵鹽，與淮鹽引地交界。粵商開設子店，本係行銷生鹽，近來粵商藉海船艙底沙泥，准其煎熬零售，遂至開設熬鍋至一百數十口之多。將生鹽煎熟，充作淮鹽，越界售賣，以致楚省漸形缺額。必應嚴定章程，各守地界，著李鴻賓即遴派廉明誠實之員，前赴郴州會同衡州府知府詳勘情形，酌定熬鍋額數，永定限制，毋許私增多設。按年取結報部，以杜侵越。

又諭：盧坤等奏整頓鹽務設立章程一摺，楚岸淮引滯銷，皆由内私外私，占塞銷路。而治内私尤亟於堵外私。現經該督等遴選幹員，專駐江船聚集之塘角，設立總卡稽查，並派員幫同巡察。即查出郭漢玉鹽船户盗賣等情，在漢關盤獲李之連私鹽萬餘斤，又續獲劉大富等雇船裝運腳私二起，計重三萬七千餘斤。並查近年鹽船，動輒捏故淹消，多有划船乘機搶奪。現飭員會同總卡委員，各派丁役，不分晝夜，在於各塘口梭織巡邏。遇有捏漏淹消，搶鹽划船，盗賣輕載，即分别查拏驗究。其江干渡划擺江漁艇等船，舊有編號章程，業飭各該縣轉飭汛員督率保甲，將所管水面船隻分類編號，大書姓名，各歸各埠，造册報縣，送總卡稽查。並將存河鹽船，按幫取具連環保結，俾盗賣者鄰船即行舉報，辦理尚屬周密。如果各該縣暨委員認真稽查，將帶私之船，遇案獲究，淹消盗賣之風自必斂戢。惟所拏必須私梟大夥，方准奏請鼓勵。該督等務當嚴飭所屬，實力巡查，使積弊胥除，官銷日見暢旺，以肅鹺政。

又諭：陶澍奏酌定楚西等省鹽船到岸限期，並委員巡緝以杜夾帶盗賣一摺。楚省商運江船，行走限期，舊例已爲周密。惟運鹽至江西省，向未定有限期，據該督查明程途，比較楚省限期酌定。著照所議，小船定限二十日，中船定限三十日，大船定限五十日，責成淮南鹽掣同知，於商人雇船運鹽前赴楚西，視引數之多寡，定雇船之大小，以裝滿九分爲率，不許留有空艙，致多夾帶。至安徽河南各口岸鹽船，既分江湖兩運，兼有换船起剥之處，其船並無大小，著以淮安城北烏沙河開運之日起，定限每日行三十里，將盈補絀，按程途之遠近，扣日期之多寡。責成淮北監掣，查驗開行，均不得留艙夾帶。仍將開行及到岸限期，並喫水尺寸，另給催趲限單，抵岸報驗，由各該鹽道認真查對。儻有中途風水阻滯，照楚省舊例，准其據實呈報。如逾限不到，即行查辦。至夾帶賣私之弊，楚西一路爲尤甚，往往鹽已賣盡，即捏報淹消。從前曾委武職員弁巡緝，嗣經裁撤，著仍復舊規，每年酌委參游守備，或文職二員，自儀徵大江溯流巡緝，至湖口分路，一往江西，一往漢口，仍由原路查回儀徵，換員前往接巡。責令訪查夾帶賣私捏報淹消等弊，並令沿途催趲行運，毋任稍有逗遛。其所委之員，該督仍隨時查察勤惰，分别勸懲。總須認真辦理，杜絶諸弊，俾鹽引暢銷，鹺務日有起色。不可虚行故事，日久仍視爲具文。

咸豐十一年諭：勞崇光奏鹽務緝私緊要請在隘口設立排船一摺，廣東鹽務積疲日久，私販充斥，以致官引滯銷，課項徵收短絀。北江一帶，梟匪聯幫販私，持械拒捕，大爲鹽務之害。著照所請，所有清遠縣屬白廟地方，即添設排船，製備槍礮，編立字號，發給兵役。遇有大夥私匪執持火器軍械抗拒，即格殺毋論。如零星私販，並未拒捕，仍照常緝拏，不得概行施放槍礮。並著勞崇光遴委公正文武大員前往，常川駐紮，督同緝私員弁兵役，嚴密查緝，認真辦理，以肅鹺綱。

光緒元年諭：御史王立清奏辦理釐鹽各局請明定章程等語。各省抽釐分局，及江皖兩湖等省，督銷兩淮票鹽分局，各該州縣，往往以本籍紳士經管，弊竇叢生，亟應嚴行禁止。著各該省督撫及鹽政衙門，嗣後委辦釐鹽各分局，不准用本州本縣紳士，其已委者，即行裁撤。並將委員職名籍貫，年終報部，以憑查覈。

引目由單。

順治元年定：寶泉局刊鑄銅版，刷印鹽引，每引納紙硃銀三釐，附同正課交都轉鹽運使司，按年解部，以供刷印。

三年，差官督理淮浙引務，加户部侍郎銜，駐紮揚州。

六年，鑄户部鹽引印，以鈐鹽引。

七年，停差督引部院，仍令鹽運使司官吏赴部關領。

十三年定：巡鹽御史先領二季鹽引赴任，其二季仍委官赴領。

康熙十一年，鑄户部鹽茶銀印二顆，鈐鹽茶各引。

十二年定：長蘆、山東、河東、兩淮、兩浙，每年四季鹽引，豫支户部庫銀刷印，交新差御史帶往，俟解到紙硃銀補庫。

十六年題准：將長蘆各場竈户地丁錢糧，自十八年爲始，刊刻由單，分送本部户科查驗，散給各竈户。

二十八年議准：場竈向無全書，刊刻易知由單，易於稽覈，不必造賦役全書。

三十年覆准：鑄户部山東司鹽引之印二顆，鈐各鹽引。

三十五年覆准：鑄鹽引銅版，長蘆十有一塊，山東六塊，河東六塊，兩淮十有四塊，花馬大池一塊，小池三塊，漢中府西和漳縣二塊，兩浙八塊，四川一塊，福建四塊，兩廣八塊。

六十一年覆准：令寶泉局照舊式鑄造新版六十四塊，其模糊舊版，即交銷毁。

乾隆六年題准：鑄换鹽引新版六十四塊，其舊版即繳銷。

十三年定：各省由單，均解交户部，以備稽查。又題准：新鑄鹽引銅版，長蘆十有一塊，山東六塊，河東六塊，兩淮十有四塊，福建八塊，兩浙八塊，四川一塊，兩廣八塊，其花馬大小池、西和、漳縣毋庸鑄换。舊版交與寶泉局銷毁。又定例：各省鹽引，每於歲終各該督、撫、鹽政，差委官役赴部請領，部按其請領之數，刷印發給。

五十三年題准：换鑄銅版六十八塊，兩淮十有四，長蘆十有一，山東六，河東六，兩浙八，廣東八，福建八，四川二，花馬大池二，花馬小池二，漢中府一，漳縣今改爲鄉。西和一，舊版交寶泉局銷毁。

五十八年題准：换鑄山東司鹽引銅印二顆，舊印繳銷。

六十年題准：换鑄兩淮、長蘆、山東、兩浙、廣東、福建、四川、花馬小池、漳縣西和等九處銅版六十塊。其河東、陝西花馬大池、漢中府三處，課歸地丁，原定銅版八塊，毋庸换鑄，舊版交寶泉局銷毁。

嘉慶三年題准：换鑄户部鹽茶銀印二顆，山東司鹽引銅印二顆，舊印繳銷。又定：商人領運引票，在河内失水，呈明地方官詳查確實，結報鹽政、運司。鹽政印給照票，飭商補運鹽斤。在大江失水，州縣官會同營員查勘確實，限一月内通詳鹽道，於州縣詳到日，起限半月内覈轉鹽政印給照票，飭商補運，限三箇月過所運岸。若係殘引殘票，失火失水，所有遺失引票數目，由營汛地方官出結，鹽道加結，申報督撫鹽政，覈實送部。仍於奏銷册内聲明題銷，至補給印票，同殘引一併繳部。儻有姦商捏報，查究治罪。營汛地方官，或有藉端勒索及通同捏報，一併查參，分别究擬。

同治十二年定：運商窩單，即令照窩行運，不必官爲定價。止准按綱給單，不准豫請數綱售賣。如本窩力絀，不能運鹽，或不願自行辦運，准其售於新商認運，不准轉賣於不行鹽之人。儻該商於開綱後並不投滾辦運，又不退與新商，即由運司提窩改簽，以杜流弊。附載引式。户部爲鹽法事。山東清吏司案呈，照得某處。鹽法，題准各項事例，除通行遵奉外，所有引目，除場竈丁人，守禦官吏，軍民權豪勢要，官運鹽貨偷取插和，場户運鹽攙帶軍器，諸人買食私鹽，載鹽不用官船七款，另文申飭外。其題定鹽斤繳引二款，惟兩淮鹽行安徽、江西、湖廣、河南等處者，繳引下添驗引二字，二款改三款。並行鹽地方，合行開列，鑄造銅版印刷引目，給付客商收執，照鹽前去發賣施行。

須至引者，一、某處某運司。凡客商賣鹽，每引行鹽若干斤爲一引，給半印引目。每引完納引價，隨即給引支鹽。

一、凡客商興販鹽貨，不許鹽引相離，違者同私鹽追斷。如賣鹽畢，十日内不繳退引者，笞四十。將舊引影射鹽貨，同私鹽論罪。僞造鹽引者處斬。以上二款各省同。

一、起運官鹽，每引三百六十四斤爲一包，經過批驗所，依數掣摯秤盤。但有夾帶私鹽，隨發有司追斷。客商貨賣官鹽，自揚子江至湖北襄郢，俱係經過官司辨驗。如無批驗所掣摯印記者，笞五十，押回盤驗。此款止載兩淮鹽引内。

一、行鹽地方，有將所行地名總載一引者，有分載二三引者，均詳列某省某府，或某府某縣。右引付客商某收執，照鹽准此，某年月日。

《六部處分則例》卷二一《鹽法・松所緝私》　一、乾隆三十七年十月二十三日奉旨：地方私鹽承緝不嚴，官引必致壅滯。在江省各屬文武員弁，以所行乃浙省鹽斤，未免意存歧視，雖有緝私之名，不肯實力從事。而浙江鹽政又以緝私官弁兵役皆隔省所轄，呼應不靈。松所鹽務之疲，率由於此。從前李衛以浙江總督兼令節制江南捕盜諸事，是以緝私盡力，鹽法暢銷。然亦間有過當之處。其後歷任巡撫兼管鹽政，未嘗無考覈緝私之責，而令不能行之江省，地方官往往陽奉陰違，因循已非一日。不知行鹽雖在隔省，而銷引同屬辦公。司鹺者固不便因鹽務所在之處越俎干預他事，其有關鹽政者，原可隨時覈計。如果江省地方官視緝私爲具文，不知留心整頓，以致梟徒充斥，膜視誤公，即當指參一二，予以應得處分，各員弁等自不敢仍前玩忽干咎。若僅如户部所議，專責江省大吏督查，恐日久尚成故套，於浙鹽仍無裨益。嗣後松所緝私之事，除交江省督撫董飭各該地方文武盡力嚴查外，儻有稍分畛域，不肯實力緝私者，並准浙江巡撫嚴實參奏，照例議處。該上司亦難辭督率不嚴之咎。如此則江省有司既無敢膜視卸肩，而松所商人亦無由推託藉口，方爲兩得。欽此。

《六部處分則例》卷二一《鹽法・鹽斤攙和沙土》 一、竈户將官鹽攙和沙土，照例治罪，勒令改煎。督煎之提舉大使等官，係縱容者，革職。私罪。失察者，降一級調用。公罪。若知情受賄者，革職治罪，著落煎賠。私罪。其府州縣官有兼管督煎者，亦照此分别議處。

一、運銷各屬官鹽，有攙和沙土者，許承銷之州縣呈報參究。如州縣官明知徇隱，革職，一體著賠。私罪。

《六部處分則例》卷二一《鹽法・兩淮蕩地蕩草》 一、兩淮泰州屬范隄内外海灘蕩地，原爲蓄草煎鹽，久經立石定界，禁止開墾，令各場員不時履勘具結通報。如查有續墾地畝，該分司大使自行詳報究治者，免議。失於查察，該大使計畝處分，一畝以上記大過一次，五畝以上罰俸一年，十畝以上降一級留任。俱公罪。該分司計案處分，每一案記過一次，三案以上罰俸一年，十案以上降一級留任。俱公罪。儻該分司大使明知故縱者，革職。私罪。賄縱者，計贓治罪。

一、兩淮鹽斤俱係淋滷煎熬，全資蕩草。如竈户地棍有將蕩草私售漁利，致誤攤煎者，將失察之大使罰俸一年，公罪。分司及州縣官罰俸三個月。公罪。

《六部處分則例》卷二一《鹽法・修築鹽池》 一、鹽池渠牆隄堰歲修大修工程，責令運同管理。仍於附近州縣内擇其才幹誠實者，遇修築時委用五六員，協助監修，令運同督責其成。如有修築不堅，牆堰倒決者，該鹽政題參，將專管、協助等官各降一級，戴罪督修。公罪。工完之日，題請開復。

《六部處分則例》卷二一《鹽法・私煎》 一、凡軍民人等私煎私販，該管地方官失於覺察，降三級調用。公罪。兼轄官降一級調用。公罪。自行訪拏究辦者，免議。若雖經查出詳報通緝，而未能獲犯，將該管官降三級留任，限一年緝拏。公罪。逾限不獲，照所降之級調用。公罪。兼轄官免議。

一、衙役私煎私販，本管官失於覺察，革職。公罪。兼轄官降一級調用。公罪。自行訪拏究辦者，免議。若雖經查出詳報通緝，而未能獲犯，將本管官革職留任，限一年緝拏。公罪。逾限不獲，革職離任。公罪。兼轄官免議。

一、旗下家人私煎事發，其主係官罰俸兩個月。公罪。自行查出送究者，免議。

一、官員不能拏獲私煎，反給與印照興販者，革職提問。私罪。上司知情故縱者，亦革職，一併審究。私罪。失察者，降一級留任，再罰俸一年。公罪。

一、凡軍民人等私行煎販，該管地方官失於覺察者，革職。兼轄官降三級調用。俱公罪。自行訪拏究辦者，免議。若雖經查出詳報通緝，而未能獲犯，將該管官降四級留任，限一年緝拏。限滿不獲，照所降之級調用。兼轄官查出者，免議。未經查出，降三級留任。俱公罪。

《六部處分則例》卷二一《鹽法・場竈漏私》 一、竈丁透漏私鹽，專管場大使知情縱容者，革職治罪。私罪。失於覺察一次者，革職。公罪。運同、運判失察一次者，降二級留任；二次者，降四級留任；三次者，革職。俱公罪。運使失察一次者，降一級留任；二次者，降二級留任；三次者，降三級留任；四次者，降三級調用。俱公罪。

一、竈丁透漏私鹽，該管場大使自行查出立時拏究者，免議。其或雖經查出，犯已在逃，未能拏獲，僅止詳報通緝者，將該大使革職留任，限一年緝拏。公罪。限内全獲，或獲犯過半兼獲首犯者，依准其開復。限滿不獲，即行革職。公罪。如年限内犯被鄰境拏獲，將革留之案扣限四年無過開復。

一、竈丁透漏私鹽，經場大使自行查出詳報通緝者，兼轄之上司俱准其免議。若並非自行查出詳報通緝，除該大使照例革職無庸限緝外，將兼轄之運司、運判降二級留任，限一年緝拏。公罪。限滿無獲，罰俸一年，再限一年緝拏。公罪。再限不獲，仍罰俸一年，逃犯照案緝拏。公罪。運使降一級留任，限一年督緝。公罪。限滿無獲，罰俸六個月，再限一年督緝。公罪。再限不獲，仍罰俸六個月，逃犯照案督緝。公罪。以上運使、運同、運判降留之案，限内獲犯，准其開復。或拏獲别案私鹽，亦准其抵銷無獲扣限三年無過開復。

一、鹽場各官果能留心巡緝，挐獲别場透漏私鹽，准照鄰境地方官挐獲私鹽之例，按其次數分别議叙。

紀　事

（明）黄訓《名臣經濟録》卷二三《户部·鹽法對録李東陽》　弘治十八年四月初七日，上召至暖閣，臣健等因奏曰：今國帑不充，府縣無蓄，邊儲空乏，行價不償，正公私困竭之時。鑄錢一事，最爲緊要。其餘若屯田、茶馬，皆理財之事，不可不講也。臣東陽因奏曰：鹽法尤重，今已壞盡。各邊開中，徒有其名，商人無利皆不肯上納矣。上問：商人何故不肯上納？臣健等因極論奏討之弊。上曰：奏討亦只是幾家。臣東陽奏曰：奏討之中有夾帶，奏一分則夾帶十分。商人無利正坐此等弊耳。

上曰：夾帶之弊亦誠有之。臣健等又言：王府奏討亦壞鹽法，每府禄米自有萬石，又奏討莊田税課，朝廷每念親親，輒從所請。常額有限，不可不節。上曰：王府所奏近多不與。皆對曰：誠如聖諭。但乞今後更不輕與，則不敢奏矣。臣健因奏曰：臣聞國初，茶馬法初行，有歐陽駙馬者，販私茶數百斤。太祖皇帝曰：我纔行一法，乃首壞之。遂寘極典。高皇后亦不敢勸。此等故事，人皆不敢言。上曰：非不敢言，乃不肯言耳。因言鹽法須整理。臣遷等賛曰：請下户部查議。上曰：然。明日降旨，云祖宗設立鹽法，以濟緊急。邊儲係國家要務，近來廢弛殆盡，商賈不行，各邊開中雖多，全無實用。户部通查舊制，及今各項弊端，明白計議停當來説。於是中外稱慶，知上意厲精思治如此。

（明）清波逸叟《折獄明珠》卷四《執照類·給引照》　給引便照事。身帶貲本，前往某處經商，旅途往返，不無關津盤詰，告給文引，以便照驗。庶奸細不致混淆，客路不遭留難。上告。

湯縣主批：秦關燕壁，路阻且長。倘非棄繻生，未有不苦于盤詰者。今厶貿易江湖，非區區守故園而老者。與以執照，庶身有照驗，關無留難矣。棄繻生，乃終軍也。過函谷關，關吏曰：留繻後驗。終軍曰：大丈夫西入關，當乘□而返耳，何以繻爲？

（明）卜世昌《皇明通紀述遺》卷九　〔正德十年〕七月，大學士梁儲等言：近兵部取司禮監太監劉允往四川諸敕，臣等愚昧，備員輔導，不敢不言。西番本夷人之教，邪妄不經。永樂、宣德年間，雖嘗有遣使之舉，我祖宗之意，以天下初定時藉之以開導愚迷，鎮服夷狄，非真信其教而崇奉之也。承平之後，累朝列聖，止是因其年例，遣人朝貢，厚賜賞賚，答其勤渠，未嘗輕辱命使，遠涉夷境。陛下今遣内侍近臣往送番供，朝野聞之，相顧駭愕，以爲不應有此輕舉。而允奏討鹽引數萬，動撥馬快船至於百隻。又欲聽其便宜處置錢物，差撥官軍護送。於法於例，俱非所宜。蓋開中鹽引，本爲供邊。今虜患未寧，三邊粮草缺乏，帑藏空虚，緩急接濟，惟此一策。且各運司鹽課，俱開中盡絶。若許其帶鹽，不過收買私鹽，發賣射利，乘機夾帶之弊，不知幾何？鹽法大壞，邊方何仰？況京儲歲運與營建大木併在裡河，議者猶恐不能疏通。若添此等鹽船往來，挾勢騷擾，不止地方受害，而糧運、大木二事，亦爲阻滯。且四川大盗初息，民困未蘇，所奏便宜措置錢物，在官已無積蓄，未免科泒軍民。民窮盗起，將來之變，殆不可測。況自天全招討司出境，涉歷數萬里之程，動經數年，方達烏思藏地方。今所帶官軍人役數多，沿途俱是化外，非有驛傳供給。途間倘有不給，不知何以爲處？又聞番地多與王達子相隣，時摽掠爲患。使臣所至，萬一被其突出，有所傷害，虧中國體，納外夷侮，不可不慮。臣等深見事勢之難，所下敕書，未敢撰寫。伏望皇上慎重國體，憫恤民窮，收回成命。番供等物，即令朝貢使臣賫回，庶禮度不失，聖德益光。不聽。

（明）鄧士龍《國朝典故》卷四九《燕對録》　弘治十八年八月二十日，講畢出至文華門，上遣司禮太監官召臣健等復至煖閣，問曰：昨差承運庫太監王瓚、崔杲往南京、浙江織造，瓚等請長蘆鹽一萬二千引，户部止與六千引，半與價銀，今可全與。臣健等同奏曰：與鹽六千，又與半價，已自足用。上曰：既與半價，何不全與鹽引？臣健等對曰：户部亦是撙節用度耳。上曰：該部既要節用，何不留此半價，却將鹽引與之，聽其變賣，豈不兩便？臣健等對曰：價銀有限，不若鹽引之費爲多。上曰：何故？臣東陽對曰：鹽引有夾帶。且如有引一紙，便夾帶數十引，以此私鹽擁滯，官鹽不行。先帝臨終鋭意整理鹽法，正是今日急務，不可不爲遠慮。上曰：若夾帶事發，朝廷自有正法處治也。臣東陽對曰：此輩若得明旨，便於船上張揭黃旗，書寫欽賜皇鹽字樣，勢燄烜赫，州縣驛遞官吏稍稍答應不到，便行綑打，只得隱忍承受。鹽商、竈户雖吃虧到底，誰敢聲説？所以不若禁之於始。臣健等亦共言之。上正色曰：天下事豈只役幾箇内官壞了？譬如十箇人也，只有三四箇好，便有六七箇壞事的人，先生輩亦自知道。如是者再言之，蓋是時已有先入之説矣。上復謂：此事務要全行。臣健等奏曰：容臣等再去計較。因叩頭出殿中。司禮監追達聖意，亦答云：已奏過，再去計較。監官遽回，奏云：先生輩已承行矣。臣健等至閣，復具揭帖力争，請止從前。明日，内批出，止與鹽六千引，如户部議云。

（明）談遷《國榷》卷三《太祖洪武二年》〔十二月〕是月，設河東、陝西、山東、北平、河間、福建都轉運鹽使司。河東、陝西解鹽歲課三十萬四千引，引二百斤。靈州鹽課司歲課萬三千三百三十八引有奇，引四百斤。山東歲課十四萬二千五引有奇。北平河間歲課七萬八千八百五十引有奇。

（明）談遷《國榷》卷四《太祖洪武三年》〔六月辛巳〕山西行省言：大同艱運。請募商輸大同粟一石，輸太原粟一石三斗，給淮引鹽二百斤。從之。徙蘇松杭嘉湖富人四千餘户佃臨濠。

（明）談遷《國榷》卷四《太祖洪武三年》〔九月〕免陝西民鹽米，先每畝糧一斗予鹽六斤。

（明）談遷《國榷》卷四《太祖洪武三年》〔十一月〕辛亥，命商輸北平粟一石八斗給淮浙鹽一引。

覈民數，給户帖。户各具鄉貫丁口田宅僮婢畜産，户部印驗之。

（明）談遷《國榷》卷四《太祖洪武三年》〔十二月甲子〕中書省議民私鹽法當死。上以細民急衣食，杖戍蘭州。已潭州人私鑄錢，下寶源局。

（明）談遷《國榷》卷四《太祖洪武三年》〔十二月庚申〕户部言陝西察罕腦兒有大小鹽池，宜設鹽課提舉司，募商入粟中鹽。或入金銀布帛馬騾牛羊准其直。從之。

（明）談遷《國榷》卷四《太祖洪武三年》〔十二月〕癸酉，許福建輸土産，支户口食鹽。

（明）談遷《國榷》卷四《太祖洪武四年》〔五月〕甲子，令工部鑄銅板鹽課引目，預造朝服備給散。

（明）談遷《國榷》卷四《太祖洪武四年》〔八月〕甲午，令商輸米重慶，給鹽引。淮鹽一石一斗，浙鹽一石。

（明）談遷《國榷》卷五《太祖洪武五年》〔二月〕辛卯，立四川等處茶鹽都轉運司于成都。鹽課司十五，歲辦鹽三萬七千八百四十二引有奇。

置秦州茶馬司。

何喬遠曰：國家設四司一所，以總茶課，聯西戎，控北虜。三邊永利乎。蓋陝之漢中川之夔保尤重矣。楊一清所至舉職，不獨茶馬一事。胡彦所奏，亦盡心焉。夫此邊境之茶也，其上供茶。天下貢額四千有奇，福建居二焉。自嘉靖二十五年，御史胡彦言茶課。

（明）談遷《國榷》卷五《太祖洪武五年》〔五月〕戊辰，命募商于永平衛納米中鹽。

（明）談遷《國榷》卷五《太祖洪武六年》〔八月〕辛巳，四川按察僉事鄭思先言：重慶夔州水運成都甚艱，乞減鹽價，募商輸粟，代遠饋之苦。且重慶運糧貴州尤勞，減鹽價亦如之。報可。

（明）談遷《國榷》卷五《太祖洪武七年》〔十一月〕辛巳，杭州衛軍章憲詣闕言鹽法事，授本衛鎮撫，理鹽場。

（明）談遷《國榷》卷五《太祖洪武七年》〔十二月〕辛丑，上以臨洮蘭縣河州道遠，每鹽引減納米二斗，餘處折收，俱加五斗。

（明）談遷《國榷》卷六《太祖洪武九年》〔四月〕丁酉，墊江縣丞潘彝言：永寧衛軍苦遠餉，雖募商入粟中鹽，未有至者。入粟多，得鹽少也。乞減粟增鹽，靡不趨矣。從之。

（明）談遷《國榷》卷六《太祖洪武十一年》〔二月〕丙辰，敕中書省減淮浙鹽價，俾商輸粟西河梅川給餉。

（明）談遷《國榷》卷七《太祖洪武十三年》〔正月〕庚申，減湖廣靖州榮山二衛中鹽引價四之一。

（明）談遷《國榷》卷七《太祖洪武十三年》〔三月〕癸丑，兩浙都轉運鹽使司使呂本言：舊制鹽四百斤爲引，官給工本米一石，准米價兼支錢鈔。今驗鹽場地産分，則永嘉等二十場，增鹽千四百五十七引。下沙等十一場，增鹽萬七千二百九十引。許村等四場，增鹽六千八百三十七引。報可。

（明）談遷《國榷》卷七《太祖洪武十五年》〔二月〕募商輸粟雲南中鹽。

（明）談遷《國榷》卷七《太祖洪武十五年》〔十二月〕丙申，定雲南安寧鹽井中鹽法。

（明）談遷《國榷》卷八《太祖洪武十九年》〔正月〕甲申，雲南左布政使張紞言：異時商輸粟金齒，每斗鹽十斤，以穀准粟者聽。後禁輸穀，中鹽遂少，乞仍之。報可。

（明）談遷《國榷》卷八《太祖洪武十九年》〔三月〕甲申，復雲南納米給鹽之例。

（明）談遷《國榷》卷九《太祖洪武二十三年》〔正月〕定竈户計丁辦鹽，每丁歲辦小鹽十六引，引二百斤。

（明）談遷《國榷》卷九《太祖洪武二十四年》〔八月〕辛未，更定雲南鹽法。

（明）談遷《國榷》卷九《太祖洪武二十五年》〔七月〕己酉，命商人支鹽入海者勿禁。

（明）談遷《國榷》卷一〇《太祖洪武二十六年》〔正月〕癸丑，定雲南烏撒中鹽則例。

（明）談遷《國榷》卷一〇《太祖洪武二十六年》〔十二月〕罷越巂商人中鹽。

（明）談遷《國榷》卷一二《惠宗建文四年》〔八月丁巳〕户部上天下中鹽處，命金齒楚雄四川鹽井衛陝西甘州衛勿停，餘悉停之。

（明）談遷《國榷》卷一二《惠宗建文四年》〔十二月〕丙寅，滄州鹽山等縣饑，詔民採鹽易粟者勿禁。

（明）談遷《國榷》卷一三《成祖永樂元年》〔二月〕乙亥，減曲靖中鹽米二石爲一石五斗。

（明）談遷《國榷》卷一三《成祖永樂二年》〔八月〕戊子，許民暫以鈔中鹽福建山東廣東，時鹽溢。

（明）談遷《國榷》卷一三《成祖永樂三年》〔六月甲申〕免農民户口食鹽鈔。

（明）談遷《國榷》卷一五《成祖永樂八年》〔三月甲午〕皇太子定雲南大理金齒景東召商中鹽。

（明）談遷《國榷》卷一五《成祖永樂八年》〔十月〕乙未，禁列侯都督家中鹽牟利。

（明）談遷《國榷》卷一五《成祖永樂十一年》〔四月〕丁卯，定淮浙鹽引米一斗五升，河南米二斗五升。

（明）談遷《國榷》卷一五《成祖永樂十一年》〔四月〕減貴州、雲南鹽引米各五斗。

（明）談遷《國榷》卷一七《成祖永樂十八年》〔七月〕定大同中鹽河東引米三斗五升，淮浙引米四斗。

（明）談遷《國榷》卷五四《世宗嘉靖七年》〔正月〕丙申，楊一清上甘肅召商屯田事宜，下督撫王憲劉天和區畫。

吴瑞登曰：按鹽自爲鹽，屯自爲屯，則邊計之費亦已久矣。惟若一清之議，鹽與屯相爲表裏，則實邊之計亡逾于此。召商開中，誠善策也。然本土無所糴貿，而徒輸内地之粟，其爲力也勞，其爲費也廣。商人筭計多寡，誰願爲之。惟于商之上納，苟從其輕，而又于邊之屯種，稍有所積。則爲商者或運于内地，或糴于邊方，各有所利，則開中自廣。國初之法，便自可復。不然，如漢之贖罪拜爵，納粟入邊，亦一策也。然行之終未見有成效，豈不得其人而然耶。

《明實録》辛丑二月〔甲申〕始議立鹽法，置局設官以掌之。令商人販鬻，每二十分而取其一，以資軍餉。

《明實録》癸卯年閏三月〔辛未朔〕丁丑，處州翼總制胡深言：近設關市，征鹽貨，十取其一。切詳温、台二郡産鹽，浙東、江西皆資其用。而台州道里險遠，負販者少。惟温州吴渡通潮，而處婺商人，每至吴渡與海商貿鹽，舟行九十餘里，還至青田批驗，又百五十里，方至處州，可謂勞矣。舊例二十取一，而每月所收，多者百餘引，少者亦七八十引。今處州軍餉全資鹽税兼支。若遽改法，恐商人以征税太重，不復販鬻，則鹽貨壅滯，軍儲闕乏，且使江西、浙東之民艱于食用。又如硫黄、白藤、蘇木、棕毛諸物皆資于彼，今稅額太重，亦恐不能流通。臣請仍從二十取一之例，鬻賣之處亦依例納稅，聽商興販。如此則懋遷之利流轉不窮，軍用給足。上從其言，人以爲便。

《明實録》丙午年二月〔己巳〕置兩淮都轉鹽使司，設運使、同知、判官、經歷、知事、照磨，并置所屬富安、何垛、丁溪、草堰、小海、角斜、拼茶、安豐、梁垛、東臺、白駒、劉莊、伍祐、新興、廟灣、西亭、石港、餘西、餘中、金沙、豐利、馬塘、板浦、掘港、吕四、臨洪、徐瀆、餘東、莞瀆，二十九場鹽課司。歲辦鹽三十五萬二千五百九十引，每引重四百斤，官給工本米一石。其法竈户自置竈房，官給鐵角或一二角，或三四角，揩甃成盤，以青灰石灰泥飾貯滷煎燒。納官有餘，聽其貨賣。

《明實録》洪武三年秋七月〔丁酉〕御史臺奏：明州府虧鹽凡五千四百引，宜令官吏償之。上曰：彼固有罪，然必欲其償鹽，則不惟殃及小民，而在官之弊寖生矣。命悉免之。

《明實録》洪武三年十一月 辛亥，詔令商人輸米北平府倉，每一石八斗給淮浙鹽一引。

《明實録》洪武六年八月 辛未，懷慶知府王興宗言：郡民食解鹽，每斤輸米五升。河南、汝寧二府，民止輸二升。請如二府之數。從之。

《明實録》洪武八年春正月 甲戌，廣西行省言：所轄海北白石四鹽場并廣州東海一十一場，歲各辦鹽一萬七千餘引，運赴北流、梧州二倉，其餘募商中納銀米者，宜定其價。今擬桂林府納銀四兩五錢、米三石三斗，潯州府米五石三斗，南寧、慶遠二府米四石三斗，並給白石場鹽一引。桂林府納銀五兩五錢、米四石五斗，南寧、慶遠米四石五斗，潯州米五石五斗，並給東海場鹽一引。從之。

《明實録》洪武九年五月 甲戌，中書省言：蘭縣、河州舊募商人入粟中鹽，每引計米一石，道遠費重，故商人稀少，宜減其價，庶邊儲可積。於是命淮鹽減米二斗，浙鹽減米三斗，河東鹽減十之四。

《明實録》洪武十一年二月 丙辰，敕中書省曰：朕初以邊戍餽餉勞民，命商人納粟，以浙淮鹽償之，蓋欲足軍食而省民力也。今既數年所輸甚薄，軍餉不供，豈鹽價太重，商人無所利而然歟？爾中書其議減鹽價俾輸粟于西河、梅川，庶糧餉可給，而內地之民省輓運之勞。於是定擬，凡輸粟于凉州衛者，每鹽一引米二斗五升，梅川三斗五升，臨洮府七斗，河州四斗。

《明實録》洪武十三年春正月〔庚申〕湖廣布政使司言：商人納粟靖州、崇山二衛中鹽者，每米二石給淮鹽一引，米貴鹽輕，而商人稀少，宜減價以便之。乃命減舊則四之一。

《明實録》洪武十三年三月 癸丑，兩浙都轉運鹽使司運使吕本言：稽之往代，煮海爲鹽，始于管仲，晏嬰繼之。西漢專其利而禁私鬻，東漢弛其禁而聽人稅。唐劉晏設轉運之法，而鹽利益興。宋仁宗朝給亭户官本而鹽法愈密。元承宋制，歲給工本，置轉運司，各場置令、丞管勾，掌鹽出納，所給工本有多寡，而煎鹽有難易。國初，委官稽考，仍依舊額輸官，以四百斤爲一引，官給工本米一石，以米價低昂爲準，兼支錢鈔以資竈民。然其間有丁產多而額鹽少者，有丁產少而額鹽多者，未經覈實。今與各道分司，即鹽場所屬地方，驗其丁產之多寡，隨其地利之有無，官田草蕩除額免科，薪鹵得宜約量增額，分爲等則，逐一詳定。永嘉等二十場增鹽千四百五十七引，下沙等十一場增鹽萬七千二百九十引，許村等四場減鹽六千八百三十七引，損益相較，實增鹽萬一千九百引，約量均平，實爲民便。詔從之。

《明實録》洪武十三年六月〔庚甲朔〕太原、大同二府言：郡地舊以多鹻，民煮爲鹽，自宋金以來輸課於官，凡大口月入米三升，小二升。國朝洪武三年始徵其課，而皆減米一升。洪武五年，以二郡民貧地瘠，艱於輸米，悉免其徵，今已七年，而户部復欲循舊例徵課，恐民力不堪。上是其言，命户部即蠲之。

《明實録》洪武十四年三月 户部奏：定永平登州中鹽法。凡商人于永平輸粟一石二斗者，給淮鹽一引；一石一斗者，給浙鹽一引；四石者，給河間鹽一引。登州輸粟一石者，給浙鹽一引。從之。

《明實録》洪武十七年九月〔庚申〕上命户部以山東之鹽召商中賣，仍聽民買食。尚書郭桓言：青、萊等府局監歲收課鈔動以萬計，今若從民買食，必虧課額。上曰：天之生財，本以養民，國家禁防，以制其欲，息其爭耳。苟便於民，何拘細利；示以利官，必致損民。宜從其便。

《明實録》洪武二十三年秋七月　甲午，淮安府海州臨洪場竈户紀德山言：近者增添鹽課，計丁煎辦。本場竈户一千一百三十二，丁三千一百三十三。舊額小引鹽三萬一千八百八十九引，今增一萬八千二百三十引。竈户去場不下三二百里，丁男盡遣上竈煎鹽，妨廢耕業。且自正月起火，直至歲終，方得煎完。是力役者，無少休之日。時刑部尚書楊靖亦言：臣先職户部時，監察御史陳宗禮言，兩淮煎鹽竈户丁力不均，鹽引斤重大小不同，難於稽考。宜依律二百斤爲一引，竈户驗丁煎辦，其額多丁少者，減其舊額。臣切詳鹽額及引目斤重，俱係開國以來成法，前所准行，宜令改正。上命户部定自二十二年爲始，仍照原額，驗丁均辦，引目斤重，亦依舊例。每引入場重四百斤，其兩浙鹽運使司並如兩淮之例。

《明實録》洪武二十五年正月　〔丙午〕置山西解州運鹽站。命户部遣官相治道路，設法轉運，以便商賈。乃遣主事蔚綬、劉匀詣鹽池量度水陸之程。綬等言：河路必經三門磧津，水勢險惡，舟楫難通。若渡河以就驛路，輓運尤難。今河北原有輸運故道，自鹽池至白浪渡登舟，約二百四十里。但歷年既久，草木叢塞。若開此路，每百三十里置用車輛，趲運甚便。詔從之。乃自鹽池抵懷安，每百里置站，站設役夫七十人。

《明實録》洪武二十八年九月　〔壬寅〕兵部尚書致仕唐鐸言：長沙、寶慶、衡州、永州四府，郴、道二州食鹽缺少，廣東積鹽實多，而廣西新立衛分軍糧未敷。若將廣東之鹽運至廣西，召商中納，可給軍食。户部議：先令廣東布政司運鹽至梧州，命廣西官司於梧州接運至桂林，召商中納，每引納米三石，令於湖南賣之。庶幾官民俱便。從之。【略】命户部令廣東、海北二提舉司運鹽八十五萬餘引至廣西桂林，以給商人之入粟者，且以先定納米三石太重，令減其半以便商人。

《明實録》洪武二十九年二月　〔丙申〕仍定行鹽地方，梧州鹽於田州、龍州、柳州、南寧、潯州、慶遠、思恩、太平鬻賣；廣西鹽於長沙、寶慶、衡州、永州、全州、道州、桂林鬻賣。

《明實録》洪武二十九年六月　〔戊申〕户部尚書郁新言：海北之鹽，往者召商人於桂林入米二石、鈔三貫給鹽一引。其時米賤鹽貴，商人利之，故中鹽者多。比來米貴鹽賤，雖累榜招之不至。今宜減其價，每引米一石，鈔五貫。從之。

《明實録》永樂元年二月　〔乙亥〕初，雲南曲靖開中鹽糧，每引米二石，商民以所定米太多，中納者少，隨亦停罷。至是户部以聞，命減輕爲一石五斗，仍舊開中。

《明實録》永樂二年二月　〔戊子〕承運庫大使周端等言：廣東地廣民稀，鹽課無商中納，軍民多食私鹽。宜令所司覈實人口，大口歲食鹽十二斤，小口半之。每斤納鈔三百文，於近場支納爲宜。從之。

《明實録》永樂二年八月　戊子，上以福建、山東、廣東運司積鹽多，命户部暫令民以鈔中納。户部定例，福建山東鹽每引納鈔五十貫，廣東每引三十貫。從之。

《明實録》永樂十一年四月　丁卯，上以先定陝西甘肅中鹽例重，乃定淮浙每引米一斗五升，河南米二斗五升，俱不次支給。

《明實録》永樂十四年秋七月　〔甲寅〕行在户部尚書夏原吉言：北京户口食鹽，惟足本處軍民之用。今扈從官軍人衆，鹽不足用，宜令北京行部於長蘆鹽運司支運，每鹽一斤，收鈔一貫。庶公私兩便，鈔法亦通。從之。

《明實録》永樂二十二年十一月　〔庚寅〕山陽縣縣丞崔奎言：比因鈔法不通，召商中納鹽鈔，然所中者率多京師之人，遠方中納者少。乞敕在外各布政司及直隸府州縣，願中鹽者，令就本處官司納鈔而赴鹽所支鹽爲便。從之。

《明實録》洪熙元年十二月　〔辛巳〕山東濟南府濱州民詣闕言：泰安等州户口鹽每引納鈔一十五貫，濱州等九州縣每引七貫五百文，綿布四百匹，布久虧欠。乞依泰安州例，悉納鈔，庶便於民。上問行在户部：例何以不同？對曰：此舊例。先時鈔難得，民便於納布；今鈔易辦，民便於納鈔。今之所言，蓋避難就易，不可准。上曰：小民既以爲便，其即從之，毋拘舊例。

《明實録》宣德元年春正月　〔癸丑〕福建布政司右參議樊翰奏：福建屬衛軍士月糧應支鈔者，歲久未支，蓋由有司課程不敷。比聞福建都轉運鹽使司潯尾惠安浯州洒州鹽場積鹽甚富，以其海道涉險，故有三四十年未給者，請准户口食鹽之例給軍以代糧鈔，庶幾軍得食用，鹽免陳積。

上曰：以鈔代月糧，又以鹽代鈔，不識於軍便否？其令都司按察司會議，果若便利即從之。

《明實録》宣德元年六月〔壬午〕行在户部奏：各處運司歲辦鹽課，本召商中糧以供邊儲。近因鈔法不通，暫許官員軍民人等中納爛鈔，不次支給，人圖便利，無復輸米。且邊境各場，歲辦有限，不足支給。請停中鈔之例，仍舊納米，用實邊儲。從之。

《明實録》宣德二年五月　乙亥，定中鹽例。時行在户部奏：北京粮少，請開中鹽粮，不分官員軍民，皆許于北京諸衛倉納米，不拘資次支給兩淮、兩浙鹽，每引米三斗五升，河間、長蘆鹽每引五斗，河南、陝西及四川鹽每引二斗。候積粮多即止。從之。

《明實録》宣德二年八月〔戊午〕大同總兵官武安侯鄭亨奏：大同每歲召商中納鹽糧，以實邊儲，因淮浙鹽每引納米二斗，久乃得支，商人少有至者。乞每引減米五升，不次支給，則商旅必至，邊廩可充。從之。

《明實録》宣德四年秋七月〔丁未〕巡按陝西監察御史傅吉言：比召商於寧夏中納，靈州鹽糧每引米六斗，視平凉等府中納者多一斗五升。緣靈州地在極邊，山路險遠，費重利輕，趨之者少，請減輕，且不拘米、麥兼收。又延安等府每歲供給秋糧，因秋田不登，俱以小麥或他物易米輸官，勞費尤甚，乞許止用小麥抵斗送納，庶民糧易完，軍儲亦足。上可其奏。

《明實録》宣德四年秋七月〔戊午〕減寧夏鹽糧例，凡陝西山西所屬客商每引納米麥四斗，寧夏衛所五斗五升，用御史傅吉之言也。

《明實録》宣德五年夏四月〔丁酉〕行在户部奏：甘州寓居回回沙八思等中納鹽糧，該支兩浙鹽一萬一百二十五引，今浙鹽少，請以山東鹽如數給之。馬兒丁等應支兩淮鹽五萬二千三百引，今淮鹽亦少，請以河間長蘆鹽如數給之。從之。

《明實録》宣德五年夏四月〔己卯〕行在户部奏定各處中納鹽糧則例：京倉，雲南安寧等井鹽，每引米五斗。宣府衛倉，淮浙鹽每引三斗五升；山東、福建鹽每引二斗；河間、長蘆鹽每引四斗；四川、廣東鹽每引二斗。山海衛倉，淮浙鹽每引三斗五升；山東、福建鹽每引二斗；河間、長蘆鹽每引四斗。甘肅衛倉，淮浙鹽每引米豆麥四斗。寧夏衛倉，靈州鹽課司小鹽池鹽若陝西、山西所屬客商，每引米麥四斗五升；寧夏衛並所屬客商米六斗。又奏定獨石開中鹽糧例：淮浙鹽每引米二斗五升，山東、福建、河東、廣東、四川鹽俱一斗五升，雲南、安寧等井鹽三斗。初，陽武侯薛禄言立赤城等處城堡，宜廣儲積，於獨石開中鹽糧。遂命户部議。至是議奏，俱從之。

《明實録》宣德五年閏十二月〔丁未〕行在户部奏：甘肅、寧夏、大同、宣府、獨石、永平等處，俱邊境要地，民糧艱於轉輸，比年雖召商中鹽，途程險遠，趨中者少，供用不敷。宜暫許各處寓居官員，軍餘有糧之家，各納米、豆，不拘資次，於淮浙等處支鹽。其中納定例，甘肅、寧夏、大同、宣府倉，淮浙河東鹽每引米四斗，山東、福建鹽三斗，河間、長蘆鹽三斗五升，四川、廣東鹽二斗五升。永平府倉，淮浙、長蘆、河東鹽每引四斗五升，山東、福建鹽三斗五升，四川、廣東鹽二斗五升。獨石城倉，淮浙、長蘆鹽每引三斗，河東鹽二斗五升，山東、福建、四川、廣東鹽俱二斗。從之。

《明實録》宣德六年三月〔丁丑〕行在户部奏：雲南布政司言，近停中各處鹽粮專于北京中納，緣雲南邊地，歲用粮儲全資客商中安寧等井鹽運米于大理、金齒等處上倉。今既停中，供給不敷，請于安寧等井依宣德三年例，淮浙兩處依洪武間例，仍召商開中。其已納米北京等處，中安寧等井鹽未支者，則令待支，及雲南納米，先中安寧等井鹽者，依本處時直，于官庫支價給還。事下户部議。今議請從所言，其大理府、鄧川州、雲南縣三處係近地中納者，請依舊例，安寧等四井每引米二石。其金齒軍民指揮使司係極邊中納者，請減輕安寧等四井每引米一石二斗，黑白二井每引米二石，淮浙鹽每引米二斗，不拘資次支給，仍揭榜召商開中。從之。

《明實録》宣德七年四月〔壬寅〕行在户部奏：重擬邊境中鹽糧例。寧遠、獨石、肅州三處，淮浙鹽每引米二斗五升，河間、長蘆鹽三斗；山東、河東、福建、四川、廣東鹽俱一斗五升。宣府、大同、山海、龍門、甘州、寧夏六處，淮浙鹽每引三斗；河間、長蘆鹽三斗五升；山東、河東、福建、四川、廣東鹽俱二斗。從之。時各處總兵官皆請召商納米實邊故也。

《明實録》**宣德八年閏八月**　壬子，行在户部奏：邊衛糧儲不足，請召商中納鹽糧，不拘米麥豆。萬全左衛倉，淮浙長蘆鹽每引四斗；懷來衛倉，淮浙長蘆鹽每引四斗五升；永平府及古北口倉，淮浙長蘆鹽並每引五斗。從之。

《明實録》**宣德九年二月**　〔丙寅〕行在户部員外郎羅通奏：今運粮赴開平，每軍運米一石，又當以騎士護送，計人馬資費率以二石七斗致一石。今軍民人等有自願運米隨去開平中納鹽粮者，乞將舊例二斗五升減作一斗五升。若商一人納米五百石，可當五百軍所運，且省行粮二百石。從之。

《明實録》**宣德九年八月**　壬申，行在户部奏：遼東廣寧衛地臨極邊，宜積軍餉，請召商於本衛倉納糧，不拘資次，於淮浙等處支鹽。其開中則例，淮浙鹽每引米豆五斗，山東、河東、福建、廣東、四川鹽俱二斗。從之。

《明實録》**宣德十年十二月**　〔己亥〕定中鹽運粮則例：赤城堡中，淮浙、長蘆鹽，每引一石，四川、福建、山東、河東鹽每引五斗，哨馬營中，淮浙、長蘆鹽每引九斗五升，四川、福建、山東、河東鹽每引四斗七升，獨石中，淮浙、長蘆鹽每引九斗，四川、福建、山東、河東鹽每引四斗五升，皆不拘資序支給。

《明實録》**正統元年三月**　〔戊子〕巡按直隸監察御史尹鏜奏：近有首獲私鹽二萬斤者，於律私鹽給與首獲者充賞，然所獲終係私鹽，難以發賣。宜俱没官，照依時直於所在官司支鈔給賞，仍定爲例。從之。

《明實録》**正統元年六月**　〔辛丑〕罷運茶支鹽例。時有僉都御史羅亨信奏：茶課本以利中國，便番民，近許客商自備脚力，關運官茶，往甘州西寧交納，給與淮浙官鹽。客商恃有執照文憑，惟販私茶，官課經五七年不完，遂致官茶價低，買馬不便。又邊衛軍餘耕種田畝，止令自給，免納税糧。邇者，邊儲缺少，仍令計畝而輸，軍士供給艱難。事下行在户部覆奏，上以茶禁不可不嚴，邊軍所當優恤，俱如其言。

《明實録》**正統元年八月**　〔庚辰〕命停徵兩淮鹽課。先是，行在户部以兩淮逋負鹽課七十萬引有奇，遣官追徵。至是，巡撫侍郎曹弘言：比年荒旱，民多流亡。若徵所逋，益不堪命。事下行在户部。復奏，上命流亡者悉蠲所負。

《明實録》**正統元年冬十月**　甲申，四川鹽課提舉司奏：前任提舉李茂將已銷鹽引圈改用印鈐蓋，放與不應資次客商自填井分關鹽。及客商混亂鹽法，脅持官攢，不銷退引，影射私鹽。乞差官詳勘究治。事下行在户部覆奏，上命行在大理寺少卿陳卣往治之。

《明實録》**正統元年冬十月**　〔丙戌〕都察院右副都御史朱與言奏：奉敕往兩浙措理鹽法，其運鹽使司止有四十八萬三千九十七引，客商應支數多，在官數少，支給不敷。欲將所獲私煎私販及受贓官吏，情犯深重者抄提，其餘請不拘常例，量情追鹽給與客商，庶刑罰不濫，鹽法得清。從之。

《明實録》**正統二年秋七月**　〔乙卯〕行在户部言：先令四川鹽課提舉司，并郁山鹽課司勘夔州府開縣温湯柏木井鹽，有無利便，延今七年，該司擅自設竈煎辦，始言其利，乞治其罪。上曰：鹽井既利，令辦課如額，官吏罪姑宥之。

《明實録》**正統三年六月**　〔丁丑〕停徵河南被灾州縣户口食鹽鈔二年。時巡撫河南山西行在兵部右侍郎于謙奏：據開封府屬民訴稱，户口食鹽自改撥河東運司之後，山路既遠，關運費繁。今各於地掃聚鹼土用水淋煎食用，不願關鹽。乞從民便，減半納鈔。奏下行在户部，復奏：以食鹽納鈔係是通例，今宜暫免被灾州縣二年，以後仍舊徵收。從之。

《明實録》**正統三年十月**　〔乙丑〕巡撫直隸行在工部右侍郎周忱言鹽課四事：

一、華亭、上海二縣竈丁，計負鹽課六十三萬二千餘斤。催責不已，煎鹽不敷，竈丁日以逃竄。宜官鑄鐵鍋二百口，給與負鹽竈丁，令其户下人口，協助煎辦。庶國課易完。

一、松江煎鹽之人，近者名曰鹵丁，遠者名曰竈丁。惟鹵丁諳練煎鹽，然貧窘者多。使其食足，何患鹽課不完？前代嘗有贍鹽官田，洪武初雖給耕種，俱起科納糧。今二縣竈丁，每年應徵運秋粮，無慮五六餘萬。欲將竈丁秋糧存留本處，免其兑軍遠運。却以所節省耗米，於各場收貯，養贍貧難鹵丁及雇人補煎逃户額鹽。其遠鄉竈户所貼柴鹵錢米，亦於倉囤收貯，明白支銷。如此則官無枉費，人不逃竄。

一、松江鹽場總催頭目，一年一代。中間富實良善者少，貧難刻薄者多。催納之際，巧生事端，百計朘削，以致竈丁不能安業。流移轉徙，職此之由。今後總催頭目，宜點選殷實良善之人，常川應當。若有仍前剥民者，逮問革役。丁力消乏者，照名僉補。如此則事易集而人不擾。

一、鹽課之利，歲有定額，不在於官，則在於私。所以連年不完者，蓋由私鹽得售，故官課日虧。雖有軍民官巡捕，中間有徇私故縱者，有通同販賣者，有誣執平民者。賞罰不明，人懷幸免。宜令上海、華亭並蘇州嘉定三縣，點選行止服衆者爲老人，分定地方，率所在總小甲防守，官司往來巡視。但遇私販發露，必究經過何路，罪及縱容之人。如此則鹽徒息僥幸之心，而凶惡漸可絶矣。上命速行之。

《明實録》正統四年二月〔丙辰〕巡撫直隸行在工部右侍郎周忱奏：近命臣兼理松江鹽課。訪得各場去年以前，共逋負鹽五十三萬六千九百二十餘引，今年又該正額鹽一十五萬七千七百六十引有奇。切惟煮海之功，日有定數。今以數年逋負，責其一日償之，民何以堪？乞將逋負之數，自今年爲始，每年正額之外，帶補一分，則民力得以少紓，國計可以漸辦。事下行在户部，復奏。言：帶補之法，誠爲便利，但須十年以上方可完足，即時準擬，誠慮頑民恃恩怠惰，日就遷延。請通將所逋，均作六分，每年額外帶補一分，六年内逋負可足。上從之。

《明實録》正統八年十月〔辛亥〕定陝西沿邊中鹽則例。先是，户部奏準正統六年關給中鹽勘合未曾上糧者往中。至是，陝西按察司副使傅吉言：舊召商李恭等收糴米麥三千餘石，運至寧夏，僦屋安頓，日久未與收受。宜令其上糧支鹽，公私兩便。況河東、靈州二處鹽，俱係天產，不費人力。今若往中，積鹽何用？於是户部議：令沿邊處所，仍舊召商開中，中河東、山東、福建、廣東、海北鹽者，甘肅等倉納糧每引一斗五升；寧夏、延安、綏德、大同、宣府、萬全等倉每引二斗；遼東等倉每引二斗五升。中靈州鹽者，寧夏、延安、綏德等倉每引一斗五升。從之。

《明實録》正統十年九月〔丙午〕增定邊等中鹽納馬則例。每上馬一匹，鹽一百二十引；中馬一匹，鹽一百引。先是，户部定上馬一百引，中馬八十引，鹽商以道路險遠，中納者少。總兵官都督黄真以爲言，故增之。

《明實録》正統十二年十一月〔乙卯〕嚴私鹽之禁。時户部奏，在京各衙門遣官吏人等於長蘆運司關支食鹽，有將批文不投運司，照買私鹽，裝載各處販賣一二次者，又有夾私鹽，沿途發賣者，及中鹽客商支鹽不循舊例，每包添私鹽至三四百斤者。請令沿途巡檢司批驗所等處，務要拘驗鹽批，及鹽引數目，嚴加盤詰秤掣。若有批文違限，夾帶私鹽者，依律入官；官吏人等如例送問。仍行巡鹽御史通行嚴禁。從之。

《明實録》景泰二年八月〔己巳〕户部奏：比者召商於各邊中鹽納糧，而應者絶少，蓋因私鹽多而官鹽爲之阻滯，請禁約之。遂上所禁事條：一、各處竈丁，多有通同該管官員，不將已煎鹽課入官而私賣於人。今後務令逐季催督足備，年終類奏。如有逋負，於官員考滿之時，罷俸追完，方許赴部。一、官私舟車往來，俱令巡鹽、巡河御史等官嚴加搜檢，如有夾帶私鹽，則人坐以法，舟車没官。一、鹽司官於收鹽之際，多倍其數；及至放支，受商旅貨賄，亦倍其數。其批驗鹽引所監掣官員，亦圖賄賂，苟爲文具，不行究竟。宜令巡鹽等官嚴加伺察，犯者謫戍極邊。一、起運南、北京官鹽及商旅賣鹽。南京於龍江關批驗所掣過，赴江東門報名。南京户部委官復視，果無夾帶私鹽，方許入城。北京於張家灣批驗所掣過，赴崇文門報名。本部委官復視。一、淮、浙、長蘆運司所屬，多係濱海，不産五穀。鹽禁既嚴，恐貧乏竈丁生計艱難，今後除煎辦本家課程之外，果有餘鹽，許送本鹽課司交收，却於附近有司官倉給米麥以償竈丁。淮鹽每引八斗，浙鹽六斗，長蘆鹽四斗。一、各處鹽場，原山場灘蕩供採柴薪燒鹽，近年多被權豪侵佔，宜悉令還官。如有怙終，令巡按御史究治。竈户有缺，或於有司僉補，或於現在竈丁多者分補。一、商人支鹽，賣畢，即將截角退引，赴官告繳，封送各該鹽司，通類解部。若愆期不繳，鹽司移文追問。帝曰：鹽禁不嚴，恐官鹽爲之阻滯；禁之太密，恐細民艱於度日。持禁者尤須斟酌以行。

《明實録》景泰三年九月〔辛卯〕總督邊儲參贊軍務右僉都御史李秉言：今户部於葛峪等七堡召商中鹽，上納糧料七萬七千石，緣各堡倉廒不多亦不甚缺糧料，今欲止令上納一萬九千石，其餘五萬八千石俱改宣府、獨石、馬營等倉上納。户部奏宣府倉糧料亦足用，惟獨石、馬營二堡宜改。前項中鹽糧料，俱如今年八月十七日原擬則例，召商赴彼上納。從之。

《明實録》景泰三年九月　庚戌，敕總督漕運巡撫淮安等處右僉都御史王竑曰：已嘗命爾總督漕運兼巡撫直隸揚州、廬州、淮安三府，并徐、和二州，今復命爾兼巡撫直隸鳳陽府并滁州，仍兼理兩淮鹽課，總督運司官吏督工煎辦，時常巡歷行鹽地方，提督緝捕私販之徒，輕則聽爾量情發落，重則械送來京處治，俱没其鹽入官。運司及各場官吏若貪圖賄賂，不用心提督煎辦，致虧欠鹽課，阻滯客商者，爾即執問，應奏者指實具奏。尤須嚴禁巡捕之人，不許將貧難小民買鹽食用及挑擔易换米糧度日者，一概擾害。爾其欽承朕命。

《明實録》景泰三年閏九月　〔壬戌〕提督松潘軍務刑部左侍郎羅綺等奏：董卜韓胡於松潘迤西後門欲立碉房，差人守把，實有覬覦之心。臣與鎮守松潘都指揮同知周貴議調龍州宣撫司土兵一千五百名赴松潘操練以待，又將四川征進貴潘官軍調二千員各來備冬。然恐糧儲不足，今與右參議張如宗查得四川鹽課提舉司景泰四年鹽一十九萬九千餘引未曾開中，乞敕該部備榜召商中納糧米，宜定則例。上流、華池二鹽課司上井鹽一萬六千餘引，兼黄市、淯井二鹽課司下井鹽七千六百餘引，每引米四斗五升；通海、新羅、永通三鹽課司上井鹽二萬五千餘引，兼雲安、羅泉二鹽課司下井鹽一萬八千餘引，每引米四斗；富興、富義、廣福三鹽課司上井鹽二萬五千餘引，兼仙泉、郁山、大寧三鹽課司下井鹽一萬五千餘引，每引米三斗五升。事下户部覆奏，從之。

《明實録》景泰三年冬十月　〔乙未〕户部奏：貴州、平越、都匀、普定、畢節四衛見缺軍糧，請以四川鹽課提舉司景泰五年鹽十萬九千餘引定擬則例，召商於四衛中納其鹽，配搭均平，華池上井兼黄市淯下井每引米四斗，通海、新羅、永通上井兼雲安、羅泉下井每引米三斗五升，福興、富義、廣福上井兼僊泉、郁山、大寧下井每引米三斗。從之。

《明實録》景泰四年三月　〔乙丑〕户部委官主事汪回顯奏：臣奉命徃四川理鹽法，謹陳四事：一、洪武中，有災傷鹽井，每歲量減鹽課。今新增鹽井，多在溪澗，時被淹没填塞，豈能全辦鹽課。乞如洪武中例，庶幾官民兩便。一、各井新添竈丁，雖具其名，實無着役，宜令所司查究拘獲，解發各井。一、仙井泉鹽課司所管之課，今比舊額加三四倍，宜增除副使一員。一、鹽課司官吏多與各商通同重復關支，及投託勢要，攙越資次。乞命提舉司，每年先將各商姓名、引鹽數目開報布按司并巡鹽官，定日會同，從公分派各井，逐月支鹽取狀，轉達布按司并巡鹽官比對，庶使奸弊可絶。從之。

《明實録》景泰四年六月　壬子，户部委官主事汪回顯奏：四川鹽井竈丁多在深山絶澗之中，無官府里鄰臨芘，客商到井者率横索下程多支引鹽，甚至鹽數不敷支給，抑令退悔已聘幼女而娶爲妾者。又有田土被大户占種不還者，以此貧弱逃亡虧負鹽課。事下户部，請移文四川按察司，執豪商强民治罪，以警其餘。從之。

《明實録》景泰四年七月　甲子，命召商於大同右衛中納鹽糧，淮浙長蘆鹽共一十九萬引，每引淮鹽米五斗，浙鹽三斗五升，長蘆二斗五升，俱不次支給。

《明實録》景泰四年秋七月　〔庚申〕命召商於貴州各倉中納鹽糧，凡開中雲南兩淮鹽共十萬引，雲南黑白二井鹽每引米五斗，五井鹽五斗三升，安寧井鹽四斗，淮鹽三斗五升，俱不次支給。

《明實録》景泰五年五月　〔戊午〕南京户部奏：南京各衙門官吏折俸鈔，歲用不敷，無從措備。舊例客商給鹽引者，每引納紙一張，本部所積，足印鹽引千萬餘。請命兩淮、山東、長蘆鹽商免其納紙，每引收鈔一貫，以補官吏俸鈔等項支給，俟鈔足用，紙或不敷，如舊輸納。從之。

《明實録》景泰五年七月　〔壬子〕廣西按察司副使甘澤奏：臣奉命巡兩廣并湖廣衡州府鹽，伏覩先頒詔條，竈丁有犯者，不聽煎鹽，令其納米贖罪。緣竈丁艱難，未免粮欠課虧。又兩廣瀕□，竈丁徃時幸得私販度日，今鹽法嚴謹不聊生，恐窘極生患。臣願仍舉舊例，竈丁有襍犯死罪并流徒罪者，除歲辦額鹽，仍令煎贖罪鹽一年一千八十斤，完日仍舊辦課。及准長蘆運司例，各場竈丁有餘鹽者，許送本管鹽課司交納，於附近倉分，每引給米或麥四斗食用爲便。事下户郡，請如其言，從之。

《明實録》景泰五年八月　丙子，兩浙都轉運鹽使司同知王彪言三事：一、近例灶户離三十里之内者，令登場煎鹽，三十里之外者，每丁一年出米六石，准給煎鹽灶丁食用鹽課令其代辦。此法始行雖暫便民，然今未及五年，遠灶該納粮米虧欠數多，近竈代其辦課不勝若逼，是米不得其平也。仍遵洪武舊例，不分遠近，俱令登場煎鹽。負欠粮米，仍追完爲便。

一、今後灶丁詞訟不干鹽法事情者，止許户丁於原籍有司告捏，正身無得託此離役，誤辦鹽課。如係法司事情，許赴該管鹽課司具告，重情應提對者，即於本犯名下供取代役户丁一名，到場辦課，然後具發上司。問結畢日改正，其原籍官司不許輒受灶丁詞訟。

一、灶丁煎鹽四時不得休息，户丁有例優免襍差以備給贍，而有司視爲泛常不容優免，致使灶丁貧窘不能辦課，客商守候，情俱可憫。乞移文各該有司，今後灶丁户下除正粮辦納，其餘雜役悉爲優免。是其言，命户部行之。

《明實録》景泰五年九月 〔丁卯〕户部奏：近者已將被灾等府，該運淮安、徐州、臨清、德州等倉粮停免。今宜以淮浙兩運司各年存積鹽共三千萬引定擬則例，召商中納鹽，以補其數。淮安常盈倉每引淮鹽粳米一石三斗，粟米一石；浙鹽粳米一石，粟米一石七斗，徐州廣運倉鹽引米數如之。臨清倉每引鹽淮粟米三石三斗，浙鹽粟米一石八斗。德州倉鹽引米數如之。詔從其議。

《明實録》景泰六年四月 庚子，提督松潘兵備刑部左侍郎羅綺奏：董卜韓胡都指揮克羅俄監粲等譎詐無狀，常有窺蜀之心，官軍隄備用馬爲急，乞以明年上流等井鹽，召商納馬一千餘匹，餘鹽納糧。事下户部，議從其言。開中鹽一十萬引，仍定則例。納馬者每匹上等馬三十五引，中等馬三十引，下等馬二十五引。納粮者上流、華池二課司上井鹽七分，兼搭黄市、滂井二課司下井鹽三分，每引五斗；新羅、通海、永通三課司上井鹽六分，兼搭雲安、羅泉二課司下井鹽四分，每引四斗五升；福興、富義、廣福三課司上井鹽六分，兼搭仙泉、郁山、太寧三課司下井鹽四分，每引四斗。從之。

《明實録》景泰六年十一月 〔庚寅〕户部奏：先是順天道府覇州并文安十州縣被災，巡按監察御史原傑請召商開中淮鹽，已移文納米，於彼賑給之矣。傑言米數不敷，今查淮鹽見貯不多，難復開中，請將在京兩法司直隸監察御史所問擬杖徒流雜犯死罪囚死及見運磚、運灰者，俱照口外納米則例，於彼處納米贖罪以備濟。從之。

《明實録》景泰七年八月 〔乙巳〕山西按察使俞本言：河東鹽不勞煎熬而有餘利，令解州猗氏等州縣連年荒旱民饑，乞令鹽丁多撈鹽，惟積召商，於各州縣納米給鹽，任其發賣，以濟饑荒。事下户部言，宜於正鹽課外再撈二十萬引，令本布政司斟酌米價，定立斗數，出撈召中，仍令各分巡官，勘食饑民，驗口給鹽，聽其自賣易米。從之。

《明實録》天順二年六月 〔庚午〕總兵官太傅安遠侯柳溥奏：即今虜寇侵掠邊境，調軍征勦，而涼州莊浪二處倉儲甚少，宜召商中鹽納糧以備。户部議宜允其請，納涼州廣儲倉糧者，兩淮鹽每引六斗，兩浙鹽四斗五升，山東鹽二斗，河東、廣東鹽一斗五升，福建鹽一斗二升。納莊浪倉糧者，兩淮鹽每引八斗，兩浙鹽五斗五升，山東鹽二斗五升，河東、廣東鹽二斗二升，福建鹽一斗五升。從之。

《明實録》天順二年八月 〔戊午〕户部奏：獨石、馬營倉糧止可支用歲餘，欲召商中鹽納糧，獨石十一萬引，淮鹽每引粟米六斗，浙鹽四斗，長蘆鹽三斗五升；馬營六萬引，淮鹽每引粟米六斗五升，浙鹽四斗五升。從之。

《明實録》天順五年二月 〔庚子〕户部奏：陝西蘭縣倉見儲糧料不多，誠恐調去寧夏等衛官軍土兵在彼駐劄支用不敷，宜將淮浙及河東運司存積鹽擬定則例，出榜召商中納鹽糧，兩淮鹽每引米四斗、豆二斗，兩浙鹽每引米三斗、豆一斗，河東鹽每引米一斗、豆一斗。從之。

《明實録》天順五年六月 癸酉，減獨石上糧中鹽則例。先是，户部奏准召商獨石上糧，每粟米三斗五升中長蘆鹽一引。至是巡撫大同宣府右僉都御史韓雍奏：則例太重，上納者少。下户部議，減每鹽一引納粟米二斗五升，或粟米二斗豆一斗。從之。

《明實録》天順六年十一月 〔癸卯〕定遼東金州等衛倉納米中鹽例。金州倉淮鹽每引米八斗，浙鹽六斗，河東鹽三斗；三萬、遼海、復州、海州倉淮鹽每引米一石，浙鹽八斗，河東鹽三斗；定遼中前後三倉、東寧、廣寧、并廣寧左右前屯，寧遠等倉淮鹽每引米一石二斗，浙鹽九斗，河東鹽三斗五升。時以遼東等處邊儲缺乏，從户部奏請也。

《明實録》天順七年二月 〔丙子〕改定四川松潘中鹽則例。初，以糧儲不足，召商中鹽納糧則例頗重，商人趨之者少，故復改定。中上流、華池二鹽課司鹽者，每引米四斗五升；通海、新羅、福興三鹽課司鹽者，每引米三斗五升；羅泉、富義、仙泉、廣福、黄市、滓井、永通七鹽課司鹽者，每引米二斗五升。

《明實録》**天順八年八月**〔癸未〕巡撫宣府右副都御史李秉奏：獨石等四城，軍馬數多，而糧料數少。請定中鹽則例，召商中納。户部議定：大同宣府七倉，共開中淮浙等運司各年鹽課一百六十七萬二千二百九十一引。宣府獨石馬營二倉，淮鹽每引米豆八斗，浙鹽五斗，長蘆鹽四斗，河東鹽二斗；龍門所倉，淮鹽每引米豆八斗五升，浙鹽五斗三升，長蘆鹽二斗，河東鹽二斗二升；雲州堡倉，淮鹽每引米豆九斗，浙鹽五斗五升，長蘆鹽四斗二升，河東鹽二斗三升；大同廣足倉，淮鹽每引米豆八斗，浙鹽五斗，長蘆鹽四斗；廣充倉，淮鹽每引米豆八斗，浙鹽五斗三升，長蘆鹽四斗，河東鹽二斗二升；廣聚倉，淮鹽每引米豆九斗，浙鹽五斗五升，長蘆鹽四斗，河東鹽二斗三升。從之。

《明實録》**成化元年九月**〔丁卯〕户部言：鎮江、浙江諸處，旱澇相繼，雖以賑濟，然國家財賦，仰給東南，歲運京儲四百餘萬石。今罹災傷，優免數多，來歲兑運，必有不足。請以淮、浙等處官鹽二百七十萬引，酌量米價，定擬則例。廣募商人，於淮安、徐州、德州水次倉分中納，俟來歲斟酌道里遠近，分撥官軍之運。庶民不困於凶年，而國用亦無所損矣。制可。

《明實録》**成化二年二月**　癸巳，詔減徐州、淮安倉中鹽則例。初户部以鳳陽各處水旱，奏定中鹽則例，於徐州、淮安召商中納。至是主事張瓚以斗數太重，商人應募者少，請爲量減。于是徐州倉、淮鹽每引原定九斗三升，今減爲八斗；浙鹽八斗，今六斗五升；河東二斗七升，今一斗七升；長蘆四斗五升，今三斗二升；福建三斗，今二斗；山東四斗三升，今三斗；淮安倉淮鹽九斗，今七斗五升；浙鹽七斗五升，今六斗；河東二斗六升，今一斗四升；長蘆四斗二升，今三斗；福建二斗八升，今一斗八升；山東四斗，今二斗八升。其有常股鹽引者，亦各視此量減之數。

《明實録》**成化二年十二月**　壬寅，定擬遼東邊衛開中鹽糧則例。淮鹽每引定遼左右義州及廣寧前屯衛倉，俱粟米一石五斗，廣寧後屯一石四斗，海州一石三斗，寧遠、遼海俱一石二斗，東寧、鐵嶺、廣寧右俱一石一斗，金州八斗；浙鹽每引義州、廣寧前衛俱一石五升，定遼左右、海州、廣寧後俱一石，寧遠九斗，遼海八斗五升，東寧、鐵嶺、廣寧右俱八斗，金州六斗；長蘆鹽每引義州倉八斗五升，定遼左右、廣寧前俱八斗，寧遠七斗五升，廣寧後七斗，遼海六斗，東寧、海州、鐵嶺、廣寧右俱五斗，金州四斗。時遼左有警，巡撫都御史袁愷以缺糧告，户部覆奏允之。

《明實録》**成化三年三月**〔癸未〕巡撫淮揚等處都御史滕昭奏：儀真、瓜洲二處，鹽徒出没，私鹽盛行。及南京衛所並武進等縣，軍民大户常造千料遮洋大船，或賣與鹽徒，或自行裝載，率領人衆，擺列軍器，張掛黄旗，密通店主、牙行窩藏發賣，甚至劫掠官民船隻，殺傷人命。請備聖旨榜文禁約。若不悛改，鹽徒並知情店主、牙行正犯處斬，家屬發邊遠充軍。上命都察院請給聖旨榜文曉諭戒約，如昭所言。

《明實録》**成化三年五月**〔丁亥〕定擬遼東諸倉開中。成化二年淮鹽則例：金州、海州二倉，各一萬五千引，每引粟米一石；定遼左右倉各一萬二千五百引，引一石四斗；三萬倉一萬引，引一石一斗。先是，太監李棠乞令家人於遼東地方開中，成化二年，分兩淮存積鹽五萬八千引，詔將淮一萬引，不爲例。至是，户部尚書馬昂定爲則例，畀之。

《明實録》**成化三年冬十月**　癸丑，申明禁鹽事例。時私鹽類多越境貨賣，官鹽不通，而鹽法遂爲所壞。兩淮巡鹽監察御史左鈺奏：今後夾帶興販官私引鹽越境者，經諸官司擒拏，追門買食者，依律問斷。鹽至二千斤者，問發充軍，民終本身，軍舍餘丁腹裏者，發邊衛；沿海者，發遼東鐵領衛。庶幾姦弊革而鹽法通。從之。

《明實録》**成化四年二月**〔丙辰〕敕户部臣曰：各邊糧草不敷，皆因鹽法廢弛，弊出多端所致。今後内外官員之家，不許占中鹽引，侵奪商利，虧損邊儲。其兩淮等處鹽法，今遣太監王允中、僉都御史高明整治，爾户部還將興革利弊事宜，逐一斟酌以聞。

於是户部奏：鹽法之制，自古有之。我朝張官置吏，督民煎辦，以供□賦，以資邊儲，取用充足。近因豪勢攙中，致令鹽法不通，謹以興革利弊事宜具奏請旨。

一、在京內外官員，如有家人親識及軍民人匠投倚中鹽者，聽户科給事中舉劾，通政司告送部者，亦如之。事連於官則奏請逮問；若豪勢家人，詐稱軍民者，究實枷禁。

一、各邊或急缺糧草，聽鎮守總兵巡撫官具疏，某處缺糧或草若干，從本部處分，不許預開鹽課之例。違者參究。

一、遼東各倉開中鹽課三百八萬引，其未納者，移文到後，限以六閱月而完，違者逮問如法。有告納者，驗實方允，歲終巡撫官具數以聞。

一、兩淮行鹽地廣，商人多利，兩浙次之。是以人皆趨赴，請存留成化三年鹽課待充邊方急缺粮草，各邊關無得預以擬中，違者參問。

一、正統時鹽法阻滯，特敕內外重臣整治，事許便宜而行，遂得疏通，今已文廢。今差官止於兩淮，請于兩浙、山東、長蘆，亦如兩淮之例。

一、鹽運并提舉司官吏，分派商人，多不以序，及有已派者，又輒更動。縱令胥役作弊，分司鹽課司官吏人等，遇有竈丁納課，百端阻抑，其各處監掣官員，爲害尤甚。請令巡鹽御史并按察司官嚴加禁約，犯而情重者，謫戍邊方。

一、各處鹽課司竈户中有逃亡死絶，遺下鹽課往往勒見在者陪補。然其中又有貧窮借貸於官豪之家，爲其占據役使，或避重就輕，投倚總催人等，隱射額課，請行整治。鹽法官并巡鹽御史、按察司分巡官清理分豁，若有占據隱射者，事發俱坐罪。

一、竈丁煎辦正課有餘，例送官給與直本，但官吏先餌賄賂，徵收不時致正課尚猶不足，客商經年不獲關給，不得已私市其餘，冒爲引鹽，又賂秤鹽官吏，互相欺隱。是以私鹽横行，官鹽沮格。請令整治鹽法官，并巡鹽御史、按察司分巡官查問，但犯二千斤以上，賣者，倍追其數，坐罪；買者，問發充軍，罪止本身。若腹裏軍則發邊衛；邊衛軍則發遼東。經過有司故縱者，亦查究坐罪。

一、淮浙鹽場有上中下，頃以分撥起訟，令所司搭派，恐經年久，復蹈前弊，請行整治鹽法官、并巡鹽御史、按察司分巡官禁約。

一、河東歲額鹽課三十萬四千引，計歲可得銀十七八萬兩，足供邊儲。但其鹽爲蒲解等州縣人民及流民竊取，以致私鹽盛行，官鹽價賤，客商不中，請令巡撫官嚴督緝捕。犯者，謫戍邊衛；鄰保不舉，亦坐以罪。奏入，上是其議。命揭榜示衆，其兩浙長蘆，候兩淮事畢，以漸行之。

《明實録》成化六年二月　〔乙巳〕定四川、雲南開中引鹽則例。四川鹽課提舉司，鹽課八萬九千七百七十餘引。上流、華池二鹽課司，每引納米四斗五升；通海、新羅、福興三鹽課司，每引米三斗五升；羅泉、富義、仙泉、廣福、黄市、滸井、永通、郁山八鹽課司，每引米二斗五升；大寧場鹽課司，每引米二斗；雩安鹽課司，每引米一斗。雲南鶴慶軍民府劍川州彌沙鹽井鹽課司，并黑鹽井鹽課提舉司，共鹽課七千二百九十餘引。彌沙鹽井鹽課司，自天順六年起，至成化五年終，止積有歲辦鹽課二千九百餘引，每引米四斗五升；黑鹽井鹽課司，天順六年分空懸，歲辦額鹽五千二百引，每引米四斗五升。時以鎮守松潘都督僉事湛清奏，邊儲不給故也。

《明實録》成化六年五月　丁酉，南京十三道監察御史李瓛等以災異，上言五事：

一、賣官鹽以省運送。謂先因湖廣災傷，撥淮鹽五萬引，以南京馬快舡運至彼處，賑濟風水，不使重勞人力。其未運者，乞就兩淮變易銀價，令原委官賫送爲便。

一、通鈔法以便貧民。謂龍江九關商税錢鈔兼收不便，乞如聚寶門各宣課司例，一體收鈔。其大勝關并江東巡檢司，冬春水乾，客舡不至，該季鈔貫亦宜減免。

一、革鹽鈔以甦民困。謂户口食鹽之法，既驗口收鈔，即當驗口支鹽。今鈔入于官，而鹽不及民。况收徵之際，轉爲奸利，十倍中止以一倍入，官鈔皆腐爛不得實用。乞通行天下，一切減免。

《明實録》成化七年春正月　〔丙申〕浙江巡鹽監察御史李鎔奏鹽法利弊：

一、兩浙運司三十五場，額設鹽課二十二萬有餘。以十分爲率，每歲辦課多者七八分，少僅四五分。官吏懼罪，往往虚出通關完報，申達户部，撥派客商，經年累歲，無鹽支給。照數追併，多致逃移。請今後兩浙問刑衙門，但有干碍鹽法事情，審其有力者，俱送運司，照依納米事例，每鹽一大引，准米二石，令其收買鹵丁餘鹽，查撥缺鹽場分上納。無力者徒罪照徒年限，流罪四年，死罪五年，俱發缺鹽場分煎辦，以補逃亡事故之數。

一、松江、嘉興二分司額課共十一萬四千有奇，每歲辦鹽不及四五分。近例，竈丁遠者出米，給近者食用，俾代其煎鹽上倉。然近竈辦納本名鹽課尚有拖欠，況可令其代納遠竈之課乎？請令後徵米到場收候，近竈辦納本名正鹽外，若有餘鹽，隨其多寡送官稱收。每一大引與米二石。該場官攢，按月支給，不許留難。

一、鹽課有存積、有常股。正統十三年以前，兩浙鹽課，存積二分，常股八分。存積數少，而催辦之課常過其數。每遇開中，存積者朝來暮去，無所壅滯。常股者，亦不過守支數年而可得。正統十四年，存積增至四分，景泰元年又增至六分。自後因循不改，以致存積數多，而催辦之課不及其數。每遇中納，不分存積、常股，俱各守支十餘年。是以客商鮮少，而邊儲缺乏。請今後開中，仍照正統十四年例，先儘辦完存積四分。每年終，巡鹽御史督同分司官稱盤見數，另廒封貯，候商到便支，不許該場擅自開封，挪移别用。如遇該派客商到場，亦令於常股六分内，挨次支給。若有不敷，陸續設法追給，亦不許攙越。

一、洪武至宣德年間，竈户全户死亡者，行移有司僉補。正統年間，單丁老疾、貧難者，亦於有司僉替。以後此例，或因或革。近年以來，户部奏准，皆於竈户内新增空閒壯丁撥補。臣切思充軍人犯，尚支月糧；因徒限滿，猶得疏放。其竈户原係良民僉充，今乃子孫相繼，永無放免。請今後竈户除本竈一丁存留，餘丁二人帮贍。其有各場見役竈丁户内事故及在逃未獲者，仍照舊例，將本場殷實有力之家曠丁撥補，候事故丁長及原逃更替。若全户死亡、充軍并單丁老疾、貧難無力者，亦照舊例於附近砂場丁糧相應民户内僉補。

一、洪武年間，每歲見丁給與工本鈔貫，又免雜泛差役。永樂、宣德、正統年間，仍免雜泛差役，税糧存留，附近倉分上納。近年以來，有司不准舊例，將竈户田糧，與民一般加耗起運。每畝正糧三升五升，加耗却七升八升。又編水馬夫糧及雜泛差役。且竈户例不分户，而各丁輳合。但見田畝數多，其實地多瘠鹵，人力單貧。每至徵收，杖并不免，鬻産賣子，流竄他鄉，貽累里長總催賠納。請今後通行兩浙有司，凡竈户税糧，不分有力無力，存留本處附近倉分上納；或減徵耗米，或全准折銀。疏入，下户部議擬，多准行之。

《明實録》成化八年十一月　戊戌，定遼東開中鹽米則例：兩淮運司，成化五等年所中餘剩并存積鹽二十萬引，每引米一石二斗；兩浙運司，成化三等年存積鹽二十萬引，每引米九斗；長蘆運司，成化七年存積鹽三萬一百六十一引，每引米四斗；河東運司存積鹽二十萬引，每引米三斗，以預備邊儲。從巡撫都御史彭誼請也。

《明實録》成化八年十一月　〔甲寅〕定擬成化九年户口食鹽實徵事例：在京文武官吏隨住人口納鈔關鹽，南京官吏亦折半納支如例。其餘諸處司府州縣，該徵鈔存留起解，各從所擬。惟浙江杭、嘉、湖、紹、金、衢、嚴七府官吏市民，納鈔中半存解；其鄉民并寧、台、温、處四府民，每口納米四升三合一勺，存留備用。從户部請也。

《明實録》成化十年五月　〔丁亥〕户部議覆河東巡鹽御史王臣所奏事宜：

一、榆林城開中，淮、浙、河東鹽客商，以糧草價貴，俱不肯中。緣各邊開中，河東鹽每引價銀伍分，而所定糧草價亦略等。今河東支出官鹽，每引就本城發賣，價亦幾至二錢，視開中之價，不啻三倍。宜備查各邊，除報納已完外，其未完者，即行運司變賣，候積銀至數萬兩，申達本部，以給邊儲。如中已盡絶，暫將見在者支還客商。餘者自成化十年以前，盡行變賣運送；十年以後，添價中納。如商至者少，仍前發賣。

一、鹽池長樂聖惠鎮三巡檢司巡捕弓兵，各該州縣不時僉點，以致頑民劫掠，拒捕傷人。宜添撥弓兵，簡其精壯可用者。且聖惠鎮一司設於運司城内，宜移置近池地，以便巡捕。

一、河南南陽、汝寧二府，例食淮鹽，而到者絶少。宜暫准河東鹽越界，與淮鹽兼賣，待後淮鹽日多，仍舊禁止。其二府開中，則别立斗數於運司發賣。

一、河東鹽丁，近多逃絶，蓋因有司不免差徭所致。宜如淮浙竈丁例，除正役里甲該納糧草外，其餘雜泛差徭丁少者，盡行蠲免；丁多者，量爲減除。

一、河東鹽户，先年户部行令各該州縣，歲造丁田文册解送運司，查有事故，就令僉補。近州縣不行，造報運司止據見報丁口，致多隱漏。宜移文山西布政司，轉行州縣，查有前例，即行造報僉補。

一、河東運司原降分司印二顆，委同知副使判官輪掌，分巡一年一代，後因分司衙門未立，巡捕不常，致多盜竊，宜將近池官地造分司二所，分官巡捕。疏入，詔悉從之。

《明實録》成化十年秋七月　壬申，漕運把總都指揮僉事高興，以匿帶私鹽事覺，其部下多稱興治事公勤，奏乞留用。上以興既漕運年久，得下人心，姑宥之，再犯必罪。

《明實録》成化十年冬十月　〔壬寅〕守備儀真等處指揮僉事宋綱言：儀真、揚州、高郵三衛，及通泰、興化、鹽城四所京操軍士，每遇放班休息，有販鬻私鹽者，如不預禁之，懼生他患。乞行巡按御史嚴加約束，軍士有違，及所司故縱同謀者，具聞究治。上是之。

《明實録》成化十六年八月　〔甲寅〕户部奏：各處已故鹽商多令親識代支，經年既久，真僞莫辯，不能無重派冒支之弊。況今水旱相仍，賦税重減，而遠方糧草，悉仰給於鹽。若任其冒給，則鹽課日虧。請自正統以前未支者，每引給鈔三十錠，以償其資本；景泰、天順未支者亦如之。願兑換者，聽。兩淮兑福建、山東，兩浙兑廣東，所兑俱加十之五。其不願者，則如舊守支。詔可。

《明實録》成化十六年十一月　〔癸巳〕申革關支户口食鹽積弊。南京户部奏：南京鷹揚等衛委關户口食鹽吏違限年久，其初多因通同富豪勢要之人，包銀買鈔上納，後遂以官鹽賣出及夾賣私鹽，展轉營利，至有數年不還者。其册大率謄寫上年所造丁口，任情增減，有以三四年前未關，因人包鈔造册補支者，弊端不一。今宜通行南京内外守備等官究問。但夾帶私鹽二千斤以上者，並發戍邊，次者戍於近衛。其違限一年者，原籍爲民；三年之上，一千里外徭役終身；餘俱發遣如例。其册務於衛所一年内自下而上從實造報，未支逾一年者，不容補支。事下户部，以爲嚴禁鹽弊，累有成例，但此奏所擬徭戍比之成例太重。今宜於官吏及包鈔同行犯帶私鹽二千斤以上者，如舊發戍；次者及盜賣官鹽，一如律例發遣。違限餘一年者，俱發原籍爲民。他悉如所請。惟引目不許出給，其該支鹽數及差人姓名，俱造册預發運司收照；去人止開職役姓名批文，照身至司填注告投月日，仍給存照，外開鹽數批文，定限下場開支；兩批違兩月者，各問如例。疏上，從之。

《明實録》成化十七年秋七月　丁酉，暹羅、蘇門答剌二國使臣朝貢還，舟人教其途中買貧民子女、多載私鹽，且爲諸不法事。至淮安，有告其事於巡撫都御史張瓚者，會押送行人亦以爲言，瓚因遣官同行人按驗得實，贖子女還民，治舟人罪，因奏請敕諭諸國，使之擇人爲使，務遵禮法，并請明定罪例，出榜禁約。都察院覆奏，從之。

《明實録》成化十九年三月　禁勢家中鹽以侵商利者。時内官王鈿奏令家人中支河東官鹽二萬四千引。上曰：開中鹽課，例該召商，以備邊儲。近來内外官往往奏擾，所司看詳以聞。於是户部復奏：勢要之家奏請官鹽，動經萬計，以致中納者懷怨。況各邊倉廪空虚，糧草缺乏，此誠國計所係，不可不慮。今王鈿違例中鹽，宜下法司治罪。上曰：祖宗之制，内官不許私置産業。矧敢違例中鹽，與民争利？且其服食之需皆自内給，今鈿營利於外，將焉用之？論法本不可輕貸，姑恕之。户部仍查例揭榜禁約，後有犯者，必罪不宥。

《明實録》成化十九年八月　〔庚午〕户部奏：正統十四年以前，客商所中鹽全未支者，每引於所在有司給鈔三十錠，以償其資本。景泰元年以後願關鈔者，聽。但天下運司及提舉司鹽課價值有貴賤，所納則例有多寡，今一概關鈔，人心未平。宜準淮鹽三十錠例遞減，兩浙、廣東、四川、雲南者，每引二十五錠；河東、長蘆、福建、山東省，二十錠。從之。

《明實録》成化二十三年十一月　〔庚子〕吏部聽選監生楊璽上疏言八事：【略】一、便鹽課。謂四川鹽井，煎鹽柴薪，無地可採。且井眼崩竭，煎辦甚艱。商人久不得支，竈丁往往有追賠逃竄之患。乞令户部轉行撫按等官會議，如一縣鹽井若干，歲課若干，該納過倉糧若干，類造文册七本，分送布政司、府、州、縣並提舉鹽課司，各執一本。量地遠近，竈户自納，依年注豁。令其煎辦貨賣，歲以爲常。不必召商開中，而邊儲自實矣。【略】命下其奏於所司。

《明實録》弘治元年九月　丁亥，巡按直隸監察御史史簡陳鹽法十事：一謂申舊禁，以杜越境夾帶之弊。二謂竈丁窘乏，乞免追補逋欠之數。三謂勸借商人，宜損減以蘇其困。四謂姦頑脚夫，宜懲革以除其害。五謂諸場官吏，宜仍舊制以時交代。六謂及時開中，以足邊餉。七謂草蕩不均，乞量度分給。八謂竈役繁重，乞定科差，使其歸一。九謂盤鐵久缺，請增鑄，以盡人力。十謂鹽運往來，宜修河塘，以便商民。户部覆奏，從之。

《明實録》弘治二年二月〔戊申〕清理兩淮鹽法户部左侍郎兼都察院左僉都御史李嗣奏，請令各處巡鹽御史稽察各年鹽課，至次年六月不完者，官攢分司官停俸，任内三年不完者，遞降一級，運使六年不完者如之。户部覆議，從之。

《明實録》弘治二年三月〔己卯〕減定河間、長蘆運司開賣陳積鹽課則例，明場分高下爲四等。成化十三年至十六年，現在鹽課每引價銀二錢至八分。成化元年至十二年，係遠年追補鹽課，每引一錢六分至七分。正統五年至天順虧折鹽課，每引銀一錢至五分。各以年歲久近爲差。其虧折鹽課，竈民願如數納銀者，聽。以監察御史葛萱言，舊則太重，積課不售故也。

《明實録》弘治二年四月〔丁巳〕巡視浙江刑部左侍郎彭韶言：鹽課宿逋，不可復徵。欲酌年歲久近，量爲輕減。自宣德、正統至景泰四年者，盡蠲之。景泰五年至成化初者，每引追銀一錢。成化初至十三年者，每小引折銀一錢四分。成化十四年至二十年者，每小引收銀一錢五分；或二小引折布一匹。如折布者，須銀布兼收。其竈丁逋課，每歲帶辦二分。而商人有引無鹽者，責令銷繳，以絶私販之弊。下户部復議，從之。時詔但知憫恤貧難，而不知已徵未納，爲總催等所掊克者，概爲優免。議者惜之。

《明實録》弘治二年六月 甲辰，監察御史許鋭，言勢要之家往往以老病之馬賣于邊關，冒支官價，乞通行禁約。得旨：今後買馬鎮巡等官，諭所司公同估直，勢家仍蹈前弊者，御史劾治之。

《明實録》弘治二年八月〔辛卯〕刑部左侍郎兼都察院左僉都御史彭韶，奉命清理兩浙鹽課，倣古人進農桑耕織圖之意，繪鹽場景物及竈户艱辛之狀，爲八圖以進。上嘉納之。

韶復言六事：

一、謂兩浙運司官攢多有報完鹽課而實串謀受賄虧欠者，自成化元年至二十三年，雖經赦宥，請仍照考察事例，場官欠課至千引者，除先黜退除名者不究外，其在任改任者，俱律以不謹；欠萬引者，俱律以貪。其分司官三年之内，各場有報完而虧欠數千者，亦以不謹律之；六年内各場有報完而虧欠數萬者，亦以貪律之。凡經該攢典，不論去役、見役俱爲民。

一、謂兩浙鹽課歲二十二萬二千三百餘引，除折銀外，該徵鹽者八萬九千七百餘引。前此以各場竈丁貧苦，浙西每引減銀一錢，浙東減一錢五分，獨水鄉竈丁未獲寬減，請如浙西例行之。又常股鹽課，商人願中者少，積久必至消折。今後請免徵鹽，每引折收銀三錢，候商人赴場支給，於商、竈亦爲兩便。

一、謂鹽場宜立預備倉。請令竈丁有犯罪及有司開刑有干礙鹽法者，俱輸贖罪米穀于其中，有入官貨物亦轉貿銀米貯之，用爲荒年賑濟貧竈之備。

一、謂鹽場嘗擇殷實户爲總催，其泒辦甚繁雜，請寬恤之以蘇其困苦。

一、謂自竈丁有優恤之例，姦豪之人往往詭寄丁糧，影占差役，弊端滋多。自今竈户除一家全課，雖二三十丁以上者通免。若殷實竈户，止照見當丁數，依例貼竈，其餘丁田悉從有司當差，其全課鹽丁亦照原擬丁田津貼，不得仍前詭寄影射。如犯全家影占差徭者，割其多餘丁田、收補逃故竈丁之籍，所犯少者，坐罪改正如律。

一、謂老引客商擅鹽利以爲害。請以在運司給引到場之日爲始，如本場無鹽可支，而本商在場病故，許年限之外中鹽。多者加五年，少者加三年，務令代支之人依限盡支。如五年、三年外不盡支者，治以罪，并未盡鹽引没官。

下户部覆議，謂其言可采，請通行各運司，著爲例。從之。

《明實録》弘治三年八月〔辛卯〕命兩浙運司竈丁，近鹽場者辦鹽，在三十里外者，納鹽價。浙西每引銀六錢，浙東四錢。從巡鹽御史張文奏也。

《明實録》弘治四年正月〔乙未〕巡撫宣府都御史楊謐等奏：近擬山東、河南等處歲輸户口食鹽錢鈔於宣府，準給官軍折色俸糧。緣邊方錢鈔不行，軍士不蒙實惠。乞自今通從以銀，每錢七文折銀一分，鈔一貫折銀三釐。下户部議，覆奏，從之。

《明實録》弘治五年十二月〔甲子〕河間長蘆都轉運鹽使司各場鹽，自成化元年至二十三年止，有召商開中無人報納者，亦有改撥存下虧折不堪者，共五十一萬六千九百餘引。官吏多沿襲作弊，竈丁亦乘此私煎。户部議謂：須盡數鬻之，庶鹽法可清。從之。

《明實録》弘治六年正月　乙亥，命廣東按察司僉事沈鋭專理鹽法。巡撫兩廣都御史閔珪言：廣東鹽課舊有按察司官專管，後以巡守官攝之，事無專任，逋負至數萬，宜仍舊便。户部覆議，從之。

《明實録》弘治七年二月〔丁亥〕巡撫山西都御史張敷華奏：解州鹽池乃天産自然之大利，每年額辦鹽課止四十二萬引，其餘無窮之利，不取於官，不濟於民，委諸無用，良爲可惜。乞著爲定則，除額辦外，仍以三十萬引充糧餉。户部覆：解州陸運艱阻，往年額鹽尚多停滯，若復加以前數，恐價直愈賤，額鹽必爲所阻，宜暫行一年，試其有益與否，別爲議處。從之。

《明實録》弘治八年三月　丙戌，巡按直隸監察御史榮華奏：積年商人先詣長蘆各場收買私鹽，意欲賄求岐王隨從軍舍，夾帶至儀真貨賣。户部覆奏：請令沿河兵備副使等盤詰治罪。仍著爲令，以後親王之國本部徑行禁治。上從其議，命移文沿途各官禁捕，不許怠玩，事發連坐不貸。

《明實録》弘治九年七月〔甲寅〕户部請以長蘆運司弘治元年至七年見在鹽課八十三萬一百六十五引，及山東運司五年至七年見在鹽課三十七萬七千二百七十引，官自鬻之。長蘆諸場，以臨水近遠爲上、中、下三等之分。一等者，每引價銀二錢五分；二等者二錢；三等者一錢五分。山東諸場，則俱止一錢。惟濤洛一場，止於五分。從之。

《明實録》弘治十年二月〔庚辰〕户部以長蘆運司前所鬻陳積鹽課，久而不售，由價太高之故。請減原擬一等場每引價銀二錢五分者爲二錢，二等場二錢者爲一錢六分，三等場一錢五分者爲一錢二分。從之。

《明實録》弘治十二年十一月〔甲申〕巡撫山東都御史何鑒言：山東運司鹽課存積歲久，走鹵消折；而濤洛等三場，鹽皆苦黑，商人不願中納。請以弘治十年以前，各場存積鹽課盡數開賣。其濤洛等三場者，請每一大引折徵銀一錢五分。自後每存積二年，即如例賣銀解部。户部覆奏，從之。

《明實録》弘治十二年十一月〔戊寅〕監察御史史載德，以兩淮運司竈丁多逃住鄰縣豪家，致虧鹽課，請著爲令，限三月以裏許自首免罪。否則竈丁窩主同令償所逋正課。竈丁坐本罪，窩主發充竈終身，里鄰知而不舉及所司破調不發者，皆治罪。户部覆奏，從之。

《明實録》弘治十四年二月〔己亥〕户部請開中兩淮鹽一百萬引於大同，兩浙、長蘆鹽五十萬引於宣府，以備軍興之用。并請嚴禁沮壞鹽法者，以復祖宗之舊。凡奏乞者一切停止，非邊報緊急不許開中，非商人正名不許關支。其公差人員及勢要之家，有裝載私販者，并治以罪。從之。

《明實録》弘治十四年二月〔戊子〕巡按監察御史馮允中奏：鹽法之弊，多因商人匿引不繳，有司縱商不究。是以水客有影射之弊，商場有挪移之私，請自今於行鹽地方，量户口之繁簡，查里社之多寡，賣過引目，會月終，州縣繳府；季終，府繳布政司；年終，布政司及直隸府繳部。有不及數者，其府、州、縣正官，許該部參問。户部覆奏，從之。

《明實録》弘治十六年八月〔癸丑〕初，商人杜成奏將兩淮、長蘆運司自正統元年至弘治十二年殘鹽百萬餘引，納價於部，隨場買鹽。户部查奏，各鹽場已無此數。且近年有例，商人止許赴邊報中，無在部納價者。命與八十萬引，户部收其價，令隨場自買，以補官課。

《明實録》弘治十七年十二月〔甲子〕先是，户部奏：慶雲侯周壽、壽寧侯張鶴齡家人朱達、周洪等，阻壞鹽法，請將鹽引未納銀者停止。得旨：允之。尋復從壽、鶴齡請，令其買補。户科都給事中韓智等言：各場殘鹽乃風雨消折，正宜蠲免，以蘇竈丁之苦，若從其請，則盡被勒取，正課必虧。况救荒餉邊，悉資於此。今壽等富貴已極，不當更附益之，以損國計。監察御史常賜等亦言，謂：課有定額，價有定則，從壽等之請，則價減而課虧，何以爲兵荒之備？一不可。法者天下之公，厚於戚畹則法不均，何以示天下？二不可。利者人所同趨，盡歸勢要，何以來天下之商？三不可。淮、揚各處貧竈未蘇，再加皇親之害，則逃移殆盡，何以爲久遠之圖？四不可。户科給事中劉茝亦言：鹽法之始乃爲邊儲急用，平時未可以開易。先軍理財者急於小利，利源一開，趨者如蟻。商人朱達等，夤緣奏擾，皆始議開易者之罪也。今之皇親，下侵商利，爲朝廷歛怨於民，蓋把持行市，逼買竈鹽則害竈丁，殘鹽行則正課虧，商人經年坐守則害商人，不附卷籍，不搭別場，任其所之，皆得貿易，則害運司。生事擾民，莫敢誰何，則害有司。或遇兵荒，素無厚積，召商不至，何以爲謀，則害國計。俱下所司知之。户部覆奏，請收回成命，以惠天下。上曰：已有旨許之矣。姑已之。

《明實録》弘治十八年二月　巡按山西監察御史湯沐上修舉鹽政二事。謂：近歲鹽丁，比舊額十耗二三，而商人未免臨時僱倩。且連遭歲欠，賑饑無備，欲其出力辦課，難矣。今宜損益兩淮勸借之法，拘集商人，諭商、竈相資之義，量其年分久近，鹽數多寡，區別等第，以禮勸借。每引，米一升，小麥加半升，貯之官廪。如遇辦鹽缺食之時，以此兼贓罰等項錢糧，驗丁賑給。稔歲，抵斗還官。大約模仿常平義倉遺意。庶鹽丁自肯勤力，商人不必雇倩，而官私兩便。又舊例各運司開中存積鹽課，價頗重，常股課，價頗輕。而比年各邊開中二項鹽課者，納價大率相同。夫納價既無輕重，則派之當無緩急。今自今年以前開中者，不分常股、存積，但納價同者，俱照次第挨支，不許存積商人越次支給。若明年以後，未開鹽課，共納價輕重並支給先後，則各運司自行處置。户部覆奏，從之。

《明實録》正德元年十一月　戊子，户部侍郎王儼，先是往各邊召商納米，定與九一成色。蓋每石米九分，帶穀一分也。分守獨石馬營左少監唐禄，欲乘時牟利而不得遂，乃詭言九一米麤，必絶穀始可以充軍餉。刑部主事俞穩奉命，會巡按御史勘實，具得其情。於是奏，謂九一便於久貯。況今米價猶貴，須因時收受，待歲豐乃收絶穀，庶米商易召。户部覆奏，九一既便，特恐各倉場鹽收官攢人等，徇情受囑，不足其數耳。宜移文巡撫憲臣，及管粮郎中，今後收米，俱欲足九一之數，着將三七、二八，麤糲混收，及有插和糠秕等弊，治如例。上是之。

《明實録》正德二年正月　〔辛卯〕整理鹽法工部右侍郎兼僉都御史張憲奏鹽法四事：

一、清本源。私鹽之弊，固非一端，而私自煎煮，尤爲弊端之始。今無籍鹽徒，或老引姦商，及積年富家，通同豪竈，離團私煎私煮，遂使私鹽盛行，官課虧損。宜令運司掌印、分司官并附場軍衛、有司掌印、巡鹽等官，不時赴場，提督竈丁，聚團煎煮。有離團作弊者，治以重罪。

一、禁私鬻。私販之禁，在昔最嚴。近年因有肩挑背負不禁之例，故射利之徒，或收買豪竈餘課，或截買姦商私鹽，堆積盈室，陸續挑賣，以致鹽價不揚，商人折閲。宜遵舊制，嚴訪治罪。其濱海近場，果有貧人易米度日者，家許一人，人許數十斤。親自負場，賣與在場客商，照引買補。

一、嚴引限。訪得客人合朋分引，展轉影射。今緝獲私鹽，驗出舊引，有天順、成化間者，往往不填年月，又不剪角，不知翻用幾次矣。宜稍嚴其限。自正德二年始，商人領引到場，千引以上者，六年爲限；千引以下者，四年爲限；若三千引以上者，多不過十年。如有過限，將引目影射興販者，將引鹽盡數入官。商罪以私鹽律。其所經有司，不將引目剪角，一體究問。仍行運司，查自正德元年以前引目，如有千引以上，經十五年者，千引以下，過十年者，没入之，免其罪。

一、重職任。兩浙私鹽出没之處，多江墹湖浦，難於關防。而浙西太倉州、吴淞江守禦千户所爲最。瀕海軍民，任意興販，雖有軍衛、有司、巡司等官巡捕，或勢力不敵，或得賄縱弛。今宜改浙江水利僉事爲兵備，提督巡鹽、巡捕，仍管屯田水利，則私鹽可禁。户部議覆：犯私煮之罪者，宜如所擬。但下場提督，宜責之運司。其不係竈丁私煎賣者，方責之軍衛、有司、巡鹽等官。其犯私販之罪，宜如所擬。而瀕海貧民，肩挑易米者，依例不禁。所論老引影射者，千引以上限十年，千引以下限五年，蓋恐竈户煎煮之難，則商人收買不給，是宜稍寬其限。水利僉事不必改兵備，俱宜於敕内增入提督巡鹽，以便行事。從之。

《明實録》正德三年七月　丙午，巡按福建監察御史羅善奏：福建都轉運鹽使司所屬上里、牛田、海口等三場，竈丁附海者，十二例，納鹽；依山者，十八例，納銀。及開中支與商人，亦鹽二而銀八，以行鹽地狹，報中者少。三場見積銀九萬三千六百五十兩有奇，自後每年仍有八千三百六十三兩之數，宜將弘治十八年以前所收銀七萬六千九百三十兩，起解赴部，以供邊餉。其餘正德元年以後徵收者，則仍留備支商。户部議覆：既地狹，報中者不多，不若免其開中。自後每年附海所納鹽亦易銀起解，其在司存積額辦没官囚徒等鹽共二十三萬五千三百九引，盡行定價變賣，併見積銀，一體差官解部。從之。

《明實録》正德三年十一月 庚申，兵科給事中屈銓等奏：親詣兩淮運司覆驗在庫引目八十萬道，每引作價四錢，召商報賣，告報益少，每將淮南每引量減七八分，淮北每引量減五六分，庶事易集。户部議覆：鹽課開中，未有四錢以下者。今召商日久，所賣不多，蓋緣江南凶荒，食鹽者少；織造等項，夾帶者多。私鹽既行，官鹽自賤，與其減價，孰若暫存。宜令科道各官回京，將前項引目仍留在庫，待時發賣。從之。仍令行各處巡鹽御史，究私鬻阻壞之弊。

《明實録》正德五年四月 〔庚子〕户部奏給事中鄭裕等查報長蘆虧負鹽課。巡鹽御史王凱、運使趙亮等，坐罰米三百石者二人，二百石者七人，以致仕爲民減至五十石者十五人，病故者宥之。

《明實録》正德五年五月 〔癸未〕山西巡鹽御史蕭選奏：山西官鹽應賣未盡者三十餘萬，而應支商鹽復百餘萬；停止則病商，盡支則妨官。請於應支商鹽數内帶買官鹽，如商百引則官二十引，庶官、商兩便。下户部覆奏：邊儲取給鹽利，宜先官鹽減價亟賣，其商鹽則酌其資本多寡，歲加引數量支，仍嚴攙越請託之禁。詔：官商鹽引中半相兼支買，攙越作弊者罪之。

《明實録》正德九年七月 〔戊辰〕户部覆兩浙巡鹽御史師存智所奏修舉鹽法六事：

其一、兩浙鹽課，於邊方開中，每引例納銀一錢八分。若在浙中納，每引可得三錢以上，其利數倍。請自今俱令本處中納解部，轉給各邊。其二、灘以淋鹵，蕩以煎爨，鹽所從出也。近以水旱虧課，竈户流亡。所在灘蕩，頗爲豪强吞併。乞令清查撥給。其三、竈户計丁優免糧役，已有定例。近者有司造册，縱吏爲姦，或脱竈縱民，或隱丁不報。致一身兩役，賦外加賦，宜查改禁治。其四、先年盤獲夾帶餘鹽出場者，如私鹽法没官，隨即變賣。近令堆積，以候邊方開中。堆積既多，弊端不一。請仍變賣，收銀解部。其五、鹽竈雖統於運司，而錢糧半輸於州縣。事無統攝，掣肘難行。宜令州縣事干運司者，俱聽取問追理，無得阻撓。其六、鹽課給邊，實資商本。近者市井無賴，倚托權豪，挾詐張威，冒支轉販，姦弊滋生，商竈俱困。請嚴其禁，甚者劾治之。詔從其議。

《明實録》正德九年十二月 〔丙申〕户部請令山西運司每歲鹽花盛結，於常額外再撈二十萬引，開市以備王府禄糧之用；如歲傷水澇，仍供正額。從巡撫都御史王珝奏也。

《明實録》正德十一年正月 〔戊戌〕商人梁相等奏乞開賣河東餘鹽。户部言：山西地狹民貧，用繁賦重，禄米俸糧，供億不敷，每賴鹽利補助。若從相等奏，則利歸私門，貽害不小。相等倚奸罔利，宜置於法。不聽。

《明實録》正德十一年六月 丁丑，巡按福建監察御史王介，請暫以福建附海鹽課，自九年至十二年俱於本處定價，召商變賣，并依山徵銀。惠安場折銀俱類輸，以備各邊支用。户部議從之。

《明實録》正德十一年十月 甲戌，清理鹽法。侍郎藍章奏：先朝各王府奏討食鹽，不過二三百引，今公差人員奏討不下數萬；又織造等項，名雖二萬，夾帶實多；及進貢馬快等舡在于長蘆運司收買私鹽，公行無忌。乞要節賞賚，杜奏討，及織造不准支鹽。户部議覆：三事皆于鹽法有益，宜如所奏行之。詔可。

《明實録》正德十四年三月 〔戊戌〕淮宛平縣商人龔俸等報中兩淮運司存積常股殘鹽三十餘萬引，仍令就便收買，不次秤掣。前此已准張安報中後，又貝林張春蕭儒等户科户部執奏，皆不從。鹽法於是盡廢矣。

《明實録》正德十四年六月 〔癸酉〕以長蘆運司鹽四千引，給南京供應機房太監剛聰，以供織造。先是，巡鹽御史王完言，軍國之需，仰給鹽課，祖宗立法甚嚴，近年乃以資織造之用，阻壞鹽法，乞停止。户部議如所請。不許。

《明實録》正德十四年六月 〔丁丑〕淮商人郭弼等改支兩淮鹽二十二萬引。弼等先已于河東報中，乃復奏改。户部請治其撓法之罪。不從。

《明實録》正德十六年十二月 〔乙未〕巡按山西御史丘道隆奏：解池鹽課，乃天造地設，生成豐歉，由于時數，非如兩淮等處，可以人力煎熬得之，所以遞年鹽課不等。查得運司撥課，俱先儘本年，而後撥補各年。各年虧欠，有自成化間至今撈補未足者。守支官攢，往往繫累年久，不能出身，至有行乞老死者。況各邊開中，俱以逐年額課坐數，若不空其後而足其前，則後報中者，支鹽在先，先報中者，支鹽在後，似非持平之意。臣以爲遞年撈辦鹽課，無論消折拖欠，俱各從前那補，不必膠于一定，先儘本年，則官攢便于守支，不至繫累失所，足以剗削奸商攙越之弊。户部覆議。從之。

《明實録》嘉靖元年正月〔癸酉〕巡撫寧夏都御史王時中條上備邊二事：【略】其一謂靈州鹽課司大小池，原額新舊鹽課共五萬九千三百三十七引。先年延、寧二鎮，更番召商中馬，計值掣鹽，公私兩便。頃乃困抑商人，使俱詣陝西布政司納銀候引。民既重勞，官復輾轉借用，不佐邊方之急。自今乞令甘肅、延綏、寧夏三鎮，得自領鹽課，率三載一更。鹽商開中，或馬或銀，徑於本鎮收貯。類行該司給引掣放。兵部覆議：時中言大率可行。但鹽課三年輪管，事體未便。當令環靈兵備督同原管鹽場官，從公召商中馬，以次分派三鎮。先甘肅，次延綏，又次寧夏。仍以西寧、洮河茶場所易馬匹相兼充用。自後有挪移借用，及開納價銀者，罪之。得旨，如議行。

《明實録》嘉靖元年正月〔丙子〕詔減歲供内府鹽課之數。初，弘治時，内府供用庫歲派青白鹽十七萬五千斤。正德以後，太監吴海、楊先等再請加課，遞增至三十五萬一千八百四十四斤。淮、海之間，蕭然煩費。至是御史鄭光琬言：陛下登極，首詔選汰内府，各監局員缺，悉依祖宗故事。今冗濫既清，供用庫新增課額，宜悉罷減如弘治年例，以蘇民困。户部覆議。從之。

《明實録》嘉靖元年十二月〔丙戌〕直隸巡按御史盧瓊奏：長蘆運司所轄，有海灘六十餘里，布散海豐、海盈二場之間。向爲竈民高登等買占，共立灘地四百二十七處。通計每年所得鹽利十萬餘引。地出於官，利歸於私。請十税其五，以補逃亡鹽課。户部言：此曹既係出貲得之，與盜占不同。且有累年修治之勞，若一旦半分其利，似爲太苛。今宜量徵其十之三，而以七分與之。如遇風雨不結，及海道坍没，即爲減免。上是之。

《明實録》嘉靖四年十一月 巡按山西御史楊杲言：河東鹽課專供宣府邊儲，見今堆積甚多，其行鹽地方惟陝西鳳翔、漢中等府，道兼水陸，商販頗利。今若以靈州池鹽於鳳、漢二府行發，則河東所積之鹽阻滯，且河東、靈州各有行鹽地方，乞行禁治，毋得越境販賣，使正課流通，邊儲不乏。户部覆議。從之。

《明實録》嘉靖四年閏十二月〔戊辰〕先是户部言：淮、浙、長蘆等處引鹽，均爲供邊。必邊臣奏討軍儲，本部覆奏，方許開中，各司通融搭配，未有商人擅自奏討及單開淮鹽者。又必挨年報開，不許預先透派，故弘治間每處鹽課多有餘積。至正德間權姦用事，奏開殘鹽，遂使鹽法大壞。至皇上登極，詔旨裁革，鹽法疏通，各邊奏討必開，亦皆均派。今商人逯俊等夤緣鑽刺，故以增價爲名，奏買殘、餘等鹽。臣等執奏，必欲置之於法，而聖慈寬宥，復開兩淮額鹽三十萬引，且於宣府近地上納。大利所在，人争趨之，則彼之占中賣窩，展轉罔利，無所不至。使山東、長蘆等鹽，别無搭配，積之無用。虧國用、誤邊儲，莫此爲甚。而御史高世魁亦復言之，乞俯從停止。詔如前旨，兩淮二十萬引，兩浙、長蘆十萬引。於是户部復言：宣大二邊俱爲重鎮，若盡開宣府報中，則大同緩急無備，宜令分派二鎮上納。淮鹽依欽定每引價七錢五分，浙鹽四錢二分，長蘆鹽二錢五分，仍依二鎮年例分派，札行二鎮管糧郎中會同巡撫都御史從公相兼搭配，不許姦商自擇便利，專報淮鹽，致誤邊儲。仍嚴禁勢要人等詭名占中賣窩，坐享厚利。從之。已而逯俊等復以爲一名兩鎮，俱填勘合，事體不一，乞許臣等十六人上納宣府，而以十一人上納大同。竟從其請。

《明實録》嘉靖五年二月〔乙丑〕給事中管律言：兩淮鹽課，舊制七十二萬引有奇。其常股四分，以給工役賑濟之需；其存積六分，非國家大事，邊鎮有警，未嘗擅開。糧草皆輸本色，未嘗濫收銀價。是以國不言虚，邊不告欠。正德中改存積、常股皆爲正課，破例生姦，遂令商人逯俊等自請開中。又旨折收價銀，緩急無備。臣請自嘉靖五年始，盡復舊規，則公私兩便。户部覆議，從之。

《明實録》嘉靖五年三月〔戊子〕南贛巡撫潘希曾奏：先年因兩廣軍餉不足，奏准廣鹽於南雄府抽分，許行南贛發賣。繼因南贛軍餉不足，復令廣鹽於贛州抽分，行袁、臨、吉三府發賣。正德十三年，户部仍禁廣鹽不得至三府，蓋恐奪淮鹽利也。然淮鹽逆流而上，費繁價重，相去倍蓰，三府之民稱不便。況豪民世以私販爲業，連艘挾刃，官不能禁，且私徵税焉，是賈盗也。不若因其勢而導之，令廣鹽行鬻三府，如故道以贛州量行抽税，以資兵食。兵部復請，從之。

《明實録》嘉靖六年二月〔甲戌〕户部覆巡按直隸御史戴金條陳鹽法十事：

一、通鹽法。言國初鹽價甚平，商人樂中。頃勢要占中賣窩，價增數倍。宜定爲例，每引至六錢止。仍嚴禁賣窩之弊。

一、處逋課。言餘東、馬塘等場，竈丁逃亡。新舊逋鹽一十七萬餘引，卒難徵辦。宜將餘東九場舊鹽，責令於兩淮運司開中。每引納銀一兩，解部給邊。馬塘等場，暫令商人免納賑濟，自行買補。候年豐仍責竈丁煎辦。

一、處餘鹽。言掣割餘盤，舊無定價。宜自嘉靖六年以後，每引二百斤，淮南定爲八錢，淮北六錢，即以官價發賣。

一、清報中。言甘肅等處，引鹽未掣者四十餘萬，宜克期召中。如商人領文後，宣大、遼東兩月以上，固原、榆林、延綏三月以上，甘肅五月以上不到者，即將鹽引三分之一没官，另行召商掣支。

一、節財用。言鹽課之入，歲有盈欠。如本年積羨一百餘萬，宜以三十萬制用，其餘俱存留太倉。以後歲額不足，則通融處補，毋例外加增。

一、重任使。言運使員缺，宜遴選得人。俟有勞績，不次擢用。

一、立分司。言兩浙鹽場，舊有運判公署，歲久傾圮，宜及時修葺。申明職守，以便責成。

一、慎考察。言運司官員，舊屬巡按御史考察，采訪不真，宜令撫按官會同巡鹽御史定考。

一、鑄鐵盤。言兩淮官鑄鐵盤，歲久敝壞。富者私置鍋鏾，貧者失業亡徙。宜動贓罰銀兩，增鑄鐵盤，以惠貧竈。

一、清贓罰，言各衛所巡獲私鹽，弊多侵没。自今私鹽被獲，宜令在衛則關白本衛；在廳則執送附近州縣，以憑變價解司。詔如議行。

《明實録》嘉靖七年六月〔甲辰〕户部覆廷臣會議：兩淮額鹽數少，民食不充。竈户煎有餘鹽，置之無用，是以鹽價翔涌。欲令漕運大臣兼理鹽政，聽將竈户餘鹽報官中商，量徵十之二三，以救貧竈，則鹽價可平。仍以徵賣價銀，分解水次倉場，遇豐年則收糴雜糧。若江南荒欠，則量徵折色，而以所貯之糧轉輸入京，以充運額。仍以折銀通解漕運，以爲糴本。則輕重相權，遠近相濟。不三五年，國賦既足，而鹽法亦大通矣。請下漕運、鹽法衙門，計其利便。上謂：户部典司國計，鹽課盈縮，利弊興革，乃其職守。今鹽價踊貴，私販盛行，將來恐釀大患。此議屢經廷臣論及，巡鹽御史建白，必有所見。果窒于行，亦宜明復。奈何數請行勘，以致經年不報，徒事虚文？其即查各官所議，酌量人情國法，當行當止，務求歸一以請。但裨國計，毋泥舊文。鹽法仍屬巡鹽御史管理。其徵解糴買，俟後行。

《明實録》嘉靖八年正月〔乙巳〕巡撫雲南都御史歐陽重奏：雲南鹽課僻在萬里，與内地不同，欲積以待支，則折閲無算；候地方有事，奏請開中，則緩不濟事。請自今爲始，將歲辦鹽課六萬一千五百七十八引，每年召商中納，酌估價值輸之官庫，以備不時支用，年終造册類繳。户部覆奏。詔從之。

《明實録》嘉靖八年七月〔丁酉〕巡按浙江御史王化言：兩浙運鹽司行鹽之地，盡浙省及蘇、松、常、鎮、徽州、廣信州縣一百二十有五，今商所便者，獨三十六處耳；其它商不樂往，故私鹽日滋。臣謂商所便者無論焉，其餘不通官鹽處所，宜許土商自買鹽斤，不拘開報多寡，出給官票，量取税課，執照發賣，銷繳類解運司以接邊儲，有攙越官鹽地方者，以私鹽論；巡捕等官交通販賣者坐如律。如此則所在皆官鹽，私販不禁自止矣。户部善其議，請從之。且言：諸商所以困者，以開中引爲費既多，又或御史掣放不時，委官避嫌閣誤，故困日甚。宜令諸邊開中本色，毋折銀，毋勸借，無加罰；仍行巡鹽御史依時掣放，毋得稽沮；同稽通塞，用示勸懲。所司有避嫌推托，坐困商人者，劾奏處治。得旨如議行。

《明實録》嘉靖八年十二月〔甲戌〕户部覆御史王舜耕條奏鹽課利弊：

一、廣分撥以通官鹽。言：長蘆鹽舊行順天、衛輝等十府，保安、隆慶三州；山東鹽行濟南等六府，徐、宿二州。邇來長蘆鹽止行順天、大名、衛輝等三府；山東鹽止行兖州、東昌二府，徐、宿二州。餘各有斥鹵地，私自煮鬻，阻滯官鹽。宜行有司核境内户口，月食鹽幾何，選有抵業者充當店家鋪行，籍報巡鹽御史，下各運司按季驗數，查撥商引到各地方有司，分各鋪店，平估鬻之。非有司官鹽，市不得鬻，否者以私鹽論。

一、嚴禁治以絶私販。言：各斥鹵之外，非竈地則民地也。若竈地則有官煮，民地則皆私煮。宜行有司並運司官親詣其地，逐一查勘，不許私自煎煮。其肩挑背負者，止許易米，不得私賣銀錢。巡捕官兵獲多者，以禮獎勞，則官鹽行而課額自敷矣。

一、稽退引以杜姦欺。言：各運司批驗所官，凡遇商告掣，即查究先所掣過舊引入官，方與呈請掣放，給與新引水程，否者以枉法論。

一、折官課以便商竈。言：青州濟民、石牌、惠民、化歸四場，動經千里，舟楫不通。既難支掣，且總催官吏掊克，商竈兩困。欲令竈民每引止納價銀一錢，貯之運司。如遇商人坐派該場，當官照引領價，聽買勤竈餘鹽。庶商無虧本之怨，貧竈免賠補之苦。

一、廣積儲以備荒欠。言：各竈户終歲勤苦，甚於編氓。每遇歲兇，有司自分彼此，止給部内貧民，而不及竈户，以故竈户流移者多。請發通州所貯牙行銀，長蘆一千，山東五百，各運司豫糴，以賑貧竈。詔如議行。

《明實録》**嘉靖九年二月**〔甲申〕先是，巡按直隸御史朱廷立言：兩淮添引之議，不便於商，而放掣鹽船積至數單，誠爲壅滯。宜令運司奏繳添刷引目，每鹽一引，以五百五十斤，過多餘鹽如例納銀。其放掣鹽船，仍舊論單，隨至隨掣爲便。巡按浙江御史陳世輔亦言：添引之議行，則浙之地方有限，引之加倍無窮，宜如前御史王朝用議，以解京存留額鹽，俱留本色開邊報中，每引不過三百斤秤掣；餘鹽納銀，悉如舊事。下户部覆議，從之。

《明實録》**嘉靖十年十一月**〔辛酉〕巡按山西監察御史楊東疏陳鹽法五事：

一、鹽池之湮塞，皆因堤堰禁墻之不修。堤堰冲決，則水直達，禁墻冲決，則水直入鹽池。往年隨補隨壞，非爲永久之計。乞以椿木、石條固其基，然後砌以磚石，而又增高五尺。不惟可以防冲決，又所以防賊盜也。

一、舊制河東引鹽，止是宣府開中。近因朦朧奏討，因循改派，一遇鹽花不生，遂給内帑銀。今宜一切弗許。將鹽池每歲所入，盡數變賣。以八萬兩爲宣府年例，以八萬九千三百五十兩爲王府禄糧，餘則歸之户部。若遇鹽花不生年分，就將前銀給發，抵作河東年例。

一、代支、協支者，多出詐冒。代支，指已故者而言。請如舊制，具奏户部，行巡鹽御史保勘。果係親屬，方許代支。子孫或乞養兄弟非同爨，妻或改嫁，皆不許。協支指現在者而言。兩人合本，彼此面同具告，方許協支；止是一人告協者，皆不許。

一、私販之禁，有肩挑背負不必禁捕之條。此行之於淮、浙、長蘆則可，行於河東則不可。蓋淮、浙地方廣，食鹽多，肩挑背負者，勢弗能禁。河東舍此不禁，則無可禁矣。請興販至六七十斤以上者，罪以私鹽之律，庶私販有禁，而官鹽無滯矣。

一、運司之有分司，猶布按二司之有守巡。近因河東地僻事簡，群處一司，以致巡歷不嚴，盜賊出没。乞將東、西、中三分司衙門，俱移建池南，令其住扎，嚴督巡捕，兼放引鹽。則地方知懼，而鹽徒自息矣。户部議覆，從之。

《明實録》**嘉靖十年十二月** 初，御史周相疏請革去餘鹽，以通鹽法。都給事中蔡經疏請量處餘鹽，以濟邊儲。且各欲修舉屯政。上皆下所司議。至是，户部尚書許瓚等集諸大臣議：以餘鹽雖非舊額，而官司商竈，近實賴之，不可遽去。且鹽法之阻滯，非專爲餘鹽也。以勢豪，則占中賣窩；以狙獪，則巧爲侵克；以諸司，則例外需求；爰致商人不樂報中。臣等亦嘗反復深究，其故大約有四。曰：餘鹽之取盈也；引價之太高也；搭配之弗便也；邊方本色之難於糴買也。今欲量處餘鹽，宜查照近例，每鹽二百斤，淮南則納銀八錢，淮北六錢。以官價之數，定平市之法。嚴禁各商，勿得故裝大包。餘數雖多，無過正引。其商人不欲附帶者，聽之。所入餘鹽，隨時盈縮，不可拘定一例，法外抑勒，及稱貸預納，以足百萬之數。多不爲功，少不爲嫌。淮、浙正價太重，亦須酌損。

兩淮減一錢，兩浙減五分。至甘肅極邊，則淮減一錢五分，浙減一錢。本鎮正開淮、浙二鹽，不得兼配他處。其長蘆原定二錢，山東原定一錢五分，似難增減，仍照舊配支，其餘各邊開中淮鹽，配長蘆者無山東，配山東者無長蘆，無使一人奔走三路。淮鹽輸本色，浙則本、折中半，長蘆、山東通許折銀。如是，則商不告勞，而其利亦均矣。然此不過一時救弊之法耳。乃若屯、鹽相須，屯政亟當修舉。欲驟整飭之，爲力甚難。若復遣大臣，未免煩擾。幸敕各鎮撫臣，令其多方區畫。開避荒蕪，禁止兼併。期以二三年間，足備邊儲，不資鹽利，則餘鹽之數始可徐議而革矣。議入，上悉從之。

《明實録》嘉靖十一年正月 〔甲戌〕户部奏派鹽引。言：各邊額引並預備客兵及補歲月不敷，三項共該鹽一百六十七萬五百七引，而各運司歲辦額鹽止該一百三十四萬一千九百二十四引有奇，額外增益殆三十餘萬引。引目有限而開中無窮，存積愈鮮而分派難繼，恐非經久之法。據今嘉靖八年以來存積鹽數，見有一百八十二萬餘引，尚堪補輳。議將本年額鹽開甘肅二十二萬引，寧夏、大同、宣府、遼東各一十四萬引，各照近議分撥召中。其該年存積引鹽四十二萬一千九百二十四引有奇，俟地方緩急另行奏請。其該補歲用不敷之數，撥嘉靖八年存積鹽七十五萬五百七引，分給宣府、遼東、延綏、寧夏、甘肅五鎮，或召商報中，或收銀折支，聽以便宜酌處，以後除額鹽四分，照舊分派。及歲用不敷通融輳補外，其各邊另撥客兵鹽七萬引，行各巡撫及管糧郎中，歲終預行查報有無支用，如無客兵往來，未經動支者扣留存積，不必另撥。庶出入有經，而邊餉鹽法兩利俱通矣。詔如議。

《明實録》嘉靖十二年九月 〔丁卯〕兩淮巡鹽御史周相疏陳鹽法五事：一、議開照引，以收餘鹽。一、議銷退引，以絶影射。一、議處行鹽，以便與貶。一、議嚴緝捕，以防賄脱。一、議厚存卹，以招流移。户部覆言：照引之議，蓋以兩淮餘鹽日積，勢不得不私爲市，故于正引之外復照引數而增之，所以廣收餘利而絶私鬻之路也。第創開照引似不如多增餘鹽之爲便。蓋多增餘鹽之法，猶可臨時登損。若照引一開，則一成而不可易矣。宜于今年餘鹽除一正一副外，再加附帶一半。若仍有不盡餘鹽，聽巡鹽御史酌處，毋致滯積。仍行御史及鹽司等官，熟議二法孰爲經久可行，計宜以聞。它所議四事俱載令甲，宜益申飭如御史議。從之。

《明實録》嘉靖十三年四月 乙巳，先是，户科都給事中管理懷奏言：國初軍餉多倚辦於屯鹽，今屯田不興，鹽法大壞，非極力振作不可。所謂屯田不興者，其弊有四：胡馬充斥疆埸，戒嚴時不能耕也；牛種不給，力不能耕也；丁壯亡徒，無人以耕也；套爲虜有，虜及居內，田顧居外，勢不能敢耕也。有此四弊，屯政壞矣。而管屯者猶按籍徵賦，計非扣減月粮，則照十賠補，無屯之利，有屯之害，屯田何自而興乎？

所謂鹽法壞者，其難有六：開中不時，米價騰貴，召糴之難也；勢豪大家，專擅利權，報中之難也；官司利罰，吏胥侵索，輸納之難也；定價太昂，息不償本，取贏之難也；下場挨掣，動以數年，守支之難也；私鹽四出，官鹽不行，市易之難也。有此六難，正課壅矣。而司計者，因設餘鹽以佐之。餘鹽利厚，商固樂從，然不以開邊西也。解部雖歲入鉅萬，無益軍需，鹽法何自而行乎？嘗考祖宗時，商人中言，納價甚輕，而灶户煎鹽工本甚厚。今鹽價十倍于前，而工本不能十一，何以禁私鹽使不行？故欲道鹽法，須先處餘鹽；欲處餘鹽，必多減正價。大抵正鹽賤則私販自息，私販息則正鹽自行。今雖未能盡復祖宗之舊，亦宜斟酌適中。每正鹽一引，定價伍錢或四錢；餘鹽一引，或二錢五分，或二錢，不必解赴太倉，俱令開邊中納。正鹽給，以引目下場關之；餘鹽給，以小粟商自收買。每正鹽一引，許中餘鹽三四引，以盡收爲度；未盡則倍加引目。如此正鹽價輕，既利於商；餘鹽盡收，又利于灶。未有商灶俱利，而國課不充者也。至於興復屯田，即責令各邊募軍給事中會同撫按司道等官親復邊境，相度地形，某田可以拓耕，某田可以設備，或創建衛所，或增飭垣廣，繪圖貼説具奏。其屯丁，或因土著，或募新軍，或徙附近，設法安置，給以牛種，暫免徭賦，待開墾成熟，然復收租，安邊足用，計無踰此者矣。

章下户部，時募軍給事中已有旨取回，部請付其事于各該撫按，及各運司議狀，且言餘鹽應否開中，有無利便，處難遥度。前者科臣蔡經御史周相并有建議，與懷理所奏略同，必須併勘，事乃歸一。且屯鹽積弊已久，更乞遣命才望大臣二人分勘其事，乃可以清弊源，而定經制。得旨：鹽法係足邊急務，祖宗且有成法。近來勢要官員，通同奸商，買窩賣窩，以致沮壞，流弊滋甚。該部即行巡鹽御史會同撫按，遵照成法查處清理，務興利除害，禁革弊端，使畫一可行。文到，限三月以裏報狀，官不必遣。

《明實録》嘉靖十三年五月〔辛卯〕福建巡按御史方涯條奏鹽法宿弊：

一、舊制官鹽每引二百五斤，今增至二百五十斤。名爲修城，罔裨實用，宜改復舊額。

一、鹽以包計，故裝載有數。今刻舟爲度，視其入水深淺，以較輕重，故私鹽滿載，莫可究詰。今宜改復包鹽，如數稱割。

一、鹽貴疏通，今限以十船爲一幫，十幫爲一掣。前者射利，後者失時。請託要求，弊端百出。今宜循照幫次，不時掣放。其管掣官員，聽巡按選委，不專運司。仍行守巡，稽察姦狀。

一、票鹽之價，重於引鹽，而商人反利之者，以引鹽有數，而票鹽無數也。今宜革去餘鹽小票，每正鹽一包，止許帶鹽二斤。正鹽納價三錢，餘鹽止定價四錢。

一、商人支鹽，有延捱多年不出場者；有雖出場，不盡本引者，意在通同官竈，影射私鹽耳。自今商人給帖下場，務令盡數支出。其有久不出場，及出場不盡者，没其鹽入官；商竈各治以罪。

一、解官起解鹽銀，另有添秤銀兩，名爲水脚，皆由該司官吏通同侵尅，以致原數短少，因取償於脚費耳。自今鹽銀，宜以部發爲準，秤兑完足，籍記錠數，差官起解。如錠數不足，責在解官；分兩不足，責在運司。務嚴法追賠，以杜侵欺。部覆。詔允行之。

《明實録》嘉靖十三年十一月〔甲申〕户部覆兩淮巡鹽御史陳縞所陳鹽法事宜：【略】一、防漏竈。比來竈户貧者流亡，而富者又復買脱，大非原額。宜以版籍爲定，但有竈求歸民者，按籍詳核，毋得輒與改易。一、厚優恤。竈户各有鹽課，而有司概以徭役苦之。宜照先年事例，竈田不許派差徭。間有置買田地者，聽其自輸正賦。其有姦竈飛射、詭寄等弊，有司一體查究。【略】一、嚴引期。各邊報中之商，但有違限者，核其年月久近，罪坐如例，毋得概罰。一、復食鹽。淮、揚所獲私鹽，許令各於本處鬻賣。如私鹽之外，額引不及，照舊設立拆鹽鋪户，於兩批驗所領買官鹽，散各州縣以資日食。從之。

《明實録》嘉靖十四年五月〔甲子〕先是，户科都給事中管懷理奏理鹽法，言：欲通鹽課，須先處餘鹽。欲處餘鹽，必多減正價。正鹽賤則私販自息，私販息則正鹽自行。請將正、餘鹽各定價值，俱令開邊中納。正鹽納以引目，下場關支。餘鹽給以小票，商自收買。正鹽一引許中餘鹽三四引，或五六引。務以盡收爲止，未盡，則再添數倍。即運司餘鹽銀兩，亦不必解送太倉。責令徑解各邊，庶商竈俱利，而國課可充。詔下其事於各撫按、運司議報。時都御史馬卿、周金，御史陳表、陳縞等各議言：餘鹽裁革，不如收買爲利，官買不如商買爲便，解價不如開邊爲益，照票不如開引可行。或言引數宜與正額相等，定價宜令南北適均。嚴禁夾帶，以防沮壞；嚴繳退引，以杜影射。或以爲餘鹽不可過額，引目不可增刷，鹽銀不宜解邊。言人人殊。至是，户部覆言：朝廷設立鹽課，正引各有常規，餘鹽原無定數。遏私販以通官鹽，乃祖宗立法之正。假額課以處餘鹽，實今日救弊之宜。欲革餘鹽，則商竈俱困，而私販必至於盛行。倍收餘鹽，則旱澇難濟，而邊引不免於壅滯。夾帶餘鹽，律有明禁，增刷則於祖制有違。中鹽自有引目，另立照票，則與引目相背。官爲收鬻，不若聽商收買，簡易可行。盡數開邊，竊恐天時人事不同，將來難繼。臣請參酌衆議，除兩浙、河東聽其照舊遵行外，其兩淮鹽斤，計每包以五百五十斤爲率，内二百八十五斤連包索爲正引，定價五錢。二百六十五斤爲餘鹽，淮南定價六錢五分，淮北定價五錢。兩浙每正鹽一引，連包索以二百五十五引爲率，定價銀三錢五分。餘鹽通融以百斤爲一引，嘉興批驗所銀五錢，杭州四錢五分，紹興四錢，温州二錢。長蘆、山東，每包以四百三十斤爲率，内二百五斤爲正引，長蘆定價二錢，山東一錢五分；二百二十五斤連包索爲餘鹽，長蘆南掣鹽所銀三錢，北所三錢三分，山東三錢一分。以上正鹽俱開邊報中，兩浙上納本色，長蘆、山東折色，如豐年願納本色者，聽。餘鹽不必開邊，仍舊納銀運司解部，轉發各邊。其甘肅險遠，止開淮、浙二鹽。淮鹽再減五分，每引銀四錢五分；浙鹽再減五分，每引銀三錢。其餘各邊，如開淮鹽，搭以長蘆，則不必更搭山東；開浙鹽，搭以山東，亦不必更塔長蘆。庶便於掣支。以上正、餘鹽斤，各該巡鹽御史榜示各商，務遵定則。其有夾帶私鹽，隱射退引及買窩賣窩等弊，嚴法重治。總計各運司正鹽歲可得銀五十四萬八千四百二十七兩有奇，餘鹽歲可得銀六十一萬八千三百七兩有奇。正鹽既以開邊，餘鹽隨引赴邊上納，似亦可行。但查餘鹽價銀，惟山東畫一，兩淮、長蘆分别南北不同，兩浙杭、嘉、紹，所在亦異。又各該運司鹽場，美惡不齊，行鹽地方，貴賤廣狹不等。若一概開邊納銀，商人各擇便利，將使下場餘鹽，無人收買，則竈户必有不均之怨。且天時陰雨無常，沙灘時有崩塌，設煎曬不敷，運司難以追併。商人苦於守支，正引耽延，商竈兩困。宜行巡鹽御史，今後商人到場，除正引該帶餘鹽，照數稱掣外，若餘鹽缺煎，時難收買，責令運司止將正鹽稱掣，不必抑勒取盈。如各場勤煎竈丁納剩餘鹽，商人收買不盡者，悉聽臨時設法區處。議入，詔如議行。已，御史徐九皋言：兩淮舊值，原以二百斤爲率。今誤以每包爲言，計一歲所入，少銀一十四萬，宜改正。行部覆，從之。

《明實録》嘉靖十五年十二月　先是，御史答徐九皋言：江西原兩淮行鹽境界，後以廣東及南贛軍餉不足，許南、贛、袁、臨、吉五府行廣鹽。由廣入南、贛者於南雄抽税，以給廣東；由南、贛下袁、臨、吉者於贛州抽税，以給南、贛。非舊制也。今宜禁止廣鹽，或令兩淮商人查照原額三十萬引，每引納銀一分，以給南、贛軍餉。事下撫臣勘議。至是，南、贛巡撫王浚言：贛州鹽廠舊所積軍餉銀二十六萬兩有奇，比因大工缺乏，奏取無餘。而贛州界在四省之中，盜賊時發，若鹽税罷革，止令商人照引納價，計所入三千餘耳。萬一兵餉不繼，地方可慮。且南、贛、吉安去廣最近，商民便之。今第宜暫禁袁、臨二府毋得行廣鹽，而於贛州鹽廠迭委部臣員往理其税。每年税銀以十分爲率，二分貯庫，八分解部。果有徵調，許撫臣得以便宜留用。部覆：從其議。第主税官員令如舊以府佐攝之。報可。

《明實録》嘉靖十六年二月　〔壬申〕巡鹽監察御史李佶上言：兩淮竈煎餘鹽，每正鹽一引可得餘鹽二引，宜令商人在邊中納，正鹽一百引勘合，至運司加納引紙銀，每引六釐。行南京户部，刷給引目三百道，正鹽照舊，派場納賑關支，餘鹽自行買補。每引止許二百五十斤，淮南納銀八錢，淮北六錢，仍照舊規秤掣，免其割没。又言：淮北行鹽地方窄狹，鹽價太賤，宜將今所開中逃亡無徵鹽八萬引，改派淮南掣賣，以平鹽價。其三十鹽場屢年逃亡人户，遺下無徵引鹽，聽臣查明，行兩淮運司召商中納，每引每價一兩，仍於有鹽場分自行收買支掣，以蘇見在人户包賠之苦。户部議覆：其言可行，但正餘鹽斤兩價值割没，不宜異目，餘鹽每引淮南納銀九錢五分，淮北七錢五分，仍行巡鹽御史查議酌爲中制，或漸次遞減，務令常行無弊，庶於鹽法有濟。從之。

《明實録》嘉靖十六年五月　壬辰，巡按浙江御史李遂奏：集群議以疏通鹽法，有正課額以待商人，立土商以處餘鹽者，御史楊春芳所議也。有各場編立保伍覺察，分設山商行鹽附近地方者，御史盧瓚所議也。有復松江運鹽分司，餘鹽令竈丁自賣者，都御史侯位所議也。論列雖殊，其法則一。無非足國籌邊，利商蘇竈之意。臣以爲善經國者，緣俗以立政，固不拘於既往之迹；通變以宜民，亦不敢爲分更之甚。以正課額言之，浙江運司所屬三十五場，各有鹽倉敖屋。每場不下三五十間。原額引鹽四十四萬餘，國初皆徵本色入倉，聽商報中關支。場有定額，課有定數，竈有定規。此額課之當正也。自正統以後，竈有遠近，離場三十里之内者，慣能熬淋，名爲濱竈；三十里之外者，不諳煎燒，名爲水鄉。成化間，因商中少，廒鹽積久消折，累竈賠償，題准中半折價。近因各場倉敖倒塌，無處收鹽。本折二色鹽課，盡徵折銀，給商到場買補，至今商竈稱便。本色既久不徵，倉敖不復修理。卒然復之，未易爲力，此其不便者一也。且水鄉竈丁，不諳煎燒，該辦鹽課，經年不完，致累催竈陪賠。成化十一年後，議於各縣秋糧餘米内包補帶徵。竈丁盡歸有司，爲民當差。原撥草蕩，民户佃管，出辦蕩價，解納運司，以爲定額。至今官民兩便。今欲全徵本色，未免重僉竈丁，再撥灘蕩。煎燒照舊不諳，鹽課仍復不完。就使買鹽上倉，而影射私販之弊又乘之矣。此其不便者二也。又謂將各竈納剩餘鹽，盡歸土商收買。前往官商不到州縣發賣收税。凡出場并經過及住賣之所，盤驗截角。所納税銀，即視各地方鹽價貴賤以爲多寡。此則良法，所在必行者也。各場編立保伍，昔御史盧瓚行之，深爲有益。但該場不與嚴禁，保伍不行覺察，前法漸壞。仍行各分司官，常在各場嚴督場官多方巡緝，此爲定例，官商不至之處立爲山商，其意固美，但官商赴邊中納，路經千萬里；納銀三錢五分，支鹽二百斤，餘鹽多者徵銀二錢五分，少者一錢。而山商山程一張，納銀三錢，賣鹽一千斤。是官引支鹽反少，山程賣鹽反多；官商餘鹽徵銀反重，山商山程納銀反輕。山商原無衙門盤驗，是爲官商者反難而獲利薄，爲山商者反易而獲利多。人將願爲山商，而不願爲官商。誠恐一旦邊方有事，糧草缺乏，召商中鹽，將無人肯應募矣。合將山商仿御史楊春芳土商規則，出場經過住賣處所盤驗截角。又地方有遠近，鹽價有貴賤，果道路跋涉，搬運煩勞，須與官引一例納價。若一概定以三錢，輕重不均。亦必量地遠近，遞加分別。如離場甚遠，鹽價頗貴，每程一張，納銀八錢；稍遠者納銀六錢；近者納銀四錢五分。務使輕重適均。官商、山商不許侵越，違者以越境論。其坐場縣分，産鹽甚多，土商、官商不願往賣，容令竈丁肩挑背負，易賣生理，亦不許越境。庶官商、山商各得其分，民情國法兩不相妨。鹽課增、商竈便，可以行之無礙矣。至都御史侯位欲修改松江分司，令分司駐紮督課，誠於事體便益。若餘鹽聽令竈丁自賣，水路三板小船於此所在官司報税，誠恐蘇、松地方水路袤廣，小船一行，不惟縱肆無稽，抑且妨礙官鹽也。户部覆議，詔如議行。

《明實録》嘉靖十九年正月〔庚申〕御史舒汀條上鹽法三事：一、商人報中引鹽，其均搭派中，併割没納銀已著爲令。頃因緝事衙門多縱官校，妄行羅織，各商斃於非刑，以致官鹽阻滯，宜爲禁戢。一、勳戚權要之家，設鋪於通州京灣間，停勒商人牙保等錢，動淹旬月，請申舊禁。一、在京官吏食鹽，各行文支給，吏役因緣爲姦，私販盛行。宜復前例，令各報巡鹽衙門，將應支數目，併人役姓名，定以往迴程限，類行運司查驗分給。户部覆奏，從之。

《明實録》嘉靖十九年二月〔戊寅〕裁革餘杭等三十四縣山商，分撥餘杭等四批驗所。掣過商鹽，各於附近府分搭賣。先因山縣商鹽不通，居民病之。議許山商千給官票，每鹽百斤，納銀八分，聽往發賣。至是，山商因緣爲姦，私販盛行。巡鹽御史議革。從之。

《明實録》嘉靖二十年十一月〔丁酉〕户科都給事中郭鋆等言：邇者户部議遣清理鹽法大臣，已蒙俞允。臣等竊謂其無益，宜令各巡鹽御史、撫按會議鹽法興革事宜，奏請舉行。疏入，上是其所議，命罷清理鹽法大臣。又以鹽法之壞，起於多取餘鹽銀兩，失朝廷飛輓大計，以致各邊糧草不充。仍命户部會議以聞。於是，户部尚書李如圭等會廷臣議奏：鹽法不行，蓋由占窩、賣窩之弊未革，以致商人無利。宜令巡撫及管糧官嚴禁。其餘鹽似難輕革，兩淮餘鹽價銀稍多，當爲末減。今議每餘鹽二百斤，淮南鹽銀五錢五分，淮北四錢。其有資本不足，不願附帶者，聽。如此則商竈兩便，邊儲有濟矣。議入，上曰：變亂鹽法，起於餘鹽。邊餉不充，私鹽盛行，正由如此。其亟罷除餘鹽，惟遵祖宗成法行之。

《明實録》嘉靖二十一年正月〔戊子〕户部尚書李如圭等會議言：祖宗鹽課，兩淮六十九萬六千三十引有奇，兩浙四十四萬四千七百六十九引有奇，長蘆一十三萬五千七百七十五引有奇，山東六萬五千三百四十八引有奇。各邊開中并補歲用不敷者，俱正額引鹽。至於餘鹽，則近年新增。鹽法之壞，實原於此。今聖明特允言官之請，查議裁革。宜行各巡鹽御史，自二十一年爲始，開中引鹽，止令正鹽掣摯。其額外餘鹽，急行停罷。夾帶者，割没入官。應變賣者，以時估爲率。更嚴私鹽之禁，則宿弊除而鹽法通矣。上納其言，令嚴立科條以聞。已條上四事。一、革餘鹽。一、禁權勢囑託及占窩、賣窩之弊。一、置印信簿册，行各邊郎中或巡撫收掌。凡商人報中，驗其實在糧銀，方令收納。事完送部，轉行巡鹽御史查驗。一、各邊城堡急缺糧草者，方令商人上納。其孤城遠堡或以按伏兑支爲名，致多侵冒者，不宜概給。詔如議行。

《明實録》嘉靖二十一年八月〔辛巳〕吏部尚書許讚以虜寇侵擾，邊儲缺乏，因以議處餘鹽事奏請。謂：今長蘆、山東、兩浙鹽利俱輕，惟淮鹽爲重。淮鹽原額七十二萬引。除原額正課之外，尚多餘鹽。商人利官掣以厚生殖，而官爲掣價，每歲約可七十八萬金。於官、商兩便。若禁而不行，則竈丁必興販私鹽，非惟七十八萬之掣價棄於無用，而一百餘萬引之餘鹽，又皆變而爲私鹽，私鹽盛則官鹽阻矣。然開納餘鹽，本爲足邊。到部不得别項支用，兩京各衙門不得别項奏討。户部覆如其言。詔從之。

《明實録》嘉靖二十二年九月〔戊午〕九邊開報額鹽，每歲於正月間將次年分户部派到鹽目招商糴買糧草報納。是歲宣府管糧郎中褚寶以邊田有秋，言之户部：請以嘉靖二十四年該鎮額鹽當明年正月派發者預借。此時開中，所移者不過三四月之期，而所獲者不止一二倍之利。部以爲然，因疏言：秋成糴買，比之春月委屬有利，請以各鎮額鹽一體預派，以便糴買。以後年分俱如此例行之。詔可。户部因開上預派各鎮引鹽額籍。且言：鹽法之害，莫甚於買窩賣窩，累擬禁革而弊終不除者，以未得其術耳。聞之前時邊臣有爲搶上之法者，似爲良便。其法遇開到引鹽，定擬斗頭，分派城堡，盡數開列，揭榜通衢，聽各有本商人搶先上納。凡銀糧，但以先入倉庫爲定，出給實收，按其先後填給勘合。不惟姦人不得虛報賣窩，高坐罔利，即司餉諸臣亦不得以意所憎喜，高下其間。比之驗銀準報，可以假借應點者，不可同日語矣。請著之令甲，下各鎮從實舉行，亦今日通商利國之一道也。詔俱如議。

《明實録》嘉靖二十六年八月　癸卯，巡鹽御史王應鍾言：長蘆運司，每歲坐派内府及神樂觀各衙門青白鹽共五十三萬六千斤有奇，光禄寺滷水二千四百斤，俱委場官解京交納。此定例也。夫煎辦既難，解運尤苦，今以之土納内府，則以爲不足，非再陪其數不能完。而東廠官校則又指爲夾帶餘鹽，百計恐嚇，拷訊幾死，爲部運者不亦難乎？乞敕下巡視御史，嚴禁諸詐財害人者。仍諭内府衙門速爲收受，有刁難需求者，許臣等糾劾。上然其言，命監收科道巡鹽巡城御史嚴禁之。如緝事衙門違犯者，許户科訪實劾奏。

《明實録》嘉靖二十六年十月　〔丁卯〕户部議御史鄢懋卿條上鹽法事宜：

一、革冒領。謂邊商邊中，赴運司領銀二錢一分，名曰庫價。近有經年守候，又牙儈冒領者。自今宜令運司，凡遇邊商賫投勘合，即查引數當得庫價若干，當派某場買補若干，預先造册查算，不必拘定年分，隨派隨給。至於邊商不願赴場者，方許内商牙店告撥。

一、稽課額。謂兩浙額鹽，俱徵折色。則各竈既非聚團煎燒，又不由場官督率，是以有私煮私鬻者，又有土豪收買堆集以要厚利者，又有姦商戀場，先將低銀放與各竈，倍息以充買補者。自今宜令各場官攢，各置號簿一册，備造某場、某團，係某竈煎燒，責令月終報數。使場官知鹽數多寡，出産所在。一遇商人入場，遂令當官收買，即於簿内登記某日某商買某竈鹽若干。務使一場煎辦，仍足一場原額。而官商買補，得以據額取盈。

一、革扣補。謂各處巡司應補，設爲比較之制，爲限鹽之法，爲扣補之例，無非所以防姦懲惰也。孰知駕言比較，而倍索工銀；藉口限鹽，而重徵買補；遂使傜編應補，苦爲重差。今宜分析地方險易，酌量鹽徒多寡，而每月限以起數，將先年扣補工食之例盡行停革，如是，則應補既無賣放之弊，而正户亦免賠貱之苦矣。

一、稽優免。謂竈户丁田，先年節次議行優免。其説不一，以啓吏書、總催挪移作弊，而詭寄之端所由興也。今後優免，除原額大丁外，止以實徵小丁納銀之數爲主。如六錢至七錢者，照舊三丁折算原額一大丁，免田一百畝。四錢至五錢者四丁，二錢至三錢者五丁，俱折算原額一大丁。其餘一錢者必朋足一兩八錢之數，方準折算優免。此外照例一體科差。仍止出銀津貼，不許力差煩擾。詔皆如議行。

《明實録》嘉靖二十七年六月　壬戌，户部覆河東巡鹽御史陳玠言三事：一、鹽引消折，起于收盖之失宜，而成于立法之太寬。自今凡鹽千引消十之一者，罪坐本年攢典；十之二三者，罪及前後官吏。一、河東産鹽之地，不通舟楫，鹽商從陸道僦輓，費已不貲，而奸民減價私販者率以宗藩藉口，於是商利益微，而引鹽日滯。宜專責郡倅一員清理。一、河東餘鹽，抵補民糧。在藩司則請增，在運司則請減，相持不下，終非可久之道。查得餘鹽定數二十萬引，其價八萬九千三百五十，以今每引三錢二分計之，尚不足二萬餘金，而欲取盈原數，是既責以實數之鹽，而又責以虛數之價也。宜自今始，正鹽四十二萬引，以八萬金爲宣府年例，所餘五萬四千四百金，并餘鹽二十萬，悉以時價，準六萬四千金，共得一十一萬八千四百金。内以四萬三千一百一十六金補代府棗強等府歲禄，而餘悉貯布政司以備不時之需。俱從之。

《明實録》嘉靖二十七年十一月　〔乙亥〕兩淮巡鹽御史陳其學言：兩淮民竈田中多混淆，賦役不均，宜復畝畫界，仍勒石以垂久遠。凡竈丁買民田者，三十畝以上，五十畝以下，應民役之半；百畝以上，役與民同。江西吉安、袁州二府，仍令行兩淮鹽，不得概屬兩廣。又南京户部關支食鹽于儀真批驗所者，權重不如法，宜較勘如一，以示平準。至于各歲漕船還日，多帶私鹽，吏不敢詰，當于淮安之三叉口、揚州之東關水口，令郡佐一人譏察。且沿海近場與行鹽之地，各衛所不領于憲臣，不便防奸，自今凡事干鹽法者，悉聽巡鹽官處分，他司勿有所與。下户部覆可，俱允行。

《明實録》嘉靖二十八年九月　丙子，户部奏，預開嘉靖二十九年分各邊鹽共一百三十四萬一千九百二十引有奇，宜行各撫臣管糧官，無論常股、存積水鄉，不分淮浙、長蘆、山東，俱令照例上納本色糧草，以備一年主客兵馬支用。報可。

《明實録》嘉靖二十八年九月　〔戊寅〕户部覆巡鹽御史陳其學疏陳鹽法四事：一、築海堤。謂通泰二十鹽場應增築堤堰，其工費即以所貯贓罰等銀充之。一、清關税。謂商人掣鹽過鈔關，舊例止納正税一票，今委官留難重榷以至三票，宜行禁革。一、減鹽價。謂餘鹽價銀每二百六十五斤，淮南徵銀六錢八分九厘，淮北徵銀四錢九分。宜比舊各減二分八釐，以恤商困。一、禁私販。謂江浦、六合、滁州、來安、全椒一帶，私鹽盛行，宜將浦子口城裏設巡捕、巡鹽官，其守禦等官並聽巡鹽御史查比約束。奏入，從之。

《明實録》嘉靖二十九年五月　〔乙丑〕户部覆直隸巡按御史朱有孚奏：山東運司鹽課，自改折銀布以來，竈丁逃亡，積逋日甚。請復舊例，將高家港等十一場逃移丁鹽，寧海等八場並永阜、豐國等場小引鹽共一十二萬六千一百一十引，盡數開邊，與淮、浙引鹽搭配招中。從之。

《明實録》嘉靖三十年四月　〔丙戌〕兩淮巡鹽御史高鏞議上户部所覈鹽法事宜，謂給事中委良翰所請，每正鹽一萬引外稍加浮鹽二千引，減半徵價，通計止加一十四萬餘引，得價僅四萬餘兩。不若部議，每引正餘鹽外，包内再加百五十觔，照常納價，既免加引，歲可得銀二十五萬兩。其御史楊選欲留司運解部贓罰收買餘鹽，查歲解贓罰止八千兩，而選議擬增餘鹽引三百萬，亦既不敷工本。況天時人力，歲辦不等，原額引不過七十餘萬，驟加四倍，亦恐壅滯難行。不若於部議包加一百五十觔外，仍加五十觔，共二百觔以定二引之數。前正餘鹽既俱開邊，此鹽宜令商人自行買補，赴製入銀。運司通前可得銀三十四萬，同割没鹽銀如舊解部。使兩浙巡鹽御史宿應參入稱，浮引之加，非便浙鹽。每引二百觔分原許帶餘鹽五十觔，宜增至一百五十觔，計歲可得銀一千二萬。其杭嘉諸府所置小票鹽税，利甚微，大爲鹽法害，宜亟行裁革。部覆俱報可。

《明實録》嘉靖三十一年十月　壬申，巡按山西御史尚維持言：國家設鹽課以裕邊儲，立勘合引目以通鹽利，俱於南京户科收貯，一遇開中，刷〔印〕給發，此舊規也。但引目勘合收掌於南京，錢糧數目稽查於北部，其爲難者五。若變而通之，其爲易者十，其爲説者三。

五難：一、稽考難行；二、事體難通；三、督責難公；四、開納難久；五、清理難遍。

十易：守掌内府，易以謹其出納；責成户部，易無分其事權；請發有定期，易爲稽考；盈縮有成算，易於調停；領繳如出諸一手，易弭其姦欺；官商不欺於兩塗，易堅其遵守；鹽視引目爲通塞，易究其科病；商以勘合爲轉繳，易均其苦樂；豪勢無憑於城社，易杜其占窩之門；人心輻輳於輦轂，易闢其輸邊之路。

三説：以南京銅板改貯於内府，發引開中，可省每歲差官之煩。若不可，請將勘合引目照數添鑄於北，如先年都御史王瓊所議。又不可，則引目姑請仍舊。其勘合係近日欽依事理，件數不多，造取亦爲。請添鑄開中，用户部印信鈐之。此三説惟上所擇。開中既便，如是而立爲嚴限勾銷之法。自嘉靖三十二年以前，勘合引目，量其分數多寡，許令每年帶領帶繳外，嗣是查覆弘治二年例。長蘆、山東、河東運司，次年三月終；淮、浙四月終；福建、廣東、雲南、四川六月終。户科於赴銷之日，即覈上年引目勘合，完勘若干。有稽遲脱漏者，行各巡鹽御史追没之。行鹽地方，截角退引，各該布政司府、衛、州、縣，按季類繳鹽院。亦查有淹没者，嚴爲究治。則影射之弊可革。如是而立爲督責課程之法。各運司、提舉司，每年註銷之日，許領次年勘合引目。次年赴銷之日，令繳上年勘合引目。總催官、運司以同知、副使、判官爲之，提舉司以副提舉爲之，毋輒令倉場大使等官帶管。運司、提舉司各掌印官總督之，勿專委佐貳，擅利分謗。該科於註銷限内，覈其歲辦本折及引目勘合，有違限拖欠者，奏請照例停俸、降級。如是而立爲優恤商竈之法。待商莫如速支掣以安微利之心，廉價值以省額外之罰，懲官豪以絶侵漁之姦。待竈莫如時使番休之有節，均徭、雜泛之有辨，攤逃承佃之有據。則商無利利而竈有餘力矣。如是而立爲戒飭貪殘之法。運司、提舉司官中，間有行事乖方，憐其科目，借此優容者。又有膏粱乳臭，懼親吏事，營求散地者。此輩卒以不入右選，狼籍自棄，恃申掣以弭商，假公辦鳩竈，衣冠巨盜，恥言之。請覈其科罰多寡，照例遞降罷黜，大示懲創。雖砥礪激昂之中，未必非曲成保全之意也。如是而又立爲責成憲臣之法。鹽法姦弊，以自司屬。而清理事權，專之憲職。今有馳騖高蹤，雄談玄理，未税錢穀，耻校鉛黄，委心司官，恣其出入，假手胥吏，任其低昂，亢臣也。寡昧之謀，堅於自用，剛愎之病，多不訪求，齷齪大體，徒糜供億，錙銖細故，微炫風裁，廢臣也。官攢姦弊，漫不覺察，商竈彫瘵，付之罔聞，用一緩二，心計未能，較常取盈，怨聲顯著，刻臣也。增額病商，喜於施爲，減工虧竈，滂其節省，苟檄時譽，違恤人言，醜態若往，時調可陋，病臣也。憲體不檢，爲人指摘，私語内容，盼睇姑息，養交市譽，苞苴慇懃，菽麥不分，且悲狐兔，薰蕕相雜，實非猫鼠，汙臣也。有此五者，欲勘合引目之清，得非倒植以求茂乎！請照憲綱事理，除清理鹽法大臣，出自聖裁。每巡鹽御史一年滿，聽都察院考察。有一於此，治以不職，則風紀可修矣。疏入，下户部議，謂鹽法開中之制，北部引目，發自南都，互爲稽察，即古内外相維意也，毋輕更制。餘皆可行。詔從之。

《明實録》嘉靖三十二年正月〔辛丑〕先是，户部因給事中朱伯辰奏，會議鹽法：凡商人報中正鹽一引，許帶餘鹽二引。各爲一包，各連包索二百八十五斤。正鹽開邊，南京給引，餘鹽納價，運司給以小票。其餘鹽價銀，淮南定爲五錢五分，淮北五錢。計歲得正餘鹽銀一百十萬餘兩。詔下清理鹽法都御史王紳、巡鹽御史黄國用勘議。至是，紳、國用會奏，言其不便。謂：一正二餘，分爲三包。每包皆有搬運船脚、包索之費，商販無利。且包數太多，稱掣難周。宜將割没銀，量數扣作工本，淮南定價二錢五分，淮北二錢，收買餘鹽三十五萬，與同額課一體開邊。每引許帶餘鹽二百六十五斤，仍在運司納價。正、餘共五百五十斤爲一包。支掣既免報中之難，又無三包之費。而正鹽在邊，可廣糧草；餘鹽在部，多獲引價。國計邊儲，兩有濟矣。户部覆：餘鹽既附正鹽，同包索諸費，價宜仍舊。淮南七錢，淮北五錢。餘悉依二臣議行。報可。自是淮鹽每歲增正額二分之一。引目填積，商販不復赴邊，而飛輓之利失矣。後乃覆議革工本，而鹽法竟壅滯至今。

《明實録》嘉靖三十三年四月 御史黄國用上言鹽政六事：一、專掣放以免壅滯。令南京管理抽分御史並理掣鹽事務。凡一單商人齊至，即爲掣放，務與儀真相等，而添設運司副使一員，於儀真掣鹽。一、定分撥以絶奸利。各商齊到，報中勘合，取具坐商。原係某商朋合資本，非中途增價轉賣供給，即撥坐商買補支掣，豪民不得誣訟。一、均丁力以省偏累。請於清丁之年，嚴核兩淮運司富安等三十場，制爲劃一之法。務在總無遺户，户無遺丁，以足原額。其徭役惟以丁爲則。一、酌優恤以杜紛擾。兩淮運司，淮、揚二府官，移文南京户科，令發後湖淮揚二府總册，查自嘉靖元年以前至黄册無可查之年止。即以此年竈田、竈糧總數，籍記户科參對，付運司、二府。如爲祖遺竈糧，永與優免。仍行各州縣，將竈户嘉靖二十一年新册田糧亦爲籍記，總計新舊糧各若干，應免、應派數各若干，屬祖遺者及竈田者，止輸國税。其買民田者，無論年歲久近，畝數多寡，賦役悉與民同。一、停開墾以裕煎燒。竈丁富者，争開草蕩爲田，穀多草少，不足供煮海之費，宜亟禁止。一、嚴稽察以防侵越。將江西、南安、贛州三府，盡復淮鹽，如湖廣掛號之例，每引收税二分。户部覆：其言可行。而以嚴稽察、停開墾、均丁力三事，復下所司議。

《明實録》嘉靖三十四年三月 癸亥，清理四川鹽法户部主事陳惟舉奏：四川鹽課，國初但徵本色召中，商竈俱（係）〔便〕。景泰、天順、成化間，增減不常。後因井竈多故，鹽不入倉，令商下場自取，商竈病之。正德初年，因竈丁有改徵折色之奏，差官往勘，定爲四則。虚數徒增，（減）〔鹽〕法陰壞。及至額課多逋，覆議有司帶徵。彼此推諉，相緣爲姦。歷查二十餘年，完課僅十之一耳。謹將今日興革所宜，條爲八事：一、覈司課。部劄原開該省正課十萬六千餘引，徵銀七萬一千四百餘兩。宜量行增減，著爲定規。二、查折井。川中鑿井取鹽，與淮、浙異。井有興廢，鹽之消長因之。趨利之徒多棄老井以避鹽課，鑿新井以營私。俱宜查入。三、均責任。追辦近歸有司，事無專責。宜將叙、夔、潼川等府州改置提舉分司三處，令副提舉及吏目等官，專催解納。四、慎册籍。鹽司、州縣造報課册，多有脱漏挪移。宜將新舊井竈，正閏引課，分綱列目，備細釐正。五、重奏訴。姦徒多假奏辯，以圖規避，減引除課，虧損無算。今後必待勘覆詳允，方准蠲免。六、定支解。正閏鹽銀，係解京供邊之數。後因本省借留，遂多侵冒。今後宜盡數徵完，并將新井小票等銀同解。七、嚴查理。〔鹽〕法雖有憲臣兼理，地方隔遠，稽察爲難。

宜令屯鹽道僉事，親歷各地，督責稽覈。八、恤竈丁。該省鹽課，有井榷井，無井榷丁。其陪煎辦之苦，宜行優恤。一切徭役供應，悉與蠲除。户部覆奏，悉允其議。

《明實録》**嘉靖三十四年十一月**〔乙巳〕浙江巡鹽御史李秋奏：兩浙餘鹽，加增數多，正引壅滯。延至違限，率皆追没。商本虧折，報中日鮮。乞將正鹽每引革去加增之數，止照舊附帶餘鹽五十斤；並正鹽二百斤，連包以三百斤爲率。待積引盡銷，鹽場寬裕，比照兩淮事體，於正引外定擬。新增之鹽，亦以三百斤爲率，再發開中。不必復加餘鹽，致紊經制及虧正課。户部議覆，從之。

《明實録》**嘉靖三十五年正月**己丑，移陝西河西道參議駐環縣提督鹽法，改甜水堡批驗所于環縣，西路批驗所于下馬關。定每鹽八石爲一引，引價四錢。王府食鹽自備車裝支用，有夾帶者與商引一體查究。

《明實録》**嘉靖三十五年十月**庚寅，兩淮巡鹽御史崔棟言：工本鹽銀頃歲發邊已盡，各商困於守支，乞暫留餘鹽額外銀扣補。仍令邊臣，今後毋復請給。户部覆議，諸於秋冬二季解部餘鹽銀内動支萬兩及送還軍餉銀三萬兩，召買三十三年秋冬二季工本鹽給該年商人。以後仍將割没銀兩收買貯倉，依次榜派支掣。其徐、邳募兵銀及一切修河賑濟等用，俱行所司自行議處，不得仰給運司，致壞鹽法。從之。

《明實録》**嘉靖三十七年正月**癸酉，四川巡撫都御史黄光昇奏：本省鹽課舊屬各場，今附有司，宜量其丁之消長，井之廢興以爲增減。如綿州等處則當增，仁壽縣等處則當減，簡州等處則當仍舊。共該八萬九千二百六十三引，實徵銀六萬九千一百七十二兩，尚少原額三千三十九引。若一時未有新井新丁，暫發布政司歲收商鹽小票税銀補之。仍盡蠲免閏課，以恤灶丁。而王府食鹽亦以税銀充補，庶正額不虧，官灶兩便。從之。

《明實録》**嘉靖三十七年三月**〔丙子〕更定兩淮掣鹽之法。運司一遇各邊中完工本鹽商賫到勘合，不分正餘鹽引，即聽各商自向小竈買捆出場，依期循單赴掣。仍量減鹽引價，淮南每引止納五錢，淮北三錢五分一釐二毫五絲。其掣鹽之時，每單淮南六萬六千引，外加三萬四千引爲一單；淮北三萬四千引，外加一萬六千引爲一單。定以半年之内，淮南掣四單，淮北二單，不許過期停壅。從御史張九功奏也。

《明實録》**嘉靖三十七年六月**〔癸未〕先是，江西一省派行淮鹽三十九萬引，後南安、贛州、吉安三府改行廣鹽，惟南昌等府仍行淮鹽二十七萬引。既而私販盛行，輕舟疾槳，所在而集。如袁州、臨江、瑞州三府皆私食廣鹽；撫州、建昌、廣信三府私食福鹽。於是淮鹽僅行十六萬引，數年之間，國計大詘。巡撫馬森因上疏極陳其害，請於峽江縣建橋設關，禁遏廣、福私鹽之路。仍盡復淮鹽原額，稍增至四十七萬引。收其課以足國，平其時價以通商。報可。

《明實録》**嘉靖三十九年三月**丙子，命都察院左副都御史鄢懋卿清理兩淮、兩浙、山東、長蘆、河東等處鹽法。初，户部奉諭計處財用擬遣主事一人詣淮浙理鹽課，得自報允。至是，以主事黄乾行名上。上曰：鹽法久弛，非極力整頓不可，其更議以聞。户部請如先年遣耿九疇、王瓊、黄臣等例，改命大臣一人往理，報可。吏部乃舉懋卿。

《明實録》**嘉靖三十九年九月**〔丙子〕户部覆總理鹽法都御史鄢懋卿奏：山東濟、兖、東三府宜通商鹽而妨於私販之盛行，青、登、萊三府宜行竈鹽而病於疏通之無法。今當以官商引鹽編派等則，通行濟南、兖州、東昌、直隸、徐、宿各州縣；其青、登、萊三府濱州、蒲臺、海豐、霑化、利津、新城等州縣，許竈丁納銀，給票發賣。又言：長蘆行鹽地方密邇京師，大半爲豪貴所侵奪。至於真定、廣平等府，地多𪉈鹵，私煎遍野。宜以長蘆運司官商引目派行順天各府發賣，長蘆批驗所置立鹽倉，將已完在場并各年未完鹽追運本倉，每年以贖金收買竈丁納剩餘鹽，可備邊方緩急，召商開中。俱從之。

《明實録》**嘉靖四十年七月**〔己丑〕總理鹽法都御史鄢懋卿言：兩浙鹽課，額派四十四萬引有奇。今正課壅滯，私販公行，由引目不通，守候歲久滋弊耳。夫一正一餘，乃兩淮、長蘆、山東通行例也。浙中舊行小鹽，引三百斤。近行大鹽，引四百斤。包大價增，商不樂赴。今宜分正、餘二包，各以二百八十斤爲率，用收餘鹽之利。每引定價，杭州所三錢五分，嘉興所三錢八分，紹興所三錢二分，温州所一錢六分。稱掣之法，不得過五斤以上。至於行鹽地方，如浙江之安吉、富陽，直隸之太倉、長洲等三州七十六縣，水陸通便者，令行引鹽。臨海、新昌等九縣山路阻險者，令行票鹽。仁和、崇明等二十一縣，本地出産者，令市捕鹽。更須嚴法邏緝，勿使影射販賣爲姦。庶公私便而國課可增。户部覆奏。允行。

《明實録》嘉靖四十年九月〔甲午〕總理鹽法都御史鄢懋卿奏：河南南陽、汝寧二府原係兩淮行鹽地方，後令河東與兩淮並行，遂致争辯不已。今宜酌遠近爲分土，汝寧屬淮北鹽運，自壽州河入；南陽屬河東鹽運，自陝西入。惟舞陽一縣地界汝南之間，水路可通，仍行淮鹽便。自後各守分地，不得越境私鬻。兩淮、河東行鹽地方，有山路險遠、舟楫不通者，姦民私相煎販，官鹽日阻。宜按地里遠近、户口多寡，分上、中、下三則，某府幾何，某縣幾何，派定成數，令各商運鹽分投其地。有司責土商轉賣。又淮南行鹽地方頗闊，而淮北甚狹。近復以南陽府十二州縣割附河東，宜將滁州並屬縣撥補之。江西舊派淮鹽三十九萬引，後因峽江地方設官橋以杜廣鹽私販，復增二十萬引，今袁、吉、南、贛盡食廣鹽，而峽江之橋尋以停毁，宜將增數除免爲便。下户部議覆，俱允行之。

《明實録》嘉靖四十年九月〔癸巳〕總理鹽法都御史鄢懋卿奏：河東運司未派殘鹽一百三十七萬餘引，消耗可惜。請於正額每引二百斤外加二十斤，原價三錢二分外加銀六分五釐，召商上納，計可得銀八十萬有奇。長蘆運司積有殘鹽二十萬九百餘引，宜發本司召商報中。每引入銀三錢。較之赴邊，勞逸倍異，人或樂從，計可得銀一十六萬有奇。儀真、淮安二所積有殘鹽一百五十一萬三千二百餘引，宜令守支商人赴行鹽地方自賣。計可得銀百萬有奇，足備各邊軍餉。户部議覆，從之。

《明實録》嘉靖四十年十月〔甲子〕總理鹽法都御史鄢懋卿條陳八事：

一、定鹽法。謂鹽課先年通行者，以開中數少，引價高。近來廢格者，以開中數多，引價賤。今欲復開中之舊，革工本之數，則新增軍餉，歲發年例無從而給。若盡將餘鹽開邊，則邊商困；餘鹽外再收浮鹽，則内商困。乞今後鹽引一正一餘兼發，正鹽赴邊報中，餘鹽納司解部，永爲遵守。

一、議引價。謂邊商不便守支，往往賣引内商，苦被勒減引價，故報中日少。今後邊商持勘合赴運司時，即令内商照引通融派撥。如行鹽萬引，或五千引，千引者，各派其半，依欽定價值給與，勒抑者罪之。

一、查空引。謂姦商不繳舊引，展轉販賣，以致新引不行。乞遵限年之法，千引以上十年，千引以下五年，支盡離場，截角開除，踰限者以私鹽論。

一、預造引。謂邊商不樂報中，由運司關引太遲。積累至百萬，守候至四五年者，新舊混淆，真僞莫辨。今後各運司計歲用鹽引幾何，預赴南京户部刷印編次，給商爲便。

一、委專官。謂儀、淮二所商儈賄通官吏，私賣私買，朦朧搭單，頂堆越掣，姦弊百出。宜每年委運同、運副，監督掣賣，按季開報，歲終易之。

一、繳退引。謂有司追繳退引，宜將額課定則每歲繳引不及三分之二者逮問，不及三分之一者降調，全無者罷黜。且舊行止兩淮及府官而已，宜令行鹽地方州縣官，一體遵行。

一、查通關。謂各場虚出通關，全無實課，致商候久，私販盛行。宜申明律例，限完銷繳。

一、溥賑濟。謂兩淮、兩浙、河東俱有賑濟，惟山東、長蘆獨無。宜照例每鹽一引，納銀一分，以恤竈户。下户部議覆，悉允行。

《明實録》嘉靖四十一年十一月　壬寅，先是，兩淮餘鹽銀，額徵六十萬兩。三十二年新開工本鹽引，增至九十萬。總理鹽法都御史鄢懋卿復增至百萬，限每半年解銀五十萬，商人苦之。會有旨趣徵春夏二季銀，事下巡鹽御史徐爌。爌乃上疏言：祖宗朝兩淮鹽法，曰常股，曰存積，曰水鄉，共七十萬五千一百八十引，每引以二百斤爲一袋。商人赴邊報中，每引納銀八分。永樂以後，每引納粟二斗五升，下場關支，四散發賣。商人之利，亦十五焉。雖律法甚嚴，止以犯禁科罪。而所獲贏資，置之不問。此豈不知所以籌度而錙銖之也。良以商人挾貨萬里，躬冒矢石，出百艱得一生，以爲我足邊耳。當時諸邊，不勞而積貯足，户曹晝諾而轉輸充。蓋鼓舞有方，實使然也。邇年以來，增添迭出，算及毛髮，大都較之祖宗朝，相去倍蓰。正鹽之外，加以餘鹽；餘鹽以外，又加工本；工本一興，必加添單；添單不足，必加添引，且加割没；加以虚包斤數，則析入秋毫矣。懋卿因見掣鹽阻滯，故欲一切爲疏通之術，而不知前鹽有掣無售。一時徵斂，似若奇功，而商人困苦亦至此極。夫謀臣興事，徒貿貿焉徼近功於目前，而後不可繼。更以袖手之臣臨之，歲歲因循，漸趨極弊。是誤國亂政之尤也。今議者徒以前歲課不虧，遂指爲例。臣查得前歲所解，非取諸商也。稱掣之後，即爲催督。此單不足，則預借下單之銀。下單不足，則質當引目。又不足，則鬻産回籍。又不足，則悉括庫貯。若挑河等銀，盡借節年所積，不罄不止。户部但知有銀解到，而不知銀之所自來，皆剜肉醫瘡者也。且時異勢殊，人力爲難。往歲行鹽之地，如江西之南、贛、袁、吉，已奉題開湖廣之衡、永、郴、寶，攙食廣鹽；河南之南、汝二府，止存舞、葉二縣。是地方漸狹而不如昔。往歲粒米狼戾，錢貨流通。而今叠告兇灾，民不給糠粃。是生計漸窘而不如昔。當此之時，不稍加寬恤，安知將來不并六十萬而盡虧耶？又有可懼者，年來産鹽各場皆没於水，煎燒之所，蕩析離居。徵鹽入倉，甚費縲絏。臣始至境，招徠竈丁，稍稍復業。若必欲取盈百萬之數，官必追商，商必追竈。臣恐復業者一人，而逃者數十人。絃急而欲絶，攬鮮而成糜，不棘於此矣。乞敕户部盡蠲加額，以後每年仍以六十萬徵解。庶商、竈樂趨，可以經久。疏入，部議亦以爲然。詔可。

《明實録》嘉靖四十一年十二月〔壬戌〕户部覆御史徐爌條陳鹽政事宜：

一、行鹽地方，河南南陽一府，原屬淮北，後改河東。滁州來安全椒原屬淮南，今改淮北。殊非舊制。但南陽改屬已久，原議淮鹽兼賣，以致兩地搆訟，歷年不已。乞行兩巡鹽御史，會查當何所屬，或相兼貨賣，務在歸一。其滁州三州縣，仍屬淮南便。

一、掣鹽之時，巡鹽御史選委府佐縣官，各依頒降銅鉈，以平爲則，不許過刻招怨，違者以酷論。

一、南京掣鹽過期，阻壞鹽法。乞行管石灰關御史，每年務四季稱掣，勿過仲月，永爲定規。

一、各處有司銷繳退引，歲不及十之三四。乞通行各司府，每半年一繳，查無滯積，方許陞遷給由。御史復命之日，以十分爲率，不及三分者參究。

一、淮、揚之間，私販盛行。乞行巡鹽御史，嚴督所司緝捕，定限議罰。其池河驛官鹽，不許私税。開封一府硝鹽，不許出城貨賣。陳州、汝寧等處，不許刮土煎燒。違者治該管官罪。

一、儀真批驗所掣過引鹽，令商人經紀，照淮北事例，分定甲乙先後，以次發賣。如有越次争先者，許諸人首告，坐以重法，仍没入鹽貨。

一、各處所獲私鹽，官發鹽行變賣，夤緣興販，影射不止。乞行各府州縣，於便商處所，建立倉廒收貯。遇有淹消鹽引，給商掣賣。銀兩轉解運司，類輸本部濟邊。

一、兩淮舊有竈丁六萬餘人。今流冗頗衆，宜諭令復業，免其二年之課，三年半辦，四年全辦，仍量給草蕩，盡蠲公私宿逋。如有豪家占匿者，聽三月之内，自首免罪。

一、竈丁正糧之外，加派雜差，殊非優恤之意。宜爲區分民竈原田，以二十年黄册爲準。如竈賣竈田者，止令辦糧如舊例。如已有竈田，又買民田者，竈田仍得免差；民田三百畝内止編銀差，三百畝外另議。如絶無竈田，而新置民田者，亦令如竈田例。如既有竈田及本縣民田，又買隔縣民田者，許隔縣編爲力差。其免丁，各以户頭爲據，止免户長一名。生員之家，亦照現行事例，於民田議加優免。報可。

《明實録》嘉靖四十二年五月　癸未，户部覆巡鹽御史伍令奏：

一、鹽引宜仍遵三十九年事例，每引三百五十斤，連包索五十斤稱掣。其課悉如原例徵收。

一、運司應解銀兩，每年以十四萬兩爲率，分二次起解，不必拘四十年額外之數。其贓罰銀向以大工分解工部，今後仍歸之本部。

一、竈户逋欠銀在三十三年以前者，宜逋行蠲免，以蘇竈困。

一、工本鹽銀只許給商解部，各督撫官不得仍前奏討借支。詔如議行。

《明實録》嘉靖四十三年六月　壬申，兩淮巡鹽御史朱炳如條陳鹽政四事。

一、江西通省舊行淮鹽，以梅嶺爲界，蓋因地制宜，絶私販之路，法甚善也。既而南贛改行廣鹽，袁吉繼之。於是片帆浮江，可以直抵。臨江湖口九江等處，私販盛行，淮鹽日滯矣。然當事者猶區區株守引額，徒加勤掣於此，而未能疏通於彼。國虧商困，職此之由。今縱未能復銅板額派之舊，宜令袁吉二府仍食淮鹽。其各商至府掛號之日，一倣南贛納税事例，給文銷引，庶兩淮之積引可疏，而贛中軍餉亦不乏絶。

一、應天府額派淮安鹽課四萬八百餘引，内漂陽一縣乃與浙江鹽場相近，私鹽易通。近有惑于姦商私説，建議兼行浙鹽者，宜勿聽許。

一、淮北行鹽之地，在河南惟南陽、汝寧二府，陳州一州原不係河東巡鹽所轄，近乃越關舉劾，欲抑奪淮課，以致南陽爲解鹽占賣，而陳州又爲煎硝滓鹽混行，此漸不可長。端本清源，當先明巡鹽職掌，不得一概舉劾。

一、衡寶二府界連廣東湘潭，而上水湍悍難行，淮商不便，故廣鹽得而乘之。今宜悉免淮鹽抽税，待其賣盡，方行廣鹽。仍令照例納銀以補兩淮優免之數，庶彼此輕重適均，人情稱便。從之。

已而河東巡鹽御史湖錀執奏：南陽陳州原非淮北分地，炳如誤聽姦商紛亂成法，復下所司詳議以聞。

《明實録》嘉靖四十四年二月〔丁丑〕詔湖廣衡州府、江西吉安府仍行廣鹽。國初，湖廣、江西俱行淮鹽。後因兩廣用兵，都御史葉盛等建議設立鹽廠，廣西則於梧州許行湖廣衡永二府，廣東則於潮州、南雄許行江西南、贛二府。嗣復增袁、吉、臨三府，後袁、臨旋罷，惟南、贛、吉、臨、永食廣鹽久之。其榷鹽之法，每鹽課司正引一許帶餘鹽六引，引抽税銀一錢二分。外有夾帶每引抽銀一錢五分；歲留二分供軍餉，以八分解户部。近歲都御史鄢懋卿始議改衡州，御史朱炳如覆議改吉安，俱行淮鹽，民情大稱不便。於是，總督兩廣侍郎吴桂芳、南贛都御史吴百朋以爲言，且謂國課頓減，無以充餉，請各行廣鹽如故。户部覆議，從之。

《明實録》嘉靖四十四年九月〔庚申〕始停兩淮運司工本鹽。國初，兩淮鹽課，歲以七十萬五千引爲額，開邊報中，爲正鹽。後每引益以餘鹽，納價運司解部。至嘉靖三十二年，用御史黄國用議，以各場竈户數外煎剩餘鹽，將運司割没鹽銀，扣留八萬二千餘兩給竈户充工本，增收鹽三十五萬引。通前額課，共一百五萬引，俱作正鹽開放。仍每引帶餘鹽如例。户部用以抵各邊主兵年例，凡十七萬六千兩有奇。由是鹽數頓增三分之一。行之數年，運司積鹽日多，累如山阜，引至無所售。邊商不復報納，鹽法大滯。於是言事者屢陳不便。户部以國用方絀，藉以抵年例，不能罷也。至是，巡鹽御史朱炳如極言其弊。謂工本鹽不罷，不惟無益邊餉，商竈兩困，將並往時正鹽常利，一切失之。户部乃請斷自明年爲始，兩淮所增工本鹽三十五萬引，盡數停罷。其運司扣留割没鹽銀八萬二千餘兩，仍解部濟邊。報可。

《明實録》隆慶元年三月〔甲申〕巡按直隸監察御史蘇朝宗條奏鹽法六事：

一、蠲工本以蘇商困。言鹽課自都御史王紳建議，扣留鹽銀八萬二千兩，每引官給竈户銀二錢，收買餘鹽，謂之工本。後以引鹽積滯，旋議停罷。而銀兩以無見貯者，議於正鹽外，每引附帶餘鹽二十斤。淮南八單，淮北四單，共徵銀八萬二千兩有奇，以抵工本之數。而鹽課愈重，商本愈虧。今宜稍從寬恤，將附帶鹽斤，秋季以後即爲停止。每引照舊以五百五十斤稱掣，則額課減而商困少蘇。

一、明分地以正鹽法。言直隸、淮南、廬鳳、河南南陽、汝寧、陳州，係淮北行鹽地方，載在銅板與《鹽法志》。近南陽十二州縣爲河東所侵，迄今未復。今淮北、淮南兩受其敝，宜敕該部查照舊界，將南陽所屬地方，悉行淮鹽，以充課額。

一、定科差以恤貧竈。言竈丁糧差如嘉靖二十年黄册，恤竈之法甚備。近來有司務爲苛刻，混加僉派，動行勾攝；更徭雜出，迫之逃亡。鹽課積負，率由於此。宜敕撫按行淮、揚二府，將竈户税糧存留本處上納，其徭役悉與蠲除。非有重犯，毋得勾擾。

一、通零引以均户則。言竈丁貧富不一，今九則編派之法，自四引起至二十引止，皆以耦起數，甚於貧竈不便，宜兼用奇耦之數，下下丁以三引、四引起算；下中丁以五引、六引起算；至於上三則，則更加一算。如十五引至二十三引而止。辨事產之厚薄，分丁力之壯弱，斟酌損益，務使竈丁人得其平。

一、掣河鹽以疏邊商。言國初邊商親自支鹽，至儀、淮二所掣賣。其後困於餘鹽，將河鹽堆置淮、揚，存積漸多，不暇守候，乃分撥引目鬻之居民。故内商坐致富饒，而邊商奔走益困。宜照嘉靖四十年事例，淮鹽、河鹽相兼稱掣，則鹽法疏通，而邊儲給足。

一、革濫費以肅官箴。言兩淮運司，設有店户居停官商，各場有工脚充壈鹽、看倉之役。近來店户計引徵銀，歲以萬計。及隸卒既已額編，而別取工食，皆有奸私，宜一切禁革。户部上其議，上允行之。

《明實録》**隆慶元年四月**〔丁亥〕户部覆直隸巡按御史劉翾條奏鹽政四事：一、調停商竈。言竈丁積負鹽課，奉詔蠲免，商人先已報中，無從支給。宜將鹽課如舊追徵。其竈丁貧乏者，別議優恤。一、議處食鹽。言在京官吏食鹽，皆責場竈起解，有裝載包賠之苦。宜令各衙門公處脚價，自行關支。一、清查竈丁。言近者竈户貧苦，往往竄名軍伍中。丁口日損，額辦日耗。宜行各督撫將召募軍丁，嚴行查勘，如係竈户，不得收伍。其各運司官，亦宜加意撫綏，毋困以徭役。一、嚴禁私販。言權貴射利者，指以内監等衙門爲名，販載私鹽，絡繹道路。沿河勢要之家，窩藏寄頓者尤衆，公行販賣，莫敢誰何。宜行尚膳、御馬監，今後啖馬涼鹽及魚蛤等鹽，止許易買商鹽，不得入場販載。一切指稱者，聽所司擒治。其豪右窩藏及皇船夾帶者，官兵設法搜捕。重則巡鹽御史劾奏以聞。從之。

《明實録》**隆慶元年四月**〔丙戌〕雲南巡按御史劉思問奏請，以該省積負鹽課，自嘉靖三十一年至四十四年，查係災傷失誤，借解別年者，悉與蠲免，以惠竈丁。黑、白、安寧等井提舉鹽課司官多課少，事簡費繁，宜將安寧鹽課司改屬安寧州帶管，其提舉司等衙門設官併行裁革。户部議：鹽課姑免二歲，餘仍帶徵。安寧提舉司仍留正提舉一員管事，餘從汰省。得旨，如議行。

《明實録》**隆慶元年九月**〔辛未〕吏科給事中鄭大經條陳薊遼屯鹽二事。其議屯田謂：蘇鎮屯當量地理而定其則，遼屯當改營田而足其額，此興復屯政之大較也。而根本之地，則當輕徭省賦，勞來失業者。如額外之徵求，武官之侵尅，禁廠莊田之豪占，宜盡行裁革。其議鹽法謂：今薊鹽滯而不行，遼鹽行而不廣，弊在餘鹽日廣，正課不通，請酌議裁減。至于收納之際，則當均派倉口，嚴查禁防，使奸商無所規避，而官攢不得需索。此公私兩便計也。户部覆：餘鹽歲課例辦難以遽減，餘俱如議。從之。

《明實録》**隆慶元年十月**　庚戌，御史劉翾言鹽法七事：一、新行禁鹽私，每月限以捕獲之數。封域大小、户口多寡，勿問焉。故不及數者，多掊尅取盈以避罪，甚爲民累，宜酌量裁減。一、山東官臺等十一場，鹽積課逋。宜比舊票鹽一引加包索餘鹽六十斤，定納票銀二錢五分，免其牙税。内將一錢五分充本丁課銀爲附餘鹽銀。一、竈地多被豪右侵奪，宜視舊籍履畝清查，不許私相典賣。一、各州縣居民佃種逃亡竈地，通税甚多。争競展轉，漸失故額，悉宜清理。一、姦豪收遠年閑引，抑賣商人，以致正課缺乏。此之爲鹽政大蠹，宜禁治。一、長蘆、山東竈丁宜比兩淮完課事例，通行賞賚，以寓優恤激勸之意。一、場官位卑禄薄，有數年不得支俸者，何以責廉。宜立定限，令縣官如期給之。户部覆奏，報可。

《明實録》**隆慶元年十一月**〔庚午〕兵科給事中張齊條上屯鹽便宜，曰廣召種，曰清隱占，曰行丈量，曰險僞增，曰禁屯害，曰革餘鹽，曰恤邊商，曰慎勘合，曰寬斗頭，曰重整收。户部條覆，加議，惟餘鹽一事，供邊百萬，仰籍于此，勢難遽革。又内商以餘鹽納價，在掣賣之後，措辦易；以正鹽報中，在數年之先，上納難。灶丁納一引正鹽，僅得正銀五分，而鬻餘鹽常獲價數倍。故革餘鹽者，邊商之力，而納灶丁之病也。況餘鹽盡革，人必多加正引。引多不能行，則勢益壅而邊商亦病。宜行理鹺諸臣悉心計議，或立量減、遞減之法，以漸圖之。報可。

《明實録》**隆慶二年七月**〔壬戌〕御史馬文煒奏：兩淮餘鹽銀，近多移借，不便稽考。請如舊規，每歲定掣淮南六單，淮北四單，徵完則按季解部，毋得多寡越數，先後愆期。庶出納明，而弊端始革。報可。

《明實録》**隆慶二年八月**　辛巳，禮科給事中何起鳴條上四川茶鹽二事，謂保寧府一州三縣茶徵本色，輸運甚艱，宜如嘉靖舊例，改徵折色，或解藩司爲賞番之費，或解陝西備買馬之用。所設甘州茶馬司，當爲裁革。川中鹽場，舊定上、中、下三則納課。邇來井塌丁逃，舊者有販納之累，新者有增課之擾。宜酌出産厚薄以定課額，招集壯丁，廣開小井，以補舊數。而保寧、重慶、嘉定、潼川、夔州商人不利跋涉，宜量增引票，使之就近告納。仍嚴立禁防，使奸商不得影射官吏不得誅求。得旨允行。

《明實録》**隆慶二年八月**〔壬午〕户部覆前御史孫以仁奏，近都御史鄢懋卿議增餘鹽銀百餘萬兩，追徵嚴急，搜括無遺，至借河工賑濟諸銀充數。出納紛紛，不便稽考。自今請以年課銀定作一年起解，不得那借其用。存貯庫者，仍行所司。歲一報數，不必待查盤之期。又兩淮豐利等三十鹽場地廣人稠，宜悉藉鄉兵灶勇團結訓練，以備非常。所得私鹽，即以界之。報可。

《明實録》隆慶二年九月〔甲戌〕總理江北等處屯鹽都御史龐尚鵬奉詔條陳鹽法二十事。

其疏通壅滯之法有五：

一、掣鹽引目，爲先年加增工本鹽，以致停壅。當權宜酌處淮南每年掣引八單，每單七萬三千引，今議加爲八萬五千引。淮北四單，每單五萬引，今議加爲五萬五千引。計每歲加引一十一萬六千有奇。此外又有嘉靖初年別行小鹽事例，並宜查復。每引止四百八十五斤爲一包，不得過多。俟淮鹽掣盡，方許挨掣。淮南納餘銀五錢二分五釐，淮北三錢七分三釐。通計每單淮南增爲十萬四千引，淮北增爲七萬引。每歲多銷引目共三十二萬八千引。疏通之法莫要於此。餘鹽銀尚少二萬五千七百六十兩之數，於割没銀内處補，亦可以不失六十萬原額。

一、銷引多寡，有司之殿最係之。今舉刺不行，何由懲勸？宜令守巡道將部内州縣，就近分轄，籍記鹽引完欠之數，以憑巡鹽御史疏名黜陟。

一、商人運鹽江西、湖廣等處，必赴鹽法道驗船，布政司對引。奔走道路，淹滯歲時。宜令各商徑赴原派府分，投引發鹽。其查比私鹽，屬各守巡道就近督察。

一、鹽多則消遣不盡，引多則支掣不及。宜將七分常股，照常中邊；存積三分，暫爲停止。

一、商人赴南京户部給引，有守候羈留之苦。宜敕該部坐委司官一員，專管鹽引。如運司預請關給，即與借支，以待商人陸續補價。

其禁制私販之法有三：

一、私販盛行，由餘鹽不售。宜每年除正鹽及商賈餘鹽外，查有餘鹽若干，官爲收買，合用鹽價，於割没餘銀内借留十餘萬支用。僉立殷實竈丁，上場四名，中、下場各二名，免其雜差。仍令增價管買，每年春夏二季報部。所收鹽，或留爲存積，以備開中；或給買補商人，令其納價。俱聽巡鹽御史督察。

一、淮南安豐諸場，鹽出於煎燒，必資盤鐵。淮北白駒諸場，鹽出於攤曬，必借垺池。原有定額，非竈户所得擅置也。自嘉靖三十年，姦商牟利，告改盤鐵開場，揚州鑄造鍋鐅。於是人人得鑄鍋，得開池矣。今若欲禁私販，當先禁私煎，閉鐵場，逐鑄匠，核磚池。私池及盤鐵、鍋鐅之數，酌量去留。如盤鐵不便，易以鍋鐅，亦須官爲鑄造，別以運司花押；無花押者，皆比私鹽千斤律坐之，同竈不舉者連坐。

一、巡鹽委官，皆用雜職，所領兵夫不過數名，難以責捕。宜令州縣巡捕兼之。所獲鹽犯，仍根究來歷，係某場、某竈及牙作官攢，經由處一體論罪。

其調停專利偏累之法有四：

一、邊商報中，内商守支，事本相須。但内商安坐，邊商遠輸，不能無勞逸之辨。故掣河鹽者，以惠邊商也。然河鹽既行，淮鹽必滯，内商無所得利，則邊商之引不售，而留滯他鄉之苦益甚。今宜停掣河鹽，但將邊商引價，爲三等分撥。現引者，淮南定銀九錢，淮北八錢；分撥起紙關引者，淮南八錢，淮北七錢；分撥到司勘合者，淮南七錢，淮北六錢。若邊商倉鈔已到，内商留難，許邊商徑賫引目，投送運司，照數領價，即日回邊。其引目在官者，責内商依價承買。其官給價銀，暫留割没銀二十萬，以備轉移支用，不誤解部。仍將内商姓名，記籍於官。凡遇支鹽到橋項壩，行令白塔河、安東壩各巡司驗放鹽船，如該掣一百引，務取新引一百引，方許進單呈掣。無新引者，不許過橋入單。蓋河鹽停，則淮鹽日速；引價定，則開中自多；邊商、内商各得其願矣。

一、商人掣鹽，自正餘斤數外，多帶鹽斤謂之割没，每斤納銀一分，問罪發落，止以懲大包之弊也。今以積算累罪，有一人而問徒數名者；有算千斤以上，即以例發遣者。宜稍輕其典，止照原數追罰。擬以一罪，毋得坐以軍徒。但積算五百五十斤者，查照近日引價，餘鹽及關引、起紙、賑濟、挑河諸項，照數納銀。即將運司收買官引，給與一道，以便照鹽發賣。若有分外多捆大包者，罰銀三分。則割没之銀雖免，而引隨鹽銷，亦可無壅滯之患。

一、鋪户承買商鹽，去鹽場隔遠者易行，而淮、揚二府附近鹽場者難售。宜將淮、揚鹽折賣鹽引六萬有奇，分派大江以南民稠之地。而以前議收買餘鹽，查照邊商倉鈔則例，給票鋪戶，令其納值支費，則鋪戶之困，可以少舒矣。

一、各商中納邊鎮糧草，私費甚多；重以科罰勸借之苦，往往散去。乃籍居民，僉報富户，擾不可言。宜將邊商糧草酌量時估，寬其收納之數，時其給遣之期，而額外科索者，一切禁止。

其定擬行鹽地方之法一，言淮鹽所行之地甚廣，如江西之袁、吉，湖廣之衡、永、寶慶，河南之南陽，皆行淮鹽。其後偶因權宜，遂致侵越。今吉安府轉行廣鹽；而袁州、臨江之間，淮鹽亦不至；衡、永、寶慶等府，兼行淮鹽；而廣鹽與之互持，争端滋起。南陽專行解鹽，而土人苦於陸挽，反言淮鹽之便。紛紛變法，俱於國計無裨。宜敕各該撫按官，虚心經畫。如吉安則宜改行淮鹽；南陽則宜半行淮鹽，半行解鹽；衡、永等處則宜視商人之所便，或專行廣鹽，或專行淮鹽。其課或上司農，或入督府，務求長便，著爲成規。

其鹽課本折之法一，言：各邊報中，正鹽全倚餘鹽爲利。正鹽以本色開邊，餘鹽以折色解部，此不易之法也。乃議者或言當以餘鹽開邊，並納本色。不知費多利薄，則餘鹽亦不行。或又言革去餘鹽，則引目易銷。不知私鹽不行，則竈丁立斃，其弊終不可革。惟改行小鹽，每引量減其數，則引自通。

其利所當興者二：一、國計盈虚，商竈利病，其責俱在運使。而近例不入右選，展佈實難。自今宜選郎中、知府才望素著者爲。運同、運判亦簡用科目出身及廉正有心計者。候有成勞，不次拔擢。一、運司各設分司，欲其周視各場，搜剔姦弊也。今公署徒設分司官，歲不一至。宜敕巡按御史申令考成，毋事偷惰。

其弊所當革者四：一、懲抑權豪，以防阻壞之弊。一、銷繳退引，以杜影射之姦。一、内商掣鹽之後，水商承買，常於中途得價發賣，不復詣原派地方投引。宜籍水商姓名，留司備照。仍行各府州縣嚴法稽查。若有違限四月不到者，徑至原籍攝追，連坐内商，以防截賣之弊。一、往年商人，親身報中，邊儲給足。近年姦徒包攬，於是勢豪得以請託。官攢得以通同，宜嚴爲禁絶。仍行管糧郎中，將給過倉鈔，編立字號，登記循環文簿，聽撫按委官盤驗。庶幾姦人無所牟利，而國賦可充。部臣上其議，詔悉從之。

《明實録》**隆慶二年十一月**〔丁巳〕總理江南屯鹽都御史鄒應龍條上鹽法四事：

一、議額課。言舊制每引鹽二百斤，後增至五百六十斤。今雖減爲四百斤，引目尚多積滯。宜改行三百斤。凡小鹽以二百斤爲正數，以七十斤爲餘鹽，以三十斤爲包索，則引目將自通。然每年鹽課，額解一十四萬兩，除水鄉、草場、倉基、税票、囚徒、没官引價等項銀四萬五千兩，該餘鹽銀九萬五千兩。今改行小鹽，每引納銀一錢四分五釐，計四十七萬引，該銀六萬八千一百五十餘兩，尚欠二萬六千八百五十兩。當於派引内商之際，每引令納紙價銀一分，可得銀四千七百兩。中津橋税票，每票增税銀三分，亦可得銀一千八百兩。至各場折色，如永嘉、雙穗、南北監、長林五場，每年一萬八千引。今改仁和、許村二場買補，每一引加銀三錢五分，該加銀六千三百兩。運赴杭州稱掣，照例每引又加銀六分二釐，該加銀一千一百餘兩。袁浦、清浦、東浦三場，每年二萬一千二百四十一引，改認下沙、青村二場買補，每引加銀一錢七分，可增銀三千七百餘兩。蘆瀝場每年一萬五千二百二十二引，改認西路場買補，每引加銀一錢二分，可增銀一千八百餘兩。以上三項，共該銀一萬九千三百六十餘兩。所少者總七千四百餘兩而已。然引目疏通，開中日廣，是部計稍歉，而邊儲常有餘也。

一、袪姦黨。言邊商引目，難於守支，必分撥内商。近姦徒射利，或抑勒價值；或冒名支掣；或以賄請託，買没官之鹽；或以債折鹽，收倍入之息；或不截引角，重複執買；或未掣批文，先行盗賣。稍持以法，則謗議沸騰，運使而下咸畏其口。宜下巡鹽御史嚴加緝訪。但干壞鹽法者，即時收捕坐罪。

一、厲法禁。言今私鹽盛行，由地方豪右把持縣官，而巡司衛所應捕之卒，皆積年無賴，反爲盗主。宜行法自貴勢始，官司阿縱者，以不職論罷。弓兵選精壯有力者充役，仍不時更替，以防通同之姦。至私鹽出没所在如福山、狼山二港，尤宜添設兵船，專官防禦。

一、清弊源。言私販由於私煎，今水次山鄉，人人得操煎鹽之柄。白晝列肆，莫敢誰何。欲禁私販，不可得也。宜復國初團煎之規，酌竈居遠近，每場就便立舍數區，官置鍋盤，安聚竈户，俾爲保、伍，使相覺察。運司官仍不時按籍稽察，有犯者處以重法。户部覆議，從之。

《明實録》隆慶二年十二月 〔己亥〕户部覆南京户科給事中張應治奏言：各運司鹽引須刷待領，則庫房陜隘，恐致浥爛。臨時方給，則輻凑並至，不免稽留。宜定爲法，將各運司引目酌量多寡，分爲四起。先兩淮，次兩浙，次長蘆、山東、河南，次福建、廣東、四川。先期半年移文該部知會，行應天府買紙，委官印造，每十引爲一封收貯。後鈔庫臨期，以次給領。如印匠不敷，量增工役，給以口糧，事畢則已。報可。

《明實録》隆慶二年十二月 〔戊子〕户部奏河東、四川、雲南、福建、廣東、靈州鹽課事宜。其略言：河東鹽池，額辦鹽六十二萬引，價銀十九萬八千四百兩。內給宗糧，外佐邊餉，而餘皆貯之布政司，以備災傷抵補之用。近因有司採辦無法，收頓不時，池南鹽花至積厚數寸，而棄之遠地，坐虧舊額。宜按行前任巡鹽御史黄中架橋撈採之法。四川鹽井，額辦鹽十萬九千一百二十七引八十四斤。各場徵課，近分爲上、中、下三等。立法雖詳，未合時變。蓋各場又自有上、中、下三等，亦有下井在上場，上井在下場者。兼有舊井堙塞，而鹽額應除者；有新開小井，當編入者。併宜稽覆。雲南額辦鹽四萬九千二百三十四引四十五斤，共銀三萬七千六百四十四兩。地遠人玩，恐尚有遺利，當行彼中酌處。或聽民自市，或商中官給，務求便安。福建額辦大引鹽十萬五千三百四十引二百六十五斤，小引鹽二十一萬六百八十一引六十五斤。不出本省，商利甚厚而徵價甚輕。若上里等場，每引價銀二錢五分；惠安場每引七分；潯、浉、浯三場，每引纔五分耳。而又止行於延、建、邵、汀四府，不及福、興、泉、漳，其利多爲官吏所漁，宜量增引價，兼令八府通行；或於津要之處，照票抽税。是亦一法也。廣鹽國初七萬二千七百六十二引，其後漸有增益，歲入不下一二十萬金。自有總府以來，兵餉之費，不俟他求而足。今廣東、海北二提舉司，歲徵課銀不過一萬六千餘金，而輸京師者不能萬金。每歲逋負常十之五，宜亟圖興復。靈州大池額鹽共二萬六千餘引，以供延綏；小池二萬三千一百五引，貯府以備客兵。其利甚饒。但止行於平、慶二府。鳳、漢二府，以有解鹽，禁弗得達。是損額課以資私販也。且解鹽隔省而靈鹽在邦域之中，令鳳、漢行靈鹽，故不便耶？以上六處鹽法，請下撫按官酌議，併覆鹽引實數以聞。仍行南京户部查照銅板，給發勘合引，一如淮、浙、山東、長蘆之例。詔如議。

《明實録》隆慶三年七月 〔丁亥〕先是，嘉靖中有請行河東鹽于太原、汾州等處，而禁民私煎者，時議以邊地不毛，幸資鹽抵税，而併禁之令民失業，不可。事下撫按會議，未報。復有言太原、汾州山路崎嶇，運鹽難致，乃許行私鹽，給票收税。每鹽百斤，納銀三分，仍聽轉販於岢嵐、保德、河曲等處。惟平定、伐石十州縣地里稍平，令行運鹽，然商人竟亦不至。至是御史趙睿奏太原大同，原屬河東行鹽地方，以有土鹽，故官鹽不行。即今開中既難，税入無幾，宜行巡鹽御史會同巡按查覈州縣户口食鹽之數，計口定鹽，給票收税，務使地無遺利，法無遺奸。或解濟邊儲，或留補禄餉，著爲定規，委官督理，則雖不行河東之鹽，而已出官鹽之税，民情國計，兩利俱得。户部覆：鹽税宜解部濟邊，其定擬税額事，宜下巡鹽御史酌議。報可。

《明實録》隆慶三年七月 壬辰，山西巡鹽御史趙睿條陳鹽政三事。一、積寔課。河東鹽有數種，盛夏生者謂之伏鹽，秋深撈採者謂之秋鹽，及官吏爲奸，雜以硝鹻泥沙，謂之黑鹽。而商本日虧，國課日耗矣。宜委分司官巡視監收，取濟實用，不得虚增課額。一、明職掌。本司鹽課當分解宣、大、代州以給軍餉，而該部近以抵補宗禄，宜遵照帶補之議，查各府禄粮欠數，通融分給。一、通鹽利。本司課少利微，近因争論行鹽地方商人稍稍解散，宜定議南陽十二州縣仍行解鹽。陝西延鳳所屬法禁久弛，退引多不繳者，宜比照浙、直僉選富民爲接鹽鋪户，聽其承買轉販，所至地方官吏，仍查覈引目，勿容池鹽入境，則分地定而鹽利通。户部覆奏，從之。

《明實録》隆慶三年七月 〔丙戌〕直隸巡按御史傅孟春條上鹽法七事：

一、長蘆額鹽與折布鹽，往時分派相等，事無殘積。近官吏爲姦，北場派多，南場派少。五六年間，南場積至數十萬引，貽累竈丁。宜令運司查照場分，以次搭派。南北均停，則殘鹽易銷。其布折勿限場分，許就便買補。庶歲額易完，商竈俱便。

一、驗掣欲速，權量欲平。今每歲春秋兩掣，委官不以時至。而鄢懋卿所置法馬太重，商人往往告争，稱掣遷延，弊寔坐此。宜定爲限，春掣毋過四月，秋掣毋過九月。法馬以部降爲主，其新置者亟命毁之。

一、頻年灾傷，竈丁消耗，而課額不減，爲竈丁累。請以灘價銀羨餘，抵補折色；各場囚鹽一萬九千餘引，抵補本色；則逋負可完。

一、往時鄢懋卿定擬補額，去場五百里内者，月六千斤，五百里外者月三千斤。補額既重，數難取盈，勢必賠抵。宜量爲寛減，以季易月。其一地而衙門並建者，並其額。一縣而行鹽千斤者，免補。

一、天津小直沽批驗所商人僦地堆鹽，名爲鹽坨。頃錦衣官校指稱蘆廠，計引科索，其勢滋横。宜行天津道，嚴法捕治。

一、長蘆所屬益民、海阜、閏國、三又沽四場，課少丁貧。宜將官吏裁革，改併阜財、海閏、富民、豐財四場，以省供費。

一、長蘆殘鹽，近議開中，而各商未有至者，以殘鹽納銀過重也。宜照改撥存積事例，量行裁減。其餘没等銀亦照南、北兩所上納，庶事體歸一而商人樂從。部覆：殘鹽已經題給各商，難以便擬。餘皆如孟春言。上允行之。

《明實録》隆慶三年九月 總理屯鹽都御史龐尚鵬請令江西建昌、臨江、撫州、袁州四府，河南南陽、鎮平、唐縣、泌陽、桐柏、鄧州專行淮鹽；南召、内鄉、新野、淅川、裕州、葉縣專行解鹽，著爲令。從之。

《明實録》隆慶四年三月 〔辛卯〕初，上用都御史龐尚鵬議，將河東行鹽地方南陽、鎮平、唐、鄧，泌陽、桐柏六縣改行淮鹽。南京户科給事中張應治、河東巡鹽御史郜永春言：南陽、汝寧二府，據銅板則兼行淮鹽，據《會典》則專行解鹽。往年鄢懋卿建言，將汝寧、舞陽分屬淮北，已非兼行；初議乃又中分南陽，是繼淮商之一指，而斷解商之肩背，失平甚矣。夫利不百者不變法，今法一變而解商先急者相屬於道，鹽引日壅，額課日損，豈國之利乎？尚鵬議不便，請罷之。上以爲然，令南陽所屬州縣仍隸河東巡鹽，以後不得紛更。

《明實録》隆慶四年九月 〔戊寅〕御史李學詩條陳兩淮鹽法便宜：

一、議復大鹽舊例。謂：兩淮近改小鹽，每引少收六十五斤，而二歲中消引僅少三十餘萬。蓋竈户餘鹽，鬻於私販。私販盛，則正課愈壅。請仍舊每引以五百五十斤爲率，淮南納餘鹽七錢，淮北五錢一釐二毫。淮南歲掣八單，每單八萬五千引；淮北四單，每單五萬五千引。其内商分撥邊商，引目悉依原題三等價銀則例。

一、議罷官買餘鹽。謂：近議收買餘鹽，以杜私販。立法雖善，其勢難行。蓋割没餘銀，抵數解京，即欲收買，價將安出？其難一也。錢入竈丁，不免妄用，侵克抵换，寧保必無？其難二也。銷算報部，另封別貯，事體煩瑣，交易不常，其難三也。遠載費時，領價遲久，抑勒虧減，莫能控訴，其難四也。往時收買，輸少價多，無論遠近，忻然輻輳；今常價外止增三分，負載盤費，尚且不足。其難五也。請罷其令。但嚴加訪驗，若總催與吏爲市，虚出通關，及商引赴場違限者，如法重治。則雖不必收買，而私販自寡矣。

一、議處淮、揚食鹽。謂：近將二郡官鹽停革，即以所買餘鹽給票市賣。今餘鹽之議難行，遂令數十萬户明食私鹽，無禁，非法也。請令二郡欲販官鹽者，赴司買引，免納餘銀，即與起掣。則一歲多銷邊引六萬六千二百道，而於六萬金之課，未嘗少減，其法甚便。

户部覆奏：官鹽，仍令正、餘兼納，他皆如學詩言。從之。

《明實録》隆慶四年九月 〔己卯〕御史李學詩又言：兩淮鹽法，自常股、存積一時開中，又額外倍增工本引目，鹽法始壅。後雖停止工本，引目漸減，而積滯已久，卒難疏通。故欲疏壅滯，在銷堆鹽；欲銷堆鹽，在減邊引。今淮南積下堆鹽三十三單，凡三百四十六萬九千引。淮北積下堆鹽十五單，凡八十五萬二千八十引。即常股、存積全不開中，大約四年而後可盡。皇上俯恤商人之困，特允部議，專開常股，暫停存積。且節縮内帑恒數，以抵邊餉。内外私相慶幸，以爲鹽法自今可通。今行之一年，復令開中。臣恐引目仍增，堆積仍滯。縱使劉晏復出，其何能爲？況内庫歲進八十萬，數不爲少，若加意樽節，嚴禁侵冒，亦自足用。何不暫寛數年，以借供邊，使鹽法一爲之疏通乎？假令鹽法通行，邊儲充實，兵强虜遁，内帑何患無財？若任其法之大壞，不爲整理，將來報中無人，輸輓不繼，一旦戎馬交馳，糧芻莫辦，即煩朝廷區處，恐亦晚矣！户部請從其議。不允。

《明實録》隆慶五年正月 丙子，户部覆巡鹽御史蘇士潤奏：

一、北直隸、山東行鹽地方，舊各計里撥引。後因商人告指，而鹽法遂壅。今宜酌量户口多寡及地里遠近，隨宜填撥，定其價值。有聽各商告指，及商人越制興販者，罪之。

一、各場殘鹽，亡慮三十萬引有奇，棄之可惜。而驟開之，反以病民。今宜均搭派之數，每歲招商開邊，各兼給殘鹽六萬餘引，期以六年而盡。派支之時，每引量免五十斤以寬之。

一、先年量增鹽額五萬引，後又改派遼東。引目愈繁，阻塞愈甚。今宜罷免，勿令改中運司，以滋壅滯。

一、山東青、登、萊三府，俱小民領票通販。但正課之外，不論遠近，概令納銀一錢。不無彼塞此通之患，宜量爲增減。

一、正鹽與私鹽相爲消長。正鹽既行，則不宜苛爲私鹽之罰。如歲課倍原額者，一切勿問。不及原額者，第其所虧多寡，以法繩之。

一、各運司皆無鹽鈔諸税，獨長蘆有之，且歲徵不過三百餘金，不足以裨益縣官，而於竈户稱困。今宜盡罷勿徵，仍禁官攢等科擾，以示寬恤。詔如議行。

《明實録》隆慶五年四月　乙未，河東巡鹽御史部永春疏言，鹽法之壞，在大商專利，勢要根據，以故不行。因指總督尚書王崇古弟、吏部右侍郎張四維父爲大商，崇古及四維爲勢要，請罰治崇古而罷四維。四維自辯其父未嘗爲河東運司商人，亦無他子弟，永春奏不實，因乞避位候勘以自明。上謂四維日侍講讀，素稱清謹，令供職如舊。四維再請行勘，不許。

《明實録》隆慶五年五月　〔丁卯〕巡撫廣西都御史殷正茂以古田既平，欲修舉鹽法以足兵食，乃疏言：販鹽在廣西，而出鹽在廣東，行鹽在湖廣衡、永，誠令官出資，本歲買鹽三百艘，逐時估消息，收其奇贏，可以不煩朝廷，不用民力，而廣西歲餉數萬金充然有餘。且十年之後，舳艫交通，貨物充牣，廣西遂爲富藩矣。因條上八事：一、議法守；一、明賞罰；一、計工本；一、造官船；一、謹防範；一、限時月；一、禁私販；一、明職掌；一、謹始事。户部是其議，請飭正茂及時修舉，兼行兩廣提督、湖廣巡撫及各巡按御史協心共濟。所議船隻或酌量興造，或暫雇民船，俟通行更議。有未盡事宜及掣時不便者，令各講求長策以圖永久。上是之。

《明實録》隆慶五年八月　〔戊午〕户部覆巡鹽御史盧明章條上鹽法六事。一、清理實籍，毋令竈産、民産互相影射。一、禁戢私販，以通官課。一、飭治分司，申明春秋兩巡之法。一、嚴督行鹽地方，驗單銷繳，不得阻滯。一、蠲免長蘆利民等二十四場白鹽脚價。一、御馬監歲用啖馬涼鹽，止許見買商鹽，不得交通私販，撓壞鹽法。報可。

《明實録》隆慶五年十二月　丙辰，兩淮巡鹽御史張守約奏言：兩淮密邇南京，積年商匠往往表裏爲姦，撓壞鹽法。乞敕南京户部歲委司官一員，專理鹽引。但遇各運司起紙輸到之日，嚴束匠役，計紙分工，不許任其預刷及夾帶等項。又言引價太重，内商有高價之苦而邊商有守候之難，乞酌議量減原價五分。户部覆奏，從之。

《明實録》隆慶六年十二月　〔戊寅〕户部題開萬曆元年該徵鹽鈔：

一、陝西、山西、四川、雲南、廣東、廣西、貴州七布政司及應天府、直隸延慶、保安二州，俱仍留本處備用。

一、浙江布政司及順天府、直隸、真定、保定、蘇州、松江、鎮江、常州、淮安、揚州、徽州、池州、廬州、鳳陽、太平、寧國、安慶十五府，滁、徐、和三州，半存留，半運京庫。

一、江西、福建、湖廣三布政司，半存留，半運南京庫。

一、河南、山東二布政司，半存留，半運京庫。内各摘撥鈔八十萬一百二十四貫，錢一千六十萬二百六十八文，解宣府，備開平等衛所官軍折支俸糧。

一、直隸、河間府存留鈔六十五萬貫，準折本處官軍俸糧。餘解京庫。

一、大名府原額錢一百六十萬一千九百七十文，鈔八十萬九百八十五貫，半解保定府庫。内分撥錢二十八萬五千七百六十文，鈔一十四萬二千八百四十貫，解部轉發薊州庫，補營州五屯衛並寬河一所官軍折支俸糧。餘解保定庫，折放五衛所官軍俸糧。半解宣府，内原改撥鈔三十八萬八千一十一貫，錢七十七萬六千二十三文，仍解宣府，折與開平等衛所官軍俸糧。

一、直隸廣德州並順德、廣平二府錢鈔，盡數解京。其永平府所收錢鈔，應解遼東者，照例折銀，送廣寧等庫交收。

《明實録》萬曆二年二月〔壬申〕户部覆兩淮巡鹽御史王琢玉條陳二事：一、停存積以塞壅滯之源。方今邊商開派，利少而難於召納；淮商守候日久，而不樂接買。故引目存積，鹽法壅滯。合自萬曆三年爲始，將兩淮存積暫停十萬五千七百餘引。其邊儲應補銀五萬餘兩，合於太倉措給。至萬曆六年以後，照常開中。一、開囤積以浚壅滯之流。先年江西、湖廣王府勢豪人等，收積商鹽，坐索高價。奉旨嚴禁，有司遂不問良善豪惡，概爲禁止，致水商鹽船，不得整發，儀真日見蕭條。仍行各地方，如有良善鋪户，聽其囤積，但不許勢豪梗法。報可。

《明實録》萬曆二年九月〔戊子〕四川撫按官曾省吾等言：該省鹽課，井有塌廢，竈丁逃亡，徵辦不前。額課銀七萬一千餘兩，乞止徵四萬七千五百二十一兩。其減少者，量增票引税銀及私販、紙贖、餘鹽價銀湊補。巫山縣係行鹽孔道，迭委府佐官一員，專禁私鹽。户部覆言：該省鹽法，因井定課，其來已久。若議補勘合，召商報中，不惟窒礙難行，抑且紛更多事。但課額係濟邊正項，欲量增票引，亦得救弊之法。至於紙贖及變價銀，係解京濟邊。近改解陝西以省勞費，難以改充。蓋井雖有坍塌，必有新鑿。若守令盡心查理，則新舊相除，自可抵補。雖不增收票引之税可也，又奚借於紙贖、餘鹽？其巫山縣設官，依議行。從之。

《明實録》萬曆三年正月〔庚申〕户部尚書王國光因邊儲歲虧，疏言：輸粟實邊，下場給鹽，足餉良法，亦必隨時酌處，上下兩利爲通融。先年鹽法疏通，邊儲甚賴。自嘉靖三十二年增派工本鹽引，四十年盡掣堆鹽，鹽利浸微，勘合日積。於是都御史龐尚鵬有酌量時估，稍加寬減之議，使商人樂從。非謂不計盈縮貴賤，概徇市人之情也。嗣後各商踵習，百計鑽求，貴則告減，賤則不增。郎中、兵備等官，受人請托。延己聲譽，不論豐歉，輒從寬減。如薊遼連歲豐稔，斗米直三四分。而每引五錢，只得米三斗。若宣府等處亦然。臣謹查歲派各邊鹽引銀，約計五十餘萬兩，計其實納所直，不過二十五六萬兩。至於發銀召買，即古和糴意。亦應訪察時估，而姦商夤緣價賤之時，領銀入手，延挨展轉，比至騰貴，然後增價上納。管糧各官，因襲常套，公家之積，任意花銷；豪滑之徒，坐邀厚利。當事諸臣如此，真以滄海實漏卮，終日澌盡而已。謂宜嚴敕管糧等官，以後召中，一應糧料、草束，務及秋成察訪時估，定擬價值，係鹽糧者，酌量從寬，使上下不病，然後出榜召商，親撥倉口。俟有糧草，即與收納，填給勘合，使勢豪之家，毋得窩賣，以侵商利。一切分外需索，措勒守候之苦，嚴加禁絶。係召買者，趁時糴買，立限完銷，不得過期，以致高價。又或仿先臣劉大夏故法，選委廉幹，親詣倉場，草百束、糧十石以上，聽民間自行交納，量加價值，當面領給。號召之間，誰不樂從？如是而往時姦商包占之大弊，官吏苟循之私情，可以永杜矣。然後每歲終，令各鎮巡撫，將該鎮召中過鹽引，召買過糧草，給發過價銀，並經管官員造册送部，以憑查考。其經管官亦各造册存部，以憑查對，分别優劣。要在邊臣赤心體國，鋭意舉行，不出期年，軍需可足也。上深然之。

《明實録》萬曆三年八月〔癸酉〕先是，長蘆、山東二運司有引商鹽每鬮納過餘鹽銀兩，聽其告指行鹽地方發賣，相沿已久。其後改行鬮派，商多不便。御史晏世翹言之：乞將二運司行鹽地方，摘其素疏通之處，分别爲綱，其難於疏通之處均匀搭附，聽其告指某處，即以原附地方，附填水程貿易，仍將每歲殘鹽六萬引均平搭派。部覆如議。

《明實録》萬曆四年二月〔壬辰〕户部覆兩廣巡鹽御史許三省條陳鹽法五事：

一、實填格册。鹽引掣放愆期，皆由姦商詭名占窩，臨時認號，以致交易參差。惟定以孟月廿日開賣，仲月廿日封引，季月廿日到鬮，逾限悉不準放。將格册實填某水商，原買某内商鹽引若干，鹽包若干。務令一引一包，不得改拆，以滋夾帶。則占窩之弊，不禁自除矣。

一、裁定食鹽。淮、揚二府，額行官鹽六萬餘引。量以居民僉領其半，無非欲疏通官引耳。乃買引之價，較市價不啻過之，致居民告困，而商人遂假民鹽，公私影射。宜酌定市價，每斤四釐，仍審地方大小，人口多寡，核實造册鬮支，毋令姦商冒領。則影射之姦，無緣得售矣。

一、禁革買補。官兵緝捕私販，皆按季查比，計數論功。乃官通兵快，將大夥賄放。鹽斤不足，則給票買補。私票行而私販充斥，不復可問。今查比雖不容廢，崦分數不足者，官宜扣俸，工兵宜扣工食。不許輒行給票，則私販之實，無間得乘矣。

一、變通消折。各倉垣鹽課，停積年久，風雨摧殘。當分别未經十年者，照舊聽支，已經十年者，議價變賣。每引二錢，解司收貯，候商到日，給領買補。則總竈之困，稍權宜而即蘇矣。一、承行勘合。凡邊商納過糧石，應支鹽引，俱備載勘合。向以白役書手及商竈納充，農民夤緣掌管，交通作弊。宜於鹽運司添設勘合科典吏一名，專查各邊倉鈔及字號改洗，並收掌榜簿，以便責成。仍查該司現役並候缺農民係商竈者，即撥有司衙門，不許如前占役，則交通之術以專責而少清矣。從之。

《明實録》**萬曆四年二月**〔乙亥〕刑科左給事中李戴言：頃者黄河以南鹽價騰踴，礦徒角利嘯聚，幾成大變。其故由河東鹽花減昔，山路運艱，又半插泥沙，味不堪食，故官鹽日滯，私鹽日興。莫若量爲通變，將河南一省近北者分屬長蘆，近南者分屬兩淮，近西者仍屬河東，商民兩便。下所司，户部言：該省額行鹽引二十五萬，額課缺八萬有奇，此減彼增。宜令各巡鹽御史議便否以聞。從之。

《明實録》**萬曆四年五月**〔丙申〕山西巡鹽御史金階以給事中李戴有河東官鹽不行，欲分屬蘆淮之議，乃上疏反復辯其不便。且言：鹽花獨隆慶間堤堰不固，容吕浸入，以至微鮮。今春瓊珠布滿，盛夏撈採，可足數年。若云山路不便，聖祖定界時豈肯以淮、解兼行？成化間袁郎中有汝寧、南陽二府通改河東之奏，嘉靖間鄢都御史議定汝寧一府舞陽一縣屬淮北，南陽一詮唐、鄧十二州縣屬河東，人情已翕然安至今矣。淮商富，解商貧，數年鹽少以來，微本壓墊，負累已久。今鹽花甫盛而復奪其行鹽之地，此輩有委而去耳，如邊餉何！下所司。

《明實録》**萬曆四年七月**〔丁酉〕巡鹽御史雷嘉祥言：長蘆運司舊制，每官鹽二百零五斤爲一引。在南所每引納銀三錢五分，北所每引納銀三錢八分，每銀一錢得鹽五十斤。後因峻懲商弊，令鹽二十斤定銀一錢，責其自納。既倍時值，加以運載搬移諸苦，遂致數年積鹽五萬四千四十引。日漸耗失，商民兩病。宜令每三十五斤定銀一錢，計所值尚八萬六千餘兩。與其積置無用，何若減價速賣！部覆如之。而於所議三十五斤外，再加五斤，共四十斤定銀一錢，盡將積鹽責商自納。從之。

《明實録》**萬曆四年八月**〔乙酉〕巡按直隸御史王曉言：兩淮鹽至儀真則解捆小包，蓋因江西、湖廣行鹽地方多山僻小縣，河道淺狹，船小包大，承載爲難，勢不得不解包就船，水内均便。今聞有解捆之禁，皆逗留觀望，莫肯承買。商既苦之，而儀真地狹差繁，小民亦以解捆覓利度日。每年解下大包，名曰潮包，南京下關民用瀝灰鹵，每一包官税銀四釐，歲得二千餘兩解部。今如停止，則措解何從？高郵等州縣糧田常爲水嚙，民以織包爲業，代納糧差。一旦禁不使行，手足罔措，兇荒相追，可爲隱憂。商困民窮，國課誰辦？若慮夾帶，則宜酌定鹽數，每大包鹽數若干，拆改小包鹽應若干，登之格册，報掣鹽御史據册驗掣，自難容姦。況私鹽之弊，多在興販之徒，商人挾千萬金重資，必不以數金小利甘犯没官之律也。下所司。部議如曉言。從之。

《明實録》**萬曆五年十月**〔己亥〕巡按山西御史陳用賓條上鹽課三事：一、修南岸以盡南鹽之利。解池鹽花盛生，無間南北，而採者止北岸。今歲督官往池南撈取，不日獲鹽三千八百餘引。宜建廳鋪，修料臺，墊道路，以便採辦。一、裁富丁以寬貧丁之力。凡富丁納銀者，今後停免，一體應役，無致偏累貧丁，逃亡虧課。一、添引目以通舊引之窮。各處引目所載鹽斤之數，雖多寡不齊，大約不過一石。未有如花馬一池，一引八石之爲多者。鹽多價重，商多朋合，及其分販，裂引瓜分，殊爲未便。議將一引易爲四道，增引不增價，使小商各便照賣，官司易於稽察。户部覆，宜如議。但説者謂：南涯乃產鹽根母，根母不傷，故花生日盛。萬一剥削太過，仍恐本源既竭，鹽花少生，宜審酌行之。報可。

《明實録》**萬曆六年正月**〔戊寅〕户部題：萬曆六年正月内預開七年分各邊常股、存積鹽數，照依時估定擬斗頭斤重召商，俱令上納本色糧草，分貯緊要城堡，專備萬曆七年主客兵馬支用。商人報中者不許過三千引，輸納者不得過三個月。務趁時召中，不許折收銀兩。其一發病商虧國者，嚴行禁絶。所有鹽糧勘合，每以二千引爲一道，本部差官一員前去南京户部關領，給散各邊。仍置空白文簿，發各邊郎中主事收掌，如遇商人報中，驗其實在錢糧數目，明白登簿，一併照簿填給勘合實收。事完將簿送部，轉發各該巡鹽御史收候稽查。各邊仍將中過鹽引及收過糧草各數目按季另項呈報，年終各具的確數目奏聞。從之。

《明實録》**萬曆六年二月**〔甲午〕各鎮引鹽原有定額，商人中納唯利淮鹽。蓋淮鹽每引官價銀五錢，浙鹽每引官價銀三錢五分，兩處運司撥賣價值又貴賤不同，所以商人牟利，或淮多浙少，或淮、浙搭配，以爲生息。先是，寧夏浙鹽壅滯，固原積貯有餘，故挪鹽易銀，而固原遂加浙鹽一萬五千引。又遼東連歲用兵，固原時值無事，故減此益彼，而固原遂少淮鹽四千引。至是，陝西巡撫董世彦奏稱本鎮浙多淮少，商不願中，乞復舊例。部覆如議。仍言：兩淮引目既無壅滯，而萬曆二年姦商劉威等復架爲河鹽之説，其阻壞鹽法，禍有不可言者，合行申飭，以示禁絶。有旨：這鎮鹽引依擬改派。河鹽停止不行。再有姦商夤緣奏擾的，重治不饒。

《明實録》萬曆六年三月　户部題覆總督宣大兵部右侍郎兼都察院右僉都御史吴兑等奏：**【略】**一、議鹽引之均派。邊地本色全賴鹽商報納之利，邇者遠商托赴鎮，乘賤多納，假名截利，以圖占窩。土商買之，以希微利。既則遠商去而土商爲納，不無負累。又有利賤預納，臨貴計價，一不遂私，百計阻撓，爲害不少。今後開派鹽引，不拘遠近商人，計主額淮蘆之數，中半分任；計倉口遠近難易之勢，均爲運納；不許遠商占住，仍敢買窩以累土人。上是其議。

《明實録》萬曆七年二月　兩淮巡鹽御史童光裕條陳事宜：

一、優恤竈丁。仿民間社倉規制，將三分司罪贖銀兩糴稻貯場，遇荒量賑。且當青黄不接時，稽貧量借，秋成抵還。至於鹽倉，僅復數葦，日久虧蝕，苦於追補。請凡拖欠鹽課十年以上者，盡數蠲免，以蘇竈困；七年以上者，令每引折銀一錢五分貯庫，以給支商；七年以下者，嚴責用心護守，以候開支。

一、清理引目。舊制兩淮官賫紙價赴南京户部關領引目、號簿，回司給商支鹽。臨掣之時，止將引目送驗，號簿逸失無考。於是老引、假引得而混之。議將號簿填寫邊商、内商姓名，候臨掣比對。若商人不繳號簿及查比不同者，追没鹽引。

一、嚴立限程。舊例，儀真掣鹽水商，必候鹽價騰踴，然後赴賣，致使小民食鹽不便。今議自儀真至石灰關，石灰關至湖廣、江西，各立水程，限期速往發賣，違限者計日罰治。

一、禁革食鹽。食鹽不禁，弊源終不可塞。議查收淮、揚二府食鹽，禁革照舊。分派行鹽，除迫近鹽場州縣，聽其以米易鹽，免派；其餘如揚州、淮安府屬等處，原派一千引者，止派五百；原派五百引者，止派三百。仍依舊例，令各州縣僉選殷户赴儀、淮二所分買掣遷，運鹽往本州縣拆賣。其或軍民食用不敷，將緝獲私鹽賤賣。仍將鋪户所領鹽引，鹽盡即報，違者參治。報可。

《明實録》萬曆十一年八月〔庚戌〕河東巡鹽御史王國祚言：解池旱涸，鹽花不生，商人預納包賠，積至九十餘萬。該司額鹽六十二萬引，乞每年撥十萬引補還各商。餘五十二萬引，徵完分解各鎮。得旨：準撥十萬引。如遇鹽花盛生之年，仍行奏請額外添設。

《明實録》萬曆十二年八月〔壬子〕户部題：河東解州鹽池遭水，鹽花不生。科臣屢疏欲改行蘆鹽，以蘇民困。在山東撫按欲將有餘之鹽行歸、開二府；淮揚撫按擬以開封改長蘆，以最德改山東；而長蘆巡鹽據二知府議，割河以北隸長蘆，河以南改復山東；而又有歷議四難，欲仍行河東鹽池者。今御史喻文煒直陳改圖必行之便。合行三省撫按、各巡鹽商榷通變，毋太拘泥，貽害地方。報可。

《明實録》萬曆十三年二月〔戊申〕兩淮巡鹽御史蔡時鼎條上鹺政：一、酌議派支以免消折。一、補足舊課以省賠累。一、免解水鄉以寬商竈。一、禁革挨賣以速貿易。一、禁絶起利以釐蠹弊。一、增置總票以核僞引。一、議抽私販以償派引。一、聽收折價以便徵納。部覆得旨：本色引鹽折價于成法將無有碍，其下御史議之。私販仍前嚴禁，不必議抽以滋姦弊，餘並如議。

《明實録》萬曆十四年四月〔辛巳〕户部題：先該兩運鹽蔡時鼎具題欲復吉安額地，以完國課而消積引；所執議者，鹽法。而江西撫按欲將吉安一府照舊行廣鹽，以便小民而濟兵餉；所執議者，地方。今户科左給事中常居敬疏奏欲將吉安一府仍食廣鹽。且言江西數月以來鹽法阻滯，民嘆無鹽，兵慮缺餉，一時人心未免惶惑。及廣東海船聚衆，窺犯珠池，亦托於近日淮商争奪吉安，亦廣鹽地方商販不通，生理窮困爲詞。是江西、廣東，一利於買，一利於賣。若是乎人情之亟於趨利而不可驟反也。邇奉明旨便與題覆，合行令江西南、贛州二分抽税充餉，八分解部濟邊，俱一體照舊施行。上令不必紛更。

《明實録》萬曆十五年秋七月　庚子，廣西巡按御史蔡係周陳鹽法七事：

一曰均市價。官鹽每歲三運，買則與商同價，賣則與商兼搭。後因廣東銀色稍低，議加斤數，每銀一兩有加百斤及一百八九十斤者。今議市價爲準，商販若是，官價亦若是。仍明折成色，量加工本，以補鹽利。

二曰議船户。廣西官運之初用本省木馬船裝載，後東省貪水脚之利，以船隻代運至梧州上廠，遂致舟中有消折之虞，廠中有交卸之害。議將見存木馬船及募民間小船分幫裝載，直抵桂林交割。在梧州既免上廠之費，在廣東又免官船之擾，誠爲兩便。

三曰時收散。鹽之土也，必待風日次□故五月之間鹽多價賤，議行差官及時收買，並將應給水客價值先買先給，後買後給，既省市價騰踴之費，又免商人守陜之苦。

四曰清支給。廣東水客遞年拖欠鹽課，提舉司將廣西官價先行扣完，方以給領。故水客利於商販而病於官買。今議自萬曆十六年爲始，以後凡西省□應官運提舉司止許評價，不許扣價。其水客拖欠鹽課，聽提舉司於各名下陸續追補，不許總於廣西官價内扣除。

五曰明地方。廣西官鹽止行湖南一道，在桂林既每包七錢五分，則至湖南當較量遠近，定爲常價。以時運發，則民食自便止緣，勢不相統。姦商填引之後，往往逗留中土，坐視厚利。間或便趨永賣，憚赴衡州，以致價值騰躍。今議每年聽廣西巡按以發賣官價及填注地方定立限期轉行，湖廣巡按督行湖南道，其官鹽發賣，一以官價爲準，引内填注地方期限，客商不許越境後期。

六曰謹河道。廣東至梧州水勢甚平，梧州至桂林雖險亦易，惟桂林至全州中經興安縣陡河，原有陡門三十六座，向係五年大修，三年小修，十餘年來廢弛弗舉，舟楫難過，遂致鹽運坐守月日，所費不貲，今查興安分水塘中間直下入中江，原設大石減水坡一座，一百餘丈，截水不至直瀉。要南一路，自興安縣北門至三十六陡，南岸衝壞去處，估計修築計費不滿千金，即於鹽利内動支。

七曰專職守，議將鹽務並之清軍同知。

章下户部，如議覆奏。上命湖南各府但行廣西官鹽，地方一應鹽法聽廣西巡按查理，仍載敕内，餘依議行。

《明實録》萬曆十五年十月〔壬午〕户部題：河東鹽課，自嘉靖三十二年歲定六十二萬引，辦課銀一十九萬七千三百七十六兩。乃隆慶以來，額課日縮，夫生結雖由天時，料理實賴人力。今科臣田疇欲自十六年爲始，巡鹽御史差滿，應將該司歲辦鹽課，已未完數目具奏，仍年終將經管官分別勸懲。相應依擬。報可。

《明實録》萬曆十六年十二月 户部覆兩淮巡鹽陳禹謨疏：一、復牒掣成規。每歲該掣八單，每單八萬五千引。定於五月、十一月中旬牒掣，務挨單順序，不得攙越。一、定催捆委官。鹽自内商上河發賣，水商下河承買，運之江廣，解作小捆，裝船啓行。若非委官於儀真鹽所，以時催督，則延捱觀望，價必騰踴。姦猾積棍，把持行市，莫可究詰。宜將現在添注判官，與該司運同、運副，輪流督捆。俟捆裝掣放已盡，方許別委。一、豁疲場代辦。五祐場原額鹽二萬二千三百一十四引。至正統間加代徐瀆場三千二百引，成化間加代天賜場二千三百二十引。近連遭海患，總竈消乏。議欲將天賜場代辦鹽課，改派逃亡項下，召商買補，免納挑河賑濟銀兩。徐瀆場照舊。一、建積穀倉庾。兩淮三十場竈丁，每遇歲荒，賑恤罔措。宜於各屬場分，度量竈丁多寡，於適中高阜所在，每分司建倉二三處。動支賑銀，買稻上倉，遇荒請賑。其開囤積一款，恐勢豪收買商鹽，囤放索價。恤孤貧一款，即將貧困竈丁收入各州縣養濟院，不必創建。墾草場一款，恐竈丁分心他務。且草蕩盡墾，煎燒不足。俱寢。允之。

《明實録》萬曆十七年三月〔甲戌〕河東巡鹽秦大夔稱：河東商人苦困，欲將開封府所屬州縣，自黄河以南二十五州縣仍行河東鹽，以杜越販。户部以爲河東鹽法不便於開、歸，蓋以道里險遠，且矖鹽味苦，民不堪食。除襄城一縣行或東鹽以通運道，其二府改食山東、長蘆鹽，二運司分認河東鹽課銀四萬八千兩，河東每年止該正課鹽十萬二千四百兩。成命方新，似難再議。是之。

《明實録》萬曆十九年三月 戊申，户部題：萬曆二十年各邊鹽引當預爲開派。查照節年題准事例，遵依時估，定擬斗頭斤重，永爲遵守。内除遼東本折兼開外，其餘各邊俱令上納本色糧草分貯，專備主客兵馬支用，限本年十二月盡數完報。各邊常股、存積鹽共一百四十五萬六千八百六十八引。每引價銀，甘肅鎮淮鹽四錢五分，浙鹽三錢；延綏、固原、寧夏鎮淮鹽五錢，浙鹽三錢五分；宣府淮鹽五錢，蘆鹽三錢，土商仍舊二錢；大同鎮淮鹽五錢，蘆鹽二錢；遼東鎮淮鹽五錢，山東一錢五分；山西神池等堡淮鹽五錢，浙鹽三錢五分，山東一錢五分；薊鎮長蘆鹽三錢，永平新增蘆鹽價三錢。著如議行。

《明實録》萬曆十九年閏三月　〔己卯〕户部覆按臣周孔教題稱鹽法條議：增引價則商人病，開引目則正鹽壅，增餘鹽則正課妨，所當議者，一、嚴禁占窩。一、預關引目查處竈糧。一、修復屯鹽。著依議行。

《明實録》萬曆十九年五月　〔己卯〕廣西巡按錢一本言：河間、景州、交河等處地方商人鬻鹽，坐卧市肆，結托有司，計丁攤派。甚至一歲數次，百且雜以沙土，民爲累害。夫邊儲所急需在鹽課，而生民所資食在官鹽。必官鹽大通，斯邊儲有濟。邇來私鹽盛行，官鹽日阻，商人有坐守之虞，而有司有繳引之責。此攤派之端所由啓也，而小民始受包賠之苦矣。宜嚴禁攤派，重革插和等弊。部覆，從之。

《明實録》萬曆十九年十月　〔甲午〕户部尚書楊俊民覆兩淮巡鹽御史徐圖條議：一、復掣摯以裨商課。一、清額地以疏鹽法。一、稽食鹽以杜夾帶。一、禁罔利以通壅滯。一、恤煢獨以重鹽筴。從之。

《明實録》萬曆二十一年五月　〔甲寅〕户部覆三邊督撫及巡鹽御史所題：將大池額辦二十萬九千八百五十六石，該徵銀一萬三千六百四十兩六錢四分，除減去五萬二千四百六十四石，該銀三千四百一十兩一錢六分；尚存一十五萬七千三百九十二石，徵銀一萬二百三十兩四錢八分爲額。内將七千二百五十一兩八錢四分，解抵延、寧二鎮主兵年例額餉；餘銀二千九百七十八兩六錢四分，並裁省秤斗工食銀一百四十四兩，共三千一百二十二兩六錢四分，解抵固鎮年例。不敷七百五十兩五錢零，仍在大小二池通融湊補。其小池額鹽二十六萬四千八百四十石，該銀一萬七千二百一十四兩六錢，除減去六萬四千八百四十石，該銀四千二百一十四兩六錢；尚存二十萬石，徵銀一萬三千兩爲額，盡解抵寧鎮年例。所減課銀四千二百一十四兩六錢，二十一年準於太倉補發。二十二年照數增入年例内題發。以前年分拖欠鹽石，徒懸虚數，悉準蠲免。以後管鹽官全完，薦塲升擢；九分八分，分别奬勵；七分六分，奬戒並免；五分，重加戒飭；不及五分與四分以下者，參治罷斥。倘日後大小二池，鹽花盛生，撈採有餘，不妨議復原額，徵銀充餉，無得聽管鹽官侵匿隱漏。

《明實録》萬曆二十三年五月　〔丙戌〕直隸建平縣舊行浙鹽，經溧陽崑崙河船載以達。後兩淮以其多夾帶，不許，欲其陸由廣德歷崎嶇以往。浙商憚行，鹽課頗缺額。兩浙巡鹽王立賢疏故，户部已復如舊例。且立石崑崙河，大書浙鹽經行故道。兩淮巡鹽吴崇禮復疏言浙鹽必無經淮地之理。既許其假道，必不能禁其私販。且引河東例謂未嘗不可從陸。争甚力。户部覆：浙鹽經崑崙河抵建平已二百餘年，一旦禁止，官民俱不便。若慮其夾帶瓜販，令浙鹽入河即行投報。溧陽縣正官掣包檢驗，停泊拆賣者，禁。鹽到建平縣，正官亦復盤驗，數目相同，方準開賣。則私弊絶矣。因請增入鹽法敕内，永爲遵守。報可。

《明實録》萬曆二十五年五月　〔丙申〕兵部車駕司主事徐中素言：祖宗舊制有上下兩利，不得不議復，公私俱病，不得不議更，則召商開中以裕邊，酌議清勾以實伍是也。按永樂每鹽一引，輸邊粟二斗五升。商人争出財力，募民墾荒。天順中斗粟值銀二分，邊儲大裕。成化中尚書葉淇議改折色，商徙農散，樂土復爲荒蕪。後雖有仍徵米豆芻秣之令，然不過十中之一二耳。商人寧厚值以易粟，無寧墾田以多費，弊所從來久矣。今誠沛下明旨，漸復輸粟之規，不十年而舊制可舉矣。往土著之民，見種粟之可以永爲利也，又争募民以種粟。且商人自置墩臺，自聯保伍，突有虜犯，人自爲戰，此不惟有益於鹽法，而且有利于屯政；不惟可以助耕，而且可以禦虜，計無便於此者。【略】疏入留中。

《明實録》萬曆二十五年五月　初，淮鹽運江、廣，直隸御史牒送南京鹽政道御史親詣石灰山關掣驗，名曰京掣。後以不便，裁革。至是，御史楊光訓言：各商稱自京掣革後，姦商夾帶私販，正鹽壅積，議仍舊便。部覆，報可。

《明實録》萬曆二十六年五月　〔戊子〕户部覆直隸巡按御史畢三才條議鹽政：一、查竈地以清積案。謂：邇來竈地多被侵佔，竈丁日致逋逃。宜令所司細查造册，院、司、該場，各存一焉。侵佔隱瞞者，論如法。一、專統轄以明職掌。謂：奉欽依優處竈丁。有犯，在撫按衙門發覺者，除重情外，聽鹽院治之，有司不得動輒勾擾。一、裁增引以蘇商困。謂：長蘆額鹽一十八萬八百引有奇，今倍之。夫行鹽之地不加廣，食鹽之民不加多，引增則壅矣，宜以漸裁。一、還鹽船以完國課。謂：運鹽海船，商人所自造，而東徵運糧，盡行取用。誤掣即誤課矣。宜酌留堅致者以備運糧，餘船還商。一、議關引以速完課。謂：舊制，商人納完糧草，運司差官赴南京户部關請引目，發商行鹽。守候耽延，動輒經年。合咨催該部，速行印發。一、議恤商以裕國計。謂：税使密如網羅，商不堪命。且取商船以運糧，而遭風溺米，復勒商賠補，商何不幸而遭此荼毒也，宜通行禁戢。一、處納課以均苦樂。謂：小票行鹽，非法也。乃北平不行鹽地方，概以小票納課，而私販行焉。宜量增課額，嚴戢私販。庶行鹽地方，無苦樂不均之嘆。一、禁大包以杜私弊。謂：鹽包過大，夾帶公行。議每包蘆鹽止許六百四十斤，東鹽止六百一十六斤。溢而縱者，概置之法。一、恤寄莊以舒竈役。謂：商人稍置莊田而寄土著之户，徵徭倍於民。夫竈役已重，而復應額外之徵，其何以堪？宜寬恤之。命如議行。

《明實録》萬曆三十三年七月　先是，宣、大兩鎮土商認納長蘆鹽價每引二錢，嗣後宣鎮運商居半，每引認價三錢，而土商猶故也。近因宣鎮運商與土商争納告增，部議：土商亦照運商例加銀一錢，而大同地屬切近，一體加派。於是大同土商任光裕等紛紛告苦，争思徙避。撫臣張悌言：雲鎮中鹽，遠商罕至，率以土著者充之；沙薄鮮收，轉運内地，脚價賠累，倍於宣鎮，而又多召買軍餉之苦。乞準照舊以二錢認納。下户部覆議。從之。

《明實録》萬曆三十三年七月　〔壬寅〕户部言：國家設立鹽法，召商報中，鹽有定額，商有定名，無或敢干以私者。此在九邊，皆有禁，而宣鎮之姦徒則蠅集矣。該鎮淮蘆鹽引，共計二十四萬五千有奇，年年分派實納。商人照倉上納，糧固易辦，商亦樂趨。此定例也。近來有等無籍棍徒，每遇派引之時，百計營求，多方鑽刺，明攘商利，陰劫諸司。餉臣稍任勞怨，思爲禁戢，而若輩希圖改轍，妄肆雌黄。或道路流言，或匿名造揭，不致螫其毒，遂其姦不已者。中外官紳，又輒輕爲居間，或不知而誤啖其餌，或已知而業受其欺。所得僅毫芒，所損已尋丈。所壞者邊儲國計，所利者牙儈刀錐。業已附之翼而借之憑，安得無令此輩擇人而食也。即如今歲之吕承聘者，名不籍官，何故而甘與鹽引？身非舊役，何故而自號書商？商以書名，明以請託爲事，書以商囑，是明以貨賄爲媒。此一姦也，蓋踵去年張兩公之故智，更張其惡，而計遂其私。妄呈妄揭，播弄聚訟，迄無已時。除札行該鎮，一面嚴提究治外，再乞天語叮嚀，痛加懲創。無論何等勢豪神棍，但有求書囑托者，即便擒拿究擬。如或仍前横恣流謗，中傷官司，在内許廠衛衙門、在外聽撫按諸臣，一并訪拿參奏施行。

《明實録》萬曆三十四年三月　〔辛卯〕浙江巡鹽御史温如璋言：兩浙鹽課每年一十四萬兩，解部以供邊儲，舊額也。緣先年沿海擾犯，各竈逃移；繼罹灾荒，風潮不測，遂致鹽課多逋，部解缺額，不得已挪商價湊解。積累有年，應給商價，濡遲數年矣。近來多方招徠，未盡復業。不意萬曆二十八年間，姦弁高時多妄奏搜括，而每年議解二萬六千兩於内。當時諸臣備極苦心，不過一時調停之計；亦意皇上明燭姦欺，憫念民隱，朝議進而夕報罷也。及解進以來，幾年所矣。夫此二萬六千，非有神運，不過仍取給於商、竈。計引重科，加煎取利。商、竈賠貱不足，甚至牙行鋪户，悉行飛派。既困竈、商，又重病民。乞大擴皇仁，將前項加增停免。不報。

《明實録》萬曆三十四年六月　户部尚書趙世卿言：祖制設有鹺政，原以一年之入，供一年之出，課不增而商不擾；故額解及時，國餉無損。邇者經費浩煩，供應艱窘。兩月以來，太倉無半鏹之入，日盼鹽課接濟，而延緩稽遲，大殊往昔。此其故可言矣。兩淮課額，歲共六十萬兩，分春秋二季解部，從未停壓一年者，而停壓自魯保存積之引始。從來掣引未有附搭超掣者，而超掣自存積之姦商始。姦商利，則正商病。今商之富者貧，貧者去，更誰辦課以佐公家之急乎？夫兩淮歲額一十四萬，原係隨徵隨解。自二十八年以三萬六千助工，而解遂愆期，且損額矣。福建歲額二萬二千有奇，原徵於一年之前，自高宷開依山引四萬，而額遂不敷，且壓至次年矣。九邊引商，原與運司鹽商相爲首尾者。往歲鹽商無停壓之苦，故引商樂輸。今見内地之鹽，壅積不售，則邊倉之引停閣不行。乃嗜利無厭之魔，無端復請刷引，若將舉正課而盡吞之者。獨不思行鹽地方有限，食鹽户口無多。此增則彼減，此行則彼缺。如山東、如長蘆，内取一分之税，則課少一分之供；而徵解愈遲，國計愈絀，又何怪乎？乞亟涣綸音，將各處無名浮課，悉行罷免，俾官得索正餉於鹺臣，而鹺臣不致誤臣以誤國矣。不報。

《明實録》萬曆三十五年五月 〔庚辰〕四川巡撫孔貞一言：蜀之有鹽，與河東、兩浙迥然不同。皆傍山依嶺之民，縋深出險，以貿衣食。非有自然之利也。且井無不塌，鹽非常獲，而課終不可減。一有逃亡，則丁糧受累。昔之包賠，猶出有井之家；今之徵榷，並及無商之户。懇發德音，將鹽茶税一萬餘兩，自萬曆二十七年以來係税監徵榷未歸有司者，悉行停止，令商民照舊徵納，依原額以助陜邊。不從。

《明實録》萬曆三十五年十月 〔庚申〕户部言：運司鹽課，自萬曆三十四年夏至三十五年春，兩淮課額，欠至一百餘萬，長蘆欠至十八萬餘，山東欠至七萬餘。玩延如此，邊儲安得不匱？宜遣官守催，嚴爲責成。如有怠玩，揭到即行參處。從之。

《明實録》萬曆三十五年十一月 〔丁巳〕兵部覆陜西巡按余懋衡所條四事：【略】祖宗之法，召商開墾，輸粟塞下，故食足而兵强。自折納之議行，而今概仰於糴買。飛輓不繼，則芻糗易窮。按臣欲就彼中雇募開墾，以粟實邊。是鹽商之開墾宜復也。各邊設有官倉，督以同知，防非不密。而積書猾吏，狎套姦商，弊竇百出。或以燕麥抵收小麥，或加收一二餘數以抵鹽糧，或至糧料未入而簿帳已收。此姦商之賄買當禁也。鹽糧引目歲有定額，其時估、斗頭，又當視歲爲高下。蓋豐年滿籌則輸納易，凶年懸罄則取盈難。商既樂於凶年之減，自無憚於豐年之增。調停區處，必無失額，而又合於人情。是派中之定例當議也。兩淮引目與九邊相表裏，淮引無壅而後邊商樂中。自魯保浮引行而正引滯，課銀借解於八年之前，而商鹽掣支於八年之後。前銀未償，而後課又急。商困至此極矣。蓋行鹽止此地方，食鹽止此户口，額外添一引，則額内必壅一引。先年爲哱拜、爲倭虜、爲大工，權宜增引，俱旋行旋止。深恐以數萬之新增，妨百萬之正課耳。今浮引盛行，若不亟行停止，則兩淮正引，終歸壅淤。九邊之額引弗售，十萬之軍需安出？是兩淮之浮引，斷斷乎宜停者也。鹽禁載在律例，非產鹽處，夾帶三千斤以上者，决遣無赦。乃豪右大猾，馱運横道，捆載蔽江。邏卒貪懦，不復敢問，而徒搜肩挑背負者一二以塞責。私鹽盛而官鹽壅，鹽法不疏，而姦徒不靖。是淮、浙私鹽之尤當禁者也。議上，上嘉其深切時弊，命巡按舉行。

《明實録》萬曆三十七年八月 〔壬子〕先是，長蘆鹽課自萬曆二十一年至二十九年，各竈節拖商銀一萬二千有零，俱奉恩詔蠲免。各商乞比照萬曆八年事例，將餘設銀抵補。運司議比照先年大同票鹽事例，以票代引，約行二萬餘引。除餘設銀兩抵補所欠外，各商每引仍納引價三錢及帶鹽四分，共增國課七千餘兩。長蘆御史畢懋康以爲抵補商課，議無容緩，但以票代引，弊竇易滋，不如仍題給二萬餘引，限以三關銷掣，庶事無窒礙，國課商情兩爲稱便。户部覆，上報可。

《明實録》萬曆四十二年五月 福建巡按徐鑒題稱：行鹽者，引也。引不足而用票以抵引，引終歸於不足。銷引者，幫也。幫難行而促商以行幫，幫終格於難行。據副使李思誠議稱：引自有二，曰依山、曰附海。依山無曬曝丘盤則無鹽，止納折色，附海有曬曝丘盤則有鹽，故行本色。此祖制不可亂也。計附海引凡三萬七千五百六十五道，東路止三千五百七十道，南路派七百七十道，餘三萬三千二百二十五道，盡屬西商。合計三年，每年止得一萬一千七十五道，僅足二幫七號之用。嘉靖倭患以來，積引至十七萬，故題增六幫以銷之。計期以五十日爲限。至萬曆二十五年，積引將盡，始請依山以佐之。夫依山起於姦商奏請暫開，昔以之納折者，今以之行鹽，已非舊制。且無鹽而行鹽，故除引價一錢，令之下場自買。而借名公鹽，恣行私販，大爲鹽法之蠹。至三十三年，而積引小引，其未盡者，止得什百之一二。三年請引復到，引少幫多，不得不發票趣行。遂致挪前趲後，扯東補西，而法愈非舊矣。夫原引不足，何如增之爲便。况增之而商不稱病。六幫難行，何如減之爲便。况減之而國不稱病。合無於四十二年起至四十三年止，每年定爲五幫。而附海引自原額之外，三年共增引二萬六千六百七十道，該引價八千三十二兩五錢。該增全價加牙税一萬三千六百八十七兩一錢一分二釐零。每年可增解部、司課銀七千二百三十九兩八錢七分零。每次請引，俱照此例。雖減一幫之鹽，實增半倍之課。非但不病國，而且有利於國。六幫既不可行，即量減其一，定爲五幫。使五十日之太迫，展爲七十日之少寬，徐議投行兑客之情。雖增二幫之課，實省一幫之擾。非但不病商，而且有利於商。自兹有引可行，有鹽可售，依山不必再請，以致姦宄之生心；抵票不必再發，以致權宜之壞法。此誠公私兩利之道，即垂之永久可矣。疏入，留中。

《明實録》萬曆四十三年正月 〔甲戌〕長蘆巡鹽御史潘之祥條議鹽法：一、防沿河夾帶。議於德州、臨清、東昌、濟寧四處，各委巡河、巡鹽等官，凡官船糧艘嚴加搜緝，如有夾帶，究治船户。一、嚴營軍私販。京營軍士往往騎坐大馬，挾持弓矢刀劍，百拾成群，馱載私鹽，巡緝人役莫敢誰何。請令通州參將守備等官協力緝捕，有功紀録，失事參處。其營捕各官如有縱軍私販，一體併究。一、禁商民之影射。于額引、正餘鹽外，不許夾帶。沉没引鹽，不許捏告補掣。一、止姦商開引。于邊中額引外，不許借名濟邊，增開鹽引，以壅鹽法。户部題覆，上命依議行。

《明實録》萬曆四十三年閏八月 〔丙寅〕浙江巡鹽御史崔爾進言：據鹽道參政胡世賞稱，兩浙額引每歲四十四萬四千有奇。因加税搜括，引益積壅，至存司引目一百五十餘萬。不得已議於常額之外，每歲帶銷五萬，蓋欲疏壅滯，足額課耳。邇年水旱頻仍，產鹽之地，數少而貴；售鹽之地，數多而賤。前鹽臣楊鶴疏云：昔之壅，壅在引；今之壅，壅在鹽。彼時即欲將每年帶銷五萬餘引之數，量銷一萬。方在候旨，今各商呶呶，俱望盡減帶銷。然欲減鹽，必圖足課。帶銷既減，則京課虧乏。額内一千三百餘兩，别無堪補。仍應如前鹽臣議，帶銷舊引一萬。而於各引内每引加銀三釐，共合一千三百餘兩，以抵每年京課一十四萬五千兩之額。課既不虧，商又樂從，似爲經久可行。户部議覆。上是之。

《明實録》萬曆四十五年三月 〔壬午〕户部尚書李汝華奏，邊餉急缺，淮課愆期，乞差官守催徵。大約謂：今日鹽法適當窮變通之時，乃臣部所爲通變者，不過復祖宗舊制耳。蓋祖制行鹽止有三商：邊商，中引者也；内商，支掣者也；水商，運賣者也。此三商通則俱通，塞則俱塞。自淮上於三商外，别添一囤户。不顧三商之安，乃盡資其膏髓以自爲豐盈，而鹽法始壞。今臣部雖奉欽依爲兩淮疏理，三商皆額手稱慶，而獨囤户不滿。其欲假充三商，百計阻撓。如是則正課每年七十萬五千一百八十引，恐不能序銷也。所預徵内商餘鹽銀數百萬，恐不能序償也。兩淮所欠國課，停壓三年，並虧邊餉二百一十餘萬者，恐不能序補也。委應差官曉諭，守催疏理，嚴防姦囤阻撓。行新引以通邊商，疏積引以通内商。盡解套搭，大平物價，痛絶私販，盡銷官鹽。務使年銷一年，則七十萬之正課不致再壓。歲疏一歲，則二百十萬之壓課，可以漸補。依期徵解，毋緩時刻，庶課不後期，軍需有賴矣。

《明實録》萬曆四十六年四月 〔乙巳〕巡鹽御史龍遇奇奏立鹽政綱法：祖制淮鹽每年七十萬五千一百八十引。自套搭行而課額虧。部議謀行現引，附疏積引。但淮南舊引二百萬，淮北舊引一百四十萬，一朝疏之，誠難於足。淮南編爲十綱，每綱刻定二十萬。其掛掣未行引十七萬，立附字綱，每年一萬七千。帶行十年，而淮南舊引可盡。淮北編爲十四綱，前三年刻定每綱七萬，後三年每綱二十一萬，末一年以所餘七萬並掛掣極少數附搭行之，計十四年而淮北之舊引盡。以後逐年止行逐年之引。然法以十四年爲期，而新舊道臣相代，不無各立意見。科臣於是欲循弘、正之例，各差都御史或科道官一員，一次清理，期内不必續差，庶法立而可守。上曰：這諸款深於鹽政有裨，着該地方官着實遵行，仍立石刻書，用垂永久。

《明實録》天啓三年正月 〔丙午〕四川巡按御史温皋謨按蜀，陛辭，條安蜀八議：【略】一曰鹽法宜通融。蜀之鹽，常私販於荆襄各郡，蓋蜀鹽精美過淮鹽，地近而省費，價又半於淮鹽，民情權貴賤而趨，姦徒走死地如鶩，雖厲禁之不能止。請將蜀督撫所轄荆襄等府改食蜀鹽，淮餉減若干，蜀餉即量增若干。而於夔江館驛之處設一鹽司盤驗，使私鹽之利盡佐軍興。【略】疏下所司。

《明實録》天啓三年十一月 〔戊辰〕兩淮巡鹽御史樊尚燝言：兩淮鹽課，足當天下之半。無奈額課之後，繼以套搭，而商困。即今套搭漸解，私販盛行，致官鹽壅而商息微。因而虧損額課，而國亦困。甚至私販不已，加以私囤，乘機高擡。利不在商，不在民，並不在國，徒以飽姦宄之腹，而國與商民交困。誠欲裕額課，無行正鹽。欲行正鹽，無如先禁私販。而欲禁私販，無如慎重行鹽之官。而運使其最要者也。一切引目之收發，歲課之徵解，何者不經其手？於此而清，何所不清？然而清之亦最難矣。引目有新舊之混淆，商竈有姦良之雜沓。就中猾胥乘間，利之所在，百竇千孔。非真得廉明敏練，有定識定力者，予以澄其源而障其瀾，安令商蘇弊絶稱愉快乎？自今以後，斷宜酌定成規。運使官果有潔守長才，能率其屬以蘇商裕國者，即查照三品官階，一體陞遷。無預擬其前途之不遠，無概棄其後效之有成。當此三空四盡之日，必不可無此激揚之一法。而運同、副判以下不肖者，誠無辭不簡。果有清勤自好，能效一官者，亦宜照級叙陞。無以財賦之地，盡視爲膻穢之場。令一入其中，竟爾埋没，斯尤鼓舞之大權也。他如委掣鹽斤一節，求委之官，必非自愛之官，皆緣情面太多，流致寡廉鮮耻。至北來各船，動多夾帶私鹽，而回空糧船爲甚，舳艫百千，揚帆冲關。倘搜緝消息，持挺放火，群擁拒捕，莫可呵阻。夫百萬淮課，九邊急需而糧艘敢公然攙販，大損國儲。此其中寧有三尺哉！合無請敕會同督漕撫按，申飭各衛官，遇船交卸，必親自押空回南。更敕户部行文天津、直沽各地方官出示曉諭。仍立石奉旨禁販私鹽，違者依律處治。凡各船到彼，聽委官驗明無弊，方準放行，各取押運官結狀，如前途有犯，事發一併連坐。如是委掣得人，以清於內。又押空有官，以清於外。內外交清，私販路絶。然私鹽之禁，總期官鹽之行。而行鹽之官，在外自行鹽道而外，莫親於守令，亦莫急於守令。其間行鹽之口岸與引鹽之數目，皆其職掌。自今以後務實令府州縣官，照引行鹽，鹽完引銷，更匯銷匯繳。由縣而府、而道、而院，確查其銷繳之分數，以爲殿最。有不及額者，照例參處。庶督責嚴而商本國課其有實濟乎？得旨：鹽法關係甚大。運司官，屢有旨精擇優陞，如何不遵？還申明着實行。其餘並即議奏，務絶姦弊，以充國課。

《明實録》天啓五年二月〔辛巳〕户部覆豐城侯李承祚疏言：承祚欲將南、贛、吉三府行鹽復還兩淮，蓋不睹諸臣力争之疏與部科屢試屢復之旨。况廣課既增，則前地似難復還兩淮。所當仍照前議，聽行廣鹽，以免紛争者也。據欲仿行存積、新增鹽斤，此又不可之甚者。該臣查得萬曆二十七年兩淮借行存積引鹽八萬引，築打大包，以致正鹽壅閼，邊引莫售。夫正鹽壅則餘課虧，邊引壅則鹽糧缺。始猶借徵以補課，刑比以究糧。迨後年復一年，資本停壓，內商日困，邊商日窮，無資辦課，無本完糧。馴至萬曆四十三四年，兩淮鹽課缺解一百七十餘萬，各邊鹽糧亦至數年不納，此皆肆行存積爲之厲階者耳。維時無論邊中現引難以銷掣，即納過餘課、未經銷掣之引，且積至三百四十餘萬。欲銷積引，則新引置於高閣；欲行新引，則積引置於無用；若欲新舊兼行，則行鹽之地止有此數。萬曆四十五年，該本部尚書李汝華與山東司郎中袁世振議行減斤之法，遣官疏理。每引減鹽一百四十斤，止重四百三十斤。每年計行新引七十萬五千餘引，帶疏積引二十萬有奇。於是二引並疏，三商樂利而兩淮六十八萬之正額遂輸不缺也。非減斤疏理之功乎？且論鹽斤，雖云稍減，然每歲多行二十萬餘引，則名減而原額之鹽實未之減者。况兩淮於天啓元年議增新課二十一萬，原議加帶鹽斤。後淮南商人因鹽壅數行，不願加帶，每引助銀一錢，則鹽斤之難增可知矣。又因江廣鹽壅，每歲將應行綱鹽扣留五萬五千，則鹽斤之不能復增，更可知矣。總之，行鹽之地不加廣，食鹽之民不加多。鹽斤增則額引壅，新課增則舊課虧，非惟無裨實濟，抑且反誤正供矣。斷不可輕議紛更以妨國計。上是其言。

《明實録》天啓五年十二月〔丙子〕督理錢法工部右侍郎兼管户部鹽法董應舉具奏立綱、鋪綱利害。謂：補行積引，名曰鋪綱，其害有六。不行積引，名曰立綱，其利有六。請分析言之。

兩淮歲行鹽九十七萬餘引，而各處食鹽又可七萬餘引，計行百萬餘引之鹽矣。而邊引止七十萬五千一百八十引，尚歲少三十二三萬。引且不足，積從何來？今不查引有無，乃欲歲補淮南二十二萬引，止納餘價銀三錢五分。比之正引，歲少餘價九萬九千兩矣。縱議找徵，亦成畫餅。害一。

且正引引價五錢六分，若解部作五錢算，亦有十一萬兩，而鋪綱則不納引價。害二。

遼餉歲加二十一萬兩，前鹽臣樊尚燝苦心設處，疏題內七萬兩，係竈户折價七萬兩，許商人帶鹽。淮南新舊引七十四萬九千二十四引，每引願助一錢而不帶鹽，該銀七萬四千九百二兩四錢。淮北新舊引二十二萬餘，每引議助一錢，又帶鹽一錢，該銀四萬四千四百二兩。二項共該一十一萬九千三百餘兩。今止解七萬，尚少四萬九千三百餘兩。是積引獨無遼餉也。害三。

往時帶銷積引，不納餘銀，致虧課額。動挪割没、折價各項補解，而姦商姦胥乘之侵没，所失無算。今若挪解，其弊亦然。害四。

且行一積引，即壅一正引。壅多，不得不扣留。正引扣久，亦成積引矣。害五。

扣留多，商必賁緣超行，而邊引阻滯。又前之囤户揹邊商，以致折本。開中不前，邊糧不繼。邊軍因以鼓噪，變生不測。害六。

今若立綱，除正引、餘價、遼餉外，照户部近題，將積引引窩，召商承認，而約以劃一之法。淮南應行部引二十二萬，每引餘銀八錢，便歲增一十七萬六千兩。庚午以後，淮北亦應歲行部引七萬，便歲增五萬六千餘金。共歲增二十三萬二千兩矣。利一。

引價每引五錢解部，淮南歲增十一萬，淮北歲增三萬五千，共十四萬五千兩。利二。

商派遼餉，原止七萬。劃一立綱，則新舊概徵。淮南、淮北歲增銀四萬九千三百兩。利三。

且部引餘銀，引價，遼餉，既歲增四十二萬六千三百兩，而割没、折乾等項銀兩，免於挪湊，盡可解部，而姦猾無從侵没。利四。

積引不行，正引無壅。既免扣留，葛藤盡斷，姦計難行。利五。

法既一而商無趨避，邊引易售。囤户不得措勒，邊商樂於開中，邊糧足而軍無庚癸之呼。利六。

又議清鹽法隱伏。言：兩淮餘價，遼餉六十八萬三千四百餘金。解京正額外，又有挑河。每引徵銀二分五釐，歲該二萬四千二百七十五兩。募兵每引徵銀三釐七毫，歲該三千五百九十餘兩。扣留各場包夫脚價，每引錢二文，歲該一千八百四十餘兩。淮南水商免京掣公罪，每引一分六釐，歲該銀一萬一千九百八十四兩。潮包每引四釐，該銀二千九百九十六兩。水鄉逃亡、坍折、折色，歲可三萬七千三百六十四兩。綱鹽割没，每引二錢，歲該十九萬四千餘兩。食鹽割没，溧陽一縣，歲該一千九百餘兩；江北州縣，歲該一千九百餘兩；江南州縣，歲該四千八百餘兩。宿州含山新增引目，約該三千四百兩。以上九項，約有二十八萬餘兩。除扣留脚價以食竈勇，其募兵會手工食尚亦有餘。挑河止挑鹽河淤淺，用未二三，並諸項歲亦不下二十七八萬矣。若劃一立綱，則此項盡可解部而無挪借之弊。又補庫折價七萬兩，近方用之以抵遼餉，而從前何用？賑濟歲四萬八千，論免不久，而先年餘剩何存？亦應查明。方今諸餉匱竭，司農仰屋。丁田之賦，再加商税，復開事例，盡於衙門項首、隸卒工食，如此瑣屑，尚不憚煩，而以六七十萬錢糧，授之姦手，何其見小而遺大也！得旨：欽遣大臣，專司鼓鑄。即借鹽課作本，亦宜聽運司起解，不必干預鹺政。其二綱利害，著該部議妥具奏。

《明實録》天啓六年四月〔甲申〕巡按廣西御史王政新疏言：湖南衡州一府食鹽於西粤，粤之兵餉取給焉。自姦商有改食鹽之議，詭稱先輸餉於西，更輸餉於部。及成法一更，衡商裹足，私鹽盛行，西餉、部餉竟亦不輸矣。乞仍復舊制。户部覆議：衡州一府仍令買食西鹽，湖南鹽法悉聽廣西按臣遵初敕旨著實舉行。從之。

《明實録》天啓六年六月〔戊子〕兩淮巡鹽御史陸世科疏言：户部近議，兩淮每年額行邊引七十萬五千一百八十引，又行積引二十九萬餘引，鹽利頗饒。每引量增銀八分，共銀七萬九千六百一十四兩四錢。俱於天啓六年爲始，照例春秋追徵解部，轉解工部助工。工完即與豁免。但據商人苦懇，運司酌議，謂自立綱法以來，鹽斤視昔不啻減十之三，鹽課視昔不啻加十三。循此不變，商已難支。今又不論新舊，加銀八分。絶流而漁，勢將無魚。各商欲比寧夏加餉，每引五分，帶鹽十斤。今每引八分，帶鹽十六斤。但如近日加銀一錢，帶鹽十六斤例也。合無稍爲裁減，每引八分，帶鹽十三斤，少補商膏，亦其勢之可從者也。至若合州含山，改行食鹽一萬二千引，高郵復行四千引，寶應復行一千五百引，泰興復行一萬一千引，江都加增二千引。臣前已取其銀助工，今又每年徵其銀助袍價。則額設已定，似難更改。所當請明立石，永遠遵守者也。章付户部。

《明實録》天啓六年八月〔丙寅〕巡按監察御史黄憲卿題鹽政要務：一曰撈採之計當周。河東歲課四十二萬引，責辦於十二州縣鹽丁。然而池沸若火，鹽丁作苦，勢不得不乘陰雲時一息，用貧民撈採。蓋一則以體鹽丁之疲，一則使貧民間入其中，稍分顆粒自飽。總是供課，不必問出何脚力。一曰超支之例當禁。河東鹽課支法，除壓待外，有挨支，以封銀時日爲序，毫不容攙越。而商撈堆鹽，則弊端莫可窮詰。目前雖利其捷輸，萬一鹽池不盡生殖，有飽而揚去耳。宜禁超支，復還場之例。一曰收料之規當更。每年撈採，鹽丁稍一事竣，總堆成料，運司用尺杆量算多寡。從來相沿遵行，而不虞經收秤斗，遂高下其手。臣同司官、縣官細加抽盤，乃知其巧於爲姦。於是乃改秤斗量，俾各州縣料頭自報，而又令印官自相盤量。要見州縣撈鹽，實有若干料，某料實有若干引。各具引結，倘日後掣放，不如報數，便令照引賠償。蓋引數報自州縣，其責自難推諉耳。抑臣因有感於鹽池之尚有遺利也。自大池外，有金井、有賈瓦，而又有西小女池。其地距運城可五十里，雖廣衍不足當大池二三，而年來澆曬法行，即以臣受事，曾曬過鹽十有三萬頃，且又以數萬報，將來數尚未艾也。臣又有感於運官之不可不一振拔也。他藩運司，人猶以腴也而競趨。至於河東，署冷官寂，非真清瑩，則必不能甘淡泊；非真强明，則必不能勤幹濟。但其體貌，外似隆於州縣，而事情内實隔於州縣。甚至有文移催，積月尚不能得報而究竟，乃緣臣以結。伏乞皇上垂念鹽政，慨然特重其選，運使必用甲科，分司並令久任，而又大破格調，以優其選。庶鹽政必有一番振刷。户部具覆，如議行。

《明實録》天啓六年十月〔壬寅〕户部覆廣西巡按王政新鹽政一款。謂：粵西之鹽歲發官帑向東粵運鹽發賣，收其子母以充餉。行鹽地方自省城、興、靈、全、灌而外，有楚之衡、永、寶三府，地與東粵接壤，所以私販甚多，鹽價甚昂，民情樂就。故前楚中撫按曾將衡州一府議令改西食東，良爲便計。但自議割地之後，人情數多玩愒，能保官無朘削，商無延挨，捕盗之役無透漏乎？是在按臣著實振刷，不遺餘力。至衡、永、寶三府既食西鹽，則監司守令、西粵按臣皆得而彈壓之。自今以後，按臣復命之時，據實舉刺，誰爲緝捕私販，額課不虧；誰爲因循苟且，奉職無狀。則法行而人知畏，鹽政其有裨乎。得旨依議行。

《明太祖實訓》卷三《理財》 洪武十七年九月庚申，太祖命户部以山東之鹽召商中賣，聽民買食。尚書郭桓言：青萊等府局鹽歲收課鈔動以萬計。今若從民買食，必虧課額。

太祖曰：天之生財，本以養民。國家禁防以制其欲，息其争耳。苟便於民，何拘細利？求以利官，必致損民。宜從其便。

《明太祖實訓》卷四《仁政》〔洪武二十年〕四月壬寅，北平布政使司請以菽折鹽糧，而每斗加五升。

太祖謂户部臣曰：以菽代穀者，爲其輕，可以便民。然菽亦穀也，而又加之，益損民矣。夫權變者當究其實，拯弊者當探其源。不知權變而昧其源，不幾於救跛而成痿乎？

《明太祖實訓》卷五《恤刑》 洪武六年正月辛酉，江西行省商民坐沮壞鹽法，刑官擬以亂法，罪當死。

太祖曰：愚民無知而犯法，猶赤子無知而入井，見者莫不怵惕，豈宜遽以死罪論之？法司執奏不已。

太祖曰：有罪而殺，國之常典。然有可以殺，可以無殺。彼愚民沮壞鹽法，原其情，不過爲貪利耳，初無他心。乃悉免死，輸作臨濠。

《明太宗實訓》卷三《體群情》〔永樂元年〕閏十一月戊午，户部臣奏：近歲有商人於諸城納米中鹽者，雖未支鹽，而官已給引目。此非舊制，當追其引目，罷支所中鹽。

上曰：商人米既入官，則當償鹽。不償是罔民而奪之。商人本錢未必皆已所有，賣其生產，有先捐數倍之利告假於富室而盡勤勞以入米，所望非小。其引目勿追，所中鹽悉還之。但今後須循舊制。

《明英宗實訓》卷一《遵舊制》〔正統十一年〕九月丁丑，南京内官監奏：本監舊有浄軍，煎熬上用白鹽。今年老亡故者多，請僉畿内民三十人補之事。

下户部言：畿民煎鹽，非舊制。

上曰：既非舊制，奈何生事擾民？不必僉補。

《明英宗實訓》卷二《恤民》 正統十二年七月甲午，山東信陽場鹽課司竈户奏：本場竈户逃竄八百一十餘户，遺下鹽課俱令見在人陪納，負累艱難，乞賜分割。

上曰：竈丁既辦已課，復爲逃户補納，其何以堪。悉停之。

《明孝宗實訓》卷三《鹽法》 弘治十六年九月癸巳，都察院右僉都御史王璟上鹽法事宜。一謂各邊開中，鹽引有多出課額之外，商人無從關支者，例令親自具奏，改與見年有鹽之數，仍令每引增銀一錢五分，於人情不便。宜令運司將各年鹽課查報在部，今後止將實在之數開中，先致額外透派其見今應透派者，聽運司改與，勿令增價親奏。一謂舊例商人中鹽至場未支而死者，許妻子具奏行原籍，及運司覈實，方得代支，餘人不許。而山陜遼東路遠者，待報又難。今宜不拘故商妻子，但係父母祖孫同居兄弟俱准代支，仍免其具奏，止於巡鹽御史告行運司覈實支給通行，各處巡鹽御史如例行之。一謂先是漕運衙門議擬漕運官軍回船，每人許帶食鹽，不及五十斤者，勿罪。遂致私販公行，鹽法阻壞。今宜罷前例，運軍食鹽止許旋買旋用。一謂各場收鹽課官吏總催插和泥土者，請問發附近衛所充軍。分管官不辨驗者，連坐。一謂舊例南京諸司食鹽分泒儀真、淮安二批驗所，儀真者便，而淮安者遠隔數湖，獨爲艱險。今後乞將淮安批驗所鹽令綱甲船户裝至儀真總貯，以待諸司支領。户部覆奏，從之。

（清）查繼佐《罪惟録》紀卷三《太宗紀》〔永樂十四年〕秋九月，始令御史巡鹽。以太僕寺卿楊砥議，額養馬，遂爲北方民害。

（清）查繼佐《罪惟録》紀卷五《宣宗紀》 宣德九年甲寅春正月，行户部員外羅通奏，運糧開平，計人馬資費率以二石七斗致壹石，今有願運米開平納鹽糧者，請將舊例二斗五升減作一斗五升，總計一人納五百石，可省行糧二百石，從之。

（清）查繼佐《罪惟録》紀卷一〇《孝宗紀》〔弘治五年〕八月，改鹽課中邊例，俱於運司投納額課解部，貯太倉備邊。

（清）查繼佐《罪惟録》紀卷一〇《孝宗紀》〔弘治六年癸丑春正月〕免山東鹽課。

（清）查繼佐《罪惟録》紀卷一一《武宗紀》〔弘治十八年九月〕織造太監崔果、王瓚乞長蘆鹽引，部科執奏，不聽，與十之五。前尚書致仕王恕謝存問，并及時政，不報。

（清）查繼佐《罪惟録》紀卷一一《武宗紀》〔正德二年三月〕山東禁酤，致有縊死者。

（清）查繼佐《罪惟録》紀卷一一《武宗紀》〔正德五年冬十二月〕太監喬忠等織造南京，許帶長蘆鹽引。

《常熟縣嚴禁軍民興販私鹽碑》 江南蘇州府常熟縣爲海禁悉開，貿鋪姦梟，横販無稽，引課上虧，商膏殆盡，叩恩亟賜具題立法屏私，以保課源，以救商民事。

奉巡按兩浙等處督理鹽漕兼理海防水利監察御史德憲牌內開，康熙二十四年六月初二日，奉都察院勘札準户部咨，該本部題覆兩浙巡鹽御史李題前事等因。康熙二十四年三月十六日題，四月二十二日奉旨：該部議奏。欽此。欽遵。抄出到（中缺）等因。查得兩浙巡鹽御史李疏稱，淮、浙引地，各有疆界。茲按常熟一縣，對峙淮、揚。近因福山設渡，繼之海禁悉開，姦梟肆販淮私，越境發賣。更兼□捕等船夾帶，莫可窮詰。派銷官鹽，反致壅封。應徵額賦，頓爲□損。□維私鹽來路，各有要津。若堵禦稍疏。勢必□延，爲害無底。嗣後責成沿海一帶將弁，嚴加巡緝。並令收税衙門官員全驗。該管官失於覺察，嚴定處分之例。等因前來。查汛地武官，如有民人及營兵販私，並場員縱竈私賣越境，俱定有處分之例。今該御史既稱濱海州邑，自海禁悉開，姦梟肆販淮私，越境發賣等語，應行令該御史轉飭防汛各官，並□會收税衙門，嚴行查驗。如有透漏私鹽，即將此買自何場，係何竈户所賣之處，逐一查明。將失察各官，指名題參，並行御史一體嚴加申飭可也。等因。康熙二十四年四月二十七日題，本月二十九日奉旨：依議。欽此。欽遵。移咨到院，札行前來。奉此。除備移江南督撫二院暨將軍總鎮並行蘇布按二司守道兩浙運司等衙門，轉行各該地方文武官弁，並行知收税衙門一體欽遵簽驗巡緝外，合行飭知備牌，仰縣官吏查照來文部覆奉旨事理，即便移行該屬沿海一帶防汛將弁，並飭巡鹽捕役，俱要遵旨加意巡查。如有貨魚等船插和淮私，並渡船兵役借公夾帶，姦梟巨棍越境肆販者，立行拿解，按律究問。若失於覺察，縱令透入內地，定行特疏題參，斷不輕宥。等因。奉此。

案照先奉前任鹽漕察院李憲牌前事內開：爲照理鹽之法，首重緝私。裕課之方，□□疏引。兩浙歲額正引七十餘萬道，派銷於浙江者什三，派銷於江南者什七。而江南行鹽地方，雖其間□數不同，大□以□江□□連□淮場□□私鹽易入之邊隅，浙□□□之門户矣。查常熟等邑，隸係蘇州，鹽銷松□。只因對峙兩□之金沙、餘西、餘中、餘東、呂泗等場，又比鄰崇明之天賜場。越販私梟，一帆立渡。自康熙二十年福山港奉開官渡，船隻往來如織。姦梟滿載淮私，揚帆直侵內地。並借豢蟄胥面，插和私鹽，公行興販。身任鹽衡者，正在蒿目時艱；肩承引課者，已自醫瘡剜肉。今奉大開海禁，下□民生，而梟徒從此愈禁，夾帶因滋□盛。蓋常熟等縣與淮場相距水面，不過百里。朝發可以夕至。□淮鹽欲入，先此經由。若法網稍疏，則常、太、嘉、昆等州縣，松所十萬之引課，首被其殃。江南內地什七之（中缺八字）正供纍纍數十萬，繼遭其害，關係誠非渺小。此本院所謂屏藩內地，門户浙西者，端在是矣。雖經節次嚴飭，其如該管官弁，泄視鹽綱。梟徒姦棍，□販疊出。以致淮私遍侵浙地，爲害無窮。茲特具疏題請部議，甚爲嚴切，詎容仍前藐玩。況各地任賣官鹽，民間日食，不過零銷。所賴胥、菜二市，方能□售。□頑之輩，□胥菜非關禁例，任於橫販，插和私鹽。更兼魚鯗蟄蝦等項，無不夾帶。試問派銷之引，安望疏通？應徵之課，焉能充裕？合行申飭備牌，仰縣即便□行各文武官將一體欽遵，在於沿海沿江一帶各港泛檄，嚴行查緝。凡收税衙門，於報鈔船隻概行簽驗，並禁渡船徇縱官役夾帶私鹽。申飭保甲，不許容隱。嗣後內地捉獲姦犯，如有前項醬面、鯗菜、蟄魚等物，爲圖插和私鹽者，根據何場出賣，何□□價，何處入境，□□□疏題參，人犯□□□罪，船隻□□並入官。仍於單開各地方勒立石碑，永遠遵行。該縣仍大書告示，遍行曉諭，俱毋違錯。先其遵依□查。等因。

並奉抄粘原題□稿□□事。據兩浙運司運使□國奉（中缺十三字）淮、浙引地，各有疆界，□敢嚴□□□□銷引，各有考成，毋容虧□□盛則官虧（中缺八字）之勢也。□常熟□□□□對峙淮□越□□□是以□日行（中缺九字）引。後因海禁（中缺）題增引自一萬道，□年增（中缺八字）公課無虧，□□設渡□□海禁□開，姦梟肆□□越疆發賣，更兼貿鋪等船貨物之內，插和夾帶。莫可窮詰。雖與督撫諸□雖嚴加飭緝，其如淮、揚之與常熟，水面往來便捷，無論朝發可以夕至。且淮竈無課，近販之私鹽，其價甚賤。較之松所納課遠運之官鹽，相去倍蓰。一水之隔，旦晚之間，獲利頗厚。禁既□□所□販，民又貪賤而貿食。由是罔顧法紀之□異常，派往官鹽，反置□□，□徵額賦，頓爲貿損。各商以引課既□□禁海之時，不敢希□於別海之□力□□□□□題嚴禁，批行運司查議去後，詳（中缺）惟私鹽來路，各有要津。此常、太、昆、嘉等州邑濱海之區，實爲浙鹽之門户者。堵禁稍疏，勢必蔓延無底。爲實江南內地數十萬之引課，議非□鮮，不得不亟爲題請，仰祈皇上敕部議覆。

嗣後（中缺八字）等處沿海一帶，飭行將弁嚴加巡緝。若失於覺察，從重法處，並令收税衙門將貨魚等船，逐一簽驗。□□□□條議□□□□，以杜□□法網。如有□□插和等□，立行拿解，按律究問。□渡船兵役，若有夾帶，□□官失□□□簽□衙役販私（中缺十字）內開：凡越境與敢官辦引鹽□三十斤以上者，（中缺六字）一班販□□有充軍之（中缺）題，伏乞睿鑒施行。又奉開□□太縣□福山、□□、六涇、白茆、鹿苑等地方。等因。到州。又奉江南布政司章信牌開，奉江撫都院湯憲部副司又備（中缺）據理問祈兩浙鹽李詳。又蒙新任鹽（中缺）行問其事轉行到縣。又到縣一體遵照。又奉（中缺）緣由到道，備行兩浙都運法道王。又奉蘇州府按察司（中缺）各官，一體遵奉憲批□□□□事理，嚴加偵緝。□□□後合行□名永遠遵奉。爲此仰縣屬軍民人等知悉：嗣後如有前項姦梟□□□□肆販□貨魚，渡船兵役假公夾帶，及借醬面、鯗菜、鹽魚等物，□□插和私鹽者，定行立拿解憲，依律治罪。該管失察，□□□各官廳（中缺）院□□也。（中缺）題參（中缺六字）客官該巡役汛守人等，（中缺）縱梟怠巡（中缺），不許容隱私販，□□毋違。

知常熟事高登先、縣丞魏天質、主簿周士龍、典史師允中、本縣住：汪翰、汪維新、汪嘉正、汪祥、汪國賓、汪國正、汪茂遠、汪國禎、汪國英、汪日章、汪國瑞、胡源茂、胡且御、曹芳、潘沂、胡起虞、吴軼、方□、汪佩、汪章、石斌生、石頭匠。

（清）朱壽朋《光緒朝東華録》光緒三年九月 丁寶楨奏，川省財賦，除丁糧之外，惟以鹽務爲大宗。從前地方無事，滇黔兩省多銷川鹽。就黔省而論，如黔西大定、遵義、仁懷等府廳，川商設號行鹽，由永寧、綦江等處轉運，每年銷引數萬張，上裕庫款，下便民情，地方亦覺安靜。自軍興以來，黔地處處被擾，人民離散死亡，十不存一，商人歇業，引滯岸懸，直同廢棄，而川省之利盡失，所賴濟楚一舉，稍資安集。近年兩淮議請規（後）〔復〕淮綱，屢准部咨令設法籌辦，停止濟楚。維審時度勢，未能遽行，然亦終非長策。而清查邊計，各引積滯八萬數千張，積欠羨節一百數十萬兩，雖日事追呼，而引既未行，從何籌補。臣到川後，覩商力之困竭，念邊岸之廢弛，又見川省私販日充，地方時虞不靖，竊擬設法整頓，因思滇、黔兩邊同行川鹽均應舉辦。然當此款項支絀，成本難籌。若滇、黔同時並舉，力量萬有不逮。現在先於黔邊試辦官運，設局分銷，俟有規模，鹽本可敷挪騰，再籌滇岸，期復舊制。惟事屬創始，措手殊難，非清正強毅精明練達之才不足以資委任。

茲查有四川候補道唐炯，籍隸貴州，於川、黔兩省邊勢民情洞澈無遺，而才氣亦足以濟事。當飭該員會同藩司程豫、鹽茶道蔡逢年悉心籌議去後，茲據該司道等詳稱，軍興以後，川省邊鹽引岸，曠廢已二十餘年，現議規復，實同創始。就黔岸而論，從前川鹽行黔，由永寧縣前進者爲永岸，由合江縣前進者爲江岸，由涪州前進者爲涪岸，由綦江縣前進者爲綦岸，四岸行商各十餘家，悉是陝西大賈，資本甚鉅。迨值黔亂，相率歇業，秦中又遭回亂，家產蕩然，不能重整口岸。近年每岸雖有數家，多屬川黔之人湊資朋充，本非殷實，稱貸不易。加以水路險遠，輸運艱難，此其不能暢行者一。

邊商行引，除本省釐課外，商人領引有費，引底有息，開簽驗截有規。踵事遞增，任意需索，一入黔境，經過處所，釐卡林立，如布網羅。而黔岸通歲釐金並花布木植大宗不逾十萬，無補公家，加以關税之重徵，官吏之苛派，土豪地棍之把持需索，商本動致虧折，往往視爲畏途。此其不能暢行者又一。

近邊計岸，壤地犬牙，計商鹽本較輕，輒以計鹽侵灌黔界。邊販遂就輕避重，貪買計鹽。邊商亦停擱正引，重照影射。加以船户盜賣，攙雜泥沙，詐報漂溺，串局爲奸。如合江之雷都黔，江津之白沙，毗連南川之木洞，彭水之郁仙鎮，向爲私販捷徑，盤踞透漏。他若黔之興義、郎岱、獨山一帶，近滇者有滇鹽攙越，近粵者有粵鹽攙越，此其不能暢行者又一。

今欲重整黔岸，商力既窮，非設局試辦官運不可爲力。欲辦官運，非掃除從前積習亦不能見效。該司道等博訪周諮，酌議章程十五條呈請察核具奏前來。臣詳加披閱，大要以局運商銷，力裁浮費，疏通引岸，禁止私索爲扼要之圖。且清釐積引以杜重照之萌，兼辦計岸以遏影射之漸，裁局卡立船行以暢運銷之路，嚴交盤慎出入以絶侵欺之源。而又酌核帶銷以清積滯，分認奏銷以專責成。所議極爲周密，果能認真舉行，則黔岸自可漸復，邊引不致積欠，裕課便民，無善於此，自應查照試行。

臣現擬於瀘州設立黔邊鹽務總局，委唐炯前往駐扎，督辦官運商銷黔鹽事宜，並刊發木質關防以昭信守。所有永、綦、合、涪、江、南六岸及本行邊引之酉、秀、彭、黔、納、谿暨近邊州縣計引，悉提歸總局轉發配運，以一事權。並於產鹽之富順、犍爲兩廠，每廠設立購鹽分局，綦江、涪州、合江、永寧、江津、南川六岸，每岸設立售鹽分局。凡給票配行收鹽發商驗票緝私等事，各委幹員分司其事。並將局辦各岸奏銷由局自行專辦，俾專責成。其從前各州縣積欠，改歸局辦，各邊計之引張及羨截税課各銀兩，均應隨時會商司道核辦，由臣飭鹽道詳細查明引數銀數，分年分成帶還，以示清晰。其一切應辦各事宜，統由唐炯調度。惟此次由川辦理官運，係爲疏通黔岸而設，所有川省州縣關卡一切漏規浮費，詳細裁革。而黔中自兵燹之後，因餉項支絀，不得已抽收鹽釐，商人運鹽到岸，見十抽一，謂之大釐，聞未能悉數歸公，且沿途復有半釐小釐落地税各名色，又有查局分局驗票局及各州縣私設卡局，層層派索。每引一張，運入黔境實收釐銀不下數十兩，以至商販裹足。綜黔省鹽貨各釐，歲入不過十萬。鹽釐僅居一半，所得甚微，而於川鹽銷路大有關礙。茲擬由川省每年暫行認解黔釐銀五六萬兩，分夏冬兩季撥解，以濟餉需。以後如銷路日暢，鹽務大有起色，再行酌量多撥，以昭核實。如此辦理，則黔餉可歸實際，而川引亦可漸復。相應請旨飭下貴州撫臣，通飭局卡，凡遇行黔鹽釐，一體免收。其報部關税，悉照部則交納，不許重徵。並嚴禁各地方官設局私派，以通商路，乃爲有濟。且以目下形勢而論，川省户稠人衆，黔省土廣人稀，但使邊鹽暢行，商人趨利若鶩，五六年間，黔中人民逐漸復業，口岸亦逐處興復。其工作力役藉沿途店棧爲生活者，通計四引地不下數十萬，移家就食，置買地田，招徠開墾，相因而至，殘破之區或可藉此轉爲富庶。雖一時未必大效，而異時固可操券，實於黔省大有裨益。至現在川中邊引積至八萬七千有奇，未完羨截一百三十六萬六千餘兩，計引積至四十六萬一千有奇，未完税羨四十七萬九千餘兩。現在邊岸甫經創辦，其濟楚銷路，臣體察情形，其勢實未可遽停，免致積欠終懸，且恐別滋意外之事。請俟川中積引銷竣，再行查核，奏明辦理。至此次籌辦黔岸，並辦計岸，引地寥闊，銷路紛煩，必須多運鹽斤存儲總局，方資轉運。而自領引至廠竈買鹽，水陸轉運各郡，並各總局分局製備一切家具等項，成本甚重。從前黔岸暢行時，西商各處設立行號，運銷資本合計不下千萬，始敷周轉。今官爲辦運，是以一局而應無數之商販，勢不能不厚集資本，計非湊五十萬兩不足以資周轉。現川省庫項一空，各處指撥之款，尚屬籌措爲難，豈能湊此鉅款。而川、黔大局所關，亦萬不能視爲緩圖，自須另行籌措。查臣前撫東時，於糧運兩岸百計撙節，尚有餘款可以挪借，茲再四思維，擬請借撥糧道庫銀十五萬兩，運庫銀十五萬兩，再由臣商之湖北督撫，由該省釐税項下借撥銀十萬兩，共銀四十萬兩。其餘十萬兩，臣擬就本省各處湊借，以足五十萬之數。至借撥之款，分作八年陸續歸還。如此一爲轉移，在東、鄂不過暫時通挪，銀兩不致無著，而川省得此接濟，將黔岸興復，則可爲川省圖久遠之安，亦可爲國家興百年之利。至臣於庫款，向屬謹慎，事求核實，不敢分毫虛糜。此次借款，如果歸還一無把握，斷不敢以庫儲有用之財輕爲嘗試，亦不敢以本省應辦之事貽累鄰疆。相應請旨飭下湖北、山東各督撫臣籌辦解川，用資措辦。想各督撫臣關懷大局，夙著公忠，必能竭力通融借撥，共切扶持。下户部速議具奏。

《清實録》**雍正二年閏四月**　丙申，刑部等衙門議覆：漕運總督張大有疏奏請嚴回空糧船夾帶私鹽及闖閘闖關之例，嗣後如回空糧船夾帶私鹽，拒捕殺人，將爲首者立決，爲從者邊衛充軍。其闖關闖閘，將船丁舵户枷號充軍，爲從者杖徒。押運等官不行約束知情故縱者，革職。請著爲令。從之。

《清實録》**雍正七年二月**　〔甲午〕又諭：鹽、茶皆民生日用所必需。查川省鹽課考成，惟責之産鹽州縣，其餘並無巡查之責。且有僻遠地方，不行官引，以致私販充塞，甚爲鹽政之弊。應將官引通行合省，約計州縣户口之多寡，均匀頒發，令其各自招商轉運。儻有壅滯，責成各州縣，定爲考成。如此，則有司等自必加意查察，使私販息而官引銷，弊端可以釐剔矣。又聞川茶，皆論園論樹，以定税額。夫茶樹有大小不同，園地有廣狹不一，若概以園樹之數爲額，未爲允當。應將茶税照觔兩收納方得其平。以上二項，著該督撫詳議，定爲成例。使川省鹽茶，經理妥協，於民生均有裨益。

《清實録》**雍正七年四月**　〔乙未〕户部議覆欽差刑部左侍郎繆沅等，條奏山東鹽政事宜。一、永阜、永利、濤雒三場，灘廣鹽豐，率皆露積。請設立官鹽坨，將所産鹽觔收貯，編設保甲，互相稽察。一、商人領引行鹽，每多重復透運。請設水程驗單，隨領隨運。一、州縣行鹽殘引，應按期繳銷。如地方官督催不力，請嚴查揭參。一、東省十場，地方遼闊，運同一人，鞭長莫及。請復設膠萊分司運判一員，分任管轄。均應如所請。從之。

《清實録》**雍正十二年九月**　〔辛丑〕諭内閣：各省鹽政，關係國計民生，所當加意整理。而兩淮監務之積弊，更在他省之上。此中外所共知者。大約鹽法之行，必以緝私爲首務。兩淮行鹽地方，江西、河南，有浙私蘆私之侵越。而湖廣之川私粤私，爲害更甚。現今雖於各處隘口，設立巡官巡役。而地方文武官弁，不肯實力奉行，一任兵役人等，避難趨易，罔利營私，以致立法雖嚴，而鄰私之肆行如故。即在江南督臣，亦不過責成所屬地方，至咨會鄰省，即未必有呼輒應。此私販之所以難禁也。年來朕留心訪聞甚確，用是特頒此旨，曉諭湖廣等省督撫等，務矢公心，視鄰省之事爲己事。嚴飭文武官弁，同心協力，家喻户曉，使川粤浙蘆之私鹽，不敢越界横行，則兩淮積引易銷，於國計民生，均有裨益。

《清實録》**乾隆十五年二月**　〔癸卯〕署理兩淮鹽政吉慶奏，運鹽屯船，自裁橋壩微員規費之後，令商於船價内照數扣出充公，名曰屯船充公，爲各隘口緝私之用。查舊設巡費，已屬敷用，是以前項屯船充公，及商人關壩驗引撲戳規費，各該員不敢私肥己橐，俱已舉報。查屯費規費二項，均不在正雜錢糧，及節省款項之内，無須報部。可否解交海望，以充公用。至屯費一項，目前自可存積，或將來必須設巡增費，應請仍准酌支。再屯費規費，係視運鹽多寡，原無一定。請嗣後於每年奏銷時，清查一次，儘數奏解。即將此辦法，録存鹽政衙門，并轉行運司存案照辦。報聞。

《清實録》**乾隆四十三年閏六月**　〔丙寅〕軍機大臣等會議，兩淮鹽政伊齡阿奏，籌備老少餘鹽，酌定章程。

一、各場竈盤鐅，原有定數，設遇增減，必須册報。應飭各分司場員，徹底清查，分晰盤鐅原額，及增添各數，按季造報，並於年底，將一年産鹽總數報查，至火伏與盤鐅，相爲表裏，每場每歲，俱有定額，一火伏出鹽若干，亦有定數，應將稽查之竈頭、竈長甄别揀選充當，由運使給發循環印簿，令場官將煎出鹽數，按日登記，分上下半月送覈。則火伏日期，與盤鐅册數，可以層層比較，永杜私煎。

一、淮北海州分司所屬三場，俱係曬鹽。向來鹽池所鋪池磚，及地面大小，俱有塊數丈尺。因姦丁展寬池面，時增磚塊，且偷挖土池，私曬漁利，以致淮北之鹽漫無稽考。現在嚴飭分司等逐一履勘，造册報查。並照淮南之例，發給循環簿，按月具報。即遇旺産之年，其鹽觔亦儘數飭商收買。

一、巡緝私販，應將各處所設卡巡，責成牧令、及佐雜之銜帶鹽務者，分段管理。某縣之引不銷，即某卡之私不絶，俱可按籍而稽，分上下半年查報。其銷引如額，及有增添者，予以獎賞議叙。銷不如額，及積引過多者，官則記過參處，役則責革嚴懲各等語。均應如所奏辦理。

一、淮南北附近場竈州縣，向食餘鹽，未行片引。請將淮南之通州、泰州、東臺、興化、如皋、阜寧、鹽城，淮北之海州、安東等九州縣，俱改爲食鹽口岸，量爲酌增引額。查該鹽政所奏，仍屬收買餘鹽，轉而售賣，民間豈即能不致食貴。應仍交高晋等，會同伊齡阿，就通州等各州縣地方情形，籌畫定議。至所稱淮北、邳州、山陽等八州縣，向係食鹽口岸，請將各場竈所有餘鹽，量爲增引之處。查前因邳州等州縣，食引壅滯，經鹽政尤拔世奏請將一半融綱，一半運食。今雖地廣民稠，較前繁盛，但驟爲增引，豈遂能一律暢銷，不至復虞壅積。應請一併交與高晋等會同伊齡阿，將該處實在情形，確加體察，再爲妥議具奏。

一、海濱窮竈，俯仰之資，惟賴於鹽。因停運之時，綱商未能隨時收買，不若肩挑背負之衆，晨夕往來，可以任意交易，故以爲便。今飭商收買餘鹽，應確查工本之數，按依時價，源源收買。在竈户自不可致妄想售私，而商人照挑負買鹽之價收買，即令照本轉輸，亦不得過於擡價。查私梟囤販，悉由影射餘鹽。若但令該商等按依時價，源源收買，而窮竈之賣給商人，與賣給挑負之民，究無以異，仍恐未能盡杜私售之弊。所有江省現在情形，可否照兩廣之例，將老少鹽名目，永遠革除之處，應令妥協籌議。從之。

《清實録》乾隆四十六年二月　丁巳，諭軍機大臣等，户部奏清查各省鹽務一摺，據稱四川鹽課羨餘一項，積欠至二十八萬七千餘兩，曾經行令該督設法籌辦，迄今半載有餘，尚未咨覆。又該省引目僅十四萬八千二百餘道，乃未繳殘引積至五萬三千四百餘引，前經湖廣總督舒常等以由川入楚船隻，購買食鹽，每船不得過十觔。因私販入楚，有妨該省綱鹽，又四川與雲南接壤，私鹽亦不無偷漏。是川省之殘引，不可任其因循不繳，請一併飭令實力稽查等語。已依議行矣。川省積年欠項，雖係羨餘，然總應歸入鹽課正項，乃積欠至二十八萬七千餘兩之多，經部行查何以該督至今並未咨覆。至該省所産鹽觔本旺，尚有私販至雲南湖廣等省，可見並非缺乏，何至四川本省不能銷售，致有拖欠。總由該省地方官平日不能實力整頓，以致走私偷漏正課積欠纍纍。若年復一年，將來何所底止。文綬不應有此。著傳諭文綬，嚴飭各屬設法實力稽查，使影射私販諸弊，日就肅清，歷年積欠，剋期完繳，毋致再有稽遲延宕。並將因何積欠如此之多，及經部行查，又因何遲至半年，不行咨覆緣由，即行據實速奏。將此由五百里諭令知之。原摺并發交文綬閲看。

《清實録》嘉慶十五年七月　辛未，諭内閣：嵩年奏查禁軍船夾帶私鹽章程一摺，據稱杜絶弊端，當禁止官鹽之濫售，及搜查軍船之夾帶。現於産鹽處所設法查緝，其軍船例准買帶食鹽四十斤，應給與印照以杜影射。並於直隸滄州，及山東江南産鹽之區，委大員認真搜查等語。軍船夾帶私鹽，不獨有礙淮綱，即沿河各引地亦有滯銷之患。自應大加整頓，力爲查辦。該鹽政務當督飭場所各官，梭織巡緝，如有私行販賣，即嚴拏究辦。至軍船例應買帶食鹽，若不明立章程，則丁舵水手借端弊混，難以查察。著漕運總督，轉飭運弁，於幫船回空之日，如果食鹽短缺，給予該旗丁印照一紙，令其持照赴店照例置買，自不致再有透漏。其直隸山東江南逼近灘場處所，鹽價較賤，尤易滋弊。著天津兗州徐州各鎮，於幫船回空之際，實力巡查，並著該督撫派委道府一員，一體搜查。如有例外多帶鹽斤，一面飭令軍船歸次受兑，一面扣留私帶之人，嚴行懲辦。務使囤户姦丁，咸知畏法，以清弊源。

《清實録》嘉慶二十二年九月　〔庚午〕又諭：御史盛惇大奏，請杜鹽漕積弊一摺。漕船夾帶私鹽，及私梟充斥，皆應實力查禁。該御史所奏漕船鬻私，梟徒興販，皆由於場竈之透漏。不遏其源，則其弊不能盡除。著該督撫及漕督鹽政等，各飭所屬，一體嚴行查禁，有犯必懲。如有夾帶興販等事，究明私鹽來歷，一併嚴拏懲辦。並將該管及失察出境入境員弁，照例參處，勿稍徇隱。

又諭：御史盧浙奏，敬陳漕河事宜一摺。江南、山東運河一帶，閘壩重叠，漕艘經行。凡提溜打閘，不能不添雇人夫，但散而無紀。向來閘官漕委，互相争競，以致無所責成。閘官係地方實缺人員，該處水勢人情，皆所素悉。所有該閘關纜人夫，自應責令閘官專管。其漕委員弁，多一人即添一人需索之費，一概不許干與。如閘官有浮收關纜，多索夫價者，查出照例嚴參。至該御史所稱幫丁應帶土宜，無分貧富照數均裝一節，此則事屬難行。幫丁應帶土宜，到關免稅，本有定額，原不准例外多裝。其有裝不足額者，亦衹可各聽其便，豈能官爲勻派。惟在該管糧道及經過各關，實力稽查。各幫船應帶土宜，如數在一百五十石以内者，照例放行。其有逾額多帶者，查明嚴行懲辦。則貨有定額，而漏稅滯運之弊，不禁自除矣。

《清實録》嘉慶二十三年四月　壬申，諭内閣：朕恭閲皇考高宗純皇帝實録，内載乾隆元年正月諭總理事務王大臣，私鹽之禁，所以除蠹課害民之弊。大夥私梟，每爲盜賊逋藪，務宜嚴加緝究。至於失業窮黎，肩挑背負，易米度日，不上四十斤者，本不在查禁之内。乃近見地方官辦理私鹽案件，每不問販鹽人數多寡，商人又添私雇之鹽捕，水路又添巡鹽之船隻。此種無賴之徒，藐法生事，何所不爲。凡遇奸商夾帶，大梟私販，公然受賄縱放。而窮民擔負無幾者，輒行拘執。或鄉民市買一二十斤者，並以售私拏獲。又因此互相扳染，牽連貽害。此弊直省皆然，江浙尤甚。朕深爲憫惻，著直省督撫嚴飭各府州縣文武員弁督率差捕，實拏奸商大梟，勿令疏縱。其有愚民販私四十斤以上被獲者，照例速結，不得拖累平人。至貧窮老少男婦挑負四十斤以下者，概不許禁捕。所有商人私雇鹽捕，及巡鹽船隻，俱嚴查禁止，等因。欽此。仰見我皇考周知民隱，於地方官吏緝捕私鹽之情弊，洞燭無遺。朕以皇考之心爲心，以皇考之政爲政。昨因慶保等奏楚省緝私情形，降旨諭各鄰省督撫協同查緝，不但堵截私鹽，兼可翦除匪類。並令嚴查官役包庇賣放之弊，禁止商夥添雇鹽捕，擾累平民。與皇考從前所降諭旨悉皆符合。緝私一事，所重者奸商大梟，不特有妨鹺務，且足爲害閭閻。乃地方文武員弁，或受其賄賂，公然包庇賣放，或畏其黨與衆多，强横拒捕，不認真緝拏，以致私鹽充斥，肆無忌憚。其所報獲者，皆係小夥私販，既無賄賂可圖，擒拏又易爲力，兵役每藉以爲冒功塞責之地。此等惡習相沿，已非一日。著該督撫等嚴飭所屬文武員弁，各於要隘地方訪察奸商夾帶，大梟私販，一體實力緝拏，按律懲辦。不得任聽不肖兵役，及私設鹽巡，濫拏肩挑背負之人，徒滋擾累。庶奸民知所畏忌，官引得以暢行，於國課民生均有裨益也。將此通諭知之。

《清實録》道光二十六年閏五月　〔丁酉〕諭内閣：前因兵部議覆，璧昌前請於三江口等處設立鹽捕專營，恐日久不得其人，仍屬有名無實等語。曾降旨令賽尚阿等親往履勘，覈議具奏。茲據奏稱，親至其處，察看霍家橋實爲揚州切要門户。添設專營，不特鹽務賴以緝私，兼可爲揚州保障。且添兵之難，在於籌餉，業經查據該督切實聲明，可以永久不動正項，其事自屬可行。著准其於霍家橋添設鹽捕專營，員弁兵丁，如數增添。所有俸餉等項，既據該督稱於鹽務籌撥，即著免其造册報銷，但必期行之永久。儻日後偶因經費短絀，奏請借動别項，亦斷不能倖邀允准。至運司緝私是其專責，若不兼轄武職，亦恐呼應不靈。該督所請加運司兵備兼銜之處，並著准其兼銜，以資制馭，他省不得援以爲例。其新設官兵，仍責成該督督飭運司認真巡防訓練，隨時考覈，期於兵歸實用，餉不虚糜，毋致日久視爲具文。

《清實録》同治四年十月　〔丁未〕諭軍機大臣等：御史劉慶奏，餉需竭蹶，由於鹽課短絀，謹將淮南商蠹弊端，開單呈覽一摺。據稱淮南棧商何銑，自咸豐八年以包課爲由，壟斷全淮之利，假名江甘食鹽，由内場繞避釐卡，每引少納口岸鹽釐，數年之久，侵蝕二十餘萬金。升任運司郭嵩燾查明勒繳，至今尚未補繳。各場鹽價，經郭嵩燾覈定，何銑復於許如駿署運司任内，每包每引，加增錢文，半入私橐，以致外販成本日重，各商不甘抑勒，又請減去外販釐金。每年軍餉，少收十餘萬兩。種種弊端，不勝枚舉。並開列各款，請飭查辦各等語。鹽課爲餉源所繫，豈容奸商恣意把持蠹耗。該御史所奏各情，如果屬實，於鹺務大有關礙。即著李鴻章按照單開各節，確切查明，據實具奏，毋稍寬縱。原摺單均著鈔給閲看。將此諭令知之。

《清實録》同治六年二月　〔己酉〕又諭：前因御史朱鎮奏，京師引鹽缺乏，奸商把持囤積，任意勒索，並另設内廠勒買引鹽各節，當諭令劉長佑查明具奏。茲據劉長佑奏稱，前經步軍統領衙門咨送京商何文清、王伸、周鈞等，具控華長祥同夥李映奎等，劫留鹽包一案，已發運司傳訊。旋奉諭旨，復添派候補道柏春，會同運司克明，訊明京師向設有京鹽總局，總司進鹽齊句等事。後因外句滯銷，往往攙入城内各鋪私售。同治四年，衆商公議添設内廠，以售外句不能全銷之鹽。由運司詳明立案。商人何文清等違例進鹽，欠課甚鉅，請分别革追等語。此案商人何文清、王伸、周鈞，將外包鹽包，不遵新章賣給内廠，輒仍運歸内鋪，實違公例。

且查出欠課甚多，自應分别懲辦。何文清著暫行革去舉人，王仲、周鈞均著暫行革去職銜。該商等領辦之各引名，著一併記革。並照例查抄監追，勒限三個月，將欠課埽數全完，方准開復給還。所請繳完三成即予開復之處，殊涉寬縱。如逾限不完，即斥革另募，以肅鹺政。華長祥身充總催，既查知何文清等弊混，並不禀明運司，輒用私函知會廠書高瑞徵，聽從照辦，均有不合。應如所擬發落。所設内廠，既據各商僉稱有益，並無把持情弊。著准其照舊設立，嗣後如查有弊端，即著裁撤嚴究。

《清實録》同治七年十二月 〔甲寅〕 諭軍機大臣等：前據曾國藩奏，請禁川私入楚，收復淮南引地，以復舊制。當交户部議奏，兹據該部遵議請旨辦理一摺。淮南引地，以楚岸爲大宗。從前因江路梗阻，淮鹽未能行銷，疊經湖廣總督奏明，借撥川鹽，並抽收川私釐税，原係一時權宜之計。近年江路早經暢通，自應規復舊制。雖節經酌減淮釐以輕成本，而鄰私未能盡禁，淮鹽總難暢銷。曾國藩所陳川私病淮各節，自係實在情形。著吴棠、李鴻章、郭柏蔭、何璟即將川鹽行楚章程，妥籌停止。其宜昌沙市等處，應如何撤局停税並稽查偷越之處，著李鴻章、郭柏蔭、何璟飭屬妥辦。並將裁停川税日期，截清報部，毋滋弊混。至曾國藩所稱，淮鹽並收鄂釐，淮銷果暢，鄂餉即可加增。將來所收鄂釐，較之川税收數，能否不至大相懸殊，著李鴻章等體察情形具奏。惟川鹽行楚既久，井竈增多，現在既經禁銷，自應酌量封禁。並著吴棠妥爲籌辦。其如何分限減停，及堵緝各路鄰私，著馬新貽覈議章程，奏明辦理。自此次改復舊章之後，務當嚴禁商人夾帶，並飭垣商講求煎煉。其到岸候輪之鹽，不准私自擡價。該督撫等總當不分畛域，實力妥籌，以絶弊竇而維大局。

《清實録》同治八年三月 〔丙戌〕 又諭：有人奏山西省鹽務，自咸豐年間，改爲官運官銷，每鹽一斤，於定價二十八文之外，暫增五文。近聞長治縣有奸商秦鵬，句連土棍丁瑞符，把持鹽務，買通縣官出示曉諭，每鹽一斤，頓長價十五文之多。民間被累，紛紛聚訟，請飭查辦等語。鹽斤價值，向有定章，若如所奏，該縣聽信奸商，加增鹽價，圖利害民，實屬不成事體。著鄭敦謹督飭河東道，詳細查明因何私增鹽價之處，據實參辦，毋稍諱飾。將此諭令知之。尋奏，遵查長治縣官鹽，因上年運銷賠累過重，禀明暫行加價十五文。本年三月，已遞減至三十七文，有案可稽。秦鵬、丁瑞符並無把持等情。應俟池鹽脚價漸次平落，再行覈減。報聞。

《清實録》同治八年十一月 庚午，諭内閣：李宗羲奏蘆鹽越境侵銷，河東豫引壅滯，請飭查禁一摺。山西河東引地，被蘆鹽越境侵灌，以致豫引滯銷，封課不旺，亟應設法疏通。著河南巡撫嚴飭行銷河東引鹽各州縣，協同委員實力查緝。如有長蘆商鹽，天津紅鹽，以及汴梁小鹽入境，即照私販例從重懲辦。並飭蘆鹽總匯之滎澤口，及發運之鞏縣、長葛、襄城、周家口、朱仙鎮等處各地方官，出示曉諭，嚴密巡緝，毋任偷越，以重鹺綱。

《清實録》同治九年六月 戊戌，諭軍機大臣等：李宗羲奏河東豫引積滯，請飭禁違章抽釐，並嚴緝私鹽一摺。據稱河東豫引滯銷，因蘆紅小土各鹽越境侵灌，豫省行銷引地各州縣，未經會同委員認真協緝所致。且河東每年向有津貼河南銀二萬兩，不應再抽鹽釐。近來南陽府唐縣等處，仍復私抽釐金，遂致成本愈重，引銷愈行壅滯等語。著李鶴年嚴禁河南各府州縣，毋許違章抽收鹽釐。並飭行銷河東引鹽之各地方官，會同委員認真巡查。遇有蘆紅小土各私鹽越入引地，立即嚴拏私販人犯，照例懲辦。所獲私鹽，一半歸公，一半充賞。先將獲犯官役隨時鼓勵，俟試辦一年，如有成效，准李宗羲會同李鶴年將委員及地方官等奏請優獎。如或虚應故事，會緝不嚴，任令私鹽攙越，並各府州縣仍敢私抽釐金，以致滯銷虧課，即著李宗羲會同李鶴年查明奏參，以示懲儆。將此各諭令知之。